《中国排行榜年鉴》编纂出版委员会成员名单

序言

如今的中国已进入了一个“无所不榜”的时代。新闻榜、人物榜、城市榜、企业榜、大学榜、娱乐榜、生活榜……名目之多堪称“世界之最”。以企业排行榜为例，人们经常提到的就有“中国企业500强”、“中国成长企业100强”、“中国最具生命力百强企业”、“最具生命力十大民营企业”、“中国上市公司竞争力排行榜”、“中国纳税百强排行榜”、“年度企业新锐榜”、“最佳企业公民行为排行榜”、“中国家电英雄榜”、“袁宝华企业管理金奖榜”等等。

人们关注排行榜，不仅仅是因为排行榜正影响着人们参与社会生活的基本环节、基本过程，更重要的是排行榜已成为引导、推动并激励人们提升思想质量、工作质量、生存质量、发展质量的原动力之一。与此同时，排行榜在一定程度上影响并反映着国家、地区、行业、部门的社会地位、品牌形象和竞争能力。有了排行榜，人们遇事就看“榜”：上学，需要看看学校的排名；择业，需要看看职业的排名；消费，需要看看商品的排名；旅游，需要看看景点的排名。这样，排行榜，有意无意成为“信息榜”、“竞争榜”、“英雄榜”、“形象榜”、“政绩榜”、“成就榜”、“品牌榜”……

毫无疑问，“排行榜现象”是我国社会、政治、经济、文化、教育以及人们生活全面发展的综合反映。其一，排行榜是鼓励竞争，激励竞争的有力武器。市场经济是竞争经济，竞争的结果是优胜劣汰，而优胜劣汰的过程常常是排行榜产生与演变的过程。近20年的企业成长史，常常是排行榜的演变史，“三十年河东，四十年河西”，一切都在变化中，“强者上榜，败者下榜”，成功与失败，由榜说话。“中国企业500强”是如此产生，“中国电脑商500强”是如此产生，“中国最有竞争力的城市”也是如此产生。因而，在一定意义上，竞争产生排行榜，排行榜促进竞争，这是排行榜存在并且盛行的主要意义。

其二，排行榜是弘扬主旋律，促进社会发展的信息平台。“榜样的力量是无穷的”。目前，我国许多排行榜，一般是以人物为中心，而这些人物大都是在国际或国内颇有影响的。他们在某一个年度或者在相当长的时期，做出了轰轰烈烈的业绩，或者进行了史无前例的创造与发明，他们有着广泛的群众基础和社会意义。这样的排行榜可以说是“先进榜”、“英雄榜”、“模范榜”。排行榜的阵营中出现了“感动中国”、“影响中国”、“推动中国”、“最佳”、“十大”、“十佳”、“最有影响力”等闪亮的人物形象。一部分“人物榜”的产生，还动员了政府机构、强势媒体、公众人物等社会力量。中央电视台发布的“年度经济人物”、“感动中国”等人物榜，宣传力度之大，参与范围之广，影响程度之深，社会反响之好，常常超出了排行榜活动的本身。

其三，排行榜是引导社会进步，规范社会行为的“示范窗口”。目前，各个领域公布的排行榜，大都是正面宣传、正面教育、正面引导、正面激励。新闻榜是反映国家政治、经济、法律、科技等方面重大发展的“成就榜”；财富榜是反映不同的创业群体用自己的聪明才智实现巨大的经济价值的“富人榜”；企业榜是反映企业经济收入、经济实力和创造能力的“实力榜”；城市榜是反映城市的经济力、文化力、创造力和竞争力的“形象榜”；职业榜是反映社会进化中人们工作岗位、工作环境、工作质量实况的“就业榜”；娱乐榜是反映影视、歌舞、曲艺等的社会意义、经济意义和给广大观众带来良好视觉享受的“佳作榜”……一句话，人们从排行榜中能看到社会进步的身影，看到鼓舞人心的、蓬勃发展的物质文明与精神文明的丰硕成果。

中国排行榜的历史可以追溯到古代。科举时代的上榜者被称为状元、榜眼、探花三甲，是排行榜的雏形，但其形式和操作手法均较为单一。中国出现真正意义上的排行榜是在改革开放以后，1987 年广东电台产生第一个歌曲排行榜，紧接着中国管理科学研究院科学学研究所公布了第一份中国大学排行榜。至此，中国的各种排行榜便如雨后春笋般地繁荣起来。目前，参与排行榜研究、制作、发布的机构有上千家。国家的政府部门，是我国排行榜的权威和指导者，其发榜的目的是为了对那些为国家做出巨大贡献的单位、个人进行奖励和鼓励，比如“国家科技进步奖”、“茅盾文学奖”等；国家的各个行业的主管部门或者协会（学会），是形形色色专业排行榜的组织者、发布者，如“中国企业 500 强”、“中国民营企业 100 强”等已经成为企业经营管理者关注的热点并影响着他们的管理决策；国家或者地方的媒体单位，是发布排行榜的“主力部队”，它们使排行榜成为一种产业，成为人们特别关注的基本信息；国外的《福布斯》和《财富》杂志，是中国排行榜的推动者，它们公布的排行榜，常常成为我国有关部门、机构和宣传、教育工作者采用的重要数据。它们设计的排行榜规则与方针，具有一定的借鉴意义。

为顺应排行榜事业的发展和人们对排行榜的要求，我们编辑出版了这本《中国排行榜年鉴（2005）》。

《中国排行榜年鉴（2005）》是排行榜的“百科全书”。她客观、系统、翔实、准确地反映了各种排行榜的信息、状况、评论和社会影响。旨在积累排行榜事业的研究成果，整合我国排行榜的经济资源，报道排行榜发布的基本信息，宣传排行榜中的焦点单位、焦点人物、焦点事件、焦点动态，并且通过排行榜全面反映我国社会、政治、经济、文化、科技等领域和谐发展的新情况、新特点、新问题，具有比较完备的传播功能、阅读功能和检索功能。同时，《中国排行榜年鉴（2005）》作为史料和工具书，可以“鉴往知来，总结探索”，并且承载着“资政、教化、存史”的重要功能，具有比较强的现实价值与历史价值。我们将逐年编纂，连续出版，使排行榜在我国的社会、经济活动中发挥愈来愈重要的作用。

《中国排行榜年鉴(2005)》是我国排行榜事业的第一本编年史。可以说,这本年鉴是对排行榜现象进行的第一次大梳理。考虑到排行榜发布的实际情况,也考虑到年鉴编排的文体与风格,还考虑到突出排行榜的价值性、规范性、社会性和连续性,我们力求在对2004年的排行榜进行回顾和总结的同时,把目光锁定在对于这一年各种排行榜的分析与评论上,为读者展示部分排行榜的制作背景,进而从这些不同的排行榜中找到它们的相同之处,从类似的排行榜中发现彼此的差异,从比较中探索排行榜的内在规律,使之成为真正意义上的让人们可以学习、借鉴和信赖的排行榜。

应当指出的是,排行榜是发展中的新兴文化传播产业,不可避免地存在着这样那样的问题。特别是在中国这个"全民狂欢"的时代,排行榜有时被赋予了一种普遍化的游戏或娱乐的功能,这是我们应该注意的。在本年鉴中,我们增加了图片的分量,试图用一种直观的形式来说明事实并提升文字的感染力。为了增强本年鉴的文化底蕴,我们试图用一种既真实又感性的手法记录历史的进程。

"人无百好,书无百全"。由于时间的紧迫和任务的繁重,《中国排行榜年鉴(2005)》在编写过程中出现一些失误是在所难免的,还恳请广大读者见谅,并给我们提出改进的意见和建议。我们真诚地希望得到广大读者的回应,希望这本年鉴能够与中国的各大排行榜一起成长和成熟,让排行榜商业而不失公正,轻松而不失权威,娱乐而不失价值。

我们尊重和钦佩排行榜产业的组织者、设计者、发布者及评论者的辛勤劳动。他们用智慧、汗水、心血谱写了排行榜的华美篇章。尽管中国的一些排行榜还是比较幼稚甚至是比较草率的,但是我们相信:随着历史的发展,排行榜事业的前途是光明的。在此,十分感谢各个排行榜单位、各个排行榜的设计者、发布者对本年鉴编辑、出版的关心与支持。

携起手来吧!让我们共同努力,共同拼搏,共同推动排行榜事业、塑造排行榜文化,共同促进愈来愈多的中国企业、中国富豪、中国品牌、中国科技、中国教育、中国文化……进入世界的排行榜!

2005年4月25日

《中国排行榜年鉴》制作与发布单位名单

我们是排行榜事业的推动者。为了中华民族的伟大复兴，千千万万名志士同仁通过排行榜这种形式，向全社会传递先进信息、先进思想、先进人物、先进榜样。在“排行榜效应”的促进下，我们的人物榜永远是星光灿烂；我们的新闻榜永远是好事连连；我们的财富榜永远是新贵频生；我们的企业榜永远是强手云集……愿我国愈来愈多的科学家、理论家、教育家、艺术家、政治家和其他各行各业的劳动者，在世界各类排行榜中“榜上有名”；愿“全球企业500强”、“全球财富500强”、“全球银行500强”、“全球大学500强”、“全球品牌500强” 等愈来愈多属于我们中国。

社会愈是发展，排行榜的意义愈是深远。愿所有排行榜事业的制作者、发布者、传播者、支持者联合起来，携手前进，结成最广泛的利益联盟，加强信息沟通，整合排行榜资源，共同关心、爱护《中国排行榜年鉴》，让她与我国的排行榜事业一起成长、壮大。

为感谢社会各界对《中国排行榜年鉴》编辑出版的大力支持，中国排行榜年鉴编辑部特辑录了以下名单，如有遗漏，敬请相关单位和有关人士谅解。

特别鸣谢

（排名不分先后）

机构：

国务院新闻办公室、财政部、劳动和社会保障部、国家信息产业部、水利部、农业部、商业部、教育部、文化部、卫生部、公安部、最高人民法院、全国普法办、中宣部出版局、国家新闻出版总署、国家广电部、国家民族事务委员会、国家广播电影电视总局、国家广播电影电视部电影事业管理局、总后卫生部、国家知识产权局、国家林业局、中国气象局、国家食品药品监督管理局、中国外文局、科技部中国科技信息研究所、信息产业部电信研究院、财政部会计司、商务部新闻办公室、商务部外资司、国务院发展研究中心企业研究所、国家发改委中国宏观经济学会、国家发改委中小企业司、国家统计局农调总队、中国社会科学院财贸所、中华全国商业信息中心、中国科学院院士工作局、中国科学院学部工作局、吉林省人民政府、广州市人民政府、长沙市人民政府、厦门市人民政府、长春市人民政府、中共济南市委、济南市人民政府、石狮市人民政府、吉林省文化厅、福建省文化厅、共青团中央、全国工商联、中华全国妇女联合会、中华全国青年联合会、北京团市委、中国文联、北京市文联、北京市学生联合会、中华爱国工程联合会、中国房地产联合会、中国商业联合会、中国企业联合会、中国作家协会、中国记者协会、中国电视艺术家协会、中国科学技术协会、中华全国新闻工作者协会、中国女企业家协会、中国社会经济文化交流协会、中国企业家协会、中国服装协会、中国国际名牌协会、中国计算机用户协会、中国电影家协会、中国广告协会、中华留学人员创业协会、中国服装设计师协会、中国交通运输协会、中国摄影家协会、中国音协、中国保险行业协会、北京影视艺术家协会、中国舞蹈家协会、中国戏剧家协会、北京电视台影视中心香港影评人协会、中国乡镇企业协会、中国市长协会女市长分会、北京中关村高新技术企业协会、中国演出家协会、中国电影导演协会、中国大学出版社协会、中华全国体育总会、中国经济体制改革研究会、中国和平统一促进会、中国青少年发展基金会、中国国际友谊促进会、中国会计学会、中国注册会计师学会、老舍文艺基金会、中国企业文化促进会、中华医学会、中国铁道学会、中国儿童少年电影学会、上海宋庆龄基金会、中国电影基金会、上海文化发展基金会、中国企业管理科学基金会、中国小说学会、香港人力资源管理学会、台湾中华人力资源管理学会、台湾中华民国电影事业发展基金会、城市竞争力研究会、中华之魂社会公益宣传活动组委会、中关村电脑节组委会、中国信息产业商会、中国IT渠道专业委员会、中国电视艺术家协会主持人专业委员会、中国职业时装模特委员会、首届全国汽车模特大赛组委会、中国电影资料馆、中国作家出版集团、中心文化传媒公司、北京东方英才国际文化研究所、上海文广新闻传媒集团、青岛钢铁集团、普华永道、计算机世界传媒集团、新生代市场监测机构、国贸商城、中捷缝纫机股份有限公司、波士顿咨询公司、北京市电影公司、北京新影联影业有限公司、中国电影发行放映输入输出公司、中国电影合作制片公司、长春电影制片厂、北京市广播电视剧电影频道节目中心、香港电视广播有限公司、上海市演出公司、劳斯莱斯汽车公司、网大（中国）有限公司、中国经济改革研究基金会国内城市竞争力研究院、中国领导科学院、中国管理科学研究院科学学研究所、中国科学评价研究中心、中国高校发展指标课题组、中国电子信息产业发展研究院、北京文化发展研究院、搜房研究院、中国地产指数办公室、中国房地产TOP10研究组、中国社会科学城市发展与环境研究中心、东方宾利文化发展中心、中全联企业发展研究中心、华夏银行、中国外汇交易中心、上海证券交易所、深圳证券交易所、清华大学、北京大学、南开大学、北京师范大学、首都经贸大学、北京国家会计学院、上海国家会计学院、北京大学中国经济研究中心、北京大学企业管理案例研究中心、北京大学图书馆、北京大学现代广告研究所、清华大学房地产研究所、北京师范大学艺术与传媒学院、中共党校管理科学研究中心、北京高校图书馆期刊工作研究会、联合国教科文组织驻华代表处、全球竞争力组织、世界品牌实验室（WBL）、世界HR实验室（WHL）、世界金融实验室、世界经济论坛（WEF）、世界汽车研究院、世界地产研究院（World Real Estate Academy）、瑞士洛桑国际管理学院、亚太人力资源研究会、澳洲会计师公会、德勤会计师事务所

人物：

路甬祥：全国人大常委会副委员长、中国科学院院长、中国工程院院士，中共第十四届、十五届、十六届中央委员。

徐匡迪：全国政协副主席、中国工程院院士，现任上海市委副书记、市长。

杨海成：国家863/CIMS（计算机集成制造系统）主题专家组组长、国家制造业信息化重大专项组组长。

李培根：中国工程院院士、国家863机器人技术主题专家组成员、教育部高等学校机械学科教学指导委员会副主任委员，现任华中科技大学副校长。

倪鹏飞：中国社会科学院财贸所博士、联合国开发计划署“中小企业改革和发展”项目评估专家。

吕本富：著名互联网经济学家，中国科学院研究生院教授、管理学院副院长，兼任中国社会科学院互联网发展研究中心主任。

杨冰之：北京大学网络经济研究中心研究部主任，曾任电子商务研究室主任、信息产业报社总编辑、国务院发展研究中心信息网总编辑，主要研究领域为新经济和网络经济等方向。

方兴东：IT专栏作家，出版《起来——挑战微软霸权》等IT专著10部，被誉为“中国信息产业最具影响力的独立评论家”；中国“数字论坛”成员、“博客中国”发起人、互联网实验室（Chinalabs）共同创始人。

武书连：中国管理科学研究院科学学研究所研究员、中国大学评价和排名领域知名专家、《中国大学评价》课题组组长。

吕　嘉：中国管理科学研究院科学学研究所成员、广东管理科学研究院《中国大学评价》课题组成员。

郭石林：中国管理科学研究院科学学研究所成员、广东管理科学研究院《中国大学评价》课题组成员。

史蒂夫·福布斯（Steve Forbes）：美国人，福布斯总裁兼首席行政官、《福布斯》杂志主编。

胡　润（Rupert Hoogewerf）：英国人，英国注册会计师，曾任美国著名财富杂志《福布斯》中国地区首席调研员，目前的“新搭档”为国际著名传媒集团“欧洲货币机构投资”（Euromoney Institutional Invester PLC）。

媒体：

新华社、新华社广东分社、中新社、人民日报、光明日报、经济日报、法制日报、工人日报、解放军报、科技日报、中国教育报、中国青年报、中国妇女报、人民公安报、人民法院报、北京日报、南方日报、南方周末、广州日报、江门日报、中国经济时报、经济参考报、中国财经报、中国改革报、经济观察报、21世纪经济报道、中国经营报、中华工

商时报、中国企业报、中国乡镇企业报、中国税务报、民营经济报、财经时报、财富时报、城市金融报、金融时报、上海证券报、北京现代商报、国际商报、市场报、证券时报、证券日报、四川金融投资报、市场报、北京晨报、北京青年报、北京现代报、华商报、新京报、羊城晚报、南方都市报、华声报、新闻早报、三晋都市报、燕赵都市报、扬州日报、深圳商报、华夏时报、上海侨报、钱江晚报、中国消费者报、消费者日报、中国汽车报、中国旅游报、中国海洋报、中国知识产权报、中国畜牧报、建筑时报、中华建筑报、广东建设报、机电商报、文艺报、中华读书报、中国文化报、中国艺术报、中国图书商报、中国电视报、中国电影报、中国体育报、篮球报、体坛周报、服装时报、21世纪人才报、人才市场报、北京人才市场报、海峡生活报、健康报、健康时报、中国美容时尚报、中国中医药报、北京娱乐信报、城市信报、科学时报、中国电脑教育报、中国电子报、计算机世界报、电脑报、电脑商报、网络世界周报、中国计算机报、电脑商情报、科学时报·中关村周刊、中国计算机用户周刊、信息时报、中国高新技术产业导报、环球时报、半月谈、南风窗、新周刊、中国改革、中国农村、中国税务、财经、证券市场周刊、证券市场红周刊、香港财经文摘、个人理财、新理财、商业周刊、EC电子商务月刊、世界经理人周刊、当代经理人、经理人、IT经理世界、东方企业家、中国企业家、乡镇企业导报、中华英才半月刊、人物周刊、中国经济周刊、品牌、中国品牌、中国质量与品牌、成功营销、新营销、中国楼势、家用电器、网络传播、互联网周刊、软件世界、网络传播、微电脑世界、通信世界、科学学与科学技术管理、工程机械与维修、北京文学、读书周刊、上海戏剧、出版人、人之初、现代广告、共鸣、时尚、时尚·中国时装、白金、I LIKE、mangazine·名牌、Value价值、数字家电、新体育、篮球、电影双周刊、纺织信息周刊、北京青年周刊、明星Bigstar周刊、中国基础科学、中国高等教育评估、课堂内外、中国大学生就业、大学周刊、方圆法治、中央人民广播电台、中央电视台、中央电视台经济频道、中国教育电视台、北京音乐台、广东电视台、广州电视台、湖北电视台、旅游卫视、东方卫视、香港TVB电视台、香港电台、凤凰卫视、澳门卫视、MTV全球音乐电视台、环球财经、福布斯（中文版）、财富（中文版）、哈佛设计（中文版）、欧洲货币（中文版）、剑桥制造评论、世界商业评论、银行家、新财富、经济、环球、环球企业家

网站：

新华网、人民网、中新网、央视国际、百度、新浪、搜狐、网易、雅虎中国、腾讯、TOM、千龙网、和讯网、天极网、阿里巴巴、博客中国、卓越网、中国网、东方网、南方网、北方网、中国广播网、中青网、科技部网站、国家广播电影电视总局网、国家民族事务委员会网、中国法院网、国家地产网、中国人力资源开发网、中华英才网、中青在线、中华全国体育总会网、中华体育总网、中国高校网、中安网、中国知识产权局网、中国国际知识产权网、大洋网、百事音乐风云榜官方网、北京大学生电影节官方网、淘宝网、盛大网络、胡润在线、中国外资网、中华商贸网、中企联合网、金羊网、中华英才网、高考金刊网、中国公共安全网、中国企业网、厦门都市网、世界经理人网、中国家电网、中国眼镜在线、西部乳业网、生物谷、中国工程建设信息网、e-works中国制造业信息化门户网、网络世界CAD/CAM与制造业信息化、世界经理人网、数字家电、成功营销、中国基金网、中国金融网、搜房网、联商网、鼎智思维、计算机用户协会网、赛迪网、SPN-睿商在线、中关村在线、21CN旅游网、硅谷动力、IT168、中商情报网、中国公关网、太平洋电脑网、金山软件、目标软件、第九城市、光通通信、智冠电子、连邦软件、游戏橘子、奥美电子、17173、家用电脑与游戏、游戏基地、电脑游戏新干线、PChome网、eNet数码频道、中华行知网、中国旅游网、光线传媒、E视网、音乐365网、中华网、中国图书出版网、中国品牌家具网、中国创业招商网、世界商旅网、中国大夫网、anyp网、中国食品产业网、维普资讯网、通信世界网、ERP世界网、IT世界网、中华图书网、消费者服告网、21世纪会议网、绿色建材网、美国中文在线

中国排行榜年鉴编辑部
2005年6月8日

凡　例

一、为顺应排行榜事业的发展和人们对排行榜的要求，我们编辑出版了这本《中国排行榜年鉴（2005）》。该书旨在积累排行榜事业的研究成果，整合我国排行榜的经济资源，报道排行榜发布的基本信息，宣传排行榜中的焦点单位、焦点人物、焦点事件、焦点动态，并且通过排行榜全面反映我国社会、政治、经济、文化、科技等领域和谐发展的新情况、新特点、新问题，具有比较完备的传播功能、阅读功能和检索功能。同时，《中国排行榜年鉴（2005）》作为史料和工具书，可以“鉴往知来，总结探索”，并且承载着“资政、教化、存史”的重要功能，具有比较强的现实价值与历史价值。我们将逐年编纂，连续出版，使排行榜在我国的社会、经济活动中发挥愈来愈重要的作用。

二、本年鉴是排行榜的“百科全书”。她以排行榜为描述对象，客观、系统、翔实、准确地反映了我国各种排行榜的信息、状况、评论和社会影响。计有人物、新闻、法治、财富、城市、企业、品牌、金融、房地产、商务、IT、科技、高校、体育、旅游、娱乐、传媒、图书、职业、生活共20个领域。正文介绍各种排行榜近500个，附录介绍各种排行榜约60个。

三、本年鉴是我国排行榜产业的第一部编年史。依据年鉴的编撰体例，以2004年排行榜内容为主体，既有“榜单”的介绍，又有相关材料的链接；既有“入榜”理由的陈述，又有排行榜制作单位的说明。

四、排行榜产业在我国是新兴的、发展中的产业。排行榜活动的多样性、名称的非同一性、组织实施的非规范性，使选择排行榜的内容出现了困难。实践中存在这样几种情况：（1）明确命名的排行榜，如“企业排行榜”、“财富排行榜”、“音乐排行榜”、“图书排行榜”等；（2）明确排名的排行榜，如“中国十大法制事件”、“中国企业100强”、“中国大学100强”、“十大新闻”、“十佳城市”等；（3）明确意义的排行榜，如“中国最具经济活力城市”、“中国最具价值的企业”、“中国市场最具成长性的品牌”等；（4）实际结果的排行榜，如“中国房地产创新100”、

"中国大学入学难度系数情况一览表"、"中国大学生就业首选企业"、"中国证券市场成长奖"、"首届中国经济学杰出贡献奖"等。即通过正面宣传,具有激励意义,产生事实排名结果的社会、经济各个方面信息,是本年鉴关注的基本元素。

五、考虑到排行榜发布的实际情况,也考虑到年鉴编辑的文体与风格,还考虑到突出排行榜的价值性、规范性、社会性和连续性,我们力求在对 2004 年的排行榜进行回顾和总结的同时,还把目光锁定在关于这一年的各种排行榜的分析与评论上,为读者展示某些排行榜的制作背景,进而从这些不同排行榜中找到它们的相同之处,从类似的排行榜中发现彼此的差异,从比较中探索排行榜的内在规律,使排行榜成为真正意义上的排行榜,成为人们可以借鉴和信赖的排行榜。

六、排行榜有时被赋予了一种普遍化的游戏或愉悦的功能。这是我们应该注意的。在本年鉴中,我们增加了图片的分量,试图用一种直观的形式来说明事实并辅助文字加大感染力;为了增强本年鉴的文化底蕴,我们试图用一种既真实又感性的手法来记录历史的进程,以期做到图文并茂。

七、本年鉴的"榜单",按排行榜内容的基本地位和顺序排列。属于"人物"的排行榜,归纳到"人物"大类;属于"企业"的一般归纳到企业,考虑到某些企业的特殊性,我们又分设了"金融"、"房地产"、"商务"、"IT"、"旅游"等大类。敬请广大读者在检索时注意。

八、本年鉴分为三大部分。总论部分,主要是排行榜阐述和评论的有关文章;排行榜介绍部分,主要是各种各样排行榜总览;附录部分,主要是国内外有关专题排行榜的介绍。

榜说天下——社会现象的信息平台

白　秋

今天的社会，是一个信息技术和高新技术高度发达的信息社会。信息的大爆炸，使人们对信息的关注变得有所选择。于是，人们常常陶醉于经过筛选、提炼和加工了的排行榜信息。排行榜作为一种文化媒体，传递的通常是受众关注的热点、焦点、看点。其涉及我国的各个领域和生活的方方面面，从而比较全面权威地反映社会变迁和发展情况。

排行榜把无人问津的枯燥无味的数据，幻化成万人瞩目的“趣味数字游戏”。毫不夸张地说，它已经日益成为了社会现象的信息平台，更逐渐形成了一种鲜活的排行榜文化。而这种文化也将在未来的社会发展得更加迅速全面和广受欢迎。

《财富榜》，老百姓津津乐道的“金钱榜”

“金钱是一种微妙的武器”。我们每一个人都希望在这个世界上找到一条最佳的发现金钱的捷径。我们谈论金钱，我们关注与金钱有关的每一条消息。但这些消息从哪里来呢？人们把目光锁定在了一年又一年的“财富榜”上。

一提到“财富榜”，我们就不得不谈谈美国的著名杂志《福布斯》。《福布斯》创刊于1917年，其创制的“富豪排行榜” 每年都能吸引全球的目光。20世纪90年代后，《福布斯》一直密切关注中国的改革开放，通过其传统的财经人物报道反映中国的经济发展进程。《福布斯》在中国刮起的最大最有影响力的旋风，是2000年推出的 “中国50富豪排行榜”。该榜由在中国工作的英国人胡润负责编制完成，它毁誉参半，但影响巨大。中国的先富一族从此浮出水面。也是这家《福布斯》杂志，还年复一年地公布“年度世界富豪排名榜”。在世界富豪的榜单中，一般包括中国大陆最富有的50人。负责制作这个排名的有关工作人员强调说，这些上榜富豪虽然称不上艰苦卓绝，但他们显然是中国大陆富豪中的翘楚。

这大概也是到目前为止最权威的中国大陆富豪排名。胡润和《福布斯》也因此在中国家喻户晓。此后，有关财富的排行榜，也变得名目繁多。胡润是为中国富翁排名做出最多努力的人，而且还要承认，在缺乏私有财富感觉、没有透明财富体制的中国制作这样一个排名，即使对国外著名财经杂志来说也绝非易事。

事实上，在国外，由财经杂志评选富豪排行榜已经有近一个世纪的历史。其实，一般美国人也不是特别在意数字的准确性，公众关心财富话题，媒体就宣传财富排名，这里有一定的游戏性质。从权威媒体提供的排行中是可以分析出许多趋势性的东西的。抛开财富额和具体的座次，花一些心思就会发现《福布斯》中国50首富榜提供的其他一些数据之间的关联。继续研究下去，把它们在不同年度间进行比较，相信还会有许多很有趣的发现。这些发现，对于国人财富观念的培育，对于社会经济的和谐发展，是有积极意义的。

在《福布斯》上，我们看到了荣智健。荣智健是少数在国际社会拥有影响力的中国企业家之一。在投资香港蓝筹股的基础上，荣建立了中信泰富，并在中国，尤其是在上海，成为项目规模最大的金融家。中信泰富继续进行着多元化发展，在钢铁和网络游戏方面加大投资。中信泰富是百富榜上销售额最大的企业。政治上，荣智健已经连续4届当选为全国政协委员，他的父亲荣毅仁更是中国最有名的“红顶商人”。荣智健在富豪榜的地位，是有典型意义的。

我们还看到了鲁冠球。鲁冠球是中国民营经济的风向标人物。在2004年的宏观调控中，他代表民营企业向总理进言。万向持续多年保持民营企业的龙头地位，无论是销售额、纳税额还是员工数量，都遥遥领先。它很早就投身中国迅速成长的汽车工业，并且是最早摘掉“红帽子”的企业之一。它既是国内最早的上市企业之一，也是最早走向国际化的企业之一。在过去20年中国经济发展的各个转折时期，鲁冠球都走在最前沿且走得很好。鲁冠球在富豪榜的地位，折射出民营企业在现代中国经济中的地位。

从一个计划经济体向一个市场经济体转型，是我们这个国家最有前途的事业。富豪的诞生，正是这项事业的标志性景观之一。在一个市场经济国家，富豪的诞生，是全社会选择的结果。从此种意义上，富豪的财富，正是市场中人也就是我们对其资源配置能力的一种定价。我们想说的是，富豪不是我们——普通人甚至穷人的对立面。在一个拥有公平、有效的“富豪形成机制”的社会里，也就是说在一个谁资源配置能力更强谁就拥有更多资源的社会里，普通人和穷人会有更多更好的机会——享用更多更好的产品和服务的机会，更多更好的工作和投资机会。

《职业榜》,人们生存与发展的"选择榜"

马克思在论及职业选择时，曾写过一段令人难忘的名言:"能给人以尊严的只有这样的职业——在从事这种职业时,我们不是作为奴隶般的工具,而是在自己的领域内独立地进行创造。"马克思的这段话在我们选择职业时给予了以下两点启发:

一、可以"独立地进行创造"的职业才值得选择——如果仅从这种职业的社会贡献角度去认识它是远远不够的。在这里,马克思强调的是职业要能给人以尊严。我们以为,给人以尊严的职业,是与人的生命的本质和高级需要的满足直接相关的。生命的存在,也是通过个体与环境的能量交换,并以个体独立的方式,内在地完成新陈代谢这一生命物质转换的创造过程。

二、马克思提出了一种新的择业市场。这对今日中国,在主体可以作出自主的职业选择的今天，具有更加重要的意义。《中国排行榜年鉴(2005)》中的"职业排行榜",具有比较好的"选择"价值。

市场经济的直接结果，是人的职业市场化。"铁饭碗"、"铁交椅"、"铁工资"在成为历史的同时,新的职业观开始影响社会的方方面面。市场化,挑战着千百年来人类赖以生存的形形色色的职业,给予人们相当充分地分析职业、研究职业、选择职业的平台与机会。"职业榜",在一定程度上反映了职业的 "生命周期"; 也在一定程度上反映了人们的"职业期望";还在一定程度上反映了社会的"职业趋势"。可见,"职业排行榜"是职业发展的必然产物。

我国的基本国情是人口众多。"求职之路难，难于上青天"是很多求职者的感叹。许许多多的求职者,在增加自身含金量的同时,也要摸清人力市场行情,为自己选个好职业。今年,哪些职业较为热门?它们的职业前景如何?各路职场专家根据市场的供求情况、社会变化发展的情况,对职业做出点评,将职业进行排行,这个榜对广大求职者一定有所帮助。

毋庸置疑,通过这些权威的《职业榜》,我们可以摸清人力市场行情,为自己选个好职业,并作好职业规划。那些市场的弄潮儿则可以从中掌握各个职业的发展前景,做出一些适合自己的职业发展规划，为他们的创业提供比较权威的参考。总之,《职业榜》是一个实用的榜。大家从职业榜中各取所需,充分利用它给自己帮助。

《知识榜》,学习革命中的"奋斗榜"

知识经济的时代,学习是永恒的。知识经济(Knowledge Economy)一词,是在 1997 年联合国经济发展组织所作的年报《知识经济的时代已经来临》中明确提出的,并且引起了经济界和工商企业界的普遍关注。人们普遍认为,知识经济是建立在知识和信息的生产和分配的使用之上的经济,它是继农业经济、工业经济之后的新型经济。二次世界大战以来,以制造业为主体的工业经济在达到巅峰之后,开始进入徘徊期,而以教育、科研信息业为主体的经济形态则展示出强劲的发展趋势。知识密集型的产品在国民经济中已占主导地位,发达国家国内生产总值(GDP)的 50%以上来自以知识为基础的产业。其中以软件业、通信业、服务贸易业为代表的知识产业的发展,突飞猛进,冲在了其他产业的前面。

围绕知识经济的建立与发展,人们提出了"学习的革命"的命题。同时顺应时代的浪潮，产生了许许多多的"教育榜"、"学习榜"、"读书榜"、"科研榜"……

以"2004 年十大财经图书榜"中的两本书为例,它们给我们的启示是多方面的。

《重新想象:激荡年代里的卓越商业》之所以名列榜首,主要原因是其作者汤姆·彼得斯坚信：所有的创新不是来自市场调查,也不是来自个别人的创作加工,而是来自那些被激怒的人们。他通过这本书表达了自己的观点:商业很残酷。商业是创造,是发明,是增长,是服务。商业的最大贡献是使我们的生活水平达到了前所未有的高度。

曾风靡一时的《领先之道》丛书,通过介绍 5 个中国行业 20 年中的先锋企业的先进经验来赢得读者。中国 20 年短暂的企业运作经验,诞生了一些各方面突出的"领头羊"。该书正是在对这些先锋企业(宝钢、海尔、TCL、联想、华为)的调查研究基础上著作而成的。或许有人指责某些资料繁琐陈旧,但该书无疑称得上中国商业策略研究的先河之作。有人带头做了这件事,这本身就非常值得关注和赞赏。只有我们自己企业的故事才能对我们有更多的感化和吸引力,因为它们的故事就发生在我们身边。我们需要静下心来研究和学习自己先锋企业的特点和成功经验了。

《旅游榜》,我国新兴产业的"资源榜"

你爱好旅游吗?无论答案与否,看看各国的《旅游榜》都是必要的!因为它们不仅仅提供了很多旅游的信息,而且还起到了实用的指南作用。

美国《国家地理旅行家》杂志花了两年时间评选出 50 个"一生中必须看一次的地方",为旅游爱好者推荐了 50 个"必去"的旅游胜地。该杂志编辑贝洛斯说:"从 500 个候选地点中挑选出了现在的这 50 个地方(加上外太空这个额外赠送的目的地),成为每一个地球人穷尽一生的梦想。可以说,这 50 个地方的选取没有任何的科学理论依据,因而也存在着巨大的争议。但我可以确认的是,这份名录是绝对经得起考验的。当你到那些地方时,每一处都会令你留下终生难忘的深刻印象。”

而中国《旅游榜》是要告诉全世界的人们，作为文明古国的中国有着自己独特的旅游经典路线和景点。中国《旅游榜》介绍了“2004中国十大旅游城市”、“2004中国十大商务旅游热点城市”、“国家4A级旅游景区”、“全国红色旅游经典景区”、“中国十大旅游胜地”、“秋季十大登山好去处”、“中国十大徒步景区”等。

我们意识到，中国正在向旅游大国发展。据世界旅游组织透露，中国旅游业2004年排名世界第五。中国拥有960万平方公里的辽阔疆域，是一个旅游资源十分丰富的国家：壮丽的山河，秀丽的湖泊泉瀑，雄伟的古代建筑，奇特的动植物和数不胜数的名胜古迹，可谓自然景观与人文景观交映生辉。众多的世界自然与文化遗产也都闪烁着中国人民的智慧和勤劳的光芒。身临其境，怎能不令人感到从未有过的身心陶醉，领略到中国独具特色的历史与文明。

《生活榜》，老百姓过日子的“明白榜”

“生活排行榜” 也许是所有排行榜中最具有普遍意义的。俗话说，“不怕不识货，就怕货比货”。作为一般的消费者，我们没时间做那么深入全面的比较，但各种各样“生活排行榜”，为人们提供了选择的参考依据。

在品牌制胜的年代，选择品牌常常是人们基本的思维方式。生产者以消费者为中心，从产品的设计、材料、工艺、质量以及服务诸多方面塑造品牌。消费者常常从品牌价值、品牌质量、品牌价格、品牌影响力等方面进行“品牌消费”，于是，就产生了品牌上的“马太效应”，愈是“上榜”品牌愈有市场，愈有市场愈是“榜上有名”！“榜上有名”，常常是生产者艰苦奋斗的结果，是市场优胜劣汰的结果，是消费者“用脚投票”的结果。人们需要理智地生活，就需要科学的生活信息，“生活排行榜”就具有这样的功能。

我们追求的“小康社会”，是人们的物质生活和精神生活达到一定水平的社会。排行榜的制作者，与时俱进，特别关注人们的生活质量、生活志趣、生活追求和生活时尚，从最基本的生存需要，到高层次的发展需要，都设计、发布了各种《生活榜》。各具特色的《生活榜》，明明白白地介绍了一些有价值的生活信息，举凡医疗信息、美容信息、保健信息、投资信息等等。

从“生活排行榜”中我们不难看出，平时深受老百姓欢迎的生活消费品品牌一定排在榜的最前面；而那些质量服务不太好，美誉度差一些的产品果然在榜上落后不少名次。这就是“生活排行榜”对市场情况实在和权威的反映。所以，毫不夸张地说，它是产品质量和服务的风向标。

通过上述几大具体榜单的介绍，我们更加确定如今的排行榜已经不仅仅是社会各方发展的探测器、个人财富人生的助推器，而更应该说是社会现象的信息平台——这，也许才是“榜说天下”的真正社会意义。

从“排行榜现象”到“排行榜产业”

蔡大仁

排行榜作为一种商业信息的出现，在不知不觉中已逐渐发展成为一种经济传播形式，而其成为信息文化产业中的一个新兴品种，仅仅只有十几年的时间。以“富豪榜”为例，2000年《福布斯》杂志推出“中国50富豪排行榜”，这是由商业机构首次在中国推出的排行榜，此后国内各种媒体纷纷推出本土类似版本，其中《财经》和《新财富》等杂志推出的本土“富豪榜”已产生一定影响。大量媒体的介入，并以排行榜为题材，不断细分排行榜市场，开发新的排行榜品种，大张旗鼓地将排行榜进一步推向市场，逐渐体现出排行榜的“生产性”、“商品性”、“规模性”、“求利性”和“组织性”，也就是产业化特征。根据初步统计，目前在中国以市场研究为主业的调研机构已有1500家左右，形成一定规模的有400-500家，规模较大的机构近50家，他们或者是排行榜的制作者、发布者，或者是排行榜的推动者、传播者。从“排行榜现象”的出现，到“排行榜产业”的形成与发展，这些已成为我国社会经济发展值得关注的热点问题。

市场经济是排行榜产业发展的“催化剂”

美国花旗银行前总裁活尔特·里斯顿说：有关金钱的信息就像金钱本身一样重要。从20世纪80年代开始，世界亿万公众都在关注比“金钱”更重要的信息——产业的演变。这不仅仅是因为世界权威的产业研究咨询机构不时发布产业发展演变的信息，使现代“产业神话”和现代“金钱神话”

成为人们常说常新的“时髦话题”。更多的原因在于人们在“财富效应”的激励下，“产业”已经从经济学教科书中“跳”进了市场经济的海洋，成为亿万人民群众实现自我价值、创造财富和提升财富的工具。

如同半个世纪以前，人们没有清晰地认识到以计算机为代表的信息产业会成为当今世界最巨大的“财富机器”一样，我们万万没有想到当年的“房产科”或者“修缮科”这样的服务性小作坊，可以演变为今天的房地产集团，或者地产开发总公司一类拥有百亿资产的“支柱产业”，不敢相信一平方米的房价达到一二万元，更没有想到人们会把十几万甚至几十万的人民币花在房子的装饰上，以房地产为主体的产业群，正在改变我国的社会经济地位，改变着人们的生活质量和投资观念；没有想到旅游业会成为我国许多地方的“摇钱树”，特别是它如此强有力地推动着交通运输业、酒店业、商业服务业等“上游产业”和“下游产业”的大发展，使旅游成为许多旅游资源丰富的地方的支柱产业。据有关资料称，杭州市的旅游年收入达到几百亿元，大大超过钢铁、服装、食品、家用电器等“超级制造业”的经济收入；当然也没有想到传媒业的巨大发展，年收入在上亿元甚至几十亿元的电视台、报社和杂志社不在少数。可见，市场经济是产业发展的“催化剂”。有需求，就有市场；有市场，就会产生新的产业。这是产业形成与发展的一般规律。

这里所说的“产业”，按照经济学理论的界说，就是指生产同一性质产品或劳务，是基于使用价值来理解的，如工业产品、农业产品、商业服务、邮电服务、教育服务等。按大的分类，就是大的集合体，如社会生产就有工业、农业、商业、文化、教育等产业部门。当然，产业集合体是有一定结构条件的。就是说，作为一个产业部门有很多基本单元。这些基本单元根据一定的条件而构成一个产业部门。这些条件就是集合体诸元素之间存在的共同性，归纳起来有如下几点：(1)生产性。所谓生产性，就是创造财富的活动功能。(2)商品性。生产的产品和提供的劳务都不是自身消费，而是用来交换。这就决定了其社会性质，不存在无偿供给的消费品。(3)求利性。所谓求利性，就是通过生产产品和提供劳务获得尽可能多的经济收益，以实现职工劳动的价值，并实现产业的发展。(4)组织性。每个产业集合体的基本单元，都是有机组成的小集合，或者说是一个系统的子系统，因而才能形成某种产品的生产能力与一定规模，或者形成提供某种劳动服务的能力与一定规模。生产社会化的规模越大，社会化的程度越高，这种集合体的内部构成有机性就越强，组织越严密，联系和制约就越复杂和强化。

严格意义的排行榜经济的发源地是美国。他们通过强大的舆论机器和严密的组织程序，使排名商业化、市场化。企业的排名、财富的排名、品牌的排名、电影的排名、歌曲的排名、产品的排名等等，一方面是被排名者财源滚滚，名利双收；另一方面，制作、发表榜单的部门也扩大影响，提高了市场知名度。一年一度的“财富榜”、“企业榜”、“银行榜”、“名人榜”等等，已经成为美国《时代》周刊、《财富》杂志和《福布斯》杂志的“拳头产品”或者品牌栏目。毫无疑义，名目繁多的排行榜，对杂志的发行量、广告收入、社会影响等经济效益、社会效益是有巨大推动作用的。

我们注意到，“奖励”也是一种排名，甚至是社会参与性极强的排名。从一般意义上看，奖励最终是一种经济行为。人们从奖励中得到了经济利益，常常会以更高的经济热情回报到社会经济活动中去。在排行榜经济盛行的情况下，“奖励”已经从管理手段演变为经济活动，并从企业内走向了社会，从少数国家走向了世界。“福特汽车环保奖”是世界上规模最大的环保奖评比活动之一，授奖活动遍及50多个国家和地区，其前身是1983年在英国首次发起的“亨利·福特环保奖”，其宗旨是鼓励各阶层人士积极参与有助于保护本地环境和自然资源的活动。在过去的20多年中，遍及全球五大洲62个国家和地区的超过12万个团体和个人加入到了此项活动中。“福特汽车环保奖”于2000年首次进入中国，每年颁发奖金100万人民币，至今成功举办了5届，已经成为中国国内规模最大的由企业举办的环保大奖。“福特汽车环保奖”秉承福特汽车公司做“优秀的企业公民”的理念，扎根中国，回馈社会，旨在表彰和鼓励国内民间团体以及个人自发的环境保护项目和促进提升公众环境意识的环境教育项目，并为获奖项目的可持续发展提供一定的资金支持。

排行榜经济是一种注意力经济

最早正式提出“注意力经济”这一概念的是美国学者迈克尔·戈德海伯。1997年他在著名的《HOT WI RED》上发表了《注意力购买者》一文。文章指出，在互联网时代，信息非但不是稀缺资源，相反是过剩的。相对于过剩的信息，只有人们的注意力才是稀缺资源。他进而指出，目前正在崛起中的以网络为基础的“新经济”，从本质上说就是“注意力经济”。在这种状态下，最重要的资源既不是传统意义上的货币资本，也不是信息本身，而是注意力。所以，“注意力经济”指的就是在网络时代，产品、信息的提供者为了推出自己的产品和信息而千方百计地获取和保持消费者的注意力的一种经济态势。

排行榜就能获取和激发人们的注意力。人们常常发出这样的疑问：为什么一本《财富》杂志能把世界300多家企业的老板邀到上海，3天的广告发布就赚了1000万元？为什么一集《还珠格格》播映权卖了58万元天价，48集卖了2700

多万元,10个省就可卖2亿多元?为什么雅虎、搜狐等公司几乎是一夜之间在网上形成几十亿美元的资产?我们的回答是:排行榜形成注意力,注意力产生财富。《财富》是世界最有影响力的财经杂志之一,不信,看看排行榜;《还珠格格》是最受观众欢迎的电视剧之一,不信,看看排行榜;“雅虎”、“搜狐”是点击率最高的著名网站之一,不信,看看排行榜。结论是明显的:“在新的经济下,注意力本身就是财富”;“现在金钱开始与注意力一起流动。或者更通俗地讲,在经济转型之际,原有的财富将更自然地流向新经济的持有者”;“注意力形成经济,争夺眼球形成竞争”。1996年英特尔前总裁葛鲁夫就提出:争夺眼球的竞争。他认为:整个世界将会展开争夺眼球的战役,谁能吸引更多的注意力,谁就能成为21世纪的主宰。

《汽车族》杂志的发展,就是一个比较典型的例子。为了提高杂志的影响力,杂志社举办了“中国年度车型”评选活动。这个活动是典型的“汽车排行榜”经济活动,在私家车获得大发展的今天,活动的效果是特别理想的,既扩大了杂志的发行量,又提高了杂志的广告收入。数据表明,《汽车族》自2000年创刊,杂志的发行量从开始的5万份发展到2005年的21万份,广告收入从2000年的300万元提升到2005年的近2000万元,创造了引人注目的成绩。在这里,所谓注意力,是指人们关注一个主题、一个事件、一种行为或多种信息的持久尺度。我们可以把人们关注信息和事件等的接受端提取出来加以量化,这种量化会形成一大笔无形资产,因而就具有价值。现在世界上的信息量是无限的,而注意力是有限的,有限的注意力在无限的信息量中会产生巨大的商业价值。

排行榜产业的发展说明,注意力经济的到来要求经营者学会竞争眼球的高超艺术。注意力是人们不可转让的权利,注意力表达的是人的兴趣、爱好、愿望、关爱等,它属于个人的潜在意识倾向。因此,要捕捉人们的注意力,关键是要关注人们的意愿、倾向、心情、嗜好等等。这就要求不论是新闻媒体、互联网络,还是广告、艺术、文学等作品,首先要文化创新,且不仅要形式创新,更要内容创新。

“注意力经济”中的企业生存模式是:获取消费者的注意力,把注意力转化为经济利润;保持消费者的注意力,获取社会影响和巨额利润,发展壮大企业,获取更多的注意力。其中,获得经济利润是一个基本行为,获取社会影响和巨额利润是一个长期行为。随着企业越来越壮大,企业将获得更多注意力。所以我们对排行榜经济的理解是,排行榜应该是一种通过树立影响力、树立权威性既而发展成一个全新的注意力经济的经济形式。

排行榜产业是提高国家竞争力的富国强民的事业

对教育、人物、事件、地区发展进行排名是个古老的行为。可以毫不夸张地说,当人类有了“数”的概念后,人们就有排名的行为了。但是,把“排行榜”当作一个事业或者产业来进行,是中国融合在经济全球化的大背景下开始的。当我们把目光定格在世界经济、世界企业、世界银行、世界产品、世界品牌、世界富豪、世界教育、世界军事、世界出版等主题时,就开始比较中国的经济、企业、银行、产品、品牌、富豪、教育、军事、出版等领域在世界的位置,或者与世界的差距;就开始研究各个领域具有中国特色的排行榜。

自1985年《中共中央关于教育体制改革的决定》提出“对高等学校的办学水平进行评估”后,中国学者开始了对中国大学排名的探索。1992年国务院批转的《国家教委关于加快改革和积极发展高等教育的意见》中的要求“社会各界要积极支持直接参与高等学校的建设、人才培养、办学水平和教育质量评估”公布后,民间的大学排名开始活跃起来。自1987年中国管理科学研究院科学学研究所发表中国第一份民间大学排名,至2000年广东管理科学研究院发表《中国大学评价-1998》,中国共有13个单位发表了30个大学排行榜,足见其热度之高。与此同时,排行榜在娱乐业也获得了快速的发展。如北京音乐台推出的“中国歌曲排行榜”、“全球华语排行榜”、“中国歌曲排行榜海外榜”,做得都很有特色。其中的“中国歌曲排行榜”,从1993年开始,到现在已经走过12个年头,“中歌榜”也从当时连一个小时节目内容都凑不齐的窘境,发展到现在每天有好几个小时的节目。1993年5月24日播出第一期节目时,全国只有珠江经济台有排行榜,所以“中歌榜”应该算是北方地区的首家了。很多优秀作品如《蓝蓝的夜蓝蓝的梦》、《小芳》、《千万次地问》、《雾里看花》等都通过该榜家喻户晓,节目播出不到半年,其收听率在北京人民广播电台就仅次于《北京新闻》,排到第二位。

排行榜现象发展成为排行榜产业,最根本原因在于人们对有效信息的需求,即排行榜的商品性。在经济日益发达的今天,资讯的迅速发展导致了一种膨胀的现象:来自各个领域各个层次的信息毫无秩序地涌向公众,而公众的时间和精力都是宝贵和有限的,从而出现了整理资讯的需要,于是诞生了排行榜。例如,对于那些需要发展或正在发展的制造业企业,通过“中国制造商500强”排行榜,就可以看到中国领先制造业企业的发展状况,可以对中国制造业的行业概貌和发展趋势有准确的把握,可以看到阻碍制造业健康快速发展的相关因素,从而找到相应的对策。排行榜产业化更直接的原因是各个产业的蓬勃发展决定了排行榜产业的出现和发展。排行榜产业发展的推动力是社会对有效信息的需求，而全社会的信息需求是与国民经济及各产业的发展紧密相关的。大家都想清晰地看到自己在同类组织中处于一个怎样的位置，加上各个行业的发展带来的行业排行榜的发展，就逐渐形成了以排行榜为核心的经济链。排行榜传播载体的飞速发展更是巩固了这一经济链。最初，排行榜多是登在杂志上，受众有限；而如今随着互联网、电视等媒体的飞速发展，排行榜的传播载体也空前多样起来。排行榜产业受众的日益广泛，媒体的发展功不可没。从作用来说，排行榜对于树立企业形象，提高知名度和促进产品销售有着特殊作用，它正在以其特有的方式加速着各行各业的优胜劣汰，并在某种程度上左右着人们的价值判断，这是商品的逐利性，也是排行榜的特性。

我们在看待排行榜产业化的时候，可注意到排行榜正日益规模化、科学化和规范化。中央电视台举办的“2004CCTV最具经济活力城市评价体系”，是一个有力的说明。其中的评价标准规定：城市经济活力是指一个城市经济所具有的旺盛的生命力；本次评选将以城市经济发展现状、未来的成长空间、全面协调可持续发展等方面的若干指标为评价标准，进行综合评定。评价范围规定：国家民政部公布的中国地级以上城市，都在被评价范围；由于经济发展的特殊性，直辖市、港澳特区、台湾地区城市不在此次评价范围之列。评价方式规定：基础数据、专家意见、电视调查、专项问卷调查、观众意见相结合，由城市中国组委会依据上述结果综合评定。基础数据规定：国家统计局提供城市经济发展的相关数据。专家意见规定：城市中国组委会专家评委对于城市经济活力主观指标判定结果。评委成员100名，由国家有关部委专家、社会知名人士、经济学家、社会学家、城市学者、环境专家、大学教师、财经记者等人士构成，主要来自国家建设部、国家发改委、国家统计局、国务院发展研究中心、国家环保局、中国社会科学院、北京大学、人民大学、城市经济发展研究机构、国家主流媒体、地方媒体等单位。其中，30位核心专家负责重要问题的咨询，审定评选标准，进行城市提名，评定相关奖项。其他评委参与专家主观标准部分的问卷调查。电视调查规定：《经济信息联播》、《经济半小时》等栏目对候选城市相关问题进行电视采访和体验。专项问卷调查规定：由国家统计局对提名城市的地方企业家、本地居民、暂住居民、城市农民工，进行专项问卷调查，调查结果对评价结果产生直接影响。

在提倡人本主义的时代，评选杰出人物，产生光彩夺目的人物榜，是提升全民族素质的需要。2005年3月24日，被誉为中国经济学“诺贝尔奖”的首届中国经济学杰出贡献奖揭晓。薛暮桥、马洪、刘国光、吴敬琏4位经济学家获此殊荣。作为中国目前最高规格的经济学奖项，中国经济学杰出贡献奖是目前国内第一个亦是惟一一个授予个人、对个人长期成就进行奖励的经济学奖项。该奖项从动议到首届颁奖，经历了约10年时间的酝酿及推动。首届奖励对象是自1978年以来，将经济学理论与中国实际相结合，对发展和改革重大政策制定做出杰出贡献的经济学家，某种程度上是入选经济学家的终身成就奖。为推动这一重要奖项的评选工作，中国宏观经济学会和中国经济体制改革研究会共同组成了中国经济学奖管理委员会，聘请了133位国内经济学家和经济专家组成了中国经济学奖专家委员会。该奖评选参照了“诺贝尔经济学奖”评奖程序，根据专家委员会推荐，共有53位学者获得提名，最终4位经济学家摘取大奖。

中央电视台“感动中国”评选委员会推出的“2004感动中国年度人物”的影响力同样是排行榜的重大题材。中国女排、刘翔、任长霞、明正彬、袁隆平、徐本禹、田世国、梁万俊、孙必干、牛玉儒、桂希恩，以自己的崇高思想和光辉成绩感动了整个中国。数字表明，“从2005年1月3日到1月15日，仅仅12天的投票期限内，网友、观众和读者的总投票数达到90万张。如今《感动中国》单一节目广告标的金额就达到了1450万元。这两个数字说明了‘感动中国’在人民群众和企业界人士心目中的地位。”《感动中国》节目的总策划、中央电视台新闻评论部主编朱波回忆起2003年第一次评选的情况。当时活动是以“《东方时空·东方之子》特别节目”的形式在中央电视台第一套节目的黄金时间播出，没有一个贴片广告。如今《感动中国》因为节目强大的影响力和震撼力，已经成为中央电视台最有影响力的品牌节目之一。

在我国，严格意义的“排行榜产业”才刚刚起步。涉及“排行榜产业”的基础理论与方法，排行榜评选的范围、原则、指标体系、组织领导，排行榜数据的客观性、公开性、公平性，排行榜排名的科学性、权威性、规范性和可推广性，以及排行榜的行业比较、地区比较、国家比较，都需要在实践中不断完善。

提升竞争力——排行榜的社会功能

勤 奋

"It is better to be the first than to be better." 这是出自里斯·特劳特的《二十二条商规》中的一句话。多年来,人们一直将它信奉为市场的领袖法则和商场的经典语录。借用到排行榜产业中,我们可以将之理解为:排名不但要榜上有名,而且还要雄踞榜首!"最"、"大"、"强"、"佳" 永远是参评对象不变的追求和激励自己向上的力量。

竞争力——排行榜的核心标准

综观中国目前的排行榜产业,大大小小的榜单、林林总总的评选如雨后春笋般涌入人们的视线。"十大明星"、"百强企业"、"最具价值品牌"、"最具竞争力城市" ……排行榜盘踞了报纸、杂志、电视、网络的某些醒目位置,渗透进了大众生活的方方面面。仔细观察这些排行榜我们不难发现,它们虽然打着各种各样的旗号,但大致可以分为以下两类:一类是由财经杂志等媒体评选发布的,入选对象多为企业和个人,参评标准多为实际的财富经济实力或现金。例如《福布斯》的"富豪榜"、"名人榜"、"全球企业 500 强"等。另一类则是一些研究机构的调查研究成果,多将国家和城市作为评选对象,而且选择的标准也较具综合性,不能一言以蔽之。如中国城市竞争力研究会发布的"中国城市竞争力排行榜"和瑞士洛桑国际管理学院推出的"主要国家与地区国际竞争力排行榜"。

但是无论将排行榜怎样地分列开来,它们都是围绕着一个永恒的核心标准,那就是——竞争力。1980 年世界经济论坛(WEF)和瑞士洛桑国际管理发展学院(IMD)首次提出竞争力评价的问题。随后,美国哈佛商学院教授波特在《国家竞争优势》中指出"国家的竞争力是社会、经济结构、价值观、文化、制度政策等多个因素综合作用下创造和维持的。在此过程中,国家的作用不断提升,最终形成一个综合性的国家竞争力。"这就是波特著名的"钻石模型"。

随着竞争力理论的兴起,通过竞争力诠释国际、国家、区域和企业的发展渐渐成为经济学家、行政官员、企业家关注的新焦点。在媒体的推波助澜下,排行榜因需而就,应运而生,产生了不可估量的影响。

排行榜——提升竞争力的平台

排行榜从实质上讲是一个展示参评对象的平台,它展示的是数据,是排名,更是观念。这种观念所带来的指导和借鉴作用是巨大而深远的,它所产生的社会影响力可以激励先进,鞭策后进。如果用一组比喻来形容排行榜的社会地位,那么它就好似历史的坐标,在一日一周一月一年的累积中,见证着市场的变迁,引导人们去分析、认识、评论和思考;它也犹如市场消费导向的灯塔。标杆市场的影响力与辐射力很强,它以专业的眼光对市场上数不胜数的项目去粗取精,将真正的高品质展示给消费者,从而起到有效引导市场,规范竞争的作用。

的确,一个科学、公正的排行榜,不仅能直观地反映上榜者的实力和位置,增加成功的机会和信心,而且还能为同行提供竞争的目标和动力,启发更好的决策和行动,这无疑有助于成员对象自身素质和综合竞争力的提升。

以企业为例。毋庸置疑,竞争力是企业活力的核心与基础,它能给企业带来无限的竞争优势。于是,如何全面发现、构筑企业强大的核心竞争力,已经成为企业发展的战略指向。随着 WTO 实质性的开放,国内市场国际化趋势更加明显,准确的市场定位成了企业提升竞争力的重中之重。《哈佛商业评论》认为"就短期而言,公司产品的质量和性能决定了公司的竞争力,但就长期而言,起决定作用的是造就和增强公司的核心竞争力"。索尼公司的核心能力是 "迷你化",它给顾客的核心利益是好携带;联邦快递的核心能力是极高水准的后勤管理,它给顾客的核心利益是即时运送。但企业的竞争力是动态变化的,要想使众多企业的竞争力有一个公正的参比平台,那么就需要一种固体的载体加以瞬间的恒定。于是,排行榜起到了不可忽视的作用。

通过排行榜,企业可以相对全面地了解更多竞争者的信息,可以比较准确地定位本企业的产品、文化以及战略。"中国上市公司竞争力排行榜"、"500 个最具价值品牌"、"影响中国企业的十大管理思想" 等榜单就是用数据和实证来点击亮点,树立榜样,促使企业战略、技术、管理"三子齐落"打造出了成功的品牌竞争力。

品牌竞争力是企业生存发展的动力和关键。BRAND

STRATEGY（品牌策略）是国际市场上竞争的致命武器。推出品牌影响力排行榜，可以给市场一个明确的品牌影响力定位，提供品牌竞争力信息；可以让我们更清楚地看到中国品牌与世界品牌存在的客观差距，让中国品牌可以实现与本土以及跨国优势品牌的横向比较，给中国未来的品牌发展带来积极的促动作用。

对中国而言，从某种意义上讲，城市竞争力是企业竞争力的基础，是区域竞争力的再现，是国家竞争力的主要组成部分。城市的比较可以是横向的，用于见证现实；也可以是纵向的，用于见证历史，但它们同时反映了城市竞争力的强弱。

“极众人之炫耀，折以今之法度”，城市竞争力排行榜正好应了市民的这种心理。“中国最具竞争力城市”、“中国最具经济活力城市”、“中国经济百强县市”等等，人们为自己的城市自豪或不平，一如张衡笔下的凭虚公子和安处先生。尽管这种比较已经被冷冰冰的数字填满，没有汉大赋的奇瑰雄伟，也没有李欧梵先生的文字那样富有诗意，然而剔除了情感因素的这种社会学报告反而更是“硬道理”，更加直截了当。

“城市竞争力排行榜”首先可以起到导向功能。它能够为这些城市提升各自竞争力及导向服务，帮助它们巩固现在的地位，同时挖掘潜在的优势，也能避免自身存在的一些劣势。其次，可以起到激励作用。能够激励不同水平的城市的发展，实现强市更强、弱市图强、共同富强的目标。最后，它能够对城市的发展起到支持作用，为各个城市制定发展战略和有效政策提供依据，为各个城市的进一步发展提供支持。

排行榜竞争力简析

有学者曾经这样说过：“精髓不存，长篇无魂；精髓所在，片言万代。”排行榜正是以最简洁的语言，最严谨的数据建立起了纵横交错的评比体系，使象限中的每一个点很好地定位自己，发展自身。结合《中国排行榜年鉴（2005）》一书，我们不妨进行一下SWOT分析，即：Strength（优势），Weakness（劣势），Opportunity（机遇），Threat（威胁）。

（一）谁主沉浮：争当行业领头羊

为了客观反映中国银行业的改革发展状况，推动改革、促进竞争，银行家杂志社于2004年初组建了中国银行业竞争力研究中心，并组织专家队伍，根据官方公布的资料、各银行规范披露的信息及中外专业机构提供的数据，采用国际银行业公认的权威评估模型，就银行的市场影响力、资本充足率、安全性（资产质量）、赢利性、流动性（变现性）、人力资源、国际、科技、金融创新、服务、公司治理、内控机制竞争力12项指标，研究排列了国内各类商业银行（2003）竞争力评价分数和名次。

在14家国有商业银行和股份制商业银行的综合竞争力排名中，招商银行位居榜首，紧随其后的是民生银行。2003年底开始实行股份制改革的中国建设银行和中国银行综合竞争力明显提高，分别名列第四位和第五位。在四大国有商业银行中，建设银行因资产质量提升、内控机制有效而位居综合竞争力第一，中国工商银行获市场影响竞争力单项排名第一。在城市商业银行综合竞争力排名中，上海银行、天津商业银行、杭州商业银行、北京银行和南京商业银行位列前5名。

中国商业银行竞争力排名对推动我国商业银行的改革和发展意义深远，能够推动商业银行在控制风险的基础上提高综合金融服务的能力，还能推动我国监管体制的发展。

（二）争芳斗妍：文化产业的竞争力

“文化产业” 可说是2004年中国文化领域最热门的关键词。当今世界，文化与经济一体化的趋势越来越明显，文化产业将成为全球最具前途的产业之一，文化产业已成为提高国家和地区竞争力的重要力量。

2004年11月18日，首届深圳国际文化产业博览会在深圳隆重开幕。这是中国国内举办的第一个综合性、国际性的文化产业博览盛会。文博会为国内外文化企业建立了一个产品展示、文化交易和信息交流的平台，为国内外客商营造了一个良好的合作机会。同时，也给中国带来了世界文化产业发展的最新信息，为成长中的中国文化产业学习、借鉴国际先进经验提供了难得的机会，是促进中国文化产业发展的一次有益探索。

发展文化产业，核心问题是提高文化产业竞争力。2004中国文化产业十佳创新型企业：广州日报报业集团、江西省出版集团、唐龙国际传媒集团、云南山林文化发展有限公司、北京星工场音乐娱乐有限公司、上海创星文化艺术经纪有限公司、北京希肯国际文化艺术有限公司、世纪环球电影院线发展有限公司、常州中华恐龙园有限公司、北京北奥大型文化体育活动有限公司榜上有名。榜样的力量是巨大的，榜样可以带动整个文化产业的创新力和竞争力。

（三）花落谁家：心随城市沸腾

金庸先生在《鹿鼎记》里面描述了这样一个细节：韦小宝随同罗刹国公主苏菲亚来到罗刹的都城莫斯科，韦小宝见莫斯科城市的规模不但与北京、扬州这些大都市无法相比，即使较诸中土中小城市也颇有不如，于是心生轻蔑：亏罗刹公主还把莫斯科夸得繁华无比，这种地方跟猪圈也差不了多少。自韦小宝之始再上溯300余年，西方一位勇敢的探险家——马可波罗则在他的游记当中把中国的几个大城市描绘得像天堂一样。他对东方尤其是对中国的描述直接促进了大航海的发生，从而深刻地影响了整个世界。

进入21世纪，中国660个城市的定位和产业支撑点以及相关环境等问题，突出地表现在城市竞争力上。大中小各类城市的生存与发展、活力与竞争力，越来越被城市的领导者、管理者、经营者和广大市民所关心，被全球政治家、企业家所关注。因为当城市成功时，国家也就成功了，换言之就是，一个"城市的中国"才有可能是一个崛起的中国。

城市竞争力的研究有着重要意义：其一，经济日益全球化，城市间的竞争也日益激烈，城市竞争力的研究在全球经济领域意义重大；其二，中国城市的竞争日益激烈，随着中国加入世贸，经济融入全球化，对中国城市竞争力的研究同样意义重大。目的是，找出影响城市竞争力的关键因素，藉此为制定城市发展战略提供参考。排名从一个侧面体现了各个城市在发展中的优势、劣势及潜力，并显示出各个城市间在竞争力上的差距。

坐标有正向也有负向。排行榜除了"最佳"、"百强"的激励榜，也有"不佳"、"最差"的激将榜。前者是榜样、典范，激励上榜者保持并提高自身优势，鼓励落榜者赶超并提升竞争力；后者是警钟、黄牌，使落后者反省自身，东山再起，先进者防微杜渐，一路领先。因此，排行榜能引起社会的关注，能够产生竞争的压力和动力，从而激发出成长的活力与生机。

关注社会——排行榜的舆论导向

金光风

党和政府历来高度重视舆论导向问题，江泽民同志曾在1994年1月24日召开的全国宣传思想工作会议上指出：舆论导向正确，人心凝聚，精神振奋，是党和人民之福；舆论导向错误，后果严重，是党和人民之祸。可谓语重心长。

排行榜是现代社会强有力的舆论工具之一

毫无疑义，排行榜是现代社会强有力的舆论工具之一。2005年6月23日，《2003-2004中国城市发展报告》在北京发布，《报告》通过定量分析50个城市的基础设施、产业结构、投资环境等，给出了中国最具竞争力的城市排名，前10名分别是上海、北京、深圳、广州、天津、杭州、南京、沈阳、成都和武汉。50个城市中，综合实力居前10位的是上海、北京、广州、深圳、天津、杭州、武汉、南京、成都和沈阳。《报告》还进行了城市安全能力的排名，其中，排在前5名的城市分别是：上海、深圳、北京、广州和天津。这个排名立即被许多媒体传播，成为城市的决策者、投资者、研究者们关注的热点。

教育是我们国家的基本国策。在我国的"排行榜大家庭"中，学校的排行榜是舆论宣传的重点，也是老百姓关心的焦点。"中国大学100强"、"中国高校综合竞争力排名"、"中国大学经济学100强"、"中国大学管理学100强"、"中国大学研究生院100强"、"中国大学科学研究综合实力100强"、"全国热门专业录取分排名"、"大学入学难度系数排名"等等，在全社会的关注程度都是相当高的，特别是在一年一度的高考前后。比如"大学入学难度系数排名"，常常被考生家长反复研读。因为一些对大学情况毫无了解的人们是迫切需要知道这样的信息的。2002-2004年部分高校文科入学难度系数的学校是：北京大学、清华大学、华侨大学、外交学院、中国人民大学、复旦大学、北京师范大学、国际关系学院、中国政法大学、中国传媒大学、华东师范大学、上海财经大学、厦门大学、南开大学、中国青年政治学院、西南政法大学、重庆大学、中南财经政法大学、北京工商大学、中国农业大学、河海大学、东南大学、四川大学……尽管诸如此类的排名不是特别的科学，但是它们的舆论力量是不可低估的。

在我国，"排行"源远流长。"状元、榜眼、探花"长期是"全国知识分子三甲榜"。而排行榜大肆流行，则是乘着"歌声的翅膀"。1987年，中国内地第一个歌曲榜在广东电台产生。也是在这一年，国内第一份中国大学排名由中国管理科学研究院科学学研究所公布。据不完全统计，如今内地乐坛已经由电台、电视台、民营影视音乐文化节目制作公司造出了2000多个名目不同的排行榜。每年在全国各地举办的档次较高的排行榜年度颁奖典礼不下20个。可以说，这是一个排行榜盛行的年代。

引导舆论是排行榜的重要功能之一。现在一说起舆论引导，就有人认为主要是报纸、期刊、广播电台、电视台的事，其实，形形色色的排行榜作为各种传媒传播内容的一部分在引导舆论方面也发挥着巨大的作用。根据传播学理论，大众媒介可以通过设置“议程”（即将问题和事件以重要性的不同为顺序，排列报道的先后与主次），促使公众将注意力转向某些特定的话题和观点，从而影响他们的态度。排行榜引导社会舆论，从某种意义上讲，正是精心策划并设置“议程”的过程。我们知道，每种排行榜的评选都是适应社会发展或满足人们对某方面信息需求的结果。从 1987 年中国内地第一个歌曲排行榜到现在，排行榜之所以能这么火热，一方面源于人类社会对次序的需求。现代社会竞争日益激烈，国家跟国家、企业跟企业、城市跟城市之间都需要比较。大家都想清晰地看到自己在同类中所处的位置。另一方面，在这个充满着竞争的社会，无论我们承认与否，排行榜实际上在潜移默化间已经发展成了一种经济形式，并在某种程度上影响着各行各业的优胜劣汰以及普罗大众的价值判断。就拿企业方面来说，从重点企业排名到三甲企业榜单，都属于排行榜。这种排行榜的存在既是对企业的激励，在很大程度上也对公众选择提供了一个参考坐标和参考价值，实现了公众的知情权。究其实质，排行榜体现了一种新的社会价值评价体系的建立和完善，并间接反映出社会在变革中的发展进程，在一定程度上引导着公众意见或多数人的共同意见朝着某种方向发展。“我最喜爱的十大人民警察”评选活动由公安部和中央电视台联合举办，于 2004 年 9 月 25 日晚在中央电视台一号演播大厅发布。此榜的候选人首先经各级公安机关推荐，要求是近年来在打击犯罪、服务群众和维护社会治安稳定工作中做出突出贡献的优秀人民警察。这一排行榜的评选，让人们进一步了解了任长霞、贾银虎、董喜宽等人的英雄事迹，在全国上下弘扬了一股正气，倡导了舍己为人，全心为民的献身精神，调动了人民群众司犯罪分子进行斗争的积极性和主动性。“雅典奥运金牌排行榜”显示了雅典奥运会上中国军团历史性的突破，32 金的成绩也向世界宣告，中国向体育“超级大国”迈进了最坚实的一步。既鼓舞了全国人民的士气，也表达了全国人民团结一致，共同建设祖国的决心。北京大学管理案例研究中心与经济观察报社共同推出的“中国最受尊敬企业”的评选活动，就是希望通过此次评选活动推动中国社会信用度的提高，希望义利兼修的好企业更多地受到社会的关注和尊敬，从而营造有信誉、讲责任、重道德的商业社会。几年来，他们评选并介绍了大量值得尊敬的企业，越来越多的企业和个人意识到中国经济社会可持续发展的重要性，企业越来越需要“利”之上的追求——赢得尊敬。2004 年 12 月 21 日由 21 世纪报系组织的“首届企业公民行为排行榜”评选，是以企业社会责任和企业公民行为为专门主题的大型公众舆论评选，旨在通过一系列具有榜样意义的企业最佳实践，重新定义什么是好的企业，为企业树立新的标杆。根据各企业的实际表现，评选出最符合“企业公民”定义的企业。“爱心排行榜”、“孝心排行榜”也可以起到弘扬民族文化，讴歌优良传统美德的作用。这些排行榜的出现不仅能树立榜样、激人奋进，同时也极大方便了群众的生活，其积极性不可抹杀。

舆论导向首先是政治导向和政策导向

排行榜的政治导向和政策导向主要是通过一系列排行榜的评选来反映党和国家的政治立场、政治主张，以及决策部署和决策思路。在新形势下正确引导舆论，最根本的是动员全党同志和全国各族人民为实现党的基本路线而奋斗，为实现人民群众的根本利益而奋斗，坚定不移地推进建设有中国特色的社会主义事业。要始终贯彻“三个代表”精神，引导人们树立建设中国特色社会主义的共同理想，大力弘扬爱国主义、集体主义和社会主义，要通过宣传为改革和发展提供强大的精神动力和智力支持。同时，可以让大众从新的角度理解和关注党和国家的重大决策，深入了解国情国事。有些排行榜本身就是有关部门对国家经济发展和社会发展做出的积极研究成果。比如近年来社科院对全国区域竞争力的评估报告，就是为了全面了解全国各个省市以及几大区域经济发展状况，既而指导这些地区作出相应决策。比如，全国人大 2004 年热点事件包括修宪、“三农”问题以及《中华人民共和国道路交通安全法》的实施等等，这些事件正确把握了形势，宣传了党的理论路线和方针政策，体现和反映了最广大人民群众的根本利益，对大众进行了较好的政治引导，也表明了党和国家的决策方向。

信息导向是最及时、最全面的舆论导向

排行榜也是一个“信息榜”，即通过编辑的过滤和筛选，将有用的信息更加直观地传递给大众。据央视调查咨询中心统计，目前我国有 3595 个电视频道，1500 家平面媒体，超过 10000 家网站，是世界上传媒最多的国家，加上广播电台、企业内刊，它们所传递的信息令人眼花缭乱。人们在获取信息时，面对这么多的媒体会有一个选择的过程。可以说，排行榜对受众起到了信息导向的作用，强化了受众对信息的筛选能力和分辨能力。2004 年 12 月《新周刊》评出了“中国传媒 2004 年度新锐榜”，分别是央视体育频道、央视经济频道、《东方早报》、旅游卫视和《新京报》。这让人们了解了当今传媒的发展情况。2004 年底中共中央和国家旅游局推出“全国红色旅游经典景区”和“全国红色旅游线路”，让旅游者了解如何到革命老区旅游。“2004 十大财经图书榜”让读者了解了当今最畅销的财经图书信息……以上种种排行榜对于大众，首先是能满足他们的对信息的需求。值得一提的是，

由于排行榜具有"对比研究"的特性,这使得原有信息在排行榜筛选过滤后又产生新的信息。美国《福布斯》推出了"2003年最具影响力的十大动向排行榜",探讨2003年发生的事件里,哪些将深远影响到未来的50年。包括"白领高薪职位从美国外流到其他国家"、"公司治理丑闻"、"冲突成本高昂"、"软件开放源代码纠纷"、"贸易保护主义抬头"、"医疗保险改革"、"数码工具丢失私人隐私"、"商业监管"、"全球流行病"、"媒体帝国松绑令遭撤销"。这个排行榜通过化繁为简的梳理,让读者获得了新的重要信息。

价值导向是最动人、最实惠的舆论导向

价值导向排行榜通过向人们传递各种信息,宣扬了一种观念,树立了一种社会风气,进而影响或是改变人们对某种事物原有的看法以及价值观,在一定程度上影响社会舆论朝着某种方向发展。对于公众来说,不同的排行榜提供了全新的多方位的观察视角,使公众接触到未曾了解过的新信息和概念,开拓了视野。2004年上半年,胡润和《福布斯》相继推出"2004中国内地慈善企业家排行榜"与"2004中国慈善榜",倡导了一种"富人负起更多社会责任"的价值观念,这在缺乏慈善文化的中国和贫富差距逐渐拉大的今天,树立了一种正确的财富价值观,值得肯定。近年来,在各方面因素的推动下,中国的慈善环境正发生着明显的变化。尽管慈善业的现状并不太令人满意,但未来却是乐观的。在这种转型时期,慈善排行榜的全新出炉,无疑对旧有的思维模式是一次有力的冲击,而在无形中批判的同时又向人们传递了一种新的观念,促进了旧有思想的解体和新思想的形成。慈善排行榜的推出,可以引导人们正确看待富裕人士的慈善捐赠行为,让所有的慈善义举都受到应有的社会尊重,也可以引导社会关注公益、关注慈善,为中国的公益慈善事业摇旗呐喊,带动更多的企业家参与捐赠。慈善排行榜对企业家的捐赠也是一种肯定,它让人们知道了企业家在创造财富的时候,也在为社会尽责,消除一些社会所认为的"为富不仁"的不客观想法,一个企业或企业家只有在得到社会广泛认可的情况下,他的企业才会得到持久的发展,而慈善排行榜也正充分发挥了这个方面的功能。在这个基础上不仅会促进企业的捐赠热情也会带动更多的有责任心的企业参与进来,担负起一个真正的企业公民所应尽的责任,也就是说企业要树立一种"企业公民"的观念。就象摩托罗拉创始人的比喻,公司好比是一条鱼,而市场是一汪水,有的人只想着把这条鱼喂得越肥越大越好,但如何把这汪水做大,让这水充满营养和氧气才是真正的生存之道。

引导舆论,排行榜任重而道远

当前我国处于社会转型期,各种新的矛盾和问题不断出现,引起了公众的普遍关注,比较发达的传媒业为公众参与舆论活动提供了多样化的渠道,这些因素使我国的舆论环境生机蓬勃,其直观表现就是一个个"热点"、"难点"、"焦点"频频出现在公众话题与传媒报道当中。同时,正是因为处于这样一个转型期,舆论环境也有着复杂的一面:在风云变幻的舆论浪潮中,夹杂着一些与社会发展不和谐的声音,潜藏着具有负面影响的舆论暗流,特别是在具有争议性的问题上,往往有舆论失衡乃至导向错误的危险。因此,排行榜作为一个新兴产业做好舆论引导工作,为创造一个和谐健康的舆论环境做出应有的贡献,就显得十分迫切和重要。

排行榜——塑造品牌形象的加工厂

卢 亭

品牌的历史是悠久的。出土文物证明,我国是最早使用品牌的国家。在南北朝后期(公元557—581年),生产陶器的工匠就在其产品上使用了商业性署名的标志。宋代山东济南的刘家针铺的"白兔"品牌是我国最早最完整的品牌。在西方,品牌作为商品的标记最早起源于游牧部落,他们在牲畜身上打上独特的烙印,以便在交换时与他人的牲畜相区别。历史发展到今天,品牌不仅是一种标志,而且具有巨大的商业价值。

可口可乐的总裁曾自信地宣称:即使可口可乐全世界所有的工厂在一夜之间被烧为灰烬,第二天就会有排着长队的银行家等着贷款给他们,因为Coca-Cola这红白相间的设计和流线型字体已成为可乐的象征,深埋在全世界的消费者心中。在《商业周刊》推出的"全球最具价值品牌百强"榜单上,可口可乐常常雄踞榜首。"沃尔玛"的品牌价值同样具有

说服力。美国《洛杉矶时报》曾登过这样一条消息：沃尔玛在孟加拉加工一件衣服的价格是1美元，卖出去是100美元，利润主要在沃尔玛。"财富全球500强"排行榜上，沃尔玛连续几年成为世界首富。

毋庸置疑，我们步入了一个品牌的时代。每天每时甚至每刻我们都在谈论品牌，追求品牌，创造品牌，也在享受品牌。在一个多变的新世纪，惟一不同质的就是品牌。品牌如一缕馨香的气息充溢着我们生活的每一个角落，也理所当然地走进了备受关注的排行榜。

对于消费者来说，品牌是一种标准，是一种信任，是一种追求，也是一种时尚。对于企业而言，品牌是一种信念、一种价值。它比拥有4个厂还是拥有5个厂更为重要。品牌已经不仅仅是产品和服务，而是企业在社会中总的形象。同时品牌也是一种力量，是一种竞争的力量。对于国家来讲，品牌是一种实力，是一种文化，更是一种财富。它体现了国家的创造能力、公信力，是衡量一个国家的经济水准的标志之一。而对于品牌来说，排行榜则是其形象的加工厂。

品牌制胜，排行致远

众所周知，品牌形象不是自发形成的，而是一个系统工程，涉及产品、营销、服务、宣传各方面的工作。而在如今信息高度发达的社会，品牌要想塑造完美的形象使消费者对其有一个满意的认知和评价，只有通过销售或宣传活动将其传达给消费者才具有真正的意义。一方面，企业要通过电视、报纸、杂志等媒介有意识地向公众介绍品牌形象；另一方面，通过排行榜对各种品牌进行排名，提升品牌的竞争力，进而塑造品牌的形象。同时，排行榜也是人们获取品牌信息的重要渠道。于是，排行榜成为了品牌形象塑造的有力阵地，也可以说排行榜是品牌形象的生动化传播。排行榜可以增强入选者的品牌美誉度和顾客忠诚度，可以使之流芳。

平安保险就是一个鲜活的例子。平安保险公司成立于1988年，总部在深圳，是第一个海外上市的非国有保险公司。但是，我们真正知道并且熟悉它是在什么时候呢？是"百富"排行榜发布以后！2004年夏天，平安保险上市后，刘方持有按市值计算高达29.44亿港元的平安股权，成为最大的股东。紧接着就是胡润2004年百富榜的出台，刘方和她的平安保险排在第十六位。由此而来，"平安保险"的品牌效应在中国大地上掀起了一浪高过一浪的热潮。老百姓也因此知道了在中国保险业界除了中国人寿等国有保险公司之外还有非公有的"平安保险"！因此，我们绝对不可能忽视排行榜对平安保险品牌形象塑造起到的巨大的推动作用！

2005年1月31日，世界品牌实验室公布了"世界最具影响力的100个品牌"榜单，中国大陆只有海尔入选。海尔集团从一个濒临倒闭的集体小厂发展成为中国第一品牌和中国电子信息百强企业第一名，演绎了商海的又一个传奇。据欧洲透视公司统计公布，在世界白色家电制造商中，海尔名列第五，前4名企业的平均年龄接近100岁。海尔冰箱还摘取了世界冰箱第一的桂冠，为"中国造"赢得了高质量的美誉。

仔细研究海尔的成功之路，我们不难发现，排行榜的作用功不可没。在第十个《中国最有价值品牌研究年度报告》中显示，海尔以616亿元的品牌价值连续3年位居中国最有价值品牌榜首。这无疑是对海尔的一种肯定，但更主要的是排行榜对其品牌的塑造起到了不可代替的推动作用。

品牌是企业核心竞争力的外在体现，品牌是国家竞争力的一部分。为了提高广大观众对中国本土品牌的关注度，提升中国品牌竞争力，为中国品牌助力加油，中央电视台第二套节目经济频道整合全频道的力量，开展以"品牌中国"为总冠名的大型系列报道活动，2005年4月27日特别节目——"2005CCTV我最喜爱的中国品牌"将本次活动推向了高潮。

"2005CCTV我最喜爱的中国品牌"大型消费者调查活动根据国家统计局中国经济景气监测中心发布的数据，征求业内专家委员会的意见，提名100个与消费者的现实生活密切相关的中国产品入围品牌名单，针对入围品牌名单，国家统计局中国经济景气监测中心进行全国范围样本用户调查，得出"2005CCTV我最喜爱的中国品牌"上榜名单。它们包括人们日常生活中耳熟能详的TCL、五粮液、长城润滑油、长虹、汇源、伊利、光明乳业、农夫山泉、华龙方便面、吉利、同仁堂、红塔山、红旗、张裕、李宁、步步高、奇瑞、昆仑润滑油、波导、波斯登、泸州老窖、茅台、青岛啤酒、南孚、娃哈哈、春兰、科龙、统一润滑油、美加净、美的、格力、格兰仕、海尔、海信、康佳、隆力奇、联想、瑞星、福田、蒙牛……

品牌竞争，也是广播产业发展的核心。广播品牌受众接触率最高的是频道、栏目、节目，其质量高低、影响大小，决定着收听率，决定着广告创收和媒体经营，决定着产业方向。频道的价值在于核心栏目是否突出，因为单一的节目无法产生品牌效应，只有精心打造栏目，使其在成为媒体（频道）中的强势品牌，由此拉动整个媒体（频道）的受众关注度，才是振兴广播业的明智之举。评选中国广播"十佳栏目奖"正是在这一背景下产生和实施的。"2004中国广播十佳公共栏目排行榜"、"2004中国广播十佳新闻栏目排行榜"、"2004中国广播十佳文艺栏目排行榜"的出炉，既巩固了已有的品牌，又可以推出更多的新品牌。

如果没有排行榜，我们很难想象，这些品牌的形象何以如此简便、快捷、准确地塑造，而且在人们的心目中根深蒂固！

排行榜——品牌的包装师

排行榜在完成了舆论导向和提升竞争力等功能的同时，传递给了我们一种强烈的视觉冲击和一种强迫的神经认知，它就像一种成功的标识，一种冲击力和传播力，对品牌的形象作出评价，为品牌形象的传播提供了最方便最直接的途径。

20世纪90年代以来，"自我宣传"与"自我推销"成了人们生活中无法回避的字眼。排行榜迎来了一个为品牌宣传形象的绝好机会。我们知道，塑造形象不是一朝一夕的事，形象力资源要求企业从长远发展角度来审视和制定企业的战略规划，它从企业的发展趋势和运行的前景着眼，能对企业的发展产生长远的、战略性的推动力，带有战略性思考与制度安排的特征。争取进入排行榜，是对自身实力的考察，也是对实力的评估。企业塑造了良好的形象以后就要展示给社会公众，而传播沟通是达到企业和社会公众之间相互了解和认知的桥梁。无疑，排行榜提供了这样一个机会，提供了一个让大众认识和接受品牌的平台。排行榜将企业的实力得以最大限度地发挥出来，将企业的品牌更深入更直接地展示给大众，品牌形象和价值的认同率由此而来。

传统品牌的生存与发展必须依赖资金、人才、市场和技术等因素，但在经济全球化、竞争国际化的今天，一个品牌只有具备良好的知名度和美誉度，即良好的形象，才能在激烈的市场竞争中获得先机。排行榜的产生，从某种程度上说是时代赋予的一种新的历史使命，它能让社会资源得到迅速而合理的配置，使品牌能从真正的自身实力着手去竞争，用一种社会共同认可的方式去参与，激发出品牌生存发展的新力量。

排行榜是品牌建设的参与者，也是品牌建设的宣传者。从排行榜的角度来讲，主要有以下两大功能：

第一个功能是选择功能。因为在同一个产品中，有许多个品牌。究竟哪一个品牌最有代表性？最有发展前途？排行榜的选择功能为人们提供了便捷的途径。假如没有排行榜这种筛选，同样一个产品，品牌很多，优秀的品牌就不能浮现出来，公众也就无法迅速获得相关信息。

第二个功能是发掘功能。有些企业的发展不太容易，有些产品的问世也不太容易。一个品牌是怎么形成的，这个品牌在形成的整个过程当中管理层究竟花费了多大心血，广大职工付出了多大努力，这一点是需要排行榜作进一步的发掘的。

为中国品牌的崛起加油是中国排行榜不可推卸的社会责任和政治责任。在发展中国家，排行榜的一个最重要的职能就是如何帮助和促进社会现代化的发展。众所周知，中国是一个制造力大国，却不是一个创造力大国，尽管只有一字之差，却相差千里。因此，尽管世界上最大量的产品是由中国制造的，但是中国的GDP仅是美国的十分之一。要想使中国真正富强起来，要实现从制造到创造的转变，对品牌的发展就显得尤为重要。而品牌是商业化的桥梁和保障。打造品牌对于中国的发展意义极其重大，而排行榜是一种重要的力量，必须将资源的传播和运作，与促进社会的发展等紧密地联系在一起，与中国的企业品牌建设形成战略合作伙伴关系。排行榜建立起与中国品牌的战略合作伙伴关系，绝对不意味着排行榜为某一个企业做简单的排名，或者是简单的摇旗呐喊，排行榜要和每一个具体的民族品牌保持必要的距离，为中国品牌在国际舞台上的崛起谋篇布局。

内蒙古蒙牛乳业集团总裁牛根生说："公司无形的部分不是企业直接给你的，无形资产的创造主要是通过排行榜来创造和打造的。"

50多年前，美国《财富》杂志接受了一位仁兄的建议，着手对美国500家大公司进行排名。几十年后，《财富》杂志成为美国三大财经杂志之一。同样被列入美国三大财经杂志的还有《福布斯》和《商业周刊》，而这两家也同样在进行着各式各样的排行榜游戏。上榜的公司得到了人们的仰视和尊重。其品牌效应也由此而深入人心，企业形象和品牌战略在这里得到充分发挥。品牌与形象的塑造在排行榜上释放出的无限张力，起到了集中社会资源与信息中转站的作用，它无意中承担了一个本不属于它承担的形象塑造者的职责，而企业和品牌则在其中受益。

排行榜，正以其特有的功能和独有的魅力，在市场经济的大潮中，日益成为塑造品牌形象的加工厂。

成长的烦恼——关于排行榜的思考

李亚丹

追溯排行榜的源头，我们发现它的历史几乎和人类历史本身一样的悠远而绵长。从人类文明尚处于襁褓之中时的氏族首领和普通氏族成员的分类，到封建科举时代的状元、榜眼、探花的排列，再到如今的"全球500强企业"、"年度歌曲排行榜"、"中国高校排名"、"年度十大物"……总之，大到全球综合国力，小到中小学生考试成绩，乃至每一天的社会新闻，每一段时间的图书销售，每一领域的大型活动，人们都要分出一个高下雌雄来。于是，在这个"眼球经济"盛行的时代，排行榜犹如雨后的彩虹吸引了社会公众的视线。

排行榜的久盛不衰，从感性上讲，多是因为人们对排名有着执著的热情。而这种热情从理性上讲，大抵是出于现实的需要。作为社会性动物的人类，在组建了各种形式的集体，诸如家庭、团队、国家乃至世界之后，都会自觉或不自觉地产生一种建立次序的需求，从而给某一个具体的人或某一个特殊的人的集合体一个相应的位置。排名无疑是满足人类建立次序需求的有效方式。

通过排名而给定的位置在很大程度上规定了某个人或某个人的集合体大致的活动范围以及与此相应的权、责、利。而在此基础上形成的并且被世代传承的等级文化则在很长一段历史时期里以一种强制加渗透的方式将人们牢牢地固定在了其相应的位置上。排行榜给了这种定位一个展示的平台。

放眼形形色色的排行榜，它们一路走来，收获了鲜花和掌声，也遭遇了反对和唏嘘……于是，排名单位的权威性、排名的公正性、排名标准的科学性、甚至排名本身的必要性，都成了人们在考虑排名问题时不得不思考与分析的问题。

娱乐化 VS 科学性

在市场经济的驱动下，排行榜娱乐化已渐渐成为当今大众传播活动中的普遍现象。一些排行榜以趣味盎然的内容、灵活多样的形式和强烈的视觉冲击构成了排行榜的娱乐效应，为受众提供了轻松愉悦的接受氛围。然而与此同时，排行榜娱乐化又使得排行榜与娱乐之间的界限变得日益模糊。

"娱乐"一词在《新华字典》中的解释是"使人快乐"。现代心理学认为人具有本能能量的积蓄，这种本能能量在反射活动和幻觉的愿望满足中被消耗。我国目前正处于社会的转型阶段，大众文化大兴其道，追求"本能刺激"的情况，在我国娱乐化进程中已经存在并渐渐成为一种流行。

近年来，体育、传媒、旅游、音乐、名人、游戏、衣食住行……越来越多的生活片段以排行榜的形式出现在人们眼前，如"时尚家居排行榜"、"十佳广播电视栏目排行榜"、"中国歌曲排行榜"、"中国前100名商业网站"等等都成为人们关注的焦点。

面对排行榜娱乐化的浪潮，有人觉得欣喜莫名，因为终于看到了轻松娱乐的排行榜，这正是自己所需要的；但也有人担心，他们觉得从这种排行榜中没有获得他们真正需要的信息，反而它的内容越来越走向游戏化、庸俗化。排行榜也在娱乐的冲击下越来越远离了其科学性的初衷。

其实，排行榜的娱乐功能是其固有功能的一种。纵观排行榜发展的历史过程，我们发现排行榜的娱乐功能是时隐时现的。在当代排行榜时代，娱乐功能正受到前所未有的重视，因此"娱乐信息在排行榜的特定版面、特定时间中占有的百分比也就越来越大。"但是这些并不能代表排行榜的娱乐化可以无限膨胀，颠倒主次。因为排行榜的实质是信息的提纯和收集，它的核心在于实事求是、讲究科学。所以面对娱乐化，排行榜必须把握一个适当的度，即：贴近受众，但不能一味迎合，要保证排行榜的评价指标体系科学准确。

商业化 VS 权威性

针对排行榜商业化的现象，我们暂且抛开它的优势与弊端不谈，只说说商业化对权威性的影响。其实，排行榜的商业化与权威性就如同一枚硬币的正反面，是一种此消彼长的对应关系。在中国的许多领域好象都有这样一条不成文的潜规则，那就是——要么商业，要么权威，两者不能兼得。排行榜产业自然也不例外。

有业内人士指出，排行榜的关键在于独立调查的公正性、客观性，只有这样才能具有权威性，而商业运作很可能会影响到评比的客观性，甚至有可能出现"交钱就上榜"的情况。

有人就对胡润评出的《2004中国千万富翁品牌调查倾向》提出过质疑，认为入选的部分品牌与胡润"百富榜"有着千丝万缕的联系。如高尔夫球场的优胜者"观澜湖"是胡润2004百富榜的冠名商；"宾利"则是2004胡润强势榜的冠名赞助商。

于是，无论胡润再怎么说"排行榜引入商业化，不会影响权威性"，都似乎有些无力了。因为在人们的观念中，一旦你穿上了商业的外衣就会丧失权威的资力。

当然，胡润只是一个例子，而真正的危机则在于，排行榜是块肥肉，谁咬上一口都会满嘴流油，它的诱惑力实在太大。于是各式各样的排行榜纷纷出笼，有政府评的，有媒体评的，有专业机构评的，也有民间组织评的。反正是你方唱罢我登场，纷纷扰扰，凌凌乱乱，且个个声称自己最权威、最公正。那么，人们到底应该相信谁，哪一个排行榜才是真正的权威？

专家指出：排行榜评估机构的权威性是其商业化的基本尺度和制约因素，只有增强排行榜评估机构的权威性才是解决上述问题的有效途径。

炒作化 VS 公正性

中国伟大的思想家老子在《道德经》中说过"有生于无"。认真领悟这句箴言，也就悟出了形象力在竞争中的重要性。排行榜作为一种新兴产业，要想在竞争中挺身前行，势必要在形象的塑造上大下一番功夫。在这个信息过度发达和市场经济繁荣发展的时代，宣传无疑是形象塑造的上上之选。然而，如果宣传过了头，便成了炒作，成了造势。

在我国的排行榜界，存在着一种有违排行规律和专业精神的排行榜炒作之风。这种风气的形成原因是多方面的。可能是发布单位由于判断失误、把关不严被商业炒作所利用；也可能是发布单位故意利用惊人之语更多地吸引受众和广告商的眼球……原因有很多种但结果是惟一的，排行榜这种炒作现象的存在污染了社会和排行榜业的空气。

"专业性过强的排行榜已经吸引不了观众的眼球，只能大量注入更为活跃的商业色彩。相比公正，现在更看重排行榜的宣传策划能力。"一位排行榜的业内人士如是说。毋庸置疑，与历史上的排名相比，如今的排行榜在轰动效应上已经达到了一个史无前例的水平。因为在这个价值观念和意识形态如此多元的时代里，这样的偏离是很自然也是很容易的。而高度发达的传媒体系、悄然升起的炒作风以及越来越具有支配作用的经济目的更是使这种偏离如虎添翼。

我们不得不承认有些排行榜被炒作了，而且被炒得"发烫"。那么它的公正性如何体现，它的公信力又将如何确立呢？

针对这个问题，我们不能一刀切，而是要根据榜单性质的不同区别对待。如果是娱乐性的排行榜，那么排行榜主体的权威性自然会差些，所以人们要对其有一个理性的认识，尽量不要把这种榜单作为信息参照的标准。但如果是属于调查领域的排行榜，那就应该建立在严肃的统计学基础上。因为它在本质上要体现所在行业的发展水平，从而真实性、公正性、权威性是它的生命和源泉。

带着希望前行

时间流转，人们正在被五花八门、无孔不入的排名所包围，因而如何对待这如海水一般四处蔓延的排名将依然是我们所要面临的一个问题。

如同对待许多其他事情一样，面对同样的排行榜，我们中间会有暴跳如雷的批评家，会有喜洋洋的喝彩者，会有不偏不倚的"骑墙派"，还会有不置可否的局外人。就其本质而言，排行榜是个新兴事物。如此众多的排行榜在一个行业里同时存在而相安无事，着实让人莫衷一是，难于定夺。如果这种放任自流、任其发展的局面不加以规范，失控的排行榜还会走向更黑暗的深渊。也许，中国先前有众多的榜单存在最根本的问题还是目前仍没有出现一个最具权威的排行榜。

前人说过，解决问题的方法总是和问题同时存在。面对忧喜参半的排行榜业，我们在冷静指出问题的同时也在摸索走出困境和误区的道路。

首先，对于排行榜的制作者，我们要告诫他们必须诚信为本方能利益至上，本着客观全面公正公平的专业态度，独立理性地制作榜单，为我们在纷扰的世界里选取最有意义的资讯和内容，给广大民众一个正确的指引。但是如果一味炒作做秀而争名逐利，到最后失去了公信度，民主就会弄个"最缺乏诚信的排行榜"，来个"用脚投票"、一拍两散，排行榜的意义也就失去了，而随之也会失去苦心经营而期求隐含的利益。

其次，当各类排行榜如火如荼、甚嚣尘上的时候，作为排行榜的关注群体，我们必须承认比较客观和公正的排行榜的存在；我们必须对纷纷扰扰的排行榜有一种理性的思考和慎重的态度，不可盲目跟风；我们必须有鉴别和区分，既不能任它波澜水起、风云际会依然我行我素，也不可亦步亦趋、人云亦云而良莠不分。去伪存真、审思慎行是我们应该坚持的态度。

再次，人们呼唤一个具有专业水准和公信力的排行榜来规范当前的市场，这当然要依靠有关部门的审批监督和政策法规的调节制约，政府要加大对排行榜的监管力度。

与此同时，我们还应吸收借鉴国外成功的经验，组成一个具有权威性的专家团来评选，确立完善的规则及透明公开的程序和相应监督措施。每项评选活动都要自有一套规则、程序和方法，排行榜的角色应该为我们的工作、决策提供启迪和思考。

实际上，任何一个排行榜都不可能是完美无缺、无可挑剔的，也不可能是绝对的。每一个排行榜只是参评对象的一个侧面和缩影。关键在于，你、我、社会用怎样的眼光去看待它，用怎样的方式去运用它。黑格尔说："凡是存在的即是合理的。"所以我们有理由对中国目前的排行榜产业寄予厚望，我们希望它能早些步入自己明媚的春天，抽枝吐绿，生机蓬勃。

总　目

◎ 城市篇

中国最受公众喜爱／最具竞争力／最有魅力／最具经济活力城市

- 1·大理·城门
- 2·都江堰·青城山
- 3·桂林风情
- 4·珠海
- 5·沈阳
- 6·洛阳桥
- 7·南京·夫子庙
- 8·宁波·教堂
- 9·南京

- 10·绍兴　11·北海　12·烟台
- 13·北京　14·湛江　15·青岛
- 16·天津　17·深圳　18·大连
- 19·武汉

◎汽车篇

◎人物篇

郎平　王安忆　叶玉如　罗雪娟

巩俐　李方华　孙雯　张欣　邓亚萍　张曼玉

- 2004CCTV中国年度汽车
- 2004年度风云车
- 2004 中国女性成就榜

  资料来源：2004《时尚杂志》
- 2004 年度最具有影响力的企业领袖

  资料来源：《中国企业家》2004第12期下

十大豪宅

- 1·紫园·上海
- 2·檀宫·上海
- 3·观澜湖高尔夫大宅·广东
- 4·玫瑰园·北京
- 5·汇景新城·广东
- 6·亚澜湾·北京

◎房地产篇

◎行 业 篇

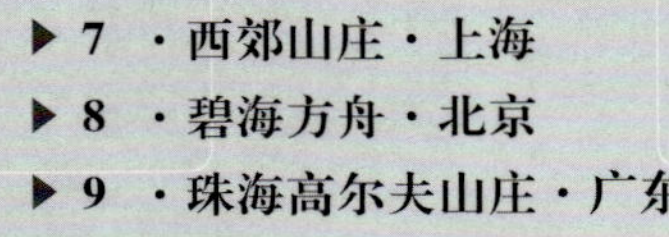

- 7 ·西郊山庄·上海
- 8 ·碧海方舟·北京
- 9 ·珠海高尔夫山庄·广东
- 10·紫玉山庄·北京

▶ 1 · 大学生求职
▶ 2 · 教材出版
▶ 3 · 基础教育
▶ 4 · 驾校
▶ 5 · 房地产
▶ 6 · 高速公路
▶ 7 · 有线电视
▶ 8 · 网络游戏
▶ 9 · 电力
▶ 10 · 殡葬
▶ 11 · 医疗
▶ 12 · 动漫师
▶ 13 · 物流
▶ 14 · 广告业
▶ 15 · 网游设计师
▶ 16 · 汽车美容业
▶ 17 · 配菜师

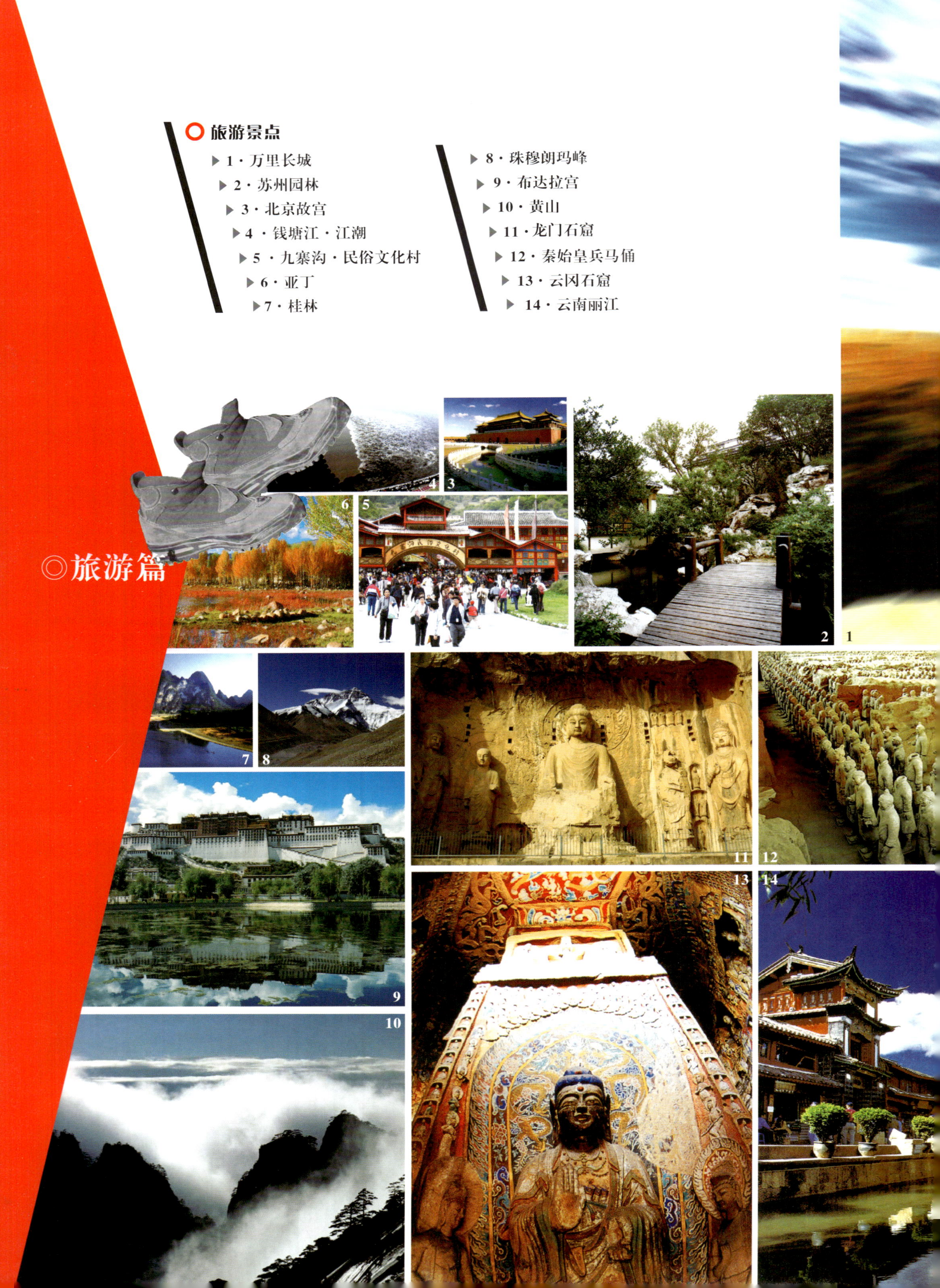
旅游景点
1·万里长城
2·苏州园林
3·北京故宫
4·钱塘江·江潮
5·九寨沟·民俗文化村
6·亚丁
7·桂林
8·珠穆朗玛峰
9·布达拉宫
10·黄山
11·龙门石窟
12·秦始皇兵马俑
13·云冈石窟
14·云南丽江
◎旅游篇
1
2
3
4
5
6
7
8
9
10
11
12
13
14

红色旅游

- 15 · 毛泽东纪念碑
- 16 · 韶山
- 17 · 遵义会议会址
- 18 · 中国人民抗日战争纪念馆
- 19 · 中国工农红军第四军纪念地
- 20 · 毛泽东故居
- 21 · 鲁迅故居
- 22 · 鸭绿江断桥

15

16

17

18

19

20

21

22

◎高校篇

美丽校园

- 1 · 厦门大学
- 2 · 北京大学
- 3 · 北京大学
- 4 · 中山大学
- 5 · 中山大学
- 6 · 中山大学
- 7 · 深圳大学
- 8 · 南京师范
- 9 · 南京师范
- 10 · 四川大学

综合实力高校

- 11 · 清华大学
- 12 · 浙江大学
- 13 · 四川大学
- 14 · 北京大学
- 15 · 南京大学
- 16 · 华中科技大学
- 17 · 武汉大学

12
13
14
15
11
清華學堂
清華園
水木清華
16
華中科技大學
HUAZHONG UNIVERSITY OF SCIENCE & TECHNOLOGY
17
國立武漢大學
热烈庆祝
武汉大学建校110周

◎出 版 物

2004年 财经类图书（部分）

- 《重新想象：激荡年代里的卓越商业》汤姆·彼得斯 著/华夏出版社/2004年9月出版
- 《门口的野蛮人》布赖恩·伯勒 约翰·希利亚尔 著/机械工业出版社华章公司/2004年5月出版

2004 最受企业家欢迎的商业图书（部分）

- 《利润》P·T·巴纳姆 著/机械工业出版社/2004年3月版
- 《困境与出路》克里斯坦森等 著/中信出版社/2004年5月版
- 《资本之城》托马斯·科斯纳 著/中信出版社/2004年7月版
- 《生存》张 建 华 著/海南出版社/2004年6月版
- 《公司帝国》查尔斯·汤伯 著/中信出版社/2004年1月版
- 《巴菲特致股东的信》沃伦·巴菲特 著/机械工业出版社/2004年1月版

目 录

人物榜

新闻榜

一、宏观篇

二、企业篇

三、法治篇

四、科教文卫体篇

五、新闻奖篇

六、其他篇

法治榜

一、法规案例篇

二、法治人物篇

三、其他篇

财富榜

城市榜

企业榜

一、强势企业篇

二、行业发展篇

三、案例事件篇

品牌榜

金融榜

一、银行篇

目录

目录

IT 榜

一、企业篇

二、产品篇

三、IT 人物篇

四、游戏篇

五、综合篇

科技榜

高校榜

一、综合实力篇

二、学科篇

三、名牌大学本科专业篇

目录

体育榜

旅游榜

娱乐榜

目录

传媒榜

图书榜

职业榜

附　录

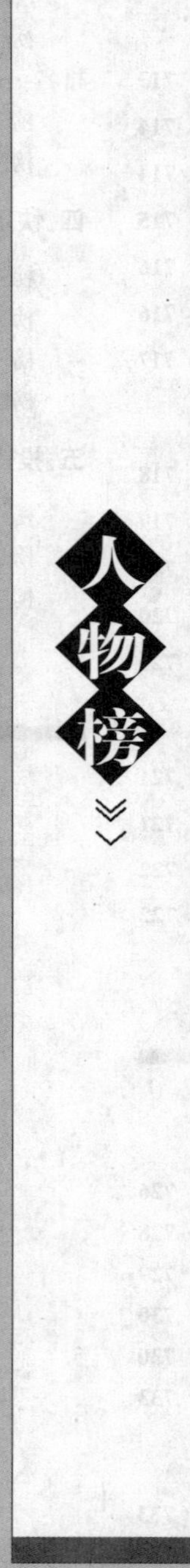
人物榜

引 言

记得作家苇岸说过："在历史的洪流中，我们之前有无数的人在生活，而我们之后也必将有无数的人存在。但是为什么我单单与同时代的你相遇了呢？"

你可能是农民，给我们食物；你可能是医生，给我们健康；你可能是教师，给我们知识；你可能是工人，给我们产品；你可能是法官，给我们公正；你更可能是……

但无论你从事的是哪一种职业，你都在为国家、为人民、为社会贡献着自己的热情与力量。不知从何时起，对于作出伟大贡献的那个人，人们喜欢叫他英雄。也不知从何时起，英雄这个概念已经渐渐淡出人们的视线，人们开始改称他为"人物"。那么，在这个和平岁月的和平年代，谁是你眼中的"人物"？谁最风云？谁最杰出？谁最让你久久感动，终生难忘？

本期的"人物榜"将带您走进一个五彩缤纷的"人物年代"。

人物榜中榜

一、感动人物篇

在过去的 365 个日日夜夜，总有一些人和事令我们感动不已。这些人无论身份、背景、经历有多么的不同，但他们的所作所为都同样感动了公众、感动了中国。他们或用自己的力量推动中国社会的进步和发展，或用自己的故事解读人与人之间应有的情感，带给人们感人至深的心灵冲击。

◎榜一、2004 感动中国人物◎

1.牛玉儒——在呼和浩特的 500 天

写在前面：病魔击垮了他的身体，却不能击垮他的意志、击退他对工作的满腔热情。牛玉儒走了。51 年的人生，对于有着火一般工作热情的牛玉儒来说，实在太短。

走过的路：牛玉儒，内蒙古通辽人，1970 年参加工作，从公社党委书记到内蒙古自治区副主席，34 年里他就像一部机器一样，风风火火地工作着。2003 年 4 月，其赴任呼和浩特市委书记。上任不久，牛玉儒就发起了一场以改变城市面貌为重点的新战役。同时牛玉儒深知要想使人们生活得更好，首先就要使这座城市有一个坚实的经济基础。为了招商引资，他几乎马不停蹄。身边的工作人员称他为“空中飞人”。如今，呼和浩特的街道宽了，绿地多了，人居环境得到了大幅度的改善。2004 年上半年呼和浩特 GDP（国内生产总值）增幅达到了 29%，城市居民人均可支配收入增长了 25.6%。在此期间牛玉儒将全部精力扑在了工作上，常常一天只休息三四个小时。

2004 年 4 月 22 日，呼和浩特市两会正在召开。这天上午，在人代会分组讨论的时候，牛玉儒被工作人员劝出会场，前往内蒙古医院就诊。当时，医院的检查结果为结肠癌肝转移。2004 年 4 月下旬，牛玉儒被送往北京协和医院准备手术，一见到大夫他便要求在“五一”长假期间把手术做完，还要争取术后 3 天下地、7 天拆线、15 天回家工作。然而病情并不以他的意志为转移，手术之后他又不得不接受化疗。2004 年 7 月，牛玉儒带病主持了呼和浩特市的九届六次全委会，这也是他最后一次回呼和浩特。

回到北京之后，牛玉儒的病情开始恶化。他的一些器官功能已经开始衰竭，但当他得知自治区将要召开一次会议的时候，他又一次要求返回呼和浩特。然而，他最后的愿望并没有实现。

2004 年 8 月 14 日凌晨，牛玉儒陷入了重度昏迷。2004 年 8 月 14 日凌晨 4 点 30 分，年仅 51 岁的牛玉儒永远地离开了曾日夜牵挂的事业和心之所念、情之所系的人民。

颁奖辞：名叫牛玉儒，人像孺子牛，背负着草原人的幸福上路，这幸福是他的给养，也是他的方向。风雨人生、利弊得失，他兢兢业业地遵循着“位卑未敢忘忧国”的祖训。为官一任，他给我们留下了激情燃烧的背影，让精神穿越时代常青。他让活着的人肃然起敬；他让天空成为雄鹰的故乡！

2.梁万俊——空中的梦想家

写在前面：在短短的生死八分钟里，他保住了自己生命中最重要的东西。在长长的人生旅途中，他的沉着勇敢，惹得天空一片惊诧和蔚蓝！

走过的路：2004 年 7 月 1 日，经过一夜风雨之后，晴空万里，是一个难得的飞行好天气。下午 1 点零 9 分，39 岁的空军某试飞大队副大队长、特级试飞员梁万俊登上了准备就绪的新型战机，飞行科目是发动机万米高空加力试验。14 分钟后，飞机迅速爬升至 12000 米的高空，正当梁万俊做完第一组试验后，意外的情况发生了……

飞机起飞以后出现了向北爬高的现象。梁万俊发现，本来不应该动的功率箱油量在急速下降。当时飞机的油量是 1800 升，而正常情况下油量不应该少于 2400 升。所有人都意识到这个系统可能出了较大的问题。

梁万俊说：“我观察供油箱的油量，发现油量一直在快速地减少，从 550 升下降到 129 升，只有 4 分多钟。”

人们还没来得及对飞机漏油作进一步的判断，飞机油箱内的油就已经全部漏完，飞机失去了动力。此时，这个重约十来吨的金属物，成了一个自由落体。

所有的人都认为飞机肯定回不来了。

那一个瞬间梁万俊至今记忆犹新。“我能听到的声音变小了。听到最后它就没声音了。这是一个特殊情况，它确实是一个特殊情况，你紧张都没有用。紧张对我没有帮助。”

对梁万俊而言，天空是美丽的，同时也充满着危险，从事飞行20年，尽管经历过很多突发事件，但这一次空中停机无疑是他遇到的最大的困难。当飞机急速下降至4300米时，如果梁万俊选择跳伞，没有人会提出异议，但是他在瞬间作出了自己的选择。梁万俊说：“我选择了迫降。因为我要把这架飞机带回去。”

选择了迫降就等于选择了危险，在世界航空史上，没动力的飞机迫降成功极为少见，梁万俊所要面对的困难可想而知。如果飞机电能不够，带给梁万俊的将是机毁人亡。

在三转弯之前，是梁万俊选择跳伞的最后一次机会，如果他选择跳伞仍然无可厚非，但是他放弃了这最后的一次机会。

13点38分，梁万俊操纵着失去动力的飞机出现在机场上空，按照地面指挥员的命令，不断校正着飞机的高度和空滑速度。

13点41分，在1100米高空中，梁万俊对准跑道。两分钟后，飞机在进入450米处，以超出正常近两倍的速度接地。

13点45分，失去动力的飞机完成一系列接地动作后，平安着陆，此时距飞机出现故障整整8分钟。

颁奖辞：鹰是天空中最娴熟的飞行家，但是他却有比鹰还要优秀的飞行技能。万米高空之上，数险并发之际，他从容镇静，瞬间的选择注定了这次飞行像彩虹一样辉煌。生死八分，惊天一落，他创造了奇迹！为你骄傲！中国军人，钢铁是这样炼成的。

3.刘　翔——风一样的男子

写在前面：他有着比风还要轻快的速度，他有着比天空还要蔚蓝的梦想，他有着比果实还要丰硕的希望。

走过的路：2004年8月31日，中国奥运代表团回到了祖国。在欢迎的人群中，人们提起最多的就是3天前刚刚诞生的世界跨栏王——刘翔。

在世界的田径史上，直道项目的奖牌一向与黄种人无缘，但雅典奥运会是个例外，来自上海的21岁的小伙子刘翔以13秒27、13秒26、13秒18的成绩，轻松进入决赛。

8月28日奥林匹亚体育场雅典奥运会男子110米栏决赛。12秒91，刘翔平了世界纪录，创造了新的奥运会纪录。

刘翔的奥运夺冠不仅仅让无数中国人热泪盈眶，更感动了全世界的人民，接受颁奖之后，刘翔也谈到了最让他自己感动的一刻。“奥运前前后后让我感动的太多太多，最难忘的还是决赛前准备活动结束，我对着教练说‘师傅，请你相信我’，我们就互相握握手。当时特别特别激动，感觉眼泪都要出来了。8个跑道就我一个中国人，一个亚洲人，我要证明给大家看，不会输给西方选手。”

对于那永远载入史册的12秒91，刘翔回忆道：“直到现在看到当时的场景，我都会血液沸腾，仿佛又要开始比赛了，整个人非常激动。站在起跑线上的每刻每秒都给我留下了很深刻的印象，值得我一生回味。当在做准备活动的时候，我找到了自我状态，很投入。领导教练让我不要紧张，叫我的名字我都不在意，都不理他们，完全到了一种状态。就像漫画中说的，小宇宙到了一两万，马上就要爆发了。”

颁奖辞：12秒91，他实现了一次伟大的跨越，100年来的纪录成为身后的历史，10重栏杆不再是东方人的障碍，因为中国有刘翔，亚洲有刘翔。这个风一样的年轻人不断超越，永不言败；代表着一个正在加速的民族。当他站在世界面前的时候，世界看到了他身披的国旗。

4.明正彬——穿过硝烟，在刀尖上舞蹈

写在前面：他身处缉毒战线的最前沿；从警近20年，在与毒品犯罪的较量中，经历无数生死考验。

走过的路：“有人形容缉毒警察是站在刀尖上跳舞的职业，其危险、紧张不言而喻。干我们这一行的，就意味着付出，哪怕是生命。缉毒没有捷径，破案靠的是下苦功和那种不破案绝不罢休的韧劲。”——明正彬

明正彬的声音非常柔和，让人很难想象这就是让那些毒贩们感到惊惧的缉毒警察。这是一个在刀尖上舞蹈的男人，曾经面对过毒枭的枪口和威胁，面对过血与火的考验。当然，以后他还要面对。但他从未后悔。

15年的时间，明正彬不记得他究竟深入毒贩中多少次，不记得究竟缴获了多少毒品，更不记得他有多少年没有与亲人好好地吃上一顿晚饭。他只知道，只要世上还有毒品，只要还能工作，他就不可能停下来。

毒品，离我们很远也很近。堵截毒品，是一场充满硝烟的战争，是智慧和无畏的较量。而正是像明正彬这样一些缉毒警察，以他们的责任和勇气，为人们挡住了毒品的通道，让人们远离毒品和伤害。

明正彬说：“我感动不了中国，在禁毒战线上跟我朝夕与共的弟兄们都很优秀，谁站在台前都可以。这些战友，尤其是那些牺牲的战友，恰恰是他们感动我、激励我，让我不辱使命，更坚决地在缉毒战线上做下去。”

1986年8月，从警校毕业的明正彬来到云南省龙陵县公安局龙新派出所报到。在派出所的4年时间里，明正彬经常配合缉毒队的警察去辖区围捕毒贩，他感到很刺激，同时他也看到了缉毒警察的辛苦，他们常常是夜以继日

地工作，在山间小道、江边渡口等毒品通道设卡堵截。虽然执行任务时常常经受蚊叮虫咬、没吃没喝、风吹雨淋，但是在抓到毒贩、查获毒品的那一刻，明正彬感受到了巨大的成就感。

1990年5月，24岁的明正彬成为一名缉毒警察，从此开始了他充满危险和传奇的缉毒生涯。现在已是云南省宝山市公安局副局长的明正彬，依然在刀尖上跳着最优美的舞姿。

颁奖辞：刀尖上的舞蹈，之所以能够夺人心魄，是因为那是铁与血的交响。明正彬就是在刀尖上跳舞的人。在毒贩子面前，他吓不怕、买不动、难不倒。而毒贩子在他手下，过不去、藏不住、逃不掉。因为有他和他的战友，我们才能享受阳光的灿烂。

5.任长霞——警魂不朽

写在前面：面对黑恶势力，她拍案而起；面对平民百姓，她柔情似水。她在自己的岗位上护佑着人民的安康，她用生命和热血浇铸着金色盾牌。

走过的路：2004年4月，悲伤在河南的嵩山颍水间弥漫。人们不愿回忆起那一刻：

4月14日晚8点40分，正在侦破“1.30”案件的河南省登封市公安局长任长霞在由郑州返回登封的途中发生车祸，这位年仅40岁的公安局长永远告别了她挚爱的亲人和百姓。消息传开后，短短的3天内，先后有30万群众，徘徊在任长霞的灵柩前，只为看她最后一眼。

4月17日是任长霞追悼会召开的日子。这一天，登封市的少林大道上，14万自发为任长霞送行的百姓挤满了十里长街。这样的场面，在这个千年古城是前所未有的。人们不愿相信，任局长就这样告别了他们。她来登封才短短3年，却有着说不完的故事。

2001年，曾任郑州市公安局技侦支队队长，在警界有着很多荣誉的任长霞被派到登封市当公安局局长的时候，这里的大案积案很多，治安形势严峻。任长霞在整顿警察队伍的同时把改善治安状况、保护人民生命财产安全的突破口选在了打击民怨极大的黑恶势力上。上任第17天任长霞就打响了围剿王松犯罪团伙的攻坚战。当天晚上，任长霞带领200多名防暴警察，水陆并进，突袭逍遥宫。行动中共抓获了王松团伙成员6名，首犯王松后来也自投罗网。

任长霞在登封3年，亲自接待群众来信来访近3500人次。为了变上访为下访，她将自己的手机号向全社会公布，一时间，任局长的手机号码就像110一样被人们熟知。任长霞是公安局长，但作为女人，她也是妻子，是母亲。她和丈夫魏春晓结婚17年，有一个可爱的儿子，可是到了登封以后，她半个月能回一次家已经是奢侈的享受。2004年4月11日，魏春晓打电话询问新房的钥匙，任长霞只匆匆地说了一句“我在开会”就挂掉了电话。没想到，这竟成了任长霞留给丈夫的遗言。

颁奖辞：她是中原大地上的又一个女英雄。扫恶打黑，除暴安良，她铁面无私；嘘寒问暖，扶危济困，她柔肠百转。十里长街，白花胜雪，挽幛如云，那是流动在百姓心中的丰碑！一个弱女子能赢得百姓的爱戴，是因为，在她的心里有对百姓最虔诚的尊重！

6.孙必干——战火中不辱使命

写在前面：退休以后临危受命，枪炮声中艰难复馆，奇迹25小时解救人质，花甲老人战火中再叙传奇。

走过的路：2004年7月9日，7名中国外交人员和6名武警官兵在伊拉克曼苏尔饭店的一间普通房间里，展开了一面崭新的五星红旗，庆祝中国驻伊使馆正式复馆。

2003年3月20日伊拉克战争爆发；5月，美军宣布结束对伊拉克为期40多天的大规模军事打击；6月，中国政府开始着手进行驻伊使馆的复馆工作。当时，已退休半年的孙必干，临危受命，接下了这项任务。

2003年7月18日，孙必干等4人穿越被称为“死亡之路”的约伊高速公路，第一次进入了战后的伊拉克。但由于伊拉克安全局势异常混乱，复馆小组被迫撤离巴格达，在约旦待命。2004年2月复馆小组重返巴格达后，驻伊中国使馆已被洗劫一空，孙必干等人不得已搬进了距美军驻伊司令部只有一公里之遥的曼苏尔饭店，因此爆炸声和枪炮声经常不绝于耳。

然而让孙必干意想不到的事情发生了——7名中国人被绑架。

孙必干1965年毕业于北京外国语大学阿拉伯语专业，之后他长期在中东工作学习。曾先后担任过中国驻沙特阿拉伯、伊拉克、伊朗大使。对于中东错综复杂的局势他是非常了解的。面对这次突如其来的中国人质事件，他将会拿出怎样的解决方案呢？

中国外交部在第一时间召开了新闻发布会，表明了我国对于此事的态度。与此同时，孙必干开展了民间外交，利用个人关系与伊拉克当地有影响的宗教组织——长老会取得联系。

孙必干还亲自到半岛电视台用阿拉伯语发表了讲话。经过全方位、多渠道的营救，仅仅用了25个小时，中国人质事件就得到了圆满的解决。

或许很多人不知道，已经年过花甲的孙必干患有冠心病，他是揣着救心丸前往伊拉克的。但对于近在咫尺的危险甚至是可能的牺牲，他心怀坦荡。

颁奖辞：他于花甲之年临危受命，远离故土只为续写使命传奇。为了达成和平，他游刃于战火之间；为了挽救生命，他斡旋在死亡边缘。“苟利国家生死以，岂因祸福趋避之。”2004年，这个老人不知疲倦地奔走。前方，是他必赴的使命；身后，是让他骄傲的祖国。

7.田世国——赤子之声

写在前面：田世国，一个平凡得不能再平凡的男人，一个伟大得不能再伟大的儿子。他说:"我们的生命是父亲母亲给予的,作为儿女,我们能给予他们什么?"

走过的路:38 岁的田世国把自己的肾脏换给了重病的母亲,他一直隐瞒着这个事实。直到现在,这个秘密在母亲那里还没有被揭穿。他说,他只是希望天下所有的父母都能生活在幸福里,哪怕那是个谎言。

人们不禁要问,究竟是什么样的力量会让一个儿子不惜自己的健康,为母亲生命的延续作出如此巨大的精神和身体的奉献?是什么维系着中国传统的家庭稳定与亲密?一个家庭内部的举动为什么会引起社会上那么强烈的反应,个人的行为之中蕴藏着怎样丰富的社会内涵?

让我们来听听那些发自肺腑的声音……(田世国叙述)

刚刚知道母亲得了尿毒症晚期的那一天对我和我们全家来讲,是黑色的,真的是如天塌下来的感觉,无法想象那样爱我们的母亲,操劳一生,会得这个病。

我妈是 O 型血,O 型血在我们国家是非常难配的,几乎是不可能的。

我知道换肾是惟一的出路。但在肾源上来讲呢,等是很麻烦的,我想不如把我的肾给妈。

我在心里想:妈坚持住,你只要给我几个月的时间就可以,我一定要救你,让你多活几年。

当时泌尿外科医生朱中玉问我,"到底是你妹妹还是你,因为你现在正处在事业的顶峰时期,是不是你妹妹?"

我说:"不,是我。"

我故意让爸把妈带出去,我说我想吃烧饼你给我买个烧饼,他们就走了。一个多小时以后回来,我跟我妈讲,妈,你刚走,上海的医院来电话了,说有 3 个肾源适合你,想给你选个最好的,但是要我们再去一趟,如果合适我们就换,不合适我们再回来。我妈当时坐在沙发上,我站着,故意很轻松地跟她说,漫不经心地跟她讲。她在看我的那一瞬间,那个眼光,对生命的那种渴望渴求,就如重获新生的那种感觉。那种眼神非常有光泽,我永远忘不了。她说,那好,那我们就去。

手术之前,我想如果我妈恢复得比较正常,排斥比较小,我就让这件事永远是个秘密吧,我不想让她心疼。但如果确实排斥得厉害,以后需要更大的钱支撑这个排斥药物,那我就要跟我妈讲,这个肾是我的。为什么呢?我想让她珍惜这个肾,再大的困难也要活下去。

结果手术很成功,所有的人对这件事都绝口不提,日子就这样慢慢地平静地过去……

颁奖辞:"谁言寸草心,报得三春晖?"这是一个被追问了千年的问题。一个儿子在 2004 年用身体做出了自己的回答,他把生命的一部分回馈给病危的母亲。在温暖的谎话里,母亲的生命也许依然脆弱,但是孝子的真诚已经坚如磐石。田世国,让天下所有的母亲收获慰藉。

8.徐本禹——翠绿的梦

写在前面:他用第一抹光线的纯净,为孩子们画了一双眼睛;他用第一朵花开的声音,为孩子们唱了一首歌曲。

走过的路:2004 年 8 月 30 日是大石村小学开学的第一天,徐本禹来到学校与学生见面,并出任该校名誉校长。

在许多人眼中,这个 23 岁的华中农业大学毕业生本来会有令人羡慕的美好前程。他以 372 分的高分考取了本校农业经济管理专业的硕士研究生。然而,2003 年 4 月 16 日,徐本禹却作出了让所有人大吃一惊的决定:放弃攻读研究生的机会,去岩洞小学教书……

他第一次知道狗吊岩是在 2002 年。他很偶然地在《中国少年报》上读到了一篇题为《当阳光洒进山洞里……》的文章:"阳光洒进山洞,清脆的读书声响起,穿越杂乱的岩石,回荡在贵州大方县猫场镇这个名叫狗吊岩的地方。1997 年,这里有了自己的小学——建在山上的岩洞里,5 个年级 146 名学生,3 个老师……"读着读着,徐本禹哭了。

他决定要"用自己的方式帮帮这些山洞里的孩子"。2002 年暑假,徐本禹带着募捐来的三大箱子衣服、一口袋书和几个同学坐上了开往贵州的火车。

2004 年春天,大方县大水乡党委书记沈义勇邀请徐本禹去作报告,并希望他能到大水乡支教。

大石小学的校舍是一座有几十年历史的两层木楼,上面一层摇摇欲坠,其中一间是四年级教室,另一间门口挂着牌子:危险,不要靠近。老师们的办公室得低着头才能进去,掉了一扇门的木柜上贴着早已褪色的对联:只有诗书万卷,全无金银半文。

徐本禹给华中农大团委书记写了 3 封信,谈了自己的想法。这 3 封信引起了学校的极大关注,并决定捐助 8 万元为当地小学修建新校舍。

2004 年 7 月 11 日是华中农业大学放暑假的第一天。从贵州归来的一位老师把在大方县拍的照片选出 100 幅,配上简要文字,以《两所乡村小学和一个支教者》为题发到了网上。紧接着,从世界各地要求捐款捐物的电子邮件雪片似飞来。成千上万的网友在邮件中表达了一个共同的意愿:因为徐本禹的故事而感动,因为感动而行动……

据大水乡政府统计,截至 8 月 29 日,共有 36 名志愿者在大水乡支教或考察。受捐赠的小学生达 188 人,捐助资金 13760 元。同时贵州省教育厅拨款 20 万元,毕节地区教育局拨款 5 万元,大方县教育局拨款 3 万元。大石村小学的修建工作已经开始。

徐本禹以穷大学生的身份讲述了一个浅显的道理:为仁行善并不一定是富人的事,而是全社会的事。行善方式或有不同,行善能力或有大小,然而善举背后那颗贮满"爱"的心一样伟大。

颁奖辞:如果眼泪是一种财富,徐

本禹就是一个富有的人，在过去的一年里，他让我们泪流满面。他从繁华的城市，走进大山深处，用一个刚刚毕业大学生稚嫩的肩膀，扛住了倾颓的教室，扛住了贫穷和孤独，扛起了本来不属于他的责任。也许一个人的力量还不能让孩子眼睛铺满阳光。爱，被期待着。徐本禹点亮了火把，刺痛了我们的眼睛。

9.袁隆平——让人类远离饥饿

写在前面：一项惠泽世界人民的发明，一位赢得全世界尊重的农学家，历经坎坷时，他矢志不渝，功成名就时，他依然奋斗不止。

走过的路：2004年，以色列沃夫奖、泰国金镰刀奖、世界粮食奖先后授予了中国著名的杂交水稻专家袁隆平。有人曾经风趣地说，中国农民吃饭靠"两平"，一是靠邓小平的责任制，二是靠袁隆平的杂交水稻。今天中国水稻种植面积中，约有一半是采用袁隆平培育的杂交产品，每年生产的稻谷可以多养活6000多万人。2004年，袁隆平领导的超级杂交稻项目不断取得重大突破，在育种方面提前一年实现了大面积亩产超过800公斤的目标，这意味着每年又可以多养活750万人。

然而袁隆平在研究水稻的过程中并不是一帆风顺。1965年10月，当袁隆平写出杂交水稻的第一篇论文的时候，由于论文和当时的经典学说相背离，学术界并不认同，有人甚至嘲讽他异想天开。但袁隆平并没有放弃，经过多年的努力，他推翻了当时国际上关于水稻没有杂交优势的普遍观念，推出了一代又一代的杂交水稻，被誉为中华民族奉献给人类的第五大发明。

因为袁隆平的杰出贡献，多年来他获得了很多荣誉，几乎成了得奖专业户。1981年，袁隆平获得中国第一个国家特等发明奖；2001年他又获得了国家科学技术奖，在国际上11次捧回大奖。1998年一项无形资产评估中，"袁隆平"三个字的品牌价值被估价超过1000亿元。然而荣誉和财富的不约而至并没有改变袁隆平科学家的本色。

袁隆平用得来的奖金设立了袁隆平农业科技奖励基金会，2004年他把刚刚得来的125000美元的世界粮食奖奖金全部捐给了基金会。联合国粮农组织聘请袁隆平担任首席顾问，并把全球范围内推广杂交稻技术作为一项战略计划。现在，已有20多个国家引种杂交稻。国际上这样评论袁隆平和他的杂交水稻：中国杂交水稻是在脱离了西方这个所谓农业科学源头的情况下，自己创造出来的一项成果，而袁隆平给中国解决贫困与饥饿，赢得了宝贵的时间。他增产的粮食实质上降低了人口增长率。他在农业科学的成就击败了饥饿的威胁。他正引导我们走向一个丰衣足食的世界。

颁奖辞：他是一位真正的耕耘者。当他还是一名乡村教师的时候，已经具有颠覆世界权威的胆识；当他名满天下的时候，却仍然只是专注于田畴。淡泊名利，一介农夫，播撒智慧，收获富足。他毕生的梦想，就是让所有人远离饥饿。喜看稻菽千重浪，最是风流袁隆平！

10.桂希恩——良知揭开真相

写在前面：他最早发现了中国艾滋病的高危区，他以良知和勇气揭开真相，让阳光温暖这个曾被忽略的角落。

走过的路：2004年6月的一天，正在湖北考察工作的国务院总理温家宝，专门抽出时间，登门看望了武汉大学中南医院一位普通的教授。

这位教授就是桂希恩。多年来，他深入中国各地了解艾滋病现状，研究艾滋病流行主要因素，在广大民众中开展艾滋病的科普宣传教育，资助困难艾滋病家庭面对生活。

桂希恩1960年从武汉医学院毕业后，志愿赴青海从事地方病防治工作，一干就是16年。1976年桂希恩返回武汉后，一直从事血吸虫病等传染病防治和科研工作。他和艾滋病防控工作结缘，是从1999年发现河南上蔡艾滋病村开始的。当时一位来自河南的进修医生告诉他，老家上蔡县文楼村有许多人染了怪病相继死亡。多年养成的职业敏感驱使桂希恩要去实地考察一番。

在考察期间桂希恩觉察到了问题的严重性，便马上向当地政府反映，并在两个月以后再次来到这个村。桂希恩带着他的学生在秘密状态下继续开展着对当地艾滋病状况的调查。1999年10月底，他又向中央主管领导寄交了自己的调查报告。

不久之后，上级部门派遣工作组进驻疫情高发区进行慰问和救治工作。

2001年，在接到一位患者来信后，桂希恩做了一件令人意想不到的事。他把5名艾滋病感染者接到了武汉，在家人的理解和支持下，毅然把患者接到了自己家中，在以后的日子里与他们同吃同住。社会上一些人对艾滋病人的歧视让桂希恩忧心忡忡，一有机会他就向人们呼吁要包容艾滋病人，要平等地对待他们。他从自己做起，在细节方面特别注意，比如他给病人看病或是跟他们握手的时候，很少戴手套。

67岁的桂希恩就这样在艾滋病防控事业第一线上冲锋陷阵。在桂希恩的促进下，那个曾经被病毒肆虐的文楼村受到国内外的高度关注，2003年开始村里的艾滋病患者得到了政府的免费药物治疗和经济救助。

2004年2月28日，欧洲银行家马丁·哥顿来到武汉市，将2003年度艾滋病预防的国际最高奖"贝利·马丁"奖颁给了桂希恩，奖励他在艾滋病防治领域的开创性工作。颁奖现场，桂希恩宣布他要把5000美元奖金全部用于艾滋病防治工作。

颁奖辞：他清贫而充实，温和而坚定。仁者的责任让他知难而上。他让温暖传递，他让爱心汇聚，直到更多人向弱者张开双臂，直到角落里的人们看到春天。他不惧怕死亡，因为他对生命有更博大的爱。

11.女排——神话因她们而美丽

写在前面:雅典奥运会上的最后一球,了断了中俄女排20年的恩怨;实现了中国女排20年的奥运冠军梦;这一球,为中国代表团送上了一枚分量最重的集体项目金牌。

走过的路:彩色的排球在空中划出了一道美丽的弧线,等候多时的老将张越红从4号位高高跃起,将球狠狠地砸在俄罗斯队的界内。

中国队赢了,中国女排赢了,中国女排的支持者们赢了……人们高兴地哭了,主教练陈忠和与女排姑娘们紧紧地抱在了一起。可是有谁知道,这个拥抱要跨越多少微笑?"可怕"、"困难"、"麻木"、"恶心",这是失败者无力的自责,还是成功者豪迈的感言?

但正是这些词概括出了女排姑娘们平日里所有的生活。"有些天,我一进场地就犯恶心"——在鲜花和掌声的环绕中,中国女排主教练陈忠和没有忘记自己最困难的时候,以及自己曾经有过的最无法承受的感觉,同时他也揭开了自己光荣背后鲜为人知的脆弱。"现在想起那段时候,连自己都觉得可怕。"陈忠和说,"发、垫、扣、传、拦,是个教练就会教,但要让她们都吃到量,而且又自觉有兴趣上训练课,这真的是件很困难的事。"

"吃大苦、耐大劳、排万难、创佳绩。"这套像极了建筑队赶工期时用的"三字经",才是陈忠和这个"苦大师"的独门秘技。从最早的军训、升国旗奏国歌、去贫困乡村参观,到后来的每天7个小时的大训练量,陈忠和与女排姑娘们完全是苦出来的。"每月科研所都会有人过来给我们做检查,有没有练到量一测机能体能就全藏不住了,而我们队里则是个个都严重超标。正常肌肉的训练强度指数是200,杨昊她们那时都到了5000,我都上8000了。"每天挑战自己的身体极限,这成了陈忠和与队员们以苦为乐的方式。

一路走来,在雅典的生死赛场上,中国女排遇上了劲敌俄罗斯队。中国队对付俄罗斯队的问题,陈忠和一直强调目前的比赛胜负并不是最重要的,关键是锻炼队伍,以对手为镜子,越强的对手,其镜面越明亮鉴人,可以充分暴露和发现自己的问题。抱着这样的态度,中国女排艰苦地拿下了俄罗斯队。从洛杉矶到雅典,中国女排经过20年的奋斗和拼搏,又为自己的祖国捧回了一枚沉甸甸的奥运会金牌。

颁奖辞:中国女排,曾经沸腾了一代人的热血,也在中国人的心里留下了长达20年的期待。2004年的一天,于无声处,绝地反击。是她们,让最后的希望攀援着意志的臂膀上升,直到最后一记重扣敲开欢庆的锣鼓。金牌唤回曾经的光荣,胜利开启崭新的梦想!

(信息来源:CCTV2005年2月17日)

备注:2005年春天,中央电视台揭晓了第3届"感动中国·2004年年度人物评选"最终结果。以刘翔为代表的10名获奖人物和一个团体,以感动的方式重燃2004年的中国记忆。

人物榜

◎榜二、2004感动中国的优秀共产党人◎

1.产业工人代表:许振超

30年来,他一直坚守这个普通的操作台。他是青岛港的吊车司机,又是一个一年内两次刷新世界集装箱装卸纪录的人。

人民评语:许振超是当代劳模的代表。随着社会的发展,劳模也由建国初期以苦干实干为主,转向今天的高科技、高知识等多成分并重发展。新一代劳模在继承无私奉献、恪尽职守等优秀品德的同时,又展示了进取创新、追求卓越、做先进生产力的推动者的风采。

2.人民的好卫士:任长霞

一个普通女子,一名公安局长,当她猝然牺牲在工作岗位上之后,只有63万人的登封市,却有14万人参加了她的葬礼,为她送行……

人民评语:一个不懂得美、不珍惜美、不追求美的女人极有可能是一个不健全的女人。一个不健全的女人很难对生活充满激情,对人生饱含期盼,对完美孜孜以求。不论这个女人是一名不文还是家喻户晓。这个感受,是在采访任长霞时才有的。

3.鞠躬尽瘁的好书记:牛玉儒

他在呼和浩特市不到500天,把一个人当两个人使、把一天当两天用;他有3个月在病床上,但他把自己的病房当成办公室……

人民评语:牛玉儒,一个党的领导干部,一个时刻将百姓冷暖装在心上的党员,在有限的生命里,留给了呼和浩特人民无尽的思念,留下了一份宝贵的精神财富,为党续写了又一光辉的篇章。

4.知识分子的楷模:马祖光

他高贵,以宽容应对每一次挫折;他温和,精心维护君子风范;他坚忍,百折不挠;他豁达,穷且弥坚;他视学术操守重于自己的生命。马祖光,中国高级知识分子杰出的代表。

人民评语:和马祖光"面对面"是震撼的,不是因为他知识的权威,而在于他那份超人的淡定。这种淡定的力量是惊人的,在旁人的不可思议里,这个可爱的老人竟将一切做得那么自然,那么本真,就像吃饭、喝水一般,没有任何矫造。

5.一心为民的好干部:周国知

他20年如一日,一直在山区平凡的工作岗位上兢兢业业而又默默无闻地工作着。为乡亲们办了大量好事、实事、难事,用生命铸就了基层公务员的光辉形象。

人民评语：周国知是最基层的干部，最平凡的人。但是，因为他处于基层，因为他是平凡的人，所以才让人感到特别贴近，特别令人感动。

6.自强模范：王树明

22年来，这位高位截瘫的电信职工在本职工作之外，义务为群众修理电话65000部，电器4000多台；并潜心钻研新技术，参与近百项科研项目，为国家创造出近400万元的经济效益。

人民评语：在平凡的工作岗位上，王树明以顽强的意志和非凡的业绩，谱写了一名共产党人的奉献之歌。

7.生命路标：张全林

从普通汽车兵到大校，32年间，张全林一直穿行于川藏公路。"川藏公路上的共产党人，站着是座生命路标，倒下头也要朝着西藏。"

人民评语：雪崩、塌方、泥石流，恶劣的气候和复杂的地质结构，使得全长3000多公里的川藏公路成了可怕的"魔域"。张全林指挥部队沿着这条生死路，为西藏运去了30多万吨物资，先后历险上百次。

8."飞行校长"：李建保

2002年，李建保带着激情和梦想飞赴青海。从此他有了两个办公室：一个在清华大学逸夫科技楼，另一个在青海大学行政办公楼，他也因此有了一个新的称呼"飞行校长"。

人民评语：李建保，一个投身西部教育建设的清华大学教授，向我们展示了一个真正有用之才的人生选择，他承受着外人难以想象的压力，坚持"从我做起，从现在做起"，成功地在西部大开发中发挥出自己的能量。

9.模范人民调解员：曹发贵

安徽农村基层的一名司法调解员，15年中，他心系群众疾苦，依法运用法律手段化解各种民事矛盾。他和广大的司法调解员队伍一起构筑了社会稳定的第一道防线。

人民评语：在火热的夏季，曹发贵，一个普通而响亮的名字在江淮大地传诵。他为了农村的安宁和繁荣，倒在了自己热爱的土地上。

10.维护生命的使者：李素芝

高原行医28年，边关奉献28年。他用自己的青春、热血、智慧和信念，在"生命禁区"保护生命，创造了一个又一个医学奇迹……

人民评语：李素芝之所以能在人称"生命禁区"的雪域高原顽强奋斗数十载而不懈怠，面对种种诱惑而不动摇，根本原因就在于他把全心全意为人民服务的宗旨装在心中。有了这一条，就能始终保持共产党人的蓬勃朝气、昂扬锐气和浩然正气。

（信息来源：人民网2004年12月20日）

备注：此榜由人民网"特别策划"组稿，其目的在于发掘感人的先进人物典型，为干部群众树立光辉的榜样。

二、杰出人物篇

◎榜一、首届中国经济学杰出贡献奖获得者◎

1.薛暮桥

这位101岁的老人，早在20世纪30年代初，就开始从事农村调查，开始对经济学进行研究。从1948年起，他历任政务院财经委员会秘书长、国家计划委员会副主任、国家统计局局长、全国物价委员会主任等职，1955年当选为中国科学院哲学社会科学部学部委员。1975年后任国家计委顾问兼经济研究所所长、国务院经济研究中心总干事、国务院发展研究中心名誉主任等职。

评语：他是坚定地倡导和积极推动市场取向改革、提倡和坚持国民经济稳定协调发展的著名经济学家，在摆脱"左"倾思想的束缚、关于市场取向的改革、生产资料所有制、劳动工资和收入分配制度、宏观经济管理和地区发展战略等方面做出了杰出贡献。

2.马　洪

出生于1920年5月。延安时期，其先后在中央党校、马列学院（后改名为中央研究院）学习和工作，1941年担任中央研究院政治研究室研究员、学术秘书。新中国成立以后，任东北局政策研究室主任、东北局副秘书长，后调任国家计划委员会委员兼秘书长。1978年以来，历任中国社会科学院工业经济研究所所长、中国社会科学院院长、国务院经济技术社会发展研究中心总干事、国务院发展研究中心主任。

评语:在老一辈经济学家中,他是为数不多的进行跨学科研究并取得全面成就的学者。他较早提出和支持"社会主义商品经济"和"社会主义市场经济"论点、主张稳健地推动中国经济发展、在剖析中国经济结构的弊端,建立合理经济结构的理论研究与对策研究中做出了重要的贡献。

3.刘国光

出生于1923年11月。20世纪50年代前往苏联莫斯科经济学院学习,获副博士学位。回国后,进入中国科学院(后为中国社会科学院)经济研究所从事研究工作,历任助理研究员、研究员、《经济研究》杂志主编、所长、中国社会科学院副院长等职。

评语:他的开创性贡献主要集中于社会主义再生产理论、宏观经济管理、中国经济体制改革等方面。他对社会主义经济中计划与市场的关系、对社会主义市场经济理论的深刻认识、"双向协同,稳中求进"、从"两重模式转换"到"两个根本性转变"、论"软着陆"和"治理通货紧缩"等论述影响深远。

4.吴敬琏

出生于1930年1月。1953年毕业于复旦大学经济系,1954年分配到中国科学院(后为中国社会科学院)经济研究所工作,1984年以来任国务院发展研究中心研究员。

评语:他是当代中国最有影响的经济学家之一,在理论经济学、决策咨询、经济学和管理学教育等多个领域中长期辛苦耕耘,成果丰硕。他与经济学界几位学者一起,创建了我国的比较制度分析学科。运用这一学科的研究成果,对发展我国社会主义市场经济的基础理论做出了重要贡献。

(信息来源:中新社2005年3月24日)

备注:2004年,首届中国经济学奖的评选由国家发改委所属的中国宏观经济学会和中国经济体制改革研究会联合组织,是目前国内第一个也是惟一一个授予个人、对个人长期成就进行奖励的经济学奖项,其宗旨是奖励在经济理论、政策及研究方法等领域做出杰出贡献的中国学者。该奖被认为是中国经济学的"诺贝尔奖",是中国目前规格最高的经济学奖项。

◎榜二、2004十大杰出金融科技人物◎

1.IBM大中华区副总裁:**秦尚民**
2.HP全球副总裁:**孙振耀**
3.EMC中国副总裁:**胡信安**
4.SUN北方区金融行业总经理:**张和平**
5.NCR金融部中国区副总裁:**陈振强**
6.思科(中国)副总裁:**刘维明**
7.联想集团总裁:**杨元庆**
8.实达电脑董事长:**蔡智康**
9.神州数码金融本部总经理:**董其奇**
10.用友金融总裁:**李　友**

(信息来源:《世界商业评论》杂志2004年12月10日)

备注:此榜由国际传媒有限公司、亚太国际资讯集团以及城市金融报社联合主办。

◎榜三、2004中国文化产业十大杰出人物◎

1.深圳华侨城集团公司CEO兼总裁:**任克雷**
2.华夏西部影视城有限公司董事长:**张贤亮**
3.海润在线影视文化投资有限公司董事长:**张海波**
4.江苏省文化产业集团公司董事长:**李向民**
5.中信文化传媒集团董事长:**李博伦**
6.云南省昆明市市委书记:**杨崇勇**
7.上海盛大网络发展有限公司董事长兼CEO:**陈天桥**
8.浙江横店集团影视娱乐有限公司董事长:**陈金海**
9.北京旌旗席殊书屋有限公司CEO兼总裁:**席　殊**
10.中国电影集团公司总经理:**韩三平**

(信息来源:《世界商业评论》杂志2004年10月28日)

备注:中国作家出版集团、中信文化传媒集团等单位联合评选出了"2004年中国文化产业十大杰出人物"。榜中CEO是Chief Executive Officer的缩写,其意为首席执行官。

◎榜四、第2届全国民办教育十大杰出人物◎

1.北京吉利大学执行校长:**罗晓明**
2.绍兴中国轻纺城高级中学董事长兼校长:**陈国同**
3.福州大学阳光学院董事长:**林腾蛟**
4.深圳市东升教育投资管理有限公司董事长:**陈泽衍**
5.山东省烟台培英学校董事长兼校长:**金怀凡**
6.浙江海亮教育集团总裁兼校长:**孟章焕**
7.长春大学光华学院董事长:**康井山**
8.江苏省无锡市江淮希望学校校长:**臧德阔**
9.北大附中河南分校董事长:**李光宇**
10.辽宁省铁岭市外事学校校长:**李　华**

(信息来源:《光明日报》2004年7月25日)

备注:由光明日报社主办、发现杂志社承办的"第2届全国民办教育十大杰出人物"评选活动,得到全国民办学校的积极响应,在社会上产生了广泛影响。

◎榜五、2004 十大杰出青年◎

1.刘　翔，1983 年 7 月出生，中共预备党员，本科，上海体育运动技术学院运动员。

刘翔 1999 年被招入上海市田径队，成为一名专业的田径运动员，开始系统的跨栏训练。凭靠坚忍不拔的意志和永不言败的顽强作风，刻苦训练，运动成绩逐年提高，创造了一系列优异成绩，用实力破灭了欧美田径选手所谓的先天优势论。2001 年以来，刘翔先后获世界大学生运动会、亚运会、东亚运动会、全运会、世界田径锦标赛和第 28 届奥运会等男子 110 米栏冠军，改写了亚洲纪录和世界青年纪录，打破奥运会纪录，平世界纪录。他在 2004 年雅典奥运会上勇夺冠军，实现了中国田径短距离径赛项目中历史性的重大突破，为我国体育事业的发展做出了重大贡献，为祖国人民赢得了荣誉。被评为“全国十佳运动员”，荣获“中国十佳劳伦斯冠军奖”和“全国五一劳动奖章”，上海市政府通令嘉奖、“记大功”一次。

2.吴希明，1964 年 9 月出生，中共党员，本科，中国直升机设计研究所总设计师、研究员。

1984 年，吴希明大学毕业，怀着航空报国的理想，来到位于三线的中国直升机设计研究所。他从普通设计员到研究室主任、副总设计师直至总设计师，一步一个脚印，一干就是 20 年。他先后参与了“八五”、“九五”、“十五”课题的预研工作，主持了几乎所有我国自主研制的直升机型号的研制工作。他独立完成的计算机辅助设计系统，首次应用于某型号的数字化全机理论外形设计，填补了我国直升机领域 CAD/CAM 的空白。作为国家重点型号的第一副总设计师、总设计师，为该型号顺利实现重大节点做出重要贡献。他带领同事一起开创了中国直升机研制“探索一代、预研一代、设计一代、生产一代”多型号并驾齐驱的新局面，为实现中国直升机由仿制到自行设计的飞跃做出了突出贡献。荣立过一等功两次。

3.刘郑国，1964 年 10 月出生，中共党员，本科，中国船舶重工集团公司第七一三研究所所长、研究员、博士生导师。

刘郑国 1986 年参加工作以来，始终瞄准国际领先水平，严谨求实、开拓创新、克难攻坚，成功主持研制出多型性能优良、技术先进的武器装备。他作为多项国家重大武器装备工程项目的总指挥和第一责任人，领导和组织有关专家在短时间内完成研制任务。一项成果通过国家一级定型，有力地提高了我国水面舰艇的反导作战能力；一项成果形成了我国海军水面舰艇的重大武器装备，创造了我国某武器装备研制史上的新记录；一项成果使我国拥有了新的尖端武器，增强了国家战略威慑力量，为提高海军战斗力和海军武器装备的现代化建设做出了突出贡献。他指导和培养研究生 10 余名，编写、主审专著 300 余万字，发表论文 10 余篇。获“国家国防科学技术一等奖”、“部级科技进步一等奖”等奖项。

4.王振滔，1965 年 5 月出生，大专，奥康集团有限公司董事长、总裁。

王振滔 15 岁因贫困辍学，做过 3 年木匠，跑过 5 年推销。1988 年，23 岁的王振滔东拼西凑 3 万元，创办了一个家庭皮鞋作坊。经过 16 年的艰苦创业，小作坊已成为资产 6 亿元、年产值超过 15 亿元、创利税 1 亿多元的大型民营制鞋业集团。主导产品奥康皮鞋连续 4 届蝉联“中国真皮鞋王”，并首批被评为国家免检产品，市场占有率居全国同行业前列。他在皮鞋行业率先导入连锁专卖特许经营制；2003 年与意大利鞋业第一品牌 GEOX 全面合作，让中国制造走向世界；积极参与西部大开发，斥资 10 亿元在重庆建设“中国西部鞋都”；倡议成立由 9 家知名民营企业注资的中瑞财团，探索民营企业经营体制和发展模式的突破。多年来累计向社会捐款 2465 万元。获“全国五一劳动奖章”、被评为“中国十大策划风云人物”。

5.张育彪，1974 年 10 月出生，中共党员，硕士研究生，广东省深圳市龙岗区布吉镇南岭村党总支书记、村委会主任。

张育彪 1994 年大学毕业后回到家乡工作，1998 年担任村党支部书记。他用现代知识和实干精神带领全村干部群众大胆创新，使村集体经济由“物业型”向“实业型”转变，2003 年村集体经济总收入 2.3 亿元，人均纯收入 13 万元，出口创汇 6 亿多美元，为国家创造税收 1.5 亿元。他在全省农村率先实施干部聘任制，实行企业化管理，探索出了一条农村管理的新路子；他在村民中大力倡导“富而好劳、富而好学、富而崇德、富而思进”，把精神文明建设和村民利益挂钩，有效解决了“富了之后怎么办”的问题；他积极创造条件鼓励村青年学习上进，2000 年以来村民学生高考录取率均达 100%。南岭村先后被评为“全国创建文明村镇工作先进单位”、“全国先进基层党组织”等，他本人获“全国五一劳动奖章”、被评为“全国农村青年创业致富带头人”等。

6.彭家鹏，1965 年 12 月出生，硕士研究生，中国广播艺术团民族乐团艺术总监首席指挥，国家一级指挥。

彭家鹏毕业于中央音乐学院作曲指挥系，1996 年作为亚洲惟一的青年指挥家，应邀参加在荷兰举办的第 35 届国际康德拉申指挥大师班学习，获“康德拉申大师班”奖。1997 年，他被美国指挥家中心挑选，参加国际指挥大师班学习，以大师班第一名的成绩完成学业。1998 年，他出任中国广播民族乐团首席指挥后，更加积极地投入到中国民族交响音乐的探索与实践上，并融入了西方音乐的很多理念。2000 年以来，他连续 5 年在奥地利维也纳金色大厅成功指挥了“中国新春民族音乐会”，并先后率团赴瑞士、德国、美国举行中国民族交响音乐会，应邀指挥日本、韩国、新加坡、香港、乌克兰及奥地利的著名乐团，为中国民族交响音乐走向世界，做出了重要贡献。荣获过“中国金唱片指挥特别奖”。

7.**王新纯**，1966年6月出生，中共党员，硕士研究生，中国石油天然气集团公司大庆油田有限责任公司井下作业分公司经理，高级会计师。

王新纯参加工作十几年来，坚持发扬大庆精神、铁人精神，忘我工作，成为一名奋斗在国有企业改革第一线的尖兵。2001年，出任井下作业分公司经理，他充分发挥擅于经营管理、精于经济分析的特长，提出“以基层为根、以员工为本、下管一级、内部模拟市场”的管理理念，积极发展新技术，拓展新业务，使企业做大做强，走上了可持续发展之路。在短短的3年时间内，公司整体经济规模以每年30%的速度递增，2003年实现总收入24亿元，比刚组建时增加了10亿元，成为综合实力和竞争能力雄厚的全国最大的石油技术服务企业。他大力实施“走出去”战略，放眼海外石油市场，外部收入由2000年的2000多万元增加到2003年的2.09亿元，3年增长了近10倍，占大庆油田公司外部收入的80%以上。

8.**印春荣**，1964年7月出生，中共党员，本科，云南公安边防总队保山市公安支队司令部副参谋长。

印春荣1982年入伍后，扎根边疆，恪尽职守，当过士兵、学员、卫生员和医师。1998年因工作需要从事缉毒工作。多年来，在贩毒分子的种种威逼利诱面前，在一次又一次生与死、血与火的战斗考验面前，他身先士卒，毫不畏惧，置个人生死于度外，与贩毒分子巧妙周旋，随机应变，以高超的侦查技能与境内外贩毒分子展开殊死的较量，取得了辉煌的战果。据不完全统计，1998年至2004年，印春荣参与侦办和直接组织指挥侦破的贩毒案件达824起，其中万克以上的特大案件34起，抓获犯罪嫌疑人1300多名，缴获毒品2214千克、毒资1450多万元、运毒车131辆，在缉毒战场上屡建奇功，为消灭毒品犯罪、维护社会稳定做出了突出贡献。荣立过二等功两次。

9.**潘建伟**，1970年3月出生，博士研究生，现任中国科学技术大学教授、博士生导师。

潘建伟作为教育部长江学者、中国科学院“引进国外杰出人才”，在量子信息论和量子论基本问题等世界学术前沿领域取得了开创性的重要成果，将我国多粒子纠缠态研究领入国际领先水平。他在世界上系统地开创了量子通讯的实验研究领域；首次成功地制备了三光子、四光子、五光子纠缠态，并由此首次完成了三光子和四光子GHZ定理的实验验证；在连续变量的Bell定理、两粒子GHZ定理的证明以及多粒子纠缠分类等理论研究方面取得了重要进展。其成果被国际权威学术杂志广泛关注，被引用1500多次。被中国科学院、中国工程院评为“2003年度中国十大科技进展”，1997年和1999年先后被欧洲物理学会和美国物理学会评为“年度世界物理学十大进展”，被《NATURE》杂志评为“百年以来物理学21篇经典性论文”，被选为2003年5月22日《SIENCE》杂志的封面文章。

10.**李　鸿**，女，1967年10月出生，中共党员，本科，中国人民解放军某部副部队长，高级工程师，十届全国政协委员。

1988年，李鸿大学毕业后主动申请到西北军营工作，从此扎根戈壁16载，先后参与完成了10多项国家重点型号航空武器装备的科研试验、设计定型和检验验证等重大任务，在航空武器试验的最前沿屡建奇功。她首次提出将飞行可靠度、制导精度和杀伤效果三大指标分别考核综合鉴定的新思路；开发了精度评定、可靠性评定、维修性评定等新领域；探索了运用数理统计学理论进行靶场试验精度评定等新方法；摸索的“一靶两弹”试验方法，成倍提高了靶机利用率，是我国航空武器试验史上的创举；作为主要完成人参与研制的“空空导弹靶场仿真试验工程”，填补了我国航空武器试验全系统动态检测的空白，为我军在研的新型机载武器提供了新的试验手段。获“军队科技进步一等奖”、被评为“全军十大学习成才标兵”。

（信息来源：《人民日报》2004年11月22日）

备注：“中国十大杰出青年”评选活动自1990年创办以来，已连续举办了15届，推出了一批在改革开放和社会主义现代化建设实践中做出突出业绩和重大贡献的青年典型。此榜由中华全国青年联合会、中国青少年发展基金会和人民日报、中央电视台、科技日报等首都10家主要新闻单位联合主办。

◎榜六、首届中国青年创业奖获得者◎

1.**王　填**，1968年1月出生，本科，湖南步步高连锁超市有限责任公司董事长。

王填从湘潭南北特食品公司下岗后，在武汉拿到了“统一”产品在湘潭的总经销权，经过近9年的艰苦创业，他把一个只有十几平方米的小批发市场发展成为拥有31家连锁店、年销售额过10亿元的连锁超市企业，被湖南省列为流通领域重点扶持企业，居全国超市百强第三十四位。他连续帮助15家国有亏损商业企业解困，向社会捐款、捐物计100多万元，先后安置下岗职工7000余人。

2.**叶永田**，1971年6月出生，高中，安徽濉溪县田叶生物工程有限公司董事长。

叶永田20岁时下岗，先后打过工、干过个体。1999年用辛苦挣来的两万元打工钱开始养殖南非波尔山羊，并将国际上堪称一流的胚胎移植技术引进到自己的养殖场，两年时间仅有万元家底的养殖场就发展成为拥有千万元资产、华东地区最大的波尔山羊养殖基地。他先后扶持1500户农户和下岗职工走上致富之路，养羊场先后被国家科委、农业部分别授予“十五计划波尔山羊生物技术推广基地”和“千县工程示范基地”。

3.**朱海峰**，1971年12月出生，本科，吉林华信大众集团有限公司董事长。

1991年朱海峰从学校毕业，自筹资金10万元开办家用电器行。两年后转向出租汽车业，以32辆夏利车开始了第二次创业历程。他在运营过程中注重服务为先，引进国际先进管理、营销理念，使公司逐渐发展成集汽车出租、汽车租赁、汽车维修、塑钢工业等产业，总资产4亿元的集团化公司。几年来，共免费对近千名下岗青年进行技能培训，并为社会提供了3000多个就业机会，其中下岗人员、农村剩余劳动力占到97.3%。

4.**严　琦**，女，1967年11月出生，MBA（工商管理硕士）在读，重庆陶然居饮食文化集团董事长。

1992年，严琦以5张桌子、1个厨师拉起了“陶然居”大旗。短短8年，陶然居从一家路边小店发展成为一个以餐饮连锁为龙头，涉足多种行业的综合性经济实体，获“国际餐饮名店”、“中国餐饮百强企业”、“中国十佳餐饮连锁企业”、“全国绿色餐饮企业”、“中国企业信誉AAA级单位”等荣誉称号。公司总资产4.8亿元，年销售额3.6亿元，年上交利税2000多万元，安置下岗职工2000多人，并带动千家农户走上小康之路。

5.**李文东**，1974年9月出生，本科，辽宁沈阳昊诚集团董事长。

李文东大学毕业时就手握3项国家专利发明，与几个同学联手成立了“沈阳建新电控有限公司”，于1998年成功开发了全国第一台美式箱变。2002年，他又与德国MORA公司合作开发出干式变压器。如今昊诚集团自行研制ERP管理，成为除电线、电缆外中压电力设备集成制造商，总资产2.5亿元，销售额2.7亿元，上交利税4000万元，安置下岗职工220多人。荣获沈阳市人民政府颁发的“科学技术进步贡献奖”、“科技振兴奖”等奖项。

6.**李瑞斌**，1969年6月出生，中共党员，本科，陕西隆基集团总裁。

李瑞斌从青岛建筑工程学院毕业后，先后在西安航空专科学校、陕西省建设厅工作。1993年辞职下海，组建了陕西华航综合建设发展有限公司。当时的公司占地只有几十平方米、员工只有几名。但如今其已发展成拥有10余个分（子）公司，近千名员工，产值5亿元，业务涉及地产开发、工程建设、文化教育、农业高科、金融投资等五大产业的综合性民营企业，并被命名为“中国质量信誉AAA级企业”、“中国优秀企业”。

7.**杨建新**，1969年6月出生，民建会员，大专，山西百圆裤业有限公司董事长。

1989年，年仅19岁的杨建新从太原市六建公司下岗后在太原市商业街卖起了裤子和袜子。他将连锁经营模式引入创业理念之中，使1995年创办的百圆裤业有限公司成为山西省首家特许加盟连锁经营模式的企业，并逐步发展成为以山西为中心，辐射全国22个省、自治区、直辖市，拥有600多家分店的连锁集团，先后安置下岗失业青年1200多人，解决大中专毕业生就业120多人。

8.**陈迷丽**，女，1970年10月出生，高中文化程度，浙江雪歌服饰有限公司董事长兼品牌总监。

1986年，陈迷丽从温州第六中学纺织工艺专业毕业后，创办了温州鹿城区迷丽时装店。她自己为顾客选购面料、进行服装设计，并为顾客量身定做。之后，她又成立时装公司，创出自己的品牌“雪歌”。2000年3月，在北京中国国际服装博览会上，她以一场雪歌“自然风”专场演示会，征服了中国服装界。她的公司被评为“全国服装百强企业”，共吸纳下岗职工352人。

9.**武　力**，1963年6月出生，MBA（工商管理硕士），北京保罗科贸发展集团董事长。

武力在美国学习了3年的MBA后，于1995年回国创立了北京保罗科贸发展集团。短短几年，他就把当初只有3万元启动资金、代销服装的小企业，扩张为包括化学清洗、高科技生物制品等经营内容的拥有近亿元固定资产的企业，年营业额近3亿元，安置下岗职工人数近300人，被中国发展研究中心等5部门联合评为“中国成长型中小型企业”500强。他热心社会公益事业，非典期间主动承担防治非典医护人员被服清洗工作。

10.**范恩军**，1970年11月出生，中共党员，本科，山东丛川（集团）有限公司执行董事、总经理。

20世纪90年代初，大学毕业的范恩军从一个小服装公司做起，边学习边经营，通过实施“一业为主，多业并举”的多元化发展战略，用不到10年的时间完成了原始积累，将公司扩张为山东丛川公司和山东森特医院管理公司两个集团。公司年产值4000多万元，吸纳下岗职工280多名。他吃水不忘挖井人，通过企业的洗衣连锁经营帮助有志青年创业，先后扶持23人成功创办企业。

11.**翁联辉**，1966年5月出生，中共党员，硕士研究生，上海世好餐饮管理有限公司董事长。

1999年2月，上海轻工业供销公司分公司经理翁联辉失业了，他拿出失业补助金和数万元借款加盟上海华联罗森有限公司，他将自身所学结合到加盟店的管理中，开店当月就实现赢利，半年后月营业额30万元左右。翁联辉于2000年注册成立“馄饨小吃”类首家个人独资企业——上海吉祥特色馄饨店。当初二十几平方米的馄饨店，如今已经发展成为在全国拥有150多家连锁店的特色经营连锁品牌，解决了1000多名下岗失业人员就业。

（信息来源：《人民日报》2004年11月22日）

备注：与我国整体就业形势一致，

目前，青年就业与再就业形势也相当严峻。为了鼓励青年自主创业，团中央、劳动和社会保障部表彰了上述11名首届“中国青年创业奖”获得者。

◎榜七、2004 十大杰出青年农民◎

1.江西省余江县青年农民万河保——创办生猪产业合作社，带领农民脱贫致富的劳动模范。

2.河北大名县青年农民丹志国（回族）——从事小麦深加工，为农民打开市场大门的“面粉大王”。

3.河南省新郑市青年农民石聚彬——通过示范种植、科技引领发展红枣种植与加工的“枣乡小康领跑人”。

4.新疆维吾尔自治区精河县青年农民李兰江——从事粮、棉、瓜、果种植开发，带领农户共同创业致富的带头人。

5.黑龙江省七台河市青年农民肖亚农——从事粮食、大豆种植，带动周围农户发展现代农业的青年种粮大户。

6.云南省丽江市青年农民和云（纳西族）——从事园艺种植业，带动2万多人就业的致富领头雁。

7.辽宁省凌海市青年农民张运生（满族）——发展蔬菜加工和销售，产品远销20多个国家和地区的致富带头人。

8.湖北省荆门市青年农民郭从莲——从事粮油作物种植，把低产抛荒土地变为“聚宝盆”的致富女状元。

9.内蒙古自治区阿巴嘎旗青年农民斯琴花（蒙古族）——通过改进饲养方式促进畜牧业可持续发展的“草原之花”。

10.山西省娄烦县青年农民曹春亮——从事生态建设，把昔日的不毛之地变成当地群众致富希望的“绿色先锋”。

（信息来源：中国农村青年信息网）

备注：第9届“中国杰出青年农民”评选表彰活动由团中央、水利部、农业部、财政部、国家林业局和全国青联等联合举办。

三、年度人物篇

◎榜一、CCTV2004 中国经济年度人物◎

1.马　云

2004年，马云率领阿里巴巴在电子商务领域劈波斩浪，汇聚了全球220个国家和地区的550万商人会员，每天向全球提供640万条商业供求信息，年交易额突破100亿美元。作为阿里巴巴的掌舵人，马云在20世纪末同样经历过萧条的短暂冬季，但矢志不渝的马云坚信“坚持到底就是胜利。如果所有的网络公司都要死的话，我们希望我们是最后一个死”。凭着“兔子一样的速度和乌龟一样的耐力”，马云终于敲开了电子商务的神秘大门。

2.杨元庆

杨元庆被人们称为“年轻的冒险者”，其作为联想集团的新舵手在2004年12月8日，宣布以12.5亿美元收购IBM全球的全线PC（Personal Computer，即个人电脑）业务，这个“蛇吞象”的举措让世人瞩目。

3.麦伯良

中集集团总裁麦伯良在整个集装箱业遭遇寒流的时候逆风而上，并购了十几家企业，创造了在集装箱业连续8年取得世界第一的奇迹，以40%的市场份额笑傲同行。中集的股票10年也增长了10倍。

4.胡茂元

上海汽车工业（集团）总裁胡茂元，2004年率领中国最大的轿车企业，杀入世界500强，成为上榜500强的中国地方性企业第一人。

5.马化腾

腾讯计算机系统有限公司总裁兼CEO马化腾用他的创业神话生动地诠释了成功的含义。在网站多如牛毛的年代，他的网站注册用户数量神话般突破1亿；他创造的庞大的虚拟家园，让海角天涯变成咫尺之间；他用那个在电脑右下角频繁扇动的小企鹅提醒投资者：玩也是生产力。

6.李东生

2004年10月10日，TCL集团总裁李东生指挥全球最大彩电企业转战法国，组建了TCL阿尔卡特移动有限公司（英文简称TAMP），造就了一个位居中国第一、全球第七的手机制造商。

7.侯为贵

2004年12月9日，侯为贵率领他的中兴通讯集团在香港联交所正式挂牌，标志着中国第一家A股上市公司在H股市场成功上市。中兴的这一行动被国内外相关权威评价为中国证券行业发展的里程碑。

8.王宪章

中国人寿保险（集团）公司总经理王宪章，作为62岁的老将领导55岁的大型国企打造成了资产4000亿元的保险航母。

9.郭广昌

复星高科技集团股份有限公司董事长郭广昌,2004 年创造了两个传奇：连续两年,在民营企业中,保持纳税第一;而 6 万多员工也让他创造了民营企业中的就业第一。他说:他要赚取阳光下的财富。2004 年,他主动邀请权威机构对他的资产已达 50 多亿元的企业进行“体检”,并把“体检表”交给了银行和监管部门。

10.周小川

2004 年 10 月 29 日,中国 9 年来第一次加息,而刚刚上任两年的中国人民银行行长周小川就是这场加息大戏的执行者。

2004 中国经济年度人物大奖获得者　李金华

2004 年,国家审计署审计长李金华承受着各种压力,毅然提交审计“清单”,引发社会各界强烈震撼,对 7 个中央部委点名道姓一一曝光,揭开几十亿元的资金黑洞,“审计风暴”成为百姓称快、庸官胆寒的流行语。李金华突破障碍,让公共财政更加透明,他坚守诚实,不打折扣始终认真。一个人和 8 万名审计干部,共同担当着国家的“啄木鸟”。他们用行动告诉我们:维护国家利益,是重于泰山的责任。

(信息来源:CCTV2004 年 12 月 28 日)

备注:被誉为“中国经济界奥斯卡奖”的“CCTV2004 中国经济年度人物”各个奖项在京揭开谜底。

◎榜二、2004 人民网·央视国际年度十大人物◎

1.2004 年度人物之国家荣誉奖:刘　翔

他夺得了中国男选手在奥运会上的第一枚田径金牌,书写了中国田径新的历史。

2.2004 年度人物之先进模范奖:任长霞

人民的好卫士,她忠实地履行了“立警为公、执法为民”的神圣职责,被当地百姓称为“女包公”。

3.2004 年度人物之先进模范奖:牛玉儒

他是党员领导干部的楷模。在他眼里,为官就是做事。

4.2004 年度人物之建言献策奖:邹恒甫

自 1990 年起担任世界银行经济学家。他建议让私营资本进入基础建设领域,公共资源更多地配置在教育、卫生、社会保障、环境治理等方面。

5.2004 年度人物之社会公益奖:高　正

他第一个对“伪劣奶粉”投诉无果而坚持向新闻媒体举报,掀起震惊全国的“阜阳奶粉事件”。

6.2004 年度人物之社会公益奖:濮存昕

他是中国第一个愿意做预防艾滋病的宣传员,几年来他成为一个“艾滋病通”和一名出色的“防艾大使”。

7.2004 年度人物之国际风云奖:阿拉法特

“请不要让橄榄枝从我手中落下”,这是阿拉法特的名言。他是永远的战士,巴勒斯坦民族之魂。2004 年 11 月 11 日,阿拉法特辞世。

8.2004 年度人物之海外华人奖:张纯如

她为南京大屠杀 30 万遇难同胞呼号呐喊,探寻历史真相,鞭笞人间丑恶,在 36 岁时无奈别离人间。

9.2004 年度人物之法律维权奖:刘　亮

他一怒爬上广告牌,引发震惊全国的“西安宝马彩票案”,彩票业的重重黑幕由此揭开。

10.2004 年度人物之杰出女性奖:杨金花

她曾治疗精神病患者 3000 多人,临床治愈率达 90%以上。后担任福利院院长,为孤残儿童、老人和残疾人奉献出自己无私的爱心。

(信息来源:人民网 2005 年 1 月 5 日)

◎榜三、2004 中华之魂年度杰出人物◎

1.为党和人民的事业鞠躬尽瘁的内蒙古呼和浩特市委书记:**牛玉儒**

2.在人民警察的岗位上,执法为民、无私奉献的河南省登封市公安局局长:**任长霞**

3.敢于为民鼓与呼的全国政协常委、中国政法大学教授:**夏家骏**

4.“低代价的经济增长理论”的探索者、中共中央党校研究室主任:**梁言顺**

5.爱国爱港、积极推动祖国和平大业的全国政协委员、香港地区中国和平统一促进会名誉会长:**计佑铭**

6.把一所普通中学打造成全国知名品牌的江苏启东中学校长:**王　生**

7.致力于教育、文化、慈善公益事业的“爱心大使”、香港方方乐趣教育机构主席、太平绅士:**边陈之娟**

8.帮助近万名赣南革命老区农民走

上致富之路的江西明骏（香港）实业有限公司董事长：**赖达雄**

9.把周庄打造成“中国第一水乡”的开拓者、江苏水乡周庄旅游股份有限公司董事长：**庄春地**

10.高科技企业的优秀管理者、广东省广州市商会副会长、美国惠亚集团亚太区总裁：**邓顺林**

11.全国建筑行业的“女中豪杰”、全国“三八红旗手”、新疆永升建设发展公司董事长：**张元清**

12.新时期民营高科技企业的优秀代表、北京金华汉新技术有限公司总经理：**郑明德**

相关链接：中华之魂报告文学特等奖获得者

1.著名作家王宏甲的《中国新教育风暴》

2.郭军的《庄周之梦：庄春地的周庄》

3.施伯冲的《透视神童》

（信息来源：《光明日报》2005年1月14日）

备注：“2004·中华之魂年度杰出人物”评选活动由中国国际友谊促进会、中国和平统一促进会、中华爱国工程联合会等单位联合主办，中华之魂社会公益宣传活动组委会与北京东方英才国际文化研究院联合承办。

◎榜四、2004品牌年度十大精英男性◎

1.李金华：守“职”与守“心”

从2004年6月23日以来，他所掀起的“审计风暴”已经使近600名官员的纱帽不保。挪用奥运资金建职工住宅、长江大堤再现“豆腐渣工程”、“大学城”非法圈占土地、一人竟从银行贷走74亿元等敏感问题被一一掀底。从事审计工作近20年的李金华自称要当国家财产的“看门狗”。

2.胡茂元：隐忍雄心

2004年他带领上汽成为第一家进入500强的中国汽车公司，实现了“上汽几代人的夙愿”。这位30多年来以踏实、沉稳著称的汽车人，喜欢用寓言故事来阐述管理观点，他的坚强性格和丰富经验也使上汽与大众、通用成功合资而竞争不悖。

3.陈久霖：重险而慎往

一个读书人经商，理想与现实之间的距离是不是显得更长？如今的陈久霖，“家国梦想”不再是吟诵的诗行和笔下的文章。他想着，利用从国外募集来的资金，“通过境外的力量，增加中国石油的安全系数”。

4.李　宁：一切皆有可能

16年时间，从“体操王子”向商界精英的漫长转型，其难度和精彩都不亚于他创造的“托马斯全旋”。有多少人能够“跌倒之后”，跨度如此之大地再次获得辉煌？

5.贾樟柯：我们还能重新开始

国际上有人曾这样评述他：贾樟柯会成为中国电影的一代大师，他跟张艺谋、陈凯歌在题材和拍摄手法上完全不同，所以他将成为中国电影迈向世界的另一座桥梁。这种坚持叙述“真实的中国人的生活”的人，我们很需要。

6.孙宏斌：商业的精神就是冒险

孙宏斌说过两句有意思的话：一、“我希望我是一个特别正面，特别积极的人。”二、“老是那几个人在说话，他们说完了好像行业的大事就定了。他们代表了昨天，能代表明天吗？”第一句话让我们仿佛看到了一个时代的人的思想情操。第二句狂言则似曾相识，很显然，又有一位勇于问鼎老大地位的挑战者出场了。

7.张伟平：十年一个“前所未有”

当媒体以“越拍越烂”来批评张伟平的时候，大家都忘记了张伟平的身份——商人。他让缺乏营销概念的中国电影回归了它的本质：娱乐，同时赚钱。

8.郁知非：燃烧的就是激情

2001年12月17日，上海申花队举行了告别赛，在中国足球史上第一个创办俱乐部制的人——郁知非也从此退出足坛。2004年9月26–28日，F1（一级方程式世界锦标赛）中国大奖赛上海站开赛，20万观众顶着烈日捧场，证明了“东方博尼”功名初就——这个上海男人的两项事业，让最富激情的两项运动给中国男人带来了狂欢。

9.徐　冰：“艺术为人民”的思想绝对正确

这是一个能超越文化界限、将东西方文明相互转换、富有智慧和诗意的现代艺术家。他一直执著于创造并寻找人类永恒的、本质的问题，关注人类的脆弱、易变和现实，挑战人类的思维。

10.孙海平：让梦想在刘翔们的身上继续

甘用自己一生经验铺垫下一代人的梦想，这比缔造一个世界冠军更为重要。

（信息来源：《mangazine·名牌》杂志 2004年12月7日、16日）

备注：本次评选是由《品牌》杂志按照“4+1”的标准体系（志存高远、人格高洁、勋业彰显、思想夺目四项中符合两项，另有一个参考条件：优雅生活）进行的。

◎榜五、2004 中国 CFO 年度人物◎

1.中国石油天然气股份有限公司财务总监：王国樑

2.招商银行股份有限公司副行长兼财务总监：陈　伟

3.中国联通股份有限公司主管财务副总裁：佟吉禄

4.青岛啤酒股份有限公司总会计师：孙玉国

5.中国国际海运集装箱（集团）股份有限公司财务管理部总经理：金建隆

6.武汉钢铁股份有限公司财务总监：汪文敏

7.中国长江电力股份公司副总经理兼财务总监：寇日明

8.中国铝业股份有限公司财务总监：陈基华

9.中国移动（香港）有限公司执行董事、副总经理兼财务总监：薛涛海

10.用友软件股份有限公司执行副总裁、财务总监：吴政平

（信息来源：CCTV《全球资讯榜》2005 年 2 月 26 日）

备注：此次评选是迄今中国最具权威、最高规格的上市公司 CFO（Chief Financial Officer，即首席财务官）评选，由新理财杂志社主办，得到了财政部会计司、中国会计学会、中国注册会计师协会、各地方会计学会、上海国家会计学院、北京国家会计学院、澳洲会计师公会和德勤会计师事务所的大力支持。

四、英才人物篇

◎榜一、2004 十大创新英才◎

1.把舵中国文化产业超级航母的中信文化传媒集团董事长：李博伦

2.走可持续发展新路的中共山西省委常委、宣传部长：申维辰

3.创巴黎国际发明展览会百年之最的中国发明家协会副会长：包起帆

4.跻身亚洲商界领袖之列的中国国际金融有限公司总裁：朱云来

5.中国地球空间双星探测计划首席科学家、中科院院士：刘振兴

6.中国特种设备检测研究中心的创新高手、总工程师：陈　钢

7.创新技术引进方式的中国技术进出口总公司总裁：蒋新生

8.致力体制创新的新华书店总店总经理：刘国辉

9.再次刷新世界装船纪录的全国劳动模范：许振超

10.为解决三农问题提供"冠成模式"的中国冠成国际科技集团总裁：许冠成

◎榜二、2004 十大诚信英才◎

1.凭信誉成为开发海外金属资源排头兵的中国有色矿业集团有限公司总经理：张　健

2.诚信经营、创消费者满意品牌的中国太平洋保险（集团）股份有限公司董事长：王国良

3.薄利加服务创造日销 3600 万元商业奇迹的苏宁环球集团董事长：张桂平

4.宁失利润不失信用赢得业界良好口碑的新华联集团董事局主席：傅　军

5.因质量过硬服务优质而闻名的北京金隅集团有限责任公司董事长：王　东

6.以优质优效而屡获嘉奖的全国最大外语出版社、外语教学与研究出版社社长：李朋义

7.以良好信誉赢得全国大市场的沈阳靓马集团公司董事长：王新智

8.以特色的筑屋理念征服豪宅业主的北京天恒拓展房地产开发有限公司总裁：李建国

9.打造中英美 3 国认证免检产品的维信（集团）有限公司董事长：郝继宽

10.坚持依法纳税的北京市中加实业集团有限公司董事长：梁晓华

◎榜三、2004 十大财经英才◎

1.率领 8 万审计大军在神州大地刮起"审计风暴"的国家审计署审计长：李金华

2.主要经营指标连续 3 年保持国际先进水平的国家开发银行行长：陈　元

3.建议将"保护私有财产提案"写进《宪法修正案》的北京大学教授：萧灼基

4.通过数据分析揭示宏观经济运行规律的国家统计局副局长：邱晓华

5.香港 H 股、红筹股上市公司惟一女性 CEO，中国电力国际有限公司总经理：李小琳

6.对中国货币政策走势提出独到见解的国务院发展研究中心金融研究所所长：夏　斌

7.创新制度，遵守商业游戏规则的中国民生银行行长：董文标

8.培养工商管理人才，创亚洲之最的中欧国际工商学院执行院长：刘　吉

9."汪氏模型"成功推动中国证券业理性投资的华东政法学院商学院院长：汪康懋

10.36 小时完成近 10 亿美元融资方案的英国渣打银行有限责任公司高级副总裁：成长青

◎榜四、2004十大教育英才◎

1.科教结合，锐意创新，使学校实现跨越式发展的中国最年长的大学校长——上海大学校长：**钱伟长**

2.中国生态道德教育理论奠基人、内蒙古沙尘暴研究治理促进会主席：**陈寿朋**

3.培育中国微电子领域新秀的战略科学家、北京大学微电子研究院首席科学家：**王阳元**

4.把指令性课堂转换为交谈式课堂的清华大学国际传播研究中心主任：**李希光**

5.以特色办学架起国际交流桥梁的北京外国语大学校长：**陈乃芳**

6.为西部欠发达地区高教跨越式发展做出示范的青海大学校长：**李建保**

7.从电磁冶金专家到优秀教育家的东北大学校长：**赫冀成**

8.培育出众多表演明星的辛勤园丁、中央戏剧学院表演系教授：**常　莉**

9.致力于培养适应西部大开发民族专才的贵州民族学院院长：**吴大华**

10.把教育改革理论成功运用于民办教育的上海东方世纪学校理事长、特级教师：**冯恩洪**

◎榜五、2004十大巾帼英才◎

1.挎相机走南闯北的女将军摄影家、中国摄影家协会主席：**邵　华**

2.为香港的法制建设和社会稳定作出重大贡献的香港特别行政区立法会主席、独立全职议员：**范徐丽泰**

3.人民满意的好法官、北京市海淀区人民法院民事审判第五庭庭长：**宋鱼水**

4.曾5次荣获世界国际象棋冠军的北京棋院院长：**谢　军**

5.再次当选联合国国际民间艺术组织执委的女公务员、中共潍坊市委副书记：**郑金兰**

6.获丹麦“中国杰出女性奖”的歌坛常青树、著名歌唱家：**韦　唯**

7.高踞中国健身器材行业龙头的青岛英派斯（集团）有限公司总裁：**张爱国**

8.以几根绣花针织出中国十佳“小康村”的江苏梦兰集团董事长：**钱月宝**

9.致力于环境保护的绿色文明大使、北京地球村环境文化中心主任：**廖晓义**

10.用伟大母爱撑起生命蓝天的杰出母亲：**沈利萍**

◎榜六、2004十大科技英才◎

1.加强知识产权制度建设，参与全球一体化竞争的国家知识产权局局长：**王景川**

2.为人类血防探索出生物学防治新路的中国林业科学研究院首席科学家：**彭镇华**

3.被誉为机电装备失效分析领域“福尔摩斯”的北京航空航天大学学术委员会主任、中国工程院院士：**钟群鹏**

4.领军环渤海湾地区前新生代海象油气资源研究的中科院院士：**刘光鼎**

5.破解人体皮肤原位再生之谜，建立人体组织器官再生医学的中国青年科技工作者协会副会长：**徐荣祥**

6.被誉为全军“心外神刀”的解放军总医院心外科主任：**高长青**

7.世界最大垃圾焚烧发电厂核心技术发明人、中国科学院工程热物理所研究员：**金　坚**

8. 联合国2004国际稻米年科研一等奖获得者、云南农业大学校长：**朱有勇**

9.成功研制具有较强抗病毒作用的注射用银甘黄关键技术的北京振国肿瘤研究中心主任：**王振国**

10.完成“老年性痴呆预防与治疗”国家火炬计划的广东高明脑病医疗医药研究院院长：**李子中**

◎榜七、2004十大民企英才◎

1.全国水产饲料大王、通威股份有限公司董事长：**刘汉元**

2.以独特的销售精神引领汽车流通领域的上海和平企业集团有限公司董事长：**周和平**

3.拓展信息化发展的中国科技新锐、北京点击科技有限公司总裁：**王志东**

4.关爱员工的全国优秀民营企业家、内蒙古黄河工贸集团总裁：**马万良**

5.与科教联袂填补多项国内空白的江苏远东集团有限公司董事长：**蒋锡培**

6.在西部大开发中独树一帜的高科企业，西安海星科技投资控股（集团）有限公司董事局主席：**荣　海**

7.实现经济增长与环境保护协调发展的河北裕泰实业集团有限公司董事长：**李　伟**

8.把摩托车产业园建设成为学习型企业的广州华林企业集团有限公司董事长：**林　海**

9.倾力追求世界一流家俱企业的哈尔滨柏朗实业发展有限公司董事长：**柏德禄**

10.综合实力位居中国医药健康产业前列的深圳海王集团股份有限公司董事长：**张思民**

◎榜八、2004十大品牌英才◎

1.创中国最大轿车生产基地的一汽大众汽车有限公司总经理：**秦焕明**

2.创中国最具价值上市公司第一名的上海宝山钢铁股份有限公司总经理：**艾宝俊**

3.调整战略、重塑企业文化，稳居高科明星企业的北大方正集团董事长：**魏　新**

4.提前实现“三年再造一个长安”的长安汽车（集团）有限公司董事长：**尹家绪**

5.中国著名煤炭品牌，内蒙古伊泰集团总经理：**张东海**

6.苦干6年创出造纸业知名品牌的岳阳纸业集团董事长:王 祥

7.日创利润500万元的中国汽配大王、万向集团总裁:鲁伟鼎

8.使中国的超级计算机达到世界先进水平的曙光信息产业(北京)有限公司董事长:历 军

9.综合实力居中国变压器行业之首的河北保定天威集团有限公司董事长:丁 强

10.独创多个体育营销第一的安踏(中国)有限公司总裁:丁志忠

◎榜九、2004十大艺术英才◎

1.把舵中国电影航母,创中国首家合资影视制片公司的中国电影集团公司总经理:韩三平

2.培养出众多一流歌唱家,刚刚度过建院40岁生日的中国音乐学院院长:金铁霖

3.大型文艺晚会《小平,你好》的总导演、中国歌舞团副团长:陈维亚

4.从《文化苦旅》到《借我一生》开拓行走文化的著名学者:余秋雨

5.首创大型相声剧的中国曲艺家协会党组书记、副主席、著名笑星:姜 昆

6.以《河流如血》等影响大众文化的畅销作家:海 岩

7.参拍作品全部成交的美籍华人书画家、收藏家、鉴赏家:崔如琢

8.被联合国命名为"民间工艺大师"的苏州姚建萍刺绣艺术馆馆长、苏绣"皇后":姚建萍

9.创造书画艺术崭新展示方式的北京东巴艺术工作室画家:东方涂钦

10.激活艺术市场的"拍卖黑马"、浙江皓翰国际拍卖有限公司董事长:蒋 频

(信息来源:搜狐网2005年1月30日)

备注:由中华英才半月刊社、联合国教科文组织驻华代表处、北京大学、中国青年报社、中国改革报社、中国教育电视台等联合主办的"2004年度全国十大系列英才活动"采取政府、专家、媒体、大众四位一体的办法推举而出。

◎榜十、2004十大管理英才◎

1.青岛港(集团)有限公司主席、总裁:常德传

2.招商银行行长:马蔚华

3.洛阳北方易初摩托车有限公司总经理:远勤山

4.内蒙古蒙牛乳业股份有限公司董事长:牛根生

5.重庆建设工业(集团)有限责任公司董事长:陈永强

6.上海张江集团有限公司总经理:陈剑波

7.云南新华书店集团有限公司董事长:王世钧

8.北京点击科技有限公司总裁:王志东

9.北京三七二一科技有限公司、雅虎中国总裁:周鸿祎

10.北京万全科技药业CEO:郭 夏

(信息来源:中国管理咨询网2004年11月6日)

备注:此榜由中共党校管理科学研究中心、中国社会经济文化交流协会、中国国际友谊促进会、中国领导科学学院等单位共同主办,迄今为止已成功举办了4届。

五、风云新锐人物篇

◎榜一、2004八大风云人物◎

1.田溯宁:静悄悄的革命者

田溯宁并非网通集团一把手,不过对于海外资本市场,他更具声望。他成功引领网通成为国内四大电信运营商中最后完成IPO(Initial Public Offerings,即首次公开发行股票)者。过去两年来一直消失在人们视线之外的他又回到了舞台中心。5年前那个满嘴Internet的新经济布道者,或者3年前那个动辄高谈产业报国理想的"海归派"已经不见了。现在他是以电信系统外部人士身份进入国有大型电信公司,担任核心管理层,并以CEO身份带领公司上市的第一人。而且,他所在的中国网通也是中国最具国际化雄心和方略的主流运营商。

What he done(他曾经……)

★网通南方在上海宣布成立

★注销北方、南方和网通国际分公司,而代之以总分制结构

★带领网通成功在纽约股票交易所挂牌并在香港主板上市交易

What to be done(他将要……)

★出资10亿美元收购电讯盈科20%的股份

★提升网通目前在国内电信市场的份额

★争取获得移动牌照

2.古尼拉:1+1可以>2

生不逢时的索爱曾经被预言将正正得负,她却证明横向联姻也能造就最有力的追赶者。2003年,古尼拉还是中国手机业界一个陌生的名字,但2004年,这位索尼爱立信移动通信产品(中国)有限公司的总裁却被公认为最有领导能力的管理者之一。

What she done(她曾经……)

★提升索爱在中国的销售额,公司市场排名上升到第五名

★升级北京工厂为全球出口基地之一

★提升中国研发中心的地位

What to be done（她将要……）

★扩大索爱在中国市场份额

★研发更多适合中国的手机

★铺设更多能覆盖到二、三线城市的销售网络

3.兵后笃芳：本田节奏

尽管中国车市持续低迷，但是兵后笃芳带领本田不仅没有降低在华生产和销售计划，反而逆市而上。兵后笃芳：我从来没有听说要把里程放到东风本田中去。我们没有把两个企业放到一个天平上去称。它们使用的发动机都是我们和东风合资生产的发动机。“竞争”等于“共赢”，这两个词在日文中发音一样。

What he done（他曾经……）

★带领本田成立中国投资公司

★扩大本田在中国的产能

★逆市而上，2004 年销售额比 2003 年提高 75%

What to be done（他将要……）

★平衡在华两家合资公司的关系

★建立更有效可掌控的销售网络

4.方风雷：顶级投行引渡人

方风雷并非推动中国证券业国际化的惟一力量，但类似的人物在中国尚不太多。多年来，方风雷强调一个方法——“高位蓄水”——学习先进者，同时把握和参与中国体制改革。2004 年他再度实践了自己的理论。方风雷可以复制吗？“从结构以及技术角度来看没有难度”，观察人士评判：“但还有类似方风雷的人选吗？”

What he done（他曾经……）

★向高盛借用国际商业贷款 9775 万美元设立高华证券公司，为国内证券公司管理层持股开了头

★担任高盛与高华的合资公司高盛高华证券董事长

What to be done（他将要……）

★创造局面证明高盛高华是中国证券业的国际级力量

★赶在 2006 年中国金融业全面放开之前取得业绩，并减少试错成本

5.陈天桥：中国网络概念新代言人

他不甘寂寞，雄心勃勃，而且一旦认定一件事情，就会坚持下去。所以“网络迪斯尼”的战略一经启动，他便不会停歇。

What he done（他曾经……）

★率领盛大登陆纳斯达克股市，并将其打造成为市值最高的中国概念股

★开始系列收购，把一些游戏细分市场中的国内公司收入囊中，还在 2004 年底收购了韩国的上游游戏开发商

What to be done（他将要……）

★整合收购资源使之呈现最佳组合状态

★保持业务持续高速增长

★构建一个完整的互动娱乐链条

6.任正非：天下无阻

称自己当年误入通信行业的任正非正努力扭转西方通信设备制造商独霸国际市场的局面，华为正在全速进军世界的主流市场，正面与欧美各大公司交锋。2004 年，施振荣 60 岁，这位台湾“科技教父”宣布正式退休；2004 年，柳传志 60 岁，他从联想集团董事长的职位上激流勇退；2004 年，任正非也是 60 岁，但是这位深圳华为科技有限公司总裁、总经理似乎并未决定现在交出权杖，而华为在他的手里可称名利双收。

What he done（他曾经……）

★思科对其的知识产权诉讼获得和解

★在海外市场飞速发展，业绩增长显著

★获得银团大批授信

What to be done（他将要……）

★在欧美成熟市场获得更多认可

★在 3G（Generation，即第三代移动通信技术）上取得突破

★在电信终端产品上获得机会

★解决遗留的上市悬念

7.胡茂元：野心跨越

2004 年的胡茂元让世界吃了一惊。作为上汽集团总裁的他宣布要让上汽集团带着自主品牌，到 2020 年成为世界第六大汽车制造公司。届时，上汽集团整车年产量要比 2003 年提高 5 倍达到 400 万辆。

What he done（他曾经……）

★带领上汽进入全球 500 强

★收购韩国双龙汽车，与英国罗孚汽车合作

What to be done（他将要……）

★证明有能力全面进军轻卡、重卡、微型车和大客车领域

★更多推动自有品牌的成长

8.柳传志：柳氏联想

40 岁才在一个几乎已中断商业传统的社会中创业，联想集团创始人 20 年来却总是领先于时代。

上海人柳传志于 1966 年毕业于西安军事工程技术学院雷达系统专业，文革前后，他都在中科院任研究员，做了 13 年磁记录电路。直到 1984 年初，40 岁的柳传志才得到了创业的机会。

过去 20 年中，柳传志扮演过很多角色：科研人员、下海知识分子、中国最大电脑公司创始人、足球迷……但几乎没人能够想到，他会以一个从未尝试过的角色正式淡出联想集团：交易缔造者。

联想收购 IBM 的个人电脑业务的动作是一桩已经闻名全球的交易。虽然在 2004 年 12 月 8 日之前，“国际化”已成为中国商界最时髦的词汇之一，且不乏海尔、华为和 TCL 这样的大胆试水者，但联想的大收购还是使其一跃即登到过去 20 年来中国企业在海外破冰之旅的最巅峰：此前，尚未有过一家中国企业吞下更大、更加成熟的西方标志性企业的资产。

柳传志因此被舆论广泛称颂为“中国商界的领袖人物”。和同时代其他惯于“犹抱琵琶半遮面”的国内旗帜性企业家相比，柳传志愿意把联想的成

败得失放在聚光灯下。

在他最常用的会议室中，悬挂着3幅雕版画：联想创业时借用中科院的传达室、后来多年盘踞的位于中关村的白楼、现在的融科资讯中心。就像在硅谷车棚中创业的戴维·帕卡德、比尔·休利特和斯蒂夫·乔布斯一样，1984年时，柳传志和11位同事在传达室这样一个完全与传奇无关的地方缔造了一个“传奇”。

20年后，新联想能否如柳传志所愿，成长为世界一流的公司？这仍是未定之解。但联想过去20年来的探路经验，对于柳传志来说，他已经远远领先于时代。

（信息来源：《环球企业家》杂志2005年第2期）

◎榜二、2004中国民营经济十大风云人物◎

1.顾雏军：格林柯尔董事局主席

为人一向低调的顾雏军2004年因所谓的“郎顾之争”成为风云人物。

香港中文大学教授郎咸平8月9日在上海复旦大学演讲时对格林柯尔董事局主席顾雏军成功收购科龙等一系列收购行为提出质疑，指责顾雏军炮制“民企神话”。之后，顾雏军以郎咸平涉嫌诽谤为由将其告上法庭。由此引发出的“郎顾案”一时间备受关注。

身处“郎顾之争”之中的顾雏军得到了许多民营企业家的声援，一些经济学家也自发地为之辩护。同时民营企业参与国企改组改造的步伐也不会因这些争辩而停止。

2.郭广昌：上海复星集团董事长

2004年5月，中央电视台报道说，宁波经济技术开发区管委会在未报经审批的情况下，擅自批准宁波建龙钢铁公司投资3000万美元，建设年产150万吨宽厚板项目的开工报告。6月10日，复星实业发布澄清公告，称公司对宁波建龙钢铁有限公司没有任何投资。

建龙项目随即成为继江苏“铁本事件”后媒体关注的又一焦点，并被各方猜测“是否会成为铁本第二”。在建龙遭遇浙江省政府处理一个多月后，上海复星高科技集团董事长郭广昌首次在公开场合对该事件作出回应。他称，建龙钢铁项目“符合国家产业政策”、“复星不会放手且有信心做好”。

3.黄宏生：原创维数码董事局主席

2004年11月30日，创维数码董事局主席黄宏生等10名高管，因涉嫌通过贪污手段进行诈骗及挪用公司资金被香港廉政公署拘捕。在香港上市的创维数码一下子成为人们关注的焦点。

创维数码控股停牌23天后，传闻已久的高层人事变动终于水落石出。12月23日，创维数码宣布黄宏生将由公司执行董事改任非执行董事，留任公司非执行主席。与此同时，黄宏生的弟弟、妻子、母亲均辞去了在创维的职务，据称是为了提高公司业已受到损害的公信力。创维事件引发了人们对于民营企业生存环境的思考。

4.黄光裕：国美电器董事局主席

2004年“胡润中国富豪榜”的榜首是国美的黄光裕。2003年的榜单上黄光裕仅以18亿元的身价排在第27位，时隔一年，其身价陡增至105亿元。

从1987年负债开办不到100平方米的电器店，到今天资产百亿元，黄光裕获得了巨大的成功；他创办的国美电器从1999年全国大举扩张开始，5年间先后在25个城市部署了130余家连锁店，年营业额从30亿元发展到近200亿元，也创造了家电零售业扩张的一个奇迹。

5.刘永行：东方希望集团董事长

仅仅用了两年半时间，刘永行就由“饲料大王”变为举足轻重的“铝业大亨”。

这位昔日行事低调的“饲料大王”，在各种论坛、年会上大谈民营企业要积极参与“新型的重工业化道路”。刘永行把电解铝行业树立为东方希望集团的“第二主业”，而2004年中央政府实施的宏观调控政策收紧了电解铝行业的银根，加上无法突破中国铝业对氧化铝的垄断，刘永行的造铝之路走得异常艰难，他的计划总投资150亿元的“巨无霸”工程遇到了大障碍。

6.柳传志：联想控股主席

全球第三大电脑厂商在中国诞生。在用12.5亿美元收购IBM全部个人电脑业务后，联想正式成为世界500强企业，这是中国IT产业迄今为止最大的一笔海外收购，是中国企业实践国际化梦想的最大尝试。

此后，柳传志宣布正式退居幕后，将企业领导权交给年轻人。从当年下海成为中关村第一批创业者，到成功完成海外并购，柳传志实现了一个又一个梦想，并能够善始善终。当然，柳传志从联想退出，并不是画上了事业的句号，他的经验和才学，仍将继续发挥作用。

7.唐万里：德隆集团董事局主席

2004年德隆集团的迅速衰落令人痛心。尽管从危机一开始德隆便力图自救，并先后抛出了若干个所谓的重组方案，但已经无力回天。2004年8月，华融资产管理公司全面接管德隆集团。

作为企业的当家人，唐万里的口碑相当不错，在唐万里的领导下，德隆为地方经济的发展做出了突出的贡献。有分析人士认为，德隆集团原有资产中，有相当一部分是优良资产，如能顺利解决眼前的危机，唐万里并非没有东山再起的可能。

8.王均瑶：原均瑶集团董事长

2004年11月7日，改革开放风云人物、人称“胆大包天”的均瑶集团董事长王均瑶，因患肠癌医治无效，在上海逝世。

自1995年7月成立以来,均瑶集团现已形成以航空、乳品、房地产三大业务板块为核心的多元化集团公司,总资产达35亿元,旗下拥有20多家全资企业。

38岁的王均瑶两手空空的去了,留下了年仅9岁的均瑶集团。社会各界对王均瑶之死表现出万分的痛惜。很多人感叹:王均瑶是被累死的。

王均瑶的英年早逝引起了人们对中国民营企业家健康状况的极大关注。

9.徐　明:大连实德总裁

2004年10月17日，大连实德董事长徐明致函中国足协,认为中国足球职业联赛自1994年以来，足协混乱的管理致使广大职业俱乐部投资者、足球产业赞助商以及广大球迷的利益受到了严重的侵害。徐明倡议,联赛产权、管理权、经营权和监督权应该归还各俱乐部旗下,俱乐部应该对职业联赛进行集体决策和经营管理。

作为中国足球联赛"革命党"领袖的徐明,他带头提出的"革命要求"不仅会对中国足球的自救有所触动,更积极的意义在于它向某些行业管理中"官督商办"模式提出挑战。

10.郑胜涛:中瑞财团董事长

2004年6月16日,融产业资本和金融资本于一体的民营财团———中瑞财团在温州挂牌。

然而,随着中瑞财团聘任总裁杨新泉的悄然离职,社会上"昙花一现"的传言四起。一直保持沉默的中瑞财团随即以15.3333亿元竞得了温州市中心—块罕有的面积百亩以上的大型地块,并将在此建造温州"第一样板工程"。

中瑞财团的出现被看作是中国民营企业开始向体制瓶颈、管理瓶颈、经营瓶颈突破的标志性举措,是在经历过家族企业、股份制企业和集团型企业后,民营经济一次大胆的模式创新。

(信息来源:《民营经济报》)

备注:由民营经济报社发起举办的"2004年度中国民营经济十大风云人物"得到新浪网、中华工商时报社、中欧国际工商学院的大力支持。

◎榜三、2004中国制造业信息化十大风云人物◎

1.王文京:用友软件股份有限公司董事长兼总裁

2004年,王文京提出了国际化战略,带领中国软件产业直面国际竞争,力争2006年成为亚洲管理软件的行业龙头,2010年进入全球管理软件厂商第一梯队,成为世界级软件企业。2004年,王文京提出中国ERP(Enterprise Resource Plan,即企业资源规划系统)进入普及时代的时代特征。

2.车　玫:北京神舟航天软件技术有限公司总经理

车玫是神舟软件公司总经理、国防科工委综合设计与信息集成专家组成员、总装先进制造技术专业组成员和航天科技集团公司软件专家组成员;曾荣获"国家科技进步奖"等奖项,享受政府特殊津贴;曾担任中国航天科技集团公司710所副所长,为提高航天科技集团公司信息化建设和型号研制水平做出过突出贡献。

3.叶冠锋:QAD亚洲区董事、总经理

他把亚太区超过一半的资源投放到中国。在2003-2004财政年度,叶冠锋制定了垄断中国汽车零部件市场的战略目标。QAD不久就赢得了纳铁福、交运集团等项目。叶冠锋也连续两年被授予"QAD最高管理层的杰出成就奖"。

4.李绍远:神州数码管理系统有限公司总经理

在李绍远的带领下,DCMS(神州数码管理系统有限公司)对产品线进行了扩充,增加了高端与低端市场的产品线,并增加了产品对行业适用的广度与细致度。2004年,李绍远的态度非常务实:"我们的目标是达成50%以上的业绩增长,正式进入收获期。"

5.刘晓冰:大连华铁海兴科技有限公司董事长

近年来刘晓冰主要从事"企业先进制造与管理模式及其信息化实现方法与系统"的研究。多项成果通过国家、省、市有关部门主持的技术鉴定,部分研究成果达国际先进、国内领先水平,获国家九五"863"计划先进个人和先进集体、国务院专家特殊津贴。

6. 苏玉龙:PTC北亚区高级副总裁、中国区董事

他见证了中国制造企业的崛起之路。目前负责统筹PTC北太平洋地区的业务发展,是PTC亚洲籍员工当中第一位被晋升为高级副总裁的经理人,业务范围包括中国大陆、香港、台湾、韩国等国家和地区。

7.徐少春:金蝶国际软件集团主席

2004年,金蝶EAS V4.0集团版在技术架构和开发模式上实现了革命性的跨跃,以中间件再造ERP,将彻底改变中国应用软件市场格局。徐少春说:"我们的目标是2010年可以做到亚洲第一,全球应用软件十强。"

8.铁福礼(Tim Farey):思博公司副总裁、亚洲区总经理

2001年,铁福礼被任命为思博公司副总裁兼亚洲区总经理,负责思博公司软件业务在整个亚太地区国家和澳大利亚的运作,中国一直是他的工作重心。在他的领导下,思博公司的"现金流"和"利润率"两项指标均达到亚洲地区的"历史最好时期"。

9.高群耀:Autodesk 公司全球副总裁兼大中华地区总裁

2003年6月,高群耀加盟Autodesk(欧特克)公司,任Autodesk全球副总裁兼大中华地区总裁,全面负责Autodesk大中华地区的战略决策及各项运营业务,包括领导营销和销售团队、开创Autodesk在华战略投资项目、管理Autodesk中国解决方案研发中心等。

10.蒋明炜:北京机械工业自动化研究所软件中心首席专家

蒋明炜从事制造业信息化20余年,是该领域资深专家。其所负责的项目曾获国家科技进步二等奖和机械部科技进步一等奖,享受政府特殊津贴。历任北京机械工业自动化研究所MIS(Management Information System,即管理信息系统)研究室主任、利玛公司总经理,现任自动化研究所软件中心首席专家。

(信息来源:e-works 中国制造业信息化门户网)

备注:"2004年中国制造业信息化十大风云人物"评选活动,由e-works中国制造业信息化门户网(www.e-works.net.cn)主办,由863/CIMS主题专家组组长杨海成教授、李培根院士等多名专家和学者组成评审委员会,并联合网络世界杂志社、CAD/CAM与制造业信息化杂志社、E制造杂志社、机电商报社共同组织,并由各地生产力促进中心进行协助举办的全国范围内的制造业信息化领域的评选活动。此榜按姓氏笔画排序。

◎榜四、2004中国十大创业新锐人物◎

1.宁波俊诚金属管业有限公司董事长:韩　俊
2.北京始创国际企划有限公司董事长:张　武
3.北京保罗科工贸发展集团董事长:武　力
4.北京她加他饮品有限公司董事长兼CEO:周子琰
5.三亚市旅游投资有限公司总经理:杨其元
6.重庆建设工业(集团)总经理:陈永强
7.新疆特变电工股份有限公司总裁:张　新
8.河北中旺集团董事长:王中旺
9.西安荣华集团董事长:崔荣华
10.宁夏力成电气集团有限公司董事长:陈庆成

(信息来源:《中华工商时报》2004年5月20日)

备注:此次评选活动由当代经理人杂志社联合中华留学人员创业协会、清华大学共同举办。

◎榜五、2004中国十大财经新锐人物◎

1.黄光裕

上榜理由:首次位居百富榜第一,福布斯榜第二,出乎人们意料。

新锐程度:★★★★★

相关专题:《内地富豪榜变幻大王旗——财富英雄沉浮录》

点评:黄光裕是2004年的新锐,一点也不过分。当媒体、舆论和大众的目光聚焦于胡润百富榜,普遍猜测陈天桥会是2004年的首富时,黄光裕出现了,成为2004年"第一黑马"。2004年夏天,黄光裕将国美电器的94家门店以88亿元的价格出售给香港上市公司鹏润集团,实现间接上市,其手上还有37家门店没有被收购。凭借在资本市场上的成功运作,35岁的黄光裕以105亿元人民币的身家成为中国内地的新首富。而在2003年,黄光裕只以18亿元身家排在第27位。从黄光裕身上,我们也隐隐约约看到沃尔玛山姆沃顿的影子。

2.孙宏斌

上榜理由:在房地产界创造了一个顺驰速度的神话。

新锐程度:★★★★★

相关专题:《顺驰疯狂扩张遇宏观调　控警惕资金链断裂》

点评:孙宏斌2004年扮演的角色,普遍被认为是房地产业的"搅局者",业内称他为"一匹北方的狼"。当年柳传志把孙宏斌送进了监狱,但在孙宏斌眼中,"老柳是对我影响最大的人"。如今他以"最偏执的人"进入房地产业,在巨头们竞争白热化和作为宏观调控重要靶子的房地产业,孙宏斌公然宣称2004年销售回款将达100亿元,并把成为"全国第一"作为近期目标——2005年全中国地产中介第一、全中国开发第一。

3.赵　勇

上榜理由:倪润峰下课,四川长虹换帅,老国企长虹何去何从引人关注。

新锐程度:★★★★

相关专题:《长虹正式作别倪润峰时代　少帅赵勇接棒》

点评:2004年对于"中国第一彩电"四川长虹来说,是个动荡之年。厦华诉长虹案开庭,两大彩电巨头首次对簿公堂;与APEX官司闹得沸沸扬扬,甚至一度传出长虹即将破产的骇人消息;而最令人感到突然的是，倪润峰瞬间下课，赵勇接棒。赵勇首先树立亲民形象，争取员工的支持，对长虹的组织转型、机制改革进行大刀阔斧的改革，这在长虹被看作是新班子上任后的第一把火。按赵勇的话说“三把火不能一齐烧，得一把一把地烧”。19年来，长虹的聚光灯一直聚焦在倪润峰身上，倪润峰在长虹的影响不会马上烟消云散，赵勇如何面对没有倪润峰的长虹，值得期待。

4.陈天桥

上榜理由：成功运作盛大登陆纳斯达克股市，成为2004年第二大富豪。

新锐程度：★★★★★

相关专题：《盛宴过后的盛大：继续演绎传奇故事》

点评：在初创事业过程中，“半夜醒来一身冷汗”的陈天桥，成功运作盛大登陆纳斯达克股市，且股票市值目前已达27.85亿美元，是纳市市值最高的中国企业。截至目前，盛大可以买一个半的新浪，可以买四个TOM，可以买四个半的搜狐。不可捉摸的是，盛大把日韩传统游戏大国抛在脑后，成为全球市值最高的网络游戏公司，这不能不说是另一个传奇。2004年陈天桥当爸爸了。这个头衔在他的心中比首富要重要得多。

5.张近东

上榜理由：运作苏宁电器在2004年上市，创造沪深两市第一高价股神话。

新锐程度：★★★★★

相关专题：《苏宁电器——天价光环下的重重迷团》

点评：外资大肆攻城掠地，内地零售市场波澜起伏，胡润心血来潮搞了个“2004零售富豪榜”。在家电零售领域，还是中资的天下，除了黄光裕的国美，还有张近东的苏宁电器。2004年，张近东转而寻求资本市场的支持，成功将苏宁电器运作上市，而且这只国内家电零售股备受热捧，创造了沪深两市第一高价股的神话。张近东凭借独创的“苏宁模式”称雄家电流通市场，提出3年要建设1500家连锁店的战略，令业界震动，而张近东也被誉为“家电大鳄”、“连锁战车”、“价格屠夫”。

6.郁　亮

上榜理由：万科新主帅，能否引领没有王石的万科，惹人瞩目。

新锐程度：★★★★

相关专题：《万科重挫领跌地产股如此“跳水”所为何来》

点评：2004年，爬完珠穆朗玛峰之后，王石这次是彻底赋闲了。此时，万科正好20岁。“弱冠”的万科也在这个时候完成第一代管理层向第二代管理层的交接班，39岁的郁亮被推到了前台。郁亮是万科的正宗嫡系，从进入万科的第二年起，其就连续3年获得万科的最高荣誉——企业优秀员工称号。在万科，王石是船长，郁亮是舵手。与联想不同，王石的万科做“减法”，告别多元，获得成功，给他的继任者筑就了一座难以逾越的大山，郁亮将如何掌控万科这艘“巨轮”？不温不火，为人低调的郁亮，将如何完成从舵手向船长的转变？

7.徐　明

上榜理由：实德掌门人，2004年怒言中超罢赛事件，吸引众多媒体眼球。

新锐程度：★★★★★

相关专题：《中国足球10余载改革仍是一地鸡毛》

点评：2004年的中国足坛充满了“腥风血雨”，裁判贿赂、黑哨泛滥、球员踢假球，观众无一不在说明中超已经面目全非。从北京国安退出比赛，然而游了一圈被迫上岸，到大连实德继续接力，誓把足球革命进行到底，这些都不能不提到徐明的名字。这位大连实德的掌门人，是福布斯内地富豪榜上排名第十三位的年轻富翁。2004年对于实德来说是不同寻常的一年，实德顺利获得了成品油贸易牌照，与沙特合作一个416亿元的石化项目。实德成功地转型为一个横跨建筑建材、石油化工、金融业和体育文化的企业集团。

8.梁建章

上榜理由：成功运作携程网在美国上市，创造网络概念股第一高价神话。

新锐程度：★★★★

相关专题：《市值翻江倒海　中国概念股洗牌重排座次》

点评：长着一副娃娃脸的携程CEO梁建章，自称是一个“理性和保守的人”，但一贯喜欢休闲打扮，做派颇有些IT新锐的感觉。在网络概念重获青睐的今天，梁建章却否认携程是互联网公司，他更喜欢把携程定位为“用高科技武装的旅行服务公司”。携程的订房量和利润总和在短短三四年中就超过了传统旅行业的国旅、中旅、青旅3家老字号，净利润更是让平均净利润率只有1%-2%的传统旅游业望其项背。在2004年，梁建章成功运作携程网在美国上市，在资本市场上备受青睐，公司股价在13家网络概念股中一度领先，创造了互联网与传统业务相结合的绝唱。

9.覃　辉

上榜理由：星美传媒幕后老板，运作卓京系，资本运作高手。

新锐程度：★★★★

相关专题：《卓京系败走麦城　覃辉资本神话终结》

点评：卓京系在中国资本市场上声名显赫，2004年，36岁的覃辉再次发起咄咄逼人的进攻。在覃辉的资本图谱中，参股数十家公司的卓京投资是主导，而“卓京系”的主要旗舰则是星美传媒。通过一系列的重组和收购，星美传媒现拥有17家子公司，包括中影星美电影院线、上海中录音像有限公司、北京华夏文化传播公司以及阳光卫视、东方魅力、昆朋网城、飞腾制作等。从制作到传输、发行、媒介、广告五位一体，覃辉有意无意之中打造了内地“民营第一传媒”。覃辉的梦想是布局通信、传媒、IT三大板块产业，他的梦想还未实现，对他来说，资本拼图远远不够，实实在在的着力整合更为重要。

10.万明坚

上榜理由:TCL借道TCL通讯在国内整体上市之后,继而又分拆通讯业务,在香港单独上市。

新锐程度:★★★★

相关专题:《分拆TCL移动上市获证监会批准》

点评:通过TCL通讯,TCL集团公司实现了在内地市场的整体上市。而在整体上市之后,TCL集团又将集团核心的移动业务分拆,在香港上市。TCL精巧的设计,不得不令人折服。李东生实现了他酝酿6年的"阿波罗计划",而万明坚一直坚持的TCL移动分拆上市也遂了他愿,长期隐身在TCL老板李东生背后的万明坚正在一步步走向前台,他的一举一动将对TCL未来的发展产生越来越重要的影响。既傲慢又远见的万明坚喜欢以业绩说话,誓称要进入世界通信业五强,2010年TCL通讯的目标是营收750亿元,在2004年他表现出鹰隼一般的新锐。

(信息来源:和讯网2004年11月30日)

备注:和讯网在2004年底推出一系列的回顾活动,"2004年度十大财经新锐人物"是其中的第一项。

人物榜

六、女性人物篇

◎榜一、2004中国女性权力榜◎

1.著名主持人、阳光文化董事局主席:杨　澜

人气榜:声望指数100;人气指数100;资源指数100;控制指数85;综合指数95.5。

权力排名:第一名。

三言两语:杨澜是中国最出色的女性之一,她美丽、聪慧、优雅、知性,才不过36岁,就已经实现了许多人一生都无法实现的梦想。

花样年华:决定杨澜命运的一个契机,是《正大综艺》面向全国招聘主持人。正是《正大综艺》,把她送上了一个更高的平台,让她获得了全国性的知名度和注意力。

1993年底,正大集团总裁谢国民赞助她去国外留学。与吴征的相爱和结婚,是杨澜继主持《正大综艺》、得到谢国民先生资助之后的第三个人生机遇。这一次机遇直接造就了她今日的成功。

1998年1月正式开播的《杨澜工作室》,在两年时间里采访了120多位名人,其中包括澳门特首何厚铧、金融巨头乔治·索罗斯(George Soros)、著名学者季羡林、诺贝尔物理奖得主崔琦。这些都是时代顶尖人物,杨澜受益良多。

从凤凰卫视主持人的位置上退下之后,杨澜一度沉寂,频繁出现在媒体上的都是她相夫教子的花边新闻。2000年3月,她突然之间收购了良记集团,更名为阳光文化网络电视控股有限公司,成功地借壳上市,雄心勃勃地要打造阳光文化的传媒帝国。资本市场上,传媒概念正如日中天,阳光卫视的出现适逢其时,是时势造英雄的绝佳样本。

2.《财经》杂志主编:胡舒立

人气榜:声望指数95;人气指数90;资源指数95;控制指数85;综合指数91。

权力排名:第三名。

三言两语:51岁的胡舒立曾经被美国《商业周刊》评选为50位"亚洲之星"之一,并被戏称为"中国最危险的女人"。

世界HR实验室对胡舒立的评价是"中国最具价值的财经记者"、"中国最具影响力的媒体女性"。胡舒立总是显得活力四射,她语速极快,常叼着烟卷,是地道的女强人。

花样年华:胡舒立现任《财经》杂志主编、北京大学财经新闻研究中心主任。1978年高考,报考北大中文系的胡舒立被阴差阳错地招入刚复校的人民大学新闻系。1982年胡舒立毕业进入《工人日报》国内部当记者。第一篇有影响力的作品是1985年关于河北省华北油田的揭露性报道。1992年胡舒立从任职10年的《工人日报》到中国第一家民营报纸《中华工商时报》任国际部主任。1998年《财经》创刊,胡舒立任主编。

胡舒立率领的《财经》杂志推出《基金黑幕》等力作,从而引发了中国证券市场的大地震。《财经》杂志一夜成名。围绕中国股市的一场大辩论也因此席卷而来。胡舒立又在《财经》杂志上推出了《庄家吕梁》等力作,揭露中国股市的种种劣迹。这场辩论的最终结果是促使高层痛下决心整肃证券市场的违规行为。

3.戛纳国际电影节评委:巩　俐

人气榜: 声望指数90; 人气指数100;资源指数85;控制指数80;综合指数88.5。

权力排名:第四名。

三言两语:她是中国女星的国际代言人,创造了中国影人闯荡世界影坛的奇迹,是第一个在威尼斯电影节上获奖的中国女演员。

花样年华:巩俐称得上是中国影坛的一个奇迹,由于与著名导演张艺谋的成功合作,在短短四五年的时间里,她从戏剧学院的一名普通学生成长为一名国际知名影星。

1985年考入中央戏剧学院表演系,大学二年级时,巩俐被首次执导的张艺谋选中,在影片《红高粱》中扮演女主角九儿。她的表演虽略嫌稚嫩,但清新可人,显示出良好的潜质。随着《红高粱》的声誉日隆,巩俐在海内外声誉大震。

1989-1990年间,巩俐饰演的两部影片《菊豆》和《大红灯笼高高挂》,都是旧时代深受家族压抑的女性形象。巩俐的表演开始走向成熟。

使巩俐的表演迈向巅峰的是1992年张艺谋执导的《秋菊打官司》,片中演员赋予角色的生活实感深深打动了观众,秋菊不仅使巩俐荣膺"金鸡"、"百花"双料皇后,而且使她在第49届威尼斯国际电影节上获得最佳女演员奖,这是大陆女演员首次荣获国际大奖。

4.香港华懋集团主席:龚如心

人气榜: 声望指数85; 人气指数85;资源指数100;控制指数90;综合指数88。

权力排名:第五名。

三言两语:英国的《星期日邮报》公布了英伦三岛排名前300位的富豪名单。香港华懋集团主席龚如心以24亿英镑(约合300亿港币)的巨额家产名列第三位;同时,她还在全英所有女富豪中排名第一,其财产超过英国女王伊丽沙白二世5倍之多!

花样年华:龚如心是香港华懋集团前主席王德辉的妻子。曾是香港最大的房地产商之一的王德辉在十几年前失踪后,龚如心便继承了丈夫的家产。在她的执掌下,华懋集团的业务得到迅速发展。目前,该集团拥有200多幢楼宇的不动产以及遍布全世界的400多家附属公司。

已经63岁的龚如心有一个鲜嫩的绰号"小甜甜"。如今,她仍然打扮入时。

但同时身为中国香港"第一富婆"的龚如心生活俭朴。她平时最爱吃、最常吃的食品是麦当劳的汉堡包和炸薯条。尽管如此,她却捐了不少钱给联合国的有关机构。

5.原香港特区政务司司长:陈方安生

人气榜: 声望指数95; 人气指数80;资源指数85;控制指数85;综合指数87.5。

权力排名:第六名。

三言两语:以"四万笑容"见称的陈方安生为香港特区政府服务了差不多40年,出任过多个重要职位,表现卓越。

花样年华:1940年陈方安生在上海出生,1948年随家人前往香港定居。1962年在香港大学英文系毕业后,进入香港政府工作。1984年她担任社会福利署署长,成为香港首位署长级女性官员,任内以作风强硬见称。1993年任香港公务员事务司,11月获晋升为布政司,成为首位华人布政司,也是首位女布政司,职位仅次于当时的港督彭定康。在1997年中国对香港恢复行使主权后,陈方安生获特区行政长官董建华委任为香港特别行政区政务司司长。

在陈方安生的领导下,香港公务员队伍在回归前后顺利过渡,保持了整体的稳定。陈方安生在不同的政策方面,给予董建华许多宝贵意见和大力支持,他们一起克服了亚洲金融风暴,致力刺激经济复苏,并为香港21世纪的发展确定了方针。

6.李嘉诚基金会董事、中华关怀集团董事长:周凯旋

人气榜: 声望指数90; 人气指数75;资源指数90;控制指数90;综合指数86.5。

权力排名:第七名。

三言两语:在香港,她的名字永远与李嘉诚联系在一起,她是李嘉诚"长期生意伙伴",并总是被香港传媒称为"李嘉诚背后的女人"。

花样年华:周凯旋的故事并非香港的财富故事,外界对周凯旋议论最多的是其与董建华和李嘉诚的关系。她的巨额财富的原始积累的确是得益于这两个男人: 一个是香港最有权力的男人——董建华;一个是香港最具财富的男人——李嘉诚。她是他们都非常赏识的能干女。

1986年,周凯旋第一次学做生意结交到了第一个关键性的朋友——时任东方海外董事长的董建华表妹张培薇,她也因此得到董建华的赏识。北京"东方广场"项目是周凯旋赚得的第一桶金,大约4亿港币。而400万美元入股TOM,持股24.57%,TOM上市3年,市值高达97亿元,周凯旋坐拥近25亿港币的身家,可以说周凯旋坐上了财富直升机。而通过TOM,周凯旋也真正得以进入李嘉诚的财富体系,周凯旋迈入了其人生更高一个层次的台阶。

7.赛迪传媒总裁:李　颖

人气榜: 声望指数95; 人气指数70;资源指数70;控制指数85;综合指数85.5。

权力排名:第十名。

三言两语: 赛迪的舞台在不断拓展,在这个平台上李颖一直在做着自己喜欢的事情,并且也随着这个舞台持续成长。

花样年华:在社会上,李颖的知名度不及杨澜、李亦菲、吴小莉等人,这与

其一贯低调的人生哲学不无关系。李颖，这位身材娇小的女性，是如何从邻家女孩变成传媒女杰的？

13年前，李颖很难将自己的未来和一家传媒类上市公司董事长联系在一起，更不可能想到自己会成为中国跨媒体领域的先行者。因为那时，她只是一名普通的IT工程师。1988年是中国的第一个出国高潮，正值二十七八岁的李颖，在《中国计算机报》的第一次招聘活动中来到了报社。一本《中国名优新电子产品大全》成就了李颖，而后是杂志、报纸、网络，李颖一步步向着IT媒体的纵深行进。

如今，她领军的赛迪传媒是继湖南电广传媒之后的中国传媒第二股，借助在IT媒体市场商业运作的深厚积累和在资本市场的捷足先登，这个机构已经彰显为以IT为特色、跨媒体运作服务的领军者。

(信息来源：世界HR实验室)

备注：世界领先的人力资源测评机构世界HR实验室（WHL）与世界领先的商务门户 icxo.com 共同推出了2004年"中国100女性权力榜"。本排行榜主要向大家介绍了前10名中的7位女性权力者。

◎榜二、2004中国女性成就榜◎

这些女人的名字，无一不笼罩着层层的光环。盛名在上，她们将女人的一辈子当做了几辈子，生命之花被她们绽放得美艳而耀眼。而这些盛名之下，都是汗水与艰辛，一步步拼过来的成就，一点点煎熬出的浓郁芬芳。这样的成就，令人们无不心生尊敬。

1.张曼玉

身份：国际著名影星、2004年戛纳影后

她是一个阅尽了繁华的女人。在镁光灯下度过了几十年，在大大小小的颁奖礼上捧过无数奖杯。她从戛纳带回金棕榈奖，却只将它放置在洗手间里，没有别的原因，只是因为觉得那样放最好看最顺眼。荣誉于她，除了意味着对于历史的纪录，再没有什么特别之处。就像香奈儿女士曾经说过的："潮流转瞬即逝，只有风格永存。"她，就是一种永存的风格。

BAZAAR观点：就像美国有40岁但魅力不减的麦当娜一样，张曼玉的迷人气质也随着年龄俱增，演技更是日益精湛，成为中国电影史上的标志性人物。

综合指数：★★★★★

"我知道，明星只是一时，演员才是永远的。"——张曼玉

2.巩　俐

身份：著名影星、戛纳电影节评委

凭什么会是她呢？比漂亮、比演技、比年轻，她都不算是最好，可是在外国人眼里，她代表的就是中国传统之美。

她创造了中国影人闯荡世界影坛的奇迹，在威尼斯电影节上获奖，代言法国化妆品品牌欧莱雅，荣获"法国骑士荣誉勋章"、被美国《人物》杂志收录为世界上"50位最美丽的人"之一，荣获加拿大蒙特利尔世界电影节上的特别奖，被委任为奥斯卡委员会会员、第50届柏林国际电影节的评委会主席。虽然巩俐的近期表现和婚姻令人担忧，然而在国际舞台上，她仍旧是中国女性的代表。

BAZAAR观点：在每一届的国际电影节上，人们可以记不住国内参展的影片，但谁都忘不了巩俐身着旗袍的性感亮相，巩俐已成为电影节上除电影之外的另一大看点。

综合指数：★★★★

"作为一名演员，每次参与评审，我都告诫自己要从零开始。"——巩俐

3.邓亚萍

身份：著名运动员、国际奥委会委员

在CCTV-9国际新闻频道里，女主持人带着浓重的伦敦音播讲世界体育新闻，她就是从英国剑桥大学归来的邓亚萍。她是个富有传奇色彩的女人、乒乓球历史上最伟大的女选手。她5岁起学打球，15岁进入国家队，先后获得14次世界冠军头衔，共夺得国内外大赛的130多枚金牌。1997年起，她先后到清华大学、英国剑桥大学和诺丁汉大学进修学习，并获得英语专业学士学位。她并没有像很多运动员那样，退役后上学只不过是为了拿个文凭，她是认真的，就像她对体育的态度。种种奇迹，不承认她是神话都不行。

BAZAAR观点：邓亚萍是极少数在冠军宝座上，不断追求学识、贡献的女性。她的成就令人尊重，更对中国体坛的未来影响深远。

综合指数：★★★★★

"对任何事情都要用一颗平常心去看待，无论什么事情，其实到最后还是凭实力说话。"——邓亚萍

4.罗雪娟

身份：游泳运动员、2004雅典奥运冠军

这是一个常常令人吃惊的女人。2001年九运会夺冠后，她爬出泳池的第一句话是："泳池不干净，但我是干净地站起来的"，从而引发了体坛关于违禁药品和体育道德的大讨论；在奥运会的预赛上，她的成绩并不突出，却自信十足："我把实力留在决赛"；2004年8月16日，她带着奥运冠军的头衔跃出泳池，微笑着对蜂拥而来的媒体说："我是蓄势待发的猛兽"。她毫不掩饰对于成功的向往，却能以侠者的风范耐心经营，在20岁的罗雪娟身上，我们看到了中国女人的智慧。

BAZAAR观点：在和平的年代，奥运冠军更像是我们的民族英雄，当她们站在领奖台上的时候，与国歌一起澎湃的是所有人的爱国热情及民族精神，他们让世人景仰。

综合指数：★★★★

"这是我20年来最美好的夜晚，让我陶醉一下。"——罗雪娟于雅典奥运会夺冠后

5.王安忆

身份:著名作家

她从1978年起开始发表短篇小说,至今为止,出过的散文集、小说集无数,曾获过"茅盾文学奖"。她的作品影响了太多女性。她曾经被号称"最能讲故事的作家",一本《长恨歌》,从平凡的生活中发掘底蕴,笔触细腻,情韵幽婉,是当代女性的必读之物。

BAZAAR观点:在新生代的女作家里面,模仿王安忆笔法的不在少数,就像他们那个年代的作家会把米兰·昆德拉或是博尔赫斯挂在嘴上一样。

综合指数:★★

"我希望我的小说是这样,人们看了之后,会说:哦,曾有过这样一段日子,曾有过这样一些人生。"——王安忆

6.叶玉如

身份:中国科学院院士、"2004欧莱雅世界杰出女科学家成就奖"得主。

现年49岁的叶玉如看起来年轻而精致,但她自博士毕业以来,已经从事科学研究20余年了。她是继李方华之后第二位获得"欧莱雅世界杰出女科学家成就奖"的中国人。

BAZAAR观点:在所有的成就里面,没有比从事科学研究更令人景仰的了,别人的成就都是属于自己,而她的成就则是为了更多的人。

综合指数:★★★

"我没有感觉到来自性别的压力。我总是以一位科学家的心态去参与科研项目,而不总想着自己是一位女性。热情会解决一切。"——叶玉如

7.张 欣

身份:SOHO中国有限公司总裁

剑桥的硕士、华尔街的投资顾问。如果张欣没有嫁给潘石屹,她的生命肯定会有另一段辉煌,但世界肯定就不会出现这个"SOHO",不会出现"长城脚下的公社",不会获得"万宝龙艺术赞助大奖"、威尼斯双年展"建筑艺术推动大奖"……其实,张欣的经历就像一部中国版的《大卫·科波菲尔》,不过是女主角。

BAZAAR观点:张欣的魅力既不来自财富,也非源自美貌。她坚毅的个性和对艺术的推崇、追求,使她更具有理想主义色彩。

综合指数:★★★

"时尚就是个性加成功,没有个性就要被淹没,而成功实际上是量化地衡量一个人在社会中的位置。"——张欣

8.郎平

身份:原中国女排国家队队长

从1981年的世界杯赛到1986年的世锦赛,她作为主力队员为中国女排勇夺五连冠立下赫赫战功,被人们尊称为"铁榔头"。1995年在中国女排陷入低谷之际,旅居美国的她临危受命,毅然抛夫别女,回国担任女排总教练。在她的带领下,短短4年,女排重振雄风,相继获得奥运会亚军、世锦赛亚军及亚运会冠军。有人曾经说过,只要郎平在,中国女排就有希望。

BAZAAR观点:郎平是第一次为中国女排夺得冠军的重要人物,更是新的希望。她犹如一面不倒的旗帜,让两代人为之振奋。

综合指数:★★★★

"输赢算不了什么,打世界大赛,毕竟不是打世界大战,我们打的不是利益,我们打的是一种人类的精神。"——郎平

9.孙 雯

身份:原中国女足国家队队长

她率领的女足国家队,是盛极一时的"铿锵玫瑰"。从1991年参加首届世界女足锦标赛起,她以主力身份参加了历届洲际和世界大赛,1999年世界杯赛场上荣膺"金球奖"和"金靴奖"。

BAZAAR观点:说到所受到关注的程度,她们没有男足那么具有号召力;说到财富,她们的收入更是不及男足的一个零头;但是说到成绩,她所带领的女足是最优秀的。

综合指数:★★★

"我已经数不清得了多少'最佳',我已经获得了很多国际荣誉,但什么能比世界冠军更重呢!"——孙雯

10.李方华

身份:物理学家、"2003欧莱雅世界杰出女科学家成就奖"得主

现年72岁的李方华,和物理打了一辈子的交道,头上顶着无数闪光头衔。2003年,她获得了"欧莱雅世界杰出女科学家成就奖",作为中国女性首次问鼎了这一"女性诺贝尔科学奖"。

BAZAAR观点:物理,在这一让女人想起来都会头疼的领域里,李方华用她超强的智慧成就了一番事业,要知道在所有的诺贝尔奖项里,科学奖是最货真价实的。

综合指数:★★★

"从事物理学研究的人一般都不会感觉它枯燥,相反应该其乐无穷。物理学对性别没有偏见,只要你喜欢她,她就适合你。"——李方华

(信息来源:《时尚·中国时装》杂志2004年11月)

◎榜三、2004 中国女性影响力榜◎

她们的名字说出来，每一个都是响当当的掷地有声。她们所做的事情，影响了太多的人群和太多的过往。甚至不夸大地形容，她们简直影响了一个时代，微妙地改变了历史。她们各个都充满着魅力与自信，抬起下巴，其目光坚定而有力。

1.陈　冲

身份:著名影星、导演

细数国内的女导演，能有几个?答案是少之又少，毕竟这还是一个被男性统治太久的行业。而仅有的女导演里面，能立足好莱坞的又有几个?是的，陈冲算一个。最好的一个。

1979 年因她拍摄《小花》荣获“百花最佳女演员奖”，1981 年赴美留学。其第一次执导的电影《天浴》，获“台湾电影金马奖”，从此一炮走红。今天的陈冲，已在美国奥斯卡评委会和美国电影工作者协会等机构中拥有多个头衔，是全球知名的多栖电影人。

这些年来，她忙着拍戏、生孩子、出书……身份越来越多，韵味也越来越浓，她像自己演过的白玫瑰般耀眼而耐人回味。

个人影响力:她的影响力，是世界的；她的风情与韵味，是 40 岁女人独有的。

综合指数:★★★★★

“每个人的经历不同，对生活的感悟不同，分泌的荷尔蒙也不同。但是这个世界如果没有女人的话，很多人性的东西也就不存在了。女人在人类位置上，并不是变成一个男人。”——陈冲

2.周　忆

身份:IBM 大中华区企业策划与传播部总监

周忆 2001 年“空降”到 IBM，不到 11 个月便被迅速提升至 3000 人之一的高管层，这样的速度，简直是神话。近年来，她的名字总是和“IBM 大中华区高级主管中惟一的中国本土女性”、“她让 IBM 家喻户晓”这样的称谓连在一起。周忆时常跟自己说的一句话就是：“你不能输啊，你输不起。”就是靠着这个永不言败的信念，她有了今天的成就——她让 IBM 这个原本冷冰冰、男性化的名字注入了女性的色彩。

2004 年 9 月 3 日，她策划了“玫瑰开在巨人的肩膀上——2004 年 IBM 中国女性领导力大会”，请到了杨澜、毕淑敏等人亲临现场，周忆兼做当天论坛的主持人，她神色平和而坚定，言谈却是掷地有声，充满自信，令会场笑声不断。很难想象，这样魅力十足的她，承受着怎样的重任：一边打造着事业的奇迹，一边在家里同时担当着女儿、母亲和妻子的角色。压力是不言而喻的，但她依旧像朵玫瑰般娇艳地绽放。

BAZAAR 观点:IBM 用数字和网络影响着世界，而周忆则用她的智慧、她的魅力影响着 IBM。

综合指数:★★★★★

“男人干事业是为了征服世界，而女人则往往出于责任感，善于奉献的天性决定了女人的事业更坚不可摧。”——周忆

3.李亦非

身份:MTV 中国区董事总经理

李亦非有着不同寻常的经历，她曾经梦想能嫁给一个歌手，这个愿望没能实现。但她“嫁”给了全球最大的歌手管理公司，经营着所有和歌手有关的业务。她履历表上的最新一栏写的是 MTV 全球音乐电视台中国区董事总经理、维亚康姆公司中国区首席代表。在这个位置上的出色表现，使她成为第一个登上《财富》杂志封面的中国女性。在那期杂志上，李亦非把漂亮和成功并列在了一起。

BAZAAR 观点：音乐是不分国界的，当我们在纽约、在巴黎、在世界的每个地方欣赏 MTV 频道的时候，李亦非用音乐弥补了差异和国界。

综合指数:★★★★

“完美的心与智一样出众。你不一定要有过人的容貌，但一定要做有头脑的女人，有善于反省和感悟的心。”——李亦非

4.苏　芒

身份:《时尚·BAZAAR》执行出版人兼主编

作为最早从事时尚行业资深传媒人士，苏芒 10 年的从业经历鲜有人能比。曾经做过《Cosmoplitan》、《Esquire》《时尚健康》等众多杂志的苏芒，凭借业内惟一具有编辑、广告和创刊经验的资历，3 年前创刊《时尚·BAZAAR》，并在短时间内一举令其成为中国最具影响力的时装杂志，成为精英女性最受欢迎的时尚读物。

BAZAAR 观点：她带给我们时尚，更给时尚以更深更广的定义，是中国时尚界当仁不让的代表人物之一。

综合指数:★★★★

“谁说时尚只是年轻人的事，真正的时尚是女人一生的追求和创造，是女人对自己女性角色的享受和赞美。我们是美丽的，世界就会更美丽!”——苏芒

5.吴　仪

身份:国务院副总理、国家卫生部部长

“不要让她高雅迷人的外表使你放松警惕，她可是出了名的难对付。”这是国外媒体眼里的吴仪。就是她，曾使美国政府在知识产权、最惠国待遇等一系列问题上陷入困境。2004 年的美国《福布斯》杂志公布了“世界 100 名女强人”，吴仪列居第二位。

BAZAAR 观点:如果说到女性的领导力和权力，吴仪堪称权力之最，她站在国家的最高领导层，她影响的不止是一个国家。

综合指数:★★★★★

“‘小女子豁出去了’、‘小女子有

泪不轻弹'、'小女子不在乎这个',好强,干什么事情都全身心地投入,非干好不可,这是事业成功的根本。"——吴仪

6.兰珍珍

身份:欧莱雅中国公司对外交流及公关部总监

一个在中国利润高达4亿人民币的美容王国,一个全球化的集团,因为有了兰珍珍而变得不同。她1992年底在香港加入欧莱雅集团,在欧莱雅的10年,她影响了无数中国女性对美的认识和追求。她有股淡定而温柔的气质,一张古典的面孔,尖尖的下巴,沉静而纤细的语调。

BAZAAR观点:她已经和欧莱雅融为一体,提到欧莱雅,人们总会想到兰珍珍,这是女性无形的影响力。

综合指数:★★★★

"人无论处在哪一个境遇,都不能丢掉一种'向上跑'的意志。"——兰珍珍

7.琼　瑶

身份:著名作家

毫无疑问,"琼瑶"早已是一个时代的符号。可以说,她影响了一代人的爱情观。她的"造星"能力也不容小觑,从早期的刘雪华、林青霞、马景涛到现在的赵薇、林心如,每一个都大红大紫。

BAZAAR观点:小到七八岁,大到八十岁,有谁会不知道琼瑶?明知道故事都是假的,可她还是让女性患上不可救药的爱情执著症。

综合指数:★★★

"我觉得女性真正的自由就是自由地选择自己的生活。我选择的是顺其自然,像河水那样自由地流淌。可河流常常有冲击,遇到石块和急流,一定会溅起浪花,这个浪花也是自然的,我是一条会溅起浪花的河流。"——琼瑶

8.闾丘露薇

身份:凤凰卫视主持人、战地记者

闾丘露薇,很古典很女性化的名字,可拥有这样的名字的她,却是华人女记者进入阿富汗的第一人,以及进入伊拉克战地的中国记者第一人。

BAZAAR观点:是她让更多人了解到女人在战场上一样英勇。

综合指数:★★★★

"我承认男人比女人更适合上战场,但是,当把报道战争当成一项工作的时候,真的是不分性别,女人并不需要受到太多的照顾。"——闾丘露薇

9.胡舒立

身份:《财经》杂志主编

她被美国《商业周刊》评为50位"亚洲之星"之一,并被称为"中国最危险的女人"。她所创办的杂志,以"基金黑幕"等一系列震撼财经界的报道,确立了在财经报道领域的地位,《财经》杂志也成为了相当多精英人士的必读刊物。

BAZAAR观点:曾经《财经》上的一篇报道让一个资产上亿元的大公司在瞬间崩溃,也曾经是它的一个选题让一家濒临倒闭的公司重新走向辉煌。这就是《财经》的魔力,更是胡舒立的魄力。

综合指数:★★★★

"如果追求事业非要达到一个什么样的目标,我没有这样的野心,我只是有责任心,对一个事物全面的把握比较有兴趣,一旦有新事物出来,我就有好奇心。"——胡舒立

10.靳羽西

身份:电视主持人、羽西化妆品创始人

美国《人物》杂志称她是"中国最有名的女人";《纽约时报》说她是"中国化妆品王国的皇后"。靳羽西牢记着当画家的父亲所说的一句话"你只能当第一个登上月球的人,因为没有人会记得第二个。"这句话让她奋斗拼搏了一辈子。是她创立了第一个属于亚洲女性专用的化妆品牌,是她改变了沉闷的时代,让中国女性开始化妆。她被称为"美的使者"。

BAZAAR观点:一个女人若想名垂青史,有一个办法最有用:那就是像香奈儿或是像雅诗兰黛夫人那样用自己的名字创立一个品牌,靳羽西无疑是国内最成功的一个。

综合指数:★★★★

"我认为女人最重要的是经济独立。我现在最大的自由就是从自己的口袋里掏钱买书,买我喜欢的衣服。"——靳羽西

(信息来源:《时尚·中国时装》杂志2004年11月)

相关链接:全球最有影响力女性TOP100

美国时间2004年8月20日,《福布斯》杂志公布了它首次评选的"全球100名最有影响力的女性排行榜",中国副总理吴仪名列第二位。

居第一位的是美国国家安全顾问赖斯;美国第一夫人劳拉·布什和前总统克林顿夫人希拉里·克林顿排名第四和第五;亚洲入选的其他女性有:印度国大党主席索尼娅·甘地(第三)、印尼总统梅·加瓦蒂(第八)、菲律宾总统阿罗约(第九)、孟加拉国总理卡莉达·齐亚夫人(第十四)、新加坡新任总理李显龙的夫人何晶(第二十四)、斯里兰卡总统库马拉通加(第四十四)及缅甸民主运动领导人昂山素姬(第四十五)等。

另外3名入选的中国女性分别是:中华全国妇女联合会主席彭佩云(第四十七)、上海宝钢集团董事长谢企华(第五十五)、联想集团财务长兼资深副总裁马雪征(第八十)。

◎榜四、2004 中国女性名气榜◎

名声在外，是一件最华贵的饰品，它让女人高高昂起头，美丽而不可方物。王菲、莫文蔚、陈鲁豫、张艾嘉……呼啸而过，每一个名字都不再需要注解，每一个名字都是一种让人艳羡、争议和追逐的姿态。她们做什么，唱什么，演什么，这一切已经并不重要。重要的是，她们深深地影响着大众的生活。

1.章子怡

身份：国际著名影星

自从 1999 年被张艺谋选中演出电影《我的父亲母亲》，章子怡便锐不可挡地蹿红。在主演获“金球奖”与“奥斯卡奖”的《卧虎藏龙》之后，章子怡成了西方人眼中“亚洲的奥黛丽·赫本”。

万般宠爱集于一身：美国《时代》杂志选她为“最美丽的 50 人”之一；而近来受邀拍摄大导演斯皮尔伯格的《艺妓回忆录》，更令她直杀好莱坞主流市场，其“星”途不可估量。

借助章子怡的国际声誉，众导演抢着用她杀入世界影坛。理所当然，她成为美宝莲、可口可乐等国际名牌商趋之若鹜的代言人，令她无可争辩地成为“中国最值钱的女星”。在 2004 年“福布斯中国名人榜”上，章子怡列居第二位，收入为 2600 万元。

BAZAAR 观点：章子怡继巩俐之后，在国际舞台上，树立了新一代中国美人的形象。

综合指数：★★★★★

“我的成功是一点一滴积累起来的。不是片子一放，第二天鲜花掌声就出来了。我觉得我就像个做股票的，一直在动脑筋，在看涨，在看各种资料，经过各种分析后才赚钱。总之，走到今天这一步，绝对不是什么一夜成名。”——章子怡

2.张艾嘉

身份：电影人、演员、歌手

一直以来，张艾嘉被人尊称为“才女”，一个出位的才女。

她出身名门，跟随美女母亲在美国长大。16 岁开始拍电影，21 岁夺得金马奖最佳女配角，随后又两获最佳女主角奖。作为女星的一切荣誉，手到擒来。

在看了 300 部电影后，张艾嘉决心振兴台湾电影。1986 年《最爱》令她如愿地成为集编、导、演于一身的电影人。而她创作生涯中最重要的一部作品《心动》，使她成为台湾“新导演之母”。2004 年，她自编自导的电影《20,30,40》作为惟一中国电影入选柏林电影节。

电影之外，张艾嘉的才华还在乐坛展现。李宗盛、罗大佑都将音乐上的第一次献给了她。她的《忙与盲》、《张艾嘉的童年》和《爱的代价》在流行乐史上具有重要意义。

正如《时代》杂志所说：“这位资深艺人可能才刚臻至黄金时期；张艾嘉一直不断地往上爬，是名副其实的东方艺人，堪称永不褪色的旭日。”

BAZAAR 观点：一个全能型的演艺界才女，台湾所有演艺界才女的教母。

综合指数：★★★★★

“以前我一直以为人生最重要的是盛名，时时处处想保持常青，不管是婚姻还是儿子，都当作了自身招牌的一点金漆，从未将自己从高处放下，好好审视一下生活。直到儿子的生命受到威胁的时候，方才明了最珍贵的财富并非那个熠熠的金字招牌。”——张艾嘉

3.蔡　琴

身份：歌手

20 世纪 80 年代初便红极一时的台湾歌后蔡琴，在发行了将近 40 张歌曲专辑的同时还从事广播、写作、电影、服装设计、主持人等几项领域。人到中年，蔡琴创造了越老越红的奇迹。

BAZAAR 观点：她是一个女人不老的化身，她以一切身体行为与表现的机明沧桑让女人更美。

综合指数：★★★★

“在我这个年纪，应该称得上是中年人了，但我一直希望自己还很年轻，还能很红。”——蔡琴

4.吴小莉

身份：电视主持人

1998 年 3 月，在朱镕基当选总理的记者招待会上，凤凰卫视节目主持人吴小莉被朱镕基总理点名提问后一举成名。1998 年 4 月，她担任《朱总理访欧速递》欧洲现场主播，随朱总理外访，再次被朱总理点名。如今的她，已经通过凤凰卫视踏上国际华语传媒的平台，并获得香港“2004 最成功女性”的荣誉。

BAZAAR 观点：吴小莉是凤凰咨询台台长，是真正掌握咨询传媒的权利女人。其成功树立了新一代华人新闻女主播的形象。

综合指数：★★★★

“我知道自己是一个名人，但我想要不带着眼睛出门，或者说是不太注重自己的形象。出门的时候我就特别羡慕不是公众人物的生活。”——吴小莉

5.陈鲁豫

身份：凤凰台当家主播、人物访谈《鲁豫有约》主持人

凤凰卫视当家花旦之一，享有“说新闻”流派“掌门人”的美誉。陈鲁豫从音乐节目《音乐无限》开始踏入主持人的行业，后来转到时政类新闻节目《凤凰早班车》。再后又转入为她度身定做的访谈节目《鲁豫有约》。她曾在香港回归、澳门回归、2000 年美国总统大选等大型事件中担任主播，并获得“2000 年中国电视榜年度最佳主持人”称号。

BAZAAR 观点：第一次赋予了新闻播音员“新闻节目主持人”的概念，标签似的直发、颇具亲和力的笑容，影响了一代知性女子的审美观。而她自传中的真诚、聪颖更是鲁豫如此受人爱戴的重要原因。

综合指数：★★★★

“这个世界上没有过不去的坎，没

有什么事可以吓倒谁或难到谁。许多人经历了那么多的磨难，今天不是在好端端地从容地回忆过去吗？而女人也正是因为这些经历而显得更加美丽。”——陈鲁豫

6.莫文蔚

身份:艺人

她是完美主义的美丽，长腿、大眼，她的美张扬着一种特有的气息，她的美不在于容貌而在于她独立、我行我素的个人风格。

BAZAAR 观点:颠覆了传统观念对于女生性感与美丽的认识，树立独特的“莫式”美丽风格。

综合指数:★★★★

“对于艺人，人们通常有3种态度——喜欢、不喜欢，第三种态度是做什么都无所谓。我绝对不要无所谓，那样我会很难过，当然我也很怕别人不喜欢我。”——莫文蔚

7.王　菲

身份:艺人

她独树一帜的唱腔，掀起了整个亚洲的“王菲热潮”，她也因此坐上了华语乐坛大姐大的宝座。直到今天，她身上那种慵懒的表情、率真的个性、多面精彩的生活、飘忽和颓废的真性情，都透露出后现代女性的气质。

BAZAAR 观点:王菲成了后现代女性的标签名词，意味着独一无二的表情、声音和个性。

综合指数:★★★★

“我并不担心自己有朝一日不是‘天后’了，因为这种东西本来就取决于大众，取决于观众，取决于市场，担心与不担心都无济于事。”——王菲

8.陈　美

身份:小提琴演奏家

1995年陈美用一把改良后的电声小提琴，将巴赫《D小调托夫塔与赋格》的一腔庄严变成一腔激越狂放的现代流行曲，获得世界乐迷的追捧。她打破了传统古典的小提琴演奏方法，美妙的身材加上狂野的表演，让她不只是一个小提琴演奏家，她曾被选为美国《人物》杂志“50位最美丽的人”之一。

BAZAAR 观点:让小提琴第一次超越了传统的意义，是当今少数成功的小提琴演奏家之一。

综合指数:★★★

“我没有刻意地为了成名去狂野或是另类。你说我是古典就是古典，是流行就是流行，我在演出时只是随着情感来表演动作。”——陈美

（信息来源：《时尚·中国时装》杂志2004年11月）

◎榜五、2004中国经济女性年度人物◎

（一）年度人物奖获得者

1.央视经济频道著名节目主持人王小丫:2004年，央视众多名牌栏目和名嘴首次接受了价值评估。其中，王小丫以3.5亿元的身价列最具价值主持人的第二位。此外，王小丫担任主持的《经济半小时》、《开心辞典》分别被评估7.7亿元和5.1亿元，在央视最具价值的五大栏目中占据了两个席位。

2.山西省朔州市市长张建欣:在她的领导下，苜蓿养育了朔州的牛羊，紫花滋润着朔州人的心。今天的朔州正脱胎换骨，一步步告别凭煤吃饭的历史。

3.浙江新光饰品有限公司董事长周晓光:新光集团下属的新光饰品有限公司是目前国内最大的流行饰品生产基地之一，产品远销欧美。当家人周晓光也是“省三八红旗手”、浙江女企业家协会副会长、全国人大代表。2003年，她在电视上自费登广告征集提案，开通“周晓光热线”，在社会各界引起强烈反响。

4.泰禾香港集团董事、副总裁沈琳:书中自有黄金屋，她博学多才，具有深厚的国学功底。她以其独特的操盘理念“运河岸上的院子”，在京城社会各界赢得了满堂喝彩。她响亮地提出把中国古老的建筑文化融于现代建筑之中的口号，掀起了一股回归传统、继承文化的清风。她积极倡导作为地产商所要承担的对于社会对于历史对于城市未来的责任感和使命感，这也正是中国未来地产发展的趋势。她正以其努力和成就点滴影响着中国人居生活进程，也点滴影响着中国年度经济生活。

5.江苏省苏州市周庄镇党委书记屈玲妮:她是土生土长的周庄人。曾经的周庄是苏州昆山市最穷的一个镇，在她之前，周庄没出过一位女书记、女村委会主任甚至是女会计。然而她的走马上任，让这个有着900多年历史的贫穷小镇成了全世界闻名的旅游胜地。

6.康奈集团副总裁郑莱莉:她年轻而富有创造性，具有国际化战略眼光，擅长运用信息技术改造发展传统产业，主动融入国际规则的制定。30岁的郑莱莉是入选的惟一一家民营企业掌舵人，也是入选的年龄最小的经济女性。

7.北京翠微集团党委书记、总经理，北京翠微大厦股份有限公司董事长栾茂茹:1996年8月，栾茂茹受命负责筹备翠微大厦的开业。当时“翠微生不逢时”，面对严峻而又残酷的现实，她坚信在“低谷”中一定能够找到“阳光地带”。

8.江苏省亚萍布业集团董事长、总裁陆亚萍:她出身农家，从小迷布，通过10多年的奋斗，从中国轻纺城浙江柯桥数万名经营者中脱颖而出，成为闻名业界的“中国花布大王”。她是“中国百佳爱国企业家”、“全国三八红旗手”、江苏省人大代表、江苏省女企业家协会常务理事。曾受到吴仪、张德江、

薄熙来等领导同志的接见和高度评价。

9.陕西捷尔泰凉皮有限公司的总经理贾亚芳:1998年她下岗卖凉皮时西安市共有1000多家卖凉皮的，她所以能做得比别人好，除了和其他人一样辛苦勤奋外，就是肯动脑子。凭着这股聪明劲儿，贾亚芳把一碗不起眼的凉皮做到今天在全国有180多家的连锁企业。

(二)发展特别奖与创新特别奖

发展奖获得者:中国美容时尚报社社长兼总编**张晓梅**:她获得过"2004中国十大经济女性年度人物"发展奖，她是全国政协历史上惟一来自内地美容业的委员，她的首次入选，本身就预示着这个时代的新变化。这个爱做梦的女人，她让生命变得更加美丽。

创新奖获得者:北京八佰拜电子商务技术有限公司CEO**张毅**:如果有谁在2001年网易停牌时能成功收购它的话，那么今天中国的富人榜就要重新改写了。张毅，就是那个差点收购了网易、那个差点让中国的富人榜改写的人。她获得过"2004中国十大经济女性年度人物"创新奖。

(三)年度人物大奖获得者

海南省海口市副市长袁秀梅:作为政坛为数不多的分管经济工作的女市长、中国妇女九大代表、中国女市长协会副会长，袁秀梅在2004年的海口市首次市长公开述职考评中赢得了上上下下的广泛赞誉，其评价之高实为罕见。

(信息来源:新华网2005年1月15日)

备注:为了给经济女性提供一个交流思想和展示自身风采的舞台，从2003年起，由中国妇女报社牵头，邀请各中央新闻单位社长、总编辑及中国女企协、中国市长协会女市长分会和经济学家参与，每年举办"中国十大经济女性年度人物评选暨中国经济女性发展论坛"。

七、广告人物篇

◎榜一、2004十大广告创意总监◎

1.叶宇轩:北京三星广告公司执行创意总监

原名叶长胜，广告资历18年。历任台北奥美广告(O&M)、相互广告(Darcy前身)、百帝广告(Batey)、智威汤逊广告(JWT)等公司创意总监。2001年底进入北京，任智威汤逊创意总监。曾获亚太广告奖、世界华文广告奖、龙玺广告奖、时报广告奖、4A广告奖，金、银、铜奖等超过100项。曾就任于台北政大，教授广告创意超过3年，并连年获最受学生欢迎奖。曾任亚太飞马奖、4A广告奖、时报广告奖、金犊奖等广告奖的评委。

2.刘　山:广东平成广告有限公司创意总监

1985年起从事广告创意及制作至今。1986年与韩子定、余希洋等大学同窗创建广东白马广告有限公司，担任美术指导及创意总监等职位，作为核心创意成员之一，参与策划及制作了"健力宝——李宁篇(草原、沙漠、大海)"、"太阳神"系列、乐百氏系列、科龙空调、丽江花园、白加黑感冒药等许多著名的广告活动。1995年与吴晓波、吴耀明、赖莎等共同创办平成广告有限公司，任导演兼创作总监。多年以来，本着探寻"品牌跳跃的中国之道"，与同伴们共同创造了喜之郎——"亲情无价"、贵州醇——"举杯天地醉"、金正——"苹果熟了"、波导——"手机中的战斗机"等许多闪亮的品牌故事。

3.朱伟幸:盛世长城国际广告有限公司执行创意总监

毕业于香港理工大学。2003年2月加入盛世长城国际广告广州分公司。她领导创意部门为一些国际著名品牌客户及国内客户，如:宝洁公司之佳洁士、碧浪、舒肤佳，中国移动(深圳)等，提供创意方案。于香港及国内工作时，曾获中国广告节、时报华文奖、亚太广告奖、戛纳国际广告节、伦敦广告节、龙玺奖等多项国际、国内大奖。

4.江绍雄:蓝道广告公司执行创意总监

1993年在华侨大学艺术系执教至今。1998年开始担任蓝道广告有限公司执行创意总监。

5.吴天赋:上海李岱艾广告公司创意总监

1997-1998年在上海天联广告有限公司任美术设计和美术指导;1999-2001年进入上海奥美广告有限公司担任美术指导和创意组长;2001年进入上海李岱艾广告有限公司任职助理创意总监;2003年开始担任创意总监;2004年创作的阿迪达斯"运动无止境篇"。在中国广告节、克里奥广告奖、国际艺术指导俱乐部奖、亚太广告奖、金铅笔广告奖等比赛获得多项大奖。

6.吴佳蓉:上海奥美广告有限公司执行创意总监

文案出身,是资深的华文广告创意人。在奥美集团前后长达10年(台湾/上海)。2001年进入内地,以丰富的华文广告创作经验,协助国际和国内品牌提升企业形象及创意。1993年开始在台湾奥美/运筹广告担任创意总监;2001年进入达彼思广告公司担任中国区创意群总监;2003年转入上海奥美广告有限公司。服务过的客户包括:肯德基、上海大众汽车、易趣全球拍卖网站、光明乳业、森马休闲服、海尔企业形象、上海通用汽车、赛欧/别克君威。在台湾曾服务过爱立信、远传电信、中华航空、太平洋房屋企业形象、妮维雅、统一企业等产品。

7.李少惠:上海李奥贝纳广告有限公司执行创意总监

深爱着传播事业的李少惠,从香港中文大学传播专业毕业后,成为香港商业电台的一名DJ。1989年,她带着儿时的梦想,进入到Bates(达彼斯)香港公司任文案,从此开始广告生涯。1991年转入到DDBNeedbam和智威汤逊任创意总监。李少惠服务过许多客户,如:汇丰银行、香港电信、香港地下铁路、苹果电脑、马自达、壳牌、麦当劳和百佳等,由此积累了丰富而珍贵的经验。1997年加入李奥贝纳香港公司,担任高级创意总监一职。主要负责重要的客户,如:宝洁、Asiaweek、惠氏、嘉仁伯(中国)、可口可乐和数码通等。创作了全国知名的"你今天洗头了吗"推广活动,改变了全国人民的消费行为思想,引起了业内巨大回响。

8.钟锡强:精信广告有限公司上海分公司中国区执行创意总监

1985年开始进入智威汤逊、天联及李奥贝纳等广告公司工作;1993年转入精信广告有限公司,1998年起主管南中国区创作部;1998-1999年间曾兼任北京分公司行政创作总监;2003年升任中国区执行创意总监。服务的客户包括:上海大众汽车、万科地产、索尼、曼秀雷敦、猫人集团、中美史克、中兴手机、达能、必胜客、万宝路、宝洁、万基药业、康师傅、中国银行、声宝电器、城市电讯、新鸿基地产等。曾获Clio、Cannes National Diploma(国家毕业证书)、中国广告节、艾菲奖、香港4A、龙玺、Asia Media Awards Best Awards(亚洲媒体最高奖)、New York Advertising Festival (纽约广告节) 及 London Advertising Festival(伦敦广告节)等专业奖项。

9.徐 建:北京东方捷先广告传播有限公司总经理

1985-1994年,在北京电影学院管理系以及音像出版社工作。1994年至今担任北京东方捷先广告传播有限公司总经理。2004年以全新的创意理念指导创意及制作的联想手机广告《放飞梦想》在播出后深受消费者的好评。同时在2004年参加International Academy of Business Disciplines(IABD,即国际生意训练高等学校)并进行了以《SARS期间的中国广告》为主题演讲,受到国际学者的好评,破例为徐建安排了再次的大会演讲;会后,美国EMERSON COLLEGE(爱默森学院)邀请徐建为其广告及新闻传播专业的学生进行讲座并受到老师与学生的好评。

10.薛振添:北京智威汤逊/中乔广告公司执行创意总监

1989年进入广告圈在台湾国华广告公司工作;1991-1993年就职于台湾东方广告公司;1993年开始在台湾麦肯广告公司任职;1996转入台湾李奥贝纳广告公司;1998年进入北京麦肯·光明广告有限公司;2004年6月加入北京智威汤逊中乔广告公司担任执行创意总监。曾任亚太广告奖、亚太户外广告奖、中国广告奖、中国广告摄影奖、中国青年创意奖、金犊奖等评审委员。

◎榜二、2004十大广告公司经理人◎

1.井上右介:北京电通广告有限公司总经理

2003年北京电通在中国广告公司营业收入排行中名列第一位。2003年底,全国增长了20%,北京电通增长了50%。北京电通非常重视本土客户的开发,现在本土客户占到营业额的50%。北京电通服务最大的广告行业是汽车(本田)、办公自动化仪器(佳能)。

2.李 践:TOM户外传媒集团总裁兼任昆明风驰传媒有限公司董事长

2000年,风驰与TOM.COM网站合资组建昆明风驰传媒有限公司。2002年,风驰传媒迅速跃升为全国广告业排名第七位的广告公司,成为中国西部省份地区的广告龙头企业。2004年,李践升任为TOM户外传媒集团总裁。他不仅是著名企业家、国际型职业经理人,更是著述甚丰、演讲才能杰出的社会活动家,还是中国民营实业家协会副会长。总之,他是一个中国极具传奇色彩的广告人。

3.沈赞臣:上海灵狮广告有限公司董事长

上海灵狮广告有限公司在2003年中国广告经营单位广告公司营业额排序是第九位;同时又在2003年广告营业额增长最快的10家公司中排序第二位。在国际性广告公司中,灵狮首创本土业务的发展占公司广告营业额的60%。而首次起用本土优秀广告人进入公司最高管理层和公司部门负责人（总监级以上）占80%以上。

4.周佩莲：盛世长城国际广告有限公司首席执行官

盛世长城是第一家在中国取得营业执照的国际4A广告公司；也是一个连续10年在中国广告业独占鳌头的广告公司；同时还是第一家在戛纳国际广告节为中国勇夺平面大奖而扬威国际的广告公司。“既能帮助客户生意屡创高峰，又能坚持创作优秀的创意作品”，这一切只因为盛世长城相信：世上无事不可为。

5.孟兴中：四川省巴蜀新形象广告传媒股份有限公司董事长

四川大学新闻传播学硕士，北京大学光华管理学院EMBA（高级经理工商管理硕士）。现任中国广告协会理事、中国广告协会公司委员会常委、四川省广告协会副会长、中共四川省委政策研究室特约研究员、四川大学文学与新闻学院客座教授。孟兴中所率领的巴蜀新形象广告传媒股份有限公司，前身为巴蜀新形象广告策划公司，成立于1993年。2001年经四川省人民政府正式批准发起设立股份制有限公司，是中国广告业界第一家严格按照《公司法》设立的拟上市公司。

6.郑香霖：突破传播首席执行官

郑香霖拥有14年国际及本土客户媒体广告投放经验。曾就职于奥美、HillHoliday、BBDO、李奥贝纳等公司，期间服务过的客户有大韩航空公司、马来西亚航空公司、飞利浦、建国饭店、标准渣打银行等。1993年，任香港盛世长城国际广告公司执行媒介总监，负责香港及亚洲多家客户；1995-1996年，任4A's媒介组主席，并获1996年英国航空亚洲最佳媒介总监；1996年，任实力传播中国区执行副总监。曾成功争取到超过15亿元投放金额的客户，并使实力传播广州及上海办公室发展至200余名员工。服务客户包括可口可乐、上海通用、美的集团、乐百氏等合资及本土客户。2001年，任实力传播中国区副总裁、ABC销售核数委员；2004年，任突破传播首席执行官。

7.唐锐涛：智威汤逊中乔广告有限公司东北亚及大中国区首席执行官

唐锐涛带领智威汤逊在中国的10年间，智威汤逊已成为全球瞩目的广告公司，创造了一个中国乃至全球传媒的奇迹：2002-2003年度被誉为“亚太最佳广告公司”；在中国三大城市建立办公室的第一家国际广告公司；第一家荣获国际创意大奖的广告公司；营业额由1992年2500万人民币增长至2003年15亿人民币，增幅近60倍。此外智威汤逊上海公司被誉为“中国最成功的广告公司”及“创意最好的广告公司”。

8.莫丽燕：媒体世纪集团营运总裁

媒体世纪集团是一家跨区域、多品种的户外广告媒体公司。2002年底在公司亏损2.6亿元之际，莫丽燕临危受命担任公司COO（Chief Operating Officer，即首席运营官），全权负责公司日常运营管理工作。经过大量艰苦的企业管理体制改革和文化塑造工作，公司局面迅速改观，公司利润在2003年减少亏损至1.5亿元，再到2004年的预计实现赢利，创造了企业扭亏为赢的具有传奇色彩的精彩案例。

9.彭德湘：麦肯·光明广告有限公司及麦肯集团大中华区首席执行官、区域总裁

1980年进入广告界，从业于台湾国际工商传播公司做文案指导；1982-1986年任台湾东方广告创意企划总监；1986-1987年就职于台湾联中广告业务处长；1988-1989年在台湾敬泰家电任副总理；1994年进入麦肯集团，任浩尔生广告台湾总经理；1995-2000年担任麦肯广告集团台湾总经理；2001年至今为麦肯·光明广告有限公司及麦肯集团大中华区首席执行官、区域总裁。麦肯·光明广告有限公司是中国政府公认的模范合资企业，自1995年起，在全国广告公司营业额历年排名第二。

10.潘　洋：哈尔滨海润国际广告传播集团董事长、总裁

2003年中国广告企业营业额排序中，哈尔滨海润国际广告传播集团列居第二十四位，是“中国广告50强企业”。被国家工商行政管理总局、中国广告协会评定为“中国一级资质广告经营企业”、“中国优势广告企业”、并连续荣获“全国、省广告行业精神文明先进单位”和“国家、省、市重合同守信用先进单位”等称号。

◎榜三、2004十大广告学人◎

1.门小勇：内蒙古师范大学国际现代设计艺术学院广告系主任、教授

中国包装技术协会设计委员会全国委员、中国工艺美术学会会员、中国剪纸学会会员、时报广告金犊奖大陆筹委会委员、《中国设计年鉴》编委，高校从教22年。

2.马　泉：清华大学美术学院装潢艺术设计系副主任、副教授

中国包装技术协会设计委员会副秘书长、中国广告协会学术委员会委员、《中国设计年鉴》编辑委员会委员。长期从事“图形创意”、“广告创意”等课题的研究与教学，并进行了大量的相关设计活动。发表并出版相关课题论文和著作，多次在相关院校进行课题讲座。

3.马谋超:中国科学院心理研究所研究员、博士生导师

中国企业文化促进会顾问、中国管理科学会咨询专业委员会顾问、中华慈善总会顾问兼策划专业委员会主任、中国广告协会学术委员会常委、中央人民广播电台科教宣传顾问、美国纽约科学院成员、北京广播学院广播电视研究中心学术委员、厦门大学、北京工商大学兼职教授、中企联广告主工委专家委员会专家。现任中国科学院心理研究所研究员、博士生导师,政府特殊津贴享有者。

4.乔　均:南京财经大学营销与物流管理学院院长、教授、硕士生导师

中国广告协会学术委员会常委、中国市场协会理事、江苏省广告协会副秘书长(兼江苏省广告协会学术委员会主任)、《中国广告》编委会编委、《南京财经大学学报》编委等,毕业于上海交通大学。

5.张金海:武汉大学广告系主任

教育部人文社科重点研究基地武汉大学媒体发展研究中心主任、中国广告教育研究会副会长。在学科建设领域,他是武汉大学传播学学科的带头人;在科学研究领域,他长年集中从事广告理论、广告传播的运作与管理以及广告文化等方面的研究,成果丰富。

6.张惠辛:中国广告杂志社主编

中国广告协会学术委员会委员、中国企业联合会广工委专家委员会委员、《中国CIS年鉴》编委会主任、《中国广告案例年鉴》主编等。1990年于上海师范大学中文系文艺美学专业硕士研究生毕业后进入广告策划界,成为国内最早进行职业化运作的策划人之一。

7.张　翔:北京工商大学传播与艺术学院副院长、副教授

中国广告协会学术委员会委员、北京工商大学广告营销研究中心主任、中国广告协会主办的“2004年大学生广告艺术节暨学院奖”评委、国家工商行政管理总局主办的全国公益广告大赛评委。1992年成为北京工商大学广告学专业创始人之一,长期以来致力于广告学的教育和研究工作,为该校广告学专业负责人和学科带头人。

8.陈正辉:南京师范大学新闻与传播学院副教授

中国高校摄影理论研究委员会委员、江苏省广告协会学术委员会委员、江苏省品牌战略联盟顾问。多年来从事广告学的教学和研究工作,创办南京师范大学广告学专业。2002-2003年度江苏省公派赴德国杜伊斯堡埃森大学访问学者,从事大众传播和广告学的研修和交流。

9.胡川妮:广州美术学院装潢艺术设计系主任

中国对外经济贸易广告协会副会长、中国对外经济贸易广告协会创作委员会主任、中国广告协会学术委员会委员、广东省广告协会顾问、《中国广告作品年鉴》编委、第13届时报广告金犊奖评委、广东省第11届优秀广告作品评比评委。

10.倪　宁:中国人民大学校长助理、教授、博士生导师

教育部新闻传播学科教学指导委员会委员兼秘书、中国广告学术委员会委员,中国人民大学毕业后留校任教至今。20世纪80年代主要从事新闻业务的教学与研究,从90年代初起,开始广告学领域的研究探讨。

◎榜四、2004十大传媒公司经理人◎

1.于大公:北青传媒股份有限公司广告部主任

2004年12月22日,《北京青年报》在香港联交所正式挂牌交易,该交易使北青报的市值达到47.5亿人民币。这意味着,《北京青年报》作为全国媒体改革的首批出版物之一,同时它也是惟一获批在海外首发上市的媒体。国家新闻出版总署报刊司的官员评价称,中国媒体直接上市,是中国传媒产业化最大的突破之一。

2.邓效锋:天津日报报业集团广告中心主任

邓效锋是集资深广告人、职业报人、创新策划人各种角色于一身的复合型传媒人,现任天津日报报业集团广告中心主任、企划部主任,《每日新报》编委、广告部主任。《每日新报》是天津日报报业集团的旗舰报纸。邓效锋执掌实施了《每日新报》的产品定位、品牌推广、形象塑造等全案策划,完美无缺地推进了全部细节工作的高效进展。2000年创刊以来,《每日新报》屡创中国报业经营新世纪:2000年6000万元、2001年1.2亿元、2002年1.5亿元、2003年2.7亿元!在2004年世界报业大会上荣膺最年轻的“世界发行量百强报纸”。

3.古永锵:搜狐公司总裁兼首席运营官

古永锵经过多年在跨国公司的实战和历炼,拥有超过8年的国内投资及运营经验,国际管理和经营经验丰富。曾就读于加利福尼亚大学伯克利(Berkeley)分校,获学士学位,而后在斯坦福(Stanford)大学获得MBA学位。2004年,荣任搜狐公司总裁兼首席运营官。推出“搜狐矩阵”概念,将网页广告和搜索引擎结合,使网络媒体转向全国代理制。在2004年国内体育、娱乐大事件与互联网的互动之际，搜狐囊括亚洲杯、中网、F1、NBA中国赛等顶级赛事。

4.关　飞：深圳报业集团广告中心主任

2002年深圳报业集团整合之初，集团广告经营面临着不少困难。在统分结合的广告运营模式下，关飞采取了一系列整合措施。实践证明，“统分结合，协调发展”的广告经营模式，对提高深圳报业集团的整体含金量，增强集团整体的实力和竞争力起到了良好的促进作用。2002年深圳报业集团居全国媒介单位广告营业额第三名；2003年深圳报业集团广告营业额23.81亿元，比上年增长20.25%，2003年全国媒介单位广告营业额第二名。中国广告协会授予深圳报业集团“2002-2003年度广告经营行业文明单位”称号。

5.刘向群：湖南卫视副台长

刘向群现任湖南电视台副台长、中国电视艺术家协会会员、中国广播电视学会电视制片委员会理事。2000年获中国第4届“电视十佳制片人”称号。2002年被评为全国第3届“百佳电视艺术工作者”。湖南卫视的全国平均收视率列国内所有卫视（包括中央电视台所有频道）的第六位，稳居所有省级卫视第一名。

6.张莅政：北京新浪互联信息服务有限公司首席营销长

现任新浪公司首席营销长兼执行副总裁，全面负责新浪集团全球市场销售工作及品牌管理工作。毕业于台湾辅仁大学，获台湾大学管理学院国际企业研究所EMBA学位。张莅政于2001年2月正式加盟新浪网，任新浪事业联盟副总裁，主管台湾地区市场和销售工作。2003年6月被任命为新浪公司首席营销长兼执行副总裁。在他的带领下，新浪网络广告收入已稳占全行业近六成份额。2004年第三季度，新浪网络广告收入达每季1850万美元。

7.张德安：广州日报报业集团、广州日报社社长

广州日报连续10年排名中国报纸广告收入第一位。在2004年世界品牌实验室（WBL）和“经济联合国”世界经济论坛（WFF）编制的“中国500最具价值品牌排行榜”上，《广州日报》以46.17亿元的品牌价值列居中国综合类报纸的首位。《广州日报》获“2004年亚洲传媒最佳印刷奖”，并连续多年获得“国内传媒最佳印刷奖”。作为中国惟一一家平面媒体代表，张德安在第39届世界广告大会上发表题为《报纸广告进入品牌经营时代》的文章及演讲。

8.邹晓利：安徽电视台副台长兼广告中心主任

自1976年进入安徽电视台工作至今，邹晓利历任安徽电视台新闻部副主任、安徽电视台国际部主任、安徽电视台台长助理兼总编室主任，现任安徽电视台分党组成员、副台长兼广告中心主任、主任编辑。在邹晓利副台长的带领下，安徽电视台在节目推广和经营运作水平大幅提升，广告经营收入近3年净增3亿元。其中安徽卫视被称为“最具有全国传播价值的省级卫视”之一。

9.胡智琴：网易公司市场及销售高级副总裁

于2002年1月出任网易公司市场销售高级副总裁，领导市场部和销售部。她具有丰富的网络营销经验，对整个行业有着独特的见解，致力推动中国网络广告行业的发展，并为“中国网络广告大赛”组委会和评审团的核心成员，担任2003首届中国网络广告大赛组委会常委和第2届中国网络广告大赛组委会副主任及决审评审团副主席。

10.梁晓涛：中央电视台广告经济信息中心主任

梁晓涛从2001年4月份开始分管广告部的工作。在3年多的时间里，对中央电视台广告经营工作提出了许多重要的经营新思路和新理念，全面指导中央电视台广告经营工作，与广告部全体同仁共同奋战，实现中央电视台广告收入42个月持续快速增长。

备注：“2004中国广告业年度人物评选”活动是由中国广告协会监督指导，现代广告杂志社主办，北京大学现代广告研究所承办，上海文广新闻传媒集团、中国经营报社、南风窗杂志社、新浪网、中华全国新闻工作者协会、北京大学现代广告研究所、盛世长城国际广告有限公司、广东平成广告有限公司、巴蜀新形象广告传媒股份有限公司、旭日因赛广告有限公司、广州市天进广告有限公司、旅游卫视广告经营中心、江苏永达户外传媒集团与江西电视台广告中心协办。整个活动按照“广泛搜集行业信息——锁定候选人搜集资料——最终评选”进行。

（信息来源：《现代广告》杂志）

八、《福布斯》人物篇

◎2004 百名《福布斯》中国名人◎

百名《福布斯》中国名人

排名	姓名	媒体报道	行业	收入（万元人民币）	收入排名	上榜原因
1	姚 明	4664	体育	12000	2	为众多国际品牌代言，在众星云集的 NBA 中也是炙手可热
2	章子怡	980	演员	2600	7	总能与大牌导演合作，也被可口可乐等国际品牌看好
3	赵 薇	1228	演员	1900	11	2003 年有 4 部电影上映，又马不停蹄地新拍了 4 部
4	王 菲	1231	音乐	2800	5	推出新专辑《将爱》后在香港的 8 场演唱会场场爆满，再次证明“歌坛天后”实力
5	巩 俐	754	演员	2800	5	《周渔的火车》上演后又接拍两部法国电影
6	张艺谋	1915	导演	1800	12	除了电影《十面埋伏》，2004 年还接拍了长城润滑油等 4 部广告片
7	周 迅	1048	演员	1200	18	“俏黄蓉”配音遭非议，新专辑却热卖
8	黎 明	700	演员	6600	3	香港的“广告天王”，2004 年拍了 3 部电影
9	孙 楠	639	音乐	2400	8	因演唱影视剧主题歌走红，2004 年演出超过 100 场
10	李连杰	438	演员	14000	1	好莱坞的中国明星，为国内品牌代言也价格不菲
11	刘嘉玲	502	演员	4000	4	拍戏不多，但为浪琴、SKII 等高档品牌代言
12	韩 红	574	音乐	2000	9	最忙碌的女歌手，平安夜演唱会使她的身价一路飙升
13	陆 毅	759	演员	1500	16	影视演员出身的偶像明星，现在正向歌坛发展
14	羽泉组合	352	音乐	2000	9	内地最成功的音乐组合，2003 年发行新专辑《没你不行》，举办两次个人演唱会
15	孙继海	1122	体育	1000	21	在英超联赛中站住脚，未来的身价还会上升
16	那 英	718	音乐	1000	21	主演中国版《欲望城市》使她的演出减少，但并不影响其歌坛的地位
17	王治郅	630	体育	1600	15	2003 年靠违约金拿到 200 万美元
18	赵本山	696	演员	1100	20	电视剧《刘老根》系列让人们知道赵本山不仅仅会演小品
19	葛 优	668	演员	1300	17	电影《手机》再次证明：有了葛优，票房就有了保证
20	李 铁	1303	体育	900	29	2003 年出任李宁公司在英国的代言人
21	陈道明	525	演员	1700	14	电视剧片酬最高的男演员，与众多影帝共同出演《无间道》
22	姜 文	1063	演员	840	34	《理发师》的退出没有掩盖《天地英雄》中的光芒
23	刘 欢	523	音乐	1000	21	内地出场费最高的音乐人，《嫁给刘欢》使其知名度锦上添花
24	巴特尔	1016	体育	960	28	幸运地拿到 NBA 决赛冠军戒指，并迎来国内广告代言
25	徐静蕾	510	演员	880	31	自编自导自演《我和爸爸》，由她自导自演的第二部电影也已经开始
26	刘 烨	611	演员	980	25	2003 年一口气主演了 8 部影视剧
27	范冰冰	281	演员	980	25	在冯小刚的贺岁片《手机》中担任重要角色，从古装剧转型
28	胡 兵	311	演员	990	24	模特出身的胡兵 2004 年共拍了 100 集电视剧
29	唐国强	292	演员	1200	18	影视剧形象多变，广告代言也是种类多样
30	杨 坤	395	音乐	850	31	蹿升最快的男歌手，4 场夏日巡演与陈琳组成“双子星”
31	陈 琳	272	音乐	900	29	连年推出新专辑，是时尚音乐代表人物
32	零点乐队	138	音乐	1800	12	内地演出场面最火爆的摇滚乐队

排名	姓名	媒体报道	行业	收入（万元人民币）	收入排名	上榜原因
33	张国立	515	演员	770	35	既能导又能演的影视大腕
34	黄　磊	409	演员	690	37	电视剧《天一生水》中身兼监制、编剧、导演、主演4职，还出版了自己的散文集和唱片
35	冯小刚	1013	导演	560	45	《我把青春献给你》和他的贺岁片一样受到关注
36	刘晓庆	822	演员	540	48	迅速接下了3部影片、2个广告片，“刘晓庆”这个品牌依然很有市场
37	胡　军	330	演员	970	27	无论电影还是电视剧，都是绝对的男主角
38	陈凯歌	554	导演	650	40	电影《和你在一起》以150万美元卖给美国发行商米高梅
39	瞿　颖	317	演员	670	39	影视歌三栖明星，广告价位居高不下
40	濮存昕	539	演员	600	42	频繁出席各种公益活动，一度的广告明星，但2003年收入有减
41	斯琴高娃	302	演员	850	31	中国影视界的常青树，片约不断
42	李　湘	328	主持人	680	38	广告代言收入是她做主持人收入的5倍
43	郝海东	834	体育	450	58	“中国第一前锋”也是国内“第一年薪”
44	陈　坤	373	演员	600	42	主演《金粉世家》，2004年仍将有多部电视剧上演
45	杨恭如	119	演员	630	41	出生在上海的港星，为拍戏常往返香港和内地
46	张玉宁	1018	体育	380	62	帮助上海申花夺得末代甲A冠军，2003年最受欢迎球员
47	徐　帆	509	演员	550	46	与冯小刚是最佳夫妻拍档
48	张铁林	584	演员	500	50	“皇阿玛”2003年不再演皇帝，却仍在多个广告中身穿龙袍
49	王志文	439	演员	540	48	《芬妮的微笑》让他上了法庭，《美人依旧》让他备受期待
50	老　狼	254	音乐	470	56	校园民谣的代表人物，2003年担任凤凰卫视《走出非洲》的外景主持
51	崔　健	346	音乐	480	54	中国摇滚教父，在国际上有一定影响力，发起的“真唱运动”已渐成气候
52	李冰冰	229	演员	490	53	先后与郭富城、杨紫琼和任贤齐合作，努力成为新一代女打星
53	蒋雯丽	211	演员	590	44	出演中国版的《欲望城市》，广告商用她来打动成熟女性
54	余秋雨	395	写作	420	60	著名作家也瞄准了影视圈
55	姜培琳	60	模特	760	36	代言美国“美神莱”钻石的一笔收入是普通模特拍广告收入的10多倍
56	孙海英	418	演员	350	65	延续了“石光荣”的知名度，与吕丽萍是最知名的银屏伉俪
57	朴　树	309	音乐	310	71	《白桦树》后沉寂4年，2003年终于推出新专辑《生如夏花》
58	郑　钧	212	音乐	380	62	新专辑《我们的生活》因翻唱老歌引来非议
59	孙　俪	167	演员	500	50	海岩电视剧《玉观音》的播出使她一夜成名
60	宁　静	241	演员	400	61	光头形象出演电视剧《白银谷》付出不小代价
61	陈　好	140	演员	470	56	《粉红女郎》中的“万人迷”，随着该剧在全国热播，广告费一路见涨
62	海　岩	414	写作	330	66	“海岩电视剧”捧红一班影视明星，自己的书也跟着畅销
63	李亚鹏	679	演员	200	84	主演《射雕英雄传》并为《黑客帝国》配音，自导自演《海滩》反响平平
64	英　达	201	导演	500	50	情景喜剧导演，还是电视节目主持人
65	雪　村	298	音乐	270	75	靠网络成名，是歌手中的另类
66	赵宝刚	246	导演	480	54	一度是海岩的“御用导演”，身价不菲
67	黄豆豆	83	舞蹈演员	550	47	大型舞剧中频繁的国际合作，让黄豆豆的身价迅速跃上了国际标准
68	董　洁	271	演员	320	68	频繁和大牌明星合作，走的是当年章子怡走红的路线
69	三　宝	136	音乐	270	75	创作的影视音乐作品捧红诸多歌手，自己的知名度也在提升

排名	姓名	媒体报道	行业	收入（万元人民币）	收入排名	上榜原因
70	黄　奕	243	演员	300	72	《还珠格格3》捧红的女明星，拍戏不多，却被广告商看好
71	田　亮	182	体育	360	64	2003年的比赛成绩不理想，仍然是运动员中的广告明星
72	许　巍	166	音乐	260	78	活跃于校园的创作型歌手
73	胡彦斌	162	音乐	290	74	创作型歌手，音乐界的后起之秀，号称“小天王”
74	常　昊	706	体育	130	96	没拿到一个世界冠军，却是国内惟一收入超过百万的棋手
75	李　霞	158	主持人	320	68	被称为中国“首席娱记”曾登上美国《时代周刊》
76	陈鲁豫	185	主持人	230	80	一部《心相约》发行量超过30万，带来了60万的收入
77	吕　燕	41	模特	440	59	“丑模”2004年代言了贝纳通和欧莱雅
78	吕丽萍	330	演员	230	80	已成名多年的女演员现在仍活跃于银屏
79	张亚东	158	音乐	300	72	国内最著名、最繁忙的音乐制作人，王菲等多位歌手的成功都依靠他
80	池　莉	116	写作	320	68	中国最高产的女作家之一，签约世纪英雄后，又一个“女海岩”诞生了
81	陶　虹	186	演员	270	75	运动员出身的电视剧明星
82	李学庆	69	模特	330	66	为了打造中国“第一美男”的品牌，经纪公司已经做好了头两年亏本的打算
83	王励勤	593	体育	190	88	健胜苑国际乒乓球巡回大奖赛的一项冠军便拿到了6万美元奖金
84	王　楠	383	体育	180	89	2003年接连夺得世锦赛和世界杯的冠军
85	马　琳	702	体育	160	92	夺得世界杯冠军世界乒联排名第一的男选手
86	申　雪 赵宏博	349	体育	200	85	在世锦赛和世界花样滑冰大奖赛等国际赛事中共夺得4项冠军
87	赵蕊蕊	423	体育	180	89	中国女排夺冠的主力，美丽的形象深入人心
88	孙红雷	295	演员	200	85	《周渔的火车》后和巩俐的绯闻让人忽略了他的演技
89	戴　军	117	主持人	240	79	由歌手转型的主持人，活跃于《非常访问》等5个电视栏目
90	刘　翔	444	体育	160	92	参加世界田径黄金联赛成绩不俗，并为耐克和可口可乐代言
91	佟大为	160	演员	200	85	2003年因电视剧《玉观音》而成名
92	张连伟	64	体育	220	82	新加坡和中国高尔夫球公开赛冠军，但与“亚巡赛奖金王”失之交臂
93	刘仪伟	90	电视	210	83	同时担任4个电视栏目的主持人
94	郭敬明	43	写作	160	92	17岁的大男孩，一部《幻城》就卖出了100万本
95	洪昭光	92	写作	170	91	著名心血管专家，健康知识讲座和书都广受欢迎
96	闾丘露薇	180	记者	100	98	因报道伊拉克战争而一举成名，战争结束即出版《我已出发》
97	刘震云	174	写作	120	97	在电影《手机》全国放映的一个月时间里，他的同名小说卖出了22万册
98	杨丽萍	97	舞蹈演员	140	95	所有心血花在大型舞剧《云南映象》，不惜把广告代言的收入也投进去
99	李　咏	210	主持人	100	98	在《幸运52》和《非常6+1》中与观众一起娱乐
100	徐小平	41	写作	100	98	随着新书《骑驴找马》和《图穷对话录》的热销，徐小平的咨询、演讲业务都在同步升值

（信息来源：《福布斯》中文版）

备注：年度收入是《福布斯》名人榜最重要的评价指标，因为赚钱的多少可以直接体现明星的年度表现和商业价值，也最能反映出名气与财富的转换关系。收入之外，媒体曝光方面的评价综合了明星在报纸、杂志、电视以及网络上的曝光情况。通过年度收入和媒体曝光率的综合评价对超过200人的侯选名单进行筛选，最终得出100人的排名。考虑到中国大陆与台湾、香港地区在影视娱乐业发展上的差距，《福布斯》中文版的中国名人榜候选人以大陆出生作为标准。

九、国际化人物篇

◎榜一、影响中国商界的世界级企业家及思想家◎

1.世界第一个亿万富翁:约翰·D·洛克菲勒

他是现代商业史上最富争议的人物之一。一方面,他创建的标准石油公司,在巅峰时期曾垄断全美80%的炼油工业和90%的油管生意。另一方面,洛克菲勒笃信基督教,以他名字命名的基金会,秉承"在全世界造福人类"的宗旨,捐款总额高达5亿美元。

2.金融资本的颠峰力量代表:J·P摩根

对于那些志在通过并购来完成产业整合的资本玩家来说,约翰·皮尔庞特·摩根无疑是最好的榜样。1898年承销美国政府2亿美元债券、1899认购英国18亿美元国债后,摩根一跃成为"世界头号金融大亨"。

3.价值投资者的福音:巴菲特

《世界首富沃伦·巴菲特传》一度吸引了广大散户投资者的眼球。1997年深圳股市一度超越6000点大关,但在不久后惨烈崩盘,从而引发"3·27国债风波"。此后,巴菲特的名字逐渐广为人知,他的投资业绩也在中国深入人心。

4.最早被华关注的商界女性:玫琳凯·艾施

当销量超过百万的自传跌落畅销书排行榜时,玫琳凯·艾施依然是公众舆论的热点。这位传奇女性改变了西方职业女性的地位,她认为,解放妇女必须从解放她们的经济状况开始。

5.现代美国梦的最佳代言人:"双面"盖茨

不难在中国找到两个盖茨:世界首富、工厂业领袖、大慈善家;垄断者、骄傲的价格制定者、欺压中小企业的施暴者。在微软从一家小公司成长为拥有530亿美元现金、年销售额300亿美元商业帝国的30年时间中,比尔·盖茨始终保持这一习惯,特别是与人谈话时,他会不停摇摆。

6.转轨经济中的越界者:米卡耶·霍多尔科夫斯基

俄罗斯前首富的倒掉为中国商界提供了一个无视游戏规则变更的反面教材。当一个经济体由计划经济向自由市场过渡时,转轨过程中的巨变和冲突所造就的一小撮超富阶层到底能走多远?俄罗斯前首富、尤科斯石油公司前CEO米卡耶·霍多尔科夫斯基提供了一个最生动的肖像。

7.日本商业精神的化身:松下幸之助

松下幸之助可能是最早被中国社会关注的日本企业家。1978年,74岁的邓小平与83岁的松下幸之助谈得很是投机。其后的两年间,老松下先后两次访华。他本人的商业理念、用人之道在20世纪80年代的中国成为东方商人的典范。

8.日本公司国际化的先驱:盛田昭夫

他引领全球电子工业进入崭新的"日本制造"时代。正是盛田昭夫的眼光和努力,让索尼跃身为最早的跨国运营企业之一,他本人也成为中国企业界最推崇的传奇企业家之一。

9.日本的亨利·福特:丰田英二

丰田的历史以打破惯例著称:丰田英二接手的家族公司原材料紧缺、资金吃紧且借贷无门引发工人罢工。现在,其市值已超过美国汽车业"三巨头"通用、福特和克莱斯勒的总和。就是这个勤勉倔强、绰号为"黑暗中的公牛"的丰田英二,最终把丰田打造成一个世界顶级的赚钱机器。

10.亚洲新榜样:李健熙

韩国三星集团在全球商界中的地位今非昔比。如何从发展中的三流企业飞跃为世界一流公司?继日本制造业历经沉浮后,三星集团成了中国商界最津津乐道的模仿对象。2002年的韩国百富榜上,三星集团会长李健熙以14.47亿美元的个人资产雄踞榜首,是名副其实的韩国首富,但是他为人甚为低调。

11.有影响力的华人商业领袖:李嘉诚

以前瞻性眼光进入世界消费市场的"李超人"智慧,是时下欲打造世界级公司的内地企业家最需补的一门功课。过去20年间,这位76岁的香港富豪可能是在内地被提及最多的华人商业领袖了。

12."IT界华人先锋":施振荣

相对宏基电脑在中国市场的表现,施振荣所提出的"微笑曲线、超分工整合、竞争力公式”等观念有着更强的渗透力;其中又以“速食模式、主从架构、全球品牌、结合地缘”的理念为最。

13.大公司的“白衣骑士”:李·亚柯卡

他是最优秀的汽车公司老板,而且经历传奇:年纪轻轻便成了福特汽车公司的总裁,创造几十亿美元的利润,随后又在克莱斯勒汽车公司濒临倒闭之时令其扭亏为盈。

14.灵活的偏执狂:安迪·格鲁夫

安迪·格鲁夫时代的英特尔对IT业的发展格局具有决定性影响,而他本人那句“只有偏执狂才能生存”曾引起中国商界关注,但仅仅停留在对这种极端表达方式感叹上,鲜有人注意他在偏执灵活间做取舍。而这一点,才是格鲁夫执掌英特尔11年间,公司收入增长13倍之多的真正原因。

15.全球首席CEO:杰克·韦尔奇

任何一个职业经理人只要取得韦尔奇的任一成就,已经足以跻身优秀经理人之列。而杰克·韦尔奇的成功在企业中引发了一场前所未有的,对于管理以及创新的狂热。

16.洞察现代社会的未来学者:阿尔文·托夫勒

20世纪80年代的中国正处于一个变革时期,托夫勒以他的西方经验告诉中国的年轻人,由于新技术浪潮的出现,发展中国家可以重新和发达国家站在同一起跑线上。

17.现代管理学之父:彼得·德鲁克

作为第一个提出“管理学”概念的人,当今世界,很难找到一个比德鲁克更能引领时代的思考者:20世纪50年代初,指出计算机终将彻底改变商业;20世纪90年代率先对“知识经济”进行了阐释。

18.最后一个经济学通才:保罗·萨缪尔森

萨缪尔森天生是搞学术的料:16岁进入芝加哥大学学习经济学,毕业后在哈佛大学继续攻读学业,26岁取得博士学位。在芝大的平均成绩是A,在哈佛则是A+。

19.数字革命的预言者:尼古拉斯·尼葛洛庞蒂

他可不是个安分的学者——1968年,他在美国麻省理工大学建立起一个先锋性机构,专门搜集各大学实验室一些看起来很“激进”的技术或者项目,比如能把人和电脑连接起来的那种。

20.营销学教师:菲利普·科特勒

商业作家中没有一个人能像科特勒那样完整、清晰、权威地表述观点。中国陆续出版了科特勒的近10种著作,几乎每个MBA毕业生都研读过“科特勒式的百科全书”。

◎榜二、在华跨国公司经理人◎

1.国际化“列车长”——西门子中国总裁兼CEO:贝股思

他执掌西门子的7年是西门子高速成长的时期,也是在中国的跨国公司激烈竞争也快速成长的时期。如何对合资公司进行更有效率的控制并在西门子全球的层面定位中国市场,从而实现西门子各个业务集团协同增长——这是贝股思面临的挑战。

2.中国IT业“教父”——IBM大中华董事长:周伟焜

他领导的IBM公司始终走在整个行业的最前沿,他本人也成了职业经理人的榜样。周伟焜在IBM公司的“工龄”已经有36年,他已经把IBM中国公司总裁的职位当作自己的职业归宿。

3.中国感光行业的重塑者——柯达全球副总裁:叶 莺

她是世界500强企业高级领导岗位上的第一华裔女性;她曾是美国政府中第一位被任命为公使衔商务参赞的女性;她几乎单枪匹马开创了柯达在中国市场的新局面,她使政府公关变成了一门艺术。“一切都在好转,我们在中国两手都要硬”,叶莺说。

4.汽车业的德国舵手——大众汽车(中国)投资有限公司董事长:魏智博(Folker Werssgerber)

一张动感力极强的锲型脸,一双穿透力极强的大眼睛,每隔3–4周,他就会出现在中国一次。这个20年前就开始拓荒中国汽车市场的德国人正在努力实现大众汽车在华的第二春。

5.跨国公司本地化先行者——前摩托罗拉中国区总裁:赖炳荣

他提出的“本土化”发展战略,不但是摩托罗拉大获成功的法宝,也为跨国公司实现和中国的双赢发展提供了一个杰出样板。在许多摩托罗拉老员工看来,赖炳荣是一个具有英雄主义色彩的政治家加外交官。在他执掌帅印的8年里,摩托罗拉(中国)电子有限公司开创了一个辉煌的王朝。

6.医药界的“THE ONE”——前中美史克总经理:杨伟强

他主演过不止一场拯救大戏,他极大拓展了中国医药业营销的广度和深度。在中国医药界,提到杨伟强这个名字,人们都会显露出尊敬的神色。1990年他被强生公司派到西安担任其合资子公司——西安杨森的市场和销售副总裁,这一天恰好是愚人节。

7.“黄埔”校长——中国惠普公司总裁:孙振耀

他的最大爱好就是飞行。他说飞机是人类发明的东西中最平衡的一种。在他的家中，专门请人为他安装了仿真的飞机驾驶舱。这个看似奢侈的爱好，并非出于对蓝天的向往，而是他要快速地分析、综合种种变化的因素，快速做出判断。他领导的惠普给中国带来的不仅仅是产品，还有一整套培养职业经理人的方法和体系。

8.营业额最大的跨国公司掌门人——飞利浦中国总裁：张 钥

他成功改变了公司在华的公众形象，他主导的“一个飞利浦”计划更成为国内企业学习“矩形管理”的最佳样板。张钥提出把小家电、照明、消费电子、半导体、医疗5个事业部门中的人力资源、财务统一到一个共同服务中心，同时又保持总部对他们的垂直管理。

9.能源业的战略投资家——BP石油中国总裁：德开瑞

2004年受中国石化推荐，德开瑞（gary william dirks）获得了“中国政府友谊奖”，这是专门对为中国经济作出特殊贡献的专家学者而设立的奖项，德开瑞是为数不多获此奖项的跨国公司总裁。

10.行政垄断“破冰者”——中外运敦豪董事总经理：谢耀依

作为中外运敦豪（DHL）中国业务的负责人，这家势头最为凶猛的公司在谢耀依手中达到了每年35%-45%的增长速度。除了市场本身的潜力外，更重要的是，谢耀依能够借力出招——依靠中外运这家国内运输最健全的大型国企完成在中国排兵布阵，他证明了市场能力可以打败垄断保护。

11.中国快餐之父——百胜餐饮集团总裁：苏敬轼

他领导的肯德基已经成为中国人生活的一部分。17年的时光荏苒，肯德基已成为中国发展最快规模最大的快餐“双冠王”。而当这位有着美国宾州大学化学工程和沃顿商学院MBA教育背景的台湾人第一次来到内地时，中国只有4家肯德基。“从一开始，我就知道这是一项让我终其一生的事业。”苏敬轼说。

12.ERP布道士——SAP大中国区总裁：西 曼

他不但使SAP在中国赢得的时间整整提前了3年，而且让中国企业更早进入信息化时代。西曼那一口磕巴的中国话和丰富生动的表情为他赢得了不少中国人的友谊。业内人评价他是：一个在中国做生意的行家，非常熟悉这里独特的游戏规则。（注：ERP为Enterprise Resources Planning的缩写，即企业资源计划）

13.中国企业第一“外脑”——麦肯锡大中华区：欧高敦

1993年，当欧高敦（Gordon Orr）和他的同事、摩门教徒潘望博一起创建麦肯锡中国公司时，这位习惯于隐藏在客户身后的咨询顾问没想到自己日后会成为全球的焦点人物。40出头的他毕业于哈佛大学商学院，拥有该学院工商管理硕士学位和“贝克学者”的荣誉称号，他还获得了牛津大学电子工程硕士学位。

14.把信带给全球总部的人——思科中国区总裁：杜家滨

他帮助不止一家高科技公司找到了打开中国市场的钥匙。他喜欢别人叫他家滨而不是杜总，因为这样感觉是“VIP（贵宾）”。思科中国区总裁杜家滨，这位圆脸庞、大眼睛、大眼镜、体型矮胖的总裁先生经常幽默地这样说。

15.逆风飞的女人——前微软（中国）总经理：吴士宏

她是最早一批在跨国公司成长又最终“逃离”的本土经理人。这不仅仅因为她拥有一个“生而自卑”到“个性飞扬”的传奇故事，在跨国公司推动中国社会转型的大背景下，吴士宏的身上更具有一种符号性意义。她集中体现了一代外企本土经理人的成长、转型和困惑。

16.零售业杀手——家乐福中国区总裁：施荣乐

他的公司每到一处，中国零售企业都会惊呼“狼来了”，不过消费者却希望家乐福的动作更快一些。法国人施荣乐（G·L·Shereau）不习惯暴露在媒体的聚光灯下，但是公司的业绩却不是低调所能掩盖的。

17.中国品牌之王——宝洁大中国区总裁：罗宏斐

你可能不知道他，但你不可能没有使用过他公司的产品。在中国日化用品市场，宝洁是绝对的老大，也是这个市场的开山鼻祖。罗宏斐给许多小胜即安的本土企业一个很好的教训。宝洁公司的强大在于它的学习能力和及时纠错的本领。

18.以外资身份接管国有银行的第一人——美新桥投资总经理：单伟建

他的强硬手腕激起了一片愤怒和抵抗，但最终他还是撞开了中国银行业紧闭的大门。身为新桥投资的董事总经理，他深谙低调的价值。即使接受记者采访，他也会事先表明立场：不谈他做的项目，不谈个人——几乎封堵住人们全部的好奇心。但这无碍于他过去两年间的声名鹊起。

19.饮料业整合的国际操盘手——达能中国区总裁：秦 鹏

掌控娃哈哈、乐百氏这些中国著名饮料企业的，不光是宗庆后、何伯权，还有这个幕后人物。虽然作风一贯神秘低调、行踪不定，但秦鹏还是公认的“中国饮料行业最厉害的人物”。

20.创意行销第一人——耐克（中国）市场总监：潘建华

潘建华把耐克做成了内地最酷的

品牌，他抓住了年轻一代的心。如果你有机会去拜访耐克（中国）位于上海的办公室，你也许会怀疑这里的员工是不是刚从运动场或者健身房里出来，他们全部是运动休闲的打扮，但正是这家在中国只有230人左右的跨国公司，成为国内体育产品市场的"老大"。

◎榜三、学习者与合作者◎

1.中国IT第一品牌缔造者：柳传志、杨元庆

2004年是联想成立以来最风光的一年，PC主业的市场份额高达30%，市值达到高峰。而且56岁的"精神领袖"柳传志天才地解决了接班人问题，将公司一分为二。在杨元庆、郭为的新战略中，人们分明看到了IBM、AOL、DELL（戴尔）、NOKIA等跨国巨人的影子。

2."移动通信专家"：王晓初

这个被官方称作"中国电信改革领头羊"的人来到中国移动后，并不拒绝短信业务这样的"小生意"，甚至在2000年推出的"移动梦网"业务，其名称也来自王晓初的灵感。在他的手上，中国移动已经发生了一些人们原本认为在一个垄断行业里难以置信的变化。

3.电信业的机会捕手：吴　鹰

一种在日本遭到失败、被认为是落后的通信技术PAS（Personal Access System，即个人通信接入系统），被吴鹰和他的UT斯达康伙伴们带到中国，却由此抓住了一座金矿。"小灵通"在短短五六年间，以倍数级速度扩大业务，令中国移动和中国联通侧目。

4.让中国软件挺直腰杆者：王文京

"外国企业管理是飞机速度，而中国企业是火车速度，竞争根本不在一个量级上，所以要竞争，你也必须坐飞机去。"王文京，这个现年40岁的江西人，16年来就是这样用惊人的耐力不断推动着中国企业管理的现代化。

5.推动中国证券发展的设计者：王波明、高西庆

1985年，王波明与高西庆牵头编写了《关于中国证券市场创办与管理的设想》（也就是后来被简称的"白皮书"）。主要内容包括了关于筹建北京证券交易所的设想及可行性报告。证券界人士评价他们是"推动中国证券市场发展的积极尝试者"。

6.二线银行的排头兵：董文标

2000年5月，时年43岁的董文标成为民生银行第三任行长。他将民生银行带入了快速变革时代。在执掌民生之前，他已经在金融界创造了多个奇迹：他使交通银行郑州分行的业务量火箭式上升；他按国际标准化股份公司的形式组建海通，使海通证券发展成为全国最有影响力的证券公司之一。

7.本土投行的"Deal Maker"（分派制造者）：方风雷

方风雷并非金融科班出身，没有商业银行经历，也不是"海归"。毕业于中山大学，主修中文，辅修经济，多年从事外经贸工作。这个后来者转战资本市场，征战10年，一举成功，因此人们将他视为"传奇式的投资银行家"。

8.终极精算师：马明哲

1988年，28岁的马明哲，曾是深圳蛇口工业区总经理袁庚的私人司机，后被领导授意创办深圳平安保险公司。那时他的经验仅限于在蛇口工业区社会保险公司工作过几年。但是后来马明哲却将平安人寿创建为内地第二大人寿公司，平安产险为内地第三大财产保险公司。

9.折翼的"证券之王"：管金生

位于上海徐汇区夷山路与华亭宾馆之间一处略显斑驳的房子里，住着一位身材不高、曾经在中国资本市场叱咤风云、而后又面临牢狱之灾的人物。他就是管金生——"中国金融市场之王"、"证券教父"。服刑并未使他失去证券界一些人士的尊重，他于1988年创办万国证券，1992年其发展成为具有世界影响力的公司。1995年"3.27国债"事件发生后，管金生因滥用公共资金被上海第一中级人民法院于1997年判处十七年徒刑。

10.航空业的魔术师：陈　峰

2000年，陈峰表达的海航的梦想是：3年造就中国品牌企业，7年造就亚洲品牌企业，9年造就国际品牌企业。第一个目标显然已经达到，但是要持续造就辉煌，对于几乎在一无所有基础上建立的海航来说并非易事。但作为西德汉莎航空运输管理学院1982年在中国招收的24名学员之一的陈峰创造了这样的奇迹。

11.地产界的真正企业家：王　石

被同行比作中国地产"教父"级的人物——因为没有哪一个地产公司能像万科一样，连续20年保持持续增长，现在万科已经是总资产达105.6亿元的巨型公司。

12."擦边球"高手：刘长乐

这个毕业于北京广播学院、在中央人民广播电台先后当过记者、编辑、新闻评论员及高级管理人员、1988年移居国外的人，据传在新加坡期间曾因为石油贸易生意赚到了第一桶金。后来创办凤凰卫视。舆论说他是最有希望成为"中国默多克"的人。

13.好莱坞式神话制造者：张伟平

张伟平在1995年开始投资张艺谋的电影前是个房地产商人，不懂电影。但没有一部国产电影像《英雄》这样，如此集中地利用好莱坞手法来征服电影观众。

14.Mr.Internet：张朝阳

当1998年10月15日美国《时

代》周刊一出版，张朝阳立刻成为明星，那些驻扎在中国的外国记者也开始视他为“中国互联网的代言人”。从此，张朝阳从默默无闻的角落里走了出来。搜狐是复制雅虎的产物。20世纪90年代中期，雅虎在美国取得了成功，张朝阳在中国复制了这种成功。

15.网络牛仔商人：马　云

他创办的阿里巴巴作为中小企业的桥梁的影响力越来越令人无法忽略。5年过去了，共有392万家中小企业在阿里巴巴上进行过国际贸易。现在，阿里巴巴已是全球最大B2B（商对商）网站。它的重要意义在于：为国内中小企业架起了一座通往外部世界的网上贸易桥梁。

16.成功转型的明星商人：李　宁

作为商人，退役后的李宁亲手创造了一个年销售额大约20亿元的李宁公司，2003年该公司实现净利润9400万人民币。在下海经商的前体育明星中，李宁是惟一取得成功的人。

17.最后一个饮料大佬：宗庆后

“如果中国13亿人，每人买一件我的产品……” 这个容易遭到嘲笑的梦呓，宗庆后做到了。在中国，娃哈哈产品已达到全国年人均消费10瓶以上的数字。坚强的盈利能力，是他在资本国际化后仍能牢牢掌握企业大权的关键。

18.汽车黑马的幕后伯乐：尹同耀

1996年，尹同耀被安徽芜湖市市长詹夏来从一汽大众总装车间主任的位置上请到了奇瑞常务副总经理的座椅上。没有人能预料到，这位气概平常的奇瑞第二号人物竟将安徽人的汽车梦想落到了实处。

19.中国版沃尔玛的最具潜质选手：张文中

1994年底，第一家物美超市开业时，张文中甚至找不到给他们供应超市货架子的厂商，他只好带人干起了焊工，按照在国外看到的超市货架的样式，把粗糙的三角铁焊在一起，摆出来卖东西。而10年后，张文中带领物美直逼沃尔玛。

20.产业整合者：郭广昌

1992年25岁的郭广昌和梁信军等同学刚开始创办复兴公司的前身广信时，为太阳神和元祖食品做市场调查这样的业务，他曾自己骑自行车挨家挨户发送传单。而现在，复星已经越来越接近上海国有机构控制的一些核心和垄断性行业，而郭广昌也越来越类似J·P摩根“产业整合者”的形象。

◎榜四、出海人◎

1.国际曝光率最高的中国CEO——海尔首席执行官：张瑞敏

2004年，性格温和、爱穿西装的张瑞敏开始向外界逐步展示他的国际化策略，最新的一个例子是：海尔开始大举进军印度市场，并设立一个全资子公司。张瑞敏说：1999年在美国建厂的一个镜头永远留在我的脑海里。

2.独立制造商——春兰首席执行官：陶建幸

他使多元化的春兰海外集团净资产达3亿多美元。雄心勃勃的陶建幸希望在55岁退休的时候，春兰能跨入世界著名公司之列。对于1953年出生的这位春兰集团缔造者来说，时间已经不多了。他希望在21世纪前10年到20年成为中国的GE（美国通用电气），“有数个或数十个业务成为支柱产业，同时公司保持良好运行质态”。

3.最具国际想象力的中国冒险家——TCL集团董事长：李东生

今天的李东生俨然已经站到了巅峰。他是产业界的英雄，TCL和汤姆逊合资公司的成立仪式甚至请动了正在欧盟访问的国务院总理温家宝；他是媒体的宠儿，同低调神秘的海尔总裁张瑞敏相比他一直健谈开放，而且不断制造着新闻；他是国企改制的旗手，通过集团上市的“阿波罗计划”，令他已经成为中国身价最高的国有企业董事长和党委书记；他的亿万身家足以让好几代的国企老总们羡慕不已。

4.“中国价格” 始作俑者——长虹前董事长：倪润峰

一直以来，“倪润峰” 都是业界一个备受争议的名字。支持他的人，认为他思路严谨，做事果断，是彩电民族工业最主要的推动者之一；反对他的人，则认为他不择手段，经常挑起无序价格竞争，而且在公司容不下人，注定会是王熙凤式“能干但不讨人喜欢”的人物。

5.铁娘子——宝钢总经理：谢企华

宝钢是中国最大也是最好的钢铁公司，国家的扶植是其成功的一个要素，谢企华本人更是一个要素。宝钢的分量现在越来越多地系于这位戴着眼镜衣着朴素颇有书卷味的女子身上。1967年毕业于清华大学土木建筑系的谢企华将自己人生的大部分都奉献给了宝钢。

6.新国企代言人——中海油前董事长：卫留成

他在中海油的实践为特大型国企国际化提供了路径图——通过上市实现投资主体多元化，推动企业全面提高管理水平和经济效益；利用并购加快国际化发展，向国际一流公司前进。

7.夕阳产业掘金者——中集集团总裁：麦伯良

集装箱市场全球300多亿人民币的容量，只是一个小池塘。但是，中集集团却在这里成为中国为数不多的标准国际化企业之一。池塘虽小，有龙则灵。中集的“龙”就是麦伯良。

8.海上领航员——中远集团总公司总裁:魏家福

作为一个大型国企领导人,魏家福在全球商界受到特别尊敬。他是被美国商会邀请作演讲的第一位中国企业界人士,也是登上哈佛讲坛的第一位大型国企领导。魏家福一口流利的英语,让美国人大为倾倒。

9.电信秃鹫——中国网通副总裁:田溯宁

在国际最热门的管制行业,田溯宁依靠大胆而低价的收购,率领中国网通集团逐步升级为国际级电信玩家。对于中国的电信公司敢于在"电信泡沫"后的"秃鹫"收购——低价买入困境公司的资产并采用新战略实现扭亏为盈——大战中显露峥嵘的举措,海外仍给予积极评价。

10.百年品牌的重新定义者——青岛啤酒总经理:金志国

青岛啤酒有个"换手"论:先用右手开拓国内市场,用稍弱的左手做国际市场,等国内市场成熟了,就要换手做大国际市场。而金志国已在悄悄加强左手的力道。2001年7月31日,总经理彭作义在海边游泳时心脏病突发去世。而青岛啤酒没有垮,相反业绩有所增长,这个危机时刻被推出救世的人就是金志国。

11. 最具侵略性的电信设备玩家——华为技术公司总裁:任正非

1987年10月,在深圳湾简易房里,一名43岁的退役部队团职干部用24000元钱创办了一间小小的公司。现在,这家叫华为的公司几乎颠覆了中国是一个低科技、低成本产地的印象。这个后来被尊为"中国科技教父"的人,就是任正非。

12.世界钢琴巨头——珠江钢琴集团:童志成

62岁的童志成在他事业的最后时期创造了辉煌,他为珠江钢琴工作已经有46年,但他获得国际名声却只用了短短的两三年,也就是从1999年冲击国际市场开始,到2002年日本雅玛哈公司退居第二为止。而珠江钢琴自2002年起已经成为世界销售量第一的著名钢琴品牌。

13.金融界的"西西弗斯"——中国招商银行行长:马蔚华

1987年,当招商局在深圳蛇口设立了一家区域性小银行的时候,也许根本就没有想到17年后,招商银行竟然可以发展到现在的规模,而这个"飞跃的导演"就是马蔚华。在出任招商银行行长之前,马蔚华的轨迹可以说是标准的政府官员,但当他来到一所股份制商业银行当行长的时候,他却成为了中国最具勇气的行长之一。

14.软件厂长——东软集团董事长:刘积仁

从书生变成商人的过程中,刘积仁最感谢两个人,第一个是他的导师,养成了他对人宽容、谦虚的态度;第二个是原东北大学校长,他帮助刘积仁将产业的文化与大学的文化相融合,又创造了支持他的环境。在这个被我们誉为商界精英的群体里,刘积仁也被属下常年称呼为"老师"。

15. 出师未捷的中药国际化先锋——三九集团前总裁:赵新先

98亿人民币的银行欠款、芜杂不堪的各种产业,公司最终控制权花落何处?赵新先,这位三九集团的缔造者在媒体眼中留下抹不去的阴影。但无法否定的是,赵新先依旧是中国经济大潮中的创业英雄。

16."红筹"大鳄——中信泰富董事长:荣智健

荣智健是"红色资本家"荣毅仁的独子、100年前著名 "中国棉纱大王"荣德生的孙子。但1978年6月荣智健携简单行李、拿着单程探亲通行证由北京抵达香港时,时年36岁的他几乎没有任何商业从业经验,还得从头学习粤语。

17.温暖使者——鄂尔多斯集团总裁:王林祥

谁是世界上最大的羊绒集团?中国内蒙鄂尔多斯!他究竟有多大?鄂尔多斯总裁王林祥给出的答案是世界排名2、3、4、5、6全加起来也没有鄂尔多斯大。但他也经常用"爬行"来形容鄂尔多斯的发展。如此说来,王林祥一路走来也是跌跌撞撞。

18.生产线整合者——格兰仕董事长:梁庆德

仅仅做OEM (Original Equipment Manufacturer,即原始设备生产商)是对他的误解,他想把全球最优秀的生产资源整合到广东的制造基地。梁庆德能实现这个"产业搬进来、产品走出去"的"格兰仕模式"梦想吗?"格兰仕模式"——就在其他公司纷纷在海外设立工厂或者大玩并购的时候,这家靠OEM起家的家电制造商却悄悄地把全世界的各类生产线搬到了国内,并辅以国内廉价的劳动力。

19.OEM颠覆者——万向董事局主席:鲁冠球

在国际并购和金融领域扩张的万向成为中国国际化程度最高的制造公司之一。万向人都习惯将"耳顺之年"的鲁冠球称为"鲁主席",他将这家生产万向起家的企业发展到152亿元的销售收入后隐退。但"乡镇企业常青树"的盛名永远为他闪光。

20.经济动物:温州人

这些 "中国的犹太人" 除了胆子大、能吃苦、讲义气外还有些什么做生意的秘密?经过20多年的进化,他们已从纽扣、打火机、皮带的小生意发展到创建海外商城,其成为温州企业"走出去"的主要形式。

◎榜五、伟大的牵线人◎

1.改变中国人对美的看法:靳羽西

这就是靳羽西。一直站在东西方交叉点上的传奇故事的主人公。20多年来,她似乎没有任何衰老的迹象,依然涂着鲜艳的口红,高贵、活泼、精力充沛。

2.跨国生意的幕后人:陶景洲

律师的身份使他保持低调,但他是中国企业国际化道路上不可缺少的指路人。早在1986年,28岁的法籍华人陶景洲便帮助"世界时装巨子"贝纳通进入了中国市场。

3.中国经济的形象大使:龙永图

从1992–2001年,这位当年中国加入WTO的首席谈判代表用10年时间艰难完成了中国复关和加入世贸的谈判。当"入世"被视作中国的第二次改革开放时,他随之被舆论捧为功臣。

4.中国投行之父:约翰·马克

过去20年间,约翰·马克在华尔街拥有一个无人不知的名号"刀锋马克":他用29年时间在摩根士丹利公司从债券销售员一直干到总裁的位置,在此期间他坚定地削减成本。1995年,摩根士丹利在开发中国新兴的投资银行市场方面做成了第一单业务:中国东方航空。

5.初创企业"造雨人":冯　波

他第一个在中国采取了美国风险投资业的游戏规则,将华登、华平、艾芬豪等海外投资公司的资金引入,并在2000年它们上市时取得了丰厚回报。而冯波本人,也被《Forbes》杂志在1997年评为"中国风险投资第一人"。

6.中国时装启蒙者:皮尔·卡丹

从改变中国人对服装的观念,到成为高档服装在中国的代名词,这位世界时装大师在中国留下了一个时代的印记。皮尔·卡丹对中国服装业的影响远不止这些。20世纪90年代,他通过转让品牌并代为设计款式的方式在中国推出以他名字命名的服装,其一度成为高档服装的代名词。

7.来自西方的"红色资本家":哈　默

在中国,哈默利用自己企业家和收藏家的身份也陆续从事了多个领域的活动。时至今日,他的影响依然存在,比如他并购的手法仍被国内企业效仿。

8.留学摆渡人:俞敏洪

他对中国商业国际化的贡献不是直接的,而是体现在他数以万计的学员身上。"俞敏洪"——这个名字在哈佛和耶鲁的号召力几乎超过了中国任何一位大学校长。由他创办的北京新东方学校主宰着北京乃至全国的出国培训市场。

9.国际级企业家的培养者:刘　吉

作为亚太地区最有影响力的商学院的领导者,他要把中欧打造成卓越商业领袖的孵化器。当我们把中欧国际工商学院的执行院长搬上这个名单的时候,硬币的另一面是:公众正在对商学院教育的真正价值提问。

10.帮中国富豪数钱的人:胡　润

1999年,当这个任职于安达信会计师事务所的英国人开始试图做"中国富豪排行榜"的时候,他只是出于个人兴趣。在跑了中国23个省、市、自治区,查阅了100多份报纸杂志后,他推出了第一份针对中国人的财富榜,从此欲罢不能。

11.中国的高度:姚　明

在姚明之前,中国体育界不乏出海者,但无人取得了姚明一般的成就:他被视为乔丹和奥尼尔之后最具统治力的球员。

12.揭开基金黑幕的人:赵瑜纲

2000年10月,年仅28岁的赵瑜纲几乎是一夜成名。这个中等身材,相貌平常的年轻人因为两份学术气浓厚的分析报告,而成为早期中国证券市场改革最重要的推动者之一。

13.中国上网第一人:钱天白

中国互联网的开创者之一、中科院胡启恒院士说过这样一句话:"互联网进入中国,不是八抬大轿抬进来的,是羊肠小道走出来的。"第一个走上这条小道的人,就是钱天白。

14.呵护中国经济欧元之父:罗伯特·蒙代尔

在最近数年"中国威胁论"、输出通缩、人民币被低估等等谴责不绝于耳之时,却有一位堪称国际经济学一代宗师的人物为中国仗义执言。他就是"欧元之父"罗伯特·蒙代尔。

15.中美关系先驱:亨利·基辛格

作为沟通中美两国关系的先驱者和有功之臣,基辛格的名字在中国几乎是家喻户晓,那副大黑框眼镜后两眼总是闪闪发光的形象,一眼就能被许多中国人认出来。

16.市场经济鼓吹者:吴敬琏

吴敬琏的"大彻大悟"始于21年前。1983年,已经53岁的吴敬琏去耶鲁大学经济系和社会政策研究所(ISPS)做访问学者。在那里吴敬琏重新学习了西方经济学更新了知识结构。

17.国企收购先行者:黄鸿年

在香港和新加坡股市,57岁的黄鸿年仍然享有"股市金手指"的称号。而在1990年初,他在中国掀起的国企并购浪潮,让中国企业界至今难忘。印尼第二大财团金光集团董事长黄奕聪的次子黄鸿年早在1984年即萌生了兼并、收购与重组中国国有企业的念头,然而当时的政治气氛并不合适,黄鸿年乃退而结网。如今,他的资本运作手法,正被内地企业家广为效仿。

18.金融风险的反面教材:尼克·理森

有着200多年历史的英国巴林银行轰然倒闭，而这一切都是一个名叫尼克·理森(Nick Leeson)的28岁年轻人完成的。但正是他从巴林银行的基座中抽出了一根又一根积木——转瞬之间,巴林银行就在理森的手中消失。

19.美国形象大使:米老鼠

20世纪80年代后,中国动画产业开始了对米老鼠的极尽模仿。然而对于看米老鼠长大的一代中国人来说,米老鼠是一个外来文化的缩影,它代表了比卡通形象本身更为广泛和复杂。

20.推崇中国风格建筑大师:贝聿铭

在这个所有的建筑师都在向西方看齐的时代,贝聿铭想通过他的设计提醒人们:中国的传统中还有如此宝贵的建筑风格与技艺,需要被我们保存和延续。

(信息来源:《环球企业家》杂志2004年7月13日)

十、综合人物篇

◎榜一、影响中国的本土企业家◎

1.顾雏军:科龙集团董事长
2.麦伯良:中集集团总裁
3.王　石:万科董事长
4.柳传志:联想控股总裁
5.尹明善:力帆集团董事长
6.陈　峰:海南航空集团董事长
7.李东生:TCL集团总裁兼董事长
8.李书福:吉利集团董事长
9.田溯宁:中国网通总裁
10.黄光裕:国美电器董事长
11.张朝阳:搜狐公司总裁
12.鲁冠球:万向集团董事长
13.陈天桥:盛大网络董事长
14.任正非:华为集团董事长
15.周玉成:华源集团董事长
16.刘永好:新希望集团董事长
17.王健林:万达集团总裁
18.张瑞敏:海尔总裁
19.马蔚华:招商银行行长
20.宗庆后:娃哈哈集团总裁

(信息来源:《中国经营报》2005年1月7日)

备注:此榜在《中国经营报》创刊二十周年评出,为回顾和表彰改革开放以来中国企业家为推动社会发展,创造社会财富所做出的历史贡献,在原有63位候选企业家的基础上,评出了20位最优秀的中国企业家。排名不分先后。

◎榜二、2004最具影响力的企业领袖◎

1.任正非

60岁,华为技术有限公司总裁。

2.柳传志

60岁,联想集团董事局主席。

3.张瑞敏

55岁,海尔集团董事局主席兼CEO。

4.李东生

47岁,TCL集团股份有限公司董事长兼总裁。

5.王　石

53岁，万科企业股份有限公司董事长。

6.牛根生

46岁,内蒙古蒙牛乳业(集团)股份有限公司董事长兼总裁。

7.谢企华

61岁，上海宝钢集团公司董事长兼总经理。

8.陈天桥

31岁，盛大网络发展有限公司董事长兼CEO。

9.马蔚华

53岁,招商银行行长。

10.黄光裕

35岁，国美电器集团董事长兼总裁、鹏润投资董事长。

11.杨元庆

40岁,联想集团董事局副主席、总裁兼CEO。

12.宁高宁

46岁,华润有限公司副董事长、总经理。

13.鲁冠球

60岁，万向集团董事局主席。

14.竺延风

43岁，中国第一汽车集团公司总经理。

15.马明哲

49岁，中国平安保险（集团）股份有限公司董事长兼总经理。

16.张朝阳

40岁，搜狐公司董事局主席兼CEO。

17.吴　鹰

45岁，UT斯达康（中国）有限公司董事长兼CEO。

18.丁　磊

33岁，网易公司首席架构设计师。

19.王晓初

46岁，中国电信集团公司总经理。

20.宗庆后

60岁，杭州娃哈哈集团有限公司董事长兼总经理。

21.马　云

40岁，阿里巴巴（中国）网络技术有限公司总裁兼CEO。

22.胡茂元

53岁，上海汽车工业（集团）总公司董事、总裁。

23.陈　峰

51岁，海南航空集团董事长。

24.郭广昌

37岁，上海复星高科技（集团）有限公司董事长、总经理。

25.王文京

40岁，用友软件股份有限公司董事长兼总裁。

（信息来源：《中国企业家》杂志2004年第12期）

备注：此榜由中国企业家杂志社主办，于2004年7月启动，并于2004年12月12日发布。候选人或者是企业创始人，或者是对企业本年度的发展起到不可或缺作用的核心经理人。

◎榜三、《经理人》中国商界MVP金奖获得者◎

1.任正非：华为集团总裁

2.张瑞敏：海尔总裁

3.王　石：原万科董事长

4.柳传志：联想控股总裁

5.李东生：TCL集团总裁

6.马蔚华：招商银行行长

7.马明哲：中国平安保险集团董事长

8.张近东：苏宁电器集团董事长

9.侯为贵：中兴通讯总裁

10.董明珠：格力电器总经理

（信息来源：《经理人》杂志2005年第1期）

备注：MVP（Most Valuable Professional）即最有价值专家，商界MVP即卓越商业领袖。

◎榜四、2004十大读书人物◎

1.方助生

记者印象：方助生，这个已是年近不惑的几乎处在教育的最底层的普通中学老师，却常常在文字中涌现出许多青年人都望尘莫及的激情和锐气，传达出许多学者都汗颜不已的深沉和责任感。在短短的几年间里他写下了10余篇生动的文字。那些透露着理想神采的文字，让人们感受到他的教师生活是那样的富丽堂皇，可是人们没想到这样的富丽堂皇竟是生长在那样的贫瘠的土地上！

入选理由：2004年初，他的《农村中学生正在感染“文字恐惧症”》引发了一场关于重视和疗救中学生“文字恐惧症”的讨论。《“被教育”使中学生感染“文字恐惧症”》、《文言文，冷冰冰的微笑》、《读书贵在思考》、《一个农村教师的读书观》、《爱情教育不能再等了！》、《皱着眉头写的，就非得皱着眉头读吗?——提供适合孩子的经典阅读》等文章，充分显示了这位农村教师的敏感、热情。

我的2004阅读：我在阅读上撒点“野”

盘点2004年我的阅读，我感到真正启发教育思考的书，往往都没有贴着“教育”的标签。以下两本书就当属这种灌顶的醍醐——《通稿2003》：指向本体论意义的拷问；《爱的艺术》：旧书里的新知。

2.赵谦翔

记者印象：“以‘书城’为乐土；以‘书房’为美庐；以‘书橱’为肺腑；以‘书香’为美食；以‘书淫’为快乐；以培养‘读书种子’为己任”的清华大学附中的赵谦翔老师，是通过读书成为终生的学习者、独到的思想者、快乐的创新者和不倦的实践者。

入选理由：他的“绿色阅读”理念，使学生远离唯考是图、急功近利的灰色阅读，获得了素质提升和决胜高考的“双赢”。《绿色阅读：“双赢”的支点》，展示了赵谦翔培养学生阅读能力的独特方法；《用“绿色语文”救治“文字恐惧症”》中，赵谦翔提出教师要讲究“集中技巧”和“导航艺术”。

我的2004阅读:金秋作伴读书好

本年度我读的惟一专著,是北京大学朱良志先生的《曲院风荷——中国艺术论十讲》。

我读的第二种书籍就是《古典诗词专家鉴赏》(20篇,5万多字)。

我读的第三部书是严凌君先生主编的《青春读书课·新课标素质教育必读书》(商务印书馆)。

3.张俊秋

记者印象:"倘若自己的灵魂熄灭了火焰,我们用什么来点燃孩子们的心灵呢?""书是爱人,是我们一生的伴侣,你能找出任何理由,说没有时间陪伴她吗?"从1986年至今,广西南宁二中的张俊秋老师一直深入持久地致力于推动学生读书活动并取得了骄人的成绩。

入选理由:从小学到大学,从学校到书店,他口若悬河、滔滔不绝、激情四溢地鼓动读书。他的实践和成果证明,广泛阅读和提高成绩并不矛盾,关键在于《为中学生构建理想的阅读生态》。

我的2004阅读:在书中濯洗灵魂

我读的书杂乱而且多,读了全国中学99佳文学社刊作品选《播种希望》、华苑作文秀《生命如夏花》、《魂化荷塘月》、李豫燕的《关于漂流关于爱》、韩历的《我们相同的十四五六七》。

此外,枕边轮流摆放着余光中的诗、李煜的词、朱家雄主编的《北大情诗》、王小波的《我的精神家园》和余杰等人的"黑马文丛"、广西的作家朋友廖铁星、映川赠送的作品……

4.吴平安

记者印象:吴平安的部分阅读则是"被动"的,他"常常从艰于选择的困惑中走出,毅然去买一本或借一本'当红'的读物"。这些所谓"当红"的读物正是他的学生们所热读的。"不入虎穴,焉得虎子。"正是与学生们同步的阅读使他获得了与"徒弟"们密切对话的力量,建立了教育中教师与学生本应具有的生态。

入选理由:武汉市洪山高级中学的吴平安老师非常注重对中学生阅读问题的观察与研究。2004年度他的《大众文化语境中的语文课外阅读更需文化宽容精神》,提醒语文教师对当下的文化语境要有必要而清醒的认识。

我的2004阅读:破译文化密码

2004年阅读的书籍,许多属随缘涉猎,还有些属"友情阅读",即朋友或同学的赠书,不"拜读"有点对不起赠书者。而有两本书,却因为与我的工作联系比较紧密,阅读的目的性就比较强,所以读完以后,也就有些感想。

一本是《语言规范精要》(刘兴策著/华中师范大学出版社1999年版);第二本是郭敬明的《梦里花落知多少》。

5.曾宏燕

记者印象:"一位视读书为己任的教师,在雕琢自己生命的同时,又何尝不是在教学子以读书之'器'来雕琢他们年轻的生命。"已是作家身份的退休教师曾宏燕,把读书作为"利器",归为教师塑造学生的最为主要的力量。

入选理由:2004年,除了《引导读书:岂止于开书单?》、《在读书中长大》、《以智慧慰藉人生的痛苦》等美文,曾宏燕老师还配合《中国教育报》读书周刊成就了一期"爱情教育"特别报道。她所秉持的"爱情教育是做人的教育"的观点和20年矢志不渝的实践,是中国教育界对爱情教育的第一次正视、第一次严肃而认真的讨论。

我的2004阅读:重读经典,豁然开朗

我将自己的读书分为"关注阅读"和"随性阅读"。

"关注阅读"包括《爱弥儿》(卢梭)、《性心理学》(霭理士)、《道德教育》(涂尔干)等书。

"随性阅读"则是我按自己的喜好选择相应的书来阅读,没有任何目的性,这应该是一种更为纯粹的读书吧!

6.高万祥

记者印象:"我惟一的优势就是比一般老师勤于读书"的全国优秀教师、张家港高中校长高万祥似乎总结了自己的全部成功经验。读书的力量也是人生的力量。这个已经声名鹊起的校长,他的书房也许在中国的中学校长们的书房中是最为豪华的。

入选理由:高万祥的伟大不在于在那篇叫《培养中国的读书人口》的文章中所展现出来的文采,甚至也不在于他提出了多么高深的见解,而是在于通过那篇文章以及文章背后的生活我们了解了他是一个怎样的"书香社会"的践行者。

我的2004阅读:有书的冬天不怕冷

2004年9月读完10卷本的《朱永新教育文集》,我突然感觉到了一种特别的分量。

之后,我又重新研讨王东华所著《发现母亲》。

但最难忘怀的是,2004年我有了对《百年家族·张伯苓》一书(侯杰、秦方著/河北教育出版社2004年版)的阅读。

岁末,又喜得《一代报人王芸生》(长江文艺出版社2004年版),读得更加过瘾痛快了。

7.范金豹

记者印象:范金豹是一个脚踏实地的"教育劳动者"。从他写的每一篇文章里都可以看出来,不用看别的,单看那些细密的注解就可以了解一个人对于文字的严谨和爱护。我们都知道,没有读懂、读透、读全的功夫,那些"简单"的活儿是根本做不来的。

入选理由:称"2004年是自己有生以来写字最多的一年"的范金豹,也确实够厉害的:2004年在《中国教育报》读书周刊发表有《陶行知先生的四个"折回来"》、《陶行知先生的多次易名》、《苏霍姆林斯基的三个"书籍世界"》。

我的2004阅读：愿做蚯蚓

2004年，是我读书生涯中读的书最为庞杂的一年，可以称为我的“读书年”。

我学习了《教学模式论》(高文著)、《学习论》(施良方著)、《被压迫者教育学》(巴西教育家保罗·弗莱雷著)、《阅读心理学》(张必隐著)、《语文科课程论基础》(王荣生著)、《新世纪语文课程改革研究》(郑国民著)等等，还略读了几十种著作。

此外，我还阅读了“自己最喜爱的书”：陶行知和苏霍姆林斯基的著作。

8.胡修江

记者印象：“教师的阅读是让学生飞翔的第一步，也是使一枝梅花变成‘一枝春天’的魔法石。”作为文本的诠释者，胡修江让自己的文字和课堂充满了诗意。胡修江诗意的读书生活也让他的教育得到了诗意的力量。

入选理由：2004年在《中国教育报》读书周刊发表有《诗与灵魂最后的家园》、《陶行知的乡村情怀》、《麦穗闪着金光》、《怀着散淡的情怀》、《我们如何制造“思想”》、《梭罗的阳光是否还照耀着我们》、《我只想当个麦田的守望者》、《和狗并肩坐在河边》。

我的2004阅读：“同心之言，其臭如兰”

我的2004年阅读基本延续了我一贯的阅读风格：一是古今经典；二是当前文学；三是本土阅读；四是文化链接。

9.窦桂梅

记者印象：“窦桂梅”，这是一个为教育界熟知的名字，也是许多“教师追星族”最为热烈追逐的“星”之一。她说：“读书，使精神高贵而丰富，亦使生命深刻而阔远。” 正是读书给了她最为根本的力量，她不能失去这样的力量。追星者最可追的正是她这样的读书精神。

入选理由：窦桂梅，清华大学附小副校长，2004年在《中国教育报》读书周刊发表有《读陶行知，读懂孩子》、《读书，我心灵的呼吸》、《身为教师的窘境》、《语文当为心灵奠基》、《哪怕只是一丝风——记一次特殊的语文感悟课》。

我的2004阅读：沉重地阅读，沉重地活着

最爱两种书：小说、童话。重读的，去寻找理性的思考；新读的，去求得心灵的另种体验。

两本外国人写的童话：《夏洛的网》和《小王子》。

一位作家的两部小说《活着》和《许三观卖血记》。

10.韩　军

记者印象：“教育的至高境界，也不是纯然去传授一种知识，而是通过知识，给学生熏染一种人生情怀，一种面对世界的人生气度。”气度和情怀，这两个描绘一个充满魅力人生的最重要的动人辞藻，全国教育系统的劳动模范韩军依然把它们和读书联系在了一起。

入选理由：以一篇发在《中国教育报》读书周刊上的《没有“文言”我们找不到回家的路》，引发了2004年最重要的文化论争之一。

我的2004阅读：《大学精神档案》(何光沪、任不寐、秦晖、袁伟时主编/广西师范大学出版社，共4本)；《现代中国思想研究》(张汝伦著/上海人民出版社)；《牵一只蜗牛去散步》(张文亮著/中国工人出版社)；《20世纪世界文学经典》(钟敬文、启功主编/北京师范大学出版社)；(《阅读》祝勇编/中国社会科学出版社)。

(信息来源：《中国教育报》2005年1月6日)

◎榜五、2004最受关注的十大文化人物◎

1.用心良苦：杨振宁

杨振宁，82岁。1957年获诺贝尔物理学奖。现为清华大学与香港中文大学教授。

事件：“2004文化高峰论坛”上，杨振宁作《易经对中华文化的影响》报告，指出：源自《易经》的“天人合一”的思想影响了中华文化中的思维方式，而这个影响是近代科学没有在中国萌芽的重要原因之一；《易经》是汉语成为单音语言的原因之一；《易经》影响了中华文化的审美观念。

评说：早在1999年12月3日，杨振宁在香港中文大学就以《中国文化与科学》为题发表演讲。杨振宁作为华人科学家的骄傲，本可不必趟文化领域的浑水。

不过面对当前各种“伪科学”涌动以及一股逆历史潮流而动的文化歪风，杨振宁以中西方科学文化兼备的睿智，分析《易经》对中国文化、学术发展的危害，勇敢地说出真话，不怕挨骂，其用心可谓良苦。此玉抛出，引起砖头无数，海内外的华人间展开了一场关于“认识中国传统文化”的广泛讨论，至今未息。杨振宁的报告让我们见识到真正的大师风度，他所带来的影响必将推动中国传统文化在今日的良性发展。

2.开启3000年前的秘密：雷兴山

雷兴山，36岁。周公庙考古队成员、北京大学考古文博学院党委副书记、副教授。

事件：2004年5月7日，以雷兴山为核心的几名考古队员最先发现了西周最高等级墓葬群。

评说：西周在我国历史上的地位非常特殊，但从现有的文献资料中，人类对周

公及他所处的时代了解甚少。近半个世纪的考古发掘虽然发现了大量周人的文化遗存，但周代王陵至今无迹可寻。神秘的西周王陵，成了中国考古学家们心头的隐痛。2004年5月7日，开启西周断代历史盛大秘密的钥匙被雷兴山寻获。以雷兴山为核心的几名考古队员在陕西周公庙遗址首先发现高等级西周古墓群，其中4条墓道大墓的发现，已填补了西周墓葬形制的一个空白。更令人惊喜的是，该发现可能使真正的周代王陵现世，因此被专家称为“新中国最重大的考古发现”，国内外考古界均对此翘首以待，期望揭开3000年前的历史秘密。

3.戏比天大、不忘人民：常香玉

常香玉，女，原名张妙玲，81岁。我国著名豫剧大师。

事件：2004年6月1日，著名豫剧大师常香玉因病逝世，享年81岁。常香玉的去世引发了全国文艺界的深情怀念和深刻反思。李长春、刘云山分别作出重要批示，号召全国文艺界学习常香玉，做新世纪德艺双馨的文艺工作者。中宣部、文化部、中国文联联合发出通知，在全国文艺系统广泛开展向常香玉学习的活动。7月27日，常香玉被国务院追授“人民艺术家”的光荣称号。

评说：纵观常香玉的一生，无论是从艺70多年始终追求艺术的升华，还是抗美援朝时为国家捐赠飞机，她毕生都坚守两条准则，一曰“戏比天大”，一曰“不忘人民”。前者为其艺德艺风的发扬，后者为其人格人品的描画。“戏比天大”，才能够艺无止境、精益求精、臻于化境；“不忘人民”，才能够永远心系观众，为人民而演，为百姓而歌。常香玉留下的艺术遗产和精神财富，对这个日益功利、媚俗与浮躁的社会犹如一场圣洁的洗礼，感动和震撼着人们的心，对当前文艺界的不良风气也许能起到净化的作用。

4.昆曲“播种师”：白先勇

白先勇，67岁。白崇禧之子，著名作家。

事件：2004年，白先勇担任策划，与苏州昆剧院合作，两岸三地共同打造“青春版”《牡丹亭》。该剧先后在台湾、香港、苏州、北京和上海等地公演，场场爆满，而且吸引了许多年轻人。

评说：《牡丹亭》上承“西厢”，下启“红楼”，是中国浪漫文学传统中一座巍巍高峰。其以曲调优雅，唱腔悠扬，唱词华丽著称，400年来一直是昆曲的经典曲目。“青春版”《牡丹亭》的火热，使久已低迷的昆曲舞台骤然升温，这和白先勇的努力密不可分。曾笑称自己是“昆曲义工”的白先勇，为了昆曲的发展，为了让更多的人欣赏昆曲的魅力，不惜暂停自己的本行，投入大量时间和金钱，精心打造《牡丹亭》，并在校园进行公益演出，为昆曲争取了更多的年轻观众，这是昆曲艺术存续的肥沃土壤。白先勇说，“希望看过这些（昆曲）的年轻人，有一天他们可能也来制作昆曲，也成为昆曲的推广者，或者是至少成为昆曲的忠实观众”。正是有白先勇这样的痴心文化人，世界文化遗产——昆曲才有存续的内在动力，中国人“对于传统美学的自信”才能恢复。白先勇不仅是个昆曲真“票友”，更是一个运用智慧和财富努力传播昆曲文化的“播种师”。

5.石破天惊：余秋雨

余秋雨，58岁。著名学者、作家。

事件：2004年2月，余秋雨入选《福布斯》杂志“2004年中国名人榜”；4月，推出昆曲研究专著《笛声何处》，被指以旧充新；7月，余秋雨宣布封笔归隐，退出文化圈，引起嘘声一片；8月，推出自传《借我一生》，首印40万册，“文革记忆”令人关注；9月，余秋雨投资创办九久文化公司。

评说：这些年，余秋雨是风里来，雨里去，“热”得一塌糊涂。因为“热”，书便卖得很好，因为“热”，也平添了许多烦恼。这位以《文化苦旅》闻名海内外的学者，在推出自传《借我一生》之际，抛出“封笔终老，退出文化圈”的惊人之语，一石激起千层浪，这引起批评者的唾沫纷起，不过更吸引了广泛的眼球。之后他在各类媒体谈“封笔”只是“我文字生涯的抛物线已经圆满画完，一切又从零开始”。

6.一代鬼才：黄永玉

黄永玉，80岁。著名画家，曾获杰出艺术家“金彩奖”。

事件：2004年是黄永玉八十大寿。4月1–8日，《黄永玉先生八十艺展》在中国国家博物馆举行，引起极大轰动；8月在湖南、10月到广州举办的个人画展也是盛况空前；8月23日，黄永玉八十大寿，《黄永玉的柒柒捌捌》一书在长沙举行全国首发式；25日，“黄永玉画展研讨会”在湖南举行。专家提出，应将齐白石、黄永玉并称“齐黄”加以研究。

评说：国内出现“黄永玉热”的现象，说明高雅、高层次的文化如同流行文化一样，也能得到大众的热烈呼应。关键是作品要有文化内涵，比如黄永玉有一幅鹦鹉的画，题跋中写到“鸟是好鸟，就是很多”，颇具讽喻现实的意义，观众自然会喜欢。不过要做到这样需要一个画家有多方面的能力，而黄永玉正是国内画坛最具多种才能的代表人物。2003年，“老顽童”黄永玉的《比我老的老头》5个月之内再版5次，成为2003年十大文艺畅销书；2004年，他以自己的老本行——画展吸引国内外观众的关注。正可谓，文化界有才者常有，但如黄永玉才华出众且乐观有趣者鲜兮。

7.十面埋伏：张艺谋

张艺谋，54岁。电影导演，曾获意大利威尼斯电影节“金狮奖”（1992、1998）。

事件：2004年6月，《英雄》在北美上映，票房连续数周居榜首；7月10日，《十面埋伏》在北京首映，一月后票房达1.5亿元，继《英雄》后再次成为

人物榜

"票房灵药"，而观者对该影片的恶评前所未有。

8月29日，张艺谋还执导了雅典奥运闭幕式的最后八分钟演出；11月10日，"张艺谋及中国电影艺术研讨会"在京举行，专家指出张艺谋"六大罪状"，要"帮助张艺谋进步"。

评说：从《英雄》到《十面埋伏》，张艺谋的电影使久违的"全民大批判"浪潮再现人间。无论是电影还是雅典"八分钟"，张艺谋的"气场"已超出电影领域，有人称其为"国师"，讽喻其独占暑期档、垄断性地对外展示中国形象的"文化霸权"。毋庸置疑，张艺谋是2004年电影界的一道风景线，也是最具号召力的"靶子"。对于自己的作为，张艺谋比任何人更清楚，也比任何人更有耐心，2005年他注定还要继续轰动江湖。

8.有"脊梁"的中国人：张纯如

张纯如(Iris Chang)，女，36岁。著名华裔作家，《南京大屠杀》的作者。

事件：2004年11月9日，曾撰写《南京大屠杀》并推动一场国际反日运动的女作家张纯如被发现在美国加州圣塔克拉拉自己的车内开枪自杀，年仅36岁。

评说：张纯如的死，据报道称，是因为不断受到日本右翼分子的攻击、恐吓和威胁，导致精神忧郁症，以致最终选择用自杀的方式结束生命。对那些看过《南京大屠杀——被遗忘的二战大浩劫》的读者来说，"张纯如自杀"是一个矛盾的说法。因为与其说她是才女，不如说她是勇者。从出生到成长都在美国的张纯如，为维护中国人的民族尊严，勇敢地承担起中国的历史和苦难，写出《南京大屠杀》，并推动了一场国际反日运动。从这个意义上说，她是一个勇敢的民族主义作家、是一个真正的有"脊梁"的中国人。然而，她最终却在邪恶势力的压迫下选择自杀。张纯如的死，不单有历史的重量，更有深刻的文化含义。

9.因舞而生的精灵：杨丽萍

杨丽萍，女，43岁。著名舞蹈家，独舞《雀之灵》荣获"中华民族20世纪舞蹈经典作品金奖"。

事件：2004年杨丽萍执导的中国舞蹈史上第一个自己营销、包装、推广的大型原生态歌舞集《云南映象》，在全国26个大中城市进行巡演，所到之处，无不制造着"云南文化旋风"，用200余场完美的演出创造着中国大型舞蹈商演的"神话"。从11月4日起，《云南映象》踏上了世界巡演之路，并在南美的巴西、阿根廷引起轰动。

评说：2004年，在国内的演出界谈论最多的就是杨丽萍和《云南映象》。从获得中国舞蹈最高奖"荷花奖"，到现在凭借商业演出养活剧组，再到形势大好的海外演出，《云南映象》从舞蹈创作、市场经营都成为"民族舞蹈的再启蒙"。《云南映象》已经成为中国歌舞商演中经济效益和社会效益最好的一台演出，成为营销云南、宣传云南的一个民族文化品牌，一张文化名片。而倾其所有执导《云南映象》的舞蹈精灵杨丽萍，给她最好的评价就是"她把那些濒临消失的民间艺术挖掘出来，抢救下来，给观众、给后人留下了一个活着的民俗文化博物馆。"

10.写农村的80后虎将：李傻傻

李傻傻，原名蒲荔子，23岁。大学生，作家，《红×》的作者。

事件：他一出道便被称为"少年沈从文"，"具有余华般的写作姿态"，2004年5月，马原主编的《重金属——80后五虎将》一书，将李傻傻推为80年代出生的作家之首。

6月中旬，《羊城晚报》推出"80年代出生作家实力排行榜"，李傻傻再列榜首，并就此突然走红；7月，其小说《红X》由花城出版社出版，首印20万册；其散文集《被当成鬼的人》由东方出版中心出版，首印数超过10万册，有评论称该书开创了中国"乡村散文的新气象"。

评说：2004年前还无人知晓的一名在校学生，一夜走红。除其本身的实力外，也许还有个重要的原因，那就是在当下汹涌的青春写作偶像中，李傻傻是惟一的农村出身的80后写作者。他的成长背景、他的思维方式、他的表述手法以及他笔下文字的迥异于其他的写作者。那些书写农村生活的散文，清新自然而又带有几分邪气，令人眼前一亮，从那些文章中我们可以轻易地窥见中国南方乡村的童年生活。或许正是因为"农村生活"的写作，李傻傻才为广大的评论家和其他作家所看好。虽然那些乡村生活题材的作品能震动读者的心弦，可惜农村背景出生的孩子得到的机会太少。

(信息来源：人民网2004年11月13日)

◎榜六、2004央视十大名嘴◎

央视名嘴剪影

(一)甲等奖获得者

1.鞠　萍:激情不老　童心不泯

个人简历:中央电视台主持人,高级编辑。1966年出生于北京;1984年11月,调入中央电视台少儿部;1985年6月1日开始,主持幼儿节目《七巧板》;1995年6月1日开始,主持少儿栏目《大风车》并任青少部《大风车》栏目制片人、责任主编,该栏目连年获得全国青少年电视节目"金童奖"优秀栏目奖,成为中央电视台十大名牌栏目之一;2000年6月1日开始,担任青少中心少儿部《大风车》栏目现场直播节目《风车转转转》制片人;2001年11月至今,担任《大风车》新版节目《顽皮家族》制片人兼主持人。曾连续3次荣获"全国优秀主持人金话筒奖"。

入选理由:作为一名少儿节目主持人,"鞠萍姐姐"的形象可谓家喻户晓。鞠萍也以她纯真甜美的形象、自然活泼的主持风格赢得了小朋友和家长的喜爱。从此"鞠萍姐姐"的形象随着她主持的少儿节目深入千家万户,并得到社会及专家的广泛承认和赞扬。鞠萍先后上百次客串中央电视台其他大型综合性现场直播晚会,同样获得了成年观众的好评。

一茬又一茬的孩子看着她的节目长大了,从《七巧板》到《大风车》,"鞠萍姐姐"早已成为阿姨,就连她自己的儿子如今也已经11岁,可她那张标志性的娃娃脸却鲜有岁月留下的沧桑。年近不惑的鞠萍说,年复一年,童年七卷,每一页都是昨天的续稿。

2.周　涛:希望在后头

个人简历:1993-1995年就职于北京电视台,任《北京新闻》主播;1995-2000年就职于中央电视台,任《综艺大观》主持人;2001年开办以环保为主题的综艺节目《真情无限》,任制片人、主持人。连续6年担任中央电视台春节联欢晚会的主持人,并在上百台大型文艺晚会及国家级大型庆典演出(如:庆祝香港回归、澳门回归、国庆五十周年……)中担任司仪、主持人。曾获德国国家电视台颁发的"金皇冠"最佳主持人奖。

入选理由:美丽大方,端庄典雅,声音甜美,反应灵敏,拿起话筒来笑语盈盈,主持节目中规中矩。这是央视美女主持人周涛给观众留下的印象。已经连续7年主持春节联欢晚会的周涛近年来非常走运,事业很是顺利,人气一直居高不下。

2004年的周涛可谓春风得意,由于她的出色表现《真情无限》收视率又攀新高不说,还在空缺数届之后有幸捧得第16届电视文艺"星光奖"的优秀主持人奖杯。2004年是周涛做主持人的第十个年头,"星光奖"对她而言是一种肯定,更是一种激励。当年《综艺大观》中那个青涩得如同学生妹的周涛,现已成为央视综艺节目的当家花旦。

3.孙正平:体育导游

个人简历:1951年2月28日出生于北京;1981年3月调入中央电视台任体育播音员至今。现任中央电视台体育中心播音组组长、全国电视体育播音员研讨会会长。20年来曾先后参加了5届奥运会、5届亚运会、5届世界杯足球赛等重大国际赛事的播音、主持及评论工作,在全国新闻记者中还没有超过这一纪录的。

入选理由:在老一代解说员中,宋世雄是"稳健派"的代表,而韩乔生则是"敢说派"的代表,孙正平的风格介于他们二者之间,既保持稳重,又不失保守。张斌、黄健翔等年轻人的特点则是"专"。孙正平在新老两代体育解说员中起到了一个承上启下的桥梁作用,使中国的体育解说工作更加成熟。

2004年人们熟悉的孙正平出现在雅典奥运会的报道队伍中，他的声音通过奥运会开幕式、闭幕式和各类赛事传递给亿万电视观众。作为中国记者中参加奥运会报道次数最多的记者和主持人。孙正平说，到2008年，在自己的家门口报道奥运会，那时也许是自己职业生涯的顶峰了。

4.白岩松：痛并快乐着

个人简历：蒙古族，中央电视台新闻评论部著名主持人。1968年8月20日出生于内蒙古海拉尔市；1985年考入北京广播学院新闻系；1989年分配至中央人民广播电台中国广播报社；1993年初进入中央电视台《东方时空》；后正式任中央电视台新闻评论部主持人至今；2001年11月，由白岩松参与、策划、创办的《时空连线》推出，其出任该栏目的主持人兼制片人。现任《新闻会客厅》主持人。他先后参加了香港回归、三峡大江截流'98抗洪救灾、国庆五十周年庆典、澳门回归、北京申办2008年奥运会、中国加入WTO等重大活动的报道。

入选理由：有人把主持人分为两种，一种为"入眼"，比如《新闻联播》的主持人；另一种为"入脑"，观众对采访者提供的事实，对采访者的知识结构、采访水平，有一种欣赏和佩服的成分。白岩松属于后者。白岩松现在主持《新闻会客厅》、《东方时空》、《中国周刊》3档节目。他看着一拨拨新人的加入，也目送一个个老人离开。他怀着平常心看着这一切。应该说，那些来来去去的人还是给主持人这个行业带来了不少新的东西。但是，中国主持人队伍要一步一步走向成熟，不能靠这样的一种短期状态。白岩松的看法是，主持人是一个"路遥知马力"的行当，主持人的成长和他的受众群是一点一点累积下来的。他说，我没把主持当成职业，但希望通过主持做点观众希望我做的事。

5.李瑞英：联播桌是我的舞台

个人简历：1983年毕业于北京广播学院播音系；1986年至今在中央电视台新闻中心工作，现任播音组组长；1997年被聘为播音指导；中国广播电影电视总局高级职称评委会委员；中国广播电视播音学会副会长；主持人协会副会长；全国政协委员；全国青联常委；曾主编《中国广播电视播音员与主持人》一书；撰写多篇论文，其中"中国电视概论"——《中国播音学》第三十六章，获教育部优秀论文奖；"从大众传播学看播音与主持位置" 等论文受到好评。北京广播学院兼职教授。

入选理由：算起来，她走上播音工作岗位已经17年了。她热爱播音事业，把它看成是自己人生的全部内涵。她的心头就像时时刻刻都放着一把无形的标尺，衡量着自己的一言一行，提醒自己肩负的责任重大。《新闻联播》 作为中央电视台最重要的新闻综合性栏目，是向人民群众传达党和国家大政方针的主要窗口，也是国内外各种信息的传播渠道，在中国的收视率是最高的，家喻户晓，妇孺皆知，备受各方面人士的关注。在人们的心中，《新闻联播》似乎就等于中央电视台。"我只是一个平常人，没有什么可炫耀的，我的座右铭是：对自己的最大鞭策，就是对自己的最大爱护。"她说，"要做一个平常人，先得有一颗平常心。"

（二）乙等奖获得者

1.撒贝宁：要做就做最好

个人简历：1976年出生，湖北武汉人，1994年被保送进入北京大学法律系，大学四年一直不安分于法律学习，大二参加校园电视剧《阳光路》的拍摄，出演男主角。大三作为北京大学学生合唱团团长随团赴西班牙参加国际合唱节，大四被保送进入北大研究生院攻读硕士，1998年底开始参与《今日说法》从诞生到今天壮大的全过程。正在举行的"荣事达"杯电视主持人大奖赛中获得复赛第一名。

入选理由：有人认为法律就像一个圆圈，它限制人们，圆圈里不让做的事情千万不要去做。而撒贝宁却这样理解：法律的确是一个圆圈，但它的用意在于告诉人们，除了这个圆圈，之外所有的事情你都可以去做。他主持的《今日说法》让人们了解到，法律永远是保障你自由和权利的武器。撒贝宁虽然不是学广播、电视学的，也没有经过这方面的专业培训，但他却凭借自己的聪明才智及虚心好学的精神，使其在《今日说法》栏目中的形象日益深入观众的心中。撒贝宁说："我能得奖，可能还是沾了法制节目的光，80%的观众并不是投票给我本人，而是投给法律，我是代表中国所有渴望法律公正的人接受这个奖项。"

2.杨　锐：做中国媒体的骄傲

个人简历：1963年出生于吉林；1980－1986年就读于上海外国语大学英语系，获英语语言和国际新闻双学士学位；1986–1988年进入中央人民广播电台国际部，撰写国际时事述评和综述；1988–1993年任中央电视台对外部《焦点》专题杂志节目主持人和制片人，《英语新闻》播音员、制片人，《今日中国》制片人；1993–1994年赴英国威尔士大学卡地夫学院传播系进修学习，获新闻硕士学位；1995–2002年任中央电视台海外中心《英语新闻》播音员和制片人、采访组制片人，《周日话题》和《今日话题》主持人、制片人。作品曾3次获"国务院新闻办彩虹奖"二等奖，1998年获"CNN《世界报道》优秀节目奖"。

入选理由：他，与全球最智慧的头脑交锋，以尖锐的主持风格蜚声国内外；他，熟谙不同社会制度和不同文明间的沟通，向世界人民开启了中国的世界之窗，也开启了世界的中国之窗；他，要做一个国际标准的职业新闻人，一直到两鬓斑白！他就是，杨锐！中国目前惟一一档英语新闻访谈节目《对话》的主持人，也是中央电视台英语频道时事评论工作室的总制片人。他以独有的魅力、磁性的嗓音、地道的英文、特有的思维和渊博的学识赢得了亿万观众的推崇与爱戴。他说，如果再给我一次选择，我依然会做一个访谈节目的主持人。

3.崔永元：我觉得我很棒

个人简历：1963 年出生于军人家庭，1981 年考入北京广播学院新闻系，1985 年毕业后进入中央人民广播电台，1996 年主持《实话实说》崭露头角，1998 年正式调入中央电视台，凭借《实话实说》开创中国式脱口秀传奇。两度获“中国新闻奖”一等奖。2003 年新推《小崔说事》，2004 年开播《电影传奇》，并监制老电影歌曲联唱专辑《宁死不屈》。年过 40 的崔永元以惊人的个人执著，义无返顾地走在缅怀、抢救和发扬老电影精神的路上。

入选理由：崔永元是 CCTV 的顶尖高手。他的最大优点在于波澜不惊，看他的节目就是觉得轻松舒适。有人比喻他可以把最紧急的事情用最舒缓的语言说出来，可以把最深刻的理论用最通俗的语言说出来。那种对敏感话题的自如把握，对极端情绪的有效掌控，对复杂关系的简洁化解，在崔永元的节目中已经达到了很高的境界。崔永元的这种本领在 CCTV 这样的特殊环境中，有着特别的意义。

4.李　咏：打造平民偶像

个人简历：1968 年出生于新疆，1991 年毕业于北京广播学院并进入中央电视台，1993 年当记者，1996 年任专题片编导，1998 年当专栏编导、主持人，1998 年做综艺节目主持人，同年开始主持《幸运 52》，成为娱乐游戏节目主持人。现兼任《非常 6+1》节目主持人。

入选理由：虽然在北京广播学院学的是播音，可是李咏却更愿意做编导和记者。用他自己的话说：男人嘛，就该往外闯。但事不由人，也许李咏毕竟是块做主持人的料子，绕了一圈后，他又回到了演播室。一路上，李咏越做越有感觉，观众也越来越喜欢他这个与众不同的主持人了。李咏给自己的定位是“一个走向个性化的主持人”。他说，“我现在逐渐认识到，过去的对主持人的看法是片面的，因为当时也没有给我们提供这样一个环境，我们也没有真正去体会，现在进来之后才发现这里面要讲究的东西太多了，主持人这一行也绝对是一个领域。”

5.水均益：最欣赏的主持人是我自己

个人简历：1963 年出生于兰州，1984-1993 年进入新华通讯社国际新闻编辑部任编辑、记者，1989-1991 年任新华社驻埃及中东总分社驻外记者，积极参与了海湾战争的报道，是国内主流媒体首批赴战地采访的记者之一。同时，对阿以矛盾、巴以冲突进行了多角度、全面、深刻的报道，是国内、国际新闻报道中对中东问题有深刻研究、独特见解的记者之一。1993 年至今在中央电视台《东方时空》、《焦点访谈》做主持人、记者、制片人。迄今，已经有了 100 多次重要专访的经历。曾专访过安南、普京、克林顿、布莱尔、金大中、穆沙拉夫、阿罗约、托莱多、阿拉法特、卡尔扎伊、基辛格、比尔·盖茨、多明戈、泰戈·伍兹等等。多年来，在国际新闻报道和人物专访方面积累了丰富的经验，是国内著名的国际新闻主持人。

入选理由：观众常见水均益一本正经地与各式各样的国际风云人物对话，时而也会出现在一些世界热点地区。可能他自己也想不到有一天会以这么庄重的形象面对公众。他有时候戏称这是一种“鸦片作用”。干得好点，就想干得更好；干得更好，就想干得最好。人人都知道，国际题材的东西不好做，有时甚至是费力不讨好，说轻说重都有麻烦，把握起来是颇费心思的。水均益却将这个“难题”解决得游刃有余。

（信息来源：CCTV）

备注：央视从 2003 年开始评选“央视十大优秀栏目播音员、主持人”活动，此榜已是第 3 届。据了解，参与“央视 2004 年度十大优秀播音员、主持人”评选的包括央视属下 400 多位播音员、主持人，按规定进入候选名单的有 57 人。

新闻榜

引 言

在新闻学中，新闻是指新近发生的事实的报道。其特点是新鲜、真实、及时、接近、重要等。在这些特征中，新鲜居于首位，由此可见它对新闻的重要性。

时光荏苒，转眼间，2004 年已成为历史。在这一年中所发生的一些新闻事件或许早已逐渐淡出人们的记忆，成为了“旧闻”，但是仍有一些涉及面广，影响力深，受众之多的新闻事件常驻人们的心中，它们虽“旧”，但常读常新，令人回味，叫人思索，给人启迪。

为了更全面、更直观地反映 2004 年新闻方面的概况，本榜从政治、经济、法制、科教文卫体等几个领域撷取了部分在社会上颇具影响力的新闻，以飨读者。

新闻榜中榜

一、宏观篇

◎榜一、2004 国内十大新闻◎

1.中央发布"一号文件"促进农民增加收入,多项保护农民工权益的措施出台。

2.中央出台措施加强大学生思想政治教育,未成年人思想道德建设进一步受到重视。

3.十届全国人大二次会议通过了宪法修正案,保障人权、保护私有财产等内容正式写入宪法。

4.中国加强经济宏观调控取得明显成效:中国经济保持高速增长,进出口总额首次突破万亿美元。

5.违法和不良信息举报中心网站开通,全国开展打击淫秽色情网站专项行动。

6.中国加强审计监督;审计署 2003 年度审计报告全文发表,引起强烈反响。

7.第 28 届雅典奥运会上,中国军团实现金牌历史性突破,首获男子田径金牌。

8.中共中央十六届四中全会召开,强调加强党的执政能力建设,决定胡锦涛任中共中央军事委员会主席。

9.大平矿难、铜川矿难、包头空难等特大事故连续发生,安全生产警钟频频敲响。

10.台湾当局不断制造"台独"事端;《反分裂国家法》立法程序启动。

(信息来源:人民网 2005 年 1 月 5 日)

相关链接:

1."一号文件"

(1)"一号文件"出台

2004 年 2 月 8 日,《中共中央国务院关于促进农民增加收入若干政策的意见》作为中央一号文件正式公布,引起海内外媒体的高度关注。以中共中央文件的形式专门发布一个关于农民增加收入的文件,这是建国 55 年以来的第一次。

这意味着,中共中央已经意识到,现在是改革开放以来农民增收形势最严峻的时期,农民增收难已成为当前农业和农村发展面临的最根本、最突出的问题。而破解"三农"困境,就要从解决农民增收问题入手。

(2)改革开放后关于"三农"问题的六个"一号文件"(含 2004 年发布的"一号文件")

1982 年 1 月 1 日,中共中央发出第一个"一号文件",对迅速推进的农村改革进行了总结,并对当前和此后一个时期农村改革和农业发展作出了具体部署。之后,连续 4 年的中央"一号文件"都是关于农村政策的。这五个"一号文件",在中国农村改革史上成为专用名词——"五个一号文件"。

①1982 年的"一号文件",突破了传统的"三级所有、队为基础"的体制框框,明确指出包产到户、包干到户或大包干"都是社会主义生产责任制"。这个文件不但肯定了"双包"(包产到户、包干到户)制,而且说明它"不同于合作化以前的小私有的个体经济,而是社会主义农业经济的组成部分"。

②1983 年 1 月,第二个中央"一号文件"《当前农村经济政策的若干问题》正式颁布。这个文件从理论上说明了家庭联产承包责任制"是在党的领导下中国农民的伟大创造,是马克思主义农业合作化理论在我国实践中的新发展"。

③1984 年 1 月 1 日,中共中央发出《关于一九八四年农村工作的通知》,即第三个"一号文件"。文件强调要继续稳定和完善联产承包责任制,延长土地承包期。为鼓励农民增加对土地的投资,规定土地承包期一般应在 15 年以上,生产周期长的和开发性的项目,承包期应当更长一些。

④1985 年 1 月,中共中央、国务院发出《关于进一步活跃农村经济的十项政策》,即第四个"一号文件"。文件的中心内容是:调整农村产业结构,取消 30 年来农副产品统购派购的制度,对粮、棉等少数重要产品采取国家计划合同收购的新政策。国家还将农业税由实物税改为现金税。

⑤1986 年 1 月 1 日,中共中央、国务院下发了《关于 1986 年农村工作的部署》,即第五个"一号文件"。文件肯定了农村改革的方针政策是正确的,必须继续贯彻执行。针对农业面临的停滞、徘徊和放松倾向,文件强调进一步摆正农业在国民经济中的地位。

2.“审计风暴”

2004年6月23日，十届全国人大常委会第十次会议上，国家审计署1.2万字的年度政府审计报告在全国上下掀起了一场“审计风暴”，国家林业局调查规划设计院、国家体育总局、国防科学技术工业委员会等中央部委赫然在目，长江堤防的“豆腐渣”工程以及部分金融机构的重大违规行为也被一一摆在桌面上。

“依法行政、建设法治政府，很重要的一点就是公开透明；惩治腐败和官僚主义，最好的办法也是公开透明。”审计署审计长李金华曾公开表示，审计工作一个很重要的着力点，就是通过审计推进政府行为公开化，特别是有财权的部门行为的公开化。

2004年的审计报告一出，就有媒体评论称，审计报告从走形式到动真格，从内部通报到向全社会公开，从报喜不报忧到主动揭露问题，反映的其实是中国政务公开的一个侧影。

2004年的审计报告能够引起如此巨大的社会反响，其中一个很重要的原因就是报告显示出了前所未有的公开和透明。据统计，媒体首次正式全文刊登审计工作报告后不到一天的时间内，新华网、人民网、新浪网等网站都收到了上万条网友的评论：“敢于向要害部门和重点工程开刀，是对国家和人民负责。”“查处的问题应该有下文，要追究有关领导的责任！”等。有权威人士称：“在新中国的历史上，全面揭露政府部门问题的，审计署是第一家。”

查阅审计署接连3年的审计报告，最大的感受是透明度越来越高：2002年的有30页，点名的案件仅一宗；2003年的报告有16页，曝光内容大大增加；2004年的审计报告虽然共有1.2万字，然而大批案件被曝光，有10多个部委被点名。

从2003年开始，除了向全国人大提交年度审计报告外，审计署还不定期向公众披露专项审计结果。2004年11月1日，国家审计署公布了对国土资源部、国家测绘局、国家林业局、海关总署、国家质检总局2003年度预算执行审计结果，以及中国工商银行2002年度资产负债损益审计结果。与以往不同的是，公告内容不仅有审计发现的主要问题，还包括上述部门和单位根据审计意见进行的整改情况。可以肯定的是，不论被点名的部委是选择暂时沉默还是嘴上不说话，自己暗中整改，审计风暴对腐败问题的冲击和效果已经清楚的显现。

2004年12月15日，国务院总理温家宝主持召开国务院常务会议时指出，国务院高度重视审计查出的问题的处理和整改工作，多次强调要坚决纠正存在的问题并切实加以整改，一定要给全国人大和人民群众一个认真负责、实事求是的答复。

3.第28届雅典奥运会

在2004年8月11日举行的雅典奥运会上，中国军团以32金、17银、14铜的成绩首次超越老牌劲旅俄罗斯，居金牌榜第二位，并紧追位居第一的美国。

(1) 第28届奥运会中国体育代表团名单：

代表团团长袁伟民，副团长于再清、李富荣、段世杰、何慧娴、肖天、崔大林。

秘书长肖天兼，副秘书长孙康林、孙永言、金国祥、殷宝林、杨西军、王成文、团部官员18人，医务组田得祥等28人。

射击队领队高志丹，教练员许海峰等。

自行车队领队田俊荣，教练员王永庆等2人，教练员6人，运动员李娜等19人。

铁人三项队运动员2人。

帆船帆板队教练员蒋琛等2人。

赛艇队领队韦迪，运动员郑娜等17人。

举重队领队马文广，副领队董生辉，教练员陈文斌等5人。

柔道队领队周进强，教练员刘永福等4人，运动员高峰等9人。

摔跤队领队钱光鉴，教练员王忠义等4人，运动员李绘等9人。

拳击队教练员李青生等2人，运动员邹市明等6人。

跆拳道队教练陈立人等2人，运动员陈中等2人。

田径队邻队罗超毅，副领队冯树勇，教练员孙海平等，运动员李雪梅等52人。

游泳队领队尚修堂，教练员赵戈等，运动员陈桦等37人。

跳水队领队李桦，副领队周继红，教练员钟少针等，运动员郭晶晶等11人。

花样游泳队教练员郑嘉，运动员张晓欢等9人。

体操队领队高健，教练员黄玉斌等，运动员张楠等12人。

艺术体操队教练员庞琼等7人。

蹦床队教练员卓闲麟等2人。

女子手球队领队李高潮，教练员郑亨均等2人，运动员范洁等15人。

女子曲棍球队领队胡建国，副领队海线，教练员杨红兵等2人，运动员唐春玲等16人。

(2) 2004年雅典奥运中国金牌榜

运动员	项　目
杜　丽	10米气步枪
王义夫	10米气手枪
田　亮 / 杨景辉	男子10米跳台
吴敏霞 / 郭晶晶	女子3米板
冼东妹	柔道52公斤
朱启南	10米气步枪
陈艳青	女举58公斤
罗雪娟	100米蛙泳
石智勇	男举62公斤
李　婷 / 劳丽诗	女子10米跳台
张国政	男举69公斤
张　宁	羽毛球女单
刘春红	女举69公斤
张　军 / 高　崚	羽毛球混双
王　楠 / 张怡宁	乒乓球女双
马　林 / 陈　杞	乒乓球男双
杨　维 / 张洁雯	羽毛球女双
唐功红	女举75公斤
贾占波	50米步枪
张怡宁	乒乓球女单

运动员	项目
李婷/孙甜甜	网球女双
滕海滨	男子鞍马
王旭	摔跤72公斤
彭勃	男子3米板
郭晶晶	女子3米板
刘翔	110米栏
邢慧娜	女子10000米
孟关良/杨文军	皮划艇500米
罗微	跆拳道
胡佳	男子10米跳台
中国女排	排球
陈中	跆拳道

4.大平矿难、铜川矿难、包头空难

(1) 大平矿难:2004年10月20日,河南省郑煤集团公司大平煤矿发生瓦斯爆炸事故,造成148人死亡。事故发生后,国务院立即派出调查组,并聘请专家协助调查。经查实,这是一起特大型煤与瓦斯突出后引发瓦斯爆炸的责任事故。为了严肃法纪、政纪,教育干部,对国家和人民负责,国务院常务会议经过讨论,决定给予对事故发生负有领导责任的河南省人民政府副省长史济春行政警告处分,同意对事故涉及的其他23名责任人作出处理,其中移交司法机关处理5人,给予党纪、政纪处分及组织处理18人。

(2) 铜川矿难:2004年11月28日上午7时10分左右,陕西省铜川矿务局陈家山煤矿发生瓦斯爆炸事故,当时井下有293名矿工。经多方抢救,127名矿工幸免于难,剩下的166名不幸身亡。这次事故是我国自1960年11月28日平顶山龙山庙煤矿死亡187人的瓦斯煤尘爆炸事故之后,44年来我国煤炭行业最大的一起安全事故,损失惨重,教训沉痛。

(3) 包头空难:2004年11月21日8时20分,中国东方航空公司的一架由包头飞往上海的CRJ-200型客机起飞后不久在包头机场附近的南湖公园坠毁,机上47名乘客和6名机组人员全部遇难。另外,地面2人遇难。

◎榜二、2004中国改革十大新闻◎

1.宏观调控

2004年4月25日,国务院责成江苏省和有关部门对铁本钢铁有限公司违规建设钢铁项目有关责任人作出严肃处理。2004年4月26日国务院发出通知,决定适当提高钢铁、电解铝、水泥、房地产开发行业固定资产投资项目资本金比例。2004年4月29日,国务院发出通知,决定花半年左右时间集中整顿土地市场,要求各地各部门在一个半月内对所有在建、拟建固定资产投资项目进行全面清理。2004年12月召开的中央经济工作会议确定2005年实行稳健的财政政策和货币政策……

2.执政能力建设

2004年秋季的十六届四中全会不仅顺利完成了中央军委领导的新老交替,而且更重要的是,继2003年十六届三中全会提出"新发展观"之后,四中全会又提出了"新执政观"。

四中全会从"执政能力"的高度来讨论党建,提出"科学执政、民主执政、依法执政"。"执政能力"的研究和提出,对党驾驭市场经济,发展民主政治,建设和谐社会,意义非同凡响,也为政府改革和政府职能转变开辟了道路。

3."郎咸平事件"

"郎监管"的动机暂且不论,但这一事件客观上使人们重新考虑国企改革中的规范、公正和补偿问题,也催生了规范国企改制一系列文件的出台,而以往"策士上书,官僚拍板"的改革决策程序可能也就此终结。"郎顾之争"对于中国的国企改革,乃至整个改革进程,都会产生一定程度的影响。

4.修改宪法

"三个代表"入宪,私有财产入宪,人权入宪,拆迁补偿入宪。到了修改根本大法的份上,可见事情是大得不能再大了。

此前,中国现行宪法经过了3次大的修改。1988年修宪,为"私营经济"正名;1993年修宪,明确写入"市场经济";1999年修宪,强调"依法治国"。此次修宪主要有3个实质性的突破:

(1)"国家为了公共利益的需要,可以依照法律规定对土地实行征用。"修改为:"国家为了公共利益的需要,可以依照法律规定对土地实行征收或者征用,并给予补偿。"

(2)"国家保护公民的合法的收入、储蓄、房屋和其他合法财产的所有权。"修改为:"公民的合法的私有财产不受侵犯。"

(3)增加了"国家尊重和保障人权"的规定。

5.《行政许可法》出台

这部法,将促使"无限政府"向"有限政府"转变,由"政策社会"向"法治社会"转变。

《行政许可法》是继我国《行政诉讼法》、《国家赔偿法》、《行政处罚法》和《行政复议法》后,又一部"治官"的法。中国历史上,官民关系历来是统治与被统治的关系。我们传统中的印象是:国家与人民的利益是一致的,国家机关工作人员是人民的公仆,他们所做的一切都是"全心全意为人民服务"。但公共权力具有天然的扩张性,政府习惯通过行政手段来解决问题,公章旅行、审批泛滥、令出多门、与民争利、权责失衡,几乎成为公害,但"没收权力"不是一件易事,审判独立、司法独立,仍任重道远。

6.中央"一号文件"

相隔18年后的"一号文件",是近20年来中国农村改革迈出的最大一步,也是历次中央关于农民增收的文件中含金量最高,落实得最好的一次。

2004年2月8日公布的中央"一

号文件”，即《中共中央国务院关于促进农民增加收入若干政策的意见》提出了9个重点，共计22个“增收”、“减负”方面的措施。“一号文件”还突破性地提出了“提高农民的组织化程度”。

7.“审计风暴”

“审计风暴”最引人关注的应是“风暴”以后的处理过程，以及国家行政机关经费管理、国企管理的制度建设。人们期待政府“问责制”的诞生。李金华审计长及国家审计署处在“审计风暴”的风暴眼上，但从被审计部门的处之泰然以至对抗审计部门这一点来看，审计者的安全和生存环境确实令人担忧，从另一方面也说明了我国审计独立性和法治环境还有待提高。

8.券商浴火，庄家终结

德隆系崩盘，南方证券被强行接管。中国资本市场上奇特的二元结构还能维持多久?这或许是中国经济改革进程中，最后剩下的需要最高领导人下政治决心的领域了。

在全流通方案一拖再拖、股权结构分置状况由于不断有新公司上市而越来越严重的背景下，以前曾经一度主导着中国股票市场的两大力量——庄家和券商各自走到一个临界点。德隆系的崩塌，标志着庄家的终结，尽管肯定还会有一些不甘寂寞的庄家浮出水面，但最多也只能掀起一些浪花罢了。德隆最终获得中央银行的再贷款，其资产从2004年8月开始由华融资产管理公司全面托管。2004年初南方证券爆发全面危机，进而被行政接管。此后，一系列“问题券商”被查处，新华证券、大连证券、佳木斯证券等甚至被关闭或撤销。券商的生存也陷入了严重的危机之中。德隆和南方证券的事件说明，金融市场的问题已经集中地体现在股票市场上。只要大股东和流通股东之间利益根本不一致的状况一直持续下去，股票市场在“国际估值”的压力下只有逐渐沉没。

9.集体维权

依法治国有两个实质含义：依法治官和依法护民。在转型期社会冲突加剧的形势下，政府不再把集体维权看作“群体性事件”。多起成功的维权活动，使我们看到了官民之间的良性互动。

银川、榆林、嘉禾、万洲、汉源、咸阳、芜湖、南京、蚌埠、深圳等地多起维权事件，从起因看，无非是征地拆迁、国企改革、社会保险、劳动就业、腐败蔓延、权益受损等方面的问题。但从这些事件中我们得到两个启示：

（1）转型期，社会矛盾、社会冲突日益尖锐，尤其是政府与民众的矛盾容易激化；

（2）弱小的个体没有谈判能力，要维权，就应有组织、有程序、依靠法律。当然，根本之途是尽快启动政治体制改革，通过民主程序，建立权力问责、约束监督机制和社会协商对话机制，引导社会向民主、法治、公正、透明、开放的方向健康发展。

10.事业改革严重滞后，丑闻不断

文教体卫等“第三产业”发展迅猛，但却备遭国人诟病。劫掠式繁荣的背后，一方面是国民财富的巨大浪费，另一方面是百姓负担的日益沉重。

2004年以来，在我们以往认为比较神圣的领域，丑闻不断：医药黑幕、中超罢赛、招生丑闻、“二级学院”、“名校办分校”……不一而足。文教卫体等事业机构利用计划经济的资源，捞取市场经济的好处，“两条腿走路”，甚至成为炙手可热的暴利行业。人们一度对事业改革期许甚高，但这些领域却成为计划和垄断的最后堡垒。

（信息来源：《中国改革》杂志2004年第12期）

相关链接：

1.“郎咸平事件”

香港中文大学教授郎咸平指斥格林柯尔、海尔和TCL等大陆“明星企业”在“国退民进”的时代潮流中将国有资产“乾坤大挪移”，进而呼吁停止国有企业的产权改革，从而引发了一场关于国企改革的全民大讨论，也引来了格林柯尔董事长顾雏军的异议。两人由此展开了一场激烈的争论，被称为“郎顾之争”。

2.问责制

在2003年的非典时期，包括前卫生部部长张文康、前北京市市长孟学农两名省部级高官在内的上千名官员，因隐瞒疫情或防治不力而被查处，这是新中国历史上首次在突发灾害事件中，短时间内就同一问题连续地、大范围地追究官员责任。

国家行政学院教授杜钢建说：“2003年4月20日张文康、孟学农被免职的消息公布后，迅速扭转了被动局面，恢复了政府的公信力，赢得了民众的信任和国际社会的赞赏。从某种意义上说，问责制的启动，成为中国战胜非典危机的转折点。”他还指出，“问责”的含意很简单，就是责任追究制。“问责”并非完全是“舶来品”，中国古代即有挪用救灾物资要被处以极刑的严厉规定，这实际上也是一种问责制度。

非典危机过后，中国从中央到地方开始加快推进问责的制度化。建立问责制度也成为2004年“两会”期间代表委员的强烈呼声。不从问责入手，就难以真正整肃吏治，也就难以落实执政为民、权为民用的理念，中国新一届领导人显然已经看到了这一点。

2004年3月5日，温家宝在向全国人大作政府工作报告时表示，“政府的一切权力都是人民赋予的”，“只有人民监督政府，政府才不会懈怠”；谈到依法行政，他强调“有权必有责、用权受监督、侵权要赔偿”。这表明，中国在非典危机中启动的官员问责制，从非常时期的非常措施走向了制度化的轨道，“可问责政府”的理念将在中国的行政改革中得到全面推行，“问责”正在成为中国新一轮政治改革的亮点。

3.德隆系崩盘

崩盘，一般表现为股票指数大幅持

续下跌，市场人气尽失，恐慌抛盘不断，股票全体大跌，不断创新低等等。

1997年前后被德隆收购的上市公司新疆屯河、合金投资、湘火炬，被称为德隆的“老三股”。在2000年，3支股票在二级市场受德隆的高度控盘，股价比德隆进入时涨了10余倍。据《财经》杂志报道，在2000年，德隆内部讨论过是否要择机退出，德隆总裁唐万新作出了现在看来是致命的决断。他相信，中国股市将看涨10年，股指可以往上看到2万点。在1999年“5·19”行情以后的狂热气氛中，这一判断被德隆上下接受了。

到了2002年，股市的持续低迷，以及庄家一个接一个的自我爆炸，终于使德隆感到了恐惧。逐步退出股市的想法在2003年已经相当强烈。数年间，为维系股价，德隆有上百人的融资队伍分布在各个省，融资成本通常在15%以上，加上管理成本，德隆维持股价成本不会低于16%–18%，每年仅维持股价即需数十亿元。

2004年初德隆高层在海南召开会议，作出了纵有损失也要退出二级市场的决定。但实践证明实际退出极不容易。作为市场上受到高度怀疑的庄家，德隆系股票可谓退出有意，接盘无人。而其持仓的委托理财部分分散掌握在不同机构手中，股价跌幅较大可引起连续性的平仓，支撑股价所需巨额资金又难及时到位。这一系列原因最终导致了2004年4月以后的德隆系股票崩盘。

根据目前较为可信的数据，德隆通过各种“财务工具”获得的融资额应在300亿元以上。如此所述，从德隆自身主导的“重组”的表象和结果来看，德隆旗下拥有的投资项目很难与这一融资金额匹配，从而存在着巨大的支付缺口。

4.南方证券事件

南方证券是我国设立较早、规模较大的证券公司之一。1992年9月，经中国人民银行、深圳市人民政府批准，南方证券在深圳成立。2002年，南方证券增资扩股至34.58亿元，并改制为股份有限公司，拥有股东56家。近年来，公司管理混乱、内控不力、经营不当，财务、资金状况持续恶化。该公司虽采取过增资扩股、调整领导班子等措施，但未能起到应有的作用。公司也曾多次向股东单位通报风险情况并请求采取救助措施，但一直未能寻求到任何实质性的自救措施，而仅仅依靠其自身的力量则难以有效保护客户权益。

为此，中国证监会与中国人民银行、深圳市政府加强了对南方证券的现场监管，组织了专项检查，多次责令公司整改，并督促其加大风险控制力度，同时调用紧急救助资金，对其清算与支付给予了临时性支持。但由于问题严重，已经采取的这些措施仍不能解决问题。2004年1月2日，中国证监会、深圳市政府对南方证券实施行政接管。在这种情况下，实行行政接管是解决问题的最为稳妥可行的方式。行政接管有利于迅速结束公司管理混乱的状态，使柜台风险得以控制，充分保护投资者的利益，对维护证券市场的安全运行和健康发展具有积极意义。

行政接管措施是国际上处置金融机构风险的通行方式，其优点是能够迅速控制和有效化解风险，可以最大限度减少风险处置成本和市场波动，能够充分维护公司客户的合法权益，有利于保护所有债权人的整体利益，也为以后公司的重整、复兴创造有利条件，奠定良好的基础。

行政接管期间，中国证监会、深圳市政府会同中国人民银行、公安部成立接管领导小组，并组成由市场专业人士为主的接管组进驻南方证券，全面负责公司经营、管理和运作。接管组行使公司权力，接管组组长行使公司法定代表人职权，公司股东大会、董事会、监事会暂停履行职责，机构债务暂缓偿付，这也是国际上处置金融机构风险的惯例。相对于其他处置措施，此举对机构债权人和股东利益的影响也是最小的。

南方证券被行政接管后，公司的证券经纪、承销等各项证券业务将正常开展，各营业网点照常经营，投资者证券交易和保证金存取也将正常进行。南方证券将在公司股东及员工的积极支持下，在维护稳定和保证业务正常开展的同时，接受全面审计和相关调查。对南方证券的任何违法违规行为，经查实后将按照法律法规严肃处理。

◎榜三、2004全国人大热点事件◎

1.2004年3月14日，十届全国人大二次会议通过了宪法修正案，确立了“三个代表”重要思想在国家政治和社会生活中的指导地位；增加了推动物质文明、政治文明和精神文明协调发展的内容；完善了土地征用制度等等。宪法修正案还首次把“国家尊重和保障人权”、“公民的合法的私有财产不受侵犯”等内容写入宪法。

2.2004年4月26日，十届全国人大常委会第九次会议通过了《关于香港特别行政区2007年行政长官和2008年立法会产生办法有关问题的决定》。根据该《决定》，2007年香港特别行政区第三任行政长官的选举，不实行由普选产生的方式。

3.2004年4月底至6月，十届全国人大常委会以“三农”问题为中心，从土地管理和耕地保护、落实各项农业政策措施、金融支农等三个方面组织开展了土地管理法执法检查和相关工作调研。把执法检查和工作调研结合起来，这是全国人大常委会监督工作的一项创举。

4.2004年5月1日，《中华人民共和国道路交通安全法》正式实施。这部走过10年立法历程、2003年10月28日由全国人大常委会通过的法律，被誉为“以人为本”立法的典范。围绕该法的实施，社会各界对此展开了热烈探讨。

5.2004年6月23日，在十届全国人大常委会第十次会议上，国家审计署审计长李金华受国务院委托作审计工作报告，披露了8宗工程及征地案件、7宗金融大案，牵涉10多家中央政府部委局及国家级企业。全国人大常委会要求对审计出的问题依法严肃处理。

6.2004年6月25日，十届全国人大常委会第十次会议通过了《农业机械化促进法》。该法于2004年11月1日起施行。这部法律的颁布实施，对于鼓励和扶持使用先进适用的农业机械、促进农业机械化、提高农业劳动生产率、推进农业现代化进程，将发挥重要作用。

7.2004年7月1日，《中华人民共和国行政许可法》实施。《行政许可法》于2003年8月27日由全国人大常委会通过。它对政府设定行政许可的范围、办理行政许可的程序做出了详尽的规定，将政府的行政许可和行政管理工作纳入了法制化、规范化的轨道。

8.2004年8月28日，9部法律在十届全国人大常委会第十一次会议上一次性予以修改，这标志着我国立法进一步提速。这9部法律是：《公路法》、《公司法》、《证券法》、《票据法》、《拍卖法》、《野生动物保护法》、《渔业法》、《种子法》和《学位条例》。

9.2004年9月15日上午，首都各界代表3500多人在人民大会堂隆重集会，纪念全国人民代表大会成立五十周年。中共中央总书记、国家主席胡锦涛发表重要讲话。同日，社会主义民主法制建设座谈会在京召开。中共中央政治局常委、全国人大常委会委员长吴邦国在座谈会上发表重要讲话。

10.2004年10月22日，《治安管理处罚法（草案）》，首次提请十届全国人大常委会第十二次会议审议。草案增加了应当受到处罚的违反治安管理的行为；增加了对单位违反治安管理的处罚；提高了罚款处罚幅度，同时减少了对行政拘留处罚的自由裁量幅度；进一步完善了处罚程序等。

11.2004年12月29日，十届全国人大常委会第十三次会议经过表决全票通过议案，决定将《反分裂国家法（草案）》提请十届全国人大三次会议审议。这次会议还通过了《固体废物污染环境保护法》。

（信息来源：《法制日报》2005年1月17日）

◎榜四、2004中国少数民族十大新闻◎

1.中共中央政治局集体学习会研究民族工作

2004年10月21日中共中央政治局召开第十六次集体学习会。中共中央总书记胡锦涛强调：各级党委和政府一定要站在全局和战略的高度，坚持以邓小平理论和“三个代表”重要思想为指导，全面把握新形势下的民族问题，认真做好新形势下的民族工作，不断开创民族工作新局面。

2.国家民委、财政部出台《关于继续推进兴边富民行动的意见》

2004年1月出台的这一《意见》，强调要进一步加大工作力度，继续推进兴边富民行动向纵深方向发展。2004年6月，国家民委召开全国兴边富民行动工作会议，确定了37个重点县，国家将对这些县给予政策和资金支持，目前已安排资金1.1亿元。

3.国家有关部委共商加快22个人口较少民族发展大计

2004年11月，党中央对加快少数民族和民族地区发展做出了一系列重要指示。2004年12月3日，国家民委邀请国家发改委、财政部等十几个部委办共同召开了“扶持人口较少民族发展工作座谈会”，研究加快22个人口较少民族发展的相关问题。

4.我国民族地区贯彻实施《民族区域自治法》取得巨大成就

2004年6月，全国人大民委、国家民委会同中宣部等部委联合举行了《中华人民共和国民族区域自治法》颁布实施二十周年专题座谈会。20年来，我国民族地区认真贯彻实施自治法，政治、经济、文化等各项事业取得了巨大成就，与自治法相配套的民族地区法规也在逐步制定，我国的民族法制建设不断加强。

5.国务院新闻办发表《西藏的民族区域自治》白皮书

这份于2004年5月发表的白皮书，全面回顾和介绍了近40年来西藏实行民族区域自治所发生的巨变。

6.清真食品正式列入少数民族特需用品目录

2004年1月，国家民委、财政部、中国人民银行联合发文，确定了首批345家清真食品生产企业为少数民族特需用品定点生产企业，享受国家有关优惠政策。此举对满足2100万回族等少数民族生活特殊需要具有重大意义。

7.国家投资百亿元实施西部“两基”攻坚计划

这些资金主要用于帮助民族地区实现“基本普及九年义务教育、基本扫除青壮年文盲”，时间从2004年到2007年，项目覆盖全国5个自治区、30个自治州、74

个自治县。

8.十部中国民族民间文艺集成志书完成编纂

2004年12月,由文化部、国家民委等共同发起主办的大型文化基础建设工程“十部中国民族民间文艺集成志书”,历经25年,完成全部书稿的编纂。该丛书较为全面地反映了我国各地各民族戏曲、音乐、舞蹈、民间文学的状况。

9.国家民委首次表彰突出贡献专家

表彰会于2004年7月在京召开,会上国家民委对宋蜀华等20名在我国民族教育、民族文化、民族新闻等领域卓有建树的专家进行了表彰。

10.少数民族干部牛玉儒先进事迹感动神州

内蒙古自治区呼和浩特市市委书记牛玉儒是领导干部的楷模、优秀的民族干部,他为促进城市发展,提高人民生活水平,呕心沥血,鞠躬尽瘁。他的事迹在全国广为传颂。

(信息来源:国家民族事务委员会网2004年12月30日)

◎榜五、2004中国经济十大新闻◎

1.推进资本市场发展的“国九条”颁布

2004年2月1日,《国务院关于推进资本市场改革开放和稳定发展的若干意见》正式颁布,《若干意见》系统地总结了我国资本市场发展的经验,充分肯定了我国资本市场取得的巨大成就,对我国资本市场的发展作出了全面规划和部署,成为推进资本市场改革开放和稳定发展的纲领性文件。《若干意见》从九个方面阐述了国务院关于推动资本市场改革开放和稳定发展的意见,所以又称为“国九条”。

2.中央下发“一号文件”促进农民增收

2004年2月8日,《中共中央国务院关于促进农民增加收入若干政策的意见》正式公布,提出加大减免农业税力度等一系列重大政策措施。2004年4月,部分省市开始进行免征农业税改革试点。

3.我国首次出现“民工荒”

2004年春节过后,东南沿海民工严重短缺。这一发展中的新问题,有可能对我国产业结构的区域转移和社会经济发展产生重大影响。

4.保护私有财产入宪

2004年3月14日,十届全国人大二次会议审议通过了第四次宪法修正案,“公民的合法私有财产不受侵犯”、“国家尊重和保护人权”等内容写入了宪法。

5.国务院决定加强宏观调控

2004年中国经济生活中最大的事,莫过于中央政府持续了近一年的宏观调控,这是市场经济条件下和经济全球化背景下具有历史意义的事件。

6.“审计风暴”引人注目

2004年6月23日,受国务院委托,审计署审计长李金华在十届全国人大常委会第十次会议上报告了2003年度中央预算执行和其他财政收支审计情况。因披露预算管理中存在的主要问题和审计出了一批重大案件,这份审计清单掀起了一场强大的“审计风暴”,吸引了全社会的目光。

7.国有商业银行进行股份制改革

中国银行股份有限公司和中国建设银行股份有限公司分别于2004年8月26日和9月21日成立。两家国有独资商业银行整体改制为国家控股的股份制商业银行。

8.央行宣布加息

中国人民银行从2004年10月29日起上调金融机构存贷款基准利率,并放宽人民币贷款利率浮动区间和允许人民币存款利率下浮。这是中国人民银行9年来首次提高银行存款利率。

9.中航油事件震惊海内外

2004年12月1日,在新加坡上市的中国航油公司向法院申请破产保护令。该公司因期货交易出现巨亏震撼国际资本市场。

10.联想收购IBM个人电脑业务

2004年12月8日,联想收购IBM个人电脑业务,成为世界第三大个人电脑企业。

(信息来源:人民网2004年12月30日)

备注:本榜按新闻发生的时间顺序排列,由经济参考报社和青岛钢铁集团联合主办,由首都16家新闻单位的总编辑与国内知名经济学家、企业家联合评选。

◎榜六、2004 中国农业十大新闻◎

1.中央就促进农民增收发出“一号文件”。

2.修改宪法第十条第三款,保护农民利益。

3.国家对农业实行“一减三补”,即减增农业税,粮食补贴、良种补贴、农机购置补贴,并宣布 5 年内全部取消农业税。

4.全国粮食生产出现重要转机,农民收入实现较快增长。

5.禽流感阻击战取得阶段性胜利。

6.全国出现较大范围的“民工荒”。

7.农业部采取综合措施提高农业综合生产能力。

8.粮食收购市场全面放开。

9.全国人大常委会通过《农业机械化促进法》。

10.玉米棉花相继在期货市场挂牌交易。陈泽珲、焦跃进等被评为“第 4 届全国农村基层干部十大新闻人物”。

(信息来源:《人民日报》2005 年 1 月 17 日)

备注:本榜由农民日报社、中国农村杂志社联合首都 10 家新闻单位共同评选。

相关链接:

1.2003 年 12 月 22 日,十届全国人大常委会第六次会议在北京举行,中共中央政治局委员王兆国在会上作了中共中央关于修改宪法部分内容建议的说明。根据王兆国的说明,中共中央关于修改宪法的 14 项建议中,第三项是关于修改宪法第十条第三项的建议。现行宪法第十条第三款规定“国家为了公共利益的需要,可以依照法律规定对土地实行征用。”中共中央建议修改为:“国家为了公共利益的需要,可以依照法律规定对土地实行征收或征用,并给予补偿。”

2.2004 全国农村基层干部十大新闻人物

市县干部:陈泽珲、焦跃进、张育仓、赵家敏、周晓红、王定华、裴　君、严君国、夏理定、麻晶莉

乡镇干部:王玉芳、邓丙义、肖建中、张方元、王仁虎、杨伟根、郭文林、亓桂峰、岳金莉、姜云胜

村干部:田　雄、吴协恩、李清刚、唐利民、霍松勤、吴恩福、李文珲、陈响莲、毛丰美、官凤忠

◎榜七、2004 中国商务十大新闻◎

1.进出口总额首次突破万亿美元

海关总署统计显示,截至 2004 年 11 月 20 日,我国外贸进出口总额首次突破 1 万亿美元大关,达到 10017 亿美元,成为我国外贸发展史上新的里程碑。商务部有关负责人表示,我国在世界贸易的排名可能上升至第三位,但要成为贸易强国,还有很长一段路要走。

2.新《外贸法》生效外贸经营权放开

新《外贸法》于 2004 年 4 月 6 日在十届全国人大常务委员会第八次会议上通过,并于 2004 年 7 月 1 日起正式实施。与 1994 年的《外贸法》相比,新《外贸法》中有六大变化值得关注:允许自然人从事对外贸易经营活动;取消对货物和技术进出口经营权的审批,实行备案登记;国家可以对部分货物的进出口实行国营贸易管理;对部分自由进出口的货物实行进出口自动许可管理;加强与对外贸易有关的知识产权保护;加大对违法行为及侵犯知识产权行为的处罚力度。2004 年 7 月 1 日,登记制取代审批制,外贸经营权放开。

3.CEPA 正式实施

内地与香港、澳门《关于建立更紧密经贸关系的安排》(英文简称 CEPA)于 2004 年 1 月 1 日零时正式实施,为内地与港澳的经贸交流拓展新的合作领域提供了更大的空间,提高了合作层次。个人游、人民币业务、货物零关税、服务贸易扩大开放、专业人员进入内地等诸多措施的落实,带动了港澳酒店、零售、餐饮、运输等相关行业的景气回升以及房地产市场的反弹,困扰香港多年的通缩已逐步消失,对香港的经济复苏和发展起到了立竿见影的作用。2004 年 10 月 27 日、29 日,内地与香港、澳门分别签署了《关于建立更紧密经贸关系的安排》扩大开放的补充协议。

4.中国—东盟签署《货物贸易协议》,自贸区建设实质性全面启动

2004 年 11 月 29 日,在老挝万象召开的第八次中国—东盟领导人会议期间,中国商务部部长薄熙来与东盟 10 国经贸部长分别签署了中国—东盟自由贸易区(CAFTA)《货物贸易协议》和《争端解决机制协议》。商务部有关负责人表示,这两个协议的签署,标志着 CAFTA 建设进入了实质性全面启动的阶段,对双边经贸关系的发展具有重大的意义,对亚洲区域经济一体化进程也将产生积极和深远的影响。

5.出口退税新政启动

以“新账不欠,老账要还”为核心原则的出口退税机制改革于 2004 年 1 月 1 日起平稳启动。此次出口退税新政最大的变化是,出口退税率有所下调,

同时2004年1月1日以后产生的出口退税由中央和地方财政共同分担。据统计,截至2004年11月20日,各地国税部门合计办理历年欠退税2001亿元。目前,除了极少数因为审核过程中存在技术问题或者涉及一些案件的退税外,还“老账”的工作已基本结束。与此同时,出口企业2004年向税务机关申报的退税,都能得到及时办理。截至2004年11月20日,各地国税部门合计办理2004年新发生退税1699亿元。

6.中国入世三周年应对贸易摩擦能力增强

2004年12月11日是中国加入世界贸易组织三周年纪念日。入世3年来,中国政府在货物贸易的关税减让、非关税壁垒减少、服务贸易的市场开放以及与贸易有关的知识产权保护方面的承诺基本兑现,有些承诺甚至提前履行,平稳步入后过渡期。2004年我国妥善处理了多起贸易摩擦和纠纷,建立起“四位一体”的综合应对机制,成功指导企业应对了相关产品反倾销、纺织品特保措施和美国337调查等大案要案。焦炭问题是2004年中欧经贸关系中的突出矛盾。商务部与欧方进行了激烈交涉,协调国内的部门、企业,克服了很大困难,最终与欧盟达成谅解备忘录,基本妥善解决了焦炭争端。妥善处理贸易摩擦和纠纷,维护了相关产业的安全,推动了对外贸易的发展。

7.机电、高新产品出口增长强劲,新舟60飞机出口实现零突破

2004年以来,我国机电产品、高技术产品出口继续高速发展。前11个月,机电产品出口2882.7亿美元,增长43%,比同期我国总体出口增速高出7.3个百分点;高新技术产品出口1469亿美元,增长51.5%,比同期我国总体出口增速高出15.8个百分点。2004年11月2日,我国与津巴布韦签署了援助津一架新舟60飞机的协议,津巴布韦采购两架新舟60飞机的合同也同时签订。新舟60支线飞机的成功出口,开创了我国民用客机逐鹿国际市场的新局面,是我国具有自主知识产权的高科技、高附加值产品“走出去”的新的里程碑。

8.中国市场经济地位问题获突破

中国和新西兰于2004年4月14日同时宣布,双方已经就贸易和经济合作框架达成协议,新西兰承认中国市场经济地位,这意味着中国在获得市场经济地位问题上首次取得突破。此后,南非、俄罗斯、东盟10国、巴西、巴基斯坦等国家也先后承认我国市场经济地位。截至2004年12月28日,已有37个国家承认我国市场经济地位。

9.全国商品市场体系建设取得重大突破

2004年,我国社会消费品零售总额突破5万亿元人民币,生产资料销售总额突破10万亿元人民币,市场规模不断扩大,消费水平不断提高。2004年5月商务部发布《全国商品市场体系建设纲要》,这是多年来我国政府首次发布有关商品市场体系建设的全面的指导性文件。在内贸立法中有突破意义的《城市商业网点管理条例》也已列入国务院立法计划。我国拟重点培育的20家大型流通企业集团名单于2004年7月末确定,我国“商业航母”群初具雏型。

10.吸引外资成就举世瞩目,服务业加快开放步伐

2004年,我国累计合同利用外资突破1万亿美元,吸收外商直接投资超过600亿美元,吸引外资的成就举世瞩目。与此同时,服务业加快了开放步伐。《外商投资商业领域管理办法》已于2004年6月1日起实施,1999年6月17日经国务院颁发的《外商投资商业企业试点办法》同时废止。《外商投资商业领域管理办法》进一步放宽了对海外投资者进入中国零售及分销行业的限制。2004年11月30日,商务部与国家发改委颁布了《外商投资产业指导目录(2004年修订)》。新《目录》增加了鼓励内容,同时放宽了外资准入范围,加快了服务业对外开放的步伐。新《目录》自2005年1月1日起施行。

(信息来源:《国际商报》2004年12月30日)

◎榜八、2004中国金融十大新闻◎

1.金融宏观调控取得成效

中国人民银行在2004年适时适度运用多种货币政策工具进行预调微调,不断提高货币政策的前瞻性、有效性、科学性。主要政策工具:一是加强流动性分析预测,灵活开展公开市场操作;二是2004年4月25日再次提高法定存款准备金率0.5个百分点;三是从2004年10月29日将金融机构一年期存款基准利率上调0.27个百分点,并进一步放宽金融机构贷款利率浮动区间;四是分别从2004年3月25日和2004年4月25日实行再贷款浮息制度和差别存款准备金率制度;五是加强对商业银行的“窗口指导”,促进优化贷款结构;六是大力发展金融市场;七是积极推动金融企业改革;八是促进国际收支平衡,保持人民币汇率在合理、均衡水平上的基本稳定。中国银监会、中国证监会、中国保监会等金融监管部门也认真落实了国家宏观调控政策,出台了相关政策措施。

2.央行九年来首次加息，中国利率市场化改革迈出重要步伐

从2004年10月29日起，中国人民银行上调金融机构存贷款基准利率0.27个百分点，并进一步放宽金融机构贷款利率浮动区间。金融机构（不含城乡信用社）的贷款利率原则上不再设定上限，贷款利率下浮幅度不变，贷款利率下限仍为基准利率的0.9倍。对金融竞争环境尚不完善的城乡信用社贷款利率仍实行上限管理，最高上浮系数为贷款基准利率的2.3倍，贷款利率下浮幅度不变。同时，允许存款利率下浮，即所有存款类金融机构对其吸收的人民币存款利率，可在不超过各档次存款基准利率的范围内浮动。存款利率不能上浮。中国人民银行这次上调金融机构存贷款基准利率的政策措施出台，与以往的措施相比，特点突出，意义重大。它不同于一般的利率调整，而是一项重要的制度安排。放开人民币贷款利率上限，为各经济主体创造了有效参与金融市场的平等机会，加强了对各经济主体的市场约束。允许金融机构下浮存款利率，赋予金融机构根据货币政策导向、资本充足率要求和自身流动性状况决定存款利率是否下浮的自主权，对于完善我国中央银行调控机制、金融机构改革和资本市场发展具有重要意义。

3.中行、建行设立股份有限公司，国有独资商业银行股份制改造取得阶段性成果

2004年1月6日，国务院决定中国银行和中国建设银行实施股份制改造试点。这两家国有独资商业银行实施股份制改造，核心是要办成真正的商业银行，关键是加快深化内部改革，建立良好公司治理结构，转换经营机制。

2004年8月26日，中国银行股份有限公司在北京正式成立。它由具有近百年历史的中国银行整体改制而成。

2004年9月17日，中国建设银行股份有限公司正式成立。建行股改采取了分立改制的模式，即将原来建设银行分拆为中国建设银行股份有限公司和中国建银投资有限责任公司。

中央汇金投资有限责任公司代表国家持有中行股份1863.90亿股即100%的股权；同时它是建行股份的第一和绝对控股股东，代表国家持有建行股份85.22%的股权，即持有1655.38亿股。

4.“国九条”颁布，中国资本市场改革发展纲领性文件出台

2004年2月1日，《国务院关于推进资本市场改革和稳定开放的若干意见》颁布，《意见》明确指出大力发展资本市场对我国实现21世纪前20年国民经济翻两番的战略目标具有重要意义。

5.我国金融业对外开放迈出新步伐

从2004年12月1日起，我国已允许外资金融机构将经营人民币业务的地域扩大到昆明、北京、厦门、西安、沈阳，使开放人民币业务的城市增加到18个。同时，银监会宣布，对外资银行在西部和东北地区设立机构和开办业务的申请，在审理时设立“绿色通道”，在同等条件下优先审批。2004年12月11日，中国正式加入世贸组织三周年。根据承诺，中国从这一天起取消所有保险及相关服务业地域限制，并允许外国保险公司向外国人和中国公民提供健康险、团体险和养老金（年金险）服务。2005年将成为中国保险业全面对外开放的第一年。中国保险市场经营主体进一步增多，中外保险公司同台竞争与合作成为必然趋势。保险业全面对外开放将使中国保险市场发展进一步加快，并逐渐向多元化的方向迈进，也为居民的保险消费提供了新选择。

6.深化农村信用社改革试点扩大到21个省（区、市），农村信用社改革进入新阶段

2004年8月17日，国务院下发《国务院办公厅关于进一步深化农村信用社改革试点的意见》，对进一步做好8省（市）农村信用社改革试点工作提出了要求，并在2003年江苏、山东等8省（市）先期取得成绩和经验的基础上，决定将深化信用社改革试点的范围扩大到北京、天津和河北等21个省（区、市），扩大试点的21个省（区、市）的改革时间表也已基本排定，农村信用社改革进入新阶段。

7.银监会发布《商业银行资本充足率管理办法》

2004年2月23日，经国务院批准，中国银监会发布了《商业银行资本充足率管理办法》（以下简称《办法》）。《办法》充分体现了审慎监管的理念，以1988年资本协议为基础，并借鉴《新资本协议》资本充足率的监督检查和信息披露，规范了商业银行资本充足率的计算方法，建立了一套操作性强、透明度高的资本充足率监督检查标准和程序，提高了商业银行经营信息的透明度，构建了符合中国国情、与时俱进的资本监管框架。《办法》的出台标志着我国已形成了以贷款分类制度、损失准备金制度和资本充足率约束机制为主要内容的相对完整的银行审慎监管规章体系。

8.保险资金获准直接投资股票市场

2004年10月24日，中国保监会和证监会联合发布《保险机构投资者股票投资管理暂行办法》，允许保险机构投资者在严格监管的前提下直接投资股票市场。保险公司可以将公司总资产的5%用于股票直接投资，约有500亿元到600亿元保险资金被允许进入股市。

保险资金直接入市进一步表明了国家对大力发展资本市场的支持，也显示了保险公司等机构投资者对我国资本市场发展的信心。对于拓宽中国保险业资金运用渠道，分散保险资金运用风险，促进保险市场与资本市场协调发

展,将产生积极而深远的影响。

9.部分问题机构被托管

2004年8月中旬，中国人民银行指定由华融资产管理公司出面,以市场化方式全面托管德隆系的资产。

2004年1月2日，中国证监会和深圳市政府鉴于南方证券违法违规经营、管理混乱,决定自当日起对南方证券实施行政接管。此后,相继有闽发、汉唐、辽宁、德恒、恒信、中富等7家证券公司因严重违规或投资亏损、资金链断裂等原因而被托管。

对于居民个人在“问题金融机构”中的委托理财、信托产品和国债回购等资金,在今后的金融机构处置中,按照“依法清偿、适当收购”的原则,国家将不再全额赔付。2004年11月5日,中国人民银行、财政部、中国银监会、中国证监会联合制定并发布了《个人债权及客户证券交易结算资金收购意见》。根据《收购意见》,对停业整顿、托管经营和被撤销金融机构中的个人债权,除个人储蓄存款和客户证券交易结算资金国家进行全额收购外,对其他个人债权本金,如委托理财、国债回购和信托产品及金融机构自行发行的债券等,国家仅对本金10万元(含10万元)以下的全额收购,超过10万元的,超过部分按九折收购。根据《收购意见》,国家充分尊重投资者的自主选择权,投资者可以自主决定是否接受有关部门或其委托单位对债权的收购。

10.中小企业板开锣

经国务院批准，中国证监会2004年5月17日正式发出批复，同意深圳证券交易所在主板市场内设立中小企业板块,并核准了中小企业板块实施方案。它为投资者开辟了可供选择的投资新渠道，为企业增加了融资的新场所，更重要的是它给证券市场带来了新的竞争机制。与主板市场交易制度相比，中小企业板块交易制度的“特别”之处主要体现在四个方面:第一,中小企业板块股票的开盘集合竞价将以开放式集合竞价的方式进行,而主板市场是封闭式集合竞价;第二,中小企业板块股票将采用集合竞价的方式确定收盘价,主板市场采用的是一定时间内成交量加权平均的方式;第三,对交易公开信息披露制度以及异常波动停牌制度作出较大修改;第四,中小企业板块将推出中小企业板块指数,以反映板块的走势。

2004年6月25日,中小企业板正式在深交所开盘,截至2004年12月,共有38家中小企业在中小企业板上市,我国多层次资本市场建设迈出了重要的一步。

(信息来源:《金融时报》2004年12月31日)

◎榜九、2004十大消费新闻◎

1.央行九年来首次加息

中国人民银行决定,从2004年10月29日起上调金融机构存贷款基准利率,这是中国人民银行近九年来首次加息。加息标志着宏观调控措施的进一步到位。而对于全球金融市场来说,中国政府九年来的首次加息可谓“一石激起千层浪”,不仅引发了全球股市的大地震,而且刺激了债市和期市的敏感神经,也搅得整个外汇市场方寸大乱。

2.阜阳劣质奶粉事件

安徽阜阳部分地区因劣质奶粉而导致婴儿营养不良“催”出大头娃。随后,全国其他一些地方相继出现类似情况。事件经《中国消费者报》、新华社、中央电视台等媒体连续报道后引起全社会关注。国务院总理温家宝批示要严厉查处，国务院联合调查组三赴阜阳,由此掀起了一轮食品安全专项整治风暴。阜阳劣质奶粉事件曝光,涉及40多家企业、31人被捕、3名领导干部被责令辞职,食品安全成为2004年的焦点。

3.山东众旺“消费储值”陷阱被揭露

所谓“消费储值”,就是消费者在加盟商处购买运营公司的“消费储值卡”,根据加盟商确定的计点率获得相应的积分点数,达到一定积分点数时可获得奖励,而且加盟商还承诺,消费者花出去的钱可以去而复返,甚至还可能超额返还。但返利的前提是消费,而返利的周期就是风险,由于售卡方信用无从查证,所以会引发一些消费者畸形的消费行为。山东众旺公司推出的消费储值营销模式,因为潜藏着极大的商业风险并涉嫌商业欺诈和误导消费,被各地工商机关查处,各地出现的消费储值营销模式的变种也相继被执法部门查处。

4.杜邦特富龙不粘锅涂层风波

杜邦特富龙不粘锅涂层是否含有致癌物质全氟辛酸氨?不粘锅是否有使用条件的限制?这两大关系到消费者使用安全和不粘锅使用寿命的敏感问题被披露后，在社会上引起强烈反响。国家质量监督检验检疫总局的检测结论是:杜邦特富龙不粘涂层不含致癌物质全氟辛酸氨。卫生部卫生监督中心声明:不粘锅使用温度限制在250℃以下,不粘锅不能制做酸性食物。

5.中国消费者协会点评霸王条款

至2004年底，中国消费者协会(以下简称为中消协)陆续对电信、房地产、银行、汽车、旅游、保险等行业不平等条款进行了公开点评。此后,浙江的浙商银行率先破除银行抵押贷款的霸王条款。随即,电信、汽车和旅游部门对本行业中的霸王条款也都陆续做了修改。中消协的点评不但抨击和修正了不平等条款,而且也使公民权益得到了保护。

6.汽车召回制度实施

国家质量监督检验检疫总局、国家发展和改革委员会、商务部及海关总署联合制定发布了《缺陷汽车产品召回管理规定》，并于2004年10月1日起开始实施。按照该《规定》，消费者有权向主管部门、有关制造商、销售商、租赁商和进口商投诉或者反映汽车产品存在的缺陷，并可向主管部门提出开展缺陷产品召回的相关调查的建议。另一方面，消费者也应当积极配合厂商进行缺陷车产品召回。2004年6月18日，国家质量监督检验检疫总局官方网站和中国汽车召回网同时发布了首例国产轿车"召回公告"——6月18日起，一汽轿车在全国范围内率先召回马自达6轿车，开国内企业产品召回之先河。此后雅阁、君威和奥拓相继进行了召回。

7.《消费者权益保护法》实施十周年，中国消保运动开展二十周年

10年来，《消费者权益保护法》（简称《消法》）在完善社会维权机制、解决消费权益纠纷、打击侵害消费者权益违法行为、提高消费者依法维权意识以及促进消费维权运动蓬勃发展等方面发挥了很大的作用。但是，随着时间的推移，受《消法》起草时理论和实践不足的影响，在《消法》的执行中，一些问题也逐渐显现出来。2004年，一些地方立法为进一步完善消费者权益保护制度进行了一些有益的尝试和探索，为下一步《消法》的修订提供了经验。同时，在中国消保运动开展二十周年之际，中消协网上调查"十大维权热点难点"，依次是：商品房、医疗事故、药品、食品、装修、手机质量与服务、铁路和民航等垄断行业、出国留学中介服务、保险服务、教育及培训。

8.银行卡收年费引发各方关注

2004年3月16日，中国农业银行率先在全国范围内公布，将对金穗借记卡收取年费，消息一出即遭到有关方面及许多持卡人的反对而终未成功，中消协将之称为有损消费者权益的不平等条款。随后，中国工商银行、中国建设银行都不约而同地选择在2004年12月对新、老银行卡收取年费。众多消费者认为，银行应该先把这笔账算清楚，公告之后再协商确定收费标准。

9.社会公众人物医药广告惹争议

不少商家为了提高广告对社会公众的说服力，纷纷在广告中制造所谓的名人效应，其中不乏利用名人对产品或服务的功能、效用做虚假夸大的广告宣传，欺骗和误导消费者。为了加大对虚假广告的打击力度，国家工商行政管理总局严禁任何人（包括社会公众人物）在保健食品、药品、医疗广告中以消费者、患者、专家的名义和形象作证明，严禁保健食品广告宣传疗效、药品广告夸大功能、医疗广告保证治愈率。

10.包头空难引发民航赔付方案争议

部分遇难家属对中国东方航空公司公布的包头空难遇难乘客赔付方案表示不满。该赔付方案称，根据1993年国务院颁布的第132号令，以及1996年国家民航总局颁布的第49号令，同时考虑消费价格总指数的变动因素分别上浮100%，加上抚慰金等，每位空难乘客赔偿总计为21.1万元。由此引发民航赔偿制度应兼顾合法性与合理性的思考。

（信息来源：中国消费网2004年12月31日）

新闻榜

◎榜十、2004中国民营经济十大新闻◎

1.河北"第1号文件"引发大讨论

2004年1月2日，河北省委、省政府以冀字[2004]第1号红头文件批准转发了河北省政法委出台的《关于政法机关为完善社会主义市场经济体制创造良好环境的决定》，文件中对加快发展民营经济的一些自我突破，引发了全国范围内的关于如何看待民营企业、民营经济和民营企业家以及民营企业所谓"原罪"问题的讨论。

2.修宪保护私有财产

2004年3月14日，十届全国人大二次会议通过了宪法修正案，这是我国现行宪法自1982年颁布以来的第四次修正。其中，宪法修正案第二十二条规定："公民的合法的私有财产不受侵犯。" 这一规定标志着我国公民的私有财产权开始从一般的民事权利上升到宪法权利，受到国家根本大法的认可与保护。

3.铁本事件引起争议

2004年4月28日，国务院总理温家宝主持常务会议，决定对江苏常州铁本项目勒令停止建设。根据调查，设计能力为840万吨，概算总额为106亿元的铁本项目是当地政府化整为零越权分22次分拆审批的；9000亩征地也属于违规审批。另外，该公司在贷款过程中向中国银行等金融机构提供了虚假财务报表。而此前，铁本公司只是一家有200万吨产能，2003年产钢80万吨的民营钢铁企业。但其目标是发展成为2000万吨的世界大钢厂。铁本事件，正式掀开了中国新一轮宏观调控的序幕。由于民营企业的特殊身份，铁本事件在本次宏观调控中格外引人注目，一度成为学界和媒体关注的焦点，引起方方面面的争议。

4.江苏琼花成中小板之"痛"

2004年6月12日，悄然出现的江苏琼花事件给了中国证券投资者当头一棒。

继新和成之后第二家在中小企业板挂牌的江苏琼花，应该属于典型的小盘绩优公司，其2002、2003两年的净资产收益率均超过19%。但上市仅10天后，江苏琼花就爆出“丑闻”：上市之前3000多万元违规“委托理财”业务未及时披露，被深圳交易所公开严厉谴责，中国证监会随后决定对江苏琼花涉嫌虚假记载和重大遗漏进行立案稽查。受此事件影响，江苏琼花的股价大幅下跌，中小企业板也因此饱受猜疑。

5.青岛会议为“民”清障

2004年7月25日，国务院在青岛召开促进非公有制经济发展座谈会。中共中央政治局委员、国务院副总理曾培炎，与来自全国10个省市区的13位非公有制企业的代表、国家有关部门和部分省市区的领导，共商“促进非公有制经济发展”大计。会议传达了温家宝总理对发展非公有制经济做出的重要批示：“毫不动摇地巩固和发展公有制经济，毫不动摇地鼓励、支持和引导非公有制经济发展”。同日，《国务院投资体制改革的决定》公布。

6.“郎顾之争”击中改革软肋

2004年8月10日，香港学者郎咸平以《格林柯尔：在国退民进的盛宴中狂欢》为题发表演讲，指责科龙集团董事长顾雏军在收购国有企业过程中有造成国有资产流失之嫌疑；他同时建议，国家应该“停止以民营化为导向的产权改革”，停止管理层收购（MBO）。一周之后，顾雏军向香港高等法院递交诉讼状，指控郎咸平涉嫌诽谤。由此，引发出了持续甚久的“郎顾之争”。

7.德隆崩盘教训惨重

2004年8月31日，德隆集团三大“嫡亲”——湘火炬、合金投资和天山股份同时发布公告称，公司控股方和关联方新疆德隆集团、德隆国际战略投资有限公司、新疆屯河集团都将其拥有的全部资产全权托管给华融公司，由华融全权行使新疆德隆、德隆国际、屯河集团全部资产的管理和处置职权。对此，华融公司表示，在尊重对方意愿的基础上，将依照法律和有关规定的受偿顺序进行清偿。

8.埃尔切事件凸现走出去之惑

2004年9月16日晚，在西班牙东南小城埃尔切，一把火烧毁了中国鞋城里温州商人价值100多万欧元的鞋子。9月23日和9月30日，埃尔切又发生两起针对中国鞋商的抗议活动。

这并不是一起普通的火灾，而是数百名当地人攻击中国鞋店的恶性案件。中国驻西班牙大使邱小琪称，“埃尔切事件”是西班牙有史以来发生的第一起严重侵犯华商合法权益的暴力事件，中国外交部随即表示了强烈谴责，并要求西班牙政府采取紧急措施，保证中国侨民的人身和财产安全。

中国商人在西班牙所遭遇到的抗议和暴力侵犯，迫使我们重新思考，在全球化图景下，如何看待理想中的自由贸易与现实中不时显现出来的贸易保护主义之间的关系？越来越多的走出国门的中国民营企业家们，将如何迈出寻求国际平等生存权和发展权的重要一步？为进一步帮助民营企业更好地走出去，2004年12月17-18日，《中华工商时报》与外交部新闻司共同承办了由外交部、全国工商联主办的“经济与外交”论坛，引起强烈反响。

9.联想收购IBM个人电脑业务

2004年12月8日，联想董事长柳传志与IBM副总裁JohnJoyce正式签约，联想集团正式收购IBM全球个人电脑业务。原联想CEO（首席执政官）杨元庆接任董事长之职，CEO一职由IBM高管StephenWard接任。此前，联想以近30%的市场份额稳居中国老大的位置，而在收购IBM个人电脑业务后，联想将成为全球第三大电脑厂商，仅次于戴尔与惠普。

10.百名老板当选优秀建设者

2004年12月24日，100名非公经济人士在北京接受中共中央统战部等五部委的联合表彰，并被授予“优秀中国特色社会主义事业建设者”称号。这是我国首次对为改革开放和社会主义现代化建设作出贡献的非公有制经济人士进行表彰，是共和国赋予优秀建设者的最高荣誉，体现了党中央国务院对广大非公有制经济人士的亲切关怀和殷切期望。

（信息来源：《中华工商时报》2004年12月31日）

备注：本榜按事件发生的先后顺序排列，由中华工商时报编辑部组织评选。

相关链接：

1.河北“第1号文件”

民营企业经过二十多年的发展之后，却在最近一两年集中出现了一种现象：在大环境、政策越来越宽松、向好的时候，中国的民营企业家却不断出现问题，轻则得咎，重则获罪入狱。于是，很多人便习惯把民营企业家的犯罪说成“原罪”。

2003年的最后一天，河北省政法委出台了《关于政法机关为完善社会主义市场经济体制创造良好环境的决定》，这一红头文件被河北政法机关干部称为“30条”。

2004年1月2日，河北省委、省政府以省委冀字[2004]1号文件批转了“30条”。

其中第七条规定，“对民营企业经营者创业初期的犯罪行为，已超过追诉时效的，不得启动刑事追诉程序”。很多媒体在报道时提出，文件有五个突破：一、河北省民营企业和民营企业家是“30条”最大的受益者；二、把“法律没有明令禁止的生产经营行为就可以大胆做”等内容写进省级文件；三、对国家工作人员参与招商引资活动进行保护；四、试行市场主体遵守法律情况的诚信公告制度；五、依法维护娱乐场所等特种行业及其从业人员的合法权益。

2.铁本事件

2004年4月,在国务院调查组发现江苏铁本公司有重大偷税嫌疑后,国家税务总局高度重视,并立即组成专案组,在有关部门和当地税务机关的配合下,对江苏铁本公司及与之密切相关的常州鹰联钢铁有限公司、常州市三友轧辊厂3家企业进行了查处。经过历时两个多月的调账检查、实地调查和异地协查,税务总局基本查清了涉案企业的涉税违法问题,认定江苏铁本公司等3家企业偷税2.94亿元,并将此案移交公安机关处理。

二、企业篇

◎榜一、2004中国企业十大新闻◎

1.2004年5月14日,财政部正式发布《小企业会计制度》,自2005年1月1日起在全国小企业范围内实施。这一举措是进一步贯彻《中华人民共和国会计法》和《企业财务会计报告条例》、整顿和规范会计工作秩序的重要步骤。

2.2004年3月起,财政部按《行政许可法》相关规定对现行财会法规、制度进行全面清理。2004年3月,起草了《会计师事务所管理办法(征求意见稿)》;5月,对会计人员管理的规章制度做重新修订,例如取消注册和年检、继续教育与从业资格脱钩;6月,出台新的会计师事务所从事证券期货资格相关业务的管理办法;8月,发布《会计师事务所从事证券、期货相关业务注册管理办法(征求意见稿)》。

3.2004年11月1日至3日中国注册会计师协会第四次全国会员代表大会在北京召开。国务委员兼国务院秘书长华建敏在大会上要求:重视和发展专业化市场中介组织,不断完善社会主义市场经济体制。大会选举产生了中国注册会计师协会第4届理事会,刘仲藜任会长,陈毓圭任秘书长。

4.2004年9月30日,财政部制定了《村集体经济组织会计制度》,自2005年1月1日起在村集体经济组织中执行。

5.2004年1月,16个省市被确定为高级会计师资格考评结合试点。继2003年财政部、人事部组织的首次高级会计师资格考评结合试点工作在浙江、湖北两省取得圆满成功之后,2004年确定在北京、河北、辽宁、江苏、浙江、福建、江西、山东、湖北、海南、四川、重庆、陕西、宁夏、青海、新疆16个省市进行试点。

6.2004年1月1日,《中国注册会计师协会会员诚信档案管理暂行办法》正式出台。

7.2004年10月1日,深圳李表正等8家个人会计师事务所正式挂牌。这标志着我国会计师事务所的一种新的组织形式首次出现。

8.2004年8月27日,财政部正式发布了《民间非营利组织会计制度》,自2005年1月1日起在全国民间非营利组织范围内全面实施。

9.2004年4月9日,我国开设MPAcc(会计硕士专业)。MPAcc的推出,将加速培养全方位、高层次、应用型会计专门人才的进程。

10.2004年4月2日,19家会计师事务所在陕西省注册会计师协会的组织下共同签名,以拒绝中国工商银行陕西省分行营业部向事务所收取高额“回扣”的无理要求。

(信息来源:《中国企业网》)

备注:本榜由中国企业联合会和中国企业家协会联合评选,并于2005年1月19日在京揭晓。自1995年发起至2004年,中国企业十大新闻评选发布活动已连续举办了10届。10届中国企业十大新闻浓缩了10年的中国企业历史。记载了中国企业和企业家充满智慧和魅力的形象;记载了中国企业和企业家披荆斩棘、茁壮成长的过程;记载了中国企业和企业家在经济改革最前沿的精彩瞬间。历届“中国企业十大新闻”都展现出一幅中国企业和企业家发展与改革的历史长卷。

◎榜二、2004中国农产品加工业十大新闻◎

1.中共中央国务院颁布《关于促进农民增加收入若干政策意见》(一号文件),把发展农产品加工业作为推进农业结构调整的重要力量。

2.农产品加工业发展取得重大进展。规模以上农产品加工企业达6.5万家,全国22.4%的工业增加值和28.2%的从业人员来自这些企业。

3.国家实施优质粮食产业工程。该工程旨在大力支持和发展粮食加工、储运和流通,延长粮食产业链,提高粮食产业效益,增强粮食产业市场竞争力。

4.农业部开展农产品加工推进行动。第一批全国农产品加工业示范基地已建成;第一批农产品加工制品标准已制定;第一批农产品加工业关键技术已筛选。

5.果汁加工企业应诉美国反倾销案获胜。10家苹果汁加工企业历时4年半迎来了公正结果,6家获零税率,4家获3.83%的加权平均税率。

6.食品质量安全问题引发广泛关注。一些地方品牌如金华火腿、龙口粉丝、广州白酒等纷纷被媒体曝光,安徽阜阳、福建福鼎、浙江苍南等地劣质奶粉等更是令人吃惊。

7.第三批210家农业产业化国家重点龙头企业经农业部等九部委联席会议审定。其中粮棉油加工企业占29.5%,果蔬等园艺类产品加工企业占31.6%。

8.山西农之龙公司、山东希森集团、江苏雨润集团等一批企业率先提出"食品工业就是道德工业"理念,在业内引起强烈反响。

9.山东滕州等地在农业产业化经营机制上实现了从"单加"向"双加"转变。继"公司+农户"这一"单加"模式在全国推广以来,很多地方又创新出"公司+标准化基地+中介组织+农户"的"双加"机制,提高了农民的谈判地位和组织化程度。

10.禽流感对禽类加工企业产生重大冲击。我国上规模的1040家禽类加工企业加工量严重下降,肉类加工量减少500万吨左右,蛋类加工量减少2万吨左右。

(信息来源:新华网2004年12月25日)

备注:本榜由农业部评出,并于2004年12月25日公布。

◎榜三、2004中国制造业信息化十大热点新闻◎

1.中国制造业迅速发展,成为世界制造中心尚有待时日

2004年以来,甚至在更长的时间里,全世界都在讨论中国是否已成为世界的制造中心。2004年,中国的进出口总额突破1万亿美元,而机电产品则在进出口方面均排名第一。2004年是中国加入WTO三周年,所有关税都将降低到国际水平。所以,中国制造业又要迎接新的挑战,中国制造业渴望英雄。

2.信息化软件走向平台化

2004年困扰ERP(企业资源计划)厂商的核心问题依然是实施、开发和营销的矛盾,如何满足客户的个性化需求而又能够及时完成项目?如何提高客户的应用效果?根本的出路还是在于软件技术本身的创新,即实现平台化。

3.本地化,国际制造业信息化厂商扎根中国

制造业信息化领域2004年也上演着"围城"的故事,在用友、金蝶等企业启动国际化战略的同时,AUTODESK、CISCO、SAP、微软、DASSAULT、QAD等国际厂商都加大了在中国本土化的进程。AUTODESK在中国耕耘了10年,终于成立了中国公司;CISCO投资3000多万美元在中国建立研发中心;DASSAULT则在通过IBM等合作伙伴在中国开展业务多年之后,正式成立了中国办事处。

4.培训认证,尚未普及已开始混乱

认证培训一直是IT领域的热点。2004年,认证培训已经延伸到制造业信息化领域。不仅劳动部、科技部、信息产业部等政府部门纷纷制定与企业信息化相关的培训认证课程,而且如国家信息化评测中心、SOLDWORKS、CAXA、大连圣达等机构和公司也纷纷推出自己的认证培训体系,一时间与信息化有关的认证培训纷纷打出自己的大旗。

5.标准多方制定,难以统一

标准是国际厂商实现自我发展和牵制对手的有力武器,标准的制定者和拥有者掌握着行业发展的话语权。然而,目前中国的标准制定和推广远远落后于开发和应用。

6.制造业信息化聚焦中小企业

2004年,国内外厂商纷纷进入中小企业信息化市场,一时间中小企业成了"香饽饽",各类统计数据纷纷得出中小企业信息化市场快速增长的结论。中小企业信息化市场的快速增长与中国制造业的迅速发展是息息相关的,毕竟中国有上千万家中小企业,而大中型企业只有两万多家(年收入上亿元)。所以,重视中小企业信息化是一个明智之举。

7.协同,全新的工作模式

2004年,"协同(Collaborate)"成为制造业信息化领域的一个热门词汇,并衍生出协同办公、协同制造、协同设计等概念。不仅国家在投资进行研究,众多厂商也纷纷谱写协同的乐章。

8.信息集成,制造业信息化永远的追求

制造业信息化涉及范围较广,在实际应用过程中,由于技术发展的局限和分散应用、缺乏规划等原因,导致企业形成了诸多信息孤岛。随着信息化的不断深入应用,集成已经成为企业最为关注和头疼的问题。

9.PLM定义众说纷纭,应用初显峥嵘

PLM(产品生命周期管理)成为厂商关注的热点已有两三年了,但直到2004年,PLM才开始成为市场的热点。不仅原有的CAD(计算机辅助设计)背景的厂商把PLM产品的推广应用当作发展的新机遇,而且SAP、ORACLE、BAAN(目前已被SSA公司收购)等ERP(企业资源计划)厂商也已看到

PLM 的应用前景,纷纷推广他们的 PLM 解决方案,加快了涉足这个领域的步伐。

10.ERP 应用广泛,但离真正普及还很遥远

无论是流程型还是离散型的制造企业都需要 ERP(企业资源计划),都需要降低库存、降低成本、缩短交货期、提高产品质量、理顺资金流、物流、信息流的管理手段和工具。因此,中国制造业对 ERP 的需求仍然会迅速增长,ERP 技术将会在应用中逐渐走向成熟,而 ERP 厂商将会在竞争中加速整合。2005 年以及今后若干年,ERP 市场仍然会成为业界关注的焦点。

(信息来源:e-works 中国制造业信息化门户网)

备注:本榜由 e-works 中国制造业信息化门户网站组织评选,并于 2005 年 3 月 5 日晚在京揭晓,评选的依据是新闻事件的影响力、重要性和对产业发展的意义。

◎榜四、2004 中国汽车十大新闻◎

1.《汽车产业发展政策》颁布实施

经国务院批准,国家发改委于 2004 年 6 月 1 日正式发布《汽车产业发展政策》。该《政策》贯彻以人为本,全面、协调、可持续的科学发展观;体现发挥市场配置资源的基础性作用与政府宏观调控相结合的原则;提出培育以私人消费为主体的汽车市场,改善汽车使用环境,维护汽车消费者权益等汽车消费政策。《汽车产业发展政策》的制定实施必将对我国汽车产业及相关产业的发展产生极大的推动作用。

2.市场增速放缓,轿车价格大幅下降

2004 年中国轿车市场增速由 75%降到 15%左右,伴随着一些主流轿车企业销售滑坡、库存激增,价格策略成为企业刺激销售、扭转不利局面不得不采取的手段,降价也因此成为 2004 年车市最热门的话题。有统计显示,从 2004 年初到年末,车市经历了 4 轮大范围的降价浪潮,车价总体降幅超过 10%。但是,由于价格变动频繁,消费者持币待购心理不但没有缓解,反而愈演愈烈,车市低迷的状况并没有得到改善。

3.中国签署全球第一个统一的汽车技术法规

2004 年 11 月 18 日,首个全球统一的汽车技术法规——《关于门锁与车门保持件的全球技术法规》,在《全球汽车技术法规协定书》缔约国大会上获得通过。中国是缔约方之一,并从始至终地参与了全球汽车技术法规的统一工作,表明了中国的汽车技术法规正式与国际接轨。

4.《缺陷汽车产品召回管理规定》正式实施

2004 年 3 月 1 日公布、10 月 1 日正式执行的缺陷汽车产品实施召回制度,对广大消费者无疑是个福音。从此,中国消费者也能享有与国际惯例接轨的质量承诺和服务。制度出台前后,广州本田、一汽轿车、长安铃木、上海通用等国内企业以主动召回的实际行动,赢得了消费者的尊重。召回制度与即将实施的汽车"三包"政策也成了督促汽车经营者提高质量水平的重要手段。

5.上汽收购韩国双龙

2004 年 10 月 28 日,上海汽车工业(集团)公司收购韩国双龙汽车公司 48.9%的股份的最终合同正式签署。此举虽然由于蓝星的参与和韩方工会的反对而一波三折,但上汽集团最终还是啃下了双龙这块"硬骨头"。在跨国公司主导中国轿车格局的形势下,上汽集团出巨资控股韩国双龙汽车,开启了中国汽车企业收购国外汽车公司的先河,也标志着中国汽车工业"走出去"战略已从单纯的产品出口向资本输出延伸,为中国汽车企业打造自主品牌提供了一条新的途径。不过,跨国并购带来的巨大财务风险如何化解?如何实现不同企业文化的融合?被收购方的开发能力和品牌如何为我所用?依然是摆在上汽面前的三大难题。

6.一汽年销量突破百万辆

2004 年,中国第一汽车集团整车销售突破 100 万辆,其中,自主品牌汽车销售占 50%。规模百万化是一汽几代人的梦想,也蕴含着一汽几代人的努力。销售 100 万辆汽车的实现,标志着一汽的产销规模已经进入了一个新的量级平台,也标志着中国汽车产业规模化生产迈上新台阶。这对一汽加速建设"规模百万化、管理数字化、经营国际化"的新一汽目标有着重要意义。

7.哈飞、昌河重组,上汽股份成立

从哈飞汽车与昌河汽车相互换将,到哈飞汽车借壳东安动力上市,中航二集团在 2004 年启动了中国微车行业最大的重组。2004 年底,长安集团控股江铃汽车,上汽股份正式成立。以上述事件为标志,中国汽车行业的重组、改制又迈出了新步伐。

8.外资汽车金融公司开始营业

《汽车金融公司管理办法》及《汽车金融公司管理办法实施细则》颁布后,大众、通用、福特、丰田纷纷在华成立汽车金融公司。但是,鉴于政府审慎开放的原则和协调发展的苦心,曾被寄予厚望的汽车金融公司,在业务范围、经营监管等方面与国际通行做法都还有一定的差距。2004 年下半年商业银行收紧汽车信贷之后,汽车金融公司并没有起到应有的替代作用也就在意料之中了。

9.跨国汽车公司继续加大在华投资

2004 年 9 月 6 日,由广州汽车集团

有限公司与丰田汽车公司共同投资的广州丰田汽车有限公司宣告成立。3个月后，北京奔驰－戴姆勒·克莱斯勒汽车有限公司新工厂隆重奠基。北京奔驰－戴姆勒·克莱斯勒和广州丰田的成立，是跨国汽车公司全面完成中国市场投资布局的标志性事件，也说明跨国公司对中国汽车市场、中国经济发展充满信心。

10.一汽解放奥威重卡上市

2004年8月15日，解放奥威重卡上市。解放奥威重卡装配的奥威重型柴油机，是由我国自主开发的第一款四缸重型柴油机。与奥地利AVL公司联手设计开发的奥威发动机，不仅在技术指标上达到或超过了国际先进水平，而且由于在开发过程中注重体系能力的培育和提升，一汽具备了自主开发后续产品的能力。奥威发动机的开发成功和奥威重卡的上市，标志着我国汽车工业自主开发实现了新的突破。

(信息来源：人民网2005年1月17日)

◎榜五、2004中国餐饮业十大新闻◎

著名餐饮业一瞥

1.2004年全国餐饮经济快速增长，餐饮市场繁荣兴旺，全年实现年中预测的7200亿元目标。

2.全球快餐连锁十大著名品牌企业中，肯德基、麦当劳、必胜客、吉野家、德克士、大家乐、永和大王、罗杰斯已经进入中国。

3.百胜2004年在中国市场上保持20%的开店增长率，其中肯德基开始进入四线五线城市，甚至向镇及村挺进。

4.麦当劳2004年底获商务部关于其在中国开展特许经营的批文，国内将建特许经营办事处，启动特许经营，个人资金达到250万至320万元即可申请加盟。

5.成都谭鱼头投资股份有限公司2004年基本完成在香港创业板上市的相关手续，将成为国内首家纯餐饮概念的上市公司。

6. 内蒙古小肥羊成为发展速度的"状元"，并计划在香港上市。

7.丽华快餐有限公司制定的中国快餐业的首个"快餐企业标准"于2004年11月初通过了北京质检局的审查批准，获得01号标准登记证书。丽华快餐通过快捷的全国订餐电脑化互联接线传输系统，各地订餐响应时间仅需5秒，并可实时完成异地订餐功能。

8.全球三大匹萨连锁企业之一的"棒约翰"、全美拥有餐厅350多家的知名餐饮品牌"Hooters"、日本的快餐品牌"味千拉面"、欧式商务简餐品牌"萨莉亚"等进入了在华竞争行列。

9.2004年11月9日，大家乐快餐上海首家旗舰店"大家乐"时尚餐厅在淮海中路大上海时代广场正式开业，这是上海新亚大家乐餐饮有限公司继"新亚大包"之后，在上海推出的主要针对中式快餐中高档市场的第二品牌。

10.2004年10月26日，在纽约贾维茨中心举行的美国首届亚洲食品展上，全美100家优秀中餐馆名单正式公布。全美餐饮业举足轻重的《Zagat食评》2005纽约版的餐馆50强之中，由华人开设、华人厨师主理的Annisa从近2000家餐馆中脱颖而出，居第二十八位，比许多美国老牌食府的排名还要高。

(信息来源：世界经理人网2005年2月21日)

◎榜六、2004中国眼镜业十大新闻◎

1.眼镜产品生产许可证制度的实施具有划时代的意义

2004年1月，国家质量监督检验检疫总局批准颁发《眼镜产品生产许可证实施细则》(以下简称《细则》)；同年3月15-16日眼镜产品审查部（设在中国眼镜协会）在北京召开了各省级生产许可证办公室参加的《细则》宣贯会;4月在江苏丹阳正式向眼镜生产企业进行宣贯;8月江苏镇江万新光学有限公司首家通过审查,截止2004年底,已有184家企业递交了申请,93家企业通过了现场审查,42家零售店通过了省级质量技术监督局的审查。眼镜产品生产许可证制度的实施,是对眼镜行业的一次有效的清理整顿、完善提高。

2.各地眼镜协会的成立促进了市场的规范建设

杭州眼镜协会、太原眼镜协会、广州市眼镜商会、厦门眼镜协会、上海眼镜协会、黑龙江省眼镜协会先后成立。这些地方眼镜协会的纷纷成立,并不是偶然的现象,而是2004年中国眼镜行业建设年的又一标志。它们的成立,一方面有利于当地眼镜行业的管理、自律,另一方面有利于眼镜产品生产许可证制度实施工作的推动。

3.北京、上海国际眼镜展双星闪耀

2004年2月在上海召开的2004年上海国际眼镜业展览会展出面积达31000多平方米,比上届增加30%;有来自17个国家和地区的530多家厂商参展,比上届增加18%。而2004年秋季在北京举行的北京国际眼镜业展览会更是表现不俗,展出面积达35000平方米,与2003年同期相比增长了45%,吸引了来自19个国家和地区的700多家参展厂商。据统计,在春秋两季的眼镜展会上,国际展商的展位面积较2003年扩大了16%,有200多个国际品牌在展会上亮相。两大眼镜展会的持续火爆,表明了中国眼镜制造业和中国眼镜消费市场的国际影响力与吸引力在与日俱增。

4.驳斥“眼镜暴利”卓有成效

2004年业内最同仇敌忾的事莫过于眼镜行业暴利的炒作了,这一事件也引起了业内人士的广泛质疑与声讨。中国眼镜协会、《中国眼镜科技杂志》因势利导,组织有关经济学专家撰写了《穿越暴利的迷雾——眼镜行业的利润分析》、《规范管理增强实力——眼镜行业如何应对“暴利”炒作》等理性的分析文章,不仅为业内人士据理力争和解释说明提供了有力的理论支持,而且经其他媒体转载后,在社会上引起了良好反响,眼镜暴利的斥责之声开始偃旗息鼓。在2004年十大暴利行业中,已经没有了眼镜行业。

5.“保圣·西南视光万里行”深受欢迎

由中国眼镜科技杂志社与厦门全圣实业有限公司联合举办的“保圣·西南视光万里行”活动,于2004年4月6日踏上征程,自驾车兵分两路:一路经四川赴云南,一路经四川赴贵州、广西。此次活动历时15天,行程逾7000公里,走访了眼镜零售店数百家,与广大消费者进行了面对面的交流。所到之处,深受欢迎,尤其是少数民族地区的眼镜零售店和消费者更是赞誉有加,他们希望能多给予管理指导与消费引导。

6.最大眼镜旗舰店亮相西南

眼镜业的连锁扩张是大势所趋,而旗舰店的打造步伐也在加快。2004年7月17日,国内零售业最大旗舰店——成都精益眼镜有限公司重装开业。该旗舰店经营面积为4000多平方米,建立和增设了隐形眼镜配验中心、太阳镜广场、尊贵级眼镜配验会所、眼镜文化广场等,全方位地精心展示了各类品牌。其年销售额为6000多万元,居全国眼镜行业单店之首。

7.兼并收购初显端倪

兼并收购在眼镜行业内近年的猜测议论中,终于在2004年初显端倪,国外资本对上海一大型眼镜零售企业的收购谈判已进入最后的实质性阶段,另外两家有外资背景的企业的兼并收购活动也在紧锣密鼓地进行。而2004年底国际眼镜业完成的两宗并购——苏拿与卡尔蔡司的合并、泰兴光学与GGC收购美国第二大眼镜零售连锁店——更将促进中国眼镜行业内的并购潮。

8.眼镜出口企业面临调整

由于原材料、能源、劳动力成本的上涨,眼镜出口产品价格上扬,致使利润空间缩小,市场竞争压力增大。因此,如何进行市场战略、产品结构、工艺革新的调整是所有出口企业不得不面对的问题。

9.医院眼镜验配异军突起

以北京同仁医院眼科验配中心、广州中山大学眼科验配中心、天津眼科医院验配中心为代表的医院眼镜验配,在2004年呈异军突起之势,不仅经营规模在不断扩张、经营额在不断增长,影响力更是日益扩大,排队等候验光的现象屡见不鲜。医院眼镜验配的异军突起,对传统眼镜店提高专业服务的意识与水平都将产生积极的推动作用。

10.随意进行行业评比成闹剧

2004年6月,某策划公司在广州搞了一出评比中国眼镜业受欢迎的十大供货商、十大零售商的闹剧,因影响恶劣受到业内的普遍质疑:一是违反国家有关禁止进行评比的规定;二是一个商业化的企业根本不具备评比的资格;三是严重缺乏公正性,凡未出席颁奖会的被邀请企业均名落孙山,而只要出席颁奖会的被邀请企业均榜上有名,以致出现了十一大供货商、十一大零售商的闹剧。而且有零售企业将所获得的奖牌置于店堂内时,因涉嫌不正当竞争而被当地工商部门勒令撤消。

(信息来源:中国眼镜在线)

三、法治篇

◎榜一、2004 全国十大公安新闻◎

1.胡锦涛等党和国家领导人观摩全国公安民警大练兵汇报演练，胡锦涛总书记发表重要讲话。

2.为全面贯彻党的十六届四中全会精神和胡锦涛总书记重要讲话精神，公安部党委提出了公安机关贯彻落实《中共中央关于加强党的执政能力建设的决定》的实施意见，在全国公安厅局长会议上进行了深入讨论。

3.推出重大先进典型任长霞。

4.全国公安机关开展"侦破命案专项行动"，力争到 2007 年底，实现"两降一升"目标，即命案发案下降，命案逃犯减少，命案破案率上升。

5.中美加强执法合作，涉嫌重大经济犯罪的外逃人员余振东被缉捕归案。

6."我最喜爱的十大人民警察"评选活动成功举行。

7.我国向海地派遣维和防暴警察。

8.公安部向中西部困难地区基层公安机关配发 2800 辆警用汽车。

9.全国换发第二代居民身份证工作正式启动。

10.以人口信息系统为龙头的金盾工程建设取得重要进展。

（信息来源：公安部 2005 年 1 月 4 日）

备注：本榜由公安部评选并于 2005 年 1 月 4 日公布。

◎榜二、2004 中国安防十大新闻◎

1.中国国际社会公共安全产品博览会及第 4 届安防论坛在北京召开

2004 年 11 月 4-6 日，由公安部、科技部批准，中央社会治安综合治理委员会办公室、公安部科学技术委员会、公安部科技局、北京市公安局发起，中国安全防范产品行业协会、公安部科学技术信息研究所承办的"2004 年中国国际社会公共安全产品博览会"在北京中国国际展览中心召开。

第 4 届"中国安防论坛"于 2004 年 11 月 4-5 日在北京召开，是"2004 年中国国际社会公共安全产品博览会"的重要活动之一，主题分别为"城市安全与奥运安全"和"出入口控制及生物识别技术发展与应用"。本届论坛吸引了国外城市建设与奥运安全建设的高级管理专家同我国安全防范行业的管理机构、企业及用户代表共同研究中国城市安全与奥运安防这一主题，为 2008 年在北京举办的奥运安全保障做好了充分的理论准备。

2.全国技防办主任培训班在北京举行

2004 年 11 月 1 日，全国技防办主任培训班在北京金健饭店举行，参加培训的是来自全国各省、自治区、直辖市公安厅（局），省会市、科技强警示范城市及报警与监控试点城市公安局主管安全技术防范工作的技防办主任近 80 人。此次培训为期 5 天，培训内容主要围绕 7 个方面展开：转变执法观念，牢固树立执法为民的思想教育；转变工作重心，积极拓展技防工作新领域；技防科技建设的指导思想、基本建设内容及模式；新时期技防行业管理的基本思路；技防行业组织的建设与发展；《安全防范工程技术规范》标准介绍和安全技术防范认证工作介绍。此次培训班的目的在于使各地技防管理部门及时了解、掌握国家近期出台的有关方面法规、政策，进一步转变思想观念，以适应新时期管理工作的需要。

3.第二批安防产品强制性认证及我国首批公共安全产品自愿性认证启动

国家质检总局、国家认监委联合发布公告：为了进一步提高产品质量，规范安防行业市场秩序，防盗保险柜等四大类 7 种安全技术防范产品将实施强制性产品认证。自 2005 年 10 月 1 日起，未获得强制性产品认证证书和未加施中国强制性认证标志的，不得出厂、销售、进口或在其他经营活动中使用；自 2004 年 8 月 1 日起，委托人可向指定认证机构提出认证产品的认证委托。

根据公安部科技局《关于同意对七种道路交通安全技术产品实施自愿性认证的批复》，经国家认监委和公安部批准，公共安全产品的自愿性认证工作（GA 标志认证）于 2004 年 6 月 1 日正式启动。防盗安全门成为首批自愿性认证产品。

4.《中国公共安全》出刊第 100 期

2004 年 9 月 23 日，《中国公共安全》杂志在深圳举行了"《中国公共安全》杂志百期暨十一周年座谈会"，庆祝第 100 期杂志出版。《中国公共安全》杂志创办于1993年9月，至2004年9月共出版发行100期186万册，从最初每本56页扩展为今天的每本200-300页，从单行本发展为“政府版”、“综合版”、“资讯版”、“海外版”4个版本。政府版是浓缩综合版、资讯版的精华，专门以政府主管部门、政法机关、武警部队、各级公安机关、科研院所、质检中心等为主要发行对象。综合版以宣传公安科技、服务公安保卫业务、引导公共安全行业的发展、规范行业市场为主。资讯版以宣传行业企业形象、推广安防技术和产品为主。海外版则面向国外同行介绍中国安防产业的现状、未来发展方向，以及如何进入中国安防市场。

5.第二代身份证的换发开发巨大安防市场

备受关注的第二代居民身份证于2004年3月29日在上海市、广东深圳市、浙江湖州市3个试点城市同时开始换发，标志着全国换发第二代身份证的工作正式启动。至此，我国已使用了近20年的身份证将逐渐全部更新成第二代身份证。第二代身份证使用了新技术和新材料，其研发及推出过程都经历了漫长的时间和各方面的不断探索。首次使用了非接触IC技术，除含有现有身份证资讯外，还含有公民指纹资讯等，将公民身份证在特制的机器前扫一下，公安机关就能获知证件主人的个人资讯。另外，第二代身份证将拥有一个与身份证一致的社会保障号码，以及一个终生伴随的社会保障账户，可记录国家、社会和公民个人缴纳社会保障金的情况，公民医疗补助、养老金、失业救济金等社会保障资金的领取、使用情况，反映出公民就业以及公民身体的健康状况。

6.四家安防企业喜获中国名牌战略推进委员会颁发的“中国名牌”称号

中国名牌产品是由“中国名牌战略推进委员会”评选出来的荣誉称号。该称号的有效期为3年，凡荣获中国名牌产品称号的产品按国家有关部门的规定免于各地区、各部门各种形式的质量监督检查，对符合出口免检条件的产品依法予以优先免检并自动列入“打击假冒，保护名优”的活动和重点保护名优产品的范围。此次获得“中国名牌”的四家安防企业——宁波永发集团有限公司、哈尔滨飞云实业有限公司、江西金虎保险设备集团有限公司、洛阳花都金柜集团有限公司的负责人一致表示：“中国名牌”这个荣誉不仅是企业的，也是全行业的。这个荣誉得来不易，应该尽全力去维护它，决不能给全行业和社会抹黑。

7.日本索尼、美国通用电气等国际大型企业全力进军中国安防市场

为促进索尼公司与安防行业用户的沟通和交流，进一步开拓中国安防领域的潜在市场，2004年7月22日，索尼公司邀请索尼安防产品经销商及重要用户同聚“索尼安防产品技术研讨长城峰会”，共同探讨索尼与中国安防业相互促进、共同发展之大计。

2004年9月，通用电气智能科技有限公司与清华同方e-Home智能系统产品公司在京联合宣布：清华同方凭借在行业内多年积累的优势，获得通用电气智能科技有限公司全线安防类产品在中国北方市场的全面代理权。双方将共同致力于安防产品与服务在中国的销售和市场推广，为用户提供更加高技术含量的产品和解决方案，满足客户日益增长的安防应用需要，倡导安全、健康、舒适的数字化人居环境。

8.首届中国生物特征识别与认证应用论坛在上海开幕

由中国自动识别技术协会、中国科学院自动化研究所生物特征认证与测评中心联合主办，《生物特征识别与认证》杂志社承办的“首届中国生物特征识别与认证应用论坛（ChinaBITA2004）”于2004年10月9日在上海展览中心开幕。它为生物特征识别与认证企业提供了展示自我的立体空间，成为生物识别与认证企业间交流的盛会。

9.军队安全技术防范通用系统通过技术鉴定

中国人民解放军总政保卫部侦察技术中心与海后某研究所共同研制开发的“军队安全技术防范通用系统”于2004年5月17日在北京通过了技术鉴定。它标志着军队安全技术防范工作迈上了系统化、网络化、智能化的新台阶。

由部队和公安部有关专家组成的鉴定委员会对该系统进行了严格的审查。其一致认为，该通用系统利用信息技术对分散的各类技术防范系统和设备进行一体化综合集成，首次创建了系统化、网络化、智能化的顶层管控平台。能够有效提高各类警戒目标的综合防范和快速反应能力，系统设计思想先进，技术起点高，实用性强，达到了安全技术防范领域的国际先进水平。

10.中国安防企业调查活动启动

中国安防产业经过20多年的发展，已经由起步阶段步入到快速发展阶段，全国现已有安防企业万余家。从最初代理国外产品到以自身的技术和市场优势推出具有自主知识产权的安防品牌，形成了国有、集体、股份制、外资、民营等多种经济成份并存的局面。安防产品也由刚刚起步时单一的防盗门窗发展到现在以“防爆安全检查设备、安全报警器材、社会安全防范系统、车辆防范报警、出入口控制、闭路电视监控、防盗门锁柜、防弹运钞车、人体安全防护装备”八大类数千个品种。安防技术也取得了长足的进步，开发了一批具有自主知识产权的产品，生产智能化、信息化、网络化、生物技术产品的高科技安防企业不断涌现，已成为我国的又一新型经济产业。回顾我国安防产业的发展历程，究竟有哪些企业在产业发展的道路上留下历史的足迹?哪些安防企业最具实力、成长最快、利润最可观、为社会所做出的贡献最大呢?2004年9月,由中国公共安全杂志社、中国公共安全网开展的"中国安防企业调查"活动,是我国安防行业首次进行的行业内大调查。

(信息来源:中国公共安全网2004年12月27日)

◎榜三、2004中国消防十大新闻◎

1.2004年4月23日,国务院、中央军委为"11·3灭火抢险英雄群体"——湖南省衡阳市消防支队荣记集体一等功;11月27日,国务院、中央军委授予福建省三明市消防支队战士郑忠华"抢险救援勇士"荣誉称号。

2.全国消防部队实施"161"工程。"161"工程是经周永康部长和部党委充分肯定的消防工作和消防队伍建设的基本方向、总体目标和主要任务,是对新世纪新阶段消防工作发展总体思路作出的科学概括和总结,是公安消防部队贯彻中央《中共中央关于进一步加强和改进公安工作的决定》和第二十次全国公安会议精神的重要结合点、切入点和着力点,是消防工作坚持解放思想、实事求是、与时俱进,进行理论创新、体制创新、机制创新的重要成果。实践证明,"161"工程的实施,赋予了消防工作前所未有的动力和活力,对于消防工作克服体制性、机制性和保障性障碍,从整体上、长远上推动消防工作和消防队伍建设的发展进步,将产生巨大的促进作用。

3.2004年2月15日,吉林,浙江两省同时发生两起特大火灾,引起国人对火灾形势和消防工作的关注。

4.火灾隐患大排查、大整改活动如火如荼。

5.开展执法为民专题教育活动,打牢消防执法为人民的思想基础。

6.全国消防部队大练兵并出色完成汇报演练。

7.警力下沉、《公安消防部队中队建设标准》和《公安消防部队大队(消防科)建设标准》的颁布拉开了基层建设和正规化建设的序幕。

8.重庆市天原化工总厂发生液氯泄漏爆炸事故,9人失踪死亡、3人重伤、15万人疏散。

9.全国消防宣传"进社区、进学校、进企业、进农村"工作全面展开。

10.第10届国际消防设备技术交流展览会在京举办。

(信息来源:《人民公安报》2005年1月4日)

相关链接:

"161"工程

2004年5月17日,公安部党委从消防工作和消防部队建设长远发展的高度,提出了全国公安消防部队要大力实施"161"工程,即抓住"一个根本"、突出"六个着力点"、建立"一个机制"。"一个根本",就是要紧紧抓住班子和队伍建设这个根本。"六个着力点",就是以基层建设、执法为民、大练兵、多种形式消防队伍建设、公共消防基础设施和消防装备建设、社会化消防宣传为着力点。"一个机制",就是建立健全竞争激励机制。以此作为贯彻落实中央十三号文件和第二十次全国公安会议精神的切入点和结合点,不断推进消防事业的发展进步,开创消防工作新局面。"161"工程涵盖了消防工作和消防部队战斗力构成的各个重要方面,大力实施"161"工程是当前和今后一个时期各级公安消防部队的主要任务。

◎榜四、2004中国十大廉政新闻◎

1.中国共产党十六届四中全会召开,审议通过了《中共中央关于加强党的执政能力建设的决定》,《决定》提出抓紧建立健全教育、制度、监督并重的惩治和预防腐败体系,这是我们党在新形势下对反腐倡廉工作作出的重大战略决策。

2.《中国共产党党内监督条例(试行)》和《中国共产党纪律处分条例》出台,反腐倡廉工作进入规范化、制度化的新阶段。

3.中央纪委监察部全面实行对派驻机构统一管理,将派驻机构由中央纪委、监察部和驻在部门双重领导改为由中央纪委、监察部直接领导。

4.国家审计署再刮"审计风暴",审计工作成为廉政建设的重要力量。

5.查处大案要案工作继续推进,韩桂芝、张国光、田凤山、刘方仁等一批高级领导干部严重违法乱纪案件被查办或惩处。检察机关2004年1月至11月共查处县处级以上领导干部2856人。

6.我国成功引渡广东巨贪余振东。我国通过对外司法协作打击外逃贪官取得重大突破,对贪官外逃形成有力震慑。

7.行业不正之风整治工作高潮迭起,损害群众利益的问题成为整治重点。国家发展与改革委员会、教育部等七部委联手查处教育乱收费问题;卫生部相继出台规范性文件,着力纠正医疗服务中的医药回扣、红包、开单提成等不正之风。

8.重大安全事故频仍,国家严肃处理了川东特大井喷事故、北京密云"2·5"特大伤亡事故、吉林中百商厦"2·15"特大火灾事故等特大安全事故中失职渎职相关责任人员,政府官员问责制逐渐形成。

9.中央纪委、中组部2004年清理党政干部在企业的兼职问题,"红顶商人”被要求限期“摘帽”。

10.为防止腐败分子将非法所得向海外转移，我国《反洗钱法》立法工作正式启动，国家外汇管理局公布了第一份反洗钱报告——《2003 中国外汇领域反洗钱报告》。

（信息来源：《法制日报》）

备注：本榜由法制日报社评选并于2004年12月28日揭晓。

◎榜五、2004 中国知识产权十大抢眼新闻◎

1.温家宝总理在山东考察时指出：世界未来的竞争就是知识产权的竞争

2004年6月20日至22日，中共中央政治局常委、国务院总理温家宝在山东考察时指出：世界未来的竞争就是知识产权的竞争，集中表现在一流的技术、一流的产品。他强调，要从实现国家繁荣昌盛和民族伟大复兴的战略高度出发，鼓励我国的优秀企业争创世界顶级品牌。要广泛开展个人干一流工作、企业创一流品牌、社会造一流环境的活动，不断增强整体经济素质和竞争力。

2.制定和实施国家知识产权战略提上议事日程

2004年1月13日，国务院副总理吴仪在全国专利工作会议上强调，大力推进实施知识产权战略，为促进国民经济发展，增强国际竞争力，维护国家利益和经济安全服务。2004年6月7日至8日，来自社会经济学界、法律界、知识产权界、科技政策界、企业界的专家学者在国家知识产权战略座谈会上，呼吁我国要积极制定和实施国家知识产权战略，并就知识产权战略的定位、范围、领域和环节等问题发表了具有理论价值和操作意义的意见和建议。制定和实施国家知识产权战略被提上议事日程，这意味着中国将从国家大局的层面上来安排、定位和考虑知识产权问题。

3.我国专利申请总量突破200万件

2004年3月17日，在《中国专利法》颁布二十周年后的第五天，我国专利申请总量突破200万件大关。从中国专利法实施到2000年的15年间，我国的专利申请总量达到第一个100万件；此后，仅仅过了4年多的时间，中国专利申请总量再度突破100万件，真正实现了专利申请的跨越式发展。

4.“两高” 知识产权刑事司法解释施行

2004年12月22日，最高人民法院、最高人民检察院联合公布的《关于办理侵犯知识产权刑事案件具体应用法律若干问题的解释》施行。这是中国司法机关加大知识产权司法保护的又一重大举措。司法解释明确了侵犯知识产权犯罪的定罪量刑标准，明确了不同犯罪时的处罚原则，显著降低了单位犯罪的标准，增加了共同犯罪的规定等。

5.全国保护知识产权专项行动如火如荼

2004年8月27日，国务院召开全国保护知识产权专项行动电视电话会议，中共中央政治局委员、国务院副总理、国家保护知识产权工作组组长吴仪强调，要充分认识保护知识产权的紧迫性和重要性，统一思想，明确任务，突出重点，坚决打好保护知识产权专项行动这一战役，遏制各种侵犯知识产权的行为，增强全社会知识产权保护意识，树立我国良好的国际形象，促进经济社会协调发展。此次专项行动从2004年9月开始，将持续一年的时间。

6.九部委发起规模空前的“保护知识产权宣传周”

2004年4月19日，全国整规办、国家知识产权局等九部委的有关领导在印有“尊重知识产权，维护市场秩序”的横幅上郑重签名，大规模的知识产权宣传和专项执法活动在全国范围内全面展开。这项由九部委共同发起的活动，首次将“世界知识产权日”一天的宣传活动扩展为持续一周。

7.深圳专利与版权机构合二为一

2004年7月30日，“深圳市知识产权局、深圳市版权局”挂牌。这标志着深圳知识产权行政管理体制改革方面的重大举措付诸实施，也意味着深圳作为我国改革开放的试验田，在知识产权管理体制改革方面，又走在了全国的最前面。

8.医药知识产权争议频发

2004年7月5日，国家知识产权局专利复审委员会经依法审理，宣告美国辉瑞公司治疗阳痿的药物“万艾可”的专利无效。2004年8月17日，国家知识产权局专利复审委员会即将对葛兰素史克的新型糖尿病药物“文迪雅”专利无效案进行口头审理的前一天，葛兰素史克突然提交了自2004年8月10日起放弃该药物专利权的书面声明，中国3家医药企业也在口审现场宣布撤回无效宣告请求。

9.中国DVD打响专利反击战

2004年6月15日，中国部分DVD骨干企业委托香港的无锡多媒体有限公司，将飞利浦电子公司、索尼公司、先锋公司告上了美国圣地亚哥市的加州南方地区法院，指控这三家公司组成的DVD专利池许可政策违反了美国联邦和州的多部法律。在起诉书中，原告指控3C集团用美国专利设立专利池，强迫竞争对手屈服于非法的许可和付费协议，从而合谋垄断DVD市场，是一种不正当竞争行为,违反了美国联邦的谢尔曼法。中国 DVD 企业在痛苦的成长中,学会了利用规则来打反击战。

10.联想与 IBM 上演“蛇吞象”

2004 年 12 月 8 日,联想集团宣布以 12.5 亿美元收购 IBM 全球个人电脑(PC)业务,包括笔记本和台式机业务,具体支付则为 6.5 亿美元现金及 6 亿美元股票。并购完成以后,IBM 和联想的 PC 总销量相加,可以与戴尔、惠普鼎足而立。

(信息来源:新华网 2005 年 1 月 21 日)

备注:本榜由国家知识产权局、中国知识产权报社等联合评选,由知识产权界的专家投票,并参考国家知识产权局网站、新浪网、中国国际知识产权网等网络投票后最终确定的,以期更好地推动知识产权意识在我国的宣传普及。

四、科教文卫体篇

◎榜一、2004 中国十大科技进展新闻◎

1.曙光 4000A 高性能计算机投入使用,中国成为第三个能够制造和使用 10 万亿次高性能计算机的国家。

2.我国首座国产化商用核电站秦山核电二期工程 2 号机组全面建成投产。

3.西气东输工程全线实现商业运营。

4.我国第一个下一代互联网主干网建成开通,传输速度比现有互联网提高 1000 倍以上。

5.“探测二号”发射成功,与在轨运行的“探测一号”构成星座式独立探测体。

6.我国研制出纳米“超级开关”材料,为功能纳米界面材料研究提供了科学依据。

7.国内第一套水下高精度定位导航系统研制成功,我国成为世界上少数几个能掌握水下高精度定位技术的国家之一。

8.我国科学家率先破解膜蛋白晶体结构难题,初步揭示植物光合作用机理。

9.我国在量子信息实验领域取得重大突破,实现五个粒子的量子纠缠态,超越美、法等国,进入国际领先水平。

10.我国海域油气资源战略调查获得重大突破,初步计算出我国海域油气资源量可达 400 亿吨以上的油当量。

(信息来源:央视国际)

备注:本榜评选活动由中国科学院院士工作局、中国工程院学部工作局和科学时报社共同主办,由路甬祥、徐匡迪等 584 名中国科学院院士和中国工程院院士投票评选,并于 2005 年 1 月 13 日在京揭晓。

◎榜二、2004 国防科技工业十大新闻◎

1.中国核事业 50 年成就辉煌,“中国核事业 50 年成就展”反响强烈。

2.中国 2004 年成功发射八箭十星。

3.中国造船连续 10 年居世界第三位,国际地位显著提升。

4.马祖光被授予“国防科技工业战线楷模”的荣誉称号,全国开展学习马祖光的活动。

5.国产新舟 60 飞机首次走出国门,中国与巴西合资生产的 ERJ145 喷气支线客机交付国内用户。

6.中国自主设计、建造的大型商用核电站——秦山核电二期工程 2 号机组全面建成投产。

7.中国北方工业公司中标德黑兰地铁 4 号线,成为中国签订的金额最大的国际工程承包合同。

8.中国首次建造液化天然气船,超大型原油轮实现建造批量化。

9.一批导弹武器在珠海航展亮相,中国高新技术武器研制生产取得重大成果。

10.中国兵器装备集团长安汽车集团公司汽车产销量跃升。

(信息来源:新华网)

备注:本榜由中国国防科学技术工业委员会评选并于 2005 年 1 月 17 日公布。

◎榜三、2004 医药科技十大新闻◎

1.我国 SARS 研究取得某些重大进展:率先在世界完成 SARS 灭活疫苗 I 期临床试验;国际上首个 SARS 病毒血清抗原检测试剂盒获准上市;我国科学家阐明 SARS 病毒融合机制,发现 SARS 病毒进化后危害更大。

2.卫生部等部门出台重要的医学伦理和技术指导原则,规范医学研究和临床诊治:卫生部、国家中医药管理局、总后卫生部联合发布《抗菌药物临床应用指导原则》,指导临床合理应用抗生素;科技部和卫生部联合发布《人胚胎干细胞研究伦理指导原则》,保证我国人胚胎干细胞研究健康发展;卫生部发出停止临床脑科手术戒毒的通知。

3.第三军医大学西南医院烧伤科45年来科技攻关成绩斐然:获国际烧伤研究最高奖"伊文斯奖"、国际烧伤协会"威廉斯奖",以及国家科技进步一等奖等成果116项。

4.由中国中医研究院牵头、国家重点支持的"血瘀证与活血化瘀研究"项目,经三代中医专家40余年努力,成为建国以来首个获得国家科技进步一等奖的中医研究项目。

5.艾滋病研究再传佳音:我国自行研制的艾滋病疫苗获准进入I期临床试验;揭示艾滋病发病新机制的论文在《科学》杂志上发表,引起全球关注。

6.中国医学科学院绘制出首幅"中国人死亡原因地图",详细描述了过去50年,特别是近10年中国城乡居民死因分布特点和流行变化趋势,为我国制定公共卫生目标和科研方向提供了重要的基础信息。

7.器官移植又结硕果:中山大学附属一院、上海瑞金医院分别成功开展亚洲首例腹部器官簇移植及腹部多器官联合移植;南京军区南京总医院全军肾脏病研究所肾脏移植手术临床疗效优良,近、远期生存率均居国内外领先水平;解放军302医院在国内首次成功采用肝细胞移植治疗肝功能衰竭。

8.我国新药研发呈现多个新亮点:复方蒿甲醚成为国际抗疟疾援助计划的首选药品;具有完全自主知识产权的国家一类新药"丁苯酞"和"重组葡激酶",分别为急性脑卒中和心梗病人提供了有效可靠的国产新药。

9.基础医学研究喜讯不断:北京大学、中国医科院等院校证实,非免疫细胞也能产生免疫球蛋白;第二军医大学、浙江大学发现新型树突状细胞亚群,为肿瘤和自身免疫性疾病防治提供了新思路。

10.我国启动医药科技平台建设——由卫生部承担的以数据共享为核心的医药卫生科技条件平台和依托于中科院上海药物所的首个高内涵药物筛选技术平台建设启动,以加速医药科技的发展和新药的研发。

(信息来源:《健康报》2004年12月19日)

备注:本榜评选活动由卫生部、总后卫生部、科技部、国家食品药品监督管理局、国家中医药管理局、中国科协、中华医学会和健康报社联合主办,第三军医大学西南医院协办。

◎榜四、2004全国十大教育新闻◎

1.中央财政投入百亿元启动西部"两基"攻坚,到2007年我国西部地区将基本普及九年义务教育,基本扫除青壮年文盲。

2.国务院批转教育部《2003-2007年教育振兴行动计划》,这是教育系统进一步落实科教兴国战略和人才强国战略,加快今后教育改革与发展的基本蓝图。

3.《中共中央国务院关于进一步加强和改进未成年人思想道德建设的若干意见》发表。

4.国家助学贷款出台新政策,对国家助学贷款工作进行了调整和完善。

5.教育部等七部委召开全国职业教育工作会议,提出要面向市场,以就业为导向,以服务为宗旨,加快培养大批高技能人才和高素质劳动者,逐步建立起与经济社会发展相适应的现代职业教育体系。

6.我国首部《高等学校哲学社会科学研究学术规范》发布,对高校哲学社会科学研究的基本规范、学术引文规范、学术成果规范、学术评价规范和学术批评规范都作了明确的规定。

7.全国义务教育阶段学校实行"一费制",继续扩大免费教科书发放范围。

8.全社会隆重庆祝第二十个教师节,倡导全社会都要大力弘扬尊师重教的良好风气。

9.中共中央、国务院发出《关于进一步加强和改进大学生思想政治教育的意见》,明确提出加强和改进大学生思想政治教育的要求,为加强和改进大学生思想政治教育指明了方向,是指导大学生思想政治教育的行动纲领。

10.我国开通全球规模最大的下一代互联网——中国第一个下一代互联网主干网CERNET2。

(信息来源:《中国教育报》)

备注:本榜由中国教育报社、中国教育电视台联合评选并于2004年12月28日揭晓。

◎榜五、2004十大高校新闻◎

1.国家关心贫困生生活,五部委联合下文落实伙食补助

2004年8月,教育部、国家发展和改革委员会等五部委联合下发通知,9月开学后,对于全日制普通高校中部分经济特别困难的本专科学生,有关部门将给予伙食补助。各高校普通本专科学生按在校生总数5%的比例,按每人每天4元的标

准给予补助，补助时间暂定为一年。五部委还大力支持高校建设“菜篮子”工程。从新学期开始，高校学生食堂、澡堂的用电、燃气、生活用水将享受优惠。同时，继续执行对校园独立核算学生食堂的免征营业税政策，在2005年底之前免征企业所得税，这一系列优惠政策的目的是为学校减负，让大学生吃上更便宜的饭菜。

2.马加爵事件震惊全国，中央出台措施加强大学生思想政治教育

2004年2月13日至15日，因被怀疑打牌作假，云南大学2000级学生马加爵先后在学校宿舍杀害4名同学。2004年3月15日晚7时30分，马加爵在海南省三亚市河西区落网。自案发日起到马加爵伏法，马加爵事件一直受到有关部门和媒体的重视，并在全国范围内被广泛关注。此后，中央出台措施加强大学生思想政治教育。

3.“北航事件”成“乱收费”典型，教育部下发紧急通知严查乱收费

2004年3月，教育部部长周济在全国教育纪检监察工作会议上表示，严禁高校以任何理由搞“双轨”收费和降分高收费，严禁向学生收取“转专业费”、“定向费”和“专升本费”等，也不允许学校以改学分制收费为名变相提高学费标准。2004年8月，“北航事件”被中央电视台报道，轰动全国，2004年8月16日，北航校长就该校违规招生乱收费一事公开道歉。

2004年8月28日，教育部发出紧急通知，指出：“少数学校在招生工作中向学生违规收取‘跨省费’、‘建校费’、‘赞助费’、‘扩招、扩容费’、‘定向费’，有的学校以招收预科生为名高收费等等，这些做法严重违反了国家规定，性质恶劣，影响极坏，必须严厉禁止，坚决予以查处。”通知规定，“高校招生不得提高学费、住宿费标准，不得出台任何新的收费项目。学生公寓住宿收费标准每生每学年不得超过1200元。对顶风违规收费的，要一查到底，绝不姑息迁就，并追究主要领导的责任，进行严肃处理。”

4.民办高校迅速发展，诚信危机受到关注

2004年3月17日，《中华人民共和国民办教育促进法实施条例》正式公布并于2004年4月1日起正式实行，有力地保障了学校和学生的利益，促进了民办高校的健康发展。但同时，民办高校招生中的虚假宣传也引起了广泛关注。从2004年9月起，各大媒体针对民办高校，以及以民间资金为主的二级学院招生中存在的虚假信息提出了质疑。11月，西安翻译学院炮制的《洛杉矶时报》关于“西安翻译学院名列‘中国最受尊敬大学’第十名，而其校长丁祖诒教授则名列‘受尊敬的中国大学校长’第二名”的报道被证实为假新闻，为民办高校诚信危机的话题掀起了一个高潮。

5.“大学城建设”热潮引起争议

“大学城”风潮从2003年一直刮到了2004年初，全国共有50多个大学城正在兴建。2004年初，河北廊坊“东方大学城”因拖欠22亿元外债被曝光，进而暴露了其非法占用大面积耕地，开发建设“亚洲最大的高尔夫球场”和开发别墅的问题。自此，社会各界开始关注大学城建设，并引发了一系列关于大学城建设的争议。2004年3月初，陕西省政府成立整顿开发区领导小组，并宣布停止西部大学城建设项目，将所占用的土地依法收回；2004年5月，南京各高校迁入大学城的计划全部被叫停；2004年6月初，国土资源部、发改委、农业部等五部委进驻江苏，验收土地市场整顿情况，以大学城项目为重点；随后，江宁大学城被国土资源部点名批评，南京市政府立即收回该项目和仙林大学城建设项目的国土资源管理权。

6.硕士研究生就业待遇平均水平有所降低

从1999年高校连续扩招以来，研究生教育一直保持快速增长的势头。招生规模年递增的速度平均是26.9%。由于扩招的主体为硕士研究生，博士研究生扩招的步伐比较缓慢，因此在2004年的就业市场上，硕士研究生的就业待遇已比以往有所降低。2004年11月，各地媒体纷纷推出研究生在就业市场上“跌价”的报道。上海大多数硕士、博士研究生的月薪期望值在3000–4000元。北京2005届研究生月薪期望值底线已经跌破3000元，广州有6.2%的硕士生把自己的月薪定位在3000元以下。

7.英语四六级考试遭到炮轰

2004年关于英语四、六级考试是否合理的争论此起彼伏。2004年初，福建师范大学的孙绍振教授炮轰四、六级制度，说它是“摧毁中国素质教育的一把利剑”。南开大学哲学系副教授朱鲁子认为，要改革教育制度，国家首先要修正人才评价标准，从“英语崇拜”的误区中走出来，淡化英语考试对一个人的升学、晋升等方面的影响。北京外国语大学外国语语言研究所所长刘润清教授则认为，“大学英语教学改革的关键是取消现行的四、六级考试制度”，要“建立新的测试手段取代现行考试制度”。而教育部有关官员则强硬表态：不会取消四、六级考试。

8.“欧丽曼非法传销大案”涉及两千学子，总理作出重要批示

2004年3月21日至5月12日，湖北、重庆两地警方联手破获“欧丽曼非法传销组织”，该案涉及全国13所高校2000余名大学生，引起中央的高度重视，温家宝总理做出重要批示：“要严厉打击非法传销活动。学校要采取措施防止学生受骗参与传销活动。”据警方介绍，从事“欧丽曼”传销的人员中，在校大学生占相当大的比例。

9.大学生“性道德”问题引发大讨论

2004年8月1日，中央财经大学的女学生赵雨萍和南京大学的几位女大学生利用假期，发起一场旨在“拒绝婚前性行为，净化校园风气”的网上签名活动。后来此活动被人质疑是建立“处女”资讯库的商业行为。这起事件引发了网上关于“大学生性道德”的大讨论。2004年5月9日，成都某高校两名本科生在教室里拥抱、接吻，这一行为被学校的监控设备录了下来。2004年5月20日，学校以“发生非法性行为”为由给予两人退学处分。2004年8月18日，两名学生就此事将母校告上法庭。此事经媒体报道再次在社会上掀起轩然大波，“大学生关于性的自主权利”与“大学生情侣在公众场合的行为尺度”等问题成为公众与媒体激烈争辩的论题。此外，关于大学生“短期同居”、“性教育”、“性危机”，都成为媒体报道的热门话题。

10.教育部下发“禁租令”，辅导员进驻公寓

2004年6月3日，国家教育部下发了《教育部关于切实加强高校学生住宿管理的通知》，《通知》认为，“各高校应积极创造条件为学生解决住宿问题，原则上不允许学生自行在校外租房居住。对极少数确实需要在外租房居住的学生，要经本人和家长双方签字报学校备案”。《通知》要求，“切实选派足够数量的政治素质高，思想作风好，具有较强组织管理能力，善于做学生工作的辅导员进驻学生公寓”。

（信息来源：《大学周刊》2005年1月1日）

相关链接：

“北航事件”

2004年8月初，广西一名高考生被北京航空航天大学录取，但同时被告知要交10万元钱，才能拿到通知书，否则就要被退回档案。此事被中央电视台“焦点访谈”曝光后，引起有关部门高度重视。相关部门立即成立了联合调查组立案审查。经过联合调查组全面、深入的工作，事实已经查清。这一此事件是一起严重的违规收费事件，北航计算机学院教授庞宏冰等人自作主张，擅自收取增招生和定向考生家长的“赞助费”，严重违背了国家的有关规定和学校要求。这一事件暴露了学校招生管理上存在的漏洞。

主要当事人庞宏冰受到党纪政纪处分，并被给予留党察看两年、行政开除、留用察看一年的处分。另两名主要当事人也受到处分。学校相关责任人也受到了行政处分。2004年8月16日，北京航空航天大学校长、中科院院士李未就此事向社会公开道歉。

◎榜六、2004十大高校新闻人物◎

1.杨振宁

美籍华人，1922年9月22日出生于安徽省合肥市。美国纽约州立大学石溪理论物理研究所所长，教授，中国科学院外籍院士；“爱因斯坦讲座”教授、物理学家。1957年因弱相互作用中宇称不守恒原理，而与李政道共获1957年诺贝尔物理学奖。

2004年9月13日，杨振宁面对清华物理系和基础科学班130多名大一新生，开始了他为清华本科生讲授普通物理的教学生涯；在北京举办的“2004文化高峰论坛”上，杨振宁向《易经》“开火”，称“易经影响了中华文化的思维方式”，“这个影响是近代科学没有在中国萌芽的重要原因之一”，从而引起了学术界的广泛争论；2004年11月5日，82岁的杨振宁与28岁的广东外语外贸大学翻译系硕士班学生翁帆在北京订婚。

2.徐本禹

出生于山东聊城郑家镇一个贫困的农村家庭。1999年，徐本禹考入华中农业大学经济贸易学院，2003年本科毕业，以高分考取了本校农业经济管理专业硕士研究生。现作为青年志愿者在贵州省大方县大水乡大石小学义务支教。

2003年7月，徐本禹自愿放弃深造机会，回到一年前“三下乡”志愿服务活动中服务过的贵州一山村小学义务支教，并每月从微薄的生活补助中节省出一半的钱，用来资助当地孩子上学。在读研深造与贫困地区支教之间的距离不啻于天与地的遥远，而在一个并不是必然会遭遇的十字路口上，徐本禹选择了后者。“2004年感动中国”人物的提名可说是实至名归。徐本禹奉献给社会的，不仅仅是对贫困地区教育工作的支持，更是一颗爱心的种子。

3.陆德明

1957年出生，知名经济学家、中国经济研究中心教授兼学术委员会主任、博士生导师、上海市政府决策咨询专家、复旦大学经济学院院长。主要研究与教学领域：当代中国（含台港）经济发展、发展经济学、新政治经济学。

2004年10月28日，复旦大学宣布，院长陆德明因嫖娼被抓，已经辞去院长职务。随后，陆德明通过媒体发表书面声明，承认了嫖娼的事实并向公众道歉。

4.甘德怀

1974年出生，1996年毕业于南京建筑工程学院，1999年毕业于南京师范大学法律系法理学专业，获法学硕士学位。此后两年，他在江苏省淮阴市中级人民法院当书记员，后调入河海大学任教。

2004年3月，甘德怀参加了北京大学法学院法理学专业法社会学方向

博士入学考试,笔试成绩第一。一个月后,却因复试不及格而落榜。甘德怀认为考试“不公平”,在与北大校方交涉两个多月后,2004年7月9日,他把一篇洋洋6000字的《我的北大考博经历》文章发到以学术打假著称的“新语丝”网站上。此文发上论坛后,参与讨论这起名校考博中“阿甘事件”的文章短短两天便已超过百篇,参与者既有各大高校的学生、博导,也有关注国内高等教育的海外学人。讨论已经由“个案”的是非曲直上升到对中国博士招生制度的改革以及优秀人才遴选标准的问题上。

5.丁祖诒

现任西安翻译学院院长。2004年10月自封为“最受美国高校尊敬的中国民办大学校长”。

2004年10月27日起,一则由《洛杉矶时报》发布的“西安翻译学院丁祖诒校长当选为‘最受美国高校尊敬的中国民办大学校长’”的新闻经国内媒体转载后传遍全国。然而这则新闻受到了致力于学术打假的方舟子的质疑,随着他的调查深入,疑点越来越多……终于,大家发现西安翻译学院网站上很多的宣传完全是杜撰的。

2004年12月10日,教育部新闻发言人王旭明宣布了一个消息:“西安翻译学院在美国《洛杉矶时报》举办的中国大学排行榜上排名第十位的宣传,经查实,这是一则自费广告。”这种说法为方舟子在2004年10月关于“西安翻译学院排名骗局”的调查盖棺定论:丁祖诒和大家开了个“国际玩笑”。

6.陶宏开

华中师范大学客聘教授、挽救深陷网瘾青少年第一人。2004年7月发起“挽救上网成瘾者行动”,已帮助65个孩子成功脱瘾,培训了369名志愿者,为2000余位家长提供咨询;炮轰游戏开发商,否定“游戏玩家是一种职业”的说法;做客中央电视台谈戒网;在沈阳、北京等地的讲座场场爆满,听众多是家长及被家长逼着来的小“网虫”。

7.郭敬明

1983年出生,“80后”代表作家之一,网络名为“第四维”,曾获第3届、第4届新概念作文大赛一等奖,现已出版个人作品《爱与痛的边缘》、《左手倒影右手年华》、《幻城》、《梦里花落知多少》。目前在上海大学影视艺术技术学院学习,自认为“性格一半明媚,一半忧伤”。

进入2004年以来,“80后”写作群体被媒体炒得红红火火。郭敬明作为他们中间曾经的代表人物在2004年更是无比风光。有报道说,郭敬明的书年印数超过百万,他的年收入也超过160万。2004年12月初,北京市法院一中院判定郭敬明《梦里花落知多少》一书系抄袭另一作家庄羽所著《圈里圈外》,要求出版社停止出版和发行《梦里花落知多少》,并共同赔偿庄羽20万元。该事件在文坛引起轩然大波,媒体纷纷对此进行报道和评论,并同时带出整个文坛对“80后”作家写作的思考。

8.张立勇

被网友称为“馒头神”,赣南山区人。29岁的他,当年为了减轻家庭的负担中断学业,外出打工。1996年,在叔叔的帮助下,他来到清华大学第十五食堂当了一名切菜工。名校的氛围让他明白了一件事:贫富不能选择,可好学与懒惰全在自己。1997年,他选择了自己最感兴趣的英语作为突破口,开始了自学。

之后,张立勇参加了托福考试,考出630的高分。他英语口语流利,不但在清华餐饮中心英语培训班司职主讲,还在校外兼职英语家教,一本关于如何自学英语的书也已完成。

9.刘　翔

1983年7月15日出生于上海,1996年进入上海体育运动技术学院,师从孙海平教练,2004年雅典奥运会男子110米栏冠军。

和所有奥运冠军一样,这个头衔给他带来了大量的奖金和广告收入,“加盟娱乐圈”和“白沙广告事件”让人们对刘翔的关注转向另一个高潮,而此后的“硕博连读”风波,不仅是针对刘翔个人,其意义已经扩大到中国高等教育人才选择的公正性。奥运冠军或是其他一些做出过突出贡献的人是否在教育上享有特权?这是刘翔在12秒91的光环背后给人留下的一个沉重思索。

10.卧底三人组

王勇、李振祥、朱小波,他们本来分别是武汉大学、华中师范大学的普通在校大学生。2004年底,3人以集体形式获得中央电视台“2004法治人物”提名,原因在于他们在2004年夏天卧底重庆一传销集团,从而协助警方破获一起震惊全国上下的大学生参与传销案件。

卧底重庆传销组织——欧丽曼集团,协助警方破获此大案,解救从事传销或被传销诱骗的大学生将近2000名。他们因此获得公安部奖励,参与破获的案件也由总理亲自批示,并被全国各大媒体报道,引起全社会对大学生从事传销现象的普遍关注。

(信息来源:《大学周刊》2004年12月31日)

◎榜七、2004十大文化新闻◎

1.民营书业打破“发行垄断”

2004年4月,民营企业山东世纪天鸿书业有限公司获得“出版物国内总发行权”和“全国性连锁经营权许可”,这标志着民营书业开始享受与国有新华书店完全平等的政策空间和竞争平台,打破了我国出版物发行领域国有企业最后一块“垄断阵地”。垄断是市场的敌人,民营书业打破“发行垄断”,无疑将会引发我国出版发行业的重新洗牌,促进图书音像市场更加自觉地按商业规律运行。

2."三联保卫战"告捷

2004年9月14日,三联书店总经理汪季贤被调离,他所担任的三联书店党总支副书记的职务也被免除。据了解,调离的一个重要原因是汪季贤未能正确理解和维护"三联"品牌。至此,持续了10个月的"三联保卫战"宣告胜利。

三联书店以其高品位被誉为"中国知识分子的精神家园",而自2003年底以来,三联书店的运营出现了与"三联传统"不协调的声音,相继出版了200多种质量较差的教辅书,严重破坏了三联书店的品牌形象。

3.世界遗产大会首次在中国召开

2004年6月28日至7月7日,第28届世界遗产大会在苏州召开,这是世界遗产大会第一次在中国召开,也是世界遗产委员会历史上最长的一次会议。在此次会议上,联合国教科文组织分析了世界遗产分布不均的问题,尤其是存在于欧洲国家与其他国家之间的分布不均。许多非洲和亚洲国家的代表也就此呼吁,应适当限制已经拥有众多世界遗产的欧洲国家,把更多的申报机会给予尚无世界遗产的国家。大会发表了"苏州宣言",呼吁与会各国将青少年作为世界遗产保护教育的重点,积极向青少年提供有关服务和指导。

4.法国文化年掀起浪漫风暴

"中法文化年"是1999年和2000年中法两国国家元首在互访时共同确定的。2004年10月至2005年7月,法国文化年在中国举办。法国文化年以"以人为本和革新"及"浪漫与创新"为主题,在北京、上海、广州等城市及香港特别行政区陆续举办百余项文化活动:法国音乐家雅尔的紫禁城激光音乐会、"法兰西巡逻兵"飞行表演、法国时尚百年大型设计展、印象派绘画珍品展等。

5.国学大师张岱年病逝

曾经与钱钟书并为"国宝"、被冯友兰赞为"刚毅木讷近仁"的国学大师张岱年,因病救治无效,于2004年4月24日凌晨在北京逝世,享年95岁。他的去世意味着一个学术时代的终结。

张岱年字季同,别名宇同,1909年5月出生于北京,原籍河北省献县,是我国著名哲学家。他的著作对中国古代哲学的概念、问题、体系及其起源、演变做出了全面的论述和准确的分析,体现了他在把握中国哲学方面的广阔性和深刻性。20世纪80年代以来,张岱年力倡"综合创新"的文化观,在当代文化建设中发挥了重要作用。

6.周公庙西周墓葬群考古

2004年5月7日,以北京大学副教授雷兴山为核心的周公庙考古队成员,在陕西周公庙遗址发现了西周大型墓葬群,成为海内外关注的焦点。这处大型墓葬群位于岐山南麓的一条土梁上,面积约8万平方米,考古学家认为这极有可能就是周公的家族墓地。专家还在这一大型墓地外围发现了长1500余米的西周城墙,这在西周考古史、中国建筑史等方面均具有极其重要的意义。此外,专家们还在周公庙遗址附近发掘出西周时期的卜甲700余片,这为西周考古研究提供了不可多得的文字资料。

7.首届中国国际建筑艺术双年展举行

首届中国国际建筑艺术双年展于2004年9月20日至10月6日在北京举行。这是中国首次举办如此大规模的建筑展会,国家大剧院的设计师安德鲁、奥运会主场馆(俗称"鸟巢")设计者之一德梅隆、美国著名设计师屈米等国内外100多位建筑设计师参加了该双年展。这届双年展也被认为是中国当代建筑从建设走向文化的一个转折点,不仅开阔了中国建筑师的眼界,也是他们与国际建筑大师们交流的极好机会,有助于中国在城市化进程中吸取国外的经验与最新的设计理念。

8.白先勇打造《牡丹亭》

2004年,著名作家白先勇参与改编的青春版昆剧《牡丹亭》由外形俊美的年轻演员沈丰英和俞玖琳饰演柳梦梅与杜丽娘,在情节、舞美、服装等多方面凸显"青春",打造出了精致典雅的舞台视觉效果,惊艳两岸三地。

新版昆剧《牡丹亭》取得成功的一个重要原因是:它既是古老的,又是现代的,既保持了昆曲唱腔的原汁原味,又吸收了现代的各种新的舞台表现手段,因而使昆剧更加美妙,更加符合现代人的审美要求。

9.金庸辞去浙大人文学院院长

2004年12月21日,浙江大学校方证实,著名作家金庸提出辞去浙江大学人文学院院长、博士生导师的职务。在这之前,金庸在深圳接受采访时表示:"我在浙江大学人文学院收了几个博士生,不够好,我现在也不教了,还把院长的官辞了。"

金庸辞职事件的影响已远远超出了浙江大学本身的范围,成为当下学术文化界的焦点。南京大学人文学院院长董健认为,金庸在浙江大学是一场"错位",他是一个非常好的武侠小说家,却刻意回避这个身份,强调自己是研究历史的,但他在历史学研究领域却没有令人信服的成果。因此,金庸辞职是"他找到了自己的位置"。

10.CCTV新办公大楼低调动工

2004年7月27日晚,央视国际网站公布了由建筑大师库哈斯设计的中央电视台新台址建设工程的建筑方案。2004年9月22日,央视新楼奠基,这意味着央视新大楼工程正式进入建设阶段。

自2003年12月20日央视新台址竞标结果出台后,在半年多时间里,央视一直特别低调。可是,争论是不可避免的,而且争论的范围已经超出了建筑学的范畴,扩展到文化、社会、经济各个领域。有人认为中国已经成为国外建筑师的实验工地；而另一些人则认为国外建筑师给中国建筑带来新的思维和活力。

（信息来源：《南方都市报》2005年1月11日）

◎榜八、2004全国十大卫生新闻◎

1.中共中央总书记、国家主席胡锦涛探望艾滋病患者，我国艾滋病防治工作得到切实加强。

2.新型农村合作医疗试点工作取得初步成效，我国农村医疗卫生条件明显改善。

3.我国加大重大传染病防治工作力度，传染病防治工作进入新的发展阶段。

4.实验室感染导致非典疫情发生，我国切实加强生物实验室的安全管理工作。

5.安徽省阜阳市发生劣质奶粉毒害婴幼儿事件，国家进一步加强食品安全工作。

6.重大突发传染病疫情得到有效控制，我国逐步建立健全突发公共卫生应急机制。

7.卫生部公布居民营养与健康状况调查结果，我国居民面临营养缺乏与营养结构失衡的双重挑战。

8.严肃查处卫生行风典型案件，卫生行业纠风专项治理工作取得阶段性成果。

9.全国非法采供血液和单采血浆专项整治工作取得初步成效。

10.《抗菌药物临床应用指导原则》等医疗技术规范发布，我国医疗机构和医务人员的医疗行为得到进一步规范。

（信息来源：新华网）

备注：本榜由国家卫生部评选并于2005年1月20日揭晓，旨在梳理和总结全国卫生系统年度重大新闻事件，稳步推进我国新闻宣传工作和卫生事业的改革与发展。

◎榜九、2004中国体育十大新闻◎

1.中国军团再创新高

在雅典奥运会上，中国体育代表团捷报频传，出人意料地夺得32枚金牌，力压俄罗斯占据金牌榜次席，继悉尼奥运会后再度创下历史最好成绩。

2.刘翔展现“中国速度”

中国田径选手刘翔在雅典奥运会男子110米栏决赛中，以12秒91的成绩平了世界纪录，成为第一位夺得奥运会男子短跨项目金牌的亚洲运动员。

3.中国女排重夺金牌

陈忠和带领他的弟子在雅典奥运会上一路高歌，登上最高领奖台，这是中国女排时隔20年之后重新夺得奥运会金牌。

4.中国足球连遭重创

2004年，中国足球祸不单行，国奥队无缘奥运、女足溃败雅典、国家队提前告别德国世界杯，多年积累的矛盾大爆发，投资人发起的“十月革命”把中国足球推到了崩溃的边缘。

5.体育总局高层变动

2004年12月9日，65岁的袁伟民带着其47年体育生涯的诸多辉煌卸任，原四川省委副书记刘鹏接过国家体育总局局长的帅印，这标志着中国体育“名帅主政时代”的终结。

6.奥运工程方案调整

在总体格局没有大变的前提下，本着“节俭办奥运”的原则，北京奥运会组织委员会对奥运场馆建设进行了微调，北京奥运会主体育场“鸟巢”于2004年7月底暂停施工，在有关方面对设计方案进行了调整优化后重新恢复施工。

7.中国网球爆冷登顶

中国网球女双选手李婷/孙甜甜在雅典奥运会连爆冷门战胜诸多名将组合，为中国体育代表团夺得一枚最意想不到的金牌。

8.F1大赛亮相上海

与奥运会、世界杯足球赛并列为世界三大赛事的一级方程式世界锦标赛（F1）2004年9月26日在上海F1国际赛车场举行，这是该项赛事首次登陆中国，而上海也成为了亚洲第三座承办F1比赛的城市。

9.NBA风劲吹京沪

2004年10月，中国球星姚明效力的休斯顿火箭队与萨克拉门托国王队分别在上海和北京举行了一场季前赛，在两地刮起了一股“NBA（美国职业篮球联赛）旋风”，中国球迷第一次在家门口欣赏到了原汁原味的NBA比赛。

10.汤姆斯杯重归中国

2004年5月16日，中国羽毛球队在印尼雅加达举行的汤姆斯杯决赛中以3:1战胜丹麦队，夺回阔别了12年的这座代表男子羽毛球团体最高水平的奖杯。

（信息来源：新华社）

备注：本榜由新华社评选，并于2004年12月25日发布。

五、新闻奖篇

◎榜一、第14届中国新闻奖获奖作品名单◎

(一) 一等奖

作品名称	体裁	作者	编辑	刊播媒体
筑起我们新的长城——论亢击非典的伟大精神	文字言论	任仲平	王　晨　张研农	人民日报
微笑,并保持微笑	文字言论	尚德琪	玄承东	甘肃日报
急于动武　缺理少据	国际言论	古　平(朱梦魁)	黄　晴	人民日报
美国对伊拉克开战	国际消息	贾迈勒	新华社中东总分社国际部英文编辑室	新华社
非典型肺炎病原是衣原体?	文字消息	段功伟	陈广腾　崔向红	南方日报
三峡大坝昨下闸蓄水	文字消息	剑文　礼兵　忠贤　周芳　志兵　月波　剑军　立新	雷　刚　陈剑文	湖北日报
目击杨利伟飞天归来	文字通讯	范炬炜　孙　阳　唐振宇	刘兴安	解放军报
振超效率:赶超世界第一	文字通讯	辛　梅	樊泽顺　赵慎安	青岛日报
五河:城市贫民背不动豪华广场	文字通讯	周立民	吴锦才　汪金福　王　炽	新华社
医药代表向"老百姓"下跪	文字通讯	秦　军	朱仁华　王　纲	浙江日报
千里风沙小站行	文字系列	工人日报	工人日报集体	工人日报
2003年2月24日黑龙江日报国际新闻版	国际新闻版面		连占海　王福荣　黄广庆	黑龙江日报
祝福全国人民安康	新闻摄影	莫定有		四川日报
总理为民工追工钱	新闻摄影	刘卫兵	吕淑梅	新华社
SARS病房	新闻摄影	贺延光	晋永权	中国青年报
政绩"工程"	新闻漫画	黎　青	卢　新	济南日报
"重赏"之下	报纸副刊	仲　言	杨少波	人民日报
殷殷嘱托　浓浓民情	广播消息	阳　玲	何良璋	湖南人民广播电台
召回"新政策"也是进步	广播评论	丁　方　周　导	袁　晖	上海人民广播电台
互联网的发展——SARS无情,网络有情	广播专题	程　浩　林少文	程　浩	中国国际广播电台
站在耕地边缘	广播系列	张　军　张　磊	赵连军　侯永生	中央人民广播电台
来自巴格达的声音	国际广播系列	张　立　王文宽	隋艳霞　常海宽　王　坚	中国国际广播电台
北京有个总理也是你的亲人	电视消息	王　成　张华迁　赵武军	赵武军	新疆电视台
用生命撞响的警钟	电视评论	朱海虎　肖亚光　许凌云　陶亿笑　耿辉旺　刘凤林		山西电视台

作品名称	体裁	作者	编辑	刊播媒体
钟南山:直面非典	电视专题	王 志 张士峰 王 扬 孙海南 陈洪奕		中央电视台
非凡抗击	电视系列	张 亮 周 星 赵 彤 鲍 毅 张 丽		北京电视台
伊拉克战争连续报道	国际电视系列	中央电视台集体	中央电视台集体	中央电视台
用"三个代表"重要思想统领新闻宣传工作	新闻论文	王 晨	张书林	人民日报
试论新闻的度	新闻论文	江永红	刘学渊	新闻战线
时效的魅力	新闻论文	马胜荣	文 璐	中国记者
报业集团化运作创新:打造价值链、品牌链、产业链	新闻论文	罗建华	祝晓虎	新闻战线

(二)新闻摄影作品

一等奖

A:祝福全国人民安康(重大新闻类)

B:SARS 病房(组照之一)

C:总理为农民追工钱(重大新闻类)

二等奖

D:中国女虚拟人

E:千里梦圆

F:美军在伊遭袭

G:一夜破产

三等奖

H:只手遮天

I:小巷获联合国奖

J:喀布尔发生爆炸

K:背着国徽去开庭

L:黑色村庄(组照之一)

M:隔离区分娩

(信息来源:中国新闻网)

备注:2004 年 9 月 28 日,由中国记者协会主办的全国优秀新闻作品年度最高奖——第 14 届中国新闻奖在北京揭晓。共有 248 件新闻作品获奖,其中一等奖 31 件,二等奖 81 件,三等奖 136 件。在 248 件获奖的新闻作品中有 13 组(幅)新闻摄影作品。

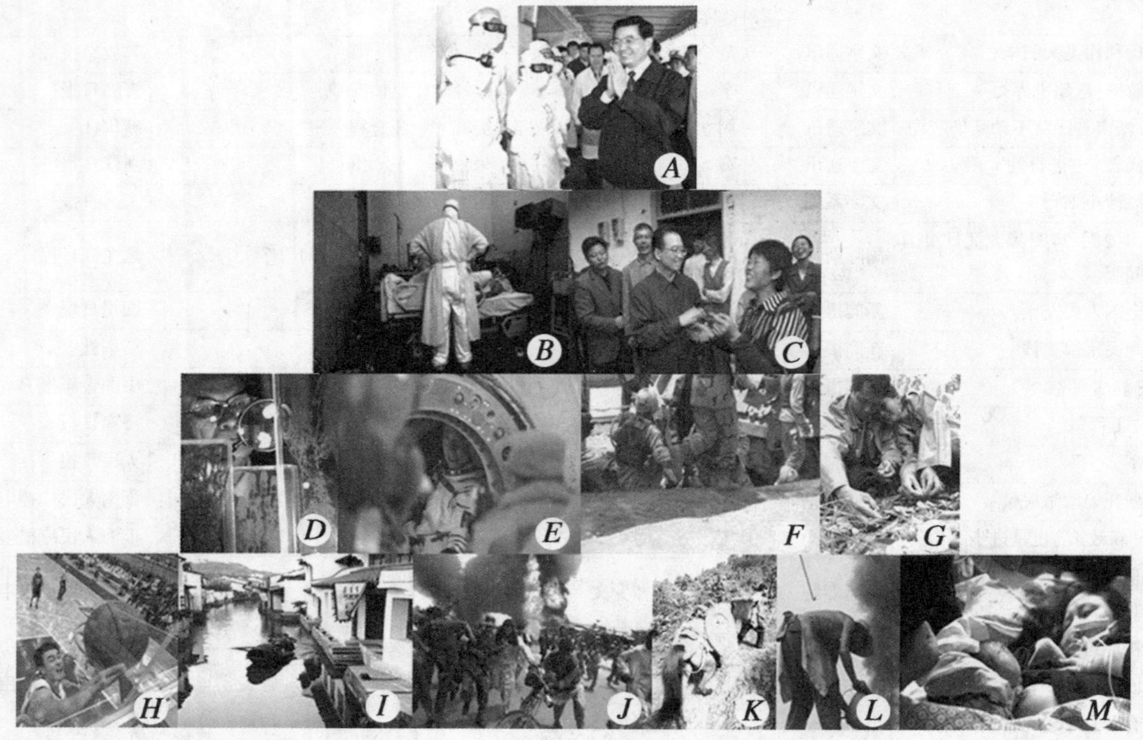

获奖新闻摄影作品

◎榜二、第10届五四新闻奖获奖作品名单◎

文字类（共54件）

特别奖（3件）

作品名称	体裁	作者	刊播媒体
“在新的历史起点上”	专栏	团的生活部	中国青年报
团十五大特刊	特刊	高　山　李立红　万兴亚	中国青年报
灾难面前的民族精神与青年责任	系列报道	吴佩华　杨晓光　张　嘉	北京青年报

一等奖（9件）

作品名称	体裁	作者	刊播媒体
在“三个代表”重要思想指引下前进——写在共青团十五大开幕之际	通讯	王雷鸣　李术峰　吕　诺	新华社国内部
团十五大报道：聚焦青年热点	系列报道	王雷鸣　李术峰　吕　诺　杨维汉　邱红杰	新华社
与高尚同行——写在中国青年志愿者行动十周年	通讯	胡　果	人民日报
为全面建设小康社会奉献青春	社论	王金海	人民日报
特别的精神照亮特别的青春	评论	张　坤	中国青年报
无数个夜晚，我往天涯海角给晓红写信	通讯	熊　璞	中国青年杂志
细说飞天梦触摸英雄心——本报记者与“航天英雄”杨利伟一席谈	通讯	李选清　武天敏　范炬炜　丁海明	解放军报
“雷锋班”与三十五万封来信	通讯	吴　溪　王永孝　刘国顺　周道海	前进报
“转续课本”系列报道	系列报道	于长坤	中国少年报

二等奖（19件）

作品名称	体裁	作者	刊播媒体
为西藏女孩招爸妈	系列报道	李　花	金陵晚报
终结道德的侵害	言论	俞　评	浙江法制报
土家山寨“孩子王”	通讯	朱　定　沈　霖	湖南日报
他们正在建功立业	通讯	江　华　闵　捷	中国青年报
用生命点燃未来——团员青年一线抗击非典纪实	通讯	李术峰　吕　诺	新华社国内部
中国最大青年组织关注民工青年	通讯	易　凌　徐征峰　傅双琪	新华社对外部
青春在抗击非典中闪光	评论	王光荣	光明日报
最大的发现最大的解放——二十年中国大学生就业走势回眸	综述	黄　勇　从玉华	中国青年报
一群女人守护一个民族	通讯	沙　林	中国青年报
成长就是和自己较量	通讯	陈　敏	中国青年杂志
苏向祥：一个中国律师的“八年抗战”	通讯	亓　昕	中国青年杂志
关于“挑战杯”竞赛的思考	系列报道	翟　帆	中国教育报
不订参考书就不给课本	通讯	石艳红	中国纪检监察报
第一个敢说可以阻挡SARS的人	通讯	董志翔	科技日报
学习贯彻“三个代表”重要思想·青年篇1、2、3	通讯	许跃芝	经济日报
勇敢者的游戏	通讯	丁　乙	中国中学生报
警惕对明星自杀的“诗意追捧”	评论	蔡方华	北京青年报

作品名称	体裁	作者	刊播媒体
孩子,抬起你的头!	系列报道	薛 玲 吴 俊	扬子晚报
妈妈泣诉:帮帮我的古惑仔	通讯	尹安学	羊城晚报

三等奖(23件)

作品名称	体裁	作者	刊播媒体
用青春谱写动人的时代乐章	综述	李海秀	光明日报
根植于沃土——全路"党建带团建"工作综述	综述	吴望根 花发华	人民铁道报
捡回一个"希望"启动	通讯	商 越	辽沈晚报
枣阳走出的宇航员	通讯	张小燕 赵良英 龙 华	湖北日报
铁血忠诚	通讯	陈国忠 邓伟进	长沙晚报
"青年书屋":九团青年致富的好帮手	消息	潇 鸿 广 羽	塔里木报
伴随申城二十年大发展青年突击队建功立业	消息	方 敏	解放日报
采访共青团十五大的八岁小记者	特写	姜知然	中新社
打工子弟学校存在的N个理由	综述	金 勇	中国妇女报
怀揣知识创业淘金	消息	吴佳佳	经济日报
爱心托起明日的希望	通讯	王晓英 邵克斌	吉林日报
小丫创大业	通讯	叶剑波	长白山日报
绥化团员牵手青年奔小康	消息	刘 伟	黑龙江日报
10万多小时的奉献	通讯	沈宇翔	浙江日报
莘莘学子的精神家园	通讯	周小月	黑龙江日报
应急援助	通讯	姚文滨 罗 琪	江西日报
震灾中的大学生志愿者	通讯	狄多华	甘肃日报
到西部去	通讯	卓兰花	海南日报
无愧时代 无悔青春	综述	任 涛	人民日报海外版
大山里来了新报人	通讯	姜宝成	每日新报
志愿者成了"香饽饽"	消息	张师文 王小龙	青海青年报
硕士生进山当"村官"	通讯	张太铸	安徽青年报
青年是未来 青年是希望	消息	吴育卿	福建日报

电视类(共28件)

一等奖(6件)

作品名称	体裁	作者	刊播媒体
综述:中国共青团——与时俱进永葆青春的组织	专题	孔琳琳 朱 刚	中央电视台
从"白衣天使"到"白衣战士"——中国青年"五四"奖章获得者张锦	消息	刘京山 潘虹旭	中央电视台
焦点访谈·让青春闪光	专题	周 墨 刘 宁 吕少波 杨宇歌	中央电视台
李洁慧的五月四日	消息	郝 刚 任贵勋 李永军 窦海洋	山西电视台
求职的故事	专题	王惠莉 张丽娜 姜 昊 李 剑	内蒙古电视台
热血丹心铸警魂	专题	张楚晨 侯洪强 李 锋 徐龙河 李新宇 刘传信	山东电视台

二等奖（8 件）

作品名称	体裁	作者	刊播媒体
网友成凶手　小荀受重伤	系列报道	姜万川	重庆电视台
西海固的最后一课	专题	陈思劼　吴　钧　王　毅　陈晓军	上海电视台
毕业·择业	系列专题	喻　佳　苏　强　杨　洋　胜　春	中央电视台
青春凝聚在党旗下——北京团员青年抗击非典纪实	专题	赵今春　孙政洁	北京电视台
天天历险为上学	系列专题	张晓军　田红年　徐少杰	山东电视台
赵庆的事业	消息	裴晓蓉　胡晓凡　李　艳　陈慧芳	湖北电视台
天津青年冯淑钢西部创业　祁连山下显身手	消息	梁作勤　缪中发　郝　敏	甘肃电视台
热爱生活	专题	金　星　张庭秀	平湖电视台　嘉兴电视台　美国斯特拉电视网

三等奖（14 件）

作品名称	体裁	作者	刊播媒体
防非典青年志愿者助耕帮困	消息	景　佳　唱　华	辽宁电视台
阔步展爱心——云南巧家县师生团赴港侧记	专题	杨　华	云南电视台
志愿者在行动——在农村防非典一日	专题	宋　韬　阙　洁　来晓茹	宁夏电视台
大学生罗福欢首注我国擦鞋商标	新闻	多　闻　龙　潭　李　好	中央电视台
服务西部　锻炼成才	专题	高　飞　关子牛　张军强	中国教育电视台
抗击非典，志愿者唱响奉献歌	消息	韩　松　王连军	河北电视台
“未婚妈妈”和她的孩子们	消息	郝　刚　窦海洋　郇　昆　侯小俊	山西电视台
用爱心照亮生命——我市首例骨髓捐献行动	连续报道	高义刚　陈　思	镇江电视台　中央电视台
鹤壁：576 名“大学生村官”赛小康	专题	杨秀芬　郭攀登	鹤壁电视台　河南电视台　中央电视台
政府搭台　广西边境地区 4 千农民青年外出务工	消息	徐　磊　周保福	广西电视台　中央电视台
学校的卫士　学生的恩人	专题	胡安迪克	新疆电视台
“助力行动”让青春闪光——共青团农五师委员会开展“助力行动”纪略	专题	何新民　姜继先　马　勇　陈新刚　徐淮霞	新疆兵团　农五师电视台
首次全国大学生科技成果今天开槌最高拍卖成交价 20 万元	消息	陈晓前	广东电视台
志愿服务在安徽	系列专题	李潮洋　江金鹏　王　勇　吴　薇　袁国春　刘博夫　潘平洋	安徽电视台

广播类（共 13 件）

一等奖（4 件）

作品名称	体裁	作者	刊播媒体
总书记同青年代表谈心	消息	赵雪花	中央人民广播电台
“神舟”飞天亲历	专题	梁永春　谭淑惠　何端端　马　艺　郭林雄　郑　雷　孙崇峰	中央人民广播电台
未成年人权益保护任重道远	系列报道	王丽君	青岛人民广播电台
反恐英雄的情和爱	消息	王　宏　赵冬兰　张　宁　白彦诚	新疆人民广播电台

二等奖（4 件）

作品名称	体裁	作者	刊播媒体
青春的脚步——共青团十四大以来全国青年重大活动回顾	专题	温秋阳 范 明 耿小梅 张晓艳	中央人民广播电台
“我为祖国感到骄傲!”	消息	孙崇峰	中央人民广播电台
非常时期 非常六一	专题	熊 丽 乔晓鹏	北京人民广播电台
为了一方土地的安宁	专题	马秀丽 傅云峰	山西人民广播电台

三等奖（5 件）

作品名称	体裁	作者	刊播媒体
苦涩的姊妹花	专题	沈剑华 毛更伟	中央人民广播电台
青春无悔	专题	赵玉坤 彭 博 燕 芳 刘晓雪 魏向东 刘 勇 刘亚茹 张东风	河北人民广播电台
到西部奉献青春	专题	李 忠 万 磊 王维红 赵毅敏	河南信息广播电台
我是小军人	专题	龙裕明 江柳明	广西人民广播电台
“五四”青年节专辑	通讯	林 珍	西藏人民广播电台

图片类（共 9 件）

特别奖（1 件）

作品名称	作者	刊播媒体
杨利伟天外归来 中国人飞天梦实现	王建民	多家报刊

一等奖（2 件）

作品名称	作者	刊播媒体
隔离解除了	贾 婷	北京青年报
志愿者在巴里坤	姚新生	新疆日报

二等奖（2 件）

作品名称	作者	刊播媒体
大学生来到革命圣地延安	王 鹰	中国教育报
张秋慧在抗非第一线	严 亮	南方日报

三等奖（4 件）

作品名称	作者	刊播媒体
款款心曲民族情 赣黔牵手师生缘	朱文标	江西日报
记者夜闯危险地带	崔 峻	北京青年报
“抗非天使”踏上红地毯	陆 纲	重庆晚报
18 岁我庄严宣誓	钟启纲	大连日报

组织奖（10 家）

新华社 中央电视台 中央人民广播电台 总政组织部青年局 共青团北京市委 共青团浙江省委 共青团新疆自治区委 共青团海南省委 共青团云南省委 共青团湖北省委

（信息来源：《中国青年报》）

备注：由团中央、中国记协联合组织评选的“第 10 届五四新闻奖”于 2005 年 1 月底在京揭晓。104 件作品经过初评、复评和定评等严格的评审程序，分获文字类、电视类、广播类、图片类特别奖和一、二、三等奖，10 家单位获组织奖。

六、其他篇

◎榜一、2004 中国海洋十大新闻◎

1.国务院要求进一步加强海洋管理工作,沿海各地积极贯彻落实国务院有关通知精神

2004 年,国务院发出通知,要求进一步加强海洋管理工作。该通知提出,依法审批海洋开发活动,从严控制围填海和开采海砂,加强近海捕捞和海水养殖管理,强化港口码头建设监管等 16 点要求。全国沿海各地各部门精心组织、认真开展学习,并对近期海洋管理工作进行了部署。中国要建设海洋强国,加强海洋管理成为首要之举。

2.全国海洋系统"双先"表彰大会隆重举行,国务院副总理曾培炎出席表彰大会并作重要讲话

2004 年 12 月 20 日上午,"全国海洋系统先进集体和先进工作者表彰大会"在北京人民大会堂隆重举行。人事部、国家海洋局决定对 25 个"全国海洋系统先进集体"和 20 名"全国海洋系统先进工作者"进行表彰,这在建国 55 年来尚属首次。中共中央政治局委员、国务院副总理曾培炎出席表彰大会并作重要讲话,国家海洋局局长王曙光也发表了讲话。榜样的力量是无穷的,全国海洋系统的工作者在感到荣誉的同时,更加体会到海洋事业任重而道远。

3.庆祝国家海洋局成立四十周年大会在京召开

2004 年 7 月 22 日是国家海洋局四十周岁生日。国家海洋局 1000 多名新老同志济济一堂,在全国政协礼堂热烈庆祝国家海洋局成立四十周年。全国政协副主席周铁农、原国务委员宋健委托专人或打来电话,对国家海洋局成立四十周年表示热烈祝贺,向全局广大干部职工表示亲切问候。

4.正值极地考察二十周年之际,"雪龙"号极地考察船访港掀起"南极旋风";中国北极黄河站正式建成,国家主席胡锦涛来电祝贺

中国第二十一次南极考察队暨"雪龙"号极地考察船在前往南极途中,于 2004 年 10 月 29 日抵达香港,停泊在尖沙咀海运大厦客运码头。党和国家领导人高度肯定了考察队暨"雪龙"船在港开展的一系列爱国主义教育活动,并祝贺活动取得良好成效。至今,极地考察事业已走过了 20 个年头。2004 年,我国又在北极建成了中国北极科学考察站——黄河站,国家主席胡锦涛致电表示祝贺。极地事业关乎国家的战略利益和民族的长远利益,同"神舟"五号上天和奥运健儿为国争光一样,是值得中华民族骄傲的事业。

5.我国有史以来最大规模近海海洋综合调查与评价专项启动

2004 年,经国务院批准,由国家海洋局组织实施的"我国近海海洋综合调查与评价"专项工作已进入了全面启动实施阶段。此次专项工作包括"近海海洋综合调查"、"近海海洋综合评价"和"近海'数字海洋'信息基础框架构建"三方面的内容。该项目计划用 6 年的时间完成。"工欲善其事,必先利其器。"我们听到了中国迈向海洋强国"咚咚"的脚步声。

6."中国海洋行政诉讼第一案"结案,海达公司终审败诉

2001 年 3 月,山东荣成海达公司自行填海,并投资 3000 多万元用于填海造地和船坞建设,但该项目一直未依法审批。国家海洋局经实地测量,认定海达公司非法用海 57.02 亩。海达公司不服国家海洋局的处罚决定,向北京市第一中级人民法院提起诉讼,最终败诉。2004 年 10 月 8 日,海达公司不服一审判决,向北京市高级人民法院提出上诉。2004 年 12 月 15 日,该案二审宣判,维持原判。至此,该案以国家海洋局的再次胜诉而告终。案件昭示的是《中华人民共和国海域使用管理法》的尊严与权威。

7.我国海洋生态污染损害索赔第一案——"塔斯曼海"案一审判决,天津市海洋局胜诉

2002 年 11 月 23 日,英费尼特航运公司所属的马耳他籍"塔斯曼海"油轮与大连旅顺顺达船务有限公司所属的中国籍"顺凯一号"货轮在渤海湾海域发生碰撞事故,"塔斯曼海"轮部分原油泄漏,致使天津新港大沽口东部海域受到污染。事后,天津市海洋局以"塔斯曼海"轮溢油严重污染了渤海海洋环境、损害了海洋渔业资源并造成重大经济损失为由起诉英费尼特航运公

司和伦敦汽船船东互保协会。2004 年 12 月 30 日，天津海事法院对该案进行了公开宣判，判决天津市海洋局胜诉，被告赔偿原告海洋环境容量损失等共计 995.81 万元。

海洋生态赔偿概念、确定海洋行政主管部门对海洋污染损害的索赔权，是"塔斯曼海"案的意义之所在。

8.国家海洋局"海盾 2004"行动开展，严查非法围填海

2004 年，国家海洋局决定在全国范围开展代号为"海盾 2004"的专项执法行动，加大查处力度，"追踪"重大海洋违法案件。此项行动 2003 年共查处各类案件 93 起，罚款 1240 万元，其中超过百万元的大案 4 起，有力地遏制了违法用海蔓延的势头。

9.我国厦门、宁波首次为无居民海岛立法

中国首部无居民海岛地方法规——《厦门市无居民海岛保护与利用管理办法》于 2004 年 7 月 22 日出台，并于 2004 年 11 月 1 日起实施。

2004 年 11 月，浙江省人大常委会正式审议批准了《宁波市无居民海岛管理条例》，从 2005 年 1 月 1 日起正式实施。无居民海岛实行统一规划，以管理和保护为主，严格限制利用。

当更多的目光投向海洋的时候，法制建设也要跟上时代的步伐。

10.我国首次发布《中国海洋经济统计公报》，全国海洋经济总值首次突破万亿元大关

国家海洋局 2004 年 2 月 19 日首次发布的《2003 年中国海洋经济统计公报》显示，2003 年全国海洋产业总产值达到 10077.71 亿元，这是我国海洋产业首次突破 1 万亿元大关。专家指出，我国海洋经济总体水平在世界海洋国家中已处于中上水平。

（信息来源：《中国海洋报》2005 年 1 月 14 日）

◎榜二、2004 中国旅游业十大新闻◎

1.入境人数首次突破 1 亿人次，入境旅游全面恢复振兴

2004 年，旅游全行业迎难而上，克服非典个案及禽流感等不利因素的影响，积极开展对客源国的促销，使入境旅游全面恢复振兴并登上新的台阶。全年入境人数首次突破 1 亿人次，达到 1.08 亿人次，分别比 2003 年和 2002 年增长 18%和 10%；入境过夜旅游者人数可达 4100 万人次，分别比 2003 年和 2002 年增长 24.4%和 11.4%；旅游外汇收入可达 250 亿美元，分别比 2003 年和 2002 年增长 43.7%和 22.6%。中国被《TTGasia》杂志评选为"2004 年最佳旅游目的地"。

2."五一"、"十一"黄金周的国内旅游人数双双突破 1 亿人次，国内旅游持续兴旺发展

国内旅游作为我国旅游经济的主体，2004 年持续兴旺发展。春节、"五一"、"十一"三个黄金周的接待人数和旅游收入，都创历史新高：其中"五一"、"十一"两个黄金周的接待人数，分别达到 1.04 亿人次和 1.01 亿人次；"十一"黄金周的旅游收入则首次突破 400 亿元，充分展示了包括假日旅游在内的国内旅游的深厚发展潜力。

3.出国（境）人数突破 2800 万人次，中国作为世界新兴客源大国的形象更加突出

2004 年，经国务院批准新开放的旅游目的地国家达 38 个，国家旅游局共与 41 个国家签署了旅游目的地谅解备忘录，与 4 个国家签署了旅游合作协议。正式开展中国公民出国（境）旅游业务的国家和地区达到 63 个，全年公民出境总人数可达 2800 万人次，分别比 2003 年和 2002 年增长 38.5%和 68.7%。中国作为世界上发展最快、潜力最大的新兴旅游客源大国的形象更加突出。

4.党和国家领导人先后 14 次出席国家旅游局的对外交流与合作活动，我国旅游业的国际影响更为瞩目

随着我国旅游业的持续快速发展和国际地位的不断提高，发展与我国的旅游合作已经成为许多国家发展对华关系中的一项重要内容。在 2004 年里，胡锦涛主席、吴邦国委员长、温家宝总理、曾庆红副主席、吴仪副总理、曾培炎副总理等党和国家领导人先后 14 次出席国家旅游局的对外交流与合作活动，成为我国旅游业对外交流规格最高、国际影响最为瞩目的一年。

5.工农业旅游深入推进，全国评定出首批 306 个工农业旅游示范点

国家旅游局积极倡导民间发展工农业旅游，2004 年四五月间又举全局之力，对 31 个省市区汇总上报的 340 多家工农业旅游示范点申报单位进行了检查验收，并根据验收结果批准首批全国工农业旅游示范点 306 个（其中农业旅游示范点 203 个，工业旅游示范点 103 个），在全国树立起了发展工农业旅游的样板，推动工农业旅游进一步向广度和深度进军。

6.红色旅游蓬勃发展，推进发展红色旅游的规划正式制定

以中国共产党领导人民在革命和战争时期建立丰功伟绩所形成的纪念地、标志物为载体，以其所承载的革命历史、革命事迹和革命精神为内涵，组织接待旅游

者缅怀学习、参观游览的"红色旅游"，多年来一直得到旅游部门的倡导和支持。2004年，国家旅游局支持江西推出的"红色之旅万里行"活动、支持湖南推出的"百万青少年游韶山"活动，都产生了广泛影响。由国家发改委、中宣部和国家旅游局等部门共同研究制定的《2004-2010年全国红色旅游发展规划纲要》正式出台。

7."春雷行动"成效明显，整顿规范旅游市场秩序继续深入开展

2004年上半年，国家旅游局会同公安、外交、工商等部门组织实施了"春雷行动"，对非法经营出境旅游的中介组织进行了专项打击，有效遏制了出国（境）游经营混乱的问题。各地旅游局紧密结合本地实际，对各种扰乱旅游市场秩序的行为加大了打击力度，保障和促进了旅游市场的恢复振兴。

8.对外宣传促销高潮迭起，奥运旅游宣传计划成功启动

利用美国旅行批发商协会召开年会之机推出的"中国之夜"大型宣传招徕活动，利用德国旅行社在华举办"旅游学院——中国旅游产品培训项目"之机推出的以"中国，一个充满活力与魅力的旅游目的地国家" 为主题的系统培训活动，利用"中法文化年"之机在巴黎举办的旅游展和推介会等对外宣传促销活动，都取得了良好效果。在雅典奥运会期间，国家旅游局联合国家体育总局、北京市人民政府、北京奥运会组织委员会及VISA国际组织等举行了"2008北京——中国欢迎您"奥运旅游宣传计划启动仪式，将全世界的目光吸引到了中国。

9.旅游行风民主评议工作取得明显成效，行业精神文明建设深入推进

国家旅游局与国务院纠风办联合深入开展了旅游行风评议活动，取得了明显成效，得到了有关方面的充分肯定。全行业还开展了学习赵明健同志的活动，行业精神文明建设深入推进。

10.各地政府更加重视旅游业，旅游业发展环境进一步优化

继2003年四川省委、省政府首次召开各市党政主要领导和省直单位主要领导参加的全省旅游发展大会以后，2004年，海南、云南、浙江等地省委、省政府也召开了规格和规模类似的会议。四川省召开的第2届旅游发展大会，吸引了主要客源国的近百名大型旅行商参与有关活动，在海内外产生了重要影响。山东、黑龙江、湖北、天津等省市的党政主要领导多次到现场办公或主持召开专题会议，研究解决本地区旅游业发展中的突出问题。一批省市区出台了加快发展旅游业或建设旅游经济强省的决定。各地发展旅游业的政策环境进一步优化，为推进旅游产业更大发展提供了保障。

（信息来源：新华网2005年1月9日）

◎榜三、2004十大天气事件◎

1.台风"云娜"重创浙江。造成1800多万人受灾，183人死亡，9人失踪，直接经济损失200多亿元。

2.华南和长江中下游地区出现大范围的秋旱。截至2004年11月上旬统计，南方有500多万公顷农作物受旱；受灾人口达4000多万人，900多万人、300多万头大牲畜饮水困难，直接经济损失60多亿元。

3.内蒙古东部和东北西部春夏连旱。2004年1月至6月中旬，内蒙古东部、吉林西部、辽宁西北部、黑龙江西南部平均降水量为1951年以来同期极小值，发生百年一遇的严重干旱。

4.川东、重庆等地发生严重暴雨洪涝等灾害。2004年9月3日至7日，四川东部、重庆等地出现特大暴雨天气过程。暴雨引发多处滑坡、泥石流灾害，造成187人死亡，23人失踪，直接经济损失98亿元。

5.2004年7月，云南、河南、湖北、湖南等省发生暴雨洪涝及地质灾害，造成27人死亡，73人失踪，直接经济损失5.8亿元。

6.雷雨大风、冰雹及雷击灾害散发多点，影响大，如北京"7·10暴雨"和上海"7·12雷雨"。

7.2004年部分省区局部发生雪灾或冻害。

8.2004年夏季南方出现持续高温天气。

9.2003-2004年冬季为1961年以来第三个最暖的冬季。

10. 春季北方沙尘天气较2003年同期明显增多。

（信息来源：《中国青年报》2005年1月13日）

备注：本榜由中国气象局评选。

法
治
榜

引　言

2004年是中国法治进程中的重要一年。这一年，更富人性关怀的法律和制度在逐步完善："保护私有财产"被写入《宪法》；体现"生命权至上"的新《道路交通安全法》颁布实施；规范行政机关行为的《行政许可法》出台……

这一年，更多公民自觉参与并影响到国家和身边的法治建设进程：状告乙肝歧视第一案的张先著、揭露阜阳奶粉案的高政、人民的好警察任长霞……

这一年，更多深具影响力的案件和判决让我们感受到法治的力量：适用新《交法》，没有违章驾驶的司机撞死行人也要赔钱了；经追逃引渡，涉贪4.2亿元的外逃夫妇受审了；经法院审判，身为"扶贫老总"却贪污1000多万元的薛长春一审面临死刑……

这里，我们通过"法治榜"整合和回顾了在2004年发生的重大法治事件和相关法治人物，以期让读者对过去一年有个更深刻的"法治记忆"。

法治榜中榜

一、法规案例篇

◎榜一、2004 公众关注的十大法规◎

1.道路交通安全法 (投票率 82.5%)

2004 年 5 月 1 日起,《道路交通安全法》正式实施。规定国家实行机动车第三者责任强制保险制度,并设立道路交通事故社会救助基金,用于抢救车祸中的伤者。如果机动车与非机动车驾驶人、行人发生交通事故,由机动车一方承担责任。有证据证明非机动车驾驶人,或是行人违反道路交通安全法律、法规,且机动车驾驶人已经采取必要措施的,减轻机动车一方的责任。

2.行政许可法 (投票率 81.2%)

《行政许可法》从 2004 年 7 月 1 日起实施,标志着中国有关行政管理方面的法律已经比较完备,行政法的基本框架已经形成。通过建立规范的行政许可制度,政府与市场、政府与社会、公权力与私权利的关系得到妥善处理。《行政许可法》出台后,国务院、民政部、海关总署、国家工商总局等政府机关和各地方政府纷纷制定或修改相关法规,以贯彻落实其精神,一个服务型政府正在打造。

3.宪法修正案 (投票率 74.1%)

2004 年 3 月 14 日通过的《宪法修正案》,第一次确立了“三个代表”重要思想在国家政治和社会生活中的指导地位。并把“国家尊重和保障人权”、“公民合法的私有财产不受侵犯”等内容,写进了我国宪法。

4.劳动保障监察条例 (投票率 73.1%)

从 2004 年 12 月 1 日开始实施的《劳动保障监察条例》规定:给予女职工产假若不足 90 天,安排怀孕 7 个月以上的女职工从事夜班劳动或延长其工作时间的,将按受侵害劳动者每人 1000 元以上 5000 元以下的标准计算,对用人单位予以经济制裁。逾期不支付职工工资的,责令用人单位按照应付金额 50%以上 1 倍以下的标准计算,向劳动者加付赔偿金。《条例》还规定,用人单位向社会保险经办机构申报应缴纳的社会保险费数额时,瞒报工资总额或者职工人数的,处瞒报工资数额 1 倍以上 3 倍以下的罚款。

5.工伤保险条例 (投票率 70.9%)

《工伤保险条例》将工伤保险社会统筹的覆盖范围扩大到了所有企业,特别是将乡镇企业纳入了统筹范围。另外,第一次将有雇工的个体工商户纳入了工伤保险的范围,最大限度地保护了劳动者的合法权益。该法将“在工作时间和工作场所内,因工作原因受到事故伤害”的情况延伸到“从事与工作有关的预备性或收尾性工作受到事故伤害”的情况。对于受机动车交通事故伤害的,只要是上下班途中遭受机动车事故伤害的,不论其是主要责任、次要责任或无责任,均可认定为工伤。

6.婚姻法司法解释(二) (投票率 67.9%)

《新婚姻法司法解释》共 29 条,自 2004 年 4 月 1 日起实施。这是最高人民法院继 2001 年公布第一批婚姻法司法解释后,第二次对审理婚姻家庭纠纷案件正确适用婚姻法作出解释。此次司法解释重点对夫妻财产分割及夫妻债权债务问题处理作出明确规定。据介绍,最高人民法院将根据社会生活的变化适时地制定第三批、第四批的婚姻法司法解释。

7.居民身份证法 (投票率 66.8%)

《中华人民共和国居民身份证法》于 2004 年 1 月 1 日起实施,施行了 17 年的《居民身份证条例》同时退出历史舞台。新《身份证法》共5章22条,与原来的《居民身份证条例》相比,新法的许多条款更加突出地强调对公民身份信息的保护和对公民权利的尊重,颇具人文关怀色彩。

8.最高人民法院关于审理人身损害赔偿案件适用法律若干问题的解释(投票率59.8%)

《最高人民法院关于审理人身损害赔偿案件适用法律若干问题的解释》从2004年5月1日起实施,在银行、酒店遇劫可提出索赔;见义勇为者可请求受益人给予补偿;死亡赔偿金比以前增加1倍多。

9.物业服务收费管理办法(投票率58.6%)

《物业服务收费管理办法》于2004年1月1日起实施。对于物业管理企业的选择办法和物业收费原则,《办法》提出,国家提倡业主选择物业管理企业,鼓励物业管理企业开展正当的价格竞争。《办法》明确,物业服务收费可实行政府指导价和市场调节价,业主与物业管理企业可以采取包干制或者酬金制等形式约定物业服务费用。《办法》还进一步明确和规范了物业管理中各方主体的责任与义务。

10.传染病防治法(修订)(投票率57.8%)

新修订的《中华人民共和国传染病防治法》于2004年12月1日起实施,将非典、禽流感列入法定传染病行列;法定传染病由原来的35种增加到37种;规定传染病疫情信息须定期公布且不得隐瞒、谎报、缓报;医院不得拒收传染病病人。新法还更加尊重个人隐私,规定疾病预防控制机构、医疗机构不得泄露涉及个人隐私的有关信息、资料。

(信息来源:《中国青年报》2004年12月25日)

备注: *此榜于2004年12月25日由中国青年报社、中青在线和搜狐网联合发布,共有1958名网友参加了评选。依照读者对法规重要程度的投票,对2004年度开始实施的法规进行了排序。*

◎榜二、2004中国十大法制事件◎

1.我国宪法第四次修正,私产入宪

事件回顾:2004年3月14日,十届全国人大二次会议经过投票表决,高票通过《宪法修正案》,这是现行宪法自1982年颁布以来的第四次修正。其中,将国家尊重和保障人权、合法的私有财产不受侵犯、紧急状态写入宪法,成为了本次修宪的三大亮点。

入选理由:如果说几年前提出“宪法离我们有多远”的问题,还称得上是一个严肃的话题,那么在今天,我们将欣喜地看到宪法正日益走进人们的生活。合法的私有财产不受侵犯入宪,最终摒弃了对私有财产权的“傲慢与偏见”,将公民的财产权上升为宪法的权利,为保护公民财产所有权提供了宪法保障,也给最担心私有财产合法化问题的民营企业家吃了一颗定心丸。此外,将国家尊重和保障人权写入宪法,彰显了宪法的人权意识,使宪法确实成为规范政府行为、维护广大人民群众合法权益的最终依据。

2.我国全面推进依法行政,建设法治政府

事件回顾:2004年4月20日,国务院发布《全面推进依法行政实施纲要》,该纲要提出,要经过10年左右坚持不懈的努力,基本实现建设法治政府的目标。2004年7月1日,《行政许可法》正式实施。

入选理由:《行政许可法》的正式实施标志着中国政府正在由单纯的“权力政府”向“责任政府”转变,它勾画了法治政府的基本轮廓,代表着未来法治政府的发展方向。这对于规范政府行为,推进依法行政进程,告别“公章旅行”,从源头上预防和治理腐败等都有重要意义。在《行政许可法》实施后我国首例涉及国家部委的行政许可案中,国家工商局商标局拒绝南京一律师事务所从事商标代理服务的行政行为被认定为于法无据,商标局的一审败诉也昭示着我国将从“行政国家”走向“有限政府”。

3.道路交通安全法实施,撞了不能白撞

事件回顾:2004年5月1日,中国第一部关于道路交通安全的法律——《中华人民共和国道路交通安全法》正式实施。其中,新《道路交通安全法》强调了交通事故中机动车司机的“无过错责任”,也就是说,即使是由于行人违章导致的交通事故,无过错的司机也要作出赔偿,这体现了对生命权的充分尊重。但《道路交通安全法》并没有对“无过错责任”中司机究竟要承担多大的赔偿比例作出详细规定。正因为如此,北京司机刘寰驾车撞死人案反响强烈,这不仅仅因为这是新《交法》实施后的第一案,还充分显示一个人们最关心的问题:机动车司机是否必须为行人违章买单。

入选理由:从“撞了不能白撞”、“肇事逃逸终生禁驾”到“拖车不收费”,这些原则都凸现了以人为本的立法理念与公平、便民的基本原则。

4.充分发挥人民调解的作用,将大量民间纠纷化解在基层

事件回顾:人民调解作为一项具有中国特色的法律制度,是我国矛盾纠纷化解机制的重要组成部分。2004年2月24日,最高人民法院、司法部在北京

联合召开全国人民调解工作座谈会，肯定了人民调解在新时期维护社会稳定特别是基层社会稳定所发挥的重要作用。目前我国人民调解组织每年调解约600万件民间纠纷，防止民间纠纷激化为刑事案件平均5万多起，化解和疏导群体性上访平均4万多起。人民调解已经成为解决社会矛盾纠纷的重要途径和有效方法之一，成为维护社会稳定的“第一道防线”。

入选理由：人民调解和诉讼调解一样，都是调解制度的重要组成部分。一方面，新时期基层矛盾纠纷出现了许多新的特点，人民调解在组织调处民间纠纷、预防纠纷和防止矛盾激化发挥着重要作用。哪里有民间纠纷，人民调解工作就延伸到哪里，将大量的民间纠纷化解在基层。另一方面，在审判资源有限的情况下，人民调解并非可有可无，而是维护社会稳定特别是基层社会稳定的一支不可或缺的重要力量。

5.事故问责力度加大，重庆开县井喷案等事故责任人获刑

事件回顾：2004年9月4日，重庆开县对“12·23”井喷重大责任事故案作出判决，6名负有直接责任的被告人分别被判处三年至六年不等的有期徒刑。经国家有关部门调查，“12·23”井喷事故是一起特大责任事故。此次事故导致243人硫化氢中毒死亡，2142人因硫化氢中毒。11月26日，北京密云彩虹桥“2·5”特大伤亡事故案，两名玩忽职守人员被分别判处三年有期徒刑。此前，广西南丹发生“7·17”特大透水事故，原南丹县原县委书记万瑞忠隐瞒事故真相，玩忽职守，造成81名矿工死亡，被数罪并罚，于2004年2月20日执行死刑。

入选理由：法院依法对当事人进行刑事责任的追究，让人们再次看到了“问责”的威力：有权必有责，渎职要追究，这是建设法治政府的必然要求。

6.净化网络环境，中国开展打击色情网站专项行动

事件回顾：继2004年6月10日“违法和不良信息举报中心”网站开通后，7月中旬，中宣部、公安部等14个部门和单位在全国范围内展开打击淫秽色情网站专项行动，进一步发动群众对淫秽色情网站的围剿。截至2004年11月9日，全国共破获淫秽色情网站方面的刑事案件244起，抓获犯罪嫌疑人428名；依法关闭境内淫秽色情网站1442个、赌博或诈骗网站365个。但另一方面，关于涉及“淫秽”的判断标准，是一个法律难点。发生在四川宜宾的两网民浏览色情网站被警方处理事件，引起了很多人的质疑。一些法律界人士认为，打击淫秽色情要严格依照刑法精神和规定来办理，把罪与非罪区别开来，进入司法程序，必须把淫秽色情标准、量刑标准法律化具体化。有鉴于此，2004年9月6日，最高人民法院、最高人民检察院出台了《关于办理利用互联网、移动通讯终端、声讯台制作、复制、出版、贩卖、传播淫秽电子信息刑事案件具体应用法律若干问题的解释》。该司法解释对“色情”作出一个比较清晰的界定，为打击淫秽色情网站提供了法律依据。

入选理由：互联网上淫秽色情信息泛滥，已经成为一种新的社会公害。此次打击色情网站专项行动的开展，不仅依法查处、审理了一大批涉及网络淫秽色情的案件，而且为保障青少年健康成长创造了一个良好环境。

7.立刻执行难，最高法院网上公布“执行黑名单”

事件回顾：执行一直是法院工作中的老大难问题，2004年6月，最高人民法院发出通知，要求各级人民法院用6个月左右的时间，对未结执行案件进行集中清理，从而掀起了一场集中清理执行的风暴。截至2004年11月，全国法院执结案件170余万件，标的额2522亿余元。为解决执行难，最高法院、国土资源部、建设部联合发文，明确和细化了3部门的职责和权力，规范了此类案件执行的处理规则。为使被执行人无处遁形，最高人民法院拟将“执行黑名单”公布上网，此举对破解执行难这一顽症将起到积极的作用。另一方面，为保护被执行人合法权益，解决乱执行的问题，最高人民法院于2004年11月相继发布《关于人民法院民事执行中查封、扣押、冻结财产的规定》及《关于人民法院民事执行中拍买、变卖财产的规定》两个司法解释。

入选理由：这两个司法解释都与公民和法人的利益密切相关，其中明确了被执行人及其家属所必需的家庭生活物品和费用等8种财产不得执行。这两个司法解释的出台将进一步规范执行中的查封、扣押、冻结、拍卖财产等措施，依法保护当事人的合法权益。

8.反贪力度加大，王怀忠等高官被判刑

事件回顾：2004年2月12日，安徽省原副省长王怀忠被执行死刑。6月29日，贵州省原省委书记刘方仁被判处无期徒刑。对这些高官的查处，充分反映了中国政府继续深入开展党风廉政建设和反腐败斗争的决心和力量。同时，鉴于贪官外逃问题的严重性，中国在追捕外逃贪官、追缴流失的国家财产方面作了大量的努力。目前中国已与38个国家缔结了54个司法协助条约、引渡条约及移管被判刑人条约，还相继加入了《联合国打击跨国有组织犯罪公约》和《联合国反腐败公约》。涉嫌特大贪污受贿的浙江省建设厅原副厅长杨秀珠外逃美国，中国司法机关已通过国际刑警组织发布“红色通缉令”，有关部门正全力对其进行追捕。2004年4月16日，中美两国联手将余振东缉捕归案。

入选理由：种种迹象表明中国的反

贪力度正在加大，反腐败事业正在朝着加强多边合作、联手预防和打击腐败这一国际公害的方向而努力。

9.捍卫劳动者合法权益，国务院公布《劳动保障监察条例》

事件回顾：2003年农妇熊德明曾因一句"请总理讨薪"的大实话，引发了全社会关注欠薪问题。不仅是欠薪问题，还有随意延长劳动时间、侵犯劳动者合法权益等问题，在社会上都时有发生。国务院发布的《劳动保障监察条例》已于2004年12月1日起实施。该《条例》高举捍卫劳动者合法权益的旗帜，以相应的法律责任条款，规定了违法用工必须付出的代价。《条例》规定，单位拖欠工资款逾期不付双倍赔偿；瞒报工资或人数最高可罚3倍款；侵害女职工合法权益将处罚款1000元到5000元不等。此外，用工单位重大违法将向社会公开。

入选理由：《劳动保障监察条例》更加明确了劳动保障行政部门的责任，监察执法机构有责任改过去被动处理投诉甚至推三阻四的做法为主动出击，使法律法规在各种侵犯劳动者权益的行为面前真正"硬起来"。

10.履行对国际社会承诺，两高出台保护知识产权司法解释

事件回顾：2004年12月21日，最高人民法院、最高人民检察院公布《关于办理侵犯知识产权刑事案件具体应用法律若干问题的解释》，该司法解释自2004年12月22日起实施。此次公布的解释对侵犯知识产权犯罪的定罪量刑标准进行了较大幅度的调整，明确了触犯不同犯罪时的处罚原则，把为侵犯知识产权犯罪提供各种帮助的行为纳入刑事制裁的范围。

入选理由：该司法解释为相关刑法条文的具体适用进一步提供了可操作性的依据，进一步加大了知识产权刑事保护力度，对有效打击侵犯知识产权犯罪、维护市场经济秩序、不断提高我国知识产权的法律保护水平将起到重要作用。此司法解释的出台，是中国司法机关加大知识产权司法保护的又一重大举措，是适应发展社会主义市场经济建立完善知识产权法律制度的要求，也是切实履行我国对国际社会的庄重承诺、树立良好国际形象的司法举措。

（信息来源：中国法院网2004年12月30日）

备注：此榜由中国法院网、人民网、新华网在联合推出每周法制热点和每月法制焦点回顾的基础上，根据各个时期各个案件、法制事件和人物的意义、影响力及其社会的关注程度，与下面的"2004中国十大案件"榜一起评选出。

◎榜三、2004中国十大案件◎

1.安徽阜阳劣质奶粉系列案

案件回顾：淀粉、蔗糖替代乳粉，用奶香精来调香调味，这便是劣质奶粉的"配方"。安徽阜阳太和县三堂镇30岁农民高政愤而投书媒体，最终揭开阜阳劣质奶粉事件。温家宝总理亲自批示，要求国家食品药品监督局对这一事件进行调查。2004年4月20日，国务院专项调查组赶赴阜阳。经过两个月的调查核实，安徽阜阳市因食用劣质奶粉造成营养不良而死亡的婴儿共计12人，因食用劣质奶粉造成营养不良的婴儿229人，其中轻中度营养不良的189人。截至2004年10月26日，安徽、浙江、福建、四川等4省已先后有14名渎职干部落马，涉及工商、质检、卫生等部门。据不完全统计，阜阳劣质奶粉系列案中共查获55种不合格奶粉，涉及10个省区市的40家企业被查处，10多万袋劣质奶粉被停售；立案查处涉嫌销售不合格奶粉案件39起，打掉生产窝点4个，刑事拘留47人，逮捕31人。安徽省阜阳市自2004年8月6日公开审理第一件劣质奶粉案件以来，在近4个月的时间里，已审结此类刑事案件15起，其中20名被告人均被判处有期徒刑，刑期最长的为八年，最短的为六个月，五年以上有期徒刑的8人，四年以下六个月以上有期徒刑的12人，两名被告人被免予刑事处罚。

入选理由：阜阳劣质奶粉案引发了公众对目前食品安全及其管理状况的拷问和思考，并深切地盼望中央政府对目前的食品安全体系进行彻底"大修"。其内容应该涉及立法和法规修订、设立强力主管机构并重新布局、监管环节进一步细化以及建立责任追究制度等。

2.安徽省原副省长王怀忠案

案件回顾：王怀忠系安徽省原副省长、安徽省九届人大代表，曾任安徽省阜阳地委副书记、阜阳地区行政公署专员、阜阳地委书记、阜阳市委书记。1994年9月至2001年3月，王怀忠利用职务上的便利，为有关个人和单位谋取利益，先后16次非法收受杨晓明、相坤等人人民币236万元、澳币1万元（折合人民币6.1万元）；先后4次索取倪超、李洲等人人民币275万元，共计折合人民币517.1万元。2003年12月29日，山东省济南市中级人民法院一审判处安徽省原副省长王怀忠死刑，剥夺政治权利终身。2004年1月15日，山东省高级人民法院作出二审裁定，维持一审对王怀忠的死刑判决。2月12日，王怀忠被执行死刑。王怀忠是改革开放以来，继胡长清、成克杰之后，第三个被判处死刑的省部级高官。

入选理由："只要反腐不放松，早晚揪出王怀忠。"流传在安徽坊间的这句话似乎印证了中国的一句古话——"多行不义必自毙"。有了腐败并不可怕，关键是敢不敢正视它，能不能把它遏制在最小的程度。或许2004年来中国出台的一系列反腐败政策和对腐败分子的打击，再次表明了中国政府反腐败的决心和信心。

3.云南大学学生马加爵杀人案

案件回顾:2004 年,22 岁的马加爵,系云南大学生命科学学院生物技术专业学生。2004 年 2 月上旬,马加爵在云南大学鼎鑫学生公寓与其同学唐学李、邵瑞杰、杨开红等人为琐事争执,认为邵瑞杰、杨开红等人说自己为人差、性格古怪等,并认为自己在学校的名声受到诋毁,原因都是邵瑞杰、杨开红、龚博等人所致,感到很绝望。于是决意杀害邵瑞杰、杨开红、龚博,因担心同宿舍的唐学李妨碍其作案,决定将 4 人一起杀害。2 月 13–15 日,马加爵采取用铁锤打击头部的同一犯罪手段,将唐学李等 4 名被害人逐一杀害,并把被害人尸体藏匿于宿舍衣柜内。2 月 15 日晚,马加爵乘坐昆明至广州的火车逃离昆明。3 月 1 日,公安部发布 A 级通缉令,悬赏 20 万元通缉马加爵。3 月 15 日,马加爵在海南三亚市被警方抓获。4 月 22 日,云南省昆明市中级人民法院公开开庭审理马加爵故意杀人一案。4 月 24 日,云南省昆明市中级人民法院一审以故意杀人罪判处被告人马加爵死刑,剥夺政治权利终身。4 月 28 日,云南省昆明市中级人民法院向马加爵送达一审判决书,并对附带民事赔偿部分进行宣判,判处马加爵赔偿被害人唐学李、邵瑞杰、杨开红每家人民币两万元。6 月 17 日,马加爵被执行死刑。

入选理由:从马加爵被通缉到其被捕直至走上末路,马加爵案成了 2004 年的关注中心——不仅因为马加爵杀人的真正原因、马加爵的逃亡经历以及那 20 万的悬赏奖金,更因为该案引发出来的许多个问号:公安机关是否对所有犯罪嫌疑人都有不惜成本、不惜一切代价,一定要抓到犯罪嫌疑人的决心?媒体什么时候能真正从“尊重人权”开始做起?谁来关注和马加爵有着同样家庭境遇和性格的人的心理健康?我们的法治精神到底何在……

4.西安宝马彩票案

案件回顾:2004 年 3 月 23 日,西安市 6000 万元即开型体育彩票销售现场,西安市灞桥区青年刘亮抽得特等奖—— 一辆价值 48 万元的宝马轿车和 12 万元现金。3 月 24 日,西安市体育彩票管理中心认为刘亮所持彩票为假票。4 月 8 日,刘亮向西安市新城区法院起诉,要求西安市体彩中心履行兑奖义务。4 月底,陕西省、西安市公安、纪检监察部门介入调查此案。6 月 1 日,杨永明、孙承贵、岳斌、王长利、刘晓莉等人涉嫌诈骗罪被西安市新城区人民检察院逮捕。6 月 3 日,制作假彩票、冒领大奖的犯罪嫌疑人刘先奎和黄四清被警方刑事拘留。杨永明等人诬陷刘亮的假彩票实为刘、黄二人利用胶水和刀片所造。7 月 7 日,陕西省体彩中心原主任贾安庆、原副主任张永民、原副主任张长安、原财务科副科长谢有财、发行部原副部长吴燕华、发行部原管理员田伟东、西安市体彩中心原主任樊宏、延安市体彩管理站原站长李智文等 8 人涉嫌受贿被逮捕或刑拘。西安市碑林区公证处原主任万元模和公证员李群分别以滥用职权和玩忽职守罪被刑事拘留。新城区公证处公证员董萍涉嫌玩忽职守罪被逮捕。11 月 3 日,两名伪造彩票者刘先魁、黄四清涉嫌诈骗案在西安中级人民法院开庭。11 月 11 日,刘、黄二人分别以诈骗罪被判处有期徒刑四年和三年,并处 10000 元和 5000 元罚金。12 月 3 日,西安中院一审判决杨永明犯诈骗罪、行贿罪,判处有期徒刑十九年。贾安庆犯受贿罪、玩忽职守罪,判处有期徒刑十三年。张永民、樊宏、李智文、吴燕华、田伟东等体彩中心工作人员分别犯受贿罪、滥用职权罪、玩忽职守罪分别被判处有期徒刑六个月至十一年。12 月 21 日,西安市新城区公证处公证员董萍因涉嫌玩忽职守罪在西安市新城区法院受审。

入选理由:西安“宝马彩票”案让人们对公证机构和公证员的公正性产生了质疑,国家公信力遭到了极大破坏。否极泰来,国家和地方开始规范公益性彩票活动,国家体育总局和陕西省相继停售、清查即开型体彩,并对有关国家工作人员的失职和渎职行为进行调查。5 月,司法部颁布《开奖公证细则(试行)》,进一步明确公证人员的现场监督职责,维护开奖活动秩序和社会公众利益,12 月 25 日,我国第一部《公证法(草案)》正式提请全国人大常委会审议。

5.全国“行政许可第一案”

案件回顾:2003 年 3 月 14 日,南京知识律师事务所受代理人委托,向国家工商行政管理总局商标局提交了“易民 EMIN”商标注册的申请。2003 年 7 月 17 日,国家工商行政管理总局商标局作出关于不予受理“易民 EMIN”商标注册申请通知,称由于南京知识律师事务所不是《商标法实施条例》规定的“商标代理组织”,提交的商标代理委托书不具有法律效力,故决定不予受理南京知识律师事务所关于“易民 EMIN”商标的注册。南京知识律师事务所不服,申请复议。国家工商总局作出行政复议,决定维持原决定。南京知识律师事务所仍不服,遂诉至北京市第一中级人民法院,请求撤销被告决定。据悉,这是《行政许可法》7 月 1 日实施后,我国首例涉及国家部委的行政许可案,被媒体称为全国“行政许可第一案”。7 月 22 日,北京市第一中级人民法院作出一审判决,认为律师可以从事商标代理业务。10 月 11 日,该案在北京市高级人民法院二审开庭。律师法能否“覆盖”商标法、公司法、合伙企业法?撤销“商标代理行政审批”是否包括撤销“企业注册登记”?中国是否单方面开放商标代理服务市场?这些问题仍将是本案的争议焦点。

入选理由:为了律师可以从事商标代理业务这项权利,从而推动我国商标代理服务的进一步规范,使当事人的商标权益得到更有效和充分的保护,并促进国家行政机关的依法行政,南京知识律师事务所争取了整整10年。全国"行政许可第一案"的最终结果将预示着中国是否从司法上认可并保护律师依法从事商标代理服务的权利、广阔的商标代理服务市场是否向律师敞开大门。

6.四川"网络色情第一案"

案件回顾:邓岷江于2002年底开办了"凤鸣网",该网站实行会员制。2003年3月,邓岷江在网上增设VIP(贵宾)专区,在此专区里有"激情自拍"版块。2004年2月25日,成都市公安局从其"凤鸣网"、"VIP"、"激情自拍"版块提取了15组图片、文字,经鉴定均为淫秽物品。2004年8月16日,四川省成都市金牛区人民法院依法公开开庭审理被告人邓岷江被控传播淫秽物品牟利罪一案,邓岷江以犯传播淫秽物品罪被判处有期徒刑一年六个月,并对犯罪所用的电脑设备等予以没收,邓岷江当庭表示不上诉。此案的争议焦点集中为两点:一是邓岷江上传图片的目的是不是为了盈利,二是图片的点击率能否成为本案的量刑依据。法院认为,点击率之所以不能成为量刑的依据,主要因为根据现有的网络技术,一个人对一张图片可以点击多次。因此,点击率与传播人数不能够等同。根据高法解释对传播淫秽物品的范围只界定为有形载体,均未涉及到网络及点击率等新问题。在我国刑法已取消类推的情况下,点击人次不能类推为传播人次。因此法院认为公诉人对被告人邓岷江传播淫秽物品牟利的指控不能成立,应当以传播淫秽物品罪追究其刑事责任。

入选理由:该起案件在全国召开打击淫秽色情网站专项行动电视电话会议3天后就起诉到了法院,被称为四川"网络色情第一案"。而法院最终并不依据点击率来量刑更彰显中国在打击淫秽色情网站行动中依法办案的思路。随后,一大批涉及网络淫秽色情的案件陆续被查处、审理,对扭转社会风气,保护青少年身心健康做出了贡献。

7.全国最大的"蚂蚁搬家"式红油走私案

案件回顾:从2001年2月至2003年4月,以廖军、周华胜等为首的走私分子利用运输建筑河沙船走私红油入境销售牟利,共走私"红油"(香港特区专供工业用途的免税柴油,因在油中加入红色素而俗称"红油")1.7万吨,偷逃税款1000多万元,案值近5000万元。2003年8月,案件顺利移送佛山检察院起诉。2004年8月8日,广东佛山市中级人民法院一审开庭审理廖军等44人走私红油案,8月23日,该案一审宣判。44名被告人中,除胡永洁因现有证据无法证实其知道所参与的是走私活动而被宣告无罪外,其他43人的行为均已构成走私普通货物罪。其中主犯廖军以走私普通货物罪被判处有期徒刑十五年,并处罚金人民币889万元;另外42名被告人分别被判处有期徒刑十四年至缓刑不等的刑罚。

入选理由:所谓"蚂蚁搬家",指的是每次走私80吨以下的"红油",因少量多次、手法隐蔽,即使被执法部门逮住,最多只是罚款,无法触及要害。"蚂蚁搬家"式走私活动偷逃国家税款,扰乱市场秩序,查缉的难度较大,使执法部门疲于应付,曾经是珠江口水域的一大祸害。此案的查获、审结,标志着中国打击"蚂蚁搬家"式成品油走私活动的重大胜利。

8.吉林交警腐败窝案

案件回顾:2003年1月28日,吉林市某客运公司的一辆客车在哈大高速公路昌平段发生恶性交通事故,造成17人死亡、多人重伤。经调查,肇事司机是在吉林市公安局交警支队未经考试领取的驾驶证。当时采访此车祸的某中央级媒体记者曾经两度赴吉林市暗访交警支队非法办证,经过调查走访,根据所掌握的大量证据,他们于2003年8月将关于此事的内参上报至公安部,引起中央领导的高度重视。原吉林市公安局副局长兼交警支队队长赵恩才腐败案就此暴露出来。从10月26日开始,赵恩才及原交警支队车务处处长古占欣等涉嫌行贿、受贿和巨额财产来源不明的系列案件在延边州各地区人民法院陆续开庭。在这些人的参与和"管理"下,2001–2003年8月,数万个未经考试的驾驶证非法发放到社会,7人共收取贿赂近400万元,未经考试获得驾驶证的人员,仅在吉林地区就发生交通事故124起,死亡11人,重伤11人,轻伤23人,经济损失122.64万元。

入选理由:吉林"交警腐败案"不仅涉案人数众多,败坏了社会风气,更严重的是数万人不经考试就轻而易举地拿到了驾照,给交通安全埋下了一颗颗随时可能引爆的定时炸弹。

9.卡拉OK经营者擅用MTV遭索赔案

案件回顾:2004年3月起,全国20多个省、自治区、直辖市范围内1.2万家卡拉OK场所陆续收到来自国际唱片业协会的律师函,认为卡拉OK场所使用的音乐电视(MTV)、音乐录影(MV)及卡拉OK作品等,都是未经其许可而擅自使用,要求停止其侵权行为并支付赔偿金。据了解,此次提出索赔的包括百代、华纳等国际唱片公司及中国唱片总公司、太平洋影音公司等国内主流唱片公司在内的49家唱片公司。目前,已进入诉讼阶段的有麒麟KTV、钱柜、好乐迪等6家。4月,四川成都20多家卡拉OK歌厅的经营者就违规使用唱片公司的音乐电视、音乐录影行为,与国际唱片协会以及中国音像协会进行了第一次协调。经过磋商,经营者基本同意赔偿。这样,成都400多家卡拉OK将面临1万至6万元不等的赔偿。12月17日,北京市第二中级人民法院判决北京新世纪钱柜餐饮娱乐有限公司和北京乐圣餐饮娱乐有限公司侵犯了广州新时代影音公司对毛宁演唱的《蓝蓝的夜蓝蓝的梦》、《晚秋》和《心雨》3首MTV作品的著作权，判决北京两餐饮公司分别赔偿原告经济损失1.6万元和其他费用5000元。经历了被动应诉、妥协阶段后，为维护自身权利，各地歌厅业主及行业协会正联手应对此次危机，上海娱乐行业协会、深圳罗湖区歌舞娱乐协会、广州娱乐协会等、深圳80名歌厅业主等就此事件联名致信全国人大或当地政府部门，请求界定MTV版权，给予娱乐行业生存空间。另外，上海的27家主要卡拉OK歌厅也已联名起诉海外唱片公司和国际唱片协会。

入选理由：在中国，使用唱片公司的MTV、MV进行盈利性业务的极其不规范的"拿来主义"行为非常普遍。此类案件的审理宣判具有一定的广泛、深远的影响，其判决结果将直接关系到今后卡拉OK歌厅还能否享受"免费午餐"。因此，如何尊重国情，依据国情完善知识产权立法，建立起既适应中国实际，又与国际接轨的知识产权体系，将是一个很现实的问题。

10.南京组织同性恋卖淫案

案件回顾：备受社会关注的南京组织同性恋卖淫案，于2004年2月6日在江苏省南京市秦淮区人民法院不公开开庭审理，2月17日下午作出一审判决。被告人李宁因犯组织卖淫罪，被法院一审判处有期徒刑八年。2003年1-8月，南京"正麒"演艺吧老板李宁先后伙同刘某、冷某等人，采取张贴广告、登报招聘"公关"等手段，招募、组织多名男青年在其经营的"金麒麟"、"廊桥"及"正麒"演艺吧内，先后7次与男性消费者从事同性卖淫活动，从中牟取利益。法院认为其行为已构成组织卖淫罪，而对被告辩护人提出的"刑法及相关司法解释对同性之间的性交易是否构成卖淫无明文规定，因而李宁不构成犯罪"的辩护意见不予采纳。关于此案的定性，在起诉阶段就出现过争议，虽然有一定的法律依据，但是毕竟没有明确规定，对于法律法规（特别是刑事法律规范）而言"明确规定"和"不明确规定"，程度上还是有区别的。为了确定组织男青年向同性卖淫是否构成犯罪，有关方面向全国人大常委会作了汇报。2003年10月下旬，全国人大常委会法制工作委员会对此案作出口头答复：可以参照《刑法》第358条第一款第一项进行定罪量刑。

入选理由：同性恋引发的违法甚至犯罪等社会问题已日渐引起重视，社会变化带来的某些价值观念的变化，也必定会对相关立法的完善起到积极的促进作用。

（信息来源：中国法院网2004年12月30日）

◎榜四、2004中国十大诉讼首案◎

2004年，在我国人民法院受理和判决的大量案件中，出现了一批特殊的案例，它们都是首次受理，有的还是首次产生判决结果。而从个案的实质和对法律的影响来看，它们有的是新形势下出现的新问题，需要法律作出合理的解释和裁决；有的是某一法律法规条文的首次运用，具有示范的性质；有的折射出法律的盲点，直接导致一些法律法规的修改，从而体现着法律以人为本的本质。这些案例，无论是大是小，也无论是刑事民事，以及民事案件中的原告是否胜诉，都体现着公民法治意识的提高，体现着法治的精神，具有开创性的意义。

1.道德与法的追问——首例转让赡养义务案

赡养义务能转让吗？四川都江堰市人民法院对我国首例转让赡养义务案件作出的判决回答了这个问题：可以。

都江堰青城山镇人刘兵（化名）与妹妹刘凤（化名）于2001年6月签订了一份协议，约定刘兵将自己的房产转让给妹妹刘凤，由妹妹负责供养母亲，其母对此表示同意。此后，刘兵就将房屋交给了妹妹，而刘凤也依约独自承担起赡养母亲的义务。2002年6月，刘凤对该房屋进行了改建，刘兵夫妇均在场并未提出任何异议。2003年初，其哥嫂却将她告到了法院，并称当初签的转让协议无效。2004年1月，都江堰市人民法院经审理认为，该协议的性质为有偿转让，至于赡养义务可否在被赡养人之间转让，法律上对此没有明确规定，法院因此驳回了刘兵的请求。主审法官对此解释，刘家兄妹都有赡养其母的义务，刘兵转让的实际上是他应履行的物质上的赡养义务，但精神上的赡养义务仍该由刘兵亲自履行，因此该转让协议在法律上是合法有效、符合道德规范的。都江堰市人民法院的这一判决受到了法学界、社会学界的高度赞誉。

2.导致公务员体检录用标准修改——首例乙肝歧视案

2003年，25岁的张先著参加了芜湖市公务员招聘考试，并在30名考生中名列第一。但是，张先著却因为携带乙肝病毒而被取消录取资格。张先著为此打起官司，2004年4月，乙肝歧视第一案以张先著胜诉而告终。之后，国家人事主管部门也进一步统一了国家公务员体检录用标准。

我国大约有1.2亿人和张先著一样是乙肝病毒携带者。这个群体在入学、求职甚至恋爱婚姻方面受到种种排斥。面对这种情况，张先著的诉讼唤起社会公众消除对病毒携带者歧视的意识。这场官司因此被媒体称作"乙肝歧视第一案"。

张先著胜诉后，浙江、四川、福建、广东等省修改了当地公务员禁止录用乙肝病毒携带者的有关规定，而国家人事主管部门也进一步统一了国家公务员体检录用标准。在消除歧视的道路上，张先著迈出了勇敢的第一步，他也由此入选由中宣部、司法部和中央电视台联合推出的“2004年度中国十大法治人物”。

3.填补一种空白——首例自行车撞死人案

机动车驾驶交通肇事早已屡见不鲜，但非机动车可否成为交通肇事罪的犯罪主体呢？如果是，又该如何承担责任？2004年1月15日上午，全国首例自行车撞死人案在四川成都市金牛区法院开庭审理。肇事者罗大勇以交通肇事罪被判处有期徒刑六个月，缓刑一年。

2003年11月4日晚，在成都某加油站工作的罗大勇骑自行车沿人行横道线行驶途中，将迎面走来的75岁的黄某当场撞翻在地，黄某因抢救无效死亡。其后，成都市公安局交通管理局认定罗大勇负事故全部责任，罗因涉嫌交通肇事罪被起诉至金牛法院。期间，罗大勇已对死者家属进行了赔偿。

4.法条终不会闲置——首例环境监管失职案

王华楚，原湖北省武汉市洪山区环保局助理调研员，2004年3月4日，他成为我国1997年新刑法出台后首次因犯环境监管失职罪被治罪的环保官员。

1997年，武汉市汉南区一化工公司将生产除草醚替代品时封存的化工废料197桶，送到武汉市洪山环保固体废弃物交换中心，并交付处置费用19900元。两年后，由于原洪山区环保局副局长王华楚等人的失职，这批含有苯酚毒性化学物质的废料在没有经过严格化验的情况下，交给两位无业人员方国强、何利华处理，造成严重环境污染，直接经济损失达199.7万元。2004年3月4日，湖北省武汉市汉阳区人民法院对该案进行宣判，王华楚因犯环境监管失职罪，被一审判处有期徒刑六个月，缓刑一年。

5.国家部委成被告——首例涉部委行政许可案

南京知识律师事务所因其代理的商标注册申请被国家工商行政管理总局商标局拒绝受理后，以该局为被告提起了行政诉讼。“律师是否可以从事商标代理服务”成为这起行政诉讼的争论焦点。2004年7月22日，北京市第一中级人民法院对此案作出一审判决。一中院认为，律师可以从事该项业务，并且国家工商行政管理总局商标局不能以律师事务所不是“商标代理组织”为由拒绝受理律师作为代理人提交的商标注册申请。

这是《行政许可法》实施后我国首例涉及国家部委的行政许可案，备受国务院相关行政主管部门、法律部门、全国律协及新闻媒体的广泛关注。此案标志着中国将从司法上认可并保护律师依法从事商标代理服务的权利，使商标代理服务市场长期限制律师进入的禁区最终被打破。

6.为证券投资者维权——首例股民诉上市公司虚假陈述案

2004年8月3日上午，山东枣庄股民张鹤诉银座渤海集团股份有限公司虚假陈述证券民事赔偿一案，在山东省济南市中级人民法院作出一审判决。原告张鹤要求赔偿其各项费用支出9930元的诉讼请求，被法院依法驳回。

此案是我国从2001年9月21日最高人民法院发出通知“暂不受理”证券市场民事赔偿事件，到2002年1月15日最高人民法院发布《关于受理证券市场因虚假陈述引发的民事侵权纠纷事件有关问题的通知》，最先开庭、第一例公开宣判的股民诉上市公司虚假陈述案，人们对渤海集团诉讼案的关注早已超出了该案件本身的意义。可以看出，中国证券市场的民事赔偿机制得到了不断完善，中国证券投资者的“维权”也取得了很大进步。

此次法院对渤海集团诉讼案的判决虽然是股民败诉，但作为中国证券市场第一例开庭和第一例宣判的案例，标志着中国证券市场依法治市、保护投资者利益又迈上了一个新的台阶。无论张鹤诉银座渤海集团股份有限公司虚假陈述证券民事赔偿一案的最终结果如何，该案件的最终判决标志着中国股民希望司法介入从而更好地保护投资者利益已不再是一句口号。

7.公益意义的“较真”——首例诉电信来电显示侵权案

2004年8月，全国首例起诉电信来电显示案有了一审结果，昆明市盘龙区人民法院作出判决：对原告要求被告承担侵权责任的请求不予支持，当庭驳回原告的诉讼请求。

昆明某律师事务所律师王卫宁将昆明电信公司告上法院，认为电信服务的来电显示功能侵犯了他的隐私权，要求判定被告负有侵权责任，自己享有电话号码使用权和支配权，电信公司未经同意不能将电话号码显示给他人。受诉法院认为：原告享有该号码的使用权、支配权；但法律界一般将隐私权归属名誉权，必须有一定的方式、造成一定影响才构成名誉侵权。

本案中，原告始终无法提供“来电显示侵权”后果的具体证据；同时，“来电显示”是为了更好地实现沟通，符合公共利益需求，对社会发展具有明显的进步意义，按照公共利益高于个人利益的原则，原告王卫宁状告电信公司侵权的请求法院不予支持。

8.撞了不白撞——新交法实施后首例行人违章被撞致死赔偿案

2004年9月29日上午，备受关注的奥拓车二环撞死行人案公开宣判。北京市宣武区人民法院判决肇事的奥拓车司机刘寰赔偿死者曹志秀的家属各项损失费共计15.69万余元，死者曹志秀的家属也要赔偿刘寰修车费664元。

2004年5月9日晚，曹志秀步行由北向南进入北京市二环主路横过机动车道时，与刘寰驾驶的奥拓车相撞，曹志秀当场死亡，小轿车受损。交通部门认定二人负同等责任。对这一认定，曹志秀的家属与刘寰均表示不同意。由于双方对赔偿责任及数额争执不休，曹志秀的母亲、丈夫和两个儿子将肇事的刘寰起诉到宣武区法院，要求后者赔偿他们各项损失27万余元，刘寰同意按30%承担责任。宣武法院认为，根据曹志秀、刘寰在交通事故中的过错，其二人应承担事故的同等责任。本案宣判后，原告方表示服判，被告刘寰表示要上诉。

《道路交通安全法》于2004年5月1日生效之后，关于机动车致害非机动车驾驶人或者行人的无过错责任的讨论越来越激烈，讨论的焦点集中在《道路交通安全法》第76条第一款第二项的规定上，即关于"机动车负全责"的规定。由于这个规定涉及到了每一个人的切身利益，因此在讨论中各种观点激烈碰撞。有人认为该规定体现了生命权重于通行权（即路权）的理念，但也有部分人认为，此条对机动车驾驶员不公平。

本案作为新《道路交通安全法》实施以来，因行人违章被撞致死而引发的交通事故赔偿的第一案，尽管其间争议不断，但法院的判决结果再次彰显了尊重生命、尊重并遵守交通法规的要求。

9.拷问"法无明文规定"——首例组织同性恋卖淫案

2004年2月6日，备受社会关注的首例组织同性恋卖淫案，在江苏省南京市秦淮区人民法院不公开开庭审理，2月17日作出一审判决。被告人李宁因犯组织卖淫罪，被法院一审判处有期徒刑八年。

2003年1–8月，南京"正麒"演艺吧老板李宁先后伙同刘某、冷某等人，采取张贴广告、登报招聘"公关"等手段，招募、组织多名男青年在其经营的"金麒麟"、"廊桥"及"正麒"演艺吧内，先后7次与男性消费者从事同性卖淫活动，从中牟取利益。法院认为其行为已构成组织卖淫罪，而对被告辩护人提出的"刑法及相关司法解释对同性之间的性交易是否构成卖淫无明文规定，因而李宁不构成犯罪"的辩护意见不予采纳。关于此案的定性，在起诉阶段就出现过争议，虽然有一定的法律依据，但是毕竟没有明确规定，对于法律法规（特别是刑事法律规范）而言，"明确规定"和"不明确规定"，程度上还是有区别的。为了确定组织男青年向同性卖淫是否构成犯罪，有关方面向全国人大常委会作了汇报。2003年10月下旬，全国人大常委会法制工作委员会对此案作出口头答复：可以参照《刑法》第358条第一款第一项进行定罪量刑。

10.平常纠纷常难见——首例人事争议案

日常工作中，涉及人事方面的争议、纠纷层出不穷，但是因不服仲裁诉至法院的却是罕见。

2004年1月17日，北京市海淀区人民法院正式受理一起因不服人事争议仲裁而诉至法院的人事争议案件，该案为《人民法院审理事业单位人事案件若干问题的规定》实施后，我国人民法院受理的首例人事争议纠纷。此前，曾有不服人事争议仲裁到法院起诉的情形，由于不符合法定条件，法院未予受理。

此起案件的原告刘某系某著名学府经济管理学院副教授，刘某称自己是留日博士，于1997年12月回国到该大学经济管理学院任教，2003年5月29日，刘某接到了学校人事处的解聘（不续签）通知。

（信息来源：《扬州日报》2005年1月17日）

◎榜五、2004十大经济诉讼案◎

1.新疆财政厅诉德隆未按期还贷

2004年3月15日，新疆维吾尔自治区财政厅因新疆德隆未能按期偿还贷款及利息385.2万元而对新疆德隆集团、新疆德隆农牧业发展有限责任公司和新疆屯河进行了起诉。4月，德隆系的"三驾马车"——湘火炬、新疆屯河、合金投资的股价突然大幅跳水，连续出现跌停，令市场一片哗然。

点评：德隆存在，一大批股市庄家就存在；德隆消失，也令一大批庄家消失。此案之后，针对德隆的诉讼如潮涌来，最终导致德隆系的崩溃。银行体系许多贷款存在重复互保信用额度过度的问题，地方政府急于甩包袱，法律制度的不健全也为一些违规交易留有余地，这些都是德隆溃败的根本原因。

2."嘉禾事件"拆迁户诉房管局

2004年4月，嘉禾县委、县政府组织公、检、法等单位断然向37户挡住了其"公权"去路的居民"强制大拆迁"。经披露，6月，国务院对"嘉禾事件"相关责任人进行严肃处理。而在事件中一度被错误批捕的拆迁户李会明认为，县房产管理局在该事件中两次作出违法违规的错误裁决，导致自家房屋被强拆带来经济损失，现已将该局告上法庭。

点评：嘉禾事件的发生说明行政权力的"威力"远远高于法律。在事件中，公众关注最多的就是该县"滥用行政权力"。商贸城土地出让审批还没有批准，建设用地许可证就发给了投资商，违法侵害公职人员的权益，违法强行拆迁等等，都是明目张胆地违反法律规定的行为，充分暴露出行政权行使的法律困局。

3."审计风暴"所涉案件开庭审理

1997年底，陈永隆在根本无法缴清按揭首期款的情况下，前往芳村建设银行办理按揭贷款业务。芳村建行原行长张森森等人排除层层阻碍，发放了贷款，随后，陈永隆又先后3次向芳村建设银行虚假按揭贷款2761万元。这笔巨款最终被陈永隆以转账和提现的方式全部提走。2004年8月25日，广州芳村区法院开庭审理了此案。

点评：此案是国家审计署审计长李金华在2002年度审计报告中着重指出的案件。"审计风暴"过后，人们都在期待"问责风暴"的到来。此案的审理正预示着它的到来。

4.顾雏军诉郎咸平

2004年8月9日，郎咸平在演讲中表示：经其研究发现，顾雏军采取了多种手法巧取豪夺，先后收购了科龙、美菱、亚星客车以及ST襄轴等4家公司，号称投资41亿元，但实际只投入3亿多元。顾雏军8月17日下午向香港高等法院递交了起诉状，以涉嫌诽谤罪起诉郎咸平。

点评："郎顾案"使我们开始真正地重视在"国退民进"的改革中所出现的国有资产流失，以及在企业的改制和改革中谁来监督和制约资本和经理层的问题。同时，"郎顾案"也引发了两个学术阵营的争锋，并从一开始情绪化的热闹批判，演变为理性的学术争鸣。

5."宝马彩票案"作出一审判决

2004年3月，西安市青年刘亮在西安市即开型体育彩票销售现场抽得特等奖——一辆宝马轿车和12万元现金，但刘亮要求兑奖未果。4月底，公安、纪检监察部门介入调查此案，3名主要涉案人员被公安机关刑事拘留。12月3日。西安市中级人民法院开庭审理并作出一审判决，体彩承销商杨永明因犯诈骗罪、行贿罪被判处有期徒刑十九年；其他涉案人员分别被判处有期徒刑一年半至十七年。

点评：彩票发行机构跟彩民之间靠的就是一个"信"字。自从假彩票案发后，约6成西安彩民已"金盆洗手"，即开型体彩也在全国范围内全面叫停。彩票法以及相关实施条例的缺失被重视，公证机关等有关政府机关的公信力也受到了质疑。

6.新中国最大金融案开庭审理

1998年，海南华银信托负责人石雪原与6家金融机构的有关负责人相互勾结，共同伪造了华银信托委托6家金融机构销售国库券的协议、合同和国库券代保管凭证等资料，将他们之间的机构债务转化为个人债务，骗取国家高达14亿元的巨额资金。2004年6月7日，海口市中院开庭审理了这起案件，共有26名被告人及4家金融单位被同时指控，总涉案金额高达260多亿元。

点评：此案是新中国成立以来最大的一起金融案件，被告人之一的石雪原被指控侵吞公款2.6亿多元、挪用公款1.1亿多元、诈骗中国人民银行14.1亿元的兑付资金、非法吸收公众存款24亿多元、合同诈骗2.5亿元，由此也成为新中国成立以来被指控涉案金额最多的人。

7.中国农产品企业首胜美商务部

1999年6月初，美国苹果汁协会向美国商务部提出申请，要求对来自中国的浓缩苹果汁进行反倾销调查，并征收91.84%的反倾销税。中国食品土畜进出口商会立即组织企业应诉，11家企业参加应诉，集体抗辩美国商务部裁决不公。并在2004年2月9日的终审裁决中胜诉，迫使美国商务部签署反倾销修正令。

点评：这是中国农产品企业在反倾销案中，首次"告倒"美国商务部。本案的胜诉将进一步巩固中国果汁企业在美国的市场份额。此案很好地诠释了反倾销中"谁应诉，谁受益"的原则，这对充分借助行业协会的力量，联合起来共同维权也有着宝贵的借鉴价值。

8."大头娃娃"状告劣质奶粉商

从2003年5月起，安徽阜阳地区相继出现婴幼儿因饮用劣质奶粉而腹泻、重度营养不良的情况。据统计，2003年5月以来，因食用劣质奶粉出现营养不良综合症的共171例，死亡13例。2004年7月，"大头娃娃"郑媛菲的父母将劣质奶粉经销商告上法庭。

点评：这是全国首例"大头娃娃"状告经销商诉讼。婴儿的生命和健康让全国人民揪心。从这个案件中可以看到，在整顿和规范市场经济秩序中，相关部门缺乏统一协调和统筹规划。多头执法中很大一部分力量在相互依赖、推诿中消耗掉，"食品安全网"也亟待建立。

9.海信、西门子为商标权相互起诉

1993年"海信"以及"Hisense"商标在中国获得注册；1999年1月5日，两商标获中国驰名商标；6天以后，博世·西门子在德国注册"HiSense"商标。2004年10月，海信收到德国法院转来的诉状：博世·西门子公司在德国法院起诉海信。随后，海信启用法律程序，反诉德国商标局，要求依法撤消博世·西门子公司注册的"HiSense"商标。

点评：此案给中国企业以重要启示，中国企业在国际化发展过程中，商标注册一定要先于市场扩展的步伐；在不同的地域上注册自己的商标时，也要对相关的类别提出商标注册申请；同时在国内外还要加强对知识产权的监测。

10.朗科诉索尼侵犯专利权

2004年8月13日，深圳市朗科科技有限公司以闪存盘发明专利权受到侵犯为由将索尼公司推上了法庭的被告席。在诉讼请求中，朗科公司要求索尼公司立即停止其对朗科公司在闪存盘方面的一项核心专利的侵权行为，同时索赔人民币1000万元。索尼公司随即提出了管辖权异议，但被深圳市中级人民法院依法驳回。

点评：索尼公司由此成为第一个在中国因涉嫌专利侵权而遭到指控的国际巨头。朗科状告竞争对手侵犯专利权，为国内中小企业树立了一个自主知识产权企业的维权典范。

（信息来源：《中国经济周刊》2005年第1期）

◎榜六、2004侵犯知识产权十大案件◎

1.广州市雅诗兰黛化妆品有限公司名称侵权案
2.深圳温鸿家私实业公司和宏辉皮具厂假冒“路易威登”注册商标案
3.深圳东莞一团伙假冒美国思科技术公司注册商标案
4.上海松江区一窝点假冒“阿迪达斯”注册商标案
5.扬州苏鳄服饰公司假冒“鳄鱼”注册商标案
6.南京“9·26”特大侵权盗版案
7.Guthrie犯罪团伙跨国销售侵权复制品案
8.辽宁省“7·15”特大盗版光盘案
9.北京中新联公司和天津民族光盘公司盗版微软公司产品案
10.宜宾丝丽雅公司专利维权案

（信息来源：中国网2005年1月11日）

备注：此榜于2005年1月11日由中国国家保护知识产权工作组办公室发布，是在有关部门提供的几十个案件中选出的，具有国际影响大、涉案数额高、案情复杂等特点。如假冒路易威登商标案涉案总价值4000余万人民币；南京“9·26”特大侵权盗版案涉及出版社15家，印刷厂28家，销售涉及全国15个省市的上百家经营单位，涉案金额达2800万人民币。

相关链接：2004年中国政府高度重视并切实加强知识产权保护工作，特别成立了以吴仪副总理为组长的国家保护知识产权工作组，在全国部署开展了为期一年的保护知识产权专项行动，建立了与外商投资企业定期沟通协调机制。吴仪透露，在2005年，中国会进一步深化保护知识产权专项行动，结合新出台的《关于办理侵犯知识产权刑事案件具体应用法律若干问题的解释》，加强保护知识产权行政执法与刑事执法的衔接，进一步加大侵犯知识产权违法犯罪行为的打击力度。

相关链接：山西省十大商标侵权典型案例

2004年山西省工商系统开展的“打商标侵权，保知识产权”专项执法行动，共捣毁制假窝点249个，查处商标侵权违法案件7329件，同时向社会公布2004年查获的十大商标侵权典型案件：

1.潞城市南岗粉磨站侵犯“JIN”牌、“潞洲”牌商标专用权案
2.临猗县瑞康太阳能有限公司侵犯“清华阳光”商标专用权案
3.大同市华林有限责任公司侵犯“皮尔·卡丹”商标专用权案
4.文水县中柱胶凝添加剂材料厂侵犯“贤塔”商标专用权案
5.洪洞县红星装潢经营部侵犯“红河”、“骊山”商标专用权案
6.太原市世高汽服有限公司侵犯“BUICKGL”商标专用权案
7.太原市万柏林区永富装饰行侵犯“金秋”商标专用权案
8.临猗县王成侵犯“声远楼”商标专用权案
9.榆次亚锋副食经销部销售柑粉饮料侵犯“乐”牌商标
10.太原市尖草坪区金鑫副食商行销售罐装饮料侵犯“健力宝”商标案

（信息来源：人民网）

二、法治人物篇

◎榜一、2004十大法治人物◎

1.张先著：状告乙肝歧视第一案

2003年，25岁的张先著报考了芜湖市公务员招聘考试，并在30名考生中名列第一，但他却因携带乙肝病毒而被取消录取资格。张先著为此打起官司，2004年4月，“乙肝歧视第一案”以张先著胜诉而告终。之后，国家人事主管部门也进一步统一了国家公务员体检录用标准。

2.高　政：揭露阜阳奶粉案

作为阜阳劣质奶粉受害儿童的家长，高政为救治孩子花光了所有积蓄，并目睹了其他受害儿童的惨痛遭遇。他自费对奶粉进行检测，暗中调查取证，积极向有关部门举报。他微弱的声音被媒体听到，轰动全国。在高政的推动下，“阜阳毒奶粉事件”浮出水面，从而引发了奶粉市场的全面清查整顿。

3.吴光林：缉毒牺牲英雄

2002年11月以来，云南省临沧地区凤庆县公安局禁毒大队副队长吴光林和队友们恪尽职守，共查获毒品案件152起，抓获犯罪嫌疑人275名，缴获海洛因等毒品550多千克，缴获毒资400多万元。在2004年8月30日的一次设卡稽查中，为了掩护队友包抄，吴光林不惧危险，直面武装毒贩，英勇牺牲，年仅35岁。

4.中消协：点评五行业“霸王条款”

2003年7月以来，中国消费者协

会陆续对电信、房地产、银行、汽车、旅游等5个行业共29大项“霸王条款”进行了公开点评。点评后不久，浙江的浙商银行率先破除银行抵押贷款的“霸王条款”。随后，电信、汽车和旅游部门对本行业中的“霸王条款”也都陆续做了修改。它的点评不但抨击和修正了“霸王条款”，也使公民权益得到公正的保护。

5.谢 健：反贪女检察官

自1998年担任南京市鼓楼区检察院副检察长兼反贪局长以来，谢健先后主办和指挥破获151起案件，其中犯罪金额在100万元以上的特大案件4件，县处级以上领导干部犯罪41人（厅级3人），为国家挽回经济损失7000多万元。她还在江苏省实现了第一个“零口供”办案：在取证确切的情况下，不依靠口供而断案，杜绝了刑讯逼供现象的发生。

6.许崇德：亲历中国法治进步的学者

作为当选中最为年长者，中国人民大学教授许崇德亲历了新中国宪政和法治建设的每一步。2004年是《宪法》颁布五十周年；1954年，许崇德教授参与起草了新中国第一部宪法的制定；1990年，他亲眼目睹了《香港基本法》的通过。在他身上，体现了一代法律学者对法治的无悔追求。

7.曹发贵：因公殉职的人民调解员

生前曾任安徽省和县乌江镇黄坝村人民调解委员会主任。自1989年以来，调处了婚姻、土地、务工赔偿等纠纷2000余件，化解民转刑案件30余起，为维护基层社会稳定做出了突出贡献。

2004年5月16日，在调解一起民间纠纷时，为保护村民生命安全，阻止歹徒行凶，不幸以身殉职，时年47岁。

8.张兴国：拒烹野生动物的厨师

这位辽宁省葫芦岛市特二级中餐厨师，在过去8年中因拒绝烹调野生动物，先后12次被餐馆老板解雇，主动辞职20余次，生活困窘却痴心不改。

2003年起，张兴国前往葫芦岛市的大小饭店，面对面地恳请1000多名厨师拒绝烹调野生动物。作为一个公民，张兴国用实际行动捍卫着法律的尊严。

9.栾文棠：揭露西安体彩财务黑幕

72岁的他，曾于1995-2000年任陕西省体彩中心财务指导。工作期间，他发现陕西省体彩中心个别领导人与承包商勾结欺骗彩民。从1996年起，他坚持收集有关证据，向有关部门举报，在此期间两次遭遇意外车祸。

“宝马案”伊始，他向刘亮和媒体提供了陕西体彩违规操作的内幕资料，对案件的逐步揭开起到了关键作用。

10.宋鱼水：“中国硅谷”公正法官

北京市海淀区人民法院知识产权庭庭长。11年来经她办理的案件，调解率高达70%。她以一个法官的公正和真诚，赢得了所有人的敬意。一家输了官司的公司曾送给宋鱼水一面锦旗，上面写着“辩法析理，胜败皆服”。在当事人眼中，“宋鱼水”这个名字，就意味着司法的公正。

（信息来源：中央电视台）

备注：此榜由中宣部、司法部和中央电视台联合推出，以“2004，他们默默影响中国法治进程”为主题，以“弘扬宪法精神、增强法治观念”作为指导思想，围绕宪法精神和公民权利义务，对2004年中国年度法治建设成就进行梳理和展现。为了增加评选的合法性和权威性，主办方邀请全国法学界、新闻界和相关政法部门的专家、学者及资深媒介人组成“年度法治人物推选团”，对年度法治人物候选人进行评议。同时结合观众来信和网民投票，选出10位年度法治人物。

◎榜二、2004法治人物标榜◎

1.李金华：国家财产的“看门狗”

入选理由：最大胆。称审计是国家财产的“看门狗”，既忠且勇，不惧威胁。

从2003年中期指责财政部掀起“审计风暴”以来，2004年6月，暴风雨更猛烈地到来。李金华代表审计署向全国人大常委会报告的“审计清单”成为重磅炸弹：除了淮河灾区和云南大姚地震灾区有关地方政府虚报、挪用救灾款的事实，以及原国家电力公司领导班子决策失误造成重大损失的调查结果被披露外，还有国家林业局、国家体育总局、国防科工委、科技部等4家中央单位因虚报、挪用预算资金的违规事实，被一一列入“黑名单”。

已逾耳顺之年的这位审计长向中央级部门特别是一些强力部门的公开批评和问责，为各界民众交口称赞。

2.熊德明：原始的维权行动

入选理由：最天真。明知不可为而为之，其行为成为一种符号或象征。

2003年的一个冬日，在重庆云阳上演了一个温暖的故事。国务院总理温家宝拉着农妇熊德明的手问收入情况，朴实的熊德明压抑不住地说出了“丈夫被拖欠薪水”的实话。旋即，总理替她丈夫讨回了2000多元欠薪，并由此在全国掀起了清欠民工薪水之役。

熊德明，一个普通的农家妇女，面对温总理的造访，她敢于讲真话，这一点尤为可贵，更为可贵的是在面对家乡的父老乡亲患上“矽肺病”，家庭陷入困境时，熊德明义无反顾地当起了“维权大使”，表现出了一种高尚的道义心肠，尽管维权的结果并不顺利。而她的强烈的维权意识，正是中国多数农民身上所欠缺的元素。

就如同堂·吉诃德与巨大的风车作战，“维权大使”熊德明的讨薪行为，已经幻化成一种符号或象征。

3.夏家骏:直言谏言扬清风

入选理由:最较真。他让少数官僚感到极为头疼却又无计可施。

黑龙江省鸡西市政府由于鸡西文化路改造西延等项工程,多年来拖欠黑龙江省国际工程技术合作公司数千万工程款无法结清,导致农民工领不到工资,企业陷入困境。这一问题在2004年初引起了国务院总理温家宝的高度关注,批示要求认真清理,限期解决,并强调这要作为政府的一项重要工作。然而,鸡西市政府有关领导隐瞒问题真相,将虚假调查报告呈送国务院。温总理察知后,又连续两次批示,要求对此严肃查处,并派出专门督查组,查明了事情真相。

而对这一事件功不可没的是被称为"夏青天"的全国政协常委、中国政法大学研究员夏家骏,其间夏多次赴黑龙江实地调查,针对当地的假报告向总理几次直接提供真实情况。

"夏青天"的誉称使他的家变成了"上访接待站",全国各地进京上访的老百姓很多都奔他这儿来,跪着、哭着申冤。几年下来,上诉材料能装好几个麻袋。

4.张先著:背后那1.3亿HBVer

入选理由:最有靠山。他身后有1.3亿HBVer(乙肝病毒携带者),为乙肝病毒携带者维权,放弃隐私。

2003年6月,25岁的安徽青年张先著在芜湖市人事局报名参加安徽省公务员考试,综合成绩在报考该职位的30名考生中名列第一,但被芜湖市人事局以体检出乙肝两对半"一五阳"为由不被录取。同年11月,张先著向法院提起行政诉讼,状告芜湖市人事部门"歧视乙肝患者"。此案被媒体称为"国内乙肝歧视第一案"。

张先著获得了"名义上"的胜诉,但对HBVer这个群体却是一个艰难的巨大胜利。各省纷纷修改公务员录用体检标准,相当多的HBVer重新获得了公平就业的机会。张先著因此被誉为HBVer中的维权斗士。

5.郭 钗:诠释法治弱女子

入选理由:最无畏。一位美丽柔弱女子的勇敢让歹徒颤抖,让整个中国难过。

郭钗,女,1976年5月出生,河北辛集市人,河北辛集市中医院外二科护士。

2004年2月27日上午,郭钗带着儿子来到姐姐郭妥的幼儿园。当郭钗拦住罪犯马闯说"孩子们正在上课,不许家长上去"时,马闯向她连刺3刀、连砍数十斧,致使郭钗死亡。哭喊着要妈妈的郭钗4岁的儿子也被砍死。郭钗的英勇举动为保护孩子们的安全赢得了宝贵的时间。楼上的老师们死死顶住了上楼的门,凶残的歹徒被及时赶到的公安干警当场擒获。

郭钗,一位美丽柔弱的护士,直面歹徒时的壮烈,是普通中国公民诠释法治的典范,是真正的见义勇为英雄。一位让整个中国难过的女子,她的牺牲使有关部门开始认真面对一系列校园安全事件。

6.高 政:挺身而出的草根力量

入选理由:最执著。一个真正来自民间的草根力量的声音,为政府执政为民政策的深化落实提供了鲜明案例。

2003年10月下旬,高政出生才2个月的孩子突然生病,带到医院检查得到的结果是营养不良综合并发症,吃的奶粉肯定有问题。为了拿到科学的证明,高政自己掏钱把孩子吃剩的奶粉送到阜阳市疾病控制中心检验。

为了不让劣质奶粉坑害更多的孩子,高政一路讨说法,不断的努力引来了外地大批记者前来采访阜阳劣质奶粉害人事件。至此许多孩子从死神手里夺回了生命,一系列关于奶粉以致相关食品的新政策法规也相继出台。

面对维权,多数人选择了沉默,只有高政这样的少数人挺身而出,并用智谋取证。一个普通的农民,有如此勇气和智慧,值得尊重。

7.甘德怀:挑战潜规则的"马蜂"

入选理由:最冒险。勇于挑战北京大学以及学术名流,引发强烈"地震"。

2004年4月6日,河海大学法律系讲师甘德怀得知自己的考博初试成绩过了复试线,而且是法社会学惟一具有复试资格的学生。然而在后来3人参加的复试中,甘德怀被刷了下来。惟一的被录取者,据说是北京大学法律硕士艾佳慧。甘由此质疑此次博士招生的公正性,于7月9日在网上发布文章《我的北大考博经历——北大精神的蜕变》。在北大法学院院长朱苏力教授的回应下,争议也愈演愈烈。

有媒体称之为2004年度"科场"第一案,此事件由"个案"的是非曲直上升到对中国博士招生制度的改革以及优秀人才遴选标准的问题上,由此,"甘朱事件"从单纯的学术事件上升为社会公众事件。

尽管甘德怀成了朱教授不受欢迎的考生,但一些学者和老师却欢迎他报考。甘德怀有自己的学术追求,欢迎他的学者们并不是同情他。

8.陈 敏:为理想矢志不渝

入选理由:最理想主义。虽经历不少挫折,但为了改变很多妇女的命运矢志不渝。

中国政法大学的学者陈敏,自2003年以来,始终在为那些因家庭暴力而采取极端抗争手段如杀夫的姐妹们奔走呼号,目的是呼吁司法官减轻对这些妇女的刑事处罚,让全社会了解并重视家庭暴力的性质、特点及其给受虐妇女带来的身心伤害,主动地干预身边的家庭暴力,有效地保护中国妇女远离家庭暴力,维护她们的人身权益。

从2003年起,陈敏一直试图推广一个叫做"受虐妇女综合征"的理论。妇女杀夫时,很有可能处在"受虐妇女综合征"中。在美国被告人(受虐妇女)一旦被专家鉴定为处在"受虐妇女综合征"中,法官将大幅度削减刑事处罚,直至宣告无罪。陈敏对这种理论的实践仍未能成功,但她一直没有放弃这种努力。

9.反劫谈判专家:完胜于近距离

入选理由:最前卫。他们用智慧与血肉之躯,尊重人质和劫持者的生命。

劫持型犯罪是当前以及今后一个时期社会犯罪的新趋势,对社会不满的人很有可能利用这种犯罪方式,向社会提出他们的要求。反劫谈判专家的应运而生是一个里程碑。

2004年8月底,北京人民警察学院为首都警方举办的第一期反劫谈判研修班结业。17名刑警经过3个月近乎残酷的培训,初具反劫谈判专家的雏形。8月26日,17名学员之一的顿松涛就是用谈判的方式挽回了一名女孩因感情受挫而要自杀的念头。

北京人民警察学院高锋教授还创立了一套独特的"反劫制暴战术谈判"理论体系,其核心理念是:反对以暴制暴,坚持生命至上;近距离谈判,用心谈判。为此谈判专家需具备丰富的社会阅历、广博的知识、良好的心理承受能力和应变能力,更主要的是,他们必须要有非常优秀的口才。

10.霍岱珊:淮河的守望者

入选理由:最本真。他用镜头守望淮河,让皇帝的新衣现出原形。

霍岱珊,一位民间环保志愿者,1953年出生,原《周口日报》摄影记者。1998年辞去公职专门进行淮河污染调查。6年来,他通过镜头告诉世人,淮河污染的受害者过着怎样的生活。

他通过拍照,第一个向公众揭示了淮河10年治污不成的真相和癌症村的生态灾难,并创办了淮河流域第一家民间环保组织——淮河卫士,通过民间参与,来救助淮河流域的污染受害者。

长期关注污染让霍岱珊成了当地百姓眼中的名人,也成了某些官员的眼中钉。但淮河水污染问题的被认知度越来越高。

霍岱珊相信,现在是民间环保力量在淮河治污过程中发挥作用的时候了。

(信息来源:《方圆法治》杂志总第133期)

解读:此榜的评选为方圆法治杂志社编辑部自己的视角,在评选时,注意从"法治在民间"、"法治给人以力量"的角度甄别,因此所选择的对象基本上能代表这个法治时代的潮流和方向,这些英雄能让悲观者前行,让无助者看到希望,而有些法治人物的悲剧色彩却没有被关注,如缉毒警察吴光林、乡村调解员曹发贵献出宝贵的生命等等。这也是与中央电视台的"2004十大法治人物"评选所不同的地方。

◎榜三、2004我最喜爱的十大人民警察◎

1.任长霞:河南省登封市公安局原局长

在罪犯面前,她铁面无情;在人民面前,她柔情似水。维护正义、保卫人民,是她不可动摇的信念。威武不屈、富贵不淫,是她肝胆照人的境界。长街已经相送,热线依然有声。她以自己执法为民的模范行为和无私奉献的崇高品德,树立起了一座永恒的丰碑,实现了一个警察对人民的庄严承诺。

2.贾银虎:北京市公安局石景山分局民警

他是一名警察,又是他所在的社区大家庭的一员。他是大妈的儿子、孩子们的叔叔、左邻右舍的兄弟。他从没有什么惊天动地的事迹,可他急群众所急、想群众所想。他以生活的涓涓细流,诉说着水滴和沧海的关系。

3.董喜宽:天津市公安局宁河分局巡警支队副政委

狭路相逢勇者胜,与邪恶相逢正义者胜。无论是与歹徒拔枪对峙,或是在群狼环伺的险境中挺身而出,他在侠肝义胆中尽显忠诚。因为,他是警察。28年的从警经历,铸就了一个人民警察的生死观,视保护人民为天职,用自己的身躯为百姓构筑起一道安全屏障。

4.许少安:河北省唐山市公安局副局长

指挥员、战斗员兼顾,身先士卒,扎实拼搏,以高破案率赢得人民爱戴;为百姓实实在在办事,以对公安工作的那份执著,认认真真履行人民警察的职责。他以警察的名义证明了罪恶必将受到审判的正义法则。

5.施华山:江西省贵溪市公安局流口派出所政治教导员

他用执著和智慧,弥合了千百个曾经痛苦的心灵;他以努力和真情捍卫着人的尊严。风里雨里,乔装打扮,风餐露宿,无怨无悔。他用智慧和勇敢换来了一次次的胜利,他用行动告诉百姓,什么是一个基层干警所理解的幸福。他得到了人民给予的一个特殊称号——"打拐英雄"。

6.金光镇(朝鲜族):吉林省延边朝鲜族自治州公安局副局长兼延吉市公安局局长

以除恶安良为天职,殚精竭虑,踏雪破冰,带领战友还百姓一方平安;以人民满意为标准,三度临危受命,敢于攻坚,不辱使命;以行动让一方百姓相信,人民警察是人民的儿子,一定能够保护好母亲。

7.童光明:郑州铁路公安局武汉公安处武昌刑警大队大队长

有一双鹰一样的眼睛,更有鹰一样的勇猛和忠诚;他以自己的努力,给百姓带来平安之旅;在千里铁路线上,他始终在寻找每一个危险、每一个隐患;他用视线给犯罪分子编织了一张看不见的天网。对于他来说,岗位是流动的,但职责却不可动摇。

8.毛建东:湖北省武汉市公安局巡逻民警处特警大队副大队长

在别人应该撤离的地方他却出现了,在别人走向安全的时候他却向死神靠近。作为一名排爆专家,用自己的危险换取别人的安全就是他的工作。虽然他在一次意外中失去了右手,但他却从倒下的地方重新站立起来,仍然出现在排除爆炸险情的第一线。他用自己的行动,诠释了英雄的含义。

9.王法金:浙江湖州市公安局城区分局月河派出所副所长

警察常常因为“勇敢”而受人尊敬,但他却因为“点子”被群众爱戴。身为社区民警,他将自己所有的智慧都用在了为百姓创造一片平安天地中,每一个小点子,都来自他对人民警察职责的深刻理解,虽然平凡和琐碎,但这更需要勇气和创造,因为社区里每一天的安宁生活都有他的特殊贡献。

10.索　朗(藏族):西藏公安边防总队亚东边防检查站政委、帕里边防派出所原所长

如果说,喜马拉雅的群山是一个个手挽手的戍边将士,那他就是山顶的一面红旗!他的高大并不仅仅在于曾经冒着生命危险解救过许多遇险的牧民,更在于他那让人们难以忘怀的、在风雪交加的边防哨所中度过的8000多个日日夜夜。他用22年的美好青春,书写着人们难以想象的生命日记。平凡在这里就是一种崇高。

(信息来源:中央电视台2004年9月25日)

备注:此榜由公安部和中央电视台联合举办,于2004年9月25日晚在中央电视台一号演播大厅发布。

此榜的候选人首先经各级公安机关推荐,要求是近年来在打击犯罪、服务群众和维护社会治安稳定工作中作出突出贡献的优秀人民警察。

此次评选的最大特点是把评判权交给人民群众,请人民群众通过投票的方式评选出心目中最喜爱的10位人民警察。广大群众对评选活动给予了极大的关注,近1700万群众分别通过点击网站、填写选票、发送手机短信等方式进行了投票。根据群众投票和推荐单位的考核意见,在充分尊重群众意见的基础上,评委会组织了专家、学者、资深媒体人士对候选人进行了初评,将得票数最多的10位候选人提交给组委会。经过组委会认真审查,最终确定10位民警当选为“我最喜爱的十大人民警察”。

◎榜四、2004全国十大杰出青年法学家◎

1.谭世贵:海南大学校长
2.周叶中:武汉大学教授
3.马怀德:中国政法大学法学院院长
4.邱兴隆:湘潭大学法学院院长
5.许章润:清华大学教授
6.左卫民:四川大学教授
7.陈瑞华:北京大学教授
8.莫纪宏:社科院法学所研究员
9.薛　虹(女):外交学院副教授
10.卢建平:中国人民大学教授

(信息来源:新华网2005年1月13日)

备注:此榜由中国法学会主办并于2005年1月12日发布,经过5个多月的严格评选,10位来自全国各地的中青年法学家终于尘埃落定,至此此类评选已举办了4次。上榜者均由各省、自治区、直辖市的法学会和中国法学会所属各学科研究会按规定条件推荐和初评,再经中国法学会评选委员会终评产生。

中国法学会曾分别于1995年、1999年和2002年进行了3届杰出(中)青年法学家评选活动。每次评选出10名杰出(中)青年法学家,加上此次评选出的10名法学家,这40名“杰出青年法学家”在法学界和法律实际部门都发挥着重要作用。

相关链接一:获奖法学家简介

1.谭世贵

海南大学校长、法学教授,中国人民大学在职博士研究生。1986年7月毕业于西南政法大学法律系,获法学硕士学位。先后在西南政法大学法律系、海南大学法学院从事教学与研究工作。中国高等学校教学研究会常务理事、中国诉讼法学研究会理事、全国刑事诉讼法学专业委员会委员、海南省人民检察院专家咨询委员会委员、海口市人民政府立法顾问。著有《廉政学》、《检察制度比较研究》、《打官司手册》、《中国经济犯罪罪刑论》等著作,主编高等政法院校统编教材《律师法学》,副主编高等政法院校统编教材《刑事诉讼法学》和《证据法学》,参编高等政法院校统编教材《特别经济区法》及《法学辞海》、《诉讼法大词典》、《检察大词典》等,在省级以上学术刊物上发表论文60多篇。先后被评为“海南省优秀教师”、“海南省优秀共产党员”、“海南大特区青年建设者”,荣获司法部教育司、中华全国律师函授中心颁发的“首届育才奖”、“海南省有突出贡献的优秀专家”等称号。

2.周叶中

武汉大学教授、博士生导师，武汉大学学术委员会副主任兼秘书长，武汉大学研究生院常务副院长，教育部法学教学指导委员会委员，中国宪法学研究会副会长，北京大学、中国人民大学兼职教授。曾主持或参与完成各类科研项目20多项，独著、主编或与人合著学术专著、教材26部，发表专业学术论文110多篇。曾先后为中央部委以及省、地、市、县的领导干部作法制报告1000多场次。2002年12月26日在中南海为新一届中央政治局第一次集体学习主讲宪法；2003年1月22日在人民大会堂为八部委司局以上干部主讲宪法。

3.马怀德

中国政法大学研究员，博士生导师，中国法制所副所长。1984年毕业于北京大学法律系，同年考入中国政法大学，1991年获行政法硕士学位，1993年获博士学位，系我国首位行政诉讼法学博士。1993年留校任教。1995年晋升为副研究员，1998年破格晋升为研究员。1995年、1996年，先后赴美国波士顿大学和澳大利亚墨尔本大学作高级访问学者。现任《行政法学研究》主编，中国法学行政法研究会理事、副秘书长，中国监察学会常务理事。曾获"霍英东教育基金会高等院校优秀青年教师奖"、"全国杰出中青年法学家提名奖"、"中国行政法研究会优秀科研成果（论文）一等奖"、"北京市哲学社会科学优秀成果二等奖"。出版学术专著、合著20余部，专著有：《行政法制度建构与判例研究》、《国家赔偿法的理论与实务》、《行政许可》。主编《中国行政法》、《中国行政诉讼法》、《中国立法体制、程序与监督》等著作。曾在《中国法学》、《法学研究》、《中外法学》、《政法论坛》上发表论文百余篇。

4.邱兴隆

西南政法大学教授，法学博士（中国人民大学），刑法学博士生导师，中国人民大学国际刑法研究所兼职研究员，湘潭大学法学院兼职教授。

5.许章润

清华大学法学院教授，西南政法大学学士，中国政法大学法学硕士，澳大利亚墨尔本大学法学博士。曾任墨尔本大学人文学院后殖民主义理论研究所兼职高级研究员、中国青少年犯罪研究会副会长。主要著作有《The Confucian Misgivings》（儒生疑惑）与《说法·活法·立法》，发表论文30余篇。

6.左卫民

四川大学法学院教授、博士研究生导师。1981–1988年，1995–1999年就读于西南政法大学法律系，先后获得法学学士、法学硕士及法学博士学位。1988年至今在四川大学从事教学科研工作。1992年破格晋升为副教授，1994年破格晋升为教授。中国司法改革研究中心主任、副院长，兼任中国法学会理事、中国法学会诉讼法学研究会副会长、中国诉讼法学研究会刑诉专业委员会副主任、人民法院报社学术顾问委员会顾问等职。1997首批入选教育部人文社科"跨世纪优秀人才"，2000年获教育部首届"青年教师奖"，2001年获国务院特殊津贴，2002年被评为"四川省学术带头人"。在《法学研究》、《中国法学》等期刊上发表学术论文逾百篇。出版著作10余部。近年来出版了专著《刑事诉讼的理念》（1999年）、《刑事程序问题研究》（1999年）、《变迁与改革：法院制度现代化研究》（2000年）、《合议制度研究》（2001年）、《权利话语与权力技术：中国司法的新思考》（2002年）。

7.陈瑞华

北京大学法学院副教授。1985年9月考入中国政法大学，先后于1989年、1992年、1995年获得法学学士、法学硕士和法学博士学位。1995年7月进入北京大学法律学系博士后流动站工作，1997年7月出站。主要研究方向：刑事诉讼法学、司法制度、程序法理学。主要学术著作：《刑事审判原理论》（1997年）、《刑事诉讼的前沿问题》（2000年）。中国诉讼法学研究会刑事诉讼法专业委员会委员，北京市诉讼法学会理事。

8.莫纪宏

法学博士，副研究员，中国社会科学院法学研究所宪法行政法室副主任，中国法学会宪法学研究会副秘书长，《宪政论丛》副主编。国家地震局立法顾问，曾参与《中华人民共和国防震减灾法》等法律、法规的起草工作。曾在日本东京大学法学部和挪威人权研究所做过客座研究员和访问学者，专业为宪法学、行政法学。近年来研究的重点是：宪法诉讼与宪法监督、宪政与人权、紧急状态法、文化法和灾害法等。主要著作有：《宪政新论》、《宪法审判制度概要》、《表达自由的法律界限》和《政府与公民宪法必读》等。

9.薛　虹

1998年毕业于中国社会科学院研究生院，获法学博士学位。现任外交学院国际法系教师，北京大学法制研究中心高级访问学者，澳大利亚墨道大学亚太知识产权中心高级访问学者，知识产权律师。主要著作：《中国计算机软件法律保护》（英文专著）、《网络时代的知识产权法》（中文专著）、《中国知识产权法》（合著）等。

10.卢建平

中国人民大学法学院教授，博士生导师。法学博士，1988年毕业于法国蒙彼里埃大学法学院。1996年获国务院颁发的政府特殊津贴。现任浙江大学经济学院公共管理系主任，以及国际刑法学协会副秘书长兼执行委员，中国监察学会理事，中国刑法学会理事，浙江省监察学会副会长，浙江省犯罪学会副会长，中国人民大学法学院博士生导师。他还积极参与中纪委监察部干部培训的教学与管理工作，参与国家立法的咨询，1994年被中纪委监察部聘为《行政监察法》起草小组顾问。

相关链接二:前3届法学家名单

首届(1995年)"杰出青年法学家":王利明 公丕祥 赵秉志 曹建明 范健 胡建淼 黄进 夏勇 沈木珠 顾培东

第2届(1999年)"杰出中青年法学家":陈兴良 曾令良 韩大元 陈桂明 信春鹰 孙宪忠 何勤华 卓泽渊 江必新 崔建远

第3届(2002年)"杰出中青年法学家":张明楷 吕忠梅 张新宝 孙笑侠 张守文 袁曙宏 蔡定剑 景汉朝 袁大华 赵旭东

◎榜五、2004中国知识产权十大风云人物◎

1.郑成思等7位:社科院知识产权专家

2004年10月21日,中国社会科学院知识产权中心学者郑成思、李顺德、唐广良、张玉瑞、徐家力、周林、李明德7名专家诉书生数字技术有限公司侵犯著作权一案在北京市海淀区人民法院开庭。身为法学家的他们愤而起诉,也是专家们依靠司法制度,考量网络市场是否适用知识产权法律规范的尝试。

2.任正非:华为总裁

随着中美IT知识产权第一案——思科诉华为案以和解告终,作为华为的创始人与领导核心,任正非这个人物显得更加传奇。在他的率领下,华为连夺中国电子百强利润头名,同时在知识产权的拥有上成为国内企业的领头羊。

3.杨元庆:联想集团总裁兼CEO

倘若失去杨元庆,联想可能就没有收购IBM全线PC业务那样的好胃口。这个"蛇吞大象"的故事让世人瞩目。杨元庆的前任柳传志给这个接班人打了90分。

4.邓国顺:深圳朗科公司总裁

在邓国顺的领导下,知识产权战略一直是企业发展战略之一,企业成立之初就将核心技术申请了基本专利。2004年,朗科优盘牌闪存盘成功销往了美国、加拿大、欧洲、中东、东南亚、日本等全世界几十个国家和地区,海外销售额数以亿元计。知识产权不仅是朗科发展的利器,也是其保护自身权益的利器。

5.李书福:吉利控股集团有限公司董事长

第一个闯入汽车业的民营企业,中国第一辆自主知识产权的跑车,第一台自主研发的发动机,第一台自主研发的自动变速箱等体现了吉利的高起点和创新性,同时吉利在香港借壳上市成功。农民出身的李书福造出了满大街奔跑的吉利轿车,也算是给"民营经济是最具活力的经济"这一论断添加了一个有力的例证。

6.王敬忠:中国电池工业协会秘书长

中国电池企业在与美国劲量电池公司的知识产权官司中获得全面胜诉,这成为目前中国企业在应对国外知识产权和贸易纠纷中惟一获得全胜的一场官司。作为中国电池工业协会秘书长,王敬忠功不可没。面对挑战,中国电池工业协会组织了福建南孚等9家企业,动员全行业的力量,组织厦门三圈等另外9家电池企业,组成了18家企业联合的应诉团队,且最终赢得了胜利。

7.张瑞敏:海尔集团总裁

作为中国电子信息百强企业之首,海尔集团已经成功将冰箱、洗衣机等家电产品打进欧美、日本等发达国家市场,在当地和列强制造"短兵相接"。张瑞敏以他敏锐的市场意识,使海尔从中国品牌走向了世界品牌。

8.郭庆存:海信集团副总裁

德国一家公司在德国注册的"HiSense"商标成了海信集团进军德国市场的"拦路虎",因为该商标与海信集团的"Hisense"仅仅存在一个字母的大小写之别。作为海信集团主管知识产权的副总裁,郭庆存不仅为打造海信国际知名商标立下汗马功劳,为了保护这块招牌,他更是不遗余力。

9.尹明善:力帆集团董事长

力帆集团在一审商标官司中输给了本田,年近古稀的力帆董事长尹明善一面表示力帆肯定会上诉到底,一面称漫漫8年商标战,本田已亦师亦敌。做过大学教师和出版社编辑的尹明善,54岁开始创业,已成为年轻人创业的偶像。

10.徐国文:专利代理人

面对跨国制药公司在我国的扩张,徐国文勇挑重担,代理中国制药界对外企的专利挑战。在"扳倒"了全球药企老大辉瑞"伟哥"专利后,全球排名第二的葛兰素史克的一个治疗糖尿病的药物专利又成为了他所代理的数家国内药企"发难"的目标。

(信息来源:中国知识产权局2005年1月20日)

备注:此榜由国家知识产权局、中国知识产权报社等主办,是由知识产权界的专家投票,并参考国家知识产权局网站、新浪网、中国国际知识产权网等网络投票后最终确定的,以期更好地推动知识产权意识在我国的宣传普及。

三、其他篇

◎榜一、2004十佳人民法庭◎

1.河北省秦皇岛市海港区人民法院长城大街人民法庭
2.江苏省沛县大屯人民法庭
3.安徽省淮南市田家庵区人民法院田东人民法庭
4.北京市朝阳区人民法院双桥人民法庭
5.山东省寿光市人民法院城郊人民法庭
6.广东省东莞市人民法院东城人民法庭
7.江西省信丰县人民法院大塘埠人民法庭
8.四川省泸州市纳溪区人民法院江宁人民法庭
9.浙江省诸暨市人民法院枫桥人民法庭
10.福建省大田县人民法院建设人民法庭

（信息来源：新华网2005年3月6日）

备注：此榜由最高人民法院和中央人民广播电台联合举办并发布。从2004年12月上旬开始，公众通过《人民法院报》、中国广播网、中国法院网和新华网进行邮寄选票或网上投票，或通过语音电话和发送手机短信参与投票。

解读：目前全国共有人民法庭10392个，每年审结230余万起案件，占全国法院审结各类案件总数的40%左右。30896名法官工作在人民法庭，占全国法官总数的15.88%。参加此次评选的32个候选法庭，是从全国人民法庭中层层筛选并由各高级人民法院推荐产生，都曾多次受到表彰。

人民法庭面临着审判任务繁重、审判资源不足、工作条件艰苦等困难，在人民法庭尤其是在山大坡陡、地广人稀的中西部地区人民法庭工作，意味着更多的艰辛、更多的付出。此次评选的目的，就是要对具有高度责任感、事业心和进取心的优秀人民法庭进行表彰，进一步提高基层法官队伍素质，深入落实司法为民要求，让人民群众切实感受到司法便民、利民、护民的成果。

◎榜二、2004十大文化法治热点◎

1.冒牌书法引发书画市场大幅震

2004年1月19日，北京某媒体刊登了一篇题为《启功怒斥不法之徒》的报道，说荣宝拍卖行2004年1月迎春书画拍卖中由“某委托人送拍的25件启功作品”，在被启功先生认定为假货后，依然上拍，且最终有22幅作品成交。此后，《中国艺术报》记者又专访启功先生，对这一事件进行了更加深入的报道，在业内引起轩然大波，书画市场假货充斥的现象受到全社会的关注。

点评：类似事件在拍卖业早就屡见不鲜，只不过这次因为启功先生的巨大声望才引起这么大的反响。这一事件从道德自律、法律规范两个方面给拍卖企业敲响警钟，同时凸现了拍卖法的缺陷。在现行法律下，拍卖公司其实并不承担必须对拍品进行真伪鉴定的责任和义务，而是否能够做到行业自律又让人担忧，这种情况下究竟谁来保障竞买人的利益，谁来为拍品真伪做鉴定？当然，拍卖业不保真是国际惯例，但中国书画造假规模之大举世罕见，但愿这一事件能让人们更多关注中国艺术品市场的未来发展。

2.卡拉OK业的午餐不再免费

自2004年3月1日开始，受中外数十家唱片公司的委托，北京两家律师事务所联合国内50家大中城市的律师事务所同时向全国1.2万多家卡拉OK经营者寄出首批律师函，就此拉开了2004年我国在音像领域最大规模维权行动的序幕。律师函要求卡拉OK经营者停止擅自使用权利人的音乐电视（MTV）、音乐录影（MV）、卡拉OK作品的侵权行为并支付赔偿金。这次行动的委托人都是华语圈里最著名的唱片公司，包括环球、华纳、百代等国际唱片公司和内地的中唱、太平洋、新时代、中国音乐家等公司。在此之前，国内一些律师事务所曾经展开过维权行动并均获胜诉。北京的两家有卡拉OK经营业务的企业分别被判决向权利人赔付3万元和2.3万元。

点评：这一系列维权行动之所以成为热点，是因为卡拉OK太常见了，人们熟视无睹，再就是如果一旦胜诉，对整个行业的命运具有重大影响。其实集体诉讼是一种在国外很常见的诉讼形式，无论对于原被告还是司法机关，都可以有效节约诉讼成本，同时可以扩大影响。而在大规模的诉讼开始前先投石问路，显示了熟练的诉讼技巧，值得学习。这起案件也暴露出我国著作权法的不足。由于在著作权法上，音乐电视、卡拉OK作品的属性并没有明确，导致卡拉OK企业一向把卡拉OK作品视为音像制品，享用了这么多年的“免费午餐”。所以这一事件能帮助人们重新审视著作权法中较为模糊或者没有对新生事物进行规范的地方，并使之完善起来。

3.著作权集体管理机构日益增多

在2004年5月召开的中国电影制片人协会第7届会员大会上，该协会作为发起单位，联合中国电影发行放映协会、中国城市影院发展协会、中国音像协会筹备成立中国电影版权保护协会。截至2004年底，该协会的筹备工作仍在进行中。该协会将是我国电影界第一个著作权集体管理组织，能够采取包括调查取证、协调行政查处、提起诉讼和仲裁在内的一切行政、法律措施，维护会员的合法权益。

点评：2004年我国各种著作权集体管理组织相继成立，上海有了文化艺术知识产权服务中心和鉴定中心，中国曲协、中国摄协等也在积极酝酿成立相关机构。其背景是作为著作权法配套条例之一的集体管理条例的出台和中国第一个著作权集体管理组织音著协的日益壮大。现今很多被侵权的艺术家不去打官司，主要原因是对法律不熟悉或者支付不起时间成本。相信类似的组织会越来越多，而集体管理组织的职能也不应仅仅是收钱这么简单，应使艺术家的作品更有效地和艺术市场进行衔接。但是，集体管理组织本质上也是一种中介，中介费用的标准如何确定，如何对这样的组织进行监管也应提上议事日程。

4.“义演”明星被迫退款

2004年6月11日，一场名为“希望之声”的“慈善”演出在成都市体育中心举行，参加演出的有港台及内地12名演艺人员。但是这次慈善演出活动不仅未能为慈善事业筹集资金，反而给当地造成了重大经济损失，在社会上产生了极为恶劣的影响。7月初，经过调查，相关部门对参与其中的两家文化公司分别给予停止半年涉外演出经营资格并罚款及追缴非法所得的处罚决定，而参演明星必须退还所收酬劳。

点评：假义演、真收钱，这场闹剧从曝光到最后解决在很大程度上依赖于媒体的强势介入。可以设想，如果没有媒体介入，这一事件能否迅速得以解决呢？义演是调动社会资源救助弱势群体的善举，在国外慈善演出的流程相当规范，这一事件促使人们关注国内义演中的暗箱操作，同时说明一个良性透明的演出市场尚未完全建立。

5.电影促进法蓄势待发

从2004年6月中下旬起，全国35条院线下属的几百家影院都陆续收到“《电影促进法》调研”问卷，为正在拟定过程中的《电影促进法》提供真实的民间声音。类似的调查还将在全国具有代表性的制片厂、电影从业者、发行部门等全面展开，其涉及面之广、问题之深入，都属国内首次。《电影促进法》调查问卷返回广电总局电影局后，这些民间的声音将直接影响到我国首部《电影促进法》的诞生。按照日程，8-10月起草并形成《电影促进法》初稿；11-12月，根据各方面意见，对草案进行研究论证。

点评：这将是我国第一个电影行业的专业法。电影业内很多问题，如盗版横行、院线分账不透明以及题材方面的限制等，早已不是当初的《电影事业管理条例》所能解决，也无法以行业内部行政管理的方式解决，必须以法律条文的形式明确下来，这样才能给电影产业的发展提供一个更规范的法制环境，该法中关于电影版权方面的规定也有利于提升我国在知识产权保护方面的国际形象。

6.白秀娥剪纸侵权案尘埃落定

陕北剪纸能手白秀娥状告国家邮政局、国家邮政局邮票印制局侵犯其著作权一案经过一审、二审、再审后，判决两被告赔偿白秀娥8万余元并当面道歉。2004年6月28日，此判决由北京市一中院强制执行完毕。1999年底，白秀娥将其制作的数十幅蛇图剪纸提交给邮票印制局，邮票印制局选择了其中4幅，向白秀娥支付了资料费，但并未就该剪纸图样的版权转让等问题签订协议，也没有支付版权费用。后因媒体的报道得知自己的作品成为邮票后，这位来自黄土高原上一个普通村落中的剪纸能手走上了当时还完全陌生的法庭，走上了数年之久的维权之路。此案历经一审、二审、再审，北京市高级人民法院于2003年12月作出再审判决。在判决发生法律效力后的数月内，国家邮政局并未执行法院判决，2004年白秀娥遂申请强制执行。

点评：此案案情相对而言并不复杂，但走出了个人面对国家职能部门，以法律手段维护自己权益的可贵一步，可见民间维权意识在提高。还要提醒艺术家注意的是，法律意识的提高不仅仅是在自己的权益被侵犯时要相信法律，更要做好预防侵权的准备。在出让作品时要签署必要的法律文件。这起案件还涉及到一个重要的法律问题，就是赔偿数额，如何根据侵权范围、侵权所得以及侵权行为的不同属性确定赔偿数额，是一个值得研究的新课题。

7.行政许可法规范文化产业

《行政许可法》实施后，众多法规、规章都随之进行了修改，其中涉及文化艺术领域的不在少数。不论全国性的《美术品经营管理办法》以及影视剧申报制度，还是地方性的《北京市实施〈文物保护法〉办法》等都在调整之列，涉及文化部、广电总局、国家文物局等多个部门。这些部门根据《行政许可法》的要求，基本上都在第一时间完成了新法规的起草或旧法规的修订。

点评：《行政许可法》不仅要求这一系列法规在审批内容、审批时限等方面进行修订，更重要的是《行政许可法》所体现的现代行政观，就是下放主动权给从事文化产业的经营者。而且如果经营者的申请不被批准，还第一次拥有了知情权以了解不获批准的原因。从事前审批到事中监督，政府职能部门的角色在调整，《行政许可法》被称为“阳光法案”的原因就在于此。由此，今后老百姓开画廊的门槛大幅降低了，画廊想要增加拍卖业务也容易了，影视剧拍摄的申报程序简化了、周期也缩短了……这一系列举措将大大活跃以后的文化艺术市场。

8.中国批准加入《保护非物质文化遗产公约》

十届全国人大常委会第十一次会议于2004年8月28日表决通过了全国人大常委会关于批准联合国教科文组织《保护非物质文化遗产公约》的决定。《保护非物质文化遗产公约》曾于2003年11月3日在第32届联合国教科文组织大会上通过。"非物质文化遗产"指被各群体、团体或个人视为其文化遗产的各种实践、表演、表现形式、知识和技能及其相关的工具、实物、工艺品和文化场所。例如民间音乐、舞蹈、戏曲、曲艺、皮影、剪纸、绘画、雕刻、刺绣、印染等艺术和技艺等。2004年12月2日，中国常驻联合国教科文组织代表张学忠大使向该组织总干事松浦晃一郎递交了由中国国家主席胡锦涛签署的《保护非物质文化遗产公约》批准书。

点评：作为一个发展中国家，由于受现代化进程的冲击，再加上人们观念中对非物质文化遗产的保护意识比起有形遗产有着比较大的差距，中国非物质文化遗产的保护和继承尚处于脆弱的境地。加入这项公约后，我国在非物质文化遗产保护方面就有了一个比较高的起点。需要强调的是，虽然国际公约同样具有法律效力，但是，为了尊重各国不同情况，该条约并未明确非物质文化遗产的具体认定标准和保护工作的衡量标准，所以如何执行条约内容就显得格外重要。

9.不同声音交锋世遗景点门票价格听证会

2004年11月30日，北京市发展和改革委员会就故宫、天坛、颐和园、八达岭长城、定陵、长陵等世界文化遗产调整门票价格举行听证会。6处景点的工作人员陈述，6个世界文化遗产游览参观点门票价格低于国内同类景点门票价格，在目前条件下，单靠政府财政扶持，景点很难做到完善的保护和可持续发展。20名代表参加了当日的听证会，代表们对门票涨价提出了一些意见和建议。

点评：听证会，一个近年来屡次进入人们视野的新鲜名词，终于第一次进入了文化界。与各地很多名胜古迹门票价格说提就提的行为相比，在北京举行的这次听证会体现了更多的人文关怀。听证会的形式为各方声音提供了博弈场所，能够有效地消解对立情绪。由于这种听证会涉及普通百姓的文化消费，大众参与性是专业性较强的听证会不可比拟的。可以预期，今后在文化艺术市场的政策性变动前将能听到更多民间的声音。

10.网络著作权有了新的保护办法

华夏电影发行公司起诉中华网提供美国好莱坞大片《终结者3》网络下载；华纳唱片有限公司起诉北京首都在线侵犯录音制作者权；郑成思等7位学者起诉书生网……除了这些林林总总的案件，关于网络著作权保护的研讨会也是一轮接着一轮。从年初到年末，管理者、著作权人、网络服务商、网络用户的声音交织在一起，此起彼伏。2004年12月21日，最高人民法院和最高人民检察院联合发布了《关于办理侵犯知识产权刑事案件具体应用法律若干问题的解释》，规定在网络上复制和发行盗版软件、非法下载音乐、文学作品这种"在线盗版"的犯罪行为明确定性为侵犯著作权罪。这一规定的明确，使相关的法律条款更具可操作性。

点评：网络的虚拟性让网络世界的著作权保护成为一个世界性难题。即使有人认为"法律落后于技术、版权保护技术落后于盗版技术"，网络维权仍然一刻不能停止。如果网络侵权现象得不到制止，在现实中人们的一切努力都将付之东流，因为现实中的大部分侵权行为可以转到网上进行。这一司法解释的施行，将有力地维护网络著作权，打击犯罪。但是这一司法解释还是有不够明确细致的地方，据有关知识产权方面的专家称，将非法复制的作品放在用户终端存储器上，供其他用户通过PeertoPeer（简称P2P）的方式下载的，是否属于要承担刑事责任的网络传播？事实上，大多数通过P2P方式传输的数据信息，都是由网络经营者制作并存放在一个设定为终端的存储器上，供其他用户下载的。如果不对这种传播方式加以制止，著作权保护的目标也难以实现。

（信息来源：《法制日报》2004年12月31日）

财富榜

引　言

财富英雄是中国的脊梁，他们的群像组成了2004年一道不可忽视的风景线。中国需要这样的“财富英雄”：面对复杂的市场，有敏锐的判断力和准确的决策力；在人群中有一定的政治影响力；在经济发展中处于领导地位；在所处行业中处于战略地位；在企业纳税和销售额、解决就业等方面有突出贡献；社会责任感强，通过勤劳和智慧创造财富，在个人财富增长的同时，还带动员工和社会的财富共同增长。

伴随着中国阔步迈向世界的强有力的步伐，土生土长的、极具民族气息的中国富豪们正奋力跻身世界富豪榜行列。中国这块沃土孕育了千千万万财富英雄的成长，也呼唤新一代财富英雄的诞生。

财富榜中榜

◎榜一、2004《福布斯》中国富豪榜◎

排名	姓名	性别	年龄	财产（亿美元）	公司名	总部所在地	主要产业
1	荣智健家族	男	62	14.98	中信泰富集团	香港	基础设施、房地产销售
2	黄光裕	男	35	13	北京鹏润投资	北京	家电零售及北京房地产
3	陈天桥家族	男	31	12.76	上海盛大网络	上海	网络游戏
4	许荣茂	男	54	8.4	世茂集团	上海、香港	香港、上海、江苏、福建房地产
5	鲁冠球	男	59	7.74	浙江万向集团	浙江	汽车零配件
6	丁　磊	男	33	6.68	网易	北京	门户网站
7	刘永好	男	53	6.5	四川新希望集团	四川	饲料、金融、房地产
8	杜　厦	男	56	5.3	天津家世界集团	天津	超市、自助式零售连锁店
9	刘永行	男	56	5	东方希望集团	上海	饲料、铝业
10	朱孟依家族	男	45	4.36	合生创展、珠江投资	广东	广东、北京、上海、天津房地产
11	周福仁	男	53	4.35	西洋集团	辽宁	复合肥、耐火材料、钢铁、电力、煤化工
12	陈丽华	女	63	4.23	香港富华国际集团	北京	北京房地产、紫檀木博物馆
13	徐　明	男	33	3.99	大连实德集团	辽宁	化工建材、足球俱乐部
14	刘　方	女	25	3.8	北京裕昌隆工贸、北京恒丰永业、平安保险	北京	贸易、保险
14	郭广昌	男	37	3.8	上海复星高科技集团	上海	上海房地产、制药、钢铁、零售
16	周泽荣	男	49	3.75	侨鑫集团	广东	房地产、教育、科技及酒店管理
17	王传福	男	38	3.62	比亚迪	广东	充电电池、汽车
18	叶立培	男	60	3.61	仲盛集团	上海	上海、深圳房地产
19	张荣坤	男	31	3.5	福禧投资控股	上海	基础设施及房地产
19	张　涌	男	38	3.5	中国林凤集团	北京	投资、成都房地产
19	明金星	男	46	3.5	大众食品控股	香港	屠宰及肉食加工
22	楼忠福	男	50	3.39	广厦控股创业投资	浙江	建筑、杭州房地产

排名	姓名	性别	年龄	财产（亿美元）	公司名	总部所在地	主要产业
23	欧亚平	男	42	3.38	百仕达控股	广东	深圳房地产
24	陶新康	男	51	3.3	上海新高潮集团	上海	木制品
25	李兆会	男	23	3.27	山西海鑫钢铁	山西	钢铁制品
26	刘汉元	男	40	3	通威集团	四川	鱼饲料及养殖
26	黄茂如家族	男	39	3	茂业集团	广东	房地产、零售
28	刘长乐	男	53	2.97	凤凰卫视	香港	电视媒体
29	李金元	男	46	2.94	天狮集团	天津	保健品
30	童锦泉	男	49	2.78	上海长峰房地产	上海	房地产
31	吕向阳	男	42	2.7	广州融捷投资管理	广东	投资、充电电池、广州及上海房地产
31	黄宏生	男	48	2.7	创维集团	香港	彩电及数码家电
33	陈卓贤兄弟	男	37	2.66	雅居乐集团	广东	房地产
33	刘小明	男	49	2.66	大成生化科技集团	香港	谷类生化产品
35	郭　浩家族	男	49	2.61	超大农业集团	福建	有机农业
36	孙广信	男	42	2.5	新疆广汇实业投资集团	新疆	乌鲁木齐房地产、建材、天然气
37	周建和	男	41	2.42	庄胜集团	香港	房地产、零售
37	张佛恩	男	52	2.42	龙泉国际	广东	酒店
39	缪寿良	男	49	2.4	深圳富源集团	广东	深圳房地产
40	钭正刚	男	51	2.31	杭州锦江集团	浙江	轻纺、环保能源
41	祝义才	男	40	2.3	江苏雨润集团	江苏	肉制品、房地产
41	梁亮胜	男	53	2.3	丝宝集团	湖北	洗发水、女性卫生用品及化妆品
43	张　跃	男	44	2.29	远大空调集团	湖南	中央空调
43	周庆治	男	49	2.29	南都集团	浙江	浙江房地产、基础设计、金融
45	蔡天真家族	男	43	2.27	泰山集团控股	福建	纺织、制衣、石油贸易
46	沈　雯	男	46	2.24	上海紫江集团	上海	印刷包装、精密仪器、上海房地产
47	冯光成	男	53	2.18	光宇集团	浙江	玻璃、水泥、技术
47	黄如论	男	51	2.18	世纪金源集团	福建	房地产、旅游
47	吴良定	男	57	2.18	浙江中宝企业集团	浙江	机械及汽车零配件、机床、车辆
47	荣　海	男	47	2.18	西安海星科技投资控股	陕西	信息技术系统、果汁、西安房地产
47	李书福	男	41	2.18	吉利控股集团	浙江	汽车、教育、旅游
47	卢志强	男	53	2.18	泛海集团	北京	金融、房地产
53	叶韦辰	男	40	2.15	联合食品控股	香港	养猪、屠宰及加工
54	王玉锁	男	40	2.09	新奥集团	河北	燃气供应、房地产
54	黄俊钦	男	37	2.09	北京新恒基房地产集团	北京	房地产
56	李德文	男	54	2.06	福建金帝集团	福建	房地产、建筑、贸易、教育
56	刘志强 翟美卿 （夫妇）	男 女	40 40	2.06	广东香江集团	广东	家具连锁店、房地产
58	张志祥	男	37	1.98	建龙钢铁集团	北京	钢铁制品
59	霍东龄	男	48	1.96	京信通信系统控股	香港	电信产品
60	史跃武家族	男	31	1.95	振兴集团	山西	铝、煤、电
61	沈文荣	男	58	1.94	江苏沙钢集团	江苏	钢铁制品
61	高元坤	男	46	1.94	力诺集团	山东	玻璃、太阳能产品
63	米恩华	男	46	1.93	新疆华凌集团	新疆	建材市场、乌鲁木齐房地产
64	宗庆后	男	59	1.92	娃哈哈集团	浙江	饮料、儿童服装
65	李永军家族	男	37	1.9	喜之郎集团	广东	食品

排名	姓名	性别	年龄	财产（亿美元）	公司名	总部所在地	主要产业
65	张芝庭	男	59	1.9	贵州神奇集团	贵州	房地产、制药
67	缪双大及兄弟	男	53	1.87	双良集团	江苏	空调
68	朱保国	男	43	1.84	健康元药业集团	广东	制药、保健、美容口服液
69	许家印	男	45	1.81	广州恒大实业集团	广东	房地产
69	韩国龙	男	49	1.81	香港冠城集团	香港	北京、杭州、福清房地产
69	张　雷	男	42	1.81	当代集团	北京	北京房地产
69	夏朝嘉	男	55	1.81	禾嘉集团	四川	农业、基础设施、阀门生产
69	宋卫平	男	46	1.81	绿城集团	浙江	杭州、上海、北京房地产
74	张思民	男	42	1.8	深圳海王集团	广东	制药
75	顾雏军	男	45	1.79	格林柯尔控股	香港	制冷剂、投资
76	李　宁家族	男	41	1.77	北京李宁体育用品	北京	体育用品
77	李兴浩	男	50	1.75	广东志高空调	广东	空调
78	荣克敏家族	男	60	1.74	金迪生物科技	广东	废料与废水处理
79	严晓群	男	37	1.69	斯威特集团	江苏	集成电路、工业设备
79	孙宏斌	男	41	1.69	顺驰集团	天津	房地产
79	顾云奎家族	男	68	1.69	江苏永鼎集团	江苏	光缆
79	韩真发	男	51	1.69	吉林正业集团	吉林	肉品加工、房地产、商业
83	张朝阳	男	40	1.68	搜狐	北京	门户网站
83	张果喜	男	52	1.68	江西果喜实业集团	江西	木雕、泡沫塑料、旅游、微型马达
85	陈涵霖	男	47	1.67	香港基隆公司	香港	投资
86	韩敬远	男	47	1.65	中国东方集团控股	河北	钢铁
87	徐周文	男	61	1.62	大成生化科技集团	香港	谷类生化产品
88	姚小东	男	34	1.57	滦河实业集团	河北	钢铁、建筑
88	孙荫环	男	54	1.57	亿达集团	辽宁	房地产、教育、软件园开发
88	陆克平	男	61	1.57	江阴阳光投资	江苏	投资
91	左宗申	男	52	1.55	重庆宗申集团	重庆	摩托车、马达
92	张　力	男	51	1.51	富力地产集团	广东	广州、北京房地产
92	胡葆森	男	47	1.51	河南建业集团	河南	河南房地产
94	孙甚林	男	51	1.45	重庆南方集团	重庆	重庆房地产、教育
94	陈润光	男	50	1.45	光大企业集团	广东	东莞房地产
94	梁稳根	男	48	1.45	三一集团	湖南	重型机械
94	周连奎 周连良 （兄弟）	男	43 40	1.45	大众食品控股	山东	屠宰及肉食加工
98	梁信军	男	35	1.44	复星高科技集团	上海	上海房地产、制药、钢铁零售
99	马化腾	男	32	1.41	腾迅	广东	信息技术
99	黄丽丽	女	41	1.41	北泰创业集团	香港	汽车零配件
101	孔展鹏	男	40	1.4	大成生化科技集团	香港	谷类生化产品
101	关凌翔	男	43	1.4	翔峰集团	广东	塑料制瓶、薄膜、纸制品
101	曹明芳	男	58	1.4	江阴模塑集团	江苏	汽车零配件、模具机械、房地产
104	林秀成	男	53	1.39	福建三安集团	福建	钢铁、光电子等
105	蓝伟光	男	42	1.37	三达膜科技	新加坡	膜分离技术、膜软件开发、工程设计、设备制造、系统集成
105	王铁光	男	39	1.37	大成生化科技集团	香港	谷类生化产品
107	陈　健	男	41	1.35	聚友集团	广东	网络通讯、房地产
107	陈伟东	男	40	1.35	万基集团	广东	保健药品

排名	姓名	性别	年龄	财产（亿美元）	公司名	总部所在地	主要产业
107	任运良	男	49	1.35	大连华丰企业集团	辽宁	特种设备、塑料管、辽宁及长春房地产
107	牛根生	男	46	1.35	内蒙古蒙牛乳业股份公司	内蒙古	奶制品
111	陈发树	男	—	1.34	新华都实业集团	福建	贸易、房地产、金矿
112	余渐富	男	47	1.33	安徽南翔集团	安徽	房地产
112	张松桥	男	39	1.33	香港中渝实业	香港	房地产
112	徐冠巨家族	男	43	1.33	浙江传化集团	浙江	化工
112	朱　骏	男	37	1.33	第九城市	上海	网络游戏及分销
116	乔秋生	男	53	1.31	河南黄河实业集团	河南	工业钻石
116	叶祥尧家族	男	51	1.31	长城电器集团	浙江	超低压电器
118	尹明善	男	64	1.3	重庆力帆实业集团	重庆	摩托车、马达
119	邝汇珍	男	48	1.29	亚洲铝业	香港	铝型材
120	施文博	男	53	1.28	恒安集团	福建	妇女用品
121	姜　照 姜　雷 （兄弟）	男	—	1.27	鹏欣集团	上海	房地产、基础设施、高科技
121	昝圣达	男	41	1.27	江苏综艺集团	江苏	高科技投资、智能卡芯片、纺织
123	张　茵	女	47	1.25	美国中南控股	美国	垃圾处理
123	庄　元	男	36	1.25	中国软包装控股	广东	高低收缩性薄膜
123	张文中	男	41	1.25	北京物美商业集团	北京	零售
123	范现国	男	44	1.25	华龙面业集团	河北	方便面、面粉、调味料
127	许连捷 （许自连）	男	51	1.21	福建恒安集团	福建	妇幼卫生用品
127	曲乃杰	男	44	1.21	大连海昌集团	辽宁	石油贸易、船运、化工
127	胡成中家族	男	43	1.21	德力西集团	浙江	高、低压输、变、配电气及工业自动化控制电气
127	卢楚其兄弟	男	53	1.21	万和集团	广东	消毒柜、热水器
127	成清波	男	42	1.21	北京国泰恒生	北京	房地产、金融
127	张　钧	男	41	1.21	兴力达集团	四川	房地产、旅游
127	蒋业华	男	—	1.21	重庆华宇集团	重庆	房地产
127	童文其	男	48	1.21	峨眉山铝业集团	四川	电解铝
127	林伟雄	男	50	1.21	伟雄集团	广东	建筑材料、电子工程
127	张明园	男	—	1.21	广州三新实业	广东	房地产
137	张　海	男	30	1.19	健力宝健康产业投资、平安保险	广东	投资、保险
138	李宴清	男	49	1.17	大连宏孚集团	辽宁	房地产
138	张桂平	男	53	1.17	苏宁建设集团	江苏	房地产
138	孙树华	男	40	1.17	华林塑料集团	河南	塑料化工、薄膜
141	戴志康	男	40	1.16	上海证大投资集团、上海世纪控股	上海	房地产、证券投资
141	李勤夫	男	42	1.16	平湖茉织华实业	上海	纺织、印染
141	王建沂家族	男	41	1.16	杭州富通集团	浙江	光纤
144	袁柏仁	男	40	1.11	浙江纵横控股集团	浙江	纺织
144	赵步长	男	65	1.11	步长集团	陕西	制药
146	张错雍	男	43	1.1	中科智集团	广东	商业担保、金融中介服务、房地产
146	王春鸣家族	男	55	1.1	国栋集团	四川	建筑、房地产

排名	姓名	性别	年龄	财产（亿美元）	公司名	总部所在地	主要产业
148	杨树坪	男	47	1.09	城启集团、粤泰集团	广东	房地产
148	李德福	男	47	1.09	永泰房地产公司	天津	房地产
148	姚 原兄弟	男	48	1.09	上海铭源集团	上海	房地产
148	姚俊良家族	男	52	1.09	美锦能源集团	山西	煤炭、化工
148	陈丽芬	女	46	1.09	江阴阳光投资	江苏	投资
148	傅 军	男	47	1.09	新华联集团	北京	房地产、酒业
154	南存辉家族	男	40	1.08	正泰集团	浙江	工业电器
155	周益明	男	30	1.07	明伦集团	广东	电子、贸易、食品加工
156	曹德旺	男	59	1.06	福耀集团	福建	汽车玻璃
156	林友耀	男	—	1.06	上海兴德实业、平安保险	上海	基础设施、高新技术、保险
158	庞宝根	男	47	1.04	浙江宝业集团	浙江	建筑、房地产
159	王超斌	男	48	1.03	河南台兴房产公司	河南	房地产
160	周云帆	男	29	1.01	空中网	北京	软件开发、电信增值服务
160	杨 宁	男	29	1.01	空中网	北京	软件开发、电信增值服务
162	李彦宏	男	36	1	百度网络	北京	网络搜索引擎
162	杨 澜 吴 征 （夫妇）	女 男	36 38	1	阳光文化、新浪	上海	媒体、互联网
162	朱 敏	男	56	1	网迅	美国	网络实时互动多媒体通信平台技术
162	吴 鹰	男	45	1	UT 斯达康	美国	电信基础设施和设备
166	徐万茂	男	59	0.99	宁波华茂集团	浙江	教育及学校用品
167	王德军	男	—	0.98	四川东能集团	四川	水电站、高速公路、房地产
168	姚新义家族	男	40	0.97	盾安集团	浙江	中央空调、制冷设备
168	张宝全	男	47	0.97	今典集团	北京	房地产、EVD
170	任正非	男	60	0.96	华为科技	广东	电信设备
170	刘根山	男	47	0.96	茂盛国际集团、 上海茂盛企业发展集团	上海	基础设施及上海房地产
172	陈 荣	男	45	0.94	上海中路集团	上海	保龄设备、自行车
172	张大中	男	56	0.94	大中电器	北京	家电零售
174	刘 军	男	38	0.93	泰跃集团	北京	房地产
175	周海江家族	男	38	0.91	红豆集团	江苏	纺织
175	郭家学家族	男	38	0.91	东盛集团	陕西	制药
177	蒋泉龙 钱元英 （夫妇）	男 女	52 45	0.9	中国稀土控股	江苏	稀土产品
177	邹 伟	男	34	0.9	美国英泰克公司	美国	手机分销
179	祝维沙	男	48	0.88	裕兴电脑科技控股	北京	信息家电
180	刘振江	男	55	0.86	北京恒丰永业经贸、 北京裕昌隆工贸、平安保险	北京	贸易、保险
180	虞 锋	男	41	0.86	聚众传媒	上海	楼宇视频媒体
182	秦诗禄	男	60	0.85	山西皇威实业集团	山西	电力、能源、冶金
182	陆 锦	男	51	0.85	大陆集团	山东	制药、房地产、饭店
182	郑有全	男	50	0.85	瑞贝卡发制品公司	河南	假发、高速公路、教育投资
182	李松坚	男	41	0.85	明园集团	上海	房地产、基础设施投资

排名	姓名	性别	年龄	财产（亿美元）	公司名	总部所在地	主要产业
182	王 伟	男	40	0.85	太合控股	北京	房地产、科技、金融投资、文化媒体投资
182	邢拴林	男	40	0.85	中保集团	山西	房地产、汽车销售
182	邱继宝	男	42	0.85	浙江飞跃集团	浙江	缝纫机
189	周辞美	男	62	0.83	宁波华翔集团	浙江	汽车零件、电子零件
190	王文京	男	40	0.82	用友软件	北京	企业管理软件
190	张士平家族	男	57	0.82	山东魏桥创业集团	山东	纺织
190	俞建伟	男	—	0.82	上海宏华投资、上海丰盛投资、平安保险	上海	投资、保险
193	凤 雷	男	—	0.8	前程无忧	上海	招聘网站
193	李伟波	男	42	0.8	伟诚集团控股	香港	包装印刷
193	孙少锋	男	38	0.8	中国绿色食品控股	福建	蔬菜种植、加工
193	张兴标家族	男	58	0.8	兴盛集团	上海	房地产
197	廉 华	男	43	0.79	中盛粮油工业控股	香港	食用油产品的分提、精炼、销售及贸易
197	求伯君	男	40	0.79	金山软件	广东	软件开发、网络游戏
197	冯东明	男	45	0.79	新疆美克投资集团	新疆	家具、天然气
197	华国强	男	52	0.79	江阴阳光投资	江苏	投资

（信息来源：新浪财经 2004 年 11 月 4 日）

相关链接：史提夫·福布斯——1947 年 7 月 18 日出生于美国新泽西州，1966 年自马萨诸塞州布鲁克学院毕业，并于 1970 年自普林斯顿大学毕业，主修历史。在普林斯顿大学期间，他创办了学生杂志《今日商业》，并担任主编。1990 年上任为福布斯家族第三代掌门人、福布斯集团总裁兼首席执行长以及福布斯杂志社的总编辑。

《福布斯》与中国——《福布斯》于 1917 年创刊，在 80 多年的历程中，《福布斯》在商业领域不断地寻求，已发展为一家声名显赫的国际主流财经媒体集团，其创制的“富豪排行榜”每年都能吸引全球的目光。福布斯集团总资产超过 10 亿美元，福布斯家族三代创造了靠一本杂志打天下的奇迹。

福布斯家族是中国改革开放后最早访华的家族之一。早在 1982 年 9 月，福布斯第二代掌门人马尔克姆·福布斯就访问了我国的西安、洛阳和北京。

20 世纪 90 年代后，《福布斯》 一直密切关注中国的改革开放，通过其传统的财经人物报道反映中国的经济发展进程。1994 年，《福布斯》与香港《资本家》杂志合作，首次公布中国内地亿万富豪榜。

《福布斯》在中国刮起的最大、最有影响的旋风是 2000 年推出的“中国 50 富豪排行榜”，由在中国工作的英国人胡润负责编制完成。该排行榜毁誉参半，但影响巨大，中国的先富一族从此浮出水面。此后两年的排行榜因为上榜的个别富豪接连出现问题，在争议和媒体没完没了的炒作中，《福布斯》品牌在中国已是家喻户晓。

解读：此榜与 2003 年《福布斯》中国富豪榜最大的不同是上榜者从 100 名扩大到了 200 名，登上富豪榜前 100 名的财富底线从 1 亿美元上升到了 1.44 亿美元。2003 年榜单的富豪中，72 位财富在增加，14 位在下降，4 位持平。

榜单前 100 名富豪 60%有上市公司，所拥有的总资产为 292 亿美元。

在地区分布上，广东富豪上榜 35 位，为地区之冠，北京、上海各有 22 位，浙江有 20 位。

在行业的分布上，与房地产有关的企业家最多，近 64 位；其次是跟科技和资讯有关的；再次是和食品有关的。

◎榜二、2004 胡润百富榜◎

排名	姓名	财富（亿元）	公司	总部	行业
1	黄光裕	105	鹏润投资	北京	家电零售、北京房地产
2	陈天桥	88	盛大网路	上海	在线游戏
3	荣智健	85	中信泰富集团	香港	航空、基础建设、房地产和电信
4	许荣茂	70	世茂集团	上海、香港	上海、北京和福州的房地产、饭店
5	鲁冠球	61	万向集团	浙江杭州	汽车配件、金融
6	李金元	60	天狮集团	北京	保健品直销
7	陈丽华	50	香港富华国际集团	北京	北京房地产、紫檀博物馆
7	丁　磊	50	网易公司	北京	在线游戏、短信服务、门户网站
9	刘永好	45	新希望集团	四川成都	饲料、金融、房地产、乳制品
9	叶立培	45	仲盛集团	上海	上海房地产
9	朱孟依及其家族	45	合生创展	广东广州	广东、北京、上海和天津房地产
12	刘永行	42	东方希望集团	上海	饲料、电解铝
12	孙广信	42	广汇集团	新疆乌鲁木齐	液化天然气、汽车贸易、会展和物流、乌鲁木齐房地产
14	杜　厦	37	家世界集团	天津	巨型超级市场、家居连锁店
15	周建和	35	庄胜集团	香港	北京房地产、酒店和国际贸易
16	刘　方	34	源信行投资	北京	保险
17	郭广昌	33	复星高科技集团	上海	上海房地产、钢材、医药
17	严　彬	33	华彬国际集团	北京	国际贸易、物业经营管理、功能饮料
19	黄茂如	30	茂业集团	广东深圳	零售和房地产
19	李兆会	30	山西海鑫钢铁	山西	钢材产品
19	杨　钊及兄弟	30	旭日集团	香港	纺织、零售、房地产
19	张　茵	30	美国中南控股	美国加州洛杉矶	纸箱、包装纸
19	周泽荣	30	侨鑫集团	广东广州	广州和澳大利亚房地产、投资
24	明金星	28	大众食品控股	香港	肉制品
24	童锦泉	28	长峰集团	上海	上海房地产
24	徐　明	28	实德集团	辽宁	塑料建材、足球、金融和石化产品
27	吕　慧 陈宁宁（母女）	27	香港嘉鑫控股集团	香港	铁矿石贸易、钢铁、投资
27	黄俊钦	27	新恒基集团	北京	北京和沈阳房地产、高科技
27	刘长乐	27	凤凰卫视	香港	传媒
30	沈　雯	25	紫江集团	上海	包装、上海房地产、精密部件
31	任运良及其家族	24	华丰集团	辽宁	特种材料、塑料管道、辽宁和长春房地产
31	王传福	24	比亚迪公司	广东深圳	充电电池和汽车
33	郭　浩及其家族	23	超大农业	福建	有机农业
34	黄宏生	22	创维数码	广东深圳	彩电、数码设备
34	李书福	22	浙江吉利集团	浙江	汽车
36	刘根山	21	茂盛集团	香港、上海	高速公路、上海房地产
36	吕向阳	21	融捷投资管理集团	广东广州	金融、充电电池、广州和上海房地产
36	张志祥	21	建龙钢铁	北京	钢铁
39	陈卓贤及其家族	20	雅居乐集团	广东广州	广州和中山房地产

排名	姓名	财富（亿元）	公司	总部	行业
39	霍东龄	20	京信通信	广东广州	通信设备
39	李彦宏	20	百度	北京	中文搜索引擎
39	米恩华	20	新疆华凌集团	新疆	商品批发市场
39	王玉锁及其家族	20	新奥集团	河北廊坊	燃气基建和管道、河北房地产
39	许家印	20	恒大集团	广东广州	广州房地产
39	张荣坤	20	福禧投资控股	上海	基建、投资
39	张　涌	20	林凤集团	北京	发电站、成都房地产
39	祝义才	20	江苏雨润集团	江苏南京	肉制品、房地产
48	蔡天真	19	泰山石油	新加坡	石油贸易、运输、仓储、船舶加油
48	刘小明	19	大成生化	香港	玉米制品
48	陶新康	19	新高潮集团	上海	木材制品
48	张　跃	19	远大空调	北京	中央空调
48	朱保国	19	健康元集团	广东深圳	保健品、医药
48	宗庆后	19	娃哈哈集团	浙江杭州	软饮料、童装
54	韩国龙及其家族	18	冠城集团	香港	北京、杭州和福清房地产
54	刘　汉 刘沧龙	18	汉龙集团、宏达集团	四川成都	投资、房地产、化工
54	吴良定 陈爱莲 （夫妇）	18	中宝系企业集团	上海	汽车及零部件、机械
57	戴志康	17	证大集团	上海	上海、杭州房地产、金融
57	卢志强	17	泛海集团	北京	房地产、金融、投资
57	缪寿良	17	深圳富源集团	广东深圳	深圳房地产、家居电子产品、大型商场
57	朱　骏	17	第九城市	上海	在线游戏
61	梁亮胜	16	丝宝集团	湖北武汉	洗发水、妇女卫生用品和化妆品
61	梁庆德及其家族	16	格兰仕集团	广东顺德	白色家电
61	欧亚平	16	百仕达控股	香港	公用事业、深圳房地产
61	宋卫平	16	绿城集团	浙江杭州	杭州、上海和北京房地产、教育
61	夏朝嘉	16	禾嘉集团	四川成都	高科技农业、机械制造、国际贸易
66	陈　晓	15	永乐家电	上海	家电零售
66	黄如论	15	世纪金源集团	北京、福建福州	北京、福建、重庆、云南房地产
66	李新炎及其家族	15	中国龙工集团	福建龙岩	重型工程车辆
66	李永军兄弟	15	喜之郎集团	广东深圳	果冻布丁
66	刘志强 翟美卿 （夫妇）	15	香江集团	广东广州	广州房地产和家具零售
66	荣克敏	15	金迪生物科技	上海	废水处理
66	沈文荣	15	江苏沙钢集团	江苏张家港	钢铁
66	史玉柱	15	巨人投资	上海	医药、投资
66	严介和	15	太平洋建设集团	江苏南京	建筑
66	杨树坪	15	城启集团、粤泰集团	广东广州	广州房地产
66	张朝阳	15	搜狐公司	北京	短信、在线游戏和门户网站
66	张　力	15	富力地产集团	广东广州	广州、北京房地产
66	张芝庭及其家族	15	贵州神奇集团	贵州贵阳	中药、酒店、金融

排名	姓名	财富（亿元）	公司	总部	行业
66	朱新礼	15	北京汇源集团	北京	果汁
80	陈伟东	14	万基集团	广东深圳	保健品、医药
80	顾雏军	14	格林柯尔控股	香港	制冷机和冰箱、汽车
80	顾云奎及其家族	14	永鼎集团	江苏吴江	电缆、光缆
80	韩真发	14	正业集团	吉林长春	生猪饲养和加工、长春和北京房地产
80	刘　军	14	泰跃集团	北京	北京、湖北房地产
80	刘忠田	14	忠旺集团	辽宁辽阳	铝制品和塑料制品、塑料包装袋、涂料
80	孙树华	14	华林集团	河南淮阳	PE 管材、塑料蓬布、纺纱厂
80	魏建军	14	长城汽车	河北保定	皮卡车
80	叶韦辰	14	联合食品控股	山东临沂	肉制品
80	张　雷	14	当代集团	北京	北京房地产
80	周福仁	14	西洋集团	辽宁海城	化肥、防火材料和钢铁
91	邓　伟	13.5	亿阳集团	黑龙江哈尔滨	电信、交通
91	冯光成	13.5	光宇集团	浙江绍兴	玻璃、水泥
91	韩敬远	13.5	中国东方集团	河北	钢铁
91	胡成中	13.5	德力西集团	浙江温州	工业电气设备、房地产
95	曹德旺及其家族	13	福耀玻璃工业集团	福建福清	汽车安全玻璃
95	高元坤	13	力诺集团	山东济南	玻璃和太阳能产品
95	关凌翔 梁慧英（夫妇）	13	翔峰集团	广东广州	包装
95	楼忠福	13	广厦集团	浙江杭州	浙江、上海、重庆房地产、建筑
95	孙宏斌	13	顺驰中国控股	天津	房地产和物业代理
100	李　宁	12.5	李宁体育用品公司	北京	运动鞋、服装和设备

（信息来源：胡润在线 2004 年 9 月 12 日）

相关链接：胡润（Rupert Hoogewerf）——1970 年出生在卢森堡。1988 年在日本留学。1989–1993 年就读于英国杜伦大学，专业是中文。1990 年，胡润来到北京，在中国人民大学继续深造。1993–2000 年，他受聘于世界“五大”之一的安达信会计师事务所，其间通过了 16 门课程，成为英国的注册会计师。

在安达信上海公司工作的几年中，胡润对中国有了新的认识。喜欢过夜生活的胡润在上海霓虹灯的闪烁与私家车的穿梭中，渐渐感到了中国富人阶层的存在，萌生了编制中国内地富豪排行榜的想法。

1999 年，尚服务于安达信的胡润开始利用自己的业余时间和假期，跑了中国 23 个省、市、自治区，查阅了 100 多份报刊，做出了 1999 年中国内地首富企业家排行榜，这时只收入了 50 位富豪。2000 年，第 2 期榜单诞生，这时胡润已经有了 5 位助手，他的榜单也像模像样了。

2001 年，胡润从安达信辞职，名片上的职务为《福布斯》中国地区首席调研员。2002 年 10 月 25 日公布 2002《福布斯》中国内地富豪排行榜。2003 年离开《福布斯》，开始编制胡润富豪榜。

解读：

1.排行榜之最

最年轻：李兆会

最年老：顾云奎及其家族

最富有：黄光裕（105 亿元）

属相最多：龙

行业最多：房地产（45 个）

上市首选地：香港（34 个）

出生地最多：广东（17 个）

总部所在地最多：广东（19 个）

最新上榜中最富者：李金元

最低门槛：12.5 亿元

窜升最快：李金元

经济往来最多的国家：美国

2.排行榜之平均值

平均财富：25 亿元（较 2003 年增长 29%）

平均年龄：46.1（2003 年是 44.5）

上榜时间：从创业到上榜，这 100 位企业家平均用了 11 年时间。

◎榜三、2004胡润百富人气榜◎

排名	姓名	人气	百富榜排名	公司	公司人气	公司下属品牌	品牌人气
1	黄光裕	133383	1	鹏润投资	417	国美	7707340
2	丁　磊	132581	7	网易公司	4728418	网易	4753398
3	陈天桥	132248	2	盛大网路	969805	泡泡堂	9943438
4	李　宁	12949	100	李宁体育用品公司	13922	李宁	428148
5	徐　明	12625	24	实德集团	4745	大连实德	87968
6	张朝阳	12305	66	搜狐公司	4054055	搜狐	5580853
7	黄宏生	11748	34	创维数码	326779	创维	412088
8	刘　军	9862	80	泰跃集团	1356	太月园	2558
9	顾雏军	4738	80	格林柯尔控股	5423	科龙	101473
10	杜　厦	2735	14	家世界集团	2190	家世界	130308
11	李书福	2341	34	浙江吉利集团	10168	吉利汽车	183233
12	刘永好	2251	9	新希望集团	6205	新希望	32488
13	张　雷	2163	80	当代集团	1669	当代	11318
14	史玉柱	2116	66	巨人投资	2034	脑白金	92348
15	张　茵	2071	19	美国中南控股	365	玖龙纸业	7668
16	宋卫平	1844	61	绿城集团	1877	绿城	17887
17	刘永行	1736	12	东方希望集团	3693	东方希望	48183
18	荣智健	1727	3	中信泰富集团	2503	中信泰富	102203
19	刘志强　翟美卿（夫妇）	1561	66	香江集团	4068	香江	38963
20	鲁冠球	1507	5	万向集团	7091	万向	47088
21	刘长乐	1481	27	凤凰卫视	781882	凤凰卫视	977108
22	宗庆后	1432	48	娃哈哈集团	8239	娃哈哈	93443
23	郭广昌	1429	17	复星高科技集团	1356	复星	27378
24	许荣茂	1349	4	世茂集团	5527	世茂	62783
25	陈　晓	1347	66	永乐家电	68829	永乐	76392
26	孙宏斌	1245	95	顺驰中国控股	206068	顺驰	212013
27	陈丽华	1229	7	香港富华国际集团	625	长安俱乐部	21903
28	王传福	1181	31	比亚迪公司	49631	比亚迪	134323
29	张　跃	1170	48	远大空调	21952	远大	94120
30	关凌翔　梁慧英（夫妇）	1155	95	翔峰集团	312	翔峰	1463
31	朱保国	1118	48	健康元集团	1095	太太	90888
32	邓　伟	1032	91	亿阳集团	11941	亿阳	25553
33	李金元	993	6	天狮集团	88747	天狮	93860
34	刘　方	988	16	源信行投资	103	平安保险	227033
35	刘　汉　刘沧龙	932	54	汉龙集团、宏达集团	5162	汉龙	12048
36	吴良定　陈爱莲（夫妇）	889	54	中宝系企业集团	96	中宝	17158
37	朱　骏	775	57	第九城市	204087	奇迹	1603810
38	楼忠福	713	95	广厦集团	9542	浙江广厦	11683
39	刘小明	628	48	大成生化	1460	大成生化	1098
40	沈文荣	606	66	江苏沙钢集团	3337	沙钢	19713
41	胡成中	598	91	德力西集团	15278	德力西	24823
42	叶立培	499	9	仲盛集团	678	仲盛	14968
43	孙广信	499	12	广汇集团	574	广汇	43073
44	张　涌	490	39	林凤集团	1199	林凤	9128

排名	姓名	人气	百富榜排名	公司	公司人气	公司下属品牌	品牌人气
45	李永军兄弟	479	66	喜之郎集团	7128	喜之郎	18253
46	郭浩及其家族	474	33	超大农业	2086	超大	13810
47	魏建军	427	80	长城汽车	54646	长城	56682
48	卢志强	416	57	泛海集团	1356	光彩建设	5478
49	黄如论	409	66	世纪金源集团	2190	世纪城	48548
50	祝义才	390	39	江苏雨润集团	1192	雨润	10953

(信息来源:胡润在线 2005 年 3 月 3 日)

备注:此排名以百度 2004 年的搜索数据为排序依据。本着相关回避原则,李彦宏(2004 胡润百富第三十九名)、百度公司、百度品牌的搜索数据没有出现。

以"2004 胡润百富榜"上的 100 位企业家和他们的公司、代表品牌作为研究对象,选择"一年中的被搜索次数"作为排名标准。百度的 8400 万网民组成了一个无比庞大而又客观公正的投票系统。

◎榜四、2004 胡润 IT 富豪榜◎

排名	姓名	财富(亿元)	公司	总部	行业
1	陈天桥	88	盛大网络	上海	在线游戏
2	丁　磊	50	网易公司	北京	短信服务、在线游戏、门户网站
3	李彦宏	20	百度	北京	中文搜索引擎
3	霍东龄	20	京信通信	广东广州	通信设备
5	朱　骏	17	第九城市	上海	在线游戏
6	张朝阳	15	搜狐公司	北京	短信服务、在线游戏、门户网站
7	顾云奎及其家族	14	永鼎集团	江苏吴江	光缆制造销售
8	吴瑞林	10	侨兴集团	广东惠州	电信设备
8	王文京	10	用友软件	北京	财务软件、ERP 软件
8	吴　鹰	10	UT 斯达康	北京	通信系统与设备
11	马化腾	9.5	深圳腾讯	广东深圳	即时通信、软件
12	吴　力	9	沈阳和光集团	辽宁沈阳	IT 产品分销、系统集成维护
12	董德福	9	德信无线通信	北京	手机设计
12	荣智健	9	中信泰富集团	香港	在线游戏、体育网站
15	康　健	8	海虹控股	海南海口	在线游戏
16	吴海军	7	新天下集团	广东深圳	PC 制造
16	易贤忠	7	七喜电脑	广东广州	PC 制造
18	花　欣	6.5	迈普通信	四川成都	数据通信、网络设备
18	唐　越	6.5	艺龙网	北京	在线酒店、机票、旅行线路预订
20	陈　健	6	聚友集团	广东深圳	有线电视网络
20	郑昌幸	6	尚阳科技	北京	电信设备
20	李国庆　俞　渝(夫妇)	6	当当	北京	网络零售
20	周鸿袆	6	yahoo 中国	北京	门户网站
24	马　云	5.5	阿里巴巴	浙江杭州	在线 B2B 交易平台
25	昝圣达	5	综艺集团	江苏南通	集成电路设计公司、软件
25	李一男	5	港湾网络	北京	电信设备

排名	姓名	财富(亿元)	公司	总部	行业
25	何　燕	5	成都国腾通讯集团	四川成都	集成电路设计公司、IC 卡电话机
25	邓　伟	5	亿阳信通	黑龙江哈尔滨	计费软件开发
25	叶天云	5	八方电信	浙江杭州	电信设备
25	张跃军	5	京信通信	广东广州	电信设备
25	徐　勇	4.8	百度网络技术	北京	中文搜索引擎
32	严晓群	4.5	斯威特集团	江苏南京	通信设备、集成电路设计公司
32	邵亦波	4.5	易趣	上海	在线交易平台
32	周云帆	4.5	空中网	北京	短信服务
35	谭海音	4	易趣	上海	在线交易平台
35	茅道临	4	新浪公司	北京	短信服务、在线游戏、门户网站
35	李建宏	4	新疆宏景集团	新疆乌鲁木齐	通信网络建设、通信设备销售
35	张志东	4	深圳腾讯	广东深圳	即时通信,软件
35	杨　宁	4	空中网	北京	短信服务
35	王志东	4	点击科技	北京	软件开发
41	徐少春	3.5	金蝶国际软件集团	广东深圳	财务软件、ERP 软件
41	沈南鹏	3.5	携程网	上海	在线酒店、机票、旅行线路预订
41	严健军	3.5	致达集团	上海	系统集成、应用软件
44	李东生	3	TCL 集团	广东惠州	手机制造销售、IT 硬件
44	梁建章	3	携程网	上海	在线酒店、机票、旅行线路预订
44	吴　峻	3	英斯克,掌上灵通	上海	短信服务
44	胡　钢	3	新大陆集团	福建福州	POS、IC 卡机及相应应用软件
44	黄　钢	3	光桥科技	北京	电信设备
44	许　健	3	光桥科技	北京	电信设备
44	薛蛮子	3	UT 斯达康	北京	通信系统与设备

(信息来源:胡润在线 2004 年 10 月 20 日)

解读:上海盛大 CEO 陈天桥以 88 亿元身家占据 IT 首富之位,而 2003 年的首富——网易首席架构师丁磊在财富缩水 25 亿元之后退居第二。宋如华、马化腾、花欣等 5 人则在此次排名中跌出了十大 IT 富豪行列。

首富财富比 2003 年增长 13 亿元

排名第一的陈天桥,财富在 1 年时间内暴涨了 48 亿元。2003 年上榜时,陈以 40 亿元身家排在丁磊(75 亿元)之后——与 2003 年首富打榜时财富相比也多了 13 亿元。

PC 制造业冲上 IT 百富

网络游戏、互联网站、短信、通讯厂商等几大板块仍然占据着富豪中的大部分比重。

2003 年曾排名在第三十三位的江民公司王江民、联想集团马雪征等人此次跌出了榜单的前五十位之列。但另外两人的上榜则显示了 PC 产业的实力——新天下集团吴海军、七喜电脑易贤忠此次均以 7 亿元身家并列第十六位。

IT 财富直逼传统零售业

登顶"胡润百富榜"的国美黄光裕当仁不让,以其在零售业拥有 90 亿元的财富居于首位。而 IT 首富陈天桥相比这个数字只落后了 2 亿元。

◎榜五、2004 胡润零售业富豪榜◎

排名	姓名	亿元	公司	总部	行业
1	黄光裕	90	鹏润投资	北京	家电零售
2	李金元	60	天狮集团	北京	保健品直销
3	杜　厦	30	家世界集团	天津	巨型超级市场、家居连锁店
4	米恩华	20	新疆华凌集团	新疆	商品批发市场
5	黄茂如	15	茂业百货	广东深圳	百货商场
5	陈　晓	15	永乐家电	上海	家电零售
7	周建和	10	庄胜崇光百货	北京	百货商场
7	张近东	10	苏宁电器集团	江苏南京	家电零售
7	车建兴	10	红星家具集团	江苏常州	家具零售
10	张大中	9	大中电器	北京	家电零售
11	张文中	8	北京物美商业集团	北京	超市、大卖场
11	袁亚非	8	宏图三胞	江苏南京	数码连锁
11	陈　智	8	铜锣湾百货	广东深圳	百货商场
14	刘志强　翟美卿(夫妇)	7	金海马集团	广东广州	家具零售
15	涂辉龙	6	海雅百货	广东深圳	百货商场
15	张思民	6	海王集团	广东深圳	药店连锁
15	李国庆　俞　渝(夫妇)	6	当当	北京	网络零售
15	何金明	6	深圳人人乐	广东深圳	大型超市
19	郭广昌	5	复星高科技集团	上海	超市、百货商场
20	汪建国	4.5	五星电器	江苏南京	家电零售

(信息来源:胡润在线 2004 年 10 月 15 日)

备注:因为榜上部分企业家的财富不仅仅来自零售行业,所以零售榜上的财富数字会低于百富榜上的财富数字。

解读:随着 2004 年底国内零售行业的全面开放,国家商务部公布了其重点扶持的 20 家国内零售企业,此榜便是对国内民营零售进行的调查,找出其中最成功的 20 位企业家。

主要从事家电和百货

榜上 20 位企业家的总财富达到了近 340 亿元,平均每位 17 亿元。榜上的第一名黄光裕从事家电连锁销售,还有其他 4 位富豪来自家电连锁业。有 5 位企业家从事百货商场的经营。

财富分布集中

前 5 名就占了整个榜单财富的 2/3,"二八"定律在这份榜单上体现得非常完美。财富差距也非常大,第一名竟然是第二十名的 20 多倍,呈现出强者恒强、大者恒大的态势。

地域分布集中

北京 6 家,广东 6 家,江苏 4 家,这三地就占了 80%的上榜企业。而中国最发达的商业城市上海竟然只有 2 家,这与百联集团在上海的强势地位不无关系。5 名企业家出生在广东,其中 4 位留了下来,在当地发展自己的事业,只有黄光裕去了北京发展。

全部是男性

这些零售企业基本掌握在男性手中,没有一位女企业家可以独立上榜。有两位女企业家与其丈夫共同开创了她们的零售事业,分别是金海马的翟美卿和当当的俞渝。

榜上企业家的平均年龄为 43 岁,比百富榜的平均年龄小了 3 岁。最年轻的是百富榜上的第一名——国美的黄光裕,只有 35 岁;其次是 37 岁的郭广昌。

◎榜六、2004胡润资本控制50强◎

排名	姓名	市值(亿元)	上市公司数目	主要上市公司	上市地	代码	超越市场回报
1	马明哲及团队	373	1	中国平安	香港	2318	16.27%
2	陈天桥	248	2	盛大网络	纳斯达克	SNDA	260.39%
3	柳传志及团队	234	2	联想集团	香港	0992	-33.07%
4	刘小明	136	1	大成生化科技	香港	0809	17.82%
5	丁　磊	136	1	网易	纳斯达克	NTES	11.06%
6	王东升	99	2	冠捷科技	香港	0903	-14.74%
7	黄光裕	96	1	国美电器	香港	0493	-18.65%
8	明金星	79	1	大众食品	新加坡	PPFH	-37.31%
9	欧亚平	78	3	百江燃气控股	香港	8132	-42.64%
10	郭　浩	70	1	超大农业	香港	0682	-2.52%
11	张瑞敏及团队	69	2	青岛海尔	上海	600690	8.89%
12	刘长乐	68	1	凤凰卫视	香港	8002	47.53%
13	牛根生	65	1	蒙牛乳业	香港	2319	42.29%
14	黄宏生	63	1	创维数码	香港	0751	12.43%
15	郭广昌	56	4	复地	香港	2337	-0.40%
16	施文博	55	1	恒安国际	香港	1044	19.67%
17	张朝阳	55	1	搜狐	纳斯达克	SOHU	-54.63%
18	韩敬远	48	1	中国东方集团	香港	0581	-46.77%
19	王玉锁	47	2	新奥燃气	香港	2688	-9.95%
20	李金元	47	1	天狮集团	纳斯达克	TBGU.OB	-28.13%
21	张宏伟	45	3	东方集团	上海	600811	-13.10%
22	顾雏军	45	5	格林柯尔科技控股	香港	8056	-17.70%
23	蔡天真	44	1	泰山集团控股	香港	1192	149.73%
24	张士平	43	1	魏桥纺织	香港	2698	13.00%
25	康　健	41	1	海虹控股	深圳	000503	88.77%
26	李振江	40	1	神威药业	香港	2877	7.80%
27	李　宁	38	1	李宁服装	香港	2331	47.64%
28	肖建华	38	2	爱使股份	上海	600652	10.68%
29	杨国平	37	2	大众公用	上海	600635	6.39%
30	王传福	37	1	比亚迪股份	香港	1211	-6.83%
31	汪远思	36	2	健特生物	深圳	000416	-3.19%
32	周云帆	34	1	空中网	纳斯达克	KONG	9.34%
33	荣克敏	32	1	金迪生物科技	新加坡	BIOT	50.11%
34	霍东龄	32	1	京信通信	香港	2342	-25.69%
35	何享健	31	2	粤美的	深圳	000527	48.88%
36	邝汇珍	30	1	亚洲铝业	香港	0930	-56.42%
37	杨　钊及兄弟	30	1	旭日企业	香港	0393	-5.60%
38	李如成	29	1	雅戈尔	上海	600177	32.51%
39	朱保国	28	2	健康元	上海	600380	-12.50%
40	曹德旺	27	1	福耀玻璃	上海	600660	14.31%

排名	姓名	市值(亿元)	上市公司数目	主要上市公司	上市地	代码	超越市场回报
41	严晓群	24	3	上海科技	上海	600608	10.26%
42	朱孟依	23	1	合生创展	香港	0754	63.89%
43	沈 雯	23	1	紫江企业	上海	600210	-12.66%
44	刘 汉 刘沧龙	22	2	金路集团	深圳	000510	-2.58%
45	黄丽丽	22	1	北泰创业	香港	2339	-31.97%
46	许荣茂	21	2	世茂股份	上海	600823	45.39%
47	吴 峻	20	1	灵通网	纳斯达克	LTON	-33.80%
48	鲁冠球	20	4	万向钱潮	深圳	000559	38.55%
49	张 新	20	1	特变电工	上海	600089	42.27%
50	叶韦辰	19	1	联合食品	新加坡	UTDF	-18.65%

(信息来源:胡润在线 2005 年 1 月 20 日)

备注:1. 流通市值计算截至 2004 年 12 月 3 日。

2."超越市场回报" 是 2004 年上市公司股价变化减去相关交易所指数变化所得,已经考虑股利、送股、拆股等影响股价的因素。

3.相关指数包括:上证综合指数、深证综合指数、恒生指数、新加坡海峡时报指数、纳斯达克综合指数。

4.汇率按美元:人民币 8.27;港币:人民币 1.06;新加坡币:人民币 5.06;韩元:人民币 0.00794535 计算。

解读:所谓"资本控制",是指企业家对股权的控制或对董事会席位的控制。因此,通过职工持股会而控制了上市公司的企业家也被列入了榜单,例如联想的柳传志、海尔的张瑞敏、魏桥纺织的张士平、大众交通的杨国平等。

列入榜单的上市公司最多的是来自 IT 行业,共有 15 家;其次是家电行业,有 12 家。而上榜的房地产上市公司数量明显减少,2004 年只有 5 家上榜,而 2003 年有 12 家。

◎榜七、2004 胡润强势榜◎

1.荣智健

荣智健是少数在国际社会拥有影响力的中国企业家之一。在投资香港蓝筹股的基础上,他建立了中信泰富,并在中国,尤其是在上海,成为项目规模最大的金融家。中信泰富继续进行着多元化,在钢铁和网络游戏方面加大投资,为百富榜上销售额最大的企业。荣智健已经连续 4 届当选为全国政协委员,他的父亲荣毅仁是中国最有名的"红顶商人"。

2.鲁冠球

在过去 20 多年中国经济发展的各个转折时期,鲁冠球都走在最前沿并且走得很好。鲁冠球是中国民营经济的风向标人物,在 2004 年的宏观调控中,他代表民企向总理进言。其领导的万向持续多年地保持着民营企业的龙头地位,无论是销售额、纳税还是员工数量,都遥遥领先。万向是国内最早的上市企业之一,也是最早走向国际化的企业之一。其很早就投身于中国迅速成长的汽车工业,并且是最早摘掉"红帽子"的企业之一。

3.宗庆后

2004 年娃哈哈生产的非常可乐直接销往可口可乐的故乡——美国。在宗庆后的率领下,"娃哈哈"成长为中国最好的品牌之一,毫无惧色地与跨国饮料巨头对抗。娃哈哈多年来一直保持高额销售和纳税,并且解决了很多人的就业问题。市场策略的成功确立了它在行业内的领先地位,也为宗庆后在国内外赢得了广泛的尊敬。

4.黄光裕

站在中国零售业入世的门槛上,黄光裕领导着国美电器一路狂奔。国美是国内最大的家电零售商,在全国建立了完善的销售网络,其 2003 年的销售额近 200 亿元,每年有上千万的家庭从国美购买电器。同时国美也解决了很多人的就业问题。

5.许荣茂

随着房地产项目的地域扩展和业态多元化,世茂愈发根深叶茂。在高端房地产领域,许荣茂的名字无人不知。作为这个行业的领导者之一,他在全国范围内建立了自己的品牌,他投资的建筑都成了当地城市的名片。许荣茂在房地产领域积累的财富无人能敌,并开始将国内积累的丰富开发经验成功运用到海外。

6.徐 明

位于经济相对欠发达的东北地区,徐明却从来没有放弃把实德打造成中国最成功企业的梦想。2004 年实德获得了宝贵的成品油贸易牌照,并联手沙特阿拉伯组建 400 多亿元的石化项目,这个行业的巨大潜力让徐明的地位更加举足轻重。同时,徐明很早就投资足球产业,实德因为大连实德足球队的成功而家喻户晓。

7.黄如论

低调的黄如论因为他不寻常的地产项目和格外的乐善好施而为人称道。黄如论的发展伴随着中国房地产的兴旺，他不仅在房地产界享有至尊地位，还是中国最慷慨的企业家，历年捐赠超过3.7亿元。

8.陈天桥

互联网世界的奇迹在陈天桥身上再次上演，他用5年时间打造了一个市值140亿元的公司。盛大是在线游戏领域当之无愧的领头羊，每时每刻都有超过200万的网络用户在线玩盛大的游戏。陈天桥因此成为无数中国年轻人的财富榜样。

9.刘永好

作为曾经的“首富”和全国工商联的副主席，刘永好与其哥哥刘永行的创业故事激励了许多人。其创办的新希望最早从事的农业，影响了中国最多的农村人口，而后又敏锐地投资了中国第一个民营银行——民生银行，以及燃气和房地产等。刘永好还与其他企业家一同发起了光彩事业。

10.沈文荣

在沈文荣的率领下，沙钢成为中国最大的民营钢铁企业和第一个出口钢坯的中国公司，而钢铁行业过去一直是国有企业的天下。为了保证得到足够的铁矿石原料，沙钢收购了一个澳大利亚铁矿10%的权益。

(信息来源:胡润在线2004年10月9日)

备注:不断增长的财富给企业家带来的影响力也与日俱增。从“2004胡润百富榜”中，选出了10位对中国民营经济有着至深影响的企业家，形成了这个“2004胡润强势榜”。这个榜尽量选择各个代表性行业的代表性人物，他们所在的行业涵盖了金融、房地产、制造业、快速消费品、零售业、IT以及石油与钢铁。

强势仍然掌握在男性手中，还找不到一位女企业家可以上榜。

◎榜八、2004中国十大财智人物榜◎

1.刘经纶:泰康人寿保险公司总裁兼首席运营官

获奖理由:个人管理突出，其领导的公司被国际权威机构认定为“2004年中国最值得信赖的寿险公司”。

2.焦英霞:哈尔滨英霞实业有限公司董事长

获奖理由:服务三农，振兴东北。绿色食品和绿色农业的意义，功在当代，利在千秋。

3.李建国:北京天恒拓展房地产开发有限公司总裁

获奖理由:贡献性地发展了中国城市地产的品质，堪称2004年度地产界的一匹黑马。

4.李继宁:鹰联航空公司董事长

获奖理由:打破航空领域对民营企业的禁锢，为国营垄断行业的改革注入了新的生机。

5.郑李锦芬:安利全球副总裁、安利日用品有限公司董事长

获奖理由:为中国直销业的规范不遗余力，对直销立法的启动起到了建设性的作用。

6.郁知非:上海国际赛车场有限公司副总经理

获奖理由:将国际顶级赛事F1中国化，以新的文化理念开拓创造了巨额的有形和无形财富。

7.周松波:北京华商投资有限公司总裁

获奖理由:作为德籍华人，在招商引资方面贡献惊人，2004年再为祖国创造了200亿元的项目。

8.张恩照:中国建设银行股份有限公司董事长兼党委书记

获奖理由:在建行股份制改造及中国金融改革中贡献突出，卓尔不群。

9.叶　莺:伊士曼柯达全球副总裁、大中华区主席

获奖理由:克服重重困难，促成乐凯与柯达的联姻，促使中国胶卷业的振兴迈出了可贵的步伐。

10.柳传志:联想集团董事局原主席

获奖理由:功成身退，高屋建瓴，不仅为联想顺利实现了新老接替，并且为许多企业在该方面提供了经典范例。

(信息来源:新华网2005年2月28日)

备注:此榜由北京文化发展研究院、凤凰卫视、人物周刊社、搜狐网联合评选产生。其推选标准是在中国经济社会发展和改革创新方面，不但创造了丰硕的物质成果而且创造了积极的精神成果，贡献突出、卓尔不群。1000余名候选人积极参与了这一活动。

◎榜九、2004《新财富》华商百富榜◎

名次	财富（亿美元）	姓名	主要公司 / 公司总部	主要行业	性别	年龄	祖籍
1	108.3	李嘉诚	长实集团 / 中国香港	房地产、酒店、港口、能源、基建、电讯、零售、媒体	男	76	广东潮州
2	88.9	郭炳湘家族	新鸿基集团 / 中国香港	房地产、交通、电讯	男	52	广东中山
3	55.7	王永庆家族	台塑集团 / 中国台湾	石化、半导体	男	88	福建
4	51.7	李兆基家族	恒基兆业地产集团 / 中国香港	地产、能源	男	76	广东顺德
5	41.0	郭鹤年	郭氏兄弟集团 / 马来西亚	食品、航运、地产、酒店、传媒	男	81	福建
6	36.0	龚如心	香港华懋集团 / 中国香港	房地产、酒店、航运、生物医药、娱乐	女	66	上海
7	33.0	蔡其瑞家族	宝成集团 / 中国台湾	制鞋	男	53	台湾
8	28.3	汪穗中家族	德昌电机 / 中国香港	微型马达制造	男	52	上海
9	26.0	蔡道行家族	盐仓集团 / 印尼	烟草	男	56	福建福清
10	24.4	黄祖耀家族	大华银行集团 / 新加坡	银行、保险、房地产	男	74	福建金门
11	24.0	李　秦	AIC Limited/ 加拿大	投资	男	52	—
12	23.5	徐旭东家族	远东集团 / 中国台湾	纺织、建材、化工、电讯、零售、金融、航运、酒店	男	62	江苏海门
13	23.2	冯国经 冯国纶 （兄弟）	利丰集团 / 中国香港	贸易	男	58 55	广东鹤山
14	23.0	蔡万霖家族	霖园集团 / 中国台湾	金融、房地产、医院	男	80	台湾
15	22.9	郭台铭	鸿海集团 / 中国台湾	IT 产品制造	男	54	台湾
16	22.0	黄廷芳家族	远东集团 / 新加坡、中国香港	房地产、酒店	男	75	福建新兴
17	21.0	林梧桐家族	云顶集团 / 马来西亚	博彩、建筑、种植、造纸	男	86	福建安溪
18	20.0	郑裕彤	新世界发展、周大福金铺 / 中国香港	房地产、珠宝、能源、交通、物流、电讯	男	78	广东顺德
19	19.0	郭令灿家族	丰隆集团 / 马来西亚	金融、房地产、制造	男	61	福建同安
19	19.0	郭令明家族	新加坡丰隆集团 / 新加坡	房地产、金融、酒店、贸易	男	62	福建同安
21	18.8	杨致远	雅虎 / 美国	互联网	男	36	台湾
22	17.6	李成伟家族	华侨银行集团 / 新加坡	金融、保险、种植	男	78	福建
23	17.0	许文龙	奇美集团 / 中国台湾	化工、IT 制造	男	76	台湾
24	15.5	吴光正	会德丰集团 / 中国香港	房地产、港口、有线电视、电讯、零售、贸易	男	57	上海
25	15.0	陈永栽	陈永栽财团 / 菲律宾	烟草、银行、啤酒、航空、房地产	男	69	福建晋江
25	15.0	邢李火原	思捷环球 / 中国香港	服装、零售	男	54	海南
27	14.7	吴舜文 严凯泰 （母子）	裕隆集团 / 中国台湾	汽车、纺织	女 男	91 39	江苏武进
28	14.2	陈廷骅家族	南丰集团 / 中国香港	房地产	男	80	浙江宁波
29	14.0	何鸿燊家族	澳门旅游娱乐有限公司、信德集团 / 中国澳门、中国香港	博彩、房地产、酒店	男	83	广东深圳
29	14.0	霍英东家族	英东集团 / 中国香港	地产、建筑、航运、酒店、零售、石油	男	81	广东番禺
29	14.0	施至成家族	SM 企业集团 / 菲律宾	零售、房地产	男	78	福建晋江
32	13.0	谢国民家族	正大集团 / 泰国	农产品、零售、电信、地产、物流	男	65	广东潮州
33	12.5	林百里家族	广达电脑 / 中国台湾	IT 制造	男	55	上海
34	11.8	李泽楷	盈科拓展集团 / 中国香港	电讯、保险、房地产	男	38	广东潮州
35	11.7	张荣发家族	长荣集团 / 中国台湾	航运、航空、旅馆、房地产、钢铁	男	77	福建澎湖

名次	财富（亿美元）	姓名	主要公司 / 公司总部	主要行业	性别	年龄	祖籍
36	11.1	黄奕聪家族	金光集团 / 印尼、新加坡	造纸、金融	男	81	福建泉州
37	10.9	陈有汉家族	盘谷银行、亚洲金融 / 泰国、中国香港	金融、保险	男	70	广东潮阳
38	10.7	郑少坚家族	首都银行集团 / 菲律宾	金融、保险、证券、汽车、房地产	男	71	福建永春
39	10.5	孙　雄	美国药品伙伴公司 / 美国	医药	男	52	—
40	10.4	邵逸夫家族	邵氏控股 / 中国香港	传媒	男	97	浙江宁波
41	10.3	林绍良家族	三林集团、香港第一太平 / 印尼、中国香港	食品、建材、金融、电讯、房地产	男	88	福建福清
42	10.0	罗康瑞	瑞安集团 / 中国香港	房地产、建材、酒店	男	55	广东潮州
42	10.0	张晓卿	常青集团 / 马来西亚	木材、传媒	男	69	福建福州
44	9.5	郑鸿标家族	大众银行集团、大众金融 / 泰国	金融	男	74	广东潮州
45	9.1	李智正	大城银行 / 泰国	金融、建材、食品、传媒	男	50余岁	广东澄海
46	8.9	高　明	高明公司 / 美国	GPS 生产	男	54	台湾
47	8.8	辜振甫家族	和信集团 / 中国台湾	金融、建材、橡胶、化工	男	87	台湾
47	8.8	叶国一	英业达集团 / 中国台湾	IT 制造	男	65	台湾
49	8.4	蔡万才家族	富邦集团 / 中国台湾	金融	男	73	—
50	8.3	吴奕辉家族	JG 控股 / 菲律宾	食品、金融、房地产、能源、纺织、电讯	男	77	福建晋江
51	8.0	李文正家族	力宝集团 / 印尼、中国香港	金融、保险、房地产	男	75	福建莆田
52	7.1	張虔生家族	日月光集团 / 中国台湾	集成电路封装测试	男	59	浙江温州
53	7.0	胡玉麟	汇川米业 / 泰国	贸易、制造、房地产、酒店	男	78	广东潮安
54	6.9	利定昌家族	希慎兴业 / 中国香港	房地产	男	50	—
55	6.8	蔡明介	联发科技 / 中国台湾	集成电路设计	男	50	—
55	6.8	杨忠礼家族	杨忠礼集团 / 马来西亚	建筑、房地产、电力、建材、酒店	男	75	福建金门
57	6.6	陈启宗	恒隆集团 / 中国香港	房地产	男	53	广东台山
57	6.6	吴玉音家族	伟成发集团 / 泰国	钢铁、房地产、办公自动化设备	女	74	广东汕头
59	6.5	曹光彪家族	永新集团 / 中国香港	毛纺、航空	男	83	浙江宁波
59	6.5	李深静	凯业集团 / 马来西亚	工业氧气、种植、房地产	男	65	福建永春
61	6.4	连瀛洲家族	大华银行集团 / 新加坡	金融、保险、房地产	男	98	广东潮阳
61	6.4	伍步高家族	永隆集团 / 中国香港	金融、保险	男	63	广东顺德
63	6.0	陈江和	金鹰国际集团 / 印尼	林木业、造纸、食品、电力、化工、基建、房地产、金融、贸易	男	54	福建
63	6.0	黄双安	材源帝集团 / 印尼	林木业、海洋渔业	男	68	福建福州
63	6.0	郑维建家族	永泰集团 / 新加坡、中国香港	服装、航运、房地产	男	58	广东潮阳
66	5.9	吴东进家族	新光集团 / 中国台湾	金融、纺织、零售	男	59	—
67	5.8	刘銮雄家族	华人置业集团 / 中国香港	房地产	男	53	广东潮州
68	5.7	曹兴诚	联华电子 / 中国台湾	集成电路代工	男	54	台湾
68	5.7	林文镜	三林集团、香港第一太平 / 印尼、中国香港	食品、建材、金融、电讯、房地产	男	75	福建福清
70	5.6	徐清华	成功集团、大都会集团、徐清华集团 / 印尼	房地产、酒店、基建、贸易、金融、采矿	男	72	福建泉州
71	5.2	李国宝家族	东亚银行 / 中国香港	金融	男	64	广东鹤山
71	5.2	徐汉光家族	BEC World/ 泰国	传媒	男	—	—
73	5.1	罗鹰石家族	鹰君集团 / 中国香港	房地产、酒店	男	91	广东普宁
74	4.6	王嘉廉	Computer Associates/ 美国	软件	男	60	上海

名次	财富（亿美元）	姓名	主要公司 / 公司总部	主要行业	性别	年龄	祖籍
75	4.5	邓文福	仁和园酱园 / 泰国	食品	男	68	广东开平
76	4.4	王又曾家族	力霸集团 / 中国台湾	建材、纺织、食品、酒店、房地产、金融、传媒、通讯	男	77	湖南长沙
77	4.2	傅显达	裕峰集团 / 澳大利亚	零售	男	59	台湾
78	4.1	伍捷朴	泰华农民银行、洛式利集团 / 泰国	金融、通讯、能源、建材、酿酒	男	70	广东梅县
79	3.6	蔡衍明	旺旺集团 / 中国台湾	食品	男	51	—
80	3.5	胡应湘	合和实业 / 中国香港	基建、房地产、酒店、电力	男	66	—
80	3.5	郑明如	泰旭集团、国泰信托集团 / 泰国	玻璃、化工、金融、房地产	男	80	广东丰顺
82	3.3	邓尼斯·简	—/ 澳大利亚	房地产	男	79	北京
82	3.3	王雪红	威盛集团 / 中国台湾	集成电路设计、PDA 代工	女	45	—
84	3.1	柯为湘家族	保力达集团 / 中国香港、澳门	房地产、服装、金融、进出口	男	53	广东潮安
84	3.1	卓志哲	联发科技 / 中国台湾	集成电路设计	男	—	—
86	3.0	黄洲杰	凌阳科技 / 中国台湾	集成电路设计	男	—	—
87	2.9	沈望傅	创新科技 / 新加坡	集成电路	男	47	福建
87	2.9	施崇唐	华硕 / 中国台湾	电脑及相关产品	男	52	—
89	2.8	谢伟琦	华硕 / 中国台湾	电脑及相关产品	男	—	—
90	2.7	徐世昌	华硕 / 中国台湾	电脑及相关产品	男	43	—
91	2.5	陈觉中家族	快乐蜂集团 / 菲律宾	快餐连锁	男	51	福建晋江
92	2.3	童子贤	华硕 / 中国台湾	电脑及相关产品	男	43	—
93	2.2	陈嘉伟	—/ 澳大利亚	房地产、种植	男	54	—
93	2.2	吴百福家族	日清食品 / 日本	食品	男	94	—
93	2.2	朱炳昱	龙邦开发、中国台湾人寿 / 中国台湾	金融、建筑	男	—	—
96	2.1	施振荣	泛宏基集团 / 中国台湾	电脑及相关产品	男	60	台湾
96	2.1	郑崇华	台达电子 / 中国台湾	商用电源制造	男	67	福建
98	2.0	黄建生	NVIDIA/ 美国	集成电路	男	39	台湾
98	2.0	霍佐幼	Jan Darmadi 集团 / 印尼	房地产	男	66	—
98	2.0	林天宝家族	圣波纳集团 / 印尼	烟草	男	54	福建

（信息来源：《新财富》杂志）

备注：此榜是中国内地媒体首次从全球范围内研究华人资本，目的是通过记录海外华人的创业历史和发展现状，从更广阔的视野上为国内民营企业和立志于创业的青年人提供参考。其入围标准为拥有不低于 2 亿美元财富且属于 3 代华裔以内。

相关链接：《新财富》是由广东省新闻出版局、深圳证券交易所下属深圳证券信息有限公司及证券时报社合办的大型财经月刊。该杂志致力于向企业中高层提供方向性、策略性的资讯。2001 年创刊以来，《新财富》推出的《德隆系》、《担保圈》、《上市公司成长性 100 强》、《中国 400 富人榜》、《中国本土最佳分析师排名》等专题及文章在国内商界和金融界产生过广泛影响。

解读：香港和台湾是华商财富最集中的地区，分别占到上榜华商总财富的 39.7%和 23.1%。同样，它们也是拥有华人富商最多的两个地区，分别有 25 位和 28 位，占到上榜总人数的 53%。

◎榜十、2004《新财富》中国500富人榜◎

名次	2003年名次	财富(亿元)	姓名	主要公司/公司总部	主要行业	性别	年龄
1	1	85.2	荣智健	中信泰富/香港	综合	男	62
2	191	67.7	李金元	天狮集团/天津	保健品	男	44
3	6	63.7	郑建源	宝华集团/北京	保险	男	33
4	2	62.7	鲁冠球	万向集团/浙江杭州	汽车零部件	男	60
5	36	51.1	丁　磊	网易/北京	互联网服务	男	33
6	7	48.5	许荣茂家族	世茂集团/上海	房地产	男	55
7	48	48.2	刘根山	茂盛集团/上海	运输基础设施房地产	男	46
8	—	48.0	黄茂如家族	茂业集团/广东深圳	房地产	男	39
9	10	46.8	叶立培	仲盛集团/上海	房地产	男	60
10	—	39.5	刘　汉	汉龙集团/四川绵阳	化工、房地产、期货	男	39
11	4	38.6	陈丽华	富华国际集团/北京	房地产、紫檀家具	女	63
12	—	37.5	杨孙西	香江国际集团/香港	房地产	男	65
13	17	37.0	刘永好	新希望集团/四川成都	饲料、金融、乳业、地产	男	53
13	5	37.0	刘永行	东方希望集团/上海	饲料、铝业	男	56
15	—	36.0	梁庆德家族	格兰仕集团/广东顺德	制造	男	67
16	20	34.5	陶新康	新高潮集团/上海	家具、木材贸易	男	51
17	—	34.2	陈宁宁	嘉鑫集团/香港	铁矿进出口、矿业投资	女	33
17	—	34.2	吕　慧	嘉鑫集团/香港	铁矿进出口、矿业投资	女	—
19	14	33.8	张思民	海王集团/广东深圳	医药、医药连锁店	男	42
20	—	33.5	魏建军家族	长城汽车集团/河北保定	皮卡车	男	40
21	45	33.0	郭广昌	复星集团/上海	生物医药、地产、钢铁	男	37
22	15	32.7	王传福	比亚迪/广东深圳	充电电池、汽车制造	男	38
23	23	32.0	李晓林	林达国际投资集团/北京	房地产	男	51
24	22	30.4	李兆会家族	海鑫集团/山西闻喜	钢铁	男	23
25	8	30.3	杨卓舒	卓达集团/河北石家庄	房地产	男	52
26	—	30.0	陈天桥	盛大网络/上海	在线游戏	男	31
26	15	30.0	童锦泉	长峰房地产/上海	房地产	男	49
26	123	30.0	朱孟依	合生创展珠江投资/广州	房地产	男	45
29	33	29.7	吕向阳	融捷投资管理集团/广州	投资	男	42
30	—	28.8	韩敬远	中国东方集团/河北唐山	钢铁	男	47
31	34	28.6	明金星	大众食品/山东临沂	生猪饲养、肉类加工	男	46
32	148	28.2	金福音家族	人民企业集团/上海	电力设备、电器仪表	男	—
33	3	28.0	黄光裕	鹏润集团/北京	家电零售、房地产	男	35
33	—	28.0	周建和	庄胜集团/香港	房地产、酒店	男	41
35	—	27.8	周泽荣	侨鑫集团/广东广州	房地产	男	50
36	12	27.1	吴一坚	金花集团/陕西西安	医药、房地产	男	44
37	47	27.0	郭浩家族	超大现代农业/福建福州	农业	男	49
38	195	26.9	张　钧	兴力达集团/四川绵阳	旅游、房地产	男	42
39	195	26.5	张　茵	中南控股/美国加州	纸箱、包装纸	女	47
40	—	25.0	史玉柱	巨人投资/上海	保健品	男	42
41	18	24.5	吴炳新	三株集团/山东济南	保健品	男	66
42	—	24.4	周凯旋	TOM集团/北京	传媒	女	—
43	18	24.1	黄俊钦	新恒基集团/北京	房地产	男	37

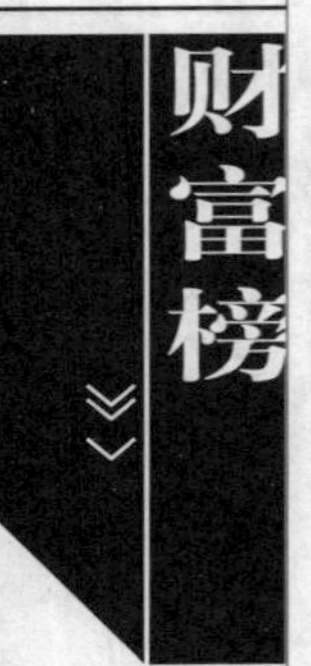

名次	2003年名次	财富(亿元)	姓名	主要公司/公司总部	主要行业	性别	年龄
44	223	24.0	张朝阳	搜狐/北京	互联网服务	男	40
45	23	22.8	张　涌	林凤集团/北京	房地产	男	38
46	191	22.0	刘沧龙家族	宏达集团/四川成都	化工、冶金	男	49
47	—	21.7	施锦秀	锦秀集团/黑龙江哈尔滨	地产、物流、热电	男	47
48	41	21.6	顾雏军	格林柯尔/香港	空调制冷剂、家电制造	男	45
48	23	21.6	李河军	华睿投资集团/北京	电力	男	38
50	138	21.0	黄宏生	创维集团/广东深圳	家电制造	男	47
50	119	21.0	周福仁	西洋集团/辽宁海城	防火材料、化肥、钢铁	男	53
52	30	20.8	刘长乐	凤凰卫视/香港	电视媒体	男	53
53	23	20.4	陈伟东	万基集团/广东深圳	保健	男	41
54	—	20.2	陈卓贤家族	雅居乐集团/广东广州	房地产	男	37
54	37	20.2	宗庆后	娃哈哈集团/浙江杭州	饮料、服装	男	59
56	11	20.1	刘汉元家族	通威企业集团/四川成都	鱼饲料	男	40
57	—	20.0	霍东龄	京信通信系统/广东广州	通信产品	男	47
57	232	20.0	李书福家族	吉利集团/浙江台州	汽车、摩托车、教育	男	41
59	108	19.9	王玉锁家族	新奥集团/河北廊坊	燃气供应	男	40
60	123	19.8	唐万里家族	德隆国际/上海	食品、水泥、金融、汽车	男	48
61	—	19.6	郑大清	新疆天地集团/新疆乌鲁木齐	地产、通信	男	45
62	23	19.4	黄少良	旭飞集团/广东深圳	房地产	男	41
63	42	19.3	韩国龙	冠城集团/香港	房地产	男	49
64	32	19.2	任运良家族	大连华丰集团/辽宁大连	房地产	男	50
65	30	19.0	李致强	万隆集团/天津	房地产	男	—
66	23	18.8	卢志强	泛海控股/山东威海	金融、房地产	男	53
67	—	18.5	关凌翔 梁慧英 (夫妇)	翔峰集团/广东广州	塑料瓶、收缩薄膜、纸品	男 女	42 40
67	148	18.5	邝汇珍	亚洲铝业/香港	铝型材	男	49
67	—	18.5	张　力	富力地产集团/广东广州	房地产	男	51
70	101	18.4	楼忠福	广厦集团/浙江杭州	房地产、建筑	男	50
71	—	18.1	邹锡昌	香港昌盛集团/广东广州	房地产	男	42
72	49	17.8	米恩华	华凌集团/新疆乌鲁木齐	房地产、建材市场	男	44
73	159	17.6	刘小明	大成生化/香港	玉米生化产品	男	48
74	156	17.5	蔡天真家族	泰山集团控股/福建泉州	石油运输和贸易	男	42
74	—	17.5	王　伟	太合控股/北京	房地产	男	39
76	93	17.2	宋卫平	绿城集团/浙江杭州	房地产	男	47
77	86	17.1	张　雷	当代集团/北京	房地产	男	42
78	170	16.8	王超斌	台兴房产/河南郑州	房地产	男	42
79	38	16.7	王春鸣家族	国栋建设/四川成都	建筑、房地产	男	55
80	—	16.6	陈发树	新华都实业集团/福建福州	黄金、商贸、房地产	男	—
81	139	16.5	高元坤	力诺集团/山东济南	玻璃	男	46
82	8	16.3	胡成中家族	德力西集团/浙江温州	工业电器、房地产	男	43
83	46	16.0	梁亮胜	丝宝集团/湖北武汉	化妆品	男	53
83	249	16.0	刘　军	泰跃集团/北京	房地产	男	38
85	44	15.6	朱保国	健康元药业集团/广东深圳	保健品、药品	男	42
86	54	15.3	缪双大	双良集团/江苏江阴	中央空调、锅炉	男	53
87	—	15.2	李新炎家族	中国龙工集团/福建龙岩	重型工程车辆	男	52
87	232	15.2	汪俊林	宝光集团/四川泸州	制药、白酒	男	42

名次	2003年名次	财富（亿元）	姓名	主要公司/公司总部	主要行业	性别	年龄
90	126	15.0	翦英海家族	华普产业集团/北京	房地产	男	42
90	38	15.0	李永军家族	喜之郎集团/广东深圳	食品	男	37
92	129	14.9	王建沂	富通集团/浙江杭州	光缆、光纤	男	41
93	76	14.6	陈　健	聚友集团/广东深圳	网络通讯	男	42
93	—	14.6	蓝伟光家族	新达科技集团/福建厦门	化学膜	男	39
93	106	14.6	欧俊发	大成生化/香港	玉米生化产品	男	62
93	65	14.6	沈文荣	沙钢集团/江苏张家港	钢铁	男	58
93	63	14.6	孙荫环	亿达集团/辽宁大连	房地产	男	55
98	74	14.5	朱新礼	汇源集团/北京	饮料	男	52
99	21	14.4	孙广信	广汇企业集团/新疆乌鲁木齐	房地产、建材	男	42
100	—	14.3	杨树坪	城启（粤泰）集团/广东广州	房地产	男	45
100	34	14.3	张　跃	远大集团/湖南长沙	空调	男	42
102	109	14.0	孙宏斌	顺驰集团/天津	房地产	男	41
103	376	13.8	余渐富	南翔集团/安徽安庆	房地产	男	48
104	143	13.4	邓　伟	亿阳集团/黑龙江哈尔滨	计算机系统集成	男	41
104	74	13.4	钭正刚	锦江集团/浙江杭州	轻纺、环保能源	男	51
104	67	13.4	韩文臣	宝业集团/河北唐山	钢铁	男	—
104	81	13.4	胡葆森	建业集团/河南郑州	房地产	男	49
104	71	13.4	祝义才	雨润食品集团/江苏南京	食品、房地产	男	40
109	64	13.3	叶祥尧	长城电器集团/浙江温州	工业电器	男	51
110	109	13.2	叶韦辰	联合食品/山东临沂	生猪饲养和肉类加工	男	40
111	—	13.1	刘忠田	忠旺集团/辽宁辽阳	铝制品和塑料制品	男	39
112	55	13.0	缪寿良家族	富源实业/广东深圳	房地产、教育	男	48
112	49	13.0	王福生	新富集团/北京	房地产	男	53
112	—	13.0	张新明家族	金业煤焦化集团/山西古交	煤炭	男	—
115	71	12.8	谢圣明	红桃K集团/湖北武汉	保健	男	48
116	69	12.7	刘绍喜	宜华企业集团/广东汕头	木业	男	41
117	—	12.6	杨　铿	蓝光实业集团/四川成都	房地产	男	—
118	185	12.5	梁信军	复星集团/上海	生物医药、房地产、钢铁	男	36
118	202	12.5	周连奎兄弟	大众食品/山东临沂	生猪饲养和肉类加工	男	44
120	65	12.3	冯永明	光明集团/黑龙江伊春	家具制造	男	51
120	109	12.3	潘石屹 张　欣 （夫妇）	SOHO中国/北京	房地产	男 女	42 39
120	88	12.3	史跃武家族	振兴集团/山西河津	铝、煤、电	男	31
123	159	12.2	欧亚平	百仕达控股/香港	房地产、液化气	男	42
124	81	12.1	石山麟	昌宁集团/北京	水供应系统、水泵	男	59
124	332	12.1	魏　东	涌金集团/上海	投资	男	37
126	79	12.0	陈金飞	通产投资集团/北京	金融、房地产、建材	男	42
126	123	12.0	方悟校	胜达包装集团/浙江萧山	包装	男	55
126	49	12.0	李伯刚	地奥集团/四川成都	制药	男	55
126	57	12.0	苏志刚	长隆集团/广东广州	旅游	男	46
126	191	12.0	杨　休	南京天地集团/江苏南京	新材料、医疗器械	男	43
131	43	11.8	荣　海	西安海星集团/陕西西安	IT、房地产、商业连锁	男	47
131	81	11.8	杨国强	碧桂园集团/广东顺德	房地产	男	48
133	76	11.5	沈　雯	紫江集团/上海	包装印刷	男	46
133	—	11.5	薛村禾	UT斯达康/北京	投资	男	44

名次	2003年名次	财富(亿元)	姓名	主要公司/公司总部	主要行业	性别	年龄
133	57	11.5	郑坚江	三星集团/浙江宁波	电能表、空调	男	63
136	—	11.4	霍炽昌	新中源集团/广东佛山	陶瓷、铝材料	男	40
136	79	11.4	徐茂根	远东化纤集团/浙江绍兴	化纤、印染	男	50
138	—	11.3	李晓恩	药都制药集团/河北安国	制药	男	—
139	286	11.2	冯光成	浙江玻璃/浙江杭州	制造	男	51
139	61	11.2	张宏伟	东方集团/黑龙江哈尔滨	金融、港口、家居连锁	男	49
141	78	11.0	韩真发	正业集团/吉林长春	养殖、房地产	男	51
141	—	11.0	王德军	东能集团/四川乐山	水电、交通建设、房地产	男	—
141	—	11.0	周益明	明伦集团/广东深圳	电子、贸易、食品	男	29
144	—	10.7	曹明芳	江阴模塑集团/江苏江阴	汽车配件、制模机械	男	60
144	69	10.7	刘　韧	顺风集团/吉林长春	房地产	男	—
144	56	10.7	邱忠保	飞天集团/陕西西安	房地产	男	41
144	209	10.7	施文博	恒安集团/福建泉州	妇女用品	男	54
148	81	10.6	张玉其	振兴纸品/广东东莞	制造	男	41
149	81	10.5	陈润光	光大企业集团/广东东莞	房地产	男	50
149	49	10.5	昝圣达	综艺集团/江苏南通	纺织、软件、芯片	男	41
151	234	10.3	顾云奎家族	永鼎集团/江苏吴江	电缆、光缆	男	67
151	86	10.3	涂建华	隆鑫控股/重庆	摩托车制造	男	41
153	93	10.2	张国芳	国芳集团/甘肃兰州	房地产	男	50
153	61	10.2	张　扬	国中控股/香港	房地产、投资	男	41
155	128	10.1	李洪信	太阳纸业/山东兖州	造纸	男	51
156	—	10.0	段永平	步步高/广东东莞	数字视听产品、证券投资	男	42
156	—	10.0	李彦宏	百度公司/北京	搜索引擎	男	36
156	109	10.0	吴良定家族	中宝实业集团/浙江绍兴	机器及汽车零配件	男	58
156	—	10.0	徐　勇	百度公司/北京	搜索引擎	男	40
156	234	10.0	许自连	恒安集团/福建泉州	妇女用品	男	51
156	356	10.0	杨　澜 吴　征 (夫妇)	新浪、阳光文化/北京	互联网、电视媒体	女 男	35 38
156	96	10.0	张春旺	鑫旺集团/河南巩义	铝产品	男	49
163	92	9.7	李宴清	宏孚集团/辽宁大连	房地产	男	50
164	100	9.6	徐万茂	华茂集团/浙江宁波	文具制造	男	58
164	276	9.6	姚　原 姚　涌 (兄弟)	铭源实业集团/上海	房地产	男	48
164	229	9.6	袁柏仁	纵横轻纺集团/浙江绍兴	纺织	男	40
164	103	9.6	赵步长	步长集团/陕西西安	医药	男	66
168	103	9.5	孙才科	新型集团/辽宁大连	房地产	男	—
169	—	9.4	朱　骏	第九城市/上海	在线游戏	男	38
170	96	9.3	夏朝嘉	禾嘉集团/四川成都	食品	男	55
170	—	9.3	赵志军	天地控股/北京	房地产	男	35
172	195	9.2	邱建林	恒逸集团/浙江萧山	聚酯、纺丝、织造	男	41
172	239	9.2	修涞贵	修正药业集团/吉林长春	医药	男	50
172	—	9.2	翟韶均	力联实业集团/江苏南京	房地产	男	—
175	90	9.1	刘　虹	成功控股集团/湖南长沙	投资	男	37
175	98	9.1	徐　凯	金花集团/陕西西安	医药	男	54
175	135	9.1	赵华山	华宇集团/山西太原	零售	男	52
178	95	9.0	李兴浩	志高空调/广东南海	空调	男	40
178	—	9.0	王水福	西子电梯/浙江杭州	电梯、锅炉、房地产	男	48

名次	2003年名次	财富（亿元）	姓名	主要公司／公司总部	主要行业	性别	年龄
178	—	9.0	吴瑞林	侨兴集团／广东惠州	电话、手机	男	52
181	144	8.9	安治富	富临实业集团／四川绵阳	房地产、交通、汽车	男	58
181	152	8.9	曹德旺家族	福耀集团／福建福清	汽车玻璃	男	58
181	132	8.9	胡先根	慈兴集团／浙江宁波	轴承	男	—
181	—	8.9	乔秋生	黄河集团／河南郑州	金刚石制品	男	39
185	229	8.8	孔展鹏	大成生化／香港	玉米生化产品	男	41
185	—	8.8	王铁光	大成生化／香港	玉米生化产品	男	—
185	134	8.8	吴　力	和光集团／辽宁沈阳	IT产品分销	男	50
188	103	8.7	杜　厦	家世界集团／天津	商业连锁	男	56
188	148	8.7	张桂平	苏宁建设集团／江苏南京	房地产	男	51
188	126	8.7	张锴雍	中科智集团／广东深圳	担保、房地产	男	42
188	119	8.7	周伟彬	金冠涂料集团／广东顺德	涂料、油漆	男	41
192	167	8.6	李勤夫	茉织华／上海	纺织	男	42
192	—	8.6	温鹏程	温氏食品集团／广东云浮	畜牧业	男	42
194	139	8.4	张志祥	建龙钢铁／河北唐山	钢铁	男	37
195	204	8.3	宋殿权	光宇国际／黑龙江哈尔滨	蓄电池	男	49
195	119	8.3	张佛恩	龙泉国际／广东东莞	酒店	男	52
197	174	8.2	沈家燊	华燊燃气／香港	燃气供应	男	54
198	129	8.0	宋德安	德胜集团／四川乐山	钢铁	男	39
198	109	8.0	张中能	东阳光实业／广东深圳	电子元件制造	男	—
200	239	7.9	郑跃文	科瑞集团／江西南昌	电气开关、房地产、化工	男	42
201	135	7.7	刘志强 翟美卿 （夫妇）	香江集团／广东深圳	家具连锁、房地产	男 女	40 40
201	144	7.7	吴　鹰	UT斯达康／北京	通讯设备	男	45
201	304	7.7	许奇锋家族	侨雄国际／福建莆田	玩具制造	男	44
204	139	7.6	郭梓文	奥园置业／广东广州	房地产	男	39
204	—	7.6	陆弘亮	UT斯达康／北京	通讯设备	男	50
206	—	7.5	陈伟峰	瀛通集团／上海	房地产	男	43
206	156	7.5	吴栋材	永钢集团／江苏张家港	钢铁	男	69
206	144	7.5	周辞美	华翔集团／浙江宁波	汽车配件、电子接插件	男	62
209	135	7.4	高天乐	天正集团／浙江温州	工业电器	男	41
209	156	7.4	郭家学	东盛集团／陕西西安	医药	男	38
209	159	7.4	郭占春	奈伦集团／内蒙古呼和浩特	淀粉加工、乳制品	男	50
209	—	7.4	童文其	峨嵋山铝业集团／四川乐山	电解铝	男	—
213	—	7.3	周德才	营口东林集团／辽宁营口	铝型材	男	54
214	—	7.2	黄文仔	宏宇集团／广东广州	房地产	男	51
214	365	7.2	梁广义家族	天健集团／广东新会	金属家具	男	48
214	185	7.2	夏佐全	比亚迪／广东深圳	充电电池、汽车制造	男	41
217	144	7.1	史英文	荣和集团／广西南宁	房地产	男	—
218	—	7.0	李一男	港湾网络／北京	通信设备制造	男	34
218	239	7.0	赵永亮	东达蒙古王集团／内蒙古鄂尔多斯	羊绒制品加工	男	47
218	73	7.0	周耀庭家族	红豆集团／江苏锡山	针纺织品、摩托车	男	61
221	167	6.9	陈森洁	浙江阳光集团／浙江上虞	节能灯	男	55
222	170	6.8	范现国	华龙面业集团／河北隆尧	方便面	男	44
222	209	6.8	蒋业华	华宇物业集团／重庆	房地产	男	—
222	109	6.8	孟德宽	盛达实业／云南昆明	运输基础设施	男	43

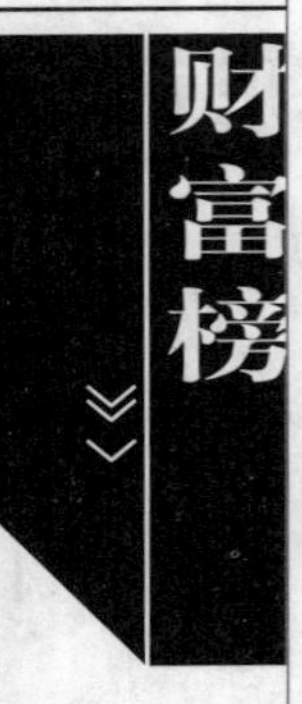

名次	2003年名次	财富（亿元）	姓名	主要公司/公司总部	主要行业	性别	年龄
222	—	6.8	牛根生	蒙牛集团/内蒙古呼和浩特	乳业	男	48
222	88	6.8	严健军	致达集团/上海	软件	男	39
222	185	6.8	郑胜涛	神力集团/浙江温州	机械制造、房地产	男	52
228	204	6.7	陈惠南	华尔润集团/江苏张家港	玻璃	男	47
228	—	6.7	陈泳妃	升汇纺织/福建厦门	化纤制造	女	—
228	148	6.7	高永昆 尹爱萍 （夫妇）	江海集团/河南郑州	食品、酒店、房地产	男 女	53 40
228	184	6.7	李艳归	东方不锈钢/湖南岳阳	不锈钢生产	男	51
228	163	6.7	严晓群	斯威特集团/江苏南京	集成电路、通信设备	男	38
233	356	6.6	蒋锡培家族	远东集团/江苏宜兴	电缆、医药	男	41
233	336	6.6	王廷宝	联合食品/山东临沂	生猪饲养和肉类加工	男	42
235	152	6.5	何　燕	国腾通讯/四川成都	通讯设备、电力	女	43
235	—	6.5	王德彬	王氏集团/四川泸州	造酒、房地产	男	—
235	365	6.5	伍跃时	沐林集团/湖南长沙	房地产	男	46
235	163	6.5	周庆治	南都集团/浙江杭州	房地产	男	49
239	244	6.4	康宝华	远大铝业集团/辽宁沈阳	建材	男	—
240	—	6.3	庞宝根	宝业建工集团/浙江绍兴	建筑	男	—
240	159	6.3	王学利	德利得集团/天津	冶金、医药	男	44
240	174	6.3	赵张夫	赐富化纤集团/浙江绍兴	化纤制造	男	—
243	—	6.2	宫学斌	龙大食品集团/山东莱阳	食品制造	男	67
243	266	6.2	江　雄	万友消防/福建福州	消防器材	男	36
243	311	6.2	梁稳根	三一集团/湖南长沙	重型机械	男	48
243	286	6.2	王均瑶	均瑶集团/上海	乳业、航空服务	男	37
243	163	6.2	谢根荣	华尔森实业集团/北京	房地产	男	44
243	174	6.2	周文麟	大连宏光好运来集团/辽宁大连	建筑	男	—
243	304	6.2	庄承添	运通塑料集团/广东揭阳	塑料	男	—
250	209	6.1	陈玉兰	即发集团/山东青岛	纺织	女	63
250	204	6.1	徐连宽 徐连国 （兄弟）	中大集团/江苏盐城	工业涂装、机械	男	42
250	—	6.1	鄢贤华	宏林集团/湖北武汉	水电开发、汽车贸易	男	—
253	—	6.0	丛连彪	皓月清真肉业/吉林长春	牛肉制品	男	39
253	174	6.0	范以路	通产投资集团/北京	金融、房地产、建材	男	42
253	—	6.0	贾　伟	宏大投资集团/新疆乌鲁木齐	房地产	男	—
253	—	6.0	王志东	点击科技/北京	软件	男	37
253	—	6.0	肖建华	明天集团/北京	投资	男	34
253	—	6.0	郑昌幸	尚阳科技/北京	通信设备制造	男	41
259	266	5.9	蒋泉龙 钱元英 （夫妇）	中国稀土/江苏宜兴	稀土制品	男 女	51 44
259	—	5.9	李珍富	通泰昌集团/山西太原	农业、煤炭、黄金加工	男	43
259	195	5.9	罗　苏	兴发铝材/广东佛山	铝型材	男	64
259	274	5.9	马万良	黄河工贸集团/内蒙古乌海	煤炭开采、加工	男	—
259	209	5.9	张道才	三花集团/浙江绍兴	制冷元件	男	—
264	38	5.8	黄巧灵家族	宋城集团/浙江杭州	旅游、建筑	男	46
264	249	5.8	邱继宝	飞跃缝纫机/浙江台州	缝纫机制造	男	42
264	170	5.8	王文京	用友软件/北京	软件	男	40
264	202	5.8	曾小山	曾氏企业集团/湖南长沙	电解铝	男	59
264	195	5.8	朱相桂	森达集团/江苏建湖	皮鞋	男	55
269	356	5.7	范　伟	复星集团/上海	生物医药、房地产、钢铁	男	35

名次	2003年名次	财富(亿元)	姓名	主要公司/公司总部	主要行业	性别	年龄
269	356	5.7	汪群斌	复星集团/上海	生物医药、房地产、钢铁	男	35
271	132	5.6	陈　荣	中路集团/上海	保龄球设备、自行车	男	45
271	294	5.6	甘　源	金卫医疗科技/香港	保健护理用品	男	42
271	249	5.6	王振华	新城集团/江苏常州	房地产	男	42
271	229	5.6	徐顺兴	南方集团/浙江绍兴	化纤制造	男	—
275	279	5.5	林伟雄	伟雄集团/广东顺德	建材、电工	男	50
275	249	5.5	尹明善	力帆轰达/重庆	摩托车制造	男	66
275	—	5.5	袁玉珠	中阳钢厂/山西中阳	黑色金属冶炼	男	51
275	—	5.5	周鸿祎	3721公司/北京	互联网服务	男	34
279	204	5.4	侯　军	鸿仪投资/湖南长沙	投资	男	36
279	—	5.4	李水荣	荣盛化纤集团/浙江嘉兴	化纤制造	男	48
279	294	5.4	罗韶宇家族	东银集团/重庆	防弹车制造	男	—
279	258	5.4	刑拴林	中保集团/山西太原	房地产、汽车销售	男	39
279	239	5.4	张德生	万马集团/浙江杭州	电缆	男	—
284	304	5.3	戴志康	证大集团/上海	房地产、证券投资	男	40
284	—	5.3	马　云	阿里巴巴/浙江杭州	B2B电子商务	男	40
284	—	5.3	张志平	东英金融集团/香港	融资中介	男	46
287	—	5.2	高兴山	中植集团/黑龙江伊春	信托、公路投资、房地产等	男	—
287	218	5.2	李桂莲	大杨集团/辽宁大连	服装	女	58
287	—	5.2	李黑记	东岭集团/陕西东岭	黑色、有色金属加工	男	—
287	—	5.2	刘建日	云岗实业/山西大同	零售	男	39
287	179	5.2	刘迎霞	翔鹰集团/黑龙江哈尔滨	房地产、建筑、公用事业	女	32
287	234	5.2	徐文荣	横店集团/浙江东阳	磁性材料	男	69
287	—	5.2	虞阿五	日月首饰集团/浙江绍兴	珠宝	男	—
287	209	5.2	张荣坤	福禧投资、沸点投资/上海	基础设施、投资	男	36
287	185	5.2	张兴标家族	兴盛集团/上海	房地产	男	59
296	223	5.1	任怀灿	诺仕达企业集团/云南昆明	翡翠制品、餐饮	男	—
296	311	5.1	姚新义家族	盾安集团/浙江绍兴	中央空调、制冷设备	男	41
296	—	5.1	张高波	东英金融集团/香港	融资中介	男	38
296	209	5.1	张国明	天伦集团/广东广州	房地产	男	50
296	218	5.1	赵云琨	华丰集团/云南昆明	商贸、房地产、金融	男	40
301	—	5.0	郭凡生家族	慧聪集团/北京	信息服务	男	49
301	—	5.0	黄东方	双菱集团/浙江台州	家电制造	男	—
301	—	5.0	黄小平	常发集团/江苏常州	蒸发器、冷凝器	男	—
301	223	5.0	李一奎	东宝实业集团/吉林通化	医药	男	53
301	276	5.0	梁文海	环海集团/山西晋中	锅炉生产	男	—
301	249	5.0	刘忠元	元和集团/内蒙古呼和浩特	房地产	男	—
301	249	5.0	陆　锦	大陆企业集团/山东临沂	制药、房地产、餐饮	男	52
301	204	5.0	秦诗禄	皇威实业/山西太原	电力、供热、冶金	男	—
301	—	5.0	邵亦波	易趣网/上海	在线交易平台	男	31
301	223	5.0	杨仲华	众星摩托车集团/江苏无锡	摩托车制造	男	43
301	163	5.0	姚小东	滦河实业集团/河北唐山	钢铁、建材	男	37
301	279	5.0	叶仙玉	星星集团/浙江台州	冷柜、冰箱	男	47
301	195	5.0	张果喜	果喜实业集团/江西鹰潭	木雕、电机、泡沫塑料	男	52
301	—	5.0	张向宁	天下互联、中国万网/北京	竞争情报服务	男	32

名次	2003年名次	财富(亿元)	姓名	主要公司/公司总部	主要行业	性别	年龄
301	223	5.0	张雪岩	福光投资集团/天津	房地产	男	—
301	—	5.0	张跃军	京信通信系统/广东广州	通信产品	男	44
317	286	4.9	徐冠巨	传化化学集团/浙江萧山	精细化工、日用化工	男	43
317	—	4.9	严介和	太平洋建设集团/江苏南京	建筑	男	44
317	218	4.9	杨忠洲	蓝星集团/湖北荆州	建材	男	54
317	294	4.9	张健华	福信集团/福建厦门	金融、生物医药	女	—
321	258	4.8	冯校根	娃哈哈集团/浙江杭州	饮料	男	—
321	—	4.8	韩国平	三笑集团/江苏扬州	牙刷、蚊香	男	—
321	336	4.8	何享健家族	美的集团/广东顺德	家电制造	男	62
321	234	4.8	金文宗	金氏集团/江苏武进	塑料	男	56
321	274	4.8	南存辉	正泰集团/浙江温州	低压电器	男	41
321	246	4.8	盛静生	罗蒙集团/浙江宁波	服装	男	33
327	266	4.7	高振富	振富企业集团/黑龙江大庆	供热、房地产、通讯设备	男	—
327	—	4.7	李　兴	澄星实业集团/江苏江阴	化学原料	男	50
327	—	4.7	王列东	大普集团/浙江上虞	化纤制造	男	40
327	107	4.7	张忠泉	黄河实业投资集团/上海	医药	男	—
331	244	4.6	卢国纪	民生轮船/重庆	交通和运输	男	81
331	239	4.6	万爱法	永通纺织集团/浙江绍兴	纺织	男	—
331	388	4.6	徐少春	金蝶/广东深圳	软件	男	41
331	279	4.6	杨龙忠	比亚迪/广东深圳	充电电池、汽车制造	男	38
331	—	4.6	钟浙晓	经发实业集团/浙江诸暨	住宿、餐饮	男	—
331	356	4.6	朱张金	卡森股份/浙江海宁	家具制造	男	39
337	345	4.5	傅　军	新华联集团/北京	酒类、越野车、房地产	男	47
337	—	4.5	沈南鹏	携程网/上海	旅游服务	男	45
337	—	4.5	王久方	荣安集团/浙江宁波	房地产	男	—
337	195	4.5	谢国胜	花园集团/河南郑州	房地产	男	42
341	376	4.4	戴国芳	铁本钢铁/江苏武进	钢铁	男	—
341	—	4.4	彭伟民	时代集团/北京	检测设备	男	58
341	—	4.4	施天佑	百宏集团/福建晋江	化纤制造	男	—
341	—	4.4	温开金	金骊实业/四川成都	房地产	男	—
341	—	4.4	周其林	新马建设/上海	建筑	男	43
346	294	4.3	陈年代	汇仁集团/江西南昌	制药、药品销售	男	42
346	246	4.3	陈榕生	厦门大洋集团/福建厦门	房地产、食品	男	46
346	—	4.3	胡素文	伟星集团/浙江临海	服装	女	56
346	304	4.3	邵钦祥	花园工贸集团/浙江金华	医药、化工、服装	男	50
346	323	4.3	叶洋友	腾达建设集团/浙江台州	建筑施工	男	61
346	91	4.3	张燕瑾家族	燕宇置业/天津	房地产	女	40
352	—	4.2	巴洪斌	万达集团/山东东营	电缆、精细化工	男	46
352	—	4.2	常　青	华保宏实业/广东深圳	投资	男	34
352	—	4.2	漏兴福	钱清热电集团/浙江绍兴	热电	男	—
352	249	4.2	邵关根	华达集团/浙江杭州	光缆、电缆	男	—
352	209	4.2	沈爱琴	万事利集团/浙江杭州	丝绸	女	59
352	209	4.2	苏增福	苏泊尔集团/浙江台州	炊具	男	64
352	258	4.2	魏　超	新长江集团/安徽合肥	交易市场出租	男	51
359	—	4.1	徐步升	群升集团/浙江永康	防盗门	男	—

名次	2003年名次	财富(亿元)	姓名	主要公司/公司总部	主要行业	性别	年龄
360	—	4.0	靳登永	兴永碳素/内蒙古兴和	矿物制品	男	—
360	266	4.0	康宝勋	强风集团/辽宁沈阳	建筑工程、医药	男	48
360	—	4.0	李广富	华农豆业集团/辽宁大连	大豆加工	男	—
360	—	4.0	谭海音	易趣网/上海	在线交易平台	女	32
360	—	4.0	唐　越	艺龙网/上海	旅游服务	男	33
360	—	4.0	王　滨	网兴科技/广东深圳	网络	男	—
360	311	4.0	王拴红	格林集团/河南郑州	期货经纪商	男	40
360	266	4.0	杨启昭家族	榕泰实业/广东揭阳	ML复合新材料	男	65
368	—	3.9	蒋自强	华盛企业集团/上海	消防器材、钢瓶	男	58
369	323	3.8	陈　丹	恒兴集团/广东湛江	饲料	男	38
369	—	3.8	陈建成家族	卧龙控股集团/浙江上虞	通用设备制造	男	45
369	179	3.8	高德康	波司登/江苏常熟	羽绒服	男	52
369	311	3.8	黄如论	世纪金源/福建福州	房地产、旅游	男	52
369	279	3.8	马兴田家族	康美药业/广东普宁	医药	男	34
369	356	3.8	尤小平	华峰集团/浙江温州	聚氨酯产品制造	男	46
369	304	3.8	邹国营	帅康集团/浙江余姚	家电、厨房设备	男	—
376	385	3.7	陈建龙	华伦集团/浙江富阳	通讯设备	男	—
376	—	3.7	丁劲松	金鼎集团/安徽芜湖	锅炉、房地产、环保设备	男	—
376	323	3.7	李安民	安泰集团/山西介休	焦炭、生铁、水泥	男	59
376	365	3.7	林万强	华翔微电/福建福清	印制线路板	男	49
376	323	3.7	孙宏文	宏文实业集团/河北唐山	水泥、环保设备	男	—
376	301	3.7	夏明宪	美心集团/重庆	防盗门	男	51
376	266	3.7	张　劲	君华投资/广东广州	房地产	男	—
376	304	3.7	郑元豹家族	人民电器集团/浙江温州	工业电器	男	47
384	345	3.6	柴宝成	宝成集团/天津	锅炉、压力容器	男	46
384	—	3.6	崔玉莲	工源水泥集团/辽宁本溪	水泥	女	53
384	—	3.6	何建国	耀华电器集团/浙江温州	工业电器	男	—
384	—	3.6	季宝红	望源房地产/上海	房地产	男	41
384	—	3.6	梁建章	携程网/上海	旅游服务	男	34
384	276	3.6	阮水龙家族	龙盛集团/浙江上虞	染料	男	69
384	—	3.6	沈柏祥	翔盛集团/浙江萧山	纺织	男	41
384	129	3.6	史连发	中东集团/吉林长春	房地产	男	48
384	294	3.6	王云友	东港工贸集团/浙江台州	染料、药品	男	46
384	—	3.6	吴雄飞	雄飞集团/四川自贡	房地产	男	43
384	311	3.6	许家印	恒大集团/广东广州	房地产	男	46
384	266	3.6	杨纪强家族	黄河企业集团/甘肃兰州	啤酒	男	58
384	—	3.6	张学阳	精伦电子/湖北武汉	电子产品	男	42
384	—	3.6	郑保忠	宝丰集团/河北河间	电缆	男	51
398	376	3.5	邝永华	科达商贸/湖北荆州	投资	男	—
398	—	3.5	廖荣纳	柳南汽车配件/广西柳州	农用车及配件	男	—
398	—	3.5	马化腾	腾讯公司/广东深圳	即时通讯服务	男	33
398	294	3.5	秦树明	新华线缆集团/河北河间	电缆	男	—
398	286	3.5	王林祥	鄂尔多斯集团/内蒙古东胜	羊绒制品	男	53
398	286	3.5	吴良好	金威集团/香港	纺织制衣	男	56
398	—	3.5	许小初	亚邦集团/江苏常州	化学制品	男	—

名次	2003年名次	财富（亿元）	姓名	主要公司/公司总部	主要行业	性别	年龄
405	286	3.4	安　英	东方集团/黑龙江哈尔滨	金融、港口、家居连锁	男	44
405	279	3.4	池清林	东方集团/黑龙江哈尔滨	金融、港口、家居连锁	男	56
405	286	3.4	关国亮	东方集团/黑龙江哈尔滨	金融、港口、家居连锁	男	45
405	369	3.4	李志富	富虹油品集团/辽宁辽阳	大豆生产、豆油	男	—
405	—	3.4	刘庆余	东方集团/黑龙江哈尔滨	金融、港口、家居连锁	男	—
405	—	3.4	潘挺宇	挺宇集团/浙江温州	阀门、防暴电器	男	50
405	—	3.4	潘政权	金昌房地产/浙江宁波	房地产	男	51
405	—	3.4	王　军	百商集团/新疆乌鲁木齐	电缆	男	—
405	—	3.4	杨桂生	杰事杰新材料/上海	工程塑料	男	40
414	311	3.3	陈亚平	鼎天集团/四川成都	系统软件、多媒体系统	男	48
414	258	3.3	丁立国	立国实业集团/河北唐山	钢铁	男	34
414	—	3.3	冯钦柱	大强实业集团/山东济南	煤炭销售、乳制品	男	58
414	279	3.3	韩召善	盼盼集团/辽宁营口	防盗门	男	53
414	—	3.3	卢　列	金盛卢氏集团/广东广州	造纸及纸制品业	男	43
414	311	3.3	吴　旭	协信控股集团/重庆	房地产	男	—
414	—	3.3	项兴良	开氏纺纤集团/浙江萧山	化纤制造	男	41
414	234	3.3	徐　明	实德集团/辽宁大连	化学建材	男	33
414	—	3.3	姚　辉	春天百货/辽宁沈阳	百货	男	—
424	—	3.2	白燕川 刘天艳 （夫妇）	天友发展/四川成都	丝绸	男 女	36 33
424	301	3.2	丁　亮	创智集团/湖南长沙	软件	男	42
424	323	3.2	胡振海	振海铝业集团/北京	铝合金门窗、幕墙	男	—
424	304	3.2	雷菊芳	奇正藏药集团/甘肃兰州	医药	女	52
424	294	3.2	刘益谦	新理益投资/上海	投资	男	41
424	—	3.2	南　民	中发电气集团/上海	电气机械	男	35
424	152	3.2	汪远思	思奇控股/北京	投资	男	53
424	—	3.2	郑福双	新奥特集团/北京	视频设备	男	38
424	—	3.2	周成建	美特斯邦威集团/浙江温州	服装	男	39
433	—	3.1	吴惠天	万利达集团/福建厦门	数字影音产品	男	—
433	376	3.1	杨言荣	春晖集团/浙江上虞	机械零件、控制系统	男	—
433	67	3.1	远勤山	通达集团/山西运城	摩托车销售、房地产	男	36
433	311	3.1	张良宾家族	立信投资/四川成都	投资	男	41
437	—	3.0	高正进	正进集团/山东青岛	水产品加工	男	—
437	376	3.0	韩子劲	白马户外媒体/广东广州	户外广告	男	48
437	—	3.0	黄　钢	光桥科技/美国	通信设备制造	男	48
437	—	3.0	蒋张水	天马实业/浙江绍兴	纺织	男	—
437	—	3.0	李国庆 俞　渝 （夫妇）	当当网/北京	网上零售	男 女	40 39
437	—	3.0	李文漫	环宇实业投资/河南新乡	二次电池	男	—
437	258	3.0	施　建 司晓东 （夫妇）	上海置业/香港	房地产	男 女	50 47
437	—	3.0	孙景春	飞博创/美国	通信设备制造	男	42
437	345	3.0	汪力成	华立集团/浙江杭州	电能表	男	44
437	218	3.0	王茂祥	中华茂祥集团/吉林通化	医药	男	45
437	—	3.0	王　敏	飞博创/美国	通信设备制造	男	44
437	182	3.0	夏　伟	德祥集团/天津	商贸、房地产、广告	男	37
437	—	3.0	许　健	光桥科技/美国	通信设备制造	男	48
437	345	3.0	张春来	曙光实业集团/河北唐山	水泥	男	—

名次	2003年名次	财富(亿元)	姓名	主要公司/公司总部	主要行业	性别	年龄
437	—	3.0	张胜飞	盛华电缆集团/上海	电缆	男	40
453	—	2.9	陈　华	华盛建设发展/上海	建筑	男	—
453	249	2.9	成　苏	华侨凤凰集团/四川成都	商业印刷	男	49
453	323	2.9	封亚军	湛大集团/广东湛江	饲料	男	46
453	—	2.9	刘　新家族	元征科技/广东深圳	汽车检测设备制造	男	35
453	191	2.9	阮希玮	德亚集团/上海	水产养殖、房地产	男	40
453	—	2.9	夏扣溯	恒柏集团/浙江绍兴	服装	男	—
459	—	2.8	郭世德	德仁集团/浙江临海	人造板、房地产	男	—
459	—	2.8	李以勤	华立集团/浙江杭州	电能表	男	—
459	—	2.8	陆汉振	金轮集团/浙江宁波	纺织	男	49
459	345	2.8	王鑫炎	爱迪尔包装/浙江杭州	印刷、包装	男	—
459	—	2.8	夏一忠	久隆集团/江苏徐州	房地产	男	—
459	—	2.8	谢秋旭	阳天印务/广东潮州	印刷、乳业	男	—
459	179	2.8	张近东	苏宁电器集团/江苏南京	家电连锁销售	男	41
459	—	2.8	赵吉康	欣达集团/浙江宁波	电梯配件	男	—
467	—	2.7	陈学坤	长富乳业集团/福建南平	乳业	男	—
467	—	2.7	冯海良	海亮集团/浙江诸暨	铜加工、教育	男	44
467	336	2.7	胡　钢	新大陆集团/福建福州	IT、医药、环保	男	45
467	369	2.7	黄乐夫	中富工业集团/广东珠海	食品包装	男	62
467	258	2.7	姜思鸿	同联集团/辽宁沈阳	医药	男	41
467	332	2.7	廖长光 何永智 (夫妇)	小天鹅饮食集团/重庆	餐饮	男 女	53 51
467	—	2.7	罗奇华	洛兹集团/浙江诸暨	服装	男	—
467	—	2.7	裘　冲家族	道远化纤/浙江萧山	化纤制造	男	—
467	311	2.7	文一波	桑德集团/北京	环保设备	男	39
467	356	2.7	叶美兰家族	惠尔康食品集团/福建厦门	食品、饮料	女	40
467	369	2.7	赵丕华	汇能投资/上海	投资	男	68
478	286	2.6	丁佐宏	月星家具集团/江苏常州	家具制造	男	42
478	—	2.6	高允连	凤阳水泥总厂/安徽凤阳	水泥	男	46
478	323	2.6	蒋梦兰	联丰集团/浙江绍兴	制冷空调、给排水设备	男	63
478	—	2.6	马有根	华龙泰集团/山西太原	房地产	男	—
478	—	2.6	潘路标	长信工业集团/山西长治	钢铁	男	34
478	345	2.6	孙天罡	捷美能源/香港	石油和天然气	男	51
478	—	2.6	王安康	南磷集团/云南昆明	磷化工	男	—
478	—	2.6	赵满堂	盛达集团/甘肃兰州	采矿业	男	—
486	—	2.5	柏玉堂	恒盛汽车销售/上海	汽车销售	男	—
486	246	2.5	车建兴	红星家具集团/江苏常州	家具连锁经营	男	40
486	388	2.5	刘小鹰	长远电信网络/香港	移动设备分销商	男	41
486	—	2.5	茅道临	新浪网/北京	互联网服务	男	41
486	—	2.5	彭　星	法派集团/浙江温州	纺织	男	34
486	301	2.5	宋社平	奎山水泥/河北隆尧	水泥	男	49
486	376	2.5	唐成河	豫北金铅/河南安阳	电解铅	男	41
486	—	2.5	温显来	博能实业集团/江西上饶	客车制造、漆包线生产等	男	42
486	182	2.5	熊建明	方大集团/广东深圳	新型建材、半导体	男	47
486	—	2.5	尹国新	晨风集团/江苏金坛	服装	男	—
496	388	2.4	傅光明	圣农实业/福建南平	食品、畜牧	男	50

名次	2003 年名次	财富（亿元）	姓名	主要公司 / 公司总部	主要行业	性别	年龄
496	—	2.4	傅宜东	联强冶金集团 / 江苏南京	不锈钢生产	男	43
496	—	2.4	胡万地	精益电器集团 / 浙江乐清	低压电器	男	48
496	—	2.4	王柏兴	中利光电集团 / 江苏常熟	电缆	男	—
496	—	2.4	杨续喜	全力集团 / 安徽潜山	日用化工、水电开发	男	57
496	376	2.4	曾雁鸣家族	迪康产业控股 / 四川成都	医药、零售	男	40

（信息来源：《新财富》杂志）

备注：此榜于 2004 年 4 月 27 日由新财富杂志社与英国劳斯莱斯汽车公司联合发布，同时发布的还有“2004 华商 100 富人榜”。

此次排名是为通过富人榜排名过程的研究，分析中国经济高速发展引擎中的一些结构性变化，理清其中的枝干脉络，以及可能的趋势前瞻；展示成功私人企业的现状，分析某些行业留给私人资本的成长空间，以此给读者带来某种示范作用。

解读：1.榜单特点：浙江、广东、北京、上海的富人最多；房地产、制造和综合类仍是财富最集中的领域，而服务、矿业金属和木材、零售成为 2004 年新增富人最多的三个行业。

2.与 2003 年相比，富人榜的变化表现在：

	2004 年	2003 年
上榜人数：	500	400
财富总额：	5000 亿元	3000 亿元
人均财富：	10 亿元	7.6 亿元

3.富人榜变化的主要原因：海外资本对中国企业的青睐，推动了海外新上市及已上市公司的股价暴涨；“私产入宪”等环境的改善，让更多富人愿将之前隐藏的财富披露出来；富人新创造的财富中，房地产、钢铁、化工、网络游戏等 2003 年快速增长的行业贡献最大。

◎榜十一、2004《南方周末》内地人物创富榜◎

排序	姓名	企业名称	企业总部	个人财富		社会责任			企业文明		公众形象	总得分
				个人资本（亿元）	个人资本得分	社会捐赠得分	纳税得分	员工人数得分	诚信守法得分	保护员工合法权益	公众支持度	
1	李金元	天狮集团	天津	67.7	79.46	100	6.369	2.675	85	80	100	65.514
2	郭广昌	复星高科技集团	上海	33	38.732	33.633	100	100	85	80	21.162	60.945
3	荣智健	中信泰富	香港	85.2	100	0	12.524	11.63	80	80	49.777	54.118
4	楼忠福	广厦集团	浙江杭州	18.4	21.596	48.193	14.331	74.294	85	85	16.499	43.397
5	刘永好	新希望集团	四川成都	37	43.427	1.506	2.137	22.288	85	80	80.267	40.941
6	丁　磊	网易	北京	51.1	59.977	0	1.529	0.984	80	80	62.198	40.539
7	明金星	大众食品控股	山东临沂	28.6	33.568	49.096	3.123	37.147	90	75	5.086	39.188
8	吴　鹰	UT 斯达康	北京	7.7	9.038	22.59	88.854	2.77	85	80	26.037	36.889
9	刘永行	东方希望集团	上海	37	43.427	0.244	0.872	14.859	90	80	41.083	36.216
10	张思民	海王集团	广东深圳	33.8	39.671	29.378	5.188	11.92	85	84	8.249	35.963
11	许荣茂	世贸集团	上海	48.5	56.925	15.06	3.185	2.972	60	80	19.17	35.903
12	王传福	比亚迪公司	广东深圳	32.7	38.38	0.301	15.701	56.464	80	54	14.46	35.784

排序	姓名	企业名称	企业总部	个人财富		社会责任			企业文明		公众形象	总得分
				个人资本（亿元）	个人资本得分	社会捐赠得分	纳税得分	员工人数得分	诚信守法得分	保护员工合法权益	公众支持度	
13	孙荫环	亿达集团	辽宁大连	14.6	17.136	76.657	8.599	3.091	90	80	7.031	35.095
14	叶立培	仲盛集团	上海	46.8	54.93	0	7.962	0.446	85	80	7.663	34.838
15	陈天桥	盛大网络	上海	30	35.211	15.06	6.08	1.168	85	75	49.051	34.519
16	宗庆后	娃哈哈集团	浙江杭州	20.2	23.709	33.283	18.153	2.972	85	80	34.357	34.454
17	施文博	恒安国际集团	福建泉州	30	35.211	17.771	7.229	16.345	85	80	7.64	33.38
18	徐 明	实德集团	辽宁大连	28	32.864	5.006	9.554	8.886	85	75	42.512	33.208
19	刘 汉	汉龙集团	四川成都	39.5	46.362	7.53	6.465	17.831	70	68	8.226	32.744
20	黄光裕	鹏润集团	北京	28	32.864	4.819	3.185	20.208	85	80	22.662	32.341
21	严介和	太平洋建设集团	江苏南京	4.9	5.751	7.53	21.338	74.294	85	80	5.367	32.248
22	黄宏生	创维数码	广东深圳	21	24.648	31.024	3.544	19.316	85	65	20.084	31.718
23	魏建军	长城汽车集团	河北保定	33.5	39.319	4.518	9.108	8.321	85	75	7.171	31.411
24	朱孟依	合生创展	广东广州	30	35.211	15.06	8.507	8.47	80	68	15.163	31.195
25	王玉锁	新奥集团	河北	19.9	23.357	32.53	1.022	12.076	85	85	6.046	30.869
26	张朝阳	搜狐	北京	24	28.169	3.012	1.718	1.783	80	80	52.449	30.572
27	陈伟东	万基集团	广东深圳	20.4	23.944	43.675	6.369	1.07	80	75	6.632	30.428
28	张 力	富力地产集团	广东广州	18.5	21.714	27.108	9.045	14.859	85	68	5.671	29.284
29	徐永安	横店集团	浙江横店	5.2	6.103	3.057	8.057	74.294	80	75	6.82	29.147
30	叶祥尧	长城电器集团	浙江温州	13.3	15.61	30.12	0.414	11.887	90	66	29.201	29.019
31	胡成中	德力西集团	浙江温州	16.3	19.131	30.12	1.283	25.26	85	60	10.03	28.91
32	张近东	苏宁电器集团	江苏南京	2.8	3.286	15.964	13.153	33.073	85	80	28.498	28.58
33	沈文荣	沙钢集团	江苏张家港	14.6	17.136	0	31.455	14.116	85	80	7.124	28.278
34	南存辉	正泰集团	温州	4.8	5.634	30.422	2.767	19.316	85	80	29.248	28.245
35	韩文臣	宝业集团	河北唐山	13.4	15.728	25.602	3.503	16.642	85	80	5.015	27.923
36	张 涌	林风集团	北京	22.8	26.761	9.036	4.14	7.667	85	80	5.835	27.912
37	刘志强 翟美卿	香江集团	广东广州	7.7	9.038	27.108	6.369	29.718	85	68	8.999	27.398
38	沈 雯	紫江集团	上海	11.5	13.498	3.614	25.478	17.831	85	80	6.398	27.325
39	张宏伟	东方集团	黑龙江哈尔滨	11.2	13.146	18.072	13.376	26.508	85	55	16.077	27.266
40	叶韦辰	联合食品控股	山东临沂	13.2	15.493	0	1.592	44.577	85	75	5.25	27.175
41	左宗申	宗申集团	重庆	9.5	11.15	11.363	3.822	26.746	85	60	36.091	27.019
42	杨国强	碧桂园集团	广东佛山	11.8	13.85	4.97	5.732	44.577	90	60	4.875	26.878
43	张 跃	远大集团	北京、湖南长沙	14.3	16.784	12.048	5.096	2.504	90	80	16.241	26.334
44	朱新礼	汇源集团	北京	14.5	17.019	1.47	3.038	13.321	85	85	15.327	25.971
45	朱保国	健康元集团	广东深圳	15.6	18.31	10.429	8.376	5.646	90	54	20.319	25.208
46	陈卓贤	雅居乐集团	广东中山	20.2	23.709	3.012	0.536	2.972	90	74	5.015	24.892

排序	姓名	企业名称	企业总部	个人财富		社会责任			企业文明		公众形象	总得分
				个人资本（亿元）	个人资本得分	社会捐赠得分	纳税得分	员工人数得分	诚信守法得分	保护员工合法权益	公众支持度	
47	高元坤	力诺集团	山东济南	16.5	19.366	6.054	3.185	19.316	90	55	4.57	24.54
48	卢志强	泛海集团	北京	18.8	22.066	1.807	2.739	1.426	85	80	5.953	24.509
49	任运良	华丰集团	辽宁大连	19.2	22.535	0.602	0.401	1.783	85	75	6.96	23.825
50	郭　浩	超大农业控股	福建福州	19	22.3	0.753	0.096	8.915	85	65	7.617	23.729
51	张　雷	当代集团	北京	17.1	20.07	0.904	2.134	0.471	85	80	7.124	23.699
52	黄少良	旭飞集团	广东深圳	19.7	23.122	0.452	0.637	0.346	85	74	5.086	23.536
53	尹明善	力帆集团	重庆	5.5	6.455	3.991	4.777	7.429	85	60	45.77	23.159
54	李兴浩	志高空调	广东佛山	9	10.563	11.747	3.185	19.316	90	54	8.906	23.029
55	冯永明	光明集团	黑龙江伊春	12.3	14.437	0.452	1.268	8.856	80	80	8.32	22.542
56	梁稳根	三一重工	湖南长沙	6.2	7.277	1.205	6.369	5.435	90	80	16.475	22.534
57	段永平	步步高电子	广东东莞	10	11.737	1.807	1.854	4.458	85	70	24.209	22.516
58	刘绍喜	宜华集团	广东澄海	12.7	14.906	2.279	2.58	2.229	90	74	5.414	22.357
59	钭正刚	杭州锦江集团	浙江杭州	13.4	15.728	1.28	2.255	7.429	85	70	6.14	22.27
60	夏朝嘉	禾嘉集团	四川成都	9.3	10.915	0.053	1.465	10.464	85	80	9.351	22.268
61	陈金飞	通产投资集团	北京	12	14.085	1.807	3.822	1.557	85	80	5.343	22.212
62	石山麟	昌宁集团	北京	12.1	14.202	0.904	1.172	5.379	85	80	4.078	22.146
63	陈　健	聚友集团	广东深圳	14.6	17.136	0	0.541	0.857	85	74	9.234	22.146
64	李永军	喜之郎集团	广东深圳	15	17.606	3.765	6.369	8.915	85	52	6.07	22.103
65	张志祥	建龙集团	河北唐山	8.4	9.859	5.422	5.096	18.841	85	60	6.749	22.003
66	许家印	恒大集团	广东广州	3.6	4.225	2.41	14.554	14.859	90	68	6.375	21.866
67	孙才科	新型集团	辽宁大连	9.5	11.15	4.066	5.414	2.259	85	75	7.593	21.671
68	冯光成	光宇集团	浙江杭州	11.2	13.146	0	4.866	1.634	85	75	5.695	21.358
69	霍炽昌	新中源集团	广东佛山	11.4	13.38	0	5.414	14.859	90	52	4.593	21.309
70	徐茂根	远东化纤	浙江绍兴	11.4	13.38	0	2.369	1.783	85	75	6.843	21.238
71	苏志刚	长隆集团	广东广州	12	14.085	0.151	0.446	2.972	85	68	6.093	20.6
72	林伟雄	伟雄集团	广东佛山	5.5	6.455	0	3.822	8.915	90	74	5.882	20.581
73	刘　虹	成功控股集团	湖南长沙	9.1	10.681	2.41	1.634	4.012	80	75	4.851	20.261
74	严建军	致达集团	上海	6.8	7.981	1.054	0.709	1.486	80	80	10.499	19.877
75	周庆治	南都集团	浙江杭州	6.5	7.629	1.506	3.822	1.486	80	80	6.14	19.804
76	戴志康	证大集团	上海	5.3	6.221	0.075	2.389	0.743	85	80	9.351	19.719
77	汪　洋	新裕集团	广东广州	9.5	11.15	0	1.115	0.297	85	68	7.476	19.576
78	马化腾	腾讯集团	广东深圳	3.5	4.108	0	1.531	0.743	80	62	25.592	18.287
79	张玉其	振兴纸品	广东东莞	10.6	12.441	0	1.21	1.04	80	55	4.523	17.977
80	张楷雍	中科智集团	广东深圳	8.7	10.211	0	0.43	0.238	85	54	4.828	17.533

（信息来源：新浪财经 2004 年 10 月 20 日）

备注：该“创富榜”不单凭财富多寡论英雄，而是提出了一个为推动中国民营企业家向“既富且仁”发展的价值尺度，评选体系包括“个人财富”、“社会责任”、“企业文明”、“公众形象”等 4 个大项，按不同比例算出总得分。其中“个人财富”的分值权重仅为 30%；而涵盖“纳税”、“捐赠”、“提供就业人数”等方面的“社会责任”的分值权重则是 40%，其中李金元的社会捐赠得分高达 100，也因此总分居首。

◎榜十二、2004 港澳台百富榜◎

排名	姓名	财富额（亿美元）	性别	年龄	籍贯	集团名称	集团总部	行业
1	李嘉诚	119	男	76	广东潮州	长实集团	香港	房地产、港口、能源、酒店、基建、电讯、零售
2	郭炳湘兄弟	98	男	52	广东中山	新鸿基集团	香港	房地产、交通、电讯
3	王永庆	62	男	88	福建安溪	台塑集团	台湾	石化、塑胶、半导体
4	李兆基	59	男	76	广东顺德	恒基兆业地产集团	香港	地产、能源
5	龚如心	42	女	67	上海	华懋集团	香港	房地产、酒店、航运、生物医药、娱乐
6	蔡万霖	40	男	80	台湾	霖园集团	台湾	金融、房地产、医院
7	汪穗中	30	男	52	上海	德昌电机	香港	微型马达制造
8	徐旭东	28	男	70	江苏海门	远东集团	台湾	纺织、化工、零售、建材、电讯、金融、航运、酒店
9	蔡其瑞	27	男	53	台湾	宝成集团	台湾	制鞋、电子信息
10	郭台铭	25	男	54	台湾	鸿海集团	台湾	IT 制造
11	蔡万才	22	男	74	台湾	富邦集团	台湾	金融
12	郑裕彤	20.5	男	78	广东顺德	新世界发展	香港	房地产、珠宝、交通、能源、物流、电讯
13	何鸿燊	20	男	83	广东宝安	澳门旅游娱乐有限公司	澳门	博彩、房地产、酒店
14	陈廷骅	18	男	80	浙江宁波	南丰集团	香港	房地产
14	许文龙	18	男	76	台湾	奇美集团	台湾	化工、IT 制造
16	吴光正	16	男	57	上海	德丰集团	香港	房地产、港口、电讯、零售、贸易、有线电视
17	邢李火原	15.5	男	54	海南	思捷环球	香港	服装、零售
18	霍英东	15	男	81	广东番禺	英东集团	香港	地产、建筑、航运、酒店、零售、石油
18	吴舜文	15	男	91	江苏武进	裕隆集团	台湾	汽车、纺织
20	林百里	14.5	男	55	上海	广达电脑	台湾	IT 制造
21	张荣发	14	男	77	福建澎湖	长荣集团	台湾	航运、航空、旅馆、房地产、钢铁
22	邵逸夫	12	男	97	浙江宁波	邵氏控股	香港	传媒
23	李泽楷	12	男	38	广东潮州	盈科拓展集团	香港	电讯、保险、房地产
24	罗康瑞	11	男	55	广东潮州	瑞安集团	香港	房地产、建材、酒店
25	吕志和	10	男	73	广东新会	嘉华集团	香港	石矿、建材、酒店、房地产
25	冯国经	10	男	58	广东鹤山	利丰集团	香港	贸易
27	辜振甫	9.5	男	87	台湾	和信集团	台湾	金融、建材、橡胶、化工
28	叶国一	9	男	65	台湾	英业达集团	台湾	IT 制造
29	曹光彪	8.5	男	83	浙江宁波	永新集团	香港	毛纺、航空、房地产
30	张虔生	7.5	男	59	浙江温州	日月光集团	台湾	集成电路封装测试
31	蔡明介	7	男	50	台湾	联发科技	台湾	集成电路设计
31	陈启宗	7	男	53	广东台山	恒隆集团	香港	房地产
31	伍步高	7	男	63	广东顺德	永隆集团	香港	金融、保险
31	罗旭瑞	7	男	58	广东潮州	世纪城市国际	香港	酒店
35	刘銮雄	6.5	男	53	广东潮州	华人置业集团	香港	房地产
35	陈廷骅	6.5	男	—	浙江宁波	南丰发展	香港	纺织业、房地产
35	查济民	6.5	男	—	浙江海宁	染厂集团	香港	纺织印染、综合
38	吴东进	6	男	59	台湾	新光集团	台湾	金融、纺织、零售
38	利定昌	6	男	50	—	希慎兴业	香港	房地产

排名	姓名	财富额（亿美元）	性别	年龄	籍贯	集团名称	集团总部	行业
38	曹兴诚	6	男	54	台湾	联华电子	台湾	集成电路代工
41	罗鹰石	5.5	男	91	广东普宁	鹰君集团	香港	房地产、酒店
41	王又曾	5.5	男	77	湖南长沙	力霸集团	台湾	建材、纺织、食品、酒店、房地产、金融、传媒、通讯
41	陈永棋	5.5	男	—	—	长江制衣	香港	纺织、贸易、铝业、媒体
44	蔡冠深	5	男	44	广东中山	新华集团	香港	海产、金融、教育
44	何柱国	5	男	—	—	泛华集团	香港	烟草房地产、资讯科技、互联网业务
46	苗丰强	4.5	男	58	台湾	联华神通	台湾	计算机
46	吴修齐	4.5	男	76	台湾	统一集团	台湾	食品、饮料
46	蒋　震	4.5	男	—	山东	震雄集团	香港	注塑机
49	尹衍梁	4	男	60	上海	润泰集团	台湾	纺织、百货、房地产
49	简明仁	4	男	67	台湾	大众电脑	台湾	计算机
49	蔡衍明	4	男	51	台湾	旺旺集团	台湾	食品
49	胡应湘	4	男	66	—	合和实业	香港	基建、房地产、酒店、电力
53	王雪红	3.5	女	45	福建安溪	威盛集团	台湾	集成电路设计、PDA 代工
53	柯为湘	3.5	男	53	广东潮安	保力达集团	香港、澳门	房地产、服装、金融、进出口
55	卓志哲	3	男	—	—	联发科技	台湾	集成电路设计
55	吴光正	3	男	57	—	会德丰主席	香港	造船、贸易
55	曾宪梓	3	男	—	广东梅县	金利来集团	香港	服装
55	黄洲杰	3	男	—	台湾	凌阳科技	台湾	集成电路设计
55	施崇棠	3	男	52	台湾	华硕	台湾	电脑及相关产品
60	辜濂淞	2.5	男	87	台湾	中信集团	台湾	金融
60	谢伟琦	2.5	男	—	台湾	华硕	台湾	电脑及相关产品
60	徐世昌	2.5	男	43	台湾	华硕	台湾	电脑及相关产品
60	陈启宗	2.5	男	—	广东台山	恒隆集团	香港	金融、地产、物业
60	童子贤	2.5	男	43	台湾	华硕	台湾	电脑及相关产品
60	朱炳昱	2.5	男	—	台湾	龙邦开发	台湾	金融、建筑
60	唐翔千	2.5	男	—	江苏无锡	半岛针织	香港	纺织
60	施振荣	2.5	男	60	—	泛宏基集团	台湾	电脑及相关产品
60	郑崇华	2.5	男	67	福建	台达电子	台湾	商用电源制造
69	余国春	2	男	—	广东梅县	裕华国货	香港	百货
69	黄光汉	2	男	—	福建惠安	泉昌发展	香港	药材
69	黄志祥	2	男	—	—	信和置业	香港	房地产、物业
69	蔡冠深	2	男	44	广东中山	新华集团	香港	海产、金融、教育
69	古胜祥	2	男	82	广东梅县	瑞兴集团	香港	零售、贸易
69	林挺生	2	男	—	台湾	大同集团	台湾	钢铁、机器、通讯器材、金属加工、化学工业类、家具
69	谢罕见	2	女	91	台湾	宏国集团	台湾	建筑、房地产、金融
69	杨孙西	2	男	67	福建石狮	香江国际	香港	纺织、房地产
69	李　耀	2	男	—	—	明基电通	台湾	IT 制造
69	张忠谋	2	男	73	浙江宁波	台积电	台湾	IT 制造
79	黄茂雄	1.5	男	65	—	东元集团	台湾	电器、电机
79	杨文龙	1.5	男	57	台湾	青山集团	台湾	金融、农药、皮革塑胶、水泥、资讯电子、建筑

排名	姓名	财富额（亿美元）	性别	年龄	籍贯	集团名称	集团总部	行业
79	何寿川	1.5	男	—	台湾	永丰余	台湾	食品、贸易、综合
79	骆锦明	1.5	男	—	台湾	台湾工银	台湾	金融
83	李达三	1	男	—	浙江宁波	乐声电器	香港	电器零售
83	苏燕辉	1	男	—	台湾	和泰集团	台湾	汽车
83	孙道存	1	男	—	台湾	太平洋电线电缆	台湾	电线电缆、运输、金融、房地产、电信
83	焦延标	1	男	—	台湾	华新丽华	台湾	电力电缆、钢铁
83	朱炳昱	1	男	—	台湾	龙邦集团	台湾	金融、建筑
83	严凯泰	1	男	—	台湾	裕隆集团	台湾	汽车
83	陈河东	1	男	—	台湾	三商企业	台湾	计算机、综合服务
83	陈盛沺	1	男	—	台湾	新宝	台湾	家电产品
83	李同乐	1	男	—	香港	品质国际主席	香港	电子组件
83	宋恭源	1	男	—	台湾	光宝集团	台湾	彩色监视器、光驱
93	陈荣秋	0.8	男	—	台湾	年兴纺织	台湾	纺织
93	郑水竹	0.8	男	—	台湾	飞瑞电机	台湾	电机
93	吴亦圭	0.8	男	—	台湾	台聚集团	台湾	化学、化工、电子
93	林书鸿	0.8	男	—	台湾	长春集团	台湾	石油化工、交通运输
93	林宪铭	0.8	男	—	台湾	纬创资通	台湾	通讯产品设计代工
98	林锡瑞	0.7	男	—	台湾	汇丰汽车	台湾	汽车
98	黄世惠	0.7	男	—	台湾	庆丰集团	台湾	机械、电力
100	邱德根	0.6	男	80	上海	香港远东集团	香港	娱乐、酒店

（信息来源：《上海侨报》2004年6月24日）

备注：排序说明

1.本榜富豪排名范围仅限于港澳台地区；

2.若无特别说明，排名富豪的财富以家族为单位；

3.对部分富豪公开的名下资产，如豪宅等，在排名时也以市价进行了简单折算；

4.部分富豪的资产排名得到了富豪本人或富豪所在企业集团公关部门的认可；

5.排名数据来自上市公司、媒体及相关公开的资料；

6.本榜集中于华人富豪的排名，对在港非华人富豪如米高嘉道理等未列入排名。另外，对有争议、正在经历股权或财产纠纷的部分富豪，未纳入排名。

排名方法

1.以地区分类对港澳台地区富豪财富进行了简单估算，确定出150个左右的富豪入围名单；

2.根据富豪的企业持股、个人资产算出富豪财富；

3.算出富豪财富后，向部分排名所在企业发出传真、电子邮件予以确认；

4.根据反馈情况修正所得数据，确定最终排名；

5.为了避免因单日股价大幅波动带来的财富不稳定问题，排名时以2004年1–3月的平均股价进行折算。

解读：港澳台百富榜三大造富行业

排名	行业	造富人次
1	房地产	36
2	IT制造	28
3	纺织	12

在该榜中，房地产、IT制造、纺织是三大造富行业，其中尤以房地产为甚。有相当数量的富豪是从房地产起家，而有些在传统企业做大做强之后，也开始涉足房地产；第二大造富行业是IT制造，IT制造业的发迹集中在20世纪80年代以后，而财富地主要集中于台湾；第三大造富行业是纺织业，相当多的香港富豪靠的是纺织业起家。

港澳台富豪创富模式大不同

1.香港：地产家乐园

96%的香港富豪与地产业相关，排名前几名者，更是在地产业赚得衣钵满归。

除了李嘉诚外，新鸿基集团的郭炳湘、郭炳江、郭炳联三兄弟富甲天下，靠的就是地产业；曾经成为华人首富的李兆基靠的也是地产业。在香港地产业，我们很容易列出一连串赫赫有名的富豪：郑裕彤、霍英东、罗康瑞、陈廷骅……

而即便是一些半路杀入地产业的富豪也赚得财源滚滚。

事实也是如此，每一次低迷的世道都为地产富豪带来财富。每逢市场大跌时，地产商们逐步买入地皮，待市道上升之后，所购入土地已建成楼宇，即可出售获利。

2.台湾：制造业天堂

除了金融巨头们在非常年代靠冒险聚敛大量的财富外，台湾富豪更多地集中于制造业。

尤其在IT行业，从插头、晶圆、液晶面板、低阶产品等到高科技产品，台湾制造应有尽有，也更是IT制造成全了台湾相当数量的富豪。鸿海的郭台铭、广达的林百里，他们在全球IT战场中勇猛拼杀，方才累积起可观的财富。

与香港富豪的冒险主义不同，台湾富豪大多是善于经营的实业家。他们大多草根身世，能吃苦耐劳，精于算计，当然也很“抠门”，不过，正是在精打细算中，财富得以成就。

3.澳门：博彩业一股独大

由于特殊的历史地理原因，澳门财富的诞生只与博彩业有关。

澳门经济是一种超微型的自由港经济。旅游博彩业在澳门经济构成中有着独特的地位。如今的澳门已经形成一个以港澳华人资本为主，葡、中、美、日等并存的多元化资本结构，以旅游博彩业、出口加工业、房地产建筑业、银行金融业为支柱的产业结构。澳门本地生产总值已经达到了发达国家的水平。这其中作为支柱产业之一的旅游博彩业功不可没。当然这也就造就了博彩业富豪，最为典型的是何鸿燊、霍英东等人。

此外，在本次排名过程中，8成以上的富豪在70岁以上（不含不确定年龄的富豪），这意味着财富的继承已经是个问题；75%左右的富豪是草根身世，也即白手起家的富豪占了相当数量。

◎榜十三、2004中国亿万女富豪榜◎

她们，或是个人创业，或是依托家族，但都身家过亿，在股市的潮起潮落中浮现出丽影。

1.陈凤英：成功男人背后的女人

尽管陈凤英坐拥近12亿元的财富，但在公开资料中能看到的她却只是一个符号：鼎鼎大名的汽车玻璃大王——曹德旺的结发妻子。“人很好、很淳朴”是曹德旺对她的评价。1969年曹德旺和陈凤英结婚，家里一穷二白，曹德旺卖掉妻子的嫁妆去做生意，陈凤英独自在家照看曹生病的母亲。经历了风雨沧桑的35年后，陈凤英的这种角色定位一直延续至今，只是两人的境况已是今非昔比。

目前，陈凤英持有福建省耀华工业村开发有限公司99.9%的股权，进而拥有福耀玻璃19.44%的股份。福耀玻璃是世界前十大汽车玻璃制造商之一，是中国最大的汽车玻璃专业供应商，福耀玻璃占据了国内高档轿车55%以上的市场份额，在汽车玻璃市场的占有率达70%以上，出口市场主要分布在北美、亚太等地区。

2.窦启玲：营销带来核心竞争力

窦启玲，1960年出生，1978-1988年，先后在成都航天工业部十一研究所、贵阳市商业银行工作，1995年与丈夫叶湘武等人共同创立益佰制药的前身——贵州妙灵制药有限责任公司。其中，窦启玲投入35.28万元，占公司63%的股份，并担任公司董事长及法人代表。2004年3月，益佰制药在上交所挂牌上市，窦启玲持有6700万股中26.66%的股份。公司股本规模不大，但窦启玲却因公司股票的高价格而成为位居前列的女富豪。

窦启玲有近15年的贸易业务及药品经销经验，而营销能力正是益佰制药的核心竞争力所在。公司旗下的止咳类、心脑血管类、抗肿瘤类等药品在各细分市场的占有率均名列前茅。

3.刘　畅：家族企业第二代

刘畅，希望集团董事长刘永好之女。1996年，16岁的刘畅远赴美国求学；2002年，获得MBA学位后归国，在北京广泛接触企业界名流，拜师学艺。刘永好几年前就表示，10年内不会让下一代和媒体接触，刘畅目前还只是起着一个“符号”的作用。但是，刘畅持有希望集团36.93%的股份，进而间接持股新希望和民生银行两家上市公司，还担任着新希望集团旗下非上市公司四川南方希望的董事长。作为想做百年老店的家族企业第二代，刘畅将来的压力不小。希望集团是国内最大的饲料生产商，并拥有自己的奶源基地和乳品加工厂，且涉足金融业，如何做到基业常青是刘氏家长对刘畅的希望。

4.陈金凤、赵　蓓：新一代打工皇后

陈金凤，1963年出生，现任苏宁电器连锁店管理中心总监。陈金凤曾经是南京空调销售领域的女强人，拥有广泛的市场网络资源；加盟苏宁电器集团后，她因提出连锁经营等诸多建议而颇得张近东赏识。2001年和2002年张近东分别将苏宁电器和江苏苏宁电器（苏宁电器第二大股东）部分股权转让给陈金凤，陈金凤直接和间接持有苏宁电器10.97%的股份。随着苏宁电器在股市上的价格飙升，陈金凤的纸面财富已逾3亿元。新一代的打工皇后由此诞生。

赵蓓，1958年出生，现任苏宁电器售后服务管理中心总监。赵蓓的财富之路同陈金凤如出一辙：2001年受让张近东的部分苏宁电器股权。目前她拥有苏宁电器5.91%的股份。

5.刘广霞、刘　苗：显赫的医药家族

刘广霞，1970年出生，曾任中央电视台深圳中视国际电视公司广告部经理、深圳太太药业有限公司董事及副总经理，现任香港鸿信行有限公司董事长。

刘广霞和朱保国无疑是医药上市公司中最为著名的夫妻。用朱保国的话讲，在太太药业的发展过程中，对他帮助最大的就是他的太太刘广霞。夫妻二人全权控制的深圳市百业源投资有限公司持有健康元55.63%的股份，而朱保国的母亲刘苗则通过香港鸿信行有限公司持有健康元18.54%的股份。由此，刘广霞和朱保国直接和间接控制了健康元74%以上的股权。

2002年，太太药业收购丽珠集团，2003年太太药业更名为健康元。显然，刘广霞和朱保国有意立足保健品将业务重心转向其他医药产品。

6.熊海涛：夫唱妇随

熊海涛，1964年出生，1984年7月毕业于成都无线电高等机械专科学校，曾任四川长虹公司质量管理员、深圳康佳公司工艺质量主管，1997年进入袁志敏（后成为熊海涛的丈夫）创立的金发科技，现为该公司董事、副总经理。2004年，由25名自然人持股的金发科技整体上市。熊海涛和袁志敏夫妇共同控制了金发科技32.43%股份。

金发科技是目前国内最大的改性塑料龙头企业，公司自产自销的主导产品阻燃高抗冲聚苯乙烯树脂等的销售量连续几年居全国同行业第一位。

7.李　霞：孜孜不倦的"发电者"

李霞，1966年出生，目前在上海交通大学攻读工商管理硕士学位，曾任上海思源电气有限公司董事长，现任公司董事、财务总监。

1993年12月，董增平、陈邦栋和李霞三位自然人分别以现金出资，投资设立上海思源电气有限公司，李霞持股比例为30%。经过多次增资扩股及吸纳新股东，上市后李霞持有思源电气16.34%的股份。思源电气从事电力电子综合设备的制造，主要产品包括消弧线圈装置和变频高压试验电源，整体毛利率水平为59.6%，远较其他电力电子产品高。

8.刘燕京：技术过硬的创始人

刘燕京，1962年出生，获北京工业大学应用数据系计算数学专业学士学位。刘曾担任联想集团开发部软件工程师，工作站事业部销售经理、部门经理，电子部第六研究所工作站销售经理；华计公司工作站网络事业部销售经理，上海办事处主任、事业部副经理；现任华胜天成董事兼常务副总经理。

1998年刘燕京、苏纲、王维航、谢路、刘建柱和华计公司共同出资设立华胜天成有限公司，刘燕京出资380万元，占注册资本的19%。华胜天成是信息技术应用于服务行业的提供商，主要为电信、金融等行业提供系统集成及专业服务。

9.林素娟：站在前台的"透明人"

林素娟是广东榕泰第一大股东，然而广东榕泰的实际控制人是站在她身前的丈夫杨启昭。杨启昭是ML复合新材料配方的主要发明人之一，在广东省工商政界一直以来颇为活跃，但杨、林二人间接控制广东榕泰28.13%的股份全部记在少有露面的林素娟名下。这样的夫妻在沪深两市绝无仅有。

10.李桂真：家族的终极控制

李桂真，1959年出生，现任香港振兴实业公司董事长、振兴实业（香港）有限公司董事长、晋江振兴鞋塑有限公司董事长。李桂真通过其全资公司香港振兴实业公司持有凤竹纺织29.17%的股份，比凤竹纺织实际控制人陈澄清间接持有的股份还多。但李桂真的另一身份则是陈澄清的妻妹，对李桂真的股权安排只是陈澄清全盘部署的一步而已。

（信息来源：搜狐女人2004年10月14日）

◎榜十四、2004中国大陆慈善家榜◎

排序	姓名	公司	2003年捐献额（元）
1	黄如论	金源房地产	211200000
2	张芝庭	神奇集团	128000000
3	李金元	天狮集团	66400000
4	余彭年	彭年事业	61800000
5	陈一丁	天网软件	44500000
6	杨　澜	阳光文化网络电视	38300000
7	陈伟峰	瀛通集团	34500000
8	朱孟依	合生创展	30000000
9	陈伟东	万基药业	25000000
10	宗庆后	娃哈哈集团	22100000
11	南存辉	正泰集团	20800000
12	张思民	海王集团	20000000
12	吴一坚	金花集团	20000000
14	刘志强　翟美卿夫妇	香江集团	19000000
15	许荣茂	世茂集团	15600000
16	楼忠福	广厦集团	15000000
17	李春元及其家族	海鑫钢铁	14000000
17	林圣雄	浙江圣雄集团	14000000
17	郭广昌　梁信军	复星集团	14000000
20	尹明善	力帆集团	11800000

排序	姓名	公司	2003年捐献额(元)
21	李兴浩	志高空调	11300000
22	王均瑶	均瑶集团	11200000
22	王永辉	广州香雪制药	11200000
24	杨卓舒	卓达集团	11100000
25	张　跃	远大空调集团	10900000
26	钱金波	红蜻蜓集团	10100000
27	蒋敏德	杭州未来食品	10000000
27	陈天桥	盛大网络	10000000
27	薛永新	恩威集团	10000000
30	吴良定	中宝集团	9300000
31	修涞贵	吉林修正药业集团	9200000
32	张荣坤	福禧投资控股	9000000
33	朱张金	浙江卡森实业	6200000
34	钟睒睒	海南养生堂	6000000
35	曹德旺	福耀集团	5400000
35	花　欣	迈普产业集团	5400000
37	李勤夫	茉织华集团	5100000
38	杨文瑛	上海晨兴电子科技	5000000
38	鲁冠球及其家族	万向集团	5000000
38	翟韶均	江苏力联集团	5000000
38	周小弟	周氏集团	5000000
42	陈立群	百万庄园	4200000
43	张春来	唐山曙光集团	4100000
44	梁庆德	格兰仕集团	4000000
45	齐　清	柯瑞生物工程	3600000
46	赵建国	北京集美家具城	3500000
47	祝义才	雨润集团	3300000
48	徐　明	实德集团	3200000
49	朱保国	深圳太太药业	3000000
49	严晓群	斯威特集团	3000000

(信息来源:新浪财经 2004年5月10日)

备注:此榜由欧洲货币(中国)杂志社与中国社会工作协会企业公民工作委员会共同发布,这是内地首个此类榜单。

解读:捐助与财富有落差

相比富豪的个人财产来说,他们对慈善事业的投入只能说刚刚起步。根据美国《商业周刊》所做的统计,美国排名第一的慈善家比尔·盖茨在过去5年内捐款220亿美元,平均每年44亿美元。折算成人民币,美国头号慈善家的捐款额是中国内地慈善家的176倍。若比较中国内地与美国富豪的资产,美国首富比尔·盖茨的财富(460亿美元)却只是2003年度中国内地首富丁磊(约10亿美元)的46倍。

176倍与46倍之间的差距,正说明了我国企业家刚刚开始投入慈善事业的现状。

浙江富豪行善多

在《福布斯》和《欧洲货币》两个慈善榜单上,都呈现出这样一种趋势:浙江作为民营经济最活跃的地区,当地企业家慈善捐助积极性最高。以《欧洲货币》的榜单为例,榜上14位企业家是在浙江出生的,总部在浙江的企业也有11个。

40%涉足房地产

房地产业聚集了最多的慈善捐赠额。在慈善榜上,前50名中有14家企业与房地产有关。

◎榜十五、2004《福布斯》中国慈善榜◎

排名	公司	董事长	2003年捐赠金额(万元)	地区	主要捐赠方向
1	瀛通集团	陈伟锋	3447	上海	上海市慈善基金会3000万元，用于崇明慈善事业；抗非典120万元
2	复星高科技集团	郭广昌	1848	上海	复旦大学1000万元；抗非典440万元
3	万达集团	王健林	1601	辽宁	大连大学600万元；哈尔滨防洪纪念塔工程200万元
4	广厦控股创业投资有限公司	楼忠福	1500	浙江	向东阳市慈善总会、余杭区慈善总会分别捐赠1000万元和500万元
5	江苏力联实业集团	翟韶均	1447	江苏	非典医疗救助基金500万元；南京大学550万元
6	广东美的集团	何享健	1150	广东	抗非典1000万元
7	联想控股有限公司	柳传志	1068	北京	抗非典1039万元；扶贫基金会15万元
8	世茂集团	许荣茂	1035	上海	捐建菲律宾农村校舍22座700万元；抗非典315万元
9	实德集团	徐　明	1017	辽宁	辽宁、四川等地希望小学700万元；抗非典317万元
10	香江集团	刘志强	1008	广东	中国慈善总会500万元；山东聊城光彩小学300万；抗非典200万元
11	杭州未来营养食品有限公司	蒋敏德	1000	浙江	向富阳市人民教育基金会捐赠1000万元，建立“未来基金”
11	盛大网络	陈天桥	1000	上海	上海市团市委300万元，设立青少年心理辅导基金；云南希望工程100万元
11	合生创展集团	朱孟依	1000	广东	抗非典1000万元
11	北京今典集团	张宝全	1000	北京	向西藏阿里捐赠1000万元建四所学校，剩余资金设立“苹果基金会”
11	北京泛海集团	卢志强	1000	北京	复旦大学1000万元
16	天津天狮集团	李金元	915	天津	抗非典300万元；扶贫基金会200万元；戈尔巴乔夫基金会15万美元
17	投资控股有限公司福禧	张荣坤	900	上海	上海市慈善基金会600万元
17	远大空调集团	张　跃	900	湖南	抗非典300万元；“远大高中生扶助金”300万元；“远大教师扶助金”100万元
19	蒙牛集团	牛根生	860	内蒙古	抗非典860万元
20	卡森实业股份有限公司	朱张金	790	浙江	新疆、甘肃10所希望小学300万元；浙江省青少年发展基金会320万元
21	万向集团	鲁冠球	760	浙江	杭州宁围镇中学500万元；重庆5所希望小学100万元
22	苏宁集团	张桂平	730	江苏	抗非典510万元；南京“三无、五保”家庭200万元；“苏宁希望之星”20万元
23	志高空调股份有限公司	李兴浩	725	广东	里水镇村镇建设450万元；抗非典68万元
24	周氏集团	周小弟	630	上海	抗非典500万元；宋庆龄基金会100万元；三峡光彩小学30万元
25	雅戈尔集团	李如成	627	浙江	抗非典500万元；“爱心基金”50万元
26	上海上信集团	金卫国	600	上海	抗非典500万元；江西希望小学100万元
26	河南郑州宇通集团	汤玉祥	600	河南	“世界客属恳亲大会”500万元；抗非典100万元
26	广州富力地产集团	李思廉	600	广东	“希望工程民营企业助学基金”300万元；抗非典200万元
26	辽宁西洋集团	周福仁	600	辽宁	袁隆平科研基金300万元；资助辽宁、贵州贫困大学生120万元；地方修路100万元
30	中国民生银行	经叔平	560	北京	河南教育扶贫170万元；武汉大学200万元；抗非典100万元
31	东方控股集团	蒋学明	535	上海	抗非典400万元；少数民族人才培训100万元
32	力帆集团	尹明善	525	重庆	抗非典225万元；资助涪陵教育200万元
33	福耀玻璃工业集团	曹德旺	510	福建	纪念毛泽东诞辰110周年310万元；对外经贸大学反倾销研究50万元
34	广东瑞华集团	卓定华	500	广东	“希望工程卓定华助学基金”500万元
34	北京华睿集团	李河军	500	北京	向丽江地区捐款500万元
36	河北新奥集团	王玉锁	470	河北	抗非典305万元；长沙市教育基金会60万元
37	河南斐蒙达集团	朱治国	423	河南	用于新疆和田县打井、郑州及广和县大清真寺修建
38	飞跃集团有限公司	邱继宝	421	浙江	台州市慈善总会200万元；大学生助学基金50万元

排名	公司	董事长	2003 年捐赠金额（万元）	地区	主要捐赠方向
40	圣雄集团	林圣雄	400	浙江	希望工程捐款 400 万元，在浙江、西藏等地建 20 所希望小学
40	新疆天地集团	郑大清	400	新疆	四川省慈善总会朱德、邓小平故乡“慈善爱心”项目建设 370 万元
40	均瑶集团	王均瑶	400	上海	大学生志愿服务西部计划均瑶基金 1000 万元，分 5 年付出；上海市共青团 120 万元；湖北光彩教育基金 70 万元
40	国东投资集团	安冬梅	400	北京	集团与下属企业环三环家具城分别捐赠 200 万元抗非典
44	卓达集团	杨卓舒	392	河北	“卓达助学金”150 万元；抗非典 110 万元
45	江苏雨润食品集团	祝义才	375	江苏	抗非典 335 万元；兰州光彩小学 25 万元
45	侨兴集团	吴瑞林	375	广东	晋江市灵水中学 300 万元；罗阳镇城郊中心小学 35 万元
47	创维集团	黄宏生	344	广东	“健康光明行”340 万元救助白内障儿童
48	三一控股有限公司	梁稳根	318	湖南	“三一柳元道童教育发展基金会”318 万元
49	隆鑫集团	涂建华	300	重庆	抗非典 250 万元；重庆井喷事件 50 万元
49	山松生物工程集团	—	300	山东	抗非典 300 万元
49	大连金广建设集团	范广臣	300	辽宁	抗非典 300 万元
49	武汉当代科技投资股份有限公司	周汉生	300	湖北	武汉大学 518 万元，两年内支付
49	北京用友软件股份有限公司	王文京	300	北京	抗非典 300 万元
54	福建新大陆集团	王　晶	290	福建	德国福特旺根大学 30 万欧元
55	浙江康莱特集团	李大鹏	288	浙江	设立中华中医药学术发展基金、中国抗癌症基金等；每年利润 8%-10%用于慈善公益捐赠
56	江苏金盛集团	王　华	282	江苏	如皋市吴窑中学 200 万元；抗非典 52 万元；抗洪 30 万元
57	西安东盛集团	郭家学	281	陕西	北京大学 200 万元；潜江市建希望小学 30 万元；渭南灾区 50.8 万元
58	大连新型企业集团	孙才科	277	辽宁	抗非典 200 万元；沙河口区慈善总会和教育基金会各 20 万元
59	双全集团	王伟斌	271	北京	朝阳区太阳宫乡政府 200 万元；北京青少年发展基金会 20 万元
60	培罗成集团	陆信国	260	浙江	扶贫助学 130 万元；江陆村敬老、医疗等 80 万元
60	山西金业煤焦化集团	张新明	260	山西	抗非典 110 万元；太原建城 2500 周年 150 万元
62	大连华农集团	李广富	252	辽宁	石河镇修路 126 万元；抗非典 50 万元；东莞市抗击台风 50 万元
63	龙盛集团	阮水龙	250	浙江	上虞市扶贫献爱心 150 万元；见义勇为基金 100 万元
64	腾辉集团	董瑞葆	240	重庆	抗非典 100 万元；两所希望小学 100 万元；两所中学 40 万元
65	宗申集团	左宗申	220	重庆	抗非典 220 万元
65	新疆德隆企业集团	唐万里	220	新疆	用于新疆地震灾区
65	健康元药业集团股份公司	朱保国	220	广东	抗非典 200 万元；新疆地震灾区 20 万元
68	长城电器集团有限公司	叶祥尧	213	浙江	抗非典 150 万元；各地希望工程 40 万元
69	宁波方太厨具有限公司	茅理翔	204	浙江	敬老院 200 万元
70	横店集团	徐文荣	203	浙江	设立奖学金 50 万元；建横店希望小学 30 万元
71	盼盼集团	韩召善	201	辽宁	修建水源路 160 万元；敬老院 10 万元
72	吉利集团	李书福	200	浙江	捐款 200 万元积极发起筹建台州市慈善总会
72	宁波天安集团	蒋保民	200	浙江	“大学生助学计划”助学基金 200 万元
72	上海阳光投资集团	张志熔	200	上海	“思源·博爱”基金抗非典 200 万元
72	大连亿达集团	孙荫环	200	辽宁	抗非典 200 万元
72	河南建业集团	胡葆森	200	河南	“世界客属恳亲大会”200 万元
72	北京太子童装有限公司	金晓林	200	北京	希望工程 100 万元；“母亲健康快车”工程 100 万元
72	北京锡华实业投资集团	张杰庭	200	北京	抗非典 200 万元

排名	公司	董事长	2003年捐赠金额(万元)	地区	主要捐赠方向
72	北京量创集团	—	200	北京	抗非典200万元
80	浙江舜杰建筑集团	李华杰	195	上海	上虞工商联“送温暖”活动160万元;助学35万元
80	湖北田野股份有限公司	周宝生	195	湖北	武汉大学195万元
82	正泰集团	南存辉	180	浙江	扶贫济困基金2000万元,每年支付5%;“正泰奖学金”50万元;抗非典20万元
83	南都集团	周庆治	177	浙江	浙江大学竺可桢教育基金100万元;中欧国际工商学院50万元
84	南方集团	李学春	175	重庆	抗非典160万元;光彩小学15万元
85	鄂尔多斯市东方路桥集团	丁新民	172	内蒙古	抗非典162万元;新疆地震灾区10万元
86	贵州神奇制药有限公司	张芝庭	143	贵州	中国儿童少年基金会捐赠130万
87	卧龙控股集团	陈建成	138	浙江	“送温暖”活动,捐赠上虞工商联138万元
88	安徽三联集团	金会庆	130	安徽	帮扶下岗困难职工110万元;肥东洪涝灾区10万元
89	斯威特集团	严晓群	120	江苏	抗非典100万元;“治学基金”每年20万元,捐赠5年
89	武汉蓝星电脑集团有限公司	陶振跃	120	湖北	武汉大学120万元
89	TCL集团	李东生	120	广东	抗非典50万元;资助大学贫困新生50万元
89	北京盛世兆业房地产公司	韩连华	120	北京	抗非典120万元
93	波司登股份有限公司	高德康	118	江苏	抗非典108万元;希望小学10万元
94	福中集团	杨宗义	117	江苏	抗非典117万元
95	凤翔集团	孙凤翔	114	辽宁	内蒙古布敦化中学20万元;阜新光彩小学16万元
96	恒安国际集团	施文博	110	福建	晋江市慈善总会100万元
96	吉林修正药业	修涞贵	110	吉林	抗非典100万元
98	美欣达集团	单建明	105	浙江	抗非典100万元
99	武汉弘博集团有限公司	巴能军	105	湖北	武汉大学105万元
100	天津天士力集团	闫希军	103	天津	抗非典103万元

(信息来源:《福布斯》杂志(中文版)2004年第4期)

备注:此次评选活动由上海宋庆龄基金会和《福布斯》杂志(中文版)共同举办,榜单于2004年5月12日在上海发布。上榜的百家企业均为中国知名的民营(非国有)企业。该榜单完全以现金捐赠作为主要评价指标,广泛参照了海内外慈善机构、公益事业的受赠记录,并在《福布斯》杂志美国总部“全球富豪榜”的调研团队帮助下最终完成。以此记录中国境内企业在2003年的慈善公益活动,倡导企业回馈社会的理念。

城
市
榜

引　言

我国《史记》在颜师古注中有云："古未有市，若朝聚井汲，便将货物于井边货卖，曰市井。"其意为，城市是贸迁和市集之地，是作为初期市场中心地兴起、产生的。而西方人认为，当一个部落的文明进化到一定程度时，城市就诞生了。

结合中西，我们寻找城市最朴素的源头：人类为了更好地生存，从四面八方涌来，用石头、泥土和木材构筑起更加坚固、更加安全、更加便利的家园。于是，地球上有了城市；于是，我们有了承载人类梦幻的最初的天堂。

中国最早的城市是在河南发现的公元前3500年的"龙山文化"。面对悠悠的过往和荡荡的今朝，我们有资格对我们朝夕相处的城市说三道四；我们有理由对我们如影随形的生存家园品头论足；我们有权利对前进中的中国城市进行质疑和追问；我们有信心对我们热爱和为之疼痛的城市寄予厚望与梦想。

美国著名城市研究专家詹姆斯·特拉菲尔说："科技改变城市面貌，欲望则铸造城市的品格。"中国的660个城市，或淡雅高贵，或艳丽繁华，或中正大气。它们谁最有魅力？谁最商业？谁最具有经济活力？谁最适合居住……在你心中有没有一个排行榜呢？

让我们带着寻找答案的目光，走进中国的千城百市……

城市榜中榜

◎榜一、2004 中国最具竞争力城市◎

(一) 2004 中国 18 个沿海开放城市竞争力排名

1.综合竞争力排名

在排名榜中,综合得分最高的上海独占 A 级,其综合竞争力水平远远高于其他沿海开放城市和经济特区。

深圳、广州和天津居 B 级。

厦门、大连、青岛、宁波和珠海居 C 级,在 18 个城市中属竞争力次强水平。

烟台、温州、福州、秦皇岛、南通和连云港为 D 级,在 18 个沿海城市中综合竞争力处于次弱水平。

排名在最后的 3 个城市——汕头、湛江、北海构成了 E 级。

2.分要素竞争力排名

经济基本竞争力

上海高居经济基本竞争力榜首;广州次之;深圳、天津和宁波居第三级次;最弱的是湛江、北海。该要素与综合竞争力之间异动性最强的城市是宁波。

国际一体化竞争力

根据评价结果,国际一体化竞争力可以分为 5 个级次:上海第一级次;深圳第二级次;珠海、天津、广州、厦门、青岛 5 城市为第三级次;第四级次和第五级次分界不明显,大致为大连、宁波第四级次,综合排名的后 9 名共同组成了第五级次。

政府公共管理竞争力

由于软指标的缺乏,该要素目前只能反映政府公共管理竞争力的一个侧面,即财政能力竞争力。该要素评价结果可分为 4 个级次。第一级次上海;随后为天津、深圳、广州;烟台、秦皇岛、连云港和湛江处于明显的劣势。

金融体系竞争力

仍然是上海居第一级;深圳、广州居第二级;天津、大连居第三级;平均级包括宁波、厦门、青岛、温州、珠海、南通等城市,呈现较大的差别。而汕头、秦皇岛、福州、连云港、湛江和北海则由于明显落后组成了第四级。

基础设施竞争力

温州和珠海的基础设施明显处于劣势。温州在公路、铁路、机场、港口这些具辐射力的基本基础设施方面发展明显滞后,通信、电力和医疗保障几个方面也较弱。珠海除了通信基础设施稍高于平均水平外,其余几方面都较弱。

企业竞争力

此方面上海不再具有明显的优势,和深圳、厦门相当;广州、青岛、温州稍高于平均水平;天津、大连、珠海、宁波、烟台、湛江接近平均水平;而南通、福州、秦皇岛和汕头则远低于平均水平。

科技创新竞争力

上海、深圳高居科技创新竞争力前两名;广州、天津和厦门则处于科技竞争力的第二梯队;秦皇岛、南通、湛江、连云港的科技创新竞争力比较落后。

人力资本竞争力

根据评价结果,上海、广州、天津和深圳具有绝对的优势;宁波在人口的学历构成和劳动力成本方面,和南通、连云港、湛江、北海、汕头一起处于明显的劣势。

(信息来源:《中华工商时报》2004 年 8 月 23 日)

备注:1984 年,大连、秦皇岛、天津、烟台、青岛、连云港、南通、上海、宁波、温州、福州、广州、湛江、北海有幸成为全国首批沿海开放城市。后来增加深圳、厦门、珠海和汕头为经济特区。

2004 年,中国经济改革研究基金会国内城市竞争力研究院发布了 14 个沿海开放城市和 4 个经济特区城市竞争力排名。

"综合竞争力排名"是根据 18 个城市的综合竞争力得分的差异程度,分成 A、B、C、D、E 5 个级次,依次代表竞争力极强、强、次强、次弱和弱。

(二)2004中国大陆最具竞争力城市

综合竞争力(前10名)

上海、深圳、广州、北京、杭州、宁波、苏州、无锡、厦门、天津

人才竞争力(前10名)

北京、上海、深圳、广州、杭州、温州、天津、沈阳、武汉、南京

资本竞争力(前10名)

上海、北京、深圳、广州、杭州、天津、成都、南京、大连、武汉

科技竞争力(前10名)

北京、上海、武汉、天津、南京、广州、西安、深圳、成都、长春

结构竞争力(前10名)

北京、温州、长沙、宁波、绍兴、广州、深圳、泉州、厦门、成都

基础设施竞争力(前10名)

上海、北京、广州、深圳、天津、厦门、大连、秦皇岛、南京、沈阳

综合区位竞争力(前10名)

上海、北京、广州、成都、天津、武汉、沈阳、南京、哈尔滨、重庆

环境竞争力(前10名)

深圳、杭州、绍兴、无锡、大连、青岛、厦门、成都、上海、北京

文化竞争力(前10名)

上海、温州、苏州、佛山、绍兴、重庆、南京、深圳、南昌、南通

制度竞争力(前10名)

绍兴、宁波、上海、嘉兴、苏州、珠海、厦门、潍坊、佛山、大连

政府管理竞争力(前10名)

上海、深圳、厦门、杭州、青岛、北京、宁波、南昌、佛山、大连

企业管理竞争力(前10名)

宁波、深圳、上海、厦门、东莞、长春、温州、绍兴、佛山、杭州

开放竞争力(前10名)

深圳、东莞、上海、珠海、厦门、青岛、大连、北京、惠州、佛山

部分城市介绍

上海:是中国与世界经济交互作用的枢纽和平台,是中国金融、贸易、经济和综合创新中心,被喻为“中国的经济龙头”;它的综合竞争力荣衔中国内地诸城之冠,城市劳动生产率高,国内生产总值年均增长率和居民人均年收入均居全国前列。

这座城市有着太多的第一:基础设施竞争力第一、综合区位竞争力第一、文化竞争力第一、政府管理竞争力第一、资本竞争力第一。

但上海也与很多“第一”擦肩而过,如人才竞争力和科技竞争力均屈居第二位。同时作为国际性的大都市,它的个体经济所占比例不高,而且科技创新能力需要进一步加强;它的环境竞争力只排了第九名,这着实有些让人吃惊和失望;同时作为中国的移民城市,上海的兼容平等观念有待加强。

深圳:20世纪70年代的春天,有一位老人在中国的历史上创造了一个奇迹,于是有了深圳。20年后深圳还给中国一个更大的奇迹,于是有了南中国湛蓝的生机。

深圳地处广东省南部,东临大亚湾和大鹏湾,西濒珠江口和伶仃洋,南与香港新界接壤,西北部与东莞、惠州两城市毗邻。辽阔海域连接南海及太平洋,多处可建深水港,有着丰富的水产资源……得天独厚的地理位置、优惠的政策法规和求实创新的开拓精神使深圳一跃成为华南重要的区域经济及金融航运中心和重要的综合创新中心。

以下是深圳的竞争力现状:

1.环境竞争力和开放竞争力为全国第一。

2.政府管理竞争力居中国内地第二位。

3.资本竞争力和人才竞争力排在全国第三位。

4.基础设施竞争力排在第四位。

5.结构竞争力和科技竞争力也都很强,分列第七位、第八位。

6.科技竞争力居第八位。科技转化能力很强,但是科研实力和创新能力比较薄弱。

7.虽然它毗邻香港,经济区位优越,有着最好的自然经济区位和很好的政治、科技区位,但是它的综合区位竞争力不高,城市在区域中的优势度指数也有待提高。

广州:是华南地区的经济、科技、教育、交通和信息中心。它腹地跨越广东,是优秀人才最向往创业的城市之一,加之它采取了一系列吸引人才的灵活优惠政策,所以广州拥有质量和数量双高的人才,人才竞争力居第四位。

广州的基础设施竞争力和综合区位竞争力都仅次于北京和上海,名列第三位。

它的资本竞争力居全国第四位。综合资本存量、金融控制力居全国前列,金融机构年贷款总余额增长率高。

科技竞争力和结构竞争力在全国名列第六位。

但广州的环境竞争力、文化竞争力、制度竞争力、政府管理竞争力和企业管理竞争力均在10名之外,还有待加强。

北京:作为全国的经济、政治、文化中心,它在竞争力方面具有以下优势和弊端。

人才竞争力:北京聚集了全国最多、最优秀的人才精英和科研机构,人才竞争力居全国第一。

科技竞争力:北京的科技实力居全国之首,基础研究能力强,科技创新能力居全国第一。

资本竞争力：北京的资本竞争力位居全国第二，金融机构资本数量指数全国最高，金融控制力和资本获得便利性也很好，但是专家指出其资本质量有待加强。

基础设施竞争力：北京市内的基础设施完善程度在全国最好，对外联系基础设施和信息技术设施也比较发达，但是与迅速发展的社会经济相比仍需进一步加快建设步伐。

综合区位竞争力：政治区位是北京最大的优势，它的科技区位是全国最好的。

环境竞争力和开放竞争力：北京与入选的其他9个城市相比，有些靠后。

文化竞争力、制度竞争力、企业管理竞争力：北京无缘前10名。

杭州：与前面4位"大家闺秀"相比，杭州无疑是"小家碧玉"了。虽然它的科技竞争力、文化竞争力、企业管理竞争力和开放竞争力没有跻身前10名，但是它的环境竞争力在200个竞选城市中脱颖而出，名列全国第二位。政府管理竞争力、人才竞争力和资本竞争力的排名也很靠前，分别是第四位、第五位和第五位。对于这座江南的古城来说，这些成绩的取得远远要比那些有历史优势、地理优势、资源优势和政治优势的城市不易得多。

宁波：也许在以前，人们提起宁波，会将它定义为一座"江南小城"。但是如今的宁波已经发展成为一座强有竞争力的经济城市。这里有雅戈尔、波导、罗蒙等一大批知名企业，这里有居全国第六位的城市综合竞争力。

宁波位于我国东海之滨、大陆海岸线中段、长江三角洲南翼，东有舟山群岛为天然屏障，北濒杭州湾，西接绍兴市，南临三门湾，并与台州的三门、天台相连，是华东地区重要贸易口岸和长江三角洲南翼区域的中心城市。

宁波的企业管理竞争力力压群雄，位居榜首。它的制度竞争力也仅次于绍兴，名列第二位。同时，它的结构竞争力也很靠前，处于第四的位置。

但美中不足的是，宁波的人才竞争力、资本竞争力、科技竞争力等方面还与其他进入前10名的城市存在一些差距。所以人们希望宁波能在这些方面有一个快速的进步，争取早日使"江南小城"成为另一颗令人瞩目的"东方明珠"。

苏州：近两年来，苏州的经济充满生机和活力，其竞争力提升速度非常快，综合竞争力居全国第七位，综合市场占有率和综合人均收入较好。

苏州紧邻国际大都市上海，在大城市的强辐射之下，它的信息特别灵通，为开展经济协作、技术交流提供了十分便利的条件。就其自身，苏州控山带海，利兼水陆，经济、文化、科技区位优势明显，有着较强的综合区位竞争力。

苏州资本竞争力很强。资本数量较高，金融控制能力处于一般水平，但资本质量非常好，高居全国首位。

在文化竞争力方面，它与上海、温州一起在前三甲中占有一席之地。

苏州处于南北结合地带，虽属于南方，但却有北方的大气，加之原有南方特有的细腻，所以苏州正以全新的姿态展现在世人面前。

无锡：地处江苏南部、中国经济发达的长江三角洲中部，北靠长江，南濒中国第三大淡水湖——太湖，西离南京183公里，东距上海128公里，是江苏省省辖的一个沿海城市。

弹指一挥间，无锡这座悠悠水乡城市书写了一部时代的传奇，勤劳的人民以与时俱进的壮阔实践，助推无锡经济搭上新世纪高速列车。

无锡的城市综合竞争力已跻身八强。在12项竞争力指标中，它的环境竞争力排名最为靠前，紧随深圳、杭州和绍兴居第四位。

厦门：位于福建省东南部，又称"鹭岛"。它东南濒临东海，与台湾澎湖一水之隔，西与漳州接壤，北与泉州相连，是福建省第二大城市，寓祖国"大厦之门"的意思。厦门是中国最早设立的5个经济特区之一，是享有省级经济管理权限的城市。

在管理竞争力方面，厦门的政府管理竞争力和企业管理竞争力均名列前茅，分居第三位、第四位。

它的开放竞争力、基础设施竞争力、环境竞争力和制度竞争力也都很强，均进入了前10名，分别处于第五、第六、第七和第七的位置。

但是从《2005年城市竞争力报告：中国城市竞争力报告No.3》中不难发现，厦门在人才竞争力、资本竞争力和科技竞争力方面的力量还稍显薄弱，有待于进一步加强和改善。

天津：拱卫京师、毗邻渤海，自然、交通区位优越，是我国北方重要的港口城市和跨国公司投资、产业转移的重要据点，同时也是我国北方重要的经济中心和环渤海地区的中心。

天津的综合竞争力很强，居全国第十位，综合长期经济增长率和综合人均收入都很高，但其综合市场占有率和综合地均GDP相比较优势不大。

天津的综合区位竞争力和人才竞争力很强。虽然劳动力的数量一般，人才培养和教育表现稍差，但是它的人力资源质量和配置都很好。

天津有很强的资本竞争力，但美中不足的是资本质量略差。

在科技竞争力方面，天津拥有很强的科技实力和科技创新能力。科技产品的产出量稳居全国城市的前列，但其科研投入比较少，科研开发科技转化能力不高，高新技术产品开发优势不明显。

（信息来源：中国网2005年3月17日）

备注：由中国社会科学院财贸所倪鹏飞博士牵头，南开大学、清华大学、北京大学等著名高校和地方科研究院所近百名专家联合完成的《2005年城市竞争力蓝皮书：中国城市竞争力报告No.3》于2005年3月17日由社会科学文献出版社正式出版。本年度报告对200个中国城市的综合竞争力进行了计量（暂不包括香港、澳门和台湾地区）。

（三）2004中国最具竞争力城市（含港澳台）

1.城市整体竞争力排名

前50名

1.香港	2.台北	3.上海
4.北京	5.深圳	6.广州
7.澳门	8.天津	9.南京
10.武汉	11.杭州	12.重庆
13.苏州	14.大连	15.东莞
16.沈阳	17.成都	18.青岛
19.厦门	20.佛山	21.济南
22.哈尔滨	23.西安	24.昆明
25.无锡	26.福州	27.宁波
28.珠海	29.中山	30.长沙
31.长春	32.温州	33.合肥
34.郑州	35.石家庄	36.海口
37.惠州	38.常州	39.大庆
40.南昌	41.绍兴	42.南通
43.烟台	44.太原	45.贵阳
46.兰州	47.南宁	48.嘉兴
49.威海	50.泉州	

后50名（第232-281名）

1.伊春	2.运城	3.汉中
4.通辽	5.七台河	6.防城港
7.抚州	8.白银	9.鹤岗
10.宿州	11.钦州	12.河池
13.忻州	14.贵港	15.亳州
16.吉安	17.咸宁	18.雅安
19.池州	20.延安	21.六安
22.榆林	23.眉山	24.百色
25.巢湖	26.宣城	27.遂宁
28.安康	29.宜春	30.资阳
31.吴忠	32.贺州	33呼伦贝尔
34.天水	35.渭南	36.来宾
37.安顺	38.保山	39.巴中
40.庆阳	41.绥化	42.酒泉
43.张掖	44.武威	45.广安
46.昭通	47.固原	48.商洛
49.平凉	50.丽江	

2.城市投资环境排名（前30名）

1.青岛	2.苏州	3.深圳
4.上海	5.广州	6.北京
7.杭州	8.东莞	9.昆明
10.武汉	11.珠海	12.厦门
13.温州	14.南京	15.大连
16.南宁	17.佛山	18.天津
19.重庆	20.南昌	21.嘉兴
22.沈阳	23.成都	24.哈尔滨
25.西安	26.长春	27.秦皇岛
28.贵阳	29.宜昌	30.钦州

3.城市成长竞争力排名（前30名）

1.香港	2.上海	3.台北
4.北京	5.广州	6.深圳
7.澳门	8.苏州	9.天津
10.青岛	11.南京	12.杭州
13.大连	14.东莞	15.厦门
16.重庆	17.成都	18.武汉
19.宁波	20.济南	21.哈尔滨
22.沈阳	23.无锡	24.佛山
25.福州	26.中山	27.珠海
28.温州	29.西安	30.长春

4.城市诚信政府排名（前30名）

1.香港	2.无锡	3.上海
4.深圳	5.嘉兴	6.聊城
7.苏州	8.东莞	9.大连
10.青岛	11.澳门	12.北京
13.广州	14.成都	15.烟台
16.台北	17.济南	18.宁波
19.南京	20.重庆	21.温州
22.台州	23.邯郸	24.武汉
25.西安	26.汕头	27.哈尔滨
28.太原	29.昆明	30.新余

部分城市介绍

香港：这座国际金融商贸中心，位于中国东南端，是发展日渐迅速的东亚地区的枢纽，地理条件优越。然而它除了拥有世界上最优良的深水港外，可说是没有其他的天然资源。但是香港人辛勤、努力、适应力强、教育程度高且富创业精神，使香港成为生产力强、创意无尽的城市。

香港的过人之处还在于它是高度国际化的城市、便利的营商环境、法治体制、自由贸易及自由的资讯流通、公平开放的竞争、发展完备和庞大的金融网络、一流的交通及通讯基建、完善的支援服务，以及高教育水平的工作人口与高效率和精力充沛的企业家互相配合。这些优势都巩固了其金融中心的地位。

在21世纪初，香港特别行政区政府就香港的长远发展策略进行探讨。香港已积极作好准备，要成为东亚地区的创新科技中心——亚洲数码之都。

台北：空中鸟瞰台北市，棋盘式的道路系统、交错耸立的参天高楼、星点状的公园绿带，以及终日川流不息的车水马龙，确是辨识这座城市的绝佳指标。台北是跻身国际都会之列的城市，集全台湾政治、经济、教育、娱乐、文化于一身。

台北位于台北盆地中央、淡水河右岸，为台湾第一大城市。

台北是台湾的工商业中心，全岛规模最大的公司、企业、银行、商店都把它们的总部设在这里，以台北市为中心，包括台北县、桃园县和基隆市，形成了台湾最大的工业生产区和商业区。

目前，台北在经济大市的基础上正朝着创意城市的方向迈进。

澳门：背靠幅员辽阔的中国内地，面向世界，历来是东西方经贸和文化的交汇点，所以它的市场体系高度自由和开放。

世界贸易组织在对澳门的贸易政策审议报告中指出，澳门仍然是世界上最开放的贸易和投资体系。

澳门的经济结构主要由出口制造业、旅游博彩业、金融业和地产建筑业等构成。澳门位于世界经济高增长地区珠江三角洲的一角，与香港及广州连成一个经济起飞的三角地带。

南京：六朝古都南京地处我国东西水运大动脉长江与南北陆运大动脉京沪铁路的交汇点，素有"东南门户，南北咽喉"之称。

南京是江苏省省会，也是该省的政

治、文化、经济中心，要保证省级管理职能的顺利行使，并形成省内最发达的金融、贸易、信息中心和科教文化对外交往中心。

南京作为长江流域四大中心城市和长江三角洲西部枢纽城市，要充分发挥沿江、近海的优势，增强跨省域的辐射功能和吸引力。

武汉：是位于长江、汉水交汇之处的一颗璀璨明珠，是湖北省省会和政治、经济、文化的中心，也是我国六大中心城市之一。武汉襟江带河，交通便利，又被誉为"九省通衢"。

武汉是内地最大的综合性工业基地，其突出的是冶金、机械、汽车、高新科技四大支柱产业和食品、化工、建材、新材料等新兴产业。全市主要有中国第二大钢都、第一大板材基地武汉钢铁（集团）公司，有"亚洲的一颗明珠"武汉重型机床厂，有"彩印大王"武汉印染厂，有历史悠久的武汉锅炉厂、武昌造船厂、武汉卷烟厂等一批大企业，还有闻名遐迩的长飞光纤光缆有限公司、神龙汽车有限公司武汉总装厂等一批高新技术企业和三资企业。

（信息来源：《南方都市报》2004年12月16日）

备注：由总部设在香港的"中国城市竞争力研究会"根据其创建的指针体系对全国港澳台在内的281个城市进行了测评，并得出了"2004（第3届）中国城市竞争力排行榜"。

◎榜二、2004中国最有魅力城市◎

1.洛阳

所在省份：河南

城市推荐人：鲍国安（中央戏剧学院教授、著名影视表演艺术家）

城市瑰宝：洛阳唐三彩、牡丹

城市印象：洛阳是国务院首批公布的建都时间最早、历史最长的古都。现有国家级文物保护单位10处，省级69处，市县级571处，出土珍贵文物40多万件；举世闻名的中国三大石窟之一的龙门石窟被联合国教科文组织列入世界遗产名录；佛教传入中国兴建的第一座寺院——千年名刹白马寺，有"释源"和"祖庭"的美誉；北部邙山遗存着东周以来历代王陵形成的中国最大的古墓葬群。

评委会致辞：开埠建成4000年，留下十三朝安邦兴国的历史侧影。滔滔黄河天上来，带给它绵延不尽的河洛文化。洛阳，因将历史文化的深厚底蕴融进现代生活的最新理解，将区位优势和丰富资源纳入现代经济发展的格局，而成为中国最有魅力的城市。

2.烟台

所在省份：山东

城市推荐人：龙永图（博鳌亚洲论坛秘书长、中国加入世贸组织首席谈判代表）

城市瑰宝：胶东大鼓、"八仙过海"

城市印象：烟台地处山东半岛东北部，黄海水、渤海潮的世代恩泽，使这里成为胶东半岛独具魅力的仙境城市。烟台四季分明、气候宜人，荣获过"国家人居环境范例奖"、"国家园林城市"和"中国优秀旅游城市"称号。烟台经济发达，黄金产量全国第一，海珍品久负盛名，烟台苹果、莱阳梨、张裕葡萄酒驰名中外。烟台是重要的会展城市，已代表国家承办5届"国际果蔬博览会"、4次APEC（亚太经济合作组织）在中国的会议和活动，被海外客商誉为"亚太经贸城"。

市长周齐致辞：烟台因和谐而温馨，因爱心而淳朴，因融合而繁荣。我最喜欢的是到美丽的烟台山下，看碧海和蓝天之间，许许多多的市民给成群的海鸥喂食，许许多多的游客在那儿踏浪赶海。每逢这时候，我都被这种和谐之美所陶醉，被这种人与自然之爱所感动。

3.绍兴

所在省份：浙江

城市推荐人：周海婴（鲁迅先生之子）

城市瑰宝：黄酒、兰亭序、越王剑

城市印象：绍兴有文字记载的历史已有4000多年。绍兴是一座古老的水城，其中建于南宋的八字桥，是我国最早的城市立交桥。全市现存形态各异的桥梁1万余座。此外，绍兴还有舜禹遗迹、越国古址、府山越王台、文种墓、吕府十三厅、陆游沈园、蔡元培故居、鲁迅纪念馆、周恩来祖居、范文澜故居、古越藏书楼等文化古迹多处。绍兴民俗风情丰富多彩，现今仍能较为清晰地传承着往日风情，以酒店、酒俗、社戏、"三乌"等最具代表性。

市长王永昌致辞：绍兴位于浙江省中北部，东接东方大港宁波，西邻旅游名城杭州，城内地势平坦，河道纵横，乡间田畴浮躺水中，众多石桥横跨河岸，浙东运河横贯城北，构成了一幅独特的江南水乡图画，是著名桥都水城。自古以来还有"酒乡"、"书乡"之称，兼有历史文化和山水风光之胜，是国务院批准的第一批历史文化名城之一。

4.桂林

所在省份：广西

城市推荐人：曲格平（全国人大常委会委员、人大环境与资源保护委员会主任委员）

城市瑰宝：国宝青花梅瓶

城市印象：早在南宋时期，"桂林山水甲天下"就已名扬海内外，以漓江风光和溶洞为代表的山水景观有山青、水秀、洞奇、石美"四绝"之誉。桂林近年先后荣获 "全国园林绿化先进城市”、“全国卫生城”、“中国优秀旅游城市”、“全国文化模范城市”、“全国创建文明城市工作先进城市”等称号。桂林环境整洁,空气清新,市区“千峰环野立,一水抱城流”,独具“景在城中、城在景中”的山水城市魅力。

市民致辞:这是一个我出生并生活了40多年的地方。这片土地的美丽和浪漫,你要用心才能感受得到。走进一座大山,抚摸一棵小草,用你的爱,用你的真诚去读她,你就会发现她的美丽,她的宽容和善良。这么多年了,有时我会问自己:我在这块土地上还在寻找什么呢?对了,我在寻找我的爱和我的梦。

5.泉州

所在省份:福建

城市推荐人:余光中(著名诗人、作家)

城市瑰宝:木偶小品

城市印象:泉州位于台湾海峡西岸,是一座历史悠久、文化深厚的城市,是中国首批历史文化名城。千百年来,世界多种文化在这里融汇,不同国家、不同民族、不同信仰的族群在这里共生共荣。

评委会致辞:这是一座古老与现代相融合的城市,这里是海峡西岸的经济重镇、海上丝绸之路的东方起点、世界宗教的博物馆、多元文化的展示中心……今天,泉州已经把历史文化传统和区位经济优势结合,古而不老,与时俱进,成为当代中国最有魅力的城市。

6.都江堰

所在省份:四川

城市推荐人:王立平(著名作曲家,作品有《枉凝眉》、《少林寺》等)

城市瑰宝:《流水》古琴曲、都江堰全景浮雕

城市印象:都江堰地处四川成都平原西北部,是一座以堰命名的城市。公元前256年,蜀郡守李冰率众建成了享誉世界、被人类称为“活长城”的都江堰水利工程,距此不远处的道教发祥地青城山更以博大精深的道教文化、卓绝天下的自然风光而名满全球。2000年底,青城山、都江堰被列入世界文化遗产名录。都江堰先后荣获“中国首届人居环境范例奖”和“迪拜国际人居环境良好奖”。

作家余秋雨致辞:我以为,中国历史上最激动人心的工程不是长城,而是都江堰。它的水流不像万里长城那样突兀在外,而是细细浸润、节节延伸,延伸的距离并不比长城短。长城的文明是一种僵硬的雕塑,它的文明是一种灵动的生活。长城摆出一副老资格等待人们的修缮,它却卑处一隅,像一位绝不炫耀、毫无所求的乡间母亲,只知贡献。

7.大理

所在省份:云南

推荐人:杨丽萍(著名白族舞蹈家)

城市瑰宝:天然大理石画

城市印象:被誉为“文献名邦”的大理,是多元文化与自然和谐共荣的乐土,最为浪漫迷人的是“风、花、雪、月”四景。此外,白族的服饰、民居、婚嫁、信仰、习俗和庆典节日,都让大理洋溢着浓浓的民族风情。大理古有“妙香佛国”之称,大理国传世22代皇帝中,就有9位禅位为僧,这在中国历史上是绝无仅有的。

市民致辞:这里是“下关风、上关花、苍山雪、洱海月”的大理;这里是五朵金花的故乡的大理;这里是徐悲鸿画笔下的大理;这里是流淌着潺潺蝴蝶泉的大理;这里是美丽得无法言说的大理;这里是说不透道不尽的大理……

8.昆山

所在省份:江苏

城市推荐人:陈逸飞(旅美画家)

城市瑰宝:昆曲

城市印象:昆山是江苏省的东大门,是一座经济全球化的城市。全球54个国家和地区的3600多家外资企业在这里投入了180亿美元国际资本。同时昆山也是一座人文荟萃的城市。顾炎武的“天下兴亡,匹夫有责”与联合国教科文组织命名为“人类口头遗产和非物质遗产代表作”的昆曲,一刚一柔成为昆山文化永恒的背景。

市民致辞:昆山出了多位名人,如顾炎武、归有光、朱柏、庐卫泾、顾瑛、夏昶、王履、顾鼎臣、归庄、龚贤、徐乾学……昆山出了一种戏曲叫昆曲;昆山出了多种文物,如青花瓷器、良渚文化、软玉和硬玉……昆山正以其厚重的历史和迷人的风韵,吸引着世人的目光。

9.东莞

所在省份:广东

城市推荐人:王志东(IT界名人、新浪网前CEO、点击科技总裁)

城市瑰宝:代表民族气节和爱国精神的“节马”

城市印象:东莞位于珠江口岸,是岭南文明的重要发源地、中国近代史的开篇地以及改革开放的先行地。20多年来,东莞国民经济以年均20%以上的速度持续增长,综合经济实力居全国大中城市前30强行列。此外,东莞还是著名的粤曲之乡、龙狮之乡、龙舟之乡、举重之乡、全国篮球城市。

市长刘志庚致辞:东莞的第一魅力来自光荣传统。同时东莞经济发达、商贾云集,“东莞制造”世界闻名。由此延伸开来,人文兴盛,名人辈出使得东莞傲立群芳。

10.三亚

所在省份:海南

城市推荐人:余秋雨(著名作家)

城市瑰宝:天涯海角、“南天一柱”景观

城市印象:三亚地处海南岛最南端,在宋代因其远离帝京、孤悬海外,自古以来一直被称为“天涯海角”。现在的三亚是一个建设中的国际热带海滨旅游城市,其旅游资源十分丰富,拥有亚龙湾、天涯海角、南山文化旅游区等首批国家4A级景点景区。且三亚环境极为独特,山、海、河3种自然美景集中

一地，构成了三亚市特有的自然景观。

游客致辞：三亚的美带着一种矛盾，既现代又原始。这里汇聚了各式各样的建筑：欧式风格、法式建筑、复古式、浪漫式，所以不管世界哪个角落的人来到这里，都会有种亲切感。但是，在寂静无人的海边，在幽深的老林，它又有着未经开发的原始气息，清新得让人战栗。

（信息来源：央视国际2004年10月23日）

备注：在中央电视台举办的"2004年度中国魅力城市展示"活动中，国内的32座具有广泛代表性的城市脱颖而出，从历史文化、环境保护、经济发展、城市建设、精神面貌、城市风光、城市规划等多个侧面展示了近一段时期以来我国在推进城市化进程方面取得的巨大成就。

◎榜三、2004中国最具经济活力城市◎

1.成都

颁奖辞：如果把中国的东部海岸线比作引领中国经济腾飞的一张弓，那么长江流域经济带就是这张弓上搭的利箭，而成都就是搭建在发力点上最具爆发力的城市。成都成为决定这支经济利箭射程远近的关键。如今这座最适合漫步的城市开始选择飞翔，因为它懂得当机遇和责任同时到来，离弦之时已经酿就。

2.大连

颁奖辞：这是一个用服装表达心情、用足球塑造性格、用浪漫装点生活、用巨轮承载雄心的城市。她的每一次亮相总是携手时尚，她的每一次出场总是彰显力量。这是一个将城市变成风景，将风景变成了资本的城市。

3.东莞

颁奖辞：这一座古城起步于制造，发达于制造，扬名于制造，她给人们制造快乐，因为她是"世界玩具之都"；她让人们奔跑如飞，因为她是"世界鞋业之都"；她让人们的表达和思考提速，因为她是"世界电脑之都"。

4.杭州

颁奖辞：这个将自然优势与现代产业巧妙结合，引领休闲经济潮流的城市；这个生活就像在旅游，懂得将安宁幸福的感受转化为活力和财富的城市；这个以不温不火的态度和风风火火的速度走出了自己节奏的城市。从"西湖论剑"到"钱江弄潮"，这座城市在水到渠成之后，正一步步海阔天空。

5.青岛

颁奖辞：这个随时能感受到品牌力量的城市，她的目光早已放之四海；这座追求卓越的城市正携手奥运，将目标指向更高。

6.深圳

颁奖辞：25年，用青春把小渔村变成大都市；25年，用前无古人的速度领跑中国经济。这个城市的名称，已经不只代表地点，她还代表一种关于时间的观念、一种重若生命的效率。这个城市的特别就在于当一切不再特别，她依然把每一个春天的故事书写得特别精彩。

7.沈阳

颁奖辞：70年现代工业文明的洗礼，成就了沈阳"共和国装备部"的美誉。虽然，几千根烟囱的轰然倒塌，让"共和国工业的长子"经历了阵痛；虽然，数十万产业工人的艰难转型，让国企的发源地感受了改革的道远任重，但是，这座从来都不缺少实力的城市，正在用激情回应振兴，装备中国。

8.苏州

颁奖辞：一座东方的水城，让世界读了2500年；一个现代工业园，用10年时间磨砺出超越传统的利剑。她用古典园林的精巧，布局出现代经济的版图；她用双面刺绣的绝活，实现了东方与西方的对接。

9.温州

颁奖辞：这是一个善于分工的城市，也是乐于使用合力的城市；一个喜欢以小见大，更会以小搏大的城市；一个懂得无中生有的城市。她在创造价值的同时，也创造着生机勃勃的经济模式。作为中国民营经济的领跑者，她清晰的脚印，让人们感受到民间的力量和市场的力量。

10.无锡

颁奖辞：这座拥有千年文明、百年繁华的城市，诞生过中国最早的民族工商业、中国最早的乡镇企业。从"苏南模式"到"外资高地"，这座城市始终在用行动表达：这里不仅"盛产"风景、"盛产"院士，也盛产创造财富的奇迹。

（信息来源：央视国际2004年11月4日）

备注：中央电视台组委会公布了2004年"十大中国最具经济活力城市"的名单。虽然这些城市不一定是目前国内生产总值最高、投资额最大、吸引就业最多的，但它们应该是中国现有地级以上城市中，经济成长性、健康度、影响力等相对均衡的城市，代表了中国城市的未来发展方向。

◎榜四、2004 中国最佳商业城市 100 强◎

(一) 100 强名单

排名	城市名	排名	城市名	排名	城市名	排名	城市名
1	杭州	26	成都	51	太原	76	东营
2	宁波	27	青岛	52	西安	77	温岭
3	大连	28	湖州	53	漳州	78	张家港
4	上海	29	厦门	54	襄樊	79	太仓
5	温州	30	佛山	55	湘潭	80	洛阳
6	北京	31	烟台	56	九江	81	芜湖
7	苏州	32	哈尔滨	57	长春	82	盘锦
8	无锡	33	包头	58	江门	83	常德
9	绍兴	34	鞍山	59	株洲	84	宜昌
10	深圳	35	天津	60	乌鲁木齐	85	晋江
11	中山	36	镇江	61	岳阳	86	南阳
12	常州	37	吉林	62	汕头	87	莆田
13	东莞	38	南昌	63	大庆	88	舟山
14	广州	39	武汉	64	瓦房店	89	徐州
15	南京	40	锦州	65	上虞	90	衡阳
16	泉州	41	昆明	66	合肥	91	茂名
17	福州	42	秦皇岛	67	咸阳	92	连云港
18	沈阳	43	黄石	68	慈溪	93	富阳
19	台州	44	增城	69	昆山	94	库尔勒
20	珠海	45	柳州	70	义乌	95	海宁
21	济南	46	南宁	71	十堰	96	淄博
22	威海	47	重庆	72	湛江	97	济宁
23	长沙	48	扬州	73	惠州	98	吴江
24	金华	49	郑州	74	石狮	99	呼和浩特
25	海口	50	嘉兴	75	桂林	100	贵阳

(二) 前 10 名城市介绍

1.杭州

市区人口:387 万

人均可支配收入增长率:9.07%

商业现状:作为中国民营经济最发达的省份浙江省的首府,杭州的国内生产总值已经突破 1000 亿元。它被马可波罗称为"世界最美丽华贵之城"。旅游、纺织、医药和食品是其传统产业。在 8 大指标中,杭州有 6 项位居所有入围城市的前 20 名。美中不足的是不断炒高的房价和较高的经营成本使许多人望而却步,但这并不影响它拨得头筹。

2.宁波

市区人口:203.4 万

人均可支配收入增长率:11.01%

商业现状:位于长江三角洲南翼的港口城市,典型的外向型经济,非公经济贡献率高达 82%,出口占全市总额的 60%以上,其中私营企业出口增幅最快。宁波港集装箱吞吐量的增长幅度连续 5 年居大陆沿岸海港之首。它的货运指数和私营经济活力指数都优于杭州;市场规模和市场潜力综合指数在前 10 名城市中表现最佳。

3.大连

市区人口:273.2 万

人均可支配收入增长率:9.34%

商业现状:东北三省惟一进入前 10 名的城市,也是该地区私营经济发展最快的城市。私营企业占全市新增企业的 78%,非公经济在全市房地产投资中占到 95%。拥有大连海运和大连外国语学院等专业完备的高等院校,在 14 个沿海开放城市中,高级人才密集度仅次于上海。加上便利的航空和海运交通、发达的零售业,以及优良的会展环境,成为许多欧美公司投资东北的首选。

4.上海

市区人口:1270.2 万

人均可支配收入增长率:6.66%

商业现状:长江三角洲的龙头,创造国内生产总值最多的城市,无数的中国第一毋庸赘言。但是,短期内飚升的房价和永远拥堵的市内交通,还有过于庞大的人口基数,影响了一些指标的表现,坐失榜单的头把交椅。

5.温州

市区人口:132 万

人均可支配收入增长率:10.6%

商业现状:以颇受争议的"温州模式"和"温州炒房团"名扬国内,发达的私营经济造就了这个中国轻工业名城,小到剃须刀和打火机,大到电器和精密模具,百万富翁的诞生赶上当年的"深圳速度"。人均可支配收入居全国第六位,却还能保持全国第四十三位的收入增长后劲。但是,较低的劳动力素质和有待改进的对外交通令温州近两年放慢了前进的步伐。

6.北京

市区人口:1006.9 万

人均可支配收入增长率:10.74%

商业现状:政治经济文化中心,跨国公司总部最集中的城市。在榜单上有两个明显的极端:经营成本指数最高,即使在全球特大城市中也位居前列;同时劳动力素质指数非常优异,是每万人拥有硕士学位以上人数最多的城市。

7.苏州

市区人口:212.4 万

人均可支配收入增长率:8.23%

商业现状:以丝绸、园林和美女闻名的古城,成为长三角城市群中国内生产总值过千亿元的新贵。它还是跨国公司研发中心在中国落户最多的城市,《福布斯》"全球顶尖400榜"中超过80家进驻苏州,其中一半都设立了研发中心,主要涉及电子基础材料、计算机及周边产品,以及视听和通讯系列产品。与上海相隔80公里的距离,让投资者以更低的经营成本享受相同的高素质人力资源。

8.无锡

市区人口:215.9万

人均可支配收入增长率:8.05%。

商业现状:市场化步伐显著加快,小天鹅、锡钢和威孚动力等老牌国企的资产重组获得成功;私营经济从业人员和注册资金分别以30%和50%的速度增长;拥有18家上市公司,在江苏省仅次于南京。与杭州和上海同为国家7个集成电路设计产业化基地,经营成本在前10名城市中最低。

9.绍兴

市区人口:61万

人均可支配收入增长率:12.5%

商业现状:千家万户的"百姓经济"是绍兴的特色,私营经济占经济总量的95%。建筑和轻纺尤为著名,建筑业产值居全国地级市首位;拥有亚洲最大的布匹集散中心。善于利用独特的水乡风情和"才子之乡"的美誉举办城市推广活动。各项指标表现均属中上乘,但是腹地太小限制了其经济辐射力。

10.深圳

市区人口:139.4万

人均可支配收入增长率:2.93%

商业现状:这个中国最典型的移民城市在两项指标上占绝对优势:人均可支配收入最高,私营创业活力最强。大规模的北雁南飞曾为深圳构筑了良好的高级人才基础。2000年深圳交易所停发新股,资金大量外流,增长潜力大受影响。但是,与香港极近的地缘和2004年中小企业板的开盘又让深圳与老对手广州展开了华南金融中心之争。

(信息来源:《福布斯》杂志(中文版)2004年9月3日)

备注:世界商业杂志《福布斯》于2004年9月推出了"中国最佳商业城市排行榜",该榜参照了劳动素质指数、高级人才指数、经营成本指数、市场规模指数、市场潜力指数、客运指数、货运指数和私营活力8个分指标的2000年至2002年的平均值,主要倾向于适合私营资本创业和投资的城市。

◎榜五、2004中国十大宜居城市◎

1.上海

宜居法宝:经济发达,经济发展迅速,经济实力强

细说景貌:提到上海,人们心中便会有两个上海。第一个上海是从新天地开始,一直到外滩3号。第二个上海是巨鹿路上的阿毛,火车站旁的锅贴,以及随处可见的便利店。也许你不曾来过上海,或者你看到的只是她的高楼和商场,但是如果你在午夜从便利店买一个粽子你就不得不承认,上海是个适合生活的城市。

2.大连

宜居法宝:大气

细说景貌:迷人的海滩、秀丽的滨海大道、整洁的街市、飒爽英姿的女交警、夏日的星海湾广场、美味的海鲜、马路两边带有艺术气息的路灯、花园般的城市……这是大连给人们的第一印象,但是大连除了外表的秀美以外,她的骨子里还流淌着北方城市独有的大气,就是这种大气让无数人对大连留有一种中正的情缘。

3.北京

宜居法宝:中国的首都,在各方面都具有优势

细说景貌:在文人眼中,这是一座变幻的城市,她有着繁闹的白昼和更加繁闹的夜晚;在政治家眼中,这是一座励精图治的城市,她可以成就你的宏图伟业;在商人眼中,这是一座蕴藏着无限机遇的城市,她提供给你更加广阔的舞台;在北京百姓的心中,这是一座适合居住的城市,她缩短了梦想与现实的距离……她是所有人眼中的宜居城市。

4.广州

宜居法宝:机会较多,经济水平高

细说景貌:虽然广州的城市风貌比不上上述3个城市,但是广州人懂得生活,更深一步便可以说是:广州人懂得创造生活情趣,并把它转化为商机。在广州工作,你必须全力以赴,一份辛勤才能换来一份收获。你可以做个打工皇帝加班加点也心甘情愿,你可以做老板在生意场上任意驰骋。同时广州有着独特的精神价值:那像海一般的市场包容,那像空气一样的选择自由。

5.成都

宜居法宝:悠闲

细说景貌:"微雨成都路,微尘护落花。据门撑古木,绕屋噪栖鸦。入暮旋收市,凌晨即品茶。承平风味足,楚客独兴嗟。"这就是悠闲惬意却又不乏情趣的"天国之府"——成都。险峻的高山与滔滔的江水隔断了与中原文化的交流,形成独特的巴蜀文化,成都便是这种文化的代表。

6.青岛

宜居法宝:优雅

细说景貌:绵长的海岸线、灿烂的阳光和蔚蓝的天空、娇媚的樱花和茂盛的法国梧桐、青岛啤酒和童话中的小房

子、优雅的八大关和漫步的夜晚……这一切,构成了青岛的优雅。那些弯弯曲曲起起伏伏的小街小巷,令你不由得把脚步放轻放慢。漫步在古老的街巷,即使是随着性子任意闲逛都是很写意美好的。

7.杭州

宜居法宝:缠绵

细说景貌:这里暂且不说秀美的西湖风光,而是引用卡尔维诺在《看不见的城市》中把城市比作一块海绵"吸收着不断涌流的记忆潮水,并且随之膨胀。然而城市不会泄露自己的过去,只会把它像手纹一样藏起来。"有人曾说,历史积淀让城市有了灵魂,而对于杭州,自然风光成为包装城市最好的新衣。

8.桂林

宜居法宝:秀美

细说景貌:"穿衣服,最喜欢的是那种修身窄荷叶袖的复古样式,也许,是爱极了娉婷婀娜这样的姿态。头发,则喜欢中分的简单样式,带有一点小家碧玉的拘谨,带有一点邻家女孩的亲切可人。"这是桂林的人物画像。她就这样在离我们不远的地方美丽着,美丽着这个世界。

9.珠海

宜居法宝:浪漫

细说景貌:珠海的历史有些单薄,珠海的景色却如此迷人。她山海相间,景色优美,蓝天、白云、沙滩;棕榈树、草地、鲜花,一切无可挑剔的浪漫贯穿整个城市。人们喜欢把她定位为"花园式海滨旅游休闲度假城市"。可见,旅游正日益成为她的一种资源优势。

10.厦门

宜居法宝:温馨

细说景貌:厦门的自然风光无疑是美丽的。但厦门之所以美丽可人,恐怕还在于她很小、很安静、很清洁、很温馨。旧城小巧,新区精致,有着南方沿海城市特色的街道和建筑,都收拾得非常干净漂亮。地方就那么大,上哪儿都不远,商店什么的安排得都很紧凑,没有北方某些大城市难免的"大而无当",办起事情来也就方便。城里人就那么多,看上去彼此就像街坊邻居似的,打起交道来也就随和。

(信息来源:《人民日报》2004年9月10日)

备注:商务周刊杂志社和零点公司联合实施的2004年关于"宜居城市"的调查,公众评出了我国"十大宜居城市"。

◎榜六、2004中国经济百强县市◎

2004年县(市)社会经济综合发展指数前100名

位次	代码	县(市)名	综合指数	发展水平	发展活力	发展潜力
1	440681	顺德区	99.840	105.930	95.454	75.131
2	320583	昆山市	96.676	103.134	99.619	66.458
3	320281	江阴市	95.812	102.645	87.090	70.829
4	320582	张家港市	95.498	103.383	89.681	64.770
5	320581	常熟市	95.286	103.047	92.593	63.285
6	440682	南海区	93.074	98.825	80.940	74.688
7	330181	萧山区	85.632	91.068	85.861	61.285
8	320483	武进区	84.703	89.213	83.604	64.881
9	320584	吴江市	82.098	84.614	98.289	60.991
10	330621	绍兴县	81.998	84.668	92.102	63.530
11	310225	南汇区	80.139	83.151	82.823	64.474
12	310226	奉贤区	79.938	83.106	86.377	61.461
13	330227	鄞州区	79.482	81.358	94.138	61.956
14	320585	太仓市	78.348	80.394	99.292	56.856
15	320282	宜兴市	76.391	78.829	78.320	63.721
16	330282	慈溪市	75.437	76.630	88.801	61.673
17	330782	义乌市	74.765	76.273	84.264	61.785
18	350582	晋江市	73.551	75.436	78.333	61.653

位次	代码	县(市)名	综合指数	发展水平	发展活力	发展潜力
19	330281	余姚市	72.580	72.090	94.550	61.795
20	330184	余杭区	72.408	74.005	81.435	59.331
21	371082	荣成市	72.224	73.871	80.747	59.222
22	371081	文登市	70.604	71.624	83.435	57.975
23	330481	海宁市	69.408	70.295	81.407	57.851
24	440683	三水区	68.834	68.111	85.275	62.260
25	370681	龙口市	68.809	69.069	82.621	59.093
26	350581	石狮市	68.243	66.764	87.799	63.597
27	440183	增城市	67.216	65.182	84.724	66.571
28	331021	玉环县	66.923	67.956	78.740	54.842
29	330421	嘉善县	66.662	65.068	92.079	59.378
30	330183	富阳市	66.632	67.034	74.641	59.638
31	330482	平湖市	66.242	64.141	93.951	60.228
32	330681	诸暨市	65.789	66.868	68.886	58.612
33	331081	温岭市	65.685	67.364	69.489	55.354
34	330483	桐乡市	65.512	68.107	75.020	48.051
35	330424	海盐县	65.232	65.627	75.163	57.147
36	350181	福清市	65.147	64.64	66.583	66.745
37	152501	二连浩特市	64.789	60.334	78.407	80.182
38	321182	扬中市	64.691	64.437	74.640	59.671
39	321181	丹阳市	64.487	65.277	67.224	58.889
40	330382	乐清市	64.447	65.338	63.575	60.665
41	441381	惠阳区	63.917	59.870	85.184	72.016
42	440684	高明区	63.917	60.465	92.381	64.509
43	110224	大兴区	63.718	62.338	79.651	60.709
44	330381	瑞安市	63.621	64.900	66.576	55.620
45	330521	德清县	62.806	61.238	79.891	60.092
46	330682	上虞市	62.267	62.591	70.089	55.770
47	330784	永康市	61.894	60.226	79.433	59.427
48	370284	胶南市	61.737	61.465	71.602	56.866
49	440782	新会区	61.507	58.439	83.389	63.855
50	320482	金坛市	61.289	59.516	74.311	62.049
51	370883	邹城市	61.079	62.279	60.506	55.654
52	110227	怀柔区	60.726	57.165	88.365	62.483
53	370783	寿光市	60.123	57.062	80.320	63.453
54	370685	招远市	60.050	58.320	79.580	56.789
55	110228	密云县	59.972	56.415	84.034	63.768
56	370181	章丘市	59.935	58.081	74.136	60.412
57	370684	蓬莱市	59.626	58.343	80.061	53.658
58	370281	胶州市	59.618	57.477	84.275	55.606
59	410181	巩义市	59.257	57.052	69.428	64.114
60	310230	崇明县	59.237	57.279	71.141	61.673

位次	代码	县(市)名	综合指数	发展水平	发展活力	发展潜力
61	370882	兖州市	59.116	58.141	61.931	62.228
62	330283	奉化市	58.975	58.865	66.770	54.574
63	330522	长兴县	58.628	57.278	71.144	57.532
64	370282	即墨市	58.501	55.907	89.523	53.447
65	330783	东阳市	58.177	57.546	69.951	53.942
66	370634	长岛县	58.104	54.072	89.961	60.222
67	320481	溧阳市	58.008	56.293	68.455	60.076
68	330225	象山县	57.878	56.432	78.170	52.818
69	120221	宁河县	57.776	53.763	82.080	64.080
70	152701	东胜区	57.751	54.628	75.556	62.913
71	131082	三河市	57.721	54.476	73.577	64.773
72	652801	库尔勒市	57.674	56.859	65.041	57.020
73	320683	通州市	57.604	56.913	66.641	55.297
74	330922	嵊泗县	57.556	58.277	56.964	54.417
75	320684	海门市	57.512	58.355	62.790	50.146
76	210381	梅城市	57.466	59.774	51.990	50.176
77	210224	长海县	57.368	54.030	64.033	71.066
78	440784	鹤山市	57.219	52.993	86.818	61.722
79	110226	平谷区	56.982	50.915	88.153	71.698
80	370683	莱州市	56.945	55.944	74.648	51.157
81	321282	靖江市	56.820	55.315	61.890	61.235
82	330624	新昌县	56.609	55.963	68.027	52.671
83	440783	开平市	56.189	50.760	93.218	63.644
84	231081	绥芬河市	55.965	49.909	80.241	74.993
85	350182	长乐市	55.942	54.161	56.422	65.040
86	330185	临安市	55.937	53.833	74.722	55.080
87	350521	惠安县	55.843	54.534	57.304	61.655
88	659001	石河子市	55.645	52.282	69.585	64.643
89	510123	温江县	55.504	54.868	70.061	49.726
90	440421	斗门区	55.404	50.960	87.158	60.043
91	370321	桓台县	55.178	54.121	61.550	56.397
92	330122	桐庐县	54.994	51.335	81.945	57.894
93	510122	双流县	54.949	53.898	70.001	50.910
94	330226	宁海县	54.894	52.544	76.652	53.652
95	140882	河律市	54.723	52.183	60.107	64.688
96	371083	乳山市	54.627	52.367	71.734	55.579
97	130283	迁安市	54.393	53.338	52.671	61.083
98	321081	仪征市	53.921	50.790	69.170	60.805
99	130185	鹿泉市	53.615	51.068	61.893	61.675
100	152601	集宁区	53.609	48.487	68.256	73.097

(信息来源:《经济日报》2004年11月6日)

备注:中国经济百强县市的评选工作由国家统计局农调总队发起,始于2001年。

企
业
榜

引　言

企业是国民经济的细胞，企业的发展，关系到国民经济的整体发展水平。据统计，2004年中国GDP增长达9.5%；财政收入达26355亿元；外贸总额达到1.15万亿美元；利用外资突破600亿美元；工业企业利润10188亿元……我国经济竞争力的高速发展已成为全世界瞩目的焦点。可以说，这枚"军功章"上，也有中国广大企业和企业家们的一份功劳与苦劳。为了做出自己的企业品牌，为了把中国企业做大做强，为了让中国企业能跻身国际市场，他们集思广益，殚精竭虑，废寝忘食，顽强拼搏，苦战"商场"，智战群雄，谱写出了一篇篇动人的奋斗乐章。

常言道：口说无凭，有例为证。那么，就请看看"企业榜"吧，从这个榜单上，你或许能找到最好的答案。

企业榜中榜

一、强势企业篇

◎榜一、2004 中国企业 500 强◎

名次	企业名称	企业总部所在地	年营业额(万元)
1	国家电网公司	北京	48295173
2	中国石油天然气集团公司	北京	47528703
3	中国石油化工集团公司	北京	46667311
4	中国工商银行	北京	17433500
5	中国移动通信集团公司	北京	17187091
6	中国人寿保险公司	北京	16170825
7	中国电信集团公司	北京	16110952
8	中国中化集团公司	北京	15599085
9	中国建设银行	北京	15452561
10	中国银行	北京	12719100
11	中国南方电网有限责任公司	广东	12598338
12	上海宝钢集团公司	上海	12041545
13	中国第一汽车集团公司	吉林	11917884
14	中国粮油食品进出口(集团)有限公司	北京	11000167
15	中国农业银行	北京	10871300
16	上海汽车工业(集团)总公司	上海	9729364
17	广东省广电集团有限公司	广东	9250355
18	东风汽车公司	湖北	9003200
19	海尔集团公司	山东	8064840
20	中国网络通信集团公司	北京	8049408
21	中国远洋运输集团总公司	北京	7584285
22	中国五矿集团公司	北京	7434076
23	中国铁路工程总公司	北京	7156028
24	中国建筑工程总公司	北京	7087653
25	中国铁道建筑总公司	北京	6885000
26	中国平安保险(集团)股份有限公司	广东	6745919

名次	企业名称	企业总部所在地	年营业额(万元)
27	中国联合通信有限公司	北京	6670456
28	飞利浦(中国)投资有限公司	上海	6291816
29	中国海洋石油总公司	北京	5385800
30	国家邮政局	北京	5272554
31	上海大众汽车有限公司	上海	5241613
32	中国兵器工业集团公司	北京	5218034
33	中国兵器装备集团公司	北京	5015909
34	首钢总公司	北京	4791338
35	北京铁路局	北京	4566166
36	中国华源集团公司	北京	4514087
37	百联集团有限公司	上海	4154001
38	中国华源集团有限公司	上海	4102871
39	联想控股有限公司	北京	4033096
40	天津市中环电子信息集团有限公司	天津	4004975
41	中国冶金建设集团公司	北京	3901207
42	摩托罗拉(中国)电子有限公司	天津	3860000
43	TCL 集团股份有限公司	广东	3820434
44	上海广电(集团)有限公司	上海	3819340
45	神华集团有限责任公司	北京	3444051
46	浙江省物产集团公司	浙江	3365077
47	交通银行股份有限公司	上海	3206627
48	北京汽车工业控股有限责任公司	北京	3158583
49	鞍山钢铁集团公司	辽宁	3147476
50	广州汽车工业集团有限公司	广东	3100455
51	中国铝业公司	北京	3100368
52	上海铁路局	上海	3051911
53	中国华电集团公司	北京	3002681
54	郑州铁路局	河南	2968030
55	本溪钢铁(集团)有限责任公司	辽宁	2948530
56	中国船舶重工集团公司	北京	2913945
57	中国海运(集团)总公司	上海	2748631
58	玉溪红塔烟草(集团)有限责任公司	云南	2733621
59	武汉钢铁(集团)公司	湖北	2731316
60	中国港湾建设(集团)总公司	北京	2727458
61	上海复星高科技(集团)有限公司	上海	2696921
62	中国中煤能源集团公司	北京	2645275
63	攀枝花钢铁(集团)公司	四川	2634533
64	熊猫电子集团有限公司	江苏	2632697
65	中国铁路物资总公司	北京	2631269
66	上海建工(集团)总公司	上海	2631099
67	中国国电集团公司	北京	2612697
68	上海纺织控股(集团)公司	上海	2600298
69	国家开发银行	北京	2559500
70	中国南方航空集团公司	广东	2559387
71	中国船舶工业集团公司	北京	2553361
72	东方国际(集团)有限公司	上海	2474246
73	中国对外贸易运输(集团)总公司	北京	2468409
74	广东省粤电集团有限公司	广东	2456173
75	华晨汽车集团控股有限公司	辽宁	2413000
76	中国航空油料集团公司	北京	2388681
77	广州铁路(集团)公司	广东	2338344
78	海信集团有限公司	山东	2211327

名次	企业名称	企业总部所在地	年营业额(万元)
79	上海埃力生(集团)有限公司	上海	2201354
80	广州钢铁企业集团有限公司	广东	2102981
81	广州本田汽车有限公司	广东	2091260
82	上海华谊(集团)公司	上海	2080754
83	太原钢铁(集团)有限公司	山西	2073985
84	中国机械装备(集团)公司	北京	2054720
85	沈阳铁路局	辽宁	2047471
86	江苏沙钢集团有限公司	江苏	2040198
87	邯郸钢铁集团有限责任公司	河北	2018900
88	珠海格力集团公司	广东	1984290
89	天津市物资集团总公司	天津	1950473
90	春兰(集团)公司	江苏	1914945
91	中国水利水电建设集团公司	北京	1907971
92	南京钢铁集团有限公司	江苏	1856343
93	哈尔滨铁路局	黑龙江	1855453
94	成都铁路局	四川	1829744
95	广东省广新外贸集团有限公司	广东	1823409
96	大连大商集团有限公司	辽宁	1818260
97	北京城建集团有限责任公司	北京	1813022
98	上海医药(集团)有限公司	上海	1812538
99	济南铁路局	山东	1792720
100	中国路桥(集团)总公司	北京	1768736
101	美的集团有限公司	广东	1753375
102	新华人寿保险股份有限公司	北京	1718488
103	黑龙江北大荒农垦集团总公司	黑龙江	1703597
104	上海市糖业烟酒(集团)有限公司	上海	1680172
105	马钢(集团)控股有限公司	安徽	1636816
106	山西省煤炭运销总公司	山西	1633388
107	唐山钢铁集团有限责任公司	湖北	1630176
108	招商银行	广东	1630000
109	中国房地产开发集团公司	北京	1621207
110	上海烟草(集团)公司	上海	1617335
111	北京北大方正集团公司	北京	1612026
112	京东方科技集团股份有限公司	北京	1610360
113	华侨城集团公司	广东	1610116
114	中兴通讯股份有限公司	广东	1603603
115	大连西太平洋石油化工有限公司	辽宁	1585005
116	四川长虹电子集团有限公司	四川	1581212
117	湖南华菱钢铁集团有限责任公司	湖南	1573513
118	广厦控股创业投资有限公司	浙江	1564435
119	广东物资集团公司	广东	1563353
120	杭州钢铁集团公司	浙江	1526636
121	兖矿集团有限公司	山东	1526213
122	万向集团公司	浙江	1521183
123	中国邮电器材集团公司	北京	1515918
124	中国重型汽车集团有限公司	山东	1512353
125	徐州工程机械集团有限公司	江苏	1509109
126	中国南方机车车辆工业集团公司	北京	1496672
127	天津天铁冶金集团有限公司	天津	1461489
128	北京建工集团有限责任公司	北京	1421379
129	包头钢铁(集团)有限责任公司	内蒙古	1402246
130	国美电器有限公司	北京	1401235

名次	企业名称	企业总部所在地	年营业额(万元)
131	北汽福田汽车股份有限公司	北京	1388921
132	中国国际海运集装箱(集团)股份有限公司	广东	1380022
133	天津市机电工业控股集团公司	天津	1367972
134	广东省丝绸(集团)公司	广东	1347084
135	莱芜钢铁集团有限公司	山东	1341629
136	泰康人寿保险股份有限公司	北京	1334316
137	中国钢铁工贸集团公司	北京	1321840
138	中国核工业集团公司	北京	1319850
139	广东省交通集团有限公司	广东	1300111
140	中国北方机车车辆工业集团公司	北京	1296782
141	济南钢铁集团总公司	山东	1288354
142	中谷粮油集团公司	北京	1279936
143	天津渤海化工集团公司	天津	1270100
144	青岛钢铁控股集团有限责任公司	山东	1268542
145	安阳钢铁集团有限责任公司	河南	1264775
146	安徽省徽商集团有限公司	安徽	1255026
147	中国医药集团总公司	北京	1238571
148	苏宁电器连锁集团股份有限公司	江苏	1231272
149	河南省漯河市双汇实业集团有限责任公司	河南	1215965
150	中国化学工程总公司	北京	1213300
151	四川省宜宾五粮液集团有限公司	四川	1211882
152	横店集团控股有限公司	浙江	1202000
153	福建省汽车工业集团公司	福建	1168369
154	山东魏桥创业集团有限公司	山东	1142876
155	南京汽车集团有限公司	江苏	1140736
156	UT 斯达康通讯有限公司	浙江	1139209
157	江苏华西集团公司	江苏	1136917
158	兰州铁路局	甘肃	1104864
159	广东格兰仕集团有限公司	广东	1096107
160	江西铜业集团公司	江西	1089505
161	宁波波导股份有限公司	浙江	1084148
162	山西焦煤集团有限责任公司	山西	1081591
163	广东发展银行股份有限公司	广东	1080959
164	国家开发投资公司	北京	1057500
165	江苏小天鹅集团有限公司	江苏	1053743
166	中国广东核电集团有限公司	广东	1049729
167	上海城建(集团)公司	上海	1038293
168	江苏国泰国际集团有限公司	江苏	1038073
169	华润万家有限公司	广东	1032359
170	湘火炬汽车集团股份有限公司	湖南	1031399
171	广州医药集团有限公司	广东	1031377
172	柳州铁路局	广西	1029194
173	广州市建筑集团有限公司	广东	1029042
174	杭州娃哈哈集团有限公司	浙江	1018918
175	深圳华强集团有限公司	广东	1013395
176	雅戈尔集团股份有限公司	浙江	1011964
177	天津市医药集团有限公司	天津	1011511
178	正泰集团有限公司	浙江	1010675
179	广东省韶关钢铁集团有限公司	广东	1008046
180	中国纺织品进出口总公司	北京	1000631
181	大唐国际发电股份有限公司	北京	995056
182	中国长江航运(集团)总公司	湖北	994486

名次	企业名称	企业总部所在地	年营业额(万元)
183	云南昆明卷烟厂	云南	988493
184	中国恒天集团公司	北京	983180
185	上海永乐家用电器有限公司	上海	976108
186	东莞诺基亚移动电话有限公司	广东	974105
187	浙江省建设投资集团有限公司	浙江	971178
188	浙江东方集团控股有限公司	浙江	968076
189	深圳创维-RGB电子有限公司	广东	957929
190	苏州创元(集团)有限公司	江苏	949158
191	中国工艺品进出口总公司	北京	947322
192	新疆广汇实业投资(集团)有限责任公司	新疆	943758
193	大同煤矿集团有限责任公司	山西	942212
194	中国电子进出口总公司	北京	929114
195	南昌铁路局	江西	922373
196	厦门建发股份有限公司	福建	917649
197	湖南省长沙卷烟厂	湖南	909955
198	苏果超市股份有限公司	江苏	905800
199	北京住总集团有限责任公司	北京	888500
200	德力西集团有限公司	浙江	872862
201	铜陵有色金属(集团)公司	安徽	871981
202	哈尔滨飞机工业(集团)有限责任公司	黑龙江	869269
203	人民电器集团有限公司	浙江	862517
204	大连大显集团有限公司	辽宁	855369
205	北京物美投资集团有限公司	北京	850452
206	山东时风(集团)有限公司	山东	848816
207	华厦银行股份有限公司	北京	847882
208	中国通用技术(集团)控股有限责任公司	北京	837103
209	东南(福建)汽车工业有限公司	福建	825278
210	山东工程机械集团有限公司	山东	824041
211	苏州爱普生有限公司	江苏	822293
212	金川集团有限公司	甘肃	820558
213	浙江中大集团控股有限公司	浙江	817489
214	中国铁通集团有限公司	北京	810184
215	天津一商集团有限公司	天津	805946
216	广州万宝集团有限公司	广东	805620
217	酒泉钢铁(集团)有限责任公司	甘肃	804433
218	天津市建工集团(控股)有限公司	天津	804327
219	无锡威孚集团有限公司	江苏	799231
220	新余钢铁有限责任公司	江西	797985
221	四川华西集团有限公司	四川	797700
222	惠州市德赛集团有限公司	广东	791448
223	深圳开发科技股份有限公司	广东	786142
224	平顶山煤业(集团)有限责任公司	河南	784148
225	山东滨化集团有限责任公司	山东	779538
226	山东大王集团有限公司	山东	778044
227	宁波富邦控股集团有限公司	浙江	765324
228	乐金电子(天津)电器有限公司	天津	755642
229	海南汽车集团有限公司	河南	755270
230	山东晨鸣纸业集团股份有限公司	山东	752739
231	青岛啤酒股份有限公司	山东	750796
232	万杰集团有限责任公司	山东	750087
233	湖南省建筑工程集团总公司	湖南	745601
234	钱江集团有限公司	浙江	738392

名次	企业名称	企业总部所在地	年营业额(万元)
235	惠州市华阳集团有限公司	广东	738136
236	金东纸业(江苏)有限公司	江苏	737536
237	北京首都创业集团有限公司	北京	735055
238	海航集团有限公司	海南	731631
239	哈药集团有限公司	黑龙江	727719
240	吉林粮食集团有限公司	吉林	727391
241	常德卷烟厂	湖南	724756
242	安徽江淮汽车集团有限公司	安徽	722974
243	天津劝业华联集团有限公司	天津	721957
244	江铃汽车集团公司	江西	721354
245	南京医药产业(集团)有限责任公司	江苏	716518
246	新汶矿业集团有限责任公司	山东	716025
247	呼和浩特铁路局	内蒙古	715834
248	杭州卷烟厂	浙江	710629
249	淮南矿业(集团)有限责任公司	安徽	709482
250	奥克斯集团有限公司	浙江	706547
251	天津隆庆轻工控股有限公司	天津	705966
252	中国诚通控股公司	北京	702274
253	华北制药集团有限责任公司	河北	700869
254	上海华冶钢铁集团有限公司	上海	700000
255	广西玉柴机器集团有限公司	广西	694547
256	昆明钢铁集团有限责任公司	云南	688312
257	新疆棉花产业(集团)有限责任公司	新疆	683671
258	夏新电子股份有限公司	福建	681714
259	重庆钢铁(集团)有限责任公司	重庆	680465
260	天津三星电子显示器有限公司	天津	675220
261	华立控股股份有限公司	浙江	673506
262	清华同方股份有限公司	北京	669374
263	江苏阳光集团有限公司	江苏	667008
264	深圳市能源集团有限公司	广东	663719
265	江苏三房巷集团有限公司	江苏	662781
266	南山集团有限公司	山东	662021
267	北京金隅集团有限责任公司	北京	660607
268	惠州侨兴集团有限公司	广东	659632
269	江苏开元国际集团有限公司	江苏	656796
270	建龙钢铁控股有限公司	北京	653609
271	宣化钢铁集团有限责任公司	河北	650194
272	万科企业股份有限公司	广东	646686
273	广西柳州钢铁(集团)公司	广西	640566
274	上海绿地(集团)有限公司	上海	638006
275	开滦(集团)有限责任公司	河北	637388
276	内蒙古伊利实业集团股份有限公司	内蒙古	629933
277	江苏雨润食品产业集团有限公司	江苏	623326
278	红星家具集团有限公司	江苏	623000
279	淮北矿业(集团)有限责任公司	安徽	617264
280	广东科龙电器股份有限公司	广东	616811
281	广州恒大实业集团有限公司	广东	609449
282	大连冰山集团有限公司	辽宁	608873
283	北京燕京啤酒集团公司	北京	608102
284	青岛澳柯玛集团总公司	山东	605490
285	红豆集团有限公司	江苏	605383
286	中国东方电气集团公司	四川	604589

名次	企业名称	企业总部所在地	年营业额（万元）
287	徐州矿务集团有限公司	江苏	603525
288	阳泉煤业（集团）有限责任公司	山西	600521
289	光明乳业股份有限公司	上海	598108
290	颐中烟草（集团）有限公司	山东	593874
291	上海蜂星国际贸易有限公司	上海	590662
292	太极集团有限公司	重庆	589700
293	上海新高潮（集团）有限公司	上海	588880
294	上海机场（集团）有限公司	上海	587560
295	哈尔滨电站设备集团公司	黑龙江	586272
296	江阴兴澄特种钢铁有限公司	江苏	583818
297	深圳市赛格集团有限公司	广东	582756
298	枣庄矿业（集团）有限责任公司	山东	581436
299	双星集团有限责任公司	山东	579260
300	通化钢铁集团有限责任公司	吉林	576576
301	新疆八一钢铁集团有限责任公司	新疆	565611
302	华映光电股份有限公司	福建	563143
303	中国化工供销（集团）总公司	北京	562391
304	浙江桐昆化纤集团股份有限公司	浙江	561915
305	广州发展集团有限公司	广东	561557
306	北京市汽车修理公司	北京	555480
307	重庆商社（集团）有限公司	重庆	550068
308	广东志高空调股份有限公司	广东	549812
309	鄂城钢铁集团有限责任公司	湖北	547544
310	江阴澄星实业集团有限公司	江苏	546074
311	福建省三钢（集团）有限责任公司	福建	540010
312	上海梅林正广和（集团）有限公司	上海	538700
313	山东海化集团有限公司	山东	537527
314	宁波卷烟厂	浙江	537330
315	纳爱斯集团有限公司	浙江	537015
316	新兴铸管股份有限公司	河北	537013
317	江苏永钢集团有限公司	江苏	534570
318	上海飞乐股份有限公司	上海	533579
319	海澜集团公司	江苏	532221
320	诸诚外贸有限责任公司	山东	532000
321	厦门国贸集团股份有限公司	福建	531926
322	石家庄三鹿集团股份有限公司	河北	530456
323	家世界连锁商业集团有限公司	天津	527204
324	北京京客隆超市连锁集团有限公司	北京	524027
325	河北津西钢铁股份有限公司	河北	522815
326	宁波联合集团股份有限公司	浙江	522243
327	大连实德集团有限公司	辽宁	520000
328	山西晋城无烟煤矿业集团有限责任公司	山西	517879
329	辽宁特殊钢集团有限责任公司	辽宁	517730
330	天津天钢集团有限公司	天津	516806
331	浙江吉利控股集团有限公司	浙江	516600
332	天正集团有限公司	浙江	516278
333	新华鲁抗药业集团有限责任公司	山东	516070
334	天津城建集团有限公司	天津	515593
335	天津市亚益成工贸有限责任公司	天津	515300
336	潍坊柴油机厂	山东	515240
337	佳能珠海有限公司	广东	514197
338	山西海鑫钢铁集团有限公司	山西	512291

名次	企业名称	企业总部所在地	年营业额(万元)
339	新疆建工(集团)有限责任公司	新疆	510768
340	江苏五星电器有限公司	江苏	510668
341	深圳市天音通信发展有限公司	广东	507670
342	中国葛洲坝集团公司	湖北	505410
343	云南铜业(集团)有限公司	云南	503969
344	山西潞安矿业(集团)公司	山西	503267
345	天津市一轻集团(控股)有限公司	天津	502984
346	中国蓝星(集团)总公司	北京	502610
347	三宝电脑(沈阳)有限公司	辽宁	502057
348	大连华农豆业集团股份有限公司	辽宁	500216
349	中国建筑材料集团公司	北京	498719
350	浙江卫成控股集团有限公司	浙江	497651
351	佛山音立华科技有限公司	广东	497052
352	长丰(集团)有限责任公司	湖南	494674
353	沈阳飞机工业(集团)有限公司	辽宁	492928
354	天津港务局	天津	488898
355	西安飞机工业(集团)有限责任公司	陕西	485669
356	上海良友(集团)有限公司	上海	485245
357	陕西建工集团总公司	陕西	483262
358	中国土产畜产进出口总公司	北京	481294
359	中国一拖集团有限公司	河南	474873
360	邢台钢铁有限责任公司	河北	474380
361	南京卷烟厂	江苏	474280
362	天津钢管有限责任公司	天津	473604
363	深圳市中金岭南有色金属股份有限公司	广东	473538
364	四川新希望集团有限公司	四川	472662
365	深圳市燃气集团有限公司	广东	471254
366	昆明铁路局	云南	470236
367	浙江省丝绸集团有限公司	浙江	468865
368	山西路桥建设集团有限公司	山西	465692
369	宁波维科集团股份有限公司	浙江	465006
370	江苏省苏中建设集团股份有限公司	江苏	464448
371	萍乡钢铁有限责任公司	江西	461857
372	延长油矿管理局	陕西	459354
373	宗申产业集团有限公司	重庆	455319
374	深圳桑达电子集团有限公司	广东	454792
375	重庆力帆实业(集团)有限公司	重庆	454556
376	云南建工集团总公司	云南	454444
377	上海航空股份有限公司	上海	451659
378	承德钢铁集团有限公司	河北	447463
379	河南安彩集团有限责任公司	河南	447416
380	东莞福安纺织印染有限公司	广东	440856
381	昌河飞机工业(集团)有限责任公司	江西	438839
382	水城钢铁(集团)有限责任公司	贵州	438316
383	广州佳都集团有限公司	广东	436095
384	庆铃汽车(集团)有限公司	重庆	434782
385	法尔胜集团公司	江苏	425064
386	南昌钢铁有限责任公司	江西	425017
387	陕西有色金属控股集团有限责任公司	陕西	424400
388	深圳三星视界有限公司	广东	422516
389	厦门灿坤实业股份有限公司	福建	420467
390	江苏新长江实业集团公司	江苏	419830

名次	企业名称	企业总部所在地	年营业额(万元)
391	辽宁华锦化工(集团)有限责任公司	辽宁	419394
392	上海三菱电梯有限公司	上海	419042
393	贵阳卷烟厂	贵州	418167
394	将军烟草集团有限公司	山东	418121
395	宁波市慈溪进出口股份有限公司	浙江	416894
396	铁法煤业(集团)有限责任公司	辽宁	414961
397	中国国旅集团公司	北京	414780
398	许继集团有限公司	河南	414240
399	惠州三星电子有限公司	广东	410799
400	郑州宇通集团有限责任公司	河南	408798
401	重庆建工集团有限责任公司	重庆	408527
402	淄博矿业集团有限责任公司	山东	407450
403	北京超市发连锁股份有限公司	北京	406457
404	广东省开平涤纶企业集团公司	广东	405982
405	山西煤炭进出口集团公司	山西	405566
406	凌源钢铁集团有限责任公司	辽宁	404711
407	哈尔滨东安发动机(集团)有限公司	黑龙江	404505
408	江门市大长江集团有限公司	广东	403302
409	杉杉集团有限公司	浙江	402511
410	青岛广源发集团有限公司	山东	400819
411	浙江恒逸集团有限公司	浙江	400192
412	北方国际集团有限公司	天津	399411
413	石家庄钢铁有限责任公司	河北	399290
414	安徽佳通轮胎有限公司	安徽	399183
415	沈阳机电装备工业集团有限责任公司	辽宁	399053
416	龙元建设集团股份有限公司	浙江	398848
417	内蒙古鄂尔多斯羊绒集团有限责任公司	内蒙古	397245
418	申达集团有限公司	江苏	396848
419	天津市津能投资公司	天津	396000
420	江苏苏宁环球集团有限公司	江苏	395000
421	中国华录集团有限公司	辽宁	393327
422	陕西煤业集团有限责任公司	陕西	390741
423	隆鑫集团有限公司	重庆	385906
424	陕西汽车集团有限责任公司	陕西	384857
425	天津市建筑材料集团(控股)有限公司	天津	383884
426	上海迪比特实业有限公司	上海	381840
427	申能(集团)有限公司	上海	380969
428	河南新郑烟草(集团)公司	河南	378713
429	长城汽车股份有限公司	河北	377808
430	西安电力机械制造公司	陕西	377527
431	天津荣程联合钢铁集团有限公司	天津	375019
432	佳能(中山)办公设备有限公司	广东	374460
433	深圳市粮食集团有限公司	广东	374015
434	大连东芝电视有限公司	辽宁	369663
435	友利电电子(深圳)有限公司	广东	369606
436	杭州中策橡胶有限公司	浙江	369439
437	武汉中商集团股份有限公司	湖北	366979
438	海城市西洋耐火材料有限公司	辽宁	366781
439	深圳市物资集团公司	广东	366340
440	三角集团有限公司	山东	361528
441	淮阴卷烟厂	江苏	360412
442	浙江卡森实业股份有限公司	浙江	359700

名次	企业名称	企业总部所在地	年营业额(万元)
443	山东招金集团有限公司	山东	359638
444	浙江中设建工集团有限公司	浙江	358917
445	浙江大东南集团有限公司	浙江	357950
446	佛山塑料集团股份有限公司	广东	357838
447	中国土木工程集团公司	北京	357820
448	利群集团股份有限公司	山东	356575
449	山东成山集团有限公司	山东	356517
450	长春建工集团有限公司	吉林	355251
451	内蒙古小肥羊餐饮连锁有限公司	内蒙古	353760
452	亨通集团有限公司	江苏	352534
453	宁夏煤业集团有限责任公司	宁夏	352254
454	沈阳和光集团股份有限公司	辽宁	351407
455	长治钢铁(集团)有限公司	山西	351150
456	上海建筑材料(集团)总公司	上海	350847
457	湖北天发实业集团有限公司	湖北	350128
458	东北制药集团有限责任公司	辽宁	349594
459	重庆医药股份有限公司	重庆	349121
460	浙江省土产畜产进出口集团公司	浙江	348996
461	厦门厦工集团有限公司	福建	348047
462	广西柳工集团有限公司	广西	348022
463	青岛港(集团)有限公司	山东	347525
464	北京京煤集团有限责任公司	北京	345813
465	中国江苏国际经济技术合作公司	江苏	345649
466	天津药业集团有限公司	天津	344422
467	大连机床集团公司	辽宁	341224
468	广州南方高科有限公司	广东	340289
469	杭州华东医药集团有限公司	浙江	339566
470	中联控股集团有限公司	湖南	338211
471	广州珠江啤酒集团有限公司	广东	335990
472	云南冶金集团总公司	云南	334980
473	鹤岗矿业集团有限责任公司	黑龙江	334326
474	江西省医药集团公司	江西	334178
475	白银有色金属公司	甘肃	332738
476	青岛建设集团公司	山东	331735
477	天津纺织集团有限公司	天津	331414
478	山东绮丽集团公司	山东	331342
479	株洲冶炼集团有限责任公司	湖南	328747
480	中国新兴建设开发总公司	北京	322816
481	人人乐连锁商业(集团)有限公司	广东	322391
482	黑龙江省农业生产资料公司	黑龙江	322365
483	中国纺织物资(集团)总公司	北京	322086
484	广州轻出集团有限公司	广东	322045
485	巨化集团公司	浙江	322027
486	浙江舜杰建筑集团股份有限公司	浙江	321559
487	新大洲本田摩托有限公司	天津	318987
488	天津市粮油集团有限公司	天津	318000
489	中国吉林森林工业(集团)总公司	吉林	316561
490	华盛江泉集团有限公司	山东	315919
491	金城集团有限公司	江苏	314900
492	郑州日产汽车有限公司	河南	314358
493	瓦房店轴承集团有限责任公司	辽宁	312568
494	江苏南通二建集团有限公司	江苏	310466

名次	企业名称	企业总部所在地	年营业额(万元)
495	海亮集团有限公司	浙江	310206
496	中国深圳对外贸易(集团)有限公司	广东	308194
497	广州金鹏集团有限公司	广东	307170
498	峰峰集团有限公司	河北	306655
499	北京市公路桥梁建设公司	北京	306302
500	广东中人企业(集团)有限公司	广东	306000

(信息发布单位:中国企业联合会、中国企业家协会)

备注:此榜由中国企业联合会、中国企业家协会于2004年9月5-6日在重庆发布,按照国际通行的方式,以上一年的营业收入为入围标准排出。

解读:2004年中国企业500强排行榜终于在重庆揭开面纱,其中的各种情况也随之一一浮出水面。

1.入围门槛提高,101家企业上下榜

2002年首次排出中国500强时,位居最后一名的是南昌钢铁有限责任公司,营业收入为20亿元;2003年是宁波港务局,营业收入达到了25亿元;2004年是广东中人企业有限公司,其营业收入为30.6亿元。

门槛提高,一批企业下马,一批新面孔上榜。有101家企业上下榜,换榜率超过了20%,而2003年与2002年相比,有112家企业上下榜。

2.垄断行业稳居前三

处于垄断行业的企业,在中国企业500强中的"老大"地位依然牢不可破,它们占据了排行榜的前三位,分别是:国家电网公司、中石油、中石化。

从利润看,石油、石化及天然气开采业和邮电通信业的赢利能力最强,这两个行业实现的利润分别为540亿元、447亿元,分别占了中国企业500强利润总额的17.06%、14.11%。实现利润最多的企业是中石油。

3.第二产业企业最多

从榜单上看,从事第二产业的企业占据着主导地位,达到了367家。然后是从事第三产业的企业,有110家。而第一产业入选的只有4家企业。此外还有综合类企业19家。

4.上千亿企业达15家

营业收入超过千亿元的企业达到了15家,有18家企业甚至达到了2004年世界500强的评选标准。位列营业收入榜首的是国家电网公司(营业收入4829.5173亿元),位列榜末的是中国农业银行(营业收入1087.13亿元)。

5.银行资产规模最大

总资产最多的企业排名前5位的清一色的是银行,首位是中国工商银行,资产总额为52791亿元,资产总额排在第二名至第五名的企业分别是中国银行、中国建设银行、中国农业银行、国家开发银行。

6.18家企业亏损

由于中国企业500强的评选重视的是企业的市场规模,因此上榜的企业并不都是效益好的企业。在上榜的企业中,有18家企业亏损,合计亏损67亿元。

其中亏损最多的10家企业分别是海航集团有限公司(亏损12.4698亿元),沈阳铁路局(亏损12.1791亿元),中国兵器装备集团公司(亏损8.8380亿元)和哈尔滨铁路局、中国网络通信集团、中国南方航空公司、广州铁路局、中国远洋运输集团总公司、中国长江航运总公司、华润万家有限公司。

另外,在榜单中,有100家企业利润缩水,其中利润下降最多的海航集团公司,降幅高达609.41%。

7.东西部差距明显

西部地区有50家企业进入榜单,刚好占到了上榜企业总数的10%,其总体数量比2003年增加了6家。在这50家上榜企业中,重庆占了9家,此外,四川、云南、陕西各7家,内蒙古5家,广西、甘肃、新疆各4家,贵州2家,宁夏1家。

东部地区上榜的企业为386家,中部地区为64家。与东、中部地区相比,西部地区的上榜企业明显偏少。

西部地区不仅在上榜企业的数量上落后于东、中部地区,而且在主要经济指标上也不尽如人意。榜单显示:西部地区的上榜企业,其营业收入总计3581亿元,只占500强企业营业总收入的3.98%;利润总额142亿元,只占500强企业利润总额的4.48%。

◎榜二、2004 中国上市公司竞争力 100 强◎

名次	公司名称	地区	名次	公司名称	地区
1	中国石油化工股份有限公司	北京	43	中能股份有限公司	上海
2	东方锅炉(集团)股份有限公司	四川	44	马鞍山钢铁股份有限公司	安徽
3	航天信息股份有限公司	北京	45	广州发展实业控股集团股份有限公司	广东
4	宁波波导股份有限公司	浙江	46	辽宁曙光汽车集团股份有限公司	辽宁
5	贵州茅台酒股份有限公司	贵州	47	中国联合通信股份有限公司	北京
6	中国民生银行股份有限公司	北京	48	浙江海正药业股份有限公司	浙江
7	华能国际电力股份有限公司	北京	49	北京歌华有线电视网络股份有限公司	北京
8	宝山钢铁股份有限公司	上海	50	京东方科技集团股份有限公司	北京
9	厦新电子股份有限公司	福建	51	安阳钢铁股份有限公司	河南
10	招商银行股份有限公司	广东	52	中外运空发展股份有限公司	北京
11	重庆长安汽车股份有限公司	重庆	53	厦门汽车股份有限公司	福建
12	无锡华光锅炉股份有限公司	江苏	54	广东康美药业股份有限公司	广东
13	广东韶钢松山股份有限公司	广东	55	山东晨鸣纸业集团股份有限公司	山东
14	中兴通讯股份有限公司	广东	56	北京同仁堂股份有限公司	北京
15	株洲千金药业股份有限公司	湖南	57	河南神火煤电股份有限公司	河南
16	贵州益佰制药股份有限公司	贵州	58	广州市宝龙特种汽车股份有限公司	广东
17	深圳市盐田港股份有限公司	广东	59	上海港集装箱股份有限公司	上海
18	中国国际海运集装箱(集团)股份有限公司	广东	60	东风汽车股份有限公司	湖北
19	三一重工股份有限公司	湖南	61	莱芜钢铁股份有限公司	山东
20	国投华靖电力控股股份有限公司	甘肃	62	中国石化中原油气高新股份有限公司	河南
21	北京华联综合超市股份有限公司	北京	63	上海华源制药股份有限公司	上海
22	南京钢铁股份有限公司	江苏	64	烟台万华聚氨酯股份有限公司	山东
23	山东铝业股份有限公司	山东	65	雅戈尔集团股份有限公司	浙江
24	安徽江淮汽车股份有限公司	安徽	66	黑牡丹(集团)股份有限公司	江苏
25	新疆八一钢铁股份有限公司	新疆	67	鞍钢新轧钢股份有限公司	辽宁
26	深圳赤湾港航股份有限公司	广东	68	承德新新钒钛股份有限公司	河北
27	广东美的集团股份有限公司	广东	69	上海浦东发展银行股份有限公司	上海
28	甘肃酒钢集团宏兴钢铁股份有限公司	甘肃	70	浙江华海药业股份有限公司	浙江
29	新疆中基实业股份有限公司	新疆	71	福耀玻璃工业集团股份有限公司	福建
30	深圳能源投资股份有限公司	广东	72	北汽福田汽车股份有限公司	北京
31	安徽海螺水泥股份有限公司	安徽	73	云南白药集团股份有限公司	云南
32	郑州宇通客车股份有限公司	河南	74	上海汽车股份有限公司	上海
33	深圳南山热电股份有限公司	广东	75	浙江杭萧钢构股份有限公司	浙江
34	内蒙古包钢钢联股份有限公司	内蒙	76	山东华泰纸业股份有限公司	山东
35	中国石化杨子石油化工股份有限公司	江苏	77	山东南山实业股份有限公司	山东
36	新兴铸管股份有限公司	河北	78	昆明制药股份有限公司	云南
37	海洋石油工程股份有限公司	天津	79	江铃汽车股份有限公司	江西
38	河南双汇投资发展股份有限公司	河南	80	内蒙古伊利实业集团股份有限公司	内蒙
39	北京华胜天成科技股份有限公司	北京	81	浙江金鹰股份有限公司	浙江
40	杭州钢铁股份有限公司	浙江	82	广东电力发展股份有限公司	广东
41	哈尔滨亿阳信通股份有限公司	黑龙江	83	湖南华菱管线股份有限公司	湖南
42	凌源钢铁股份有限公司	辽宁	84	云南云天化股份有限公司	云南

名次	公司名称	地区	名次	公司名称	地区
85	四川明星电力股份有限公司	四川	93	广州恒运企业集团股份有限公司	广东
86	广西红日股份有限公司	广西	94	广西北生药业股份有限公司	广西
87	山西太钢不锈钢股份有限公司	山西	95	珠海格力电器股份有限公司	广东
88	上海复星实业股份有限公司	上海	96	北京用友软件股份有限公司	北京
89	新疆天山水泥股份有限公司	新疆	97	广西柳工机械股份有限公司	广西
90	国电电力发展股份有限公司	辽宁	98	佛山电器照明股份有限公司	广东
91	山西通宝能源股份有限公司	山西	99	兖州煤业股份有限公司	山东
92	宜宾五粮液股份有限公司	四川	100	河南安彩高科股份有限公司	河南

(信息来源:《经济》杂志 2004 年第 11 期)

备注:全球竞争力组织联合有关部门、单位于 2004 年 9 月 26–27 日在北京人民大会堂举办了第 2 届中国竞争力论坛。并在此论坛上出版了《2004 中国企业竞争力报告》白皮书,同时与经济杂志社共同推出“2004 年度中国上市公司企业竞争力 100 强”排行榜。

此榜评价标准主要有五大硬指标:主营收入、每股收益、每股现金流量、净利润、净资产收益率;与此同时,还考虑到如下一些软指标:生产规模、技术水平、研发能力、自主知识产权、经营管理团队、人力资源开发、环境保护措施、可持续发展战略、品牌知名度、信誉度、主要客户群等。

指标数据主要来源于 2004 年 4 月 30 日前,我国沪深两市上市的 1314 家上市公司最新公告。数据分析以国际通行的因素分析法和标杆法为主,结合内涵解析法得出结论。可概括为:第一,企业现有有形资源可转化的竞争力;第二,企业现有无形资源包含的竞争力;第三,企业拥有的潜在的和可持续的竞争力等。

◎榜三、2004 中国民企 500 强◎

序号	企业名称	地区	营业收入(万元)	主营业务
1	联想控股有限公司	北京市	4033096	生产计算机、销售网络产品、代理分销
2	上海复星高科技(集团)有限公司	上海市	2696921	生物医药、房地产、钢铁
3	江苏沙钢集团有限公司	江苏省	2040198	钢铁
4	东方集团实业股份有限公司	黑龙江省	2011045	银行、保险、证券、财务公司、建材家居连锁超市、信息产业
5	南京斯威特集团有限公司	江苏省	1793674	通信、家电、电子信息
6	广厦控股创业投资有限公司	浙江省	1564435	建筑、房地产、宾馆、旅游
7	万向集团	浙江省	1521183	汽车零部件
8	太平洋建设集团有限公司	江苏省	1520101	市政公用工程、路桥工程、机械制造
9	苏宁电器集团	江苏省	1231247	家用电器、电子通讯产品销售
10	横店集团	浙江省	1202001	电气电子、医药化工、影视娱乐
11	杭州娃哈哈集团有限公司	浙江省	1018918	饮料、食品、童装、模具
12	雅戈尔集团股份有限公司	浙江省	1011964	服装制造、房地产开发、进出口贸易
13	正泰集团	浙江省	1010675	低压电器元件、输配电设备、仪器仪表
14	上海永乐家用电器有限公司	上海市	976000	家电连锁、房居连锁、房地产
15	德力西集团有限公司	浙江省	972862	工业电器、房地产业、商业
16	新疆广汇实业投资(集团)有限责任公司	新疆省	943758	房产开发销售、汽车改装及销售代理、石材加工
17	南京钢铁联合有限公司	江苏省	909059	钢铁冶炼、钢材加工

序号	企业名称	地区	营业收入（万元）	主营业务
18	天正集团有限公司	浙江省	870167	低压电器、仪器仪表、电源设备
19	人民电器集团有限公司	浙江省	862517	高低压电器、成套电控设备、仪器仪表
20	奥克斯集团	浙江省	856546	电能表、空调器、手机、汽车
21	上海人民企业（集团）有限公司	上海市	821138	输配电成套设备、高低压电器、仪器仪表、电线电缆
22	华芳集团有限公司	江苏省	709298	棉纺业、毛织业、服装加工
23	惠州侨兴集团有限公司	广东省	695632	研发、生产、销售通信终端产品、磁性材料、仿生无毒舰船防污涂料
24	华立控股股份有限公司	浙江省	673506	仪器仪表、医药、信息电子
25	唐山市冀东物贸集团有限责任公司	河北省	668380	汽车、农用车及配件、钢材、棕榈油
26	江苏三房巷集团有限公司	江苏省	667029	PBT 工程塑料、涤纶纤维、化纤纱
27	江苏新科电子集团有限公司	江苏省	651199	新科家用音响、新科家用空调、新科车用电子
28	内蒙古伊利实业集团股份有限公司	内蒙古	629933	乳品
29	江苏雨润食品产业集团有限公司	江苏省	623326	食品、房地产
30	红星家具集团有限公司	江苏省	623000	家具、建材、装饰材料
31	通威集团有限公司	四川省	616512	饲料生产销售、电子元件生产、销售、养殖业及养殖技术开发服务
32	红豆集团有限公司	江苏省	607806	纺织服装、机械、化工
33	长城电器集团有限公司	浙江省	605036	高低压电器及元件制造销售、成套电控设备、仪器仪表制造销售
34	上海新高潮（集团）有限公司	上海市	588880	木制品生产加工
35	桐昆集团股份有限公司	浙江省	561519	化纤、聚酯、油剂
36	江苏力联实业集团有限公司	江苏省	556285	注塑业、房地产、金融
37	江阴澄星实业集团有限公司	江苏省	546074	磷化工、工程塑料
38	山东金锣企业集团总公司	山东省	539000	生猪屠宰、肉类加工
39	海南航空股份有限公司	海南省	537209	航空客货邮运输
40	江苏永钢集团有限公司	江苏省	534570	钢材轧制、彩钢板、耐火材料制造
41	家世界连锁商业集团有限公司	天津市	527204	零售业、房地产
42	浙江远东化纤集团有限公司	浙江省	524838	各类涤丝、短纤、印染布
43	大连实德集团有限公司	辽宁省	520000	建材、家用电器、体育文化产业
45	大连华农豆业集团股份有限公司	辽宁省	506067	食用植物油、大豆及副产品加工、豆粕
46	新华联集团	北京市	501227	酒业、房地产、化工
47	永鼎集团有限公司	江苏省	481209	光缆、电缆、数据电缆
48	中天建设集团有限公司	浙江省	478076	房屋建筑、交通路桥建设、房地产开发
49	四川新希望集团有限公司	四川省	472662	饲料、乳业、化工
50	浙江康桥汽车工贸集团股份有限公司	浙江省	472286	汽车销售、维修服务
51	萍乡钢铁有限责任公司	江西省	461857	钢材的生产及销售
52	重庆力帆实业（集团）有限公司	重庆市	458000	摩托车、摩托车发动机
53	南京钢铁集团江苏淮钢有限公司	江苏省	443634	钢铁产品的开发、冶炼、加工及销售、冶金炉料的生产销售
54	西安海星科技投资控股（集团）有限公司	陕西省	422837	计算机软、硬件开发、生产、销售、超市、饮品
55	河北华龙面业集团有限公司	河北省	402765	方便面、面粉、挂面
56	浙江恒逸集团有限公司	浙江省	400192	生产：纺织原料及产品、化工原料及产品销售：金属材料、机电产品及配件
57	江苏苏宁建设集团有限公司	江苏省	395001	房地产开发与经营、物业管理、酒店经营、商业、汽车贸易、矿业
58	五洋建设集团股分有限公司	浙江省	390675	房屋建筑工程、市政公用工程、装饰、地基、钢构、园林
59	均瑶集团有限公司	上海市	388310	航空服务、乳制品、房地产
60	隆鑫控股有限公司	重庆市	385906	摩托车、发动机
61	江苏高力实业集团有限公司	江苏省	385853	房地产开发、房屋租赁、投资咨询
62	东方希望集团有限公司	上海市	380000	饲料业、有色金属业
63	成都林风实业集团	四川省	372060	开发、生产、销售电力、热力、房地产开发、制造、销售电碳制品

序号	企业名称	地区	营业收入（万元）	主营业务
64	浙江永通染织集团有限公司	浙江省	367886	服装、电脑绣花、纺织、印染、化工、自营进出口企业
65	西洋集团	辽宁省	366781	耐火材料、复合肥、钢铁
66	武进中天钢铁有限公司	江苏省	366000	钢冶炼、钢材轧制、火力发电、蒸汽供应、拉丝制造
67	兴乐集团有限公司	浙江省	362186	电线电缆、电工铜杆、漆包线、电力金具、电工机械设备、石化机械
68	浙江卡森实业股份有限公司	浙江省	359700	家具装饰、成品沙发、沙发套
69	江苏综艺集团	江苏省	359282	服装、胶合板类木制品、集成电路、软件产业、生物制药
70	纵横控股集团有限公司	浙江省	356923	纺织、冶金、房地产
71	宗申产业集团有限公司	重庆市	355319	摩托车开发设计制造、摩托车批发兼零售、摩托车发动机
72	内蒙古小肥羊餐饮连锁有限公司	内蒙古	353760	特色火锅
73	唐山宝业集团	河北省	352627	带钢、棒材
74	沈阳和光集团股份有限公司	辽宁省	351407	微型计算机销售
75	四川蓝光实业集团有限公司	四川省	351177	房地产、高科技产业、水业、绿色饮品
76	山西通达集团有限公司	山西省	339429	摩托车生产销售配件供应、汽车贸易、汽车维修服务、货物运输、房地产开发
77	唐山建龙实业有限公司	河北省	334764	热轧带钢、板坯
78	江苏森达集团有限公司	江苏省	324251	皮鞋、服装、热电
79	江苏三胞集团有限公司	江苏省	315900	电子计算机网络工程设计、施工、安装、计算机、文教办公用品销售
80	新奥集团股份有限公司	河北省	301600	城市燃气运营、能源装备、能源化工
81	四川宏达集团	四川省	292147	工业、房地产、国际贸易
82	南通四建集团有限公司	江苏省	291667	建筑施工、装修装饰、消防设施
83	山东太阳纸业股份有限公司	山东省	287413	机制纸、纸板制造、纸制品制造、加工、化工产品
84	荣盛化纤集团	浙江省	285525	制造、加工、销售化纤产品、经销轻纺原料及产品
85	亨通集团有限公司	江苏省	285340	通信产品的生产和销售、通信工程服务、房地产
86	镇江江奎集团有限公司	江苏省	280696	DVD、数码相机、电子镇流器
87	科达集团股份有限公司	山东省	276731	基础投资、建设管理、运营及相关材料生产、电子信息产品生产及加工贸易
88	无锡兴达泡塑新材料有限公司	江苏省	270511	可发性聚苯乙烯树脂
89	青岛泰发集团股份有限公司	山东省	270000	手推车、橡胶、批发钢材等
90	深圳海王集团股份有限公司	广东省	266322	药品生产销售、生物制品生产销售
91	富通集团有限公司	浙江省	259374	光通信、金属通信、无线接入
92	美锦能源集团有限公司	山西省	258173	煤炭加工洗选、批发零售优质焦炭、煤化工产品、陶瓷
93	浙江富春江通信集团有限公司	浙江省	256592	通信电缆、通信光缆、电力电缆
94	飞跃集团有限公司	浙江省	255700	各类缝纫机
95	华翔集团股份有限公司	浙江省	253202	汽车制造及配件、模具制造、进出口业务
96	江苏远东集团有限公司	江苏省	252775	电线电缆、医药、新材料
97	江苏隆力奇集团有限公司	江苏省	250892	化妆品的生产、销售、日用品、保健品的生产、销售
98	唐山市宏文实业集团有限公司	河北省	250001	水泥、煤炭、电力、铁矿
99	盼盼安居股份有限公司	辽宁省	250000	防盗安全门、窗、保温板、钢结构、车库门、散热器、变速自行车
100	辽宁曙光汽车集团股份有限公司	辽宁省	243024	汽车及汽车相关部件
101	浙江赐富化纤集团有限公司	浙江省	241658	涤纶丝、纺织布、薄膜、切片、药
102	耀华电器集团有限公司	浙江省	235783	高低压电器、成套电控设备、机械设备及零部件
103	山东五征农用车有限公司	山东省	233000	农用车、电动车
104	华峰集团有限公司	浙江省	232973	聚氨酯系列产品制造及销售、塑料制品制造、销售、皮革制品、鞋类制造及销售
105	浙江龙盛集团股份有限公司	浙江省	230121	分散染料、活性染料、化学中间体产品
106	邢台德龙钢铁实业有限公司	河北省	226284	钢坯、带钢、烧结矿
107	天津天士力集团有限公司	天津市	225260	医药制造
108	广东恒兴集团有限公司	广东省	224059	禽畜、水产饲料、水产品加工、禽畜、水产养殖

序号	企业名称	地区	营业收入（万元）	主营业务
109	波司登股份有限公司	江苏省	222982	羽绒服、棉服等防寒服、休闲服、运动服、衬衫、床上用品
110	天龙控股集团有限公司	浙江省	222637	纺织、印染、化纤
111	常州市武进第二物资总公司	江苏省	221397	棉纱、工业生产资料、建筑材料、日用杂货、五金
112	浙江海滨建设集团有限公司	浙江省	219701	建筑、市政、房地产
113	西子电梯集团有限公司	浙江省	218904	电梯制造、扶梯制造、电、扶梯配件
114	亚厦控股有限公司	浙江省	218618	建筑装饰、房地产开发、建筑
115	江苏月星家具集团有限公司	江苏省	217830	家具制造、家具销售、家居用品销售
116	汇仁集团有限公司	江西省	217300	中西成药的生产、销售、中药饮片、中药材的生产、销售
117	南通宝港油脂发展有限公司	江苏省	215702	食用植物油、饲料生产、销售
118	三花控股集团有限公司	浙江省	209148	制冷自控元件
119	三一重工股份有限公司	湖南省	208801	混凝土泵车、混凝土拖泵、压路机
120	浙江大普集团有限公司	浙江省	208579	化纤长丝制造加工、房地产开发、旅游
121	浙江航民实业集团有限公司	浙江省	207929	印染加工、热电、染料化工
122	神力集团有限公司	浙江省	207891	机械制造、环保工程、房地产开发
123	南通神勇建设工程总承包有限公司	江苏省	207234	房屋建筑工程施工、市政公用工程施工、建筑装修装饰工程
124	浙江富可达皮业集团股份有限公司	浙江省	202688	服装（皮革、牛仔）、面辅料、纺织印染
125	浙江亚太高科股份有限公司	浙江省	202640	纺织印染、服装服饰、进出口业务
126	安徽亚夏实业股份有限公司	安徽省	202161	驾训、汽车销售、服务、销贷、配件、维修
127	江苏澳洋实业（集团）有限公司	江苏省	201053	精纺呢绒、服装、粘胶短纤、毛纱
128	深圳市中汽南方投资有限公司	广东省	200793	国外汽车品牌进口分销代理、国产汽车品牌销售服务
129	杭州道远化纤集团有限公司	浙江省	200626	POY 涤化丝销售
130	宁波海天集团股份有限公司	浙江省	199191	塑料机械及零件
131	四川汇源科技产业控股集团有限公司	四川省	194988	IT 产业、电业系统设备
132	杭州锦江集团有限公司	浙江省	191863	环保能源、纺织、造纸
133	徐州华厦集团有限公司	江苏省	188613	房地产开发、房产销售、建筑机具、门窗
134	上海太平洋百货有限公司	上海市	184168	百货、餐饮、服务
135	美特斯邦威集团有限公司	浙江省	183260	服装、服饰制造和销售
136	上海海欣集团股份有限公司	上海市	182858	人造毛皮、腈纶针织纱、长毛绒玩具
137	罗蒙集团股份有限公司	浙江省	182658	西服、服饰
138	浙江天圣控股集团有限公司	浙江省	182581	化纤
139	江苏虎豹集团有限公司	江苏省	182005	服装生产销售
140	盾安控股集团有限公司	浙江省	180568	实业投资、投资控股、资产管理
141	河南省定角实业总公司	河南省	180500	钢坯、带钢、汽车配件
142	万达集团股份有限公司	山东省	180170	电线电缆、石油化工、精细化工
143	宁波洛兹集团有限公司	浙江省	180000	服装
144	中大工业集团公司	江苏省	179752	汽保、汽车、工业涂装
145	天津天狮集团有限公司	天津市	179447	营养保健品、洗涤用品、药品
146	人本集团有限公司	浙江省	179365	轴承制造、机电贸易、商业超市
147	健康元药业集团股份有限公司	广东省	178485	保健品、食品、药品
148	浙江华成控股集团有限公司	浙江省	177157	房屋建筑业、房地产业、钢构、地基打桩、市政园林、建筑新材料
149	大庆市庆客隆经贸有限公司	黑龙江省	177000	副食、百货、服装、鞋帽、烟酒、糖茶
150	浙江胜达包装材料有限公司	浙江省	173939	纸箱、纺织品、钢架
151	野风集团有限公司	浙江省	173544	房地产、化工、进出口业务
152	浙江兆山建材集团有限公司	浙江省	172625	水泥制造
153	江苏双良集团有限公司	江苏省	172305	溴化锂制冷机及配件、溴化锂溶液、锅炉、停车设备、水泵
154	龙大食品集团有限公司	山东省	172222	食品加工出口、木器制造
155	华通机电集团有限公司	浙江省	168813	机电产品、高低压电器及元件、成套电控设备、电子元件
156	吉林修正药业集团股份有限公司	吉林省	168346	化学药制剂、中成药制造销售
157	山东垦利石化有限责任公司	山东省	168068	石油加工、玻璃棉建材、酿酒

序号	企业名称	地区	营业收入（万元）	主营业务
158	湖北联谊实业集团有限公司	湖北省	167001	金属材料国内和进口贸易、废钢收购和销售、金属矿石
159	传化集团有限公司	浙江省	165600	日用化工产品及精细化工产品、化工原料
160	昆山三牛实业集团有限公司	江苏省	165313	服装、纺织品、房地产开发
161	青岛变压器集团有限公司	山东省	163516	输变电产品开发研制
162	苏州华成汽车贸易集团有限公司	江苏省	163400	汽车销售、汽车维修、汽车装潢、美容
163	万丰奥特控股集团有限公司	浙江省	161370	汽车零部件、汽车、机械装备
164	利达（柳州）化工有限公司	广西省	160530	生产、销售梨醇及其他淀粉增值产品
165	浙江中富建筑集团股份有限公司	浙江省	160280	建筑、房地产开发、国际工程
166	广东天建实业集团有限公司	广东省	160000	五金家具、化纤、造船
167	亚邦化工集团有限公司	江苏省	160000	染料及染料中间体、涂料及不饱和聚酯树脂、医药及原材料
168	江苏威信染纺有限公司	江苏省	158001	化工染料、纺织、服装
169	江苏华尔润集团有限公司	江苏省	158000	浮法玻璃、微晶板材、玻璃加工产品
170	东港工贸集团有限公司	浙江省	156352	医药、染料、房地产、贸易
171	苏泊尔集团有限公司	浙江省	153259	炊具、厨卫家电、制药
172	杭州西子奥的斯电梯有限公司	浙江省	153084	电梯、扶梯、自动人行道
173	营口青花耐火材料集团	辽宁省	153001	耐火材料、防盗门、民用锅炉
174	江苏三笑集团	江苏省	152923	牙刷、蚊香、香皂
175	亿阳集团有限公司	黑龙江省	152203	开发、生产、销售电子产品、高速公路机电系统工程
176	南京新华海科技产业集团有限公司	江苏省	151698	信息制造、房地产、餐饮
177	浙江闰土化工集团有限公司	浙江省	150803	染料、化工中间体、助剂
178	奥康集团有限公司	浙江省	150551	皮鞋
179	江苏九洲投资集团有限公司	江苏省	150470	房地产、超市、商品交易市场
180	江苏旋力集团股份有限公司	江苏省	150229	锅炉钢管、轴承管、合金管、不锈钢板、碳钢、矽钢
181	江苏上上电缆集团	江苏省	150210	电线电缆制造、铜杆、铝杆制造
182	维信（集团）有限公司	内蒙古	150069	羊绒系列制品、羊剪绒系列制品、葡萄酿酒业
183	江苏新丽华企业集团有限公司	江苏省	150000	建材销售、市场管理、建材超市
184	江苏常发实业集团有限公司	江苏省	149850	产品制造、营销、对外贸易
185	浙江翔盛集团有限公司	浙江省	148577	纺织面料、化纤原料
186	昌泰集团	浙江省	145900	发电、电力设施建设、电力产品制造
187	星星集团有限公司	浙江省	145385	家用电器、电子产品、房地产
188	上海瀛通（集团）有限公司	上海市	145097	房地产、环境和公共设施管理业
189	山西金业煤焦化集团有限公司	山西省	145000	焦炭、煤炭发运
190	纳爱斯成都有限责任公司	四川省	144670	日用化工产品制造、化工原料贸易
191	上海市轻纺集团有限公司	上海市	143611	资产经营自有房屋租赁、实业投资、国内贸易
192	江苏金鼎电动工具集团有限公司	江苏省	143315	电动工具进出口业务制造
193	厦门升汇纺织工业控股有限公司	福建省	143134	自营和代理各类商品和技术的进出口
194	浙江万利工具集团有限公司	浙江省	142697	木工工具、金钢石工具、橡塑制品、进出口贸易
195	金轮集团股份有限公司	浙江省	141883	化纤纺织
196	华伦集团	浙江省	139490	电缆、光缆、电力电缆
197	青岛特种汽车集团有限公司	山东省	138978	汽车制造
198	江苏万象集团公司	江苏省	138500	聚酯切片、涤纶切片、纱
199	报喜鸟集团有限公司	浙江省	136992	服装
200	上海君益商贸有限公司	上海市	136700	金属材料
201	湖南曾氏企业（集团）有限公司	湖南省	135000	电解铝、铝板、棒、箔、氧化铝
202	浙江华瑞集团有限公司	浙江省	132594	轻纺原料、化工产品
203	上海卫良物资有限公司	上海市	131869	金属材料
204	光宇集团有限公司	浙江省	131054	平板浮法玻璃、深加工玻璃、水泥
205	浙江万马集团有限公司	浙江省	131025	机械、电子、通讯、化工、医药
206	山东鲁花集团有限公司	山东省	130614	食用油、铁强化酱油、糯米香醋、粉丝
207	浙江银泰百货有限公司	浙江省	129308	服饰、化妆品

序号	企业名称	地区	营业收入（万元）	主营业务
208	浙江新中天控股集团有限公司	浙江省	128870	纺织、印染、无纺布
209	浙江杭萧钢构股份有限公司	浙江省	128028	钢结构工程的制作安装、地基与基础施工、专项工程设计
210	卧龙控股集团有限公司	浙江省	127949	各类微分专特电机、电动车、铅、酸及通讯蓄电池
211	江苏长江电气集团有限公司	江苏省	127882	开关柜、母线槽、桥架
212	哈尔滨光宇电源集团股份有限公司	黑龙江省	127565	阀控密封铅酸蓄电池制造销售、锂离子电池制造销售、自动化产品制造销售
213	浙江日月首饰集团有限公司	浙江省	127547	“明”牌首饰
214	江苏丰立国际贸易有限公司	江苏省	127439	炉料加工、精密管、焊管、钢材收购
215	江苏华宏实业集团有限公司	江苏省	127434	普通机械制造、合成革制造、化学纤维制造
216	杭州长城机电实业有限公司	浙江省	127190	机电产品
217	嘉祥县嘉冠油脂化工有限公司	山东省	124700	食用植物油、豆粕、磷脂
218	四川富临实业集团有限公司	四川省	124385	房地产开发、交通运输、机械（汽车）制造
219	好孩子儿童用品有限公司	江苏省	124025	童车、童床、餐椅
220	方远建设集团	浙江省	124001	建筑安装、房地产开发、高性能反光材料制造
221	上海致达科技（集团）股份有限公司	上海市	123441	电脑软件、生物医药工程及其产品、科技咨询服务、房地产开发
222	江苏骏马集团	江苏省	123176	锦纶帘子布、锦纶、工业丝、涤纶工业丝
223	江苏江南实业集团	江苏省	123000	铁合金、门窗制作、安装、塑料、铝合金型材
224	亿利资源集团公司	内蒙古	122472	医药、化工、房地产开发
225	科瑞集团有限公司	江西省	121977	高压开关设备制造、销售、浓缩苹果汁、梨汁、香精制造、销售
226	重庆华宇集团	重庆市	121886	房地产开发、建筑施工、物业管理
227	昆山市震雄电线电缆有限公司	江苏省	121488	裸铜丝、绞线、镀锡丝
228	上海博泰实业有限公司	上海市	121001	棉纱、针织、服装等
229	江苏新世纪造船股份有限公司	江苏省	120900	民用钢质船舶设计制造、钢结构制造、冷锻件
230	山东鸿达建工集团有限公司	山东省	120736	建筑工程机械制造、销售、食品加工、建筑、房地产
231	浙江南方集团有限公司	浙江省	120156	纺织品生产、印染加工、经营本企业的进料加工
232	山西安泰集团股份有限公司	山西省	120004	生产销售焦炭、生铁、钢材、水泥等
233	山西常平集团有限公司	山西省	120000	生铁、焦炭、水泥
234	南京钢加工程机械实业有限公司	江苏省	120000	普通机械及配件、汽车（不含小轿车）及配件、电器机械及器材
235	山东翔龙实业集团有限公司	山东省	120000	化肥生产、化工产品、生铁冶炼
236	帅康集团有限公司	浙江省	119506	厨卫家电产品、灯具
237	温州金州集团有限公司	浙江省	118954	进出口商品、不锈钢生产经营、人造革生产、经营
238	欧美投资集团有限公司	山东省	118765	投资、进出口、房地产、典当
239	德仁集团有限公司	浙江省	118149	人造板制造、销售、房地产
240	浙江雄峰实业集团有限公司	浙江省	117067	纺织、印染、纺纱、纺丝
241	丰南区冀发特种钢材有限公司	河北省	116204	钢铁
242	山东华夏集团有限公司	山东省	116000	建筑机械产品、药品
243	山西华宇集团有限公司	山西省	115815	商业、房地产业、客运业
244	合肥华泰食品有限责任公司	安徽省	115551	“洽洽”品牌系列炒货
245	重庆小天鹅投资控投（集团）有限公司	重庆市	114549	火锅餐饮、宾馆旅游、食品加工
246	腾达建设集团股份有限公司	浙江省	114189	市政公用建筑、公路、桥梁、土建、装饰
247	宁波浙东建材集团有限公司	浙江省	114055	水泥制品的制造、UPVC 型材、彩色铝型材、打桩服务
248	青岛喜盈门集团公司	山东省	113356	针纺织品、橡胶制品
249	宁波富达股份有限公司	浙江省	113150	小家电、房地产、自来水
250	合肥中建工程机械有限责任公司	安徽省	113053	工程机械设备制造、销售、租赁、维修服务、配件销售
251	江苏梦兰集团有限公司	江苏省	112537	床上用品、服装、汽车销售
252	双菱集团有限公司	浙江省	111975	空调器制造和销售、制冷配件制造和销售、摩托车制造和销售
253	四川汉龙（集团）有限公司	四川省	111871	房地产开发与经营、化工产品及原料

序号	企业名称	地区	营业收入（万元）	主营业务
254	法派集团有限公司	浙江省	110760	服装、服饰及鞋类研制、开发、制造、销售、服装服饰
255	浙江青山特钢有限公司	浙江省	110000	制造、销售不锈钢材料
256	徐龙食品集团有限公司	浙江省	110000	烤鳗、活鳗
257	上海斯尔丽服饰有限公司	上海市	110000	服装
258	浙江嘉欣丝绸股份有限公司	浙江省	109601	服装、白厂丝、丝织品
259	四川科伦实业集团有限公司	四川省	108709	化学药品制剂、医药贸易、药品零售、化学药原料、药用包装
260	青岛金王集团有限公司	山东省	108600	蜡制品
261	浙江万亨盛印染有限公司	浙江省	108048	染色
262	江苏天工集团有限公司	江苏省	108008	高速工具钢、工具麻花钻
263	上海龙工机械有限公司	上海市	106501	装载机产销
264	世纪阳光控股集团有限公司	浙江省	105824	实业投资、房地产投资、农业
265	浙江开氏纺纤集团有限公司	浙江省	105823	涤丝
266	四川华侨凤凰集团股份有限公司	四川省	105730	高科技农业、塑胶彩印包装、造纸
267	浙江金鹰股份有限公司	浙江省	105074	机械制造业、纺织、服装制造业
268	江苏恒瑞医药股份有限公司	江苏省	105035	制药
269	江苏长城物资贸易有限公司	江苏省	105000	钢坯、钢材、金属材料、五金、交电、电子产品、木材、煤炭
270	开元旅业集团有限公司	浙江省	104747	饭店业、房地产、旅游业
271	江阴润华化工制品有限公司	江苏省	104624	可发性聚苯乙烯的生产
272	广东省梅州市塔牌集团有限公司	广东省	104390	制造水泥、水泥熟料等
273	广西北生集团有限责任公司	广西省	104118	制药、建筑、房地产、农业
274	浙江永利实业集团有限公司	浙江省	103891	经编织物及其出口、印染加工、热电
275	成都国腾通讯（集团）有限公司	四川省	103878	电子、通讯、系统集成
276	红蜻蜓集团有限公司	浙江省	103868	皮鞋
277	上海宝翔物资有限公司	上海市	103857	钢材流通
278	庄吉集团	浙江省	103553	服装、皮件、服饰材料、纺织品
279	恒力集团有限公司	江苏省	103476	化纤纺织、化纤原料生产销售、进出口贸易
280	杭州龙达差别化聚酯有限公司	浙江省	103210	差别化聚酯、功能性聚酯、聚酯熔体育直纺涤纶长丝
281	山东鲁洲食品集团有限公司	山东省	103000	高麦芽糖浆、麦芽糊精、葡萄糖粉
282	海宁蒙努集团有限公司	浙江省	102647	沙发套、皮革、服装
283	天津德利得集团有限公司	天津市	102574	金属材料、房地产开发、物流
284	唐山市丰南区群利钢铁有限公司	河北省	102150	钢板、螺纹钢
285	湖南九芝堂股份有限公司	湖南省	101857	医药工业、医药商业、药品包装、印刷
286	浙江新和成股份有限公司	浙江省	101760	医药制造
287	浙江绍兴华宇印染纺织有限公司	浙江省	101497	印染加工
288	浙江春晖集团有限公司	浙江省	101454	自控元件、汽车配件、粘胶短纤
289	伟星集团有限公司	浙江省	101282	服装辅料、新型建材、工艺品、房地产
290	宁波兴业电子铜带有限公司	浙江省	101033	铜及铜合金板带
291	山东大陆企业集团有限公司	山东省	101000	制药、酿酒、石化产品、房地产
292	浙江兴惠化纤集团有限公司	浙江省	100793	化纤涤丝、化纤布
293	浙江中南建设集团有限公司	浙江省	100698	施工、建筑、市政、装饰幕墙、钢构工程
294	江苏宏大集团	江苏省	100660	纺织、化工、房地产
295	马佐里（东台）纺机有限公司	江苏省	100660	纺织机械成套成台设备、建筑工程机械设备、配件
296	康奈集团有限公司	浙江省	100605	皮鞋
297	江苏新华昌集团有限公司	江苏省	100541	集装箱制造、金属散装货柜、汽油、柴油、润滑油零售
298	泗水西尔康制药有限公司	山东省	100500	制药
299	苏州金鹰国际购物中心有限公司	江苏省	100497	服饰、烟酒礼品、箱包、皮鞋、化妆品、珠宝黄金
300	浙江江南涤化有限公司	浙江省	100174	涤纶低弹丝 DTY、涤纶牵弹丝 FDY、涤纶预取向丝 POY
301	江苏飞达工具集团股份有限公司	江苏省	100012	高速工具钢、钻头
302	上海家饰佳实业有限公司	上海市	100001	建筑装潢材料、房地产开发经营
303	青岛九联集团股份有限公司	山东省	100000	鸡养殖、宰杀、冷藏

序号	企业名称	地区	营业收入（万元）	主营业务
304	上海西本钢铁贸易发展有限公司	上海市	99836	钢材贸易
305	桐乡市凤鸣合纤有限公司	浙江省	99713	涤纶长丝生产
306	温州挺宇集团有限公司	浙江省	99300	阀门、数码三表、房地产、防爆电器
307	上海大昌铜业有限公司	上海市	98626	阴极铜
308	苏州人民商场股份有限公司	江苏省	98388	家电、服装、办公用品
309	浙江上风实业股份有限公司	浙江省	98259	风机、风冷设备、制冷连冻装备
310	华仪电器集团有限公司	浙江省	98253	户内外真空断路器、高低压开关柜、仪器仪表
311	浙江虞乐工贸集团公司	浙江省	98106	牛仔布、热镀锌钢管、三氯乙酰氯等化工原料
312	山西三佳煤化有限公司	山西省	98100	生产冶金焦、铸造焦
313	温州中城建设集团有限公司	浙江省	98065	建筑业、房地产
314	宁波太平鸟投资集团有限公司	浙江省	97857	服装、医疗、印刷
315	青岛万福集团股份有限公司	山东省	96943	蔬菜种植加工、畜禽养殖
316	江阴市新大铝业有限公司	江苏省	95892	生产销售有色金属、压铸件、泵
317	北海银河高科技产业股份有限公司	广西省	95890	电力系统自动化及电气设备、电子元器件、软件开发与系统集成
318	通光集团有限公司	江苏省	95680	光纤光缆、光电子器件、微波器件
319	浙江利时投资集团股份有限公司	浙江省	95392	家用塑胶制品、经贸、模具
320	星月集团有限公司	浙江省	95388	汽油机、柴油机动力、电动滑板车、汽油机滑板车、摩托车、电动自行车
321	山西阳光焦化集团有限公司	山西省	95165	冶金焦
322	民生实业（集团）有限公司	重庆市	95042	航运、货代、船代、陆运及物流服务
323	山东华金集团有限公司	山东省	94413	机制纸
324	山西振兴集团有限公司	山西省	94229	铝锭生产、原煤生产、发电
325	浙江华威实业集团有限公司	浙江省	93945	建筑材料
326	浙江柳桥羽毛有限公司	浙江省	93740	羽毛、羽绒、服装
327	江苏红豆实业股份有限公司	江苏省	93298	服装、针织品、纺织品
328	江苏金达来集团公司	江苏省	93250	化学纤维、涤纶塑料、造粒、塑料染色、建筑机械、化纤项目咨询
329	上海盛顺服装有限公司	上海市	93000	纺织服装出口、IT、咨询、地产
330	安徽长江钢铁有限责任公司	安徽省	92865	螺纹钢、元钢、生铁块
331	浙江广博集团股份有限公司	浙江省	92825	文化用品类生产、纳米产品生产、数码相机生产
332	浙江医药股份有限公司新昌制药厂	浙江省	92500	原料、制剂、保健品
333	森马集团有限公司	浙江省	92015	休闲服、童装
334	云蝠集团公司	江苏省	91455	服装
335	江苏琼花集团有限公司	江苏省	91156	PVC片、板材、真空镀铝膜、烫印箔
336	四川龙蟒集团有限责任公司	四川省	90041	饲料磷酸盐、肥料磷酸盐、钛白粉
337	浙江黄岩进出口公司	浙江省	89420	自营和代理各类商品及技术的进出口业务
338	河南思达科技发展股份有限公司	河南省	89155	电工仪器仪表、电力自动化设备、房地产开发
339	上海宏泉集团有限公司	上海市	88713	房地产开发、建筑工程
340	河北中旺食品集团有限公司	河北省	88162	方便面、精粉
341	旺旺集团杭州旺旺食品有限公司	浙江省	88107	米果类食品、膨化类食品、休闲食品
342	吴江鹰翔化纤有限公司	江苏省	87910	化纤纺丝、化纤织造、印染、热电厂
343	海城市后英经贸集团有限公司	辽宁省	87873	耐火材料、大豆深加工系列产品、耐火材料出口销售
344	北京渔阳集团	北京市	87800	客运出租、酒店、娱乐、房地产开发、建筑
345	杭州杭挂机电有限公司	浙江省	87234	农用运输车、拖拉机变型运输机
346	浙江景兴纸业股份有限公司	浙江省	86955	纸板、纸箱、纸管
347	上海干巷汽车镜（集团）有限公司	上海市	86840	汽车、摩托车后视镜、汽车操纵器总成
348	苏州函数集团有限责任公司	江苏省	86838	商品零售
349	四川德胜集团楚雄钢铁有限公司	云南省	86019	钢材
350	飞腾集团股份有限公司	江苏省	86000	液晶显示器、铝塑复合板
351	山东津华集团有限公司	山东省	86000	大豆油

序号	企业名称	地区	营业收入（万元）	主营业务
352	上海长峰房地产开发有限公司	上海市	85678	房地产开发、大型商场、酒店、综合物业管理
353	天津津海集团公司	天津市	85660	有色、黑色金属加工、机电产品制造、房地产开发
354	江苏华瑞国际实业集团有限公司	江苏省	84893	服装出口
355	青岛正进集团有限公司	山东省	84792	冷冻水产品、干鲜水产品
356	甘肃荣华企业集团	甘肃省	84473	玉米淀粉、农膜、味精、玉米油
357	浙江多凌控股集团有限公司	浙江省	84325	服装及辅料、房地产
358	山东岱银纺织集团股份有限公司	山东省	84227	纺织品、服装
359	浙江加佰利控股集团有限公司	浙江省	83841	实业投资
360	上海威达高科技（集团）有限公司	上海市	83501	笔记本电脑
361	北京中润发汽车销售有限公司	北京市	83450	奥迪车的销售、奥迪车的维修、奥迪车配件
362	重庆百事达汽车有限公司	重庆市	83370	汽车销售、汽车维修、备件供应
363	江苏沃得机电集团有限公司	江苏省	82600	联合收割机、发动机配件、锻压机床
364	上海中盛实业（集团）公司	上海市	82530	钢材剪切、加工钢管、金属材料、装潢、五金、压铸、商品贸易
365	重庆博赛矿业（集团）有限公司	重庆市	82504	生产加工销售、进出口
366	厦门银鹭集团有限公司	福建省	82482	八宝粥、蛋白饮料、果（蔬）汁饮料
367	厦门惠尔康集团有限公司	福建省	82420	葡萄糖饮料等功能性饮料、奶制品系列、果汁、茶系列饮料
368	光明集团	黑龙江省	82000	家具、药品、软件开发
369	山西皇威实业有限公司	山西省	81963	发电、供热、铁合金冶炼、纺纱、织布、中、西药制造
370	哈尔滨和平金属材料有限公司	黑龙江省	81690	黑色金属销售、煤炭
371	温州人造革有限公司	浙江省	81557	生产、销售人造革
372	江苏宏宝集团有限公司	江苏省	81423	无缝钢管、五金工具、医疗器械
373	浙江华港染织有限公司	浙江省	81055	印染加工、服装
374	奉化市爱伊美服饰有限公司	浙江省	81000	服装制造加工、批发、零售、服装面辅料批发零售、进出口贸易
375	花园工贸集团有限公司	浙江省	81000	医药化工、房地产开发
376	江苏向阳集团	江苏省	80756	纺纱、织布
377	四川禾嘉实业（集团）有限公司	四川省	80307	机械制造、食品加工、农作物品种培育
378	江苏国强镀锌实业有限公司	江苏省	80300	高速公路安全设施材料、镀锌管、焊管、铁制大、小镀锌加工件
379	万事利集团有限公司	浙江省	80281	丝织品、服装、印染品
380	绍兴富陵实业集团有限公司	浙江省	80277	塑料薄膜
381	山东雪花生物化工股份有限公司	山东省	80144	谷氨酸
382	青岛康大外贸集团有限公司	山东省	80001	农产品种植、进出口贸易、房地产开发
383	华乐集团	山东省	80000	布匹
384	宁波培罗成集团有限公司	浙江省	79939	服装、印刷、投资
385	东冠集团有限公司	浙江省	79854	建材业、建设工程业、通信信息业
386	大连宏光好运来集团有限公司	辽宁省	78995	工业与民用建筑装饰装修、国际商业贸易、钢管制造及加工
387	新沂市良晨工贸有限公司	江苏省	78560	豆油、豆粕
388	珠海市珠光汽车有限公司	广东省	78420	小汽车销售、小汽车维修
389	四川高金食品股份有限公司	四川省	78309	生猪屠宰、加工冷冻、销售、自营和代理各类商品技术进出口、项目投资
390	杭州协和陶瓷有限公司	浙江省	78304	高档建筑瓷砖
391	浙江禾名皮塑集团有限责任公司	浙江省	78126	PET 聚酯薄膜、人造皮革、PU 浆料树脂
392	江苏菊花味精集团有限公司	江苏省	78042	味精、氨基酸、菌体蛋白制造、销售
393	河北明慧养猪集团有限公司	河北省	78001	生猪活储、饲料加工、猪肉制品
394	浙江星鹏铜材集团有限公司	浙江省	77681	铜管、铜棒
395	江苏申海集团股份有限公司	江苏省	77280	空调机组、风机、冷却塔
396	山东乐化集团	山东省	77000	油漆、五金、白酒
397	江苏英田集团	江苏省	76810	柴油机制造、变型运输机制造、农用运输车制造

序号	企业名称	地区	营业收入（万元）	主营业务
398	天地集团	江苏省	76260	房地产、生物工程、新材料、数控系统、机电
399	安徽精诚实业集团有限公司	安徽省	76199	有色金属（不含贵金属）、黑色金属、电子电器、建筑材料
400	山东鲁南牧工商联合公司	山东省	76155	肉鸡、肉兔冷冻产品、肉鸡、肉兔、熟制品、饲料
401	江苏邗建集团有限公司	江苏省	76050	房屋建筑业施工
402	无锡市江南线缆有限公司	江苏省	76000	电线电缆及其原辅材料
403	荣光集团有限公司	浙江省	76000	橡胶鞋、旅游鞋、注塑鞋、安全鞋等生产和销售
404	嘉兴市良友进出口有限公司	浙江省	75369	自营和代理各类商品进出口
405	湖南金荣企业集团有限公司	湖南省	75170	国际、国内矿石、钢材贸易、有色金属加工
406	浙江飞虹通信集团有限公司	浙江省	75139	工业产品的销售
407	精益电器集团有限公司	浙江省	75136	低压电器、矿灯系列
408	温州吉尔达鞋业有限公司	浙江省	75029	男、女皮鞋
409	抚顺罕王实业集团有限公司	辽宁省	75000	铁矿采选、黑色、有色金属冶炼、热力、商业百货
410	青援食品有限公司	山东省	75000	方便面、饼干、糖果、乳制品、肉制品、面粉、淀粉、淀粉糖
411	浙江兽王集团有限公司	浙江省	74989	皮革服装、制革、沙发
412	上海健特生物科技有限公司	上海市	74634	保健品销售
413	浙江华达通信器材集团有限公司	浙江省	73152	通信电缆、光缆、管桩、热镀锌钢带
414	浙江富帮集团有限公司	浙江省	72778	皮革制造、加工、皮衣制造
415	新华电器集团有限公司	浙江省	72511	低压电器、电线电缆、仪器仪表
416	南方投资集团有限公司	浙江省	72000	阀门、化工、烟气脱硫、污水处理、国际贸易、房地产
417	山东金升有色集团有限公司	山东省	71550	高纯阴极铜、光亮圆铜杆
418	浙江三元集团有限公司	浙江省	71366	印染加工、纺织
419	慈溪市慈客隆超市有限公司	浙江省	71300	商品批零
420	江阴联通实业有限公司	江苏省	71212	印刷、纸制品包装、制版
421	浙江万达集团公司	浙江省	71138	花色钳、汽车方向机、气动工具
422	山东阜丰发酵有限公司	山东省	70899	味精、黄原胶、有机肥料
423	浙江中誉（控股）集团有限公司	浙江省	70897	汽车制造、房地产、照明电器
424	马鞍山市大汗物资有限责任公司	安徽省	70712	销售钢材、建材
425	广西佳用商贸股份有限公司	广西省	70600	食品百货、家居用品、家电
426	浙江展望控股集团有限公司	浙江省	70362	万向节（汽车配件）、化纤、蛋白纤维、印染加工
427	青岛振华工业集团有限公司	山东省	70101	轮胎、橡胶制品、金属制品、纺织品
428	成都三旺集团有限公司	四川省	70001	饲料、食品
429	江苏 AB 集团有限责任公司	江苏省	70000	针织服饰
430	红桃开集团股份有限公司	湖北省	69981	生物医药
431	浙江钱清热电集团有限责任公司	浙江省	69747	发电、供汽、利废配套服务、电脑绣花
432	浙江华川实业集团有限公司	浙江省	69600	纸与纸制品、热电、蒸汽、建筑、钢结构
433	哈尔滨黑天鹅集团股份有限公司	黑龙江省	69539	家电经销、休闲、娱乐、广告
434	上海灿坤实业有限公司	上海市	69349	小家电
435	浙江永泰纸业集团股份有限公司	浙江省	69194	涂布纸板、造纸化工产品、供热
436	江苏裕纶纺织有限公司	江苏省	68963	纺纱、制线、白织布、色织布、棉花收购、经营
437	上海华盛企业（集团）有限公司	上海市	68820	压力容器、消防系列产品、精细化工产品
438	江苏茶梅灯芯绒有限公司	江苏省	68569	灯芯绒、牛仔布、卡其布
439	上海中发电气（集团）有限公司	上海市	68546	高低压开关成套装置、高低压电气元件、实业投资、国际贸易
440	常安集团有限公司	浙江省	68396	低压电器、成套电气装置、仪器仪表
441	浙江联丰集团公司	浙江省	68111	冷却塔、制冷机、风机盘管、压力容器
442	日照兴业集团有限公司	山东省	68031	国际贸易、房地产开发、机械制造
443	鄂尔多斯市乌兰煤炭集团有限责任公司	内蒙古	68000	煤炭、化工、电力
444	青岛国美电器有限公司	山东省	67989	家电
445	浙江一星饲料集团有限责任公司	浙江省	67848	饲料、食用植物油、豆粕
446	江苏胜阳实业股份有限公司	江苏省	67836	建筑模板、中纤板、刨花板
447	无锡华东汽车商城	江苏省	67365	机动车交易

序号	企业名称	地区	营业收入（万元）	主营业务
448	苏州永盛混凝土有限公司	江苏省	67322	混凝土生产销售
449	兰州天奇物资集团有限公司	甘肃省	67300	钢材
450	南通港德油脂有限公司	江苏省	67048	植物油生产、销售、码头装卸、仓储
451	浙江环洲钢业股份有限公司	浙江省	67014	钢材金属材料加工销售、机械产品建筑材料冶金炉料销售
452	山东冠洲股份有限公司	山东省	67000	冷轧薄板带、镀锌板带、彩涂板带
453	鄂尔多斯市兴泰置业集团有限公司	内蒙古	66818	建筑业、房地产业、路桥
454	京卫医药科技集团有限公司	北京市	66774	医药产品生产销售、医疗器械代销、电子商务
455	台州医药有限公司	浙江省	66363	药品批发、药品零售、药品生产
456	浙江东南网架集团有限公司	浙江省	65991	网架、钢结构、板材
457	张家港华达涂层有限公司	江苏省	65913	彩色涂层钢板、热镀锌板
458	浙江新亚太机电集团有限公司	浙江省	65818	机电产品、车辆配件、交通设施
459	冠县冠星纺织有限责任公司	山东省	65700	生产销售棉纱、针织服装
460	上海华东电器（集团）有限公司	上海市	65455	电器、五金、机电产品、高低压成套设备、电线电缆
461	杭州萧宏建设集团有限公司	浙江省	65416	建筑
462	成功控股集团有限公司	湖南省	65387	电子信息产业、房地产、城市基础建设、白酒产业
463	霸州市前进带钢有限责任公司	河北省	65292	钢材改制及销售、冷轧热轧带钢、高频焊管、铸件
464	温州市亚泰进出口有限公司	浙江省	65270	化工原材料销售、自营和代理各类商品进出口业务
465	江西博能实业集团有限公司	江西省	65250	客车、线材、煤炭
466	浙江汇宇营建集团	浙江省	64720	房产、建筑业
467	鄂尔多斯市东方路桥集团	内蒙古	64566	基础设施投资经营、公路桥梁施工、公路桥梁设计监理
468	上海南大集团有限公司	上海市	64565	中、高压电力电缆、低压及民用电缆、电线
469	江苏鸿联集团有限公司	江苏省	64531	灯具、家用饰品、家具
470	浙江华通控股集团有限公司	浙江省	64500	实业投资经营管理、橡塑件、金属件的制造、加工
471	浙江华鼎集团有限公司	浙江省	64478	实业投资、化学纤维、丝绸织造销售、服装、鞋帽制造、纺织品
472	浙江五洋印染有限公司	浙江省	64298	纺织品印染
473	江苏中联科技集团	江苏省	64166	电子材料、机电设备及备件
474	河南省安阳市豫北金属冶炼厂	河南省	64038	电解铅、白银
475	四川怡和企业（集团）有限责任公司	四川省	63913	产业投资、贸易、科技开发
476	浙江禾欣实业股份有限公司	浙江省	63778	PU 革
477	石家庄神威药业股份有限公司	河北省	63485	药品生产、销售、药品零售、药用包装生产、销售
478	上海海泰钢管有限公司	上海市	63000	无缝钢管销售
479	江阴金属材料市场	江苏省	63000	薄板中板厚板、角钢槽钢型钢、圈板热板冷板
480	浙江三弘国际羽毛有限公司	浙江省	62912	羽绒及羽毛加工业、床上用品、羽绒服装
481	浙江威陵金属集团有限公司	浙江省	62891	钢家具制造
482	中利科技集团有限公司	江苏省	62725	电缆制造、销售、光缆制造、销售
483	杭州施乐事达通讯设备有限公司	浙江省	62661	通讯设备、电子产品
484	上海星城石油有限公司	上海市	62393	汽柴油批发
485	浙江彪马集团有限公司	浙江省	62321	农用运输车制造、变型运输机制造
486	扬州纪元纺织有限公司	江苏省	62319	生产销售纺织品、销售纺织原料、纺织品进出口业务
487	江苏三星绣品集团有限公司	江苏省	62151	纺织品
488	江苏磊达股份有限公司	江苏省	62140	水泥、砖瓦制造、加工
489	南通市新华建筑安装工程有限公司	江苏省	62086	建筑安装、市政公用工程
490	江苏万顺机电集团	江苏省	62001	汽车零部件、系列空调、通用机电产品
491	步森集团有限公司	浙江省	61783	服装服饰、针纺织品、缝纫机配件
492	甘肃建新实业集团有限公司	甘肃省	61773	矿产品、化工产品销售、农业、房地产开发
493	长沙高新技术产业开发区中标实业有限公司	湖南省	61538	机械设备的研究、设计、生产、销售、机电产品的研究设计
494	宁波贝发集团有限公司	浙江省	61366	文化办公用品制造、体育用品、塑料制品、包装制品制造
495	常熟市汽车内饰件材料厂	江苏省	61337	汽车内饰件设计开发制造
496	广东明珠集团股份有限公司	广东省	61278	阀门、药品类、酒类

序号	企业名称	地区	营业收入（万元）	主营业务
497	重庆南方集团有限公司	重庆市	61200	房地产开发与经营、文化产业、旅游酒店业
498	福建亚通新材料科技股份有限公司	福建省	60949	生产塑胶管材、管件等,塑胶建材系列产品及配套粘接剂
499	浙江新风热电有限公司	浙江省	60884	火力发电、供热、印染、布、BOPP 薄膜
500	浙江黄岩洲煌实业有限公司	浙江省	60810	化工原料、黑色金属材料铜铝材、建筑材料、机电设备

(信息来源:《中华工商时报》2004 年 8 月 25 日)

备注:此榜的评定是全国工商联自1998 年以来进行的第 6 次, 采取企业自愿参加的原则, 范围为 2003 年度营业收入总额在 1.2 亿元以上的民营企业,上报数据均经过企业所在地工商联和政府有关部门的审核。评定的主要内容包括企业经营情况、企业投融资意向、企业管理和技术创新需求等。

解读:通过此次评选可看到民营企业发展具有以下几个主要特点:

1.上规模企业数量大幅增加,行业和地区分布差异明显

参加评比的企业有 2268 家,比2002 年增加 686 家,同比增长 43%。主要分布在农业、采矿业、制造业、建筑业、商业等 15 个行业。上规模民营企业主要集中在第二产业 (79%) 和第三产业 (20%),在第二产业中主要集中在制造业 (74%) 和建筑业 (3%),在第三产业中主要集中在商业、餐饮与服务业(9%) 和房地产业 (4%)。

从地区分布上看,上规模民营企业主要分布在东部地区,占全部调研企业总数的 78%,中西部地区企业数量仅占22%。上规模民营企业数量位居前 5 名的省市是浙江省 (33%)、江苏省(21%)、山东省 (9%)、上海市 (6%)和安徽省 (5%)。

2.民营企业经营规模不断扩大,经济效益大幅提高

2003 年度上规模民营企业营业收入总额为 15225.4 亿元,营收总额 50 亿元以上的企业有 46 家,比上年增加 25家;营收总额 5 亿元以上的企业有 638家,比上年增加 233 家。

企业净利润总额 758.5 亿元,净利润超过 5 亿元的有 15 家,比上年增加 7家;亏损企业 43 家,比上年增加 24 家。

企业资产总额为 13851.6 亿元,净资产总额 5431.3 亿元。资产总额 50 亿元以上的企业有 30 家, 比上年增长 15家; 资产总额 5 亿元以上的企业有 570家,比上年增加 192 家。

3.上规模企业社会效益显著增长,在吸纳就业和纳税方面贡献突出

2003 年度上规模以上民营企业纳税总额 691.8 亿元, 其中前 500 名企业总计 478.5 亿元,比上年增长 22%。

企业出口创汇增长显著,出口总额为 277.7 亿美元, 其中前 500 家企业出口额总计 163.5 亿美元,比上年增长 6%。

企业在吸纳就业方面继续发挥着重要作用。从业人员总数为 383.9 万人,从业人员达到 1 万人的有 44 家, 比上年增加 11 家; 企业平均从业人员数1693 人,比上年下降 2%。

4.前 500 家民营企业实力进一步增强,经济效益保持领先地位

以营业收入计,前 500 家民营企业经济效益继续保持领先地位。营业收入总额 10767.1 亿元, 比上年增长 53%,占全部调研企业的 71%;净利润总额为507.3 亿元,比上年增长 40%,占全部调研企业的 67%。亏损企业数为 5 家,占12%。

前 500 家民营企业经营规模不断扩大, 实力进一步增强。资产总额9258.7 亿元,比上年增长 31%,占全部调研企业总额的 67%; 净资产总额3591.7 亿元,比上年增加 20%,占全部调研企业的 66%。

5.营业收入和总资产居前 10 名的民营企业排名发生变化

营业收入总额居前 10 位的企业中,联想控股有限公司已连续 6 年位居榜首,万向集团公司连续 6 年位居前 10名。南京斯威特集团有限公司和太平洋建设集团有限公司是本次新入榜的两家企业。

资产总额居前 10 位的企业依次是:东方集团实业股份有限公司、上海复星高科技(集团)有限公司、海南航空股份有限公司、江苏沙钢集团有限公司、联想控股有限公司、大连实德集团有限公司、广厦控股创业投资有限公司、横店集团、万向集团、成都林凤实业集团。

6.拓宽投融资渠道、提高企业管理水平、与国企获得同等国民待遇成为民营企业进一步发展的迫切要求

调研结果表明,2003 年很多民营企业积极参与国有企业改组改造,并进行多方位的产业投资,多数企业有通过收购兼并进一步发展的意向。同时民营企业急需拓宽融资渠道,对通过发行债券、上市等多渠道融资有比较迫切的需求。

民营企业的股权结构和管理模式正进一步向现代企业制度靠拢, 许多民营企业进行了股份制改造, 建立了股东大会、董事会和监事会,但企业治理结构急需完善, 管理水平有待进一步提高。

◎榜四、2004 中国最大的 500 家外商投资企业◎

序号	企业名称	销售额(万元)	序号	企业名称	销售额(万元)
1	上海大众汽车有限公司	5670842	49	广东核电合营有限公司	781239
2	鸿富锦精密工业(深圳)有限公司	5479101	50	松下电器(中国)有限公司	777944
3	一汽大众汽车有限公司	4897331	51	飞利浦电子元件(上海)有限公司	771218
4	达丰(上海)电脑有限公司	4782454	52	恩斯迈电子(深圳)有限公司	767827
5	摩托罗拉(中国)电子有限公司	3863963	53	大唐国际发电股份有限公司	765406
6	上海通用汽车有限公司	3472264	54	乐金电子(天津)电器有限公司	755642
7	长城国际信息产品(深圳)有限公司	2905807	55	丰田通商(天津)有限公司	717976
8	上海惠普有限公司	2865878	56	惠州 TCL 移动通信有限公司	717129
9	中海石油中国有限公司	2699251	57	杭州斯达康通讯有限公司	700629
10	戴尔(中国)有限公司	2517553	58	夏新电子有限公司	681714
11	易安毕国际贸易(上海)有限公司	2433887	59	青岛朗讯科技通讯设备有限公司	679250
12	华能国际电力股份有限公司	2347965	60	天津三星电子显示器有限公司	675220
13	广州本田汽车有限公司	2233092	61	北京爱立信普天移动通信有限公司	662904
14	联想(北京)有限公司	1736157	62	哈飞汽车股份有限公司	657381
15	大连西太平洋石油化工有限公司	1585005	63	东风本田发动机有限公司	655411
16	马鞍山钢铁股份有限公司	1574035	64	索尼(中国)有限公司	654220
17	海冠物流(上海)有限公司	1513176	65	广州钢铁股份有限公司	646889
18	东风汽车有限公司	1326701	66	中建三局建设工程股份有限公司	640687
19	诺基亚(中国)投资有限公司	1279788	67	广州日宝钢材制品有限公司	636568
20	希捷国际科技(无锡)有限公司	1270176	68	华电国际电力股份有限公司	612964
21	英业达(上海)有限公司	1208671	69	冠捷电子(福建)有限公司	611203
22	北京首信诺基亚移动通信有限公司	1196166	70	光明乳业股份有限公司	598105
23	上海友谊集团股份有限公司	1159108	71	天津一汽丰田汽车有限公司	594125
24	广州宝洁有限公司	1145501	72	上海蜂星国际贸易有限公司	590662
25	UT 斯达康通讯有限公司	1139210	73	乐金电子(中国)有限公司	583147
26	福建捷联电子有限公司	1138274	74	建兴光电科技(广州)有限公司	580541
27	中国东方航空股份有限公司	1106181	75	华映光电股份有限公司	563143
28	TCL 王牌电器(惠州)有限公司	1103123	76	重庆钢铁股份有限公司	560931
29	开德阜物流(上海)有限公司	1095157	77	南京 LG 同创彩色显示系统有限责任公司	558943
30	神龙汽车有限公司	1078109	78	三星(中国)投资有限公司	555818
31	佛山市顺德区顺达电脑厂有限公司	1066560	79	上海汇众汽车制造有限公司	554932
32	广州风神汽车有限公司	1063968	80	上海通用五菱汽车股份有限公司	548113
33	安利(中国)日用品有限公司	1059748	81	神州数码(中国)有限公司	545504
34	上海西门子移动通信有限公司	1047581	82	江西铜业股份有限公司	540771
35	乐金电子(惠州)有限公司	995994	83	海南航空股份有限公司	537209
36	沈阳华晨金杯汽车有限公司	995388	84	深圳富泰宏精密工业有限公司	535872
37	东莞诺基亚移动电话有限公司	974105	85	广东科龙电器股份有限公司	533847
38	深圳创维 -RGB 电子有限公司	957929	86	河北津西钢铁股份有限公司	527791
39	惠普科技(上海)有限公司	941353	87	杭州摩托罗拉移动通信设备有限公司	517204
40	南京爱立信通信有限公司	882205	88	爱普生技术(深圳)有限公司	517057
41	北京现代汽车有限公司	877129	89	UT 斯达康(中国)有限公司	516107
42	兖州煤业股份有限公司	866523	90	上海大润发有限公司	507171
43	康佳集团股份有限公司	849262	91	中海发展股份有限公司	499812
44	东南(福建)汽车工业有限公司	825278	92	仁宝电脑工业(中国)有限公司	499648
45	天津三星通信技术有限公司	824840	93	湛江东兴石油企业有限公司	499611
46	上海荣真国际贸易有限公司	800120	94	三宝电脑(沈阳)有限公司	498212
47	上海贝尔阿尔卡特股份有限公司	798333	95	佛山普立华科技有限公司	497052
48	深圳开发科技股份有限公司	785976	96	湖南长丰汽车制造股份有限公司	494274

序号	企业名称	销售额(万元)	序号	企业名称	销售额(万元)
97	理光(深圳)工业发展有限公司	488762	149	友利电电子(深圳)有限公司	369607
98	上海锦江麦德龙购物中心有限公司	483437	150	杭州中策橡胶有限公司	369438
99	松下电器机电(深圳)有限公司	480854	151	小松山推工程机械有限公司	367393
100	沈阳兴远东汽车零部件有限公司	474923	152	信华精机有限公司	367393
101	本溪北方铁业有限公司	473500	153	江门市大长江集团有限公司	365681
102	上海朗讯科技有限公司	472900	154	盐田国际集装箱码头有限公司	360746
103	佛山市顺德区格兰仕微波炉电器有限公司	471626	155	深圳三星科健移动通信技术有限公司	359940
104	乐金飞利浦曙光电子有限公司	468498	156	东莞三星视界有限公司	354686
105	惠普贸易(上海)有限公司	465138	157	先锋高科技(上海)有限公司	353861
106	纬创资通(中山)有限公司	463335	158	山东晨鸣纸业集团股份有限公司(本部)	350353
107	上海振华港口机械(集团)股份有限公司	462817	159	上海索广电子有限公司	349010
108	北京松下普天通信设备有限公司	459802	160	伟创力电子制造(上海)有限公司	346895
109	重庆长安铃木汽车有限公司	458573	161	大宇重工业烟台有限公司	345682
110	才众电脑(深圳)有限公司	449182	162	北京康捷空货运代理有限公司	344271
111	合阳智能系统(上海)有限公司	443867	163	唐山国丰钢铁有限公司	343100
112	柯达(中国)股份有限公司	441237	164	北京吉普汽车有限公司	342829
113	上海永新彩色显像管股份有限公司	440126	165	无锡夏普电子元器件有限公司	342370
114	张家港浦项不锈钢有限公司	434032	166	本溪北方轧钢有限公司	340772
115	深圳沃尔玛珠江百货有限公司	430397	167	上海易初莲花连锁超市有限公司	336179
116	华飞彩色显示系统有限公司	426063	168	深圳华安液化石油气有限公司	332769
117	广西玉柴机器股份有限公司	425383	169	青岛郎讯科技通讯企业有限公司	330913
118	中油 BP 江门石油有限公司	425003	170	唯冠科技(深圳)有限公司	329804
119	张家港沙太钢铁有限公司	422888	171	中国华录·松下电子信息有限公司	328297
120	深圳三星视界有限公司	422516	172	乐金电子(沈阳)有限公司	327635
121	广东广合电力有限公司	421454	173	深圳南方中集集装箱制造有限公司	327320
122	南海油脂工业(赤湾)有限公司	419681	174	柯达电子(上海)有限公司	326303
123	华阳电业有限公司	417809	175	江苏南亚自动车有限公司	324934
124	东莞福安纺织印染有限公司	415902	176	环旭电子(深圳)有限公司	324865
125	上海三菱电梯有限公司	414698	177	苏果朝市有限公司	324042
126	翔鹭石化企业(厦门)有限公司	411917	178	东芝信息机器(杭州)有限公司	322880
127	惠州三星电子有限公司	410799	179	联想(深圳)电子有限公司	322087
128	上海雀巢产品服务有限公司	408057	180	新大洲本田摩托有限公司	318987
129	内蒙古蒙牛乳业股份有限公司	407147	181	江铃五十铃汽车有限公司	316800
130	比亚迪股份有限公司	406327	182	北京东方冠捷电子股份有限公司	316092
131	安徽佳通轮胎有限公司	399183	183	日立建机(上海)有限公司	316062
132	天津三星视界有限公司	395893	184	旭丽电子(广州)有限公司	315261
133	深圳三洋华强激光电子有限公司	395478	185	山西海鑫国际钢铁有限公司	313814
134	北京·松下彩色显象管有限公司	392095	186	烟台东方不锈钢工业有限公司	312321
135	唐山建龙简舟钢铁有限公司	390600	187	合肥日立挖掘机有限公司	312271
136	深圳康佳通信科技有限公司	387977	188	联合汽车电子有限公司	308740
137	常州市新科数字技术有限公司	387579	189	郑州日产汽车有限公司	307537
138	东风悦达起亚汽车有限公司	387555	190	纬创资通(昆山)有限公司	305627
139	南京熊猫电子股份有限公司	387430	191	深圳桑菲消费通信有限公司	303569
140	上海联想电子有限公司	383126	192	秦皇岛金海粮油工业有限公司	303098
141	上海迪比特实业有限公司	381840	193	大海粮油工业(防城港)有限公司	302620
142	天津三星电子有限公司	377894	194	夏普办公设备(常熟)有限公司	301592
143	施耐德电气(中国)投资有限公司	377668	195	广州广熙塑料管道工程有限公司	300787
144	上海延锋江森座椅有限公司	377405	196	常州现代工程机械有限公司	300297
145	佳能(中山)办公设备有限公司	374460	197	佳能大连办公设备有限公司	298716
146	庆铃汽车股份有限公司	371270	198	天津通广三星电子有限公司	298654
147	大连东芝电视有限公司	370000	199	西门子(中国)有限公司	297540
148	英华达(上海)电子有限公司	369970	200	晶冠科技(深圳)有限公司	296070

序号	企业名称	销售额(万元)	序号	企业名称	销售额(万元)
201	国际商业机器中国有限公司	295589	253	宁波中华纸业有限公司	244029
202	上海浦东国际机场航空油料有限责任公司	295293	254	厦门 TDK 有限公司	243340
203	上海三星半导体有限公司	294800	255	张家港润忠钢铁有限公司	243309
204	厦门华侨电子股份有限公司	294101	256	天津三星电机有限公司	242995
205	武汉 NEC 移动通信有限公司	293744	257	广东电力发展股份有限公司	242704
206	佳能精技工业发展(深圳)有限公司	293711	258	绍兴纵横高仿真化纤有限公司	242276
207	深圳海量存储设备有限公司	293553	259	吉林德大有限公司	241370
208	阳城国际发电有限责任公司	292810	260	厦门金龙旅行车有限公司	240660
209	卡特彼勒(徐州)有限公司	291963	261	中山嘉华电子(集团)有限公司	238900
210	内蒙古鄂尔多斯羊绒制品股份有限公司	291720	262	TCL 移动通信(呼和浩特)有限公司	238433
211	广州广船国际股份有限公司	291004	263	富士康精密组件(北京)有限公司	237520
212	西门子国际贸易(上海)有限公司	290973	264	广东福地彩色显像管股份有限公司	235384
213	宁波市宝新不锈钢有限公司	289867	265	沈阳航天三菱发动机制造有限公司	234361
214	华润万家有限公司	289225	266	广州珠江钢铁有限责任公司	234240
215	京瓷美达办公设备(东莞)有限公司	288995	267	广深珠高速公路有限公司	233938
216	广州松下空调器有限公司	286549	268	常州美欧电子有限公司	233557
217	青岛海尔空调电子有限公司	286226	269	广州珠江啤酒股份有限公司	231947
218	奥的斯电梯(中国)投资有限公司	286086	270	华懋双汇实业(集团)有限公司	231273
219	广东北电通信设备有限公司	285932	271	厦门金龙联合汽车工业有限公司	230834
220	青岛银钢炼铁有限公司	284269	272	上海紫江企业集团股份有限公司	230722
221	江铃汽车股份有限公司	282957	273	江西昌河铃木汽车有限责任公司	230084
222	上海联家超市有限公司	279418	274	松下电器机电(上海)有限公司	229943
223	金隆铜业有限公司	279116	275	深圳妈湾电力有限公司	229487
224	上海乐金广电电子有限公司	277088	276	江苏利港电力有限公司	229002
225	东莞德永佳纺织制衣有限公司	276398	277	深圳国际商业机器技术产品有限公司	226712
226	华南蓝天航空油料有限公司	274972	278	风神汽车有限公司	225524
227	厦门翔鹭化纤股份有限公司	269350	279	斯堪的亚电子物流(上海)有限公司	225431
228	奥林巴斯(深圳)工业有限公司	269329	280	上海神州数码有限公司	224435
229	广东科龙空调器有限公司	267994	281	北京首都国际机场股份有限公司	224121
230	爱普生(上海)信息产品有限公司	267673	282	河北邯峰发电有限责任公司	223550
231	上海通用东岳汽车有限公司	266746	283	国碁电子(中山)有限公司	222783
232	上海嘉里粮油工业有限公司	266096	284	松下·万宝(广州)压缩机有限公司	221334
233	山东中华发电有限公司	265777	285	上海日立电器有限公司	220733
234	台达电子电源(东莞)有限公司	265697	286	远纺工业(上海)有限公司	220233
235	东风康明斯发动机有限公司	264427	287	艾默生网络能源有限公司	220091
236	北京诺基亚航星通讯系统有限公司	264126	288	可口可乐(中国)饮料有限公司	216515
237	上海氯碱化工股份有限公司	263860	289	广东美的集团芜湖制冷设备有限公司	216149
238	延锋伟世通汽车饰件系统有限公司	260523	290	双城雀巢有限公司	215785
239	恩倍福显示器(东莞)有限公司	259160	291	富士通将军(上海)有限公司	214277
240	上海轮胎橡胶(集团)股份有限公司	258653	292	长安福特汽车有限公司	213884
241	天津爱津服装有限公司	258532	293	金光食品(宁波)有限公司	213796
242	张家港沙景钢铁有限公司	257448	294	德尔福派克电气系统有限公司	213538
243	上海李奥贝纳广告有限公司	255429	295	五羊一本田摩托(广州)有限公司	213530
244	上海柴油机股份有限公司	254478	296	上海陆家嘴金融贸易区开发股份有限公司	213254
245	东莞玖龙纸业有限公司	253770	297	广东健力宝集团有限公司	212667
246	河南豫港龙泉铝业有限公司	252798	298	南京依维柯汽车有限公司	211048
247	深圳易拓科技有限公司	252636	299	美资旭电(深圳)科技有限公司	210251
248	青岛啤酒股份有限公司	250196	300	捷普电子(广州)有限公司	210004
249	东莞科泰电子有限公司	249726	301	威讯联合半导体(北京)有限公司	209926
250	富士康(昆山)电脑接插件有限公司	248339	302	芬欧汇川(常熟)纸业有限公司	208075
251	富士施乐高科技(深圳)有限公司	248091	303	北京北辰实业股份有限公司	207687
252	宁波乐金甬兴化工有限公司	245686	304	中国惠普有限公司	207349

序号	企业名称	销售额(万元)	序号	企业名称	销售额(万元)
305	南京华新光电股份有限公司	207123	357	金纸源贸易(上海)有限公司	178389
306	联合利华服务(合肥)有限公司	205867	358	秦皇岛首钢板材有限公司	178336
307	东莞广通事务机有限公司	204965	359	广东科龙冰箱有限公司	177069
308	加德士海洋燃气能源有限公司	204936	360	航卫通用电气医疗系统有限公司	177005
309	山东三星通信设备有限公司	204741	361	联想(武汉)有限公司	176935
310	宏普国际发展(上海)有限公司	204135	362	惠州市 TCL 电脑科技有限责任公司	174921
311	黄海粮油工业(山东)有限公司	203622	363	明朗国际贸易(上海)有限公司	174523
312	长远(上海)国际贸易有限公司	203366	364	彩晶光电科技(昆山)有限公司	174410
313	深圳赛格日立彩电显示器件有限公司	203310	365	汤姆盛光学主件(深圳)有限公司	173949
314	江阴泰富兴澄特殊钢股份有限公司	202883	366	普丽科技(佛山)有限公司	173431
315	经纬纺织机械股份有限公司	202246	367	东莞沙田丽海纺织印染有限公司	173169
316	上海锦海捷亚国际货运有限公司	201485	368	卡特彼勒(中国)投资有限公司	172502
317	广东顺安达太平货柜有限公司	198902	369	山东航空股份有限公司	172384
318	青岛嘉里植物油有限公司	198042	370	陕西渭河发电有限公司	171135
319	广州日立电梯有限公司	196755	371	高效电子(东莞)有限公司	171028
320	浙江美可达摩托车有限公司	195484	372	天津乐金大沽化学有限公司	170170
321	三洋电机(蛇口)有限公司	194635	373	上海国际商业机器工程技术有限公司	170062
322	广州高露洁棕榄有限公司	194367	374	中信国安有限公司	169517
323	华晨宝马汽车有限公司	194083	375	辽阳忠旺铝型材有限公司	169438
324	中粮国际(北京)有限公司	193606	376	华能北京热电有限责任公司	169318
325	上海美蓓亚精密机电有限公司	193042	377	上海庆翊塑胶制品有限公司	168177
326	联想(成都)有限公司	192704	378	漳州灿坤实业有限公司	168159
327	江苏常熟发电有限公司	192593	379	内蒙古伊泰煤炭股份有限公司	167925
328	青岛海信空调有限公司	192465	380	上海新格有色金属有限公司	166972
329	ABB(中国)有限公司	192190	381	南通宝钢新日制钢有限公司	166892
330	汤姆逊广东显示器件有限公司	191630	382	益海(连云港)粮油工业有限公司	166589
331	常州金源铜业有限公司	190999	383	南京金城机械有限公司	166006
332	第一拖拉机股份有限公司	190761	384	安徽星马汽车控股集团有限公司	165252
333	厦门正新橡胶工业有限公司	190732	385	张家港永新钢铁有限公司	165188
334	临沂盛泉肉制品有限公司	190667	386	北京红石建外房地产开发有限公司	164944
335	罗姆电子大连有限公司	190000	387	微软(中国)有限公司	164350
336	惠阳东威电子制品有限公司	188201	388	杭州顶益食品有限公司	164240
337	伟创力科技(深圳)有限公司	187344	389	福建太平洋电力有限公司	163702
338	深圳南山热电股份有限公司	186394	390	河北普阳钢铁有限公司	162636
339	昆山翊腾平面显象有限公司	185982	391	中国天津奥的斯电梯有限公司	162588
340	索尼爱立信移动通信用品(中国)有限公司	185893	392	上海三电贝洱汽车空调有限公司	162361
341	天津太平(集团)有限公司	185648	393	河南新飞电器有限公司	162056
342	世成电子(深圳)有限公司	184925	394	记忆科技(深圳)有限公司	160940
343	联合利华股份有限公司	184199	395	利乐贸易(上海)有限公司	160490
344	新疆广汇房地产开发有限公司	184175	396	安徽淮南平圩发电有限公司	160407
345	利星行机械(上海)有限公司	183585	397	东莞信泰光学有限公司	159194
346	广州神州数码有限公司	183242	398	肇庆市万亚电子实业有限公司	158327
347	南京金腾钢铁有限公司	182904	399	索尼精密部件(惠州)有限公司	158189
348	成都神钢建设机械有限公司	182726	400	上海大金空调有限公司	158019
349	和记黄埔地产(深圳)有限公司	182455	401	柯达(上海)国际贸易有限公司	157953
350	上海旭电子玻璃有限公司	181619	402	上海太平洋百货有限公司	157734
351	北海粮油工业(天津)有限公司	180765	403	河北中润制药有限公司	157318
352	BECKBURY 国际有限公司	180744	404	江西科龙实业发展有限公司	157066
353	飞马通讯(青岛)有限公司	179305	405	河南 TCL- 美乐电子有限公司	156713
354	百威(武汉)国际啤酒有限公司	179153	406	新美亚电子(深圳)有限公司	156610
355	箭牌口香糖有限公司	178893	407	上海华虹 NEC 电子有限公司	156138
356	北京西门子通信网络有限公司	178770	408	佛山市顺德区格兰仕空调电器有限公司	156003

序号	企业名称	销售额(万元)	序号	企业名称	销售额(万元)
409	佛山市顺德区新宝电器有限公司	155633	455	广州东方电力有限公司	138756
410	厦门灿坤实业股份有限公司	155510	456	松下电器机电(天津)有限公司	138704
411	南通中远川崎船舶工程有限公司	155172	457	山东松下电子信息有限公司	138585
412	南京夏普电子有限公司	153991	458	宁波申洲针织品有限公司	138494
413	瑞萨四通集成电路(北京)有限公司	153676	459	佛山市顺德区汉达精密电子科技有限公司	138452
414	新会中集集装箱有限公司	153404	460	无锡杰能科生物工程有限公司	138385
415	广西来宾法资发电有限公司	152517	461	合肥美菱股份有限公司	138381
416	湖北活力美洁时洗涤用品有限公司	151813	462	广东溢达纺织有限公司	138353
417	索尼国际采购(深圳)有限公司	151540	463	承德燕山带钢有限公司	137960
418	耐克(苏州)体育用品有限公司	151263	464	东芝复印机(深圳)有限公司	137535
419	湖南省湘钢华光线材有限公司	151070	465	上海克虏伯不锈钢有限公司	137099
420	北京大发正大有限公司	150299	466	张家港联合铜业有限公司	136795
421	丹沙中福货运代理有限公司	149684	467	佛山市顺德区天任车料有限公司	136615
422	强生(中国)有限公司	149562	468	美国通用电器塑料中国有限公司	136486
423	福州超大现代农业发展有限公司	148825	469	上海世茂房地产有限公司	136361
424	上海家化联合股份有限公司	148638	470	广州中海名都房地产发展有限公司	135962
425	北京金长科国际电子有限公司	147829	471	北京艾科泰电子有限公司	135571
426	益海(烟台)粮油工业有限公司	147641	472	朗讯科技(中国)有限公司	135523
427	上海 JVC 电器有限公司	147023	473	山东淄博通宇新材料有限公司	135447
428	惠州市华阳多媒体电子有限公司	146978	474	厦门 ABB 开关有限公司	135429
429	联想(沈阳)有限公司	146918	475	浙江卡森实业股份有限公司	135228
430	小松(中国)投资有限公司	146726	476	上海日立家用电器有限公司	135089
431	上海申美饮料食品有限公司	146713	477	山东口福粮油有限公司	134856
432	群光电子(东莞)有限公司	146535	478	杭州大厦有限公司	134690
433	河南安阳彩色显象管玻壳有限公司	145786	479	天瀚科技(吴江)有限公司	134638
434	亚旭电子科技(江苏)有限公司	145427	480	沈阳远大铝业工程有限公司	133872
435	上海虹日国际电子有限公司	145083	481	上海中集远东集装箱有限公司	133749
436	伟创力实业(深圳)有限公司	144929	482	微盟电子(昆山)有限公司	133638
437	中电通信科技有限责任公司	144912	483	南通醋酸纤维有限公司	133322
438	大田－联邦快递有限公司	144668	484	NEC 东金电子(厦门)有限公司	133312
439	雅达电子有限公司	144662	485	捷安特(中国)有限公司	133242
440	飞达仕空调(上海)有限公司	143479	486	辽阳忠旺塑料型材有限公司	133155
441	扬子巴斯夫苯乙烯系列有限公司	143407	487	上海汽轮机有限公司	133100
442	中外运－敦豪国际航空快件有限公司	143274	488	瑞表国际贸易(上海)有限公司	133081
443	佛山市海天调味食品有限公司	143200	489	山东新华制药股份有限公司	132847
444	上海集装箱码头有限公司	142980	490	上海德尔福汽车空调系统有限公司	132598
445	安吉天地汽车物流有限公司	142683	491	东莞华新电线电缆有限公司	132416
446	北京·JVC 电子产业有限公司	142421	492	浙江温州特鲁莱发电有限责任公司	132123
447	柯达(厦门)有限公司	142414	493	福建莆田佳通轮胎有限公司	132032
448	建碁科技(中山)有限公司	142400	494	天津三洋通信设备有限公司	131922
449	汕头市中星油脂有限公司	141684	495	平顶山姚孟发电有限责任公司	131131
450	番禺祈福新邨房地产有限公司	141357	496	台达电子(东莞)有限公司	130542
451	哈尔滨华通丰田汽车服务有限公司	140362	497	广东美芝制冷设备有限公司	130418
452	天津大星电子有限公司	139673	498	明尼芬达矿业制造(上海)国际贸易有限公司	130286
453	马士基物流(中国)有限公司	139492	499	益海(周口)粮油工业有限公司	129738
454	伊莱克斯电器(杭州)有限公司	138756	500	上海京瓷电子有限公司	129624

(信息发布单位:商务部外资司 2005 年 1 月 30 日)

备注:本榜以企业年销售额作为排名标准,上榜企业均为参加 2004 年联合年检的合格企业。

解读:500 家企业的销售总额达 21008.54 亿元,比上年增加 5772.98 亿元,同比增长 37.89%;平均销售额为 42.02 亿元,比上年增加 11.55 亿元,同比增长 37.91%;其中销售额超过 15 亿元以上的企业达 420 家,比上年增加 106 家。

上榜企业涉及全国25个省、市、自治区,上榜企业数超过100家的广东省和上海市,分别为135家和101家;4个直辖市依次为:北京47家、上海101家、天津21家、重庆4家;20家以上的省、市是:广东135家、上海101家、江苏48家、北京47家、山东26家、福建23家、天津21家。

东部地区仍是外商投资的首选地,上榜企业共有444家,比2003年减少5家,占总数的88.80%,超过10家企业的省、市均在东部地区,其中广东省135家,高居全国各省、市之首;中部地区41家,比2003年增加6家,占上榜企业总数的8.2%,其中湖北省9家,为中部地区之首;西部地区比2003年减少1家,上榜企业共15家,占总数的3%,其中内蒙古、重庆、广西各为4家,为西部地区之最。

500强企业涉及领域广泛,产业结构多元化,特别是投资于信息通讯设备、电子电器、汽车、电力、石化、钢铁、房地产、商业服务等支柱产业,高新技术产业和服务贸易等领域的外商投资企业数逐年增多,且规模越来越大。其中制造业企业约为370家,所占比重为74%,与2003年相比有所减少;服务贸易领域企业超过100家,所占比重为20%,比2003年增长近10个百分点。

500家外商投资企业的投资来源分布于30多个国家和地区,其中香港投资企业以170余家居于首位,日本投资企业、维尔京群岛投资企业、美国投资企业、韩国投资企业、新加坡投资企业分别以60余家、40余家、30余家、20余家分别排在第二至第六位。欧洲地区投资企业将近70家,部分自由港投资企业60余家,包括香港在内的亚洲周边其他国家和地区投资企业超过300余家。

◎榜五、2004中国制造商500强◎

排名	企业名称	销售收入(万元)	行业	地区
1	上海宝钢集团公司	12042109	冶金	上海
2	中国一汽集团公司	11917884	汽车	吉林
3	上海汽车工业集团公司	9729364	汽车	上海
4	东风汽车公司	9003200	汽车	湖北
5	海尔集团公司	8064840	家电	山东
6	上海大众汽车有限公司	5241613	汽车	上海
7	一汽大众汽车有限公司	4897331	汽车	吉林
8	首钢集团	4791338	冶金	北京
9	达丰(上海)有限公司	4782454	通信电子	上海
10	联想集团	4033096	通信电子	北京
11	摩托罗拉(中国)电子有限公司	3861421	通信电子	天津
12	TCL集团股份有限公司	3820434	家电	广东
13	上海电气(集团)总公司	3279025	机械	上海
14	鞍山钢铁集团公司	3144190	冶金	辽宁
15	广州汽车工业集团有限公司	3100455	汽车	广东
16	上海广电(集团)有限公司	3068636	通信电子	上海
17	中国石化镇海炼油化工股份有限公司	2907034	化工	浙江
18	长城国际信息产品(深圳)有限公司	2905807	通信电子	广东
19	中国石化上海石油化工股份有限公司	2793103	化工	上海
20	武汉钢铁(集团)公司	2731316	冶金	湖北
21	熊猫电子集团有限公司	2632697	家电	江苏
22	戴尔计算机(中国)有限公司	2517553	通信电子	福建
23	中国石化茂名炼油化工股份有限公司	2440906	化工	广东
24	中国石油天然气股份有限公司抚顺石化分公司	2247584	化工	辽宁
25	北台钢铁(集团)有限责任公司	2237563	冶金	辽宁
26	海信集团有限公司	2220454	家电	山东
27	扬子石油化工股份有限公司	2195862	化工	广东
28	中国石油天然气股份有限公司大连石化分公司	2176183	化工	辽宁
29	华为技术有限公司	2166990	通信电子	广东
30	广州本田汽车有限公司	2091260	汽车	广东

排名	企业名称	销售收入(万元)	行业	地区
31	长安汽车(集团)有限责任公司	2087710	汽车	重庆
32	四川长虹电子集团公司	2080212	家电	四川
33	太原钢铁集团	2073985	冶金	山西
34	江苏沙钢集团有限公司	2040176	冶金	江苏
35	邯郸钢铁集团有限责任公司	2019899	冶金	河北
36	中国石油股份有限公司吉林石化分公司	1957424	化工	吉林
37	春兰(集团)公司	1914945	家电	江苏
38	北京北大方正集团公司	1812026	通讯电子	北京
39	广东美的企业集团有限公司	1750000	家电	广东
40	中国石油天然气股份有限公司兰州石化分公司	1736771	化工	广东
41	中国石油天然气股份有限公司大庆石化分公司	1707108	化工	黑龙江
42	中国石化股份公司北京燕山分公司	1698354	化工	北京
43	明基电通信息技术有限公司	1662941	通讯电子	江苏
44	玉溪红塔烟草(集团)有限责任公司	1656037	烟草	云南
45	唐山钢铁集团有限责任公司	1630176	冶金	河北
46	京东方科技集团股份有限公司	1610360	通信电子	北京
47	友达光电(苏州)有限公司	1603822	通信电子	江苏
48	深圳市中兴通讯股份有限公司	1603603	通信电子	广东
49	上海烟草(集团)公司	1577724	烟草	上海
50	马鞍山钢铁股份有限公司	1574035	冶金	安徽
51	本溪钢铁集团有限公司	1545773	冶金	辽宁
52	伟创力实业珠海有限公司	1536908	通信电子	广东
53	中国重型汽车集团有限公司	1527240	汽车	山东
54	万向集团公司	1521183	机械	浙江
55	徐州工程机械集团有限公司	1509109	机械	江苏
56	天津天铁冶金集团有限公司	1461489	冶金	天津
57	济南钢铁集团总公司	1446486	冶金	山东
58	北京福田汽车集团有限公司	1401970	汽车	北京
59	中国石化洛阳石化总厂	1383119	化工	河南
60	攀枝花钢铁集团公司	1328786	冶金	四川
61	莱芜钢铁集团有限公司	1318731	冶金	山东
62	康佳集团股份有限公司	1280647	家电	广东
63	希捷国际科技无锡有限公司	1270177	通信电子	江苏
64	青岛钢铁控股集团有限公司	1268542	冶金	山东
65	中石油天然气股份有限公司大连炼化分公司	1254950	化工	辽宁
66	一汽解放青岛汽车厂	1216440	汽车	山东
67	河南漯河双汇实业集团有限公司	1215965	食品饮料	河南
68	四川宜宾五粮液集团有限公司	1211882	食品饮料	四川
69	英业达上海有限公司	1208671	通信电子	上海
70	唐山国风钢铁有限公司	1183816	冶金	河北
71	中国长城计算机集团公司	1172102	通信电子	北京
72	中石油天然气股份有限公司锦西石化分公司	1166854	化工	辽宁
73	中石化北京燕化石油化工股份有限公司	1147393	化工	北京
74	山东魏桥创业集团有限公司	1146673	纺织	山东
75	广州宝洁有限公司	1145501	化工	广东
76	广州风神汽车有限公司	1143528	汽车	广东
77	安阳钢铁集团有限公司	1134216	冶金	河南
78	神龙汽车有限公司	1129703	汽车	湖北
79	中石油天然气股份有限公司锦州石化分公司	1114662	化工	辽宁
80	沈阳华晨金杯汽车股份有限公司	1086485	汽车	辽宁
81	宁波波导有限公司	1084147	通信电子	宁波
82	顺德区顺达电脑有限公司	1066560	通信电子	广东

排名	企业名称	销售收入(万元)	行业	地区
83	安利中国日用品有限公司	1060000	化工	广东
84	内蒙古包钢钢联股份有限公司	1046451	冶金	内蒙古
85	上海西门子移动通信有限公司	1038567	通信电子	上海
86	湘火炬汽车集团有限公司	1031399	汽车	湖南
87	深圳创维——RGB电子有限公司	1028500	家电	广东
88	深圳华强集团有限公司	1024809	通信电子	广东
89	杭州娃哈哈集团有限公司	1018918	食品饮料	浙江
90	中石油天然气股份有限公司辽阳石化分公司	1016426	化工	辽宁
91	江苏华西集团有限公司	1009248	纺织	江苏
92	广东韶关钢铁有限公司	1008000	冶金	广东
93	珠海格力电气股份有限公司	1004238	家电	广东
94	仁宝电子科技昆山有限公司	998701	通信电子	江苏
95	乐金电子惠州有限公司	995994	通信电子	广东
96	昆明卷烟厂有限公司	988493	烟草	云南
97	上海贝尔阿尔卡特股份有限公司	974225	通信电子	上海
98	广东格兰仕企业集团股份有限公司	969080	家电	广东
99	中石化仪征化纤股份有限公司	952189	化工	江苏
100	苏州创元集团有限公司	949158	机械	江苏
101	江南造船集团有限公司	947477	机械	上海
102	中国石化齐鲁股份有限公司	945990	化工	山东
103	中国石油天然气股份有限公司独山子石化分公司	936072	化工	新疆
104	重庆长安汽车股份有限公司	918896	汽车	重庆
105	中国石化集团武汉石油化工厂	913333	化工	湖北
106	鑫茂科技深圳有限公司	911641	通信电子	广东
107	长沙卷烟厂	909955	烟草	湖南
108	包钢集团有限公司	905000	冶金	内蒙古
109	德力西集团有限公司	872862	机械	浙江
110	人民电器集团有限公司	862517	机械	浙江
111	大连大显集团有限公司	854912	通信电子	辽宁
112	山东时风集团有限公司	848816	机械	山东
113	浪潮集团有限公司	829351	通信电子	山东
114	东南福建汽车工业有限公司	825278	汽车	福建
115	山东滨化集团有限公司	823765	化工	山东
116	苏州爱普生有限公司	822293	通信电子	江苏
117	福建炼油化工有限公司	821436	化工	福建
118	跃进汽车集团有限公司	813449	汽车	江苏
119	中国石油天然气股份公司乌鲁木齐石化分公司	806958	化工	新疆
120	酒泉钢铁集团有限公司	804433	冶金	甘肃
121	无锡威孚集团有限公司	799231	机械	江苏
122	新余钢铁有限公司	797985	冶金	江西
123	哈尔滨飞机工业集团有限公司	796682	汽车	黑龙江
124	上海三钢有限公司	794971	冶金	上海
125	深圳开发科技股份有限公司	785976	通信电子	广东
126	惠州市德赛集团有限公司	785930	通信电子	广东
127	彩虹集团有限公司	782495	通信电子	山西
128	飞利浦电子原件上海有限公司	771218	通信电子	上海
129	恩斯迈电子深圳有限公司	767829	通信电子	广东
130	哈尔滨药业集团有限公司	764348	医药	黑龙江
131	中石化集团茂名石油化工有限公司	755421	化工	广东
132	海南汽车集团有限公司	755270	汽车	海南
133	山东晨鸣纸业集团股份有限公司	752739	轻工	山东
134	万杰集团有限公司	752526	化工	山东

排名	企业名称	销售收入(万元)	行业	地区
135	青岛啤酒集团有限公司	750796	食品饮料	山东
136	钱江集团有限公司	738392	机械	浙江
137	惠州市华阳集团有限公司	738136	通信电子	广东
138	金东纸业镇江有限公司	737516	轻工	江苏
139	广东科龙电器股份有限公司	731745	家电	广东
140	昆明钢铁集团有限公司	731053	冶金	云南
141	常德卷烟厂	724756	烟草	湖南
142	安徽江淮汽车集团有限公司	722974	汽车	安徽
143	旭电苏州科技有限公司	722536	通信电子	江苏
144	江铃汽车集团公司	721354	汽车	江西
145	中石化集团天津石油化工公司	717218	化工	天津
146	惠州 TCL 移动通信有限公司	714677	通信电子	广东
147	中石化集团金陵石化有限责任公司	714180	化工	江苏
148	维维集团	710940	食品饮料	江苏
149	杭州卷烟厂	710629	烟草	浙江
150	华芳集团有限公司	709298	纺织	江苏
151	东海粮油张家港工业	707247	食品饮料	江苏
152	华北制药集团有限公司	700869	医药	河北
153	延锋伟世通汽车饰件系统有限公司	700050	机械	上海
154	侨兴集团有限公司	695632	通信电子	广东
155	广西玉柴机器集团有限公司	694547	机械	广西
156	上海汽车股份有限公司	689152	汽车	上海
157	南京钢铁股份有限公司	682211	冶金	江苏
158	夏新电子有限公司	681714	通信电子	福建
159	厦门华侨电子企业有限公司	678962	通信电子	福建
160	天津三星电子显示器有限公司	675220	通信电子	天津
161	湘潭钢铁集团有限公司	674780	冶金	湖南
162	华东电子集团有限公司	674558	通信电子	江苏
163	华立控股股份有限公司	673506	机械	浙江
164	杭州钢铁集团有限公司	672381	冶金	浙江
165	清华同方股份有限公司	669374	通信电子	北京
166	上汽集团奇瑞汽车有限公司	666405	汽车	安徽
167	东风汽车股份有限公司	665156	汽车	湖北
168	北京爱立信普天移动通信有限公司	662904	通信电子	北京
169	南山集团有限公司	662587	纺织	山东
170	延炼实业有限公司	658245	化工	陕西
171	正泰集团公司	657247	机械	浙江
172	东风本田发动机有限公司	655411	机械	广东
173	江苏新科电子集团有限公司	651199	通信电子	江苏
174	宣化钢铁的集团有限公司	650194	冶金	河北
175	广州钢铁股份有限公司	646889	冶金	广东
176	河南安彩集团有限公司	644812	通信电子	河南
177	TCL 王牌电器惠州有限公司	643889	家电	广东
178	广西柳州钢铁集团有限公司	640566	冶金	广西
179	内蒙古伊利实业集团股份有限公司	629933	食品饮料	内蒙古
180	红河卷烟厂	625666	烟草	云南
181	山东金锣企业集团总公司	624037	食品饮料	山东
182	上海梅山钢铁股份有限公司	617688	冶金	上海
183	江苏三房巷实业集团总公司	617029	化工	江苏
184	石家庄国内炼油化工股份有限公司	611341	化工	河北
185	冠捷电子福建有限公司	611203	通信电子	福建
186	颐中烟草集团有限公司	610635	烟草	山东

排名	企业名称	销售收入(万元)	行业	地区
187	乐金电子天津电器有限公司	610080	通信电子	天津
188	大连冰山集团有限公司	608873	机械	辽宁
189	江苏扬子江药业集团有限公司	605542	医药	江苏
190	青岛澳柯玛集团有限公司	605490	家电	山东
191	红豆集团有限公司	605400	纺织	江苏
192	日立显示器件苏州有限公司	604218	通信电子	江苏
193	上海光明乳业股份有限公司	598105	食品饮料	上海
194	天津一汽丰田汽车有限公司	594125	汽车	天津
195	江阴兴澄特种钢铁有限公司	583918	冶金	江苏
196	深圳市赛格集团有限公司	582756	通信电子	广东
197	建兴光电科技广州有限公司	580541	通信电子	广东
198	双星集团有限责任公司	579260	化工	山东
199	通化工铁集团有限责任公司	576576	冶金	吉林
200	山西海鑫钢铁集团有限公司	576472	冶金	山西
201	浙江东方通信集团有限公司	574408	通信电子	浙江
202	石家庄制药集团有限公司	567719	医药	河北
203	华映光电股份有限公司	566526	通信电子	福建
204	新疆八一钢铁集团有限公司	565611	冶金	新疆
205	浙江桐昆化纤集团股份有限公司	561915	化工	浙江
206	重庆钢铁股份有限公司	560931	冶金	重庆
207	广东志高空调有限公司	550000	家电	广东
208	上汽通用五菱汽车股份有限公司	548114	汽车	广西
209	沪东中华造船集团有限公司	546611	机械	上海
210	涟源钢铁集团有限公司	545155	冶金	湖南
211	天津一汽夏利汽车股份有限公司	543106	汽车	天津
212	福建三钢集团有限公司	538166	冶金	福建
213	山东海化集团有限公司	537528	化工	山东
214	宁波卷烟厂	537330	烟草	浙江
215	浙江纳爱斯化工股份有限公司	536515	化工	浙江
216	深圳富泰宏精密工业有限公司	534824	通信电子	广东
217	江苏永刚集团有限公司	534270	冶金	江苏
218	上海飞乐股份有限公司	533579	通信电子	上海
219	诸城市大龙实业有限公司	533450	食品饮料	山东
220	石家庄三鹿集团股份有限公司	530457	食品饮料	河北
221	新兴铸管股份有限公司	529652	冶金	河北
222	河北津西钢铁股份有限公司	522815	冶金	河北
223	浙江远东化纤集团有限公司	521384	化工	浙江
224	山东鲁抗医药集团有限公司	519490	医药	山东
225	天津天刚集团有限公司	516806	冶金	天津
226	爱普生技术深圳有限公司	516620	通信电子	广东
227	浙江吉利控股集团有限公司	516600	汽车	浙江
228	潍坊柴油机厂	515240	机械	山东
229	佳能珠海有限公司	514197	通信电子	广东
230	北汽福田公司诸城有限公司	507507	汽车	山东
231	曲靖卷烟厂	506392	烟草	云南
232	比亚迪股份有限公司	503105	通信电子	广东
233	永鼎集团有限公司	503000	机械	江苏
234	江苏澄星磷化工股份有限公司	502353	化工	江苏
235	仁宝电脑工业中国有限公司	500835	通信电子	江苏
236	才众电脑深圳有限公司	499125	通信电子	广东
237	华飞彩色显示系统有限公司	498849	通信电子	江苏
238	佛山普立华科技有限公司	496119	通信电子	广东

排名	企业名称	销售收入(万元)	行业	地区
239	长丰集团有限公司	494674	汽车	湖南
240	承德钢铁集团有限公司	494241	冶金	河北
241	鄂城钢铁集团有限公司	483019	冶金	湖北
242	中大工业集团有限公司	480000	机械	江苏
243	一汽解放公司无锡柴油机分公司	479210	机械	江苏
244	沈阳飞机工业集团有限公司	476071	机械	辽宁
245	中国一拖集团有限公司	474873	机械	河南
246	邢台钢铁有限公司	474380	冶金	河北
247	南京卷烟厂	474279	烟草	江苏
248	西安飞机工业集团有限公司	473519	机械	陕西
249	乐金飞利浦曙光有限公司	468498	通信电子	天津
250	中石油股份有限公司克拉玛依石化分公司	468453	化工	新疆
251	东莞三星电机有限公司	467985	机械	广东
252	辽宁特殊钢集团有限公司	466266	冶金	辽宁
253	萍乡钢铁有限公司	465071	冶金	江西
254	宁波维科控股集团股份有限公司	465006	纺织	浙江
255	上海振华港口机械有限公司	462817	机械	上海
256	武汉烟草集团有限公司武汉卷烟厂	462812	烟草	湖北
257	宗申产业集团有限公司	455319	机械	重庆
258	攀钢集团成都钢铁有限公司	455000	冶金	四川
259	深圳桑达电子集团有限公司	454792	通信电子	广东
260	重庆力帆实业集团有限公司	454556	机械	重庆
261	厦门金龙联合汽车工业有限公司	450000	汽车	福建
262	江苏淮钢集团有限公司	446634	冶金	江苏
263	四川省川威集团有限公司	440756	冶金	四川
264	上海永新彩色显像管股份有限公司	440126	通信电子	上海
265	昌河飞机工业集团有限公司	438839	汽车	江西
266	吉化集团有限公司	438472	化工	吉林
267	水城钢铁集团有限公司	438316	冶金	贵州
268	中石油天然气股份有限公司辽河石化分公司	436546	化工	辽宁
269	庆铃汽车集团有限公司	435335	汽车	重庆
270	中国北京同仁堂集团有限公司	435000	医药	北京
271	南昌钢铁有限公司	425017	冶金	江西
272	北京东方石油化工有限公司	422784	化工	北京
273	深圳三星电管有限公司	422130	通信电子	广东
274	中石化集团青岛石油化工有限公司	420045	化工	山东
275	辽宁华锦化工集团有限公司	419395	化工	辽宁
276	上海三菱电梯有限公司	419042	机械	上海
277	江苏阳光集团有限公司	415250	纺织	江苏
278	许继集团有限公司	414240	机械	河南
279	贵州黄果树烟草集团有限公司	411840	烟草	贵州
280	天津钢管有限公司	405911	冶金	天津
281	广东开平涤纶企业有限公司	405640	纺织	广东
282	哈尔滨东安发动机集团有限公司	404505	机械	黑龙江
283	中石化集团北京燕山石化有限公司	403974	化工	北京
284	江门市大长江集团有限公司	403302	机械	广东
285	青岛广源发集团有限公司	402844	化工	山东
286	河北华龙面业集团有限公司	402765	食品饮料	河北
287	中国铝业股份有限公司河南分公司	402045	有色金属	河南
288	浙江恒逸集团有限公司	400192	纺织	浙江
289	石家庄钢铁有限公司	399290	冶金	河北
290	安徽佳通轮胎有限公司	399183	化工	安徽

排名	企业名称	销售收入(万元)	行业	地区
291	舞阳钢铁有限公司	396521	冶金	河南
292	凌源钢铁集团有限公司	396256	冶金	辽宁
293	天津三星视界有限公司	395893	通信电子	天津
294	中国华录集团有限公司	393327	通信电子	辽宁
295	北京松下彩色显像管有限公司	392095	通信电子	北京
296	唐山建龙实业有限公司	390649	冶金	河北
297	上海轮胎橡胶集团有限公司	390189	化工	上海
298	龙岩卷烟厂	389937	烟草	福建
299	内蒙古蒙牛乳业集团股份有限公司	389344	食品饮料	内蒙古
300	河北辛集猎魁皮革企业集团有限公司	388017	轻工	河北
301	广州卷烟二厂	387019	烟草	广东
302	隆鑫集团有限公司	385906	机械	重庆
303	陕西汽车集团有限公司	384857	汽车	陕西
304	东莞福安纺织印染有限公司	382232	纺织	广东
305	上海迪比特实业有限公司	381841	通信电子	上海
306	苏州三星电子有限公司	379551	通信电子	江苏
307	河南新郑烟草集团有限公司	378713	烟草	河南
308	宏安集团有限公司	378588	通信电子	山东
309	中国铝业股份有限公司贵州分公司	378545	有色金属	贵州
310	保定长城汽车股份有限公司	377808	汽车	河北
311	佳能中山办公设备有限公司	374461	通信电子	广东
312	冶钢集团有限公司	374153	冶金	湖北
313	西安电力机械制造有限公司	374151	机械	陕西
314	中国三江航天工业集团总公司	373057	机械	湖北
315	徐州卷烟厂	372472	烟草	江苏
316	武进中天钢铁有限公司	372100	冶金	江苏
317	大连新船重工有限公司	370160	机械	辽宁
318	杭州中策橡胶有限公司	369438	化工	浙江
319	法尔胜集团有限公司	369064	机械	江苏
320	宁波三星有限公司	367982	机械	浙江
321	浙江永通染织集团有限公司	367886	纺织	浙江
322	信华精密机械有限公司	367393	通信电子	广东
323	华宇电脑江苏有限公司	367073	通信电子	江苏
324	友利电电子深圳有限公司	367011	通信电子	广东
325	西洋集团有限公司	366781	化工	辽宁
326	长白计算机集团有限公司	366754	通信电子	辽宁
327	将军药草有限公司济南卷烟厂	365186	烟草	山东
328	内蒙古第一机械制造集团有限公司	359833	机械	内蒙古
329	江苏综艺集团有限公司	359282	纺织	江苏
330	浙江大东南塑胶集团有限公司	357953	化工	浙江
331	浙江卡森实业股份有限公司	357450	轻工	浙江
332	浙江纵横轻纺集团有限公司	346924	纺织	浙江
333	南海油脂工业赤湾有限公司	356253	食品饮料	广东
334	荣成市橡胶厂	356000	化工	山东
335	东莞三星视界有限公司	354687	通信电子	广东
336	仁宝资讯工业昆山有限公司	353991	通信电子	江苏
337	先锋高科技上海有限公司	353861	通信电子	上海
338	建设工业集团有限公司	353855	机械	重庆
339	成都卷烟厂	352573	烟草	四川
340	亨通集团有限公司	352534	通信电子	江苏
341	山东威山集团有限公司	351517	化工	山东
342	江苏陵光集团有限公司	350303	化工	江苏

排名	企业名称	销售收入(万元)	行业	地区
343	东北制药集团有限公司	349594	医药	辽宁
344	上海索广电子有限公司	349010	通信电子	上海
345	厦门厦工集团有限公司	348047	机械	福建
346	伟创力电子制造上海有限公司	346895	通信电子	上海
347	理光深圳工业有限公司	343388	机械	广东
348	北京吉普汽车有限公司	342829	汽车	北京
349	天津金耀有限公司	341841	医药	天津
350	佛山塑料集团股份有限公司	341635	化工	广东
351	大连机床集团有限公司	341225	机械	广东
352	广州南方高科有限公司	340288	通信电子	江苏
353	淮阴卷烟厂	338940	烟草	湖南
354	中联控股集团有限公司	338211	机械	辽宁
355	山东新华医药集团股份有限公司	337800	医药	山东
356	长治钢铁集团有限公司	337504	冶金	山西
357	东风柳州汽车有限公司	336830	汽车	广西
358	中国铝业股份有限公司山西分公司	336652	有色金属	山西
359	远东电缆厂	336526	通信电子	江苏
360	山东太阳纸业股份有限公司	335132	轻工	山东
361	广西柳工集团有限公司	333622	机械	广西
362	上海申达股份有限公司	332699	纺织	上海
363	新大洲本田摩托有限公司	332643	机械	天津
364	上海焦化有限公司	331724	化工	上海
365	中国嘉陵工业股份有限公司	331360	机械	重庆
366	唯冠科技深圳有限公司	329804	通信电子	广东
367	株洲冶炼集团有限公司	328747	冶金	湖南
368	深圳南方中集集装箱制造有限公司	327320	机械	广东
369	郑州宇通客车股份有限公司	324993	汽车	河南
370	云南红塔集团楚雄卷烟厂	324272	烟草	云南
371	江苏森达集团有限公司	324251	轻工	江苏
372	旭丽电子广州有限公司	323224	通信电子	广东
373	黑龙江九三油脂有限公司	321813	食品饮料	黑龙江
374	华盛江泉集团有限公司	320562	建材	山东
375	北京东方冠杰电子有限公司	316007	通信电子	北京
376	青铜峡铝业集团有限公司	315802	有色金属	宁夏
377	华泰集团有限公司	315357	轻工	山东
378	金城集团有限公司	314900	机械	江苏
379	瓦房店轴承集团有限公司	312568	机械	辽宁
380	海亮集团有限公司	310206	有色金属	浙江
381	三角集团有限公司	309678	化工	山东
382	江苏宝胜集团有限公司	308634	通信电子	江苏
383	郑州日产汽车有限公司	307537	汽车	河南
384	广州金鹏集团有限公司	307170	通信电子	广东
385	秦皇岛金海粮油工业有限公司	303098	食品饮料	河北
386	沈阳机床集团有限公司	303055	机械	辽宁
387	西安海星科技投资控股有限公司	302837	通信电子	陕西
388	海澜集团有限公司	302837	纺织	江苏
389	大海粮油工业防城港有限公司	302620	食品饮料	广西
390	中芯国际集成电路制造上海有限公司	302596	通信电子	上海
391	奥林巴斯深圳工业有限公司	301864	机械	天津
392	天津天狮集团有限公司	301289	食品饮料	广东
393	东莞华强三洋马达有限公司	300925	机械	广东
394	山东鲁北企业集团有限公司	300816	化工	山东

排名	企业名称	销售收入（万元）	行业	地区
395	济南齐鲁化纤集团有限公司	300561	化工	山东
396	中国科健股份有限公司	300000	通信电子	广东
397	佳能大连办公设备有限公司	298716	通信电子	辽宁
398	南昌卷烟厂	298295	烟草	江西
399	江苏宏图电子信息集团有限公司	298000	通信电子	江苏
400	中国轻骑集团有限公司	295885	机械	山东
401	深圳海量存储设备有限公司	293123	通信电子	广东
402	上海柴油机股份有限公司	292904	机械	上海
403	青岛黄海橡胶集团有限公司	292691	化工	山东
404	四川宏达集团有限公司	292476	化工	四川
405	江苏吴江丝绸集团有限公司	290211	纺织	江苏
406	彩虹显示器件股份有限公司	290148	通信电子	陕西
407	中国石化集团齐鲁石油化工公司	289912	化工	山东
408	京瓷美达办公设备东莞有限公司	288995	通信电子	广东
409	申达集团有限公司	287605	化工	江苏
410	广州松下空调器有限公司	286549	家电	广东
411	奥的斯电梯有限公司	286086	机械	天津
412	浙江荣盛化学纤维有限公司	285525	化工	浙江
413	巨化集团有限公司	285000	化工	浙江
414	东风车桥有限公司	284707	机械	湖北
415	柳州五菱汽车有限公司	282043	机械	广西
416	厦门金龙旅行车有限公司	281572	汽车	福建
417	山东德棉集团有限公司	279822	纺织	山东
418	南风化工有限公司	279305	化工	山西
419	广东健力宝集团有限公司	278486	食品饮料	广东
420	苏州罗技电子有限公司	277887	通信电子	江苏
421	横店集团东磁有限公司	277086	通信电子	浙江
422	东莞德永佳纺织制衣有限公司	276869	纺织	广东
423	西安杨森制药有限公司	275639	医药	山西
424	中石油抚顺石油化工公司	275546	化工	辽宁
425	青岛泰发集团股份有限公司	273599	机械	山东
426	成都飞机工业集团有限公司	272073	机械	四川
427	威海北洋电器集团有限公司	271747	通信电子	山东
428	先锋高科技东莞有限公司	271722	通信电子	广东
429	武昌造船厂	271480	机械	湖北
430	蚌埠卷烟厂	270412	烟草	安徽
431	成都神钢工程机械集团有限公司	269958	机械	四川
432	贵州茅台酒厂	269500	食品饮料	贵州
433	石家庄常山纺织集团有限公司	269232	纺织	河北
434	上海通王东岳汽车有限公司	266746	汽车	山东
435	台达电子电源东莞有限公司	266468	通信电子	广东
436	上海嘉里粮油工业有限公司	266381	食品饮料	上海
437	深圳海王集团股份有限公司	266322	医药	广东
438	山东铝业股份有限公司	265700	有色金属	山东
439	上海氯碱化工股份有限公司	263860	化工	上海
440	陕西龙门钢铁集团有限责任公司	262794	冶金	陕西
441	山东聊城鲁西化工有限公司	261722	化工	山东
442	抚顺新抚钢有限公司	261314	冶金	辽宁
443	富通集团有限公司	259374	通信电子	浙江
444	河南莲花味精集团有限公司	258909	食品饮料	河南
445	浙江富春江通信集团有限公司	256592	通信电子	浙江
446	飞越集团有限公司	255700	机械	浙江

排名	企业名称	销售收入(万元)	行业	地区
447	重庆烟草工业有限公司	255232	烟草	重庆
448	东莞玖龙纸业有限公司	253770	轻工	广东
449	山东丛林集团有限公司	253340	建材	山东
450	宁波华翔集团股份有限公司	253203	机械	浙江
451	山东淄博博会实业总公司造纸厂有限公司	251761	轻工	山东
452	河南新飞电器有限公司	251301	家电	河南
453	江苏隆力奇集团有限公司	250892	化工	江苏
454	天津大沽化工有限公司	249836	化工	天津
455	江苏苏钢集团有限公司	248632	冶金	江苏
456	上海宏胜科技发展股份有限公司	248620	通信电子	上海
457	沈阳化工集团有限公司	247886	化工	辽宁
458	盼盼集团有限公司	246512	建材	辽宁
459	双城雀巢有限公司	245973	食品饮料	黑龙江
460	宁波乐金永兴化工有限公司	245686	化工	浙江
461	吉林德大有限公司	244100	食品饮料	吉林
462	北京燕京啤酒集团有限公司	243980	食品饮料	北京
463	天津中新药业集团有限公司	243491	医药	天津
464	重庆红岩汽车有限公司	243400	汽车	重庆
465	厦门 TDK 有限公司	243341	通信电子	福建
466	天津三星电机有限公司	242995	机械	天津
467	浙江化纤联合集团有限公司	240136	化工	浙江
468	西林钢铁集团有限公司	238963	冶金	黑龙江
469	中山嘉华电子集团有限公司	238900	通信电子	广东
470	青岛即发集团控股有限公司	238801	纺织	山东
471	大化集团有限公司	238094	化工	辽宁
472	宁波中华纸业有限公司	237649	轻工	浙江
473	北汽福田汽车股份有限公司潍坊农业装备分公司	237323	机械	山东
474	上海锅炉厂	235251	机械	上海
475	无锡水星集团有限公司	233976	机械	江苏
476	山东五征农用车有限公司	233000	机械	山东
477	特变电工股份有限公司	232438	机械	新疆
478	升华集团控股有限公司	232026	医药	浙江
479	浙江赐富化纤有限公司	231658	化工	浙江
480	广东福地科技股份有限公司	231335	通信电子	广东
481	清华紫光股份有限公司	230941	通信电子	北京
482	浙江龙生集团股份有限公司	230121	化工	浙江
483	河北唐山半壁店钢铁集团有限公司	230000	冶金	河北
484	富士康昆山电脑接插器有限公司	229615	通信电子	江苏
485	福建实达电脑集团有限公司	229088	通信电子	福建
486	中石化上海高桥石化公司	227931	化工	上海
487	泸天化集团有限公司	226703	化工	四川
488	渤海水泥控股集团有限公司	226076	建材	河北
489	宝鸡卷烟厂	224908	烟草	陕西
490	天津天士力集团有限公司	224826	医药	天津
491	平山敬业集团有限公司	223967	冶金	河北
492	江苏波司登股份有限公司	221658	纺织	江苏
493	松下万宝广州压缩机有限公司	221334	机械	广东
494	辽宁曙光汽车集团股份有限公司	220798	汽车	辽宁

排名	企业名称	销售收入(万元)	行业	地区
495	上海日立电器有限公司	220733	机械	上海
496	天正集团有限公司	220299	机械	浙江
497	山东泉林纸业有限公司	220007	轻工	山东
498	四川什邡卷烟厂	219338	烟草	四川
499	大连造船重工有限公司	218945	机械	辽宁
500	张家口卷烟厂	218205	烟草	河北

(信息来源:世界经理人网站)

备注:为了推动中国成为世界制造中心,提高中国制造商的知名度和竞争力,了解中国制造商和世界级制造商的差距,剑桥制造评论杂志社独家编制了2004年"中国1000大制造商"排行榜,上面的榜单中列出了前500名。

此榜建立在公正、公开、科学的基础之上,以2003年企业销售收入为主要依据。本次排名数据来源于4个方面:国家统计局的统计报告、中国上市公司的年报、中国行业协会的会员资料、企业直接向剑桥制造评论杂志社申报的数据,在数据有冲突时,以企业申报数据为准。企业主要申报5项指标:销售收入、利润总额、资产总额、研发收入、员工人数。

相关链接:《剑桥制造评论》是世界上最具权威性的管理杂志之一,以发表制造战略、工业数据、管理工程、技术创新的文章见长,由诺贝尔经济学奖得主罗伯特·蒙代尔(RobertMundell)教授任主席。《剑桥制造评论》每年发布"世界机械500强"、"世界化工500强"等权威排行榜。

解读:这是建国以来中国制造业的首次普及性调查,对研究中国制造商和世界级制造商的差距,推进中国制造业战略,具有特别重要的意义。

排行榜入选企业中,化工企业最多,占据第一位,机械、电子分居二、三位;销售额从最高的1204亿元到第1000位的10亿元,差距达120倍。在整体上中国制造业现已开始从劳动密集型的加工方式向技术密集型的加工方式转变,其中部分行业已开始与国际接轨,采用国际标准或引进外国技术、资金进行生产、加工和销售,其竞争优势明显。

中国制造业1000大企业主要集中在东部,其分布与地区经济发展状况相一致。2004年全国有30个省、自治区、直辖市(不包括台湾省)企业进入1000大。其中东部及沿海地区有768个,占76.8%;中部有125个,占12.5%;西部地区有107家,占10.7%。

◎榜六、2004中国成长企业100强◎

排名	公司名称	2003-2004年成长速度
1	新疆天地集团有限公司	1442.39%
2	人民电器集团	1410.56%
3	内蒙古小尾羊餐饮连锁有限公司	1011.24%
4	新疆新能源股份有限公司	1011.08%
5	沈阳文成企业集团	925.93%
6	宁夏红枸杞产业集团有限公司	660.50%
7	兴乐集团有限公司	656.69%
8	辽宁曙光汽车集团股份有限公司	632.97%
9	山东星发食品有限公司	602.79%
10	东华纺织集团	537.99%
11	北京邦天科技有限公司	537.99%
12	河北旭瑞实业集团有限公司	530.50%
13	华仪电器集团有限公司	492.57%
14	抚顺罕王实业集团有限公司	481.76%
15	三一集团有限公司	389.89%
16	宁波洛兹集团有限公司	375.62%
17	昆山市震雄电线电缆有限公司	369.76%
18	浙江恒逸集团有限公司	364.65%
19	东方集团实业股份有限公司	362.51%
20	内蒙古领鲜食品有限责任公司	355.37%
21	湖南环球科技农业发展有限公司	326.97%
22	万丰奥特控股集团	321.48%
23	河北海生实业集团有限公司	317.16%
24	安徽凯立科技集团股份有限公司	316.31%
25	四川科伦实业集团有限公司	305.38%
26	山西常平集团有限公司	300.00%
27	海亮集团有限公司	296.53%
28	湖南曾氏企业(集团)有限公司	291.03%
29	内蒙古西蒙集团有限责任公司	288.63%
30	盾安控股集团有限公司	288.48%
31	新疆亚中(集团)有限公司	283.01%
32	青岛特种汽车集团有限公司	276.15%

排名	公司名称	2003-2004 年成长速度	排名	公司名称	2003-2004 年成长速度
33	荣盛化纤集团	266.23%	68	宝石缝纫机有限公司	192.53%
34	江苏紫荆花纺织科技股份有限公司	265.00%	69	广西佳用商贸股份有限公司	192.43%
35	报喜鸟集团有限公司	262.50%	70	山西海鑫钢铁集团有限公司	191.40%
36	安阳市保泰盈商贸有限责任公司	260.40%	71	杭州钱江电气集团股份有限公司	190.94%
37	苏宁电器集团	256.40%	72	美特斯邦威集团有限公司	190.65%
38	昆山三牛实业集团有限公司	250.86%	73	浙江虎山集团有限公司·浙江江山水泥股份有限公司	190.32%
39	内蒙古巴彦淖尔富源实业集团	250.48%			
40	浙江卡森实业股份有限公司	248.24%	74	大连华农豆业集团股份有限公司	189.91%
41	宁波太平鸟投资集团有限公司	244.39%	75	广东凌丰集团有限公司	184.65%
42	新疆康尤美大豆有限公司	243.93%	76	浙江万马集团有限公司	183.63%
43	江苏月星家具集团有限公司	242.59%	77	广东省志高空调股份有限公司	183.39%
44	江苏磊达股份有限公司	237.94%	78	奥康集团有限公司	182.35%
45	厦门银鹭集团	236.65%	79	江苏金鼎电动工具集团有限公司	179.13%
46	小天鹅投资控股（集团）有限公司	234.25%	80	江苏云蝠集团公司	177.19%
47	杭州锦江集团有限公司	234.04%	81	新疆广汇实业投资（集团）有限责任公司	172.37%
48	常州市盛士达汽车空调有限公司	232.05%	82	天正集团有限公司	171.93%
49	深圳市富安娜家饰用品有限公司	231.62%	83	新疆泰昆集团有限责任公司	169.96%
50	新华电器集团有限公司	229.12%	84	重庆百事达汽车有限公司	166.66%
51	陕西东岭集团	229.10%	85	广东格兰仕集团有限公司	162.28%
52	光宇集团有限公司	228.42%	86	山西通达集团有限公司	155.56%
53	华芳集团有限公司	227.63%	87	广东唯美陶瓷有限公司	151.16%
54	福建吉马集团有限公司	220.94%	88	浙江高邦服饰集团有限公司	150.90%
55	无锡江南电缆有限公司	219.15%	89	江苏新城实业集团有限公司	148.85%
56	深圳海王集团股份有限公司	212.59%	90	桓仁矿业有限公司	145.26%
57	天津天狮集团有限公司	205.58%	91	罗蒙集团股份有限公司	140.51%
58	亿达集团	205.58%	92	江苏苏宁建设集团有限公司	138.11%
59	富可达控股股份有限公司	203.03%	93	山西安泰集团股份有限公司	137.94%
60	西安青松科技股份有限公司	199.29%	94	辽宁工源水泥（集团）有限责任公司	137.60%
61	江苏雨润食品产业集团有限公司	199.28%	95	江阴市康源印染有限公司	136.34%
62	浙江康恩贝制药股份有限公司	197.92%	96	正泰集团	136.32%
63	河南省宛西制药股份有限公司	197.86%	97	四川省瑞云集团股份有限公司	135.52%
64	正邦集团有限公司	195.99%	98	江苏红柳床单集团公司	134.72%
65	山西振兴集团有限公司	195.74%	99	上海斯尔丽服饰有限公司	133.98%
66	深圳市邦凯电子有限公司	193.63%	100	亿阳集团有限公司	132.28%
67	南京新华海科技产业集团有限公司	193.49%			

（信息来源：《当代经理人》杂志 2004 年第 11 期）

备注：2004 年 11 月 13 日，“第 3 届中国成长企业 100 强”颁奖典礼在人民大会堂举行。“中国成长企业 100 强”评选活动发起于 2002 年，是由当代经理人杂志社、首都经贸大学、中华留学人员创业协会共同主办，同时得到了全国工商联经济部、国家发改委中小企业司的支持。本次排名的范围限制在年销售收入在 1 亿元以上的非国有控股和非上市公司。营业收入总额成长率总额代表成长速度，以此作为核心指标对企业进行排名。

为了保证排名的准确和合理，企业所报数据经当地会计师事务所出据了审计报告，营业额和营业税经当地税务机关出据了证明，且调研组把分布在 20 多个省、20 个行业 2000 多家企业有关资料进行了汇集。

解读：近年来，民营经济已经成为国民经济重要的组成部分，并成为中国社会发展的重要驱动力量。

2003 年以来成长企业的发展正在迅速推动经济的发展，成长企业 100 强收入的总额达到 2098 亿元，占到全国国民生产总值的 1.79%。2003 年缴纳税款 13.4 亿元，2001-2003 年平均增长速度是 315%。百强成长企业当中 2002-2003 年员工平均增长速度是 110%，2001-2003 年员工平均增长速度是 81%。

数字虽然很枯燥，但表明了成长企业在为经济建设、社会发展，特别是社会就业等方面所做出的贡献。

◎榜七、2004 中国最具生命力百强企业◎

（一）特别奖

科技动力奖——神州数码控股有限公司

最具潜力奖——浙江好汉电器有限公司

（二）百强企业

1.中国平安保险（集团）股份有限公司
2.招商银行
3.中国第一汽车集团公司
4.国美电器有限公司
5.万科企业股份有限公司
6.春兰（集团）公司
7.正泰集团
8.青岛钢铁控股集团
9.四川新希望集团有限公司
10.内蒙古蒙牛乳业股份有限公司
11.联想集团有限公司
12.四川长虹电器股份有限公司
13.搜狐公司
14.海信集团有限公司
15.中国广厦控股创业投资有限公司
16.白沙集团
17.海尔集团
18.中国民生银行
19.TCL 集团股份有限公司
20.天狮集团
21.远大空调有限公司
22.天津天士力集团有限公司
23.新华联集团
24.杉杉投资控股有限公司
25.新疆广汇实业股份有限公司
26.重庆宗申摩托车集团
27.新兴铸管股份有限公司
28.山东太阳纸业股份有限公司
29.广东格兰仕集团有限公司
30.劲霸（中国）有限公司
31.青岛啤酒股份有限公司
32.山西海鑫钢铁有限公司
33.莆田大伟食品有限公司
34.重庆太极集团有限公司
35.江苏远东集团有限公司
36.浙江飞龙电器有限公司
37.安徽奇瑞汽车有限公司
38.哈尔滨黑天鹅集团股份有限公司
39.云南白药集团股份有限公司
40.升汇投资集团
41.康佳集团股份有限公司
42.浙江新和成股份有限公司
43.上海光明乳业股份有限公司
44.浙江华瑞集团
45.山东东阿阿胶股份有限公司
46.江苏磊达股份有限公司
47.上海斯尔丽服饰有限公司
48.重庆建设集团
49.江苏红星家具有限公司
50.哈药集团股份有限公司
51.富可达控股股份有限公司
52.万向集团公司
53.中国一拖集团有限公司
54.上海文峰美发美容有限公司
55.大连振邦集团有限公司
56.北京途锦教育集团
57.宁波方太厨具有限公司
58.雅戈尔集团股份有限公司
59.内蒙古草原兴发股份有限公司
60.红豆集团有限公司
61.重庆小天鹅投资控股（集团）有限公司
62.福耀玻璃工业集团股份有限公司
63.江阴联通实业有限公司
64.东软集团有限公司
65.恒源祥（集团）有限公司
66.奥康集团
67.吉利控股集团
68.江苏雨润食品产业集团有限公司
69.江苏悦达集团股份有限公司
70.大连韩伟集团
71.吉林修正药业集团股份有限公司
72.清华同方股份有限公司
73.四川光友薯业有限公司
74.河北大午农牧集团有限公司
75.浙江纳爱斯集团
76.海亮集团有限公司
77.海星科技投资控股（集团）有限公司
78.浙江大虎打火机有限公司
79.北京地雅集团公司
80.上海盛顺服装有限公司
81.惠州侨兴集团有限公司
82.湖南金健米业股份有限公司
83.罗蒙集团股份有限公司
84.南京斯威特集团有限公司
85.湖南金荣企业集团
86.河北华龙面业集团有限公司
87.安阳钢铁集团有限责任公司
88.泗水希尔康制药有限公司
89.吉林天池葡萄酒有限公司
90.江苏兴云集团有限公司
91.兴乐集团有限公司
92.广东万家乐股份有限公司
93.三一重工股份有限公司
94.唐山宝业集团
95.萍乡钢铁有限责任公司
96.南宁化工集团（股份）有限公司
97.河南庆安化工高科技股份有限公司
98.山西通达集团
99.宝鸡惠民乳品（集团）有限公司
100.广东科龙电器股份有限公司

（信息发布单位：中国最具生命力企业评选组委会、中国企业发展安全高峰论坛组委会 2004 年 11 月）

备注：此榜的评选活动历时数月，经专家和媒体多轮评定筛选并通过搜狐网上投票评出，目的在于发掘中国境内最具成长活力、能够抵抗各种风险、具备基业常青机制的优秀典型企业并予以弘扬。该排名由中华全国工商联主办的“中国企业发展安全高峰论坛”组委会、财经时报社、中华工商时报社、中全联企业发展研究中心等共同主办。

此次评选在评测体系的设计上参照了国内外相应的开放性指标，并结合中国的实际情况，设计了“中国最具生命力企业”的评测指标体系，力求最大限度地使用科学、量化的手段实现对中国企业发展生命力程度的评测。网上得

票率仅是其中的一个参数，按照不同的企业类别，为得票率设定不同的权数，结合其他评价依据和各类非数据性指标进行综合加权，最终评价出100强。

◎榜八、2004企业新锐榜◎

1.上海国际赛车场公司

经营上海国际赛车场项目的上海国际赛车场有限公司是由上海久事公司、上海国有资产经营有限公司和上海嘉安投资发展有限公司共同投资组建的股份制企业。公司注册资金8亿人民币，项目规划用地5.3平方公里。其中占地2.5平方公里的一期赛车场区域总投资达到26.45亿人民币，于2004年3月建成，并成为2004年F1世界锦标赛中国站的举办赛场。预留的2.8平方公里多功能开发区域将配合F1世界级体育盛事以及汽车文化的概念。

2.万科集团

作为中国房地产的领跑者，万科不仅在业绩上领跑，更在观念、文化上领跑。2004年，万科·东海岸获得国际公园协会（IFPRA）颁发的“国际花园社区”大奖，这是目前全球惟一的、最具权威的社区大奖，标志着世界社区的最高荣誉。获奖者将是最适宜人类居住的社区榜样和标准制定者。2004年11月8日，中国农业银行与万科企业股份有限公司签署了《银企合作协议》，向万科企业股份有限公司提供总金额46.9亿人民币的综合授信额度。这是中国农业银行有史以来对一家房地产企业的最大规模授信。

3.华谊兄弟

2004年，随着《可可西里》、《天下无贼》、《醋溜族》等十几部影视剧的推出，华谊兄弟太合影视公司迎来了创作上的丰收年。2004年8月，由世界品牌实验室（WBL）和世界经济论坛（WEF）联合主办的世界品牌大会发布了2004年“中国500最具价值品牌”排行榜，华谊兄弟太合影视（HTF），以品牌价值12.25亿元而跻身此榜。在500强中只有两家电影品牌公司入选，另一家是紫禁城影业公司。2004年11月，在影视圈、音乐界各自负有盛名的华谊兄弟投资有限公司与战国音乐在北京举行发布会宣布缔结联盟，并且以3000万元巨资注册成立“华谊兄弟音乐有限公司”。

4.国美电器

成立于1987年的国美电器是一家以经营各类家用电器为主的全国性家电零售连锁企业。2004年，国美重新审视和缔造新时期厂商关系，倡导“商者无域，相融共生”的战略联盟观点。在汲取国际连锁超市成功经验的基础上，国美电器结合中国市场特色，确立了“建立全国零售连锁网络”的发展战略。到2004年底，国美电器基本完成在中国大陆地区的一级市场的网络建设，同时扩展到较为富裕的二级市场，并致力于用2–4年的时间占有中国家电市场20%的份额；2003年11月，国美在香港开设了第一家分店，迈出了开拓海外市场的探索性的第一步，国美电器最终将进入国际市场，逐步树立其国际商业品牌。

5.顺驰控股

顺驰中国控股有限公司始于1994年，现已成为集房地产开发、房地产中介服务与物业管理于一体的大型企业集团。起步于天津的顺驰中国，2004年销售回款达到100亿元。2003年，顺驰中国开始推进全国化战略。2004年，初步完成华北（除北京）、北京、长三角、中原、中南的全国总体战略布局，在北京、上海、苏州、南京、无锡、石家庄、武汉、济南、郑州、洛阳、荆州、榆次等城市所获取的项目20余个都陆续亮相市场。同时，顺驰中国的联营企业——顺驰置业将连锁经营模式强势推广到北京、南京、成都、广州、石家庄、上海、苏州、无锡、武汉、沈阳、重庆、长春、青岛、深圳等城市中介市场，连锁店面超过800家。顺驰中国得到了各级政府和广大消费者的认可，顺驰置业荣获“中介名企”称号。

（信息来源：《新周刊》2004年第12期）

备注：此榜为《新周刊》“2004大盘点·中国年度新锐榜”之“年度企业”，2004年12月11日在上海揭晓。“中国年度新锐榜”由新周刊杂志社与东方卫视、新浪网等联合主办，以“传媒观点、专家意见、新锐视角”为立意和特色，从而总揽年度时局，指点社会趋势，推动生活潮流。

◎榜九、2004最具生命力十大民营企业◎

1.山西振兴集团
2.山东丛林集团有限公司
3.深圳坂田实业股份有限公司
4.山西海鑫钢铁集团有限公司
5.番禺珠江钢管有限公司
6.雅戈尔集团股份有限公司
7.重庆显丰（实业）集团股份有限公司
8.福建冠海海运有限公司
9.湖南西城实业集团
10荣安集团股份有限公司

（信息来源：《乡镇企业导报》杂志2004年第12期）

备注：此榜于2004年11月27日由中国乡镇企业协会、乡镇企业导报杂志社发布，同时发布的还有“中国乡镇企业十大经济人物”榜。

解读：为迎接经济全球化，中国需要打造一批具有国际竞争力的现代新型企业和企业家，作为改革初期过渡产物的乡镇企业不能在原地踏步，应和国企一样尽快改制，顺应时代和市场的变化，不断提高素质，尽快实现由传统型向现代型的转变。

这些上榜企业和企业家便是因不断开拓新思路、创新新体制、运用新机制、走出新路子，从而增强了企业的竞争力并取得良好业绩而入选。

相关链接：中国乡镇企业十大经济人物

1.乔秋生：河南黄河实业集团股份有限公司董事长

2.黄乐夫：珠海市中富工业集团董事长

3.邵钦祥：中国花园集团总裁

4.侯金田：中国清河集团董事长

5.魏牛庚：江西恒华投资有限公司董事长

6.黄乃衔：中山市长洲实业集团董事长

7.张湘平：湖南三环颜料有限公司董事长

8.冶占林：新疆南湖企业集团董事长

9.朱宏魁：银川市郊区第二建筑有限公司董事长

10.孙吉安：江苏东方集团董事长

◎榜十、2004最受尊敬企业◎

（按照字母倒序排列）

1.中国平安保险（集团）股份有限公司
2.中国惠普有限公司
3.中兴通讯股份有限公司
4.招商银行
5.远大空调有限公司
6.新浪公司
7.万科企业股份有限公司
8.TCL集团股份有限公司
9.上海通用汽车有限公司
10.三星（中国）投资有限公司
11.青岛啤酒股份有限公司
12.诺基亚（中国）投资有限公司
13.联想集团有限公司
14.IBM中国有限公司
15.华为技术有限公司
16.杭州娃哈哈集团有限公司
17.海尔集团
18.广州本田汽车有限公司
19.凤凰卫视控股有限公司
20.春兰（集团）公司

（信息来源：《经济观察报》）

备注：此榜于2005年4月26日由北京大学企业管理案例研究中心与经济观察报社联合发布，在经过首轮筛选出300余家候选企业、第二轮高等院校MBA、EMBA调查产生前50家最受尊敬企业之后，由23名评委现场评审并最终产生。这是至2002年来第四次发布"最受尊敬企业"榜。最受尊敬企业的标准是有良好的经济效益，有长期创造效益的能力，有稳定的发展，有广泛的知名度，企业的产品和服务能够满足社会高层次的需求。

此榜评选范围主要是在中国注册的企业或主要业务是在中国展开的，前提是企业的效益比较好，有4个指标：人力资源、财务能力、管理质量、发展潜力。主要评价的是公司形象、社会责任、企业领导和创新的能力以及国际竞争力（国内企业）或对中国的长期承诺（国外跨国公司）。

◎榜十一、2004最佳企业公民行为◎

1.万科企业股份有限公司
2.UT斯达康中国有限公司
3.欧莱雅中国有限公司
4.诺基亚（中国）投资有限公司
5.福特（中国）汽车有限公司
6.通用电气（中国）有限公司
7.思科系统（中国）网络技术有限公司
8.BP（中国）有限公司
9.中国平安保险（集团）股份有限公司
10.摩托罗拉（中国）电子有限公司
11.神龙汽车有限公司
12.佳能（中国）有限公司

（信息发布单位：21世纪报系）

备注：此榜于2004年12月21日由21世纪报系发布，是以企业社会责任和企业公民行为为专门主题的大型公众舆论评选，旨在通过一系列具有榜样意义的企业最佳实践，重新定义什么是好的企业，为企业树立新的标杆。根据各企业的实际表现，评选出最符合"企业公民"定义的企业。

企业公民是指一个公司将社会基本价值与日常商业实践、运作和政策相整合的行为方式。作为一种新的指导理念，企业公民将为成功企业提出不同的定义和新的标准。越来越多的企业家和公众正在接受这一理念。

◎榜十二、2004 十大“走出去”企业◎

1.联想:收购 IBM PC 业务

2004 年 12 月 8 日,联想集团正式宣布以总价 12.5 亿美元收购 IBM 的全球 PC 业务,同时宣布由原 IBM 高级副总裁史蒂芬·沃德出任联想集团 CEO,杨元庆任公司董事长。此次收购是联想继改换英文名称、参与 TOP(奥运伙伴)计划之后,再次向国际化目标迈出的一大步。而且,收购价适中甚至低于预期,使得联想一举进入全球企业 500 强之列,实现了多年的夙愿。此外还引进了一位国际管理专家,对提高企业管理水平也是大有裨益。而人们所担心的,不仅是 PC 产业的整体走势不妙,前途难料,更重要的则是联想一向不太好的胃能否消受这顿丰盛大餐。

2.华为:承接荷美 3G 大单

2004 年 12 月 8 日,华为宣布将承建荷兰移动运营商 Telfort 的全国 WCDMA 网和美国 NTCH 公司的 CDMA2000 移动网络。对于电信巨头云集的欧美市场来说,一个来自中国的通信设备制造商一天之内连获欧美运营商的 3G(第三代移动通信技术)大单,有如一声惊雷。华为在欧美又一次引起震动和关注。道琼斯通讯社评论说:“华为技术正努力扭转当前西方国家通信设备制造商独霸市场的局面。这些制造商大举进军中国,以期在丰厚的中国市场分得一大杯羹。而华为技术则决心在由爱立信、诺基亚、西门子和阿尔卡特等主导的欧洲市场夺得一席之地。”

3.奇瑞:投产“第三世界”

2004 年 11 月 12 日,奇瑞汽车全面授权马来西亚 ALADO 公司制造、组装、配售和进口代理奇瑞牌轿车。双方签署的合约期限长达 20 年,产品涉及风云、旗云、QQ、东方之子及即将投产的 SUV 和 NEWCROSSOVER 车型等。此外,奇瑞汽车还在伊朗设立了产能为 5 万辆汽车的制造厂,与伊朗 SKT 公司合作生产取名为“Geely”的轿车,并计划在巴基斯坦、埃及、委内瑞拉和叙利亚建造汽车组装厂,与多个东欧国家的谈判也已进入“后期阶段”。通过进军海外市场,奇瑞已成为我国轿车出口主力军,随着海外工厂的建成投产,海外市场或许将成为奇瑞获取收入的另一来源。

4.盛大:并购韩国 Actoz

2004 年 11 月 29 日,中国最大的网络游戏运营商盛大互动娱乐有限公司宣布已正式签订协议,以 9170 万美元的现金向 Actoz Soft 公司部分股东收购约 29%的控股权。Actoz 是一家韩国的网络游戏开发、运营及发行公司。

这项交易将巩固中国最大的网络游戏运营商和中国市场领先的网络游戏供应商之间的合作联盟。Actoz 拥有《传奇 2》50%的版权,根据国际数据中心(IDC)2003 年对用户进行的调查,《传奇 2》是中国最受欢迎的网络游戏。这项收购标志着盛大在发展过程中迈出了重要的一步。

5.上汽:首吃海外车团

2004 年 10 月 28 日,中国上海汽车工业(集团)总公司与韩国双龙汽车公司在汉城签署了双龙汽车公司部分股权买卖协议。这起拖了一年的企业并购案以上汽集团 5 亿美元成功收购双龙汽车公司 48.9%的股权而告结。作为新进入《财富》全球 500 强名单及中国惟一的汽车企业,上汽集团的此次收购将是实现其全球战略目标的主要步骤,也是实现其跨国化梦想所迈出的重要一步。更重要的是,上汽集团也将因此成为中国汽车业成功收购海外汽车集团的“第一人”。

6.中化:独吞仁川炼油

2004 年 11 月 16 日,国务院原则上同意中国中化集团公司斥资 5.6 亿美元在韩国独资收购仁川炼油公司。仁川炼油公司是韩国第五大石油炼制企业,炼油能力约为每年 1400 万吨,其 2004 年净利水平约为 1 亿美元。此次与中化一同参与竞购的还有其他两家专营石油进出口的公司,为 KO&PEC 和 BAUL 石油,其中,以中化集团的条件最为理想,因此得以签约。中化集团此番收购韩国仁川炼油厂的计划得以成功实施,有助于中化集团完善目前已初具雏形的集石油勘探、开采、炼化、销售为一体的产业链,从而将中化集团由单纯的石油进出口企业向以实业为基础的全业务石化企业过渡。

7.五矿:成就对外最大收购案

2004 年 9 月 25 日,加拿大最大的矿业公司诺兰达和五矿集团联合发布公告,双方开始进行排他性谈判。五矿集团将以现金方式,全额收购市值约 55 亿美元的诺兰达公司股票。五矿收购诺兰达,是中国公司对外国公司最大规模的收购案,同时也是加拿大矿业史上最大的收购案之一。五矿也将全面实现公司由贸易向生产型和资源型的战略转型,一举切入上游矿业资源,并控制锌、铜和镍等有色金属的全球市场。

8.TCL:牵手阿尔卡特

2004 年 10 月 9 日,TCL 集团董事长兼总裁、TCL 通讯科技控股有限公司董事长李东生与阿尔卡特集团董事长谢瑞克在北京签订了成立双方手机合资公司的正式合同。这是截至 2004 年国内手机行业最大的企业合并案,也是中国手机企业第一次参与全球范围内的“整军运动”。阿尔卡特是一家全球著名的手机商,占有全球 3%左右的市场,在欧洲则更大一些,甚至在内地的华东一带,阿尔卡特也有 7%左右的市场。此次,TCL 收购阿尔卡特手机,看中的正是阿尔卡特在欧洲市场的品牌和销售网络以及其他法语国家市场利用阿尔卡特在欧洲的品牌和销售渠道，阿尔卡特也将利用TCL在中国的资源全面出击，最终实现双赢。

9.上工缝纫：收购德国DA

2004年10月29日，以生产上工牌和蝴蝶牌缝制设备闻名全国的大型骨干企业——上海工业缝纫机股份有限公司宣布，将以1700万欧元的代价收购德国FAG公司所持有德国DA公司94.98%股份，以期跻身全球缝制设备前三强。收购完成后，上工将在上海设立DA合资生产公司、合资销售公司和零件采购中心，并在捷克、罗马尼亚、中国大连分设生产基地，在美、意、英、法、波兰、巴西等国家和地区设立销售子公司。上工股份将利用DA公司的先进技术、营销网络和品牌强势，短期内迅速提升产能和国际竞争力，抢占由欧美、日本企业把持的世界缝制设备中高端市场。

10.沈阳机床：收购德国希斯

2004年10月29日，在德国莱比锡市，沈阳机床集团董事长陈惠仁与德国马格德堡法院清算人共同签订了全资收购原德国希斯公司全部净资产的法律文书，并移交全部资产。其中包括该公司的8万平方米土地、建筑面积达2万平方米的厂房、44台大中型机床设备、17个产品的全套技术和具有百余年历史的商品品牌。11月1日起，沈阳机床集团德国希斯公司正式开始运行。此举标志着沈阳机床集团由本土经营向国际经营的重大战略转变。

（信息来源：《中国经济周刊》2005年第1期）

◎榜十三、2004“最幸运”与“最不幸”的十大公司◎

1.十大“最幸运”公司

序号	公司	入选理由
1	雀巢（中国）	厄运中化险为夷
2	雅虎中国	“刀光剑影”中合纵连横
3	联想	“蛇吞象”吃掉IBM PC部门
4	国美	“价格战”突入音像地产业
5	燕京啤酒	兼并扩张“稳定”中搞定
6	中石油	下海、铺网并举展现“霸气”
7	华为	“破垄断”成为急先锋
8	国旅	50年大庆迎来三大喜事
9	家乐福	“是非”中发展壮大
10	TOM在线	猫捉老鼠频频得手

2.十大“最不幸”公司

序号	公司	入选理由
1	苏泊尔	被杜邦“流弹”击伤
2	东方航空	包头空难暴露管理漏洞
3	均瑶	掌舵人辞世考验接班人
4	大商	架构华北店网折戟超市发
5	中航油	7年辉煌一赌成败局
6	三鹿集团	“毒奶粉”风波中无奈蒙冤
7	朗讯	深陷“贿赂门”阴影
8	创维	老总被拘引发诚信危机
9	SOHO中国	老潘“乱说”引出“冤枉”
10	巨能钙	不幸中了双氧水的“毒”

（信息来源：《北京现代商报》）

备注：此榜由北京现代商报社评出，这些公司的辉煌业绩或不幸遭遇于2004年12月13–24日在该报“产经版”分10次刊出。

十大“最幸运”公司和十大“最不幸”公司以《北京现代商报》报道过的新闻事件为基础，经分析、总结、比较之后，最终入选的是在某个行业最具有代表性者。

二、行业发展篇

◎榜一、CCTV2004 中国年度汽车◎

1.年度经济型轿车——广州本田 1.3L 两厢飞度

2.年度中级轿车——北京现代 1.6L 伊兰特

3.年度中高级轿车——长安福特 2.5L 蒙迪欧

4.年度高级轿车——华晨宝马 2.5L 宝马 525i

5.年度 SUV——东风本田 2.0LCR-V

6.年度 MPV——上海大众途安

7.年度时尚轿车——一汽奥迪 2.5L 奥迪 A6TDI

8.年度最具人气轿车——广州本田 1.3L 两厢飞度

(信息来源:中央电视台经济频道 2005 年 1 月 15 日)

备注:此榜由中央电视台经济频道主办并发布。这次评选首先由专家评审团在 2004 年中国下线的所有新车中选出 30 款入围车型,然后通过观众手机短信投票(评选标准为"品牌、性能、节油、环保、价格、外观")和专家投票(评选标准为"创新性、性价比、市场认可度")各占 50%权重的方式选出了最终的获奖车型。

解读:此榜反映了 2004 年中国汽车市场的真实情况:上榜汽车都是在 2004 年广受消费者关注和追捧的车型,都具有良好的市场表现力和市场影响力。同时,此榜结果非常符合我国汽车工业未来的发展方向和国家的产业政策:一汽奥迪 2.5L 奥迪 A6TDI 这款高档柴油车的获奖突出强调了"环保"这一主题;而广州本田 1.3L 两厢飞度连夺两项大奖则充分说明了中国汽车市场对节油、经济的小排量两厢轿车的认可和需求。

经济型为 10 万元以下,中级为 10-20 万元,中高级为 20-30 万元,高级为 30 万元以上。

SUV (Sport Utility Vhicle),即"运动型多用途车"。SUV 起源于美国,在 20 世纪 80 年代,SUV 是为迎合年轻白领阶层的爱好而在皮卡底盘上发展起来的一种厢体车。离地间隙较大,在一定的程度上既有轿车的舒适性又有越野车的越野性能。

MPV (Multi-Purpose Vehicle),即多用途车。它集轿车、旅行车和厢式货车的功能于一身,车内每个座椅都可调整,并有多种组合的方式。

1.广州本田 1.3L 两厢飞度

两箱飞度的上市可谓 2004 年中国经济车市场上的一个亮点,作为中国市场上的又一款国际同步车型,它以时尚的外观给经济车市场带来了一股清新时尚的空气。区别于三箱飞度,它的外形经过重新的设计,令整车显得更为可爱时尚,同时在空间的利用上也是发挥小车的极致。本田最新的科技也给飞度带来了更好的经济性和动力性。

2.北京现代 1.6L 伊兰特

伊兰特是现代汽车公司在国内和国外市场上都最受欢迎的车型,很多消费者往往是首先被它的运动外形和经济性所吸引。伊兰特自 2003 年底上市就屡创销售纪录,曾创造单月销量 2000 余台的纪录。北京现代作为 2004 年发展最快的企业,9 月正式将全系列产品价格一次性下调 10%。在价格调整后的 3 个月内,北京现代以伊兰特为代表的主力车型销售迅速上升,其中 10 月份北京现代的轿车总销量已经上升到全国第三位。

3.长安福特 2.5L 蒙迪欧

长安福特生产的全新蒙迪欧整体的造型秉承了蒙迪欧车系典雅气派的设计风格,同时又加强了个性化发展的外观设计及考究的细节,使得整车更符合中国人的审美观点。其三屏 DVD 的配置以及其他高档配置,充分体现了长安福特的旗舰车型。给高档商务车创造了良好的典范也表现出福特进入中国的决心。

4.华晨宝马 2.5L 宝马 525i

动感、优雅、强健的外观使得任何人都会立即被这款宝马商务级轿车所吸引。就外观设计而言,新车型所体现出的美学造诣已经达到了一个崭新的境界,同时却不失宝马 5 系列的传统与根本。在风格和外观上,宝马新 5 系被认为是:动感、运动型的 3 系列与高贵、华丽的 7 系列的完美组合。同时宝马的加入打破了奥迪在中国高档车的一枝独秀的局面,加剧了高档车市场的竞争。

5.东风本田 2.0L CR-V

东风本田导入的 CR—V 为本田公司开发的 SUV 类畅销车型,迄今在全球销售超过 170 万辆,近两年进口的 CR—V 在中国累计销售超过 1 万辆,得到中国用户的喜爱。CR—V 有时尚、协调、圆润的造型,舒适宽敞、视野开拓、无微不至的驾乘空间,以及智能高效的 I—VTEC 发动机技术,实时四轮驱动。

其高安全性、高动力性、低排放、低油耗等卓越的综合性能，使之成为SUV类车的佼佼者。

6.上海大众途安

源于德国大众第五代A级轿车平台PQ35的遗传密码，使途安成为名副其实的A级紧凑型多功能轿车。作为一款紧凑型多功能轿车，途安将轿车精细的制造工艺引入到MPV车型中，使之既具备MPV的大空间特性和多功能性，又有轿车的精致性和舒适性。凭借上海大众先进的设计理念、卓越的制造技术和精湛的生产工艺，途安为中国的轿车市场树立了一个全新的标杆。

7.一汽奥迪2.5L奥迪A6TDI

TDI作为与世界同步的高科技柴油轿车，它配备了奥迪全球最领先的涡轮增压直喷柴油发动机（简称TDI），集强大动力、高效节能、超低排放等特性于一身，全面满足了消费者对未来豪华汽车在性能、安全舒适性、环保等多方面的要求。作为生产中国高档车市场上第一款柴油引擎轿车的集团，一汽集团是中国柴油轿车市场的先驱者和倡导者，他们的这份勇气和魄力理应入围年度车评选。

8.广州本田1.3L两厢飞度

（说明见第226页解读1）

◎榜二、2004中国汽车100强◎

排名	公司名称	销售收入（万元）	地区
1	中国第一汽车集团公司	11917884	吉林
2	上海汽车工业（集团）总公司	9729364	上海
3	东风汽车公司	9003200	湖北
4	上海大众汽车有限公司	5241613	上海
5	一汽－大众汽车有限公司	4897331	吉林
6	上海通用汽车有限公司	3516181	上海
7	北京汽车工业控股有限责任公司	3158583	北京
8	广州汽车工业集团有限公司	3100455	广东
9	广州本田汽车有限公司	2091259	辽宁
10	长安汽车（集团）有限责任公司	2087710	重庆
11	中国重型汽车集团有限公司	1527240	山东
12	万向集团	1521183	浙江
13	北京福田汽车股份有限公司	1401970	北京
14	一汽解放青岛汽车厂	1216440	山东
15	福建省汽车工业集团公司	1168369	福建
16	一汽金杯汽车股份有限公司	1150332	辽宁
17	广州风神汽车有限公司	1143528	广东
18	南京汽车集团有限公司	1140736	江苏
19	神龙汽车有限公司	1129703	湖北
20	沈阳华晨金杯汽车有限公司	1086485	辽宁
21	湘火炬汽车集团股份有限公司	1031399	湖南
22	苏州创元（集团）有限公司	949158	江苏
23	重庆长安汽车股份有限公司	918896	重庆
24	北京现代汽车有限公司	877142	北京
25	东南（福建）汽车工业有限公司	825278	福建
26	跃进汽车集团公司	817449	江苏
27	无锡威孚集团有限公司	799231	江苏
28	哈尔滨飞机工业集团有限责任公司	796682	黑龙江
29	海南汽车集团有限公司	755270	海南
30	安徽江淮汽车集团有限公司	722974	安徽
31	江铃汽车集团公司	721354	江西
32	延锋伟世通汽车饰件系统有限公司	700050	上海
33	广西玉柴机器集团有限公司	694547	广西
34	上海汽车股份有限公司	689152	上海
35	东风本田发动机有限公司	678037	广东
36	上海集团奇瑞汽车有限公司	666405	安徽
37	东风汽车股份公司	665156	湖北
38	天津一汽丰田汽车有限公司	594125	天津
39	上海汇众汽车制造有限公司	554932	上海
40	上汽通用五菱汽车股份有限公司	548114	广西
41	天津一汽夏利汽车股份有限公司	543106	天津
42	浙江吉利控股集团有限公司	516600	浙江
43	潍坊柴油机厂	515240	山东
44	北汽福田公司诸城汽车厂	507507	山东
45	长丰（集团）有限责任公司	494674	湖南
46	一汽解放公司无锡柴油机分公司	479210	江苏
47	重庆长安铃木汽车有限公司	458497	重庆
48	厦门金龙联合汽车工业有限公司	450000	福建
49	昌河飞机工业（集团）有限责任公司	438839	江西
50	庆铃汽车（集团）有限公司	435335	重庆

排名	公司名称	销售收入(万元)	地区
51	哈尔滨东安发动机(集团)有限公司	404505	黑龙江
52	江苏悦达起亚汽车有限公司	387555	江苏
53	陕西汽车集团有限责任公司	384857	陕西
54	保定长城汽车股份有限公司	377808	河北
55	上海延锋江森座椅有限公司	377405	上海
56	湖南长丰汽车制造股份有限公司	349438	湖南
57	北京吉普汽车有限公司	342829	北京
58	东风柳州汽车有限公司	336830	广西
59	郑州宇通客车股份有限公司	324992	河南
60	郑州日产汽车有限公司	314358	河南
61	联合汽车电子有限公司	306436	上海
62	上海柴油机股份有限公司	292904	上海
63	柳州五菱汽车有限责任公司	282043	广西
64	厦门金龙旅行车有限公司	281572	福建
65	沈阳兴远东汽车零部件有限公司	270644	辽宁
66	上海通用东岳汽车有限公司	266746	山东
67	宁波华翔集团股份有限公司	253202	浙江
68	重庆红岩汽车有限责任公司	243400	重庆
69	沈阳航天三菱汽车发动机制造有限公司	227910	辽宁
70	一汽凯尔——海斯汽车底盘有限公司	224299	吉林
71	辽宁曙光汽车集团股份有限公司	220798	辽宁
72	德尔福派克电气有限公司	214929	上海
73	长安福特汽车有限公司	213884	重庆
74	北京福田环保动力股份有限公司	213315	北京
75	江苏江动集团	202258	江苏
76	江苏牡丹汽车集团有限公司	189576	江苏
77	一汽解放汽车有限公司大连柴油机分公司	188840	辽宁
78	万丰奥特控股集团	188000	浙江
79	安徽星马汽车控股集团有限公司	174932	安徽
80	保定长城华北汽车有限责任公司	163381	河北
81	江西昌河汽车股份有限公司合肥分公司	163195	安徽
82	中国第一汽车集团柳州特种汽车厂	162147	广西
83	河北中兴汽车制造有限公司	161139	河北
84	上海三电贝洱汽车空调有限公司	161000	上海
85	金龙联合工业汽车(苏州)有限公司	160400	江苏
86	中国北车集团长春客车厂	156654	吉林
87	江阴市模塑集团有限公司	155172	江苏
88	东风实业有限公司	154895	湖北
89	宁波美日汽车制造有限公司	153308	浙江
90	柳州五菱汽车有限责任公司柳州机械厂	152388	广西
91	哈尔滨哈飞实业总公司	152056	黑龙江
92	浙江豪情汽车制造有限公司	147580	浙江
93	常柴股份有限公司	145404	江苏
94	江苏常发实业集团有限公司	140178	江苏
95	青岛特种汽车集团有限公司	138978	山东
96	上海德尔福汽车空调系统有限公司	138377	上海
97	中国扬子集团有限公司	136078	江苏
98	东风朝阳柴油机有限责任公司	136000	辽宁
99	常州长江客车集团公司	130124	江苏
100	北京汽车装配厂	129701	北京

(信息来源:世界经理人网)

备注:此榜由《剑桥制造评论》(中文版)联合世界汽车研究院(World Motor Academy)共同编制。

"中国汽车100强"评选主要采用国家权威统计数据,结合企业申报材料方式进行。企业主要申报5项指标:销售收入、利润总额、资产总额、研发收入、员工人数。排名建立在公正、公开、科学的基础之上。根据调查及申报结果,主要以2003年企业销售收入为主要依据。

相关链接:《剑桥制造评论》(中文版)——世界最具权威性的管理杂志之一,以制造战略、工业数据、管理工程、技术创新的文章见长,由诺贝尔经济学奖得主罗伯特·蒙代尔(Robert Mundell)教授任主席。《剑桥制造评论》每年发布"世界机械500强"、"世界化工500强"等权威排行榜。

世界汽车研究院(World Motor Lab)——第一家世界级、国际化的汽车工业、汽车企业和汽车产品研究机构,于2004年6月11日在北京成立。作为由罗伯特·蒙代尔教授担任主席的世界经理人资讯有限公司(www.icxo.com)全资附属机构,世界汽车研究院的宗旨是建设一个世界一流水平的、开放式的汽车行业研究平台,吸引世界一流汽车工程院所的研究人员、世界权威汽车行业协会的专家以及世界主流汽车媒体的记者共同参与,积极推动面向世界汽车企业、行业和相关产品的应用研究以及产品测评。

解读:汽车100强在地区分布上,共有25个省和地区的企业进入100强,其中江苏的企业最多,共10家,北京和山东各以8家企业入选紧随其后,直辖市上海和重庆各有7家企业入选,安徽和浙江的入选企业为6家,湖北5家,福建、广西、河北、河南的入选企业为4家,吉林、广东、辽宁、黑龙江、四川各有3家企业入选,江西、天津、湖南、陕西各有两家企业入选,海南、云南、内蒙古、新疆各有1家企业入选。

销售收入方面，上海地区排名第一，其销售收入达1988亿人民币，占100强收入的22.43%；吉林省占100强收入的19.15%，排名第二，这主要是因为吉林的汽车企业中国第一汽车集团公司和一汽—大众汽车有限公司在100强中分别排在第一和第五的原因；而湖北仅有5家企业却贡献了1099亿元的销售收入，这其中东风公司占据了相当的比例；广东的3家汽车公司贡献了633亿元的销售收入，排行第四；作为拥有8家百强公司的北京，其贡献仅有629亿元的销售收入，排行第五。

利润率方面，100强企业普遍比较高，在30%以上的有3家企业，最高的是上海联合汽车电子有限公司，达到32.07%。而利润率排名前10位的企业在100强中排名大部分在50名以后。

◎榜三、2004中国汽车十大风云企业◎

1.上海大众：霸主地位仍在

2004年，上海大众已步入发展的第20个年头，至10月29日，上海大众已累计产销轿车287万辆，创造了近3000亿元的销售额，总资产达359.7亿元。上海大众已形成了包括桑塔纳、桑塔纳3000、帕萨特、波罗、高尔和途安所组成的五大平台六大系列，成为中国轿车工业规模最大、市场保有量最多的现代化轿车生产基地。

2.一汽大众：勇打豪华车价格战

一汽大众2004年动作频频，继6月16日宣布旗下捷达、宝来、高尔夫车型全面降价后，又在10月黄金周大幅调低奥迪车价进行优惠促销，两次降价都对销售起到了较大的促进作用，尤其是奥迪降价，更是掀起了国内高档轿车首次降价大潮。值得称道的是，“常青树”捷达依然在为企业做着重大的贡献，截至10月份，捷达单车销售已突破12万辆，傲立车市潮头。

3.上海通用：营销战略制胜市场

上海通用向来是营销战略的高手，2004年5月的全面降价就是一个战略性很强的动作，上海通用将降价行动冠名为“别克突破2005”，且起到了立竿见影的作用。2004年上海通用系列产品表现均不俗，尤其是中级车凯越在不断完善产品系列的同时，一直保持着旺销的局面，堪称国内中级车的“领头羊”。

4.广州本田：坐四争三雄心勃勃

2004年，广州本田可说是大获全胜。一方面，经过生产线改造，广本在6月底提前实现了日产1000辆的目标。另外，在产品方面，飞度轿车在完善产品系列、推出两厢车型的同时在市场中持续热销，而不再加价的中高档轿车新雅阁更是所向披靡，每月平均销售8000多辆，稳坐该细分市场的冠军宝座，为广本争来了无尽风光。

5.北京现代：跑得最快的“黑马”

从2003年开始，北京现代的发展速度令人咋舌。进入2004年，尽管车市低迷，但素来以产品低价竞争取胜的北京现代依然保持着高速发展的态势。2004年1–10月，北京现代仅凭索纳塔和伊兰特两款车型，销量就超过11万辆，与上年同期相比增幅达到162%。

6.长安福特：版图不断扩大

经过2003年一年时间的磨合，2004年的长安福特翻身发力，以市场挑战者的姿态出现在国内汽车市场。自2月份2004全新蒙迪欧火爆入市后，长安福特的产品竞争力彻底改变，在上市之后的头几个月里，排队购买蒙迪欧的消费者甚至需要等待数月的时间。1–10月的销售数据表明，蒙迪欧销量已超26000多辆，加上嘉年华的销量，长安福特的总销量达到了4万多辆，比上年同期增长了223%，变化可谓巨大。

7.东风有限：产品线日渐丰满

作为国内最大的合资企业，东风汽车有限公司自2003年成立以来，始终吸引着行业内和汽车消费者的目光，如果说2003年的东风有限仍处于平淡的起步阶段，那么2004年的东风有限可谓明显加快了发展步伐。

8.奇瑞：积极拓展海外市场

2004年，对年轻的奇瑞来说是一个丰收之年，这一年它迎来了第20万辆轿车下线，同时它继续创造着全国轿车出口第一的纪录，2004年整车出口量达到10000辆，加上CKD散件出口，奇瑞2004年的出口为3万辆。更令人敬佩的是，这一土生土长的国内自主品牌，开始大步走出国门办厂并正式启动项目。

9.一汽丰田：中档车市继续发力

2004年2月23日，一汽集团与丰田汽车合作的又一结晶、市场期待已久的花冠正式进入市场。尽管花冠1.8L，17.5–20.38万元的售价相对偏高，但这一款曾行销世界140个国家和地区，累计销量超过2800万辆的世界“最畅销汽车”仍然受到了国内消费者的青睐，花冠上市一个月定单就超过1.4万辆，代替威驰成为一汽丰田的当家花旦。2004年1–10月一汽丰田花冠销售已接近4万辆，威驰达到27000多辆，双剑合璧，一汽丰田在中档车市中地位相当不错。

10.东风悦达起亚：以新车争宠市场

2003年仅凭一款经济型轿车千里马就获得快速发展的东风悦达起亚，

2004年在新产品的引进开发上力度颇大。

2004年7月8日备受瞩目的国产顶级MPV——起亚嘉华正式启动，随后，9月10日，中级车远舰也驶入市场。至此，东风悦达起亚这个中国汽车市场的后起之秀已成为具有宽产品系列的实力厂商。而令人意想不到的是，距离远舰上市不到一个月的时间——国庆黄金周期间，东风悦达起亚再次向市场推出远舰、嘉华的豪华版，售价分别为13.98万和22.8万元，把两款车的最低定价向下分别延伸了4万元和2万元。这突如其来的一招让远舰和嘉华的价格竞争力大大提高，两款新车的销量稳步增加，成为东风悦达起亚的新亮点。

(信息来源：《深圳商报》2004年12月7日)

◎榜四、2004国内五大轿车厂家销量排名◎

厂　家	2004年(辆)	2003年(辆)	增幅
上海大众	355006	396023	-10.4%
一汽大众	300118	298006	0.7%
上海通用	252053	201188	25.3%
广州本田	202066	117129	72.5%
北京现代	144088	52128	176.4%

(信息来源：《新京报》2005年1月10日)

解读：随着2004年中国车市大战尘埃落定，国内轿车生产厂家座次也最终排定。上海大众、一汽大众依然稳居轿车销量排行榜前两位，但领先优势已大幅缩小；上海通用与广州本田销量飞速增长，紧随南北大众分列第三、四位；而一年前还游离于十强之外的北京现代凭借伊兰特的逆风飞扬一举登上排行榜前五。

1.上海大众出现负增长

上海大众2004年全年完成销量355006辆，虽然仍然稳坐轿车企业头把交椅，但与2003年相比出现了4万辆的负增长。其中桑塔纳销售132714辆，与上年相比略有增加；改款换代的桑塔纳3000销售90234辆，与2003年持平；POLO销售36754辆，两厢POLO下滑比较严重；GOL也没有出现期望中的井喷，全年销售19767辆；帕萨特销售74867辆，与2003年相比降幅接近40%，中高级车霸主的地位已经丧失。

2.一汽大众表现相对平稳

2004年300118辆的成绩比2003年提升2000辆，其中新捷达153916辆的成绩独占销量半壁江山，连续4年蝉联国内单车型销量冠军；其他车型宝来销售63283辆；高尔夫销售20901辆；奥迪A6销售46177辆，比2003年下降一成；奥迪A4售出15841辆，B级豪华车市场被初步激活。

3.上海通用稳扎稳打，销量增长25%，达到252053辆

其中凯越发挥稳健，全年实现销量92225辆；君威受中高级车市场整体萎缩的影响，销量下降近两成，售出72857辆；GL8完成销量29085辆，最终抵御住江淮瑞风的强大压力卫冕国内中高档MPV市场头把交椅；上市4年的赛欧实现销量57838辆，继续在经济型轿车市场扮演着标杆的角色。

4.广州本田在2004年实现产能大跃进

202066辆的总销量比2003年增长73%。其中雅阁105393辆的成绩在中高级车市场傲视群雄；飞度系列80200辆的销量也在紧凑型轿车中独领风骚；奥德赛2005年将有新款推出，2004年16471辆的成绩不温不火。

5.北京现代成为2004年中国车市的最大赢家

虽然索纳塔41340辆的销量比上年下降两成，但伊兰特上市当年即狂扫102748辆的业绩，创下了中国汽车业的一项最新纪录。北京现代也凭借伊兰特的逆市飞扬以144088辆的总成绩稳居国内轿车排行榜第五。

2004年中国车坛十大畅销车型也同时出炉，5大厂家独揽十强中的9席，惟一的“插队”者来自天津一汽的夏利。

相关链接：2004国内10大畅销轿车(单位：辆)

1.捷达	153916
2.桑塔纳	132714
3.夏利	112919
4.雅阁	105393
5.伊兰特	102748
6.凯越	92225
7.桑塔纳3000	90234
8.飞度	80200
9.帕萨特	74867
10.君威	72857

(信息来源：《新京报》2005年1月10日)

◎榜五、2004中国汽车业十大人物◎

1.苗 圩:东风汽车公司总经理

苗圩从1999年开始了自己人生中的又一个重要历史阶段——成为东风汽车的最高管理者。在其上任之时,东风汽车正面临着巨大的困难。原因在于东风是三线建设的产物,是计划经济体制下最极端的经济类型,而在市场化洪流滚滚而来之时,东风汽车失去了自己的位置,也模糊了自己的方向。世贸条款对于东风,就好比悬在头顶的达摩克利斯之剑,而这把剑也同样悬于苗圩的头顶。

与日产谈判之前,东风刚刚从多年来的低谷中崛起。2000年,在苗圩接任总裁1年多后,东风实现盈利13.8亿元。而此时,东风与其他汽车厂家一样,面临中国入世——这一汽车历史上最大的挑战和机遇。为此,苗圩不得不寻求一条不同于其他汽车企业的"另类"发展之路,汽车业的"资本猎手"横空出世。

从2002年开始,东风完成了一系列令人眼花缭乱的资本运作。其中最大的就是通过与日产、雷诺的全面合作成立了国内规模最大,产品系列最全的汽车合资企业——东风汽车有限公司。在东风、日产、雷诺的金三角框架之下,东风盘活了原有的资产存量,并且借助国外汽车的全球战略为自身发展挣得了一片天空。

此外,苗圩还成为一系列重组合并的"操刀手"。与PSA集团合作的加强,引入标致品牌、入主悦达起亚、升级与本田的合作,东风汽车在成为国内拥有最多外国合作者的汽车集团的同时,也对自身企业进行了大刀阔斧的改革。

对此苗圩有了四步走的战略意图。有了从地处身山的十堰,到襄樊,再到武汉,最后完成走出内陆,完成海外融资的目标。在战略大转移的同时,东风还要承受辅业剥离的巨大阵痛。目前,东风汽车已经基本完成了前三步,最后的第四步也有望于2005实现。

在资本杠杆的撬动下,苗圩的梦想与现实的距离也在拉近!

2.竺延风:一汽集团公司总经理

中国第一汽车集团是中国汽车版图中最具影响力的企业,而竺延风则是这一共和国汽车业长子的掌舵人。竺延风之于中国汽车,就好比美联储主席格林斯潘之于华尔街一样,说出的每一句话都值得推敲,做过的每一件事都值得揣测。竺延风不仅仅是一位大型国企的领导者,作为一名典型的技术型企业管理人,竺延风还担负着某种政治角色,在中国共产党第十六届中央委员会候补委员的名单中有着竺延风的名字,同一名单上的企业界人士还有陶建幸和张瑞敏。"权力越大,责任越大。"所处的位置决定了竺延风的一言一行都分量十足,也促使他的言行要更加谨慎。

从1999年2月正式执掌一汽以来,竺延风可谓是处于风口浪尖之中。一方面不能停止企业的规模化之路和持续的赢利能力,另一方面还要承受外部来自自主品牌建立的质疑。世贸的相关条款只能让竺延风在面对这些问题与压力时不能有丝毫停顿。原因是竺延风要兑现自己许下的"2008年一汽集团200万辆汽车的产能,其中包括100万辆自主品牌的汽车"的承诺。

在入世的3年中,竺延风执掌下最大的举动是2002年6月14日所完成的"天一合作",在重组天津汽车的基础上,一汽成为在全球处于迅猛上升势头的丰田在华的重要伙伴。与此同时,通过对四川丰田的收购重组,一汽完成了产业布局的南进也增进了和丰田在合作中的相互信任。在打造混合动力车方面,一汽也走在了国内企业的前端。一汽轿车也因为牵手马自达而再现生机,在马自达身后不时闪烁着的福特的身影显示出一汽巨大的产业吸引力。

3.龙永图:博鳌亚洲论坛秘书长

入世是一个国家的入世,龙永图成为这个国家迈出重要一步的代表。时代的发展给予龙永图这样的机会,他也抓住了这个机会,并且圆满地完成了国家赋予他的责任。在历史发展的关口,龙永图凭借自身的能力和他所依靠着的国家的实力,成为见证历史的幸运者。

在世贸谈判过程中,龙永图曾对媒体表示有关汽车方面的谈判是整个谈判过程中的难点之一。其中主要有三点:第一是有关中国汽车的高关税问题;第二是外国厂商针对中国汽车产业的相关限制性规定所提出的外汇平衡的要求;第三是投资汽车中央集权审批所带来的一系列问题。另外还包括关于银行和非银行机构提供对汽车消费者的信贷问题。

而这些问题都是现在汽车行业中的几大焦点问题,在世贸到来之际显得更加突出。龙永图认为在全球产业向中国的大转移过程中,汽车产业特别是汽车零部件的转移将成大趋势,国内汽车在制造、技术方面将有着较大发展空间。而这也是加入世贸所带来的机遇。

4.胡茂元:上汽集团总裁

早在30年前,仅仅是在拖拉机厂做学徒工的胡茂元就想到了在那个文化荒蔓的时代去上海交通大学自修高等学位。前瞻性的思维能力为胡茂元今天的成就奠定了基础。同样,现在的胡茂元并不只是掌握着中国汽车业三强之一,他还操持着中国效益最好的两家汽车合资企业的生产经营。2003年,胡茂元做了80万辆车,但他仍然无法回避自主品牌缺失这一严峻的话题。对此,胡茂元既不是从规模化经营中找出路,如一汽;也不是积极寻求资本扩张之路,如东风。尽管前两家企业的做法上汽同样有所尝试,但胡茂元想到了通过跨国兼并重组来迅速获得核心技术以及相关的一整套汽车企业生产的经营体系。

收购韩国双龙，整合英国罗孚。通过“买现成的”来实现企业的跨越式发展是全球一体化趋势下的并不鲜见的手段，但在国内做到的只有胡茂元。

从上任之日起，胡茂元就是所有汽车老总里面出手最“阔绰”的一个，这主要是源于两家合资企业上海大众和上海通用所带来的巨大利润。持续的利润来源并未消蚀掉上汽走民族汽车之路的信心。一位业内人士在评价三大集团时曾感叹：在自主品牌建立方面，上汽走在了前面。

5.尹同耀：奇瑞汽车董事长兼总经理

一位曾经和尹同耀在一汽大众做过同事，后来成为一家合资汽车企业领导的人士曾向记者坦言，他最佩服的人就是尹同耀，因为他做的是自己想做的事，也是值得尊敬的事。尽管这位老总所在的合资企业不论从生产条件还是产品规模都要胜过奇瑞，但他却更羡慕尹同耀所从事的事业和他所处的那种充满激情的创业状态。

在媒体面前，尹同耀向来处事低调，很少接受记者采访。但在工作方面，尹同耀则处处高调，奇瑞从诞生的那一天起，就成为国内汽车企业中的一匹黑马，近几年连续呈现爆炸式增长。

奇瑞真正的发展是在加入世贸以后，也就是2001年通过和上汽的联姻拿到7字头的轿车生产目录之后。2001年全年，奇瑞轿车销售2.8万辆，销售额达20多亿元。到了2002年，奇瑞销售翻一番达到5万辆，销售额达40多亿元。到2003年，奇瑞的销售再翻一番，达到了创记录的10万辆。

作为在欠发达地区缺乏政策支持以及在国际合作条件下发展起来的汽车企业，奇瑞的创新之路更值得目前国内同行借鉴。一方面尹同耀已经成功了，他创造了前人无法想象的一个奇迹；另一方面尹同耀离成功还差得很远，因为奇瑞的征途才刚开始。

6.李书福：浙江吉利集团董事长

李书福从进入汽车业的第一天起就表示，要造老百姓买得起的好车。并通过现身说法表明吉利产品是最符合中国市场发展和消费者需要的。以这种信念为支撑，吉利不断刷新国内轿车产品的价格底线，成为国内汽车产业中的一条“鲇鱼”。也正是这条“鲇鱼”，打破了中国汽车工业靠政府保护和国有资本垄断的坚冰。

李书福之于中国汽车业的意义在于，民营资本仍然可以通过自己的力量，结合自身的优势，在汽车这样技术密集、资金密集的行业有所作为。

有媒体在报道李书福时称他是一个特殊的汽车人，这种情绪源于国内对农民出身的李书福从事汽车行业领域的开拓并不看好。就在李书福决定进军汽车产业的时候，一次亮相中央电视台《对话》的节目成了其他产业精英对李书福战略转移的集体质疑。而在李书福宣布要做中国的丰田时，惹来的又是产业界对这种表态的一阵讪笑。

李书福把中国加入WTO说成是“和世界订的合同”。平时他非常乐意讲的是“精神”、“使命”，甚至把吉利的现在比作八年抗战时“小米加步枪”的八路军。但就是这样一个农民出身的人制造了目前在中国每一个角落都在跑的吉利牌轿车。李书福称中国最好的轿车生产地点不是长春，不是上海也不是武汉，而是浙江。原因很简单，浙江拥有最为庞大的零部件制造和配套能力，并且有大量的社会游资可供产业吸纳。在资源全球采集的过程中，李书福有了发展的可能和空间。

7.周勇江：北京吉普第一副总裁

作为一名职业经理人，周勇江经历了人生的辉煌和低谷。他自1996年12月-2002年1月任一汽大众副总裁兼一汽大众销售有限公司总经理，2002年1-11月任一汽集团营销管理部部长。在此期间，他创造了捷达的销售神话，对一汽大众和一汽奥迪销售渠道和品牌建设功绩卓著。

作为一个技术型的管理者，周勇江的种种做法必然导致与一汽传统的官僚作风有所抵触，为此他选择了离开，目的地是刚成立的华晨。尽管是以民营企业的身份进入汽车行业，但华晨同样也有着自身尚未解决的体制性问题。周勇江在创造了金杯的销售佳绩后，再一次在与国有资本的博弈中败下阵来。

在缺乏企业文化和对企业忠诚度的中国市场，漂泊成为每一位职业经理人的座右铭。周勇江开始了其人生当中的第三次重大转变，这一次的目的是北京吉普。尽管外界对周勇江在未来北京奔驰所起作用和所负职责有着种种猜测。但可以预见的是，相对于国内汽车企业，国外汽车巨头寻求在中国的发展道路、尽快做到本土化时无法忽视本土的优秀职业经理人。

相对于孙勇（原奇瑞汽车销售公司总经理）这样擅长新闻炒作的职业经理人，周勇江有着一种不怒自威的震慑力。为人低调，但行事生猛，这是经历过严格市场考验的状态。

8.卡洛斯·戈恩：日产汽车公司总裁兼首席执行官

在世界上他被称作“成本杀手”；在日本他被神化，被认为是自美国海军准将佩里和五星上将麦克阿瑟之后对日本近代史影响最大的外国人；在中国，有关他“合资企业中方的贡献率为零”的传闻激怒了国人的民族情绪。这就是卡洛斯·戈恩，在目前世界范围内，是人气可与前通用电气CEO杰克·韦尔奇相媲美的人物。

作为卡洛斯·戈恩复兴日产的180计划中重要的一部分，中国市场的开拓成为关键。因此，卡洛斯·戈恩与苗圩的联手也可以被看作是两个相似企业携手共同度过难关的再次创业之举。

日产在中国市场的开拓随着卡洛斯·戈恩战略的深入而进行裂变。在东风有限公司成立之前,日产在华的产品表现并不抢眼,但是随着天籁这样真正代表日产生产水平的产品的引入,东风与日产在中国开始真正发力。在任雷诺公司副总裁期间,戈恩就采取过一系列措施,大幅度降低成本提高利润。而这种突破的勇气,恰恰是日产所缺少的。同样,对于国有企业色彩浓重的东风,缺乏的同样不是面对市场困境本身,而是在困难前所表现出来的勇气。

9.张富士夫:丰田汽车公司社长

他是地球上管理最多资金的人之一,丰田市值1400亿美元的资金由都他调拨。2004年,发生颠覆的不只是国内的汽车版图,国际汽车市场同样在上演着"城头变幻大王旗"的悲喜剧。丰田2004年正式从产销量上超越了传统的老牌汽车企业福特,成为仅次于通用的世界汽车界第二巨头。

尽管有关日本车的民族情绪仍成为日本产品进入中国的一大悬念。但事实是丰田是最早在华建立战略体系的企业。"兵马未动,粮草先行"的战略思想使丰田尽管进入中国市场较晚却进展迅速。最早成立的丰田销售公司被认为是对未来市场做出优先判断的明智之举。促使一汽完成对四川丰田的收购为丰田的下一步战略布局腾出了一个宝贵的合资名额。此后联合广汽又为丰田平衡其在国内的产业重心获得了相当的战略主动。

已经有业内人士判断,未来在中国汽车市场上占主导力量的将会是日系车。而丰田就是日系车的最大代表。丰田在张富士夫的带领下已经吹响了新一轮全球进攻的号角。在底特律的汽车研究所以及麻省理工的相关汽车研究机构还在研究阻止日本车疯狂进入北美市场的对策时,丰田已经提出了让世界所有主要汽车生产企业都将丰田作为头号竞争对手的可怕宣言。

10.魏建军:长城汽车股份有限公司董事长

他是民营汽车业的首富,但他的企业却没有轿车生产目录。他没有政策支持,却率先完成了汽车企业香港上市的"非典型性"壮举。有人说他欲在中国扮演1908年推出T型车的亨利·福特般的角色。这就是长城汽车董事长魏建军。

魏建军的成名起于2003年底的一次公募。当年12月15日,此前在国内汽车业尚属于默默无闻的长城汽车在香港联合交易所主板正式挂牌交易,这是国内的民营汽车企业首次在境外上市。长城汽车共募集资金17.5亿港元。

拥有长城汽车33.23%股份的魏建军,几乎是在一夜之间为人们所熟知:上市当日,他的身价从10亿人民币变为39亿港元,在2003"胡润版"《中国内地百富榜》上,由第83位跃升至第13位,成为国内汽车业首富——目前其全家拥有40.45%股权,为长城汽车第一大股东。

充足的资金来源和准确的市场产品定位为长城的可持续发展带来了动力。魏建军喜欢向外界传达这样一个信息:在美国市场,SUV和皮卡分别占到汽车总销量的24%和17%。在市场与世界接轨之时,长城坚持在SUV和皮卡市场上精耕细作。

(信息来源:《世界商业评论》杂志2004年11月15日)

备注:中国入世3周年,也是中国汽车产业真正开始发力的3年。中国汽车市场在短短3年内的发展速度使得与国际接轨转瞬间就摆在了我们的面前。人去人来,潮起潮落,每个人都希望能够借助这个黄金的平台,依托这个黄金的时代,成就自己黄金般的人生之路。这些上榜者不一定是"重量级"的人物,但在纷扰熙攘的汽车业,这些都是最具代表性的人物。

◎榜六、2004汽车资本市场十大事件◎

1.汽车企业集体谋求境外上市或整体国内上市

入选理由:中国汽车企业首次大规模集体谋求境外上市,上市成功不但能够缓解资金紧张的局面,同时有利于增加企业管理的透明度和提高竞争力,是企业实现资金、业务和管理国际化的重要基础。

大型汽车企业谋求整体或部分境外上市,无疑是2004年汽车业最热门的话题之一。2004年6月以来,上汽集团、东风汽车集团、广汽集团和北京现代陆续传出境外上市的消息。

提供投融资平台是资本市场的最大属性之一。汽车企业积极筹备上市,谋划在海外资本市场有所作为,融资是一个重要动机。很长一段时间以来,上汽、东风、广汽、长安和北京现代等主流的汽车企业无一例外地遭遇了来自外资合作伙伴追加投资、增加股比的巨大压力。而另一方面,宏观收紧的货币政策却加大了汽车企业的资金使用成本。在"银根"收紧的形势下,境外上市无疑成为一个理想的出口。因而这几家汽车企业上市融资幅度有的甚至高达几十亿美元。

汽车企业寻求境外上市最初的动力,来自于国资委。国资委主任李荣融,在2004年初就明确表示,政府鼓励有条件的大型国企到境外上市。而在2003年时,中航科工等超大型中央控股企业,已经先后在境外上市。通过央企境外上市,从而实现我国国有经济布局和结构调整,是国资委的诉求。在2004年12月16日召开的中央企业负责人会议上,李荣融再次公开强调,国资委将推动中央企业更多地在境外上市,使企业能够尽快规范起来。

尽管截至2004年底上述几家大型汽车企业的上市计划仍未果,整体上市能否改善国企治理结构也仍在讨论中,但境外上市已经是大势所趋,同时参与资本市场也是当今大型国企的发展潮流。

2.央行9年来首次加息

入选理由: 央行9年来的首次加息,尽管加息的幅度并不大,只有0.27个百分点。但无论是在投资领域还是在消费领域,其影响已经显露出来,尤其是对于宏观经济调控预期的影响更大。

央行2004年10月28日对外宣布:从2004年10月29日起上调金融机构存、贷款基准利率0.27个百分点,并放宽人民币贷款利率浮动区间和允许人民币存款利率下浮。

一个普遍的判断是,央行9年来首次加息,对于现实的经济活动,尤其是对于广大居民的消费心理预期产生了重要影响。对于当前国内重要的大宗消费品——汽车,影响显著。有关加息对汽车消费市场的影响,成为2004年汽车业界最热门的讨论之一,而以加息的市场手段进行宏观经济调控,更是成为判断未来汽车市场走势的关键因素之一。

在投资领域,尽管此次紧缩的宏观调控政策并非是针对汽车行业,但加息造成的资金使用成本过高,在一定程度上使过度的投资行为降温。汽车行业是资本密集型行业,我国汽车生产企业资产负债率在60%-70%之间,由加息造成的资金使用成本的上涨,十分显著。

此次央行加息的目的,主要是为了缓解通胀压力及部分行业投资过热。然而在消费领域,加息不可避免地产生影响。不过,单纯从加息将增加贷款购车者的支出来判断,宏观经济调控对汽车消费需求的影响,显然是不够充分的。加息对汽车市场景气的影响演变为一次广泛的谈论,结果如何也许还要看2005年的经济运行情况。

3.长安牵手江铃汽车

入选理由: 既是新的《汽车产业发展政策》引导的结果,也是跨国公司战略布局调整的集中体现。另外,通过此举,长安集团可能改写国内汽车行业由东风、一汽和上汽"三大"称霸的局面。

2004年10月30日,重庆长安汽车股份有限公司发布《对外投资公告》,称该公司与江铃汽车集团公司于2004年10月28日,签署《关于设立江西江铃控股有限公司的出资协议书》,双方拟以自有资金共同投资设立"江西江铃控股有限公司",两家公司的出资额各占注册资本的50%。这标志着长安、福特和江铃汽车合作关系更近了一步。

2004年12月6日,重庆长安汽车股份有限公司、江铃汽车集团公司和江西江铃控股有限公司(以下简称"江铃控股")3方签署《增资认购协议》。江铃控股注册资本升至10亿元,长安汽车和江铃集团的出资额各占注册资本比例的50%。这意味着长安与江铃合作的迅速推进。

公告明确表示,收购是长安汽车、江铃集团根据中国《汽车产业发展政策》,通过重组江铃集团整车资产,整合长安汽车、江铃集团的资源和优势,以占领中国汽车工业更大的市场份额,保证各方在中国汽车市场的长期发展和壮大。

将江铃汽车纳入麾下,长安汽车向中国汽车"第一阵营"又迈进了一步。根据新的《汽车产业发展政策》,凡汽车产量国内市场占有率在15%以上,可作为大型汽车企业集团单独编报集团发展规划。一旦江铃汽车的销售额纳入长安汽车,长安可能改写国内汽车行业由东风、一汽和上汽"三大"称霸的局面。同时,长安携手江铃汽车也将推动中国汽车产业布局的重新调整。

4.汽车行业进入微利时代

入选理由: 汽车上市公司的业绩表现充分反应了其盈利能力,数据显示,汽车行业已经告别高利润时代,开始进入微利时代,中国汽车业所处的行业周期更加清晰。

汽车行业整体业绩继续下滑,多家整车企业预亏。据2004年第三季度报告,主要汽车上市公司的净资产收益率环比下滑,汽车股的回报能力和汽车上市公司的盈利能力进一步受到考验。东风汽车(600006)在第三季度报告期末的净资产收益率为3.4565%,同比收益率大幅下跌。

同期,汽车上市公司净利润环比出现大幅下降。由于轿车销量下降,降价浪潮此起彼伏,有行业基准意义的大盘蓝筹股如上海汽车(600104)、长安汽车(000625)、一汽轿车(000800)净利润环比均有下降。汽车行业利润继续向社会平均利润靠近。

个别汽车股基本面出现急剧恶化,部分整车上市公司,如ST松辽(600715)、金杯汽车(600609)均公布2004年全年预亏。

一汽夏利(000927)公布的2004年第三季度报告显示,受价格调整等因素的影响,产品盈利能力有所降低。2004年7-9月,亏损4367.4万元。2004年第三季度公司主营业务收入为10.97亿元,净利润同比下降93.67%。更为引人注意的是,一汽夏利2004年全年的利润较2003年下降幅度在50%以上。

主营业务为轿车的汽车上市公司,公司因车市不景气、盈利差、回报低,继而屡遭抛售。

5.上汽收购韩国双龙

入选理由: 中国汽车企业首次成功收购海外汽车企业,打造了上汽集团建设自主品牌的新模式。

2004年10月28日,上海汽车工业(集团)总公司确认,上汽集团和韩国双龙汽车公司债权委员会,代表朝兴银行在汉城签署了双龙汽车公司的最终买卖合同。根据双方签订的买卖合同，上汽集团将获得双龙汽车48.92%的股份。

上汽集团整合未来双龙业务的框架是，继续拓展双龙在韩国的业务，保留和改善公司现有的设备，必要时追加投资；上汽将与双龙共同探索将双龙业务向国际市场拓展的方式，包括中国市场，帮助双龙汽车将产品推广到中国；保留现有的管理层和员工队伍；同时也增加自己在国际汽车市场上的竞争力。

和收购韩国双龙一样，一直在坊间流传，但是一直未果的上汽参股英国罗孚，似乎都可以理解为上汽建设自主品牌思路的体现。发展自主品牌，从中国汽车行业诞生之日起，就注定要成为一个永恒的话题。尤其是在国际竞争更为激烈、时间更为紧迫的情形之下，如何发展自主品牌更是国内汽车企业的情结，也是一块心病。不管上汽的海外收购，最终结果是否能够配合集团战略的规划，这终究是一次成功尝试。上汽收购双龙，反映了我国汽车企业日渐成长壮大，以及汽车企业管理层在战略管理方面的国际化思路。

6.QFII 重仓国内汽车股，汽车板块上半年出现领涨行情

入选理由：QFII（合格境外机构投资者）进入中国，标志着我国证券市场的进一步开放，带来了大量的海外增量资金、成熟的投资理念和操盘策略。

2004年，QFII踊跃进入国内证券、金融市场的动机，主要是分享中国经济的高成长。在QFII看来，汽车行业是与国民经济依存关系相当明显的行业，因此在2004年上半年，汽车等四大行业在QFII的推动下，出现了领涨行情。

QFII，作为一种过渡性制度安排，是那些货币没有自由兑换、资本项目未完全开放的新兴市场国家或地区，实现有序、稳妥开放证券市场的特殊通道。至2004年11月，外汇局已批准24家QFII的投资额度，累计批准投资额度达33.25亿美元。这24家获得投资额度的QFII中，共有19家已获准开立人民币特殊账户。

据一家基金公司的研究发现，QFII对国内A股市场加仓明显。QFII入场资金已由年初的40亿元左右增加至100亿元左右。从总量上来看，QFII的入场资金仍不能和国内的基金和券商比肩。

对于有良好资源、市场优势且充分受益于国内消费增长的商用车行业和个别发展势头迅猛的汽车行业相关上市公司，QFII都比较青睐。比如，福田汽车作为轻卡和重卡的龙头企业，在国内市场占有率较高。2004年9月，瑞银华宝一度是第七大流通股东，介入时间为2004年第二季度，该股前期调整幅度超过60%。又比如，2004年上半年，QFII对福耀玻璃等进行大幅增仓，增持约500%，是其成为QFII在2004年十大重仓股之一。

另一个有趣的现象是，QFII与其所持有的国内汽车股一般都有国别渊源。比如来自法国的兴业银行在国内持有的汽车股为东风汽车，而东风汽车重要的外方合资伙伴———PSA集团，也同样来自法国。

7.东北税改启动，汽车业是最大受利行业之一

入选理由：旨在振兴东北老工业基地的税改终于启动，对于东北区域经济而言，这是具有历史意义的重大利好。汽车行业成为此次税改的最大受惠行业之一。对于六大产业和东北地区而言，这是一种地域性极强的政策性优惠，就如同当年的特区政策一样，必将引发全国范围内六大产业格局的新一轮集中，尤其是对于投资势头正猛的汽车业。

2004年9月14日，国家财政部和税务总局正式向东北三省财政厅和大连市财政局下发了《东北地区扩大增值税抵扣范围若干问题的规定》。根据国家税务总局公布的通知，享受扩大增值税抵扣的共有六大类行业，汽车制造业明确地被列为其中。

根据此规定，企业在缴纳增值税时，可以将购买机器设备所含增值税进项税金，从其增值税销项税金中扣除，因此对企业最直接的好处就是降低投资成本，提高企业利润。此次增值税改革，仅辽宁地区的企业，在增值税方面的获益就达到80亿元。

一汽集团是此次税改的最大收益者之一。一汽集团合作伙伴——德国大众近来一系列的战略举措也显示，随着东北税改的推进，大众汽车的中国战略有向一汽倾斜的趋势。

东北地区是国内零部件企业的一个重要基地，零部件企业集中度也比较高。就较具有代表性的上市公司来说，沪深两市的汽车零部件上市公司有23家，东北共有7家，约占1/3，作为老工业基地，东北大量的人才、设备、原材料和物流优势，也是国内乃至整个亚洲少有的。因而，有了此次税改的强大支撑，东北有望出现国内零部件企业的一次重要集结。

8.“国九条”利好政策出台

入选理由：“国九条”出台的意义在于，明确了中国股市的战略发展目标，提出了中国资本市场的长远发展规划。为今后较长一段时期资本市场发展确定了思路。

2004年，大盘走出了出人意料的行情。1–4月，股市延续了2003年底的涨势，4月7日，大盘达到全年最高点1783点，同时也创出了两年来的新高。不料，随后大盘一直陷入低迷，上证综指在2004年9月创下数年来最低位1259点。2004年末，上证综指依然在低位徘徊。

如此行情之下，管理层出台了一系列重大举措。市场开始了对于“股市如何突破危局”的大讨论。

2004年2月，国务院发布《关于推进资本市场改革开放和稳定发展的若干意见》（简称“国九条”）。这是自1992年12月17日国务院68号文件下发以来，国务院首次就发展资本市场的作用、指导思想等进行的全面明确的阐述。“国九条”把资本市场对社会主义，市场经济发展的重要意义提到了空前高度，为今后较长一段时期资本市场的发展，确定了思路。

在“国九条”出台的大背景下，各项利好政策也开始酝酿。被业界广为期盼的IPO询价制度、商业银行设立基金公司、保险资金直接入市、分类表决制度、降低印花税、解决股权分置等政策，将成为2005年市场关注热点，一旦实行，将带领中国资本市场进入新的发展阶段。

9.“郎顾公案”引发产融结合模式以及国企改革的大讨论

入选理由：整合冰箱行业后，顾雏军通过资本运作进入汽车行业，掀起产融结合模式的另一轮大讨论。同时，郎咸平炮轰国企改革也是缘于此事。相关话题“国企改革如何走”，成为2004年国内经济理论界的重大议题。抛开“郎顾之争”，我们看到产业资本和金融资本的结合模式，对于转型期中国所处的特殊社会经济背景蕴涵着现实风险。

2003年12月，亚星客车的股东——江苏亚星客车集团有限公司，与顾雏军旗下的扬州格林柯尔创业投资有限公司签订了股份转让合同。扬州格林柯尔所取得的亚星客车集团持有的国有法人股，占公司总股本的60.67%。扬州格林柯尔成为亚星客车的第一大股东。

2004年4月，顾雏军收购襄轴集团持有的部分国有股，以29.84%的比例，成为襄阳汽车轴承股份公司（ST襄轴）单一最大股东。2004年11月25日，格林柯尔董事局主席顾雏军宣布，已全资收购了欧洲两家汽车配件生产商。

来自香港的学者郎咸平认为，入主亚星客车，仅仅是顾雏军令人眼花缭乱的兼并整合的一部分。据郎的研究，顾雏军通过一系列的资本运作，控制麾下格林柯尔系三大产业：制冷剂、冰箱和客车。而客车产业包括扬州格林柯尔创业投资有限公司控股的扬州亚星客车股份有限公司和ST襄轴。

同时，郎认为顾雏军利用这些地方政府急于加快国企退出的思路，将收购与改制打包在一起，玩一把双方互惠互利的双赢游戏。郎认为，顾模式为准德隆模式。德隆利用其掌控的新疆屯河、湘火炬和合金投资等上市公司，不断制造产业投资概念，通过关联公司互保等方式获取银行贷款或私募资金。在顾模式中，汽车是新的产业概念。

10.汽车信贷坏账达到1000亿

入选理由：高额信贷坏账使银行纷纷抬高贷款门槛，对于依靠贷款购车的消费者而言，这一举措无疑会挫伤他们的购买力。汽车市场的景气，汽车行业的健康发展，再也不是企业和消费者之间的事了。汽车行业的发展，需要健全的银行信贷体系作为支撑。

2004年10月，有关资料显示，全国汽车贷款已经达到1833亿元，其中整个汽车贷款坏账已达1000亿元。据有关方面的不完全统计，中国私车贷款违约率约30%，另有10%的车贷难以收回。

自2004年初，国家实施银根收紧的宏观调控以后，汽车消费贷款也受到相应冲击。2004年4月，央行和银监会联合下发了一则有关控制信贷风险的通知。随即，银行纷纷抬高贷款门槛，或提高贷款首付比例，或缩短贷款年限，或要求严格的资格审查，或公布“黑名单”。

实际上，坏账的风险并不只是在银行，还有保险公司和担保公司等。在我国银行现有风险转移方式下，银行基本不做信用评估，或评估流于形式，只是将风险简单地转移到保险公司和经销商身上，购车人也被要求在保险公司投保，为经销商支付担保费。这种方式不但不利于风险控制，而且加重了消费者负担，而表现在汽车消费市场上就是车市的进一步降温。

高额信贷坏账反映了银行个人信用体系的不健全。在吃到追逃坏账的苦头之后，银行为了自卫，采取种种防范风险的手段，这在一定程度上抑制了汽车购买力。造成坏账的根本问题——银行信用体系的不健全，一不留神就会使汽车业受伤。

（信息来源：《中国汽车报》2005年1月7日）

◎榜七、2004车市十大关键词◎

1.低迷——车市进入转型期

2003年车市叫得最响亮的词是高增长，这一结果曾让很多专家大跌眼镜，在汽车行业总体增长超过35%的基础上，轿车与2002年同比更是增长了76%以上。这样的增长速度令无数人开始对2004年存有美好幻想。而事实却是无情的，自4月份开始，车市开始跌入冰点，整个车市像是睡着了一样，一直到年底都未有苏醒的迹象。“低迷”成为2004年车市人语中最为津津乐道的词汇，它也自然是“十大关键词”之首了。

2.新车——你方唱罢我登台

尽管车市低迷，生产商们倒是没有放弃信心，依然不知疲倦地推出新车，而且推出的频率之快比2003年有过之而无不及，以至于新车的上市已不再被看作是了不起的新闻了。不光消费者的反应比较平淡，就连媒体的关注热情也大幅下降。30多款新车的推出并没有从根本上起到激活车市的作用，多数新车入市后竟如泥牛入海，这种现象令人心灰意冷，以至于一些原定于年底推出的新车计划也临时被取消了。

3.降价——剃头挑子一头热

降价的话题自2002年开始就成为车市最习以为常的现象，2004年照例是生产商们拼杀市场惯用的“一招鲜”。不同的是，2004年降价所涉及的范围更广，从年中君威、帕萨特等中级车首度加入降价阵营后，整个车市就滑入了降价漩涡之中，到年尾的时候，就连奥迪A6和奥迪A4也加入降价阵营，而且一出手就是降6万元的大手笔。遗憾的是，降价非但没能激活车市，反而令持币待购进一步加重，市场回暖也变得遥遥无期。

4.差价返还——一诺千金买信心

“差价返还”是2004年车市上出现的一个全新词语，也因此成为消费者茶余饭后谈论最多的一种现象。最早出现差价返还的是卖北京现代的经销商，虽然最终这些经销商为此付出惨重代价，但却博得了市场一片叫好声，后来比亚迪公司率先以生产商的名义提出“如降价、补差价”的购买承诺，11月22日，东风标致再次将差价返还演绎到最精彩，凡是11月22日前购买307的用户，都能获得厂家以现金方式返还的差价，这一举措令其他对手愕然。

5.侵权——仿造的代名词

2004年河北双环可算是将仿制进行到底了。年初在市场上出现的一款双环SRV在外形上像极了本田的CR-V，并因为仅9万多元的价格而大行其市，本田对此当然不依不饶，誓要将官司进行到底。谁知河北双环并没因此罢手，年末推出的双环CEO再次与宝马X5扯上干系，近期宝马已开始重点关注此事，倘若这场官司打不赢的话，双环的麻烦就大了。

6.召回——国民终享合法权益

在经历了多年论证和反复后，召回政策终于在2004年露面了。实际上召回政策出台后，市场并没有如很多专家事先预期的那样出现混乱，消费者也并没有拿召回为幌子到处要挟生产商，这说明政策制订者有时的确低估了消费者的理解能力和行为约束能力。而M6、雅阁、君威等产品的召回也是国内厂商响应召回制度的重要举措。

7.下课——兵败将之责

下课在很长时间以来一直是足球领域的专业名词，忽然出现在车市上，颇让人有些难以接受，不过想想也不奇怪，本来商场如战场，不能打胜仗，主帅当然难辞其咎。1年来，多位在车市上曾经叱咤风云的人物最终另谋他职，吴士仲、郭谦、孙勇等均属此列，或是一朝功臣，或是风云人物，由此也让人体味到汽车市场的残酷。

8.配额——进口车市的春天来了吗

配额本是进口车交易中的一种进口许可证，不知不觉中成为老百姓最多谈论的话题，由此可见消费者对长期以来进口车利润不透明所表现出的不满。也难怪，本来只是几十元钱的配额在最高时被炒到10万元一张，足见进口车交易中的黑洞有多深。所幸随着WTO关税壁垒的逐步取消，配额也变得不值钱了，这是进口车交易利润大幅下降的前奏。

9.售后——汽车厂商掘金的处女地

当销售变得无利可图的时候，售后就被提上议事日程了。在与汽车厂商接触中发现，每个生产商言必谈售后，由此可见，在卖车不赚钱的时候，售后服务市场已成为各个厂家紧盯的又一块潜力巨大的市场。其实在国外市场，新车销售的利润是根本不足以维持销售商的成本的，销售商的主要利润皆来自于售后市场，现在将售后当大事来谈，只能说明过去卖车太好赚钱了。

10.两厢车——又逢第二春

随着2004年两厢飞度与凯越SRV的上市，两厢车再度成为市场热门的话题，其实早在2002年POLO推出市场的时候，两厢车就已被市场初步认可，现在再度升温，说明消费者购车的心态已越来越成熟，选择也更多元化了。

（信息来源：《深圳商报》2004年12月7日）

备注：2004年是值得所有汽车从业人员共同记忆的一年。对于每一个在市场上摸爬滚打的人来说，这一年的经历就叫人刻骨铭心。在经历了2003年高歌猛进的市场增长后，中国车市在2004年忽然打了个“结”，一下子跌入冰点，1-10月份，整个汽车市场的增长不足10%，这与2003年76%的增长判若云泥。利润的大幅下滑让很多汽车厂商第一次感受到这行的饭不好吃了。

十大关键词可以说是2004车市一年来诸多现象的反映。

◎榜八、2004家电行业十大风云◎

1.郎咸平痛斥国有资产流失，顾雏军接招喊冤枉

顾雏军命苦。当年顾以名不见经传的格林科尔公司名义甫一收购冰箱业“一哥”科龙，便被人们全方位的质疑，舆论是一边倒的——打倒顾雏军！当顾雏军刚刚摸索出“国情”，深谙媒体结交之道，摆平所有质疑之后，又以吃美菱、拿西泠、吞吉诺尔等策略一路高歌、惟我独尊如沐春风之际，郎咸平显得不合时宜地出现犹如再次当头一棒！而这一棒的阵痛之长久绝非稍纵即逝！其实郎咸平“炮轰”的不只是格林科尔一家，此前就有“三叩TCL”、“四问海尔”在先。郎认为在国有企业的转轨改制和民营企业购并国有企业中，它们在造成国有资产的严重流失，并同时对“国退民进”提出质疑。诘难到来的时候，海尔除了略微解释一下“持股会”

之外，一直保持沉默，TCL 则采取“迂回战术”，跟郎咸平、机构投资者、媒体积极地进行沟通，减少信息的不对称所带来的问题。

而当 2004 年 8 月 9 日郎咸平质疑顾雏军“七宗罪”抛出后，顾的反应是立即于 13 日委托香港律师行致信郎咸平，指责其 8 月 9 日在上海的演讲对格林柯尔构成诽谤，并通过律师函提出三项要求。但面对郎咸平满不在乎的强硬态度，8 月 17 日上午，不少传媒获悉科龙电器整合传播部部长刘伟湘将在北京召开记者见面会，就郎咸平教授对格林柯尔律师函的公开回应这一事件进行交流。然而在媒体闻讯蜂拥之际，刘自始至终没有露面，先是电话遥控改换见面会场地，继而宁可取消预定的记者会，也不愿向不熟悉的媒体发表意见，最终尴尬收场。

一面是郎咸平抱着“忧国忧民”之心以学术的角度痛斥国有资产的流失，一面是格林科尔强硬的反驳对抗态度（最近似乎低调了很多），并由此引发经济学界的大讨论，甚至惊动国资委。整个事件虽然尚没有定论，但这无疑是中国家电业的一件大事。

2.美泰克金蝉脱壳，美的妙购荣事达

2002 年 3 月荣事达最为核心的公司——荣事达·美泰克合资公司的控股股东美泰克公司在对合资公司经营 8 年后彻底失去信心的时候，它们决定完全撤离。由此，美泰克公司开始积极为其所持有的 50.5%的股份寻找买家。

2004 年 5 月 19 日，广东美的集团与美泰克集团签署协议，全部接手后者在荣事达·美泰克合资公司中持有的 50.5%的股份。美的以不到 2000 万美元的价格购得了美泰克当年的 7000 万美元的投资权益。

美的此次收购出了一招妙棋，它不是直接收购美泰克在合资公司手中的股份，而是全资收购美泰克在荷兰注册的美泰克国际公司的股份，而该公司当年就是为了与荣事达合资而注册的。这样，美的既可以不跟具有集体企业性质的荣事达方面洽谈，亦越过合肥市政府，自然而然地成为荣事达·美泰克合资公司的控股方，甚至公司名称都不需要变更。

在美的购得美泰克在合资公司中的股权后，即派遣人马进驻荣事达并身居要职试图实施“维新运动”，但却遭到荣事达方面的全面抵制。不过资本的意志终究还是要体现的，11 月中旬，以荣事达中美合资公司原总裁和营销副总裁等的全面辞职而开始了美的之荣事达之旅。

美的几乎是两手并出，在收购荣事达中美合资公司的同时，亦一举把广东华凌拿下，并迅速推进管理和人员变革。看来，一向低调异常的美的其资本的魔力已经开始发挥出来。

3.左鸭右鹅，斯威特全球洗衣机霸业雏形显现

从 2003 年 7 月托管小天鹅，到 2004 年 3 月 9 日国资委正式批准，再至 4 月下旬宣布 2003 年年报扭亏获利，初涉家电业的斯威特集团可谓打了一个漂亮仗。斯威特顺利重组已经是名列前茅的洗衣机品牌小天鹅，无疑为其“产业整合、资本运营与国际合作”战略奠定了坚实的基础。除非不做，一旦介入就要整合这个行业，做到最大、最强，这是斯威特的风格。显然一个小天鹅是远远不够的。

细数洗衣机行业可供整合的资源也就海尔、荣事达、小鸭这三家，显然海尔暂时不可能，而荣事达已被美的购并，剩下的就是小鸭了。虽然小鸭已经是一个没落的品牌，但瘦死的骆驼比马大。据说，斯威特与小鸭的沟通在 2003 年即已开始，正式签署意向性协议则是在 2004 年 9 月 6 日。

从 9 月 7 日开始，斯威特正式托管小鸭集团洗衣机企业的生产经营。根据双方协议，这部分资产包括小鸭集团洗衣机分公司、雅奥家用电器厂、肯达燃气具有限公司、技术中心、小鸭系列商标等。

中国是世界最大的家电生产和供应基地，斯威特先小天鹅后小鸭的收购，无疑是看准中国企业转制所带来的良机，试图整合国内的洗衣机生产能力和资源，并借助国际合作方式推向全球市场。看来，斯威特的方略已成。

4.与渠道反目，子收父业，格力电器期待明天更好

格力不顺。对外，格力电器 2004 年 3 月与国美因“越界定价”问题而分道扬镳，格力电器加大自行销售，同时加强与苏宁、永乐、大中等商业单位的合作力度。对内，进入 8 月后，格力集团副总及房产、压缩机等相关公司人员因经济犯罪、国有资产流失等原因纷纷或被捕或被传唤的消息被曝光，这些消息无论对格力集团还是格力电器都是非常被动的。

对格力人而言，聊以自慰的也许就是多年来格力集团与格力电器因小家电而引起的“父子之争”终于有了结果。9 月 14 日，格力电器（深交所：000651）发布公告称，格力集团将所持有的珠海格力小家电有限公司 75%股权以 0 元价格转让给格力电器。

此前，由于格力小家电产品质量不高经常遭到格力电器的指责，称其影响“格力”品牌和空调的声誉，要求小家电停止使用格力品牌，由此也导致格力电器与格力集团错综复杂的争斗。在原小家电掌门人张勇涛离职后，2004 年 4 月，格力电器和格力集团达成一致，格力电器向珠海格力小家电派出新任总经理，格力电器接管集团小家电业务方提上日程。

在格力电器接管小家电业务板块后，格力电器已经开始在专业化与多元化之间游离。格力的明天会怎样，也许只有时间能够回答。

5.老倪“下野”长虹新政，欢乐与悲伤齐奏响

倪润峰退得有点悲壮，如同与他同时代的家电业同龄人。2004 年 7 月 8 日，长虹再度换帅终于水落石出。年满 60 的倪润峰不再担任四川长虹集团公司和股份公司领导职务，被聘请为四川省政府顾问。在起起落落中，倪润峰的长虹家电之旅画上了句号。而 41 岁的赵勇接任长虹集团公司董事长兼总经理之位。

对于倪润峰此番“退休”，坊间流传多个版本：有在产权改革上跟政府博弈的“失败说”，有重新出山数年但并没有摆脱长虹颓势的“业绩说”，更有长虹“战略迷途和路线之争”说，及“60 岁大限”说。尽管观点纷纭，但更多的声音倾注于对倪润峰这位中国家电业一代枭雄的叹腕和鸣不平，为他没有享受到与其贡献相匹配的奖励而呐喊。

正如人们期待的，换帅之后的长虹在沉寂两月之余，“虹色十月” 营销战开始在全国铺天盖地地掀起，使人们有种“老倪又来了”的感觉。与此同时，新掌门赵勇亦马不停蹄，立即与朝华科技、中国远洋物流、广州金发等企业签下了战略合作协议。长虹如此大的投入与动作，好似给沉寂多时的中国家电业注入一股强心剂。但最终效果如何也许只有长虹和赵勇最清楚。

6.TCL 李东生每个梦想都成真，躺在幸福中温存

TCL 李东升是幸福的。先是 2004 年初 TCL 集团整体上市，使 TCL 由国有企业一跃蜕变改制成功，而自己亦成为亿万富豪。

继 2003 年 11 月初双方签订彩电、DVD 业务合并重组意向书后，TCL 集团董事长兼总裁李东生与法国汤姆逊公司首席执行官达哈利于 2004 年 1 月 29 日在法国签订共同成立 TCL—汤姆逊电子有限公司的合同。再至 7 月 1 日，TCL—汤姆逊电子有限公司（TTE）正式挂牌，TCL 成功并购汤姆逊公司，世界彩电大王活脱出现。

不过对于汤姆逊的收购虽然“看上去很美”，但执行起来也定然不会一路坦途。跨国性的文化能否融合，国际性人才是否跟得上等，都是很现实的问题。在新合资公司正式投入运营前夜，即发生临时换帅就是很好的证明。TCL 集团副总裁赵忠尧将取代 TCL“创业元老”胡秋生，出任合资公司新 CEO。而 9 月底由赵忠尧在接受路透社采访时谈到，TTE 可望在 2005 年完成北美和欧洲业务的扭亏为赢。但前路似乎是艰难的。

2004 年对 TCL 来说另一个亮点当数其小家电战略。虽然比小天鹅进入小家电行业晚了半年，但其雄心弥坚。7 月 22 日，TCL 集团在广州虽高调进入小家电市场，宣称主要通过组建 TCL 家庭电器公司来搭理，并设定目标为“在 2–3 年内使主要小家电产品均进入行业前 3 名，整体进入到前 2 名，预计 2006 年要实现销售收入突破 10 亿元”。为了确保成功，TCL 还盛情邀请曾经任职美的小家电总经理、格力顺德小家电公司总经理的张勇涛操盘。不过小家电战略能否成功，还很难说。

7.家电连锁融资路上显神通，决战不止在终端

2004 年，国美、苏宁、永乐等家电商业大鳄，其战场不仅仅在终端，不仅仅在家电厂家，在资本市场上也同时展开了一场决战。

在苏宁电器 IPO 申请获得正式通过仅仅 6 周之后，2004 年 6 月 7 日，国美电器正式向外界宣布，中国鹏润集团斥资 88 亿人民币，收购国美电器 65% 的股权。这就意味着，国美已成功借壳中国鹏润（0493.HK）曲线在港上市，正式步入资本市场。

经过近 5 年的准备，7 月 7 日苏宁正式在深圳中小企业板市场上市。苏宁电器此次发行的 2500 万股 A 股将全部面向普通股民，每股发行价 16.33 元，市盈率 11.26 倍，并募得资金 3.94 亿元，苏宁老板张近东的个人财富即倍增数亿元。与国美、苏宁的融资方式不同，上海永乐则与国际著名投资银行摩根斯坦利走到了一起，后者注资 5000 万美元，持有永乐超过两成的股份，一跃成为第三大股东。

随着这些家电连锁大鳄们的融资渠道的打通，治理结构调整的到位，看来无论是商业对商业，还是商业对厂家的竞争，必然再次打破目前的家电产业格局。

8.跨国公司染指数字电视，失败不是我想要

从 2003 年底开始，关于数字电视的信息就甚嚣尘上，舆论一致认为将是一块大蛋糕，并引发国内外企业以百米冲刺的速度杀将进来。其中最为引人注目的就是跨国公司的纷纷介入。松下、三洋、摩托罗拉、戴尔、杜比、日立、东芝、富士通……众多跨国巨头同时开始涉足抢滩中国数字家电产业。

初衷是美好的，过程是艰辛的，结果却是惨烈的。这句话对一些跨国家电公司一样适用。从 2003 年 9 月摩托罗拉和唯冠签署合约，唯冠负责贴牌生产和销售诸如液晶电脑显示器、等离子电视机和液晶电视机之类的摩托罗拉品牌高端消费性电子产品，到 2004 年 5 月摩托罗拉一再推迟上市日期，再到 10 月 9 日唯冠国际宣布与摩托罗拉电视机生产合作计划告吹。从签约到合约终止不过短短的 13 个月，唯冠和摩托罗拉就此“劳燕分飞”。

对于合作的终止，一种说法认为，国内电视数字化的脚步比预期慢，数字电视市场并未完全成熟，因此双方决定终止有关合约。由于经受不住数亿元的中国数字电视市场的诱惑，摩托罗拉曾圈定了 50 家亚洲企业作为合作伙伴候选，最终才选择了唯冠。而此番摩托罗

拉数字电视之旅的挫败，对还依然在数字之旅上狂奔的中外企业无疑是一个沉重的打击。

9.杜邦特氟隆，考验厨卫企业危机预警机制

2004年，厨卫家电业面临着整个行业危机——特氟隆危机。在整个厨卫行业引发了巨大的震荡，产生如此大的影响，有三点原因：一是中国是特氟隆材料的生产和应用大国，诸多领域使用了特氟隆材料；二是杜邦公司针对危机的处置不当所激发的"冲击波"，使事态进一步扩大；三则说明中国人的安全意识、对健康的追求意识提高了。

如果说杜邦公司在这次危机公关中得分不及格的话，那么本土中小厨卫企业更显得无所适从，不知道该说什么，在何时说，更没有企业采取实质性的弥补行动和措施，缺乏应对危机的机制、意识和专业的人才。即使有个别企业接受了媒体采访，也更多地说其生产的产品主要用于出口，事情还没有结果，在积极寻找替代品，甚至还寄希望于杜邦能够使其化险为夷。唯一跳起来的企业立邦，于7月底搞了一个"倡导诚信维权，关注消费健康"的新闻发布会，还立誓要向杜邦索赔千万。然而立邦此举犯了三个大忌：一、不顾上下游关系，利用杜邦危机时指向性明确，以指责、攻击杜邦来反衬自己，落井下石意图明显；二、从"特氟隆"事件披露到现在，美国环保署和中国的质检局都还没有定论，"利用一个没有定论的对手危机事件，能多大程度俘获消费者很难确定"；三、立邦在攻击杜邦时没有做到推出替代"特氟隆"的产品，则是立邦最大的失误。

反过来，如果整个行业联合起来的话，可能是另一种结果：一、厨卫企业联合起来，发表一个声明，应相信并支持杜邦所生产的含"特氟隆"不粘锅无害，并相信杜邦公司与美国环保总署能够妥善解决好此次危机；二、支持并配合国家质检总局的检测，并期待着检测结果的尽快出台。无论出现何种结果，企业都会以负责任的心态和措施对待；三、在所有在销产品上贴上温度上限标签，并说明所采用的材料涂层为"特氟隆"，以警示消费者并使其拥有知情权；四、建立企业联动机制，统一对外口径、互通信息，并积极寻找可能的替代材料。

小事认真做，大事不糊涂，这也许才是厨卫企业应有的策略。

10.为环保和生活，唱响节能主旋律

整个2004上半年，能源三荒——"电荒"、"水荒"、"煤荒"相继出现。能源危机局面的出现，不仅给众多企业带来了效益上的损失，也给上千万的居民带来了生活上的不便。

节能指标已经成为21世纪最重要的性能指标之一，也最能代表一个国家和企业的技术实力与水准。美国、欧盟及亚太地区均出台了能耗标志制度，如欧洲A级节能认证，以控制不符能耗要求的产品进入市场。在此双重背景下，节能家电则成为市场消费的必然趋势。

于是节能生产、节能认证、节能家电、节能消费等节能文明相继出现并得到市场的认可，洗衣机、空调、冰箱、热水器、彩电等家电产品都被贴上了节能标签，有些类别的产品甚至已经把是否节能作为市场准入的标准。当然，在节能的大潮中依然存在浮夸等不和谐的音符，但瑕不掩瑜。

（信息来源：《数字家电》杂志）

◎榜九、2004家电业十大事件◎

1.碟机业"标准之争"

2004年1月1日，是中国碟机业发展史上一个具有标志性的日子。这一天，新科通过昂贵的空中运输把10万台中国人自主研发的EVD闪电式地送达全国各分公司，正式拉开了EVD的上市大幕。由此也拉开了中国碟机业三大碟机方案的标准之争，EVD、HVD、HDV谁成正道，一直是2004年度争论的焦点。

2.TCL与汤姆逊合并

2004年1月29日，TCL集团与法国汤姆逊集团在巴黎正式签约，宣告成立TCL-汤姆逊电子有限公司（TTE），由该公司拥有及管理双方的电视机业务及资产。此前，双方于2003年11月3日已签订具有法律约束力的备忘录，拟对双方的彩电及DVD业务合并重组。在新公司中，TCL国际控股占67%的股份，汤姆逊持33%的股份。这一举动是我国彩电业与外资品牌一次较大的合并，业内影响深远。

3.格力与国美对立

2004年2月17日，成都国美通告成都当地空调经销商执行"空调大战"计划。格力四川分公司认为此次突然降价活动并没有收到任何通知，给自己造成了很大损失。因此，格力向成都国美正式发函，要求立即停止降价行为，向格力道歉，并声称如果要求得不到满足将停止供货。3月，国美电器总部向全国各分公司下达通知，要求各分公司将格力产品库存及相关业务清理完毕。由此引发了家电厂家和连锁渠道之间的争战。

4.连锁渠道正面火拼

2004年3月25日，国美电器在总部北京举行"2004空调流行趋势发布会"，而此前一天，苏宁电器则在广州

举行“空调行业年度论坛”。国内两大家电连锁巨头几乎是同时召开峰会，其暗中角力不言而喻。9月，这两大巨头又上演了“彩电峰会”。2004年连锁渠道的最大变化是由以前的幕后正在走向前台。

5.美认定我国彩电倾销

为时一年多的所谓中国彩电对美倾销案，经过美国国际贸易委员会的终裁听证，2004年5月15日在华盛顿作出了最终裁决，中方在这一贸易纠纷诉讼中失利。美国商务部自2003年5月立案调查中国彩电倾销以来，作出了两次裁判，都判定中国彩电倾销美国，中国机电产品进出口商会雇请律师应诉，中国政府也与美国有关部门交涉，但15日美国国际贸易委员会作出最终的裁决：美国商务部对包括四川长虹、TCL集团、海尔集团、海信电器、创维集团的进口彩电，加征20%-25%的关税，其他未能应诉的中国企业税率为78.45%。

6.“特富龙事件”波及行业

2004年7月8日，美国环保署EPA表示，由于杜邦公司20年来均未通报制造特富龙的一种关键原料——全氟辛酸铵，可能会给人类健康带来潜在危害，拟对其处以高达3亿美元的重罚。7月11日，央视经济新闻栏目播发了该消息。由此引发了消费者对“不粘锅中特富龙涂层”的恐惧，致使整个行业受损，后虽有质检总局出面澄清，但已是颓势难挽。

7.长虹老将倪润峰卸任

2004年7月8日，备受关注的四川长虹集团公司换帅一事，终于水落石出。由于年龄原因，刚满60岁的倪润峰不再担任四川长虹集团公司和股份公司领导职务，被聘请为四川省政府顾问。41岁的赵勇接任长虹集团公司董事长、总经理。在彩电行业叱咤风云多年的长虹老将倪润峰“暗然”卸任多少有些悲壮，因为毕竟长虹的日子远不如前几年好过。人们期待着少帅赵勇能让长虹重振雄风。

8.“郎顾之争”引发大讨论

2004年8月，郎咸平曾经在《格林柯尔：在国退民进的盛宴中狂欢》的演讲中指责顾雏军用“安营扎寨”等7种手法侵吞国有资产。顾雏军很快将郎咸平告上法庭。此事被看作本轮国资改革大讨论的发端。10月20日，顾雏军以“科龙20年发展与中国企业改革路径研讨会”的形式对郎咸平进行了回应。“郎顾之争”在中国经济学界引发的争论仍在升级，其争论的内容也从经济学家的立场和良心之争，渐渐触及国企产权改制的核心问题。

9.斯威特入主小天鹅、小鸭

2004年3月11日，上市公司*ST天鹅(000418)发布公告称：国资委及省财政厅已经正式通过了“关于无锡小天鹅股份有限公司国有股性质变更有关问题的批复”的文件。南京斯威特集团获让65%小天鹅集团股份并入主*ST天鹅一事终于尘埃落定。9月6日，斯威特集团与小鸭集团在济南签署意向性协议，斯威特将收购小鸭集团洗衣机主业，这是斯威特在3月接手白电企业无锡小天鹅后，又一次出手白电企业。斯威特一个陌生的名字却吃下了“小天鹅、小鸭”两大名牌。

10.黄宏生在香港被拘

2004年11月30日，在香港联交所上市的创维数码(0751-HK)，于9点44分突然停牌。随后传出消息，包括该公司主席黄宏生在内的10名人员于28日下午被香港廉政公署带走协助调查，原因是涉嫌造假账以及挪用公司资金。12月2日，黄宏生获准以100万元现金保释外出，案件押后至2005年3月2日再提堂。“黄宏生事件”在业内引起很大的反响。

(信息来源：《燕赵都市报》2004年12月30日)

◎榜十、2004中国家电业十大热点话题◎

1.家电零售业的竞争趋势

《21世纪经济报道》于2004年11月29日刊登《有关职业经理人跳槽，商业竞争引发非常手段，国美封杀易好家》文章。11月2日中国建材集团斥资5亿元打造家电连锁企业，在深圳正式揭牌对外宣告成立，而于月初易好家组织“中国家电零售连锁现状及未来方向高峰会”的召开前夕，家电业的一些生产商收到一封由北京国美电器有限公司发出的《通函》，“我公司衷心希望贵公司本着长期战略合作配合以下几点：(1)不派人参加11月5日在深圳亚洲宾馆召开的高峰会，(2)不对易好家提供展台及派去促销人员，(3)不直接和间接的与易好家发生任何业务关系”。但易好家的高峰会如期举行，各路嘉宾悉数到会，似乎《通函》没有发挥作用，家电生产商有自己的企业尊严和原则，有自己的做事方式，不可能听其他人教怎样做生意，或者跟谁做，不跟谁做。

任何封杀都不可能阻挡企业的扩张步伐，分析人员指出：竞争应该是理性的，封杀容易形成行业垄断，而垄断会形成店大欺客的现象，会使商家的服务意识退化，损害消费者利益。

要使家电零售业务市场健康发展，销售终端就不能只集中在一两家零售商上,过于集中,家电生产商日子会很难过,他们的利润会受到终端的大量挤压,行业前进的动力会削弱,家电零售业的竞争势态,家电业有识之士都十分关注。

2.抗菌家电徒有虚名

《电器杂志》2004年第11期登出一篇报道《中消协－抗菌家电徒有虚名》。中国消费者协会通过其官方网站对外公布,根据《中华人民共和国传染病防治法》和卫生部《消毒管理办法》,北京市卫生局对市场上销售的明确提出具有消毒、灭菌功能的空调器、洗衣机和涉及抗菌功能的电冰箱进行了抽检,结果显示:家电产品的消毒灭菌功能宣传名不符实,空调器类产品虽然对空调中细菌均有不同程度的杀灭作用,但均未达到消毒合格标准;洗衣机类按其消毒程序处理后,并无消毒作用,利用温度杀菌则要使温度达到60摄氏度才具有消菌作用;电冰箱多数产品对内壁上污染的细菌有不同程度的杀灭作用,但对冷藏室内摆放物上的污染细菌均无杀灭及抑止作用。科学发展观如何在家电行业体现,早日还白色家电以清白,人们将拭目以待。

3.民族家电产业的安全

《中国经济时报》2004年11月19日发表署名文章:《谁来考虑产业安全》。

新飞电器公司国有股计划退出成为中国家电产业一个具有历史转折意义的话题,这是否意味着今后的整合期是中国公司的国有股权大销售期?跨国家电企业正在用自己的资本优势排除中国的竞争对手,我们无法想象,中国如果没有自己的坚实家电产业将会是什么样子?靠什么抵挡外来产品的冲击?

管理层与经济界应该把更多的目光投入到中国家电企业与产业的成长,以及产业归属的安全问题上,文章提出中国需要的是由民族产业资本控制,能持续发展的家电产业,而不是把这个产业转手他人。

未来国有家电企业的国有股怎样退,退到哪儿,不是技术面的问题,而是有关产业安全的重大课题。

4.国退民进

2004年8月9日香港学者郎咸平在上海复旦大学讲演,题目是《格林柯尔:在国退民进的盛宴中狂欢》。郎咸平质疑格林柯尔使用“七板斧伎俩”在国退民进过程中席卷国家财富,郎咸平指出在中国法治不健全的情况下,有必要停止目前以民营化为导向的产权制度改革。有关人士指出,2004年发生的这场“郎顾之争”背后,是一场典型的利益和立场之争,在改革深化过程中,因现有的经济政策、分配政策而受到的不同影响、不同解读和有差别的判断,不管郎咸平的观点是否正确,争议最终将变成实际的法律行动,并对国企的民营化进程产生影响。

5.不用洗衣粉的洗衣机

《京华时报》2004年10月12日发表一篇署名文章:《号称不用洗衣粉,被疑暗藏洗涤剂,海尔洗衣机遭遇信任质疑》。不用洗衣粉的洗衣机在行业内外引起广泛关注和争议,日本三洋在市场上也推出一种具有不用洗衣粉功能的洗衣机。中国洗涤用品协会为此发表一封公开信:《不用洗衣粉的洗衣机——目前尚不成熟》。公开信指出作为洗衣机行业的一种研究方向是可取的,该洗衣机是否更耗电、更耗水,经济方面是否合理,还有待进一步论证。

6.健康空调健康吗

《消费日报》2004年6月22日发表文章:《组长单位变更,利益各方难平,健康空调国标胎死腹中?》。健康空调国标制定小组原由中国家电研究院院领导成立,2004年4月,更换为中国疾病预防控制中心。

空调器作为耐用消费品,成为提高和改善人们生活质量的工具,一旦与健康产品挂上勾,矛盾重重,其医学与疾病等各种因素很难在产品上表述清楚,使消费者迷茫选购也就在所难免了。《北京青年报》2004年4月20日发表《健康空调健康吗?》一文。有人问:哪一台新空调器不健康?知道不健康的新空调器为什么出售?不健康的因素是先天性还是后天性?附加功能的生命周期有多长?有关健康空调标准的大讨论,对行业的技术进步,有重要的推动作用。

7.节能牌岂能乱打

《北京晚报》2004年8月14日在五色土副刊北京夜话发表杂文:《节能牌岂能乱打》,杂文一出引起业内人士和消费者广泛关注。

水荒、电荒及油价上涨等字眼似潮水涌来,使消费者纷纷逃离高消费的海滩,将眼光转向节能产品,很快市场上的“节水马桶”,节电冰箱开始走俏,出现了谁节能谁吃香的火爆场面。

而有些厂商不惜采用鱼目混珠等违法手段,胡乱甩出一张张“节能牌”来,一些广告宣传不顾分寸,一律宣传自家产品如何省,使人们误以为有不用水的洗衣机、不耗电的电冰箱发明在即,家中水表不转,电表不走了,这算什么节能手段?蒙骗!

针对节能产品市场的混乱,有关部门已经开始整治,企业自律非常重要,节能牌绝不可乱打。和国际桥牌联赛一样,参赛选手必须遵守规则,讲究策略,对自己所出的每一张牌负责到底。否则,不管你来头多大,口气多粗,都会面临取消资格,淘汰出局的危险。

8.空调器遭遇反倾销

《消费日报》2004年11月16日报道《空调器业遭遇反倾销》,美洲一个人口仅为130万的国家——特立尼达多巴哥裁定来自中国的7家空调企业构成对该国的倾销,并开始拟定征收反倾销税从52.79%至343.16%,平均税率为141%,这是近年来第三次空调业国际贸易纠纷,意大利和土耳其等欧洲国家也对中国空调进行了反倾销调查。

2004年3月23日广东的《新快报》就刊登出一篇警示文章:《广东出口空调五年降价愈40%》，据海关统计:1999年广东出口空调50.9万台,至2003年广东出口空调已达到785.1万台,5年出口量增长了15.4倍，广东出口空调占全国出口量的39.2%,但价格呈不断下降态势,1999年空调出口270美元/台,至2003年下降到152美元/台,降幅达到43.7%。

香港《南华早报》在2004年8月3日的报道文章《中国接管全球厨房》中,也列出中国出口微波炉平均价格从2002年的39.5美元/台，至2003年下降到36.8美元/台，电饭锅从2002年的11美元/台，至2003年下降到9.8美元/台。

专家指出,中国家电出口价格持续下跌，很容易引起进口国的反倾销调查,如何应对这是中国家电行业面临的重大课题。

9.消毒家电光紫大战

《消毒家电光紫大战》一文于2004年6月15日在《消费时报》上刊登,参战各方各有妙论,全国有300多个媒体及网站纷纷参战,所谓的“低技术、低质量、低效率的三低紫家电”与所谓的“高技术、高质量、高效率的三高光家电”的世纪大战,备受人们关注,中国消毒家电产业方向是什么?概念解决不了发展问题，政府必须用法规来限制，人的健康是第一位的,赚钱是第二位的,行业必须建立相关的技术标准，应避免有安全隐患的技术对消费者造成伤害。

10.家电渠道商为何群现富豪榜

《北京青年报》10月16日发表了一篇题为《家电渠道商为何群现富豪榜》文章,文中提到胡润发的百富榜头把交椅落到了国美老板黄光裕身上,而大中电器和苏宁电器的老总分别以9亿元和10亿元的身价荣登2004年胡润零售富豪榜,上海永乐家电的主人也以15亿元跻身富豪榜，中国的家电销售连锁企业全面丰收。2004年12月7日《消费日报》发表一篇题为《连锁卖地、圈地造英雄》解读性短文,在家电业利润日趋摊薄的情势下，以苏宁为例:2003年销售额60亿元,其净利润不足1亿元,且主要依赖于返利,进店费等挤压生产企业利润空间的手段获得,利润率也只有1.66%的低位,单靠利润去进行高速扩张,明显是不可能的,只有建立在挤压其他企业利益上作文章。

价格战形成利润下滑,直接体现是零售环节，最痛苦的是生产企业,从2004年三季度的家电上市公司的业绩可以看出，长虹净利润同比下滑近50%,康佳同比下滑72%,春兰同比下滑43.39%,海尔同比下滑2.82%,小天鹅同比下滑57%……已经成为中国家电产业发展中需要研究和解决的热点话题。当前,在中国构筑家电产供销之间的公平合理的正常关系，是夫妻关系,是兄弟关系,是竞争关系,还是伙伴关系呢?

(信息来源:中国家电网2004年12月20日)

◎榜十一、2004影响中国家电未来发展趋势的“十大创新人物”暨“十大创新产品”◎

对于一个产业来说,创新决定其繁荣与否;对于一个企业来说,创新则决定其生存与否。家电产品的魅力就是创新、创新、再创新。只有不断的创新,才会有不断的市场和不断的利润。

2004年给中国家电业带来极大震撼的无疑是“创新”二字:创新的人物,创新的产品。

(一)十大创新人物

1.杨元庆(新联想集团董事局主席):冰上舞者

杨元庆带领联想走向国际化,不仅为联想自身找到了突破口,也为中国处于整体困境的IT产业提供了国际化这个新坐标,联想品牌凝聚的深厚的民族责任感更得到了提升。

从换标“LENOVO”到成为奥运TOP赞助商,再到收购IBM个人电脑事业部,联想完成了跃进国际舞台的三级跳,其中有惊有险,而执掌“联想未来”大旗的杨元庆就像是冰面上的舞者,时刻承受着严峻的心理考验。

2.周云杰(海尔集团副总裁):“成功小路”先行者

“超越自我必须有两种精神,一个是创业精神，一个是创新精神。”2004年，当海尔跻身世界影响力百强品牌时,它的身份是家电企业,而当海尔第二次进军PC业时，它希望自己再有一个PC业主角的身份，这个重任落在了海尔集团副总裁周云杰的身上。在海尔的PC之路上,周云杰正在用行动说明:一个具有创新精神的企业与领导者是行者无疆,大道如砥的。

3.李东生(TCL集团董事长):家电业文化大使

站在辞旧迎新的门槛上，回眸2004年的中国家电业,TCL集团董事长李东生似乎感慨颇多:2004年之前,中国作为全球家电业的制造中心,更多的是外国资本和品牌单向流入，而2004年，李东生以一套令人窒息的海外并购“组合拳”,把未来战略押在了国际化道路上，让TCL成为世界级企业的梦想变成了现实。

李东生的TCL在2004年的国际化大并购行动,体现了中国家电业的一次绝地反击,他的这种并购手段,展示了一个大企业所具备的战略眼光、并购水平以及融资的能力。

4.顾雏军(广东科龙电器股份有限公司董事局主席):资本"赢家"

科龙董事局主席顾雏军在资本市场长袖善舞,却因一场"郎顾之争"成为2004年家电业的风云人物。

面对中国企业的全球化战略,顾雏军认为跨国并购是缩短与世界差距的捷径,"很多领域只剩2年时间了,如果我们没有增强自身核心竞争力的话,那就真的没有机会了。这两年我们要做的事情非常多。"

5.张　玥(飞利浦电子中国集团总裁):知识产权战略家

从针对中国制造商的反倾销行动急先锋到知识产权传道者,飞利浦在其中国集团总裁张玥带领下,品牌形象正发生着180度变化。

将理性的知识产权合作和放手开拓营销渠道作为未来中国战略的核心,飞利浦中国公司未来策略的变化,不仅为其在快速发展的中国市场赢得了巨大的利益,也在某种程度上为中国企业维护自身知识产权权益树立了榜样。

6.黄　鸣(山东皇明太阳能有限公司董事长):绿色使者

如果有一天,太阳能产品能够大兴其道,绿色文明包围着我们,那一定要记住一个人的名字:黄鸣。

在2004年,黄鸣把"绿色热水文明"这一理念推到了极致。凭借太阳能热水器绿色节能这把"尚方宝剑",黄鸣在中国大地上喊出了"10年内把电热水器赶出市场"的口号,公然要颠覆电、燃气、太阳能"三国鼎立"局面。

7.匡宇斌(康佳集团多媒体事业部总经理):"高清"掌门人

如果本土厂商仅仅将目标定位于低端电视市场的话,那么今天的中国高端电视市场肯定还是海外厂商的天下。

值得庆幸的是,从匡宇斌及其领导的康佳彩电提出"高清战略"开始,本土厂商在高端电视市场不断攻城略地,牢牢掌握了中国高端电视市场的话语权。而先行一步的康佳,通过实施"高清战略",强力提升品牌形象,全线产品业绩飘红,在液晶电视等高端产品领域遥遥领先于竞争者。

8.董明珠(珠海格力电器股份有限公司总经理):铿锵玫瑰

当一个人不轻言妥协的时候,她赢得的更多是尊重。这就是董明珠堪称家电业"铿锵玫瑰"的原因。

2004年4月,作为第一个与强势流通渠道叫板的家电企业,格力在董明珠的带领下集体从国美撤出,格力独特的营销模式乃至董明珠本人都面临着新一轮的考验。作为家电业惟一"站出来"对峙流通渠道强权的企业,格力的坚持令众多家电企业肃然起敬。

9.何　炬(深圳易好家商业连锁有限公司总经理):"家文化"传道人

何炬相信,世界上的每一个人都是渴望得到关爱的,尤其是在他有所需求的时候。

用"价值战"来改变家电零售行业多年传统的"价格战",有着国资背景的家电渠道新军易好家,在总经理何炬的带领下正试图凭借首创的"家文化"经营理念承担起将家电零售行业引入良性竞争轨道的重任。

10.刘　丹(北京阜国数字技术有限公司副总裁):"中国标准"追梦人

从EVD的诞生之日起,EVD研发推广的实体单位北京阜国数字技术有限公司的副总裁刘丹就开始了她"中国标准"的逐梦之旅。

《财富》杂志称:"中国将不再满足于以低成本为他人制造产品,而是希望扮演全球标准制定者的角色。"从这个意义上来说,EVD是一个创举,也是一个中国企业进行破冰之旅的艰难尝试,而刘丹,这个"中国标准"追梦人的梦想也许马上就会实现。

(二)十大创新产品

1.夏普液晶电视

创新点:30年前,夏普成为第一个液晶显示器的发明者;30年后,夏普成为惟一的第六代液晶面板制造商。夏普通过不断技术创新,使液晶电视一步步占有大屏幕、高清晰、低价格的优势,从而使液晶电视在与背投、等离子电视的较量中迎来了自己的时代。

轻易不出牌的夏普,抛出的每一张新牌都让它的对手们感到震惊:2004年夏普决定,今后将停止生产传统彩电,专门生产液晶电视。有着"液晶之父"美誉的夏普,当液晶时代真正到来的时候,正不遗余力地争当液晶电视代言人。

夏普频频推出液晶电视新产品,并且不断地发动降价风潮,站稳行业最前沿。夏普新品45英寸液晶电视(AQUOSLC-45G1)是全球最清晰的高分辨率屏幕。而在日本高新科技联展上推出的夏普65英寸液晶电视,更是全球最大的液晶电视。在价格上,夏普30英寸的液晶电视要在今后几年从每英寸3000元降到每英寸500元。

当液晶市场全面启动的时候,夏普"三年战略,液晶先行"的道路显示出夏普创造性的决策能力与代言行业的累积实力。

2.新科EVD影碟机

创新点:EVD能否取代DVD成为世界行业标准还未知,EVD的"中国标准"也还缺失,在这样的环境下,新科EVD迅速量产、积极呼吁,力求具有中国自主知识产权的EVD在世界高清产业发展的标准制定中掌握"话语权"。

在技术上,新科EVD已拿到9项专利证书,12项国际专利,使EVD有制定行业标准的实力;在生产上,新科EVD将建成百万台EVD产业基地,规模首次超过DVD,作为整机生产商,新科电子为EVD取代DVD提供了有力支持。

在产品上,新科EVD可以替代DVD成为高清影碟机主流,这是因为新科EVD解析度是DVD的5倍,并能使DVD以下格式碟片的非高清信号换成高清信号,使影碟机的画质进入一个全新的层次。

WTO时代,就是全球标准统一化时代,中国要进入世界级竞争,就要在国际标准的制定中掌握"话语权",中国EVD一旦成为国际标准,不仅可以卸下专利费的负担,还可以主导产业发展的方向;对于EVD行业而言,谁拥有标准谁就拥有了财富,EVD国家标准的制定决定了EVD是否能够产业化。另外,EVD将带动一系列相关产业,这将为家电业开辟一块新生市场。

作为我国在核心技术上具有自主知识产权的新科EVD,在力争EVD成为国家标准甚至世界标准的努力中,我们看到了新科电子极大的热情与理智的眼光。

3.海尔"双动力"洗衣机

创新点:海尔"双动力"洗衣机被称为世界上第四种洗衣机,因为它区别于日本人发明的波轮式洗衣机、欧洲人发明的滚筒式洗衣机、美国人发明的搅拌式洗衣机,但却集以上三种洗衣机优点于一身。

没有一款洗衣机如海尔"双动力"这样全能,它几乎满足了用户对洗衣机的所有要求——省时、省水、省电、洗得净、磨损低、不缠绕。海尔根据用户对波轮式、滚筒式、搅拌式洗衣机的抱怨,力求在一款洗衣机上集中所有传统洗衣机的优点并弥补缺陷。

这款"双动力"洗衣机的创新之处在于,它具有"盆型大波轮动力驱动系统"和"洗涤内桶动力驱动系统"两个传动系统,较好地把波轮和滚筒的功能合二为一,既发挥了波轮洗衣机洗净度高的优点,又显示出滚筒洗衣机磨损率低的优势;海尔"双动力"还采用了洗衣机最新的同步技术,从开始进水到脱水结束,整个过程使用了6次同步技术,缩短了一半时间,减少了一半用水,使得洗好整套床上用品只用15分钟,洗好一公斤衣物只用0.02元水电费。

海尔"双动力"使洗衣机技术进入一个全新领域,它突破了三种传统洗衣机的模式,赋予了洗衣机更高的含义。另外,在国内,它带动了其他洗衣机企业突破价格战,进入新一轮的技术竞赛;在国际上,它获得了法国列宾国际发明金奖,给中国家电产品树立了洗衣机技术领域的新坐标,并将引领新一轮洗衣机消费潮流。

4.小天鹅"水魔方"洗衣机

创新点:小天鹅"水魔方"洗衣机曾当场演示把3条连环打死结的毛巾在数分钟内散开。小天鹅"水魔方"洗衣机的的魔力就在于它解决了波轮洗衣机多年来的缠绕难题,所以说再娇贵的衣服也能放心洗。

"水魔方"具有创造零缠绕的搅拌水流。小天鹅"水魔方"通过多种水流方式的自由组合,为每件衣物创造了独立的洗护空间,彻底解决了缠绕问题。"水魔方"通过水流作用,上下方向运动明显,这样不但使衣物易于翻滚,洗净比更佳,而且大大减少了波轮对衣物的直接作用,也减少了磨损。

此外,"水魔方"兼顾洗净与节水,可谓鱼与熊掌兼得的智慧型洗衣机。"水魔方"能够根据衣物成分自动调节洗涤剂浓度,达到深层洁净效果。在节水方面,"水魔方"可以将内外桶之间的水,通过4个喷瀑口,用冲浪波盘快速"泵"回到内桶中,使水位相应上升,动态地增加了内桶水量,达到"进七分水,用十分水"。

在洗衣机市场技术与产品花样翻新的今天,"水魔方"却坚持从洗衣机的本位功能出发,力求"把衣服安全地洗干净",解决了现代人"名牌"服装不敢机洗的问题。小天鹅"水魔方"洗衣机在把握国际家电设计回归本位的大趋势下,用最新的技术解决洗衣机最根本的问题。

5.科龙双效王空调

创新点:"10年省出5年电费",科龙双效王空调用最新的节能技术打败了以往普通空调"电老虎"的角色,更打破了消费者"买空调贵,用空调更贵"的固有观念。

科龙最近研制的数码双效王空调,能效达到6.65,打破了世界节能记录保持者——日本空调的记录,成为世界上最节能的空调。在技术上,科龙双效王空调树立了世界新一轮节能记录的"标杆",成为空调业高效、节能、环保潮流浪尖上的弄潮儿。

科龙空调不仅节能,而且"双效"。所谓"双效",是指"制冷"与"制热""双优化"设计,科龙双效王使空调的效率达到极限,走出了中国空调只重制冷的狭窄道路。科龙空调走节能的"高效之路",充分考虑到消费者渴望买到"省电的空调",让那些因为怕"费电"而放弃购买空调的潜在消费者打消顾虑,从而扩大空调市场,把空调业带入一个全新的领域。

在国内空调业,科龙双效王空调是节能技术的开创者。当国内空调企业在追逐噱头、炒作概念的时候,科龙从3年前就冷静地开创以节能、高效为先导的健康之路。如今,实践证明,科龙的这条不断创新节能的技术道路,不但化解了国内家电业普通存在的品牌空心化危机,而且也使科龙后劲十足并走向国际化。

在世界空调业的发展中,科龙清醒地看到能源危机这个时代主题,通过在节能技术上的制高点，引领和推动世界空调在节能技术上不断创新的趋势。

6.三星 HMA 系列壁挂式空调

创新点：三星 HMA 系列壁挂式空调是让人惊艳的产品，在注重健康、节能技术的同时，HMA 系列壁挂式空调 15 厘米的整体厚度一下子将笨重的空调产品带入了超薄时代。

作为调节空气温度的产品，一直以来，传统的家用空调器的效能提升往往要以牺牲外观为代价。国内空调市场上，很多空调企业生产的产品性能都很优异，但是外观却做工粗糙、千机一面。在空调产品还是奢侈品的时代，人们不得不在追求产品性能的同时被迫接受空调产品笨重的机型、粗糙的做工。但随着生活水平的提高，人们对空调产品提出了更高的要求，他们在享受空调带来的舒适居住环境的同时，也希望空调产品的外观能够与家居环境相协调。

三星空调看到了中国消费者的需求变化，并积极在产品设计过程中满足消费者的需求。在将独创的“银离子抗菌”、“抗过敏金属过滤网”、“Auto—cleaning 自我清洁”等健康技术和功能全部集成在 HMA 系列壁挂式空调的同时，针对中国消费者对空调外观方面的需求变化，三星通过采用获得四国专利的钻石型热交换翅片及强力特保技术，在不降低热交换率的前提下，将 HMA 系列空调的整体厚度控制在了 15 厘米。

7.尚朋堂电磁炉

创新点：尚朋堂推出的铝锅可用电磁炉，突破了电磁炉锅具的材质限制，不但引领电磁炉行业进入一个新的发展阶段，也意味着电磁炉取代明火灶具的厨房革命的全面来临。

电磁炉是应用高频感应涡流生热的原理设计制造的厨房家电。由于不直接使用高功率电阻丝，没有明火热辐射，电磁炉不但高效节能，清洁卫生，而且使用安全。但其产品独特的加热原理，长期以来对锅具材质的要求十分苛刻，只有铁锅，不锈钢锅等铁质锅具可用。而早已被广大消费者广泛接受并喜爱的铝锅却由于铝的惰性，共振，散热等问题无法在电磁炉上使用。作为厨房主流厨具的铝锅不能应用于电磁炉，极大地限制了其普及速度。

尚朋堂电磁炉突破电磁炉锅具材质限制，首创铝锅亦可使用的电磁炉。除具有传统电磁灶环保、经济、安全等优点外，针对国人喜欢大火快炒的习惯，从启动开始到升温至沸腾，只需极短的时间。独家凹弧陶瓷板设计，使锅体直接受热，热效率达 88%，且完全被锅体吸收，能快速、集中加热。而日本原装进口太空陶瓷面板的使用让电磁炉超高密度不藏污垢，只要在炒菜后轻轻一抹，就能让它保持洁净如新。

8.海尔蒸汽转波炉

创新点：中国家庭对“蒸”食物有着传统的生活习惯和感情，如何用微波炉这种现代化的家电解决中国家庭对“蒸”食物的需求，成为海尔技术创新的动力。海尔蒸汽转波炉的出现使很多中国家庭淘汰传统蒸锅。

当微波炉不仅可以用来蒸馒头、米饭、鸡蛋等主食，更可以做清蒸鱼虾、梅菜扣肉等传统中餐时，它已不再是西方舶来品，而成为专为中国家庭量身定做的现代烹饪工具。

海尔蒸汽转波炉在技术上的创新是领先于国际的。被称为全球第四种微波炉的蒸汽转波炉有三大创新技术——先进的底转波蒸汽技术，微波屏蔽技术，内循环技术，它们使微波炉实现了用蒸汽加热食物，使食物的营养与水分不易流失；增加有效容积，一次能烹饪多种食物；受热均匀，热牛奶不会上热下凉；炉腔平坦，容易清洁……

海尔蒸汽转波炉从市场需求出发，开辟并引领新一代的微波炉市场，为微波炉重新定义并把中国式的烹饪方法通过微波炉这种现代的工具向世界推广；紧贴健康烹饪的时代主题，为厨房家电的创新提供了新思路。而对于中国消费者来说，海尔蒸汽转波炉实现了传统烹饪方式与现代工具的结合，革命性地改造了中国传统的厨房文化。

9.普华“乐无烟”无油烟锅

创新点：“乐无烟”无油烟锅试图在不改变“急火炒菜”的中国式烹饪的前提下，为数亿消费者创造一个无油烟的绿色新厨房。

“特富龙危机”发生之后，虽然国家技术部门出面公布安全数据，但是消费者对化学涂层仍心有余悸。而抽油烟机行业利润以及等同于移动电话的 300 倍的辐射，也让抽油烟机的可靠和安全问题备受消费者关注。在安全性和价格合理性等方面遭受强烈冲击之后，厨具市场出现市场空缺，急需新型替代型产品出现。

“乐无烟”无油烟锅的出现满足了人们的要求，它独家采用航空材料并在锅身增加了螺纹，很好地增强了锅的导热性，控制了油温，而且还可在锅表面产生一层水蒸气，真正实现了物理性不粘。由于能够将油温控制在不产生油烟的 240 度，“乐无烟”无油烟锅从根本上杜绝了油烟的产生，与抽油烟机相比既减少了油烟的污染，同时也杜绝了抽油烟机运作过程中产生的辐射超标问题。不沾锅、无油烟的两大特性让“乐无烟”无油烟锅成了取代不粘锅和抽油烟机的最佳产品。其产品思路上的创新也为普华“乐无烟”无油烟锅在即将出现的 6000 亿元的厨房家电市场空间中抢占了行业先机。

10.索尼爱立信手机 S700C

创新点：S700C 是索尼爱立信在全球发布的第一款百万像素级拍照手机，也是中国市场第一款 130 万像素手机。有了百万像素的支持，手机的拍摄功能再也不是花俏的摆设。

2004 年是当之无愧的“百万像素手机年”，而引领这场百万像素潮流的正是索尼爱立信百万像素手机 S700C。在 S700C 之前，可拍照手机的像素虽然从最初的区区 10 万迅速提高到了 30 万，但由于不能满足人们正常拍摄的需要，手机中的拍照功能只是被人们用来记录简单的影象，并没有多少实际应用价值，因此，可拍照手机虽然市场潜力无限，但始终没有得到真正的普及。

S700C 的出现彻底扭转了可拍照手机的尴尬局面，让手机真正进入了可拍照时代。

S700C 的大获成功为索尼爱立信在高像素可拍照手机市场抢占到了领先位置，在中国市场已经成为高像素可拍照手机的代名词。而这一切都要归结于索尼坚持产品创新的策略，在"领先消费者半步"的设计思路下，索尼爱立信看到了手机可拍照的发展趋势并通过自身拥有的技术积极将其转化成了产品。与索尼爱立信相比，国内手机企业更多的是将跨国企业热销的机型稍加改动就上市销售，S700C 的成功让我们意识到只有确立了产品创新的理念并将其积极应用到产品的每个环节，才是国产手机企业在竞争激烈的国内手机市场赢得最终胜利的秘密武器。

（信息来源：《经济参考报》）

备注：此次评选活动由《经济参考报·电器周刊》联合人民网家电频道、家电网、《中华工商时报·家电新闻》、《市场报·家电版》、《中国高新技术产业导报·数字家电》、《家用电器》等媒体共同推出。经过网上投票、专家审定，特别是业内资深记者的反复评选而最终选出。

本次评选活动自开展以来，不仅在业界引起了广泛的关注，也吸引了众多家电发烧友参与其中，这说明人们对中国家电的创新是非常关注的。以往人们对中国家电业的印象一直停留在劳动力成本低、价格战和善于模仿的层面上，而这次以"创新"为主题的评选活动无疑给业界带来了极大的震撼。

◎榜十二、2004 中国家电英雄◎

1.十大杰出 CEO

TCL 李东生、美的何享健、国美黄光裕、苏宁张近东、永乐陈晓、创维黄宏生、康佳侯松容、志高李兴浩、万和卢楚其、华帝黄启均

2.十大杰出营销英雄

格力董明珠、国美王俊洲、苏宁周晓章、永乐黄敏嘉、樱雪李荣坤、格兰仕俞尧昌、海信杨云铎、华凌纪京松、康宝罗小甲、创维周刚

3.十大杰出市场总监

国美曲志浩、TCL 戴刚、康佳穆刚、创维孙伟中、华帝杨建斌、长青博峰、志高彭泽文、华凌张昀、万利达吴启楠、奥克斯吴坚定

4.十大杰出策划人

格兰仕游丽敏、新科吴一鸣、海信王瑞吉、康佳何小华、顺华黄胜强、海信杨迎时、国美高集群、苏宁席萌、康宝胡文忠、奥克斯陈四海

5.十大女杰

格力董明珠、伊莱克斯俞晓云、志高张平、格兰仕赵静、格兰仕陈娟、苏宁席萌、TCL 郭伟、TCL 曾红梅、樱雪陈素、海信陈杰

6.十大行业领袖

海尔大家电、美的小白电、格力空调、TCL 等离子、格兰仕光波家电、万和热水器、华帝燃气灶、康佳液晶彩电、长虹背投彩电、海信变频空调

7.十大创新产品

海尔大氧吧、美的全健康空调、万和亲水 E 蓝、华帝光气电合一热水器、万利达可视光盘、科龙双高效空调、创维 V12 新品、新科移动 DVD、海信 1080P 高清彩电、康佳液晶 18 系列彩电

（信息来源：《信息时报》2004 年 12 月 16 日）

十大杰出 CEO 风采

三、案例事件篇

◎榜一、袁宝华企业管理金奖获奖名单◎

1.谢企华：上海宝钢集团公司董事长

"一业特强、适度相关多元化"的管理模式。

上海宝钢集团公司是中国规模最大的钢铁企业，谢企华作为主要领导者，在她的带领下，宝钢的经济效益持续增长，核心竞争力不断增强，迅速成长为世界级的钢铁企业。2003年宝钢粗钢产量1987万吨，排名世界第六，在美国《财富》杂志公布的2003世界500强企业排名中，宝钢以1204亿元的销售收入名列第372位。2004年宝钢继续保持快速增长，销售收入为1651亿元，利润达217亿元。

2.鲁冠球：万向集团董事局主席

"大集团战略，小核算体系"的管理模式。

30多年前，鲁冠球还在浙江的一家7个人的小铁匠铺里打拼。30多年后，小铁匠铺发展成为拥有31800名员工、资产超百亿元的大型现代化跨国企业集团，以年均增长25.89%的业绩，成为中国改革开放以来企业发展的典范。

3.常德传：青岛港（集团）公司董事局主席

"政治力、文化力与经济力有机融合"的管理模式。

常德传和他所创立的青岛港现代管理与传统优势有机融合的企业管理精髓备受瞩目。昔日落后的青岛港如今被打造成为现代化的世界级大港，港口吞吐量由2000多万吨增至2004年的1.6亿吨，成为上海以北东北亚第二大枢纽港，是我国第二大外贸口岸。

（信息发布单位：中国企业联合会、中国企业管理科学基金会）

备注：此榜于2005年3月26日在北京发布，由中国企业联合会决定、中国企业管理科学基金会设立，为中国企业管理最高奖。

此榜候选人由企业家本人自愿申报产生，其候选人有严格的标准：一是在一个企业主要管理岗位上连续工作5年以上，在国内外有较高知名度；二是具备突出的管理能力；三是在企业经营和管理实践中，逐步探索和形成符合中国实际、体现中华文化的管理方法或管理模式或管理理论，在本企业实施至少5年，成效显著；四是所在企业与利益相关者关系和谐；五是在任职期间，所在企业的发展一直处于上升态势，目前主要经济技术指标在全国同行业居于前列，企业具有国际竞争力。

相关链接一：奖项来源——袁宝华于1983年1月提出的"以我为主，博采众长，融合提炼，自成一家"的十六字方针已经结出丰硕果实，我国企业家创造出了许多具有中国特色的管理方法、管理模式和管理理论。为了表彰和奖励在我国企业管理领域锐意进取、开拓创新，并在形成体现中华文化的管理方法、管理模式和管理理论等方面做出杰出贡献的企业家，从2005年开始，中国企业管理科学基金会隆重推出中国企业管理科学领域的最高奖项——"袁宝华企业管理金奖"，每年奖励2-3名在管理创新方面有杰出贡献的企业家，奖金每人为10万人民币。

相关链接二：袁宝华简介——袁宝华生于1916年，河南南召人。1934年入北京大学，1936年加入中国共产党，1937年"七七"事变爆发后，回到家乡组织群众开展抗日救国运动，并从事党的地下斗争。历任中共南阳地委委员等职，后奉调赴延安中央党校学习和中央组织部工作。1945年赴东北，担任中共县委省青委书记等职。

1949年后，袁宝华先后担任国家重要经济管理部门的领导职务。1980年3月和1985年6月，先后兼任全国职工教育管理委员会主任和中国人民大学校长。他创建并领导了中国企业管理协会、中国企业家协会、中国职工思想政治工作研究会，并任会长。

袁宝华在长期工作中积累了丰富的经验，形成了自己的思想方法、工作方法和工作作风，在经济建设、物资管理、企业管理、工业管理、经济管理、经济体制改革、经济管理干部教育和职工教育等方面多有论述，著作颇丰。

◎榜二、2004影响中国企业的十大管理思想◎

1.继任者计划

近些年来,以GE公司首席执行官杰克·韦尔奇让位,新CEO伊梅尔特成功主政为代表,有计划有条理地为组织寻找最高执行长官继任者的思想理论在西方获得了较快的发展并在实际执行中趋于成熟。

2004年中国企业发生了诸多企业家的"突然退休"和企业家的意外身亡事件,使得这些企业突然发现自己没有一个有足够能力来掌舵并引领该企业继续奔跑的领军人,更使中国企业家的继任者计划缺失异常凸显,同时也推动了企业界和经济理论界对企业继任者计划的探讨。

2.新"竞争战略"

作为哈佛商学院的教授和竞争战略理论的权威,迈克尔·波特(MichaelE. Porter)在其经典著作《竞争战略》中,提出了行业结构分析模型,同时指出公司战略的核心,应在于选择正确的行业,以及行业中最具有吸引力的竞争位置。

目前,中国企业大多处在全球产业价值链中附加价值比较低的制造环节,企业的模仿者过多,产品与服务过于同质化,从而形成无奈的竞争格局。而波特2004年的中国之行则为这类战略提供了系统化、深入化的思考方式,阐述了企业应该在哪些点上建立竞争力,对于经营实践具有非常好的指导作用。

3.向外走的走动式管理

管理大师杜拉克曾说:"大约40年前,我第一次建议高层'在周围走动',即走出办公室,去和公司内的其他人交谈。当时这是正确的建议,现在这样做就错了,是对经理人最稀缺资源的浪费。所谓"向外走",就是到公司的客户那里去,到供应商那里去,到投资者那里去,到政府那里去,甚至是到竞争对手那里去,并且要有意愿和勇气,到国外去走走。"

只有向外走的观念渗透到企业的文化中,才有可能培养出良好的团队和融洽的文化氛围,才可能整体提升企业的核心竞争能力。

4.战略联盟

自从美国管理学者罗杰·内格尔和DEC公司总裁简·霍普兰德提出了"战略营销联盟"后,联盟概念得到了越来越多企业界人士的认同,成为现代企业加强其国际竞争力的重要手段之一。

2004年中国企业建立战略联盟的步伐明显加快。实际上,未来对中国企业来说,最重要的就是与跨国公司的合作。

5.业务外包

业务外包,是指一个企业根据投入产出效益最大化原则,将某个或某些部门或业务转包给别的更加擅长和专业的企业进行管理和经营的行为,可以是外包自助餐也可以外包人力资源部门。

像类似HP这样的公司已经形成了"连环包"的情况,即在承揽别的企业业务的同时也将自身弱势的业务和部门外包出去。

6.行业分析师关系管理

行业分析界有这样一群专家,他们通过专业的研究、观察和判断,向社会提供咨询意见、发表报告、接受媒体访问、互相交流观点、对全世界的某个商业市场领域进行预测,并有可能影响一个公司的支持者和股东的价值取向。

德隆事件、联想裁员、微软危机、"郎顾之争"……在这些足以调动人们的神经和胃口的事件中,我们看到中国企业在对行业分析师的关系管理上还是很缺位的。

7.绩效管理

绩效管理是评价员工价值创造和提升员工个人技能的一种有效方法和手段,多以上级直接考核下级的方式进行,而考核的结果将作为薪酬计算、升降依据,同时也是晋升或降职、调动、开展培训和调换工作、进行辞退的主要依据。

根据德勤咨询公司的一项调查数据,中国目前的企业只有5%的员工和经理对自己公司的绩效考评流程感到满意。

8.核心竞争力

企业的核心竞争力是组织综合能力的体现,特别是如何协调不同产品技能和整合多条生产线的技术。

当核心竞争力被引入中国之时,国内多数企业的心理是浮躁的,认为有了核心竞争力就有了战无不胜的能力。中国企业在核心竞争力方面的错误观念主要有3个:第一,竞争力就是核心竞争力。核心竞争力必须有独特性,其他竞争对手很难复制。第二,核心业务是核心竞争力。其实,回归核心业务并不等于自然有了核心竞争力。第三,核心技术就是核心竞争力。

9.职业经理人信托责任

信托责任是维持美国和英国股市一个最重要的条款。它主要指企业或者公司聘用职业经理人,法律保障他的信托责任,而他的所作所为必须由董事会依照相关设定的硬指标进行判断。

MBO的兴起,似乎成为承认高层管理人员人力资本的一个捷径。在国内一些国有企业的产权变革过程中,规则的缺失和不透明的操作成为高层管理人员与地方高官瓜分国资的盛宴。2004年,郎咸平对TCL、海尔、科龙等3家企业产权改革过程进行的剖析引起了关于产权改革的大讨论。他认为,产权交易必须暂停,MBO必须立刻停止,国企未来的改革应该建立以激励机制和信托责任并重的方式,建立一套职业经理人机制,同时再建立一套提高职业经理人经营效率的激励机制。

10.并购整合

在20世纪90年代由于越来越多的人认为签订并购(M&A)协议很简单,因而并购后的整合(PMI)变成一个流行的管理问题。

随着中国企业走向国际化的进程,跨国并购成为中国企业进入或快速占领国际市场的最有效途径。但是,中国企业在收购国外企业方面并没有太多的经验,导致了中国企业在实施并购后往往会出现很多问题,主要是中国企业低估了文化的差异。

(信息来源:《市场报》2005年1月11日)

备注:2004年,各种管理思想在中国得到空前的传播,管理大师们亦以"你方唱罢我登场"的架势乐此不疲地到中国兜售和演绎其管理思想。那么,在诸多的管理思想中,又有哪些管理思想和管理工具对2004年度中国经济产生了巨大的影响?我们的企业又从哪些管理理念中获得了什么样的收获?同时又有哪些管理理念需要中国的企业进行反思呢?至此市场报社特推出此榜,以协助中国的经理人和企业家更好地推动中国企业的管理实践与管理创新。

◎榜三、2004影响营销的八大力量◎

1.结构调整

从2004年4月9日召开的国务院第47次常务会议开始,我国新一轮的宏观调控拉开了序幕。面对过快增长的投资,中央及时采取严把信贷投放和土地供给两个闸门,出台如提高建设项目市场准入标准,清理固定资产投资项目、调整钢铁、水泥、电解铝、房地产开发行业固定资产投资项目资本金比例、实行新的用电政策、鼓励扶持粮食生产等一系列宏观调控措施。与以往最大的不同是——此次宏观调控不是单纯为了控制总量,而是为了调整结构;不是要不要发展,而是如何既快又好地发展。一方面通过控制投资的过快增长实现"控制总量",另一方面通过加强农业和粮食生产等薄弱环节实现"调整结构"。

2.银根收紧

2003年下半年来,受固定资产投资过快增长等影响,中国货币供应量和金融机构贷款增速出现过快增长势头。为此,中央提出,实施稳健的货币政策要采取适度从紧的取向。人民银行在2003年8月份将存款准备金率提高1个百分点、冻结商业银行1500亿元超额准备金的基础上,2004年两次提高银行存款准备金率,央行在不到20天内先后两次宣布将银行的存款准备金率提高0.5个百分点,金融机构一次性减少可用资金1100亿元左右。同时,加强公开市场操作,向贷款增加较多的商业银行发行500亿元定向票据,收紧放贷能力。发展改革委与银监会出台了加强窗口指导和银行监管的措施,将信贷政策与产业政策协调配合起来,要求商业银行严格控制对钢铁等过热行业的信贷投放。

3.电煤"危机"

2004年以来,火电企业遭遇了前所未有的"危机",这种"危机"主要表现在:一是煤炭货源奇紧,发电厂常常吃了上顿没下顿;二是价格奇高,煤价几乎每月一涨,火电厂基本都在亏损的边缘上运行。尽管铁道部2004年夏季集中20天时间抢运电煤,但电煤供不应求的窘境仍未得到根本改善——夏季18省份电力紧缺,拉闸限电超过14万次。为疏导煤炭价格上涨对发电企业成本上升的压力,2004年国家发改委发出通知调整南方、华东、华中、华北4个区域电网的电价,1月和6月,工业用电连续两次上调价格。而由于电荒导致的不同程度地拉闸限电,粤许多制造型企业被迫部份停工,导致大量订单流失。更令人忧虑的是,电力一贯充盈的宁夏、青海等地2004年用电需求也呈异常增势,这与电荒催生高耗能行业向中西部转移不无关系。

4.油价飚升

2004年,原油涨价带动一系列原材料价格暴涨,其带来的冲击和影响不亚于电荒。统计数字显示,2004年上半年,国际油价创下了21年来的新高,其中纯碱、苯,包括塑料等石油衍生品的价格涨幅超过40%。而受原油价格上涨影响最厉害的行业排名依次是采掘业,价格涨幅达5%,第二是机械设备制造业,价格涨幅达0.99%,第三是化学工业,涨幅达到0.66%。毋庸置疑,油价上涨直接增加了经营成本,特别是以塑胶、苯为原材料进行生产的玩具业、塑料业、日化业、陶瓷业所受的影响立竿见影,甚至一些远离石油产业的企业,也因产业关联性而不能幸免。为此,很多企业不得不通过联合提价来渡过难关,但这只能解燃眉之急,绝非长久之计。寻求可替代原料,改变高能耗,转型做高端产品及向内挖潜,才是居于产业链下游的企业的真正出路。

5.民工荒

2004年,有"世界工厂"之称的中国不得不严肃面对"缺少熟练工人"的窘境——2004年春季以来,一场突如其来的"民工荒"席卷中国一些主要工业领域和出口省份。其规模之大,影响之广,为改革开放后仅见,且目前势头似不见减弱迹象。而在此之前,企业界广泛认为,保持民工的低工资是保持中国低成本制造业国际竞争力的必需，但“民工荒”打破了这一共识。专家指出，“民工荒”的爆发并非偶然，这是农产品价格的提高和进城打工成本增高的双重因素导致的。而“民工荒”最直接的经济信号是：即使在短期内，民工工资势必提高，也正在提高，从而制造业成本因此增加；而民工进城机会成本（农产品价格和打工成本）的提高，对于当下的通货膨胀预期，可谓“牵一发而动全身”。

6.反倾销

2004年，从家电到家具、再从纺织品到食品，从中国出口产品所受到的遭遇，以及主要贸易伙伴与中国的贸易纠纷不难看出，出口高速增长的中国正在成为国际贸易保护主义的针对对象。毋庸置疑，2004年，中国进入了一个国际贸易摩擦的高发期，这将是中国在和平发展进程中不得不面对的日益严峻的国际经济环境。而一个不容忽视的变化是，2004年对华进行反倾销立案的国家，已从发达国家迅速向发展中国家蔓延。反倾销案涉及中国出口的众多产业，前六位的涉案产品分别为贱金属制品、化工产品、机电和音像设备、杂项制品、纺织品、玻璃和陶瓷制品，这6类产品案件数合计占75.8%。在这样的背景下，中国企业必须一改以往的“隔岸观火”或“忍气吞声”的心态，以平常心去积极应诉，才能真正把握自己的命运。

7.央行加息

2004年10月，中国9年来首度升息之举，震动全球金融市场。中国人民银行决定，从2004年10月29日起，上调金融机构存贷款基准利率并放宽人民币贷款利率浮动区间，允许人民币存款利率下浮。金融机构一年期存款基准利率上调0.27个百分点。由现行的1.98%提高到2.25%。一年期贷款基准利率上调0.27个百分点，由现行的5.31%提高到5.58%。这是中国9年来首度加息，选择目前时机，可巩固宏观调控成果，增加居民利息收入，抑制资金体外循环和房地产泡沫，降低金融风险。这次加息，也标志着中国将更加依靠经济手段代替行政手段调节经济，有利中国经济进一步市场化。此外，此次银行上调利率将对物价指数发挥“杠杆性”的调节作用，有利于稳定物价，抑制物价高幅运行。

8.行业监管

“限载”，成为中国制造型企业2004年关注的热门话题。2004年5月1日，新《道路交通安全法》实施；随后国家七部委联手在全国范围内治理车辆超载超限，由此，日化、陶瓷、物流、饮料等大型企业在应对原油上涨的同时，还将化解运输成本的提高。此外，在医药业，2004年7月，抗生素“限售令”正式实施，全国所有零售药店必须凭医生处方销售抗菌药。而在此之前，国家食品药品监管局还通报了2003年违法发布药品广告的情况，撤消药品广告批准文号21个，对23家情节严重的企业及其违法发布药品广告的品种予以曝光。可以说，2004年，先后雷霆出动的行业监管真正开始影响到中国营销操作层面。

（信息来源：《南方都市报》）

◎榜四、2004八大最佳管理案例◎

（一）最佳战略案例：华为转型

关键词：国际化、并购、分拆、上市

经典动作：

1.2004年7月28日，思科诉华为侵权官司以和解告终。这场诉讼就像一出为华为量身定做的活广告，在国际市场上默默无闻的“中国的华为”变成了“让思科畏惧的华为”，华为开始真正在国际化的道路上高歌猛进。

2.2004年2月，华为收购SUNDAY 5.01%的股权，之前的2003年12月，华为已和SUNDAY签订了价值9亿港币的3G合同；2004年5月31日，华为用1000万元收购宏智科技在湖北、青海的BOSS项目及湖北、青海、新疆的BI项目的已签合同和全部知识产权。

3.华为有关人士称，华为已建立投资控股、技术、移动通信、培训、应用集成芯片和软件等6个部门，最终将建立8个部门。

4.2004年11月12日，华为与汇丰等9家银行签署总值3.6亿美元贷款协议，拟用这些资金加快开拓国际市场的步伐。

价值点：

华为——这家在国内企业中国际化触角最为广阔、深入的企业正在经历巨大的蜕变，中国“土狼”正在进化为国际化的“狮子”！

“思科事件”不是中国企业第一次遇到国际知识产权诉讼纠纷，只是以往很少有中国企业能将此类官司打得如此酣畅淋漓，何况是迎战一家来者不善的全球500强企业！无畏的勇气和充分的自信，是华为获得最终和解的决定性因素。这一点，值得所有中国企业学习！“思科事件”也使在中国商业文化、法律体系、游戏规则中成长起来的华为，从管理、技术、文化等方面不断修正自己，有了更加开放、包容的姿态，并和爱德曼、3COM等更多的国际伙伴紧密地团结在了一起——这也是所有渴望国际化的中国企业都必须要走的道路。

上市也是“国际化”的需要，它不但与华为的竞争优势密切相关，而且是风险社会化的需要。拆分则是伴随着各种上市努力出现的；并购、股市投资等外部增长方式的引进，可以大大提高扩

张的效率和降低扩张的风险。不过，华为如果不尽快将剪不断、理还乱的股权结构理清，可能会成为其上市和进一步国际化的障碍。

(二) 最佳营销案例：可口可乐决胜奥运

关键词：签约刘翔、反败为胜、低成本

经典动作：

1. 随着年轻一族日益成为消费主体，百事可乐的“新一代选择”广告策略成功抢夺了大批年轻消费者，并用强大的明星阵容和宣传气势压倒了可口可乐。

在刘翔巴黎世锦赛夺得铜牌之前，可口可乐与他取得了联系。经过认真筛选和评估后，可口可乐看中了他的潜质，“只花一个星期就签订了合同”。

2.2004 雅典奥运会期间，每天在赛事直播中反复出现的一个由刘翔和滕海滨出演的“要爽由自己”的广告，随着奥运圣火的越烧越旺，随着刘翔夺得小组第一名，并开始与欧美人竞争金牌，极大地刺激了社会的消费欲望，推动了可口可乐的品牌影响力和终端销售。此时，百事的娱乐明星广告却被人们淡忘。刘翔夺得奥运冠军后，以刘翔名字命名的“刘翔特别版”可乐在各地几近脱销，可口可乐反败为胜！

价值点：

用最小的成本获得了最大化的商业价值——这是此案例成为最佳的关键。

可口可乐的成功绝非偶然。它一向把“欢乐、活力”作为两大宣传重点，其最佳创意表现当然是与音乐、运动相联系。从 1928 年阿姆斯特丹奥运会，可口可乐就开始提供赞助。此次可口可乐的奥运战略是一年之前就形成的，可口可乐开始“选秀”时，大多数公司连奥运计划都没有开始做。可口可乐对奥运“选秀”异常重视，其市场部旗下有专门负责体育赞助的机构，在奥运之前就深入中国运动员参战的各个项目进行选秀，并要经过一段时间的筛选和仔细评估。

可口可乐的胜利不只在选择代言人上。由于打了个时间差，他们 5 月初邀刘翔代言时广告合约价格只有 35 万元一年。成为冠军后的刘翔被广告商高价抢夺，身价急升至上千万元。

遗憾的是，就广告本身而言，刘翔和滕海滨两个有名的运动员在市井中翻翻滚滚抢一听可乐的表演，确实算不上上佳之作，若可口可乐能把“要爽由自己”设计得更深刻些，效果或许会更好。

可口可乐的成功可以给日益重视体育营销的国内企业以这样的启示：只要你实力非凡、眼光独到，并有精心的策划和准备，奥运会随时会给你提供“双赢”的机会。

(三) 最佳公关案例：杜邦“胜利大逃亡”

关键词：“特富龙”危机、媒体公关、重见天日

经典动作：

1.2004 年 7 月 9 日，美国环保署宣称，杜邦“特富龙”的关键原料——全氟辛酸铵，可能会致癌或影响生育。这场风波在中国市场引起强烈反应，杜邦不粘锅销量急剧下降，有些商场甚至停售，国家相关机构也开始介入。

7 月 15 日，杜邦中国公司要求总部派出技术专家，解答国家有关部门、客户、消费者以及媒体提出的所有技术问题；当日，杜邦（中国）公司常务副总经理任亚芬、杜邦（中国）氟应用产品部技术经理王文莉做客新浪嘉宾聊天室。

2.7 月 18 日，“特富龙俱乐部自在下午茶”活动在上海举行，杜邦中国的代表徐军接受记者访问。

3.7 月 19 日，杜邦中国集团北京分公司公共事务部经理接受电话采访表示，媒体对杜邦不粘锅的报道与事实有偏差。

4.7 月 20 日下午，杜邦中国公司在北京召开媒体见面会。杜邦中国公司总裁查布朗在新闻发布会上与记者见面，3 位在杜邦美国总部负责“氟产品”的技术专家也携带相关技术资料来到北京，回答记者及消费者的问题。接着，美国杜邦总裁贺利得接受《人民日报》采访，向外界宣称：“我们可以拿整个杜邦公司的名誉作担保，杜邦不粘锅绝对安全。”

5.10 月 13 日，国家质检总局在对特富龙的检测结果，证明特富龙无毒。10 月 14 日，有关特富龙无毒的报道铺天盖地，虽角度各异，主题却只有一个：杜邦特富龙没毒，并且以前也都一直没有存在过。

价值点：

危机公关一直是中国企业的“软肋”。遇重大危机致死的企业比比皆是：譬如南京冠生园、山东秦池酒等等。

杜邦“特富龙事件”，可谓危机公关方面一个教科书式的生动案例。一系列的媒体危机公关，让我们看到了杜邦应对危机的丰富智慧、良好素质、有序管理和层层递进。杜邦“特富龙”危机公关对中国企业至少有如下启示：对新闻媒体的危机公关必须主动、积极、统一、及时、诚恳、权威——杜邦处理此次危机的态度极为诚恳，为表示权威，甚至不惜从美国总部请来专家与中国记者见面。

杜邦的失误在于：在中国危机事件未爆发之前，没有对“美国环保署开出高达 3 亿美元”的行政程序性惩罚给予高度重视。这是此次危机的源头，也是消费者对杜邦产生怀疑和不信任的初衷，为其后来危机处理的被动埋下了伏笔。

永远不要祈祷危机会远离，对中国企业来说，在平时就要注意培养和学习危机处理的意识和方法，练好基本功，只有这样，才能在关键时刻巧妙地化解危机。

（四）最佳人力资源案例：TCL——团队国际化

关键词：全球招聘、国际化团队

经典动作：

1.2004年6月2日上午，广州白天鹅宾馆，TCL集团近10位高层齐刷刷地坐在一起，宣布年内将在全球招聘2200名具有国际化背景的中高级经营管理人才和研发人才，打造一支"国际化部队"。其中，新成立的TTE（TCL–汤姆逊电子）和TCL—阿尔卡特两家合资企业将录用此次招聘人才的6成以上。

2.从2004年4月开始，TCL移动就陆续在北京、上海、西安、成都、重庆、深圳、美国纽约、新泽西及旧金山硅谷等地举行现场招聘会，数千余个中高级岗位虚席以待。

价值点：

自2003年7月发布"龙虎计划"以来，TCL国际化进程明显"提速"。随着集团整体上市，TTE、TAMP正式投入运营及其他新业务的开展，国际化人才的巨大缺口已经成为TCL发展的瓶颈。如何消化、驾驭新的合资机构，也成为决定TCL国际化进程快慢的关键。

中国市场并不缺乏本土化人才，而中国企业一旦走向国际，若缺乏熟悉所在地文化的国际人才，势必对国际化发展形成掣肘。这一点，TCL的管理层看得非常清楚。在6月份的招聘中，TCL旗帜鲜明地以"国际化背景"为首要条件，不仅在国内招兵，还在美国设场，突出地表现了TCL国际人才战略的"本地化"新特色。另外，TCL集团在对外兼并重组的过程中，如何实现"国内军团"和"多国军团"的磨合，也是大家非常关注的。TCL的做法是"不能以企业文化为突破口，更不能以TCL集团企业文化去给人家洗脑，而是要因地制宜，注重分析和结合各国的文化背景、风俗习惯等因素，制定相应的对策"，这一点，也值得其他想走国际化道路的企业借鉴。

在招聘国际化人才的过程中，具体到各个管理职位，到底应具备什么样的素质和能力才能胜任？应该如何借鉴世界500强，建立具有符合国际化要求的职业经理人素质能力模型？这可能是TCL在人力资源管理国际化方面急需解决的问题。

（五）最佳IT管理案例：奥克斯"降服"ERP

关键词：信息化建设、管理工具、效率提高

经典动作：

1.2004年7月，奥克斯被CECA国家信息化测评中心评为"中国企业信息化标杆工程"。因为让很多大型企业头疼的信息化建设——特别是ERP，在奥克斯实施成功了！

2.奥克斯集团经过13年的高速发展，已成为我国电力行业和家电行业具有较强竞争力的大型企业集团。随着内部管理问题的日益显现，奥克斯高层认识到：要把事业做大做强，管理工具也要与时俱进！

3.成功实施ERP后，奥克斯完全实现了管理透明化和资源共享，企业内部的产、供、销、人、财、物等各环节实现电脑化、集成化，工作效率大大提高。

价值点：

高达80%的国内企业应用ERP时以失败告终。奥克斯的成功之道，非常值得其他企业借鉴。

从提升企业竞争力和解决企业实际问题入手，这是奥克斯成功的第一步！目前中国企业能做到这一点的不多，许多企业实施ERP项目是跟风，或者是"面子工程"、"政绩工程"。

奥克斯成功的另一个重要原因，是将ERP真正做成了"一把手工程"。总裁郑坚江亲自参与了项目选型、调研的全过程，并将"一把手"工程的含义延伸到公司的总经理、部门经理，让每一个领导的责、权、利均与信息化工作挂钩。奥克斯还颁布《总裁令》赋予ERP项目经理以特权；调派业务关键人员全职参与ERP项目的调研、设计及实施，任何与ERP项目有冲突的工作都必须为ERP让路，让每一位员工都认识到ERP项目对企业发展的重要性。另外，与对软件供应言听计从的"盲从型"企业不同，他们变被动为主动，要求软件开发商紧跟企业的需求搞开发，确保了所有模块和软件都具备极强的可操作性，能切实适用于企业的管理。

要想使企业的信息化不断发展，基础管理也需要与时俱进，这方面，是奥克斯需要进一步努力的。

（六）最佳投资案例：新华联的"韦尔奇式延伸"

关键词：购并、买"壳"、多元化

经典动作：

1.2004年8月30日，新华联控股有限公司收购通化葡萄酒股份有限公司第一大股东通化长生农业经济综合开发公司所持法人股，成为通化葡萄酒股份有限公司第一大股东。

2.收购通化葡萄酒是新华联第二次购"壳"。2003年12月1日，新华联曾耗资1.23亿港元购买了一家在香港主板上市的实力中国（0472.HK）74.99%股权，更名为"香港新华联国际投资有限公司"。

3.傅军一手创办的新华联集团目前已成为一个涵盖制造业、酒业经营、房地产开发、国际贸易、金融投资、餐饮服务、管道燃气等行业的多元化现代企业集团，业务遍及世界近40个国家和地区，年营业收入达到50亿元，出口贸易额在1亿美元以上。

价值点：

说起新华联，知道的人可能不多；提起"金六福"，可能就无人不晓了。借米卢一举成名的"金六福"是中国白酒市场的一个"神话"，其缔造者正是不产一滴酒的新华联。

新华联在酒业的成功，不是简单的

依靠资本运作，而是依靠经营实业的雄厚实力。收购通葡之前，白酒方面，除"金六福"外，新华联2003年又收购了湖南邵阳酒厂和安徽中华玉泉酒厂。葡萄酒方面，早在3年前，就并购了云南香格里拉酒业和广东威龙酒业，开发出"香格里拉·藏秘"。

新华联收购业绩大幅滑坡的通化葡萄酒，看似险招，其实是一笔相当划算的买卖。通化葡萄酒虽然近来经营状况不佳，但公司股票质地尚好，实力犹存，每股净资产高达3.8元，高于新华联每股的3.79元的收购价。

截至2004年底，新华联的多元化可谓屡战屡胜，那是因为他们有清晰的战略规划，并坚持有所为有所不为的多元化。但多元化经营的企业要面对多个产品市场，必将形成一个复杂的管理体系，大大增加企业经营管理的难度，也给经营决策带来更大的困难和风险。如何在涉足的每个领域都做得很好是新华联的多元化能否有生命力的关键。

(七)最佳融资案例:新和成"出位"

关键词:中小企业板、第一股、一夜成名

经典动作:

2004年5月28日，随着第一股"新和成"的亮相，国内资本市场发展道路上具里程碑意义的中小企业板正式启动。6月2日，"新和成"采用全部向二级市场投资者定价配售的方式，向社会公开发行3000万股A股。同时，"新和成"也成为国内化学原料药行业中首家在国内中小企业板上市的企业。

价值点:

"中小板第一股"的身份，让以前默默无闻的浙江新和成股份有限公司一时成为万众瞩目的焦点，成为媒体和国内证券市场的新宠。

在千军万马争上中小企业板这个"独木桥"时，能成为"第一"自然夺人眼球，而探究"新和成"是如何成为"第一股"的，可能更有价值。除了众所周知的3个原因("新和成"是国内最早一批备战中小企业板的公司，"新和成"是国家重点高新技术企业，"新和成"保持着300%的高速增长)之外，一个至关重要的原因是，这个企业拥有非常清晰的股权，股权结构简单，在产权上无大的纠纷。

需要提醒新和成的是，一个真正有生命力的企业，必是社会效益与经济效益并重的，新和成上市不久，就有投资者投诉：新和成的快速发展是以污染为代价换来的！这一点，新和成的决策者应该认真关注了！

(八)最佳品牌管理案例:三星"增肥"

关键词:挑战英特尔、品牌提升

经典动作:

1. 全球芯片产业霸主英特尔受到了韩国三星的强劲挑战，2004年10月8日《商业周刊》发表分析文章称，随着三星的迅速崛起，英特尔地位岌岌可危。

2.2004年8月2日出版的美国《商业周刊》中，刊登了著名品牌咨询集团Interbrand评选出的全球最具影响力的100个品牌。韩国三星电子从2003年的25位上升到21位，品牌价值从2003年的108.5亿美元上升到2004年的125.5亿，增幅16%，是全球提升最快的品牌之一。

价值点:

三星品牌价值取得巨大进步的原因，除持续赞助奥运赛事外，就是适时调整产品策略并实施全球性统一的营销和广告策略。三星所有产品都淋漓尽致地体现品牌新识别；围绕全新品牌识别，三星还展开了一系列广告公关活动，创造让消费者接触三星数字产品的机会；为尽快摒弃低附加值的品牌内涵及传统电器的品牌形象，三星选用"青春、活力、时尚和在年轻人中人气极旺"的明星郑伊健、陈慧琳为形象代言人，把明星气质嫁接到品牌上；三星还按品牌新识别的要求，将终端通路策略进行了调整，放弃了其主要零售商沃尔玛公司，因为沃尔玛"对三星建立高端形象的努力会造成不利影响"。坚信品牌的价值，规划好品牌识别后让整个企业机器(研发、设计、广告、公关)都围绕品牌的新识别而展开，这是三星品牌迅速提升的秘诀，也是对中国品牌最大的启示。

但是，从中国市场来看，产品质量和服务有可能成为三星品牌价值进一步提升的掣肘，如果不能加紧从这两方面进一步提升，有可能会给三星优秀的品牌形象减分。

(信息来源:《经理人》杂志)

备注:从企业生产经营的各个角度，为经理人理出这些优秀案例，粹取其值得吸收的精华，指出其操作过程中的不足，是经理人杂志社评选这组最佳案例的缘由。这组案例，均是发生在知名企业的标志性事件，在一段时间内曾有过很高的新闻价值，更重要的是，其操作方法和所秉承的理念，对高速发展的中国企业有相当重要的借鉴意义。

◎榜五、2004 十大外资并购案◎

1.威立雅收购深圳水务集团 45%股份

2004 年 12 月 22 日，法国威立雅联合其合资公司首创威水投资公司出资 4 亿美元（折合人民币 33.1 亿元）获得深水集团 45%股权，期限为 50 年。威立雅水务投资持股 5%，威立雅水务和北京首创股份有限公司合资成立的首创威水投资有限公司持股 40%。这是中国水务行业迄今为止最大的一宗并购交易，也是迄今为止全球第二大水务并购案，交易额达 4 亿美元。

2.朝日、伊藤忠 30 亿入股康师傅

2004 年 1 月 5 日，亚洲著名饮料企业朝日啤酒及国际贸易集团伊藤忠商事株式会社以 3.848 亿美元（约 30 亿元）收购中国包装食品及饮料业巨头康师傅控股有限公司（香港上市：0322）50%的权益。

康师傅饮品将全资拥有原康师傅旗下的 13 家饮料子公司的全部权益。本次交易将康师傅饮料事业的企业价值作价 9.5 亿美元。这是近年中国消费品市场中涉及交易金额最大的并购案。

3.欧莱雅击败宝洁吞并羽西

2004 年 1 月 28 日，法国欧莱雅集团正式对外宣布收购科蒂集团旗下的中国彩妆及护肤品牌羽西。此次收购还包括位于上海的一投资 2000 万美元、1997 年底落成、目前年产量达 6000 万件的生产基地。

自 1997 年进入中国以来，欧莱雅集团已经向中国市场输出了旗下的 10 个品牌，位于金字塔塔尖的是兰蔻、碧欧泉、科罗娜，塔身中间有薇姿、理肤泉、欧莱雅、塔丝，其下是大众消费品牌巴黎欧莱雅、美宝莲、卡尼尔。熟悉欧莱雅的人士称，不久的将来，羽西应该和小护士一样归于欧莱雅集团的大众消费品。

4.荷兰喜力啤酒入股粤啤

粤海啤酒集团与荷兰啤酒商喜力于 2004 年 1 月 28 日正式签约，喜力以 5.8 亿港元入股粤啤 21%股权。喜力每股作价 1.85 港元收购粤海啤酒的 1.338 亿股新股和 1.655 亿股已发行股。作为粤啤 3 个生产厂之一，正在建设中的金威啤酒（汕头）有限公司很有可能成为喜力啤酒的生产工厂。

5.英国 BP 公司收购广顺燃气

2004 年 3 月 2 日，英国 BP 公司投入巨资收购了顺德区的民营企业广顺燃气有限公司。BP 中国液化气通过收购顺德区广顺燃气公司的相关资产，以经营 BP 绿色专用瓶、广顺专用瓶的零售业务及其服务的形式，进入珠江三角洲的液化气零售市场。

6.宝洁收购和黄所持股份

2004 年 5 月 12 日，美国宝洁公司宣布，以 18 亿美元收购和黄所持中国内地合资公司宝洁 - 和记有限公司余下 20%的股份。至此，宝洁与其在中方的最后一个合资伙伴分道扬镳，成为一家彻底的独资公司。

在和黄公布交易第二日，德意志银行发表研究报告，将和黄评级由“持有”调高至“买入”。德意志银行指出，和黄高价出售中国内地宝洁股权获利 137 亿港元，完全抵消 3G 业务对和黄 2004 年盈利的影响。

7.TESCO 收购乐购超市 50%股份

2004 年 7 月，英国第一大、世界第六大的零售商集团 TESCO，斥资 1.4 亿英镑（折合 21.3 亿人民币）收购乐购连锁超市 50%的股权。乐购由台湾顶新集团在中国大陆创办，目前在全国拥有 25 家超市。至此，外资零售商一改自建或合建单店进入中国的方式，打响了外资并购中国超市的第一枪。

8.AB 收购哈啤

2004 年 6 月 2 日，世界第一大啤酒巨头美国 AB 公司，投资 51 亿港元，在香港股市上全面收购哈尔滨啤酒集团有限公司的已发行股份 99.66%的股权，将百年哈啤这个地方品牌收入麾下。哈啤原第一大股东，世界第二大啤酒集团 SAB 宣布接受 AB 以每股 5.58 港元收购哈尔滨啤酒集团有限公司股票的报价，向 AB 出售它所持有的 29.6%哈啤股权，至此 AB 成为哈啤第一大股东。

9.TOM 收购中国移动娱乐公司

2004 年 8 月 13 日，TOM 在线宣布收购中国移动娱乐公司 Treasure Base Investments Limited（“Treasure Base”），并且双方已就此签订最终协议。双方协议的交易总额为 Treasure Base2004 年收入的 3.5-4.5 倍和 2005 年收入的 1.0—1.75 倍的总和，但最高收购价不超过 5.5 亿人民币（约 6640 万美元）。交易为现金形式、分 3 次支付。

通过此次收购，TOM 在线将获得 60 多家电视频道分销推广渠道，覆盖约 1 亿中国家庭。同时，还将为 TOM 在线带来约 150 万的付费用户。

10.亚马逊收购卓越

2004 年 8 月 19 日 20 点 40 分，美国著名的电子商务网站亚马逊公司 Amazon.com（NASDAQ:AMZN）宣布，已签署最终协议收购注册于英属维尔京群岛的卓越有限公司。这次交易价值约 7500 万美元，涉及约 7200 万美元现金以及员工期权。卓越有限公司通过其中国子公司及关联公司运营卓越网站（www.joyo.com 和 www.joyo.com.cn）。

（信息来源：《环球财经》杂志 2004 年第 12 期）

备注：此榜参照因素包括交易规模、对行业的影响、在本行业的知名度、并购潜力和趋势（对未来的影响）、并购格局和周期等。

企业榜

这是一个大并购时代。就在中国企业苦苦为国际化生存而求索的时候,跨国资本对中国的行业整合一刻未曾停息。这是经济全球化时期的中国的必然特征。

2004年外资并购国内企业已经成为国内并购市场的亮点,各种行业的并购风起云涌。尤其值得注意的是,外资的并购更加注重产业链之间的整合,产业深化的趋势非常明显。

加入WTO后,随着一系列允许外商收购国内企业的规则陆续推出,中国已经为外资并购敞开了大门。作为直接利用外资的一种方式,外资并购可为中国企业解决很多如资金、技术和管理等问题,创造良好的经营环境,迅速占有市场,形成竞争力。专家认为,外资并购今后将成为中国招商引资的重要形式。

这些事件的本身尽管可以引来茶余饭后的种种嗟叹,但我们更关注的,是事件过后中国企业的因应之道,以及在"走向世界的中国"这么一个大的历史背景下所经历的巨变、痛苦与再生。

◎榜六、2004十大营销传奇事件◎

1.联想重炮出击跻身奥运TOP

国际奥委会全球合作伙伴(简称TOP),终于出现了中国企业的身影。2004年3月26日,联想集团与国际奥委会签署合作协议,正式成为第六期奥运TOP,这是奥运历史上中国企业首次获此资格。作为奥运TOP,联想集团将在未来4年内(2005-2008年)为2006年都灵冬季奥运会和2008年北京奥运会独家提供台式电脑、笔记本、服务器、打印机等计算技术设备以及资金和技术上的支持。据了解,联想将为这个头衔付出价值6000-7000万美元(5亿人民币左右)的设备、服务和现金。

2.可口可乐借奥运营销赚取眼球

可口可乐大打奥运牌

2004年堪称体育营销年。为时下最火热的营销手段——体育营销写下精彩注脚的,正是全球饮料巨头可口可乐。作为迄今为止奥运会的最长期最紧密的全球合作伙伴,可口可乐利用雅典奥运会所做的品牌营销可谓得心应手,并通过寻找奥运、消费者以及可口可乐3者的联系点,奋力挖掘其中的商机。

3.联通新时空大提速、大安全、大覆盖

在联通新时空大提速、大安全、大覆盖的CDMA网络升级工程中,海洋新时空以先锋的姿态赢得了漂亮的一仗。除斥巨资于CDMA网络升级工程外,广东联通基于网络覆盖的改善和技术上的领先优势,对联通新时空品牌赋予了技术领先专家的新定位,顺势而生的大提速、大安全、大覆盖三大支柱形成联通新时空在2004年的全新营销传播战略的核心。2004年中开始以《大提速——速度改变未来》、《大安全——安全体现关怀》《大覆盖——广度见证实力》的系列营销策划进行密集导入,使联通新时空技术领先专家的全新品牌形象迅速深入人心。

4.诸葛酿自曝商标被仿拉动销量

2004年初,诸葛酿自曝商标被10多家企业所仿,这一消息在沉寂的白酒业掀起骤然大波。诸葛酿巧借媒体力量,迅速在全国范围内引发一场关于维护正宗产品的大讨论。为了引导消费者正确消费正宗诸葛酿酒,诸葛酿还在主流媒体大量投放广告,并迅速巨资更换新包装、请体育明星代言。这一系列巧妙的安排,使诸葛酿酒在全国销量增长高达10%。

5.康师傅整合营销推广劲跑X

康师傅劲跑X甫一出世就以市场上惟一的补充型运动饮料为营销重点,欲以大约1亿元的推广费用异军突起。

除在产品意念和功能上彰显特色外，康师傅还通过联手曼秀雷敦摩擦膏和新碧防晒系列，赞助2004年穗港澳沙滩排球赛，通过一场场美女营销、游戏营销、细节营销相结合的现场产品推介路演，辅之以康师傅在终端强大的铺货力，劲跑X在各销售终端尽情驰骋。

6.创维借女子十二乐坊策动平板风暴

2004年，创维做了一件与众不同的事：请女子十二乐坊作代言，一举跳出了以个人形象代言企业的窠臼。以12个美女的方式，创维打响了2004年彩电旺季最为精彩的营销战：大规模拉低平板电视价格、开展奥运之星评选、借新技术、新产品、新价格树立其平板彩电的江湖地位。此外，借女子十二乐坊在日本、新加坡等国家的声名鹊起，创维彩电随之切入东盟10国。

7.广东移动推广情满南粤

从2004年4月起，广东移动启动了大规模的神州大众卡推广活动“情满南粤”。在此次活动中，资费降价不再是焦点，超值购机成为新的主角，通过低额度预付话费优惠购机，大大减轻了二、三级市场消费者购置手机的负担。为此，移动特别采购了30万部手机，而大众卡用户在购机时不仅能享受超低价，还能获得最高达550元的话费回赠。在为移动开拓二、三级市场之余，“情满南粤”还达到了良好的社会效果。

8.百安居借价格风暴快速占领市场

2004年2月，国际建材零售巨头百安居在上海突然掀起全国价格风暴，亮出其价格策略，全部商品降价幅度在15%-35%，而从上海开始的这场价格风暴在2-3个月内很快席卷全国。此外，其还先后与万科、华润置地（北京）、上海复地、星艺等签署了战略合作协定。至此，其3条营销路线渐渐明朗，在加强零售连锁控制的同时，再从房地产和家庭装饰领域两个可能影响建材销售的终端下手，进一步加强百安居在中国的市场占有率。

9.统一茶里王力争茶饮料王位

2004年，手揽茶里王，统一开始了夺取中国茶饮料市场占有率第一名的攻击战。它喊着“感觉就象现泡的”营销口号，披着传达天然概念的外套，以一元悬赏寻找茶里王的语带双关的促销以及前期的狂轰滥炸的广告，风风火火杀入华南市场。此外，其还通过高调支持广州申亚、赞助广州国际龙舟邀请赛，成功凭借端午节和龙舟两大传统气息浓厚的文化载体，为茶里王在普罗大众之间的宣传打响头炮。

10.白云山借限售令抢占市场空缺

成为首个瞄准限售令市场空缺的中药企业，白云山中药厂除了市场敏感度，还有快速的市场占有意识。2004年7月1日，国家主管部门颁布抗生素限售令伊始，白云山中药厂连续进行绿色抗生素概念宣传，并加大了对消炎利胆片等老产品的二次研发，中药现代化的作战方案至此达到高潮。同时，与李嘉诚旗下的和黄结盟作战，在提高白云山中药厂知名度的同时，也为打开海外市场找到了最佳的通道。

（信息来源：《南方都市报》）

备注：此榜由南方都市报社、新京报社、南风窗杂志社和新营销杂志社共同主办。

2004年以来，中国经济风向悄然发生变化，先后发生和正在发生的结构调整、银根收紧、央行加息如几剂猛药开始影响企业的营销生活。与此同时，能够预料和始料不及的几大因素如民工荒、拉闸限电、油价飚升等在成本经营层面深刻影响营销4P的生成。在此种大背景下，企业营销必须学会根据市场的规则去考虑问题，否则就会如水煮青蛙被活活地煮死。生活在宏观调控的日子里，中国企业开始在营销层面学会了精打细算，并真正开始有了成本的意识。为此，“2004年中国十大营销传奇事件”排行榜也就有了特别的意义。

品
牌
榜

引 言

品牌！品牌！品牌就像高悬在某些企业头上的达摩克里斯之剑，让企业在激烈的市场竞争中左右为难，无所适从。而所谓企业品牌，指企业的产品名称、注册商标以及主体广告语，是企业长期传播的主要口号或概念。品牌讲究简单、形象、有性格、有三度（知名度、美誉度和忠诚度）、雅俗共赏、可复制、趣味、健康、准确和故事性，而这也就是现代企业的十大品牌特征。

此“品牌榜”将当前市场上众多的具有一定综合实力的知名品牌，以及和品牌息息相关的品牌人物、品牌事件进行了一次梳理，以便让广大消费者在“货比三家”之后能进行明明白白的消费，让企业家们在看到这个榜单之后能做到知己知彼、相互取长补短，从而更好地改进自己的产品质量，继续发挥“品牌效应”，做大做强自己的企业，力争让“品牌”长盛不衰，屹立不倒！

品牌榜中榜

◎榜一、2004年度500个最具价值品牌◎

排名	品牌名称	品牌拥有机构	品牌价值(亿元)	主营行业
1	海尔	海尔集团公司	612.37	家电
2	CCTV	中央电视台	608.51	传媒
3	宝钢	上海宝钢集团公司	605.74	钢铁
4	联想	联想集团有限公司	601.65	通信电子、IT
5	中化	中国中化集团公司	576.89	化工
6	红塔山	玉溪红塔烟草（集团）有限责任公司	529.68	烟草
7	中国工商银行	中国工商银行	472.35	金融
8	中铁工程	中国铁路工程总公司	451.48	建筑、装饰
9	中国人寿	中国人寿保险（集团）公司	427.67	金融
10	中国移动	中国移动通信集团	391.29	通信
11	华为	华为技术有限公司	387.92	通信电子
12	科龙	广东科龙电器股份有限公司	346.66	家电
13	中石化	中国石油化工股份有限公司	338.54	化工
14	中远	中国远洋运输集团总公司	332.82	物流
15	长虹	四川长虹电子集团有限公司	330.73	家电
16	中国银行	中国银行	327.38	金融
17	TCL	TCL集团股份有限公司	320.19	家电、IT
18	中石油	中国石油天然气集团公司	319.43	化工
19	五粮液	四川宜宾五粮液集团有限公司	302.51	酿造
20	一汽	中国第一汽车集团公司	289.78	汽车
21	康佳	康佳集团股份有限公司	251.71	家电
22	格兰仕	广东格兰仕企业（集团）公司	232.87	家电
23	凤凰卫视	凤凰卫视控股份有限公司	228.32	传媒
24	招商银行	招商银行股份有限公司	211.54	金融
25	茅台	贵州茅台酒厂有限责任公司	202.63	酿造
26	中兴	中兴通迅股份有限公司	198.23	通信电子、IT
27	中集	中国国际海运集装箱（集团）股份有限公司	195.24	物流

排名	品牌名称	品牌拥有机构	品牌价值(亿元)	主营行业
28	上汽	上海汽车工业集团总公司	183.93	汽车
29	首钢	中国首钢集团	176.58	钢铁
30	万科	万科企业股份有限公司	173.56	地产
31	青岛啤酒	青岛啤酒股份有限公司	168.73	酿造
32	国航	中国国际航空公司	162.38	航空服务
33	美的	美的集团有限公司	157.69	家电
34	中海油	中国海洋石油总公司	152.81	化工
35	中国电信	中国电信集团公司	143.29	通信
36	中华	上海烟草集团	136.87	烟草
37	春兰	春兰(集团)公司	131.29	家电、汽车
38	伊利	内蒙古伊利实业集团股份有限公司	127.87	食品
39	北京大学	北京大学	121.65	教育
40	锦江	上海锦江国际集团	114.89	餐饮、酒店
41	中国建工	中国建筑工程总公司	107.56	建筑、装饰
42	海王	深圳海王集团股份有限公司	103.48	制药
43	健力宝	广东健力宝集团有限公司	102.15	食品
44	清华大学	清华大学	101.24	教育
45	燕京啤酒	北京燕京啤酒集团公司	100.22	酿造
46	联通	中国联合通信有限公司	98.47	通信
47	新希望	四川新希望集团有限公司	96.62	饲料
48	隆力奇	江苏隆力奇生物科技股份有限公司	95.52	日化
49	李宁	北京李宁体育用品有限公司	93.75	体育用品
50	雅戈尔	雅戈尔集团股份有限公司	89.61	纺织
51	武钢	武汉钢铁(集团)公司	89.52	钢铁
52	东风	东风汽车公司	89.45	汽车
53	国旅	中国国际旅行社总社	88.81	旅游服务
54	方正	方正科技集团有限公司	88.53	电子、IT
55	用友	用友软件股份有限公司	85.32	IT
56	全聚德	中国北京全聚德集团有限责任公司	84.58	餐饮
57	白沙	白沙集团	83.77	烟草
58	蒙牛	内蒙古蒙牛乳业股份有限公司	82.46	食品
59	中国建设银行	中国建设银行	80.42	金融
60	长安	长安汽车(集团)有限责任公司	79.48	汽车
61	杉杉	中国杉杉集团有限公司	78.65	纺织
62	徐工	徐州工程机械集团有限公司	77.58	机械
63	海信	海信集团有限公司	74.33	家电、IT
64	天狮	天津天狮集团有限公司	74.12	生物工程
65	光明	上海光明乳业股份有限公司	71.91	食品
66	周大福	周大福珠宝金行有限公司	69.63	珠宝
67	云烟	昆明卷烟厂	69.55	烟草
68	长城	中国石化长城润滑油集团有限公司	69.33	化工
69	泸州老窖	四川泸州老窖股份有限公司	68.61	酿造
70	安彩	河南安彩集团有限责任公司	67.56	电子
71	波导	宁波波导股份有限公司	67.42	通信电子、IT
72	联华	联华超市股份有限公司	67.05	商业连锁
73	格力	珠海格力集团公司	66.89	家电
74	夏新	夏新电子股份有限公司	65.47	通信电子、IT
75	剑南春	四川剑南春股份有限公司	65.32	酿造
76	哈药六厂	哈药集团制药六厂	64.33	制药
77	万向	万向集团	64.18	机械
78	苏宁	苏宁电器集团	63.62	商业连锁
79	酒鬼	湖南酒鬼股份有限公司	63.13	酿造

排名	品牌名称	品牌拥有机构	品牌价值(亿元)	主营行业
80	双汇	河南省双汇实业集团有限责任公司	62.87	食品
81	国美	国美电器集团	62.79	商业连锁
82	张裕	烟台张裕集团有限公司	62.78	酿造
83	上广电	上海广电数码科技有限公司	62.66	家电
84	清华同方	清华同方股份有限公司	62.37	电子、IT
85	鞍钢	鞍山钢铁集团	61.33	钢铁
86	豪爵	江门市大长江集团有限公司	59.88	摩托车
87	东南	东南福建汽车工业有限公司	59.46	汽车
88	长城	中国长城葡萄酒有限公司	59.3	酿造
89	嘉陵	中国嘉陵工业股份有限公司(集团)	59.2	摩托车
90	观澜湖	观澜湖高尔夫球会有限公司	56.97	地产、娱乐服务
91	芙蓉王	常德卷烟厂	56.89	烟草
92	青钢	青岛钢铁控股集团有限责任公司	55.52	钢铁
93	冰山	大连冰山集团	54.66	工业制冷机械、家电
94	平安保险	中国平安保险股份有限公司	54.18	金融
95	宇通	郑州宇通客车股份有限公司	53.84	汽车
96	东方明珠	上海东方明珠(集团)股份有限公司	51.48	旅游、传媒
97	创维	创维集团有限公司	51.46	家电、网络及通迅
98	江铃	江铃汽车集团公司	51.22	汽车
99	上海建工	上海建工集团总公司	51.09	建筑、装饰
100	鄂尔多斯	鄂尔多斯羊绒集有限责任公司	50.36	纺织
101	哈啤	哈尔滨啤酒有限公司	50.07	酿造
102	澳柯玛	青岛澳柯玛集团总公司	50.04	家电
103	《参考消息》	新华通迅社	50	传媒
104	古井贡	安徽古井集团有限责任公司	50	酿造
105	南京大学	南京大学	50	教育
106	国泰召安	国泰召安证券股份有限公司	49.81	企业
107	东航	中国东方航空(集团)公司	49.75	航空服务
108	远大	远大空调有限公司	49.28	工业制冷
109	金龙	厦门金龙联合汽车工业有限公司	49.08	汽车
110	王府井	北京王府井百货股份有限公司	48.55	零售
111	太极	太极实业(集团)股份有限公司	47.87	医药
112	巨化	巨化集团公司	47.83	化工
113	复星	上海复星高科技(集团)有限公司	47.77	医药、地产、钢铁
114	娃哈哈	杭州娃哈哈集团有限公司	47.62	食品饮料
115	三花	三花控股集团有限公司	47.46	机械
116	招商物流	招商局物流集团有限公司	47.45	物流
117	娇子	成都卷烟厂	46.65	烟草
118	鲁抗	新华鲁抗药业集团有限责任公司	46.52	医药
119	《广州日报》	广州日报报业集团	46.17	传媒
120	魏桥	山东魏桥纺织集团有限责任公司	46.01	纺织
121	沱牌曲酒	四川沱牌集团有限公司	45.05	酿造
122	传化	传化集团有限公司	45.03	化工
123	华谊	上海华谊集团公司	45	生化、涂料
124	维科	宁波维科集团股份有限公司	44.82	纺织、地产、能源
125	《新华晚报》	文汇新民联合报业集团	44.67	传媒
126	双星	青岛双星集团有限责任公司	43.87	轻工
127	北京吉普	北京汽车工业控股有限公司	43.81	汽车
128	阳光 100	北京阳光壹佰置业集团	43.51	地产
129	丽珠	丽珠医药集团股份有限公司	43.35	医药保健
130	《羊城晚报》	羊城晚报报业集团	43	传媒
131	中国网通	中国网络通信集团公司	42.97	通信

排名	品牌名称	品牌拥有机构	品牌价值(亿元)	主营行业
132	杏花村	山西杏花村汾酒厂股份有限公司	42.81	酿造
133	波司登	波司登股份有限公司	42.04	纺织服装
134	《人民日报》	人民日报社	42	传媒
135	豫园商城	上海豫园旅游商城股份有限公司	41.81	零售、旅游服务
136	柳工	广西柳工集团有限公司	41.66	工程机枝
137	中大	中大工业集团公司	41.54	汽车、工程设备、工业涂装
138	郎酒	四川郎酒有限责任公司	41.52	酿造
139	首部机场	首部机场集团公司	41.22	航空服务
140	东信	东方通信集团有限公司	41	IT、通讯
141	西飞	西安飞机工业(集团)有限责任公司	41	航空工业、汽车、建材
142	雕牌	纳爱斯集团有限公司	40.68	日化
143	北京电视台	北京电视台	40	传媒
144	江淮	安徽江淮汽车集团有限公司	40	汽车
145	复旦大学	复旦大学	40	教育
146	厦工	厦门工程机械股份有限公司	40	工程机械
147	中铁现代物流	中铁现代物流科技股份有限公司	39.07	物流
148	南方高科	广州南方高科有限公司	38.99	IT
149	玲珑	山东玲珑橡胶有限公司	38.97	化工
150	金地	金地(集团)企业股份有限公司	38.29	地产
151	养生堂	养生堂集团有限公司	38.26	医药保健、食品
152	上海电气	上海电气集团总公司	38.22	机械制造
153	新浪	新浪信息服务有限公司	38	传媒
154	上海交通大学	上海交通大学	38	教育
155	新飞	河南新飞电器有限公司	37.88	家电
156	华立	华立集团	37.77	仪表、制药、地产
157	太太	健康元药业集团股份有限公司	37.22	医药保健
158	上海电视台	上海电视台	37	传媒
159	成山	山东成山轮胎集团有限公司	36.98	化工、工程、地产
160	雅倩	雅倩化妆品有限公司	36.69	日化
161	首信	北京邮电通信设备厂	36.26	IT、通讯
162	奇瑞	安徽奇瑞汽车有限公司	36.23	汽车
163	正泰	正泰集团	36.15	机械
164	广东电视台	广东电视台	36	传媒
165	义乌小商品	浙江中国小商品城集团股份有限公司	35.98	商业服务
166	许继	许继集团有限公司	35.78	机械
167	搜狐	搜狐公司	35	传媒
168	浙江大学	浙江大学	35	教育
169	新东方	新东方教育科技(集团)有限公司	34.82	教育、出版
170	七匹狼	七匹狼实业股份有限公司	34.65	纺织
171	咸亨	绍兴集团有限公司	34.55	餐饮、酒店
172	顺特电气	顺特电气有限公司	34.21	机械
173	沈飞	沈阳飞机工业(集团)有限公司	34.17	汽车、飞机及零部件
174	《深圳特区报》	深圳报业集团	34	传媒
175	申银万国	申银万国证券股份有限公司	33.89	金融
176	大红鹰	宁波烟草公司	33.31	烟草
177	厦华	厦门华侨电子企业有限公司	33.19	电子
178	鸿基	佛山塑料集团股份有限公司	33.13	化工
179	通威	通威股份有限公司	33.07	饲料、水产
180	《读者》	甘肃人民出版社	33	传媒
181	德力西	德力西集团有限公司	32.93	机械
182	同仁医院	北京同仁医院	32.67	医院
183	吉利	吉利集团有限公司	32.58	汽车、摩托车、高等教育

排名	品牌名称	品牌拥有机构	品牌价值(亿元)	主营行业
184	金蝶	金蝶国际软件集团有限公司	32.55	IT
185	人民电器	人民电器集团有限公司	32.39	机械
186	华北制药	华北制药集团有限责任公司	32.27	制药
187	海航航空	海南航空股份有限公司	32.1	航空服务
188	《北京晚报》	北京日报报业集团	32	传媒
189	罗蒙	罗蒙集团股份有限公司	31.93	纺织
190	美兰机场	海南美兰国际机场股份有限公司	31.87	航空服务
191	农夫山泉	农夫山泉股份有限公司	31.79	饮料
192	时风	时风集团	31.66	机械
193	《北京青年报》	北京青年报报业集团	31.5	传媒
194	太平洋保险	太平洋保险集团	31.49	金融
195	白猫	上海白猫(集团)有限公司	31.38	日化
196	银河证券	中国银河证券有限责任公司	31.25	金融
197	乐凯	中国乐凯胶片集团公司	31.18	化工
198	惠泉	福建惠泉啤酒股份集团公司	31.05	酿造
199	《经济日报》	经济日报报业集团	31	传媒
200	中联	长沙中联重工科技发展股份有限公司	30.54	机械
201	《深圳商报》	深圳报业集团	30	传媒
202	双鹤	北京双鹤药业股份有限公司	29.82	制药
203	科健	中国科健股份有限公司	29.81	通信、电子、IT
204	《计算机世界》	计算机世界报业集团	29.5	传媒
205	南航	中国南方航空集团公司	29.46	航空服务
206	南山	南山集团公司	29.43	纺织、建材
207	特变电工	特变电工股份有限公司	29.38	机械
208	协和医院	北京协和医院	29.18	医院
209	《扬子晚报》	新华报业集团	29	传媒
210	海通证券	海通证券股份有限公司	28.91	金融
211	上海机场	上海机场(集团)有限公司	28.32	航空服务
212	万通	北京万通实业股份有限公司	28.17	地产
213	江苏电视台	江苏电视台	28	传媒
214	三角	三角集团有限公司	28	化工
215	圣象	圣象集团有限公司	27.97	建材
216	亚星	扬州亚星客车股份有限公司	27.82	汽车
217	巨力	山东巨力集团有限公司	27.8	机械
218	博洋	宁波博洋纺织有限公司	27.64	纺织
219	侨兴	侨兴集团有限公司	27.52	通信、化工、电子
220	超大农业	福建超大现代农业集团	27.51	农业
221	乐百氏	广东乐百氏集团有限公司	27.51	食品、饮料
222	网易	网易公司	27.5	传媒
223	永鼎	永鼎集团有限公司	27.48	机械
224	青旅	中国青年旅行社股份有限公司	27.46	旅游服务
225	江中	江中制药集团公司	27.44	制药
226	熊猫	熊猫电子集团有限公司	27.37	家电、通信
227	亨通光电	亨通集团有限公司	27.33	机械
228	实德	大连实德集团有限公司	27.08	建材
229	《中国计算机报》	中国计算机报社	27	传媒
230	重汽	中国重型汽车集团公司	27	汽车
231	甲天下	广西壮族自治区柳州卷烟厂	26.87	烟草
232	上海医药	上海医药(集团)有限公司	26.77	制药
233	报喜鸟	报喜鸟集团有限公司	26.62	纺织
234	金城	金城集团有限公司	26.35	摩托车
235	《半月谈》	半月谈杂志社	26	传媒

排名	品牌名称	品牌拥有机构	品牌价值(亿元)	主营行业
236	马应龙	武汉马应龙药业集团股份有限公司	25.06	制药
237	《今晚报》	今晚报业集团	25	传媒
238	华西	江苏华西集团公司	25	纺织、金融
239	培罗成	宁波培罗成集团有限公司	24.95	纺织
240	力帆	重庆力帆实业(集团)有限公司	24.82	摩托车
241	西单商场	北京西单友谊集团	24.81	商业连锁
242	金帝	深圳金帝食品有限公司	24.81	食品
243	海螺	芜湖海螺型材科技股份有限公司	24.8	建材
244	前进	贵州轮胎股份有限公司	24.62	化工
245	叶茂	浙江远东化纤集团	24.56	化工
246	通灵	江苏通灵翠钻有限公司	24.55	珠宝
247	东阿	东阿阿胶集团	24.54	制药
248	TOM	TOM 集团有限公司	24.5	传媒
249	石林	曲靖卷烟厂	24.33	烟草
250	华强	深圳华强集团有限公司	24.32	电子、IT、地产
251	《南方日报》	南方日报报业集团	24	传媒
252	世茂	世茂集团	23.79	地产
253	风神	风神轮胎股份有限公司	23.56	化工
254	清华紫光	清华紫光股份有限公司	23.49	电子、IT
255	蓝月亮	广州蓝月亮有限公司	23.48	日化
256	昌河	昌河飞机工业(集团)有限责任公司	23.38	飞机、汽车
257	利群	杭州卷烟厂	23.28	烟草
258	通化	通化葡萄酒股份有限公司	23.28	酿造
259	均瑶	中国均瑶集团有限公司	22.91	食品
260	思念	河南思念食品股份有限公司	22.29	食品
261	惠达	唐山惠达陶瓷(集团)股份有限公司	22	建材
262	汇源	北京汇源饮料食品集团有限公司	21.99	食品饮料
263	云南白药	云南白药集团股份有限公司	21.81	制药
264	雨润	江苏雨润食品产业集团有限公司	21.76	食品
265	红金龙	武汉烟草集团	21.64	烟草
266	新兴	新兴铸管(集团)有限责任公司	21.6	冶金
267	浪潮	浪潮集团有限公司	21.54	电子
268	彩虹	彩虹集团公司	21.46	电子
269	丝丽	广东省丝绸集团	21.33	纺织
270	天脊	天脊煤化工集团有限公司	21.33	化工
271	德赛	惠州市德赛集团有限公司	21.07	电子
272	奥克斯	奥克斯集团	21.05	家电
273	方太	宁波方太厨具有限公司	20.86	家电
274	喜之郎	广东喜之郎集团有限公司	20.78	食品
275	海星	西安海星科技投资控股(集团)有限公司	20.58	电子
276	招金	山东招金集团有限公司	20.15	冶金
277	东北药	东北制药集团公司	20.04	制药
278	中策	杭州中策橡胶有限公司	20	化工
279	新丝路	新丝路模特经纪有限公司	20	文化服务
280	三一	三一重工股份有限公司	19.98	工程机械
281	博时基金	博时基金管理有限公司	19.68	金融
282	赛格	深圳赛格集团有限公司	19.62	电子
283	华阳	惠州市华阳集团有限公司	19.41	电子
284	感康	吴太集团	19.34	制药
285	立白	广州立白企业集团有限公司	19.28	日化
286	三全	郑州三全食品股份有限公司	19.17	食品
287	老板	杭州老板实业集团有限公司	19.15	家电

排名	品牌名称	品牌拥有机构	品牌价值(亿元)	主营行业
288	盖天力	启东盖天力制药股份有限公司	18.97	制药
289	黄果树	贵阳卷烟厂	18.79	烟草
290	志高	广东志高空调股份有限公司	18.69	家电
291	李锦记	李锦记(广州)食品有限公司	18.67	食品
292	恩威	恩威集团	18.66	制药
293	恒源祥	恒源祥(集团)有限公司	18.62	纺织
294	哈仪	哈尔滨电表仪器股份有限公司	18.49	机械
295	长丰	长丰集团有限责任公司	18.43	汽车
296	大宝	北京大宝化妆品有限公司	18.39	日化
297	万杰	万杰集团有限责任公司	18.32	化工
298	中欧	中欧国际工商学院	18.28	教育
299	哈德门	颐中烟草集团	18.22	烟草
300	忠旺	辽宁忠旺集团	18.22	建材
301	北大荒	北大荒集团	17.91	农业
302	盼盼	盼盼集团公司	17.85	建材
303	实达	福建实达电脑集团股份有限公司	17.82	通信、电子
304	完达山	完达山乳业股份有限公司	17.82	食品
305	物美	北京物美商业集团股份有限公司	17.81	商业连锁
306	帅康	帅康集团	17.61	家电
307	柒牌	福建柒牌集团有限公司	17.36	纺织
308	上海航空	上海航空股份有限公司	17.21	航空服务
309	安踏	安踏(中国)有限公司	17.12	体育用品
310	茶花	吴江丝绸股份有限公司	16.77	纺织
311	步步高	广东步步高电子工业有限公司	16.72	家电
312	海螺	安徽海螺水泥股份有限公司	16.7	建材
313	两面针	柳州两面针股份有限公司	16.65	日化
314	白云山	广州药业集团公司	16.52	制药
315	仁济医院	上海仁济医院	16.52	医院
316	蓝天六必治	天津蓝天集团股份有限公司	16.02	日化
317	红豆	江苏红豆实业股份有限公司	16	纺织
318	三元	北京三元集团	15.91	食品
319	常柴	常柴股份有限公司	15.81	机械
320	王力	王力集团有限公司	15.76	建材
321	华丰	大连华丰家具有限公司	15.62	家具
322	创元	苏州创元(集团)有限公司	15.55	机械
323	龙大	山东龙大企业集团有限公司	15.43	食品
324	珠江	广州珠江钢琴集团有限公司	15.32	轻工
325	新华人寿	新华人寿保险股份有限公司	15.32	金融
326	索芙特	索芙特保健品有限公司	15	日化
327	得利斯	山东得利斯集团	14.85	食品
328	隆鑫	重庆隆鑫工业(集团)有限公司	14.84	摩托车
329	婷美	婷美保健科技集团	14.82	纺织
330	福耀玻璃	福耀玻璃工业集团股份有限公司	14.79	建材
331	欧普	广东欧普照明有限公司	14.69	建材
332	桐昆	浙江桐昆集团	14.65	化工
333	达尔曼	西安达尔曼实业股份有限公司	14.58	珠宝
334	奇强	南风化工集团股份有限公司	14.45	日化
335	大白兔	冠生园集团有限公司	14.35	食品
336	深圳机场	深圳机场集团公司	14.33	航空服务
337	全兴大曲	四川全兴股份有限公司	14.3	酿造
338	金仕达	上海复旦金仕达计算机有限公司	14.22	通信、电子
339	澄星	江阴澄星实业集团有限公司	14.22	化工

排名	品牌名称	品牌拥有机构	品牌价值(亿元)	主营行业
340	钱江	钱江集团有限公司	14.21	摩托车
341	昆仑	中石油天然气股份有限公司润滑油分公司	14.16	化工
342	《成都商报》	成都日报报业集团	14	传媒
343	庄吉	庄吉集团有限公司	13.82	纺织
344	梅林	上海梅林正广和有限公司	13.81	食品、饮料
345	万利达	万利达集团有限集团	13.79	家电
346	水井坊	成都水井坊有限公司	13.67	酿造
347	爱国者	北京华旗资讯数码科技有限公司	13.46	IT
348	草原兴发	内蒙古草原兴发股份有限公司	13.38	食品
349	统一	北京统一石油化工有限公司	13.26	化工
350	《环球时报》	环球时报社	13	传媒
351	仕奇	内蒙古仕奇实业股份有限公司	13	纺织
352	敖东	吉林敖东药业(集团)股份有限公司	12.66	制药
353	跃进	跃进集团股份有限公司	12.46	汽车
354	古越龙山	浙江古越龙山绍兴酒股份有限公司	12.45	酿造
355	阳光	浙江阳光集团股份有限公司	12.44	轻工
356	潍坊柴油机	潍坊柴油机责任有限公司	12.39	机械
357	三鹿	石家庄三鹿集团股份有限公司	12.33	食品
358	海天	佛山市海天调味食品有限公司	12.33	食品
359	华谊兄弟太合影视	华谊兄弟太合文化经纪有限公司	12.25	文化服务
360	武汉中商	武汉中商集团股份有限公司	12.22	商业服务
361	特步	泉州市三兴体育用品有限公司	12.11	体育用品
362	章光 101	北京章光 101 集团	12.05	制药、日化
363	《南方都市报》	南方报业集团	12	传媒
364	满婷	九鑫集团	11.97	日化
365	黄金搭档	上海黄金搭档生物科技有限公司	11.81	制药
366	莲花	河南莲花味精股份有限公司	11.81	食品
367	威龙	烟台威龙葡萄酒股份有限公司	11.8	酿造
368	东安	哈尔滨东安发动机(集团)有限公司	11.61	机械
369	吴忠仪表	吴忠仪表股份有限公司	11.58	机械
370	维维	维维集团股份有限公司	11.39	食品
371	大恒	中国大恒(集团)有限公司	11.38	电子、制药
372	比亚迪	比亚迪股份有限公司	11.33	电池
373	正章	上海正章洗染公司	11.32	日化
374	山推	山推工程机械股份有限公司	11.31	机械
375	津劝业	天津劝业华联集团有限公司	11.19	商业服务
376	吉森	吉林森林工业(集团)总公司	11.05	建材
377	大显	大连大显集团有限公司	11.01	电子、IT
378	《钱江晚报》	浙江日报报业集团	11	传媒
379	中旅	中国旅行社	11	旅游服务
380	大印象	汕头大印象(集团)有限公司	11	保健品
381	神奇	贵州神奇制药有限公司	10.97	制药
382	耀华	中国耀华玻璃集团公司	10.88	建材
383	冠军	信益陶瓷(中国)有限公司	10.82	建材
384	京克隆	北京京克隆超市连锁有限公司	10.47	商业连锁
385	三枪	上海三枪集团有限公司	10.44	纺织
386	汇仁	汇仁集团股份有限公司	10.42	制药
387	晨鸣	山东晨鸣纸业集团股份有限公司	10.38	造纸
388	劲霸	福建劲霸集团有限公司	10.31	纺织
389	华丰	华丰食品工业(集团)有限公司	10.18	食品
390	厦门航空公司	厦门航空公司	10.01	航空服务
391	露露	露露集团有限责任公司	9.97	饮料

排名	品牌名称	品牌拥有机构	品牌价值(亿元)	主营行业
392	源安堂	广西源安堂药业有限公司	9.93	制药
393	南孚	南平南孚电池有限公司	9.92	电池
394	嘉实基金	嘉实基金管理有限公司	9.88	金融
395	苏果	苏果超市股份有限公司	9.87	商业连锁
396	鹰牌	鹰牌陶瓷集团总公司	9.87	建材
397	新科	江苏新科电子集团公司	9.87	家电
398	东易日盛	北京东易日盛装饰有限责任公司	9.83	装饰
399	中国康辉	中国康辉旅行社有限责任公司	9.82	旅游服务
400	宗申	重庆宗申摩托车集团	9.81	摩托车
401	凯联	青岛凯联集团有限责任公司	9.76	化工
402	六神	上海家化联合股份有限公司	9.64	日化
403	皇城老妈	成都市皇城老妈酒店有限公司	9.46	餐饮
404	赛博	江苏赛博电子有限公司	9.37	通信电子
405	太湖	江苏太湖锅炉股份有限公司	9.32	机械
406	马可波罗	广东省唯美陶瓷有限公司	9.23	建材
407	春晖	广东开平涤纶企业集团公司	9.11	纺织
408	《齐鲁晚报》	山东大众报业集团	9	传媒
409	海螺	上海海螺(集团)有限公司	8.97	纺织
410	才子	福建才子集团有限公司	8.92	纺织
411	森达	江苏森达集团有限公司	8.91	轻工
412	罗莱	南通罗莱饰品有限公司	8.79	纺织
413	罗西尼	珠海罗西尼表业公司	8.71	钟表
414	光明	光明集团家具股份有限公司	8.65	家具
415	太子奶	太子奶集团	8.58	食品
416	东鹏陶瓷	广东东鹏陶瓷有限公司	8.55	建材
417	CB 长白	长白计算机集团公司	8.54	IT
418	大自然	顺德市盈彬木业有限公司	8.52	建材
419	金隅	北京金隅集团有限责任公司	8.45	建筑、地产
420	斯米克	上海斯米克建筑陶瓷有限公司	8.25	建材
421	红蜻蜓	浙江红蜻蜓集团	8.24	轻工
422	紫禁城影业	紫禁城影业公司	8.15	文化娱乐
423	21 金维他	杭州民生药业集团有限公司	8.13	制药
424	皇明	皇明太阳能集团公司	8.06	家电
425	《楚天都市报》	湖北日报报业集团	8	传媒
426	金种子	安徽金种子集团有限公司	8	酿造
427	九阳	山东九阳小家电有限公司	7.95	家电
428	达芙妮	永恩投资(集团)有限公司	7.91	轻工
429	七喜	广州七喜电脑股份有限公司	7.89	IT
430	金丝猴	金丝猴食品股份有限公司	7.82	食品
431	白云机场	广州白云机场集团	7.65	航空服务
432	绮丽	山东绮丽集团公司	7.62	纺织
433	狗不理	天津狗不理包子饮食(集团)公司	7.61	餐饮
434	南方基金	南方基金管理有限公司	7.52	金融
435	天之锦	上海天丝科技发展有限公司	7.36	纺织
436	DYZV	大连冶金轴承有限公司	7.32	机械
437	蓝剑	四川华润蓝剑啤酒有限责任公司	7.28	酿造
438	健民	武汉健民药业集团股份有限公司	7.16	制药
439	穗宝	穗宝集团	7.14	家具
440	步森	浙江步森集团有限公司	7.05	纺织
441	哈飞	哈飞汽车股份有限公司	7.05	汽车
442	《大河报》	河南日报社	7	传媒
443	旺旺	旺旺集团公司	6.91	食品

排名	品牌名称	品牌拥有机构	品牌价值(亿元)	主营行业
444	地奥	成都地奥制药集团有限公司	6.88	制药
445	启发	河北启发纺织集团	6.87	纺织
446	新大洲	海南新大洲控股股份有限公司	6.82	摩托车
447	华农	大连华农豆业集团股份有限公司	6.79	农业、物流
448	飘影	广东飘影实业有限公司	6.69	日化
449	飞亚达	深圳飞亚达(集团)股份有限公司	6.65	钟表
450	九牧王	九牧王(中国)有限公司	6.63	纺织
451	东来顺饭庄	东来顺集团	6.54	餐饮
452	《电脑报》	电脑报社	6.5	传媒
453	桂花祥麻花	天津市桂花祥麻花饮食集团公司	6.46	食品
454	中华网	中华网战略投资公司	6.43	传媒
455	紫江	上海紫江企业集团股份有限公司	6.42	包装
456	风帆	风帆集团	6.31	电池
457	《女友》	女友杂志社	6.3	传媒
458	骆驼	湖北骆驼蓄电池股份有限公司	6.23	电池
459	白象	上海白象天鹅电池有限公司	6.18	电池
460	雅士利	广东雅士利集团有限公司	6.18	食品
461	中脉	中脉集团	6.13	保健品
462	《财经》	财经杂志社	6.1	传媒
463	高潮	上海新高潮集团有限公司	6.08	建材
464	稻花香	湖北稻花香集团	6.08	酿造
465	乾坤	内蒙古乾坤金银精炼股份有限公司	6.08	金属
466	椰树	海南椰树集团	6.08	饮料
467	汇丽	汇丽建材股份有限公司	6	建材
468	《时尚》	时尚杂志社	6	传媒
469	铙山	福建铙山纸业集团有限公司	5.98	造纸
470	天山	新疆天山毛纺织公司	5.97	纺织
471	虎豹	江苏虎豹集团有限公司	5.94	纺织
472	好迪	广州市好迪化妆品有限公司	5.93	日化
473	四维	重庆四维瓷业股份有限公司	5.91	建材
474	佳宇物流	上海佳宇物流有限公司	5.88	物流
475	江泉	华盛江泉集团有限公司	5.82	建材
476	依波	光大依波钟表(深圳)有限公司	5.81	钟表
477	《21世纪经济报道》	南方日报报业集团	5.8	传媒
478	嘉宝莉	广东嘉宝莉化工有限公司	5.79	化工
479	金猴	威海市金猴集团有限责任公司	5.68	轻工
480	山城	重庆啤酒(集团)有限责任公司	5.63	酿造
481	银鹭	厦门银鹭集团	5.41	食品
482	民航快递	民航快递有限责任公司	5.4	物流
483	椰岛鹿龟酒	海南椰岛股份有限公司	5.36	保健品
484	国泰	广东国泰集团有限公司	5.32	家具
485	奥康	奥康集团有限公司	5.28	轻工
486	苏泊尔	浙江苏泊尔炊具股份有限公司	5.27	轻工
487	《体坛周报》	体坛周报社	5.2	传媒
488	灯塔	天津灯塔涂料股份有限公司	5.17	化工
489	集琦	桂林集琦集团有限公司	5.12	制药
490	渤海化工	天津渤海化工集团公司	5.12	化工
491	海化	山东海化集团	5.08	化工
492	伊力	新疆伊力特实业股份有限公司	5.02	酿造
493	天星	天津减速机股份有限公司	5	机械
494	天王	天王电子有限公司	5	钟表
495	顺美	顺美服装有限公司	5	纺织

排名	品牌名称	品牌拥有机构	品牌价值(亿元)	主营行业
496	洛兹	宁波洛兹集团有限公司	5	纺织
497	虎都	福建虎都服饰有限公司	5	纺织
498	金健	湖南金健米业股份有限公司	5	食品
499	希玛	北京希玛保龄设备有限公司	5	保龄设备
500	丹芭碧	广州丹芭碧化妆品有限公司	5	日化

(信息来源:世界经理人网站)

备注:此榜由世界品牌实验室(WBL)和世界经济论坛(WEF)共同组织评审并于2004年6月28日发布。

相关链接:世界品牌实验室(WBL)——世界领先的战略咨询和商业媒体机构(世界经理人资讯有限公司的全资附属研究机构),由1999年诺贝尔经济学奖得主罗伯特·蒙代尔(Robert A.Mundell)教授担任主席,目前被公认为全球五大品牌价值评估机构之一,其采用的品牌评估方法是目前世界金融和营销界认可和通行的"经济适用法"(Economic Use Method)。

世界经济论坛(WEF)——一个非官方的国际组织,总部设在瑞士日内瓦。其前身是1971年由现任论坛主席、日内瓦商学院教授克劳斯·施瓦布创建的"欧洲管理论坛"。1987年,"欧洲管理论坛"更名为"世界经济论坛",也称达沃斯论坛。论坛的年会每年1月底至2月初在达沃斯召开,为期1周。该论坛迄今已举办了30多届。

该论坛的参与者主要是各国的高层政治和经济界领导人、企业首脑以及著名专家,宗旨是探讨世界经济领域存在的问题并促进国际经济合作和交流。随着国际形势的变化,论坛的作用也突破了纯经济领域,许多双边和地区性问题也成为论坛探讨的议题。每年,论坛还与若干国家政府或企业联合主办各种国际经济讨论会。目前,论坛拥有1000多个会员,全部是世界各地的知名企业和公司。

解读:评选结果显示,大部分入选品牌为国有经济成分的企业所属,占65.4%,其余为民营企业所属品牌,占34.6%。而在前100位的品牌中,属于国有和集体企业的有74个,属于民营企业的为26个。

从地域分布状况来看,中国经济发展的不平衡性决定了各地品牌发展的不均。其中,北京、广东、浙江、上海入选品牌数分别为87个、78个、45个、46个,在品牌500强所占的比例分别为17.4%、15.6%、9%、9.2%,四个地区的强势品牌的比例明显高于其他地区。

从行业分布来看,入选品牌最多的是食品饮料行业,共有41个品牌;其次是媒体行业,有40个品牌入选,高达8%的比例。

◎榜二、2004中国十大影响力品牌◎

1.中国航天
2.海尔
3.联想
4.中国石化
5.招商银行
6.宝钢
7.青岛港
8.中国网通
9.国美
10.蒙牛

(信息来源:《经济参考报》2005年1月26日)

备注:为全面盘点2004中国影响力品牌,探讨中国品牌建设的得与失,由中国企业文化促进会等牵头,联合人民网等20多家知名网站共同举办了此次评选活动。

此次评选根据品牌的质量、服务、信誉、社会形象、知名度、美誉度、忠诚度、对企业经济效益的拉动、对行业的影响、对百姓生活的影响、对我国经济的影响等10项标准,经过公众投票、企业互评、评委审核3个阶段,最终确定当选品牌名单。全国30多个省区直辖市数十万人次的公众,对候选品牌进行了投票。

其中,食品、家电、信息产品、汽车等的排名明显高于其他产品,反映了消费者对与其生活密切相关产品的熟悉重视程度。

◎榜三、2004十大新锐品牌◎

2004年是中国品牌年,一些声名显赫的品牌消失了,一些叱咤风云的品牌没落了,也有一批曾不被人关注、不为人所知、或在业界平淡无奇的品牌异军突起了。

1.昆仑润滑油:出手不凡

2004年6月18日,昆仑润滑油以3280万元竞价夺得中央电视台奥运金牌榜的惟一冠名权。从8月14-29日短短半个月就在消费者心目中留下了深刻印象。

2.顺驰地产:遍地开花

开连锁店卖房子,顺驰以后来居上的姿态切入并迅速改写了中国房地产的版图。在分享中国城市成长价值的同时,它也生猛地给行业重新洗牌。2004

年，初步完成华北（除北京）、北京、长三角、中原、中南的全国总体战略布局，在北京、上海、苏州、南京、无锡、石家庄、武汉、济南、郑州、洛阳、荆州、榆次等城市所获取的20余个项目都陆续亮相市场。

3.金维他：笑傲群雄

在消费者对保健产品日渐淡漠、冷眼相对的时候，21金维他却异军突起，笑傲群雄。2004年，21金维他被国家工商总局商标评审委员会认定为中国第一个也是目前惟一获得中国驰名商标的维生素类产品，销售额已突破8亿元大关。截至2004年底，21金维他已累计销售超过3亿瓶，全国有8000万个家庭在服用。

4.古船面粉：独占鳌头

曾在2003年SARS期间为平抑物价建功的古船面粉，2004年9月被评为中国名牌产品，这是中国面粉行业中首家跻身“中国名牌”的企业。古船产品承担着北京市居民口粮、工业用粮及特供军需的供应任务。曾在粮油涨价的SARS期间超负荷生产，从而成功平抑了物价，保证了首都供应，古船面粉也因此声名远播。

5.宜华木业：先外后内

宜华木业采取先国外，后国内的营销策略，品牌一直保持高端形象，其外销比例高达96%，利润率一直稳定在26%-30%。2004年被评为最有价值品牌，其品牌价值超过25亿人民币。

6.真彩文具：抢占先机

大众文具需要品牌整合，真彩文具抢先一步，联手CCTV新闻等频道黄金栏目进行真彩品牌传播，致力于打造中国文具行业第一品牌，已经形成中国大众文具业的一个强势品牌。也是“2004年中国最有价值品牌”中惟一一个上榜的文具品牌，其品牌价值已达8.56亿元。

7.“他+她-”：标新立异

2004年2月，北京她加他饮品公司开始演绎市场传奇，以别出心裁的市场细分创意推出“他+她-”营养素水，让功能性饮料有了性别区分。从定位精准的两款不同配方，到相映成趣的男他、女她风格化外包装，一系列品牌元素都令人耳目一新。

8.小肥羊：被仿成名

2004年12月8日，“小肥羊”被国家工商行政管理总局商标局认定为中国驰名商标。而一直闹得沸沸扬扬的“小肥羊真假之争”也终于有了结果。据不完全统计，截至2004年底，全国有近5000家各种假冒“小肥羊”，“小肥羊”也因被众多餐馆仿冒而成名。“小肥羊”的连锁规模已超过了“麦当劳”，稳居中餐连锁老大的位置，且已经在美国、日本、澳大利亚等60多个国家申请注册了“小肥羊”商标，并在16个国家拿到了注册证书。

9.蒙牛：一路狂奔

2004年，蒙牛以3.1亿人民币猛“砸”中央电视台《新闻联播》后、《焦点访谈》前和21点档电视剧中插等广告，把“中国航天员指定牛奶”通过央视广告传向全国各地，其大手笔的投入使其品牌知名度迅速提高，不容置疑地成为2004年中国乳业发展的标杆。

10.秦俑奶粉：逆市飞扬

2004年4月，我国奶粉行业发生了一次前所未有的危机——阜阳奶粉事件。受该事件影响，国产奶粉销量一泻千里。在这种背景下，“秦俑”奶粉启动农村直销店工程，通过直营连锁店的销售方式，把原来的代理商变为配送商，并把省、市、县、乡村的多级代理商改变为一级配送制度，用最少的环节、最低的流通成本把产品送到农村市场，建立近200家直供形象店。

（信息来源：《中国经济周刊》2005年第1期）

◎榜四、2004中国十大商务品牌◎

1.诺基亚（手机）
2.麦肯锡（管理咨询）
3.IBM（笔记本电脑）
4.宝马（汽车）
5.北京大学光华管理学院（商学院）
6.索尼（数码相机）
7.劳力士（手表）
8.甲骨文（管理软件）
9.戴尔（台式机电脑）
10.惠普（掌上电脑）

（信息来源：《中国图书商报》2005年4月8日）

备注：此榜由环球资源旗下著名管理杂志《世界经理人》于2005年4月5-6日在北京和上海举行的“品牌价值论坛”上揭晓。

此榜的调查于2004年底进行，内容涉及经理人经常接触的17类产品和服务，共收到来自经理人的有效回复1416份。根据品牌崇尚度（在该产品/服务类别中最推崇该品牌的经理人的百分比）、品牌领先度（在该产品/服务类别中第一品牌在品牌崇尚度上领先第二品牌的程度）和品牌重要度（经理人在选择该产品/服务时对品牌的重视程度）3项指标，综合排名后得出了“中国十大商务品牌”。

解读：《世界经理人》杂志推出此榜的目的在于通过发现经理人最崇尚的品牌，而发现打造品牌价值之道。中国经理人选出的品牌几乎都是历史悠久的国际性品牌，这从一个侧面说明了建立品牌需要长期的努力。

经统计，参与调查的经理人平均年龄为31.6岁，平均年收入为17.8万元，男性接近8成，董事长、总裁、总监等高层职位约占1/3，部门经理超过4成，7成以上拥有本科学历，代表是高学历、高收入、高职位的一群消费者。

该调查还发现，经理人在选择以上产品/服务时，均比较重视品牌，对品牌的重视程度在3.90和3.35之间（1

为非常不重视，5为非常重视）。经理人对各类产品的品牌重视程度由高到低依次为：手机、商学院、汽车、数码相机、笔记本电脑、手表、管理咨询、管理软件、掌上电脑和台式机电脑。

部分调查结果如下：

1.手机

在对手机品牌的崇尚度调查中，有47.5%的受访经理人选择了诺基亚，18.1%选择三星，13.8%选择摩托罗拉。与品牌价值相对应的是，2004年是诺基亚历史上在中国业绩表现最好的一年。

2.管理咨询

尽管本土舆论一度对麦肯锡公司在中国操作的案例（如实达电脑、中国联通等）的实施效果质疑纷纷，但在经理人对管理咨询品牌的崇尚度中，麦肯锡以54.3%的比例当仁不让地坐上了头号交椅。除了麦肯锡，所有咨询公司的品牌崇尚度都在“无所谓/无法选择”之下。

3.笔记本电脑

在笔记本电脑的崇尚度排名中，IBM以48%的比例遥遥领先，之后是索尼（12.6%）和戴尔（12.5%）。

4.汽车

在汽车品牌中，尽管发生了“宝马撞人案”、“驴拉宝马案”等负面事件，宝马仍是最受中国经理人崇尚的品牌，有35.5%的经理人选择宝马，位于第二和第三的分别是奔驰（20.8%）和奥迪（11.2%）。

5.商学院

在商学院品牌中，北京大学光华管理学院（29.4%）、中欧国际工商学院（25.2%）和清华大学经济管理学院（15.7%）仍然牢牢占据着前三名的位置。

6.数码相机

数码相机品牌的前三名是日本品牌的天下，分别是索尼（28.9%）、奥林巴斯（19.0%）和佳能（17.9%）。

7.手表

在最受经理人推崇的手表品牌中，28%的经理人选择了劳力士，欧米茄（20.1%）紧随其后，浪琴（9.2%）排在第三。

8.管理软件

在管理软件品牌中，国外的甲骨文（27.5%）和SAP（19.2%）分列一、二名。国内的用友（14.9%）和金蝶（14.1%）属于第二阵营，但是都低于选择“无所谓/无法选择”的经理人比例（16%）。

9.台式机电脑

台式机电脑最受推崇的品牌是戴尔，有23.7%的经理人选择。第二品牌为IBM（20.8%），联想（17.2%）位于第三。

10.掌上电脑

在掌上电脑的品牌中，惠普和索尼的受崇尚度差别不大，分别有20.1%和19.1%的经理人选择。选择“无所谓/无法选择”的经理人占到了14.9%。

◎榜五、2004十大最具成长性的国际化品牌◎

1.TCL：冒险者的“游戏”

从1996年开始，TCL在国内展开了一系列产业兼并重组动作。1999年，TCL正式提出：创建世界级的中国企业。之后在收购德国施耐德公司、高威达品牌等一系列动作之下，TCL开始进入国际化视野。2003年，与法国汤姆逊公司合资，使TCL完成了从“中国巨无霸”向“世界巨无霸”的惊险一跃。而2004年4月合资阿尔卡特，全球手机部门又掀起了一场关注TCL的狂潮。

接着，TCL宣布投资5000万元与日本东芝在电冰箱、洗衣机领域成立两个合资公司的TCL白色家电事业部。11月8日，TCL再次宣布与具意大利资本背景的青岛威士电器合资，在青岛建立电冰箱生产基地。TCL仍在坚定不移地构筑它的“帝国梦想”。

TCL在实施国际化战略扩张的同时，选择了一条跟大多数跨国公司相似的品牌战略——“多品牌战略”。TCL在收购施耐德，合并重组汤姆逊后，仍然保留他们的品牌，欲借助其在国际上的知名度与影响力，弥补TCL品牌核心竞争力的不足。

但不能否认的是，随着战线的拉长，TCL自有品牌有稀释的危险，并且在未来的国际大舞台上，TCL的管理模式将会受到挑战。多元化战略准备不够充分、资源分散，真正形成有竞争力的行业不多，企业的技术含量低，从而成为规模扩张和产业升级的瓶颈。加入WTO之后，TCL更是面临“国内竞争国际化”的严峻挑战，而重组汤姆逊及合资阿尔卡特也存在巨大风险。

TCL进军国际能否成功，现在还没有到盖棺定论的时候，但TCL迈向世界舞台的步伐及国际化战略布局无疑已经走在中国企业的前列。

点评：TCL在跨国并购上的一系列动作，堪称“世界级”的大手笔，目前在中国无人能出其右。这是TCL打造全球性品牌的战略布局，尽管风险很大。

2.华为：“农村包围城市”

对于很多人来说，华为始终披着神秘的面纱。然而，华为与思科的一场跨国官司，终于让华为浮出水面。这就像一出专门为华为量身定做的活广告，让此前默默无闻的华为以此为跳板，纵身一跃至全球瞩目的视野之内，从而获得了在国际市场上驰骋的合法身份。

然而，滴水穿石非一日之功。其实，在很多人知道华为之前，华为就已经将自己的一只脚跨进了国际市场的大门。早在1996年，华为就正式开拓国际市场，并将其作为公司发展战略的重点。

经过8年间一小步一小步地累积前进，最终成就了"国际"的华为。华为的研发、生产、销售在全球悄悄布下的据点已达到50多个办事处，80多个运营商，海外市场员工3000多人，并在多国建立了研究院。

2004年对于华为来说，是丰收的一年。2月，奥运会承办方点名要华为为即将召开的雅典奥运会提供全套的GSM设备系统，并表示立即支付订金。

3月，华为在英国设立欧洲地区总部，英国《泰晤士报》的权威认为，此举是中国企业走向国际化的一个重要标志。6月，华为光网络全球市场份额跨杆似的撇开了朗讯和北电，直逼阿尔卡特。

之前的不久，在瑞典铁路公司1000万美元的宽频设备长期合同的竞标和阿拉伯联合酋长国电信运营商Etisalat的1.6亿美元的网络升级业务竞标中，华为均力挫国际众敌夺标。作为中国的一家民营企业，华为已经基本实现了全球化的研发、生产和销售。"华为在海外的战略布局已经完成了"，华为有关人士说。

为了提升华为品牌在国际上的竞争力，2004年开始，华为在欧洲开始了一个名为"东方快车"的品牌计划。下半年，与一家全球著名的咨询公司合作，对自身品牌进行了一次全面评估和规划，来规划打造一个国际主流电信制造商品牌。"破除了狭隘的民族自尊心就是国际化，破除了狭隘的华为自豪感就是职业化，破除了狭隘的品牌意识就是成熟化。"华为文集里这样的字眼耐人寻味。

点评：任正非的低调，华为的高调，一个具有国际竞争力的企业很好地传承了许多中国的传统哲学。看来在通往国际的道路上，除了知识共享之外，"越是民族的就越是世界的"。

3.海尔：与狼共舞

海尔虽不是最早走向国际的中国企业，然而说起中国企业国际化，人们第一个想到的会是海尔。从1996年12月，海尔印尼有限公司成立开始，海尔跨国经营拉开帷幕。2002年3月4日，海尔将自己的名字写在纽约的标志性古建筑身上，名为海尔大厦。

2004年，海尔开始大举进军印度市场，并设立了一个全资子公司。张瑞敏宣布，今后5年内将印度变成海尔继中国之后的第二大市场，销售额达到公司的10%。4月13日，海尔集团和澳大利亚墨尔本老虎队签署协议，海尔冠名墨尔本老虎队，该队正式更名为"墨尔本海尔老虎篮球队"。这是中国企业第一次冠名海外俱乐部。

10月27日，海尔集团研发推进本部与在全球30多个国家和地区拥有设计、制造和销售及研发机构的飞思卡尔半导体公司宣布成立联合实验室，致力于形成同平台、高起点的研发格局，联手抢占市场制高点。海尔的国际化战略又添新篇章。

两年来，国内对海尔国际化战略提出质疑的声音越来越高。一些人提出：海尔在短时间根本无法获得什么收益的情况下，冒着国内市场进一步被蚕食的危险，如此大规模不计成本，将海尔的未来押在开拓国际市场上是否具有很大的风险。

然而我们不能否认的是，海尔已成为中国企业进军国际化的一面大旗，"海尔·中国造"已堂而皇之地遍及全球市场，其生产经营和销售服务已彻底实现了国内市场国际化、国际竞争国内化。美国《福布斯》杂志评价海尔为"中国在海外最有影响力的品牌"。

点评：如果说前几年的海尔是处在鲜花与掌声的包围中的话，那么2004年的海尔却始终处在被质疑的漩涡中。尽管如此，海尔作为中国成功企业的代表形象仍不能被抹杀。

4.联想：站在巨人的肩膀上

2004年3月26日，对于中国企业和联想来说，都是可以载入史册的一天，自这一天起，联想和可口可乐、柯达、三星、通用、麦当劳等国际顶级品牌站在了一起。未来4年，联想的名字更是和奥运联系在一起。这对联想既是机遇也是挑战，有成功的希望也有失败的风险。

联想向海外进军开始于20世纪90年代初，可是到2004年为止在国外只设有7个子公司，可以说国际化脚步还没有真正迈开。联想的海外出口额，占联想的收入比例很小，而且出口的主要是一些零部件，还不是品牌产品、最终产品。在华为、TCL等公司强劲地逆势而上之时，联想的四处突围显得十分茫然，士气和业绩都明显进入负循环。但联想也不甘示弱，国际化的筹码就像是一场世纪的豪赌，重金压在TOP计划上，联想国际化能否成功，现在来说还为时过早。

联想的品牌国际化战略应该是从换标开始，但一次换标事件不足以说明品牌已经开始国际化。杨元庆对"国际化品牌"所作的注释是：3-5年内，销售额中25%-30%的比例来自海外市场。可作为缺少核心竞争力的联想，手中的法宝仍是TOP计划。

尽管联想未来的国际化道路还很漫长，但站在奥运会巨人的肩膀上，联想有望成为第二个"三星"。

点评：如果放宽标准，联想几乎可以在任何评选中入围。联想是健康的，联想是思变的，联想是紧张的，所以联想是有希望的。

5.格兰仕：凶狠的扩张者

如果说海尔国际化是中国企业创自主品牌的典范，那么格兰仕高喊的却是：OEM（原始设备生产商）第一！品牌第二！做"世界工厂"！格兰仕也理所当然地成为"中国制造"的另一类代表。

格兰仕凭借在欧洲两三千台的第一个海外订单开始，慢慢在北欧建立了一小块根据地。从此，格兰仕走出国门，扩大规模优势，从整合世界一流生产线、装备、管理、技术，到整合世界一流人才，在为全世界名牌制造的同时，又整合了全世界的销售渠道与网络，最终完成了全球名牌的整合，使格兰仕成为“全球名牌制造中心”。之后格兰仕又开始向“全球制造名牌”及“全球制造研发中心”方向迅猛发展。以全球最强大、最专业的生产规模获得了最高的品质和最低的成本优势，横扫全球市场。

任何一个跨国公司，要把微波炉的成本降到格兰仕之下，是相当困难的，甚至是不可能的。格兰仕遥遥领先的市场占有率，加上规模与劳动力成本优势所形成的低价格对任何一家跨国公司都具有“恐吓”效应。然而，从2001年开始，格兰仕的微波炉销量就一直保持在四五百万台的规模，无法突破。这对以规模制胜的格兰仕来说，如果规模扩大不了，在已有市场基本饱和的情况下，营销成本会相对提高，从而失去其低成本核心竞争力。入世后，家电业的关税壁垒没有了，格兰仕的劳动力成本优势也正渐渐丧失。这对产品单一的格兰仕来说将充满危机。

格兰仕也意识到自己将要面临的问题。2003年10月，在广东顺德召开的格兰仕空调全球经销大会上，格兰仕又出豪言壮语：继3年前投资20亿元进军空调业后，格兰仕将再追加20亿元，在广东中山圈地3000亩，打造世界上最大的空调生产基地。目前，格兰仕空调已经跻身中国空调出口四强。

2004年德国科隆国际家用电器展览会上，格兰仕成交额与上一届科隆展相比激增了200%以上，光波炉和空调的订单量分别同比猛增了120%、280%，尤其是格兰仕首创的光波空调第一次公开亮相，就为格兰仕“全球空调制造中心”树立了专业形象，成为高档空调的抢单先锋。

当众多专家对“格兰仕模式”提出质疑的时候，格兰仕再次用事实证明了自己的实力。

点评：格兰仕在很长时间内都是很有标杆意义的，如何从制造成本领先转向技术领先与全球市场领先，格兰仕给了中国企业一个答案，虽然不是惟一的标准答案，但却是许多中国企业可以努力的方向之一。

6.宝钢：肩负重任

随着中国正式加入WTO，钢铁业及其上下游产业全球化趋势十分明显。有专家分析说，入世后，中国有能力与跨国大集团竞争的企业非常少，宝钢能算一个。宝钢的梦想就是冲击世界500强。

作为中国最大的钢铁集团，从国有企业改革之初，宝钢的重组就备受媒体关注，2004年宝钢跨入世界500强的门槛更是引起众多媒体的纷纷报道。宝钢每走一步，凝聚着的都是中国企业冲击世界500强的期望。

作为有政策扶持、税收优惠、国债贴息的宝钢集团，备受争议的股份增发方案于2004年9月底获股东大会审议通过，中国进出口银行2004年也为宝钢提供100亿人民币的出口信贷额度。2004年7月，宝钢被《财富》杂志评为2003年度世界500强企业第372位，宝钢冲击世界500强也终于如愿以偿。而在此前不久，宝钢集团董事长兼总经理谢企华也登上《华尔街日报》公布的全球50大商界女强人的第9位。

截至2004年底，宝钢拥有全资子公司22家，控股子公司14家，参股子公司24家。全资子公司和控股子公司中，钢铁业子公司11家，金融业子公司2家，贸易业子公司8家。作为中国最具竞争力的钢铁企业，宝钢年产钢能力2000万吨左右，赢利水平居世界领先地位。

宝钢的现代化管理模式，不仅在中国钢铁企业中是先进的，在世界钢铁业界也是独树一帜、得到认同的。宝钢正加速技术集成及产业化，建设钢铁行业的新工艺、新技术及新材料研发基地，工业自动化及信息技术的创新基地。市场人士认为，宝钢有望成为世界上最大的钢铁企业之一。作为以钢铁为主业，多元化经营的宝钢在管理上一直保持着创新精神，这也是宝钢核心竞争力的重要组成部分，是宝钢持续发展、进入世界先进钢铁企业行列的重要保障。

点评：宝钢肩负着国企新形象的重任；宝钢肩负着上海企业的“份量”；宝钢肩负着中国女企业家的魅力，宝钢虽然生产着冰冷的钢铁，但它的活力却像璀璨的钢花一样飞舞。

7.中国远洋：海上领航者

2004年3月23日，在青藏铁路海拔最高的铺架基地西藏安多铺架基地上，一台巨型平板车承载着内燃机车头向雪域高原缓缓驶来，“COSCO”蓝色的旗帜首次迎风飘扬在青藏高原上。同样，在秦山核电站、在三峡水库、在“神五”的运输途中，“COSCO”蔚蓝色的旗帜一次次迎风招展：“COSCO”的品牌一次次为世人所瞩目。每天，标有“COSCO”醒目标志的船舶和集装箱在160多个国家和地区的1300多个港口穿梭往来，这就是中国远洋。

中远43年的历史是一部“走出去”并发展壮大的历史。现在在38个国家和地区设有自己的代理机构或公司，在150多个国家和地区的1100多个港口设有自己的代理，已经形成了一个以北京为中心，以香港、美国、德国、日本、澳大利亚和新加坡为地区分中心的庞大而完善的跨国经营网络。其船舶运力规模处于世界前列，集装箱船运力位居世界第六，散货船运力位居世界第一。而中远集团总公司总裁魏家福作为第一位站在了美国商会和哈佛讲坛上的中国企业界人士，得到了全球商界的尊敬。

1998年，中远首创“一站服务”，立刻被国家外经贸部作为重大项目向全国推广。1999年，中远明确提出了“从全球航运承运人向以航运为依托的全球物流经营人转变；从跨国经营向世界级跨国公司转变”的战略目标。2000年，中远的珍河轮驶进了美国的波士顿港。2003年12月18日，温家宝总理访美，中美两国签署了新的海运协定，受控承运人法案至此终于为中国人让路。从此，中远的国际化发展战略呈现出一个新的坦途。

2004年上半年，中远的码头总吞吐量为1070万标准箱，比2003年同期增长42%。预计到2010年，中远的主业竞争力仍将处于全国第一位，从各类运输业务来看均处于领先地位。中远目前规划，到2010年，集装箱船队要达到60万标准箱以上，收入达到600亿人民币左右，有望进入世界前5位。油轮船队要达到900–950万吨载重规模，达到世界前3位。散货船队目前已经处于世界前列，创造了智慧型和稳健型的经营经验，创造了世界散货发展和盈利水平的奇迹。

点评：这个要请韦尔奇的公司，同样拥有一位领袖级的人物——魏家福。在中国的国企，其实有一些人应该长期成为企业家。“后魏家福时代”何时来临？会与卫留成之后的中海油有何异同？这也是中远这样一个国际化公司值得关注的问题。

8.青啤：起跑百年华诞

有人曾说，青岛啤酒是中国惟一的国际名牌产品。从最早的1906年获得著名的慕尼黑啤酒节的金奖开始，青岛啤酒先后还获得过30多次金奖。在国外的酒类教科书里面，青岛啤酒都被列为世界名酒。现在被啤酒界人士公认的世界三大名牌啤酒就是青岛啤酒、德国的比尔森啤酒和荷兰的汉尼根啤酒。

青啤在度过了百年华诞之后，将要启动其新百年的历史。在过去的百年里，青啤解决了品牌的生存问题，并奠定了中国啤酒市场的霸主地位。那下一个百年里，最主要的应当是品牌发展问题，也就是顺应资本化和全球化的潮流，整合资本、品牌、智力等多种资源，把青啤打造成一个国际化的啤酒企业。

青啤早在二十世纪二三十年代，就开始出口东南亚地区，被誉为“国货精品”。新中国成立以后，出口规模不断加大，青啤已畅销全球40多个国家和地区，占中国啤酒出口总量的50%以上，遥居国内同行业首位。

1996年，青啤确立了以“名牌带动”式资产重组为核心的“大名牌”发展战略，充分利用青岛啤酒的品牌、资金、技术、政策、人才等优势，走上了“高起点发展，低成本扩张”的规模经营之路。

2002年7月，青啤公司与合作方台湾三洋药业公司签署协议，开工建设年产10万吨规模的啤酒厂，可以说是企业国际化迈出的一大步。2003年，青啤公司与美国AB公司正式签署战略联盟协议。此举无疑将促进公司决策更加规范化、科学化，完善公司国际化架构，大大加快公司国际化进程。与AB公司合作，中美两家最大的啤酒公司将结合各自的资源优势，从而提升本公司的管理及盈利水平，增强核心竞争力，并保持和扩大领先地位。

2004年，青岛啤酒“危机经理组织体系”正式组建。在企业内建立一种应对各种危机的组织体系，在国内企业中尚属首例。这表明青啤公司内部管理正在与国际接轨，同时企业的可持续发展又多了一层保障条件。而青岛啤酒公司品牌标识图案2004年也改头换面，新标识突出了青啤公司国际化、现代化的品牌形象。它的启用，标志着青啤品牌整合迈出了重要一步。

点评：一个领军人物的逝去，对于青啤是一个重大的打击。如何跨越品牌影响的地域？如何冲击区域保护的壁垒？如何在啤酒的疆土扩张中稳步前行？百年华诞之后的青啤，仍要用时间和智慧才能写出令人满意的答卷。

9.天狮：海归雄师

在国内，也许很多人知道安利，知道雅芳，然而中国自己的直销巨头天狮集团在国内的名声却远远不如在国际上来得响亮。就在美国安利公司牛气冲天，称霸中国直销行业的同时，中国民办企业天狮被迫移师海外，却走上了一条国际化的成功之路。在170个国家中，天狮集团已经成了一朵“墙内开花墙外香”的奇葩。2004年胡润百富榜上，天狮集团总裁李金元的个人净资产超过了60亿元，排名第六，从而成为媒体关注的焦点人物。并且随着直销立法的即将出台，天狮也正被越来越多的国人所关注。

从某种意义上说，天狮是最有资格称得上是国际化企业的中国企业了。从天狮被迫移师海外，天狮就注定只能选择一条国际化的道路。天狮是在出走海外6年后才大举返回国内的，短短6年，天狮业务渠道辐射世界180个国家及地区，在美洲、欧洲、亚洲、非洲的90多个国家和地区建立了分支机构，34家分公司，下设1800多家专卖店，吸纳众多洋人为华人打工的骄人业绩。天狮股票8国上市，这在国内企业里独一无二。并且天狮集团通过“六网互动”，实现公司同经销商捆绑式共同发展，极大地促进了商品的出口。

有一种说法认为，直销企业的核心竞争力是营销模式而不是产品。而天狮集团总裁李金元认为：天狮的核心竞争力是有一批优秀的管理团队。天狮在全球拥有900多万人的稳定经营及消费群体，高素质的人才队伍和制度化的管理成就了天狮国际化的战略目标。天狮集团在全球拥有3200名管理人员，其中960多名为本土化的外籍人士。天狮用人的国际化在国内也是绝无仅有的。并且从产品方面来说，天狮集团以尖端的生物技术为依托，生产技术、工艺位居国内外先进行列，曾多次获得国际荣誉及奖项，并被联合国自然科学院授予了“国际生态安全最佳企业”荣誉。

而随着中国加入WTO承诺的兑现，2004年的12月11日之后，我国必须开放直销市场，商务部10月份也首次明确表示“内外一致”的直销立法原则，民营企业最终获得与外资直销巨头同台竞技的入场券。这意味着从2004年起，天狮终于可以名正言顺地回娘家,可以在中国本土上和安利这样的直销跨国巨头一较高低了。在中国直销立法的前夜,天狮品牌也将完成国际化和中国本土化的双重出击。

点评:"传销"与"直销",为区分这两个单词,国内外企业付出了很大代价。"阳光总在风雨后",擅于"长跑"的李金元终于迎来放手一搏的历史机遇,天狮明天的表现会比今天更令人关注。

10.阿里巴巴:芝麻开门了

网络传播的优势使阿里巴巴成为真正的国际品牌。说阿里巴巴正在深刻地改变世界上中小企业实现全球化贸易的方式,一点也不为过。在中国加入世贸以后,一个趋势是世界制造中心正在向中国转移。而聚集在阿里巴巴网站上的中国中小企业,有可能通过阿里巴巴,和世界上任何一个国家的企业成交只有在互联网时代才可做成的生意。

阿里巴巴成立5年时间，就获得了《商业周刊》、《福布斯》、《远东经济评点》、《经济学家》、《亚洲商业周刊》、路透社、《金融时报》等权威媒体的好评。55年来，还没有一个中国人和中国企业,像马云和他领导的阿里巴巴一样被几乎所有欧美一流商业报刊专文报道过。就连英国首相都曾说:"阿里巴巴"很有名。

在2004年《福布斯》公布的年度全球最佳B2B（企业对企业的电子商务模式）网站名单上,位居第一的是阿里巴巴,这并非阿里巴巴公司首次获得此项荣誉，公司已经连续第5年当选《福布斯》评选的全球最佳B2B网站,2001年《远东经济评论》周刊也曾授予阿里巴巴"全球最受欢迎的B2B网站"称号。

而一个网站的生命力来源于人气,这一点任何网络运营商都不能例外。2004年9月20日，久不在媒体露面的阿里巴巴CEO马云，意外地出现在阿里巴巴与英特尔公司在北京联手举办的新闻发布会上。两公司合作研发的手持交易模块将会使中国电子商务潜在用户大大突破现有8700万网民的范畴而延伸至3.15亿手机用户。马云表示:英特尔有一颗"奔腾的芯",而阿里巴巴则要做中国电子商务用户的"发动机"。

然而，网络时代本身就充满了变数,网络能掀起滔天巨浪,也随时能被巨浪淹没。阿里巴巴成功的背后,也蕴藏着潜在的风险。随着Google这类技术起家的搜索引擎企业的崛起,对阿里巴巴或许是致命打击。通过搜索引擎优化，分散的信息能够瞬间变得条理有序。好在企业的商业活动并不只是简单的供求,阿里巴巴必须大力强调并解决搜索引擎所不能解决的问题。不过从马云巨资创办C2C（消费者对消费者的电子商务模式）淘宝网这点上来看,似乎已经意识到这个问题。

好在网络时代无论发生什么,都不会让人惊奇,"芝麻开门"已不单是远古的神话,这个古老的传说有了互联网时代的版本。

点评:睿智的马云慵懒地在西子湖畔品着龙井，却搭建了一座无国界的"商城"。只是要继续在这个阿里巴巴的宝藏中淘宝,就得不忘记"创新"的咒语。

(信息来源:《中国品牌》杂志2005年1月)

解读:国际化的口号,中国企业已经喊了多年,然而国际化不是出口几吨商品,或者与洋企业攀上亲,或者将产品打入海外市场。国际化也不仅仅是市场的国际化，更多的是竞争力的国际化。中国企业一次又一次地遭受国外反倾销诉讼的现实告诉我们,仅仅靠价格竞争对于中国企业而言已不能完全适应需要,要真正与跨国公司竞争,就必须培育出自己强大的品牌,使自己成为真正具有国际竞争力的公司。

无论是TCL的海外并购，华为的"农村包围城市",联想的TOP计划,还是宝钢冲进世界500强,这已经不只是几个企业的冲动，而是代表了家电、通信、IT三大行业及全体中国人的梦想。

◎榜六、2004中国最具有潜力成为国际品牌的十大企业◎

排名	企业名称	主营业务
1	海尔集团公司	家用电器
2	华为技术有限公司	通信产品
3	联想集团有限公司	IT产品
4	TCL集团股份有限公司	家用电器、通信产品
5	四川长虹电器股份有限公司	家用电器
6	雅戈尔集团股份有限公司	纺织服装
7	康佳集团股份有限公司	白色家电、移动电话
8	海信集团公司	家电、通信及房地产
9	青岛啤酒股份有限公司	酒类
10	内蒙古蒙牛乳业(集团)股份有限公司	乳业

(信息发布单位:中国国际名牌协会2004年11月26日)

解读:

1.海尔

入选理由:海尔作为中国最早进入欧洲和美洲市场的企业之一,在张瑞敏的带领下成功地踏入国际市场的第一步。海尔的"真诚到永远"的服务给消费者留下了深刻的印象。

制约品牌国际化发展因素:海尔的多元化战略,削弱了海尔品牌的效益,虽然张瑞敏想把海尔打造成GE(美国通用电器公司),但就目前来说海尔的核心竞争力的产品还不具有国际化的市场优势(缺少领导型产品)。另一制约因素是,海尔过多地强调以企业为轴心的品牌,而缺乏对海尔以产品为轴心的品牌分析。这一点海尔需要向宝洁学习。

2.华为

入选理由:华为作为一家通信公司,其研发力量已成为中国企业进军国际市场的一面旗帜。近年来华为挺进国际市场的步伐加快,其头号竞争对手思科已明显地感到华为带来的压力。老总任正非独有的魄力和全球3G(第三代移动通信技术)市场步伐的加快,为华为带来了新一轮的商机。

制约品牌国际化发展因素:华为的求变和埋头苦干,给我们留下了深刻的印象,但是华为对"事业执著"的动摇,令我们困惑,华为在国际化进程中进军房地产到底是祸还是福,我们很难下定论。另外华为的成本优势在降低,这就要求华为必须改变经营思路。

3.联想

入选理由:联想作为民族品牌的骄傲,始终在PC(个人电脑)方面独占鳌头。加入TOP,给联想带来无限的联想,2008是否会成为联想的跨越式飞跃?联想是否能够成为"三星第二"?我们拭目以待,全体国人都在注视着这一刻的到来。

制约品牌国际化发展因素:联想缺乏完整的品牌战略思路(特别是清晰的全球品牌战略思路),全球性的人才是联想全球化道路的瓶颈。我们并不否认联想的组织构架,但是作为国际性公司,国际化人才是企业发展必不可少的一部分。

4.TCL

入选理由:TCL的国际化战略思路已经呈现出来,成为全球最大的电视品牌拥有者和领导者。李东生可能比别人更清楚,如果没有自己的品牌和市场,TCL只能作为二流公司运作。因此李东生在全球化战略中选择了扩张和收购。

制约品牌国际化发展因素:在全球化战略中如何进行品牌资源的合理整合,成为TCL发展之路的障碍。同时TCL主打品牌产品并不是很明确。

5.长虹

入选理由:赵勇大刀阔斧的改革和长虹新的战略定位为长虹发展注入了新的元素。长虹国际化进程中微软的加盟或许能使长虹再现辉煌。

制约品牌国际化发展因素:长虹现有的管理体制制约了长虹的国际化战略。同时长虹的年轻化理念的缺乏和企业文化的滞后等等都影响着消费者对其品牌的认知。

6.雅戈尔

入选理由:与国际知名公司的强强合作,促使雅戈尔更加成熟,加上李如成对雅戈尔清晰的国际化战略步骤:以OEM(原始设备制造商)贴牌加工为基础,先熟悉国际市场,寻求海外合作伙伴,在一定的经验积累之后,寻找进入国际市场的契机,为雅戈尔进军国际市场奠定了基础。

制约品牌国际化发展因素:雅戈尔的国际销售渠道滞后和委托开拓市场方式,制约了雅戈尔品牌的推广和对市场的反应速度,同时雅戈尔的"技—工—贸策略",削弱和分散了雅戈尔运作品牌的精力。

7.康佳

入选理由:尽管在国际化进程中遇到了许多困难和挫折,康佳却始终没有放弃加快国际化进程的步伐,无论是做家电还是做手机,康佳都很敬业。

制约品牌国际化发展因素:康佳的一牌多品策略,在某种意义上削弱了其主打品牌在消费者心中的认知度。品牌延伸的定位是当前康佳品牌发展的迫切任务,必须要加快制定,否则将直接影响康佳的未来战略规划和发展方向。

8.海信

入选理由:海信的科技文化一直贯穿着海信品牌成长的过程,虽然没有海尔的霸气,但海信这几年的稳定发展为其走向国际化奠定了基础。

制约品牌国际化发展因素:在多元化战略中,海信品牌的个性始终没有彰显出来。海信在消费者的心目中没有建立明确的品牌定位,品牌概念模糊:海信到底是做什么的?海信到底代表了什么?这样的困惑制约了海信品牌国际化的进程。

9.青岛啤酒

入选理由:青岛啤酒作为惟一有可能成为国际品牌的酒类企业,是缘于其悠久的历史和顽强的生命力。近年来的青岛啤酒节大大提升了青岛啤酒的国际品牌知名度。青岛啤酒的管理团队对品牌国际化的重视和理解,将促使青岛啤酒在未来5–10年有着突飞猛进的变化。

制约品牌国际化发展因素:青岛啤酒在国际化进程中的不大不强和在华人区的发展法则的尴尬局面,制约了青岛啤酒发展的手脚。与德国和美国的同行们比,青岛啤酒还要加倍努力才能不被淘汰出局。

10.蒙牛乳业

入选理由:蒙牛的成长速度,创造了中国企业的奇迹,牛根生的团队选择和与国际知名公司高盛等的合作充分表明蒙牛国际化的决心。

制约品牌国际化发展因素:蒙牛作为一家年轻的中国公司,其成长过程中的高风险因素要大于其他入围企业。要想成为全球乳业巨头,需要更多的努力,保持理智是蒙牛管理团队的首要任务。

◎榜七、2004 在中国内地最受欢迎的十大国际品牌◎

排名	国际品牌	进入中国年份	行业
1	IBM	—	IT
2	可口可乐	1980	食品饮料
3	奔驰	—	汽车
4	百事可乐	—	食品饮料
5	大众	1984	汽车
6	三星	1994	IT
7	麦当劳	1990	餐饮食品
8	诺基亚	1984	通信
9	宝洁	1990	家用日化
10	肯德基	1987	餐饮食品

(信息发布单位:中国国际名牌协会 2004 年 11 月 26 日)

解读:IBM 入选本次最受欢迎的品牌第一名,美国品牌共占 6 席;本次入选的品牌进入中国市场全部超过 10 年以上;食品饮料、汽车、IT 通信品牌成为主流。具体分析如下:

1.国际商业机器 (IBM)

作为 IT 行业的巨无霸,IBM 具有无人撼动的技术优势和市场垄断地位,在中国无论是在硬件还是在软件服务上,IBM 都无人能及。本次评选活动中,中国的网民和专业人士对 IBM 情有独钟,IBM 当之无愧地被评为“2004 在中国最受欢迎的十大国际品牌”第一名。

2.可口可乐

1980 年就进入中国的可口可乐,在面对众多强手的围攻下,24 年里不断地保持着它“独有的活力”,赢得了对手和中国消费者的钦佩与尊敬。

3.奔驰汽车

中国人对奔驰的爱,是无法用言语来表达的,作为世界十大汽车公司之一,奔驰一直是身份的象征。它的至尊至贵,让无数的中国消费者(无论是普通消费者还是社会精英阶层)梦寐以求。

4.百事可乐

正是因为有了可口可乐,百事可乐永远保持着它旺盛的斗志,正是因为它的锲而不舍的斗志情怀和领导时代潮流的线条,铸就了百事可乐永葆青春的个性,2004 年不乏张扬的百事可乐——中国消费者“最受欢迎的十大国际品牌”之一。

5.大众汽车

大众以德国人独有的执著和憨实,2004 年迎来了其 20 岁的中国生日。中国经济的蓬勃发展,普通消费者购买汽车已不再是不可能的事情,德国大众、一汽集团、上汽公司三驾马车齐驱,强强联手打造了中国消费者最需要的汽车品牌。

6.韩国三星

1994 年进入中国市场的三星,其饱满的激情和不屈不挠的品质,加上其领先的技术优势,在手机和数码产品上赢得了中国消费者的心,同时三星加入 TOP 的成功经验,为中国企业进军国际市场带来了巨大的信心和支持。

7.麦当劳

麦当劳的创意和麦当劳的童心,创造了品牌故事的神化。1990 年进入中国的麦当劳,凭借其独有的美国文化价值,融入到了中国的千家万户。

8.诺基亚

芬兰人“科技以人为本”的理念和不断创新的技术,给中国消费者留下了深刻的印象,在通信领域诺基亚是技术最先进的倡导者,它不断升华的内涵和它的外表永远不相称,这就是诺基亚。

9.宝洁

宝洁可能是多品牌战略的最大受益者。宝洁的多品牌战略的巨大成功,让中国的企业和企业家们羡慕不已,在中国:飘柔、海飞丝、沙宣、汰渍无人不晓,也许你刚从超市买回家的洗发水、沐浴露、洗衣粉等日化用品可能都是宝洁的品牌,宝洁让你无选择,这就是宝洁。

10.肯德基

“有了肯德基,生活好滋味!”它以美好的口感、稳定的品质、优质的服务、舒适的环境和独特的品牌文化给中国人一种独品位的享受,成为中国快餐连锁店中最受尊崇的外国品牌。在崇尚“民以食为天”的中国,网民和专业人士自然不会忘了投上肯德基宝贵的一票。

◎榜八、2004在中国最具人气的十大奢华品牌◎

1.知名度最高的品牌——LV(路易·威登)
2.最想拥有的品牌——HERMES(爱马仕)
3.最富传奇性的品牌——GUCCI(古琦)
4.最性感的品牌——DIOR(迪奥)
5.最有个性的品牌——PRADA(普拉达)
6.最有收藏价值的品牌——CARTIER(卡迪亚)
7.最有魅力设计师所在品牌——ARMANI(阿玛尼)
8.最有创意的品牌——JEAN PAUL GAULTIER(让·保尔·戈尔捷)
9.最受女人喜爱的品牌——CHANEL(夏奈尔)
10.最受男人喜爱的品牌——MONTBLANC(万宝龙)

(信息来源:《北京青年报》)

备注:2004年12月,北京青年报社与国贸商城共同推出"奢华品牌在中国"消费心理调查,由媒体读者、网友和品牌消费者投票,在候选的40个国际上享有很高知名度的服装服饰奢华品牌中评出了"在中国最具人气的十大奢华品牌",通过这个榜单,读者可了解到中国消费者心目中的奢华定义。

◎榜九、2004十大品牌风云人物◎

1.杨元庆:联想集团总裁兼CEO

2004年6月9日上午8时30分,雅典奥运会的火炬点燃,起跑仪式在人民大会堂东门外广场隆重举行。中国首家奥运TOP赞助商的联想集团总裁兼CEO杨元庆作为中国高科技企业界的优秀代表入选火炬接力手。在此之前,联想签约国际奥委会,成为中国第一家国际奥委会全球合作伙伴,为2006年都灵冬季奥运会和2008年北京奥运会提供计算机及相关设备的支持。奥运TOP赞助商一直以来都是国际顶尖品牌的俱乐部成员,能够成为TOP赞助商,表明企业实力和产品品质都能经受住严格的考验。而联想抓住了这一千载难逢的机遇,成为了中国的首家TOP企业,实现了中国企业在奥运TOP赞助史上零的突破,为中国的企业争了光。

目前联想的相关产品已经经受了严酷的奥运检测,已被应用于2006年都灵冬季奥运会的信息系统建设中。这表明联想的产品已经具有了奥运品质,获得了国际奥委会的认可。2004年9月上旬,联想又在广州最繁华的商业区摆开了品牌宣传攻势。联想针对"9+2"的泛珠三角区域合作模式调整自己的市场策略,对该区域实行政策倾斜,在渠道、产品等方面给予其他区域没有的特殊待遇,以提高联想在该区域的品牌知名度。

杨元庆说,联想集团从2003年终就开始策划品牌标识的切换工作,联想强调的是新品牌标识和品牌内涵是一种在传承中的发展和升华,"我们将秉承我们一贯坚持的经营理念和核心价值观,强化我们对于顾客、合作伙伴、员工和股东的一贯承诺。我们立志将以坚定不移的决心,打造一个属于中国人的国际化品牌。"

点评:中国企业的国际化、中国企业的第二代,当这两种现实和两种愿望给予杨元庆一人时,他的象征意义就显得十分重要。超越柳传志,这不仅仅是目标,而且是联想真正成功的使命所在。

2.牛根生:蒙牛乳业总裁

蒙牛乳业迅速崛起,一跃成为我国乳业史上的一个显著品牌,牛根生伴随着蒙牛乳业一举成名。

2003年10月15日,中国首位航天员杨利伟登上太空,蒙牛成了惟一的牛奶赞助商。同年11月18日,央视2004年黄金段位广告招标会上,牛根生猛砸3.1亿元,一举夺取了"标王"。外界在评论牛根生领导下的蒙牛集团高速成长时常用的一个词汇是:"奇迹"。这个"奇迹"的轨迹是:3年时间,蒙牛乳业从行业排名千名之外到跻身四强,并成功打造出一个中国驰名商标。

2004年6月10日,蒙牛集团在香港主板成功挂牌上市,共发行3.5亿股。当时香港主板市场市道低迷,蒙牛跑赢大市,激活了一度低迷的香港股市,国际认购踊跃,认购价落在价格区间的最高端定价,即每股3.925元,募集资金近14亿人民币。蒙牛集团管理层的大多数人立马成了引人注目的"百万富翁"、"千万富翁"。其中,个人持股6.1%的牛根生一夜之间身价过亿元。蒙牛完成融资后,牛根生表示,蒙牛今后会通过在资本市场上的一系列运作收购兼并一些大的地方品牌乳品企业,收购后蒙牛会继续使用这些品牌,然后再慢慢统一到蒙牛的品牌上来。

牛根生曾经有一句名言:不在高速中成长,就在高速中毁灭。牛根生的品牌理念是:逆其道而行之,借力壮大,站在巨人的肩膀上,把对手抛在后面。他对能够参加APEC(亚太经合组织)会议感慨万千:"一个卖牛奶、卖雪糕的可以参加这个国际盛会,不容易啊!"他说蒙牛是代表中国120万名奶农,走向国际市场。

点评:牛根生的魅力之一在于他的速度,短短几年跨越千倍的成长;牛根生的魅力之二在于他的忍性,在伊利光环下的“勇做第二”;牛根生的魅力之三在于他的嗅觉,无论商业的、还是政治的机遇都很好地把握住了。

3.黄光裕:国美电器总经理

黄光裕的曝光度,随着富豪榜的推出,急剧上升。一夜之间,无人不知、无人不晓。

黄光裕的家用电器零售业航母——国美电器依旧势头强劲,2003年国美电器的销售额实现翻番,达到128亿元(2001年为60亿元),全国共130家分店,成为国内零售业巨头之一。按照国美集团的设想,到2008年,销售收入将超过1000亿元。低调的黄光裕1987年与哥哥一同创业,从南方低价购入电器然后到北方出售,不久便在北京建立了零售业务。他的哥哥之后独立出去,改为从事房地产和高科技产业的开发。

鹏润投资2003年11月收购了一家上市公司,打算把国美电器注入其中。2004年9月10日,香港股票市场,代码0493的股票简称由“中国鹏润”正式更改为“国美电器”,黄光裕让市值只有2亿元的上市公司,通过发行可换股票据,掏出88亿元来收购他全资拥有的国美电器65%的股权。这项收购之前,胡润把黄光裕所有的财富定格在46亿元,而此次交易使黄光裕一举跃居“中国首富”的位置。至此,从7月末以来一直备受关注的黄光裕 “左手倒右手”的资本游戏暂告一段落。国美电器在家电零售业占据主导地位,2004年黄光裕在25个城市打造出130家直销店,又重新整合服务理念,使其市场占有份额高达20%,成为中国驰名商标。据悉,国美一直将东南亚视为自己海外开店的重要突破口。一旦国美登陆成功,中国内地流通巨头将首次实现把门店网络铺到国外。

黄光裕打造品牌的理念是:创新务实,准确定位,薄利多销,打造国际商业品牌。

点评:无论是外界戏称的“价格大鳄”,还是眼花缭乱的“左手倒右手”,黄光裕在变革销售渠道、辩证看待行业利润、打造零售企业核心竞争力等方面都做出了杰出的贡献。

4.张朝阳:搜狐董事局主席

继2003年底成功并购网络游戏网17173.com及房地产网站——焦点房产网(focus.cn)后,2004年8月,张朝阳领衔的搜狐又推出有自己独立域名的专业搜索网站“搜狗”(sogou.com)。

面对并购都无法绕开的整合难题,搜狐设计了一套看似较为讨巧的方案,不走单一品牌、单一网站的路线:17173.com和焦点网将不被简单划入搜狐这个门户之内,甚至一度只维持校友录功能更新的chinaren.com也将恢复自己在新闻及信箱方面的独立性。而在后端,四个网站的销售队伍将融合,新进入的两家公司的经营、销售方式也将与搜狐统一。

搜狐酝酿品牌分化的时间已久,当收购结束后,摆在他们面前的问题是:分化品牌,如何进行整合?对此,张朝阳提出的品牌理念是:首先打造个人品牌;其次,将个人品牌移植到搜狐品牌去,提高搜狐的知名度。

2004年,搜狐又出演系列动作。首先是搜狐重金聘请姚明登场,实际上,搜狐已成为姚明代言的第一批国内品牌,国际品牌则包括VISA信用卡、苹果电脑等。搜狐聘请这位“年度最具潜质富豪”出山,付出的代价在百万元以上。搜狐推出自研发的第三代搜索引擎,直接导致国内搜索引擎市场的重新洗牌。张朝阳对第三代搜索引擎的定义是“追求智能性、引导式,强调互动”。

紧接着,11月12日搜狐又启动2004年新闻年会,以期唤起业界和公众对其网络新闻的重视。张朝阳说,搜狐的品牌是年轻时尚的,以年轻人居多,而且他们都很时尚。今后我们还将通过短信、游戏等增值服务,大打本地化网络品牌,以迎合市场需求。

点评:张朝阳几乎每天都是新的,因为他处在一个急速变化的行业。他像一只灵狐,巧妙地规避着风险;他像一头猎犬,敏锐地寻找着机会;他又似一匹野狼,凶狠地向对手亮出獠牙。

5.李焜耀:明基电通集团董事长

明基董事长、登山爱好者李焜耀再次通过冒险路径将企业带向更高山峰。2003年,明基营业收入达到336亿人民币,比上年增长超过30%,其中自主品牌销售收入占到30%。随着新兴国际品牌多出现在网络、服务等领域,BenQ横跨IT和电子产业,可说是这一领域5年来仅见的新兴国际品牌。

继2003年8月启动新的VI,即视觉识别系统之后,2004年11月,明基成为2004年欧洲杯足球赛惟一的“官方指定IT合作伙伴”,这是华人品牌首次成为欧洲杯的战略协作伙伴。李焜耀希望凭借欧洲杯的影响,迅速将BenQ推向全球,并跨入国际品牌行列。欧洲杯赞助费用达4000-5000万美元之巨,但明基欧洲的业务2004年也有较大幅度的增长,并超过150%,这意味着2004年明基欧洲的业务量将达到25亿美元。李焜耀赞助欧洲杯之举成为明基最成功的品牌营销战略。

如今BenQ的品牌价值已经达到10亿美元并且仍在不断增长。BenQ的品牌精神是享受快乐科技,新VI的内涵则是生动、原创、快乐、真诚。明基建立的BenQ品牌,在世界各地拥有34个行销点。

点评:明基2004年最大的亮点是借欧洲杯跨入国际品牌行列——通过2004年6月成功赞助欧洲杯足球赛,明基国际化战略初战告捷。BenQ开始真正成为名副其实的国际品牌。精明的明基人借用邀请记者来香港的活动,成功地让全国各地的IT记者们免费充当了一次极为尽职的活动人体广告牌,这印证了明基正在进行的转型:从代工向品牌营销过渡;印证了业界常说的一句话:品牌营销无处不在。

6.沈　青:金必德集团总裁

2004年,自称为“沉在海底的巨鲨”的沈青开始浮出了水面。随着几个营销大奖的落袋,沈青的媒体曝光率和个人知名度迅速提升。加上他一贯保持的傲慢表情,似乎已找到了“一览众山小”的感觉。2004年6月28日,沈青在人民大会堂拿走了“中国十大策划风云人物”称号,与他站在一起的全部都是国内企业界最顶尖的人物。2004年10月16日,同样在人民大会堂,沈青又在“中国十年最具影响力十大策划专家”的颁奖仪式上,与龙永图、艾丰、孔繁任等人一起获得了“中国策划特殊贡献奖”、“中国十年最具影响力十大策划专家”称号。

2004年,让沈青津津乐道的还有另外一件事情:为晋江市政府制定产业集群和品牌集群的发展规划,将晋江打造成为“品牌之都”。由一家策划公司介入政府的产业规划,担任政府外脑的角色,这在国内尚无先例。有着政府、企业、媒体和主持人工作经历的沈青,在策划业的路上一直走得顺风顺水。虽然他一直不愿意将自己定位成策划人,但恰恰是策划业为他赢得了成功。在1999年大连糖酒会上,沈青曾为沙河王酒创造过“吉尼斯”世界纪录;2000年,携手汾煌可乐创造了9亿元订单的销售业绩;2003年,为汇源集团导演了“全智贤旋风”的大戏,将美女经济的概念推向了高潮。“在这一‘美女经济’里面,沈青无疑创造了两个第一:第一是创造了‘美女经济’这个词;第二是真正把美女拉上了经济讲坛。”

有媒体在评价沈青时用了这样一段话:“不管怎样,谁要是小瞧了沈青在策划界的名人效应,谁就太不熟悉这个行业。”

点评:“一百度不算沸点,制造出井喷才有效果。”善于制造“意外”,在高潮中再起高潮是沈青的拿手好戏。在即将过去的一年里,一贯为企业制造轰动效应的沈青,悄悄地将自己打造成了一个明星。“沈青这个名字现在已经成了一个品牌。”

7.陈　虹:上海通用汽车总经理

陈虹是中国汽车界“少壮派”的典型代表,对企业经营理念的领悟和对机遇的把握能力极其出色。2003年,上海通用可以说是中国汽车企业最大的赢家之一,全年的产销量逼近20万辆,稳居“三甲”之列,君威、凯越等2003年推出的新车,推出一个红一个。但作为“掌舵者”的陈虹,更多地把自己放在幕后,挂在陈虹嘴边更多的是“服务”。作为上海通用的少帅,陈虹因赛欧而成为新闻人物。但陈虹的最终目标是将上海通用汽车公司建成一个具有国际竞争力的企业。陈虹说:“站在巨人的肩膀上成长,上海通用就必须成为巨人的一部分。”

陈虹在2004年的上海通用汽车降价事件中成为行业的风云人物。2004年5月17日,通用公司令旗一挥,宣布调整别克品牌轿车的价格,其平均降幅达8%,最高达到11%。陈虹几乎是把所有对手打了个措手不及。通用此举随即引发汽车业降价狂潮,导致新一轮持币待购,同时敲响了“30%关税的进口车价格与国产车价格差距”的警钟,提早分解了国内市场压力。

陈虹认为:随着中国汽车市场的发展,市场将越来越被细分,靠单一的别克品牌无法支撑市场更加多样化的需求,靠单一品牌打天下不大现实,运用多品牌战略是今后的一种必然趋势。但是多品牌运作是有难度的,所以别克品牌定位需要进一步强化,然后再考虑通用的另一个品牌雪佛兰的市场定位,凯迪拉克和别克的冲突还不是最大。2004年,凯迪拉克被上海通用引进后,将进入高端市场的竞争,与别克品牌形成一个很好的互补。可以预见,随着别克、凯迪拉克、雪佛兰等品牌的引进,上海通用将形成一个更加完善、覆盖面更加广泛的产品系列组合。“核心竞争力在品牌上的体现,不仅要靠品牌本身,还要靠企业的整体实力,其中包括经销渠道、产品供应链、开发能力等,构成一张完整的‘网’。说得简单一点,如果没有上海通用,别克在中国不过是一个没有意义的符号,很难获得市场的认可。”陈虹对品牌建设有着深刻的认识。对上海通用我们也应该抱有更大的期待!

点评:2004年的中国汽车有一个通用词:“降价”。而影响最为深远的无疑是陈虹团队的“上拉下打”,他的动作不仅使得进口车困难重重,而且使得国产车举步维艰。此举意味着“中国汽车全行业的春天已一去不复返”。

8.潘石屹:红石地产总经理

有人把他叫做“房地产规则的破坏者”。当许多人还在留恋机关工作的时候,潘石屹却勇敢地“下海”闯天下。这不仅仅是勇敢那么简单,更重要的是一种先见之明,即使商海里有再大的困难,也要勇敢地去斗争。

2004年,地产大亨、北京红石房地产公司总经理潘石屹预言:“加息政策一出,相信房价会很快下跌,这个效果会立即显现。其实央行早就应该加息了!”潘石屹此话颇有点儿震动效果。他认为,前段时间央行的宏观调控政策的确取得了显著成效,但其中有一些是靠政府行政手段去执行的,采取浮动利率这种市场化手段才是最为合理的。加息之后,对房地产行业来说,将进一步加速“优胜劣汰”,将资质不好的公司挤出,也挤出部分地产泡沫。但由于加息幅度较小,对个人住房按揭不会产生太大影响。经过他们的测算,加息给供楼人每个月增加的利息负担不会超过原来的2%。对房地产商来说,利息支出将比原来增加5%。因此,对于资金实力雄厚的房地产开发商来说,这个影响很小,但是对那些银行资金依存度高的房地产企业来说，则很不一样了。如果一个公司70%以上的资金靠银行贷款，“日子将很不好过”。潘石屹的预测给老百姓带来了好消息。2004年11月3日，在SOHO现代城3层会所举办的“泡沫论、加息下的中国地产宏观形势”论坛上，潘石屹和易宪容就地产泡沫和房价展开了一场“笑里藏刀”的辩论。一方坚称中国房地产没有泡沫，另一方称开发商集体垄断价格，针锋相对的论战使本就疑云重重的房地产更加让人看不明白。这一场激烈的舌战，引起国人的广泛关注。

早在2003年，潘石屹就说过，未来房价上涨的主要原因是政府减少了土地供给；而在房地产泡沫争论刚起时，老潘也承认，中国的房价与普通百姓收入相比是较高的，但他强调，不能简单的把中国的房价收入比和国外的数据放在一起进行比较，至于空置率比较高，主要是由于二手房交易的市场化没有形成。

潘石屹坦言自己对钱财并不看重，“钱不算什么”，成功只是高潮后一秒钟的快感。

点评：潘石屹被称为“房地产规则的破坏者”，他屡屡预言房地产市场，并与经济学家展开唇枪舌剑的辩论，让人感到一个企业家的雄才和胆识。凭借老潘2004年的表现，成为“风云人物”当之无愧。未来房产市场的走向究竟如何，我们还将和潘石屹一起拭目以待。

9.周子琰：她加他饮品CEO

周子琰，她加他饮品有限公司CEO，被称为中国第一个吃体验经济“螃蟹”的人。她打造了被称为“中国第一”的体验营销团队，撰写了中国第一本体验经济理论专著《体验营销》。她在担任北京蓝猫淘气公司CEO时，依托儿童文化品牌“蓝猫淘气三千问”，衍生出蓝猫系列儿童饮料，一炮走红。这引起了蓝猫OEM（原始设备生产商）基地汇源集团的关注，2003年3月18日，汇源变成了蓝猫的控股方，并于同年投资成立她加他饮品有限公司，同时嫁接了汇源集团在生产、渠道等各方面资源。2004年初，周子琰研制成功“她加他”营养水，开发出了分别针对男女的饮料。2月3日，六大城市小型订货会就卖出了1.6亿元，3月份的订单量更高达5.6亿元，创造出了一个令人质疑又咋舌的奇迹。

周子琰认为，她和她的团队做对了几件事情：首先，运用了商业运作中的逆向思维。按照饮料业一般运作模式，首先研制好的产品，然后找资金、网络人才，之后再逐步打造一个好的品牌。现在很多人都对“她加他”品牌有一种震撼的感觉，而且用了人称代词作为品牌名字，既够大胆，又能感觉到很触动人心的东西。有的时候当你拿着他（她）的时候，两个瓶子是相互对视，互相吸引的样子。男左，女右。放在这里是有故事的。

点评：对于周子琰的成功，现在任何评价都显得为时过早。但可以讲“她加他”是中国版本的“七喜非可乐”再定位，她的行为传递出一种思路，饮料还可以有另外一种卖法——性别区分。

10.董明珠：格力电器总经理

36岁南下打工，11年间董明珠从最低层的业务员一直做到珠海格力电器有限公司总经理，她向我们展示了“总经理是怎样炼成的”的精彩一幕。2004年10月，董明珠入围美国《财富》世界商界50位女强人行列。许多行内人士第一次听说董明珠，缘自1995格力经销商事件。刚刚被任命为格力空调销售部经理的董明珠，上任不到一周时间，竟然因一言不合，就将当时格力旗下最大的一位经销商，开除出了销售网络。

打造“格力模式”，成为第一个撤出国美、敢于较量主流渠道的企业，被媒体和外界“爆炒”的“格美事件”，董明珠对此的解释是：“营销模式怎么样？是什么？不用嘴说，数字说话最好，我们的销售额超过第二名的30亿元，还不能说明问题？一个企业最重要的是善于总结自己，坚持自己。格力从一开始就在走自己的路，并不需要任何人指手画脚。不能掌握自己的人，怎能成功？不被别人左右，其实这是为企业负责、为员工负责、为股民负责。”自2004年4月统计，继重庆公司二期竣工投产之后，在珠海总部第五期工程已建成投产，生产规模跃居1000万台/套，成为全球空调生产规模最大的家电企业，以格力电器为企业品牌和产品品牌，形成全球最大的空调城。对空调行业的一些合资品牌，董明珠认为：在商业空调领域，同样也有人打国外的牌子，但实际上，这些所谓合资企业只是内地一个镇上的企业，这是对消费者的欺骗。

企业如果连产品质量、诚信这样的问题都解决不了，就不可能获得持续发展，格力对这些所谓的合资品牌是不屑一顾的。“我在格力创造的是一种奉献精神，一种工业精神，要务实，不能有投机心理，所有行为都必须对未来负责任，这表现在每个员工的每个行为中。有了这种精神，我们会努力打造一个好的产品，企业内部的管理会更加严谨，这样的团队可以克服各种困难。”董明珠如是说。

点评：董明珠是业界一个“难缠”的对手，也是一个值得敬佩的对手。跟国美合作的关系破裂究竟好不好，短期内我们还不能评判。或许，她又可以在营销领域创造一个奇迹。

（信息来源：《中国品牌》杂志2005年1月）

◎榜十、2004十大品牌形象代言人◎

1.刘　翔:千里马形象代言人

2004年8月28日，在第28届雅典奥运会男子110米跨栏的决赛中,中国选手刘翔获得金牌。千里马品牌——东风悦达起亚旗下的“动力小子”在此之前就已请刘翔代言,刘翔在艰辛的运动生涯中所洋溢的“今天第二,明天第一”的追求精神,恰与“千里马”后来居上抢得中国经济型轿车领先地位的奋斗精神贴切。东风悦达起亚市场掌门人李春荣说:“把刘翔作为千里马代言人,是从刘翔的优势——田径场上的爆发力,所释放的体育激情与赛场上的奋斗精神方面考虑的,它代表了汽车制造企业与塑造千里马品牌的理念。”

点评:当今世界上跨栏比赛跑得最快的是刘翔,“千里马”又是我国有史以来最快的马的代称，二者结合相得益彰。能够在存在诸多不确定因素的前提下选择刘翔,东风悦达起亚的眼光令人佩服。金牌之前的刘翔几十万元身价,金牌之后低于一千万免谈,这既是竞技体育中体现的风险与机遇,也体现出商业竞争中的决策魅力。

2.姚　明:CDMA形象代言人

2004年，联通决定从价格战转变为形象战,下注3000万元,请姚明出任形象代言人。在广告片中,姚明饱含深情地说了一句“我爱篮球,我爱CDMA”,一个字值300万元!联通之所以愿意拿出这么多的钱，主要是基于这样的考虑:在美国的赛场上,姚明年轻的面孔、四射的活力、高超的技术以及努力拼搏向上的精神，代表着NBA的明天,“小巨人”姚明有可能成为未来NBA赛场的代表；而中国联通CDMA新时空代表着新一代的通讯技术,更时尚、更具活力、更富科技含量,这一产品的品质、特征与姚明身上所体现出的精神是吻合的。

点评：姚明是新时代的青年偶像,CDMA是新时代的技术代表;作为一个新兴的电信服务商品牌,联通推出了差异化的服务——CDMA。他们选择了更“高”的、年轻的、国际化的姚明,应该说与产品有了很好的契合。

3.周杰伦:动感地带形象代言人

2003年，动感地带刚正式推出时就供不应求,之所以如此受欢迎,除了资费以外,品牌内涵显然是最重要的一环。动感地带对目标客户的描述为:年龄集中在15-25岁,追求时尚,对新鲜事物感兴趣,他们崇尚个性,思维活跃,对移动通信需求中娱乐休闲社交比重较高,同时,他们有强烈的品牌意识,是容易互相影响的消费群落。而备受年轻时尚一族欢迎的周杰伦独立、不羁、健康、阳光和酷,正是动感地带文化的核心。

点评:年轻、时尚、个性是周杰伦和动感地带品牌共有的元素,乃“天合之作”！你可以不喜欢国语不佳的周杰伦，但是作为企业选择形象代言人,考虑目标消费人群的喜好与需求才是企业最主要的考核指标。

4.女子十二乐坊:创维形象代言人

2004年7月11日，全国各地上百家媒体蜂拥见证了由民族制造业品牌与民族音乐品牌的最新融合,女子十二乐坊成为创维的形象代言人。女子十二乐坊是近几年崛起的一支艺术新旅。她们把传统音乐与西方音乐相结合,并在视听艺术方面创造了全新效果,显示了中国音乐的独特魅力,赢得了极大声誉。

点评：创维作为新民企的代言人，女子十二乐坊作为新民乐的代表,符合双方的地位特征。邀请女子十二乐坊作为形象代言人，是中国品牌的一个突破,其意义在于突破了以个人形象代言的俗套做法,而是以一个音乐品牌作为代言人,实现了两种品牌的呼应。同时,创维正在走向国际化,而女子十二乐坊在国际上声名鹊起,有利于创维品牌在世界范围内的传播,也免了因个人形象可能潜伏的品牌损害的风险。

5.周　迅:雅客V9形象代言人

福建雅客V9本身就是一颗明星,其形象代言人必须跟雅客V9有某些共通之处:健康、活力、明星特质。企业希望把雅客V9做成有一点运动感觉的。因为中国正在进入一个体育时代,北京2008年奥运会已为时不远，企业希望从现在开始就把体育精神融到里面去,赋予它一种运动感、活力感。一轮搜索之后,雅客将目标锁定古怪精灵、活力十足的周迅。

周迅代言雅客V9的广告在中央电视台播出后,仅5天的时间,雅客V9的销售量就急剧攀升,甚至让人措手不及。于是出现了雅客因供不应求断货而被大型超市罚款的事件。

点评:雅客的阶段性成功再次充分说明，小产品依然能够形成大市场,主要的秘诀就是抢占“按部就班”的竞争对手的市场份额,周迅做了这场战斗的“助推器”。

6.田　亮:纽崔莱形象代言人

纽崔莱一直倡导“营养、运动、健康”的生活方式。田亮不但有辉煌的成绩,亦有健康活力的美好形象,并且对安利的企业文化和纽崔莱的健康理念有着强烈的认同。纽崔莱选定田亮为形象代言人,不仅是因为田亮在跳水领域取得的令人瞩目的成绩，更因为其灿烂、活力和率真的笑容、深受大众喜爱的健康形象,与纽崔莱的品牌形象非常一致。而事实证明,借助奥运、借助体育明星的营销带给安利的直接回报不仅是营业额的上升,更是品牌价值的提升。

点评：体育和健康的完美结合,既能提高品牌形象与价值,又能提升销量与利润。田亮无疑是安利纽崔莱最为理想的产品代言人。

7.莫文蔚:LUX形象代言人

莫文蔚以过百万酬劳接拍广告,是继15年前性感美艳女星钟楚红之后,LUX品牌钦点的首位“接棒代言人”。莫文蔚成为LUX品牌在香港与马来西亚地区代言人,为期1年,是因为LUX公司花了半年做调查,认定她是全港女星中最受男、女喜爱的,而且她有健康美丽的形象,对自身魅力提升的要求非常高,对如何展现自信的自我也有着独到的见解与心得。莫文蔚担任代言人后,Lux Super Rich在短短两周便卖出30万支洗发水,成绩斐然。

点评:莫文蔚的“骨感美女”形象早已得到了全球华人和世界的认同,代言LUX是水到渠成的事情。不过从客观上讲,莫文蔚对于LUX来讲只是一个过程,只是其长期明星品牌战略的一部分。所以LUX在品牌传播上的连续性、长期性形成了品牌独有的价值内涵。

8.梁朝伟:熊猫手机形象代言人

用“经典”打造品牌,熊猫选择影坛“常青树”梁朝伟,无疑是想表达成为持久的手机“英雄”的夙愿。熊猫做手机从最早的模拟手机到和爱立信的国际代工合作,再到全新的熊猫手机品牌,期间经历了风风雨雨,从一个古板陈旧的老面孔,脱胎换骨为一个朝气、时尚而前卫的新形象。作为华人世界的国际著名影星,梁朝伟的星路历程及其个人气质,与熊猫品牌颇有几分相似,梁朝伟成功而成熟的气质内涵与熊猫着力打造国际品牌的雄伟目标不谋而合。

点评:梁朝伟的名气和气质最终提升了熊猫的“品位”,两者“联姻”是一个双赢的结果。

9.蔡依林:明基形象代言人

蔡依林不仅歌曲引领亚洲华语流行市场,其穿着打扮更是成为时下青少年追逐的目标。也正因如此,这次国际知名科技品牌BenQ推出的标榜“年轻、欢乐、时尚”的新科技产品——MP3随身听,与蔡依林的形象不谋而合,希望能藉着她的音乐流行魅力及对青少年的号召力,让大家一起体验BenQ“Joybee”系列的神奇魅力!在蔡依林的形象代言下,不仅“Joybee”MP3随身听的销量猛升,BenQ在液晶显示器销量和营业额方面也双双创下历史新高。

点评:“爱屋及乌”是企业寻找品牌代言人的一个基本假设。那么你的目标消费人群喜欢谁?容易受谁影响?这些基础研究是成功选择代言人的关键所在。依蔡依林现在当红的身份、超级的魅力,代言任何青少年时尚品牌都将大获成功!

10.范冰冰:天堂伞形象代言人

2003年,天堂伞集团聘请著名影视演员范冰冰担任天堂伞形象代言人。范冰冰在公众心目中是比较健康和纯洁的,给人一种清纯美。天堂伞素以轻、新、牢、美著称,产品质量和技术工艺在全国制伞业中处于领先地位,在国内外市场上都享有很高的声誉。

点评:“好想拥有一把天堂伞”,当透着无限妩媚的言语传到你的耳旁,当标准的江南美女形象范冰冰印入你的眼帘,你惟一能做的就是在买伞时问一句“有没有天堂伞?”

(信息来源:《中国品牌》杂志2005年1月)

解读:代言人其实是一个很宽泛的概念,它是指为企业或组织的赢利性或公益性目标而进行信息传播服务的特殊人员,可以是具有代表性的人物,也可以是被赋予生命的图形标志或者吉祥物。在营销学理论中,代言人一般分为企业代言人、品牌代言人、产品代言人3个层次,其中品牌代言人是企业在品牌塑造层面最常用的一种代言人。企业请明星作品牌代言人,让企业形象和品牌文化随着“跟踪”明星的眼球四处传播、广而告之,较容易达到注意力经济下的营销巅峰。

但是,成也萧何,败也萧何!并非所有的品牌形象代言人都能给企业带来巨大的效益,有些企业花巨资聘请品牌形象代言人却铩羽而归。这里面存在着一个明星形象和企业形象(产品形象、服务形象)是否吻合的问题,也存在着一个受众(消费者)是否认可的问题。

回首2004年,我国的众多商家更是将品牌形象代言进行到底,将注意力经济推向了又一个高峰!本榜的推出目的就在于从火爆的品牌形象代言人“热潮”中,挑选十个最为成功的“联姻”案例,给企业和公众带去更多的思考和借鉴!

◎榜十一、2004十大危机品牌

1.恒生:还债被迫卖商标

曾叱咤风云的著名品牌恒生电脑,由于大量拖欠供应商货款,欠下的外债已有近千万元。它已没有其他财产可供执行,只能拍卖恒生商标。此前,恒生公司与“恒升”电脑关于商标权的纠纷已经闹了3年。

“恒升”商标为北京恒升远东电子计算机集团所拥有,是笔记本电脑品牌。1998年9月,北京恒生科技发展公司、北京金恒生科技发展有限公司以音同字不同形式,注册了“恒生”商标,并在其制造、销售的电脑产品上及对该产品所做的广告宣传中,使用了“恒生”商标。为此,“恒升”把“恒生”告上法庭。2003年6月,两家商标之争终以和解了之。但这一纠纷对恒生的发展造成了较大打击。

2.超群:盲目扩张不归路

2004年7月26日起,超群电脑停止北京所有专卖店(包括专柜)的经营活动,在外地还有七八十家由代理商操作的连锁店仍在正常运营。2004年9月,超群电脑公司老总的“人间蒸发”,超群一系列的问题浮出了水面:超群电脑已经拖欠了员工近半年的工资、配件商的货款以及媒体广告费等等。

超群本来是有宏大的上市计划的。但要上市，企业必须做大。于是超群疯狂地投入市场，疯狂地打广告，疯狂地做业绩、做销量，不顾一切地打价格战。这一系列疯狂举措造成了非常可怕的连锁反应。终于，价格战的“双刃剑”把超群拖到了退市的边缘，盲目扩张把超群引上了不归路。

3.旭日升：陨落明星难再起

旭日升是一个神话。旭日升早期的高速成长丝毫不逊色于可口可乐，但可口可乐把故事延续了100多年，旭日升则已成了明日黄花。旭日升曾是全国知名品牌，据中国饮料行业协会统计，2000年旭日升总产量103.6万吨，在中国饮料十强中排名第二，曾一度占据茶饮料70%以上的市场份额，被誉为中国茶饮料大王。高峰时期旭日升冰茶的销售额达到30亿元，其品牌价值一度达到惊人的160亿元。

2004年，旭日升因债务纠纷，商标、设备历经几度流拃之后，全新的“旭日升”冰茶，曾重现石家庄市场，但此时的旭日升已经风光难现。

4.巨能钙：“有毒”风波受重创

2004年11月17日，有媒体报道巨能钙含有致癌物“双氧水”，卫生部、国家食品药品监督管理局随后介入调查。之后不久，卫生部通报了对“巨能钙含过氧化氢”事件的调查结果称，按照巨能钙的推荐食用量，产品中的过氧化氢残留量在安全范围内。但自巨能钙“有毒”事件发生时起，公司遭受了很大的经济损失，部分市场处于停滞状态，全国的下架率达到了81.2%，公司的直接和间接经济损失达到了1000万元以上。

12月初，巨能钙在北京召开了新闻发布会，宣布全国范围内巨能钙的销售开始恢复，各销售网点的巨能钙全面上架，但经历这些事件之后的巨能钙已乏人问津。

5.北大青鸟：步尘“德隆”未可知

有“不死鸟”之称的北大青鸟先后被多家媒体报道资金链断裂、被银行催款，甚至有评论家表示青鸟有可能重演“德隆系”崩溃的一幕。

事情的起因在于建设银行从2004年5月开始的催款行动。由于国家审计署在之前的一次审计中认为建行向其发放的一笔18.87亿元的贷款存在“违规操作”，责令纠正整改，建设银行开始向青鸟“追债”。随后，“青鸟系”旗下企业因无力偿还贷款而被银行起诉的消息频频传出，据透露，涉案金额高达34亿元。北大青鸟表示，对存在的问题，青鸟内部已经开始着手整顿，但具体何时能有明确结果“尚无时间表”。

6.健力宝：股权频变无主人

2002年2月，28岁的张海以3.38亿元成功收购了健力宝80%的股权，成为健力宝公司总裁兼董事长。此次收购对于健力宝来说应该是具有“划时代”意义的——健力宝从此加入了民营企业的行列。

2004年8月，在没有任何预兆的情况下，健力宝集团宣布：张海将不再担任健力宝集团董事长及总裁，魏小军成为新任董事长，祝维沙则接任总裁。2004年10月4日，统一集团和健力宝在北京匆匆签下了合作草案，据称收购价为1亿美元。但是很快，统一又宣布退出。2004年11月16日，北京汇中天恒董事长李志达收购了广东健力宝的股权，但22天后，三水政府强行接管健力宝，新总裁李志达带领团队被迫撤回北京总部，健力宝仍还在“属于谁”和“何处去”的漩涡中经受磨难。

7.创维：香港被诉遇“寒冬”

2004年11月30日，包括公司主席黄宏生在内的10名创维数码高管被香港廉政公署带走协助调查，原因是涉嫌盗取公司资金，当天在香港联交所上市的创维数码停牌。12月1日，黄宏生等人被廉政公署起诉，7名创维董事局成员手拉手在深圳举行的新闻发布会上亮相，表示尊重香港联交所的执法程序和调查结论，不过所引发的问题仅限香港上市公司，创维整个集团一切正常。

笼罩在黄宏生被拘事件阴影下的创维正在通过更换CEO、提前还贷等一系列举措力求重获投资者和各相关方面的信任，以度过眼下的“冬天”。

8.伊利：一波未平一波起

2004年12月17日，掌管伊利22年的“教父”郑俊怀突然被刑事拘留，理由是涉嫌挪用巨额公款，同时被拘的还有其他4名公司高管。20日，伊利股份跌停，随即被上交所紧急停牌，原因是“重要事项未公告”。21日，伊利股份发表公告，承认公司5名高管被刑拘。25日，检察院传出最新消息，5名高管将被检方正式批捕。至此，伊利接连遭遇“罢免独董”、国债风波和华世商贸股东疑云以及证监会立案调查等一系列事件。

一夜间，“伊利”这个乳业最响亮的消费品牌、资本市场最耀眼的绩优蓝筹股几乎身败名裂。

9.金龙鱼：涉假广告“龙变鱼”

2004年8月26日金龙鱼刊登了宣称其“1:1:1调和油”比其他食用油更有利于健康的广告，还提到中国粮油学会油脂专业分会副会长李志伟认同此观点。9月6日，中国粮油学会予以否认，还指出：“目前国内外市场上没有任何单一食用油或者食用调和油的成分能达到1:1:1的均衡营养比例。”9月12日，鲁花联合7家食用油企业“上书”要求暂停金龙鱼“1:1:1调和油”广告。金龙鱼的品牌形象大打折扣。

10.中航油：折戟期货酿巨亏

一个因成功进行海外收购曾被称为“买来个石油帝国”的企业，却因从事投机行为造成5.54亿美元（约合46

亿人民币）的巨额亏损。一个被评为2004年新加坡最具透明度的上市公司，其总裁却被新加坡警方拘捕，接受管理部门的调查。

中国航油新加坡公司自2003年开始做油品套期保值业务。在此期间，陈久霖擅自扩大业务范围，从事石油衍生品期权交易，这是一种像"押大押小"一样的金融赌注行为。陈久霖和日本三井银行、法国兴业银行、英国巴克莱银行、新加坡发展银行和新加坡麦戈利银行等在期货交易场外，签订了合同。没想到陈久霖"押了小点开盘后却是大点"。

（信息来源:《中国经济周刊》2005年第1期）

◎榜十二、2004十大最发人深省的品牌事件◎

1.乐凯痛失中国名牌称号

2004年早些时候，与柯达合资的乐凯成为国人讨论的焦点。原因是乐凯失去了参加国家质量监督检验检疫总局举办的2004年度中国名牌评选的资格。对于本次名牌评选中乐凯的出局，很多国人都为之可惜，甚至认为中国名牌战略推进委员会的这一做法是不恰当的，并逐步演变成"名牌评选该由谁来评"的质疑。

点评:对乐凯，国人有一种很强的中国情结。在乐凯痛失"中国名牌"之后，《行政许可法》的起草人之一张树义教授对"中国名牌"评选提出强烈质疑，使得人们对此的关注就显得更为法制化。

2.联想搭上奥运快车

2004年3月26日，联想集团正式宣布成为第六期国际奥委会全球合作伙伴，在未来5年内（2004–2008年）为奥运会各个方面的工作的开展提供多种计算技术设备以及资金和技术上的支持，从而也享受到多方面的回报。

点评:联想的TOP计划打的不仅是体育牌、奥运牌，而且是中国牌、国际牌。对于在中国市场已经"刨地三尺"的联想，国际化的成败直接关乎这个著名品牌的命运。从这个意义上讲，搭上奥运快车也是一场"商业豪赌"。

3.海尔落选世界品牌100强

2004年7月，世界品牌实验室和世界经济论坛也联合发布了2004年度"中国500最具价值品牌"排行榜，海尔位居榜首。而美国《商业周刊》在8月2日公布的"全球最具影响力的100个品牌"名单中，中国品牌无一入围。没有达到1/3的销售收入来自海外和没有公开的营销和财务数据是海尔落选的重要原因。

点评:尽管在榜单上的一进一出并没有多少实际意义，但是海尔品牌国际化的困局，给中国企业提出了一个十分严峻的课题:如何由"中国制造"迈向"中国创造"？

4.西班牙烧鞋事件

2004年9月17号凌晨，在位于西班牙东南部的小城埃尔切市内，约400名西班牙人聚集街头，放火烧毁了一辆载有集装箱的卡车和一座仓库。集装箱和仓库里装满了中国温州商人准备在当地销售的商品鞋。燃烧的大火造成了约800万人民币的经济损失。这是西班牙有史以来发生的第一次严重侵犯华商权益的暴力事件，引起了各界的震惊。

点评:对于"烧鞋事件"，在"中国海外投资论坛"上，经过专家学者的讨论，得出的结论是"中国企业开拓海外市场应在遵循国际规则、提升企业竞争文化、改善企业生产经营模式、注重品牌建设等方面加大力度"。

5.景德镇痛失"中国瓷都"称号

2004年，在景德镇迎来瓷都的"千年华诞"之际，"中国瓷都"的称号被授给了广东潮州。为了捍卫"中国瓷都"品牌，景德镇人向法院提起诉讼，状告中国轻工业联合会、中国陶瓷工业协会侵犯景德镇的名誉权。不过随着媒体的不断报道和全国的热烈讨论，景德镇人逐渐从"封都"事件中清醒过来，看到了自己的不足，并且痛下决心图谋复兴大计，进行品牌再造。

点评:的确，"千年"的荣誉就像我们曾经荣耀的四大发明一样，如果我们不能够向品牌注入更多新的元素，我们面对现实的呼喊就会永远显得那么苍白。

6.金龙鱼涉嫌虚假宣传

2004年8月26日，《北京晚报》刊登了一篇题为《1:1:1——食用油营养的黄金比例》的软文。9月6日，中国粮油学会油脂专业分会对外发出"郑重声明"称:广告内容"是错误的和不负责任的"。同时另一家食用油巨头鲁花集团利用报纸硬广告来对其竞争对手金龙鱼发动攻势，致使历时半个多月的"金龙鱼涉嫌虚假宣传事件"最终以嘉里粮油公司对其广告及包装进行局部调整而告终。

点评:我们曾经为乐百氏"27层净化"的创意叫好，也感叹金龙鱼1:1:1的准确定位。但实践证明:要获得消费者的长期信赖，要使得企业获得长期稳定的发展，诚信是品牌最为主要的组成之一。

7.白沙广告风波

2004年9月14日，湖南白沙集团以500万人民币的价格签下了刘翔作为其代言人。11月2日，白沙集团的"鹤舞白沙，我心飞翔"广告由于涉嫌违法发布香烟广告而被北京市工商局广告监测中心责令中央及北京媒体予以停播。尽管白沙集团总裁卢平郑重承诺，刘翔只代言白沙文化，远离企业的核心商业利益，但很多国人认为自己心目中阳光、青春、健康的"飞人"刘翔出现在一个"香烟广告"中让人无法接受。很多法律专家也认为"鹤舞白沙，我心飞翔"的广告语是在打烟草广告的"擦边球"。

点评：跑步是有益健康的，吸烟是危害健康的。矛盾的东西愣要往一块儿拧，不出问题才怪。品牌树立形象时，千万不要明知山有虎，还偏向虎山行，一定要把握住品牌的关联性。

8.海信商标遭西门子抢注

2004年发生的海信商标在德国遭到西门子抢注的事件，由于两家都是知名企业而受到全国的关注。博世－西门子集团公司在德国注册的"HiSense"商标与海信的"Hisense"商标只在中间的字母"S"处有大小写区别。西门子方面否认"恶意抢注"商标，并且说"这是一种合理的技巧与市场手法"，但是愿意就商标转让问题与海信进行谈判，只是其提出的价格让海信方面根本无法接受。

点评：看来，对于已日渐强大的中国制造，在意气风发的国际化中开始遭遇"三块板"：核心技术的"天花板"、全球销售网络的"地板"、反倾销的"隔板"。对于新的游戏规则，中国企业需要真正意义上的"二次创业"。

9.功能饮料混战

乐百氏推出"脉动"维生素水并迅速脱销，成为2004年功能饮料混战的导火线——娃哈哈新品"激活"，汇源"他+她"活性维生素水，康师傅"劲跑"，农夫山泉"尖叫"等饮料相继出现。短短的几个月，功能饮料的数目就从2003年的5个品牌增长到了20多个品牌。"脉动"制胜的关键就在于它将"功能"当"饮料"卖，细分了饮料市场。

点评：以前的科学理论说分子是最小的物质，不可再分。可是后来却出现了原子等更小的物质。市场也一样，永远都存在着细分的机会和空间，问题就在于你能不能发现。发现了，抓住了，品牌也就树立起来了。

10.万家乐品牌租赁危机

2004年3月，各大媒体以"万家乐空调破产"为题报道了生产万家乐空调的飞翔达公司的危机事件，对万家乐公司造成了极大的负面影响，导致了使用"万家乐"商标的关联企业，如万家乐燃气灶、万家乐消毒柜等都难逃被牵累的命运，也给万家乐公司的品牌租赁模式带来了一次巨大的打击。

点评：出租和承租品牌，都是为了钱，都是赚品牌的钱。若出租方收了钱就撒手不管，承租方就更不知道心疼品牌了。说个不恰当的比喻，黑社会还懂得既收保护费又护地盘呢，做品牌的就更应该反省了。品牌价值可以通过转让或授权使用获得利益，这对简单靠生产成本附加利润为模型的中国企业是个了不起的进步。但我们总是太多地从品牌价值中透支，结果消耗完了品牌，也消耗完了企业。

（信息来源：《中国品牌》杂志2005年1月）

◎榜十三、2003—2004中国服装品牌年度大奖获奖名单◎

1.中国服装品牌风格大奖：白领
2.中国服装品牌品质大奖：报喜鸟
3.中国服装品牌策划大奖：杉杉
4.中国服装品牌创新大奖：依文
5.中国服装品牌潜力大奖：康博
6.中国服装品牌营销大奖：美特斯·邦威
7.中国服装品牌公众大奖：雅戈尔
8.中国服装品牌价值大奖：波司登
9.品牌推动大奖：杭州市女装发展领导小组
10.特别贡献大奖：中捷缝纫机股份有限公司
11.中国服装品牌成就大奖：杉杉

（信息来源：中国服装协会信息部）

备注：此次评选于2005年3月28日揭晓，由中国服装协会主办、中捷缝纫机股份有限公司独家全程赞助。评选活动自2004年9月开始报名，有170多家企业参评，71个品牌入围。整个评选过程由评审团以市场检验为准绳，本着公平、公正、公开的原则评出，由国际知名咨询审计服务机构普华永道公司全程进行票务统计和审计监控。

此次综合性服装品牌奖项评选活动，旨在表彰和鼓励该年度中各方面取得突出成绩的服装品牌，加强我国服装行业和广大服装企业的品牌意识和知识产权保护意识，促进我国原创服装品牌在设计、质量、营销、创新等方面的全面发展，进一步扩大中国服装品牌的社会知名度和社会影响力。

金
融
榜

引　言

每到年终盘点的时候，我们都会理智地面对刚刚过去的一年，以一种“沙场秋点兵”的气势总结得失，指陈利弊。金融，是宏观的，又是微观的。银行、保险、证券、基金机构的每一次改革和每一个举动，大到会影响国家金融发展大局和中国国际竞争力，小则会影响到老百姓的钱袋子。随着社会的不断进步，金融排行榜已成为人们评价金融机构优劣强弱的最好明证。透过这些排行榜我们可以看到，尽管中国的金融业还存在这样或那样的不足之处，但经历了改革开放20多年磨炼的中国民族金融业已经初步形成了某种意义上的“自然垄断”，树立起了自己的品牌。但愿中国的金融业，能够在未来的发展征途中再接再厉，勇攀高峰！

金融榜中榜

一、银行篇

◎榜一、2004 中国商业银行竞争力排名◎

（一）综合竞争力排名

第一档次：中国招商银行、中国民生银行、上海浦东发展银行

第二档次：中国建设银行股份有限公司、中国银行股份有限公司、兴业银行、华夏银行、交通银行、中信实业银行

第三档次：中国工商银行、中国光大银行、深圳发展银行、中国农业银行

第四档次：广东发展银行

（二）现实竞争力排名

第一档次：中国招商银行、中国民生银行、上海浦东发展银行、中国建设银行股份有限公司、中国银行股份有限公司

第二档次：兴业银行、华夏银行、交通银行、中信实业银行

第三档次：中国工商银行、中国光大银行、深圳发展银行、中国农业银行

第四档次：广东发展银行

（三）潜在竞争力排名

第一档次：中国招商银行、中国民生银行

第二档次：上海浦东发展银行、中国建设银行股份有限公司、中国银行股份有限公司、兴业银行、华夏银行、交通银行、中信实业银行、中国工商银行、中国光大银行、深圳发展银行

第三档次：中国农业银行、广东发展银行

（四）城市商业银行综合竞争力排名（前 5 名）

1.上海银行
2.天津市商业银行
3.杭州市商业银行
4.北京银行
5.南京市商业银行

（五）城市商业银行单项竞争力排名

市场规模排名前 5 名：上海商业银行、北京市商业银行、深圳市商业银行、天津市商业银行、广州市商业银行

资本充足性排名前 5 名：焦作市商业银行、南京市商业银行、大庆市商业银行、攀枝花市商业银行、南充市商业银行

资产质量排名前 5 名：上海商业银行、济南市商业银行、绍兴市商业银行、杭州市商业银行、深圳市商业银行

盈利能力排名前 5 名：秦皇岛市商业银行、乌鲁木齐市商业银行、株洲市商业银行、南京市商业银行、攀枝花市商业银行

流动性排名前 5 名：兰州市商业银行、洛阳市商业银行、嘉兴市商业银行、日照市商业银行、金华市商业银行

（六）经济圈商业银行综合竞争力排名

1.东北经济区 15 家城市商业银行前 3 名：大连市商业银行、葫芦岛市商业银行、锦州市商业银行

2.环渤海经济圈 20 家城市商业银行前 3 名：天津市商业银行、北京市商业银行、济南市商业银行

3.长三角经济圈 20 家城市商业银行前 3 名：上海商业银行、杭州市商业银行、南京市商业银行

4.泛珠三角经济圈 12 家城市商业银行前 3 名：深圳市商业银行、东莞市商业银行、福州市商业银行

5.中部经济区 27 家城市商业银行前 3 名：长沙市商业银行、合肥市商业银行、焦作市商业银行

6.西部经济区 24 家城市商业银行前 3 名：西安市商业银行、攀枝花市商业银行、南充市商业银行

（信息来源：中国商业银行竞争力研究中心）

备注：为了客观反映中国银行业的

改革发展状况，推动改革、促进竞争，银行家杂志社于2004年初组建了中国商业银行竞争力研究中心。

这次排名采用国际公认的权威评价模型和层次分析法（AHP），以影响商业银行经营绩效的主要因素为起点，并将这些因素分为现实竞争力指标（包括市场份额、资本充足性、资产质量和安全性、流动性管理、盈利能力等）和潜在竞争力指标（包括人力资源、科技能力、金融创新能力、服务竞争力、公司治理及内控机制等），进行多维、多层次的比较分析，从而使排名既能反映各商业银行的经营现状，又能揭示其未来的发展趋势，力求真实写照各家银行的竞争力水平。

此次排名的突出特点是将科学性建立在可比性之上，首先对国内银行进行了同质性分类，把国有及股份制商业银行（国有4家、股份制10家）、城市商业银行（112家）分别组成分析矩阵，进行研究和测算。对城市商业银行又按照同类经济背景，分为六大经济区进行排名。排名表达形式以综合竞争力排名为主、单项竞争力排名为辅，从而凸现各家商业银行核心竞争力方面的优劣，同时发现经营绩效构成要素与先进单位存在的不足，从而促进各类商业银行的改革发展，推动机制创新。

相关链接：部分国内优秀商业银行简介

1.中国工商银行

中国工商银行成立于1984年1月1日，是中国最大的商业银行。21年来中国工商银行已经连续5次入围美国《财富》全球500强，并被美国《远东经济评论》评为中国高质量产品（服务）十强，连续多次被著名财经杂志如英国《银行家》、美国《环球金融》等评为中国最佳银行，2004年在英国《银行家》杂志全球1000家大银行排序中位居第25名。

2.中国银行股份有限公司

2004年8月26日，经中国政府批准，中国银行整体改建为中国银行股份有限公司。中国银行于1912年由孙中山先生批准成立，至1949年中华人民共和国成立的37年间，中国银行先后是当时的国家中央银行、国际汇兑银行和外贸专业银行。中国银行是中国国际化程度最高的国有商业银行，2004年在英国《银行家》杂志全球1000家大银行排序中位居第29名。

3.中国建设银行股份有限公司

2004年9月15日，中国建设银行改制为国家控股的股份制商业银行，名称为中国建设银行股份有限公司，简称中国建设银行。中国建设银行成立于1954年10月1日，是一家以中长期信贷业务为特色的国有商业银行，总部设在北京，在中国境内及各主要国际金融中心开展业务。2004年7月，中国建设银行在《银行家》杂志全球1000家大银行排名中位居第21名。

4.中国农业银行

中国农业银行是四大国有独资商业银行之一。1955年3月成立，1957年4月撤销，业务归并中国人民银行；1963年11月重新建立，1965年合并于中国人民银行；1979年再次建立，总行设在北京。在国内，中国农业银行网点遍布城乡，资金实力雄厚，服务功能齐全；在海外，中国农业银行同样通过自己的努力赢得了良好的信誉，2004年中国农业银行在英国《银行家》杂志全球1000家大银行排序中位居第36名。

5.交通银行

交通银行始建于1908年，是中国早期四大银行之一，也是中国早期的发钞行之一。交通银行在中国金融业的改革发展中实现了六个“第一”，即第一家资本来源和产权形式实行股份制；第一家按市场原则和成本·效益原则设置机构；第一家打破金融行业业务范围垄断；第一家引进资产负债比例管理；第一家建立双向选择的新型银企关系；第一家可以从事银行、保险、证券业务的综合性商业银行。2004年交通银行在英国《银行家》杂志全球1000家大银行排序中位居第101名。

6.招商银行

招商银行成立于1987年4月8日，总行设在深圳，是我国第一家完全由企业法人持股的股份制商业银行。建行以来，先后进行了三次增资扩股，是国内总股本、筹资额和流通盘最大的上市银行，也是国内第一家采用国际会计标准上市的公司，总资产逾3300亿元，在英国《银行家》杂志世界1000家大银行排名中居前300位之列。

7.中信实业银行

中信实业银行隶属于中国国际信托投资公司，创立于1987年，是我国改革开放中最早成立的新兴商业银行之一。2002年，中国国际信托投资公司更名为中国中信（集团）公司，组建了以中信实业银行为主体的中信控股有限公司。目前，中信实业银行是中信控股有限公司的全资金融子公司。2004年中信实业银行在英国《银行家》杂志全球1000家大银行排序中位居第202名。

8.中国光大银行

中国光大银行成立于1992年8月，1997年1月完成股份制改造，成为国内第一家国有控股并有国际金融组织参股的全国性股份制商业银行。现由中国光大（集团）总公司、中国光大控股有限公司、亚洲开发银行等近230家中外股东单位参资入股，为中国最具特色的新型商业银行之一。2004年中国光大银行在英国《银行家》杂志全球1000家大银行排序中位居第273名。

9.上海浦东发展银行

上海浦东发展银行是1992年8月28日经中国人民银行批准设立、于1993年1月9日正式开业的股份制商业银行，总部设在上海。上海浦东发展银行是《公司法》、《商业银行法》和《证券法》颁布实施以来国内首家由中国人民银行、中国证监会正式批准的股份制商业银行上市公司，银行的宗旨是：为开发浦东，把上海尽早建成国际经济、金融、贸易中心之一服务，促进和支持中国国民经济发展和社会进步。2004年上海浦东发展银行在英国《银行家》杂志全球1000家大银行排序中位居第261名。

10.中国民生银行

中国民生银行于1996年1月12日在北京正式成立，是我国首家主要由非公有制企业入股的全国性股份制商业银行，同时又是严格按照《公司法》和《商业银行法》建立的规范的股份制金融企业。多种经济成份在中国金融业的涉足和实现规范的现代企业制度，使中国民生银行有别于国有银行和其他商业银行，而为国内外经济界、金融界所关注。2004年中国民生银行在英国《银行家》杂志全球1000家大银行排序中位居第310名。

11.华夏银行

华夏银行成立于1992年10月，是一家全国性股份制商业银行，总行设在北京。1995年经中国人民银行批准开始进行股份制改造，改制变更为华夏银行股份有限公司（简称华夏银行）。2003年9月12日华夏银行公开发行10亿股股票在上海证券交易所挂牌上市。2004年华夏银行在英国《银行家》杂志全球1000家大银行排序中位居第348名。

12.广东发展银行

广东发展银行是经国务院和中国人民银行批准组建、于1988年9月成立的股份制商业银行，注册资本为人民币35亿元，总部设在中国广州市。截止2004年底，广东发展银行总资产3445亿元，各项存款余额3005亿元，各项贷款余额2157亿元。根据英国《银行家》杂志对全球1000家大银行排定的位次，2001年以来广东发展银行已经连续4年入选全球银行500强。

13.兴业银行

兴业银行股份有限公司于1988年8月成立，是我国首批股份制商业银行之一。注册资本39.99亿元，资本净额165.45亿元。目前已在全国设立26家分行、292家支行，建立了覆盖全国的网上银行网络和电话银行网络，基本形成立足东部沿海、辐射全国主要经济中心城市、衔接境内外的服务网络。2004年兴业银行在英国《银行家》杂志全球1000家大银行排序中位居第434名。

14.深圳发展银行

1987年12月28日，中华人民共和国历史上第一家向社会公众公开发行股票的商业银行--深圳发展银行宣告成立。这是中国金融体制改革的重大突破，也是中国资本市场发育的重要开端。深发展是深圳最老牌的龙头股，深圳发展银行大厦也曾是深圳标志性建筑之一。2004年深圳发展银行在英国《银行家》杂志全球1000家大银行排序中位居第548名。

◎榜二、2004部分中国银行在全球1000家大银行中的排名◎

银行名称	2004年排名	资本（百万美元）	资产（百万美元）
中国建设银行股份有限公司	21	22507	429432
中国工商银行	25	20600	637829
中国银行股份有限公司	29	18579	464213
中国农业银行	36	16435	359606
交通银行	101	4911	114834
中信实业银行	202	2035	50721
中国招商银行	214	1882	44901
上海浦东发展银行	261	1486	44805
中国光大银行	273	1435	47655
中国民生银行	310	1196	43614
上海银行	344	1037	23363
华夏银行	348	1026	29345
兴业银行	434	766	21538
广东发展银行	471	677	26496
北京城市商业银行	515	605	16342
深圳发展银行	548	528	22930

（信息来源：英国《银行家》杂志2004年7月）

备注：英国《银行家》杂志自1970年起每年都要推出当年的全球大银行实力排名，起初只对全球300家大银行进行排名，如今已扩至1000家。排名充分展示了当今全球1000家大银行的综合竞争实力水平（包括一级资本、资本规模、银行经营稳健性情况、收益及其他综合指标等），为国际金融界所认可，极具权威性。尽管这些指标是静态的，但是如果连续考察一段时期就可以看出该行在全球金融市场的动态地位和动态竞争力。

◎榜三、2004 银行间债券市场交易量 10 强◎

1.中国农业银行
2.中国工商银行
3.中国建设银行股份有限公司
4.交通银行
5.中国银行股份有限公司
6.上海银行
7.北京市商业银行
8.天津市商业银行
9.宁波鄞州农村合作银行
10.北京市农村信用合作社联合社

（信息来源：中国外汇交易中心）

备注：2005 年 2 月，中国外汇交易中心公布了 2004 年度全国银行间债券市场和同业拆借市场的百强排名。其中，银行间债券市场交易量的排名显示：2004 年银行类金融机构在债券市场占据了明显的优势。

◎榜四、2004 银行间同业拆借市场交易活跃 10 强◎

1.中国建设银行股份有限公司
2.招商银行
3.中国银行股份有限公司
4.兴业银行
5.中国民生银行营业部
6.中国农业银行上海市分行
7.中信实业银行
8.招商银行股份有限公司上海分行
9.株式会社东京三菱银行上海分行
10.东方汇理银行上海分行

（信息来源：中国外汇交易中心）

备注：2005 年 2 月，中国外汇交易中心公布了 2004 年度全国银行间债券市场和同业拆借市场的百强排名。其中，银行间同业拆借市场的排名表明：同业拆借市场中，券商的表现十分抢眼，银行间同业拆借市场已经成为券商重要的资金融资渠道。

◎榜五、2004 银行业评选获奖名单◎

2004 年度最佳服务银行：招商银行
2004 年度最佳银行卡：中国工商银行牡丹灵通卡 e 时代
2004 年度最佳理财品牌：中国银行汇聚宝

（信息来源：和讯网）

备注：2004 银行业评选作为中国财经风云榜评选活动的一部分，于 2005 年 2 月 8 日揭晓。中国财经风云榜评选活动是由和讯网主办，联办研发部、中信证券研发部、证券市场周刊等机构协办的大型网络评选活动，本次活动设置了包括财经新闻、财经事件、财经新锐人物、股票、期货、银行以及保险等各财经领域的各个奖项。

二、保险篇

◎榜一、2004 年度 31 省市自治区保费收入排名◎

名次	省市	总保费（亿元）	同比增长
1	江苏	418.95	9.41%
2	广东（不包括深圳）	345	15%
3	山东	317.16	11.75%
4	上海	307.11	5.90%
5	浙江	291	11.80%
6	北京	283.9	–0.70%
7	辽宁	205.5	12.50%
8	河北	205.41	22.92%
9	河南	201.98	21.10%
10	四川	159.6	11.10%
11	福建	135.62	9.67%
12	黑龙江	127.64	7.26%
13	湖北	122.54	15.32%
14	安徽	122.5	17.97%
15	湖南	115.72	11.40%
16	山西	104.14	15.06%
17	深圳	91.77	16.61%
18	陕西	82.97	10.80%
19	天津	80.98	7.54%
20	江西	80.79	15.80%
21	吉林	74.33	10.13%
22	云南	74.22	0.60%
23	新疆	68	9.60%
24	重庆	66.5	14.70%
25	广西	66.41	15.55%
26	内蒙古	55.24	30.54%
27	甘肃	44.4	8.42%
28	贵州	33.7	13.05%
29	海南	14.39	6.20%
30	宁夏	13.8	28.98%
31	青海	7.37	–3%

（信息来源：和讯网）

备注：2004 年是中国保险业大发展的一年。国内知名财经网站和讯网根据公众媒体所披露的信息整理出 2004 年全国 31 省市自治区保费收入排行榜。

◎榜二、2004 人寿保险公司保费收入排名◎

公司名称	保费收入(单位:万元)	公司名称	保费收入(单位:万元)	公司名称	保费收入(单位:万元)
中国人寿股份	14969672.20	信诚人寿	64571.82	中英人寿	8747.88
平安人寿	5487718.21	太平洋安泰	61736.26	恒康天安	7568.89
太平洋人寿	3449034.00	中宏人寿	59760.09	海康人寿	5359.66
中国人寿集团	2648364.38	中意人寿	33390.43	中保康联	5008.76
新华人寿	1882070.97	恒安标准	29221.75	中美大都会	2813.53
泰康人寿	1768632.54	光大永明	21303.78	招商信诺	2156.16
太平人寿	649103.00	安联大众	18825.95	瑞泰人寿	1125.30
友邦	480702.36	金盛人寿	16995.56	广电日生	365.83
生命人寿	124519.18	首创安泰	12061.91		
民生人寿	120609.00	海尔纽约	11673.79		

(信息来源:中国保险服务网)

备注:

1.保费收入为本年累计数据。数据来源于各公司报送的《保险公司主要指标临时报表》。

2.中国人寿集团保费收入数据为中国人寿集团存续业务保费收入数据。

3.保费收入数据为各保险公司内部管理报表数据,未经审计,各保险公司不对该数据的用途及由此带来的后果承担任何法律责任。

4.友邦包括友邦上海、友邦广州、友邦深圳、友邦北京、友邦苏州、友邦东莞和友邦江门。

5.由于计算的四舍五入问题,各公司保费收入可能存在细微的误差。

◎榜三、2004 最值得信赖的五大保险公司◎

1.中国平安保险股份有限公司

2.美国友邦保险有限公司

3.中国人寿保险股份有限公司

4.新华人寿保险股份有限公司

5.太平洋人寿保险公司

(信息来源:和讯网)

备注:此榜单是 2004 中国财经风云榜评选结果的一部分,制作主办单位为和讯网,协办单位为联办研发部、中信证券研发部和中国人民大学风险投资发展研究中心。

相关链接:2004 最值得信赖的五大保险公司简介

1.中国平安保险股份有限公司

中国平安保险公司成立于 1988 年 3 月 21 日,公司总部设在深圳。2003 年 2 月更名为中国平安保险股份有限公司,是中国第一家外资参股的全国性股份制保险公司。

2.美国友邦保险有限公司

美国友邦保险有限公司(简称“友邦保险”或“AIA”)是美国国际集团(AIG)的全资附属公司,自 1931 年在上海创立以来,已服务亚洲地区的广大客户 70 多年之久。

3.中国人寿保险股份有限公司

中国人寿保险股份有限公司是中国人寿保险(集团)公司代表国家控股的全国性商业寿险公司,其前身是原中国人民保险公司、中保人寿保险有限公司和中国人寿保险有限公司。2003 年 8 月 28 日,中国人寿保险股份有限公司正式成立,总公司设在北京。

4.新华人寿保险股份有限公司

新华人寿保险股份有限公司是经国务院同意、中国人民银行总行批准,于 1996 年 8 月成立的全国性、股份制专业寿险公司,公司总部设在北京。

5.太平洋人寿保险公司

中国太平洋保险公司是经营各类保险业务的全国性股份制商业保险公司。成立于 1991 年 4 月 26 日,公司总部设在上海。

◎榜四、2004 中国保险十大人物暨十大事件◎

1.2004 中国保险十大人物

人物	所在保险公司	现任职务	投票数	百分比
沈开涛	江泰保险经纪有限公司	董事长	4750	6.19%
郝演苏	中央财经大学保险系	主任	4501	5.87%
吴定富	中国保险监督管理委员会	主席	4420	5.76%
王宪章	中国人寿保险(集团)公司	总经理	4219	5.50%
马明哲	中国平安保险集团	董事长	4203	5.48%
关国亮	新华人寿	董事长	4074	5.31%
杨文明	民太安保险公估有限公司	董事长	3915	5.11%
陈东升	泰康人寿	董事长	3698	4.82%
刘朝霞	中国人寿保险股份有限公司深圳分公司红荔营业部	业务部经理	3655	4.77%
包琴秀	中国平安人寿保险股份有限公司上海分公司顺风营业部	业务主任	3612	4.71%

2.2004 中国保险十大事件

事件	投票数	百分比
保险泡沫论引发轩然大波	3278	5.13%
保险公司偿付能力引起重视	3274	5.12%
保险资金入市	3252	5.08%
保单通俗化的具体实施	3250	5.08%
整治地下保单	3249	5.08%
保监会提出保险业应该做大做强	3246	5.08%
保险业总资产突破 1 万亿元	3232	5.05%
霸王条款遭质疑	3223	5.04%
中国保险业开始全面对外开放	3219	5.03%
人保 500 元免赔起争议	3216	5.03%

(信息来源:保网)

备注:2004 年度中国保险十大人物暨十大事件评选于 2005 年 1 月 21 日揭晓。此次评选是通过中国保险门户网站——保网 (http://www.ins.com.cn),由全国各地的网友投票产生的。评选为期一个月,参与人数 200000 人,总投票为 141625 张,这在中国保险界的历史上是空前的,其结果具有广泛的代表性和权威性。

相关链接一:2004 中国十大保险人物入选理由

1.沈开涛

一个工程兵、建筑商、只有电大函授专科文凭、最初对保险一无所知的人,却在上万人参加的首届中国保险经纪资格考试中获得第一名,并成立了国内第一家保险经纪公司——江泰保险经纪公司,他就是沈开涛。

2.郝演苏

郝教授是中国保险界的名人,赫赫有名的大牌教授,2004 年 10 月他亲自操刀的一份有关“保险泡沫”的课题报告给业界带来了一场轩然大波。

3.吴定富

2004 年是吴定富主席正式执掌中国保监会的第二年, 以他为首的保监会领导班子继续其 2003 年开始的引领中国保险业健康快速发展的新政。

4.王宪章

2004年王宪章率领的中国人寿可谓经历了"冰火两重天",年初"2003年度全球最大规模IPO（首次公开发行股票）"光环尚未褪去,中国人寿就因"审计事件"陷入"诉讼风波"。"内忧外患"之下,王宪章率领的中国人寿稳扎稳打，年底依然交出一份满意的答卷。

5.马明哲

马明哲是中国保险业最著名最成功的创业家，这一点毋庸置疑。2004年6月平安在香港成功上市，马明哲就将自己置于风口浪尖上。为了回复媒体的质疑，他一反刻意保持低调的作风,接受传媒专访。

6.关国亮

2004年新华人寿的偿付能力、国内上市、发行次级债券等重大事件受到媒体关注，关国亮本人也入选2004新财富500强富人榜第405名。

7.杨文明

民太安是中国最大的保险公估公司。2004年3月由杨文明主编的国内第一本《保险公估实务》专著出版发行;2004年11月18日,民太安保险公估公司承办的中国首届保险公估年会在深圳召开。

8.陈东升

陈东升领导的泰康人寿不是中国最大的寿险公司,但他本人却是媒体暴光率最高、最敢言的保险公司负责人。从2004年年初将保险列为新世纪的"三大件"之一,到年底将跨国公司比喻为披着羊皮的狼,陈东升的精彩言论不断。

9.刘朝霞

出生于1970年的刘朝霞被誉为"保险皇后"。她连续6年成为美国百万圆桌会（MDRT）会员,并连续4年成为顶级会员;连续5年取得世界华人保险金龙奖;连续7年蝉联国寿深圳分公司"新单保费十大精英"第一名;连续7年破国寿深圳分公司个人业绩记录,破国寿深圳分公司个险最高保费记录;连续7年取得国寿深圳分公司各级别团队新单保费业绩第一名……

10.包琴秀

1998年8月1日成为平安公司正式业务员。1999年被评为美国百万圆桌会议（MDRT）会员;1999–2003年连续5次被评为上海精英会议展业能手;2003年3月至今连续入围钻石俱乐部，被评为全国高峰精英会展业能手;2004年荣获总公司西区事业部"钻石恒星"与"钻石直航"称号。

相关链接二:2004中国保险十大事件

1.保险泡沫论引发轩然大波

2004年10月,中央财经大学保险系主任郝演苏抛出惊人的观点——中国保险业有高达40%的泡沫,这一观点旋即引起业界激烈争论。

2.保险公司偿付能力引起重视

包括货币资金和结构性存款、应收及预付款项、委托投资资产和证券回购等在内的保险商的主要经济指标,将受到中国保监会更为严厉的监管,一场席卷中国所有保险商的监管风暴即将袭来。监管的"风暴眼"就是保险商的"命门"——偿付能力。

3.保险资金入市

2004年10月24日,《保险机构投资者股票投资管理暂行办法》正式发布,允许保险机构投资者在严格监管的前提下直接投资股票市场。

4.保单通俗化的具体实施

2004年6月1日，信诚人寿保险公司全面推出国内首家通俗条款保单,随之质疑声也就接踵而至,人们开始质疑,保单通俗化的标准到底是什么?

5.整治地下保单

保监会有关负责人于2004年6月24日表示，保监会已经全面部署了2004年保险业的整顿和规范市场经济秩序工作,重点将深入开展打击地下保单、欺诈误导、假报表等专项整治。

6.保监会提出保险业应该做大做强

2004年3月，保险理论研究工作座谈会在京召开。中国保监会主席吴定富在题为《繁荣保险理论研究,为做大做强保险业服务》的讲话中指出,保险理论研究对推动保险业改革发展实践具有十分重要的作用,强调保险理论研究要为做大做强保险业服务。

7.保险业总资产突破1万亿元

截至2004年4月末，我国保险业总资产首次突破1万亿元大关，达到10125亿元。其中中资保险公司总资产保持稳步增长,达到9890亿元;外资及中外合资保险公司总资产为235亿元。保险业总资产突破1万亿元,标志着我国保险业发展迈上了新台阶。

8.霸王条款遭质疑

仅2003年中国消费者协会就征集全国各地消费者提供的不平等格式条款4802件,电信、商品房、公用服务、中介服务等几大行业成为反映最为集中的领域。在此基础上,中消协总结了目前在房地产、汽车、金融、保险、超市等领域存在的"霸王条款"。

9.中国保险业开始全面对外开放

经过3年的过渡期,我国保险业已经走到了全面开放的关口。具有巨大市场潜力的团险和健康险领域从2004年12月11日起向外资敞开大门,所有地域限制也从这一天起全部解除。从2005年开始，保险业两个主要业务领域产寿险业将面对一个主体更多、竞争更深入的保险市场。

10.人保500元免赔起争议

中国人民财产保险公司推出的车损险新条款设立了"500元免赔额",引起社会强烈反响。中国消费者协会副秘书长武高汉接受专访时指出,经营者不应将亏损转嫁到消费者头上。

◎榜五、2004十大保险明星◎

孙　智：中国人民财产保险股份有限公司湖北宜昌分公司副总经理

刘朝霞：中国人寿保险股份有限公司深圳分公司红荔营业部经理

陈日湘：中国出口信用保险公司广东分公司营业部客户经理

刘玉辉：中国太平洋人寿保险股份有限公司长春分公司九台支公司经理

包琴秀：中国平安人寿保险股份有限公司上海分公司顺风营业部业务主任

金爱丽：新华人寿保险股份有限公司北京分公司海淀支公司总经理

于　晨：泰康人寿保险股份有限公司北京分公司西城百万庄支公司资深业务代表

李　巍：华泰财产保险股份有限公司北京分公司助理总经理

季　虹：大众保险股份有限公司上海营业总部业务发展部副总经理

齐　彤：太平人寿保险有限公司北京分公司西北区直辖营业部主管

（信息来源：中国保险行业协会）

备注：2004年10月20日，第2届全国"保险之星"、"十大保险明星"表彰大会在北京人民大会堂隆重举行。为了促进保险业持续快速协调健康发展，做大做强保险业，在全行业树立保险标兵，会员公司代表根据各公司推荐明星候选人的先进事迹，以无记名投票的形式，经行业协会审定资格并核准，304名保险从业人员脱颖而出，成为全国"保险之星"，以上10人被推选为"十大保险明星"。

三、证券篇

◎榜一、2004中国券商排名◎

（一）可从事相关创新活动的试点券商（以公告日为序）

证券公司	备注	公告日
中信证券	第一批创新试点券商	2004.10.13
光大证券	第一批创新试点券商	2004.10.13
中金公司	第一批创新试点券商	2004.10.13
国信证券	第二批创新试点券商	2004.12.02
招商证券	第二批创新试点券商	2004.12.02
广发证券	第二批创新试点券商	2004.12.02
东方证券	第二批创新试点券商	2004.12.02
长江证券	第二批创新试点券商	2004.12.02
国泰君安	第三批创新试点券商	2005.02.16
东海证券	第四批创新试点券商	2005.03.18
华泰证券	第四批创新试点券商	2005.03.18

（二）2004券商股票承销金额排名（含可转债）

券商名称	承销金额（亿元）	承销家数
中金公司	135.13	3
中信证券	106.37	4
南方证券	65.93	7
光大证券	38.15	5
西南证券	34.30	3
银河证券	32.18	5
招商证券	30.18	3
国泰君安	28.80	4
华夏证券	24.86	5
方正证券	24.75	3

（三）2004券商自营收入排名

证券公司	自营差价收入（元）
东方证券	238920414.56
申银万国	168852174.88
红塔证券	163781914.27
广发证券	142439406.51
招商证券	128525957.72
东吴证券	95994420.26

西部证券	83486090.56
国泰君安	69087407.44
首创证券	62695407.54
民生证券	61838673.77

(四)2004年度券商净利润排名

证券公司	净利润(元)
中金证券	232738387.04
广发证券	128771923.28
东方证券	99777522.88
华西证券	81499087.42
国泰君安	53137609.20
招商证券	52078455.01
东吴证券	45179765.08
红塔证券	43607633.40
光大证券	31364419.64
国元证券	30905350.24
西部证券	30865422.04
万通证券	29635087.73
德邦证券	28001769.23
首创证券	24477405.08
国联证券	22766898.07
民生证券	21815922.97
申银万国	19430103.95
兴业证券	16736437.30
河北证券	15287294.55

(五)2004年度券商净资本金前10名

证券公司	净资本金(折扣后)(元)
海通证券	4292707254.56
国泰君安	2541654291.45
华泰证券	2490360275.62
光大证券	2154252131.96
国信证券	1919885049.40
广发证券	1852489199.05
东方证券	1810876838.11
国元证券	1764498256.84
长江证券	1626167918.64
湘财证券	1558792944.28

(六)2004券商交易额排名

排　名	公　　司	股票基金(单位:百万元)
1	中国银河证券有限责任公司	396770.76
2	国泰君安证券股份有限公司	374464.00
3	申银万国证券股份有限公司	280799.01
4	海通证券股份有限公司	277465.41
5	南方证券股份有限公司	226500.40
6	华夏证券股份有限公司	223142.44
7	广发证券股份有限公司	190155.55
8	国信证券有限责任公司	158104.52
9	招商证券股份有限公司	141781.71
10	光大证券有限责任公司	125119.23
11	中信证券股份有限公司	123991.09
12	天同证券有限责任公司	111486.86
13	华泰证券有限责任公司	109838.18
14	广东证券股份有限公司	100274.64
15	湘财证券有限责任公司	86876.24
16	东方证券有限责任公司	86364.72
17	国元证券有限责任公司	84488.25
18	联合证券有限责任公司	83444.83
19	兴业证券股份有限公司	81851.03
20	金通证券股份有限公司	78695.51

(七)2004营业部价值量排名

公　司	营业部	价值量(单位:百万元)
国信证券	深圳红岭中路证券营业部	34.7790
招商证券	深圳振华路证券营业部	17.1468
汉唐证券	深圳福星路证券营业部	13.1043
世纪证券	深圳福虹路证券营业部	10.8368
华夏证券	上海分公司哈密路证券营业部	10.7907
海通证券	上海香港路营业部	10.2192
天同证券	济南共青团路证券营业部	10.1594
天同证券	上海西安路证券营业部	9.9245
中金公司	上海陆家嘴东路证券营业部	9.5541
民族证券	北京太平桥大街证券营业部	9.4902
天同证券	东营济南路证券营业部	9.3613
兴业证券	厦门兴隆路证券营业部	8.6639
申银万国	上海银城东路营业部	8.5731
国信证券	北京三里河路证券营业部	8.3267
中金公司	北京建国门外大街证券营业部	8.3160
国泰君安	上海福山路证券营业部	8.2179
中富证券	上海南京西路证券营业部	8.1942
南方证券	上海分公司南京西路证券营业部	8.1507
广发证券	广州环市东路证券营业部	8.0504
汉唐证券	上海武进路证券营业部	7.7028

(八)2004经纪业务价值量地区排名

(地区数据中未包括各公司总部、分公司的交易额。此排名是参考港澳咨询及上海伟海投资咨询公司统计数据所得)

地 名	价值量(单位:百万元)	营业部数量
上海市	597.24	419
广东省	485.38	360
北京市	260.31	136
浙江省	169.96	135
江苏省	161.22	133
山东省	99.87	78
辽宁省	96.07	136
福建省	92.23	77
四川省	70.31	101
湖北省	67.50	96
安徽省	47.60	50
黑龙江	45.79	58
天津市	42.86	66
河南省	41.99	47
湖南省	37.91	55
陕西省	35.93	50
吉林省	32.24	50
河北省	32.04	47
江西省	30.62	33
山西省	29.06	34
重庆市	27.21	44
广西壮族自治区	25.38	30
新疆维吾尔自治区	22.56	26
云南省	20.83	31
海南省	16.39	20
甘肃省	13.91	23
贵州省	9.02	9
内蒙古	6.87	12
宁夏回族自治区	3.91	6
青海省	1.60	2
西藏自治区	0.23	2
合计	2626.13	2370

(九)2004增资扩股后注册资本排名

公司名称	增资前注册资本(亿元)	增资后注册资本(亿元)
海通证券	10	87.34
国泰君安	17	37.27
南方证券	10	34.58
西南证券	10	30
湘财证券	1	28.2
国通证券	8	22
中信证券	3	20.815
国信证券	8	20
长江证券	10	20
山东证券	5.8	18
广发证券	8	16
北京证券	8.5	15.15
大鹏证券	5	15
湖南证券	2.35	12
武汉证券	2.3	10.15
宁波证券	1	10.0206
湖北证券	3.02	10
吉林证券	1.2	10
平安证券	1.5	10
兴业证券	1	9.08

(信息来源:《中国统计年鉴》、《中国金融年鉴》、中国金融信息网、新浪网等)

备注:以上各排行榜主要参考《中国统计年鉴》、《中国金融年鉴》以及中国金融信息网、新浪网等公布的数据综合而得。

◎榜二、2004中国证券市场排名◎

(以下榜单均以2004年市场收盘价格作为计算标准)

1.沪深股市个股总市值排名

名次	代码	股票简称	总市值(元)
1	600028	中国石化	378022634.04
2	600011	华能国际	87521785.82
3	600019	宝钢股份	75072000.00
4	600900	长江电力	69054240.00
5	600050	中国联通	64861584.98
6	600036	招商银行	57182316.36
7	600188	兖州煤业	35702800.00
8	600688	上海石化	35391000.00
9	600005	武钢股份	31743900.00
10	600026	中海发展	30565940.00
11	600009	上海机场	29328306.85
12	600016	民生银行	28203392.74
13	600377	宁沪高速	27757988.73
14	600018	上港集箱	27499056.00

名次	代码	股票简称	总市值(元)	名次	代码	股票简称	总市值(元)
15	600000	浦发银行	27405000.00	33	600795	国电电力	14138526.45
16	600808	马钢股份	25562988.00	34	600002	齐鲁石化	13786500.00
17	000866	扬子石化	25233900.00	35	600350	山东基建	13455200.00
18	000039	中集集团	22499263.61	36	000539	粤电力 A	12924703.44
19	600115	东方航空	21560588.50	37	600663	陆家嘴	12868342.76
20	000063	中兴通讯	21372156.29	38	000001	深发展 A	12822967.96
21	000618	ST 吉化	19977647.58	39	000983	西山煤电	12014960.00
22	000858	五粮液	18166412.16	40	000002	万科 A	11959282.60
23	600642	申能股份	18020532.08	41	000022	深赤湾 A	11739659.61
24	600015	华夏银行	17430000.00	42	600098	广州控股	11586432.00
25	600871	仪征化纤	17120000.00	43	600649	原水股份	11381745.88
26	000898	鞍钢新轧	16829511.96	44	600021	上海电力	10991440.15
27	600104	上海汽车	15560995.68	45	600585	海螺水泥	10271462.40
28	600362	江西铜业	15185017.74	46	600012	皖通高速	10266795.90
29	000088	盐田港 A	15151650.00	47	600600	青岛啤酒	10260800.00
30	600030	中信证券	14665665.00	48	600548	深高速	9943992.00
31	600832	东方明珠	14438970.51	49	600717	天津港	9707230.96
32	600519	贵州茅台	14408680.00	50	000959	首钢股份	9655883.65

(信息来源:国泰安信息技术有限公司 CSMAR 交易数据库)

2.上海证券交易所会员总成交金额排名

(单位:万元)

名次	会员名称	总成交金额[①]	占市场%[②]	股票成交金额	占市场%[②]
1	中国银河证券有限责任公司	90956820	11.824	32240350	4.191
2	国泰君安证券股份有限公司	85088017	11.061	31432634	4.086
3	中信证券股份有限公司	65988708	8.578	11262439	1.464
4	海通证券股份有限公司	65893173	8.566	22174787	2.883
5	华夏证券股份有限公司	61588306	8.006	19057772	2.477
6	申银万国证券股份有限公司	58488297	7.603	25577930	3.325
7	广发证券股份有限公司	36354844	4.726	13839174	1.799
8	天同证券有限责任公司	33261052	4.324	8927046	1.160
9	世纪证券有限责任公司	31936773	4.152	1953420	0.254
10	湘财证券有限责任公司	29490959	3.834	6735630	0.876

①此榜按总成交金额排名,总成交金额包括股票、基金、债券;

②占市场%=会员成交金额/证券市场总成交金额。

(信息来源:上海证券交易所)

3.深圳证券交易所会员总成交金额排名

（单位：百万元）

名次	会员名称	总成交金额①	占市场%②	股票成交金额	占市场%②
1	国泰君安证券股份有限公司	195095.14	11.881	187492.70	11.418
2	中国银河证券有限责任公司	195092.53	11.881	183566.16	11.179
3	申银万国证券股份有限公司	126897.33	7.728	120562.44	7.342
4	广发证券股份有限公司	112861.43	6.873	109947.67	6.696
5	海通证券股份有限公司	110620.42	6.737	106134.73	6.464
6	华夏证券股份有限公司	109420.75	6.664	106163.19	6.465
7	国信证券有限责任公司	99911.78	6.085	97337.68	5.928
8	招商证券股份有限公司	92102.72	5.609	88507.98	5.390
9	南方证券股份有限公司	80542.16	4.905	78685.22	4.792
10	光大证券有限责任公司	74115.83	4.514	71579.75	4.359

①此榜按总成交金额排名，总成交金额包括股票、基金、债券；

②占市场%= 会员成交金额 / 证券市场总成交金额。

（信息来源：深圳证券交易所）

4.上海市场证券营业部总成交金额排名

（单位：万元）

名次	营业部名称	总成交金额①	股票成交金额
1	世纪证券有限责任公司深圳深南大道中证券营业部	18590585	66618.92
2	汉唐证券有限责任公司深圳福星路证券营业部	12762334	2086112
3	宏源证券股分有限公司乌鲁木齐文艺路证券营业部	12746159	322782.3
4	中国国际金融有限公司北京建国门外大街证券营业部	10825370	1386059
5	世纪证券有限责任公司深圳福虹路证券营业部	10718052	479692.9
6	华夏证券股份有限公司上海分公司哈密路证券营业部	10709067	1454657
7	山西证券有限责任公司太原府西街营业部	10650183	257090.7
8	北京证券有限责任公司北京北三环东路证券营业部	10084915	297953.4
9	东吴证券有限责任公司常熟颜港证券营业部	9932789	641045.4
10	华夏证券股份有限公司北京东直门南大街证券营业部	9668396	910583.3

①总成交金额包括股票、基金、债券。

（信息来源：上海证券交易所）

5.深圳市场证券营业部总成交金额排名

（单位：百万元）

名次	营业部名称	总成交金额[①]	股票成交金额
1	国信证券有限公司深圳红岭中路证券营业部	53921.88	52715.55
2	华泰证券有限责任公司南京大桥南路证券营业部	33539.33	32723.89
3	招商证券股份有限公司深圳振华路证券营业部	27428.78	26744.11
4	华西证券有限责任公司江油东大街证券营业部	21869.66	21426.79
5	广发证券股份有限公司上海石泉路营业部	19225.38	18813.27
6	兴业证券股份有限公司厦门兴隆路证券营业部	15757.12	15361.91
7	西南证券有限责任公司重庆沧白路证券营业部	10716.23	10621.26
8	国信证券有限公司深圳红荔路证券营业部	10613.09	10461.73
9	南京证券有限责任公司南京大钟亭证券营业部	10386.83	10178.52
10	国泰君安证券股份有限公司深圳分公司	10054.05	9845.39

①总成交金额包括股票、基金、债券。

（信息来源：深圳证券交易所）

备注：2005年1月25日，中国证券市场投资大全课题组成功推出了这份研究成果——国泰安2004中国证券市场排行榜。这一课题组由深圳国泰安公司主办，全国人大常委会副委员长蒋正华和香港中文大学中国金融研究中心主任、清华大学双聘教授何佳为组长，中国风险投资研究院（香港）院长陈工孟、耶鲁大学金融系教授陈志武、香港中文大学工商管理学院副院长黄德尊、南开大学国际商学院院长李维安等海内外30余位知名专家、学者和业界精英联合组成。评比结果包括“2004年股票市场成交金额排名”、“2004个股排名”、“2004交易所会员交易排名”、“2004证券营业部交易排名”以及“证券市场历史状况统计”等。

◎榜三、2004中国证券市场成长奖获奖名单◎

苏宁电器连锁集团股份有限公司
三一重工股份有限公司
兖州煤业股份有限公司
山东铝业股份有限公司
南京钢铁股份有限公司
内蒙古伊利实业集团股份有限公司
广发证券股份有限公司
国元证券有限责任公司
博时基金管理有限公司
湖南大有期货经纪有限责任公司

（信息来源：《证券日报》）

备注：2004年中国证券市场进入历史性关键时刻，中国产业和资本精英展开了一场与全球资本市场精英的高峰对话，围绕着中国企业登陆全球资本市场、全球投资者登陆中国、中国资本市场的管理运作创新、基金和投行的国际化等方面进行激烈的思想交锋。2004中国证券市场年会暨中国证券市场年度成长奖评选活动正是在这种情况下拉开序幕的。该项奖项是经过专家评选、网友投票和媒体评价三个环节评选出的。获奖单位涵盖了上市公司、证券公司、基金公司和期货公司等各个方面。此榜单的指导单位为经济日报报业集团；主办单位为证券日报社；承办单位为文网投资顾问有限公司。

◎榜四、2004最受喜爱的十大期货经纪公司◎

中国国际期货经纪有限公司
浙江永安期货经纪有限公司
上海中期期货经纪有限公司
建证期货经纪公司
格林期货经纪有限公司
金鹏期货经纪有限公司
经易期货经纪有限公司
中国中期期货经纪有限公司
东银期货经纪有限公司
湖南大有期货经纪有限责任公司

（信息来源：和讯网）

备注：此排行榜制作主办单位为和讯网，协办单位为联办研发部。本榜单是2004年中国财经风云榜的一部分。

四、基金篇

◎榜一、2004 十大品牌基金公司◎

南方基金管理公司
易方达基金管理公司
博时基金管理公司
嘉实基金管理公司
招商基金管理公司
银华基金管理公司
华安基金管理公司
湘财荷银基金管理公司
海富通基金管理公司
华夏基金管理公司

（信息来源：和讯网）

备注：此榜单是 2004 财经风云榜的一部分，主办单位为和讯网，协办单位为联办研发部、中信证券研发部和中国人民大学风险投资发展研究中心。

◎榜二、2004 十大明星基金与明星基金经理◎

易方达平稳增长基金：江作良
湘财合丰成长基金：刘青山
易方达策略成长基金：肖坚、付浩
广发聚富基金：易阳方投资团队
嘉实理财通系列基金：邵健、田晶
嘉实成长收益基金：孙林
华宝兴业宝康消费品基金：栾杰
华安现金富利基金：项廷锋
景顺长城系列基金：曾昭雄、杨兵兵
南方稳健成长基金：李旭利

（信息来源：和讯网）

备注：此榜单是 2004 财经风云榜的一部分，主办单位为和讯网，协办单位为联办研发部、中信证券研发部和中国人民大学风险投资发展研究中心。

◎榜三、2004 中国最值得尊敬的十大基金公司◎

1.博时基金管理有限公司
2.嘉实基金管理有限公司
3.长盛基金管理有限公司
4.鹏华基金管理有限公司
5.国泰基金管理有限公司
6.华夏基金管理有限公司
7.易方达基金管理有限公司
8.海富通基金管理有限公司
9.华安基金管理有限公司
10.中信基金管理有限公司

（信息来源：世界经理人网）

备注：2004 年 4 月，由世界经理人周刊 / 网站、财经时报社、证券日报社共同主办，世界金融实验室承办的 2004“中国金融风云榜”评选活动圆满结束。此次活动历时 4 个月，经公众投票和专家评审，最终评选出 2004 年“中国最值得尊敬的十大基金公司”排行榜。

◎榜四、2004基金公司投资者服务最佳奖排名◎

排名	公司名称	支持比例	排名	公司名称	支持比例
1	博时基金管理有限公司	11.26%	21	长城基金管理有限公司	0.78%
2	海富通基金管理有限公司	11.2%	22	上投摩根富林明基金管理有限公司	0.78%
3	华夏基金管理有限公司	11.07%	23	国联安基金管理有限公司	0.71%
4	南方基金管理有限公司	9%	24	诺安基金管理有限公司	0.65%
5	易方达基金管理有限公司	7.12%	25	富国基金管理有限公司	0.58%
6	嘉实基金管理有限公司	6.54%	26	兴业基金管理有限公司	0.58%
7	华安基金管理有限公司	5.31%	27	巨田基金管理有限公司	0.45%
8	招商基金管理有限公司	5.31%	28	长信基金管理有限责任公司	0.45%
9	湘财荷银基金管理有限公司	3.62%	29	中融基金管理有限公司	0.45%
10	华宝兴业基金管理有限公司	3.3%	30	宝盈基金管理有限公司	0.39%
11	景顺长城基金管理有限公司	2.65%	31	光大保德信基金管理有限公司	0.39%
12	广发基金管理有限公司	2.33%	32	银河基金管理有限公司	0.32%
13	中银国际基金管理有限公司	2.14%	33	泰信基金管理有限公司	0.32%
14	银华基金管理有限公司	2.14%	34	鹏华基金管理有限公司	0.32%
15	中信基金管理有限责任公司	2.01%	35	华富基金管理有限公司	0.32%
16	申万巴黎基金管理有限公司	1.62%	36	金鹰基金管理有限公司	0.19%
17	长盛基金管理有限公司	1.55%	37	东方基金管理有限责任公司	0.19%
18	国泰基金管理有限公司	1.29%	38	东吴基金管理有限公司	0.19%
19	大成基金管理有限公司	1.1%	39	天同基金管理有限公司	0.19%
20	融通基金管理有限公司	1.04%	40	天治基金管理有限公司	0.13%

(信息来源:新浪网2005年3月)

备注:本排行榜根据新浪网在2005年3月组织的网友投票结果产生。

◎榜五、2004全部基金净收益排名◎

排名	基金简称	净收益(亿元)	排名	基金简称	净收益(亿元)	排名	基金简称	净收益(亿元)
1	基金兴华	3.77	19	基金科汇	2.02	37	基金景福	1.16
2	华夏成长	3.1	20	国泰金鹰	1.96	38	宝康配置	1.15
3	基金科瑞	2.8	21	华安创新	1.54	39	宝康消费	1.14
4	基金金泰	2.58	22	南方宝元	1.54	40	基金安信	1.13
5	基金安顺	2.56	23	基金汉兴	1.5	41	基金天元	1.12
6	华安富利	2.45	24	基金兴和	1.48	42	基金科翔	1.11
7	基金银丰	2.42	25	基金通乾	1.47	43	基金泰和	1.11
8	海富精选	2.36	26	富国动态	1.45	44	鹏华成长	1.06
9	南方稳健	2.32	27	招商股票	1.43	45	嘉实增长	1.03
10	南方避险	2.31	28	易基策略	1.36	46	中融融华	0.97
11	南方增利	2.28	29	招商现金	1.34	47	博时现金	0.9
12	广发聚富	2.23	30	博时价值	1.33	48	基金开元	0.87
13	易基平稳	2.22	31	基金丰和	1.28	49	华夏现金	0.87
14	基金汉盛	2.17	32	基金裕元	1.25	50	基金金盛	0.82
15	华夏回报	2.15	33	新蓝筹	1.21	51	德盛稳健	0.79
16	基金金鑫	2.1	34	基金裕隆	1.18	52	景顺股票	0.76
17	博时裕富	2.1	35	基金融鑫	1.18	53	基金裕泽	0.73
18	基金裕阳	2.09	36	大成价值	1.18	54	大成债券	0.69

排名	基金简称	净收益(亿元)	排名	基金简称	净收益(亿元)	排名	基金简称	净收益(亿元)
55	基金同益	0.68	88	基金兴科	0.25	121	易基积极	−0.01
56	基金景宏	0.67	89	基金安久	0.25	122	博时精选	−0.01
57	合丰成长	0.62	90	华夏债券	0.25	123	中信经典	−0.04
58	长信利息	0.62	91	基金金元	0.24	124	基金安瑞	−0.06
59	银河稳健	0.6	92	金鹰优选	0.24	125	招商先锋	−0.06
60	合丰周期	0.58	93	基金裕华	0.23	126	金鹰小盘	−0.07
61	基金鸿飞	0.57	94	长盛债券	0.23	127	荷银精选	−0.09
62	长盛成长	0.57	95	大成蓝筹	0.22	128	嘉实债券	−0.09
63	基金兴安	0.51	96	富国天益	0.21	129	基金景博	−0.1
64	嘉实稳健	0.51	97	巨田基础	0.2	130	国泰金马	−0.1
65	融通成长	0.51	98	国泰债券	0.19	131	量化核心	−0.13
66	基金金鼎	0.47	99	银河收益	0.18	132	基金隆元	−0.15
67	合丰稳定	0.47	100	天同保本	0.17	133	广发稳健	−0.17
68	招商平衡	0.47	101	基金鸿阳	0.16	134	银华 88	−0.18
69	泰信天天	0.46	102	基金普润	0.15	135	中国优势	−0.22
70	诺安平衡	0.45	103	兴业转基	0.15	136	长城久恒	−0.22
71	嘉实成长	0.45	104	鹏华收益	0.14	137	基金久富	−0.27
72	基金科讯	0.44	105	基金同盛	0.12	138	华宝策略	−0.33
73	基金汉博	0.43	106	华夏大盘	0.12	139	泰信先行	−0.36
74	宝康债券	0.41	107	富国天利	0.12	140	基金普华	−0.39
75	基金同智	0.4	108	基金景阳	0.11	141	银华保本	−0.48
76	融通 100	0.4	109	基金景业	0.09	142	鹏华 50	−0.53
77	基金汉鼎	0.38	110	银华优势	0.09	143	融通行业	−0.55
78	基金同德	0.38	111	鹏华债券	0.08	144	基金久嘉	−0.7
79	景顺平衡	0.38	112	国泰精选	0.06	145	嘉实服务	−0.97
80	天同 180	0.36	113	景顺债券	0.06	146	易基 50	−1.06
81	招商债券	0.35	114	华安宝利	0.05	147	基金普丰	−1.09
82	华安 180	0.34	115	长城久泰	0.04	148	盛利精选	−1.17
83	融通债券	0.34	116	天治财富	0.03	149	中融景气	−1.23
84	景顺增长	0.32	117	长盛精选	0.02	150	基金天华	−1.84
85	基金通宝	0.31	118	宝盈鸿利	0.02	151	海富收益	−2.83
86	基金普惠	0.3	119	国联成长	0.01	152	银河银泰	−3.22
87	基金兴业	0.26	120	南方积配	0	153	德盛小盘	−3.35

(信息来源:中国基金网)

◎榜六、2004 基金评级排名◎

2004 年是证券投资基金业快速发展的一年。2004 年岁末，中国科技大学睿信基金评级对所有基金的运作进行了一次总体评级。尽管很难预测这些基金在 2005 年会表现如何，但是对 2004 年做个小结还是非常有意义的一件事。

(一) 2004 年度综合表现

	最佳		最差	
年度综合表现(封闭式)	基金科汇	易方达	基金同盛	长盛
年度综合表现(开放式)	嘉实增长	嘉实	银河银泰	银河

(二) 2004 年度单项表现

证券选择能力

最佳		最差	
湘财合丰周期	湘财合丰	南方稳健	南方

金融榜

时机选择能力

最佳		最差	
基金科汇	易方达	鹏华行业成长	鹏华

风险控制能力

最佳		最差	
南方避险增值	南方	博时价值增长	博时

盈利能力

最佳		最差	
嘉实增长	嘉实	基金普华	鹏华

(三) 2004 年度"基金之最"

"基金之最"	基金名称	所属基金公司
最迷你的基金	景顺恒丰债券	景顺长城基金管理公司
运气最差的基金	华夏成长	华夏基金管理有限公司
最执着的基金	天同 180	天同基金管理有限公司
最狡猾的基金	德盛小盘精选	国联安基金管理有限公司
名称最怪异的基金	银河银富	银河基金管理有限公司
最尴尬的基金	基金银丰	银河基金管理有限公司

(信息来源:新浪网、《经济》杂志)

解读:

最迷你的基金——景顺恒丰债券

目前投资基金的市场平均规模为20亿元,而景顺恒丰债券基金在2003年12月尚有3亿元规模,如今下滑到1亿元左右。按照0.75%的管理费计提标准计算,一年下来也就75万元的管理费收入。而对比于一只典型的封闭式基金(20亿盘子,1.5%的管理费,旱涝保收),债券基金除了羡慕也只有叹息的份了。

运气最差的基金——华夏成长

如果基金的增长率居于市场平均水平之上,我们称之为"及格",反之"不及格",那么在56次周净值增长率观测中,华夏成长持续"及格"的最大次数是两次,而市场平均是五次(嘉实增长做的好一些,最大为9次)。也就是说,在最近一年内,如果本周华夏成长"及格"的话,下一周十有八九"不及格"。如果把"及格"当成抛硬币出现正面,那么抛56次硬币,只出现了一次"正、正",其余都是"正、反",可以说运气实在是不佳。

最执着的基金——天同 180

天同基金管理有限公司早在筹备初期就确立了以指数化投资为主的经营战略。天同180指数基金股票部分投资采用指数复制法跟踪目标指数,力求股票组合的收益率拟合目标指数所代表的资本市场的平均收益率。根据其半年报,基金指数化投资部分日均拟合偏离度为0.047%,远远低于基金契约中0.5%的规定。相对于积极投资,在精英云集的基金行业里指数化投资不能称为主流,基金经理们希望能够战胜市场,在有些人看来指数化投资无异于是对基金经理智力的玷污。看看被人称为"变色龙"的东方龙混合基金,其资产类别配置比例:股票配置范围为0%–95%;债券0%–95%;资币市场工具5%–100%。

最狡猾的基金——德盛小盘精选

小盘精选初始募集规模为83亿元,不少分析人士认定,如果真正投资小盘股运作难度太大甚至不可能。殊不知,根据招募说明书,"小盘精选的整体业绩基准=(天相小盘股指数×60%+天相中盘股指数×40%)×60%+上证国债指数×40%,在当前中国证券市场环境中,本基金对小盘股的界定方式为:"基金管理人每季度将对中国A股市场中的股票按流通市值从小到大排序并相加,累计流通市值达到总流通市值50%的股票归入小盘股集合"。可见,德盛小盘精选的小盘股的定义已经远远超过了小盘股的范畴,因此业绩基准也添加了中盘股指数。仅仅因为基金名称的缘故,不少人误认为它只投资小盘股,看来投资前还是要静下心来好好翻阅招募说明书。

名称最怪异的基金——银河银富

我国封闭式基金名称都是四个字,打头的均为基金两字,然后一般有一个单姓(归属于哪家基金管理公司),如兴、汉、景等等,然后就是单字名称,如丰、富、惠、盛等等,非常漂亮地展示了传统文化的魅力,惟一遗憾的就是名称过于近似而不容易记住。在给开放式基金起名字时,开放式基金显然站在了封闭式基金的"肩膀"上,取得了长足的进步,名称五花八门,生动形象,多以投资目标为名称标识,如博时价值增长、博时现金收益等等。银河基金管理公司沿袭封闭式基金命名规则倒也无可厚非,只是拿"银富"来做基金的名字多少让人有点愕然。

最尴尬的基金——基金银丰

基金银丰设立时在招募说明书中加了一则很不起眼的条款,"本基金封闭运行一年后,在一定条件下可由封闭式转为开放式"。该条款曾被业界炒得沸沸扬扬,一度被称为基金银丰的最大亮点。正因为这一条款基金银丰被产品说明书"阅读能力"过人而又执着的一位王先生相中,于是基金发展简史上有了所谓"基金银丰风波"。封闭式基金投资者的神经也被绷紧,毕竟总要有人为"封转开"埋单。据悉,银河基金管理公司一直在做人力、技术等方面的准备,但具体何时转,没有时间表,因为毕竟在招募说明书与基金契约上没有规定在多长时间内必须转。产品创新是基金管理公司引以为荣的事情,也是基金行业前进的主要动力之一,但过于超前的创新(特别是超出自己掌控能力的创新),无异于自己搬起了一块石头。

◎榜七、2004中国基金经理综合排名◎

排名	基金经理排名得分	综合得分	现管理(最后管理)
1	江作良	76.73	易方达平稳增长
2	丁　楹	72.73	中信经典
3	徐　轶	70.23	嘉实服务增值行业
4	栾　杰	67.95	宝康消费品
5	吴宝应	63.18	辞职(广发聚富)
6	易阳方	63.18	广发聚富
7	黄健斌	63.18	辞职(广发聚富)
8	肖　坚	62.5	易方达策略成长
9	陈　洪	62.27	海富通精选
10	陈进贤	61.82	招商系列和招商先锋
11	杨兵兵	61.36	景顺系列
12	陈利宏	60.23	顺恒丰债券和动力平衡
13	刘青山	57.73	合丰成长和湘财荷银精选
14	杨晓东	56.05	大成价值
15	高　阳	53.86	基金裕泽－封闭式(博时价值增长)
16	贺　庆	53.86	招商系列
17	李　华	52.86	辞职(南方稳健)
18	黄钦来	50.68	普天收益和中国50
19	徐卫群	49.32	辞职(富国动态平衡)
20	窦玉明	47.95	嘉实副总经理(嘉实成长收益)
21	李学文	47.5	银华优势企业
22	肖　华	45	博时价值增长
23	康赛波	44.55	合丰稳定和荷银风险预算
24	孙　正	42.64	辞职(华安创新)
25	吕　俊	42.27	上投摩根中国优势
26	孙　林	41.36	嘉实成长收益
27	吴　刚	40.23	长盛成长价值
28	詹凌蔚	39.55	博时主题
29	李立生	38.86	银河银泰和银河稳健
30	曾昭雄	38.18	景顺优选股票
31	刘新勇	38.18	华安创新
32	王亚伟	36.91	华夏成长
33	尚志民	34.55	基金安顺
34	刘耀军	34.55	辞职(华安创新)
35	王新艳	33.18	景顺鼎益
36	崔海峰	31.36	国泰金龙精选和金马稳健
37	孙　建	29.09	国联安副总经理(德盛稳健)
38	谢国满	28.41	金鹰优选
39	易万军	26.59	融通蓝筹成长
40	常　昊	24.32	光大量化核心
41	杨　军(宝盈)	21.14	辞职(宝盈鸿利收益)
42	杨毅平	17.05	鹏华行业成长
43	杨　军(长城)	16.14	长城久恒
44	韩　浩	16.14	长城久恒

(信息来源:《Value》价值杂志2005年4月)

备注:《Value》价值杂志基金评级小组根据截止2003年底的公开数据,对各基金经理所管理基金的年化业绩、基民痛苦度、业绩持续性和职位稳定性等多项指标综合量化进行排名,对部分基金经理曾管理的多只开放式基金按管理期限和管理规模进行加权平均计算。这是国内首份开放式基金经理综合排名。

相关链接:44位中国开放式基金资深经理

1.易方达公司:江作良

经济学硕士。1993-2000年在广发证券有限责任公司工作,历任投资自营部副总经理、研发中心副总经理、投资自营部总经理等职,一直负责大资金运作。加入易方达后,曾任金科汇基金经理,现任易方达基金公司总裁助理、投资管理部总经理。

2.中信基金管理公司:丁　楹

硕士研究生,10年证券从业经历、5年基金管理经历,已获得基金从业资格。历任中信证券公司交易部总经理助理、长盛基金公司总经理助理、投资部总监、同益基金经理、长盛成长价值开放式基金经理。

3.嘉实基金管理公司:徐　轶

货币银行学硕士。曾任国信证券投资总监、大成基金助理总经理、中融基金首席策略分析师。1993年开始从事证券市场研究、投资银行、投资管理,有10年从业经验。2003年9月加盟嘉实基金管理有限公司,任首席策略分析师、基金经理。

4.华宝兴业基金管理公司:栾　杰

硕士,7年证券从业经历。曾任海南港澳资讯产业有限公司研究员、华宝信托投资有限公司高级研究员、投资管理部副总经理。

5.广发基金管理公司:吴宝应

经济学硕士,8年证券从业经历。曾从事股票发行、资产管理业务,曾任广发证券有限责任公司研发中心总经理助理,负责行业与公司研究工作。加入广发基金管理有限公司前,担任广发证券股份有限公司投资自营部经理,现已离职。

6.广发基金管理公司:易阳方

经济学硕士,6年证券从业经历。

曾从事股票发行、资产管理业务，加入广发基金管理有限公司前，担任广发证券股份有限公司投资自营部副经理。

7.广发基金管理公司：黄健斌

经济学学士，7年证券从业经历，1995年至今从事债券业务。加入广发基金管理有限公司前，担任广发证券股份有限公司投资自营部副经理，现已离职。

8.易方达基金公司：肖 坚

中山大学经济学硕士，11年证券金融从业经历。曾任广东粤财信托投资公司控股的香港安财投资有限公司财务部经理、粤信（香港）投资有限公司业务部副经理、广东粤财信托投资公司基金部经理。2001年4月正式加入易方达基金管理有限公司。

9.海富通基金管理公司：陈 洪

管理学硕士，10年证券从业经历。历任君安证券有限公司投资经理、广东发展银行深圳分行业务经理、富通基金管理亚洲有限公司基金经理。2003年4月至今任海富通基金管理有限公司投资总监兼海富通精选基金经理。

10.招商基金管理公司：陈进贤

新加坡籍，投资专家。在亚太、欧美资本市场有14年投资管理的经历。曾任新加坡华联银行（Overseas Union Bank）资产管理公司副总裁和高级基金经理，ING的合资公司新加坡华联佳和基金管理有限责任公司（OUB-Optimix）首席基金经理、执行总经理、投资总监。

11.景顺长城基金管理有限公司：杨兵兵

武汉大学金融保险系经济学学士、硕士。1994年进入万科企业股份有限公司；1998年加入大鹏证券综合研究所；2000年底担任综合研究所传统产业组组长；2003年加入景顺长城基金管理有限公司。

12.景顺长城基金管理有限公司：陈利宏

英国剑桥大学工程学一级荣誉硕士，英国特许会计师会会员（ACA）及美国特许财务分析员（CFA）。在投资管理工作领域已有超过10年的经验，曾任安永会计师事务所核数师3年。1992年加盟景顺（前称景泰资产管理）集团，曾任景顺集团投资董事并兼任大中华市场首席投资经理，专长于中国内地和香港的基金市场和基金业务。2003年加入景顺长城基金管理有限公司，现已离职。

13.湘财荷银基金管理公司：刘青山

管理学硕士。1997年加入华夏证券基金管理部，参与华夏基金管理有限公司的筹建，先后在研究部和投资管理部从事行业研究及投资管理工作，并分别担任业务经理和高级经理。2001年加入湘财证券有限责任公司，5年基金从业经历，具有基金从业资格。现任湘财合丰成长类基金经理和湘财荷银行业精选基金经理。

14.大成基金管理公司：杨晓东

10年证券从业经历。曾任平安证券研究部副总经理、平安保险公司投资经营部副总经理、平安保险公司债券部副总经理、蔚深证券研究发展中心总经理及大成基金管理有限公司基金经理部基金景阳的基金经理。

15.博时基金管理公司：高 阳

经济学硕士。1998-2000年在中国国际金融有限公司从事国债投资，2000年起加盟博时基金管理有限公司，任基金管理部债券投资经理。作为中国财政金融培训项目选送人员，2001年6月受聘于英国BAILLIEGIFFORD基金管理公司新兴市场投资部，从事亚太地区股票投资的研究分析工作，2002年10月回到博时担任博时价值增长基金经理至2004年7月，目前任基金裕泽经理。

16.招商基金管理公司：贺 庆

中国人民大学经济学硕士，10年证券从业经历。1994年起于南方证券有限公司投资银行部工作并任高级经理，1998年加入博时基金管理有限公司，先后任高级交易员、研究员和基金经理助理。

17.南方基金管理公司：李 华

硕士学历。1993年起任职于中信实业银行南京分行证券部，1998年起任职于国泰基金管理有限公司，2000年起任职于南方基金管理公司，曾任南方基金管理公司开元基金经理助理，现已离职。

18.鹏华基金管理公司：黄钦来

经济学硕士，6年证券从业经历。1998年7月在国泰君安证券研究所工作，2000年7月加入鹏华基金管理有限公司，先后任研究员、普惠基金经理助理、普天收益基金经理。现任鹏华中国50开放式证券投资基金的基金经理。

19.富国基金管理有限公司：徐卫群

经济学硕士，9年证券从业经历。曾任万国证券公司基金交易部交易员、交易总部海外投资部副经理、交易总部交易二部经理、申银万国证券股份有限公司交易总部交易一部经理，富国基金管理有限公司基金管理部副经理、汉盛基金经理。后任富国基金管理有限公司基金管理部经理，现已离职。

20.嘉实基金管理公司：窦玉明

硕士学位，9年证券从业经历。1994年起先后在北京中信国际合作公司、君安证券、大成基金管理公司和嘉实基金管理公司从事投资工作，现任嘉实基金管理公司副总经理。

21.银华基金管理公司：李学文

经济学硕士。1998年7月就职于博时基金管理公司，历任研究员、裕元基金经理助理、裕隆基金经理助理。2002年5月就职于中融基金管理公司，任基金经理。2002年11月加盟银华基金管理公司，任银华优势企业基金经理助理。现任银华优势企业基金经理。

22.博时基金管理公司：肖 华

经济学硕士。1993年先后在中国深圳宝安集团股份公司、华为技术公司工作。1994年加入君安证券有限责任公司，先后任投资部经理、基金部经理等职。此后又任申华实业股份公司副总经理，主管投资业务。2000年5月在长盛基金管理公司任基金同盛基金经理。2002年6月加盟博时基金管理有限公司，现任基金管理部经理。

23.湘财荷银基金管理公司:康赛波

经济学学士学位,6年证券业从业经历。1997年至今任职于湘财证券有限公司,先后在投资银行总部、基金管理总部、资产管理总部任职。1999年9月-2000年9月,受公司委派在大成基金管理公司工作学习,期间任基金经理助理职务,从事投资研究及投资管理工作。2001年2月至今在湘财合丰基金管理公司筹备组工作。

24.华安基金管理有限公司:孙　正

硕士,6年证券从业经历。先后任职于中教信证券交易部、投资银行部、研究发展部。1999年进入华安基金管理有限公司,任华安基金管理有限公司北京分公司总经理,现已离职。

25.上投摩根富林明基金管理有限公司:吕　俊

工商管理硕士,9年证券、基金从业经历。曾任职于平安证券公司资产管理部、国泰基金管理公司研究部。现任上投摩根富林明基金公司上投摩根中国优势基金经理。

26.嘉实基金管理公司:孙　林

经济学硕士,6年证券从业经历。曾受聘于国泰君安证券公司从事证券投资工作。2000年10月进入嘉实基金管理有限公司工作,现任嘉实成长收益基金经理。

27.长盛基金管理公司:吴　刚

南开大学理学硕士,8年证券从业经历。曾在国泰君安证券有限责任公司、太平洋保险公司深圳分公司、国信证券有限责任公司工作。现任长盛成长价值基金经理。

28.博时基金管理有限公司:詹凌蔚

硕士。1998年9月在中科信厦门证券营业部任投资咨询人员;1999年8月在上海中野投资管理有限公司工作;2001年2月在融通基金管理有限公司任研究员、部门副总监,基金管理部基金经理助理、新蓝筹基金经理、融通基金管理公司总经理助理。2004年6月21日进入博时基金管理有限公司基金管理部,任基金经理。

29.银河基金管理公司:李立生

硕士。先后任职于建设部标准定额研究所、中国华融信托投资公司证券总部和中国银河证券有限责任公司,从事投资研究工作。2001年6月参与筹备银河基金管理有限公司,任研究投资部负责人。2003年6月改任公司基金管理部投资总监,并于2003年8月4日兼任银河银联稳健基金经理。

30.景顺长城基金管理有限公司:曾昭雄

经济学硕士,12年证券投资及研究经历。曾任深圳证券交易所高级研究员、深圳证券交易所市场服务部部门副经理、平安证券业务管理部副总经理、联合证券国际业务部总经理。2000年10月进入德累斯顿银行旗下的全球基金管理公司Dresdner RCM Global Investors及私人银行Kleinwort Benson Private Bank任基金经理助理及亚太投资策略研究,现任景顺优选股票基金经理。

31.华安基金管理有限公司:刘新勇

硕士,6年证券从业经历。曾在淄博基金管理有限公司从事研究、投资工作。1999年5月加入华安基金管理有限公司,曾任研究发展部高级研究员、华安180基金的基金经理。现任华安创新基金经理。

32.华夏基金管理有限公司:王亚伟

经济学硕士,9年证券从业经历。历任中信国际合作公司业务经理、华夏证券有限公司北京东四营业部研究部经理。1998年进入华夏基金管理有限公司,从事基金投资工作,先后任基金兴华基金经理助理、基金经理,2001年12月至今任华夏成长基金经理。

33.华安基金管理有限公司:尚志民

工商管理硕士,7年证券从业经历。曾在上海证券报研究所、上海证大投资管理有限公司工作,进入华安基金管理有限公司后先后担任公司研究发展部高级研究员、基金安顺、基金安瑞、华安创新基金经理。现任基金投资部总监助理、基金安顺基金经理。

34.华安基金管理有限公司:刘耀军

美国杜兰大学工商管理硕士,美国投资管理与研究协会会员,特许金融分析师(CFA),7年证券从业经历。曾在广发证券、美国所罗门兄弟(香港)有限公司研究部、美国环球投资管理公司工作。进入华安基金管理有限公司后曾担任研究发展部高级研究员,现已离职。

35.景顺长城基金管理公司:王新艳

毕业于中国人民银行总行研究生部,硕士,6年基金从业经历。历任长盛基金管理公司研究员、基金经理助理、长盛成长价值开放式基金基金经理、信诚基金公司筹备组成员。2004年6月加入景顺长城,任高级基金经理。

36.国泰基金管理公司:崔海峰

硕士,5年证券从业经历,通过CFA一级考试。1999年加盟国泰基金管理有限公司,先后从事基金新产品开发和行业研究工作,曾担任基金金鑫基金经理助理,现任基金金盛基金经理。

37.国联安基金管理公司:孙　建

历任中信实业银行(北京)本币、外币证券交易员、安联集团德累斯登银行投资管理公司、德意志投资信托基金管理公司(法兰克福)基金经理,负责在亚洲新兴市场的股票投资,现任国联安副总经理,在国联安先后担任过德盛稳健基金经理和公司投资总监。

38.金鹰基金管理公司:谢国满

经济学博士,6年证券从业经历。曾在广发证券有限责任公司先后任发展研究中心副总经理、投资理财部高级经济师兼投资经理,广发基金管理公司筹备组成员,具有管理大型资金的经验。现为金鹰基金管理有限公司投资管理部副总监兼基金经理、投资决策委员会成员。

39.融通基金管理公司:易万军

中国科学技术大学少年班经济管理专业本科毕业,10年证券从业经历。历任中国科技国际信托投资公司武汉代表处股票自营负责人,鹏华基金管理公司基金交易员、上海华源集团恒盛投资管理公司投资总监、融通基金管理有限公司基金交易部总监。

40.光大保德信基金公司:常　昊

经济学硕士。1997年9月就职于上海申华实业股份有限公司,任综合投资部经理;1999年4月就职于申银万国证券研究所,从事行业公司研究;曾任长盛成长价值证券投资基金基金经理助理,现任光大量化核心基金经理。

41.宝盈基金管理公司:杨　军

上海财经大学毕业,8年证券从业经历。曾任职于上海金华咨询公司、君安证券研究所、君安证券资产管理部。2004年底辞去宝盈鸿利基金经理。

42.鹏华基金管理公司:杨毅平

经济学硕士,10年证券从业经历。曾任职于中国太平洋保险公司深圳分公司证券营业部,曾任君安资产管理公司投资部和期货部经理助理、中国太平洋保险公司深圳分公司资金运用部一级专务。2000年10月起历任嘉实基金管理有限公司投资部副总监、基金泰和基金经理。2003年1月起加盟鹏华基金有限公司基金管理部,任基金管理部总监。

43.长城基金管理有限公司:杨　军

经济学硕士,8年证券投资从业经历,曾就任于深圳市安信财务有限公司证券投资部、深圳经济特区证券公司投资部、广发基金管理有限公司投资管理部,历任投资部副经理、基金经理等职务,现任长城久恒基金经理。

44.长城基金管理有限公司:韩　浩

经济学硕士,9年证券投资从业经历,曾任职于海南汇通国际信托投资公司证券部、长城证券有限责任公司资产管理部并任总经理,现任长城久恒和基金久嘉基金经理。

五、链接篇

◎榜一、2004中国CFO最青睐的金融机构◎

2004年,欧洲货币(中国)发布首次首席财务官(CFO)的调查结果,结果表明CFO的权力正逐渐扩大,也清楚地显示了国际服务机构对年轻的中国产业的影响,中国CFO们非常信任国际品牌,而本土服务机构也在“与狼共舞”的过程中迅速成长。

最青睐的国内银行:ICBC 中国工商银行

最青睐的外资银行:Citigroup 花旗银行

资金管理最佳银行:ICBC 中国工商银行

固定收益最佳银行:ICBC 中国工商银行

外汇业务最佳银行:Bank of China 中国银行

贸易金融最佳的银行:Bank of China 中国银行

贸易金融最佳的外资银行:HSBC 汇丰银行

最青睐从事IPO业务的投行:Morgan Stanley 摩根斯坦利

最青睐从事兼并收购业务的投行:Guotai Junan Securities 国泰君安

最青睐的保险公司:PICC 中国人民保险公司

最青睐的外资保险公司:AIG 美国国际集团

相关链接一:最青睐的国内银行名单

银行	支持率
中国工商银行	32%
中国银行	21%
招商银行	18%
中国建设银行	11%

相关链接二:最青睐的外资银行名单

银行	支持率
花旗银行	40%
汇丰银行	22%
渣打银行	11%
荷兰银行	7%
东亚银行	6%

(信息来源:2004胡润排行榜)

◎榜二、2004影响中国资本市场的十大人物◎

一个被大事件充斥的年份里注定要涌现出一批大人物。中国资本市场已经不容置疑地成为中国经济发展及社会生活的重要组成部分，其中许多政府、证券界、学术界、上市公司的杰出人士对推动中国资本市场的发展起到了长期而巨大的作用，也在很大程度上影响着中国资本市场的未来走向。

1.史美伦：尴尬的“铁娘子”

2004年9月13日，史美伦正式告别中国证监会副主席一职。然而，离职的史美伦没有完全离开这个市场。在2004年6月成立的中国证监会国际顾问委员会中，史美伦任副主席，任期两年。她还担任着香港上市公司德昌电机和汇丰银行的独立非执行董事。在中国证监会副主席任上，史美伦曾大力推行独立董事制度，现在则是身体力行。她捐出了中国证监会副主席一职的大部分薪水（国务院特批500余万元年薪），设立基金资助证监会官员和财经记者赴海外培训实习。

当然，史美伦给这个市场留下的还有她的“铁娘子”形象。

2.郎咸平：体制外的英雄

郎咸平是2004年不见容于体制内而受欢迎于体制外的焦点人物。

从郎咸平值得书写的回忆录中“战德隆”、“斗民企”、“抨击MBO（管理层收购）”等辉煌战例来看，他并非鲁莽之辈，他总是在一股大的风潮已经酝酿后才力拔千钧，以泰山压顶之势借助媒体威力推波助澜。

当然过多的媒体曝光让“郎监管”有变成“财经版的李敖”或者是“经济学中的谢霆锋”的趋势，而且国内“沉默的大多数”的经济学者、知识分子也没有揭竿而起站在郎咸平这一边，但是郎咸平在2004年仍然给中国人带来了现在还无法估计的收获。从这个意义上来说，这位在国际公司财务领域的权威是值得尊敬的。

3.王小石：成名最快的“副处”

2004年11月4日，在中国证监会发行监管部任职的王小石被检察机关带走。2004年11月12日，反贪部门以涉嫌受贿罪名为由，对他正式提请批准逮捕。

在中国证监会发行监管部，王小石从事拟上市公司预选材料的预审工作，优势是能在发审会前一个星期知道哪些发审委委员参与投票哪些企业。王小石由此灵机一动，创造出了出售发审委委员名单的奇妙生意。他与人合伙开了一家财经公关公司，主要“业务”是向拟上市企业出售发审委委员的名单。正是这奇妙的生意，让王小石一“石”激起千层浪。

4.陈久霖：打工皇帝久赌必输

陈久霖，这个曾被誉为“打工皇帝”的传奇人物，因为“赌”错油价方向，一夜间从巅峰跌到了谷底。

“我经常会赌一赌，但是，所赌的内容主要是公司国际贸易和未来的发展，‘人生能有几回搏’！”陈久霖说。然而，他错了。“搏”与“赌”，完全是两码事。前者帮助他在7年中缔造了中航油的辉煌业绩，而后者，最多只能成就短暂的胜者，最终“久赌必输”。永不服输的精神，是人生拼搏的动力，用于“赌”却只能加速毁灭，尤其是在衍生品市场上。

5.黄光裕：105亿不能叫财富

2004年10月12日，胡润2004百富榜正式揭晓，35岁的黄光裕成为中国新首富，并突破百亿元的财富大关。

与2003年百富榜上的18亿资产相比，黄光裕2004年的财富一下子增加了87亿元，而2003年全年国美的总销售额不过177.9亿元。可以说，黄光裕的财富巨增中，很大功劳要归于股市。对于“首富”的称号，黄光裕有自己的想法，他并不反对人们说他是“账面富翁”。

黄光裕很早就筹划让国美上市，直到2004年才用“左手倒右手”的借壳方式实现了国美电器在香港上市。很多人认为这招实在是高明，但黄光裕不承认自己是资本运作的高手，他坦言，这都是专业公司的运作。

6.郑俊怀：自毁长城

2004年，对于伊利股份董事长郑俊怀而言，经历了“从天堂到地狱”的转变。从“说一不二”执掌全国乳品行业龙头企业，到涉嫌挪用公款用于个人营利而被拘捕，郑俊怀成为中国资本市场上又一个触犯恢恢法网的企业家。

郑俊怀以独道的魄力和勇气，把伊利从一个农垦小奶厂，发展成为国家520家重点工业企业和国家八部委首批确定的全国151家农业产业化龙头企业之一，在资本市场上长年保持绩优蓝筹股形象。但也就是他，同时以其独道的霸气在企业长期树立着一种“说一不二”的独裁作风。在2004年6月公司独立董事对公司在国债投资、高管家属设立关联公司等问题提出异议时，郑以其在公司的地位和力量罢免了该名独董，由此引发出的“伊利独董风波”久久不得在市场平息。一时间关于郑俊怀违规隐密操作MBO、转移公司资金等传言甚嚣尘上，这名知名企业家成为了2004年中国资本市场最大的猜想。2004年底，对郑俊怀的种种猜测以一种最坏的结果而告终：12月17日，以郑俊怀为首的5名伊利高管由于经济问题而突遭公安机关拘捕。

7.黄宏生：明知山有虎偏向虎山行

2004年11月30日，创维集团董事局主席黄宏生在香港廉政公署“虎山行”行动中被拘捕。12月1日，黄宏生及其兄弟被指控犯有“串谋偷窃罪”，偷窃创维财产，涉款总额为4800万元。

黄宏生犯的罪，在内地相当于大股东占款。然而，同样的行为发生在不同的地方，其境遇却迥然不同。在内地股市，大股东对上市公司动起手来，就不像黄宏生这般“客气”了，涉及金额不是以千万计，而是以亿、十亿计。其违规收益巨大，违规成本却极其低廉。违规者受到的惩处，在谴责、警告、金额有限的罚款之外，鲜见刑事处罚。

8.唐氏兄弟：白茫茫一片大地真干净

唐万里、唐万平、唐万川、唐万新四兄弟，人称“万里平川一片新”，用了18年时间一手缔造了庞大的德隆帝国，又在4个月里失去了一切。

唐万里，德隆国际董事局主席，主管德隆的农业产业，同时也是德隆的对外形象代言人，曾任全国工商联副主席。他主导的“农业产业化”计划是德隆一直引以为傲的形象工程，在过去的几年中，德隆不仅成为全球最大的番茄酱生产厂商之一，而且进军棉花、亚麻等多个领域。在德隆危机爆发之后，唐万里四处奔走呼号，但最终未能挽救积重难返的德隆。

唐万平，曾经主管德隆的战略和研究，近年来因身体抱恙，基本退出德隆具体事宜的管理。

唐万川，主管德隆资金调度，充当德隆输血者的角色。

唐万新，德隆国际总裁，德隆事实上的灵魂人物。

无论对德隆的功过得失如何评价，唐氏四兄弟的胆魄和手腕都不失为一代枭雄。他们所做的一切，都值得中国民营企业家去认真剖析和反思。

9.方风雷：高位蓄水

入选的理由有二：一是方风雷控股高华证券的资本来自高盛的贷款，开创了我国个人借用国际商业贷款的首例；二是高华证券与高盛证券有着千丝万缕的联系，高华的筹建将为高盛进入中国市场扫清最后障碍。

52岁的方风雷是中国资本市场的开拓者之一，曾历任中金、中银国际、工商东亚三大投资银行主要负责人，在任期间曾策划和推动中国移动、中国石油、中国联通、中国海油等大型企业的重组上市，以及中国电信收购香港电讯股份、香港盈科收购香港电讯、中国石油收购印尼油田等并购项目，战果辉煌。

据说，方风雷曾将其成功的经验归结为“高位蓄水”，也就是追随高明的老师，把握和参与中国的体制改革，从而提升本土投行承担大项目的能力。

10.李东生：只有靠业绩来摆脱质疑

2004年末，李东生入选全球商界领袖榜，据说这与其2004年一系列并购重组所体现出来的非凡胆识和创新手法有关。既然敢于年初整体上市后就闪电宣布分拆TCL移动海外上市，TCL集团与李东生也就不得不承受投资者“恶意圈钱”的指斥与不满，后深交所与证监局又发关注函要求公司规范信息披露，也算是尴尬事之一种，中间又遭遇郎咸平对集团财务数据的质疑。为此，李东生不得不在投资者面前以个人声誉作出担保，而更令他烦恼的也许要数TCL手机业务下半年的颓势渐显。卸去一切纷争，李东生的关注点终究要转移到这方面来，否则，没有强势业绩的支持，再大的雄心与再多的光环，都只是失去了大地之母的勇士安泰。2004年12月21日，TCL通讯在港宣布由袁信成替换下万明坚任TCL移动新的总经理。

（信息来源：网易财经）

中国资本市场人物剪影

◎榜三、2004 影响资本市场的大事◎

2004 年的中国资本市场既有惊喜又有悲哀，既充满希望又踌躇满志。以下是《四川金融投资报》的编辑们精心集粹的 2004 年度影响资本市场的大事和本埠发生的 10 大经济事件。其实，影响资本市场的大事也许不止这些，央行加息、宏观调控等也绝对应列其中，但全国各大报刊已经纷纷报道，在此不再一一重复。期待 2005 中国的资本市场会迎来更加灿烂的春天。

（一）最惊喜提名

国九条

提名理由：2004 年 1 月 31 日，国务院首次就资本市场发展发布《关于推进资本市场改革开放和稳定发展的若干意见》，对资本市场应该出台的政策和市场的各个主体都提出了极为具体要求。《意见》分 9 条，从政策、市场体系、投资品种、上市公司、中介机构、市场监管到对外开放等各个方面进行了规范，全面涵盖了资本市场各个环节。

分类表决

提名理由：2004 年 12 月 7 日，为进一步贯彻落实《国务院关于推进资本市场改革开放和稳定发展的若干意见》，形成抑制滥用上市公司控制权的制约机制，把保护投资者特别是社会公众投资者的合法权益落在实处，中国证监会发布《关于加强社会公众股股东权益保护的若干规定》。明确试行公司重大事项社会公众股股东表决制度。

9.14 行情

提名理由：尽管现在回首连续 5 天逼空的 9.14 行情觉得都有一点遥远了，股市又回到 1300 点以下，让好不容易兴奋了一阵的股民再次陷入深深的失望。股民说中国股市就像中国足球一样问题重重，让人期待却又常常失望。但毕竟有关部门已经公开、明确地提出要抓紧落实“国九条”，那就让我们期待一个规范的、积极的未来吧。

（二）最风光人物提名

郎咸平

提名理由：郎咸平对于读者来说不是陌生人，但 2004 年他却很风光，这位三叩 TCL、四问海尔、七敲格林柯尔的厚道学者虽无缘央视“经济年度人物”评选，但无疑是众人眼中的最佳候选人，因为他敢讲真话，有社会责任感。不管是面对主流经济学者的指责或者是众多民营企业家的刁难，他一如既往笑骂，颇有“经济学界李敖”之气，让人敬佩。

黄光裕

提名理由：2004 年，位居 2003“中国百富榜”第 27 名的黄光裕，一跃取代中国首富丁磊，成为 2004 年的中国内地新首富，个人财富达 105 亿元，年仅 35 岁。他创办的“国美”电器，5 年间先后在 25 个城市开设了 130 余家连锁店，年营业额从 30 亿元发展到近 200 亿元，并于 2004 年 6 月 7 日借壳“中国鹏润”在香港上市。

陈天桥

提名理由：2004 年胡润为陈天桥“估价”88 亿元，其在“中国百富榜”上出现的意义是让我们重新认识网络游戏，不要把网络游戏说得一无是处，网络游戏是个大产业。在美国纳斯达克，陈天桥的“盛大网络”上市不到半年，股价涨幅超过 150%，市值接近 24 亿美元，差不多超过“新浪”一倍，成为名副其实的第一中国概念股。

（三）最典型人物提名

王小石

提名理由：2004 年底，作为证监会发审委一名副处长的王小石东窗事发，被曝光以每份 20 万元人民币的价格倒卖发审委名单。之所以将王小石列为 2004 年悲情人物第一提名人，是因为他的出事让百病缠身的中国证券市场找到了一个宣泄的突破口。王小石虽是一个小人物，但其行为十分典型，折射出中国股市的病灶，因此也成为 2004 年股市千夫所指的一大“恶人”。

陈久霖

提名理由：从风光无限自定年薪达 2350 万元的“打工皇帝”，到因造成中国航油（新加坡）炒作石油期货损失 5.5 亿美元而身败名裂，陈久霖的境遇让人感慨这世界变化太快。作为一名职业经理人，失误是可以理解的，但因为亏损了 5.5 亿美元和涉嫌欺诈而给投资者造成巨额损失，他也就难逃干系了。

黄宏生

提名理由：其实，黄宏生仅仅“盗取”创维集团 4800 万港币，与在大陆股市那些动辄占用、“盗取”上市公司几亿、几十亿人民币的大股东负责人相比，这根本算不了什么。但黄宏生在香港沦为阶下囚，A 股的大股东负责人却或退休，或移民海外安享太平。无疑黄宏生事件让 A 股投资者警醒，同时也是对 A 股市场及其监管者的莫大讽刺。

（四）价格最坚挺提名

国际石油价格

提名理由：尽管国际原油产量从年初的每天 100-120 万桶上调到每天 200 万桶以上，但 2004 年国际原油的价格坚挺无比。由于受伊拉克战争、恐怖袭击担心和国际投机资金的共同影响，国际油价飞涨，从年初的 30 美元左右上涨到 55 美元以上，涨幅高达 80%。国际油价的持续上升造成国内石化下游企业成本上升，利润下降。

国际黄金价格

提名理由：因美元不断贬值和石油价格飞涨对全球经济拖累等诸多原因，

国际黄金价格也是屡创新高，一度突破每盎司455美元的16年新高。自2004年年初以来，金价已经上涨了12%，成为国际市场上最抢眼的投资品种。

国内房价

提名理由：在国内不少产品的一片降价声中，商品房价格却出人意料地坚挺。国家统计局公布的《国房景气指数报告》指出，2004年前10个月，中国商品房的平均销售价格同比上涨11.7%。房价的不断攀升，不仅让消费者不知所措，也让不少专家学者疾呼："房价有泡沫"。

（五）市场表现最差提名

沪深指数

提名理由：尽管从2004年初的1500点跌到年底1300点附近只有200点的跌幅，但估值之争、股权分置之惑等一系列因素让不少股票实际价格已经跌到1000点以下。伴随着频创新低的股价是庄家的消灭、机构的死亡、券商的危机、基金的尴尬、散户的割肉消亡。离2006年中国证券市场全面开放还有一年时间，在这一年内要解决很多问题，我们又能期待什么？

国内汽车市场

提名理由：2004年国内汽车市场从一开始就与"降价"联系到了一起，而且从头降到尾，整整一年不刹车。从2004年1月1日重庆长安铃木羚羊轿车宣布降价开始，到从不轻言降价的上海大众将旗下9个品牌44款车型整体降价，再到东风标志的降价补偿，在见惯不惊之后，消费者最大的感慨可能是："车商前几年够黑！"

美元

提名理由：从2000年10月20日到2004年11月22日4年多的时间里，美元对欧元贬值62.1%，美元指数从119.07下降到81.72，下降幅度达到45.7%。而2004年美元变本加厉的贬值从一定程度上讲是在逼迫人民币升值，这对于中国经济的影响是不言而喻的。

（六）股市最心惊事件提名

伊利事件

提名理由：内蒙古伊利实业股份公司董事长郑俊怀等5名高管因涉嫌挪用公司公款被刑事拘留。据介绍，2000年至2001年，郑俊怀等人未经董事会同意，先后挪用1590万元和1400万元分别给呼和浩特华世商贸有限公司和启元有限责任公司用于经营。伊利事件的曝光，再次揭示国企MBO的黑洞。

德隆系坍塌

提名理由：上半年，被称为"天下第一庄"的德隆系三驾马车湘火炬、新疆屯河和合金投资连续跌停，整个德隆系蒸发103亿元市值。德隆系的坍塌被认为是中国证券市场坐庄年代的终结事件，其对以后中国股市无论是投资或投机都有"教科书"般的借鉴意义。

券商频遭托管

提名理由：2004年对不少券商无疑是"事故"频发、"苦难"深重的一年。1月初，南方证券因违规经营，成为2004年首个被托管的券商。至10月底，德恒证券、恒信证券、中富证券、汉唐证券、闽发证券、辽宁证券先后被托管。曾经吃香喝辣风光无限的券商沦落至今日，可见中国股市现状一斑。

（信息来源：《四川金融投资报》2004年12月27日）

◎榜四、2004令中国金融界头痛的十大事件◎

2004年是中国金融业改革的重要一年，在这一年里，金融领域发生了许许多多令人头痛的事件，这些事件的发生，不仅扰乱了正常的金融秩序，而且给2004年的中国金融业留下了很多说不清道不明的阴影。但欣喜的是，这些令人头痛的金融事件从某些方面唤醒了高层监管层，一个全方位、多层次的预防金融风险及金融安全的预警系统即将全线拉响。新浪财经和中国金融网联合协作，从众多事件中评选出"2004令中国金融界头痛的十大金融事件"，以飨读者。

1.中国第一金融大盗的国洪起事件

2004年3月，震惊全国的"金融大盗"国洪起案，引起了中国高层及业内人士的极大关注。国洪起团伙凭借非法获得的巨大财力为后盾，形成了一股新的"白领黑势力"。国洪起系列案件是在目前经济环境下出现的一种新的经济犯罪形式，其犯罪的特点是手段比较隐蔽，但造成的国有资产流失相当巨大，对中国的正常金融和经济秩序的影响恶劣之极。

2.引起国务院和全国震动的江苏常州铁本事件

铁本事件是中国金融历史上一次罕见的集体"失足"。6家金融机构合力帮助一个注册资本3亿元的小型钢铁企业，运作一个远远超出其承载能力的总投资106亿元的大项目。该事件的发生是企业违法违规操作、地方政府和金融部门严重失职违规种下的苦果。

3.上海农凯集团周正毅操纵证券股票价格案

2004年5月，上海农凯集团法定代表人周正毅以操纵证券股票价格罪和虚报注册资本罪被判有期徒刑三年。12月22日，周正毅之妻毛玉萍又被香港警方提出控诉，指控她向5家银行诈骗信用贷款合计8900万港元。周正毅缺钱吗?他不缺，但是他最终还是栽在钱字上，根源就在于他“太贪”。

4.被中国消费者协会誉为“霸王条款”的银行卡事件

自2004年3月16日农行准备在7月1日对银行卡收10元年费的消息被媒体曝光以来，农业银行向外界公布原定在7月1日收取年费的日期推后，经过一段时间的内耗和争论，目前各大行已陆续开始收费，消费者也能接受修改后的各项条款。

5.德隆事件

德隆曾经被称为“江湖上最后一个大佬”，但从2004年4月开始，上海、重庆、山东、南昌、深圳等各地掀起一股“逼宫”德隆的追债潮。据监管部门的调查，德隆在整个银行体系的贷款额高达200-300亿元，主要在四大国有银行。在银行贷款越来越多的情况下，由于德隆产业整合不利，银行紧缩贷款，德隆的资金链现在已经断裂并使各方陷入了困境。

6.震惊银监会的国有商行内贼联手做案的两起重大票据诈骗案

这两起票据案件涉及河南、广东、贵州三省的多个城市，以及工商银行、农业银行、建设银行等共5家分支机构，诈骗分子以金钱收买银行工作人员，利用商业承兑汇票回购和贴现方式骗取银行资金2.58亿元，损失非常严重，影响极为恶劣。3家银行共处理工作人员35名，分别给予开除党籍、行政开除和其他党纪、政纪处分。

7.震惊审计署的锦州交行与锦州法院联手作假案

2004年6月23日，国家审计署审计长李金华在向十届全国人大常委会第十次会议作审计报告时指出：2000—2002年，交通银行辽宁锦州分行与锦州市中级法院、锦州市古塔区和凌河区法院联手作假，用伪造的法律文书上报交通银行总行，核销175户企业的“不良”贷款2.21亿元。该案举报人鲍宇等3人遭到锦州交行长达一年多的打击报复。2004年11月，中国交通银行总行监察室有关人员向3位举报人通报案件并为该案件定性，辽宁省纪委、政法委已经查实，举报属实，相关涉案人员已经在接受司法调查。交通银行总行党委决定调整锦州分行的领导班子，请鲍宇等3位同志回风险处原岗位上班，补发停职期间的工资。

8.把中国证监会推到风口浪尖上的王小石事件

2004年11月，一则证监会副处级工作人员王小石被抓的报道，引起了全国媒体和中国金融监管层的高度关注，在全国权威媒体和各大网站展开了一场史无前例的大讨论，并将讨论焦点直接对准了中国证监会。业内人士指出，只是一个副处级公务员的王小石之所以能掀起如此大的波澜，是因为该事件揭开了中国证券市场“发审”制度“潜规则”的黑幕，他的涉案导致了证券市场对目前发行制度的广泛质疑，进一步导致了对中国证监会的信任危机，证监会无疑又一次面临严峻考验。

9. 中国金融安全面临挑战——“网银大盗”克隆假网站事件

2004年10月，香港发生了首宗假网站骗取客户存款的个案。12月，有人在网上发现了一个假的中国银行网站，同时又发现了一个假工行网站（www.1cbc.com.cn）。网上银行频遭“李鬼”骚扰，对刚刚起步的中国电子银行业务造成不小的负面影响。许多商业银行对各自的电子银行系统进行了全面升级改造，都加强了与微软、IBM等国际软件巨头的合作，给网上金融服务以安全的最优化保证。

10.中航油演译中国版“巴林事件”，六家中资银行身陷泥潭

因炒期货亏损5.5亿美元的中航油公司2003年7月获得1.6亿美元银团贷款，参与贷款的银行达10家之多，其中中资银行有6家。这笔贷款是信用贷款，既没有抵押，也没有担保。因为2003年中航油被评为“明星企业”，且当年公布的股东回报率达346.3%，列新加坡上市企业之首，工商银行、光大银行、招商银行等纷纷趋之若骛，以致6家银行身陷其中不能自拔。

（信息来源：中国金融网、新浪财经）

房
地
产
榜

引　言

纷繁，热闹；变革，阵痛……这些似乎都不足以表达我们对2004年中国房地产局面的复杂感受。2004年，中国的房地产业可谓让人欢喜让人忧，究竟是“大江东去浪淘尽”，还是“春风得意马蹄疾”，业内人士为此着实打了些不少的口水仗。不管房价是涨是跌，地产业是泡沫还是健康，但有一点可说明的是，老百姓发现中国的地产开发商们越来越富了。目前，极低成本取得土地、政府部门的大量参与支持、营销炒作的巨大作用、爆炸性的需求释放等等极具转型经济社会特色的现象，仍是地产业者成功的主流原因。在中国转型时期尚未结束的情况下，他们之前成功的秘笈，今后仍然可能发挥作用，但也可能是将来失败的原因，而行业竞争加剧导致利润率的降低、金融与土地政策的巨变、消费者日趋理性和挑剔等日益严峻的经营条件，使得今天的地产行业蕴藏着巨大商机，但未来亦面临着更大的挑战。

回首2004年，中国的房地产业走过了一段不平凡的发展之路。在这条路上，有前进有彷徨，有欢笑有泪水，可是，究竟谁是最后的优胜者？在此，《中国排行榜年鉴》特辟“房地产榜”一角，以飨读者。

房地产榜中榜

一、企业篇

◎榜一、2004 中国房地产百强企业◎

1.万科企业股份有限公司
2.上海陆家嘴（集团）有限公司
3.北京天鸿集团公司
4.首创置业股份有限公司
5.广州市恒大实业集团有限公司
6.合生创展集团有限公司
7.北京城建投资发展股份有限公司
8.上海绿地集团
9.广州富力集团
10.中信华南集团有限公司
11.广东珠江投资有限公司
12.上海实业发展股份有限公司
13.碧桂园集团
14.浙江绿城房地产集团
15.上海中星集团
16.北京世纪金源集团
17.北京城市开发集团有限责任公司
18.金地集团
19.卓越置业集团有限公司
20.复地（集团）股份有限公司
21.中华企业股份有限公司
22.阳光 100 置业集团
23.大华（集团）有限公司
24.SOHO 中国
25.上海世贸房地产有限公司
26.广州保利房地产股份有限公司
27.广州市番禺祈福新村房地产有限公司
28.北京当代投资集团
29.北京万通地产集团
30.大连万达集团
31.金融街控股股份有限公司
32.天津顺驰投资集团有限公司
33.北京金隅嘉业房地产开发公司
34.利嘉实业（福建）集团有限公司
35.杭州市南都房产集团有限公司
36.华润置地（北京）股份有限公司
37.深圳市振业集团股份有限公司
38.中远房地产开发有限公司
39.西安高科地产
40.北京华远房地产股份有限公司
41.福州市房地产经营总公司
42.北京敬远房地产开发有限公司
43.北京泰跃房地产开发有限责任公司
44.北京住总房地产开发有限责任公司
45.天津市房地产发展（集团）股份有限公司
46.新疆广汇房地产开发有限公司
47.通州区房地产开发总公司
48.北京天恒置业集团
49.上海证大集团
50.深圳市东部开发（集团）公司
51.重庆市龙湖置业有限公司
52.深圳招商房地产有限公司
53.北京昆泰房地产开发集团
54.杭州市居民区发展中心
55.重庆华宇物业（集团）有限公司
56.大连市建设控股有限公司
57.深圳华侨城房地产有限公司
58.和记黄埔地产（深圳）有限公司
59.四川蓝光实业集团有限公司
60.上海康桥半岛房地产发展有限公司
61.成都置信实业有限公司
62.云南龙泉房地产开发经营有限公司
63.重庆南方集团有限公司
64.深圳市长城地产（集团）股份有限公司
65.浙江广厦股份有限公司
66.上海中环投资开发（集团）有限公司
67.中国光大房地产开发公司
68.深圳航空城（东部）实业有限公司
69.杭州广宇房地产公司
70.南京长发房地产开发公司
71.上海中祥（集团）有限公司
72.深圳天健集团股份有限公司
73.广州侨鑫集团有限公司
74.北京北化房地产开发有限公司
75.广州宏富房地产有限公司

76.上海中远三林置业集团有限公司
77.北京海开房地产股份有限公司
78.上海市上投房地产有限公司
79.深圳鹏基(集团)有限公司
80.上海汤臣房地产开发有限公司
81.深圳中海实业有限公司
82.上海新梅房地产开发有限公司
83.杭州宋都房地产集团有限公司
84.北京新纪元房地产开发有限公司
85.宁波银亿房地产开发有限公司
86.北京北辰实业有限公司北京置地分公司
87.南京栖霞建设(集团)公司
88.上海恒大房地产开发经营有限公司
89.上海置业有限公司
90.青岛伟东置业有限公司
91.中房海外集团公司
92.北京市大成房地产开发总公司
93.上海仁恒房地产有限公司
94.现代城市房地产(武汉)有限公司
95.北京朝阳房地产经营开发公司
96.上海永龙房地产有限公司
97.北京雅世房地产开发有限公司
98.南京21世纪投资集团有限公司
99.上海西部企业(集团)有限公司
100.长春房地产开发(集团)有限公司

(信息发布单位:中国房地产TOP10研究组)

备注:此榜为国务院发展研究中心企业研究所、清华大学房地产研究所、搜房研究院3家国内专注于企业和房地产研究机构组成的"中国房地产TOP10研究组"从2003年9月-2004年3月历时半年的研究成果,这是对全国房地产开发企业的综合实力进行的公正、客观、全面的研究,其目的是客观地反映当前我国房地产开发企业的整体状况和发展动态,科学评价房地产开发企业的综合实力。

"中国房地产TOP10研究组"以房地产开发企业2001-2003年的销售额均值(3.5亿元)为评价入选门槛指标,从反映房地产企业的开发规模与经营业绩、市场占有和潜在开发能力、房地产开发的实物量和价值量等3个方面,以销售额、销售面积、施工面积、竣工面积、投资额等为基础经济指标,设计相应的评价指标体系,运用因子分析法和相关数学模型,定量计算2003年中国房地产开发百强企业的综合实力指数,从而评选出综合实力百强企业。

此榜不仅促使房地产开发企业明确发展方向和赶超目标,而且为房地产开发企业提供了向客户和投资者展现其综合实力和投资价值的平台。

解读:房地产百强企业整体现状

1.地区分布

房地产100强在地域分布上呈现极大的不均衡性,主要分布在华北、华东和华南地区,占有100强总数的88%。其中华北地区以北京为中心,占有100强企业的32席;华东地区以上海为龙头,占有31%;华南地区则以深圳和广州为中心,占有25%;而中西部地区只占有100强的9%,其中只有重庆、成都、西安、武汉、昆明和乌鲁木齐等6个城市的房地产企业入选。这说明房地产行业发展水平和城市经济发展的区域差异极大影响了100强企业的区域分布。

2.经营业绩

TOP10研究组对百强企业的销售额、销售面积、开复工面积、竣工面积和投资额等基础经济指标研究表明,房地产百强企业两端极化比较明显,开发规模和经营业绩差异较大。从百强企业的经营业绩来看,销售额超过20亿元的有17家,在10-20亿元之间的有19家,在10亿元以下的百强企业有65家;从百强企业开发规模看,百强企业的开复工面积超过200万平方米的只有3家,开复工面积集中在20-50万平方米,占百强总数的40%。

3.产品结构

房地产百强企业中,以住宅为主营产品的企业共94家,以写字楼为主共3家,以商业地产为主3家,这说明100强企业开发产品以住宅为主。百强企业开发产品的均价为6171元/平方米,是全国房地产平均价格水平的2.69倍。前10强企业的产品均价是5829元/平方米,前11-20强和前21-30强的均价分别是5449元/平方米和9194元/平方米,可见房地产百强企业开发产品的平均档次较高,中间化趋势明显。同时,称雄房地产市场的仍是一些以开发满足广大消费者需求的中低档产品为主的企业。

4.产权结构

从房地产百强企业的所有制结构来看,国有经济成分正逐渐被非国有经济成分(包括民营企业和三资企业)所取代。在新一届百强企业中,国有房地产企业占40席;民营企业和三资企业分别占42%和18%。从房地产百强企业的上市情况来看,26%的企业是上市公司或控股上市公司,其中有6家企业在香港证券交易所上市。

5.业务特征

房地产百强企业经营业务的最大特征是产品生产的专业化和经营收入的多元化。在百强企业中,纯房地产开发业务的企业占45家,以房地产开发为主的企业占55家。除房地产开发活动外,百强企业涉足物业经营、建筑施工、装修建材、商业贸易和房地产中介等关联行业;从百强企业多元化经营结构可以看出,物业经营、关联施工、建材装饰分别吸引了40%、15%和24%的百强企业,这说明百强企业基于以"房地产开发为核心、延伸价值链和产业链"的多元化经营模式已经形成。

◎榜二、2004 中国地产经纪公司 100 强◎

名次	公司名称	得分	名次	公司名称	得分
1	中原（中国）物业顾问有限公司	90.63	49	重庆大泽置业代理有限公司	85.43
2	上海房屋置换股份有限公司	90.59	50	北京精品家园房地产经纪公司	85.38
3	置业国际（中国）有限公司	90.16	51	广州房屋置换有限公司	85.37
4	上海 21 世纪不动产	90.15	52	美联物业顾问（深圳）有限公司	85.25
5	天津顺驰置业有限公司	90.1	53	成都富力房屋置换有限公司	85.24
6	世联地产顾问（中国）有限公司	90.08	54	北京鑫尊房地产经纪有限责任公司	85.23
7	戴德梁行·泛城（中国）	90.07	55	广东合富房地产置业有限公司	85.22
8	上海市智恒加诚房地产经纪有限公司	90.06	56	无锡美嘉房地产顾问有限公司	85.22
9	深圳市金地置业顾问有限公司	90.03	57	杭州房屋置换有限公司	85.21
10	上海住商房地产经纪有限公司	90	58	深圳市新峰地产顾问有限公司	85.21
11	广州合富辉煌房地产顾问有限公司	89.29	59	广东经纬房产咨询有限公司	85.09
12	华高莱斯国际地产顾问（北京）有限公司	89.25	60	天津市津房置换河西连锁有限公司	85.08
13	上海太平洋房屋服务有限公司	89.09	61	上海华一房产经纪有限公司	85.07
14	北京世邦魏理仕物业管理服务有限公司	88.94	62	天津汇众房地产经营有限公司	84.43
15	上海置富行房地产经纪有限公司	88.91	63	上海熙麟房产咨询有限公司	84.37
16	上海信义房屋中介咨询有限公司	88.84	64	无锡市大众房地产服务（连锁）有限公司	83.35
17	上海地田地产经纪有限公司	88.19	65	同致地产顾问集团	82.58
18	北京金网络置业投资顾问有限公司	88.13	66	北京锋华兴业房地产经纪有限公司	82.53
19	深圳市黑马房地产顾问有限公司	88.1	67	广州珠江中原物业顾问有限公司	82.36
20	深圳市林创辉实业发展有限公司	88.07	68	上海复易房屋置换经纪有限公司	82.34
21	南京市房屋销售置换实业有限公司	87.94	69	北京天赐伟业房地产经纪公司	82.13
22	北京置换家园房地产经纪有限公司	87.76	70	北京中大恒基房地产经纪有限公司	82.08
23	北京思源宏业房地产经纪有限公司	86.98	71	深圳市星联地产顾问有限公司	81.6
24	北京协成房地产经纪有限公司	86.56	72	上海金管家房产经纪有限公司	81.58
25	广州满堂红置业有限公司	86.55	73	苏州市房屋置换中心	81.52
26	北京世纪百人行投资顾问有限公司	86.53	74	世家机构·汇高行市场研究咨询有限公司	81.15
27	北京盛联阳房地产经纪有限公司	86.44	75	西安明顺房地产开发有限责任公司	81.12
28	深圳市世华房地产投资顾问有限公司	86.4	76	浙江裕兴不动产经纪有限公司	80.51
29	上海力江房地产经纪有限公司	86.39	77	昆明古德房地产经纪有限公司	80.5
30	北京我爱我家房地产经纪有限公司	86.38	78	重庆宏佳房地产交易有限公司	80.39
31	上海全程房地产经纪有限公司	86.37	79	北京链家宝业房地产经纪有限公司	80.32
32	北京华龙房地产经纪有限公司	86.36	80	江西省鸿基房产置换有限公司	80.27
33	广州美联房地产顾问有限公司	86.33	81	重庆渝房置业顾问有限公司	80.21
34	上海聪慧房产经纪有限公司	86.32	82	温州海螺置业有限公司	79.63
35	上海新澳投资咨询有限公司	86.29	83	合肥金蝶房地产经纪销售有限责任公司	78.63
36	上海天联房地产咨询有限公司	86.25	84	杭州广策房屋置换有限公司	78.62
37	南京明旺房产经纪有限公司	86.23	85	上海中房房屋置换有限公司	78.56
38	上海爱建立好信房地产经纪有限公司	86.2	86	深圳市创道房地产经纪有限公司	78.55
39	重庆金丰易居房屋置换有限公司	85.64	87	福州南新房地产代理有限公司	78.54
40	深圳市中联房地产企业发展有限公司	85.63	88	北京信一天房地产经纪有限责任公司	78.35
41	上海多越房地产经纪有限公司	85.62	89	北京恒成行房地产经纪有限公司	78.3
42	天津市广厦房地产经纪有限公司	85.61	90	无锡市怡信天成投资顾问有限公司	78.1
43	美联物业顾问（上海）有限公司	85.57	91	厦门睿地智业房地产行销策划有限公司	78.06
44	北京亚豪房地产经纪有限公司	85.56	92	上海地田实业有限公司	78.05
45	上海轩诚房产经纪有限公司	85.5	93	北京海煦置地房地产经纪有限公司	77.95
46	深圳市中天置业评估有限公司	85.48	94	上海枫林房地产经纪有限公司	77.86
47	重庆众联行房地产咨询有限公司	85.47	95	深圳昌鑫地产营销策划有限公司	77.86
48	天津龙盛房地产经营有限公司	85.45	96	广东珠江置业有限公司	77.84

名次	公司名称	得分	名次	公司名称	得分
97	北京正华源房地产经纪有限公司	76.48	99	广州方圆地产顾问有限公司	75.67
98	浙江慈溪市华祥房地产经纪有限公司	75.69	100	无锡市万家房产中介服务有限公司	75.04

(信息来源:《世界商业评论》杂志 2005 年 4 月 22 日)

备注:为促进中国房地产业的健康发展,提升房地产品牌知名度及美誉度,推进房地产业建立信用管理体系,由世界经理人周刊社、中华工商时报社、世界地产研究院发起主办,中国房地产联合会、中国地产指数办公室联合主办,新浪网房产频道协办,人民网房产城建频道支持,消费者报告网站具体承办了"2005 年(第 2 届)中国地产年会",并于 2005 年 4 月 22 日发布了 2004 中国地产经纪公司、物业管理公司及住宅、别墅、商铺、写字楼、酒店式公寓等楼盘的 100 强名单。

此次排名参照国际排名的通行标准,并结合中国房地产行业发展的自身特点,在行业资深专家的指导下,依据世界企业实验室的企业竞争力评估模型制定了一套比较能反映中国房地产行业客观状况的排名标准。经过多次的数据核实和分析,对符合申报标准的企业(物业管理公司及地产经纪公司)按照营收指数、规模指数、盈利指数、品牌指数、声望指数等 5 项指标计算出最后得分,从而得出了此次排名。

◎榜三、2004 中国物业管理公司 100 强◎

名次	公司名称	得分	名次	公司名称	得分
1	上海陆家嘴物业管理有限公司	91.27	33	深圳熊谷物业管理有限公司	84.31
2	北京世邦魏理仕物业管理服务有限公司	91.25	34	北京京威物业管理有限公司	84.3
3	第一太平戴维斯(Savills)中国公司	91.23	35	上海四平物业管理有限公司	84.29
4	深圳市中海物业管理公司	89.93	36	北京华润物业管理有限公司	84.27
5	上海中星集团申城物业有限公司	89.85	37	山东鲁能物业公司	83.79
6	戴德梁行房地产顾问(深圳)有限公司	89.58	38	北京悦豪物业管理有限公司	83.68
7	北京金融街物业管理有限责任公司	89.56	39	深圳信和物业管理有限公司	83.46
8	上海上房物业管理有限公司	89.54	40	上海新长宁集团新华物业有限公司	83.35
9	北京万科物业管理有限公司	89.53	41	深圳市保利物业管理有限公司	83.34
10	上海高力国际物业服务有限公司	89.52	42	上海中山物业有限公司	82.22
11	深圳市赛格物业管理有限公司	89.5	43	深圳市城建物业管理有限公司	82.07
12	深圳市福田物业发展有限公司	89.49	44	北京网信物业管理有限公司	82.06
13	上海科瑞物业管理发展有限公司	89.37	45	宁波经济技术开发区联合物业有限公司	81.67
14	深圳市鹏基物业管理有限公司	89.11	46	深圳市百仕达物业管理有限公司	81.52
15	深圳市华侨城物业管理有限公司	89.09	47	北京裕展物业管理有限公司	81.47
16	北京城建物业管理有限责任公司	89.03	48	深圳卓越物业管理有限公司	81.45
17	深圳中航物业管理有限公司	88.95	49	仲量联行测量师事务所(上海)有限公司	81.44
18	北京万通鼎安国际物业管理顾问有限公司	88	50	陕西金鑫太平物业管理有限公司	81.42
19	深圳市万科物业管理有限公司	87.33	51	北京宝景物业管理有限公司	80.84
20	上海宝钢源康物业管理有限公司	86.72	52	北京建创新兴物业管理有限公司	80.6
21	番禺祈福物业管理有限公司	86.69	53	上海沪莘置业发展有限公司	80.57
22	上海外高桥物业管理有限公司	86.67	54	北京天宇流星花园物业管理有限公司	80.27
23	深圳市万厦居业有限公司	86.66	55	深圳市泰然物业管理服务有限公司	80.18
24	上海申能物业管理有限公司	86.28	56	北京市北宇物业管理公司	80.04
25	北京中海物业管理有限公司	86.26	57	西安铁峰物业管理有限责任公司	80.01
26	上实物业管理(上海)有限公司	85.91	58	北京银达物业管理有限责任公司	79.96
27	深圳市天健物业管理有限公司	85.9	59	上海延吉物业管理有限公司	79.95
28	国贸物业酒店管理有限公司	85.89	60	广州莱佛士物业服务有限公司	79.9
29	中房集团北京物业公司	85.67	61	深圳市冠懋物业管理有限公司	79.89
30	上海东湖物业管理公司	85.64	62	北京天竺空港物业管理有限公司	79.74
31	北京大成物业管理有限公司	84.75	63	广东省华侨物业发展公司	79.72
32	上海复瑞物业管理有限公司	84.74	64	上海民盈城投物业管理有限公司	79.51

名次	公司名称	得分	名次	公司名称	得分
65	北京中兴物业管理有限公司	79.46	83	保利广州物业管理有限公司	76.86
66	深圳祥祺物业管理有限公司	79.41	84	上海德律风物业有限公司	76.76
67	北京育新物业管理公司	79.28	85	河南建业物业管理有限公司	76.66
68	上海嘉城物业管理有限公司	79.19	86	北京燕山星城物业管理公司	76.64
69	北京华特物业管理发展有限公司	78.74	87	上海欣达房产服务公司	76.32
70	深圳市长城物业管理股份有限公司	78.68	88	广州万宁物业管理有限公司	76.26
71	上海申大物业有限公司	78.64	89	深圳市中信物业管理有限公司	76.23
72	深圳花样年物业管理有限公司	78.63	90	上海长风物业有限公司	76.19
73	天津天孚物业管理有限公司	78.57	91	北京华腾世纪物业管理有限公司	76.11
74	上海平凉物业管理有限公司	78.54	92	深圳泰华物业管理有限公司	75.86
75	北京达文物业管理有限公司	78.5	93	珠海市中竣物业管理有限公司	75.8
76	青岛城市建设集团物业管理有限公司	78.48	94	友谊集团物业管理有限公司	75.61
77	深圳市绿景物业管理有限公司	78.45	95	深圳市龙房物业管理有限公司	75.57
78	江苏新城物业管理有限公司	78.36	96	北京东光物业管理有限公司	75.39
79	上海安居物业有限公司	77.71	97	上海万消物业有限公司	75.36
80	北京仲量联行物业管理服务有限公司	77.65	98	北京国广物业管理有限公司	75.13
81	深圳市前海物业管理有限公司	77.56	99	青岛海信物业经营有限公司	75.12
82	福州融侨物业管理有限公司	77.4	100	济南济发物业有限责任公司	74.98

(信息来源:《世界商业评论》杂志 2005 年 4 月 22 日)

备注:此榜由世界经理人周刊社、中华工商时报社、世界地产研究院发起主办,中国房地产联合会、中国地产指数办公室等联合主办并于 2005 年 4 月 22 日发布。其评选标准有 5 项指标:营收指数、规模指数、盈利指数、品牌指数和声望指数。

◎榜四、2004 中国房地产上市公司综合实力 10 强◎

排名	2003 年综合实力排名	股票代码	股票简称	主营业务收入 数额(万元)	主营业务收入 排名	利润总额 数额(万元)	利润总额 排名	总资产 数额(万元)	总资产 排名	市价总值 数额(万元)	市价总值 排名
1	2	000002	万科 A	638006	1	83037	1	1056104	1	753630	3
2	1	600663	陆家嘴	226552	3	79759	2	883631	2	1337713	1
3	4	000024	招商局 A	483883	2	45520	3	592365	5	419687	10
4	5	600266	北京城建	224394	4	20569	10	855692	3	505200	7
5	3	600675	中华企业	188600	8	32579	5	589754	6	336173	16
6	8	600383	金地集团	150985	11	22699	8	481913	8	260550	23
6	6	600881	亚泰集团	158077	10	11124	18	620418	4	316808	18
6	16	600895	张江高科	82175	20	20938	9	330297	19	767087	2
9	18	000402	金融街	143797	12	33177	4	362472	16	301491	19
9	7	600007	中国国贸	64677	27	31506	6	439277	10	487200	8

(信息发布单位:中国房地产 TOP10 研究组)

备注:此榜根据截至 2003 年 12 月 31 日房地产上市公司的总市值、总资产、利润总额、主营业务收入 4 个指标进行综合评价。

解读:上市公司 10 强的特点

1.企业的综合实力和财富创造能力正相关,综合实力较强的上市公司凭借其规模优势获得较高的经济效益,从而为股东真正创造价值,强者越强。

2.坚持走专业化、市场化的道路,围绕主业优化子组合,使企业持续增长,做大做强。

3.企业长期发展所需土地资源获取的资金投入与短期稳定现金流的持有难以兼顾,如何在保障丰富的土地储备的同时,保持稳定的现金流,这是房地产上市公司在经营模式上亟待进一步探讨的问题。

◎榜五、2004引领中国住宅风尚企业◎

1.首创置业股份有限公司
2.富力地产集团
3.万科企业股份有限公司
4.北京华远地产股份有限公司
5.天津顺驰集团
6.上海中远三林置业集团有限公司
7.大连友谊合升房地产开发有限公司
8.卓越置业房地产开发有限公司
9.成都博瑞房地产开发有限公司
10.大连亿城股份

(信息来源:《21世纪经济报道》2004年8月7日)

备注:此榜于2004年8月7日由中国强势财经媒体《21世纪经济报道》、21世纪会议网主办的第4届"博鳌21世纪房地产论坛"上发布。同时发布的还有"2004引领中国住宅风尚名盘"榜。

博鳌21世纪房地产论坛创立于2001年8月,是目前中国规格最高,影响最大的房地产论坛之一。论坛按照年会的性质举办,已于2001年8月、2002年9月及2003年8月在中国海南博鳌成功举办了3届。

"城市住宅风尚"是指优秀的企业和极具代表性的住宅作品,它们或以建筑之美,或以健康生态,或以智能新概念等成为一个城市的住宅风尚标志,引领着一个城市甚至全国的住宅风尚。

二、楼盘篇

◎榜一、2004中国酒店式公寓100强◎

名次	项目名称	开发商	得分
1	雅诗阁	雅诗阁国际管理有限公司	91.55
2	贡院六号	北京绿都源房地产开发有限公司	91.51
3	棕榈泉国际公寓	北京世纪朝阳房地产开发有限公司	91.07
4	碧云108	上海东渡房地产开发有限责任公司	91.06
5	易墅殿堂	北京凯迪宝房地产开发有限公司	91.01
6	新梅万豪行政公寓	上海兴盛集团·万豪国际集团	90.99
7	旺座中心	北京天亚物业开发有限公司	90.98
8	莫奈印象	上海绿地(集团)有限公司	90.97
9	元嘉国际公寓	北京三元嘉铭房地产开发有限公司	90.94
10	衡山路41号	上海汇发房地产有限公司	90.91
11	锦麟天地	上海华丽房地产发展有限公司	90.19
12	海河之子·港湾中心	天津海贸物业发展有限公司	90.15
13	嘉里公寓	北京嘉奥房地产开发有限公司	89.99
14	高新·水晶岛	西安高新技术产业开发区房地产开发公司	89.84
15	第一城	中信国安第一城国际会议展览有限公司	89.81
16	昆泰国际中心	北京昆泰嘉华房地产开发有限公司	89.74
17	官邸Double	厦门福康经济发展有限公司	89.08
18	深圳大梅沙海景公寓	深圳市桂祺实业发展有限公司	89.02
19	锦骏华庭	广州百嘉信集团有限公司	88.99
20	东方瑞景国际公寓	北京峻成房地产开发有限公司	88.96

名次	项目名称	开发商	得分
21	国际明佳城	上海明佳房产经营开发有限公司	88.83
22	世豪国际酒店公寓	北京世豪置业投资集团有限公司	88.65
23	绿洲仕格维花园	上海绿洲仕格维花园酒店公寓有限公司	87.43
24	雅地天际	重庆共创置业有限公司	87.43
25	万泉新新国际公寓	万泉花园物业开发有限公司	87.42
26	钛度元嘉国际公寓	北京三元嘉铭房地产公司	87.4
27	巴黎时光	上海淞南商业公司	87.31
28	新世界太华公寓	北京崇裕房地产开发有限公司	87.27
29	东方云顶广场	昆山红枫房地产有限公司	87.26
30	银珠公寓	天津凯成房地产咨询有限公司	87.25
31	和乔丽晶公寓	北京将军苑房地产公司	87.24
32	丽高国际公寓	北京丽高房地产开发公司	87.23
33	康桥水郡	北京信远万柳房地产公司	87.2
34	金陵王府	南京市建邺房地产开发公司	87.19
35	睿园	上海兴谊房地产有限公司	87.16
36	月亮城堡	东润集团	87.12
37	时代豪苑公寓	龙庆物业发展公司	87.1
38	金色假日	深圳市津联泰投资有限公司	87.07
39	世纪金源国际公寓	北京金源鸿大房地产有限公司	86.51
40	世福汇外滩中福现代城	上海金福外滩置业有限公司	86.49
41	恋日国际	北京华野投资管理有限公司	86.48
42	钻石年代	重庆江山物业发展有限公司	86.47
43	兆丰苑酒店式公寓	上海裕隆房产发展有限公司	86.43
44	通用时代	北京通润房地产开发有限公司	86.42
45	海晟·名苑	北京海晟房地产开发有限公司	86.36
46	阳光上东	北京星泰房地产开发有限公司	86.34
47	明城花苑酒店式公寓	上海明城花苑管理有限公司	86.33
48	新世界酒店式公寓	新世界中国有限公司	86.31
49	丹枫白露酒店公寓	深圳市三九房地产集团	86.29
50	珠江骏景	北京珠江房地产开发有限公司	86.24
51	里昂花园	上海浦江发展有限公司	86.23
52	阳光·新天地	新天地房地产开发（武汉）公司	86.11
53	万源晶典	上海源鸿置业有限公司	86.1
54	富顿中心	北京昆泰嘉业房地产公司	86.09
55	西屋国际公寓	北京嘉海房地产开发公司	86.08
56	摩登时代安天大厦	上海安天置业有限公司	86.06
57	远洋新干线	中远房地产开发有限公司	86.05
58	爱丽轩	仁信发展（上海）有限公司	86.01
59	中信广场	熊谷蚬壳（广州）有限公司	85.95
60	绿城·深蓝广场	杭州中山房地产有限公司	85.94
61	协和丽豪	协和建设有限公司	85.93
62	丽晶国际	江苏建坤置业有限公司	85.28
63	炫特区	北京广厦京都置业有限公司	85.22
64	云鼎国际公寓	重庆恒通房地产发展有限公司	84.19
65	金桥国际公寓	北京新润房地产开发有限公司	83.41

名次	项目名称	开发商	得分
66	亨纳斯酒店公寓	上海永阳房地产有限公司	83.36
67	恒升半岛国际中心	上海东方房产投资发展有限公司	83.19
68	同济佳苑	上海同恒置业有限公司	83.17
69	温莎公寓	温莎置业（上海）有限公司	82.96
70	爱都公寓	上海鹏飞房地产开发有限公司	82.91
71	远中悦莱	北京远中房地产开发有限公司	82.42
72	金茂礼都	深圳市大富铭投资发展有限公司	82.4
73	金丰世家	上海万都房地产有限公司	82.34
74	东环广场酒店式公寓	北京华建房产开发公司	81.97
75	金桥凤凰酒店公寓	上海诚至置业有限公司	81.94
76	光彩国际公寓	北京光彩置业有限公司	81.32
77	财智公馆	北京建房房地产开发公司	81.31
78	美华大厦	天津美通发展有限公司	81.2
79	东华经典	北京市宣武区房地产公司	81.13
80	新黄浦酒店公寓	上海海浦中心房地产公司	81.08
81	钱塘·沁园	杭州钱塘房地产开发集团	81.02
82	海上花园	上海上科实业有限公司	80.43
83	夏都盈座	北京夏都房地产发展公司	79.42
84	金隆海悦	上海金隆置地有限公司	79.41
85	独立年代	南京建宇房地产开发公司	79.35
86	康斯丹郡	北京和祥恒房地产公司	79.34
87	森林高尔夫·公寓	北京先锋置业股份有限公司	79.33
88	领地国际公寓	领地集团	79.14
89	都会国际	北京京港物业发展有限公司	79.09
90	金兰花苑	上海东联房产开发有限公司	78.89
91	北京宝鼎中心	致祥房地产开发公司	78.85
92	中汇花园	上海兴威房产开发有限公司	78.84
93	鼎极·嘉华世纪	北京白金房地产公司	78.74
94	白金酒店公寓	澎柏置业实业有限公司	78.65
95	百汇中心独立时代	上海赛元房地产有限公司	78.65
96	华苑大厦	新上海国际房地产有限公司	78.63
97	华山花园	上海基立房地产有限公司	77.25
98	君临国际	江苏中住地产开发公司	76.45
99	春天花园酒店公寓	上海东方金马房地产公司	76.43
100	紫荆豪庭	中海发展（北京）有限公司	75.8

（信息来源：《世界商业评论》杂志 2005 年 4 月 22 日）

备注：此榜由世界经理人周刊社、中华工商时报社、世界地产研究院发起主办，中国房地产联合会、中国地产指数办公室等联合主办并于 2005 年 4 月 22 日发布，此榜的评选是根据综合评估品牌知名度、市场策略、销售额以及服务标准等综合指标而最终产生的。

解读：酒店式公寓意为"酒店式的服务，公寓式的管理"，市场定位较高，集住宅、酒店、会所多功能生活设施于一体，既可"自用"又兼"投资"潜力。在中国的房地产市场，酒店式公寓正是方兴未艾。

根据市场调研，从 1999 年第二季度起，酒店式公寓的租金一路攀升，平均租金已达到每平方米每月 25 美元。同时，市场占有率也相应的以每年 2 个百分点的速度升高。由于普通公寓无法保证高标准的居住环境和生活品质，中国主要城市中的外籍高级行政管理人员已成为酒店式公寓的主力客源。

◎榜二、2004 中国别墅 100 强◎

名次	项目名称	开发商	得分
1	万科·17英里	深圳市万科房地产有限公司	95.83
2	东山墅	北京太合嘉园房地产开发有限责任公司	95.81
3	海源别墅	上海上实湖滨新城发展有限公司	95.79
4	九间堂	上海证大三角洲置业有限公司	94.43
5	珊瑚湾畔	和记黄埔地产（广州番禺）有限公司	94.34
6	京润水上花园	北京京润房地产开发有限公司	94.06
7	棕榈泉花园	上海西北盛唐房地产有限公司	94.04
8	观唐中式宅院	博华紫光置业有限公司	94.02
9	逸泉山庄	广州城建开发景城房地产有限公司	94.01
10	碧水庄园	北京碧水庄园房地产开发有限公司	94
11	长岛澜桥	北京北辰房地产开发股份有限公司	93.98
12	万科蓝山小城	上海万科浦东置业有限公司	93.97
13	东方夏湾拿	广州珠江房地产开发中心有限公司	93.84
14	紫都上海晶园	上海紫都佘山房产有限公司	93.57
15	江枫园	苏州万国房地产公司	93.55
16	凯达华庭	东莞市凯达实业有限公司	93.49
17	绿洲千岛花园别墅	上海航头高夫置业有限公司	93.41
18	万科兰乔圣菲	上海华欧房地产有限公司	92.4
19	纳帕溪谷	北京翰宏基业房地产开发有限公司	91.7
20	佘山月湖山庄	上海利宝房地产开发有限公司	91.05
21	长岛别墅	上海人济置业发展有限公司	91.02
22	绿城·桃花源	绿城集团·杭州桃花源房地产开发有限公司	91
23	汤臣高尔夫别墅	上海汤臣高尔夫房地产开发有限公司	90.99
24	御景园邸	弘业物业开发（天津）有限公司	90.59
25	佘山高尔夫	上海佘山国际高尔夫俱乐部	90.57
26	亚澜湾	北京绿岛置业房地产开发有限公司	90.21
27	半山海景	深圳招商房地产有限公司	90.2
28	绿洲比华利花园	翰阳（上海）城市建设发展有限公司	90.19
29	橘郡	北京温碧源住宅有限公司	89.96
30	东郊花园	浦程房产有限公司	89.93
31	F·天下	纵横（武汉）盘龙城置业有限公司	88.99
32	御翠园	上海和联房产开发有限公司	88.98
33	四季草堂	上海四季草堂房地产有限公司	88.53
34	大豪山林别墅	上海大豪城乡建设公司	88.52
35	天琴湾	深圳富春东方（集团）有限公司	88.51
36	恒联名人世家	上海恒舜置业有限公司	88.49
37	珠江别墅	广州宏隆房地产发展有限公司	87.97
38	绿城·九溪玫瑰园	杭州九溪渡假村有限公司	87.86
39	香山艺墅	北京香山艺墅房地产开发有限公司	87.63
40	圣得恒业花园	上海远峰房地产发展有限公司	87.51
41	晴翠园	北京丰联房地产开发经营有限公司	87.5
42	星河湾	广州宏富房地产有限公司	86.33
43	水印长滩	北京温碧园开发有限公司	86.17
44	白云堡豪苑	广州白云堡房产开发有限公司	86.16

名次	项目名称	开发商	得分
45	西丽山庄	深圳市林江房地产有限公司	85.75
46	西郊紫郡	上海长宇实业有限公司	85.6
47	熙园	深圳市鸿荣源实业有限公司	85.54
48	西郊大公馆	新典房地产开发公司	85.52
49	顺景园石上清泉	顺峰国际投资集团	85.51
50	城市山谷	深圳市百富隆新投资有限公司	85.49
51	爱涛·漪水园	爱涛置业	84.89
52	丽高王府	北京丽高房地产开发有限公司	84.63
53	佰富·高尔夫别墅	重庆佰富实业有限公司	84.6
54	西山美庐	香山双新房地产公司	84.28
55	水乡温泉别墅	融侨（福建）房地产有限公司	84.19
56	紫庐	北京恒世基业房地产开发有限公司	84.05
57	桃源清水居	上海启城置业发展有限公司	84.01
58	碧瀛谷	苏州太湖华鑫建设发展有限公司	83.96
59	万城华府	北京万城置地房地产开发有限公司	83.95
60	滇池高尔夫	昆明滇池高尔夫有限公司	83.9
61	欧陆苑	北京欧陆房地产开发有限公司	83.89
62	太湖翠峰山庄	上海天色房地产开发有限公司	83.73
63	白金瀚宫	上海豪洲房地产开发公司	83.71
64	颐安别墅	北京颐安房地产股份有限公司	83.49
65	金都·富春山居	金都房产集团	83.44
66	中安·翡翠湖	重庆中安房地产开发公司	83.39
67	大湖山庄	北京金来欣房地产开发有限公司	83.25
68	绿洲江南园	上海置业一住富房地产发展有限公司	83.16
69	西山美墅馆	北京三九建业房地产开发有限公司	82.67
70	天马花苑高尔夫别墅	上海锦江有限公司	82.61
71	百家湖·印象威尼斯	南京百家湖房地产开发有限公司	82.57
72	红螺湖别墅	北京大地房地产开发公司	82.56
73	香江花园	新加坡丰隆集团	82.49
74	颐园	嘉里建设（深圳）有限公司	82.46
75	提香别墅	上海韵园置业有限公司	82.42
76	比华利豪园	和记黄埔（重庆江北）有限公司	82.4
77	领域	北京春光房地产开发有限公司	82.37
78	维多利亚庄园	大连三寰集团有限公司	82.27
79	北京国际花园	北京金丰国际企业家俱乐部有限公司	81.6
80	汤臣怡园	上海汤臣房地产开发有限公司	81.54
81	和贵馨城	成都和贵实业有限公司	81.44
82	帝景山庄	合生创展	81.26
83	常青藤人文别墅	重庆渝北新城枫林置业有限公司	80.7
84	人信·假日威尼斯	鄂州人信房地产开发有限公司	80.6
85	西山恬园	苏州市天能房地产有限公司	80.49
86	南都·西湖高尔夫别墅	浙江南都房产集团	80.47
87	怡龙别墅	北京帝苑房地产开发有限公司	80.14
88	仙湖别墅	朝恒房地产（深圳）有限公司	80.08
89	莱蒙湖别墅	北京康馨园房地产开发有限公司	80.05
90	圣美利加庄园	大连圣北房地产有限公司	80

名次	项目名称	开发商	得分
91	兰乔圣菲	上海华欧房地产有限公司	79.92
92	优山美地	北京碧水源房地产开发有限公司	79.66
93	圣堡	上海大地房地产有限公司	79.59
94	御景苑	深圳市天捷乐房地产开发有限公司	79.39
95	林克司别墅	上海林克司高尔夫乡村俱乐部	79.35
96	金色奥斯卡	上海金鹏房地产开发有限公司	79.16
97	汤 HOUSE	北京久长房地产开发有限公司	79.13
98	雪莲山鸿福阳光别墅	新疆祥平房地产开发有限公司	78.89
99	大通绿岛家园(格林风尚)	大通建设发展有限公司	78.88
100	西郊一品花园	上海三维房产发展有限公司	78.73

(信息来源:《世界商业评论》杂志 2005 年 4 月 22 日)

备注:此榜由世界经理人周刊社、中华工商时报社、世界地产研究院发起主办,中国房地产联合会、中国地产指数办公室等联合主办并于 2005 年 4 月 22 日发布。

解读:对于别墅来说,人们买的是环境,是服务,是品位和优越感,而不是普通住宅所计较的使用率、总价等。住房在尽量追求舒适的同时,要满足人与环境的共享,这才是真正的人性化,以人为本。对不同职业的成功人士来说,别墅不仅是其身份的体现,还应该有其特有的人文色彩和相应的功能空间。目前别墅市场上,在大多数开发商和买家尚不成熟的情况下,研究培育市场十分重要。

◎榜三、2004 中国商铺 100 强◎

名次	项目名称	开发商	得分
1	金源 MALL	北京金源鸿大房地产有限公司	94.36
2	HOLIDAY PLAZA 假日广场	深圳市益田房地产集团股份有限公司	94.3
3	北京财富中心	北京香江兴利房地产开发有限公司	93.84
4	爱建·滨江商都	哈尔滨爱达投资置业有限公司	93.81
5	上海万达商业广场	大连万达集团	93.78
6	正佳广场	广州市正佳企业有限公司	93.76
7	帝景摩尔	重庆帝景摩尔房地产开发有限公司	93.75
8	江南 MALL	浙江金泰阳房地产开发有限公司	93.74
9	建外 SOHO	北京红石建外房地产开发有限公司	93.71
10	华南 MALL	三元盈辉投资发展有限公司	93.68
11	上海贝多芬广场	上海绿地集团	92.94
12	上海世茂国际广场	世茂集团	92.9
13	北京金四季购物中心	北京国图物流有限公司	92.73
14	巴比伦·恒泰生活广场	上海泰恒房地产发展有限公司 上海申桥房地产公司	92.57
15	中信城市广场	深圳中信城市广场投资有限公司	92.54
16	北京中关村国际商城	北京王府井百货(集团)股份有限公司	92.46
17	碧湖港澳城	深圳市志联佳实业有限公司	91.79
18	上海置业广场购物中心	上海闵行房地产集团有限公司	91.73
19	斌鑫·世纪城	重庆斌鑫集团	91.7
20	上海七宝龙城 NEXT MALL	金球集团	91.67
21	缤纷亚洲	江苏汇辰投资发展有限公司	91.53
22	上海国际汽车城	上海国际汽车城世贸实业有限公司	91.35
23	郴州世贸中心	香港藏龙(郴州)房地产开发有限公司	90.65
24	太湖明珠·数码大厦	无锡润地利建设发展有限公司	90.08

名次	项目名称	开发商	得分
25	大江广场·南城新街	重庆黑格实业（集团）有限公司	90.07
26	大连万达商业广场	大连万达集团	90.05
27	湖北现代五金机电城	武汉永和置业发展有限公司	89.96
28	大龙王府井广场	大龙地产	89.92
29	上海新宁购物中心	新世界发展有限公司	89.91
30	大世界商业广场	成都大世界商业广场开发有限公司	89.9
31	大足商贸中心	重庆富士达建设房地产开发有限公司	89.89
32	东门新浪潮	深圳市美联物业代理有限公司	89.88
33	丰源·金润广场	江西金润物流中心有限公司	89.86
34	风雨步行街	松北集团开发有限公司	89.85
35	佛山东方广场	佛山东建集团	89.82
36	福建明发商业广场	明发集团有限公司、宝龙集团	89.77
37	光明广场	广州光明房产建设有限公司	89.75
38	北京大钟寺国际商业广场	北京中坤长业房产开发有限公司	89.72
39	广汇美居物流园	新疆来中物流商务网络有限公司	89.15
40	国际商城	成都国际商城有限公司	89.12
41	哈尔滨万达商业广场	大连万达集团	89.11
42	北京今日商业中心	北京安地房地产有限责任公司	89.1
43	海门新上海休闲购物广场	上海航星集团	89.05
44	上海亚太盛汇休闲购物广场	上海天浦置地有限公司	89.04
45	杭州钱江商城	浙江建华集团	88.98
46	鞍山北方国际机电五金城	北方国际机电五金城置业有限公司	88.96
47	杭州市滨江区商业步行街	浙江华联杭州湾创业有限公司	88.95
48	上海埔东希望城 NEXT MALL	上海乐容多发展集团	88.93
49	杭州太平洋商业中心	浙江浙联房产集团	88.91
50	红星物流中心	长沙市红星实业公司	88.86
51	呼和浩特首府广场	呼和浩特力天投资置业有限公司	88.85
52	湖北 Shopping Mall	湖北中商团结销品茂管理有限公司	88.8
53	华晖广场	成都华晖置业有限公司	88.79
54	华润新城购物中心	华润（深圳）有限公司	88.77
55	黄兴南路步行街	长沙三兆实业开发有限公司	88.73
56	加州城市广场	福建嘉盛建设有限公司	88.7
57	家天下·家居世界	海南省海运房地产开发公司	88.69
58	江西盛世东方商贸城	江西（上海）瑞文房地产有限公司	88.61
59	华悦国际	北京鸿安伟业房地产开发公司	88.56
60	国际商业城	重庆国际商业城（集团）有限公司	88.55
61	金光华商业广场	深圳市金光华集团有限公司	88.54
62	金桥·罗马假日	上海华群置业有限公司	87.87
63	新疆国际大巴扎	新疆宏景集团	87.81
64	金钻广场	湖南金健置业投资有限责任公司	86.76
65	境界商业街	北京北方华宸房地产开发有限公司	85.94
66	万货北零中心	上海瑞孚物业发展有限公司	85.89
67	凯旋城欧式商业街	北京太合龙脉房地产开发公司	85.73
68	周庄·万博汇	周庄富贵园房地产开发有限公司	85.71
69	罗斯福·天兴国际中心	大连城市建设集团	85.48
70	美克·美家	美克企业集团	85.43
71	新天地广场	大连福佳企业集团有限公司	84.92
72	南宁航洋国际购物中心	广西航洋投资集团有限公司	84.9
73	陕西三森家具汇展中心	三森集团	84.84
74	上东商业广场	首创置业 / 阳光股份	84.46
75	上海开元广场	上海松江晟阳房地产开发有限公司	84.43
76	上海联富商业广场	上海联富房地产有限公司	83.79

名次	项目名称	开发商	得分
77	江西世界贸易中心	浙江方大集团	83.78
78	上海五金商贸城	上海五金商贸城有限公司	83.68
79	上海中心	重庆航星置业发展有限公司	83.61
80	深圳中心区购物中心	深圳市商贸投资控股公司	83.54
81	盛唐摩尔	盛唐集团	83.48
82	十甫名都	广州西关时代广场房地产公司	82.87
83	水牛城商业广场	中山市中南物业开发有限公司	81.83
84	天津市金河购物广场	天津市金晖投资发展有限公司	81.82
85	万柳·新天地	北京万柳新兴房地产有限公司	81.76
86	万鑫·五洲风情 MALL	深圳市鑫业投资有限公司	81.75
87	无锡现代消费中心	无锡第一百货(集团)有限公司	81.74
88	五朵金花国际旗舰店	北京筑博苑房地产开发公司	81.56
89	五洲商业广场	沈阳五洲商业广场发展有限公司	81.49
90	西城广场	杭州新西元置业有限公司	81.29
91	西点商业广场	北京邦泰置业有限公司	81.25
92	暹罗湾	上海暹罗商业发展公司	81.24
93	湘隆·时代商业中心	湖北湘隆房地产开发有限公司	81.13
94	协和世界	太平协和集团	81.05
95	新城市购物中心	深圳市新城市购物中心有限公司	81.04
96	新地假日广场	无锡市鼎牌置业有限公司	81.02
97	新中关	北京海湾京城房地产有限公司	79.6
98	星光影业商城	东莞东城房地产发展有限公司	78.77
99	星沙商业乐园	湖南兆佳房地产开发有限公司	78.75
100	盈通购物城	北京中冶世纪房地产公司	78.1

(信息来源:《世界商业评论》杂志 2005 年 4 月 22 日)

备注:此榜由世界经理人周刊社、中华工商时报社、世界地产研究院发起主办,中国房地产联合会、中国地产指数办公室等联合主办并于 2005 年 4 月 22 日发布。

在商铺 100 强的评选中,地段占考核总指标的 25%、规模占 25%、价格占 10%、物业管理占 10%、配套设施占 10%、预期投资回报率占 20%,各项小分相加得出总得分。

解读:2004 年,由于商业物业投资回报率较高且整体商业物业市场需求较大,随着市场发展和其商业氛围的不断增强,投资需求逐渐增多,所以前景较为乐观。但是随着短期内市场供应的逐渐增大,产品同质化问题已经开始显现,一定时间内对商业物业的租赁、销售产生了一定的市场压力。

◎榜四、2004 中国写字楼 100 强◎

名次	项目名称	开发商	得分
1	金茂大厦	中国金茂(集团)股份有限公司	92.34
2	国贸大厦	中国国际贸易中心股份有限公司	92.28
3	恒隆广场	恒隆(中国)有限公司	91.84
4	北京嘉里中心	北京嘉奥房地产开发有限公司	91.83
5	中信广场	熊谷蚬壳(广州)有限公司	91.78
6	东方广场	北京东方文化集团	91.76
7	地王大厦	香港建设(控股)有限公司	91.75
8	中信泰富广场	中信泰富(中国)投资有限公司	91.74
9	深圳华润大厦	华润(深圳)有限公司	91.71
10	万豪国际金融中心	重庆杭热实业有限公司	91.68
11	财富时代大厦	上海火炬房地产开发有限公司	90.95

名次	项目名称	开发商	得分
12	世界金融中心	深圳茂业(集团)有限公司	90.91
13	尚都国际中心	SOHO 中国有限公司	90.75
14	上海中环广场	新鸿基房地产(上海)有限公司	90.59
15	华敏翰尊国际	上海华友房地产开发有限公司	90.56
16	嘉华国际商务中心	浙江佳华置业投资有限公司	90.49
17	万达商业广场	大连万达集团	89.83
18	首创拓展大厦	北京市腾飞科技投资开发公司	89.77
19	深圳国际商会大厦	深圳市荣超房地产有限公司	89.74
20	悦达国际大厦	上海悦达房地产发展有限公司	89.71
21	中信城市广场	深圳中信城市广场投资有限公司	89.57
22	佳程广场	北京佳程房地产开发有限公司	89.4
23	西环广场	北京市金融街建设开发公司	88.68
24	开元名都	杭州开元房地产集团有限公司	88.53
25	富海大厦	北京城建投资发展股份有限公司	88.15
26	泰达新天地	德福(天津)实业有限公司	88.13
27	绿都世贸广场	绿都控股集团有限公司	88.04
28	金都置业大厦	北京金都房地产实业股份有限公司	88
29	国际创展中心	北京利晖房地产开发公司	87.99
30	赛格广场	深圳市赛格广场投资发展有限公司	87.98
31	总部基地	中关村丰台园道丰科技商务园建设发展有限公司	87.97
32	华润大厦	北京华润大厦有限公司	87.96
33	均瑶国际广场	上海均瑶置业投资有限公司	87.94
34	韦伯时代中心	北京国华时代房地产开发有限公司	87.93
35	天利中央商务广场	深圳市新文化商业广场投资有限公司	87.9
36	香港广场	上海丽兴房地产有限公司	87.86
37	海华广场	杭州海华房地产开发有限公司	87.84
38	现代广场	上海现代广场有限公司	87.81
39	盈科中心	北京京威房地产有限公司	87.24
40	TOP 百盈	北京宝泰隆实业投资有限公司	87.21
41	坤和发展中心	杭州坤和建设集团有限公司	87.2
42	力宝广场	上海力宝复兴房地产有限公司	87.19
43	亚大时代大厦	湖南亚大科技实业有限公司	87.15
44	德胜尚城	金融街房地产经营有限公司	87.14
45	蓝色地标	长沙华盛置业有限公司	87.08
46	希格玛大厦	中国希格玛有限公司	87.06
47	第三置业	北京恒阳华隆房地产有限公司	87.05
48	广州时代广场	广东金顺房地产开发有限公司	87.03
49	朝外 MEN	北京成荣房地产公司	87.01
50	企图 ATT 中心	北京鸿润房地产开发有限公司	86.96
51	深圳华融大厦	深圳市时轩达实业有限公司	86.95
52	第一大道	湖南百岁置业发展有限公司	86.84
53	钱江国际商务中心	杭州休士卡纳房地产开发公司	86.83
54	深圳京广中心	深圳京广发展股份有限公司	86.82
55	远洋大厦	北京远洋大厦有限公司	86.81
56	罗湖商务中心大厦	深圳市商隆投资发展有限公司	86.77
57	新华保险大厦	新华人寿保险股份有限公司	86.73
58	融科资讯中心 A 座	联想融科智地有限公司	86.69
59	金穗大厦	广州珠江投资有限公司	86.67
60	华盟广场	浙江华丰房地产开发有限公司	86.66
61	公元大厦	杭州南源联合置业有限公司	86.65

名次	项目名称	开发商	得分
62	新上海国际大厦	新上海国际大厦有限公司	85.99
63	国家开发银行大厦	上海城投置业管理有限公司	85.93
64	银东大厦	上海元旦企业发展有限公司	84.9
65	绿城·黄龙世纪广场	浙江绿城世纪投资有限公司	84.11
66	学院国际大厦	北京鸿威房地产开发有限公司	84.06
67	国润大厦	北京华树房地产开发有限公司	83.9
68	富中国际广场	贵州富中房地产开发有限责任公司	83.88
69	中国电子大厦	北京恒新创业房地产开发有限公司	83.65
70	重庆国际商会大厦	重庆银鑫房地产开发有限公司	83.6
71	置地星座	华润置地（北京）股份有限公司	83.11
72	昆泰国际中心	北京昆泰嘉华房地产开发有限公司	83.09
73	远洋商务	中远房地产开发有限公司	83.03
74	左岸工社	北京万柳新兴房地产开发有限公司	82.66
75	中关村金融中心	北京科技园置业股份有限公司	82.63
76	高新国际商务中心	西安高新技术产业开发区房地产开发公司	82
77	银谷大厦	北京银谷大厦房地产开发有限公司	81.99
78	理想国际大厦	北京中物理想房地产开发公司	81.89
79	辉煌时代	北京辉煌世纪房地产开发有限公司	81.82
80	万通中心	北京万通世界房地产有限公司	81.76
81	大上海时代广场	上海龙兴房地产发展有限公司	81.7
82	置地广场	福建置地房地产开发有限公司	81.1
83	香港新世界大厦	香港新世界（中国）地产有限公司	80.09
84	老三届·世纪星大厦	陕西克力房地产开发有限责任公司	80.08
85	中欣大厦	上海四季同仁房地产开发有限公司	80.02
86	铂宫国际中心	北京京隆房地产开发有限公司	80
87	世纪金融大厦	苏州工业园区信息港管理发展有限公司	79.99
88	太湖明珠·数码大厦	无锡润地利建设发展有限公司	79.81
89	申基·会展国际	重庆宗申房地产开发有限公司	79.75
90	大连中银大厦	大连国泰房地产开发有限公司	79.55
91	银科大厦	北京建银福商房地产开发有限公司	79.51
92	港鹏·成都银行中心	成都港鹏房地产发展有限公司	79.5
93	宜发大厦	福州宜发房地产开发有限公司	79.4
94	中央商务大厦	金宝维实业发展（深圳）有限公司	79.32
95	富顿中心国际大厦	北京昆泰嘉业房地产开发有限公司	79.31
96	瑞安广场	上海瑞虹房地产发展有限公司	79.29
97	港陆广场	上海港陆广场有限公司	77.9
98	国际银行大厦	信基置业有限公司	77.09
99	金狮大厦	苏州金狮大厦发展管理有限公司	77.07
100	阳光都市·财富中心	浙江云天房地产开发有限公司	76.44

（信息来源：《世界商业评论》杂志 2005 年 4 月 22 日）

备注：此榜由世界经理人周刊社、中华工商时报社、世界地产研究院发起主办，中国房地产联合会、中国地产指数办公室等联合主办并于 2005 年 4 月 22 日发布。此榜评选指标涉及公司销售额、市场占有率、品牌知名度、质量满意度、品牌忠诚度、品牌价格比、规模及盈利等多个方面。

◎榜五、2004中国住宅100强◎

名次	项目名称	开发商	得分
1	盛大金磐	上海金磐房地产开发有限公司	93.09
2	贡院六号	北京绿都源房地产开发有限公司	93.04
3	波托菲诺	深圳华侨城房地产有限公司	92.67
4	建外SOHO	SOHO中国有限公司	92.64
5	鹏利海景公寓	上海鹏利置业发展有限公司	92.62
6	世纪城	北京世纪金源集团	92.56
7	上海仁恒滨江花园	上海仁恒房地产有限公司	92.48
8	蔚蓝海岸	卓越置业集团有限公司	92.41
9	中海怡美山庄	深圳中海地产有限公司	92.38
10	华丽家族古北	上海西郊帝庭苑房地产开发有限公司	92.3
11	海上海新城	上实房地产有限公司	92.28
12	凯达华庭	东莞市凯达实业有限公司	92.27
13	东方伦敦	上海农凯发展(集团)有限公司	92.19
14	金地·香蜜山	金地(集团)股份有限公司	92.18
15	上海苏堤春晓名苑	上海农口万盟房地产有限责任公司	92.12
16	金宸公寓	北京金宸房地产开发有限公司	92.09
17	畅园	上海长峰房地产开发有限公司	92.05
18	古北国际花园	古北国际花园	92.04
19	城市假日	深圳市地业房地产有限公司	91.25
20	华浩源·绿谷	中国宝安集团股份有限公司 深圳市华浩源投资有限公司	91.24
21	圣骊澳门苑	上海圣骊房地产有限公司	90.69
22	富力城	北京富力城房地产开发有限公司	90.62
23	世茂外滩花园	福建世茂投资发展有限公司	90.59
24	长城·盛世家园	长城地产	89.06
25	融侨锦江	融侨集团房地产开发有限公司	89.03
26	涵合园	上海张杨商业建设联合发展有限公司	89
27	远洋山水	中远房地产开发有限公司	88.99
28	美伦·浩洋丽都	福建联盛房地产开发有限公司	88.96
29	美林小城	建桥置业·上海康星房地产开发有限公司	88.92
30	盈华盛嘉·月坛公寓	北京富景文化旅游开发有限责任公司	88.91
31	华贸中心	北京国华置业有限公司	88.82
32	中豪世纪花园	天津信裕房地产发展有限公司	88.76
33	沈默花苑·荷兰园	上海沈默房地产有限公司	88.7
34	星河城	北京玺盟置业有限公司	88.67
35	新青浦佳园	上海新青浦置业有限公司	88.64
36	紫金长安	北京澳林房地产开发有限公司	88.5
37	凤凰城	华润置地	88.34
38	苹果社区	北京今典集团	87.83
39	沿海丽水佳园	沿海绿色家园发展(武汉)有限公司	87.65
40	桃源居	深圳航空城(东部)实业有限公司	87.64
41	万年花城	北京万年花城房地产开发有限公司	86.85
42	京基·御景华城	深圳市京基房地产开发有限公司	86.81

名次	项目名称	开发商	得分
43	三岛龙洲苑	上海上策置业有限公司	86.36
44	恋日花都	北京市新时特房地产开发有限公司	86.31
45	宏发·雍景城	深圳市宏发房地产开发有限公司	86.16
46	大众河滨大厦	上海九羚置业有限公司	86.15
47	鸿景园	深圳市鸿荣源实业有限公司	86.13
48	上海领秀爱建园	上海爱乐置业有限公司	86.12
49	世纪东方城	北京世纪城房地产开发公司	86.1
50	名都西雅城	名都房地产开发有限公司	86.08
51	国际丽都城	静安置业有限公司	86.06
52	TIME 现代城	宏明（深圳）木业有限公司	84.69
53	富力千禧花园	富力地产集团	84.67
54	莱顿小城	上海冠华房地产有限公司	84.66
55	金岛花园	北京华富房地产发展有限公司	84.64
56	云山熹景	合生创展	84.04
57	青林美地	大连嘉兴房地产开发有限公司	84.01
58	上元	凯德置地中国控股集团	83.78
59	证大家园	上海证大置业有限公司	83.44
60	泰华·滨河苑	北京市泰华房地产开发集团有限公司	83.36
61	地杰国际城	地杰置业	82.61
62	文翔名苑	上海银嵘房地产开发有限公司	82.56
63	国美第一城	鹏润房地产开发有限公司	82.42
64	古北瑞仕花园	上海城建置业发展有限公司	81.32
65	旗舰·凯旋	昊宇房地产开发有限公司	81.31
66	经纬城市绿洲	经纬置地有限公司	81.3
67	金座·领海世嘉	大连环球外商俱乐部有限公司	81.28
68	嘉定颐景园	上海兴铭房产有限公司	81.26
69	双城公寓	中信国安房地产部	81.02
70	中邦风雅颂	上海中邦置业（集团）有限公司	81.01
71	润江·金韵天城	重庆润江置业有限公司	80.92
72	中凯城市之光	上海中凯企业集团有限公司	80.02
73	阳光左右间	北京中瑞建达房地产开发有限公司	80.01
74	新城国际	北京万置房地产开发有限公司	79.91
75	金泓凯旋城	深圳市金泓投资发展有限公司	79.9
76	景秀江山	湖南同人置业股份有限公司	79.8
77	盛世年华	上海三味企业发展有限公司	79.69
78	长信·海岸水城	海口长信金安房地产开发有限公司	79.67
79	天山河畔花园	上海宁新房地产开发有限公司	79.66
80	金沙西园	成都天拓置业发展有限公司	79.52
81	水榭花都	河北天山实业集团房地产开发有限公司	79.47
82	金碧世纪花园	广州市恒大房地产开发有限公司	79.34
83	中天阳光美地	重庆商社（集团）中天物业发展有限公司	79.28
84	伦敦广场	上海宝域房地产发展有限	79.25
85	怡馨家园·兴顺今典	北京渔阳兴顺房地产开发公司 北京市顺义区地方工业公司	79.24
86	南国奥园	奥园集团有限公司	79.23
87	晶城秀府	北京山水绿洲房地产有限公司	79.22
88	仁恒·国际	兰州仁恒置业有限公司	79.2
89	枫叶新都市	西安高新技术开发区房地产开发公司	79.19
90	香榭枫林	贵州鸿基房地产开发有限公司	79.14

名次	项目名称	开发商	得分
91	正阳世纪星城	上海奉贤正阳置业有限公司	79.13
92	隆基花园	吉林省隆基房地产开发有限公司	78.45
93	香榭春天	南充金宇房地产开发有限公司	78.38
94	华东大厦	黑龙江省华东房地产开发有限责任公司	78.37
95	在水一方	辽宁荣天房地产开发有限公司	78.35
96	禹都花园	中房集团运城市天泰房地产开发有限公司	77.9
97	左岸半岛	四川景地基业有限公司	77.87
98	百合花城	宝鸡市渭滨区房改办、宝鸡市华厦房地产发展有限责任公司	76.97
99	百花园	西安安达房地产开发公司	76.66
100	富基广场	广州市富基房地产开发有限公司	76.57

(信息来源:《世界商业评论》杂志 2005 年 4 月 22 日)

备注:此榜由世界经理人周刊社、中华工商时报社、世界地产研究院发起主办,中国房地产联合会、中国地产指数办公室等联合主办并于 2005 年 4 月 22 日发布。

◎榜六、2004 中国十大超级豪宅◎

名次	项目名称	开发商	项目类型	地区
1	紫园	上海嘉城兆业房地产有限公司	别墅	上海
2	檀宫	上海华丽家族(集团)有限公司	别墅	上海
3	观澜湖高尔夫大宅	深圳观澜湖房地产开发有限公司	别墅	广东
4	玫瑰园	北京玫瑰园别墅有限公司	别墅	北京
5	汇景新城	广州侨鑫房地产开发有限公司	别墅	广东
6	亚澜湾	北京绿岛置业房地产开发有限公司	别墅	北京
7	西郊庄园	上海西郊庄园置业(集团)有限公司	别墅	上海
8	紫玉山庄	北京紫玉山庄房地产开发有限公司	别墅	北京
9	碧海方舟	北京姜庄湖园林别墅开发有限公司	别墅	北京
10	珠海高尔夫山庄	珠海国际高尔夫游乐公司	别墅	广东

(信息来源:《中国青年报》2004 年 12 月 8 日)

备注:此榜由世界地产研究院(World Real Estate Academy)、世界经理人周刊社和国家地产网主办,于 2004 年 12 月 5 日由世界地产研究院发布。世界地产研究院作为世界经理人资讯有限公司的全资附属机构,专门从事地产行业、地产公司和地产产品的研究。

此次评选共有 10 个城市的 30 个项目入围。经过主办方对楼盘的投资回报率、品质价格比、房主满意度、豪宅知名度、物业领先度 5 个指标的考核,以及在世界经理人网站(ICXO.COM)进行了 1 个月的公示和投票之后,排名最终产生。

解读:入选此榜的项目类型均为别墅,这种传统的独立型豪宅以其低容积率、高私密性,以及舒适、安全的优点最受富豪们的青睐。

入选豪宅的单套最高价总和达到 46025 万元,平均为 4602.5 万元,是"奢豪居所"。北京、上海、广东瓜分了中国十大超级豪宅排行榜的所有席位。其中北京 4 家,上海和广东各 3 家。这 3 个省市也恰恰是中国富人聚集最多的地方。入选的各豪宅的具体情况是:

1.紫园

物业地址:松江佘山山前路

特点:一直是各地富豪们的钟爱之地,背靠闻名中外的佘山,拥有着不可替代和复制的附加值,来自 10 多个国家的顶级设计师将每一栋别墅都打造成奢华的艺术珍品。

2.檀宫

物业地址:上海市虹桥路西郊宾馆西侧

特点：比邻西郊国宾馆的荣耀之地，以福布斯名流为客户的高端形象，18 幢别墅的限量制作，一流名师 WAT&G 的设计风格，臻于完美的细节考虑。

3.观澜湖高尔夫大宅

物业地址：梅观、机荷、广深高速路网的黄金交汇点

特点：拥有世界上最大的高尔夫球会，30 亿元巨资打造高尔夫大宅，成功对接高尔夫运动和生活。

4.玫瑰园

物业地址：昌平区沙河镇北昌平大学城内

特点：尽管数易其主，但在豪宅市场的步伐非但没放慢反而步步捷高，在三期爵士后，受其热卖的极大鼓舞，更是酝酿打造中国另一价值 1.6 亿元天价的豪宅。

5.汇景新城

物业地址：广园东路高校区

特点：12 家国际著名设计公司强强连手，首创“以 8 公里长中央步行景观风情长廊作为规划轴线”的国际规划思路，营造出尊贵生活的人居环境。

6.亚澜湾

物业地址：京东北部密云县城西南 1 公里处

特点：作为北京少有的水景别墅，其独有的价值突显无疑，凭借丰富的山水资源，尤其是上游地带植被丰富，空气清新，更是成为北京著名山水别墅的代表。

7.西郊庄园

物业地址：上海西郊闵行区新华漕镇

特点：以国际社区出发，靠国际品牌取胜，作为软硬件条件完善的高档涉外社区，一直是地产业的尊贵之地，成为最具异域风情的国际化居住区，备受各国领事、大企业和财团高级人员的青睐，并独占上海市高档租赁的顶级租金，一时声名鹊起。

8.紫玉山庄

物业地址：亚运村正北 1 公里处

特点：是北京市区内别墅少而价格较高的代表。尤其是乘着奥运的东风，亚奥地区成为北京楼市最热的黄金地段，占尽天时地利之势。以其为首的亚奥地区成为最被看好的京城“富人区”。

9.碧海方舟

物业地址：北京市朝阳区姜庄 88 号

特点：在寸土寸金的北京黄金位置，在 11.95 公顷的占地上，只规划了 55 栋单体别墅，这 55 栋别墅又被 62 万平方米，18 洞国际标准高尔夫球场环绕，球场内拥有 2.6 万平方米的中国湖，单从土地使用上足显豪宅的奢华。

10.珠海高尔夫山庄

物业地址：珠海唐家

特点：珠海房地产和整个经济形势为各界看好，港珠澳大桥的建设将极大提升珠海整个城市的资源价值，提升珠海房地产的潜力；内地、港澳已形成购买珠海住房的潮流，并且豪宅阶层的购买力比较稳定。

◎榜七、2004 住交会中国名盘◎

1.北京 Moma 国际寓所
2.北京富力城
3.北京苹果社区
4.北京澳洲康都
5.北京顺驰·领海
6.北京山水文园
7.北京万科西山庭院
8.北京金地国际花园
9.北京万年花城
10.上海奥林匹克花园
11.上海东方城市花园
12.上海老街·绿地康桥新苑
13.上海海上海
14.上海绿洲仕格维花园酒店
15.上海盛世年华花园
16.上海翰城国际
17.上海中凯城市之光
18.深圳中信红树湾
19.深圳红树西岸
20.深圳香蜜山二期
21.广州翡翠绿洲
22.广州金海湾花园
23.广州竹韵山庄
24.重庆奥林匹克花园
25.重庆建工未来城
26.重庆金科·绿韵康城
27.重庆·同创国际
28.重庆骏逸新视界
29.重庆晋愉·绿岛
30.重庆光华·阳光水城
31.南京东恒·阳光嘉园
32.镇江我家山水
33.南京天泓山庄
34.南京长发中心
35.南京嘉业阳光城
36.常州金色新城
37.顺驰·天鹅湖
38.常州新城南都
39.天津水木天成
40.天津仁爱濠景庄园
41.天津·时代奥城
42.天津·海逸长洲
43.天津领世郡
44.天津俊城·浅水湾
45.济南乐成·富翔天地
46.山东普利城市花园
47.清风湖社区
48.成都优品道
49.成都华润置地·翡翠城
50.成都远大都市风景
51.成都锦都
52.成都上东阳光
53.沈阳城建·东逸花园
54.沈阳河畔新城
55.沈阳奥林匹克花园
56.沈阳假日·伊丽雅特湾
57.昆明江东花城
58.丽江·束河茶马驿栈
59.厦门东方财富广场
60.厦门特房·锦绣一方
61.长沙水云间
62.长沙左岸春天
63.武汉宜家·汤臣
64.湖北耀江·丽景湾

65.武昌万科城市花园
66.福星惠誉·金色华府
67.湖北沿海丽水佳园
68.大连富士庄园
69.大连前城国际花园
70.大连福佳·新天地广场
71.合肥宋都·西湖花苑
72.杭州坤和·亲亲家园
73.杭州东海·水景城
74.杭州金成·江南春城
75.杭州华庭·云顶空中花园别墅
76.宁波 BOBO 城
77.宁波华丰·紫郡
78.河北秦皇岛滨海城
79.河北星辰花园
80.河北顺驰蓝郡
81.河北联邦名都
82.青岛康大·风和日丽
83.桂林信昌·碧水康城
84.桂林彰泰·康桥半岛
85.中兴世家
86.长春长影世纪村
87.长春融创·上城
88.福州香江红海园
89.郑州美景天城
90.郑州长城康桥花园
91.河南思达·大河春天
92.郑州联盟新城
93.南昌正荣·大湖之都
94.江西梦里水乡
95.新疆空中花园
96.兰州实创现代城
97.兰州阳光家园
98.无锡太湖惠泉花园
99.郑州天下城
100.海富康城

（信息来源：中国住交会主流媒体联盟网 2004 年 12 月 4 日）

备注：此榜由 2004 中国（上海）住交会于 2004 年 12 月 4 日发布，同时发布的还有“2004 中国住交会十大风云人物”、“2004 中国住交会十大新锐人物”等多个排行榜，至此中国住交会已成功举办了 6 届。

相关链接：中国住交会，即中国国际住宅与建筑科技展览会（China International Real Estate & Archi-tech Fairs，缩写为 CIHAF），是建国以来首次以住宅产业为展览主题的最高规格、最大规模的专业展会。它展示并代表了中国房地产业发展的主流方向，搭起了中国住宅产业交流与前瞻的巨型平台，吸引了全国主流媒体热切的目光，成为住宅消费者选择时尚居住空间的风向标，更是地产人激情的聚焦地和发散地。首届中国住交会于 1999 年召开。据统计，4 届住交会期间，共有 32 个国家和地区的 2000 多家国内外著名住宅产业商家计 3800 多个新项目、新技术、新产品、新材料参展，参展面积近 10 万平方米，共有 50 多万人赴会参展、参观，全国 30 个省、市、自治区行业主管部门及企业共组织 800 多个观摩团前来观摩、采购、考察，总意向成交额达到 80 多亿人民币。

◎榜八、2004 中国城市标志楼盘年度金榜◎

（一）年度最高荣誉奖

1.三亚·皇家生态海景花园 2004 中国城市标志楼盘年度金冠奖
2.北京·中房西山美庐 2004 中国北京·经典别墅标志楼盘特别金奖
3.宁夏·金鹰国际 CBD 中心 2004 中国西部国际 CBD 标志性商务中心特别金奖

（二）城市标志楼盘奖（排名不分先后）

1.润江·金韵天城 2004 中国重庆·生态住宅标志楼盘奖
2.御花苑 2004 中国东莞·资源复合型标志文化社区奖
3.海连新天 2004 中国连云港·新城市主义标志楼盘奖
4.豪域花园 2004 中国宿迁·最佳人居环境标志楼盘奖
5.兰庭新天地 2004 中国福州·标志性文化社区地产奖
6.瑞城加州花园 2004 中国桂林·最具升值潜力人居环境标志楼盘奖
7.爱都新天地 2004 中国广州·阳光活力社区标志楼盘奖
8.江南家园 2004 中国武汉·综合型高尚社区标志楼盘奖
9.椰风海韵度假公寓 2004 中国三亚·旅游地产标志酒店公寓奖
10.桃溪河畔 2004 中国遵义·大型生态滨江社区标志楼盘奖
11.苹果社区 2004 中国北京·标志性国际化社区奖
12.渝洲新城 2004 中国重庆·最具增值潜力标志性商业楼盘奖
13.西湖国贸大厦 2004 中国杭州·新型商务标志楼盘奖
14.时代广场 2004 中国乐山·地标建筑群标志楼盘奖
15.海上海新城 2004 中国上海·标志性新概念创意楼盘奖
16.华崴国际广场 2004 中国盐城·生态商贸城典范标志奖
17.东方港湾 2004 中国重庆·滨江住宅标志楼盘奖
18.银湖花园 2004 中国常熟·新时代私家园林标志别墅奖
19.一品·亦庄 2004 北京 BDA·标志性生活地标楼盘奖
20.锦诚明都 2004 中国宁波·东部新城最具活力标志楼盘奖
21.钻石广场 2004 中国乌海·现代综合商城标志楼盘奖

22.西山美墅 2004 中国北京·标志性山水别墅奖
23.财富新天地 2004 中国商丘·标志性商业步行街奖
24.谷埠街国际商城 2004 中国柳州·LIVING MALL 标志楼盘奖
25.擎天半岛 2004 中国三亚·制高海景标志建筑奖
26.中央美地 2004 中国重庆·人文艺术标志楼盘奖
27.荣宝华商城 2004 中国南宁·标志性大型产业楼盘奖
28.中房碧水庄园 A 区 2004 中国北京·现代别墅标志楼盘
29.楚街 2004 中国宿迁·标志性人文商业街区奖
30.金鹰国际村 2004 中国西部·国际化大型水景社区金奖
31.恒昌大厦 2004 中国乌鲁木齐·首府城市标志性建筑奖
32.福田大厦 2004 中国义乌·国际商贸城标志建筑奖
33.锦天康都 2004 中国重庆·生态人居标志楼盘奖

（信息来源：人民网 2005 年 1 月 26 日）

备注：此榜于 2005 年 1 月 22 日在人民大会堂发布，由人民日报社人民网主办，中国社会科学院城市发展与环境研究中心联合主办，中国楼势杂志社全程协办。

入选此榜的候选楼盘，除须具备优质的建筑、完美的设计、较大的规模等基本条件以外，对其标志性、文化性、作用性等方面都有非常严格的要求。在综合候选楼盘的网络人气、社会贡献、推动力、影响力、发展潜力等城市标志指数后，评选出了 2004 中国城市标志楼盘奖 33 席，年度最高荣誉标志楼盘奖 3 席。

◎榜九、2004 中国十大新地标建筑综合体◎

1.北京金融街中心广场
2.南京国际广场
3.重庆财富中心
4.武汉新世界国贸大厦
5.沈阳五里河城
6.杭州西湖文化广场耀江浙江环球中心
7.上海香港新世界大厦
8.北京兰华国际大厦
9.北京佳程广场
10.宁波外滩花园

（信息来源：《中国经营报》2004 年 10 月 9 日）

备注：此榜由国务院发展研究中心企业所、清华大学房地产研究所和中国指数研究院三家研究机构共同组建的"中国房地产 TOP10 研究组"发布，研究组对 2003 年以来建成或在建的建筑综合体进行了系统性研究，旨在客观反映当前中国各大中城市新地标建筑综合体的整体状况和发展水平。研究组在参阅大量国内外研究成果的基础上，以 5 万平方米的建筑规模为评价入选门槛，从建筑的功能性和标识性两方面，构建新地标建筑综合体的研究方法体系，并运用因子分析法、专家咨询法与层次分析法，从全国 100 个新建筑综合体中评选出"2004 中国十大新地标建筑综合体"。

解读：1.新地标建筑综合体有 3 层含义：首先，"新"指的是 2003 年以后建成或在建（2008 年前可全部建成）的建筑项目。其次，综合体是指具备多种功能或业态（商业、办公、酒店、公寓、公园、学校等）的总建筑面积在 5 万平方米以上的大型建筑群。最后，地标指的是具有双重（显形、隐性）标识意义的建筑物。基于前两层定义，中国房地产 TOP10 研究组初选出全国 100 大新建筑综合体，再根据第三层定义评选出"2004 中国十大新地标建筑综合体"。

2.上榜的十大新地标建筑综合体的"标识性"具有视觉价值和象征价值的双重意义。显性标识通过可视的表象如形状、颜色、规模和周边地形等直接表现出来。无论是南京国际广场的 8000 平方米室外弧形，还是武汉新世界国贸与蓝天白云融为一体的全玻璃幕墙的深蓝色；无论是重庆财富中心的 75 万平方米超大规模，还是浙江环球中心的渐收与发散几何体结构，都显示了地标建筑的视觉价值。

隐性标识则通过不可视的象征意义，如对社会、文化、经济等方面的作用表现出来。北京兰华国际大厦主楼、配楼和桥之间营造的虚空间，与特殊的彩釉图案照明设计强调了发展的"连接"感和"延续"感。北京佳程广场以"掌开而合"的形体语言，表达开明的态度和对世界的拥抱；沈阳五里河城作为沈阳"中央智力区"的中枢，将形成对东北经济的强力辐射；北京金融街、宁波外滩花园融合传统与现代建筑艺术精粹，结合城市文脉与项目自身特征，"以人为本"和"以质为基"的方针将对地区建筑、文化的发展产生深刻影响。

创造建筑的功能性和标识性，是新地标建筑综合体的开发者们追求的最终目标。此榜中开发者恰当地运用了传统原则，并强调四大设计原则，包括差异原则、品质原则、现代原则和形式原则。差异性避免了标准化和同质化，品质设计是地标建筑得以延续的根本保证，现代原则坚持了设计的抽象、简约和理性三大要素，形式设计集中体现了地标建筑的外观标识。

◎榜十、2004 引领中国住宅风尚名盘榜◎

1.SOHO·沸城（四川怡和置业有限公司）
2.苹果社区（今典集团）
3.伟东新都（济南伟东置业有限公司）
4.香江花城（无锡红豆置业有限公司）
5.香溢·白金海岸（浙江香溢置业股份有限公司）
6.徐汇新城（上海景瑞企业发展股份有限公司）
7.壹品星海（大连友谊合升房地产开发有限公司）
8.御墅临枫（青岛高乐花园置业）
9.紫荆花园（海南天拓投资开发有限公司）
10.紫薇田园都市（西安紫薇实业发展有限公司）

（信息来源：《21 世纪经济报道》2004 年 8 月 7 日）

备注：此榜于 2004 年 8 月 7 日在由中国强势财经媒体《21 世纪经济报道》、21 世纪会议网主办的第 4 届"博鳌 21 世纪房地产论坛"上发布。同时发布的还有"2004 引领中国住宅风尚企业"榜。

三、地产人物篇

◎榜一、2004 中国地产领袖前 80 名◎

1.王　石：万科企业股份有限公司董事长

1951 年 1 月出生于广西省柳州市，兰州铁道学院给排水专业毕业。1988 年 12 月，万科发行中国大陆第一份《招股通函》，发行股票 2800 万股，集资 2800 万元，开始涉足房地产业。2000 年、2001 年，万科连续两年被《福布斯》评为"世界最佳小企业"，2000–2002 年连续三年当选"中国最具发展潜力上市公司"，王石被誉为"中国房地产业领跑者"。

2.冯　仑：万通集团董事局主席

1959 年出生于陕西西安。1982 年毕业于西北大学，获经济学学士学位。1984 年毕业于中央党校，获法学硕士学位。1984–1990 年先后于中央党校、中宣部、国家体改委任职。1991 年创建万通。现任万通集团董事局主席，北京万通实业股份有限公司董事长、中国民生银行董事。中国地产界称他为"学者型"的开发商，又称他为中国的"戴尔"。

3.李嘉诚：香港长江实业集团董事局主席

1928 年出生于广东潮州。1958 年，开始投资地产市场。他独到的眼光和精明的开发策略使"长江"很快成为香港的一大地产发展和投资实业公司。李嘉诚是首位收购英资商行的华人。同时他保持以往的强势模式进军内地房地产领域，其项目主要集中在高档物业方面且取得了骄人业绩。

4.朱孟依：合生创展集团董事局主席

低调的南方"地产大王"朱孟依有"广州李嘉诚"之称，他所掌舵的合生创展曾被王石称为"中国地产界真正的航空母舰"。1992 年，朱孟依在香港与人合创"合生创展"。2003 年，朱孟依两业并举："合生创展"在广东、北京相继开发了"骏景花园"、"华南新城"等项目，而其"珠江投资"则投资 9 亿元入股"上海电气"。

5.许荣茂：世茂集团董事长

出生于福建，早年炒股赚钱，后进入当时尚未成熟的高档住宅行业，并一直坚持至今。许荣茂一向以开发豪宅见长，2000 年进军上海，因开发陆家嘴"世茂滨江花园"而名噪一时。2003 年他着力打造"世茂滨江花园"的新形象，创下了当地土地成交价格之最。许荣茂正计划建成可与"上海外滩"媲美的福州标志性滨江建筑群。

6.彭磷基：祈福集团董事长

彭磷基毕业于香港英皇中学，在美国读建筑本科，在加拿大获建筑硕士学位，在香港、台湾、大陆从事房地产业 30 年，主要业绩有香港锦绣花园、康乐园、回力球场、台湾"台北小城"、广州番禺祈福新村。2004 年彭磷基继开发全国闻名的"中国第一村"——祈福新村后，其在广东的第二个大型房地产项目祈福南湾半岛已正式启动。

7.郑裕彤:香港新世界发展集团主席

广东顺德市人,是在内地投资最早最大的香港人之一。20世纪90年代,新世界组建了新世界(中国)发展有限公司,整体融资达10亿美元。新世界地产版图可分为华中、东北、华南和华北四大区域,其中香港新世界大厦、大连新世界广场、北京京广新世界中心和北京新世界中心都是最具代表性的现代化综合物业之一。

8.任志强:北京华远集团董事长兼总裁

1951年3月出生,中共党员,法学硕士。1969年入伍,1984年进入北京华远经济建设开发总公司(华远集团公司前身),他亲自部署和领导了华远实施"股份化、集团化、国际化"的发展战略,成功地完成了旨在建立现代企业制度的一系列企业改革和内部建设。

9.李兆基:香港恒基兆业集团有限公司主席

美国《福布斯》杂志报导,李兆基1997年的资产达150亿美元,是当时亚洲最富有的人,也是世界第四大富翁。曾经是世界上最富有的华人李兆基,在困境面前必须对他的商业帝国进行反思。当香港其他房地产巨头在繁荣时期就开始进行多样化投资的时候,李兆基的一门心思都花在房地产上。

10.宋卫平:绿城集团董事长

出身贫寒,在舟山群岛长大。大学毕业后,被分配到杭州一所党校当老师。宋卫平投资两个半行业:房地产、教育和半个足球行业。绿城如今在浙江省以外正在开发的房地产项目有12处,它已经连续8年登上浙江房产销售的冠军宝座,2002年的销售额翻了一番,达到18亿元,并有望在2004年再翻一番。

11.罗康瑞:香港瑞安集团董事长

曾就读于香港圣约瑟书院和澳洲新南韦尔斯大学。2002年11月底,当选为全国工商联副主席。被香港商界称为"粉红色商人"的罗康瑞,17年前开始北上投资内地,对内地的政策从陌生到熟悉。他多年来致力于为香港社会服务,并参与成立香港特别行政区的筹备工作。1998年获香港特别行政区颁授的金紫荆星章,1999年获委任为太平绅士。

12.潘石屹:SOHO中国有限公司董事长

甘肃天水人,大学毕业后做过机关干部,后辞职南下。1993年在北京注册北京万通实业股份有限公司,任法人代表兼总经理,开发的万通新世界广场和万通发展大厦等项目,被誉为京城房地产发展史上的一个里程碑。2001年被深圳住交会评选为"中国地产十大风云人物"。另外,SOHO被评为"京城2002年度十大影响力楼盘"之一。

13.郭炳湘:新鸿基集团董事局主席兼行政总裁

祖籍广东中山石岐,为新鸿基地产创办人郭得胜的子嗣。新鸿基地产创立于1972年,主要从事地产发展和投资。目前物业销售和租金收入的来源分别占据盈利来源的63.3%和26.6%,其他业务包括酒店经营、建筑、财务、保险、戏院、货仓、制衣、公共运输和电讯等。新地的业务主要集中于香港,土地储备量在香港地产商中保持数一数二的地位。

14.孙宏斌:顺驰集团董事长

1963年生,山西人,清华大学研究生院和哈佛大学的AMP。曾经有媒体评价说:"孙宏斌有一张令人不可抗拒的笑脸,有一种只有最伟大的推销员才有的魅力。"顺驰一直以来都在追求企业价值的最大化,而不是利润的最大化。在顺驰,没有职业经理人的概念。在顺驰,不提管理团队,只说领导团队,各个项目负责人的权力都很大,都是真正的领导人。

15.楼忠福:中国广厦控股有限公司董事局主席

1984年楼忠福创办了自己的建筑公司。1998年开始,浙江广厦通过10多次并购在重庆、南京、杭州、上海等地建起势力范围,2002年通过控股北京建工二建参与奥运会场馆建设。目前,广厦控股创业投资有限公司是中国最大的民营建筑企业之一,其以建筑和房地产为主导产业,下辖六大行业集团和一家上市公司。

16.张　力:富力集团总经理

广州富力地产集团有限公司成立于1993年,董事长李思廉、副董事长兼总经理张力通过10年时间,成功开发了包括富力半岛、富力广场等多个著名楼盘在内的共21个地产项目,总开发面积达236万平方米,年销售额超过20亿元。张力和李思廉通过承包广州低档地区的房产项目来避免与同行正面竞争,之后再以迅雷不及掩耳的速度将其盛装推出。

17.荣智健:中信泰富集团董事局主席

1942年出生于上海,1965年毕业于天津大学电子工程系。父亲是著名的"红色资本家"荣毅仁。中信泰富如今的核心业务仍然是基础设施建设,包括在上海和香港的隧道、桥梁建设,还有发电站、航空以及电信。另外中信泰富也投资房地产、市场开发、分销网络、钢铁以及医药公司。

18.王　印:华润置地(北京)公司董事长

1956年出生,现任华润集团董事兼副总经理、华润置地(北京)股份有限公司董事长。持有山东大学经济学学士学位和美国旧金山大学工商管理学硕士学位。曾在对外经济贸易合作部人事司工作，于1984年加入中国华润总公司。1988年任华润集团人事部副总经理，1995年任华润有限公司总经理。

19.郭广昌：上海复星高科技集团董事长

复星集团是上海第一家民营高科技企业集团，是拥有净资产25亿元、总资产45亿元的大型控股企业集团。连续多年名列上海民营科技企业百强三甲，连续4年在上海科技企业界及非公经济界名列纳税第一名，并被列为国务院首批知识产权保护试点单位。目前，复星体系中已有5家国内上市公司，三大支柱产业已先后发展成为相对独立的产业集团。

20.刘晓光：北京首都创业集团总经理

1970年参军，是步兵学校的学员。1975年在北京测绘仪器厂车间任主管。1978年考入北京商学院，获商学学士学位。历任北京市计委商贸处副处长、北京市百货公司副总经理、北京齿轮总厂副厂长、北京市计委处长、总经济师、副主任、北京首都创业集团总经理、首创股份董事长、北京基金董事局主席首创置业董事长、北京市房地产协会副会长等职。

21.汤君年、徐枫夫妇：汤臣集团董事长

1992年汤臣集团正式参加浦东陆家嘴金融贸易区土地招标，自夺得第一个开发项目以来，汤臣在上海共投资了16亿美元，开发了20个投资项目，其中在浦东的项目就占了16个，有汤臣高尔夫球场、汤臣国际金融大楼、汤臣国际贸易大厦、汤臣外高桥工业园区以及汤臣新亚酒店等。人们称汤臣集团董事长汤君年夫妇是“浦东开发的先行者”。

22.陈长春：北京金地鸿业董事长兼总经理

1984年考入浙江大学，获工学博士学位。1994年进入金地集团股份有限公司，历任企业发展工程师、房地产经营部经理、总经理助理、公司董事、副总经理。操作的主要项目有金地海景花园、金地翠园、金海湾花园。2001年出任北京金地鸿业房地产开发有限公司董事长、总经理，负责金地在北京的业务，操作的首个项目为金地国际花园。

23.范　伟：复星高科技集团总经理

1969年出生于浙江，1991年7月毕业于复旦大学遗传工程系，1993年9月至2004年为上海复星（高科技）集团有限公司董事、上海复星实业股份有限公司董事、复地（集团）股份有限公司董事兼总经理、上海策源置业顾问有限公司董事长。近年来，复地集团得到了长足的发展，逐步建立了在上海房地产业界的领先地位。

24.韩国龙：冠城集团有限公司总裁

福建福清人。早年在印度尼西亚三林集团任职，后到香港从事房地产经营并掘得“第一桶金”。20世纪90年代初开始在福州、杭州等地进行投资，1993年到北京发展，“冠城园”是其在北京开发的第一个项目。1994年，创办香港冠城集团。2000年，冠城集团通过旗下福州盈榕投资有限公司借壳上市，正式入主福州大通。目前集团在中国大陆地区拥有30多家参控股公司。

25.孟晓苏：中房集团董事长

出生于江苏省苏州市，经济学博士，高级经济师。孟晓苏其实是房地产金融创新的急先锋。他极力鼓吹和努力推进的“分时度假物业”、反向抵押贷款保险都是房地产金融项目。中房集团公司是中央管理的惟一的房地产企业，现在已经成为以房地产开发为主业，横跨内外贸易、建筑、旅游、制造、高科技等领域的中央大型企业。

26.谢家瑾：建设部住宅与房地产业司司长

谢家谨：“21世纪前20年，我国每年将建住房4.86–5.49亿平方米，住房建设投资将以7%的幅度持续增长。”“要加大物业管理市场的培育和加快物业管理市场化的进程，通过物业管理企业对物业管理项目的招投标，来选择业主信得过、能够提供质价相符的物业管理公司，就是品牌的物业管理企业”。

27.张宝全：今典集团董事长

江苏镇江人，毕业于北京电影学院导演系。从事过中国社会几乎所有的职业：当过工农兵学生、下过乡、做过五级木匠；1976年入伍，当过战地记者和猫耳洞作家；1992年投身商海，在地产项目和开发与经营上不断取得成功，在房地产界享有盛名。他的经营理念和创新思维，也得到各界的广泛称赞。2001年，当选为“中国房地产十大风云人物”。

28.凌　克：金地集团董事长

“他不是一个喜欢讲故事的人，也不喜欢引经据典。”在深圳地产界，有这么一句流传甚广的话：文科万科，理科金地。如同张扬王石之于万科一样，内敛凌克是理科金地的真实剖面。金地集团如一匹市场黑马，从一个名不见经传的区域性品牌脱颖而出，成为跨区域的“中国房地产上市公司十强”，并于2001年成功上市，在其中掌舵的就是凌克。

29.胡葆森：河南建业集团董事长

出生于河南濮阳县，1973年毕业于濮阳县第三中学，后回原籍插队劳动。1976年10月被录入郑州大学外文系英语专业学习，1979年11月进入中国纺织进出口公司河南分公司工作。1982年7月被派往香港工作，其间曾担任香港和国内多家企业重要职务。1991年在港创办企业，经营房地产业

务。1992年开始回河南投资。

30.蒯英海:华普产业集团董事长兼总裁

蒯英海的第一桶金来自20世纪80年代末在深圳做电器贸易。之后他在1991年决定去美国发展，在那里他继续做贸易并开始房地产投资。第二年他便回到北京开始投资房地产，另外还有北京超市连锁。北京华普产业集团有限公司是1994年经北京市批准成立的企业集团，注册资本35000万人民币,是一家跨地区、跨行业的综合性的企业集团。

31.杨国强:碧桂园董事长

出生在一个农民家庭。他开发的碧桂园是中国南方最成功的房地产项目之一。杨国强坚持在广州及周边地区建设大楼盘,率先以大社区的概念发展房地产。依照这一思路,他先后投资开发了10个碧桂园项目。目前,他有意进军上海房地产市场。

32.王道友:武汉宏宇实业有限公司董事长

高级经营师,四川广安人,中共党员。1987年毕业于中南财经大学。在军队、国家机关工作多年,善于从大局出发,注重统揽全局,把握方向;工作有思路，善于实干并能逐一圆满地组织实施；具有较丰富的领导和管理经验,极富开拓创新精神和超前意识,注重实践和业绩。先后创办了13家房地产公司,6家其他行业公司。

33.孔庆平:海地产股份有限公司董事长

作为跨地域的、具有综合性房地产开发资质的全国性企业,海地产股份有限公司在原中国海外建筑(深圳)有限公司的基础上增资、扩股、改制重组而成。其控股股东为香港中国海外集团旗下、1992年在香港上市的中国海外发展有限公司。中国海外发展有限公司还曾被国际知名的《财富》杂志评为中国上市公司百强中的房地产领军企业。

34.陈润光:光大企业集团有限公司董事长

广东光大企业集团始创于1983年，其前身为东莞市光大实业总公司,是一家集房地产开发、工程建筑、市政工程、装饰装潢、物业管理、园林绿化、贸易等项目的大型企业集团公司。旗下设东莞建安集团公司（国家一级总承建企业）、光大房地产开发公司、光大物业管理公司、光大装饰设计公司等数家全资子公司。

35.杨孙西:香江国际集团董事长

1969年，创办了香港国际针织制衣厂，是香江国际集团内最早成立的公司。杨孙西博士历任董事长。20世纪70年代,集团主力发展纺织制衣业务,打下良好的基础。在福建石狮,兴建面积6000亩的闽南黄金海岸度假村,设有星级酒店、会议中心、购物中心、射击场、赛马场、高尔夫球场、俱乐部、夜总会、海天佛国等,还辟出地区兴建别墅群。

36.叶立培:仲盛集团董事长

早年做过数学老师,也从事过进出口贸易，还大胆地在深圳投资别墅房产。后来,他北上上海,在房地产低迷期介入,一直坚持到1998年市场转暖,最终迎来房产事业的转机。随着上海在中国商业中心地位的奠定,仲盛集团从上海房地产的投资中收获颇丰。同时,叶立培还投资其他城市的房产市场。

37.刘永好:新希望集团董事长、希望集团总裁

刘永好四兄弟于20世纪80年代创立了希望集团。如今,他领导的新希望集团已经成为包含房地产、高科技、化工、金融等多项产业的多元化大型集团。他还是全国政协常委、全国工商联副主席、中国民生银行副董事长、中国饲料工业协会副会长。在《福布斯》杂志“中国大陆100首富企业家”排名中,刘氏兄弟曾排名第一。

38.郭梓文:奥园集团董事局主席

出生于广东广州,大专学历。曾经在当地的旅游局工作,之后承包3家国有房地产企业开始创业。他认为,应加强“奥林匹克”的品牌建设,面对新的金融政策,奥园集团应按照既定发展战略,做好城市空间运营商。目前全国各地已有7个奥林匹克花园的房地产项目,集团有1000名员工。

39.陈丽华:香港富华国际集团董事长

陈丽华的第一桶金来自20世纪80年代早期的香港，在那里她抓住了房地产大发展的机会,同时也从事国际贸易。回到北京后,富华集团着手开发房地产,包括建立了长安俱乐部——中国最好的私人俱乐部之一。陈丽华还是第八、第九、第十届全国政协委员。满族贵族出身的陈丽华对她的紫檀博物馆倾注了大量的热情,这些年从东南亚收集了很多紫檀木做满式家具。

40.卢　铿:华新国际集团CEO兼总裁

祖籍重庆，毕业于东北大学冶金系。华新国际集团现有14个下属企业,总资产31亿元。另持有上市公司“中体产业”价值10亿元的股票,土地拥有量和储备量约8570余亩。2002年销售达到25亿元,当年的开发量达到30万亩以上。“新住宅运动”由卢铿首倡,引起了住宅产业和文化界的关注,出现了媒体关注的“华新国际现象”。

41.徐林宝:上海房地(集团)公司董事长

中共党员,高级经济师,上海房地(集团)公司董事长、党委书记,中华企业股份有限公司董事长、总经理。从事房地产业30年。1987年全面转入房地

产企业经营领域，1996年任上房集团董事长、总经理。到2002年，拥有“金丰投资”和“中华企业”两家上市企业的上房集团，总资产超过102亿元，土地储备达到9862亩。

42.许家印：恒大集团董事局主席

许家印可算是2003年拿奖最多的一个广州房地产老板了，其中最具殊荣的当然是胡润评出的“2003中国大陆百富榜”中的第38位排名。这标志着许家印和他所领导的恒大集团已经再上了一个台阶。许家印为人低调，在广州一个钢铁厂工作了11年。尽管1996年才开始进军房地产，但许家印适时抓住了房地产迅猛发展的契机，集中精力发展市中心房产。

43.欧亚平：深圳百仕达董事长兼总经理

大学本科文化程度，经济师、教授。1984年任南京华东理工大学管理系教师。1985年任湖南省国际经济开发总公司总裁助理兼进出口部副经理、湖南省经济技术开发促进会会长。1987年任湖南省对外经济贸易发展公司副总经理、香港宇恒集团有限公司董事长、总经理。1991年任百仕达有限公司总经理兼董事长。

44.贺江川：北辰集团董事长

中共党员，籍贯山西省大同市。1993年取得经济师资格，1998年取得高级（金融）经济师资格。现任北辰实业股份有限公司执行董事、副总经理，北辰东大阿尔派信息技术有限公司副董事长，北辰房地产开发股份有限公司董事长，以及成都市住宅问题研究会房地产经济技术委员会委员，中房指数系统专家，成都市住房制度改革方案主要执笔人。

45.白起鹤：武汉地产开发投资集团董事长

高级经济师，中共党员，现任武汉经济技术开发区建设开发总公司总经理、武汉市住宅统建办公室主任职务。白起鹤1968年12月参加工作，1990年调至武汉经济技术开发区建设开发总公司，历任副总经理、总经理职务。曾获湖北省“优秀厂长经理”、武汉市“优秀企业家”、武汉市“劳动模范”和1999年、2000年“城建工作目标管理先进个人”等荣誉称号。

46.杨　慎：中国房地产协会会长原建设部副部长

杨慎：“整个房地产业正经历着两个历史性的转变：一是居民对住房需求从生存型向舒适型转变；二是产业增长方式从速度规模型向质量效益型转变。要适应这两个转变，必须考虑两点，一是建设规模、建设速度不能超越国情民力和客观规律搞跨越式发展；二是房屋建筑不能搞低水平建设，必须坚持高标准、高质量，必须把确保安全适用放在压倒一切的地位。”

47.童锦泉：长峰集团董事长

高中学历，离开学校后，童锦泉跟父母去江苏做些小生意。两年之后，他当上了当地一家乒乓球厂的总经理，然后在1994年迁至上海创办了自己的公司，开始从事房地产，是上海第一批房产开发商之一，至2004年开发面积已超过200万平方米，投资总金额100亿元。低调的童锦泉现在上海有两个大型项目正在开发中，是上海最大的房地产商之一。

48.黄光裕：鹏润集团总裁

鹏润集团旗下的房地产公司在香港成功上市，无疑让黄光裕找到了进入资本市场的入口。他旗下的家用电器零售店——国美电器在全国各地共有90多家，2001年的销售收入达7.20亿美元（2000年为4.3亿美元）。黄光裕出生在广东农村，之后和他的哥哥一起到北京做生意，并于1993年创立国美电器。他的哥哥后来离开，开始其他的房地产以及高科技投资。

49.陆克华：建设部住宅与房地产业司副司长

陆克华：“房地产是一个具有先导性、基础性的敏感行业，其现状总体上是健康的，但由于房地产经营风险高，稍有不慎就可能对国民经济产生不良影响，正所谓‘水能载舟，亦能覆舟’。一个时期以来，国家就房地产业的发展出台了多项宏观调控措施，涉及土地供应、金融信贷以及在建工程清理等领域。”

50.李晓平：卓越集团总经理

四川人，在中国电子科技大学应用数学系毕业后考入中国社科院数量经济研究所，并获得硕士学位。有过7年大学教师经历，1989年南下深圳，曾任职于深圳市政府。1993年底步入地产，担任卓越地产总经理至今。2003年，李晓平作为深圳惟一地产人入选当年住交会“中国房地产十大新锐人物”。

51.杨　毫：成都置信实业有限公司董事长

大学文化，中共党员，祖籍山东，1981年参军。1995年与人合伙组建“成都信德房地产开发公司”，取得了7个项目的成功。1997年底，创建“成都置信实业有限公司”，领导置信公司在3年内得到了较大的发展。现为西南财经大学工商管理学院兼职教授，MBA研究生指导教师；西南交通大学管理学院兼职教授，MBA研究生指导教师。

52.孙广信：新疆广汇实业投资集团董事局主席

毕业于安徽陆军指挥学院，复员军人，高级经济师。荣获全国十大杰出青年、中国经营大师等19项称号。广汇实业创建于1989年，下辖7大集团，57个下属企业。2001年5月由《中国证券报》和清华大学企业研究中心对中国1100多家上市公司排序，“广汇股份”名列前十名，成为中国最优秀的上市公司之一。

53.杨树坪:城启集团董事局主席

大学本科学士学位，高级工程师，现就读中山大学管理学院 EMBA。曾任广州铁路局工程公司副经理，副总工程师，1995 年起进军广州房地产市场，2003 年胡润版中国富豪财富榜第 61 名。先后开发建设广州晓港湾、侨城花园、荔港南湾、广百新翼、天誉华庭等著名房地产项目，2003 年首批入选广东省 17 家房地产诚信企业。

54.聂梅生:全国工商联住宅产业商会会长

1940 年出生，1962 年清华大学毕业。现任全国工商联住宅产业商会会长，清华大学、哈尔滨工业大学客座教授，美国伦塞利尔理工学院（RPI）环境工程访问学者。历任中国市政工程西南设计院副院长、建设部科技司司长、博士生导师、建设部科学技术委员会副主任、建设部住宅产业化办公室主任、中国土木工程学会给水排水学会理事长等职。

55.赵 康:北京城市开发集团总经理

开发集团正在开发建设跨世纪的宏伟工程——望京新城，规划总建筑面积 860 多万平方米，相当于一座中等城市，被业界评为北京第二代大盘产品的代表。总经理赵康曾说，作为国有企业城市开发集团，20 世纪建设的住宅有 1300 多万平方米，这个纪录恐怕没有人能打破。同样，一个项目开发规模如此之巨，恐怕没有人能够打破。

56.杨卓舒:卓达集团总裁

河北造城者杨卓舒曾长期从事新闻、出版和经营开发，主要著述有:《中国农业现代经济管理概论》、《中国房地产概论》、《论知识经济》等。杨卓舒在 1993 年进入房地产业，卓达集团目前已经是河北省最大的民营企业之一，在房地产、旅游和教育方面都有所建树。2004 年，卓达正着手发展内蒙古和海南的旅游业。

57.傅 军:新华联集团总裁

中共党员，高级经济师，湖南大学 MBA，湖南醴陵人。历任湖南醴陵市乡党委书记、醴陵市经委副主任、醴陵市外贸局局长等职，1990 年起担任新华联集团的董事长，直到 2003 年他才把公司总部从长沙迁至北京。从 1993 年就开始进京搞房地产，并已先后开发了新华联家园、新华联锦园、北京青年城等 3 个楼盘，总面积已超过 100 多万平方米。

58.林少斌:深圳招商房地产有限公司总经理

1960 年 11 月 17 日出生于广东汕头，1983 年 7 月毕业于清华大学建筑系，高级建筑师。历任深圳招商房地产有限公司工程师、部门经理、总经理助理、副总经理、总经理，招商局蛇口工业区总经理助理、副总经理，期间曾任招商局集团工程地产事业部总经理。

59.吴一坚:金花企业（集团）股份有限公司董事长

经济师，陕西省青年企业家协会副会长，西安市新城工商联副会长。吴一坚一手创办了金花企业集团。他以 600 元的资本独闯海南，几年时间赚回 3 亿人民币的资产（包括地价）。如今金花集团从房地产开发起步，到目前已经形成了以房地产开发为支柱产业，金融业为雄厚基础，融科、工、贸、医、商、娱乐为一体的多元化、综合性的集团式公司。

60.汪力成:华立集团有限公司董事长

中共党员，1978 年接任华立集团的前身——余杭仪表厂厂长。1991 年任杭州华立集团公司党委书记兼董事长、总经理。1996 年任华立集团有限公司董事长。历任浙江省工商联副会长、省工商联直属商会会长、杭州市人大代表、杭州市青年企业家协会会长、杭州市社科院客座研究员、浙江财经学院、浙江工业大学、中国计量学院兼职教授。

61.王若雄:天泰集团股份有限公司董事长

祖籍山东日照，现任青岛市政协常委、民建中央委员、青岛建筑工程学院硕士生导师等职。王若雄于 1994 年创立天泰集团，经过近 9 年的发展，天泰已发展成为资产达 12 亿元的企业集团。2003 年王若雄荣获《中国房地产报》“中国房地产卓越贡献 100 人”，同年被《中国建设报》推选为“中国楼市推动力精英人物”。2002 年，天泰出 1000 万元巨资赞助奥运会。

62.段先念:西安紫薇实业发展集团董事长

中共党员，西安交大硕士研究生，高级经济师。历任西安高新技术产业开发区管理委员会副主任、西安曲江新区管理委员会主任、西安高科（集团）公司总经理、西安紫薇实业发展有限公司董事长兼总经理。2002 年，段先念被推介为“房地产风云人物”、“中国房地产企业十大功勋人物”、“中国楼市推动力精英”。同时是西北惟一人选《地产首脑》一书的企业家。

63.王健林:大连万达集团董事长兼总裁

中共党员，高级工程师，具有很强的开拓精神和创新精神，在现代企业经营管理和房地产开发建设方面有着独到建树。1988 年组建万达集团，1992 年万达集团正式改制为万达集团股份有限公司。经过 10 余年的发展，万达集团已形成以房地产开发、购物广场建设管理为两大支柱产业，拥有资产 50 亿元，年销售额逾 70 亿元的大型企业集团。

64.孙荫环:亿达集团有限公司董事长

高级工程师，辽宁省大连市人，现

任亿达集团有限公司董事长、大连软件园股份有限公司董事长、大连市人大常委等职务。亿达集团是大连乃至辽宁省名企之一，涉足房地产开发、建筑装修、组合机床制造、软件信息业服务平台建设及软件人才教育培训、大连软件园综合开发和管理等产业。

65.蔡万霖：台湾国泰建设股份有限公司董事长

国泰建设股份有限公司成立于1964年，是台湾资本雄厚业绩优良的建设公司，亦是建筑界第一家股票上市公司，同时亦为享有盛名之霖园集团重要成员之一。台湾房地产上市公司共有34家，按2002年12月31日市值，第一位是国建，总市值为28.2亿人民币。

66.孙甚林：重庆南方集团有限公司总裁

中共党员，大专文化，高级经济师。重庆南方集团有限公司是以房地产开发为主，集建筑装饰、物业管理、酒店经营、销售交通器材、生产塑钢型材等为一体的大型企业集团公司。公司始建于1989年，1993年转向房地产开发并获迅速发展，至1997年成立重庆南方集团有限公司，迄今已向国家上交税费逾亿元。

67.邹丽华：浙江新湖集团董事长

浙江新湖集团股份有限公司是一家按现代企业制度组建的股份制企业。公司于1994年在杭州成立，注册资本2亿人民币，企业信用等级连续6年AAA。经过多年的发展，经营产业、经营规模、经营区域不断拓展，公司实力不断壮大，特别在资本市场运营、城市房地产开发方面取得了突出的业绩。

68.金惠明：大华集团董事长

大华集团是一家以房地产开发为主，兼及投资置业等产业的多元化经营的大型企业集团，是国家一级资质的房地产开发企业，多次荣获全国房地产领先企业称号。大华集团组建以来，已先后开发了大华新村等一批高标准、高品位的住宅小区，竣工商品住宅300余万平方米，是上海房地产行业中惟一一家连续7年商品住宅销售量进入全市前五名的开发商。

69.陈兴汉：南京栖霞建设集团总裁

高级工程师，东南大学兼职教授，建设部全国高等教育工程管理专业评估委员会委员，中国房地产业协会常务理事，全国“三八红旗手”，全国侨联“八五”、“九五”先进。长期在建筑设计、施工以及房地产领域工作，在30多年的实践中积累了丰富的经验和扎实的专业理论基础，是一位既精通技术，又懂经营管理的专家型企业家。

70.张玉良：绿地集团总裁

带领企业团队把绿地集团打造成中国企业500强和上海市百强企业，坚持“为百姓营造美好生活”的企业宗旨，以房养绿，以绿促房。在上海无偿投资建成了265公顷公共绿地，同时热心于公益事业。2001年，他又带领绿地集团融入全国，服务全国，为所到之处带去新的开发和居住理念，改变城区面貌，使绿地集团逐步成为全国品牌企业。

71.黄如论：金源房地产公司董事长

金源房地产的黄如论应该算是中国内地最慷慨的慈善企业家——他在2003年里为教育事业和抗击非典一共捐赠了2.1亿元。这位出生在福建的企业家目前的公司总部在北京，他的捐赠也主要集中在福建和北京两地，其中1.8亿元用于修建福建江夏大学，非典期间共向北京市政府和海淀区捐赠1400万元现金。

72.沈建忠：建设部住宅与房地产业司副司长

沈建忠：“住宅产业化，是指让住宅在融入社会化大生产的模式中来进行发展。有人把它归纳为6化，即连续化、标准化、集团化、规模化、一体化、机械化。中国经济发展已经到了一个程度，市场也成熟到了一个程度，必然要求包括住宅这样一种涉及面广的产品生产组织形式有一个质的提高。”

73.赖运兴：台湾立信集团董事长

立信集团于1995年成立于台湾，领域涉及房地产、工业制造、金融保险、证券等，为目前全台湾拥有土地第一大企业。立信集团已于2004年4月23日正式成为厦门九州大厦新东家，这也是立信进军祖国大陆的第一个房地产项目。

74.李　明：中远房地产开发公司总经理

于1997年开始担任中远房地产开发公司总经理，全面负责公司发展战略的制订与各项重大决策，并负责监督销售、市场、财务及人力资源管理。其直接领导的北京远洋大厦和远洋都市网景两大项目分别凭借其竞争力和鲜明的品牌形象入选1999年北京十大畅销楼盘，从而使中远房地产成为年度惟一一家同时有写字楼和住宅小区项目入围的公司。

75.顾云昌：中国房地产业协会副会长兼秘书长

20世纪80年代初着手住宅商品化研究，1985年开始研究土地问题，1998年进入中房协工作，曾多次参与国家房改政策的研究和制订，是国家房改方案的主要起草人之一。90年代参与2000年国家小康住宅科技项目，任产业政策组组长。主持完成了“跨世纪中国住宅产业政策的研究”、“完善经济适用住房政策的研究”等重要课题。两次获得国家科技进步一等奖。

76.黄巧灵：宋城集团董事长

1987年弃文从商只身远走海南创业，成为第一个开发天涯海角景区的投资者。1994年，黄巧灵来到杭州继续他的文化和旅游开发之旅，1996年开园的宋城景区成为省内第一家主题公园和中国最大的宋文化主题公园，也开创了浙江省民营资本投资旅游休闲产业的先河。目前，黄巧灵掌控的宋城集团已成为中国最大的民营旅游休闲业投资开发企业。

77.房　超：北京国华置业有限公司董事长

中共党员，1971年5月参加工作，中国社会科学院研究生毕业，高级工程师。曾任北京西单国际大厦开发公司总经理等职。2004年新春伊始，业内各大评比盛会，华贸中心喜获丰收。他曾主持的“西单国际大厦”、“西单赛特商城”项目荣获“建设部鲁班奖”，“国家电力调度指挥中心”荣获联合国世界卫生组织“健康工程”等国内外多项建筑大奖。

78.陈　剑：华侨城地产总裁

同济大学建筑学学士学位，城规学院硕士学位，1993年在深圳世界之窗从事规划和建设工作。1994年起任职华侨城建设指挥部规划部总经理，1995年任华侨城房地产总裁兼党委书记、华侨城集团公司副总裁。素有深圳绿色家园之美誉的华侨城，依托旅游资源，与“环境+质量+文化”地产品牌强强互动，创造出具有鲜明特色的旅游房地产开发模式。

79.刘洪玉：清华大学房地产研究所所长

同时兼任清华大学建设管理系主任、教授、博士生导师，中国土地估价师协会副会长，中国房地产业协会常务理事。

80.刘志强：香江集团董事长

中山大学管理学院修读硕士研究生，1990年开办深圳金海马实业有限公司，1994年创办香江、金海马集团有限公司，任董事长。香江集团涉及的经营范围已由家居流通领域的遍布全国六大区域的家居连锁商场，拓展到商贸物流、房地产、金融等各个层面。在涉足房产业的两年时间里，他引领香江集团逐步向专业房地产企业发展。

（信息来源：世界经理人网）

备注：此榜于2004年2月28日正式启动，由世界经理人周刊／网站、国家地产网、中国房地产联合会主办，ICXO中国地产指数系统承办。ICXO中国地产指数系统的研究团队经过3个月的研究和分析，从不同的视角重新审视地产界领袖们，以其在国内外的知名度及影响力作为参考指标重新排名。此次排名不仅有地产界企业人士，还包括地产界具有影响力的专家学者、政府要员，以及香港、澳门、台湾的地产界知名人士。

ICXO中国地产指数系统，指由美国哥伦比亚大学经济学教授、诺贝尔经济学奖得主罗伯特·蒙代尔（Robert Mundell）博士领导的世界经理人资讯有限公司和其主持的地产研究团队。

此次排名显示了中国地产业者在中国以及国际上的知名度和影响力。中国地产业者往往都是企业的创业者，其社会知名度对于企业的发展与壮大具有推动性的作用。一些国际知名公司领导人的名字与事迹一样作为一个品牌而为世人所津津乐道，如比尔·盖茨与Microsoft。通过调查发现，中国地产业者还没有能够真正利用这一品牌资源，多数较为神秘，能够得到的相关信息较少。中国地产指数系统认为，领导人的知名度大小与公司发展程度虽然不能说成是正比关系，但也有积极的影响。因此希望通过此次排名能使中国地产业者的知名度有所提高。

◎榜二、2004住交会中国房地产十大风云人物◎

十大风云人物风采

1.吴忠泉：金都集团总裁

1968年8月出生于浙江省杭州市余杭区，工程师、民建会员、杭州市政协委员，原在国家审计机关工作，1994年从杭州城西50亩地起步，开始在房地产业闯荡，是当时杭州最年轻的房地产公司老总。

2.李思廉：广州富力地产集团董事长

10年时间，成功开发了包括富力半岛、富力广场等多个著名楼盘在内的共21个地产项目，总开发面积达236万平方米，其中已交付使用面积154万平方米，年销售额超过20亿元。1999–2001年名列广州房地产销售第一名，2000年、2001年蝉联广州市房地产开发综合实力第一名，连续两年成为广州民营企业纳税冠军。2002年以31.7亿元的天价投得中国有史以来最大公开招标地块，北上开发北京富力城。

3.林少斌：招商地产总裁

1960年11月17日出生于广东汕头，1983年7月毕业于清华大学建筑系，高级建筑师。历任深圳招商房地产有限公司工程师、部门经理、总经理助理、副总经理、总经理、董事总经理，招商局蛇口工业区总经理助理、副总经理，期间曾任招商局集团工程地产事业部总经理，现为招商房地产有限公司总裁。

4.宋尚龙：亚泰集团董事长兼总裁

大学学历，高级经济师、高级工程师。吉林省优秀共产党员，吉林省特等劳动模范，全国"五一"劳动奖章获得者，吉林省、全国优秀青年企业家，长春市杰出企业经营者，长春市人大代表。曾任长春市二道区城建局副局长、长春龙达建筑实业公司总经理，吉林亚泰（集团）股份有限公司副董事长、总裁。现任吉林亚泰（集团）股份有限公司董事长兼总裁。

5.易小迪：阳光100集团董事长

湖南人，经济学硕士，1992年任广西万通企业发展总公司总经理，开始从事房地产住宅专业开发，成功开发了广西南宁万通空中花园、新万通购物广场、新万通宾馆等项目。

1999–2004年，任阳光100置业集团董事长，主持开发北京阳光100国际公寓。

6.黄如论：金源集团董事长

出生于福建农村，35岁之前一直在家乡做小买卖。1986年，黄如论只身前往菲律宾淘金，曾在多个国家从事贸易。1991年，他返回家乡，开始投资房地产业，并发展成为福建最大的私人房地产商。20世纪90年代末，黄如论的金源集团将重心转向北京市场，其开发的楼盘完全利用自有资金，并多采用现楼销售的方式。目前金源集团正在向酒店和商业领域扩张，已拥有多家五星级酒店。黄如论持有金源集团15%的股份。

7.陈　剑：华侨城地产总裁

30岁时的陈剑任职湖南省建筑设计院重点工程设计室主任，1994年开始主管华侨城城区总体规划和建设，36岁时，陈剑已经坐到了华侨城集团副总裁兼华侨城地产总裁的位置。

8.罗康瑞：瑞安集团董事长

曾就读于香港圣约瑟书院和澳洲新南威尔斯大学，于1969年返回香港，在父亲的机构服务，其后在1971年创立自己的事业。罗康瑞于1996年受聘为上海同济大学顾问教授，同年获香港科技大学颁授荣誉工商管理博士学位，并于1998年受聘为上海大学顾问教授，1999年获"上海市荣誉市民"称号。

9.张玉良：上海绿地（集团）有限公司董事长

1992年任绿地开发总公司党委书记、总经理。

1997年，上海绿地集团组建后，任公司党委书记、董事长、总裁。

10.朱永康：上海东方金马房地产有限公司董事长

1951年出生于上海，1988年赴海外求学发展，1989年起在香港创办香港金马国际联合公司任董事长，次年回国作实业投资。1989–2004年，朱永康在中国房地产等行业的投资累计上百亿人民币，开发建筑面积近百万平方米，为繁荣上海的经济建设，尤其是房地产业发展做出了卓越的贡献。

（信息发布单位：中国住交会主流媒体联盟网2004年12月4日）

备注：此榜的入围标准为

1.在中华人民共和国境内有注册商标的房地产开发公司担任主要负责人（董事长或职业经理人）。

2.以房地产为主业，以市场为导向，通过市场组织资源，有较好的业绩、较好的资信，所经营的企业有一定的规模，在全国房地产界有较高影响力的开发商或职业经理人。

3.对当地房地产业的发展作出过卓越贡献，其企业及楼盘在当地具有极高的知名度和美誉度，在行业理论上有较高建树，有独到的开发或产品理念，其操作的地产项目必须具备一定的创造性和市场引导性。

4.开发操作的地产项目是地产界知名项目，其项目对地产界有较高的影响力。

5.所经营的房地产开发企业综合实力须在当地排名前三位，并具面向全国的发展战略，有跨地域开发在全国知名的成功操作个案。

6.所领导的企业在2004年度的开发量要超过40万平方米、销售量超过30万平方米。

7.在2004年度发表过对房地产业界产生重大影响的观点和思想，或在产品开发、企业管理等方面有重大创新和提升。

◎榜三、2004 住交会中国房地产十大新锐人物◎

1.倪建达:上海城开(集团)有限公司总经理

2.胡双桥:武汉东鑫集团董事长

3.黄红云:重庆市金科实业(集团)有限公司董事长

4.刘　浩:青岛海信房地产股份有限公司总经理

5.王振华:江苏新城房产股份有限公司董事长

6.曾　伟:世纪朝阳房地产公司董事长

7.韩红丽:紫薇地产总经理

8.刘文武:昆明江东集团房地产有限公司董事长

9.王文勇:中能控股集团董事长

10.张　勇:河南鑫苑置业有限公司董事长

(信息发布单位:中国住交会主流媒体联盟网 2004 年 12 月 4 日)

◎榜四、2004 中国十大地产英才◎

1.郑家纯:香港新世界中国地产有限公司执行董事、总经理

2.房　超:北京国华置业有限公司董事长

3.孟晓苏:中国房地产开发集团公司董事长

4.王功伟:北京金融街控股股份有限公司董事长

5.张玉良:上海绿地集团董事长

6.楼忠福:广厦控股创业投资有限公司董事局主席

7.姜　放:沈阳玛莉蓝国际实业有限责任公司董事长

8.唐　军:首创置业股份有限公司总裁

9.罗志文:广州市时代名苑房地产开发有限公司总经理

10.王瑛琦:北京天海兆业房地产开发有限公司董事长

备注:此榜为十大系列英才榜之一,由中华英才半月刊社、联合国教科文组织驻华代表处、北京大学、中国青年报社等单位联合主办,并于 2005 年 1 月下旬在北京公布。

十大系列英才榜的举办是为贯彻落实党中央提出的人才强国战略,努力在全社会形成尊重知识、尊重劳动、尊重人才、尊重创造的良好社会氛围,更充分地彰显英才人物,弘扬英才精神,其推选坚持以创造、卓越、楷模为宗旨;突出改革以人为本,发展以人为本,振兴以人为本的理念;构建政府、专家、媒体、大众四位一体的推选体系,努力将年度英才人物推选办成在海内外具有广泛影响的重要品牌。

◎榜五、2004 中国十大地产影响力人物◎

1.郁　亮:万科企业股份有限公司总经理

2.黄如论:世纪金源投资集团董事长

3.任志强:华远集团董事长

4.潘石屹:SOHO 中国董事长

5.黄文仔:宏宇集团董事总经理

6.房　超:北京国华置业董事长

7.陈　鹰:华润置地(北京)股份有限公司董事、总经理

8.孙宏斌:顺弛创始人、融创集团董事长

9.彭磷基:广东祈福集团董事长

10.张玉良:上海绿地集团董事长

(信息来源:搜狐网 2005 年 1 月 5 日)

备注:此榜由搜狐公司于 2005 年 1 月 5 日发布。搜狐"十大地产影响力人物"是根据地产公司 2004 年的业绩以及行业、地域影响力综合评定的。稳健发展的万科继续实施全国开发战略,傲居行业领头羊;任志强擅长宏观经济研究,发出与众不同的声音;黄如论率领的世纪金源不仅"造城",更打造了最大单体 Shopping Mall;潘石屹将个性化地产进行到底,高价买地再做前卫建筑;比黄文仔还有名的"星河湾"即将进京开发,引起业内极大关注;高品质的华贸中心奠定了房超的市场地位;华润置地再次上演"双城记";"黑马"孙宏斌横空出世,演绎顺驰速度;大佬级人物彭磷基、张玉良也因销售业绩和行业地位备受关注。

相关链接:搜狐公司(NASDAQ:SOHU)是中国最领先的新媒体、电子商务、通信及移动增值服务公司,是中文世界最强劲的互联网品牌。成立于 1996 年 8 月的搜狐公司,由公司创办人张朝阳博士在美国依托 MIT 媒体实验室主任尼葛洛庞帝和美国风险投资专家爱德华·罗伯特的风险投资支持创办的。而后进一步得到包括美国英特尔公司、道琼斯公司、晨兴公司、IDG 公司、盈科动力、联想等世界著名公司的风险投资。2000 年 7 月 12 日,搜狐公司在美国纳斯达克挂牌上市,从一个国内知名企业发展成为一个国际品牌。

四、综合篇

◎榜一、2004 中国十大最具价值的房地产公司品牌◎

品牌	公司名称	品牌价值（亿元）
复地	复地（集团）股份有限公司	9.91
绿城	绿城房地产集团有限公司	9.52
金地	金地（集团）股份有限公司	9.37
大华	大华（集团）有限公司	8.31
万通	北京万通地产股份有限公司	6.91
阳光 100	北京阳光 100 置业集团有限公司	5.81
新世界	新世界中国地产有限公司	5.59
北京城建	北京城建投资发展股份有限公司	5.06
沿海	沿海绿色家园集团	5.01
金融街	金融街控股股份有限公司	4.26

（信息发布单位：中国房地产 TOP10 研究组）

备注：此榜由中国房地产 TOP10 研究组于 2004 年 7 月启动其研究，并于 2004 年 11 月 27 日发布。研究组在充分借鉴国际品牌价值评估经验和操作实务的基础上，结合中国宏观经济发展条件和房地产行业发展特点，建立了一套实操性较强的研究方法体系——BVA (Brand Value Added).，即在理论框架的指导下，通过实证研究，量化计算出房地产品牌价值；经过企业访谈和购房者问卷调查形成中国房地产品牌价值研究报告。其中量化包括 7 个方面：品牌市场份额、品牌市场分布、品牌成长速度、品牌年龄、品牌认知度、品牌忠诚度和品牌美誉度。

◎榜二、2004 房地产十大事件◎

1.国有土地转让招拍挂，协议出让“寿终正寝”

国土资源部、监察部 2004 年 3 月联合下发“关于继续开展经营性土地使用权招标拍卖挂牌出让情况执法监察工作的通知”，为协议出让经营性土地使用权规定了最后期限——2004 年 8 月 31 日。之后，所有经营性国有土地使用权转让一律通过招标、拍卖、挂牌方式，堵上了所谓“历史遗留问题”的口子。8 月 10 日，北京市国土局等部门联合发布了 3 批“历史遗留项目”名单，288 宗项目顺利闯关。

2.央行 9 年来首次加息，引发地产界、经济界强烈震动

中国人民银行决定，从 2004 年 10 月 29 日起上调金融机构存贷款基准利率 0.27%。市场普遍反映是，此举对中国房地产业的影响尤其巨大，对局部过热的房地产投资意味着泼一瓢冷水。并有观点预言，中国步入加息轨道，后续加息措施还会出台，房地产业的“洗牌”就在眼前。

3.国务院提高房地产开发资本金比例

2004 年 5 月初，国务院发出通知，决定适当提高钢铁、电解铝、水泥、房地产开发固定资产投资项目资本金比例。水泥、电解铝、房地产开发（不含经济适用房项目）均由 20%及以上提高到 35%及以上。提高房地产开发固定资产投资项目（不含经济适用房项目）的资本金比例，旨在抑制固定资产投资膨胀和信贷规模过度扩张。

4.央行提高存款准备金率 0.5%

经国务院批准，中国人民银行决定从 2004 年 4 月 25 日起，提高存款准备金率 0.5 个百分点，即存款准备金率由现行的 7%提高到 7.5%。有专家表示，本次央行调高存款准备金率对资本密集型企业的影响很大，首当其冲的是对商业银行依赖性很强的房地产行业，其融资将在一定程度上受到限制。

5.国土资源部暂停三项审批

自 2004 年 5 月初，国土资源部在全国范围内暂停农用地转用审批，暂停新批的县改市（区）和乡改镇的土地利用总体规划的修改，暂停涉及基本农田保护区调整的各类规划修改。全国范围内农用地转建设用地冻结期于 10 月 31 日截止，地方政府将可以重新启动土地开发、招商和投资计划。有专家认为此举的目的之一是平抑目前飙升的房价。

6.土地市场治理整顿，撤并各类开发区 4813 个

2004 年初，国土资源部即开始土地市场治理整顿，清理开发区和纠正违法违规占地。到 2004 年 8 月末，通过行政性手段共撤并各类开发区 4813 个，占开发区总数的 70.1%，核减开发区规划用地面积 2.49 万平方公里，占原有规划面积的 64.5%，已退出土地 2617 平方公里，复耕 1324 平方公里。北京市撤并各类散、乱、差开发区 442 个，规划开发面积减少 53.4%。

7.地产“泡沫”之争愈演愈烈，建设部官方报告平息争端

自 2004 年初开始，有关中国房地产发展过热，局部地区甚至整体存在“泡沫”的言论一直未断。10 月份，有无“泡沫”之争愈演愈烈。10 月下旬，建设部抛出报告“怎样认识当前房地产市场形势”，否认当前中国房地产整体过热之说。不过，报告抛出之后，争论并没

有平息之势。

8.全国商品房价一路上涨，引发高层警觉群众不满

据建设部统计显示，2004 年 1-8 月，全国商品住宅的平均价格达到了 2525 元 / 平方米，商品房价同比上涨 13.5%，这是 1996 年以来同期的最高涨幅。高涨的房价日益引发国家的警觉和群众的不满。建设部不点名批评了某些开发商的恶意炒作哄抬房价，稍后，国土资源部也不点名批评某些开发商。

9.银监会实施房贷风险指引，要求个贷月供不能超收入一半

银行业监督管理委员会于 2004 年 9 月 2 日公布并开始实施《商业银行房地产贷款风险管理指引》，这是继 2003 年央行 121 文件后，金融监管部门发出的又一次加强房地产贷款监管的重要信号。其中最引人关注的内容是，借款人住房贷款的月房产支出与收入比应控制在 50%以下，月所有债务支出与收入比应控制在 55%以下。

10.商业地产热引起高层重视，温家宝批示彻查购物中心泡沫

MALL 虚热圈牢银行资金引起了温总理的高度重视，有知情官员透露，温总理批示：由银监会、商务部、发改委、建设部“查告”。随即一场全国范围内的彻查展开。据估算，仅在 MALL 一项，涉及的银行贷款就高达 2000 亿人民币。

（信息来源：搜房网）

备注：此榜自 2003 年 11 月启动，搜房网新闻中心整理一年中逾百条重要新闻，由 15 位来自研究、开发、咨询、金融、媒体方面的特约评委投票选出。

◎榜三、2004 楼市二十大流行词◎

1.“8·31”大限

回放：国土资源部、监察部 2004 年 3 月 31 日联合下发 71 号令，为协议出让经营性土地使用权规定了最后期限——2004 年 8 月 31 日。通知明确：“于 2004 年 8 月 31 日前将历史遗留问题处理完毕。对 8 月 31 日后仍以历史遗留问题为由采用协议方式出让经营性土地使用权的，要从严查处。”业内将此称为“8·31”大限。

点评：从 2002 年国土部的 11 号令，到北京市的 33 号文件，再到 2004 年的北京土地 4 号令及之后的解决历史遗留问题的 4 条原则，以及国土部的“8·31”大限，在经历如此多的铺陈之后，京城地产商们终于看到了官方执行严格土地政策的不容置疑。

在最后期限前的不到两周内，官方陆续公布了 3 批“过关”名单，加上 71 号令颁布前，北京市已经公布的两批，一共有 603 宗土地被允许在大限之前协议出让，规划建筑面积 5475 万平方米。按面积测算，“过关”项目比例达 27%，这个并不算高的比例让人对今后的房价充满猜测。

事实上，土地趋紧的政策信号一出，开发商就开始以此作为房价上涨的重要依据。对此官方给予批驳，“不要利用买房人的恐慌心理抬高房价”，5000 多万平方米已够北京市场开发两三年了。

2.宏观调控

回放：2003 年带动的赢利预期，激励着企业家们以一种前所未有的冲动扩大投资，房地产、钢铁、电解铝等行业炙手可热。于是，GDP 增速接近 10%，创 10 年来新高；同时，煤电油运全面吃紧，恶性通货膨胀的阴云开始飘上决策者的心头。于是，中央政府从 2004 年一季度开始相继出台系列宏观调控措施，从财政政策、货币政策、土地政策以及严肃行政纪律等多个方面降温减速，这之中房地产业被重点关照。

点评：不仅是开发商的自有资金比例被抬高，开发商的整条资金链都处于严控之下。上游，流动资金贷款被设限；下游，买房人的消费贷款也被设置越来越多的前提条件。如月均还款额总和不能超过收入的 50%，对第二套以后购房贷款实行更严格的审查等。银行间联网的所谓房贷“黑名单”也让买房人对自己的贷款行为采取更加谨慎的态度。

3.泡沫

回放：房地产泡沫之争在 2004 年从年中一直持续到年末。经济学者易宪容、摩根士丹利首席经济学家史蒂芬·罗奇、摩根士丹利亚太区首席经济学家谢国忠发出预言：中国地产泡沫即将破裂。之后，建设部政策研究中心主任陈淮反击：中国地产泡沫论并不成立，中国房地产金融危机在可控范围内。

点评：不仅是对普通消费者，就连圈内人也认为所谓“泡沫之争”过于高深，实在也争不出个孰高孰低。

说到根本，谁也给不出个“泡沫”的准确定义，各自攻击对方引以为据的系列数字，可谁都无法说自己的数据是最权威的。一个丧失了基本框架和公共信息的争论，最终很可能沦为带有自娱性质的自说自话。

但是，争论的确让人们对持续上涨的房地产价格给予了更多的关注和思考。但普通人更愿意以自己熟悉的方式判断泡沫是否存在。有一段时期，某大兴楼盘拍卖到了每平方米过万的价格，凡是对北京格局有点了解的人都会说，“这就是泡沫。”

4.加息

回放:2004年10月28日,央行公布了加息的消息,在这次存贷款利率调整中,与个人购房贷款直接相关的政策包括:个人住房公积金贷款利率5年(含以下)从3.60%提高到3.78%,5年以上从4.05%提高到4.23%;商贷利率5年(含以下)从4.77%提高到4.95%,5年以上从5.04%提高到5.31%。

点评:首次加息对人们的影响更多地停留在心理预期方面——多数人都认为这绝对不是最后一次。因此购房者在投资和购房时应该算好自己现在的钱袋和未来的收入预期。房价当然是在加息后大家最关注的方面,而房产商和专家们对房价涨涨跌跌的言论也是此起彼伏。但加息至今,北京房价并没有因加息而立竿见影地降下来。

5.房价上涨

回放:地产大腕潘石屹在年初撰文,2004年北京房价铁定要涨招致骂声一片。之后,潘石屹嘴上说怕,要"莫谈房价",但在诸多场合潘石屹还是绕不过这个话题,土地吃紧、资金吃紧等等都为涨价说提供了很好的说辞,而地产商们多为这一论断的拥趸者。

市建委的信息显示,2004年1–10月北京商品住宅均价较2003年同期提高,其中期房每平方米涨了226元,现房每平方米涨了77元。而业内一致认为,上下浮动在5%左右都属正常。

点评:关键是"均价"已丧失了说服力。买房人为什么被开发商的喊涨所迷惑,不仅仅是信息不对称和轻信所致,因为身边的、看好的楼盘价格的确在涨。不仅是买房人,开发商也希望能有一套更科学的反映房价变动的体系,"应该有一个以成交量对房价进行加权的指数,而且其中还应该包括存量房"。

有关房价的争论已让人有些倦怠了。但不可否认,在2004年才开始形成规矩的地产业,开发商的操控仍是房价形成的重要一环。

6.银行"惜贷"

回放:2004年银行不把钱贷给二手房市场和投资方了。其实银行卡紧二手房贷表现在多方面。多数银行对二手房评估价格下调了10%,部分银行甚至停办办公楼、商铺、高龄房以及老公寓贷款;而各银行支行等基层为了完成"健康"指标、控制坏账率,纷纷放缓了审核放贷步伐。

点评:市场对"惜贷"最直接最本能的反应就是,资金流出口小了,那市场的活力是不是也越来越小了呢?房价还能扛多久?会降下来吗?

其实对于银行"惜贷"后,二手房市场反应最明显。银行出台的一系列风险控制的措施,也主要是针对一部分投机炒房者。随着不堪资金压力的投资客抛售,市场减价将渐渐明显,买家也将集中在自住以及不依赖按揭的实力投资人士。"惜贷"后二手房抵押业务也促使典当行业借款业务上升,同时,一些民间的融资方式近期也非常活跃。

7.新北京规划

回放:新北京规划提出的"两轴两带多中心"格局将位于朝阳北路以南京沈高速以北,CBD五环以西和通州以东的区域拉到了中心地带。这里位于东部发展带,又地处东西发展轴的焦点,更有良好的自然环境和大片有待开发的土地资源,将成为北京地产新格局的一个发展中心。

点评:新规划出台,专家们一个劲地研究的结果即是两轴两带多中心格局,最明显的趋向是向东偏移。整个东部区域中,CBD已经明确定位为中央商务区,大量的商务活动、密集的人流,需要大片的腹地区域为之提供住宅配套,成为未来的"中心居住区"。区域房地产开发的升级最终要由产品来实现,而中央居住区域发展的诸多利好引来了众多实力强大的开发商在本区域安营扎寨。

8.鸡蛋换粮票

回放:这是2004年的一句经典对白。建外SOHO销售喜人,潘石屹却愁眉不展,手中没地还叫什么开发商?作为领头人,他必须思考公司的可持续发展。正好2004年为他提供了4号令、71号令等等系列题材。于是,就发生了任、潘两位大腕之间的钱、地交易。潘石屹将其概括为鸡蛋换粮票。

点评:潘石屹在2004年的一项重要工作就是揣着鸡蛋找粮票。他的第一宗交易因为时间及人缘优势而备受关注。但这之后,地产圈内的鸡蛋和粮票仍在频频交易。比如任志强,老潘的鸡蛋在他手中还没捂热就被拿去换一张更大的粮票。而那些不事张扬的地产商的私下交易就更多了。这种交易方式也许会在未来两三年内逐步退出,"过关"项目逐步消化完毕,公开市场交易将成为地产商获取土地的常规方式。"鸡蛋换粮票"将停留在人们对2004年的记忆中。

9.房贷收入比

回放:2004年9月2日银监会要求商业银行将借款人住房贷款的月房产支出与收入比控制在50%以下(含50%),月所有债务支出与收入比控制在55%以下(含55%)。

点评:对借款人支出/收入比的限制,让各大商业银行纷纷加强了对个人住房贷款的审查力度,对短期、投机性的购房行为将起到进一步的抑制作用,有利于进一步防范金融风险,促进房地产市场需求持久稳定地释放。但也有不同观点认为,房贷月供比例应行梯度制度,一刀切的做法不科学。要求所有借款人住房贷款的月支出比均控制在收入的50%以下并非必要,尤其是对于那些高收入者而言更是这样。

10.顺驰现象

回放:自确立全国扩张战略,顺驰一直忙于圈地。与此同时,关于其资金链断裂的传闻也从未停止过。更让人侧目的是,顺驰在住交会上大放卫星:2005年销售额200亿元!顺驰"教父"孙宏斌表示,顺驰中国2004年全年完成销售额100亿元;顺驰中国董事局主席张桂宗宣布,顺驰用3年时间将成为中国住宅产业的老大。

点评:用9个亿拿地当标王、拖欠广告费、资金链条令人担忧等等,这些都让顺驰这几个字不停地在业内外人士的言谈中出现。而最让顺驰骄傲和能夸下海口要做中国住宅产业老大的当然是圈地的成功。虽然顺驰在当初圈地时代价较高,但在土地价格不断上涨的情况下,土地的总值已经让顺驰规模非常庞大。

11.外资试水

回放:2004年以来,海外资本进入中国房地产的步伐更快了。以新加坡和欧美为主的外资活跃在北京房地产市场上。美国汉斯、新加坡凯德置地、荷兰国际集团在北京的项目都已亮相。

点评:土地交易政策的市场化及全国范围内金融体系的整顿,为外资进入中国房地产业注入了一支"强心剂",政府及市场更透明的操作环境使外资重新燃起了投资热情。外资开始比较有组织、有规模地进入,但现在试探的意味很浓,大多数外资仍然坐壁观望。政策不确定性特别是近期人民币是否升值是投资内地房地产的外资牵挂的主要问题。外资进入内地房地产的高潮还未到来。

12.万通卖股

回放:自2004年4月北京万通、天津泰达对外公布实施战略合作之后,伙伴双方又在12月的上海住交会上携手亮相,宣称要打造地产航母。

点评:一方面,万通借助泰达的地缘优势与资金实力,大规模地进入天津房地产市场;另一方面,泰达作为万通的第一大股东,除了共享万通高速发展带来的丰厚投资收益外,还推动了泰达"新型房地产业"的战略实施。万通这一聪明的卖股招数,让其既解决了"钱"的问题,又有了新的项目可做。

13.首创转战

回放:首创集团投资基础设施领域的动作日前正在加快。首创集团与意大利能源公司EnelSpA正在就建立一家中国家用天然气分销合资公司事宜进行协商。

点评:在首创集团的发展战略中,基础设施产业占5成,其余3成是地产,2成是金融。担任北京首都创业集团总经理、首创置业董事长的刘晓光曾明确表示,自己将逐渐淡出地产圈,把更多精力放在首创置业的整体战略建设和基建、水务、燃气等项目上。

14.建筑双年展

回放:2004年9月16日,筹备3年之久的首届"中国建筑艺术双年展"历经波折后终于开幕。这次"中国展"邀请了14个国家和地区的国际知名建筑团体、建筑师、研究院校前往,使它的首次亮相演变成了2004年建筑界最大的"英雄会"。

点评:对首次进入中国并历经波折的建筑双年展而言,尽管颇多诟病,但终归开幕就是一个了不起的成功。这里不得不提到张宝全,这个慷慨解囊,并竭尽全力斡旋矛盾双方的地产大腕,因在关键时刻的出现,使得首届双年展摆脱了流产的命运。不论是站在哪一方,"感谢张宝全"一句话说得都算真诚。

虽然没有实现预期的200万的观众参观,但这个展览还是开创了不少中国第一,比如,中国美术馆方面收藏了"无止境艺术展"的部分建筑设计作品模型——这是中国国家级美术馆第一次收藏建筑设计作品。

15.放号

回放:百子湾一号、三环新城、世纪风景……2004年放号的经济适用房项目,仍然是连夜排队排号。

点评:经济适用房连连火爆的原因是,一般收入的家庭买不起商品房,就连位置稍好的二手房也是望尘莫及,相比之下物美价廉的经济适用房自然受宠。据统计,2003年北京市房价收入比高达8.5:1,房价水平明显超过普通居民的住房消费能力,而经济适用住房目前房价收入比5.5:1,基本上与中低收入家庭购买能力相符。

16.二手房放量

回放:来自我爱我家市场研究中心的统计资料显示,2004年北京二手房交易量为39000套,与2003年北京二手房交易量21000套相比,增长了18000套,增幅为85.7%。二手房全年交易均价为3300元/平方米,与2003年二手房交易均价3066元/平方米相比,上涨了234元/平方米,增幅为7.6%。

点评:专业人士认为,对于那些既想居住在城区但又购买力有限的购房者来说,物美价廉的二手房是其购买首选。由于在二手房贷款方面,大部分银行对借款人、房屋、贷款成数、合作中介机构等设置了严格审查条件,使购买二手房的申贷难度加大。此外,银行的贷款品种也开始减少,部分银行为规避风险停办一些非常符合市场需求的贷款业务,比如"转按揭、换按揭"。

17.Shoppping Mall

回放:2004 年 10 月 24 日北京第一家 Shopping Mall——金源新燕莎 Mall 正式开门营业,这家号称"世界最大单体 Mall"的诞生吸引了众多眼球,但开业之后却前途未卜。拥有最时尚的 Mall 概念、地处最有投资潜力的北京亚奥区某商业地产的惨淡开局、曾卖到每平方米 4–5 万元的某青年主题卖场遭遇商户退租,这些 2004 年度引人注目的商业地产项目都以滑铁卢告终,让人对火热的商业地产心怀担忧。

点评:2004 年可谓商业项目的"入住年"和亮相年,表现好的不必说,单说几个 2003 年名声很大的商业地产项目却有些不尽如人意,不由得引起开发商们的反思:商业规划、经营方式以及后期租户的利益保证究竟该如何?

18.物业收费明码标价

回放:从 2004 年 10 月 1 日起,物业管理企业在向业主提供服务时,必须在小区内显著位置或收费地点,采取公示栏、收费表等方式标明服务项目、收费标准。

点评:业内人士认为,物业服务收费明码标价规定的出台,对解决业主反映强烈的收费不透明、超标乱收费等问题具有重要意义。但收费难仍是物业管理中的老大难问题。市居住小区管理办公室的一项抽样调查结果显示:本市商品房小区目前的平均物业收费率仅为 65%左右。专业人士认为,行业主管部门应形成一套比较科学完善的社区物业服务与收费并举的制度和措施,在业主中普遍形成接受物业服务就需要付费的消费观念。

19.临时电

回放:2004 年以来交付楼盘仍沿用临时电的项目有逐渐增多之势,临时电问题越来越被业主关注,甚至成为许多小区业主维权内容中的重要一项。

点评:有关专家表示,政府有关部门应该监督开发商在交房之前必须完成相关配套建设,接通正式电;对于遗留的临时电问题,可以通过不签署竣工备案表,不予接受新的临时施工电源申请,迫使开发商完成改造。

20.房展会缩水

回放:2004 年的房展会相比前几年明显缩水。从春展后,就少见几个成功的展会。由于入市楼盘数量减少,而市场需求依然旺盛,开发商销售压力减轻,再加上包括"网上房展"、"常年房展"等新的房展形式,令传统的综合房展会"生意"锐减。

点评:对开发商来说,布置展台的费用、营销人员的加班费,以及各种广告宣传费用,是一笔不小的开支,能否换来与之相匹配的收益,心里越来越没底了。主办方竞争白热化也是房展缩水的一个原因。2004 年的几次大型房展,均出现撞车现象,一东一西不同地点同一时间举办,两个主办方只好在已经锐减的收成中各分一小杯羹。

(信息来源:《北京晨报》2005 年 1 月 18 日)

2004 年楼市一瞥

商
务
榜

引 言

当今商业社会里存在着这样一些企业：不是商品和服务的直接制造者和提供者，却将各类商品和服务与我们的日常生活紧密联系在了一起。正是这些企业在支撑着整个社会商业的正常运转和不断发展。由此，产生了全国商业连锁企业30强、中国物流百强企业等榜单。

对于中国的零售业，2004年绝对是个意义重大的年度。在这一年里，全国零售企业销售总额100强全新亮相；国内零售业的并购风生水起，年度十二大并购重组事件新鲜出炉；中国百货零售业十大女将闪亮登场；与此同时，年度零售业RAD奖也名花有主。

而随着商务的日益市场化、国际化，近年来，商务出行、商务出游已成为风尚，最佳商务城市排行榜、最“懒”城市排行榜、最“忙”城市排行榜、商务生活精品榜等榜也就应运而生……

“商务榜”将整个行业的格局变化直观地展示在读者面前，整个行业的实力对比和重新洗牌亦由此可见一斑。

商务榜中榜

一、企业篇

◎榜一、2004 全国商业连锁企业 30 强◎

名次	企业名称	2004 年销售额（万元）				2004 年店铺数（个）				2004 年上半年排名	2003 年末排名
		总计	其中直营	2003 年同期	同比±%	总数	直营	2003 年同期	同比±%		
1	百联（集团）有限公司	6762714	4819269	5522250	22.5	5493	2480	4390	25.1	1	1
2	北京国美电器有限公司	2387886	2263801	1778630	34.3	227	218	139	63.3	2	3
3	大连大商集团有限公司	2308492	2308492	1818260	27.0	120	120	96	25.0	4	2
4	苏宁电器集团	2210764	1488565	1231272	79.6	193	84	148	30.4	3	7
5	家乐福（中国地区各企业）	1624050	1624050	1343680	20.9	62	62	41	51.2	5	5
6	北京华联集团投资控股有限公司	1600000	1600000	1360000	17.6	70	70	62	12.9	6	4
7	苏果超市有限公司	1388000	572800	958000	44.9	1345	384	1162	15.7	7	10
8	农工商超市（集团）有限公司	1370300	1370300	1238100	10.7	1232	1232	1207	2.1	8	6
9	北京物美投资集团有限公司	1327674	1327674	850451	56.1	609	378	518	17.6	12	12
10	三联商社	1325580	579713	1067560	24.2	254	32	202	25.7	10	8
11	上海永乐家用电器有限公司	1320000	1220000	876018	50.7	106	93	55	92.7	9	11
12	重庆商社（集团）有限公司	1311315	1311315	1111549	18.0	153	153	132	15.9	15	14
13	好又多管理咨询服务（上海）有限公司	1200000	510000	470054	155.3	88	27	27	225.9	—	—
14	中国百胜餐饮集团	1186879	718650	940609	26.2	1400	1342	1100	27.3	—	—

名次	企业名称	2004 年销售额(万元)				2004 年店铺数(个)				2004 年上半年排名	2003 年末排名
		总计	其中直营	2003 年同期	同比±%	总数	直营	2003 年同期	同比±%		
15	华润万家有限公司	1101444	891432	1032359	6.7	476	427	467	1.9	11	9
16	江苏五星电器有限公司	937890	799890	510688	83.7	120	60	96	25.0	13	21
17	新一佳超市有限公司	850041	841972	590020	44.1	58	57	46	26.1	19	15
18	武汉武商集团股份有限公司	785951	785951	703096	11.8	38	38	31	22.6	14	13
19	江苏文峰大世界连锁发展股份有限公司	764262	609462	571736	33.7	506	29	326	55.2	16	17
20	沃尔玛(中国)投资有限公司	763542	763542	585219	30.5	43	43	33	30.3	17	16
21	易初莲花(中国)连锁超市有限公司	739405	739405	528505	39.9	41	41	22	86.4	—	—
22	家世界连锁商业集团有限公司	722539	703547	527204	37.1	69	61	49	40.8	18	19
23	锦江麦德龙现购自运有限公司	636445	636445	562063	13.2	23	23	18	27.8	20	18
24	人人乐连锁商业(集团)有限公司	620013	620013	321360	92.9	32	32	15	113.3	—	—
25	武汉中百集团股份有限公司	608769	608769	452302	34.6	330	330	286	15.4	21	24
26	北京王府井百货(集团)股份有限公司	587067	587067	476111	23.3	15	15	11	36.4	24	23
27	北京京客隆超市连锁集团有限公司	523774	514367	464582	12.7	140	64	117	19.7	22	20
28	东方家园有限公司	523309	523309	338492	54.6	22	22	14	57.1	25	—
29	利群集团股份有限公司	510502	477628	343429	48.6	512	20	318	61.0	29	27
30	武汉中商集团股份有限公司	457841	457841	366979	24.8	24	24	21	14.3	27	—
	合计	38456448	32275269	28940578	32.9	13801	7961	11149	23.8	—	—

(信息来源:商务部商业改革发展司 2005 年 2 月 7 日)

备注:1.本榜按企业销售规模排序,销售额中含非上市部分数据。

2.2004 年重庆商社(集团)有限公司与重庆百货大楼股份有限公司实现重组,故表中数据含重庆百货大楼股份有限公司。

3.好又多管理咨询服务(上海)有限公司 2004 年整改通过。

4.沃尔玛(中国)投资有限公司数据为初步统计数据。

解读:此 30 强连锁企业发展呈现出以下几个突出特点:

1.经营规模进一步扩大,企业集中度提高

从总体来看,30 家连锁企业销售额占全社会消费品零售总额的比重为 7.1%,与 2003 年同期相比提高了 1.2 个百分点。其中销售额超过 200 亿元的有 4 家,超过 100 亿元的有 15 家,比 2003 年末增加 6 家。2003 年排名第 30 位的连锁企业销售额为 26.1 亿元,而 2004 年排在第 30 位的连锁企业销售额已经达到 45.8 亿元。从近几年的统计来看,30 强企业大部分经营稳定,成为国内连锁经营的龙头。

从单店的销售规模看,30 强企业中除百货店平均单店销售额与 2003 年相比略有下降外,超市、便利店和专业店等业态都有所增长。百货店平均单店销售额 26947.8 万元,同比下降 2.5%;超市平均单店销售额 3325.4 万元,同比增长 9.1%;便利店平均单店销售额 212.9 万元,同比增长 24.6%;专业店平均单店销售额 8083.9 万元,同比增长 8.6%。

2.各业态稳步发展

便利店呈现快速发展的势头。30 强企业中,便利店的销售额与 2003 年同期相比增长了 49.7%,居各业态之首,店铺数增长了 20.2%。如北京物美投资集团有限公司2004年已发展便利店605家,销售额与门店数分别比2003年增长了31.2%和15.9%。

超市进入成长期。超市(包括大型超市和仓储会员店)的销售额与2003年同期相比增长了32.8%,占30家企业总销售额的52.9%,店铺数增长了21.7%,说明超市已被我国零售业广泛采用,成为主力业态。一些连锁企业坚持业态专一化发展和标准化经营,将重点放在超市的经营上,如家乐福在中国采用大型超市这种单一的标准化的业态,平均单店销售额达2.9亿元。此外锦江麦德龙现购自运有限公司、北京物美投资集团有限公司、北京华联集团投资控股有限公司、利群集团股份有限公司等企业超市单店销售额也达2亿元以上。

专业店持续发展。专业店的销售额占30家企业总销售额的23.5%,与2003年同期相比,销售额的增长幅度和店铺数的增幅分别达到46.5%和34.9%。其中,家电专业连锁店发展快速,前30家连锁企业中5家家电专业连锁企业销售额增长24.2%-83.7%,店铺数增长25%-92.7%,有4家企业销售额过百亿元。家电专业店的高增长性表明家电类商品目前仍是我国城镇居民的消费热点。

百货店通过连锁经营实现功能创新。在30强连锁企业中,百货店的销售额与2003年同期相比增长了18.8%,占30家企业总销售额的14.9%,店铺数增长了21.8%。大连大商集团有限公司、武汉武商集团股份有限公司、北京王府井百货(集团)股份有限公司等以百货为主要业态的企业,积极探索百货店的连锁化经营,实现持续发展。武汉武商集团股份有限公司百货店单店平均销售额达9.6亿元。

3.特许经营成为企业规模扩张的重要方式

30强连锁企业加盟店销售额618.1亿元,同比增长48.4%,高于直营店销售额增幅;店铺数为5840个,占门店总数的42.3%,同比增长33.1%。如江苏文峰大世界连锁发展股份有限公司、利群集团股份有限公司加盟店销售额分别比去年同期增长93.5%和174%,门店数分别增长58.5%和62.9%。

4.外商投资连锁企业发展较快

30强企业中,外商投资连锁企业共8家,包括家乐福(中国地区各企业)、苏果超市有限公司、中国百胜餐饮集团、好又多管理咨询服务(上海)有限公司、华润万家有限公司、沃尔玛(中国)投资有限公司、易初莲花(中国)连锁超市有限公司、锦江麦德龙现购自运有限公司,合计销售额为864亿元,比2003年同期增长了34.6%,占30家连锁企业销售总额的22.5%;店铺数为3478家,比2003年同期增长了21.2%,占30家店铺总数的25.2%。此外,未列入30强的百安居、欧尚集团2004年销售额增幅都超过60%,发展势头迅猛。

◎榜二、2004中国物流百强企业◎

名次	单位名称	注册地址
1	中国远洋物流有限公司	北京
2	中邮物流有限责任公司	北京
3	锦程国际物流集团股份有限公司	大连
4	黑龙江省华宇物流集团有限公司	佳木斯
5	广东邮政物流配送服务有限公司	广州
6	中海集团物流有限公司	上海
7	安吉天地汽车物流有限公司	上海
8	大通国际运输有限公司	北京
9	天津大田集团有限公司	北京
10	中国物资储运总公司	北京
11	上海锦海捷亚国际货运有限公司	上海
12	中外运裕利集团有限公司	厦门
13	中铁集装箱运输有限责任公司	北京
14	民航快递有限责任公司	北京
15	天津振华物流集团有限公司	天津
16	中铁特货运输有限责任公司	北京
17	上海佳吉快运有限公司	上海
18	青岛海尔物流有限公司	青岛
19	青岛交运集团	青岛
20	深圳市腾邦国际物流有限公司	深圳
21	中铁快运有限公司	北京
22	南方物流有限公司	广州
23	中铁现代物流科技股份有限公司	北京
24	宝供物流企业集团有限公司	广州
25	深圳千亦禾供应链技术股份有限公司	深圳
26	广州海元物流有限公司	广州
27	上海巴士悦信物流发展有限公司	上海
28	中国集装箱控股集团公司	北京
29	南方航空股份有限公司	广州
30	招商局物流集团有限公司	深圳

名次	单位名称	注册地址	名次	单位名称	注册地址
31	北京太平洋物流有限公司	北京	66	厦门晋联物流有限公司	厦门
32	中铁联合物流有限公司	北京	67	北京和众奥顺达物流有限公司	北京
33	上海惠尔物流有限公司	上海	68	厦门速传物流发展股份有限公司	厦门
34	安得物流有限公司	佛山	69	湖北汽车运输总公司	武汉
35	中海物流(深圳)有限公司	深圳	70	广州越秀物流有限公司	广州
36	上海佳加物流有限公司	上海	71	大连长波物流有限公司	庄河
37	河南路港综合运输有限公司	郑州	72	福建省宏捷物流有限公司	福州
38	山东佳怡物流有限公司	济南	73	珠海市吉泰物流有限公司	珠海
39	北京宅急送快运有限公司	北京	74	甘肃西部物流有限责任公司	兰州
40	中国物流公司	北京	75	厦门弘信创业股份有限公司	厦门
41	重庆太平物流有限公司	重庆	76	深圳市怡亚通供应链股份有限公司	深圳
42	南通汽车运输有限公司	南通	77	湖南京阳物流有限公司	长沙
43	深圳市共速达物流股份有限公司	深圳	78	上海新兄弟储运有限公司	上海
44	北京东方信捷物流有限责任公司	北京	79	锦州市恒大物流集团有限公司	锦州
45	北京福田物流有限公司	北京	80	厦门华商纵横物流投资有限公司	厦门
46	邯郸交通运输集团有限公司	邯郸	81	北京奇力物流有限公司	北京
47	义乌市联托运开发总公司	义乌	82	上海北芳储运实业有限公司	上海
48	北京市蓝盾运输服务有限公司	北京	83	沧州运输集团有限公司	沧州
49	中信物流有限公司	北京	84	河南新乡汽车运输总公司	新乡
50	甘肃新大陆物流有限公司	兰州	85	山东中邮物流有限责任公司	济南
51	大众交通(集团)股份有限公司	上海	86	安徽国际集装箱联运公司	合肥
52	上海新天原化工物流有限公司	上海	87	鲁能帆茂物流有限公司	济南
53	广西冠驹物流股份有限公司	南宁	88	潍坊联运有限责任公司	潍坊
54	河南焦作市汽车运输总公司	焦作	89	安徽江汽物流有限公司	合肥
55	厦门建发物流有限公司	厦门	90	自贡东方物流有限公司	自贡
56	山东省交通运输集团公司	济南	91	常州交运集团有限公司	常州
57	长沙实泰物流有限公司	长沙	92	佛山市汽车运输集团物流分公司	佛山
58	青岛远洋大亚物流有限公司	青岛	93	上海百岁物流有限公司	上海
59	青岛铁路远东物流有限公司	青岛	94	沈阳一运实业有限责任公司	沈阳
60	重庆市汽车运输(集团)有限公司	重庆	95	福建盛辉物流有限公司	福州
61	天津安达物流有限公司	天津	96	珠海九川物流有限公司	珠海
62	天津市宝运物流有限公司	天津	97	广东怀远物流实业有限公司	广州
63	深圳市白沙物流有限公司	深圳	98	杭州第一汽车运输有限公司	杭州
64	徐州储运有限公司	徐州	99	朝阳环通集团物流中心	朝阳
65	广州市益诚运输服务有限公司	广州	100	天津港散货物流有限公司	天津

(信息来源:人民网 2004 年 11 月 21 日)

备注:此榜由中国交通运输协会、中国铁道学会等行业协会共同组织并发布,依据公平、公正、透明的原则,通过专家委员会的审议,进行评分优选,并征求了各省市有关部门的意见。

此次评选的目的是:加快我国物流企业的发展,尽快把物流企业做强做大;不断总结经验,鼓励先进,明确方向,促进物流企业间的交流与合作,从而树立品牌意识、提高企业信誉度和综合竞争力。

◎榜三、2004中国企业进出口额排名◎

1.2004进出口额最大的500家企业（单位：万美元）

排名	公司名称	地区	进出口额	出口额	进口额
1	中国石化国际事业有限公司	中央公司	2529928	170874	2359054
	中国国际石油化工联合有限责任公司	中央公司	1792122	3255	1788867
	中国石化镇海炼油化工股份有限公司	中央公司	71831	29984	41847
	中国石化集团上海石化公司	中央公司	63643	18069	45574
	中国金山联合贸易有限责任公司	中央公司	57686	17752	39934
	仪征化纤集团公司	中央公司	48992	3092	45900
	仪征化纤股份有限公司	中央公司	48053	2477	45577
	中国石化国际事业茂名公司	中央公司	46512	21734	24778
	中国石化集团上海高桥石化公司	中央公司	43177	19865	23312
	上海高桥石化国际贸易公司	中央公司	35644	15943	19700
	中国石化国际事业广州公司	中央公司	28503	11021	17483
	湛江东兴石油企业有限公司	中央公司	27377	0	27377
2	鸿富锦精密工业（深圳）有限公司	深圳	1603060	835093	767967
3	达丰（上海）电脑有限公司	上海	1304763	830283	474480
	达功（上海）电脑有限公司	上海	486319	277135	209184
	达业（上海）电脑科技有限公司	上海	38361	16139	22222
4	中国石油天然气集团公司	中央公司	919763	195870	723893
	中国联合石油有限责任公司	中央公司	698316	92953	605363
	中国石油物资装备（集团）总公司	中央公司	74543	241	74302
	中国石油物资装备总公司	中央公司	74236	165	74072
	中国石油国际事业有限公司	中央公司	56347	32196	24151
	中国石油技术开发公司	中央公司	37444	35268	2175
5	中国中化集团公司	中央公司	846624	226408	620216
	中化国际石油公司	中央公司	265017	0	265017
	中化化肥公司	中央公司	92109	3415	88695
	中化国际控股股份有限公司	中央公司	74215	41772	32443
	中化上海公司	中央公司	40181	17524	22657
	中化广东进出口公司	中央公司	37806	2476	35331
	中化国际招标有限责任公司	中央公司	36537	1284	35253
	中化宁波（集团）有限公司	中央公司	29124	18430	10694
6	摩托罗拉（中国）电子有限公司	天津	816673	571016	245656
7	名硕电脑（苏州）有限公司	江苏	635022	323528	311494
8	中国五矿集团公司	中央公司	582017	143721	438296
	五矿发展股份有限公司	中央公司	391222	83997	307225
	五矿钢铁有限责任公司	中央公司	287480	21103	266377
	五矿贸易有限公司	中央公司	83496	49867	33630
	五矿有色金属股份有限公司	中央公司	123709	42468	81241
9	友达光电（苏州）有限公司	江苏	554889	173071	381819
10	诺基亚（中国）投资有限公司	中央公司	515384	299393	215991
	北京首信诺基亚移动通信有限公司	中央公司	161216	113356	47860
	东莞诺基亚移动电话有限公司	中央公司	152588	101082	51507
	诺基亚（苏州）电信有限公司	中央公司	106480	49848	56633
	北京诺基亚航星通讯系统有限公司	中央公司	92780	35106	57673
11	中国粮油食品（集团）有限公司	中央公司	509751	119555	390196
	东海粮油工业（张家港）有限公司	中央公司	88906	5772	83135

排名	公司名称	地区	进出口额	出口额	进口额
	中国土产畜产进出口总公司	中央公司	47745	28577	19168
	大海粮油工业（防城港）有限公司	中央公司	43637	264	43374
	中粮粮油进出口公司	中央公司	31025	14420	16606
12	东方国际（集团）有限公司	上海	461905	273983	187922
	东方国际集团上海市对外贸易有限公司	上海	185593	48147	137446
	上海久茂对外贸易公司	上海	41625	10664	30961
	上海东松国际贸易有限公司	上海	28854	9067	19787
	上海丝绸（集团）有限公司	上海	83680	70191	13489
	上海丝绸集团股份有限公司	上海	77558	65257	12300
	东方国际创业股份有限公司	上海	56414	37746	18668
	东方国际集团上海市针织品进出口有限公司	上海	37873	36660	1212
	东方国际集团上海市家用纺织品进出口有限公司	上海	30472	29263	1209
	东方国际集团上海市纺织品进出口有限公司	上海	29560	28218	1341
13	英特尔产品（上海）有限公司	上海	459798	260182	199617
14	中国普天信息产业集团公司	中央公司	454398	213513	240885
	北京爱立信移动通信有限公司	中央公司	196351	121263	75088
	普天东方通信集团	中央公司	102850	50052	52799
	杭州摩托罗拉移动通信设备有限公司	中央公司	80670	45970	34700
	宁波电子信息集团有限公司	中央公司	98298	24937	73361
	宁波波导股份有限公司	中央公司	96667	23998	72670
	北京松下通信设备有限公司	中央公司	45771	12879	32892
15	冠捷电子（福建）有限公司	福建	412991	288151	124840
	福建捷联电子有限公司	福建	327794	223596	104198
	冠捷电子（福建）公司	福建	85197	64555	20641
16	长城国际信息产品（深圳）有限公司	深圳	407220	407018	202
17	中国国际海运集装箱（集团）股份有限公司	中央公司	406069	299174	106895
	深圳南方中集集装箱制造有限公司	中央公司	77398	57347	20051
	上海中集冷藏箱有限公司	中央公司	59675	37530	22144
	青岛中集冷藏箱制造有限公司	中央公司	39196	22523	16673
	天津中集北洋集装箱有限公司	中央公司	30956	25020	5937
	青岛中集集装箱制造有限公司	中央公司	30059	24156	5904
	上海中集远东集装箱有限公司	中央公司	27141	24554	2586
	上海中集宝伟工业有限公司	中央公司	25892	22778	3114
18	戴尔（中国）有限公司	厦门	393805	212900	180905
19	中国第一汽车集团	中央公司	387758	9301	378456
	一汽一大众汽车有限公司	中央公司	230815	37	230778
	中国第一汽车集团进出口公司	中央公司	141072	8949	132123
20	英华达（上海）电子有限公司	上海	354453	176074	178379
21	佛山市顺德区顺达电脑厂有限公司	广东	341949	176492	165457
22	珠海振戎公司	中央公司	323886	379	323507
23	希捷国际科技（无锡）有限公司	江苏	317095	174205	142889
24	仁宝资讯工业（昆山）有限公司	江苏	316278	242051	74227
25	伟创力实业（珠海）有限公司	广东	312290	143583	168707
26	宝钢集团国际经济贸易总公司	上海	291687	32437	259250
27	明基电通信息技术有限公司	江苏	282823	230695	52128
28	中国通用技术（集团）控股有限责任公司	中央公司	281849	82499	199349
	中国机械进出口（集团）有限公司	中央公司	98444	35812	62632
	中国技术进出口总公司	中央公司	90718	13014	77705
	中国仪器进出口总公司	中央公司	36094	2157	33938
	通用国际贸易公司	中央公司	35716	22523	13193
29	大连西太平洋石油化工有限公司	大连	275378	88124	187254
30	广东省广新外贸集团有限公司	广东	274172	173553	100619

排名	公司名称	地区	进出口额	出口额	进口额
	广东省广新外贸轻纺(控股)公司	广东	90182	75881	14301
	广东省五金矿产进出口集团公司	广东	42494	7560	34934
	广东省机械进出口集团公司	广东	35313	16588	18725
	广东省外贸开发公司	广东	30657	10805	19852
31	三星电子(苏州)半导体有限公司	江苏	273951	116932	157019
32	广东省东莞机械进出口有限公司	广东	267743	151573	116169
33	深圳富泰宏精密工业有限公司	深圳	267445	123594	143851
34	中国机械装备(集团)公司	中央公司	266644	157606	109038
	中国机械设备进出口总公司	中央公司	177312	106226	71086
	中设江苏机械设备进出口集团公司	中央公司	91984	43785	48200
35	英顺达科技有限公司	上海	255063	144801	110262
36	中国海洋石油总公司	中央公司	250788	127402	123386
	中海石油(中国)有限公司	中央公司	128881	106517	22364
37	仁宝电子科技(昆山)有限公司	江苏	243963	158795	85168
38	中国中煤能源集团公司	中央公司	242701	223310	19390
	中国煤炭工业秦皇岛进出口有限公司	中央公司	101669	101647	22
	中国中煤能源集团公司日照分公司	中央公司	44464	42438	2026
39	乐金电子(惠州)有限公司	广东	241551	135813	105738
40	恩斯迈电子(深圳)有限公司	深圳	229079	118940	110139
41	中芯国际集成电路制造(上海)有限公司	上海	227533	97478	130055
42	乐金飞利浦液晶显示(南京)有限公司	江苏	224127	72648	151480
43	中国电子进出口总公司	中央公司	223218	116246	106972
	深圳中电投资股份有限公司	中央公司	44932	37756	7176
	中国电子进出口北京公司	中央公司	35095	18114	16981
44	英业达(上海)有限公司	上海	219781	151458	68323
45	华映视讯(吴江)有限公司	江苏	214779	42087	172692
46	中国船舶工业贸易公司	中央公司	212336	132086	80249
	沪东中华造船(集团)有限公司	中央公司	46215	26893	19322
	上海外高桥造船有限公司	中央公司	29060	16603	12458
	江南造船(集团)有限责任公司	中央公司	28215	21078	7138
47	建兴光电科技(广州)有限公司	广东	211027	124214	86813
48	旭电(苏州)科技有限公司	江苏	204595	86472	118124
49	中国华源集团有限公司	中央公司	202189	133899	68290
	上海华源家纺(集团)股份有限公司	中央公司	26768	22994	3774
50	天津三星通信技术有限公司	天津	201908	64481	137427
51	中国航空技术进出口总公司	中央公司	198265	90647	107618
	中国航空技术进出口深圳公司	中央公司	33705	17868	15837
	中航技国际工贸公司	中央公司	27812	8882	18930
52	华为技术有限公司	深圳	187624	108231	79393
53	苏州三星电子液晶显示器有限公司	江苏	186209	62623	123586
54	上海西门子移动通信有限公司	上海	184801	100316	84485
55	东芝信息机器(杭州)有限公司	浙江	184119	110834	73285
56	金士顿科技电子(上海)有限公司	上海	177496	98231	79265
57	纬创资通(昆山)有限公司	江苏	175831	79535	96296
58	中国中钢集团公司	中央公司	171109	68531	102578
	中国冶金进出口总公司	中央公司	47524	6113	41411
	中国冶金进出口包钢公司	中央公司	36279	12542	23737
	中国钢铁工贸集团公司	中央公司	32098	30001	2097
59	鑫茂科技(深圳)有限公司	深圳	169388	87100	82288
60	中国东风汽车工业进出口有限公司(东风汽车集团)	中央公司	165539	5521	160018
	深圳市东风置业有限公司	中央公司	55581	162	55420
	东风本田发动机有限公司	中央公司	48192	8	48185

排名	公司名称	地区	进出口额	出口额	进口额
	神龙汽车有限公司	中央公司	34043	243	33800
61	TCL集团股份有限公司	广东	162377	65252	97125
	TCL王牌电器（惠州）有限公司	广东	76459	45847	30612
62	神华集团有限责任公司	中央公司	160504	117895	42609
	神华煤炭运销公司	中央公司	104246	104246	0
	神华国际贸易有限责任公司	中央公司	36170	1241	34929
63	保利科技有限公司	中央公司	156944	15199	141744
64	上海兰生（集团）有限公司	上海	156759	96835	59924
	上海市五金矿产进出口公司	上海	73246	22991	50255
65	无锡夏普电子元器件有限公司	江苏	152244	81559	70685
66	伟创力科技（珠海）有限公司	广东	150207	71593	78614
67	广东省丝绸集团公司	广东	149816	128414	21402
	广东省丝绸进出口（集团）公司	广东	56933	54956	1976
	广东省东莞丝绸进出口有限公司	广东	38086	25706	12380
	广东省东莞丝绸进出口公司	广东	36314	24456	11858
68	中国工艺品进出口总公司	中央公司	148945	75483	73462
	中艺华海进出口有限公司	中央公司	50642	2	50641
69	新华锦集团	山东	145828	96153	49675
	山东省针织品家用纺织品进出口公司	山东	37670	18412	19259
70	苏州飞利浦消费电子有限公司	江苏	142994	86110	56883
71	海尔集团公司	青岛	142277	71785	70492
	海尔集团电器产业有限公司	青岛	70212	55080	15132
	青岛海尔国际贸易有限公司	青岛	35814	3	35811
72	深圳开发科技股份有限公司	深圳	137856	69469	68388
73	中国烟草进出口（集团）公司	中央公司	137396	51458	85938
74	上海通用汽车有限公司	上海	136376	25758	110618
75	鞍钢集团国际经济贸易公司	辽宁	132909	75987	56922
76	日立显示器件（苏州）有限公司	江苏	129608	59423	70184
77	浙江荣大集团控股有限公司	浙江	128770	113883	14887
	浙江省土产畜产进出口集团公司	浙江	44844	41555	3289
78	山东魏桥创业集团有限公司	山东	127596	56790	70805
	邹平县位桥棉纺织厂	山东	119234	53686	65548
79	浙江东方集团控股有限公司	浙江	126632	107331	19301
	浙江东方集团股份有限公司	浙江	63132	50487	12644
	浙江省纺织品进出口集团有限公司	浙江	42277	37105	5173
80	东莞三星视界有限公司	广东	126615	70334	56281
81	中国纺织品进出口总公司	中央公司	123586	24169	99417
	中纺棉花进出口公司	中央公司	49587	10	49577
82	江苏舜天国际集团有限公司	江苏	123181	93961	29219
	江苏舜天股份有限公司	江苏	69605	61005	8600
	江苏舜天国际集团机械进出口股份有限公司	江苏	37825	22774	15051
83	江苏省海外企业集团有限公司	江苏	122398	42102	80296
	江苏省对外经贸股份有限公司	江苏	30321	4333	25989
	江苏海外集团物资技术有限公司	江苏	25564	7179	18384
84	中国远洋运输（集团）总公司	中央公司	122379	51449	70930
	中国船舶燃料供应总公司	中央公司	51028	10762	40265
	南通中远川崎船舶工程有限公司	中央公司	29603	19468	10135
85	上海大众汽车有限公司	上海	122146	332	121814
86	飞利浦电子元件（上海）有限公司	上海	121767	68532	53235
87	中国港湾建设（集团）总公司	中央公司	120476	73406	47069
	上海振华港口机械（集团）股份有限公司	中央公司	105209	71212	33996
88	佳能珠海有限公司	广东	120111	93766	26346

商务榜

排名	公司名称	地区	进出口额	出口额	进口额
89	南京LG同创彩色显示系统有限责任公司	江苏	119438	75891	43546
90	厦门建发股份有限公司	厦门	119310	44317	74992
91	三宝电脑(沈阳)有限公司	辽宁	119141	68385	50756
92	亚旭电子科技(江苏)有限公司	江苏	117843	58009	59833
93	雅戈尔集团股份有限公司	宁波	116889	58782	58107
	中基宁波对外贸易股份有限公司	宁波	95824	45951	49873
94	纬创资通(中山)有限公司	广东	116867	63392	53476
95	爱普生技术(深圳)有限公司	深圳	116557	76854	39703
96	明德信息媒体(深圳)有限公司	深圳	115306	55574	59732
97	飞索半导体(苏州)有限公司	江苏	115162	61170	53992
98	深圳三星科健移动通信技术有限公司	深圳	114830	41305	73525
99	志合电脑(苏州工业园区)有限公司	江苏	112933	62169	50764
100	中国北方工业公司	中央公司	111524	66358	45166
101	江苏国泰国际集团有限公司	江苏	111251	95308	15942
	江苏国泰国际集团国贸股份有限公司	江苏	30948	25286	5662
102	飞思卡尔半导体(中国)有限公司	天津	109581	54540	55041
103	东方航空进出口有限公司	上海	108407	5505	102902
104	美的集团	广东	107002	88570	18432
	佛山市美的家用电器有限公司	广东	72583	61975	10608
105	上海工业投资(集团)有限公司	上海	106885	32692	74193
	上海埃力生进出口股份有限公司	上海	46276	14667	31608
106	江苏开元国际集团有限公司	江苏	106519	76863	29656
	江苏开元国际集团轻工业品进出口股份有限公司	江苏	47045	30834	16211
	江苏省纺织品进出口集团股份有限公司	江苏	36200	28658	7542
107	联想控股有限公司	北京	106462	10941	95522
	联想(北京)有限公司	北京	42525	759	41766
	联想进出口有限公司	北京	29868	4950	24917
	上海联想电子有限公司	北京	25545	1	25544
108	苏州爱普生有限公司	江苏	104815	60608	44207
109	华宇电脑(江苏)有限公司	江苏	104096	58753	45343
110	深圳市勤辉投资开发有限公司	深圳	103538	103538	0
111	浙江中大集团控股有限公司	浙江	103414	76419	26994
	浙江中大技术进出口集团有限公司	浙江	40301	19824	20477
	浙江中大集团股份有限公司	浙江	34856	34404	452
112	仁宝电脑工业(中国)有限公司	江苏	101868	61238	40630
113	中谷粮油集团公司	中央公司	101456	2496	98960
	中国植物油公司	中央公司	45068	0	45068
114	中国农业生产资料集团公司	中央公司	101315	7778	93537
115	乐金电子(天津)电器有限公司	天津	101180	69947	31232
116	天津三星电子显示器有限公司	天津	100935	59630	41305
117	晶冠科技(深圳)有限公司	深圳	100770	55198	45572
118	联建(中国)科技有限公司	江苏	95127	37296	57831
119	深圳市怡亚通商贸有限公司	深圳	95121	388	94733
120	索尼电子(无锡)有限公司	江苏	95044	27896	67148
121	南京纺织品进出口股份有限公司	江苏	94676	64087	30588
122	金东纸业(江苏)有限公司	江苏	94515	22195	72321
123	环旭电子(深圳)有限公司	深圳	94302	33409	60893
124	深圳赛意法微电子有限公司	深圳	94242	44513	49729
125	济钢集团国际贸易有限责任公司	山东	93820	43803	50017
	济南钢铁股份有限公司	山东	86179	40435	45744
126	江苏新科电子集团有限公司	江苏	92053	58168	33885
	常州市新科数字技术有限公司	江苏	89128	55510	33618

排名	公司名称	地区	进出口额	出口额	进口额
127	武钢集团国际经济贸易总公司	湖北	91261	31644	59617
128	中国南方工业集团公司	中央公司	91033	22923	68110
	长安汽车有限责任公司	中央公司	59843	1413	58431
	长安福特汽车有限公司	中央公司	41120	30	41090
129	柯达电子（上海）有限公司	上海	90791	60880	29911
130	捷普电子（广州）有限公司	广东	87840	45141	42699
131	上海新发展进出口贸易实业有限公司	上海	86856	2252	84603
132	星科金朋（上海）有限公司	上海	83889	37970	45919
133	佛山普立华科技有限公司	广东	82685	55830	26855
134	天弘（苏州）科技有限公司	江苏	82035	33831	48204
135	上海浦东国际机场进出口有限公司	上海	80993	26100	54893
136	中国南方航空进出口贸易公司	广东	79393	620	78773
137	珠海三美电机有限公司	广东	79377	40316	39060
138	佳能（中山）办公设备有限公司	广东	79104	59226	19878
139	上海贝尔有限公司	上海	79043	31634	47409
140	国航集团进出口贸易公司	中央公司	78503	41	78463
141	长虹电子集团公司	四川	78482	42100	36382
	四川长虹电器股份有限公司	四川	78164	41861	36302
142	中国船舶重工集团公司	中央公司	78049	48676	29372
	大连造船重工有限责任公司	中央公司	31399	22194	9206
	大连新船重工有限责任公司	中央公司	27829	18782	9048
143	苏州三星电子电脑有限公司	江苏	77642	41621	36021
144	上海上实国际贸易（集团）有限公司	上海	77392	32833	44559
145	微盟电子（昆山）有限公司	江苏	76855	42891	33964
146	苏州进出口（集团）有限公司	江苏	76664	69232	7432
147	张家港浦项不锈钢有限公司	江苏	76086	7790	68296
148	山东三星通信设备有限公司	山东	75557	46948	28609
149	中国远大集团有限责任公司	中央公司	74675	27968	46707
	浙江远大进出口有限公司	中央公司	65879	27833	38046
150	伟创力电脑（珠海）有限公司	广东	74127	54517	19610
151	惠州三星电子有限公司	广东	73655	54071	19584
152	深圳三洋华强激光电子有限公司	深圳	73647	35034	38612
153	广东格兰仕集团有限公司	广东	73284	57683	15601
	佛山市顺德区格兰仕微波炉电器有限公司	广东	44637	34630	10007
	佛山市顺德区格兰仕空调电器有限公司	广东	27199	22620	4579
154	安徽安天国际集团有限公司	安徽	72966	40138	32828
	安徽省技术进出口股份有限公司	安徽	60470	33661	26809
155	江苏汇鸿国际集团有限公司	江苏	72781	56281	16500
	江苏汇鸿国际集团针棉织品进出口有限公司	江苏	26755	23763	2991
156	莱芜钢铁集团有限公司	山东	72755	28090	44665
	山东莱钢国际贸易有限公司	山东	44453	6736	37717
157	上海三凯进出口有限公司	上海	72638	8270	64368
158	友利电电子（深圳）有限公司	深圳	71222	42456	28766
159	东莞市旗峰对外贸易有限公司	广东	70663	31252	39411
160	理光（深圳）工业发展有限公司	深圳	70595	48910	21686
161	马鞍山钢铁股份有限公司	安徽	70451	12736	57715
	马钢国际经济贸易总公司	安徽	67876	10512	57364
162	漳州灿坤实业有限公司	福建	70303	48705	21598
163	深圳市中兴通讯股份有限公司	深圳	70108	42718	27390
164	浙江物产国际贸易有限公司	浙江	70089	14418	55671
165	南京爱立信熊猫通信有限公司	江苏	69544	8340	61204
166	中国广东核电集团有限公司	中央公司	68760	59566	9195

排名	公司名称	地区	进出口额	出口额	进口额
	广东核电合营有限公司	中央公司	64536	59353	5182
167	厦门国贸集团股份有限公司	厦门	68691	31284	37407
168	东莞华强三洋马达有限公司	广东	68613	42433	26180
169	北京京东方光电科技有限公司	北京	68354	3059	65294
170	旭丽电子（广州）有限公司	广东	67942	39646	28296
171	天津三星电子有限公司	天津	67435	48025	19410
172	中国首钢国际贸易工程公司	北京	67240	22873	44367
173	中国中信集团公司	中央公司	67074	28563	38510
	中信国际商贸有限公司	中央公司	28364	13800	14564
174	中海壳牌石油化工有限公司	广东	66934	0	66934
175	大同电子科技（江苏）有限公司	江苏	66698	49874	16824
176	江苏苏豪国际集团股份有限公司	江苏	66350	50828	15522
177	唯冠科技（深圳）有限公司	深圳	65939	35734	30205
178	东莞福安纺织印染有限公司	广东	65929	38997	26931
179	东莞汉华光电有限公司	广东	65825	34733	31093
180	深圳海量存储设备有限公司	深圳	65113	30773	34340
181	青岛朗讯科技通讯设备有限公司	青岛	64666	30410	34256
182	比亚迪股份有限公司	深圳	63727	34259	29468
183	福建华闽进出口有限公司	福建	63696	60387	3310
	福建省华闽进出口公司	福建	37208	34510	2698
184	从化东麟钻石有限公司	广东	63068	28733	34334
185	先锋高科技（东莞）有限公司	广东	62792	34918	27874
186	威讯联合半导体（北京）有限公司	北京	62756	28319	34437
187	无锡阿尔卑斯电子有限公司	江苏	62686	28479	34207
188	山西煤炭进出口集团公司	山西	62676	62447	229
189	UT斯达康通讯有限公司	浙江	62582	22685	39897
190	统宝光电（南京）有限公司	江苏	62434	30291	32143
191	中国工艺美术（集团）公司	中央公司	62291	14606	47685
	中博世金科贸有限责任公司	中央公司	38870	0	38870
192	宁波市慈溪进出口股份有限公司	宁波	61734	57349	4385
	宁波市慈溪进出口公司	宁波	50738	46540	4198
193	广州东宝（番澳）首饰有限公司	广东	61535	30573	30961
194	东莞德永佳纺织制衣有限公司	广东	61487	35354	26134
195	铜陵有色金属（集团）公司	安徽	61346	6606	54740
	金隆铜业有限公司	安徽	34857	6287	28570
196	上海广电NEC液晶显示器有限公司	上海	61045	37	61008
197	佳能（苏州）有限公司	江苏	61018	37984	23034
198	昆山翊腾平面显像有限公司	江苏	60893	36382	24512
199	苏州三星电子有限公司	江苏	60838	46605	14233
200	信泰光学（深圳）有限公司	深圳	60717	28682	32035
201	青岛益佳国际贸易集团有限公司	青岛	60347	28762	31585
	青岛益佳经贸实业进出口有限公司	青岛	27482	4629	22853
202	宝山钢铁股份有限公司	上海	60079	59784	294
203	伟创力科技（深圳）有限公司	深圳	60008	28489	31519
204	中国轻工业品进出口总公司	中央公司	59800	33653	26147
205	美资旭电（深圳）科技有限公司	深圳	59124	27207	31917
206	上海宏盛科技发展股份有限公司	上海	58826	29849	28977
	宏普国际发展（上海）有限公司	上海	47356	23378	23978
207	东莞三星电机有限公司	广东	58667	35018	23649
208	广川科技（广州）有限公司	广东	58613	31527	27086
209	罗姆电子大连有限公司	大连	58436	30547	27889
210	深圳市九立商贸有限公司	深圳	58195	95	58100

排名	公司名称	地区	进出口额	出口额	进口额
211	深圳易拓科技有限公司	深圳	57942	35163	22778
212	夏普办公设备（常熟）有限公司	江苏	57825	39326	18499
213	世成电子（深圳）有限公司	深圳	57745	26539	31206
214	本钢集团国际经济贸易有限公司	辽宁	57550	25687	31863
215	江苏三房巷集团有限公司	江苏	57504	8073	49431
216	金川集团有限公司	甘肃	57320	12480	44839
	金川有色金属进出口公司	甘肃	41920	7495	34425
217	和舰科技（苏州）有限公司	江苏	57239	18415	38824
218	新疆野马经贸有限公司	新疆	57168	57168	0
219	中芯国际集成电路制造（北京）有限责任公司	北京	57112	5	57107
220	上海乐金广电电子有限公司	上海	57104	36146	20958
221	柯达（中国）股份有限公司厦门分公司	厦门	57100	36362	20738
222	中国长城工业总公司	中央公司	56584	25073	31511
223	深圳桑菲消费通信有限公司	深圳	56487	31904	24583
224	安靠封装测试（上海）有限公司	上海	56462	22274	34188
225	索尼精密部件（惠州）有限公司	广东	56325	34956	21369
226	中国储备棉管理总公司	中央公司	56178	0	56178
227	青岛马士基集装箱工业有限公司	青岛	56156	31315	24841
228	苏州罗技电子有限公司	江苏	55804	33366	22438
229	宁波宝新不锈钢有限公司	宁波	55684	4000	51683
230	泽康科技（吴江）有限公司	江苏	55543	32325	23218
231	中国化工建设总公司	中央公司	55290	27525	27766
232	中国恒天集团公司	中央公司	54799	24621	30178
233	中国华录松下电子信息有限公司	大连	54788	30343	24445
234	厦门太古飞机工程有限公司	厦门	54697	27194	27503
235	宁波海田国际贸易有限公司	宁波	54626	44489	10137
236	深圳市中兴康讯电子有限公司	深圳	54610	0	54610
237	惠州市德赛集团有限公司	广东	54558	28967	25591
	惠州市德赛视听科技有限公司	广东	32534	16709	15825
238	奥林巴斯（广州）工业有限公司	广东	53978	30106	23872
239	中国航空工业第一集团公司	中央公司	53828	34163	19665
240	山东省机械进出口集团公司	山东	53827	47603	6225
	山东省机械进出口公司	山东	44109	38766	5344
241	南京翰宇彩欣科技有限责任公司	江苏	53427	15459	37967
242	江西铜业公司	江西	53179	9520	43659
	江西铜业股份有限公司	江西	32429	9520	22908
243	台达电子电源（东莞）有限公司	广东	52957	27509	25447
244	先锋高科技（上海）有限公司	上海	52708	40814	11895
245	北京现代汽车有限公司	北京	52533	31	52502
246	上海赛科石油化工有限责任公司	上海	52342	0	52342
247	京瓷美达办公设备（东莞）有限公司	广东	52155	24574	27581
248	广州市番禺对外贸易（集团）公司	广东	52102	29549	22553
249	信华精机有限公司	广东	51857	28657	23201
250	广东省中山食品水产进出口集团有限公司	广东	51633	48662	2971
251	浙江凯喜雅国际股份有限公司	浙江	51563	50001	1562
252	北京东方冠捷电子股份有限公司	北京	51448	33247	18201
253	太钢（集团）国际经济贸易有限公司	山西	51415	18755	32660
254	云南铜业（集团）有限公司	云南	51259	10700	40559
255	嘉兴市进出口公司	浙江	50972	47796	3176
256	达研（上海）光电有限公司	上海	50771	21632	29139
257	深圳华安液化石油气有限公司	深圳	50602	131	50471
258	上海对外贸易实业有限公司	上海	50497	41086	9411

排名	公司名称	地区	进出口额	出口额	进口额
	上海对外经济贸易实业公司	上海	36258	31048	5210
259	国家电网公司	中央公司	50258	1228	49031
	中国电力技术进出口公司	中央公司	36580	474	36106
260	海南金海浆纸业有限公司	海南	50232	0	50232
261	惠普贸易(上海)有限公司	上海	49632	9304	40329
262	深圳创维-RGB电子有限公司	深圳	49202	15600	33602
263	恩倍福显示器(东莞)有限公司	广东	48994	29398	19596
264	山东省国际贸易集团中心	山东	48746	36253	12493
265	富士施乐高科技(深圳)有限公司	深圳	48668	35842	12827
266	维科控股集团股份有限公司	宁波	48658	44643	4015
267	深圳托普国威电子有限公司	深圳	48553	27050	21504
268	广东科龙电器股份有限公司	广东	48543	39304	9239
269	万利达集团有限公司	福建	48419	29916	18503
	漳州万利达数码科技有限公司	福建	37469	23958	13511
270	三美电机有限公司	天津	48369	17727	30642
271	金宝电子(中国)有限公司	广东	47885	24763	23122
272	天津一汽丰田汽车有限公司	天津	47745	402	47343
273	日本电产(大连)有限公司	大连	47685	31946	15739
274	浪潮乐金数字移动通信有限公司	山东	46992	13311	33681
275	唐山钢铁集团有限责任公司	河北	46678	9945	36733
276	湘潭钢铁集团有限公司	湖南	46602	26129	20473
277	华微半导体(上海)有限责任公司	上海	46262	20187	26075
278	北京JVC电子产业有限公司	北京	46262	26598	19664
279	上海索广电子有限公司	上海	46202	12056	34146
280	佳能精技工业发展(深圳)有限公司	深圳	45591	29400	16191
281	昆达电脑科技(昆山)有限公司	江苏	45547	22184	23364
282	芬欧汇川(常熟)纸业有限公司	江苏	45207	8839	36369
283	苏州富士胶片映像机器有限公司	江苏	44023	23019	21004
284	浙江卡森实业股份有限公司	浙江	43878	24750	19128
285	海信集团有限公司	青岛	43802	17042	26760
	青岛海信进出口有限公司	青岛	33195	16815	16380
286	深圳市顺安外资实业发展有限公司	深圳	43781	26877	16903
287	国碁电子(中山)有限公司	广东	43708	21522	22186
288	深圳三星视界有限公司	深圳	43672	20398	23274
289	凯博电脑(昆山)有限公司	江苏	43585	22021	21564
290	粤海(番禺)石油化工储运公司	广东	43563	3601	39962
291	瑞萨四通集成电路(北京)有限公司	北京	43320	23035	20285
292	海南海航航空进出口有限公司	海南	43318	321	42998
293	厦门TDK有限公司	厦门	43008	18637	24371
294	中国北方工业集团公司	中央公司	42987	10563	32424
295	沈阳华晨宝马有限公司	辽宁	42899	7	42892
296	北方国际集团有限公司	天津	42578	37785	4793
297	攀钢集团国贸攀枝花有限公司	四川	42446	22755	19691
298	翔鹭石化企业(厦门)有限公司	厦门	42332	306	42026
299	珠海格力集团公司	广东	42294	32291	10003
	珠海格力电器股份有限公司	广东	32655	26696	5959
300	上海新康电子有限公司	上海	42225	24835	17390
301	广州轻出集团有限公司	广东	42050	31055	10995
302	浙江物产金属集团有限公司	浙江	42046	7438	34608
	浙江省金属材料公司	浙江	40747	6687	34060
303	厦门厦新电子股份有限公司	厦门	41932	6481	35451
304	浙江省茶叶进出口有限公司	浙江	41588	38543	3045

排名	公司名称	地区	进出口额	出口额	进口额
305	新美亚电子(深圳)有限公司	深圳	41588	21268	20320
306	福建大丰投资集团有限公司	福建	41456	24479	16977
307	中航油进出口有限责任公司	中央公司	41024	279	40745
308	东营科英激光电子有限公司	山东	40947	24963	15984
309	富士通将军(上海)有限公司	上海	40860	32834	8026
310	奥林巴斯(深圳)工业有限公司	深圳	40494	16047	24447
311	中芯国际集成电路制造(天津)有限责任公司	天津	40352	3927	36425
312	中国医药集团总公司	中央公司	40179	4079	36101
	中国医药对外贸易公司	中央公司	25862	3013	22849
313	上海华虹 NEC 电子有限公司	上海	40149	24561	15588
314	山东晨鸣纸业集团股份有限公司	山东	40020	4155	35865
315	厦门华侨电子股份有限公司	厦门	39957	20608	19349
316	上海市工艺品进出口有限公司	上海	39956	31552	8404
317	深圳中外运储运有限公司	深圳	39544	38339	1205
318	上海航空进出口有限公司	上海	39466	7495	31971
319	日立环球存储科技(深圳)有限公司	深圳	39022	12078	26945
320	四海电子(昆山)有限公司	江苏	38976	15375	23600
321	广州本田汽车有限公司	广东	38922	68	38854
322	上海汽车进出口公司	上海	38855	12004	26851
323	广茂科技(广州)有限公司	广东	38808	20861	17947
324	伟创力实业(深圳)有限公司	深圳	38751	17286	21465
325	佛山市顺德区新宝电器有限公司	广东	38665	27987	10679
326	苏州国信集团有限公司	江苏	38390	20260	18130
327	上海新格有色金属有限公司	上海	38381	18003	20377
328	中山嘉华电子(集团)有限公司	广东	38340	25028	13312
329	宁波亚洲浆纸业有限公司	宁波	38252	0	38252
330	中国原子能工业公司	中央公司	37903	10187	27716
331	广东粤港供水有限公司	深圳	37849	37844	6
332	中国航空器材进出口总公司	中央公司	37527	6910	30617
333	海南航空股份有限公司	海南	37520	0	37520
334	南京夏普电子有限公司	江苏	37469	18463	19006
335	富士康精密组件(北京)有限公司	北京	37442	7548	29893
336	山东绮丽集团	山东	37418	29492	7926
337	中铝国际贸易有限公司	中央公司	37364	5613	31750
338	东信科技(深圳)有限公司	深圳	37271	19235	18035
339	佳能大连办公设备有限公司	大连	37258	10692	26567
340	高创(苏州)电子有限公司	江苏	37195	30638	6557
341	伦飞电脑(昆山)有限公司	江苏	37126	20493	16633
342	星宝电子科技(昆山)有限公司	江苏	36944	21919	15024
343	天津通广三星电子有限公司	天津	36842	20155	16687
344	上海久信进出口有限公司	上海	36494	5390	31105
345	NEC 东金电子(厦门)有限公司	厦门	36145	20631	15514
346	新疆塔城三宝民贸实业进出口公司	新疆	36100	30743	5357
347	泰金宝电子(苏州)有限公司	江苏	36100	16247	19853
348	益海(连云港)粮油工业有限公司	江苏	36006	2766	33240
349	安利(中国)日用品有限公司	广东	35836	9	35827
350	互太(番禺)纺织印染有限公司	广东	35727	19139	16588
351	东芝复印机(深圳)有限公司	深圳	35630	22608	13023
352	瑞中电子(苏州)有限公司	江苏	35577	18686	16891
353	广东省东莞轻工业品进出口有限公司	广东	35430	21665	13764
354	江苏沙钢国际贸易有限公司	江苏	35289	0	35289
355	康佳集团股份有限公司	深圳	35276	12853	22423

排名	公司名称	地区	进出口额	出口额	进口额
356	金堆城钼业公司进出口公司	陕西	35257	35244	14
357	苏州明基电子技术有限公司	江苏	35242	17206	18036
358	彩晶光电科技（昆山）有限公司	江苏	34947	22046	12901
359	广东省东莞快宜外经发展有限公司	广东	34942	16603	18339
360	远纺工业（上海）有限公司	上海	34761	5984	28777
361	上海夏普电器有限公司	上海	34739	24794	9945
362	宁波宁兴股份有限公司	宁波	34578	17730	16847
363	宁波市鄞州对外贸易股份有限公司	宁波	34283	30284	3999
364	联能科技（深圳）有限公司	深圳	34277	14439	19837
365	伟创力电子科技（上海）有限公司	上海	34244	19057	15188
366	焦作万方铝业股份有限公司	河南	34235	21098	13137
367	山东省对外贸易集团有限公司	山东	34187	14364	19824
368	腾龙光学（佛山）有限公司	广东	34002	17474	16528
369	中国上海外经（集团）有限公司	上海	33968	6446	27522
370	广州市番禺区番华金银珠宝工艺厂	广东	33929	17517	16413
371	北台钢铁集团进出口有限责任公司	辽宁	33582	23138	10444
372	浙江省国信企业（集团）公司	浙江	33473	16528	16945
	浙江省国兴进出口有限公司	浙江	28668	14156	14512
373	河南粮油进出口集团	河南	33456	14381	19074
374	精茂科技（深圳）有限公司	深圳	33149	20115	13034
375	辽宁成大股份有限公司	辽宁	32899	23195	9704
376	东莞科泰电子有限公司	广东	32808	7396	25413
377	惠州市华阳多媒体电子有限公司	广东	32791	13820	18971
378	广东顺安达太平货柜有限公司	广东	32755	24394	8361
379	中国化工供销（集团）总公司	中央公司	32726	1673	31052
	中化物产股份有限公司	中央公司	29155	486	28670
380	广东溢达纺织有限公司	广东	32665	23264	9401
381	大连华农豆业集团股份有限公司	大连	32622	0	32622
382	宁波乐金甬兴化工有限公司	宁波	32615	106	32509
383	兄弟工业（深圳）有限公司	深圳	32558	23166	9391
384	汕头经济特区矢崎汽车部件有限公司	广东	32552	17351	15201
385	中国深圳对外贸易（集团）公司	深圳	32489	21258	11231
386	尼康光学仪器（中国）有限公司	江苏	32437	14854	17583
387	上海宏力半导体制造有限公司	上海	32434	6459	25975
388	广东省东莞化工进出口有限公司	广东	32422	14377	18045
389	天津三星电机有限公司	天津	32418	18762	13656
390	江苏弘业国际集团有限公司	江苏	32232	24936	7296
391	中国纺织物资（集团）总公司	中央公司	32212	3391	28822
392	南京钢铁集团国际经济贸易有限公司	江苏	32204	4707	27498
393	宁波市工艺品进出口公司	宁波	32167	20256	11911
394	珠海松下通信系统设备有限公司	广东	31831	18825	13006
395	中国农业发展集团总公司	中央公司	31720	7461	24259
396	宁波联合集团进出口股份有限公司	宁波	31649	28806	2844
397	浙江远东新聚酯有限公司	浙江	31635	2167	29468
398	三洋电机（蛇口）有限公司	深圳	31626	18674	12953
399	绥芬河市龙江商联进出口有限责任公司	黑龙江	31562	26693	4869
400	乐金电子（沈阳）有限公司	辽宁	31483	23450	8033
401	富士康（昆山）电脑接插件有限公司	江苏	31426	18217	13209
402	安曼电子（上海）有限公司	上海	31369	15275	16095
403	安徽省粮油食品进出口（集团）公司	安徽	31301	17596	13705
	安徽安粮国际发展股份有限公司	安徽	30474	16895	13579
404	江苏华西集团公司	江苏	31273	20667	10606

排名	公司名称	地区	进出口额	出口额	进口额
405	北京艾科泰电子有限公司	北京	31237	7387	23851
406	中山市中经进出口有限公司	广东	30949	17246	13703
407	台积电（上海）有限公司	上海	30884	2	30882
408	南通化工轻工股份有限公司	江苏	30776	248	30528
409	深圳市福田外资实业发展有限公司	深圳	30720	11229	19492
410	苏州明基光电技术有限公司	江苏	30660	15041	15619
411	东莞安美时电子有限公司	广东	30636	14946	15689
412	北京埃力生进出口有限公司	北京	30375	4546	25829
413	邯郸钢铁集团有限责任公司	河北	30280	3274	27006
414	上海申达进出口有限公司	上海	30238	27030	3207
415	中山市广勤贸易有限公司	广东	30080	28525	1556
416	扬子石化—巴斯夫有限责任公司	江苏	30061	0	30061
417	佳能精技（苏州）办公设备有限公司	江苏	30052	21893	8160
418	深圳创华合作有限公司	深圳	30045	15914	14131
419	天津富士光机有限公司	天津	29977	15166	14811
420	中国成套设备进出口（集团）总公司	中央公司	29969	21936	8034
421	东莞市金马经贸有限公司	广东	29945	20183	9762
422	深圳凯欣达多媒体有限公司	深圳	29673	13985	15688
423	上海美蓓亚精密机电有限公司	上海	29594	23631	5963
424	上海JVC电器有限公司	上海	29474	18064	11409
425	上海三钢有限责任公司	上海	29449	4019	25430
426	涟钢进出口有限责任公司	湖南	29160	5504	23656
427	信利半导体有限公司	广东	29147	11118	18029
428	乐金飞利浦液晶显示贸易（上海）有限责任公司	上海	28924	0	28924
429	河南豫光金铅股份有限公司	河南	28866	17173	11693
430	广东韶钢进出口有限公司	广东	28839	1958	26881
431	无锡松下电池有限公司	江苏	28818	14235	14583
432	百得（苏州）科技有限公司	江苏	28644	25588	3056
433	广州纺织品进出口集团有限公司	广东	28628	28008	620
434	上海市机械设备成套（集团）有限公司	上海	28531	2875	25656
435	珠海天虎电子有限公司	广东	28496	15396	13100
436	南通富士通微电子股份有限公司	江苏	28463	13503	14960
437	上海大霸实业有限公司	上海	28441	6242	22199
438	中国江苏国际经济技术合作公司	江苏	28417	27666	751
439	四川省丝绸进出口公司	四川	28370	28296	73
440	东方科学仪器进出口集团有限公司	中央公司	28312	4685	23627
441	青岛即发集团股份有限公司	青岛	28271	23035	5236
442	珠海松下马达有限公司	广东	28252	15253	12999
443	昆山乐金微永电脑有限公司	江苏	28210	16288	11921
444	浙江新大集团有限公司	浙江	28160	27026	1134
445	神讯电脑（昆山）有限公司	江苏	28110	13406	14704
446	吴江市外资集团公司	江苏	28093	18004	10089
447	天津富士通天电子有限公司	天津	28051	14807	13244
448	三角轮胎股份有限公司	山东	28050	15856	12195
449	正运达电子（上海）有限公司	上海	28034	15550	12484
450	天津阿尔卑斯电子有限公司	天津	27946	11138	16808
451	上海惠普有限公司	上海	27935	7844	20091
452	才众电脑（深圳）有限公司	深圳	27855	12809	15047
453	美国通用电器塑料中国有限公司	广东	27843	13671	14172
454	华宝通讯（南京）有限公司	江苏	27778	11017	16761
455	鸿城电子（上海）有限公司	上海	27653	14624	13028
456	东莞旭福电脑有限公司	广东	27635	16558	11076

排名	公司名称	地区	进出口额	出口额	进口额
457	上海克虏伯不锈钢有限公司	上海	27618	1647	25971
458	牧田（昆山）有限公司	江苏	27530	20256	7274
459	宁波申洲针织有限公司	宁波	27454	24652	2802
460	天津钢管进出口有限公司	天津	27426	14109	13317
461	天津外总集团有限公司	天津	27377	8406	18971
462	上海松下等离子显示器有限公司	上海	27279	13154	14125
463	北京吉普汽车有限公司	北京	27168	128	27040
464	惠普科技（上海）有限公司	上海	27165	4937	22228
465	华冠通讯（江苏）有限公司	江苏	27135	12479	14656
466	杭州中策橡胶有限公司	浙江	27133	15218	11915
467	天津服装进出口股份有限公司	天津	27123	22697	4426
468	大将科技（苏州）有限公司	江苏	27116	14652	12464
469	大连阿尔派电子有限公司	大连	27091	15999	11091
470	现代电子（天津）多媒体有限公司	天津	26881	15756	11125
471	广州市华泰兴石油化工有限公司	广东	26745	0	26745
472	中国（福建）对外贸易中心集团	福建	26704	24285	2419
473	中国包装进出口总公司	中央公司	26649	17828	8821
474	惠阳东威电子制品有限公司	广东	26642	19048	7594
475	浙江中油华电能源有限公司	浙江	26588	0	26588
476	东芝电子（上海）有限公司	上海	26545	6425	20119
477	上海京瓷电子有限公司	上海	26530	15435	11095
478	新天国际经济技术合作（集团）有限公司	新疆兵团	26459	11100	15359
479	中国外运上海储运公司	上海	26440	3797	22642
480	中山东茗影音电子有限公司	广东	26407	13765	12642
481	重庆对外贸易进口有限公司	重庆	26392	666	25726
482	广东宏远集团公司	广东	26385	14923	11463
483	苏州三洋半导体有限公司	江苏	26373	13562	12811
484	英保达资讯（天津）有限公司	天津	26365	13868	12497
485	捷敏电子（上海）有限公司	上海	26353	13920	12433
486	天津乐金大沽化学有限公司	天津	26299	1	26298
487	上海物资（集团）总公司	上海	26297	9304	16993
488	云南冶金集团进出口有限公司	云南	26244	14308	11936
489	太阳诱电（广东）有限公司	广东	26205	12860	13345
490	卡特彼勒（徐州）有限公司	江苏	26048	6604	19444
491	云南昆钢集团进出口有限公司	云南	25993	3844	22149
492	黑龙江联合石油化工有限公司	黑龙江	25987	0	25987
493	利盟打印机（深圳）有限公司	深圳	25947	12670	13278
494	黑龙江华宇工贸（集团）有限责任公司	黑龙江	25845	21288	4558
495	加德士海洋燃气能源有限公司	广东	25615	394	25220
496	珠海碧阳化工有限公司	广东	25611	0	25611
497	无锡兴华达科技有限公司	江苏	25603	13285	12318
498	天津纺织集团进出口股份有限公司	天津	25574	18710	6864
499	罗礼科技（苏州）有限公司	江苏	25547	13078	12469
500	江苏沙钢集团有限公司	江苏	25529	0	25529

2.2004出口额最大的200家企业(单位:万美元)

排名	公司名称	地区	出口额
1	鸿富锦精密工业(深圳)有限公司	深圳	835093
2	达丰(上海)电脑有限公司	上海	830283
3	摩托罗拉(中国)电子有限公司	天津	571016
4	长城国际信息产品(深圳)有限公司	深圳	407018
5	名硕电脑(苏州)有限公司	江苏	323528
6	诺基亚(中国)投资有限公司	中央公司	299393
7	中国国际海运集装箱(集团)股份有限公司	中央公司	299174
8	冠捷电子(福建)有限公司	福建	288151
9	东方国际(集团)有限公司	上海	273983
10	英特尔产品(上海)有限公司	上海	260182
11	仁宝资讯工业(昆山)有限公司	江苏	242051
12	明基电通信息技术有限公司	江苏	230695
13	中国中化集团公司	中央公司	226408
14	中国中煤能源集团公司	中央公司	223310
15	中国普天信息产业集团公司	中央公司	213513
16	戴尔(中国)有限公司	厦门	212900
17	中国石油天然气集团公司	中央公司	195870
18	佛山市顺德区顺达电脑厂有限公司	广东	176492
19	英华达(上海)电子有限公司	上海	176074
20	希捷国际科技(无锡)有限公司	江苏	174205
21	广东省广新外贸集团有限公司	广东	173553
22	友达光电(苏州)有限公司	江苏	173071
23	中国石化国际事业有限公司	中央公司	170874
24	仁宝电子科技(昆山)有限公司	江苏	158795
25	中国机械装备(集团)公司	中央公司	157606
26	广东省东莞机械进出口有限公司	广东	151573
27	英业达(上海)有限公司	上海	151458
28	英顺达科技有限公司	上海	144801
29	中国五矿集团公司	中央公司	143721
30	伟创力实业(珠海)有限公司	广东	143583
31	乐金电子(惠州)有限公司	广东	135813
32	中国华源集团有限公司	中央公司	133899
33	中国船舶工业贸易公司	中央公司	132086
34	广东省丝绸集团公司	广东	128414
35	中国海洋石油总公司	中央公司	127402
36	建兴光电科技(广州)有限公司	广东	124214
37	深圳富泰宏精密工业有限公司	深圳	123594
38	中国粮油食品(集团)有限公司	中央公司	119555
39	恩斯迈电子(深圳)有限公司	深圳	118940
40	神华集团有限责任公司	中央公司	117895
41	三星电子(苏州)半导体有限公司	江苏	116932
42	中国电子进出口总公司	中央公司	116246
43	浙江荣大集团控股有限公司	浙江	113883
44	东芝信息机器(杭州)有限公司	浙江	110834
45	华为技术有限公司	深圳	108231
46	浙江东方集团控股有限公司	浙江	107331
47	深圳市勤辉投资开发有限公司	深圳	103538
48	上海西门子移动通信有限公司	上海	100316
49	金士顿科技电子(上海)有限公司	上海	98231
50	中芯国际集成电路制造(上海)有限公司	上海	97478
51	上海兰生(集团)有限公司	上海	96835
52	新华锦集团	山东	96153
53	江苏国泰国际集团有限公司	江苏	95308
54	江苏舜天国际集团有限公司	江苏	93961
55	佳能珠海有限公司	广东	93766
56	中国航空技术进出口总公司	中央公司	90647
57	美的集团	广东	88570
58	大连西太平洋石油化工有限公司	大连	88124
59	鑫茂科技(深圳)有限公司	深圳	87100
60	旭电(苏州)科技有限公司	江苏	86472
61	苏州飞利浦消费电子有限公司	江苏	86110
62	中国通用技术(集团)控股有限责任公司	中央公司	82499
63	无锡夏普电子元器件有限公司	江苏	81559
64	纬创资通(昆山)有限公司	江苏	79535
65	江苏开元国际集团有限公司	江苏	76863
66	爱普生技术(深圳)有限公司	深圳	76854
67	浙江中大集团控股有限公司	浙江	76419
68	鞍钢集团国际经济贸易公司	辽宁	75987
69	南京LG同创彩色显示系统有限责任公司	江苏	75891
70	中国工艺品进出口总公司	中央公司	75483
71	中国港湾建设(集团)总公司	中央公司	73406
72	乐金飞利浦液晶显示(南京)有限公司	江苏	72648
73	海尔集团公司	青岛	71785
74	伟创力科技(珠海)有限公司	广东	71593

排名	公司名称	地区	出口额
75	东莞三星视界有限公司	广东	70334
76	乐金电子(天津)电器有限公司	天津	69947
77	深圳开发科技股份有限公司	深圳	69469
78	苏州进出口(集团)有限公司	江苏	69232
79	飞利浦电子元件(上海)有限公司	上海	68532
80	中国中钢集团公司	中央公司	68531
81	三宝电脑(沈阳)有限公司	辽宁	68385
82	中国北方工业公司	中央公司	66358
83	TCL集团股份有限公司	广东	65252
84	天津三星通信技术有限公司	天津	64481
85	南京纺织品进出口股份有限公司	江苏	64087
86	纬创资通(中山)有限公司	广东	63392
87	苏州三星电子液晶显示器有限公司	江苏	62623
88	山西煤炭进出口集团公司	山西	62447
89	志合电脑(苏州工业园区)有限公司	江苏	62169
90	仁宝电脑工业(中国)有限公司	江苏	61238
91	飞索半导体(苏州)有限公司	江苏	61170
92	柯达电子(上海)有限公司	上海	60880
93	苏州爱普生有限公司	江苏	60608
94	福建华闽进出口有限公司	福建	60387
95	宝山钢铁股份有限公司	上海	59784
96	天津三星电子显示器有限公司	天津	59630
97	中国广东核电集团有限公司	中央公司	59566
98	日立显示器件(苏州)有限公司	江苏	59423
99	佳能(中山)办公设备有限公司	广东	59226
100	雅戈尔集团股份有限公司	宁波	58782
101	华宇电脑(江苏)有限公司	江苏	58753
102	江苏新科电子集团有限公司	江苏	58168
103	亚旭电子科技(江苏)有限公司	江苏	58009
104	广东格兰仕集团有限公司	广东	57683
105	宁波市慈溪进出口股份有限公司	宁波	57349
106	新疆野马经贸有限公司	新疆	57168
107	山东魏桥创业集团有限公司	山东	56790
108	江苏汇鸿国际集团有限公司	江苏	56281
109	佛山普立华科技有限公司	广东	55830
110	明德信息媒体(深圳)有限公司	深圳	55574
111	晶冠科技(深圳)有限公司	深圳	55198
112	飞思卡尔半导体(中国)有限公司	天津	54540
113	伟创力电脑(珠海)有限公司	广东	54517
114	惠州三星电子有限公司	广东	54071
115	中国烟草进出口(集团)公司	中央公司	51458
116	中国远洋运输(集团)总公司	中央公司	51449
117	江苏苏豪国际集团股份有限公司	江苏	50828
118	浙江凯喜雅国际股份有限公司	浙江	50001
119	大同电子科技(江苏)有限公司	江苏	49874
120	理光(深圳)工业发展有限公司	深圳	48910
121	漳州灿坤实业有限公司	福建	48705
122	中国船舶重工集团公司	中央公司	48676
123	广东省中山食品水产进出口集团有限公司	广东	48662
124	天津三星电子有限公司	天津	48025
125	嘉兴市进出口公司	浙江	47796
126	山东省机械进出口集团公司	山东	47603
127	山东三星通信设备有限公司	山东	46948
128	苏州三星电子有限公司	江苏	46605
129	捷普电子(广州)有限公司	广东	45141
130	维科控股集团股份有限公司	宁波	44643
131	深圳赛意法微电子有限公司	深圳	44513
132	宁波海田国际贸易有限公司	宁波	44489
133	厦门建发股份有限公司	厦门	44317
134	济钢集团国际贸易有限责任公司	山东	43803
135	微盟电子(昆山)有限公司	江苏	42891
136	深圳市中兴通讯股份有限公司	深圳	42718
137	友利电电子(深圳)有限公司	深圳	42456
138	东莞华强三洋马达有限公司	广东	42433
139	江苏省海外企业集团有限公司	江苏	42102
140	长虹电子集团公司	四川	42100
141	华映视讯(吴江)有限公司	江苏	42087
142	苏州三星电子电脑有限公司	江苏	41621
143	深圳三星科健移动通信技术有限公司	深圳	41305
144	上海对外贸易实业有限公司	上海	41086
145	先锋高科技(上海)有限公司	上海	40814
146	珠海三美电机有限公司	广东	40316
147	安徽安天国际集团有限公司	安徽	40138
148	旭丽电子(广州)有限公司	广东	39646
149	夏普办公设备(常熟)有限公司	江苏	39326
150	广东科龙电器股份有限公司	广东	39304
151	东莞福安纺织印染有限公司	广东	38997
152	浙江省茶叶进出口有限公司	浙江	38543
153	深圳中外运储运有限公司	深圳	38339
154	佳能(苏州)有限公司	江苏	37984

排名	公司名称	地区	出口额	排名	公司名称	地区	出口额
155	星科金朋（上海）有限公司	上海	37970	178	苏州罗技电子有限公司	江苏	33366
156	广东粤港供水有限公司	深圳	37844	179	北京东方冠捷电子股份有限公司	北京	33247
157	北方国际集团有限公司	天津	37785	180	富士通将军（上海）有限公司	上海	32834
158	联建（中国）科技有限公司	江苏	37296	181	上海上实国际贸易（集团）有限公司	上海	32833
159	昆山翊腾平面显像有限公司	江苏	36382	182	上海工业投资（集团）有限公司	上海	32692
160	柯达（中国）股份有限公司厦门分公司	厦门	36362	183	宝钢集团国际经济贸易总公司	上海	32437
				184	泽康科技（吴江）有限公司	江苏	32325
161	山东省国际贸易集团中心	山东	36253	185	珠海格力集团公司	广东	32291
162	上海乐金广电电子有限公司	上海	36146	186	日本电产（大连）有限公司	大连	31946
163	富士施乐高科技（深圳）有限公司	深圳	35842	187	深圳桑菲消费通信有限公司	深圳	31904
164	唯冠科技（深圳）有限公司	深圳	35734	188	武钢集团国际经济贸易总公司	湖北	31644
165	东莞德永佳纺织制衣有限公司	广东	35354	189	上海贝尔有限公司	上海	31634
166	金堆城钼业公司进出口公司	陕西	35244	190	上海市工艺品进出口有限公司	上海	31552
167	深圳易拓科技有限公司	深圳	35163	191	广川科技（广州）有限公司	广东	31527
168	深圳三洋华强激光电子有限公司	深圳	35034	192	青岛马士基集装箱工业有限公司	青岛	31315
169	东莞三星电机有限公司	广东	35018	193	厦门国贸集团股份有限公司	厦门	31284
170	索尼精密部件（惠州）有限公司	广东	34956	194	东莞市旗峰对外贸易有限公司	广东	31252
171	先锋高科技（东莞）有限公司	广东	34918	195	广州轻出集团有限公司	广东	31055
172	东莞汉华光电有限公司	广东	34733	196	深圳海量存储设备有限公司	深圳	30773
173	比亚迪股份有限公司	深圳	34259	197	新疆塔城三宝民贸实业进出口公司	新疆	30743
174	中国航空工业第一集团公司	中央公司	34163	198	高创（苏州）电子有限公司	江苏	30638
175	天弘（苏州）科技有限公司	江苏	33831	199	广州东宝（番澳）首饰有限公司	广东	30573
176	中国轻工业品进出口总公司	中央公司	33653	200	罗姆电子大连有限公司	大连	30547
177	环旭电子（深圳）有限公司	深圳	33409				

（信息来源：商务部新闻办公室 2005 年 5 月 27 日）

备注：1.此榜以 2004 年海关进出口统计数据为排名的依据。所有在中国境内具有进出口经营权，实际从事进出口业务的各类企业，均被纳入排名范围。同时母公司和子公司不重复排名，企业集团作为一个整体参加排名。

2.排榜程序上，商务部对企业的年度海关数据进行初步审核排序，依据初审结果，确定千家企业入围“分数线”，以缩小审核范围，然后再次下发进行二次审核后，依据企业规模大小排定名次。

解读：2004 我国进出口总额突破 1 万亿美元，达到 11548 亿美元，比上年增长 35.7%，其中出口 5934 亿美元，增长 35.4%；进口 5614 亿美元，增长 36%；实现顺差 320 亿美元，世界贸易排名升至全球第三位。在对外贸易规模扩大的同时，贸易结构继续优化。外贸发展对拉动国民经济增长、增加就业、促进产业升级和技术进步的作用更加明显。

出口额最大的 200 家企业合计出口 1811.7 亿美元，比上年增长 33.6%，占全国出口总额的 30.5%；进出口额最大的 500 家企业的进出口额为 4871.1 亿美元，增长 35.1%，占全国进出口总额的 42.3%。

上述榜单有如下几个特点：

1.入选标准和企业规模大幅度提升

2004 年出口额最大的 200 家企业的最低入选标准由上年的 23112 万美元提高到 30547 万美元；平均出口规模由 67789 万美元提高到 90585 万美元。进出口额最大的 500 家企业的最低入选标准由上年的 19137 万美元提高到 25529 万美元；平均进出口规模由 72122 万美元提高到 97423 万美元。

2.高新技术产品类企业排名领先

在进出口额最大 500 家企业中，排名前 10 位的有 6 家是高新技术产品企业；出口额最大 200 家排名前 10 位的有 9 家为高新技术产品类企业。

3.入围企业主要集中在东部沿海地区

在出口额最大的 200 家和进出口额最大的 500 家企业中，东部沿海地区的企业分别占 83%和 82.6%，中西部地区的企业分别仅占 3.5%和 6.2%，中央企业分别占 13.5%和 11.2%。与往年相比，这种地区差距十分明显的格局没有太大的变化。

4.外商投资企业仍占主导地位

在出口额最大的 200 家企业中，外商投资企业占 77%，国有企业占 17%，其它企业占 6%；在进出口额最大的 500 家企业中，外商投资企业占 62%，国有企业占 32.4%，其它企业占 5.6%。

◎榜四、2004 中国民营企业进出口额排名◎

1.2004 进出口额最大的 100 家民营企业（单位：万美元）

排名	公司名称	进出口	排名	公司名称	进出口
1	广东省东莞机械进出口有限公司	267743	47	江门市新会华贸发展有限公司	14294
2	东莞市旗峰对外贸易有限公司	70649	48	东莞市溢源对外贸易有限公司	13990
3	新疆野马经贸有限公司	57168	49	上海仁田进出口有限公司	13985
4	广东省东莞轻工业品进出口有限公司	35430	50	江苏长电科技股份有限公司	13594
5	广东省东莞快宜外经发展有限公司	34942	51	安徽省华安进出口有限公司	13475
6	广州市番禺区番华金银珠宝工艺厂	33929	52	广东德豪润达电气股份有限公司	13362
7	深圳市唯佳运输发展有限公司	33510	53	福建超大畜牧业有限公司	13227
8	广东省东莞化工进出口有限公司	32422	54	张家港保税区力凯化工仓储有限公司	13212
9	绥芬河龙江商联进出口有限公司	31409	55	东宁吉信工贸（集团）有限责任公司	12724
10	中山市中经进出口有限公司	30949	56	博尔塔拉蒙古自治州阿拉山口坤宇贸易有限公司	12594
11	张家港保税区开诚化工仓储有限公司	30473	57	福建康宏股份有限公司	12190
12	东莞市金马经贸有限公司	29945	58	温州市五机化医外贸有限公司	12058
13	广州市华泰兴石油化工有限公司	26745	59	博尔塔拉蒙古自治州阿拉山口中成贸易有限公司	11996
14	黑龙江联合石油化工有限公司	25987	60	四川省新立新进出口有限责任公司	11852
15	黑龙江华宇工贸（集团）有限责任公司	25845	61	东莞市港源贸易有限公司	11317
16	东莞市环球工艺进出口贸易有限公司	25039	62	台州中基外贸有限公司	11250
17	广东省东莞五金矿产进出口有限公司	24472	63	海宁蒙努集团有限公司	11247
18	海南汽车制造有限公司	24147	64	深圳市华富洋进出口有限公司	11242
19	江苏华西国际贸易有限公司	22987	65	合肥汇智进出口贸易有限公司	11230
20	东莞市同舟化工有限公司	22515	66	广州保税区玮骏国际贸易有限公司	11198
21	东莞市百业进出口有限公司	22485	67	福建省福辉贸易实业有限公司	11134
22	无锡兴达泡塑新材料有限公司	22238	68	新疆霍尔果斯对外经济贸易有限公司	11055
23	绥芬河市凯莱经贸有限责任公司	21972	69	佛山市美的空调设备有限公司	11042
24	广东省东莞纺织品进出口有限公司	20969	70	桐昆集团股份有限公司	10803
25	三河汇福粮油食品制作有限公司	20704	71	东莞市泽通贸易有限公司	10793
26	浙江新世纪国际贸易有限公司	20490	72	广州溢海贸易有限公司	10741
27	广东东凌集团有限公司	19754	73	深圳市同洲电子股份有限公司	10571
28	广东省东莞畜产进出口有限公司	19540	74	深圳市天元伟业实业发展有限公司	10245
29	江门市新轻出进出口有限公司	19141	75	满洲里恒吉贸易有限公司	10221
30	广东省东莞市东联进出口有限公司	18493	76	上海唯恩富勤国际贸易有限公司	9825
31	东莞市外经工贸进出口有限公司	17597	77	广东省东莞医药保健品进出口有限责任公司	9680
32	东莞市广利食品进出口有限公司	17470	78	广州七喜电脑股份有限公司	9642
33	深圳市同和工贸有限公司	17149	79	隆鑫集团进出口有限公司	9630
34	绥芬河市林源经贸有限责任公司	17058	80	佛山市骏景实业有限公司	9554
35	天津港保税区安邦国际贸易有限公司	16298	81	江阴市金桥化工有限公司	9486
36	东莞市建筑材料进出口有限公司	15708	82	广州保税区新纪元物流有限公司	9267
37	三一重工股份有限公司	15545	83	厦门市嘉晟对外贸易有限公司	9182
38	福建金石制油有限公司	15496	84	东莞市海华五金矿产进出口有限公司	9169
39	中山市中粮外贸发展有限公司	15313	85	步阳集团有限公司	9151
40	重庆力帆实业（集团）进出口有限公司	15292	86	厦门市中信隆进出口有限公司	8814
41	山东三维油脂集团股份有限公司	15154	87	杭州中艺经贸有限公司	8750
42	珠海实友化工有限公司	14767	88	上海华冶钢铁集团有限公司	8746
43	衡水达美工贸有限公司	14734	89	福州闽塑进出口有限公司	8585
44	广州金发科技股份有限公司	14520	90	广州市兴贸贸易有限公司	8519
45	广州悦绣对外贸易有限公司	14501	91	广东省东莞包装进出口有限公司	8474
46	大连经济技术开发区汇远经贸有限责任公司	14432	92	葫芦岛市兴达冶炼厂	8466

排名	公司名称	进出口	排名	公司名称	进出口
93	张家港保税区中昊仓储有限公司	8433	97	金城江成源冶炼厂	8220
94	绥芬河市汽车运输有限责任公司	8417	98	阿拉山口欣克有限责任公司	8219
95	清远市通明贸易有限公司	8305	99	天津港保税区四辟国际贸易有限公司	8122
96	宁波中蔺对外贸易有限公司	8297	100	绥芬河市三都纸业有限责任公司	8034

2.2004出口额最大的100家民营企业(单位:万美元)

排名	公司名称	出口	排名	公司名称	出口
1	广东省东莞机械进出口有限公司	151573	44	福州闽塑进出口有限公司	8451
2	新疆野马经贸有限公司	57168	45	绥芬河市汽车运输有限责任公司	8417
3	东莞市旗峰对外贸易有限公司	31252	46	厦门市中信隆进出口有限公司	8316
4	绥芬河龙江商联进出口有限公司	26650	47	宁波中蔺对外贸易有限公司	8022
5	绥芬河市凯莱经贸有限责任公司	21972	48	衡水瑞滕祥商贸有限公司	7967
6	广东省东莞轻工业品进出口有限公司	21665	49	同江市海航经贸有限公司	7889
7	黑龙江华宇工贸(集团)有限责任公司	21288	50	广州市兴贸贸易有限公司	7806
8	浙江新世纪国际贸易有限公司	20477	51	东莞市溢源对外贸易有限公司	7273
9	东莞市金马经贸有限公司	20183	52	福建财茂纺织进出口有限公司	7226
10	江苏华西国际贸易有限公司	19560	53	葫芦岛市兴达冶炼厂	6932
11	江门市新轻出进出口有限公司	17783	54	浙江卓力电器集团有限公司	6907
12	广州市番禺区番华金银珠宝工艺厂	17517	55	绥芬河市宏隆经贸有限责任公司	6814
13	中山市中经进出口有限公司	17246	56	阿拉山口盛雄贸易有限公司	6748
14	广东省东莞快宜外经发展有限公司	16603	57	江苏长电科技股份有限公司	6514
15	绥芬河市林源经贸有限责任公司	15692	58	伊犁德鲁克经贸有限责任公司	6442
16	重庆力帆实业(集团)进出口有限公司	15286	59	烟台中航技船舶进出口有限公司	6406
17	衡水达美工贸有限公司	14733	60	浙江万丰奥威汽轮股份有限公司	6352
18	东莞市百业进出口有限公司	14713	61	石狮市龙整进出口贸易有限公司	6350
19	东莞市环球工艺进出口贸易有限公司	14668	62	深圳市同洲电子股份有限公司	6298
20	广东省东莞化工进出口有限公司	14377	63	江苏华瑞国际实业集团有限公司	6289
21	广东省东莞纺织品进出口有限公司	13393	64	山西瑞成进出口贸易有限公司	6233
22	中山市中粮外贸发展有限公司	13271	65	陕西海升果业发展股份有限公司	6077
23	广东省东莞五金矿产进出口有限公司	13199	66	东莞市泽通贸易有限公司	6073
24	福建超大畜牧业有限公司	13170	67	深圳市同和工贸有限公司	6069
25	东宁吉信工贸(集团)有限责任公司	12613	68	浙江欧大进出口贸易有限公司	5997
26	温州市五机化医外贸有限公司	11785	69	东莞市港源贸易有限公司	5913
27	四川省新立新进出口有限责任公司	11603	70	甘肃锐驰贸易有限公司	5864
28	广东省东莞畜产进出口有限公司	11563	71	绍兴县南华进出口有限公司	5771
29	福建省福辉贸易实业有限公司	11093	72	宁波利时进出口有限公司	5695
30	东莞市广利食品进出口有限公司	11066	73	福建省晋江市对外贸易有限公司	5652
31	广东德豪润达电气股份有限公司	11065	74	云南南磷集团进出口有限公司	5478
32	佛山市美的空调设备有限公司	11033	75	珠海市金正电子工业有限公司	5442
33	新疆霍尔果斯对外经济贸易有限公司	10508	76	广东佛山包装进出口有限公司	5317
34	东莞市建筑材料进出口有限公司	9630	77	深圳市唯佳运输发展有限公司	5306
35	安徽省华安进出口有限公司	9551	78	广东省惠州纺织品进出口有限公司	5293
36	隆鑫集团进出口有限公司	9440	79	福建晋江华闽进出口有限公司	5290
37	广东省东莞市东联进出口有限公司	9438	80	上海中大康劲国际贸易有限公司	5256
38	东莞市外经工贸进出口有限公司	9406	81	厦门英南进出口有限公司	5254
39	佛山市骏景实业有限公司	9347	82	广东省东莞医药保健品进出口有限责任公司	5249
40	步阳集团有限公司	9146	83	宁波捷美进出口有限公司	5234
41	厦门市嘉晟对外贸易有限公司	8813	84	东莞市海华五金矿产进出口有限公司	5195
42	海宁蒙努集团有限公司	8690	85	珲春亨通经贸有限公司	5180
43	杭州中艺经贸有限公司	8470	86	江苏金飞达电动工具有限公司	5174

排名	公司名称	出口	排名	公司名称	出口
87	博尔塔拉蒙古自治州阿拉山口佳信贸易有限公司	5120	94	霍尔果斯兴边商贸有限公司	4994
88	宁波中瑞进出口有限公司	5112	95	重庆诚信华荣新金属材料有限公司	4942
89	深圳市宝安奋达实业有限公司	5088	96	东莞市新技术进出口有限公司	4826
90	温岭市进出口有限公司	5086	97	上海双牌铝业有限公司	4802
91	湛江市龙腾贸易有限公司	5054	98	厦门市怡林贸易有限公司	4666
92	绥芬河市亿源经贸有限责任公司	5014	99	浙江南方科技股份有限公司	4650
93	中基嘉仁经贸有限责任公司	5009	100	浙江临亚工艺品有限公司	4624

（信息来源：商务部新闻办公室 2005 年 5 月 27 日）

备注：商务部在公布 2004 年我国进出口额最大的 500 家企业及出口额最大的 200 家企业的同时，还公布了进出口额及出口额最大的 100 家民营企业。

解读：2004 年修订后的《对外贸易法》颁布实施，进出口经营权全面放开，进一步激发了民营企业开拓国际市场的热情和活力。据海关统计，2004 年我国民营企业进出口额达到 1112 亿美元，比上年增长了 87.5%，占全国进出口总额的比重达到 9.6%，比上年提高了 2.6 个百分点。

进出口额最大的 100 家民营企业合计进出口 191.1 亿美元，占全国民营企业进出口总额的 17.2%，占全国进出口总额的 1.7%；出口额最大的 100 家民营企业合计 113.8 亿美元，占全国民营企业出口总额的 16.4%，占全国出口总额的 1.9%。

入选企业具有以下主要特点：

1.入选企业的整体规模进一步扩大

进出口额最大的 100 家民营企业的最低入选标准由上年的 5163 万美元提高到 8034 万美元，进出口额超过 1 亿美元的企业 75 家，比上年增加 38 家；出口额最大的 100 家民营企业的最低入选标准由上年的 2852 万美元提高到 4624 万美元，出口额超过 1 亿美元的企业 33 家，比上年增加 17 家。

2.入选企业主营商品仍以机电产品为主

进出口额最大的 100 家民营企业中，机电产品进出口企业 44 家，五矿化工产品进出口企业 25 家，纺织服装进出口企业 14 家；出口额最大的 100 家民营企业中，机电产品出口企业 43 家，纺织服装出口企业 34 家。

3.中西部地区的入选企业有所增加

进出口额最大的 100 家民营企业中，中部和西部地区入选企业分别达到 12 家和 10 家，比上年分别增加了 5 家和 2 家；出口额最大的 100 家民营企业中，中部和西部地区入选企业分别达到 12 家和 13 家，比上年分别增加 3 家和 5 家。

◎榜五、2004 商业创新企业奖获奖名单◎

1.本土化创新奖：惠普
2.海外创新奖：联想
3.合资合作奖：Ameco
4.战略创新奖：沃尔沃卡车公司
5.渠道创新奖：纸老虎
上海威斯汀大饭店
6.营销理念奖：中国移动"我能"
7.营销口号奖：上海通用汽车别克君威"在动静中容智慧，于无声处见君威"
白沙集团"我心飞翔"
8.产品创新奖：中国联通"宝视通"
日产天籁轿车
9.服务创新奖：索贝国际机构
10.金融创新奖：交通银行接受汇丰银行最大限度持股
11.地产创新奖：呼和浩特市力天投资置业有限公司
12.创新精英奖：广州本田曾庆洪及其团队
13.特别荣誉奖：远大空调有限公司总裁张跃
沃尔沃卡车公司中国总裁吴瑜章

（信息来源：《北京青年报》2005 年 2 月 6 日）

备注：此榜由香港财经文摘杂志社、搜狐网、旅游卫视、北京青年周刊社等主办并于 2005 年 1 月发布。其评选宗旨为发掘创新精神，提掖商业新锐。参评对象为在中国从事商业活动的中外企业的商业创新举措。

同时此榜的每个奖项都有其充分的理由和广泛的代表性，由近 4 万名不同 IP 网址的网民投票，28 位活跃在企业一线、对企业有最直观、深刻了解的财经记者编辑提名参选，10 位产业、企业界资深学者和经济学家共同评估确认得出。

二、零售业篇

◎榜一、2004 全国零售企业销售总额 100 强◎

排名	2003 年排名	企业名称	业态	销售总额		零售总额	
				千元	同比±%	千元	同比±%
1	1	百联(集团)有限公司	百货/超市/便利店	67627140	22.46	67627140	22.46
2	3	国美电器有限公司	家电专业店	23878860	34.25	23878860	34.25
3	2	大连大商集团有限公司	百货/超市/便利店	23084920	26.96	15035460	12.46
4	7	苏宁电器连锁集团股份有限公司	家电专业店	22107640	79.55	22107640	79.55
5	5	家乐福(中国地区各企业)	超市	16240500	20.87	16240500	20.87
6	4	北京华联集团投资控股有限公司	百货/超市	16000000	17.65	16000000	17.65
7	11	上海永乐家用电器有限公司	家电专业店	15849100	62.37	15849100	62.37
8	12	苏果超市有限公司	超市/便利店	13880000	44.89	13880000	44.89
9	6	农工商超市(集团)有限公司	超市/便利/折扣店	13703000	10.68	13703000	10.68
10	13	北京物美投资集团有限公司	超市/便利店	13276740	56.11	13276740	56.11
11	8	三联商社股份有限公司	家电专业店	13255800	24.17	13255800	24.17
12	16	重庆商社(集团)有限公司	百货/超市/便利店	13113150	17.97	9062498	21.57
13	25	好又多管理咨询服务(上海)有限公司	超市	12000000	155.29	12000000	155.29
14	9	华润万家有限公司	超市	11014437	6.69	11014437	6.69
15	—	天津一商集团有限公司	百货	10079595	25.07	1438271	28.43
16	24	江苏五星电器有限公司	家电专业店	9378900	83.65	9378900	83.65
17	19	广州百货企业集团有限公司	百货	9072810	5.09	7202230	6.75
18	17	新一佳超市有限公司	超市	8500410	44.07	8500410	44.07
19	14	天津劝业华联集团有限公司	百货/超市/便利店	8041240	11.38	4005300	11.12
20	15	武汉武商集团股份有限公司	百货/超市/专业	7859510	11.78	6468646	10.85
21	20	江苏文峰大世界连锁发展股份有限公司	超市/会员店/专业	7642621	33.67	5118165	44.39
22	18	沃尔玛(中国)投资有限公司	超市/会员店	7635420	30.47	7635420	30.47
23	38	易初莲花(中国)连锁超市有限公司	超市	7394050	39.91	7394050	39.91
24	44	合肥百货大楼集团股份有限公司	百货/超市/便利店	7300000	26.12	3300000	32.64
25	22	家世界连锁商业集团有限公司	超市	7225390	37.05	7225390	37.05
26	10	上海大润发有限公司	超市	7039138	28.20	953759	17.69
27	21	锦江麦德龙现购自运有限公司	超市	6364450	13.23	6364450	13.23
28	34	人人乐连锁商业(集团)有限公司	超市	6200130	92.93	6200130	92.93
29	27	武汉中百集团股份有限公司	百货/超市/便利店	6087690	34.59	3995485	32.54

排名	2003年排名	企业名称	业态	销售总额		零售总额	
				千元	同比±%	千元	同比±%
30	26	北京王府井百货(集团)股份有限公司	百货	5870670	23.30	5870670	23.30
31	23	北京京客隆超市连锁集团有限公司	超市/便利店	5237740	12.74	5237740	12.74
32	33	利群集团股份有限公司	百货/超市/便利店	5105025	48.65	3257322	31.82
33	28	重庆百货大楼股份有限公司	百货	4881704	9.31	3481882	10.19
34	31	武汉中商集团股份有限公司	百货/超市/便利店	4578410	24.76	4223571	32.81
35	35	山东银座商城股份有限公司	百货/便利/专业	4421640	42.55	4421640	42.55
36	30	江苏无锡商业大厦集团有限公司	百货	3925364	1.49	3589963	2.85
37	36	上海豫园旅游商城股份有限公司	百货	3813443	26.93	2343471	11.18
39	—	山东家家悦超市有限公司	超市/会员/折扣店	3536900	52.60	3536900	52.60
40	—	上海欧尚超市有限公司	超市	3511780	62.65	3511780	62.65
41	43	山东潍坊百货集团股份有限公司	百货/超市/便利店	3392520	35.45	3392520	35.45
42	80	上海家得利超市有限公司	超市	3198000	33.25	3198000	33.25
43	—	北京一商集团有限责任公司	百货	3178627	-9.41	988273	-34.71
44	55	安徽商之都有限责任公司	百货/超市	3031791	57.95	2575008	45.47
45	42	南京中央商场股份有限公司	百货	2877471	13.77	2798483	15.58
46	49	长春欧亚集团股份有限公司	百货	2826140	22.65	2826140	22.65
47	63	深圳天虹商场有限公司	百货/超市/便利店	2822693	66.99	2822693	66.99
48	48	湖南友谊阿波罗股份有限公司	百货/超市/专业	2807835	19.67	2595110	18.40
49	89	深圳百佳超级市场有限公司	超市/便利店	2749960	25.66	2749960	25.66
50	37	天津滨江集团有限公司	百货	2723858	-9.29	1251926	-45.82
51	—	石家庄北国人百集团有限责任公司	百货	2696309	34.14	2696309	34.14
52	46	成都红旗连锁有限公司	超市/便利店	2463100	11.90	2463100	11.90
53	57	济南人民商场股份有限公司	百货	2312580	23.85	2312580	23.85
54	87	成都人民商场(集团)股份有限公司	百货	2307270	38.76	2182601	44.92
55	51	河南通利量贩有限公司	超市/便利店	2278790	5.25	618170	29.52
56	40	北京新燕莎控股(集团)有限责任公司	百货/超市/便利店	2264010	29.51	2264010	29.51
57	59	北京西单友谊集团	百货/超市/便利店	2155338	18.24	2154221	24.34
58	29	北京超市发连锁股份有限公司	超市	2141130	12.97	2141130	12.97
59	96	步步高商业连锁股份有限公司	百货/超市/便利店	2117000	52.30	2117000	52.30
60	60	中兴-沈阳商业大厦(集团)股份有限公司	百货	2061509	13.68	2018388	14.67
61	67	宁波三江购物俱乐部有限公司	超市	2049740	27.98	2049740	27.98
62	66	上海可的便利店有限公司	便利店	2049580	29.18	2049580	29.18
63	—	山东新星购销总部	百货/超市/便利店	2000000	11.11	2000000	11.11
64	—	南京华诚超市有限公司	超市/便利店	1965170	18.50	1965170	18.50
65	—	首联商业集团有限公司	超市/便利/折扣店	1963496	-0.33	1963496	-0.33
66	—	广州市广百股份有限公司	百货/家电	1925450	19.86	1658130	19.74
67	65	杭州大厦购物中心	百货	1885325	16.21	1885325	16.21
68	64	上海捷强烟草管理(集团)连锁有限公司	超市/专业店	1855690	5.22	1855690	5.22
69	68	西安开元商城有限公司	百货	1764476	12.00	1764476	12.00
70	78	郑州丹尼斯百货有限公司	百货/超市/便利店	1725550	35.21	1725550	35.21

排名	2003年排名	企业名称	业态	销售总额		零售总额	
				千元	同比±%	千元	同比±%
71	73	辽宁兴隆百货集团	百货	1704700	27.22	1704700	27.22
72	71	上海徐家汇商城股份有限公司	百货	1660861	16.85	1658741	16.78
73	62	南京新街口百货商店股份有限公司	百货	1648429	−1.15	1408394	−2.53
74	79	深圳岁宝百货有限公司	百货/超市	1635630	29.00	1614850	33.85
75	75	沈阳商业城投份有限公司	百货	1632279	21.24	1520175	16.59
76	95	青岛维客集团股份有限公司	百货/超市/便利店	1531809	45.81	1531809	45.81
77	—	浙江人本超市有限公司	超市/便利/折扣店	1505000	24.59	1505000	24.59
78	72	北京城乡贸易中心股份有限公司	百货	1503520	6.70	1503520	6.70
79	93	北京翠微大厦股份有限公司	百货	1475582	36.22	1475582	36.70
80	—	成都百货大楼集团有限公司	百货	1473003	−3.61	1141263	0.32
81	69	长春百货大楼集团股份有限公司	百货	1410042	−5.29	1410042	−5.29
82	—	唐山百货大楼集团有限责任公司	百货	1400966	39.98	1241283	37.34
83	84	广州友谊商店股份有限公司	百货	1372359	16.78	1372237	16.79
84	—	北京美廉美连锁商业股份有限公司	超市/便利店	1370000	61.94	1370000	61.94
85	88	南昌百货大楼股份有限公司	百货	1349989	20.32	1053210	25.06
86	—	南昌洪城大厦股份有限公司	百货	1325844	38.48	1171912	50.84
87	—	广州吉之岛天贸百货有限公司	百货	1306204	25.95	1306204	25.95
88	74	河南八方电器有限公司	家电专业店	1283000	−5.66	354000	−6.23
89	—	上海良友金伴便利连锁有限公司	便利店	1277670	15.88	1277670	15.88
90	83	百大集团股份有限公司杭州百货大楼	百货	1271523	7.78	1271523	7.78
91	91	河南金博大购物中心有限公司	超市	1263040	15.03	1263040	15.03
92	—	福建新华都购物广场有限公司	百货/超市	1213880	139.17	1213880	139.17
93	77	杭州解百集团股份有限公司	百货	1198330	−6.24	1019381	−7.56
94	—	漯河双汇商业连锁有限公司	便利店	1185860	20.99	1185860	20.99
95	92	新疆友好(集团)股份有限公司	百货	1180889	7.85	783764	2.35
96	—	河北保龙仓商业连锁经营有限公司	超市	1150000	9.52	1150000	9.52
97	—	广东天河城百货有限公司	百货	1134459	17.27	1134459	17.27
98	—	山西华宇商业发展股份有限公司	超市	1125260	37.51	1125260	37.51
99	—	赛特购物中心	百货	1105235	13.82	1105235	13.82
100	59	北京北辰实业股份有限公司北辰购物中心	百货	1062903	−8.29	1062903	−8.29

(信息来源:新浪财经 2005 年 3 月 31 日)

备注:此榜数据来源于中国商业联合会、中华全国商业信息中心对全国大型零售企业2004年度商品销售情况的统计调查。调查范围为全国29个省、区、市(不包括海南、西藏)的600余家商业企业。

◎榜二、2004 中国零售业十二大并购重组事件◎

1.TESCO 收购乐购

2004 年 7 月,英国第一大、世界第六大的零售商 TESCO 集团,斥资 1.4 亿英镑(折合人民币约 21.3 亿元)收购乐购连锁超市 50%的股权。乐购由台湾顶新集团在中国大陆创办,被收购前在内地拥有 25 家超市。至此,外资零售商一改自建或合建单店进入中国的方式,打响了外资并购中国超市的第一枪。

点评:作为世界第六大零售商,对中国这块巨大的市场自然是摩拳擦掌,跃跃欲试,但是沃尔玛、家乐福等外资零售企业早在开放之前就已在中国大肆占地为王,中国本土零售企业也是遍布各地,如何后来居上就是 TESCO 需首要解决的问题。

TESCO 要进入零售业刚刚开放的中国市场,若采用开新店的方式,发展速度不但跟不上沃尔玛和家乐福,而且缺乏实战经验,因此并购是一个不错的方式。综观中国的零售军团,沃尔玛和家乐福基本不可能出售其股份;本土企业巨头的业态复杂、管理混乱等原因导致不合其胃口,而小企业又因规模太小,即使收购也不足以威胁对手。只有台资企业,不但拥有众多门店,而且经营状况良好,特别是乐购,其卖场设计、面积、选址等要素与 TESCO 的风格十分相似,整合资源非常方便。

通过该起并购,TESCO 在中国的渠道大开,不但拥有了良好的门店,而且台资人员的管理可以有效弥补其在中国零售市场经验的不足。

但也许是 TESCO 太急于吃中国这块大蛋糕了,2.1 亿英镑的交易额让全世界都为之震惊。以乐购目前的盈利能力来看,TESCO 收回并购成本起码在 10 年以上,成本过于巨大。

2.百联吸收合并第一百货和华联商厦

2004 年 4 月,百联集团通过股权行政划拨方式,收购第一百货、华联商厦、华联超市、友谊股份和物贸中心 5 家上市公司的相关股权,并成为这 5 家公司的实际控股人。

点评:第一百货与华联商厦的合并是百联集团对旗下资源的重组。第一百货和华联商厦是同集团下的上市公司,两家公司均从事百货零售业,此次合并采用吸收的方式将经营较好的华联商厦并入经营较差的第一百货,使第一百货的经营质量得到了提升,而且避免了同集团下同资源对同市场的无谓竞争,符合了百联提出的做大做强的口号。

百联集团作为一个国有企业,又是国内零售行业的老大哥,虽然表面上有着出色的经营业绩,但缺乏现代企业的管理模式,以及复杂的政企关系等因素都在阻碍这个庞大集团的发展。有了强健的体魄,还需要有健康的精神,在今后面对外资大规模的竞争中,百联及时完善自身的管理水平是十分重要的。

3.物美收购超市发

北京超市发在 2003 年全国连锁企业 30 强中名列第 26 位,物美收购了超市发职工持股会 25.03%的股份,之后不久超市发国有资产管理公司将其 34.77%的国有股权托管于物美集团并签署《股权托管合同》。物美正式接管北京超市发。

大商集团由于之前收购天客隆而间接拥有超市发一部分股份,因此物美的此次收购和超市发国有股权的托管引出了物美和大商的股权之争。股权之争也使超市发的销售额和利润大幅度下降。

点评:物美在改造国企的过程中,有其独到的见解和方法,因此北京市政府对其也是大力支持。物美董事长张文中表示,收购超市发对物美在商业网点有很强的互补性。可见,对超市发的并购有效地增加了物美在北京的辐射力。物美也希望在对超市发进行资源整合之后,带动物美新一轮的业绩增长。

4.统一收购诺玛特

2004 年 9 月,普尔斯马特中国企业向媒体宣称:普马已与台湾统一集团旗下的统一超商股份有限公司(以下简称统一超商)达成合作意向。根据协议,统一超商将斥资 6 亿人民币参股诺玛特,并将直接掌控全国 30 多家诺玛特店的经营管理大权。

点评:虽然诺玛特正面临资金问题,但它拥有中国少有的西方概念和完整的零售业态。加上诺玛特本身的品牌效应,统一可以使其强大的食品加工能力和大型零售终端有效地相结合。

另一方面,统一在台湾 7–11 的成功并没有带来其在大陆的 7–11 经营权,反而被其他竞争对手夺取,这也促使统一集团构思通过大卖场的方式进入内地,同时也达到了向内地扩张其零售势力的目的。统一在收购诺玛特之后同时表示"统一还会和大陆很多超市以及伙伴合作"。

5.百安居收购普马五家店

2004 年 11 月,百安居中国总部公关部负责人胡丽峰证实,百安居已经与普尔斯马特签订协议并正式以 695 万英镑收购其旗下 5 家门店。按照协议,百安居将把这 5 家门店改装成家居建材超市。

点评:目前,百安居在中国一共拥有 21 家店,主要分布在中国东部发达城市,2004 年的扩张又甚为迅速,并购也成为百安居乐于采用的扩张方式,而普马的卖场设计跟选址都比较符合百安居的要求。在收购了普尔斯马特在哈尔滨、四川(2 家)、天津和山东共 5 家店后,百安居在中国的网点进一步扩大,加强了战略布局,四川的两家店也使得百安居的渠道开始深入内地西部市场。而对于普马,百安居的 1 亿资金正好用来缓解资金链紧张的问题。

6.金鹰国际入主南京新百集团

金鹰国际通过在二级市场大量购入流通股的方式，一方面向竞争对手施加压力，另一方面表示自己的资金实力和志在必得的信心，其拥有南京新百集团的流通股一度达到了发行股的16.32%。2004年5月，金鹰国际终于成功入主南京新百集团。

点评：金鹰国际和南京新百为南京零售业中的两个百货巨头，而金鹰一直以来对南京新百倍感兴趣，对在南京新百改制过程中的国有股权表现十分积极，甚至它的作为让人匪夷所思。为了入主南京新百，金鹰国际一共耗费了3.5亿元的代价。新成立的新百集团也改变过去新百集团与南京新百混合管理的模式，而采用垂直管理的模式：金鹰国际管理新百集团，新百集团管理各个子公司，金鹰国际不直接管理新百集团旗下的各个子公司。通过购并，金鹰国际在南京的百货业中成功地上演了一出“化敌为友”。今后，金鹰国际和南京新百将不再是竞争对手，而是同一集团下属的子公司，此举一方面壮大了自身实力，另一方面也避免了无谓的竞争，整合了“中华第一商圈”——南京新街口商业，实现了商业大鳄的梦想。

7.大商重组石家庄北国人百集团

2004年11月2日，石家庄市市长臧胜业在石家庄人民会堂贵宾厅会见大商集团董事局主席牛钢。双方就公司增资控股石家庄北人集团有限责任公司一事进行了会谈。臧胜业市长表示：双方强强联合，有利于大商股份的做大做强，有利于构筑中国华北、东北地区的商贸大框架。双方同意合资重建石家庄北人，石家庄北人集团的注册资本拟确定为2-2.6亿元，大商以货币方式出资，占重组后北人集团注册资本的65%；石家庄北国人百集团有限责任公司（国有股）以评估后净资产出资，占30%，重组前北国人百的职工根据自愿原则以货币方式出资，占5%。

据介绍，北国人百是2000年7月由石家庄北国商城和人百集团合并组建的国有独资企业。主要从事零售百货、餐饮娱乐、连锁超市、批发配送、仓储运输等多种经营，注册资本1.37亿元，经营面积20余万平方米，在石家庄市拥有北国商城、人民商场、西美购物中心等近10家店铺，并在邯郸、保定等地开设了分店。2003年跻身全国商业集团零售十强。截至2004年10月末，该公司账面总资产13.25亿元，净资产1.38亿元；1-10月共实现销售收入19.36亿元，利润2600万元。

点评：石家庄作为河北省的省会，对于零售企业来说是一块巨大的肥肉，就在零售业全面开放之际，沃尔玛等巨头都表示有意进入石家庄，众多国内企业也纷纷想入驻。大商作为国内前三甲商业企业，自然不会放弃石家庄这个华北地区的重要据点。为了拓展其在华北地区的实力，大商近年来动作不断。此次通过增资扩股，成为北国人百的第一大股东，有效地加强了大商的区域连锁效应。

8.联华收购石家庄万利福超市

河北石家庄万利福超市集团创建于1999年，旗下拥有5家大型综合超市，总面积达7.5万平方米。万利福超市在石家庄周边地区拥有17家加盟连锁店，是河北省石家庄市目前规模最大的超市公司之一。

国内连锁业巨头联华超市2003年6月在香港主板上市后获得了充裕的资金，2004年9月，斥资7700万元收购了万利福超市集团。

点评：石家庄连锁超市发展非常迅猛，竞争也十分激烈，除了当地的万利福、保龙仓和福赛外，天津家世界和易初莲花已大举进入。然而当地的超市受资金和经营能力的限制，发展比较缓慢，竞争力不强。此次联华以不到7700万元并购万利福，在当地的超市行业引起了很大震动，很可能导致河北连锁超市行业的重新洗牌。

对于联华来说，收购河北万利福超市是联华加速在华北地区布局的重要一步。目前联华在石家庄已有1家世纪联华大卖场，标准超市在保定早有进入。同时，世纪联华正在北京加快拓展，除了2003年已开业的通州店外，2004年内还要再开4家。加上联华快客在北京的100多家便利店，联华在华北地区的规模优势正日益显现。

9.王府井百货并购双安商场

2004年12月，王府井百货以1.92亿元收购中国光大投资管理公司持有的北京双安商场有限责任公司50%的股权，并以零售价接受北京东安商场。收购完成后，王府井在王府井大街上拥有两座大型零售商场，加之2005年开业的王府井大厦，王府井旗下零售企业占据了王府井大街半壁江山。

点评：资料显示，双安商场2004年前3季业绩非常优秀，主营业务收入达到6.2亿元以上，净利润达3785.5万元。1-8月，东安市场主营业务收入2.5亿元，利润为42万元。王府井为加强上市公司主业，整体收编双安商场完全符合王府井做强做大的思路，双安商场突出的盈利能力有利于王府井提升主业业绩。而收购东安市场则出于两方面考虑，第一是增强主业规模，第二是避免与东安市场的同业竞争。按照双安和东安的经营状况，王府井2004年的业绩对比2003年提升50%以上。

10.南京中商零资产收购徐州百货大楼

根据南京中央商场股份有限公司的发展战略，加快实施百货连锁计划，南京中商董事会决议授让徐州市商贸局所持有的徐州市百货大楼股份有限公司国有股股权1694.69万股，占徐百大总股本的80.05%，徐百大总资产27140.15万元，净资产2131.97万元。考虑到剥离职工身份置换所需费用，经双方协商定价，徐百大同意按零价格转让给南京中商。本次股权转让结束后，公司将以自有资金2883万元，对徐百大实施增资扩股，增资扩股后的徐百大注册资本为5000万元，公司持有徐百大的股权将达到91.55%。

虽然此次中商零资产接手"徐百大"，但要承担其部分债务。原本定位为大众路线的徐百大，也将借此次出新全面提档升级，全力打造时尚型购物广场。中央商场的管理理念将贯穿徐百大，中商将挑选符合该理念的管理者，管理该商场。

点评：南京中商的目标是在近5年内大力发展连锁百货和连锁超市，收购徐百大是"蓄谋已久"，走出这一步也代表了南京中商走出了南京，走向了区域连锁。随着城市的发展，徐州购买力已不亚于南京，况且目前南京金陵百货和金鹰国际已经先行进驻，徐州已成为实实在在的商家必争之地，中商此举延续公司大政方针的同时，也是抢夺商业资源之举。

11.物美收购天津大荣

大荣是日本的第一大零售商，于1995年进入中国市场，成为天津第一家连锁超市，至被收购前一共拥有12家连锁超市。2004年8月，大荣有意退出天津市场，物美集团于2004年11月开始与天津大荣接触，经过一个多月的洽谈，双方达成了收购协议，物美将收购天津大荣的全部固定资产和包括库存在内的所有商品。今后超市的配送也将由物美来完成。

点评：北京物美集团于2003年进入天津，此次通过收购天津大荣，物美加快了在天津市场的布局，间接压制了竞争者，并得到了多个寸土寸金的商业网点。另一方面，通过托管和并购，既成就了物美自身的低成本扩张，又使得物美与当地政府的关系融洽，为进一步在天津开展合作和扩张奠定了基础。同时也开创了民营企业收购外资零售业的先河。物美计划5年之内在天津开设1000家店。

12.高盛入股海王星辰

2004年7月，国际知名投资银行美国高盛与深圳市海王星辰医药有限公司在威尼斯酒店悄然签订合作协议，高盛将投巨资协助海王星辰拓展市场，并在5年内将海王星辰推荐到全球主要资本市场上市。

点评：海王星辰与高盛经过一年多接触才达成合作协议，高盛投资海王星辰主要是看中了其良好的盈利模式、经营团队和中国医药行业的发展潜力。高盛此次投资4000万美元，主要用于支持海王星辰在全国范围内的拓展。按照双方初步达成的合作协议，在高盛强大的资金支持下，海王星辰在未来5年内，营业额要达到40亿元，在国内的分店数量达到2000–2500家，从而成为"中国最强大的连锁药店公司"。

（信息来源：新浪财经）

解读：并购的特点和趋势及存在的问题

（一）并购特点

1.同业并购

2004年的并购事件中，基本上都是同业并购，百货并购百货、超市并购超市，并购的主要目的就是为了增强自身的实力，加大连锁规模，大压竞争对手。

2.本地并购

本地并购的主要目的就是吞并竞争对手。一方面壮大了自身实力，另一方面减少了同业竞争，联合对抗外资，可谓"安内攘外"。如：百联旗下的一百和华联的合并，北京王府井百货并购双安商场。

3.跨区域并购

如：世纪联华并购石家庄万利福超市，金鹰国际入主南京新百，南京中商收购徐州百货大楼，物美收购天津大荣。随着外资的全面进入，国内企业为了自身的生存和发展，走上规模化发展的道路，开始了新一轮的跨区域并购。预测在将来几年中，会成为一个发展的趋势。

4.民营资本大举进入

零售业作为一个劳动密集型的行业，就其本身而言谈不上什么高科技。相比技术，管理更为重要，而管理的科学化正是很多国有企业缺少的。近年来，外资的进入在一定程度上带来了全新的零售管理经验，众多民营企业也在近几年迅速崛起。它们拥有良好的管理模式，不断壮大的经济实力，终于在零售业的并购中开始唱起了主角。如物美并购超市发，金鹰国际入主南京新百以及江苏地华举牌南京中商等。

（二）并购产生的问题分析

1.过度的扩张行为，导致资金链断裂

2004年8月，国家商务部正式公布了中国零售业"国家队"大名单，一共有20位"骨干"，并表示在未来5–8年内要对这些"骨干"进行重点培养。同时，国内的零售巨头也在积极准备，进行新一轮的扩张并购。

但是被排除在20位大名单之外的本土零售企业也大有人在，因此，外资的压力加上国家的无暇顾及，将这些企业一步步地逼上梁山。谁都不希望被对手消灭，那么进攻就是最好的防守。与外商相比，国内零售业最大的差距就是规模太小。为了对抗竞争，大家都争分夺秒排兵布阵、抢占城池。然而，过度的并购和非理性的行为很可能会引发资金链的突然断裂。普马作为一家知名企业，第一个倒在资金链断裂前面，等待它的就是被收购。

2.盲目并购，引包袱上身

国际零售巨头一般都是单一业态，很少有大型的综合性的零售集团。在国内则不同，通常一个大的零售集团下，业态众多，这就给集团的管理带来很多困难，造成整个企业不正常臃肿，效率低下。这种只盲目追求"大"而忽视了"强"的现象，导致了企业兼并了一些不该兼并的资源，又不能有效地消化，乃至成为企业的"鸡肋"——食之无味、弃之可惜。

3.过分看重并购,忽视自身的发展重点

企业的相互并购,很可能因为资本市场的操作,给企业带来短时间的巨大利润。但是作为零售企业应该做好自己的主业,在并购之后,应该马上把精力放到加强管理、加速并购资源的整合上来。引用物美董事长张文中的话,那就是:加了油之后应该继续朝自己的目标进发,而不是去靠油赚油。

◎榜三、2004中国百货零售业十大女将◎

(排名不分先后)

1.栾茂茹:北京翠微大厦股份有限公司党委书记、董事长

个人简介:1970–1982年,在翠微路副食商场任售货员、副食大厅经理、团支部书记;1982–1988年,在紫竹院基层店任党支部副书记、书记;1988–1996年,在甘家口副食商场任书记、经理、超市发副总经理;1996–2003年,在北京翠微集团翠微大厦任党委书记、总经理;2003年至今,在北京翠微大厦股份有限公司任党委书记、董事长。

企业简介:北京翠微大厦于1997年11月18日开业,2003年1月23日改制为北京翠微大厦股份有限公司。翠微是一座以购物为主,集娱乐、餐饮、服务、邮电、银行、宾馆、商务办公为一体的现代化综合性大型商业企业。开业近7年来,翠微不断创新发展,已步入了规模经营良性发展的快车道,经济增长幅度保持在30%,开业至今累计销售额72亿元,上缴利税4亿元,跻身于全国同类店综合排名20强之列。

职业经历:翠微大厦开业的1997年,北京多家大商场倒闭,90%的大商场效益下滑,这一年成为大商场的"倒闭年"。栾茂茹带领企业在困境中入市,7年间企业的年销售收入翻了一番,利税翻了两番,平均年经济增长幅度达到30%,成为北京发展速度最快的大商场之一。栾茂茹在北京乃至全国零售业的影响在于:

以"提升消费者的生活质量和生活品味,传播现代时尚消费文明,开辟现代生活新境界"作为企业使命;

首创并建立了以全国第一个实行大百货商场中央采购为中心的计算机信息管理系统。创造了"翠微管理模式",并向全国大、中型商业企业推广。开国有商业企业托管大型股份制企业的先河,成功地托管了濒临倒闭的当代商城。

从业体验:在越来越激烈的市场竞争中,百货零售业生存和发展的惟一诀窍就在于不断的创新。创新和管理是推动企业向前发展的两个车轮。

商无特不立,业无信不远,在创新中形成自己的特色,在诚信经营中打造中华民族的商业品牌。

2.白　珊:石家庄北人集团总裁兼北国商城总经理

个人简历:1970年12月–1975年3月,在中国人民解放军总字823部队服役;1975年9月–1994年7月,在石家庄市工商银行工作;1994年8月–2000年3月,在石家庄北国商城任副总经理;2000年3月–2003年6月,在石家庄北人集团任副总裁兼北国商城总经理;2003年6月至今,在石家庄北人集团任总裁兼北国商城总经理。

企业简介:石家庄北国人百集团有限责任公司(简称"北人集团")是经石家庄市政府批准、国资委授权,由北国商城和人百集团整体合并组建而成的国有独资企业。2000年7月4日正式挂牌,拥有总资产12.7亿元人民币,全资、控股企业8家。目前,旗下主业态经营领域共涉及三大业态:百货业态、超市业态及家电业态。为增强竞争优势,实现品牌连锁的规模优势,设立了经营专业商品大类的周大福珠宝和钟表分公司,以及为零售业进行信息化服务的河北商业电脑有限公司。

职业经历:白珊勇于创新、求真务实,带领集团全体员工,以大型零售业为基础,积极发展相关产业。自北人集团成立以来,整合百货、家电、超市三大业态,确定了以百货为主业,以家电、超市为两翼的规模扩张战略。在白珊的带领下,年轻的北人集团已经步入良性循环发展阶段,并成为河北省最具实力和发展潜力的零售巨子。

2004年,石家庄北国人百集团以骄人的业绩进入中国零售业集团十强,旗下百货业两大主力卖场北国商城、新百广场双双进入中国零售百强,成为河北地区乃至华北地区零售业行业的先驱者。北人集团正以"奔腾V"的速度发展。

从业体验:永远争做第一,永远比别人勤奋,永远向别人学习,克隆是最好的学习。

3.栾　芳:哈尔滨中央红集团股份有限公司董事长

个人简历:研究生学历,1968年参加工作,1974年加入中国共产党。2001年组建哈尔滨中央红集团股份有限公司并任董事长。1996年至今,先后荣获国内贸易部科技进步奖二等奖,黑龙江省十大女杰,黑龙江省八届劳模,全国优秀女企业家,黑龙江省优秀中青年专家,哈尔滨市第26、27、28届特等劳模,2001、2002年"全国杰出创业女性"等荣誉称号。

企业简介:哈尔滨中央红集团股份有限公司成立于2000年12月24日,是以中央商城为主体组建的大型商业零售股份制集团公司。中央红集团创建之初,便提出了"像办学校一样办企业,培养未来商业精英"的超前经营思路。

按照国际先进商业企业的管理模式，高起点、高追求的运作方式，从一个单体店，发展成为拥有哈尔滨、大庆、牡丹江3个市场，4家大型百货店、126家便利连锁店、6家大中型超市并兼有食品加工业、计算机开发等相关产业，连续多年进入全国商业百强企业。

职业经历：10年前，栾芳率领几名机关干部下海，创建了哈尔滨市中央商城，并通过连锁化经营、集团化发展战略和资本运营、低成本扩张等手段，使企业超常规发展。由一个单体店发展到现在拥有大型百货店、便利店、超市等多种业态形式的跨地区、跨行业、多产业的大型企业集团。连续多年进入中国商业百强行列，并被授予全国名牌商业企业称号。栾芳对集团未来充满信心，她将努力实现把诚信之城建在百姓家门口的梦想。

从业体验：企业是树，民心是根。在严格经营行为规范上首先要培训自己的员工，让他们在售前、售中、售后服务的过程中始终把自己当成消费者。中央红集团从上到下都要不断学习、不断提高，努力把诚信这个招牌一代一代传下去，真正让诚信成为商家的代名词。

4.杨筱妹：深圳岁宝百货总经理

企业简介：深圳岁宝百货有限公司是大型综合性连锁商业企业，总部位于深圳红岭南路30号，红岭店于1996年1月28日开业，共有10层营业大厅，经营面积达18000平方米，经营品种达10多万种，列深圳单店之首。公司自成立伊始，就率先打出“全心全意为人民”的口号，信奉“顾客至上，以人为本”的管理理念，3000多名员工敬业乐业，同心同德，创造了辉煌和著名的商业品牌，树立了“规模大、品种齐、价格平、功能全、服务优”的鲜明特色，得到了深圳市民和社会各界的一致好评。

职业经历：从1996年至今，杨筱妹胼手胝足，带领岁宝百货一步一个台阶走过了8年。在这8年中，岁宝百货曾创下单店销售额最高的纪录；在这8年里，岁宝百货迈出了连锁步伐。杨筱妹依然只是岁宝百货的一位职业经理人，并不占有岁宝百货的股份。

与拥有股份相比，杨筱妹更倾向于成为一名职业经理人。她说，作为一名职业经理人，关键是要摆正关系：首先，自己是一个打工者；其次，又不能仅仅把自己当成一个打工的，而是要想自己也是主人，打工也是为自己，因为打工可以改变自己的一切。

如今，最让杨筱妹欣慰的是，现在岁宝百货的高层管理者都能延续自己的思想和管理风格。杨筱妹说，“我现在最大的愿望，是培养好接班人，同时，我还希望把岁宝这几个分店更加‘精雕细琢’，提高企业的经营效益，然后还要考虑在合适的地方开设分店。”

从业体验：全心全意为人民；顾客至上，以人为本。

5.刘　冰：北京百货大楼总经理

个人简介：49岁，大学文化，高级经济师，高级政工师。1979年加入北京市百货大楼先后担任党委副书记、副总经理等职，1993年起先后担任北京百货大楼党委副书记、副总经理、常务副总经理、董事、董事会秘书、北京市百货大楼总经理。

企业简介：北京市百货大楼位于市中心闻名中外的王府井商业街中心地段，是王府井大街的标志性建筑。它是新中国的首家大型百货零售店，1955年9月开业，至今已有40多年的历史，建筑面积2万平方米，营业面积总计近1.74万平方米。建店以来，累计销售额150亿元，主要经济指标在全国大型零售企业中一直处于领先地位，是目前中国规模大、效益好、知名度高的商业企业之一，声誉卓著，被誉为“新中国第一店”。在由权威机构所做的多次商业信誉调查中，企业形象、顾客光顾率、满意率等综合评价指标始终名列前茅。

职业经历：1979年进入北京市百货大楼工作，现任北京王府井百货（集团）股份有限公司董事、常务副总经理、党委副书记兼北京市百货大楼总经理、党委书记。启动王府井百货从“传统百货店”向“现代百货店”的升级改造计划，进行了内部硬件设施的全面装修改造，不惜花费大量经费给顾客提供包括光环境、声环境、视觉环境在内都较为舒适的商场购物环境。同时，商品的品质也在进行大幅度的升级，品牌结构更加合理，品牌级别和商品时尚度得到了提升。

从业体验：坚持诚信，信誉是企业的生命。

6.厉　玲：银泰百货前总经理

个人简历：1984年，获杭州大学遗传工程专业硕士学位；1988–1993年2月，历任杭州市工业经营公司办公室主任、杭州大厦购物中心办公室主任、杭州大厦公关部经理；1993年3月–1999年9月，任杭州大厦副总经理兼购物中心总经理；1999年9月–2004年9月，任浙江银泰百货有限公司总经理。

企业简介：浙江银泰百货有限公司是由中国银泰投资有限公司投资的一家民营百货企业，位于杭州市的黄金地段——武林广场南侧。商场于1998年11月16日开业，建筑面积达45000平方米，是一家集百货、餐饮、娱乐、休闲于一体的综合型现代化百货商场。2003年，公司实现销售额13亿元，利润8700万元，位居长三角百货店（单店）前列。

职业经历：1993年3月1日，厉玲出任杭州大厦购物中心总经理，当时购物中心排名杭州十大商场第九位。上任伊始，厉玲提出了服务“中高档”顾客定位思想，销售额直线攀升。1998年，杭州大厦率杭州商界兼并之先，成功收购新天龙商厦，使营业面积大大增加。1年之后，厉玲跳槽到银泰前，购物中心销售额已经跃居杭州大型商场首位，利润挤进“三甲”之列。

1999年9月27日至2004年11

月1日,厉玲在浙江最大民营零售企业的一把手岗位上度过了5年。身为中国银泰百货集团副总裁、浙江银泰百货总经理,浙江银泰从厉玲进入的第1年1000多万元的利润,做到了现在的年利润1亿多元,创造了商业界的奇迹……作为一个职业经理人,她无疑登上了浙江职场、商界的顶端。

从业体验:我"先"故我在。

7.肖周云:武汉广场执行副总经理

个人简历:1952年10月出生,中共党员,大专学历,曾获湖北"五一"劳动奖章。

企业简介:坐落于中国武汉市汉口商业黄金地段的武汉广场购物中心,是中国中南部地区单体规模最大,集购物、娱乐、餐饮、商务于一体的豪华型购物中心。地下2层、地上8层,经营面积近8万平方米,其建筑与装修采用世界名家设计概念,高贵典雅,富丽堂皇,融中西文化于一体,汇古今风韵于一身。武汉广场购物中心引进国际、国内著名品牌与名优畅销商品10余万种类、20余万品类,真正实现了"荟萃精品、服务大众"的市场定位,成为广大中外消费者购物休闲的理想之选。

职业经历:2000年由肖周云主持工作以来,连年摘取全国百货单体效益第一的桂冠。

首先,创新经营,实现经营的品牌化。在经营理念上,她首推"旗舰店"新概念,拉开与同行的距离。在服务理念上,她首推两个服务新公式:一是"100-1=0",意思是"一个差错可以抵消100%的努力与付出,使顾客满意度降低为零";另一个是"100+1=无穷大",意思是"一个惊喜可以创造服务的极限,将顾客满意度提升为忠诚度",培养出众多的星级服务明星。

其次,创新人力资源,实现人力资源的市场化。她提出"能者上,庸者下"的原则,全部空缺管理岗位公开招聘;在武广分配机制的核心是"以业绩论英雄",最大限度地激活团队的创效能力。

最后,创新管理,实现管理的现代化。一是建立现代企业的组织架构。在原行政体系上,精简高效,合理设置党、政、工、团的组织,形成党政结合、集中统一的决策系统。二是制度创新。每年组织"质量文件"的修改,不断赋予其新的内涵,且内容已由20万字扩到50万字。三是管理创效。对内实现管理降耗120万元,对外成立开发中心,开发自营品牌,在输出管理的同时也输出高管人才,年创利1000万元,这在商界又开了先河。

从业体验:企业做的好,靠的是大家,而不是个人。

8.李鸽珍:武汉中商百货副总经理

企业简介:武汉中商百货自1996年在湖北省业内第一家进行异地连锁经营以来,现已拥有9家大型百货店,经营商品达十几万种,经营总面积20万平方米。中商百货一直坚持走专业化、特色化道路,以建设现代品牌百货店和多功能购物中心为主要模式,覆盖高、中、低档各层次消费。2003年销售达30亿元,于业内首家实现跨省经营,对武汉乃至湖北的零售行业发展具有举足轻重的地位,一举成为国内百货业的领跑者。

职业经历:李鸽珍现任中商百货连锁公司总经理。先后历任中南商业大楼女装部经理、中商广场副总经理、中南商都总经理、中南商业大楼总经理。在中商任职期间,李鸽珍进行了一系列的改革,实现了百货的连锁经营;对商场进行调整,形成了一种很鲜明的新风格,满足了白领女性对于高品位的追求;实行百强联盟的经营战略把18年做百货的品牌资源和信誉资源转换成竞争优势,培植100个年销售额超100万元的品牌供应商,联手应对市场风云;同时,以"百货+两电+生鲜"的经营模式,增强百货业的聚客能力。另外,武汉中商百货实现首次跨省扩张,在湖南岳阳、河南信阳两地筹建新店,使中商百货成为名副其实的"江南老大"。

从业体验:战略制胜,品牌是经营的核心。

9.罗　霞:成都百货大楼总经理

企业简介:成都百货大楼集团有限公司是在原国有企业成都百货大楼的基础上,于2001年通过全面的企业改制,按照现代公司制度要求组建的股份制大型商业企业集团。公司共有50年历史,是全国零售百强企业,具有很高的知名度。公司下辖10个子公司、12个参股公司。截至2003年,公司拥有大型百货卖场1座,大型专业家电连锁商场4座,龙泉、都江堰大型超市型商场2座,大型度假中心1座,大型仓储配送中心1座以及遍布四川的加盟店和批发经销网点300余个。集团在成都市内拥有商场总面积5万余平方米。

公司本部大楼位于成都市中央商务区(CBD)核心地带——人民南路与东御街交汇处。2002年集团实现销售14亿元人民币,实现利税3600万元,连续10年位列全国商贸百强企业前50位,与当地经销商联手发展自己的加盟店。

从业体验:做人民群众的忠实代表。

10.李晓骊:深圳铜锣湾集团副总经理

个人简历:中山大学EMBA,上海交通大学MBA,获美国普林斯顿大学投融资证书,深圳铜锣湾集团副总经理。1987年到深圳工作,期间有在合资企业、外商独资企业、大型国有企业集团、政府部门工作经验,主持超大型商业项目投资开发。2002年11月正式加盟铜锣湾集团,负责筹备集团对外拓展体系,并率领她的团队在短短两年时间,将铜锣湾发展到全国30个省、市、自治区和直辖市。

企业简介:铜锣湾集团是一家专业性大型零售企业,主营现代商贸流通业中的SHOPPING MALL和大型综合百货店两大业态,拥有"CMALL铜锣湾广场”和“铜锣湾百货”两大品牌,营业总面积逾243万平方米,员工6900人,包括25家SHOPPING MALL和24家大型综合百货店。

铜锣湾集团遍布13个省、3个自治区、3个直辖市的30个城市的分店网络,成为中外名牌产品的强势道路。

职业经历:自2002年11月正式加盟铜锣湾集团以来,致力于铜锣湾集团的新店拓展工作,率领她的团队在短短两年时间,将铜锣湾发展到全国30个城市,使铜锣湾集团从一个区域性的零售企业发展为一个全国性的零售企业。在她所主持的拓展工作中,以自己独特的视角,发掘多个优秀重点项目。在项目谈判中,凭借自身优秀的谈判能力,取得一次次谈判的成功,将铜锣湾集团拓展到东莞、北京、大连、武汉、长沙等30余个城市。

从业体验:加入零售业只有短短的几年,作为集团领导人,她仅仅是做着自己应该做的事情:制定集团战略,领导她的团队接受挑战并不断反思。

(信息发布单位:联商网 2005年2月23日)

◎榜四、2004中国零售业RAD奖获奖名单◎

获奖企业	获奖作品
石家庄东方城市广场	八周年策划,包括八年耕耘终成果、八年诚信绝无膺品、盛世强音八周年
南京金鹰国际购物中心	好货淘不尽正当抢购时 好货淘不尽有劲你就快来抢 父亲节 老爸也温柔
步步高商业连锁有限责任公司	醉中秋　新锐开幕
杭州银泰百货	贵宾月 望雅典、梦北京
青岛海信广场	典藏金秋每个细节 月圆中秋
徐州金鹰国际购物中心	秋品上市 金岁黄花分外香
好美家建材超市	开业前形象广告
安徽瑞景国际购物广场	品牌入驻篇　秋装上市
广州新光百货	大采购,就是对流行有态度
青岛百盛	时尚再造 喜迎五一 2004国际化妆品节 小鬼总动员

(信息发布单位:联商网 2004年11月26日)

备注:此榜由联商网发布。联商网为中国零售企业的门户网站,一直努力推进中国零售企业的创新和进步,此评选已举办两年。零售业RAD奖即零售行业十佳广告作品奖。

本次评选活动发起于2003年11月,截至2004年10月31日,历时1年。联商网共获得推荐作品193件,经过网友和专家评选,最终有10件作品上榜。

三、城市生活篇

◎榜一、2004中国最佳商务城市◎

1.上海

既是中国的经济龙头,也是中国与世界经济互动的平台,虽然商务成本高,但综合优势在国内仍然首屈一指。作为中国经济最具活力的长江三角洲的领军城市,仍有增长潜力可挖。

2.北京

作为政治、文化、科技和经济决策中心,是跨国公司总部的首选之城。虽然环境和市政管理都有待提升,但其特殊的地位和奥运等重大商机带来的价值,仍然让众多商务人士看好其未来。

3.深圳

这个年轻的移民城市已成为华南的区域经济中心,拥有极高的经济增长率、人均收入和劳动生产率;政府效率、经济开放度和人居环境也属国内一流。如能紧随香港、广州以及珠江三角洲的变化而重新定位,发展依然可期。

4.苏州

充分利用上海的辐射,以外资为突破口,创造出继深圳之后的又一个经济奇迹,国内生产总值超千亿,跨国研发中心云集,令所有上海郊县汗颜。未来的增长点也许取决于本地企业的潜力能否得到释放。

5.广州

身处开放前沿的广州有优良的重

商传统和创业环境，综合竞争力在华南首屈一指，与香港和深圳的竞争合作也越来越有利于广州的发展，新一轮外商投资热已经到来，而汽车、造船、会展和物流将成为广州复兴的最大动力。

6.杭州

作为民营经济最发达的浙江省的省会，已成长为长江三角洲仅次于上海的中心城市。除极佳的区位优势外，在整体商务环境、人才资源和生活质量等方面均具备强大的竞争力。控制飙升的商务成本，也许是未来政府工作的重中之重。

7.大连

这个东北惟一的最佳商务城市无论在区位、环境、经济和人才储备，还是基础设施上都具备持续增长的条件，开发东北的国策更提供了东北有史以来最重要的发展机遇，建成东北亚国际航运中心的目标并非遥不可及。

8.青岛

与大连一样，开放较早的青岛不仅拥有优越的地理位置和城市环境，还培养出海尔等一批知名品牌，经济的国际化程度并不低。近年来，其合理的商务成本和高效的政府管理开始吸引来自长江三角洲和东北的投资商。

9.宁波

中国最具活力的沿海城市之一，外向型民营经济占据绝对主导地位，国内生产总值和人均收入很高，经济结构灵活，当地人的创业精神举世闻名。

10.成都

曾经因具有西南最好的人才、科技和环境优势而独霸一方，但开始面临重庆的挑战。能否抓住开发西部的历史性机遇，也许要看其政府的管理能力和经济外向度能否提高。

（信息来源：《世界商业评论》2005 年 3 月 23 日）

备注：中国最佳商务城市调查说明

调查范围：候选的 40 个中国大陆城市的依据主要来自《财富》（中文版）年度外商投资调查、世界银行及联合国相关机构对中国城市投资环境的评级，并参考《中国城市年鉴》、《中国统计年鉴》和《中国城市建设统计年鉴》所引用的政府公布数据。

调查对象：取自携程旅行网（C-trip）数据库中的 20000 名商旅活动频繁的高级商务人士。

调查指标：主要为 4 项——商务环境、商务成本、劳动力供应及生活质量。

调查结果：上榜城市的名次完全依据各候选城市获得高级商务人士投票的数量，前 10 名上榜城市予以公布。

◎榜二、2004 中国最“懒”城市

1.丽江

评语：对逃离都市的人而言，这里是田园；对迷恋夜生活的人而言，这里也是都市。丽江与工作无关，与心情有关。

电视时间：零或无穷。在这里，谁还需要电视呢？要么开着，不看。

快餐店：无。

步行速度：用走字都夸张了，应该叫遛达。

酒精度：66 度以下，各种度数、各种酒都喝。

作息时间：晚九朝五。

上班时间逛街人气：一半人专门负责上班，另一半人专门负责逛街。

跳槽频率：零。本地人全是不跳槽的，外地人根本就不工作。

身体运动量：如果伸懒腰和划拳也算的话。

手机通话状态：总是在大谈特谈理想、心情、抉择和享受。

婚恋状况：艳遇多过失恋。即使你什么人都没爱上，这里的时光也是柔软的。

2.拉萨

评语：想在西藏寻找人生转机和变局的人都来到这里；它的藏族风情与宗教气氛令人觉得工作是一种俗务；从拉萨回去后许多人辞职了。

电视时间：近似零。人们在八角街和转经轮前吸氧。

快餐店：无（路边的酥油茶排档不算）。

步行速度：随便走，多数人没有急切的动机。

酒精度：偏高。这里的酒风也不是盖的，且饮酒驱寒。

作息时间：不定。但极端个人主义。

上班时间逛街人气：没有上班时间，出门不是爬山就是逛街。

跳槽频率：当时是零，离去后是 90%。

身体运动量：少。因为缺氧。

手机通话状态：可有可无，一则信号不太好，二则另有世面可见。

婚恋状况：游人中偶尔有一两对驴友成恋人。

3.成都

评语：以生活魅力荣登中国第三城，号称是“一座来了就不想离开的城市”；有娱乐精神，消费欲强过创业欲；边吃边喝边工作，或者吃吃喝喝就是工作。

电视时间：少。因为打麻将和泡茶馆时间多。

快餐店：少（无所不在的排档和麻辣烫不算）。

步行速度：慢。所以买车也只买小型的车就够了。

酒精度：高。微醺在此是一种生活美好的状态。

作息时间：保守的时间表，但经常不准时。

上班时间逛街人气：旺。感觉是全城在轮班逛街。

跳槽频率：低。但有不少人跳槽离开这里到更忙碌的城市。

身体运动量：少。打麻将不应该算吧？

手机通话状态：更像一种时尚。

婚恋状况：擅于调情，享受恋爱，不忘婚姻。

4.厦门

评语:悠闲生活节奏并不妨碍厦门成为中国城市竞争力强劲的城市;厦门有天时地利和充分的开放度与外向度;当然,更有大海和生活。

电视时间:多。厦门人有本土观念,与此相应的是年轻人不太愿到外乡就业。

快餐店:少(海鲜排档不算)。

步行速度:慢。这里有全国数一数二的漫步环境。

酒精度:不高。厦门酒风温和,规矩是"敬酒的干杯,被敬的随意"。本地把酒当药,俗语"小酒小人参",有时也行酒令划拳,但基本不滥饮滥醉。

作息时间:按部就班。

上班时间逛街人气:偏少。因为人口本不多,节奏松弛如鼓浪屿若隐若现的钢琴声。

跳槽频率:一般。因为工作竞胜的野心较淡。

身体运动量:正常,因为有余暇。

手机通话状态:工作与闲聊。

婚恋状况:男大当婚、女大当嫁型,不过激,不眼高手低。

5.哈尔滨

评语:哈尔滨人露财,爱穿爱喝爱面子爱交朋友,与工作比起来他们更会享受。总想挣大钱不屑挣小钱,此次中央"振兴东北"的国策应该能造就更多的工作机会,并提升工作热情。

电视时间:多,生活在室内的时间相对较多。

快餐店:少(这不是东北菜的风格)。

步行速度:慢。女人要展示,男人要养眼。

酒精度:高。不喝会被人当狗熊踢出去,喝了会被人当烂泥拖出去。据说,哈尔滨人1年光喝啤酒扔下的"易拉罐"就可以造3座松花江大桥了。

作息时间:休息比工作多。全国21个城市的居民生活节奏调查显示,与上海的生活节奏比,哈尔滨人每天慢了1.8小时。

上班时间逛街人气:一般,与气候有关。

跳槽频率:低。因为好工作机会不多。

身体运动量:尚佳,至少夏天有街头露天舞会、周末有太阳岛野游、冬天有滑雪溜冰。

手机通话状态:闲聊型。

婚恋状况:恋爱高消费,结婚高消费,"素婚"少。

6.北京

评语:与北京占有的资源和天时地利人和相比,北京人的表现算是懒的。这个城市永远不缺侃爷,不缺民间思想家,不缺策划大师,不缺私家车和堵车,只缺更多的行动和更高的效率。

电视时间:多。北京人关心国家大事和小事。

快餐店:多(中国第一家麦当劳餐厅就是从北京开出来的)。

步行速度:慢。一种原因是因为北京人口的平均年龄比深圳大了近10岁。

酒精度:高。以二锅头为标志。

作息时间:保守的时间表,经常因塞车受影响。

上班时间逛街人气:多(想想北京人口数量仅次于上海)。

跳槽频率:高。北京太多好企业了,白领阶层庞大。

身体运动量:一般,挤车不算吧?

手机通话状态:忙音。都在谈事呢。

婚恋状况:结婚多,离婚也多,部分处于"《手机》电影综合症"状态。

(信息来源:《民营经济报》2004年3月25日)

解读:市民的心态全部折射在了城市的表现之中,有的特别勤奋进取,有的特别安逸闲散,有的不甘人后于是奋起直追,有的认取此刻于是不慌不忙。从看电视的时间多少、快餐店的多少、步行速度的快慢、酒精度的高低、作息时间的不同以及其他指标里,我们能看到一个城市面对现在和未来的态度,忙碌抑或是懒散。

懒散的城市有一些共通点:很多时间花在桌上和嘴上;慢餐业(正常的点菜)发达;多是旅游目的地;消费拉动经济;容易滋生艺术灵感;夜晚的精彩胜过白天;地下亚文化发达。

◎榜三、2004中国最"忙"城市◎

1.香港

评语:"手停口就停"的危机感长盛不衰;每个人都有投资观念;艺人们永远是为了工作而不敢恋爱和休息;兼职和充电是工薪族的两翼;快餐型报纸总是销量最大。

电视时间:守着电视的师奶居多。

亚洲电视和无线电视的650万观众是港人无开销的休闲方式,但人们更多时候忙得只好在路上听广播,于是这个城市的电台多达13个。

快餐店:中国城市的中西快餐店数香港种类最齐全,麦当劳的广告也全年无休地做。

步行速度:"动感之都"绝不是浪得虚名,交通绿灯时播送着马达的声音,每个路口总有一队人等着冲锋。

酒精度:除了兰桂坊,香港人的餐桌上几乎没有酒精度可言,只有麦芽度。

作息时间:朝九晚五,但"开OT"是香港人的口头禅,日均客流量230万人次的地铁,每天从上午6点到午夜1点运行,夜店也是人潮汹涌。

上班时间逛街人气:行政效率居亚洲第二的城市,很少人上班时间逛街,街上更多是内地游客。2004年春节1周内,内地游客在港消费27亿元。

跳槽频率:香港不跳槽的是公务员。市民随时因为行业不景气、公司裁员、增薪挖角而跳槽,18-24岁的年轻人创业率超过30%。

身体运动量:运动量偏少,眼病腰病胃病多。

手机通话状态:何时何地都可谈工作。

婚恋状况:结婚人数大减,离婚率高,单亲家庭比10年前增加7成,趋势是女孩要同居、男孩想结婚;单身派对如“GO-Con”流行。

2.苏州

评语:吸引外资的全国第一是对打工者致命的吸引,它的世界工厂地位正在撼动珠三角的东莞和深圳,亦是旅游目的地;工作是这个城市发展的理由,计件工资是大多数人的发展后盾。

电视时间:多。电视在这里是大多数工薪族的精神食粮之一。

快餐店:多。但多不过工厂的食堂。

步行速度:有人说苏州好像架在了车轮子上,其实有工业苏州与古典苏州的区别,前者匆匆,后者优雅。

酒精度:偏低,小酌型。十全街的酒味不敌水天堂的茶味。

作息时间:保守型的时间表,按时作息的典范,休息是为了更好地工作。

上班时间逛街人气:旺。集中在观前街和人民路,大多是游客(多过香港),本地人不愿当“一六八”(苏州下岗工人的代称,其救济金是每月168元,后来有增加)。

跳槽频率:一般。因为是外向型经济,企业普遍产销两旺。

身体运动量:尚可。有人花钱买健康上健身中心,大多数人的运动只是活络筋骨,把工作当运动。

手机通话状态:忙。是一种娱乐休闲方式和社交型消费。

婚恋状况:婚介业和婚纱摄影业发达,结婚忙,先成家后立业和先立业后成家的观念并存。

3.深圳

评语:处于创业的平台期和消费的高潮期;工作的忙碌来源于城市发展的惯性势能和高消费的要求;休闲成为工作的减压阀;相当多厌于按时上班的人群选择开自己的小型公司、店铺或工作室。

电视时间:不多,因为夜生活丰富;而爱看电视者,一则香港频道构成吸引,二则想学粤语,三则想忘记现实压力。

快餐店:多,外卖“侵略”了几乎所有的写字楼。发展到网上建立“深圳快餐网”,并有快餐店着手进行英国权威机构BSI的ISO9002和国内卫生和环保权威机构的环保ISO14000认证,要争深圳快餐配送的第一品牌。

步行速度:一向以快为傲,但现在算慢了。因为太过拥挤了,市民在街上少不了无法忍受走路太慢的人堵在前面的“人行道之怒”。

酒精度:高。这里是北方和南方血统的混合体,北方人能喝,南方人敢喝。

作息时间:类似香港的朝九晚五,但夜生活要占用大把睡眠时间,事实上这个城市缺睡。

上班时间逛街人气:旺。因为本城工作形态太多。

跳槽频率:高。因为工作机会多。

身体运动量:私家车狂增,个人运动量偏少,亚健康状态流行。

手机通话状态:煲电话粥的现象普遍;手机成为情感寄托的通道;工作必备。

婚恋状况:女多男少,男懒娶女恨(粤语,“渴望”的意思)嫁,情人多过夫妻。

4.台北

评语:省不掉的大段通勤时间属于这个城市的乡愁;经济增长的高潮期过后,就业出现不同年龄层的世代之争,工薪阶层有强烈的高压感,充电意识强;一部分人致力于把商业搞得很文化;旅游和玩出新意成为逃离工作的出口。

电视时间:多。台北人热爱电视,也许是因为节目够娱乐够八卦。以张小燕、张菲、胡瓜、吴宗宪为代表的电视综艺界“三王一后”在市民中影响很大。

快餐店:多,但慢餐店夜市也兴盛。

步行速度:总体快节奏,捷运自动剪票机在分析步行速度、人与人的间隔之后计算出在尖峰时段平均每一分钟有60-80人经过剪票口;也分地段,有的地段边走边看风景。

酒精度:高。这个城市玩“劈酒”,在夜场不醉无归。

作息时间:一半人朝九晚五,一半人晚九朝五。

上班时间逛街人气:旺。台北人总是热衷于“走透透”。

跳槽频率:高。每一个时期的励志和职场书籍都可能造就一拨“跳蚤”。

身体运动量:少。因为工作和玩乐常把身体弄成透支状态。

手机通话状态:24小时。手机等于社交。

婚恋状况:重恋爱轻结婚,同居成风,追求浪漫与新鲜感。

5.广州

评语:小变中变大变为广州带来更多工作机会,房地产发达而且楼价让人踮起脚来够得着;你感到自由,没有人关心你的隐私,每个人的生活都很忙碌;你感到不自由,为上班和塞车而烦恼,想做老板和自由职业者。

电视时间:少。因为很多人要加班,另外广州的平面媒体实在是发达并且低卖,每天都有看报纸。

快餐店:多。基本上是为两个极端的社区配套服务:一是浩大的城中村人群;二是白领办公社区。

步行速度:慢。因为没有良好的步行空间,讲效率的人都打的或坐地铁了。

酒精度:偏低。不像北方,这里没人劝你一定要喝的。

作息时间:保守的时间表,但还算多元化,事实上睡得晚起得也晚。

上班时间逛街人气:旺。在几个购物中心和步行街,大部分闲人是学生、SOHO、没工作或找工作的人。

跳槽频率:高。因为总有新公司要招人,总有薪水更胜一筹的工作机会。

身体运动量:偏少。健身方式经常以食补代替。这是一个有时间煲汤喝汤、没时间上健身房运动锻炼身体的城市,珠江边的晨练是老年人的天下。

手机通话状态:多用于工作和预约见面。

婚恋状况:维持现状的人比结婚和离婚的人都多,贪玩,不重形式重质量。

6.上海

评语:国际性都会的口号刺激着上海人的肾上腺,全国乃至全球都有工作族在上海淘金;上海人工作第一消费第二,在积极投资与奢侈品消费方面他们同样精明。但过高房价易使他们见财化水。

电视时间:少。少于上网和打电话,多于看报纸和看热闹。

快餐店:多。这与城中便利店的增长与覆盖成正比。而便利店的覆盖已达到三步一亭、五步一岗的地步了。

步行速度:快。几乎没有闲人,只有游人和路过的人。

酒精度:偏低。这个城市追求的是优雅而非沉醉。而最旺的夜场是新天地,那里的酒总是洋味多于酒味。

作息时间:保守的时间表,以工作为重。

上班时间逛街人气:旺。但浦东除外,那儿基本上是城市的工作间。而南京路上的人群恐怕只有一场暴雨或非典才能将他们驱赶。

跳槽频率:高。上海人乐于充电和求发展,这山望得那山高。

身体运动量:少。事实上,上海从来不是竞技运动的大市,比东北差很远。

手机通话状态:多用于工作和预约见面,且经常以座机和伊妹儿代替。

婚恋状况:有门户观念地嫁,有条件地娶。上海人在婚姻观念上的保守和崇洋是很突出的,至今仍在乎上海户口、出身;而上海男人4点钟去菜场买菜则构成经典好男人形象。

(信息来源:《新周刊》)

解读:忙碌的城市总有一些共同点:外来人口多;快餐店多;交通便利;物流兴旺;杂志业发达;城强民富;跳槽现象频繁;品牌消费流行;交通事故多;身体和精神疾病多且对健康敏感;排队多;市民的城市自豪感和个人发展压力都很强;自由职业者多。

◎榜四、2004雅虎中国商务生活精品榜◎

(一)汽车榜

1.凯迪拉克CTS

凯迪拉克CTS是一款将动力性、操控性和舒适性完美结合的经典产品。轮廓鲜明,车身线条锋利,豪迈大胆,将高性能、科技与豪华巧妙融入锐利线条,配以划时代直立式头灯,体现了“艺术与科技”的完美融合。

上榜理由:豪华先锋——凯迪拉克在中国是最早也是最具声望的豪华品牌之一。

2.蒙迪欧2.5V6

2004款福特蒙迪欧的推出,第一次让中国用户站在世界车的最前沿。其优雅、经典的外观设计,精致的内饰,卓越的安全装备,豪华的配置赢得广大车迷的青睐。

上榜理由:世界旗舰——树立了国产中高级轿车的价格新标杆。

3.东风标致307

东风标致307在其现代、典雅的个性化上充满活力和驾驶乐趣。其舒适性设备和安全性配置在同级别轿车中可谓已臻极至。

上榜理由:一款几乎和欧洲同步的时尚轿车,深受内地小资一派的青睐。

4.奥迪A42.4

奥迪A4除了继承奥迪家族共同的特性,如豪华的配置、流畅的线条、精致绝伦的外形等,还融入了奥迪在业界顶尖的技术和专利,其安全性和动力性在同一档次的车型中几乎达到了登峰造极的境界。

上榜理由:武林高手——在国内和国外是当之无愧的顶级高性能B级轿车。

(二)楼盘榜

1.温哥华森林

温哥华森林,是首创置业推出的新一代别墅——森林别墅。位于北京昌平区北七家镇东沙各庄,西临立汤路主干道,北距温榆河2公里,北依小汤山温泉度假区。温哥华森林整个地块现场约有10001棵、生长了28年的大树,优美的森林自然环境,宛如一块天生别墅地。现场地下拥有丰富的地热温泉资源。其园林设计以山、水、森林为主要元素,突出表现加拿大温哥华的原生自然景观特点。有森林的别墅园林,是另一种奇妙的感觉。它为别墅主人带来了私密、健康与尊贵三重高尚享受,这是其它任何园林也无法带来的。

上榜理由:28年的大树下,新一代的别墅生活。

2.国兴观湖国际

国兴观湖国际位于北京市朝阳公园东侧,东临规划辛庄南一路,南临规划姚家园路,西临东四环北路绿化带,北临辛庄南街,紧邻CBD、燕莎、丽都,三大商圈环围,地理位置十分优越。紧邻东四环,交通非常便捷;CBD等几大商圈近在咫尺,充分享受现代都市的商圈环抱,给人们的生活带来各种便利;与朝阳公园、四环百米绿化带相伴,坐享青山绿水,环境优越。为国兴地产精心打造的卓越品牌,也是北京60项重点工程的点睛之笔,更是“中国第一道”——北京新迎宾大道东四环段的标志建筑。

上榜理由:“临水而居”在世界各地都是奢华的象征。北京也不例外:观湖人生的惬意和温馨,披阅观湖文化的亲情与浪漫。

3.瀛海明居

位于北京经济开发区南部新区内,

地块位于凉水河以西，三海子东路以南。已接近完工的凉水河百米生态走廊环境，项目规划充分发挥自然地理状况的优势与区位优势，最高效、最准确地利用土地资源，最大限度地降低建筑密度，提高绿化率。项目占地226560平方米，容积率0.88，绿地面积110058平方米，水景面积14565平方米，绿化率41.5%，绿化用地占项目用地的55%。

上榜理由：民居生活，邻里弄堂的人际温情、与天地交流的生活沉思，瀛海示范了一种"人与自然"和谐共处的新住宅形式。

（三）手机榜

1.诺基亚 7280

65536色的104×208像素分辨率TFT屏幕，支持蓝牙和红外数据传输和MP3/AAC音乐播放，尺寸为116mm×32mm×19mm，仅重84克。

上榜理由：7280宛如唇膏般的条形机身独具特色，独特的镜面屏幕让人惊叹。

2.摩托罗拉 V3

铝合金机身，镭射键盘，支持GSM 850/900/1800/1900MHz/GPRS。4096色的CSTN屏幕，分辨率为96×80像素，30万像素的摄头也是它另一迷人之处，摄头不仅可以拍出分辨率为640×480VGA级别的照片，还可支持4倍数字变焦，V3不仅支持MP3铃音，还可以播放MPEG4格式的视频。

上榜理由：厚度只有14毫米的摩托罗拉V3，称得上是目前最薄的折叠手机。

3.三星 E808

机身为可选三色：银雪白、玫瑰红、银锭蓝，支持GSM/GPRS/900/1800MHz，65536色的TFT彩色屏幕，白色背景灯，分辨率为128×160像素，尺寸为87mm×43mm×23.5mm，重86克。

上榜理由：一款适合女性选择的商务手机。

（四）酒店榜

1.中国大饭店

由香格里拉酒店集团管理，地处建国门外大街，集酒店、展览中心、购物中心、娱乐中心为一体，同时与国贸中心相邻。该酒店已入选了世界名酒店组织，为中国最好的豪华五星级酒店之一。

上榜理由：中国大饭店与市区购物及商业中心不过咫尺之遥，同北京众多的观光景点和名胜古迹也相去不远。

2.北京嘉里中心饭店

由香格里拉酒店集团管理，位于中央商务区内，是集酒店、公寓、写字楼于一体的超豪华饭店，拥有可供800人同时举行会议的大型豪华会议厅。

上榜理由：豪华阁给来宾专享贵宾式服务，免费在豪华阁酒廊享用早餐及其服务、免费拨打本地电话，让宾客倍感舒适方便。

3.上海新锦江大酒店

坐落于上海的新锦江大酒店，是一座大型豪华五星级酒店，由锦江国际管理有限公司管理。酒店由43层主楼和5层裙房组成，设有包括总统套房在内的各型客房632间（套），旋转餐厅和中西式餐厅、多功能厅、会议中心、商务中心等一应俱全，并在商务客房内安装了多媒体信息服务系统，使客人足不出户就可尽享信息世界的精彩纷呈。

上榜理由：酒店开业以来，数百位各国元首、首脑、政要及国际知名人士曾下榻于此，并留下了美好的印象。其独特的造型、一流的设施、优质的服务和便捷的交通，深得广大宾客的青睐，是国内外商务、旅游客人在上海的首选酒店。

（五）笔记本榜

1.IBM ThinkPad R50e 1834NAC

Pentium 1.5G处理器，256MB内存，40GB硬盘和DVD光驱，15.1寸显示器，重量为2.7公斤。

上榜理由：IBM性价比路线的代表。

2.三星笔记本 M40

使用了大尺寸触摸板，机身的托腕处采用镜面处理的铝材质。FX5200Go64M显卡，标配6格锂电池。其中，M40-07MA使用了奔腾M7451.8G处理器，搭配DDR333MHz内存1GB，采用80GB硬盘和DVD-CDRW光驱。M40-064H配备了1.6G处理器，搭配512M内存、60G硬盘和DVD-muit光驱。

上榜理由：17寸超薄宽屏液晶屏，拥有16:10的视觉比例，支持5.1声道的数字音频输出。

3.索尼 vaioT-150

T系列外壳将采用经过特殊工艺处理的皮质材料，美观而且还可以防止打滑。显示屏采用10.6英寸宽屏液晶显示屏，画面更加清晰流畅。电池续航时长达8小时，是截至2004年续航时间最长的一款笔记本。

上榜理由：2004年度最小巧的笔记本电脑。

（信息来源：雅虎网）

备注：此榜由雅虎中国主办，于2005年1月20日在北京揭晓。雅虎中国对北京、上海等城市的中高端网民，围绕汽车、住房、手机、旅游、休闲方式、消费观念等主题进行了调查。其调查目的是揭开"中产生活"的神秘面纱以及商务人群现实生活与其内心深处所憧憬生活的差距，从而勾勒出商务精英人士的未来生活轨迹。

IT
榜

引 言

IT 是“Information Technology”（信息技术）的缩写，指以计算机为基础的能采集、存储、处理、管理和传输信息的技术。当今的 IT 业已不仅仅是一个行业，而是一种全球性的商业生态，更是人类文明的新浪潮。

将 2004 年尘封起来，寄存到历史长河之中。无论这一年如何轰轰烈烈，如何喧哗骚动，最终都只是一个历史的节点。2004 年的视角无数，但是，只有一把钥匙能真正开启这一年发生的所有事情，这就是：2004 年是中国高科技全球崛起的元年！它既维系着过去 20 年中国 IT 业从小到大的风风雨雨，更维系着未来 20 年中国 IT 业在全球崛起的广阔前景。IT 业既有各种动荡变化，也有各种角色和关系；这里充满着对抗和竞争，也充满着合作和联盟；这里有 IBM、HP 等多年屹立不倒、威名不坠的“侠之大者”，有戴尔这样资历平凡，却一举成名的后生，还有更多默默无闻或者不断消亡的角色；这里有胜利的喜悦，也不乏黯然神伤的表情。回首 2004 年的中国 IT，让我们留于心间，一同品味！

IT 榜中榜

一、企业篇

在以技术为核心的竞争年代,电子信息产业已经成为各国争先发展的主导产业,在国际竞争的焦点领域,竞争的主体是电子信息企业。盘点 2004 年中国 IT 业,很多行业的 IT 应用已经进入了业务整合阶段。2005 年,在这些 IT 企业精英的推动下,中国的信息化进程将会更加迅速。

◎榜一、第 18 届电子信息百强企业◎

(单位:万元)

排序	单位名称	营业收入	利润总额	上交税金	出口交货值	研究与发展经费支出	信息化投资总额	主要产品
1	海尔集团公司	8064840	145714	176850	490372	385000	8000	彩色电视机、电冰箱、电冰柜、空调器、洗衣机、手机、计算机
2	联想控股有限公司	4033096	123730	75433	176936	115818	6500	计算机、打印机
3	TCL 集团股份有限公司	3820434	142340	180267	1279382	128842	5421	彩色电视机、手机、计算机、电话机
4	上海广电(集团)有限公司	3068636	134906	36402	1239655	104144	1175	手机、彩色电视机、激光视盘机、机顶盒、彩色显像管
5	熊猫电子集团有限公司	2632697	56989	46166	768055	31182	1800	手机、无线基站、程控交换机、彩色电视机
6	海信集团有限公司	2211327	30749	61428	295171	80184	9524	彩色电视机、空调器、手机、电冰箱、程控交换机
7	华为技术有限公司	2166990	381031	281399	371205	317885	0	程控交换机、通信传输设备
8	北京北大方正集团公司	1812026	82746	33691	45265	94100	5100	电子出版系统、计算机、激光打印机、扫描仪、显示器、软件

排序	单位名称	营业收入	利润总额	上交税金	出口交货值	研究与发展经费支出	信息化投资总额	主要产品
9	广东美的集团股份有限公司	1750000	37200	50000	415000	54000	6000	空调、压缩机、电机、小家电
10	中兴通讯股份有限公司	1745705	121914	221543	216864	133151	0	程控交换机、手机、小灵通
11	京东方科技集团股份有限公司	1610360	42375	44838	256494	38643	946	显示器、彩色显像管
12	四川长虹电子集团有限公司	1581212	28211	38031	543787	79013	2100	彩色电视机、空调器、激光视盘机、一次性电池
13	康佳集团股份有限公司	1280868	13400	81546	70172	48232	2108	彩色电视机、手机、小灵通、电冰箱
14	中国长城计算机集团公司	1172102	20170	8298	947101	31981	0	计算机、磁阻磁头、硬盘
15	深圳创维-RGB电子有限公司	1028500	8457	25612	165571	42847	234	彩色电视机、激光视盘机、机顶盒
16	深圳华强集团有限公司	1024809	12613	10974	817909	30000	980	激光拾音头、微型马达、彩色电视机、智能娱乐仿真产品
17	上海贝尔阿尔卡特股份有限公司	974225	56541	88356	174231	69159	17604	数字程控交换机、ADSL、移动基站、传输设备
18	广东格兰仕集团有限公司	969080	48222	11225	389734	54368	253	微波炉、空调器、小家电
19	大连大显集团有限公司	854912	16116	15130	379701	35165	1245	黑白电子枪、彩枪零件、线路板、精密轴
20	浪潮集团有限公司	829351	18763	17869	25496	37843	6365	服务器、计算机、手机、软件及系统集成、
21	惠州市德赛集团有限公司	785930	34515	31238	465048	24521	2300	电话机、激光视盘机、汽车音响、电池
22	彩虹集团公司	782495	59487	50606	109171	14586	236	彩色显像管
23	惠州市华阳集团有限公司	738136	44648	4875	542304	2814	1036	汽车音响、汽车/家用音响机芯、激光镭射头、精密冲压件、扬声器
24	侨兴集团有限公司	695632	35301	16913	16104	2456	897	电话机、手机、传真机、复读机、对讲机
25	夏新电子有限公司	684592	84284	42637	32816	34000	195	手机、激光视盘机、电话机、AV功放
26	厦门华侨电子企业有限公司	678962	6905	9523	96063	14050	2400	彩色电视机、彩色显示器、传真机
27	河南安彩集团有限责任公司	678015	27059	27584	102345	18699	4668	彩色显像管玻壳、通信产品、数字机顶盒、空调
28	华东电子集团	674558	31922	10468	82076	22518	50	彩色显像管、空调、荧光灯、吸气剂
29	华立控股有限公司	673506	43210	35609	65685	12096	956	电度表、多费率表、铜箔板、光电存储、测量终端
30	清华同方股份有限公司	669374	20055	20068	29873	7357	360	计算机、核技术检查系列产品、网络、软件与系统集成
31	江苏新科电子集团有限公司	651199	10425	8408	348389	6250	810	激光视盘机、汽车电子、空调器
32	广东科龙电器股份有限公司	617851	22000	19954	180000	37060	32051	电冰箱、空调器、冷柜、小家电
33	青岛澳柯玛集团总公司	605490	9284	11224	42278	31759	720	冷柜、电冰箱、空调器、洗衣机、锂离子电芯
34	深圳市赛格集团有限公司	582756	49339	15002	238812	5188	520	彩色显像管、彩色显像管玻壳、集成电路、半导体分立器件
35	上海飞乐股份有限公司	533579	88208	11773	178114	26679	5069	布线系统、汽车电子、电子专用设备
36	比亚迪股份有限公司	503105	98094	68296	188703	13337	1533	镍镉电池、镍氢电池、锂离子电池、汽车、液晶显示屏
37	深圳桑达电子集团有限公司	454792	13232	2071	213149	1603	1151	手机、行输出变压器、商业收款机、激光视盘机
38	许继集团有限公司	414241	39210	25599	2742	24560	530	电力工业自动化系统、民用自动化控制系统、传输收发信机
39	中国华录集团有限公司	393327	17452	1509	288085	14165	73	激光视盘机、激光视盘机机芯、DVD-ROM光头
40	长白计算机集团公司	366754	3500	1594	187670	2636	120	彩色电视机、打印机、IC卡智能电话、工业控制机

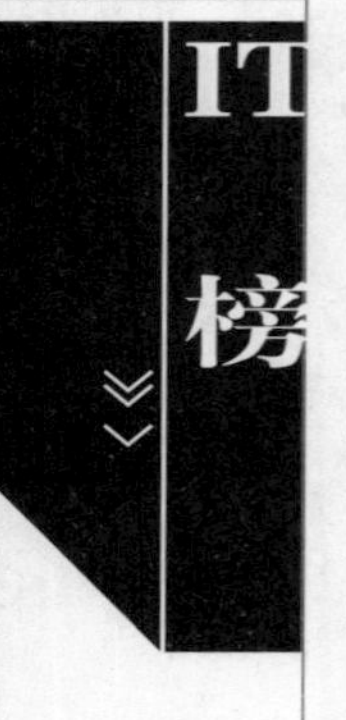

排序	单位名称	营业收入	利润总额	上交税金	出口交货值	研究与发展经费支出	信息化投资总额	主要产品
41	托普集团科技发展有限责任公司	355699	20846	8207	513	16953	5972	通讯类硬件产品、软件及系统集成
42	广州南方高科有限公司	343125	6640	2585	1654	120009	0	手机
43	永鼎集团有限公司	317457	11943	11762	811	72140	150	通信光缆、通信电缆、ADSS、OPGW、电力光缆、光电子器件
44	广州金鹏集团有限公司	307170	2299	3404	0	8517	923	移动通信基站、小灵通
45	西安海星科技投资控股(集团)有限公司	302837	12123	2493	0	2708	50	计算机、软件
46	中国科健股份有限公司	300000	5000	2420	15000	3000	0	手机
47	江苏宏图电子信息集团有限公司	298000	3940	5100	72235	0	0	通信设备、电缆、激光视盘机
48	浙江浙大网新科技股份有限公司	297331	7912	5390	1817	4460	11700	服务器、网络系列产品、数字监控产品、软件及系统集成
49	亨通集团有限公司	285340	21520	11250	4875	970	670	光纤、光缆、电缆、光器件
50	大恒新纪元科技股份有限公司	284236	8894	6100	7122	14212	400	机械CAD及系统集成、电子出版物、激光加工设备、电视网络播出设备
51	横店集团东磁有限公司	277086	20668	14145	160280	11763	783	永磁铁氧体、功率铁氧体、磁电机、扬声器
52	威海北洋电气集团股份有限公司	271747	10694	1888	187288	8942	560	打印机、高速票据扫描仪、热敏打印头/触式图像传感器、传真机
53	富通集团有限公司	259374	16938	11981	4282	12645	1300	光纤、通信光缆、通信电缆、光器件
54	浙江富春江通信集团有限公司	256592	8545	7132	3670	3000	300	通信电缆、通信光缆、光器件、电力电缆
55	河南新飞电器(集团)股份有限公司	251301	11378	13271	24276	2275	3000	电冰箱、电冰柜、空调器、GPS定位系统
56	上海宏盛科技发展股份有限公司	248620	5852	254	247734	267	22	集成电路、激光视盘机、CD-ROM、CD-RW、DVD-ROM
57	武汉邮电科学研究院	234460	4237	18609	8138	15258	633	通信传输设备、光纤光缆、电缆、光器件、无线接入产品
58	清华紫光股份有限公司	230941	2892	2687	0	9234	952	计算机、数码产品、扫描仪
59	福建实达电脑集团股份有限公司	229087	1470	6606	0	5529	300	打印机、计算机
60	上海金陵股份有限公司	215791	21881	7214	63303	6470	2150	电子元件、软件系统工程、电度表、微电机
61	上海飞乐音响股份有限公司	209846	16177	3934	42456	3114	170	IC卡、微模块、照明、软件、偏转线圈
62	航天信息股份有限公司	209172	43276	10883	0	6275	300	防伪税控系统、IC卡、读卡机具
63	东软集团有限公司	205321	13770	14897	13307	24430	0	数字化医疗设备、软件及系统集成
64	广州七喜电脑股份有限公司	204660	6380	3936	450	1200	150	计算机及外部设备
65	长飞光纤光缆有限公司	203214	4732	8790	11512	1745	175	通信光纤、通信光缆
66	中国振华电子集团有限公司	202297	3952	6909	31076	1332	550	手机、电话机、电子元器件、集成电路
67	四川汇源科技产业控股集团有限公司	194988	10094	6470	0	0	0	光缆、光器件、有线电视宽带网络及设备、软件及系统集成
68	中国四联仪器仪表集团有限公司	181527	6963	11000	10681	0	110	工业自动化仪表及控制系统、厚膜集成电路、铜基复合材料、光学仪器
69	北京国际交换系统有限公司	178770	21551	14741	179	8598	1467	数字程控交换机、路由器、ADSL
70	咸阳偏转集团公司	178592	2772	3107	70063	4600	1000	偏转线圈、锂电池、显示器、漆包线
71	朝华科技(集团)股份有限公司	176245	2130	3024	2272	2356	1215	软件及系统集成、数码产品
72	深圳市新天下集团有限公司	176097	6879	10131	0	4292	455	计算机及外部设备、计算机主机板卡、数码产品
73	江苏赛博电子有限公司	169017	4732	1956	91718	5787	1643	彩色电视机、多媒体显示终端、网络电视、激光视盘机

排序	单位名称	营业收入	利润总额	上交税金	出口交货值	研究与发展经费支出	信息化投资总额	主要产品
74	石家庄宝石电子集团有張责任公司	161957	6214	12865	2212	1139	110	彩色显像管玻壳、铅玻管、彩色电子枪芯柱
75	广东东菱凯琴集团有限公司	155633	7299	0	156283	8000	250	小家电
76	四川九洲电器企业集团	150592	13584	5683	28419	9869	1153	雷达产品、有线电视、卫星接收机、光缆
77	北京益泰电子集团有限责任公司	142806	8467	1796	84310	5379	33	激光视盘机、组合音响、收录放机、系统集成
78	北京JVC电子产业有限公司	142421	2146	1220	124220	0	0	摄录一体机、录像机
79	西湖电子集团有限公司	139666	3236	2292	59141	3050	4767	彩色电视机、手机、激光视盘机、显示器
80	华伦集团	139490	4866	3785	0	2936	106	电缆、光缆、光纤
81	江西省电子集团公司	138960	4859	5350	30022	9000	1000	LED芯片、LED器件、光缆、线缆
82	上海精密科学仪器有限公司	132804	10668	13671	69412	1006	83	分光光度计、成份分析仪、电子测量仪器、电工仪器仪表
83	宁波韵升(集团)股份有限公司	131892	7724	4930	119114	3400	341	钕铁硼永磁材料、八音琴机芯、汽车电子、光通信
84	上海自动化仪表股份有限公司	130950	6898	5815	3093	2352	100	自动化仪表、计算机控制系统、仪表元件、气动元件
85	江苏中天科技集团	128500	11500	7800	800	5800	1000	光纤、光缆、光器件
86	哈尔滨光宇电源集团股份有限公司	127565	14296	5676	15009	284	150	蓄电池、手机电池、电源柜
87	烟台首钢东星(集团)公司	126572	9055	14057	0	0	0	汽车电子、钕铁硼永磁材料、高低压配电柜
88	辽宁无线电二厂(集团)	123795	7831	2468	66847	3095	980	雷达、示波器、光学镜头、汽车电子
89	乐山无线电股份有限公司	123416	9494	3833	107261	3700	80	片式二、三极管,塑封二极管,玻壳二极管,桥式整流器
90	天津市中环电子计算机公司	122006	9983	1923	66369	1092	50	计算机、墨盒、POS机、存折打印机
91	宏安集团有限公司	121563	11514	6798	0	3647	26	通信电缆、光缆、五号数据缆
92	广州无线电集团	120357	23541	5346	9603	8133	595	中、短波通信电台,通信发射,接收机,通信导航定向设备
93	山东中创软件工程股份有限公司	116018	1890	1421	4167	1542	460	软件系列产品、录像机
94	江阴新潮科技集团有限公司	113538	9053	4056	23931	55723	300	集成电路、分立器件、电子信号灯、智能化电力仪表
95	深圳兰光电子集团有限公司	112642	1020	2741	86433	4200	500	彩色显示器、音响系列
96	广州华南信息产业集团有限公司	109819	8404	2390	98915	1250	557	计算机及应用系统、微控制系统产品、多媒体设备
97	江苏紫金电子集团有限公司	109565	5539	4050	500	3835	350	计算机、打印机、印制电路板
98	广东生益科技股份有限公司	108901	14122	3509	76623	244	65	覆铜板、粘结片
99	广东风华高新科技股份有限公司	106000	3500	4300	44900	4750	2850	片式多层陶瓷电容器、片式电阻器、电子材料、电子专用设备
100	成都国腾通讯(集团)有限公司	103878	7697	5763	0	10160	3540	IC卡电话机、信息机、网管系统、用户机

(信息来源:信息产业部经济体制改革与经济运行司)

备注:2004年(第18届)电子信息百强企业由国家信息产业部依据企业2003年营业收入排定。本届排名体现了以下新特点:

1.企业规模不断扩大,入围门槛继续提高

本届电子信息百强营业收入达到6631亿元,比上届增加912亿元,增长16%;共实现利润总额283亿元,比上届增长19%;上交税金230亿元,比上届增长20%。

此外，本届电子信息百强企业入围标准从上届的7.8亿元提升至10.4亿元，提高幅度达33%。

2.龙头企业成长壮大，行业带动作用明显

本届百强企业的销售总额占全行业销售额的比重达35%，其中前10家企业的营业收入达到3131亿元，占到全行业的17%。在重点产品产销方面，电子信息百强企业中一批产销规模大、市场信誉高、竞争有优势的各领域龙头企业继续保持了领先水平，市场产品名牌效应日趋突出。

3.制度创新取得进展，企业活力不断提高

百强企业顺应市场经济发展潮流，混合经济成分进一步发展。本届百强企业中国有及国有控股企业54家，集体企业和民营企业46家。从股权结构来看，企业积极推进股份制改造，有65家公司（或其控股公司）已经上市。国有企业通过改制改组，逐步呈现出多种经济成分共存的局面。

4.品牌价值显著提升，"走出去"取得新进展

18年来，电子信息百强在通信、计算机、家电等领域都培育出许多知名产品和优势品牌，使电子信息百强群体成为塑造民族品牌的平台。2004年2月，世界品牌实验室、世界经理人周刊等联合发布世界最具影响力的100个品牌，中国电子信息百强第一名海尔榜上有名。

5.加大技术创新力度，不断开拓新增长点

本届百强企业重视技术创新，研发投入占百强销售收入比重不断提高。海尔、华为、中兴通讯、浙大网新、夏新、许继集团等企业，紧密依托高新技术，凭借机制与人才的优势，加大新产品研发，积极开发市场，不断培育新的经济增长点。

6.区域产业基地形成，集聚效应初步显现

在国家产业政策推动下，珠三角、长三角和环渤海等几个区域发挥比较优势，积极参与国际合作与分工，形成了有一定规模的电子信息产品制造基地，为企业进一步做大做强创造了有利的环境。

◎榜二、2004中国IT技术创新奖IT企业名单◎

国际商用机器中国有限公司
中国惠普有限公司
微软（中国）有限公司
联想集团有限公司
华为3Com技术有限公司
思科系统（中国）网络技术有限公司
索尼（中国）有限公司
苹果电脑公司
AMD远东有限公司
诺基亚（中国）投资有限公司
趋势科技中国
北京点击科技有限公司
曙光信息产业（北京）有限公司
美国APC公司
网络联盟公司

（信息来源：《微电脑世界》杂志）

备注：2004年4月22日，由计算机世界传媒集团主办，微电脑世界杂志社承办的"2004中国信息技术趋势大会"在北京中国大饭店举行。会上同时揭晓了由计算机世界传媒集团评选的"2004年度中国IT技术创新奖"和"2004年度中国IT创新技术推动奖"。15家IT企业获得2004年度中国IT技术创新奖，10位杰出人物获得2004年度中国IT创新技术推动奖，他们在IT技术创新与应用推动方面做出了巨大贡献。

◎榜三、2004中国IT用户满意度榜◎

商用台式电脑（国际品牌）

用户满意度综合第一：戴尔（中国）有限公司

产品满意度第一：戴尔（中国）有限公司

服务满意度第一：中国惠普有限公司

品牌忠诚度第一：国际商业机器中国有限公司

用户首选品牌：戴尔（中国）有限公司

商用台式电脑（国内品牌）

用户满意度综合第一：联想集团有限公司

产品满意度第一：联想集团有限公司

服务满意度第一：方正科技集团股份有限公司

品牌忠诚度第一：联想集团有限公司

性价比第一：实达电脑科技有限公司

政府行业用户满意度第一：联想集团有限公司

教育行业用户满意度第一：实达电脑科技有限公司

制造行业用户满意度第一：联想集团有限公司

中小企业用户满意度第一：方正科技集团股份有限公司

流通行业用户满意度第一：联想集团有限公司

消费台式电脑（国际品牌）

用户满意度综合第一：戴尔（中国）有限公司

产品满意度第一：戴尔（中国）有限公司

服务满意度第一：中国惠普有限公司

品牌忠诚度第一：戴尔（中国）有限公司

用户首选品牌：中国惠普有限公司

消费台式电脑（国内品牌）

用户满意度综合第一：联想集团有限公司

产品满意度第一:联想集团有限公司
服务满意度第一:方正科技集团股份有限公司
品牌忠诚度第一:联想集团有限公司
性价比第一:深圳市神舟电脑有限公司

笔记本电脑(国际品牌)

用户满意度综合第一:国际商业机器中国有限公司
产品满意度第一:国际商业机器中国有限公司
服务满意度第一:中国惠普有限公司
品牌忠诚度第一:戴尔(中国)有限公司
用户首选品牌:国际商业机器中国有限公司

笔记本电脑(国内品牌)

用户满意度综合第一:联想集团有限公司

PC 服务器

用户满意度综合第一:中国惠普有限公司
产品满意度第一:国际商业机器中国有限公司
服务满意度第一:中国惠普有限公司
品牌忠诚度第一:中国惠普有限公司
用户推荐品牌:戴尔(中国)有限公司

UNIX 服务器

用户满意度综合第一:国际商业机器中国有限公司
产品满意度第一:国际商业机器中国有限公司
服务满意度第一:中国惠普有限公司
品牌忠诚度第一:国际商业机器中国有限公司

IA64 服务器

用户满意度综合第一:中国惠普有限公司

交换机

用户满意度综合第一:思科系统(中国)网络技术有限公司
产品满意度第一:安奈特(中国)网络有限公司

防火墙

用户满意度综合第一:思科系统(中国)网络技术有限公司
服务满意度第一:东软软件股份有限公司
品牌忠诚度第一:东软软件股份有限公司

UPS(国际品牌)

用户满意度综合第一:美国电力转换公司

UPS(国内品牌)

用户满意度综合第一:深圳科士达科技发展有限公司
用户首选品牌:深圳科士达科技发展有限公司

Windows 终端

用户满意度综合第一:福建实达电脑设备有限公司

IT 运维服务

用户满意度综合第一:中国惠普有限公司

IT 咨询服务

用户满意度综合第一:国际商业机器中国有限公司

IT 外包服务

用户满意度综合第一:中国惠普有限公司
品牌忠诚度第一:国际商业机器中国有限公司

激光打印机(国际品牌)

用户满意度综合第一:中国惠普有限公司

激光打印机(国内品牌)

用户满意度综合第一:联想集团有限公司

投影机

用户满意度综合第一:爱普生(中国)有限公司
产品满意度第一:爱普生(中国)有限公司
服务满意度第一:明基电通信息技术有限公司
技术创新第一:联想集团有限公司

CRT 显示器

用户满意度综合第一:飞利浦电子(上海)有限公司

LCD 显示器

用户满意度综合第一:天津三星电子显示器有限公司
产品满意度第一:天津三星电子显示器有限公司
服务满意度第一:明基电通信息技术有限公司
品牌忠诚度第一:飞利浦电子(上海)有限公司

移动存储

用户满意度综合第一:北京华旗资讯数码科技有限公司

MP3

用户满意度综合第一:北京华旗资讯数码科技有限公司
产品满意度第一:重庆朝华数码科技有限责任公司

数码相机

用户满意度综合第一:索尼(中国)有限公司
产品满意度第一:索尼(中国)有限公司
服务满意度第一:索尼(中国)有限公司
品牌忠诚度第一:佳能(中国)有限公司
用户首选品牌:索尼(中国)有限公司

手机(国内品牌)

用户满意度综合第一:联想集团有限公司

网络安全解决方案

用户满意度第一:思科系统(中国)网络技术有限公司
服务满意度第一:北京冠群金辰软件有限公司

磁带存储解决方案

用户满意度第一:美国 StorageTek 公司

金融行业存储解决方案

用户满意度第一:美国 StorageTek 公司

数据备份解决方案

用户满意度第一:维尔软件(北京)有限公司

呼叫中心解决方案

用户满意度第一:中国惠普有限公司

数据库管理解决方案

用户满意度第一:维尔软件(北京)有限公司

中间件(国际品牌)

用户满意度综合第一:国际商业机器中国有限公司

产品满意度第一:BEA 系统(中国)有限公司

中间件(国内品牌)

用户满意度第一:北京东方通科技发展有限责任公司

杀毒软件

用户满意度第一:北京赛门铁克信息技术有限公司

产品满意度第一:北京冠群金辰软件有限公司

管理软件

用户满意度综合第一:用友软件股份有限公司

财务软件

用户满意度综合第一:用友软件股份有限公司

产品满意度第一:用友软件股份有限公司

服务满意度第一: 金蝶软件(中国)有限公司

品牌忠诚度第一:东软金算盘软件有限公司

ERP 软件(企业资源计划软件)

用户满意度综合第一:用友软件股份有限公司

产品满意度第一:用友软件股份有限公司

服务满意度第一:用友软件股份有限公司

行业应用满意度第一:金蝶软件(中国)有限公司

品牌忠诚度第一:SAP 中国

CRM 软件(客户关系管理软件)

用户满意度综合第一:TurboCRM 信息科技(北京)有限公司

SCM 软件(供应链管理软件)

用户满意度综合第一:东软金算盘软件有限公司

HR 软件(人力资源管理软件)

用户满意度综合第一:金蝶软件(中国)有限公司

产品满意度第一:用友软件股份有限公司

业务基础软件平台

用户满意度综合第一:北京思维加速软件公司

(信息来源:计世资讯)

备注:为了盘点中国 IT 市场一年来的发展、变化,充分了解中国用户 IT 应用的真实评价与满意程度,2004 年 6 月 1 日,中国质量协会用户委员会、计算机世界传媒集团联合启动“2004 中国 IT 用户满意度调研”。计世资讯(CCWResearch)在连续进行了两年满意度研究后,“2004 中国 IT 用户满意度调研”进一步贯彻市场细分理念,样本涵盖 20000 家行业用户、30000 名消费用户,遍布全国 31 省市,全面覆盖 1–5 级 IT 市场。其中行业用户覆盖金融、电信、政府、制造、教育、交通、能源 7 大行业,银行、税务、钢铁、民航、电力等 40 个细分领域。样本选择均遵循“标杆用户 + 随机抽样”的原则,充分保障调研结果的广泛性、代表性及权威性、可靠性。本次调查显示:2004 年中国 IT 用户满意度指数为 79.37,比 2003 年提高了 7.75 个百分点。

◎榜四、2004 中国 IT 渠道冠军榜◎

1.渠道总冠军

联想

2.24 个细分产品类别的渠道冠军

家用台式机:联想
商用台式机:联想
笔记本电脑:IBM
塔式服务器:惠普
机架与刀片服务器:IBM
RISC 服务器:Sun
LCD 显示器:三星
CRT 显示器:三星
LCD 投影机:东芝
DLP 投影机:明基
交换机:华为 3Com
路由器:思科
无线网络产品:思科
激光打印机:惠普
针式打印机:爱普生
喷墨打印机:爱普生
照片打印机:佳能
多功能一体机:联想
光存储:明基
移动存储:爱国者
中小功率 UPS:APC
大功率 UPS:梅兰日兰
扫描仪:紫光
数码相机:索尼

(信息来源:《电脑商报》2004 年 10 月 27 日)

备注:IT 渠道冠军评选

IT 渠道冠军调查评选是全球最大的渠道联盟组织——IDG Channel World 主办的一项重要活动,旨在全面了解渠道商对品牌供应商的综合评估状况,反映 IT 供应链最新的演变趋势。这一活动继 4 年前在德国由《Computer Partner》成功实施之后,在英国、澳大利亚等国家得到进一步推广,赢得众多品牌供应商和渠道商的高度关注和积极参与。“渠道冠军”已经成为业界公认的品牌产品供应商所能获得的来自合作伙伴的最高嘉赏。

本次活动主要采用问卷调查方式，辅以深度访谈和专家校验，调查对象遍布华北、华东、华南、华中、东北、西北、西南等区域市场，覆盖了分销商、方案商、零售商、混业经营的经销商等不同类型的商家群体，共回收有效问卷7400余份。

该评估体系包括三大类12项指标，即品牌力（品牌知名度、品牌美誉度、品牌忠诚度、品牌偏好度）、产品力（产品可靠性、技术创新性、应用丰富性、卖点独特性）和渠道力（政策延续性、支持到位性、成长持续性、销售赢利性）。

◎榜五、2004中国IT分销竞争力年会奖获奖名单◎

（一）2004中国IT分销商百强前10名

1.神州数码控股有限公司
2.佳杰科技（中国）有限公司
3.英迈国际（中国）有限公司
4.深圳和光现代商务股份有限公司
5.威达高科技控股有限公司
6.清华紫光股份有限公司
7.上海朝华科技有限责任公司
8.翰林汇信息产业股份有限公司
9.北京方正世纪信息系统有限公司
10.北京大恒创新技术有限公司
11.北京富通天地电脑有限公司

（二）2004中国IT分销商百大前10名

1.神州数码控股有限公司
2.佳杰科技（中国）有限公司
3.英迈国际（中国）有限公司
4.深圳和光现代商务股份有限公司
5.威达高科技控股有限公司
6.北京富通天地电脑有限公司
7.翰林汇信息产业股份有限公司
8.上海朝华科技有限责任公司
9.北京方正世纪信息系统有限公司
10.北京大恒创新技术有限公司

（三）2004中国IT分销商评选单项奖

最具竞争力的信息安全产品分销商：天刚数码科技有限公司

（信息来源：赛迪网）

备注：由中国计算机报社主办、赛迪顾问股份有限公司支持的2004中国IT分销竞争力年会于2004年8月12日在北京举行。中国IT分销商百强的排列是根据分销商在2003年、2004年的利润、投资回报、各产品线排名、发展潜力、渠道能力、信息化水平等指标产生；中国分销商百大是根据分销商2003年、2004年的业绩排名；而单项产品最有竞争力的IT分销商，是根据分销商在某个领域的综合竞争力评定。

◎榜六、2004中国IT零售企业10强◎

排名	IT零售企业	排名	IT零售企业
1	赛博数码广场	6	鼎好电子商城
2	百脑汇电子信息有限公司	7	恒昌IT
3	浙江颐高数码集团	8	美承数码科技有限公司
4	北京海龙电子城	9	国美电器有限公司
5	江苏宏强三胞高科技股份有限公司	10	大中电大有限公司

（信息来源：中国信息产业商会IT渠道专业委员会、《计算机产品与流通》杂志）

相关链接一：10强零售企业情况

1.赛博数码广场

卖场名称	时间（年）	分店数目	卖场建筑总面积（平方米）	商户数目（户）	客流量（人）	宣传费用（元／季度）
赛博	2003		220000	8000	80000	300万
	2004	34	250000	8500	150000	310万

2.百脑汇电子信息有限公司

卖场名称	时间（年）	分店数目	卖场建筑总面积（平方米）	商户数目（户）	客流量（人）	宣传费用（元／季度）
百脑汇	2003	5	82000	1500	80000	300万
	2004	10	134600	3000	150000	700万

IT榜

3.浙江颐高数码科技集团

卖场名称	时间（年）	卖场建筑总面积（平方米）	商户数目（户）	平均客流量（人）	宣传费用（元/季度）	总体交易规模（元/年）	分布城市	经销商粘合度
颐高	2003	13万	3300	1.8万/店	220万	12亿	杭州、上海、广州	2003续约率84%，2003转让率5%
	2004	20万	5600	1.9万/店	320万	20亿	杭州、上海、广州、天津、苏州、合肥	2004续约率98%，2004转让率4%

4.北京海龙电子城

卖场名称	时间（年）	卖场建筑总面积（平方米）	商户数目（户）	平均客流量（人）	宣传费用（元/季度）	总体交易规模（元/年）	服务水平	网站
海龙	2003	2万	680	40000	100万	24亿	定期给予经销商培训	B-C咨讯平台
	2004	2万	680	40000	150万	35亿	定期给予经销商培训	B-C咨讯平台

5.宏图三胞

公司名称	时间（年）	营业面积（平方米）	经营方式	连锁店数量	服务水平	IT卖场宣传推广的费用（元/季度）	总体交易规模（元/年）	平均日客流量（人/日）
宏图三胞	2003	130000	自营	20	客户投诉响应时间2小时 客户回访率100（次/月）	300万	24亿	20万
	2004	170000	自营	35	客户投诉响应时间30分钟 客户回访率100（次/月）	500万	36亿	25万

6.鼎好电子商城

卖场名称	时间（年）	卖场建筑总面积（平方米）	商户数目（户）	平均客流量（人）	宣传费用（元/季度）	总体交易规模（元/年）	PC、耗材、数码所占比例
鼎好	2003	55000	1300	48000	500万	8亿	1:5:4
	2004	55000	1580	52000	300万	13亿	1:5:4

7.恒昌IT

公司名称	时间（年）	营业面积（平方米）	经营方式	分布城市	经营产品	IT卖场宣传推广的费用（元/季度）	总体交易规模（元/月）	推广形式
恒昌	2003	1000	自营	北京、上海、广州、南京、深圳、郑州、沈阳	台式机、笔记本、打印机、投影机、消费类数码	30000	11.5亿	
	2004	1732	自营	北京、上海、广州、南京、深圳、郑州、沈阳、成都	台式机、笔记本、打印机、投影机、消费类数码	34000	13亿	通过自身安排产品以及产品的宣传

8.美承数码科技有限公司

公司名称	时间（年）	营业面积（平方米）	经营方式	连锁店数量	经营产品	宣传推广	总体交易规模（元/年）	平均日客流量（人/日）
美承数码	2003	1000	自营	40	笔记本、投影机、PDA、消费类数码	B-B、B-C《点击美承》月刊	3000万	600
	2004	2000	自营	70	笔记本、投影机、PDA、消费类数码	B-B、B-C《点击美承》月刊	7000万	2100

9.国美电器有限公司

卖场名称	时间(年)	营业面积(IT数码产品)(平方米)	经营方式	连锁店数量	宣传费用(元/季度)	网站
国美	2003	2.1万	自营+加盟	121	总体宣传费用的1/3	除了B-B商务平台B-C商务平台资讯平台以外,还有异地购物
	2004	3.6万	自营	182	总体宣传费用的1/3	除了B-B商务平台B-C商务平台资讯平台以外,还有异地购物

10.北京大中电器有限公司

卖场名称	时间(年)	营业面积(IT数码产品)(平方米)	经营方式(户)	连锁店数量(人)	总体交易规模(元/年)	人流量	IT卖场宣传推广的费用(元/季度)
大中	2003	4000	自营	50	3.7亿/年(含手机、IT、数码)	3800人/店/日	100万元
	2004	15000	自营	62	16.3亿/年(含手机、IT、数码)	8000人/店/日	300万元

相关链接二:独立电脑城前5强

排名	电脑城	排名	电脑城
1	北京海龙电子城	4	赛博(上海店)
2	百脑汇(上海店)	5	颐高(广州店)
3	鼎好电子商城		

相关链接三:连锁卖场前5强

排名	电脑城	排名	电脑城
1	宏图三胞	4	国美电器
2	恒昌IT	5	大中电器
3	美承数码		

备注:2004年,中国IT零售市场进入了第一个调整年。"2004年度IT零售企业TOP10"评选活动范围包括电脑城、IT连锁以及3C三类卖场,并分别设立不同的奖项。此次评选调查的项目有20项之多,涉及卖场管理、经营、人员、服务水平以及规模等方方面面,其中5项指标作为评选依据:交易规模、人流量、客户满意度、市场宣传和管理。通过这5项标准分别得分,之和计算出综合分数。调查中还涉及了卖场的服务设施、网站的配备及其他配套设施等项目以综合评断。此次评选中,鼎好电子商城获得了"成长最快奖",同时还揭晓了"独立电脑城前5强"和"连锁卖场前5强"。

◎榜七、2004中国电脑商500强◎

1.供应商100强

排名	公司名称	排名	公司名称
1	联想集团有限公司	14	佳能(中国)有限公司
2	中国惠普有限公司	15	华为3Com技术有限公司
3	国际商业机器(中国)有限公司	16	太阳计算机系统(中国)有限公司
4	英特尔(中国)有限公司	17	LG电子(中国)有限公司
5	戴尔计算机(中国)有限公司	18	广州七喜电脑股份有限公司
6	三星电子(中国)有限公司	19	福建实达电脑集团股份有限公司
7	浪潮电子信息产业集团公司	20	华硕电脑股份有限公司
8	爱普生(中国)有限公司	21	AMD(中国)有限公司
9	思科系统(中国)网络技术有限公司	22	明基电通信息技术有限公司
10	方正科技集团股份有限公司	23	东芝电脑(上海)有限公司
11	索尼(中国)有限公司	24	TCL信息产业(集团)公司
12	清华同方股份有限公司	25	南京福中信息产业集团有限公司
13	深圳市新天下集团有限公司	26	深圳新蓝科技有限公司

排名	公司名称	排名	公司名称
27	飞利浦（中国）投资有限公司	64	新中大软件股份有限公司
28	微软（中国）有限公司	65	北京赛门铁克信息技术有限公司
29	富士施乐（中国）有限公司	66	金蝶国际软件集团有限公司
30	北京宏讯息有限公司	67	毕益辉系统（中国）有限公司
31	映美信息科技有限公司	68	山特电子有限公司
32	北京华旗资讯数码科技有限公司	69	梅兰日兰电子（中国）有限公司
33	中国长城计算机深圳股份有限公司	70	中科软件存储技术有限公司
34	北京八亿时空计算机科技有限公司	71	北京和源沐泽科技发展有限公司
35	海信集团有限公司	72	日电（中国）有限公司
36	天津市中环电子计算机公司	73	北京联宝讯通电子科技有限公司
37	武汉唯冠科技有限公司	74	深圳市宝德科技股份有限公司
38	福建星网锐捷通讯有限公司	75	冠群电脑（中国）有限公司
39	北京伦飞科技有限公司	76	爱克赛（上海）电源有限公司
40	南京新华海科技产业集团	77	威盛电子（中国）有限公司
41	江苏紫金电子集团有限公司	78	艾默生网络能源有限公司
42	北京港湾网络有限公司	79	京东方科技集团股份有限公司
43	北电网络（中国）有限公司	80	亚美亚（中国）通讯设备有限公司
44	北京曙光信息产业有限公司	81	凯创系统有限公司
45	视算电脑科技（中国）有限公司	82	北京创新浩瀚科技有限公司
46	友讯电子设备（上海）有限公司	83	深圳市秦众电子有限公司
47	优派显示设备国际贸易（上海）有限公司	84	上海易纬电脑科技有限公司
48	武汉蓝星电脑集团	85	柯达（中国）有限公司
49	北京甲骨文软件系统有限公司	86	北京天融信网络安全技术公司
50	深圳市普联技术有限公司	87	赛贝斯软件（中国）有限公司
51	冠捷电子（福建）有限公司	88	富可视投影系统国际贸易（上海）有限公司
52	北京用友软件股份有限公司	89	北京汉王科技有限公司
53	美格科技中国事业部	90	清华紫光比威网络技术有限公司
54	苹果电脑（中国）有限公司	91	上海大亚东海数码有限公司
55	湖南计算机股份有限公司	92	富士通（中国）信息系统有限公司
56	美国电力转换公司	93	安氏互联网安全系统（中国）有限公司
57	上海广电信息产业股份有限公司	94	金山软件股份有限公司
58	深圳朗科科技有限公司	95	美国网件公司
59	清华紫光股份有限公司	96	浙江浙大网新科技股份有限公司
60	利盟国际（中国）有限公司	97	北京瑞星科技股份有限公司
61	思爱普（北京）软件系统有限公司	98	北京中科红旗软件技术有限公司
62	上海中晶科技有限公司	99	安奈特（中国）网络有限公司
63	迈普（四川）通信技术有限公司	100	江民新科技术有限公司

2.分销商 100 强

排名	公司名称	排名	公司名称
1	神州数码控股有限公司	10	翰林汇信息产业股份有限公司
2	佳杰科技（中国）有限公司	11	北京大恒创新技术有限公司
3	英迈国际（中国）有限公司	12	北京讯宜创新电脑有限公司
4	威达高科技控股有限公司	13	浙江浙大网新图灵信息科技有限公司
5	清华紫光股份有限公司	14	北京晓通网络科技有限公司
6	北京方正世纪信息系统有限公司	15	深圳创捷科技有限公司
7	和光现代商务股份有限公司	16	北京中恒讯视科技发展有限公司
8	北京富通天地电脑有限公司	17	中铁信息工程集团
9	上海朝华科技有限责任公司	18	美承经济信息（集团）公司

排名	公司名称	排名	公司名称
19	广州爱联科技有限公司	60	上海仙成自动化设备有限公司
20	上海华东电脑股份有限公司	61	上海雨晟电脑科技有限公司
21	北京瀚雄天达科贸有限责任公司	62	北京长得瑞驰电脑有限公司
22	湖南新浪潮电脑有限责任公司	63	三星博文科技发展有限责任公司
23	佳都电子科技有限公司	64	武汉德发电子信息有限公司
24	北京北纬讯电技术有限公司	65	深圳安华计算机公司
25	上海华清企业发展有限公司	66	广州北大明天资源科技发展有限公司
26	广州西码数据技术有限公司	67	上海益凯国腾信息科技有限公司
27	广州正道科技有限公司	68	哈尔滨哈联科技发展有限公司
28	北京锐力创新科贸有限公司	69	江苏天技科技实业有限公司
29	福州计通信息技术有限公司	70	广西联道计算机有限责任公司
30	安徽安联电脑有限公司	71	陕西明讯远航信息技术有限公司
31	广东新华胜计算机有限公司	72	沈阳昂立电子有限公司
32	苏州同方科技有限公司	73	西安志诚电子有限责任公司
33	北京怡华通联技术有限公司	74	江苏泰和威网技术有限公司
34	深圳华强信息产业有限公司	75	南京高登电子技术公司
35	北京鸿合世纪科技有限责任公司	76	上海理想信息产业有限公司
36	上海国微科技有限公司	77	杭州明珠电子有限公司
37	北京三捷恒安科技有限公司	78	北京金山顶尖科贸有限公司
38	山东商友博思电子科技有限公司	79	江苏宏图星网科技发展有限公司
39	新疆联合信息产业有限公司	80	重庆盛维电脑有限责任公司
40	北京证海科技发展有限公司	81	长春东大电脑技术有限公司
41	江苏经纬电脑有限公司	82	杭州金山联成数码科技有限公司
42	宁波华力电脑有限公司	83	沈阳阳光北联数码科技有限公司
43	北京东方雨晴科贸有限公司	84	沈阳联创科技发展有限公司
44	北京驷骑高新科技公司	85	上海赞禾电子产品有限公司
45	深圳信诚科技股份有限公司	86	成都成百光电电子仪器有限公司
46	北京神州泰岳计算机技术有限责任公司	87	上海红日科技有限公司
47	北京祥三汇达科贸有限责任公司	88	郑州三联计算机技术有限公司
48	上海中纺电子系统有限公司	89	北京汉王科技有限公司
49	湖南时运电脑有限公司	90	兰州天地电脑技术有限公司
50	北京易禾点击网络商务有限公司	91	南京维优科技实业有限公司
51	浙江同方科技开发有限公司	92	上海颐铭信息系统有限公司
52	沈阳红网科技有限公司	93	广州易腾电脑科技有限公司
53	成都广陵实业有限公司	94	广州网域科技有限公司
54	北京清源华方科技有限公司	95	合肥泰格网络技术有限公司
55	上海昭利科技发展有限公司	96	成都瑞海电脑有限公司
56	河南汇科电子有限公司	97	南京强氏企业计算机有限公司
57	广州市金百合有限公司	98	上海万申信息产业股份有限公司
58	北京嘉运达科技开发有限公司	99	南京金航宇打印设备公司
59	新疆虹联信息技术有限责任公司	100	贵阳太阳高技术发展有限公司

3.方案商 100 强

排名	公司名称	排名	公司名称
1	神州数码控股有限公司	51	福建榕基软件开发有限公司
2	清华同方股份有限公司	52	南昌先锋软件股份有限公司
3	沈阳东软软件股份有限公司	53	上海达因信息技术有限公司
4	中国计算机软件与技术服务总公司	54	深圳市拓邦电子科技股份有限公司
5	山东中创软件工程股份有限公司	55	北京乐金系统集成有限公司
6	北京长天电子商务应用软件与系统有限公司	56	上海复旦光华信息科技股份有限公司
7	中联集团	57	太原理工天成科技股份有限公司
8	航天信息股份有限公司	58	清华紫光股份有限公司
9	太极计算机股份有限公司	59	宏智科技股份有限公司
10	上海宝信软件股份有限公司	60	四川川大智胜软件股份有限公司
11	亚信科技（中国）有限公司	61	北京同天科技有限公司
12	中国民航信息网络股份有限公司	62	西安协同软件股份有限公司
13	新太科技股份有限公司	63	北京新华计算机系统有限公司
14	北京华胜天成科技有限公司	64	大连华信计算机技术有限公司
15	山东浪潮齐鲁软件产业股份有限公司	65	首都信息发展股份有限公司
16	亿阳信通股份有限公司	66	北京新晨科技股份有限公司
17	云南南天电子信息产业股份有限公司	67	湖南湘邮科技股份有限公司
18	南京联创系统集成股份有限公司	68	中科软件股份有限公司
19	南京南瑞集团公司	69	中青旅尚洋电子技术有限公司
20	北京北大方正电子有限公司	70	重庆汉光电子工程有限责任公司
21	联想系统集成咨询服务有限公司	71	北京先进数通信息技术有限公司
22	浙江浙大网新科技股份有限公司	72	浙江航天金穗科技有限公司
23	北京兆维晓通科技有限公司	73	万达信息股份有限公司
24	创智信息科技股份有限公司	74	北京方正奥德计算机系统有限公司
25	科联系统集团有限公司	75	杭州颐和科技信息系统有限公司
26	浙江大学快威科技集团有限公司	76	北京宝亮网智电子信息技术有限公司
27	鼎天软件有限公司	77	成都康赛电子科大信息技术有限责任公司
28	上海朝华科技有限责任公司	78	黎明网络有限公司
29	长城计算机软件与系统有限公司	79	浙江大华信息技术股份有限公司
30	易宝系统（中国）有限公司	80	优集系统（中国）有限公司
31	上海致达信息产业股份有限公司	81	西安未来国际软件有限公司
32	浙江中控科技集团有限公司	82	新疆天择数码科技有限责任公司
33	北京宇信鸿泰科技股份有限公司	83	四川川大能士信息安全有限公司
34	北京天桥北大青鸟科技股份有限公司	84	哈尔滨工业大学软件工程有限公司
35	北京宇博电子科技有限公司	85	北京中创信测科技股份有限公司
36	北京和利时系统工程股份有限公司	86	上海微创软件有限公司
37	北京朗新信息系统有限公司	87	西安迪高科技有限公司
38	福建新大陆电脑股份有限公司	88	北京航天四创软件技术有限公司
39	广州华南资讯科技有限公司	89	菲奈特融通软件有限公司
40	长江计算机（集团）公司	90	青岛中天信息技术有限公司
41	深圳奥尊电脑有限公司	91	深圳市紫金支点技术股份有限公司
42	江苏东大金智软件股份有限公司	92	深圳市现代计算机有限公司
43	杭州信雅达系统工程股份有限公司	93	金金科计算机技术（北京）有限公司
44	北京高阳科技控股有限公司	94	长春吉联商业软件有限责任公司
45	深圳市金证科技股份有限公司	95	河北航天金穗技术有限公司
46	广州京华网络有限公司	96	四川银海软件有限责任公司
47	北京大恒创新技术有限公司	97	哈尔滨新天翼电子有限公司
48	杭州恒生电子股份有限公司	98	北京华深慧正系统工程技术有限公司
49	北京南开戈德自动识别技术有限公司	99	山东三联电子信息有限公司
50	北京东华合创数码科技股份有限公司	100	沈阳先锋计算机工程有限公司

4.零售商 50 强

排名	公司名称	排名	公司名称
1	江苏宏图三胞科技发展有限公司	26	康悦天红数码科技发展有限公司
2	江苏东恒昌集团大金智软件股份有限公司	27	南京潮明数码有限责任公司
3	国美电器有限公司	28	北京运通时代科贸有限责任公司
4	北京中恒驿站数码信息技术有限公司	29	北京鑫科思特科贸有限公司
5	美承经济信息（集团）公司	30	北京连邦软件股份有限公司
6	北京仲达世纪科技发展有限公司	31	南京视讯佳科技有限公司
7	大中电器有限公司	32	汕头天亿马电脑有限公司
8	新方特数码连锁	33	北京鑫宏铭扬科技有限公司
9	湖南新浪潮电脑有限责任公司	34	北京金谷瑞景商贸有限责任公司
10	广州天佑科技集团	35	北京雨辰希望科技发展有限公司
11	上海忠忠光磁数码技术有限公司	36	湖南时运电脑有限公司
12	三联商社股份有限公司	37	北京海通旭日科技有限公司
13	成都诗雨电脑超市有限公司	38	北京四海明珠科技有限公司
14	北京神州天海科技有限公司	39	北京鑫超亿达科贸有限公司
15	上海和雍贸易有限公司	40	北京京惠技术发展公司
16	南京苏创数码科技有限公司	41	广州市杰青计算机有限公司
17	山东亿维信息科技有限公司	42	金利智电脑有限责任公司
18	南京强氏企业计算机有限公司	43	北京鹏跃机电新技术公司
19	上海景铭科技有限公司	44	北京坤成基业科技发展有限公司
20	北京乐鑫电子科技有限公司	45	上海佳慧电子科技有限公司
21	索华数码科技发展有限公司	46	北京天晴科技有限公司
22	上海朋扬电脑有限公司	47	深圳市鸿利多贸易有限公司
23	北京瀚雄天达科贸有限责任公司	48	长沙华众时代电脑有限公司
24	成都道洋电脑超市有限公司	49	北京海通新业科技发展有限公司
25	北京智通仁和科技发展有限公司	50	梧桐树恒生科技有限公司

5.IT 卖场 50 强

华北	华东	华南
海龙电子城	百脑汇电子信息有限公司（上海美罗店）	广州太平洋数码市场
鼎好电子商城	上海太平洋数码广场	广州天河电脑城
北京硅谷电脑城	赛博数码广场（淮海店）	深圳赛格电子广场
北京太平洋数码电脑城	上海颐高数码广场	深圳华强电子世界
北京百脑汇资讯广场	南京雄狮电子商城	广州颐高数码广场
济南科技市场	百脑汇电子信息有限公司（南京店）	福州电脑电子电器（大利嘉）城
石家庄太和电子城	南京数码港电子市场	南宁电子科技广场
天津赛博数码广场	杭州高新电脑城	海南 DC 商业城
太原青龙电脑城	杭州颐高数码广场	
青岛市电子信息城		
东北	**西南**	**西北**
沈阳东软电脑城	成都数码广场	西安东新科技贸易中心
百脑汇电子信息有限公司（沈阳店）	百脑汇电子信息有限公司（成都店）	西安赛格电脑城
赛博数码广场（沈阳店）	成都新世纪电脑商城	西安市赛博数码广场
哈尔滨船舶电子大世界	成都 @ 世界	乌鲁木齐红旗路电脑商城
大连星海电子商场	重庆泰兴通信电脑大市场	兰州市兰州大学科技广场
长春欧亚科技城	昆明园西路电子市场	
	贵阳市西南电脑城	

华 中		
长沙国储电脑城		
武汉南极电脑广场		
武汉电脑城		
郑州科技市场		

6.区域经销商100强

华 北	华 南	西 南
北京美捷美科技有限公司	广州理想信息产业有限公司	四川禾嘉君涛数码科技有限公司
北京吾思天地科技发展中心	广州东方四海科技有限公司	四川联胜科技有限公司
北京金杰伟业计算机技术有限公司	广州爱克斯系统技术有限公司	成都恒智电脑有限公司
北京鑫香洲港经贸集团	广州市三星大洋计算机科技有限公司	成都联成科大信息技术有限责任公司
北京昆仑联通科技发展有限公司	广州华精电电子有限公司	成都新杰科技发展有限公司
北京鸾翔科技开发有限公司	广州创通科技有限公司	昆明莱尔电气自动化系统有限公司
北京长得万众信息技术有限公司	广州施锐科技发展有限公司	重庆八达电子工程有限公司
北京北联晨光信息系统有限公司	广州晨旭贸易发展有限公司	成都世纪联通科技有限公司
北京万坤嘉和科技有限公司	广州华立科技有限公司	昆明格林科技有限责任公司
天津怡合拓天科技发展有限公司	广州凯达电脑科技公司	成都大友软件经贸有限责任公司
内蒙古自立电脑公司	佛山禅盟电脑公司	成都市拓创电子公司
河北博士德软件科技开发有限公司	南宁新龙伟业科贸有限公司	西藏四方电子有限公司
山西山大三元计算机工程有限公司	南宁日上电子公司	重庆市星海电子有限公司
山西好友科技发展有限公司	广州新概念科技发展有限公司	
济南深蓝世纪发展有限公司	广东丰德科技有限公司	
山东雷音电子科技有限公司	广州七喜数码有限公司	
济南海诺伟业科贸有限公司		
华 东	**东 北**	**华 中**
安徽云志科技发展有限公司	沈阳同舟科技经贸有限公司	长沙盈联数码电脑有限公司
合肥未来计算机技术开发有限公司	盘锦辽河数码科技发展有限公司	湖南长海科技发展有限公司
上海昆一电子资源有限公司	哈尔滨北联计算机系统集成有限公司	湖南天一银河信息产业有限公司
上海华海电脑电器有限公司	黑龙江瑞驰宽频科技有限公司	郑州蓝讯科贸有限公司
上海胜微电子有限公司	哈尔滨凯纳科技发展有限公司	长沙永达电子有限公司
上海科赛企业发展有限公司	华富惠通（黑龙江）技术有限公司	湖南联龙系统集成有限公司
上海佳慧电子科技有限公司	沈阳鑫长得科技发展有限公司	长沙华众时代电脑有限公司
杭州盘石计算机网络技术有限公司	沈阳思航网络科技有限公司	武汉云鹏系统集成有限公司
上海一方电脑有限公司	长春科飞计算机有限责任公司	武汉华兴电脑系统集成有限公司
上海超源科技有限公司	沈阳新联科技发展有限公司	武汉奥德资讯有限公司
南京瑞中宝电子有限公司	沈阳浪潮系统集成有限公司	武汉九州数码有限公司
上海亿颖资讯有限公司	大连联创世纪科技发展有限公司	长沙科远计算机系统集成有限公司
杭州宇昌电子有限公司	沈阳鹏鑫威达电脑有限公司	武汉骏升科技有限公司
南京新华滔科技有限公司	沈阳新北佳计算机设备有限公司	
合肥国联科技发展有限公司	沈阳天诚科技实业有限公司	
杭州创力威电脑有限公司	大庆市庆联科技有限公司	
安徽新联强科技有限责任公司	鞍山科技大学科信公司	
西 北		
西安思安科技信息股份有限公司		
西安海星现代科技股份有限公司		
西安环太科技发展有限公司		
兰州工联高新技术有限责任公司		
陕西星际电子科技发展有限责任公司		
陕西北佳信息技术有限责任公司		
兰州方联电脑技术有限公司		

评委会特别奖：

★ 商家满意度最高奖：百脑汇电子信息有限公司（上海美罗店）

★ 消费者满意度最高奖：百脑汇电子信息有限公司（成都店）

★ 分销辐射能力最强奖：北京硅谷电脑城

★ 渠道创新杰出贡献奖：鼎好电子商城

（信息来源：《电脑商报》）

备注：“中国电脑商500强调查评选”创始于2002年，2004年是第2届。作为此次调查评选活动的组织者，电脑商报社自2004年初至6月中旬，历时半年，秉承客观、公正的原则，采用科学、有效的运营方式，并借鉴国外商业性评选的运行机制和管理经验，最终选定了2004中国电脑商500强。此次中国电脑商500强调查评选活动面向的是在中国境内从事IT产品生产、销售、集成和服务的企业，以参选企业2003年1月1日至2003年12月31日期间主营业务实际营业额为主要评比指标，并综合评定其盈利水平、合作黏度、服务能力、发展潜力和商业信誉等各项指标，最终确定了榜单排名。

◎榜八、2004通信制造企业综合实力50强◎

排名	公司名称	排名	公司名称
1	华为技术有限公司	26	亚信科技（中国）有限公司
2	中兴通讯股份有限公司	27	南京联创科技股份有限公司
3	上海贝尔阿尔卡特股份有限公司	28	江苏通光集团有限公司
4	UT斯达康（中国）有限公司	29	浙江富春江通信集团有限公司
5	TCL通讯设备（惠州）有限公司	30	托普集团科技发展有限责任公司
6	熊猫电子集团有限公司	31	江苏中利光电集团有限公司
7	海信集团有限公司	32	成都国腾通讯（集团）有限公司
8	浪潮集团有限公司	33	深圳市特发信息股份有限公司
9	康佳集团股份有限公司	34	京信通信系统（广州）有限公司
10	广州南方高科有限公司	35	新太科技股份有限公司
11	广州金鹏集团有限公司	36	研祥智能科技股份有限公司
12	烽火通信科技股份有限公司	37	亿阳信通股份有限公司
13	大唐电信科技产业集团	38	迈普（四川）通信技术有限公司
14	神州数码（中国）有限公司	39	上海大亚科技有限公司
15	夏新电子股份有限公司	40	珠海汉胜工业有限公司
16	海尔集团公司	41	厦门科华恒盛股份有限公司
17	长飞光纤光缆有限公司	42	东方集团
18	亨通集团有限公司	43	摩比天线技术（深圳）有限公司
19	联想集团	44	北京瑞斯康达科技发展有限公司
20	中天科技股份有限公司	45	北京正有网络通信技术有限公司
21	东软集团有限公司	46	深圳日海通讯设备有限公司
22	江苏永鼎股份有限公司	47	深圳宇龙计算机通信技术有限公司
23	富通集团有限公司	48	广州高科通信技术股份有限公司
24	四川汇源科技产业（集团）有限公司	49	浙江三维通信股份有限公司
25	港湾网络有限公司	50	苏州科达科技有限公司

（信息来源：通信世界网2004年12月30日）

备注：IT业权威媒体《通信世界》杂志2004年最后一期隆重推出“2004年年终特别策划——大盘点”专题，全面回顾2004年中国通信业的发展轨迹。该专题内容包括2004中国通信业十大新闻、十大新锐人物、通信制造企业50强、十大最佳表现外资企业、最具发展潜力企业10强、IT服务电信企业10强、大热点技术、知名电信业务品牌排行、最受欢迎增值业务排行榜以及十大终端品牌。

◎榜九、2004 服务电信 IT 企业 10 强◎

1.IBM　2.惠普　3.英特尔　4.微软　5.亚信科技
6.VERITAS　7.CA　8.甲骨文　9.神州数码　10.EMC

（信息来源：通信世界网 2004 年 12 月 30 日）

备注：根据相关报道，中国电信 IT 服务市场从 2000 年的 1.72 亿美元增加至 2004 年的 10 多亿美元，预计 2005 年有望达到 15 亿美元，可见未来电信 IT 服务市场将占到整个 IT 服务市场的四分之一强。本榜单是通信世界杂志社主办的"2004 中国通信业大盘点"的内容之一，显示了 IT 服务企业举足轻重的作用。

◎榜十、2004 中国最具竞争力品牌排行榜——家电 IT◎

1.台式电脑消费者竞争力
①联想
②方正
③戴尔

2.数码相机消费者竞争力
①索尼
②奥林巴斯
③佳能

3.微波炉消费者竞争力
①格兰仕
②高士达（LG）
③美的

4.洗衣机消费者竞争力
①海尔
②小天鹅
③LG

5.打印机消费者竞争力
①爱普生
②惠普
③联想

6.移动电话消费者竞争力
①诺基亚
②摩托罗拉
③三星

7.电热水器消费者竞争力
①海尔
②阿里斯顿
③万家乐

8.抽油烟机消费者竞争力
①方太
②帅康
③老板

9.电冰箱消费者竞争力
①海尔
②伊莱克斯
③西门子

10.空调消费者竞争力
①格力
②海尔
③美的

11.笔记本电脑消费者竞争力
①联想
②IBM
③戴尔

（信息来源：《成功营销》杂志）

备注：2005 年 1 月 6 日，2004 中国最具竞争力品牌调查发布会在北京举行。此次调查活动的主办单位为成功营销杂志社、新生代市场监测机构，由北京大学中国经济研究中心和波士顿咨询公司提供学术支持。同时揭晓的还有中国 2004 最具竞争力品牌年度排行 H3 排名、其他品牌排名、纺织服装排名、日化用品排名、食品饮料排名以及 2004 影响中国的十大品牌。

◎榜十一、2004 管理软件 100 强◎

1.2004 最受关注的十大管理软件厂商

（排名不分先后）

SAP
易科软件（上海）有限公司
北京甲骨文软件系统有限公司
用友软件股份有限公司
北京安尔科技有限公司
优集系统中国有限公司
微软（中国）有限公司
东软软件股份有限公司
MAPICS
思博亚洲（SoftBrands）

2.行业单项奖

最佳 EAM（企业资产管理）供应商：MRO 软件中国有限公司

最佳 PLM （产品生命周期管理）厂商：优集系统中国有限公司

最佳协同 ASP ERP（企业资源计划）供应商：艾旺计算机信息系统

技术领先奖：MAPICS

中国制造业信息化最佳用户满意度奖：北京和佳软件技术有限公司

外贸软件最佳品牌：珠海宏桥高科技有限公司

最佳中小企业解决方案：SAP

最具潜力 ERP 厂商：天思软件集团

财税筹划最佳解决方案：青岛高校信息产业发展有限公司

最佳 ERP 服务奖：思博亚洲（SoftBrands）

最佳 SCM（企业资源计划）供应商：北京安尔科技有限公司

最佳外贸管理软件和服务提供商：青岛汇信科技发展有限公司

最具成长性 CRM （客户关系管理）厂商：合易公司

最佳 PLM 客户满意奖：美商爱捷软体公司

最佳军工制造业奖：金航数码科技有

限责任公司

最佳制造业应用与服务奖:MAPICS

最佳产销一体化解决方案:上海机械电脑有限公司

最佳烟草行业解决方案:东软软件股份有限公司

最佳协同办公平台提供商:泛微软件有限公司

最佳外贸应用软件服务商:杭州华元计算机系统工程有限公司

3.百强名单

(排名不分先后)

北京江民新科技术有限公司
北京赛门铁克信息技术有限公司
趋势科技中国分公司
北京瑞星科技股份有限公司
北京联想利泰软件有限公司
Network Appliance
BEA 系统(中国)有限公司
任我行软件发展有限责任公司
赛贝斯软件(中国)有限公司
CAC 传息电脑有限公司
泛微软件有限公司
台塑网软件有限公司
中科润泽计算机科技有限公司
上海合易信息技术有限公司
中国惠普有限公司
青岛高校信息产业有限公司
奇普创科技(深圳)有限公司
合强软件有限公司
北京合力金桥系统集成有限公司
冠群电脑(中国)有限公司
北京点击科技有限公司
IBM
AGILE
Business Objects 大中华区有限公司
金航数码科技有限责任公司
浪潮集团通用软件有限公司
美碧氏中国有限公司
明基逐鹿软件有限公司
Hyperion
易科软件(上海)有限公司
上海翰资软件系统有限公司(ESG)
艾望计算机信息网络系统有限公司(I1)
越新系统集成(北京)有限公司
天思软件集团
MRO 软件有限公司
企安达(上海)管理系统软件有限公司(QAD)
SAP
赛仕软件(上海)有限公司
系统软件联合全球科技(中国)有限公司
北京拓尔思(TRS)信息技术有限公司
华拓管理软件(中国)有限公司
北京机械工业自动化研究所
北京佳软信息技术有限公司
江苏金思维信息技术有限公司
金蝶软件(中国)有限公司
珠海通软阳光软件有限公司
中国计算机软件与技术服务总公司
中关村科技软件有限公司
招商迪辰软件系统(深圳)有限公司
杭州新中大软件股份有限公司
TurboCRM
优集系统中国有限公司(UGS)
北京富士通系统工程有限公司
北京和佳软件有限公司
北京恒蓝科技有限公司
北京甲骨文软件系统有限公司
北京南北天地软件有限公司
北京锐和软件科技有限公司
北京希门信息技术有限公司
中科软件集团
仁科(中国)有限公司
北京奇正软件系统有限公司
上海葡萄城信息技术有限公司
济南博奥科技有限公司
镇江金钛软件有限公司
方天科技资讯有限公司
杭州华元计算机系统工程有限公司
青岛汇信科技有限公司
武汉天喻软件有限公司
珠海宏桥高科技有限公司
北京中软冠群软件技术有限公司
北京并捷信息技术有限公司
铂金软件系统(上海)有限公司
广州市科思电脑系统有限公司
北京长益信息科技有限公司
金算盘软件(集团)有限公司
东软软件股份有限公司
富基旋风科技有限公司
歌利来实业有限公司
广州菲奈特软件有限公司
广州天剑计算机系统工程有限公司
北京用友软件有限公司
北京英克科技有限公司
西安交大博通咨询股份有限公司
五奥环软件有限公司
微软(中国)有限公司
珠海万佳达软件开发有限公司
台湾天心资讯开发股份有限公司
英坦峡(上海)软件技术有限公司
速达软件(广州)有限公司
思博亚洲(SoftBrands)
顺和达软件有限公司
双汇计算机软件公司
神州数码管理系统有限公司
兴康软件系统(上海)有限公司
上海机械电脑有限公司
上海汉康管理软件有限公司
上海博科资讯股份有限公司
上海宝信软件股份有限公司
日立信息系统(上海)有限公司

(信息来源:ERP 世界网)

备注:由著名管理软件类杂志《EC电子商务》和专业网站 ERP 世界网(www.erpworld.net)为主要班底承办的"2004 百家优秀管理软件调查推介活动"于 2004 年 12 月 18 日在北京人民大会堂举行颁奖典礼。由商务部中国对外贸易经济合作企业协会主办的"2004 电子商务应用先锋论坛"也作为整个活动的重要内容之一于同日举行。

二、产品篇

2004年，各大厂商数码新品的层出不穷，数码产品自身品质的提高和价格的日趋平民化，促成了数码普及化浪潮的到来。数码相机、数码摄像机、MP3随身听、MP4随身看和个人数字终端PDA等我们耳熟能详的产品统统属于数码范畴，整个数码产业已经成为信息社会发展中不可缺少的一环，成为人们日常生活中的必需。

◎榜一、2004中国IT业20年经典品牌产品◎

(一)20年经典品牌

联想、方正、华为、Intel、IBM、惠普、微软、思科、Sun、宏基、戴尔、明基、清华紫光、浪潮、AOC、长城

(二)20年经典产品

联想开天2代PC系列
北大方正电子出版系统
华为3Com Quidway S8512路由交换机
英特尔奔腾系列处理器
IBM AS/400服务器
IBM ThinkPad笔记本电脑
HP LaserJet 6L激光打印机
HP ProLiant ML570系列服务器
微软Windows系列操作系统
思科GSR12000系列交换路由器
Sun Fire V880服务器
三星510S显示器
华旗资讯爱国者智慧棒
华硕P2B-F主板
苹果iMac PC
佳能EOS-1V数码相机
EPSON LQ-1600K针式打印机
东芝T91投影机
长城嘉翔A系列PC

(三)明日之星品牌

DEC中恒、TCL电脑、宝德、朝华科技、丹丁数码、富士康、富士施乐(中国)有限公司、格之格、海信数码、华旗、华为3Com、江裕映美、隽星、科士达、七喜、趋势科技、新天下、优百特、优派、赞禾、新蓝科技

(四)明日之星产品

明基Joybook7000宽屏笔记本
戴尔1700n激光打印机
爱国者音乐太空舱F500 MP3随身听
AMD Opteron处理器
DEC中恒F60R MP3
友电YMK系列UPS概述
昂达电子炫音VX707 MP3
富士施乐DP202激光打印机
朝华OA办公自动化系统
联想"圆梦"电脑
映美LQ-200K微型窗口票单打印机
清华紫光新视线系列台式电脑
NETGEAR千兆路由交换机GSM7312
三星MP0402H 2.5寸40G笔记本硬盘
AOC 173F液晶显示器
OKI C3100高速数码彩色打印机
瑞星杀毒软件2004网络版
富士康925XE7AA-8EKRS主板
金利DFREE1100笔记本电脑
方正卓越C100双模式家用电脑
英飞凌-星河DDR400 256MB内存
长城A1000系列笔记本电脑
三星193P LCD显示器
方正商祺N260商用电脑
华为3Com Aolynk WDR834g ADSL2+无线安全路由器
HP Color LaserJet 2550系列彩色激光打印机
HP Compaq dx6100
HP Superdome系列服务器
Sun Fire V890服务器
联想万全T360服务器
海信智盛H5210商用电脑
神州数码晨星投影机CX-10

(信息来源:《电脑商情报》第47期)

备注：中国CBI渠道论坛开始于2000年，到2004年已经是第5届了。该项评选是由全国IT领域的权威刊物——《电脑商情报》依托其独一无二的架构优势，在对全国各地数万家渠道进行深入调查后由北京评选委员会评选得出的。评选指标包括年销售额、利润率、企业规模、市场影响力、管理规范度、可持续增长力等。2004年11月30日，CBI第5届渠道论坛在北京隆重召开。论坛年会上正式公布了经过《电脑商情报》历时4个月调查得出的2003-2004中国IT百强渠道名单。

◎榜二、2004中关村十大品牌◎

(一)十大科技创新产品品牌

(排名不分先后，按字母顺序排列)

1.方舟科技方舟2号
2.六合万通第三代移动通信核心芯片
3.联想4万亿次高性能服务器
4.清华比威IPv6核心路由器
5.神州龙芯龙芯2号
6.同方威视集装箱检查系统
7.维信诺科技OLED显示器
8.用友——ERP-U8企业管理模型化软件系统
9.曙光4000A服务器
10.中星微手机多媒体芯片

(二)十大电脑品牌

(按得票数多少排名)

1.联想 2.方正 3.同方 4.戴尔
5.紫光 6.长城 7.IBM 8.沐泽
9.惠普 10.实达

(三)十大笔记本电脑品牌

(排名不分先后,按字母顺序排列)

1.惠普 2.IBM 3.长城 4.戴尔
5.方正 6.联想 7.三星 8.索尼
9.同方 10.紫光

(四)十大软件品牌

(排名不分先后,按字母顺序排列)

1.点击科技 2.盖特佳 3.金山
4.清华紫光 5.瑞星 6.润乾
7.神州数码 8.书生 9.英夫美迪
10.用友

(五)十大DIY产品品牌

1.CPU最佳品牌:AMD
2.主板
性价比最佳品牌:精英
品质最佳品牌:微星
3.硬盘最佳品牌:迈拓
4.内存最佳品牌:KINGMAX
5.显卡最佳品牌:丽台
6.光存储最佳品牌:ORBBIT
7.机箱(含电源)最佳品牌:爱国者月光宝盒
8.音箱最佳品牌:优派
9.键鼠套装最佳品牌:微软
10.散热器最佳品牌:九州风神

(六)十大数码产品品牌

1.手机最佳品牌:联想
2.显示器
大尺寸液晶最佳品牌:优派
专业CRT首选品牌:优派
品质最佳品牌:飞利浦
健康显示器最佳品牌:爱国者
3.准系统最佳品牌:精英超能PC
4.MP3
时尚首选品牌:方正
超值首选品牌:爱国者
品质最佳品牌:朝华
5.数码相机
实用首选品牌:爱国者
超值首选品牌:方正
时尚首选品牌:柯达
6.移动储存
移动闪存最佳品牌:爱国者、国粹
移动硬盘最佳品牌:爱国者
7.扫描仪最佳品牌:中晶
8.掌上电脑最佳品牌:惠普
9.打印机
黑白激光打印最佳品牌:方正
彩色激光打印最佳品牌:惠普
喷墨打印最佳品牌:惠普
网络打印最佳品牌:方正
多功能一体机最佳品牌:联想
10.存储卡最佳品牌:KINGMAX

(信息来源:大洋网)

备注:由中关村电脑节组委会主办,北京中关村高新技术企业协会、《科学时报·中关村周刊》承办的"第7届中关村十大品牌系列公众调查活动"自2004年7月15日开始筹备,历经3个多月,于2004年10月19日正式揭晓。

中关村电脑节于1998年首次举办,每年一届。第7届电脑节以"创新推动发展,科技缔造财富"为主题,也是迄今为止规模最大、影响最大、受关注度最高的一次。

◎榜三、2004《财经时报》十大主流IT产品最佳推荐榜◎

1.最佳PC

最佳品牌推荐奖——IBM Think Centre S50

Think Centre S50是IBM迄今为止最小的台式PC,6.1升容积的IBM Think Centre S50超小型PC,目前比传统IBM台式机小75%。

最佳性价比奖——联想开天M4700

联想开天商用PC通过了国际奥委会(IOC)专业的严格测试,被指定为2006年都灵冬季奥运会惟一PC专用产品。联想开天M4700不但"慧中"——在性能上完全契合应用需求,而且"秀外"——稳重、典雅和时尚的三色设计、顶置与前置的USB接口设计、防水键盘设计以及90度可旋转液晶显示器的采用,很好地体现了时尚、端庄又沉稳的商务办公风貌。

2.最佳笔记本

最佳品牌推荐奖——IBM ThinkPad T42P

ThinkPad T42P是IBM最近推出的T系列产品之代表。IBM为T系列首次提供了15英寸显示器,同时配备在无线、安全和PC管理方面屡获殊荣的IBMThinkVantage技术(TVT)。由于是为移动办公人士量身定做,新出炉的T42P笔记本电脑能为用户提供高性能的无线工作环境。

最佳应用表现奖:HP Compaq nc6000

HP Compaq nc6000商用笔记本电脑实现了主流性能、扩展性和移动便携性能之间的和谐统一,全面满足了苛刻的商业计算作业的各种需求。在"2004地球第三极珠峰环保大行动"中,作为本次活动IT行业的独家赞助商,HP提供了nc6000笔记本电脑等产品,在世界之巅建立了HP珠峰无线驿站暨新闻中心。

最佳市场表现奖——联想昭阳S620

从外观上看,这款笔记本最大的亮点就是其12寸可旋转的液晶显示屏。由于采用了体现业界先进水平的铝镁合金机身,S620 实现了超轻超薄,机身最薄处仅 17.8 毫米,重量仅为 1.6 公斤,是目前 12 寸笔记本中最轻巧的产品。此外,在移动性越来越重要的今天,笔记本的使用时间也越来越成为用户关注的重点。联想 S620 在这方面同样表现不俗,它拥有使用时间长达 5 小时的长效锂离子电池,待机时间更可达到 7 个小时。

最佳技术创新奖——夏新 V3

夏新 V3 笔记本电脑是国内第一款真正自主研发、全程制造的笔记本电脑,夏新 V3 外观精致时尚,机身线条硬朗。强劲的图形处理芯片 ATI Radeon 9000 具有 32MB 独立 DDR 显存,使超便携笔记本电脑告别了低图形处理性能的历史。它具有 1280×768 的分辨率,比非宽屏 LCD 多出 30%的显示内容。

3.最佳手机

最佳技术创新奖——摩托罗拉 V3

2004 年 10 月,全球移动通讯翘楚摩托罗拉公司成功推出其家族迄今为止最薄的手机——V3,其厚度仅为 13.9 毫米,集众多前沿功能于一身,堪称"渊"自丰富科技,"薄"于尖峰设计的极品之作。"渊·薄"V3 之内涵所在与摩托罗拉经典之作掌中宝系列、V998 及 V70 一脉相承,更凭借其打破陈规的颠覆精神彰显超卓风范。

最佳市场表现奖——诺基亚 7610

诺基亚 7610 是基于 Series 60 平台的百万像素手机,造型修长而时尚,不仅拥有出众的影音功能,更拥有广泛的扩展空间。它不仅能快捷地拍摄和编辑视频短片和百万像素图片,还可通过蓝牙连接将手机图片传送至兼容打印机,或直接将带有适配器的微型存储卡插入兼容打印机,将手机图片打印出来。

最佳应用表现奖——索尼爱立信 S700

索尼爱立信 S700 拥有快享功能和创新的旋转打开设计,是中国市场第一款 130 万像素手机。S700 提供三向时尚、独特的通信功能,可以进行拍照、浏览和通话,或者信息交流和收发电子邮件。手机处于非通话状态时,可以非常便捷地进行 5 项导航操作,进行信息浏览、菜单浏览和拨打电话,还可以使用 LCD 屏幕下的软性键盘进行直观的操作。

最佳性价比奖——夏新精锐 F90/娴雅 F90

夏新精锐 F90 和娴雅 F90 是最先实现量产的国产百万像素手机,2680 元的震撼价格大幅度提高了百万像素手机的性价比,也为百万像素手机的普及扫清了最后一个路障。此外,26 万色 TFT 真彩显示屏、创新的双导航键和弧形天线设计以及强大的图片编辑功能都是该款产品的独特卖点。

4.最佳数码摄像机

最佳品牌推荐奖——三星数码摄像机 M110S

三星口袋 DV M110S,因成功地将 DV(MPEG4 格式动态影像)、DC、MP3、移动硬盘、录音笔、摄像头等 6 种功能集成在一个小小的机身中,而一举成为目前功能最为齐备的机型,其轻巧、省电、操作简单、长时间拍摄、高像素镜头等所表现的优秀特性,更为时尚人士、商务人群与旅游者所青睐。

5.最佳显示器

最佳品牌推荐奖——优派 19 英寸液晶显示器

2004 年 11 月 30 日,优派(ViewSonic)推出一款 19 英寸液晶显示器产品 VG900。3999 元的超低价位,创下了 19 英寸 LCD 的历史新低,不仅为人们展现了大屏液晶产品"桌面公务舱"的宽广视野和雄阔画面,更是率先引领中国 LCD 市场掀起 19 英寸大屏液晶狂潮。

6.最佳打印机

最佳应用表现奖——联想 LJ2800W

作为全球第一台关联激光打印机、第一台无须携带驱动程序的打印机,联想 LJ2800W 具有功能强大的打印设置:"多合一"打印、海报打印、水印打印等多种页面处理功能。LJ2800W 配置具有关联应用功能的 10/100 Base 网卡 LW-3000 或 10 Base 的 LW-410,并可实现联想首创的网络关联打印。

7.最佳数字电视

最佳技术创新奖——夏新液晶电视

夏新液晶电视在具备 WXGA 顶级分辨率(1024×768)的基础上,率先采用了独创的 444 动态真彩技术。与其他品牌 422 处理色彩技术相比,从根本上解决了色彩饱和度不高的缺陷,提高了图像色彩的还原度,使电视节目色彩更加真实、鲜艳,并在同等分辨率下创造出更为细腻的画面。

8.最佳投影机

最佳技术创新奖——明基 DLP7235

BenQ 身为国内为数不多的 DLP 投影机原厂之一,在色彩管理、机构设计等产品研发的环节上具备强大的实力,其旨在还原真实自然色彩的"五节点黄金色轮"及"七彩坐标调校"技术,便是 BenQ"色彩基因改造工程"的杰出成果,目前已全面应用于 BenQ 最新的 DLP 数字投影机产品中。

9.最佳 PDA

最佳品牌推荐奖——HP iPAQ

作为目前国内掌上电脑市场份额占有率第一的品牌,HP iPAQ 在掌上电脑领域的份额已超过 50%(IDC 数据),继续成为深受消费者钟爱的掌上电脑品牌。在行业应用领域,iPAQ 同样表现出不俗的业绩,无论是在国内与公安、保险等领域,还是与麦当劳等餐饮企业的合作,iPAQ 都在性能与品牌价值方面遥遥领先。根据《世界经理人》杂志"2004 年十大商务品牌"的评选结果,HP iPAQ 掌上电脑被评选为中国经理人"最崇尚的品牌"。

10.最佳 MP3

最佳品牌推荐奖——DEC 中恒 MP3-F60R

DEC 中恒作为一家专注于数码科技应用的产品供应商,在产品信息、芯片采购、技术研发等方面具有强大的优势,已成为国内数码产业的领军力量,在消费者心目中牢固树立了“基于 10 年自主研发的经验,采用全球领先的解决方案,提供超越期待的产品”的品牌形象。DEC 中恒 MP3 产品线上代表性的产品是自主研发的全球首款全中文触摸 MP3-F60R,于 2004 年 12 月中旬推向市场。

(信息来源:《财经时报》)

备注:《财经时报》联合国内主流日报、门户网站和行业门户网站举办了“2004《财经时报》十大主流 IT 产品最佳推荐榜”评选活动。此次评选涉及 PC、笔记本电脑、手机、投影机、打印机、数字电视、数码摄像机、MP3、PDA 等共 10 个种类,百余种产品。参评产品均为 2004 年度各厂商的主打产品及销售量最佳的产品。本次活动旨在使广大消费者进一步了解最前端的 IT 产品及其中的最佳品牌,在同类产品中进行比较、甄别,以资挑选出最合乎自身需求的产品。

◎榜四、2004 最具市场影响力的十大笔记本◎

1.长城 T2000 系列、夏新 V7 系列

特点:性能超强、性价比高

影响指数:10

两者并列是由于两款机型均采用了台湾仁宝公司的经典模具,在配置上仅随型号变化,所以可视为同质化产品。在几个知名的笔记本论坛中,长城 T2000 和夏新 V7 在一段时间内总是最热门的话题,经典评论无数;在各大城市的市场上,它们是整个暑假的热销产品;在专业的点评中,它们作为国货的骄傲倍受推崇。如果这不算震动,那么惠普公司于 2004 年 10 月底推出的 PresarioB3800 系列产品采用的模具和它们一样,而且在配置和性能方面都十分接近,这足以证明业界对这款产品的认可度,其影响力自然是 2004 年最佳。

2.ACER FERARRI

特点:搭配 64 位处理器,全球限量发行,外观超炫

影响指数:9.5

它绝对是一款让人一见难忘的笔记本电脑,只是由于采用全球限量发行的模式,在国内的真机并不算很多。其顶级的配置和一块 AMD64 位的“芯”打造了一个超强的移动工作站,标志着笔记本电脑也跨入了 64 位时代,十分具有前瞻性;与体育产业接轨,也保证了产品的销量。两种十分成功的市场营销手段使其取得了巨大的成功,尤其在和体育产业合作的方向上,更为日后的华硕、联想、IBM 等与体育“联姻”开辟了先河。对于消费者来说,虽然这款机器的价格不菲,但是超炫的外观和大名鼎鼎的法拉利造型还是十分具有号召力。

3.COMPAQ PresarioB2000 系列

特点:惠普第一款万元机,名牌效应,引发价格战

影响指数:9

这款机型是惠普和康柏合并后推出的第一款万元以下级的准迅驰架构产品。作为 V1000 系列机型的替代品,虽然取掉了 JBLPro 音箱的传统配置,但是在价格方面更具有吸引力,而且全韩 LG 公司的代工使其低质并不低价。更有如“免费升级内存”等活动的大力宣传和惠普两年的金牌保修服务,其市场号召力可想而知。

4.BENQ 7000

特点:全球第一款 14 英寸宽屏,经典设计,超强配置

影响指数:8.5

富有东方禅意的简约风格兼具讲究奢华的欧陆风情,两元相容的艺术无疑是这款笔记本电脑的独特之处。“简约而不简单,奢华而不奢侈”一贯是中国传统思想追求的境界,而在超主流配置的基础上搭载了 M11 独立显卡使其可以和某些台式电脑的性能相媲美。其突破常规采用 14 英寸宽屏设计在全球尚属首次,这势必引起业界的设计变革。

5.苹果 Ibook

特点:苹果笔记本跌创纪录,高贵血统平民享受

影响指数:8.0

苹果一直是笔记本业界的设计狂人,而其 RISC 构架平台使其另类于其他主流 CISC 笔记本电脑。高性能的构架设计使其价格一直居高不下,颇有“贵族血统”的称号。虽然它的配置标准和主流笔记本配置不可同日而语,但是其良好的设计理念和出色的软件设计还是占领了高端和专业市场很大部分的份额。Ibook 作为苹果公司主攻低端笔记本市场的主力产品,从 2004 年开始就优惠不断。在此刺激下,消费者对“神秘苹果”的好奇心理也使他们更愿意去接近苹果,了解苹果,潜在购买力不容忽视。

6.ACER TravelMate292

特点:M10 独立显卡,性价比较高,市场反响强烈

影响指数:7.5

采用了仁宝模板的 292 系列虽然在外观上显得笨拙粗犷,但是 ATiMOBILITY Radeon9700 独立显卡无疑是这款产品的最大亮点。超强的 3D 性能使其在长城 T2000 和夏新 V7 未受到市场关注之前一直被认为是性价比最高的产品,这也一度使消费者可以忽略十分笨拙的

外观设计,因为宽大的机身使散热效果提高不少,而且宏基的品牌效应和万元左右的价格,使其一出世便受到了市场的好评。

7.夏新 V3

特点:国内自行研发,产品自主设计

影响指数:7.0

小巧的机身、俊朗的外形及出色的细节设计,也许谁也不会想象夏新V3会出自于中国工程师之手。采用全新的全美达处理器并不需要其他散热设置的内建,10.6寸TFT低温多晶硅活动矩阵显示屏,居然内置了M9独立显卡,工艺水准如此之高,实在令人叹服。夏新V3的推出无疑给中国自主研发业的发展打了一针强心剂,而且也让许多国内厂商看到了自主研发产品的市场竞争力。相信这是一个十分良好的开端,毕竟中国市场上还是缺乏自产的"血液"。

8.联想旭日 150C

特点:笔记本的"圆梦"战略,引发国内同行的价格战

影响指数:6.5

联想在2004年推出2999元"圆梦"台式电脑后又发布了这款6999元的旭日150C笔记本电脑。虽然配置较低,但是联想的品牌和八芯锂电池的使用还是让其在低价位市场上具有竞争力,符合许多消费者的购本期望值。如此低价的笔记本产品无疑给低端竞争日趋激烈的国内厂商一个迎头棒喝。联想这一举措使低端笔记本市场重新洗牌,迫使二线厂商推出更廉价更有竞争力的产品,竞争日趋激烈。

9.华硕 M2N

特点:经典产品,自主技术,大幅跳水

影响指数:6

华硕M2N一直是华硕公司的得意之作,其主流的配置和精巧的外观设计博得了众多用户的关注。更有华硕公司自主开发的独特技术,如Power4gear省电技术、ADTDII智能动态散热技术、智能风扇管理等有效支持,可增强笔记本电脑的移动性能和舒适度的调节。而且其总销量也继宏基公司之后击败Gateway进入全球十大品牌笔记本电脑之林,获得业界的一致认可。近来,随着英特尔Sonoma平台的发布在即,M2N等迅驰和准迅驰产品的价格大幅跳水,其幅度甚至于有4000元之巨,清仓行为十分明显,这势必会引起新一轮的价格战。但是由于时间较短,市场的反应目前并不十分激烈,所以影响度到目前为止并没有达到应有的期望。

10.索尼 U8C

特点:概念机身,移动性强,未来发展方向

影响指数:6

作为一款于2004年10月底才推出的概念型笔记本电脑,索尼U8C更像是一款PDA。它加入了平面电脑的触摸屏设计,弥补了外置键盘的输入功能。虽然上市的时间并不长,但是在销售方面还算是比较理想。索尼公司对于这款机型的市场前景比较看淡,重点是推出了一种移动的概念,对市场的影响还要着眼于未来的某段时间。

(信息来源:IT世界网2004年12月24日)

备注:本榜所说的最具市场影响力的产品并不是指在创新性或外形创意上有独到之处,而是在真正的市场竞争中对其他产品有影响力、消费者也都比较认可的产品,特别是国产系列的经典产品,更是值得鼓励。IT世界网站公布了这份调查结果,对2004年中国笔记本电脑市场作了一次精典回顾与总结。

◎榜五、2004最值得拥有的经典手机◎

(一)最具人气手机

1.索尼爱立信 T618

配置上,T618具备65536色CSTN彩色屏幕,像素是128×160,超大的屏幕使T618魅力十足,32和弦铃音清脆悦耳,红外蓝牙完全支持,超强的扩展性也给了T618极大的可玩性,经典不容置疑。

2.诺基亚 3100

即使身在黑暗中,全新的诺基亚3100也能散发出迷人的光彩。无论是在玩游戏,还是接听电话或收发信息,特别的随心换TM游戏玩家彩壳产生的独特发光效果,足以点亮你的生活。

3.诺基亚 3220

配置上,3220采用65k色屏幕,分辨率仍然为128×128像素,内置了30万像素VGA摄像头,相比3200的11万像素有很大进步,最大拍摄像素为640×480,同时支持彩信MMS,内存为4.5MB。

(二)影音娱乐最强音

1.摩托罗拉 E398

功能配置上,E398的屏幕显示效果出众,24和弦的铃声配置,支持MP3作为铃声;内置30万像素摄像头,支持MPEG4短片拍摄;支持GPRS下载以及JAVA程序,还增添了TF卡以加大内存容量,这在同级别的对手中可算傲视群雄。

2.LG C910

LG C910是国内市场中第一款200万像素的拍照手机,同时也是第一款基于CDMA 1X网络的百万像素级产品。转轴两侧夸张的1.5厘米扬声器,在保证了通透的铃音效果同时,也提高了外放MP3时高品质的音质。200万像素CCD镜头最大可拍照1600×1200分辨率的照片。它支持1GB的SD/MMC卡

扩充，解决了歌曲和照片存放过多以后,内存不足的忧虑。

（三）百万像素王者之选

三菱 M900

这款三菱 M900 的一系列超炫功能让人目不暇接,尤其 200 万像素的拍照功能令人爱不释手。内部主屏幕:26万色 TFD 彩屏,240×320 像素,2.2 英寸 QVGA1。

（四）粉红女郎至爱

三星 SGH-E808

E808 小巧可爱，放在手中宛如一只可爱的宠物,圆润流畅的外观设计再次展示了三星超凡的工业设计和手机理念。

（五）商务人士最佳选择

摩托罗拉 V3

科技与时尚的完美结合。超薄机身外观,拥有 26 万色的高分辨率屏幕,支持 MP3 的铃声播放，蓝牙的支持及多媒体播放器的强大娱乐功能,MOTO 首款内置天线的折叠手机设计,都预示着这款手机的不凡与高贵。

（六）智能手机最佳选择

多普达 565

多普达 565 支持 GPRS / GSM 三频，支持 MMS；屏幕采用了 65536 色 TFT 屏,分辨率 176×220 像素,提供完美超大的视觉享受;铃声 40 和弦,支持 MP3 和 WMA 音乐文件格式做铃声。在扩展存储方面,多普达 565 使用了 mini SD 卡。

（七）游戏狂人不二选择

诺基亚 N-Gage QD

在游戏玩家的眼中,N-Gage QD 是一款真正为移动游戏设计、震撼整个游戏世界的游戏手机。它拥有专为游戏操作优化的布局设计、游戏快捷键和明亮的屏幕，特别配备游戏卡热插拔功能，支持通过 GRPS 或蓝牙无线连接的多人互联游戏，随机配备 64MB 存储卡。1070 毫安的 BL-6C 锂电池为游戏玩家提供了更加耐久的电力支持。

（信息来源:太平洋电脑网 2004 年 12 月 29 日）

备注:2004 的岁尾,手机市场的跌宕起伏仍然历历在目。国产手机的严峻形势、国外品牌的进一步蚕食市场、百万像素的世纪大战、娱乐手机概念的彻底深入人心，都说明了 2004 年是不平凡的一年,也给我们留下了难以磨灭的印象。著名国内 IT 门户太平洋电脑网组编了这一手机专题，通过这 10 款手机展现 2004 年手机市场的风采，浓缩 2004 手机的经典。

◎榜六、2004 十大轻薄手机◎

从最早出现在我们面前的“超级大板砖”，到如今小巧玲珑的掌中宝物,手机发展到今天早已不仅仅是用来通讯的工具了,更多时侯它代表着娱乐与时尚的结合体。概念产品出现了一波又一波，其中最能让广大消费者接受的,自然要属轻薄型的产品。中关村在线总结一年来的手机市场,精心挑选出以下 10 款轻薄手机。

1.NEC N900

薄厚尺寸:8.6mm

推荐人群:成功人士

名片大小的它携带相当便捷,许多前卫的成功人士被它 8.6mm 的厚度所吸引,不过它那轻薄的外观自然掩盖不住操作繁琐、价格昂贵之不足。

2.三星 X610

薄厚尺寸:12mm

推荐人群:YOYO 族

X610 是三星手机中最薄的一款，看上去就像刀片,厚度仅有 12mm。X610 没有采用目前顶级的 26 万色屏幕,而是配备了相对省电的 128×128 像素的 65K 色屏幕。功能上,它支持 900/1800M 双频 GSM，支持 MMS 彩信、GPRS、WAP2.0、Java,X610 采用了 64 和弦铃声，配有可旋转的 30 万像素 VGA 相机,潮流元素尽在其中。

3.松下 X200

薄厚尺寸:12.9mm

推荐人群:时尚男女

X200 机身整体尺寸为 104mm×45mm×12.9mm,厚度为 12.9mm,外观非常时尚,高反差的色彩搭配使它看上去颇显几分尊贵。话机顶部提供了一个类似 Z208 与 CF62 一样的提手，分辨率为 128×128 的 65K 色显示屏在提手之下,键盘处设计与松下 P900 系列手机类似。机身的背面是 30 万像素 VGA 相机,照片最大分辨率可达到 640×480 像素。

4.KDDI TALBY

薄厚尺寸:13mm

推荐人群:所有人群

它机身最薄处仅为 13mm,重 79g,但机身较长。细节方面,它置有一个 33 万像素的相机,配有一个 2.1 英寸大小的 26 万色 TFT 屏幕,内存容量为 8M,其中有 3M 是为 BREW 应用预留的。

5.摩托罗拉 V3

薄厚尺寸:14.5mm

推荐人群:时尚男性

V3 的厚度仅有 14.5mm,重 98g,这部分重量大多源于钛合金的机身材质,看去上较为高贵。它配有双屏幕,内屏是 26 万色 2.2 TFT,分辨率达到了智能手机才用到的 240×320 像素。键盘是合金铸成的,高度只有目前已经上市的最薄手机的三分之一,电话薄为 3D 式的。

6.波导 S788

薄厚尺寸:15mm

推荐人群:学生一族

机身尺寸仅为 104mm×43mm×15mm,最薄处只有 15mm。屏幕为 4096 色,32 和弦,带有远程控制,短信群发,超强免提等功能。

7.京瓷 KZ860

薄厚尺寸:15mm

推荐人群:白领女性

KZ860体现了京瓷的高工业制作水准,机身尺寸为92mm×48mm×15mm。该机不仅身材骄人,其功能也有许多可圈可点之处,轻薄的机身配有一个35万像素、闪光灯和三阶四段变焦的内置摄像头,且能拍摄出最高640×480分辨率的图片。

8.三星 X120

薄厚尺寸:16mm

推荐人群:直板一族

机身尺寸只有108mm×45mm×16mm,重量控制在了80g以内,采用65K色OLED做为主屏幕,面向低端用户。

9.摩托罗拉 V875

薄厚尺寸:17.8mm

推荐人群:CDMA用户

V875的魅力来自于小巧的机身设计及金属外壳,机身尺寸仅有77mm×45mm×17.8mm。功能的强大也使V875成为许多用户的首选。它置有一个26万色的TFT屏,显示效果非常出色,名片式电话薄可存储300条记录,能充分满足日常需要。30万像素数字相机的上边配有一个闪光灯,相机可拍摄出分辨率为352×288像素的照片。

10.厦新 CA6

薄厚尺寸:18.7mm

推荐人群:学生一族

机身尺寸为86.7mm×43mm×18.7mm,重量仅为82.2g。功能上,它可以存下500条名片式电话本,带有来电防火墙,配有40和弦铃音及非常适用的闹钟功能等。CA6的出现打破了26万色屏幕手机高贵的价格神话,并且以其极轻薄的机身和经典的设计赢得许多学生一族的喜爱。

(信息来源:中关村在线2004年10月25日)

◎榜七、2004十大娱乐手机◎

手机只为打电话?从黑白屏过渡到彩屏,从30万像素跃升到100万像素,现在的手机已经承载了太多我们当初并不奢望的功能。特别是娱乐功能强大的手机已经在2004年的手机市场占据了半壁江山。中关村在线专门就2004年中的娱乐手机作了一次精心的挑选与评比。

1.LG C910

LG C910是国内市场中第一款200万像素的拍照手机,同时也是第一款基于CDMA 1X网络的百万像素级产品。内屏采用了176×220像素26万色TFT屏幕,而外屏为110×88像素65536色CSTN屏。转轴两侧夸张的1.5厘米扬声器,在保证了通透的铃音效果同时,也提高了外放MP3时高品质的音质。200万像素CCD镜头最大可拍照1600×1200分辨率的照片,即使数码冲印效果也是非常之好。最大支持1GB的SD/MMC卡扩充,解决了歌曲和照片存放过多以后,内存不足的忧虑。

2.LG G920

内屏是176×220像素26万色TFT屏幕,而外屏则缩小为96×96像素。内置闪光灯,并支持15张连拍和4倍数码变焦功能,可拍摄最大分辨率为1280×960的照片和长达60分钟的动态摄像以及短片回放。相比于C910的外露摄头,G920可旋转270度的设计最大限度地保证了摄头的安全。这款手机支持MP3播放,但并不支持第三方存储卡。

3.三星 X699

176×220像素的26万色TFD彩色内屏、96×64像素的256色OLED外屏以及64和弦铃音,这些好的传统都在X699上得以继承。100万像素CMOS摄头,同时支持RS-MMC卡扩容,不仅为存放更多的MP3音乐留出了更大的空间,同时也为互动视界、彩e、神奇宝典、掌中宽带和联通在信等业务提供了更为广阔的施展拳脚的舞台。

4.索尼爱立信 S700C

独特的双面设计,清晰的MP3播放,130万像素CCD摄头配合26万色320×240分辨率的超大屏幕,使拍照和取景简直就是一种享受。红外、蓝牙无线模块、JAVA应用程序扩展,再加上Memory Stick Duo扩容,令其显得更加完美。

5.索尼爱立信 K700C

K700C走的明显是一条平民化的路线:30万像素摄头,176×220分辨率65536色TFT屏幕,支持MP3音乐播放,41MB内存空间,没有第三方存储卡插槽以及红外与蓝牙模块。

6.摩托罗拉 E398

朴树在广告中千奇百怪的"身体"令大家认识了这么一款手机:摩托罗拉E398。也正是这款手机的诞生,标志着MOTO与索爱K700C争夺中端娱乐手机市场的大战就此展开。虽然不支持蓝牙,但却可以通过T-Flash卡来扩容。除此以外,无论是摄头还是屏幕,二者在配置、基本功能等等各方面均打成平手,难分伯仲。争夺得不可开交的还有它们的价格大战,几乎每次任何一方的调整都会引起另一方的迅速应对。

7.摩托罗拉 E680

E680是一部"智能手机":采用了Intel xScale 300MHz中央处理器,50MB的手机内存储空间并支持SD/MMC卡扩容。开放式的LINUX平台,允许用户根据自己的不同需要来安装第三方的工具和游戏。用户完全可以将其当做一台能获得超爽视觉体验的随身影院来使用。

8.西门子 SX1

西门子SX1同样是一款具有独立操作系统的智能手机,Symbian OS 6.1操作系统,Series60平台,Texas Instrument OMAP 310的CPU,176×208像素65536色TFD屏幕,4MB的内存空间,可通过MMC卡的热插拔来扩容。30万像素VGA

摄像头,具备MP3硬解码芯片并支持FM调频收音机,红外、蓝牙一应俱全。

9.诺基亚 N6230

无论是商务还是娱乐,诺基亚6230都能很好的胜任。该机采用了Serie40 2.0平台,预装英汉电子词典,并支持最大128KB的JAVA安装程序。数据线、红外和蓝牙多种联机方式,简单方便。支持第三方MMC存储卡扩容,可以让用户随身携带更多自己喜爱的MP3和AAC音乐文件。另一方面,立体声FM广播接收模块也是对娱乐功能一种很好的补充。

10.诺基亚 N-Gage QD

虽然是同门师兄N-Gage的功能缩水版,但这款手机依旧还是让国内无数掌机游戏发烧友牵肠挂肚。也许是水货的泛滥令其早已声名远扬,又或许是前辈3300和N-Gage为它做了太好太多的铺垫,在没有进行过多炒作的情况下,诺基亚N-Gage QD不费吹灰之力就获得了良好的市场反响。登峰造极的游戏效果令无数玩家如痴如醉,也正是它的贡献令国人终于开始意识到了手机游戏这一有待开发的无形资产。

(信息来源:中关村在线2004年12月8日)

◎榜八、2004数码相机十大焦点◎

1.千呼万唤始出来的索尼 F828

消费级数码相机F828可以说是千呼万唤才出来,从2003年就开始等待,一直等待到2004年的春节过完才见其在国内上市。虽然跳票很久但还是成为了国内第一部800万像素消费级数码相机。

2.拥有顶级高端镜头的佳能 PowerShot Pro1

价格依旧相当高昂,据悉它是目前市场上唯一使用L镜头的非EOS系列的数码相机。它带有800万像素的CCD,拥有7倍光学变焦的"L"镜头,全手动操控,显示效果出色的LCD和电子取景器,还有许多其他先进的功能。

3.佳能300D、尼康D70疯狂降价

"数码单反相机又降价了",类似的消息几个月来不断从数码卖场传来。用户只需要花上和高端消费级数码相机差不多的价格就能买到一部数码单反相机,因此许多原本想购买高端消费级数码相机的用户都开始蠢蠢欲动,在廉价数码单反相机和高端消费级数码相机两者之间犹豫不决。

4.第一款800万有效像素4/3系统数码单反精品奥林巴斯E-300推出

奥林巴斯E-300作为首款800万有效像素的4/3系统数码单反相机,它的图像处理及除尘功能突出,同时这款具有创新设计、800万像素的E-300,以较低的价格进军民用单反市场。

5.首款内置抖动补偿功能的松下DMC-FX5

市面上最小的防抖数码相机松下FX5推出了。这部400万像素数码相机备有3X光学变焦,及LEICA高质素镜片组,提供OIS(光学影像稳定器)能够补助当光圈细小引致快门太慢时,手持相机时的抖动而令拍摄出来的照片模糊不清的常见问题。

6.10倍光学变焦800万数DC精品 Coolpix 8800

尼康公司一举推出了足以让市场震撼的800万像素重量级产品:COOL PIX 8800。事实上这是尼康首次把高端的VR防抖动技术应用到民用消费类数码相机身上。

7.民用市场数码相机大量采用10倍光学变焦

2004年,民用市场数码相机开始大量采用10倍光学变焦,长焦DC风采再现。2004年年底,这类"长焦王"销量大增。譬如,300万像素的轻便防抖"长焦王"FZ3实已开始下调价格,这令消费者满心欢喜。

8.单反相机扑面而来

2004年,首款采用AS(Anti Shake)CCD防抖系统的数码单反柯尼卡美能达 α7D,引起了市场关注。不过,数码单反相机采用传统的光学取景器取景方式,所见即所得。这种相机一般体积较大,而且各种镜头附件随身携带往往不是非常方便。

9.全球最薄的2.8倍光学变焦经典卡西欧 Exilim Card EX-S100

这款全球最薄的2.8倍光学变焦数码相机属于卡西欧S100S系列,它采用了世界上第一款透明陶瓷镜头,所以卡西欧敢于号称S100是目前世界上最小的数码相机,如名片般大小。

10.体积小巧的时尚高像素产品索尼P150大受欢迎

作为目前P系列的最高端产品,索尼P150不但是第一款正式上市的700万像素DC,而且也还是目前市场上能够看见的几款700万像素DC中体积最小巧的,因此大受欢迎。

(信息来源:eNET数码频道)

备注:2005年初,PChome网站对2004年的数码相机领域进行了一次总结。这是一个需要经典而又经典回首的年代,在2004年,这句话完完全全可以用于DC领域。2005年已经来到,但它带给人们的深刻印记将永存。岁末年初,回顾一下这些高像素数码相机,让人感叹不少。

三、IT 人物篇

2004 为中国的 10 年互联网情结画上了一个让人既无奈又憧憬的逗号，逗号之后则是意犹未尽的省略号。财富的传奇随时发生着、发展着，并在那些过渡性角色被雨打风吹之后浮出水面，构成 2004 年度中国 IT 业的核心事件。我们回顾和解构那个历史时刻，盘点那些 IT 业值得记住的名字。

◎榜一、2004 中国 IT 风云榜十大新锐人物◎

1.郭凡生

1982 年毕业于中国人民大学工经系，获经济学学士学位。1992 年 10 月至 2004 年，创建北京市慧聪公关信息咨询公司，任董事长、总经理，现任慧聪集团公司 CEO。慧聪集团是国内领先的商务信息服务商，业务涉及工商名录、平面媒体广告、电视广告、市场研究、广告监测、软件开发、互联网以及其他商务信息服务，覆盖 20 多个行业，在全国各地设有 20 余家分支机构。

入选理由：有郭凡生的 IT，永远不缺新闻。他用网络概念使以商情起家的慧聪集团在香港成功上市；他重金推广“买卖通”，单挑阿里巴巴决战。勇气 + 智慧 = 豪赌成功的郭凡生。

2.贾红兵

1954 年 12 月出生，毕业于福州大学化工系分析化学专业，经济师。1984 年就投身于 IT 行业的贾红兵算得上是中国 IT 业最早的拓荒者、创业者及本土职业经理人之一。他提出的“Internet 创世纪：START Interneting”、“信息家庭世纪宣言”、“Internet 时代的 PC（贾五论）”、“简单高效低成本战略”等思想，对于中国 IT 业界有着重要的影响。

入选理由：2004 年 4 月 30 日，曾经被称为“PC 剑客”的贾红兵 3 年后重回实达，仅靠个人魅力，就可以在上下游厂商赊近千万的货，其简单、公平、有效的减包袱抓主营战略，令 PC 大鳄们重新将实达列入重点防范对象。

3.卢振宇

1969 年出生，1991 年毕业于东南大学（原南京工学院）计算机科学与工程系，获工学学士学位。2001 年 11 月至 2004 年 4 月先后任神舟电脑总经理、神舟创新总经理。2004 年 6 月离开神舟电脑，任长城电脑副总裁。

入选理由：被业界称为新天下集团的“拓荒牛”，在卢氏主持神舟家用 PC 业务期间，神舟电脑家用 PC 的销量一路飙升。2004 年 6 月离职神州电脑，操盘长城 PC，重建长城 PC 渠道，重塑长城品牌进入第一集团。

4.王雷雷

1996 年毕业于清华大学电子工程系，获学士学位，1996 年供职于中国长城计算机软件公司。1996 至 1998 年在汕头亿峰期货经纪有限公司上海营业部担任大客户经理。1999 年加盟 TOM，担任 TOM.COM 中国区运营总经理，2003 年任 TOM Online Inc.首席执行官、执行董事。

入选理由：2004 年 TOM 在线在香港和 NASTAQ 双双上市，2003 年前媒体言必称的“三大门户”，由于王雷雷率领的 TOM 强力杀入，2004 年变成了“四大门户”。他勇于人先，敢于同 Skype 合作，尝试网络电话这样的前瞻性业务。

5.杨兴平

博士，现任多普达通讯有限公司首席执行官兼总裁。他创办和领导的多普达通讯有限公司，率先在中国市场推出了 dopod 686 无线互联终端，以高度前瞻性的技术理念、产品理念、市场理念把中国移动通信、互联网和个人电脑三大产业的融合提升到了一个全新的发展阶段。作为中国智能手机产业链的倡导者，作为在促进通讯业与 IT 业的融合以及开辟无线多媒体数据应用方面最早的实践者，杨兴平又被誉为“中国智能手机之父”，曾入选 2003 年通信人物英雄榜及 2003 年中国新经济年度人物。

入选理由：多普达一直是智能手机的代名词，杨兴平永远是多普达的战场先锋。两年来，杨兴平冲杀国内外，硬是把智能手机从“叫好不叫座”，推上多家竞卖的时尚趋势。

6.宁　君

曾在军队高等院校做过十余年电子学方面的教学和研究，并获得过军队科技进步二等奖和尤里卡世界发明奖。1996 年开始经商，历任大连雅奇电脑公司、王特软件公司及东方软件公司的总经理或总裁，人称“东北软件王”。2004 年 10 月 15 日，宁君领导的金融界网站正式在纳斯达克上市交易，成为第十一家登陆纳斯达克的中国网络股。

入选理由：2004 年 10 月 15 日，金融界网站正式在纳斯达克上市交易，是第一家登陆纳斯达克的中国财经概念网络股。军人作风的宁君，以他督战队的方式，打造了一个有钢铁般意志的执行团队。

7.周鸿祎

1995年毕业于西安交通大学管理学院系统工程系，获硕士学位。1998年10月，他创建3721公司并在同年推出了3721网络实名的前身——中文网址，现任3721公司总裁。2000年2月，3721公司入围“亚洲杰出网际网络服务供应商奖”；2000年5月，周鸿祎被《中国青年报》推选为“IT新生代十佳青年”；2002年1月，周鸿祎入围“2001年度中国软件企业十大领军人物”。2004年出任雅虎中国区总裁兼任3721公司总裁一职。

入选理由：3721因为周鸿祎，名扬中外资本市场；雅虎中国因为同3721的联姻，跻身于中国门户网站强者，挺进搜索市场、与众公司歃血结盟力推电邮，不过是周鸿祎继续向IT奉献惊喜的又一布局。

8.张向东

清华大学电子工程系毕业，清华大学EMBA。笔名郑石，创联万网国际信息技术（北京）有限公司总裁兼首席执行官，公司创始人之一。1999年创联万网成立，在公司任CTO职务；2001年初升任中国万网总裁兼首席执行官。在中关村科技园区首届优秀企业家、优秀创业者评选中，荣膺“优秀创业者”称号，并在2002、2003年度两次荣获“北京市优秀青年企业家”殊荣。

入选理由：善战者无赫赫之功，做互联网难得踏实盈利。作为中国万网共同创始人，多年耕耘，使万网持续保持其互联网服务行业的旗舰地位的同时，确保营业额和利润年年以40%以上的速度增长，是资本和市场都满意的互联网企业家。

9.李晓忠

1985年毕业于上海交通大学电子工程系，1996年获厦门大学工商管理硕士。历任厦新电子质管部副经理、质管部经理、企划部经理、出口办副经理、总经理助理兼技术开发中心经理，1997年5月任厦新电子股份有限公司副总裁，2000年5月起任厦新电子股份有限公司总裁。李晓忠先后被评为1998年度厦门市劳动模范、2003年度中国电子信息产业系统劳动模范；荣获“2002年国产手机十大推进人物”、“2003中国信息产业年度十大经济人物”等称号。

入选理由：全球手机前途在中国，竞争也在中国，中国手机的前途靠创新产品，更靠领先战略。厦新以8412万元折桂央视手机标王，不能不使人期待。

10.李彦宏

1991年毕业于北京大学信息管理专业，随后赴美国布法罗纽约州立大学完成计算机科学硕士学位。在美国的8年间，李彦宏先生先后担任道·琼斯公司高级顾问、《华尔街日报》网络版实时金融信息系统设计者，以及国际知名互联网企业——INFOSEEK资深工程师，是新一代互联网技术领域的权威专家。1998年，李彦宏先生根据在硅谷工作以及生活的经验，在大陆出版了《硅谷商战》一书，获得了各界的好评。1999年底，他携风险投资回国与好友徐勇先生共同创建百度网络技术有限公司。

入选理由：百度公司创始人，“今天你百度了吗?”、“百度一下”流行语的基础缔造者，把Google持续挡在中国搜索No.1之外的成功者，翻手收购hao123，侧头准备NASTAQ上市……我们有太多的理由为李彦宏和他的百度喝彩。

（信息来源：天极网）

备注：2005年1月5日，由中国最大的综合门户网站新浪网、中国最大IT门户网站天极网和中国发行量最大的经济类报纸《中国经营报》联合主办，《电脑报》、《北京青年报》等众多权威媒体协办的第3届IT风云榜年度评选活动在北京揭晓。作为中国IT业规模最大的IT评选活动和业内盛会，IT风云榜评选包括年度十大IT新闻评选、年度十大IT新锐人物评选等内容。

◎榜二、2004中国IT十大财经人物◎

1.丁　磊

入选理由：作为领先的中国概念股和互联网技术公司，网易的成功有目共睹，而网易的成功更多折射出来的是公司创始人兼首席架构设计师丁磊的成功。

2.汪　延

入选理由：汪延，新浪CEO兼总裁。1972年5月出生于北京，1996年毕业于法国巴黎大学，获法学学士学位。1996年，他与王志东共同创办利方在线，两年后将之与华渊资讯网合并而成为新浪网，之后任新浪网中国区总经理，2001年6月至2003年5月任新浪总裁，2003年5月出任新浪CEO。

3.张醒生

入选理由：2003年4月，张醒生正式接任亚信公司CEO兼总裁一职。作为原爱立信移动电话业务的开创者，张醒生精通管理之道，业务创新之法，因此自上任之日起，他即被赋予了带领成立10年之久的亚信完成二次腾飞的历史使命。

4.周云杰

入选理由：在海尔集团首席执行官张瑞敏“不准客串”的命令下，2004年海尔副总裁周云杰接过了海尔IT产品群总负责人的重任，整合发力，全线进军IT业。

5.陆致成

入选理由： 从1997年清华同方上市至今，陆致成一直执掌着这家清华系旗舰的帅印。作为校办企业，清华同方曾先后孵化出30余家参股、控股子公司，业务多元而驳杂。为剥离非相关业务，寻找核心竞争力，从2003年以来，陆致成开始着手对同方实施公司历史上的第二次结构调整。

6.王雷雷

入选理由：2004年3月，TOM在线于香港创业版和美国纳斯达克同时成功上市，至此，中国四大门户胜利会师纳斯达克。王雷雷自进入TOM集团并执掌互联网业务后，用4年多的时间，把TOM在线打造成了中国最领先的无线互联网门户。TOM在线上市后，首次发布的一季度盈利数字即高达2600万美元，跃升至国内门户第二宝座。近日，TOM在线又携TOM-Skype登陆即时通讯领域，完成了从网页门户向无线互联网门户、再向即时通讯门户演进的完美上升弧线。

7.周鸿祎

入选理由：2003年11月，雅虎以现金1.2亿美元收购由周鸿祎创立的3721公司。4个月后，周鸿祎正式出任雅虎中国总裁。上马伊始，周鸿祎一改雅虎中国此前5年的不作为状态，改弦更张，在一年不到的时间里暗中向门户阵营渗透，接连推出一搜网、雅虎通、1G免费邮箱等多种互联网业务，为雅虎中国未来的门户路线图勾勒出了最初的间架结构。

8.杨兴平

入选理由： 现任多普达CEO兼总裁的杨兴平博士为人所熟知，始于那款革命性的掌上电脑手机dopod686。自2002年4月多普达创立至2004年，两年间，杨兴平不仅将之打造为一个3C融合的成功范例，也使之成为上游厂商中国移动、微软、英特尔、德州仪器等在中国手机市场最主要的合作伙伴之一。目前多普达公司拥有多款掌上电脑手机及智能手机，CDMA EVDO 3G手机也在研制之中。

9.杨 镭

入选理由：2003年4月，杨镭"空降"中国最早的专业SP公司掌上灵通并担任CEO之职。不为人所知的是，他是第一个将"短信"带到中国的人，也是"无线娱乐第五媒体"概念的提出者和实践者。他上任以后，和世界顶级娱乐公司频频联手，不仅将一个面临危机的企业带向了赢利，使公司市值整整翻了20多倍，还创造了4个月内将公司带上NASDAQ并窜升至 "无线娱乐第一股" 的奇迹。2004年，灵通网的规模从原来的70人扩展到500多人，杨镭本人也连续被媒体和各类组织评选为"中国十大CEO"、"2004年世界尊敬的中国企业领袖"。

10.孙彤宇

入选理由：浙江人孙彤宇1996年春加盟中国黄页，与后来创立了阿里巴巴的马云共事。1998年初，他作为马云团队的一员北上北京，建设外经贸部的官方站点以及中国商品网上交易市场，次年初和阿里巴巴创业团队一起回到杭州，从零开始，打造阿里巴巴网站。2003年7月，C2C网站淘宝创立，孙出任执行总经理。国内C2C格局由易趣一股独秀转变成易趣、淘宝二分天下的局面。因为这些，在发轫未久的中国电子商务领域，孙彤宇的名字将为人们所记取。

(信息来源:和讯网)

备注：此次评选活动由强势财经媒体《财经时报》主办，国内主流门户网站新浪网、网易、TOM在线、和讯网、雅虎、硅谷动力、天极网、赛迪网、21CN、IT168、博客中国、中国公关网协办。历经一个多月的筹划，以及候选人提名、抽样调查、专家评判等多个程序，在实际回收的1000余份抽样调查问卷基础上，经过入围者筛选、评审委员会决选等诸多阶段，评审委员会最终评选出了2004年度中国IT十大财经人物及十佳市场策划。

◎榜三、2004中国IT技术创新推动奖获奖者名单◎

1.何德全 工程院院士，国家信息化专家咨询委员会副主任
2.李国杰 工程院院士，中科院计算所所长
3.倪光南 工程院院士
4.宿忠民 国家标准化管理委员会主任助理、副司长，国家信息化专家咨询委员会委员
5.徐连峰 招商银行技术总监
6.孙振耀 中国惠普有限公司总裁
7.杨元庆 联想集团有限公司总裁
8.王志东 北京点击科技有限公司总裁
9.陈良忠 IBM大中华区系统部总经理
10.曹向英 华为3Com公司副总裁兼CTO

(信息来源:《微电脑世界》杂志)

备注：2004年度中国创新技术推动奖的颁发旨在表彰那些在国内信息化建设和信息产业发展过程中致力于推动创新技术的应用、研究、发展和推广，对于创新

IT技术在国内的应用和发展做出突出贡献的政府专家、用户和相关厂商的领军人物。计算机世界传媒集团从国内信息化建设的贡献和影响力、对国内信息产业发展的贡献和影响力、对国内信息技术领域技术创新作用和影响力以及在信息化建设和信息产业领域的地位和影响力等多个方面进行综合考察,最终确定了获奖人名单。

◎榜四、第3届中国IT渠道精英◎

本排名不分先后,获奖公司名称和获奖者职位以评选资料截止日为准。

2004中国IT渠道年度人物

何国伟　IBM大中华区系统暨科技部总经理

2004中国IT渠道年度团队

华为3Com渠道管理团队

战略精英(19位)

何国伟　IBM大中华区系统暨科技部总经理
陈绍鹏　联想集团副总裁
蔡世民　IBM公司软件部大中华区工商企业及经销业务总经理
颜健龙　Sun大中华区渠道销售业务总监
陈　勇　神州数码(中国)有限公司高级副总裁、企业系统事业本部总经理
徐宇凌　佳杰科技(中国)有限公司高级副总裁
吕理臣　趋势科技网络(中国)有限公司总经理
周　哲　威达高科技控股有限公司副总裁
李健航　清华同方股份有限公司副总裁兼计算机系统本部总经理
程传龙　浪潮(北京)公司高级副总裁
许佑嘉　华硕电脑中国业务事业群总经理
历　军　曙光信息产业有限公司总裁
黄　夏　飞利浦多媒体显示设备事业部中国区总经理
李瑞杰　宝德科技集团董事长
黄骁俭　SAP中国公司副总裁
山崎学　佳能(中国)有限公司影像信息消费产品部总经理
邓宗煌　实达电脑科技有限公司副总经理兼营销总经理
陈　林　美国网件(NETGEAR)公司中国区总经理
王　刚　TCL数码电子事业本部副总经理兼商用系统事业部总经理

管理精英(59位)

白兰青　神州数码通用信息产品事业本部副总经理
王　哲　神码数码通用信息产品事业本部显示设备业务部常务副总经理
张　磊　IBM互联网服务器部中国区销售总经理
孙　丹　IBM系统暨科技部x系列服务器部中国区副总经理
赵　华　IBM系统暨科技部大中华区合作伙伴支持经理
仪晓辉　IBM公司个人电脑事业部中国区渠道总经理
周立达　神州数码企业系统事业本部通用软件事业部总经理
周　岩　威达高科技控股有限公司IBM笔记本产品总监
刘　滨　威达高科技控股有限公司服务器产品总监
陈旭东　联想集团助理总裁、渠道市场部总经理
梁　军　联想集团服务器事业部总经理
刘　旦　联想集团商用产品事业部总经理
刘　洪　联想集团助理总裁、外设事业部总经理
贾朝晖　联想集团零售产品事业部总经理
刘　如　雷射电脑有限公司华北区总经理
张思民　Sun公司中国区分销业务总监
庄正松　惠普中国区信息产品集团中小企业客户事业部副总裁兼总经理;中国惠普渠道合作事业部副总裁兼总经理
曾加保　惠普中国区信息产品集团商用台式机业务部副总裁
张永利　中国惠普信息产品及商用渠道集团移动信息产品部副总裁
彭　震　浪潮(北京)公司副总裁、服务器产品总经理
黄　刚　浪潮(北京)公司商用电脑事业部总经理
王成江　曙光信息产业有限公司销售总监
刘　洪　清华紫光股份有限公司数码影像事业部总经理
竺　宏　APC公司中国区渠道部总经理
刘晓平　清华紫光股份有限公司分销产品事业部外设产品部经理
吉冈达生　佳能(中国)有限公司影像信息消费产品本部总经理
郭海鹄　思科中国公司合作伙伴事业部区域合作伙伴总经理
儿玉孝浩　爱普生(中国)有限公司信息产品营业本部VD销售推进部部门经理
刘　斌　爱普生(中国)有限公司信息产品营业本部信息产品营业部部门经理
康　谊　北京方正世纪信息系统有限公司惠普服务器事业部总经理
伍志伟　富士通(中国)信息系统有限公司渠道总经理
姬　浩　清华紫光股份有限公司台式

电脑事业部总经理
常映明 明基电通信息技术有限公司鲁豫业务区经理
黄振宇 明基电通信息技术有限公司投影机产品经理
高克勤 长城计算机软件与系统有限公司总经理
高彤 北京赛门铁克信息技术有限公司中国区销售总监
何长青 北京宇信鸿泰科技发展有限公司高级副总裁
李劲松 佳都电子科技有限公司副总经理
范钦学 建达兰德电脑国际贸易（上海）有限公司副总经理
潘文森 英迈国际（中国）有限公司核心商用渠道部总经理
陈海洲 AMD（中国）有限公司中国区分销业务总监
邹勇 清华同方计算机系统本部家用电脑销售事业部副总经理
段成惠 北京望海康信科技有限公司高级副总裁
冯颉 金蝶软件（中国）有限公司总部销售伙伴部经理
吴国君 速达软件技术（广州）有限公司渠道总监
王欢 北京金中恒科技发展有限公司总经理
屠建明 北京驷骑科技贸易公司总经理
郑文达 友讯电子设备（上海）有限公司分销业务部总经理
尹杉 美国网件（NETGEAR）公司中国区渠道总监
陈祥伍 网域科技公司总裁
杨吉庆 北京华旗资讯数码科技有限公司销售总监
郑农 中国长城计算机深圳股份有限公司电脑事业部总经理
彭春林 京东方科技集团股份有限公司数字产品与服务事业部CEO
李红松 安氏互联网安全系统（中国）有限公司副总裁
惠清 优百特（友光）数码科技发展有限公司总裁
李武军 松日国际集团有限公司国内营销本部总经理
花贵侃 江苏宏图三胞高科技术股份有限公司营销副总裁
黄德荣 威健实业国际有限公司信息通路事业处副总经理
裴蓉 中兴通讯股份有限公司渠道销售部部长

区域精英（41位）

王珏 广州爱联科技有限公司副总裁
江枚元 广州中长康达信息技术有限公司总经理
金雨 上海心意科技发展有限公司总经理
陈宏 上海益凯国腾信息科技有限公司总经理
伊小萌 上海明羽实业有限公司总经理
王强 索利通网络系统（上海）有限公司产品事业部部长、第三营业部部长
祁卫华 沈阳同方伟业科技有限公司总经理
袁庆文 长春东大电脑技术有限公司总经理
李伟库 哈尔滨震宇科技有限公司总经理
李江 黑龙江华富惠通技术有限公司总经理
李任飞 西南交通大学三特高新技术开发公司总经理
周怡 重庆八达电子工程有限公司总经理
肖雪君 四川禾嘉君涛数码科技有限公司总经理
冯超 成都诗雨电脑超市有限公司总经理
谭异明 湖南时运电脑有限公司总经理
焦成德 湖南新浪潮电脑有限公司总经理
黄建昌 内蒙古万德（集团）公司总裁
张志忠 太原世纪园电子技术有限公司总经理
田裕 山西好友科技发展有限公司总经理
戴朝阳 石家庄飞宇科技发展有限公司总经理
李晖 天津市大地科技公司总经理
马强 清华同方股份有限公司计算机系统本部西南区总经理
董奇勇 福建实达电脑科技有限公司西部分公司总经理
张仲文 广东新耐特公司副总经理
侯炜 上海佳矿同业商贸发展有限公司总经理
韩永师 曙光信息产业有限公司山东特区总经理
叶炜 杭州天潮网格系统设备工程有限公司总经理
郑海东 清华紫光台式电脑事业部西南大区经理
刘力 清华紫光台式电脑事业部华东大区经理
孙秀荣 北京鑫科思特科贸有限公司总经理
颜朝晖 上海普兰普计算机技术有限公司总经理
陈雷 美国网件（NETGEAR）公司华东区渠道经理
汪涛 科士达科技发展有限公司华南区大区经理
房春生 上海海尔销售有限公司笔记本产品群销售经理
王鸿飞 济南万佳计算机工程有限公司服务器产品部经理
孙思格 梅兰日兰电子（中国）有限公司华东地区经理
张建宇 北京创今时代数字技术有限公司副总经理
成勇兵 广州佳禾科技有限公司总经理
戴晓明 合肥未来计算机技术开发有限公司总经理
段有名 山东福德资讯数码科技有限

公司副总经理
杨　峰　山东亿维信息科技有限公司总经理

中国 IT 卖场杰出贡献奖（1 位）

鲁瑞清　中关村电子产品贸易商会会长、北京海龙资产经营集团有限公司董事长

2004 中国 IT 卖场年度风云人物（8 位）

姚从琪　北京海龙资产经营集团有限公司总经理
穆麒茹　鼎好电子商城总经理
袁亚非　江苏三胞集团董事长、宏图三胞高科技术股份有限公司总裁
蔡明贤　百脑汇电子信息有限公司集团总裁
祁　燕　原中关村科贸电子城总经理
何　平　湖南国储电脑城总经理
张　宇　广州奕方多媒体文化广场有限公司董事总经理
唐立新　成都数码广场有限公司总经理

（信息来源：《电脑商报》）

备注：中国 IT 渠道精英评选是一项专门针对中国 IT 渠道管理者的评选活动，也是目前国内惟一一项立足于从人的角度考察和记录 IT 渠道的发展、彰显“渠道人”的价值的活动。该项活动由 IDG Channel World 旗下的 IT 渠道专业媒体《电脑商报》于 2002 年创立，此后每年评选一次。

◎榜五、2004 中国通信业十大新锐人物◎

1.上海贝尔阿尔卡特总裁：狄　加

新锐摘要：敢做敢为、野心勃勃，改写着一个通信巨头的未来

新锐点评：“我们要做中国第一、阿尔卡特第一。”

“我在中国要打 ‘两场仗’，第一场就是争取在中国成为行业第一和行业领袖，引导行业潮流发展；同时在整个阿尔卡特集团内部，我们也要成为佼佼者，所有产品在中国的制造、研发、出口都要成为冠军。”

2.诺基亚（中国）投资有限公司总裁：何庆源

新锐摘要：精于市场开拓的高级经理人

新锐点评：1983 年毕业于加拿大沃特卢的何庆源，谦逊而平和。在加盟诺基亚之前，何庆源曾在北电网络和摩托罗拉担任过要职。自 2001 年担任诺基亚（中国）网络副总裁开始，何庆源便创造了一系列佳绩，如在 2003 年严峻的市场环境中，率领诺基亚网络在中国不仅超额完成了收入目标，还将 GSM 网路业务拓展到新的省级市场。

3.NEC 通讯（中国）有限公司总裁：卢　雷

新锐摘要：激情四射的企业设计师，推行“新政”令 NEC 焕然一新

新锐点评：卢雷，这个激情四射、才华横溢的企业设计师，从摩托罗拉到 NEC，他的快速切换仅用了一个月。首次以新任 NEC 通讯（中国）有限公司总裁身份出现在镁光灯下的他，以庄严的姿态和铿锵有力的声音惊爆出一个阶段性的目标——3 年之内，让 NEC 在中国移动通信市场上的收入占据 NEC 海外移动通信总收入的 40%。

4.爱立信（中国）公司总裁：马志鸿

新锐摘要：韬光养晦，志在必得

新锐点评：1954 年出生于瑞典的马志鸿，拥有瑞典斯德哥尔摩经济学院的工商管理硕士学位。迄 2004 年为止，马志鸿加盟爱立信已有 20 余年，分别在爱立信亚太地区 6 个国家担任过不同的管理职务。在爱立信任职的最初 5 年（1982–1987 年），马志鸿曾担任过财务和行政职位，包括爱立信国际有限公司的大区财务总监。

5.华为技术有限公司总裁：任正非

新锐摘要：深谋远虑的“教父”，频吐惊世“新言”

新锐点评：“活下去，永远是企业的硬道理。”任正非常对华为的员工灌输这样的理念。对任正非而言，华为“走出去”开拓海外市场实际上就是为了更好地“活下去”。

1987 年 10 月，在深圳湾简易房里，这位 43 岁的退役部队团职干部用 24000 元钱创办了一家小小的公司。而现在，这个叫华为的公司几乎颠覆了国外总认为中国是一个低科技、低成本产地的印象。于是，很多人曾尊称他为中国民族科技的“教父”。

6.中国网通（集团）有限公司总裁：田溯宁

新锐摘要：充满激情的梦想家，大胆“走出去”的实践者

新锐点评：“我有一个梦想”，这句话折射在田溯宁的一言一行当中。

1994 年，在和丁建携手创办亚信的时候，田溯宁谈得最多的是“要把 @ 带给中国的每一个人”。

田溯宁的激情与理想，点燃了中国网通的国际化之路。留学美国的经验，加上国际化理想，使田溯宁与国际同行的交流十分密切，田溯宁更被一些媒体喻为精于电信收购的“秃鹫”。

7.西门子中国通信集团总裁：韦思德

新锐摘要：挑战愈大斗志愈坚

新锐点评：44 岁的韦思德毕业于杜塞尔多夫应用科学大学电子工程专

业,1981 年就加盟西门子公司,先后在东南亚、中东、东亚、澳大利亚的西门子公司担任过重要职务,负责固网和移动业务的销售、市场和管理工作。

这位德国人喜欢挑战,酷爱帆船、滑雪运动。同样,面对来自中国市场的巨大挑战,韦思德一直在寻求突破。2004 年 10 月 1 日;韦思德对外宣布:西门子原固定网络和移动通信业务部门——西门子信息通讯网络集团和西门子信息通讯与移动集团正式合并,合并后的西门子通信集团销售额与摩托罗拉并列第三。

8.UT 斯达康中国有限公司首席执行官:吴 鹰

新锐摘要: 后小灵通时代的领袖,乐观、自信。

新锐点评:在一触即发的现代商战中,冷静、清醒的头脑是最难能可贵的。2003 年,吴鹰曾凭借其坚决果断亲手缔造出一个小灵通时代;2004 年,吴鹰麾下的 UT 斯达康面临转型,于是,一个后小灵通时代也悄然来临了。

高速的成长,外加血统中的西方因子,造就了 UT 斯达康独特的企业文化——勇于冒险、大胆创新。因为冒险,小灵通这座“金山”得以星火燎原;因为创新,小灵通将以高昂的姿态去直面 3G。

9.中兴通讯有限公司总裁:殷一民

新锐摘要:稳健是主旋律,创新是悠扬的“和声”

新锐点评:40 岁的殷一民,精力充沛、深具亲和力,头脑清晰而果断,能承受巨大的压力并保持对重要决策的持续性决心。

2004 年,中兴通讯收获累累硕果,在国际市场、手机、3G 三大战略领域均取得突破性进展。2004 年 8 月,中兴通讯在竞争激烈的评选中脱颖而出,荣获“2004 年中国通信产品服务客户满意金牌企业”称号。

10.中国铁通集团有限公司董事长:赵吉斌

新锐摘要:大刀阔斧的“铁人”

新锐点评:2004 年,中国铁通凭着那股子强烈的进取心,不断突破、屡创佳绩,给我国风起云涌的电信市场添上绚丽的一笔。

事实证明,拥有“铁人”称号的赵吉斌没有让中国铁通失望。2004 年,铁通正如其新标示“CTT”象征的那样,快速成长、阔步前进。2004 年 10 月 15 日,中国铁通召开经营管理电视电话会议,宣布公司 2004 年前 3 个季度经营状况,结果显示中国铁通已经提前一季度完成固话和宽带用户净增计划,同时,中国铁通的其他各项改革工作也在大力推行,这无不显示了新一届领导的开拓实力。

(信息来源:通信世界网 2004 年 12 月 28 日)

备注:本次活动的主办单位为通信世界杂志社,中国通信业十大新锐人物的评选为其一年一度的年终专刊。

◎榜六、2004 中国互联网十大新闻人物◎

1.中国科协副主席、中国工程院院士、中国互联网协会理事长:胡启恒

入选理由: 从互联网接入到互联网成长的每一步都留下了她的关心和支持,她是中国互联网事业发展的见证人之一,2004 年代表中国加入联合国秘书长安南领导的互联网工作组。

2.新华社河北分社网络室主任:江 山

入选理由:江山与新华社另外两位记者许群、郭以格组成的三人“别动队”,写出一篇 4700 多字的关于色情网站的报道,受到中央领导高度重视,由此点燃了打击淫秽色情网站专项行动这场“人民战争”的“导火线”。

3.中国互联网协会互联网新闻信息服务工作委员会秘书长、中国网执行副总裁:李家明

入选理由:李家明和他领导的“违法和不良信息举报中心”网站成为全国打击淫秽色情网站专项行动的排头兵,军人出身的李家明被网民称为“扫黄勇士”。

4.江西省弋阳县社会福利厂职工、“网络妈妈”:刘焕荣

入选理由:以网络为平台,教育、帮助数十位沉迷于网络的学生、社会青年解开心理障碍,远离不良思想情绪和偏激行为,被人亲切地称为“网络妈妈”。

5.中国日报网总裁:张 平

入选理由:张平领导的中国日报网站同美国 ACCOONA 公司合作开发 accoona.com 商业搜索引擎,成为中国重点新闻网站跨出国门进行商业化合作的先例。

6.北京中搜在线软件有限公司董事长兼 CEO:陈 沛

入选理由:高举民族搜索的大旗,推出“网络猪”,引起国内搜索引擎的竞争潮。

7.东方网董事长兼总裁:李智平

入选理由:东方网成为地方重点新闻网站的佼佼者,并率先推出“东方网吧”计划。

8.红网董事、总经理、总编辑:舒 斌

入选理由:舒斌参与了红网的筹备、建设和发展的全过程,大胆进行体制上的改革和创新,红网已跻身全国地方重点新闻网站前列,并实现盈利。

9.盛大网络发展有限公司董事长兼CEO:陈天桥

入选理由:互联网的新贵,财富积累的特殊代表,其财富曾经荣登中国榜首,身价近100亿元。他是2004年中国互联网上市的代表,同时也是中国互联网新的盈利模式(网游)的代表。

10.华中师范大学特聘教授:陶宏开

入选理由:挽救深陷网瘾青少年第一人,2004年7月发起"挽救上网成瘾者行动"。他已帮助65个孩子戒功脱瘾,培训了369名志愿者,为2000余位家长提供咨询。

(信息来源:新华网)

备注:2004年中国互联网"十大新闻人物"和"十大新闻事件"的评选活动由网络传播杂志社主办。《网络传播》杂志是由国务院新闻办公室支持、中国外文局主办的我国第一本面向互联网新闻信息传播领域的权威专业期刊。2004年中国互联网十大新闻人物和十大新闻事件,呈现了2004年度为推动中国互联网事业发展做出重要贡献的人物和影响产业变革的重大事件,倡导营造健康向上的网络环境,推动中国互联网健康发展。

四、游戏篇

回顾2004年的游戏产业——登陆股市,融资与收购,资本的介入迅速完成了整个产业链各个环节的打造;渠道竞争愈发激烈,探讨游戏产业的渠道发展的声音此起彼伏;各种精彩展会异彩纷呈,为蓬勃发展的产业作出最直观的展示;各路产品群雄并起,无论是游戏产品还是游戏硬件都不乏精品……

◎榜一、2004中国游戏产业年会获奖名单◎

1.十大最受欢迎的网络游戏

天堂II　传奇
传奇三　传奇世界
梦幻西游　奇迹
剑侠情缘Online　魔力宝贝
大话西游II　仙境传说

2.十大最受欢迎的民族网络游戏

传奇世界　梦幻西游
剑侠情缘Online　大话西游OnlineII
封神榜　刀剑
英雄年代　仙侣奇缘
神迹　碧雪情天Online

3.十大最受欢迎单机游戏

反恐精英－零点行动　魔兽争霸
仙剑外传－问情篇　暗黑破坏神II
三国志10　轩辕剑4
极品飞车　星际争霸
轩辕剑外传－苍之涛　太阁立志传5

4.2004中国十佳游戏运营商

新浪互联信息服务有限公司
上海盛大网络有限公司
金山软件有限公司
第九城市计算机技术咨询(上海)有限公司
光通通信发展有限公司
智冠电子(北京)有限公司
网易
北京搜狐在线网络信息服务有限公司
深圳腾讯计算机系统有限公司
网星史克威尔艾尼克斯网络科技有限公司

5.2004中国游戏产业最具影响力人物

丁　磊:网易
陈天桥:上海盛大网络有限公司
朱　骏:第九城市计算机技术咨询(上海)有限公司
雷　军:金山软件有限公司
马化腾:腾讯科技(深圳)有限公司
唐　骏:上海盛大网络有限公司
求伯君:北京金山软件有限公司
杨　京:光通通信发展有限公司
王俊博:智冠电子(北京)有限公司
张朝阳:北京搜狐在线网络信息服务有限公司

6.2004中国游戏企业新锐奖

北京游戏蜗牛网络技术有限公司
梦工厂软件有限公司
上海腾武数码科技有限公司

7.2004中国十佳游戏开发商

金山软件有限公司
网易
目标软件(北京)有限公司

智冠电子(北京)有限公司
上海盛大网络有限公司
第九城市计算机技术咨询(上海)有限公司
腾讯科技(深圳)有限公司
北京游戏蜗牛网络技术有限公司
光通通信发展有限公司
网龙(中国)公司

8.2004 中国最佳游戏渠道商

北京骏网联合科技有限公司
连邦软件有限公司
北京晶合时代软件技术有限公司

9.2004 中国十佳游戏媒体

新浪游戏频道
大众软件
17173
网易游戏频道
家用电脑与游戏
电脑报
电脑商情报
游戏基地
天极网
电脑游戏新干线

10.2004 中国游戏产业支持奖

成都市人民政府
上海市新闻出版局
上海市公安局网监处
中国电信互连星空
北京汉威国际展览有限公司
上海信息产业集团增值应用中心
四川公用信息产业有限责任公司

11.2004 中国游戏海外拓展奖

北京搜狐在线信息有限公司
北京游戏蜗牛网络技术有限公司
齐齐哈尔光谱资讯有限责任公司
金山数码娱乐科技有限公司
目标软件(北京)有限公司
网龙中国有限公司

(信息来源:新浪游戏频道 2005 年 1 月 21 日)

备注:中华人民共和国新闻出版总署支持的首届中国游戏产业年会于 2005 年 1 月 20 日在广州召开,大会于 21 日公布了经过严格评选的 2004 年度游戏产业各大评选结果。评选涵盖了游戏产业链各个环节,对 2004 年度的中国游戏产业状况做出了权威、全面的评判。

◎榜二、第 2 届中国网络游戏年会获奖名单◎

1.2004 中国网络游戏"金手指"奖

奖项	游戏	公司
最佳网络游戏:	传奇世界	上海盛大网络发展有限公司
最佳国产网络游戏:	剑侠情缘	金山软件股份有限公司
最经典网络游戏:	奇迹	第九城市计算机技术咨询(上海)有限公司
最佳网络休闲游戏:	联众世界	北京联众电脑技术有限责任公司
最佳背景故事:	天翼之链	上海天纵网络有限公司
最佳剧情:	天翼之链	上海天纵网络有限公司
最佳角色造型:	天翼之链	上海天纵网络有限公司
最佳音乐音效:	奇迹	第九城市计算机技术咨询(上海)有限公司
最佳美术设计:	吞食天地 online	智冠电子(北京)有限公司
最佳视觉效果:	绝对女神	北京金玉天立软件科技开发有限公司
最佳宣传动画:	仙境传说 RO	智冠电子(北京)有限公司
最佳创新:	梦幻西游	广州网易计算机系统有限公司

最受期待:

封神榜	金山软件股份有限公司
开天	奥美网络科技(上海)有限公司
绝对女神	北京金玉天立软件科技开发有限公司
天翼之链	上海天纵网络有限公司
领土	上海聚商信息科技有限公司
天外	第九城市计算机技术咨询(上海)有限公司
冒险岛	上海盛大网络发展有限公司
天堂Ⅱ	上海新浪互联信息技术有限公司
赤龙剑心	南京万马网络发展有限公司
密传	成都欢乐数码信息技术有限公司

2.2004中国网络游戏经营运营奖

最佳网络游戏运营商:上海盛大网络发展有限公司

最佳网络游戏服务商:广州光通通信发展有限公司

最佳网络游戏开发商:金山软件股份有限公司

最具创意赢利模式:北京骏网联合科技有限公司一卡通

最佳网络游戏账号安全方案:上海盛大网络发展有限公司盛大密宝

3.2004 年度网络游戏支持奖

最佳网吧解决方案:华硕电脑华捷联合信息(上海)有限公司

网络游戏首选服务器:浪潮(北京)电子信息产业有限公司(浪潮品牌服务器)

网络游戏首选 PC 整机:浪潮(北京)电子信息产业有限公司(浪潮品牌 PC 整机)

网络游戏首选笔记本电脑:北京联宝讯通电子科技有限公司(联宝品牌笔记本电脑)

网络游戏首选显示器:优派显示设备国际贸易(上海)有限公司(优派品牌显示器)

网络游戏首选键盘:罗技电子贸易(上海)有限公司(罗技品牌键盘)

网络游戏首选内存:美国金士顿科技公司(Kingston 品牌内存)

4.2004 中国网络游戏风云人物

(按姓氏笔画排序)

九城:朱 骏

盛大:陈天桥

光通:杨 京

骏网:吴洪彬

奥美:张曙波

网易:董瑞豹

金山:雷 军

联众:鲍岳桥

(信息来源:PChome 网站)

备注:2004 年度第 2 届中国网络游戏年会由中国电子信息产业发展研究院主办,软件世界杂志社和 PChome.net 共同承办。颁奖典礼于 2004 年 9 月 8 日在北京新世纪饭店举行。

◎榜三、2004 最佳游戏大奖获奖名单◎

1."尖锋游戏"大奖

孤岛惊魂(Far Cry)

代理公司:上海育碧

开发公司:Crytek

2.2004 年度最佳民族网络游戏

梦幻西游

运营公司:网易

开发公司:网易

3.2004 年度最佳跨平台游戏

细胞分裂:明日潘多拉(Tom Clancy's Splinter Cell Pandora Tomorrow)

发行公司:上海育碧

开发公司:Ubisoft

游戏平台:PC、Xbox、GameCube、Play Station 2、GBA、Mobile

4.2004 年度最佳休闲游戏

泡泡堂

开发公司:盛大

运营公司:盛大

5.2004 年度新锐网络游戏

梦幻之星在线:蓝色脉冲

运营公司:朝华数字娱乐

开发公司:世嘉

6.2004 年度最受期待游戏

魔兽世界(World cf Warcraft)

发行公司:Blizzard Entertainment

开发公司:Blizzard Entertainment

国内代理:九城

7.2004 年度最佳游戏客服

天堂 II

运营公司:新浪

开发公司:NCSoft

8.2004 年度最佳游戏开发商

游戏蜗牛电子有限公司

9.2004 年度最佳游戏运营商

光通通信发展有限公司

10.年度"锋云人物"

网易公司首席运营官:董瑞豹

(信息来源:新浪网)

备注:一年一度的"GameSpot·游戏基地"最佳游戏评选活动,已经成为业界和广大玩家最为关注的内容。2004 年"GameSpot·游戏基地"与联想集团进行了合作,除继续秉承客观、公正、专业的 GameSpot 全球统一评价体系进行评判外,还联合了新浪、17173 等媒体,组织玩家进行投票。参与评选的游戏分三大类,共计 368 款产品,覆盖了 2004 年所有国内正式上市或正在运营的游戏。

◎榜四、2004ChinaJoy 杯展会优秀游戏◎

十大最受欢迎网游

大话 II	梦幻西游
传奇世界	破天一剑
天堂 II	传奇 3
坦克宝贝	骑士
刀剑	仙境传说

十大期待网游

海盗王	航海世纪
魔兽世界	蜀山
倚天 II	边缘火线任务
天骄 II	快乐西游
天方夜谭	

最受喜爱单机游戏

CZ	魔兽争霸 3
暗黑破坏神 2	极品飞车
荣誉勋章	

最受期待单机游戏

半条命 2	极品飞车 2
指环王	Sim2
FIFA2005	

(信息来源:Chinajoy 网)

备注:CHINAJOY 作为国内最大规模的游戏专业展会,其发展兼顾并推动了电视游戏的发展。因此,组织国际化定位、正规化运作、大规模参与的电视竞技比赛的时机已经成熟。在 CHINAJOY 2004 展会上举办这样的赛事,称之为"CHINAJOY CGT",即"CHINAJOY 电视游戏竞技大赛"。

(投票时间:2004 年 9 月 6 日至 10 月 6 日)

相关链接:2004 游戏产业十大关键词

1.上市

仅在 3 年前才以代理韩国游戏《传奇》起家的盛大网络,2004 年 5 月一上市就造就了一位中国首富。在这样的神话之下,网络游戏成为互联网企业的“香饽饽”也就不足为奇了。

2.收购

“收购”似乎已经成为2004年游戏公司扩展和发展的捷径。盛大以9170万美元现金收购了韩国ActozSoft公司28.96%的股份,并由此成为该公司第一大股东,此轮收购被业界称之为“惊天大收购”。此外,中文原创网站起点,手机游戏公司数位红,休闲网络游戏杭州边锋,以及电子竞技平台浩方也先后被盛大收购……

3.打币工厂

从最初的使用游戏币交易,发展到后期的使用点卡交易,再到2004年的打币工厂的诞生与消亡,虚拟装备的交易成为2004年玩家关注的焦点。应该说,在2004年使用人民币购买虚拟物品的交易行为,已经逐渐地商业化、完整化、体系化了。最值得关注的是,越来越多的玩家以所谓“打币工厂”的方式进驻新游戏,有组织地经营虚拟装备。

4.免费

枯燥的游戏内涵,始终不变的游戏定律,频繁上市的新游戏,已经令不少玩家开始产生鸡肋效应。于是,免费大餐来了,玩家们开始转移阵地。2004年下半年以来,网络上已经先后出现20余款免费游戏,正成为游戏市场的新生力量。

5.私服、外挂

私服和外挂一直被业界戏称为行业“毒瘤”,动员游戏厂商打击私服和外挂的行动对于中国游戏产业来说是个极其迫切的举动。私服和外挂的出现给中国游戏产业造成了非常沉重的打击,它们的出现一方面严重破坏了网络游戏玩家在游戏中应得的公平公正的游戏环境,也对游戏厂商的运营造成了相当严重的影响,使游戏产业的发展受到了制约。2004年闹得风风火火的“打击私服外挂,百万声援”活动,便是中国游戏产业的一次“扫毒”行动。

6.百万在线

2004年12月3日,一个堪称中国网络游戏史上的辉煌时刻。QQ休闲游戏平台的同时在线人数已经突破100万大关,从而再一次创造了网络游戏新的历史纪录。

7.国产游戏

2004年,网易一直成功地运营着《大话西游2》和《梦幻西游》,金山亦步亦趋地推出《剑侠情缘2》和《封神榜》,游戏蜗牛、目标、搜狐也已推出各自的国产作品,以期突破现有的韩国网络游戏占据网游市场半壁江山的割据局面。值得一提的是,网易公司虽然在盛大成功的光芒下并不怎么显山露水,但是单从《梦幻西游》34万人的在线人数看,国产游戏受欢迎的程度可见一斑。

8.3D游戏

就在前不久,国内渠道商们都在为韩国3D网游《天堂2》的市场前景争论不休的时候,另一款同样被国内渠道商们奉为“经典”的韩国3D网络游戏《A3》命运突变。仅半年时间,3D网络游戏在市场上的表现便从年初的“火爆”迅速陷入当下“尴尬”的境地。这是众多代理商、渠道商,还有玩家们都没有想到的。目前人气最旺的《天堂II》和期待最久的《魔兽世界》两款3D大作,在2005年是否会遭遇同样的命运呢?

9.分级

2004年11月30日,中国青少年网络协会推出了《绿色游戏推荐标准》与《绿色网吧推荐标准》。《绿色游戏推荐标准》将评级分为适合全年龄段、初中生年龄段、高中生年龄段、18岁以上年龄段和危险级5个等级。这是中国民间组织首次尝试制订游戏分级制度标准。不过该标准仅颁布几天,就受到了相关部门和游戏企业的质疑,在各方的压力之下,民间游戏分级标准最终叫停。

10.美女

似乎绝大多数人觉得,网游是男人的运动,于是几乎每款网游都会从各个角落里找来一个或几个美女来当代言人,在宣传时会加入“MM最喜爱的游戏类型”之类言语来吸引玩家。游戏公司光靠美女来开拓市场恐怕只是个空想,最关键的还是品质要上去,品质上去了,再用美女的妩媚来刺激玩家也不晚。

五、综合篇

充满猜测和等待的2004年,没有风起云涌的2004年,不平淡中却透出一种平实。在经过大刀阔斧改革的中国通信业,平实是一种必然的回归。但2004年的平实中蕴藏着激烈的竞争,不仅仅因为3G,更多的是中国的IT蕴藏了太多的激情与期待。

◎榜一、2004中国“IT两会”获奖名单◎

1.2004中国IT年度人物

上海贝尔阿尔卡特股份有限公司董事长:**袁 欣**

HP全球副总裁暨HP中国区总裁:**孙振耀**

微软公司副总裁、微软大中华区首席执行官:**陈永正**

思科全球副总裁兼大中国区总裁:**杜家滨**

神州数码控股有限公司总裁兼CEO:**郭 为**

AMD全球副总裁兼大中华区总裁:**郭可尊**

东软集团董事长兼CEO:**刘积仁**

用友软件股份有限公司董事长兼总裁:**王文京**

浪潮集团有限公司总裁:**孙丕恕**

清华同方副总裁兼计算机系统本部

总经理:李建航

清华紫光股份有限公司总裁:李志强

TCL数码电子事业本部总裁:杨伟强

实达电脑科技有限公司董事长:贾红兵

合力思软件(中国)有限公司董事长兼首席执行官:沈惠中

曙光信息产业有限公司总裁:历 军

IBM大中华地区董事长及首席执行总裁:周伟焜

联想集团总裁:杨元庆

戴尔亚太区副总裁兼戴尔中国区总裁:符标榜

金蝶国际软件集团主席兼行政总裁:徐少春

2.2004中国IT创新企业奖

亚信科技(中国)有限公司

北京华旗资讯数码科技有限公司

佳能(中国)有限公司

日立信息系统(上海)有限公司

上海朝华科技有限责任公司

江裕映美信息科技有限公司

上海浙大网新易得科技发展有限公司

飞利浦电子(上海)有限公司

华硕电脑

神舟电脑有限公司

微星科技(中国)公司

TOM在线有限公司

3.2004中国信息化建设项目成就奖

鸡西矿业集团物资供应公司ERP及网上采购系统

雅戈尔集团供应链系统

广州市道路扩建工程办公室城市拆迁资源计划系统

浙江移动公司BOSS系统

中信实业银行新一代核心业务系统

中国人寿保险股份有限公司IT规划项目

北京市地税局地方税务综合服务管理信息系统

美的集团供应链和营销系统

中国军网网站建设项目

4.2004推动中国信息化进程突出贡献奖

中华人民共和国审计署审计长:李金华

国家电力调度通信中心总工程师:辛耀中

宁波市信息办主任:陈 刚

中国石化股份公司信息系统管理部主任:李德芳

中国通用技术集团副总裁:张汝恩

成都市市委常委、宣传部部长:郝康理

黑龙江省科技厅副厅长:郑志诚

中国电信集团公司、大客户事业部总监:梁志平

上海贝尔阿尔卡特公司董事长:袁 欣

HP全球副总裁暨HP中国区总裁:孙振耀

AMD全球副总裁兼大中华区总裁:郭可尊

(信息来源:《计算机世界》报)

备注:中国"IT两会"即"中国IT财富(CEO)年会"与"中国CIO(信息主管)年会",是由中国最权威的IT传媒机构——计算机世界传媒集团《计算机世界》报创办,由最初的CEO年会,发展成为集合CIO和CEO精英的"IT两会",通过论坛交流和思想碰撞,为推动中国信息化的产业建设的产业力量和各行业用户搭建起双向沟通的桥梁。自2000年首创以来,经过5年的精心培育和打造,中国"IT两会"已经成为中国IT业界最具影响力的年度盛会,更是牵引中国IT产业未来发展和市场走向、探索信息化方略的重要标杆。

◎榜二、2004中国电子市场年会暨IT年会获奖名单◎

1.独立电脑城十强

海龙电子城

深圳赛格电子市场

鼎好电子商城

北京硅谷电脑城

百脑汇美罗店

广州太平洋电脑市场

湖南国储电脑城

杭州颐高数码广场

华海数码电脑广场

广州天河电脑城

2.最具竞争力IT零售连锁商

江苏宏图三胞科技发展有限公司

3.全国连锁电脑城前三名

第一名:百脑汇电子信息有限公司

第二名:赛博数码广场

第三名:浙江颐高数码科技集团赛格电子市场

4.最具竞争力的网络电子商城

北京搜易得数码科技有限公司

5.最具潜力网络电子商城

海龙资讯网

百脑汇IT资讯导购网

IT世纪网

6.全国最具影响力的电脑城品牌

海龙电子城

7.消费者满意度最高的独立电脑城

鼎好电子商城

8.经销商满意度最高的独立电脑城

北京硅谷电脑城

9.消费者满意度最高的连锁电脑城

百脑汇电子信息有限公司

10.经销商满意度最高的连锁电脑城

百脑汇电子信息有限公司

11.全国最具潜力的独立电脑城

中关村科贸电子城

12.上海最具竞争力电脑城

百脑汇美罗店

13.南京最具竞争力电脑城

百脑汇南京店

14.浙江省最具竞争力电脑城

杭州颐高数码广场

15.西南地区最有竞争力的电子市场

百脑汇电子信息有限公司

16.江苏省最具竞争力的连锁电脑城

金正百脑数码生活广场

17.华南地区最具潜力的连锁电脑城

百脑汇电子信息有限公司

18.华东地区最有竞争力的连锁电脑城

百脑汇电子信息有限公司

19.华北地区最具潜力的连锁电脑城

浙江颐高数码科技集团

20.华北地区最有竞争力的连锁电脑城

百脑汇电子信息有限公司

21.2004 电子市场风云人物

海龙资产经营集团有限公司董事长:**鲁瑞清**

百脑汇电子信息有限公司集团总裁:**蔡明贤**

鼎好电子商城总经理:**穆麒茹**

深圳赛格电子市场总经理:**甄勇峰**

浙江颐高数码科技集团营运总裁:**李登富**

北京硅谷电脑城总经理:**陈崇玉**

中关村科贸电子城总经理:**祁 燕**

江苏宏图三胞高科技术股份有限公司董事长:**袁亚非**

新华海科技产业集团董事长:**段红飚**

湖南国储电脑城总经理:**何 平**

搜易得数码科技有限公司总经理:**郭洪驰**

(信息来源:班尼海龙资讯 2004 年 10 月 25 日)

备注:2004 年 10 月 22 日上午,2004 中国电子市场年会暨首届中国 IT 零售年会正式开幕。本次年会由中国 3C 联盟主办,中国计算机报社协办,以"微利时代的 IT 零售"为主题。

◎榜三、2004 中国计算机用户协会获奖名单◎

(一)中国信息产业精英企业

明星精英企业:

联想集团有限公司

用友软件股份有限公司

国际商业机器(中国)有限公司

中国惠普有限公司

梅兰日兰电子(中国)有限公司

方正科技集团股份有限公司

映美信息科技有限公司

新锐精英企业:

东方集团 (广东易事特集团有限公司)

深圳市佑泰实业有限公司

北京广联达慧中软件技术有限公司

上海亿通国际股份有限公司

中铁信弘远(北京)软件科技有限责任公司

(二)中国信息产业金牌服务企业

联想集团有限公司

国际商业机器(中国)有限公司

用友软件股份有限公司

梅兰日兰电子(中国)有限公司

方正科技集团股份有限公司

映美信息科技有限公司

上海亿通国际股份有限公司

东方集团 (广东易事特集团有限公司)

深圳市佑泰实业有限公司

北京广联达慧中软件技术有限公司

金蝶软件(中国)有限公司

北京同有飞骥科技有限公司

趋势科技网络(中国)有限公司

优派显示设备国际贸易(上海)有限公司

南天电子信息产业股份有限公司

青岛海信数码产品有限公司

北京人因展业科技有限公司

TCL 数码电子事业本部

北京利玛软件信息技术有限公司

太极计算机股份有限公司

北京新晨科技股份有限公司

北京三七二一科技有限公司

(三)中国信息产业诚信企业

联想集团有限公司

用友软件股份有限公司

梅兰日兰电子(中国)有限公司

映美信息科技有限公司

方正科技集团股份有限公司

东方集团 (广东易事特集团有限公司)

爱克赛(上海)电源有限公司

OKI 冲信息株式会社

北京同有飞骥科技有限公司

中国长城计算机深圳股份有限公司

金算盘软件(集团)有限公司

沈阳东软软件股份有限公司

研华(中国)公司

北京人因展业科技有限公司

北京中科红旗软件技术有限公司

厦门丽彩飞扬数码科技有限公司

赛贝斯软件(中国)有限公司

豪威科技有限公司

美国 EMC 公司

SAP 中国

山特电子(深圳)有限公司

安网(上海)软件有限公司

北京游龙网网络科技有限公司

太极计算机股份有限公司

普元信息技术有限公司

（四）中国信息产业用户满意产品

台式 PC 产品：

方正科技集团股份有限公司

青岛海信数码产品有限公司

笔记本电脑产品：

方正科技集团股份有限公司

激光打印机产品：

方正科技集团股份有限公司

显示器产品：

优派显示设备国际贸易（上海）有限公司

交换机产品：

锐捷网络 RG-S6800E 系列万兆核心交换机

投影机产品：

NEC 投影机

UPS 电源产品：

国内品牌：东方集团（广东易事特集团有限公司）

国际品牌：APC（美国电力转换）公司 Back-UPS 500/650 系列

耗材产品：

清华紫光股份有限公司紫光耗材

管理软件产品：

用友软件股份有限公司

金蝶软件（中国）有限公司金蝶 K/3

客户端安全解决方案：

赛门铁克——Symantec Client Security 2.0

加密产品：

卫士通硬件加密设备

电子交易平台产品：

新晨电子交易平台（Be-Web）

交换平台产品：

新晨交换平台（Be-Switch）

网站分析软件产品：

蓝太平洋网站决策支持系统

（五）中国信息产业极有价值产品

台式 PC 产品：

方正科技集团股份有限公司

青岛海信数码产品有限公司

TCL 精鼎 S100

高性能计算服务器产品：

SGI Altix350

UPS 电源产品：

梅兰日兰电子（中国）有限公司

APC（美国电力转换）公司 -Symmetra LX 系列

针式打印机产品：

国内品牌：映美信息科技有限公司

国际品牌：OKI 冲信息株式会社

专用打印机产品：

南天 PR 系列存折打印机

彩色打印解决方案产品：

映美信息科技有限公司

程控收款机产品：

映美信息科技有限公司

卫士通信息产业股份有限公司

国产磁盘阵列产品：

豪威科技有限公司

北京同有飞骥科技有限公司 NetStor 系列存储

鼠键产品：

北京人因展业科技有限公司

安全解决方案：

ServGate

入侵防护产品：

McAfee IntruShield

ERP 软件产品：

用友软件股份有限公司

财务软件产品：

金算盘软件（集团）有限公司

软件产品：

金蝶软件（中国）有限公司——金蝶中间件 Apusic

中间件软件产品：

国内品牌：普元面向构件的中间件 EOS

国际品牌：IBM 中间件软件产品

建筑行业软件产品：

广联达工程造价系列软件

金融应用软件产品：

南天金融前端平台——OFP Auto Branch

南天金融综合前置平台——OFP PerBranch

高性能企业级数据库产品：

Adaptive Server Enterprise 12.5.2

网站分析软件产品：

蓝太平洋网站决策支持系统

网络管理软件产品：

北京游龙网网络科技有限公司——SiteView

网络营销产品：

北京三七二一科技有限公司

（六）中国信息产业 2005 年度行业采购优选品牌

台式 PC 优选品牌：

联想集团有限公司

方正科技集团股份有限公司

TCL 数码电子事业本部

中国长城计算机深圳股份有限公司

笔记本电脑优选品牌：

联想集团有限公司

方正科技集团股份有限公司

中国长城计算机深圳股份有限公司

多功能一体机优选品牌：

联想集团有限公司

工业计算机优选品牌：

研华（中国）公司

服务器优选品牌：

国内品牌：方正科技集团股份有限公司

国际品牌：HP Intergrity Superdome 服务器

高性能计算服务器优选品牌：

SGI Altix 3700 Bx2

处理器优选品牌：

AMD Athlon 速龙 64 处理器

AMD Opteron 皓龙处理器

显示器优选品牌：

北京东方冠捷电子股份有限公司

路由器优选品牌：

锐捷网络系列交换机产品

交换机优选品牌：

锐捷网络系列路由器产品

投影机优选品牌：

国内品牌：北京大恒创新技术有限公司 INFOCUS（ASK）投影机

国际品牌：NEC公司NEC投影机
工程扫描仪优选品牌：
CONTEX大幅面工程扫描仪
存储优选品牌：
美国EMC公司
网络存储优选品牌：
北京大恒创新技术有限公司
UPS电源优选品牌：
国内品牌：东方集团（广东易事特集团有限公司）
国际品牌：梅兰日兰电子（中国）有限公司
山特电子（深圳）有限公司
爱克赛（上海）电源有限公司
针式打印机优选品牌：
国内品牌：映美信息科技有限公司
国际品牌：OKI冲信息株式会社
激光打印机优选品牌：
国内品牌：联想集团有限公司
映美信息科技有限公司
方正科技集团股份有限公司
国际品牌：OKI冲信息株式会社
存折打印机优选品牌：
南天PR系列存折打印机
税控收款机优选品牌：
映美信息科技有限公司
安全网关优选品牌：
ServGate-Edge Force Accel
优选系统集成商：
北京大恒创新技术有限公司
磁盘阵列优选品牌：
国内品牌：豪威科技有限公司
北京同有飞骥科技有限公司NetStor系列存储
国际品牌：HP StorageWorks EVA5000企业级磁盘阵列系统
MP3优选品牌：
北京人因展业科技有限公司
视保屏优选品牌：
北京人因展业科技有限公司
机箱优选品牌：
深圳市佑泰实业有限公司
电源优选品牌：
深圳市佑泰实业有限公司
音箱优选品牌：
深圳市佑泰实业有限公司
键盘优选品牌：
深圳市佑泰实业有限公司
耗材优选品牌：
清华紫光股份有限公司紫光耗材
连续性供墨系统优选品牌：
厦门丽彩飞扬数码科技有限公司
行业采购覆盖率最高企业：
用友软件股份有限公司
ERP软件优选品牌：
国内品牌：用友软件股份有限公司
国际品牌：SAP中国
中小企业ERP软件优选品牌：
金算盘软件（集团）有限公司
管理软件优选品牌：
金蝶管理软件EAS
财务软件优选品牌：
用友软件股份有限公司
HR软件优选品牌：
用友软件股份有限公司
操作系统软件优选品牌：
北京中科红旗软件技术有限公司
电子政务软件优选品牌：
用友政务软件有限公司
信息系统架构平台优选品牌：
太极信息系统架构平台
智能楼宇集成管理系统优选品牌：
太极智能楼宇集成管理系统
银行综合业务系统优选品牌：
太极银行综合业务系统
物流管理软件优选品牌：
利玛物流与分销管理系统（LDS）
协同办公软件优选品牌：
用友致远软件技术有限公司
医疗管理软件优选品牌：
用友医院管理软件有限公司
信息安全优选品牌：
赛门铁克——Symantec
网络安全优选品牌：
沈阳东软软件股份有限公司
网络病毒墙优选品牌：
趋势科技网络病毒墙NVW
防火墙优选品牌：
卫士通——中华卫士防火墙
双因素身份认证解决方案优选品牌：
RSA SecurID
加密软件优选品牌：
赛孚耐加密软件
CAD/CAM软件优选品牌：
北京数码大方科技有限公司——CAXA-电子图板2005；CAXA-实体设计2005；CAXA-制造工程师2004
网站分析软件优选品牌：
蓝太平洋网站决策支持系统

（信息来源：中国计算机用户协会秘书处）

备注：中国计算机用户协会年度评选活动自2003年首次开展以来，深受广大信息行业企（事）业单位的欢迎。本次评选活动自2004年7月启动，历时半年，通过报名、用户推荐、筛选、专家评审，入围企业达58家，共评出12家“中国信息产业2004年度精英企业”、22家“中国信息产业2004年度金牌服务企业”、25家“中国信息产业2004年度行业用户诚信企业”、18个“中国信息产业2004年度用户满意产品”、31个“中国信息产业2004年度最有价值产品”、74个“中国信息产业2005年度行业采购首选品牌”。另外，在评选厂商的基础上，又推出“中国信息产业2004年度行业用户显著媒体”。

2005年1月12日下午，中国计算机用户协会2004年度评选颁奖仪式在北京世纪金源大饭店隆重举行。

◎榜四、2004 IT 服务年会获奖名单◎

(一)产品服务用户满意奖(24 个)

2004 年国外台式 PC 服务用户满意金奖:国际商业机器中国有限公司

2004 年国内台式 PC 服务用户满意金奖:联想集团有限公司

2004 年国外笔记本服务用户满意金奖:国际商业机器中国有限公司

2004 年国内笔记本服务用户满意金奖:联想集团有限公司

2004 年国外 IA 服务器服务用户满意金奖:戴尔计算机(中国)有限公司

2004 年国内 IA 服务器服务用户满意金奖:浪潮(北京)电子信息产业有限公司

2004 年 RISC 服务器服务用户满意金奖:太阳计算机系统(中国)有限公司

2004 年国外打印机服务用户满意金奖:爱普生(中国)有限公司

2004 年国内打印机服务用户满意金奖:联想集团有限公司

2004 年国外多功能一体机服务用户满意金奖:中国惠普有限公司

2004 年国内多功能一体机服务用户满意金奖:联想集团有限公司

2004 年国外 UPS 服务用户满意金奖:梅兰日兰电子(中国)有限公司

2004 年国内 UPS 服务用户满意金奖:深圳科士达科技发展有限公司

2004 年国外网络设备服务用户满意金奖:思科系统(中国)网络技术有限公司

2004 年国内网络设备服务用户满意金奖:华为 3Com 技术有限公司

2004 年扫描仪服务用户满意金奖:上海中晶科技有限公司

2004 年显示器服务用户满意金奖:天津三星电子显示器有限公司

2004 年国外投影机服务用户满意金奖:富可视投影系统国际贸易(上海)有限公司

2004 年国内投影机服务用户满意金奖:明基电通信息技术有限公司

2004 年存储系统服务用户满意金奖:美国易安信(EMC)电脑系统有限公司

2004 年系统及网络管理软件服务用户满意金奖:冠群电脑(中国)有限公司

2004 年国外管理软件服务用户满意金奖:北京甲骨文软件系统有限公司

2004 年国内管理软件服务用户满意金奖:用友软件股份有限公司

2004 年信息安全产品服务用户满意金奖:北京天融信公司

(二)专业服务用户满意奖(18 个)

2004 年中国 IT 教育与培训服务用户满意奖:北京甲骨文软件系统有限公司、神州数码控股有限公司、中国惠普有限公司

2004 年中国 IT 运维与外包服务用户满意奖:中国惠普有限公司

2004 年金融行业服务用户满意奖:国际商业机器中国有限公司、神州数码控股有限公司、中国惠普有限公司

2004 年电信行业服务用户满意奖:联想中望系统服务有限公司、神州数码控股有限公司、亚信科技(中国)有限公司

2004 年政府行业服务用户满意奖:国际商业机器中国有限公司、联想亚信科技有限公司、神州数码控股有限公司

2004 年制造行业服务用户满意奖:国际商业机器中国有限公司、汉普管理咨询(中国)有限公司、中国惠普有限公司

2004 年教育行业服务用户满意奖:清华同方股份有限公司、神州数码网络有限公司

(三)综合奖和竞争力奖(13 个)

2004 年中国最具价值的 IT 服务品牌企业:国际商业机器中国有限公司、神州数码控股有限公司、中国惠普有限公司、联想集团有限公司

2004 年最具竞争力的 IT 服务品牌企业:冠群电脑(中国)有限公司、联想亚信科技有限公司

2004 年中国最具竞争力的 IT 支持与维护服务品牌:金牌服务、蓝色快车、阳光服务

2004 年中国最具竞争力的 IT 系统集成服务品牌企业:南天电子信息产业股份有限公司

2004 年中国最具竞争力的台式 PC 服务品牌:TCL 数码电子事业本部

2004 年中国最具竞争力的交换机服务品牌:神州数码网络有限公司

2004 年中国最具竞争力的信息安全产品服务品牌:联想计算机系统技术服务有限公司

(信息来源:中国电子信息产业发展研究院)

备注:1998 年以来,中国电子信息产业发展研究院(CCID)已经连续成功地举办了 7 届"中国 IT 服务年会"。2004 年 8 月 11 日下午,"2004 年中国 IT 服务年会"于北京新世纪饭店隆重召开。本届年会由中国电子信息产业发展研究院(CCID)和中国信息化推进联盟(CFIP)主办,赛迪顾问股份有限公司和中国计算机用户周刊共同承办。

◎榜五、2004值得关注的十大数码事件◎

1.数码厂商决战廉价数码单反相机(DSLR)

2003年底，佳能公司推出了万元以下的廉价数码单反相机Canon EOS 300D，整个数码相机市场掀起了轩然大波。老对手尼康2004年2月即推出倍受关注的NIKON D70。此后，奥林巴斯和柯尼卡也步步跟进。

2.长焦光学防抖全手动数码相机引爆DC市场

2003年底松下发布了长焦光学防抖全手动数码相机FZ10，这款相机一经发布就成了万众期待的热门机型。

2004年中柯尼卡美能达推出了使用AS浮动CCD技术防抖的Z3、A1、A2等机型，佳能公司推出了使用IS防抖技术的PROIS90升级精简版S1IS，尼康公司在2004年末也推出了使用NIKON VR防抖技术的8800等机型。

3.数码相机国家配套标准即将出台

2004年11月国家标准化管理委员鉴于数码相机市场的飞速发展，已经开始定制"数码照相机国家标准"，目前该标准已经基本定制完成，正在审批过程中，预计2005年可以出台。

4.全球PDA供货量比2003年同期增长12%

美国Gartner公司于当地时间7月29日发布了有关2004年第二季度全球PDA市场的调查结果。结果显示，该季度PDA供货量为275万部，与2003年同期相比，增长了12%。Gartner公司称"终于扭转了10个季度以来持续降低的低迷局面"。

5.超市彩扩店转向数码冲印

如今到超市的彩扩店不仅能够冲洗传统照片，而且还能够打印数码照片，刻录VCD、DVD光盘。据柯达公司2004年第三季度财务报告显示，数码业务收入增长率为39%。

6.多款入门级DV角逐数码摄像机市场

在CES2003展会上，索尼公司推出了家用高端机型TRV60E/75E，率先使CCD像素突破200万大关，达到了211万；佳能公司不甘示弱，2003年8月发布了MVX3i和MVX10i两款产品，其CCD像素又创新高，达到了220万；2003年底，索尼公司再次发力，推出了拥有331万像素的PC330E，重新登上了"王者"宝座。然而，在2004年发布的新品中，人们看到的更多是80万像素的低端入门级产品，这表明厂商之间的竞争更加理性、消费市场也更加成熟。

7.数码MP4随身看向纯音乐随身听发出挑战

2004年10月的高交会上法国ARCHOS公司MP4掌上影院大放异彩，这在数码爱好者心目中绝对是旗帜性产品。它是全球首台也是惟一一台集音视频播放、音视频录制、数码相机伴侣、视频编辑、视频输出为一体的数码产品。

8.800万像素消费DC家族迅速壮大

2004年9月，尼康发布了两款最新的800万像素产品CoolPix8800和CoolPix8400并很快上市，紧接着尼康便举起价格战的屠刀，率先将CoolPix8400的价格降到6000元以下，各品牌旗舰品之间的竞争也越来越激烈。其中尼康CoolPix8800是2004年中消费级数码相机真正的旗舰产品。

9.索尼推出1200万像素CMOS DSLR

2004年9月，索尼公司正式对外公开了其1240万像素的APS-C尺寸的CMOS感光元件。而应用索尼该款1200万像素CMOS的机型就是尼康刚刚推出的D2X。

10.硬盘型MP3继续火热

2004年，硬盘MP3随身听仍然是数码消费的热点，其最大的卖点就在于海量的存储，创新和苹果电脑都推出了容量高达40GB的产品，号称可以轻松存储1000首以上的歌曲。就连一直固守在CD和MD市场的SONY公司也不得不放下身价，推出自己的硬盘型MP3。

(信息来源：PChome网2004年12月17日)

备注：2004年，各大厂商数码新品的层出不穷，数码产品自身品质的提高和价格的日趋平民化，促成了数码普及化浪潮的到来。数码相机、数码摄像机、MP3随身听、MP4随身看和个人数字终端PDA等我们耳熟能详的产品统统属于酷炫数码范畴，整个数码产业已经成为信息社会发展中不可缺少的一环，成为人们日常生活中的必需。从数码2004整个一年的发展趋势来看，无论是各种产品型号的日新月异还是数码产业的跌荡起伏，都说明了2004年对数码来说的不平凡。PChome网站的笔者在众多纷繁的数码信息中精选出2004年度数码行业的10件大事来与大家共同回顾数码在2004年绝不寻常的轨迹。

◎榜六、2004 中国通信业大盘点◎

1.2004 年十大技术热点

3G 技术、下一代网络(NGN)、智能光网络技术、宽带接入技术、无线接入技术、视频通信技术、VoIP 技术、数字集群通信技术、网络安全、手机操作系统

2.2004 年知名电信业务品牌排行榜

序号	品牌名称	英 文	口 号	所属企业	定 位	发布时间
1	全球通	GoTone	积极、掌握、品位	中国移动	高端人群和成功人士	1994
2	小灵通			中国电信 中国网通	移动业务低端用户	1999
3	神州行		自由、实惠、便捷	中国移动	低端人群	2000.5
4	联通新时空		绿色、健康、时尚	中国联通	C 网	2002.4
5	如意通			中国联通	G 网低端用户提供话音业务服务	1999
6	动感地带	M-Zone	我的地盘,听我的	中国移动	15 到 25 岁的年轻人群	2003.3
7	世界风		真正全球畅通	中国联通	高端商务人士	2004.7
8	联通无限	U-MAX		中国联通	数据业务总品牌	2003
9	互联星空	China Vnet	光芒因你而聚	中国电信	平台、聚合、服务、共享	2003
10	宽带中国	CHINA169	中国网,宽天下	中国网通	网通宽带平台	2003
11	捷人互联	INet	接入你的梦想	中国电信	质量、效率、科技	2004.5
12	宽带 e 线		以宽群的方式生活	中国网通	个人、家庭宽带应用	2003.8
13	灵机 e 动			中国网通	小灵通增值业务	2003.12
14	宝视通		让沟通面对面	中国联通	公众视频业务	2003.6
15	全视通			中国联通	公众视频业务	2001

3.2004 最受欢迎的电信增值业务

彩铃/彩话、手机游戏、短信/彩信、IVR、WAP 浏览、移动秘书、移动证券、下载类业务、媒体互动、即时通信

4.2004 十大终端品牌

诺基亚、摩托罗拉、三星、索尼爱立信、波导、NEC、夏新、TCL、UT 斯达康、ZTE 中兴

5.2004 中国通信产业十大关键词

电信强国——2004 年国务院和信息产业部提出"电信强国"思路,影响着我国未来电信业改革和发展走向。

村通工程——信息产业部制定的行政村通电话规划,2005 年前力争达到 95%,2010 年实现 100%通电话。

反垃圾邮件——垃圾邮件日益泛滥,2004 年出台一系列管理办法。

"十一五"规划——中国目前正在制定的下一个五年规划,是我国实施现代化建设第三步战略部署的第二个五年计划,规划期为 2006 年到 2010 年。

3G 测试——从 2001 年 6 月开始,中国组织了 3G 实验室测试、外场测试,2004 年 9 月外场测试结束。

TD-SCDMA——是中国主导的 3G 标准,已为全球三大 3G 主流标准之一。为推进产业进程,大唐、华为、华立、联想、普天等八家企业成立 TD-SCDMA 产业联盟。

CNGI——我国下一代互联网发展战略的起步工程,由国家发改委、科技部、信息产业部等八部委联合领导,于 2003 年启动。

移动增值业务——利用手机网进行的短信、彩信、WAP、IVR、JAVA 等各种应用。

万兆以太网——以太网接口速率达到万兆,这是一种超级高速的技术。

宽带电话——宽带网络电话,价格比传统的电话要便宜许多,多家运营商都在实验。

(信息来源:信息产业部电信研究院)

备注:一年一度的"中国通信产业年度十大关键词"活动开始于 2003 年,在国内首次采用关键词形式浓缩中国通信产业发展历程,剖析中国通信产业的焦点、热点。"中国通信产业年度十大关键词"活动已经成为中国通信领域最具权威性和影响力的评选活动,得到了业内人士的普遍关注。它必将成为浓缩中国通信产业发展历程,把脉中国通信产业发展态势的年度盛典。

科技榜

引 言

与 2003 年的非典时期相比，2004 年显得比较平静——然而，平静终究是相对的。在推进全面建设小康社会的进程中，社会生活的方方面面总在发生着激动人心的变化。或许这些变化还不是很明显，只是潜在的、微妙的、细小的……但我们仍然每时每刻都能感受到一种力量，一种名为“科技”的力量。

2004 年，中国科技在有条不紊地向前推进。国家中长期科技规划“蓝图”即将绘制完成，基础研究向“深水区”走得更远；高技术研究“顶天立地”，步伐迈得更稳健；科技体制改革更加直面“深层问题”……可以说 2004 年中国科技在平静中孕育着活力。我们深信，中国科技在经历了这段较长时间的稳步发展后，在不久的将来必定会实现大幅度的跃升！

科技榜中榜

科技榜

◎榜一、2004 国家科技大奖◎

1.2004 国家科学技术进步奖

（一等奖）

序号	项目编号	项目名称	主要完成人、主要完成单位	推荐单位
1	J-253-1-01	“星光”数字多媒体芯片	邓中翰、张辉、杨晓东、金兆玮、张韵东、朱军、俞青　北京中星微电子有限公司	北京市
2	J-201-1-01	优质强筋早熟多抗高产广适性小麦新品种郑麦 9023	许为钢、胡琳、田云峰、张明进、赵献林、张进生、宋宏超、黄惠、王新中、吴和明、何金江、王根松、黑更全、张自亮、崔运城　河南省农业科学院小麦研究所、西北农林科技大学、河南省种子管理站、湖北省种子管理站、河南省粮食储运公司、河南省驻马店市农业科学研究所	河南省
3	J-210-1-01	罗布泊地区钾盐资源开发利用研究	王弭力、刘成林、王福同、宋松山、焦鹏程、韩蔚田、李浩、樊卫东、杨智琛、辛恒广、李廷祺、冯金星、陈永志、王新民、李长华　中国地质科学院矿产资源研究所、新疆维吾尔自治区地质矿产勘查开发局、新疆维吾尔自治区地质矿产勘查开发局第三地质大队、中国地质大学（北京）、中国地质科学院水文地质环境地质研究所、新疆罗布泊钾盐科技开发有限责任公司、化工部长沙设计研究院	国土资源部
4	J-210-1-02	陆相断陷盆地隐蔽油气藏形成机制与勘探	李丕龙、张善文、潘元林、宋国奇、肖焕钦、李干生、王永诗、庞雄奇、姜在兴、谭明友、吕希学、邱桂强、石砥石、赵铭海、翟庆龙　中国石化胜利油田有限公司、石油大学	中国石油化工集团公司
5	J-215-1-01	低碳铁素体 / 珠光体钢的超细晶强韧化与控制技术	翁宇庆、王国栋、董瀚、孙祖庆、杨忠民、刘清友、康永林、田志凌、李殿中、张丕军、王全礼、张晓刚、陈邦文、王中丙、宋立秋　钢铁研究总院、北京科技大学、东北大学、中国科学院金属研究所、宝山钢铁股份有限公司、首钢总公司、武汉钢铁（集团）公司、鞍山钢铁集团公司、广州珠江钢铁有限责任公司、攀枝花钢铁（集团）公司	中国钢铁工业协会
6	J-216-1-01	100MN 油压双动铝挤压技术与装备研制	谢东钢、张培良、张培栋、苏振佳、何养民、韩炳涛、朱军、吕亚臣、宁丙辰、王孟君、赵清明、殷玮光、成先飚、张君、祝伟忠　山东丛林集团有限公司、西安重型机械研究所、上海重型机器厂、中国航空工业第一集团公司第 304 研究所、中南大学、西北工业大学	山东省
7	J-218-1-01	秦山 600MWe 核电站设计与建造	叶奇蓁、闵元佑、倪武英、俞忠德、田树全、章宗耀、李晓明、刘明涛、厉成德、张森如、李永江、王寿君、吴杰、王惠祥、刘明昌　核工业第二研究设计院、中国核动力研究设计院、核电秦山联营有限公司、华东电力设计院、中国核工业中原建设公司、上海石化安装检修工程公司、上海电气（集团）总公司、哈尔滨动力设备股份有限公司	国防科学技术工业委员会
8	J-219-1-01	多业务统一网络平台（China Uninet）	刘韵洁、田文科、李晓明、肖京鸣、程火明、陈新明、马道杰、钱蓓力、宋丽梅、张智江、匡威、朱占军、成洁、王峰、姜培华　中国联合通信有限公司	信息产业部

序号	项目编号	项目名称	主要完成人、主要完成单位	推荐单位
9	J-223-1-01	新一代空中交通服务平台、关键技术及其应用	张军、吕小平、朱衍波、张学军、罗喜伶、潘磊、张涛、苑喆、顾明、胡字滢、薛瑞、谭锡荆、祝贺、杜冰、吴限　北京航空航天大学、民航数据通信有限责任公司、北京民航天宇科技发展有限公司、中国国际航空公司、中国民用航空总局航空安全技术中心	中国民用航空总局
10	J-253-1-02	小型化 OPCPA（光学参量啁啾脉冲放大）超短超强激光装置研究	徐至展、杨晓东、陆海鹤、冷雨欣、林礼煌、张正泉、李儒新、张文琦、印定军、金石琦、韩申生、彭家辉、王文耀、江云华　中国科学院上海光学精密机械研究所	上海市

（二等奖前10名）

序号	项目编号	项目名称	主要完成人、主要完成单位	推荐单位
11	J-201-2-01	北方早熟高产优质春玉米杂交种龙单13的选育与推广	张坪、苏俊、李春霞、龚士琛、宋锡章、张瑞英、钟占贵、周朝文、周彦春、陈喜昌　黑龙江省农业科学院玉米研究中心	黑龙江省
12	J-201-2-02	半干旱地区作物对有限水分高效利用的原理与技术	山仑、邵明安、邓西平、上官周平、黄占斌、张岁岐、张正斌、李玉山、吴普特、苏佩　中国科学院水利部水土保持研究所、西北农林科技大学	陕西省
13	J-201-2-03	节水高产型冬小麦新品种石4185	郭进考、付大平、史占良、底瑞耀、吕国朝、陈素英、李志勇、刘彦军、蔡欣、何明琦　河北省石家庄市农业科学研究院、中国科学院石家庄农业现代化研究所	河北省
14	J-201-2-04	根结线虫生防真菌资源的研究与应用	张克勤、李天飞、刘杏忠、夏振远、周薇、祝明亮、莫明和、杨树军、蔡磊　云南大学、云南烟草科学研究院农业研究所、贵州大学	云南省
15	J-201-2-05	高淀粉马铃薯新品种青薯2号	张永成、纳添仓、任有成、辛元品、迟德钊、袁翠梅、须宁、师理、孙海林、阮建平　青海省农林科学院	青海省
16	J-201-2-06	中国红壤退化机制与防治	张桃林、赵其国、何园球、王兴祥、李忠佩、孙波、鲁如坤、张斌、史学正、杨艳生　中国科学院红壤生态实验站	江西省
17	J-201-2-07	大白菜不同类型亲本系及杂种一代的选育与推广	何启伟、王均邦、邓永林、王翠花、文广轩、张晓伟、王敏邦、刘华荣、王焕亭、尹爱民　莱州市农科院蔬菜种苗研究所、山东省农业科学院蔬菜研究所	山东省
18	J-201-2-08	我国水稻黑条矮缩病和玉米粗缩病病原、发生规律及其持续控制技术	陈剑平、周益军、陈声祥、范永坚、张恒木、朱叶芹、蒋学辉、程兆榜、孙国昌、勾建军　浙江省农业科学院、江苏省农业科学院、浙江省植物保护总站、江苏省植物保护站、河北省植保总站、山东省植物保护总站、陕西省植物保护工作总站	农业部
19	J-201-2-09	优质多抗高产中籼扬稻6号(9311)及其应用	张洪熙、戴正元、徐卯林、李爱宏、黄年生、刘晓斌、卢开阳、汪新国、吉健安、胡清荣　江苏里下河地区农业科学研究所	农业部
20	J-201-2-10	高产优质抗（耐）病广适性油菜新品种中油杂2号的选育与应用	李云昌、李英德、徐育松、黄永菊、胡琼、卢开阳、袁国保、赛晓峰、柳达、梅德圣　中国农业科学院油料作物研究所	农业部

2.2004国家技术发明奖

（一等奖）

序号	项目编号	项目名称	主要完成人	推荐单位
1	F-214-1-01	高性能炭/炭航空制动材料的制备技术	黄伯云、熊翔、易茂中、黄启忠、张红波、邹志强	湖南省

（二等奖）

序号	项目编号	项目名称	主要完成人	推荐单位
2	F-253-2-01	结构照明型三维成像仪器及关键技术研究	苏显渝、曹益平、向立群、张启灿、陈文静、李万松	教育部
3	F-201-2-01	两系法超级杂交稻两优培九的育成与应用技术体系	邹江石、吕川根、卢兴桂、谷福林、王才林、全永明	江苏省
4	F-202-2-01	转基因741杨	郑均宝、田颖川、梁海永、高宝嘉、杨敏生、王进茂	专家推荐
5	F-203-2-01	鸡传染性法氏囊病病毒快速检测试纸条的研制	张改平、肖治军、邓瑞广、李学伍、郭军庆、王选年	农业部

序号	项目编号	项目名称	主要完成人	推荐单位
6	F-211-2-01	新型光敏水解褪色材料的研究及应用	董川、刘滇生、双少敏、林培华、李笃信、任志刚	山西省
7	F-212-2-01	新型鞋靴材料与模压工艺设备	张建春、郝新敏、梁高勇、严自力、周国泰、郭玉海	总后勤部
8	F-213-2-01	润滑油基础油脱氮精制成套技术及其应用	沈喜洲、夏明桂、舒运贵、严一民、杨旦平、史济义	湖北省
9	F-213-2-02	JW低压均温甲醇合成塔技术	楼寿林、楼韧、徐荣良、任筱娴、姜殿臣、任宝生	中国石油和化学工业协会
10	F-213-2-03	新型离子筛的研制及其应用	王榕树、王林双、那平、赵丽丽、张裕卿、孙岩	天津市

3.2004国家自然科学奖

（一等奖空缺，以下为二等奖前10名）

序号	项目编号	项目名称	主要完成人	推荐单位
1	Z-101-2-01	辛道路的指标理论与在非线性哈密顿系统中的应用	龙以明、朱朝锋、刘春根、胡锡俊	教育部
2	Z-101-2-02	扩充未来光管猜想及相关问题的解决	周向宇	中国科学院
3	Z-101-2-03	张量函数表示理论与材料本构方程不变性研究	郑泉水、黄克智	教育部
4	Z-102-2-01	2-5GeV能区正负电子湮没产生强子反应截面（R值）的精确测量	赵政国、黄光顺、胡海明、陈江川、吕军光	北京市
5	Z-102-2-02	原子尺度的薄膜/纳米结构生长动力学：理论和实验	王恩哥、薛其坤、贾金锋、刘邦贵、张青哲	北京市
6	Z-102-2-03	高温超导体磁通动力学研究	闻海虎、李世亮、杨万里	中国科学院
7	Z-103-2-01	有机、聚合物体系的层状组装与功能	沈家骢、张希	专家推荐
8	Z-103-2-02	有序排列的纳米多孔材料的组装合成和功能化	赵东元、唐颐、余承忠、屠波、高滋	上海市
9	Z-103-2-03	光电功能配位化合物及其组装	游效曾、熊仁根、左景林、张勇、余智	教育部
10	Z-103-2-04	若干新型光功能材料的基础研究和应用探索	姚建年、樊美公、付红兵、叶成、沈玉全	专家推荐

（信息来源：科技部网站）

备注：国家自然科学奖授予在基础研究和应用基础研究中阐明自然现象、特征和规律，做出重大科学发现的公民；国家技术发明奖授予运用科学技术知识做出产品、工艺、材料及其系统等重大技术发明的公民；国家科学技术进步奖授予在应用推广先进科学技术成果，完成重大科学技术工程、计划、项目等方面做出突出贡献的公民、组织。

这些奖项每年评审一次，并由国务院颁发证书和奖金，分为一、二等奖两个等级；对做出特别重大科学发现或者技术发明的公民，对完成具有特别重大意义的科学技术工程、计划、项目等做出突出贡献的公民、组织，可以授予特等奖。

◎榜二、2004中国科技看得见用得着的七大突破◎

1. 2004科学家上天入地下海

"上天入地下海"是我国几代科学家的梦想。2004年，这一梦想正在实现之中。

如今，返回式卫星等常规卫星的发射几乎不是新闻。只有载人航天、探月等才能吸引大多数人的眼球。2004年，投资14亿元的"嫦娥一号"绕月工程在年初正式启动，预计到2007年发射第一颗绕月卫星，"嫦娥奔月"已是"指年可待"。

我国第一个大型空间国际合作项目"双星计划"也获得了一系列数据，"探测一号"和"探测二号"双星以及欧洲空间局的"星簇计划"在太空中珠联璧合，为世界性的空间天气预报做出了贡献。受此鼓舞，我国科学家正在积极构想"三星"组成的风暴探测计划。因多人多天飞行带来新难度的"神舟六号"飞船的多项新技术也在2004年里得到攻克。而不为人所关注的是，在美国主持的月球和火星载人飞行合作计划中，中国作为16国之一，首次参加了和美国宇航局的合作洽谈。

2004年，"上天"行动中，一系列微小卫星的发射也颇为引人关注。继近年发射"实践五号"、"海洋一号"、"创新一号"等小卫星之后，2004年4月19日，我国陆续发射了"纳星一号"、"实验卫星二号"、"创新二号"等微小卫星，标志着我国在这一领域逐渐向世界靠拢。

"入地"工程就是始于20世纪末的大陆钻探工程。这一试图"把地球打个洞"的工程位于江苏省东海县境内，犹如一架深入地壳内部的"望远镜"。截至2004年9月27日，主钻孔打入地下4501米，超过4500米大关，完成了5000米计划深度的90%以上。这一数字标志着我国成功破解了在超高压结晶变质岩中钻探的世界性技术难题。科学家们利用钻探取出的岩芯及液、气态样品，进行多学科综合研究，在揭示大陆造山带的深部物质组成与结构等方面初见成效。

在“下海”方面，经过长达4年、30多种实验项目、共6万多次的分析，科学家在2004年公布了4年前中国首次大洋钻探的收获：取得了3200多万年的深海沉积记录；取得南海演变的沉积证据，发现到300多万年前南海沉积环境才出现强烈的南北差异；首次探讨了2000多万年以来气候周期性的演变，发现大洋碳循环的长周期等。科学家据此建立了南海的“历史档案”。当然目前的发现还只是冰山一角，更多的成果还在研究之中。

2. 能源科技进一步发展

能源危机的到来，使更多的人更加关注能源科技的发展，也对之寄予厚望。2004年，我国科技工作者在这一领域也取得了一系列收获。

“经过长时间勘探，我国石油资源是否已濒于枯竭？还有无潜力？”面对疑问，国家科技攻关课题组在2004年给出令人兴奋的答案：经过多年攻关，我国提出了“陆相断陷盆地隐蔽油气藏勘探”理论，为提高勘探命中率提供了重要“武器”。石油地质理论的突破，往往是石油勘探高潮来临的先声——陆相生油理论，发现了大庆、胜利等油田，使我国甩掉了“贫油”的帽子；复式油气聚集带理论，则铸就了我国东部油区历史产量的最高峰。如今，利用新理论，仅在胜利油田一地，就已经多发现了石油地质储量6亿多吨。

“可燃冰”是20世纪末以来科学家的宠物。2004年7月，中德两国的科学家在一项科学考察活动中发现中国南海确实存在天然气水合物。科学家还在南海发现世界最大的可燃冰喷溢岩区——首次发现了南海北部可燃冰“冷泉”喷溢形成的巨型碳酸盐岩，面积达430万平方公里，被认为是世界上最大的自生碳酸盐岩区。几乎同时，另一些中国科学家发现，青藏高原羌塘盆地多年冻土区可能蕴藏着大量“可燃冰”。

此外，2004年能源科技领域还有一系列进展：“超越二号”燃料电池轿车6月在上海研制成功，与“超越一号”燃料电池轿车不同的是，它的所有关键零部件都由我国自主开发的。电动汽车整车、燃料电池轿车的发展，使我国形成了比较完整的电动汽车产业技术支持体系。值得一提的是，2004年9月，我国研制成功了具有知识产权的新原理磁浮列车，车长2.63米，宽1.25米，可乘坐6人。

2004年7月，由国产超导线材制造的我国第一组超导电缆在昆明正式并网运行，昆明西北地区的几万户居民和多个工业企业开始用上了通过超导电缆传输的电力。这标志着继美国、丹麦之后，我国成为世界上第三个将超导电缆投入电网运行的国家。

3.基础研究向深水区前行

在基础研究领域，我国科学家在量子信息实验领域取得重大突破，获得美国物理学会评选的“2004年国际物理学十大进展”。这是美国物理学会首次将中国科学家在国内取得的研究成果，选入国际物理学年度十大进展。

中国科技大学潘建伟教授和他的同事杨涛、赵志等在国际上首次实现了国际上长期以来公认的高难课题“五粒子纠缠态的制备与操纵”，并利用五光子纠缠源在实验上演示了一种更新颖的量子态隐形传输，即“终端开放”的量子态隐形传输。这一研究被誉为“多粒子纠缠态实验研究上的重大突破，将极大地推动量子纠错和网络化量子信息处理的实验探索”，标志着我国在多粒子纠缠研究方面已经成功超越欧美等国家和地区，在量子信息研究领域跃居国际领先水平。

在基因研究中，继绘制出人类基因组“中国卷”、水稻基因组图谱后，我国科学家绘制出了家蚕基因组的图谱，为丝绸业的发展奠定了分子学基础；鸡基因组框架图和家鸡基因组遗传差异图的绘制完成，为以鸡为模式生物来研究脊椎动物进化、培育优质鸡种、改善食品安全和增进人类健康打下了基础。科学家还发现人与黑猩猩DNA序列差异为1.44%，这一发现为进一步研究人类智慧的形成，以及了解某些疾病的发生机制、开发相关的新药，提供了一个新的依据。

2004年3月19日，《科学》杂志上一篇中国科学家的论文，将推动世界“光钟”研究。由华东师范大学马龙生教授与毕志毅教授共同发表的论文，赢得国际同行专家的广泛关注和重视。国际标准局认为“以前所未有的精度实现光频合成与分割”和“此项不寻常的研究成果（人们难以想象在其他任何科学领域可能有如此高的精度）不仅进一步增进我们对许多物理问题的理解，而且还涉及重大技术进步和新的实际应用”。美国国家标准与技术研究所认为这一研究成果是“朝着基于光频（而不是微波频率）的新一代原子钟研究迈出的重要一步”。

4.中国信息技术逆水而上

我国第一台生物计算机雏形、华为第五代路由器……信息技术领域一系列技术的突破和产业化，正为信息产业这第一大产业的发展注入活力。

从科技进展上看，IT领域，就有几件大事不能不提：一是世界上第一个大规模下一代互联网在我国建成，标志着我国下一代互联网关键技术获得突破，中国在下一代互联网竞争中初享“话语权”；二是我国目前运行最快的超级计算机——每秒峰值运算速度11万亿次的曙光4000A在上海超级计算中心正式启动，标志着中国最大的网格主节点投入运行，一座信息技术领域的“三峡大坝”正在构建，也标志着我国超级计算机实现了技术和应用的双重跨越，成为世界上继美日之后第三个跨越10万亿次计算机研发和应用的国家；三是“中国芯”取得群体性突破，龙芯二号、半导体发光芯片、系统芯片、手机芯片……一时间，“芯”光灿烂。

同时，我国科学家正在加紧制定自主数字音视频技术标准。科学家联合上百家国内外大企业和科研机构制定完成了部分数字音视频编解码技术标准——AVS标准，为使这一技术成为国家标准、替代目前在音视频产业占据霸主地位的MPEG标准奠定了基础。为此，科学家在中关村专门建立了AVS研发基地。AVS标准的大规模产业化也已启动，科学家不仅研制成功用于AVS的编解码软件，还成功应用AVS卫星端对端直播系统进行了卫星试播。要知道，这可是一个牵动上万亿元现成音视频产业的标准。一旦成为国际标准，我国在DVD等音视频领域核心技术上受制于人的局面将彻底改变。

5.进一步认识地球

2004年7月28日，中国首座北极科学考察站——黄河站的建立，为中国科学家进一步认识全球变化提供了新的支点。

中国科学技术大学的孙立广在北极考察站初试锋芒就有发现，这位善于通过动物古粪土来研究环境变化的科学家在北极已经找到了鸟粪的沉积层。而中国极地研究中心副主任杨惠根带去的极光观测仪，使北极站成为极光观测的重要一环，为我国研究日地关系、进行空间天气预报进一步提供了可能，也使我国在极光这一研究项目上更具国际发言权。

2004年底，我国科学家将向南极冰盖最高点发起冲击，科学家不仅将进行与冰雪相关的一系列考察，而且将为我国在南极建立第三个考察站选址。同样让人高兴的是，在原有极地考察能力远远不能满足需求的情况下，我国计划在未来3年内投入5亿元改造“一船两站”，并在上海建立包括雪龙船专用码头、极地环境综合训练场馆和极地考察专业博物馆在内的考察基地。这将极大地提高我国极地考察能力，为人类认识地球作出中国人新的贡献。

2004年，世界最高环境奖“泰勒”奖得主、国家最高科技奖得主、著名环境地质学家刘东生向人们发出警告，北极冰的消减等现象正在警示人们，由于人类对环境的影响日益强烈，未来的地球将是“一个未知的土地”，已经处于间冰期的地球很可能即将进入一个“超级间冰期”，未来若干年，也许到2100年，地球温度都将会继续变暖。从地质学来讲，地球已经进入了一个和人类发生重要作用的“人类世”——人与自然相互作用加剧，涉及到可持续发展的方方面面：气温上升、荒漠化加剧、雨林和森林减少、物种绝灭……

“研究人类世界，不仅需要多种自然科学的交叉融合，而且需要自然科学和社会科学的通力合作。”86岁的刘东生呼吁，“人类对地球的未来负有重大责任。地球是人类的家园，现在已经到了需要警惕人类影响的时候了。”

6.中国生命科技园地百花齐放

生命科学领域始终是我国科学家“有所为”的领域。2004年，我国在这一领域也取得了一系列成绩，生命科技园地“百花”齐放。

首先是2004年1月20日，拥有自主知识产权的重组人p53腺病毒注射液获得国家食品药品监督管理局的准字号生产批文，从而标志着我国成为世界上第一个批准基因治疗药物正式上市的国家。尽管对于这项世界第一存在争议，但是在国家发改委的支持下，产业化示范工程实施，一个基因治疗产业化基地正在深圳建设，建成后的年产值有望达到30亿元。

在生命起源领域，我国科学家也有一系列收获。在2004年6月召开的两院院士大会上，中国大陆钻探工程首席科学家许志琴透露，在我国实施的“入地”工程——大陆科学钻探工程中，我国科学家惊奇地发现在地下2000米深处的极端条件下，仍然“生活”着大量微生物，这些微生物靠“吃”铁、甲烷等维持生存。这是近年来我国早期生命研究中的一项重大发现，对研究地下生物圈以及生命起源具有重要意义。

古生物研究近年来一直是中国的强项，每年在《自然》、《科学》杂志上发表数以十计的论文。以“澄江动物群”研究著名的陈均院教授在贵州发现了迄今最古老的两侧对称动物化石，距离现在5.8亿年，“两侧对称”是动物进化史上的一次重大事件，这一发现为研究动物起源提供了可能。而来自西北大学的舒德干教授等人则与国外科学家合作发现了现代海洋“代表动物”——棘皮动物的始祖化石，使动物演化“树”首次有了清晰的轮廓。

7.工程科技助推经济发展

青藏铁路、西气东输、南水北调、核电工程、三峡工程……近年来，我国成为世界上大工程最多的国家之一。每一项大工程，都有自己必须克服的科学和技术难题，都凝聚着工程科技人员的心血。

2004年5月3日1时15分，秦山核电二期工程2号机组正式投入商业运行。至此，我国自主设计、自主建造、自主管理和自主运营的第一座大型商用核电站全面建成投产。自主发展核电是一个国家综合实力的体现。作为我国核电建设的一座里程碑，这标志着我国实现了由自主建设小型原型堆核电站到自主建设大型商用核电站的重大跨越。

要穿越632公里的多年冻土区是青藏铁路建设的一大难题。专家指出“青藏铁路成败的关键在路基，路基成败的关键在冻土。”以程国栋院士为首的青藏铁路冻土科研攻关团队在国际上首次提出了以“冷却路基”为核心的积极保护冻土的新思路，创造性地提出了解决方案。中科院寒区旱区环境与工程研究所气象学家李栋梁等人发现了青藏铁路沿线温度变化规律，这对青藏铁路的设计施工及青藏高原的生态环境保护，具有重大的决策参考价值。另外，科学家还开展了铁路通讯与雷电防护技术、干扰地段植被恢复技术等研究，并建立了工程稳定性监测系统，有关技术标准已在青藏铁路建设中全面应用。

西气东输工程横跨中国大陆东西，是我国燃气管道建设史上距离最长、建设条件最复杂、科技含量最高的输气管道工程，它创造了多项第一。工程科技人员首次将空气干燥法在管道干燥中成功运用，从而填补了我国燃气管道干燥史上的技术空白，为西气东输的顺利开通打下了坚实的基础。另外，在工程建设中还运用很多高科技手段，冀宁联络线管道成为我国首条“数字输气管道”，充分应用遥感、数据收集系统、全球定位系统、地理信息系统、计算机网络和多媒体技术、现代通信等高科技手段，对管道资源、环境、社会、经济等各个复杂系统实现信息集成，并在可视化的条件下为决策提供支持和服务。

（信息来源：新华网）

◎榜三、2004 中国科技九大重要成就◎

1.2004 年 7 月 25 日 15 时 5 分，“长征二号丙 /SM”型运载火箭点火，将“探测二号”卫星成功地从太原卫星发射中心发射升空，30 分钟后准确进入预定轨道。至此，我国科学家于 1997 年提出的“地球空间双星探测计划”得以真正实现。

2.2003 年，中国和巴西联合研制的第二颗“资源一号”卫星和中国自行研制的“创新一号”小卫星在太原卫星发射中心由“长征”四号乙运载火箭发射升空。2004 年，在这些“上天”行动中，中国发射了一系列微小卫星。

3.由国产超导线材制造的我国第一组超导电缆，2004 年 7 月 10 日在昆明正式并网运行。

4.中国科学技术大学潘建伟教授和他的同事杨涛、赵志等在国际上首次实现了国际上长期以来公认的高难课题“五粒子纠缠态的制备与操纵”。这是美国物理学会首次将中国科学家在国内取得的研究成果选入“国际物理学年度十大进展”。

5.2004 年 11 月 15 日，我国目前运行最快的超级计算机——每秒峰值运算速度 11 万亿次的曙光 4000A 在上海超级计算中心正式启动。

6.2004 年 7 月 28 日，中国首座北极考察站——黄河站落成仪式在挪威斯匹次卑尔根群岛北极科考基地——新奥尔松举行。中国首座北极科学考察站——黄河站的建立，为中国科学家进一步认识全球变化提供了新的支点。

7.2004 年 11 月 1 日，香港市民欢送极地破冰船“雪龙号”离开香港维多利亚港，启程前往南极。这是人类历史上首次向南极冰盖之巅发起的冲击。

8.2004 年 5 月 3 日 1 时 15 分，秦山核电二期工程 2 号机组正式投入商业运行。

9.2004 年 9 月 6 日，陕西靖边压气站的工作人员点燃来自新疆塔里木的天然气。当日，来自新疆塔里木的天然气抵达陕西靖边，这标志着西气东输工程输气运行实现全线贯通。

（信息来源：中国技术创新信息网）

◎榜四、2004 中国科技风采◎

1.古生物研究　屡有重大发现

在 2004 年初揭晓的 2003 年度国家自然科学奖中，由陈均远、侯先光和舒德干 3 位科学家共同完成的一项名为“澄江动物群与寒武纪大爆发”的科研项目被评定为一等奖。评审委员会高度评价了这项成果，认为“澄江动物群是 20 世纪古生物学的伟大发现，为生物早期演化及其在寒武纪早期的‘大爆发’问题提供了新的回答。”这项成果是“对达尔文进化论的重要发展”。

2004 年 4 月 25 日，中德古生物学家在新疆准噶尔盆地发现了距今约 1.75 亿年侏罗纪的早期哺乳动物——杜齿兽的 7 颗牙齿化石，这是我国境内首次发现此类动物化石。6 月 3 日，美国《科学》杂志报道了中科院南京地质古生物所陈均远研究员等人的科研成果，他们在贵州瓮安前寒武纪地层中首次发现迄今最古老距今 5.8 亿年的两侧对称动物化石。这项成果对破解真体腔动物的起源之谜，提供了重要的线索，具有十分重要的意义。6 月 10 日，英国《自然》杂志报道了中科院古脊椎动物与古人类研究所汪筱林和周忠和两位研究员在辽西热河生物群中发现世界上首枚翼龙胚胎化石的情况。他们证明了翼龙与其他爬行动物和鸟类一样是卵生的，这对于研究翼龙的发育演化具有重要意义。7 月 22 日，《自然》杂志发表了中国地质大学、西北大学教授舒德干等人与英国剑桥大学康威莫里斯教授合作完成的题为《中国澄江化石库发现棘皮动物始祖化石》的重大成果，他们发现了海洋“代表动物”的始祖化石。9 月 24 日，《科学》杂志刊发了中科院古脊椎动物与古人类研究所李淳博士等人的研究成果，他们在我国贵州省的中三叠纪地层中发现了一种罕见的早期海生爬行动物化石。10 月 21 日，《自然》杂志发表了中科院古脊椎动物与古人类研究所张福成和周忠和两位研究员有关古鸟类飞行的文章，他们揭开了原始鸟类的"短尾"之谜；10月22日，《科学》杂志发表了他们的又一成果，他们在辽西地区找到了鸟类胚胎发育演化的化石证据。11月4日，《自然》杂志报道了中科院古脊椎动物与古人类研究所朱敏博士和瑞典科学家阿尔伯格博士合作完成的研究成果，他们在四足动物起源研究上取得新进展。12月，吉林大学董枝明教授在辽西地区发现了一种飞行的爬行动物新类群。

2.航天发射　创造四项纪录

2004年，我国航天发射任务八战八捷，8发长征运载火箭，将10颗我国自行研制的卫星成功送入预定轨道。2004年，是中国航天史上创纪录的年份，创造了"四个之最"。

一是长征火箭历史上发射次数最多的一年。长征火箭首次一年8次发射，把10颗卫星送上了预定轨道，成功率大幅提高。长征火箭总发射次数达到83次，自1996年10月以来，连续成功发射41次，成功率达到了93%。二是发射卫星种类和数量、新技术应用最多、在轨稳定运行最好的一年。2004年，我国研制的卫星有资源卫星、返回式卫星、科学试验卫星、科学探测卫星、气象卫星和小卫星等。其中，"试验二号"卫星的正常在轨运行，标志着我国的小卫星性能已完全达到了世界先进水平，对于研制和掌握小卫星平台的前沿技术，探索小卫星技术发展的新途径，具有十分重要的意义。三是发射任务按计划完成最佳的一年。2004年的发射活动集中在下半年，从7月25日至11月18日不到4个月的时间里安排了7次发射，次次发射都做到了按计划准时实施。"长征二号丙"火箭从2003年12月发射"探测一号"卫星到2004年11月发射"试验二号"卫星，在不到一年的时间里，以2种技术状态、分赴3个发射场、成功发射5次，将6颗卫星送入太空，在中国航天史上没有先例。四是宇航产品技术、管理创新推进速度最快的一年。2004年，长征火箭全部实现大幅缩短在发射场测发时间。火箭在发射场的准备期由45天左右缩短到23天，缩短了一半，卫星在发射场的工作流程也大幅度缩短。11月6日发射升空的"资源二号"03星按指令进入预定位置后，与01星和02星成功完成共轨、同面、相差120度组网。"资源二号" 卫星三星成功组网，在大大缩短对地观测重复周期、进一步提高时间分辨率和系统分辨率的同时，创下了我国不同时间发射的同一型号三颗卫星辉映太空的纪录。

国防科工委2004年3月底在京召开"嫦娥工程"第一次工作会暨大总体协调会。会议首次明确指出，"嫦娥一号" 绕月卫星及其运载火箭将于2006年10月完成全部研制工作，待命出厂，力争2006年12月发射升空。另外，我国与欧盟的伽利略计划合作进入实质性操作阶段。该计划是欧盟2002年正式批准的一项战略科研计划，旨在建立一个民用全球卫星导航系统，提供高精度、高稳定性的定位服务。2004年7月25日，随着"探测二号"卫星发射升空，我国科学家提出的 "地球空间双星探测计划"成功实现，这一计划与欧洲空间局"星簇计划"组成联合观测，人类历史上首次实现了对地球空间进行六点立体探测。

3.工程科技　护航重大工程

2004年5月3日，秦山核电二期工程2号机组正式投入商业运行。在这一年，我国成功地解决了青藏铁路的冻土问题。西气东输工程也创造了多项第一，在工程建设中动用了很多高科技手段。

在2004年11月召开的全国水利科技工作会议上，水利部明确提出，水利工程建设方面要围绕南水北调工程建设等开展关键技术及重大问题研究，研究开发水利工程病害诊治、水工混凝土寿命等技术，加强岩土高边坡稳定、强震区工程防护等问题的研究，加强水利重大技术装备研究。

4.生命科学与生物技术　前沿探索喜人

2004年1月29日，美国《科学》杂志全文公布了我国科学家在防治SARS基础理论研究中取得的最新成果，解析出了SARS冠状病毒分子进化规律。这是一项大协作下产生的具有重大意义的科研成果，来自广东、上海、北京、武汉、香港以及美国芝加哥大学等15个研究机构的60多名科技人员，参与了相关研究。2004年12月5日，SARS科研又取得重要成果，我国科学家研制成功的SARS灭活疫苗通过I期临床试验。全国防治非典型肺炎指挥部科技攻关组专家对成果给予高度评价，"这是我国防治SARS科技攻关取得的一项标志性重大成果，完全是自主科技创新，有着不可估量的意义。"

2004年5月27日，英国《自然》杂志发表了我国科学家参与完成的人与黑猩猩比较基因组学研究取得的重大成果。科学家发现，人与黑猩猩DNA序列差异为1.44%。2004年12月9日，《自然》杂志报道了国际鸡基因组计划完成的突破性成果。我国科学家在其中发挥重要作用并取得重大成果：主持完成了家鸡基因组多态性研究和参与完成了原鸡基因组多态性研究。

在艾滋病防治领域，浙江大学于晓方教授领衔的科研小组揭示了艾滋病发病新机理，并提出了新的防治策略。这一成果刊发在年初的《科学》杂志上。在这一年里，我国科学家还在世界上首次发现了人体抵御重大疾病侵袭的新型免疫细胞亚群；发现了一个新的干细胞因子——人血液血管细胞生成素；发现导致肝癌扩散与转移的关键性基因；发现了调节起搏细胞节律的新机制；发现交感神经系统调控免疫系统的分子机制；发现了植物染色体大规模不规则变异等。

在新药研发方面，2004年我国成功研制出具有自主知识产权的治疗急性缺血性脑卒中的一类化学新药——丁苯酞；研制成功了用于治疗心肌梗塞的国家一类新药——注射用重组荀激等。在生命伦理规范研究方面,国际伦理学权威刊物——美国《肯尼迪伦理学研究杂志》2004 年还发表了中国国家人类基因组南方研究中心撰写的《人类胚胎干细胞研究的伦理准则(建议稿)》。这是我国的生命伦理规范研究成果首次进入国际一流权威刊物。

5.信息技术　关键领域“开花”

近年来,我国科研人员在信息技术领域奋起直追,实现了跨越发展。2004 年,科研人员在信息技术领域实现了一系列技术突破和产业化,特别是在一些关键领域实现突破,为我国信息产业的蓬勃发展不断注入活力。

2004 年 11 月 15 日,每秒能运算 10 万亿次的曙光 4000A 系统在上海超级计算中心正式启动。

在下一代互联网研究方面,2004 年 3 月 19 日,我国第一个下一代互联网主干网——CERNET2 试验网在京正式开通并提供服务,这标志着我国下一代互联网建设全面启动,也标志着我国在世界下一代互联网研究与建设上占据了一席之地。作为互联网关键技术——路由器研制也取得重大突破。清华大学计算机系和清华紫光比威公司共同研制成功的下一代互联网核心路由器——BE12016 已投入使用,北京交通大学 IP 网络实验室张宏科教授和他的科研团队研制出了世界上首台下一代互联网 IPv6 无线路由器。2004 年底,解放军信息工程大学也传来喜讯,他们研制的基于“第六代网络协议”的核心路由器通过了技术鉴定。以国家最高科学技术奖获得者、中国工程院院士金怡濂为首的鉴定委员会认为:该系统整体技术居国内领先、世界先进水平,是我国第一台全部核心技术拥有自主知识产权的高性能 IPv6 路由器,对国家信息网络安全具有重大意义。2004 年 12 月 25 日,全球最大规模下一代互联网在我国开通,其核心网可为全国几百所高校和科研单位提供服务。

2004 年,我国成功研制出一款名为 COMIP 的系统芯片并投入批量生产,该系统芯片的研制成功和商业化应用,对改变我国通信产品缺“芯”的被动局面和促进电子通信产业的发展具有重要意义。另外,宁波中科集成电路设计中心研制出了我国第一款具有自主知识产权的高清解码芯片“凤芯一号”。该芯片能同时支持中国自主音视频编码标准 AVS 草案及国际最新视频编码标准,它的研制成功为我国视听领域的产业应用提供了有力的核心技术支撑。

在更为尖端的量子信息实验领域,我国科学家取得重大突破。中国科学技术大学潘建伟教授研究组首次实现了国际上长期以来公认的高难课题“五粒子纠缠态的制备与操纵”,并利用五光子纠缠源在实验上演示了一种更新颖的量子态隐形传输,即“终端开放”的量子态隐形传输。

6.科学普及　公众享受科技

2004 年 5 月 15 日,全国科技活动周顺利拉开帷幕,本届科技周突出“科技以人为本,全面建设小康”的主题,向公众送上了近 5000 场丰富多彩的科普活动。全国科技活动周组委会联合有关部门和地方共同组织了一系列重大活动:在北京举办“科技以人为本,全面建设小康”大型主题展览、大型科技游园会和大型文艺晚会;在河北省平山县西柏坡举办“科技富民”大型科普活动;在上海举办“科技创造绿色生活”大型科普活动;在黑龙江举行“振兴东北,服务三农,科技列车龙江行”大型活动等;中科院举办了“公众科学日”活动,让公众和青少年走进研究所,走近科学。

2004 年 7 月 3 日,由中宣部、中央精神文明办和中国科协联合主办的《科学发展观:人与自然和谐发展篇》大型科普展在北京举行。该展览强烈地表达了可持续发展、与自然和谐共处的理性发展观。开展以来,受到社会的广泛关注,每天都有数以万计的观众前来参观。

2004 年 8 月 3 日,以“科学、青年、未来”为主题的第 3 届 APEC(亚太经济合作组织)青年科学节在北京开幕。本届青年科学节是第一次在中国举办的将科技主题与青少年主题结合的大型 APEC 活动。1000 多名来自亚太地区的 14-18 岁的青少年参加了此次青年科学节。本届青年科学节的“重头戏”是科普展览,共展出国内外科普作品 400 余件,12 个 APEC 成员经济体、中国澳门和境内 24 个省、市、自治区都选送了科普作品参展。

7.学术活动　内外空前活跃

2003 年,突如其来的 SARS 疫情不仅给人们的日常生产生活带来了影响,而且也严重影响了科研人员的学术交流。当一切恢复平静后,2004 年,学术活动如雨后春笋般展开。

2004 年 2 月 20 日,2003 年度全国科学技术奖励大会举行。中科院院士、中科院地质与地球物理研究所研究员刘东生,中国工程院院士、中国载人航天工程总设计师王永志获得国家最高科学技术奖。

2004 年 6 月 2 日,中国科学院第十二次院士大会、中国工程院第七次院士大会在北京隆重开幕。这是我国科学技术和工程技术界最高学术团体召开的一次盛会。中共中央总书记、国家主席胡锦涛出席会议并发表重要讲话。在本届大会上,通过了中科院学部增至 6 个、新增 6 名外籍院士的决定;著名材料科学家、两院院士师昌绪荣获“光华工程科技奖成就奖”。

2004 年 7 月 19 日,2004 全球华人生物科学家大会暨第 10 届美洲华人生物科学大会在北京举行。本次大会以“科学——为了更美好的生活”为主题,近千名在海外工作的优秀生物科学家以及国内知名专家集中讨论了生命科学和生物技术领域的前沿课题。2004 年 8 月 8 日,第 28 届国际心理学大会在北京开幕。近 6000 名来自 80 多个国家和地区的专家和学者就心理学领域的前沿课题展开了交流和探讨。2004

年10月25日，第3届国际人类蛋白质组大会开幕。包括两位诺贝尔奖获得者在内的2000余位在蛋白质组学及其相关领域享有盛名的国内外科学家围绕“蛋白质组学——基因组的诠释”这一主题，共同探讨了人类蛋白质组计划。2004年11月3日，被全球工程界誉为“工程师的奥林匹克”的世界工程师大会在上海开幕，70个国家和地区的近3000名工程界精英参加了此次大会。这是迄今为止在中国召开的规格最高、规模最大的工程技术界的国际盛会。全球工程师们围绕“工程师塑造可持续发展的未来”这一主题，共同探讨了人类可持续发展的美好未来。2004年11月20日，中国科学技术协会2004年学术年会在海南省琼海市开幕。中国科协学术年会是目前我国科技界规模最大、涉及学科领域最广的学术盛会。本届年会邀请了著名华裔学者何大一、2003年国家最高科技奖获得者刘东生院士、国家环保总局局长解振华等作特邀报告。

（信息来源：《光明日报》）

◎榜五、2004中国高校十大科技进展◎

1.马里诺——瓦发猜想的证明

完成这一项目的国际科研团队由浙江大学光彪讲座刘克峰教授、清华大学周坚教授、美国哈佛大学刘秋菊博士组成。他们成功证明了超弦理论中的世界著名难题马里诺——瓦发猜想，取得了国际一流的创新研究成果，受到国际学术界高度关注和广泛赞誉。国际数学物理界领袖人物哈佛大学瓦发教授对马里诺——瓦发猜想的彻底解决感到十分惊奇和欣慰，并对这项工作给予了极高的评价。国际数学大师丘成桐教授在两次国际数学高层会议的一小时大会报告中都大篇幅介绍了这一重大成果。2003年底，刘克峰三人合作完成的论文《关于霍奇积分的马里诺——瓦发猜想的证明》在国际顶尖数学刊物《微分几何杂志》上发表。

2.五光子纠缠和终端未定量子隐形传态的实验实现

五体纠缠的实验实现在世界上是个很大的挑战，其必然会带来量子纠错等量子信息处理中必要环节的突破。我国在世界上首次实验实现了五体纠缠态，并在此基础上实现了终端未定的量子隐形传态，为分布式的量子信息处理提供了一个新的可能性。

3.光学频率合成与传递技术

华东师范大学光谱学与波谱学教育部重点实验室自2002年初开始从事飞秒光梳的精密锁相控制、光学频率合成及光钟基础等研究。近3年来已研制成我国第一台飞秒光学频率梳状发生器，实现对飞秒光脉冲时频域的精密控制，在光学频率测量、光学频率合成以及光频与光频、光频与微波频率间的转换等方面开展了一系列基础与技术研究，并将自行研制的飞秒光学频率梳状发生器运往国际标准局（巴黎）进行了首次飞秒光梳国际比对。随后又将该飞秒光梳运到美国，与国际标准局和美国国家标准与技术研究所共同进行国际比对合作研究，在光学频率合成、比对及光钟基础研究中取得突破性成果。

光钟研究是2002年以来国际计量科学发展的一个新热点，并将成为国际新一代时间频率的基准。光学频率合成是光钟研究中的关键技术之一。

4.中国澄江化石库中发现棘皮动物始祖

中国地质大学（北京）进化生物学研究所和西北大学早期生命研究所所长舒德干教授等人2004年7月22日在英国《自然》杂志上以最高研究论文规格Article形式发表了《中国澄江化石库发现棘皮动物始祖化石》的论文，代表着该研究领域的重要突破。澄江动物群及寒武纪大爆发是地球发展史中的重大问题，目前研究已取得了重要进展，但是早期后口动物谱系演化探索过程中，始终未能发现其中一个十分重要的门类——棘皮动物门的踪影。这严重阻碍了对整个后口动物演化全貌及其发展规律的认识。本项研究在中国澄江化石库中发现并论证了早期棘皮动物的始祖，首次提出了早期后口动物谱系的起源及演化图谱，弥补了生物演化中的空缺。

5.新型树突状细胞亚群及其免疫机制的研究

机体的免疫系统是一个精密的反应体系，免疫应答的触发、进展和平息受到免疫系统的精确调控。免疫调节是免疫学研究的重要分支，而外周免疫器官是免疫应答最重要的场所，所以免疫器官微环境对免疫应答的调节作用不容忽视。免疫应答的主体是免疫细胞，而树突状细胞作为专职性抗原提呈细胞是免疫应答的中心环节，因此研究免疫微环境对树突状细胞生物学功能的影响具有重要价值。

通过研究，本项目提出了两个重要理论并得到了国际同行的高度关注和认可：（1）传统免疫学认为成熟树突状细胞为终末细胞，通过本项研究，发现成熟树突状细胞非终末细胞。（2）成熟树突状细胞在脾脏微环境的影响下可以进一步分化为一种免疫表型独特的新型树突状细胞亚群，通过释放一氧化氮可以显著抑制T细胞增殖以发挥免疫调控作用，从而维持机体免疫应答的适度平衡，该结果与以往常规认为成熟树突状细胞激活T细胞增殖的观念不同。此外，在体内也发现了这一特殊的调节性树突状细胞亚群的天然对应物，提示在免疫微环境的影响下成熟树突状细胞向调节性树突状细胞的转化可能是机体一种重要的免疫调节方式。

6.调控动物胚胎中胚层形成的一种新机理

动物由单细胞胚胎发育为由多种组织、多个器官构成的个体是一个十分复杂的过程,受到多种分子信号的精密调控,如果调控失常,就会导致胚胎的异常发育,产生出生缺陷、甚至早期夭折。Nodal 信号是胚胎发育中的一个关键信号之一,它诱导胚胎形成中胚层和内胚层组织,如肌肉、骨、肾脏、心脏、消化道、呼吸道等。清华大学生物科学与技术系的研究人员利用斑马鱼为模式动物,结合分子生物学、细胞生物学、遗传学、发育生物学等技术,经过几年的研究,发现了一种抑制 Nodal 信号的中胚层诱导活性的新机理。该项成果加深了对胚胎发育调控的认识,对于研究人类出生缺陷的遗传机理有借鉴意义。

7.试验一号卫星研制与飞行

"试验一号"卫星是我国第一颗新技术演示验证卫星,也是世界上第一颗三线阵 CCD 立体测绘卫星。其主要任务是对小卫星新技术、立体测绘技术等进行在轨飞行演示,验证立体测绘卫星的技术体制、考核技术指标。它的运行成功,探索了我国以高校为主联合国内优势力量研制小卫星的新模式、新途径。

"试验一号"卫星充分体现了现代小卫星的技术特点,作为新技术演示验证卫星,它的研制任务由高校牵头承担,任务目标以技术创新和新技术演示验证为主,技术指标要求高,可采用的成熟技术少。这个项目突破了传统卫星的设计模式,实现了围绕有效载荷的一体化设计与集成,简化了卫星系统配置、提高了功能密度、降低了成本。这个项目首次实现了基于小卫星的三线阵 CCD 影像立体测绘技术,突破并成功演示验证了采用磁力矩器和反作用飞轮联合控制,实现了卫星的全方位姿态捕获、基于反作用飞轮的整星快速大角度姿态机动控制以及卫星自主运行管理技术等。

8.中国下一代互联网示范工程核心网

中国下一代互联网示范工程(CNGI)示范网络核心网建设项目是经国务院批准,国家发展改革委员会等八部委组织实施的国家重大项目。2004 年 12 月 25 日 CNGI 核心网 CERNET2 主干网正式开通,这是世界上规模最大的纯 IPv6 互联网。此举标志着我国下一代互联网建设全面拉开序幕,在世界下一代互联网发展上抢得先机。

9.耐高温长寿命抗氧化陶瓷基复合材料

本项目研制的连续纤维增韧碳化硅陶瓷基复合材料是一种新型战略性热结构材料。这种材料比铝还轻、比钢还强、比碳化硅陶瓷更耐高温、抗氧化烧蚀,而且克服了陶瓷的脆性,类似金属不会发生突发灾难性破坏。它可以替代金属材料来解决目前航空航天器燃料 20%-30%浪费的问题,以满足航空航天器向高速度、高精度、高搭载和长寿命发展的需求。

本项目提出的"陶瓷基复合材料新型强韧化理论",冲破了国际上"纤维性能越高越好"和"复合材料越致密越好"的误区,成为"高性能、低成本制备技术"核心发明的理论支撑。

本项目整体技术跻身国际先进行列,材料综合性能达到国际领先水平,产生了广泛的国际影响,对我国先进武器装备的跨跃式发展产生了深远的影响,在军民两用领域具有广泛应用前景。本项目不仅为陶瓷基复合材料高科技产业奠定了坚实基础,而且推动了交通运输、新型能源、化学化工以及机械等行业的技术进步,潜在市场每年可达约 10 亿元,2003 年获国防科学技术进步一等奖,2004 年获得国家技术发明一等奖。

10.高性能炭/炭航空制动材料

飞机刹车副属于飞机 A 类重要零部件,高性能炭/炭复合材料是代表当今航空制动材料发展方向的一类先进复合材料,受到世界各航空大国的高度关注。这种材料在航天等领域亦有广泛应用前景。我国数百架大型民航飞机和数千架军用飞机都急需高性能炭/炭刹车材料,而此前一直全部依靠进口。

1998 年国家发展计划委员会组织专家反复考察后,批复了由中南大学依托其所属的粉末冶金国家重点实验室及国家工程研究中心承担"高性能炭/炭复合材料航空刹车副研制"的国家重点工业性试验项目。

这一项目研发了自主知识产权的高性能炭/炭复合材料成套技术及其六大类共 30 台成套关键工艺设备;创立了实验室材料性能测试和评价方法;建立了我国首个炭/炭刹车材料地面试验装置及规范并制定了我国首个适航标准。已获得 9 项专利授权,在理论研究、技术工艺、装备和评价体系方面形成了完整的工程化技术体系。

与国外同类技术相比,本发明产品使用寿命提高 9%,价格降低 21%,生产效率提高 100%,力学性能、高制动性能超过国外同类产品水平,已推广应用于波音 757 飞机和军用飞机,使我国成为世界上第四个能生产大型飞机炭/炭复合材料航空刹车副的国家。这个项目的相关成果还推广应用到航天领域,已获得火箭、导弹零部件工艺定型批准书。

中南大学获得了中国民航总局颁发的第一个大型飞机炭/炭刹车副零部件制造人批准书,并已与航空大国俄罗斯签订合同为新型俄制图-204、图-214 大型飞机提供炭/炭刹车副。炭/炭航空刹车副的研制成功,打破了国外对我国军用飞机炭/炭刹车材料的封锁,对我军数千架军用飞机减重和提高战技性能产生了重大影响。

(信息来源:《中国教育报》2005 年 1 月 17 日)

备注:本榜由教育部科学技术委员会组织评选,并于 2004 年 12 月 26 日在科技委全委会上揭晓。这些获奖项目凸显了高校日益增长的科研实力,显示出高校在科教兴国的伟大进程中正在发挥着不可替代的作用。

高
校
榜

引　言

有无数的学子曾经无数次的幻想大学的情景，并且为了心中的大学梦而奋斗着。可以说，大学是他们仰望的的天堂，更是他们放飞理想的圣殿！

在中国，大学已经和大部分中国人结下了种种情缘：学生希望考上好的大学，家长们盼望孩子考上好的大学，用人单位期望招到优秀大学的毕业生……

人们的这种热情追逐给大学带来了生机与活力，同时也带来了诸多压力。甚至有人说，像中国这样的一个大国，必须有相当数量的比较好的大学，否则无法屹立于世界强校之林。

截至 2004 年 6 月 28 日，我国仅普通高等学校就有 1683 所。其中教育部直属院校 73 所，其他部委属高校 37 所，合计 110 所。其余均是地方性高等学校，共 1573 所，占全国普通高等学校总数的 93.5%。

这么多的大学哪一个才是最好的呢？哪一个才是最有发展潜力的呢？哪一个才是您的最佳选择呢？……

本期"高校榜"将会为您提供最有说服力的答案。

高校榜中榜

一、综合实力篇

◎榜一、2004 中国大学 100 强◎

排名	校名	总得分	人才培养			科学研究			学校类型
			得分	研究生培养	本科生培养	得分	自然科学	社会科学	
1	清华大学	232.56	84.69	76.49	8.20	147.87	134.53	13.34	工科
2	北京大学	196.35	71.90	64.28	7.62	1224.45	89.19	35.26	综合
3	浙江大学	173.44	68.07	53.95	14.12	105.37	87.21	18.16	综合
4	复旦大学	125.38	47.77	40.08	7.69	77.61	55.30	22.31	综合
5	华中科技大学	112.40	48.08	33.33	14.75	64.32	57.62	6.70	工科
6	南京大学	110.47	42.03	35.23	6.81	68.44	47.66	20.79	综合
7	武汉大学	107.71	48.05	30.48	17.57	59.66	40.63	19.02	综合
8	吉林大学	93.25	46.75	25.40	21.36	49.50	40.80	8.71	综合
9	上海交通大学	93.71	36.79	29.21	7.58	56.92	53.02	3.91	工科
10	四川大学	83.86	37.71	23.48	14.23	46.15	37.17	8.98	综合
11	中山大学	82.41	32.83	25.51	7.33	49.58	39.90	9.67	综合
12	西安交通大学	81.02	34.67	23.99	10.67	46.35	37.92	8.43	工科
13	哈尔滨工业大学	80.05	35.14	22.95	12.20	44.91	42.62	2.29	工科
14	山东大学	76.76	35.75	20.92	14.83	41.01	33.96	7.05	综合
15	中国科学技术大学	76.03	29.19	24.28	4.91	46.84	43.93	2.91	工科
16	天津大学	61.51	25.37	18.64	6.73	36.14	33.42	2.72	工科
17	中南大学	61.38	29.72	16.45	13.27	31.66	29.86	1.80	工科
18	中国协和医科大学	59.98	21.74	21.50	0.24	38.24	38.21	0. 02	医药
19	南开大学	56.97	22.87	17.45	5.42	34.10	21.34	12.77	综合
20	东南大学	53.88	24.04	15.36	8.68	29.84	26.74	3.10	工科
21	同济大学	53.44	25.73	14.23	11.50	27.71	26.12	1.59	工科
22	北京师范大学	51.45	20.06	16.35	3.71	31.39	13.05	18.35	师范

排名	校　名	总得分	人才培养			科学研究			学校类型
			得分	研究生培养	本科生培养	得分	自然科学	社会科学	
23	北京航空航天大学	50.56	21.44	14.96	6.48	29.12	27.44	1.68	工科
24	华南理工大学	50.23	20.92	14.79	6.13	29.31	27.99	1.32	工科
25	厦门大学	48.33	20.26	14.34	5.92	28.07	14.39	13.68	综合
26	大连理工大学	42.27	18.90	12.02	6.88	23.37	22.00	1.37	工科
27	东北大学	39.64	18.84	10.53	8.31	20.80	19.40	1.39	工科
28	中国人民大学	38.99	16.01	11.78	4.22	22.98	0.29	22.69	综合
29	西北工业大学	38.83	17.94	10.73	7.22	20.88	20.75	0.13	工科
30	中国农业大学	38.83	16.81	11.16	5.65	22.02	20.73	1.29	农业
31	重庆大学	38.67	22.67	7.76	14.91	16.00	14.95	1.05	工科
32	上海第二医科大学	38.22	14.60	12.74	1.86	23.62	23.58	0.04	医药
33	中国矿业大学	35.47	19.32	8.02	11.29	16.15	14.97	1.18	工科
34	华东师范大学	33.82	15.34	9.53	5.80	18.48	6.92	11.56	师范
35	华东理工大学	33.35	14.82	9.26	5.57	18.53	18.23	0.30	工科
36	北京理工大学	33.04	15.06	9.03	6.03	17.98	17.54	0.44	工科
37	中国地质大学	32.74	18.29	7.20	11.10	14.45	13.92	0.53	工科
38	武汉理工大学	32.63	21.44	5.51	15.93	11.19	9.75	1.44	工科
39	苏州大学	32.30	19.70	6.28	13.42	12.60	8.04	4.56	综合
40	北京科技大学	31.44	13.49	9.22	4.27	17.95	17.41	0.54	工科
41	石油大学	30.63	14.69	7.94	6.76	15.94	15.53	0.41	工科
42	兰州大学	29.75	12.65	8.60	4.05	17.10	14.27	2.83	综合
43	湖南大学	29.66	16.27	6.68	9.59	13.39	10.67	2.73	工科
44	郑州大学	29.57	19.54	4.89	14.65	10.03	6.96	3.08	综合
45	上海大学	28.52	17.33	5.57	11.76	11.19	8.15	1.03	综合
46	南京理工大学	28.29	14.35	7.00	7.35	13.94	13.35	0.59	工科
47	南京航空航天大学	27.25	14.11	6.58	7.53	13.14	12.78	0.36	工科
48	南京师范大学	27.23	16.20	5.49	10.71	11.03	4.12	6.91	师范
49	西北农林科技大学	25.28	12.61	6.19	6.42	12.67	11.99	0.68	农业
50	南京农业大学	24.20	11.47	6.46	5.01	12.73	11.04	1.70	农业
51	暨南大学	24.19	11.60	6.39	5.21	12.59	5.70	6.89	综合
52	西南交通大学	23.23	13.47	4.91	8.57	9.76	8.75	1.01	工科
53	西北大学	22.81	10.80	5.86	4.93	12.01	8.15	3.86	综合
54	扬州大学	22.66	15.24	3.24	12.00	7.42	6.18	1.24	综合
55	西安电子科技大学	22.03	11.68	5.28	6.40	10.35	10.10	0.25	工科
56	电子科技大学	21.91	12.11	4.95	7.16	9.80	9.12	0.67	工科
57	华中师范大学	21.03	10.86	5.16	5.70	10.17	3.76	6.41	师范
58	华中农业大学	20.95	10.14	5.36	4.79	10.81	9.63	1.17	农业
59	首都医科大学	19.99	7.68	6.60	1.08	12.31	12.25	0.05	医药
60	东北师范大学	19.90	10.48	4.74	5.73	9.42	5.46	3.96	师范
61	湖南师范大学	19.02	12.04	3.41	8.63	6.98	3.56	3.42	师范
62	中南财经政法大学	18.76	12.13	3.27	8.86	6.63	0.08	6.55	财经
63	南京工业大学	18.68	13.29	2.38	10.91	5.39	5.33	0.06	工科
64	北京工业大学	18.29	10.18	4.11	6.07	8.11	7.79	0.32	工科
65	中国海洋大学	17.86	8.53	4.69	3.84	9.33	8.41	0.92	工科
66	华南师范大学	17.69	9.80	3.98	5.82	7.89	2.89	5.00	师范
67	北京交通大学	17.68	9.69	4.09	5.60	7.99	6.93	1.06	工科
68	中国医科大学	17.56	7.38	5.47	1.91	10.18	10.14	0.04	医药
69	云南大学	17.23	10.09	3.42	6.67	7.14	4.03	3.11	综合
70	河海大学	17.18	10.58	3.26	7.32	6.60	5.95	0.65	工科
71	江苏大学	16.55	11.41	2.45	8.96	5.14	4.60	0.54	工科

排名	校名	总得分	人才培养			科学研究			学校类型
			得分	研究生培养	本科生培养	得分	自然科学	社会科学	
72	山西大学	16.46	8.11	3.91	4.20	8.35	4.33	4.03	综合
73	南昌大学	16.37	12.52	1.83	10.69	3.85	3.36	0.49	综合
74	北京化工大学	16.23	8.33	3.85	4.49	7.90	7.59	0.31	工科
75	华南农业大学	16.16	8.16	4.02	4.14	8.00	7.40	0.60	农业
76	上海财经大学	15.99	7.69	4.14	3.55	8.30	0. 02	8.27	财经
77	福州大学	15.92	9.30	3.17	6.13	6.52	5.61	0.91	工科
78	青岛大学	15.81	11.23	2.05	9.18	4.58	3.69	0.88	综合
79	燕山大学	15.51	9.29	2.94	6.36	6.22	6.04	0.18	工科
80	山东农业大学	15.41	8.24	3.43	4.81	7.17	6.55	0.62	农业
81	河北大学	15.19	9.34	2.70	6.64	5.85	2.76	3.09	综合
82	福建农林大学	15.14	8.23	3.26	4.97	6.91	6.50	0.42	农业
83	陕西师范大学	15.11	8.00	3.54	4.46	7.11	3.31	3.79	师范
84	太原理工大学	15.09	9.27	2.75	6.52	5.82	5.60	0. 22	工科
85	合肥工业大学	14.93	10.49	2.18	8.32	4.44	3.75	0.69	工科
86	东华大学	14.75	8.38	3.16	5.22	6.37	5.95	0.42	工科
87	广东工业大学	14.66	9.96	2.00	7.96	4.70	4.37	0.32	工科
88	广西大学	14.60	10.12	2.08	8.04	4.48	3.73	0.75	综合
89	哈尔滨工程大学	14.38	9.43	2.50	6.93	4.95	4.66	0.28	工科
90	昆明理工大学	14.23	9.68	2.10	7.58	4.55	4.18	0.37	工科
91	西南师范大学	13.87	7.56	3.04	4.52	6.31	3.05	3.26	师范
92	浙江工业大学	13.55	9.29	1.85	7.44	4.26	3.60	0.66	工科
93	湘潭大学	13.38	9.63	1.72	7.90	2.75	2.25	1.49	综合
94	河北师范大学	13.29	9.72	1.63	8.08	3.57	2.20	1. 37	师范
95	华北电力大学	13.21	9.76	1.56	8.20	3.45	3.31	0.14	工科
96	上海师范大学	13.11	8.89	2.08	6.81	4.22	1.10	3.12	师范
97	山东师范大学	12.67	8.35	2.13	6.22	4.32	2.29	2.03	师范
98	安徽大学	12.44	7.80	2.08	5.73	4.64	1.57	3.07	综合
99	北京林业大学	12.25	6.88	2.67	4.20	5.37	5.16	0.21	林业
100	北京邮电大学	12.12	6.58	2.76	3.82	5.54	5.28	0. 26	工科

(信息来源:《挑大学选专业—2004 高考志愿填报指南》,武书连主编,中国统计出版社出版)

备注:此榜由中国管理科学研究院科学学研究所武书连、吕嘉、郭石林发起制作。

◎榜二、中国高校科技创新竞争力综合排名前100名◎

总排序	学校名称	总排序	学校名称	总排序	学校名称	总排序	学校名称
1	清华大学	14	武汉大学	27	北京航空航天大学	40	重庆大学
2	北京大学	15	山东大学	28	北京师范大学	41	上海第二医科大学
3	浙江大学	16	东南大学	29	北京科技大学	42	北京邮电大学
4	复旦大学	17	天津大学	30	西北工业大学	43	武汉理工大学
5	南京大学	18	中国农业大学	31	兰州大学	44	石油大学
6	中国科学技术大学	19	中南大学	32	中国地质大学	45	电子科技大学
7	上海交通大学	20	同济大学	33	华东理工大学	46	湖南大学
8	华中科技大学	21	厦门大学	34	北京理工大学	47	北京林业大学
9	西安交通大学	22	中国海洋大学	35	华中农业大学	48	南京农业大学
10	中山大学	23	大连理工大学	36	北京工业大学	49	西南交通大学
11	吉林大学	24	哈尔滨工业大学	37	北京化工大学	50	哈尔滨工程大学
12	南开大学	25	中国矿业大学	38	华东师范大学	51	西北农林科技大学
13	四川大学	26	华南理工大学	39	东北大学	52	西安电子科技大学

总排序	学校名称
53	中国协和医科大学
54	西北大学
55	南京财经大学
56	上海大学
57	南京理工大学
58	东华大学
59	青岛科技大学
60	中国医科大学
61	北京交通大学
62	南京航空航天大学
63	南京师范大学
64	大连海事大学
65	华南农业大学
66	东北林业大学
67	东北师范大学
68	首都医科大学
69	首都师范大学
70	暨南大学
71	湖南师范大学
72	中国药科大学
73	山东科技大学
74	云南大学
75	西南石油学院
76	燕山大学
77	山西大学
78	郑州大学
79	广州中医药大学
80	沈阳药科大学
81	南京医科大学
82	河海大学
83	北京中医药大学
84	山东农业大学
85	苏州大学
86	合肥工业大学
87	汕头大学
88	东北农业大学
89	河北工业大学
90	福州大学
91	陕西师范大学
92	南京林业大学
93	天津师范大学
94	哈尔滨医科大学
95	华南师范大学
96	重庆医科大学
97	南京工业大学
98	温州师范学院
99	福建农林大学
100	华北电力大学

(信息来源:《中国青年报》2004年7月)

备注:中国青年报社与中国科学评价研究中心联合开展的"中国大学评价"系列研究成果之一的《中国高校科研竞争力评价报告》是国内第一个由媒体与科研机构联合研发的大学评价项目,报告依据分类评价的原则,对高校的科技创新竞争力与人文社科研究竞争力进行了评价,分别发布了《中国高校科技创新竞争力评价报告》和《中国高校人文社会科学研究竞争力评价报告》。以下榜三至榜六均适用此说明。

◎榜三、中国高校科技创新竞争力分类排名◎

1.综合、民族院校排名

学校名称	类型序	总排序	学校名称	类型序	总排序
北京大学	1	2	宁波大学	32	131
复旦大学	2	4	青岛大学	33	137
南京大学	3	5	新疆大学	34	140
中山大学	4	10	广西大学	35	141
吉林大学	5	11	西南民族大学	36	149
南开大学	6	12	烟台大学	37	154
四川大学	7	13	湖北大学	38	174
武汉大学	8	14	五邑大学	39	176
山东大学	9	15	西华大学	40	186
厦门大学	10	21	大连大学	41	191
兰州大学	11	31	延边大学	42	213
西北大学	12	54	宁夏大学	43	218
上海大学	13	56	辽宁大学	44	221
暨南大学	14	70	集美大学	45	228
云南大学	15	74	德州学院	46	230
山西大学	16	77	台州学院	47	237
郑州大学	17	78	海南大学	48	239
苏州大学	18	85	大理学院	49	257
汕头大学	19	87	石河子大学	50	267
福州大学	20	90	渤海大学	51	270
湘潭大学	21	102	怀化学院	52	271
安徽大学	22	103	黑龙江大学	53	274
扬州大学	23	105	延安大学	54	303
江南大学	24	106	济南大学	55	304
江苏大学	25	110	沈阳大学	56	317
南昌大学	26	115	重庆三峡学院	57	325
深圳大学	27	116	内蒙古民族大学	58	336
内蒙古大学	28	119	茂名学院	59	341
河北大学	29	126	北华大学	60	346
河南大学	30	128	绍兴文理学院	61	352
贵州大学	31	130			

2.语文、财经、政法院校排名

学校名称	类型序	总排序	学校名称	类型序	总排序
南京财经大学	1	55	山东财政学院	15	401
中国人民大学	2	112	长春税务学院	16	410
浙江工商大学	3	164	上海财经大学	17	416
天津商学院	4	21	江西财经大学	18	424
北京工商大学	5	240	国际关系学院	19	426
哈尔滨商业大学	6	258	天津外国语学院	20	433
中国政法大学	7	272	外交学院	21	435
石家庄经济学院	8	290	中国青年政治学院	22	438
东北财经大学	9	313	山东经济学院	23	447
中南财经政法大学	10	348	对外经济贸易大学	24	450
首都经济贸易大学	11	349	西安财经学院	25	451
西南财经大学	12	373	中央财经大学	26	464
重庆工商大学	13	380	山西财经大学	27	467
山东工商学院	14	382	河北经贸大学	28	478

3.理工、农林院校排名

学校名称	类型序	总排序	学校名称	类型序	总排序
清华大学	1	1	湖南大学	32	46
浙江大学	2	3	北京林业大学	33	47
中国科学技术大学	3	6	南京农业大学	34	48
上海交通大学	4	7	西南交通大学	35	49
华中科技大学	5	8	哈尔滨工程大学	36	50
西安交通大学	6	9	西北农林科技大学	37	51
东南大学	7	16	西安电子科技大学	38	52
天津大学	8	17	南京理工大学	39	57
中国农业大学	9	18	东华大学	40	58
中南大学	10	19	青岛科技大学	41	59
同济大学	11	20	北京交通大学	42	61
中国海洋大学	12	22	南京航空航天大学	43	62
大连理工大学	13	23	大连海事大学	44	64
哈尔滨工业大学	14	24	华南农业大学	45	65
中国矿业大学	15	25	东北林业大学	46	66
华南理工大学	16	26	山东科技大学	47	73
北京航空航天大学	17	27	西南石油学院	48	75
北京科技大学	18	29	燕山大学	49	76
西北工业大学	19	30	河海大学	50	82
中国地质大学	20	32	山东农业大学	51	84
华东理工大学	21	33	合肥工业大学	52	86
北京理工大学	22	34	东北农业大学	53	88
华中农业大学	23	35	河北工业大学	54	89
北京工业大学	24	36	南京林业大学	55	92
北京化工大学	24	37	南京工业大学	56	97
东北大学	26	39	福建农林大学	57	99
重庆大学	27	40	华北电力大学	58	100
北京邮电大学	28	42	西安理工大学	59	101
武汉理工大学	29	43	浙江工业大学	60	113
石油大学	30	44	沈阳工业大学	61	114
电子科技大学	31	45	四川农业大学	62	117

学校名称	类型序	总排序
西安建筑科技大学	63	118
昆明理工大学	64	120
沈阳工业大学	65	122
西南农业大学	66	123
太原理工大学	67	124
成都理工大学	68	125
湖南农业大学	69	127
广东工业大学	70	129
华北水利水电学院	71	132
上海理工大学	72	135
南京信息工程大学	73	136
大庆石油学院	74	139
内蒙古农业大学	75	144
河南科技大学	76	147
山东建筑工程学院	77	148
浙江理工大学	78	150
长安大学	79	155
杭州电子科技大学	80	156
天津理工大学	81	159
大连轻工业学院	82	160
石家庄铁道学院	83	161
河南工业大学	84	165
华侨大学	85	169
安徽农业大学	86	173
河南农业大学	87	175
武汉科技大学	88	177
甘肃农业大学	89	178
云南农业大学	90	179
西安科技大学	91	181
南华大学	92	182
哈尔滨理工大学	93	183
天津工业大学	94	184
安徽工业大学	95	185
天津科技大学	96	188
佛山科学技术学院	97	189
黑龙江八一农垦大学	98	192
大连交通大学	99	195
株洲工学院	100	196
中南林学院	101	197
辽宁石油化工大学	102	198
武汉化工学院 *	103	199
青岛建筑工程学院	104	200
江苏工业学院	105	202
山东轻工业学院	106	203
西南科技大学	107	206
浙江林学院	108	207
北京农学院	109	208
桂林电子工业学院	110	215
江苏科技大学	111	216

* 武汉化工学院现更名为武汉工程大学。

4.师范院校排名

学校名称	类型序	总排序	学校名称	类型序	总排序
北京师范大学	1	28	浙江师范大学	26	193
华东师范大学	2	38	哈尔滨师范大学	27	205
南京师范大学	3	63	四川师范大学	28	214
东北师范大学	4	67	徐州师范大学	29	224
首都师范大学	5	69	湖南文理学院	30	243
湖南师范大学	6	71	安徽师范大学	31	244
陕西师范大学	7	91	安庆师范学院	32	252
天津师范大学	8	93	吉林师范大学	33	254
华南师范大学	9	95	广西师范大学	34	255
温州师范大学	10	98	通化师范学院	35	262
华中师范大学	11	104	湛江师范学院	36	266
西南师范大学	12	133	烟台师范学院	37	276
福建师范大学	13	142	洛阳师范学院	38	278
西北师范大学	14	145	盐城师范学院	39	288
云南师范大学	15	146	海南师范学院	40	292
曲阜师范大学	16	151	内蒙古师范大学	41	293
辽宁师范大学	17	153	白城师范学院	42	298
沈阳师范大学	18	163	宝鸡文理学院	43	301
山东师范大学	19	167	杭州师范学院	44	306
河南师范大学	20	170	曲靖师范学院	45	307
上海师范大学	21	171	赣南师范学院	46	308
淮北煤炭师范学院	22	172	黄冈师范学院	47	319
江西师范大学	23	180	鞍山师范学院	48	324
河北师范大学	24	187	廊坊师范学院	49	327
江西科技师范学院	25	190	聊城大学	50	331

5.体育、艺术院校排名

学校名称	类型序	总排序	学校名称	类型序	总排序
北京广播学院 *	1	217	广西艺术学院	12	472
哈尔滨体育学院	2	296	山东艺术学院	13	475
中央音乐学院	3	358	南京体育学院	14	485
天津体育学院	4	377	鲁迅美术学院	15	490
中央戏剧学院	5	381	云南艺术学院	16	494
中央美术学院	6	388	沈阳体育学院	17	504
中国音乐学院	7	419	天津音乐学院	18	506
北京体育大学	8	423	吉林体育学院	19	513
南京艺术学院	9	444	武汉音乐学院	20	514
天津美术学院	10	459	中国美术学院	21	517
北京电影学院	11	463	西安美术学院	22	523

* 北京广播学院于2004年9月7日更名为中国传媒大学。

6.医药院校排名

学校名称	类型序	总排序	学校名称	类型序	总排序	学校名称	类型序	总排序
上海第二医科大学	1	41	天津中医学院	14	109	滨州医学院	27	201
中国协和医科大学	2	53	成都中医药大学	15	111	长春中医学院	28	204
中国医科大学	3	60	广西医科大学	16	121	温州医学院	29	209
首都医科大学	4	68	上海中医药大学	17	134	福建医科大学	30	210
中国药科大学	5	72	南京中医药大学	18	138	山西医科大学	31	211
广州中医药大学	6	79	安徽医科大学	19	143	湖北中医学院	32	242
沈阳药科大学	7	80	河北医科大学	20	152	广西中医学院	33	247
南京医科大学	8	81	浙江中医学院	21	157	河南中医学院	34	249
北京中医药大学	9	83	大连医科大学	22	158	牡丹江医学院	35	250
哈尔滨医科大学	10	94	山东中医药大学	23	162	江西中医学院	36	259
重庆医科大学	11	96	昆明医学院	24	166	宁夏医学院	37	260
天津医科大学	12	107	广东医学院	25	168	湖南中医学院	38	264
黑龙江中医药大学	13	108	广州医学院	26	194			

(信息来源:《中国青年报》2004年7月)

备注:此评价结果由中国青年报社与中国科学评价研究中心联合研究。按照教育部划分的6种类型高校分类,进入名单的是每类院校中排在前50名的院校。

◎榜四、中国高校科技创新竞争力省区市排名◎

北京市

类型	学校名称	省区序	总排序	类型	学校名称	省区序	总排序
理工农林	清华大学	1	1	语文财经政法	中国政法大学	25	272
综合民族	北京大学	2	2	理工农林	北方工业大学	26	280
理工农林	中国农业大学	3	18	理工农林	北京机械工业学院	27	297
理工农林	北京航空航天大学	4	27	理工农林	北京建筑工程学院	28	316
师范	北京师范大学	5	28	语文财经政法	首都经济贸易大学	29	349
理工农林	北京科技大学	6	29	体育艺术	中央音乐学院	30	358
理工农林	北京理工大学	7	34	体育艺术	中央戏剧学院	31	381
理工农林	北京工业大学	8	36	综合民族	北京联合大学	32	387
理工农林	北京化工大学	9	37	体育艺术	中央美术学院	33	388
理工农林	北京邮电大学	10	42	理工农林	北京信息工程学院	34	394
理工农林	石油大学	11	44	体育艺术	中国音乐学院	35	419
理工农林	北京林业大学	12	47	体育艺术	北京体育大学	36	423
医药	中国协和医科大学	13	53	语文财经政法	国际关系学院	37	426
理工农林	北京交通大学	14	61	理工农林	北京印制学院	38	430
医药	首都医科大学	15	68	语文财经政法	外交学院	39	435
师范	首都师范大学	16	69	语文财经政法	中国青年政治学院	40	438
医药	北京中医药大学	17	83	语文财经政法	对外经济贸易大学	41	450
语文财经政法	中国人民大学	18	112	体育艺术	北京电影学院	42	463
理工农林	北京农学院	19	208	语文财经政法	中央财经大学	43	464
体育艺术	北京广播学院	20	217	语文财经政法	中国人民公安大学	44	487
理工农林	北京电子科技学院	21	227	语文财经政法	北京第二外国语学院	45	510
理工农林	北京服装学院	22	235	综合民族	中央民族大学	46	522
理工农林	北京石油化工学院	23	236	语文财经政法	北京外国语大学	47	525
语文财经政法	北京工商大学	24	240	体育艺术	首都体育学院	48	540

类型	学校名称	省区序	总排序	类型	学校名称	省区序	总排序
语文财经政法	北京语言大学	49	542	体育艺术	北京舞蹈学院	52	579
语文财经政法	北京物质学院	50	555	理工农林	首钢工学院	53	606
体育艺术	中国戏曲学院	51	569	综合民族	中华女子学院	54	609

河北省

类型	学校名称	省区序	总排序	类型	学校名称	省区序	总排序
理工农林	燕山大学	1	76	医药	张家口医学院	14	328
理工农林	河北工业大学	2	89	理工农林	河北建筑科技学院	15	354
理工农林	华北电子大学	3	100	医药	华北煤炭医学院	16	405
综合民族	河北大学	4	126	师范	唐山师范学院	17	431
医药	河北医科大学	5	152	语文财经政法	河北经贸大学	18	478
理工农林	石家庄铁道学院	6	161	理工农林	华北科技学院	19	505
师范	河北师范大学	7	187	理工农林	河北建筑工程学院	20	518
理工农林	河北科技大学	8	229	综合民族	唐山学院	21	519
理工农林	河北农业大学	9	233	师范	河北科技师范学院	22	541
医药	承德医学院	10	275	综合民族	邢台学院	23	563
理工农林	河北理工大学	11	287	体育艺术	河北体育学院	24	566
语文财经政法	石家庄经济学院	12	290	理工农林	河北工程学院	25	599
师范	廊坊师范学院	13	327				

河南省

类型	学校名称	省区序	总排序	类型	学校名称	省区序	总排序
综合民族	郑州大学	1	78	医药	新乡医学院	12	309
综合民族	河南大学	2	128	师范	信阳师范学院	13	440
理工农林	华北水利水电学院	3	132	师范	南阳师范学院	14	456
理工农林	河南科技大学	4	147	理工农林	郑州航空工业管理学院	15	466
理工农林	河南工业大学	5	165	师范	商丘师范学院	16	481
师范	河南师范大学	6	170	师范	安阳师范学院	17	524
理工农林	河南农业大学	7	175	语文财经政法	河南财经学院	18	534
医药	河南中医学院	8	249	综合民族	许昌学院	19	545
理工农林	中原工学院	9	263	理工农林	郑州轻工业学院	20	591
理工农林	河南理工大学	10	268	理工农林	平顶山工学院	21	610
师范	洛阳师范学院	11	278	师范	周口师范学院	22	618

福建省

类型	学校名称	省区序	总排序	类型	学校名称	省区序	总排序
综合民族	厦门大学	1	21	医药	福建中药学院	8	321
综合民族	福州大学	2	90	师范	漳州师范学院	9	437
理工农林	福建农林大学	3	99	师范	三明学院	10	509
师范	福建师范大学	4	142	师范	泉州师范学院	11	530
理工农林	华侨大学	5	169	综合民族	莆田学院	12	556
医药	福建医科大学	6	210	综合民族	闽江学院	13	567
综合民族	集美大学	7	228	理工农林	福建工程学院	14	577

广东省

类型	学校名称	省区序	总排序	类型	学校名称	省区序	总排序
综合民族	中山大学	1	10	综合民族	茂名学院	17	341
理工农林	华南理工大学	2	26	师范	广东技术师范学院	18	350
理工农林	华南农业大学	3	65	医药	广东医学院	19	351
综合民族	暨南大学	4	70	综合民族	嘉应学院	20	425
医药	广州中医药大学	5	79	综合民族	广州大学	21	454
综合民族	汕头大学	6	87	综合民族	惠州学院	22	455
师范	华南师范大学	7	95	综合民族	韶关学院	23	482
综合民族	深圳大学	8	116	师范	韩山师范学院	24	498
理工农林	广东工业大学	9	129	语文财经政法	广东外语外贸大学	25	543
医药	广东医学院	10	168	综合民族	肇庆学院	26	546
综合民族	五邑大学	11	176	理工农林	东莞理工学院	27	547
理工农林	佛山科学技术学院	12	189	体育艺术	星海音乐学院	28	551
医药	广州医学院	13	194	体育艺术	广州体育学院	29	553
理工农林	仲恺农业技术学院	14	231	体育艺术	广州美术学院	30	554
师范	湛江师范学院	15	266	语文财经政法	广东商学院	31	559
理工农林	湛江海洋大学	16	320				

天津市

类型	学校名称	省区序	总排序	类型	学校名称	省区序	总排序
综合民族	南开大学	1	12	理工农林	中国民用航空学院	10	265
理工农林	天津大学	2	17	理工农林	天津农学院	11	343
师范	天津师范大学	3	93	体育艺术	天津体育学院	12	377
医药	天津医科大学	4	107	语文财经政法	天津外国学院	13	433
医药	天津中医学院	5	109	体育艺术	天津美术学院	14	459
理工农林	天津理工大学	6	159	理工农林	天津城市建设学院	15	460
理工农林	天津工业大学	7	184	体育艺术	天津音乐学院	16	506
理工农林	天津科技大学	8	188	语文财经政法	天津财经大学	17	508
语文财经政法	天津商学院	9	212				

江苏省

类型	学校名称	省区序	总排序	类型	学校名称	省区序	总排序
综合民族	南京大学	1	5	综合民族	江苏大学	17	110
理工农林	东南大学	2	16	理工农林	南京信息工程大学	18	136
理工农林	中国矿业大学	3	25	医药	南京中医药大学	19	138
理工农林	南京农业大学	4	48	理工农林	江苏工业学院	20	202
语文财经政法	南京财经大学	5	55	理工农林	江苏科技大学	21	216
理工农林	南京理工大学	6	57	师范	徐州师范大学	22	224
理工农林	南京航空航天大学	7	62	理工农林	南京邮电学院	23	251
师范	南京师范大学	8	63	师范	盐城师范学院	24	288
医药	中国医科大学	9	72	医药	徐州医学院	25	322
医药	南京医科大学	10	81	医药	南通医学院	26	334
理工农林	河海大学	11	82	理工农林	苏州科技学院	27	339
综合民族	苏州大学	12	85	师范	淮阴师范学院	28	360
理工农林	南京林业大学	13	92	理工农林	淮海工学院	29	414
理工农林	南京工业大学	14	97	理工农林	南通工学院	30	436
综合民族	扬州大学	15	105	师范	南京晓庄学院	31	439
综合民族	江南大学	16	106	理工农林	常州工学院	32	441

类型	学校名称	省区序	总排序	类型	学校名称	省区序	总排序
理工农林	常州工学院	32	441	体育艺术	南京体育学院	37	485
体育艺术	南京艺术学院	33	444	理工农林	南京工程学院	38	500
师范	江苏技术师范学院	34	271	理工农林	淮阴工学院	39	521
综合民族	南通大学	35	473	语文财经政法	南京审计学院	40	584
理工农林	盐城工学院	36	480				

浙江省

类型	学校名称	省区序	总排序	类型	学校名称	省区序	总排序
理工农林	浙江大学	1	3	理工农林	中国计量学院	13	261
师范	温州师范学院	2	98	师范	杭州师范学院	14	306
理工农林	浙江工业大学	3	113	理工农林	浙江海洋学院	15	326
综合民族	宁波大学	4	131	综合民族	绍兴文理学院	16	352
理工农林	浙江理工大学	5	150	综合民族	嘉兴学院	17	366
理工农林	杭州电子科技大学	6	156	师范	湖州师范学院	18	389
医药	浙江中医学院	7	157	理工农林	浙江万里学院	19	404
语文财经政法	浙江工商大学	8	164	语文财经政法	浙江财经学院	20	489
师范	浙江师范大学	9	193	体育艺术	中国美术学院	21	517
理工农林	浙江林学院	10	207	理工农林	浙江科技学院	22	597
医药	温州医学院	11	209	综合民族	浙江树人学院	23	615
综合民族	台州学院	12	237				

上海市

类型	学校名称	省区序	总排序	类型	学校名称	省区序	总排序
综合民族	复旦大学	1	4	理工农林	上海水产大学	13	299
理工农林	上海交通大学	2	7	理工农林	上海海事大学	14	300
理工农林	同济大学	3	20	理工农林	上海电力学院	15	386
理工农林	华东理工大学	4	33	语文财经政法	上海财经大学	16	416
师范	华东师范大学	5	38	理工农林	上海应用技术学院	17	477
医药	上海第二医科	6	41	体育艺术	上海体育学院	18	548
综合民族	上海大学	7	56	体育艺术	上海戏剧学院	19	558
理工农林	华东大学	8	58	语文财经政法	华东政法学院	20	564
医药	上海中医药大学	9	134	语文财经政法	上海外国语大学	21	578
理工农林	上海理工大学	10	135	语文财经政法	上海对外贸易学院	22	585
师范	上海师范大学	11	171	体育艺术	上海音乐学院	23	589
理工农林	上海工程技术大学	12	285	理工农林	华东冶金学院	24	593

(信息来源:《中国青年报》2004 年 8 月)

◎榜五、中国高校人文社会科学研究竞争力综合排名前 100 名◎

总排序	学校名称	总排序	学校名称	总排序	学校名称	总排序	学校名称
1	北京大学	7	清华大学	13	吉林大学	19	华南师范大学
2	中国人民大学	8	浙江大学	14	山东大学	20	东北师范大学
3	北京师范大学	9	华东师范大学	15	四川大学	21	辽宁大学
4	复旦大学	10	中山大学	16	华中师范大学	22	西南财经大学
5	武汉大学	11	南京大学	17	南京师范大学	23	福建师范大学
6	南开大学	12	厦门大学	18	上海财经大学	24	苏州大学

总排序	学校名称	总排序	学校名称	总排序	学校名称	总排序	学校名称
25	西安交通大学	44	湘潭大学	63	郑州大学	82	南昌大学
26	中国政法大学	45	中国农业大学	64	北京外国语大学	83	上海外国语大学
27	首都师范大学	46	陕西师范大学	65	大连理工大学	84	中国矿业大学
28	上海交通大学	47	华南理工大学	66	上海大学	85	北京科技大学
29	暨南大学	48	中央财经大学	67	东南大学	86	首都经济贸易大学
30	重庆大学	49	同济大学	68	曲阜师范大学	87	哈尔滨工业大学
31	华中科技大学	50	北京体育大学	69	南京农业大学	88	河北师范大学
32	湖南大学	51	中南大学	70	河南大学	89	湖北大学
33	东北财经大学	52	中央民族大学	71	内蒙古大学	90	深圳大学
34	湖南师范大学	53	对外经济贸易大学	72	华中农业大学	91	中国地质大学
35	中南财经政法大学	54	浙江工商大学	73	山西财经大学	92	四川师范大学
36	北京航空航天大学	55	黑龙江大学	74	安徽师范大学	93	温州师范大学
37	山西大学	56	安徽大学	75	天津师范大学	94	辽宁师范大学
38	上海师范大学	57	中国传媒大学	76	新疆大学	95	河海大学
39	北京交通大学	58	兰州大学	77	沈阳工业大学	96	北京邮电大学
40	西北大学	59	河北大学	78	西南民族学院	97	云南师范大学
41	山东师范大学	60	云南财贸学院	79	江西财经大学	98	哈尔滨师范大学
42	云南大学	61	西北师范大学	80	中南民族学院	99	中央戏剧学院
43	西南师范大学	62	西南政法大学	81	沈阳师范大学	100	中国科学技术大学

（信息来源：《中国青年报》2004 年 7 月）

◎榜六、中国高校人文社会科学研究竞争力分类排名◎

1.综合、民族院校排名

学校名称	类型序	总排序	学校名称	类型序	总排序	学校名称	类型序	总排序
北京大学	1	1	湘潭大学	17	44	宁波大学	33	107
复旦大学	2	4	中央民族大学	18	52	青岛大学	34	121
武汉大学	3	5	黑龙江大学	19	55	宁夏大学	35	126
南开大学	4	6	安徽大学	20	56	扬州大学	36	128
中山大学	5	10	兰州大学	21	58	福州大学	37	134
南京大学	6	11	河北大学	22	59	吉首大学	38	135
厦门大学	7	12	郑州大学	23	63	广西大学	39	151
吉林大学	8	13	上海大学	24	66	沈阳大学	40	153
山东大学	9	14	河南大学	25	70	贵州民族学院	41	156
四川大学	10	15	内蒙古大学	26	71	延边大学	42	167
辽宁大学	11	21	新疆大学	27	76	烟台大学	43	169
苏州大学	12	24	西南民族大学	28	78	广西民族学院	44	177
暨南大学	13	29	中南民族大学	29	80	齐齐哈尔大学	45	179
山西大学	14	37	南昌大学	30	82	哈尔滨学院	46	188
西北大学	15	40	湖北大学	31	89	北京联合大学	47	199
云南大学	16	42	深圳大学	32	90			

2.语文、财经、政法院校排名

学校名称	类型序	总排序	学校名称	类型序	总排序	学校名称	类型序	总排序
中国人民大学	1	2	西南政法大学	11	62	西北政法学院	21	119
上海财经大学	2	18	北京外国语大学	12	64	国际关系学院	22	132
西南财经大学	3	22	山西财经大学	13	73	广东商学院	23	133
中国政法大学	4	26	江西财经大学	14	79	河北经贸大学	24	138
东北财经大学	5	33	上海外国语大学	15	83	中国青年政治学院	25	145
中南财经政法大学	6	35	首都经济贸易大学	16	86	山东财经学院	26	146
中央财经大学	7	48	北京工商大学	17	101	北京语言大学	27	147
对外经济贸易大学	8	53	广东外语外贸大学	18	102	重庆工商大学	28	148
浙江工商大学	9	54	天津财经大学	19	103	南京财经大学	29	150
云南财贸学院	10	60	华东政法学院	20	110			

3.理工、农林院校排名

学校名称	类型序	总排序	学校名称	类型序	总排序	学校名称	类型序	总排序
清华大学	1	7	山西农业大学	35	142	上海理工大学	69	230
浙江大学	2	8	东北大学	36	143	山东农业大学	70	233
西安交通大学	3	25	北京工业大学	37	144	吉林农业大学	71	235
上海交通大学	4	28	西南交通大学	38	149	重庆工学院	72	236
重庆大学	5	30	长沙理工大学	39	161	东北农业大学	73	238
华中科技大学	6	31	山东科技大学	40	163	太原理工大学	74	240
湖南大学	7	32	重庆邮电学院	41	166	哈尔滨工程大学	75	241
北京航空航天大学	8	36	北方工业大学	42	168	佛山科学技术学院	76	242
北京交通大学	9	39	天津理工大学	43	170	安徽理工大学	77	243
中国农业大学	10	45	杭州电子工业学院	44	175	青岛建筑工程学院	78	245
华南理工大学	11	47	河北建筑科技学院	45	176	黑龙江科技学院	79	247
同济大学	12	49	河北科技大学	46	178	安徽工程科技学院	80	251
中南大学	13	51	沈阳化工学院	47	180	华北电力大学	81	256
大连理工大学	14	65	西南农业大学	48	182	湖南农业大学	82	258
东南大学	15	67	华东理工大学	49	184	西北农林科技大学	83	262
南京农业大学	16	69	株洲工学院	50	185	上海海事大学	84	267
华中农业大学	17	72	哈尔滨理工大学	51	186	盐城工学院	85	269
沈阳工业大学	18	77	北京林业大学	52	189	辽宁工程技术大学	86	282
中国矿业大学	19	84	西安建筑科技大学	53	193	重庆交通学院	87	284
北京科技大学	20	85	电子科技大学	54	196	辽宁石油化工大学	88	286
哈尔滨工业大学	21	87	大连海事大学	55	197	北京机械工业学院	89	289
中国地质大学	22	91	合肥工业大学	56	198	广东工业大学	90	290
河海大学	23	95	湖南理工学院	57	201	昆明理工大学	91	294
北京邮电大学	24	96	浙江理工大学	58	204	大庆石油学院	92	301
中国科学技术大学	25	100	北京化工大学	59	207	西南石油学院	93	303
中国海洋大学	26	106	南京航空航天大学	60	208	华东交通大学	94	310
湖南科技大学	27	109	江西理工大学	61	211	山东建筑工程学院	95	313
浙江工业大学	28	111	东北林业大学	62	216	辽宁工学院	96	314
天津大学	29	114	南京邮电学院	63	218	天津工业大学	97	316
北京理工大学	30	117	西北工业大学	64	219	沈阳建筑大学	98	317
武汉理工大学	31	120	北京农学院	65	224	浙江林学院	99	318
南京理工大学	32	131	沈阳农业大学	66	225	河北工业大学	100	322
华侨大学	33	136	华东冶金学院	67	228	南华大学	101	328
华南农业大学	34	137	石油大学	68	229	南京林业大学	103	330

4.师范院校排名

学校名称	类型序	总排序	学校名称	类型序	总排序	学校名称	类型序	总排序
北京师范大学	1	3	天津师范大学	17	75	杭州师范学院	33	140
华东师范大学	2	9	沈阳师范大学	18	81	重庆师范大学	34	154
华中师范大学	3	16	河北师范大学	19	88	徐州师范大学	35	158
南京师范大学	4	17	四川师范大学	20	92	烟台师范学院	36	160
华南师范大学	5	19	温州师范大学	21	93	西华师范大学	37	174
东北师范大学	6	20	辽宁师范大学	22	94	湛江师范学院	38	183
福建师范大学	7	23	云南师范大学	23	97	南通师范学院	39	190
首都师范大学	8	27	哈尔滨师范大学	24	98	唐山师范学院	40	194
湖南师范大学	9	34	广西师范大学	25	104	湖北师范学院	41	220
上海师范大学	10	38	浙江师范大学	26	108	牡丹江师范学院	42	234
山东师范大学	11	41	天津工程师范学院	27	112	湖南文理学院	43	237
西南师范大学	12	43	内蒙古师范大学	28	118	长春师范学院	44	244
陕西师范大学	13	46	江西师范大学	29	122	江苏技术师范学院	45	255
西北师范大学	14	61	山西师范大学	30	123	贵州师范大学	46	257
曲阜师范大学	15	68	聊城大学	31	124	廊坊师范学院	47	259
安徽师范大学	16	74	河南师范大学	32	130	安庆师范学院	48	263

5.体育、艺术院校排名

学校名称	类型序	总排序	学校名称	类型序	总排序	学校名称	类型序	总排序
北京体育大学	1	50	中央音乐学院	9	127	武汉体育学院	17	213
中国传媒大学	2	57	哈尔滨体育学院	10	129	天津体育学院	18	226
中央戏剧学院	3	99	中国美术学院	11	139	吉林艺术学院	19	239
中央美术学院	4	105	北京电影学院	12	141	广西艺术学院	20	249
上海体育学院	5	113	首都体育学院	13	164	广州美术学院	21	250
南京艺术学院	6	115	鲁迅美术学院	14	181	成都体育学院	22	264
山东工艺美术学院	7	116	山东体育学院	15	187			
上海音乐学院	8	125	广州体育学院	16	212			

6.医药院校排名

学校名称	类型序	总排序	学校名称	类型序	总排序	学校名称	类型序	总排序
山东中医药大学	1	155	河北医科大学	14	311	广西医科大学	27	387
成都中医药大学	2	200	南京中医药大学	15	323	北京中医药大学	28	393
广州医学院	3	205	潍坊医学院	16	324	右江民族医学院	29	399
济宁医学院	4	248	滨州医学院	17	332	中国药科大学	30	402
湖北中医学院	5	252	徐州医学院	18	339	首都医科大学	31	405
广州中医药大学	6	254	华北煤炭医学院	19	344	江西中医学院	32	412
赣南医学院	7	260	锦州医学院	20	346	泸州医学院	33	416
天津中医学院	8	271	广西中医学院	21	347	南通医学院	34	424
哈尔滨医科大学	9	278	张家口医学院	22	350	沈阳医学院	35	426
黑龙江中医药大学	10	285	大连医科大学	23	357	中国医科大学	36	431
中国协和医科大学	11	287	新乡医学院	24	363	福建中医学院	37	432
承德医学院	12	292	天津医科大学	25	373			
昆明医学院	13	302	南京医科大学	26	374			

(信息来源:《中国青年报》2004 年 7 月)

备注:按照教育部划分的 6 种类型高校分类,进入名单的是每类院校中排在前 50 名的院校。

◎榜七、中国高校人文社会科学研究竞争力省区市排名◎

北京市

类型	学校名称	类型序	总排序	类型	学校名称	类型序	总排序
综合民族	北京大学	1	1	语文财经政法	中国青年政治学院	27	145
语文财经政法	中国人民大学	2	2	语文财经政法	北京语言大学	28	147
师范	北京师范大学	3	3	语文财经政法	北京第二外国语学院	29	157
理工农林	清华大学	4	7	体育艺术	首都体育学院	30	164
语文财经政法	中国政法大学	5	26	理工农林	北方工业大学	31	168
师范	首都师范大学	6	27	语文财经政法	外交学院	32	172
理工农林	北京航空航天大学	7	36	语文财经政法	中国人民公安大学	33	173
理工农林	北京交通大学	8	39	理工农林	北京林业大学	34	189
理工农林	中国农业大学	9	45	语文财经政法	北京物资学院	35	191
语文财经政法	中央财经大学	10	48	综合民族	北京联合大学	36	199
体育艺术	北京体育大学	11	50	理工农林	北京化工大学	37	207
综合民族	中央民族大学	12	52	理工农林	北京农学院	38	224
语文财经政法	对外经济贸易大学	13	53	理工农林	石油大学	39	229
体育艺术	北京广播学院	14	57	医药	中国协和医科大学	40	287
语文财经政法	北京外国语大学	15	64	理工农林	北京机械工学院	41	289
理工农林	北京科技大学	16	85	体育艺术	中国音乐学院	42	353
语文财经政法	首都经济贸易大学	17	86	医药	北京中医药大学	43	393
理工农林	北京邮电大学	18	96	医药	首都医科大学	44	405
体育艺术	中央戏剧学院	19	99	理工农林	北京电子科技学院	45	417
语文财经政法	北京工商大学	20	101	体育艺术	中国戏曲学院	46	458
体育艺术	中央美术学院	21	105	理工农林	北京服装学院	47	472
理工农林	北京理工大学	22	117	理工农林	北京建筑工程学院	48	500
体育艺术	中央音乐学院	23	127	体育艺术	北京舞蹈学院	49	510
语文财经政法	国际关系学院	24	132	理工农林	北京石油化工学院	50	533
体育艺术	北京电影学院	25	141	理工农林	北京印刷学院	51	553
理工农林	北京工学院	26	144	理工农林	北京信息工程学院	52	565

河北省

类型	学校名称	类型序	总排序	类型	学校名称	类型序	总排序
综合民族	河北大学	1	59	医药	河北医科大学	12	311
师范	河北师范大学	2	88	理工农林	河北工业大学	13	322
语文财经政法	河北经贸大学	3	138	医药	华北煤炭医学院	14	344
理工农林	河北建筑科技学院	4	176	医药	张家口医学院	15	350
理工农林	河北科技大学	5	178	理工农林	燕山大学	16	364
师范	唐山师范学院	6	194	理工农林	河北农业大学	17	371
语文财经政法	石家庄经济学院	7	221	理工农林	石家庄铁道学院	18	385
理工农林	华北电力大学	8	256	体育艺术	河北体育学院	19	411
师范	廊坊师范学院	9	259	理工农林	河北理工大学	20	444
医药	承德医学院	10	292	理工农林	河北建筑工程学院	21	551
语文财经政法	中国人民武装警察部队学院	11	307				

河南省

类型	学校名称	类型序	总排序	类型	学校名称	类型序	总排序
综合民族	郑州大学	1	63	师范	商丘师范学院	11	423
综合民族	河南大学	2	70	师范	洛阳师范学院	12	450
师范	河南师范大学	3	130	理工农林	河南工业大学	13	456
语文财经政法	河南财经学院	4	165	理工农林	华北水利水电学院	14	460
师范	信阳师范学院	5	295	师范	安阳师范学院	15	463
理工农林	郑州航空工业管理学院	6	338	理工农林	中原工学院	16	489
医药	新乡医学院	7	363	医药	河南中医学院	17	503
理工农林	河南农业大学	8	386	理工农林	河南科技大学	18	517
师范	南阳师范学院	9	389	理工农林	河南理工大学	19	531
师范	河南职业技术学院	10	390	理工农林	郑州轻工业学院	20	542

福建省

类型	学校名称	类型序	总排序	类型	学校名称	类型序	总排序
综合民族	厦门大学	1	12	理工农林	福建农林大学	7	380
师范	福建师范大学	2	23	医药	福建中医学院	8	432
综合民族	福州大学	3	134	师范	三明学院	9	492
理工农林	华侨大学	4	136	医药	福建医科大学	10	514
综合民族	集美大学	5	253	师范	泉州师范学院	11	525
师范	漳州师范学院	6	308				

广东省

类型	学校名称	类型序	总排序	类型	学校名称	类型序	总排序
综合民族	中山大学	1	10	综合民族	五邑大学	16	276
师范	华南师范大学	2	19	理工农林	广东工业大学	17	290
综合民族	暨南大学	3	29	体育艺术	星海音乐学院	18	300
理工农林	华南理工大学	4	47	理工农林	仲凯农业技术学院	19	383
综合民族	深圳大学	5	90	综合民族	肇庆学院	20	428
语文财经政法	广东外语外贸大学	6	102	师范	韩山师范学院	21	447
语文财经政法	广东商学院	7	133	师范	广东技术师范学院	22	452
理工农林	华南农业大学	8	137	综合民族	韶关学院	23	455
师范	湛江师范学院	9	183	综合民族	茂名学院	24	457
医药	广州医学院	10	205	综合民族	嘉应学院	25	461
综合民族	汕头大学	11	209	综合民族	惠州学院	26	474
体育艺术	广州体育学院	12	212	医药	广东医学院	27	504
理工农林	佛山科学技术学院	13	242	理工农林	湛江海洋大学	28	528
体育艺术	广州美术学院	14	250	医药	广东药学院	29	550
医药	广州中医药大学	15	254	综合民族	广州大学	30	566

江西省

类型	学校名称	类型序	总排序	类型	学校名称	类型序	总排序
语文财经政法	江西财经大学	1	79	理工农林	华东交通大学	6	310
综合民族	南昌大学	2	82	师范	江西科技师范学院	7	331
师范	江西师范大学	3	122	师范	赣南师范学院	8	349
理工农林	江西理工大学	4	211	师范	井冈山师范学院	9	351
医药	赣南医学院	5	260	理工农林	江西农业大学	10	396

类型	学校名称	类型序	总排序	类型	学校名称	类型序	总排序
医药	江西中医学院	11	412	师范	上饶师范学院	14	471
理工农林	景德镇陶瓷学院	12	445	理工农林	东华理工学院	15	501
理工农林	南昌航空工业学院	13	467	综合民族	宜春学院	16	513

山东省

类型	学校名称	类型序	总排序	类型	学校名称	类型序	总排序
综合民族	山东大学	1	14	理工农林	山东农业大学	17	233
师范	山东师范大学	2	41	理工农林	青岛建筑工程学院	18	245
师范	曲阜师范大学	3	68	医药	济宁医学院	19	248
理工农林	中国海洋大学	4	106	体育艺术	山东艺术学院	20	277
体育艺术	山东工艺美术学院	5	116	理工农林	山东建筑工程学院	21	313
综合民族	青岛大学	6	121	医药	潍坊医学院	22	324
师范	聊城大学	7	124	医药	宾州医学院	23	332
语文财经政法	山东财政学院	8	146	综合民族	德州学院	24	343
医药	山东中医药大学	9	155	综合民族	潍坊学院	25	366
师范	烟台师范学院	10	160	师范	临浙师范学院	26	381
理工农林	山东科技大学	11	163	理工农林	山东理工大学	27	398
综合民族	烟台大学	12	169	理工农林	山东轻工业学院	28	409
语文财经政法	山东工商学院	13	171	理工农林	莱阳农学院	29	414
体育艺术	山东体育学院	14	187	理工农林	青岛科技大学	30	436
综合民族	济南大学	15	223	医药	泰山医学院	31	484
语文财经政法	山东经济学院	16	232				

山西省

类型	学校名称	类型序	总排序	类型	学校名称	类型序	总排序
综合民族	山西大学	1	37	师范	雁北师范学院	7	427
语文财经政法	山西财经大学	2	73	医药	山西中医学院	8	481
师范	山西师范大学	3	123	理工农林	太原科技大学	9	526
理工农林	山西农业大学	4	142	师范	忻州师范学院	10	527
理工农林	太原理工大学	5	240	医药	长治医学院	11	554
师范	太原师范学院	6	355	理工农林	华北工学院	12	559

湖北省

类型	学校名称	类型序	总排序	类型	学校名称	类型序	总排序
综合民族	武汉大学	1	5	体育艺术	湖北美术学院	15	274
师范	华中师范大学	2	16	体育艺术	武汉音乐学院	16	327
理工农林	华中科技大学	3	31	理工农林	武汉科技大学	17	334
语文财经政法	中南财经政法大学	4	35	理工农林	武汉科技学院	18	359
理工农林	华中农业大学	5	72	理工农林	湖北工业大学	19	415
综合民族	中南民族大学	6	80	理工农林	武汉化工学院	20	420
综合民族	湖北大学	7	89	师范	黄冈师范学院	21	421
理工农林	中国地质大学	8	91	理工农林	湖北汽车工业学院	22	429
理工农林	武汉理工大学	9	120	综合民族	湖北民族学院	23	434
体育艺术	武汉体育学院	10	213	综合民族	孝感学院	24	490
师范	湖北师范学院	11	220	综合民族	襄樊学院	25	508
医药	湖北中医学院	12	252	综合民族	咸宁学院	26	518
综合民族	长江大学	13	272	理工农林	武汉工业学院	27	543
师范	荆州师范学院	14	273	医药	郧阳医学院	28	546

湖南省

类型	学校名称	类型序	总排序	类型	学校名称	类型序	总排序
理工农林	湖南大学	1	32	师范	湖南文理学院	10	237
师范	湖南师范大学	2	34	理工农林	湖南农业大学	11	258
综合民族	湘潭大学	3	44	语文财经政法	湖南商学院	12	280
理工农林	中南大学	4	51	师范	衡阳师范学院	13	293
理工农林	湖南科技大学	5	109	理工农林	南华大学	14	328
综合民族	吉首大学	6	135	理工农林	中南林学院	15	370
理工农林	长沙理工大学	7	161	医药	湖南中医学院	16	475
理工农林	株洲工学院	8	185	综合民族	邵阳学院	17	568
理工农林	湖南理工学院	9	201				

云南省

类型	学校名称	类型序	总排序	类型	学校名称	类型序	总排序
综合民族	云南大学	1	42	理工农林	云南农业大学	8	378
语文财经政法	云南财贸学院	2	60	体育艺术	云南艺术学院	9	406
师范	云南师范大学	3	97	理工农林	西南林学院	10	433
综合民族	云南民族大学	4	241	师范	玉溪师范学院	11	496
理工农林	昆明理工大学	5	294	医药	云南中医学院	12	539
医药	昆明医学院	6	302	综合民族	大理学院	13	560
师范	曲靖师范学院	7	326				

(信息来源:《中国青年报》2004 年 8 月)

◎榜八、中国高校综合竞争力排名(重点大学)◎

总排序	省区市	新类型	学校名称	办学资源序	教学水平序	科学研究序	学校声誉序
1	北京	理工	清华大学	2	2	1	1
2	北京	综合民族	北京大学	1	1	2	2
3	上海	综合民族	复旦大学	4	3	3	3
4	浙江	综合民族	浙江大学	6	6	4	6
5	江苏	综合民族	南京大学	7	7	5	9
6	上海	理工	上海交通大学	5	4	14	4
7	湖北	综合民族	武汉大学	9	9	7	19
8	安徽	理工	中国科学技术大学	3	12	17	8
9	北京	语文财经政法	中国人民大学	25	5	15	7
10	广东	综合民族	中山大学	11	15	6	20
11	天津	综合民族	南开大学	14	14	8	12
12	吉林	综合民族	吉林大学	8	11	10	30
13	北京	师范	北京师范大学	19	10	11	5
14	湖北	理工	华中科技大学	12	13	9	25
15	陕西	理工	西安交通大学	16	8	16	10
16	四川	综合民族	四川大学	18	23	13	37
17	黑龙江	理工	哈尔滨工业大学	10	16	23	11
18	福建	综合民族	厦门大学	22	24	18	33
19	山东	综合民族	山东大学	21	29	12	41
20	上海	理工	同济大学	24	19	21	14
21	湖南	理工	中南大学	17	22	19	48

总排序	省区市	新类型	学校名称	办学资源序	教学水平序	科学研究序	学校声誉序
22	天津	理工	天津大学	28	18	28	23
23	北京	理工	北京航空航天大学	15	26	35	13
24	上海	师范	华东师范大学	39	30	20	16
25	辽宁	理工	大连理工大学	27	20	27	38
26	江苏	理工	东南大学	32	21	24	47
27	广东	理工	华南理工大学	29	25	26	54
28	北京	农林	中国农业大学	26	43	22	34
29	陕西	理工	西北工业大学	31	28	33	46
30	江苏	理工	中国矿业大学	23	35	29	66
31	北京	理工	北京理工大学	20	41	48	27
32	湖北	师范	华中师范大学	67	47	31	29
33	甘肃	综合民族	兰州大学	45	63	25	50
34	北京	理工	北京科技大学	33	39	37	57
35	重庆	理工	重庆大学	49	27	43	65
36	吉林	师范	东北师范大学	55	36	40	40
37	湖北	理工	中国地质大学	35	56	36	44
38	湖南	理工	湖南大学	51	46	32	68
39	北京	理工	北京交通大学	41	32	61	53
40	上海	语文财经政法	上海财经大学	101	33	49	26
41	江苏	师范	南京师范大学	83	44	34	43
42	辽宁	理工	东北大学	50	40	41	56
43	上海	理工	华东理工大学	58	37	44	51
44	北京	体育艺术	中央音乐学院	13	98	117	15
45	北京	理工	北京邮电大学	60	31	73	45
46	北京	语文财经政法	北京外国语大学	98	60	50	17
47	北京	理工	北京化工大学	68	53	30	82
48	山东	理工	中国海洋大学	62	55	38	58
49	四川	理工	电子科技大学	43	34	69	63
50	上海	医药	上海第二医科大学	30	107	67	22
51	北京	语文财经政法	中国政法大学	93	58	68	24
52	北京	语文财经政法	北京语言大学	106	17	120	64
53	广东	师范	华南师范大学	40	57	54	71
54	陕西	综合民族	西北大学	59	45	53	74
55	江苏	理工	南京航空航天大学	70	49	70	49
56	四川	理工	西南交通大学	48	42	83	62
57	湖北	农林	华中农业大学	53	48	39	95
58	广东	综合民族	暨南大学	52	59	51	75
59	北京	理工	北京工业大学	38	83	52	69
60	湖北	理工	武汉理工大学	64	51	55	83
61	江苏	理工	南京理工大学	56	50	84	70
62	陕西	理工	西安电子科技大学	78	38	75	77
63	江苏	农林	南京农业大学	69	52	60	80
64	北京	体育艺术	中央戏剧学院	34	117	105	18
65	北京	理工	石油大学	36	72	71	73
66	湖南	师范	湖南师范大学	44	86	46	78
67	江苏	综合民族	苏州大学	65	77	42	81
68	北京	体育艺术	中央美术学院	42	114	114	21
69	湖北	语文财经政法	中南财经政法大学	112	67	56	61
70	北京	语文财经政法	对外经济贸易大学	99	64	92	32
71	上海	综合民族	上海大学	47	91	57	76
72	河南	综合民族	郑州大学	37	88	45	91
73	云南	综合民族	云南大学	75	54	58	90

总排序	省区市	新类型	学校名称	办学资源序	教学水平序	科学研究序	学校声誉序
74	北京	语文财经政法	中央财经大学	114	76	100	28
75	四川	语文财经政法	西南财经大学	111	74	74	55
76	江苏	医药	中国药科大学	116	62	97	39
77	黑龙江	理工	哈尔滨工程大学	77	73	85	67
78	上海	语文财经政法	上海外国语大学	95	90	111	31
79	北京	医药	北京中医药大学	96	65	106	52
80	陕西	农林	西北农林科技大学	61	75	63	97
81	北京	体育艺术	北京体育大学	94	93	104	35
82	陕西	师范	陕西师范大学	90	66	64	88
83	辽宁	综合民族	北京林业大学	66	100	47	89
84	北京	农林	辽宁大学	80	85	78	79
85	江苏	理工	河海大学	88	61	77	87
86	北京	体育艺术	中国传媒大学	89	102	108	36
87	重庆	语文财经政法	西南政法大学	117	82	80	60
88	北京	语文财经政法	国际关系学院	46	108	121	42
89	北京	综合民族	中央民族大学	81	106	91	59
90	广东	农林	华南农业大学	57	81	79	94
91	重庆	师范	西南师范大学	107	70	82	85
92	天津	医药	天津医科大学	72	80	112	72
93	上海	理工	东华大学	82	68	89	98
94	广西	综合民族	广西大学	54	97	81	104
95	黑龙江	农林	东北林业大学	87	94	65	100
96	福建	综合民族	福州大学	76	89	76	103
97	内蒙古	综合民族	内蒙古大学	104	78	59	113
98	安徽	综合民族	安徽大学	105	87	72	101
99	河北	理工	华北电力大学	63	71	107	107
100	江西	综合民族	南昌大学	73	99	66	109
101	安徽	理工	合肥工业大学	92	84	87	93
102	辽宁	理工	大连海事大学	74	104	103	86
103	山西	理工	太原理工大学	71	79	96	108
104	湖南	综合民族	湘潭大学	86	111	62	111
105	江苏	综合民族	江苏大学	79	95	93	106
106	重庆	农林	西南农业大学	102	109	95	84
107	黑龙江	农林	东北农业大学	84	101	102	99
108	四川	农林	四川农业大学	100	96	110	96
109	江苏	综合民族	江南大学	113	69	94	119
110	河北	理工	燕山大学	103	110	88	110
111	辽宁	农林	沈阳农业大学	108	120	90	102
112	河北	理工	河北工业大学	91	103	101	115
113	新疆	综合民族	新疆大学	115	105	86	118
114	陕西	理工	长安大学	97	92	113	120
115	江苏	理工	南京信息工程大学	120	112	116	92
116	吉林	综合民族	延边大学	85	118	98	121
117	辽宁	理工	辽宁工程技术大学	110	119	115	105
118	黑龙江	理工	大庆石油学院	109	116	109	114
119	山西	农林	山西农业大学	118	115	99	116
120	陕西	理工	陕西科技大学	119	113	118	117
121	江西	农林	江西农业大学	121	121	119	112

（信息来源：《中国青年报》2004年9月21日）

备注：因中国协和医科大学情况特殊而未被列入此次评价。

◎榜九、中国高校综合竞争力排名（一般大学）◎

总排序	省区市	新类型	学校名称	办学资源序	教学水平序	科学研究序
1	山西	综合	山西大学	4	41	1
2	黑龙江	医药	哈尔滨医科大学	10	1	27
3	福建	师范	福建师范大学	16	3	7
4	北京	师范	首都师范大学	9	15	3
5	山东	师范	山东师范大学	34	6	2
6	江苏	综合	扬州大学	12	12	4
7	辽宁	医药	中国医科大学	2	47	8
8	北京	医药	首都医科大学	6	10	21
9	江苏	理工	南京工业大学	1	49	17
10	广东	综合	汕头大学	8	33	9
11	广东	医药	广州中医药大学	7	13	55
12	山东	农林	山东农业大学	5	18	34
13	黑龙江	医药	黑龙江中医药大学	25	2	106
14	四川	理工	西南石油学院	20	7	44
15	上海	师范	上海师范大学	37	51	5
16	河北	综合	河北大学	29	20	15
17	天津	师范	天津师范大学	53	8	18
18	重庆	医药	重庆医科大学	21	16	29
19	云南	理工	昆明理工大学	14	19	54
20	江苏	医药	南京中医药大学	15	11	167
21	河南	综合	河南大学	43	14	19
22	江苏	农林	南京林业大学	3	82	48
23	辽宁	语文财经政法	东北财经大学	31	37	16
24	黑龙江	综合	黑龙江大学	19	23	68
25	浙江	理工	浙江工业大学	73	25	12
26	广东	综合	深圳大学	11	111	26
27	江苏	医药	南京医科大学	61	24	25
28	陕西	理工	西安理工大学	39	30	31
29	内蒙古	农林	内蒙古农业大学	48	17	50
30	陕西	理工	西安建筑科技大学	17	43	91
31	山东	师范	曲阜师范大学	96	34	13
32	甘肃	师范	西北师范大学	62	119	6
33	辽宁	师范	辽宁师范大学	78	26	33
34	福建	农林	福建农林大学	22	67	41
35	四川	理工	成都理工大学	35	59	36
36	河北	医药	河北医科大学	24	45	90
37	陕西	语文财经政法	西安外国语学院	298	4	112
38	福建	综合	华侨大学	91	40	22
39	湖北	综合	湖北大学	71	61	14
40	黑龙江	理工	哈尔滨理工大学	40	36	67
41	河北	师范	河北师范大学	23	76	51
42	北京	综合	北京联合大学	108	5	291
43	北京	语文财经政法	外交学院	72	9	292
44	黑龙江	师范	哈尔滨师范大学	28	98	37
45	广西	师范	广西师范大学	112	21	59
46	湖南	农林	湖南农业大学	30	44	102
47	云南	师范	云南师范大学	99	31	43

总排序	省区市	新类型	学校名称	办学资源序	教学水平序	科学研究序
48	浙江	综合	宁波大学	45	169	11
49	安徽	师范	安徽师范大学	50	71	24
50	宁夏	综合	宁夏大学	86	38	57
51	广东	理工	广东工业大学	69	50	53
52	四川	医药	成都中医药大学	13	97	181
53	上海	医药	上海中医药大学	18	99	130
54	北京	语文财经政法	首都经济贸易大学	92	70	20
55	北京	语文财经政法	中国人民公安大学	113	52	38
56	山东	综合	青岛大学	42	126	32
57	山东	理工	山东科技大学	32	272	23
58	广东	语文财经政法	广东外语外贸大学	57	27	146
59	江西	语文财经政法	江西财经大学	67	102	35
60	天津	医药	天津中医学院	54	32	185
61	湖南	理工	长沙理工大学	55	93	49
62	广西	医药	广西医科大学	121	28	99
63	河南	农林	河南农业大学	64	35	190
64	贵州	综合	贵州大学	89	58	65
65	上海	理工	上海理工大学	26	199	77
66	北京	体育艺术	北京电影学院	81	94	40
67	陕西	语文财经政法	西北政法学院	304	54	45
68	北京	体育艺术	北京舞蹈学院	27	122	137
69	江苏	理工	南京邮电学院	164	29	117
70	云南	医药	昆明医学院	269	22	174
71	山西	理工	华北工学院	107	39	135
72	广东	综合	广州大学	33	109	124
73	河南	师范	河南师范大学	105	135	28
74	内蒙古	师范	内蒙古师范大学	168	46	78
75	广东	医药	广州医学院	82	53	122
76	辽宁	理工	沈阳工业大学	41	148	72
77	浙江	师范	浙江师范大学	87	136	39
78	湖南	理工	湖南科技大学	59	168	46
79	北京	语文财经政法	北京工商大学	147	42	97
80	河北	农林	河北农业大学	94	48	134
81	浙江	理工	杭州电子科技大学	110	56	87
82	陕西	理工	西安科技大学	63	62	116
83	辽宁	医药	沈阳药科大学	38	263	71
84	四川	师范	四川师范大学	123	68	70
85	湖北	民族	中南民族大学	131	113	42
86	上海	体育艺术	上海音乐学院	44	246	61
87	广西	体育艺术	广西艺术学院	193	446	10
88	云南	农林	云南农业大学	127	64	92
89	湖北	综合	长江大学	65	91	127
90	山东	综合	烟台大学	47	222	81
91	福建	医药	福建医科大学	104	65	113
92	新疆	农林	新疆农业大学	46	96	202
93	海南	农林	华南热带农业大学	76	55	352
94	广西	理工	桂林电子工业学院	153	60	111
95	山西	医药	山西医科大学	66	107	136
96	江西	师范	江西师范大学	143	183	47
97	浙江	医药	温州医学院	75	103	128
98	浙江	理工	浙江理工大学	118	104	82

总排序	省区市	新类型	学校名称	办学资源序	教学水平序	科学研究序
99	湖北	理工	武汉科技大学	106	101	100
100	甘肃	理工	兰州理工大学	98	108	103
101	山东	理工	青岛科技大学	166	286	30
102	浙江	语文财经政法	浙江工商大学	101	159	73
103	安徽	医药	安徽医科大学	135	74	120
104	浙江	师范	杭州师范学院	77	258	69
105	湖北	医药	湖北中医学院	130	57	230
106	上海	语文财经政法	华东政法学院	129	75	149
107	天津	语文财经政法	天津财经大学	151	112	84
108	江苏	师范	徐州师范大学	115	124	94
109	天津	理工	天津工业大学	58	131	203
110	河南	理工	河南科技大学	68	163	141
111	浙江	医药	浙江中医学院	119	63	225
112	天津	理工	天津理工大学	187	79	119
113	福建	综合	集美大学	85	191	101
114	新疆	综合	石河子大学	80	110	205
115	江苏	语文财经政法	南京审计学院	139	253	58
116	辽宁	师范	沈阳师范大学	181	129	89
117	辽宁	语文财经政法	大连外国语学院	90	375	64
118	重庆	师范	重庆师范大学	185	78	158
119	广东	理工	佛山科学技术学院	162	92	150
120	河北	理工	石家庄铁道学院	313	83	108
121	黑龙江	综合	齐齐哈尔大学	132	80	208
122	陕西	理工	西安工程科技学院	52	171	256
123	天津	体育艺术	天津音乐学院	175	277	56
124	山东	综合	济南大学	114	190	98
125	北京	体育艺术	中国音乐学院	74	116	306
126	四川	民族	西南民族大学	137	269	66
127	甘肃	农林	甘肃农业大学	56	158	255
128	重庆	理工	重庆交通学院	194	66	214
129	海南	综合	海南大学	216	170	79
130	陕西	体育艺术	西安美术学院	124	254	76
131	江苏	综合	南通大学	79	216	123
132	山东	医药	山东中医药大学	49	226	227
133	贵州	语文财经政法	贵州财经学院	36	412	265
134	辽宁	医药	辽宁中医学院	102	86	333
135	重庆	理工	重庆邮电学院	165	81	204
136	江苏	语文财经政法	南京财经大学	184	265	60
137	湖南	理工	南华大学	126	244	83
138	黑龙江	语文财经政法	哈尔滨商业大学	122	146	147
139	天津	理工	天津科技大学	111	152	154
140	天津	体育艺术	天津美术学院	302	280	52
141	新疆	医药	新疆医科大学	152	84	240
142	吉林	综合	北华大学	159	88	231
143	上海	理工	上海海事大学	160	115	169
144	辽宁	理工	沈阳工程学院	231	72	238
145	山西	师范	山西师范大学	241	189	85
146	四川	师范	西华师范大学	140	87	317
147	甘肃	民族	西北民族大学	288	77	200
148	湖北	体育艺术	武汉体育学院	179	123	164
149	广西	民族	广西民族学院	225	250	74

总排序	省区市	新类型	学校名称	办学资源序	教学水平序	科学研究序
150	湖南	综合	吉首大学	144	312	80
151	安徽	农林	安徽农业大学	200	166	109
152	山东	理工	山东理工大学	117	167	178
153	吉林	农林	吉林农业大学	134	172	153
154	上海	理工	上海水产大学	95	157	251
155	山西	语文财经政法	山西财经大学	212	151	118
156	河北	语文财经政法	河北经贸大学	221	174	104
157	湖南	农林	中南林学院	51	303	235
158	辽宁	医药	大连医科大学	83	408	105
159	北京	体育艺术	首都体育学院	161	85	335
160	安徽	理工	安徽工业大学	255	140	121
161	辽宁	综合	渤海大学	235	73	323
162	河南	理工	郑州轻工业学院	289	69	303
163	河南	理工	河南工业大学	214	180	107
164	浙江	综合	绍兴文理学院	210	106	207
165	山东	师范	聊城大学	254	217	86
166	浙江	师范	温洲师范学院	259	336	62
167	天津	体育艺术	天津体育学院	230	125	171
168	辽宁	理工	辽宁石油化工大学	183	128	195
169	河南	语文财经政法	河南财经学院	274	224	88
170	内蒙古	理工	内蒙古工业大学	252	155	126
171	山东	农林	莱阳农学院	176	133	198
172	贵州	师范	贵州师范大学	267	178	114
173	广东	体育艺术	广州美术学院	146	196	156
174	河南	理工	华北水利水电学院	141	225	131
175	北京	理工	北方工业大学	190	193	133
176	广东	医药	广东医学院	246	142	161
177	浙江	体育艺术	中国美术学院	88	179	365
178	上海	理工	上海工程技术大学	312	132	163
179	辽宁	理工	大连交通大学	171	145	193
180	宁夏	医药	宁夏医学院	321	90	250
181	吉林	理工	长春理工大学	100	252	175
182	河北	理工	河北科技大学	182	173	165
183	湖南	医药	湖南中医学院	70	344	211
184	北京	语文财经政法	中国青年政治学院	195	197	143
185	江苏	理工	江苏科技大学	173	160	188
186	云南	民族	云南民族大学	262	120	222
187	湖北	体育艺术	湖北美术学院	320	175	138
188	江苏	体育艺术	南京艺术学院	340	150	159
189	福建	医药	福建中医学院	211	117	296
190	河南	师范	洛阳师范学院	362	432	63
191	江苏	医药	徐州医学院	410	121	184
192	甘肃	理工	兰州交通大学	125	245	186
193	新疆	师范	新疆师范大学	351	134	197
194	浙江	语文财经政法	浙江财经学院	169	210	176
195	广西	理工	桂林工学院	248	156	196
196	贵州	理工	贵州工业大学	333	130	216
197	辽宁	综合	沈阳大学	249	207	145
198	江苏	理工	南京工程学院	278	105	362
199	吉林	师范	吉林师范大学	355	100	340
200	辽宁	理工	大连水产学院	275	127	275
201	内蒙古	医药	内蒙古医学院	316	95	407

总排序	省区市	新类型	学校名称	办学资源序	教学水平序	科学研究序
202	天津	师范	天津工程师范学院	463	89	253
203	广东	师范	湛江师范学院	157	329	125
204	安徽	医药	皖南医学院	419	240	96
205	天津	语文财经政法	天津商学院	263	218	148
206	四川	理工	西南科技大学	138	260	191
207	河南	理工	河南理工大学	109	324	192
208	新疆	语文财经政法	新疆财经学院	385	114	270
209	贵州	医药	贵阳医学院	315	138	248
210	广东	语文财经政法	广东商学院	404	223	115
211	山东	医药	济宁医学院	325	118	318
212	四川	综合	西华大学	239	202	180
213	青海	师范	青海师范大学	228	143	310
214	陕西	体育艺术	西安音乐学院	276	404	93
215	西藏	综合	西藏大学	258	233	152
216	内蒙古	民族	内蒙古民族大学	337	206	151
217	安徽	理工	安徽理工大学	206	201	209
218	重庆	语文财经政法	四川外语学院	261	165	236
219	北京	理工	北京服装学院	172	164	350
220	河南	医药	河南中医学院	197	139	414
221	辽宁	综合	大连大学	217	300	140
222	河南	师范	信阳师范学院	305	306	110
223	重庆	理工	重庆工学院	345	149	239
224	湖北	体育艺术	武汉音乐学院	154	192	348
225	北京	理工	北京机械工业学院	148	219	284
226	黑龙江	综合	佳木斯大学	150	200	331
227	黑龙江	理工	黑龙江工程学院	199	154	370
228	河南	师范	安阳师范学院	429	147	206
229	重庆	语文财经政法	重庆工商大学	220	318	142
230	内蒙古	理工	内蒙古科技大学	116	231	360
231	北京	理工	北京建筑工程学院	136	229	304
232	云南	师范	楚雄师范学院	442	453	75
233	陕西	理工	西安石油大学	202	215	228
234	广西	医药	广西中医学院	227	181	324
235	四川	理工	成都信息工程学院	277	194	246
236	山东	理工	山东建筑工程学院	268	278	166
237	辽宁	医药	锦州医学院	208	185	336
238	湖北	综合	三峡大学	192	203	280
239	上海	体育艺术	上海戏剧学院	97	482	179
240	上海	体育艺术	上海体育学院	177	381	155
241	安徽	语文财经政法	安徽财经大学	293	176	279
242	湖南	师范	湖南文理学院	103	359	273
243	广西	理工	广西工学院	380	153	274
244	河北	综合	河北北方学院	84	391	399
245	湖北	理工	湖北工业大学	272	188	300
246	北京	语文财经政法	北京第二外国语学院	483	162	177
247	湖南	理工	湖南工程学院	273	141	443
248	吉林	理工	长春工业大学	237	184	357
249	广东	体育艺术	星海音乐学院	60	484	374
250	西藏	民族	西藏民族学院	317	285	162
251	陕西	医药	陕西中医学院	352	137	417
252	北京	语文财经政法	北京物资学院	309	259	183

总排序	省区市	新类型	学校名称	办学资源序	教学水平序	科学研究序
253	云南	语文财经政法	云南财贸学院	213	213	299
254	湖北	理工	武汉化工学院	383	208	199
255	浙江	理工	中国计量学院	145	315	244
256	北京	体育艺术	中国戏曲学院	142	309	264
257	贵州	民族	贵州民族学院	444	267	139
258	广西	师范	广西师范学院	236	238	241
259	辽宁	理工	沈阳建筑大学	223	255	234
260	辽宁	体育艺术	鲁迅美术学院	155	483	129
261	云南	医药	云南中医学院	357	177	325
262	云南	农林	西南林学院	264	205	290
263	江西	医药	江西中医学院	215	221	328
264	天津	语文财经政法	天津外国语学院	471	209	157
265	江西	综合	井冈山学院	396	334	132
266	上海	理工	上海电力学院	156	305	263
267	广东	理工	湛江海洋大学	196	291	226
268	浙江	综合	嘉兴学院	149	313	277
269	浙江	理工	浙江海洋学院	120	363	330
270	河北	理工	河北理工大学	233	237	282
271	广东	体育艺术	广州体育学院	330	230	220
272	山东	师范	烟台师范学院	224	282	233
273	浙江	农林	浙江林学院	244	396	168
274	辽宁	理工	沈阳航空工业学院	287	212	297
275	陕西	理工	西安工业学院	247	243	258
276	山东	理工	青岛理工大学	331	248	212
277	广东	综合	嘉应学院	93	450	400
278	上海	理工	上海应用技术学院	178	271	313
279	陕西	理工	西安邮电学院	388	287	170
280	海南	师范	海南师范学院	367	182	338
281	吉林	理工	东北电力学院	163	241	393
282	河北	医药	华北煤炭医学院	332	220	269
283	广东	综合	五邑大学	229	322	215
284	四川	师范	乐山师范学院	393	161	385
285	江苏	理工	苏州科技学院	218	326	218
286	湖南	理工	株洲工学院	310	356	172
287	安徽	医药	安徽中医学院	290	234	272
288	江西	理工	江西理工大学	250	276	249
289	辽宁	理工	辽宁工学院	291	251	252
290	湖北	理工	武汉工业学院	245	214	372
291	广西	医药	桂林医学院	382	186	353
292	吉林	语文财经政法	长春税务学院	324	273	217
293	江西	理工	华东交通大学	253	270	267
294	甘肃	语文财经政法	甘肃政法学院	487	397	95
295	北京	理工	北京信息工程学院	170	354	266
296	青海	民族	青海民族学院	174	325	305
297	山东	语文财经政法	山东财政学院	243	284	278
299	辽宁	理工	大连轻工业学院	232	353	223
300	江西	理工	南昌航空工业学院	265	302	245
301	江苏	理工	江苏工业学院	318	371	187
302	浙江	理工	浙江万里学院	128	319	458
303	天津	理工	中国民用航空学院	449	198	295
304	四川	体育艺术	成都体育学院	222	390	219

总排序	省区市	新类型	学校名称	办学资源序	教学水平序	科学研究序
305	山东	语文财经政法	山东工商学院	338	264	262
306	四川	综合	成都大学	398	144	475
307	贵州	医药	遵义医学院	353	204	377
308	北京	理工	北京电子科技学院	133	419	368
309	湖北	理工	武汉科技学院	311	266	302
310	河南	医药	新乡医学院	292	316	242
311	江苏	师范	淮阴师范学院	251	343	247
312	黑龙江	农林	黑龙江八一农垦大学	226	311	326
313	山西	师范	太原师范学院	283	351	229
314	山东	理工	山东轻工业学院	368	274	261
315	河北	理工	河北工程学院	201	346	309
316	黑龙江	理工	黑龙江科技学院	336	275	286
317	山东	医药	潍坊医学院	167	358	359
318	山东	体育艺术	山东工业美术学院	344	467	144
319	湖北	综合	江汉大学	158	279	471
320	安徽	理工	安徽工程科技学院	445	232	268
321	吉林	医药	长春中医学院	188	399	312
322	黑龙江	综合	哈尔滨学院	360	350	213
323	河北	语文财经政法	石家庄经济学院	366	256	329
324	四川	理工	四川理工学院	413	211	369
325	甘肃	医药	兰州医学院	301	423	210
326	山东	体育艺术	山东艺术学院	279	478	160
327	江西	理工	东华理工学院	270	283	371
328	北京	农林	北京农学院	308	383	224
329	湖南	理工	湖南理工学院	284	368	254
330	山东	语文财经政法	山东经济学院	455	236	276
331	北京	理工	北京石油化工学院	234	392	281
332	陕西	理工	陕西理工学院	209	340	367
333	辽宁	语文财经政法	中国刑事警察学院	418	369	194
334	山西	师范	雁北师范学院	437	388	182
335	贵州	师范	黔南民族师范学院	465	341	173
336	辽宁	理工	鞍山科技大学	74	290	283
337	贵州	医药	贵阳中医学院	467	187	383
338	湖南	语文财经政法	湖南商学院	370	292	287
339	辽宁	理工	沈阳化工学院	363	321	260
340	福建	师范	漳州师范学院	240	400	288
341	湖北	师范	湖北师范学院	307	355	271
342	山东	医药	泰山医学院	297	307	339
343	福建	师范	泉州师范学院	300	339	308
344	吉林	师范	吉林工程技术师范学院	180	297	465
345	江苏	理工	淮海工学院	280	295	389
346	河北	师范	河北科技师范学院	296	257	441
347	广东	综合	韶关学院	191	360	411
348	湖南	师范	衡阳师范学院	354	415	221
349	吉林	理工	吉林化工学院	319	261	428
350	江西	师范	赣南师范学院	399	239	392
351	江苏	师范	盐城师范学院	260	414	289
352	安徽	师范	安庆师范学院	408	342	237
353	湖北	师范	黄冈师范学院	346	320	316
354	黑龙江	师范	牡丹江师范学院	203	386	376
355	新疆	师范	喀什师范学院	425	395	201

总排序	省区市	新类型	学校名称	办学资源序	教学水平序	科学研究序
356	辽宁	民族	大连民族学院	204	387	382
357	宁夏	民族	西北第二民族学院	477	195	388
358	四川	医药	泸州医学院	303	374	314
359	浙江	师范	湖州师范学院	342	405	259
360	青海	综合	青海大学	256	347	379
361	河南	理工	中原工学院	349	332	332
362	吉林	体育艺术	吉林体育学院	423	227	437
363	陕西	师范	宝鸡文理学院	400	348	257
364	江西	理工	景德镇陶瓷学院	402	268	384
365	湖北	综合	襄樊学院	412	301	315
366	安徽	师范	淮北煤炭师范学院	365	361	294
367	吉林	理工	吉林建筑工程学院	371	262	438
368	广东	师范	韩山师范学院	198	401	431
369	陕西	体育艺术	西安体育学院	376	235	464
370	吉林	师范	长春师范学院	341	385	307
371	山东	综合	潍坊学院	356	281	426
372	河南	理工	郑州航空工业管理学院	322	345	355
373	陕西	语文财经政法	西安财经学院	453	294	293
374	江西	综合	宜春学院	347	327	363
375	云南	综合	大理学院	205	438	395
376	上海	语文财经政法	上海对外贸易学院	238	376	419
377	重庆	综合	重庆三峡学院	448	247	397
378	重庆	体育艺术	四川美术学院	440	249	410
379	黑龙江	体育艺术	哈尔滨体育学院	186	475	298
380	江苏	理工	盐城工学院	334	317	402
381	安徽	综合	皖西学院	326	293	449
382	吉林	综合	长春大学	329	379	342
383	湖北	综合	孝感学院	377	328	356
384	云南	师范	曲靖师范学院	381	377	321
385	吉林	理工	长春工程学院	285	314	457
386	江苏	师范	江苏技术师范学院	392	331	351
387	河北	语文财经政法	中国人民武装警察部队学院	422	426	243
388	广东	医药	广东药学院	266	416	391
389	陕西	综合	延安大学	409	308	366
390	湖北	民族	湖北民族学院	364	365	347
391	河南	师范	南阳师范学院	436	436	232
392	吉林	体育艺术	吉林艺术学院	401	479	189
393	四川	师范	内江师范学院	350	425	334
394	北京	理工	北京印刷学院	384	323	412
395	安徽	师范	阜阳师范学院	358	366	387
396	广东	农林	仲恺农业技术学院	327	424	364
397	湖北	理工	湖北汽车工业学院	323	389	396
398	海南	医药	海南医学院	369	445	319
399	广东	综合	惠州学院	294	451	373
400	江苏	理工	淮阴工学院	386	330	420
401	辽宁	医药	沈阳医学院	373	429	343
402	安徽	医药	蚌埠医学院	458	288	390
403	山东	医药	滨州医学院	433	382	320
404	广东	师范	广东技术师范学院	295	417	429
405	四川	体育艺术	四川音乐学院	189	469	404
406	江苏	师范	南京晓庄学院	478	289	322

总排序	省区市	新类型	学校名称	办学资源序	教学水平序	科学研究序
407	辽宁	师范	鞍山师范学院	424	337	375
408	四川	医药	川北医学院	432	403	311
409	天津	理工	天津城市建设学院	405	299	447
410	湖北	综合	咸宁学院	439	335	361
411	内蒙古	语文财经政法	内蒙古财经学院	426	367	345
412	辽宁	综合	辽东学院	257	357	484
413	湖北	语文财经政法	湖北经济学院	207	427	487
414	湖南	综合	邵阳学院	219	455	456
415	陕西	师范	渭南师范学院	441	373	337
416	广东	综合	茂名学院	299	448	398
417	山东	师范	临沂师范学院	420	338	403
418	江苏	理工	常州工学院	468	242	453
419	云南	师范	玉溪师范学院	361	352	451
420	黑龙江	医药	齐齐哈尔医学院	328	418	427
421	山东	综合	德州学院	452	304	418
422	浙江	综合	台州学院	281	468	349
423	广西	农林	玉林师范学院	314	452	409
424	青海	医药	青海医学院	475	298	344
425	浙江	理工	浙江科技学院	339	372	461
426	吉林	师范	通化师范学院	462	296	401
427	湖南	综合	怀化学院	387	462	301
428	江西	师范	江西科技师范学院	415	370	416
429	河北	医药	承德医学院	446	407	358
430	江西	综合	九江学院	271	430	472
431	江苏	体育艺术	南京体育学院	343	457	394
432	山西	师范	忻州师范学院	403	406	423
433	天津	农林	天津农学院	397	433	408
434	四川	理工	中国民用航空飞行学院	406	410	434
435	湖北	医药	郧阳医学院	451	413	386
436	黑龙江	医药	牡丹江医学院	414	409	430
437	湖南	综合	湖南科技学院	282	464	442
438	安徽	师范	淮南师范学院	434	349	454
439	河北	师范	廊坊师范学院	461	437	327
440	广东	综合	肇庆学院	390	449	415
441	广西	医药	右江民族医学院	435	442	378
442	江西	医药	赣南医学院	447	420	405
443	湖南	理工	湖南城市学院	378	447	444
444	山东	体育艺术	山东体育学院	242	480	439
445	甘肃	语文财经政法	兰州商学院	473	378	354
446	福建	理工	福建工程学院	306	454	470
447	辽宁	体育艺术	沈阳音乐学院	286	485	406
448	新疆	理工	塔里木大学	416	440	436
449	山西	医药	长治医学院	438	422	440
450	河北	理工	河北建筑工程学院	450	380	452
451	河北	师范	唐山师范学院	443	435	425
452	重庆	师范	涪陵师范学院	457	310	476
453	安徽	理工	安徽建筑工业学院	459	398	432
454	四川	综合	宜宾学院	395	393	477
455	河南	师范	河南科技学院	464	421	380
456	河北	理工	华北科技学院	427	439	446
457	江西	师范	上饶师范学院	470	364	422

总排序	省区市	新类型	学校名称	办学资源序	教学水平序	科学研究序
458	安徽	综合	合肥学院	466	333	455
459	河南	师范	商丘师范学院	476	434	341
460	安徽	师范	安徽技术师范学院	484	411	346
461	安徽	综合	黄山学院	372	463	435
462	重庆	综合	渝西学院	430	362	479
463	山东	综合	泰山学院	391	444	468
464	福建	师范	三明学院	407	458	448
465	辽宁	体育艺术	沈阳体育学院	348	474	433
466	甘肃	综合	河西学院	379	433	483
467	四川	理工	攀枝花学院	421	394	478
468	湖南	综合	湘南学院	335	459	481
469	新疆	师范	伊犁师范学院	469	428	413
470	吉林	师范	白城师范学院	389	472	424
471	山西	医药	山西中医学院	456	431	460
472	广东	理工	东莞理工学院	431	473	381
473	甘肃	医药	甘肃中医学院	479	384	445
474	福建	综合	闽江学院	428	456	473
475	福建	综合	莆田学院	411	461	467
476	甘肃	师范	天水师范学院	482	441	421
477	云南	体育艺术	云南艺术学院	394	477	463
478	安徽	综合	巢湖学院	454	465	459
479	四川	师范	绵阳师范学院	417	470	466
480	新疆	体育艺术	新疆艺术学院	375	487	469
481	贵州	师范	遵义师范学院	486	402	482
482	山东	理工	山东交通学院	474	460	462
483	安徽	综合	铜陵学院	460	466	474
484	内蒙古	综合	呼伦贝尔学院	472	471	486
485	河北	体育艺术	河北体育学院	485	481	450
486	北京	综合	中华女子学院	480	476	485
487	北京	理工	首钢工学院	481	486	480

（信息来源:《中国青年报》2004 年 9 月 21 日）

备注:中国科学评价研究中心、科技部中国科技信息研究所和中国青年报社联合开展了“中国高校综合竞争力评价”的研发工作,得出了两个评价报告,即《中国高校综合竞争力评价报告（重点大学 121 所）》和《中国高校综合竞争力评价报告（一般大学 487 所）》。

◎榜十、2002–2004 部分高校入学难度系数排名◎

1.2002–2004 部分高校理科入学难度系数

高校名称	2004 年	2003 年	2002 年	高校名称	2004 年	2003 年	2002 年
清华大学	1.43	1.49	1.38	国际关系学院	1.29		
北京大学	1.42	1.45	1.41	中国人民大学	1.28	1.24	1.35
上海交通大学	1.42	1.46	1.43	上海财经大学	1.26	1.28	1.30
外交学院	1.37	1.45	1.40	厦门大学	1.26	1.21	1.19
复旦大学	1.33	1.35	1.32	西安交通大学	1.26	1.19	1.23
北京航空航天大学	1.32	1.31	1.26	哈尔滨工业大学	1.26	1.21	1.22
浙江大学	1.32	1.31	1.31	北京理工大学	1.25	1.26	1.23
南开大学	1.31	1.25	1.23	天津大学	1.25	1.29	1.29

高校名称	2004 年	2003 年	2002 年
北京师范大学	1.24	1.25	1.29
华东师范大学	1.24	1.24	1.21
同济大学	1.24	1.33	1.43
河海大学	1.24	1.18	1.17
北京科技大学	1.23	1.18	1.21
中国政法大学	1.23	1.18	1.25
中国传媒大学	1.23	1.12	1.25
华中科技大学	1.23	1.23	1.24
北京外国语大学	1.22	1.24	1.27
上海理工大学	1.22	1.17	1.20
中国科学技术大学	1.22	1.34	1.32
南京理工大学	1.22	1.17	1.19
武汉大学	1.22	1.22	1.26
北京中医药大学	1.21	1.13	1.23
北京交通大学	1.21	1.20	1.21
南京邮电学院	1.21	1.14	1.16
东南大学	1.21	1.19	1.27
山东大学	1.21	1.18	1.25
中国青年政治学院	1.20	1.25	1.08
上海外国语大学	1.20	1.29	1.29
中南财经政法大学	1.20	1.19	1.19
武汉理工大学	1.20	1.16	1.16
北京工商大学	1.19	1.11	1.14
华东理工大学	1.19	1.19	1.25
南京航天航空大学	1.19	1.17	1.16
西南交通大学	1.19	1.16	1.21
电子科技大学	1.19	1.19	1.18
华中师范大学	1.19	1.17	1.17
青岛大学	1.19	1.09	1.17
西南政法大学	1.18	1.16	1.16
西北工业大学	1.18	1.16	1.18
西南财经大学	1.18	1.23	1.23
首都师范大学	1.17	1.10	1.09
中国农业大学	1.17	1.13	1.15
对外经济贸易大学	1.17	1.23	1.28
东华大学	1.17	1.15	1.21
中国医科大学	1.17	1.17	1.14
南京审计学院	1.17	1.10	1.17
湖南大学	1.17	1.18	1.16
重庆大学	1.16	1.16	1.15
四川大学	1.16	1.15	1.17
中南大学	1.16	1.18	1.17
湖北大学	1.16	1.06	
大连外国语学院	1.16		
北京语言大学	1.15	1.15	1.18
北京化工大学	1.15	1.16	1.15
西南农业大学	1.15	1.44	1.12
东北师范大学	1.15	1.15	1.17
哈尔滨工程大学	1.15	1.16	1.14
中国海洋大学	1.15	1.16	1.14
吉林大学	1.15	1.20	1.20
苏州大学	1.14	1.18	0.98
西安电子科技大学	1.14	1.16	1.22
哈尔滨医科大学	1.14	1.13	1.15
东北大学	1.14	1.19	1.14
大连海事大学	1.14	1.12	1.19
北京工业大学	1.13	1.16	1.16
上海大学	1.13	1.23	1.25
合肥工业大学	1.13	1.13	1.12
南京信息工程大学	1.13	1.14	1.12
西北大学	1.13	1.12	1.12
西北政法大学（第一批）	1.13	1.09	1.11
西安外国语大学	1.13	1.11	1.12
云南大学	1.13	1.13	1.12
湘潭大学	1.13	1.16	1.18
中国地质大学	1.13	1.15	1.17
石油大学	1.13	1.17	1.14
郑州大学	1.13	1.12	1.14
沈阳农业大学	1.13	1.11	1.10
天津医科大学	1.13	1.15	1.11
中国民用航空学院	1.13	1.14	1.13
山西大学	1.13	1.13	1.13
大连大学	1.13	1.14	1.13
中国刑事警察学院	1.13	1.14	1.13
北京林业大学	1.13	1.14	1.13
南京医科大学	1.13	1.14	1.13
上海中医药大学	1.13	1.14	1.13
中北大学	1.13	1.14	1.12
太原理工大学	1.13	1.15	1.14
石油大学（北京）	1.12	1.18	1.12
安徽大学	1.12	1.11	1.13
江苏大学	1.12	1.13	1.07
南京师范大学	1.12	1.17	1.16
南京农业大学	1.12	1.14	1.14
江西财经大学	1.12	1.10	1.13
江南大学	1.12	1.19	1.14
黑龙江中医药大学	1.12		
东北财经大学	1.12	1.16	1.20
沈阳药科大学	1.12	1.14	1.14
内蒙古大学	1.12	1.13	1.13
新疆大学	1.12	1.13	1.15
重庆邮电学院	1.11	1.42	1.11
西南师范大学	1.11	1.12	1.13
兰州大学	1.11	1.16	1.14
陕西师范大学	1.11	1.12	1.14
西北政法大学（提前批）	1.11	1.09	1.11
武汉科技大学	1.11	1.13	1.12
中国人民公安大学	1.10	1.06	1.15
中央民族大学	1.10	1.02	1.20
浙江工商大学	1.10	1.06	1.09
中国矿业大学	1.10	1.09	1.07
深圳大学	1.10	1.09	1.11
暨南大学	1.10	1.10	1.12
华南理工大学	1.10	1.09	1.11

高校名称	2004 年	2003 年	2002 年	高校名称	2004 年	2003 年	2002 年
扬州大学	1.09	1.09	1.06	渝西学院	1.04	0.98	1.00
南京工业大学	1.09	1.10	1.02	四川师范大学	1.04	1.07	1.07
中国计量学院	1.09	1.05	1.08	天津师范大学	1.04	1.03	1.06
华侨大学	1.09	1.08	1.11	辽宁大学	1.04	1.17	1.10
成都理工大学	1.09	1.07	1.00	大连水产大学	1.04	1.02	1.03
广西大学	1.09	1.09	1.11	宁夏大学	1.03	1.00	
广东外语外贸大学	1.09	1.09	1.11	重庆工商大学	1.03	1.03	
湛江海洋大学	1.09	1.09	1.12	浙江财经大学	1.03	1.03	1.11
汕头大学	1.09	1.09		南昌航空工业学院	1.03	0.98	1.01
中山大学	1.09	1.09	1.11	兰州理工大学	1.03	1.00	1.01
重庆交通学院	1.08	1.05	1.08	四川农业大学	1.03	1.10	1.09
四川外语学院	1.08	1.08	1.07	哈尔滨师范大学	1.03	1.03	1.02
南昌大学	1.08	1.14	1.14	哈尔滨商业大学	1.03	1.03	1.03
西安邮电学院	1.08	1.04	1.09	中国民航飞行学院	1.02	1.06	1.07
华南农业大学	1.08	1.08	1.10	广西师范大学	1.02	1.01	1.03
哈尔滨理工大学	1.08	1.05	1.01	安徽工业大学	1.01	1.02	1.06
北京印刷学院	1.07	1.07		西北师范大学	1.01	0.94	
江苏科技大学	1.07	1.03	1.02	华南热带农业大学	1.01	0.99	1.01
海南大学	1.07	1.04	1.08	河南大学	1.01	1.02	1.03
长春税务学院	1.07	1.07	1.11	郑州航空工业管理学院	1.01	0.99	0.96
东北电力学院	1.07	1.06		青海师范大学	1.00	0.96	0.96
上海水产大学	1.06	1.11		青海大学	1.00	1.01	1.02
华东交通大学	1.06	1.08	1.09	西南林学院	1.00	0.98	
黑龙江大学	1.06	0.99	1.03	贵州大学	1.00	1.02	
南京大学	1.05	1.01	1.02	河南农业大学	1.00	1.01	
昆明理工大学	1.05	1.04	1.07	淮海工学院	0.99		
湖北经济学院	1.05			西藏大学	0.99	1.03	0.99
重庆师范大学	1.04	1.02		长安大学	1.12	1.12	

2.2002-2004 部分高校文科入学难度系数

高校名称	2004 年	2003 年	2002 年	高校名称	2004 年	2003 年	2002 年
北京大学	1.32	1.32	1.32	中国农业大学	1.17	1.11	1.13
清华大学	1.29	1.25	1.24	河海大学	1.17	1.21	1.15
华侨大学	1.24	1.31	1.09	东南大学	1.17	1.13	1.22
外交学院	1.24	1.29	1.27	四川大学	1.17	1.16	1.15
中国人民大学	1.23	1.23	1.25	石油大学	1.17	1.16	1.09
复旦大学	1.22	1.27	1.21	浙江大学	1.16	1.20	1.21
北京师范大学	1.21	1.20	1.22	西北政法大学（第一批）	1.16	1.08	1.09
国际关系学院	1.21			武汉大学	1.16	1.20	1.20
中国政法大学	1.19	1.21	1.21	山东大学	1.16	1.16	1.19
中国传媒大学	1.19	1.12	1.19	北京印刷学院	1.15	1.05	
华东师范大学	1.19	1.21	1.23	中南大学	1.15	1.15	1.14
上海财经大学	1.19	1.19	1.22	武汉理工大学	1.15	1.13	1.13
厦门大学	1.19	1.16	1.15	华中师范大学	1.15	1.14	1.14
南开大学	1.19	1.20	1.20	大连外国语学院	1.15		
中国青年政治学院	1.18	1.22	1.23	北京理工大学	1.14	1.14	1.15
西南政法大学	1.18	1.15	1.14	北京交通大学	1.14	1.15	1.16
重庆大学	1.18	1.13	1.13	对外经济贸易大学	1.14	1.20	1.20
中南财经政法大学	1.18	1.19	1.16	上海外国语大学	1.14	1.23	1.24
北京工商大学	1.17	1.11	1.13	南京审计学院	1.14	1.10	1.13

高校名称	2004年	2003年	2002年
西南财经大学	1.14	1.19	1.19
东北师范大学	1.14	1.14	1.12
东北财经大学	1.14	1.08	1.21
西南农业大学	1.13	1.12	1.10
中国医科大学	1.13	1.14	1.14
西安交通大学	1.13	1.14	1.16
云南大学	1.13	1.10	1.11
湖南大学	1.13	1.15	1.15
湖北大学	1.13	1.04	1.11
北京科技大学	1.12	1.15	1.13
北京外国语大学	1.12	1.22	1.27
北京语言大学	1.12	1.14	1.16
扬州大学	1.12	1.08	1.11
西南交通大学	1.12	1.12	1.14
中国地质大学	1.12	1.15	1.15
天津大学	1.12	1.14	1.14
吉林大学	1.12	1.17	1.15
首都师范大学	1.11	1.11	1.08
北京航空航天大学	1.11	1.17	1.35
西南师范大学	1.11	1.10	1.10
上海理工大学	1.11	1.14	1.17
电子科技大学	1.11	0.95	1.11
中国海洋大学	1.11	1.13	1.10
东北大学	1.11	1.14	1.11
大连海事大学	1.11	1.14	1.17
安徽大学	1.10	1.08	1.13
合肥工业大学	1.10	1.06	1.11
南昌大学	1.10	1.12	1.12
南京邮电学院	1.10	1.16	1.12
陕西师范大学	1.10	1.10	1.12
西安外国语大学	1.10	1.10	1.05
湘潭大学	1.10	1.12	1.16
华中科技大学	1.10	1.14	1.17
青岛大学	1.10	1.05	1.10
南京医科大学	1.10	1.11	1.11
中北大学	1.10	1.11	1.11
太原理工大学	1.10	1.11	1.11
北京化工大学	1.09	1.09	1.09
上海大学	1.09	1.15	1.18
上海交通大学	1.09	1.30	1.13
南京航天航空大学	1.09	1.11	1.10
苏州大学	1.09	1.15	1.15
江苏大学	1.09	1.24	1.10
南京农业大学	1.09	1.09	1.11
江南大学	1.09	1.13	1.12
兰州大学	1.09	1.13	1.13
西安电子科技大学	1.09	1.11	1.12
郑州大学	1.09	1.12	1.10
中国民用航空学院	1.09	1.14	1.10
山西大学	1.09	1.10	1.10
内蒙古大学	1.09	1.10	1.10
大连大学	1.09	1.11	1.10
中国刑事警察学院	1.09	1.11	1.10
北京林业大学	1.09	1.11	1.10
北京工业大学	1.08	1.09	1.11
重庆邮电学院	1.08	1.10	1.12
四川外语学院	1.08	1.01	1.27
同济大学	1.08	1.08	1.22
南京师范大学	1.08	1.12	1.13
江西财经大学	1.08	1.08	1.10
西北政法大学（提前批）	1.08	1.08	1.09
武汉科技大学	1.08	1.09	1.12
黑龙江中医药大学	1.08		
浙江工商大学	1.07	1.08	1.09
南京信息工程大学	1.07	1.10	1.09
西北大学	1.07	1.10	1.11
西安邮电学院	1.07	1.07	1.09
西北工业大学	1.07	1.13	1.10
海南大学	1.07	1.08	1.06
深圳大学	1.07	1.08	1.09
湛江海洋大学	1.07	1.08	1.09
暨南大学	1.07	1.08	1.09
华南理工大学	1.07	1.08	1.09
中山大学	1.07	1.08	1.09
湖北经济学院	1.07		
东北电力学院	1.07		
辽宁大学	1.07	1.11	1.09
中国计量学院	1.06	1.06	1.09
长安大学	1.06	1.12	1.12
广西大学	1.06	1.07	1.09
广东外语外贸大学	1.06	1.07	1.09
汕头大学	1.06	1.07	
华南农业大学	1.06	1.07	1.08
长春税务学院	1.06	1.06	1.08
重庆交通学院	1.05	1.02	1.05
上海水产大学	1.05	1.06	
华东交通大学	1.05	1.03	1.09
新疆大学	1.05	1.12	1.12
哈尔滨理工大学	1.05	1.04	1.01
天津医科大学	1.05	1.08	1.10
中央民族大学	1.04	1.08	1.27
南京工业大学	1.04	1.08	1.06
南京大学	1.04	1.03	1.06
成都理工大学	1.04	1.05	1.00
四川师范大学	1.04	1.04	1.07
黑龙江大学	1.04	1.02	1.04
河南大学	1.04	1.02	1.05
天津师范大学	1.04	1.03	1.05
大连水产大学	1.04	1.03	1.02
中国人民公安大学	1.03	1.08	1.12
重庆工商大学	1.03	1.07	
广西师范大学	1.03	1.20	1.03

高校名称	2004年	2003年	2002年	高校名称	2004年	2003年	2002年
哈尔滨商业大学	1.03	1.03	1.04	贵州大学	1.01	1.03	
青海大学	1.02	0.99	1.03	华南热带农业大学	1.01	1.00	1.02
四川农业大学	1.02	1.07	1.07	河南农业大学	1.01		
中国民航飞行学院	1.02	1.06	1.00	宁夏大学	1.01	1.00	
哈尔滨师范大学	1.02	1.07	1.03	重庆师范大学	1.00	0.97	
郑州航空工业管理学院	1.02	1.01	0.97	华东理工大学	1.00	1.00	
石油大学（北京）	1.01	1.16	1.13	昆明理工大学	1.00	1.02	1.04
安徽工业大学	1.01	1.02	1.13	西南林学院	1.00	1.00	
中国矿业大学	1.01	1.06	1.11	淮海工学院	0.99		
渝西学院	1.01	1.00	1.00	青海师范大学	0.98	0.99	0.99
南昌航空工业学院	1.01	1.01		浙江财经大学	0.96	1.03	1.05
兰州理工大学	1.01	1.01		江苏科技大学	0.96	1.01	1.03
西北师范大学	1.01	1.00		西藏大学	0.95	0.99	

（信息来源：高考金刊网 2005年5月10日）

备注：为了衡量和比较不同高校的入学难度，中国高校发展指标研究课题组在国内首次推出了“大学入学难度系数”。以上部分高校的“大学入学难度系数”（文、理科）是基于课堂内外杂志社2005年出版的《分数线》一书中的各高校录取分数计算而得。

二、学科篇

◎榜一、2004中国大学法学100强◎

按照教育部的学科分类，法学包括法学、马克思主义理论、社会学、政治学、公安学等5个学科类，共有12个本科专业。

排名	等级	校名	排名	等级	校名	排名	等级	校名
1	A++	北京大学	16	A	山东大学	31	B+	湖北大学
2	A++	中国人民大学	17	B+	华东师范大学	32	B	湘潭大学
3	A++	武汉大学	18	B+	南京师范大学	33	B	中央民族大学
4	A+	中国政法大学	19	B+	苏州大学	34	B	西北政法学院
5	A+	复旦大学	20	B+	华中师范大学	35	B	兰州大学
6	A+	中南财经政法大学	21	B+	四川大学	36	B	首都师范大学
7	A	清华大学	22	B+	暨南大学	37	B	华南师范大学
8	A	西南政法大学	23	B+	云南大学	38	B	湖南师范大学
9	A	浙江大学	24	B+	山西大学	39	B	东北师范大学
10	A	吉林大学	25	B+	北京师范大学	40	B	黑龙江大学
11	A	南京大学	26	B+	上海大学	41	B	河北大学
12	A	厦门大学	27	B+	华中科技大学	42	B	中国青年政治学院
13	A	中山大学	28	B+	郑州大学	43	B	河南大学
14	A	南开大学	29	B+	安徽大学	44	B	中国人民公安大学
15	A	华东政法学院	30	B+	外交学院	45	B	西南财经大学

排名	等级	校 名	排名	等级	校 名	排名	等级	校 名
46	B	中南民族大学	65	C+	山东师范大学	84	C	北京科技大学
47	B	内蒙古大学	66	C+	东北财经大学	85	C	同济大学
48	B	西北大学	67	C+	河南师范大学	86	C	徐州师范大学
49	B	湖南大学	68	C+	中南大学	87	C	华侨大学
50	B	深圳大学	69	C+	西安交通大学	88	C	哈尔滨工业大学
51	C+	辽宁大学	70	C+	中国科学技术大学	89	C	广西大学
52	C+	天津师范大学	71	C+	海南大学	90	C	河海大学
53	C+	扬州大学	72	C+	首都经济贸易大学	91	C	贵州民族学院
54	C+	宁波大学	73	C+	西北师范大学	92	C	烟台师范学院
55	C+	烟台大学	74	C+	浙江师范大学	93	C	西藏民族学院
56	C+	广东商学院	75	C+	福建师范大学	94	C	曲阜师范大学
57	C+	西南师范大学	76	C	东南大学	95	C	贵州大学
58	C+	河北师范大学	77	C	西南民族大学	96	C	辽宁师范大学
59	C+	云南民族大学	78	C	中国农业大学	97	C	北京外国语大学
60	C+	新疆大学	79	C	陕西师范大学	98	C	延安大学
61	C+	汕头大学	80	C	江汉大学	99	C	青岛大学
62	C+	广西民族学院	81	C	宁夏大学	100	C	安徽师范大学
63	C+	对外经济贸易大学	82	C	黄冈师范学院			
64	C+	上海财经大学	83	C	吉首大学			

(信息来源:《挑大学选专业—2004 高考志愿填报指南》,武书连主编,中国统计出版社出版)

◎榜二、2004 中国大学工学 100 强◎

按照教育部的分类标准,工学包括地矿、材料、机械、仪器仪表、能源动力、电气信息、土建、水利、测绘、环境与安全、化工与制药、交通运输、海洋工程、轻工纺织食品、航空航天、武器、工程力学、生物工程、农业工程、林业工程、公安技术等 21 个学科类,共有 79 个本科专业。

排名	等级	校 名	排名	等级	校 名	排名	等级	校 名
1	A++	清华大学	22	A	中国矿业大学	43	B	东华大学
2	A++	浙江大学	23	A	中南大学	44	B	上海大学
3	A++	上海交通大学	24	A	重庆大学	45	B	太原理工大学
4	A++	华中科技大学	25	B+	石油大学	46	B	南京工业大学
5	A++	哈尔滨工业大学	26	B+	四川大学	47	B	北京邮电大学
6	A+	天津大学	27	B+	南京理工大学	48	B	哈尔滨工程大学
7	A+	西安交通大学	28	B+	南京航空航天大学	49	B	广东工业大学
8	A+	华南理工大学	29	B+	武汉理工大学	50	B	南开大学
9	A+	北京航空航天大学	30	B+	北京大学	51	B	江苏大学
10	A+	东南大学	31	B+	西南交通大学	52	B	昆明理工大学
11	A	同济大学	32	B+	南京大学	53	B	福州大学
12	A	西北工业大学	33	B+	湖南大学	54	B	河北工业大学
13	A	武汉大学	34	B+	西安电子科技大学	55	B	浙江工业大学
14	A	东北大学	35	B+	中国地质大学	56	B	中国农业大学
15	A	大连理工大学	36	B+	电子科技大学	57	B	合肥工业大学
16	A	北京科技大学	37	B+	复旦大学	58	B	华北电力大学
17	A	中国科学技术大学	38	B+	北京交通大学	59	B	山东科技大学
18	A	北京理工大学	39	B+	北京工业大学	60	B	中山大学
19	A	华东理工大学	40	B+	北京化工大学	61	B	西南石油学院
20	A	吉林大学	41	B+	河海大学	62	B	西安建筑科技大学
21	A	山东大学	42	B	燕山大学	63	B	青岛科技大学

排名	等级	校　名	排名	等级	校　名	排名	等级	校　名
64	C+	南昌大学	77	C+	上海理工大学	90	C+	长江大学
65	C+	西安理工大学	78	C+	济南大学	91	C+	北京工商大学
66	C+	郑州大学	79	C+	西北农林科技大学	92	C+	湖南科技大学
67	C+	江南大学	80	C+	汕头大学	93	C+	山东理工大学
68	C+	西北大学	81	C+	兰州理工大学	94	C+	暨南大学
69	C+	成都理工大学	82	C+	华侨大学	95	C	安徽工业大学
70	C+	沈阳工业大学	83	C+	南京林业大学	96	C	西安科技大学
71	C+	厦门大学	84	C+	长安大学	97	C	宁波大学
72	C+	苏州大学	85	C+	大连海事大学	98	C	新疆大学
73	C+	兰州大学	86	C+	北京师范大学	99	C	哈尔滨理工大学
74	C+	广西大学	87	C+	华北工学院	100	C	扬州大学
75	C+	大庆石油学院	88	C+	天津工业大学			
76	C+	中国海洋大学	89	C+	大连铁道学院			

(信息来源:《挑大学选专业—2004 高考志愿填报指南》,武书连主编,中国统计出版社出版)

◎榜三、2004 中国大学管理学 100 强◎

按照教育部的学科分类,管理学包括管理科学与工程、工商管理、公共管理、农业经济管理、图书档案学等 5 个学科类,共有 18 个本科专业。

排名	等级	校　名	排名	等级	校　名	排名	等级	校　名
1	A++	西安交通大学	29	A	武汉理工大学	57	B+	杭州商学院
2	A++	浙江大学	30	A	暨南大学	58	B+	华南农业大学
3	A++	清华大学	31	A	苏州大学	59	B+	山西大学
4	A++	北京大学	32	A	中国农业大学	60	B+	陕西师范大学
5	A++	武汉大学	33	A	山东大学	61	B+	中央财经大学
6	A++	南京大学	34	A	东北大学	62	B+	湖南师范大学
7	A+	中国人民大学	35	B+	东北财经大学	63	B+	北京工商大学
8	A+	上海交通大学	36	B+	中国矿业大学	64	B+	福州大学
9	A+	复旦大学	37	B+	华南理工大学	65	B+	安徽大学
10	A+	上海财经大学	38	B+	中南大学	66	B+	深圳大学
11	A+	天津大学	39	B+	华东师范大学	67	B+	郑州大学
12	A+	华中科技大学	40	B+	华中师范大学	68	B	浙江工业大学
13	A	中山大学	41	B+	上海大学	69	B	云南师范大学
14	A	厦门大学	42	B+	西南交通大学	70	B	西北大学
15	A	中国科学技术大学	43	B+	浙江财经学院	71	B	河海大学
16	A	南开大学	44	B+	北京交通大学	72	B	福建农林大学
17	A	东南大学	45	B+	安徽财贸学院	73	B	西南农业大学
18	A	四川大学	46	B+	西北农林科技大学	74	B	上海理工大学
19	A	哈尔滨工业大学	47	B+	南京财经大学	75	B	中国海洋大学
20	A	南京农业大学	48	B+	山西财经大学	76	B	江西财经大学
21	A	北京航空航天大学	49	B+	重庆大学	77	B	云南财贸学院
22	A	湖南大学	50	B+	西南财经大学	78	B	河北经贸大学
23	A	中南财经政法大学	51	B+	云南大学	79	B	南京理工大学
24	A	吉林大学	52	B+	南京师范大学	80	B	黑龙江大学
25	A	同济大学	53	B+	山东农业大学	81	B	广东商学院
26	A	大连理工大学	54	B+	湖北大学	82	B	济南大学
27	A	华中农业大学	55	B+	合肥工业大学	83	B	天津财经学院
28	A	北京师范大学	56	B+	电子科技大学	84	B	扬州大学

排名	等级	校名	排名	等级	校名	排名	等级	校名
85	B	对外经济贸易大学	91	B	首都经济贸易大学	97	B	长江大学
86	B	广西大学	92	B	汕头大学	98	B	湘潭大学
87	B	西南师范大学	93	B	辽宁大学	99	B	河北大学
88	B	昆明理工大学	94	B	北京科技大学	100	B	中南民族大学
89	B	山东经济学院	95	B	青岛大学			
90	B	江苏大学	96	B	南京航空航天大学			

(信息来源:《挑大学选专业—2004 高考志愿填报指南》,武书连主编,中国统计出版社出版)

◎榜四、2004 中国大学经济学 100 强◎

按照教育部的学科分类,经济学只有经济学 1 个学科类,4 个本科专业。

排名	等级	校名	排名	等级	校名	排名	等级	校名
1	A++	中国人民大学	35	B	东南大学	69	C+	山东财政学院
2	A++	复旦大学	36	B	天津财经学院	70	C+	武汉理工大学
3	A++	上海财经大学	37	B	兰州大学	71	C+	山西大学
4	A++	北京大学	38	B	深圳大学	72	C+	广东商学院
5	A+	厦门大学	39	B	河北大学	73	C	汕头大学
6	A+	南开大学	40	B	湖南师范大学	74	C	外交学院
7	A+	浙江大学	41	B	福州大学	75	C	北京航空航天大学
8	A	南京大学	42	B	北京交通大学	76	C	南京农业大学
9	A	中南财经政法大学	43	B	陕西师范大学	77	C	中南大学
10	A	西安交通大学	44	B	杭州商学院	78	C	河南大学
11	A	武汉大学	45	B	安徽大学	79	C	中国地质大学
12	A	东北财经大学	46	B	东北师范大学	80	C	东北大学
13	A	西南财经大学	47	B	华中师范大学	81	C	中央民族大学
14	A	吉林大学	48	B	郑州大学	82	C	上海交通大学
15	A	清华大学	49	C+	南京财经大学	83	C	合肥工业大学
16	A	中央财经大学	50	C+	北京工商大学	84	C	青岛大学
17	B+	暨南大学	51	C+	重庆大学	85	C	黑龙江大学
18	B+	四川大学	52	C+	南京师范大学	86	C	同济大学
19	B+	华中科技大学	53	C+	福建师范大学	87	C	上海师范大学
20	B+	对外经济贸易大学	54	C+	山东经济学院	88	C	华侨大学
21	B+	西北大学	55	C+	湖北大学	89	C	华南理工大学
22	B+	北京师范大学	56	C+	中国农业大学	90	C	浙江工业大学
23	B+	中山大学	57	C+	云南财贸学院	91	C	哈尔滨工业大学
24	B+	江西财经大学	58	C+	上海大学	92	C	电子科技大学
25	B+	华东师范大学	59	C+	中国海洋大学	93	C	西南交通大学
26	B+	山东大学	60	C+	浙江财经学院	94	C	扬州大学
27	B+	辽宁大学	61	C+	长春税务学院	95	C	兰州商学院
28	B+	湖南大学	62	C+	上海对外贸易学院	96	C	浙江师范大学
29	B+	首都经济贸易大学	63	C+	湘潭大学	97	D+	广东外语外贸大学
30	B	山西财经大学	64	C+	内蒙古大学	98	D+	中国科学技术大学
31	B	安徽财贸学院	65	C+	河北经贸大学	99	D+	集美大学
32	B	云南大学	66	C+	广西大学	100	D+	安徽工业大学
33	B	华南师范大学	67	C+	佛山科学技术学院			
34	B	苏州大学	68	C+	宁波大学			

(信息来源:《挑大学选专业—2004 高考志愿填报指南》,武书连主编,中国统计出版社出版)

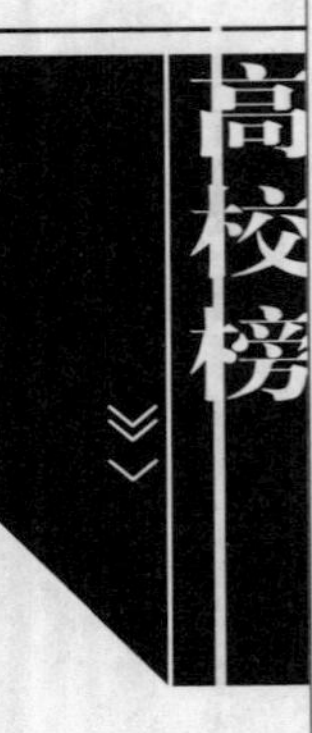

◎榜五、2004 中国大学理学 100 强◎

按照教育部的分类标准，理学包括数学、物理学、化学、生物科学、天文学、地质学、地理科学、地球物理学、大气科学、海洋科学、力学、电子信息科学、材料科学、环境科学、心理学、统计学等 16 个学科类，共有 31 个本科专业。

排名	等级	校名	排名	等级	校名	排名	等级	校名
1	A++	北京大学	35	B	西南师范大学	69	C+	华南农业大学
2	A++	南京大学	36	B	湖南大学	70	C+	辽宁师范大学
3	A++	中国科学技术大学	37	B	华东理工大学	71	C+	北京科技大学
4	A++	浙江大学	38	B	华南师范大学	72	C+	山东农业大学
5	A+	清华大学	39	B	上海大学	73	C+	华南理工大学
6	A+	复旦大学	40	B	郑州大学	74	C+	聊城大学
7	A+	南开大学	41	B	苏州大学	75	C+	华中农业大学
8	A	吉林大学	42	B	西安电子科技大学	76	C+	西北农林科技大学
9	A	中山大学	43	B	河南师范大学	77	C+	重庆大学
10	A	武汉大学	44	B	西北师范大学	78	C+	安徽师范大学
11	A	山东大学	45	B	河北师范大学	79	C+	宁波大学
12	A	厦门大学	46	B	河北大学	80	C	河南大学
13	A	北京师范大学	47	B	福州大学	81	C	广州大学
14	A	兰州大学	48	B	内蒙古大学	82	C	扬州大学
15	A	四川大学	49	B	山东师范大学	83	C	上海师范大学
16	A	上海交通大学	50	B	电子科技大学	84	C	青岛大学
17	B+	华东师范大学	51	B	石油大学	85	C	山西师范大学
18	B+	中国地质大学	52	B	北京理工大学	86	C	北京林业大学
19	B+	西北大学	53	B	东南大学	87	C	南京理工大学
20	B+	西安交通大学	54	B	福建师范大学	88	C	湖南科技大学
21	B+	哈尔滨工业大学	55	C+	南京气象学院	89	C	天津师范大学
22	B+	中国海洋大学	56	C+	曲阜师范大学	90	C	浙江师范大学
23	B+	东北师范大学	57	C+	天津大学	91	C	安徽大学
24	B+	大连理工大学	58	C+	东北大学	92	C	四川师范大学
25	B+	同济大学	59	C+	湘潭大学	93	C	云南师范大学
26	B+	华中科技大学	60	C+	西北工业大学	94	C	青岛科技大学
27	B+	山西大学	61	C+	北京工业大学	95	C	广西师范大学
28	B+	中国农业大学	62	C+	暨南大学	96	C	中国矿业大学
29	B+	湖南师范大学	63	C+	北京化工大学	97	C	福建农林大学
30	B+	南京师范大学	64	C+	首都师范大学	98	C	烟台师范学院
31	B+	云南大学	65	C+	成都理工大学	99	C	南昌大学
32	B+	中南大学	66	C+	南京农业大学	100	C	北京航空航天大学
33	B+	陕西师范大学	67	C+	新疆大学			
34	B+	华中师范大学	68	C+	湖北大学			

（信息来源：《挑大学选专业—2004 高考志愿填报指南》，武书连主编，中国统计出版社出版）

高校榜

◎榜六、2004中国大学医学50强◎

按照教育部的分类标准，医学包括基础医学、预防医学、临床医学与医学技术、口腔医学、中医学、法医学、护理学、药学等8个学科类，共有16个本科专业。

排名	等级	校名	排名	等级	校名	排名	等级	校名
1	A++	中国协和医科大学	18	B+	南京医科大学	35	C+	安徽医科大学
2	A++	北京大学	19	B+	河北医科大学	36	C+	广东医学院
3	A++	复旦大学	20	B	重庆医科大学	37	C+	大连医科大学
4	A+	上海第二医科大学	21	B	苏州大学	38	C+	上海交通大学
5	A+	中山大学	22	B	北京中医药大学	39	C+	东南大学
6	A	华中科技大学	23	B	暨南大学	40	C+	南京中医药大学
7	A	四川大学	24	B	南京大学	41	C+	昆明医学院
8	A	中南大学	25	B	西安交通大学	42	C	汕头大学
9	A	首都医科大学	26	B	沈阳药科大学	43	C	徐州医学院
10	A	中国医科大学	27	B	福建医科大学	44	C	温州医学院
11	B+	浙江大学	28	B	山西医科大学	45	C	兰州医学院
12	B+	吉林大学	29	B	郑州大学	46	C	同济大学
13	B+	山东大学	30	C+	青岛大学	47	C	江西医学院
14	B+	哈尔滨医科大学	31	C+	广州医学院	48	C	贵阳医学院
15	B+	武汉大学	32	C+	上海中医药大学	49	C	山东中医药大学
16	B+	中国药科大学	33	C+	广西医科大学	50	C	天津中医学院
17	B+	天津医科大学	34	C+	广州中医药大学			

（信息来源：《挑大学选专业—2004高考志愿填报指南》，武书连主编，中国统计出版社出版）

◎榜七、2004中国大学农学40强◎

按照教育部的分类标准，农学包括植物生产、草业科学、森林资源、环境生态、动物生产、动物医学、水产等7个学科类，共有16个本科专业。

排名	等级	校名	排名	等级	校名	排名	等级	校名
1	A++	中国农业大学	15	B+	西南农业大学	29	C	内蒙古农业大学
2	A++	南京农业大学	16	B+	南京林业大学	30	C	大连水产学院
3	A++	西北农林科技大学	17	B+	华南热带农业大学	31	C	山西农业大学
4	A+	浙江大学	18	B	中国海洋大学	32	C	浙江林学院
5	A+	华中农业大学	19	B	湖南农业大学	33	C	贵州大学
6	A	华南农业大学	20	B	河南农业大学	34	C	新疆农业大学
7	A	山东农业大学	21	B	东北农业大学	35	D+	中南林学院
8	A	福建农林大学	22	B	四川农业大学	36	D+	云南农业大学
9	A	扬州大学	23	C+	广西大学	37	D+	湛江海洋大学
10	A	北京林业大学	24	C+	吉林农业大学	38	D+	江西农业大学
11	B+	东北林业大学	25	C+	上海水产大学	39	D+	北京农学院
12	B+	河北农业大学	26	C+	莱阳农学院	40	D+	长江大学
13	B+	安徽农业大学	27	C+	甘肃农业大学			
14	B+	沈阳农业大学	28	C+	上海交通大学			

（信息来源：《挑大学选专业—2004高考志愿填报指南》，武书连主编，中国统计出版社出版）

◎榜八、2004 中国大学哲学 20 强◎

按照教育部的学科分类，哲学只有哲学 1 个学科类，3 个本科专业。

排名	等级	校名	排名	等级	校名	排名	等级	校名
1	A++	北京大学	8	A	中山大学	15	B	华中科技大学
2	A++	中国人民大学	9	A	南开大学	16	B	厦门大学
3	A++	南京大学	10	B+	山西大学	17	B	湖南师范大学
4	A+	武汉大学	11	B+	四川大学	18	C+	黑龙江大学
5	A	复旦大学	12	B+	山东大学	19	C+	安徽大学
6	A	北京师范大学	13	B+	华东师范大学	20	C+	陕西师范大学
7	A	吉林大学	14	B	浙江大学			

（信息来源：《挑大学选专业—2004 高考志愿填报指南》，武书连主编，中国统计出版社出版）

三、名牌大学本科专业篇

◎榜一、2004 北京大学本科专业排名◎

学校类型：综合

参考类型：综合类、研究型

本科学科范围：理学、医学、法学、工学、文学、经济学、管理学、历史学、哲学

在全国高校中的位置：2004 年，北京大学以 196.35 分在全国 583 所本科大学中位居第 2 名；其中人才培养总分第 2 名；科学研究总分第 2 名。

本科各学科、各专业排名情况：（1.各大学的专业排名用等级加名次表示。如："数学与应用数学 A++ 第 1 名 /249"，是指在全国 249 所设有数学与应用数学专业的大学中，北京大学列第 1 名，等级是 A++ 级；"信息与计算科学:A+ 第 2 名 /249"，指的是在全国 249 所设有信息与计算科学专业的大学中，北京大学列第 2 名，等级是 A++ 级。2.专业名称后带 Y 的，为工科引导性专业；带 W 的，为本科目录外专业。以下 9 个榜单均适用此说明。）

（一）自然科学：北京大学自然科学总分列全国高校第 2 名，A++/538。在自然科学的 4 个学科门中，理学第 1 名，A++/445；工学第 30 名，B+/469；医学第 2 名，A++/162。北京大学没有农学本科专业。

1.理学：A++ 第 1 名 /445。15 个学科类 24 个本科专业。

类别		等级	排名
数学类	数学与应用数学	A++	第 1 名 /249
	信息与计算科学	A++	第 2 名 /249
物理学类	物理学	A++	第 2 名 /176
化学类	化学	A++	第 1 名 /170
	应用化学	B+	第 22 名 /188

类别		等级	排名
生物科学类	生物科学	A++	第 2 名 /143
	生物技术	A++	第 1 名 /151
天文学类	天文学	A	第 2 名 /4
地质学类	地质学	A	第 3 名 /11
	地球化学	B+	第 5 名 /9
地理科学类	地理科学	A++	第 1 名 /82
	资源环境与城乡规划管理	A++	第 5 名 /82
	地理信息系统	A+	第 3 名 /70
地球物理学类	地球物理学	A	第 2 名 /10
大气科学类	大气科学	A++	第 1 名 /10
力学类	理论与应用力学	A+	第 2 名 /13
电子信息科学类	电子信息科学与技术	A++	第 1 名 /127
	微电子学	A++	第 1 名 /21
材料科学类	材料化学	A++	第 2 名 /52
环境科学类	环境科学	A++	第 2 名 /112
	生态学	B	第 11 名 /30
心理学类	心理学	A++	第 2 名 /32
	应用心理学	A	第 5 名 /54
统计学类	统计学	A++	第 1 名 /106

2.工学：B+ 第 30 名 /469。2 个学科类 2 个本科专业。

类别		等级	排名
电气信息类	计算机科学与技术	A++	第 2 名 /415
土建类	城市规划	A	第 15 名 /77

3.医学：A++ 第 2 名 /162。5 个学科类 6 个本科专业。

类别		等级	排名
基础医学类	基础医学	A++	第 1 名 /9
预防医学类	预防医学	A++	第 1 名 /49
临床医学与医学技术类	临床医学	A++	第 2 名 /101
	医学检验	A++	第 2 名 /53
口腔医学类	口腔医学	A++	第 1 名 /47
药学类	药学	A++	第 2 名 /79

（二）**社会科学：**北京大学社会科学居全国高校第 1 名，A++/557。在社会科学的 7 个学科门中，哲学第 1 名，A++/43；经济学第 4 名，A++/380；法学第 1 名，A++/361；文学第 1 名，A++/487；历史学第 3 名，A++/146；管理学第 4 名，A++/491。北京大学没有教育学本科专业。

1.哲学：A++ 第 1 名 /43。1 个学科类 3 个本科专业。

类别		等级	排名
哲学类	哲学	A++	第 1 名 /43
	逻辑学	A++	第 1 名 /2
	宗教学	A	第 3 名 /9

2.经济学：A++ 第 4 名 /380。1 个学科类 5 个本科专业。

类别		等级	排名
经济学类	经济学	A++	第 3 名 /214
	财政学	A	第 11 名 /68
	国际经济与贸易	A++	第 4 名 /314
	金融学	A++	第 1 名 /181
	保险 W	A++	第 1 名 /21

3.法学：A++ 第 1 名 /361。4 个学科类 8 个本科专业。

类别		等级	排名
法学类	法学	A++	第 3 名 /277
马克思主义理论类	科学社会主义与国际共产主义运动	A++	第 1 名 /3
社会学类	社会学	A++	第 1 名 /49
	社会工作	A++	第 1 名 /88
政治学类	政治学与行政学	A++	第 1 名 /51
	国际政治	A++	第 1 名 /20
	外交学	A+	第 2 名 /5
	思想政治教育	A+	第 5 名 /171

4.文学：A++ 第 1 名 /487。4 个学科类 26 个本科专业。

类别		等级	排名
中国语言文学类	汉语言文学	A++	第 5 名 /233
	汉语言	A++	第 1 名 /37
	古典文献	A	第 2 名 /4
外国语言文学类	英语	A++	第 2 名 /412
	俄语	A	第 7 名 /71
	德语	A+	第 4 名 /37
	法语	A++	第 1 名 /39

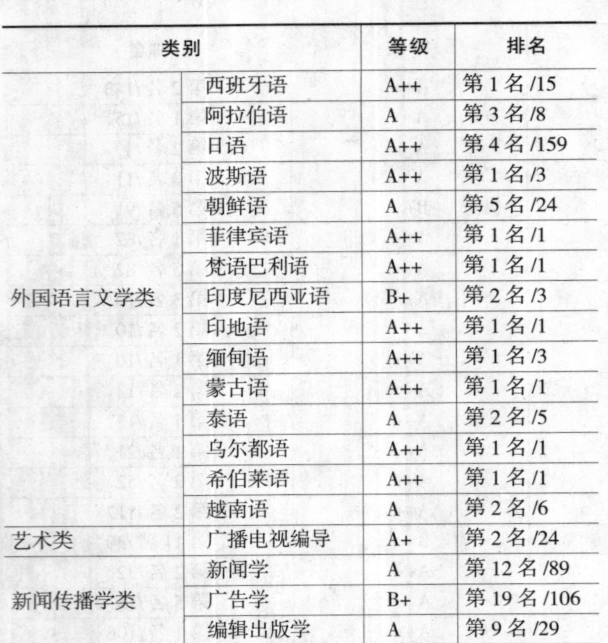

类别		等级	排名
外国语言文学类	西班牙语	A++	第 1 名 /15
	阿拉伯语	A	第 3 名 /8
	日语	A++	第 4 名 /159
	波斯语	A++	第 1 名 /3
	朝鲜语	A	第 5 名 /24
	菲律宾语	A++	第 1 名 /1
	梵语巴利语	A++	第 1 名 /1
	印度尼西亚语	B+	第 2 名 /3
	印地语	A++	第 1 名 /1
	缅甸语	A++	第 1 名 /3
	蒙古语	A++	第 1 名 /1
	泰语	A	第 2 名 /5
	乌尔都语	A++	第 1 名 /1
	希伯莱语	A++	第 1 名 /1
	越南语	A	第 2 名 /6
艺术类	广播电视编导	A+	第 2 名 /24
新闻传播学类	新闻学	A	第 12 名 /89
	广告学	B+	第 19 名 /106
	编辑出版学	A	第 9 名 /29

5.历史学：A++ 第 3 名 /146。1 个学科类 4 个本科专业。

类别		等级	排名
历史学类	历史学	A+	第 7 名 /144
	世界历史	A++	第 1 名 /8
	考古学	A++	第 1 名 /12
	博物馆学	A++	第 1 名 /13

6.管理学：A++ 第 4 名 /491。4 个学科类 9 个本科专业。

类别		等级	排名
管理科学与工程类	信息管理与信息系统	B+	第 33 名 /251
工商管理类	工商管理	A++	第 3 名 /297
	市场营销	A++	第 2 名 /229
	会计学	B+	第 44 名 /264
	财务管理	A++	第 2 名 /129
	人力资源管理	A++	第 2 名 /120
公共管理类	行政管理	A++	第 1 名 /119
	公共事业管理	A++	第 2 名 /170
图书档案学类	图书馆学	A+	第 2 名 /21

（信息来源：《挑大学选专业—2004 高考志愿填报指南》第五章）

◎榜二、2004 清华大学本科专业排名◎

学校类型：工科

参考类型：工学类、研究型

本科学科范围：工学、理学、管理学、法学、文学、经济学

在全国高校中的位置：2004 年，清华大学以 232.56 分在全国 583 所本科大学中位居第 1 名；其中人才培养总分第 1 名；科学研究总分第 1 名。

本科各学科、各专业排名情况：

（一）自然科学：清华大学自然科学总分列全国高校第 1 名，A++/538。在自然科学的 4 个学科门中，理学第 5 名，A+/445；工学第 1 名，A++/469。清华大学没有农学、医学本科专业。

1.理学：A+ 第 5 名 /445。4 个学科类 7 个本科专业。

类别		等级	排名
数学类	数学与应用数学	A+	第 4 名 /249
	信息与计算科学	A++	第 1 名 /249
物理学类	物理学	A++	第 3 名 /176
	应用物理学	A++	第 1 名 /93
化学类	化学	A	第 7 名 /170
生物科学类	生物科学	A++	第 3 名 /143
	生物技术	A++	第 2 名 /151

2.工学：A++ 第 1 名 /469。10 个学科类 21 个本科专业。

类别		等级	排名
材料类	高分子材料与工程	A++	第 1 名 /75
	材料科学与工程 Y	A++	第 1 名 /58
机械类	机械工程及自动化 Y	A++	第 2 名 /52
	车辆工程 W	A++	第 1 名 /22
仪器仪表类	测控技术与仪器	A++	第 1 名 /126
能源动力类	热能与动力工程	A++	第 1 名 /102
	核工程与核技术	A++	第 1 名 /8
电气信息类	电气工程及其自动化	A++	第 1 名 /166
	自动化	A++	第 1 名 /206
	电子信息工程	A++	第 1 名 /256
	计算机科学与技术	A++	第 1 名 /415
	电子科学与技术	A++	第 1 名 /83
	生物医学工程	A	第 4 名 /50
土建类	建筑学 Y	A++	第 1 名 /2
	土木工程	A++	第 2 名 /184
	建筑环境与设备工程	A++	第 1 名 /92
	给水排水工程	A++	第 1 名 /66
水利类	水利水电工程	A+	第 2 名 /39
环境与安全类	环境工程	A++	第 1 名 /187
化工与制药类	化学工程与工艺	A++	第 1 名 /158
工程力学类	工程力学	A++	第 1 名 /51

（二）社会科学：清华大学社会科学居全国高校第 9 名，A+/557。在社会科学的 7 个学科门中，经济学第 15 名，A/380；法学第 7 名，A/361；文学第 13 名，A/487；管理学第 3 名，A++/491。清华大学没有哲学、教育学、历史学本科专业。

1.经济学：A 第 15 名 /380。1 个学科类 2 个本科专业。

类别		等级	排名
经济学类	经济学	A	第 10 名 /214
	金融学	B+	第 28 名 /181

2.法学:A 第 7 名 /361。1 个学科类 1 个本科专业。

类别		等级	排名
法学类	法学	A	第 9 名 /277

3.文学:A 第 13 名 /487。4 个学科类 8 个本科专业。

类别		等级	排名
中国语言文学类	汉语言文学	B	第 40 名 /233
外国语言文学类	英语	A	第 17 名 /412
	日语	B+	第 40 名 /159
新闻传播学类	新闻学	A	第 13 名 /89
	广告学	A++	第 2 名 /106
艺术类	绘画	A++	第 3 名 /51
	雕塑	A++	第 1 名 /23
	艺术设计学	A++	第 1 名 /16

4.管理学:A++ 第 3 名 /491。2 个学科类 4 个本科专业。

类别		等级	排名
管理科学与工程类	信息管理与信息系统	A++	第 1 名 /251
	工业工程	A++	第 1 名 /93
工商管理类	工商管理	A+	第 8 名 /297
	会计学	A++	第 3 名 /264

(信息来源:《挑大学选专业—2004 高考志愿填报指南》第五章)

◎榜三、2004 复旦大学本科专业排名◎

学校类型:综合

参考类型:综合类、研究型

本科学科范围:医学、理学、工学、经济学、文学、历史学、管理学、法学、哲学

在全国高校中的位置:2004 年,复旦大学以 125.38 分在全国 583 所本科大学中位居第 4 名;其中人才培养总分第 6 名;科学研究总分第 4 名。

本科各学科、各专业排名情况:

(一)自然科学:复旦大学自然科学总分列全国高校第 5 名,A++/538。在自然科学的 4 个学科门中,理学第 6 名,A+/445;工学第 37 名,B+/469;医学第 3 名,A++/162。复旦大学没有农学本科专业。

1.理学:A+ 第 6 名 /445。9 个学科类 15 个本科专业。

类别		等级	排名
数学类	数学与应用数学	A++	第 3 名 /249
	信息与计算科学	A	第 14 名 /249
物理学类	物理学	A	第 6 名 /176
	应用物理学	A+	第 5 名 /93
化学类	化学	A	第 8 名 /170
	应用化学	B+	第 21 名 /188
生物科学类	生物科学	A++	第 1 名 /143
力学类	理论与应用力学	B+	第 5 名 /13
电子信息科学类	电子信息科学与技术	A	第 6 名 /127
	微电子学	A+	第 2 名 /21
	光信息科学与技术	A++	第 3 名 /44
材料科学类	材料物理	A	第 7 名 /44
	材料化学	A	第 7 名 /52
环境科学类	环境科学	B+	第 11 名 /112
统计学类	统计学	A	第 11 名 /106

2.工学:B+ 第 37 名 /469。2 个学科类 6 个本科专业。

类别		等级	排名
材料类	高分子材料与工程	C/75	
电气信息类	通信工程	A	第 11 名 /177
	计算机科学与技术	A+	第 5 名 /415
	电子科学与技术	B+	第 11 名 /83
	生物医学工程	B	第 10 名 /50
	软件工程 W	A+	第 2 名 /32

3.医学:A++ 第 3 名 /162。5 个学科类 6 个本科专业。

类别		等级	排名
基础医学类	基础医学	A+	第 2 名 /9
预防医学类	预防医学	A++	第 2 名 /49
临床医学与医学技术类	临床医学	A++	第 3 名 /101
	医学检验	A	第 5 名 /53
法医学类	法医学	A	第 4 名 /15
药学类	药学	A	第 4 名 /79

(二)社会科学:复旦大学社会科学居全国高校第 3 名,A++/557。在社会科学的 7 个学科门中,哲学第 5 名,A/43;经济学第 2 名,A++/380;法学第 5 名,A+/361;文学第 2 名,A++/487;历史学第 4 名,A++/146;管理学第 9 名,A+/491。复旦大学没有教育学本科专业。

1.哲学:A 第 5 名 /43。1 个学科类 2 个本科专业。

类别		等级	排名
哲学类	哲学	A	第 5 名 /43
	宗教学	B+	第 5 名 /9

2.经济学:A++ 第 2 名 /380。1 个学科类 5 个本科专业。

类别		等级	排名
经济学类	经济学	A++	第 1 名 /214
	国际经济与贸易	A+	第 6 名 /314
	财政学	A	第 10 名 /68
	保险 W	A++	第 2 名 /21
	金融学	A++	第 4 名 /181

3.法学:A+ 第5名/361。3个学科类6个本科专业。

类别		等级	排名
法学类	法学	B+	第17名/277
社会学类	社会学	B	第13名/49
	社会工作	B+	第12名/88
政治学类	政治学与行政学	A	第6名/51
	国际政治	A+	第2名/20
	思想政治教育	A++	第4名/171

4.文学:A++ 第2名/487。3个学科类11个本科专业。

类别		等级	排名
中国语言文学类	汉语言文学	A++	第2名/233
	汉语言	A	第4名/37
外国语言文学类	英语	A+	第7名/412
	俄语	A	第12名/71
	德语	A	第6名/37
	法语	A	第6名/39
	日语	A+	第12名/159
	朝鲜语	A+	第3名/24
新闻传播学类	新闻学	A++	第2名/89
	广播电视新闻学	A++	第1名/66
	广告学	A++	第1名/106

5.历史学:A++ 第4名/146。1个学科类2个本科专业。

类别		等级	排名
历史学类	历史学	A++	第3名/144
	博物馆学	A+	第2名/13

6.管理学:A+ 第9名/491。3个学科类8个本科专业。

类别		等级	排名
管理科学与工程类	管理科学	A	第3名/26
	信息管理与信息系统	A	第14名/251
工商管理类	工商管理	A+	第10名/297
	市场营销	A+	第7名/229
	会计学	A	第11名/264
	财务管理	A+	第7名/129
公共管理类	行政管理	A+	第4名/119
	公共事业管理	A++	第1名/170

(信息来源:《挑大学选专业—2004高考志愿填报指南》第五章)

◎榜四、2004华中科技大学本科专业排名◎

学校类型:工科

参考类型:理科类、研究型

本科学科范围:工学、医学、理学、管理学、经济学、文学、法学、哲学

在全国高校中的位置:2004年,华中科技大学以112.40分在全国583所本科大学中位居第5名;其中人才培养总分第4名;科学研究总分第6名。

本科各学科、各专业排名情况:

(一)自然科学:华中科技大学自然科学总分列全国高校第4名,A++/538。在自然科学的4个学科门中,理学第26名,B+/445;工学第4名,A++/469;医学第6名,A/162。华中科技大学没有农学本科专业。

1.理学:B+ 第26名/445。5个学科类6个本科专业。

类别		等级	排名
数学类	数学与应用数学	B+	第23名/249
	信息与计算科学	A	第12名/249
物理学类	应用物理学	A	第7名/93
化学类	应用化学	A+	第5名/188
生物科学类	生物技术	A	第9名/151
电子信息科学类	光信息科学与技术	B	第17名/44

2.工学:A++ 第4名/469。12个学科类24个本科专业。

类别		等级	排名
材料类	材料科学与工程Y	A+	第3名/58
机械类	机械设计制造及其自动化	A++	第1名/214
	材料成型及控制工程	A++	第1名/90
仪器仪表类	测控技术与仪器	B+	第17名/126
能源动力类	热能与动力工程	A+	第4名/102
电气信息类	电气工程及其自动化	A++	第2名/166
	自动化	A++	第2名/206
	电子信息工程	A+	第4名/256
	通信工程	A+	第4名/177
	计算机科学与技术	A++	第3名/415
	电子科学与技术	A++	第2名/83
	生物医学工程	A+	第3名/50
土建类	建筑学	B+	第14名/96
	城市规划	A	第8名/77
	土木工程	A	第11名/184
	建筑环境与设备工程	A+	第9名/92
	给水排水工程	B+	第7名/66
水利类	水利水电工程	A	第3名/39
环境与安全类	环境工程	B+	第24名/187
化工与制药类	化学工程与工艺	C+	第33名/158
交通运输类	交通运输	B	第15名/67
	交通工程	B+	第10名/53
海洋工程类	船舶与海洋工程	A	第2名/16
工程力学类	工程力学	B+	第10名/51

3.医学:A 第6名/162。5个学科类6个本科专业。

类别		等级	排名
预防医学类	预防医学	A+	第3名/49
临床医学与医学技术类	临床医学	A	第8名/101
	医学影像学	A++	第1名/52
口腔医学类	口腔医学	D/47	
法医学类	法医学	A	第5名/15
药学类	药学	A	第6名/79

（二）社会科学：华中科技大学社会科学居全国高校第20名，A/557。在社会科学的7个学科门中，哲学第15名，B/43；经济学第19名，B+/380；法学第27名，B+/361；文学第37名，B+/487；管理学第12名，A+/491。华中科技大学没有教育学、历史学本科专业。

1.哲学：B 第15名/43。1个学科类1个本科专业。

类别		等级	排名
哲学类	哲学	B	第14名/43

2.经济学：B+ 第19名/380。1个学科类4个本科专业。

类别		等级	排名
经济学类	经济学	B+	第19名/214
	国际经济与贸易	A	第23名/314
	财政学		C/68
	金融学	B+	第32名/181

3.法学：B+ 第27名/361。3个学科类4个本科专业。

类别		等级	排名
法学类	法学	B	第31名/277
社会学类	社会学	B+	第10名/49
	社会工作	A	第5名/88
政治学类	政治学与行政学	C+	第14名/51

4.文学：B+ 第37名/487。3个学科类7个本科专业。

类别		等级	排名
中国语言文学类	汉语言文学	B	第39名/233
	对外汉语	B+	第8名/36
外国语言文学类	英语	B	第102名/412
	日语	B+	第38名/159
新闻传播学类	新闻学	A+	第8名/89
	广播电视新闻学	A	第6名/66
	广告学	A	第7名/106

5.管理学：A+ 第12名/491。3个学科类8个本科专业。

类别		等级	排名
管理科学与工程类	信息管理与信息系统	A++	第2名/251
	工业工程	B+	第10名/93
	工程管理	A	第9名/121
工商管理类	工商管理	A	第15名/297
	市场营销	A	第12名/229
	会计学	B+	第29名/264
	财务管理	A	第12名/129
公共管理类	公共事业管理	A+	第6名/170

（信息来源：《挑大学选专业—2004高考志愿填报指南》第五章）

◎榜五、2004武汉大学本科专业排名◎

学校类型：综合

参考类型：综合类、研究型

本科学科范围：工学、理学、法学、医学、管理学、文学、经济学、哲学、历史学

在全国高校中的位置：2004年，武汉大学以107.71分在全国583所本科大学中位居第7名；其中人才培养总分第5名；科学研究总分第7名。

本科各学科、各专业排名情况：

（一）自然科学：武汉大学自然科学总分列全国高校第11名，A+/538。在自然科学的4个学科门中，理学第10名，A/445；工学第13名，A/469；医学第15名，B+/162。武汉大学没有农学本科专业。

1.理学：A 第10名/445。10个学科类17个本科专业。

类别		等级	排名
数学类	数学与应用数学	A	第11名/249
	信息与计算科学	A+	第8名/249
物理学类	物理学	B+	第13名/176
	应用物理学	B+	第15名/93
化学类	化学	A	第9名/170
	应用化学	B+	第33名/188
生物科学类	生物科学	A	第8名/143
	生物技术	A+	第7名/151
地理科学类	地理科学		D/82
	资源环境与城乡规划管理	A++	第3名/82
	地理信息系统	A++	第2名/70
地球物理学类	地球物理学	B+	第3名/10
电子信息科学类	电子信息科学与技术	A	第8名/127
材料科学类	材料物理	A	第8名/44
环境科学类	环境科学	A	第6名/112
	生态学	C+	第14名/30
统计学类	统计学	A	第7名/106

2.工学：A 第13名/469。11个学科类20个本科专业。

类别		等级	排名
材料类	金属材料工程	C+	第28名/62
机械类	机械设计制造及其自动化	B	第31名/214
	材料成型及控制工程	B	第27名/90
仪器仪表类	测控技术与仪器	B	第27名/126
能源动力类	热能与动力工程	B	第18名/102
电气信息类	电气工程及其自动化	A	第5名/166
	自动化	A	第15名/206
	电子信息工程	B+	第15名/256
	通信工程	A	第13名/177
	计算机科学与技术	A+	第7名/415
	电子科学与技术	C+	第21名/83

类别		等级	排名
土建类	建筑学	B+	第15名/96
	城市规划	A	第13名/77
	土木工程	A	第9名/184
水利类	水利水电工程	A++	第1名/39
	水文与水资源工程	A+	第2名/25
测绘类	测绘工程	A++	第1名/39
环境与安全类	环境工程	B	第39名/187
工程力学类	工程力学	C/51	
	农业水利工程	A++	第1名/27

3.**医学**:B+第15名/162。4个学科类6个本科专业。

类别		等级	排名
预防医学类	预防医学	C+	第23名/49
临床医学与医学技术类	临床医学	B	第16名/101
	医学影像学	B+	第16名/52
	医学检验	A	第11名/53
口腔医学类	口腔医学	A	第4名/47
药学类	药学	B	第20名/79

（二）**社会科学**:武汉大学社会科学居全国高校第5名,A++/557。在社会科学的7个学科门中,哲学第4名,A+/43;经济学第11名,A/380;法学第3名,A++/361;文学第7名,A+/487;历史学第9名,A/146;管理学第5名,A++/491。武汉大学没有教育学本科专业。

1.**哲学**:A+第4名/43。1个学科类2个本科专业。

类别		等级	排名
哲学类	哲学	A+	第4名/43
	宗教学	A+	第2名/9

2.**经济学**:A第11名/380。1个学科类5个本科专业。

类别		等级	排名
经济学类	经济学	A	第9名/214
	国际经济与贸易	A+	第7名/314
	财政学	B+	第18名/68
	金融学	A	第10名/181
	保险 W	B+	第6名/21

3.**法学**:A++第3名/361。3个学科类5个本科专业。

类别		等级	排名
法学类	法学	A+	第4名/277
社会学类	社会学	B	第14名/49
	社会工作	A	第9名/88
政治学类	政治学与行政学	A+	第3名/51
	思想政治教育	A++	第1名/171

4.**文学**:A+第7名/487。4个学科类12个本科专业。

类别		等级	排名
中国语言文学类	汉语言文学	A+	第9名/233
	汉语言	B+	第7名/37
外国语言文学类	英语	B+	第38名/412
	俄语	A	第15名/71
	德语	A	第8名/37
	法语	A+	第3名/39
	日语	A+	第15名/159
新闻传播学类	新闻学	A++	第1名/89
	广播电视新闻学	A++	第2名/66
	广告学	A+	第4名/106
	编辑出版学	A++	第1名/29
艺术类	戏剧影视文学	A	第6名/22

5.**历史学**:A第9名/146。1个学科类4个本科专业。

类别		等级	排名
历史学类	历史学	A	第13名/144
	世界历史	B+	第3名/8
	考古学	C/12	
	博物馆学	B	第8名/13

6.**管理学**:A++第5名/491。4个学科类14个本科专业。

类别		等级	排名
管理科学与工程类	信息管理与信息系统	A	第18名/251
	工程管理	B+	第17名/121
工商管理类	工商管理	A	第14名/297
	市场营销	A	第11名/229
	会计学	A	第14名/264
	财务管理	A	第11名/129
	人力资源管理	A	第8名/120
	物流管理 W	A	第3名/30
公共管理类	行政管理	A	第8名/119
	公共事业管理	A+	第5名/170
	劳动与社会保障	A++	第1名/56
	土地资源管理	A	第4名/49
图书档案学类	图书馆学	A++	第1名/21
	档案学	A	第4名/26

（信息来源:《挑大学选专业—2004高考志愿填报指南》第五章）

◎榜六、2004南京大学本科专业排名◎

学校类型:综合

参考类型:综合类、研究型

本科学科范围:理学、工学、文学、管理学、历史学、医学、经济学、哲学、法学

在全国高校中的位置:2004年,南京大学以110.47分在全国583所本科大学中位居第6名;其中人才培养总分第8

名;科学研究总分第5名。

本科各学科、各专业排名情况:

(一)自然科学:南京大学自然科学总分列全国高校第7名,A+/538。在自然科学的4个学科门中,理学第2名,A++/445;工学第32名,B+/469;医学第24名,B/162。南京大学没有农学本科专业。

1.理学:A++第2名/445。12个学科类21个本科专业。

类别		等级	排名
数学类	数学与应用数学	A+	第7名/249
	信息与计算科学	A	第10名/249
物理学类	应用物理学	A++	第2名/93
	物理学	A++	第1名/176
化学类	化学	A+	第5名/170
	应用化学	A	第17名/188
生物科学类	生物科学	A+	第5名/143
	生物技术	A+	第5名/151
天文学类	天文学	A++	第1名/4
地质学类	地质学	A+	第2名/11
	地球化学	A++	第1名/9
地理科学类	地理科学	A++	第2名/82
	资源环境与城乡规划管理	A++	第1名/82
	地理信息系统	A	第4名/70
大气科学类	大气科学	B+	第4名/10
电子信息科学类	电子信息科学与技术	A	第7名/127
材料科学类	材料化学	A++	第3名/52
环境科学类	环境科学	A++	第1名/112
	生态学	A++	第2名/30
统计学类	统计学	B+	第19名/106

2.工学:B+第32名/469。5个学科类6个本科专业。

类别		等级	排名
地矿类	地质工程Y	B+	第4名/16
电气信息类	通信工程	B+	第18名/177
	计算机科学与技术	A+	第9名/415
土建类	城市规划	A	第7名/77
水利类	水文与水资源工程	B+	第5名/25
环境与安全类	环境工程	A	第14名/187

3.医学:B第24名/162。2个学科类2个本科专业。

类别		等级	排名
基础医学类	基础医学		D+/9
临床医学与医学技术类	临床医学	B	第19名/101

(二)社会科学:南京大学社会科学居全国高校第4名,A++/557。在社会科学的7个学科门中,哲学第3名,A++/43;经济学第8名,A/380;法学第11名,A/361;文学第3名,A++/487;历史学第1名,A++/146;管理学第6名,A++/491。南京大学没有教育学本科专业。

1.哲学:A++第3名/43。1个学科类1个本科专业。

类别		等级	排名
哲学类	哲学	A++	第2名/43

2.经济学:A第8名/380。1个学科类4个本科专业。

类别		等级	排名
经济学类	经济学	A+	第6名/214
	国际经济与贸易	A+	第10名/314
	财政学	C+	第32名/68
	金融学	A	第15名/181

3.法学:A第11名/361。3个学科类4个本科专业。

类别		等级	排名
法学类	法学	B+	第12名/277
社会学类	社会学	A+	第3名/49
政治学类	政治学与行政学	B+	第7名/51
	国际政治	B	第7名/20

4.文学:A++第3名/487。3个学科类12个本科专业。

类别		等级	排名
中国语言文学类	汉语言文学	A++	第3名/233
	汉语言	A++	第2名/37
外国语言文学类	英语	A++	第4名/412
	俄语	A	第13名/71
	德语	A	第7名/37
	法语	A+	第4名/39
	西班牙语	B+	第5名/15
	日语	A+	第14名/159
新闻传播学类	新闻学	A	第10名/89
	广播电视新闻学	A	第9名/66
	广告学	A	第11名/106
	编辑出版学	A+	第4名/29

5.历史学:A++第1名/146。1个学科类2个本科专业。

类别		等级	排名
历史学类	历史学	A++	第1名/144
	考古学	A	第3名/12

6.管理学:A++第6名/491。4个学科类8个本科专业。

类别		等级	排名
管理科学与工程类	信息管理与信息系统	B+	第23名/251
工商管理类	工商管理	A++	第2名/297
	市场营销	A++	第1名/229
	会计学	A	第21名/264
	财务管理	A++	第1名/129
公共管理类	行政管理	A	第13名/119
图书档案学类	图书馆学	A	第3名/21
	档案学	A+	第2名/26

(信息来源:《挑大学选专业—2004高考志愿填报指南》第五章)

◎榜七、2004 浙江大学本科专业排名◎

学校类型:工科

参考类型:综合类、研究型

本科学科范围:工学、理学、医学、农学、管理学、经济学、文学、法学、教育学、历史学、哲学

在全国高校中的位置:2004 年,浙江大学以 173.44 分在全国 583 所本科大学中位居第 3 名;其中人才培养总分第 3 名;科学研究总分第 3 名。

本科各学科、各专业排名情况:

(一)自然科学:浙江大学自然科学总分列全国高校第 3 名,A++/538。在自然科学的 4 个学科门中,理学第 4 名,A++/445;工学第 2 名,A++/469;农学第 4 名,A+/104;医学第 11 名,B+/162。

1.理学:A++ 第 4 名 /445。10 个学科类 15 个本科专业。

类别		等级	排名
数学类	数学与应用数学	A++	第 2 名 /249
	信息与计算科学	A++	第 3 名 /249
物理学类	物理学	A+	第 4 名 /176
化学类	化学	A++	第 4 名 /170
	应用化学	A	第 8 名 /188
生物科学类	生物科学	A+	第 4 名 /143
	生物技术	A++	第 4 名 /151
地理科学类	资源环境与城乡规划管理	A+	第 9 名 /82
	地理信息系统	A	第 6 名 /70
大气科学类	大气科学	C/10	
材料科学类	材料化学	A++	第 1 名52
环境科学类	环境科学	A	第 8 名 /112
心理学类	心理学	A	第 5 名 /32
	应用心理学	A++	第 1 名 /54
统计学类	统计学	A+	第 5 名 /106

2.工学:A++ 第 2 名 /469。12 个学科类 28 个本科专业。

类别		等级	排名
材料类	高分子材料与工程	A	第 6 名 /75
	材料科学与工程 Y	B+	第 7 名 /58
机械类	机械设计制造及其自动化	A+	第 6 名 /214
	过程装备与控制工程	A++	第 2 名 /66
	机械工程及自动化 Y	A	第 6 名 /52
仪器仪表类	测控技术与仪器	A	第 8 名 /126
电气信息类	电气工程及其自动化	A+	第 3 名 /166
	自动化	A++	第 3 名 /206
	电子信息工程	A	第 7 名 /256
	通信工程	A+	第 7 名 /177
	计算机科学与技术	A	第 11 名 /415
	电子科学与技术	A	第 7 名 /83
	生物医学工程	B+	第 8 名 /50
	信息工程 Y	A	第 3 名 /28
土建类	建筑学	B+	第 8 名 /96
	城市规划	A	第 12 名 /77
	土木工程 Y	A++	第 1 名 /4
水利类	水文与水资源工程	C+	第 7 名 /25
环境与安全类	环境工程	A++	第 2 名 /187
化工与制药类	化学工程与工艺	A	第 6 名 /158
	制药工程	A+	第 3 名 /70
轻工纺织食品类	食品科学与工程	A+	第 3 名 /123
工程力学类	工程力学	B+	第 12 名 /51
生物工程类	生物工程	A++	第 2 名 /128
农业工程类	农业机械化及其自动化	A	第 4 名 /44
	农业电气化与自动化	A+	第 2 名 /16
	农业建筑环境与能源工程	A++	第 1 名 /17
	农业水利工程	A	第 5 名 /27

3.农学:A+ 第 4 名 /104。5 个学科类 10 个本科专业。

类别		等级	排名
植物生产类	农学	A	第 7 名 /53
	园艺	A	第 7 名 /53
	植物保护	A++	第 2 名 /41
	茶学	A++	第 1 名 /10
环境生态类	园林	A	第 11 名 /62
	农业资源与环境	A++	第 2 名 /37
动物生产类	动物科学	A	第 5 名 /56
	蚕学	A++	第 1 名 /8
动物医学类	动物医学	B+	第 9 名 /49
水产类	水产养殖学	C+	第 16 名 /35

4.医学:B+ 第 11 名 /162。5 个学科类 8 个本科专业。

类别		等级	排名
基础医学类	基础医学	C+	第 5 名 /9
预防医学类	预防医学	A	第 6 名 /49
临床医学与医学技术类	临床医学	A	第 9 名 /101
	医学影像学	A	第 7 名 /52
口腔医学类	口腔医学	B	第 9 名 /47
药学类	药学	B	第 14 名 /79
	中药学	C/46	
	药物制剂	B+	第 3 名 /30

(二)社会科学:浙江大学社会科学居全国高校第 7 名,A+/557。在社会科学的 7 个学科门中,哲学第 14 名,B/43;经济学第 7 名,A+/380;法学第 9 名,A/361;教育学第 5 名,A/192;文学第 6 名,A++/487;历史学第 17 名,A/146;管理学第 2 名,A++/491。

1.哲学:B 第 14 名 /43。1 个学科类 1 个本科专业。

类别		等级	排名
哲学类	哲学	B+	第 13 名 /43

2.**经济学:**A+ 第7名/380。1个学科类4个本科专业。

类别		等级	排名
经济学类	经济学	A+	第7名/214
	国际经济与贸易	A++	第3名/314
	财政学	A	第7名/68
	金融学	A	第12名/181

3.**法学:**A 第9名/361。3个学科类4个本科专业。

类别		等级	排名
法学类	法学	A	第11名/277
社会学类	社会学	B+	第8名/49
政治学类	政治学与行政学	B+	第8名/51
	国际政治	B+	第6名/20

4.**教育学:**A 第5名/192。2个学科类3个本科专业。

类别		等级	排名
教育学类	教育学	A	第4名/58
	教育技术学	A	第8名/110
体育学类	体育教育	A	第15名/140

5.**文学:**A++ 第6名/487。4个学科类13个本科专业。

类别		等级	排名
中国语言文学类	汉语言文学	A+	第6名/233
	对外汉语	A+	第3名/36
	古典文献	A++	第1名/4
外国语言文学类	英语	B+	第37名/412
	俄语	C/71	
	德语	B	第17名/37
	法语	C+	第22名/39
	日语	A+	第13名/159
新闻传播学类	新闻学	A	第19名/89
中国语言文学类	广播电视新闻学	B+	第15名/66
	广告学	B+	第16名/106
	编辑出版学	A	第8名/29
艺术类	美术学	A+	第11名/144

6.**历史学:**A 第17名/146。1个学科类2个本科专业。

类别		等级	排名
历史学类	历史学	A	第16名/144
	博物馆学	D/13	

7.**管理学:**A++ 第2名/491。4个学科类14个本科专业。

类别		等级	排名
管理科学与工程类	信息管理与信息系统	A+	第8名/251
	工业工程	A+	第3名/93
工商管理类	工商管理	A+	第9名/297
	市场营销	A+	第6名/229
	会计学	A	第15名/264
	财务管理	A+	第6名/129
	电子商务 W	A++	第2名/65
	物流管理 W	A++	第1名/30
公共管理类	劳动与社会保障	A++	第2名/56
	土地资源管理	A+	第3名/49
农业经济管理类	农林经济管理	A++	第2名/54
	农村区域发展	A++	第1名/22

(信息来源:《挑大学选专业—2004高考志愿填报指南》第五章)

◎榜八、2004上海交通大学本科专业排名◎

学校类型:工科

参考类型:工学类、研究型

本科学科范围:工学、理学、管理学、医学、农学、文学、经济学、法学

在全国高校中的位置:2004年，上海交通大学以93.71分在全国583所本科大学中位居第9名；其中人才培2004年，上海交通大学以93.71分在全国583所本科大学中位居9名;其中人才培养总分第10名;科学研究总分第8名。

本科各学科、各专业排名情况:

(一)自然科学:上海交通大学自然科学总分列全国高校第6名，A++/538。在自然科学的4个学科门中，理学第16名，A/445;工学第3名，A++/469;农学第28名，C+/104;医学第38名，C+/162。

1.**理学:**A 第16名/445。4个学科类5个本科专业。

类别		等级	排名
数学类	数学与应用数学	A	第8名/249
物理学类	应用物理学	A++	第3名/93
化学类	应用化学	A	第14名/188
生物科学类	生物技术	A	第8名/151
	生物信息学 W	A++	第1名/5

2.**工学:**A++ 第3名/469。15个学科类22个本科专业。

类别		等级	排名
材料类	材料科学与工程 Y	A++	第2名/58
机械类	机械工程及自动化 Y	A++	第1名/52
仪器仪表类	测控技术与仪器	A	第9名/126
能源动力类	热能与动力工程	A+	第3名/102
	核工程与核技术	C+	第4名/8

类别		等级	排名
电气信息类	自动化	A+	第5名/206
	计算机科学与技术	A+	第6名/415
	电子科学与技术	A+	第3名/83
	生物医学工程	A++	第2名/50
	电气工程与自动化Y	A+	第2名/15
	信息工程Y	A++	第1名/28
土建类	建筑学	C+	第39名/96
	土木工程	B	第26名/184
水利类	港口航道与海岸工程	C+	第5名/13
环境与安全类	环境工程	A+	第4名/187
化工与制药类	化学工程与工艺	B	第29名/158
交通运输类	交通运输	C+	第17名/67
海洋工程类	船舶与海洋工程	A++	第1名/16
轻工纺织食品类	食品科学与工程	C/123	
工程力学类	工程力学	A+	第3名/51
生物工程类	生物工程	A++	第1名/128
农业工程类	农业水利工程	C+	第14名/27

3.**农学:**C+第28名/104。2个学科类2个本科专业。

类别		等级	排名
环境生态类	园林	A+	第4名/62
动物生产类	动物科学	B	第16名/56

4.**医学:**C+第38名/162。1个学科类1个本科专业。

类别		等级	排名
药学类	药学	B+	第12名/79

(二)社会科学:上海交通大学社会科学居全国高校第28名,A/557。在社会科学的7个学科门中,经济学第82名,C/380;法学第130名,D+/361;文学第93名,C+/487;管理学第8名,A+/491。上海交通大学没有哲学、教育学、历史学本科专业。

1.**经济学:**C/380。1个学科类2个本科专业。

类别		等级	排名
经济学类	国际经济与贸易	B+	第43名/314
	金融学	B+	第31名/181

2.**法学:**D+/361。2个学科类2个本科专业。

类别		等级	排名
法学类	法学	C/277	
政治学类	思想政治教育	C/171	

3.**文学:**C+第93名/487。3个学科类4个本科专业。

类别		等级	排名
中国语言文学类	汉语言	E+/37	
外国语言文学类	英语	A	第11名/412
	日语	A++	第6名/159
新闻传播学类	广播电视新闻学	E+/66	

4.**管理学:**A+第8名/491。4个学科类7个本科专业。

类别		等级	排名
管理科学与工程类	工业工程	A++	第2名/93
工商管理类	工商管理	A++	第1名/297
	会计学	B+	第28名/264
	人力资源管理	A++	第1名/120
公共管理类	行政管理	A	第18名/119
	公共事业管理	C+	第70名/170
农业经济管理类	农林经济管理	B+	第13名/54

(信息来源:《挑大学选专业—2004高考志愿填报指南》第五章)

◎榜九、2004中国人民大学本科专业排名◎

学校类型:综合

参考类型:文科类、研究型

本科学科范围:法学、经济学、管理学、哲学、历史学、文学、理学、工学

在全国高校中的位置:2004年,中国人民大学以38.99分在全国583所本科大学中位居第28名;其中人才培养总分第39名;科学研究总分第28名。

本科各学科、各专业排名情况:

(一)自然科学:中国人民大学自然科学总分列全国高校第327名,E+/538。在自然科学的4个学科门中,理学第165名,D/445;工学E/469。中国人民大学没有农学、医学本科专业。

1.**理学:**D/445。3个学科类3个本科专业。

类别		等级	排名
数学类	数学与应用数学	E+/249	
环境科学类	环境科学	E/112	
统计学类	统计学	B+	第15名/106

2.**工学:**E/469。1个学科类1个本科专业。

类别		等级	排名
电气信息类	计算机科学与技术	B	第84名/415

(二)社会科学:中国人民大学社会科学居全国高校第2名,A++/557。在社会科学的7个学科门中,哲学第2名,A++/43;经济学第1名,A++/380;法学第2名,A++/361;文学第14名,A/487;历史学第7名,A+/146;管理学第7名,A+/491。中国人民大学没有教育学本科专业。

1.**哲学:**A++第2名/43。1个学科类2个本科专业。

类别		等级	排名
哲学类	哲学	A++	第3名/43
	宗教学	B+	第4名/9

2.经济学:A++ 第 1 名 /380。1 个学科类 7 个本科专业。

类别		等级	排名
经济学类	经济学	A++	第 4 名 /214
	国际经济与贸易	A+	第 8 名 /314
	财政学	A++	第 2 名 /68
	金融学	A+	第 6 名 /181
	国民经济管理 W	A++	第 1 名 /7
	贸易经济 W	A++	第 1 名 /10
	保险 W	A	第 4 名 /21

3.法学:A++ 第 2 名 /361。4 个学科类 9 个本科专业。

类别		等级	排名
法学类	法学	A++	第 2 名 /277
马克思主义理论类	科学社会主义与国际共产主义运动	B+	第 3 名 /3
	中国革命史与中国共产党党史	A++	第 1 名 /5
社会学类	社会学	A	第 4 名 /49
	社会工作	A++	第 2 名 /88
政治学类	政治学与行政学	A+	第 4 名 /51
	国际政治	A	第 3 名 /20
	外交学	A	第 3 名 /5
	思想政治教育	A++	第 2 名 /171

4.文学:A 第 14 名 /487。4 个学科类 15 个本科专业。

类别		等级	排名
中国语言文学类	汉语言文学	A	第 16 名 /233
	汉语言	C+	第 13 名 /37
外国语言文学类	英语	B+	第 63 名 /412
	俄语	B+	第 23 名 /71
	德语	D/37	
	法语	E+/39	
	日语	A	第 28 名 /159
新闻传播学类	新闻学	A++	第 3 名 /89
	广播电视新闻学	A++	第 3 名 /66
	广告学	A+	第 5 名 /106
	编辑出版学	A++	第 2 名 /29
艺术类	音乐表演	C/65	
	绘画	D/51	
	美术学	C+	第 68 名 /144
	动画	C+	第 8 名 /20

5.历史学:A+ 第 7 名 /146。1 个学科类 1 个本科专业。

类别		等级	排名
历史学类	历史学	A++	第 4 名 /144

6.管理学:A+ 第 7 名 /491。5 个学科类 14 个本科专业。

类别		等级	排名
管理科学与工程类	信息管理与信息系统	B	第 42 名 /251
	工程管理	B	第 27 名 /121
工商管理类	工商管理	A+	第 6 名 /297
	市场营销	A++	第 5 名 /229
	会计学	A+	第 4 名 /264
	财务管理	A+	第 5 名 /129
	人力资源管理	A+	第 5 名 /120
公共管理类	行政管理	A++	第 3 名 /119
	公共事业管理	A	第 8 名 /170
	劳动与社会保障	A+	第 4 名 /56
	土地资源管理	A++	第 2 名 /49
农业经济管理类	农林经济管理	A	第 8 名 /54
	农村区域发展	A	第 4 名 /22
图书档案学类	档案学	A++	第 1 名 /26

(信息来源:《挑大学选专业—2004 高考志愿填报指南》第五章)

◎榜十、2004 中国科学技术大学本科专业排名◎

学校类型:工科;参考类型:理科类、研究型

本科学科范围:理学、工学、管理学、农学、文学、法学、经济学、历史学

在全国高校中的位置:2004 年,中国科学技术大学以 76.03 分在全国 583 所本科大学中位居第 15 名;其中人才培养总分第 16 名;科学研究总分第 11 名。

本科各学科、各专业排名情况:

(一)自然科学:中国科学技术大学自然科学总分列全国高校第 8 名,A+/538。在自然科学的 4 个学科门中,理学第 3 名,A++/445;工学第 17 名,A/469;农学第 48 名,E+/104。中国科学技术大学没有医学本科专业。

1.理学:A++ 第 3 名 /445。12 个学科类 17 个本科专业。

类别		等级	排名
数学类	数学与应用数学	A+	第 6 名 /249
	信息与计算科学	A	第 11 名 /249
物理学类	物理学	A+	第 5 名 /176
	应用物理学	A+	第 4 名 /93
化学类	化学	A++	第 3 名 /170
	应用化学	B+	第 38 名 /188
生物科学类	生物科学	A	第 10 名 /143
	生物技术	A	第 11 名 /151
天文学类	天文学	B+	第 3 名 /4
地质学类	地球化学	A+	第 2 名 /9
地球物理学类	地球物理学	A++	第 1 名 /10
大气科学类	大气科学	C+	第 6 名 /10
力学类	理论与应用力学	A++	第 1 名 /13
电子信息科学类	光信息科学与技术	B+	第 14 名 /44

类别		等级	排名
材料科学类	材料物理	A	第6名/44
	材料化学	A+	第5名/52
统计学类	统计学	A+	第4名/106

2.工学:A第17名/469。9个学科类14个本科专业。

类别		等级	排名
材料类	高分子材料与工程	A	第9名/75
机械类	机械设计制造及其自动化	C+	第64名/214
仪器仪表类	测控技术与仪器	A+	第4名/126
能源动力类	热能与动力工程	A	第7名/102
电气信息类	自动化	A++	第4名/206
	电子信息工程	A+	第3名/256
	通信工程	A++	第3名/177
	计算机科学与技术	A+	第8名/415
	电子科学与技术	B+	第10名/83
	软件工程W	A++	第1名/32
环境与安全类	安全工程	A+	第3名/46
化工与制药类	化学工程与工艺	C/158	
轻工纺织食品类	食品科学与工程	C/123	
生物工程类	生物工程	A	第9名/128

3.农学:E+第48名/104。1个学科类1个本科专业。

类别		等级	排名
植物生产类	农学	C/53	

(二)**社会科学**:中国科学技术大学社会科学居全国高校第45名,B+/557。在社会科学的7个学科门中,经济学第98名,D+/380;法学第70名,C+/361;文学第98名,C+/487;历史学第69名,D+/146;管理学第15名,A/491。中国科学技术大学没有哲学、教育学本科专业。

1.经济学:D+/380。1个学科类1个本科专业。

类别		等级	排名
经济学类	金融学	B+	第29名/181

2.法学:C+第70名/361。1个学科类1个本科专业。

类别		等级	排名
法学类	法学	C/277	

3.文学:C+第98名/487。2个学科类3个本科专业。

类别		等级	排名
外国语言文学类	英语	B+	第54名/412
新闻传播学类	编辑出版学	B+	第12名/29
	传播学W	A++	第1名/6

4.历史学:D+/146。1个学科类1个本科专业。

类别		等级	排名
历史学类	考古学	B	第8名/12

5.管理学:A第15名/491。2个学科类5个本科专业。

类别		等级	排名
管理科学与工程类	管理科学	A+	第2名/26
	信息管理与信息系统	A++	第3名/251
工商管理类	工商管理	A	第36名/297
	会计学	B	第84名/264
	人力资源管理	B+	第20名/120

(信息来源:《挑大学选专业—2004高考志愿填报指南》第五章)

四、研究生院篇

◎榜一、2004中国一流研究生院名单◎

中国科学院研究生院	理学第1名、工学第2名
清华大学研究生院	工学第1名、管理学第2名
中国农业科学院研究生院	农学第1名
中国医学科学院研究生院	医学第1名
西安交通大学研究生院	管理学第1名、工学第7名
北京师范大学研究生院	教育学第1名
浙江大学研究生院	工学第3名、管理学第3名
南京大学研究生院	理学第3名
中国科学技术大学研究生院	理学第4名
哈尔滨工业大学研究生院	工学第5名
中国社会科学院研究生院	经济学第1名、哲学第1名、历史学第1名、文学第2名、法学第2名
北京大学研究生院	法学第1名、文学第1名、理学第2名、医学第2名
中国人民大学研究生院	经济学第2名
中国农业大学研究生院	农学第2名
复旦大学研究生院	医学第3名、文学第3名
上海交通大学研究生院	工学第4名
华中科技大学研究生院	工学第5名

(信息来源:《科学时报》)

备注:自2002年开始,以武书连为组长的《中国大学评价》课题组每年发表一份中国一流研究生院年度评价,此为第3份。

◎榜二、2004中国大学研究生院100强◎

2004中国大学研究生院前100名综合实力一览表

（含各大学研究生部、研究生处、研究生培养办公室等）

排名	校名	综合			学校类型	学校参考类型	
		综合实力	自然科学	社会科学			
1	清华大学	A++	A++	A+	工科	工学类	研究1型
2	北京大学	A++	A++	A++	综合	综合类	研究1型
3	浙江大学	A++	A++	A+	综合	综合类	研究1型
4	复旦大学	A++	A++	A++	综合	综合类	研究1型
5	南京大学	A++	A+	A++	综合	综合类	研究1型
6	华中科技大学	A++	A++	A	工科	理科类	研究2型
7	上海交通大学	A+	A++	B+	工科	工学类	研究1型
8	武汉大学	A+	A	A++	综合	综合类	研究2型
9	中山大学	A+	A+	A	综合	综合类	研究1型
10	西安交通大学	A+	A+	A	工科	文理类	研究2型
11	中国科学技术大学	A+	A+	B+	工科	理科类	研究1型
12	吉林大学	A+	A	A	综合	综合类	研究2型
13	哈尔滨工业大学	A+	A+	B	工科	工学类	研究1型
14	四川大学	A	A	A	综合	综合类	研究2型
15	中国协和医科大学	A	A+	—	医药	医学类	研究1型
16	山东大学	A	A	A	综合	综合类	研究1型
17	天津大学	A	A	B+	工科	工学类	研究2型
18	南开大学	A	A	A	综合	综合类	研究2型
19	中南大学	A	A	B	工科	理科类	研究2型
20	北京师范大学	A	B+	A+	师范	综合类	研究1型
21	东南大学	A	A	B+	工科	工学类	研究2型
22	厦门大学	A	B+	A+	综合	综合类	研究1型
23	北京航空航天大学	A	A	B	工科	工学类	研究2型
24	华南理工大学	A	A	C+	工科	工学类	研究1型
25	中国人民大学	A	E	A++	综合	文科类	研究2型
26	同济大学	A	A	B	工科	工学类	研究2型
27	大连理工大学	A	A	B	工科	工学类	研究2型
28	中国农业大学	A	A	B	农业	农学类	研究2型
29	西北工业大学	A	A	E+	工科	工学类	研究2型
30	上海第二医科大学	A	A	E	医药	医学类	研究1型
31	东北大学	B+	A	C+	工科	工学类	研究2型
32	华东师范大学	B+	B	A	师范	综合类	研究2型
33	华东理工大学	B+	B+	E+	工科	工学类	研究1型
34	北京理工大学	B+	B+	C	工科	工学类	研究2型
35	北京科技大学	B+	B+	D+	工科	工学类	研究2型
36	兰州大学	B+	B+	B+	综合	综合类	研究2型
37	中国矿业大学	B+	B+	C+	工科	工学类	研教型
38	重庆大学	B+	B+	C+	工科	工学类	研教型
39	石油大学	B+	B+	E+	工科	工学类	研教型
40	南京理工大学	B+	B+	D+	工科	工学类	研教型
41	中国地质大学	B+	B+	D	工科	理科类	研教型
42	南京航空航天大学	B+	B+	D+	工科	工学类	研教型
43	南京农业大学	B+	B+	B	农业	农学类	研教型
44	西安电子科技大学	B+	B+	D	工科	工学类	研教型
45	湖南大学	B+	B+	B	工科	综合类	研教型

高校榜

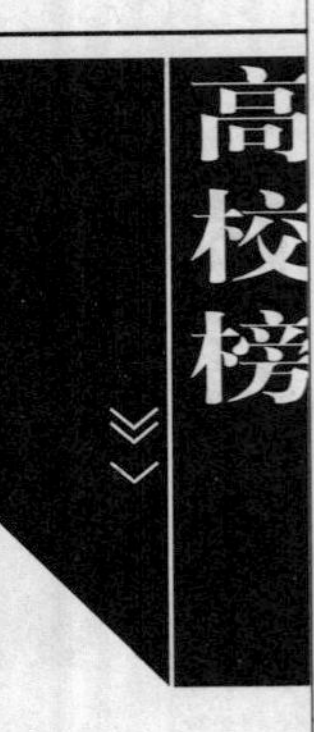

排名	校名	综合			学校类型	学校参考类型	
		综合实力	自然科学	社会科学			
46	暨南大学	B+	B	A	综合	综合类	研教型
47	苏州大学	B+	B	B+	综合	综合类	研教型
48	电子科技大学	B+	B+	C	工科	工学类	研教型
49	首都医科大学	B+	B+	E	医药	医学类	研教型
50	西北农林科技大学	B+	B+	C	农业	农学类	研教型
51	西北大学	B+	B	B+	综合	综合类	研教型
52	南京师范大学	B+	C+	A	师范	文理类	研教型
53	武汉理工大学	B+	B+	C+	工科	工学类	研教型
54	上海大学	B+	B	B	综合	综合类	研教型
55	华中农业大学	B+	B+	C+	农业	农学类	研教型
56	中国医科大学	B	B+	E	医药	医学类	研教型
57	华中师范大学	B	C+	A	师范	综合类	研教型
58	西南交通大学	B	B	C+	工科	工学类	研教型
59	东北师范大学	B	B	B+	师范	综合类	研教型
60	中国海洋大学	B	B	D+	工科	理科类	研教型
61	郑州大学	B	B	B	综合	综合类	研教型
62	上海财经大学	B	E	A	财经	经济类	研教型
63	北京工业大学	B	B	E+	工科	工学类	研教型
64	山西大学	B	C+	B+	综合	综合类	研教型
65	华南师范大学	B	C	B+	师范	综合类	研教型
66	北京交通大学	B	B	C+	工科	工学类	研教型
67	华南农业大学	B	B	D+	农业	农学类	研教型
68	北京化工大学	B	B	E	工科	工学类	研教型
69	陕西师范大学	B	C+	B+	师范	综合类	研教型
70	云南大学	B	C+	B+	综合	综合类	研教型
71	湖南师范大学	B	C+	B+	师范	文理类	研教型
72	山东农业大学	B	B	D+	农业	农学类	研教型
73	东华大学	B	B	D+	工科	工学类	研教型
74	中南财经政法大学	B	—	A	财经	文科类	研教型
75	河海大学	B	B	C	工科	工学类	研教型
76	中国药科大学	B	B	—	医药	医学类	研教型
77	福建农林大学	B	B	D+	农业	农学类	研教型
78	西南师范大学	B	C	B+	师范	综合类	研教型
79	燕山大学	B	B	E	工科	工学类	研教型
80	北京邮电大学	B	B	E+	工科	工学类	研教型
81	北京林业大学	B	B	D	林业	农学类	研教型
82	福州大学	B	B	C	工科	理科类	研教型
83	南京医科大学	B	B	E	医药	医学类	研教型
84	扬州大学	B	C+	C	综合	综合类	研教型
85	哈尔滨医科大学	B	B	E	医药	医学类	研教型
86	太原理工大学	B	B	E	工科	工学类	研教型
87	天津医科大学	C+	B	E	医药	医学类	研教型
88	河北大学	C+	C	B+	综合	综合类	研教型
89	首都师范大学	C+	D+	B+	师范	综合类	研教型
90	南京林业大学	C+	C+	E+	林业	理科类	研教型
91	哈尔滨工程大学	C+	C+	D	工科	工学类	研教型
92	东北林业大学	C+	C+	E+	林业	农学类	研教型
93	北京中医药大学	C+	C+	E	医药	医学类	研教型
94	中国政法大学	C+	—	B+	政法	法学类	研教型
95	山东师范大学	C+	C	B	师范	文理类	研教型
96	江苏大学	C+	C+	E+	工科	工学类	研教型

排名	校名	综合			学校类型	学校参考类型	
		综合实力	自然科学	社会科学			
97	上海师范大学	C+	D	B+	师范	综合类	研教型
98	合肥工业大学	C+	C+	D+	工科	工学类	研教型
99	昆明理工大学	C+	C+	D	工科	工学类	研教型
100	南京工业大学	C+	C+	E	工科	工学类	研教型

（信息来源：《中国大学评价》）

备注：表中的大学含不设研究生院的大学的研究生部、研究生处、研究生培养办公室等。《中国大学评价》课题组用 A、B、C、D、E 共 5 等 11 级表示各大学研究生院（含研究生部、研究生处，以下同）和研究生院各学科的实力。各等级定义如下：

A 等，A++ 级、A+ 级、A 级

将全国 411 所普通高校研究生院的科研成果总得分降序排列，并从大到小依次相加，至得分累计超过总得分的 61.8%为止；各个被加研究生院就是 A 等研究生院。

B 等，B+ 级、B 级

不统计 A 等研究生院，将全国其余普通高校研究生院的科研成果得分降序排列，并从大到小依次相加，至得分累计超过所统计研究生院得分的 61.8%为止，各个被加研究生院就是 B 等研究生院。将 B 等研究生院的科研成果得分降序排列，并从大到小依次相加，至得分累计超过 B 等研究生院得分的 61.8%为止，各个被加研究生院就是 B+ 级研究生院，未被加研究生院就是 B 级研究生院。用同样的方法可以得到自然科学 B+ 级、B 级，社会科学 B+ 级、B 级，任何学科门 B+ 级、B 级，任何一级学科 B+ 级、B 级，任何二级学科 B+ 级、B 级。

用与计算 B 等研究生院和学科同样的方法 C 等，C+ 级、C 级；D 等，D+ 级、D 级；E 等，E+ 级、E 级。

高校榜

◎榜三、2004 中国大学研究生院（部）自然科学 100 强◎

（B 级及其以下相同等级排名不分先后）

排名	等级	校名	排名	等级	校名	排名	等级	校名
1	A++	清华大学	24	A	大连理工大学	47	B+	中国医科大学
2	A++	北京大学	25	A	上海第二医科大学	48	B+	武汉理工大学
3	A++	浙江大学	26	A	西北工业大学	49	B+	华中农业大学
4	A++	复旦大学	27	A	中国农业大学	50	B	中国海洋大学
5	A++	华中科技大学	28	A	东北大学	51	B	西南交通大学
6	A++	上海交通大学	29	B+	华东理工大学	52	B	北京工业大学
7	A+	南京大学	30	B+	北京理工大学	53	B	上海大学
8	A+	中国科学技术大学	31	B+	北京科技大学	54	B	苏州大学
9	A+	哈尔滨工业大学	32	B+	石油大学	55	B	西北大学
10	A+	中国协和医科大学	33	B+	中国矿业大学	56	B	北京化工大学
11	A+	中山大学	34	B+	厦门大学	57	B	华东师范大学
12	A+	西安交通大学	35	B+	重庆大学	58	B	华南农业大学
13	A	吉林大学	36	B+	中国地质大学	59	B	北京交通大学
14	A	武汉大学	37	B+	南京理工大学	60	B	郑州大学
15	A	四川大学	38	B+	兰州大学	61	B	中国药科大学
16	A	山东大学	39	B+	北京师范大学	62	B	东华大学
17	A	天津大学	40	B+	南京航空航天大学	63	B	山东农业大学
18	A	中南大学	41	B+	西安电子科技大学	64	B	东北师范大学
19	A	华南理工大学	42	B+	首都医科大学	65	B	燕山大学
20	A	北京航空航天大学	43	B+	电子科技大学	66	B	暨南大学
21	A	东南大学	44	B+	南京农业大学	67	B	福建农林大学
22	A	同济大学	45	B+	西北农林科技大学	68	B	河海大学
23	A	南开大学	46	B+	湖南大学	69	B	北京邮电大学

排名	等级	校名	排名	等级	校名	排名	等级	校名
70	B	南京医科大学	81	C+	南京工业大学	92	C+	山东科技大学
71	B	哈尔滨医科大学	82	C+	哈尔滨工程大学	93	C+	沈阳药科大学
72	B	北京林业大学	83	C+	河北医科大学	94	C+	湖南师范大学
73	B	太原理工大学	84	C+	重庆医科大学	95	C+	广东工业大学
74	B	天津医科大学	85	C+	云南大学	96	C+	华中师范大学
75	B	福州大学	86	C+	江苏大学	97	C+	成都理工大学
76	C+	北京中医药大学	87	C+	昆明理工大学	98	C+	青岛大学
77	C+	南京林业大学	88	C+	合肥工业大学	99	C+	汕头大学
78	C+	山西大学	89	C+	南京师范大学	100	C+	西南石油学院
79	C+	扬州大学	90	C+	陕西师范大学			
80	C+	东北林业大学	91	C+	河北工业大学			

（信息来源：《科学时报》2004年8月7日）

◎榜四、2004 中国大学研究生院（部）社会科学 100 强◎

（B级及其以下相同等级排名不分先后）

排名	等级	校名	排名	等级	校名	排名	等级	校名
1	A++	北京大学	33	B+	上海师范大学	65	B	大连理工大学
2	A++	中国人民大学	34	B+	陕西师范大学	66	B	辽宁大学
3	A++	复旦大学	35	B+	山西大学	67	B	中国农业大学
4	A++	南京大学	36	B+	东北财经大学	68	C+	对外经济贸易大学
5	A++	武汉大学	37	B+	中国科学技术大学	69	C+	上海外国语大学
6	A+	浙江大学	38	B+	中央民族大学	70	C+	武汉理工大学
7	A+	北京师范大学	39	B+	河北大学	71	C+	北京外国语大学
8	A+	清华大学	40	B+	北京语言大学	72	C+	深圳大学
9	A+	厦门大学	41	B+	西南财经大学	73	C+	中央财经大学
10	A	南开大学	42	B+	西南师范大学	74	C+	西南交通大学
11	A	华东师范大学	43	B+	云南大学	75	C+	北京交通大学
12	A	中山大学	44	B+	兰州大学	76	C+	东北大学
13	A	吉林大学	45	B	湖南大学	77	C+	曲阜师范大学
14	A	四川大学	46	B	上海大学	78	C+	华中农业大学
15	A	西安交通大学	47	B	西南政法大学	79	C+	重庆大学
16	A	上海财经大学	48	B	郑州大学	80	C+	华南理工大学
17	A	山东大学	49	B	哈尔滨工业大学	81	C+	浙江师范大学
18	A	南京师范大学	50	B	安徽大学	82	C+	新疆大学
19	A	暨南大学	51	B	福建师范大学	83	C+	江西财经大学
20	A	华中科技大学	52	B	湖北大学	84	C+	西北师范大学
21	A	华中师范大学	53	B	山东师范大学	85	C+	湘潭大学
22	A	中南财经政法大学	54	B	北京广播学院	86	C+	天津财经学院
23	B+	上海交通大学	55	B	中南大学	87	C+	辽宁师范大学
24	B+	华南师范大学	56	B	河南大学	88	C+	中国矿业大学
25	B+	苏州大学	57	B	黑龙江大学	89	C+	外交学院
26	B+	中国政法大学	58	B	北京航空航天大学	90	C+	安徽财贸学院
27	B+	东北师范大学	59	B	华东政法学院	91	C+	河北师范大学
28	B+	西北大学	60	B	天津师范大学	92	C	中南民族大学
29	B+	天津大学	61	B	同济大学	93	C	杭州商学院
30	B+	东南大学	62	B	南京农业大学	94	C	中央音乐学院
31	B+	首都师范大学	63	B	广东外语外贸大学	95	C	安徽师范大学
32	B+	湖南师范大学	64	B	内蒙古大学	96	C	上海音乐学院

排名	等级	校名	排名	等级	校名
97	C	哈尔滨师范大学	99	C	首都经济贸易大学
98	C	北京电影学院	100	C	扬州大学

(信息来源:《科学时报》2004年8月7日)

◎榜五、2004中国大学研究生院(部)2个信息与通信工程二级学科排名◎

1.通信与信息系统(学科代码:081001)

排名	单位	等级	二级学科	一级学科	学科门
1	清华大学	A++	081001 通信与信息系统	0810 信息与通信工程	08 工学
2	西安电子科技大学	A++	081001 通信与信息系统	0810 信息与通信工程	08 工学
3	北京邮电大学	A+	081001 通信与信息系统	0810 信息与通信工程	08 工学
4	电子科技大学	A+	081001 通信与信息系统	0810 信息与通信工程	08 工学
5	华中科技大学	A+	081001 通信与信息系统	0810 信息与通信工程	08 工学
6	北京航空航天大学	A	081001 通信与信息系统	0810 信息与通信工程	08 工学
7	武汉大学	A	081001 通信与信息系统	0810 信息与通信工程	08 工学
8	北京理工大学	A	081001 通信与信息系统	0810 信息与通信工程	08 工学
9	北京大学	A	081001 通信与信息系统	0810 信息与通信工程	08 工学
10	东南大学	A	081001 通信与信息系统	0810 信息与通信工程	08 工学
11	华南理工大学	A	081001 通信与信息系统	0810 信息与通信工程	08 工学
12	浙江大学	A	081001 通信与信息系统	0810 信息与通信工程	08 工学
13	上海大学	B+	081001 通信与信息系统	0810 信息与通信工程	08 工学
14	北京交通大学	B+	081001 通信与信息系统	0810 信息与通信工程	08 工学
15	中国科学技术大学	B+	081001 通信与信息系统	0810 信息与通信工程	08 工学
16	南京航空航天大学	B+	081001 通信与信息系统	0810 信息与通信工程	08 工学
17	南京理工大学	B+	081001 通信与信息系统	0810 信息与通信工程	08 工学
18	山东大学	B+	081001 通信与信息系统	0810 信息与通信工程	08 工学
19	四川大学	B+	081001 通信与信息系统	0810 信息与通信工程	08 工学
20	哈尔滨工程大学	B	081001 通信与信息系统	0810 信息与通信工程	08 工学
21	厦门大学	B	081001 通信与信息系统	0810 信息与通信工程	08 工学
22	吉林大学	B	081001 通信与信息系统	0810 信息与通信工程	08 工学
23	西南交通大学	B	081001 通信与信息系统	0810 信息与通信工程	08 工学
24	天津大学	B	081001 通信与信息系统	0810 信息与通信工程	08 工学
25	南京邮电学院	B	081001 通信与信息系统	0810 信息与通信工程	08 工学
26	大连海事大学	C+	081001 通信与信息系统	0810 信息与通信工程	08 工学
27	北京广播学院	C+	081001 通信与信息系统	0810 信息与通信工程	08 工学
28	中山大学	C+	081001 通信与信息系统	0810 信息与通信工程	08 工学
29	东北大学	C+	081001 通信与信息系统	0810 信息与通信工程	08 工学
30	中国矿业大学	C+	081001 通信与信息系统	0810 信息与通信工程	08 工学
31	云南大学	C+	081001 通信与信息系统	0810 信息与通信工程	08 工学
32	重庆大学	C	081001 通信与信息系统	0810 信息与通信工程	08 工学
33	福州大学	C	081001 通信与信息系统	0810 信息与通信工程	08 工学
34	武汉理工大学	C	081001 通信与信息系统	0810 信息与通信工程	08 工学

2.信号与信息处理(学科代码:081002)

排名	单位	等级	二级学科	一级学科	学科门
1	清华大学	A++	081002 通信与信息系统	0810 信息与通信工程	08 工学
2	北京邮电大学	A++	081002 通信与信息系统	0810 信息与通信工程	08 工学
3	西安电子科技大学	A++	081002 通信与信息系统	0810 信息与通信工程	08 工学
4	东南大学	A+	081002 通信与信息系统	0810 信息与通信工程	08 工学
5	电子科技大学	A+	081002 通信与信息系统	0810 信息与通信工程	08 工学
6	天津大学	A	081002 通信与信息系统	0810 信息与通信工程	08 工学
7	中国科学技术大学	A	081002 通信与信息系统	0810 信息与通信工程	08 工学
8	北京交通大学	A	081002 通信与信息系统	0810 信息与通信工程	08 工学
9	北京大学	A	081002 通信与信息系统	0810 信息与通信工程	08 工学
10	北京理工大学	B+	081002 通信与信息系统	0810 信息与通信工程	08 工学
11	北京航空航天大学	B+	081002 通信与信息系统	0810 信息与通信工程	08 工学
12	浙江大学	B+	081002 通信与信息系统	0810 信息与通信工程	08 工学
13	大连理工大学	B+	081002 通信与信息系统	0810 信息与通信工程	08 工学
14	华中科技大学	B+	081002 通信与信息系统	0810 信息与通信工程	08 工学
15	南京邮电学院	B	081002 通信与信息系统	0810 信息与通信工程	08 工学
16	南京航空航天大学	B	081002 通信与信息系统	0810 信息与通信工程	08 工学
17	哈尔滨工程大学	B	081002 通信与信息系统	0810 信息与通信工程	08 工学
18	华南理工大学	B	081002 通信与信息系统	0810 信息与通信工程	08 工学
19	南京大学	B	081002 通信与信息系统	0810 信息与通信工程	08 工学
20	山东大学	B	081002 通信与信息系统	0810 信息与通信工程	08 工学
21	武汉大学	C+	081002 通信与信息系统	0810 信息与通信工程	08 工学
22	南京理工大学	C+	081002 通信与信息系统	0810 信息与通信工程	08 工学
23	合肥工业大学	C+	081002 通信与信息系统	0810 信息与通信工程	08 工学
24	西南交通大学	C+	081002 通信与信息系统	0810 信息与通信工程	08 工学
25	上海大学	C+	081002 通信与信息系统	0810 信息与通信工程	08 工学

(信息来源:《科学时报》2004年8月7日)

◎榜六、2004中国大学研究生院(部)9个法学二级学科排名◎

1.法学理论(学科代码:030101)

排名	单位	等级	二级学科	一级学科	学科门
1	吉林大学	A++	030101 法学理论	0301 法学	03 法学
2	北京大学	A++	030101 法学理论	0301 法学	03 法学
3	中国人民大学	A+	030101 法学理论	0301 法学	03 法学
4	山东大学	A+	030101 法学理论	0301 法学	03 法学
5	南京师范大学	A	030101 法学理论	0301 法学	03 法学
6	中国政法大学	A	030101 法学理论	0301 法学	03 法学
7	西南政法大学	B+	030101 法学理论	0301 法学	03 法学
8	武汉大学	B+	030101 法学理论	0301 法学	03 法学

2.法律史(学科代码:030102)

排名	单位	等级	二级学科	一级学科	学科门
1	中国政法大学	A++	030102 法律史	0301 法学	03 法学
2	中国人民大学	A+	030102 法律史	0301 法学	03 法学
3	华东政法学院	A	030102 法律史	0301 法学	03 法学
4	北京大学	A	030102 法律史	0301 法学	03 法学
5	中南财经政法大学	B+	030102 法律史	0301 法学	03 法学
6	西南政法大学	B+	030102 法律史	0301 法学	03 法学
7	武汉大学	B	030102 法律史	0301 法学	03 法学

3.宪法学与行政法学(学科代码:030103)

排名	单位	等级	二级学科	一级学科	学科门
1	武汉大学	A++	030103 宪法学与行政法学	0301 法学	03 法学
2	北京大学	A++	030103 宪法学与行政法学	0301 法学	03 法学
3	中国人民大学	A+	030103 宪法学与行政法学	0301 法学	03 法学
4	中国政法大学	A	030103 宪法学与行政法学	0301 法学	03 法学
5	浙江大学	A	030103 宪法学与行政法学	0301 法学	03 法学
6	中南财经政法大学	A	030103 宪法学与行政法学	0301 法学	03 法学
7	苏州大学	B+	030103 宪法学与行政法学	0301 法学	03 法学
8	西南政法大学	B+	030103 宪法学与行政法学	0301 法学	03 法学

4.刑法学(学科代码:030104)

排名	单位	等级	二级学科	一级学科	学科门
1	北京大学	A++	030104 刑法学	0301 法学	03 法学
2	中国人民大学	A++	030104 刑法学	0301 法学	03 法学
3	武汉大学	A	030104 刑法学	0301 法学	03 法学
4	西南政法大学	A	030104 刑法学	0301 法学	03 法学
5	中国政法大学	B+	030104 刑法学	0301 法学	03 法学
6	吉林大学	B+	030104 刑法学	0301 法学	03 法学
7	华东政法学院	B+	030104 刑法学	0301 法学	03 法学

5.民商法学(学科代码:030105)

排名	单位	等级	二级学科	一级学科	学科门
1	中国人民大学	A++	030105 民商法学	0301 法学	03 法学
2	清华大学	A++	030105 民商法学	0301 法学	03 法学
3	中国政法大学	A+	030105 民商法学	0301 法学	03 法学
4	武汉大学	A	030105 民商法学	0301 法学	03 法学
5	西南政法大学	A	030105 民商法学	0301 法学	03 法学
6	中南财经政法大学	A	030105 民商法学	0301 法学	03 法学
7	厦门大学	B+	030105 民商法学	0301 法学	03 法学
8	北京大学	B+	030105 民商法学	0301 法学	03 法学
9	吉林大学	B+	030105 民商法学	0301 法学	03 法学

6.诉讼法学(学科代码:030106)

排名	单位	等级	二级学科	一级学科	学科门
1	中国政法大学	A++	030106 诉讼法学	0301 法学	03 法学
2	中国人民大学	A+	030106 诉讼法学	0301 法学	03 法学
3	西南政法大学	A	030106 诉讼法学	0301 法学	03 法学
4	中国人民公安大学	A	030106 诉讼法学	0301 法学	03 法学

排名	单位	等级	二级学科	一级学科	学科门
5	四川大学	A	030106 诉讼法学	0301 法学	03 法学
6	北京大学	B+	030106 诉讼法学	0301 法学	03 法学
7	武汉大学	B+	030106 诉讼法学	0301 法学	03 法学
8	南京师范大学	B+	030106 诉讼法学	0301 法学	03 法学
9	湘潭大学	B+	030106 诉讼法学	0301 法学	03 法学

7.经济法学（学科代码:030107）

排名	单位	等级	二级学科	一级学科	学科门
1	西南政法大学	A++	030107 经济法学	0301 法学	03 法学
2	北京大学	A++	030107 经济法学	0301 法学	03 法学
3	南京大学	A++	030107 经济法学	0301 法学	03 法学
4	中国人民大学	A+	030107 经济法学	0301 法学	03 法学
5	中国政法大学	A+	030107 经济法学	0301 法学	03 法学
6	华东政法学院	A	030107 经济法学	0301 法学	03 法学
7	武汉大学	A	030107 经济法学	0301 法学	03 法学

8.环境与资源保护法学（学科代码:030108）

排名	单位	等级	二级学科	一级学科	学科门
1	武汉大学	A++	030108 环境与资源保护法学	0301 法学	03 法学
2	北京大学	A++	030108 环境与资源保护法学	0301 法学	03 法学
3	中国政法大学	A	030108 环境与资源保护法学	0301 法学	03 法学
4	西南政法大学	A	030108 环境与资源保护法学	0301 法学	03 法学
5	中国人民大学	B+	030108 环境与资源保护法学	0301 法学	03 法学

9.国际法学（学科代码:030109）

排名	单位	等级	二级学科	一级学科	学科门
1	武汉大学	A++	030109 国际法学	0301 法学	03 法学
2	厦门大学	A++	030109 国际法学	0301 法学	03 法学
3	华东政法学院	A+	030109 国际法学	0301 法学	03 法学
4	北京大学	A	030109 国际法学	0301 法学	03 法学
5	对外经济贸易大学	A	030109 国际法学	0301 法学	03 法学
6	中国政法大学	B+	030109 国际法学	0301 法学	03 法学
7	中国人民大学	B+	030109 国际法学	0301 法学	03 法学
8	西南政法大学	B+	030109 国际法学	0301 法学	03 法学
9	复旦大学	B+	030109 国际法学	0301 法学	03 法学
10	大连海事大学	B	030109 国际法学	0301 法学	03 法学

（信息来源:《科学时报》2004 年 8 月 7 日）

◎榜七、2004中国大学研究生院（部）3个计算机二级学科排名◎

1.计算机系统结构排名（学科代码:081201）

排名	单位	等级	二级学科	一级学科	学科门
1	清华大学	A++	081201 计算机系统结构	081200 计算机科学与技术	08 工学
2	华中科技大学	A++	081201 计算机系统结构	081200 计算机科学与技术	08 工学
3	北京大学	A+	081201 计算机系统结构	081200 计算机科学与技术	08 工学
4	东北大学	A	081201 计算机系统结构	081200 计算机科学与技术	08 工学
5	西安交通大学	A	081201 计算机系统结构	081200 计算机科学与技术	08 工学
6	复旦大学	A	081201 计算机系统结构	081200 计算机科学与技术	08 工学
7	中国科学技术大学	A	081201 计算机系统结构	081200 计算机科学与技术	08 工学
8	西安电子科技大学	A	081201 计算机系统结构	081200 计算机科学与技术	08 工学
9	电子科技大学	B+	081201 计算机系统结构	081200 计算机科学与技术	08 工学
10	吉林大学	B+	081201 计算机系统结构	081200 计算机科学与技术	08 工学
11	北京航空航天大学	B+	081201 计算机系统结构	081200 计算机科学与技术	08 工学
12	南京大学	B+	081201 计算机系统结构	081200 计算机科学与技术	08 工学
13	东南大学	B+	081201 计算机系统结构	081200 计算机科学与技术	08 工学
14	重庆大学	B+	081201 计算机系统结构	081200 计算机科学与技术	08 工学
15	武汉大学	B+	081201 计算机系统结构	081200 计算机科学与技术	08 工学

2.计算机软件与理论排名（学科代码:081202）

排名	单位	等级	二级学科	一级学科	学科门
1	北京大学	A++	081202 计算机软件与理论	081200 计算机科学与技术	08 工学
2	南京大学	A++	081202 计算机软件与理论	081200 计算机科学与技术	08 工学
3	清华大学	A++	081202 计算机软件与理论	081200 计算机科学与技术	08 工学
4	武汉大学	A+	081202 计算机软件与理论	081200 计算机科学与技术	08 工学
5	复旦大学	A+	081202 计算机软件与理论	081200 计算机科学与技术	08 工学
6	华中科技大学	A	081202 计算机软件与理论	081200 计算机科学与技术	08 工学
7	中山大学	A	081202 计算机软件与理论	081200 计算机科学与技术	08 工学
8	山东大学	A	081202 计算机软件与理论	081200 计算机科学与技术	08 工学
9	北京航空航天大学	A	081202 计算机软件与理论	081200 计算机科学与技术	08 工学
10	中国科学技术大学	B+	081202 计算机软件与理论	081200 计算机科学与技术	08 工学
11	西安交通大学	B+	081202 计算机软件与理论	081200 计算机科学与技术	08 工学
12	吉林大学	B+	081202 计算机软件与理论	081200 计算机科学与技术	08 工学
13	东北大学	B+	081202 计算机软件与理论	081200 计算机科学与技术	08 工学
14	西北大学	B+	081202 计算机软件与理论	081200 计算机科学与技术	08 工学
15	贵州大学	B	081202 计算机软件与理论	081200 计算机科学与技术	08 工学
16	山东科技大学	B	081202 计算机软件与理论	081200 计算机科学与技术	08 工学
17	电子科技大学	B	081202 计算机软件与理论	081200 计算机科学与技术	08 工学
18	东南大学	B	081202 计算机软件与理论	081200 计算机科学与技术	08 工学
19	四川大学	B	081202 计算机软件与理论	081200 计算机科学与技术	08 工学
20	北京理工大学	B	081202 计算机软件与理论	081200 计算机科学与技术	08 工学
21	重庆大学	B	081202 计算机软件与理论	081200 计算机科学与技术	08 工学
22	大连理工大学	B	081202 计算机软件与理论	081200 计算机科学与技术	08 工学
23	北京交通大学	B	081202 计算机软件与理论	081200 计算机科学与技术	08 工学
24	北京邮电大学	B	081202 计算机软件与理论	081200 计算机科学与技术	08 工学
25	同济大学	B	081202 计算机软件与理论	081200 计算机科学与技术	08 工学
26	上海大学	C+	081202 计算机软件与理论	081200 计算机科学与技术	08 工学

3.计算机应用技术排名(学科代码:081203)

排名	单位	等级	二级学科	一级学科	学科门
1	清华大学	A++	081203 计算机应用技术	081200 计算机科学与技术	08 工学
2	北京大学	A++	081203 计算机应用技术	081200 计算机科学与技术	08 工学
3	同济大学	A++	081203 计算机应用技术	081200 计算机科学与技术	08 工学
4	东南大学	A++	081203 计算机应用技术	081200 计算机科学与技术	08 工学
5	华南理工大学	A++	081203 计算机应用技术	081200 计算机科学与技术	08 工学
6	西安电子科技大学	A+	081203 计算机应用技术	081200 计算机科学与技术	08 工学
7	大连理工大学	A+	081203 计算机应用技术	081200 计算机科学与技术	08 工学
8	南京大学	A+	081203 计算机应用技术	081200 计算机科学与技术	08 工学
9	南京理工大学	A+	081203 计算机应用技术	081200 计算机科学与技术	08 工学
10	武汉大学	A+	081203 计算机应用技术	081200 计算机科学与技术	08 工学
11	东北大学	A+	081203 计算机应用技术	081200 计算机科学与技术	08 工学
12	北京邮电大学	A	081203 计算机应用技术	081200 计算机科学与技术	08 工学
13	复旦大学	A	081203 计算机应用技术	081200 计算机科学与技术	08 工学
14	北京航空航天大学	A	081203 计算机应用技术	081200 计算机科学与技术	08 工学
15	北京理工大学	A	081203 计算机应用技术	081200 计算机科学与技术	08 工学
16	吉林大学	A	081203 计算机应用技术	081200 计算机科学与技术	08 工学
17	电子科技大学	A	081203 计算机应用技术	081200 计算机科学与技术	08 工学
18	中国科学技术大学	A	081203 计算机应用技术	081200 计算机科学与技术	08 工学
19	北京工业大学	A	081203 计算机应用技术	081200 计算机科学与技术	08 工学
20	南京航空航天大学	A	081203 计算机应用技术	081200 计算机科学与技术	08 工学
21	安徽大学	B+	081203 计算机应用技术	081200 计算机科学与技术	08 工学
22	哈尔滨工程大学	B+	081203 计算机应用技术	081200 计算机科学与技术	08 工学
23	四川大学	B+	081203 计算机应用技术	081200 计算机科学与技术	08 工学
24	天津大学	B+	081203 计算机应用技术	081200 计算机科学与技术	08 工学
25	南开大学	B+	081203 计算机应用技术	081200 计算机科学与技术	08 工学
26	北京科技大学	B+	081203 计算机应用技术	081200 计算机科学与技术	08 工学
27	中南大学	B+	081203 计算机应用技术	081200 计算机科学与技术	08 工学
28	苏州大学	B+	081203 计算机应用技术	081200 计算机科学与技术	08 工学
29	重庆大学	B+	081203 计算机应用技术	081200 计算机科学与技术	08 工学
30	合肥工业大学	B+	081203 计算机应用技术	081200 计算机科学与技术	08 工学
31	湖南大学	B+	081203 计算机应用技术	081200 计算机科学与技术	08 工学
32	西安交通大学	B+	081203 计算机应用技术	081200 计算机科学与技术	08 工学
33	山西大学	B+	081203 计算机应用技术	081200 计算机科学与技术	08 工学
34	西南交通大学	B	081203 计算机应用技术	081200 计算机科学与技术	08 工学
35	华中科技大学	B	081203 计算机应用技术	081200 计算机科学与技术	08 工学
36	山东大学	B	081203 计算机应用技术	081200 计算机科学与技术	08 工学
37	中山大学	B	081203 计算机应用技术	081200 计算机科学与技术	08 工学
38	北京交通大学	B	081203 计算机应用技术	081200 计算机科学与技术	08 工学
39	中国人民大学	B	081203 计算机应用技术	081200 计算机科学与技术	08 工学
40	太原理工大学	B	081203 计算机应用技术	081200 计算机科学与技术	08 工学
41	武汉理工大学	B	081203 计算机应用技术	081200 计算机科学与技术	08 工学

(信息来源:《科学时报》2004 年 8 月 7 日)

◎榜八、2004 中国大学研究生院（部）5 个数学二级学科排名◎

西安交通大学的数学按一级学科招生，数学各二级学科排名中不包含西安交通大学。

1.基础数学（学科代码：070101）

排名	单位	等级	二级学科	一级学科	学科门
1	北京大学	A++	070101 基础数学	0701 数学	07 理学
2	浙江大学	A++	070101 基础数学	0701 数学	07 理学
3	复旦大学	A++	070101 基础数学	0701 数学	07 理学
4	中国科学技术大学	A+	070101 基础数学	0701 数学	07 理学
5	南京大学	A+	070101 基础数学	0701 数学	07 理学
6	四川大学	A+	070101 基础数学	0701 数学	07 理学
7	山东大学	A	070101 基础数学	0701 数学	07 理学
8	北京师范大学	A	070101 基础数学	0701 数学	07 理学
9	南开大学	A	070101 基础数学	0701 数学	07 理学
10	清华大学	A	070101 基础数学	0701 数学	07 理学
11	中山大学	A	070101 基础数学	0701 数学	07 理学
12	哈尔滨工业大学	A	070101 基础数学	0701 数学	07 理学
13	同济大学	B+	070101 基础数学	0701 数学	07 理学
14	武汉大学	B+	070101 基础数学	0701 数学	07 理学
15	兰州大学	B+	070101 基础数学	0701 数学	07 理学
16	厦门大学	B+	070101 基础数学	0701 数学	07 理学
17	华东师范大学	B+	070101 基础数学	0701 数学	07 理学
18	湖南师范大学	B+	070101 基础数学	0701 数学	07 理学
19	郑州大学	B+	070101 基础数学	0701 数学	07 理学
20	华南师范大学	B	070101 基础数学	0701 数学	07 理学
21	南京师范大学	B	070101 基础数学	0701 数学	07 理学
22	陕西师范大学	B	070101 基础数学	0701 数学	07 理学
23	吉林大学	B	070101 基础数学	0701 数学	07 理学
24	首都师范大学	B	070101 基础数学	0701 数学	07 理学
25	汕头大学	C+	070101 基础数学	0701 数学	07 理学
26	河北师范大学	C+	070101 基础数学	0701 数学	07 理学
27	山西大学	C+	070101 基础数学	0701 数学	07 理学
28	苏州大学	C+	070101 基础数学	0701 数学	07 理学
29	华中科技大学	C+	070101 基础数学	0701 数学	07 理学
30	北京航空航天大学	C+	070101 基础数学	0701 数学	07 理学
31	上海交通大学	C+	070101 基础数学	0701 数学	07 理学
32	西北大学	C+	070101 基础数学	0701 数学	07 理学
33	湖北大学	C	070101 基础数学	0701 数学	07 理学
34	大连理工大学	C	070101 基础数学	0701 数学	07 理学
35	扬州大学	C	070101 基础数学	0701 数学	07 理学
36	西北师范大学	C	070101 基础数学	0701 数学	07 理学
37	武汉科技大学	C	070101 基础数学	0701 数学	07 理学

2.计算数学(学科代码:070102)

排名	单位	等级	二级学科	一级学科	学科门
1	大连理工大学	A++	070102 计算数学	0701 数学	07 理学
2	吉林大学	A++	070102 计算数学	0701 数学	07 理学
3	浙江大学	A++	070102 计算数学	0701 数学	07 理学
4	北京大学	A+	070102 计算数学	0701 数学	07 理学
5	清华大学	A+	070102 计算数学	0701 数学	07 理学
6	中国科学技术大学	A	070102 计算数学	0701 数学	07 理学
7	湘潭大学	A	070102 计算数学	0701 数学	07 理学
8	上海大学	A	070102 计算数学	0701 数学	07 理学
9	山东大学	A	070102 计算数学	0701 数学	07 理学
10	中山大学	B+	070102 计算数学	0701 数学	07 理学
11	上海师范大学	B+	070102 计算数学	0701 数学	07 理学
12	厦门大学	B+	070102 计算数学	0701 数学	07 理学
13	复旦大学	B+	070102 计算数学	0701 数学	07 理学
14	南开大学	B+	070102 计算数学	0701 数学	07 理学
15	南京大学	B+	070102 计算数学	0701 数学	07 理学
16	四川大学	B	070102 计算数学	0701 数学	07 理学
17	武汉大学	B	070102 计算数学	0701 数学	07 理学
18	上海交通大学	B	070102 计算数学	0701 数学	07 理学
19	华东师范大学	B	070102 计算数学	0701 数学	07 理学
20	北京师范大学	B	070102 计算数学	0701 数学	07 理学
21	苏州大学	B	070102 计算数学	0701 数学	07 理学
22	合肥工业大学	C+	070102 计算数学	0701 数学	07 理学

3.概率论与数理统计(学科代码:070103)

排名	单位	等级	二级学科	一级学科	学科门
1	北京大学	A++	070103 概率论与数理统计	0701 数学	07 理学
2	中国科学技术大学	A++	070103 概率论与数理统计	0701 数学	07 理学
3	南开大学	A++	070103 概率论与数理统计	0701 数学	07 理学
4	中南大学	A+	070103 概率论与数理统计	0701 数学	07 理学
5	北京师范大学	A+	070103 概率论与数理统计	0701 数学	07 理学
6	武汉大学	A	070103 概率论与数理统计	0701 数学	07 理学
7	华中科技大学	A	070103 概率论与数理统计	0701 数学	07 理学
8	浙江大学	A	070103 概率论与数理统计	0701 数学	07 理学
9	北京工业大学	A	070103 概率论与数理统计	0701 数学	07 理学
10	山东大学	B+	070103 概率论与数理统计	0701 数学	07 理学
11	华东师范大学	B+	070103 概率论与数理统计	0701 数学	07 理学
12	云南大学	B+	070103 概率论与数理统计	0701 数学	07 理学
13	中山大学	B+	070103 概率论与数理统计	0701 数学	07 理学
14	吉林大学	B+	070103 概率论与数理统计	0701 数学	07 理学
15	清华大学	B	070103 概率论与数理统计	0701 数学	07 理学
16	复旦大学	B	070103 概率论与数理统计	0701 数学	07 理学
17	南京大学	B	070103 概率论与数理统计	0701 数学	07 理学
18	四川大学	B	070103 概率论与数理统计	0701 数学	07 理学
19	上海交通大学	B	070103 概率论与数理统计	0701 数学	07 理学
20	厦门大学	C+	070103 概率论与数理统计	0701 数学	07 理学
21	东北师范大学	C+	070103 概率论与数理统计	0701 数学	07 理学
22	大连理工大学	C+	070103 概率论与数理统计	0701 数学	07 理学
23	苏州大学	C+	070103 概率论与数理统计	0701 数学	07 理学

4.应用数学(学科代码:070104)

排名	单位	等级	二级学科	一级学科	学科门
1	清华大学	A++	070104 应用数学	0701 数学	07 理学
2	上海交通大学	A++	070104 应用数学	0701 数学	07 理学
3	浙江大学	A++	070104 应用数学	0701 数学	07 理学
4	北京大学	A+	070104 应用数学	0701 数学	07 理学
5	四川大学	A+	070104 应用数学	0701 数学	07 理学
6	复旦大学	A+	070104 应用数学	0701 数学	07 理学
7	湖南大学	A	070104 应用数学	0701 数学	07 理学
8	中国科学技术大学	A	070104 应用数学	0701 数学	07 理学
9	兰州大学	A	070104 应用数学	0701 数学	07 理学
10	南京大学	A	070104 应用数学	0701 数学	07 理学
11	东南大学	A	070104 应用数学	0701 数学	07 理学
12	苏州大学	A	070104 应用数学	0701 数学	07 理学
13	南开大学	A	070104 应用数学	0701 数学	07 理学
14	华东理工大学	A	070104 应用数学	0701 数学	07 理学
15	西安电子科技大学	B+	070104 应用数学	0701 数学	07 理学
16	北京理工大学	B+	070104 应用数学	0701 数学	07 理学
17	中山大学	B+	070104 应用数学	0701 数学	07 理学
18	山东大学	B+	070104 应用数学	0701 数学	07 理学
19	东北师范大学	B+	070104 应用数学	0701 数学	07 理学
20	西北工业大学	B+	070104 应用数学	0701 数学	07 理学
21	武汉大学	B+	070104 应用数学	0701 数学	07 理学
22	新疆大学	B+	070104 应用数学	0701 数学	07 理学
23	北京师范大学	B	070104 应用数学	0701 数学	07 理学
24	厦门大学	B	070104 应用数学	0701 数学	07 理学
25	内蒙古大学	B	070104 应用数学	0701 数学	07 理学
26	吉林大学	B	070104 应用数学	0701 数学	07 理学
27	曲阜师范大学	B	070104 应用数学	0701 数学	07 理学
28	华东师范大学	B	070104 应用数学	0701 数学	07 理学
29	大连理工大学	B	070104 应用数学	0701 数学	07 理学
30	华中师范大学	B	070104 应用数学	0701 数学	07 理学
31	首都师范大学	B	070104 应用数学	0701 数学	07 理学
32	同济大学	B	070104 应用数学	0701 数学	07 理学

5.运筹学与控制论(学科代码:070105)

排名	单位	等级	二级学科	一级学科	学科门
1	浙江大学	A++	070105 运筹学与控制论	0701 数学	07 理学
2	上海大学	A++	070105 运筹学与控制论	0701 数学	07 理学
3	大连理工大学	A++	070105 运筹学与控制论	0701 数学	07 理学
4	山东大学	A+	070105 运筹学与控制论	0701 数学	07 理学
5	复旦大学	A+	070105 运筹学与控制论	0701 数学	07 理学
6	四川大学	A	070105 运筹学与控制论	0701 数学	07 理学
7	清华大学	A	070105 运筹学与控制论	0701 数学	07 理学
8	中山大学	A	070105 运筹学与控制论	0701 数学	07 理学
9	南京大学	A	070105 运筹学与控制论	0701 数学	07 理学
10	北京大学	A	070105 运筹学与控制论	0701 数学	07 理学
11	中国科学技术大学	A	070105 运筹学与控制论	0701 数学	07 理学
12	北京交通大学	B+	070105 运筹学与控制论	0701 数学	07 理学
13	上海交通大学	B+	070105 运筹学与控制论	0701 数学	07 理学
14	南开大学	B+	070105 运筹学与控制论	0701 数学	07 理学

排名	单位	等级	二级学科	一级学科	学科门
15	厦门大学	B+	070105 运筹学与控制论	0701 数学	07 理学
16	武汉大学	B+	070105 运筹学与控制论	0701 数学	07 理学
17	北京师范大学	B+	070105 运筹学与控制论	0701 数学	07 理学
18	吉林大学	B+	070105 运筹学与控制论	0701 数学	07 理学
19	苏州大学	B+	070105 运筹学与控制论	0701 数学	07 理学
20	华东师范大学	B	070105 运筹学与控制论	0701 数学	07 理学

（信息来源：《科学时报》2004 年 8 月 7 日）

◎榜九、2004 中国大学研究生院（部）2 个新闻传播学二级学科排名◎

1.新闻学（学科代码：050301）

排名	单位	等级	二级学科	一级学科	学科门
1	中国人民大学	A++	050301 新闻学	0503 新闻传播学	05 文学
2	中国传媒大学	A++	050301 新闻学	0503 新闻传播学	05 文学
3	武汉大学	A+	050301 新闻学	0503 新闻传播学	05 文学
4	复旦大学	A	050301 新闻学	0503 新闻传播学	05 文学
5	华中科技大学	A	050301 新闻学	0503 新闻传播学	05 文学

2.传播学（学科代码：050302）

排名	单位	等级	二级学科	一级学科	学科门
1	复旦大学	A++	050302 传播学	0503 新闻传播学	05 文学
2	中国传媒大学	A++	050302 传播学	0503 新闻传播学	05 文学
3	中国人民大学	A+	050302 传播学	0503 新闻传播学	05 文学
4	清华大学	A	050302 传播学	0503 新闻传播学	05 文学
5	武汉大学	A	050302 传播学	0503 新闻传播学	05 文学

（信息来源：《科学时报》2004 年 8 月 7 日）

◎榜十、2004 中国大学研究生院（部）9 个应用经济学二级学科排名◎

西安交通大学的应用经济学按一级学科招生，应用经济学各二级学科排名中不包含西安交通大学。

1.国民经济学（学科代码：020201）

排名	单位	等级	二级学科	一级学科	学科门
1	中国人民大学	A++	020201 国民经济学	0202 应用经济学	02 经济学
2	北京大学	A+	020201 国民经济学	0202 应用经济学	02 经济学
3	中央财经大学	A+	020201 国民经济学	0202 应用经济学	02 经济学
4	上海财经大学	A	020201 国民经济学	0202 应用经济学	02 经济学
5	厦门大学	A	020201 国民经济学	0202 应用经济学	02 经济学
6	中南财经政法大学	A	020201 国民经济学	0202 应用经济学	02 经济学
7	辽宁大学	B+	020201 国民经济学	0202 应用经济学	02 经济学
8	复旦大学	B+	020201 国民经济学	0202 应用经济学	02 经济学
9	南开大学	B+	020201 国民经济学	0202 应用经济学	02 经济学
10	东北财经大学	B+	020201 国民经济学	0202 应用经济学	02 经济学
11	暨南大学	B+	020201 国民经济学	0202 应用经济学	02 经济学

排名	单位	等级	二级学科	一级学科	学科门
12	山东大学	B	020201 国民经济学	0202 应用经济学	02 经济学
13	西北大学	B	020201 国民经济学	0202 应用经济学	02 经济学
14	西南财经大学	B	020201 国民经济学	0202 应用经济学	02 经济学

2.区域经济学（学科代码:020202）

排名	单位	等级	二级学科	一级学科	学科门
1	南开大学	A++	020202 区域经济学	0202 应用经济学	02 经济学
2	中国人民大学	A++	020202 区域经济学	0202 应用经济学	02 经济学
3	兰州大学	A++	020202 区域经济学	0202 应用经济学	02 经济学
4	上海财经大学	A+	020202 区域经济学	0202 应用经济学	02 经济学
5	东北师范大学	A+	020202 区域经济学	0202 应用经济学	02 经济学
6	厦门大学	A	020202 区域经济学	0202 应用经济学	02 经济学
7	北京大学	A	020202 区域经济学	0202 应用经济学	02 经济学
8	复旦大学	A	020202 区域经济学	0202 应用经济学	02 经济学
9	暨南大学	A	020202 区域经济学	0202 应用经济学	02 经济学
10	中南财经政法大学	A	020202 区域经济学	0202 应用经济学	02 经济学
11	吉林大学	A	020202 区域经济学	0202 应用经济学	02 经济学
12	东北财经大学	A	020202 区域经济学	0202 应用经济学	02 经济学
13	河南大学	B+	020202 区域经济学	0202 应用经济学	02 经济学
14	中央财经大学	B+	020202 区域经济学	0202 应用经济学	02 经济学
15	西南财经大学	B+	020202 区域经济学	0202 应用经济学	02 经济学
16	辽宁大学	B+	020202 区域经济学	0202 应用经济学	02 经济学

3.财政学（学科代码:020203）

排名	单位	等级	二级学科	一级学科	学科门
1	厦门大学	A++	020203 财政学	0202 应用经济学	02 经济学
2	上海财经大学	A++	020203 财政学	0202 应用经济学	02 经济学
3	中国人民大学	A+	020203 财政学	0202 应用经济学	02 经济学
4	中南财经政法大学	A	020203 财政学	0202 应用经济学	02 经济学
5	东北财经大学	A	020203 财政学	0202 应用经济学	02 经济学
6	中央财经大学	A	020203 财政学	0202 应用经济学	02 经济学
7	西南财经大学	B+	020203 财政学	0202 应用经济学	02 经济学
8	武汉大学	B+	020203 财政学	0202 应用经济学	02 经济学
9	北京大学	B+	020203 财政学	0202 应用经济学	02 经济学
10	复旦大学	B+	020203 财政学	0202 应用经济学	02 经济学
11	南开大学	B+	020203 财政学	0202 应用经济学	02 经济学
12	暨南大学	B	020203 财政学	0202 应用经济学	02 经济学
13	山东大学	B	020203 财政学	0202 应用经济学	02 经济学
14	江西财经大学	B	020203 财政学	0202 应用经济学	02 经济学
15	辽宁大学	C+	020203 财政学	0202 应用经济学	02 经济学

4.金融学（学科代码:020204）

排名	单位	等级	二级学科	一级学科	学科门
1	复旦大学	A++	020204 金融学	0202 应用经济学	02 经济学
2	北京大学	A++	020204 金融学	0202 应用经济学	02 经济学
3	南开大学	A+	020204 金融学	0202 应用经济学	02 经济学
4	中国人民大学	A+	020204 金融学	0202 应用经济学	02 经济学
5	厦门大学	A	020204 金融学	0202 应用经济学	02 经济学
6	上海财经大学	A	020204 金融学	0202 应用经济学	02 经济学

排名	单位	等级	二级学科	一级学科	学科门
7	西南财经大学	A	020204 金融学	0202 应用经济学	02 经济学
8	武汉大学	A	020204 金融学	0202 应用经济学	02 经济学
9	苏州大学	B+	020204 金融学	0202 应用经济学	02 经济学
10	暨南大学	B+	020204 金融学	0202 应用经济学	02 经济学
11	东北财经大学	B+	020204 金融学	0202 应用经济学	02 经济学
12	中央财经大学	B+	020204 金融学	0202 应用经济学	02 经济学
13	中南财经政法大学	B+	020204 金融学	0202 应用经济学	02 经济学
14	南京大学	B+	020204 金融学	0202 应用经济学	02 经济学
15	湖南大学	B	020204 金融学	0202 应用经济学	02 经济学
16	天津财经学院	B	020204 金融学	0202 应用经济学	02 经济学
17	中山大学	B	020204 金融学	0202 应用经济学	02 经济学
18	对外经济贸易大学	B	020204 金融学	0202 应用经济学	02 经济学
19	辽宁大学	B	020204 金融学	0202 应用经济学	02 经济学

5.产业经济学（学科代码:020205）

排名	单位	等级	二级学科	一级学科	学科门
1	复旦大学	A++	020205 产业经济学	0202 应用经济学	02 经济学
2	山东大学	A++	020205 产业经济学	0202 应用经济学	02 经济学
3	中国人民大学	A++	020205 产业经济学	0202 应用经济学	02 经济学
4	上海财经大学	A+	020205 产业经济学	0202 应用经济学	02 经济学
5	北京交通大学	A+	020205 产业经济学	0202 应用经济学	02 经济学
6	江西财经大学	A+	020205 产业经济学	0202 应用经济学	02 经济学
7	中南财经政法大学	A	020205 产业经济学	0202 应用经济学	02 经济学
8	西南财经大学	A	020205 产业经济学	0202 应用经济学	02 经济学
9	暨南大学	A	020205 产业经济学	0202 应用经济学	02 经济学
10	东北财经大学	A	020205 产业经济学	0202 应用经济学	02 经济学
11	厦门大学	A	020205 产业经济学	0202 应用经济学	02 经济学
12	北京大学	B+	020205 产业经济学	0202 应用经济学	02 经济学
13	南开大学	B+	020205 产业经济学	0202 应用经济学	02 经济学
14	对外经济贸易大学	B+	020205 产业经济学	0202 应用经济学	02 经济学
15	武汉理工大学	B+	020205 产业经济学	0202 应用经济学	02 经济学
16	中央财经大学	B+	020205 产业经济学	0202 应用经济学	02 经济学
17	辽宁大学	B+	020205 产业经济学	0202 应用经济学	02 经济学

6.国际贸易学（学科代码:020206）

排名	单位	等级	二级学科	一级学科	学科门
1	对外经济贸易大学	A++	020206 国际贸易学	0202 应用经济学	02 经济学
2	浙江大学	A++	020206 国际贸易学	0202 应用经济学	02 经济学
3	湖南大学	A+	020206 国际贸易学	0202 应用经济学	02 经济学
4	上海财经大学	A+	020206 国际贸易学	0202 应用经济学	02 经济学
5	南开大学	A+	020206 国际贸易学	0202 应用经济学	02 经济学
6	中国人民大学	A	020206 国际贸易学	0202 应用经济学	02 经济学
7	东北财经大学	A	020206 国际贸易学	0202 应用经济学	02 经济学
8	武汉大学	A	020206 国际贸易学	0202 应用经济学	02 经济学
9	厦门大学	A	020206 国际贸易学	0202 应用经济学	02 经济学
10	北京大学	A	020206 国际贸易学	0202 应用经济学	02 经济学
11	复旦大学	A	020206 国际贸易学	0202 应用经济学	02 经济学
12	暨南大学	A	020206 国际贸易学	0202 应用经济学	02 经济学
13	中南财经政法大学	A	020206 国际贸易学	0202 应用经济学	02 经济学

排名	单位	等级	二级学科	一级学科	学科门
14	西南财经大学	A	020206 国际贸易学	0202 应用经济学	02 经济学
15	中央财经大学	B+	020206 国际贸易学	0202 应用经济学	02 经济学
16	辽宁大学	B+	020206 国际贸易学	0202 应用经济学	02 经济学

7.劳动经济学(学科代码:020207)

排名	单位	等级	二级学科	一级学科	学科门
1	中国人民大学	A++	020207 劳动经济学	0202 应用经济学	02 经济学
2	浙江大学	A++	020207 劳动经济学	0202 应用经济学	02 经济学
3	上海财经大学	A+	020207 劳动经济学	0202 应用经济学	02 经济学
4	厦门大学	A+	020207 劳动经济学	0202 应用经济学	02 经济学
5	北京大学	A	020207 劳动经济学	0202 应用经济学	02 经济学
6	复旦大学	A	020207 劳动经济学	0202 应用经济学	02 经济学
7	首都经济贸易大学	A	020207 劳动经济学	0202 应用经济学	02 经济学
8	南开大学	B+	020207 劳动经济学	0202 应用经济学	02 经济学
9	暨南大学	B+	020207 劳动经济学	0202 应用经济学	02 经济学
10	中南财经政法大学	B+	020207 劳动经济学	0202 应用经济学	02 经济学
11	东北财经大学	B+	020207 劳动经济学	0202 应用经济学	02 经济学
12	中央财经大学	B	020207 劳动经济学	0202 应用经济学	02 经济学
13	西南财经大学	B	020207 劳动经济学	0202 应用经济学	02 经济学
14	辽宁大学	B	020207 劳动经济学	0202 应用经济学	02 经济学

8.统计学(学科代码:020208)

排名	单位	等级	二级学科	一级学科	学科门
1	厦门大学	A++	020208 统计学	0202 应用经济学	02 经济学
2	中国人民大学	A++	020208 统计学	0202 应用经济学	02 经济学
3	上海财经大学	A+	020208 统计学	0202 应用经济学	02 经济学
4	杭州商学院	A	020208 统计学	0202 应用经济学	02 经济学
5	天津财经学院	A	020208 统计学	0202 应用经济学	02 经济学
6	中南财经政法大学	B+	020208 统计学	0202 应用经济学	02 经济学
7	北京大学	B+	020208 统计学	0202 应用经济学	02 经济学
8	复旦大学	B+	020208 统计学	0202 应用经济学	02 经济学
9	南开大学	B+	020208 统计学	0202 应用经济学	02 经济学
10	东北财经大学	B+	020208 统计学	0202 应用经济学	02 经济学
11	暨南大学	B	020208 统计学	0202 应用经济学	02 经济学
12	中央财经大学	B	020208 统计学	0202 应用经济学	02 经济学
13	西南财经大学	B	020208 统计学	0202 应用经济学	02 经济学
14	辽宁大学	B	020208 统计学	0202 应用经济学	02 经济学

9.数量经济学(学科代码:020209)

排名	单位	等级	二级学科	一级学科	学科门
1	清华大学	A++	020209 数量经济学	0202 应用经济学	02 经济学
2	吉林大学	A+	020209 数量经济学	0202 应用经济学	02 经济学
3	华中科技大学	A+	020209 数量经济学	0202 应用经济学	02 经济学
4	中国人民大学	A	020209 数量经济学	0202 应用经济学	02 经济学
5	华侨大学	A	020209 数量经济学	0202 应用经济学	02 经济学
6	东北财经大学	A	020209 数量经济学	0202 应用经济学	02 经济学
7	首都经济贸易大学	A	020209 数量经济学	0202 应用经济学	02 经济学
8	上海财经大学	A	020209 数量经济学	0202 应用经济学	02 经济学
9	厦门大学	B+	020209 数量经济学	0202 应用经济学	02 经济学

排名	单位	等级	二级学科	一级学科	学科门
10	北京大学	B+	020209 数量经济学	0202 应用经济学	02 经济学
11	复旦大学	B+	020209 数量经济学	0202 应用经济学	02 经济学
12	南开大学	B+	020209 数量经济学	0202 应用经济学	02 经济学
13	暨南大学	B+	020209 数量经济学	0202 应用经济学	02 经济学
14	中南财经政法大学	B+	020209 数量经济学	0202 应用经济学	02 经济学
15	中央财经大学	B+	020209 数量经济学	0202 应用经济学	02 经济学
16	西南财经大学	B	020209 数量经济学	0202 应用经济学	02 经济学
17	辽宁大学	B	020209 数量经济学	0202 应用经济学	02 经济学

（信息来源：《科学时报》2004 年 8 月 7 日）

◎榜十一、2004 中国大学研究生院（部）8 个哲学二级学科排名◎

1.马克思主义哲学（学科代码：010101）

排名	单位	等级	二级学科	一级学科	学科门
1	中国人民大学	A++	010101 马克思主义哲学	0101 哲学	01 哲学
2	吉林大学	A++	010101 马克思主义哲学	0101 哲学	01 哲学
3	南京大学	A++	010101 马克思主义哲学	0101 哲学	01 哲学
4	北京大学	A+	010101 马克思主义哲学	0101 哲学	01 哲学
5	复旦大学	A+	010101 马克思主义哲学	0101 哲学	01 哲学
6	华中科技大学	A	010101 马克思主义哲学	0101 哲学	01 哲学
7	武汉大学	A	010101 马克思主义哲学	0101 哲学	01 哲学
8	南开大学	A	010101 马克思主义哲学	0101 哲学	01 哲学
9	中山大学	A	010101 马克思主义哲学	0101 哲学	01 哲学
10	黑龙江大学	B+	010101 马克思主义哲学	0101 哲学	01 哲学
11	北京师范大学	B+	010101 马克思主义哲学	0101 哲学	01 哲学
12	首都师范大学	B+	010101 马克思主义哲学	0101 哲学	01 哲学
13	苏州大学	B+	010101 马克思主义哲学	0101 哲学	01 哲学
14	华中师范大学	B+	010101 马克思主义哲学	0101 哲学	01 哲学
15	上海财经大学	B	010101 马克思主义哲学	0101 哲学	01 哲学
16	西安交通大学	B	010101 马克思主义哲学	0101 哲学	01 哲学

2.中国哲学（学科代码：010102）

排名	单位	等级	二级学科	一级学科	学科门
1	北京大学	A++	010102 中国哲学	0101 哲学	01 哲学
2	山东大学	A++	010102 中国哲学	0101 哲学	01 哲学
3	武汉大学	A++	010102 中国哲学	0101 哲学	01 哲学
4	华东师范大学	A+	010102 中国哲学	0101 哲学	01 哲学
5	南京大学	A	010102 中国哲学	0101 哲学	01 哲学
6	北京师范大学	A	010102 中国哲学	0101 哲学	01 哲学
7	复旦大学	A	010102 中国哲学	0101 哲学	01 哲学
8	中山大学	A	010102 中国哲学	0101 哲学	01 哲学
9	中国人民大学	B+	010102 中国哲学	0101 哲学	01 哲学
10	南开大学	B+	010102 中国哲学	0101 哲学	01 哲学
11	黑龙江大学	B+	010102 中国哲学	0101 哲学	01 哲学
12	上海师范大学	B	010102 中国哲学	0101 哲学	01 哲学
13	厦门大学	B	010102 中国哲学	0101 哲学	01 哲学
14	苏州大学	C+	010102 中国哲学	0101 哲学	01 哲学
15	陕西师范大学	C+	010102 中国哲学	0101 哲学	01 哲学
16	湘潭大学	C+	010102 中国哲学	0101 哲学	01 哲学

3.外国哲学（学科代码：010103）

排名	单位	等级	二级学科	一级学科	学科门
1	复旦大学	A++	010103 外国哲学	0101 哲学	01 哲学
2	浙江大学	A++	010103 外国哲学	0101 哲学	01 哲学
3	北京大学	A+	010103 外国哲学	0101 哲学	01 哲学
4	武汉大学	A	010103 外国哲学	0101 哲学	01 哲学
5	中国人民大学	A	010103 外国哲学	0101 哲学	01 哲学
6	南京大学	B+	010103 外国哲学	0101 哲学	01 哲学
7	厦门大学	B+	010103 外国哲学	0101 哲学	01 哲学
8	北京师范大学	B+	010103 外国哲学	0101 哲学	01 哲学
9	山东大学	B+	010103 外国哲学	0101 哲学	01 哲学
10	中山大学	B+	010103 外国哲学	0101 哲学	01 哲学
11	南开大学	B	010103 外国哲学	0101 哲学	01 哲学
12	湖南师范大学	B	010103 外国哲学	0101 哲学	01 哲学

4.逻辑学（学科代码：010104）

排名	单位	等级	二级学科	一级学科	学科门
1	中山大学	A++	010104 逻辑学	0101 哲学	01 哲学
2	北京大学	A++	010104 逻辑学	0101 哲学	01 哲学
3	武汉大学	A+	010104 逻辑学	0101 哲学	01 哲学
4	南京大学	A	010104 逻辑学	0101 哲学	01 哲学
5	中国人民大学	A	010104 逻辑学	0101 哲学	01 哲学
6	复旦大学	B+	010104 逻辑学	0101 哲学	01 哲学
7	南开大学	B+	010104 逻辑学	0101 哲学	01 哲学
8	北京师范大学	B	010104 逻辑学	0101 哲学	01 哲学
9	西南师范大学	B	010104 逻辑学	0101 哲学	01 哲学

5.伦理学（学科代码：010105）

排名	单位	等级	二级学科	一级学科	学科门
1	湖南师范大学	A++	010105 伦理学	0101 哲学	01 哲学
2	中国人民大学	A++	010105 伦理学	0101 哲学	01 哲学
3	清华大学	A+	010105 伦理学	0101 哲学	01 哲学
4	东南大学	A+	010105 伦理学	0101 哲学	01 哲学
5	中南大学	A	010105 伦理学	0101 哲学	01 哲学
6	武汉大学	A	010105 伦理学	0101 哲学	01 哲学
7	北京大学	A	010105 伦理学	0101 哲学	01 哲学
8	南京大学	A	010105 伦理学	0101 哲学	01 哲学
9	复旦大学	B+	010105 伦理学	0101 哲学	01 哲学
10	北京师范大学	B+	010105 伦理学	0101 哲学	01 哲学
11	中山大学	B+	010105 伦理学	0101 哲学	01 哲学
12	南开大学	B+	010105 伦理学	0101 哲学	01 哲学

6.美学（学科代码：010106）

排名	单位	等级	二级学科	一级学科	学科门
1	武汉大学	A++	010106 美学	0101 哲学	01 哲学
2	中国人民大学	A+	010106 美学	0101 哲学	01 哲学
3	北京大学	A	010106 美学	0101 哲学	01 哲学
4	南京大学	A	010106 美学	0101 哲学	01 哲学
5	复旦大学	A	010106 美学	0101 哲学	01 哲学

排名	单位	等级	二级学科	一级学科	学科门
6	北京师范大学	B+	010106 美学	0101 哲学	01 哲学
7	中山大学	B+	010106 美学	0101 哲学	01 哲学
8	南开大学	B+	010106 美学	0101 哲学	01 哲学

7.宗教学（学科代码:010107）

排名	单位	等级	二级学科	一级学科	学科门
1	四川大学	A++	010107 宗教学	0101 哲学	01 哲学
2	武汉大学	A+	010107 宗教学	0101 哲学	01 哲学
3	北京大学	A+	010107 宗教学	0101 哲学	01 哲学
4	中国人民大学	A	010107 宗教学	0101 哲学	01 哲学
5	中央民族大学	A	010107 宗教学	0101 哲学	01 哲学
6	复旦大学	B+	010107 宗教学	0101 哲学	01 哲学
7	南京大学	B+	010107 宗教学	0101 哲学	01 哲学
8	北京师范大学	B	010107 宗教学	0101 哲学	01 哲学
9	中山大学	B	010107 宗教学	0101 哲学	01 哲学
10	南开大学	C+	010107 宗教学	0101 哲学	01 哲学

8.科学技术哲学（学科代码:010108）

排名	单位	等级	二级学科	一级学科	学科门
1	山西大学	A++	010108 科学技术哲学	0101 哲学	01 哲学
2	清华大学	A++	010108 科学技术哲学	0101 哲学	01 哲学
3	南京大学	A+	010108 科学技术哲学	0101 哲学	01 哲学
4	北京大学	A+	010108 科学技术哲学	0101 哲学	01 哲学
5	复旦大学	A	010108 科学技术哲学	0101 哲学	01 哲学
6	吉林大学	A	010108 科学技术哲学	0101 哲学	01 哲学
7	武汉大学	A	010108 科学技术哲学	0101 哲学	01 哲学
8	厦门大学	A	010108 科学技术哲学	0101 哲学	01 哲学
9	华南师范大学	A	010108 科学技术哲学	0101 哲学	01 哲学
10	东北大学	B+	010108 科学技术哲学	0101 哲学	01 哲学
11	中国人民大学	B+	010108 科学技术哲学	0101 哲学	01 哲学
12	中国科学技术大学	B+	010108 科学技术哲学	0101 哲学	01 哲学
13	北京师范大学	B+	010108 科学技术哲学	0101 哲学	01 哲学
14	浙江大学	B+	010108 科学技术哲学	0101 哲学	01 哲学
15	中山大学	B+	010108 科学技术哲学	0101 哲学	01 哲学
16	南开大学	B+	010108 科学技术哲学	0101 哲学	01 哲学

（信息来源:《科学时报》2004 年 8 月 7 日）

◎榜十二、2004 中国大学研究生院（部）4 个航空宇航科学与技术二级学科排名◎

1.飞行器设计（学科代码:082501）

排名	校名	二级学科	一级学科	学科门
1	北京航空航天大学	082501 飞行器设计	082500 航空宇航科学与技术	08 工学
2	西北工业大学	082501 飞行器设计	082500 航空宇航科学与技术	08 工学
3	南京航空航天大学	082501 飞行器设计	082500 航空宇航科学与技术	08 工学
4	哈尔滨工业大学	082501 飞行器设计	082500 航空宇航科学与技术	08 工学
5	北京理工大学	082501 飞行器设计	082500 航空宇航科学与技术	08 工学

2.航空宇航推进理论与工程（学科代码:082502）

排名	校名	二级学科	一级学科	学科门
1	西北工业大学	082502 航空宇航推进理论与工程	082500 航空宇航科学与技术	08 工学
2	北京航空航天大学	082502 航空宇航推进理论与工程	082500 航空宇航科学与技术	08 工学
3	南京航空航天大学	082502 航空宇航推进理论与工程	082500 航空宇航科学与技术	08 工学
4	北京理工大学	082502 航空宇航推进理论与工程	082500 航空宇航科学与技术	08 工学
5	哈尔滨工业大学	082502 航空宇航推进理论与工程	082500 航空宇航科学与技术	08 工学

3.航空宇航器制造工程（学科代码:082503）

排名	校名	二级学科	一级学科	学科门
1	西北工业大学	082503 航空宇航器制造工程	082500 航空宇航科学与技术	08 工学
2	北京航空航天大学	082503 航空宇航器制造工程	082500 航空宇航科学与技术	08 工学
3	南京航空航天大学	082503 航空宇航器制造工程	082500 航空宇航科学与技术	08 工学
4	哈尔滨工业大学	082503 航空宇航器制造工程	082500 航空宇航科学与技术	08 工学
5	北京理工大学	082503 航空宇航器制造工程	082500 航空宇航科学与技术	08 工学

4.人机与环境工程（学科代码:082504）

排名	校名	二级学科	一级学科	学科门
1	北京航空航天大学	082504 人机与环境工程	082500 航空宇航科学与技术	08 工学
2	西北工业大学	082504 人机与环境工程	082500 航空宇航科学与技术	08 工学
3	南京航空航天大学	082504 人机与环境工程	082500 航空宇航科学与技术	08 工学
4	北京理工大学	082504 人机与环境工程	082500 航空宇航科学与技术	08 工学
5	哈尔滨工业大学	082504 人机与环境工程	082500 航空宇航科学与技术	08 工学

（信息来源:《科学时报》2004 年 8 月 7 日）

备注:自 2000 年开始,以武书连为组长的《中国大学评价》课题组每年发表大学研究生院年度评价。《2004 中国大学研究生院评价》是该课题的第 5 份研究生院年度评价报告。

五、MBA 篇

◎榜一、2004 最具影响力中外合作 MBA 排名◎

1.复旦大学－华盛顿大学 EMBA

复旦大学－华盛顿大学 EMBA（Executive Maseer of Business Administration,高级经理工商管理硕士）项目是为中国企业内受过良好高等教育、处于较高管理职位并具有发展潜力的高级管理人员提供的具备国际水准的工商管理硕士课程教育。该项目旨在使学生掌握管理学的基础理论和方法,培养学生具备战略分析及创造性地解决实际问题的能力,从而能从全球经济和当地经济的角度出发,分析企业各方面相关复杂的管理问题,成为中国经济发展所需要的高素质管理人才。本项目在获得了中国教育部和国务院学位办公室的审批后，于2002年4月开始授课。

2. 同济大学/法国国立桥路大学 SIMBA

上海国际MBA（SIMBA）是由同济大学经济与管理学院与法国巴黎高科旗下久负盛名的法国国立桥路大学（ENPC）共同创立的中外合作MBA项目。上海国际MBA（SIMBA）学员完成学业后将获得法国国立桥路大学ENPC颁发的ENPC MBA学位证书。2004年2月，在由英国权威的《金融时报》公布的世界MBA排名中，ENPC MBA蝉联世界MBA百强。SIMBA（International MBA，即特设国际Spcial工商管理硕士）的建立获得国务院学位办公室和国家教育部的正式批准。

3.中山大学岭南学院/美国明尼苏达大学卡尔森管理学院

学院成立以来，立志成为国内一流、国际知名的商学院，致力于理论经济学，应用经济学和工商管理等学科的建设和发展。在工商管理学科发展方面，岭南学院开展了与国际知名商学院的广泛合作——2001年起与美国明尼苏达大学卡尔森管理学院合办EMBA项目（即CHEMBA）。

4. 北京大学/美国福坦莫大学 BiMBA

北大国际MBA（BiMBA）是北京首家经国务院学位办批准的中外合作办学项目和北京大学跨世纪对外合作项目，由北京大学中国经济研究中心主办。美方为20余所商学院组成的教育联盟。其锐意制度创新，注重教学质量，培养既了解中国改革开放进程，又熟悉跨国经营操作规范的高级经理人，并帮助他们成长为有思想深度、有文化品味、负社会责任的企业家。北大国际MBA的毕业学员将获得由国际管理学院协会（AACSB）认可的美国福坦莫大学MBA学位。福坦莫大学商学院位于美国纽约市，是美国《新闻周刊》推荐的举办全球MBA项目卓有成效的7所商学院之一。其在职MBA教育被《美国新闻与世界报道》评为前12名。

5.南京大学中荷国际工商管理教育中心

南京大学中荷国际工商管理教育中心（简称“中荷中心”）是由我国教育部和国务院学位办正式批准，荷兰政府资助，南京大学商学院和荷兰马斯特里赫特管理学院、荷兰社会研究院、荷兰城市与住房发展研究院等院校合作建立的学历教育机构。南京大学是我国著名的重点综合性大学，具有雄厚的师资力量和先进的教学科研条件。其合作方荷兰马斯特里赫特管理学院是荷兰知名的国际商学院和荷兰马斯特里赫特大学的联盟成员。该学院致力于国际工商管理硕士培养，授予的学位不仅在欧洲有效，而且由于得到美国工商管理教育国际协会、商学院和工商管理项目协会的认可，在北美地区同样有效。

6.对外经济贸易大学中美－中法国际管理学院

中美－中法国际管理学院成立于1991年，合作方分别是对外经济贸易大学、美国马里兰大学史密斯商学院和法国巴黎第一大学（索邦大学）企业管理学院，是一所国际型的高级工商管理教育机构。学院的成立分别得到了国家教育部和国务院学位委员会的正式批准，并顺利通过了2003年国家主管部门的教学评估。中美－中法国际管理学院学员毕业后，中美学员获得美国马里兰大学颁发的工商管理硕士学位（MBA），成绩单上标注高级工商管理人员方向；中法学员获得法国巴黎第一大学企业管理学院颁发的工商管理硕士学位（MBA）；对外经济贸易大学将颁发中外合作高等学历企业管理专业结业证书。该学位获国务院学位委员会认可。

7.上海交通大学/加拿大不列颠哥伦比亚大学 “国际工商管理硕IMBA班”

上海交通大学与加拿大不列颠哥伦比亚大学（UBC）合作创办了“国际工商管理硕士IMBA班”。上海交大与UBC在过去20多年的教学、科研、学术交流等方面密切合作的基础上，再度强强联合、中外互补，在联合培养高层次（International MBA，即国际工商管理硕士）人才方面进行深度、全面的合作。学生有机会赴加拿大温哥华UBC学习，通过课堂学习与外出访问的形式，亲身感受和熟悉北美的文化和商务环境；教师们将利用讲课、案例分析、解决问题、小组项目等形式，培养学生的管理、激励、创新和领导能力，所有学生在经过两年严格的综合商务教育的学业后，将获得加拿大不列颠哥伦比亚大学UBC IMBA学位证书。

8.中国人民大学/美国布法罗纽约州立大学工商管理硕士E-MBA项目

中国人民大学商学院是国内最早开办MBA专业教育的工商管理教育基地。经多年探索和积累，参照美、欧发达国家商学院MBA课程，形成一套既能反映当代MBA教育特点，又与中国企业改革和发展实际密切结合，以“新、宽、实”为特点的课程体系。专业方向选择范围宽、深，理论基础雄厚是本院MBA一大特色。近年来与美国布法罗纽约州立大学联合培养高级经理人员、工商管理硕士（E-MBA）项目已成为国内优秀EMBA项目。

9.清华大学/香港中文大学金融与财务MBA

清华大学－香港中文大学金融与财务MBA是清华大学经济管理学院与香港中文大学工商管理学院的精品合作项目，是经国家学位办批准的合作办学项目之一。香港中文大学负责本项目三分之二的课程，清华大学负责三分之一的课程。这种结合充分结合两校的优势，培养出即熟悉中国国情，又能与国际接轨的金融与财务经营管理人才。修毕本课程，成绩合格者，可获得国务院学位办公室批准（学位办【2003】67号）的香港中文大学工商管理硕士学位证书及清华大学研究生课程进修班证书，符合条件者，可以同等学力申请清华大学硕士学位。

10.北京工业大学/美国城市大学MBA

北京中加工商学院是根据教育部中外合作办学暂行规定，由北京工业大学和加拿大商业科技学院于1995年共同创办的中外合作学院。中加学院秉承中加双方优势，专门为国外驻华商务机构、外资企业以及国内外大型企事业机构培养精通国际商务运作和惯例的现代管理和技术人才。经北京市教委批准，美国城市大学与北京工业大学自1996年起合作开设MBA课程，由中加学院全面负责管理和教学，使学生能在北京研习国际标准的MBA课程。本项目1998年获得国务院学位委员会办公室的正式批准，允许颁发并承认美国MBA学位。

（信息来源：《世界经理人》杂志2004年12月13日）

备注：由世界经理人周刊/网站主办，财经时报社、人民网承办的2004"最具影响力中外合作MBA"在北京揭晓（下同）。

◎榜二、2004中国最具影响力的MBA排名◎

1.中欧国际工商学院

师资力量	9.08
教学体系	9.1
生源情况	8.92
社会声望	9.55
学院情况	9.12
学生满意度	8.96
学生就业	9.01
企业认可度	8.52
CEO推荐	8.44
总体得分	2278

2.清华大学经济管理学院

师资力量	9.21
教学体系	9.05
生源情况	9.16
社会声望	9.48
学院情况	8.95
学生满意度	9.03
学生就业	8.89
企业认可度	9.06
CEO推荐	8.95
总体得分	2206

3.北京大学光华管理学院

师资力量	9.15
教学体系	9.23
生源情况	9.04
社会声望	9.52
学院情况	8.67
学生满意度	8.87
学生就业	9.07
企业认可度	9.11
CEO推荐	8.35
总体得分	2181

4.南京大学商学院

师资力量	8.45
教学体系	8.98
生源情况	8.12
社会声望	9.46
学院情况	9.02
学生满意度	9.22
学生就业	8.73
企业认可度	9.08
CEO推荐	9.09
总体得分	1985

5.上海交通大学安泰管理学院

师资力量	9.03
教学体系	8.69
生源情况	8.88
社会声望	8.97
学院情况	8.11
学生满意度	9.04
学生就业	8.94
企业认可度	9.12
CEO推荐	9.08
总体得分	1979

6.对外经济贸易大学国际工商管理学院

师资力量	8.63
教学体系	8.46
生源情况	8.82
社会声望	9.16
学院情况	8.61
学生满意度	9.13
学生就业	8.84
企业认可度	9.03
CEO推荐	8.67
总体得分	1752

7.复旦大学管理学院

师资力量	8.91
教学体系	9.13
生源情况	8.69
社会声望	9.06
学院情况	8.84
学生满意度	7.96
学生就业	8.77
企业认可度	9.06
CEO推荐	8.95
总体得分	1744

8.中山大学岭南学院

师资力量	8.79
教学体系	8.06
生源情况	8.21
社会声望	8.92
学院情况	7.92
学生满意度	8.53

学生就业	8.08
企业认可度	8.59
CEO 推荐	7.91
总体得分	1685

9.南开大学国际商学院

师资力量	8.56
教学体系	7.93
生源情况	8.34
社会声望	8.96
学院情况	8.33
学生满意度	9.02
学生就业	8.16
企业认可度	8.36
CEO 推荐	7.61
总体得分	1608

10.中国人民大学商学院

师资力量	8.63
教学体系	8.51
生源情况	7.95
社会声望	8.04
学院情况	7.61
学生满意度	7.89
学生就业	8.73
企业认可度	8.48
CEO 推荐	8.02
总体得分	1590

(信息来源:《世界经理人》杂志 2004 年 12 月 21 日)

◎榜三、2004 中国最具发展潜力的 MBA 排名◎

1.中国科学院研究生院管理学院

评委点评:“院(管理学院)所(研究所)结合”的运行体制,使得中国科学院研究生院管理学院的师资力量拥有得天独厚的优势,在管理学科特别是优势管理学科前沿领域的学术水平领先,成长潜力很大。

成立日期:2001 年 5 月

学院院长:成思危

学院简介:中国科学院研究生院管理学院前身是中国科学技术大学研究生院(北京)管理学部。管理学院实行“院所结合”的办学模式。管理学院有一支高水平的教师队伍,包括中国科学院院士 3 人、中国工程院院士 2 人、国际质量科学院院士 1 人、第三世界科学院院士 1 人,全国一级学会理事长 6 人,教授 50 人和副教授 28 人,其中博士生导师 43 人,国际重要学术期刊副主编和编委 16 人。学院每年开设的学科基础课、专业基础课、专业课近 70 门。管理学院的教师在管理科学与工程、运筹学与控制论、文献情报管理、工业心理学、管理心理学、系统理论、概率与统计、城市地理等专业招收博士和硕士研究生;在人口与资源环境管理、信息管理、农业经济等专业招收硕士研究生。现有博士研究生和硕士研究生 200 余人,自 1998 年起招收 MBA 研究生。

2.长江商学院

评委点评:独特的教授治校体制,使得长江商学院具有明确优越的战略及学术方向,长江商学院是第一所也是惟一一所实行教授治校体制的商学院,学院的战略方向和学术方针政策由教授确定,确保教授的全面参与和灵活施展其学识才华,采用以客户为本的管理模式。这些优点大大地强化了学院响应客户需要的责任心和主动性。

成立日期:2002 年 1 月

学院院长:项兵

学院简介:长江商学院是由财力雄厚的国际投资商和慈善家李嘉诚捐资创办的非盈利性高等教育机构,具有独立的法人资格,专门提供研究生及更高等级的学历和非学历管理教育课程。本创举的远见卓识在于抓住中国经济持续快速增长的大好机遇,为中国打造一个享誉全球的世界级商学院。其使命是为大中华地区造就一大批世界级商界领袖,开创新的知识领域,促进管理理论与实践的发展。长江商学院第一个校园于 2002 年在北京落成,并逐渐向上海实行战略性发展。自 2002 年 11 月份的首届高层管理人员工商管理硕士课程开班以来,现已招收 4 批学员,总数 403 名。高层管理短期课程的公开课及公司内训课程也已于 2003 年 1 月开课,其授课对象是企业高层管理者。经过数月的精心筹备,长江商学院的全日制博士项目和全日制英文工商管理硕士项目分别于 2003 年 7 月和 11 月在上海校园开学。长江工商管理硕士首期班的学员 GMAT(Graduate Management Admission Test,即美国研究生商学院入学考试)成绩平均 680 分,傲居全亚洲第一。

3.中央财经大学商学院

评委点评:实行有特色的“专兼职相结合”教师聘任体制,在重视经济与管理的基础理论教学的同时,注重理论与实践相结合,使学生不仅具有较深厚的理论基础,也具有较强的实际工作能力。

成立日期:2003 年

学院院长:孙国辉

学院简介:目前拥有专兼职教职员工 42 名,其中博士生导师 3 名,教授所占比例 20%,副教授所占比例 20%。在专职教师中,拥有博士学位者 60%,有海外留学经历者 35%。这支教职员工团队的特点是年轻热情、充满干劲,有深厚而广博的教育背景、精深的学术造诣和丰富的实际工作经验。商学院下设工商管理系、营销管理系、人力资源管理系,以及管理咨询中心等教学、研究单位,招收工商管理专业、市场营销专业、人力资源管理专业本科生和企业管理专业硕士生,以及跨国公司管理专业博士生。除学历教育外,商学院还主动开展管理领域的社会培训活动,服务于社会。商学院积极开展对外交流与合作,先后与法国、德国、日本等国家的高等学校或研究机构建立了人才培养、师资交流、合作研究等友好合作关系,并和其他学校及工商界有广泛的联系。

4.吉林大学管理学院

评委点评:重视管理人才实践能力的训练,与一汽等多家大型企业共建管理实践基地,培养的人才在东北地区企业很受欢迎。

成立日期:1985 年

学院院长:蔡莉

学院简介:吉林大学管理学院是当时教育部较早批准成立的管理学院之一。学院现有技术经济及管理、情报学、管理科学与工程 3 个博士学位授权点,其中管理科学与工程博士点是一级学科授权点,技术经济及管理博士点是当时国家在高校中首批批准的两家技术经济博士学位授权单位之一。学院现有国际贸易学、管理科学与工程、会计学、企业管理、技术经济及管理、图书馆学、情报学和档案学 8 个硕士学位授权点;有工商管理硕士(MBA)和工程硕士(工业工程领域)两个专业学位硕士授权点。管理学院现覆盖管理学门类的管理科学与工程、工商管理和图书馆、情报与档案管理 3 个一级学科,覆盖信息管理与信息系统、电子商务、工程管理、工商管理、市场营销、人力资源管理、财务管理、会计学、档案学等 9 个本科专业。管理学院现设有 7 个系:国际商务系、管理科学与工程系、工程管理系、财务会计系、企业管理系、技术经济及管理系、信息管理系。

5.内蒙古大学经济管理学院

评委点评:为内蒙古自治区专门培养自己的高级职业经理人和企业家的基地。伴随着中国加入世界贸易组织和实施西部大开发战略,内蒙古急需大量适应全球化竞争的高层次、复合型、应用型的管理人才,该校面临重大的机遇。

成立日期:1995 年 11 月

学院院长:郭晓川

学院简介:设有经济系、工商管理系、会计系、金融系 4 个系,有经济学、国际经济与贸易、金融学、工商管理、人力资源管理、会计学 6 个专业,具有硕士研究生、本科生、专科生及成人教育等教育层次,招收政治经济学专业硕士研究生,各类专业本科生、专科生、夜大生、函授生、后期本科生,文理兼容。经济管理学院师资力量雄厚,拥有一支师德高尚、学风严谨,业务素质高,老中青相结合的师资队伍。有教授 6 人,副教授 17 人,硕士研究生导师 5 人。学院拥有一批在区内外有一定影响的学术带头人,享有较高声誉。内蒙古大学 MBA 的培养方向,紧紧适应中国经济发展和市场需要,并根据学员的构成和要求,开辟新的研究方向,紧扣时代脉搏。具体包括公司理财、战略与市场营销、信息管理、运营管理、人力资源和金融投资等 6 个方向。内蒙古大学 MBA 教育的主干课程体系,是根据国务院学位办和全国 MBA 教育指导委员会的统一规定,结合内蒙古大学多年来在工商管理教育中形成的特色而制定的,它由必修课、专业课和选修课 3 个层面的课程组成,课程体系和研究方向充分体现了资源型企业发展战略和绿色营销的特色。内蒙古大学 MBA 教育,将更好地整合、利用内大的教育资源,发挥经济管理学院的优势和特色。

6.厦门大学管理学院

评委点评:发展速度快,国际合作成绩斐然。作为国家重点学科和高校人文社科重点研究基地,会计学方向是该校的特长。

成立日期:1986 年

学院院长:翁君奕

学院简介:厦门大学开展管理教育和研究的历史悠久。早在 1921 年厦门大学创建之时就成立了商学部,并设立工商企业管理科系。自此之后,虽历经 1953 年全国院系大调整但仍有会计学等重要学科一直保留下来并在改革开放后得到迅速发展。现设有工商管理一级学科博士学位授权点,工商管理博士后流动站,6 个教科类硕士学位授权点,2 个专业硕士学位授权点(MBA、EMBA),企业管理是福建省重点学科。在 2003 年度教育部学位与研究生教育发展中心举办的全国高校和科研机构"工商管理一级学科评估"中,厦门大学管理学院排名第三。

学院现有教师 120 名,其中教授 37 名,副教授 42 名,博士生导师 20 名。现有在校博士生 150 多名,在校硕士生 1500 多名,在校本科生 1800 多名。厦门大学也是我国 MBA 教育的先行者之一。自 1983 年起,厦门大学通过中 – 加管理教育交流项目(CCMEP)先后派出 70 多位中青年教师赴加拿大各大学商学院留学、进修和研究。1986 年,成立了工商管理教育中心,开始与加拿大达尔豪西大学和圣玛丽大学联合招收培养 MBA 研究生,5 年期间共培养了近百名 MBA。1991 年经国家教委批准,厦门大学成为我国首批招收和培养 MBA 研究生的院校之一。2002 年,又成为首批可以招收培养 EMBA 的重点院校之一。

7.南京大学商学院

评委点评:基础雄厚,国际交往与合作使其知名度提高较快。在新加坡开办的 MBA 班为中国高等教育在海外赢得了良好的声誉。

成立日期:1988 年 5 月

学院院长:赵曙名

学院简介:商学院是南京大学实体院,其前身可追溯到中央大学和金陵大学的商科,历史久远。建于 1988 年 5 月的商学院是在 1978 年恢复的经济学系和 1986 年成立的企业管理系基础上组建的。商学院现在设有经济学系、工商管理系、国际经济贸易系、会计学系、金融学系、电子商务系、人口研究所,企业管理是江苏省重点学科,拥有现代工商管理实验室。全院现有专科专业3个,本科专业7个,硕士专业12个,博士专业2个、博士后流动站1个,经济学本科专业1998年首批入选国家经济学基础人才培养基地。商学院于1993年经国家教委批准赴新加坡开办工商管理硕士(MBA)班,这是我国高校首次赴海外开办高层次的学位班。该班的教学质量、教学水平、教学效果不仅得到了新加坡学员和新加坡社会各界的普遍好评,而且得到了国家教育部赴新考察办学情况检查小组的好评,现已举办了7期。2000年4月经教育部批准,商学院与荷兰马斯特里赫特管理学院合作建立"中荷国际工商管理教育中心"。另外,商学院与美国、英国、荷兰、澳大利亚、新加坡、日本等大学都建立了稳定的校际交流与合作关系。与美国的大学合作,成功举办了3届企业跨国经营国际学术研讨会。

8.西安交通大学管理学院

评委点评:多数毕业生担任企事业单位的重要领导职务,在经济管理工作中取得突出成绩,依托名校能进一步发挥出潜力。

成立日期:建于1928年、1984年恢复建制

学院院长:李垣

学院简介:西安交通大学是全国首批试办MBA学位的院校之一。陕西工商管理硕士学院总部也设在这里。该校自1990年以来已招收全国MBA联考生8000余人,自1997年起招收在职人员攻读MBA学位400余人。至今已有300余人毕业并获得MBA学位绩。2000年11月,西安交通大学管理学院顺利通过了国务院学位委员会组织的中国高校工商管理硕士(MBA)学位教学合格评估。本着服务社会、保证质量、积极探索的精神,除西安交通大学本部外,还先后的郑州、成都、深圳、太原等地与有关单位合作,设立教学点,在当地招收和培养了一大批MBA研究生。西安交通大学管理学院现有8个系,6个研究所,2个研究中心,2个博士点,7个本科专业,管理学院各类教学设施齐全,图书资料丰富,并配有光盘检索与缩微系统。管理学院与10多个国家和地区的一些大学建立了广泛的学术交流和协作关系,有力地促进教学和科研水平的提高。

9.东北财经大学MBA学院

评委点评:东北财经大学MBA教育事业从无到有、由小到大地发展起来,逐渐形成了独具特色的MBA办学体制和风格。

成立日期:1985年

学院院长:于立

学院简介:东北财经大学MBA学院是在原MBA教育中心基础上改建成立的。它针对财经类院校的特点,发挥学校的整体优势,教师队伍专职与兼职相结合,集招生与录取、课程设置与培养、授课与指导、学籍管理与课程考试、论文答辩与学位授予等职能于一体,是符合国际惯例专门从事MBA和EMBA教育的"研究生院"。东北财经大学MBA学院与产业组织与企业组织研究中心优势互补,该研究中心是东北财经大学为创办教育部人文社科重点研究基地而组建的。它以国家级重点学科——产业经济学及其博士点和博士后流动站为依托,实行专职和兼职科研人员相结合的体制,致力于创立一流的产业组织与企业组织科学研究、人才培养、学术交流、信息文献及咨询服务的重点研究基地。

10.哈尔滨工业大学管理学院

评委点评:哈尔滨工业大学是我国较早建立经济管理类专业的院校,早在40年代就建立了铁路管理、工程经济、东方经济等专业。其教学质量近年稳步提高,在东北地区享有盛誉,毕业生广受好评。

成立日期:1984年8月

学院院长:李一军

学院简介:哈尔滨工业大学管理学院是由原哈尔滨工业大学管理学院、原哈尔滨建筑大学管理学院和原哈尔滨建筑大学社科系旅游管理专业组建而成的。学院现下设管理科学与工程、工商管理等9个本科专业。设有管理科学与工程、技术经济及管理2个博士学位授予点和管理科学与工程博士后流动站,8个硕士学位授予点,并是培养工商管理硕士(MBA)、公共管理硕士(MPA)的第一批试点院校之一。设有管理科学、信息管理与信息系统、系统工程、建设经济与管理等研究所和技术经济研究中心、交通工程研究中心,设有中心实验室、金融与贸易实验室、会计实验室、企业管理实验室和一个大型资料室;设有为教学服务的国家一级建设监理公司;设有《管理科学》和《建筑管理现代化》编辑部,正式出版全国发行的综合性学术刊物《管理科学》和《建筑管理现代化》。

(信息来源:《世界经理人》杂志2004年12月21日)

◎榜四、2004中国500强企业CEO最赞赏的MBA排名◎

1.清华大学经济管理学院

清华经管学院是中国最早成立的经济管理学院之一,经过20年的发展,现已成为中国乃至亚洲地区最优秀的经济管理学院之一。1984年,经济管理工程系扩建为清华大学经济管理学院,朱镕基教授担任首任院长;1985年,建立管理科学与

工程博士后流动站；1986年，获得“系统工程”和“技术经济”博士授予权；1991年，全国首批试办MBA学位教育，招收首届MBA学生；1994年，学院成立十周年，朱镕基教授发表重要讲话，提出要将学院建成世界一流经管学院；1997年，学院迁往由利国伟夫妇捐资建成的伟伦楼、与美国麻省理工学院合作的“国际MBA”招收首届学生；1998年，获得“数量经济学”博士授予权；1999年，建立工商管理博士后流动站；1999年，建立工商管理博士后流动站；2000年，学院顾问委员会成立，朱镕基教授担任名誉主席；学院获得工商管理博士授予权；2001年，朱镕基教授辞去院长职务，由赵纯均教授接任院长；2002年，成为国家首批正式开展高级管理人员工商管理硕士（EMBA）学位教育的学校之一。全国重点学科评选中，学院的管理科学与工程、技术经济及管理、数量经济学等3个学科再度被评为重点学科。现代管理研究中心被批准为国家普通高等院校人文社科重点研究基地；2003年，由伍舜德先生捐资的清华大学高级企业管理人员培训中心教学大楼——舜德楼落成，并投入使用、建立应用经济学博士后流动站。

2.北京大学光华管理学院

北京大学光华管理学院的前身是北京大学工商管理学院，它是由1985年建立的北京大学经济管理系和北京大学管理科学中心于1993年12月合并成立的，自成立以来，由厉以宁教授担任学院院长。1994年9月18日，北京大学与光华教育基金会签订合作办学协议书，工商管理学院改名为光华管理学院。作为专门从事管理研究和教育的机构，光华秉承了北大深邃的学术思想和深厚的文化底蕴，在18年间（1985–2003）已经发展成为国内顶尖的商学院。在今后5年内，光华管理学院将本着“控制规模、提高质量、塑造品牌、信誉第一”的办学方针，博采众长，力争跻身世界一流商学院之列，不断为中国培养最优秀的管理人才。

3.中欧国际工商学院

中欧国际工商学院（CEIBS，China Europe International Business School）是由中国政府与欧洲联盟（EU）于1994年11月共同创办的一所非赢利性中外合作研究生院，前身是1984年成立的中欧管理中心（CEMI）。作为中国与欧盟的政府间历史性合作项目，中欧国际工商学院是中国惟一一所由政府开办的独立商学院，并享有完全独立的办学自主权。学院的校本部位于上海浦东新区，为了服务全国，在北京设有代表处与教学点，并将在北京建立独立的校园，在深圳设有联络处。作为中国工商管理教育的先驱，中欧国际工商学院是中国大陆第一家开设全日制工商管理硕士课程（MBA）、高层管理人员工商管理硕士课程（EMBA）和高层经理培训项目（Executive Education）的商学院，并已成为中国惟一一所被世界认可的世界级商学院。

4.南开大学国际商学院

南开在创建初期就设有文、理、商、矿4个学科，1929年商科改设商学院。在此后近70年的时间里，商学院经历了多次调整。1994年12月，经国家教委和对外贸易部批准，原天津对外贸易学院整体并入南开大学，与南开的国际经济学科和工商管理学科有关系、所一起组建成国际商学院。1997年10月，南开大学遵循国务院学位办新颁布的学科目录和教育部颁布的本科生专业目录，对设在不同学院的经济、管理学科开始进行调整，截止到1999年1月国际商学院成为包括国际企业管理系、会计学系、旅游学系、市场营销系、财务管理系、信息管理与信息系统系、人力资源管理系、图书馆学系和现代管理研究所等在内的覆盖管理学门类中3个二级类共8系1所的实体专业学院，管理学门类的增设为国际商学院的发展开辟了广阔的天地。

5.南京大学商学院

南京大学商学院是一个年轻而又有着悠久历史的学院。说它年轻，是因为从正式取名“商学院”至今，不过15年的时间；说它历史悠久，是因为早在成立于1902年的三江高等师范时期，就已经开设了商科，为该院今天的发展奠定了最初的基础。1917年南京高等师范（1915–1923）设商业专修科。南京大学的前身中央大学和金陵大学均设有经济系。1952年7月南京大学与金陵大学合并，进行院系调整，经济系科调至复旦大学。1978年南京大学恢复经济系，1986年成立企业管理系。1988年5月，成立国际商学院，下设经济学、企业管理、国际贸易、经济决策4个系和高校财务专科、人口研究所、经济技术实验室。2000年1月，更名为南京大学商学院，下设经济学、工商管理、国际经济与贸易、金融学、会计学5个系和人口研究所、计算机实验室等。2001年7月，增设电子商务系。2003年3月，增设市场营销系。

6.中山大学岭南（大学）学院

中山大学岭南（大学）学院源于岭南大学，原岭南大学是1888年由美国友好人士在广州创办的一所私立大学，20世纪30年代在海内外具有广泛的影响。在1952年的全国院系调整中，岭南大学有关科系分别并入中山大学和其他高等院校。1987年12月，中山大学岭南（大学）学院经国家教委批准成立。学院成立以来，致力于理论经济学，应用经济学和工商管理等学科的建设和发展。目前拥有5个学系，7个教育或研究中心，下设7个本科专业，9个硕士专业和3个博士专业，为社会输送了近20000余名毕业生。

7.对外经济贸易大学国际工商管理学院

◆最早引进西方工商管理教育体系

◆国内首家得到美国同类大学

MBA资格认证

◆连续两年代表中国夺得“国际企业管理挑战赛”世界冠军

国际工商管理学院（前身是国际企业管理系）在1982年成立伊始，就全面引进美国工商管理教育方式和西方企业管理、市场营销、财务管理、会计学等学科的教材体系，并在此基础上结合中国企业管理实践，创建了颇具特色的贯通中外的管理理论与实践的教育体系，取得了优异的教育效果。截至2001年，对外经济贸易大学管理学科已有20年的历史。

8.上海交通大学安泰管理学院

上海交通大学安泰管理学院始建于1918年，是国内最早开办管理学科的学院之一。1984年经教育部批准重建管理学院；1996年，美国安泰国际集团出资与上海交通大学共建管理学院，2000年正式更名为上海交通大学安泰管理学院。学院设工商管理系、经济与金融系、管理科学与工程系和会计与财务系，以及系统工程研究所、人力资源研究所、交通运输研究所、市场营销研究中心和现代金融研究中心等30个研究机构，建有管理科学与工程、工商管理2个博士后流动站。

9.复旦大学管理学院

复旦大学是我国大学中最早设立工商管理教育体系的学校，早在1920年就成立了工商管理系，并在1929年成立了商学院。国务院副总理李岚清就是商学院1952年的毕业生。复旦大学又是在改革开放之后，最早恢复管理教育的学校，1979年成立了管理科学系，1985年组建了管理学院。目前学院设有14个跨学科研究中心或研究所，6个博士学位授予点和11个硕士学位授予点，并设立了管理科学、工商管理和应用经济学等3个博士后流动站。1991年3月被国务院学位委员会和国家教育委员会确定为首批授予工商管理硕士（MBA）学位的试点单位。学院积极拓展国际交流，迄今为止，已与美，日，德，法，新加坡等国和地区的十几所著名的大学建立了校际交流关系。学院还与国外合作建立了复旦正大管理发展中心、中澳合作马锦明国际管理研究中心。

10.西北大学经济管理学院

西北大学经济学与管理学学科具有悠久的历史，早在1902年西北大学创办时就设立商科，1937年成立了经济系，王亚南、沈志远、罗章龙、季陶达等著名学者曾先后在此执教。1977年西北大学恢复了经济学专业和经济学系，1985年正式成立西北大学经济管理学院。建院近20年来，在首任院长、著名经济学家何炼成教授的倾心培育和领导下，学院已发展成为集经济学与管理学、教学与科研为一体综合发展的全国著名学院。现设7个系、13个教育和研究中心及所。

（信息来源：《世界经理人》杂志2004年12月14日）

六、科学研究篇

◎榜一、研究型、研究教学型大学名单◎

1.研究型大学（40所）

清华大学
北京大学
浙江大学
复旦大学
南京大学
华中科技大学
武汉大学
上海交通大学
中山大学
吉林大学
中国科学技术大学
西安交通大学
四川大学
哈尔滨工业大学
山东大学
中国协和医科大学
天津大学
南开大学
中南大学
北京师范大学
东南大学
华南理工大学
北京航空航天大学
厦门大学
同济大学
上海第二医科大学
大连理工大学
中国人民大学
中国农业大学
西北工业大学
东北大学
华东理工大学
华东师范大学
北京理工大学
北京科技大学
兰州大学

2.研究教学型大学（93所）

中国矿业大学
重庆大学
石油大学
中国地质大学
南京理工大学
西北农林科技大学
苏州大学
暨南大学
首都医科大学
西北大学
武汉理工大学
上海大学
南京师范大学
华中农业大学
西安电子科技大学
中国医科大学
华中师范大学
郑州大学
电子科技大学
西南交通大学
东北师范大学
中国海洋大学
山西大学
上海财经大学
北京工业大学
华南农业大学
北京交通大学
北京化工大学
华南师范大学
扬州大学
山东农业大学
云南大学
陕西师范大学
湖南师范大学
福建农林大学
中南财经政法大学
河海大学
福州大学
东华大学
西南师范大学
燕山大学
河北大学
太原理工大学
北京邮电大学
中国药科大学
南京工业大学
北京林业大学
哈尔滨医科大学
湖北大学
广东工业大学
南京医科大学
天津医科大学
安徽大学
首都师范大学
青岛大学
昆明理工大学
广西大学
东北林业大学
南京林业大学
合肥工业大学
内蒙古大学
山东师范大学
汕头大学
浙江工业大学
西南石油学院
中国政法大学
中央民族大学
北京中医药大学
上海中医药大学
北京广播学院*
中央音乐学院
北京体育大学

（信息来源：人民网）

备注：此榜由中国管理科学研究院科学学科研究所武书连、吕嘉、郭石林发起制作。*北京广播学院现更名为中国传媒大学。

◎榜二、2004中国大学自然科学研究100强◎

排名	等级	校名	排名	等级	校名
1	A++	清华大学	26	A	西北工业大学
2	A++	北京大学	27	A	中国农业大学
3	A++	浙江大学	28	A	东北大学
4	A++	华中科技大学	29	A	华东理工大学
5	A++	复旦大学	30	A	北京理工大学
6	A++	上海交通大学	31	A	北京科技大学
7	A+	南京大学	32	B+	石油大学
8	A+	中国科学技术大学	33	B+	中国矿业大学
9	A+	哈尔滨工业大学	34	B+	重庆大学
10	A+	吉林大学	35	B+	厦门大学
11	A+	武汉大学	36	B+	兰州大学
12	A+	中山大学	37	B+	中国地质大学
13	A+	中国协和医科大学	38	B+	南京理工大学
14	A	西安交通大学	39	B+	北京师范大学
15	A	四川大学	40	B+	南京航空航天大学
16	A	山东大学	41	B+	首都医科大学
17	A	天津大学	42	B+	西北农林科技大学
18	A	中南大学	43	B+	南京农业大学
19	A	华南理工大学	44	B+	湖南大学
20	A	北京航空航天大学	45	B+	中国医科大学
21	A	东南大学	46	B+	西安电子科技大学
22	A	同济大学	47	B+	武汉理工大学
23	A	上海第二医科大学	48	B+	华中农业大学
24	A	大连理工大学	49	B+	电子科技大学
25	A	南开大学	50	B+	西南交通大学

排名	等级	校名	排名	等级	校名
51	B+	中国海洋大学	76	B	哈尔滨工程大学
52	B+	上海大学	77	B	南京医科大学
53	B+	西北大学	78	B	天津医科大学
54	B+	苏州大学	79	B	江苏大学
55	B+	北京工业大学	80	B	广东工业大学
56	B+	北京化工大学	81	B	南京林业大学
57	B+	华南农业大学	82	B	山西大学
58	B+	郑州大学	83	B	东北林业大学
59	B	北京交通大学	84	B	昆明理工大学
60	B	华东师范大学	85	B	西南石油学院
61	B	山东农业大学	86	B	南京师范大学
62	B	福建农林大学	87	B	云南大学
63	B	扬州大学	88	B	河北医科大学
64	B	燕山大学	89	B	重庆医科大学
65	B	河海大学	90	B	河北工业大学
66	B	东华大学	91	B	华中师范大学
67	B	暨南大学	92	B	合肥工业大学
68	B	福州大学	93	B	广西大学
69	B	太原理工大学	94	B	青岛大学
70	B	东北师范大学	95	C+	浙江工业大学
71	B	中国药科大学	96	C+	湖南师范大学
72	B	南京工业大学	97	C+	山东科技大学
73	B	北京邮电大学	98	C+	河北农业大学
74	B	北京林业大学	99	C+	安徽农业大学
75	B	哈尔滨医科大学	100	C+	南昌大学

(信息来源:《科学学与科学技术管理》杂志 2004 年第 1 期)

备注:此榜由中国管理科学研究院科学学研究所《中国大学评价》课题组武书连、吕嘉、郭石林完成。这是该课题组自 1993 年发布国内第一个包含自然科学、人文社会科学的大学科研排名以来的第 9 份大学科研排名(下同)。

◎榜三、2004 中国大学社会科学研究 100 强◎

排名	等级	校名	排名	等级	校名
1	A++	北京大学	17	A	山东大学
2	A++	中国人民大学	18	A	南京师范大学
3	A++	复旦大学	19	A	暨南大学
4	A++	南京大学	20	A	华中科技大学
5	A++	武汉大学	21	A	中南财经政法大学
6	A++	北京师范大学	22	A	华中师范大学
7	A++	浙江大学	23	A	华南师范大学
8	A+	厦门大学	24	A	苏州大学
9	A+	清华大学	25	A	山西大学
10	A+	南开大学	26	A	中国政法大学
11	A+	华东师范大学	27	A	东北师范大学
12	A	中山大学	28	A	上海交通大学
13	A	四川大学	29	A	西北大学
14	A	吉林大学	30	A	陕西师范大学
15	A	西安交通大学	31	A	中央民族大学
16	A	上海财经大学	32	A	湖南师范大学

排名	等级	校名
33	B+	首都师范大学
34	B+	西南师范大学
35	B+	东北财经大学
36	B+	湖北大学
37	B+	上海师范大学
38	B+	云南大学
39	B+	东南大学
40	B+	河北大学
41	B+	郑州大学
42	B+	安徽大学
43	B+	上海大学
44	B+	西南财经大学
45	B+	中国科学技术大学
46	B+	北京语言大学
47	B+	兰州大学
48	B+	湖南大学
49	B+	天津大学
50	B+	西南政法大学
51	B+	深圳大学
52	B+	福建师范大学
53	B+	哈尔滨工业大学
54	B+	河南大学
55	B+	黑龙江大学
56	B+	山东师范大学
57	B	内蒙古大学
58	B	天津师范大学
59	B	辽宁大学
60	B	中央财经大学
61	B	中南大学
62	B	对外经济贸易大学
63	B	南京农业大学
64	B	北京航空航天大学
65	B	同济大学
66	B	浙江师范大学
67	B	华东政法学院
68	B	湘潭大学
69	B	西北师范大学
70	B	武汉理工大学
71	B	东北大学
72	B	江西财经大学
73	B	中南民族大学
74	B	大连理工大学
75	B	河北师范大学
76	B	新疆大学
77	B	北京外国语大学
78	B	华南理工大学
79	B	中国农业大学
80	B	北京广播学院
81	B	山西财经大学
82	B	上海外国语大学
83	B	安徽财贸学院
84	B	广东外语外贸大学

排名	等级	校　名	排名	等级	校　名
85	B	扬州大学	85	B	扬州大学
86	B	辽宁师范大学	86	B	辽宁师范大学
87	B	中国矿业大学	87	B	中国矿业大学
88	B	南京财经大学	88	B	南京财经大学
89	B	华中农业大学	89	B	华中农业大学
90	B	汕头大学	90	B	汕头大学
91	B	曲阜师范大学	91	B	曲阜师范大学
92	B	安徽师范大学	92	B	安徽师范大学
93	B	首都经济贸易大学	93	B	首都经济贸易大学
94	B	北京交通大学	94	B	北京交通大学
95	B	宁波大学	95	B	宁波大学
96	B	重庆大学	96	B	重庆大学
97	B	西南交通大学	97	B	西南交通大学
98	B	广西师范大学	98	B	广西师范大学
99	B	云南民族大学	99	B	云南民族大学
100	C+	广州大学	100	C+	广州大学

（信息来源：《科学学与科学技术管理》杂志 2004 年第 1 期）

◎榜四、2004 中国大学科学研究综合实力 100 强◎

排名	等级	校　名
1	A++	清华大学
2	A++	北京大学
3	A++	浙江大学
4	A++	复旦大学
5	A++	南京大学
6	A++	华中科技大学
7	A++	武汉大学
8	A+	上海交通大学
9	A+	中山大学
10	A+	吉林大学
11	A+	中国科学技术大学
12	A+	西安交通大学
13	A+	四川大学
14	A+	哈尔滨工业大学
15	A	山东大学
16	A	中国协和医科大学
17	A	天津大学
18	A	南开大学
19	A	中南大学
20	A	北京师范大学
21	A	东南大学
22	A	华南理工大学
23	A	北京航空航天大学
24	A	厦门大学
25	A	同济大学
26	A	上海第二医科大学
27	A	大连理工大学
28	A	中国人民大学
29	A	中国农业大学
30	A	西北工业大学
31	A	东北大学
32	A	华东理工大学
33	A	华东师范大学
34	A	北京理工大学
35	A	北京科技大学
36	A	兰州大学
37	B+	中国矿业大学
38	B+	重庆大学
39	B+	石油大学
40	B+	中国地质大学
41	B+	南京理工大学
42	B+	湖南大学
43	B+	南京航空航天大学
44	B+	南京农业大学
45	B+	西北农林科技大学
46	B+	苏州大学
47	B+	暨南大学
48	B+	首都医科大学
49	B+	西北大学
50	B+	武汉理工大学
51	B+	上海大学
52	B+	南京师范大学
53	B+	华中农业大学
54	B+	西安电子科技大学
55	B+	中国医科大学
56	B+	华中师范大学
57	B+	郑州大学
58	B+	电子科技大学
59	B+	西南交通大学
60	B+	东北师范大学
61	B+	中国海洋大学
62	B+	山西大学
63	B+	上海财经大学
64	B+	北京工业大学
65	B+	华南农业大学
66	B+	北京交通大学
67	B+	北京化工大学
68	B+	华南师范大学
69	B+	扬州大学
70	B+	山东农业大学
71	B	云南大学
72	B	陕西师范大学
73	B	湖南师范大学
74	B	福建农林大学
75	B	中南财经政法大学
76	B	河海大学
77	B	福州大学
78	B	东华大学
79	B	西南师范大学
80	B	燕山大学
81	B	河北大学
82	B	太原理工大学
83	B	北京邮电大学
84	B	中国药科大学
85	B	南京工业大学
86	B	北京林业大学
87	B	哈尔滨医科大学
88	B	江苏大学
89	B	哈尔滨工程大学
90	B	湖北大学
91	B	广东工业大学
92	B	南京医科大学
93	B	天津医科大学
94	B	安徽大学
95	B	首都师范大学
96	B	青岛大学
97	B	昆明理工大学
98	B	广西大学
99	B	东北林业大学
100	B	南京林业大学

（信息来源：《挑大学选专业——2004 高考志愿填报指南》，武书连主编，中国统计出版社出版）

七、链接篇

◎榜一、中国十大美丽校园◎

1.**武汉大学**:珞珈山麓,东湖之滨,山水相宜,古今合谐,传承中华园林之精妙;武测水院,咸归于斯,省府市府,治理整顿,创国立武汉大学之新风。

2.**厦门大学**:滨海风光,秀色可餐,建筑散落于云雾之中,若蓬莱仙境;最妙海塘堤岸,红花绿影,仿佛珍珠翡翠,镶嵌于鹭岛之西。

3.**北京大学**:北大之美,在夫燕园一景;燕园之美,存诸未名一湖;畅春园等,则多不复存焉;理科楼群,更是风光难再。

4.**中山大学**:树影婆娑,鸟语花香,尽南国风光之妩媚;珠海校区,端庄大方,竭规划方案之成果;梁求琚堂,邵逸夫馆,中大是全国高校获馈赠最早最多者。

5.**深圳大学**:新兴建筑群体,设施齐全令全国名校汗颜;依山傍海,仿佛回到了美国西海岸之新式大学园区。

6.**清华大学**:水木清华,荷塘月色,竭尽玲珑剔透,令多少执着青年着迷;穹顶礼堂,东门主楼,尽显规模气派,使无数狂生少年扼腕;最喜新图书馆,中西合璧,科技与传统之结晶。

7.**南京师范大学**:金陵大学旧址,小巧玲珑,依稀可见旧都繁荣模样,虽是承袭金陵女校风俗,胭脂气息略显隆重,仍不失为江南名校之典范。

8.**四川大学**:西南名都,竹溪佳处,胜在望江楼;自然名胜,人文荟萃,融入新川大。

9.**苏州大学**:处江南繁华之腹地,携苏州园林之精巧,慕东吴大学之遗风,壮今日苏大之声威;瑰丽精致,可圈可点。

10.**青岛海洋大学**:可能是国内大学具有西洋风格的最完美的建筑群,在毁灭性的新建筑风潮中,能保留一份这样的格调本身就是一个奇迹。

(信息来源:《新闻早报》)

◎榜二、2004中国八大教育热门关键词◎

1.考研

2004年,研究生入学考试仅网上报名人数就已超过110万,考研热潮不减。近几年来研究生报名人数逐年增长已成趋势。本科生扩招、就业压力增大,是考研人数增加的主要原因;越来越多的大学生期望到大城市工作是考研人数增加的另一个重要原因;此外,出国签证难度加大,也导致了一些本科毕业生选择考研。

2.高考—自主命题

2004年,经教育部授权,包括广东省在内的11个省市实行高考自主命题。这一举措,使本已牵动亿万人心的高考更受关注。11个省市获得高考命题权意味着高考组织形式和命题思路都将有所改变。教育界人士称,2004年是中国高考体制革命性的一年。

3.高校—助学贷款

2004年新的《国家助学贷款办法》出台,对于目前在校大学生中约占15%-20%的贫困学生,无疑是个好消息。新《办法》在一定程度上将减轻经办银行的风险,如建立国家助学贷款风险补偿专项基金、给银行适当补偿、延长学生贷款的还款年限等。另外,如果贷款学生毕业后自愿到国家需要的艰苦地区、艰苦行业工作,服务期达到一定年限后,经批准可以奖学金方式代偿其贷款本息。

4.民办高校—学历文凭考试

2004年,教育部颁发了《关于取消高等教育学历文凭考试的通知》。按照《通知》,教育部将在2005年结束高等教育学历文凭考试试点工作,取消高等教育学历文凭考试。即:11年前为了鼓励和扶持民办教育而设立的高等教育学历文凭考试,即将退出历史舞台。对民办高校而言,没有了学历文凭考试这个"卖点",大家都面临着新的抉择。

5.培训—职业教育

2004年,教育部为加紧培养社会急需的技能人才,对职业教育进行重大调整,坚持以就业为导向,建立新的机制和办学模式:一是建立院校与企事业单位合作进行人才培养的机制,按"订单"培养;二是职业院校要按照企业实际需求安排文化基础课、学制缩短为两年;三是实行灵活的学籍管理和教学管理制度;四是加强学历教育与职业培训的沟通。

6.高校—北航招生事件

2004年8月,北京航天航空大学教师庞宏冰向7名广西国防定向生收取巨额费用的事件被多家媒体披露,多名主要当事人受到党纪处分及行政开除、记过等处理。学校清退违规收费。

7.高校—大学生校外租房

针对大学生在校外租房居住所引发的多起安全事件,教育部下发通知,规定大学生原则上不允许在校外租房。广东省对此作出了更加严格的规定:对在校外租住屡教不改者开除。一时间,关于"大学生应不应该在校外租房"、"教育部门制定这项规定到底合不合理"的讨论成为社会各界关注的焦点。

8.管理—MBA

2004年,MBA虽然不像前几年那样风光,但依然是社会关注的热点。

"MBA热"在2002年达到高潮,但用人单位却发现,一些MBA眼高手低,无法适应企业的需求。企业的直接反应是降低MBA的薪酬,MBA起薪2000元曾引起争议。2004年,企业对MBA更加理性。没有背景的MBA薪资水平仍很难如愿,而名校MBA薪资水平有所看好,专家分析,未来MBA毕业生,仍是那些投资银行业和顾问理财公司的首选人才。

(信息来源:中青网)

◎榜三、985工程高校名单◎

一期名单:(34所)

清华大学	北京大学
中国科学技术大学	南京大学
复旦大学	上海交通大学
西安交通大学	浙江大学
哈尔滨工业大学	南开大学
天津大学	东南大学
华中科技大学	武汉大学
厦门大学	山东大学
湖南大学	中国海洋大学
中南大学	吉林大学
北京理工大学	大连理工大学
北京航空航天大学	重庆大学
电子科技大学	四川大学
华南理工大学	中山大学
兰州大学	东北大学
西北工业大学	同济大学
北京师范大学	中国人民大学

二期名单:(4所)

中国农业大学	国防科技大学
中央民族大学	西北农林科技大学

(信息来源:中国高校网)

备注:1998年5月4日,江泽民总书记在庆祝北大建校一百周年大会上向全社会宣告:"为了实现现代化,我国要有若干所具有世界先进水平的一流大学。"为贯彻落实党中央科教兴国的战略和江泽民同志的号召,教育部决定在实施"面向21世纪教育振兴行动计划"中,重点支持北京大学、清华大学等部分高等学校创建世界一流大学和高水平大学,简称"985"工程。

◎榜四、211工程高校名单◎

北京大学	中国人民大学
清华大学	北方交通大学
北京工业大学	北京航空航天大学
北京理工大学	北京科技大学
北京化工大学	北京邮电大学
中国农业大学	北京林业大学
北京中医药大学	北京师范大学
北京外国语大学	北京广播学院
对外经济贸易大学	中央民族大学
中央音乐学院	南开大学
天津大学	天津医科大学
河北工业大学	太原理工大学
内蒙古大学	辽宁大学
大连理工大学	东北大学
大连海事大学	吉林大学
延边大学	东北师范大学
哈尔滨工业大学	哈尔滨工程大学
东北农业大学	复旦大学
同济大学	上海交通大学
华东理工大学	东华大学
上海第二医科大学	华东师范大学
上海外国语大学	上海财经大学
上海大学	南京大学
苏州大学	东南大学
南京航空航天大学	南京理工大学
中国矿业大学	河海大学
江南大学	南京农业大学
中国药科大学	南京师范大学
浙江大学	安徽大学
中国科学技术大学	厦门大学
福州大学	南昌大学
山东大学	中国海洋大学
石油大学	郑州大学
武汉大学	华中科技大学
中国地质大学	武汉理工大学
湖南大学	中南大学
湖南师范大学	中山大学
暨南大学	华南理工大学
华南师范大学	广西大学
四川大学	重庆大学
西南交通大学	电子科技大学
四川农业大学	西南财经大学
云南大学	西北大学
西安交通大学	西北工业大学
西安电子科技大学	长安大学
兰州大学	新疆大学
第二军医大学	第四军医大学
国防科学技术大学	

(信息来源:中国高校网)

备注:1993年2月13日中共中央、国务院印发的《中国教育改革和发展纲要》及国务院《关于〈中国教育改革和发展纲要〉的实施意见》中,关于"211工程"的主要精神可概括表述为:面向21世纪,重点建设100所左右的高等学校和一批重点学科点。

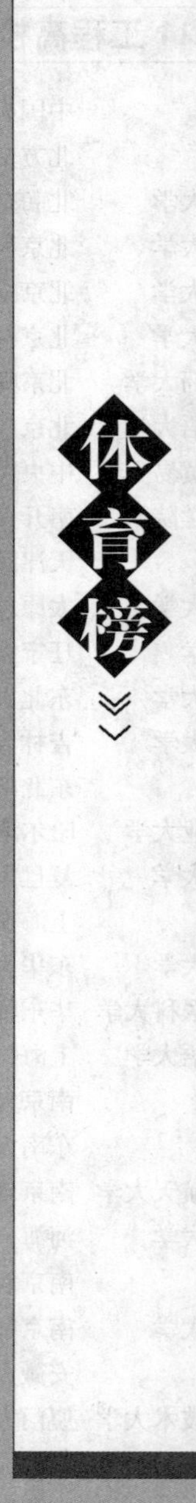
体
育
榜

引　言

2004 年是亚洲杯的中国元年。在亚洲大陆轮转了半个世纪，在伊朗已举办了两届，在科威特、以色列、卡塔尔、阿联酋、黎巴嫩、韩国、日本、泰国、新加坡、中国香港都各自举办了一届，这个亚洲足坛的最高赛事终于回到了足球的最初故乡。

2004 年是中超元年。终于不用再向外国记者解释，中国的 First Division（甲级联赛）为什么还要分出一个 A 和 B；终于，和英格兰一样，这里的顶级联赛有了气势夺人的新名字——超级联赛。

2004 年是 F1（一级方程式世界锦标赛）的中国元年。2004 年 9 月 24–26 日上海站迎来首个练习赛。中国以 F1 最新成员的身份，借上海 F1 大奖赛向世界展示了中国和上海的实力。

2004 年是网球的中国元年。ATP（男子职业网球协会）设立的中国网球公开赛于 2004 年 9 月在北京开拍，这也意味着中国从此有了 ATP 的常规赛。

2004 年是 NBA（美国职业篮球联赛）的中国元年。2004 年 10 月，萨克拉门托国王和姚明所在的休斯敦火箭在北京和上海分别进行季前赛，这是 NBA 在中国的第一次。尽管日本已开始享受常规赛，但 NBA 官方表示中国离此目标也只差两三年了。在斯特恩于各大洲建立子联赛的长远目标下，NBA 在中国的试水很快会变成畅游。

而 2004 年中国体坛最大的事件莫过于雅典奥运会上中国军团历史性的突破了。32 金的成绩也向世界宣告，中国向体育“超级大国”迈出了最坚实的一步。在那 16 个难眠的夜晚，中国军团既带给我们无尽的欢乐，也给我们留下了不少的遗憾和泪水。中国体坛，我们为你骄傲；中国体育健儿，我们为你感到自豪。

体育榜中榜

一、足球篇

◎榜一、2004 中国足球十大事件◎

1.国奥队无缘雅典

尽管在国际上,世界杯的地位远远高于有年龄限制的奥运会,但在中国足协的工作序列里,奥运出线才是 2004 年中国足球的“一号工程”。然而,2004 年 3 月 3 日国奥队首战不敌韩国队、3 月 20 日在武汉主场输给了马来西亚队,仅仅两战就在事实上失去出线权。

2.中国队世界杯出局

国奥队解体后,中国足球的最大希望就寄托到了国家队身上。国家队曾在世界杯小组赛上三战三捷,形势大好,更在 2004 年 8 月的亚洲杯上一举夺得了亚军。然而,在 2004 年 10 月 13 日客场不敌科威特队后,出线形势急剧恶化。2004 年 11 月 17 日,国家队在广州 7:0 大胜中国香港队,是组建 20 个月以来最辉煌的胜利,但还是因为少进了一个球,而被科威特队挤出了八强赛。

3.中国女足惨败奥运会

自从 1999 年美国世界杯的极度辉煌后,中国女足就战况不佳,马元安和马良行两人都没能引领女足走出低谷。在新任副主席薛立的安排下,由张海涛担任女足教练,但在雅典奥运会上中国队还是以 0:8 输给了德国队。

4.中国首度承办亚洲杯

2004 年 7 月至 8 月间,第 13 届亚洲杯在中国的四大城市举行。总体而言,这届首次在中国举行的亚洲杯是成功的。然而,决赛中,国家队输给了日本队,又在此后的世界杯预选赛上大败,给国人留下了许多遗憾。

5.中超资本十月革命杯

国字号球队的全线溃败,中超联赛的濒临崩盘,令中国足球种种深层次的问题一下子暴露和激化起来。2004 年 10 月 2 日，北京现代制造了中国足球史上第一次有组织的罢赛事件。随后，大连实德总裁徐明提出了几万字的改革提纲,旗帜鲜明地提出要夺回被足协占有的管理和经营职业联赛的权力。2004 年 10 月 22 日,7 家俱乐部代表签署改革文件,正式宣布改革同盟的建立。

6.北京现代罢赛

2004 年 10 月 2 日,在客场挑战沈阳金德队的比赛中,北京现代由于不满裁判周伟新的点球判罚,上演了中国足球史上第一起有组织的罢赛事件。3 天前,辽宁队队长兼国家队主力肇俊哲因不满队友的表现也曾自行走下赛场,而在 20 多天后，大连实德队也在与沈阳金德队的比赛中罢赛,中国足球赛场秩序极度混乱。

7.青少年足球成为惟一亮点

在大家对男足女足都失去信心时，青少年足球成为中国足球的惟一亮点。国青队夺得亚洲亚军,国少队夺得亚洲冠军,青年女足更是夺得了世界亚军。

8.中超元年深圳问鼎

2004 年是中超元年,然而,中超进行得并不顺利。深圳健力宝队以 22 战 11 胜 9 平 2 负的骄人成绩夺冠,但这支球队已超过半年没有发放工资奖金,而俱乐部更可能在年底被清盘转让,甚至解散。在另一端,上海申花在无尽的内耗中降到倒数第三名,一年内换了 4 任主教练，自第 15 轮赢了德比战后就再也没有赢过球。

9.刘建生尿检呈阳性

2004 年 9 月 26 日中超第 12 轮，辽宁队主场 1:5 惨败给大连队，在赛后的例性药检中,守门员刘建生呈阳性反应,之后的 B 瓶复查再呈阳性。刘建生成为继北京球员张帅后，第二位涉嫌服用违禁药物的足球运动员，但他的性质远远比张帅严重，因为他服用的不是一般的兴奋剂，而是冰毒。

10.裁判生存环境恶劣

2004年是中国裁判的灾年。7月11日，原国际级裁判龚建平在10年服刑期间因病去世，年仅44岁。在北京现代罢赛事件中，周伟新的判罚被足协裁判委员会裁定为没有原则性错误，但他仍然受到了停哨8场的处罚，且足协还违反了不公开处理裁判的国际惯例。另外，大连籍裁判李福长，先是在裁判比赛时被观众砸伤了脑袋，后在执行完公务返程中遇车祸重伤。

（信息来源：《体坛周报》）

◎榜二、2004中国足球十大黑镜头◎

"黑"已经开始成为中超联赛乃至中国足球圈的一个代名词，各种各样的卑劣手段让中国足球公信力度不断下滑。

1.姜坤无礼竖中指

中超联赛第十轮四川客场对话沈阳，比赛进行到第25分钟，双方队员在中场激烈拼抢，四川冠城队的姜坤和沈阳金德队的陈涛动作均比较大，双方在比赛形成死球后发生了争吵，此时主裁判陈国强向两名队员各出示了一张黄牌，希望能够平息双方的争执，稳定场上局势。不料正在气头上的姜坤非但不接受裁判的判罚，反而脾气更加暴躁，他冲向裁判指责裁判判罚有问题。在交涉之后，陈国强作出决定，向面前暴跳如雷的姜坤出示了红牌，将他罚出了场。从现场的情况看，陈国强如此判罚可能是认为姜坤出语不敬，有辱骂裁判的言语。

姜坤在红牌面前并没有冷静下来，在队友的劝说下，他才放弃了对裁判的继续纠缠，转而向场下走去。在即将进入通道口时，现场的球迷对他发出了嘘声，恼怒不已的姜坤此时显得十分不冷静，向看台竖起了中指，以这种不理智的手势和举动回应现场球迷。随后足协和冠城俱乐部均对姜坤作出了相应的处罚。

2.刘玉建首轮断腿

2004年5月16日晚，北京现代队主场迎战四川冠城队。战至上半场第20分钟，冠城队后卫刘玉建被现代队前卫隋东亮一个飞铲铲倒在地，当场休克。随后，刘玉建被送往北京三院抢救。据初步检查结果，刘玉建右腿腓骨、胫骨粉碎性骨折，至少一年内无法重返赛场。

3.裁判被抓出血痕

中超联赛第二轮上海国际主场同北京现代的比赛中，下半场江津在门线前一次反应神速的精彩扑救却意外引来了"杀身之祸"，主裁吹罚吴承瑛禁区内手球犯规，北京现代队凭借这次点球将比分扳平。比赛结束后，双方球员按照足协规定握手致意，而现代球员和3名裁判员也开始退场。

当3名裁判员走到边线附近遇到一群人拦阻，为首的是上海市的一名球迷。他上来就责问主裁判王学庆，随后就开始追打他。同时旁边一名身穿国际队队服的人也在旁边指责主裁。事发突然，主裁只能左躲右闪狼狈不堪。球场工作人员很快上来保护裁判，劝架，把双方拉开。当3名裁判退回休息室经过主看台时，看台两侧的球迷也是愤怒不已。事后，王学庆的脖子上出现3道血痕。"裁判危机"从那一刻起已经无法掩饰，而且逐渐成为中超的另一个代名词。

4.毛头小伙扇裁判

中超联赛第五轮天津主场迎战青岛，比赛最终双方以1:1握手言和，主队未能冲破不胜怪圈。而当值主裁张雷在比赛中的两次判罚引发争议，天津球员和球迷均认为球队理应赢得两次点球机会。比赛刚一结束，天津队球员刘云飞快步走到张雷面前，质问他为何不判点球。随后双方发生口角。

正当场面被刘云飞和张雷的冲突搅得异常混乱时，两名球迷突然跳下看台冲进场内。一名17岁球迷快速地冲到正在退场的张雷面前，结结实实地给了他一记耳光。而那名小球迷也迅速被警察制服带离了球场。

5.改判风波酿恶果

中超联赛第十二轮四川主场对北京，在下半场北京队2:1领先的情况下主裁一次改判引发争议。当比赛进行到第68分钟时，北京队的陶伟在中路一脚很有想象力的传球，队友徐云龙心领神会，顺势突入禁区，在面对贴身防守时将球传向后点，四川门将孙寿博倒地扑救未能碰到球，跟进的北京队的耶利奇将球送入空门。四川球员举手示意耶利奇越位，张雷判罚进球有效。

此时主场球迷向场内抛掷杂物，比赛被迫中断。更混乱的情况紧随着出现——张雷与边裁进行磋商后，向北京队的高雷雷出示了一张黄牌。不仅如此，耶利奇刚才的进球还被判无效。现代队多名球员与张雷进行交涉，场面非常混乱。比赛因此而中断了近8分钟。而后来的慢动作显示，耶利奇的进球没有越位。

6.肇俊哲一怒摔袖标

中超联赛第十三轮是辽宁主场对深圳。尽管辽足外援阿比奇先声夺人地进了一球，但此后辽宁队球门却在下半时接连两次洞开。第47分钟，外援阿比奇接到肇俊哲传中抽射得分。但是领先的优势在持续了24分钟后被打破，深圳队外援吉马头球将比分扳平。

在双方球员站在中圈附近准备开球的时候，辽宁队队长肇俊哲突然一扬手，向自己的队友怒骂了几句，随后一把撕下胳膊上的袖标摔在地上，径直向场外走。这一突发的变故使所有人都愣住了，当肇俊哲大步流星地走到场边的时候，主裁判谭海才缓过神来追上去，这时主教练马林起身上前拦住肇俊哲，把他推回到赛场上去。

虽然回到了场地上，但肇俊哲拒绝再戴队长袖标，眼看比赛无法继续进行，辽宁队的后卫徐亮赶紧跑上前把袖标又一次捡起来送到肇俊哲手中，但肇俊哲还是不戴。无奈之下，徐亮只好把袖标戴在自己的胳膊上。

7.王燗险成植物人

2004年国庆节前夕，前成都五牛队球员王燗与女友秋秋前往成都市区的"零距离"网吧上网。酷爱网络游戏《传奇》的王燗正玩在兴头上，没想到一场意想不到的灾难突然降临到他的身上。"我就记得当时有人在我背后捅了我一刀，后来我就去追……"由于左脑受到严重损伤，王燗对事发过程的记忆已经很模糊了。

出事之后，王燗家人没少和"零距离"网吧打交道，这家网吧到现在仍然照常营业。负责人在交涉中表示，他们原想拿出3万元私了，这个建议遭到了王家果断的拒绝。由于网吧涉嫌违规操作，王家已经委托律师全权代理此事。至于作案的凶手，警方至今还是没有给王家带来什么消息。由于凶手在网吧登记使用了一个河南籍身份证，成都媒体在事发后几天还针对这个身份证的查询进行了追踪，但警方没有向外界透露任何情况。

经过近4个月的治疗结束后，一度处于昏迷状态的王燗，终于恢复了神志。他的主治医生认为这是一个奇迹。

8.上海德比演群殴

两轮上海德比战都是精彩不足，暴力不断，继首回合发生了球迷打裁判的事件后，中超联赛第十五轮申花主场对国际，肖战波报复性地将球踢向国际小将于海，从而引发了场边上海国际替补席上教练与球员的震怒。两名上海国际替补球员极不冷静地冲向场内，顿时一顿拳打脚踢，场上球员乱作一团。

9.国脚场上要老拳

深圳健力宝客场挑战山东鲁能的比赛显得异常火爆，主裁判李玉红出示了多张黄牌才将场面局势稳定住。不过令人惊讶的是，李金羽和李玮峰这两个多年的队友竟然也在场上动起手来了！

第57分钟时，负责盯防李金羽的李玮峰，在一次进攻过后因为双方的身体接触，吵了起来。两人还在一起拉扯了一下手。这时，郑智和李霄鹏冷静地劝退了各自的队友，并把两人死命拉开。一名老资格的深圳队员说："没事的，前两年李金羽在深圳打比赛，也跟李毅、郑智他们争过。"

10.观众自发选罢看

在球员或球队罢赛的同时，球迷们选择了罢看。平均每轮共有约6万名观众到现场看球，平均每场约1万人。

在中超元年的前几轮比赛中，球迷到现场看球的积极性还是比较高的。但随着比赛的深入，球迷离球场的距离也就越来越远，上座人数也直线下降，有的场次球迷人数竟然只有2000人。

看看国际五大联赛2003年的数据，英超以每场34324人排在平均每场上座率首位，而排在第二位的德甲每场比赛观众人数则是32017人，是中超的3倍还多。在联赛产品总销售额方面，英超以17.48亿欧元遥遥领先，意甲和德甲分别以11.27亿欧元和10.43亿欧元排在第二位、第三位，而在这上边中超几乎连英超、意甲、德甲的零头都赶不上，所以基本上没有形成产品开发销售的产业。

（信息来源：《足球周报》）

◎榜三、2004中超十大焦点战役◎

中超元年大幕落下，尽管全年赛事混乱有余而精彩不足，但回首整个赛季，我们依然可以从混乱之中稍稍理出些许头绪。下面精选出本赛季中超最具关键意义的10场比赛，重现影响联赛格局的幕幕场景。

1.第一轮：大连0:4辽宁

这也许是大连实德经历的最为奇特的一次惨败，辽宁队把握了全场仅有的4次射门机会，每一脚都射正球门，每一次射正都洞穿了安琦的十指关。本场比赛不仅加速了科萨下台郝董扶正的人事变更，也在某种意义上预示了大连实德2004年将经历的艰难，而辽宁队"神经刀"的特质也显露无遗。

2.第五轮：北京1:4深圳

深圳队在京城以一场荡气回肠的翻盘大胜正式宣告向冠军发起冲击，历来不甘人后的北京队多年来很少在家门口让对手以如此大的比分羞辱，但在自身后防漏洞百出，深圳黑人外援吉马奉献精妙的倒勾入球后，"御林军"再无法阻止对手完胜而归。经此一战深圳登上积分榜首，并一直将其保持到联赛末轮。

3.第八轮：天津0:2申花

很少有人能在事前就想到戚务生在天津的命运会如此短暂，这位在国内俱乐部履历中几乎未栽过任何跟斗的老牌实力派教头不幸"折"于天津足坛。本场主场失利之后天津队创下了开赛后8轮不胜的俱乐部历史最差战绩，也注定了本赛季最被看好的教头大戚就此离别。

4.第十一轮:大连 0:0 深圳

本场比赛尽管场面平淡但的确意义非凡,由于多线作战的压力,实德队不得不在18天内各条战线上完成5场苦战,此役扬科维奇在最后阶段击中门楣错失获胜良机,让深圳在这场提前进行的半程收官战中取得1分,对此后争冠军团的形势发展起到至关重要的作用。

5.第十四轮:沈阳 3:0 北京

一场罢赛风波决定了中超后半阶段在混乱与无序中进行,如果说此前同四川比赛中的判罚风波为北京的愤怒打下了伏笔,那么本场比赛则是中国足球赛场上一次标志性的爆发。当然当周伟新吹响比赛提前结束的哨音后他也不会想到,本场比赛竟然引发了一场大规模的改革风暴。

6.第十六轮:国际 4:0 大连

当告别了亚冠、足协杯和联赛杯的大连队雄心勃勃欲一心向联赛冠军发起冲击时,他们却在上海滩遭受了本赛季的又一个0:4。这场比赛也让他们记住了阿尤这个名字。此前从未有过哪位球员能在一场比赛中4次射穿大连球门,射手榜上李金羽一花独放的局面也就此发生天翻地覆的变化。

7.第十六轮:四川 6:3 辽宁

在这样的比分面前人们能说些什么?谁还能相信双方的球员在这场进球表演中"没有问题"?中超元年"赌球"与"盘口"这两个词被人们空前关注,甚至成为贯穿很多疑问球的主旋律,而历来疑问球多多的两支球队在成都上演的这场进球表演,更让人无法对中超的真实性投出信任票。

8.第十七轮:大连 0:3 沈阳

又一场罢赛风波上演,实德就此彻底退出冠军争夺,大连实德总裁徐明抛开一切私心杂念"认真革命"。沈阳幸运地又一次成为罢赛风波的获益者,当然同样因本场比赛而收获不菲的还有在榜首等待实德挑战的深圳健力宝。

9.第十八轮:国际 2:1 山东

当因欠薪风波而风雨飘摇的深圳健力宝在联赛中一度低迷时,财大气粗的鲁能泰山却未能成功把握住绝地反击的机会。鲁能从15–18轮连续4轮不胜,与国际的比赛更是成为赛季最初2轮之后的又一次两连败,而上海国际也以强劲的反弹势头最终落位联赛季军。

10.第二十轮:深圳 3:1 申花

深圳健力宝一战奠定夺冠,对于中途取消降级的中超而言,当冠军产生之时无疑也是一切悬念消失之日。深圳依旧保持着对申花的克星身份,此前仅一粒入球的李毅在比赛中两球进账,健力宝队以欣喜与苦涩交织的心情庆祝冠军在手。

(信息来源:中安网)

◎榜四、2004中超联赛最终积分榜◎

(截至2004年12月4日)

排名	球队	场次	胜	平	负	进球	失球	净胜	积分
1	深圳健力宝	22	11	9	2	30	13	17	42
2	山东鲁能	22	10	6	6	44	29	15	36
3	上海国际	22	8	8	6	39	31	8	32
4	辽宁中誉	22	10	2	10	39	40	−1	32
5	大连实德	22	10	6	6	33	26	7	30
6	天津康师傅	22	7	8	7	28	29	−1	29
7	北京现代	22	8	7	7	35	33	2	28
8	沈阳金德	22	7	5	10	23	29	−6	26
9	四川冠城	22	4	11	7	29	37	−8	23
10	上海申花	22	4	10	8	28	37	−9	22
11	青岛贝莱特	22	4	9	9	21	28	−7	21
12	重庆力帆	22	4	9	9	14	31	−17	21

(信息来源:北方网)

备注:中超联赛采用主客场双循环比赛制,每队全季共参加22场联赛,对赛双方于法定90分钟内取胜者得3分,负方无分,而双方和局则各得1分。本赛季北京现代队因罢赛事件被扣除3分,大连实德队因罢赛事件被扣除6分。

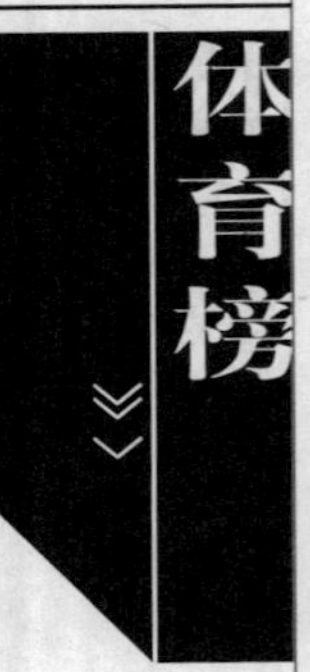

◎榜五、中超元年最终射手榜◎

进球数	球员	球队	进球数	球员	球队
17	阿 尤	上海国际	3(3)	李 明	大连实德
13	李金羽	山东鲁能	2	赵旭日	四川冠城
11	耶利奇	北京现代	2	王锁龙	四川冠城
10(3)	李霄鹏	山东鲁能	2	张永海	辽宁中誉
9	丹尼尔	四川冠城	2	张 彭	大连实德
9(2)	吉 马	深圳健力宝	2	陆博飞	深圳健力宝
9(3)	陶 伟	北京现代	2	胡兆军	大连实德
9(1)	西利亚克	大连实德	2	王 圣	大连实德
7	于根伟	天津康师傅	2	张玉宁	上海申花
7	阿比齐	辽宁中誉	2	邹 捷	大连实德
7	郭 辉	辽宁中誉	2	萨姆尔	沈阳金德
7(2)	阿尔西诺	上海国际	2	韩燕鸣	天津康师傅
7(3)	阿尔贝茨	上海申花	2	郑 智	深圳健力宝
6	加 利	天津康师傅	2	霍智宇	重庆力帆
6	马丁内斯	上海申花	2	吴 庆	重庆力帆
6	李 彦	上海国际	2	尼古拉斯	山东鲁能
6	陈 涛	沈阳金德	2	王 军	天津康师傅
5	陆 峰	青岛贝莱特	2	李 明	深圳健力宝
5	徐 亮	辽宁中誉	2	藏海利	辽宁中誉
5	周海滨	山东鲁能	2	王 祥	重庆力帆
5	孙新波	青岛贝莱特	2	吕 征	山东鲁能
5	高雷雷	北京现代	2	白 毅	青岛贝莱特
5(3)	邹侑根	四川冠城	2	孙 治	重庆力帆
4	王新欣	辽宁中誉	2	徐云龙	北京现代
4	刘 斌	辽宁中誉	2	希 德	沈阳金德
4	张 烁	天津康师傅	1	闫相闯	北京现代
4	郝海东	大连实德	1	张恩华	天津康师傅
4	汪 嵩	四川冠城	1	李健华	深圳健力宝
4	高 明	青岛贝莱特	1	杨 晨	深圳健力宝
4(1)	扬科维奇	大连实德	1	刘 健	青岛贝莱特
4(1)	科内塞	北京现代	1	姜 宁	青岛贝莱特
3	韩 鹏	山东鲁能	1	赵作峻	上海国际
3	于 涛	上海申花	1	杨朋锋	四川冠城
3	于贵君	沈阳金德	1	多莫科斯	重庆力帆
3	王若吉	沈阳金德	1	李玮峰	深圳健力宝
3	马 拉	天津康师傅	1	史 鸣	重庆力帆
3	王 赟	上海国际	1	尹小龙	深圳健力宝
3	舒 畅	山东鲁能	1	皮特·维拉	上海申花
3	王 鹏	大连实德	1	朱 楷	辽宁中誉
3	石 俊	重庆力帆	1	萨维奇	辽宁中誉
3	孙 吉	上海申花	1	姜 坤	四川冠城
3	宋黎辉	山东鲁能	1	郑 斌	深圳健力宝
3	阎 嵩	大连实德	1	尤赛夫·布拉	青岛贝莱特
3	忻 峰	深圳健力宝	1	成 亮	上海国际
3	李 毅	深圳健力宝	1	沈 晗	上海国际
3	考瓦克斯	深圳健力宝	1	王家锌	沈阳金德
3(1)	肇俊哲	辽宁中誉	1	黄博文	北京现代
3(1)	潘 塔	四川冠城	1	姚 夏	青岛贝莱特

进球数	球员	球队	进球数	球员	球队
1	王 超	山东鲁能	1	董 阳	上海申花
1	曹 阳	天津康师傅	1	张 杨	沈阳金德
1	伊万·布拉	重庆力帆	1	王 亮	辽宁中誉
1	张 考	辽宁中誉	1	刘金东	山东鲁能
1	路 姜	北京现代	1	隋东亮	北京现代
1	杜 威	上海申花	1	雷 比	辽宁中誉
1	矫 喆	山东鲁能	1	孙峰浩	四川冠城
1	孙晓轩	四川冠城	1	李大维	上海申花
1	哈茨凯维奇	天津康师傅	1	张 可	沈阳金德
1	于 海	上海国际	1	杨 昊	北京现代
1	埃 孔	沈阳金德	1	马里科·扎雅克	深圳健力宝
1	祁 宏	上海国际	1	翟彦鹏	大连实德
1	王 珂	上海申花	1	刘 剑	上海国际
1	蒿俊闵	天津康师傅	1(1)	吕 刚	青岛贝莱特

(信息来源:新浪网)

备注:括号内的数字为所进的点球数。

◎榜六、2004中甲联赛积分榜◎

名次	队名	场次	胜	平	负	进球	失球	积分
1	武汉黄鹤楼	32	19	9	4	54	28	66
2	珠海中邦	32	19	5	8	56	36	62
3	厦门蓝狮	32	13	14	5	38	26	53
4	广州日之泉	32	12	16	4	47	29	52
5	长春亚泰	32	13	12	7	53	34	51
6	江苏舜天	32	13	11	8	35	24	50
7	河南建业	32	11	12	9	29	27	45
8	浙江绿城	32	12	9	11	38	39	45
9	南京有有	32	10	11	11	44	47	41
10	深圳科健	32	9	12	11	44	40	39
11	青岛海利丰	32	10	9	13	36	39	39
12	宁波国力	32	11	6	15	44	61	39
13	成都五牛	32	6	13	13	46	57	31
14	湖南湘军	32	7	10	15	34	51	31
15	大连长波	32	6	12	14	22	35	30
16	东莞东城	32	7	9	16	38	56	30
17	西安安馨园	32	4	10	18	30	59	22

(信息来源:新华社)

备注:2004年的中甲联赛共有17支甲级球队参加。比赛采取主客场升降级赛制,每队全季共参加32场联赛。全季比赛结束后,积分榜前两名升入中超联赛,后两名降入中乙联赛。

二、篮球篇

◎榜一、2004 国内篮坛五大事件◎

1.首次聘任洋帅,中国男篮杀入奥运八强

2004 年 2 月 20 日,中国篮球协会正式宣布聘任有“银狐”之称的哈里斯为中国男篮主帅。在 2004 年 8 月的雅典奥运会上,哈里斯率中国男篮在出线形势极度不利的情况下,在小组赛最后一场险胜世锦赛冠军塞黑,成功杀入八强并最终获得了第八名。

2.宏远夺取 CBA(全国男篮甲 A 联赛)总冠军

2004 年 3 月 3 日,广东宏远以 3:1 的总比分击败八一队,获得了 2003–2004 赛季 CBA 总冠军,成为继八一和上海后,CBA9 年历史上第三支总冠军球队。

3.中国篮协推出“北极星计划”

中国篮球协会在 2004 年 4 月的东莞会议上正式提出“北极星计划”,目标是在 10 年内将 CBA 打造成世界级的职业篮球联赛。作为改革的一个重要环节,2004—2005 赛季,CBA 扩军至 14 支球队,划分为南北两大赛区,并取消了升降级。

4.NBA(美国职业篮球联赛)中国赛

2004 年 10 月,NBA 季前赛首次登陆中国。2004 年 10 月 14 日,在上海的第一场比赛中,姚明和当时在国王队试训的刘炜同时在赛场上亮相,最后火箭队以 88:86 战胜国王队;17 日两队转战北京后,国王队以 91:89 扳回一场。本次季前赛的成功举办,其中一个重要的意义就是为今后中国举办 NBA 常规赛打下了良好的基础。

5.奥神被禁赛一年

2004 年 11 月 8 日,因为不同意其俱乐部球员孙悦到国青队报到,奥神男篮被取消 CBA2004–2005 赛季的参赛资格。这是有史以来中国篮球协会对俱乐部作出的最严厉的处罚。

(信息来源:《篮球报》)

◎榜二、2003–2004 中国男女篮年度最佳阵容◎

男子最佳阵容:

中锋:姚　明 176902 票　　前锋:李　楠 156897 票、朱芳雨 114809 票　　后卫:刘　炜 157896 票、范　斌 113187 票

女子最佳阵容:

中锋:陈　楠 132759 票　　前锋:隋菲菲 162354 票、陈鹭芸 158926 票　　后卫:苗立杰 152435 票、潘　巍 84621 票

(信息来源:新浪网)

备注:本次评选活动由中国体育报业总社、中国篮球协会主办,篮球杂志社、中华全国体育总会网、新浪网体育频道协办,评选结果于 2004 年 7 月 25 日下午在中央电视台演播大厅揭晓。这是该项评选的第 8 届,经过一个多月的网上网下球迷投票,主办单位共收到 178842 张选票,经过统计,男女篮各 5 位获奖者从 50 位候选人中脱颖而出。

◎榜三、中国男篮历届大赛成绩（1936–2004）◎

时间	赛事	名次	主教练
1936	第11届奥运会	第15–21档位	
1948	第14届奥运会	第18名	
1974	第7届亚运会	第3名	钱澄海
1975	第8届亚锦赛	冠军	钱澄海
1977	第9届亚锦赛	冠军	钱澄海
1978	第8届亚运会	冠军	钱澄海
	第8届世锦赛	第11名	
1979	第10届亚锦赛	冠军	马清盛
1981	第11届亚锦赛	冠军	钱澄海
1982	第9届亚运会	亚军	刘贵乙
	第9届世锦赛	第12名	钱澄海
1983	第12届亚锦赛	冠军	钱澄海
1984	第23届奥运会	第10名	钱澄海
1986	第10届亚运会	冠军	钱澄海
	第13届亚锦赛	第3名	
	第10届世锦赛	第9名	
1987	第14届亚锦赛	冠军	钱澄海
1988	第20四届奥运会	第11名	钱澄海
1989	第15届亚锦赛	冠军	孙邦

时间	赛事	名次	主教练
1990	第11届亚运会	冠军	孙 邦
	第11届世锦赛	第14名	王长友
1991	第16届亚锦赛	冠军	蒋兴权
1992	第20五届奥运会	第12名	蒋兴权
1993	第17届亚锦赛	冠军	蒋兴权
1994	第12届亚运会	冠军	蒋兴权
	第12届世锦赛	第8名	
1995	第18届亚锦赛	冠军	蒋兴权
1996	第26届奥运会	第8名	宫鲁鸣
1997	第19届亚锦赛	第3名	张 斌
1998	第13届亚运会	冠军	王 非
1999	第20届亚锦赛	冠军	蒋兴权
2000	第27届奥运会	第10名	蒋兴权
2001	第21届亚锦赛	冠军	王 非
2002	第14届世锦赛	第12名	王 非
	第14届亚运会	亚军	
2003	第22届亚锦赛	冠军	蒋兴权
2004	第28届奥运会	第8名	哈里斯

（信息来源：中华全国体育总会网）

◎榜四、中国女篮历届大赛成绩（1974–2004）◎

时 间	赛 事	名 次	主 教 练
1974年	第7届亚运会	第3名	胡利德
1976年	第6届亚锦赛	冠军	胡利德
1978年	第7届亚锦赛	亚军	胡利德
	第8届亚运会	亚军	胡利德
1980年	第8届亚锦赛	亚军	胡利德、程世春
	第22届奥运会资格赛	第10名	胡利德、程世春
1982年	第9届亚锦赛	亚军	杨伯镛
	第9届亚运会	冠军	杨伯镛
1983年	第9届世锦赛	第3名	杨伯镛
1984年	第10届亚锦赛	亚军	杨伯镛
	第23届奥运会	第3名	杨伯镛
1986年	第11届亚锦赛	冠军	张大维
	第10届亚运会	冠军	张大维
	第10届世锦赛	第5名	张大维
1988年	第12届亚锦赛	亚军	吕长新
	第24届奥运会	第6名	吕长新
1990年	第13届亚锦赛	冠军	吕长新

时 间	赛 事	名 次	主 教 练
1992年	第11届亚运会	亚军	吕长新
	第11届世锦赛	第9名	吕长新
	第14届亚锦赛	冠军	李亚光
	第25届奥运会	亚军	李亚光
1994年	第15届亚锦赛	冠军	陈道宏
	第12届亚运会	第3名	陈道宏
	第12届世锦赛	亚军	陈道宏
1995年	第14届亚锦赛	冠军	陈道宏
1996年	第26届奥运会	第9名	陈道宏
1997年	第17届亚锦赛	第3名	朱家志
1998年	第13届亚运会	亚军	马跃南
	第13届世锦赛	第12名	马跃南
1999年	第18届亚锦赛	第4名	马跃南
2001年	第19届亚锦赛	冠军	宫鲁鸣
2002年	第14届世锦赛	第6名	宫鲁鸣
	第14届亚运会	冠军	宫鲁鸣
2004年	第28届奥运会	第9名	宫鲁鸣

（信息来源：中华全国体育总会网）

三、乒球羽球篇

◎榜一、中国乒坛名将◎

1.马　琳

在马琳获得世界杯冠军后，人们都说世界乒坛已经进入"马琳时代"。而马琳并不这么认为。事实上，综观当今乒坛，特别是马琳在2004年乒联职业巡回赛总决赛上第一轮的意外出局，让人们看清了现在的男乒格局——十分动荡的时代。在这样一个时代，人们对他的期待就更高些。

2.王　楠

王楠7岁进少儿体校，12岁进省体校，13岁进辽宁队，15岁进国家队。技术特点：左手横握球拍，弧圈球结合快攻打法。王楠心理素质好，情绪稳定，处理球恰到好处，善于调节击球的节奏。抢拉弧圈球旋转强，落点好，快攻有章法。

3.王励勤

王励勤6岁开始打球，1991年进省队，1993年进国家队。技术特点：右手横握球拍，两面弧圈结合快攻打法，技术全面，但心理素质不过硬。王励勤在中国乒乓球队中是一员老将，在过去的比赛中，基本上获得了所有能够获得的冠军，是2004雅典奥运会中国乒乓球队征战的主力干将。虽然技术全面，身经百战，但是王励勤的心理素质却没有因为经历的丰富而获得提高，在2003年世界乒联巡回赛总决赛的比赛中第一轮就出局。

4.张怡宁

张怡宁，这个1999年荷兰世乒赛的一匹小黑马，而今已经成长为世界乒坛排名第一的女乒选手。纤弱瘦小的张怡宁常常是一脸冷峻，与爱笑的王楠比起来，张怡宁真的是一个"酷女孩"，然而当人们看到她球场上犀利的球风的时候，又都称她为"冷面杀手"。

5.孔令辉

孔令辉属于典型传统直拍快攻结合欧洲横拍进攻型打法，两面拉弧圈，稳中见狠，有极好的战术素养。右手横握球拍，弧圈球结合快攻打法，正手抽杀力量大。他球感好，球速快，善打多回合，能够在相持中偷袭变线，整体技术全面。当自己昔日队友刘国梁成为中国乒乓男队主教练的时候，孔令辉这位乒坛老将成为中国乒坛的领军人物，丰富的大赛经验是他的财富，在球队中极富威望的他是这个球队中稳定军心的关键人物。孔令辉还将为中国乒乓球运动做出自己的贡献。

6.李　菊

李菊7岁开始练乒乓球，1986年进少体校，1990年进江苏省队，1991年入选国家青年队，1992年入选国家队。技术特点：右手横握球拍，弧圈结合快攻打法；正反手均能拉弧圈球，而且有高质量的旋转和速度。辉煌时期的李菊一度占据世界女乒的第二把交椅。而由于身体素质的限制，伤病的困扰，无法适应国家队的大运动量训练，李菊于2001年离开国家队。经过一年多的休整，李菊的伤情明显好转，无法割舍对乒乓球的感情，2003年复出重返乒乓球国家队，从而开始了二次创业。此次回归，李菊发挥出色，逐渐恢复状态，成为绝对的主力。蔡振华对李菊寄予厚望，希望李菊能做国家女乒带头人。

7.刘国正

刘国正6岁开始打球，1991年进省队，1994年进国家二队，1995年进入国家一队。右手横握球拍两面反胶，弧圈结合快攻。技术特点是发球好，前3板技术比较突出，相持能力强，是一名实力派选手。刘国正的特点是心理素质好、敢打敢拼，经常能在大赛中发挥出水平。

刘国正的座右铭是：人生能有几回搏，此时不搏待何时？这种拼搏的精神将激励刘国正在未来的发展道路上创造辉煌！

8.牛剑峰

牛剑锋5岁开始打球，1993年进入省队，1996年进入国家队。右手横握球拍，两面弧圈打法，是中国队后起之秀中的佼佼者。

在2003国际乒联职业巡回赛总决赛中，牛剑锋战胜张怡宁获得自己职业生涯中首个重要的单打冠军头衔。赛后，牛剑锋表示自己在此前的国际重大赛事上从未染指过女单冠军，这次胜利可能成为职业生涯中的重要转折点。尽管这次战胜了师姐，但自己在技战术及实力上与张怡宁、王楠仍存在一定的差距。是的，在人才杰出的中国乒乓球队中要有一番作为，牛剑锋还需要更多的努力。

9.王　皓

王皓出身乒坛"豪门"八一队，王涛、刘国梁、马琳是他的同门师兄。王皓20岁不到，就从"小的一批"中脱颖而出，风头直逼一些老队员，显露出峥嵘的王者之气。

王皓右手直握球拍，快攻结合弧圈打法。技术全面，打法稳中带凶，正手抢拉、抢攻意识强。作为直板选手，他的反手直拍横打技术已经日臻完善、运用娴熟，有很强的杀伤力。他与德国的波尔、中国台北的庄智渊被认为是未来世界乒坛最具潜力的"三大新星"。

10.郭　跃

喜欢玩具刀枪玩弹玻璃球，加之小平头，郭跃被戏称为"假小子"，而正是这小小的郭跃，在教练眼中，她很可能成为中国乒坛第二个邓亚萍、第二个王楠。

郭跃打法符合"女子打法男性化"

的国际乒坛的发展走势。同王楠相比，郭跃更习惯先发制人、每每抢招在前，而且她进攻的成功率相当高，虽出招凶狠却稳而不乱，多次战胜王楠已初显"一代新人换旧人"的图景。

11.陈 杞

陈杞1990年进入南通业余体校，12岁入选江苏省队，1999年入选国家二队，2002年10月进入国家一队。左手横握球拍，两面弧圈球打法，正手杀伤力强，球风凶悍。

（信息来源：南方网）

◎榜二、中国羽坛名将◎

1.林 丹

林丹左手握拍，以拉吊突击为主打法，进攻意识强，场上速度快，进攻落点好，攻击犀利，步伐灵活，扣杀较具有威胁。教练钟波曾说，林丹具有成为一名世界高手的气质。国家羽毛球队总教练李永波也曾感叹林丹将是中国羽毛球未来第一男单最有力的争夺者。

昔日青涩的林丹如今已经霸气十足，连续夺冠让国际羽联也不吝将"超级丹"的称号给予了这个20出头的中国青年，连续稳坐国际羽联男单排行第一多日的林丹成为中国羽毛球男队重夺汤姆斯杯的重要砝码。2004雅典奥运更为林丹提供了证明自己的机会。

2.陈 宏

陈宏右手握拍，技术纯熟，是一名典型的技术型选手，2004年状态逐渐稳定，已经是中国男子单打选手中举足轻重的人物。不足之处是在关键时刻信心容易动摇。

3.周 蜜

周蜜9岁半才开始持拍，两个月后进入广西省队。她右手握拍，动作耐看而实用，在与对手周旋中，她善于捕捉对方的漏洞，不论对手是谁，敢于实施进攻。技术特点是拉吊突击型打法，技术较全面，网前球较细腻。周蜜与龚睿娜是目前中国女子单打项目上的领军人物，曾多次排名世界第一。

4.鲍春来

鲍春来来自湖南，身高臂长，动作灵活，打球悟性较高。2000年在广州举行的世青赛上，他一路过关斩将勇夺男单冠军，被选入国家一队。在汤仙虎和钟波两位教练的精心调教下，鲍春来在国家队又有了长足进步，开始在一系列国际比赛中崭露头角。汤姆斯杯赛前，他的世界排名一跃升至第二，被中国队选入汤姆斯杯阵容，成为第二单打。

在中国队教练眼中，鲍春来虽然技术水平提高较快，具备了较强的竞争力，但比赛经验欠缺，心态仍显稚嫩，临场发挥起伏较大。

5.张 宁

张宁右手握拍，是和叶钊颖同期的羽毛球国手。自1994年就已经开始代表中国出战尤伯杯。1996年夺得了奥运会女单银牌，2004年夺得了奥运会女单金牌，在将近10年的时间里一直活跃在国际羽坛。

她在2002年韩国公开赛上先后战胜夙敌马尔廷和新锐龚睿娜，在女单比赛中夺冠，并重新登上世界排名第一的宝座，可谓女子羽坛的一棵常青树。张宁凭借其稳定的发挥和超常的毅力得以再次入选2002年中国队征战尤伯杯阵容。

相对戴韫、龚睿娜等侧重技术型打法的选手而言，张宁更富攻击性和杀伤力。

6.夏煊泽

夏煊泽1989年11月入选浙江队，1996年2月入选国家队。技术特点：右手握拍进攻型。

在2000年3月举行的全英公开赛和瑞士公开赛上，夏煊泽两夺男单桂冠，成为当时中国羽毛球队最引人注目的新星，并顺利代表中国参加了悉尼奥运会，夺得铜牌。

夏煊泽在奥运会上的成绩一度低迷，但从2001年下半年开始强力反弹，连夺国际羽联大奖赛总决赛和超级联赛男单冠军，世界排名稳居前三，已经成为孙俊、董炯之后中国男子单打的领军人物。

夏煊泽的缺点是比赛经验、自信心及临场应变能力等方面还有所欠缺。但他的优点也很突出，能拼能磨，意志坚强，主教练汤仙虎称赞他"打球能豁得出去，靠着这股子不服输的拼劲与韧劲，终能成大器。"

7.龚睿娜

龚睿娜8岁进入有"羽毛球摇篮"之称的安化市业余体校，1992年进湖南省队，1996年5月进国家二队，1998年进国家一队。龚睿娜先天条件不错，身体素质好，右手握拍，打法属于拉吊突击型。比赛中多以主动进攻为主，往往能在突击进攻中几拍内将对手压制住。优点是技术全面、步伐灵活、球路刁钻，弱点是力量和耐力还不够强。1999年5月，龚睿娜首次参加世界锦标赛便获得了女单第三名的好成绩，但直到2001年世锦赛，龚睿娜才夺得首个女单世界冠军。她是当前中国羽毛球队女单绝对主力之一。

8.谢杏芳

主要战绩：

2004中国公开赛女单冠军；

2004年尤伯杯冠军，中国公开赛冠军，韩国、全英公开赛八强；

2003年中国公开赛四强；

2003年印尼公开赛冠军；

2003年日本、全英公开赛女单亚军；

2002年中国、丹麦、新加坡、马来西亚公开赛女单四强，印尼公开赛女单八强；

2000年亚锦赛女单冠军；

1999年中国香港公开赛女单冠军；

1998年世青赛，与张洁雯合作，获女双冠军。

（信息来源：南方网）

四、雅典奥运篇

中国代表团在雅典奥运会上树立的丰碑，无疑是2004年中国体育史上最为厚重的一笔。中国军团在雅典所获的32块金牌超越了2000年悉尼奥运会的28块，所获63块奖牌也打破了上届59块的纪录。中国军团首次超越老牌劲旅俄罗斯，居金牌榜第二位，并紧追位居第一的美国。

◎榜一、雅典奥运中国十大明星◎

1.刘　翔

项目：田径

成绩：男子110米栏冠军

依据：刘翔为中国赢得了第一枚男子田径的奥运会金牌。他以平世界纪录的成绩（12秒91）获得男子110米栏冠军，突破了欧美运动员在男子短距离径赛项目上的统治地位，为中国乃至亚洲赢得了荣誉。

2.中国女排

项目：排球

成绩：冠军

依据：继2003年夺取阔别17年的世界冠军后，中国女排20年后又站上了奥运会的最高领奖台。这标志着中国女排已重回世界之巅。

3.姚　明

项目：篮球

成绩：集体第八名

依据：姚明作为中国男篮的核心，在每一场比赛中都起到了难以替代的作用。作为中国社会的新时代偶像，作为在NBA最有影响力的中国球员，国际球星姚明在让外国人正确认识中国方面所起的作用非常显著。

4.罗雪娟

项目：游泳

成绩：女子100米蛙泳冠军

依据：这位20岁的世锦赛冠军尽管到雅典后身体状况并不好，但仍为中国队夺得了阔别8年的奥运会游泳金牌。

5.李　婷／孙甜甜

项目：网球

成绩：女子双打冠军

依据：她们在奥运会上获得冠军是一个奇迹，是落后项目在奥运会上的一次突破，也创造了中国人在力量与技术相结合的网球项目上突破“欧美人防线”的辉煌历史。

6.张怡宁

项目：乒乓球

成绩：单打和双打冠军

依据：在和王楠夺取双打金牌后，又在单打决赛中夺冠，为中国体育代表团获得了自1984年以来的第100枚夏季奥运会金牌。她已成为中国女子乒乓球队新的领军人物。

7.郭晶晶

项目：跳水

成绩：3米板个人和双人赛冠军

依据：在双人赛中，她和吴敏霞一起为中国跳水队的雅典之行赢得梦幻般的开局；在个人赛中，她又以能够写进教科书的完美表现夺取冠军。从而证明自己是中国跳水女队新的领军人物。

8.孟关良／杨文军

项目：皮划艇

成绩：男子双人划艇500米冠军

依据：孟杨组合在搭档不足一年的时间里取得了质的突破，在皮划艇这个欧美传统强项中，为中国代表团夺得第一块皮划艇奥运会金牌，这也是中国代表团水上项目的第一枚奥运金牌。

9.王　旭

项目：摔跤

成绩：女子72公斤级冠军

依据：学习摔跤两年就获得亚锦赛冠军，6年后成为奥运会冠军。在中国代表团夺取奥运会金牌的项目里，从此又多了摔跤。

10.唐功红

项目：举重

成绩：75公斤以上级冠军

依据：她在比赛中绝地反击，在最后一次挺举时猛然提高10公斤，去冲击比世界纪录还高7.5公斤的重量，一举打破挺举和总成绩两项世界纪录，让中国女举完美收山。

（信息来源：新华社）

◎榜二、五大最有成色金牌◎

1.刘　翔：男子110米栏金牌

田径无论对于亚洲还是中国代表团来说都是一个配角，特别是短距离径赛，基本上都是欧美人的天下。21岁的刘翔在奥运会上的出色表现向世人证明了中国人同样在短距离径赛上有发展的前途。

刘翔的成功源于其不断参加世界高水平的比赛，这也与国内其他选手以练代赛不同，他是以赛代练，经常与欧美高水平的选手同场竞技，因此成绩上升得非常快。12秒91的成绩平了11年前的世界纪录，虽然刘翔本次只是平了世界纪录，但当年杰克逊比赛时赛场风速达0.5级，而刘翔夺冠军时赛场风速不过0.3级，刘翔的成绩显然更有说服力。

刘翔的这枚奥运金牌也是亚洲代表团在奥运会上第一枚短距离径赛金牌，这不仅是对中国而且对于亚洲其他国家来说也看到了发展短距离径赛的前途。这枚金牌应该是中国代表团在奥运会上成色最足的一块。12秒91平世界纪录的成绩应该说是刘翔实力的体现。

2.中国女排：奥运会金牌

20年前洛杉矶奥运会，中国代表团解放以后第一次以奥委会成员的身份参加奥运会。那时候中国女排在决赛中战胜美国队向全世界证明了自己的实力，也向全世界展示了中国体育的面貌。如果说1984年洛杉矶奥运会女排第一次夺冠是中国体育向世界强队所迈的第一步，那么在雅典奥运会上中国女排时隔20年再次夺得奥运会金牌应该说是中国体育向最高级别冲击的一个开始。

从雅典奥运会上来看，传统的欧洲强队综合实力有所下降，老牌劲旅包括美国、俄罗斯、德国都创造了奥运会上成绩较差纪录。而像中国、日本等亚洲代表团向第一集团发起了冲击，大洋洲的澳大利亚凭借其优势项目也在第二集团站稳了脚跟。可以说现在全世界的体育正在酝酿新一轮的洗牌，而中国在这次洗牌中显然占据了有利的地位。

在奥运会前中国代表团是抱着为北京奥运会做热身的想法出征的，大量的年轻队员出现在赛场上，虽然也有失误出现，但年轻队员还是给了我们许多的意外惊喜。中国女排时隔20年后重夺奥运会金牌应该说给中国体育开了个好头，希望中国体育能借助新女排精神努力做好年轻队员的培养工作，争取在2008年的北京奥运会上能够超过美国登上体育巅峰的位置。

3.孙甜甜/李　婷：网球女双金牌

与中国传统的优势项目相比，网球同样是个配角。奥运会前谁都没有想到来自中国的一对“丑小鸭”能够最终站到网球女双的金牌领奖台上。

奥运会网球分组揭晓的那一刻，包括孙甜甜和李婷在内的许多人都认为是支下下签，她们只能为荣誉而战。大威和她的妹妹小威是上届奥运会女双的冠军，虽然小威因故没有参加奥运会而改由鲁宾与大威搭档，但这对配合的实力应该说远远在孙甜甜和李婷之上。但首轮比赛孙甜甜和李婷面对大威和鲁宾的配合毫不畏惧，超水平发挥了自己平时的训练水平，她们成功抓住鲁宾和大威配合生疏的软肋，一举淘汰美国网球女双的头号热门人选。

应该说首轮的获胜给了孙甜甜和李婷极大的信心，她们再接再厉杀入最后的决赛。面对西班牙的马丁内兹和帕斯奎尔，孙甜甜和李婷抓住了马丁内兹这一软肋，非常坚决地打这一点。当最后一个球——这两位姑娘网前漂亮狠准的高压球为她们拿到了最后一分，中国网球选手也第一次登上了奥运会网球金牌的领奖台。

孙甜甜和李婷奥运会夺金牌对于中国目前的网球运动应该说是个极好的推动，我们队员目前的水平只能参加一些低水平的巡回赛事。我们的网球界应该抓住这次奥运会夺金的机会，加大对好苗子队员的培养，争取使中国网球在今后几年上一个新台阶，我们也期望在2008年北京奥运会上中国网球重现雅典的辉煌。

4.孟关良/杨文军：双人皮划艇金牌

孟关良和杨文军在雅典奥运会上为中国代表取得历史上的第一枚皮划艇金牌应该是中国“119工程”一个最真实的体现。

2000年悉尼奥运会上，中国代表团在田径、游泳和皮划艇3项金牌大户中只夺得一枚金牌。这使得中国体育界下定决心一定要在这几个金牌大项上做足功夫，这就是中国体育界在这4年以来所做的“119工程”。中国体育界4年的努力没有白费，在雅典奥运会上刘翔、邢慧娜和罗雪娟先后获得田径和游泳金牌后，孟关良和杨文军的夺冠为“119工程”划上了圆满的句号。

应该说孟关良和杨文军的成功是中国水上项目的一个历史性的突破，在今后4年中我们应该相信中国会在这个项目上加大投入，争取在2008年奥运会上的皮划艇运动中有更出色的表现。

5.罗雪娟：女子100米蛙泳金牌

与游泳实力强劲的日本队相比，中国代表团在奥运会游泳项目的表现应该说并不尽如人意，作为中国游泳队的领军人物，罗雪娟承受着别人难以想象的压力。

在预赛中罗雪娟有意保存了实力，预赛只是以第七名的成绩进入到决赛，这种战术使澳大利亚的琼斯掉进了陷阱。当决赛开始后人们都将目光锁定在四、五、六道的选手时，罗雪娟在第一道爆发了她开赛以来最强的力量，1分6秒64的成绩让琼斯望尘莫及。

罗雪娟在100米的蛙泳夺魁后有意放弃200米的蛙泳，参加中国另外一个有夺金实力的女子4×100米混合泳接力决赛，不过结果并没有如她所愿，中国队与奖牌失之交臂。

1984年出生的罗雪娟应该说在今后很长时间内会成为中国游泳军团的领军人物，通过雅典奥运会的表现我们可以相信，罗雪娟在2008年的北京奥运会上会有更加出色的表现。

（信息来源：南方网）

◎榜三、五大最有成色银牌◎

1.男子重剑王磊

中国男子重剑的希望之路由雅典开始，而这条路是王磊用手中剑硬生生劈出来的。“于无声处听惊雷”，当王磊凭借手中剑挑下男子重剑个人银牌时，意外的反而不是欧洲的传统剑士们，而是中国击剑队自己。男子重剑是公认的软肋，而王磊的剑却突然寒芒毕露，完成了本不可能的任务。赛前王磊仅仅列为奥运会27号种子，世界排名也只有第56位，但是比赛时他却如脱缰野马，一路过关斩将，甚至屡屡上演大逆转好戏；1/4决赛一剑险胜更是证明王磊具备一名剑手成功必备的心理素质。相信23岁的王磊有能力挑起2008年北京奥运中国重剑的领军重担，2008年或许就是他功成名就之时。

2.米氏帆板殷剑

2004年夏，雅典的碧波之上，最耀眼的中国人无疑是殷剑了。殷剑的优势是在中小风下能发挥出最佳水平，奥运帆板比赛后几轮恰恰几乎都是在中小风的条件中进行。不过中国队时隔12年重新收获的沉甸甸的银牌来得一点也不侥幸，与海浪、海风做着无休止的斗争使得殷剑一直伤病不断，甚至摔断过大腿；毒辣的烈日也让她失去了娇嫩的皮肤，她却始终没有退缩过，她的坚毅和自信是在大自然中一丝丝地锤炼而成的。虽然倒数第二轮的一次碰撞致使她与金牌擦肩而过，而开朗的殷剑望着闪着洁白光辉的银牌笑得依旧灿烂，因为她已经证明了自己。

3.女子射箭团体

当亚特兰大银牌得主何影在个人赛1/4决赛含泪射出最后两箭的刹那，失去的仿佛不仅仅是个人赛的机会，甚至威胁到了团体的比赛，何影和其他队员的心态将会如何呢?中国的女箭手们粉碎了人们无谓的担忧，她们一路杀进了最后的决赛。“梅花香自苦寒来”，数年如一日的抽箭、搭箭、发箭，女箭手们终于用自己的心血迎回了一枚银牌，而且与所有选手几乎从小学一年级开始就练习射箭的韩国队仅仅相差一环。“期待2008年夺冠” 领军人物张娟娟的豪言壮语仍在耳边萦绕，有心敢为，射穿韩国“梦之队”的不败神话将不再遥远。

4.自行车江永华

“老骥伏枥，壮心不已”，在女子场地500米计时这个展示爆发力和体能的项目中，31岁的江永华以出乎所有人意料的34秒112打破了奥运纪录，成为中国第一位夺得奥运会自行车银牌的选手。以0.16秒落后于世界冠军——澳大利亚的安娜·米尔斯，但是这个成绩已经是江永华近两年来的最好成绩。在奥运会这个压力远远大于一般世界大赛的场合，江永华能够超越自己更为难能可贵。更让人感动的是，获得银牌后江永华动情地说：“选择复出，是我对这项运动的热爱，为了这块牌，过去的种种磨难都是值得的!” 因为热爱，一度退役的江永华义无反顾地选择复出；因为热爱，已过黄金年龄的江永华创造了奇迹。

5.男子花剑团体

雅典奥运会，中国男子花剑队在团体决赛中再次遇上了“男花梦之队”意大利。2003年世锦赛的惨败历历在目，“三剑客”的雄心壮志犹存。决赛中中国剑客的灵逸洒脱表现得淋漓尽致，每一剑都是那么的至情至性。但是他们的手中剑可以连续7次刺中对手，却无法斩断裁判的“黑手”。奖牌的成色已经不是衡量胜负的标准，“三剑客” 的心胸也远非输赢可以丈量。当对手都为他们抱不平时，银牌的耀眼也大大掩住了金牌的色泽。

(信息来源:南方网)

◎榜四、中国雅典奥运十大悲情◎

作为曾风光无限的强者，万夫莫当的英雄，或者年少得志的雏鹰，他们一度被视为卷起奥运“中国风暴”的希望；或者因为发挥失常，或者因为运气不济，或者因为裁判因素，他们意外地折戟奥运沙场。16日弹指而过，国歌频频奏响，国旗飘飘升起的欣喜，也无法冲淡那最深处的阵阵心酸。

1.彭　勃/王克楠

相信当带着十二分的优势走上踏板的时候，彭勃和王克楠已经看见了金牌的光芒，甚至听见了奏响的国歌。但是，奥运跳水史上最不可思议的一幕发生了：王克楠在走板的时候出现了失误，导致落水，裁判判定成绩为零分。几乎到手的金牌化为乌有，这个曾经练习过无数次的动作留给了两个年轻人无法弥补的遗憾；这次失利无疑将成为这两个年轻人，尤其是王克楠挥之不去的梦魇。希望再经几年的磨练，北京能成为他们凤凰涅槃之地。

2.杨　威

雅典奥运会上，一脸坚毅的杨威用自己的行动兑现着自己的诺言。热血杨威考虑的已不仅仅是用奥运金牌洗去“千年老二”的“歪名”，相信他的心中更渴望的是为男子团体中惨败的中国队正名。单杠——这个全能运动员最容易出差错的项目，埋葬了杨威夺取第一的雄心。欣慰的是饱经挫折的杨威已经能够看淡胜负，而“悲情王子”也永将是体操迷们心中的无冕之王。

3.男子花剑

目睹祖国成绩大滑坡的男子花剑“三剑客”毅然重披战袍，并带领中国队杀回了奥运男子花剑团体决赛。不幸的是决赛中的一幕幕让"三剑客"仿佛回到了1999年的世锦赛、2000年的奥运会,当时的"黑衣裁判"玷污了神圣的剑的光辉;而今天,他们的手中剑仍然只能刺中对手,而无法斩断那"黑幕"。失利在意料之中,失利的方式却无疑在"三剑客"内心最深处的伤痕上再刻上一刀。

4.体操男团

悉尼奥运会和世界锦标赛双料冠军,奥运赛前被冠以"梦之队"美誉的中国男子体操队,仅仅获得男子团体决赛的第五名,爆出雅典奥运会体操比赛的第一大冷门。邢傲伟自由体操、跳马两项出场两次失误;滕海滨四次亮相三次重大失误;体操队员们仿佛得了传染病,接连出现让人意料不到的心痛场面。团体决赛最后留给我们的只有这一张张曾经灿烂欢笑的陌生的脸。从悉尼到雅典,中国男子体操队从飘上九天到狠狠摔回地上。

5.占旭刚

当占旭刚第三次抓住157.5公斤的杠铃时,所有人都屏住了呼吸,再次失利意味着占旭刚的立刻出局,一代英雄的奥运谢幕演出这样收场太残忍了。但残酷的一幕依旧上演了,两届奥运冠军、中国人心目中最高大的"力士",倒在了刚刚起步的地方。

6.林　丹

充满激情的进攻和永不削减的斗志曾是"超级丹"的两记"重拳"。正当人们希望林丹为中国卫冕奥运男单冠军时,初次亮相的"超级丹"却全然没有了从容、镇定和霸气,步法沉重,失误不断。失去了对节奏控制的林丹陷入了越失误越急躁、越急躁失误越多的"怪圈",就这样完全失去自我地输掉了比赛,爆出了羽球赛场上最大的一个冷门。

7.孔令辉/王　皓

一片质疑声中,孔令辉/王皓组合取代了悉尼奥运男双冠军王励勤/阎森踏上了雅典奥运的征程。从名单公布的那一刻起,巨大的压力就笼罩着孔王二人,留给他们的是非胜不可的华山一条路。失利后的孔令辉下场时冷静得近乎冷漠,竞技体育不成功便成仁的道理他早已明白。肩负重压的他或许早已预料到这一刻,但是这一刻不幸在刚刚踏上奥运赛场就上演。酸甜苦辣,个中滋味只有这位早已功成名就,却仍然渴望挑战自己的"全冠王"自己心中明白。

8.李　卓

这曾是一枚被认为是最稳当的金牌,而且李卓举起的总重量也是自己在国际大赛中的最好成绩,可是,"板上钉钉"的冠军还是飞了。"半路杀出的程咬金"是泰兰,奥运会前根本不被列为主要对手的土耳其选手,她以抓举97.5公斤、挺举112.5公斤的成绩,硬生生地从中国女举手中分走了一枚金牌。虽然裁判在比赛过程中有偏袒泰兰之嫌,但是抓举、总成绩双双打破中国选手保持的世界纪录足以证明李卓输得虽然意外,但却绝不冤枉。

9.何　影

作为雅典奥运射箭场上最让人难忘的镜头,亚特兰大银牌得主何影在个人赛1/4决赛含泪射出最后两箭的刹那将长留我们脑海。即使连续被判两个零分,连教练都强烈要求何影罢赛,但是基于奥林匹克精神,何影依然坚持含泪射完余下的两箭。

10.陶璐娜

如果说陶璐娜没能卫冕不奇怪的话,预赛仅仅排在倒数第四,绝对是一大冷门。陶璐娜溃败的理由不外有压力大和情感因素两者,但以此为由责备陶璐娜也不公平。不过,一个优秀的枪手应该懂得调节压力,找到感情和比赛的平衡点,显然陶璐娜做得还不够。

(信息来源:南方网)

五、综合篇

◎榜一、2004十佳运动员◎

1.刘　翔:上海田径(110米栏)运动员

刘翔为中国夺得了第一枚男子田径的奥运会金牌,成为2004年中国体育当之无愧的"第一人"。他以平世界110米栏冠军的成绩,打破了欧美运动员在男子短距离径赛项目上的垄断地位,为中国乃至亚洲赢得了荣誉。2004年11月21日,他被授予第15届"中国十大杰出青年"称号。

2.张怡宁:北京乒乓球运动员

在2004年的雅典奥运会上加冕乒乓球女子单打和双打的双料冠军,在2004年10月举行的世界杯乒乓球赛上击败队友王楠,荣膺女单冠军,从而成为中国女子乒乓球队新一代的领军人物。

3.姚　明:上海篮球运动员

姚明是当今NBA最有影响力的中国球员。作为休斯敦火箭队的主力在雅典奥运会上,姚明发挥比较稳定,帮助中国男篮杀入八强。

4.杜　丽:山东射击运动员

在2004年雅典奥运会女子10米气步枪决赛中,杜丽上演大逆转,最后一枪反败为胜,为中国奥运军团获得首金,同时这一成绩也创造了新的奥运会纪录。2004年9月她被授予"中国青年五四杰出贡献奖章"。

5.罗雪娟:浙江游泳运动员

在2004年雅典奥运会女子100米蛙泳决赛中,两届世锦赛该项目冠军罗雪娟以1分6秒64的成绩捍卫了世界“女蛙王”的荣誉,并且打破了奥运会纪录。

6.孟关良:浙江皮划艇运动员/杨文军:江西皮划艇运动员

在2004年夏天的雅典奥运会上,孟关良与杨文军合作获得男子双人皮划艇500米冠军。他们在搭档不足一年的时间里取得了质的突破,在皮划艇这个欧美传统强项中,为中国夺得第一块奥运会金牌,这也是中国水上项目的第一枚奥运金牌。

7.冯　坤:北京女排运动员

中国女排队长冯坤是当前世界最好的二传手之一,在队内一直起着“定海神针”的作用。在2004年的雅典奥运会上,冯坤率领中国女排在先失两局的险境下绝地重生,连扳3局战胜俄罗斯队,时隔20年再圆奥运金牌梦。

8.郭晶晶:河北跳水运动员

在雅典奥运会上,郭晶晶和吴敏霞搭档获得女子双人3米跳板冠军,为中国奥运军团赢得首枚跳水金牌;在个人赛中,她又以完美的表现夺取冠军,从而证明自己是继伏明霞之后中国跳水女队新的领军人物。

9.张　宁:辽宁羽毛球运动员

2004年5月在雅加达举行的第20届尤伯杯羽毛球赛上,张宁为中国女队蝉联团体冠军立下汗马功劳;在2004年8月的雅典奥运会上,她又为中国奥运军团斩获羽毛球女子单打金牌。

10.唐功红:山东举重运动员

2004年的雅典奥运会上,唐功红不负众望,以抓举122.5公斤,挺举182.5公斤,总成绩305公斤的成绩,一举打破挺举和总成绩两项世界纪录,摘取了女子75公斤以上级的金牌,为中国女举征战雅典画上完美的句号。

(信息来源:新华网)

◎榜二、2004中国体坛风云人物◎

1.刘　翔

刘翔用“梦幻般的一年”来形容2004年,“我知道了很多、经历了很多、学到了很多也提高了很多。希望今后能一步一个脚印向前走,2008年还有4年时间,现在我考虑得更多的是2005年的比赛。”

在鲜花和掌声如潮水般涌向刘翔的时候,这个大男孩的心态颇为平静,“我还是希望做回原来的我,我会坚持训练,也会尽量配合教练,我相信自己的控制能力。”对于可能遇到的伤病或者状态低迷,刘翔表现出超出年龄的成熟。

2.姚　明

2004年的篮球场上,最具人气的明星当然是“小巨人”姚明。而最令人记忆深刻的是在奥运会上中国男篮缺乏斗志时,他的直言相责。好在中国男篮最终获得了奥运八强的席位,其间不但有教练队员的共同努力,也有姚明的高超球技和相责之功。

3.罗雪娟

2004年奥运会上罗雪娟以1分6秒64打破奥运会100米蛙泳纪录,在全球60亿观众的见证下,为中国重夺失去8年的游泳金牌。奥运会后,罗雪娟及时从庆功活动和商业活动中脱身,她把所有的时间奉献给训练,在2004年12月的全国游泳锦标赛上,再次如愿获得金牌。赛后,罗雪娟首次向媒体袒露心声——“我想游到2008,2008需要我,需要我在这个游泳池,不管是自己去完成任务,还是去带动小队员。”

4.申　雪/赵宏博

在由6对世界顶尖双人滑组合出战的世界花样滑冰大奖赛总决赛上,中国的“黄金组合”申雪/赵宏博捍卫了自己的荣誉,蝉联总决赛冠军。并以206.54分的最后得分,首次突破了总成绩200分大关,而136.02分的自由滑得分,再次创造了两个人最好成绩的新纪录。

美国权威的《国际花样滑冰》杂志最近公布了2004年度花样滑冰的各个获奖奖项,姚滨获得了代表最佳教练荣誉的“2004年学院奖”,申雪/赵宏博则拿到了双人滑项目中最有分量的“最佳编排”、“最佳双人滑表演”两项大奖,一对选手同时获得两项大奖还是评奖历史上的第一次。

5.王义夫

王义夫是中国代表团中年龄最大的选手,已经在6届奥运会的征战中获得了2金3银和1铜的出色成绩。

漫长的12年,从巴塞罗那的“巅峰时刻”到亚特兰大的“离魂一枪”,12年的经历让“六朝元老”王义夫,越来越体会到难以言表的酸甜苦辣。12年来,他承载的痛苦与辛酸,压力和品评,恐怕连他自己也说不清楚。

6.杜　丽

夺得雅典奥运会第一金的杜丽22岁,是女子气步枪世界纪录保持者。在奥运会角逐中,她也是所有参赛者中,决赛10发子弹打得最好的一位。杜丽改变了中国女子气步枪无缘奥运会金牌的历史,也将中国女子气步枪项目真正带到了世界顶尖水平。

7.陈　杞

在雅典奥运会一年多以前,陈杞还只是中国乒乓球男队中一个普通的球手,看上去并不比其他人有更多的机会。一年后，陈杞已经是奥运会冠军。单打排名已经升至世界第五。蔡振华说："陈杞短短一年多的时间，从双打到单打，从一个不知名的运动员到世界排名第五。可以说是近10年甚至15年没有过的现象，他在这么短的时间里创造了一个奇迹。"

8.滕海滨

体操团体赛四个项目三次失误，滕海滨给了中国体操男队——这支曾经被称作"梦之队"的队伍一个巨大的意外。

因团体赛的失利，舆论铺天盖地的责备让年纪轻轻的滕海滨承受了常人想象不到的压力。正是在这样的背景下，他咬紧牙关，在鞍马比赛中为中国体操队拿下了本届奥运会的首枚金牌。

9.田　亮、郭晶晶

这两位没有任何电影、电视和音乐作品的奥运会跳水冠军，自从到香港参加了庆功宴之后，他们的名字就开始在娱乐版频繁出现，并且都是娱乐头条。

好在2004年底之前，"亮晶晶"几乎同时回到了久违的跳台上。比起来，应该还是飘散着消毒氯气味道的一池碧波，更令跳水健儿感到亲切，因为这才是"家"的感觉。"回家的感觉真好"，这是一首歌中唱的，也应是田亮、郭晶晶的心里话。

（信息来源：《中国体育报》2004年12月29日）

◎榜三、中国体坛十大富豪◎

1.姚　明（篮球）

自从加入NBA，姚明的收入就一直雄踞国内体育明星榜首。不过，据说姚明自己都不清楚自己挣了多少，大有钱多得数不过来的意思。

广告：美国《商业周刊》统计，姚明每年至少赚得2000万美元。

年薪：400万美元左右

总计：2400万美元

2.刘　翔（田径）

"栏王"刘翔可以说是不鸣则已，一鸣惊人，凭借奥运会上那12秒91，就为他挣来几千万人民币，算下来平均1秒就值上百万，效率之高令人咋舌。

广告：奥运会后分别从文化集团、男士服装、汽车、摩托、饮料、啤酒等广告中获得了1515万人民币，奥运奖励约500万人民币。

总计：2015万人民币

3.郭晶晶（跳水）

作为女运动员，郭晶晶能排进前三很不容易，除了要感谢奥运夺金的东风外，不断传出的绯闻也起到了推波助澜的作用，常在媒体上露脸，身价自然看涨。

广告：分别代言化妆品、饼干等四项广告，奥运奖励为255万人民币。

总计：1205万人民币

4.田　亮（跳水）

田亮凭借在跳台上的出色成绩，以及青春逼人的容貌成为商家的挚爱。奥运会后甚至传出香港英皇集团抛出1000万元的合同，力邀他进军娱乐圈的消息。

广告：分别代言巧克力、运动鞋等，奥运奖励为200万人民币。

总计：900万人民币

5.巴特尔（篮球）

巴特尔在马刺队时的年薪是46.5万美元，从季后赛奖金中又分得10多万美元，又接下了国内两个产品的广告，2004年又新签了NBA的子联盟NBDL，别看巴特尔在NBA的日子是"王小二过年，一年不如一年"，但挣起钱来还是一点都不含糊。

总计：800万人民币

6.孙继海（足球）

即便是在哈恩手下踢不上主力，即便是国家队出不了线，也丝毫影响不到孙继海的收入。虽比不上亨利、范尼这样的大牌明星，但1.2万英镑的周薪比起国内球员还是多出不少。

年薪：约400万人民币（税后）

广告：300万人民币

总计：700万人民币

7.郝海东（足球）

郝海东在体育界的收入是300万人民币，但作为商业人士的收入，没有具体的数据统计。如果把郝海东旗下公司的收入也算进来的话，相信个人收入冲入三甲没有问题。

总计：300万人民币

8.张怡宁（乒球）

据说张怡宁在拍一个饼干广告时曾因为多次NG（no good 不好），而咬了30多块饼干，差点被导演臭骂一顿。不过现在她不必再烦恼了，人凭金贵，作为中国女乒新的领军人物，有一大堆广告排着队等着张怡宁去签，心情不好可随时炒老板鱿鱼。

总计：250万人民币

9.常　昊（围棋）

论棋力，常昊未必是国内第一人，但论收入，国内围棋界比得过他的似乎没有。经过2003年的惨痛失利，常昊在2004年表现出强劲的反弹力，光是打入应氏杯和丰田杯决赛，便让其收入至少在150万人民币以上。再加上国内联赛以及两个广告收入，2004年可谓财源滚滚。

总计：220万人民币

10.张连伟（高尔夫）

尽管比不上"老虎"伍兹，但作为国内高尔夫球第一人，张连伟的收入也不少。据悉，他参加的日训赛平均每年就有25万美元收入。

总计：200万人民币

（信息来源：雅虎体育）

旅
游
榜

引　言

据世界旅游组织透露，中国旅游业2004年名列世界第五。

中国，拥有960万平方公里的辽阔疆域，是一个旅游资源十分丰富的国家：壮丽的山、秀丽的江河湖泊泉瀑、雄伟的古代建筑、奇特的动植物和数不胜数的名胜古迹，可谓自然景观与人文景观交映生辉。众多的世界自然与文化遗产更是闪烁着中国人民智慧和勤劳的光芒。身临其境，置身其中，将会使人感受到从未有过的身心陶醉，领略到中国独具特色的古老与文明。

本期的"旅游榜"分别从城市篇、风景区篇、景点篇、线路篇、旅行社篇、链接篇6个方面对我国的旅游资源做了个"大拼盘"：景色宜人、秀色可餐。我们相信，一向不太爱出门旅行的人看了这个榜单后，也会心旌摇荡，心驰神往。

旅游榜中榜

一、城市篇

◎榜一、2004 中国十大旅游城市◎

1.泉州

泉州是国务院首批公布的 24 座中国历史文化名城之一，文化遗产、名胜古迹星罗棋布，拥有各级文物保护单位 678 处，其中国家级 14 处。泉州是闻名中外的古代“海上丝绸之路”的起点，曾创造过“涨海声中万国商”的历史辉煌，被誉称“东方第一大港”、“光明之城”、“世界宗教博物馆”，留下了大量极为珍贵的“海丝”史迹。“海上丝绸之路·泉州史迹”和“中国泉州南音”已列为申报世界文化遗产项目。联合国教科文组织将全球第一个世界多元文化展示中心定址泉州。历史文化街区中山路的整治与保护项目荣获联合国“2001 年亚太地区遗产保护优秀奖”；总长 28 公里的内沟河整治及排洪排涝工程荣获联合国“国际改善居住环境最佳范例（笛拜）奖”40 强之一。泉州还被评为“国际花园城市”金奖第一名和“全国园林绿化先进城市”。此外，泉州的“文化遗产管理项目”在 25 个国家城市评比中荣获惟一的金奖。

2.大理

被誉为“文献名邦”的大理，是多元文化与自然和谐共荣的乐土，拥有“国家历史文化名城”、“国家级风景名胜区”、“国家级自然保护区”和“中国优秀旅游城市”4 项桂冠。大理历史悠久：远在新石器时代，大理就是白族先民的生息繁衍之地；秦王朝一统中国时，大理就已醒目于国家版图上；西汉武帝时期，汉王朝在大理设置郡县；我国最古老的国际通道——南方丝绸之路和茶马古道穿越大理，把四川的蜀锦、云南的普洱茶运到印度和阿富汗。至今，大理仍是滇西第一大城市。大理文化灿烂：永镇山川屹立千年的崇圣寺三塔、承载大理厚重历史文化的大理古城、茶马古道上惟一幸存的古集市寺登街，以及分布在苍山之麓、洱海之滨的太和城遗址、元世祖平云南碑、佛图寺塔、喜洲白族名居等历史文化遗迹，贯穿了唐、宋、元、明、清，鲜活地见证着大理的发展史。大理风光旖旎：相伴相生的下关风与上关花、交相辉映的苍山雪与洱海月，构成了大理最为浪漫迷人的“风、花、雪、月”四景。大理民俗风情浓郁：白族的服饰、民居、婚嫁、信仰、习俗和节日庆典，都洋溢着浓浓的民族风情。“三坊一照壁，四合五天井”的白族民居古朴清幽；暗喻“风花雪月”的白族服饰明艳轻快……大理古有“妙香佛国”之称。佛教盛行于南诏国后期和大理国，被尊为国教。大理国传世 22 代皇帝中，就有 9 位禅位为僧，这在中国历史上是绝无仅有的。

3.三亚

三亚是海南省南部的中心城市和交通通信枢纽，是我国东南沿海对外开放黄金海岸线上最南端的对外贸易重要口岸，是建设中的国际热带海滨旅游城市。三亚市地处海南岛最南端，古称崖州，历史悠久，源远流长。三亚旅游资源十分丰富，汇集了阳光、海水、沙滩、气候、森林、动物、温泉岩洞、田园、风情等十大风景资源，亚龙湾、天涯海角、南山文化旅游区等首批国家 4A 级景点景区，风景优美，驰名中外。三亚拥有完善的接待能力，年接待能力达 800 万人次，喜来登、凯莱、万象、香格里拉、假日等国际知名品牌酒店纷纷落户三亚。三亚市区环境极为独特，山、海、河三种自然美景集于一地，构成了三亚市特有的自然景观。三亚市区三面环山，面临南海，海湾较多，且众多海湾各有佳景。海上的东、西二岛仿佛是面向南海的一张大门，为宽阔的海面增加了层次感，海雾飘过，两岛掩映其中，平添了几分神秘；漫步沙滩，作为三亚市标志的鹿回头隐约可见。

4.昆山

昆山，东靠上海，西邻苏州，是江苏省的东大门。1989 年撤县设市，下辖 10 个镇和国家级经济技术开发区。昆山，是一座人文荟萃的城市。顾炎武的“天下兴亡，匹夫有责”与联合国教科文组织命名为“人类口头遗产和非物质遗产代表作”的昆曲这朵“幽兰”，一刚一柔成为昆山文化永恒的背景。千年水乡古镇周庄、锦溪、千灯,以其迷人的水乡丰韵，每年吸引着数百万中外游客。昆山环境优美,人均12.7平方米的公共绿地面积,构成了“人在城中、城在园中、园在景中”的城市格局。

5.烟台

烟台地处山东半岛东北部,与辽东半岛及日本、韩国隔海相望。烟台是一座美丽富庶的滨海城市,也是全国首批对外开放的14个沿海城市之一和国家重点开发的环渤海经济匮内的重要城市。烟台地处黄海、渤海分界线。黄海水、渤海潮的世代恩泽,使这里成为胶东半岛独具魅力的仙境城市。烟台的城市风貌因独特而诱人,背靠一道翠绿的弧形山脉,怀抱一湾蔚蓝的大海,依山傍水的烟台景色如画。绝佳的纬度和适宜的湿度,让烟台四季分明、气候宜人,荣获国家“人居环境范例奖”、“国家园林城市” 和 “中国优秀旅游城市”称号。烟台经济因开放而发达,素以地饶人富而名扬四海。烟台黄金产量全国第一,海珍品久负盛名,烟台苹果、莱阳梨、张裕葡萄酒驰名中外。

6.都江堰

都江堰地处四川成都平原西北部,是一座以堰命名的城市。公元前256年，蜀郡守李冰率众建成了享誉世界、被人类称为“活长城”的都江堰水利工程,距此不远处的道教发祥地青城山更是以其博大精深的道教文化、冠绝天下的自然风光而名满全球。都江堰是闻名世界的旅游胜地,在其境内有全国重点文物保护单位芒城遗址、龙池国家森林公园、灵岩仙山等旅游胜地,数不胜数。2000年底，青城山—都江堰被列入世界文化遗产名录,都江堰先后跨入了中国优秀旅游城市、国家重点风景区、国家生态示范区、全国卫生先进城市、全国历史文化名城、全国文化先进市、国家园林城市行列,并荣获“中国首届人居环境范例奖”和“笛拜国际人居环境良好奖”,是一个“山在城中、城在水中、路在绿中、人在花中”的城市。

7.绍兴

绍兴是国务院首批公布的24个历史文化名城之一。有文字记载的历史已有4000多年,若追溯到余姚(原为越属地)的河姆渡文化,则有7000多年的文明史。以古越文化为代表的南方文明,是中华文明最古老的文明之一。绍兴是一座古老的水城，早在范蠡建城时,就有四座城门,33条河道,229座石桥。绍兴城内至今仍保持着完整的水城格局,有河道17条(总长31公里),桥梁110座,其中建于南宋的八字桥,是我国最早的城市立交桥。全市现存形态各异的桥梁1万余座。舜禹遗迹、越国古址、府山越王台、文种墓、飞翼楼、蕺山下的戒珠寺、塔山上的应天塔和观象台等三山园林古迹,使人备增思古幽情;在吕府十三厅及无数古老台门与石桥,你将领略和感受到水乡古城浓厚的文化底蕴;还有陆游沈园、蔡元培故居、鲁迅纪念馆、周恩来祖居、范文澜故居、古越藏书楼……绍兴人杰地灵,有中国第一王朝夏朝的创立者、治水英雄大禹;有为振兴越国,卧薪尝胆的勾践;有东汉杰出的唯物主义思想家、《论衡》的作者王充;有唐代著名诗人贺知章、虞世南、元稹;有大教育家、大学者蔡元培,革命家、政治家周恩来,大文豪鲁迅,“和平老人”邵力子以及著名数学家陈建功、物理学家钱三强、气象学家竺可桢、人口学家马寅初等等。绍兴民俗风情丰富多彩,方言土语、物产服饰、茶馆酒肆、舟船交通、社戏赛会、四时八节、婚丧礼俗等等,现今仍能较为清晰地传承着往日风情的以酒店、酒俗、社戏、“三乌”等最具代表性。

8.桂林

桂林位于广西东北部,是一座享誉世界的风景游览城市和中国历史文化名城。它拥有甲天下的山水风光,悠久的历史文化,多彩的民族风情,一流的生态环境和独具特色的城市风貌。桂林是一个最适合人类居住的城市、一个可以满足现代人多元化旅游需求的国际旅游城市。早在南宋时期,“桂林山水甲天下”就已名扬海内外,以漓江风光和溶洞为代表的山水景观有山青、水秀、洞奇、石美“四绝”之誉。桂林有着深厚的文化底蕴:汉武帝元鼎六年(前111年)设始安县治，建城已有2115年。以甑皮岩为代表的史前文化遗址、以秦代灵渠为代表的古代军事水利文化、以明代靖江王府及王陵为代表的古代藩王文化、以桂海碑林为代表的摩崖石刻和山水诗文文化、以红军长征突破湘江烈士纪念碑园为代表的中国革命文化、以壮、苗、瑶、侗等民族为代表的中国少数民族民俗文化等,构成了“看山如观画,游山如读史”的文化胜境。桂林市国民经济持续快速健康发展。城市环境质量在全国46个重点城市综合考评中连续5年名列第一,全市森林覆盖率66.5%,市区环境空气质量达到或优于国家二级标准。近年先后荣获“全国园林绿化先进城市”、“全国卫生城”、“中国优秀旅游城市”、“全国文化模范城市”、“全国创建文明城市工作先进城市”等称号。桂林注重处理好山水环境保护与经济发展的关系,城市环境整洁,空气清新,市区“千峰环野立,一水抱城流”,独具“景在城中、城在景中”的山水城市魅力。

9.东莞

东莞位于珠江口岸,是岭南文明的重要发源地、中国近代史的开篇地、华南抗日的根据地、改革开放的先行地,是一座充满魅力的现代新城。东莞是岭南古邑,5000年前已有先民渔猎耕织。宋元时期，东莞香市是广东 “四大名市”之一,莞香从香港远销海外,香港因此得名。这里人杰地灵,孕育出了抗金英雄袁崇焕、抗元英雄熊飞、抗英英雄林则徐、抗日英雄蒋光鼐等一批民族英雄,中国金文研究权威容庚等一批思想先哲,岭南画派鼻祖居巢、居廉等一批艺术名人,还有"中国矿藏之父"王宠佑等一批科技精英,以及中国打破世界纪录第一人陈镜开等一批体育明星。东莞曾荣获"全国双拥模范城市"、"全国创建文明村镇工作先进市"、"全国卫生城市"、"全国体育先进市"、"国家优秀旅游城市"等荣誉称号。这里还是著名的粤曲之乡、龙狮之乡、龙舟之乡、举重之乡、全国篮球城市。

10.洛阳

洛阳是国务院首批公布的建都时间最早、历史最长的古都,有4000多年的开埠建城史,先后有13个朝代在这里设国立邦。悠久的历史给这块土地留下了丰富的文化遗产,现有国家级文物保护单位10处、省级69处、市县级571处,出土珍贵文物40多万件。举世闻名的中国三大石窟之一——龙门石窟被联合国教科文组织列入世界遗产名录;佛教传入中国兴建的第一座寺院——千年名刹白马寺,有"释源"和"祖庭"的美誉;北部邙山遗存着东周以来历代王陵形成的中国最大的古墓葬群……在华夏绵延无尽的文明史中,洛阳一直是历代文人墨客大书特书的章节。中华民族最早的历史文献"河图洛书"就出自洛阳,伏羲氏据此画成了八卦和九畴。自此,周公"制礼作乐",老聃著述文章,孔子入周问礼,班固写出《汉书》,司马光著成《资治通鉴》,著名的"建安七子"、"竹林七贤"曾云集此地,左思的《三都赋》,一时使"洛阳纸贵"……以洛阳为中心的"河洛文化"历来就是中国文化的核心。现代的洛阳,市井中仍然保留着厚重的文化氛围,城区内遍布包括河南科技大学在内的五所大中专院校和各级各类学校,人们热爱学习,崇尚知识,志存高远,积极向上,是远近闻名的礼仪之邦。洛阳有群芳之冠的牡丹。牡丹是中国传统名花,自古就有富贵吉祥,繁荣昌盛的寓意,代表着中华民族泱泱大国之风范。洛阳牡丹根植于隋、盛于唐、甲天下于宋。唐代诗人刘禹锡和白居易有诗为证:"唯有牡丹真国色,花开时节动京城"、"花开花落二十日,一城之人皆若狂"。

(信息来源:人民网2004年10月18日)

备注:本次评选活动由中央电视台主办,旨在响应十六大号召,加快推进城市化进程,展示我国城市建设的巨大成就,鼓励城市建设中的创造和个性,弘扬通过城市风貌展现出来的中华文明。

凡中国境内城市,除直辖市、行政特区、副省级城市省会城市外,其他城市均可以参加本次评选活动。评选的依据是城市的历史文化、城市风光、民俗风情、经济情况、精神风貌以及城市建设等方面的综合指标。在活动过程中,中央电视台对通过初赛的40个城市进行介绍展播,对不同城市的魅力进行展示,然后结合专家意见、观众意见和网络投票评选出最后结果。

◎榜二、2004中国十大商务旅游热点城市◎

1.北京

北京作为政治、文化、科技和经济决策中心,是跨国公司总部的首选之城。虽然环境和市政管理都有待提升,但其特殊的地位和奥运会等重大商机带来的价值,仍然让众多商务人士看好其未来。

2.上海

上海既是中国的经济龙头,也是中国与世界经济互动的平台,虽然商务成本较高,但综合优势在国内仍然首屈一指。作为中国经济最具活力的长江三角洲的领军城市,仍有增长潜力可挖。

3.广州

广州是广东省省会,也是全省政治、科技、文化中心。地处该省东南部,珠江三角洲北缘,濒临南海,毗邻香港和澳门,是华南地区区域性中心城市、交通通讯枢纽,是中国的"南大门"。

4.杭州

杭州位于祖国大陆东南沿海、长江中下游平原,北连波光浩瀚的太湖,南滨"天下第一奇观钱江潮"钱塘江,西接千峰凝翠的天目群山,东距南太平洋东海200余公里。这里阡陌交错,江河纵横,素有"鱼米之乡"、"丝绸之府"的美誉。据2000年统计,全市总人口615万,其中市区373万人,有汉、畲、回、满等民族。千百年来生活在江南水乡的杭州人,天资聪慧,勤劳勇敢,朴实温柔,热情好客。

5.深圳

这个年轻的移民城市已成为华南的区域经济中心,拥有极高的经济增长率、人均收入和劳动生产率;政府效率、经济开放度和人居环境也属国内一流。如能紧随香港、广州以及珠江三角洲的变化而重新定位,发展依然值得期待。

6.南京

南京位于中国东部,长江、淮河下游,东临大海,万里长江横穿东西,京航运河纵贯南北,河流纵横,湖泊密布,是著名的"鱼米之乡"。南京是中国七大古都之一,以山水组合、以水见长为特色,湖光山色,交相辉映,构成了一幅幅妩媚动人的立体山水画图;历史文化名城集中,文化遗产丰富,六朝石刻、江南园林、古代遗址、名寺古刹等著名中外。

南京地理区位优越,物产资源丰富,地处长江"金三角"地区,是中国区域经济中的重要城市。南京对外交通四通八达,形成了航空、高速公路、铁路、长江航运的立体交通体系和网路。

7.武汉

素有"九省通衢"之称的湖北省省会武汉位于长江和汉江的交汇处,因唐朝大诗人李白“黄鹤楼中吹玉笛,江城五月落梅花”而又有“江城”的美名。这里四季分明,有着江汉平原典型的自然风光,市内100多处湖泊星罗棋布,数十座山峰蜿蜒其间。这里也是千年荆楚文化的发源地,具有浓郁的楚文化特色,是我国历史文化名城之一。武汉通常被称为“武汉三镇”,“三镇”指的是武昌、汉口、汉阳这三块被长江和汉江隔开的地方。汉口是武汉最繁华最热闹的商业区,也是华中地区商品集散的中心;武昌是武汉高等学府集中的文化区,是武汉现代城市文化的体现;汉阳则是市政府重点发展的开发区,凸现着武汉的未来。武汉的绝大部分景点都集中在武昌和汉阳,向中外游客展现着“江城”风情万种的迷人风采和魅力。

8.成都

成都旅游配套基础设施建设日新月异,目前成都有星级酒店宾馆113家,共有客房15970间。公路、铁路、水运和航空交通十分便利,成都双流国际机场是国家一类口岸机场,可停靠目前世界上最大的客机。成都火车站是成都铁路局管辖内惟一的客运特等站,它是宝成、成渝、成昆、达成等铁路干线的交汇点。成都作为全国45个公路主枢纽城市之一,是全省公路的中心,其干支线公路呈辐射状分布,十分便利。成都是全国八大通信交换中心和全国九大邮政一级处理中心,可与180多个国家和地区、国内600多个城市直接通话。旅游服务机构不断优化,目前有各级各类旅行社240家,其中国际旅行社36家。旅游业正逐步成为全市国民经济的支柱产业。

9.天津

天津是中央四大直辖市之一,简称津,又称津沽、沽上、直沽、丁沽、津门、三津、瀛津等。天津地处我国华北平原的东北部,海河流域下游。它东临渤海,北依燕山,南北长189公里,东西宽117公里,总面积11919.7平方公里。从市中心计算,天津距北京137公里,为首都之门户。“晓日三汊口,连樯集万艘”、“十里鱼盐新泽田,二分烟月小扬州”,这是自元代以来一些文人赞美天津水乡景色的秀丽写下的诗句。作为历史文化名城,天津有丰富的旅游资源。目前,天津已形成了以海河为风景轴线,以文物古迹、革命斗争纪念地为主,自然风景为辅的市中心游览区;以港口、盐场、油田为主、具有海湾特色的塘沽滨海游乐区,以自然风景和名胜古迹为特点的蓟县旅游观光区。

10.青岛

被誉为“东方瑞士”的青岛地处山东半岛东南、胶州湾畔,是中国重要的沿海开放城市之一和华东地区仅次于上海的第二大经济中心城市,全市总面积10654平方公里,总人口695万,其中市区人口227万。青岛依山傍海,风光秀丽,气候宜人。红瓦、绿树、碧海、蓝天交相映出青岛美丽的身姿;赤礁、细浪、彩帆、金色沙滩构成青岛美丽的风景线;历史、宗教、民俗、风土人情、节日庆典赋予了青岛旅游丰富的文化内涵。

青岛还是闻名海内外的青岛啤酒的原产地,游人在这里可以品尝到正宗新鲜的青岛啤酒。青岛作为国家历史文化名城、著名的海滨旅游胜地和首批中国优秀旅游城市之一,旅游设施非常完备,陆海空立体交通网络通达国内外各大城市,到青岛旅游的客人都会度过一个愉快的假期。

(信息来源:e龙旅游网2005年2月22日)

备注:本榜由e龙公司组织评选。e龙公司主要依靠拥有内地220多个城市的2600多家星级酒店的强大数据库进行这项工作的,排名的依据是2004年e龙酒店预订产生的各个城市的“间夜总量”。报告结果显示,2004年中国热点商务旅游城市排名与2003年相比主要表现为:珠江三角洲城市群、长江三角洲城市群和京津唐环渤海湾城市群都取得了不同程度的发展。

二、风景区篇

◎榜一、国家4A级旅游景区(43个)◎

天津(5个)

天津热带植物观光园
天津水上乐园
天津天塔湖风景区
天津盘山风景区
天津蓟县独乐寺

上海(1个)

上海朱家角古镇旅游区

河北(6个)

邯郸娲皇宫景区
临城崆山白云洞旅游区
平山驼梁山风景区
灵寿五岳寨风景旅游区
遵化万佛园景区
保定满城汉墓景区

内蒙(1个)

通辽大青沟国家级自然保护区

辽宁(8个)

沈阳张氏帅府博物馆
沈阳航空博物馆
抚顺雷锋纪念馆
新宾猴石国家森林公园
丹东凤凰山国家风景名胜区
宽甸天华山风景名胜区
宽甸天桥沟国家级森林公园
本溪关门山水库风景区

江苏(2个)

常州亚细亚影视城
连云港渔湾景区

浙江(7个)

绍兴鲁迅故里

杭州双溪竹海漂流景区
杭州东方文化园
建德大慈岩风景区
临安大明山风景旅游区
湖州南浔旅游区
湖州太湖旅游度假区
江西(2个)
景德镇陶瓷历史博览区
婺源江湾景区
河南(2个)
郑州嵩阳书院
濮阳戚城文物景区
湖北(3个)
宜昌西陵峡口风景名胜区
宜昌车溪民俗风景区
宜昌三峡人家风景区
广东(4个)
广州西汉南越王博物馆
广州黄花岗公园
梅县华银雁鸣湖旅游度假区
汕头南澳岛旅游区
四川(1个)
广安邓小平纪念园
云南(1个)
德宏南甸宣抚司署

(信息来源:中国旅游网 2004年12月20日)

备注:本榜依照中华人民共和国国家标准《旅游景区质量等级的划分与评定》,经有关省、自治区、直辖市旅游局推荐,由全国旅游景区评定委员会组织正式评定。

◎榜二、全国红色旅游经典景区◎

(一)北京市

1.天安门广场

2.中国人民抗日战争纪念馆、芦沟桥、宛平城

3.新文化运动纪念馆

4.李大钊烈士陵园

5.中国国家博物馆

6.中国人民革命军事博物馆

7.顺义区焦庄户地道战遗址纪念馆

(二)天津市

1.周恩来邓颖超纪念馆

2.平津战役纪念馆

3.盘山烈士陵园

(三)河北省

1.石家庄市平山县西柏坡红色旅游系列景区

2.石家庄市华北军区烈士陵园

3.邯郸市红色旅游系列景区(晋冀鲁豫烈士陵园、涉县129师司令部旧址)

4.保定市红色旅游系列景区(阜平县城南庄晋察冀军区司令部旧址、易县狼牙山风景区、安新县白洋淀景区、清苑县冉庄地道战遗址、唐县白求恩柯棣华纪念馆)

5.唐山市红色旅游系列景区(丰润区潘家峪惨案纪念馆、乐亭县李大钊故居和纪念馆)

6.邢台市邢台县中国人民抗日军事政治大学陈列馆

7.沧州市献县马本斋烈士纪念馆

8.承德市隆化市董存瑞烈士陵园及纪念馆

(四)山西省

1.长治市红色旅游系列景区(武乡县八路军太行纪念馆、王家峪八路军总部旧址、"百团大战"砖壁指挥部旧址、黎城县黄崖洞革命纪念地)

2.晋中市左权县麻田八路军前方总部旧址

3.大同市红色旅游系列景区(大同煤矿遇害矿工"万人坑"展览馆、灵丘县平型关战役遗址)

4.忻州市红色旅游系列景区(五台县晋察冀军区司令部旧址纪念馆、徐向前故居和纪念馆)

5.吕梁市红色旅游系列景区(文水县刘胡兰纪念馆、兴县"四八"烈士纪念馆、晋绥边区革命纪念馆)

6.太原市红色旅游系列景区(山西省国民师范旧址革命活动纪念馆、太原解放纪念馆)

(五)内蒙古自治区

1.呼和浩特市红色旅游系列景区(乌兰夫故居和纪念馆、武川县大青山抗日根据地旧址)

2.满洲里市红色国际秘密交通线教育基地

(六)辽宁省

1.沈阳市红色旅游系列景区("九一八"历史博物馆、沈阳抗美援朝烈士陵园)

2.抚顺市红色旅游系列景区(平顶山惨案遗址纪念馆、战犯管理所旧址)

3.丹东市抗美援朝纪念馆、鸭绿江断桥景区

4.锦州市红色旅游系列景区(辽沈战役纪念馆、黑山阻击战纪念馆)

5.葫芦岛市塔山阻击战纪念馆

6.大连市关向应故居纪念馆

(七)吉林省

1.四平市红色旅游系列景区(点)(四平战役纪念馆、四平革命烈士陵园、四平烈士纪念塔)

2.白山市红色旅游系列景区(白山市郊七道江遗址、临江市"四保临江"烈士陵园、陈云旧居、靖宇县杨靖宇将军殉难地)

3.通化市杨靖宇烈士陵园

(八)黑龙江省

1.哈尔滨市区红色旅游系列景区(点)(东北烈士纪念馆、东北抗联博物馆、哈尔滨烈士陵园、侵华日军第七三一部队罪证陈列馆)

2.哈尔滨市尚志市红色旅游系列景区(点)(尚志市革命烈士陵园、赵一曼被捕地)

3.牡丹江市红色旅游系列景区(点)(牡丹江市八女投江革命烈士陵园、海

林市杨子荣烈士墓及剿匪遗址、宁安市马骏故居和纪念馆）

（九）上海市

上海红色旅游系列景区（点）（中国共产党第一次全国代表大会会址纪念馆、龙华革命烈士陵园、宋庆龄陵园、陈云故居暨青浦革命历史纪念馆）

（十）江苏省

1.南京市红色旅游系列景区（点）（梅园新村纪念馆、雨花台烈士陵园、侵华日军南京大屠杀遇难同胞纪念馆、渡江胜利纪念馆）

2.江苏新四军红色旅游系列景区（点）（镇江市句容县茅山新四军纪念馆、盐城市新四军重建纪念馆、泰兴市黄桥战役纪念馆、常熟市沙家浜革命历史纪念馆）

3.徐州市淮海战役纪念馆

4.南通市海安县苏中七战七捷纪念馆

5.淮安市红色旅游系列景区（点）（周恩来纪念馆和故居、黄花塘新四军军部旧址、新安旅行团革命历史陈列馆）

（十一）浙江省

1.嘉兴市南湖风景名胜区（中共一大旧址）

2.绍兴市鲁迅故居及纪念馆

3.台州市解放一江山岛战役纪念地

4.温州市浙南（平阳）抗日根据地旧址

5.宁波市浙东（四明山）抗日根据地旧址

（十二）安徽省

1.宣城市泾县皖南事变烈士陵园及新四军军部旧址纪念馆

2.淮北市濉溪县、宿州市萧县淮海战役双堆集烈士陵园及淮海战役总前委旧址

3.六安市金寨县、金安区、裕安区、霍山县和安庆市岳西县大别山红色旅游区（点）（金寨县革命烈士陵园、皖西烈士陵园，独山革命旧址群、红二十五军军政机构旧址、岳西县及金寨县红二十八军军部及重建旧址）

4.芜湖市王稼祥纪念园

5.滁州市藕塘烈士纪念馆及中原局旧址

（十三）福建省

1.福州市福建省革命历史纪念馆

2.龙岩市红色旅游系列景区（点）（上杭县古田会议旧址、毛泽东才溪乡调查纪念馆、长汀县福建省苏维埃旧址、福音医院旧址、县革命委员会旧址、红四军司令部、政治部旧址、中共福建省委旧址、福建省职工联合总工会旧址、瞿秋白烈士纪念碑）

3.三明市红色旅游系列景区（点）（宁化县红军医院旧址、长征集结出发地、北山革命纪念园、泰宁县红军街、建宁县红一方面军总司令部、总前委、总政治部旧址）

4.漳州市毛主席率领红军攻克漳州陈列馆

5.南平市武夷山赤石、大安红色旅游景区

（十四）江西省

1.南昌市红色旅游系列景区（点）（南昌八一起义纪念馆、方志敏纪念馆）

2.萍乡市红色旅游系列景区（点）（萍乡市、铜鼓县、修水县秋收起义纪念地系列景点，萍乡市安源区安源路矿工人运动纪念馆）

3.井冈山市红色旅游系列景区（点）

4.赣州市、吉安市、抚州市、中央苏区政府根据地红色旅游系列景区（点）

5.上饶市上饶集中营革命烈士陵园

（十五）山东省

1.济南市红色旅游系列景区（点）（济南革命烈士陵园、济南战役纪念馆）

2.枣庄市、济宁市铁道游击队红色旅游景区（点）

3.枣庄市台儿庄大战遗址

4.临沂市红色旅游系列景区（点）（蒙阴县、沂南县沂蒙山孟良崮战役遗址，临沂市华东革命烈士陵园）

5.莱芜市莱芜战役纪念馆

6.青岛市海军博物馆

（十六）河南省

1.驻马店市确山县竹沟镇确山竹沟革命纪念馆

2.信阳市红色旅游系列景区（点）（新县鄂豫皖苏区首府革命博物馆、鄂豫皖苏区革命烈士陵园、首府路和航空路革命旧址、将军故里、商城县金刚台红军洞群等、罗山县铁铺乡红二十五军长征出发地）

3.南阳市叶家大庄桐柏英雄纪念馆

4.郑州市二七纪念堂

（十七）湖北省

1.武汉市红色旅游系列景区（点）（江汉区八七会议旧址纪念馆、武昌区毛泽东旧居及中央农民运动讲习所旧址纪念馆）

2.黄冈市大别山红色旅游区（麻城市烈士陵园、红安县黄麻起义和鄂豫皖苏区革命烈士陵园、英山县英山革命烈士陵园、罗田县胜利烈士陵园）

3.湘鄂西红色旅游系列景区（点）（荆州市监利县周老嘴镇湘鄂西革命根据地旧址群、洪湖市烈士陵园）

4.孝感市红色旅游系列景区（点）（大悟县宣化店谈判旧址、新四军五师旧址）

（十八）湖南省

1.湘潭市韶山市毛泽东故居和纪念馆

2.长沙市红色旅游系列景区（点）（宁乡县花明楼刘少奇故居和纪念馆、浏阳市文家市镇秋收起义会师旧址纪念馆、长沙县开慧乡杨开慧故居和纪念馆、岳麓山景区）

3.湘潭市湘潭县彭德怀故居和纪念馆

4.岳阳市红色旅游系列景区（点）（平江县平江起义旧址、汨罗市任弼时故居）

5.郴州市宜章县湘南暴动指挥部旧址

6.衡阳市衡东县罗荣桓故居

7.张家界市桑植县贺龙故居和纪念馆

8.湘西自治州永顺县湘鄂川黔革命根据地旧址

（十九）广东省

1.广州市红色旅游系列景区（点）（毛泽东同志主办农民运动讲习所旧址、广州起义纪念馆和烈士陵园）

2.梅州市梅县叶剑英元帅纪念馆

3.惠州市惠阳区叶挺纪念馆

（二十）广西壮族自治区

1.百色市左右江红色旅游系列景区（点）（红七军军部旧址、乐业县红七军和红八军会师地旧址、龙州县红八军军部旧址）

2.桂林市红色旅游系列景区（点）（八路军驻桂林办事处旧址、兴安县界首镇红军长征突破湘江烈士纪念碑碑园）

（二十一）海南省

1.五指山市五指山革命根据地纪念园

2.海口市琼山区工农红军琼崖纵队改编旧址

3.琼海市红色娘子军纪念园

4.定安县母瑞山革命根据地纪念园

（二十二）重庆市

重庆市红色旅游系列景区（点）（渝中区重庆红岩革命纪念馆、沙坪坝区歌乐山革命纪念馆、开县刘伯承同志纪念馆、江津县聂荣臻元帅陈列馆、酉阳县赵世炎烈士故居）

（二十三）四川省

1.广安市红色旅游系列景区（点）（邓小平故居和纪念馆、华蓥市华蓥山游击队遗址）

2.巴中市、达州市、广元市、南充市川陕革命根据地红色旅游系列景区（点）（巴中市通江县红四方面军总指挥部旧址纪念馆、川陕苏区红军烈士陵园、南江县巴山游击队纪念馆、平昌县刘伯坚纪念馆、达州市万源市万源保卫战战史陈列馆、广元市剑阁县红军血战剑门关遗址、苍溪县红军渡纪念地、南充市仪陇县朱德故居纪念馆）

3.四川红军长征红色旅游系列景区（点）（凉山州会理县皎平渡红军渡江遗址、会理会议遗址，冕宁县彝海结盟遗址、红军长征纪念馆、泸州市古蔺县红军四渡赤水太平渡陈列馆、雅安市宝兴县夹金山红军纪念碑、石棉县红军强渡大渡河纪念地、甘孜州泸定县泸定桥革命文物纪念馆、阿坝州若尔盖县巴西会议旧址、马尔康县卓克基会议旧址、红原县红原瓦切红军长征纪念遗址、小金县两河口会议旧址、松潘县红军长征纪念碑碑园）

4.宜宾市宜宾县赵一曼纪念馆

5.资阳市乐至县陈毅故居

（二十四）贵州省

1.贵州红军长征线红色旅游系列景区（点）（遵义市遵义会议纪念馆、红花岗区红军山烈士陵园，汇川区、桐梓县娄山关景区，赤水市赤水红军烈士陵园，习水县、赤水市、仁怀市风溪渡口红军四渡赤水纪念地，习水县黄皮洞战斗遗址，赤水市丙安红一军团纪念馆，黔南州瓮安县、遵义市余庆县、遵义县和息烽县乌江景区，黔东南州黎平县黎平会议旧址）

2.贵阳市息烽集中营革命历史纪念馆

3.安顺市王若飞故居

（二十五）云南省

1.云南红军长征红色旅游系列景区（点）（曲靖市会泽县水城红军扩军旧址、昆明市禄劝县皎平渡、寻甸县红军长征柯渡纪念馆、丽江市玉龙县万里长江第一湾——石鼓红军渡口、楚雄州元谋县龙街红军横渡金沙江渡口、昭通市威信县扎西会议纪念馆）

2.昆明市“一二·一”四烈士墓及“一二·一”纪念馆

（二十六）西藏自治区

西藏山南地区乃东县泽当镇山南烈士陵园

（二十七）陕西省

1.西安市红色旅游系列景区（点）（八路军西安办事处纪念馆、西安事变纪念馆）

2.汉中市川陕革命纪念馆

3.延安市延安革命纪念地系列景区（点）（延安纪念馆、枣园旧址、杨家岭旧址、王家坪旧址、凤凰山旧址、清凉山旧址、“四八”烈士陵园、洛川县洛川会议纪念馆、子长县瓦窑堡会议旧址等）

4.咸阳市旬邑县马栏革命旧址

（二十八）甘肃省

1.甘肃红军长征红色旅游系列景区（点）（白银市会宁县红军长征会师旧址、甘南州迭部县腊子口战役遗址、陇南市宕昌县哈达铺红军长征纪念馆、定西市岷县“岷州会议”纪念馆、通渭县榜罗镇革命遗址）

2.兰州市城关区八路军驻兰州办事处旧址

（信息来源：新华网 2005 年 3 月 23 日）

备注：本榜和红色旅游精品线均由国家旅游局评选公布。国家旅游局推进“红色旅游”旨在促进中国旅游业更大发展，弘扬民族文化、振奋民族精神，发展、整合各方资源帮助老区人民脱贫致富，推进中西部旅游，进一步增强中国旅游业发展的后劲。

“红色旅游”是指以革命纪念地、纪念物及其所承载的革命精神为吸引物，组织接待旅游者进行参观游览，实现学习革命历史知识、接受革命传统教育和振奋精神、放松身心、增加阅历的旅游活动。

对“红色旅游”资源的界定，是指中国共产党成立以后、新中国成立以前，包括红军长征时期、抗日战争时期、解放战争时期等重要的革命纪念地、纪念物及其所承载的革命精神。从地域范围上主要是指革命老区和红军长征线，但以长征沿线为重点。

◎榜三、中国十大旅游胜地◎

1.九寨沟

九寨沟风景名胜区位于四川省北部南坪县境内，是一条纵深40余公里的山沟谷地，因周围有9个藏族村寨而得名，总面积约620平方公里，自然景色兼有湖泊、瀑布、雪山、森林之美。沟中地僻人稀，景物特异，富于原始自然风貌，有“童话世界”之誉。河谷地带有大小湖泊100多处，其中的“五花海”湖底为沉积石，色彩斑斓，在阳光照射下，呈现出缤纷色彩。

九寨沟四季景色各异，其中尤以秋季最为迷人，那时游客便可真正领略到九寨沟的五绝：翠海、叠瀑、彩林、雪峰、藏情。这被誉为“人间仙境”的九寨沟吸引着成千上万的中外游客。

2.杭州

杭州以其美丽的西湖山水著称于世，“上有天堂，下有苏杭”表达了古往今来人们对于这座美丽城市的由衷赞美。宋代大文豪苏东坡曾写有“天下西湖三十六，就中最好是杭州”。有着2200年悠久历史的杭州还是我国七大古都之一，人文景观同样丰富多彩，古代庭、园、楼、阁、塔、寺、泉、壑、石窟、摩崖碑刻遍布，或珠帘玉带、烟柳画桥，或万千姿态、蔚然奇观，或山清水秀、风情万种，尤以灵隐寺、六和塔、飞来峰、岳王庙、西泠印社、龙井、虎跑等最为著名。

3.苏州

苏州是世界上著名的园林城市，1997年12月，以拙政园、留园、网师园和环秀山庄为代表的苏州古典园林被联合国教科文组织列入世界遗产名录。

古城坐落在水网之中，街道依河而建，水陆并行；建筑临水而造，前巷后河，形成“小桥、流水、人家”的独特风貌。集建筑、山水、花木、雕刻、书画等于一体的苏州园林，是人类文明的瑰宝奇葩。苏州又称姑苏城，是我国河、桥最多的城市，有东方“威尼斯”之美誉。

4.海南

海南是个风光旖旎的热带岛屿，那里有辽阔广袤的天空、澄清透明的海域、平坦柔软的沙滩、树影婆娑的椰林，宋代大文豪苏东坡留下了“九死南荒吾不悔，兹游奇绝冠平生”的诗句。今天，海南已经成为一个著名的旅游胜地，以海口和三亚为两个端点，其中，三亚是海南之旅中的精华所在。

5.丽江

丽江位于云南省西北部，是纳西族人聚居的地方。丽江县城的大研古镇，即丽江古城，位于丽江北玉龙雪山下，始建于宋代，距今已有近800年的历史，占地1.5平方公里，以四方街为中心，整体原貌保存完好。其建筑融汇了白族和汉族的建筑特色，形成了纳西族轻灵飘逸的独特风格，充满了浓厚的民族文化气息。古城北依象山，西枕狮山，不筑城墙。清澈的玉泉水分东、西、中三股流入城中，又分无数支流，绕街穿镇，入墙过屋，淌遍小街窄巷，形成“家家泉水，户户垂柳”的宜人景象。古城石桥密布，大街小巷路面用彩花石铺成。城中房舍多为三坊一照壁，也有不少四合院，院内种花植树，更显古雅秀丽，素有“丽郡从来喜植树，山城无处不养花”之称。在城中游览，所见尽是明清文物，令人充满怀古之幽情。

6.张家界

张家界地处湘、鄂、渝、黔交界的武陵山区，因相传汉代留侯张良墓葬于此而得名。20世纪50年代，当地政府在张家界建国营林场。70年代末，张家界罕见的石英砂岩峰林奇观被世人发现，得以开发。1982年9月25日，国家计委行文，将林场所属范围定名为“张家界国家森林公园”。这里飞瀑直下、古树莽藤、怪石挡道、陡峭绝壁交错拥立且野趣横生，是一个叫游人心驰神往的旅游胜地。

7.西安

西安，位于关中平原中部偏南。北临渭河，南依终南山，周围曲流环绕，气候适宜，土地肥沃，物产丰富，风景秀丽，是中国著名的七大古都之一，建城已有3100多年，被誉为“世界四大文明古都”。

深厚的历史文化积淀使西安拥有了丰富的文化遗产。漫步古城街头，触目皆是秦砖汉瓦；踏青郊野，满目景物都可引发人们对历史的凭吊。其境内有重点文物保护单位314处（其中国家和省级重点文物保护单位84处），古遗址、陵寝4000多处，出土文物12万余件。其中，秦始皇陵是最早列入世界遗产名录的中国古迹。

8.拉萨

拉萨既有别于内地城市，也不同于西藏其他地方，古城的气质属于独一无二的“拉萨制造”，没有似曾相识，只有全新感受……布达拉宫广场一直是拉萨和西藏的象征。依山而建的宫殿显得雄伟而壮观；红色的宫墙，辉煌的金顶，在阳光下闪亮醒目；重檐叠架的宫室，整齐而又有所变化，像音乐一样充满韵律感。

9.桂林

桂林位于广西东北部，是一座享誉世界的风景游览城市和中国历史文化名城。桂林石山平地拔起，姿态奇异，像老人、骆驼、骑马、象鼻、独秀、书童，诸山都惟妙惟肖。石山、峰丛、峰林、孤峰，星罗棋布，疏密有致，森列无际。清澈的漓江及其支流萦绕回环于秀峦奇峰之间，从桂林至阳朔的漓江两岸，峰峦峭拔连绵，绿水平滑如镜。

10.青岛

青岛地处山东半岛东南、胶州湾畔，是中国重要的沿海开放城市。青岛西部为“红瓦绿树，碧海蓝天”的老风貌保护区，东部为现代化建筑风貌区，新、老两区相融相映，形成了“海上都市、欧亚风情”的城市形象。

（信息来源：河南旅游网）

备注：本榜采用以下4个指标：线路推荐、自然景观、玩乐指数、节日亮点进行综合测评。

◎榜四、秋季十大登山好去处◎

1.安徽黄山

黄山，位于安徽省南部，地处皖南歙县、黟县和休宁县的边境。面积约1200平方公里，其中精粹风景区约154平方公里。这里千峰竞秀，有奇峰72座，其中天都峰、莲花峰、光明顶都在海拔1800米以上，拔地极天，气势磅礴，雄姿灵秀。

黄山集名山之长。泰山之雄伟，华山之险峻，衡山之烟云，庐山之瀑布，雁荡山之巧石，峨眉山之秀丽，黄山无不兼而有之。明代旅行家、地理学家徐霞客两游黄山，赞叹说：“登黄山天下无山，观止矣！”又留下“五岳归来不看山，黄山归来不看岳”的美誉。

黄山可以说无峰不石，无石不松，无松不奇，并以奇松、怪石、云海、温泉四绝著称于世。其二湖、三瀑、十六泉、二十四溪相映争辉。

黄山还兼有“天然动物园和天下植物园”的美称，黄山气候宜人，是得天独厚的避暑胜地。没上黄山的人向往黄山，上了黄山的人更留恋黄山。它会使你高兴而来，满意而归。

黄山四季景色各异，晨昏晴雨，瞬息万变，黄山日出、晚霞、华彩、佛光和雾凇等时令景观各得其趣，真可谓人间仙境。9月的黄山，天高云淡，正是游黄山佳季，青松、苍石、红枫、黄菊、云海等自然景色绝不会让你空手而归。

2.陕西华山

华山是我国著名的五岳之一，位于陕西省华阴市境内，北临黄河渭水，雄踞关中平原东部秦晋豫三省交汇处。华山是国家首批公布的重点风景名胜区，1993年获“全国风景名胜十佳”称号，1999年被评为“全国风景旅游区示范点”。

华山，向以奇拔峻秀而驰名海内外，被誉为“奇险天下第一山”。它是亿万元年前地壳运动的产物，“其广十里，其高五千仞，削成而四方，一石也。”势冲霄汉，具有王气之尊。华山由五峰组成，东西南北中诸峰，远望状若莲花，直插云霄。主峰周围还有70多座小峰环卫而立，宛如层层莲瓣。华山最高峰南峰海拔2160.5米，形如刀削，气象森然。整个景观既有北国之雄又有南国之秀。春之鸣泉、夏之飞瀑、秋之红叶、冬之雪凇，四季景色神奇多变，“云华山”、“雨华山”、“雾华山”给人以仙境美感。

秋收季节，华山上野菊清香阵阵袭人，枝头红了枸杞，黄了丹柿，青了山葡萄，紫了鼠李果，白了雪桃，黑了软枣。半青半红五味子，七彩纷呈药树籽。另外，还有山椒、红果、毛栗、山核桃，更有块茎类山姜野芋、山药山参、地留薤头，珍稀菌类香菇杂蘑、黑白木耳、华山灵芝以及名目繁多的野山果等，让人赏心悦目，欲罢不能。

3.山东泰山

泰山风景名胜以泰山主峰为中心，呈放射状分布，由自然景观与人文景观融合而成。泰山山体高大，形象雄伟。尤其是南坡，山势陡峻，主峰突兀，山峦叠起，气势非凡，蕴藏着奇、险、秀、幽、奥、旷等自然景观特点。泰山布局重点从泰城西南祭地的社首山、蒿里山至告天的玉皇顶，形成“地府”、“人间”、“天堂”三重空间。岱庙是山下泰城中轴线上的主体建筑，前连通天街，后接盘道，形成山城一体。由此步步登高，渐入佳境，而由“人间”进入“天庭仙界”。泰山风景区内，有山峰156座，崖岭138座，名洞72处，奇石72块，溪谷130条，瀑潭64处，名泉72眼，古树名木万余株，寺庙58座，古遗址128处，碑碣1239块，摩崖刻石1277处，主要分布在岱阳、岱顶、岱阴及灵岩。

气势磅礴的泰山，是中华民族的象征，从司马迁的名言：“人固有一死，或重于泰山，或轻于鸿毛。”到“有眼不识泰山”、“泰山压顶不弯腰”，都在不断加深着我们对泰山的向往。九十月间到泰山去，不仅能看到辉煌灿烂的文物古迹、独特迷人的自然奇观，还可以参加“千年泰山旅游文化月”活动，看个尽情、玩个痛快、吃个舒服。

4.四川峨眉山

在人们的眼里，峨眉山充满了神秘的色彩，它和山西的五台山、安徽的九华山以及浙江的普陀山并称“中国四大佛山”。登峨眉山，可以浏览到的胜景有洪椿坪的“洪椿晓雨”，洗象池的“雾绕华严顶”、“象池月夜”，报国寺的藏经楼以及庄严雄伟的佛像等，在9月2日，少林、武当、峨眉三大武术门派还会在峨眉山报国寺同台演出。

5.福建武夷山

武夷山是座历史文化名山，有双竿竹、方竹、建兰等罕见的竹木、奇异的花卉、稀有的鸟兽和名贵的药材，特别是这里盛产的色艳、香浓、味醇的武夷山岩茶，以其“药饮兼具”的功效，名扬四海。而武夷山之水精华在九曲溪，这里溪水碧清，曲曲弯弯，如玉带盘绕群峰。山回溪折，折复绕山，环结成“曲曲山回转，峰峰水抱流”的九曲之胜。金秋的10月，武夷山更加妖娆、明媚。神奇美丽、气象万千的景色吸引着无数游人。

6.江西庐山

庐山是国家级风景名胜区，位于江西省北部，东临鄱阳湖，面积约300平方公里。山上多峭壁、清泉、飞瀑，尤以瀑布名传天下，素有“匡庐奇秀甲天下”之称。庐山富有独特的庐山文化，具有重要的科学价值与美学价值。庐山风景名胜区面积有302平方公里，外围保护地带500平方公里。庐山有独特的第四纪冰川遗迹，有河流、湖泊、坡地、山峰等多种地貌类型，有地质公园之称。而9月的庐山，山秀泉明，秋高气爽，此时正是前去细细领略庐山“真面目”的大好时机。

7.广东罗浮山

罗浮山，享有“岭南第一山”之称。这里物华天宝，人杰地灵，具有得天独厚的资源和区位优势。罗浮山山清水秀，道佛相容；洞天奇观，涌泉飞瀑随处可见；山势雄伟壮丽，自然风光旖旎；古迹繁多，寺观遍立，历代名人咏题佳作不胜枚举；自然景观和人文景观融为一体，在这秋高气爽之际，正是登山的好去处。

8.北京西山八大处

八大处位于北京西郊的翠微山、卢师山和平坡山之间，3峰之间的参天古树掩映古刹8座，人称“西山八大处”。有“三山八刹十二景”之称。八大处三山环抱，林木茂盛，奇石嶙峋，泉水潺潺，野趣盎然。每年九十月间举行的八大处游山会，是登高赏秋观红叶的绝好时间。

9.新疆天山

天山位于东天山北坡，这里树木森森、百卉吐英、川流不息。初霁，气息清幽，天边云彩变幻多端，那颜色有火红、桔红、丹紫、鹅黄、乳白、天蓝、翠绿……那形状是浪涛、花朵、丛林……其薄云如纱，轻抚山峦，山峦如屏，或近或远，远明近暗，如梦如幻，不失为金秋时节的好去处。

10.吉林长白山

长白山是我国与五岳齐名、风光秀丽、景色迷人的“关东第一山”，这里的秋天是最美的，在高海拔地区可以看到美丽的高山苔原景观。由于海拔较高紫外线辐射强烈，所以花朵色彩绚丽。红松叶子一片青绿，黄花松的叶子黄得惹眼，花秋树的果实红得诱人。而远处的山上，却已披上了薄薄的银装。顺着天池长廊往上攀登，一路上尽是长白山的初冬风情。那雪后陡峭的山崖，宛如耸立在眼前的一幅大型版画。那河边的小草，好像是披上了一层“婚纱”，十分壮观。

（信息来源：中国网2004年11月4日）

三、景点篇

◎榜一、中国十大旅游景点◎

1.万里长城

长城始建于公元前5世纪春秋战国时代，公元前3世纪秦始皇统一中国，派遣蒙恬率领30万大军北逐匈奴后，把原来分段修筑的长城连接起来，并且继续修建。其后历代不断维修扩建，到公元17世纪中叶明代末年，前后修筑了2000多年。

2.北京故宫

又称紫禁城，位于北京市区中心，为明清两代的皇宫，有24位皇帝相继在此登基执政，始建于1406年，至今已近600年。故宫是世界上现存规模最大、最完整的古代木结构建筑群，占地72万平方米，建筑面积约15万平方米，拥有殿宇9000多间，其中太和殿（又称金銮殿），是皇帝举行即位、诞辰、节日庆典和出兵征伐等大典的地方。故宫黄瓦红墙、金扉朱楹、白玉雕栏、宫阙重叠，巍峨壮观，是中国古建筑的精华。宫内现收藏珍贵历代文物和艺术品约100万件。

3.承德避暑山庄

避暑山庄，自康熙四十二年始建，至乾隆五十五年最后完工，历时87年，建楼、台、殿、阁、轩、斋、亭、榭、庙、塔、廊、桥120余处，尤以康、乾御题72景昭著，与自然山水相辉映，园中有园，景内有景，构成了一幅千姿百态的立体画卷。

4.安徽黄山

黄山位于安徽省黄山市西北风景秀丽的皖南山区，向以“三奇”、“四绝”名冠于世，其劈地摩天的奇峰、玲珑剔透的怪石、变化无常的云海、千奇百怪的苍松，构成了无穷无尽的神奇美景。黄山1990年被列入世界遗产（文化和自然）名录。

5.杭州西湖

西湖是我国著名的旅游胜地，被誉为“人间天堂”。西湖的美，在于晴中见潋滟，雨中显空蒙。无论雨雪晴阴，在落霞、烟雾下都能成景；在春花、秋月、夏荷、冬雪中各具美态。湖区以苏堤和白堤的优美风光见称。苏堤和白堤横贯于西湖，把西湖分隔为西里湖、小南湖、岳湖、外湖和里湖5部分。白堤原名白沙堤，由孤山至段桥衔接成区。苏堤为苏东坡所建，横贯西湖南北。堤上有石拱桥6座。每当晨光初启，宿雾如烟，湖面腾起薄雾时，便出现“六桥烟柳”的优美风景，是钱塘十景之一。

6.桂林山水

桂林漓江风景区是世界上规模最大、风景最美的岩溶山水旅游区，千百年来不知陶醉了多少文人墨客。桂林漓江风景区以桂林市为中心，北起兴安灵渠，南至阳朔，由漓江一水相连。桂林山水向以“山青、水秀、洞奇”三绝闻名中外。其中一江（漓江），两洞（芦笛岩、七星岩），三山（独秀峰、伏波山、叠彩山）最具代表性，它们基本上是桂林山水的精华所在。

7.西安兵马俑

秦始皇皇陵位于陕西临潼县城东5公里,距西安36公里。陵区分陵园区和从葬区两部分。陵园占地近8平方公里,建外、内城两重,封土呈四方锥形,顶部略平,高55米,不仅是中国历史上第一座皇帝陵,也是最大的皇帝陵。1974年以来,在陵园东1.5公里处发现从葬兵马俑坑三处,出土陶俑8000件、战车百乘以及数万件实物兵器等文物;1980年又在陵园西侧出土青铜铸大型车马2乘,引起全世界的震惊和关注,被誉为"世界第八奇迹"。现已在一、二、三号坑成立了秦始皇陵兵马俑博物馆,对外开放。

8.苏州园林

苏州素以园林美景享有盛名,有所谓"江南园林甲天下,苏州园林甲江南"之说。苏州是世界上著名的园林城市,1997年12月,以拙政园、留园、网师园和环秀山庄为代表的苏州古典园林被联合国教科文组织列入世界遗产名录。苏州古典园林是具有自然意趣的"城市山林",它宅园合一,反映了人与自然的和谐,追求的是山水泉之乐,达到了"不出城廓而获山林之怡、身居闹市而有林泉之趣"的优美境界。它融建筑美、自然美、人工美为一体,反映了中国江南高度的居住文明,体现了当时城市建筑科学技术风格和艺术成就,在中国乃至世界园林艺术发展史上具有不可替代的地位。"中国园林是世界造园之母,苏州园林是中国园林的杰出代表。"这是联合国教科文组织遗产委员会第21届会议对苏州古典园林的高度评价。

9.长江三峡

长江流经四川盆地东缘时冲开崇山峻岭,夺路奔流形成了壮丽雄奇、举世无双的大峡谷——长江三峡。长江三峡是瞿塘峡、巫峡和西陵峡三段峡谷的总称,是长江上最为奇秀壮丽的山水画廊。它西起重庆市奉节县的白帝城,东到湖北省宜昌市南津关,全长192公里,也就是常说的"大三峡"。除此之外还有大宁河的"小三峡"和马渡河的"小小三峡"。

长江三峡不仅有已经建成的葛洲坝,还有正在兴建的世界上最大的水电站工程——三峡工程。

10.台湾日月潭

日月潭是台湾著名的风景区,是台湾八景中的绝胜,也是台湾岛上惟一的天然湖泊,其天然风姿可与杭州西湖媲美。湖面海拔740米,面积7.73平方公里,湖周长35公里,平均水深40米。潭中有一小岛名珠仔屿,亦名珠仔山,海拔745米。以此岛为界,北半湖形状如圆日,南半湖形状如一弯新月,日月潭因此而得名。日月潭之美在于环湖重峦叠峰,湖面辽阔,潭水澄澈;一年四季,晨昏景色各有不同。7月平均气温不高于22℃,1月不低于15℃,夏季清爽宜人,为避暑胜地。

潭东的水社大山高逾1300多米,朝霞暮霭,山峰倒影,风光旖旎。潭北山腰有一座文武庙,自庙前远眺,潭内景色,尽收眼底。南面青龙山,地势险峻,山麓中有几座寺庙,其中玄奘寺供奉唐代高僧唐玄奘的灵骨。西畔有一座孔雀园,养有数十对孔雀,能表演开屏、跳舞,使人倍添游兴。东南的邵族居民聚落,有专供旅客观赏的民族歌舞表演。泛舟游湖,在轻纱般的薄雾中飘来荡去,优雅宁静,别具一番情趣。

(信息来源:中国黄山网2005年4月8日)

◎榜二、宗教建筑类旅游景点◎

1.敦煌莫高窟

敦煌莫高窟俗称千佛洞,位于甘肃敦煌市东南25公里的鸣沙山东麓崖壁上,上下5层,南北长约1600米。始凿于公元366年,后经十六国至元十几个朝代的开凿,形成一座内容丰富、规模宏大的石窟群。现存洞窟492个,壁画45000平方米,彩塑2400余躯,飞天4000余躯,唐宋木结构建筑5座,莲花柱石和铺地花砖数千块,是一处由建筑、绘画、雕塑组成的博大精深的综合艺术殿堂,是世界上现存规模最宏大、保存最完好的佛教艺术宝库,被誉为"东方艺术明珠"。21世纪初又发现了藏经洞(莫高窟第17洞),洞内藏有经书、文书和文物五六万件,引起国内外学者极大的注意,形成了著名的敦煌学。

2.洛阳龙门石窟

驰名中外的龙门石窟,位于洛阳城南12公里处,这里香山(东)与龙门山(西)对峙,伊水于山间北流,远望犹如一座天然门厥,史称"伊厥"。隋朝建都洛阳后,因宫城门面对"伊厥"而始称"龙门"。著名的龙门石窟就密布在伊水两岸长达1公里的两山崖壁上,它同甘肃敦煌莫高窟、山西大同云冈石窟并称为中国三大石刻艺术宝库,1961年国务院公布其为全国重点文物保护单位。龙门石窟虽然是佛教文化的艺术表现,但它也折射出了当时的政治、经济和社会文化时尚。石窟中至今仍然保留着大量的宗教、美术、建筑、书法、音乐、服饰、医药等方面的实物资料,因此它堪称一座大型石刻艺术博物馆。龙门石窟是佛教的石刻艺术,然而古代的艺术匠师们却突破了宗教"仪轨"的束缚,以现实生活为源泉,创制了形态各异、大小不同、栩栩如生的艺术形象,为研究中国的雕刻艺术提供了珍贵的实物资料。

3.大同云冈石窟

云冈石窟位于山西省大同市西郊武周山北崖,石窟依山开凿,东西绵延1000米,现存主要洞窟45个,大小窟龛252个,石雕造像51000余躯,是我国规模最大的古代石窟群之一。从石窟所保存的纪年铭刻和艺术风格上看,这处宏伟的艺术工程基本上都是北魏的遗物,距今已有1500多年的历史。大佛最高者17米,最小者仅几厘米。云冈石窟以气势宏伟，内容丰富，雕刻精细著称于世。云冈石窟雕刻在吸收和借鉴印度犍陀罗佛教艺术的同时，有机地融合了中国传统艺术风格，在世界雕塑艺术史上占有十分重要的地位。今天，它已成为中外游人倾慕和向往的旅游胜地。云冈石窟是中国三大石窟群之一，也是世界闻名的艺术宝库。

4.重庆大足石刻

以北山、宝顶山、南山、石篆山、石门山（简称“五山”）摩崖造像为代表的大足石刻是中国石窟艺术的重要组成部分，也是世界石窟艺术中公元9世纪末至13世纪中叶间（中国晚唐景福元年至南宋淳佑十二年）最为壮丽辉煌的一页。大足石刻始建于公元650年（唐永徽元年），兴盛于公元9世纪末至13世纪中叶，直至明清才完成，是中国晚期石窟艺术的代表作品。“五山”摩崖造像以规模宏大、雕刻精美、题材多样、内涵丰富、保存完整而著称于世。以集释（佛教）、道（道教）、儒（儒家）“三教”造像之大成而异于前期石窟。以鲜明的民族化、生活化特色在中国石窟艺术中独树一帜。以大量的实物形象和文字史料，从不同侧面展示了公元9世纪末至13世纪中叶间中国石窟艺术风格及民间宗教信仰的重大发展、变化，对中国石窟艺术的创新与发展有重要贡献，具有前期各代石窟不可替代的历史、艺术、科学和鉴赏价值。

5.布达拉宫

布达拉宫在拉萨西北的玛布日山上，是著名的宫堡式建筑群，也是藏族古建筑艺术的精华。布达拉宫始建于公元7世纪，是藏王松赞干布为远嫁西藏的唐朝文成公主而建。现占地41公顷，宫体主楼13层，高115米，全部为石木结构，5座宫顶覆盖镏金铜瓦，金光灿烂，气势雄伟。布达拉宫分为两大部分：红宫和白宫。居中央是红宫，主要用于宗教事务；两翼刷白粉的是白宫，是达赖喇嘛生活起居和政治活动的场所。

6.武当山古建筑群

武当山位于湖北省西北部丹江口市西南，又名太和山、玄岳山，是我国著名的道教圣地。武当山是我国的一座文化宝库，山上古代建筑中规模宏伟、工程浩大的道教宫观则更负盛名，称得上是世界古代建筑史上的奇迹。山上人文景观宏伟壮观，唐、宋、元、明、清各代在此均有构筑。唐代时太宗李世民于贞观年间（627—649），在此敕建五龙祠。到宋代，以崇祀真武帝君为根本理义，直接为皇室服务的的武当道教基本形成。至明代成祖朱棣封武当山为“大岳”，明世宗朱厚熜更封之为“治世玄岳”。这时武当道教达到鼎盛时期，成为至高无上的皇室家庙、全国道教活动中心。

山上现存的大量古建筑多为明代所建。据史载，明成祖朱棣崇奉道教，在建设北京宫殿（今故宫）、太庙、社稷坛、天坛等基本完工后，于永乐十年（1412年）即命人率30万众进驻武当山，大兴土木，以13年之功，从筠县（今丹江口市）城内的净乐宫到天柱峰金顶绵延70公里的路旁，建成后来形成的九观、九宫、十二亭、三十六庵堂、三十九桥梁、七十二岩庙等整套关联完整而雄伟壮观的建筑群。古栈道似银线串珠，连接着主体建筑和点缀性小品建筑。殿堂庙宇共计2万多间、400多处，总占地面积160万平方米，超过故宫一倍以上，构成庞大的道教建筑群，具有较高的艺术价值和历史价值。其规模之宏大、技艺之精湛、工程之艰巨，实为世所罕见。如此浩大的工程，在中国名山开发史上可说是绝无仅有。整个建筑体系按照政权和神权相结合的政治意图，每一建筑单元都建在峰、峦、坡、崖、涧的合适位置上，借自然风景的雄伟高大或奇峭幽壑，构成仙山琼阁的意境。既体现了皇权的威武庄严，又体现了神权的玄妙神奇，创造了自然美与人文美高度融合的名山景观。

（信息来源：中国旅游咨询网）

◎榜三、中国自然美景十大之最◎

1.海拔最高的咸水湖：纳木错湖

拉萨西北的纳木错湖海拔4700多米，面积1940平方公里，是我国海拔最高的咸水湖。“纳木错” 在藏人心中是圣湖，每年都会有不少信徒从四面八方赶到圣湖，只为朝拜。纳木错湖像一面巨大的宝镜，镶嵌在藏北草原上，传承着一代又一代藏族人的信念与追求。纳木错的自然风景更是绝美，令不少摄影爱好者痴迷前往。

2.最大的野生东北虎聚集区：吉林长白山

听一声真正的虎啸声，是件越来越奢侈的事了。在大自然中与东北虎亲密接触，与在动物园中观赏绝对是两种感受。只有在山野中才能领略到东北虎啸震长白的雄风，东北虎的身影让长白山更加生机勃勃。

3.雷暴雨最多的地方：海南五指山下的儋县

海南省的儋县城关镇，平均每年有131天的雷暴日子，因此被人称作“雷城”。很难想象被雷暴轰炸的场景，但雷电的破坏力却是有目共睹的，雷暴天气常会引起冰雹、龙卷风等。儋县的雷城成为众多追雷者的圣地，那场景倒真像电影《龙卷风》，适合探险家搞科研。

4.最大的瀑布：贵州黄果树大瀑布

高74米的黄果树大瀑布是中国第一大瀑布。瀑布一年四季水量充沛，白水如练、飞珠溅玉，不大不小的水量使大瀑布显得清丽而秀美。到过黄果树瀑布的人，没有不被它的气势所震慑的。而瀑布周围的喀斯特地貌使景区内伏流、溶洞、石林、石壁、峡谷比比皆是。

5.最高的山峰：西藏珠穆朗玛峰

任何一种试图靠近珠穆朗玛峰的方式都是回归自然的最终表现。面对这样一座山峰，不一定要攀登，也会有流泪的冲动，因为这座山峰，只需一睹真容，便是人生的极限体验和感受。征服珠穆朗玛峰是许多职业探险家的终极梦想。

6.最大的沙漠：新疆塔克拉玛干

100年前曾被西方探险家称作“死亡之海”的塔克拉玛干沙漠，面积达33万平方公里，是中国最大的沙漠。无边无际的浩瀚和具有震撼力的沙漠风光始终有着令人难以抗拒的魅力，引得世人以穿越为豪。只要踏上沙丘，便能体验到沙漠的粗犷和荒芜以及对于水和绿色的渴望。看一眼悲剧英雄气十足的胡杨，也许便能从一粒流沙中感悟到生与死的意义。

7.最大的黄土分布区：陕西黄土高原

黄土高原面积达54万平方公里，西起祁连山脉东端，东至太行山脉，南抵秦岭，北到长城，是世界上最大的黄土分布区。

那至今仍散落一地、黄沙所不能湮没的文化遗存，会让人蹑手蹑脚，生怕一不小心便触疼了历史。

8.最大的湿地：拉萨拉鲁

拉萨拉鲁湿地总面积6.2平方公里，平均海拔3645米，是典型的青藏高原湿地，属于芦苇泥潭沼泽。这里湿润的气候和丰美的水草在高原上十分难得，每年引来大批赤麻鸭、黄鸭、西藏毛腿沙鸡、斑头雁、棕头鸥、戴胜、百灵和云雀等各种野生鸟类，有时还能见到国家一类保护动物黑颈鹤在此嬉戏。这处世界海拔最高、面积最大的城市天然湿地，也是全国惟一的城市内陆天然湿地，1999年5月，被批准为区级自然保护区；2000年拉鲁湿地管理站成立，拉萨称它为“大氧吧”。

9.最大的岛群：舟山群岛

舟山群岛坐落在长江口东南海面，岛礁众多，星罗棋布，共有大小岛屿1339个，约相当于中国海岛总数的20%；分布海域面积22000平方公里，陆域面积1371平方公里。其中1平方公里以上的岛屿58个，占该群岛总面积的96.9%。整个岛群呈北东走向依次排列。南部大岛较多，海拔较高，排列密集，北部多为小岛，地势较低，分布较散；主要岛屿有舟山岛、岱山岛、朱家尖岛、六横岛、金塘岛等，其中舟山岛最大，面积为502平方公里，为中国第四大岛。

10.最大的亚热带原始森林：喀斯特森林自然保护区

位于荔波县南郊的茂兰国家级喀斯特森林自然保护区，是我国中亚热带喀斯特地貌上原生态森林植被保存较完好的一块宝地，总面积130多平方公里，森林覆盖率达91.59%。这里生长乔木树种达500多种，有被称为活化石的银杏、鹅掌楸等多种珍稀树种，并保存有林麝、猕猴、香獐、华南虎、野牛、熊、豹、白猴等许多古老的野生动物。保护区内还有乡水河瀑布、小七孔、溶洞群、鸳鸯湖、大七孔、瑶族风情等景观。

（信息来源：《三晋都市报》2005年4月8日）

◎榜四、十大秋色◎

1.新疆阿勒泰喀纳斯

去了喀纳斯，就知道了什么是真正的秋色。白桦树叶、青杨树叶在秋风的轻抚中由绿变黄，再由黄变红，远远望去，层林尽染。哈萨克人木屋中的炊烟，袅袅升起，环绕在树梢，弥漫在田野，悠远而宁静。在秋日阳光的照耀下，喀纳斯湖呈现出蓝色和绿色，一层淡淡的雾霁在湖面蒸腾……秋季的喀纳斯，展示的是一丝欧陆的风景，体现出了四季分明的气候特点。遗憾的是，喀纳斯之秋来得快，去得也快，一般国庆是最好的秋游时节。

2.四川稻城

到了10月、11月已经不是去稻城旅游最好的时间了，因为这里冬季来得比较早，不过这时候的风景却别具特色，尤其是在从稻城去亚丁的途中，在傍河和色拉这两个地方，黄杨林与红草滩最为靓丽，吸引着许多喜欢摄影的人士前往。

3.云南香格里拉纳帕海

秋冬来临，走进香格里拉的纳帕海，映入眼帘的是金色的草原、皑皑的雪山和充满灵性的各种鸟类。纳帕海位于香格里拉县西北8公里处，藏语称为“纳帕错”，汉语意为“森林背后的湖”。

4.四川阿坝米亚罗

四川理县境内的米亚罗，是目前我国最大的红叶风景区。米亚罗的最大特色是红叶处处有，3688平方公里的深山峡谷中三棵针、五角枫撩人情思，古尔沟温泉沁人心脾，藏羌风情使人留恋。

5.四川九寨沟

九寨沟是水做的“童话世界”，关于它的美丽已经说得太多了。“十一”之后，游人变得稀疏，而九寨沟却变得色彩斑斓，这时正是九寨沟旅游的最佳时间。红色、黄色的叶子与蓝色、绿色的湖水交织在一起，令人惊诧此景莫非天上人间。

6.北京香山

虽然香山的红叶没有米亚罗的面积大，但是香山红叶的名气却是米亚罗红叶不能比拟的。许多人把去香山看红叶作为秋季北京旅游的重要项目。同时伴随香山红叶的还有登高、览胜等活动。但是香山红叶醉人时，也是游人如织时，往往看红叶变成了看人。

7.河北承德坝上

“这是一个北方暮春的黄昏，白杨萧萧，草木葱茏，淡红色云朵在最后静止不动，看见了饱含香脂的松树……”这是海子的诗《北方树木》。秋季走进坝上，你就会有这样的感受，树叶和草都开始改变自己的颜色，天高云淡，四处都潜藏着一丝寂静。

8.浙江杭州西湖

“万顷湖平长似镜，四时月好最宜秋。” 这是古人对西湖十景之一 ——“平湖秋月”的描述。感受平湖秋月的味道，最好的时节就是每年的中秋节了，可惜的是，这时候可能人会很多，也可能天公会下雨。不过在接下来的九十月也是感受平湖秋月的好时间。与其他秋季美景相比，西湖的平湖秋月，多了一分文气，多了一丝城市的味道和浪漫气息。

9.江苏南京栖霞山

“春牛首，秋栖霞。”在古城南京，这是妇孺皆知的。栖霞山出名，除了有明镜湖和栖霞寺之外，深秋的满山红叶，也是名声在外，是栖霞山吸引游客的主要景致。

10.湖南长沙橘子洲

50 年前，伟人毛泽东重游橘子洲，写下了《沁园春·长沙》一词，橘子洲也因此而声名大振。作为潇湘八景之一“江天暮雪”的所在地橘子洲，其景色四季不同，尤其以秋季景色最为独特。

（信息来源：人民网）

◎榜五、中国最美的十大瀑布◎

1.壶口瀑布：黄色瀑布

在中国，从来没有一条河被赋予这么多的荣誉和责任，黄河在被尊为“母亲”时，也被寄托了太多的历史使命。黄河流经晋陕峡谷到达吉县境内，水面一下子从 400 多米宽收缩为 50 余米，《书·禹贡》中只用 8 个字：“盖河漩涡，如一壶然。”壶口瀑布的形象跃然纸上。

走过宽阔的河滩，人可以与壶口瀑布非常近距离地接触。非汛期时节，稍有胆量的人可以沿着凹进石崖的一道被水冲刷的石槽绕到瀑布内，领略铺天盖地的洪流从头顶越过，那种惊涛骇浪的视觉体验，与《黄河大合唱》给人的感觉一样荡气回肠。

2.黄果树瀑布：中国最大瀑布

黄果树瀑布是白水河上最雄浑瑰丽的乐章，它将河水的缓游漫吟和欢跃奔腾奇妙地糅合在一起。从 68 米高的悬崖之巅直泻而下，它既有水量丰沛、气韵万千的恢宏，又有柔细飘逸、楚楚依人的漫柔，81 米宽的瀑面上水汽飘然，若逢适当的阳光照射还可形成迷人的彩虹。

从岩壁小径走去，水帘洞便赫然出现在眼前，它使横穿瀑布的探险成为可能。虽然没有花果山水帘洞的空阔奇妙，但在岩缝的空隙中穿行，让鲜丽的水珠溅一身清爽，让崎岖曲折的登临育一腔豪迈，便足以令人心花怒放了。

瀑底是深不可测的犀牛潭，从瀑底往下游走去，水流清澈得呈现出不可抗拒的诱惑。倘若此时不掬一掌的清水洗洗旅尘，那么留下的遗憾将可能是终生的。

3.庐山瀑布：最诗意的瀑布

庐山瀑布群是有历史的，历代诸多文人骚客在此赋诗题词，赞颂其壮观雄伟，给庐山瀑布带来了极高的声誉。最有名的自然是唐代诗人李白的《望庐山瀑布》，已成千古绝唱。

庐山的瀑布群最著名的应数三叠泉，被称为庐山第一奇观，旧有“未到三叠泉，不算庐山客”之说。三叠泉瀑布之水，自大月山流出，缓慢流淌一段后，再过五老峰背，经过山川石阶，折成三叠，故得名三叠泉瀑布。

站在三叠泉瀑布前的观景石台上举目望去，但见全长近百米的白练由北崖口悬注于大盘石之上，又飞泻到第二级大盘石上，再稍作停息，便又一次喷洒到第三级大盘石上。白练悬挂于空中，三叠分明，正如古人所云：“上级如飘云拖练，中级如碎石摧冰，下级如玉龙走潭。”而在水流飞溅中，远隔十几米仍觉湿意扑面。

除三叠泉瀑布外，庐山瀑布群还有开生瀑、石门涧、玉帘泉、黄龙潭和乌龙潭瀑布等。庐山瀑布群以不同的风貌向世人展示她的万般风情。

4.九寨沟瀑布：洁净的瀑布群

九寨沟里，沿着水流步行是一种无比美妙的享受。

九寨沟最宽阔的瀑布叫诺日朗，高约 30 米，宽达百米，水从静海穿林过滩慢悠悠地流来，凌空而下，银花四溅，那种纯净的色彩真是令人心醉。

进入树正沟，沿途有犀牛海、树正瀑布、火花海、芦苇海和盆景滩。流水被密匝丛生的灌木乔木分割成无数的小溪流，雀跃而下，火花海如同宽阔绵长的浅水堤坝，坝上树木参差，水或清漪地漫过，或如冰雪似地淌过，所有的根茎都习惯了流水恣意的抚摸。

所有来过九寨沟的人都已经在碧水清流中濯洗了自己的情感和理智，回到自己的家乡后会更加懂得敬畏自然、敬畏生命。

5.镜泊湖瀑布：最大火山瀑布

长久以来，牡丹江一直是一条很温顺的河流，一万年前的火山爆发，改写了牡丹江的生命流程。第四纪玄武岩流在吊水楼附近形成了天然堰塞堤，拦截了牡丹江出口，提高水位而形成了 90 多平方公里的镜泊湖。

镜泊湖瀑布是让人震撼的，每当夏季洪水到来之时，镜泊湖水从四面八方漫来聚集在潭口，然后蓦然跌下，像无数白马奔腾，十分壮观。呼啸奔腾的湖水漫过平滑的熔岩床面，从断层峭壁上飞泻而下，在丰水期时形成宽达 200–300 米、落差 20 多米的大瀑布，浮云堆雪的奇景让人看了就激动。拥抱洁白瀑布的是黑石潭，赭红色的熔岩将一条河流的急切烘托得无比惊心，那是水与火的妥协，是冰冷与炽热的生命融合。

6.银练坠瀑布：最柔美的瀑布

银练坠瀑布在天星桥景区内，离黄果树瀑布只有 7 公里。

天星桥是一个岩溶地貌公园，这里有很多小山，路是绕湖而过的，攀上一座石峰，才发现到对面的山峰去必然过一座形状独特的桥，它是天然形成的石桥，中间插着一块石头如流星坠落时碰巧构成，天星桥正是得名于此。过了桥便到了天星洞，洞里特别令人叫绝的是一片石笋群，酷似传说中的八仙，边上又有一泓浅水，故称“八仙过海”。出洞之后，眼前是冒水潭，乱石丛由于高低不平，流水便有了瀑布的形态，众多小瀑布又构成壮丽的气势。

紧接着出现的就是银练坠瀑布了，几块巨岩犹如自然垂下的肩膀，让流水轻盈地漫过，缓缓地汇聚在深潭里。岩石表面就像粗糙的皮肤，流水在上面形成了美丽的银色颗粒，因此整个景观就仿佛银练纷垂，其柔美风韵让人的心一下子软了几分。

7.流沙瀑布：最细腻的瀑布

位于湘西的流沙瀑布落差达216米，据说居全国之冠。从德夯镇出来，沿着村寨小路步行前往流沙瀑布，一路且行且停，在一个拐弯处，便能远远看到瀑布了。大部分时候，瀑布从绝壁之上腾空而下，极高的落差，流水到了下面就散落成流沙状。游人可以沿着两边山路，从瀑布下走过，淡淡的水若雾似纱般纷纷扬扬飘下来，感觉如进入水帘洞一般，有丝丝细雨，沁人心脾。如细沙般的水珠随着风，吹在脸上、手上、草丛间、石头上，奔到底，便汇成了瀑布下那湛蓝的湖。

8.德天瀑布：最大的跨国瀑布

归春河水在千岩万壑中划开了中越两国的界限，不论春夏秋冬，她都碧绿清澈，纯朴得像崇山峻岭中的女孩。德天是广西大新县边陲乡村的名字，归春河选择了这里展示她倔犟与柔美的万千风情。她从石崖绿树掩映中倾泻而出，飞流曲折，形成宽100多米、落差40多米、3层跌宕而下的瀑布。德天瀑布从被造就的那一天起，就成了归春河最激情的表达。

德天瀑布没有任何的摩崖题刻，没有观瀑诗文，没有吟瀑对联，没有观瀑亭，那是一种最原生态的美丽。

9.马岭河瀑布：最奇绝的瀑布

马岭河发源于乌蒙山脉，流入黔、桂交界的南盘江，长达100多公里。它的地貌结构与一般峡谷不同，实际上是一条地缝。有人说：这是地球最美丽的伤疤。沿着石阶下坡，奇险幽深的峡谷就逶迤展现在眼前。走在这条深200–400米的地缝底部，只见尖峭的峰峦赫然屏列，瀑布异彩纷呈且气势磅礴，有一种幽深的神秘气氛弥漫在山谷间。马岭河的瀑布飞泉有60余处，而壁挂崖一带仅2公里长的峡谷中，就分布着13条瀑布，形成一片壮观的瀑布群。最具特色的是珍珠瀑布，4条洁白而轻软的瀑布从200多米高的崖顶跌落下来，在层层叠叠的岩页上时隐时现，撞击出万千水珠，水珠在阳光照耀下闪闪发光，似有人居高临下筛落满崖的浪花。

10.九鲤湖瀑布：最神秘的瀑布

九鲤湖景区有瀑布九级，落差400多米，真要看遍九漈飞瀑，有好体力才行。二三十公里山路的往返，常常是汗水模糊了双眼，这诗情画意的景色也被疲倦打了折扣。好在九漈飞瀑中最具风情的都集中在前四漈，距离不过五六百步，两小时可来回，如果不求全，到九鲤湖仅游前四漈倒不失为养眼又省力的办法。许多人来九鲤湖不是为了赏瀑，而是为了祈梦。可见，在许多人的心目中，自然美景比起心中的未来美景还是要逊色些。想预知未来，这是人类自古以来的心愿，尽管这样的努力在大多数情况下是徒劳的。据说，从唐朝开始，祈梦作为一种预知未来的民间方式就开始在九鲤湖流行开来。九仙祠里供奉的何氏九仙是我国民间流传历史最长、影响范围最广的司梦神灵，也是历史上惟一曾被公认为全国性崇拜的梦神。甚至有学者称，九鲤湖是中国汉族居住区祈梦风俗的发源地。

（信息来源：新华网2004年11月16日）

◎榜六、十大踏春好去处◎

1.春去云南赏茶花

云南应该是春游的首选，那里遍地鲜花盛开，“谱滇南花卉，推第一，是山茶。”自古就有“云南茶花甲天下，大理茶花甲云南”的佳话，大理山茶栽培的历史悠久，每到2月至5月，各个品种陆续开放，争妍斗奇，甚为壮观。来到这里，您完全可以品味到郭沫若的诗韵“人人都道牡丹好，我道牡丹不及茶”。

2.烟花三月下扬州

“天下三分明月夜，二分无赖是扬州。”扬州这座历史名城自古就是骚客文人汇集的胜地。3月的扬州更是美艳动人，百花争艳，桃红柳白，柳絮如烟，烟雾迷朦。这时节，绝世无双的“维扬一枝花，四海无同类”的扬州市花——琼花，也将盛开，更为古城扬州增添了无比的魅力。

3.桂林三月看漓江

桂林美，最美的是漓江，漓江风光的美，不仅充分展现了“山青、水秀、洞奇、石美”的特点，而且还有“深潭、险滩、流泉、飞瀑”的佳景。春天的桂林，细雨如纱，飘飘沥沥；云雾缭绕，似在仙宫，如入梦境。位于桂林东南部的恭城县，以精美的古代建筑群、瑶家风情和生态旅游项目——大岭山桃园而闻名。万亩桃花印着如诗如画的青山秀水，真是景不醉人人自醉。

4.杭州西湖

杭州西湖，是一处以秀丽清雅的湖光山色与璀璨丰蕴的文物古迹和文化艺术交融于一体的国家级风景名胜区。阳春三月，莺飞草长，苏白两堤，桃柳夹岸，花开时翠彩相间，千姿百态。两边是水波潋滟，游船点点，远处是山色空蒙，青黛含翠。正是应了白居易那首诗“未能抛得杭州去，一半勾留是此湖。”

5.武大赏樱花

每年3月中下旬,1000多株樱花在武汉大学的校园内竞相开放,极为壮观。成千上万游客慕名而至,流连观赏,大有“三月赏樱惟有武大”之意。樱花花开满树,花繁艳丽,但是花期极为短暂,只有7天,因此樱花带给人们的总是烂漫到极致后的那种淡淡的怅惘。倘若说别处赏花,是阅尽春光无限美,那么漫步在武大樱树下,则带着一种朝花夕拾的情怀,去感念校园时代的青葱往事,看那和花瓣一起飞扬的青春。

6.湘西凤凰古城

湘西的凤凰古城,也是近年都市人旅游的热点。每到春天,凤凰的沱江旁,成千上万大大小小的筒车,吱吱攸攸地转动,用河水浇绿田园和山庄。苗族、土家族的人们,用古老的方法榨油、造纸、碾米、织布,用筒车提水灌田,小城四处一片平和景象。都市繁忙的人们,在这里将圆您一个田园生活的梦!

7.婺源油菜花

在“中国最美的农村”江西婺源,3月怒放着金黄的油菜花,这里的油菜花是另一种意韵,漫步于乡村的石板路,穿过溪河的石拱桥,油菜花盛开于徽式农舍间,返璞归真的神韵尽在其中。那些铺着硕大的青石板的巷道,那些重重叠叠的马头墙,那些山间梯田抽象的线条,那些暮色中骑在牛背上的村童……都让人陡然间心静如水。

8.桃花源处赏桃花

桃花源在今湖南桃花源县西南,即晋代诗人陶渊明《桃花源记》描绘之处。苏东坡曾赞誉“桃花流水在人世,武陵岂必皆神仙”。每逢3月桃花开时,山下水边,红霞万点,一派盎然春意,美不胜收,过往游人络绎不绝,毕竟没有谁抗拒得了乌托邦的诱惑。

9.圭峰山赏新绿

3月踏青正当时,刚刚萌芽的新绿给人轻松、安宁、舒适的感觉,让心理和眼睛的疲劳顿时烟消云散。广东省新会的圭峰山山势蜿蜒起伏,丛林密布,层林叠翠,景色清幽。来这里踏青、郊游,一定可以让你找到春天的感觉。

10.南京梅花山

梅花作为南京市的市花,一直受到南京市民的喜爱,每年春季到梅花山赏梅更是南京人传统的踏青项目。南京的梅花山是中国四大梅区之一,占地面积400多亩,拥有众多的梅中极品,洁白素雅的江梅、粉红淡妆的宫粉、色如丹霞的朱砂竞相争妍,美不胜收。

(信息来源:中华行知网2005年3月17日)

◎榜七、江南十大著名水乡◎

1.周庄——神州第一水乡(江苏苏州)

若要选中国最热门的水乡古镇,周庄想必名列前茅。周庄最令人难忘的当推镇上的桥。陈逸飞喜欢周庄,那幅《故乡的桥》便使周庄闻名天下。不过让人们揪心的是,旅游旺季,这个小镇每天的游客竟会达到上万人,周庄能承受得住吗?

2.西塘——梦里水乡古镇(浙江嘉兴)

从建镇开始,西塘度过的时间约为600年,在江南的水乡古镇中算是短的,不过完整的明清代古建筑,的确是江南水乡古镇中难得一见的。整座水乡古镇似诗如画,人处其间,恍若世外桃源。

3.同里——东方威尼斯(江苏苏州)

同里号称“东方威尼斯”,这里有著名的集清代江南园林建筑之大成的退思园,这是一个被15条小河分割、有49座小桥的千年古镇……

4.乌镇——最具文化气息(浙江嘉兴)

提起茅盾,几乎人尽皆知,提起乌镇,名头也不小。据说,在这个小镇,历史上曾经出过64个进士、161个举人,以及如茅盾、沈泽民等名人。坐在乌镇小河边的廊棚下,体验这个小镇所具有的文化氛围,是一种至高无上的享受。

5.甪直——难忘的古镇(江苏苏州)

“甪直”这个名字可能很多人无法念出它的发音。在江南六大古镇中,甪直没有周庄的张扬,没有南浔的厚重,它默默的在水流交错中感受着四季,安静得似一个内向的少女……

6.南浔——曾经最富庶的古镇(浙江湖州)

南浔是一个有近800年历史的水乡古镇,别看这只是一个小镇,它却是近代史上罕见的一个巨富之镇,因为“附近遍地皆桑,家家养蚕,户户织绸”,这在以农耕为主的封建社会,富庶也就不足为奇了。作为水乡古镇的南浔,似乎连随处可见的小桥也与别处不同,充满了大气与华贵。

7.木渎——吴文化的聚宝盆(江苏苏州)

吴王为取悦西施,修建姑苏台,修建时需要大量的木材,就顺水积木,木材源源而至,竟堵塞了山下的河流港渎,地名由此而来。如此推算,木渎已经有了2500年的历史。

8.朱家角——现代都市中的古镇(上海)

朱家角在前几年还是一派古色古香,可是经济浪潮太过汹涌,不过几年,朱家角的容颜已经大改,小镇距上海市区很近,这让朱家角的旅游有着得天独厚的优势。不过在大都市上海的身边,有这样一座古镇也实属不易。

9.光福——香雪海的故乡(江苏苏州)

走近今日的光福古镇,可能不会像

大多数江南水乡古镇那样,满眼看到的是桥弄亭堂,但是2500年的漫长历史仍然说明了这里的古老。到光福的人,大多是冲着光福邓尉山坞的梅花去的,这也是众多水乡古镇中一道独特的风景。

10.安昌——感受绍兴民俗(浙江绍兴)

安昌本来是一个默默无闻的小镇,可是水乡旅游热起来以后,安昌也就借机开始发展。这个地处文化名城绍兴附近的小镇,已经度过了漫漫千年的历史。如果说还有什么比较出名的话,那就是清代的绍兴师爷了。

(信息来源:21CN旅游网2004年12月3日)

四、线路篇

◎榜一、精品旅游线路◎

1.长城游

北京:八达岭、慕田峪

天津:蓟县黄崖关

河北:秦皇岛——老龙头、山海关、褒山、承德——金山岭、山西、雁门关、宁夏、古长城遗迹、甘肃、嘉峪关

2.丝绸之路游

丝绸之路是一条横贯亚洲、连接欧亚大陆的著名古代陆上商贸通道。丝绸之路东起长安(今西安),经陕西、甘肃、宁夏、青海、新疆,跨越葱岭(今帕米尔高原),经中亚部分的独联体、阿富汗、伊朗、伊拉克、叙利亚而达地中海东岸,全长7000多公里,中国境内的丝绸之路总长4000多公里,约为丝绸之路全程的1/2。

丝绸之路已有2000余年的历史了,它的魅力是永恒的。今天,古老的丝绸之路沿线众多的历史文物、古迹、壮丽的自然风光和多姿多彩的各民族风土人情仍然吸引着成千上万来自世界各地的旅游者。历史上,被誉为“沙漠之舟”的骆驼曾是丝绸之路上的主要交通工具;今天,游客可乘飞机、火车、汽车沿丝绸之路旅行,既快捷便利,又舒适安全。中国段丝绸之路沿线有着众多的历史文化古迹,主要有:被称为“世界第八奇迹”的秦始皇兵马俑、保存释迦牟尼佛骨的法门寺、敦煌莫高窟、麦积山石窟、长城嘉峪关和汉代烽燧遗址、著名的藏传佛教寺院塔尔寺、丝路重镇高昌故城遗址。

丝绸之路沿线的自然景观,奇特而壮丽。青海湖鸟岛、巴音布鲁克草原的天鹅自然保护区和天山深处的天池、青海的盐湖、罗布泊的雅丹地貌、吐鲁番的火焰山和克拉玛依的魔鬼城等等,均为丝路增添了无穷魅力。丝绸之路在中国境内所涵盖的地域跨越了中国的陕西、甘肃、宁夏、青海、新疆。这里居住着众多的少数民族,他们热情好客,能歌善舞。不同的民族有着不同的发展史,各自保留着其独特的民族特色、传统文化和宗教信仰。在各民族地区,游客可体验当地民族生活,欣赏民族歌舞,参加当地居民的婚礼和欢度节日,选购精美的民族手工艺品。

3.长江三峡游

长江是中国第一大河流,也是世界上最长的河流之一。长江三峡景色久负盛名,被喻为大自然造就的“天然画廊”、“人间仙境”。其中,瞿塘峡雄伟险峻,巫峡秀丽深幽,西陵峡滩多水急、礁石林立,更有小三峡葱郁苍翠、水清见底。两岸众多的名胜古迹和优美动人的传说,令人神往。

重庆:大足宝顶山石刻、北山石刻

四川:万县、白帝城、瞿塘峡、夔门、大宁河、巫峡

湖南:岳阳、洞庭湖、岳阳楼

湖北:宜昌、西陵峡、葛洲坝、神农架、神农溪

沙市:荆州古城、万寿宝塔、文星楼

武汉:黄鹤楼、编钟

4.黄河风情游

黄河像一条金色的巨龙,奔腾不息,横亘在中国中部大地上。几千年来,它孕育了中华民族的文化,凝聚了华夏子孙的精神和力量。沿着黄河线游览,不但可以领略黄河的磅礴气势,峡谷平湖等胜景和两岸独特风光,更能饱览沿途众多的名胜古迹,体察独特的乡风民俗,探究中华民族之源。

青海:龙羊峡水库

甘肃:刘家峡、柄灵寺

宁夏:沙坡头

山西:壶口瀑布、临汾东岳庙、运城关帝庙、黄河铁牛、永乐宫、普救寺

内蒙古:四王子旗格根塔拉、东胜、成吉思汗陵

河南:三门峡水库、黄河古栈道、龙门石窟、白马寺

山东:趵突泉、千佛山、大明湖、泰山、孔府、孔庙、孔林

5.西南少数民族风情游

中国拥有56个民族,位于中国西南的云南、贵州、广西、四川、西藏,都是多民族省区,共有30多个少数民族生活在这里。淳朴的民风、独特的地域文化,诸如农耕、游牧、节庆、服饰、饮食起居、婚丧、建筑、语言文字、宗教信仰等,构成了一幅浓郁而又色彩斑斓的中国民俗风情图画,而西南地区雄浑壮观的山水风光,也会为您的西南之行增添情趣。

云南:昆明海埂民族村、西山、金殿、大观楼、滇池、石林、阿庐古洞、九乡彝族、哈尼族风情、大理白族三道茶歌舞、西双版纳傣族村寨

贵州:贵阳红枫湖侗寨、黑土苗寨、

安顺侗寨、安顺蜡染、凯里侗寨、苗乡

广西：桂林民族风情园、龙胜壮族、三江侗族风情、南宁、武鸣、防城港市壮族、京族风情、柳州、融水贝江苗族风情

四川：凉山、彝族风情、泸沽湖

6.宗教文化游

产生于古印度而又扎根于中国大地的佛教、中国故有的道教，在长达2000多年的历史过程中，对中国的政治、经济、社会生活、文学艺术、音乐舞蹈、绘画、建筑甚至人们的思维方式都产生了或多或少的影响。而保留至今的寺院、道观，多建于名山之上，形成了天下名山僧（道）占多的现象，为今天的游客提供了宗教人文景观与自然景观相结合的绝好去处。

北京：卧佛寺、雍和宫、潭柘寺、白云观

安徽：九华山、化城寺、月身宝殿、天台寺、莲花峰、天柱峰、太白书堂

山西：五台山、南山寺、显通寺、普化寺、佛事活动

浙江：普陀山、法雨寺、普济寺、慧济寺、佛事活动、舟山沈家门

四川：峨眉山、报国寺、万年寺、清音阁、佛事活动、乐山、乐山大佛

江西：龙虎山、道教张天师府

湖北：武当山、金殿、南岩宫、紫霄宫、道教音乐、武当拳

青海：塔而寺

西藏：拉萨布达拉宫、罗布林卡、大昭寺、色拉寺、日卡则、扎什伦布寺

7.冰雪风光游

冬季去中国东北三省参加冰雪风光游，无疑是颇有情趣的。一望无际的茫茫雪原，银装素裹的绵亘山峦，玉树琼花的雾凇，晶莹剔透的冰雕，会使您的心情开阔，耳目一新；而滑冰、滑雪、打雪仗、骑马、狩猎活动，可以使您乐在其中；但坐在热炕头上与热情豪爽的东北人交往更会让您暖意融融。

辽宁：沈阳、故宫、北陵

黑龙江：哈尔滨、松花江畔冰灯、冰雕、桃山狩猎场、滑雪

吉林：长春、雾凇、冰灯游园、滑雪、陨石博物馆、鹿场、朝鲜族村

8.奇山异水游

中国广袤的土地上，众多的奇山异水为我们展现了一幅幅大自然的美景。有的气象万千，险峻奇特；有的秀丽深幽，绚丽多彩。当您置身其中，定会被这些鬼斧神工般的自然景色所陶醉。

福建：武夷山、天游峰、玉女峰、九曲溪、厦门鼓浪屿、日光岩

广西：桂林、漓江、阳朔、芦笛岩、七星岩

安徽：黄山、北海、莲花峰、玉屏楼、天都峰、飞来石、始信峰

贵州：黄果树、天星景区、织金洞

湖南：张家界、金鞭溪、天子山十里画廊、武陵源、索溪谷、黄龙洞

吉林：长白山天池

四川：九寨沟、黄龙

9.中原民俗游

黄河中下游地区是中华民族的发祥地，这里的中原文化，是中华传统文化的瑰宝；这里的民风民俗，无一不是中华文化的生动体现。

虽然山西、河南、山东、天津、北京的民俗风情同出一源，有许多共同之处，但各地域又有明显的不同。考察各地的风土人情、城街巷陌，或许您会在发现中国传统文化源远流长的同时，也体会到居住在不同地域的炎黄子孙用不同方式追求美好的生活的热情。

山西：太原乔家大院、河边民俗馆、平遥古城墙、临汾丁村民俗博物馆、运城关帝庙、永乐宫元代壁画

山东：潍坊安丘石家庄民俗村、风筝博物馆、杨家埠木版年画

河南：洛阳豫西窑洞

天津：古文化街、杨柳青年画博物馆

北京：四合院、街巷胡同

10.海韵湖光度假游

全国12个国家旅游度假区自1992年10月试办以来，已初步具备接待能力。海南三亚亚龙湾、山东青岛石老人、辽宁大连金石滩、广西北海银滩、福建莆田湄洲岛的阳光、海水、沙滩会使您欣喜不已；江苏苏州太湖、无锡太湖、昆明滇池、福建武夷山、浙江杭州之江、广东南湖、上海佘山的湖光山色会让您心旷神怡。您若置身其中，就会惊奇地发现：中国——崭新的度假天地。

（信息来源：中国旅游网）

◎榜二、全国红色旅游线路◎

1.北京—遵化—乐亭—天津线

主要红色旅游景点有：北京市天安门广场、中国人民抗日战争纪念馆、卢沟桥、宛平城、新文化运动纪念馆、中国国家博物馆、中国人民革命军事博物馆、李大钊烈士陵园、顺义区焦庄户地道战遗址纪念馆；唐山市乐亭县李大钊故居和纪念馆；天津市周恩来邓颖超纪念馆、平津战役纪念馆、盘山烈士陵园。

2.北京—保定—西柏坡线

主要红色旅游景点有：北京市天安门广场、中国人民抗日战争纪念馆、卢沟桥、宛平城、新文化运动纪念馆、中国国家博物馆、中国人民革命军事博物馆、顺义区焦庄户地道战遗址纪念馆；保定市阜平县城南庄晋察冀军区司令部旧址、易县狼牙山五壮士塔、安新县白洋淀景区、清苑县冉庄地道战遗址、唐县白求恩柯棣华纪念馆；石家庄市平山县西柏坡纪念馆和中共中央旧址。

3.上海—嘉兴—平阳线

主要红色旅游景点有：上海市中国共产党第一次全国代表大会会址纪念馆、龙华革命烈士陵园、宋庆龄陵园、陈云故居暨青浦革命历史纪念馆；嘉兴市南湖风景名胜区（中共一大旧址）；温州市浙南（平阳）抗日根据地旧址。

4.南京—镇江—句容—常熟线

主要红色旅游景点有:南京市梅园新村纪念馆、雨花台烈士陵园、侵华日军南京大屠杀遇难同胞纪念馆、渡江胜利纪念馆;镇江市句容县茅山新四军纪念地;常熟市沙家浜旅游区。

5.泰州—盐城—淮安—徐州线

主要红色旅游景点有:泰州市泰兴市黄桥战役纪念馆、白马庙;盐城市新四军重建纪念馆;淮安市周恩来纪念馆和故居、黄花塘新四军军部旧址、新安旅行团革命历史陈列馆;徐州市淮海战役纪念馆。

6.南昌—吉安—井冈山线

主要红色旅游景点有:南昌八一起义纪念馆、方志敏纪念馆;吉安市苏区政府旧址;井冈山市茨坪革命旧址群、黄洋界、井冈山烈士陵园等。

7.赣州—瑞金—于都—会昌—长汀—上杭—古田线

主要红色旅游景点有:赣州市瑞金市中华苏维埃临时中央政府旧址;于都县红军长征出发地;龙岩市长汀县红四军司令部和政治部旧址、瞿秋白烈士纪念碑;上杭县古田会议旧址、毛泽东才溪乡调查纪念馆。

8.井冈山—永新—茶陵—株洲线

主要红色旅游景点有:吉安市井冈山市茨坪革命旧址群、黄洋界、井冈山烈士陵园等;永新县三湾改编旧址;株洲市茶陵县第一个县级红色政权、红军墙、红军村;醴陵市左权将军纪念碑。

9.韶山—宁乡—平江线

主要红色旅游景点有:韶山市毛泽东故居和纪念馆、湘潭县彭德怀故居和纪念馆;长沙市宁乡县花明楼刘少奇故居和纪念馆、杨开慧故居和纪念馆;岳阳市平江县平江起义旧址。

10.南宁—崇左—靖西—百色线

主要红色旅游景点有:崇左市龙州县红八军军部旧址;百色市百色起义纪念馆、百色起义烈士陵园、红七军军部旧址、田东县红军码头、右江区右江工农民主政府旧址、乐业县红七军和红八军会师地旧址。

11.贵阳—凯里—镇远—黎平—通道—桂林线

主要红色旅游景点有:贵阳市息烽集中营革命历史纪念馆、息烽县乌江景区;黔东南州黎平县黎平会议旧址;桂林市八路军驻桂林办事处旧址、兴安县界首镇红军长征突破湘江烈士纪念碑园。

12.贵阳—遵义—仁怀—赤水—泸州线

主要红色旅游景点有:贵阳市息烽集中营革命历史纪念馆、息烽县乌江景区;遵义市遵义会议会址、红花岗区红军山烈士陵园、汇川区和桐梓县娄山关景区;仁怀市红军四渡赤水纪念地,习水县黄皮洞战斗遗址;赤水市红军烈士陵园、丙安红一军团纪念馆。

13.成都—松潘—若尔盖—迭部—宕昌—岷县—临夏—兰州线

主要红色旅游景点有:雪山草地、阿坝州松潘县红军碑园;若尔盖县巴西会议会址;甘南州迭部县腊子口战役遗址;陇南地区宕昌县哈达铺红军长征纪念馆;定西市"岷州会议"纪念馆;兰州市城关区八路军驻兰州办事处旧址。

14.成都—雅安—石棉—泸定—康定线

主要红色旅游景点有:雅安市宝兴县夹金山红军纪念碑;石棉县安顺场红军强渡大渡河纪念地;甘孜州泸定县泸定桥革命文物纪念馆。

15.昆明—会理—攀枝花—冕宁—西昌线

主要红色旅游景点有:昆明市"一二·一"四烈士墓、"一二·一"纪念馆、寻甸县红军长征柯渡纪念馆;凉山州会理县皎平渡红军渡江遗址、会理会议遗址;冕宁县彝海结盟遗址、红军长征纪念馆。

16.兰州—定西—会宁—静宁—六盘山—银川线

主要红色旅游景点有:定西市岷县"岷州会议"纪念馆、通渭县榜罗镇革命遗址;白银市会宁县红军长征会师旧址;固原市隆德县六盘山长征纪念亭、西吉县将台堡一、堡二方面军会师纪念碑、兴隆镇单家集红军长征遗址、泾源县老龙潭革命烈士纪念亭。

17.西安—洛川—延安—子长—榆林—绥德线

主要红色旅游景点有:西安市八路军西安办事处纪念馆、西安事变纪念馆;延安市洛川县洛川会议旧址纪念馆、枣园旧址、杨家岭旧址、王家坪旧址、凤凰山旧址、清凉山旧址、瓦窑堡会议旧址、"四八"烈士陵园;子长县子长烈士纪念馆。

18.黄山—婺源—上饶—弋阳—武夷山线

主要红色旅游景点有:黄山市岩寺新四军军部及八省健儿会师地;上饶市上饶集中营革命烈士陵园;弋阳县方志敏故乡;南平市武夷山赤石、大安红色旅游景区。

19.黄山—绩溪—旌德—泾县—宣城—芜湖线

主要红色旅游景点有:黄山市岩寺新四军军部及八省健儿会师地;宣城市泾县皖南事变烈士陵园及新四军军部旧址;芜湖市王稼祥纪念园。

20.济南—济宁—枣庄—临沂—连云港线

主要红色旅游景点有:济南市济南

战役纪念馆;济宁市微山湖;枣庄市铁道游击队纪念地、台儿庄大战遗址;临沂市沂蒙山孟良崮战役遗址、华东烈士陵园;连云港市抗日山烈士陵园。

21.武汉—麻城—红安—新县—信阳线

主要红色旅游景点有:武汉市汉口八七会议会址纪念馆、武昌区毛泽东旧居及中央农民运动讲习所旧址纪念馆、施洋烈士陵园、向警予烈士陵园;黄冈市麻城市烈士陵园、红安县黄麻起义和鄂豫皖苏区革命烈士陵园;信阳市新县鄂豫皖苏区首府革命博物馆、鄂豫皖苏区革命烈士陵园、首府路和航空路革命旧址、将军故里、金刚台红军洞群、罗山县红二十五军长征出发地。

22.合肥—六安—金寨—霍山—岳西—安庆线

主要红色旅游景点有:六安市皖西烈士陵园,独山革命旧址群;金寨县革命烈士陵园、金寨县红二十五军政机构旧址;霍山县西镇暴动纪念馆;岳西及金寨县红二十八军军部及重建旧址。

23.太原—大同—灵丘—涞源—易县—涿州线

主要红色旅游景点有:太原市太原解放纪念馆、山西省国民师范旧址革命活动纪念馆;大同市煤矿展览馆;灵丘县平型关战役遗址;忻州市五台县晋察冀军区司令部旧址纪念馆、徐向前故居和纪念馆;保定市易县狼牙山、黄土岭战斗遗址。

24.石家庄—西柏坡—涉县—长治—晋城线

主要红色旅游景点有:石家庄市华北军区烈士陵园;平山县西柏坡中共中央旧址等革命历史遗址;邯郸市涉县129师司令部旧址;长治市武乡县八路军太行纪念馆、王家峪八路军总部旧址、“百团大战”砖壁指挥部旧址、黎城县黄崖洞革命纪念地。

25.沈阳—锦州—葫芦岛—秦皇岛线

主要红色旅游景点有:沈阳市“九·一八”历史博物馆、抗美援朝烈士陵园;抚顺市平顶山惨案遗址纪念馆、战犯管理所旧址;锦州市辽沈战役纪念馆、黑山阻击战纪念馆;葫芦岛市塔山阻击战纪念馆。

26.四平—吉林—敦化—延吉—白山—临江—通化—集安线

主要红色旅游景点有:四平市四平战役纪念馆及烈士陵园;白山市郊七道江遗址、靖宇县杨靖宇将军殉难地;通化市临江市“四保临江”烈士陵园、陈云旧居、杨靖宇烈士陵园。

27.哈尔滨—阿城—尚志—海林—牡丹江线

主要红色旅游景点有:哈尔滨东北烈士纪念馆、东北抗联博物馆、哈尔滨烈士陵园、侵华日军第七三一部队罪证陈列馆;尚志市赵一曼被捕地;牡丹江市八女投江革命烈士陵园;海林市杨子荣烈士墓及剿匪遗址;宁安市马骏故居和纪念馆。

28.重庆—广安—仪陇—巴中线

主要红色旅游景点有:重庆市红岩革命纪念馆、沙坪坝区歌乐山革命烈士陵园、开县刘伯承同志纪念馆、江津县聂荣臻元帅陈列馆、酉阳县赵世炎烈士故居;广安市邓小平故居和纪念馆、华蓥市华蓥山游击队遗址;仪陇县朱德故居纪念馆;巴中市通江县红四方面军总指挥部旧址纪念馆、川陕苏区红军烈士陵园、红军崖红军石刻标语。

29.海口—文昌—琼海—五指山线

主要红色旅游景点有:海口市琼山区工农红军琼崖纵队改编旧址;琼海市红色娘子军纪念园;五指山市五指山革命根据地纪念园。

30.张家界—桑植—永顺—吉首—铜仁线

主要红色旅游景点有:张家界市桑植县贺龙故居和纪念馆;湘西自治州永顺县湘鄂川黔革命根据地旧址;恩施自治州鹤峰县满山红纪念园;铜仁市周逸群故居。

(信息来源:新华网2005年3月23日)

琼海市红色娘子军纪念园

旅游榜

◎榜三、十大经典自驾车旅游线路◎

1.穿越川滇黄金旅游线——自驾车大西南逍遥十三日

在云南的西北部和四川的西南部，在高原与山脉的簇拥之下，诞生了许许多多令人心驰神往的地方，这里美丽，这里幽静，这里是活生生的纯粹的自然。从昆明出发，自驾车把大理、丽江、香格里拉、稻城、理塘、康定、雅安和成都串联起来，穿过未来世界上最大的自然生态旅游区，一路上风景如画，诱惑无限。

行车线路：昆明—大理—丽江—香格里拉—稻城—雅安—成都

2.通向心灵的西行之路——自驾车丝绸故道探险

以前丝绸之路在人们的印象中是"大漠孤烟直，长河落日圆"的景象，如果今天您踏上丝绸之路，看到的不再仅仅是大漠、长河落日。从古城西安出发，一路西去，漫漫长路，漫漫征程，就像一次人生的回放，有厚重的历史文化；有奇异的鸣沙山与月牙泉；有6月的太白积雪；有天山上的圣地雪莲；有黄河畔上的古老水车；有吐鲁番中的甜美葡萄；有达坂城的美丽姑娘；有摇曳千年的古老驼铃；还有一座座崭新的城市……自驾车探险丝绸故道，这些将尽收眼底，萦绕耳边。

行车线路：西安—平凉—兰州—武威—张掖—嘉峪关—敦煌—哈密—吐鲁番

3.八千里路云与月——自驾车环游南疆

"不到新疆不知道中国有多大"，凡是到过新疆的人对此都深有体会。其实还有一句话，就是"不到新疆，不知道中国的大西北有多美"，这句话恐怕只有在新疆有过较长游历的外地人才能体会到。如此辽阔的原野，如此美丽的风景，驾车出行，将会真正感受到悠远、壮美和自在。从乌鲁木齐出发，以塔克拉玛干沙漠为中心，环游南疆。穿越"死亡之海"，一睹千年古迹，逛"巴扎"，谒"麻扎"，饱览民族风情。

行车线路：乌鲁木齐—和田—喀什—阿克苏—库车—吐鲁番

4.探寻西南出海道——驾车渝黔贵之行

要行车必先有路，西南出海通道的修通，对于喜欢自驾车游览西南的人们来说，又多了一个选择。用9天左右的时间，从重庆出发，翻娄山关，到贵阳，经柳州，入桂林，去北海，一览银滩之美丽，然后返回，进入瑶寨和苗家村落，最后经红枫湖返回重庆。一路上有的是好山好水，一路上看不尽的民族风情。

行车线路：重庆—娄山关—贵阳—柳州—桂林—北海—南宁—都匀—红枫湖—重庆

5.海滩、海风、椰子林——驾车玩转海南岛

从海口出发，一路南行，用3-4天的时间，就可完成一次南北穿越海南岛的"壮举"。驾车从椰林旁飞驰而过，在海边感受海风……光是想想也足以让人陶醉。

行车线路：海口—三亚—通什—万宁—文昌—海口

6.无法拒绝的诱惑——甘南川西行

九寨沟黄龙的水虽然不能说是世界上最美的，但是这里的水却构成了一个童话般的世界；甘南的草原虽然不是最宽阔的，但是它却包含了草原上最美的风光；夏河的藏族风情虽然不是惟一的，但是它却孕育了像拉布楞寺这样的佛教圣地。从兰州出发，细细品味甘南川北的种种特色，然后走近壮观的都江堰工程，感受青城山的仙风道骨，最后慢慢地靠近蓉城成都。

行车线路：兰州—临夏—拉布楞寺—郎木寺—若尔盖—九寨沟—黄龙—都江堰—成都—丹巴—海螺沟—成都

7.梦里的水乡一个都不能少——自驾车水乡古镇大"搜查"

要想游遍江南的六大古镇，无论是跟团还是自助，总是不够过瘾。如果在这个"十一"长假，来个自驾车江南六大古镇穿行，一定会满足你的愿望。无论是粉墙乌瓦、浓郁书香、雍容繁华，还是古朴宁静、倚水而居，汇集江南水乡古镇特色的六大古镇将会把这些一一呈现，因为汽车的方向盘就在您的手中，想到哪里就到哪里。

行车线路：上海—甪直—同里—周庄—南浔—乌镇—西塘—上海

8.黄土地寻根之旅——自驾车北京、山西、陕西行

从1999年开始，北京、山西、陕西一线便成为自驾车旅游爱好者关注的焦点。这条线贯穿了中华文明从树冠到树根的整个脉络。经平遥古城、乔家大院、壶口瀑布、党家村、古城西安、黄陵和延安，最后回到北京，一条线下来，你将几乎看到整个中华民族的演绎和进程。

行车线路：北京—太原—平遥—壶口—西安—延安—太原—北京

9.环行渤海——车行辽东之滨海风情

其实东北三省并不缺少美景，除了冬天之外，其他季节照样有许多值得去的地方，自驾车感受辽东及海滨风情，绝对是个不错的选择。从北京出发，经北戴河、秦皇岛、兴城、锦州到达沈阳，然后再去千山、大连。一路上可以领略海的壮阔、欣赏辽河平原上的白墙红瓦、感受大连的浪漫气息，从大连返回，可连人带车搭乘海船，感觉更是特别。

行车线路：北京—北戴河—秦皇岛—山海关—锦州—沈阳—鞍山—大连—塘沽—北京

10.在历史与文化中徜徉——自驾车中原五日

中原古来经济发达，道路宽阔，可以方便地从一个地方到另一个地方。尽管现在这里的经济已没有了历史上的辉煌，但是道路依然宽阔。自驾车到中原大地，把新城郑州、古城开封、古都洛阳、中岳嵩山和少林大寺来个一览无余，登上黄河大堤，亲近母亲之河，感受中原黄河跳动的脉搏。

行车线路：郑州—开封—白马寺—龙门—郑州—少林寺—郑州—黄河—郑州

（信息来源：中国汽车新网）

◎榜四、中华十大探险线路◎

1.雅鲁藏布大峡谷探险——进入人类最后的密境

雅鲁藏布大峡谷是世界上海拔最高的峡谷，也是世界上最深和最长的峡谷，堪称世界上峡谷之最，被誉为“人类最后的密境”。到这样的地方去探险，将面对高海拔、高艰险等多重困难的考验。这时候需要的不仅仅是毅力，更需要生理、人类智慧和团结协作，需要充分的准备和科学的计划，而这些，都是人类不断探险、进取所需要的。

2. 楼兰古国——罗布泊丝路探险——踏着前人的足迹

同样是在新疆，与塔克拉玛干相比，对于探险者来说，罗布泊——楼兰一线，也许是因为发生了太多故事，所以就更具吸引力了。如果把罗布泊的故事来个年历排序，将会有一长串。远的有楼兰古国和楼兰美女，近的有余纯顺。那些探险成功喜不自胜的人们，我们先不必提及，只是那些探险不归的人们需要我们哀思和纪念。

3.塔克拉玛干沙漠探险——穿越死海

塔克拉玛干是中国最大的沙漠，一望无垠的沙漠和充满艰险的环境，吸引了许多探险旅游者。不过听说随着沙化的加剧，这个本来世界面积第二的沙漠已经逐步“逼近”世界第一了，这可不是什么好消息。其实塔克拉玛干中最让人心惊肉跳的莫过于死海，如果穿越了死海，无疑将是一次成功的探险。

4.高黎贡山——怒江探险——走进人类文化公园

在中国的西南角，地形复杂，民族众多，自然环境独特，造就了众多适合探险旅游的地方。高黎贡山至怒江探险一线便是其中之一。尤其是这里有许多地方长时间与世隔绝，更显得神秘莫测。探险者的脚步，摄影家的镜头，都一并伸了过来，人们都期望在这里能发现新的东西。

5.徒步三峡——也许这是最后一眼

2004年夏天，各种媒体上宣传三峡的信息非常多，因为许多三峡的景观在三峡截流之后将永远地沉没在水底，为了这最后一眼的三峡，人们便计划着去三峡看看。然而一篇题为《专家提醒“不可贸然徒步三峡”》的报道，再次提醒大家，三峡探险，尤其是徒步三峡，是一件需要三思而后行的事情。

6.大海道——一日体验从西域进入中原

从敦煌往西，到吐鲁番，共500多公里的路程，构成了丝绸之路上最富传奇色彩的一段——大海道。这里汇集了古城堡、烽燧、驿站、史前人类居住遗址、化石山、海市蜃楼、沙漠野骆驼群以及许多罕见的地理地貌。如果从吐鲁番出发、穿越大海道到敦煌，能深刻地体会到民族风情之间的差异和不同的美丽。穿越大海道，最大的障碍莫过于经过这里的无人区，但是走完大海道，就能深刻地体会到丝绸之路留下的无尽美丽。

7.秦岭探险——穿越中国气候的南北分界线

古来，因秦岭割断了关中与蜀和楚的往来，人们就在秦岭的崇山峻岭中修建了众多的栈道。这里山高林密，生态保持完整。从关中出发，穿越秦岭，横跨中国气候南北分界线，走过中国最大的自然保护区群，踏着羚牛、孤狼的足迹步入无人的苍原……这些都是秦岭探险的意义。

8.茶马故道探险——滇藏地区的“丝绸之路”

茶马故道是古代联系云南与西藏的一条通道，在历史的演化中曾经拥有辉煌的一页，然而时过境迁，今日的茶马故道只剩下众多的遗址和古迹。茶马故道到底指的是哪条道路？到底留下了什么？这都需要我们去挖掘。滇藏复杂的地形，曲折的历史，将为茶马故道的探索带来不小的困难，但是像丽江这样的故道明珠，将是人们探险路上最大的动力。

9.两江源头科考探险——为了我们的母亲河

中华民族的母亲河黄河和长江都发源于青藏高原的巴颜喀拉山，大片的冰塔林就是它们的源头，在源头几十公里的范围内，分布着100多个小水泊，有着诱人的自然风光。但是，现在这里的生态已经开始变得恶劣，沙化已经开始蔓延，因此，我们应该了解母亲河的源头，保护母亲河的源头。黄河与长江的源头地处青藏高原，自然条件恶劣，适合探险，不适合休闲旅游。

10.泸沽湖女儿国探险——寻找奇异的风俗民情

泸沽湖还继续维持着母系社会生命延续的方式——“走婚”。泸沽湖，她还有另一个美丽的名字——女儿国。因为这里道路不平，民俗风情特异，到这里来旅游，往往还是会冠以探险的名头。

（信息来源：厦门都市网2005年1月24日）

五、旅行社篇

◎榜一、2004 全国国际旅行社 100 强◎

名次	许可证编号	旅行社名称	2002 年度名次
1	L-ZY-GJ00001	中国国际旅行社总社	1
2	L-ZY-GJ00071	中青旅控股股份有限公司	4
3	L-ZY-GJ00012	中国康辉旅行社有限责任公司	3
4	L-SH-GJ00002	上海锦江国际旅游股份有限公司	7
5	L-ZY-GJ00002	中国旅行社总社	2
6	L-ZY-GJ00005	中信旅游总公司	5
7	L-BJ-GJ00080	港中旅国际旅行社有限公司	38
8	L-CQ-GJ00001	重庆海外旅业(旅行社)集团有限公司	8
9	L-ZY-GJ00011	招商局国际旅行社有限责任公司	10
10	L-ZY-GJ00084	交通公社新纪元国际旅行社有限公司	14
11	L-GD-GJ00002	广东省中国旅行社股份有限公司	6
12	L-GD-GJ00023	深圳市口岸中国旅行社有限公司	9
13	L-SH-GJ00011	上海航空国际旅游有限公司	19
14	L-BJ-GJ00068	北京神舟国际旅行社集团有限公司	11
15	L-GD-GJ00005	汕头市旅游总公司	18
16	L-ZY-GJ00022	港中旅远洋国际旅行社有限公司	66
17	L-GX-GJ00003	桂林中国国际旅行社	25
18	L-SH-GJ00004	上海中国青年旅行社	29
19	L-SNX-GJ00003	西安中国国际旅行社集团有限责任公司	15
20	L-XJ-GJ00008	新疆西域国际旅行社有限责任公司	32
21	L-CQ-GJ00017	重庆新世纪国际旅行社有限公司	21
22	L-GD-GJ00010	深圳中国国际旅行社有限公司	30
23	L-ZJ-GJ00005	浙江省中国旅行社	27
24	L-GD-GJ00031	深圳特区华侨城中国旅行社	41
25	L-SH-GJ00035	上海实华国际旅行社	91
26	L-YN-GJ00042	昆明康辉旅行社有限公司	59
27	L-SH-GJ00034	上海茶恬园国际旅行社有限公司	—
28	L-HEN-GJ00001	河南旅游集团有限公司	24
29	L-GD-GJ00128	广东南湖国际旅行社有限责任公司	98
30	L-SC-GJ00005	四川省中国青年旅行社	—

名次	许可证编号	旅行社名称	2002年度名次
31	L-SH-GJ00003	上海中旅国际旅行社有限公司	28
32	L-TJ-GJ00002	天津中国国际旅行社	56
33	L-GD-GJ00036	佛山市南海中旅国际旅行社有限公司	36
34	L-HAN-GJ00033	海南豪阳国际旅行社有限公司	—
35	L-BJ-GJ00003	中国和平国际旅游有限责任公司	23
36	L-GD-GJ00004	广州广之旅国际旅行社股份有限公司	12
37	L-YN-GJ00002	昆明中国国际旅行社	26
38	L-SH-GJ00021	上海市东上海国际旅行社有限公司	52
39	L-GD-GJ00029	广东顺之旅国际旅行社有限公司	—
40	L-GD-GJ00001	广东国旅国际旅行社股份有限公司	17
41	L-BJ-GJ00002	北京新华国际旅游有限公司	82
42	L-SH-GJ00007	国旅集团新上海国际旅行社有限公司	48
43	L-JS-GJ00026	苏州青年旅行社股份有限公司	39
44	L-JS-GJ00010	无锡市中国旅行社有限责任公司	61
45	L-GD-GJ00042	广东省拱北口岸中国旅行社有限公司	76
46	L-HUN-GJ00013	湖南华天国际旅行社有限责任公司	84
47	L-GD-GJ00009	广东铁青国际旅行社有限责任公司	58
48	L-GD-GJ00018	深圳招商国际旅游有限公司	37
49	L-ZJ-GJ00006	浙江省中青国际旅游有限公司	51
50	L-GD-GJ00049	深圳市九洲国际旅行社有限公司	35
51	L-SC-GJ00002	成都海外旅游有限责任公司	62
52	L-GD-GJ00013	佛山市禅之旅国际旅行社有限公司	74
53	L-BJ-GJ00006	北京北辰国际旅游公司	46
54	L-ZJ-GJ00032	杭州市中国旅行社有限公司	72
55	L-GD-GJ00026	中山中国国际旅行社有限公司	57
56	L-GD-GJ00039	佛山市中国旅行社	100
57	L-ZJ-GJ00001	浙江海外旅游公司	—
58	L-GD-GJ00038	佛山国旅国际旅行社有限公司	99
59	L-FJ-GJ00011	厦门旅游集团有限公司	90
60	L-FJ-GJ00009	福建省旅游有限公司	65
61	L-CQ-GJ00010	重庆招商国际旅行社有限公司	20
62	L-ZJ-GJ00034	浙江中山国际旅行社有限责任公司	67
63	L-GD-GJ00025	深圳市中国旅行社有限公司	85
64	L-CQ-GJ00014	重庆新亚国际旅行社	42
65	L-GX-GJ00004	广西中青旅行社有限责任公司	53
66	L-HLJ-GJ00059	黑龙江天马国际旅行社有限公司	—
67	L-ZJ-GJ00025	浙江国际旅游集团有限公司	—
68	L-YN-GJ00001	云南海外旅游总公司	—
69	L-FJ-GJ00038	厦门建发国际旅行社有限公司	—
70	L-SH-GJ00008	上海职工国际旅行社有限公司	—
71	L-JS-GJ00008	苏州中旅国际旅行社有限公司	88
72	L-FJ-GJ00032	福建省康辉国际旅行社股份有限公司	69

名次	许可证编号	旅行社名称	2002年度名次
73	L-FJ-GJ00003	福建省中国旅行社	49
74	L-SNX-GJ00008	西安中旅国际旅行社有限责任公司	89
75	L-SH-GJ00009	上海春秋国际旅行社有限公司	40
76	L-HLJ-GJ00007	哈尔滨铁道国际旅行社有限责任公司	—
77	L-ZJ-GJ00002	杭州海外旅游有限公司	80
78	L-ZY-GJ00008	中国铁道旅行社	47
79	L-ZY-GJ00004	中国民间国际旅游公司	43
80	L-SC-GJ00018	成都光大国际旅行社有限责任公司	—
81	L-JS-GJ00001	江苏海外旅游公司/南京中国国际旅行社	50
82	L-SD-GJ00012	威海中国旅行社有限公司	—
83	L-CQ-GJ00009	重庆市中国旅行社	68
84	L-HAN-GJ00003	海南中国旅行社	64
85	L-GD-GJ00189	广东国泰国际旅行社有限公司	—
86	L-JS-GJ00006	江苏省中旅旅行社有限公司	63
87	L-GD-GJ00166	珠海市君悦国际旅行社有限公司	—
88	L-GD-GJ00033	肇庆市中国旅行社有限公司	94
89	L-GD-GJ00169	珠海国际度假旅行社	73
90	L-SC-GJ00015	四川省中国国际旅行社	—
91	L-SC-GJ00001	四川海外旅游公司	81
92	L-ZY-GJ00085	北京凯撒国际旅行社有限责任公司	—
93	L-SNX-GJ00005	中国康辉西安国际旅行社有限责任公司	83
94	L-GD-GJ00193	珠海里程国际旅行社有限公司	—
95	L-BJ-GJ00090	日航国际旅行社(中国)有限公司	—
96	L-LN-GJ00026	大连中国旅行社有限公司	—
97	L-SD-GJ00011	青岛华青国际旅行社有限责任公司	—
98	L-SD-GJ00050	青岛海天国际旅行社	—
99	L-ZJ-GJ00044	浙江海峡旅行社有限公司	—
100	L-SH-GJ00012	上海东方航空国际旅游运输有限公司	—

(信息来源:中国旅游网 2005年5月13日)

备注一:全国国际旅行社百强排序办法

1.入境旅游外联人/天、接待人/天两项指标之和进入全国国际旅行社前300名。

2.在以上300家旅行社中,以旅游业务营业收入、旅游业务毛利润、入境旅游外联人/天、入境旅游接待人/天、实缴税金、外汇结汇六项指标进行排序,将以上六项指标位次之和由小到大选取前100名旅行社。其中在旅游业务营业收入、旅游业务毛利润、实缴税金、外汇结汇四项指标中任何一项未进入单项排序前300名的旅行社都被排除。

3.当旅行社名次相同时,以旅游业务营业收入名次的先后为准,决定其最后排序的位次。

备注二:由于受非典的影响,2003年度全国百强旅行社的评比被迫取消。

◎榜二、2004 全国国内旅行社 100 强◎

名次	许可证编号	旅行社名称	2002 年度名次
1	L-SH-GN00007	上海春秋旅行社有限公司	1
2	L-JS-GN02032	江苏水乡周庄旅游股份有限公司	51
3	L-SH-GN00067	上海航空假期旅行社有限公司	8
4	L-SH-GN00001	上海旅行社	15
5	L-ZJ-GN03004	乐清市雁荡山仙乐旅游社	13
6	L-SH-GN00058	上海大众旅游公司	5
7	L-JS-GN04021	常州国旅国内旅游有限公司	9
8	L-BJ-GN00016	中旅首都旅行社有限责任公司	4
9	L-BJ-GN00006	北京春秋旅行社	11
10	L-SH-GN00310	上海一日旅行社有限公司	10
11	L-ZJ-GN01807	杭州园林旅游贸易有限公司	2
12	L-JS-GN01091	南京原野旅行社有限公司	27
13	L-SH-GN00013	上海杨浦休养旅行社有限责任公司	6
14	L-GD-GN00481	东莞市四海旅行社有限公司	—
15	L-SH-GN00038	上海铁路旅行社有限公司	3
16	L-ZJ-GN01912	杭州大厦旅行社	20
17	L-ZJ-GN06007	湖州市快乐旅游有限公司	—
18	L-GD-GN00484	东莞市腾龙假日旅行社有限公司	—
19	L-JS-GN03008	江阴市华西旅行社	14
20	L-SH-GN00566	上海中侨旅行社有限公司	—
21	L-CQ-GJ00017	重庆新世纪国际旅行社有限公司	21
22	L-GD-GJ00010	深圳中国国际旅行社有限公司	30
23	L-ZJ-GJ00005	浙江省中国旅行社	27
24	L-GD-GJ00031	深圳特区华侨城中国旅行社	41
25	L-SH-GJ00035	上海实华国际旅行社	91
26	L-YN-GJ00042	昆明康辉旅行社有限公司	59
27	L-SH-GJ00034	上海茶恬园国际旅行社有限公司	—
28	L-HEN-GJ00001	河南旅游集团有限公司	24
29	L-GD-GJ00128	广东南湖国际旅行社有限责任公司	98
30	L-SC-GJ00005	四川省中国青年旅行社	—
31	L-SH-GJ00003	上海中旅国际旅行社有限公司	28
32	L-TJ-GJ00002	天津中国国际旅行社	56
33	L-GD-GJ00036	佛山市南海中旅国际旅行社有限公司	36
34	L-HAN-GJ00033	海南豪阳国际旅行社有限公司	—
35	L-BJ-GJ00003	中国和平国际旅游有限责任公司	23
36	L-GD-GJ00004	广州广之旅国际旅行社股份有限公司	12
37	L-YN-GJ00002	昆明中国国际旅行社	26
38	L-SH-GJ00021	上海市东上海国际旅行社有限公司	52

名次	许可证编号	旅行社名称	2002 年度名次
39	L-GD-GJ00029	广东顺之旅国际旅行社有限公司	—
40	L-GD-GJ00001	广东国旅国际旅行社股份有限公司	17
41	L-BJ-GJ00002	北京新华国际旅游有限公司	82
42	L-SH-GJ00007	国旅集团新上海国际旅行社有限公司	48
43	L-JS-GJ00026	苏州青年旅行社股份有限公司	39
44	L-JS-GJ00010	无锡市中国旅行社有限责任公司	61
45	L-GD-GJ00042	广东省拱北口岸中国旅行社有限公司	76
46	L-HUN-GJ00013	湖南华天国际旅行社有限责任公司	84
47	L-GD-GJ00009	广东铁青国际旅行社有限责任公司	58
48	L-GD-GJ00018	深圳招商国际旅游有限公司	37
49	L-ZJ-GJ00006	浙江省中青国际旅游有限公司	51
50	L-GD-GJ00049	深圳市九洲国际旅行社有限公司	35
51	L-SC-GJ00002	成都海外旅游有限责任公司	62
52	L-GD-GJ00013	佛山市禅之旅国际旅行社有限公司	74
53	L-BJ-GJ00006	北京北辰国际旅游公司	46
54	L-ZJ-GJ00032	杭州市中国旅行社有限公司	72
55	L-GD-GJ00026	中山中国国际旅行社有限公司	57
56	L-GD-GJ00039	佛山市中国旅行社	100
57	L-ZJ-GJ00001	浙江海外旅游公司	—
58	L-GD-GJ00038	佛山国旅国际旅行社有限公司	99
59	L-FJ-GJ00011	厦门旅游集团有限公司	90
60	L-FJ-GJ00009	福建省旅游有限公司	65
61	L-CQ-GJ00010	重庆招商国际旅行社有限公司	20
62	L-ZJ-GJ00034	浙江中山国际旅行社有限责任公司	67
63	L-GD-GJ00025	深圳市中国旅行社有限公司	85
64	L-CQ-GJ00014	重庆新亚国际旅行社	42
65	L-GX-GJ00004	广西中青旅旅行社有限责任公司	53
66	L-HLJ-GJ00059	黑龙江天马国际旅行社有限公司	—
67	L-ZJ-GJ00025	浙江国际旅游集团有限公司	—
68	L-YN-GJ00001	云南海外旅游总公司	—
69	L-FJ-GJ00038	厦门建发国际旅行社有限公司	—
70	L-SH-GJ00008	上海职工国际旅行社有限公司	—
71	L-JS-GJ00008	苏州中旅国际旅行社有限公司	88
72	L-FJ-GJ00032	福建省康辉国际旅行社股份有限公司	69
73	L-FJ-GJ00003	福建省中国旅行社	49
74	L-SNX-GJ00008	西安中旅国际旅行社有限责任公司	89
75	L-SH-GJ00009	上海春秋国际旅行社有限公司	40
76	L-HLJ-GJ00007	哈尔滨铁道国际旅行社有限责任公司	—
77	L-ZJ-GJ00002	杭州海外旅游有限公司	80
78	L-ZY-GJ00008	中国铁道旅行社	47
79	L-ZY-GJ00004	中国民间国际旅游公司	43
80	L-SC-GJ00018	成都光大国际旅行社有限责任公司	—
81	L-JS-GJ00001	江苏海外旅游公司 / 南京中国国际旅行社	50
82	L-SD-GJ00012	威海中国旅行社有限公司	—
83	L-CQ-GJ00009	重庆市中国旅行社	68
84	L-HAN-GJ00003	海南中国旅行社	64
85	L-GD-GJ00189	广东国泰国际旅行社有限公司	—
86	L-JS-GJ00006	江苏省中旅旅行社有限公司	63
87	L-GD-GJ00166	珠海市君悦国际旅行社有限公司	—
88	L-GD-GJ00033	肇庆市中国旅行社有限公司	94
89	L-GD-GJ00169	珠海国际度假旅行社	73

名次	许可证编号	旅行社名称	2002年度名次
90	L-SC-GJ00015	四川省中国国际旅行社	—
91	L-SC-GJ00001	四川海外旅游公司	81
92	L-ZY-GJ00085	北京凯撒国际旅行社有限责任公司	—
93	L-SNX-GJ00005	中国康辉西安国际旅行社有限责任公司	83
94	L-GD-GJ00193	珠海里程国际旅行社有限公司	—
95	L-BJ-GJ00090	日航国际旅行社(中国)有限公司	—
96	L-LN-GJ00026	大连中国旅行社有限公司	—
97	L-SD-GJ00011	青岛华青国际旅行社有限责任公司	—
98	L-SD-GJ00050	青岛海天国际旅行社	—
99	L-ZJ-GJ00044	浙江海峡旅行社有限公司	—
100	L-SH-GJ00012	上海东方航空国际旅游运输有限公司	—

(信息来源:中国旅游网2005年5月13日)

备注一:全国国内旅行社百强排序办法

1.国内旅游组织人/天、接待人/天两项指标之和进入全国国内旅行社前800名。

2.在以上800家旅行社中,以旅游业务营业收入、旅游业务毛利润、国内旅游组织人/天、国内旅游接待人/天、实缴税金五项指标进行排序,将以上五项指标位次之和由小到大选取前100名旅行社。其中在旅游业务营业收入、旅游业务毛利润、实缴税金三项指标中任何一项未进入单项排序前800名的旅行社都被排除。

3.当旅行社名次相同时,以旅游业务营业收入名次的先后为准,决定其最后排序位次。

备注二:由于受非典的影响,2003年度全国百强旅行社的评比被迫取消。

六、链接篇

◎榜一、中国的世界遗产名录◎

泱泱中国,五千年的辉煌灿烂文明,孕育了绮丽的自然景观和丰富的历史文化遗产。为了保护历史遗存,中国于1985年加入《保护世界文化和自然遗产公约》,1986年开始向联合国教科文组织申报世界遗产项目。自1987年至2004年7月,中国先后被批准列入《世界遗产名录》的世界遗产已达32项,其中文化遗产22项,自然遗产4项,文化和自然双重遗产4项,人类口头和非物质遗产2项。

1.长城(位于北京市,1987年被批准为世界文化遗产)

2.故宫(包括北京故宫和沈阳故宫。前者位于北京市,于1987年被批准为世界文化遗产;后者位于辽宁省,2004年被批准为明清皇宫文化遗产拓展项目)

3.周口店"北京人"遗址(位于北京市,1987年被批准为世界文化遗产)

4.敦煌莫高窟(位于甘肃省,1987年被批准为世界文化遗产)

5.秦始皇陵与秦兵马俑(位于陕西省,1987年被批准为世界文化遗产)

6.泰山(位于山东省,1987年被批准为世界文化和自然遗产)

7.黄山(位于安徽省,1990年被批准为世界文化和自然遗产)

8.九寨沟(位于四川省,1992年被批准为世界自然遗产)

9.黄龙寺风景区(位于四川省,1992年被批准为世界自然遗产)

10.武陵源风景区(位于湖南省,1992年被批准为世界自然遗产)

11.承德避暑山庄与外八庙(位于河北省,1994年被批准为世界文化遗产)

12.布达拉宫(位于西藏自治区,1994年被批准为世界文化遗产)

13.曲阜孔庙、孔府、孔林(位于山东省,1994年被批准为世界文化遗产)

14.武当山古建筑群(位于湖北省,1994年被批准为世界文化遗产)

15.庐山(位于江西省,1996年被批准为世界文化遗产)

16.峨眉山与乐山大佛(位于四川省,1996年被批准为世界文化和自然遗产)

17.平遥古城(位于山西省,1997年被批准为世界文化遗产)

18.苏州古典园林(位于江苏省,1997年被批准为世界文化遗产)

19.丽江古城(位于云南省,1997年被批准为世界文化遗产)

20.颐和园(位于北京市,1998年被批准为世界文化遗产)

21.天坛(位于北京市,1998年被批准为世界文化遗产)

22.武夷山(位于福建省,1992年被批准为世界自然与文化遗产)

23.大足石刻(位于重庆市,1999年被批准为世界文化遗产)

24.明清皇家陵寝(明显陵位于湖北省,2000年被批准为世界文化遗产;明十三陵位于北京市,2003年被批准为世界文化遗产;明孝陵位于江苏省,2003年被批准为世界文化遗产;清东陵、清西陵位于河北省,2000年被批准为世界文化遗产;盛京三陵也称东北三陵,包括永陵、昭陵、福陵,位于辽宁省,2004年被批准为明清皇家陵寝文化遗产拓展项目)

25.龙门石窟(位于河南省,2000年被批准为世界文化遗产)

26.青城山与都江堰(位于四川省,2000年被批准为世界文化遗产)

27.皖南古村落——西递、宏村(位于安徽省,2000年被批准为世界文化遗产)

28.云冈石窟(位于山西省,2001年被批准为世界文化遗产)

29.三江并流景观(位于云南省,2003年被批准为世界自然遗产)

30.高句丽王城、王陵和贵族墓葬及墓室壁画(位于吉林省,2004年被批准为世界文化遗产)

31.苏州昆山昆曲(2001年被批准为人类口头与非物质遗产)

32.中国古琴(2003年被批准为人类口头与非物质遗产)

(信息来源:人民网)

◎榜二、2004中国旅游业十大热点◎

1.出境旅游新突破

2004年是我国出境旅游最具突破性发展的一年:9月,欧盟作为一个整体向中国开放,中国人赴欧旅游团成行;6月,非洲数个国家开放;10–11月,南美国家相继开放;12月6日,中美签订《旅游合作谅解备忘录》;12月中国公民德国自由行开始。2004年中国出境旅游不仅目的地和出境人数迅速增加,而且引起了政府的高度重视;6月以来,中国政府高层领导人(包括国家主席、人大委员长、国务院总理)直接参与谈判或出席有关协议的签订仪式10多次,其规格之高、频率之多前所未有。特别是中美两国协议的签署表明,世界上最有影响的大国也不得不开始考虑接纳中国旅游者,成为中国公民出境旅游的目的地,这必将在国际社会上产生重要的示范效应。

对于未来我国出境旅游的发展,我们要注意:一是及时调整出境旅游政策。要合理评估中国公民出境旅游的影响,着眼于未来,着眼于整个国家的社会经济发展,调整中国出境旅游的相关政策。二是要对出境市场及时进行规范,特别是要防止在亚洲一些地区出现的价格过度竞争等问题蔓延到欧洲等其他新旅游目的地。三是关注赌博活动可能给出境旅游带来的影响。四是提高出境旅游者的保险意识,完善旅游保险体系,最大限度地减少和分散出境旅游活动中的风险。

2.港澳“自由行”火爆

2004年1月1日,CEPA(内地与香港、澳门《关于建立更紧密经贸关系的安排》)开始实施,到2004年7月1日止,共有32个内地城市的居民可以“个人游”的身份赴港澳旅游。

港澳个人游的开展之所以如此火爆,原因之一是,这种旅游形式恰好契合了中国内地居民自助游的新时尚;其二是港澳近在咫尺,既无语言障碍,又无文化隔膜,现代化都市旅游服务设施齐全,最适合自助出游;其三是市场潜力大。“个人游”推行后,内地游客的增加,不仅给港澳地区带去直接的外汇收益,还极大地带动了航空、酒店、零售及其他相关行业的复苏,为港澳经济的振兴与繁荣起到极大的推动作用。同时,港澳个人游也加剧了内地旅行社的竞争,竞争激化导致的价格战使旅行社的利润空间更小,手续的简化无疑将使港澳游的利润进一步下降。

可以肯定地说,2005年随着港澳“自由行”市场示范效应的扩大,以及香港迪斯尼乐园的开放,港澳游将更加火爆。另外,港澳“自由行”这种新的出境旅游模式将会产生重要的示范效应,会扩展一些新的目的地。

3.区域旅游合作再掀高潮

长期以来,地方保护主义在旅游发展中比较普遍,区域合作虽多次提出,但进展缓慢,收效甚微。而随着区域经济联系、文化交流的不断加强和旅游业规模的不断扩大,包括政府、企业和消费者,都希望打破行政区划的阻隔,有效整合资源,谋求共同发展。2003年到2004年间,从《长三角旅游城市合作宣言》的签署到《泛珠三角(9+2)区域合作框架协议》的制定,再到“5+1”大西北旅游合作圈构想的提出,区域旅游合作问题在全国得到了极大的推进。

从合作框架的设立到具体措施的出台,与过去相比,目前的区域旅游合作已经越来越实在。对于未来,我们需要注意:第一,要打破长久以来形成的政策壁垒和地区封闭局面,会是一个艰难而长久的过程,因此区域旅游合作的实现不可能一蹴而就,其中一些问题的解决,可能远远超出了旅游管理部门的权限和协调能力,需要更高层次的介入。第二,区域旅游合作,除了政府的推动以外,更需要企业的积极性,否则合作也只能写在“宣言”和“备忘录”上而不会转化为有关方面的具体行动。

4.“红色旅游”应运而生

“红色旅游”一词由来已久,而2004年则是这一特种旅游产品红遍全国的一个重要年份。2月在全国旅游工作会议期间，上海、北京、江西等省市签署了《郑州宣言》，拉开了红色旅游热潮的序幕。12月，国家发改委、中宣部和国家旅游局等部门共同研究制订的《2004-2010年全国红色旅游发展规划纲要》正式出台。“红色旅游”的推出受到了各级政府和业界的普遍欢迎，有关省市和地区正在积极规划，打造精品线路，展开规模宏大的促销宣传活动。可以预计，这对全国的旅游业发展是个很大的促进。对于红色旅游的发展，我们需要注意：应该从市场需求的角度开发产品，同时要开发适合海外旅游市场的红色旅游产品。

5.“嘉年华”搅动城市旅游

“嘉年华”这个概念和娱乐形式是个舶来品。2004年，从沈阳到北京、成都、上海，“嘉年华”成为搅动城市旅游的一个重要力量。特别是7月，投资1.2亿元的北京环球嘉年华，在短短52天里创造了101万的客流量，并引发了“嘉年华”热潮在全国的掀起。嘉年华的独特运营模式——移动性、专业性、弹性消费、强势品牌具有重要的市场示范意义，对国内游乐园和主题公园提出了挑战，也为中国人引入了一种新的娱乐概念，对于嘉年华的发展，我们需要冷静客观看待，并及时总结经验。

6.遗产保护与利用之争

2004年，在某种程度上说，是中国的世界遗产年：第28届世界遗产委员会会议在苏州召开；平遥古城的南门城墙突然坍塌；故宫等北京6处世界文化遗产门票涨价。这一系列事件再次使得“世界遗产”成为媒体和公众关注的焦点。

从1985年我国签署《世界文化与自然遗产保护公约》和1987年第一批6处遗产地登录《世界遗产名录》以来，目前我国已列入世界遗产地名录的遗产地总数位居世界第三。2004年的这些事件以及围绕其展开的新一轮大讨论，对于我们客观地看待“申遗热潮”、改革和完善现有的世界遗产的管理体制和经营方式、制定相应的法律制度都具有重要意义。

中国是世界遗产大国，同时又是发展中大国，遗产保护负担巨大而经济能力有限的矛盾依然存在，如何在发展经济的同时切实保护好这些珍贵而脆弱的世界遗产，是一个亟待解决的问题。

7.外资旅行社进军势猛

2004年7月全日空国际旅行社（中国）有限公司成立；8月由澳大利亚福莱森特（FlightCentre）有限公司和中国康辉旅行社有限责任公司共同组建的福莱森特康辉国际旅行社在北京宣布成立；随后格里菲（GTA）集团进军中国；锦江国际BTI商务旅行有限公司成立……目前，世界上最大的旅行社或旅游公司多数已经开始进驻中国，特别是2004年外资旅行社对中国实质性的进入已经开始，并体现出进入地点扩散、投资方实力雄厚、经营业务范围各异的特点。对此，国内旅行社必须考虑自身的发展战略，同时中国的旅游经营商也要做走出去的谋划。

8.经济型饭店蓄势待发

2004年1月，法国雅高集团的“宜必思”（Ibis）、美国“速八”（Super8）、洲际饭店集团的“快捷假日”等纷纷进入中国大陆，而本土两大经济饭店品牌“锦江之星”和“如家快捷”也竞相加大扩张步伐。经济型饭店有市场需求大、投资相对较少、回收期短等优势，其发展前景十分看好，但经济型饭店的发展不要盲目追风。

9.旅游集团竞相重组

2004年4月首都旅游集团公司、新燕莎控股公司、全聚德集团公司重组；11月中国国际旅行社总社与中国免税店总公司合并重组成立中国国旅集团公司，不久中旅集团宣布与中国旅游商贸服务总公司合并重组。2004年旅游集团的重组，表现出重组层次高、重组力度大、着眼于战略调整等特点。面对中国旅游企业集团的发展和不断的扩大和改组，我们要处理好“做大”与“做强”的关系、“进入”与“走出”的关系以及“退出”与“强化”的关系。

10.旅游行政管理新变革

2004年7月1日，《中华人民共和国行政许可法》正式实行。《行政许可法》发布之后，除了国家旅游行政管理机构做出整改意见，地方政府和地方旅游管理部门也做出了积极的反应，调整了思路，强化了依法管理。当然，《行政许可法》的实施刚刚开始，旅游行政管理部门和其他政府管理部门一样，对这一新法律还有一个认识、适应和调整过程，特别是涉及部门利益和权利变革的方面，实施这一法律也不会是一帆风顺的，一些传统管理方式和手段还会有惯性，也可能存在反复，因此，需要政府的努力和社会力量的监督。

（信息来源：中国网2005年4月26日）

备注：本榜由中国社会科学院旅游研究中心评选。2004年4月26日中国社会科学院旅游研究中心和社科文献出版社召开《2005年旅游绿皮书》发布会暨2005年中国旅游发展论坛，分析了2004年我国旅游的十大热点问题，并对2005年以及未来我国旅游业的发展趋势进行了预测和研讨。绿皮书已由社会科学文献出版社出版并公开发行。

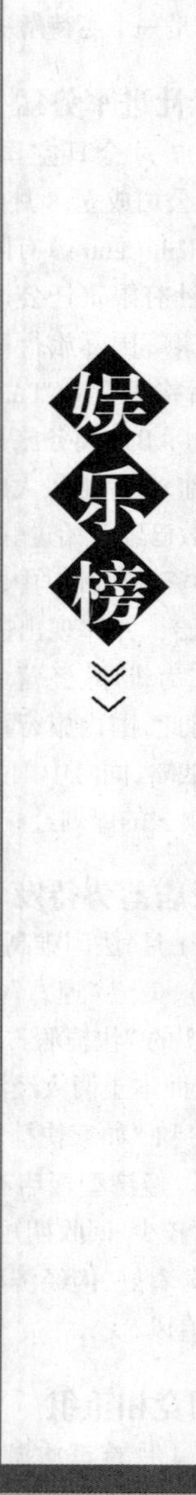
娱乐榜

引　言

娱乐圈就是个大舞台，你方唱罢我登场，从来不知道疲倦，从来不缺热闹和刺激。报纸的娱乐版面越来越厚，网站的娱乐频道越来越花，电视里的娱乐节目越来越劲爆。娱乐节目的受众们在眼花缭乱之余，拥有了更多饭后的谈资、流言的种子。丰富多彩的影视、音乐、戏曲、舞蹈、杂技……给人们带来了更多的欢乐和享受。2004 年，只是这蜿蜒历史长河、浩浩娱乐事业中的一个坐标。拨去喧嚣和浮华，让我们一起梳理 2004 年的娱乐圈，一同回味过去一年中最杰出、最闪亮和最具震撼力的人和事，共同回顾那些也许在忙碌的生活中逐渐被淡忘的点点滴滴……

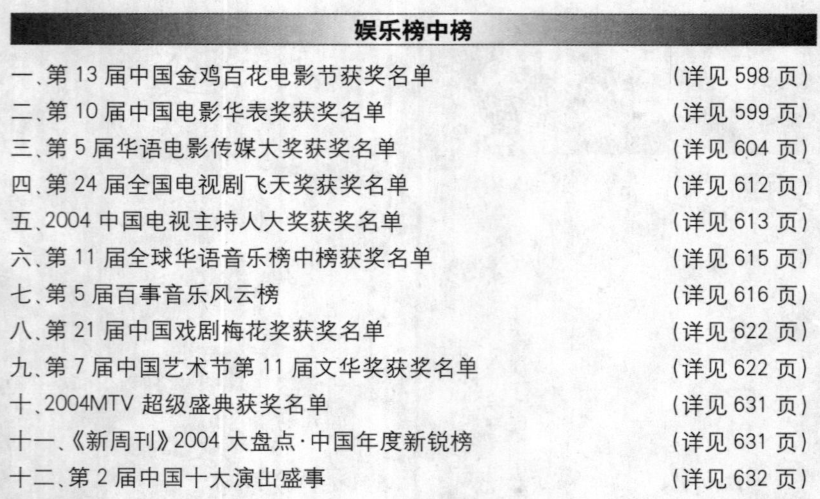

娱乐榜中榜

一、电影篇

1905 年，有据可考的第一部中国电影《定军山》在北京的丰泰照相馆诞生，著名京剧演员谭鑫培在镜头前表演了自己最拿手的几个片断。片子随后被拿到前门大观楼熙攘的人群中放映，盛况空前。此后，电影便成了本地商业文化的盛载和延伸，传统的趣味找到了最新、最时髦的表达方法。从 1905 年到 2005 年，100 年电光幻影的真与美，演绎了经典中国电影的艺术魅力，投射了中国电影明星的迷人风采。

2004 年的中国影坛呈现出空前的繁荣。从张艺谋再推武侠力作《十面埋伏》，到陈凯歌全心打造《无极》，再到王家卫的《2046》时隔 5 年之后终于姗姗来迟，其间也有陆川的《可可西里》笑傲东京问鼎台湾金马奖，徐静蕾的《一个陌生女人的来信》西班牙折桂，给世界带去中国的声音，而年末冯小刚的《天下无贼》和周星驰的《功夫》更是让人眼前一亮……

◎榜一、第 13 届中国金鸡百花电影节获奖名单◎

2004 年 9 月 19 日晚，第 13 届金鸡百花电影节在银川落幕，21 个大奖顺利产生，其中最佳女配角奖空缺。

1.第 24 届中国电影金鸡奖获奖名单

奖　项	获奖人	获奖影片
最佳故事片		美丽上海
评委会特别奖		女生日记
最佳导演	彭小莲	美丽上海
最佳男主角	刘　烨	美人草
最佳女主角	章子怡	茉莉花开
	郑振瑶	美丽上海
最佳男配角	冯远征	美丽上海
最佳女配角	（空缺）	
最佳剧本	赵冬苓	上学路上
最佳摄影	梁　明	两个人的芭蕾
最佳美术	霍廷霄	十面埋伏
最佳录音	张　磊、万仲平、黄文祥	惊心动魂
最佳音乐	赵　麟	电影往事
导演处女作	方刚亮	上学路上
最佳儿童片		上学路上
最佳科教片		黑脸琵鹭
最佳电视电影片奖		曾克林出关
终身成就奖	汤晓丹	

2.第27届大众电影百花奖获奖名单

奖　项	获奖人	获奖影片
1.最佳故事片		手机
		惊心动魂
		暖春
2.最佳男演员	葛　优	手机
3.最佳女演员	范冰冰	手机
4.优秀男演员	李幼斌	惊心动魂
5.优秀女演员	张　妍	上学路上

（信息来源：人民网）

备注一：金鸡百花电影节简介

分别创办于1962年和1981年的大众电影百花奖和中国电影金鸡奖是经中共中央批准的两项常设全国性文艺大奖，也是我国电影界历史最长、规模和影响最大的两项评奖。

为了适应改革开放新形势的需要，进一步促进我国电影事业的繁荣和发展，经中共中央宣传部批准，从1992年起将中国电影金鸡奖和大众电影百花奖双奖颁奖活动改办为"中国金鸡百花电影节"，到2004年为第13届。

备注二：中国电影金鸡奖简介

中国电影金鸡奖是中国电影界专业性评选的最高奖，由中国电影家协会主办，以奖励优秀影片和表彰成绩卓著的电影工作者。首届金鸡奖评奖活动于1981年（农历鸡年）5月举行，以金鸡啼鸣象征百家争鸣并激励电影工作者闻鸡起舞，故名金鸡奖。金鸡奖每年评选一次，评奖委员会由电影专家组成，因此又被称为"专家奖"，到2004年已是第24届。

备注三：大众电影百花奖简介

大众电影百花奖是由中国发行量最大的电影刊物《大众电影》杂志主办的一年一度的群众性评奖，和金鸡奖一起统称为"中国电影双奖"。百花奖只代表观众对电影的看法和评价，因此又被称为"群众奖"。它以百花盛开象征影坛繁荣，鼓舞电影工作者为广大群众创作出更好的影片。百花奖由《大众电影》发放选票，由读者投票评奖，各项奖均以得票最多者当选。百花奖评奖始于1962年，但在1963年第2届评奖之后，中断了17年，直到1980年才恢复并举行了第3届评奖。此后每年举办一次，到2004年已是第27届。

◎榜二、第10届中国电影华表奖获奖名单◎

1.电影导演新人奖

刘新（《三十八度》）

2.电影女演员新人奖

梁静（《警察有约》中饰耿乐乐）

3.优秀电影歌曲奖

电影《三十八度》主题歌《笑了》（演唱：陶虹）

4.优秀美术片奖

《刁蛮公主戆驸马》（珠江电影制片厂、红线女艺术中心）

《梁山伯与祝英台》（上海美术电影制片厂、台湾中影股份有限公司）

5.外国影片优秀译制奖

《爱有天意》（上海电影译制厂译制）

6.优秀电影技术奖

《天地英雄》（西安电影制片厂、西影股份有限公司、北京华谊兄弟太合影视投资有限公司、哥伦比亚电影制作（亚洲）有限公司联合摄制，北京电影洗印录像技术厂洗印）

7.优秀电视电影奖

《法官老张轶事之审牛记》（电影频道节目中心出品，山东省华夏影视文化艺术中心、山东省电影电视剧制作中心联合摄制）

《野狐梁的女人》（电影频道节目中心出品，天津电影制片厂摄制）

《曾克林出关》（电影频道节目中心出品，八一电影制片厂摄制）

8.优秀数字电影奖

《德拉姆》（北京数字印象文化传播有限公司、昆明大通道影视策划有限公司）

9.优秀纪录片奖

《布达拉宫》（中央电视台、中视传媒股份有限公司、珠海联邦制药有限公司）

《我们万众一心》（八一电影制片厂）

《走近毛泽东》（中央新闻纪录电影制片厂、中共中央文献研究室、北京多种空间文化传播有限公司）

10.优秀科教片奖

《农村防控传染性非典型肺炎》（北京科学教育电影制片厂）

《保护耕地》（中国农业电影电视中心）

《咱也学学打官司》（北京科学教育电影制片厂）

《菊芋治沙》（长春电影集团）

《赡养老人与遗产继承》（西安电影制片厂）

11.优秀戏曲片奖

《七品知县卖红薯》（长影集团有限责任公司、长春电影制片厂、河南省鹤壁市文化局）

12.优秀出品人奖

李水合（山西电影制片厂）

杨步亭（中国电影集团公司）

塞　夫（内蒙古电影制片厂）

13.优秀对外合拍片奖

《双雄》（银都机构有限公司、香港寰宇娱乐有限公司）

《忘不了》（银都机构有限公司、香港一百年电影有限公司）

《飞鹰》（天津电影制片厂、香港浩翰电影娱乐有限公司、香港电影神话有限公司、香港寰亚电影有限公司）

14.优秀导演奖

郑洞天(《台湾往事》)

霍建起(《暖》)

15.优秀男演员奖

刘　威(《疑案忠魂》中饰马红旗)

周小斌(《刻骨铭心》中饰王东风)

16.优秀女演员奖

剧　雪(《灿烂的季节》中饰纪华)

蒋雯丽(《台湾往事》中饰母亲)

17.市场开拓奖

《手机》(中国电影集团公司、北京华谊兄弟太合影视投资有限公司、哥伦比亚电影制作(亚洲)有限公司)

18.优秀故事片奖(按得票数多少排名)

《台湾往事》(中国电影集团公司、电影频道节目中心、青年电影制片厂、北京紫禁城影业有限责任公司、北京墨臣影视文化有限公司)

《天地英雄》(西安电影制片厂、西影股份有限公司、北京华谊兄弟太合影视投资有限公司、哥伦比亚电影制作(亚洲)有限公司)

《惊心动魄》(八一电影制片厂、电影频道节目中心、中华人民共和国铁道部)

《灿烂的季节》(长春电影制片厂)

《三十八度》(峨眉电影制片厂、电影频道节目中心、江苏省文化产业发展有限公司、北京金英马影视文化有限责任公司)

《疑案忠魂》(中国电影集团公司第一制片分公司)

《心跳墨脱》(内蒙古电影制片厂、电影频道节目中心、世纪英雄电影投资有限公司、中国电影集团公司、西藏自治区党委宣传部)

《暖》(北京金海方舟文化发展有限公司)

《婼玛的十七岁》(青年电影制片厂、云南良黎影视文化传播有限公司、云南红河哈尼族彝族自治州人民政府)

《毛泽东去安源》(潇湘电影集团、中共安源区委、安源区人民政府)

(信息来源:国家广播电影电视总局网)

备注:中国电影华表奖简介

华表奖是中国电影的最高荣誉奖,其奖杯采用的是北京天安门城楼前的华表造型,每年由广电部对前一年度完成的各种影片进行评选。华表奖的前身是文化部优秀影片奖,始评于1957年。中断了22年后,从1979年继续进行评奖,每年一届。1985年文化部电影局整建制划归广播电影电视部后,更名为广播电影电视部优秀影片奖。除1986年与1987年,1989年与1990年合并评奖外,仍为一年一届,1994年启用现名。

◎榜三、第12届中国电影童牛奖获奖名单◎

奖　项	获奖名单	获奖影片
优秀故事片		女生日记
		纸飞机
		危险智能
		寒号鸟
优秀导演奖	石建都	女生日记
优秀儿童演员	牛　犇	纸飞机
优秀成人演员	娜仁花	纸飞机
小观众最喜欢的影片		危险智能
优秀电影歌曲奖	主题曲《猜猜猜》	寒号鸟
优秀电视电影奖		成人仪式

(信息来源:国家广播电影电视总局网)

备注:中国电影童牛奖简介

中国电影童牛奖系全国电影四大奖之一,是专为奖励优秀儿童少年影片、表彰取得优秀成绩的儿童少年电影工作者而设立的。1985年中国儿童少年电影学会受国家广电部、教育部、文化部、全国妇联、共青团中央委托创办了中国电影童牛奖。取名"童牛奖",是因为在农历牛年创办的这一奖项,体现了少年儿童"初生牛犊不怕虎"的勇敢精神和电影工作者"俯首甘为孺子牛"的创作态度。该奖两年评选一次,从2002年起改为每年评选一次。2004年的颁奖典礼于6月在浙江横店举行。

◎榜四、第7届中国长春电影节获奖名单◎

奖　项	获　奖　人	获奖影片
最佳华语故事片		张思德
最佳导演	杜琪峰	大事件
最佳男主角	黎　明	大城小事
最佳女主角	田海蓉	浪漫女孩
新锐人物奖	钟　秋	我的法兰西岁月
技术创新奖		无间道2
票房价值奖		新警察故事
评委会特别奖		浪漫女孩
		我的法兰西岁月
		电影往事

(信息来源:国家广播电影电视总局网)

备注:中国长春电影节简介

中国长春电影节创办于1992年,是经中华人民共和国广播电影电视部批准举办的具有国际性的国家级电影节。每两年举办一次,由中华人民共和国广播电影电视部、吉林省人民政府、长春市人民政府主办;长春市人民政府、广播电影电视部电影事业管理局、吉林省文化厅、中国电影发行放映输出输入公司、中国电影合作制片公司和长春电影制片厂联合承办。

本届电影节的宗旨是:友谊、交流、发展。此次颁奖典礼于2005年1月12日举行。

◎榜五、第4届中国电视电影百合奖获奖名单◎

奖　项	获奖影片	奖　项	获奖影片	奖　项	获奖影片/获奖人
一等奖	曾克林出关	二等奖	贞贞	儿童片奖	跑向明天
	野狐梁的女人		微笑	编剧奖	王力扶(贞贞)
	马世清离婚		乔二中彩	导演奖	安澜(曾克林出关)
	法官老张轶事之审牛记		黄河行歌	男演员奖	雷恪生(马世清离婚)
	为奴隶的母亲		咱得有辆车	女演员奖	高远(野狐梁的女人)

(信息来源:央视国际)

备注:中国电视电影百合奖始于2001年6月,由中央电视台电影频道主办,此榜单公布时间为2004年6月。

◎榜六、第12届北京大学生电影节获奖名单◎

奖　项	获奖人	获奖影片
最佳故事片		墩子的故事
最佳导演	陆　川	可可西里
最佳男演员	夏　雨	独自等待
最佳女演员	张静初	花腰新娘
最佳观赏效果		天下无贼
评委会特别奖		可可西里
		张思德
组委会特别奖		沉默的远山
		求求你表扬我
		枪手
最佳处女作奖		独自等待
最佳新人奖	杨　子	青花
	封佳奇	墩子的故事
最佳儿童演员	王正佳	电影往事
	吴　旭	上学路上
艺术探索奖		我心飞翔
最佳喜剧片奖		心急吃不了热豆腐
最受大学生欢迎的导演	冯小刚	
最受大学生欢迎的女演员	李冰冰	
最受大学生欢迎的男演员	冯　巩	
最佳电视电影		合同父子
最佳电视电影导演奖	陆　江	
最佳电视电影男演员奖	李　滨	
最佳电视电影女演员奖	柏　青	

奖　项	获奖人	获奖影片
第6届大学生录像作品大赛奖项		
长片类		
最佳长片奖	张　磊(西北大学)	霸王年代
最佳导演奖	杨　瑾(北京师范大学)	一只花奶牛
平跨文化纪录片奖	王艳娥(北京师范大学)	语言课
短片类(专业组)		
最佳剧情短片	魏星等(北京师范大学)	四月
评委会大奖	李　炳(北京电影学院)	七九
最佳导演奖	(空缺)	
最佳编剧奖	赵　晔(北京电影学院)	保温瓶
最佳摄影奖	乔　乐、白玉侠(北京电影学院)	废墟
最佳纪录短片	李小江(北京电影学院)	到城里去
纪录片优秀奖	王　力(重庆师范大学)	重庆少年
最佳实验短片	(空缺)	
实验片鼓励奖	张小迪(北京电影学院)	死亡赋格
短片类(业余组)		
最佳剧情短片	江卓尔(中国科技大学)	流人寝室史
剧情片优秀奖	许　星(华东理工大学)	同居狂想曲
	张贺、杨林(吉林大学)	起飞!434——情书

奖　项	获奖人	获奖影片
第6届大学生录像作品大赛奖项		
短片类(业余组)		
最佳纪录短片	(空缺)	
纪录片优秀奖	王　鑫(重庆工商大学)	画途
	王增伟(湖北民族学院)	走进普米年
最佳实验短片	(空缺)	
实验片优秀奖	(空缺)	
第2届大学生动漫短片大赛获奖名单		
金奖	於　水(北京电影学院)	生活原来是这样的
银奖	樊黎明、李瑞光等(北京电影学院)	淘淘日记
	2104剧组(北京电影学院)	2104年×月×日
铜奖	张　爽等(陕西电子科技大)	馒头
	黄　宇(沈阳鲁迅美术学院)	补天
	王　鹏、于　森(吉林艺术学院动画学院)	掌控
最佳故事奖	炜　涯(北京电影学院)	非典女孩四重奏
最佳效果奖	张　森(北京电影学院)	微妙的和谐
最佳效果奖	2104剧组(北京电影学院)	2104年×月×日
最佳创意奖	於　水(北京电影学院)	生活原来是这样的

(信息来源:《中国青年报》)

备注:北京大学生电影节简介

北京大学生电影节诞生于1993年,由北京师范大学艺术与传媒学院发起,经国家广电总局、教育部和北京市委批准,成为一项由北京市广播电视局、北京师范大学主办,由北京师范大学艺术与传媒学院、电影频道节目中心、中国电影资料馆、北京电视台影视中心、中国电影报社、北京市电影公司、北京新影联影业有限责任公司、中国电影基金会、北京影视艺术家协会、北京团市委、北京市学生联合会等单位联合承办的一项大型文化活动。

北京大学生电影节一般在每年的4月中旬到5月中旬举行。自第7届起,大学生电影节推出了大学生短片竞赛,第9届起增设电视电影展播与评奖,从2004年第11届起,首届大学生动漫大赛在北京大学生电影节发起。

◎榜七、第24届香港电影金像奖获奖名单◎

奖　项	获奖名单	获奖影片
最佳故事片		功夫
最佳导演	尔冬升	旺角黑夜
最佳男主角	梁朝伟	2046
最佳女主角	章子怡	2046
最佳男配角	元　华	功夫
最佳女配角	白　灵	饺子
最有前途新人	田　原	蝴蝶
最佳编剧	尔冬升	旺角黑夜
最佳摄影	杜可风、黎耀辉、关本良	2046
最佳剪接	林安儿	功夫
最佳美术指导	张叔平、邱伟明	2046
最佳服装造型	张叔平	2046
最佳动作设计	袁和平	功夫
最佳原创音乐	Peer Raben、梅林茂	2046
最佳电影歌曲	《咁咁咁》	麦兜菠萝油王子
最佳音响效果	Steven Ticknor、Steve Burgess、Rob Mackenzie、Paul Pirola	功夫
最佳视觉效果	钟志行、马永安、谭启昆、洪毓良	功夫
最佳新晋导演	黄精甫	江湖
最佳亚洲电影		原罪犯(老男孩)(韩)
中国电影光辉电影之星大奖	李小龙	
专业精神奖	成　龙、余慕云	

(信息来源:香港电影金像奖协会)

备注:香港电影金像奖简介

香港电影金像奖是香港电影人心中的“奥斯卡”,是香港最具权威性的电影活动,1982年由《电影双周刊》创办。1982年《电影双周刊》与香港电台合作举办首届颁奖礼,当时只有十大华语及外语片奖等5个奖项。从第2届起,每年所设奖项略有增加,从第17届开始,所设奖项有:最佳电影、最佳导演、最佳编剧、最佳男主角、最佳女主角、最佳男配角、最佳女配角、最佳新演员、最佳摄影、最佳剪接、最佳美术指导、最佳服装造型设计、最佳动作指导、最佳原创电影音乐、最佳原创电影歌曲及最佳原创电影音响效果等16个固定奖项。本榜单公布时间为2005年3月27日。

◎榜八、第10届香港电影金紫荆奖获奖名单◎

奖项	获奖人	获奖影片
最佳影片		功夫
最佳导演	尔冬升	旺角黑夜
最佳男主角	梁朝伟	2046
最佳女主角	刘若英	天下无贼
最佳男配角	元　华	功夫
最佳女配角	白　灵	三更2之饺子
最佳编剧	彭浩翔	公主复仇记
最佳摄影	杜可风	2046

十大华语片	十大外语片
1.旺角黑夜	1.迷失东京（Lost in Translation）（美）
2.新警察故事	2.21克——生命可以有多重?（21 Grams）（美）
3.天下无贼	3.老男孩（Old Boy）（韩）
4.20 30 40	4.大鱼奇缘（Big Fish）（美）
5.2046	5.华氏911（Fahrenheit 9/11）（美）
6.功夫	6.后天（The Day After Tomorrow）（美）
7.十面埋伏	7.杀死比尔2（Kill Bill Vol. 2）（美）
8.大事件	8.受难曲（The Passion of the Christ）（美）
9.公主复仇记	9.机场客运站（The Terminal）（美）
10.饺子	10.梦巴黎（The Dreamers）（美）

（信息来源:香港影评协会）

备注:香港电影金紫荆奖简介

香港电影金紫荆奖（Golden Bauhina Awards）由香港影评人协会（HKFCA）主办，始于1996年，每年举办一次，目的是推动香港电影文化的发展，鼓励创作更多优秀电影，总结一年香港影坛的成绩。HKFCA共有会员40多人，其中包括电影教育、电影研究、电影工作者等方面的专业人士及学者。本榜单公布时间为2005年3月6日。

◎榜九、第41届台湾电影金马奖获奖名单◎

奖　项	获　奖　人	获奖影片
最佳剧情片		可可西里
最佳导演	杜琪峰	大事件
最佳原著剧本	陆　川	可可西里
最佳改编剧本	林正盛	月光下,我记得
最佳男主角	刘德华	无间道III终极无间
最佳女主角	杨贵媚	月光下,我记得
最佳男配角	吴彦祖	新警察故事
最佳女配角	白　灵	三更2之饺子
最佳新演员	洪颢瑄	拥抱大白熊
	杨佑宁	十七岁的天空
最佳摄影	游乃海、叶天成、欧健儿	柔道龙虎榜
最佳美术设计	张叔平、邱伟明	2046
最佳造型设计	陈淑津、赖蔚灵	艳光四射歌舞团
最佳电影原创音乐	Shigeru Umebayashi, Peer Raben	2046
最佳电影歌曲	“流水艳光”	艳光四射歌舞团
最佳剪辑	David Richardson	大事件
最佳音效	曹源峰	经过
最佳动作指导	李忠志、成家班	新警察故事
最佳视觉特效	黄宏达、何志辉	新警察故事
最佳纪录片	李香秀	南方澳海洋记事
最佳创作短片	李芸辉	神奇洗衣机
最佳动画片		麦兜波萝油王子
年度台湾最佳电影奖		艳光四射歌舞团
年度台湾最佳电影工作者	陈博文	石头记
终身成就奖	阿匹婆	

奖项	获奖人	获奖影片
国际数码短片首奖	奥瑞阿特兰	布偶蛙的感伤记忆（法）
国际数码短片评审团特别奖	亨德瑞克杜索里耶	记忆巴塞罗纳（法）
国际数码短片 DHL 最佳台湾电影	陈明和	谷（中国台湾）
国际数码短片观众票选奖	克里斯兰德斯	抢救雷恩大师（加）

（信息来源:《环球时报》2004 年 11 月 29 日）

备注:台湾电影金马奖简介

台湾金马影展是台湾年度性文化活动,其目的是藉由欣赏艺术电影以推广国内外电影,进而了解世界各地文化。它创办于 1962 年,由台湾中华民国电影事业发展基金会赞助。该项评选活动每年举办一届（其中 1968 年、1974 年停办）,主要评选对象为台湾电影,后增加了香港电影,90 年代后将大陆电影也纳入评选范围,现在是一个世界华语电影年度评选的奖项。第 41 届台湾电影金马奖于 2004 年 12 月 4 日在台中揭晓。

台北金马影展是台湾年度的重要电影文化盛事,主要活动分为两个部分:第一部分是金马奖华语影片竞赛;第二部分为台北金马国际影片观摩展,广邀世界各国当年度的杰出电影作品参展。近年增加国际数位短片竞赛,邀请世界数位短片作品进行竞赛。

◎榜十、第 5 届华语电影传媒大奖获奖名单◎

2005 年 3 月 2 日,第 5 届华语电影传媒大奖颁奖典礼在广州举行。本届华语电影传媒大奖除了设有最佳影片、最佳男女主角等常规奖项之外,还为迎接中国电影百年评选出“百大影片”、“百大导演”、“百大演员”等奖,并评选刘德华为中国电影百年形象大使,冯小刚获得中国电影特别贡献奖。

奖项	获奖人	获奖影片	奖项	获奖人	获奖影片
最佳电影		德拉姆	最佳男主角	方中信	旺角黑夜
评审团特别大奖		麦兜菠萝油王子	最佳女主角	刘若英	天下无贼
传媒主编推荐大奖（年度杰出电影）		天下无贼	最佳男配角	张兆辉	柔道龙虎榜
传媒主编推荐大奖（年度杰出电影人）	刘德华		最佳女配角	白　灵	三更 2 之饺子
最佳导演	田壮壮	德拉姆	最佳新导演	彭文淳	歌舞中国
最佳编剧	王小棣、黄黎明	拥抱大白熊	最佳新演员	洪颢瑄	拥抱大白熊

1.中国电影 100 部（按影片年代排列）

时间	影片	导演	时间	影片	导演
1923	劳工之爱情	张石川	1950	我这一辈子	石　挥
1931	恋爱与义务	卜万苍	1950	珠江泪	王为一
1934	神女	吴永刚	1951	红菱血	唐涤生
1934	姐妹花	郑正秋	1953	日出	李晨风
1934	大路	孙　瑜	1955	寒夜	李晨风
1935	新女性	蔡楚生	1955	父母心	秦　剑
1937	夜半歌声	马徐维邦	1955	天长地久	李　铁
1937	马路天使	袁牧之	1957	魂归离恨天	左　几
1947	一江春水向东流	蔡楚生、郑君里	1959	蝶影红梨记	李　铁
1947	松花江上	金　山	1959	林家铺子	水　华
1947	太太万岁	桑　弧	1960	刘三姐	苏　里
1948	小城之春	费　穆	1960	野玫瑰之恋	王天林
1948	万家灯火	沈　浮	1960	情深似海	易　文
1949	黄飞鸿传	胡　鹏	1961/1964	大闹天宫（上下集）	万籁鸣
1950	说谎世界	李萍倩	1963	农奴	李　俊

时间	影片	导演	时间	影片	导演
1963	早春二月	谢铁骊	1985	青梅竹马	杨德昌
1963	武则天	李翰祥	1985	童年往事	侯孝贤
1963	梁山伯与祝英台	李翰祥	1985	黑炮事件	黄建新
1963	小儿女	王天林	1985	绝响	张泽鸣
1965	如来神掌怒碎万劫门	凌　云	1986	盗马贼	田壮壮
1965	舞台姐妹	谢　晋	1986	英雄本色	吴宇森
1966	冬恋	楚　原	1987	倩女幽魂	程小东
1966	大醉侠	胡金铨	1987	老井	吴天明
1967	英雄本色	龙　刚	1987	红高粱	张艺谋
1967	路	李　行（台湾）	1987	龙虎风云	林岭东
1967	破晓时分	宋存寿	1988	胭脂扣	关锦鹏
1968	玉女添丁	楚　原	1989	悲情城市	侯孝贤
1969	冬暖	李翰祥	1990	阿飞正传	王家卫
1970	董夫人	唐书璇	1991	双旗镇刀客	何　平
1970	侠女	胡金铨	1991	妈妈	张　元
1971	再见阿郎	白景瑞	1991	牯岭街少年杀人事件	杨德昌
1971	新独臂刀	张　彻	1992	黄飞鸿之二之男儿当自强	徐　克
1972	爱奴	楚　原	1992	92 黑玫瑰对黑玫瑰	刘镇伟
1972	猛龙过江	李小龙	1992	喜宴	李　安
1974	再见中国	唐书璇	1992	青少年哪吒	蔡明亮
1976	半斤八两	许冠文	1993	找乐	宁　瀛
1978	少林 36 房	刘家良	1993	霸王别姬	陈凯歌
1979	疯劫	许鞍华	1994	背靠背，脸对脸	黄建新
1980	第一类型危险	徐　克	1994	阳光灿烂的日子	姜　文
1981	边缘人	章国明	1994	二嫫	周晓文
1981	败家子	洪金宝	1995	巫山云雨	章　明
1981	被爱情遗忘的角落	张　其、李亚林	1996	甜蜜蜜	陈可辛
1982	烈火青春	谭家明	1997	香港制造	陈　果
1982	投奔怒海	许鞍华	1997	小武	贾樟柯
1983	半边人	方育平	1999	喜剧之王	周星驰
1983	似水流年	严　浩	1999	苏州河	娄　烨
1983	儿子的大玩偶	曾壮祥、万　仁、侯孝贤	2000	枪火	杜琪峰
1984	省港旗兵	麦当雄	2000	卧虎藏龙	李　安
1984	黄土地	陈凯歌	2002	无间道	刘伟强、麦兆辉
1984	玉卿嫂	张　毅	2003	盲井	李　杨

2.中国影星 100 人（按姓氏拼音排列）

白　光	白　燕	白　杨	陈宝珠	陈　冲	陈道明	陈燕燕	陈云裳	成　龙	狄　龙
狄　娜	芳艳芬	冯宝宝	傅　奇	傅　声	葛　兰	葛　优	龚稼农	巩　俐	韩　非
何莉莉	红线女	胡　蝶	黄曼梨	黄秋生	姜大卫	姜　文	金　焰	柯俊雄	乐　蒂
黎莉莉	李　蔷	李丽华	李连杰	李　纬	李小龙	李雪健	梁朝伟	梁家辉	梁醒波
林楚楚	林　翠	林　黛	林　凤	林青霞	刘德华	刘青云	刘　琼	刘晓庆	卢　敦
卢　燕	陆小芬	马师曾	梅　绮	梅艳芳	穆　虹	任剑辉、白雪仙①	阮玲玉	上官云珠	石　挥
舒绣文	孙道临	孙　越	唐宝云	王丹凤	王人美	王　引	王　羽	韦　伟	吴楚帆
夏　梦	夏佩真	萧芳芳	谢　芳	谢　添	谢　贤	徐　枫	徐　来	许不了	许冠文
严　俊	杨耐梅	杨紫琼	叶　枫	伊秋水	殷明珠	尤　敏	张艾嘉	张国荣	张曼玉
张瑞芳	张　瑛	章子怡	赵　丹	郑佩佩	郑小秋	周润发	周星驰	周　璇	紫罗莲

①任剑辉、白雪仙：粤剧名伶，1956 年创办仙凤鸣剧团，此后两人长期合作，在香港享有极高的声誉。

3.中国导演 100 人(按姓氏拼音排列)

白景瑞	卜万苍	蔡楚生	蔡明亮	陈 果	陈凯歌	陈可辛	陈坤厚	陈鲤庭	程步高
程 刚	程小东	楚 原	崔 嵬	但杜宇	杜琪峰	尔冬升	方沛霖	方育平	费 穆
关锦鹏	关文清	桂治洪	何 平	洪金宝	侯孝贤	侯 曜	胡 鹏	胡炳榴	胡金铨
黄建新	贾樟柯	姜 文	金 山	黎北海	黎民伟	李 安	李晨风	李翰祥	李 俊
李萍倩	李 铁	李 行	梁少波	林博秋	林岭东	凌子风	刘家良	刘镇伟	龙 刚
鲁 彻	罗卓瑶	马徐维邦	宁 瀛	潘 垒	秦 剑	任彭年	桑 弧	史东山	水 华
宋存寿	沈 浮	孙 瑜	谭家明	汤晓丹	唐书璇	陶 秦	田壮壮	万籁鸣、万古蟾②	王家卫
王天林	王 童	吴天明	吴立光	吴 问	吴永刚	吴宇森	谢 晋	谢铁骊	徐 克
许鞍华	严 浩	杨德昌	易 文	应云卫	袁丛美	袁和平	袁牧之	岳 枫	张 彻
张石川	张艺谋	张 毅	张 元	张曾泽	赵搠桑	郑君里	郑正秋	朱石麟	左 几

②万籁鸣、万古蟾:孪生兄弟,中国动画事业的创始人。1926 年创作完成中国第一部动画片《大闹画室》,1935 年中国第一部有声动画片《骆驼献舞》问世。

(信息来源:《南方都市报》2005 年 3 月 20 日)

备注:华语电影传媒大奖是国内惟一将内地和港台电影作品同时纳入视野的电影评选活动,由南方都市报社发起,创办于 2001 年,旨在通过两岸三地电影人的交流以及多方面对比,创造一个更开放、活泼、新锐的电影评论环境,全面推动中国电影的创造。

相关链接:刘德华荣任"中国电影百年形象大使"

刘德华从影 20 多年来,共拍摄电影 123 部,他健康勤奋的形象一直为世界范围内的华语电影观众所认可。从 1998 年获得台湾金龙奖最佳演员奖开始,共获得 17 个表演奖项。刘德华对自己的演艺事业不断要求,其敬业和勤奋被认为是香港电影界的一个奇迹。

刘德华主演的 3 部电影入选了第 5 届华语电影传媒大奖评选出的"中国百部电影",分别是:1983 年的《投奔怒海》、1990 年的《阿飞正传》和 2002 年的《无间道》。

◎榜十一、首届中国电影导演协会年度奖获奖名单◎

1.年度票房导演奖:张艺谋《十面埋伏》
2.导演终身成就奖:吴天明
3.最佳女演员奖:周迅《恋爱中的宝贝》
4.最佳男演员奖:李雪健《云的南方》
5.最佳青年导演奖:陆川《可可西里》
6.最佳导演奖:田壮壮《德拉姆》

(信息来源:世界 HR 实验室、icxo.com 网站)

备注:中国电影导演协会年度奖是中国电影导演协会依照协会章程设立的学会专业奖,是为促进我国电影导演艺术事业的繁荣、促进电影导演理论与实践的发展和提高而建立的导演专业奖项。2004 年广电总局批准导演协会可于 2005 年起举办"中国电影导演协会专业奖项"。

◎榜十二、中国最有价值十大女星◎

姓 名	广告指数	唱片指数①	片酬指数	活动指数	价值(亿元人民币)
章子怡	9.8	n/a	9.5	9.3	1.2
张曼玉	9.8	n/a	9.2	9.5	1.1
巩 俐	9.5	n/a	8.9	9.1	0.9
刘嘉玲	9.4	7.2	7.4	9.1	0.9
张柏芝	9.2	8.3	8.2	9.5	0.75
赵 薇	9.6	9.1	8.7	9.7	0.56
林心如	9.5	8.5	9.3	9	0.45
刘晓庆	9	n/a	8.2	9	0.32
舒 淇	9.3	n/a	9.1	8.1	0.29
周 迅	8.2	8.1	7.2	9.7	0.15

①唱片指数中 n/a 表示截至统计日期止,该演员未曾出过唱片。下同。

(信息来源:世界 HR 实验室、icxo.com 网站)

备注:此次评选是世界 HR 实验室针对中国名人所做的系列评选之一,集中在影视女明星。在测评过程中,参考了世界品牌实验室 (WBL) 品牌价值模型、目前产业的状况以及名人在行业内的竞争地位。女明星测评指标定位于广告指数、唱片指数、片酬指数、活动指数等。世界 HR 实验室在大量的社会调研和科学分析的基础上对女星的各项收入指标进行了充分的评价和估测,通过量化的指标,从经济学和市场学的角度对中国的女星进行排序,得出"中国最有价值十大女星"排行榜。

◎榜十三、中国最有价值十大男星◎

姓 名	广告指数	唱片指数	片酬指数	活动指数	价值(亿元人民币)
成 龙	9.8	9.0	9.7	9.8	5
周润发	9.6	n/a	9.5	9.7	1.5
刘德华	9.5	9.3	9.3	9.1	1.4
李连杰	9.7	n/a	9.0	9.1	1.1
梁朝伟	9.6	n/a	8.8	9.5	0.8
黎 明	9.2	9.1	8.7	8.7	0.6
赵本山	9.5	8.0	8.0	9.0	0.5
葛 优	8.5	n/a	8.4	8.5	0.45
姜 文	9.3	n/a	8.1	8.1	0.4
陆 毅	8.2	n/a	7.8	8.7	0.3

(信息来源:大洋网)

备注:继"中国最有价值十大导演"、"中国最有价值十大女星"排行榜之后,权威的人力资源测评机构世界 HR 实验室 (WHL) 与世界领先的商务门户 icxo.com 共同推出"中国最有价值十大男星"排行榜。

此次评选是世界 HR 实验室针对中国名人所做的系列评选之一,集中在影视男明星。在测评过程中,参考了世界品牌实验室 (WBL) 品牌价值模型、目前产业的状况以及名人在行业内的竞争地位。男明星测评指标定位于广告指数、唱片指数、片酬指数、活动指数等。世界 HR 实验室在大量的社会调研和科学分析的基础上对男星的各项收入指标进行了充分的评价和估测,通过 80 次指标量化,根据序列指标得出的客观结果,从经济学和市场学的角度对中国的男星进行排序,得出"中国最有价值十大男星"排行榜。

◎榜十四、中国最有价值十大导演◎

导 演	名誉指数	票房指数	投资指数	潜力指数	年薪(人民币)
张艺谋	10	9	9	9	1亿
李 安	10	8	8	9	9千万
吴宇森	8	10	9	8	8千万
王家卫	9	8	8	8	7千万
陈凯歌	8	8	7	8	6千万
冯小刚	7	8	8	7	5千万
杜琪峰	7	9	7	7	5千万
刘伟强	7	9	8	8	4.5千万
徐 克	7	7	7	6	4千万
何 平	7	7	7	6	4千万

(信息来源:世界HR实验室、icxo.com网站)

1.张艺谋:第五代电影人的代表

代表影片:《英雄》、《一个都不能少》、《活着》、《秋菊打官司》、《大红灯笼高高挂》、《红高粱》

2.李 安:华人电影的骄傲

代表影片:《卧虎藏龙》、《理性与感性》、《喜宴》

3.吴宇森:闯荡好莱坞的华人导演

代表影片:《英雄本色》、《喋血双雄》、《辣手神探》

4.王家卫:都市生活的阐述者

代表影片:《阿飞正传》、《春光乍泄》、《花样年华》

5.陈凯歌:理想主义者

代表影片:《黄土地》、《大阅兵》、《孩子王》、《霸王别姬》

6.冯小刚:贺岁片霸主

代表影片:《大腕》、《一声叹息》、《甲方乙方》

7.杜琪峰:香港影坛的中流砥柱

代表影片:《十万火急》、《真心英雄》、《非常突然》、《枪火》

8.刘伟强:争取华语电影的荣光盛景与尊严

代表影片:《无间道》

9.徐 克:亦道亦魔的怪才

代表影片:《鬼马智多星》、《棋王》

10.何 平:演艺圈外的游离者

代表影片:《双旗镇刀客》、《炮打双灯》、《日光峡谷》

备注:为了衡量人才在特定环境的市场价格和市场年薪,世界HR实验室(WHL)研究并编制出中国第一、世界领先的人才价值模型 (WHL valuation model)。通过将WHL的价值模型应用于导演界,世界HR实验室首次测评中国导演,根据导演在社会上的影响力、名誉指数、票房指数、投资指数和潜力指数,评选出"中国最有价值的十大导演"。

二、电视篇

◎榜一、第22届中国电视金鹰奖获奖名单◎

◇电视剧类

奖　项	获奖剧目	制作单位
1.长篇连续剧（最佳奖）	延安颂	中央电视台
2.长篇连续剧（优秀奖）	大染坊	山东电影电视剧制作中心、山东视网联媒介发展股份有限公司
	亲情树	中央电视台、深圳市康达富文化传播有限公司
	归途如虹	广州军区政治部电视艺术中心、中共广东省委宣传部、中央电视台
	三观音	海润影视制作有限公司、北京紫禁城影业有限责任公司
	结婚十年	北京电视艺术中心、天津电视台电视剧制作中心、北京御景江山影视文化发展有限公司
	绝对权力	湖南电广传媒股份有限公司、深圳华侨城国际传播有限公司、北京中北电视艺术中心、北京未来时代文化发展有限公司
	新四军	安徽电视台、中央电视台、中共安徽省委宣传部
	天龙八部	江苏广播电视总台、九洲音像出版公司
	浪漫的事	中国电视剧制作中心、北京普通人影视有限公司
3.中篇连续剧（最佳奖）	没有硝烟的战争	中共广东省委宣传部、广东省卫生厅、广州羊城药业股份有限公司、广东省广播电影电视局、广东电视台、佛山电视台
4.中篇连续剧（优秀奖）	孔乙己	绍兴电视台、中国电视剧制作中心
	好大一对羊	中国铁路文工团、中央电视台、广东电视台、中山电视台、保定电视台
	家和万事兴之双喜临门	北京电视台、北京紫禁城影业有限责任公司、北京华泰恒润国际咨询有限公司
5.短篇电视剧（最佳奖）	傅抱石	中央电视台电影频道节目中心、江苏省委文化艺术发展基金会、南京广播电视台
6.短篇电视剧（优秀奖）	乡村女教师	安徽电视台
	好太阳	中央电视台、山东省监狱管理局、济宁广播电视局、山东电影电视剧制作中心
	没有抹完的口红	中国电视剧制作中心
	梁世奎	中央电视台、山西电视台
7.电视剧类单项奖	获奖者	获奖剧目
最佳编剧	王朝柱	延安颂
	海　岩	玉观音
最佳导演	杨亚洲	浪漫的事
最佳摄像	沈星浩、叶　志	天龙八部
最佳美术	赵国良、蓝　玲、何　明	孔乙己
最佳录音	李进军	江山
最佳照明	张孝俊	大染坊
观众喜爱的电视剧歌曲	《从今天到永远》（词:瞿　琮　曲:赵季平）	没有硝烟的战争

◇电视文艺类

1.综合电视文艺节目（最佳奖）	2004年中央电视台春节联欢晚会	中央电视台
2.综合电视文艺节目（优秀奖）	万众一心抗“非典”晚会	北京电视台
	精彩中国——2004京沪春节大联欢晚会	上海东方电视台、北京电视台
	《同一首歌》春节特辑——《记忆中的歌声》（二）	中国国际电视总公司
	第4届中国金鹰电视艺术节电视新秀大赛总决赛晚会	湖南电视台
	与时代和人民同行——江苏省“五个一工程”颁奖暨优秀作品十年回顾电视文艺晚会	江苏广播电视总台、中共江苏省委宣传部
	宋祖英维也纳金色大厅独唱音乐会	中央电视台
	辉煌80——庆祝东北大学建校八十周年文艺晚会	辽宁电视台、东北大学
	2004年山东电视台春节晚会——回家	山东电视台
	万里舞春风——2004年湖北新疆春节晚会	湖北电视台、新疆电视台
3.音乐电视节目作品（最佳奖）	唱起春天的故事	深圳市委宣传部、中央电视台、广东五叶神实业公司
4.音乐电视节目作品（优秀奖）	龙船调	中央电视台
	幽兰酬春	绍兴电视台
	预防“非典”听我说	中国农业电影电视中心
	共度好时光	第二炮兵政治部文工团
5.专题电视文艺节目作品（最佳奖）	独领风骚——诗人毛泽东	镇江市广播电视总台、江苏省委、省委党史工办、中央文献研究室、中央电视台
6.专题电视文艺节目作品（优秀奖）	金庸华山论剑	陕西电视台
	嫘祖蚕娘	湖北电视台、湖北省远安县委、县政府
	雪域圣境——梅里雪山	云南电视台、云南迪庆州德钦县人民政府
	荣荣——与影像有关的人生	福建电视台
7.少儿文艺节目作品（最佳奖）	湖南省首届少儿春节联欢晚会	湖南电视台
8.少儿文艺节目作品（优秀奖）	动画大赢家	北京电视台
	《快乐阳光》——2004河北省少儿春节联欢会	河北电视台
9.电视文艺节目单项奖	获奖者	获奖作品
最佳导演	田　瑗、白玉奇	金庸华山论剑
最佳照明	杨寒松	《烟花三月》——扬州“烟花三月国际经贸旅游节”开幕式晚会
最佳美术	陈　岩	中央电视台2004春节联欢晚会
音乐电视最佳创意	曹锐威	情系人民
专题文艺最佳改编创作奖	王一兵	黄昏的忏悔

◇电视纪录片类

1.长篇电视纪录片作品（特别奖）	伊拉克战争全记录	中央电视台
	金鹰飞翔二十年	中国电视艺术家协会、江苏省广播电视总台
2.长篇电视纪录片作品（最佳奖）	复活的军团	北京科学教育电影制片厂
3.长篇电视纪录片作品（优秀奖）	晋商	中共山西省委宣传部、山西电视台、山西电影制片厂、北京三多堂影视广告有限公司
	幼儿园	湖北电视台、湖北天空文化传播有限公司
	陈小梅进城	重庆电视台
	百年巴金	四川省委宣传部、四川电视台
4.短篇电视纪录片作品（特别奖）	脊梁	新疆维吾尔自治区党委组织部党员电教中心
短篇电视纪录片作品（最佳奖）	萨马阁的路沙	四川电视台、东方太和（北京）影视文化有限公司
5.短篇电视纪录片作品（优秀奖）	惊心动魄 22 小时	北京电视台
	律动	唐山电视台
	蛇·鸟·蛇	大连电视台
	江河情怀	山东电视台
6.电视纪录片类单项奖	**获奖者**	**获奖作品**
最佳编导	金铁木	复活的军团
最佳摄像	廖　涛、赵新民	萨马阁的路沙
最佳录音	何　方、赵　敏	惊心动魄 22 小时

◇电视美术片类

1.电视美术片（最佳奖）	哪吒传奇	苏州鸿扬卡通制作有限公司、宏广动画（苏州）有限公司、北京金派达动画设计有限公司、北京科学教育电影制片厂
2.电视美术片（优秀奖）	马丁的早晨	上海今日动画影视制作有限公司、法国卡通人动画公司、法国电视 3 台
	英雄七个半	北京电视台、青青树图文设计有限公司
3.电视美术片单项奖		
最佳编剧	（空缺）	
最佳导演	（空缺）	
最佳形象设计	胡劲松	负荆请罪

◇电视广告片类

1.电视广告片（最佳奖）	中央电视台 11 套节目（戏曲频道）形象片	中央电视台、北京世纪工场文化艺术传播有限公司
2.电视广告片（优秀奖）	房干生态旅游景区形象片	北京太阳圣火广告有限公司
	中华盛世　双喜临门	上海烟草（集团）公司
	首信手机"手舞篇"	北京金色榜样广告公司
	剪纸篇	北京小马奔腾影视文化发展有限公司
3.电视广告片单项奖		
4.最佳广告片创意	刘　兵、黄啸秋	沙沟香油——画展篇
5.最佳广告片制作	（空缺）	

◇电视节目主持人奖

1.电视节目主持人(最佳奖)	撒贝宁(男)	中央电视台
2.电视节目主持人(优秀奖)	李　咏(男)	中央电视台
	何　炅(男)	湖南电视台
	徐　滔(女)	北京电视台
	金　铃(女)	广东电视台
	穆瑞琦(女)	四川电视台
	陈　蓉(女)	上海东方电视台
	秦国慧(女)	湖北电视台
	白　岚(男)、赵丹军(女)	河北电视台
	赵丹军(女)	江苏广播电视总台

◇电视演员奖

1.最具人气男演员	刘　劲
2.最具人气女演员	孙　俪
3.最佳表演艺术男演员	侯　勇
4.最佳表演艺术女演员	王　姬
5.观众最喜爱男演员	陈建斌、佟大为、胡　军、刘　劲、侯　勇
6.观众最喜爱女演员	王　姬、陈　好、奚美娟、孙　俪、倪　萍
7.电视表演艺术成就奖	唐国强

(信息来源:中国电视金鹰奖组委会)

备注:中国电视金鹰奖简介

中国电视金鹰奖是经中宣部批准,由中国文学艺术界联合会和中国电视艺术家协会主办的一年一度的全国性电视艺术综合奖,其前身为《大众电视》金鹰奖,第16届起改名为"中国电视金鹰奖",从第18届起定名为"中国金鹰电视艺术节",由专家组成的评委会在观众投票的基础上评选产生,是国家级的惟一以观众投票为主评选产生的电视艺术大奖。评奖的范围为本评选年度(即上年4月16日至本年4月15日)在地、市级(含)以上的电视台播出的上述节目,该评选活动由湖南电广传媒股份有限公司承办,每年在长沙举行。此榜单公布日期为2004年9月16日。

◎榜二、第24届全国电视剧飞天奖获奖名单◎

奖项		获奖剧目
1.长篇电视剧	一等奖	延安颂
		亲情树
	二等奖	归途如虹
		结婚十年
		浪漫的事
		好爹好娘
		当家的女人
		大染坊
	三等奖	荣誉
		忠诚卫士
		新四军
		江山
		郭秀明
		走进八里堡
		我们的连队
		三连襟
2.中短篇电视剧	一等奖	共产党员——张小民
	二等奖	家和万事兴
		烧锅屯钟声
	三等奖	没有硝烟的战争
		邓小平在重庆
		守望上海
3.少儿电视剧	一等奖	双筒望远镜
	二等奖	青春抛物线
		走过军营
	三等奖	班旗升起来
		好大一对羊
		让我如何对你说
		再进大别山
4.戏曲电视剧	一等奖	孔乙己
	二等奖	白蛇传
		黄河九十九道川
	三等奖	屠夫状元
		蝴蝶梦
		又一村
5.优秀系列剧		炊事班的故事(第二部)
		为您服务
		健康快车
6.优秀译制片		看了又看
		荷马史诗:《奥德赛》
		疯女胡安娜
		夏夜的微笑

奖　项	获奖人	获奖剧目
7.优秀编剧	王朝柱	延安颂
8.优秀导演	杨亚洲	浪漫的事
9.优秀摄像	王　滨	大染坊
10.优秀照明	张孝俊	大染坊
11.优秀美术	刘勇奇	大染坊
12.优秀音乐	伍嘉冀	归途如虹
13.优秀电视剧歌曲	词:晓　光　曲:印　青	江山
14.优秀男演员	侯　勇	大染坊
	陈建斌	结婚十年
15.优秀女演员	剧　雪	亲情树
	王茜华	当家的女人

（信息来源:国际广播影视博览会新闻发布会）

备注:全国电视剧飞天奖创办于1980年,每年举办一届,原名"全国优秀电视剧奖",1992年改为现名。它由中国广播电影电视部主办,为电视类的"政府奖"。该奖项公布时间为2004年8月。

◎榜三、2004中国电视节目榜◎

（一）年度榜

1.年度电视节目:（空缺）

候选:非常6+1（央视2套）、超级女声（湖南卫视）、法治在线（央视新闻频道）、鉴宝（央视2套）、南京零距离（江苏电视台城市频道）

2.年度节目主持人:李咏

3.最佳新闻及财经节目:《经济半小时》

4.最佳新闻及财经节目主持人:沈冰

5.最佳生活节目:《每周质量报告》

6.最佳生活节目主持人:刘仪伟

7.最佳娱乐节目:《康熙来了》

8.最佳娱乐节目主持人:汪涵

9.最佳谈话节目:（空缺）

候选:艺术人生（央视3套）、锵锵三人行（凤凰卫视）、星空不夜城（星空卫视）、夜来女人香（华娱电视）、21@21（东方卫视）

10.最佳谈话节目主持人:窦文涛

11.15年来最有价值的中国电视节目主持人:赵忠祥、李咏、窦文涛

12.15年来最有价值的中国电视节目:央视春节晚会、实话实说、快乐大本营

（二）榜外榜

1.年度电视秀:快乐中国超级女声（湖南卫视）

2.年度电视新人:慕林杉（央视新闻频道）

3.年度节目创意:电影传奇（CCTV-1）

4.年度节目黑马:鉴宝（CCTV-2）

5.最具现场互动效果娱乐节目:星空热舞俱乐部（星空卫视）

6.最具专栏特色脱口秀:李敖有话说（凤凰卫视）

7.最具成长性电视频道:东方卫视

8.最具生活指南价值电视频道:旅游卫视

9.最具活力电视团队:央视体育中心

10.最佳电视记者:卢宇光（凤凰卫视）

11.最佳纪录片:姐妹（零频道公司、东方卫视《东方全纪录》）

（信息来源:《新周刊》2005年4月1日第200期）

备注:2004年,2094个中国电视频道共播出了1004万小时的电视节目;2004年,中国电视节目、节目主持人和中国电视业继续处于成长期;2004年,《新周刊》和10亿中国电视观众一起,继续在热爱、关注、评价中国电视。"中国电视节目榜"的主办媒体是与中国电视距离最近的《新周刊》,这是"中国电视节目榜"第六次发榜,也是中国电视年度成绩单。

◎榜四、2004中国电视主持人大奖获奖名单◎

1.2004最佳电视男主持人:
李咏

2.2004电视主持人最佳口才奖:
白岩松

3.2004最佳电视女主持人:
董卿

4.2004最佳电视体育节目主持人:
张斌（央视）、唐蒙（东方卫视）、王泰兴（广东卫视）

5.2004最佳电视综艺节目主持人:
董卿（央视）、汪涵（湖南卫视）、王俐（山东卫视）

6.2004最佳电视娱乐节目主持人:
李咏（央视）、陈蓉（东方卫视）、官琳（湖北卫视）

7.2004最佳电视社教节目主持人:
张越（央视）、韩咏秋（重庆卫视）、亚妮（浙江卫视）

8.2004最佳电视专访主持人:
王志（央视）、陈鲁豫（凤凰卫视）、曾涛（北京卫视）

9.2004最佳电视谈话节目主持人:
朱军（央视）、窦文涛（凤凰卫视）、刘仪伟（东方卫视）

10.2004最佳电视新闻主播:
康辉（央视）、劳春燕（东方卫视）、张丹丹（湖南卫视）

11.2004最佳电视新闻评论主持人:
白岩松（央视）、徐浩然（浙江卫视）、元元（北京卫视）

（信息来源:中国电视艺术家协会主持人专业委员会）

备注:中国电视主持人论坛暨年度颁奖盛典于2005年2月25日至26日

在上海隆重举行。这是中国电视主持界规模较大、规格较高的一次有着国际视野的盛会，也是中国电视主持界首次与海外电视著名主持人、优秀制片人、传媒学者等多方共同参与的专业论坛。

相关链接：2005"我最喜爱的春节联欢晚会节目"获奖名单

特别奖：《千手观音》

歌舞类

一等奖：《千手观音》

二等奖：《飞》（宋祖英）

《壮志凌云》（成龙）

三等奖：《天路》（韩红）

《恭喜发财》（刘德华）

语言类

一等奖：《功夫》（赵本山、范伟等）

二等奖：《装修》（黄宏等）

《浪漫的事》（郭达、蔡明）

三等奖：《祝寿》

《男子汉大丈夫》

《咨询热线》

戏曲、曲艺及其他类

一等奖：《笑谈人生》（冯巩、朱军）

二等奖：杂技《十三人顶碗》

三等奖：《守岁大观园》

（信息来源：央视国际）

备注：从1983年中央电视台首次在除夕夜播放春节联欢晚会至今，这台晚会已经成为中国老百姓不可缺少的一顿年夜饭。央视国际网站与《中国电视报》在春节联欢晚会结束当天组织评选"我最喜爱的春节联欢晚会节目"，评选结果在元宵晚会上公布。

三、歌舞篇

◎榜一、第4届中国音乐金钟奖获奖名单◎

1.荣誉奖

巩志伟（作曲家）　宋　杨（作曲家）　孟文涛（音乐理论家）
罗忠镕（作曲家、教育家）　楼乾贵（男高音歌唱家）

2.作品奖

	作品	作者	报送单位
琵琶作品	金奖（空缺）		
	银奖		
	俑	沈逸文曲	上海音乐学院报送
	东风破	刘晨晨曲	中央音乐学院报送
	铜奖		
	茶縻	黄明月曲	中央音乐学院报送
	真如双解之二	秦　毅曲	上海音乐学院报送
	黄鹤楼	张　晴曲	上海音乐学院报送
声乐作品	合唱作品		
	贺郎歌	陈春光编词　陈春光曲	二炮文工团选送
	工尺谱游戏	黄汛舫曲	湖北音协选送
	草—词的微变奏	白居易词　朱世瑞曲	上海音乐学院选送
	运杨柳的骆驼	公刘词　徐坚强曲	上海音乐学院选送
	在灿烂阳光下	集体词　贺慈航执笔　印　青曲	总政歌舞团选送
	四季	蒙古族民歌　永儒布曲	内蒙古音协选送
	摇篮曲	民歌　尹明五编合唱	上海音乐学院选送
	春天来了	彝族民间词　张朝曲	中央民族大学音乐学院选送
声乐作品	齐唱、二声部作品		
	走江苏、爱江苏	张枚同词　姜兴龙曲	江苏省音协选送
	青春与世界联网	李朝润词　杜小甦曲	江苏省音协选送
	放飞	张名河词　徐占海曲	辽宁省音协选送
	竹乡谣	吴　凯词　王　立曲	江苏省音协选送
	一把菜籽	佟文西词　陈朝汉曲	武汉音协选送
	晒盐的汉子	李跃霞词　曹贤邦曲	河北省音协选送

3.表演奖

比赛	姓名	选送单位
声乐大赛	金奖	
	佟　敏	辽宁音协选送
	杨　阳	空政文工团选送
	周　强	二炮文工团选送
	银奖	
	阎　峰	中国音乐学院选送
	吴　娜	总政歌舞团选送
	许红霞	中国音乐学院选送
	逯　璐	陕西音协选送
	张　怡	四川音协选送
	谭学胜	四川音乐学院选送
	铜奖	
	邵　华	前卫歌舞团选送
	张　静	前进歌舞团选送
	陈永峰	二炮文工团选送
	朴荟霖	吉林音协选送
	罗　蓉	四川音协选送
	刘　颖	星海音乐学院选送
	崔泉馨	星海音乐学院选送
	沈德鹏	沈阳音乐学院选送
	张　霓	总政歌剧团选送
钢琴比赛	金奖	
	刘云天	广东音乐家协会选送
	银奖	
	孙晓丹	中央音乐学院选送
	沈　灏	上海音乐学院选送
	铜奖	
	吕昊城	星海音乐学院选送
	蔡超因	上海音乐学院选送
琵琶比赛	金奖	
	杨婷婷	江苏省音协选送
	银奖	
	徐　斌	中央音乐学院选送
	杨　瑾	中央音乐学院选送
	铜奖	
	李　霞	上海音乐学院选送
	舒　银	中央音乐学院选送
	童　莹	江苏省音协选送
	优秀伴奏奖	
	邓　垚	二炮文工团
	张佳佳	吉林音协
	林　琤	解放军艺术学院
	方婉如	中央音乐学院
	冯佳音	上海音乐学院

（信息来源：中国音乐金钟奖组委会）

备注：中国音乐金钟奖简介

中国音乐的最高奖项金钟奖，是经中宣部批准，中国文联和中国音协共同主办的中国音乐界惟一的综合性专家大奖。它每年举办一届，设荣誉奖、单项成就奖和特别奖。每届分别对有突出贡献的音乐家及创作、表演、教育、理论、评论、编辑出版等突出成就进行褒奖。第4届中国音乐金钟奖于2004年11月19日至28日在广州举行，来自全国各地的143名选手展开钢琴、琵琶、声乐3项金钟大奖的激烈角逐，共31场比赛（不含开幕式、闭幕式和金钟之星音乐会）。

◎榜二、第11届全球华语音乐榜中榜获奖名单◎

1.最佳歌手奖

港台最佳男歌手：周杰伦

港台最佳女歌手：梁静茹

内地最佳男歌手：孙　楠

内地最佳女歌手：叶　蓓

2.最受欢迎歌手奖

港台最受欢迎男歌手：周杰伦

港台最受欢迎女歌手：蔡依林

内地最受欢迎男歌手：胡彦斌

内地最受欢迎女歌手：孙　悦

3.最佳新晋歌手奖

港台最佳新晋男歌手：黄义达

港台最佳新晋女歌手：张韶涵

内地最佳新晋男歌手：陈　坤

内地最佳新晋女歌手：（空缺）

4.最佳组合／乐队奖

港台最佳组合：ENERGY

内地最佳组合：水木年华

港台最佳乐队：五月天

内地最佳乐队：（空缺）

5.年度最佳歌曲奖

港台年度最佳歌曲：

王　菲《旋木》

飞　儿《我们的爱》

周杰伦《七里香》

内地年度最佳歌曲：

叶　蓓《幸福深处》

胡彦斌《宣言》

孙悦、沙宝亮《倾城之恋》

6.最佳创作奖

港台最佳创作歌手：周杰伦

内地最佳创作歌手：朴　树

7.最佳音乐录像带奖

港台最佳音乐录像带：蔡依林《海盗》

内地最佳音乐录像带：朴树《我的收音机 RADIO IN MY HEAD》

8.传媒推荐奖

港台传媒推荐奖：谢霆锋

内地传媒推荐奖：周冰倩

9.最佳民歌奖

最佳民歌歌手奖：陈思思、刘和刚

（信息来源：新浪娱乐2005年1月11日）

备注：全球华语音乐榜中榜简介

享誉全球的华语歌坛盛事“全球华语音乐榜中榜”创立于1994年，并于1998年起开始在中国大陆举办。作为Channel[V]一年一度的旗舰大型活动，华语榜中榜（CMA）云集了全球最受欢迎的华语流行歌舞巨星，是在中国内地举办的最早、最权威的针对全球华语歌曲的年度颁奖盛会。从2002年的主题“中国制造”到2003年的“未来音乐国度U and Me”，再到2004年的“过关斩将”，全球华语榜中榜经过了中国路、世界心的历程。

◎榜三、第6届CCTV-MTV音乐盛典获奖名单◎

(一)内地部分

内地年度最受欢迎男歌手:朴树
内地年度最受欢迎女歌手:韩红
内地年度最具潜力歌手:亚东
内地年度最佳男歌手奖:(空缺)
内地年度最佳女歌手奖:孙悦
内地年度最佳专辑(销量)奖:陆毅《告白》
内地年度最佳录影带奖:眉佳《爱是巧克力》
内地年度最受欢迎歌曲奖:那英、解晓东《姐妹兄弟》
内地年度最佳新晋组合奖:阿里郎
最佳作词:陈涛
最佳作曲:苏越

(二)港台部分

香港地区年度最潜力歌手奖:房祖明
香港地区年度最佳女歌手奖:容祖儿
香港地区年度最佳男歌手奖:陈冠希
香港地区年度最受欢迎组合奖:Twins
台湾地区年度最具潜力歌手奖:张韶涵
台湾地区年度最佳女歌手奖:蔡依林
台湾地区年度最佳男歌手奖:阿杜
台湾地区年度最受欢迎组合奖:5566

(三)国际部分

韩国年度最佳新人奖:Maya
韩国年度最佳歌手奖:申晟勋
国际音乐特殊贡献奖:惠特尼·休斯顿
国际年度最佳组合奖:Michael Learns to Rock

(四)其他

杰出艺人大奖:章子怡
音乐特殊贡献奖(内地):彭丽媛
音乐特殊贡献奖(香港):林夕
亚洲地区最受欢迎杰出歌手奖:王菲
中国民歌杰出成就奖:宋祖英

(信息来源:MTV中文网)

备注:音乐盛典由全球第一的音乐电视台——MTV音乐电视台和中央电视台联合主办,旨在表彰众多音乐人对中文歌曲的贡献和成绩。该活动始于1999年,于每年的年中举行,每次颁奖活动都邀请来自港、台和中国内地以及国际著名的艺人和歌手。

◎榜四、第12届中国歌曲排行榜获奖名单◎

1.年度最佳新人奖:陈坤
2.年度最佳港台地区创作歌手:林俊杰
3.年度最佳创作歌手奖:汪峰
4.年度最佳创作新人奖:龙宽九段
5.年度最佳专辑奖:许巍《每一刻都是崭新的》
6.内地年度最受欢迎组合奖:水木年华
7.港台年度最受欢迎组合奖:S.H.E
8.年度最受欢迎乐队:花儿乐队
9.年度最受欢迎港台地区乐队:F.I.R
10.华语歌坛杰出成就奖:达明一派
11.年度最受欢迎港台地区新人奖:言承旭
12.年度最佳港台地区创作新人奖:黄义达
13.年度最受欢迎男歌手奖:沙宝亮
14.年度最受欢迎女歌手奖:孙悦
15.年度最受欢迎港台地区男歌手:周杰伦
16.年度最受欢迎港台地区女歌手:孙燕姿
17.最受欢迎港台地区歌曲奖:
《地心引力》(言承旭)
《我们的爱》(F.I.R)
《七里香》(周杰伦)
《江南》(林俊杰)
《呐喊》(张韶涵)

(信息来源:新华网2005年1月22日)

备注:2005年1月22日晚,第12届中国歌曲排行榜颁奖典礼在北京工人体育馆隆重举行。华语歌坛众多明星亮相颁奖典礼。

◎榜五、第5届百事音乐风云榜◎

(一)内地部分

最受欢迎专辑:龙宽九段《我听这种音乐的时候最爱你》
年度最佳男歌手:胡彦斌
年度最佳女歌手:丁薇
终身成就奖:李谷一
最受欢迎男歌手:孙楠
最受欢迎女歌手:赵薇
最佳新人奖:龙宽九段
最佳制作人:丁薇《亲爱的丁薇》
最佳编曲:三宝《纯真年代》
最佳唱作人:胡彦斌
最佳作词奖:龙宽九段《我听这种音乐的时候最爱你》
最佳作曲奖:胡彦斌《红颜》

(二)内地十大金曲

赵薇《渐渐》
水木年华《爱上你很快乐》
何炅《栀子花开》
陈坤《烟花火》
丁薇《再见,我爱你》
许巍《曾经的你》
满江《肩膀》
赵薇《一直下雨的星期天》
孙楠《燃烧》
周彦宏《私人公园》

(三)港台部分

年度最佳专辑:周杰伦《七里香》
年度最佳男歌手:周杰伦
年度最佳女歌手:孙燕姿
终身成就奖:顾嘉辉
香港最受欢迎男歌手:刘德华
香港最受欢迎女歌手:容祖儿
台湾最受欢迎男歌手:周杰伦
台湾最受欢迎女歌手:孙燕姿
最佳新人奖:张韶涵
最佳制作人:李伟菘、李思菘《Stefanie》
最佳编曲:TerenceTeo《Lydia》

最佳唱作人:F.I.R
最佳作词奖:方文山《七里香》
最佳作曲奖:F.I.R《Lydia》

(四)港台十大金曲

周杰伦《七里香》
林俊杰《江南》
张韶涵《寓言》
孙燕姿《我的爱》
言承旭《一公尺》
梁静茹《燕尾蝶》
F.I.R《Lydia》
S.H.E《波斯猫》
言承旭《记忆拼图》
张韶涵《欧若拉》

(五)粤语部分

最佳男歌手:黄耀明
最佳女歌手:容祖儿
最佳粤语专辑:黄耀明《明日之歌》
最佳粤语制作人:The Invisible Men《Please Steal This Album》
最佳粤语作词:林夕《常言道》
最佳粤语作曲:周杰伦《献世》

(六)摇滚部分

最佳摇滚专辑:五月天《五月天第五张创作专辑》
最佳摇滚乐队:五月天
最佳摇滚歌手:汪峰
最佳摇滚新人:南拳妈妈
最佳摇滚单曲:胡彦斌《情不自禁》

(七)其他

最佳影视歌曲:F.I.R《Lydia》
最佳影视配乐:《2046》电影配乐
最佳年度录影带奖:孙燕姿《奔》
最佳流行乐团及组合:F.I.R
年度风云大奖:刀郎

(信息来源:百事音乐风云榜官方网)

备注:百事音乐风云榜简介

由光线传媒主办的第5届百事音乐风云榜颁奖盛典于2005年3月20日晚在北京奥林匹克体育中心隆重举行。百事音乐风云榜颁奖盛典从2001年创办至今已经成功举办了4届,被媒体誉为“中国的格莱美”。阵容汇聚两岸三地最优秀的音乐制作者和演唱者,颁奖盛典设计制作精良,各类奖项是华语乐坛音乐人的骄傲。

◎榜六、2004中国原创歌曲奖获奖名单◎

1.十大金曲奖(政府一等奖)

节目形式	节目名称	作词	作曲	演唱	推荐单位
女声小组唱	摆呀摆	麦展穗	杜　鸣	柳州歌舞团	广西人民广播电台
女声独唱	山河听我说	张昆鹏	蒋　舟	祖　海	中国华艺广播公司
女声重唱	打秧鼓	蒋明初	万　里	太阳女组合	云南音乐广播
女声独唱	阿朵	高晓松	阿　朵	阿　朵	正大国际音乐制作中心
女声独唱	永恒的彩霞	溯　延	溯　延	刘　玮	公安部
女声独唱	哦,戈壁滩	李　峰	宋继勇	苏　云	江苏省广播电视台音乐频道
组合	青春与世界联网	李朝润	杜小苏	江苏省歌剧团	南京音乐台
男声独唱	父亲	瞿　琮	张卓娅、王祖皆	戴玉强	中央人民广播电台
女声独唱	峡江情歌	牟廉玖	王原平	陈春茸	湖北人民广播电台
童声独唱	小鸭嘎嘎	王致铨	张　烈	瞿伊瑶	重庆市沙坪坝区文化馆

2.中国广播文艺专家一等奖(十大金曲提名奖)

节目形式	节目名称	作 词	作 曲	演 唱	推荐单位
女声小合唱	火塘调	张庆国	万 里	朱 敏等	云南音乐广播
组合	新编月光光(粤语)	马国华	马国华	城市俊杰组合	广东电台城市之声
女声独唱	幸福泉	阎 肃	孟 勇、韩 波	文 欣	中央人民广播电台
组合	星河	李朝润	冬 林	雪人组合	江苏省广播电视总台音乐频道
女声无伴奏合唱	阿妹今天做新娘	麦展穗	农礼生	广西艺术学院	广西人民广播电台
男声独唱	水涨船高	贺沛轩	方 石	余景民	湖北人民广播电台
女声独唱	月光下的小提琴	石顺义	吴 旋	王 莉	空政歌舞团
女声独唱	我飞吧	李 杰、孙 洁	李 杰	孙 洁	广播新闻综合频道
女声独唱	大山里长大的吊脚楼	雷子明	雷维模	罗 蓉	四川人民广播电台
男声独唱	半城山半城水	马 忠	冯晓泉	冯晓泉	安徽人民广播电台

3.中国广播文艺专家二等奖

节目形式	节目名称	作 词	作 曲	演 唱	推荐单位
男声独唱	梦中的绿洲	刘一澜	央 金	亚 东	西藏军区政治部文工团
男声独唱	黄河妈妈	康建春	浮 克	孙惟良	武警总部文工团
男声独唱	长发如风	徐 杰	李式耀	江 涛	福州至尚飞天广告有限公司
女声四重唱	我的家	吴雪玲	禹永一	张华丽	中国音乐学院
男声独唱	乡谣	陈 明	雪 野	阎维文	海政文工团
女声独唱	敦煌	屈 塬	张千一	娇妮妮	总政歌剧团
女声独唱	老照片 新照片	仁 胜	印 青	甘 平	山东人民广播电台
女声独唱	芒花	庄 奴	宋继勇	朱 虹	江苏电台新闻频道
男声独唱	呼唤	韩长江	程 池	王宏伟	中央人民广播电台
女声独唱	错了,对了	斯琴格日勒	斯琴格日勒	斯琴格日勒	正大国际音乐制作中心
女声独唱	昨夜西风	张积强	吕保秩	李美丽	山东歌舞剧院
女声独唱	中国山歌	陈洁明	姚晓强	雷 佳	北京音乐台
女声组合	西湖千古情	孙新凯、王长波	方群菁	方群菁、袁 春、周洁萍	杭州市拱墅区文化馆
男女声二重唱	上车的饺子下车的面	兰明奇	王心耕	王 巍、郭赫楠	丹东人民广播电台
男女声二重唱	生命如花	朱建民	王 达	朱 虹、王 达	南京音乐台

4.中国广播文艺专家三等奖

节目形式	节目名称	作 词	作 曲	演 唱	推荐单位
男声独唱	老百姓的好心情	云 剑	胡旭东	吕继宏	二炮文工团
男声独唱	那遥远的地方不再遥远	白承业	王洛宾	万马三智	青海人民广播电台
男声独唱	深圳故事	王洪海	钟志刚	钟志刚	深圳广播电台
童声合唱	母爱	石顺义	饶荣发	深圳市少年合唱团	深圳广播电台
女声独唱	故乡槐花	曲 波	卞留念	韦 唯	天津音乐台
男声独唱	想关东	范作军	李云涛	江 涛	山东人民广播电台
男女声合唱	你听	沈永峰	肖 山	余 成等	海峡之声电台文艺生活频道
女声独唱	美好祝福	车 行	李小兵	刘媛媛	西电台文艺频道
女声独唱	这就是我的祖国	刘福波	徐沛东	刘媛媛	空政歌舞团
女声独唱	藤王阁咏叹	庚 云	赵弟军	冯瑞丽	江西人民广播电台
小合唱	青春理想	段永生	段永生	青春组合	成都人民广播电台
男声独唱	乌苏里放歌	车 行	王明喜	峦颖超	哈尔滨人民广播电台

节目形式	节目名称	作词	作曲	演唱	推荐单位
对唱	咱们一起奔小康	牛世生	李 柏	潘长江、刘春梅	长春人民广播电台
男女声重唱	藤缠树	乔 羽	孟 可	齐 秦、齐 豫	北京天唱声场文化发展有限公司
女声独唱	阿鲁阿卓一团火	宋小明	张卓娅、王祖皆	阿鲁阿卓	总政歌剧团
男声独唱	今生今世	张艾文	张艾文	云 峰	喜洋洋联盟影视文化有限公司
女声独唱	巴山妹子	陈克福	义 奎、秦 渊	张 兰	北京东瀚阳光广告公司
独唱	爱的勇敢	马 爱	于 颉	周晓瑜	于颉工作室
独唱	九寨儿女情	王晋川	雷维模	卢薪羽	中国煤矿文工团
独唱	女人的天份	韩 雪	张 忡	韩 雪	全总文工团
独唱	扯开嗓子一声喊	石顺义	孟 勇	曾 勇	中国人民解放军艺术学院
独唱	无人喝彩	张良玉	闫雪峰	支 予	空军政治部文工团
男声独唱	海奇观	叶胜利	刘舟波	徐益男	山市文学艺术界联合会
独唱	阿爸	印洗尘	李红梅	莫日根	内蒙电视台
独唱	告诉你	司 捷	冯 磊	绿宝久	江西明峻实业有限公司

（信息来源：中国广播网）

备注：由国家广播电影电视总局主办的2004中国原创歌曲奖由创始于1986年的中央人民广播电台主办的广播新歌评选活动演变而来。18年来该奖项一直坚持以鼓励创作、服务听众为宗旨，评选出了一系列优秀获奖歌曲，发展至今已经成为了国内较为权威的原创歌曲奖项，受到海内外华语歌坛的广泛关注。

◎榜七、2004香港TVB十大劲歌颁奖典礼获奖名单◎

十大金曲奖：

金曲金奖：杨千嬅《小城大事》

十大金曲：

1.刘德华《按摩女郎》
2.古巨基《爱与诚》
3.容祖儿《世上只有》
4.杨千嬅《小城大事》
5.梁咏琪《娱乐大家》
6.陈慧琳——《嫁妆》
7.李克勤《空中飞人》
8.Twins《女人味》
9.许志安、叶德娴《美中不足》
10.梁汉文《舰队》

最受欢迎女歌星：容祖儿

最受欢迎男歌星：刘德华

十大劲歌金曲荣誉大奖：黄霑

亚太区最受欢迎香港女歌星：陈慧琳

亚太区最受欢迎香港男歌星：刘德华

2004四台联颁音乐大奖：

杨千嬅《电光幻影》

最受欢迎华语歌曲奖金奖：

刘德华《原来我有爱》

最受欢迎华语歌曲奖银奖：

容祖儿《独照》

最受欢迎华语歌曲奖铜奖：

与非门《Happy Girl》

新星试打金曲奖：刘浩龙《思觉失调》

最受欢迎组合奖金奖：Twins

最受欢迎组合奖银奖：cookie

最受欢迎组合奖铜奖：boy'z

最受欢迎合唱奖：

方力申、邓丽欣《好好恋爱》

最受欢迎新人奖金奖：薛凯琪

最受欢迎新人奖银奖：吴日言

最受欢迎新人奖铜奖：周国贤

最受欢迎phone投歌大奖：

谢霆锋《黄》

公益金"live大不同"组合大奖：

黄耀明、容祖儿

2004年度杰出表现奖金奖：陈冠希

2004年度杰出表现奖银奖：佘文乐

2004年度杰出表现奖铜奖：关心妍

最受欢迎广告歌曲金奖：

容祖儿《心病》

最受欢迎广告歌曲银奖：

刘德华《常言道》

最受欢迎广告歌曲铜奖：

boy'z《超时空接触》

最受欢迎唱作歌星金奖：

梁咏琪《四月生日》、《狠心爱我》

最受欢迎唱作歌星银奖：

张敬轩《孤单公园》

最受欢迎唱作歌星铜奖：

蓝奕邦《热带鱼》、《自知之明》

最受欢迎改编歌曲大奖：

黄伊汶《好睇》

幕后大奖最佳编曲：

梁基爵《翡翠剧场》

幕后大奖最佳填词：

黄伟文《奇洛李维斯回信》

幕后大奖最佳歌曲监制：

雷颂德《爱与诚》

幕后大奖最佳作曲：雷颂德

（信息来源：香港TVB电视台）

备注：2004香港TVB十大劲歌颁奖典礼是由香港电视广播有限公司（TVB）主办的香港歌曲的盛典，于2005年1月8日在香港红勘体育馆举行，众多明星出席了颁奖典礼。

◎榜八、第27届香港十大中文金曲获奖名单◎

1.十大金曲奖

容祖儿《世上只有》
古巨基《爱与诚》
Twins《饮歌》
周杰伦《七里香》
李克勤《空中飞人》
杨千嬅《小城大事》
方力申《好好恋爱》
薛凯琪《奇洛李维斯回信》
许志安、叶德娴《美中不足》
刘德华《常言道》

2.全球华人至尊金曲奖

古巨基《爱与诚》

3.全国最受欢迎歌手奖

男歌手
金奖:刘德华
银奖:周杰伦
铜奖:李克勤

女歌手
金奖:陈慧琳
银奖:孙燕姿
铜奖:容祖儿

组合
金奖:Twins
银奖:F.I.R
铜奖:S.H.E

4.全年最高销量歌手大奖

男歌手:李克勤 刘德华 周杰伦
女歌手:容祖儿 梁咏琪 Twins

5.优秀流行国语歌曲奖

金奖:周杰伦《七里香》
银奖:飞儿乐队《Lydia》
铜奖:孙燕姿《我的爱》

6.优秀流行歌手大奖

古巨基 李克勤 周杰伦 张学友
许志安 黄耀明 刘德华 TWINS
容祖儿 陈慧琳 梁咏琪 杨千嬅

7.内地推荐大奖

孙楠 孙悦

8.最有前途新人奖

(男歌手/女歌手/组合)
金奖:刘浩龙、薛凯琪、F.I.R
银奖:周国贤、吴日言、Ping Pung
铜奖:房祖名、官恩娜、女生宿舍

9.全国最受欢迎中文歌曲奖

金奖歌曲:陈慧琳《对不起不是你》
银奖歌曲:林俊杰《江南》
铜奖歌曲:刀郎《冲动的惩罚》

10.CASH全球华语歌曲最佳新晋作词人奖

F.I.R

11.CASH全球华语歌曲最佳新晋作曲人奖

F.I.R

12.四台联颁传媒大奖

雷颂德(作曲)
黄伟文(作词)
容祖儿(歌手)

13.金针奖

汪明荃

14.最受歌迷欢迎优秀歌手

刘德华

15.最佳进步奖

古巨基

16.最优秀歌手奖

李克勤、容祖儿

(信息来源:香港电台)

备注:2005年1月19日晚,第27届香港十大中文金曲颁奖典礼在香港红勘体育馆隆重举行。本次活动的主办单位为香港电台。作为香港四大电台颁奖礼的收关之作,这一颁奖典礼受到歌迷歌手的关注。

◎榜九、首届中国十大校园音乐先锋◎

1.北京现代音乐学院:Mini组合
2.北京教育学院:张璐麒
3.四川音乐学院:王晓鹏
4.山东艺术学院:刘龙洋
5.华中科技大学:单硕
6.南京大学:张望
7.株洲工学院:修之叶乐队
8.天津师范大学:岩石乐队
9.温州师范大学:黄蕾佳
10.安徽师范大学:许亚南

(信息来源:音乐365网)

备注:2005年4月2日在天津举行的首届中国十大校园音乐先锋颁奖典礼上,10组来自不同城市的校园乐队和歌手接受了包括北京音乐台在内的(全国)卫星音乐广播协作网22家省市音乐电台所授予的荣誉,成为2004年校园原创音乐的排头兵。

◎榜十、第4届中国舞蹈荷花奖获奖名单◎

首次设立的舞蹈理论评论奖金奖空缺。其他获奖名单如下:

1.舞剧剧目

金奖:《霸王别姬》

银奖:《篱笆墙的影子》

铜奖:《末代皇帝》、《额吉》、《梁山伯与祝英台》

2.舞蹈诗剧目

金奖:《云南映象》

银奖:《母亲河》

铜奖:《沂蒙风情画》

3.最佳编导奖

赵明:《霸王别姬》

杨丽萍:《云南映象》

4.最佳音乐创作奖

作曲 徐沛东:《篱笆墙的影子》

5.最佳舞美设计奖

舞美设计 张继文:《霸王别姬》

6.最佳服装设计奖

服装设计 戈壤、小四:《云南映象》

7.最佳男主角奖

《末代皇帝》少年溥仪的扮演者:吕萌

《霸王别姬》刘邦的扮演者:刘迎宏

8.最佳女主角奖

《云南映象》的主演:杨丽萍

《额吉》青年额吉的扮演者:王颖

9.优秀表演奖

《云南映象》鼓手的扮演者:李雷平

《母亲河》儿子的扮演者:张彦平

《霸王别姬》项羽的扮演者:刘时凯

《霸王别姬》虞姬的扮演者:朱洁静

《篱笆墙的影子》铜锁的扮演者:庞少勇

(信息来源:中国戏剧场)

备注:中国舞蹈荷花奖简介

中国舞蹈荷花奖由中国文学艺术界联合会、中国舞蹈家协会创意,1996年经中宣部立项、中央两办批准,是一项全国性专业舞蹈评奖活动,旨在奖励优秀的舞蹈艺术作品,表彰成绩突出的舞蹈创作与表演人员,活跃舞蹈理论与舞蹈评论,推动我国舞蹈艺术事业健康发展。自1997年创建以来已成为标志着中国专业舞蹈艺术最高成就的专家奖。

◎榜十一、第6届全国舞蹈比赛创作奖获奖名单◎

独舞创作一等奖:

《舞狮人》 编导:李福祥

《漠海孤雁》 编导:陈凯

《枫叶红时》 编导:杨笑阳

独舞创作二等奖:

《摩梭夜歌》 编导:高度

《赤壁怀古》 编导:赵小刚

《书韵》 编导:江靖戈

《绿带当风》 编导:佟睿睿

独舞创作三等奖:

《一个不能停留太久的地方》 编导:余粟力

《胭脂扣》 编导:张云峰

《翠狐》 编导:田露

《任逍遥》 编导:张元春

《大山彝人》 编导:郭田

双人舞创作一等奖:

《鸟仔》 编导:章东新 冯蔚

《七步》 编导:田劲 顾佩英

双人舞创作二等奖:

《灯》 编导:王成 苏焕振

《太阳不是黑色》 编导:昕娜

《日子》 编导:史晶歆

双人舞创作三等奖:

《金子·虎子》 编导:马涛

《牛角梳》 编导:陶春

《鸣凤》 编导:何川

《哎…无奈》 编导:易杰 纪家萱

三人舞创作一等奖:

《兄弟们》 编导:何川

三人舞创作二等奖:

《我的兄弟姐妹》 编导:吴庆东

三人舞创作三等奖:

《岁月》 编导:傅小青

《山坳里的男人》 编导:朱萍 黄亦川

群舞创作一等奖:

《岁月如歌》 编导:李楠

《鼓舞声声》 编导:高度

《俏花旦》 编导:刘凌莉

《追潮》 编导:高骞 闵锐

群舞创作二等奖:

《圈舞》 编导:李楠

《都市印象》 编导:范东凯

《海那边》 编导:郭峰 种俐俐

《壮族大歌》 编导:李紫君 刘滨

《天织女》 编导:苏冬梅

《小河淌水》 编导:章东新 冯蔚

《石磨的歌》 编导:何川 周全莉

《溜溜的康定溜溜的情》 编导:马东风

群舞创作三等奖:

《当代节奏》 编导:佟睿睿

《佤之祭》 编导:章东新 冯蔚

《火》 编导:于晓雪

《恋舞彝山》 编导:王舸

《踩云彩》 编导:王佳敏 梁芳 郭玲 何军

《从头再来》 编导:姚晓明

《美阿里》 编导:金英花

《中国红》 编导:姚晓明

《远古灯舞》 编导:美丽古力

《地道战》 编导:张丽娟 洪烨

《吴侬软语》 编导:胡亚文

《布里亚特情韵》 编导:塔娜高娃 索德米德

(信息来源:央视国际2004年8月17日)

备注:2004年第6届全国舞蹈比赛由中华人民共和国文化部主办,厦门市人民政府和福建省文化厅承办。该项赛事旨在推动我国的舞蹈创作和提高舞蹈表演艺术水平,发现、鼓励优秀编创、表演人才,促进我国舞蹈事业的进一步发展。

四、曲艺篇

◎榜一、第21届中国戏剧梅花奖获奖名单◎

1."二度梅"获得者

何　冰　北京人民剧院
陈智林　四川省川剧院

2.首次梅花奖获得者

戏曲：

赵志刚　上海越剧院
张慧芳　湖北省京剧院
陈　澄　江苏省泰州市淮剧团
赵媛媛　安庆市黄梅戏一团
石晓亮　天津青年京剧团
吴晶晶　厦门金莲升高甲戏剧团
李淑勤　佛山市青年越剧团
李政成　扬州市扬剧团
李小锋　陕西省戏曲研究院
杨红霞　河南省豫剧三团
李　文　安徽省黄梅戏剧院
魏春荣　北方昆曲剧院
袁慧琴　中国京剧院
赵立华　石家庄市青年评剧团
边　肖　甘肃省陇剧院
齐爱云　西安市五一剧团
申小梅　河南省越调剧团
黄美菊　浙江嵊州越剧团
吉有芳　山西运城蒲剧团
王杭娟　杭州市黄龙越剧团

话剧：

萧　雅　上海萧雅文化艺术有限公司
王晓英　承德市话剧团

歌剧：

戴玉强　中国人民解放军总政治部歌剧团

（信息来源：中国戏曲网）

备注：中国戏剧梅花奖设立于1983年，由中国文联、中国戏剧家协会主办，是中国戏剧界优秀中青年演员的最高奖项。该奖以"梅花香自苦寒来"为寓意，是中国第一个以表彰和奖励优秀戏剧表演人才、繁荣和发展戏剧事业为宗旨的大奖。

相关链接：中国少儿戏曲小梅花荟萃

"中国少儿戏曲小梅花荟萃"活动，是中国戏剧家协会于1997年创办的一项全国性、面向少年儿童的重要戏曲艺术活动，是一项让中国少年儿童最大限度地展示自己戏曲天赋的戏曲艺术希望工程。2004年8月1日晚，第8届"中国少儿戏曲小梅花荟萃"活动佩花颁奖晚会在昆曲的发祥地江苏昆山大戏院举行。98个"金花"奖和20个"状元花"奖得主在颁奖晚会上领奖。

◎榜二、第7届中国艺术节第11届文华奖获奖名单◎

1.文华新剧目奖（38部）

按门类排列，同一门类按得票多少排列

《巴山秀才》（四川省川剧院）
《家》（上海越剧院）
《宦门子弟错立身》（北方昆曲剧院）
《山东汉子》（山东省菏泽市地方戏剧院）
《卓瓦桑姆》（西藏自治区藏剧团）
《流花溪》（杭州越剧院）
《人影》（河北省唐山市实验唐剧团）
《凤阳情》（天津评剧院）
《春秋霸主》（山东省京剧院）
《惊蛰》（河南省南阳市曲剧团）
《月亮光光》（陕西省商洛市剧团）
《三寸金莲》（湖北省武汉市京剧院）
《藏书之家》（浙江小百花越剧团、茅威涛戏剧工作室）
《巾帼红玉》（云南省京剧院）
《江上行》（福建省莆仙戏剧院）
《娘娘千岁》（湖北省地方戏曲艺术剧院）
《詹天佑》（江西省鄱阳县赣剧团）
《长恨歌》（安徽省黄梅戏剧院）
《秋天的二人转》（黑龙江省哈尔滨话剧院）
《北街南院》（北京人民艺术剧院）
《兵心依旧》（南京军区政治部前线话剧团）
《老柿子树》（甘肃省话剧团）
《打工棚》（云南省话剧团）
《我能当班长》（山西省话剧院、山西戏剧职业学校、山西省文化厅创作室）
《钦差大臣》（福建省泉州市木偶剧团）
《石三伢子》（湖南省木偶皮影艺术剧院）
《大脚皇后》（江苏省苏州市评弹团）
《蓝眼睛·黑眼睛》（浙江歌舞剧院）
《快乐推销员》（江苏省镇江市艺术剧院）
《惠安女人》（福建省歌舞剧院）
《玉鸟》（浙江省杭州歌舞团）
《霸王别姬》（上海东方青春舞蹈团）
《西厢记》（山西省歌舞剧院）
《天祭》（辽宁省沈阳歌舞团）
《额吉》（内蒙古自治区包头市歌舞团）
《秘境之旅》（中国歌舞团）
《大唐华章》（四川省歌舞剧院）
《喀什噶尔》（新疆维吾尔自治区喀什地区歌舞剧院）

2.文华大奖（12部）

豫剧《程婴救孤》（河南省豫剧二团）

京剧《凤氏彝兰》（云南省京剧院）

花鼓戏《老表轶事》（湖南省花鼓戏剧院）

甬剧《典妻》（浙江省宁波市艺术剧院）

京剧《图兰朵公主》（中国京剧院）

话剧《凌河影人》（辽宁省人民艺术剧院、辽宁省朝阳市艺术剧院）

话剧《平头百姓》（江苏省南京市话剧团）

歌剧《我心飞翔》（总政歌剧团）

音乐剧《五姑娘》（浙江省嘉兴市文化体育局艺术中心、浙江艺术职业学院青年实验艺术团）

舞剧《风雨红棉》（广东歌舞剧院）

舞剧《瓷魂》（江西省歌舞剧院、江西艺术职业学院）

民族歌会《八桂大歌》（广西壮族自治区柳州市歌舞团）

3.文华大奖特别奖、艺术节特别奖

文华大奖特别奖：

绍剧《真假悟空》（浙江绍剧团）

艺术节特别奖：

开幕式大型文艺晚会《洒满阳光的天堂》、群文开幕演出《风从东海来》

4.第7届中国艺术节“观众最喜爱的剧目”（排名不分先后）

河南豫剧二团：豫剧《程婴救孤》

中国京剧院：京剧《图兰朵公主》

云南省话剧团：话剧《打工棚》

甘肃省话剧院：话剧《老柿子树》

嘉兴市文化局艺术中心、浙江艺术职业学院青年实验艺术团：音乐剧《五姑娘》

广东歌舞剧院：舞剧《风雨红棉》

宁波艺术剧院：甬剧《典妻》

武汉市京剧团：京剧《三寸金莲》

浙江绍剧团：绍剧《真假悟空》

柳州市歌舞团：民族歌会《八桂大歌》

5.第7届中国艺术节“观众最喜爱的演员”（排名不分先后）

邓　敏　茅威涛　谢群英

侯丹梅　章小敏　戴玉强

汪　洌　杨　奕　王砚辉

盛小云　何　冰　董兴顺

曾昭娟　王锦文　刘　薇

高兰村　刘建杨　张兰珍

于文华　李　倩　刘福洋

6.单项奖

◇豫剧《程婴救孤》

剧作奖：陈涌泉

导演奖：黄在敏、张平

舞台美术奖：薛殿杰、白少杰、刘海山、伊天夫、高洋

表演奖：李树建（程婴饰演者）
郑慧娟（彩凤饰演者）

◇京剧《凤氏彝兰》

剧作奖：李莉、佳倍

导演奖：张树勇

表演奖：程联群（凤彝兰饰演者）
周凯（赵明德饰演者）

◇花鼓戏《老表轶事》

剧作奖：赵凤凯、彭铁森

导演奖：谢平安、何艺光

音乐创作奖：欧阳觉文、陈耀

表演奖：周回生（文有章饰演者）

◇甬剧《典妻》

剧作奖：罗怀臻

音乐创作奖：汝金山

舞台美术奖：周本义、邢辛

表演奖：王锦文（妻饰演者）

◇京剧《图兰朵公主》

导演奖：曹其敬

音乐创作奖：朱少玉

舞台美术奖：高广健

表演奖：邓敏（图兰朵饰演者）
黄炳强（卡拉夫饰演者）

◇话剧《凌河影人》

剧作奖：隋治操、刘家生、张汉良

导演奖：刘喜廷

舞台美术奖：柴君

表演奖：宋国锋（河西红饰演者）
张玉春（震东川饰演者）

◇话剧《平头百姓》

剧作奖：王立信

导演奖：李建平

舞台美术奖：徐海珊

表演奖：于东江（张明华饰演者）
张燕燕（李惠琳饰演者）

◇歌剧《我心飞翔》

剧作奖：冯柏铭、黄维若

音乐创作奖：张千一、周雪石

表演奖：戴玉强（秦时钺饰演者）
王静（杰弗琳饰演者）
冯瑞丽（鄢雨萍饰演者）

◇音乐剧《五姑娘》

剧作奖：何兆华、刘志康、金梅

导演奖：陈蔚

音乐创作奖：莫凡

表演奖：章小敏（五姑娘饰演者）

◇舞剧《风雨红棉》

编导奖：文桢亚等

音乐创作奖：方鸣

舞台美术奖：胡加

表演奖：李舒（陈铁军饰演者）
汪洌（周文雍饰演者）

◇舞剧《瓷魂》

编导奖：苏时进

音乐创作奖：张小夫

舞台美术奖：张继文

表演奖：吴健（高岭饰演者）
杨奕（青花饰演者）

◇歌舞《八桂大歌》

编导奖：张继钢

音乐创作奖：方鸣、杜鸣

舞台美术奖：罗江涛

◇绍剧《真假悟空》

导演奖：杨小青、陈伟龙

舞台美术奖：田立为

表演奖：刘建杨（孙悟空饰演者）
赵秀治（唐僧饰演者）

◇川剧《巴山秀才》

剧作奖：魏明伦南国

导演奖：熊源伟

表演奖：陈智林（孟登科饰演者）

◇越剧《家》
音乐创作奖:蓝天
表演奖:赵志刚(觉新饰演者)
◇昆曲《宦门子弟错立身》
舞台美术奖:于少非
表演奖:柯军(完颜寿马饰演者)
◇山东梆子《山东汉子》
剧作奖:韩枫、张广文
导演奖:赵伟明、霍德同
音乐创作奖:苏本栋、张占申
表演奖:高凤兰(田云饰演者)
◇藏戏《卓瓦桑姆》
导演奖:次旦多吉、边多
音乐创作奖:边多
表演奖:尼玛康珠(卓瓦桑姆饰演者)
参丹(哈香饰演者)
次仁拉姆(斯马让果饰演者)
◇越剧《流花溪》
导演奖:杨小青、展敏
表演奖:谢群英(秋花饰演者)
陈晓红(冬花饰演者)
◇唐剧《人影》
表演奖:史凤敏(小菊饰演者)
崔立国(箭杆王饰演者)
◇评剧《凤阳情》
导演奖:张曼君
表演奖:曾昭娟(马秀英饰演者)
◇京剧《春秋霸主》
剧作奖:刘桂成
导演奖:王晓镝、白云明
表演奖:宋昌林(齐桓公饰演者)
◇曲剧《惊蛰》
导演奖:李杰
舞台美术奖:何礼培
表演奖:张兰珍(桂玉娟饰演者)
◇花鼓戏《月亮光光》
表演奖:王海清(林怡芳饰演者)
◇京剧《三寸金莲》
音乐创作奖:尹小东
舞台美术奖:黄海威
表演奖:刘薇(戈香莲饰演者)
◇越剧《藏书之家》
音乐创作奖:翁持更、刘建宽
表演奖:茅威涛(范容饰演者)
陈辉玲(花如笺饰演者)
◇京剧《巾帼红玉》
剧作奖:陈泽恺
表演奖:侯丹梅(梁红玉饰演者)
◇莆仙戏《江上行》
剧作奖:长赋
表演奖:郑仁森(刘顺泉饰演者)
◇楚剧《娘娘千岁》
导演奖:余笑予
表演奖:彭青莲(林金凤饰演者)
吴斌(韩公公饰演者)
◇赣剧《詹天佑》
表演奖:于文华(詹天佑饰演者)
◇黄梅戏《长恨歌》
表演奖:李文(杨玉环饰演者)
黄新德(李隆基饰演者)
◇话剧《秋天的二人转》
剧作奖:杨利民
导演奖:邢友江
表演奖:王凤滨(老锁饰演者)
◇话剧《北街南院》
导演奖:任鸣
表演奖:朱旭(老杨头饰演者)
濮存昕(谭天饰演者)
◇话剧《兵心依旧》
导演奖:潘西平、姚艳莉
表演奖:高兰村(陈之江饰演者)
◇话剧《老柿子树》
剧作奖:张明、杨晓文
表演奖:郑子荣(娘饰演者)
◇话剧《打工棚》
导演奖:潘伟行
表演奖:王砚辉(赵天云饰演者)
◇儿童剧《我能当班长》
导演奖:王春燕
舞台美术奖:修岩、祁兴隆
◇木偶戏《钦差大臣》
剧作奖:王景贤
导演奖:吕忠文、韦宏
表演奖:集体表演奖
◇木偶戏《石三伢子》
导演奖:熊国安、张杰
表演奖:聂世棋(石三伢子饰演者)
张静(幺妹饰演者)
◇苏州评弹《大脚皇后》
剧作奖:傅菊荣、赵开生
表演奖:集体表演奖
◇音乐剧《蓝眼睛·黑眼睛》
表演奖:严圣民(杜承荣饰演者)
◇音乐剧《快乐推销员》
编导奖:信洪海、徐国富、朱元淦
◇舞剧《惠安女人》
编导奖:杨伟豪、谢南、吴玲红
音乐创作奖:吴少雄
表演奖:潘圆圆(阿兰饰演者)
◇舞剧《玉鸟》
编导奖:丁伟
表演奖:王永林(玄饰演者)
◇舞剧《霸王别姬》
编导奖:赵明
表演奖:刘时凯(项羽饰演者)
◇舞剧《西厢记》
编导奖:岳丽娟、唐俊桂
表演奖:徐晓燕(红娘饰演者)
◇舞剧《天祭》
表演奖:刘福洋(阿密丹饰演者)
李倩(天齐儿饰演者)
◇舞剧《额吉》
编导奖:厚瑞杰
表演奖:王颖(青年萨日伦饰演者)
◇歌舞《秘境之旅》
编导奖:陈维亚等
舞台美术奖:陈黎、郑娜
表演奖:集体表演奖
◇歌舞《大唐华章》
编导奖:陈维亚
舞台美术奖:韩春启
表演奖:集体表演奖
◇歌舞《喀什噶尔》
音乐创作奖:依克木·艾山、努斯莱提·瓦吉丁、周吉
舞台美术奖:姑丽尼沙、阿尔孜姑丽
表演奖:集体表演奖

(信息来源:第7届中国艺术节组委会)

备注一:中国艺术节概况

中国艺术节是国家艺术节。党和国家领导人历来十分重视艺术节的工作,历届艺术节名誉主席、主席均由党和国

家领导人担任。

中国艺术节作为高水平的综合性艺术活动，自1987年至2004年已经成功地举办了6届。每一届艺术节都以绚丽多姿的艺术形式，充分展示了我国文化艺术事业在党的文艺方针指引下取得的辉煌成就，展示了广大文艺工作者崭新的精神面貌，展示了中外文化交流的艺术成果，热情讴歌了我国社会主义现代化建设欣欣向荣的景象。

备注二:文华奖简介

文华奖设立于1991年，是中华人民共和国文化部主办的专业舞台艺术政府最高奖。此奖设立的目的，是推动我国舞台艺术的创作繁荣，促进艺术院团的艺术生产，奖掖优秀的艺术人才。最初为一年一届，1998年起改为两年一届，自2004年第11届文华奖起改为三年一届，与“中国艺术节奖”两奖合一，放在艺术节上评选。

◎榜三、第2届中国戏曲红梅大赛获奖名单◎

1.金奖获得者

以下演唱选手荣获金奖并被授予本届大赛“红梅之星”称号

姓 名	剧 种	剧 目	所在或报送单位	累 计
丁晓君	京剧	天女散花	北京军区政治部战友文工团	1
李 斌	河北梆子	四郎探母	天津市河北梆子剧团	2
郝建东	北路梆子	血手印	山西省忻州市北路梆子剧团	3

以下演唱选手荣获本届大赛金奖（按出场先后排序）

姓 名	剧 种	剧 目	所在或报送单位	累 计
贾菊兰	蒲剧	打神告庙	山西省运城市蒲剧团	4
李明星	晋剧	范进中举	山西省太原市晋剧院第一青年团	5
彭庆华	粤剧	刺客	广东省粤剧院一团	6
钱 涛	庐剧	李清照	安徽省合肥市庐剧院	7
何西良	大平调	收姜维	山东省菏泽市大平调剧团	8
轩秀芝	豫剧	包公坐监	河南省商丘市豫剧院	9
李小青	秦腔	哭祖庙	陕西省戏曲研究院秦腔团	10
冼鉴棠	粤剧	陆文龙	广西自治区梧州市粤剧团	11
陈丽娟	淮剧	吴汉三杀	上海淮剧团	12
孙 静	越剧	柳毅传书	江苏省南京市越剧团	13
郑芳芳	晋剧	打神告庙	山西省剧协戏剧工作室	14
卢致苑	采茶戏	反情	江西省赣州市赣南采茶歌舞剧团	15
王润梅	滇剧	秦香莲	云南省昆明市滇剧团	16
张 惠	豫剧	荆钗记	河南省豫剧一团	17
韩文梅	老调	直隶总督	河北省保定市艺术剧院老调一团	18
陈明矿	淮剧	团圆之后	江苏省淮剧团	19
梁美玲	晋剧	凤台关	山西太原实验晋剧青年团	20
曹勤业	花鼓戏	磨豆腐	湖南省邵阳市花鼓剧团	21
牛煜华	河北梆子	蝴蝶杯	河北省河北梆子剧院青年团	22
杜建萍	上党梆子	窗前梅树	山西省高平市上党梆子剧团	23
刘建奇	秦腔	背靴访师	陕西省西安市青年秦腔艺术团	24
张海龙	豫剧	老子儿子弦子	河南省郑州市豫剧院	25
张 平	粤剧	苦风莺怜	广东省广州市红豆粤剧团	26
詹丽华	北路梆子	血手印	山西省忻州市北路梆子青年团	27
李瑞明	汉剧	活捉三郎	湖北省地方戏曲艺术剧院	28
金荣霞	汉剧	活捉三郎	湖北省地方戏曲艺术剧院	29
余淑华	黄梅戏	渔网会母	安徽省安庆市黄梅戏二团	30
何漫清	京剧	望儿楼	重庆市京剧团	31
马 佳	京剧	断桥	黑龙江省京剧院	32

以下演唱选手荣获本届大赛金奖（按出场先后排序）

姓　名	剧　种	剧　目	所在或报送单位	累　计
刘　铮	京剧	刘兰芝	北京市戏曲艺术学院	33
王　丹	京剧	洪母骂畴	辽宁省锦州市京剧团	34
张秀云	评剧	刘巧儿新传	中国评剧院	35
余　彬	昆剧	斩娥	上海昆剧团	36
孙珞阳	评剧	夺印	中国评剧院	37
李亚芝	京剧	生死恨	辽宁省沈阳市师范大学附属艺术学校	38
宋　怡	京剧	辛安驿	中国京剧院	39
刘大可	京剧	收关胜	上海京剧院	40
谭正岩	京剧	小商河	中国戏曲学院研究生班	41
姜亦珊	京剧	望江亭	天津市京剧院实验团	42
张立媛	京剧	状元媒	北京京剧院	43

以下器乐演奏选手荣获本届大赛金奖（按出场先后排序）

姓　名	参赛项目	器　乐	所在或报送单位	累　计
王　铁	器乐演奏	三弦	河北省艺术职业学院	44
段晓萌	器乐演奏	古筝	山东省柳子剧团	45

2.银奖获得者（排名不分先后）

以下演唱选手荣获本届大赛银奖（按出场先后排序）

姓　名	剧　种	剧　目	所在或报送单位	累　计
刘红雁	河北梆子	红楼二尤	天津市河北梆子剧团	1
李　宏	京剧	遇皇后	天津京剧院实验团	2
王　波	晋剧	野猪林	山西省太原市实验晋剧青年团	3
郝翠香	晋剧	芦花	山西省太原市晋剧院第一青年团	4
周宗孝	蒲剧	上天台	山西省临汾蒲剧院实验蒲剧团	5
刘建科	粤剧	刺客	广东省粤剧院一团	6
易晓艳	采茶戏	钓拐	江西省赣州市赣南采茶歌舞剧团	7
李赛俭	花鼓戏	磨豆腐	湖南省邵阳市花鼓剧团	8
詹春尧	襄阳花鼓	宋玉悲歌	湖北省地方戏曲艺术剧院	9
胡晚英	楚剧	雪娘写状	湖北省地方戏曲艺术剧院	10
尹章旭	京剧	捉放曹	湖北省京剧院	11
李兰萍	京剧	燕燕	湖北省京剧院	12
陈亚萍	豫剧	花木兰	湖北省襄樊市豫剧院	13
陈淑萍	河北梆子	二姐思春	河北省石家庄艺术学校	14
刘如铎	丝弦	钟馗嫁妹	河北省石家庄丝弦剧团	15
扈金娜	京剧	扈家庄	河北省京剧团	16
陈肖艳	京剧	取洛阳	河北省衡水市小梅花戏校	17
武健蓉	京剧	痴梦	河北省京剧团	18
陈欣风	豫剧	虎符	河北省邯郸市东风剧团	19
朱丽娟	秦腔	打神告庙	宁夏自治区银川市秦腔剧团	20
李　娟	秦腔	劈棺惊梦	宁夏自治区银川市秦腔剧团	21
邱　萍	桂剧	岳母刺字	广西自治区桂林市桂剧团	22
温红玲	粤剧	焚香记	广西自治区北海市粤剧团	23
吴　诗	粤剧	陆文龙	广西自治区梧州市粤剧团	24
吕　琳	京剧	扈家庄	上海京剧院	25
李　亮	京剧	宏碧缘	上海京剧院	26
杨　楠	京剧	吕布与貂禅	上海京剧院	27

以下演唱选手荣获本届大赛银奖（按出场先后排序）

姓名	剧种	剧目	所在或报送单位	累计
杨磊	京剧	武家坡	上海京剧院	28
曹建红	京剧	李逵探母	上海京剧院	29
李小斌	秦腔	大报仇	陕西省咸阳市人民剧团	30
张莉霞	秦腔	小二姐做梦	陕西省戏曲研究院秦腔团	31
谭天杏	秦腔	游西湖	陕西省戏曲研究院秦腔团	32
张笑强	秦腔	祝福	陕西省戏曲研究院秦腔团	33
任美玉	眉户	秦雪梅吊孝	陕西省戏曲研究院眉碗团	34
杨蓉	碗碗腔	杨贵妃	陕西省戏曲研究院秦腔团	35
同超	秦腔	赵氏孤儿	陕西省西安市五一剧团	36
刘凤香	河北梆子	窦娥冤	北京市河北梆子剧团	37
常秋月	京剧	红楼二尤	北京京剧院	38
张尧	京剧	评雪辩踪	中国戏曲学院	39
郭霄	京剧	天女散花	中国戏曲学院附属中	40
刘泳渤	京剧	战金山	中国戏曲学院附属中	41
张彩霞	豫剧	下陈州	中国煤矿文联	42
李纯正	豫剧	南阳关	中国煤矿文联	43
姚军良	曲剧	狸猫换太子	北京市占奇豫剧团	44
苗青	豫剧	表花	北京市占奇豫剧团	45
王全友	评剧	乐家老铺	中国评剧院	46
王平	评剧	乾坤带	中国评剧院	47
王亚民	评剧	朱痕记	中国评剧院	48
李春梅	评剧	包公陪情	中国评剧院	49
章尔琴	京剧	辛安驿	北京师范学院艺术与传媒学院	50
冯桂琴	淮剧	白蛇传	北京广汉戏剧艺术中心	51
孙学凤	吕剧	搬窑	山东省吕剧团	52
迟皓文	柳子	牡丹亭	山东省柳子剧团	53
史萍	吕剧	搬窑	山东省青岛市民族艺术剧院	54
王淑云	京剧	红娘	山东省聊城市京剧院	55
钟丽丽	豫剧	白蛇后传	山东省聊城市豫剧团	56
张青	吕剧	情问	山东省吕剧院	57
李庚春	豫剧	诸葛亮吊孝	河南省豫剧一团	58
常俊丽	豫剧	秦雪梅	河南省许昌市豫剧团	59
张喜平	越调	柴郡主挂帅	河南省越调剧团	60
乔杏娥	曲剧	秦香莲后传	河南省曲剧团	61
桑艳红	豫剧	打神告庙	河南省开封市豫剧团	62
赵向军	京剧	未央宫	辽宁省沈阳市京剧团	63
白虹	京剧	杜鹃山	辽宁省阜新市戏曲剧院京剧团	64
刘淑清	评剧	双罗衫	辽宁省朝阳市评剧团	65
孙尚琪	京剧	断桥	辽宁省沈阳师范大学附属艺术学校	66
任思媛	京剧	锁五龙	辽宁省沈阳师范大学附属艺术学校	67
王颖	京剧	金玉奴	辽宁省沈阳师范大学附属艺术学校	68
刘宁	京剧	白蛇传	辽宁省沈阳师范大学附属艺术学校	69
张琳	越剧	张羽煮海	浙江省绍兴小百花越剧团	70
金梦超	越剧	蛇恋	浙江省宁波艺术剧院小百花越剧团	71
王琴	黄梅戏	徽州女人	安徽省安庆市黄梅戏二团	72
魏蓓蓓	黄梅戏	家	安徽省黄梅戏剧院	73
何芸	黄梅戏	红楼梦	安徽省黄梅戏剧院	74
汪杰	徽剧	石秀探庄	安徽省徽剧团	75
周珊	黄梅戏	梁祝	安徽省黄梅戏剧院	76

以下演唱选手荣获本届大赛银奖（按出场先后排序）

姓　名	剧　种	剧　目	所在或报送单位	累　计
潘　华	锡剧	琵琶记	江苏省无锡市锡剧院	77
李水莲	京剧	马前泼水	江苏省徐州市文化艺术学校	78

以下器乐演奏选手荣获本届大赛银奖（按出场先后排序）

姓　名	参赛项目	器　乐	所在或报送单位	累　计
柳飞飞	器乐演奏	二胡	河北省邯郸东风剧团	79
曲伟华	器乐演奏	二胡	山东省吕剧团	80
林光辉	器乐演奏	二胡	山东省吕剧院	81

（信息来源：中华戏曲网）

备注：中国戏曲红梅大赛是由中国戏剧家协会主办的一项重大的全国性戏曲艺术赛事，承办单位为中国戏剧家协会艺术发展中心。该奖项的参赛对象为15–49周岁的戏曲工作者，填补了“梅花奖”和“小梅花奖”的年龄空白。

◎榜四、第15届白玉兰奖获奖名单◎

（除榜首外，其他按姓氏笔画排列）

白玉兰戏剧育人奖：周小燕教授

主角奖（15名）

榜首：陈洪翔（福建省实验闽剧院闽剧《贬官记》中崔云龙扮演者）

王晓玲（哈尔滨话剧院话剧《秋天的二人转》中二平扮演者）

冯宪珍（国家话剧院话剧《青春禁忌游戏》中叶莲娜·谢尔盖耶夫娜扮演者）

孙徐春（上海沪剧院沪剧《家》中觉新扮演者）

孙毓敏（北京戏曲艺术职业学院京剧《陈三两》中陈三两扮演者）

李　梅（陕西省戏曲研究院眉户戏《迟开的玫瑰》中乔雪梅、秦腔《西湖遗恨》中李慧娘扮演者）

杨春霞（中国京剧院演员、京昆合演《桃花扇》中李香君扮演者）

吴凤花（绍兴小百花越剧团《吴凤花越剧舞台艺术风采展示》）

贾文龙（河南省豫剧三团豫剧《村官李天成》中李天成扮演者）

殷　桃（解放军艺术学院话剧《我在天堂等你》中青年白雪梅扮演者）

黄明娟（中福会上海儿艺儿童剧《丑公主》中爱丝米拉达扮演者）

曾昭娟（天津评剧院评剧《凤阳情》中马秀英扮演者）

黎　安（上海昆剧团昆剧《伤逝》中涓生扮演者）

魏海敏（魏海敏京剧艺术文教基金会京剧《四郎探母》中铁镜公主扮演者）

依索·阿诺斯（英国“与你同行”剧团话剧《奥赛罗》中奥赛罗扮演者）

配角奖（8名）

榜首：雷恪生（国家话剧院演员，话剧《雷雨》中鲁贵扮演者）

王卫国（国家话剧院话剧《萨勒姆的女巫》中副总督丹佛恩扮演者）

冯蔚衡（香港话剧团音乐剧《酸酸甜甜香港地》中一品窝扮演者）

朱　茵（上海话剧艺术中心话剧《长恨歌》中严师母扮演者）

刘　佳（上海京剧院京剧《生死界》中杨阳扮演者）

杨小勇（上海歌剧院歌剧《奥赛罗》中伊阿古扮演者）

陈琍琨（河南省豫剧三团豫剧《村官李天成》中三娃扮演者）

董兴顺（哈尔滨话剧院话剧《秋天的二人转》中傻冬子扮演者）

新人主角奖（1名）

严　闻（上海文联艺术团演员，镇江市艺术剧院音乐剧《快乐推销员》中常慧扮演者）

新人配角奖（2名）

陈　湜（上海越剧院越剧《家》中鸣凤扮演者）

章　劼（浙江省绍剧团绍剧《真假悟空》中假悟空扮演者）

集体奖（1个）

上海木偶剧团木偶剧《卖火柴的小女孩》剧组

（信息来源：第15届白玉兰奖组委会）

备注：上海戏剧表演艺术白玉兰奖是由上海戏剧杂志社、上海文化发展基金会、上海市演出公司联合主办的全国性奖项，成为继文华奖、梅花奖之后的全国三大戏曲奖项之一。第15届上海白玉兰戏剧表演艺术奖颁奖晚会于2004年12月22日在上海举行。

◎榜五、金狮奖第4届全国小品大赛获奖名单◎

节目综合奖类（以演出先后为序）

（一）金奖（8个）

1.杭州滑稽艺术剧院《城里人乡下人》
2.海军电视艺术中心《二月玫瑰》
3.深圳市福永艺术团《老板与清洁工》
4.武汉市楚剧团《三媳拜寿》
5.济南军区前卫文工团、成都军区战旗话剧团《保险》
6.苏州市滑稽剧团《小泥人》
7.长沙市文化局《约会》
8.武警文工团《地砖问题》

（二）银奖（12个）

1.新疆歌剧团《唐僧减员》
2.宁波市群艺馆《烦恼》
3.黑龙江省曲艺团《婚托》
4.南京军区前线话剧团《就这一个字》
5.山西省曲艺团《名副其实》
6.山东省龙口市吕剧团《信用人家》
7.河北省大厂评剧团《村口》
8.湖北省武汉话剧院《球迷》
9.安徽省合肥市曲艺团《话疗》
10.河南省平顶山煤业集团文工团《如此孝心》
11.广州军区战士话剧团《维多利亚港湾的爱情故事》
12.湖南省话剧院《尊严》

（三）铜奖（16个）

1.哈尔滨话剧院《探视》
2.长沙市宁乡县文化馆《马路情》
3.天津市曲艺团《背人》
4.陕西省人民艺术剧院《山的呼唤》
5.湖南省话剧团《倒霉的狗》
6.广东省粤剧院《刺客》
7.重庆市曲艺团《喜洋洋》
8.抚顺市歌舞话剧院《烛光》
9.深圳市宝安艺术团《今年过年不回家》
10.浙江省曲艺杂技总团《上岗》
11.吉林省地方戏曲剧院《同桌的你》
12.深圳市福田区文化馆《一对疯子》
13.哈尔滨话剧院《如此做人》
14.北京军区战友话剧团《招女婿》
15.四川省内江市川剧团《百万富翁就是你》
16.广东省话剧院《慈母泪》

（四）优秀奖（6个）

1.河北省大厂评剧团《真假赵丽蓉》
2.河北省大厂评剧团《半夜猫叫》
3.辽宁省铁岭县剧团《偶像派》
4.长沙市花鼓戏剧剧院《换房》
5.宁夏秦腔剧团《争种责任田》
6.陕西省戏曲研究院《瞅对象》

（五）组织奖（1个）

长沙市文化局

（单项奖略）

（信息来源：人民网）

备注：金狮奖第4届全国小品大赛是由中华人民共和国文化部主办、长沙市人民政府承办的国内小品艺术顶级赛事。其主体活动包括洋溢湘情湘韵的开幕式、来自全国各地群雄角逐的6场小品决赛和别开生面的金狮明星狂欢夜以及别致的闭幕式暨颁奖晚会等。

◎榜六、金狮奖第6届全国杂技比赛获奖名单◎

（一）金奖（25个）

《打瓦孜》新疆维吾尔自治区杂技团
《行为艺术——度》福建省杂技团
《红鼻头——浪桥钻圈》沈阳军区前进杂技团
《阳光女孩——技巧造型》广州杂技团
《转动地圈》沈阳杂技演艺集团沈阳杂技团
《攀——双爬杆》山东省济宁市杂技团
《追求——抖杠》广州杂技团
《五人踢碗》内蒙古自治区杂技团
《魔术·京韵手彩》上海杂技团
《超越——蹦床》广州杂技团
《空中大飞人》上海马戏学校
《霸王剑魂·跳板浪桥》上海杂技团
《绸吊顶技》沈阳军区前进杂技团
《旋转皮条——觅》成都军区战旗杂技团
《浪桥飞人——大鹏》云南省杂技团
《皮条》山东省杂技团
《绸调——大红绸子飘起来》成都军区战旗杂技团
《时空聚焦·抛接技巧》上海杂技团
《蹬人》山东省杂技团
《杯水娇柔》北京杂技团
《腾飞·上九天——抛轿子》天津杂技团
《球上技巧》吉林省长春市杂技团
《大连女孩车技》辽宁省大连杂技团
《剪纸娃娃——抖空竹》陕西省杂技团
《科技灵光——晃圈》广东省深圳宝安艺术团、深圳市福永杂技艺术团

（二）银奖（15个）

《高空软钢丝》沈阳军区前进杂技团
《小晃管》沈阳军区前进杂技团
《魔方》中国铁路文工团杂技团
《青春节奏——足尖空竹》广州杂技团
《英雄小子——升降软钢丝》广州杂技团
《造型——我们在一起》成都军区战旗杂技团
《花棍——欢歌秧鼓》成都军区战旗杂技团
《飞天梦——空中体操》黑龙江省杂技团
《玩空竹》重庆杂技艺术团
《蹦床爬杆》河南省杂技团
《心之攀——转台高椅造型》山东省济南市杂技团
《转碟——茶花赋》云南省杂技团
《苏堤春晓——双人蹬伞》浙江省曲艺杂技总团
《太阳神之子——转动地圈》宁夏回族自治区银川市杂技团
《杯韵——双人滚杯》浙江省曲艺杂技总团

(三) 铜奖 (25 个)

《快乐酒吧——手技》河南省郑州杂技团
《晃梯顶技》中国铁路文工团杂技团
《高椅》吉林艺术学院附属中专杂技科
《球技——手技》铁路文工团杂技团
《翠竹青青——柔术》河南省郑州杂技团
《抖空竹——竹》中国铁路文工团杂技团
《潇湘飘雪——溜冰》湖南省艺术职业学院杂技班
《双蹬人》新疆生产建设兵团杂技团
《舞叉闹海》山东省聊城杂技团(蒲公英杂技学校)
《心韵——顶圈》浙江省杭州艺术学校
《滚灯》内蒙古自治区杂技团
《大飞人》河南省郑州杂技团
《力与美——皮条》浙江省杭州杂技总团青少年杂技团
《倒立双人技巧》四川省遂宁市杂技团
《力量组合》辽宁省锦州市杂技团
《魔术——酥油花》青海省民族歌舞剧院
《滑稽表演——塑像前的恋人》新疆维吾尔自治区杂技团
《花坛》江苏省南京市杂技团
《红豆青豆——软功》江苏省盐城市杂技团
《生命律动——皮吊》广东省深圳福永杂技艺术团
《随想——单手技巧》辽宁省大连杂技团
《双童比巧——双翘碗》陕西省杂技团
《阳光少年——草帽》广东省深圳市宝安艺术团、深圳市福永杂技艺术团
《魔术——大红灯笼挂起来》武警文工团
《马术》上海杂技团

(四) 单项奖 (96 个)

(限于篇幅不一一列出)

1.创新奖:3 个
2.编导奖:13 个
3.表演奖:22 个
4.音乐奖:4 个
5.教师奖:42 个
6.道具奖:8 个
7.舞美奖:4 个

(五) 组织奖 (1 个)

广州市文化局

(信息来源:人民网)

备注:金狮奖全国杂技比赛是文化部设立的常设性专业杂技艺术类政府最高奖项。由文化部和广州市人民政府共同主办的金狮奖第 6 届全国杂技比赛于 2004 年 9 月 29 日至 10 月 6 日在广州隆重举行。比赛宗旨是展示第 5 届全国杂技比赛以来杂技艺术创作的丰硕成果,促进杂技艺术的改革、创新和发展,鼓励多出优秀作品和优秀人才,推动全国杂技艺术的繁荣。

相关链接:全国“十大杂技宝贝”名花有主

金狮奖全国杂技大赛是我国杂技艺术领域中规模最大、级别最高的赛事,是真正代表国家水平、体现民族精粹的杂技盛事,被誉为国内“杂技奥运会”。为了吸引全社会的更大关注,更好地诠释大赛精神,推介杂技明星,组委会决定与媒体密切合作,在本届大赛期间首次举办“杂技宝贝”推选活动,选拔出 10 名“毅力与美貌并重”、充分体现“挑战极限——更难、更新、更美”大赛精神的“杂技宝贝”,作为本次大赛的重要形象代言人。

全国“十大杂技宝贝”名单:

王　彬:成都军区政治部战旗杂技团演员
刘　静:成都军区政治部战旗杂技团演员
牟佳丽:成都军区政治部战旗杂技团演员
迪丽热吧·多鲁孔:新疆杂技团演员
邓　璇:广州杂技团演员
王　玉:广州杂技团演员
陆　丹:浙江曲艺杂技总团演员
娜日斯:内蒙古杂技团演员
张瑞雪:郑州市杂技团演员
刘苏丹:福建省杂技团演员

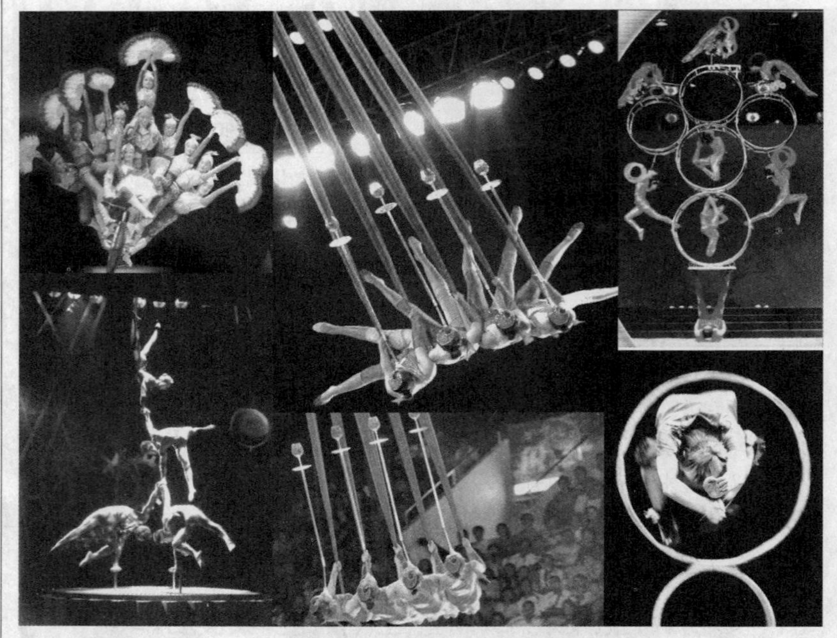

丰富多彩的杂技表演

五、综合篇

◎榜一、2004MTV超级盛典获奖名单◎

1.内地最具风格舞台魅力奖:羽泉
2.港台地区最具风格舞台魅力奖:Twins
3.最具风格先锋潮流奖:花儿乐队
4.内地最具风格个性魅力艺人:周迅
5.港台地区最具风格个性魅力艺人:张柏芝
6.最具风格着装艺人:李霞
7.最具风格演技突破艺人:李冰冰
8.最具风格运动员奖:刘翔、罗雪娟
9.MTV特别推荐奖:胡彦斌、郭品超
10.最具风格传媒推荐奖:容祖儿、范冰冰
11.沙宣最具风格发型艺人:王蓉
12.最具风格动作明星:甄子丹
13.最具风格体育明星:田亮、郭晶晶
14.最具风格跨界主持人:戴军
15.最具风格银幕拍档:周迅、陈坤
16.最具风格卓越表现艺人:刘烨
17.最具风格卓越表现女艺人:赵薇
18.内地唱片突破销量奖:刀郎
19.香港地区唱片突破销量奖:容祖儿
20.内地最具风格女歌手:韩红
21.红丝带奖:濮存昕、蒋雯丽
22.最具风格突破创意奖:袁立、蒋勤勤
23.最具风格韩国艺人:张娜拉
24.最具风格外形男艺人:胡兵
25.最具风格外形女艺人:莫文蔚
26.最具男性魅力艺人:陈坤
27.最具女性魅力艺人:张柏芝
28.内地最具风格跨界艺人:赵薇
29.港台地区最具风格跨界艺人:谢霆锋
30.港台地区最具风格女歌手:莫文蔚
31.港台地区最具风格男歌手:陈奕迅
32.最具风格导演奖:陆川
33.最具风格亚洲艺人:曾志伟
34.最具风格全球音乐贡献奖:谭咏麟
35.内地电影突破票房奖:《十面埋伏》
36.海外电影突破票房奖:《英雄》

(信息来源:央视国际)

备注:"超级盛典"开始于2003年,由上海文广新闻传媒集团(SMG)、中央电视台电影频道和MTV全球音乐电视台共同推出,它开创了全方位娱乐颁奖典礼的新概念。在"大娱乐"的框架下将音乐、影视、体育、时尚等领域和电视这一最具影响力的大众媒体进行充分的结合,将星光大道、颁奖和表演融为一体,获得了巨大的成功。

◎榜二、《新周刊》2004大盘点·中国年度新锐榜◎

年度城市秀奖:三亚"美女秀"
年度电影奖:《可可西里》
年度电视剧:《中国式离婚》
年度艺人奖:刀郎
2004优化生活特别贡献奖:窦文涛
2004她世纪代言人:梅婷

(信息来源:《新周刊》)

备注:自2001年开始,《新周刊》创立并协同网络、电视、报纸中的强势媒体联手缔造的"中国年度新锐榜",以"传媒观点、专家意见、新锐视角"为立意和特色,在总揽年度时局、指点社会趋势、推动生活潮流的过程中,已日益显示出这一衍生传媒品牌的价值和影响力。

◎榜三、2004影视舞台"数字"火◎

别看2004年中影视和舞台不温不火,可是到了岁末却燃起了一把火,不论贺岁档的《天下无贼》、《功夫》,还是音乐剧《雪狼湖》、孙楠的演唱会,都让更多的人走出家门,融入文化大舞台,票房、票价也成了检验市场的杠杆。《北京晨报》在2004年即将结束的时候用一连串的数字说话,盘点了中国的影视舞台。

1.电影本地票房排行榜

《功夫》	1300万不封顶
《天下无贼》	1800万
《十面埋伏》	1600万
《手机》	1500万
《指环王:王者归来》	1200万
《后天》	1000万
《特洛伊》	900万
《蜘蛛侠2》	700万
《哈利·波特3》	600万
《新警察故事》	500万

2.电视剧收视率

《铁齿铜牙纪晓岚3》	13.7%
《林海雪原》	10.7%
《五月槐花香》	9.9%
《天下第一楼》	8.9%
《浪漫的事》	8.8%
《女子监狱》	8.3%
《小兵张嘎》	8.1%
《看了又看(团圆篇)》	7.8%
《中国式离婚》	7.5%

3.演唱会票价排行榜

世界巨星长城演唱会	2万元
蔡琴演唱会	4880元
《雪狼湖》	2280元
周·李二人传	2005元
楠得音乐盛典	2000元
刘德华巡回演唱会	1680元
三宝个人作品音乐会	1600元

深紫VS崔健	1580元
菲比寻常	1500元
欢歌2004	1280元
刘若英演唱会	1280元
十全十美演唱会	1280元

4.话剧场次排行榜

《迷宫》	59场
《油漆未干》	30场
《厕所》	30场
《雷雨》（新版）	25场
《樱桃园》	15场
《蝴蝶是自由的》	9场
《茶馆》	8场
《长恨歌》	6场
《正红旗下》	4场
《艺术》	4场

（信息来源：《北京晨报》2004年12月30日）

◎榜四、第2届中国十大演出盛事◎

1.东方歌舞团歌舞晚会《蔚蓝色的浪漫》、中国歌舞团歌舞晚会《秘境之旅》
2.中国人民解放军海军政治部宣传部大型原创音乐剧《赤道雨》
3.辽宁歌剧院《"苍原"、"苍海"——中国歌剧万里行》
4.北京京剧院京剧《宰相刘罗锅（上、中、下集）》
5.北京歌华太阳文化艺术有限公司《中国出了个毛泽东——纪念毛泽东诞辰110周年音乐会》、《唱红平安夜——韩红演唱会》
6.北京巨龙文化公司《齐秦"春分"个人音乐会》
7.北京北奥大型文化体育活动有限公司世界超大型景观歌剧《阿依达》
8.保利文化艺术有限公司《大卫·科波菲尔2002北京大型魔术演出》
9.中国对外演出公司爱尔兰踢踏《大河之舞》
10.上海市演艺总公司大型原创舞剧《野斑马》

最佳晚会导演：总政歌舞团团长张继刚
最佳演出个人：齐秦
最佳演出策划：北京歌华太阳文化艺术有限公司总经理胡敬云
最佳演出制作：北京北奥大型文化体育活动有限公司总经理路建康
最佳演出推广：中国国际文化艺术公司总经理江凌
最佳演出项目引进：中国对外演出公司总经理张宇
特别奖：《祖国在召唤——慰问抗非典人员文艺演出》

（信息来源：《新京报》）

备注：中国十大演出盛事评选是由中国演出家协会主办的全国年度性评选活动，针对演出进行综合评定，评选对象包括本年度最具影响力的歌舞、戏剧、音乐会、演唱会、曲杂、时尚、综艺及国际演艺交流等。

第2届中国十大演出盛事评选活动于2004年6月26日晚在素有"东北亚之窗"的陆路口岸满洲里揭晓，共选出12项"中国十大演出盛事"奖（并列）、10项优秀奖、1项特别奖以及晚会导演、演出个人、演出策划、演出推广、演出制作、国外演出项目引进等单项奖。

◎榜五、第6届中国摄影金像奖获奖名单◎

1.创作金像奖（10名）

邓　伟（中直）　石广智（福建）
冯凯旋（解放军）　李学亮（新疆）
张华斌（山西）　张善夫（上海）
胡金喜（北京）　姜　健（河南）
姜振庆（辽宁）　崔茂元（天津）

2.组织工作金像奖（10名）

王佐玉：内蒙古通辽市政协主席
申维辰：山西省省委宣传部部长
刘　雷：中国艺术摄影学会会长
周建琨：中共都匀市委书记
秦玉海：河南省副省长、公安厅厅长
黄小安：广东省摄协副秘书长
索久林：黑龙江省摄协副主席
桑玉柱：吉林省摄协副主席
焦光华：浙江省丽水市委副书记
樊德寿：湖北省摄协主席

3.金像奖成就奖

武治义（中直）

4.组织工作成就奖

胡培烈（广东）

（信息来源：中国摄影家协会网2004年10月1日）

备注：中国摄影金像奖（以下简称"金像奖"）创办于1989年，是经中宣部批准立项，中国文联、中国摄影家协会主办的全国性的摄影界专业评奖，是摄影界的最高奖。中国摄影金像奖每2-3年评选一次，每次评选不超过10名，此外设立金像奖提名奖10名。为保持中国摄影金像奖的专业性和权威性，各类奖项评选坚持宁缺毋滥的原则，某一奖项获得者参评同一奖项必须在5年内有新作品或做出新成绩。至2004年，金像奖已经连续举办了5届，在摄影界乃至整个文艺界具有巨大的影响。

◎榜六、第5届中国职业模特大赛获奖名单◎

2005年4月17日晚，石狮体育馆灯火辉煌。经过泳装、活力装、日装、晚装这4轮激烈的竞争，共有20位佳丽分别获得了第5届中国职业模特大赛的各种奖项，具体名单如下：

冠军：54号赵晨池

亚军：57号白云平

季军：28号王青、48号单靖雅

十佳奖：

45号何智慧、55号王阳、13号王丹妮、40号裘诗慧、49号张琼予、33号刘昕、28号王青、48号单靖雅、57号白云平、54号赵晨池

十优奖：

47号邹蓉、7号龚丽莎、36号王美娜、9号张良子、34号王魏雅、31号王玥、50号崔娜、42号李晓璐、38号姚远、53号从乐

最佳身材奖：48号单靖雅

最具活力奖：40号裘诗慧

最上镜奖：57号白云平

最佳气质奖：28号王青

最佳美腿奖：54号赵晨池

（信息来源：新浪网2005年4月18日）

备注：第5届"中国职业模特大赛"由中国服装设计师协会、石狮市人民政府共同主办，中国职业时装模特委员会、东方宾利文化发展中心联合承办。这是中国模特业内最专业的顶级赛事，与"中国模特之星"大赛一起成为中国惟一国字号的两大模特赛事。

◎榜七、第10届中国模特之星大赛总决赛获奖名单◎

三甲获奖名单：

冠军：莫万丹

亚军：姚　岚

季军：朱　瑜

单项奖获奖名单：

最佳模特奖：杨　莹

最佳表演奖：葛甜田

最佳音乐奖：王　慧

最佳才艺奖：唐利文

最上镜奖：张　晶

最佳活力奖：欧阳青青

最具人气奖：姚　岚

（信息来源：新浪网2004年10月25日）

备注："斯达舒"杯第10届中国模特之星大赛总决赛暨颁奖晚会于2004年10月24日晚在广西南宁落下了帷幕。本届大赛在星赛历史上是设置奖项最少、最注重选手赛后发展方向的，除了冠亚季军3个奖项外，大赛只设置了7个单项奖。该项赛事由中国服装设计师协会、职业时装模特委员会、广西电视台和东方宾利文化发展中心联合主办。

◎榜八、首届汽车模特大赛获奖名单◎

冠军：朱云珊（广东）

亚军：鹿　娟（陕西）

季军：高　思（辽宁）

（信息来源：中国演出家协会、首届全国汽车模特大赛组委会）

备注：2004年11月23日晚，第2届中国（广州）国际汽车展开幕晚会暨首届全国汽车模特大赛总决赛在广州天河体育场举行。来自全国各地的45位模特选手同台竞艳，经过商务车、越野车、经济型轿车、豪华车等数个环节的互动展示与比拼，最终产生首届全国汽车模特前三甲。

获奖者风采

传媒榜

引　言

传媒记录历史，传媒影响历史，传媒也汇入历史。

回望 2004 年——这是缺少“大事件”的一年，但绝不缺少舆论强音；这是缺少“鹤立鸡群”的媒体表现的一年，但绝不缺少新闻力量。

2004 年，中国传媒在中国变革的大背景下成长，在和社会的良性互动中凯歌。这一年，报纸、杂志、广播、电视、网站、广告公司等传媒蓬勃发展，各个领域都取得了令人瞩目的成就，呈现出一派欣欣向荣的大好局面，它们在反映党和政府的方针政策与人民大众的喜怒哀乐方面发挥出了重要的很好的积极的作用。

让我们向在 2004 年做出过杰出贡献的传媒致敬：向它们服务社会、关怀公众致敬；向它们坚守客观、公正、理性、良知致敬；向它们拓展新闻边界致敬；向它们这些“喉舌”致敬！

传媒榜中榜

一、报纸类

◎2004 中国最有价值报纸◎

排名	品牌	拥有机构	价值(亿元人民币)
1	参考消息	新华通讯社	50
2	广州日报	广州日报报业集团	46.17
3	新民晚报	文汇新民联合报业集团	44.67
4	羊城晚报	羊城晚报报业集团	43
5	人民日报	人民日报社	42
6	深圳特区报	深圳报业集团	34
7	北京晚报	北京日报报业集团	32
8	北京青年报	北京青年报报业集团	31.5
9	经济日报	经济日报报业集团	31
10	深圳商报	深圳报业集团	30
11	计算机世界	计算机世界集团	29.5
12	扬子晚报	新华报业集团	29
13	中国计算机报	中国计算机报社	27
14	今晚报	今晚报社	25
15	南方日报	南方日报报业集团	24
16	成都商报	成都日报报业集团	14
17	环球时报	人民日报社	13
18	南方都市报	南方日报报业集团	12
19	钱江晚报	浙江日报报业集团	11
20	齐鲁晚报	大众日报报业集团	9
21	楚天都市报	湖北日报报业集团	8
22	大河报	河南日报社	7
23	电脑报	电脑报社	6.5
24	21 世纪经济报道	南方日报报业集团	5.8
25	体坛周报	体坛周报社	5.2

（信息来源:北方网 2004 年 7 月 6 日）

备注:2004 年“中国 500 最具价值品牌”排行榜揭晓,其中包括了“中国最有价值报纸传媒排行榜”。此排行榜,是由世界品牌实验室 (WBL) 和世界经济论坛 (WEF) 在世界品牌大会上共同公布的。

二、期刊类

◎榜一、2004中文核心期刊◎

"核心期刊"理论是20世纪30年代由英国的图书馆文献资料管理员S.C.布拉德福(S.C.Bradford)在进行科技文献统计时首先提出来的。80年代中期,中国大陆图书管理工作者把这一理论引入中国,并加以推广。

"核心期刊"落户中国近20年,已深得人心,成为期刊界、学术界的一道"亮丽风景线"。那么,面对众多的"核心期刊",谁才是风景线上最亮丽的一点呢?

(一)哲学、社会学、政治、法律、军事类

A/K 综合性人文、社会科学

1 中国社会科学
2.北京大学学报.哲学社会科学版
3.社会科学战线
4.学术月刊
5.中国人民大学学报
6.天津社会科学
7.学术研究
8.江海学刊
9.江汉论坛
10.江苏社会科学
11.北京师范大学学报.人文社会科学版
12.复旦学报.社会科学版
13.文史哲
14.南京大学学报.哲学、人文科学、社会科学
15.浙江学刊
16.浙江社会科学
17.社会科学研究
18.求是学刊
19.社会科学(上海)
(吸收:上海社会科学院学术季刊)
20.社会科学辑刊
21.华东师范大学学报.哲学社会科学版
22.华中师范大学学报.人文社会科学版
23.中州学刊
24.南开学报.哲学社会科学版
25.人文杂志
26.求索
27.思想战线
28.中山大学学报.社会科学版
29.吉林大学社会科学学报
30.国外社会科学
31.南京社会科学
32.厦门大学学报.哲学社会科学版
33.浙江大学学报.人文社会科学版
34.四川大学学报.哲学社会科学版
35.齐鲁学刊
36.西南民族学院学报.哲学社会科学版
(改名为西南民族大学学报.人文社科版)
37.学海
38.武汉大学学报.人文科学版
39.江西社会科学
40.东北师大学报.哲学社会科学版
41.郑州大学学报.哲学社会科学版
42.河北学刊
43.学术界
44.东岳论丛
45.湖南师范大学社会科学学报
46.东南学术
47.首都师范大学学报.社会科学版
48.中国社会科学院研究生院学报
49 上海社会科学院学术季刊
(并入:社会科学)
50.湖北大学学报.哲学社会科学版
51.西南师范大学学报.人文社会科学版
52.北京社会科学
53.河南大学学报.社会科学版
54.学术论坛
55.南京师大学报.社会科学版
56.广东社会科学
57.陕西师范大学学报.哲学社会科学版
58.中央民族大学学报.哲学社会科学版
59.福建论坛.人文社会科学版
60.西北大学学报.哲学社会科学版
61.山东社会科学
62.探索
63.学术交流
64.湘潭大学社会科学学报
65.暨南学报.哲学社会科学版
66.华南师范大学学报.社会科学版
67.安徽大学学报.哲学社会科学版
68.北方论丛
69.山东师大学报.人文社会科学版
70.广西民族学院学报.哲学社会科学版
71.西北师大学报.社会科学版
72.深圳大学学报.人文社会科学版
73.河南师范大学学报.哲学社会科学版
74.上海师范大学学报.哲学社会科学版
75.宁夏社会科学
76.兰州大学学报.社会科学版
77.辽宁大学学报.哲学社会科学版
78.云南社会科学
79.长白学刊
80.河北师范大学学报.哲学社会科学版
81.天津师范大学学报.社会科学版
82.江淮论坛
83.福建师范大学学报.哲学社会科学版
84.河南社会科学
85.内蒙古社会科学
86.南昌大学学报.人文社会科学版
87.甘肃社会科学
88.上海大学学报.社会科学版
89.内蒙古大学学报.人文社会科学版
90.扬州大学学报.人文社会科学版
91.晋阳学刊

92.四川师范大学学报.社会科学版
93.清华大学学报.哲学社会科学版
94.苏州大学学报.哲学社会科学版
95.河北大学学报.哲学社会科学版
96.烟台大学学报.哲学社会科学版
97.贵州社会科学
98.山东大学学报.哲学社会科学版
99.山西师大学报.社会科学版

B(除 B9)哲学

1.哲学研究
2.心理科学
3.心理学报
4.哲学动态
5.自然辩证法研究
6.孔子研究
7.自然辩证法通讯
8.心理学动态(改名为:心理科学进展)
9.中国哲学史
10.道德与文明
11.科学技术与辩证法
12.现代哲学
13.心理发展与教育
14.心理学探新
15.周易研究

B9 宗教

1.世界宗教研究
2.宗教学研究
3.法音
4.敦煌研究
5.中国宗教
6.佛教文化
7.中国穆斯林
8.世界宗教文化

C8 统计学

1.中国统计
2.统计研究
3.统计与决策
4.数理统计与管理

C91 社会学

1.社会学研究
2.社会
3.妇女研究论丛
4.中国社会保障

C92 人口学

1.人口研究
2.中国人口科学
3.人口与经济
4.人口学刊
5.人口与计划生育

C93 管理学

1.中国行政管理
2.管理世界
3.领导科学
4.中外管理
5.管理科学学报

C96 人才学

1.中国人才

C95 民族学

1.民族研究
2.中央民族大学学报.哲社版
3.贵州民族研究
4.广西民族研究
5.黑龙江民族丛刊
6.广西民族学院学报.哲学社会科学版
7.回族研究
8.世界民族
9.中国民族
10.云南民族学院学报.哲学社会科学版(改名为:云南民族大学学报.哲学社会科学版)
11.云南社会科学
12.青海民族研究
13.西北民族研究
14.满族研究
15.中南民族学院学报.人文社会科学版(改名为:中南民族大学学报.人文社会科学版)
16.内蒙古社会科学
17.西北民族学院学报.哲学社会科学版(改名为:西北民族大学学报.哲学社会科学版)

D1,3,5 国际政治

1.世界经济与政治
2.现代国际关系
3.当代世界与社会主义
4.欧洲(改名为:欧洲研究)
5.国际问题研究
6.当代亚太
7.国外理论动态
8.美国研究
9.当代世界
10.西亚非洲
11.东欧中亚研究(改名为:俄罗斯中亚东欧研究)
12.国际展望
13.国际论坛
14.国际观察
15.当代世界社会主义问题
16.和平与发展
17.拉丁美洲研究
18.日本学刊
19.东南亚研究
20.国外社会科学

D2,4,6 中国政治

1.政治学研究
2.求是
3.中国行政管理
4.马克思主义与现实
5.瞭望
6.社会主义研究
7.教学与研究(北京)
8.毛泽东思想研究
9.党的文献
10.马克思主义研究
11.青年研究
12.中国青年研究
13.探索
14.党建研究(北京)
15.中共党史研究
16.学习与探索
17.中国党政干部论坛
18.社会科学研究
19.理论前沿
20.理论探讨
21.新视野
22.中共中央党校学报
23.求是
24.理论与改革
25.科学社会主义
26.毛泽东邓小平理论研究
27.中国特色社会主义研究

28.工会理论与实践
29.中共福建省委党校学报
30.北京行政学院学报
31.云南行政学院学报
32.理论学刊
33.中国青年政治学院学报
34.妇女研究论丛
35.党政论坛
36.理论导刊
37.中央社会主义学院学报
38.理论探索
39.半月谈
40.学校党建与思想教育
41.中国青年
42.公安大学学报(改名为:中国人民公安大学学报)

D9 法律

1.中国法学
2.法学研究
3.法学
4.法学评论
5.中外法学
6.现代法学
7.法商研究
8.法律科学
9.法学家
10.政法论坛
11.人民检察
12.河北法学
13.法制与社会发展
14.政治与法律
15.环境法律评论
16.比较法研究
17.法学杂志
18.当代法学
19.人民司法
20.法律适用
21.法学论坛

E 军事

1.中国军事科学
2.军事经济研究
3.国防大学学报
4.政工导刊
5.军事史林
6.军事历史研究
7.世界军事
8.军队政工理论研究
9.南京政治学院学报

(二)经济类

F 综合性经济科学

1.经济研究
2.管理世界
3.经济学动态
4.改革
5.经济学家
6.世界经济
7.财贸经济
8.财经研究
9.经济科学
10.宏观经济研究
11.财经问题研究
12.经济评论
13.当代财经
14.当代经济科学
15.经济管理
16.当代经济研究
17.经济理论与经济管理
18.南开经济研究
19.经济问题
20.经济问题探索
21.现代财经
22.上海经济研究
23.财经科学
24.国际经济评论
25.外国经济与管理
26.经济社会体制比较
27.经济纵横
28.中国经济问题
29.经济与管理研究
30.中国经济史研究
31.经济经纬
32.福建论坛.经济社会版
33.中南财经大学学报(改名为:中南财经政法大学学报)
34.生产力研究

F11 世界经济

1.世界经济
2.世界经济与政治
3.世界经济研究
4.国际经济评论
5.外国经济与管理
6.国际贸易问题
7.国际贸易
8.当代亚太
9.亚太经济
10.世界经济与政治论坛
11.现代国际关系
12.东欧中亚研究(改名为:俄罗斯中亚东欧研究)
13.世界经济文汇

F12,2(除F23,27)中国经济,经济计划与管理

1.改革
2.数量经济技术经济研究
3.上海经济研究
4.中国人力资源开发
5.经济体制改革
6.中国经济管理
7.特区经济
8.开放导报
9.南方经济
10.宏观经济调控
11.中国改革
12.中国劳动
13.城市发展研究
14.城市问题
15.国际经济合作
16.改革与战略
17.中国流通经济
18.中国物资流通(改名为:中国物流与采购)

F23 会计

1.会计研究
2.审计研究
3.财会月刊
4.财务与会计
5.财会通讯
6.审计与经济研究
7.中国审计
8.中国农业会计
9.广西会计
10.中国会计电算化

传媒榜

11.财会研究（兰州）
12.事业财会
13.财经理论与实践
14.会计之友

F3 农业经济

1.中国农村经济
2.农业经济问题
3.中国农村观察
4.农业现代化研究
5.农业技术经济
6.林业经济
7.中国土地科学
8.林业经济问题
9.生态经济
10.农业经济
11.调研世界
12.乡镇企业研究
13.中国农垦经济
14.农村经济
15.乡镇经济
16.中国乡镇企业会计
17.农村合作经济经营管理（改名为:农村经营管理）
18.世界农业
19.农村经济导刊

F4/6(含 F27)工业经济

1.中国工业经济
2.管理世界
3.经济管理
4.经济研究
5.改革
6.外国经济与管理
7.经济问题探索
8.经济理论与经济管理
9.企业管理
10.企业经济（南昌）
11.汽车与配件
12.中国建材
13.煤炭经济研究
14.中国电业
15.建筑经济
16.中国地质矿产经济（改名为:中国国土资源经济）
17.企业活力
18.上海企业
19.集团经济研究
20.管理现代化
21.经营与管理
22.国有资产管理
23.企业家（改名为:财智文摘）
24.工业技术经济
25.电力需求侧管理
26.铁道经济研究
27.交通企业管理
28.旅游学刊
29.邮电企业管理（改名为:通信企业管理）

F7 贸易经济

1.国际贸易问题
2.商业研究
3.国际贸易
4.商业经济与管理
5.财贸经济
6.北京工商大学学报.社会科学版
7.消费经济
8.国际经贸探索
9.商业时代
10.国际经济合作
11.国际商务研究
12.价格理论与实践
13.中国商贸
14.商场现代化
15.江苏商论
16.销售与市场
17.商业经济文荟
18.中国物价
19.中国市场
20.财贸研究
21.价格月刊

F81 财政

1.税务研究
2.财政研究
3.税务与经济
4.中央财经大学学报
5.财贸经济
6.中国财政
7.中国财经信息资料
8.财经问题研究
9.涉外税务
10.财经论丛
11.财经研究
12.中国税务
13.当代财经
14.财经科学
15.江西财税与会计
16.财会研究（兰州）

F82/83/84 货币/金融、银行/保险

1.金融研究
2.国际金融研究
3.证券市场导报
4.投资研究
5.金融论坛
6.保险研究
7.金融理论与实践
8.上海金融
9.财经理论与实践
10.金融与经济
11.浙江金融
12.武汉金融
13.中国金融
14.西南金融
15.南方金融
16.现代金融
17.农村金融研究
18.国际金融
19.银行家

（三）文化、教育、历史类

G20 信息与传播

1.现代传播
2.当代传播

G21 新闻学、新闻事业

1.国际新闻界
2.新闻记者
3.新闻通讯（改名为:传媒观察）
4.新闻与传播研究
5.中国记者
6.新闻战线
7.新闻与写作
8.新闻界
9.新闻爱好者
10.新闻大学

11.新闻知识
12.新闻实践

G22 广播、电视事业

1.中国广播电视学刊
2.电视研究

G23 出版事业

1.编辑学报
2.中国科技期刊研究
3.中国出版
4.编辑之友
5.出版发行研究
6.编辑学刊
7.出版广角
8.读书
9.中国图书评论
10.科技与出版

G25,35 图书馆学,情报学

1.中国图书馆学报
2.图书情报工作
3.大学图书馆学报
4.情报学报
5.图书馆杂志
6.情报科学
7.图书馆建设
8.图书馆
9.情报杂志
10.图书馆论坛
11.现代图书情报技术
12.情报资料工作
13.情报理论与实践
14.图书馆工作与研究
15.图书馆理论与实践
16.图书情报知识
17.现代情报

G27 档案学

1.档案学通讯
2.中国档案
3.档案学研究
4.档案与建设
5.浙江档案
6.档案管理
7.兰台世界
8.山西档案
9.档案
10.北京档案
11.上海档案
12.四川档案
13.湖南档案(改名为:档案时空)

G3 科学、科学研究

1.自然辩证法研究
2.科研管理
3.科学学研究
4.科学学与科学技术管理
5.中国科技论坛
6.中国软科学
7.自然辩证法通讯
8.科学管理研究
9.研究与发展管理
10.科技进步与对策
11.科学新闻
12.科技管理研究
13.科学对社会的影响

G4 综合性教育

1.教育研究
2.教育理论与实践
3.比较教育研究
4.全球教育展望
5.教育评论
6.中国教育学刊
7.外国教育研究
8.人民教育
9.教学与管理
10.教育探索
11.教育与经济
12.教育科学
13.江西教育科研
14.辽宁教育研究
15.教育导刊
16.上海教育科研
17.山东教育科研(改名为:当代教育科学)
18.教育研究与实验
19.华东师范大学学报.教育科学版

G61 学前教育、幼儿教育

1.学前教育研究
2.幼儿教育
3.学前教育
4.早期教育

G62/63 初等/中等教育

1.课程、教材、教法
2.中小学管理
3.语文教学通讯(分初中刊和高中刊)
4.学科教育
5.外国中小学教育
6.历史教学
7.上海教育
8.中小学教师培训
9.小学语文教学
10.小学教学研究
11.思想政治课教学
12.天津教育
13.中学化学教学参考
14.中学地理教学参考
15.中学数学教学参考
16.英语辅导(与疯狂英语合并为:英语辅导、疯狂英语)
17.中小学外语教学
18.数学通报
19.中学物理.高中版
20.生物学教学

G64 高等教育

1.高等教育研究(武汉)
2.教育发展研究
3.中国高等教育
4.学位与研究生教育
5.中国高教研究
6.江苏高教
7.高等师范教育研究(改名为:教师教育研究)
8.清华大学教育研究
9.高等工程教育研究
10.黑龙江高教研究
11.现代大学教育
12.高校理论战线
13.高教探索
14.北京大学教育评论

G71/79 各类教育

1.中国成人教育
2.教育与职业
3.中国职业技术教育
4.中国电化教育
5.中国远程教育

6.电化教育研究
7.成人教育
8.中国特殊教育
9.北京成人教育
（改名为:中小学信息技术教育）
10.父母必读
11.继续教育

G8 体育

1.体育科学
2.北京体育大学学报
3.武汉体育学院学报
4.体育与科学
5.成都体育学院学报
6.体育学刊
7.中国体育科技
8.上海体育学院学报
9.体育文化导刊
10.西安体育学院学报
11.天津体育学院学报
12.广州体育学院学报
13.山东体育学院学报

H0/2 语言学/汉语/中国少数民族语言

1.中国语文
2.语言教学与研究
3.民族语文
4.语言文字应用
5.汉语学习
6.语言研究
7.中国翻译
8.世界汉语教学
9.古汉语研究
10.方言
11.当代语言学
12.语文研究
13.语文建设
14.修辞学习
15.语言与翻译
16.上海科技翻译
17.中国科技翻译

H3/9 外国语

1.外语教学与研究
2.外国语
3.外语与外语教学
4.外语界
5.现代外语
6.解放军外国语学院学报
7.外语学刊
8.外语教学
9.外语研究
10.四川外语学院学报
11.中国俄语教学

I1,I3/7 世界文学

1.外国文学评论
2.外国文学研究
3.国外文学
4.外国文学
5.俄罗斯文艺
6.当代外国文学
7.世界文学
8.译林

I20 文学理论

1.文学评论
2.文艺研究
3.文学遗产
4.文艺理论研究
5.鲁迅研究月刊
6.当代作家评论
7.文艺争鸣
8.中国现代文学研究丛刊
9.小说评论
10.新文学史料
11.中国比较文学
12.明清小说研究
13.文艺理论与批评
14.文艺评论
15.红楼梦学刊
16.南方文坛
17.中国文学研究
18.名作欣赏

I21/29 文学作品

1.人民文学
2.收获
3.十月
4.当代
5.上海文学
6.中国作家
7.钟山
8.清明
9.山花
10.北京文学
11.解放军文艺
12.时代文学
13.青年文学
14.长江文学
15.长城
16.天涯
17.大家
18.作家杂志
19.散文
20.民族文学
21.山东文学
22.诗刊
23.花城

J 综合性艺术

1.文艺研究
2.艺术百家
3.民族艺术

J2,3,5 绘画,书法,工艺美术

1.美术研究
2.美术
3.美术观察
4.装饰
5.书法研究
6.美术 & 设计
7.世界美术
8.中国书法

J4 摄影艺术

1.大众摄影
2.中国摄影

J6 音乐

1.中国音乐学
2.音乐研究
3.中国音乐
4.中央音乐学院学报
5.人民音乐
6.黄钟
7.音乐艺术

J7 舞蹈

1.舞蹈
2.北京舞蹈学院学报

J8 戏剧艺术

1.戏剧艺术

2.中国戏剧
3.戏剧
4.剧本
5.戏曲艺术
6.戏剧文学
7.中国京剧
8.四川戏剧
9.上海戏剧

J9 电影、电视艺术

1.电影艺术
2.当代电影
3.世界电影
4.中国电视
5.北京电影学院学报
6.电影文学
7.电影
8.电影评介
9.电影新作
10.当代电视

K(除 K85)历史

1.历史研究
2.世界历史
3.史学月刊
4.中国史研究
5.近代史研究
6.中共党史研究
7.史学理论研究
8.中国文化研究
9.文史哲
10.清史研究
11.当代中国史研究
12.抗日战争研究
13.史学集刊
14.中国史研究动态
15.中华文化论坛
16.民国档案
17.安徽史学
18.历史档案
19.史学史研究
20.史林
21.中国边疆史地研究
22.西域研究
23.中国农史
24.文博

K85 文物考古

1.文物
2.考古
3.考古学报
4.考古与文物
5.东南文化
6.农业考古
7.中原文物
8.北方文物
9.华夏考古
10.江汉考古
11.敦煌研究
12.故宫博物院院刊

(四)自然科学类

N/Q,T/X 综合性科学技术

1.科学通报
2.中国科学.A 辑,数学,物理学,天文学(分成:中国科学.A 辑,数学和中国科学.G 辑,物理学、天文学)
3.清华大学学报.自然科学版
4.华中科技大学学报
5.上海交通大学学报
6.北京大学学报.自然科学版
7.中山大学学报.自然科学版
8.中国科学.D 辑,地球科学
9.南京大学学报.自然科学
10.中国科学.E 辑,技术科学
11.国防科技大学学报
12.哈尔滨工业大学学报
13.西安交通大学学报
14.大连理工大学学报
15.北京师范大学学报.自然科学版
16.天津大学学报.自然科学与工程技术版(改名为:天津大学学报)
17.厦门大学学报.自然科学版
18.复旦学报.自然科学版
19.东北大学学报.自然科学版
20.四川大学学报.自然科学版
21.华东理工大学学报
22.中南工业大学学报.自然科学版(改名为:中南大学学报.自然科学版)
23.武汉大学学报.理学版
24.同济大学学报.自然科学版
25.北京理工大学学报
26.华南理工大学学报.自然科学版
27.四川大学学报.工程科学版
28.兰州大学学报.自然科学版
29.自然科学进展
30.吉林大学自然科学学报(改名为:吉林大学学报.理学版)
31.湖南大学学报.自然科学版
32.浙江大学学报.工学版
33.武汉大学学报.工学版
34.华中师范大学学报.自然科学版
35.南开大学学报.自然科学版
36.浙江大学学报.理学版
37.高技术通讯
38.中国科学技术大学学报
39.云南大学学报.自然科学版
40.北京工业大学学报
41.陕西师范大学学报.自然科学版
42.应用科学学报
43.上海大学学报.自然科学版
44.内蒙古大学学报.自然科学版
45.西北工业大学学报
46.山东大学学报.自然科学版(改名为:山东大学学报.理学版)
47.西北大学学报.自然科学版
48.山西大学学报.自然科学版
49.北京化工大学学报(改名为:北京化工大学学报.自然科学版)
50.华东师范大学学报.自然科学版
51.东北师大学报.自然科学版
52.重庆大学学报.自然科学版
53.暨南大学学报.自然科学与医学版
54.福州大学学报.自然科学版
55.东南大学学报.自然科学版
56.北方交通大学学报
57.宁夏大学学报.自然科学版
58.河北师范大学学报.自然科学版
59.四川师范大学学报.自然科学版
60.湖南师范大学自然科学学报
61.湖北大学学报.自然科学版
62.河北大学学报.自然科学版
63.深圳大学学报.理工版
64.河南师范大学学报.自然科学版
65.空军工程大学学报.自然科学版
66.南京师大学报.自然科学版

67.海军工程大学学报
68.南京理工大学学报.自然科学版
69.信阳师范学院学报.自然科学版
70.湘潭大学自然科学学报
71.辽宁师范大学学报.自然科学版
72.太原理工大学学报
73.广西师范大学学报.自然科学版
74.安徽大学学报.自然科学版
75.中国学术期刊文摘
76.黑龙江大学自然科学学报
77.河南大学学报.自然科学版
78.华侨大学学报.自然科学版
79.福建师范大学学报.自然科学版
80.江西师范大学学报.自然科学版
81.吉林工业大学自然科学学报
（改名为:吉林大学学报.工学版）
82.南昌大学学报.理科版
83.西南师范大学学报.自然科学版
84.武汉理工大学学报
85.上海理工大学学报
86.合肥工业大学学报.自然科学版
87.甘肃工业大学学报
（改名为:兰州理工大学学报）
88.桂林工学院学报

N 自然科学总论

1.系统工程理论与实践
2.系统工程
3.系统工程与电子技术
4.系统工程学报
5.系统工程理论方法应用
6.自然辩证法研究
7.科学
8.管理科学学报
9.自然科学史研究
10.自然杂志
11.科学技术与辩证法
12.中国科学基金
13.中国科技史料

O1 数学

1.数学学报
2.数学年刊.A 辑
3.应用数学学报
4.计算数学
5.数学进展
6.数学研究与评论
7.系统科学与数学
8.数学物理学报
9.应用概率统计
10.工程数学学报
11.应用数学
12.数学杂志
13.高校应用数学学报.A 辑
14.模糊系统与数学
15.高等学校计算数学学报
16.数学季刊
17.工科数学（改名为:大学数学）
18.数学的实践与认识
19.纯粹数学与应用数学
20.运筹学学报
21.数学教育学报

O3 力学

1.力学学报
2.应用数学和力学
3.计算力学学报
4.力学进展
5.固体力学学报
6.力学与实践
7.应用力学学报
8.工程力学
9.爆炸与冲击
10.空气动力学学报
11.实验力学
12.工程热物理学报
13.振动工程学报
14.力学季刊
15.振动与冲击
16.水动力学研究与进展.A 辑
17.船空学报
18.机械强度

O4 物理学

1.物理学报
2.光学学报
3.高能物理与核物理
4.光子学报
5.中国激光
6.物理
7.原子与分子物理学报
8.半导体学报
9.光谱学与光谱分析
10.强激光与粒子束
11.量子电子学报
12.物理学进展
13.声学学报
14.红外与毫米波学报
15.发光学报
16.核技术
17.大学物理
18.金属学报
19.低温物理学报
20.无机材料学报
21.高压物理学报
22.材料研究学报
23.波谱学杂志
24.量子光学学报
25.化学物理学报
26.计算物理
27.人工晶体学报
28.光学技术
29.原子核物理评论

O6 化学

1.高等学校化学学报
2.分析化学
3.化学学报
4.化学通报
5.中国科学.B 辑,化学
6.物理化学学报
7.光谱学与光谱分析
8.催化学报
9.理化检验.化学分册
10.应用化学
11.高分子学报
12.有机化学
13.无机化学学报
14.分析实验室
15.色谱
16.冶金分析
17.分子催化
18.分析测试学报
19.化学物理学报
20.计算机与应用化学
21.化学试剂
22.结构化学

23.化学研究与应用
24.化学进展

P1 天文学

1.天文学报
2.天文学进展
3.云南天文台台刊

P2 测绘学

1.测绘学报
2.武汉大学学报.信息科学版
3.测绘通报
4.地图
5.遥感学报
6.地壳形变与地震
（改名为:大地测量与地球动力学）
7.测绘科学
8.测绘学院学报

P3 地球物理学

1.地球物理学报
2.地震学报
3.地震
4.地震地质
5.中国地震
6.空间科学学报
7.地震工程与工程振动
8.西北地震学报
9.地震研究
10.地球物理学进展
11.水文

P4 大气科学(气象学)

1.气象学报
2.大气科学
3.高原气象
4.气象
5.应用气象学报
6.南京气象学院学报
7.热带气象学报
8.气候与环境研究
9.气象科学

P5 地质学

1.地质论评
2.地质学报
3.地球科学
4.地学前缘
5.岩石学报
6.沉积学报
7.地球化学
8.矿床地质
9.地质科学
10.第四纪研究
11.地球学报
12.矿物学报
13.地质地球化学
14.地质科技情报
15.地质与勘探
16.现代地质
17.成都理工学院学报（改名为:成都理工大学学报:自然科学版）
18.地球科学进展
19.中国区域地质（并入:中国地质）
20.高校地质学报
21.长春科技大学学报（改名为:吉林大学学报.地球科学版）
22.地层学杂志
23.古生物学报
24.矿物岩石
25.大地构造与成矿学
26.岩石矿物学杂志
27.水文地质工程地质
28.中国岩溶

P7 海洋学

1.海洋学报
2.海洋与湖沼
3.青岛海洋大学学报.自然科学版
（改名为:中国海洋大学学报.自然科学版）
4.海洋地质与第四纪地质
5.热带海洋学报
6.海洋通报
7.海洋工程
8.海洋科学
9.台湾海峡
10.黄渤海海洋（改名为:海洋科学进展）
11.东海海洋
12.海洋湖沼通报

K9,P9 地理学

1.地理学报
2.经济地理
3.地理研究
4.地理科学
5.人文地理
6.中国沙漠
7.干旱区地理
8.中国历史地理论丛
9.地域研究与开发
10.冰川冻土
11.干旱区资源与环境
12.自然资源学报
13.地理学与国土研究
（改名为:地理与地理信息科学）
14.资源科学
15.山地学报
16.湖泊科学
17.地理科学进展
18.长江流域资源与环境
19.干旱区研究

Q 综合性生物

1.生态学报
2.生物化学与生物物理学报
3.遗传学报
4.中国生物化学与分子生物学报
5.生物化学与生物物理进展
6.微生物学报
7.生物物理学报
8.遗传
9.生物工程学报
10.应用生态学报
11.生理学报
12.中国科学.C 辑,生命科学
13.古生物学报
14.微生物学通报
15.水生生物学报
16.菌物系统（改名为:菌物学报）
17.生物多样性
18.生物工程进展
（改名为:中国生物工程杂志）
19.实验生物学报
20.生命的化学
21.古脊椎动物学报
22.微体古生物学报
23.生态学杂志
24.生物数学学报

Q94 植物学

1.植物生理学报（改名为:植物生理与分子生物学学报）
2.植物生理学通讯
3.云南植物研究
4.植物分类学报
5.西北植物学报
6.武汉植物学研究
7.植物生态学报
8.植物学通报
9.广西植物
10.热带亚热带植物学报
11.植物研究

Q95/96 动物学/昆虫学

1.动物学报
2.昆虫学报
3.动物学研究
4.动物学杂志
5.兽类学报
6.动物分类学报
7.人类学学报
8.昆虫分类学报
9.四川动物

（五）医药、卫生类

R 综合性医药卫生

1.中华医学杂志
2.第四军医大学学报
3.北京大学学报.医学版
4.第二军医大学学报
5.第三军医大学学报
6.解放军医学杂志
7.中国医学科学院学报
8.复旦学报.医学版
9.同济医科大学学报（改名为:华中科技大学学报.医学版）
10.白求恩医科大学学报（改名为:吉林大学学报.医学版）
11.湖南医科大学学报（改名为:中南大学学报.医学版）
12.华西医科大学学报（改名为:四川大学学报.医学版）
13.第一军医大学学报
14.苏州医学院学报（改名为:苏州大学学报.医学版）
15.广东医学
16.上海医学
17.军事医学科学院院刊
18.上海第二医科大学学报
19.中国医科大学学报
20.中山医科大学学报（改名为:中山大学学报.医学科学版）
21.西安医科大学学报（改名为:西安交通大学学报.医学版）
22.江苏医药
23.新医学
24.天津医药
25.山东医科大学学报（改名为:山东大学学报.医学版）
26.南京医科大学学报.自然科学版
27.军医进修学院学报
28.陕西医学杂志
29.中国现代医学杂志
30.广西医科大学学报
31.山东医药
32.河南医科大学学报（改名为:郑州大学学报.医学版）
33.哈尔滨医科大学学报
34.安徽医科大学学报
35.北京医学
36.医学与哲学

R1 预防医学、卫生学

1.中华流行病学杂志
2.中华预防医学杂志
3.中华劳动卫生职业病杂志
4.卫生研究
5.营养学报
6.工业卫生与职业病
7.中国职业医学
8.中国公共卫生
9.中国工业医学杂志
10.中国计划生育学杂志
11.中国人兽共患病杂志
12.中国辐射卫生
13.卫生毒理学杂志
14.辐射防护
15.环境与健康杂志
16.中国媒介生物学及控制杂志
17.中国卫生统计
18.劳动医学（改名为:环境与职业医学）
19.中国老年学杂志
20.中国学校卫生
21.中国医院管理
22.现代预防医学
23.中华医院管理杂志
24.中国消毒学杂志
25.中国妇幼保健

R2 中国医学

1.中草药
2.中国中药杂志
3.中国中西医结合杂志
4.中成药
5.中药材
6.中医杂志
7.中国针灸
8.中国中医基础医学杂志
9.中药药理与临床
10.北京中医药大学学报
11.中国医药学报
12.上海中医药杂志
13.辽宁中医杂志
14.新中药
15.时珍国医国药
16.陕西中医
17.江苏中医（改名为:江苏中医药）
18.四川中医

R3 基础医学

1.中华微生物学和免疫学杂志
2.中国免疫学杂志
3.生理学报
4.中国病理生理杂志
5.病毒学报
6.解剖学报
7.解剖学杂志
8.中国寄生虫学与寄生虫病杂志
9.中国人兽共患病杂志
10.生物化学与生物物理学报
11.中国临床解剖学杂志
12.生理科学进展
13.细胞与分子免疫学杂志
14.中国应用生理学杂志
15.上海免疫学杂志

16.生物化学与生物物理进展
17.中华实验和临床病毒学杂志
18.中国生物化学与分子生物学报
19.中国生物医学工程学报
20.生物医学工程学杂志
21.基础医学与临床
22.中华医学遗传学杂志
23.免疫学杂志
24.中国微循环
25.神经解剖学杂志

R4 临床医学

1.中华检验医学杂志
2.中国超声医学杂志
3.中国医学影像技术
4.中国危重病急救医学
5.中华物理医学与康复杂志
6.临床检验杂志
7.临床与实验病理学杂志
8.中华护理杂志
9.中华理疗杂志
10.中国急救医学
11.上海医学检验杂志
12.中国康复医学杂志
13.中国临床医学影响杂志
14.中国疼痛医学杂志
15.中国综合临床
16.现代康复(改名为:中国临床康复)
17.护士进修杂志
18.中国临床医学

R5 内科学

1.华内科杂志
2.中华血液学杂志
3.中华结核和呼吸杂志
4.中华心血管病杂志
5.世界华人消化杂志
6.中华消化杂志
7.中国循环杂志
8.中华肾脏病杂志
9.中华传染病杂志
10.中华内分泌代谢杂志
11.中国实用内科杂志
12.中华肝脏病杂志
13.中国地方病学杂志
14.中华医院感染学杂志
15.中华老年医学杂志
16.临床心血管病杂志
17.高血压杂志
18.中国内镜杂志
19.中国糖尿病杂志
20.中国地方病防治杂志
21.中华老年心脑血管病杂志
22.临床荟萃

R6 外科学

1.中华外科杂志
2.中华骨科杂志
3.中华泌尿外科杂志
4.中华神经外科杂志
5.中国实用外科杂志
6.中华实验外科杂志
7.中华胸心血管外科杂志
8.中华显微外科杂志
9.中华创伤杂志
10.中华麻醉学杂志
11.中华普通外科杂志
12.中国矫形外科杂志
13.中华整形外科杂志
14.中国修复重建外科杂志
15.中华烧伤杂志
16.中华器官移植杂志
17.中华手外科杂志

R71 妇产科学含计划生育

1.中华妇产科杂志
2.中国实用妇科与产科杂志
3.实用妇产科杂志
4.生殖与避孕
5.现代妇产科进展

R72 儿科学

1.中华儿科杂志
2.中华小儿外科杂志
3.中国实用儿科杂志
4.临床儿科杂志
5.实用儿科临床杂志

R73 肿瘤学

1.中华肿瘤杂志
2.癌症
3.中华病理学杂志
4.中国肿瘤临床
5.中华放射肿瘤学杂志
6.肿瘤
7.肿瘤防治研究

R74 神经病学与精神病学

1.中华神经科杂志
2.中国神经精神疾病杂志
3.中国心理卫生杂志
4.中风与神经疾病杂志
5.临床神经病学杂志
6.中华精神科杂志

R75 皮肤病学与性病学

1.中华皮肤科杂志
2.临床皮肤科杂志
3.中国皮肤性病学杂志

R76 耳鼻咽喉科学

1.中华耳鼻咽喉科杂志
2.临床耳鼻咽喉科杂志
3.耳鼻咽喉头颈外科(改名为:中国耳鼻咽喉头颈外科)

R77 眼科学

1.中华眼科杂志
2.中国实用眼科杂志
3.中华眼底病杂志
4.眼科研究
5.眼外伤职业眼病杂志

R78 口腔科学

1.中华口腔医学杂志
2.华西口腔医学杂志
3.实用口腔医学杂志
4.现代口腔医学杂志

R8 特种医学

1.中华放射学杂志
2.中华核医学杂志
3.临床放射学杂志
4.中华放射医学与防护杂志
5.实用放射学杂志
6.解放军预防医学杂志
7.航天医学与医学工程
8.中国运动医学杂志

R9 药学

1.药学学报
2.中国药学杂志
3.中国医院药学杂志
4.药物分析杂志
5.中国医药工业杂志

6.中国新药与临床杂志
7.中国药理学通报
8.中国抗生素杂志
9.中国药科大学学报
10.中国药理学与毒理学杂志
11.中国新药杂志
12.中国临床药理学杂志
13.中国药房
14.中国现代应用药学
15.华西药学杂志
16.沈阳药科大学学报

（六）农业科学类

S 综合性农业科学

1.中国农业科学
2.南京农业大学学报
3.中国农业大学学报
4.北京林业大学学报
5.福建林学院学报
6.华中农业大学学报
7.西北农业科技大学学报.自然科学版
8.华北农学报
9.浙江大学学报.农业与生命科学版
10.东北林业大学学报
11.南京林业大学学报.自然科学版
12.华南农业大学学报
13.福建农业大学学报（改名为:福建农业大学学报.自然科学版）
14.江苏农业科学
15.西南农业大学学报
16.湖南农业大学学报
17.江苏农业研究（改名为:扬州大学学报.农业与生命科学）
18.河南农业大学学报
19.安徽农业大学学报
20.浙江林学院学报
21.山东农业大学学报.自然科学版
22.河北农业大学学报
23.安徽农业科学
24.河南农业科学
25.江西农业大学学报（改名为:江西农业大学学报.自然科学版）
26.西北农业学报
27.沈阳农业大学学报
28.吉林农业大学学报
29.湖北农业科学
30.江苏农业学报

S1 农业基础科学

1.壤学报
2.水土保持学报
3.土壤通报
4.土壤
5.中国水土保持
6.水土保持通报
7.应用生态学报
8.土壤肥料
9.水土保持研究
10.植物营养与肥料学报
11.土壤与环境（改名为:生态环境）

S2 农业工程

1.农业工程学报
2.农业机械学报
3.灌溉排水（改名为:灌溉排水学报）
4.水利学报
5.节水灌溉
6.中国农村水利水电
7.干旱地区农业研究
8.粮油加工与食品机械
9.农机化研究
10.粮食与饲料工业
11.江苏理工大学学报.自然科学版（改名为:江苏大学学报.自然科学版）
12.农业现代化研究
13.拖拉机与农用运输车
14.农业机械

S3,5 农学，农作物

1.作物学报
2.植物生理学通讯
3.遗传学报
4.植物生理学报（改名为:植物生理与分子生物学学报）
5.中国水稻科学
6.中国棉花
7.杂交水稻
8.大豆科学
9.中国油料作物学报
10.棉花学报
11.种子
12.干旱地区农业研究
13.玉米科学
14.麦类作物学报
15.作物杂志
16.中国种业
17.核农学报

S4 植物保护

1.植物保护学报
2.昆虫学报
3.植物病理学报
4.植物保护
5.昆虫知识
6.中国生物防治
7.农药
8.植保技术与推广（改名为:中国植保导刊）

S6 园艺

1.园艺学报
2.果树学报
3.中国蔬菜
4.中国果树
5.北方园艺
6.中国南方果树
7.长江蔬菜
8.食用菌

S7 林业

1.林业科学
2.林业科学研究
3.北京林业大学学报
4.东北林业大学学报
5.南京林业大学学报.自然科学版
6.福建林学院学报
7.世界林业研究
8.林业科技通讯(改名为:林业实用技术）
9.浙江林学院学报
10.中国森林病虫
11.浙江林业科技
12.西北林学院学报
13.林业资源管理
14.中南林学院学报
15.福建林业科技
16.林业科技
17.辽宁林业科技

S8 畜牧、动物医学

1.中国预防兽医学报

2.中国兽医杂志
3.中国兽医科技
4.中国兽医学报
5.畜牧兽医学报
6.中国家禽
7.中国畜牧杂志
8.中国饲料
9.畜牧与兽医
10.黑龙江畜牧兽医
11.中国动物检疫
12.养禽与禽病防治
13.中国人兽共患病杂志
14.蚕业科学
15.动物营养学报

S9 水产、渔业

1.水产学报
2.水生生物学报
3.中国水产科学
4.淡水渔业
5.海洋水产研究
6.水产科技情报
7.水利渔业
8.中国水产
9.大连水产学院学报
10.水产科学
11.上海水产大学学报
12.科学养鱼

(七)工业技术类

TB 一般工业技术

1.复合材料学报
2.无机材料学报
3.材料研究学报
4.功能材料
5.材料导报
6.材料科学与工程
7.摩擦学学报
8.材料工程
9.工程设计(改名为:工程设计学报)
10.真空科学与技术学报
11.振动工程学报
12.应用声学
13.计算力学学报
14.玻璃钢/复合材料
15.材料科学与工艺
16.振动与冲击
17.真空
18.噪声与振动控制
19.低温工程
20.计量学报
21.功能材料与器件学报
22.声学技术
23.制冷学报
24.低温与超导
25.包装工程
26.工程图学学报

TD 矿业工程

1.煤炭学报
2.中国矿业大学学报
3.煤炭科学技术
4.金属矿山
5.非金属矿
6.煤矿安全
7.矿山压力与顶板管理
8.矿山机械
9.矿业安全与环保
10.中国煤炭
11.中国矿业
12.辽宁工程技术大学学报.自然科学版
13.煤炭工程
14.矿冶工程
15.煤田地质与勘探
16.煤矿机械
17.矿业研究与开发
18.选煤技术
19.煤矿自动化(改名为:工矿自动化)
20.西安科技学院学报
21.湘潭矿业学院学报
22.化工矿物与加工
23.洁净煤技术

TE 石油、天然气

1.石油学报
2.石油勘探与开发
3.石油地球物理勘探
4.油田化学
5.石油炼制与化工
6.石油大学学报.自然科学版
7.天然气工业
8.石油学报.石油加工
9.石油钻采工艺
10.油气储运
11.钻井液与完井液
12.石油机械
13.石油与天然气地质
14.炼油设计(改名为:炼油技术与工程)
15.油气田地面工程
16.钻采工艺
17.石油化工
18.新疆石油地质
19.大庆石油地质与开发
20.石油实验地质
21.石油与天然气化工
22.油气地质与采收率
23.西南石油学院学报
24.石油钻探技术
25.大庆石油学院学报
26.江汉石油学院学报

TF 冶金工业

1.钢铁
2.北京科技大学学报
3.轻金属
4.钢铁研究学报
5.炼铁
6.粉末冶金技术
7.烧结球团
8.中国稀土学报
9.炼钢
10.有色金属
11.特殊钢
12.稀土
13.稀有金属
14.稀有金属材料与工程
15.有色金属.冶炼部分
16.粉末冶金工业
17.有色冶炼
18.硅酸盐学报
19.耐火材料
20.冶金能源
21.冶金自动化
22.铁合金
23.硬质合金
24.中国钨业
25.黄金

TG 金属学与金属工艺

1.金属学报
2.中国有色金属学报
3.金属热处理
4.铸造
5.特种铸造及有色合金
6.中国腐蚀与防护学报
7.材料保护
8.稀有金属材料与工程
9.焊接学报
10.热加工工艺
11.材料热处理学报
12.机械工程材料
13.腐蚀科学与防护技术
14.焊接
15.材料科学与工艺
16.焊接技术
17.腐蚀与防护
18.锻压技术
19.铸造技术
20.轻合金加工技术
21.塑性工程学报
22.模具工业
23.工具技术
24.金刚石与模料模具工程
25.无损检测

TH 机械、仪表工业

1.工程学报
2.中国机械工程
3.摩擦学学报
4.机械科学与技术
5.机械设计
6.仪器仪表学报
7.计算机集成制造系统 -CIMS
8.润滑与密封
9.机械传动
10.机床与液压
11.工程机械
12.机械设计与研究
13.起重运输机械
14.轴承
15.流体机械
16.光学精密工程
17.制造业自动化
18.机械设计与制造
19.水泵技术
20.液压与气动
21.制造技术与机床
22.仪表技术与传感器
23.压力容器

TJ 武器工业

1.兵工学报
2.弹道学报
3.火炮发射与控制学报
4.现代防御技术
5.探测与控制学报
6.战术导弹技术
7.火力与指挥控制
8.弹箭与制导学报
9.兵器材料科学与工程
10.飞航导弹
11.火工品

TK 能源与动力工程

1.工程热物理学报
2.内燃机学报
3.中国电机工程学报
4.动力工程
5.热能动力工程
6.内燃机工程
7.太阳能学报
8.中国电力
9.热力发电
10.汽轮机技术
11.锅炉技术
12.电站系统工程
13.燃烧科学与技术
14.小型内燃机与摩托车
15.车用发动机
16.华东电力

TL 原子能技术

1.能科学技术
2.核动力工程
3.核科学与工程
4.核技术
5.核电子学与探测技术
6.强激光与粒子束
7.辐射防护
8.高能物理与核物理
9.核聚变与等离子体物理
10.核化学与放射化学
11.原子核物理评论
12.辐射研究与辐射工艺学报
13.核农学报
14.同位素
15.铀矿冶

TM 电工技术

1.中国电机工程学报
2.电工技术学报
3.电力系统自动化
4.电网技术
5.高电压技术
6.电池
7.电源技术
8.电化学
9.电工电能新技术
10.中国电力
11.高压电器
12.继电器
13.电力电子技术
14.变压器
15.电工技术杂志
16.电气传动
17.中小型电机
18.低压电器
19.电力自动化设备
20.蓄电池
21.微电机
22.微特电机
23.电机与控制学报
24.电力系统及其自动化学报
25.电气自动化
26.电测与仪表
27.大电机技术
28.华北电力大学学报

TN 无线电电子学、电报技术

1.电子学报
2.中国激光
3.半导体学报
4.通信学报
5.电子与信息学报
6.光电子、激光
7.电子科技大学学报

8.激光杂志
9.激光技术
10.西安电子科技大学学报
11.红外与毫米波学报
12.量子电子学报
13.应用激光
14.系统工程与电子技术
15.电子技术应用
16.半导体光电
17.激光与红外
18.电信科学
19.半导体技术
20.固体电子学研究与进展
21.现代雷达
22.信号处理
23.电波科学学报
24.电视技术
25.压电与声光
26.北京邮电大学学报
27.激光与光电子学进展
28.红外与激光工程
29.电路与系统学报
30.光电工程
31.光通信研究
32.微电子学
33.通信技术
34.光通信技术
35.液晶与显示
36.微波学报
37.广播与电视技术
38.真空科学与技术学报
39.数据采集与处理
40.红外技术
41.电子元件与材料

TP 自动化技术、计算机技术

1.计算机学报
2.软件学报
3.计算机研究与发展
4.自动化学报
5.计算机科学
6.控制理论与应用
7.计算机辅助设计与图型学学报
8.计算机工程与应用
9.模式识别与人工智能
10.控制与决策
11.小型微型计算机系统
12.计算机工程
13.计算机应用
14.信息与控制
15.机器人
16.中国图象图形学报.A版
17.计算机应用研究
18.系统仿真学报
19.计算机集成制造系统 –CIMS
20.遥感学报
21.中文信息学报
22.微计算机信息
23.数据采集与处理
24.微型机与应用
25.传感器技术
26.传感技术学报
28.计算机应用与软件
29.微型计算机
30.微电子学与计算机

TQ 化学工业

1.化工学报
2.高分子材料科学与工程
3.石油化工
4.硅酸盐学报
5.高分子学报
6.燃料化学学报
7.中国塑料
8.应用化学
9.无机材料学报
10.化学工程
11.工程塑料应用
12.化工进展
13.现代化工
14.膜科学与技术
15.精细化工
16.高校化学工程学报
17.功能高分子学报
18.功能材料
19.塑料工业
20.化学反应工程与工艺
21.合成纤维工业
22.天然气化工(副刊名:C1 化学与化工)
23.化学世界
24.现代塑料加工应用
25.日用化学工业
26.精细石油化工
27.离子交换与吸附
28.塑料科技
29.合成橡胶工业
30.橡胶工业
31.中国医药工业杂志
32.合成树脂及塑料
33.化工新型材料
34.新型炭材料
35.涂料工业
36.硅酸盐通报
37.塑料
38.计算机与应用化学
39.煤炭转化
40.无机盐工业
41.过程工程学报

TS(除 TS1,2)轻工业、手工业

1.无锡轻工大学学报
2.中国造纸
3.林产工业
4.木材工业
5.纸和造纸
6.中华纸业
7.烟草科技
8.精细化工
9.北京服装学院学报.自然科学版
10.中国皮革
11.海湖盐与化工
12.工业微生物
13.中国陶瓷

TS1 纺织工业、染整工业

1.纺织学报
2.棉防织技术
3.印染
4.东华大学学报.自然科学版
5.丝绸
6.产业用纺织品
7.毛纺科技
8.针织工业
9.纺织导报
10.上海纺织科技
11.合成纤维

TS2 食品工业

1.食品科学
2.食品与发酵工业
3.食品工业科技
4.食品工业
5.中国粮油学报
6.中国油脂
7.中国调味品
8.茶叶科学
9.食品研究与开发
10.中国乳品工业
11.食品科技
12.酿酒科技
13.食品与机械
14.中国酿造
15.粮食与饲料工业
16.郑州工程学院学报

TU 建筑科学

1.岩土工程学报
2.建筑结构学报
3.土木工程学报
4.岩石力学与工程学报
5.建筑结构
6.工业建筑
7.哈尔滨建筑大学学报
8.中国给水排水
9.岩土力学
10.建筑技术通讯.给水排水（改名为:给水排水）
11.施工技术
12.建筑技术
13.世界建筑
14.建筑科学
15.世界地震工程
16.建筑学报
17.混凝土
18.工程勘察
19.城市规划
20.暖通空调
21.西安建筑科技大学学报.自然科学版
22.水文地质工程地质
23.建筑机械
24.四川建筑科学研究
25.重庆建筑大学学报
26.新型建筑材料
27.空间结构
28.城市规划汇刊

TV 水利工程

1.学报
2.泥沙研究
3.和海大学学报.自然科学版
4.水利水电技术
5.人民黄河
6.水力发电
7.水科学进展
8.人民长江
9.岩石力学与工程学报
10.水力发电学报
11.水利水运工程学报
12.中国农村水利水电
13.长江科学院院报
14.水利水电科技进展

U 综合性交通运输

1.西南交通大学学报
2.交通运输工程学报

U2 铁路运输

1.铁道学报
2.铁道车辆
3.中国铁道科学
4.铁道运输与经济
5.内燃机车
6.中国铁路
7.铁道建筑
8.长沙铁道学院学报（改名为:铁道科学与工程学报）
9.铁道工程学报
10.路基工程

U4 公路运输

1.汽车工程
2.中国公路学报
3.汽车技术
4.公路
5.桥梁建筑
6.公路交通科技
7.现代隧道技术
8.西安公路交通大学学报（与西安工程学院学报的一部分合并为:长安大学学报.自然科学版）
9.国外桥梁（改名为:世界桥梁）
10.世界汽车
11.筑路机械与施工机械化
12.中外公路

U6 水路运输

1.中国造船
2.船舶工程
3.船舶力学
4.水运工程
5.大连海事大学学报
6.造船技术
7.船海工程
8.舰船科学技术
9.中国港湾建设
10.港工技术
11.中国航海
12.哈尔滨工程大学学报
13.华东船舶工业学院学报.自然科学版
14.上海海运学院学报.文理综合版

V 航空航天

1.航空学报
2.空气动力学学报
3.推进技术
4.宇航学报
5.航空动力学报
6.北京航空航天大学学报
7.南京航空航天大学学报
8.中国空间科学技术
9.固体火箭技术
10.复合材料学报
11.飞航导弹
12.国际航空
13.飞行力学
14.宇航材料工艺
15.中国航天
16.流体力学实验与测量
17.航天控制
18.导弹与航天运载技术
19.上海航天
20.航空工程与维修（改名为:航空维修与工程）
21.电光与控制

X 环境科学、安全科学

1.环境科学

2.中国环境科学
3.环境科学学报
4.环境化学
5.环境污染治理技术与设备
6.环境科学研究
7.环境保护
8.环境污染与防治
9.环境工程
10.农业环境保护(改名为:农业环境科学学报)
11.化工环保
12.工业水处理
13.海洋环境科学
14.中国环境监测
15.环境科学与技术
16.水处理技术
17.农村生态环境
18.应用与环境生物学报
19.中国人口、资源与环境
20.长江流域资源与环境
21.环境监测管理与技术
22.自然灾害学报
23.水资源保护

(信息来源:北京大学科研处 2004 年 12 月 30 日)

备注:《中文核心期刊目录总览》由北京大学图书馆和北京高校图书馆期刊工作研究会主持。1996 年推出《中文核心期刊目录总览》(第 2 版),2000 年推出《中文核心期刊目录总览》(第 3 版),2004 年推出《中文核心期刊目录总览》(第 4 版)。

◎榜二、第 3 届中国国家期刊奖获奖名单(排名不分先后)◎

(一)国家期刊奖(60 种)

1.中共党史研究
2.北京大学学报(哲学社会科学版)
3.中国人民大学学报
4.历史研究
5.中国军事科学
6.中国法学
7.文物
8.求是
9.党建
10.党建研究
11.财务与会计
12.金融研究
13.中国工业经济
14.半月谈
15.人民画报(中文版)
16.读者
17.农民文摘
18.中国妇女
19.解放军生活
20.名作欣赏
21.知音
22.女友
23.十月
24.当代
25.散文
26.装饰
27.故事会
28.少男少女
29.中学生百科
30.小学生导读
31.地球科学(中国地质大学学报)
32.中华医学杂志
33.机械工程学报
34.地质学报
35.中华内科杂志
36.自动化学报
37.物理学报
38.金属学报
39.科学通报
40.高等学校化学学报
41.中国危重病急救医学
42.高分子学报
43.中国物理快报(英文版)
44.园艺学报
45.中国机械工程
46.电力系统自动化
47.中国电力
48.电子技术应用
49.低压电器
50.现代化工
51.中国药房
52.中国药学杂志
53.长江蔬菜
54.铸造
55.中国塑料
56.暖通空调
57.工程塑料应用
58.健康娃娃
59.电脑爱好者
60.农村百事通

(二)国家期刊提名奖(100 种)

1.学习与探索
2.文史哲
3.北京师范大学学报(社会科学版)
4.南开学报(哲学社会科学版)
5.南京政治学院学报
6.天津社会科学
7.社会科学战线
8.改革
9.学术研究
10.学术月刊
11.世界历史
12.党的文献
13.中国税务
14.人民教育
15.共产党员
16.天津支部生活
17.长安
18.中国民兵
19.宏观经济管理
20.南开管理评论
21.经济学动态
22.瞭望
23.世界军事
24.世界知识
25.青年文摘
26.新华文摘

27.小说月报
28.咬文嚼字
29.妇女生活
30.上海服饰
31.辽宁青年
32.寻根
33.西藏旅游
34.中国青年
35.家庭
36.科幻世界
37.人民文学
38.收获
39.散文诗
40.译林
41.名人传记
42.美术观察
43.东方娃娃
44.故事大王
45.世界儿童
46.中学生阅读(初中版)
47.英语世界
48.花的原野(蒙文)
49.中国民族(维吾尔文)
50.人民中国(日文)
51.林业科学
52.遗传学报
53.地质论评
54.清华大学学报(自然科学版)
55.新型炭材料
56.催化学报
57.化工学报
58.生态学报
59.计算机辅助设计与图形学学报
60.中国农业科学
61.武汉大学学报(信息科学版)
62.武汉大学学报(理学版)
63.第二军医大学学报
64.作物学报
65.中华心血管病杂志
66.冰川冻土
67.海洋与湖沼
68.北京大学学报(自然科学版)
69.植物学报(英文版)
70.水土保持学报
71.电子学报
72.电子元件与材料
73.特种铸造及有色合金
74.中草药
75.金属热处理
76.工业建筑
77.临床皮肤科杂志
78.棉纺织技术
79.施工技术
80.石油炼制与化工
81.中国实用内科杂志
82.中国兽医科技
83.材料保护
84.电力自动化设备
85.江苏农业科学
86.塑料工业
87.中国血吸虫病防治杂志
88.中国科技期刊研究
89.图书情报工作
90.管理科学
91.科技进步与对策
92.大众医学
93.农业知识
94.农村电工
95.自我保健
96.中国国家地理
97.奥秘
98.无线电
99.中学生数理化(高中版)
100.农家参谋

(三)国家期刊奖百种重点期刊(197种)

1.敦煌研究
2.史学月刊
3.湖南师范大学社会科学学报
4.外语教学与研究
5.南京大学学报(哲学社会科学版)
6.武汉大学学报(人文科学版)
7.福建论坛(人文社会科学版)
8.电视研究
9.贵州财经学院学报
10.哈尔滨工业大学学报(社会科学版)
11.课程·教材·教法
12.社会科学辑刊
13.求是学刊
14.新闻战线
15.社会科学
16.文学评论
17.俄罗斯中亚东欧研究
18.中国语文
19.毛泽东思想研究
20.浙江社会科学
21.现代法学
22.探索
23.出版发行研究
24.北京支部生活
25.人民公安
26.中国海关
27.中国社会保障
28.中国监察
29.人民司法
30.人民检察
31.中国外汇管理
32.中国出版
33.农村工作通讯
34.政治指导员
35.经理人
36.涉外税务
37.统计研究
38.管理世界
39.销售与市场
40.当代财经
41.当代经济科学
42.中国企业家
43.民族画报
44.山东画报
45.民主与法制
46.青年博览
47.海外星云
48.视野
49.海外文摘
50.党员文摘
51.民间故事选刊
52.小小说选刊

53.书摘
54.恋爱·婚姻·家庭
55.乡镇论坛
56.新体育
57.今古传奇（武侠版）
58.军营文化天地
59.老同志之友
60.长寿
61.集邮
62.今日民族
63.生态经济
64.文史知识
65.中国收藏
66.收藏
67.父母必读
68.看世界
69.中国老年
70.思维与智慧
71.人生与伴侣
72.清明
73.啄木鸟
74.莽原
75.今古传奇
76.作家
77.苏州杂志
78.朔方
79.萌芽
80.星星诗刊
81.诗刊
82.章回小说
83.人像摄影
84.红蜻蜓
85.小聪仔
86.当代小学生
87.启蒙
88.我们爱科学
89.小学生时代
90.幼儿智力世界
91.语文月刊
92.小学教学设计
93.中小学心理健康教育
94.长白山
95.内蒙古大学学报（蒙古文）
96.章恰尔（藏文）
97.中国画报（英文）
98.上海交通大学学报
99.地理学报
100.地球物理学报
101.分析化学
102.中国环境科学
103.东南大学学报（自然科学版）
104.计算机学报
105.中华神经科杂志
106.北京林业大学学报
107.化学学报
108.中华耳鼻咽喉科杂志
109.中山大学学报（自然科学版）
110.中华妇产科杂志
111.中国医学科学院学报
112.石油学报
113.中国科学.B辑，化学
114.华中科技大学学报（自然科学版）
115.中华放射学杂志
116.东北大学学报（自然科学版）
117.中国水稻科学
118.气象学报
119.地震学报（中文版）
120.北京师范大学学报（自然科学版）
121.同济大学学报（自然科学版）
122.第三军医大学学报
123.中国电机工程学报
124.应用数学和力学（英文版）
125.华南农业大学学报（自然科学版）
126.石油大学学报（自然科学版）
127.中南工业大学学报（自然科学版）
128.北京理工大学学报
129.浙江大学学报（农业与生命科学版）
130.中华病理学杂志
131.中华外科杂志
132.生理学报
133.天津大学学报
134.物理化学学报
135.哈尔滨工业大学学报
136.北京科技大学学报
137.计算机集成制造系统
138.世界胃肠病学杂志（英文版）
139.营养学报
140.计算机测量与控制
141.水泥
142.钢铁
143.航空制造技术
144.临床检验杂志
145.公路
146.金属矿山
147.食品与发酵工业
148.中国药理学通报
149.石油与天然气地质
150.石油地球物理勘探
151.化工机械
152.印染
153.工程机械
154.湖北农业科学
155.煤炭科学技术
156.中国中药杂志
157.临床耳鼻咽喉科杂志
158.山东农业科学
159.天然气工业
160.建筑技术
161.中国乳品工业
162.电视技术
163.中国南方果树
164.橡胶工业
165.日用化学品科学
166.酿酒科技
167.测绘通报
168.冶金自动化
169.合成树脂及塑料
170.中国油脂
171.电池
172.新疆石油地质
173.中兴通讯技术
174.中国计划生育学杂志
175.纺织导报
176.中国铁路
177.中国人口·资源与环境
178.中国计量
179.新医学
180.中国科技产业
181.车主之友
182.农村新技术
183.青年科学
184.未来科学家

185.家庭健康
186.航空知识
187.建筑工人
188.科学启蒙
189.微型计算机
190.汽车与驾驶维修
191.汽车族
192.现代养生
193.科学画报
194.健康必读
195.科学养鱼
196.新农业
197.大自然探索

（信息来源：维普资讯网 2005 年 3 月 4 日）

备注：目前我国共有期刊 9000 多种，国家期刊奖由新闻出版总署每两年评选一次，是我国期刊界惟一的政府奖，也是期刊界的最高奖。

◎榜三、2004 中国最具广告价值杂志排名◎

1.时尚类杂志

时尚类杂志摊点实销量分布（册）

瑞丽服饰美容	39.12
瑞丽伊人风尚	38.2
都市丽人	38.1
时尚伊人	21.96
秀	21.48

时尚类杂志广告刊登量分布（万元）

时尚伊人	14616
世界时装之苑	11600
瑞丽服饰美容	6920
瑞丽伊人风尚	6505
时尚－中国时装	5839

2.汽车类杂志

汽车类杂志摊点实销量分布（册）

汽车之友	30.06
汽车杂志	16.86
中国汽车画报	13.2
汽车族	10.5
汽车导报	10.14

汽车类杂志广告刊登量分布（万元）

中国汽车画报	2565
汽车之友	1753
汽车杂志	1333
汽车导报	1246
汽车族	1131

3.IT 类杂志

IT 类杂志摊点实销量分布 （册）

大众软件	31.98
电脑爱好者	29.4
微型计算机	28.62
电脑游戏攻略	18.9
电脑游戏世界	17.82

IT 类杂志广告刊登额分布 （万元）

电子工程专辑	2378
微型计算机	2373
计算机产品与流通	2206
电子设计技术	2074
电子产品世界	1974

4.经管类杂志

经管类杂志摊点实销量分布（册）

商界	19.2
销售与市场	14.94
财经	13.38
新财富	5.7
商业周刊	5.64

经管类杂志广告刊登量分布（万元）

财富中文版	5686
IT 经理世界	3382
财经	3202
商界	2874
世界经理人	2693

5.其他类别

新闻类杂志广告额较高，《三联生活周刊》、《中国新闻周刊》、《南风窗》和《新民周刊》表现较佳。

（信息来源：《成功营销》杂志 2004 年 11 月 15 日）

三、广播电视类

◎榜一、首届全国电视社教节目十佳栏目◎

《对话》中央电视台
《龙门阵》重庆电视台
《相约夕阳红》中央电视台
《真情互动》北京电视台
《当事者说》黑龙江电视台
《实话实说》中央电视台
《记者档案》安徽电视台
《真情旋律》河北电视台
《往事》湖北电视台
《黄土地》山西电视台

◎榜二、首届全国广播社教节目十佳栏目◎

《空中之友》中央人民广播电台
《一路畅通》北京人民广播电台
《东方女孩》江苏连云港广播电台
《英语之夜》中央人民广播电台
《巴山夜话》重庆人民广播电台
《轻风夜话》辽宁人民广播电台
《夜空不寂寞》深圳广播电台
《关东大地》吉林人民广播电台
《夜访百家》天津人民广播电台
《财经直播室》河北人民广播电台

◎榜三、首届全国电视新闻十佳栏目◎

《焦点访谈》中央电视台
《湖北新闻联播》湖北电视台
《新闻坊》上海电视台
《生活在线》青岛电视台
《江苏新时空》江苏广电总台
《今日说法》中央电视台
《新闻夜航》黑龙江电视台
《第一时间》辽宁电视台
《晚间关注》昆明电视台
《今晚报道》河北电视台

◎榜四、首届全国广播新闻十佳栏目◎

《新闻和报纸摘要》中央人民广播电台
《焦点时刻》湖北人民广播电台
《新闻焦点》山东人民广播电台
《今日观察》甘肃人民广播电台
《广播实录》内蒙古人民广播电台
《阳光热线》河北人民广播电台
《直播南京》江苏人民广播电台
《北京新闻》北京人民广播电台
《早餐前后》黑龙江人民广播电台
《河南新闻联播》河南人民广播电台

(信息来源:人民网 2004 年 11 月 19 日)

备注:2004 年 11 月 19 日,国家广电总局第一次以政府的身份,由中国广播电视学会出面组织评出了首届中国广播电视十佳栏目(按媒介及栏目性质划分,本次颁奖共有 40 个栏目获奖)。

四、网站类

◎榜一、2004 中国商业网站 100 强◎

综合类获奖网站(共 19 家)

中文名称	网站域名
21cn	www.21cn.com
Tom.com	www.tom.com
北京宽带网	www.bbn.com.cn
凤凰网	www.phoenixtv.com
互联星空	www.chinavnet.com
千龙网	www.qianlong.com
人民网	www.peopledaily.com.cn
上海热线	www.online.sh.cn
搜狐	www.sohu.com
腾讯 QQ.com	www.qq.com
天府热线	www.sc.cninfo.net
天天在线	www.116.com.cn
网易	www.163.com
西陆网	www.xilu.com
新华网	www.xinhuanet.com
新浪	www.sina.com.cn
雅虎中国	www.yahoo.com.cn
央视国际	www.cctv.com
中华网	www.china.com

无线增值类获奖网站(共 5 家)

中文名称	网站域名
hawa 网	www.hawa.cn
空中网	www.kongzhong.com
美通无线	www.mtone.com.cn
掌上灵通	www.linktone.com
掌中万维	www.newpalm.com

企业类获奖网站(共 20 家)

中文名称	网站域名
戴尔中国	www.dell.com.cn
国美电器	www.gome.com.cn
海尔	www.haier.com
佳杰科技	www.ecschina.com

联想	www.lenovo.com
瑞星反病毒资讯网	www.rising.com.cn
神州商桥网	www.e-Bridge.com.cn
盛大网络	www.shanda.com.cn
泰康在线	www.taikang.com
微软中国	www.microsoft.com/china
中国联通165网站	www.cnuninet.com
中国平安	www.pa18.com.cn
中国移动通信	www.chinamobile.com

网银特别板块

上海浦东发展银行	www.spdb.com.cn
兴业银行	www.cib.com.cn
招商银行	www.cmbchina.com
中国工商银行	www.icbc.com.cn
中国建设银行	www.ccb.cn
中国农业银行	www.abchina.com
中国银行	www.bank-of-china.com

网络服务类获奖网站（共35家）

中文名称	网站域名
3721	www.3721.com
8848	www.8848.com
101远程教育网	www.chinaedu.com
35互联（中国频道）	www.35.com
e龙	www.elong.com
IT168	www.it168.com
百度	www.baidu.com
北斗手机网	www.139shop.com
北京四中网校	www.etiantian.com
当当网	www.dangdang.com
硅谷动力	www.enet.com.cn
和讯网	www.hexun.com
金融界	www.jrj.com.cn
前程无忧	www.51job.com
商务中国	www.bizcn.com
首都在线	www.263.net
搜房网	www.soufun.com
搜狗	www.sogou.com
搜易得IT数码商城	www.soit.com.cn
太平洋电脑网	www.pconline.com.cn
淘宝网	www.taobao.com
天极网	www.yesky.com
携程旅行网	www.ctrip.com
新东方教育在线	www.tol24.com
亚商在线	www.asiaec.com
一搜	www.yisou.com
易趣	www.eachnet.com
智联招聘网	www.zhaopin.com
中关村在线	www.zol.com.cn
中国IT认证实验室	www.chinaitlab.com
中国黄页	www.chinayp.com.cn
中国搜索	www.zhongsou.com
中国万网	www.net.cn
中华英才网	www.chinahr.com
卓越网	www.joyo.com

行业类获奖网站（共12家）

中文名称	网站域名
阿里巴巴	www.alibaba.com
慧聪网	www.hc360.com
今日五金	www.hardwaretoday.com
金蚕网	www.esilk.net
农博网	www.aweb.com.cn
全球纺织网	www.globaltexnet.com
全球五金网	www.wjw.cn
中国服装网	www.efu.com.cn
中国化工网	www.chemnet.com.cn
中国机电企业网	www.eecce.com
中国机械网	www.jx.cn
中国制造网	www.made-in-china.com

娱乐类获奖网站（共9家）

中文名称	网站域名
E视网	www.netandtv.com
Kuro酷乐	www.kuro.com.cn
第九城市	www.the9.com
浩方对战	www.cga.com.cn
金山剑网	www.jxonline.net
联众世界	www.ourgame.com
泡泡堂中文网	www.poptang.com
世纪前线	www.avl.com.cn
音乐极限	www.chinamp3.com

相关链接：中国商业网站100强单项奖

市值最大5佳网站

盛大网络
新浪
网易
Tom.com
腾讯QQ.com

最具影响力5佳网站

新浪
搜狐
网易
凤凰网
新华网

技术创新5佳网站

百度
网易
招商银行
一搜
盛大网络

成长最快5佳网站

兴业银行
空中网
掌上灵通
浩方对战
亚商在线

最具潜力5佳网站

中国万网
上海浦东发展银行
淘宝网
中国黄页
21cn

最优服务5佳网站

联想
携程旅行网
商务中国
瑞星反病毒资讯网
海尔

联想网页

◎榜二、2004 中国最受网友欢迎的网评人◎

1.丁　刚

丁刚，祖籍上海，长于陕西。做过工人，当过教师。1982 年毕业于西安外国语学院英语系；1987 年毕业于中国社科院研究生院新闻系，获法学硕士学位，同年进入人民日报国际部工作。

从 1990 年起，其先后任人民日报驻瑞典、比利时（欧盟）和联合国（美国纽约）记者，现为人民日报高级记者。美国“9·11”恐怖袭击事件发生后，丁刚是首先进入现场的中国记者之一。他与人民日报驻美国记者共同采写的报道获中国国际新闻一等奖。在纽约常驻期间，丁刚还采写了许多有关美国政治、社会和中美关系问题的报道。

2.王比学

王比学，学了 7 年法律，教了 3 年法律，当了十几年法制记者。有一颗正直的心和一种强烈的社会责任感，敢于仗义执言，常为一种社会信念和理想不断呐喊。

丰富多彩的社会生活给了他无限的创作灵感。有时，在旁人看来一件很不起眼的小事，在他眼里却是一篇人民时评的极好素材。

在这里，每一篇时评，都是一种来自肺腑的感动、心灵深处的颖悟。

3.王克安

王克安，华中师范大学政治学教授，毕业于辽宁大学。主攻方向：当代中国政治与社会。自 1986 年以来，又致力于中国农村问题研究，其先后到全国 20 个省、自治区的广大农村进行实地考察。目前及今后一个时期，除继续关注农民问题外，他将把更多的注意力放在时政评论方面，为中华民族的伟大复兴尽一点绵薄之力。他的信条是：不说假话。为人如此，为文亦如此。

4.乔新生

乔新生，中南财经政法大学法学院教授、中国商业法研究会理事、湖北民法专业委员会常务理事、武汉经济法研究会理事、当代改革与发展研究中心特约研究员。先后担任中南财经大学经济法研究所所长、中南财经政法大学经济法研究所副所长、《中国法律述评》副总编辑、武汉仲裁委员会仲裁员、道博律师事务所顾问、律师。

在全国各类公开刊物上发表文章 300 多篇，主编参编学术著作 6 部。

5.余丰慧

余丰慧，笔名常亮，1961 年出生，一个在金融战线奋斗了 20 余年的资深金融工作者。酷爱经济、金融研究，先后在《人民论坛》杂志、《人民》杂志、《经济日报》、《农民日报》、《金融时报》等国家级报刊上发表经济、金融理论文章几十篇，获中国农村金融学会和农民日报社联合颁发的优秀金融理论文章三等奖。

余丰慧每遇见一些敏感新闻便会不由自主地想说几句，写几段。一直遵守“有话好好说”的训言，善意的批评，沉着的建议，目的只是为了推进伟大祖国复兴的进程。

6.马龙生

马龙生，1954 年出生于北京平谷，原为北京某大型国企办公室副主任，现为自由职业者。从少年起就向往新闻事业，但始终未能如愿。如今已知天命，不再做这“新闻梦”。但几十年来钟情媒体，喜读新闻，养成了关心时政，勤于思考的习惯。近年来，写作路子基本定位在以时事、文体为对象的评论文体。

7.邵道生

邵道生，江苏无锡人，1942 年出生，专攻“国民心态·反腐败研究”。中国社会科学院社会学所研究员，最高人民检察院专家咨询委员会委员。人生虽短，但曲折而坎坷、沉重而“有趣”。他还有一个心愿：想“打破”白血病人生存的最长时间。

8.刘成友

刘成友，1971 年出生，山东人，1999 年毕业于武汉大学，获文学博士学位。现在人民日报评论部工作，业余从事文化、教育研究。主要编辑《人民论坛》和《今日谈》专栏，发表评论多篇。还先后在《中国青年报》、《南方周末》等媒体上发表评论文章若干篇。

9.陈家兴

陈家兴，1972 年出生，安徽人，现就职于人民日报评论部。以“江南客”等为笔名。“余练笔也早，文章不少，评论居多，自问尚无精品力作。惟勤修内功，盼日有所进。3 年前涉笔网络评论，喜其快捷、互动、个性，从此欲罢不能。然下笔千言或非难事，笔头千钧岂敢忘却？因不尚酷评、歪评、胡评、乱评，或褒或贬，均力求本真，无愧于心而后能安，果否如此，方家明鉴，若有失处，乞望棒喝。”

10.朱梦魁

朱梦魁，原籍辽宁沈阳，人民日报国际部高级编辑。1968 年毕业于北京第二外国语学院阿拉伯语系；1982 年毕业于中国社会科学院研究生院国际新闻系；1982 年起在人民日报国际部做编辑、记者；1997-2001 年任人民日报驻埃及首席记者；2001 年回国后在人民日报国际部从事采编和评论写作。

（信息来源：人民网 2005 年 1 月 5 日）

五、广告公司类

◎榜一、2004中国十佳广告代理公司◎

1.北京合力昌荣广告有限公司
2.北京电通广告有限公司
3.广而告之国际广告有限公司
4.上海李奥贝纳广告有限公司北京分公司
5.三星影视交流中心
6.北京沃美广告有限公司
7.深圳市金色银松广告有限公司
8.北京泛亚宏智广告有限公司
9.智威汤逊中乔广告公司
10.广东三人行广告有限公司

◎榜二、2004中国十大优秀广告代理公司◎

1.北京海润新时代广告有限公司
2.北京未来广告公司
3.北京世邦联合广告有限公司
4.麦肯光明广告有限公司广州分公司
5.杭州萧山振华广告有限公司
6.北京东方捷先广告传播有限公司
7.北京博明世通广告有限公司
8.北京中视电传广告有限公司
9.北京市龙俊广告有限公司
10.北京怡通飞扬广告有限公司

(信息来源:央视国际2005年4月7日)

备注:在2005年中央电视台春季广告客户联谊晚会上,央视广告部揭晓了2004年度中央电视台“十佳”、“优秀”广告代理公司的名单。

六、综合篇

◎榜一、2004中国文化产业十佳创新型企业◎

序号	企业名称	负责人	职务
1	广州日报报业集团	张德安	社长
2	江西省出版集团	许志锐	董事长、总经理
3	唐龙国际传媒集团	陆兴东	董事长
4	云南山林文化发展有限公司	荆　林	总经理
5	北京星工场音乐娱乐有限公司	姜　泓	董事长
6	上海创星文化艺术经纪有限公司	王　静	总经理
7	北京希肯国际文化艺术有限公司	安　庭	董事长
8	世纪环球电影院线发展有限公司	吴孟辰	总经理
9	常州中华恐龙园有限公司	沈　波	总经理
10	北京北奥大型文化体育活动有限公司	路健康	总经理

(信息来源:2004中国文化产业论坛2004年10月26日)

备注:2004年10月26-28日,由中国作家出版集团和文艺报社等单位联合主办的“2004中国文化产业论坛”在北京隆重举行,评选出了“2004年度中国文化产业十佳创新型企业”。

◎榜二、2004中国年度新锐榜◎

1.年度传媒:央视体育频道

它是为13亿中国人提供体育娱乐的旗舰,也是赛场看台上最敬业的看客;它在2004年为2008的北京奥运会做了精彩的报道预演,并全面跟进中国体育产业化的进程。

2.年度论坛:《南方都市报》时评版

因为清醒,所以尖锐——它比新闻更接近真实,发挥着传媒的灯塔作用,并培养读者的独立思考习惯;它弱化地区壁垒,密切关注民生,使一份地方报纸在全国上万家传媒的众声喧哗中,发出响亮的声音。

3.年度设计:Carlsberg Chill 冰纯嘉士伯

源自北欧一以贯之的简约设计理念,结合闲散、放松的都市生活诉求,突破其固有的造型风格,在玻璃樽性感而飘逸的空间想象中,透过一种绿且不乏迷幻的质感演绎年轻消费潮流,与高端时尚人群的目标受众十分默契。

4.年度广告语:中国移动全球通之“我能”

简洁而有力量的两个字,配合奥运冠军的传播战略,升华出永无止境的适用空间和行动力;它一语道破了我们这个时代的亢奋,成为全民心态的写照。

5.优化生活特别贡献奖:旅游卫视

它在2004年完成了电视界最大动作的改版,志在成为国际流行生活方式的最佳中国跳板。它以资讯服务和“玩”为中心,在娱乐经济时代,带领“身未动,心已远”的人们完成一次次生活方式之旅。

(信息来源:《新周刊》杂志2004年12月11日)

备注:自2001年开始,《新周刊》杂志创立并协同网络、电视、报纸中的强势媒体联手缔造了“中国年度新锐榜”。

◎榜三、1996—2004影响刊业的十件大事◎

1.“三刊工程”

国家新闻出版总署自1996年提出组织实施“三刊工程”(百刊工程、社刊工程、署刊工程)以来,带动和推进了我国期刊管理水平和整体质量的提高。

2.中国期刊访问团访台

1998年6月,邢贲思率中国大陆期刊访问团访问中国台湾,以后开始了大陆与台湾的广泛的期刊合作。此举对推动大陆大众期刊的市场化进程具有积极影响。

3.“国家期刊奖”

1999年,国家新闻出版总署根据期刊的发行量、办刊水平和影响力等因素,组织了建国五十周年首届“国家期刊奖”评比活动,在获得“百种重点社科期刊奖”和“优秀科技期刊奖”的获奖期刊中评选出了“国家期刊奖”的获奖期刊。首届国家期刊奖评选材料中,要求对100万份以上发行量的期刊进行公证和审计。《出版经济》杂志公布了申报数与审计数有较大出入的刊社名单。此举重在呼唤期刊作为公众媒体的社会诚信。“国家期刊奖”的评比在期刊界形成了努力提高办刊质量,争创优秀期刊的氛围,通过表彰先进,为全国期刊树立了榜样,也调动了优秀期刊办刊的积极性,有力地促进了我国期刊事业的繁荣和发展。

4.中国期刊协会加入国际期刊联盟

2000年10月19日,在国际期刊联盟理事会上正式通过了中国期刊协会为FIPP(国际期刊联盟)会员。此举使中国的期刊业更积极地融入期刊出版全球化的潮流。

5.“中国期刊方阵”组建

2001年11月1–4日,中国首届期刊展在北京国际展览中心隆重举行。这次展览是当时我国也是世界上最大规模的期刊展览,集中了我国各中央部委主办的和全国各地的主要刊物,首次推出的“中国期刊方阵”为展览重点。会上,国家新闻出版总署署长石宗源透露,我国将创建10–20个有世界影响的名牌期刊。“中国期刊方阵”标志着我国期刊官方评价体系的肇始。

6.家庭期刊集团成立

2002年1月25日,经中宣部、国家新闻出版总署批准,中国首家、也是目前惟一的一家期刊集团——由《家庭》杂志组建的家庭期刊集团正式在广州挂牌成立。它标志着继报业步入集团化发展之后,我国期刊业也走向规模竞争。

7.文德广运发行集团挂牌

2003年9月19日,文德广运发行集团在北京宣布组建成立,这是自当年9月1日《出版物市场管理规定》正式实施以后第一家挂牌的拥有报刊总发行权的民营企业。该公司的成立,标志着民营资本终于名正言顺地进入了报刊批发领域,并将在我国出版物分销市场的进一步开放和市场化改造进程中发挥不可取代的作用。

8.“SARS”

2003年“SARS”使许多刊物合刊、休刊,但也有一些应变能力强的刊社把“非典时期”当成了一个舞台,借机把对手抛开更远。福兮?祸兮?真是有人欢喜有人愁。

9.《瑞丽》巨刊获2003年世界吉尼斯之最

为庆创刊八周年,《瑞丽》于2003年9月制作出高990毫米、宽688毫米,尺寸是普通杂志的11.77倍的巨刊。内容文字与当期发行的《瑞丽》杂志完全一样;巨刊的制作及印刷较普通杂志没有丝毫偏差,内容文字更加清晰,图片效果也更加完美。经认证,《瑞丽》巨刊荣获2003年世界吉尼斯之最,是世界上最大的刊物。如此别出心裁的造势,令其他刊社叹为观止。

10.BPA正式落地中国

2003年11月7日,国际著名的媒体发行认证公司——Business of Performing Audit(简称BPA),在北京正式与泛华东方传媒顾问有限公司签约,授权其代理国内发行认证业务,这标志着BPA发行认证正式落地中国。发行认证制度一直是国内很多公司和机构包括行业主管部门要在期刊领域力推的一项措施,欲彻底从根本上解决刊社和媒介代理公司虚报发行量的问题,由于种种原因一直推进缓慢。但随着 BPA 和发行量审计局（Audit Bureall of Circulations，简称 ABC）等国外老牌发行认证机构进驻中国，此事将会有本质性的飞跃。而且市场也趋于成熟，广告主要求刊社出具发行量证明的呼声也越来越高。随着实行认证的期刊越来越多，市场的要求越来越规范，靠虚报过日子终究抵挡不住认证制度前进的车轮。

（信息来源：《中国图书商报》2005 年 3 月 10 日）

◎榜四、1997—2004 影响刊业的十大法规◎

1.1997 年 3 月 10 日，国家新闻出版总署发布《关于期刊业治理工作的通知》

据此《通知》，总署就转化内部期刊，压缩行业、社团组织期刊，控制期刊总量，优化期刊结构，重新划分期刊发行管理类别等重点对刊业进行治理。期刊治散治滥工作以此为标志正式展开。到 1997 年底，全国有 28 个省、自治区、直辖市完成或基本完成治理任务，压缩期刊 413 种，占期刊总数的 5%。在压缩的 413 种期刊里，有社科期刊 238 种，占社科类期刊总数的 6.2%。同时，全国有 6165 种内部期刊停办或转化为内部资料，占内部期刊总数的 60.1%。

2.1997 年 12 月 30 日，国家新闻出版总署出台《内部资料性出版物管理办法》

该《办法》明确规定内部资料性出版物的内容、印制、发行、广告等要求，将其和市场化报刊严格区分。

3.1999 年 8 月 29 日，中共中央办公厅、国务院办公厅联合发布《关于调整中央国家机关和省、自治区、直辖市厅局报刊结构的通知》

该《通知》显示了政府决意压缩行业报刊、取消省市行业报刊、彻底解决公款订报刊和行政摊派等问题的态度。

4.1999 年 9 月 8 日，国家新闻出版总署发布《关于严格期刊刊号管理问题的通知》

该《通知》主要针对少数期刊违反出版管理规定，以一个刊号出版两种或两种以上期刊的情况；还有的期刊以不同版别或者增刊的方式，变相进行"一号多刊"的出版等严重违规现象。该《通知》使一批"一号多刊"的刊社受到处罚，进一步规范了期刊刊号的管理，维护了正常的出版秩序。

5.1999 年 10 月 12 日，国家新闻出版总署发布《关于进一步加强期刊刊期变更审批管理的通知》

该《通知》明确针对当时有少数期刊出版单位违反管理规定，通过增加刊期的方式出版多种期刊版本，实际上是以一个刊号变相出版另外的期刊，"乱增刊期，一号多刊"的情况。根据《通知》，总署对"一号多刊"的违规出版问题进一步加强了管理。

6.1999 年 11 月 11 日，国家新闻出版总署发布《关于落实中央"两办"30 号文件调整报刊结构的意见》

根据该《意见》，总署决定对全国报刊结构进行必要的调整，调整的核心是"适应建立社会主义市场经济体制和政府职能转变的要求"，使行政行为与出版行为分离，解决公款订报刊和行政摊派等问题，减轻群众负担，提高报刊质量。

7.2001 年 12 月 25 日，国务院颁布《出版管理条例》

1997 年 1 月 2 日国务院发布的《出版管理条例》同时废止。如今期刊管理的主要准则即是援引该《条例》。

8.2003 年 3 月 17 日，新闻出版总署、对外贸易经济合作部联合发布《外商投资报纸、期刊、图书分销企业管理办法》

根据该《办法》，书报刊零售、批发领域分别自 2003 年 5 月 1 日和 2003 年 12 月 1 日向外资开放，中国期刊发行业的竞争将更市场化、国际化。

9.2003 年 7 月 30 日，国家新闻出版总署出台《治理党政部门报刊散滥和利用职权发行实施细则》

该《细则》规定，报刊治理的主要范围是：各级党的机关和政府组成部门直属机构、办事机构等主管主办的报刊，省级和省级以下行业组织主管主办的报刊，以及利用职权摊派发行报刊的各种行为。经过努力，治理报刊散滥和利用职权摊派工作取得了阶段性的成果，基本实现了"停办一批、划转一批、管理分离一批"的目标，有效遏止了摊派发行现象，减轻了基层和农民负担。到 2004 年 1 月，677 种报刊停办，325 种从党政部门划转到报业或出版集团，310 种实行了管办分离，94 种公报政报改为免费赠阅，停办的报纸减少发行约 12 亿份，停办的报刊加上实行免费赠阅的公报政报，减少发行 3.4 亿份，直接减少全国基层和农民年报刊征订费用 18 亿元。

10.2003 年 9 月 1 日，国家新闻出版总署出台《出版物市场管理规定》

相比 4 年前颁布的《出版物市场管理暂行规定》，新《规定》最大的突破在于对出版物发行单位市场准入的放开。该《规定》的出台表明，十六大精神已经贯彻落实到出版领域；在打破行业垄断，推动行业发展上迈出了可喜的一步；也为创建良好的出版物发行市场竞争环境、发展中国发行产业提供了政策保障。业界普遍认为，这是20年来发行领域市场法规最重要的突破，将给出版发行业带来转折性的变化，可谓中国发行业改革的里程碑。

（信息来源：《中国图书商报》2005年3月10日）

◎榜五、2004中国最具广告价值报纸期刊25强◎

名次	媒体名称	广告价值得分	类型	2004上半年广告费（万元）
1	北京晚报	94.39	都市报	68786.74
2	时尚伊人	88.45	时尚 / 服饰	14616.72
3	瑞丽服饰美容	84.94	时尚 / 服饰	6920.81
4	广州日报	74.71	都市报	80006.69
5	都市丽人	68.59	时尚 / 服饰	1519.70
6	瑞丽伊人风尚	67.05	时尚 / 服饰	6505.66
7	世界时装之苑	57.99	时尚 / 服饰	11600.14
8	汽车之友	50.90	汽车	1753.64
9	微型计算机	58.39	IT	2373.98
10	电脑爱好者	53.87	IT	1016.06
11	上海服饰	45.73	时尚 / 服饰	2530.77
12	商界	43.32	经管	2874.95
13	北京青年报	43.20	都市报	68341.61
14	成都商报	41.31	都市报	36860.82
15	南方都市报	39.81	都市报	52522.95
16	新民晚报	37.80	都市报	39083.08
17	新闻晨报	36.88	都市报	38563.26
18	京华时报	36.10	都市报	31516.97
19	汽车杂志	35.51	汽车	1333.70
20	时尚健康	35.34	时尚 / 伊朗	4499.66
21	体坛周报	34.63	体育	5980.42
22	希望	34.62	时尚 / 服饰	1346.12
23	销售与市场	34.09	经管	1891.22
24	中国汽车画报	33.27	汽车	2565.48
25	参考消息	32.87	全国报	12097.90

（信息来源：《成功营销》杂志2004年11月15日）

备注：为较好地识别具有高广告价值的潜在媒体和理性对待广告报价虚高的所谓强势媒体，成功营销杂志社联合北京世纪华文国际传媒咨询有限公司和北京慧聪国际咨询有限公司推出此榜。

图
书
榜

引　言

书海浩淼，每年都会有数不胜数的图书面市，也会有不计其数的图书黯然退场。现代的“图书”二字既充满了浮华也带着些世故，但是毕竟有一群孜孜以求的文化人在竭尽全力地支撑着知识分子的心灵家园。也正是他们的固守保愚、不遗余力，才使得2004年的图书出版群星璀璨。鲁迅文学奖、老舍文学奖、茅盾文学奖、曹禺戏剧奖、夏衍电影文学奖等奖项的颁布，无疑是文坛精英云集的盛会；各类图书奖和文学奖的排名强势登场，新类图书闪亮上市，2004年是图书领域盛大繁荣的一年，也是百花齐放、百家争鸣、璀璨夺目的一年。各类“十大图书”榜单高调推出，分类图书排名全新亮相，年度十大作家、十大出版事件、十大关键词等全新出炉，琳琅满目、精彩纷呈，令人仿佛置身于一个书的海洋。

图书榜中榜

一、文学类

◎榜一、第 3 届鲁迅文学奖获奖名单◎

1.全国优秀中篇小说奖

《玉米》毕飞宇著

《松鸦为什么鸣叫》陈应松著

《好大一对羊》夏天敏著

《歇马山庄的两个女人》孙惠芬著

2.全国优秀短篇小说奖

《上边》王祥夫著

《驮水的日子》温亚军著

《大老郑的女人》魏　微著

《发廊情话》王安忆著

3.全国优秀报告文学奖

《中国有座鲁西监狱》王光明、姜良纲著

《宝山》李春雷著

《瘟疫，人类的影子——“非典”溯源》杨黎光著

《西藏最后的驮队》加央西热（藏）著

《革命百里洲》赵　瑜、胡世全著

4.全国优秀诗歌奖

《野诗全集》老　乡著

《郁葱抒情诗》郁　葱著

《幻河》马新朝著

《幸存的一粟》成幼殊著

《娜夜诗选》娜　夜（满）著

5.全国优秀散文、杂文奖

《贾平凹长篇散文精选》贾平凹著

《大河遗梦》李存葆著

《病隙碎笔》史铁生著

《独语东北》素　素著

《一个人的经典》鄢烈山著

6.全国优秀文学理论、文学评论奖

《难度·长度·速度·限度——关于长篇小说文体问题的思考》吴义勤著

《〈手稿〉的美学解读》王向峰著

《打开诗的漂流瓶——现代诗研究论集》陈　超著

《朱向前文学理论批评选》朱向前著

7.全国优秀文学翻译奖

《神曲》（但　丁著，意大利文）田德望译 / 人民文学出版社 2002 年 12 月版

《雷曼先生》（斯文·雷根纳著，德文）黄燎宇译 / 人民文学出版社 2002 年 12 月版

（信息来源：《北京日报》）

备注：鲁迅文学奖由中国作家协会主办，每两年评选一次，分为优秀中篇小说、短篇小说、报告文学、诗歌、散文、杂文、文学理论评论和文学翻译等 7 个类别，是我国具有最高荣誉的文学大奖之一。

◎榜二、第 3 届老舍文学奖获奖名单◎

1.长篇小说优秀奖

《受活》阎连科著

内容简介：《受活》创作于 2003 年，其部分章节在《收获》上发表后引起文学界的广泛关注。小说有两条主线，分别围绕女红军茅枝婆和柳副县长在残疾人组成的受活村发生的故事展开情节。主人公柳副县长异想天开，想用重金购买列宁的遗体以发展旅游经济，于是组织村民们组建了绝术团，并红遍了方圆百里。“受活”一词原是河南方言，意指“特别爽”。小说中融入大量的方言土语，引起了评论界的争议。由于小说的荒诞怪异和寓言式的写作，评论界将之与马尔克斯的《百年孤独》相联系。

2.中篇小说优秀奖

《香歌潭》曾　哲著

《十周岁》程　青著

3.戏剧剧本优秀奖

《爱尔纳·突击》兰晓龙著

4.新人佳作优秀奖

《李大筐的脚和李小筐的爱情》蔚　然著

《故人西辞》毛银鹏著

（信息来源：千龙网）

备注：老舍文学奖是北京市文联和老舍文艺基金会主办的北京市文学艺术方面的最高奖励，用于奖励京籍作者的创作和在北京出版、发表的优秀作品。“老舍文学奖”于1999年正式创立，并于2000年6月首次颁奖。奖励项目包括长篇小说、中篇小说、戏剧剧本、电影电视剧和广播剧等。

◎榜三、第6届茅盾文学奖获奖名单◎

1.《张居正》

熊召政著/长江文艺出版社2002年版

张居正，是明万历年间曾因厉行改革而彪炳史册的一位传奇人物。他荣登首辅之位后，理政十年：整饬吏治，刷新颓风；整肃教育，延揽济世之才；革新税赋，梳理财政。拯朱明王朝将倾之厦，使万历时期成为明王朝最为富庶的时代。其主事时声势显赫，炙手可热，圣眷优渥，无与伦比。但隆葬归天之际，即遭人非议之时，结果家产尽抄，爵封皆夺，祸连八旬老母，罪及子孙。

2.《无字》

张洁著/北京十月文艺出版社2002年1月版

本书叙事切入方式采取的是女作家吴为的家族视角乃至个人视角。从吴为的外婆墨荷、母亲叶莲子到女儿禅月，四代女性不同的婚姻故事、爱情遭遇，都伴随着、见证着20世纪中国的百年沧桑，百年巨变。似乎是不经意间，那么多重大的历史事件与重要的历史人物，如“九·一八”事变、西安事变、重庆谈判、解放战争及建国后的历次政治运动直到“文化大革命”、改革开放，如张学良、蒋介石、毛泽东、周恩来、康生……都与吴为一家四代女性的生活、命运发生着或直接或间接、或正面或侧面的联系。

3.《历史的天空》

徐贵祥著/人民文学出版社2000年4月版

本书主人公梁大牙因逃避日军追杀投奔国民党军，阴差阳错闯进了八路军的根据地，在他犹豫的时候，一个青年女八路及时出现，改变了他脱离八路军投奔国民党军的念头。就这一步，梁大牙从此就走向了战争和政治，并在其对立面、优秀的政治工作者张普景等人的帮助下，逐步显示了优秀的品质和卓越的智慧，由一个不自觉的乡村好汉成长为一名足智多谋的指挥员，最终锻炼成为一名具有高度政治觉悟和斗争艺术的高级将领。

4.《英雄时代》

柳建伟著/人民文学出版社2001年3月版

本书全景式地展示了20世纪末两年间成都和北京都市人的生活境遇，其中涉及国有企业陷入困境后如何脱困，以及国有经济和私营经济在发展过程中的关系等问题。而作品中的主要人物都由新中国同龄人、共产党的第二代子女们组成，表现他们面对上述问题而作出的各种选择。

5.《东藏记》

宗璞著/人民文学出版社2001年版

此前还未有这样一部完整的大书，将战争中的知识分子，里里外外地刻画得如此透彻。尽管大学南迁之后，在日军的轰炸和追击下，仍然没有一处可放下一张平静的书桌，人和书籍始终都在不停地颠沛流离、东躲西藏，直至无处逃避。战争虽然能够消灭无数肉体和生灵，但暴力却无法征服一个民族的文化与精神。知识和教育在炮火硝烟中延续传承，才使得这片土地上拥有一代代不屈的灵魂。

宗璞以她细密从容的叙述方式，建立起优美温婉的语言风格。众多的人物命运和世相心态，在看似平淡的生活情境和细节中缓缓展开，伏有大气磅礴的布局。宗璞笔下的战争没有刀光剑影，却烙刻了深重的精神创痕，并具有一种柔性的书卷气息。那种浸入骨髓的文化质感，在阅读中竟令人有如置身于《红楼梦》的语境之中。

（信息来源：新华网）

备注：茅盾文学奖是根据茅盾先生生前遗愿，为鼓励优秀长篇小说的创作，推动我国社会主义文学的发展于1981年设立的，是我国具有最高荣誉的文学奖项之一，由中国作家协会主办，每4年举办一次。

◎榜四、第16届中国曹禺戏剧奖·剧本奖获奖名单◎

1.《十品村官》(编剧:陈 明)
2.《典妻》(编剧:罗怀臻)
3.《红豆缘》(编剧:林芸生)
4.《走西口》(编剧:张晓亚、高晓江、黄来喜)
5.《流花溪》(编剧:包朝赞)
6.《我在天堂等你》(编剧:黄定山)
7.《爱尔纳突击》(编剧:兰晓龙)
8.《春雨沙沙》(编剧:李 冰)
9.《临时病房》(编剧:沈虹光)
10.《北街南院》(编剧:王 俭)

(信息来源:《时事资料手册》2005年第1期)

备注:曹禺戏剧奖·剧本奖的前身为全国优秀剧本奖,创建于1980年,1994年更名为中国曹禺戏剧文学奖,经过多年发展完善,最后定名为中国曹禺戏剧奖·剧本奖,在已举办的16届中推出了数百部优秀剧作。

◎榜五、第3届中国曹禺戏剧奖·评论奖优秀奖获奖名单◎

1.川剧《金子》的审美示范意义(作者:杜建华)
2.云南京剧的新探索——京剧《凤氏彝兰》观感(作者:金 重)
3.永远的戏剧性(作者:王评章)
4."用物质写意"的舞美观——从第8届中国戏剧节两台戏谈起(作者:吴新斌)
5.当代戏剧之命运——在岳麓书院演讲的要点(作者:魏明伦)
6.戏曲创造实践对理论的回应(作者:安 葵)
7.名著改编有没有原则(作者:彭 俐)
8.沉入草野——王仁杰梨园戏道德形象的民间特征(作者:方李珍)
9.走出中国戏剧文本的困境(作者:刘明厚)
10.我们去寻找秋天的花鼓——评现代花鼓戏《秋天的花鼓》(作者:胡安娜)
11.走近吴凤花(作者:郑 璐)
12."赵氏孤儿"在今天的命运(作者:溯 石)
13.面对混沌——戏剧批评为什么缺席(作者:张 先)
14."故事新编"与"万家灯火"(作者:傅 谨)
15.《等郎妹》存在的理由(作者:黄心武)

(信息来源:中国戏剧家协会2004年11月5日)

备注:中国曹禺戏剧奖·评论奖创办于1998年,是中共中央宣传部批准设立的全国惟一的戏剧评论奖,已成功地在北京和广州举办了2届,受到戏剧评论工作者及戏剧界各方面的高度评价,引起了文艺界的普遍重视。以上获奖文章、作者名单按篇名首字笔画排序。

◎榜六、第7届夏衍电影文学奖获奖名单◎

1.少年儿童题材优秀剧本奖:
《女生日记》(编剧:王 群、王 宁)
2.青年优秀剧本奖:
《天堂与地狱》(编剧:王 强)
3.优秀剧本三等奖:
《李宗仁归来》(编剧:梁国伟)
《金蝴蝶结儿》(编剧:烈 娃)
《鸳鸯板》(编剧:王承友、李平分、黄 宏)
《电影年代》(编剧:小 江、程青松)
《迷魂》(编剧:曹 桑)
《美丽上海》(编剧:彭小莲)
4.优秀剧本二等奖:
《我要做个好孩子》(编剧:张之路)
《一轮明月》(编剧:杨 捷武 华、于洪洋)
5.优秀剧本一等奖:
《我的法兰西岁月》(编剧:赵葆华)

(信息来源:人民网)

备注:由于夏衍同志对新中国电影发展的卓越贡献,国家广电总局在1996年将中国电影文学最高奖命名为"夏衍电影文学奖"。这一国家级奖项的设立,既是繁荣中国电影文学的有力措施,也是对夏衍同志的深切缅怀和永久纪念。

◎榜七、第3届华语文学传媒大奖获奖名单◎

1.2004年度杰出成就奖:格非(作品:《人面桃花》)

格非原名刘勇,1964年出生,江苏丹徒县人。1981年考入上海华东师范大学中文系,毕业后留校任教,任中文系讲师(1987年)、副教授(1994年)、教授(1998年)。2000年获文学博士学位,并于同年调入清华大学中文系,现为该系教授、博士生导师,主要讲授写作、小说叙事学、伯格曼与欧洲电影等课程。曾先后出访德国、瑞典、日本、韩国等国，作品也曾被翻译成多种语言在国外出版。

1986年，格非发表处女作《追忆乌攸先生》。1987年发表中篇小说《迷舟》，而后声名鹊起，以善于营构叙事迷宫而成为中国当代最著名的先锋作家之一。1988年，格非发表的中篇小说《褐色鸟群》，更是被视为当代中国最玄奥的一篇小说，成为后来人们谈论先锋文学必然提及的一部重要作品。

格非先后出版了长篇小说《敌人》、《边缘》、《欲望的旗帜》及《人面桃花》（第一部），中篇小说集有《迷舟》、《唿哨》、《雨季的感觉》等。1995年出版有《格非文集》（3卷）。此外，还出版有小说理论专著《小说艺术面面观》、《小说叙事研究》，文学讲稿《塞壬的歌声》，散文集《格非散文》等。

格非曾在自己作的小传里这样写道："小说写作是我日常生活的一个重要部分，它给我带来了一个独来独往的自由空间，并给我从现实及记忆中获得的某种难以言传的经验提供了还原的可能……"

2.2004年度小说家奖：林白（作品：《妇女闲聊录》）

林白，本名林白薇。生于广西北流，1982年毕业于武汉大学图书馆学系。同年分配到广西南宁市广西图书馆，任图书分类。1985年底，到广西电影制片厂文学部任编辑。1990年到北京《中国文化报》当编辑、记者。1996年落聘回家。2004年5月，调到武汉市文联武汉文学院，任专职作家。

1977年发表诗歌，1983年发表小说。1994年发表长篇小说《一个人的战争》。主要作品另有《说吧，房间》、《万物花开》、《妇女闲聊录》等7部长篇小说；中篇小说《致命的飞翔》、《瓶中之水》、《回廊之椅》等；短篇小说40余篇；散文随笔集《秘密之花》等7部；跨文体作品《枕黄记》及一部诗集。

3.2004年度诗人奖：多多（作品：《多多小辑》）

多多，原名粟世征，1951年生于北京，1969年到白洋淀插队，后来调到农民日报社工作。1972年开始写诗，1982年开始发表作品，1989年出国，现为海南大学人文传播学院教授。

多多系朦胧诗主要代表诗人之一，著有诗集《行礼：诗38首》、《里程：多多诗选1973-1988》、《多多诗选》等。多多曾多次参加世界各大诗歌节，到英国、美国、德国、意大利、瑞典等10多个国家的大学进行过讲座和朗诵，曾任伦敦大学汉语教师，加拿大纽克大学、荷兰莱顿大学住校作家。2003年，多多被海南大学文学院正式聘为教授，教授本科生及研究生的文学课程。

在20世纪70年代，多多是国内为数不多的现代诗歌的探索者之一，其代表作《玛格丽和我的旅行》、《手艺》、《致太阳》等，早已成为汉语诗歌的宝贵财富。而在旅居欧洲的十几年间，多多创作不懈，获得国内外诗歌界的普遍尊敬。2004年多多回国，并于2005年初推出了她的新作《多多诗选》，由花城出版社出版，在诗歌界引起轰动。

4.2004年度散文家奖：南帆（作品：《关于我父母的一切》）

南帆本名张帆，1957年出生于福建省福州市。1975年下乡插队，1982年毕业于厦门大学，1984年硕士研究生毕业于华东师范大学。1984年在福建省社会科学院文学研究所工作，现任福建省社会科学院副院长兼文学研究所所长，同时为福建师范大学特聘教授、博士生导师。

南帆主要从事现当代中国文学和文学理论研究，目前已出版了《理解与感悟》、《冲突的文学》、《阐释的空间》、《文学的维度》、《隐蔽的成规》、《双重视域》等学术著作。

南帆从20世纪90年代中期开始涉足散文写作，颇有成就。在理论研究之余，他写作和出版了《文明七巧板》、《星空与植物》、《追问往昔》、《自由与享用》、《叩访感觉》、《没有重量的生存》、《关于我父母的一切》等多部散文著作，并且主编有《美文典藏》与《七个人的背叛》等现当代散文选集，有多篇散文获奖。

南帆的散文是"智性散文"的典型代表。研究者认为，南帆独立创造了一种散文风格。他以一种冷峻的目光，对周围的一切包括自己的躯体做文化的思考。如《文明七巧板》对生活中的"证件"、"谣言"、"名声"等几十种事物进行文化分析；《叩访感觉》则在自己的躯体背后，发现文化对躯体的种种限定。这种"智性散文"不是以抒情或幽默为目的，而是以追求智慧和理趣为主。

5.2004年度文学评论家奖：李敬泽（作品：《见证一千零一夜》）

李敬泽，男，1964年出生于天津，祖籍山西芮城。少时随父母先后迁居保定、石家庄，1980年由石家庄市第二中学考入北京大学中文系。大学毕业后进入中国作家协会《小说选刊》杂志社任编辑，1990年《小说选刊》停刊，调入《人民文学》杂志社，现任该社副主编。作为资深小说编辑，编发了大量有影响的中短篇小说。20世纪90年代以来从事文学批评写作，侧重分析当下文学现象、推介文学新人，2000年获中华文学基金会首届"冯牧文学奖·青年批评家奖"。近年开始散文、随笔的写作，著有《颜色的名字》、《纸现场》、《河边的日子》、《看来看去和秘密交流》、《通往故乡的道路》、《冰凉的享乐》、《读无尽岁月》、《见证一千零一夜》等多部文集，与人合著《集体作业——实验文学的理论与实践》。

2001年8月至2003年12月李敬泽在《南方周末》上开有《新作观止》专栏，不为作品所囿，行文中充满了睿智的生发，不仅在批评家中独树一帜，也成为一位进入大众视野的文艺批评家。

6.2004 年度最具潜力新人奖：张悦然（作品：《十爱》）

张悦然，1982 年出生于山东济南，2001 年毕业于山东省实验中学，后考入山东大学英语、法律双学位班，现在新加坡国立大学攻读计算机专业。

张悦然 14 岁开始发表文章，2001 年获得“第 3 届全国新概念作文大赛”一等奖，是“新概念作家”最突出的代表人物之一。其《陶之陨》、《黑猫不睡》等作品在《萌芽》杂志上发表后，在青少年中引起巨大反响，并被《新华文摘》等多家报刊转载。2002 年被《萌芽》网站的民意调查评为“最富才情的女作家”和“最受欢迎的女作家”，并获得“第 5 届新加坡大专文学奖”二等奖，在《上海文学》举办的“首届短篇小说新人大赛”中获得二等奖。

从 2003 年至今，张悦然已出版了小说集和长篇小说《葵花走失在 1890》、《樱桃之远》、《是你来检阅我的忧伤了吗》、《红鞋》、《十爱》等，深受广大青少年的喜爱，并且打破了 80 后作品中专业评价与销量成反比的定势，可以说张悦然是 80 后实力写手中较早被普通读者所接受的一个。国内外媒体也对其作品和独特的创作个性给予了较高评价。最新作品《水仙已乘鲤鱼去》已由作家出版社出版，一面世就受到关注。

张悦然过去被称为“玉女作家”，而今，她已经走出了“愉悦又茫然”的青春状态，开始寻找和担当写作的意义和责任感，并且越来越擅长于捕捉生活，把握悲剧。有评论者认为：“把她放在当代作家的行列里，她已经是丰姿绰约，自成一家了。”

（信息来源：《新京报》）

备注：“华语文学传媒大奖”由《南方都市报》于 2003 年设立，共设 6 个奖项，每年颁发一次。其中，“年度杰出成就奖”奖金为 10 万元，其他各单项奖奖金为每人 2 万元（首届为 1 万元）。

◎榜八、全国首届鲲鹏文学奖获奖名单◎

1.小说类作品

一等奖：1 篇

《在深圳大街上行走》（中篇）于晓威

二等奖：1 篇

《秋飒爽还想在北京打工》（中篇）马忠静

三等奖：5 篇

《难逃劫数》（中篇）安昌河
《金戒指》（短篇）郭亚玲
《民工大宝的约会》（短篇）津子围
《我是蠓虫》（短篇）赵巧玲
《城市屋檐》（短篇）满文奎

优秀奖：23 篇

《一条街的晚上》（短篇）孙　山
《城市风景》（中篇）金　帆
《夜班车》（短篇）康鹏飞
《妞妞》（短篇）杨文冰
《烦躁不安》（长篇）王十月
《圣女的眼泪》（短篇）马兴鹏
《齐春华的爱情》（短篇）徐　东
《我们原汁原味的深圳生活》（中篇）聂以晴
《谁把我的魂魄带回家》（中篇）王成均
《我们的 INT》（短篇）张伟明
《最后一班爱情列车》（中篇）刘建国
《魂断果园》（中篇）夏天敏
《做寿》（短篇）张宏歌
《随风飞舞》（短篇）刘平勇
《桑塔纳之梦》（短篇）秦　川
《心太软》（短篇）老　钓
《偶然事件和我们的态度》（短篇）高小木
《酒店》（短篇）》赵　敏
《你的眼睛为何如此多情》（短篇）刘　维
《窗外有蓝天》（中篇）江南小雨
《狗事件》（短篇）郑小琼
《爱苦止水》（中篇）伍　琅
《荆冠》（长篇）母碧芳

2.报告文学类作品

一等奖：1 篇

《深圳有大爱》王世孝、叶曾杨、文　冰

二等奖：2 篇

《两年赚了 100 万》王　剑、朱学仕
《他从坎坷中走来》林　灵

三等奖：4 篇

《好姐妹情断上海滩》王　剑
《特别的忏悔，特殊的人生》林　灵
《爱情沃土育出一个打工发明家》王恒绩
《深圳手机美容师坦言：我的“小花招”月值万元》郑楚彬

优秀奖：1 篇

《一个打工妹的创业简史》吴宝三

3.诗歌类作品

一等奖：1 篇

《纪念碑》何真宗

二等奖：3 篇

《我在广东打工》柳冬妩
《隆福寺》黄　离
《广州的五个夜晚》曾文广

三等奖：5 篇

《冬天的小站》付金波
《五月的天空和梅子》苏红卫
《风信子》罗益民
《抒情诗选十三首》邓钰安
《感动我的只是一些平凡的事物》黄吉文

优秀奖：21 篇

《费城诗稿》韦联成
《丢在异乡的种子》李明亮
《不设防的家园》郑建伟
《以时间为序：世上没有其他的灯》陈小三
《我是一只来自乡下的鸟》张晋文
《沼泽，我们家园》沈　力
《任花朵自主的开》王渡天
《呼吸》李洁夫
《怀乡病者》（外二首）叶　耳
《打工者之歌》万会海
《对一座城市的怀念》石　涛
《芦花短诗 26 首》芦哲峰
《漂泊在亚洲的土地》司镇南
《民工》黄劲松
《打工：一个沧桑的词》郑小琼
《扑棱棱，鸽子群从乡村飞来》齐世明
《感谢》吴迪安

《秋天》李　涛
《我的同学苗春光》王夫刚
《身体》胡传义
《命》李文恒

4.散文类作品

一等奖:1篇

《我在太原这一年》秦小龙

二等奖:2篇

《铜人巷的房子》毛甲申
《苦难,是一所人生的大学》赵美萍

三等奖:5篇

《老板对我说Sorry》朱应召
《落魄记》罗佳林
《送别》文玉坚
《漂在重庆》巴　一
《写给我日益老去的父亲》蒋成波

优秀奖:22篇

《我住过的地方就是故乡》王　辉
《千纸鹤》罗丹妮
《打工五道梁》谢　青
《我在广州发呆》(外三首)曾文广
《鸦嘴乡来的老同学》邹贤林
《离开10元店的理由》李国军
《一个人散步》闫文盛
《生命在流浪中坚强》金　波
《打工路上,我遇见捡垃圾的妈妈》雷立新
《"操刀"闯上海》鲁传江
《有多少感动可以重来》王丹枫
《新同居时代》罗　芬
《一个普通残疾打工者的自述》李　扬
《奋斗不需要赞歌》李树琴
《〈野草〉伴我走天涯》方华吉
《在上合》王世孝
《得到铁饭碗,我只用了两年时间》许素霞
《舞出彩虹》叶瑞芬
《礼物》郑建伟
《我要读书》黄明荣
《他们,点燃民工族的梦想》袁云川
《自考,为他撑起了一片天》张连强

(信息来源:新浪文化)

备注:为了鼓励和倡导全社会关注进城务工青年群体,征集、推广反映广大进城务工青年工作、生活的优秀文学作品,发掘进城务工青年文学人才,活跃进城务工青年文化生活,共青团中央、全国青年联合会开展了首届进城务工青年文学奖——鲲鹏文学奖评选活动,获奖名单于2005年1月20日揭晓。

◎榜九、2004上半年当代中国文学最新作品◎

1.中篇小说

《马嘶岭血案》(作者:陈应松),原载《人民文学》2004年第3期

《忠臣逆子》(作者:袁劲梅),原载工人出版社中篇小说集《月过女墙》

《想像一个歌手》(作者:蒋韵),原载《十月》2004年第1期

《甩鞭》(作者:葛水平),原载《黄河》2004年第1期

《食堂》(作者:邓宏顺),原载《收获》2004年第2期

2.短篇小说

《阿拉伯树胶》(作者:铁凝),原载《人民文学》2004年第1期

《白水青菜》(作者:潘向黎),原载《作家》2004年第2期

《一条悲哀的狗》(作者:李国文),原载《中华散文》2004年第1期

《阿回》(作者:巫昂),原载《花城》2004年第1期

《符号》(作者:陈笑黎),原载《花城》2004年第2期

3.报告文学

《写中国人民的故事——关于和平岁月死难烈士家人们的报告》(作者:罗盘),原载《黄河》2004年第1期

《欲说还羞性教育》(作者:曲兰),原载《北京文学》(精彩阅读)2004年第3期

《我只养你到十八岁》(作者:吴必雯),原载《北京文学》(精彩阅读)2004年第5期

《窃心大盗——青少年网恋调查》(作者:祁建),原载《报告文学》2004年第2期

《天下婚姻》(作者:黄传会),原载《十月》2004年第3期

4.散文随笔

《原下的日子》(作者:陈忠实),原载《人民文学》2004年第3期

《新闻部长萨哈夫》(作者:朱增泉),原载《美文》2004年第4期

《中西风马牛——欧洲讲学启示录》(之二、之四)(作者:吴迪),原载《北京文学》(精彩阅读)2004年第4期、第6期

《孤树与林木》(作者:詹克明),原载《解放日报》2004年5月18日

《1976》(作者:路也),原载《作品》2004年第3期

(信息来源:《北京娱乐信报》2004年9月15日)

备注:本榜和2004年"下半年当代中国文学最新作品排行榜"均由《北京文学》评选揭晓。此番评选在全国众多文学期刊筛选的基础上,力推佳作,中篇和短篇无一发表在《北京文学》上,显示出了编辑部对作品阅读认真严谨的态度,绝不徇私。在阅读这些大量的文学作品中,大家普遍感到现在文学作品的私密化及个人化倾向日趋严重,急需一切关注社会生活、富有想象力的作品问世。

◎榜十、2004 年下半年当代中国文学最新作品◎

1.中篇小说

《出门寻死》(作者:方方),原载于《人民文学》2004 年第 12 期

《愤怒的苹果》(作者:王祥夫),原载于《山花》2004 年第 11 期

《那儿》(作者:曹征路),原载于《当代》2004 年第 5 期

《我们的成长》(作者:罗伟章),原载于《人民文学》2004 年第 7 期

《电影哦电影》(作者:衣向东),原载于《北京文学》(精彩阅读)2004 年第 12 期

2.短篇小说

《小嘴不停》(作者:铁凝),原载于《长城》2004 年第 4 期

《王蒙玄思小说》(作者:王蒙),原载于《北京文学》(精彩阅读)2004 年第 9 期

《卖米》(作者:飞花),原载于《当代》2004 年第 6 期

《麦子》(作者:刘庆邦),原载于《山花》2004 年第 8 期

《狗儿子》(作者:夏鲁平),原载于《作家》2004 年第 11 期

3.报告文学

《走向新教育》(作者:王宏甲),原载于《中国作家》2004 年第 8 期

《车祸,中国之痛》(作者:徐江善),原载于《北京文学》(精彩阅读)2004 年第 7 期

《4 万:400 万的牵挂》(作者:张雅文),原载《北京文学》(精彩阅读)2004 年第 9 期

《牛玉儒定律》(作者:蒋巍),原载于《文艺报》2004 年 11 月 27 日

《永远的红树林》(作者:何建明),原载于《光明日报》2004 年 7 月 9 日

4.散文随笔

《三十八朵荷花》(作者:阎纲),原载于《大地》2004 年第 14 期

《原木在移动》(作者:李钢林),原载于《南方周末》2004 年 7 月 29 日

《父父子子》(作者:朝阳),原载于《人民文学》2004 年第 7 期

《我在石灰窑的青春年华》(作者:唐朝晖),原载于《散文海外版》2004 年第 4 期

《家庭秘史》(作者:马步升),原载于《中华散文》2004 年第 6 期

(信息来源:《北京娱乐信报》)

◎榜十一、2004 十大文学图书◎

1.《狼图腾》

姜戎著/长江文艺出版社 2004 年 4 月版

狼在汉文化里一直是个反面角色,凶狠而狡猾。而姜戎的《狼图腾》,聚焦的对象是具有双重身份的狼:首先是活生生的动物,同时又是草原人的图腾。这种双重身份决定了狼和草原人之间既相敌对又相依存的关系。正是由于这种关系,使草原人的生活充满了悲剧性的经历:“一方面要忍受牲畜遭狼屠杀的悲哀,另一方面还要忍受不断去杀害狼的痛苦……”长江文艺出版社推出的《狼图腾》一直名列文学类图书排行榜榜首。

《狼图腾》一书的出版以及引起的激烈争论,可以使我们对中国国情有更深刻和清醒的了解。

2.《骑兵军》

[前苏联]伊·巴别尔著/戴骢译/人民文学出版社 2004 年 9 月版

巴别尔之所以不但吸引当代的普通读者,而且令几代作家佩服,是因为凡是看过巴别尔作品的人都会为他天才的表现力和奇异的想象力所惊叹,他的代表作《骑兵军》是一部在全世界流行 80 年、禁而不绝的奇书。《骑兵军》是巴别尔在他的战地日记的基础上创作而成的。在战地日记里,巴别尔描述了他所看到的一切:进攻,退却,屡遭蹂躏的城市和破产了的、胆战心惊的农民,杀戮,受到践踏的田野,战争的残酷。他在日记中问自己:“为什么我的悲伤无比沉重?”他回答:“生活被粉碎了,我在参加一个盛大的、无休无止的追悼会。”又说:“这是一群有纪律的野兽”。战地日记里渗透着巴别尔的心灵感受、情感体验和独立思考。没有这些打着作者个性烙印的感受、体验和思考,也就不可能有惊动一世之耳目的《骑兵军》。巴别尔在这部天才作品中所关注的更是人性、人的内心和人的灵魂。

3.《库切小说文库》

[南非]库切著/浙江文艺出版社 2004 年 5 月版

两度荣获布克奖、2003 年又获得诺贝尔文学奖的南非作家库切,对国内的读者而言,是个相对陌生的名字。浙江文艺出版社推出了一套 5 本的《库切小说文库》包括:《等待野蛮人》、《青春》、《迈克尔 K 的生活和时代》、《圣彼得堡的大师》、《伊丽莎白·科斯特洛:八堂课》。库切的小说“结构精致,对话丰富,分析透彻”,有很强的艺术性和可读性。他的绝大多数作品描写的都不是引领时代潮流的英雄人物,而恰恰是一些“反英雄”、“非英雄”,是一些社会主流之外的边缘人物。“库切

是位学者型作家，他的小说知识量很丰富，读者可能不会一次进入。但是第一遍读不下去不要灰心，再读两三遍，皮肤接触到了，心灵也会接触到。库切同时还是位诗人、戏剧家、小说家、历史学家，所以对他的进入可以有各种角度。”（北塔语）《等待野蛮人》1980年一出版即摘取了费柏纪念奖，英国最老牌的企鹅出版社将此书选入该社的“20世纪经典”系列。1983年库切因《迈克尔K的生活和时代》一书荣膺英语文学界的最高荣誉——英国布克奖。1987年库切又成为第一位获得以色列耶路撒冷奖的南非作家。库切的作品在抨击残酷的种族主义的同时，对西方文明中的虚伪道德观进行了理性的批判。

4.《剩下的都属于你》

徐星著/长江文艺出版社 2004年8月版

徐星的出名是因为他的《无主题变奏》，这部作品发表在1985年第7期的《人民文学》上。之后，徐星引起文坛关注并被称为“先锋作家”，并在2003年获得“法兰西共和国文学艺术骑士勋章”。沉寂多年后创作的《剩下的都属于你》出版后令人耳目一新。在《剩下的都属于你》中，徐星的笔触无所不至，从城市到乡村，从国内到国外，形形色色的社会图景被作者信手拈来。人生的脉脉温情与险恶诡诈、理想的沦丧与变异、中西文化价值观念的碰撞与融合，在他的笔下无一不被涂抹上黑色幽默的色彩。这部作品写了18年，在浮躁的文坛，这种沉着耐心又不求名利的写作态度令人尊重。

5.《借我一生》

余秋雨著/作家出版社 2004年8月版

余秋雨一直是文化界的风云人物。2004年他的长篇“记忆文学”《借我一生》又引起了质疑。这部作品分为五个部分：从自己的童年、大学经历一直写到当戏剧学院院长，以及他写作《文化苦旅》、《山居岁月》、《千禧之旅》的历程。在新书里，余秋雨一改以往“不分辩”的态度，首次集中回应了一直以来被外界批判的诸多“罪状”。其中在书中第二部分“文革”经历中，余秋雨用了10万余字描述自己在“文化大革命”时期的所作所为，坚称：他自己“从来不是‘石一歌’的成员，从来没有参加过‘大批判写作组’”，“那段时间我在外地军垦农场劳动，没回过上海一天”，“谁要说我是‘石一歌’的成员，就是对我的诬蔑”。

6.《别看我的脸》

熊正良著/华夏出版社 2004年7月版

熊正良是近年来创作势头比较看好的作家。纵观熊正良的小说，可以看出他的叙事能力和艺术水准在同代作家中所达到的高度。他对主题的处理、对结构的把握以及对人性和命运的穿透性的表现，都显示出非凡之处。他用油画般的笔触和视角表现这个世界，具有可视化的叙述和纯个人经验。《别看我的脸》是熊正良花费3年时间精心打造的长篇小说，以小人物的生存状况为线索，反映时代变迁对人们灵魂世界造成的影响。画家徐阳在商品社会的离奇遭遇，向我们展示了一幅生动、磅礴的时代风俗画。这部作品解构了长期以来构筑起来的“艺术神话”和“媒介神话”，对我们既有的文化传统是一种有力的颠覆。

7.《深喉》

张欣著/春风文艺出版社 2004年1月版

20世纪60-70年代，有一部非常著名的成人影片叫《深喉》。1972年的“水门事件”中也有一个“深喉”，总会在两位年轻记者陷入困境的时候指路。2004年的春天，张欣的《深喉》使得“洛阳纸贵”。《收获》1月号用82页的篇幅刊登了这位广州市作协主席的长篇小说，广州街头掀起购买《收获》的热潮。《深喉》集中了一批受读者和观众欢迎的元素。内容是报业大战的硝烟，三个年轻才俊大起大落的事业和缠缠绵绵的爱情以及贯穿始终的疑案和血腥杀戮，都是足以让读者和观众产生阅读和观看欲望的题材。在写法上，张欣始终把这些题材糅合在一起，使小说悬念迭生，可读性非常强。在2004年春季北京图书订货会上，《深喉》是春风社征订最好的图书之一。《深喉》令我们听到事情背后发出来的更深层次的声音。

8.《中国式离婚》

王海鸰著/北京出版社 2004年9月版

王海鸰一向以探讨婚姻的话题见长。《中国式离婚》的出版及同名电视剧的开播，引发了一场“我心中的中国式婚姻大型网络有奖调查”。作品通过一个普通家庭走向离婚的发展轨迹，全景式地展现了现代中国人离婚的真相。揭示了三种背叛：心的背叛、身的背叛、身心的背叛，放大了婚姻生活的不和谐、不宽容、不理性所带来的伤害与疼痛，从而引发人们对婚姻的容忍、信任与责任的思考。《中国式离婚》在新浪读书频道连载后，得到众多网民的心灵感应。这部作品对中国人婚姻状态是一次深度的探访。

9.《所谓教授》

史生荣著/春风文艺出版社 2004年1月版

《所谓教授》以西北地区某农业大学的教师为主要描写对象，揭露了中国当前社会的一些特殊的腐败、堕落现象。其批判和揭露的矛头直指隐藏在高校内的学术腐败、权钱交易等丑恶现象，揭示了一部分高校教师精神家园的坍塌与道德底线溃决的深层原因。这部作品引起人们的广泛关注和热烈讨论。讨论的焦点在于：《所谓教授》究竟塑造了什么样的大学教授？是否诬蔑和贬低了广大大学教师？

《所谓教授》与《围城》、《桃李》

等同题材作品的不同之处在于：它不以讽刺、调侃见长，而是侧重对具体事件、具体人物、具体问题的生动描绘。体现在刘安定这个人物身上，便是通过他的家庭生活、婚外恋情、职称评定、职务晋升等一系列人生大事来突现其内在的精神品质，完成塑造过程。史生荣在回应读者质疑时表示：就道德而言，教授并非道德选拔赛中的优胜者，如果在大学教书，当然就会成为一名教授，这就是教授形象多样化的原因。因为现在中国大学的教授们已不再是过去意义上的"人类灵魂的工程师"了，大学校园也已不再是世外桃源。

10.《水乳大地》

范稳著 / 人民文学出版社 2004 年 1 月第 1 版

藏域风情、生命的艰险与瑰丽、民族与文化的融合与交流……一部作品融入了如此多的内涵，不用说，范稳的《水乳大地》以它沉甸甸的份量，已在 2004 年的中国文坛占据了醒目的位置。这部小说讲述上世纪初以来澜沧江某峡谷不同部族的生存斗争，既展现了这块土地上带有原始意味的生存情景，又表达了人们对自然与神灵的特殊态度、生存于此必备的粗犷雄野的特征以及人神通灵的无穷意味，作品显示出了少有的力度和深度。小说时间跨度相当大，20 世纪整整一个世纪的西藏历史，如此紧张而舒展地呈现出来，它使我们面对一段陌生的历史时，直接叩问我们的精神深处。

（信息来源：《中华读书报》2005 年 2 月 28 日）

◎榜十二、2004 中国小说 25 部◎

（一）长篇小说

1.格　非：《人面桃花》

简介：本书讲的是光绪二十七年春，罢官回籍的陆侃突然从普济消失，不知所终。其女陆秀米开始第一次正视她所面对的这个世界。几天后，革命党人张季元以养病为名来到了普济。在秀米的眼中，张季元就是这个神秘世界的象征：他查访一个六指木匠，联络地方革命党，购运枪支，准备起义；他去过日本横滨，与母亲的关系也令人生疑。而对于张季元来说，这个他暗中渴慕的美貌少女的存在使他对革命的信念产生了动摇。两人之间的情感于暗中滋生并迅速成长，但随着革命党的被剿灭，特别是张季元猝死而告终。

2.张　平：《国家干部》

简介：本书深刻描写了党的执政者以人民利益为最高利益，立党为公、执政为民，坚持与地方势力、宗法势力和大小既得利益者进行斗争的感人故事。讴歌了党在执政能力建设中，众多可歌可泣的、用生命维护人民利益的时代英雄。

3.刘　庆：《长势喜人》

简介：本书描写的是中国自"文革"至今沧海桑田的巨大社会变革中，由于精神上的严重残疾，人们不断感染各种迷狂并陷入迷乱的一部"疯狂简史"。在这部奇异的历史中，父子两代人（主人公李颂国和他的两个监护人——曲建国和马树亭）经历、参与并见证了两种表征不同却在本质上同源同种的巨大迷狂。这种迷狂是具有中国气质的，它的不断演绎，传达了一种在中国社会的现实和历史中普遍存在却被人们秘而不宣的精神疾患——蒙昧，以及与此相关的人格缺失。

4.文　兰：《命运峡谷》

简介：小说叙写的时间跨度从 1958 年一直到"文革"后的 1978 年。作品通过蔡文若、葛东红、白丽、苦叶、梁萍、杨静玉等人 20 年间的政治经历和情感风暴，反映了在极"左"路线盛行的大背景下，原本善良、纯洁的人们对于命运前程的追求和对自由、尊严的向往以及所发生的不得已的人性扭曲和变态，从而引起读者对于人的生存境遇的沉思和关注，对生命内在疼痛的悲悯与体恤。

5.乔　叶：《我是真的热爱你》

简介：这本书讲的是当今社会的一个热门话题：一对孪生姐妹在生活的偶然中误入风尘，在相互的感情和恩怨纠葛中挣扎，最后妹妹以自己的生命换取了二人的灵魂拯救。

（二）中篇小说

1.艾　伟：《中篇 1 或短篇 2》
2.孙惠芬：《一树槐香》
3.映　川：《我困了，我醒了》
4.陈昌平：《国家机密》
5.陈应松：《马嘶岭血案》
6.韩天航：《我的大爹》
7.葛水平：《地气》
8.苏　炜：《米调》
9.王　松：《血疑》
10.胡学文：《麦子的盖头》

（三）短篇小说

1.麦　家：《两位富阳姑娘》
2.莫　言：《月光斩》
3.刘玉栋：《幸福的一天》
4.卢江良：《狗小的自行车》
5.陈希我：《我疼》
6.苏　童：《堂兄弟》
7.潘向黎：《白水青菜》
8.铁　凝：《小嘴不停》
9.魏　微：《异乡》

10.赖妙宽:《右肋下》

(信息来源:新华网2005年3月18日)

备注:中国小说学会是由众多全国知名的学者、教授、小说评论家和职业小说家组成的全国一级小说学术性团体,自2000年推出“中国小说排行榜”以来,受到了社会各界的广泛关注,对小说理论研究和小说创作产生了积极的推动作用,在国内乃至国际文学界产生了重要的影响。此次“小说排行榜”评选活动由中国小说学会会长冯骥才主持,在评选过程中,坚持以历史深度、人性内涵、艺术魅力为主要评选尺度。不考虑作家的名气,不考虑刊载作品的刊物或出版社,不考虑作家的年龄、性别、地区、作品题材、商业效益等因素,以体现公平、公正、科学的学术精神。

◎榜十三、2004十大人物传记◎

1.为了林徽因也为了梁思成——《梁思成、林徽因与我》

林洙著/清华大学出版社2004年6月版

1972年建筑学家梁思成先生去世,夫人林洙44岁。多年来,她凭着自己微薄的工资照料着一家人:梁思成的两个年幼的孩子,还有林徽因的生母何雪媛,直到林母去世。

2004年6月10日,林徽因诞辰100周年纪念日,林洙再次提笔叙述《梁思成、林徽因与我》。“梁公是我的丈夫,林徽因是我热爱与崇敬的师长,我不愿对他们妄自褒贬,我只想忠实地记录,还历史以真实。”“我76岁了,但我还是要说,林徽因是我一生中见过的最美丽、最有气质的女性。对我而言,她是长辈,是泰斗,太高,我够不着。”

该书责任编辑马庆洲介绍说,林徽因诞辰一百周年和奥运引发的北京城市建筑热潮是该书的策划动因。

2.周国平首次执笔心灵自传——《岁月与性情》

周国平著/长江文艺出版社2004年7月版

大学里流传着这样一句话:“男生不可不读王小波,女生不可不读周国平。”在2001年推出第一部纪实文学作品《妞妞:一个父亲的札记》之后,学者、作家周国平又于2004年推出了第二部纪实作品《岁月与性情》。“如果说写《妞妞》是‘为了忘却的纪念’的话,那么写《岁月与性情》就是‘为了反思的回忆’”。

周国平以智性生活和情感生活两条主线编织自己的心灵历程。在“北大岁月”章节中,他回忆了挚友郭沫若之子郭世英,“郭世英是我今生今世遇见的最具人性魅力的一个人,我一生的精神追求的方向,正是在他的影响下确定的。”

“该书如实记录了作者的性情:对错误毫不回避,十分人性,足够真诚。”该书责任编辑说,这部“心灵自传”上市几个月就卖到16万册,可见周国平的市场号召力不减当年。

3.杰克·韦尔奇奉献管理学“圣经”——《杰克·韦尔奇自传》

[美]杰克·韦尔奇著/中信出版社2004年10月版

从1981年入主通用电气公司,20年时间里,杰克·韦尔奇使通用电气公司的市值达到4500亿美元,增长了30多倍,其排名从世界第十位提升到第二位。2001年,通用电气公司历史上最年轻的董事长和首席执行官杰克·韦尔奇在出版界继续着他的“管理学世界偶像”的神话。这位“全球第一CEO”在退休之前奉献的“管理学圣经”——《杰克·韦尔奇自传》享受的“白金级包装”在全球赢得强烈反响。《杰克·韦尔奇自传》被时代华纳公司以700万美元的天价竞标购得北美版权,创下美国自传版权收入之最。

4.邓丽君“唱响名人”画传——《邓丽君画传》

师永刚、昭君、方旭著/作家出版社2004年1月版

2004年1月29日,是“一代歌后”邓丽君51岁诞辰日。在邓丽君离开人世9年后的这一天,作家出版社出版了第一本获得邓家授权的邓丽君传记,以此缅怀“一代歌后”。

2003年,作家师永刚等历时一年,遍访邓丽君家人及相关人士,希望在书中重现邓丽君42年的人生光彩。书中涉及邓丽君为何终生未能返乡、天安门大型演唱会为何取消、与成龙等7位男友的情史、死亡谜团等内容。邓丽君的五弟邓长禧在为该书撰写的序言中说:“终于有一本能完全代表邓丽君的著作问世了。”此书发行量达到10万册。

5.阿拉法特的传奇人生——《我的传奇丈夫阿拉法特》

[巴勒斯坦]苏哈·阿拉法特著/高发明、张敬群译/中国工人出版社2004年11月版

2004年11月11日,整个巴勒斯坦都在哭泣。阿拉伯世界的民族斗士阿拉法特在法国辞世。扑朔迷离的死因让一个女人进入了全球公众的视线。就在当月,这个叫苏哈的女子推出《我的传奇丈夫阿拉法特》,披露了她和阿拉法特的感情生活和生死之旅。

6.黄万里被重新忆起——《长河孤旅:黄万里九十年人生沧桑》

赵诚著/长江文艺出版社2004年7月版

赵诚费时两年写作了《长河孤旅:黄万里九十年人生沧桑》一书,全书浓缩了黄炎培之子、学人楷模、被誉为“20世纪中国有良知的知识分子典范”的黄万里的一生。他被人赞誉为“情系江河早献身,不求依附但求真”,通过本书我们从某些侧面照出了一个

逝去一世纪的剪影。相信以前知道、或者不知道黄万里的人,看过此书都会对黄先生的风骨表示由衷的钦佩。

7.艺术大师图书市场遭冷遇——《马三立别传》、《一户侯说》、《一辈子——吴祖光回忆录》

刘连群著/百花文艺出版社 1991年4月版;侯鑫著/北京燕山出版社 2004年7月版;吴祖光著/中国文联出版社 2004年7月版

1992年2月,75岁的相声大师侯宝林辞世。2003年2月,90岁的相声泰斗马三立辞世。2003年4月,86岁的戏剧大师吴祖光辞世。作为上世纪最具影响的艺术大师,他们在逝世后引起大众追思。

跟随马三立多年的作家刘连群低调推出《马三立别传》。2004年,由侯宝林口述、其女儿侯鑫笔录的《一户侯说》出版,据该书责任编辑说,由于题材归类为曲艺,发行量受到了一定的局限。

2004年7月,中国文联出版社重磅推出的《一辈子——吴祖光回忆录》展示了这位艺术大师的坎坷一生,发行量已达到1.5万册。吴祖光敢于说真话,在当时颇受争议,他与新凤霞之间的感情故事也是本书吸引读者的地方。

8. 姚明与刘翔的对垒——《我的世界我的梦》、《我是刘翔》

姚明著/长江文艺出版社 2004年10月版;刘翔著/上海三联书店 2004年11月版

在全国各地的书店里,“小巨人”和“小飞人”的自传摆开了对攻的架势。据长江文艺出版社介绍,姚明的《我的世界我的梦》发行量达20万册,而上海三联书店出版的《我是刘翔》首印数是10万册。

9.王小波、李银河公开情书——《爱你就像爱生命》

王小波、李银河著/朝华出版社 2004年5月版

“他的生命就像刻着他名字的那块巍峨的巨石,默默无语。翻拣他当初写给我的情书,只觉得倏忽之间,阴阳两隔。人生真是一件残酷的事。”李银河的这段文字,印在了《爱你就像爱生命》一书的序言中。

2004年5月,王小波和李银河夫妇的合影被处理成邮票贴在《爱你就像爱生命》一书的封面上,并盖上出版日期作为纪念邮戳。朝华出版社社长田辉说,这本书在20–30岁的年轻人中很有影响。

这部浪漫骑士的爱情书简发行量是3万册。“王小波热”并不像一些业内人士预测的那样逐渐消退,反而在每一年都有不同程度的回潮。

10.总统的出版秀——《我的爱情》、《我的生活》

[英]安德鲁·莫顿著/詹娟、严明译/作家出版社 2004年8月版;[美]比尔·克林顿著/李公昭译/南京译林出版社 2004年9月版

美国前总统克林顿的新书《我的生活》于2004年6月在全美发行。南京译林出版社出版其中译本。据称,莱温斯基对《亲历历史》和《我的生活》中对她的“污蔑”极端不满,并希望《我的爱情》能抢在《我的生活》之前推出中译本。

莱温斯基在《我的爱情》一书中称,克林顿在法庭上否认他们之间的感情,对她是“致命一击”。“克林顿完全毁了我。他成功地挽救了自己的威信,却不惜牺牲我!”在我国港台地区,出版商们索性把《我的生活》和《我的爱情》“捆绑”上市。

(信息来源:《中国青年报》)

二、社科类

◎2004十大社科图书◎

1.《邓小平理论发展史论纲》

赵可铭主编/人民出版社 2004年6月版

本书是纪念小平同志百年诞辰的重点图书,也是国家社科基金重点资助项目。全书约60万字,共分6篇28章,以史论结合的方式论述了邓小平理论的发展史,包括:邓小平理论的思想渊源、实践基础和对马克思主义的新发展,邓小平理论产生的世界历史背景,形成、发展和实践的基础,毛泽东对中国社会主义建设道路的历史探索,以及邓小平经济建设理论、政治建设理论、文化建设理论、国际战略思想、新时期军队建设思想的形成和发展,在实践中坚持和发展邓小平理论等方面。

2.《中国大势》

刘德福、汪澄清著/山东人民出版社 2004年11月版

本书是关于中国社会发展研究的一部力作,由法学博士、著名政策专家、思想家刘德福和哲学博士汪澄清共同完成。著名国情专家、清华大学教授胡鞍钢高度评价了此书,他认为这部著作有四个方面的贡献:即大志向、大视角、大思考、大设计。他说,这套书有非常强的理念,以“唤醒中国,革新中国,复兴中国”的大志向来推动中国改革开放的进程。通过认识世界来认识中国,考察和认识中国的视角高瞻远瞩,十分独到。

3.《中国纸和印刷文化史》

钱存训著/郑如斯编订/广西师大出版社 2004 年 5 月版

本书是综合性的著述,内容注重纸和印刷在中国和世界文化史中的地位、作用和影响,范围包括历史上的每一个时代,上自二者最早出现,下迄 19 世纪末手工业时代结束。全书分为 10 章,首章绪论为全书提要,纸和印刷,包括制墨和装订各占 3 章,先按编年叙述其起源和发展,再以专题论述二者的技术、程序、应用和艺术,使纵横皆能兼顾。传播和影响也占 3 章,不仅西传,兼及世界各方,最后一章以纸和印刷对中国和世界文明的影响作为结论。全书结构简明而有系统,章节内容分配平均,资料包括实物和文献,有关造纸、制墨和印刷的材料以及前人的贡献,在绪论中有全面的介绍和评论。书内附有插图 174 幅,选自世界各地图书馆和博物馆的藏品,以增进阅读的兴趣。

4.《现代中国思想的兴起》(4 册)

汪晖著/三联书店 2004 年 7 月版

"在 19 世纪工业化、殖民主义和民族主义的潮流之中,一种直线进化的时间及其支撑之下的进步意识占据了支配性的位置。正是在与前述历史意识的对峙之中,现代人将自身建构或理解为'现代的',却忘记了天演、进化等观念是如何通过与古典历史意识的纠缠才得以确立自身的合法性的。"这是作者汪晖近 10 年来最重要的一部著作。全书以一种开阔的视野,宏观叙述了中国现代思想的演进,是 2004 年颇受瞩目的一部著作。

5.《当代中国城市社会结构现状与趋势》

郑杭生、李路路等著/中国人民大学出版社 2004 年 4 月版

本书以广州、中山、长沙、湘潭、郑州、开封、西安、天津、长春、吉林 10 个城市的抽样调查为基础,将我国城市居民划分为管理阶层、专业技术人员阶层、办事员阶层、工人阶层、自雇佣者阶层、私营企业主阶层和其他难以确切区分的阶层等七个阶层,并从历史演变、收入分配、工作转换、社会心态、有关阶层的现状和发展趋势等方面对当代中国城市社会结构做了深入研究。本书为国家社会科学基金"九五"重大课题研究成果。

6.《明代社会生活史》

陈宝良著/中国社科出版社 2004 年 4 月版

本书从服饰、饮食、居住、行旅交通、冠婚丧祭、宗教信仰、节日、休闲娱乐、社交礼仪诸多方面,对明朝人观念与生活的变迁作了详细的考察。并对上自皇宫贵族、士大夫,下至商贾百工、医卜星相各社会阶层的生活面貌作了具体的刻画,进而指出明朝人生活具有商业化、艺术化的趋向。该书为"中国古代社会生活史丛书"的一种,是国家哲学社会科学"九五"规划重点项目,由中国社会科学院历史研究所和国内著名高等院校的专家学者历经数年研究而成。该丛书立足于文献、档案文书及考古发现的最新进展,系统考察了中国古代各个历史阶段社会生活的方方面面,是一套专门研究和论述古代中国社会生活的丛书。

7.《封建社会》

[法]马克·布洛赫著/张绪山译/商务印书馆 2004 年 8 月版

《封建社会》是法国年鉴史学奠基人马克·布洛赫(MarcBloch,1886–1944)的经典著作。它通过对西欧封建社会的经济、政治、文化心态等诸多结构的综合性研究,揭示了封建主义作为一种社会类型的性质。该书法文版出版于 1939–1940 年。1961 年英文版问世,到 1989 年已重印 9 次。

《封建社会》全书共分上下两卷,上卷副标题为"依附关系的成长",下卷副标题为"社会等级和政治体制"。作者将封建主义视为 13 世纪西欧社会的一种富有活力的力量。在概述了封建主义赖以发展的社会和心态状况后,布洛赫考察了作为附庸制前身和伴生物的家族关系的性质。该书的核心在于对依附关系和领主——附庸关系的形成以及采邑的起源和性质的出色论述。贵族及其生活方式、骑士以及骑士制度、教士和其他社会力量,在这本书中也得到充分的描述。全书以作者的"封建主义是一种社会类型"的论断而结束。

《封建社会》自其出版以来,不仅对中世纪史研究做出了卓越的贡献,而且对历史学以及其他社会科学都产生了巨大的影响。人们称之为"论述封建主义的国际水准的著作","现代的一部史学杰作","一部典范作品","一部重要的综合性学术著作"。

8.《罗念生全集》

罗念生著、译/上海人民出版社 2004 年 6 月版

《罗念生全集》的主要内容是古希腊文学——文论、悲剧、喜剧、诗歌、散文等的翻译和研究,在 10 卷中占有 6 卷(包括少量古罗马文学作品的译介和其他译文)。最后两卷则是罗老自己创作的散文、诗歌以及书信、年谱、传记等等。而在古希腊文学的翻译和研究中,重点又是古希腊文论、悲剧、喜剧等。《罗念生全集》共 350 万言。这套大书的编成出版就像是在中国文化大地上搬来了一座希腊群神聚居的奥林波斯山一样。这是罗念生先生 60 多年文艺劳作的硕果汇集,是中国文化建设和中外文化交流的梁柱和丰碑。

9.《中国住宅概说》

刘敦桢著/百花文艺出版社 2004 年 1 月版

刘敦桢先生在中国建筑史上具有重要的地位,与梁思成先生既是益友同仁,又是中国营造学社的两大支柱。本书为研究中国民宅的开山之作,它提纲挈领地勾勒了中国民宅从远古以来逐

渐发展成明清时期的三合院、四合院的清晰的线索，具有总结过去、开创未来的意义。尤为难得的是，作品融学术性、知识性和可读性于一体，于平朴流畅的叙述中，显示出对中国建筑的真知灼见和远见卓识，显示出高超的学术见解，对于今天的学术研究和建筑实践，依然有着积极的指导意义。

10.《唐前志怪小说史》（修订版）

李剑国著／天津教育出版社 2004 年 12 月版

本书集著名学者李剑国先生 20 多年研究之心血，以缜密、细致、扎实的材料研究为基础，系统整理、论述了中国唐代以前志怪小说的创作情况及艺术风貌，是一部博大精深、精彩焕然的中国古代小说研究的必读书。

20 年前，作者曾写作出版过同题专著；20 年间，关于唐前小说的研究有大量新成果问世。因此，作者以 20 年研究之心血重写本书，修正了不少既有论点，同时更对学界未曾予以充分注意的一些作品做了深度发掘和探究；花大力气对《搜神记》、《搜神后记》、《异苑》等作品进行考据论证；对一些作品的产生时代重新作了认定；将近年来相关研究成果尽数纳入；确定是伪书的删掉，将新发现的作品及资料补上。从原书到修订本的 20 年间，修订中作者将其所见尽量吸收进来，又补充修改了注释、核对引文、补充了参考引用书目。

（信息来源：《中华读书报》）

三、科教类

◎榜一、2004 十大科技图书◎

1.《怎样当一名科学家：科学研究中的负责行为》

［美］"三院"科学、工程与公共政策委员会编著／刘华杰译／北京理工大学出版社 2004 年 1 月版

在大科学时代，科学研究已成为日趋国际化、高度竞争的社会活动，科研的各个环节都可能引发纠纷，因而从业者需要事先了解必要的行为规范。1995 年，美国科学院（NAS）、美国工程院（NAE）和美国医学研究院（IOM）3 家的"科学、工程与公共政策委员会"合作推出了一份适用于行业内部的行为手册《怎样当一名科学家》。实际上它是 1989 年同名手册的修订版，吸收了来自科学哲学、科学社会学、科学传播学等学科的研究成果。这部手册性著作主要面向研究生和刚入门的研究人员，但它讲述的规则适用于所有科学家以及各领域的学术研究者。它的特点是：（1）简明而权威。由权威机构组织调研，内容经过了反复讨论和多所学校的试用。（2）社会性和时代性。紧扣现实，考察了"大科学"时代科学与社会复杂关系的核心部分。（3）实用性。本书结合多个案例具有针对性地阐明了科研中经常遇到的若干敏感问题。

根据这部小册子，科学研究事业与人类其他活动一样均建立在诚信的基础之上，科学共同体应当维持较高的信用水平，科研道德建设必须首先在制度建设上下功夫。公开并且事先讨论可能遇到的各种科研道德问题如署名、疏漏、利益分配、不轨行径等是一种好办法，可以防患于未然。这部小册子更多地不是讲出了事以后如何办而是要求一开始就尽可能考虑一些可能性从而防止恶性事件发生。在一般情况下，科学是一种职业，要把科研人员当成普通人看待，既不随意贬低也不随意拔高。

本手册的结尾处写道："当科学与日俱增地渗透到人们的日常生活之时，研究事业本身也逐渐变化着。但是研究事业所赖以生存的核心价值——诚实性、怀疑性、公正性、协作性、开放性，依然保持不变。这些价值有助于成就具有无与伦比的高效性和创新性的一种研究事业。只要这些价值依然保持强势，科学以及它所服务的社会，就会继续繁荣。"这也道出了此书所倡导的科学观和价值观。

这部书对中国科技管理人员、科研人员、广大学生具有重要参考价值，是当前端正学风、科研道德建设急需的材料。

2.《迁徙的鸟》

［法］雅克·佩兰、让弗朗索瓦·蒙吉博著／马蒂厄·西莫内等摄／黄秀莲、黄小萱译／河北教育出版社 2004 年 1 月版

作为中国电影史上引进的第一部数字纪录大片，《迁徙的鸟》在 2004 年春节之际上映并引起轰动，该片的同名图书也受到了读者特别是鸟类爱好者的极大关注。书中收入 260 幅精美图片，真实地展现了鸟儿振翅高飞、长途迁徙的矫健身影和壮观景象，堪称一场"视觉的盛宴"。此外，本书还提供了反映鸟类生活习性的权威知识和珍闻趣事：这里有飞得最高、飞得最远等创记录候鸟的资料；有五大洲 19 种迁徙主角的基本档案和迁徙地图；有世界上近 20 种鸟巢的精确描述和统计数据；有鸟类恋爱、婚姻、育雏及视力、听力、智力等方面的一系列发现和奇闻。阅读这本书，将是一次对生命的感悟，对美的体验。

3.《真该早些惹怒你：关于科学、科学家和人性的随笔》

[英]佩鲁茨著/张春美译/上海科技出版社2004年1月版

本书是1962年诺贝尔奖得主佩鲁茨的随笔集。佩鲁茨在书中不仅对自己漫长而独特的科学生涯作了引人入胜的回顾，还对20世纪的一些科学巨人进行了描述，这些巨人包括被诺贝尔奖遗忘的女性核物理科学家迈特纳、从原子弹的设计者变为反对者的萨哈罗夫、在法国人心目中威望超过拿破仑的巴斯德等。另外，书中关于口服避孕药和堕胎药的发现过程及社会反应、对核能造成的环境效应的思考和求证等主题的文章也非常具有可读性。

4.《阅读生物学札记》

郑也夫著/中国青年出版社2004年1月版

有人认为，21世纪将是生物学的世纪，生物学的发展不但将改变人类的生活，而且将改变我们对世界特别是生命现象的认识。社会学家郑也夫在博览生物学著作的基础上，撰写了这本融合科学与人文、从生物学出发思考人性和社会的新颖著作。本书以详尽的事实揭示了理解婚姻、道德、语言等人类社会的现象，都有赖于生物学的知识。

5.《西方文化中的数学》

[美]M·克莱因著/张祖贵译/复旦大学出版社2004年4月版

作为历史上最著名的数学史作家，克莱因在书中向我们阐明了数学在西方文明中的突出地位。本书一方面展示了数学自身的发展历史，分析了数学是如何发展为一种伟大的文化力量的；另一方面则集中阐述了数学与哲学、绘画、美术、音乐、建筑、伦理学等错综复杂的关系，描述了数学对西方文明进程的影响。

6.《最后的炼金术士：牛顿传》

[英]迈克尔·怀特著/中信出版社、辽宁教育出版社2004年5月版

牛顿的传记性、研究性著作大概可用汗牛充栋来形容。而近年来，随着牛顿手稿的曝光和有关研究的深入，一些新的著作揭示了牛顿不为人知的另一面，改变和加深了我们对这位科学巨人的认识。迈克尔·怀特的作品就是其中之一。在怀特笔下，最引人注目之处是：作为“理性之化身”的牛顿除从事科学研究外，还曾狂热而持久地投身于炼金术等“伪科学”的研究，并且，牛顿从炼金术的研究中获得了关键性的启示，从而有了那些伟大的科学发现。

7.《竺可桢全集》（1–4卷）

竺可桢著/樊洪业主编/上海科技教育出版社2004年7月版

在竺可桢逝世三十周年之际，《竺可桢全集》前4卷出版。《全集》（1–4卷）共310万字，以时间为序收录了竺可桢从1916年到1973年已刊或未刊的中文著述701篇，包括学术论文、大学讲义、科普文章、演讲词、工作报告、思想自传、信函、题词、序跋、诗作等。竺可桢著述极丰，预计《全集》将达20卷，总字数约1300万。竺可桢是较早形成了可持续发展思想，较早提出西部开发、较早开展科学史研究、较早关注科学普及的科学家，《全集》将使我们得以更好地领受竺可桢留下的宝贵思想遗产。

8.《科学技术论手册》

[美]希拉·贾撒诺夫等编/盛晓明等译/北京理工大学出版社2004年9月第1版

本书是“科学的社会研究协会（4S）”1995年编辑的一本经典读物。所谓“科学技术论”（Scienceand Technology Studies，STS），简而言之就是从多学科角度对科技活动与科技文化现象的研究。本书提供了有关科学技术的社会科学研究、人文研究和政策研究的最具综合性的资料，对科学哲学、技术哲学、科学技术与社会、科技政策等学科领域的专业研究者，一般的社会科学和人文学科的学者，以及对相关话题感兴趣的一般读者，都具有阅读价值。

9.《动物世界的黎明》

陈均远著/江苏科学技术出版社2004年9月版

发生在5亿多年前壮阔而神奇的生命世界在寒武纪突然的崛起称为“寒武纪大爆发”，这一事件困惑了达尔文及其后无数的科学家，在当今仍是一个重大的科学难题。本书采用了大量第一手的化石材料和栩栩如生的生物复原图来探索那个逝去的世界，试图解开“寒武纪大爆发”的谜团。作者陈均远是国际知名古生物学家和演化生物学家，中国科学院南京地质古生物研究所研究员，他曾亲历了1983年和1999年的中寒武世布尔吉斯动物群的发掘、1987年以来云南寒武纪早期帽天山页岩动物群的发掘和研究、1998年以来贵州翁安动物群的研究等工作，本书对这些工作都有详尽的介绍。

10.《诺贝尔的囚徒》

[美]卡尔·杰拉西著/黄群译/百花文艺出版社2004年10月版

这是一部关于科学——具体而言是科学界的伦理道德——的虚构作品。小说中，生物学家康托、康托的得意门生杰里、肿瘤学权威克劳斯为了诺贝尔奖的荣誉展开了明争暗斗。其中对学术研究中的优先权、人际关系、导师选择、发表论文、寻求资助等方面都有精彩描绘。这部小说对于有关人士透视学术腐败、科研道德问题具有重要参考价值。正如中国科学院化学所前所长胡亚东先生为中文版所写的推荐语所说，此书“堪称国外学术界的《围城》”，“极富教育价值”。

（信息来源：《中华读书报》）

◎榜二、2004 十大电脑图书◎

1.《与熊共舞:软件项目风险管理》

[美] TomDeMarco,TimothyLister 著 / 熊节、马姗姗译 / 清华大学出版社 2004 年 3 月版

在西方很多国家（包括我们的近邻印度),熊被当成一种观赏动物,它的绝技就是跳舞。训练有素的熊,能够在观众面前熟练地表演转圈、弯腰等舞蹈动作,完全没有一点儿林中巨兽的狰狞态度。但俗话说,看人挑担不觉沉,看熊跳舞是一回事,与熊共舞则是另一回事了。本书的作者们就认为,软件开发中包含的风险,绝不亚于跟狗熊跳一支华尔兹。谁要是把这个职业当成儿戏,当成马戏团观众的安全享受,那么他恐怕也就很难终此一曲：步伐稍有偏差,狗熊的坏脾气可能就会发作了。

这个观察绝非危言耸听，有多年以来软件项目的成功率统计为证。两位作者正是研究软件开发管理的国际权威,所以本书在北美出版后，那些命悬熊掌的开发经理们立刻将之奉为圭臬。作者们如愿捧回了最新一届的 Jolt 图书大奖。

那么,究竟怎样才是应付风险的正道呢?细察文意,作者们提出的无非是三个要点:首先要正视风险,对人对己诚实;第二在分析、控制风险的时候,要保持理性、冷静的态度;最后(但并非最不重要的)，要掌握一定的分析模型和管理策略。对于那些能够彻底做到以上三点的开发者来说,与熊共舞和看熊跳舞,也许就是一回事吧。

2.《软件工艺》

[美] PeteMcBreen 著 / 熊节译 / 人民邮电出版社 2004 年 5 月版

这是一本很有煽动力的书。作者的中心观点大概会令很多人吃惊:人们熟悉的“软件工程”的说法,并不适用于今天大多数的软件项目。对于小型的、民用 / 商业项目来说，软件开发与其说是一种“工程”，不如说是一种“工艺”。

这当然是个引起争议的意见。虽然本书曾获得当年的 Jolt 图书“生产力奖”,但是它推行的激进方案也很难被传统的软件工程阵营所完全认可。我们在原书出版几年后的今天可以看到:一方面,多数软件开发企业的实际运营并没有按照书中预言和倡导的路线发展;另一方面,“软件工艺”的态度,也确实被越来越多的开源程序员和独立专家接受、遵循。也许可以说,本书的价值更多地在于作者的提问,而不是他本人的回答。如果读者们都能抱有更开放的态度理解“软件工程”和软件开发活动的实质,那么本书也就实现了自身的价值。

3.《道法自然——面向对象实践指南》

王咏武、王咏刚著 / 电子工业出版社 2004 年 10 月版

在这本介绍面向对象软件开发的专著中,作者们只举了一个例子。不过碰巧,这个例子比较长——从第一章讲到了最后一章。以上说法有点儿玩笑,不过也符合事实:书中的各章就是半虚构的叙述者“我(小 W)”,与项目负责人老 Z、同事小 A 一起,在 3 个多月的时间里进行一个小型软件项目(一个基于 C 的 GUI 框架)时写下的开发日记。

所以,本书的实践意义首先来自这个贯穿全书的实例。读者打开第一章,就像是受到了同行的邀请和挑战,难免要把书中的小 W 当成真正的“我”,不由自主地加入到老 Z、小 A 的行列中,和他们一道在一个个场景里神思苦虑、载沉载浮。在这个取材于真实世界的实例中,作者们对面向对象软件开发的若干主要环节:分析、设计、直至编码实现,都结合实例做出了精到的介绍和讲解。通读全书的读者会感到:书中涉及的抽象原则本身固然重要,但作者们所说的“软件开发之道”,更多地还是在于面对具体问题时应变权衡的实践智慧(phronesis)。

4.《企业应用架构模式》

[美] MartinFowler 著 / 王怀民、周斌译 / 机械工业出版社 2004 年 7 月版

早在 2002 年,MartinFowler 就在个人网站上发布了本书的初稿。几年后,中文读者也领略到了《企业应用架构模式》的真貌。事实上,即使是国内的开发者,也早就或多或少地受到了本书的实际影响:我们熟知的很多国外厂商最新推出的企业中间件产品,其中的技术组件都是按照本书中的规范命名的。

作者最初想到的书名是“ISA”(信息系统架构),目前的书名则是由出版商推荐的。每次想到这一点,我们不得不佩服这个出版商的眼力:“企业应用系统”正是目前软件业的热点所在,加上 Fowler 大师级的技术底蕴和写作水准,这本书怎能不成为主流软件开发者人手一册的“新版圣经”呢?

5.《数据访问模式——面向对象应用中的数据库交互》

[美] CliftonNock 著 / 鄢爱兰、王安鹏译 / 中国电力出版社 2004 年 6 月版

我们谈到企业应用系统,就不能忽略其中“数据”的重要性。现存的大部分企业应用系统都是“数据库驱动的。”换句话说,数据访问的效率、可靠性,往往就决定了系统开发的成败。

本书遵循了名著《设计模式》的经典风格:主体部分被称为一个“模式目录”,其中给出的 5 大类、25 种数据访问模式,覆盖了企业应用开发中所需的数据访问技术的主要方面。作者的写作也继承了《设计模式》以来模式类专著的传统风格:扎实、条理明晰、示例充分。

在《后记》中有一段作者的个人回忆：他谈起 1995 年自己第一次读到《设计模式》时的喜悦和感激。这段说明是感人的,它让人想到,所谓传统和经典,首先就应该意味着这样一种传递过程：喜悦和感激成为一代代人阅读、开发和写作的灵感和动力。

6.《程序员修炼之道——从小工到专家》

[美] Andrew Hunt, David Thomas 著 / 马维达译 / 电子工业出版社 2004 年 3 月版

本书并非针对特定技术领域、开发工具，但又不是一部纯粹的“软件工程”论著。原书题目中的“pragmatic（实用的、实干的）”和译名中的“道”最精辟地表达了它的价值。作者们解释说，“pragmatic”原本是个希腊词，它的意思呢，其实就是一个“干（to do）”字。但动“手”做事也不是胡乱上手就可以的，这需要“手艺”，需要思考、行事之“道”。所以本书虽然也是坐而论道，可谈的却不是那种“道可道，非常道”的玄理，不如说这就像荒山中的一串串足印：比如作者对代码生成、版本控制、需求获取等领域的考察，都会让走上同一段山岭的读者感到既莫逆于心、又受益匪浅。作者们强调的原则（避免重复、提倡系统中的正交性和自动化等等）其实与目前流行的不少方法论吻合，但是它们在本书中却融入了更详实、更具体的应用场景。通读本书的读者，也就能领略到优秀开发机构的真实工艺流程。

7.《编程珠玑》（第 2 版）

[美] Jon Bentley 著 / 谢君英、石朝江译 / 中国电力出版社 2004 年 3 月版

查找、排序、字符串处理，对于程序员来说，这些处于底层的问题是硌人的沙子。每次遇到它们，编程的效率就会降低，错误也会不请自来。但是，本书的作者争辩说，沙子并非一无是处——只有沙粒落进蚌壳，珍珠质才会有所依附，形成人们珍视的明珠。在这个意义上，本书为程序员们提供了一座名副其实的宝藏。

本书的原型是作者 1983 年起为名刊《ACM 通讯》所写的专栏文章。写到 1985 年，作者自感“咳珠唾玉”未免可惜，于是又下功夫梳理轮廓、连缀篇目，终于拼成了“七宝楼台”，出版了这部影响了几代程序员的《编程珠玑》。中译本依据的是 1999 年推出的第 2 版。一部近 20 年前的软件开发专著居然具有这样旺盛的生命力，这或许也说明“沙子”本身的持久性。即使有一轮轮技术潮水的反复冲洗，人们面对的总还是类似的沙子——当然由此拾到的，也都是类似的珍珠吧。

8.《Linux 内核完全注释》

赵炯著 / 机械工业出版社 2004 年 9 月版

开放源代码社群的成员之间有个习惯：如果谁谈到对系统的哪个方面还有吃不准的地方，别人就会建议：“去读代码吧！”代码之外，别无法门，这似乎已经成了富有创造性的开放源代码运动区别于平庸、守旧的商业开发的重要标志。Linux 操作系统无疑是目前最知名的开放源代码软件。通读它的代码，不仅对开发者提高技术水准有实际意义，更重要的也许还在于，它构成了对我们求知勇气的测试和挑战。在这个意义上，“去读代码吧！”也是技术强者之间的相互召唤和邀请。

随着项目的不断成熟、扩展，当前版本的 Linux 代码早已超出了任何个人的实际阅读能力。本书作者明智地选择了 0.11 版的早期内核代码，在相当小的篇幅内给出了全部代码的详尽注释和解说。还是那句话：这首先是一本关于开源精神的书，其中体现的智识、勇气和彻底性，无疑值得我们由衷的钦佩。

9.《UMLJava 程序员指南》

[美]（中、英双语版）RobertC.Martin 著 / 黄晓春译 / 清华大学出版社 2004 年 8 月版

作者的文风一如既往地明晰和生动，而他正是用不可错认的风格表达了 UML 自身存在的两难：应该使用 UML，但也应该抛弃 UML。

UML 语言作为一种通用的建模工具，正在获得越来越多的青睐。而本书作者提醒我们，应该对这种一拥而上的狂热劲头保持警惕。UML 作为一种辅助开发工具是可贵的，但若是变成了一种尾大不掉的、根本没人看的繁文缛节，那反而失去了使用它的本意了。所以，书中特别强调了 UML 图画到什么时候就该停下、什么时候应该抛开 UML、什么时候根本不该使用 UML。还是哲学家们说过：任何有效的思想都像梯子，上楼后就该抛开。作者 Martin 眼中的 UML，大概也就是这样一架梯子罢了。

10.《Word 排版艺术》

侯捷著 / 电子工业出版社 2004 年 10 月版

“侯捷先生又出新书了。”这位来自宝岛台湾的编程权威，在内地开发者们中间也有着不可替代的影响力。人们已经习惯了每隔几个月迎来一本侯捷先生的新作——不过这一次的体验还是有点儿特别：这本书很少提到软件开发，而是一本彻头彻尾的“办公软件教程”。

为什么需要这样一本书？今天的社会中，越来越多的人要和“电子文档”打交道：书稿、论文、技术文档、商业演示文件等等，无不需要我们精心设计版式、调整布局，以达到规范、美观、易读的效果。但是，仍有很多人把 Word 之类的办公软件仅仅当成打字工具而已，由于这个偏见的存在，我们打开图书、函件的时候，往往大皱其眉：不论内容好坏，那些文档在“形式”上未免太不检点，简直像是穿睡衣上街的邋遢汉。

不但精熟于“电脑操作”（这是任何 Word 教程都能达到的目的），而且能够把 Word 软件针对排版应用的要点全盘托出——这就是一般使用教程和专业“应用”教程的最大区别。不难想见，本书是从作者亲手处理几十部书稿后的经验中萃取而来的。标题中的“艺术”二字名副其实：读者不仅能学到怎样实现这样或那样的效果，而且最重要的是，怎样才是“好的”效果。

（信息来源：《中华读书报》）

四、财经管理类

◎榜一、2004 十大财经图书◎

1.《重新想象：激荡年代里的卓越商业》

[美]汤姆·彼得斯著/向妮等译/华夏出版社 2004 年 9 月版

有《追求卓越》的 600 万的销量和影响力带来的声誉。汤姆·彼得斯并不需要再写一本书给他带来荣誉。但这个 60 多岁的老人写一本书的理由很简单，也很直接：“我愤怒了”。他坚信所有的创新不是来自市场调查，也不是来自个别人的创作加工，而是来自那些被激怒的人们。

《重新想象》表达了他的观点：商业很酷，商业是创造，是发明，是增长，是服务。商业的最大贡献是使我们的生活水平达到了前所未有的高度。但他表示，这个时代也免不了会有许多我们害怕和恐惧的时候。如果你不喜欢变革，那么你将跟不上这个时代。我们这个时代需要激情，需要创新。

2.《领导力》第 3 版

[美]詹姆斯·库泽斯、巴里·波斯纳著/李丽林、杨振东译/电子工业出版社世纪波公司 2004 年 1 月版

从 1987 年第 1 版、1995 年第 2 版，到如今的第 3 版，《领导力》经久不衰，它也是惟一突破百万销量的领导力方面的书籍。本书的结论和论述建立在对 7500 多人的调查问卷上。

作者詹姆斯和巴里开发出了得到高度赞誉的“领导力实践问卷”，该问卷是对领导行为的 360 度评估，如今已是世界上被广泛使用的领导力评估工具之一。调查最后得出的结论，卓越领导者的五种行为是：以身作则、共启愿景、挑战现状、使众人行、激励人心。

3.《门口的野蛮人》

[美]布赖恩·伯勒、约翰·希利亚尔著/张昊、何溆燕译/机械工业出版社华章公司 2004 年 5 月版

财经纪实小说一直是国内出版界的空白，但在美国图书市场却是一朵奇葩。本书 95% 的材料来自对超过 100 个采访对象的真实记录，我们可以想象这需要多少体力和脑力。作者的辛勤劳动得到了巨大的回报：《纽约时报》评其为第一畅销书，是《福布斯》评选的“20 本最具影响力的商业书籍”之一。

美国历史上最大的公司杠杆收购的描述，令人瞠目的事件，记述了 RJR 纳贝斯克公司收购的前因后果，再现了华尔街金融操作的风风雨雨。该书最后带给我们的思考是：为什么这些人如此关心计算机中的数据而不是工厂的产品？为什么他们热衷于拆散一家公司而不是去建设它？我们身边的商业环境原来是如此的复杂多变。

4.《这是你的船》

[美]迈克尔·阿伯拉肖夫著/刘祥亚译/机械工业出版社华章公司 2004 年 5 月版

“9·11”之后，美国军队管理成为热点，该书是《华尔街日报》、《纽约时报》推荐的畅销书，通过这本书，人们盛赞美国军方比大多数的美国企业更了解管理的精髓。从员工的角度出发，真正为他们的前景着想，利用自己的资源让他们成长，这是领导的职责，也只有这样才能成为一名员工自愿跟随的领导。

让士兵们都感觉到“这是我的船”，这是美国太平洋舰队的一名舰长传递的管理理念。书中提出的使命管理，这种非盈利性组织的管理应用于企业越加受到人们的关注。毫无疑问，在除了金钱奖励以外，我们要做的比想象的多得多。“本福尔德号”舰原来是管理混乱、士气低落的舰艇，在不到两年的时间，舰长迈克尔·阿伯拉肖夫就把它打造成了美国太平洋舰队最优秀的舰艇。这就是一个极好的例证。

5.《孙悟空是个好员工》

成君忆著/中信出版社 2004 年 8 月版

台湾《商业周刊》是最优秀的中文财经杂志，商周书摘精彩纷呈、权威深刻，一直备受瞩目。2004 年 11 月 29 日杂志的封面做了个“职场西游记”专题，就是以台湾版《孙悟空是个好员工》为基础的。文中对作者成君忆的介绍是 2003-2004 年内地最畅销财经书《水煮三国》的作者，可以说《孙悟空是个好员工》不但使内地，也使台湾掀起了成君忆热。国内多出几个这样优秀的作者，财经图书的辉煌也就不再遥遥无期了。

该书趣味性十足，是对《西游记》一次全新的诠释。如果你想了解自己，想知道《西游记》中一些更丰富的延伸知识，不妨看看这本《孙悟空是个好员工》。

6.《个体的崛起》

[德]莱恩哈德·斯普伦格著/胡越译/当代中国出版社 2004 年 7 月版

为了压制员工的个性，公司使出浑身解数，动用了一切工具：制定标准、规章制度、组织系统和行为规范等。结果却对产品、工艺和组织结果的创新造成很大的负面影响。这位欧洲首席管理大师宣称：个性是进步的惟一源泉，所有不承认个体性格的管理方法都将是失败的。

该书是当前德国最具影响力的管理类畅销书。此书一经出版就得到英国《金融时报》，德国《镜报周刊》、《世界日报》等强势媒体的大力推荐。作者莱恩哈德·斯普伦格也被称为“德国惟一能打动人心的管理大师”。

7.《公司董事指南》

[英]英国董事协会托尼·兰顿、约翰·

瓦特肯森著/李兆熙、杨威译/中国财政经济出版社2004年7月版

本书是在英国董事协会出版的《董事指南》一书基础上扩展修订而成，是公司董事最可信赖的权威的信息来源。英国董事协会是一个领导性成员组织，拥有超过5万名公司董事的会员。它的关键目标之一是“提高董事的专业化水平，增加他们的知识和技能，帮助他们拥有高水平的专门技能，提高他们的工作效率”。本书的选题是由国务院发展研究中心企业研究所主持开发的。

《公司董事指南》提供了关于董事角色、职责和法律义务的实践性、综合性的专业知识，是英国大量优秀公司的治理实践和不同行业的董事们亲身体验的总结，是英国新老董事案头必备的参考书。

8.《开会的革命》

[美]迈克尔·多伊尔、大卫·斯特劳斯著/刘天佑译/国际文化出版公司2004年1月版

可能所有人都会认为开会是人天生的能力，就像吃饭、喝水、说话一样。其实，我们对开会的无知已经到了不能容忍的程度。开会的低绩效不仅是官僚机构的病症，也是企业的顽疾。

你所在的组织越是成功，你用于开会的时间就越多。但什么时候不宜开会，选择什么样的讨论方法，开会方式及座位布局都很有讲究。通过这本书，你能解决一些一直困扰你的问题。它提供的解决方案之清晰，几乎是可以在现实中临摹的，它提供的每一个细节正是我们所经常忽视的。

9.《世界500强面试题》

[美]布莱尔·沃森著/朱丽、涂欣、李凤芹译/中国青年出版社2004年1月版

本书收集的主要是微软公司的面试题。测试你的人品、数学能力、推理能力、分析能力等。看一下其衍生的书，《世界500强选人标准》、《世界500强用人标准》、《中国100强面试题》等，你就可以知道其受欢迎和畅销的程度了。

其实它还提供了许多情调：在办公室、在家中、在聚会上，偶尔用书中的几道脑筋急转弯的题目，一下就把谈话气氛搞活跃了。读完这本书，你或者就能找到进入外企的敲门砖，你去面试时或者就不会那么惊慌了。但这些问题并不是真的需要你明白，并在你面试时给出答案，它们只是想让你思考，和朋友、同事、家人来共同进行思考、探讨。

10.《领先之道》

陈春花、赵曙明、赵海然著/中信出版社2004年8月版

中国20年短暂的企业运作经验，诞生了一些优胜的公司。本书正是在对5个中国行业先锋企业（宝钢、海尔、TCL、联想、华为）进行调查研究的基础上著作而成的。或许有人指责某些资料繁琐陈旧，但本书无疑也算得上中国商业策略研究的先河之作。有人带头做了这件事，这本身就非常值得关注和赞赏。

只有我们自己企业的故事才能对我们有更多的感化和吸引力，因为它们的故事发生在我们身边，我们甚至可以触摸得到。《领先之道》掀起了对国外公司盲目的崇拜和国内公司刨根究底的质疑浪潮的反思。作者呼吁：我们也需要静下心来研究和学习自己先锋企业的特点和成功经验。

（信息来源：《光明日报》）

◎榜二、2004十大经济管理图书◎

1.《细节决定成败》

汪中求著/新华出版社2004年1月版

本书作者汪中求，曾先后供职于香港恒雅、清华同方、泰豪科技等知名企业。他从推销员做起，当过商务部经理、企划部经理、营销总监、企业管理顾问。10余年来，其足迹遍及国内27个省市，签订过2000多份合同和协议，现为某公司首席营销管理顾问。他的个体经历似乎正是他的企管新书《细节决定成败》中的一个生动案例。

在前几年出版了畅销书《营销人的自我营销》之后，汪中求在担任首席营销管理顾问的3年时间里，将视野从营销拓展至整个企业的经营管理。他在《细节决定成败》一书中，以大量个案论述了“细节”在管理中的重要性，意在提醒企业乃至社会各界注意：精细化管理的时代已经到来。

2.《水煮三国》

成君忆著/中信出版社2003年8月版

在这本书里将三国看作竞争市场中的三类公司，一类是实力雄厚、产品占据市场半壁江山的大公司；一类是依据特色，固守一块市场，伺机扩张的中小型公司；还有一类是白手起家，迅速崛起的新兴企业。那么三国鼎立就是不同类型企业的管理者曹操、孙权和刘备，运用适合自身发展的管理策略搏击商海的故事。

3.《没有任何借口》

[美]费拉尔·凯普著/金雨译/机械工业出版社2003年11月版

“没有任何借口”是美国西点军校奉行的最重要的行为准则，是西点军校传授给每一位新生的第一个理念。它强化的是每一位学员应想尽办法去完成任何一项任务，而不是为没有完成任务去寻找借口，哪怕看似合理的借口。其核心是敬

业、责任、服从、诚实。这一理念是提升企业凝聚力,建设企业文化的最重要的准则。秉承这一理念,众多著名企业建立了自己杰出的团队。本书正是对上述理念最完美的诠释。

4.《孙悟空是个好员工》

成君忆著/中信出版社 2004 年 8 月版

同样是一个孙悟空,从前大闹天宫,那么强烈地试图改变这个世界,其结果却是惨遭失败,被压在五行山下不能翻身。经过一段漫长的取经之路,他不得不屈服于“紧箍咒”的魔力,在不知不觉中改变了自己,结果却赢得了个人与团队的共同成功。《西游记》所讲述的,其实就是孙悟空从“改变世界”到“改变自我”的一段成长历程。本书试图使用一种新的解读方式,来研究《西游记》这部历久弥新的文学名著。

5.《高效能人士的七个习惯》

[美]史蒂芬·柯维著/陈允明等译/中国青年出版社 2003 年 1 月版

习惯对我们的生活有极大的影响,因为它是一贯的。在不知不觉中,经年累月影响着我们的品德,暴露出我们的本性,左右着我们的成败,这就是本书的精髓所在。

6.《周一清晨的领导课》

[美]大卫·科特莱尔著/高秀娟译/高等教育出版社 2004 年 5 月版

在有关领导力的书籍中,这本《周一清晨的领导课》可谓独树一帜,围绕着“身处逆境的领导者如何‘妙手回春’”的问题,循序渐进地全面剖析。主人公领导下的部门如同立体画面一般浮现于读者的脑海,面临的每个问题读者都仿佛触手可及,在 8 次咨询的贯穿之下解决得一气呵成,令人感到酣畅淋漓。

7.《富爸爸系列丛书》(白金版)

[美]罗伯特·T·清崎著/电子工业出版社

今天的财富是选择,因为选择,你可以拥有更多物质,有更多的舒适、快乐和自由,你可以成为你想成为的人;因为选择,你可以更加困难地生活或困惑,也可以在回忆中与时共进。今天的金钱更丰富多彩、虚实纷飞。“富爸爸”系列丛书,一套普通的财富书,却在 21 世纪刚刚开始的时候掀起了一场轩然大波,紫色的全球风暴波及到了财富的本质、财富的生命与表现、财富的人文、财富的创造与毁灭。财富给我们的帮助与困惑,从西到东,又从东到西。它因此从一套畅销书变为长销书。

8.《自动自发》

[美]阿尔伯特·哈伯德著/机械工业出版社 2003 年版

本书是美国作家阿尔伯特·哈伯德的巅峰之作,作者用生动具体的事例、浅显易懂的道理、朴实无华的语言,向人们阐释了敬业、忠诚、勤奋的真谛,对我们的工作、学习产生了极其深远的影响。

9.《木桶定律——国家企业个人均衡发展的行动指南》

西武著/机械工业出版社 2003 年 7 月版

木桶能装多少水,不取决于最长的木板,而取决于最短的木板。劣势决定优势,劣势决定生死,这是管理学上最知名的法则之一。新发展观就是全面、协调、可持续发展。如果将社会发展喻为一个大木桶,那么经济、文化、环境、政治等就是构成这个木桶的大木板,任何一块木板的短缺和延迟都会影响整个国家的发展。本书是国家、企业、个人均衡发展的行动指南。

10.《李嘉诚经商自白书》

李嘉诚、达人著/群言出版社 2004 年 3 月版

这是目前国内第一本全面解析李嘉诚经商哲学的著作。该书辑录了李嘉诚数 10 年在各种场合谈商论道的吉光片羽,并穿插其奋斗成功的实战经验,总结出这位华人首富领先商界的 14 个强项,加以阐述和升华。

(信息来源:《市场报》2005 年 1 月 7 日)

◎榜三、2004 最受中国企业家欢迎的十大商业图书◎

1.《华为真相》

程东升、刘丽丽著/当代中国出版社 2003 年 12 月版

华为一直处于凶猛无比的扩张中,任正非自比为“狼”,媒体则把华为与跨国公司的竞争比作“土狼与狮子的战斗”。因此,华为必然不是一个均衡的企业,俗话说“歼敌一千,自伤七百”。任正非也承认,“压强战术”的运用,浪费是惊人的。华为到底是什么样的,让数以百计的有勇气的被访者告诉你,华为的真相是什么……

2.《什么对企业真正有效》

[美]威廉·乔伊斯等著/张玉文译/机械工业出版社 2004 年 1 月版

企业如何才能成功?这个问题一直以来都强烈地吸引着许多经理人的注意,在过去的 20 多年里,也有许多针对这个主题的书出版。为解答这个问题,《什么对企业真正有效》进行了有史以来最详尽、最缜密的研究。这项研究结果非常实用、睿智,极富启发性,对管理思想做出了重大贡献。

3.《利润》

[美]P·T·巴纳姆著/陈广译/机械工业出版社 2004年3月版

本书涉及核心竞争力的界定与获得、销售及其相关运作、核心业务的界定及获取、企业设计和利润区的发现与创造等一系列问题,通过对这些问题的探讨来揭示利润的最佳创造方法,并结合企业的文化形成和理念创立、市场的占领和维护以及管理者的素质阐述了企业长期发展的要件。这些也许是中国企业界最需要的东西。

4.《巴菲特致股东的信》

[美]沃伦·巴菲特著/陈全译/机械工业出版社 2004年1月版

本书收录了投资大师沃伦·巴菲特写给伯克希尔——哈撒韦公司股东的信。探讨的主题涵盖管理、投资及评估等。其中核心的精神是由格雷厄姆和托德提出的,书中论述了公司治理、公司财务与投资、普通股、兼并与收购及会计与纳税等内容,是一本既精炼又富于实用性和教育性的投资手册。

5.《困境与出路》

[美]克莱顿·M·克里斯坦森、迈克尔·E·雷诺著/容冰译/中信出版社 2004年5月版

固守核心竞争力与开发新的竞争领域一直是企业成长的最大困惑,许多处于颠峰时刻的企业巨头因为错误地进入了新的创新领域而遭遇滑铁卢,这些企业正是做了人们认为是好公司应当做的——集中精力取悦那些能给它们带来最大利润的客户——却给自己铺设了一条通向死亡的路,最终竟被原来名不见经传的小公司取代。

为什么会这样?如何突破企业成长创新的瓶颈?为什么追求新增长的努力却导致了企业的解体?这一难题被管理大师克里斯·祖克称为"亚历山大难题"。如何走出这个创新的困境,找到出路,是每一个企业家和管理者必须面对的重大问题。

本书作者克莱顿·M·克里斯坦森是哈佛商学院技术与经营管理和综合管理的双料教授,迈克尔·E·雷诺是全球著名咨询机构德勤会计师事务所德勤研究院主任。两位作者经过10多年潜心研究,分析了上百家著名企业失败和成功的案例,终于研究出了破解"亚历山大难题"的方法。

6.《资本之城》

[美]托马斯·科斯纳著/万丹译/中信出版社 2004年7月版

从南北战争到19世纪末这段时间,美国西部的工业体系日趋完善,与东部金融市场的发展珠联璧合,美国正从一个农场分散的小国家转变为世界领先的经济强国。这一转变将建立在缓慢增长的小型私有资本主义经济基础之上的美国经济连根拔起,代之以一个充满了大胆投资和全球视野的新型经济。正是纽约触发了美国资本主义发展的这一关键阶段。本书讲述的就是纽约以及推动美国成为世界经济霸主的人们的故事。

7.《生存》

张建华著/海南出版社 2004年6月版

这是一本探讨如何在中国搭上繁荣快车实现财富的书;这是一本探讨在中国商业环境中企业成功哲学的书;这是一本由中国企业从业人员撰写、以中国企业为标本的中国企业管理著作,他们包括:经济学家张维迎、樊纲、魏杰教授;企业家牛根生、冯仑、李家群;原创管理著作《联想为什么》的作者陈惠湘;《海尔中国造》的作者之一胡泳等等。

8.《德隆内幕》

李德林著/当代中国出版社 2004年8月版

该书以国外企业近百年的发展轨迹和中国20多年间的企业发展状态为宏观背景,将中国资本市场上赫赫有名又颇受争议的德隆集团置于其中,作为一个微观案例进行深度研究。

作者追踪了德隆从崛起到危机的全过程,资料丰富详实。该书不仅首次披露了德隆国际战略投资有限公司的37个股东的隐秘身份,还全面展示了德隆自救行动的"A计划"。是目前了解德隆最全面、最深入的读本。

9.《公司帝国》

[美]查尔斯·汤伯著/闫正茂译/中信出版社 2004年1月版

公司本身是经济单元和经济行为体。但在发达国家,为数不多的大公司财雄势大,拥有强大无比的实力,其行为影响远远超出经济范畴,已经成为牢牢控制整个社会运行的权力体系。它们的一举一动直接影响着政府公共政策的制定,影响着大多数人的生活方式和生活水平。

针对21世纪的这一突出现象,美国知名社会学家和批评家查尔斯·汤伯尖锐地指出:大型跨国公司已经侵占了普通公民和政府的权力,对社会的民主和经济生活构成了严重的威胁。

10.《公司治理中外比较》

胡鞍钢、胡光宇著/新华出版社 2004年1月版

中国公司发展和企业"走出去"战略进入了一个新时期。在完全竞争的国际市场中,中国企业的成功运营和管理对中国和世界都是一个巨大的贡献。本书详细分析了中国公司治理的现状和存在的问题,介绍了国际上先进的公司治理理论和经验。这将为我国政府规范、管理和监管中国公司协调发展和为中国公司适应不断变化的市场环境提供科学的公司治理方法指导。

(信息来源:《中国企业家》杂志)

五、综合类

◎榜一、第6届国家图书奖获奖名单◎

第6届国家图书奖荣誉奖

书名	作者	责任编辑	出版者	出版时间
《郭沫若全集·考古编》(10卷)	郭沫若	傅学苓、闫向东、邱璐	科学出版社	2002年10月
《吕叔湘全集》(19卷)	吕叔湘	俞晓群、王之江、刘国玉、柳青松	辽宁教育出版社	2002年12月
《梁思成全集》	梁思成	彭华亮、杨永生、于志公等	中国建筑工业出版社	2001年4月
《贾祖璋全集》(5卷)	贾祖璋	胡善美	福建科学技术出版社	2001年9-12月
《波斯经典文库》(7种/18卷)	菲尔多西等著 张鸿年等译	潇元	湖南文艺出版社	2000年6月 -2002年12月
《茅盾全集》	茅盾	人民文学出版社现代文学编辑室	人民文学出版社	2001年3月出齐
《中国文物定级图典》(一、二、三级品)	马自树主编	王圣良、余岚	上海辞书出版社	1999年12月 -2001年12月
《中国少数民族古籍集成》(100册)	徐丽华主编	陈大利、陈华	四川民族出版社	2002年11月
《续修四库全书》(1800册)	顾廷龙、傅璇琮等主编	吴旭民等	上海古籍出版社	2002年4月
《日本宫内厅书陵部藏宋元版汉籍影印丛书》(第1辑)	安平秋、杨忠等	王大路、林辰	线装书局	2001年5月
《中国美术分类全集·中国绘画全集》	中国古代书画鉴定组	李红、俞建华等	文物出版社 浙江人民美术出版社	2001年11月出齐
《中国美术分类全集·中国民间美术全集》(6卷)	中国民间美术全集编辑出版委员会	李功一等	人民美术、浙江人美 吉林美术、江苏美术 广西美术、岭南美术社	2002年12月出齐

第6届国家国书奖正式奖

书名	作者	责任编辑	出版者	出版时间
		社科类		
《中国佛教哲学要义》	方立天	李艳辉	中国人民大学出版社	2002年12月
《信息社会与网络经济》	乌家培	张中良	长春出版社	2002年7月
《二十世纪中国史学名著》(33卷)	梁启超、王国维、郭沫若等	张惠芝、韩新保、孟保青、杨子江	河北教育出版社	2000年12月 -2002年12月

书　名	作　者	责任编辑	出版者	出版时间
社科类				
《中国现代化历程》(1、2、3卷)	虞和平	缪亚奇、金长发等	江苏人民出版社	2001年9月
《比较刑法原理——外国刑法学总论》	马克昌	郭园园	武汉大学出版社	2002年10月
《二十世纪现代汉语语法"八大家"》	黎泽渝、郭锡良、黄国营、范开泰、袁毓林、萧国政、沈　阳等编	吴长安、侯文富、许革晨、李赋玉、谢冰玉、吴范东等	东北师范大学出版社	2001年12月-2002年12月
《文明消失的现代启悟》	盖山林、盖志毅	张　昱	内蒙古大学出版社	2002年10月
文学类				
《中国鲁迅学通史——20世纪一种精神文化现象的宏观描述、微观透视与理性反思》	张梦阳	卢家明	广东教育出版社	2001年8月-2002年12月
《无字》	张　洁	隋丽君	北京十月文艺出版社	2002年1月
《吴梅全集》	吴梅著、王卫民校注	邓子平、孟保青	河北教育出版社	2002年7月
艺术类				
《永远的三峡》	郑云峰摄影、冯骥才等撰文	赵朵朵	人民美术出版社	2002年12月
《中国书法史》	朱关田、丛文俊、华人德等	胡新群、徐金平	江苏教育出版社	2002年11月
《中国古代门窗》	马未都	张振光	中国建筑工业出版社	2002年8月
科技类				
《中国物理学史大系》(9卷)	戴念祖、王士平等21人	谭清莲、王又清等	湖南教育出版社	2001年5月
《时序逻辑程序设计与软件工程》(上、下)	唐稚松等	马长芳	科学出版社	1999年2月-2002年5月
《中国丝绸科技艺术七千年——历代织绣珍品研究》	黄能馥、陈娟娟	范　森、王文浩	中国纺织出版社	2002年12月
《杂交水稻学》	袁隆平主编	朱朝伟、范　林、赵立山	中国农业出版社	2002年11月
《实用外科学》(第2版)	石美鑫主编	张建兵、朴永哲	人民卫生出版社	2002年11月
《解读生命丛书》	李传夔等	赵　萌等	北京教育出版社 北京少年儿童出版社	2002年9月
《院士数学讲座专辑》(3册)	张景中	陈效师等	中国少年儿童出版社	2002年1月
教育类				
《教育科学分支学科丛书》(15卷)	瞿荷奎主编、吕　达副主编	王　莉	人民教育出版社	1998年6月-2002年10月
《外国教育思想通史》(10卷)	吴式颖、任钟印主编	龙育群等	湖南教育出版社	2002年10月
辞书类				
《现代汉语方言大词典》	李　荣主编	戎文敏等	江苏教育出版社	2002年12月
《中国儿童百科全书》	本书编委会	程力华	中国大百科全书出版社	2001年5月

(信息来源:中华图书网)

备注:国家图书奖是全国图书评奖中的最高奖励,每两年举办一次。该奖分哲学社会科学、文学、艺术、科学技术(含科普读物)、古籍整理、少儿、教育、辞书工具书和民族文版图书九大门类,设国家图书奖荣誉奖、国家图书奖正式奖和国家图书奖提名奖3种奖项。本届评奖活动是对我国2001-2002年两年间图书出版工作的一次全方位的检阅、总结和表彰。本榜在介绍中省略国家图书奖提名奖。

◎榜二、第14届中国图书奖获奖名单◎

书 名	出版者	著作责任者	责任编辑
1.《伟大的理论创新:江泽民"三个代表"思想研究》	解放军出版社	许志功、胡子克主编	刘善兴
2.《中国马克思主义理论的丰碑——中国共产党三代领导集体对马克思主义的发展》	南京大学出版社	刘林元主编	孙 辉
3.《中国共产党的社会主义建设理论与实践——科学社会主义在中国的胜利发展》	青岛出版社	江 流主编	曹永毅、李忠东
4.《马克思主义党的学说及其发展》	广东人民出版社	魏泽焕主编	陈海烈
5.《中国共产党历史图志》(全3册)	上海人民出版社	中共中央党史研究室编著	陆宗寅
6.《公民道德建设实施纲要》学习读本	学习出版社	中共中央宣传部宣传教育局组织编写	宋 林、李 路等
7.《公民道德歌》	安徽教育出版社	钱念孙撰稿 李向伟等绘图	唐元明
8.《中国民主党派史丛书》(8卷)	河北人民出版社	薛启亮主编	贺秀红、殷长存等
9.《部队四个教育丛书》(4册)	蓝天出版社	空军政治部宣传部编	许志强
10.《社会法原论》	中国政法大学出版社	董保华等著	张 越
11.《维护劳动者权益金袋鼠丛书》(9册)	中国劳动社会保障出版社	陈淮主编	朱学敏、黄卫来等
12.《入世与中国利用外资和海外投资》	对外经济贸易大学出版社	卢进勇编著	谭晓燕
13.《中国加入世界贸易组织知识读本(一)世界贸易组织基本知识》	人民出版社	石广生主编	李春生、欧阳日辉等
14.《国际投资争端仲裁——"解决投资争端国际中心"机制研究》	复旦大学出版社	陈 安主编	张永彬
15.《经济学原理》(上、下册)	生活·读书·新知三联书店 北京大学出版社	[美]曼 昆著、 梁小民译	张艳华、薛松奎
16.《中国财政管理》	中国财政经济出版社	项怀诚编著	袁中良、陈迈利等
17.《管理科学文库》(4册)	中国人民大学出版社	成思危主编	安 卫
18.《中国当代中青年经济学家论著文库》(10册)	首都经济贸易大学出版社	樊 纲、刘 伟等著	刘 红、薛 捷等
19.《电信竞争》	人民邮电出版社	[法]让·雅克·拉丰 让·泰勒尔著,胡汉辉等译	王亚明、王晓明
20.《高新技术企业价值评估》	中信出版社	王少豪著	陈 玮
21.《经济与快乐》	东北财经大学出版社	黄有光著	方红星
22.《走进马克思》	江苏人民出版社	孙伯鍨、张一兵主编	周文彬、杨建平等
23.《中国社会史论》(上、下卷)	湖北教育出版社	周积明、宋德金主编	陆才坚、冯芳华
24.《哲学理论创新丛书》(9册)	云南人民出版社	韩庆祥主编	吉 彤、杨 铉等
25.《当代中国心理学》	人民教育出版社	中国心理学会编	魏运华、李 俏
26.《中国教育哲学史》(4卷)	山东教育出版社	张瑞璠主编	温玉川、李广军
27.《中国道教史(增订本)》(上、下卷)	中国社会科学出版社	任继愈主编	冯春风
28.《当代国外社会主义流派》	安徽人民出版社	余文烈主编	杨咸海
29.《两个主义一百年:社会主义·资本主义》	当代世界出版社	肖 枫著	康 帅
30.《当代西方政治思潮:20世纪70年代以来》	天津人民出版社	徐大同主编	盛家林
31.《网络时代的国家安全战略丛书》(4册)	中原农民出版社	鲁 杰、琴 星等著	马保民
32.《我观党史》	济南出版社	石仲泉著	刘永凌
33.《中央苏区史》	江西人民出版社	余伯流、凌步机著	游道勤
34.《中共满洲省委史研究》	沈阳出版社	刘贵田、郭化光等著	田雪峰
35.《辛亥革命大写真》(上、下卷)	湖北美术出版社	章开沅、王兴科主编	查加伍、石锦华
36.《黄河传》	河北大学出版社	陈梧桐、陈名杰著	任文京、杨金花

书　名	出版者	著作责任者	责任编辑
37.《黄土高原历史地理研究》	黄河水利出版社	史念海著	韩美琴、雷元静
38.《中国反贪史》(上、下)	四川人民出版社	王春瑜主编	汪　澜
39.《南北朝文学编年史》	人民文学出版社	曹道衡、刘跃进著	刘文忠
40.《中国新闻事业编年史》(上、中、下)	福建人民出版社	方汉奇主编	魏清荣
41.《世界城市史》	科学出版社	[意]L.贝纳沃罗著 薛钟灵等译	姚平录、曲　渊
42.《当代中国教育结构体系研究》	广东教育出版社	郝克明主编	常丹琦
43.《学科教育学大系》(19册)	首都师范大学出版社	杨学礼主编	沈小梅、李荣平等
44.《中小学学科教育心理学书系》(10册)	北京教育出版社	林崇德主编	吕心鹏、何文天等
45.《世界教育大事典》	江苏教育出版社	顾明远主编	孙峪峨、赵　明等
46.《世界课程改革趋势研究》(上、中、下)	北京师范大学出版社	钟启泉、张华主编	倪　花
47.《现代汉语成语规范词典》	长春出版社	李行健主编	张　樱、杜　菲
48.《现代汉语大词典》(上、下册)	汉语大词典出版社	阮智富等主编	郭忠新、陈福畴等
49.《近代汉语探源》	商务印书馆	江蓝生著	李青梅
50.《中国小学英语学习词典》(英汉对照)	外语教学与研究出版社	霍庆文等主编	陈　凯
51.《中国工程院院士》(共2卷)	高等教育出版社	中国工程院、 中国工程物理研究院、 高等教育出版社编著	王国祥
52.《两弹一星功勋科学家》(10册)	河北少年儿童出版社	于新和主编	孙天放、贾亚青
53.《毛泽东之路——追寻父亲的足迹》(上、下册)	云南教育出版社	邵　华著	何学惠、黄显松等
54.《梅兰芳全传》	中国青年出版社	李伶伶著	常　婷
55.《写给世纪父母》	中国妇女出版社	卢　勤著	李白沙
56.《赏识你的孩子——一个父亲对素质教育的感悟》	四川少年儿童出版社	周　弘著	田　曦
57.《一个人的抗战》	中国对外翻译出版公司	樊建川著	宗　颖
58.《扬州文化丛书》(8册)	苏州大学出版社	高　敏、赵昌智主编	朱坤泉、金振华等
59.《生态文化丛书》(6册)	陕西人民教育出版社	殷登祥、徐恒醇主编	王　方、李增宏等
60.《广西民族风俗艺术》(4卷)	广西美术出版社	吕胜中主编	余亚万
61.《中国绘画思想史》	贵州人民出版社	邓乔彬著	龚　璐
62.《中国服饰美学史》	河北美术出版社	蔡子谔著	贡小秋、戴建慧
63.《新中国美术文献博物馆》(全8卷)	黑龙江教育出版社	刘树勇编著	张佳莉、安振家等
64.《中国古代北方民族文化史》(上、下)	黑龙江人民出版社	张碧波、董国尧主编	龚江红
65.《中国书画鉴定学稿》	辽海出版社	杨仁恺著	徐桂秋、谢　丹等
66.《中国藏书通史》(上、下)	宁波出版社	傅璇琮、谢灼华主编	马玉娟
67.《西陲古地与羌藏文化》	青海人民出版社	李文实著	安海民、辛　茜
68.《图说中国艺术史丛书》(6册)	浙江教育出版社	李希凡主编	王晴波
69.《中国西藏文化大图集》(3卷)	重庆出版社	曹自强、李书敏主编	杨希之、金乔楠
70.《新西藏》	西藏人民出版社	王殿元主编	马绍水、丹　朗
71.《中华生育文化导论》(上、下)	中国人口出版社	潘贵玉主编	邱　立
72.《至高利益》	作家出版社	周梅森著	懿　翎
73.《红色康乃馨》	上海文艺出版社	陈心豪著	谢　锦
74.《永远的哨兵》	南海出版公司	张品成著	刘一民、乔　晖
75.《中国人民解放军征战纪实丛书》(5卷30册)	解放军文艺出版社	程步涛主编	项小米、张良村等

书 名	出版者	著作责任者	责任编辑
76.《撑起生命的蓝天——空难与我》	宁夏人民出版社	王嘉鹏著	哈若蕙
77.《奇想联翩的绅士堂吉诃德·德·拉曼恰》	北京十月文艺出版社	[西班牙]米盖尔·德·塞万提斯著、孙家孟译	隋丽君、莫常红
78.《中国国家图书馆碑帖精华》	北京图书馆出版社	任继愈主编	赵海明、殷梦霞
79.《20世纪中国城市雕塑》	江西美术出版社	盛 杨、钱绍武主编	陈 政、李一意
80.《保利藏金:保利艺术博物馆精品选》(3册)	岭南美术出版社	《保利藏金》编委会编著	凌 岚
81.《中国当代油画名作典藏》(4册)	山东美术出版社	靳尚谊、詹建俊等画 朱 狄、曹意强编撰	姜衍波、徐 昱
82.《中国书法传世极品大幅仿真系列·傅山书法》(5辑)	山西人民出版社	(清)傅山书	赵嗣成、董智敏等
83.《启功书画集》	文物出版社 北京师范大学出版社	启 功著	苏士澍、张 玮
84.《李杜诗学》	北京出版社	杨 义著	孙恒年
85.《草根的力量——台州戏班的田野调查与研究》	广西人民出版社	傅 谨著	李庭华
86.《诗学中的时间概念》	湖南教育出版社	史成芳著	符本清
87.《中国艺术论丛书》(10册)	山西教育出版社	程孟辉主编	刘立平、原 琳等
88.《机器人技术及其应用》	电子工业出版社	张福学编著	龚兰方
89.《酸沉降临界负荷及其应用》	清华大学出版社	郝吉明、谢绍东等著	柳 萍
90.《纳米科技现在与未来》	四川教育出版社	白春礼著	刘 玲
91.《固体电解质和化学传感器》	冶金工业出版社	王常珍编著	李 梅、杨传福
92.《自旋波与铁磁链方程》	浙江科学技术出版社	郭柏灵、丁时进著	周伟元
93.《水体颗粒物和难降解有机物的特性与控制技术原理》(上、下卷)	中国环境科学出版社	汤鸿霄、钱 易等著	张维平
94.《冷固结球团直接还原》	中南大学出版社	邱冠周、姜 涛等著	肖梓高
95.《中国资源与可持续发展丛书》(3册)	广西科学技术出版社	张 岳、沈国舫等主编	覃 春、卢 荣等
96.《湖南杂交水稻发展史(1964-2000)》	湖南科学技术出版社	湖南省农业厅编	彭少富
97.《中国北方草地植物根系》	吉林大学出版社	陈世蟥、张 昊等编著	孟亚黎
98.《中国杀虫植物志》	新疆科技卫生出版社	姜传义编著	张新泰、侯彦君
99.《农作物杂种优势》	中国农业科学技术出版社	卢庆善、孙 毅等主编	冯凌云
100.《中国大型真菌》	河南科学技术出版社	卯晓岚主编	赵中胜
101.《畜禽药物手册》(第二次修订版)	金盾出版社	阎继业主编	沈启新
102.《实用小儿肿瘤学》	河南医科大学出版社	张金哲、杨启政主编	杨秦予
103.《临床皮肤病学》	江苏科学技术出版社	赵 辨主编	胡明琇
104.《肺癌》	辽宁科学技术出版社	[丹麦]Heine H Hansen主编 王 洲、李厚文等主译	宋纯智、李 夏
105.《植物有性生殖实验研究40年》	武汉大学出版社	杨弘远、周 嫦编著	余运萍
106.《中国科学思想史》(上、中、下)	安徽科学技术出版社	袁运开、周瀚光主编	奚正新、孙述庆
107.《中国地层典》(15册)	地质出版社	程裕淇主编	程裕淇
108.《贾祖璋全集》(5卷)	福建科学技术出版社	贾祖璋著	胡善美
109.《中国层序地层研究》	广东科技出版社	王鸿祯、史晓颖等著	郭怡甘、杨贵生
110.《高科技知识读本》	国防科技大学出版社	温熙森主编	徐 飞、卢天贶
111.《鸟瞰科学》(5册)	河北科学技术出版社	任定成主编	高凤欣、王浩荧等

书　名	出版者	著作责任者	责任编辑
112.《黑洞物理学》	湖南师范大学出版社	王永久著	阙永忠
113.《现代数学手册》(5卷)	华中科技大学出版社	徐利治主编	余健棠、姜新祺等
114.《稳定性的数学理论及应用》	华中师范大学出版社	廖晓昕著	廖晓昕著
115.《科学之旅》	辽宁教育出版社	路甬祥等著	柳青松、许苏葵等
116.《生态安全预警》	内蒙古教育出版社	周　毅著	黄妙轩、王牧远等
117.《系统科学》	上海科技教育出版社	许国志主编	潘　涛
118.《裂纹端部场》	西安交通大学出版社	匡震邦、马法尚	陈　丽、潘瑞麟
119.《中国电力百科全书》(第2版)(8卷)	中国电力出版社	谢绍雄主编	宗　健、姜丽敏等
120.《中国现代建筑史》	天津科学技术出版社	邹德侬著	宗　洁、王　澍
121.《世界建筑史丛书》(12卷)	中国建筑工业出版社	[美]约翰·D·霍格等著 王贵祥、吕　舟等译	董苏华、张惠珍
122.《世纪畅想曲·理想之歌》	安徽少年儿童出版社	金　波、高洪波等主编	温　谖、王笑非等
123.《蓝夜书屋》(7册)	北京少年儿童出版社	金　波主编	徐莉萍
124.《从小爱家园丛书》(7册)	海燕出版社	王玲编著、王晓明等绘画	王　昕、郑　颖
125.《海洋动物系列》(10册)	海洋出版社	[美]洛兰A·杰伊等著 [美]卡蒂·李等绘、申雨平等译	杨海萍
126.《校园三剑客科幻小说系列》(第1辑)(6册)	湖北少年儿童出版社	杨　鹏著	何　龙、周祥雄
127.《中国少年环境文学创作丛书》(8册)	花山文艺出版社	金曾豪、沈石溪等著	阎　丽
128.《童书海论》	明天出版社	海　飞著	孙继班
129.《新版小灵通漫游未来》	少年儿童出版社	叶永烈著	谢志鸿
130.《幼儿社会化训练》	希望出版社	陈会昌主编	刘凤荣
131.《中国儿童文学五人谈》	新蕾出版社	梅子涵、方卫平等著	李春芬
132.《少年普法丛书》(3册)	新世纪出版社	康树华、陈春华主编	符绩才、熊　雁
133.《南极历险·北极历险》	中国少年儿童出版社	位梦华著	徐德霞
134.《小毛毛数学启蒙故事丛书》(10册)	接力出版社	安桂香、孙　禹编文 唐智华等绘画	郭玉婷、蒙力亚等
135.《宋代郡守通考》(10册)	巴蜀书社	李之亮撰	何　锐
136.《三礼研究论著提要》	甘肃教育出版社	王　锷编著	黄　强
137.《六十种曲评注》(25册)	吉林人民出版社	黄竹三、冯俊杰主编	张长平
138.《简帛佚籍与学术史》	江西教育出版社	李学勤著	刘景琳
139.《戴敦邦新绘全本红楼梦》	上海古籍出版社	戴敦邦绘画、史良昭编文	仓阳卿
140.《中国古籍稿钞校本图录》(3册)	上海书店出版社	陈先行等编著	金良年
141.《日本宫内厅书陵部藏宋元版汉籍影印丛书》(线装,第1辑)	线装书局	全国高校古委会编	王大路、林　辰
142.《四部医典大详解》(藏文)(6卷)	四川民族出版社	措如才郎著	仁青才让、 史青娜姆等
143.《蒙医传统疗法大成》(蒙文)	内蒙古科学技术出版社	博·阿古拉主编	斯勤达来
144.《新校勘"成吉思汗金书"》(蒙文)	内蒙古文化出版社	奇忠义、宝音等校勘	那顺乌力吉
145.《藏传佛教神明大全》(藏文)	青海民族出版社	久美却吉多杰编著	仁青当周

(信息来源:《中国青年报》)

备注:"中国图书奖"原由《中国图书评论》杂志主办,每年评选一次。1989年4月,中国图书评论学会正式成立,经理事会讨论,决定自第3届起,"中国图书奖"改由中国图书评论学会主办,评委会主要由中宣部出版局、新闻出版署有关领导和学会部分常务理事组成。评选工作通过有关专家、学者审议,参考读者反映和销售情况,经过评委会充分讨论,最后用无记名投票方式选出了获奖图书。

◎榜三、中国大学出版社协会第6届全国大学出版社优秀畅销书◎

一等奖获奖书目

1.《科学的历程》北京大学出版社

2.《数学的思想、方法和应用》(修订版)北京大学出版社

3.《结构化学基础》北京大学出版

4.《社固体物理基础》北京大学出版社

5.《人体生理学》北京大学医学出版社

6.《医学遗传学》北京大学医学出版社

7.《一生要做的99件事》北京工业大学出版社

8.《新闻传播学基础知识》北京广播学院出版社

9.《ARM嵌入式处理器结构与应用基础》北京航空航天大学出版社

10.《现代电气控制及PLC应用技术》北京航空航天大学出版社

11.《国际商务谈判》北京交通大学出版社

12.《AutoCAD2002基础教程》北京理工大学出版社

13.《"王牌英语"丛书》北京师范大学出版社

14.《全国中小学校长任职资格培训教材》北京师范大学出版社

15.《健美技巧图解》北京体育大学出版社

16.《HSK速成强化教程》北京语言大学出版社

17.《进出口贸易实务》对外经济贸易大学出版社

18.《国际贸易基础知识》对外经济贸易大学出版社

19.《高等数学》高等教育出版社

20.《电工基础》高等教育出版社

21.《思想道德修养》高等教育出版社

22.《普通化学》高等教育出版社

23.《物理学教程》高等教育出版社

24.《大学英语听力技巧与实践》河北大学出版社

25.《教育学基础》教育科学出版社

26.《科学》教育科学出版社

27.《少儿科普三字经》旅游教育出版社

28.《美国文学简史》(英文版)南开大学出版社

29.《软件工程导论》清华大学出版社

30.《VisualBasic程序设计教程》清华大学出版社

31.《运筹学教程》清华大学出版社

32.《线性代数》清华大学出版社

33.《计算机网络应用技术教程》清华大学出版社

34.《数值分析》清华大学出版社

35.《计算机组成原理》清华大学出版社

36.《李岚清教育访谈录》人民教育出版社

37.《高效率教学》人民教育出版社

38.《新编应用写作教程》首都经济贸易大学出版社

39.《新世纪经贸英语》天津大学出版社

40.《牛津英汉双解小词典》(新版)外语教学与研究出版社

41.《人人说英语》外语教学与研究出版社

42.《英语》(修订版)外语教学与研究出版社

43.《植物学》中国农业大学出版社

44.《马克思主义哲学原理》中国人民大学出版社

45.《邓小平理论和"三个代表"重要思想概论》中国人民大学出版社

46.《"三个代表"重要思想概论》中国人民大学出版社

47.《社会学概论新修》中国人民大学出版社

48.《微积分》中国人民大学出版社

49.《小学生法治教育读本》中国人民公安大学出版社

50.《邓小平理论和"三个代表"重要思想概论》中央广播电视大学出版社

51.《每天一课英语口语365》大连理工大学出版社

52.《流畅英语口语》大连理工大学出版社

53.《财务分析》东北财经大学出版社

54.《小学数学新课程教材教法》东北师范大学出版社

55.《新捷径》东北师范大学出版社

56.《新编字典》(最新增补修订本)吉林大学出版社

57.《大学语文》东南大学出版社

58.《创新启示录:超越性思维》复旦大学出版社

59.《广告策划创意学》复旦大学出版社

60.《大学体育基础理论》合肥工业大学出版社

61.《军事理论教程》河海大学出版社

62.《普通高中新课程方案导读》华东师范大学出版社

63.《普通话水平测试与培训》江西高校出版社

64.《新编会计学原理——基础会计》立信会计出版社

65.《国学启蒙》山东大学出版社

66.《基础会计》上海财经大学出版社

67.《现代英汉小词典》上海交通大学出版社

68.《英语语法演练》上海交通大学出版社

69.《新编英语语法教程》上海外语教育出版社

70.《新世纪英汉多功能词典》上海外语教育出版社

71.《马克思主义哲学原理》苏州大

学出版社

72.《普通话水平测试实用手册》苏州大学出版社

73.《高等数学》同济大学出版社

74.《实用目标管理》厦门大学出版社

75.《中老年学英语》中国科学技术大学出版社

76.《高等数学方法》中国矿业大学出版社

77.《中国美术院校教材·色彩》中国美术学院出版社

78.《广东省高等学校思想政治教育课教材》广东高等教育出版社

79.《新编商务交际英语听说教程》广东高等教育出版社

80.《"高考在美国"——旅美教育学专家眼里的中美"高考"》广西师范大学出版社

81.《大学语文》湖南大学出版社

82.《高中数学重难点手册》华中师范大学出版社

83.《跨越大学英语写作》暨南大学出版社

84.《主持人技艺训练教程》武汉大学出版社

85.《钢结构》武汉理工大学出版社

86.《食品营养卫生与管理》郑州大学出版社

87.《现代西方经济学原理》中山大学出版社

88.《行政管理学》中山大学出版社

89.《设计素描》重庆大学出版社

90.《计算机文化基础实验教程》重庆大学出版社

91.《国家公务员电脑培训教程》电子科技大学出版社

92.《体育教程》四川大学出版社

93.《马克思主义政治经济学原理》西南财经大学出版社

94.《铁路选线设计》西南交通大学出版社

95.《大学书法鉴赏》西南师范大学出版社

96.《大学英语听力进阶》云南大学出版社

97.《中国古镇游》陕西师范大学出版社

98.《数据库原理》西安电子科技大学出版社

99.《电工基础》西安电子科技大学出版社

100.《向农民道歉——一个县委组织部长的驻村手记》西北大学出版社

101.《新编中文 Photoshop6.0/7.0 精彩制作 150 例》西北工业大学出版社

(信息来源:《中国青年报》)

备注:"全国大学出版社优秀畅销书评奖"由中国大学出版社协会主办,每两年一次,已经举办5届。此次,中国大学出版社协会专家组聘请了11家在京大学出版社的24位专家进行评审。专家们来自各个领域,学术储备兼顾各个学科门类。同时,协会还首次聘请了大学版协之外的两位权威——中国出版工作者协会副主席谢明清和中国编辑学会常务副会长邵益文参加评选。

◎榜四、CCTV2004 最具影响力十大图书◎

1.《那小子真帅》

[韩]可爱淘著 / 黄鶯译 / 世界知识出版社出版 2004 年 1 月版

《那小子真帅》是韩国少女可爱淘火爆的网络小说,正是她把时尚的韩流再次刮到了中国的图书界,这第一部畅销的外国青春文学使可爱淘2004年的后续图书都冲上了国内畅销榜榜首。《那小子真帅》冲锋陷阵功不可没。

2.《达·芬奇密码》

[美]丹·布朗著 / 朱振武等译 / 人民文学出版社 2004 年 2 月版

《达·芬奇密码》就像蒙娜丽莎的微笑一般持久迷人。这部赏心悦目的悬念小说带着观众在巴黎卢浮宫里起死回生。这是在国内惟一一本与欧美同步畅销的图书,它用一个个圈套哄得各国读者晕头转向。

3.《哪吒传奇》

人民邮电出版社、童趣出版公司 2004 年 6 月版

一边是央视总投资数千万元制作的大型动画片《哪吒传奇》热播,一边是漫画《哪吒传奇》在2004年少儿图书排行榜上大半年独占鳌头,影视互动成就了国产动漫传奇。一个小哪吒击败了前几年那个挥舞着魔法棒不可一世的洋小子哈利·波特,除了市场化的运作和政策的有力支持外,《哪吒传奇》生动幽默的现代色彩也功不可没。哪吒不完全是一个肩负重任的小英雄,也是一个活泼可爱的小孩儿,闹腾,淘气,有时还有点任性骄傲,比起《闹海》时代,实在是幸福了很多。

4.《同学少年都不贱》

张爱玲著 / 天津人民出版社 2004 年 3 月版

2004年3月为书市带来清新空气的就是这本《同学少年都不贱》。无论它的文字、故事情节是否独到,光是张爱玲遗作首次问世的名头就让人们拥有了浓浓的怀旧情结,何况张爱玲的追随者们队伍庞大着呢!

小说写了两位女孩恩娟、赵珏之间的情谊沧桑。故事开始于两人在上海重逢叙当年。恩娟嫁了位犹太人汴·李外,后来移民美国华盛顿;而赵珏则境遇不如恩娟。多年后重逢,两人已经走上两条完全不同的道路。和当年平等的身世一对照,

高下立见。

5.《告诉孩子，你真棒》

卢勤著／长江文艺出版社 2004 年 4 月版

关于家庭教育的图书一直是市场的宠儿。这本积极应对，提供与孩子交流方式的图书得到了许多名人的热情关注。做了近 20 年“知心姐姐”的卢勤在此书中将家长的困惑、孩子的烦恼和盘托出，《告诉孩子，你真棒》在家长中影响巨大。

6.《狼图腾》

姜戎著／长江文艺出版社 2004 年 4 月版

小说《狼图腾》的作者细述了自己在草原中与狼共处的经历，以“我们是狼的传人” 为核心思想对中国的传统观念进行了颠覆。小说中，草原狼的坚毅、勇敢与智慧令无数读者折服，但早就习惯以龙的传人自居的中国人却无法接受狼图腾的崛起。于是，一场关于狼的激烈论战拉开了帷幕。

7.《孙悟空是个好员工》

成君忆著／中信出版社 2004 年 8 月版

在国外各类励志图书一统国内市场的状态下，本书是惟一一本可与之抗衡的本土励志图书。

8.《中国式离婚》

王海鸰著／北京出版社 2004 年 9 月版

影视图书互动，社会热点剖析，一部《中国式离婚》不但火了荧屏，图书的紧密跟进市场也让人们在茶余饭后静下心来细细品味，这部对中国人当代婚姻状况进行深入探访的书到底能否拯救婚姻还值得关注。

9.《时刻准备着》

朱军著／长江文艺出版社 2004 年 9 月版

一个西北的普通士兵，一个中央电视台名牌栏目的主持人，这二者之间的关联你一定在这本书中找到了答案，朱军当年在杨澜的一句鼓励声中开始了自己的奋斗步伐，他告诉所有的年轻人，机遇都是在积极“准备中光顾的”。

10.《我的生活》

[美]比尔·克林顿著／李公昭译／南京译林出版社 2004 年 9 月版

无论在政坛，还是在 2004 年的书市，克林顿都是笑得最开心的人。他曾是一个普通的遗腹子，凭着个人的才干登上了美国总统的宝座。白宫风云牵动着世界的视线，克林顿的历程折射着国际风云。

（信息来源：央视国际 2005 年 1 月 6 日）

◎榜五、2004 最受关注的书◎

1.社科类：《邓小平理论发展史论纲》

赵可铭主编／人民出版社 2004 年 8 月版

《邓小平理论发展史论纲》全面系统地揭示了邓小平理论形成和发展的时代条件、理论渊源、实践基础和历史进程，反映了以江泽民同志为核心的党的第三代领导集体对邓小平理论的创造性继承和发展。全书阐明了邓小平经济、政治、文化建设理论以及军队建设思想中各重大观点的形成、发展和对实践的指导意义，为全党全军深入学习贯彻邓小平理论和“三个代表”重要思想提供了一部很好的理论读物。

2.文学类：《狼图腾》

姜戎著／长江文艺出版社 2004 年 4 月版

本书是一部关于狼的史诗性著作，一部对中国历史进行独特解读的小说，一部可以给商界、文化界、学术界带来震撼的原创性作品，这些关于《狼图腾》的宣传用语的确得到了市场的青睐，它是 2004 年值得关注的一部中国当代小说。

3.财经类：《重新想象：激荡年代里的卓越商业》

[美]汤姆·彼得斯著／向妮等译／华夏出版社 2004 年 9 月版

管理不仅是理性、命令、控制，它更是一种想象力、好奇心和创造力。在《重新想象：激荡年代里的卓越商业》一书中，彼得斯用激情、设计和女强人等概念重新构建了美国商业体系。经历了安然事件、经济膨胀期以及“9·11”事件以后，汤姆·彼得斯这位美国最具影响力的商业思想家宣称，老式的商业原则在如今这个杂乱无章的新世界里已经毫无用处。对于那些渴望成功的管理者们来说，《重新想象》是一种宣战，它制定了新的基本规则，以适应这个充斥着竞争、破坏和古怪思维的不确定年代。

4.少儿类：《哪吒传奇》

人民邮电出版社、童趣出版公司 2004 年 6 月版

《哪吒传奇》图书借助中央电视台同名动画片热播的时机获得畅销，一举打破了《哈利波特》等国外少儿图书长期占据我国少儿图书销售排行榜的局面。真是可喜可贺，这个“小英雄” 已成为国产少儿动画图书最响亮的品牌之一。

（信息来源：人民网 2005 年 1 月 4 日）

备注：本榜评选活动由中央电视台主办，主要依据新闻出版总署管理下的北京开卷图书市场研究所提供的候选名单和观众的投票来决定上榜名单。

◎榜六、2004 全国青少年喜爱的优秀图书◎

1.《毛泽东传》中国青年出版社
2.《毛泽东之路:追寻父亲的足迹》(青少年版)云南教育出版社
3.《邓小平百年诞辰纪念:少年邓小平 / 青年邓小平》四川少年儿童出版社
4.《诸子百家名言名典》沈阳出版社
5.《影响人类进步的 50 部自励经典》中国青年出版社
6.《一分钟人生感悟》浙江教育出版社
7.《中学生心灵导航丛书》深圳市海天出版社
8.《没有任何借口——提升执行力》中国工人出版社
9.《季羡林文丛:感悟人生》沈阳出版社
10.《撒贝宁哥哥对你说——毒品预防教育卡通读本》中国人民公安大学出版社
11.《每天进步一点点——从平凡到卓越的 183 个道理》中国妇女出版社
12.《未成年人思想道德建设丛书》上海三联书店
13.《大话孙子兵法》齐鲁书社
14.《大话三十六计》齐鲁书社
15.《图说世界战争丛书》青岛出版社
16.《神奇的海豚奥利娜》云南教育出版社
17.《直面沟通》少年儿童出版社
18.《度量激发青少年的 8 个潜能》中国青年出版社
19.《新一代青春期教育丛书》军事医学科学出版社、金盾出版社
20.《青少年文学读本》中国文联出版社
21.《学生探索百科全书》书海出版社
22.《口语秀》(1、2、3、4)辽宁教育出版社
23.《科学探索者丛书》浙江教育出版社
24.《国学小书院》吉林摄影出版社
25.《中华传统美德格言》人民教育出版社
26.《智慧的盛宴:名人名言 10000》济南出版社
27.《新三字经》科学出版社
28.《狮城舌战》(十年珍藏本)复旦大学出版社
29.《点击大师丛书》浙江文艺出版社
30.《杨红樱童话》(1、2)中国少年儿童出版社
31.《冰心儿童文学新作奖获奖丛书》浙江少年儿童出版社
32.《心灵花园丛书》济南出版社
33.《天下英雄出少年》山东教育出版社
34.《安徒生童话精选》河北教育出版社
35.《格林童话精选》河北教育出版社
36.《张之路非常(感动、可笑、神秘)系列》浙江少年儿童出版社
37.《彩图注音唐诗三百首》海燕出版社
38.《卓娅和舒拉的故事》译林出版社
39.《爱的教育》译林出版社
40.《用生命告诉明天——为新中国牺牲的烈士诗歌选》华东师范大学出版社
41.《寻找太阳城——走进西藏》复旦大学出版社
42.《老人与海》上海译文出版社
43.《夏洛的网》上海译文出版社
44.《18 岁,永远的卓娅》中国青年出版社
45.《蓝调江南》古吴轩出版社
46.《成语故事中的人生智慧》沈阳出版社
47.《中国童话》江苏少年儿童出版社
48.《草房子》江苏少年儿童出版社
49.《诚信故事会》(注音版小学版中学版)江苏少年儿童出版社
50.《长翅膀的绵羊》深圳市海天出版社
51.《快乐少年丛书》(第 2 辑)深圳市海天出版社
52.《成长好故事》东北师范大学出版社
53.《小(发明、寓言、成语、窍门、格言、故事)大启发系列》明天出版社
54.《大中华经典故事博物馆》明天出版社
55.52 集大型动画系列丛书《哪吒传奇》人民邮电出版社
56.《12 生肖儿童心理教育童话》湖南少年儿童出版社
57.几米作品精选集《微笑的鱼》、《森林里的秘密》辽宁教育出版社
58.小智童故事丛书《睡前 30' 好故事》内蒙古少年儿童出版社
59.《守望三峡》中国青年出版社
60.《寓言系列、寓言动画廊》广东人民出版社
61.《阿凡提故事精选》 电子工业出版社
62.《格林童话》(同名漫画版)电子工业出版社
63.《20 世纪 50、60 年代专辑》辽宁美术出版社
64.《失落的文明》华东师范大学出版社
65.《新版世界五千年》(上、中、下)少年儿童出版社
66.《英语神厨》北京出版社
67.《搜索词典系列》明天出版社
68.《科学大师人生系列》科学出版社

69.《世纪之约科学人生》中国青年出版社

70.《雷锋传》中国青年出版社

71.《童年》辽宁教育出版社

72.《人情物理杨振宁》译林出版社

73.《轻松读历史——中华、世界5000年历史故事》北京少年儿童出版社

74.《世界百科》(彩图版)海燕出版社

75.《画说百家姓》山东美术出版社

76.《彩图世界名人传记简明百科》明天出版社

77.《世界100名人成长记录》中国妇女出版社

78.《名人传》译林出版社

79.《一代天骄——记中国运载火箭和卫星的总设计师们》北京理工大学出版社

80.《儿童成长万事通》少年儿童出版社

81.《走进中国100个院士的家》浙江教育出版社

82.《假如我能行走三天》漓江出版社

83.《百年百篇经典科普》长江文艺出版社

84.新世纪儿童版《十万个为什么》少年儿童出版社

85.《好玩的数学娱乐数字经典名题》科学出版社

86.《小科学家丛书》四川科学技术出版社

87.《趣谈天气》气象出版社

88.《教你认星星:探索星空的奥秘》科学出版社

89.《走进动物世界丛书》岭南美术出版社

90.《图文中国昆虫记》中国青年出版社

91.《少年探索者百科全书》明天出版社

92.《灭绝动物挽歌》中国环境科学出版社

93.《我的野生动物朋友》云南教育出版社

94.《可怕的科学丛书》北京少年儿童出版社

95.《非常航天手册丛书》北京少年儿童出版社

96.《杨利伟叔叔讲航天》四川少年儿童出版社

97.《宇宙的光荣》海洋出版社

98.《青年必知新知识手册》团结出版社

99.《青年文摘·人物版》珍藏本(第2辑)中国青年出版社

100.《中国少年儿童百科全书》浙江教育出版

(信息来源:新华网)

备注:"全国青少年喜爱的优秀图书"评选活动由共青团中央、教育部、中共济南市委、济南市人民政府等共同主办,旨在进一步加强和改进我国未成年人思想道德建设,服务广大青少年成长成才。组委会从政治导向、图书内容、装祯设计等方面对备选书目进行初审,从中推选出155套候选书目在网站上公示,全国各地青少年参与网上投票评选。随后,组委会邀请有关专家进行评审,最终确定上榜书目。

"全国青少年喜爱的优秀图书"的评选标准为:坚持正确导向;倡导健康向上、科学文明的主题;弘扬中华民族优秀文化,汲取人类文明精华,传播时代文明成果;贴近青少年,适合青少年阅读,满足青少年精神需求。

◎榜七、2004十大教师用书◎

1.《赏识你的学生》

孟繁华主编/海南出版社2004年8月版

有一个高中女生,每天5点半起床,6点多上学,吃完晚饭就做作业直到深夜。可是有一天,女孩子突然对她的父亲说:"我的数学老师说我没有数学脑子!"父亲听了怒火中烧,但又默然无语。直到有一天女儿对父亲说:"爸,我厌学了……" 于是震惊的父亲给女儿换了一个教育环境。女儿第一次接触法语,她的法语老师就赞扬她很有语言天赋。数学老师称她能"优雅且具有创造性地解决数学难题"。更令人吃惊的是,她的英文老师居然在她的推荐信上这样写道:"我以性命担保她行。对此,一秒钟都不应该怀疑。"指导老师则写道:"请再给我们20个斯蒂芬这样的学生!"这些赞扬就像是兴奋剂让女儿自信得令父亲感到陌生,一些父亲并未发现的特质开始呈现……

这是《赏识你的学生》里的一个标准故事文本。《赏识你的学生》是一本在2004年8月再版的图书。2004年似乎是它的辉煌年,从初版到再版,短短一年多时间内它一印再印;"新世纪教育文库" 也将它列入100种教师阅读推荐书目,许多地方更是把它定为教师培训必读书。

《赏识你的学生》的成功并不是一个孤立的成功典例,它的成功其实更多地来自国外"赏识教育"理念的土壤。这种理念最先流行于家长,而现在则开始了对已经僵化了的"严师出高徒"传统学校教育理念的冲击。

什么样的老师会让学生一辈子感激、一辈子难以忘记?不是那些以刺激学生脆弱的心灵来促使他们"觉悟"的老师,也不是那些动辄冷言讥讽,孤立学生,让他们早早体验"师心"冷暖的老师,更不是那些将分数凌驾于一切之上,将学生分成三六九等的老师,这样的老师在学生心里留下的只有恨,只有难以摆脱的自卑的阴影。更可怕的是,这种阴影将在学生的一生中如影随形,也许就因此他们不再自信,不再开朗,不再接受爱,也不再懂得付出爱。

老师应该是一个温馨的字眼。我们为什么不能欣赏我们的学生?!

2.《朱永新教育文集》(10卷)

朱永新著/人民教育出版社2004年版

全国人大副委员长许嘉璐老先生在本书的序中说："随着教育普及率的提高，对教育发表评论的人当然也越来越多，多到几乎家家户户都会时常议论。这样就给有关教育的研究提出了许多也许在别的国家并不突出的问题。其中有两个问题最为要紧：一个是教育的事牵一发而动全身，既不能就教育论教育，更不能只论教育的某一部分而不顾及其他，以区别于人们日常的谈论；另一个是教育学如何走出狭小的教育理论界圈子，让更多的人理解、评论、实践，也在更大范围内检验自己的理论是否能为群众所接受，以免专家和社会难以搭界。朱永新教授的这套文集，恰好在这两个问题上都给了我很大的欣慰。"

许嘉璐老先生是个对自己的文字异常负责的人，他的两个疑问也正是目前许多教育界有识之士的疑问，而他落在朱永新身上的"欣慰"也应该是可靠的。另一个证明是：在2004年许多媒体的总结性文字中，我们看到被许多目前在中国最负责任的知识分子推崇的教育书籍中，《朱永新文集》是被提及最多的图书。

集教师、官员、负责任的家长和学者于一身的朱永新，在这套文集中，确实表现了一个不同于一般学者的更为宏观的视角。而最为重要的是他迎接了时代的呼告："社会需要集理论研究和管理于一身，而且能把自己对教育的挚爱传达给社会的学者，与人们一起共享徜徉在教育海洋里的愉快和幸福。但是，现在这样的著作和学者太少了。是我们对像教育理论这样的人文社会科学的所谓'学问'误解了，以为只有用特定的行业语言，包括成堆的术语和需要读者反复琢磨才能弄清楚的句子才是学术？还是善于用最明了的语言表达复杂事物的人还不多？抑或是教育理论的确深奥难懂，必须用'超越'社会习惯的语言才能说得清楚？而我是坚信真理总是十分朴实、十分简单这样一个道理的。真正的'大家'应该有能力把深刻的思考、复杂的规律用浅显生动的语言表述出来，历史上不乏其例。"

3.《现代汉语规范词典》

外语教学与研究出版社、语文出版社 2004 年 2 月版

"去查词典！" 这可能是我们在日常生活中遇到字词方面的争议时，最为常见的解决办法。可是，现在出现了一个新问题："去查什么词典？"——过去，查现代汉语类词典时，商务印书馆的《现代汉语词典》几乎一直"独家"充当着这样的"裁判"，但在2004年，又一个这样的"裁判"出世了——外研社和语文出版社联合出版了《现代汉语规范词典》。

随着新词典到来的是2004年图书出版界最大的论战之一。那场几乎席卷了所有汉语辞书界精英学者的论战，那场几乎纠结了所有重要文化媒体的论战，最后自然是不了了之。因为这种互相指责对方词典存在瑕疵的论战本身就没有太大意义——世界上有完美无缺的东西吗？

"论战"毫无意义，但我们却应该把《现代汉语规范词典》的出现作为辞书市场上最有意义的事件之一——作为消费者，或者说是知识的消费者，我们又避免了一项没有选择的选择！因为在没有竞争的环境里，期望一件商品能够全心全意地为读者服务，那绝对是天方夜谭。我们应该鼓励竞争，因为竞争最后总是消费者获益。词典是人们日常学习生活中的重要工具，在负有初步规范语言文字"重任"的教育界尤其需要基础扎实、紧跟时代的好词典。

正是从这个角度上，我们应该向那个市场的挑战者——《现代汉语规范词典》致敬！

4.马克斯·范梅南教育现象学著作

（包括《教学机智——教育智慧的意蕴》张树英译/2001年6月版、《生活体验研究——人文科学视野中的教育学》宋广文译/2003年1月版、《儿童的秘密——秘密、隐私和自我的重新认识》）[加]马克斯·范梅南著/教育科学出版社

"我对现象学有一种理解，它是对意义的解释，是对充满意义的过程的一种揭示，充满意义和意义是不一样的。"在2004年中央教科所所长朱小蔓和马克斯·范梅南的对话中，马克斯·范梅南如此表达现象教育学的意义。当然，关于教育现象学，他还有更通俗的例子：

"我有一个离了婚的女学生，带着一个小孩。她在选我课的时候遇到一位男士，这个男学生刚好也有一个小孩。他俩的感情发展得很好。突然有一天，她发现自己已经变成了一个继母，因此她选择了'怎样做继母'这样一个课题。这个男人的小孩很不喜欢继母，在小孩的印象中，继母是很丑恶、很坏的形象。她说了一件很有趣的事情，小孩患感冒要流鼻涕，如果是帮自己的小孩擦鼻涕的话，她感觉擦的是自己的小孩；如果是帮别人的小孩擦鼻涕的话，感觉只是擦那个鼻子。因此，她陷入了困惑。如何做继母？继母和母亲到底是怎样一种关系？到底应该如何处理好和孩子的关系？"

很有趣的一个细节，却揭示了常常被我们忽视的每个行为最内在的本质差异。

教育现象学的独特贡献也许在于能够在教育教学的实践中把身体的、智力的、情感的、道德的因素统合在一起。透过现象到达内心、到达人性，现象教育学也许就是这样的研究。这是每一个有良心的教师、有良心的教育研究者所追求的，所希望的。

5.《新课程教学问题与解决》丛书

杨九俊主编/教育科学出版社 2004 年版

迄今为止，我们所能看到的新课程推行最为直观的瓶颈是什么？

是传统课堂所具有的巨大的惯性，是令人揪心的"新瓶装旧酒"。

在课程改革中，我们并不缺乏先进

的课程理念,我们所缺少的是具体的对这些理念的运用、操作和探索。否则,这些所谓先进的课程理念就只能是虚无的空中楼阁,其高深精妙的语言阐释也只能是美丽的乌托邦而已。一种对课堂的深度反思状态——不断发现问题并解决问题,这是新课改必须进入的一种状态。《新课程教学问题与解决丛书》正是一部反思新课程教学的图书。

这套包括《新课程教学组织策略与技术》、《新课程备课新思维》、《新课程教学现场与教学细节》、《新课程说课、听课与评课》、《新课程教学评价方法与设计》的丛书抛弃了一般新课程图书的常常竭力表现的"宏论",从最切近教师教学的微观出发,尤其关注了课堂操作,使新课程教师研修进入到课堂的深层探索阶段。所有内容都是建立在对课改实验区已有实践反思的基础之上,它从理念的神坛上走下来,面向具体的操作层面,在实践反思的基础之上致力于解决实际操作层面所遇到的实际问题。

一群课改的亲历者、研究者,一群投入地沉浸在课改的实践中、沉浸在实践的探索和创新中的课改亲历者和研究者,所有的文字都是他们自身经历和探索的一个缩影,是在困惑、迷惘、犹豫、彷徨基础之上的深入反思和探索。新课程,这些人应该是最有话语权的人,我们应该尊重这样的话语权,尊重这样的话语权的结晶,尊重那些对于新课程教学的最为细微但也许最为伟大的反思!

6.《听名师讲课》丛书

雷玲主编/广西教育出版社2004年9月版

在很多时候,被称为名师当然是对教师的一种很高的褒奖。但现在,在另一些时候,名师却似乎是一个"臭名声",为人痛恨——这些时候是面对泛滥的无节制的名师编写习题集、名师注解课堂练习、名师辅导书的时候。"让名师出题",似乎一直是教育出版的一个赚钱的久盛不衰的"好策划"。在"应试教育"出版的泥潭里越陷越深的"名师",在教育出版上的最大价值究竟在哪里——不在让他们出题,而在让他们讲课。"站在巨人的肩膀上" 已经成了很多人的成功秘诀。教师可感可触的巨人是什么呢?名师!名师的精彩不在于课堂有多么完美,而在于平常之处显示智慧,在于鲜明的个性化追求,在于全身心的投入,在于渗透在片断、细节的理念。"这是《听名师讲课》的序言中的话,它用简洁的笔触对名师的课堂作了精彩的素描和恰如其分的评析,向我们提示着名师在课堂上的智慧和力量,也提示着它"让名师讲课"在教育图书上的力量。

可以说,《听名师讲课》的出版者有着对教育改革现状的清晰判断,并试图建立一种健康的教育氛围,在他们的视野里,名师显然不只是一种名誉或者说是一种稀缺的社会资源,而是在此基础上的能够改变教育改革环境的"大树"。

7.《大夏书系·教育随笔》(8本)

华东师范大学出版社

"每一位从事教育的人都会有自己对教育的思索,比如教育的目的是什么,教师在从事教育过程中有什么作用等等诸如此类的问题,并根据自己的思索在教育实践中作出选择。《教有所思》就是李镇西教育思索的记录,在朴素的文字中流淌着一位以塑造学生人格和灵魂为己任的教育工作者的激情,和对世界带有理想主义的俯瞰。这本随笔不是展示文采,或者说文采是次要的东西,也没有宏大教育理论的构筑,所以你也不用担心读不懂。这里有的是一些细节,关于教育、关于人生况味的种种细节,这些带着作者爱憎的细节,让我们感受到了一位教师的情怀。翻开图书,我们首先会被作者对教育的种种真诚的思考所吸引。这些细致的文字向我们勾勒了一位优秀的教师内心对教育和生活的感动、反思、甚至愤怒,同时我们也可以粗略地看到一位中学老师成长为教育专家的历程,他是如何在吸纳别人的思想精华而成就自己的艰苦过程。"

本书的作者们无一例外的是以教育工作者的最现实身份,向我们提供着他们关于教育的点点滴滴的个人感想。这里没有模样高深的理论,也拒绝枯燥乏味的说教,有的只是绵延全书的情感,一个普通教育工作者对于教育深沉的情感。

《不跪着教书》、《守望教育》、《教育的十字路口》、《给教师的一百条新建议》、《教育实话》……这些抑制不住激情的书名,以及里面那些朴实但充满了感情的文字,对于那些听惯了高谈阔论,看惯了居高临下的文字的一线教师们来说,是多么温暖的精神提示。

"这里有的是一些细节,关于教育、关于人生况味的种种细节。"我们的教育出版迫切地需要提供一些教育的情感,提供一些教育的细节,提供一些深沉的教育情怀!

8.《学习的快乐——走向对话》

[日]佐藤学著/钟启泉译/教育科学出版社2004年12月版

"学习,可以比喻为从已知世界到未知世界之旅。在这个旅途中,我们同新的世界相遇,同新的他人相遇,同新的自身相遇;在这个旅途中,我们同新的世界对话,同新的他人对话,同新的自身对话。因此,学习的实践是对话的实践。学习,不仅引导我们从独白的世界走向对话的世界,而且通过这种对话性实践,为我们开辟了构筑起'学习共同体'——使我们恢复同事物与他人的关联、多样的人们基于差异的交响——的可能性。"

佐藤学在《学习的快乐——走向对话》的序中关于"学习"的描述是充满诗意的,当然也充满了思考。佐藤学把学习的实践当作三种对话实践的综合:同客观世界的对话(建构世界,即文化性实践);同他人对话(结交朋友,即社会性实践);同自己对话(形成自我,即伦理性实践)。这种定义显然比通常学校中实施的学习更为深邃,更为丰富。也正基于此,佐藤学把学习的实践从单一的个人扩展到了借助他人的团结与协作所实现的“合作性实践”,从而提出了“学习共同体”这一学校的构想。作为“学习共同体”的学校,不仅是儿童们合作的相互学习的学校,也是教师们作为教育专家合作的相互学习的学校,还是家长和市民参与学校教育的、合作的相互学习的学校。

佐藤学这种对学习理念的重建背景是日本在“压缩式现代化”中,在“效率”与“竞争”的口号下,学习丧失了它本身的快乐,“逃避学习”现象日益严重。日本的这种问题显然也是社会经济高速发展的中国所面临的问题。

9.《梳理课堂——窦桂梅“课堂捉虫”手记》

窦桂梅著/广西教育出版社 2004年9月版

窦桂梅是一个爱思考、有独特见解的人。这思想、见解是属于窦桂梅自己的,是窦桂梅教育实践的提炼和升华。在本书中,窦桂梅并没有讲大道理,也没有罗列出许多原则和规律,而是选择了一个新的视角:从研究教学活动中的“细节”入手,从一些我们常常熟视无睹的“小事”入手,以小见大,见微知著,让读者自己去悟出“规律”。

鲜活的思想源于生动活泼的教育实践,而实践是具体的实践,是由若干细节组成的实践,如同由字词组成篇章,由音符组成乐曲一样。没有字词就没有美文,没有音符就不会有乐章。同样,忽视细节的教育实践是抽象的、粗疏的、迷茫的实践。在教学过程中,对“细节”敏锐的发现,常常成为教学中巧妙的切入点;对“细节”的把握,又常常成为教学中的生成性资源,并成为教学活动中的亮点。然而这一切都需要教师深厚的文化底蕴和教学修养。窦桂梅在文章中写道:“教师每天上课的内容是完全不同的,来不及修改,是一次‘快照’,永远定格在自己的教育生涯中,也将永远定格在学生成长的历史图景中”——这无疑对教师的综合素质提出了更高的要求。

10.《教育博士文库》

教育科学出版社

单一地依靠权威只能导致僵化。国内的学术专著大多由国内教育领域里比较知名的专家或学者所著,结合我国国情对教育领域的各个方面进行了研究与探讨,这些学术成果经过出版环节,引发了更多研究者关注教育研究,从而促进了我国教育研究的深入和教育科学的繁荣。然而,正是这种权威的影响也使得人们长期以来只将关注的重心放在这些资深专家或知名学者所出的专著上,对青年学者的关注和支持却远远不够。

青年学者的研究价值就一定小吗?教育科学出版社副总编李东说:“处于博士这个阶段的人具备了一定的知识积累,相对于边工作边从事学术研究的人来说,反而精力最为集中,受干扰少,更容易出成果。”

事实也是这样证明的:先出的几本书中已经有图书被列入了教育专业学生的教学参考书目或指定教材,有的更在“全国教育图书奖”评比中获得评委肯定,夺得大奖,其产生的社会效益和经济效益都远远超出了当初的设想。

给年轻人出书,给博士出书,鼓励那些年轻的思想,在学术图书出版难的今天是多么的难能可贵!《教育博士文库》系列丛书将触角伸向了教育的各个前沿领域,每一本书都闪烁着智慧之光、充满了个性之美。更重要的是“年轻”的思想,让我们这个社会充满了进步的锐气!一个健康的社会应该鼓励那些“年轻的思想”!

(信息来源:《中国教育报》2005年1月13日)

◎榜八、2004十大印象图书◎

1.膜拜《狼图腾》

姜戎著/长江文艺出版社 2004年4月版

“这是一部描绘和研究草原文化以及草原文化的代表——狼的‘旷世奇书’”。“布老虎丛书”的策划者、出版家安波舜在《狼图腾》的序言中这样写道。2004年《狼图腾》在创造了小说类图书排行榜神话之后,又赢得了“史诗小说”的美誉。该书通过对残酷狼性与人性的分析,对民族的性格提出了深刻质疑:我们究竟是龙的传人,还是狼的传人?有评论曾尖锐指出,在《狼图腾》洋洋洒洒的50万言中,在对“狼道”的臆想和膜拜中,作者个体完成了神圣的自我想象和高峰审美体验。然而,个人审美体验是一回事,历史本身又是另一回事。言外之意是,想象并非事实本身。人性与狼性的等号不能成立。

但这并未影响该书50万册的销售量。该书策划人、出版家金丽红说,作者为该书投入了巨大的感情,这是《狼图腾》打动读者的重要因素。作者姜戎当年在内蒙古插队之时,曾亲自豢养过狼。这一特殊经历对他内心的震撼与影响非常之大。该书从策划、成稿,到出版、发行,再到市场畅销,作者始终沉浸在对狼的特殊感情中“不能自拔”。

2.《米沃什词典》——不朽的记忆

[波兰]切斯瓦夫·米沃什著/西川、北塔译/三联书店 2004年6月版

米沃什的个人经历带有浓郁的传奇色彩:从地主家的少爷到电台节目制作人,从外交官到诗人,从翻译家到大学教授;从流亡者到回归者,从底层到上层;从历史到现实,从天堂到地狱……作为20世纪重大历史事件的亲历者和见证人,米沃什用笔描摹了二战前后各式各样的人物与事件,表达了整个欧洲的多种声音和多元理念。

《米沃什词典》原名为《米沃什ABC》。由于它以词典的体例编成，译者西川、北塔将它命名为《米沃什词典》。译者西川这样说：一个人，一件事，一种现象，一种观念，一旦被编入词典，就成了人们共同的不朽的记忆。

3.《德龄公主》——让历史真正小说化

徐小斌著／人民文学出版社 2004年5月版

本着"一半是艺术，一半是历史，时间总是把历史变成童话"写作理念的女作家徐小斌让清末时期神秘的德龄公主走向读者。

据介绍，在历史上，德龄并非一个公主。她于1886年出生，后随着被清政府任命为驻法使臣的父亲裕庚度过了6年的海外时光。1903年春，17岁的德龄随父回到北京，和妹妹容龄赢得了慈禧的青睐。姐妹俩一并留在慈禧身边，成为紫禁城八女官之中的重要人物。1915年，德龄随丈夫、美国驻沪领事馆副领事怀特赴美，开始用英文创作，署名"德龄公主"。其第一部回忆录《清宫二年记》引起了西方社会的广泛关注。

4.悬疑集成《达·芬奇密码》

[美]丹·布朗著／朱振武、吴晟、周之晓译／上海人民出版社 2004年2月版

《达·芬奇密码》的故事从卢浮宫博物馆馆长索尼埃之死开始。这位神秘的馆长在生命的最后几分钟里，将衣服褪去，四肢伸展开来，构成达·芬奇名画《维特鲁威人》中的姿势。并用自己的鲜血在腹部画了一个五角星，还在身旁写下几行谜一样的数字。随后在破解密码的过程中，哈佛大学的符号学家兰登卷入漩涡。有业内人士分析说，《达·芬奇密码》的市场蹿红，得益于作者丹·布朗将西方文艺史和宗教史融入精妙绝伦的故事架构中。该书在世界各地均受到不同程度的追捧。

5.《中国式离婚》——图书电视双料冠军

王海鸰著／北京出版社 2004年9月版

本书是一次对中国人婚姻状态的深度探访，讲述的是每一个人都必须面对的婚姻问题。

6.《细节决定成败》——体验式交流

汪中求著／新华出版社 2004年1月版

本书意在提示企业界同仁：精细化管理时代已经到来，一定要把小事做细，这是一部管理者和员工都可以读的书。

7.《大历史不会萎缩》——史学界的异数

黄仁宇著／广西师大出版社 2004年5月版

作者在《万历十五年》、《中国大历史》和《大历史不会萎缩》中都强调了他一贯的"大历史"观点：不计较人物的短时、片面的得失，而勾画当下社会的整体面貌。他相信，一个民族的精神历程，只有用鸟瞰的方法才能得到最清晰的认识。这对于建立在微观经验研究基础之上的主流史学派来说，无疑是一个异数。

《大历史不会萎缩》是黄仁宇历次精彩演讲、访问及评论的结集。针对学界对"大历史观"的批评，黄仁宇没有缴械投降。法国年鉴派大师马克·布罗克说，一个历史学家最重要的才能，是对活生生的事物的理解能力。许多人认为，黄仁宇真正发现了历史学的美感与魅力，开启了理解历史记忆的另一种途径。

8.《船夫日记》——记录屡遭劫难的国度

[匈牙利]凯尔泰斯·伊姆莱著／余泽民译／作家出版社 2004年9月版

《船夫日记》取材于凯尔泰斯1961年至1991年所写的日记，更确切地说是作家对自己平日的生活（尤其是在读书过程中）所进行的哲学性表述和文学性记录。在书中，他不仅坦率阐述了自己"个体即现实"的文学观念，并且还坦率记录下了他在写作技巧上所进行的创造性尝试。本书译者余泽民在评价《船夫日记》在作者创作中的地位时说：《船夫日记》，不但可以帮助中国读者理解凯尔泰斯的《命运无常》、《英国旗》、《另一个人》等其他作品，而且也可以触发有着相似的历史背景和生命体验的中国人对生活、对自我、对人类、对社会、对文学的重新认知。

该书最早出版于1992年，可以与其1997年完成的《另一个人》并称为"剖析自我心灵的姊妹篇"。2002年，凯尔泰斯曾因描写"二战"的作品《命运无常》而获得诺贝尔文学奖。《船夫日记》是他一生中惟一的一部随想录。

译者余泽民说，通过《船夫日记》，我们可以惊讶地发现，凯尔泰斯就像一个"早产的老者"。他在14岁经历了一年的"纳粹集中营"的苦难之后，他就已经成熟了——这种成熟不仅是性格上的，更是思想上的。

9.告知真相的《一万封信》

高耀洁著／中国社科出版社 2004年8月版

高耀洁，这个已经77岁高龄的老太太，被誉为"中国的德兰修女"。2004年，她从4年多积累的全国各地的一万多封信中挑选了近200封，加上几十张图片结集成册，命名《一万封信》。她迫不及待地要告诉人们一个严酷的事实：我国艾滋病的传播主要来源于"血祸"而非性乱或吸毒。

《一万封信》的总印数是1.5万册。它所展现的严酷现实正在成为人们生活中的警示。该书责任编辑耿华军说，该书目前发行量只有6000多册。开始时，他们觉得这本书能出版，已经很高兴了，不敢多做特别的宣传，这可能是读者不多的一大原因。

10.《长河孤旅》——中流砥柱

赵诚著 / 长江文艺出版社 2004 年 7 月版

1957 年，著名水利专家、清华大学教授、黄炎培之子黄万里，在讨论黄河水利规划和三门峡建坝会上直言进谏。尽管他的意见和预言为后来事实所证明，但在当年却遭到批判、围攻，被打成右派，备受折磨，直到 1980 年才获平反。

这个"用诗人的感情搞水利"的老专家，生前一直不同意出自传。2001 年，老先生过世，北京大学副教授赵诚在黄万里家人的支持下开始动笔，2004 年完成《长河孤旅》。该书责任编辑吴裕康说："书写好后，作者在出版时遇到了困难。我们出于责任感出版了这本书。"

《长河孤旅》列出了黄万里的家世简表，"三代四博士"、"一门五右派"让人唏嘘感慨。

作者赵诚充满感情地回忆说："黄万里的一生是 20 世纪中国知识分子的一个缩影。"

（信息来源：《中国青年报》）

◎榜九、2004 不可错过的十本书◎

1.一生的良师——《人生十论》

钱穆著 / 广西师范大学出版社 2004 年 5 月版

被誉为"中国最后一位国学大师"的钱穆先生，一生淡泊名利，虚心向学，具有人格与学术的双重魅力。本书是先生讨论人生问题的随笔和讲演词，书中篇章分别作于二十世纪四五十年代和七八十年代。全书共分三辑：一为"人生十论"；二为"人生三步骤"；三为"中国人生哲学"。每个论题，先生都紧绕中心旁征博引，从历史、宗教、中西方文化的角度娓娓道来，表达自己对人生意义的思索和理解。但先生谦恭如一，并不轻易下结论，而是留给读者去思索。可以说，无论向学、处世还是为人，不同年龄不同职业的人都可从先生的"十论"中获益。这是要用一生去"慢读"的书。读时须心静如水，再慢慢品味、静静思索，相信必有所得。

2.最具个性的书——《狼图腾》

姜戎著 / 长江文艺出版社 2004 年 4 月版

如果要选 2004 最受欢迎的书，非《狼图腾》莫属。但令人疑惑的是，如此一本关于动物的、没有爱情、没有性的严肃长篇小说，竟能畅销如此?该书策划人金丽红认为《狼图腾》赢在它的"个性"上。"一本书是一种个性，做书就要追求这样的独特。"诚然，这是一部很有个性的书。姜戎与狼共舞十几年、穷毕生之精力写成这部关于狼的史诗性著作，对中国历史进行独特的解读。作者从游牧文明与农耕文明不同的崇拜图腾来解构历史，解读民族的差异以及两种文明对人性格的塑造。他笔下的草原狼，给文化界、学术界、商界乃至汉民族一种震撼。

3.独特的思想——《苏珊·桑塔格文集》

[美]苏珊·桑塔格著 / 程威译 / 上海译文出版社 2004 年 1 月版

桑塔格因独立而坚定的批判精神，被喻为"美国公众的良心"，她也是现今西方最走红的"新知识分子"。该文集反映了西方最有争议的知识分子在各个领域，包括小说、文学、艺术评论、社论方面的理念。在国内已出版有《疾病的隐喻》、《反对阐释》、《重点所在》。在《疾病的隐喻》中，桑塔格反思并批判了诸如结核病、艾滋病、癌症等如何在社会的演绎中一步步隐喻化，从"仅仅是身体的一种病"转换成了一种道德批判，并进而转换成一种政治压迫的过程。成为社会批判的经典之作。《反对阐释》里评论的锋芒涉及先锋文学、戏剧、电影，体现了新知识分子"反对阐释"（就是使词语复归物本身），并以"新感受力"重估整个文学、艺术的革命。读她的文章，犹如吃四川火锅，酣畅淋漓——她的语言美妙却能还复杂事物以真相，同时又具缜密的逻辑性。

4.温情的回忆——《梁思成、林徽因与我》

林洙著 / 清华大学出版社 2004 年 6 月版

林徽因，一位风华绝代的传奇才女，2004 年是其诞辰一百周年。作为历史的见证者，梁思成先生的遗孀林洙，一位 76 岁的老人，推出心血之作纪念她。书中用第一手的可靠材料，图文并茂地展示出梁、林的成就与贡献；并以沉静、深情的笔，珍贵的照片，讲述梁思成与林徽因的故事：激情洋溢的青春；困顿颠沛的中年；孤勇坚韧的晚年。逼真的细节，传达上一代知识分子的生命痛感。该书还以女性特有的叙述角度和方式，回顾了作者 40 年来所目睹的梁思成个人和家庭的各种遭遇，忠实记录了她与梁思成相识、相知、相恋并一同走过的苦难岁月的过程。作者在展示梁、林的事业与成就时，也隐隐透露出胸中的隐抑：作为一个优秀的女性，只能生活在梁、林两人的光辉下，难免隐抑。读者见此，也是心生温情，从林洙身上可以看到中国传统女性身上的许多美德或者说是母亲的影子。

5.另一种眼光——《毛泽东传》

[英]菲力普·肖特著 / 仝小秋、杨小兰、张爱茹译 / 中国青年出版社 2004 年 3 月版

在外国人的眼里，中国的领袖毛泽

东是怎样的一个人?外国人如何评价毛泽东? 英国著名传记作家菲力普·肖特推出的近70万字的中文版《毛泽东传》给了我们一个答案:“毛泽东是20世纪具有重要影响的人,也是中国历史上为数不多的使历史进程产生重大改变的人。毛泽东有丰富的思想、非凡的智慧与复杂的个性。他具有多方面的卓越才能,他是一个军事家、哲学家,也是作家和诗人。他的一生中具有许多矛盾冲突。”1999年该书的英文版在英美同时出版,并被翻译成法文、俄文、西班牙文等多种文字。其独特的视角和优美的文笔同样打动了中国读者的心。一个外国传记作家写毛泽东,从不同的视角来看问题,不一定会更好,但和国内作者定有不同。正如作者所讲:“如果对中国读者来说,我的作品还有什么价值的话,我更喜欢它被作为一面镜子,通过西方人思想的这面多棱镜,提供看待毛泽东和中国的一个视角。”

6.精美的视觉——《逸飞视觉》系列丛书

陈逸飞主编/江苏美术出版社2004年2月版

当前国内视觉艺术的教育还是个盲点。为此,蜚声海内外的艺术家陈逸飞先生,用一双画家的眼睛,率先在出版业倡导“视觉图书”,和江苏美术出版社联手推出时尚读物《逸飞视觉》丛书。《逸飞视觉》包括《视觉捕手》、《遇见100%希腊》、《新锐期刊势力》、《绝版爱情——13对艺术情侣的私密生活》、《人文都市·利物浦》、《维也纳》、《爱丁堡》等9本。在这些书中,陈逸飞先生以一位艺术家的眼光和品位,引领读者从时尚设计、现代艺术和人文角度,进行了一次非同寻常的寻找和发现之旅。它完全摒弃了纯文字描绘的传统,采用了全新的视觉效应,精美亮丽的大幅摄影图片和概念迥异的各式特写,占据了丛书的主流,配以随意、深刻又不失睿智和凝炼的文字,把现代名都的时尚文化与生活表现得淋漓尽致。无论从内容还是形式,都美仑美奂,精彩无比,给读者一种全新的高品质阅读快感,更可以作为一种珍藏。

7.完美的饮食——《厨师之旅》、《厨室机密》

[美]安东尼·伯尔顿著/冷杉译/三联出版社2004年1月版

孔子说:食不厌精、脍不厌细。中国人自古对饮食就非常讲究。而在美国一个身兼大厨和畅销书作家双重身份的职业饮食者看来,身体不只是个寺庙,更是个游乐场,应“尽情享受它”。书中对各种美食的烹制和成品的描绘细致入微,绘声绘色,令人垂涎欲滴。在大快朵颐的饮食之后,对饮食背后的文化,作者也有着深层的思考,以一种开放、平和的心态去感悟和剖析。另外,这个爱探险的美国厨师用触目惊心的故事告诉我们,吃从来都是一种冒险,而且还是一种要付钱的冒险,那些古典菜肴的发展,都是冒死吃出来的:吃牛羊杂碎的第一人,品尝未经消毒的斯提尔顿干酪的人,发现抹上足够的蒜味黄油的蜗牛是美味的人。但为了“寻觅世上最完美的饮食”,作者毫不犹豫地加入了他们的行列,“走遍世界,去寻觅食物与其环境的完美结合”。书中还穿插一些轻松而实用的篇章,令人长知识。作者独特的妙语和幽默,读来有趣,令人爱不释手,难以忘怀。

8.有效的规划——《时间管理》

[德]洛塔尔·赛韦特著/王波译/中信出版社2004年8月版

曾看过这样一句话:“世人都在忙碌着追求财富和自由,然而,很少有人明白,每个人自身就是一座取之不竭的金矿。”人的潜能无限,但时间有限。如何去开采自身这座金矿呢?《时间管理》给人带来一种全新的自我管理观念:持之以恒的时间管理可以让有限的时间价值最大化。它给人们提供3个观点:(1)时间是主管最宝贵的资源,也是最大的敌人;(2)做好时间管理,就能享受工作和生活;(3)能掌握每一天,就能掌握一生。此外,作者还向人们分析了当前流行的优秀时间管理工具,并配以一系列检测表、自我测试以方便读者直接把理论应用到实践中。该书语言精练、内容翔实,薄薄81页,却提供了时间管理的良方。生活在现代的人们,在激烈的竞争环境中,管理时间并非易事。那如何控制各种工作干扰,最大效能地利用自己的时间呢?看看《时间管理》,定会有所收获。

9.争议着畅销——《没有任何借口》

[美]费拉尔·凯普著/金雨译/机械工业出版社2003年11月版

“没有任何借口”是美国西点军校奉行的最重要的行为准则,其核心是敬业、责任、服从、诚实。这种管理方式如能在中国的企业管理中推行,对领导上层们来说是求之不得的。因此,《没有任何借口》一经推出,即刻风靡,成为各大企业的员工必备读本,并在社会上形成一种阅读风潮。该书成为2004年最畅销的经管图书。

10.城市的批判——《中国城市批判》

海默著/长江文艺出版社2004年8月版

2004年新华社爆出一个令国人震惊的消息:联合国公布的不适宜人类居住的20个著名城市中,有16个在中国。中国城市“病”了,“病”得还不轻!第一部城市文化反思的书《中国城市批判》顺势而出。该书站在宏观的角度,对中国当下有影响的16个城市进行了一次全方位的审视,面面俱到,由表及里。作者从城市的文化个性和城市伤口切入,对每个城市的文化与命运进行鞭辟入里的剖析、反思和批判,语言诙谐幽默,哲理与文思并重,被称为“来自中国民间最尖锐的声音”,读来满口辛辣,肠胃却很受用!该书在读者和网友之间引起了强烈反响,人们纷纷对我国的城市在现代化进程中、在建设与文化方面的诸多问题展开讨论，以至于各地市政府相关部门的工作人员和专家挺身而出，就该书的批评作出回应。在批评与回应之间，该书的社会效果明显。

（信息来源：《中国青年报》）

◎榜十、2004十大被忽略图书◎

2004年，一些书籍发出独特光芒：它们停驻在畅销书榜单之外的角落，承载不可忽视的价值，而真正的读书人总能沙里淘金，将视野之外的好书收录在案。

1.《疾病的隐喻》

[美]苏珊·桑塔格著／程巍译／上海译文出版社2004年1月版

2.《反对阐释》

[美]苏珊·桑塔格著／程巍译／上海译文出版社2004年1月版

苏珊·桑塔格被誉为美国当下"目光最敏锐的论文家"。其代表作《苏珊·疾病的隐喻》2004年由上海译文出版社收入《苏珊·桑塔格文集》并出版，此后掀起业内人士的赞叹之潮。"这是本年度我所读到的最可爱的'专业书籍'之一。"上海书评家朱大可这样说。苏珊·桑塔格在《苏珊·疾病的隐喻》中反思并批判了疾病如何在社会演绎中一步步被隐喻化，进而转换为道德批判的现象。"学术化主题＋通俗化呈现"——苏珊·桑塔格深入浅出的表达方式具有穿透读者内心的力量。

《苏珊·桑塔格文集》中的另外一本《反对阐释》也受到欢迎。作者作为当今全球文化研究领域中的风云人物，其影响力已经超越了专业领域。有业内人士认为，"她独立而坚定的批判精神，是'美国公众的良心'"。

3.《旅行日记》

艾青著／上海文艺出版社2004年8月版

本书记录了艾青1954年漫游亚洲、欧洲、非洲、南美洲的见闻和随感。其中包括对城堡、帆船、喷泉等景物的素描。其子艾丹说："父亲本身就是一个童心未泯、富有情趣与艺术气质的诗人，他观察生活的独特视角在日记中可见一斑。"

4.《带着鲑鱼去旅行》

[意]安伯托·艾柯著／殳俏译／广西师范大学出版社2004年9月版

艾柯的书是出了名的难懂，而集纳了其专栏文章的该书却显得轻松惬意。其中涉及如何与出租车司机打交道，如何辨识色情电影，如何撰写序言……林林总总的问题都可在安伯托·艾柯笔下找到另类的答案。

5.《中国独立纪录片档案》

梅冰、朱靖江主编／陕西师范大学出版社2004年8月版

本书收集了20世纪90年代以来十几位纪录片研究者的访谈。中国社会科学院近代史所研究员雷颐认为，这一类"平民历史"书籍记录了大多数普通人的生存状况。该书序言说：它在众声喧哗的影像风潮里，冷静地承载着历史的记忆，留存了一个时代真实的同期声。

6.《娱乐至死》

[美]尼尔·波兹曼著／章艳译／广西师范大学出版社2004年5月版

"这是一篇声讨电视文化的檄文"，学者周国平这样评价本书。作者尼尔·波兹曼是美国著名的媒体研究者和批评家。他在书中这样预言：一切公众话语都会以娱乐的方式出现，并将成为一种文化精神。其结果是，我们成了"娱乐至死"的物种。

7.《全球化及其不满》

[美]约瑟夫·斯蒂格利茨著／夏业良译／机械工业出版社2004年3月版

在准备参与有关全球化问题的争论方面很少能有人比约瑟夫·斯蒂格利茨所处的位置更具说服力。作为学术造诣深厚的领先经济学家，他的工作已经广泛地涉及第三世界的增长与发展问题。作为克林顿当局施政班子中的成员和总统经济顾问委员会主席以及世界银行副行长兼首席经济学家，他也直接了解和目击了全球化经济政策的制定过程。斯蒂格利茨与另外两位经济学家一起分享了2001年诺贝尔经济学奖，目前他是美国哥伦比亚大学经济学教授。在过去的10年里，斯蒂格利茨在主要的经济事件中具有重要的地位。这些事件包括亚洲经济危机和前苏联经济的转型，以及遍及世界的发展计划的管理。

作为一位局内人，斯蒂格利茨对于全球经济政策制定的说明，其勇气和忠诚与其深度和远见受到同等热烈的欢迎。他尤其关注发展中国家的困境，当他看到国际货币基金组织和其他主要机构把华尔街和金融界的利益放在贫困国家的利益之上时，则愈加有幻灭之感。本书叙述了斯蒂格利茨的经历，打开了一扇有关全球经济政策的前所未有的窗户。

8.《人生十论》

钱穆著／广西师范大学出版社2004年5月版

本书绝对不是一本适合"速读"的书，捧读该书首先需要静心、凝神，最好是在每天晚上睡觉以前，倚在床侧，翻阅几页，慢慢品味，静静思索，然后才有所得。

9.《正说清朝十二帝》

阎崇年著／中华书局出版社2004年10月版

本书以作者在中央电视台第10频道《百家讲坛》栏目所作的大型系列讲座《清十二帝疑案》为基础，经增扩而成。旨在解密历史真相，走出"戏说"误区。本书以史料为依据，以通俗、明畅的语言叙述了清朝12位皇帝的生平事迹、生活经历、治国得失、个人品行及颇令后人争议的有关历史迷案，并配有大

量鲜见的历史照片，颇有可读性和学术价值。

10.《藏书票风景》

吴兴文编 / 河南大学出版社 2004 年 9 月版

本书呈列了百余张西洋藏书票，不仅是艺术史学科的常备书，也是上好的人文读本，带领读者去领悟和体味藏书票背后深远的历史文化。三联书店资深编辑张琳介绍说，这种人文精神的渗透体现在一种研究方法上，其研究历史的方法对整个知识界与大众读者都可以产生启示作用。

（信息来源：《中国青年报》）

◎榜十一、2004 十大外版书◎

1.《苦妓追忆录》

［哥伦比亚］加西亚·马尔克斯（Gabriel Garcia Marquez）著 /Vintage 出版社 2004 年 10 月版

本书是加西亚·马尔克斯 10 年来出版的首部小说。讲述一个老记者为庆祝九十大寿，特地找了个 14 岁的处女圆房，以示自己雄风犹存。没想到上床之后才发现，少女已被鸨母用了药，整夜昏睡不醒。老头子看着身边少女的青春胴体，不仅打消了取其贞操的念头，而且发现自己竟然爱上了她。他转而回忆起了自己的一生。这辈子曾与他寻欢的妓女多达 500 余人，但他从未意识到，自己还能从妓女们身上寻得真爱。《苦妓追忆录》不仅是对爱情的礼赞，亦可被视作献给生命的颂歌。

2.《圈中人》

［美］TC·博伊尔（TCBoyle）著 /Viking 出版社 2004 年 9 月版

本书是新锐作家博伊尔的第十部小说。以美国性学大师阿尔弗雷德·金赛为主人公。50 年前，研究人类性行为的“金赛报告”震惊美国社会，博伊尔以虚构的金赛助手和“圈中人”约翰·米尔克（John Milk）的视角，描写有窥阴癖和同性恋倾向的金赛，如何以学术研究为借口，将他由纯洁处男变成一个道德堕落的性乱伙伴。其他的圈中人及其配偶，亦将金赛视为学术上的神明，而任由他在性事上随意摆布。博伊尔将故事情境推至极限，从而对性、婚姻和嫉妒的种种冲突做了一番有趣的探讨。

3.《中国通：亚洲冒险、间谍与外交生涯九十年》

［美］李洁明（James R.Lilley）著 /Public Affairs 出版社 2004 年 5 月版

76 岁的李洁明 1928 年生于中国青岛，并在中国度过童年，中美关系正常化之后，他随老布什一起赴北京工作，后任驻华大使。本书并非仅仅叙述李洁明一家在中国近 90 年的冒险经过，而是以一个“中国通”的眼光，来考察中国的历史——从饱受列强欺侮的苟且偷安，到全面抗日的岁月，直至中美从盟友到互为敌手并最终走向关系正常化的曲折历程，特别是美国对华政策的多次重大失误，及其延至今天的流弊。

4.《人间莎翁》

［美］斯蒂芬·格林布拉特（Stephen Greenblatt）著 /W.W.Norton 出版社 2004 年 9 月版

莎翁传记虽多如牛毛，所据史料却极为稀缺，因而其生平仍存太多谜团。特别是他从老家斯特拉福到伦敦谋生的 7 年：一个如他那样没钱、没关系、没文凭、没阅历的外省毛头，何以写出广及三教九流的辉煌大戏，成为彪炳文学史册的莎翁？哈佛大学的人文教授格林布拉特决心另辟蹊径，从莎翁作品中寻找作家本人生活的蛛丝马迹。他熔历史传记与文学解读于一炉，大胆立论，小心求证，其结论充满令人惊奇之处，其点滴细节之丰富，更令人瞠目。

5.《中国的黄金时代：唐朝的日常生活》

［英］查尔斯·本（Charles D.Benn）著 / 牛津大学出版社 2004 年 8 月版

存于公元 618–907 年的唐朝，历来被认为是中国历史上的黄金时代，贵族与知识分子，佛僧与道士，以及诗歌、音乐和舞蹈，各色人士及多种艺术形式均大为繁盛。本书生动地描写了当时的日常生活，罪案、娱乐、时装、婚俗、乐器、化妆、饮食、家居、卫生及交通等无所不包，亦以今日之歌厅，对比当年艺妓出没的酒肆。作者对当时大运河上的扬州城着墨尤多，称之为唐朝最重要的城市之一。书中也从社会结构、官僚制度等方面，分析了唐朝由盛而衰的过程。

6.危险时期：从 1798 年《煽动叛乱法》到反恐战争的战时言论自由

［美］杰弗里·斯通（Geoffrey R. Stone）著 /W.W. Norton 出版社 2004 年 10 月版

杰弗里·斯通曾任芝加哥大学法学院的院长，按照他的估计，美国历史上至少有五分之一的时间算不上保证了言论自由。每到战争时期，或是国内争斗加剧，公众和白宫便会患上某种信息和思想上的歇斯底里症。斯通从中遴选出 6 个时期，从制定《煽动叛乱法》的第二任总统约翰·亚当斯，经由内战时的林肯和指挥二战的富兰克林·罗斯福，直到现任总统布什的《爱国者法案》。

7.《迷失的和平：中东和平进程奋战内幕》

［美］丹尼斯·罗斯（Dennis B.Ross）著 /Farrar，Strausand Giroux 出版社 2004 年 8 月版

2004 年 10 月 7 日出版的《纽约时报书评》，以“以色列和阿拉法特问题”为题，刊发克林顿政府阿以事务特别助理罗伯特·马利（Robert Malley）的书

评，推介此书。本书作者丹尼斯·罗斯曾任老布什和克林顿两位总统的中东大使和首任和平谈判代表。书中回顾了从1988–2001年的巴以和平谈判历程，历届领导人的峰会，伊扎克·拉宾的遇刺，内塔尼亚胡的兴衰，对阿拉法特、拉宾和克林顿的不同立场和策略均有精彩的分析和述评。

8.《距巴格达 8.55》

[英]安德鲁·埃姆斯（Andrew Eames）著/矮肢鸡出版社 2004 年 9 月版

1928 年，英国侦探小说女王阿加莎·克里斯蒂前往东方游历。这是一次改变她一生的旅行，她不仅在途中与未来的夫君邂逅，更以此为背景，写出多部脍炙人口的侦探小说。70 多年后，安德鲁·埃姆斯重走此路，先乘火车经过巴尔干半岛到伊斯坦布尔和大马士革，而后坐出租汽车穿越沙漠前往巴格达。那时正值萨达姆倒台前夕，伊拉克一片混乱。书中交替讲述了克里斯蒂和他本人的东游故事，对比当年，物是人非，脚下是一个更加动荡难安的世界。

9.《逃离饥饿和夭折，1700 2100：欧美和第三世界》

[美]罗伯特·威廉·福格尔（Robert William Fogel）著/剑桥大学出版社 2004 年 5 月版

福格尔教授是芝加哥大学教授，诺贝尔经济学奖得主。他发现，在过去 300 年间，人类对抗营养不良和食不果腹的战斗取得了非凡的成就，不仅平均寿命增长了一倍有余，其身形亦扩大了50%。更健康、更高、更壮的人类，不仅促进了经济的快速、稳步增长和技术进步，也减少了工作时间，并更多地投身于休闲娱乐，更使保健产业迅速发展。福格尔以一个经济学家的视角和通俗易懂的叙述，回顾了上述变化，并展望了人类健康产业的未来。

10.《祖宗的故事：生命起源朝圣记》

[英]理查德·道金斯（Richard Dawkins）著/Weidenfeld Nicolson Illustrated 出版社 2004 年 9 月版

道金斯任教于牛津大学，是世界最著名的进化论学者之一。本书是一次追寻生命本原的时空之旅。在旅程中，不断有新的伙伴加入其中——黑猩猩在 600 万年前，大猩猩在 700 万年前，猩猩在 1400 万年前，开始与我们为伴。队伍越来越壮大，朝着我们的目标——40 亿年前进发。最后，我们终于见到了自己的祖先：那个最初的、卑微的、可以自我复制的分子。书中通过 40 个寻祖归宗的故事，以迷人的文字和精美的图片，向读者展现了生命进化漫长而辉煌的历程。

（信息来源：《中华读书报》）

◎榜十二、2004 中国书业年度评选获奖名单◎

1.年度文学艺术图书：《狼图腾》（长江文艺出版社）

2.年度传记纪实图书：《正说清朝十二帝》（中华书局）

3.年度经管励志图书：《没有任何借口》（中国社会科学出版社）

4.年度人文社科图书：《大历史不会萎缩》（广西师范大学出版社）

5.年度生活时尚图书：《一生中要去的 50 个地方》（陕西师范大学出版社）

6.年度 80 后作者：郭敬明

7.年度策划人：金丽红、黎波（长江文艺出版社北京图书中心）

8.年度分销商：王庆（四川新华发行集团董事长）、任志鸿（山东天鸿书业有限公司）

9.年度作者：（空缺）

10.年度出版人：肖启明（广西师范大学出版社社长）

（信息来源：新浪网）

获奖图书封面集锦

六、链接篇

◎榜一、当代中国最有影响力的十大作家◎

1.莫　言：以小说《透明的红萝卜》成名，《红高粱》则使他享誉文坛。天才般狂放的叙事和中国民间文化的奇妙结合，使他的作品具有一种罕见的审美价值和思想深度。

2.余　华：《活着》、《许三观卖血记》等先锋代表作具有一种敏锐的艺术感知力和精妙的叙事技能。尤其是后期作品，充满了一种巨大的悲悯情怀和朴素诚实的文风。

3.孙　犁：发表小说《荷花淀》等作品，受到广泛赞扬，毛泽东曾称赞他是一位有风格的作家。浓郁的风情化，使他的作品饱浸着中国传统文化的深邃内涵。

4.汪曾祺：《受戒》和《大淖记事》是他的获奖小说。他以散文笔调写小说，简洁，朴素，诗意化与人性化交融在一起，令人回味无穷。

5.北　岛：朦胧诗派的创始人之一。"高尚是高尚者的墓志铭，卑鄙是卑鄙者的通行证"成为多数人的格言，对时代具有高度的概括力和洞见力。

6.张承志：回族作家，代表作《黑骏马》、《金牧场》。对心灵的纯洁性和理想的诗意性从来不做丝毫的放弃。

7.史铁生：《务虚笔记》、《我与地坛》等名作充满了受难意识，对生命的存在有着自身独特而尖锐的体悟。

8.余光中：台湾现代派"十大诗人"之一，一个不败的文化偶像，一个充满了感伤气息的文化表征。

9.陈忠实：因为《白鹿原》而奠定了自身坚实的文学史地位。

10.王安忆：短篇小说《小鲍庄》被视为寻根派代表作，近期比较有影响的长篇小说是《长恨歌》。一个不断地进行自我超越的作家，一个总是要寻找的作家。

（信息来源：《羊城晚报》）

◎榜二、2004 十大出版事件◎

1.最深情的怀念

有业内人士称，"2004 年是出版界的邓小平年"。2004 年 8 月，纪念邓小平诞辰一百周年之际，全国各大书店的柜台前，有关邓小平的图书和音像制品成为最亮丽的风景。中央文献研究室研究员陈晋在《世纪小平》一书中写下这样的诗句："有一声问候叫'您好'，有一句回答是春天，有一种日子叫富裕，有一位老人是永远。"

四川人民出版社推出的《邓小平画传》，被作为四川出版集团的"一号工程"。《邓小平画传》分为上、下两卷，全书 88 个章节，56 个小故事，约 30 万字，收入图片 1266 幅。它是迄今为止出版的邓小平传记中内容最全面、资料最丰富、规模最庞大、图片最精美的一本。其中许多照片是首次发表。中共中央文献研究室编辑、中央文献出版社出版的《邓小平年谱（1975-1997）》颇受各界关注。此外《人民的儿子邓小平》、《永远的小平——卓琳等人回忆录》、《青年邓小平》、《邓小平与巴蜀》等图书也都纷纷热销。邓小平的名字不仅载入新中国历史，也载入了我国的出版史。

2.艾滋病与无法忽视的《一万封信》

77 岁的高耀洁及她 2004 年在中国社会科学出版社出版的《一万封信——我所见闻的艾滋病、性病患者生存现状》得到社会高度关注。这本 30 万字的《一万封信》给读者的印象是"真实"。在写给高耀洁的一万封书信中，她选录了近 200 封，重点展示了我国近期的艾滋病、性病现状。书中附有几十张图片，它们展现了令人颤栗的画面和令人震撼的故事。

《一万封信》的总印数是 1.5 万册。高耀洁，这个怀有慈爱之心的老人，用自己的稿费和奖金买下 3700 册，并将近 2000 册带回河南，其他的全部赠与相关人士，以扩大防治艾滋病的宣传。读者冷落她的书，但不会冷落她的事业。

3.有口难辩的《借我一生》

余秋雨再次占据 2004 年的出版记忆。2004 年 8 月，首印 40 万册的余秋雨自传《借我一生》由作家出版社出版。但该书的真实性受到了空前的质疑，尤其是其中的"文革"部分。

有人说，余秋雨标榜该书是"记忆文学"，实则模糊了纪实和虚构的界限。诸多学者、专家参与讨论。一场关于"记忆文学"的讨论更像一场"文化群殴"。

4.将“水煮”进行到底

人们佩服第一个吃螃蟹的人。《水煮三国》即体现了一种全新创意。其作者成君忆也因此而大受追捧。业内人称,“津津有味的文字、独特的思维方式,开‘本土’经管书之先河”。

2004年,继《水煮三国》之后成君忆又推出了《孙悟空是个好员工》。据说成君忆对于《水浒传》和《红楼梦》都感兴趣,说不准哪一天这些名著也会被他“借用”。但就在成君忆美滋滋地打着名著的主意时,《麻辣水浒》、《经济学演义》等跟风书和《成长力》等“本土”经管书、励志书也纷纷出版——跟风出版让人一言难尽。

5.出版社一怒为盗版

盗版书是出版界的牛皮癣。译林出版社出版引进的克林顿自传《我的生活》在上市之前,做好应对盗版的一切准备。他们把所有的正版书都制作为精装本,封面、封底及扉页都采用了特制的防伪水印技术。此外,译林出版社还公开悬赏20万元人民币,追查《我的生活》的盗版源头。而此前该社出版的《亲历历史:希拉里回忆录》和《魔戒》都被盗版害苦了。

有人说,盗版书有市场,是因为正版书价格不菲。但出版社毕竟承担版税或稿费、工资、纸张、交税等成本。掰开手指一算,还得期待市场还账。读者提高素质自觉地拒绝购买盗版书,还需要相当长的时间。

6.密伪书

“伪书”指的是这种书:一本书封皮上的推荐,种种关于作者身份的描述,一旦细究没任何证据可证明。过去“伪书”多是盗版者所为,现在个别大出版机构也涉足。它的出现不仅使守法经营者受到打击,而且还将引起中国在国际上的知识产权信誉危机!2004年最让读者大惊失色的出版新闻是:连续几个月雄踞排行榜榜首、市面上卖疯了的《没有任何借口》是本伪书。事实上,市场上同时流行着几个版本的《没有任何借口》。中国社会科学出版社证实,他们出版的《没有任何借口》才是引进的正版书,其他市场上流行的《没有任何借口》皆是“伪书”。但此时,机械工业出版社出版的《没有任何借口》一书已流行了大半年,卖出了200万册。

7.名人亲属写名人

2004年3月,作家王蒙夫人崔方蕤写的书《我的先生王蒙》为名人亲属出书火上浇油。该书出版前后,刘欢夫人、葛优母亲纷纷出书写亲人。就连赵本山的小学同学也写了一本《我哥本山》。

名人亲属写书的最大优势就是了解名人生活。对名人生活中那些陈芝麻、烂谷子的小事也比别人知道得多。如果这类书只是靠琐碎的细节来吸引读者,而不具有相当丰富的文化内涵,恐怕这类书连同名人本身都会贬值。

8.诺奖出版“点石成金”

诺贝尔文学奖除了是对作家文学成就的肯定外,似乎也成了一个出版信号。在2004年这个“年度文学猜谜游戏”中,奥地利女作家耶利内克胜出。她获奖后,其作品在美国亚马逊书店的网上订购量从排位第11634804名,一下跃居第9名!而在国内,立即有9家出版社同时联系耶利内克作品版权事宜,以至于其代理人说,“有的出版社报价很高,摆出势在必得的架势。如此急切是我完全没有想到的!”

据悉,20世纪90年代末,北京某出版社要出版“二十世纪曾经轰动的女性小说丛书”,中国社会科学院外文所宁瑛教授曾将耶利内克的《女钢琴师》翻译成中文,交给出版社。但由于种种原因,这部作品被“压箱底”7年之久。最终由北京十月文艺出版社购得版权。

9.新生代写手集体出场

2004年,“80后”作者依然活跃。当了赛车手的韩寒出版了武侠小说《长安乱》,起印30万册。郭敬明不甘示弱,《天下》、《郭敬明成长日记》、《刻下来的幸福》、《梦里落花知多少》,一部接着一部。而他编著的《岛vol1》和《岛vol2》两个月发行量达40万册。此外,还有李傻傻的《红×》、孙睿的《草样年华》也畅销不衰。

其后,“80后”写手们在《我们,我们——80后的盛宴》中集体亮相。这本由苹果树中文原创网络选题策划,何睿、刘一寒共同主编,中国文联出版社出版的书,汇集了74位作者的作品,总计90余万文字。

这些新生代写手看上去咄咄逼人。他们不承认“80后”的说法,“激扬、青春、才情、实力”、“拒绝偶像化和商业化”才是他们的口号。

10、韩版书渐成风潮

2004年,韩版小说成了我国出版市场的香饽饽。继可爱淘推出《那小子真帅》后,出版社又催生了她的《那小子真帅2》以及《狼的诱惑》和《狼的诱惑》(终结版)。接着,韩国写手罗相万的爱情小说《爱的语法》,请来韩国当红明星张娜拉出任代言人。

同时,韩版书《菊花香》的作者金河仁也同时来到我国。他倒没有什么炒作招数,而是来签订法律委托书打假。韩国写手的集体到来好像就是特意提醒读者,韩版书卖火了。

(信息来源:《中国青年报》)

◎榜三、中国图书十大关键词◎

1.抄袭

如今抄袭之风引火自燃，侵权事件层出不穷。

年度代表：中国作协会员段平起诉中国文联副主席叶辛，称2004年5月由群众出版社出版的叶辛小说《商贾将军》，涉嫌抄袭他的长篇纪实文学《急公好义》（1998年5月云南民族出版社），涉嫌抄袭的部分达80%；无独有偶，河南作协主席张宇小说《蚂蚁》涉嫌剽窃；无限风光的郭敬明在北京市一中院一审判决中，被认定《梦里花落知多少》剽窃了庄羽小说《圈里圈外》的人物关系，并在12个主要情节上与其相同相似；厦门大学中文系教授易中天披露长江文艺出版社推出的《中国城市批判》（海莫著）严重抄袭了他本人2000年出版的《读城记》；北大英语系副教授黄宗英因学术剽窃，被学校解雇；虹影小说《绿袖子》也被指涉嫌抄袭……恐怕上面列出来的几例，只是沧海一粟，大部分的剽窃仍未浮出水面。

影响力：把别人的作品或语句当作自己的，也不是2004年才有的现象，但被曝光的涉嫌剽窃案例中，主角的身份地位已经上了一个台阶，甚至有几位已经跻身创作管理层，这不能不引起人们的警觉。纸是包不住火的，随着法制观念的深入，我们也欣慰地看到，越来越多的人开始用法律手段来维护自己的创作权益了。

2.团购

现在我们再来说团购的时候，已经不只限于教材教辅了，除了经管类图书，连禅学书等心灵励志类图书也成为团购的对象。许多文化公司的朋友在推荐他们的新书时，已经习惯于加上一句："适合团购"。

年度代表：2004年有很多响当当的大企业名单出现在书业，只要你不嫌啰嗦，能细细列出一堆来：《麦当劳餐饮攻略》、《麦当劳的18堂课》、《沃尔玛零售》、《沃尔玛营销》等书集中针对餐饮连锁的团购者；《亲历微软》、《索尼之路》、《德隆内幕》、《德隆败局》、《华为真相》等立足于高科技企业；《轻轻松松禅一回》、《如何提高人际交往能力》、《开源节流——赚最大利润的16个忠告》等提供心理、技术指导的图书，也被保险公司之类的单位列在培训书名单中。2004年成为产销两旺的团购年。

影响力：很多企事业单位，在强调Team（团队）、强调员工培训的同时，对针对企业、员工个人管理的图书需求量越来越大。与单本销售的零散相比，团体购买的整体优势已经被越来越多的书店书商珍惜。团购已经不只是限于发行领域，如今很多出版人在最初制定图书选题时，已经明确定位为"团购书"。

3.魔幻

在一个高科技日新月异、信息技术发达的现代社会，"神魔"四处流窜。

年度代表：2004年继续说《魔戒》、《哈利·波特》似乎已经是老生常谈了，于是出现了多部叫板的新作，如春风文艺出版社推出的《魔法学校之三眼猫》、《魔法学校之禁林幽灵》等"魔法学校系列"；接力出版社推出了号称"法国13岁天才少女"魔幻作品《石头预言》；北京共和联动图书有限公司则叫板《魔戒》，将花巨资打造中国自己的《哈利·波特》。就连一贯写都市言情的张小娴也改写吸血鬼的故事了。

影响力：为何神魔如此流行？现代人生存压力太大，希望能在光怪陆离的想象中轻松一点，希望能在妖魔鬼怪的虚幻中寻求刺激，从而收获现实之外的神奇和美。生存空间有限，但神魔之梦是无限的。

4.韩流

从安在旭的歌声到张娜拉的笑脸，从三千里烤肉到辣白菜，从《蓝色生死恋》到《情定爱情海》，韩国文化在中国渗透的速度之快、范围之广，让人吃惊。随着时尚文化中"韩流"的涌动，书业的"韩流"在2004年遍地开花，绚烂夺目。

年度代表：可爱淘横空出世，两本《那小子真帅》还在排行榜上热卖，《狼的诱惑》、《狼的诱惑》（终结版）接连出击，引出了《那小子真酷》、《那小子真棒》、《那女生真笨》、《那女孩子很靓》等系列跟风书；以《菊花香》等一系列浪漫爱情小说在中国聚拢大批拥护者的韩国作家金河仁，也带着《玉兰花开》再一次来华。此外，《商道》小说与电视剧一起登陆中国，《小女子哈鲁》也让我们领养了一个汉城妹妹。云南人民出版社的一位编辑还透露，鉴于本年度"韩流"图书的横行，该社2005年的文学类图书将主要锁定韩版。看来，"韩流"还将继续在书业蔓延。

影响力：有一种说法，目前自韩国引进的版权书，大多属于纯文学作品，其文字内容相对"干净"很多。反倒是我们自己的原创作品，似乎"无性不成书"。如果不是作者黔驴技穷，那可真是得好好反思一下了。

5.80后

年度代表："岛主"郭敬明的《岛·柢步》、《岛·陆眼》，"玉女作家"张悦然的《樱桃之远》、《红鞋》、《十爱》、《是你来检阅我的忧伤了吗》，"赛车手"韩寒的《长安乱》，春树的《抬头望见北斗星》，李傻傻的《红X》，连同《十少年作家批判》一起，争抢着人们的眼球；"80后文学领袖"、"80后概念的代言者"、"80后玉女作家"、"80后五虎将之一"连同"80年代'独生子女宣言'"之类的文字便排山倒海地出现在眼前，"80后"沦为地摊概念。2004年的书业，成为80后写手的放肆地，也成为无数主流、非主流人士攻击这个按出生年代划分的创作群体的圆桌。连周国平先生都承认，“时下流行青春文学”。

影响力：“80后”使文学市场趋向低龄化，也使得纯文学作品更加被市场冷落。

6.“狼”图腾

2004年的内地书业，“狼”行天下，“狼”烟四起。

年度代表：《狼图腾》是2004年原创文学的一匹黑马，不仅让作者姜戎一举成名，成为某读书频道“年度人物评选”的热门候选人物，而且引发了一批“狼书”，如《狼性：个人发展和团队生存的动物图腾》、《从狼群争斗中学的经营管理》、《狼图腾启示录》，并由此诞生了《狗图腾》、《鲸图腾》等跟风书。从文学、社科到经管、文史，我们都能在书的封面、标题和主要内容中，看到“狼”的身影和生活。甚至在路边小书摊上，《狼道》、《狼人传说》等“狼”书也是随处可见。

影响力：这些书虽然在题材、内容和分类上区别都很大，但都主张张扬“狼的精神”。现代社会中，竞争逐渐成为社会游戏的主要规则，物竞天择，适者生存，人类已经不惜从动物身上挖掘并学习个人生存发展所需要的各种素质，如坚忍、顽强、耐心、团队合作精神了。

7.青春期读物

青春期读物（或称“性教育读本”）期待关注。

年度代表：《藏在书包里的玫瑰》一书推出后，在众多的网络与平面媒体上引发了对“性教育”话题的关注。事实证明，这个话题确实引起了众多出版商的关注，《那学期在雨中长大》、《正当青春期》等大批关注青春期的性心理、性知识教育的书籍随后出现。

著名性学专家李银河认为：“该书将时下中学生严重的‘性问题’展示出来告知家长、老师引起各方注意，并提醒他们重视对孩子的性教育，是一本很好的教材。”

影响力：性教育可能是一个敏感的话题，说起来似乎总是遮遮掩掩，但确实是一个值得所有学生、家长、老师关注的话题。青春期读物的出场，让中学生性教育问题终于水落石出，绝对可以算得上是性教育中的一个大事件。

8.短信小说

这是一个与高科技通信技术相结合、事关载体革命而备受争议的关键词。

年度代表：2004年9月10日，号称“中国第一部短信小说”的《城外》上市，据称这部4200字的小说，共分为60条短信，每条70字，被电信增值服务商以18万元的高价独家买断版权。同期还有一本“中国第一本短信体小说”《谁让你爱上洋葱》，实质上仍是一部以大量的手机短信为素材的爱情小说。据说，第一部短信小说诞生于日本，目前约有数万个网站在运营短信小说业务，拥有广泛而稳定的受众。有消息说，台湾地区效仿日本、内地，在2004年11月也推出了第一部短信小说《距离》，供用户在手机上阅读。

影响力：短信小说究竟是适合在手机通讯平台上阅读的小说，还是以手机短信为题材的小说？一场关于手机小说潜力的争议也由此在书业、IT业广泛展开。短信小说无疑带来了文学载体的革命，一些自称是电信内容提供商的人士，开始与部分原创文学爱好者洽谈新的版权。手机小说能否形成气候，恐怕SP们（电信内容提供商）比借助纸质媒体的出版人更为关注。

9.伪书

伪书炒作乱人眼。

年度代表：为了将伪书与跟风书区分开来，只好将伪书列为伪书名、伪作者两种类型。伪书名最为典型的是《狼道》一书，这本Amazon网络书城畅销作品，据说目前市面上已经出现了8个被引进的版本，由于翻译、版权等方面的问题，普通读者根本无法识其真面目。

因伪作者而产生的闹剧，有两出戏堪称书业经典：其一，一本署名为王跃文所作的小说《国风》现身桂林书市。随后调查证明，此王跃文与创作《国画》的王跃文毫不相干；其二系《挪威没有森林》一书，据说其作者福原爱姬，乃村上春树的情人，后证明日本根本没有福原爱姬这个人，可以说，这本书的宣传纯属恶意炒作，既伪造了作者，也伪造了书名。

影响力：2004年度的伪书之争，牵涉了数家大规模的出版单位，引发了书业对伪书的界定标准、作品版权问题的关注和反思。

10.名著变脸

名著戏说后变脸迈进商学院。

年度代表：首先需要申明的是，这并不是一个2004年才出现的现象，但在2004年如此地被关注。继《水煮三国》成为经管书一大亮点、作者和出版社名利双收之后，成君忆2004年推出了新的名著戏说版，将《西游记》的4个人物移植到现代企业管理的环境中。2004年书业还有一堆《水煮三国》模仿秀：《水烩三国》《水煮后三国》《水煮春秋战国》《麻辣三国》《职场三国》《麻辣水浒》。几乎四大名著都有了新的演绎，融入了现代企业管理理念。赚钱的东西总是赶着出，也许不久的将来，古今中外的经典名著都将有一个令人啼笑皆非的“管理学版本”。

影响力：虽然现有的部分变脸名著已经把经典名著传统的价值体系完全破坏掉了，但却开创了从民族传统经典中发掘商业管理智慧的新路子。

（信息来源：《中国图书商报》）

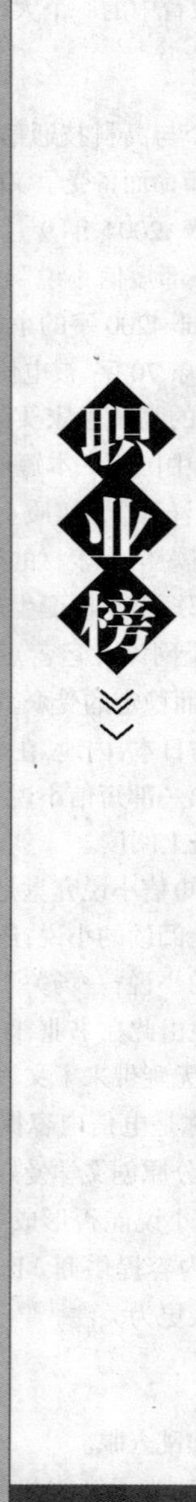

职业榜

引 言

据国家发改委统计，最近几年，收入、物价和就业已经成为百姓最关心的三大话题，而这些话题又都围绕“职业”这一焦点延伸开来。

“选你所爱，爱你所选”，这是曾经流行的广告词，2004年的职场正是在这样的种种选择中度过。用人单位为“选贤才而用”忙碌，个人为“择良木而栖”奔波。在众多行业的快速发展中，一个个职业之“最”脱颖而出，它们带旺了人才市场，为各行各业的职员带来了更多的就业选择机会；同时，一些新兴职业的出现也引发出了一些新的问题，带给我们更多的启示与反思。

2005年，什么职业最赚钱？哪些职位薪水最诱人？高职“钱”途又有什么新趋势？我们究竟该如何择业……“职业榜”即为此而作，希望能起到借鉴和参考的作用，为广大读者在职场中引路。

职业榜中榜

一、行业篇

◎榜一、2004 最具“钱景”十大行业◎

1.IT 业

2004 年,IT 业回暖迹象明显。法国电信、AT&T 等 IT 类外资公司不同程度地进入中国,国内公司因此加紧扩大市场份额,市场竞争的加剧有力地拉动了行业的薪酬水平。

2.零售业

按照中国加入 WTO 时的承诺,2005 年中国流通业将全面对外资开放。跨国公司在华加速扩张将带动整个零售行业人才需求的直线上升,薪水自然也水涨船高。

3.金融业

2005 年,金融业高层管理人才的年薪可达 50 万元人民币,中层管理人才的年薪在 20–30 万元人民币之间,一般骨干员工的年薪在 6 万元人民币左右。

4.房地产业

预计 2005 年建筑及房地产行业人才需求的增长幅度将超过 15%,相应地,行业的薪酬处于攀高状态,主管级别的薪酬水平基本上都能达到年薪 6–10 万元。

5.网络游戏业

相关统计数据显示,到 2006 年,中国网络游戏用户总数将达到 4490 万,网络游戏的市场规模将超过 80 亿元。电子游戏行业正日益成为未来 10 年内越来越多毕业生的首选。

6.广告业

中国的广告消费以每年 20%–30% 的速度递增,使得在广告公司任职的广告人平均月薪仅一年时间就涨了 600 元。2005 年起,许多外资广告公司将直接进入中国并物色本土人才,此举在广告业掀起了阵阵波澜。

7.物流业

目前,市场对物流人才的需求量超过 600 万,被列为我国 12 类紧缺人才之一。可以说,中国的物流业正处在蓄势待发的阶段,极具市场潜力,前景十分广阔。

8.动漫师

2004 年,动漫风席卷全国,动漫师可谓集“万千宠爱于一身”。伴随着互联网业的迅猛发展,动画游戏制作产业、数字互动娱乐产业已经成为 21 世纪发展最快的新兴产业,无论在国际还是在国内,都有非常广阔的市场前景。

9.汽车美容业

时下,大型的汽车美容店招聘专业汽车美容师时,开出的月薪在 3000–5000 元。即使刚刚经过培训、经验不够丰富的学徒,工资也会在 1000 元以上,是技术型人才的好职业。

10.营养配餐师

随着人们生活水平的提高,“营养配餐师”应运而生。他们可针对顾客的年龄、性别、体质提供个性化的科学配餐服务。随着消费者科学消费意识的成熟,此项职业的市场需求迅速增加,预计需求高达 50 万人以上。

(信息来源:《人才市场报》2004 年 12 月 28 日)

备注:根据可锐管理咨询公司和北京外企太和顾问的报告,2005 年的整体薪酬形势颇为乐观,总体水平可能比 2004 年提高 7.5%–8.5%。IT、零售、物流、金融、网络游戏、广告、房地产等行业的薪资水平将有所上升,对高端人才的争夺更趋白热化。本排行榜根据 2004 年各个行业的整体收入情况而定,对各行业薪酬情况做了一个简单总结与展望。

◎榜二、2004 十大暴利行业◎

1.房地产业

从2002年第1版《中国十大暴利行业》,到2004年第3版《中国十大暴利行业》,中国的房地产业已连续3年蝉联《中国十大暴利行业》之首,中国房地产业的暴利为全球之冠。

2.高速公路业

2004年中国出现了煤、电、油、运前所未有的紧张状况,随着煤、电、油的四面着火,全国运力八方告急,公路运输价格不断攀升,中国高速公路业的暴利再次浮出水面。

3.殡葬业

在《2003年中国十大暴利行业》中,殡葬业第一次露面,且排位第三,这曾在社会各界引起了很大震动。殡葬暴利归咎于中国殡葬业的垄断经营。

4.驾校业

驾校业是首次入选《2004年中国十大暴利行业》的新兴暴利行业。之所以将驾校业纳入暴利行业,是因为它的收入中不仅含有暴利,而且还包含着太多的、明显的非市场因素和司法权力寻租。

5.电力业

电荒是2004年中国的一场灾难,但由国家垄断的国家电力公司却成了中国电荒最大的受惠者。一方面,电力行业借电荒向煤炭行业施压,强迫煤炭行业以大大低于市场价的价格将煤炭卖给它;另一方面,电力行业又借电荒向国家施威,强迫国家提升电价,最终制造了电力行业的暴利。

6.有线电视业

从2003年7月1日起,北京市有线电视收视维护费从12元调整到18元,收视费大涨50%。此新闻发布后,舆论哗然,有线电视作为垄断行业及暴利行业,成为举国关注的焦点。

7.医疗业

2004年,中国医疗业暴利、药价虚高的问题,成为媒体关注的焦点。而医疗业在连续两年入选《中国十大暴利行业》之后,2004年又再次入选。

8.教育业

教育部部长周济曾经批驳"教育乱收费(10年)2000亿元"的说法。尽管他认为这个数字只是一个推断,建议不要把个别学校的问题通过乘法扩展到整个教育界,但诸多的教育收费名目还是使这则新闻马上成为媒体评论的焦点话题。

9.教材出版业

在我国,"教材出版"行业的利润占到了中国图书出版的80%,而这一数据在发达国家只有约20%。中国出版业几乎可称作"教材出版"业了。制度的腐败,价格的虚高,再次将图书出版推向了暴利的顶峰。

10.网络游戏业

陈天桥让我们重新认识网络游戏,惊叹网络游戏是个大产业!中国虚拟游戏装备的年交易量不小于年游戏点卡销售额的两倍,也就是40亿元。在韩国、我国台湾省等网游发达的地区,虚拟财产年交易额已达数十亿美元。

(信息来源:《共鸣》杂志)

备注:任何一件事都有正反两面。一个行业之所以能成为暴利行业,也说明中国经济对这个行业有着巨大的市场需求,还说明这个行业有着难以估量的市场前景。从这个意义上说,"中国十大暴利行业"又是一张中国投资和经济走向的导游图。

二、职业篇

◎榜一、2004 五大紧俏职业◎

1.项目经理

2003年中国项目经理总需求是35万名,但目前在国内即使处于整个行业领头羊地位的企业中,拥有PMP资格证书的人也寥寥无几。因此,拥有PMP一纸证书的将成为未来几年走俏的人才。

2.市场总监

许多跨国公司的主管反映,选聘具有本地化优势、同时又能担当起统领全局的市场总监并非易事,所以出现有些跨国公司以年薪30万元、50万元寻聘中国市场总监的现象。

3.精算师

精算业最早起源于英国的人寿保险业,已有100多年的历史。目前业内有人这样评价精算师:集保险业的精英、数学家、统计学家、投资学家于一身的保险业高级人才。我国被世界保险界认可的精算师不足10人,精算师可以真正称得上是凤毛麟角。

4.保险经纪人

保险经纪人的市场缺口极大,在5-10年内,经纪人数量应发展到20-30万人。保险经纪人站在客户的角度和保险公司打交道,因此在社会上受人尊重,社会地位较高。

5.物流师

物流人才的需求量为600余万名,被列为我国12类紧缺人才之一。目前国内出色的高级物流总监是最缺乏的,他们的年收入在几十万元以上。因此，若把物流师证书考到手，在这一行业中将有较好发展。

（信息来源：《21世纪人才报》）

解读："俏"

高学历+丰富的经验=高薪的关键

◎榜二、2004 十大新兴职业◎

1.商务策划师

运用应用科学的思维和方法，对以赢利为目的的社会经济组织的整体活动，或某一方面活动进行系统、科学的创造构思、谋划和设计的人员。

2.会展策划师

从事会展的市场调研、方案策划、销售和营运管理等相关活动的人员。

3.DV 策划制作

从事一般数码影片策划、拍摄、编辑、合成、制作的专业人员。

4.景观设计师

从事景观规划设计、园林绿化规划建设和室外空间环境创造等方面工作的专业设计人员。

5.模具设计师

从事企业模具数字化设计的人员。

6.建筑模型设计制作员

运用模型设计制作技能，设计制作各种直观建筑模型的专业模型制作人员。

7.家具设计师

根据不同要求，结合制造工艺及美学原理，设计各类家具产品的专业设计人员。

8.客户服务管理师

通过提供产品和服务满足客户需要，完成交易，并对交易现场的客户服务活动及相关事宜实施管理的人员。

9.宠物健康护理员

从事宠物饲养、管理、美容与健康护理工作的专业从业人员。

10.动画绘制员

运用动画专业技巧和方法，独立进行动画中间张绘制工作的人员。

（信息来源：国家劳动和社会保障部）

备注：劳动和社会保障部已经颁布了第四批国家职业标准，包括计算机网络管理员、计算机程序设计员、多媒体作品制作员、企业培训师、项目管理师、企业信息管理师、室内装饰设计员、服装模特、茶艺师、插花员、洗衣师共11个职业。该标准根据《中华人民共和国职业分类大典》，以客观反映现阶段上述职业发展水平和对从业人员的要求为目标，在充分考虑经济发展、科技进步和产业结构变化对这些职业影响的基础上，对这11个职业的活动范围、工作内容、技能要求和知识水平做了明确规定。2004年12月2日，国家劳动和社会保障部又向社会公布了以上10个新兴职业，这些职业基本上都集中在现代服务业。

◎榜三、2004 男性最赚钱十大职业◎

1.计算机软件开发

个人计算机的繁荣创造了"盖茨神话"，一个个世界巨富从计算机产业中诞生出来。我国软件行业的产值只有4亿元左右，目前约有软件设计人员198万，人均年薪收入在5万元以上。计算机软件开发商愈发成为当今最受人们青睐的职业之一。

2.建筑承包

我国房地产业要达到世界平均水平，至少还需要十几年的努力，建筑承包商在今后几十年里将大有可为，其收入相当可观。

3.律师

律师的收入成跳跃式上升趋势。一个哈佛大学毕业回国的律师，每年至少能赚到100万元左右。懂法律、懂经济、懂外语将是21世纪选择律师的一个标准。

4.体育明星

足球俱乐部队员平均月薪在3000–7000元，主将的月薪高达1万元，有时一次比赛的冠军奖金可高达100万元。体育明星这个职业将会更加炙手可热。

5.注册会计师

按照国务院规划，2010年中国执业注册会计师将发展到30万名，从业人员将达到100万名，注册会计师将大有所为。

6.证券经纪人

"要想富，先炒股"这句深圳人的口头禅，如今在全国数以千万计的股民中早已取得了共识。而与股票同样具有诱惑力的则是那些身穿红马甲、黄马甲忙碌地穿梭于证券交易大厅里的经纪人。

7.广告人

21世纪中国广告创意大师，将不再是普普通通的高薪阶层。中国广告业将会真正形成知识密集、技术密集、智慧密集的一大产业，广告人的前景辉煌灿烂。

8.特种养殖（种植）

“乌龟螃蟹爬上台”，一句民间流传的顺口溜形象生动地描绘出中国人的餐饮正在悄悄地发生变化。2004年因养鳖、养蛇、养蜂、养貂而致富的农民比比皆是。随着人们经济条件的改善，宠物及花卉开始越来越多地进入现代家庭，特种养殖（种植）业的前景一片光明。

9.整形医生及美容师

提到美容师大家就想到女性，实际上高层次的美容师大多是男性。作为一个新兴行业，一切都处于起步阶段。但随着市场的进一步规范，法制的逐步健全，此行业的择业空间将十分广阔。

10.公关

在中国，公关曾一度被误解为专属女人的职业，其实真正的公关是一种现代化的经营管理模式，如今的公关先生已可与公关小姐平分秋色了。沟通是现代社会的重要内容，没有哪一项职业与公关一样能真切地接触到时代的本质。

（信息来源：美国中文在线）

◎榜四、2004女性最赚钱十大职业◎

1.公关

公关是女性的“传统优势项目”，也是现代社会经济生活中一门高深的学问。传统上，女性比男性具有更大的公关优势：表达能力、交际能力、协调能力都比男性强而且更富于情感性。她们成为最耀眼的白领女性。

2.人力资源

随着体制改革和经济发展的深入，人力资源的开发和管理越来越受到重视。一个现代企业，最重要的不是资金是否充足，而是看它是否有一群有知识有能力并与企业同生共死的员工，而女性所特有的亲和力及号召力使她们更能胜任人事经理的工作。

3.传播媒介

在这个传媒时代里，任何风潮都可以在一夜之间传遍世界的每一个角落，因而传媒红人无不红得发紫，倪萍、李湘、刘晓庆、杨澜……女性在传播媒介中始终是一道亮丽养眼的风景线，她们的收入自然是一般人几十辈子也挣不来的。

4.外企白领

严格说来，外企白领不是一种职业，而是很多种职业的总称，泛指在跨国企业里任中高级职务的人员。她们进出于高级写字楼，收入是国内一般职员的几倍到几十倍，如以人民币计算，月收入应在七八千到数万元不等，如果是年薪制则会更高。

5.注册会计师

这是一个和男性争夺饭碗的行业，目前男女比例大约是1:1。虽然女性只占半壁江山，但整个行业的前景非常看好，市场缺口很大。注册会计师是不折不扣的“紧俏货”。

6.保险经纪人

同保险代理人一样，保险经纪人代表投保人购买保险单或介绍保险业务，促使保险合同成立。随着中国加入WTO，保险业将开放，保险经纪人及相应的薪资水平将逐步普遍起来，是女性们大展宏图的好时机。

7.职业经理人

女性做职业经理人是虎口扒食——这一向是男性的领地。但近年来越来越多的女性开始进入这个行业。在一些大的股份制企业里，副总经理的年薪达到50–60万元人民币，部门经理中的高层管理人员也可达到30–40万元人民币。

8.金融银行业

金融银行业在国内算是垄断行业之一，一般职员的薪金远远高于全国平均薪金水平，进入这个行业的门槛很高。另据预测，一般骨干员工的年薪在6万元人民币左右，中层管理人才的年薪在20–30万元人民币之间，高层管理人才的年薪可达50万元人民币以上，甚至冲上100万元人民币大关。

9.体育明星

男性有体育明星，女性也有体育明星，而且这个行业是少有的井水不犯河水的行业之一。体操、游泳、跳水等是女性历来的热门，并将在今后若干年内继续热门。

10.影视明星

不需要多说。影视明星们长年在国内国外飞来飞去，在各种媒体上唱来跳去，没有人知道她们到底有多少钱，媒体上只有她们的豪宅名车。

（信息来源：中华英才网）

◎榜五、2004 十大令人兴奋职位◎

1.事业部总经理
2.营销总监
3.业务发展总监
4.销售总监
5.信息技术总监
6.人力资源总监
7.财务总监
8.研发总监
9.生产总监
10.物流总监

（信息来源：人民网）

备注：提到令人兴奋的职位，我们自然首先会联想到职位的薪酬水平，但是任职者所需要面对的责任以及工作的自由度，同样会让一个希望事业有成的人心动不已。结合职位的薪酬和任职者需要面对的挑战，人民网评定出了十大令人兴奋的职位，有三大职位又被评为极具增长潜力的职位：人力资源总监、物流管理总监和质量管理总监。

◎榜六、2004 十大最热门职业证书◎

1.房地产经纪人

房地产经纪人是购房、租房等过程中的一个连接者，起着非常重要的作用。目前，房地产业高度繁荣，二级市场也异常火爆，这时候就特别需要规范市场，也特别需要专业的房地产经纪人。

考证链接：全国房地产经纪人职业资格考试由国家人事部、建设部共同负责，费用分科收取，每人每科暂定为 75 元左右（不包括培训费用）。

2.注册会计师

我国大约需要 35 万名注册会计师，但目前只有 5 万名，且其中一大半得不到国际机构的认可，人才缺口很大。

考证链接：注册会计师全国统一考试（CPA）有 5 个科目，可选报，报名费用分科收取，每科 45 元（不包括培训费用）。

3.项目管理师

项目管理的重要性被越来越多的中国企业及组织所认识，但目前项目管理专业人才却很少。诱人的高额年薪以及广阔的就业前景，使得项目管理师成为超越 MBA 的最炙手可热的"黄金职业"。

考证链接：项目管理专业人员资格认证（PMP），是由全球最大的项目管理专业组织机构——美国 PMI 设立的。PMP 资格认证考试费为 3900 元人民币，报名费为 100 元。国内的项目管理师职业资格认证是 2003 年刚刚启动的，鉴定费用为：项目管理员 300 元 / 人，项目管理师 800 元 / 人，高级项目管理师 1800 元 / 人。

4.人力资源管理师

人力资源管理师是精通人力资源管理的专业人才，跟以前的人事管理有很大区别，其更加专业化。目前该职业缺口较大，仅上海保守估计缺口就在 3 万人左右。

考证链接：正规培训普通班培训费为：人力资源管理员 1280 元，助理人力资源管理师 1380 元。

5.电子商务师

预计我国在未来 10 年大约需要 200 万名电子商务专业人才，由于互联网用户正以每年 100% 的速度递增，该行业的人才缺口相当惊人。

考证链接：电子商务师国家职业资格考试是全国统考，分为电子商务员（国家职业资格四级）、助理电子商务师（国家职业资格三级）、电子商务师（国家职业资格二级）和高级电子商务师（国家职业资格一级）4 个等级，综合考试费用约 100 元。

6.网络工程师

近年来我国 IT 行业发展迅猛，根据国内资料显示，每年全国各类企业对网络工程师的人才需求缺口有 60 万之大。

考证链接：国家网络技术水平考试（NCNE）是我国最高水平的 IT 认证，也是我国网络方面惟一的政府认证，考试合格者可获得国家信息化工程师证书和美国国家通信系统工程师协会（NACSE）认证证书双认证。考试分 5 个等级，考试费用（包括知识水平和实践能力考试）在 300 元至 2000 元不等。

7.精算师

精算师有较高的社会地位和较高的收入，在世界许多国家都可算是一种热门而诱人的职业。随着我国保险业和咨询业的迅速发展，对精算师也已经提出了十分迫切的需求。

考证链接：我国的精算师考试有中国精算师考试、北美精算师协会的精算师资格考试、英国精算师考试和日本精算师考试4个系列。中国精算师资格考试按科目收费，每门考试须交纳考试费用100元。

8.律师

目前，法律专业人员（以律师为首）在最高收入中排列第二。截至2000年底，我国有律师11.7万人，相比于国内市场经济、企业发展的庞大需求，可谓"僧少粥多"，房地产律师、应诉专业律师以及通晓国内外法律的律师尤为短缺。

考证链接：全国律师资格考试每年举行一次，由司法部负责举办，各省、自治区、直辖市司法行政机关负责实施。

9.高级电路工程师

高级电路工程师在被调查者中是最年轻的"金领"，包括程序设计师、开发工程师、系统工程师和网络支持工程师等电路技术专家。业内人士称该类认证"在5年内都十分吃香"。

考证链接：要想成为IT界专家，就得拥有国际公认的IT证书。目前，IT业已有200多种认证培训，这个"金饭碗"端起来也并不轻松。

10.注册建筑师

注册建筑师资格认证是国内较早实现职业标准与国际接轨、资格证书在国际上互认的执业资格认证，其资格证书在国际上有一定的权威性、公正性和通用性，美国、日本、新加坡等世界上建筑较有名气的国家和地区都引进了该行业的职业标准体系和资格证书，实现了资格互认。注册建筑师在中国可谓价高人稀的"金领"人才。

考证链接：建筑学相关专业的大、中专和本科毕业生及从事房屋建筑设计和相关业务的人员均可报名参加，资格认证分一级、二级注册建筑师，考试科目有所不同。

（信息来源：《中国青年报》、网易教育频道）

备注：2004年9月19日，《中国青年报》公布了一份"最热门的职业证书排行榜"，榜单中对几种热门职业证书的职业描述、职业前景、职业薪酬以及考证链接等作了简单介绍。其中，电子商务师、网络工程师被评为"最吃香的IT类考证"；精算师被评为"最有'钱途'的考证"；调酒师、DJ（调音师）被评为"最好玩的考证"。此榜内容根据《中国青年报》和网易教育频道综合而得。

◎榜七、2004十大单身职业◎

你可以理解为从事这些职业最容易导致单身，也可以理解为单身人士最适合这些职业。无论如何，这些工作带来的高收入、社会地位、发展机遇、广阔的国际视野和人脉资源，令无数单身人士竞折腰。

1.航空公司

在飞机上的时间比在地面上多，旅行箱永远处于备战状态。

2.会计师事务所

女多男少，超时工作非常正常。

3.广告公司（含公关公司）

好像认识很多人，但真正把工作关系转为情人关系的人很少。

4.律师事务所

因职业所需的严谨，律师的浪漫指数向来很低，女律师就更易让男人畏惧几分。

5.服装设计师

好的服装设计师永远处于"创新"状态，难以对一种旧关系保持永远的激情。

6.化妆师、造型师、摄影师

对男人来说女人成堆，久而久之没有感觉了；女人又嫌这个行业的男人太女子气，接触美女太多，危险。

7.网站职员

超时工作，职员都很年轻，女孩看不上同龄的男孩。

8.记者、编辑

看书太多，接触社会阴暗面太多，清高，容忍度小。

9.演艺圈

感情生活太丰富，身边的诱惑太多，可选择的也太多。

10.运动员

以性别区分的团队，经常封闭训练。有些出了名的刻意保持单身，是为了维持观众支持率。

（信息来源：《北京晨报》）

三、供求篇

2004 年在纳入统计的全国 115 个城市劳动力市场上，需求人数与求职人数都出现较大幅度的增长，需求人数与求职人数的比率由 2003 年 12 月末的 0.9 上升到 2004 年 12 月末的 0.94，达到近几年来的最高值，这表明劳动力就业总量矛盾有所缓和。在总量矛盾有所缓和的同时，结构性矛盾依然较大：一方面表现为大学毕业生的就业矛盾依旧突出，另一方面体现为高技能人才数量短缺，已经不能满足经济发展的需要。看来要切实解决中国劳动力市场的就业问题还有很长的路要走。

◎榜一、2004 北京市职业供求排行榜◎

2004 年北京市劳动力市场需求大于求职职业排行

职业	需求人数	求职人数	缺口数	求人倍率*
推销展销人员	80898	22283	58615	3.63
餐厅服务人员	40009	20154	19855	1.99
营业人员	62509	51865	10644	1.21
饭店服务人员	15226	5802	9424	2.62
环境卫生人员	24564	17842	6722	1.38
治安保卫人员	26069	20007	6062	1.3
企业管理人员	12854	8593	4261	1.50
邮政业务人员	4477	809	3668	5.53
美容美发人员	4797	1451	3346	3.31
保险业务人员	3505	365	3140	9.60
裁剪缝纫工	5972	3465	2507	1.72
机械设备维修人员	7644	5142	2502	1.49
房地产业务人员	2823	997	1826	2.83
中餐烹饪人员	9193	7693	1500	1.19
机械工程技术人员	2327	1334	993	1.74
装饰、装修工	1771	881	890	2.01
电力设备安装人员	1886	998	888	1.89
调酒和茶艺人员	1247	393	854	3.17
木工	1600	782	818	2.05
健身和娱乐场所服务人员	2436	1632	804	1.49

2004 年北京市劳动力市场需求小于供给职业排行

职业	需求人数	求职人数	过剩数	求人倍率
机动车驾驶员	16492	39298	22806	0.42
财会人员	11672	25599	13927	0.46
行政事务人员	19410	27919	8509	0.70
体力工人	26121	31945	5824	0.82
电子电气设备装配工	1570	7261	5691	0.22
计算机工程技术	4079	8433	4354	0.48
物业管理人员	4262	6612	2350	0.64
机械热加工工	8057	10401	2344	0.77
机械冷加工工	15419	17243	1824	0.89
电子设备装配调试工	942	2750	1808	0.34
保管人员	7174	8758	1584	0.82
行政业务人员	8813	10391	1578	0.85
旅游及公共浏览场所服务人员	342	1801	1459	0.19
家庭服务、保管	13510	14794	1284	0.91
储运人员	2123	3244	1121	0.65
土石方施工人员	7849	8565	716	0.92
公路道路运输服务人员	2673	3150	477	0.85
电子产品维修工	166	569	403	0.29
电梯工	2204	2592	388	0.85
电子器件制造工	41	416	375	0.10

注：* 求人倍率 = 需求人数 / 求职人数

（信息来源：中国劳动力市场信息网监测中心）

◎榜二、2004上海市职业供求排行榜◎

2004年上海市劳动力市场需求大于求职职业排行

职业	需求人数	求职人数	缺口数
机加生产线工	18055	411	17644
缝纫工	11647	1533	10114
生产、运输设备操作人员及有关人员	12307	4776	7531
电子元件制造人员	4287	158	4129
餐厅服务员	3871	954	2917
机械制造加工人员	2934	224	2710
加工中心操作工	2677	28	2649
塑料制品加工人员	2064	4	2060
生产线调整工	9080	7269	1811
车工	1777	194	1583

2004年上海市劳动力市场需求小于供给职业排行

职业	需求人数	求职人数	过剩数
不便分类的其他从业人员	2823	28744	25921
国家机关、党群组织、企业、事业单位负责人	7	13440	13433
营业员	2287	11698	9411
保安员	2675	11466	8791
汽车驾驶员	1384	6423	6423
商业、服务业人员	967	5743	4776
辅助工	6112	10458	4346
行政办公人员	751	3940	3189
办事人员和有关人员	2417	4824	2407
理货员	1301	3512	2211

（信息来源：中国劳动力市场信息网监测中心）

◎榜三、2004广东省职业供求排行榜◎

2004年广东省劳动力市场需求大于求职职业排行

职业	需求人数	求职人数	缺口数	求人倍率
生产运输简单体力工人	64738	23202	41536	2.79
营业人员、收银员	28237	7818	20419	3.61
餐厅服务员、厨工	25225	8510	16715	2.96
裁剪缝纫工	22329	10298	12031	2.17
推销展销人员	8884	2361	6523	3.76
保险业务员	9826	3975	5851	2.47
部门经理及管理人员	9852	4171	5681	2.36
机械设计人员	3894	1175	2719	3.31
计算机工程师	2901	698	2203	4.16
保育、家庭服务员	2088	824	1264	2.53

2004年广东省劳动力市场需求小于供给职业排行

职业	需求人数	求职人数	过剩数	求人倍率
秘书、打字员	4518	9976	5458	0.45
财会人员	4611	10016	5405	0.46
机动车驾驶员	4024	9127	5103	0.44
治安保卫人员	5540	10186	4646	0.54
保管人员	2293	5393	3100	0.43
企业管理人员	2808	5056	2248	0.56
行政事务人员	934	3011	2077	0.31
清洁工	1042	2687	1645	0.39
计算机操作员	775	1866	1091	0.42
美容美发人员	503	1049	546	0.48

（信息来源：中国劳动力市场信息网监测中心）

◎榜四、2004十大人气职位与人气企业◎

1.十大职场人气职位	2.十大职场人气企业
生产线操作员	联想集团有限公司
项目施工	神州数码（中国）有限公司
软件工程师	大唐电信科技产业集团
营销代表	中国烟草总公司广东省公司（广东省烟草专卖局）
车位工 / 花边工 / 裁剪工	上海申才择业信息中心
客户支援助理	中国惠普有限公司
NC兼职销售工程师	国美电器有限公司
销售经理	北京新浪网络技术服务有限公司
医生	美好之家
制造部经理	华硕电脑

（信息来源：中华英才网）

备注：2005年伊始，国内权威的专业人才招聘网站——中华英才网发布了最新一期职场人气排行榜。“十大职场人气企业”选自求职者投递简历最多的企业，而“十大职场人气职位”则是统计自企业发布需求最多的职位。

◎榜五、2004中国大学生就业首选企业◎

1.海尔	11.中国石化	21.TCL	31.麦肯锡	41.电力公司
2.宝洁	12.诺基亚	22.花旗银行	32.鲁能集团	42.凤凰卫视
3.微软	13.三星	23.中国人民银行	33.联通	43.沃尔玛
4.IBM	14.万科	24.英特尔	34.中国银行	44.本田
5.中国移动	15.一汽集团	25.可口可乐	35.一汽大众	45.罗氏制药
6.联想	16.上海大众	26.红塔集团	36.中国石油	46.松下
7.华为	17.中央电视台	27.宝钢	37.哈药六厂	47.中国工商银行
8.通用电器	18.联合利华	28.戴尔	38.安利	48.宝马
9.西门子	19.摩托罗拉	29.普华永道	39.海信	49.杜邦
10.中国电信	20.索尼	30.拜耳制药	40.新东方	50.人民日报

（信息来源：《大学生就业》杂志）

备注：在继2001年教育部《中国大学生就业》杂志组织“新世纪中国大学生就业首选企业调查”后，2004年教育部《中国大学生就业》杂志在重庆大学、中央财经大学、中国农业大学、浙江大学、云南大学、厦门大学、武汉理工大学、山东大学、南开大学、南昌大学、兰州大学、吉林大学、河南大学、河北大学、合肥工业大学、海南大学等30余所高校的两万余名在校大学生中进行了“中国大学生就业首选企业”问卷调查。被调查的高校既有教育部直属重点高校，也有省属地方高校。

1.前三甲企业落谁家

目前大学生心目中最好的行业依然是IT及通讯业，其次是金融保险业、日用品行业、新闻出版业、制造业等；大学生就业首选企业分别为海尔、宝洁、微软、IBM、中国移动、通用、联想、华为等50家国内外著名企业。

2.首选因素是哪些

调查显示，个人发展前景、薪酬与福利、激励机制、培训机会等是企业最吸引大学生的地方，这与2001年的调查中大学生选择企业首先考虑的因素（发展前景、施展才干的机会、薪酬福利）差别不大。

3.求职考研往哪走

此次还针对大学生的求职与考研的意向进行了调查。结果显示，在毕业时选择求职与考研的人数大抵相同，这也与每年报考研究生的应届毕业生比例是一致的。

调查表明，2004年大学生求职的工资底线的平均值为2390.38元/月，与2001年的大学生求职的工资底线平均值2244.6元/月相比，依然偏高，而且还在往年的基础上上升了。这说明这几年大学生在求职过程中的期望值一直没有降低，在就业人数逐年上升的情况下，大学生如果不及时调整期望值，就业将面临更大的困难。

四、链接篇

◎榜一、2005 最具潜力职业◎

1.景观设计师

景观设计属于现代新兴的服务型行业。近年来,房地产的火爆带动了相关的职业,景观设计师尤为突出,高级景观设计师的年薪可达到 20–40 万元。

2.游戏动画设计师

现在国内一个普通的网络游戏设计师月薪一般在 2000 元左右, 而高级设计师的收入平均每月能达 20000 多元。从经济角度看,网络游戏制作及动画制作在国内正成为快速崛起的产业,从事这个行业制作的人,收入将十分可观。

3.房地产估价师

新房、旧房,大房、小房,买房、卖房,换房、租房……房产成为一种多样化的商品,其交易也日益频繁。消费者希望选择那些具有增值潜力的房产,这也是我国目前 1.5 万名房地产估价师要去面对、衡量的问题。

4.汽车美容师

汽车是一种耐用消费品,当销售相对饱和后,后期的保养变得更为持久和重要。汽车美容与装饰行业前景异常广阔,是技术型人才的好职业。

5.彩铃设计师

彩铃设计师在 2004 年着实火了一把,抢尽了 2003 年"短信写手"的风采。随着越来越多的人开始使用彩铃业务,相信 2005 年将是彩铃设计师大放异彩的一年。

6.财务策划师

财务策划师也称为理财规划师。据预测,2008 年后个人财务咨询公司也将在大陆红火地开展,注册财务策划师的就业前景令人瞩目。

7.职业顾问

目前,我国有水准的职业顾问还很少,而职业顾问的从业门槛也相当高,必须是职场阅历丰富、有相关专业背景、了解和掌握各行各业人才需求状况的人,才能当好"顾问"这一角色。

8.金融分析师

目前中国的高级金融人才奇缺,金融分析师更是存在巨大供需缺口。2005 年,通晓国际惯例的本土金融分析师将受到追捧。

9.会展设计师

近 20 多年来, 中国会展业发展迅猛, 有实力有水准的设计师缺口巨大。大专学历会展设计师月薪一般为 1500–2000 元, 有本科学历的月薪为 2000–2500 元,在此基础上有 5 年以上工作经验者月薪可达 5000 元以上。

10.营养配餐师

"营养配餐师"的通俗叫法就是"点菜师"。随着消费者健康消费意识的成熟, 此项职业的市场需求迅速增加,预计需求量高达 50 万人以上。

(信息来源:《人才市场报》2005 年 1 月 8 日)

备注:2005 年初,《人才市场报》公布了此份最具潜力职业排行榜,从市场需求、就业前景、行业薪酬等方面对各种职业进行测评,最终敲定了这十大最具潜力的职业。

◎榜二、2004 中国人力资源年度奖获奖名单◎

最佳综合服务机构奖

中智上海经济技术合作公司

最佳专业服务机构奖

明基逐鹿软件有限公司

南方人才网(www.job168.com)

最佳 EMBA 教育机构奖

上海交通大学安泰管理学院

中欧国际工商学院

北京大学光华管理学院

台湾中央大学管理学院

南京大学商学院

香港中文大学管理学院

最佳领导力教育机构奖

中欧国际工商学院

长江商学院

最具人才竞争力企业奖

泰康人寿保险股份有限公司

最佳雇主企业奖

中兴通讯股份有限公司

美的集团

杰出咨询机构奖

北京外企太和企业管理顾问有限公司

Hay 集团

华夏基石人力资源发展有限公司

翰威特咨询公司

杰出培训机构奖

北京人众人教育发展有限公司

eHR 综合奖

施特伟科技(中国)有限公司

eHR 技术创新奖

全锋科技股份有限公司

eHR 实施普及奖

北京金益康新技术有限公司

eHR 知名品牌奖

上海嘉扬信息系统有限公司

明基逐鹿软件有限公司

（信息来源：财智杂志（中国）有限公司、亚太人力资源研究协会）

备注：为促进人才与智力资本的交流与合作，应对人才资源竞争，推动人力资源行业的健康发展，财智杂志（中国）有限公司、亚太人力资源研究协会（APHRRA）、香港人力资源管理学会、台湾中华人力资源管理协会联合举办了"2004中国人力资源高峰论坛暨中国人力资源年度颁奖典礼"。此次评选自2004年9月15日起，历经近4个月，最终产生了12项个人奖和15项组织机构奖，颁奖典礼于2004年12月2–3日在澳门世界贸易中心举行。

◎榜三、2004人力资源机构人气最新排名◎

（一）咨询机构排名

名次	咨询机构
1	麦肯锡咨询公司
2	北大纵横管理咨询公司
3	上海人才有限公司
4	博思智联管理顾问公司
5	罗兰贝格管理咨询公司
6	普华永道咨询公司
7	远卓管理顾问公司
8	佐佑人力资源顾问公司
9	波士顿管理咨询公司
10	盖洛普（中国）咨询公司

（二）招聘网站排名

名次	招聘网站
1	中华英才网
2	无忧工作网
3	卓博人才网
4	Job88人才网
5	中国人才热线
6	浙江人才网
7	浙江外企人才网
8	智联招聘网
9	建筑英才网
10	中国国家人才网

（三）商学院排名

名次	商学院
1	北京大学光华管理学院
2	复旦大学管理学院
3	清华大学经济管理学院
4	浙江大学管理学院
5	长江商学院
6	中欧国际工商学院
7	武汉大学商学院
8	北京科技大学管理学院
9	中山大学管理学院
10	中南工大工商管理学院

（四）E–HR厂商排名

名次	E–HR厂商
1	博惠思华信息技术有限公司
2	金蝶软件（中国）有限公司
3	甲骨文软件系统有限公司
4	奇正软件系统有限公司
5	用友软件股份有限公司
6	明基逐鹿软件（苏州）有限公司
7	施特伟软件（北京）有限公司
8	SAP公司
9	金益康公司
10	上海嘉扬信息系统有限公司

（五）猎头机构排名

名次	猎头机构
1	上海智海企业管理咨询有限公司
2	上海中智人才顾问有限公司
3	海德思哲国际咨询公司
4	上海中企人力资源咨询有限公司
5	深圳展动力猎头公司
6	北京泰来猎头咨询事务所
7	北京波森人才顾问有限公司
8	上海环盛人力资源管理有限公司
9	上海斯科人力资源顾问有限公司
10	北京安朋咨询公司

（六）培训机构排名

名次	培训机构
1	和君创业培训发展公司
2	人众人教育（Group）
3	上海时代光华教育发展有限公司
4	九州方圆企业管理咨询公司
5	深圳砺志企业管理咨询公司
6	广州创卓企业管理咨询公司
7	上海智正企业管理咨询有限公司
8	北京凯顿管理咨询公司
9	深圳智德源企业管理有限公司
10	北京泛特宏景咨询公司

（信息来源：中国人力资源开发网）

备注：2005年5月，国内最大的人力资源管理网站——中国人力资源开发网（www.Chinahrd.net，简称"中人网"）发布了4月份的"中国人力资源机构人气榜"。人气榜分为咨询机构、培训机构、招聘网站、猎头机构、EHR厂商、商学院等七大类。该榜由国内近10万家企业的约40万名人力资源经理投票产生，上榜的机构和培训师基本上体现了其受中国企业人力资源经理欢迎的程度。该榜每月推出一次，此次是中国人力资源开发网发布的第2期榜单，同时产生的还有中国人力资源培训师人气榜。

◎榜四、2004打工皇帝榜◎

2005年伊始，《东方企业家》杂志推出了这份精心打造的"2004打工皇帝榜"，一方面为众多的打工一族确立前行的目标，在和老板的讨价还价中掌握筹码；另一方面也点醒中国的职业经理人，赚钱"未必要成为老板，'打工'也能成就富豪"。

排名	姓名	工资和奖金（万元）	长期薪酬（万元）	总收入（万元）	职位	简历
1	谭群钊	—	64565	64565	盛大网络副总裁、CTO	自2003年7月起就任盛大CTO，之前担任研发总监，毕业于华东理工大学，并取得化学工程学士学位
2	唐　俊	—	59813	59813	盛大网络总裁	2004年2月就任公司总裁，2004年4月就任公司董事。2002年3月至2004年1月期间担任微软中国有限公司总裁
3	瞿海滨	—	56495	56495	盛大网络高级副总裁	2003年7月就任公司高级副总裁，2004年4月就任公司董事。毕业于复旦大学，并取得机械专业学士学位
4	李曙君	—	40353	40353	盛大网络CFO	2003年7月起担任公司副总裁，并于2003年11月起任CFO。拥有南开大学经济学硕士学位
5	曹国伟	—	12134	12134	新浪CFO兼联席运营长COO	1999年9月加入新浪，担任主管财务的副总裁，并于2001年1月升任公司的首席财务长
6	林欣禾	—	10465	10465	新浪联席营运长COO	是新浪前身华渊生活资讯网（SINANET）的共同创始人之一。拥有美国斯坦福大学MBA学位，达特茅斯学院的电子工程学士学位
7	苏　强	1063	6139	7202	原华晨中国总裁行政总监	38岁，2002年6月出任华晨中国总裁兼行政总监。2004年12月辞去华晨中国总裁、行政总监和华晨金杯董事长职务
8	旺　延	—	6716	6716	新浪CEO	于2003年5月被任命为CEO/董事兼总裁。1996年6月创办了国内最早的商业中文网站之——利方在线
9	马雪征	532	6110	6642	联想集团副总裁、CFO	51岁，联想集团高级副总裁兼财务总监。1979年毕业于首都师范大学，获文学学士学位
10	杨　镭	107	6158	6265	掌上灵通CEO	2003年初加入灵通，曾就职于多家电信服务与IT公司。获得清华大学工学士学位，水利电力科学院工程硕士学位
11	古永锵	—	5731	5731	原搜狐总裁兼运营长	原搜狐总裁兼首席运营官，2004年11月辞职。曾就读于加利福尼亚伯克利分校，获学士学位，而后在斯坦福大学获得MBA学位
12	吴小安	1063	4642	5705	华晨中国主席	42岁，2002年6月出任华晨中国董事会主席，及自1993年以来一直出任本公司董事兼执行副总裁。获北京外语学院文学士学位及纽约FORDHAM UNIVERSITY商业管理硕士学位
13	李广欣	92	5288	5380	掌上灵通首席运营官	2003年3月加入灵通，担任COO，毕业于北京大学，后在宾夕法尼亚大学沃顿商学院获得工商管理硕士学位
14	袁信成	63	5157	5220	TCL副董事长、副总裁	52岁，大学专科学历，曾任TCL通力电子（惠州）有限公司副总经理、总经理，惠州TCL电器销售有限公司总经理
15	郑传列	63	4902	4965	TCL董事长、副总裁	52岁，大学本科学历，曾任惠州市电子技术开发公司经理，惠州市电子通讯工业总公司副总经理，TCL电子集团公司副总经理
16	吕忠丽	63	4902	4965	TCL董事、副总裁兼财务总监	58岁，大学专科学历，曾任惠州惠信精密部件有限公司财务部长，TCL电子集团公司财务部长
17	何　涛	983	3951	4934	原华晨金杯行政总监	32岁，2002年6月出任该公司财务总监，获上海财经大学文学士学位
18	洪　星	983	3951	4934	华晨中国副主席	41岁，2002年6月出任该公司副主席，及自1993年以来一直出任该公司董事兼执行副总裁。拥有纽约哥伦比亚大学法律学院法学博士学位
19	吴　柯	—	4257	4257	原TCL副董事长	已退休，原任TCL副董事长
20	胡秋生	60	4050	4110	TCL董事、副总裁	44岁，大学本科学历，曾任创维集团总经理，TCL王牌视听电子有限公司总经理，TCL王牌电子（深圳）有限公司副总经理、总经理等
21	杨元庆	1250	2684	3934	联想集团董事长	39岁，毕业于中国科技大学计算器科学系，取得硕士学位。现亦为中华全国青年联合会常委及中国科技大学教授

（信息来源：《东方企业家》杂志2005年第1期）

备注：《东方企业家》杂志继续秉承“推动中国市场经济的前行”的一贯理念，在2004年年末深入调查国内高管薪酬的实际情况，于2005年1月首推中国“2004打工皇帝榜”。打工的薪酬很重要，获得的与付出的应当相符；但更重要的是，人们希望透过对中国职业经理人报酬的排名，引发社会对国内职业经理人现状的关注，进而有助于职业经理人制度的尽早确立。

生活榜

引　言

生活，是个朴实的字眼。它近在我们身边，衣食住行游购娱等方面，都是我们生活的重要组成部分。

“生活榜”网罗了与我们日常生活息息相关的几个方面：医院榜单为您寻医问药指明了方向；食品榜单充满着绿色环保的气息，从健康到保健，从排毒养颜到抗癌、减肥瘦身的林林总总，既是视觉的大餐，也是美食的盛宴；“爱美之心，人皆有之”，美容扮靓榜为您推介了一些知名的美容师、美容护肤品，是各位爱美人士关注的焦点；居家装饰是现代生活中必不可少的生活点缀，也是衡量生活质量好坏的标准和象征；城市平均房价排行榜、2004 消费者喜爱的家具品牌排行榜将为您的未来居家选择提供指导；时尚购物是享受生活的体现，十大购物天堂、十大购物网站等将使您最先知晓超前的消费资讯，体验现代时尚生活；十大热门投资、十大关注热点等为您把握商界脉动、适时地消费投资理财提供了一些借鉴和参考。

2004 年的“生活”可谓异彩纷呈。让我们关注榜单，做生活的热爱者吧！

生活榜中榜

一、保健食品篇

◎榜一、2004 全国最佳医院排名◎

（一）综合实力排名

1.北京协和医院

建成于 1921 年，是美国洛克菲勒财团所属的中华医学基金会开办的私立北平协和医学院附属医院。它拥有优秀的医师和先进的设备，不仅解决了大量疑难重症，而且培养了大批精粹的医学人才，进行了高水平的医学科学研究，在现代中国医学史上，具有重要的地位，享有较高的声誉。

研究机构：国家指定的全国疑难病症诊疗技术指导中心、内分泌研究中心、妇产科研究中心、眼科研究中心、核医学研究中心、国际疾病分类合作中心。

擅长治疗：心血管疑难病、胃肠疾病、甲状腺疾病、糖尿病、耳聋、眩晕、肾病、呼吸系统常见（或多发）疑难病。

知名专家：戴玉华 焦溥蕙 金 兰 贝 濂 陈寿坡 宿玉成 林润台 赵 颖 史轶蘩 陆召麟 王直中 张宝泉 郭玉璞 黄惠芬 罗慰慈 毕增祺 叶世泰 顾瑞金 唐福林 张乃峥 管 珩 李泽坚 蔡力行 任玉珠 叶启彬 连丽娟 杨秀玉 葛秦生 徐 苓 林守清 徐蕴华

2.广州中山一院

即中山大学附属第一医院，其前身是广东公医医科专门学校附设公立医院，始建于 1910 年。中山一院是国家重点大学——中山大学附属医院中规模最大、综合实力最强的附属医院，也是国内规模最大、综合实力最强的医院之一，医院现为国家三级甲等医院和国家爱婴医院，是华南地区医疗、教学、科研、预防保健和康复的重要基地，素以“技精德高”在我国和东南亚一带久负盛名。

研究机构：2004 年被评为“香港人最信赖的中国内地医疗机构”、广东省器官移植中心、广东省心脑血管病防治办公室、世界卫生组织（WHO）康复中心。

擅长治疗：肾移植、断趾再植、100%面积烧伤、试管婴儿、婴儿先天性腹裂修补术、巨型血管瘤、肾移植、肝移植、肝肾联合移植（肝移植与肾移植的例数和存活率均处于国内领先水平）、全国首例连头婴分离手术、糖尿病、甲状腺疾病、妇科良恶性肿瘤。

知名专家：翁建平 修玲玲 胡国亮 秦婉文 梁奕铨 林文栋 范华迪 姚书忠 杨建波 陈旻湖 李士梅 廖晓星 罗绍凯 汪 涛 温春光 谢灿茂 阳 晓 余学清 朱兰英 朱晓峰 陈规划 陈正煊 韩士英 何晓顺 黄洁夫 黄正松 汪 谦 郑克立 庄广伦 方 群

3.上海华山医院

是卫生部直属上海医科大学附属的一所综合性教学医院。建院于 1907 年，其前身是中国红十字会总院，是上海地区中国人最早创办的医院。该院目前已成为一所国家高层次的医疗机构，是全国医疗、预防、教学、科研相结合的技术中心，在国内外享有较高声誉。

研究机构：神经外科、传染病科、心血管科为国家重点学科；上海市手外科研究所；世界卫生组织神经科学研究与培训中心。

擅长治疗：脑瘤（以伽玛刀治疗脑瘤为特色）、脑血管病、脑外伤的外科治疗，手外科治疗，冠心病，皮肤病，性病。

知名专家: 史玉泉　周良辅
邱传禄　丁训杰
冯耀庭　戴瑞鸿
朱禧星　丁　钺
林善锬　林果为
林庚金　陆　玮
沙松林　谢　毅
范维琥　王受益
徐麦玲　周建国
俞茂华

4.解放军总院（301医院）

是全军规模最大的综合性医院,集医疗、保健、教学、科研于一体,是国家重要保健基地之一,负责中央、军委和总部的医疗保健工作，承担全军各军区、军兵种疑难病的诊治,医院同时也收治来自全国的地方病人。

研究机构: 全军规模最大的综合医院;骨科、耳鼻喉科、老年医学、神经病学研究中心;全军聋病研究实验室。

擅长治疗: 人工关节置换、传导性耳聋、人工晶体植入、肾移植、骨髓移植、X刀治疗、口腔修复、多器官功能衰竭救治、白内障、眼科激光治疗。

知名专家: 卢世璧（院士）
王士雯（院士）
张伯勋　陈振玉
陈香美　张进川
曹启龙　匡培根
汤洪川　浦传强
李江源　叶　平
汪鸿志　黄大显
楼方定　汪月增
陈国雄　黄　烽
施桂英　付才英
顾倬云　冯玉泉
周定标　何守志

5.上海瑞金医院

原名广慈医院,创建于1907年,是隶属于上海第二医科大学的综合性教学医院。瑞金医院大面积烧伤治疗始终处于世界先进水平;70年代在国内率先开展了心脏和肝脏的移植手术;90年代在白血病分子生物学研究和临床医疗领域取得了重大进展;21世纪日臻完善的器官移植,使得许多病人将这里视为生命的绿洲。

研究机构: 烧伤科、骨科为国家重点学科。

擅长治疗: 大面积烧伤、急性坏死性胰腺炎、糖尿病、骨肿瘤、骨关节损伤、肾移植、重症肝炎、白血病、眼科激光治疗。

知名专家: 廖镇江　陆树良
许伟石　罗邦尧
李　果　杨庆铭
丁怀翌　李亚芬
卞留贯　吴卫泽
顾竹金　周文龙
汪关煜　陈　楠
张凤如　过鑫昌

6.北京天坛医院

始建于1956年8月23日,坐落在世界著名的天坛公园西南侧,是一所以神经外科为重点的大型综合医院。北京市神经外科研究所、北京市医学影像中心和全国脑血管病防治研究办公室同设在院内。北京天坛医院和北京市神经外科研究所是世界三大神经外科研究中心之一、亚洲最大的神经外科临床、科研、教学基地和WHO在中国的神经科学培训合作中心。

研究机构: 世界卫生组织神经科学协作中心、亚洲最大的神经外科医疗科研培训中心。

擅长治疗: 颅内肿瘤的手术治疗、头颅外伤的抢救及治疗、脑血管病的治疗、周围神经病及肌病、癫痫、帕金森病、遗传代谢病。

知名专家: 王忠诚（院士）
戴建平　赵亚度
李德泽　罗世祺
赵继宗　杨炯达
于春江　张懋植
王拥军　李鸿培
龙　洁　朱毅然
王素秋　张惠明

7.西安西京医院

位于古城西安市区，交通便利、环境优雅。医院前身系西北军区第二陆军医院。1954年第五军医大学与第四军医大学合并后,成为第四军医大学第一附属医院。1984年对外始称“西京医院”,现发展成为一所集医疗、教学、科研为一体的综合性现代化教学医院。1993年曾被评为三级甲等医院。

研究机构: 全军心血管内外科、消化科、口腔科研究中心。

擅长治疗: 心脏大血管手术、复杂先心病外科治疗、冠状动脉介入治疗、胃肠肿瘤诊治、眼外伤、玻璃体显微手术、骨移植、脑外伤救治。

知名专家: 樊代明（院士）
贾国良　李兰荪
刘维永　惠延年
马淑坤　李元勋
赵伯钦　孙秉中
张学庸　胡家露
牟震先　房居敬
苗继延

8.上海仁济医院

创建于1844年，是上海开埠后第一所西医医院,也是我国历史最悠久的综合性西医医院之一,是中国近代医学的摇篮。160余年来，医院的规模不断扩大,迅速发展,成为学科门类齐全,集医疗、教学、科研于一体的综合性三级甲等医院。

研究机构: 消化内科为国家重点学科;上海风湿病研究所、消化疾病研究所;上海市人类精子库。

擅长治疗: 风湿病、红斑狼疮、耳鼻咽喉科疑难病、耳聋、眩晕症、听神经瘤、颅内血管病、脊髓病变外科治疗、妇科疑难病。

知名专家: 陈顺乐　刘　伟
陆广华　金西铭

冯绮霞 皇甫慕三
罗其中 徐纪文
王桂松 江基尧
李善泉 陈德甫
汤希伟 卞金凤

9.广东省人民医院

是全国最大的集医疗、科研、教学、预防和保健于一体的综合性医院之一，该院以心血管病的治疗和研究为特色。目前，该院有能力大量采用国外新技术、新疗法，为全国心血管患者提供了有效的医疗服务，成为全国三大心血管病治疗中心之一。

研究机构：省心血管病研究所、省老年医学研究所、省农村眼病防治研究所、省临床检验中心。

擅长治疗：冠状动脉搭桥术、心脏瓣膜置换术、脊椎畸形矫治、人工关节置换术、肝移植、妇科肿瘤、肿瘤介入治疗、骨质疏松肿瘤、白血病。

知名专家：罗鹏飞 吴一龙
杨周灼 张镜方
吴若彬 林曙光
吴书林 陈纪言
陈富荣 陈鲁原
李渝芬 吴桂萍
徐衍梅 黄 平
杨华章

10.武汉同济医院

由德国医生宝隆 1900 年创建于上海，1955 年迁至武汉，现附属于华中科技大学同济医学院，是一所集医疗、教学、科研、培干为一体的现代化综合性医院。医疗服务面向全国、辐射东南亚。近 50 年来，一直担负着来汉中央领导、外国元首以及外宾、华侨的医疗保健任务，多次受到党和国家领导人及国内外知名人士的高度赞扬。

研究机构：拥有国内最大的器官移植中心；呼吸科为国家重点学科。

擅长治疗：肝、脾、胰腺、肾、胰肾联合等 14 种人体器官组织移植；疑难妇科病、优生遗传、妇科肿瘤、试管婴儿、慢支、肺气肿、肺心病、哮喘病。

知名专家：李秀兰 何福仙
濮德敏 闻良珍
刘锦芝 鲁秋云
蔡桂茹 顾美皎
漆秀梅 成文彩
罗丽兰 朱桂金
牛汝楫 张珍祥
刘作志 彭东信
徐永健

（二）科室最佳排名

1.心血管病内科最佳医院：北京阜外医院
2.神经内科最佳医院：北京宣武医院
3.消化内科最佳医院：广州南方医院
4.呼吸内科最佳医院：武汉同济医院
5.内分泌科最佳医院：北京协和医院
6.肿瘤科最佳医院：中山大学肿瘤医院
7.妇产科最佳医院：北京协和医院
8.儿科最佳医院：上海市新华医院
9.神经外科最佳医院：北京天坛医院
10.骨科最佳医院：北京积水潭医院
11.烧伤科最佳医院：北京积水潭医院
12.泌尿外科最佳医院：北京大学第一医院
13.眼科最佳医院：北京同仁医院
14.耳鼻喉科最佳医院：北京同仁医院
15.口腔科最佳医院：四川大学华西口腔医院

（信息来源：中国大夫网）

备注：2005 年初，中国大夫网在经过广泛调查和大量搜集资料的基础上，以专科特色为主线，鼎力推出中国医院排行榜，对国内医院进行了一次全面而又细致的梳理。其排名标准为：

1.评比原则：以某一专科领域为基础；

2.科室级别、床位数；

3.人员配备：科室技术力量是否雄厚、正副教授数量；

4.研究成果：是否具备国家级研究中心、年科研论文数量、年 SCI 被引论文数量；

5.业务水平：日均门诊量、年住院人次、病死率等；

6.同行评议：业界的知名度和临床医护人员的评价；

7. 患者满意度调查：通过在线调查、网下调查表填写等多种方式获得。

◎榜二、2004 世界卫生组织公布的最佳食品◎

1.最佳水果：依次是木瓜、草莓、橘子、柑子、猕猴桃、芒果、杏、柿子和西瓜。

2.最佳蔬菜：红薯既含丰富维生素，又是抗癌能手，为所有蔬菜之首；其次是芦笋、卷心菜、花椰菜、芹菜、茄子、甜菜、胡萝卜、荠菜、苤兰菜、金针菇、雪里红、大白菜。

3.最佳肉食：鹅鸭肉化学结构接近橄榄油，有益于心脏；鸡肉则被称为“蛋白质的最佳来源”。

4.最佳护脑食物：菠菜、韭菜、南瓜、葱、椰菜、菜椒、豌豆、番茄、胡萝卜、小青菜、蒜苗、芹菜等蔬菜，核桃、花生、开心果、腰果、松子、杏仁、大豆等壳类食物以及糙米饭、猪肝等。

5.最佳汤食：鸡汤最优，特别是母鸡汤还有防治感冒、支气管炎的作用，尤其适于冬春季饮用。

6.最佳食油：玉米油、米糠油、芝麻油等尤佳，植物油与动物油按 1:0.5 的比例调配食用更好。

（信息来源：《健康时报》2005 年 1 月 13 日）

◎榜三、2004居家必备十大排毒养颜食品◎

随着环境污染日益严重,现代人越来越重视自身的健康。专家指出,只有及时排除体内的有害物质及过剩营养,保持五脏和体内的清洁,才能保持身体的健美。这里向您推荐10种既天然又经济的排毒食品。

1.黄瓜——厨房里的美容剂

味甘,性平,又称青瓜、胡瓜、刺瓜等,原产于印度,具有明显的清热解毒、生津止渴之功效。现代医学认为,黄瓜富含蛋白质、糖类、维生素B2、维生素C、维生素E、胡萝卜素、尼克酸、钙、磷、铁等营养成分,同时黄瓜还含有丙醇二酸、葫芦素、柔软的细纤维等成分,是难得的排毒养颜食品。黄瓜所含的黄瓜酸,能促进人体的新陈代谢,排出毒素。维生素C的含量比西瓜高5倍,能美白肌肤,保持肌肤弹性,抑制黑色素的形成。黄瓜还能抑制糖类物质转化为脂肪,对肺、胃、心、肝及排泄系统都非常有益。夏日里容易烦躁、口渴、喉痛或痰多,吃黄瓜有助于化解炎症。

2.荔枝——惹火尤物

味甘、酸,性温,有补脾益肝、生津止渴、解毒止泻等功效。李时珍在《本草纲目》中说:“常食荔枝,补脑健身……”《随身居饮食谱》中记载:“荔枝甘温而香,通神益智,填精充液,除臭止痛,滋心营,养肝血,果中美品,鲜者尤佳。”现代医学认为,荔枝含维生素A、维生素B1、维生素C,还含有果胶、游离氨基酸、蛋白质以及铁、磷、钙等多种元素。现代医学研究证明,荔枝有补肾、改善肝功能、加速毒素排除、促进细胞生成、使皮肤细嫩等作用,是排毒养颜的理想水果。

3.木耳——保健常吃黑木耳

味甘,性平,有排毒解毒、清胃涤肠、和血止血等功效。古书记载,木耳“益气不饥,轻身强志”。木耳富含碳水化合物、胶质、脑磷脂、纤维素、葡萄糖、木糖、卵磷脂、胡萝卜素、维生素B1、维生素B2、维生素C、蛋白质、铁、钙、磷等多种营养成分,被誉为“素中之荤”。木耳中所含的一种植物胶质,具有较强的吸附力,可将残留在人体消化系统的灰尘杂质集中吸附,再排出体外,从而起到排毒清胃的作用。

4.蜂蜜——给点蔬菜就灿烂

味甘,性平,自古就是滋补强身、排毒养颜的佳品。《神农本草经》中记载:“久服强志轻身,不老延年。”蜂蜜富含维生素B2、维生素C,以及果糖、葡萄糖、麦芽糖、蔗糖、优质蛋白质、钾、钠、铁、天然香料、乳酸、苹果酸、淀粉酶、氧化酶等多种成分,对润肺止咳、润肠通便、排毒养颜有显著功效。近代医学研究证明,蜂蜜中的主要成分葡萄糖和果糖,很容易被人体吸收利用。常吃蜂蜜能达到排出毒素、美容养颜的效果,对防治心血管疾病和神经衰弱等症也很有好处。

5.胡萝卜——莫斯科小猪赛跑 赢奶油胡萝卜

味甘,性凉,有养血排毒、健脾和胃的功效,素有“小人参”之称。胡萝卜富含糖类、脂肪、挥发油、维生素A、维生素B1、维生素B2、花青素、胡萝卜素、钙、铁等营养成分。现代医学已经证明,胡萝卜是有效的解毒食物,它不仅含有丰富的胡萝卜素,而且含有大量的维生素A和果胶,与体内的汞离子结合之后,能有效降低血液中汞离子的浓度,加速体内汞离子的排出。

6.苦瓜——“苦恋”到心

味甘,性平。中医认为,苦瓜有解毒排毒、养颜美容的功效。《本草纲目》中说苦瓜“除邪热,解劳乏,清心明目”。苦瓜富含蛋白质、糖类、粗纤维、维生素C、维生素B1、维生素B2、尼克酸、胡萝卜素、钙、铁等成分。现代医学研究发现,苦瓜中存在一种具有明显抗癌作用的活性蛋白质,这种蛋白质能够激发体内免疫系统的防御功能,增加免疫细胞的活性,清除体内的有害物质。苦瓜虽然口感略苦,但余味甘甜,近年来渐渐风靡餐桌。

7.海带——吃豆腐最好配海带

味咸,性寒,具有消痰平喘、排毒通便的功效。海带富含藻胶酸、甘露醇、蛋白质、脂肪、糖类、粗纤维、胡萝卜素、维生素B1、维生素B2、维生素C、尼克酸、碘、钙、磷、铁等多种成分。尤其是含丰富的碘,对人体十分有益,可治疗甲状腺肿大和碘缺乏而引起的病症。它所含的蛋白质中,包括8种氨基酸。海带的碘化物被人体吸收后,能加速病变和炎症渗出物的排除,有降血压、防止动脉硬化、促进有害物质排泄的作用。同时,海带中还含有一种叫硫酸多糖的物质,能够吸收血管中的胆固醇,并把它们排出体外,使血液中的胆固醇保持正常含量。另外,海带表面上有一层略带甜味儿的白色粉末,是极具医疗价值的甘露醇,具有良好的利尿作用,可以治疗药物中毒、浮肿等症,所以,海带是理想的排毒养颜食物。

8.茶叶——茶叶的欣赏艺术

性凉,味甘苦,有清热除烦、消食化积、清利减肥、通利小便的作用。中国是茶的故乡,对茶非常重视。古书中记载:“神农尝百草,一日遇七十二毒,得茶而解之。”说明茶叶有很好的解毒作用。茶叶富含铁、钙、磷、维生素A、维生素B1、尼克酸、氨基酸以及多种酶,其醒脑提神、清利头目、消暑解渴的功效尤为显著。现代医学研究表明,茶叶中富含一种活性物质——茶多酚,具有解毒作用。茶多酚作为一种天然抗氧化剂,可清除活性氧自由基,可以保健强身和延缓衰老。

9.冬菇——行家指点　冬菇知多少

味甘，性凉，有益气健脾、解毒润燥等功效。冬菇含有谷氨酸等18种氨基酸，在人体必需的8种氨基酸中，冬菇就含有7种，同时它还含有30多种酶以及葡萄糖、维生素A、维生素B1、维生素B2、尼克酸、铁、磷、钙等成分。现代医学研究认为，冬菇含有多糖类物质，可以提高人体的免疫力和排毒能力，抑制癌细胞生长，增强机体的抗癌能力。此外，冬菇还可降低血压、胆固醇，预防动脉硬化，有强心保肝、宁神定志、促进新陈代谢及加强体内废物排泄等作用，是排毒壮身的最佳食用菌。

10.绿豆——绿豆美容汤

味甘，性凉，有清热、解毒、祛火之功效，是我国中医常用来解多种食物或药物中毒的一味中药。绿豆富含维生素B族、葡萄糖、蛋白质、淀粉酶、氧化酶、铁、钙、磷等多种成分，常饮绿豆汤能帮助排泄体内毒素，促进机体的正常代谢。许多人在进食油腻、煎炸、热性的食物之后，很容易出现皮肤痒、暗疮、痱子等症状，这是由于湿毒溢于肌肤所致。绿豆则具有强力解毒功效，可以解除多种毒素。现代医学研究证明，绿豆可以降低胆固醇，又有保肝和抗过敏作用。夏秋季节，绿豆汤是排毒养颜的佳品。

（信息来源：anyp网2005年2月18日）

◎榜四、2004抗癌蔬菜排名◎

国内外科学家在研究开发抗癌蔬菜方面不断取得新突破、新成果。通过对40多种蔬菜抗癌成分的分析与实验性抑癌的实验结果，从高到低排列出了20种对癌有显著抑制效应的蔬菜，其顺序是：

1.熟红薯（98.7%）
2.生红薯（94.4%）
3.芦笋（93.7%）
4.花椰菜（92.8%）
5.卷心菜（91.4%）
6.菜花（90.8%）
7.西芹（83.7%）
8.茄子皮（74%）
9.甜椒（55.5%）
10.胡萝卜（46.5%）
11.金花菜（37.6%）
12.苤蓝（34.7%）
13.荠菜（32.4%）
14.芥菜（32.4%）
15.雪里红（29.8%）
16.番茄（23.8%）
17.大葱（16.3%）
18.大蒜（15.9%）
19.黄瓜（14.3%）
20.大白菜（7.4%）

解读：科学的实验分析证明，在蔬菜王国里，熟、生红薯的抗癌性，高居于蔬菜抗癌之首，超过了人参的抗癌功效。在人们常吃的蔬菜中，番茄所含的茄红素，是一种抗氧化剂，能够抑制某些致癌的氧游离基。菠菜、芹菜等深绿色的蔬菜，含有丰富的抗氧化剂，且绿色越深，抗癌效果越强。葱、大蒜等刺激性蔬菜，含有大量抑制癌生长的化学物质。

（信息来源：中国食品产业网）

◎榜五、2004十大瘦身营养餐◎

（一）吃多必胖的食物

1.巧克力饼干：每天吃6片，热量302卡，一年发胖14公斤。

如果您每天下午，都用巧克力饼干来满足嘴馋的渴望，那么只需要半年的时间，就会胖7公斤。如果这样持续一年，就会有14公斤的肉跟着您一起移动。美味的背后却是高热量的陷阱在等着您，而且高油和高糖的食物还会让人快速老化。

建议：想得到抗氧化的效果，与其从巧克力当中取得多酚，不如多喝一点低热量的绿茶。

2.巧克力棒：每天吃一条，热量约280卡，一年发胖13公斤。

如果您真的用巧克力棒充饥，之后千万不要再补一顿正餐。因为一条巧克力棒的热量相当于一顿正餐的一半热量。

建议：如果戒不掉每天吃条巧克力棒的话，那么最好每天找时间慢跑半个小时，才能平衡掉那条小小的巧克力棒的热量。

3.罐装果汁：每天喝500ml，热量255卡，一年发胖12公斤。

如果您仔细看看罐装果汁上的标示，就可以发现，大部分的果汁都是浓缩还原，而且也加了许多的糖。所以，如果您认为喝果汁比较有营养而天天来上一罐，那么果汁里的高糖分就会让您在一年之后增加12公斤的体重。

建议：为了身材，也为了健康着想，多吃新鲜蔬菜水果，绝对是维持窈窕身段的不二法则。

4.普通可乐：每天喝375ml，热量168卡，一年发胖8公斤。

如果您已经不能一天没有可乐，那么最好多做一点运动来消耗多余的热量。因为一天一罐，就可以让您在一年后发胖8公斤。更可怕的是，喝下的可乐不但不会让您有饱足感，可乐的重口味还会让您吃下更多食物。不只是可乐，其他的汽水、沙士等等也是少喝为妙。

建议：如果您真的无法放弃可乐，最好选择使用代糖的低卡可乐。

5.啤酒：每天喝375ml，热量147卡，一年发胖7公斤。

啤酒里面除了热量之外，几乎不含任何的营养素，所以除了让您发胖之外，对健康没有任何帮助。

建议:使用啤酒入菜。经过加热之后的啤酒,酒精大部分都蒸发完毕,不但可以增添菜肴的香味,也可以避免酒精所带来的高热量负担。

(二)控制下半身发胖的食物

1.芝麻:提供人体所需的维他命E、维他命B1、钙质,特别是它的亚麻仁油酸成分,可去除附在血管壁上的胆固醇。

2.香蕉:含丰富的钾、脂肪,而钠的含量很低,符合美丽双腿的营养需要。

3.苹果:所含水溶性纤维质果胶可清肠,防止下半身肥胖。

4.红豆:可增加肠胃蠕动,减少便秘促进排尿,所含纤维素可帮助排泄体内水分、脂肪等,对美腿有百分之百的效果。

5.西瓜:利尿,钾含量也不少,它修饰双腿的能力不可小瞧。

6.沙田柚:卡路里低,含钾量丰富,若想成为美腿小姐,可先尝尝沙田柚。

7.芹菜:含有大量的胶质性碳酸钙,可补充笔直双腿所需的钙质,还含有丰富的钾,可预防下半身浮肿。

8.菠萝:多吃菠萝可促进血液循环,将新鲜的养分和氧气送到双腿,恢复腿部元气。

9.奇异果:含有丰富的纤维素,吸收水分膨胀,产生饱足感,并增加分解脂肪酸素的速度,避免过剩脂肪让腿变粗。

10.西红柿:有利尿及去除腿部疲劳的效果,长时间站立的美女,可以多吃西红柿保证腿部的力量。

(三)喝奶喝出苗条身材

喝奶也能减肥?这个结论一定让那些热衷减肥的人大跌眼镜,但科学就是这样常常给人意外。

专家说法:中国农业大学食品学院营养与食品安全系的范志红博士介绍,很多人都知道牛奶营养价值高,都以为喝多了会增肥,但不知道只要喝法得当,乳制品真能起到控制体重的作用,这是因为乳制品中的钙和其他一些特殊营养成分的作用。

原理:在牛奶、羊奶、奶酪等乳制品中,以酸奶的保健和减肥效果最好。如果超重的人想达到减肥的目的,推荐每天喝3杯牛奶或酸奶(总量750克)。因为实验表明,每天1200毫克钙才能最好地发挥降低体脂肪的作用。如果只想保持身材或补充钙质的人每天喝一杯就可以了。那些有意识控制自己总热量摄入的人和青春发育期的超重孩子使用高乳制品饮食法效果会相对更好。

(四)自己动手泡制减肥茶

1.乌龙茶:因节食减肥,吃得少,食物残渣就不足,容易引起便秘,推荐饮用乌龙茶。

原料:乌龙茶。

做法:简单地用开水冲。

功效:助消化、去痰、解酒食油腻之毒、消脂。

2.薏仁茶:浮肿的原因很多,如果是单纯的水分滞留造成的浮肿,推荐饮用薏仁茶。

原料:炒薏仁10克、鲜荷叶5克、山楂5克。

做法:热水煮开,就可以饮用了。

功效:清热、利湿、治疗水肿。

3.荷叶茶:情绪低落、精神压力大,可能引起肠道的敏感性增加,而产生便秘困扰,推荐饮用荷叶茶。

原料:荷叶3克、炒决明子6克、玫瑰花3朵。

做法:用开水冲泡。

功效:清暑利湿、治水气浮肿、生发清肠。

4.普洱茶:胃里积食不化,不但影响肠胃功能,而且会使脂肪、糖分得不到正常的消耗而致胖,推荐饮用普洱茶。

原料:普洱茶叶、干菊花5朵。

做法:热水冲泡。

功效:帮助消化、消除油脂。

(五)瘦下半身的减肥食谱

在分秒必争的社会,人们大多缺乏运动,所以容易有肚腩或下半身肥胖。本食谱提供的营养菜单,可帮助有需要之人士,效果可能不太显著,但每月约可减4–5磅。

早餐	午餐	晚餐
A.麦皮一碗,脱脂奶一杯	A.蕃茄鸡蛋三文治一份,绿茶一杯	A.猪扒一件,清汤一碗,灼菜两碗,白饭半碗
B.苹果三个,清茶一杯	B.云吞面一碗,灼菜一碗	B.牛扒一件,清汤一碗,灼菜两碗,白饭半碗
C.香蕉两根,绿茶一杯	C.什菜沙拉一碟,绿茶一杯	C.瘦肉九片,清汤一碗,灼菜两碗,白饭半碗
D.提子麦包一个,乌龙茶一杯	D.菠菜面一碗,乌龙茶一杯	D.蒸蛋六汤匙,清汤一碗,灼菜两碗,白饭半碗
E.粟米片一碗,脱脂奶一杯	E.牛丸米一碗,灼菜一碗	E.卤水鸡翼三只,清汤一碗,灼菜两碗,白饭半碗
F.西梅五粒,脱脂奶一杯	F.墨丸米一碗,灼菜一碗	F.油鸡(去皮)四件,清汤一碗,灼菜两碗,白饭半碗
G.麦包一个,西梅汁一杯	G.吞拿鱼三文治一份,清茶一杯	G.灼虾八只,清汤一碗,灼菜两碗,白饭半碗

（六）女性瘦身“一至七”饮食模式

科学家研究发现，同样吃某些食物，有的女性越吃越胖，有的却体重适中，原因自然很多，但与食物搭配是否科学合理不无关系。据此他们推荐一种具有特色的、适合都市女性健美的膳食最佳模式——“一至七”饮食模式，即：

一个水果：每天吃含维生素丰富的新鲜水果至少1个，长年坚持会收到明显的美肤效果。

二盘蔬菜：每天应进食两盘品种多样的蔬菜，不要常吃一种蔬菜，一天中必须有一盘蔬菜是时令新鲜的、深绿颜色的。最好生食一些大葱、西红柿、凉拌芹菜、萝卜、嫩莴苣叶等，以免加热烹调对维生素A、维生素B1等的破坏。每天蔬菜的实际摄入量应保持在400克左右。

三勺素油：每天的烹调用油限量为3勺，而且最好食用素油即植物油，这种不饱和脂肪对光洁皮肤、塑造苗条体形、维护心血管健康大有裨益。

四碗粗饭：每天4碗杂粮粗饭能壮体养颜美身段。要克服对精加工主食的嗜好，抵制美味可口零食的诱惑。

五份蛋白质食物：每天吃肉类50克，当然最好是瘦肉；鱼类50克(除骨净重)；豆腐或豆制品200克；蛋1个；牛奶或奶粉冲剂1杯。这种以低脂肪的植物蛋白质配膳非高脂肪的动物蛋白质，或用植物性蛋白质配膳少量的动物性蛋白质的方法，不仅经济实惠，而且动物脂肪和胆固醇相对减少，被公认是一种“健美烹饪模式”。

六种调味品：酸甜苦辣咸等主要调味品，作为每天的烹饪佐料不可缺少，它们分别具有使菜肴增加美味，提高食欲，减少油腻，解毒杀菌，舒筋活血，保护维生素C，减少水溶性维生素的损失，维持体内渗透压和血液酸碱平衡，保持神经和肌肉对外界刺激的迅速反应能力，以及调节生理和美容健身等不同功能。

七杯开水：茶水和汤水：每天喝水不少于7杯，以补充体液，促进代谢，增进健康。要少喝加糖或带有色素的饮料。

（七）能刮“油水”的素食

如今人们的膳食中“三高现象”不少，这很不利于降低血脂、保护心血管。营养专家认为，人们应该经常吃些素食刮刮“油水”。以下4种食物有降脂清肠功效。

1.**燕麦**：具有降胆固醇和降血脂作用。由于燕麦中含有其他谷物所没有的丰富的可溶性食物纤维，这种纤维容易被人体吸收，且热量低，既有利于减肥，又适合心脏病、高血压和糖尿病人对食疗的需要。

2.**玉米**：含丰富的钙、磷、镁、铁、硒及维生素A、维生素B1、维生素B2、维生素B6、维生素E和胡萝卜素等，还富含纤维质。常食玉米可降低胆固醇并软化血管，对胆囊炎、胆结石和糖尿病等有辅助治疗作用。

3.**葱蒜**：洋葱含有环蒜氨酸和硫氨酸等化合物，有助于血栓的溶解。洋葱几乎不含脂肪，故能抑制高脂肪饮食引起的胆固醇升高，有助于改善动脉粥样硬化。大蒜能降低血清总胆固醇，大蒜素的二次代谢产物甲基丙烯三硫能预防血栓。

4.**山药**：其黏液蛋白能预防心血管系统的脂肪沉积，保持血管弹性，防止动脉硬化，减少皮下脂肪沉积，避免肥胖。山药中的多巴胺有扩张血管、改善血液循环的功能。山药还能改善人体消化功能，若有消化不良，可用山药、莲子、芡实加少许糖共煮食用。

（八）适合女大学生的瘦身营养餐

1.早晨6点至9点

早餐时间到了。早餐是新的一天获取能量的重要来源，切勿草草打发。含丰富蛋白质的早餐搭配可以帮助你实实在在地赶跑饥饿。最佳选择包括鸡蛋、腊肠、酸奶。如果你偏好甜味，新鲜水果和燕麦粥是不错的选择哦。

2.早晨10点半

此刻若感到饥饿，可以选择一些低糖类的点心，如酸奶酪充饥。当然，不饿的话就请管好你的嘴哦。

3.中午至下午2点

午饭时间到了。这一餐要吃得丰盛均衡，鸡肉鱼肉是丰富的蛋白质来源，蔬菜水果是必要的维生素补充。适当地摄取坚果和橄榄油对健康有益。

4.下午4点30分

此时需补充能量，可进食蔬菜色拉或吃一个苹果。

5.下午5点至晚上8点

晚餐时间到了。菜单中需备齐含蛋白质、维生素和少量脂肪的食品。例如肉类搭配芦笋这类有美容功效的蔬菜就是不错的组合。

6.晚上9点至次日早晨6点

这段时间进食最容易发胖。科学地讲，此时的食欲往往是管不住自己的嘴而不是腹中空空所诱发的。因此，如果有什么力量驱使你走向食橱和冰箱，光为自己的身材考虑也要学会拿捏控制。

（九）多吃豆腐出翘臀

你可能不知道，臀部是身材的隐形敌人。如果你的臀部丰挺、结实，就自然会彰显出你腰部的纤细苗条；与此同时，也会为你的腿部增加明显的修长效果。臀部的圆翘，自然会带动身材曲线的窈窕。朝九晚五的上班族，因久坐办公室不常运动，脂肪渐渐累积在下半身，这样容易造成臀部下垂。

真正造成臀部下垂的最重要诱因，还是我们日常生活中不合理的饮食。要知道，若摄取了过多的动物性脂肪，就很容易在下半身囤积，进一步造成臀部下垂。既然找到了臀部下垂的原因，就让我们先从一日三餐着手，注意多吃一些植物性脂肪或含有植物性蛋白质的食物。例如豆腐，就是防止臀部下垂的最佳食品。

豆腐的烹制方法可谓多种多样，可以凉拌、红烧、炖煮等，花式繁多。而且豆腐家族的品种也是层出不穷，除了传统的豆浆、豆腐脑、豆腐干等，现在更有豆腐新新类的出台，比如可口的豆腐冰淇淋就极适合无法接受乳糖的人选用。此外，用豆腐做成的奶酪蛋糕也是特棒的。

（十）教你放心吃甜点

1.控制食用量，是最高指导原则：甜点或点心会让人发胖是因为热量较一般食物高，所以，只要吃得适量，一点都不会增加体重。当然，正在减肥的人，如果拒绝点心和零食比较能快些达到效果。不过，如果你并不想戒掉美味的甜点，又不愿减肥失败，就只有事先做好阶段性的计划，严格控制点心的食用量，一来可以让精神压力减少，二来又可提高成功率。

2.避免空腹吃甜点：因为空肚子的时候，热量吸收的效果是最好的，而且很容易在不知不觉中就容易多吃很多。如果实在饿得不行，需要吃点东西填饱肚子，可以吃些热量较低的点心，像果冻、酸奶、水果或苏打饼干。

3.高热量甜点饭后吃：高热量点心如 cheese 蛋糕，则放在饭后吃比较好，因为与用餐中的食物纤维一起消化，热量吸收会比较少，且不容易吃太多。

点心的热量计算：如果将点心的热量数字化，那么活动量低的人每天对点心热量的摄取的容许范围在 150–200 大卡之间；运动量中等的人在 250–300 大卡之间；而高运动量的人可以约在 400–500 大卡左右。当然，点心的热量范围与体重的高低、个人体质与三餐热量的摄取都有关系，因此应依照个人实际情况及三餐战略进行设计和调整。

（信息来源：人民网　责任编辑：刘　克）

◎榜六、2004 世界卫生组织公布的全球十大垃圾食物◎

世界十大垃圾食物是我们肥胖的罪魁祸首，也是造成健康问题的重大因素，为了自己的健康与身材，请大家远离垃圾食品。

1.油炸类食品：①导致心血管疾病元凶（油炸淀粉）；②含致癌物质；③破坏维生素，使蛋白质变性。

2.腌制类食品：①导致高血压，肾负担过重，导致鼻咽癌；②影响粘膜系统（对肠胃有害）；③易得溃疡和发炎。

3.加工类肉食品（肉干、肉松、香肠等）：①含三大致癌物质之一：亚硝酸盐（防腐和显色作用）；②含大量防腐剂（加重肝脏负担）。

4.饼干类食品（不含低温烘烤和全麦饼干）：①食用香精和色素过多（对肝脏功能造成负担）；②严重破坏维生素；③热量过多、营养成分低。

5.汽水可乐类食品：①含磷酸、碳酸，会带走体内大量的钙；②含糖量过高，喝后有饱胀感，影响正餐。

6.方便类食品（主要指方便面和膨化食品）：①盐分过高，含防腐剂、香精（损肝）；②只有热量，没有营养。

7.罐头类食品（包括鱼肉类和水果类）：①破坏维生素，使蛋白质变性；②热量过多，营养成分低。

8.话梅蜜饯类食品（果脯）：①含三大致癌物质之一：亚硝酸盐（防腐和显色作用）；②盐分过高，含防腐剂、香精（损肝）。

9.冷冻甜品类食品（冰淇淋、冰棒和各种雪糕）：①含奶油极易引起肥胖；②含糖量过高影响正餐。

10.烧烤类食品：①含大量"三苯四丙吡"（三大致癌物质之首）；②1 只烤鸡腿=60 支烟的毒性；③导致蛋白质炭化变性（加重肾脏、肝脏负担）。

（信息来源：《中国网友报》2005 年 1 月 11 日）

二、美容扮靓篇

生活榜

为了推动中国美容经济的健康、快速发展，同时也为了表彰那些对中国美容经济作出突出贡献的美容从业者和美容化妆品机构，中国美容时尚报社和 2004 第 3 届中国国际美容时尚周组委会联合推出了"2004 影响中国美容经济"评选活动，共设有"2004 影响中国美容经济 30 人"、"2004 影响中国美容经济二十大品牌"等奖项。在此，我们特甄选出 5 个与老百姓生活密切相关的排行榜，以飨读者。

◎榜一、2004 影响中国美容经济 30 人◎

1.靳羽西

她的名字在中国家喻户晓，95%的中国人认识她的面孔。她是一位电视明星：美国电视最高奖"艾美奖"获得者；她是一名慈善家：联合国儿童基金会大使；她是一位最畅销书作家：出版有《羽西亚洲妇女美容指南》、《魅力何来》和《魅力自造》3 本畅销书；她是一位成功的企业家：先后创办了靳羽西影视制作公司、靳羽西化妆品有限公司和靳羽西文教玩具有限公司。

2.蔡燕萍

先后创办台湾自然美化妆品有限公司、澳洲自然美化妆品国际有限公司、上海自然美化妆品有限公司等。著有《自然美容术》、《自然美就是美》、《创造东方女性的整体自然美》、《蔡燕萍的护肤秘笈》、《蔡燕萍的上海经验》、《蔡燕萍谈经营与管理》……

3.郑明明

1966年，在香港开办第一家美容美发培训学校;1984年，首次赴北京考察;1987年成立首家中港合作美发美容学校;1993年,创办“上海郑明明化妆品有限公司”;2003年，在上海开办全国首间以水疗概念为教学基础的专业学校。

4.张殿义

曾主编《日本化妆品原料规格手册》、《最新中国化妆品企业大全》、《化妆品原料规格实用手册》、《化妆品通用小标签标准汇编》、《中国香料香精发展史》等多部专业书籍;并出任《香料香精化妆品》主编、《清洗世界》杂志编委会副主任、《日用科学》杂志编委会常委等。现任中国香料香精化妆品工业协会理事长。

5.骆燮龙

自1993年起创办全国第一间医学美容教育机构,并且将美容与保健相结合;1996年起担任全国工商联美容化妆品业商会常务副会长;2003年起担任会长,为中国美容化妆品行业的发展做出了卓越贡献。

6.马　娅

1985年创办全国首家省级美容美发培训学校;1988年创办全国首家省级美容美发行业协会,同年举办全国首届美容美发国际邀请赛;1989年创办全国第一个国际美容美发化妆用品博览会,如今已发展成世界第二、亚洲第一大规模的美容专业展。

7.彭庆星

先后在医学哲学、医学美学、医学逻辑学、卫生管理学及医学伦理学等医学人文学科的研究中取得了较深的造诣;出版著作26部,在国内外发表学术论文162篇。主编的《医学美学》和《医学逻辑学》分别填补了该领域空白。

8.张晓梅

中国美容时尚报社社长兼总编辑。多次出任国际国内美容发型大赛主席、总评判长;著有《中国美容美学》、《中国基础美容》、《国际美容教程》等专著,主编劳动部《美容师职业教材》、国家文化部《化妆师职业教材》;先后发起举办了“20世纪末影响中国美容美发业科技专家15人、整形专家15人”评选及“中国国际美容时尚周”等活动。

9.梅晓芳

在国内美容界较早提出“中医美容”概念,创建了中国第一个美容教育专业网站,编著有《中医经穴平衡美容指南》。现任全国卫生产业企业管理协会美容专家委员会秘书长。

10.杨志刚

长期从事生物高技术的开发研究和中试生产工作,曾赴美国、加拿大、日本及西欧各国学习生物医学工程技术并担任国家863计划课题。在国内率先运用单克隆抗体技术研制成功APPAAP系统。其研制、开发、生产的“育发露”是我国第一个通过日本厚生省颁发的育发类产品检验证书的名牌产品。

11.孙鸿魁

先后担任约百余部集影视作品的人物造型设计,曾担任北影第一部故事片《吕梁英雄传》、中国第一部彩色故事片《祝福》的人物造型设计,第一位派往国外教学的化妆专家,第一位与苏联合拍影片《普乐热瓦尔斯基》的中国化妆师。

12.岳　慧

1989年开始涉足美容行业，先后创办美容院、美容美发学校、美容品公司、美容品工厂、国外分公司。1997年,慧妮美容机构荣获“广东省明星企业”称号;2002年在“2002中国美容BPEC上海会议”上,艾丽素与欧莱雅、威娜同获“中国美容著名企业”;2002年,艾丽素被评为“中国美容业二十大知名品牌”。

13.张彩华

1997年研制出品“黑头导出液”,被业界誉为“黑头导出液的鼻祖”;2000年,针对终端市场首创“全国加盟店三天封闭式培训”,先后推出“卵巢保养”、“PA+防晒”、“三重氧能”等引领潮流产品;2001年,与“健力宝”集团强强联手,开创专业美容企业与医药企业跨界合作先河;2003年,聘请华南理工大学和暨南大学MBA管理学院教授开办“EMBA管理培训班”,创美容界风气之先。

14.于西蔓

最早将色彩行业引进中国,建立了中国第一家专业色彩咨询机构,致力于普及和推广先进的色彩应用理论及技术,尤其是个人形象用色指导。她开创了中国色彩咨询业的先河,成为中国色彩应用技术又一重大进步的历史标志。她发明的“中国人形象规律体系”为提升中国人形象作出了重要贡献。

15.何毅彬

1993年创立广州华香龙发展有限公司,并获得德国碧斯品牌中国市场总代理;1996年成立雅兰国际化妆品有限公司;1997年设立碧斯化妆品厂,全面获取碧斯国内经营权,加速碧斯品牌及产品的本土化进程;1999年导入国际连锁经营理念,掀起碧斯美容连锁风潮;2000年成为日本权威塑身内衣“姿曼婷”亚太地区总代理。

16.陈燕萍

香港植丽素国际美容集团董事长,20世纪70年代创立植丽素品牌。现任环球美容美发协会主席、世界美容工作者协会会长、加拿大BC省美容协会主席、GOLDEN国际美容师执照主考官。

17.张丽芳

1998年创建广州雅丽思美容顾问

有限公司,在中国美容业掀起"醋疗"美容热。率先将EMBA培训课程引进美容业,先后培养出1016名EMBA学员,对提升美容从业者素质发挥了重要作用。

18.徐新军

法国诗婷国际美容连锁集团有限公司总经理。著有《出售魅力与梦想的地方》、《美容业的管理和营销》、《美容观察》、《七十年代生人》等。

19.李永康

1992年创建永康中医美容院;1993年创建永康中医专科医院和永康中医美容保健连锁机构;1994年成立永康中医研究所,并建立"艾滋病病毒研究中心";1995年创建云南永康药业有限公司;1998年创建武汉永康精细日用化工有限公司;2000年组建永康集团。

20.毛戈平

1984年入行以来先后为40多部电视和20多部舞台剧做化妆造型,先后涉足生活、广告、摄影、MTB领域的化妆与设计;1996年创作《立体化妆》一书;1997年制作VCD化妆教学带;1988年创作发行《毛戈平化妆艺术》精品等,同年创办杭州毛戈平化妆艺术公司;2000年创办毛戈平化妆品公司,同年创建毛戈平形象设计艺术学校;2001年亲自创建上市"MePIN"系列化妆品。

21.李东田

自1991年正式进入中国文艺界以来,担任许多影视作品的首席化妆师工作。1999年11月在北京创建以个人名义注册的"东田造型"工作室,2002年"东田造型"在上海开设了分店。现为国家级造型师(人民美术出版社颁发),德国哈苏公司高级客座讲师。曾任北京电影学院98、99化妆班毕业课程特约讲师、2000中国模特之星大赛大会指定形象顾问、2000中国第2届超级化妆发型精英大赛、化妆总评判长、2001-2003年连续3次担任欧莱雅色彩成就奖指定彩妆评委、曾任2001中国美发美容大赛决赛总评判和湖南卫视选美大赛评委。

22.吉　米

2000年开办吉米专业形象设计学校;2002年推出"吉米"化妆品,同年推出《吉米与时尚之美丽手册》,为中国女性如何打扮提供了一份专业资料;2003年,结合世界流行色彩趋势和中国文化特色,推出《2004-2005色彩流行趋势》;2004年,推出"吉米娃娃儿"化妆品,全面取代"吉米"化妆品。

23.郑春影

1997-2004年先后创办了3家化妆品生产企业、11家经销公司;创办了"美素"、"雅格丽白"、"自然堂"、"冰美人"4个美容化妆品牌;2003年出版了共9册《美丽全书》。现任上海美素生物美容品有限公司董事长。

24.陈海佳

香港赛莱拉国际集团总裁。在业内率先实施企业文化发展战略,短短几年带领赛莱拉成为行业佼佼者。首期投入100万元成立"赛莱拉助学金",用于资助和奖励中山大学、华南理工大学的贫困学生;多次向老人院等社会福利机构捐献慈善金;参加广东省"千人无偿献血活动"。

25.余自力

开展中医中药对美容的功效和作用研究、生产及国外交流;《中医中药对面部皮肤疾病的应用》;参加美容行业管理条例的制定;参与多项美容科研课题研究。多年来致力把国际先进美容管理经验和技术引进中国,大力推进美容技术、理论、管理的发展,参与行业规范的制订,倡导"诚信美容"。

26.孙怀庆

一位伴着"丸美"成长的美容业大家。2000年引进日本美容首席品牌——丸美,在国内率先推出美容产品按肌肤分类的先例;2001年建立广州惟一的中日合资化妆品厂,在国内率先提出"眼部需要日夜护理"理念;2002年丸美成为中国消费者信赖的知名品牌,在国内率先提出区分"纯植物化妆品的五个标准";2003年丸美成为世界冠军——中国女排专用化妆品,在国内首开"眼部需要专用防晒品"先河;2004年丸美成为中国电影金鸡百花奖惟一专用化妆品,在国内率先提出"三重祛斑"的全新祛斑理论。

27.陈宝岩

17年前创办了沈阳第一家美容院。17年来累计培养学生4万余人,免费培训下岗职工1500多人,直接间接安排近2万人就业。其创办的宝岩企业集团历经17年,现有资产达1.2亿元,自有营业场所2万平方米,现有沈阳宝岩实业有限公司、沈阳宝岩美容医院、沈阳宝岩健康用品有限公司等。

28.王　磊

1985年毕业于国际标榜(Pivot Point)美国芝加哥总部,以优异成绩多次获得学院颁发的"突出表现奖";之后进入好莱坞电影厂化妆学院学习电影电视专业化妆。曾在美国专业学院(City of Alhambra)任讲师,从事美发美容专业的教学工作;担任美国著名美发美容杂志《FACE》的美发美容顾问,并多次在该杂志上发表文章。在10多年的美发美容生涯中,多次参加过国内外大赛并获奖,成为许多著名人士指定的发型设计师。

29.黎家信

中国美发美容业第一个提出整体形象设计理论;中国美发美容业第一个开设人体整体形象设计;上海美发美容业第一个组建中外合资美发美容行业企业;中国美发美容业第一个以行业企业法人当选为地区美发美容行业协会会长。

30.李校堃

先后主持10多项国家级和省部级项目;主持编写和参与编著《基因工程

药物的制备原理与技术》、《创伤修复学基础》、《现代创伤修复学》、《现代高新技术与创伤修复》和《基因美容学》等多部专著，在国内外公开刊物上发表学术论文60多篇；参与研制一类新药bFGF、aFGF，主持国家三类药械FGF生物蛋白海绵的研制。

（信息来源：《中国美容时尚报》2004年10月18日）

◎榜二、第2届中国十大发型师◎

1.徐　凯

（H.C.F）法国高级发型师协会中国区主席北京市徐凯美发美容有限公司董事长，中国美发美容国家级评判。

2.刘金汨

"亚洲流"国际发型艺术研发连锁机构创始人、"百变造型型修"创始人，出版有《美发基础理论》等著作。

3.刘　勃

北京华爵小勃形象设计咨询有限公司总经理，多次赴日本研修、讲学，日本东京都理容美容协会理事。

4.陈础威

Toni & Guy美发厅经理，曾在Toni & Guy美发学校任教。

5.孙文龙

1996年就读于国际标榜美发学院，后期又赴各地知名院校研修；2002年签约"东田造型"，是东田造型年轻一代发型师中最最活跃的发型师之一；2004年被评为"中国十大发型师"。

6.赵　圆

瑞丽杂志社首位认证服装搭配师；时尚杂志社首位形象设计师；东青美容发型艺术学院首席艺术总监；MAX-STYLE极限风格形象机构首席艺术总监。

7.徐全有

担任过央视春节晚会、香港回归、澳门回归等大型晚会造型设计师，创建审美美容美发城、造型公司等。

8.谢　谊

曾工作于北京燕华美容城、北京市崇文美发厅；1999-2001年赴法国巴黎深造；2001-2004年工作于北京荔芳卿美容美发沙龙。

9.蔡光华

成都世纪精剪形象设计师，曾获欧莱雅色彩成就奖网上最佳人气奖。他自认为是一位很有个性的美发师，在平日装扮上，他会结合时下最流行的元素和自身的条件，塑造自己心目中最满意的造型。

10.陈忠红

柏丽美发美容公司技术总监，擅长时尚与创意发型；曾获'98、'99世纪超级精英大赛女士剪发冠军及十大精英奖，被授予"成都市美发名师"称号；2003年获全国十大发型师提名，并获得年度杰出奖。

（信息来源：《中国美容时尚报》2004年10月18日）

◎榜三、首届中国十大美甲师◎

1.李　安

中国卫生部美容业专家委员会美甲专家主任；世界奥林匹克美甲大赛评委；第4届国际美甲大赛总评判长；北京安丽泰乐玉指文化艺术学校校长；中国美甲行业创始人；中国手模特培训主讲教师。

2.武志红

北京佳丽美甲学校创始人，北京佳丽玉指商贸有限公司总经理。从事美甲工作8年，师从美国、澳洲、香港、台湾等多位美甲导师，结合国际指甲修饰标准，潜心学习和研究出一套快速培训成功，适合中国国情的规范、系统的培训教育方法。其作品将中华民族博大精深的文化融入美甲内涵，具有深厚的文化底蕴。

3.徐　巍

"进巍美甲"首席讲师兼首席美甲设计师；中国首届美甲大赛冠军；国际美甲大赛季军；曾担任国际美甲大赛评委、国内美甲大赛评判长；多年来一直从事美甲师教学工作，培养了上千名美甲师，积累了丰富的教学经验，系统地编写了一套教学方案；在美甲领域享有很高的声誉，专业水平为行业之首。

4.潘　旭

中国首届美容知识竞赛"金指甲杯"美甲专业全国决赛副总评判长；中国美甲专业委员会副主任；中国职协美甲规范教程编委会专家委员；中华全国工商联美容化妆品业商会理事；香港天美国际美甲中心董事；深圳天美美甲培训中心校长；深圳天美美甲公司总经理。入行7年，积极参与推动美甲行业的发展，是上海最早的一批美甲师之一，并在其后的美甲生涯里将"光疗树脂甲"引进中国。其光疗系列美甲作品玲珑剔透，精致细腻，栩栩如生。

5.徐　颖

现就职于北京耐尔思美甲设计中心，1995年开始学习美甲，是李安的第一个学生。2001年去美国进修，进一步学习那里先进的美甲技术。

6.张　慧

张慧（张书慧），"远东杯"国际美甲大赛监察长；中国首届美甲艺术大赛技术督导；中国第2届美甲艺术大赛评委；中国第3届（2004）美甲国际邀请赛技术总监；参与编写了《美发美容业开业的专业条件和技术要求》国内行业标准。其作品风格优雅细腻，因为曾经学习过绘画，在美甲作品创作中将国画的工笔与西方的写实结合，形成了自己独特的美甲风格。

7.郑建勋

Ken（郑建勋）来自浙江，从业6年，曾获得多种美甲证书和"金指甲"杯最佳美甲师奖。他的美甲技术融合了韩日及中国的流行元素，形成了自己的风格。Ken（郑建勋）是十大美甲师中惟一的男性，入行的时间也相对较短，但其过硬的技术水平、创新意识和开朗的性格让他在美甲这条路上快速奔跑，让行业人士交口称赞。

8.张　露

曾任中国首届美容知识竞赛内蒙古赛区总评判长、首届赴韩美甲考评员。

9.杜　莉

高校讲师、高级美容技师、国际化妆大赛评判，现担任大学影视化妆造型教学工作。从业10余年来，参与过多部专业书籍的编写：《美容师技能指导》、《美容师理论指导》、《现代美容技术》、《化妆造型设计》、劳动部美容师题库开发及劳动部美容师初、中、高级题库开发；讲授的课程有：《影视化妆造型设计》、《美容师初、中、高考级课程》。荣获过北京"美容名师"、北京市职业教育先进个人等称号。

10.张　璐

海南红酥玉指艺术沙龙经理、国际美甲师，曾荣获2003年第27届亚洲发型化妆大赛美甲彩绘组冠军。

（信息来源：《中国美容时尚报》2004年10月18日）

◎榜四、2004影响中国美容经济二十大品牌◎

1.自然美

出品：NB蔡燕萍自然美国际事业集团

入选理由：NB自然美是目前技术连锁店最多、最专业的跨国美容事业集团之一，也是中国第一个股票上市的化妆品公司。

2.蒙妮坦

出品：上海蒙妮坦化妆品有限公司

入选理由：作为香港蒙妮坦集团旗下的化妆品牌之一，2004年已经发展成为专业美容线综合实力最强、最有发展潜力的品牌之一，是业内公认知名度、美誉度最高的品牌之一。

3.艾丽素

出品：广州艾丽素美容品实业发展有限公司

入选理由：10余年来，艾丽素以其优质的产品、成熟的品牌形象和完善的服务销售网络，被誉为中国专业美容化妆品市场上的"常青树"。

4.创美时

出品：广州创美时美容化妆品有限公司

入选理由：它曾经在中国美容化妆品行业创下了多个"第一"；被认为是"2002年最具品牌潜质的标杆企业"；2003年被南方某媒体评为行业的"隐形冠军"。

5.蝶恋花

出品：广州蝶恋花基因工程有限公司

入选理由：在国内率先提出"基因美容"概念；2002年，被国外原料供应商列入中国最具潜质的客户名单；2003年，首家获得广东美容化妆品业"高新技术企业认证"。

6.碧斯

出品：雅兰国际化妆品有限公司

入选理由：作为一个有医学背景的国际品牌，1999年在国内率先导入"连锁运营"概念，掀起业界连锁潮。此后，屡创佳绩，现已发展成为专业美容市场的主导品牌之一。

7.雅丽思

出品：广州雅丽思美容顾问有限公司

入选理由：以"弘扬千年养生醋文化，引领中国特色醋美容"为宗旨，先后成功推出系列醋疗专业美容产品，被誉为"醋疗美容先驱者"，享有"醋美容专家"之美誉。

8.美素

出品：上海美素生物美容品有限公司

入选理由：2001年率先提出"前店后院、自选销售"营销模式，仅用两年时间在全国发展3200余家加盟连锁店。拥有化妆品厂、营销公司、连锁机构、保健及卫生制品公司等。

9.安婕妤

出品：台湾安婕妤美容事业股份有限公司

入选理由：来自台湾的安婕妤，从产品研发到技术培训，从服务项目设计到店务管理，整体运营堪称行业学习样板，韬光养晦的后面蕴含着的是称霸国内市场的野心。

10.植丽素

出品：香港植丽素国际美容集团

入选理由：1994年一举夺魁成为联合国第四次妇女大会中国组委会惟

一指定专业保健养颜系列产品。作为具有30年底蕴的品牌，信誉、热诚、以人为本、重视客户利益是其得以长久发展的精髓。

11.永康

出品：永康国际美容机构

入选理由：永康中医美容院是中国内地首批中医综合美容院之一，自1994年创办以来，在国内和欧洲、亚洲、大洋洲设立400余家分院，是中国中医美容代表品牌之一。

12.邦定

出品：北京邦定美容保健科技有限公司

入选理由：10年来，本着"科技创新、诚信共赢"的宗旨，从单一生物医药研发机构，发展成为集化妆品研发、生产、销售、服务、教育、专业图书与资讯网站于一体的综合性美容集团，被誉为"中国美容科技先锋"。

13.赛莱拉

出品：香港赛莱拉国际集团

入选理由：在短短4年的时间里，赛莱拉超速发展，凭借良好的信誉保证，强大的医学背景和完美的市场服务体系，迅速跻身美容化妆品行业最具强势的品牌之列。

14.玛萨

出品：广州香利贸易有限公司

入选理由：因创新而领先，因丰富而完美，因领先而卓越，因标准而获益，因传播而实现，因分享而成功，六大优势造就强势品牌。

15.植美村

出品：广州美植化妆品有限公司

入选理由：2001年在业界率先开始品牌差异化的探索；2002年旗下祛斑品牌"斑克"市场运作的巨大成功，被业内企业竞相效仿；被认为是"2004年中国专业美容化妆品市场上最具活力企业"之一。

16.丸美

出品：中日合资广州佳禾化妆品制造有限公司

入选理由：以创新而实效的市场推广，创造不凡销售业绩，网络遍布神州大地：从西夏王朝的宁夏到十三朝古都的西安，从彩云之南的昆明到九省通衢的武汉，从西子湖畔的杭州到秦淮河边的南京，从北国冰城的哈尔滨到逐鹿中原的郑州。

17.肽能

出品：广州肽能基因生物有限公司

入选理由：在短短5年时间里，由一个名不见经传的企业一跃成为专业美容行业知名品牌，将一个没有分文收入的大学科研机构扶持成全国著名研究中心，书就了一段科企联姻的佳话。

18.伊斯佳

出品：珠海伊斯佳化妆品有限公司

入选理由：作为专业美容美发用品和保健品制造与销售的科技型企业，在开发和生产自有品牌产品的同时，不断对外发展OEM（原始设备生产商）业务，成为国内和港澳知名品牌指定产品代加工企业。

19.尹姬

出品：广州尹姬生物工程有限公司

入选理由：进入中国市场两年多时间里，凭借独特的美容理念，卓越不凡的产品品质及创新的市场运作模式，建立起广泛连锁加盟体系，迅速成为行业知名品牌之一。

20.秀媛堂

出品：岳阳秀媛堂生物工程有限公司

入选理由：创立于2000年的秀媛堂是专业开发、生产、销售天然中药美容保健食品与护肤品的科技型企业，是全国专业美容保健品领域首批GMP认证企业、国家技术监督局质量管理协会"全国打假扶优重点保护企业"。

（信息来源：《中国美容时尚报》2004年10月18日）

相关链接：20位品牌风云人物榜

1.蔡燕萍：NB自然美国际事业集团董事长

2.郑明明：全国政协委员、香港蒙妮坦国际集团董事长

3.岳　慧：广州艾丽素美容品实业发展有限公司董事长

4.张彩华：广州创美时美容化妆品有限公司董事长

5.刘　宪：广州蝶恋花基因工程有限公司总经理

6.何毅彬：广州雅兰国际化妆品有限公司董事总经理

7.张丽芳：广州雅丽思美容顾问有限公司董事总经理

8.郑春影：上海美素生物美容品有限公司董事长

9.林志隆：台湾安婕妤美容事业股份有限公司总经理

10.林乃正：香港植丽素国际美容集团总经理

11.李永康：武汉永康国际美容机构总裁

12.孙沭燕：北京邦定美容保健科技有限公司总经理

13.陈海佳：香港赛莱拉国际集团董事长

14.余自力：广州香利企业董事长

15.郭瑞平：广州美植化妆品有限公司总裁

16.孙怀庆：(中日合资)广州佳禾化妆品制造有限公司社长

17.倪佩红：广州肽能基因生物工程有限公司董事长

18.王德友：珠海伊斯佳化妆品有限公司董事长

19.江　平：尹姬(广州)生物工程有限公司总经理

20.孙运文：岳阳秀媛堂生物工程有限公司董事长

◎榜五、2004影响中国美容经济十大关键词◎

1.美容经济

2004年3月，在全国人大、政协"两会"召开期间，十届全国政协委员张晓梅的一份《大力发展美容经济，充实人本经济新格局》的提案在全国"两会"上一亮相，"美容经济"的提法便受到政府、媒体和广大业内人士的关注和谈论。根据张晓梅的观点，美容经济是整个美容产业链所创造出的对国民经济的贡献，同时形成的具有其自身行业特征的经济规律、经济形态等，它的外延由美容产业、美容市场、美容资源等要素构成。美容经济学则是关于选择、开发、分配和消费美容资源的一门应用性经济学。美容需求推动着美容产业，美容实践催生了美容经济。

2.美容经济论坛

2004年10月19日，"2004中国美容经济论坛"在北京人民大会堂举行。顾秀莲、张小建、柳斌杰、邱晓华、孙晓华、郭永祥、肖光成、程秀生、门晓伟、陈宇等国家和相关部委、省级领导，温铁军、何帆、巴曙松、钟伟、赵晓等著名经济学家，骆爕龙、CEO MAX、彭庆星、靳羽西、蔡燕萍、郑明明、廖瑞强等重要嘉宾出席了该论坛。社会各界人士普遍认为，"2004中国美容经济论坛"是中国美容化妆品业发展历程上的重要里程碑，中国美容经济必将迎来辉煌发展的明天。

3.美容经济年度报告

2004年10月，中国经济学界四大新锐——何帆、巴曙松、钟伟、赵晓联手推出了"2005中国美容经济年度报告"，4位经济学家从经济学的视角，全面梳理中国美容业发展脉络与基本轮廓；深度解读中国美容经济兴起原因与发展现状；客观评价美容经济对中国经济与社会进步的总体影响；理性揭示美容经济发展"短板"与消费误区；权威预测中国美容经济未来趋势与发展前景。

4.美容经济元年宣言

2004年10月19日，"2004首届中国美容经济论坛"发布了"中国美容经济元年宣言"，宣言倡议，2004年为"中国美容经济元年"。自2004年起，同心协力，共同推进中国美容经济规范化、规模化的持续发展。

5.2004影响中国美容经济评选

为了推动中国美容经济的健康、快速发展，同时也为了表彰那些对中国美容经济作出突出贡献的美容从业者和美容化妆品机构，中国美容时尚报社和2004第3届中国国际美容时尚周组委会共同发起主办了"2004影响中国美容经济"评选活动，设有"2004影响中国美容经济30人"、"2004影响中国美容经济二十大品牌"等奖项。

6.京城四剑客深度关注美容经济

2004年，被誉为"京城四剑客"的中国经济学界四大新锐——何帆、巴曙松、钟伟、赵晓首次涉足美容行业，并联手抛出了中国美容行业第一份学术报告——《2005中国美容经济年度报告》。"京城四剑客"不仅对中国美容经济投来关注的目光，并且投身美容经济发展规律的研究，以自己的亲力亲为来唤醒社会、唤醒政府对美容经济投注更多的目光，给予更多的关爱。

7.美容经济成为第五大消费热点

2004年初，新华社、中国新闻网等国内数家知名新闻媒体与网站相继撰文指出，美容消费已经成为中国城镇居民继住房、汽车、电子通讯、旅游之后的第五大消费热点，在居民消费领域，已经开始形成"四龙一凤"的热点格局。

8.长城诚信宣言助推美容经济

2004年10月23日，由中国美容时尚报社、中国国际美容时尚周组委会发起，全国各大行业协会联合主办，香港蒙妮坦倡议的"'让中国人美起来'中国美容业长城千人诚信宣言"活动在中国北京长城隆重举行。该活动呼吁行业健康发展，呼吁行业人士诚信执业，呼吁全国美容工作者爱岗敬业，让"全中国人民美起来"。

9.美容时尚周引爆美容经济

2004年10月18-23日，由国家商务部、北京市人民政府对外经济贸易委员会批准，中国美容时尚报社、中国国际美容时尚周组委会共同承办的"2004第3届中国国际美容时尚周"在北京隆重举行。这是中国美容行业的第一大国际盛会，也是最具影响力的行业活动之一。

10.张晓梅9份政协提案倡议发展美容经济

2004年3月，在全国人大、政协"两会"召开期间，作为中国内地美容业界惟一的一位全国政协委员，中国美容时尚报社社长张晓梅继2003年在全国政协十届一次会议上就美容业发展提交提案后，再次积极行使参政议政、民主监督的职能，反映社情民意，为美容行业的健康、有序、快速发展积极建言献策，围绕如何大力发展"美容经济"向大会提交了9份提案和建议。

张晓梅委员提交的这9份提案引起了政府相关职能部门的高度重视，国家商务部办公厅、国家统计局、国家劳动和社会保障部、国家财政局、国家发改委、国家教育部等相继就9份提案进行了回复。

（信息来源：《中国美容时尚报》2004年10月18日）

相关链接：首届中国美容美发名校名单

北京市

爱知美容美发培训学校

千惠美容艺术学校

天津市

志诚美容美发培训学校

天津经典美发美容职业技能培训学校

生活榜

天津思齐美容职业技能培训学校

天津宝颜标榜发型美容职业技能培训学校

天津美国仙蒂花艺术美甲裕隆学校

上海市

上海韵丽美容美发职业技能学校

上海羽茜美容美发职业技能培训学校

上海新亚美发美容培训学校

上海宝丽美容美发培训中心

上海香港花都美容学院

上海浦东文峰美发美容学校

上海大都市新新美容美发培训中心

上海姿采专业美容美发培训中心

上海嘉韵美容美发培训学校

上海黑牡丹美容美发培训中心

上海谢晓薇美容艺术学校

黑龙江省

哈尔滨美佳娜美容美发学校

哈尔滨露莎莲妮美容技能培训学校

哈尔滨飘美容美发技术学校

哈尔滨银影美容美发摄影学校

哈尔滨斯宝职业技能培训学校

哈尔滨梦巴黎美容美发技能培训学校

大庆天姿美容美发职业技能培训学校

牡丹江崔凤岐新娅美容美发学校

牡丹江北方美发美容技能培训学校

鸡西时代美容美发学校

辽宁省

沈阳佳林美发美容艺术学校

沈阳标榜美容美发学校

沈阳金榜美容美发专业培训学校

沈阳龙凤美发美容摄影专业学校

营口大利美容美发培训学校

大石桥罗拥国际美容美发培训学校

沈阳宝岩教育中心

辽宁辽阳依达美容美发学校

辽宁锦州黎明美容培训学校

大连红星发型化妆艺术学校

吉林省

长春蓝梦国际标榜美容美发学校

山东省

潍坊市天姿美容美发职业技能培训学校

济南泉城派克森美容公司职业技能培训中心

烟台标榜发型美容职教中心

济南宝岩美容美发学校

淄博燕清美容美发学校

江西省

南昌丽人美容艺术学院

南昌红苹果美容美发职业技能培训学校

南昌花都美容美发学校

甘肃省

兰州标榜美容美发学校

兰州花都美容美发专修学校

兰州梦妮坦美容美发学校

兰州鸣丽美发美容学校

福建省

福州曼丹美容美发培训学校

红太阳美发美容艺术学校

厦门花都美容美发学校

杭剪城美发美容职业技能培训学校

厦门广诚美容美发学校

福建厦门名都美容美发学校

广东省

广州天鹰发型美容学校

广州圣千惠美容美发创业培训学校

深圳枫雅职业培训学校

深圳时代美容美发培训中心

深圳天妮美容美发培训中心

广州植丽素美容化妆培训学校

浙江省

温州芬芬美发美容学校

温州创艺美发美容培训学校

温州方信美发职业技能培训中心

温州希国美发美容培训学校

宁波美苑美容培训中心

安徽省

合肥新经典美容美发学校

陕西省

西安蒙妮坦美发美容培训中心

西安标榜美发美容培训学校

金地美容美发培训学院

四川省

成都荷芙蔓美容风韵学院

成都青青职业技术学校

成都美琪美发美容培训学校

成都蒙妮坦美容美发专修学院

成都西美美容专修学院

四川国际标榜发型美容专修学院

湖北省

武汉富康美容美发美体专业学校

武汉天姿美容发型学校

武汉蒙妮坦美容美发美容学校

湖北武汉金鹰美发美容培训学校

武汉市文昌高级职业学校

贵州省

贵阳潇洒国际美发美容培训学校

贵阳穗港发型美容学校

林琼美发美容学校

湖南省

长沙摩登专业美容美发形象设计学校

长沙金日国际美容美发学校

广西壮族自治区

南宁芬妮美容美发艺术学校

新疆维吾尔自治区

乌鲁木齐市北方职业技能培训中心

乌鲁木齐市商业学校欣新美容美发培训中心

乌鲁木齐市蒿广存职业技能培训学校

乌鲁木齐市银兔职业技能培训学校

河北省

保定东方发型美容学校

唐山牛燕美容美发学校

石家庄常青树发艺学校

山西省

太原高华美艺发展学校

海南省

海口丽波美容美发学校

江苏省

淮安岭南美容美发学校

苏州金莎美容美发学校

无锡标榜美容美发学校

内蒙古

呼和浩特市杨氏（国际发型）美容技术学校

（信息来源：中国美容美发协会）

三、时尚家居篇

◎榜一、2004年度37大城市平均房价及居民人均收入排名◎

哪个城市房价泡沫太大，必须理性回避？哪里买楼物有所值，必须果断下手？哪里房产正在迅速后来居上，必将给买房者带来厚利？哪里房价还将原地踏步，大可不必着急？

据个人理财杂志社调查，2005年2月，我国最具影响力的37大城市市区每平方米商品房平均房价及居民人均收入排名如下：

平均房价排名	城市	每平方米商品房平均房价（元）	2004年居民家庭人均可支配收入（元）	人均收入排名	平均房价排名	城市	每平方米商品房平均房价（元）	2004年居民家庭人均可支配收入（元）	人均收入排名
1	温州	9278	17727	2	20	沈阳	2926	8880	29
2	上海	8627	16683	4	21	成都	2868	10394	16
3	杭州	7210	14565	7	22	武汉	2858	9564	20
4	北京	6232	15638	6	23	长沙	2825	11021	15
5	深圳	6037	27596	1	24	南宁	2817	8060	34
6	宁波	5900	15882	5	25	南昌	2777	8690	30
7	广州	5660	16884	3	26	重庆	2732	9221	23
8	厦门	5156	14443	9	27	郑州	2650	9364	21
9	南京	4960	11602	11	28	哈尔滨	2574	8940	27
10	天津	4760	11467	12	29	石家庄	2470	8622	31
11	青岛	4639	11089	14	30	兰州	2438	7684	36
12	苏州	4460	14451	8	31	海口	2330	8981	26
13	大连	4241	10378	17	32	乌鲁木齐	2280	9729	19
14	福州	3368	11436	13	33	合肥	2220	8610	32
15	济南	3172	12005	10	34	长春	2191	8900	28
16	昆明	3150	9045	24	35	呼和浩特	1960	10166	18
17	贵阳	3100	8989	25	36	银川	1930	7984	35
18	太原	3050	9353	22	37	西宁	1821	7626	37
19	西安	3007	8544	33	城市平均		3802	11357	—

（信息来源：《个人理财》杂志　责任编辑：陆　菁）

◎榜二、外地人购房比例排名◎

排名	城市	外地人购房比例
1	太原	80%
2	北京	60%
3	大连	60%
4	郑州	55%
5	成都	51%
6	广州	50%
7	杭州	50%
8	福州	42%
9	厦门	39%
10	海口	36%
11	重庆	26%
12	上海	20%

（信息来源：《个人理财》杂志 2005 年 3 月 25 日）

◎榜三、2004 消费者喜爱的家具品牌◎

2004 年是中国家具品牌推广年，各大品牌，透过媒体，纷纷亮相。中国品牌家具网自 7 月份闪亮登场以来，为配合家具厂商的品牌推广战略，给消费者一个正确的消费导向，在国内外大型网络媒体上发起了一场声势浩大的中国家具品牌大联展活动，并通过在互联网上联展的方式，由消费者投票产生了 2004 年“消费者最喜爱的十大家具品牌”和“消费者喜爱的 50 个家具品牌”两个奖项。

参加本次评选的有来自全国各地的 1000 多个家具品牌，几乎囊括业内所有的知名家具品牌。参与投票的消费者高达百万人，人气爆涨，场面火爆，成为 2004 年家具行业的一件盛事。该评选以消费者投票决定的独特评选方式，真正地实现了把家具品牌向消费者全面推广的目标，通过消费者对家具品牌的投票，增强他们对家具品牌的了解，同时也增加了家具品牌的知名度，促进了家具品牌的打造。

家具行业有关专业人士认为，这个评选对家具企业和消费者来说都是一件好事。对于家具企业来说，家具行业的竞争现在已经超越了价格、技术、质量等因素，品牌竞争的时代已经来临，特别是 2004 年零关税的实行，国外家具品牌将会陆续涌入，如何应对国内国外的激烈竞争，打造品牌是其中的一个重要出路。该评选持续不断地向消费者推荐、介绍和展示品牌，无疑为家具企业建立品牌提供了一个很好的机会。对于消费者而言，可以通过家具品牌的展示，让消费者与企业面对面，全方位地了解家具的质量、售后服务等，这就避免了以前购买的盲目，让消费者能够买到自己真正喜欢和合适的家具。

（一）2004 消费者最喜爱的十大家具品牌

（排名不分先后）

富之岛	深圳市大富豪实业发展有限公司
光明	光明集团
皇朝	香港皇朝家俬集团
雅兰	雅兰实业有限公司
玉庭	东莞永信家具制造有限公司
欧意	香港龙湖欧意家具（深圳）有限公司
七彩人生	香港福牌实业发展有限公司
星星梦	深圳满星星家俬制造厂
早晨	佛山市大明家具有限公司
左右	深圳市左右家俬有限公司

（二）2004 消费者喜爱的 50 个家具品牌

（排名不分先后）

家又一宝	广州市嘉利家俬厂
琪星红木	南京琪星老红木有限公司
我就喜欢	威儿青少年用品（中国）有限公司
多喜爱	恒大家具有限公司
松堡王国	深圳市森堡家俬有限公司
四季缤纷	天苑家具有限公司
七彩年华	香港锦发家俬制造厂
金色少年	美亨家具（香港）发展有限公司
欧亚达	武汉欧亚达家具有限公司
青春乐园	金宝丽家具有限公司
梦幻年华	意大利金富雅（香港）家具集团有限公司
未来之窗	深圳鸿运来实业有限公司

华腾龙	深圳市华腾龙红木工艺家具有限公司
友联	深圳友联工艺家俬厂
美联	深圳市艺美联家俬实业有限公司
清艺	广西柳州市清艺家俬有限责任公司
丽星	丽星实业有限公司
美梦思	广东美梦思床具有限公司
穗宝	穗宝集团
晚安	湖南晚安床具实业有限公司
圆方圆	深圳圆方圆实业发展有限公司
芬特思	宗肯(上海)国际贸易公司
蕾丝	深圳市八一田实业发展有限公司
城市之窗	东莞市城市之窗家具有限公司
健威	江门健威家具装饰有限公司
联合欧陆	联合欧陆家具(深圳)有限公司
艾迪·芳斯	永泰丰家具(深圳)有限公司
迪诺雅	深圳市仁豪家具有限公司
标致	北京市标致家具有限公司
雅仕达	雅仕达家具集团有限公司
康耐登	香港康升集团
富得宝	浙江富得宝家具有限公司
集美组	广州市集美组室内设计工程有限公司
三环	浙江三环家具有限公司
海狼	深圳长江家具制造厂
新锐士	深圳市兴利欧瑞家具有限公司
华鹤	华鹤集团
华丰	大连华丰家具有限公司
双叶	双叶家具实业有限公司
嘉豪何室	深圳嘉豪何室实业有限公司
富邦	富邦(香港)家具实业有限公司
南方	成都南方家具有限公司
普瑞斯	深圳格调家俬制品厂
奥凯门	奥凯门家具有限公司
震旦	震旦集团
泰豪	泰豪盛业家具有限公司
福晟	成都市福晟家具有限责任公司
藤之杰	东莞市建益实业有限公司
翡翠	香港翡翠藤器有限公司
喜家喜	香港喜家喜家具国际集团有限公司

(信息来源:金羊网 2005 年 3 月 15 日)

四、快乐购物篇

◎榜一、2004 世界十大购物天堂◎

如果你是一个喜欢放松心情、愿意追赶时尚潮流的人,那么你不妨参考我们为你排出的“十大购物天堂”,在尽情游玩的同时也感受一下购物天堂为出行增添的惬意。

1.购物天堂第一站——中国香港

很多人去香港,目的就是为了购物。去推开一间间名店的门,在那里,几乎可以找到各大名品在香港甚至亚洲的旗舰店。当你一头扎进那个活色生香的世界,和那些所有美丽的物质,来一次倾城之恋时,在离开的时候记得告诉自己:彼此放手,永不纠缠。

物价指数:★★★★★

购物推荐:★★

时尚亮点:★★★★☆

游玩指数:★★★★★

香港夜景

2.购物天堂第二站——法国巴黎

热爱生活的女人或男人,都适合前往欧洲“深造”。“深造”的必修课是在巴黎和米兰,这里是世界时尚的荟萃之所,所有熟悉的不熟悉的、国际顶尖品牌云集此地，灿烂而精彩。巴黎的名店街于当地人，仅是日常生活的一部分，名牌商品的气味和色调以及精美多变的橱窗即是人们散步或聊天的背景。无怪乎，前去游览的时尚男女们艳羡得眼睛里淌出口水来……

物价指数：★★★★☆

购物推荐：★★☆

时尚亮点：★★★★★

游玩指数：★★★★★

3.购物天堂第三站——中国上海

上海，素有"东方巴黎"、"购物天堂"之美称，这个国际性大都市，留给我们的是现代、奢华。它城市格局的小，与辉煌气派的大形成鲜明的对比，到了上海除了欣赏大都市的风光外，就是去疯狂地购物一番了……

物价指数：★★★☆

购物推荐：★★★

时尚亮点：★★★★

游玩指数：★★★★

4.购物天堂第四站——意大利

在意大利购物不同于香港，它不只是合算地买到名牌，简单地说，在意大利最值得放血的是世界名牌，没听过牌子的当地男女时装尤其是男衬衫领带，精工细作，独到典雅，当然还有手工制作的鞋……

物价指数：★★★★

购物推荐：★★★

时尚亮点：★★★★☆

游玩指数：★★★★

5.购物天堂第五站——新加坡

到了新加坡，在享受优美舒适的自然环境的同时，不要忘记它还有购物天堂的美誉，各种琳琅满目的物品应有尽有，只有想不到，没有买不到。在这里，你可能看到来自欧洲的设计者的标签与亚洲各国的动费单。来，一起享受多元化的购物情趣吧！

物价指数：★★★★

购物推荐：★★★★

时尚亮点：★★★★☆

6.购物天堂第六站——韩国汉城

最喜欢看韩剧，最追逐"韩流"，一起去汉城购物吧……在汉城购物，主要有南大门、东大门、黎泰院、明洞等市场。最经济实惠的购物方法就是去免税店购物。在汉城，免税商品一般在市区的第一流大饭店和免税店出售，所出售的货品与价格各店略有不同。

物价指数：★★★

购物推荐：★★★★☆

时尚亮点：★★★☆

游玩指数：★★★

7.购物天堂第七站——日本东京

日本的东京已经成为了亚洲潮流的最尖端，无论是日本的电器、日剧、音乐、时装还是漫画，都在浸染着我们的生活。随着日本游的开放、价格的降低，到东京旅游的人陡然飙升，而大家的目的似乎也离不开购物的大前提。东京的物价非常贵，一碗最普通的面也需要七八十元人民币。但与高物价相比，其许多中档价位的衣饰，从价格、品质比来看，就非常物超所值了。

物价指数：★★★

购物推荐：★★★★☆

时尚亮点：★★★

游玩指数：★★★★

8.购物天堂第八站——泰国曼谷

曼谷原意"天使之城"，在此不仅可以感受到"佛庙之都"的文化气息，还可以领略到亚洲最便宜购物天堂给你带来的惊喜，除了国际名牌外，还有泰国本土的优秀品牌，流行与品质算是一流。所以来到曼谷千万别被闷热的热带气候给吓退，因为这样会丧失你Shopping的好机会。

物价指数：★★

购物推荐：★★★★★

时尚亮点：★★☆

游玩指数：★★★★

9.购物天堂第九站——美国纽约

"方便"是使人乐于在纽约买东西的另一主要因素。纽约不但什么东西都买得到，选择还胜过洛杉矶和芝加哥，纽约的公共交通网络也远比这些地方方便（整天通用的车票只是四美元）。在这里，你不但可以利用公共交通工具穿梭于各购物区，而且纽约街道以编号命名的独特系统始终妙不可言。只要有门牌号码，你就可以借着这个系统找到你要找的每间店。

物价指数：★★★★☆

购物推荐：★★

时尚亮点：★★★★☆

游玩指数：★★★★

10.购物天堂第十站——马来西亚吉隆坡

无论是现代购物商场，古雅小店还是喧闹的夜市，都有空调设备，而且商品各具特色。吉隆坡是购物天堂，价廉物美，货品包罗万象，从东方艺术品和古董，到当地手工艺品，名牌时装、皮鞋、手袋、皮革、照相机、摄影器材、电器和电子产品，应有尽有，喜爱购物人士会获得很大满足感，让游人领略到与众不同的购物经验。

物价指数：★★★

购物推荐：★★★

时尚亮点：★★★☆

游玩指数：★★★★☆

（信息来源：世界商旅网 2004 年 12 月 8 日）

备注：本次 2004 年"世界十大购物天堂"排行榜是由世界领先的商务杂志《世界经理人周刊》和世界最大的商务门户 ICXO.COM（世界经理人网站）以及世界商旅网共同编制而成。本次排行榜采用以下 4 个指标：物价指数、购物推荐、时尚亮点、游玩指数进行综合测评，最后有 10 个城市脱颖而出。

◎榜二、2004 网民推荐十大购物网站◎

目前国内有很多大大小小的购物网站,而知名度高、实力强、运作规范的网站往往能带来更多人气。下面是网民推荐的十大购物网站,它们各具特色,你可以根据自己的需求来选择。

1.卓越网(www.joyo.com)

以提供精品图书及光盘制品为主的著名购物网站,以丰富的产品线和优良的服务著称,打折活动频繁,显示出卓越的市场运作能力。

2.当当网(www.dangdang.com)

国内著名的中文网上书店,提供 20 多万种中文图书及超过 1 万种的音像商品,在同类网站中以品类齐全为特色。

3.18900 手机网(www.18900.com)

这是网上最大的手机销售站了,在北京、上海、广州、深圳、天津、青岛六大城市,该网站可以提供上门的售后服务,服务质量应该是很好的,否则手机这样的产品很难在网上卖。

4.易趣(www.eachnet.com)

老牌的 C2C(消费者与消费者之间的电子商务)交易网站,人气特别旺,所以交易量非常大。网民之间交易的信息是在网上交流的,但最终交易的完成是网民在线下完成的。尽管网站提供了网民之间对交易信誉的相互评级制度,但网民交易的可信度和安全性,仍是易趣面对的最大难题。

5.搜易得(www.soit.com.cn)

专注于数码类商品及笔记本电脑等 IT 产品,一年来发展非常快,人气也越来越高,已经成为该领域内最专业的网站。由于销售的商品比较昂贵,该网站与消协采用"先行赔付"的方式来保证用户的利益。

6.贝塔斯曼在线(www.bol.com.cn)

背后是贝塔斯曼书友会的强大支持,当然错不了。作为一家在上海设立的网站,其风格与卓越和当当有很大不同,定位是"提供最新最全的图书音像等文化产品服务"。

7.八佰拜(www.800buy.com)

国内领先的时尚礼品销售网站,配合每个节日,该网站都会推出一些营销措施,针对该节日的特色,为用户策划相关的礼品。作为专门"送礼"的网站,其售后服务很到位,但配送是交给邮政系统来做的,有时候无法保证,所以预订要赶早。

8.中国票务在线(www.piao.com.cn)

买票并非消费者的最终目的,关键是享受票据之后的相关服务,比如电影、演出。网站在售票的同时,会给访问者提供丰富的演出信息等资讯服务。

9.云网(www.cncard.com)

这可能是最能体现"电子商务"理念的网站,该网站卖几乎所有的数字卡,基本在网上垄断了这个市场。用户利用网上银行卡划账,而所购买的卡号和密码是直接发送到用户邮箱中的,避免了配送环节的诸多问题,在网上就能完成"一手交钱一手交货"的全部交易流程。

10.时代珠峰(www.my8848.net)

采用"网上商业街"的模式,给渠道商家搭建销售的网络平台,用户在这样的网站上购物,最好先了解一下提供商品的商家以前的信誉如何,my8848.net 不能提供网上出售商品的质量和服务保证。

(信息来源:《经济日报》2004 年 4 月 1 日)

◎榜三、2004 最佳产品◎

2004 年已经过去了,在这一年中诞生过无数经典的科技产品,有的可以帮助您在工作中提高效率,有的可以为您在休闲的时光带来美好的享受。下面就让我们一起来欣赏由商业周刊杂志社评选出的 2004 年度最佳产品。

1.音乐太阳镜

名称:Oakley

此款产品将太阳镜与耳机进行了紧密的结合,用户可以通过眼镜后边设置的高达 256MB 的高容量数字音乐播放器随时随地收听音乐节目,而此款眼镜也可以接受到多达 120 个频道的广播节目。用户还可以在不使用的情况下轻易的将耳机折叠进眼镜当中,从而节省了空间。售价大约是 495 美元。

2.Moving Music

产品名称:Roku SoundBridge

SoundBridge 凭借优雅的外观设计得到了用户的首肯。用户通过它可随时欣赏存在 PC(个人电脑)中的数字音乐。目前上市的产品分为两种型号,他们仅仅在外观上有所不同,与此同时此款产品还支持有线无线两种连接方式,并且能提供立体声的高质量音频信号。售价大约是 250 美元。

3.手机助听器

产品名称:Aliph Jawbone Headset

是否经常被吵闹的环境搞得不能接听电话?现在不用担心了,Aliph Jawbone headset 手机助听器安装有两个微型麦克风,其中之一接受用户发出的语音信号,而另一个可以自动过滤掉环境中的杂音,从而做到随心所欲自由通话。目前的售价大约为 150 美元。

4.激光灯水平尺

产品名称:Ryobi AIRgrip

此款产品通过真空的方式直接连接到需要安装的位置,而发射出的激光可以在30米之内被观察到，并且可以自由旋转90度。目前售价大约是40美元。

5.摩托车

产品名称：2004本田CRF250X

本田的此款摩托车完全符合全美环境保护标准，因此用户可以驾驶它畅游全国而畅通无阻。目前售价为5999美元。

6.数码相机

产品名称：惠普 Photosmart R707

510万像素使得用户从此之后不用再遭受图像清晰度不够的困扰。而本产品对于对比度的高超表现能力也完全可以满足大部分用户的需求。另外R707还提供了即时修改照片中的红眼效果的功能，从而为用户节省了电脑中修改的时间。目前售价大约是300美元，存储卡售价为70美元。

7.衣物烘干箱

产品名称：Maytag Neptune

用户可以利用此款产品快速烘干衣物，并且本产品还加入了自动加热防皱的特性，因此可谓居家主妇的得意助手。目前售价为1200美元。

8.手机

产品名称：摩托罗拉 Razr V3

所想即所得。此款产品几乎集合了市场上手机产品的一切新功能，从数字摄像头到MP3播放器。而仅仅半英尺(15.24厘米)的超薄设计也让它看上去十分前卫，目前其也是市场上厚度最小的手机产品。另一方面手机中整合了最先进的3D图形技术，因此拥有摩托罗拉此款手机产品的用户可谓声色兼收。目前的售价大约是500美元。

9.敞篷跑车

产品名称：MINI Cooper

可爱的外形，动感的设计，拥有它您就拥有了梦幻一般的周末。目前售价大约为24950美元。

10.手指型牙刷

产品名称：Oral-B Brush-Ups

是否还在为午餐的食物残留在牙齿中而感到难受。现在拥有了可以随身携带的手指型牙刷 Oral-B Brush-Ups 一切烦恼将会烟消云散。此款产品中整合了所需要的牙膏。目前的售价大约是2.49美元一包，包括12支单独的牙刷产品。

11.汽车卫星定位系统

产品名称：Delphi MyFi

司机同志将不再因为找不到自己所在的位置而头疼，因为汽车卫星定位系统可以帮助他们随时随地的清楚自己所在的准确位置。目前的售价为350美元，而XM服务费用为每个月10美元。

12.娱乐健身器

产品名称：Flybar 1200

Flybar 1200可以帮助用户比以往任何时候跳得都高，而享受这种飞翔的感觉您只需花费300美元。

13.多功能手机

产品名称：RIM BlackBerry 7100

BlackBerry公司一直以来都处于一种尴尬的地位，其生产的手机产品因为过于注重电子邮件功能而呈现出一种四不像的局面。不过在与T移动公司进行了商谈之后，其终于在最近一款产品中作出了改进，7100极大地降低了产品的体积。而方便的键盘设计相信也会得到诸多用户的好感。目前售价为200美元。

14.汽车

产品名称：克莱斯勒300C

凭借340马力的Hemi V-8发动机，克莱斯勒300C为用户带来更为稳重的乘坐感觉，并且出众的性能保证了其在任何路况下的良好表现，从而很好地演绎了SUV汽车的新神话。目前的售价大约是32870美元。

15.纪念手镯

产品名称：阿姆斯特朗纪念手镯

凭借个人坚强的意志，阿姆斯特朗在身患癌症的情境下四次勇夺环法自行车赛冠军，从而成为了人们谈论的英雄人物。而印有他的名字的黄色手镯也成为了众多崇拜者所推崇的纪念品。目前的售价大约是1美元。

16.SUV 轿车

产品名称：福特 Escape 多功能 SUV

随着对环境的重视，福特公司推出了首款电气混合能源SUV汽车产品。而用户从此以后可以不再因为污染环境而感到内疚。而四驱模式的油耗大约是33mpg，这比传统的Escape系列汽车要节约了一半左右。此款产品在低于25 mph速度行驶的情况下将会自动转换到电力驱动模式，这也意味着用户不会再因为没有汽油而饱受推车的痛苦。目前的售价大约是26970美元。

17.手电

产品名称：多平台电池手电

此款产品可以支持市面上一切的电池型号，这也避免了用户因为找不到合适型号电池而不得不在黑暗中摸索的尴尬局面。目前的售价大约是12美元。

18.高尔夫球杆

产品名称：rMade r7 Quad Driver

此款产品的头部整合了四颗可以调整的螺丝，通过对其的调整用户可以改变球杆的重心，从而应对遇到的不同局面。目前售价大约是499美元。

19.唱片 CD，DVD

产品名称：DualDisc Music CDs

随着DVD的出现，各大音响制品制造商又有了一个全新的点子，他们制造了一种两面的DualDisc产品：一面为CD音乐，而另一面中存储了DVD电影内容。目前售价大约是12美元到18美元。

20.个人电脑

产品名称：苹果 iMac G5 Computer

苹果iMac G5电脑采用了整合的

概念，将机身完全整合到了平面显示器当中。而IBM生产的G5芯片处理器的超高性能，以及80GB超大容量的硬盘，也让G5产品在性能表现方面令人满意。目前十七英寸显示器版本的产品售价大约是1299美元，二十英寸版本的是1899美元。

21.手机

产品名称：索尼爱立信S710a

刚刚看到此款产品的时候，任何人都会因为其2.3英寸的超大屏幕而感到惊奇。而其中整合的高达130万像素的数码摄像头产品也让其在图像表现方面占据了业界的绝对领先地位。另一方面手机软件中整合的电子邮件以及网络浏览器也处处显示出产品的卓尔不凡。目前的售价大约是500美元。

22.汽车清洗设备

产品名称：Mr.Clean AutoDry

此款产品可以在完全不损害汽车外观的情况下，快速有效的对汽车进行清洗和清洁。售价大约是20美元。

23.瓶装啤酒

产品名称：Iron City Beer

此款啤酒产品采用了铝制包装，从而提高了冷却速度，并且延长了保存时间。而金属外壳的光泽感也刺激了用户饮用的欲望。可以说铝包装的啤酒产品完全可以称得上安全、保质、美观。

（信息来源：《商业周刊》）

◎榜四、2004四大价格影响百姓生活◎

居民消费价格、生产资料价格、利率、汇率这四大价格在2004年的走势，成为国内外人士的关注焦点。盘点过去一年的价格形势，剖析当下价格变数，不难窥见2005年中国经济和百姓生活的前景。

1.居民消费价格：仍然存在上涨压力

据国家发展和改革委员会预测，2004年全年居民消费价格上涨4%左右，创下1997年以来的最高纪录。

粮价大幅上涨成为推动居民消费价格上涨的主要和直接因素。而粮价的上涨是粮食供求关系逆转的必然结果，带有恢复性质。应当看到，2005年气候因素还不确定，粮食价格仍然存在变数。2005年将继续实行粮食最低价收购政策，既要防止粮价下跌，也要防止粮价暴涨，保持粮食价格在合理水平上的基本稳定。

在粮价趋稳的同时，公用事业和服务类价格的上涨压力不断增大。专家认为，这可能成为推动2005年居民消费价格上涨的主要因素。

一方面是水资源短缺、电力供应紧张，另一方面是历史形成的低廉的居民生活用水、用电价格，公用事业长期积累下来的价格矛盾，必然要适度疏导。发改委有关人士说，出台公用事业价格改革方案，必须把握好时机和节奏，妥善处理好价格改革与群众承受能力的关系。

2.生产资料价格：可能"感染"百姓生活

生产资料价格的上涨已持续两年，而且比居民消费价格涨幅更大。

专家分析，2005年世界经济形势看好，国际市场价格仍将继续走高，可能通过成本输入影响我国市场价格。这些都是促使2005年我国价格总体水平可能上升的因素。

发改委价格司有关负责人指出，上游能源、原材料价格持续高位运行，对下游产品的成本推升的压力逐步加大。最近一段时间，浙江等地家电产品开始涨价，说明生产资料涨价传递到居民消费价格的过程正在发生。种种迹象表明，2005年成本推动价格上涨的压力明显增大，影响价格总体水平的不确定因素更加复杂，对此不能掉以轻心。

3.利率杠杆：四两能否拨动千斤

中国人民银行2004年10月28日宣布银行加息，结束了存贷款利率长达9年的持续下行。这轮加息冲击波，震动了国内外金融市场，也标志着中国政府将采用更加市场化的手段调控过热经济。

不过，对此次加息能否起到应有效果，经济学界却存在不同看法。

事实上，此次加息给人们带来的更多是心理上的冲击。加息后，人民银行对2万份城镇储户进行调查显示，城镇居民生活已呈现出"储蓄意愿增强、买房热情不减、对物价走势看涨"等相关新特征。宏观调控今后存在的变数，是利率再次变动预期的主要依据。

4.人民币汇率：如何减轻升值压力

由于美元在国际金融市场上一再贬值，加上我国实行人民币挂靠美元的汇率政策，人民币也相对贬值。从贸易等方面考虑，国际上存在要求人民币升值的压力。而更为重要的是，国际投机性资本等各种资金涌入，造成我国外汇占款过多，基础货币供应量不断增加，外汇储备高居不下，这构成了人民币升值最直接的压力。

尤其在银行加息后，新一轮人民币升值预期又卷土重来。

人民币汇率要不要调，怎么调，将最终取决于我国宏观经济运行态势和世界经济金融的变动因素，取决于我国经济能否承受汇率波动带来的最大后果和周密科学的方案，这也涉及一个时机选择和配套改革的问题。可以相信，人民币汇率是否变动，这在2005年宏观调控中将成为至关重要的一环。

（信息来源：人民网2005年1月10日）

五、投资消费篇

◎榜一、2004 中国市场十大热门投资◎

资本总是向着利润可观的行业飞奔。对于某些行业来说，大量资本的涌入可以迅速弥补产能的不足，完善产业链条；而对另外一些行业来说，投资过热尤其是盲目的低水平重复建设就不是一件好事。其实，国家从2003年开始就对钢铁、电解铝、水泥等行业提出了投资过热的警示，但是，在2004年，这些行业的投资热潮仍未回复理性。2004年一季度，钢铁、水泥、电解铝3个行业的投资速度分别增长了107.2%、101.4%和39.9%。现在，经过半年的调控努力，这些行业的投资幅度终于开始大幅回落。

1.房地产——泡沫之争搅人心

2004年，对于房地产业来说，真是热闹非凡，泡沫之争将政府部门、研究机构、房地产商以及消费者统统卷了进来。有网友把最近各方对于房产泡沫的争论总结了一下，主要为两大对立的观点：即否认和承认房地产存在泡沫。

否认房地产业存在泡沫的人士算了这样一笔账：世界银行研究表明，人均GDP达到300美元时，住宅产业开始起步；在600-800美元时，住宅业就会进入高速发展期；到1300美元时，进入稳定的快速增长期；到8000美元左右，就进入住宅业平稳发展期。人均GDP超过13000美元时，住宅业就会开始衰退。而我国在2003年底人均GDP为1090美元。这说明中国在理论上应该处于一个住宅业高速发展期。2003年我国城镇人均住宅建筑面积据统计为23.67平方米，如果到2020年，每人增加建筑面积10平方米，那么到2020年共需要新增建筑面积138亿平方米。就是说，从2004年到2020年这16年平均每年需要建筑住房8.6亿平方米。这个数字显示我国房地产市场的空间还非常大。而随着国民收入水平的提高，人口的自然增长，人们以旧房换新房的增多等，都会产生巨大的住房需求。

而认为房地产业存在泡沫的人士则持这样的观点：承认房地产业市场需求巨大，并不能否认房地产业目前存在的严重的结构性问题。房地产的产品本身，就是说中、高、低档的产品跟有购买力的需求即现实购买力之间是有差距的。从相对成熟的市场看，房地产按揭的贷款数量，占工资收入水平的比例是有一个限制的。我国从工资收入水平讲，跟能够贷到的按揭贷款之间是有距离的。随着收入水平的提高和经济的发展，对中高档住房的需求会不断增多。另外，财富的流动和集中会使部分大城市的住房需求突出地增多。这些发展趋势跟投资供给的趋势是否吻合，有待观察。如果现在把较多的资金投资到中高档住房开发中去，使未来中高档住房供给超过购买力的支付水平，就会造成供求结构失衡。如果需求与供给不平衡，房地产业就会出现泡沫。

点评：数据显示，北京的家庭债务比例高达122%，高出美国的115%；上海的这个比例甚至已经达到155%。研究表明，住房消费信贷是造成大城市家庭负债比例过高的主要原因。有网友算了这样一笔账：在上海浦东花木路一带的二手房，卖到10000元/平方米。假如在这里拥有一套小一点的两房一厅，得要100万元——假如是个农民，一个人一年最多也就挣1000元，得不吃不喝地耕种1000年；假如是个工人，一个月拿800元，一分钱不花，得连续工作100年；假如是个公务员，月薪2500元，得熬上33年……

2.钢铁投资——我们需要拳头企业

近年来，由于中国工业化、城镇化进程不断加快，对钢材的需求量迅速增加，从而刺激钢铁工业出现了新一轮的投资热潮。据国家发改委预计，到2005年底，中国将形成钢生产能力3.3亿吨/年，已能满足2010年的市场需求。国家发改委新闻发言人说：钢铁工业投资已超前5年，说明中国钢铁工业能力近年增长过快，已经出现了严重的投资过热。这位发言人说，产能过快增长，导致矿山滥采乱挖，资源生态环境遭到破坏，污染物排放等问题更是突出。近年新建钢铁项目的资金中有相当部分来源于银行贷款。一旦市场需求发生变化，产品价格下跌，将导致企业效益下降甚至倒闭，从而形成新的银行不良资产，并可能引发较大范围的下岗失业，形成新的不稳定因素。“能否有效遏制钢铁等行业过度投资，是当前宏观调控的突出重要任务”。

在我国钢铁业繁荣的背后，却是生产结构与消费结构之间存在较大偏差。其表现在线材、中小型钢材等严重供过于求，但板材、薄板及不锈钢板每年均需大量进口。高附加值的钢材如家用电器和轿车用镀锌薄板，需求缺口仍很大。在美国，冷轧、热轧钢板等钢铁产品的价格居高不下。目前其价格比2003年初已上涨25%，但涨势依然没有停止。国资委规划发展局秦松撰文称，形成我国钢铁工业的核心企业群已成为必然选择，重组是必要手段。从我国经济发展阶段来看，在未来相当长的一段时间内，将处在工业化的过程之中，我国钢铁工业还有一定的发展空间和优势。为此，应从维护国家经济安全、提高产业竞争力的高度来审视我国钢铁工业的战略定位和结构调整，而不是单纯的"进"、"退"选择。从世界钢铁工业并购重组日益规模化和全球化的竞争态势以及国家控制国内主要钢铁资源的现实来看，推进钢铁工业结构调整、提高企业竞争力具有非常强的现实紧迫性和必要而充分的操作空间。而现阶段的宏观调控，有利于提高产业集中度，有利于培育优势企业。

点评：面对热火朝天的大炼钢铁局面，全国政协副主席、中国企业联合会会长陈锦华发出这样的感慨：宝钢是我国第一个进入世界500强的钢铁企业，中国钢铁业需要多几个宝钢这样的优势企业，走集约化、精品钢生产之路；中国钢铁工业协会常务副会长罗冰生则认为，对钢铁行业的投资要区别对待，不要搞一刀切。他提出了三点意见：一是要坚决反对钢铁行业违法违规、盲目投资、低水平扩大产能的现象；二是对民营企业等投资积极性要予以合理引导和发挥；三是对科技含量高、能耗低、符合钢铁工业结构调整要求的项目要予以支持。

3.水泥——重点发展企业集团

无疑，严格控制行业过度投资已成为水泥行业最大的热点。从2003年出台《关于防止水泥行业盲目投资加快结构调整的若干意见》，到提高固定资产投资项目资本金比例，国务院有关部委的这一系列举措无不在告诉人们，水泥行业投资已经严重过热。2004年，水泥业计划总投资558亿元，同比扩大84.7%。在建项目333个，同比增加121个。2004年新开工项目104个，投资规模105亿元。2004年一季度，水泥行业固定资产投资增长率更是达到了创记录的101.4%，有专家预测，2004年全国将新增水泥产能2.1亿吨。如此高的投资增长率主要是由浙江、江苏和皖南等地区带动的。

水泥行业的投资热并不是孤立的，一些工业领域和行业过度投资，房地产开发的热潮，供过于求，许多企业过多地借贷投入形象工程，成本高而收效低，还有一些地方政府过多投入了某些项目等等，导致钢铁、水泥及其他建筑材料的过分需求。专家们说，中国是全球水泥第一生产大国，但水泥行业很不合理，一方面代表水泥发展方向的新型干法水泥比重很小，90%以上是工艺落后的立窑水泥；另一方面全国现有几千家水泥企业，平均规模只有十几万吨，超千万吨的大型企业仅有安徽海螺集团一家，百万吨以上的也不过几十个企业。

目前，国家已明确提出"上大改小"的方针，明令淘汰小型立窑水泥，大力发展新型干法水泥，重点支持大企业、大集团的发展。据悉，安徽海螺集团2003年生产能力达到1500万吨，"十五"期间将形成3000万吨的规模；济南山水集团把"十五"目标定位在年产1500万吨以上；河北冀东、吉林亚泰、湖北华新等水泥集团都提出了年产1000万吨的生产目标。

点评：宏观调控政策实施后，水泥行业一方面新建项目被叫停或缓建，另一方面行业发展所需资金也受到了严格控制，水泥行业固定资产投资大幅下降。2004年1–5月，水泥业固定资产投资从101.4%下降到55.3%；全国水泥总产量3.4亿吨，增速明显放慢。由于政策的压力，水泥企业不仅大部分新项目投资得不到批准，流动资金贷款也受到影响。

水泥调控政策对新型干法水泥、特别是2000吨/年（东部4000吨/年）以上的新型干法熟料生产线给予鼓励，对污染大、能耗高的立窑和湿法窑等进行限制，大多数上市公司将从中获益。因为，水泥上市公司在规模和技术上居行业前列，有较强的行业代表性，其在建或拟建的项目基本上不在禁止和限制之列，控制水泥行业产能的无序扩展、制止低水平重复建设，将加速水泥行业结构调整的进程，提高行业集中度，从产能控制和销售市场两个渠道为大公司做大做强创造有利的经营环境。

4.电解铝——投资过热已基本控制

铝业的生产链条大致如下：铝矿开采—氧化铝—电解铝—各种铝制品。目前电解铝行业全国共有140多家企业，其中民营资本占半壁江山；而氧化铝行业，全国则只有一家企业——中国铝业股份有限公司。它是当今全球第二大氧化铝生产商，控制着上游的原材料。据初步统计，目前在建、拟建氧化铝项目产能达到2000万吨，相当于中铝目前产量的3倍。除东方希望集团刘永行在三门峡的氧化铝项目，还有南山集团的山东省氧化铝项目、锦江集团一期工程40万吨氧化铝项目（2003年9月开工）等。

在国家宏观调控政策和市场调节的双重作用下，电解铝行业投资过度的势头已得到基本控制。为抑制电解铝行业投资过热的势头，国家有关部门出台了强有力的调控措施。2004年4月27日，国务院发出通知，决定将电解铝固定资产投资项目资本金比例由20%及以上提高到35%及以上。据香港《文汇报》报道，中国电解铝行业的投资增长过热局面已得到基本控制。权威部门此前认为，按现在的发展趋势，到2005年中国将至少形成1000万吨电解铝生产能力，远高于600万吨的需求预测。与此同时，作为高能耗行业，每吨电解铝需消耗1.5万度电，2003年全社会用电量中有4%用于电解铝生产。电解铝过度投资使本已紧张的能源供应雪上加霜。

点评：与房地产业不同，宏观调控

政策在电解铝行业立竿见影，铝价从近几年来的高点开始了下跌行情，随着价格的不断下跌，其目前已经跌破了国内铝厂的平均成本价。随之而来的就是在价格下跌后我们听到的越来越多的铝厂减产或者停产的消息。由此我们可以预计，铝行业的“洗牌”已经悄然降临。至于现有电解铝企业如何在洗牌阵痛中保存实力，有专家指出：惜售不可能改变价格的下跌趋势；期货交易可作为规避价格下跌风险的一种经营手段。

5.地铁——谁该为你买单

地铁，作为缓解大中城市地面交通压力的有效工具，正在成为各地政府投资的热点。“十五”期间，中国各地将斥资2000亿元用于地铁建设。正在修建的地铁项目投资额已经超过了1000亿元，再加上准备修建的，总投资额将超过2000亿元。地铁带来的效益更多是公益性的，如：改善城市的交通条件和投资环境，带动沿线房地产的开发，促进城市经济的发展等，所以，全国各地掀起了地铁建设热潮；同时，地铁高昂的造价和维护费用而造成的亏损也是世界性难题。原因很简单，修地铁造价很高，而地铁本身是公益设施，票价由政府来定。因此，关于地铁投资体制的探讨就成为焦点问题。

目前，比较一致的批评意见集中于以下三个方面：一是地铁投资过热，各地呈现一哄而上之势，由此带来的资金短缺和安全隐患十分突出；二是地铁投资成本太高，政府应该选择成本较低的公共交通设施；三是地铁运营一直出现巨额亏损，投资商看不到经济效益，政府背上沉重的财政负担。由上述3种批评意见，专家学者和有识之士所得出的一个近乎一致的结论是：中国地铁建设应当“刹车”或“降温”。陈志俊、柯荣住、丁利在给《21世纪经济报道》撰写的文章中指出：对于地铁的投资和营运方而言，造成这种亏损的根本原因是地铁作为一种公共交通设施（经济学中称为公共物品），其投资建设方无法将地铁给整个城市发展带来的效益（外部效应）内生化。换言之，地铁项目给整个城市带来了效益，但是投资方无法让所有的受益者（全体市民）为此支付相应的成本。由于没有人为地铁给整个城市带来的效益买单，必然使得地铁运营长期处于亏损状态，并且无法收回投资。此外，现行的地铁运营体制使得运营商处于绝对的垄断地位，必然导致运营效率低下，进一步增加了地铁运营的亏损。

点评：发达国家大部分中型以上城市都具备了完备的城市地铁网络，这一事实就足以说明地铁建设在城市发展中不可替代的重要地位。所以，尽管地铁建设的投资成本较高，但是相比较它所带来的巨大社会福利，从城市长远发展战略的选择，我们都不应当减缓地铁建设的速度，更不用说放弃地铁而选择其他的城市交通方式。

6.公路建设——一路畅通

2004年7月底，国家下达了2004年西部地区县际公路投资计划，甘肃省总投资13.33亿元人民币的37个项目列入其中；2004年9月23日，青海省预计2004年完成公路建设投资将达到40亿元，此前已经集中建设了一批对全省经济和社会发展有重大影响的交通基础设施，被誉为高原千里文明通道；2004年1-8月，陕西省公路建设累计完成投资105.81亿元，完成年度计划的70.54%，比去年同期增长20.29%；从2004年到2007年，内蒙古呼和浩特公路投资要达到30亿元。公路建设投资的快速增长，为国民经济增长做出了突出的贡献。同时，由于公路行业大量使用中低收入工人和农村劳动力，提高了中低收入者和部分农村居民的收入水平，对缓解就业压力、创造就业机会、促进消费增长起到了积极作用。

点评：“要想富，先修路”，最早提出这句口号的山东省已经尝到交通发达带来的好处，并让其他兄弟省份羡慕不已。的确，公路在地区经济发展中发挥着巨大作用。正因如此，公路建设成为国债投资的重要内容。据交通部副部长张春贤介绍，4年来，公路建设累计投入国债资金693亿元，占同期全国国债资金发行总量的13.6%，共安排公路建设项目1014个，项目投资总规模达6431亿元，建设总里程8.42万公里，其中高速公路约1.46万公里。公路建设已经成为经济发展的助推器。

7.家电投资——把握良机

中国的家电业是竞争最为充分的行业，也是最不惧怕入世冲击的行业。中国家电协会副秘书长徐东生分析认为，中国已经成为全球家电生产制造基地，家电产品出口逐年递增，国外市场极其巨大。从国际上来看，在经济全球化的背景下，制造业发展到今天，中国的家电业在国际市场上已经有明显的成本优势，具有良好的国际地位，出口已经成为推动这个行业稳定增长的重要动力。而且大量的跨国公司在中国采购，这些都为中国家电行业提供了良好的国际环境，这是中国家电行业发展的良机。

同时，我国“城镇化”进程的加速将对家电需求产生拉动作用。据国家统计局统计分析，2002年和2003年全国平均每百户城镇居民电冰箱拥有量为87.4%、88.7%，而农村每百户居民电冰箱拥有量为14.8%、15.9%；2002年和2003年全国平均每百户城镇居民彩电拥有量为126.4%、130.5%，而农村每百户居民彩电拥有量为60.4%、67.8%。近7年来新增的城镇人口数量稳定在2150万左右，随着“三农”问题解决力度的加大和户口政策的改革，“城镇化”的趋势将进一步加强，由这种“城镇化”消费升级带来的家电需求将持续增长；农村居民收入水平已经进入了支持家电普及率快速提升的阶段，每百户农村居民拥有彩电数量有可能在未来3-5年快速增长到100台以上，由此带来的需求总额约为7500万台，我们相信在冰箱消费方面也存在类似的状况。

此外，作为家电产品中的主力，我国彩电也开始进入数字时代，由此带来的“平板高潮”将释放巨大商机。因此，国内外家电巨头纷纷在扩大产能。

点评：从国内市场上来看，虽然前几年通货紧缩，家电价格有所下降，但目前总体经济环境看好：在城镇，老家电已进入更新阶段；在农村，农村城镇化发展较快，加上家电价格下降也为农村市场的扩大提供了现实的可能性。另外，农村电网改造，为家用电器的使用提供了客观条件，这也有利于开拓农村市场。所以我国家电企业的生存发展环境是有利的，产量有了大幅度提高。从这个行业的未来前景来看，我国作为低成本家电制造中心的地位至少在10年内不会动摇，而且我国国内经济发展态势良好，所以家电业未来的前景值得乐观。

8.媒体投资——乱花渐欲迷人眼

媒体赚钱的原理其实很简单，就是所谓的“二次出售”，即：将好的内容卖给读者或观众，再将读者或观众“卖”给广告主，媒体最终的收入来源还是广告。据统计，我国传媒业的广告收入在最近10年增长了近20倍，达到800亿元，10年内平均增长速度为35%，比同期GDP增速快4倍多。预计今后若干年内，我国的传媒广告收入仍能保持10%-15%的年均增幅。然而，随着媒体竞争的加剧，媒体市场份额呈现集中化趋势，后来者虎口抢食的难度在加大。此外，随着媒体投资热的升温，竞争者队伍的扩张，在一些人们熟知的媒体市场上（如以都市报为代表的大众化综合报纸），媒体产业既往的高赢利水平有逐渐走低的平均化趋势。这块曾经产生过暴利的“大饼”正在被逐步摊薄，如果没有传播模式的创新和细分市场的进一步开拓，过去的所谓“暴利”就会回归“薄利”。

不过，也有业内人士指出，未来两年最大的传媒投资热点是报刊发行市场。报刊发行已经有了政策保障。据测算，2003年全国报刊发行的市场规模是300亿元，包括报社或者杂志社的收入和发行渠道的收入。这一数额已经超过了全国报刊广告的总和。市场大，风险小，加之报刊发行服务存在很大的改善余地，报刊发行在2004年、2005年将会有资金大规模介入。如果说传统传媒稳定增长的话，那么新媒体将会超常发展，从而引领国内媒体的上升态势，尤其是手机短信。2003年手机短信市场达到62亿元，已超过国内电影票房、期刊广告和广播广告的总和。手机短信市场在未来几年里将是所有媒体中增长最快的一个领域。

点评：进入21世纪，媒体与资本之间从一开始的“互抛媚眼”，发展到“勾肩搭背”。以至于每当琳琅满目的报摊上出现一个“新面孔”，大家总是习惯性地打听一句：谁投的？至于那些欲借资本而图谋改革的报刊就更多。一时间，大批找“壳”的资金和待价而沽的“壳”互相碰撞，讨价还价……借用电视新闻的一句套话，就是：资本与媒体的不断联姻已成为一道靓丽的风景线。

9.煤炭——资源浪费与投资不足并存

目前，煤炭占我国一次能源总量的67%左右。尽管石油、天然气的消费量在迅速增加，但受我国“丰煤少油”资源禀赋的制约，以及煤炭的价格优势作用，使煤炭在我国能源结构中的基础性地位仍然无法动摇。据华夏证券研究所数据显示，由于电力、冶金、建材等高耗煤行业持续快速增长，2004年煤炭需求将增加1.8亿吨左右。据初步估算，GDP每增加1%，对电的需求量将相应增加1.2%，2003年全国电煤的消耗量为8.5亿吨，而2004年这一数字将超过9.3亿吨。由于市场对煤炭的需求量在逐年增加，于是各大煤炭企业开始加紧扩张生产能力，为市场竞争储备资源。其中神华、兖州、大同、山西焦煤等大型企业集团作为第一梯队，都提出在未来几年内将产量增加到5000万吨到1亿吨以上的发展战略，并开始通过各种方式跨越地域限制，到中西部地区建井开矿。这次电荒的根本原因是煤荒，煤炭投资不足，出现煤矿超能力生产，严重影响煤炭供给。为了解决能源瓶颈，国家计划建设10个大型煤炭基地。

同时，我国煤炭生产更注重集约化、规模化，经过兼并重组，大的煤炭集团涌现，行业集中度提高，煤炭价格持续上涨也使煤炭企业效益大幅提升，更容易采用机械化、自动化的先进设备。这将大幅提高对煤炭开采设备、煤炭洗选设备的需求，相关公司面临良好的发展机遇。由于煤炭紧缺，全国各地的小煤窑私挖滥采，造成了巨大的资源浪费，主要表现在：掠夺性开采，采矿秩序混乱。巨额的煤矿安全欠账是我国煤矿投资严重不足的重要表现。目前我国煤矿安全生产欠账约1500亿元。这是我国煤矿事故多发、安全生产形势严峻的根本原因之一。

点评：据中国煤炭工业协会最新数据，2004年1-6月，全国共计生产原煤88248万吨，同比增长15%。简单推算，2004年产煤将接近18亿吨。但是，煤炭经济形势有所好转主要得益于国民经济的快速发展和市场需求的拉动，并不完全是行业自身经济增长方式转变的结果。从整体看，煤炭行业发展的基础仍然十分脆弱，经济运行中的矛盾和问题十分突出：

第一，表现为科技严重落后，影响了煤炭行业的持续发展能力。第二，煤炭资源保障程度低，大型煤炭企业后备资源短缺，目前处于超能力生产时期，投资缺口巨大。煤炭产业集中度低，技术装备落后，结构性矛盾突出，发展后劲明显不足。第三，环境压力日益凸现。

有人担心，若干年后，许多矿区将因煤炭采掘完毕而从目前的“煤都”演变成“废都”。第四，从体制看，缺乏公平竞争的环境。第五，与整个价格体系有关，煤炭企业获得的价格上涨收益不多，中间环节过多享受了涨价收益。第六，行业收益分配水平过低。第七，盲目布局、无序投资问题开始出现。第八，发展不平衡。

以上种种因素表明，煤炭企业的增长潜力正在日益受到极大限制，该行业很可能会成为影响我国国民经济和社会持续快速健康发展的关键瓶颈。

10.汽车——炎夏之后是寒冬

据中汽协会统计，2004 年全国销售汽车 444 万辆，同比增长了 34.21%，成为世界第四大汽车市场，轿车的增长速度，简直令全世界人都目瞪口呆，12 月份竟然增长了 111.48%，全年增幅达到了 75.28%。

（信息来源：阿里巴巴网 2005 年 3 月 23 日）

◎榜二、2004 十大关注热点◎

1.食品安全

吃是人类最基本的需求。2004 年，安徽阜阳劣质奶粉事件、四川彭州毒泡菜、广州假酒中毒事件、陈化粮事件……一系列食品安全问题让人触目惊心。据卫生部公报显示，2004 年第二季度我国重大食物中毒事件激增，卫生部共收到重大食物中毒事故报告 132 起，中毒 4700 人，死亡 97 人，与第一季度相比，报告起数增加了 80.8%，中毒人数增加了 188.5%，死亡人数增加了 64.4%。

食品安全问题在严重危害消费者身体健康的同时，也给民众造成了很大的心理恐慌。“吃什么才安全?”“靠什么来保卫我们的健康?”面对消费者的忧虑，重新树立公众对食品安全的信心已经刻不容缓。

所幸的是，各级政府已经开始着手重点整治食品市场，对那些制售“危险食品”的不法分子将予以更加严厉的惩处。

2.霸王条款

日常消费活动中存在的不平等格式条款，习惯上被人们称为霸王条款，它已经成为侵害消费者合法权益、扰乱社会经济秩序的热点问题，引起了全社会的高度关注。

消费者协会作为消费者权益的维护者，对于霸王条款的声讨可谓不遗余力，不少霸王条款在 2004 年被陆续曝光。

但是，根除霸王条款，单靠消费者“较真”不行，单靠消费者协会也不够。要想把消费者的权益维护好，必须完善相关的法律制度。只有如此，消费者才能真正拥有维护自己合法权益的法律手段，消费者也才敢于依法维权，新闻媒体也才能放手进行舆论监督。如此形成的社会合力，才能从根本上消除现实生活中形形色色的霸王条款。

3.物价上涨

国家信息中心经济预测部的一项统计数据说明，2004 年我国物价的 4 大特点分别为：食品价格上涨特征明显，生产资料价格大涨，房地产价格上涨过猛，新涨价因素的比重明显上升。

2004 年 1–9 月，中国居民消费价格同比上涨 4.1%，涨幅比上年同期提高 3.4 个百分点。从构成居民消费价格指数的 8 大类商品看，食品价格和房地产价格上涨对居民消费物价上涨贡献率高达 90%。其次，各地调整服务价格的意愿很强。从 2004 年 6 月开始，各地上调公共服务价格的措施有所增加，带动了服务价格的上涨。

4.负利率时代

从 2003 年开始，人们注意到一个有趣的现象：国内经济繁荣而利率走低。一方面是自 2003 年 11 月始，消费物价指数（CPI）同比增幅达到 3%，并连续 3 个月保持在 3%以上。另一方面是 1 年期存款利率 1.98%，再扣除 20% 利息税，在当前通胀率水平下，实际利率为负 1.616%，这意味着如果存 1 万元，则全年“亏损”160 元。谁存款，谁亏钱；存的愈多，亏之愈甚——2004 年，我国进入负利率时代。

不少专家分析指出，目前我国经济的增长仍属于投资拉动型，而非消费拉动型。事实上我国股市投资风险大，其他投资渠道少，利息成了国内民众资本收益的最主要来源。如果利率过低一定使得民众的利息收入减少，从而降低他们的消费意愿和能力。

5.拉闸限电

2004 年，全国拉闸限电范围进一步扩大。包括上海、杭州、南京等大城市在内的居民，在告别电力紧张多年之后再次感到拉闸限电之苦。据国家电网公司统计，截至 7 月份，共有 27 个省级电网拉闸限电，仅国家电网公司系统就拉闸限电 80 多万次，电力供应紧张局面进一步加剧，高峰时段电力供需缺口达 2000–3000 万千瓦。

缺电，正成为内地经济发展无法承受之痛；缺电，正成为摆在人们面前的又一场公共危机。

应该说，电荒暴露了我国的电力体制问题。当前的电力缺口固然可以通过加强负荷管理“削峰填谷”加以解决，但此举只能解燃眉之急，如不尽快进行电力体制改革，今后，我国的电力市场还有可能出现更大的短缺。

6.房价上涨

2004 年前 3 个季度我国 35 个大中城市房屋销售价格持续上涨，全国商品房平均销售价格为 2777 元 / 平方米，同比提高 13%，部分城市房价上涨幅度超过 20%。

一方面房价在不断上涨，另一方面符合百姓购买力的经济适用房供应明显不足。一个健康有序的房地产市场必然要满足大众的需要，然而少数人买得起的房子源源不断，多数人只能望洋兴叹，这种现象显然和建立健康有序的房地产市场的愿望相悖。

城市房价的不断爬升，终于再次拉响了让人触目惊心的房价警报。浙江省统计局公布的一份研究报告发出预警说，目前浙江省房地产已经膨胀，并进入警戒区，若任其发展，楼市泡沫随时可能破裂。摩根斯坦利首席经济学家谢国忠更是直接指出，中国内地房地产泡沫正处于“破裂的前夜”。

7.汽车降价

现在消费者买车已经不算是一件难事了，这一切归功于汽车价格的不断减低。有统计显示，在前半年时间中，平均每月有25种车型参与降价，几乎可以说是每天都有一款车被卷进了降价的漩涡中。仅2004年前3个月，就有20多个品牌的近80款车型自主自觉地参与到降价的行列中来，这一数字已经与2003年全年降价车型的总数持平。

降价，使得汽车离普通消费者越来越近了；降价，让我们的消费者更加理性。现在的消费者已经不再简单地为某款车降价而狂喜，也不会为某款新车的上市而盲目购买，面对变幻莫测的汽车市场，消费者的心态已经平稳了很多。

8.洋保险、洋银行大举进入

2004年12月11日，中国入世3周年，WTO后过渡期扑面而来。根据加入WTO的承诺，今后两年将是银行、证券和保险业的对外开放承诺全面履行的时期。

中国银监会宣布，从12月1日起，允许外资金融机构将经营人民币业务的地域扩大到昆明、北京、厦门、西安、沈阳，使开放人民币业务的城市从13个增加到18个。12月11日，健康险、团体险、养老险（年金险）服务将正式向外资保险公司开放，外资经营地域的限制也将被取消。这意味着，洋保险和中资保险公司首次在很多方面拥有了同台竞技的资格。

专家指出，立足于“根据消费者需求、借鉴海外机构的先进经验，不断推出高质量、高含金量、个性化的产品”，并取得实效将是外资金融公司的制胜“法宝”。

9.油价上涨

2004年下半年以来，国际石油价格一再创下20多年来的历史新高，油价高位强势震荡持续时间之长，为二十世纪七八十年代两次石油危机以来所罕见。与此同时，中国的油价也随之上调。能源从来都是个问题。而惟一不同的是，在今天，许多人都不能再对它视而不见。

从国际油价上涨对我国经济发生的影响来看，个人消费者将直接成为高油价的承受者，并导致部分消费紧缩或消费转移行为的产生。

2004年油价上涨给中国消费者敲了一次警钟——买车并不是越大就越好，也不是排量越大就越好。对比发达国家，中国汽车消费者在养车时除去燃料消耗外，其他费用较高，因此油价上调将重新唤回消费者对燃料成本的注意力。

10.让孩子远离“电子海洛因”

随着互联网时代的到来，电脑游戏和上网聊天就像“电子海洛因”，未成年人一旦接触就可能难以自拔。其原因在于，游戏或聊天的操作简单却又富有刺激性和神秘感，是未成年人情绪宣泄的一种通道。孩子泡吧熬红了眼，父母苦寻气炸了肺——这是对我国未成年人沉溺网吧现象的真实写照。然而，面对社会各界尤其是家长们的强烈声讨，大多数网吧的负责人却表示，上网的人很多，是不是未成年人很难分辨。

对此，有关专家指出，帮孩子远离“电子海洛因”首先需要家庭和学校的双方配合，要努力加强对青少年进行情商教育，同时，有关部门也应加强对网吧的有效管理。

（信息来源：《中国消费者报》2004年12月31日）

◎榜三、2004十大消费酷词◎

已经过去的2004年里，人们的口中一度流行过许多新名词：各地如雨后春笋般的“人造美女”，《手机》里一句蕴藏着黑色幽默的“审美疲劳”，带给京城市民热情狂欢和惊声尖叫的“环球嘉年华”……这些新名词，也许离你很近，也许离你很远。然而，就是这些与你或近或远的新名词，改变着我们的习惯、思想和生活。

1.“酒后代驾”

“感情深，一口闷；感情浅，舔一舔。”这句俗语在极大程度上生动地概括了中国人的“酒交际文化”，而随着北京私家车数量的增加，如何在畅饮和安全中两全，成为一个亟待解决的问题。

2004年初，京城首家专门以“酒后代驾”为经营项目的奔奥安达公司应运而生，由于工商局没有“酒后代驾”这项分类，在办理营业执照时，公司还打了个“擦边球”。事实上，在这之前，一些在酒楼外“趴活儿”的出租车司机已经开始兼营这项工作，专门的酒后代驾公司的成立，意味着把这一工作公开化，是精明人嗅出的新商机。

5月，一名深受观众喜爱的明星因酒后驾车导致车祸身亡，再一次把关于“代驾”的思考推到人们面前。在“人性化”和“安全至上”之间走出一条折中路，难怪创办者何进对此举胜券在握，面对采访，他充满信心地回答：“目前北京约有300万名汽车驾驶员，其中沾了酒的司机约占总数的三分之一以上，这项服务大有可为。”

2.“审美疲劳”

年初贺岁片《手机》中的一句“审美疲劳”，引发了多少经历“七年之痒”的男男女女们的会心一笑。3月，国内第一家离婚公司成立，在接受了上百对夫妻的离婚咨询后指出，“审美疲劳”已经成为大多数问题婚姻的主因。

在这之后，“审美疲劳”被引用到各个领域、各个场合，它的广泛适用性给人们的日常对话增添了几许幽默。有家庭问题研究者指出，感情的热烈期仅能维持27个月，这之后就是责任。对人如此，对事物也如此。有的时候，从一而终，很大程度上取决于一个人的责任感。面对相同的事物，也许很难有人不产生“审美疲劳”，因此，也希望“审美疲劳”只是一个黑色幽默，而不会演变成事实。

3.“人造美女”

在过去的一年里，“假”从来没有引起过这么大的关注和争议。2004年，历时近200天、耗资30万、对全身10多处进行整形的“中国第一人造美女”郝璐璐正式亮相，美国CNN电视台、路透社甚至为其推出全程记录。

嫁个好老公、杀入演艺界、一夜成名，“中国第一人造美女”丝毫不避讳当初整容的动机，也吸引了无数揣着出名梦想的女孩。仿佛就在一夜之间，全国各地涌现出一批又一批的“人造美女”，无一例外地顶着“XX第一美女”的称号。

5月，“人造美女”杨媛被2004环球洲际小姐北京赛区组委会取消参加决赛的资格，一场关于“人造美女”维权的炒作又风风火火地掀起，甚至还传出消息，说组委会准备为各地的“人造美女”专门举办一场选美大赛。

随着12月13日北京首届人造美女大赛拉开帷幕，“人造美女”再次引起人们的关注。这一次，62岁的河北选手刘玉兰成为了媒体最大的兴奋点。据刘玉兰介绍，为了显得更加年轻，她2003年对鼻子等6处部位做了整容手术。

4.“8分钟约会”

8分钟，成就一段爱情，在“速食化”的今天，“快”成了人们追求的首要标准。出名要趁早，交通要讲求时效，其中，还包括感情。7月，由某公司引进的所谓“8分钟约会”正式进入京城，通过8个8分钟，你就会认识8个不同的异性，你一言、我一句，漫无边际地闲聊，妄图找到自己的“另一半”。

比电视速配快捷，比网上约会直观，比传统相亲时髦，但走马灯似的“拉郎配”究竟能成就多少爱情？参与者心知肚明。大众对于这种相亲方式，也只持续了8分钟的热度，一轮热潮过去后，上QQ的依然上QQ，相亲的依然相亲，该干嘛还是干嘛去。

源于美国的“8分钟约会”本来没有像炒作的那样玄乎，而任何东西一旦掺杂了经济利益，有点“变味”也就不奇怪了。

5.“环球嘉年华”

没有“环球嘉年华”，北京人的这个夏天，也许不会充满这么多刺激与惊奇。6月22日，与“迪斯尼”、“环球影城”并列为世界三大娱乐品牌之一的“环球嘉年华”，在石景山北京国际雕塑公园盛装开幕。

500多个游玩项目，在全球仅有4台的“惊呼狂叫”，世界上最贵“极速大风车”，引得北京市民们连连惊叫的同时，也大把大把地赚进了银子。虽然经历了天公不作美和“扰民”的投诉，但环球嘉年华仍是2004年最牛气的名词。

据统计，2004年在上海举办的夏季版嘉年华活动共计78天，吸引游客共220万人次，总收入达到了2.4亿元。在北京的头15天就迎客27万多，收入近300万元。环球嘉年华在让人们大开眼界的同时，也为国内的主题公园提供了借鉴。虽然一直没有透露具体的盈利数额，但2005年还要重返北京的承诺似乎已经表明了它的经济效益。

6.“宠物公厕”

关于市民养狗的争议，很大程度上在于公共卫生。在争取了宠物们的生存权后，另一个更人性化的名词——宠物公厕跃入了人们的眼帘。10月，几个蓝顶红墙的“小房子”被安放在西城区铁二社区一片绿地旁边，这意味着小区里的80多只小狗率先有了自己专用的“宠物公厕”。

西城公安分局养犬管理办公室的民警表示，安装“宠物公厕”是他们针对目前区内养犬人数大幅增加，为解决宠物犬在社区公共场所大小便问题、方便广大养犬居民的一项便民服务措施，这项服务在全市范围内也是第一家。而后他们还将陆续在西城区的191个社区、10个户籍派出所和养犬办公室安装400个这样的宠物卫生间。

这些建筑面积不足1平方米，造价约500元的“公厕”让狗狗们有了真正的“方便场所”，也受到了社区居民的欢迎。但是，宠物犬们是否能实现民警和主人的良好愿望，养成“定点如厕”的好习惯，却成为对这项新举措的一大考验。要让“宠物公厕”真正发挥作用，主人们还任重道远。

7.“绿地认养”

认养一块绿地、照顾几棵小树，在北京已经成为了一件时尚事，这也给首都带来了一片清新的绿色。来自北京市园林局的统计数据表明，截至2004年10月，全北京已经有500万平方米绿地被个人、单位、企业认养，而其中，朝阳区就占到了一半多，达到255.7万平方米，成为全北京绿地认养面积最大的区。

为此，朝阳区绿化委员会办公室、朝阳区绿化局网站“绿色朝阳”专门开通了绿地认养信息交换平台，实现了绿地网上查询和认养，使认养人足不出户，轻击鼠标，就可轻松完成认养。同时，开通了公园和道路绿地认养两部热线电话。对市民个人认养面积在10–100平方米的发放纪念品；认养公园绿地面积在100–500平方米的赠送公园游园年票；认养公园绿地面积500平方米以上的，除赠送公园年票外，还授予认养者“公园荣誉管理员”称号。

而对认养面积大、年限长的单位，朝阳区绿化委员会办公室将统一设计制作多种造型、多种材质和图案的精美标志牌，供认养单位和个人选择。一系列的政策带动了朝阳区的绿地认养。

绿地认养成为京城绿化不断延伸的不竭动力，“人人为我、我为人人”，也许，2004年，这个带着一抹绿意的名词将最为养眼。

“绿地认养”

8.“短信小说”

18万元，4200字。2004年9月10日，广东文学院签约作家千夫长所撰写的手机连载小说《城外》在全国同步发行。

据称，这部4200字的小说共分为60条短信，每条70字，如果每天订阅一条，需要2个月才能够读完。有人为运营商算了一笔账，如果按照订阅短信每条0.2元计算，60条短信就是12元。按照有关统计数字，全国共有移动电话用户2.6亿，假设只有1%的用户订阅这部小说，那么收益将会达到3120万元。如果要加上附加概念，如语音短信，按照每条1元钱计算，1%的人来订阅，收益将过亿元。

而运营商表示，他们更想去尝试一种新的文学方式，把流行文学通过网络、手机等技术方式结合起来，形成一个“手机文学”展现给大家。让2亿多的中国手机用户突破所有时间、空间的限制来尝试这种抱着手机的阅读方式，从而寻找到一个新的赢利点。

短信小说能否在文化市场争得一席之地，现在也许难下断言。但“一字千金”的买断价格，毫无争议地使之成为最贵重的名词。

9.“延时赔付”

长期以来，航班正点率不高已成为国内民航业的顽疾。据中国民航总局消费者事务中心统计，2003年，事务中心接受的消费者投诉比上年增加27%，航班延误一直是投诉的重点和热点。2004年前5个月，国内各航空公司航班平均延误率达22.1%，同比增加1个百分点，东方航空公司、国际航空公司、南方航空公司三巨头名列前茅，分别为24.46%、21.76%、21.63%。

为提高航班正点率，国家民航总局于2004年7月1日正式实施《航班延误经济补偿指导意见》。或许是这项具有指导性的《意见》，唤醒了广大旅客的维权意识，同时也为解决延机纠纷提供了一个总体标准，自该《意见》发布以来，航空公司与乘客之间的纠纷激升，从7月以来，全国发生过多起乘客“占机”、“罢乘”事件。

深圳航空公司率先推出关于航班延误的现金补偿标准，但势单力薄，反观国内几大航空公司，却迟迟按兵不动。店大欺客的航空公司对于延误原因不解释、不解决的态度，引起了众多乘客的不满，《航班延误经济补偿指导意见》的出台，毕竟让饱受延误之苦的乘客看到了一线曙光。

10.“手机隐形休息袋”

2003年的贺岁电影《手机》成为最大的赢家，除了一句流传颇广的“审美疲劳”，还在于由此衍生了一个新的事物——手机隐形休息袋。

作为现代人必不可少的通信工具，手机带给人们便利的同时，也给人们带来了极大的不自由。而有了手机隐形休息袋，用户要是想回避一些电话、或是不便接听一些电话时，只要将手机放在该手机袋中，别人在拨通电话后，将收到：“您所呼叫的用户暂时不在服务区”的信息，即使手机不关机，对方一样找不到。估计严守一要是知道有这“东东”，最后也不致于落得那么狼狈的结局，或许还能将《手机》的结局改写。

“手机隐形休息袋”借着《手机》的东风，曾经热销过一阵，但“你有政策，我有对策”，很快，“手机定位器”也出现了。妻子能以此找到丈夫、老板能以此找到下属、家长能以此找到孩子……当忠诚受到考验的时候，也许，并不仅仅靠一种新科技就能解决。

（信息来源：金羊网2004年12月31日）

国内篇

娱乐榜

传媒榜

图书榜

国际篇

◎榜一、2003—2002 感动中国人物◎

1.2003 感动中国人物

中国首位飞上太空的航天员:杨利伟

那一刻当我们仰望星空,或许会感觉到他注视地球的眼睛。他承载着中华民族飞天的梦想,他象征着中国走向太空的成功。作为"中华飞天第一人",作为中国航天人的杰出代表,他的名字注定要被历史铭记。成就这光彩人生的,是他训练中的坚韧执著,飞天时的从容镇定,成功后的理智平和。而这也正是几代中国航天人的精神,这精神开启了中国人的太空时代,还将成就我们民族更多更美好的梦想。

在非典时期做出卓越贡献的中国工程院院士:钟南山

面对突如其来的 SARS 疫情,他冷静、无畏,他以医者的妙手仁心挽救生命,以科学家实事求是的科学态度应对灾难。他说:"在我们这个岗位上,做好防治疾病的工作,就是最大的政治。"这掷地有声的话语,表现出他的人生准则和职业操守。他以令人景仰的学术勇气、高尚的医德和深入的科学探索给予了人们战胜疫情的力量。

带领女排重夺冠军奖杯的中国女排主教练:陈忠和

他带领女排赢得了久违的胜利,而他的贡献不仅仅在于一座阔别了 17 年的奖杯,更重要的是,他把自己面对人生不幸坎坷的生活态度融入到体育事业中。他不仅在教授女排怎样打球,更在引导女排如何面对人生荣辱,他使女排真正感受到什么是体育的魅力,他使女排和他一样,无论面对成功还是失败总能面带微笑。这种微笑出自内心,也因此更加动人。

中国人战争受害者索赔要求日本律师团团长:尾山宏

一位 70 岁的日本老人,承受着巨大的压力,用自己大半生的时间对日本政府侵华战争的罪行进行着不懈的追问。在他身上,人们看到了跨越国家和民族的正义力量,这力量启示着世人,在捍卫正义的道路上,我们可以超越一切界限,而惟一不能失去的就是正义响在心中的声音。

被誉为"百姓书记"的中共山西省运城市纪检委副书记:梁雨润

他视百姓为衣食父母,他以人民利益为根本利益。他有着高度的责任感和使命感,他矢志不渝地追求着为老百姓办事的政治理想,而这种追求需要莫大的正气和勇气。这样的为官生涯,架起了执政党和百姓之间的桥梁,完整地体现出一个执政党的执政原则:立党为公,执政为民,而这也正是百姓和国家的希望所在。

以人生经历和笔下春秋见证百年历史的作家:巴　金

穿越一个世纪,见证沧桑百年,刻画历史巨变,一个生命竟如此厚重。他在字里行间燃烧的激情,点亮多少人灵魂的灯塔;他在人生中真诚的行走,叩响多少人心灵的大门。他贯穿于文字和生命中的热情、忧患、良知,将在文学史册中永远闪耀着璀璨的光辉。

从事艾滋病防治和救助艾滋孤儿工作的退休教授:高耀洁

这是一位步履蹒跚的老人,但她在实现"但愿人皆健,何妨我独贫"的人生理想的道路上却迈着坚定的脚步。她以渊博的知识、理性的思考驱散着人们的偏见和恐惧,她以母亲的慈爱、无私的热情温暖着弱者的无助冰冷。她尽自己最大的力量推动着人类防治艾滋病这项繁重的工程,她把生命中所有的能量化为一缕缕的阳光,希望能照进艾滋病患者的心间,照亮他们的未来。

在新疆地震灾难中带领村民抗震救灾的村党支书:达吾提·阿西木

他隐藏起最深重的悲痛,他握紧心灵的伤口,在他那颗流血伤痛的心里还装着更多的村民。他以一名共产党员对群众朴素的情感,在百姓中传播着温暖;他以舍我其谁的气魄,在危难的时候担当起百姓的精神支柱;他在废墟中挺起脊梁,他的坚强和无私为刚刚经历了噩梦的村民们撑起重建家园的希望。

致力于传播中国文化、热衷于公益事业的著名影星:成　龙

作为演员,他以对事业的执著追求和顽强拼搏的精神,演绎了精彩的艺术人生,在国际影坛上展现出中国影人的形象,为世界打开了一扇了解中国文化的窗口;作为公众人物,他以对国家的情感和对社会的爱心,影响着他人,在最需要的时候鼓舞着人们的信心,传递着人与人之间的温情。

在衡阳特大火灾坍塌事故中为抢救人民生命财产而付出生命的衡阳武警消防兵群体

他们以火一样的激情投身火场,他们怀揣群众的利益走向危险,他们用自己的生命捍卫了他人的生命、捍卫了武警消防兵这个崇高的职业。那壮烈的一幕将永存史册,他们勇往直前、舍生忘死的英雄气概更将长留在人们心里,那将是对敬业精神最好的诠释。

(信息来源:央视国际 2004 年 2 月 21 日)

2.2002 感动中国人物

原湖南省委副书记郑培民:官因廉而生威

一名勤政、廉政的党员干部,一位先忧后乐的人民公仆,老百姓心中一位真诚的朋友。

河南辉县上八里镇回龙村党支书张荣锁:领着乡亲开山修路

为了通往外面世界,为了在悬崖绝壁上筑路,他挖了自己的祖坟,花光了自己的所有家财。

中国受害诉讼原告团团长王选:7 年 27 次走上法庭

面对强大的日本右翼势力和一些麻木的日本民众,她承担的不是一两个人的嘱托,而是那些满身历史伤口的人们对正义公道的追求。

中央财经大学研究员刘姝威:粉碎蓝田神话

她以自己的智慧质疑一个神话,她用自己的勇气为中国股市吹响了预警号。

海尔集团首席执行官张瑞敏:为中国企业赢得尊重

他以超凡的智慧和魄力,以及坚韧的民族精神,成为我们这个时代的英雄。

重庆鱼田堡煤矿掘进103队队长张前东:800米下救出63名矿友

他在生死存亡的关键时刻做出了伟大的选择,因为这个选择,几十人得以逃脱死亡的阴影。

著名固体物理学家黄昆:令诺奖得主心悦诚服

他以严谨和创新、勤奋和率真,在固体物理学领域树起了一座座丰碑。

篮球运动员姚明:随时听从祖国召唤

入选理由:对祖国的情感,对现在的把握和对未来的期待,都将使他成为中国体育和NBA的历史人物。

原乌鲁木齐市小西门派出所教导员赵新民:危机时刻挺身而出

入选理由:为了人民警察的天职,他无畏地走向危险。

北京人艺著名演员濮存昕:和艾滋病人吃一锅饭

入选理由:他用人们熟悉的微笑温暖着艾滋病患者的心,他紧握艾滋病患者双手,传递着社会对他们的关爱。

(信息来源:CCTV2003年2月20日)

◎榜二、CCTV2003—2000中国年度经济人物◎

1.CCTV2003中国年度经济人物

网易创始人及首席架构执行官:丁　磊

内蒙古蒙牛乳业集团股份有限公司董事长兼总裁:牛根生

博鳌亚洲论坛秘书长:龙永图

UT斯达康中国有限公司总裁兼首席执行官:吴　鹰

中国航天科技集团公司总经理:张庆伟

东风汽车公司总经理:苗　圩

中国人民财产保险股份有限公司董事长:唐运祥

广东科龙电器股份有限公司董事局主席:顾雏军

温州日丰打火机有限公司董事长:黄发静

中国经济体制改革研究会研究员:温铁军

(信息来源:CCTV2003年12月29日)

2.CCTV2002中国经济年度人物

中国石油化工集团公司总经理:李毅中

上海宝钢集团公司副董事长兼总经理:谢企华

中国联合通信有限公司董事长:杨贤足

春兰(集团)公司董事局主席兼首席执行官:陶建幸

中国一汽集团公司总经理:竺延风

北京大学光华管理学院常务副院长:张维迎

TCL集团股份有限公司董事长、总裁:李东生

浙江正泰集团公司董事长兼总裁:南存辉

中央财经大学财经研究所研究员:刘姝威

杭州娃哈哈集团公司董事长兼总经理:宗庆后

(信息来源:CCTV2002年12月30日)

3.CCTV2001中国经济年度人物

巨人投资有限公司董事长:史玉柱

招商银行行长:马蔚华

香港华润集团有限公司总经理:宁高宁

海尔集团首席执行官:张瑞敏

东方希望集团董事长:刘永行

北京用友软件股份有限公司董事长:王文京

国务院发展研究中心研究员:吴敬琏

中国海洋石油总公司总裁:卫留成

万向集团董事局主席:鲁冠球

四川长虹电器股份有限公司总裁:倪润峰

(信息来源:CCTV2002年1月3日)

4.CCTV2000中国经济年度人物

联想集团董事局主席:柳传志

中国网络通信有限公司总裁兼首席执行官:田溯宁

海尔集团首席执行官:张瑞敏

万科集团董事长:王　石

东方集团董事局主席:张宏伟

海信集团老总:周厚健

金山集团董事长:求伯君

中国证监会首席顾问:梁定邦

国务院发展研究中心研究员:吴敬琏

(信息来源:CCTV2000年12月29日)

◎榜三、2003—2000 中国十大杰出青年◎

1.2003 中国十大杰出青年

解放军某部航天员大队航天员：**杨利伟**

上海体育运动技术学院运动员：**姚　明**

中央电视台新闻中心制片人、高级编辑：**水均益**

军事医学科学院微生物流行病研究所应用分子生物学研究室主任、博士生导师研究员：**陈　薇**（女）

广州市第一人民医院联合病区护士长、主管护士博士生导师：**张积慧**（女）

北京双全集团董事局主席、北京双全天地科技发展有限公司董事长、总裁：**王伟斌**

新疆维吾尔自治区巴楚县琼库尔恰克乡党委书记：**朱准平**

云南省丽江市古城区残疾人联合会肢残协会主席：**和志刚**（纳西族）

中国空空导弹研究院院长、研究员：**荣毅超**

哈尔滨圣泰制药有限公司董事长、十届全国人大代表：**高　翔**

（信息来源：央视国际 2004 年 1 月 5 日）

2.2002 中国十大杰出青年

TCL 移动通信有限公司总裁：**万明坚**

空军航空兵某团飞行二大队大队长、特级飞行员：**王少华**

浪潮集团有限公司总裁：**孙丕恕**

国家短道速滑队运动员：**杨　扬**（女）

第三军医大学新桥医院心血管外科主任、博士生导师：**肖颖彬**

浙江圣雄集团有限公司董事长、总经理：**林圣雄**

新疆维吾尔自治区歌舞团舞蹈演员：**迪丽娜尔·阿布都拉**（女，维吾尔族）

神州数码（中国）有限公司总裁兼首席执行官：**郭　为**

中央电视台新闻评论部主任：**梁建增**

中国航天科技集团公司第六研究院院长：**雷凡培**

（信息来源：新华社 2002 年 12 月 29 日）

3.2001 中国十大杰出青年

中国京剧院二团团长：**于魁智**（回族）

成都军区驻藏某边防团骡马运输队队长：**尹祥美**

首都医科大学附属北京朝阳医院副院长：**王　辰**

海南省国营三道农场场长：**母连云**

新疆电视台副台长：**伊力汗·奥斯曼**（维吾尔族）

武警福建总队政治部保卫处副团职干事：**刘小宁**

南开大学南开数学研究所副所长：**张伟平**

上海杰事杰新材料股份有限公司董事长兼总裁：**杨桂生**

国家跳水队副领队：**周继红**（女）

中国航空工业西安飞机设计研究所所长：**黄　强**

（信息来源：《人民日报》2001 年 12 月 15 日）

4.2000 中国十大杰出青年

身残志坚，创办在校生逾万名的民办大学的江西省蓝天职业技术学院校长：**于　果**

致力于改善家乡生态环境，让沙漠变绿洲的内蒙古杭锦旗图古日格苏木青年农民：**乌日更达赖**（蒙古族）

多次主持重大事件现场直播，荣获"金话筒"奖的中央电视台新闻评论部主持人：**白岩松**（蒙古族）

潜心研究，默默奉献，为国防新装备的发展作出突出贡献的中国工程物理研究院化工材料研究所所长：**龙新平**

勇于拼搏，为国争光，连续荣获 3 届奥运会冠军的湖北省跳水队队员：**伏明霞**（女）

在光子学研究领域取得多项国际领先水平成果的天津南开大学物理科学学院教授：**许京军**

科学管理，勇于创新，使多家国有企业扭亏脱困的陕西西安惠群集团公司总经理：**李大有**

艰辛创业，瞄准国际市场，打造低压电器知名品牌的正泰集团公司董事长：**南存辉**

在我国载人航天工程研制中担任"神舟号"试验飞船系统总指挥的中国航天科技集团公司中国空间技术研究院副院长：**袁家军**

发现 124 条人类全长基因并被国际基因库登录，在免疫学领域取得重大科研成果的第二军医大学全军免疫与基因治疗重点实验室主任：**曹雪涛**

（信息来源：《人民日报》2000 年 11 月 20 日）

备注："中国十大杰出青年" 评选活动是由中华全国青年联合会创意策划，并联合中国青少年发展基金会及中央电视台、人民日报社等首都 10 家主要新闻单位共同主办的，每年开展一次。活动自 1990 年推出，便引起了社会各界的广泛关注和广大青年的积极参与，现已成为社会认同度较高的一项授予杰出青年人才的崇高荣誉。

◎榜四、2003十大中华英才◎

1.杨利伟:解放军某部航天员大队

圆了中华民族的千年飞天梦,感动中国、感动世界,影响巨大。

2.邓朴方:中国残疾人联合会主席

长期为中国残疾人事业奋斗不已,向世界证明了中国人权的良好状况。

3.钟南山:中国工程院院士、广州呼吸疾病研究所所长

抗击"非典"特等功臣,成为亿万人心目中新时代的"英雄"。

4.王永志:中国工程院院士、中国载人航天工程总设计师

圆中国人飞天梦的幕后英雄,创新精神、创新能力卓尔不群。

5.董志华:中盐集团董事长

为13亿中国人基本消除碘缺乏病、几百万儿童免受智障的危害,作出了重大贡献。

6.李金元:天狮集团董事长

他创建了真正的国际化民营跨国集团。6年先后向社会捐助3.8个亿;也是抗击非典捐助最多的企业。

7.吴国迪:上海埃力生集团董事局主席

2003年埃力生钢管反倾销案获得全面胜诉,成为中国钢铁业胜诉国外反倾销案第一家。

8.潘家铮:中国科学院院士、工程院院士、长江三峡总公司技术委员会主任

一生为中国水电事业不懈奋斗,为长江三峡工程建设贡献卓著。

9.赵　敏:青岛新经济实业总公司董事长

新思维创造新经济,企业管理创新和科技创新成绩突出。

10.赵　涛:步长制药集团总裁

他创造的步长制药是民营企业家中依法纳税的典范。

11.特别奖:武警湖南省消防总队衡阳市支队

为人民勇于献身,为群众奋不顾身,用生命和热血诠释"三个代表"重要思想。

(信息来源:《人民日报》2004年1月13日)

备注:中华英才半月刊社联合搜狐网,首次推选"2003十大中华英才"。推选对象为2003年中华大地上及海外华人华侨中最有代表性的英才人物。

◎榜五、2003中国制造业信息化十大风云人物◎

1.金蝶国际软件集团主席兼行政总裁:徐少春

2.用友软件股份有限公司总裁:何经华

3.SAP大中国区中小企业事业部总监:黄骁俭

4.黑龙江斯达造纸厂厂长:董　鹰

5.ERP资深专家:陈启申

6.Autodesk公司大中华区总裁:高群耀

7.联想CIO、ERP项目总监:王晓岩

8.珠海宏桥高科技有限公司总裁:罗　奔

9.神州数码控股有限公司副总裁:刘岳晖

10.武钢总经理助理:顾力平

(信息来源:e-works中国制造业信息化门户网2004年1月6日)

备注:e-works推出的"2003年度中国制造业信息化风云榜",选出了制造业信息化领域10位年度风云人物(按得票数从多到少,取前10名排列)。CIO为Chief Information Officer的缩写,即首席信息官;ERP为Enterprise Resource Plan,即企业资源规化系统。

◎榜六、2003中国十大财经新锐人物◎

一夜成名的手机商人:马志平

从电池大王到汽车大王:王传福

互联网上"反黄"斗士:王吉鹏

29岁的中国短信业"铁腕":王雷雷

柯达与乐凯并购案"主笔":叶　莺

一篇网文激荡深圳"新生":呙中校

中国股市"草根领袖":张卫星

互联网第二代"双榜"富豪:陈天桥

福布斯富豪榜的操盘手:范鲁贤

打倒"热钱"的独立学者:郎咸平

(信息来源:《北京晨报》2003年12月1日)

◎榜七、2003 中国十大创业新锐人物◎

广东中山圣雅伦有限公司董事长:梁伯强
四川大陆希望集团董事长:陈　斌
吉林修正药业集团董事长:修涞贵
宁波西摩电器进出口有限公司董事长:董越君
北京点击科技有限公司董事长:王志东
中科招商董事长:单祥双
北京五奥环电子有限公司董事长:潘鸿海
北京双臣快运有限公司董事长:陈　平
中国企业网控股有限公司董事长:张冀光
庄吉集团有限公司董事长:陈　敏

(信息来源:新华网 2003 年 3 月 31 日)

备注:这些"经济学家眼中的宠儿"由当代经理人杂志社、中华留学人员创业协会和搜狐网共同评选得出。

◎榜八、2003 中国经济女性年度人物◎

上海宝钢集团董事长:谢企华
江苏梦兰集团董事长:钱月宝
广西金嗓子集团董事长:江佩珍
云南大学生命科学院教授、博士、昆明云大生物技术公司技术总监:马　岚
海口市副市长、中国女企业家协会副会长:袁秀梅
中国社会科学院财贸经济研究所党委书记、所长、研究员:江小涓
吉林远东药业股份有限公司董事长、党委书记:杜丽华
北京大雄珠宝有限公司董事长:王　兰
海尔集团总裁:杨绵绵
中国美容时尚报社长兼总编:张晓梅

(信息来源:《人民日报》)2004 年 1 月 12 日)

备注:由中国妇女报社和华夏银行联合举办的"2003 中国经济女性年度人物评选"活动于 2004 年 1 月 10 日在北京揭晓。此活动为首次举办,成为中国妇女界、经济界一件具有影响力的盛事。

◎榜一、2003–2001 国内十大新闻◎

(一) 2003 国内十大新闻

1.2003 年 3 月召开的十届全国人大一次会议和全国政协十届一次会议,分别产生了新一届国家机构领导人员和全国政协领导机构组成人员。

2.从春到夏,突如其来的非典疫情迅速蔓延到全国大部分省、自治区、直辖市。全党全国各族人民在党中央、国务院的坚强领导下,万众一心,众志成城,防治非典斗争取得阶段性重大胜利。

3.2003 年 7 月 1 日,“三个代表”重要思想理论研讨会在北京举行,胡锦涛总书记发表重要讲话。全党兴起学习贯彻“三个代表”重要思想的新高潮。

4.2003 年 10 月 11 日至 14 日召开的中共十六届三中全会,审议通过了《中共中央关于完善社会主义市场经济体制若干问题的决定》,对新世纪新阶段我国经济体制改革作出了全面的规划和部署。

5.2003 年 10 月 15 日,“神舟五号”载人飞船成功发射,并于 16 日安全返回地面。我国成为世界上第三个独立掌握载人航天技术的国家。航天员杨利伟成为中国首位航天英雄。

6.2003 年 6 月 29 日,中央政府与香港特区政府签署《内地与香港关于建立更紧密经贸关系的安排》;2003 年 10 月 17 日,中央政府与澳门特区政府签署《内地与澳门关于建立更紧密经贸关系的安排》。这两个《安排》的签署体现了中央政府和祖国人民对香港及澳门的关心和支持,是中国内地与港澳经贸发展的新起点和里程碑。

7.2003 年下半年以来,针对陈水扁当局企图通过推动“台独公投”进行分裂祖国的活动,中国政府和人民表示强烈的反对和谴责,表达了维护国家主权和领土完整的坚定立场和粉碎“台独”分裂活动的坚强决心。

8.2003 年 12 月 19 日至 20 日,新中国历史上党中央、国务院召开的第一次全国人才工作会议在北京举行。会议讨论了关于进一步加强人才工作的决定。

9.位于重庆开县高桥镇境内的中国石油天然气集团公司川东北天然气矿 2003 年 12 月 23 日 22 时发生井喷事故,截至 25 日 18 时 40 分已发现死亡 191 人。这是我国石油行业类似事故伤亡人数最多的一次。

10.尽管受到非典疫情和自然灾害的影响,我国经济仍然保持了持续快速协调健康发展的势头。预计全年经济增长 8.5%左右。

(信息来源:新华网 2003 年 12 月 26 日)

(二) 2002 国内十大新闻

1.中国共产党第十六次全国代表大会召开。会议将“三个代表”重要思想写入党章,提出了全面建设小康社会的奋斗目标,选举产生了新一届中央领导机构。

2.我国全年国内生产总值首次突破 10 万亿元大关,经济增长率达到 8%,经济总量迈上一个新台阶。

3.上海市获得了 2010 年世界博览会举办权。中国将成为第一个举办世博会的发展中国家。

4.全国 2002 年全年外贸进出口总额突破 6000 亿美元,外贸排名由世界第六位上升为第五位。外商直接投资突破 500 亿美元,居全球之首,成为世界吸引外资第一大国。

5.南水北调东线工程和西气东输工程开工,长江三峡工程导流明渠合龙。

6.我国抓紧编纂作为国家三大基本法之一的民法典,民法草案首次提请全国人大常委会审议。

7.全国再就业工作会议明确提出了促进就业的一系列政策措施和工作要求。十六大把就业作为“民生之本”提升到“国家战略”的高度。

8.国务院取消 789 项行政审批项目,国务院各部门行政审批制度改革迈出实质性的一步。

9.联想集团研制成功具有自主知识产权核心技术的超级计算机,运算速度可达每秒 1.027 万亿次。

10.一个月内相继发生“4·15”空难和“5·7”空难。安全生产大检查在全国范围内进行。

(信息来源:新华网 2002 年 12 月 31 日)

(三) 2001 国内十大新闻

1.江泽民总书记发表“七一”重要讲话。2001 年 7 月 1 日,江泽民总书记在庆祝中国共产党成立 80 周年大会上发表重要讲话,精辟回答了在新的历史条件下按照“三个代表”要求推进党的建设的重大理论和现实问题,是全面推进党的建设新的伟大工程的纲领。

2.“十五”计划开局良好,全年经济保持 7.4%的增幅。2001 年 3 月,九届全国人大四次会议通过《中华人民共和国国民经济和社会发展第十个五年计划纲要》。这是我国全面进入小康社会并加快推进现代化步伐的第一个五年计划。在世界经济增长明显放缓的情况下,2001 年我国国民经济继续保持快增长高效益低通胀的良好态势,全年国内生产总值预计完成 96450 亿元,比上年增长 7.4%,“十五”计划开局良好。

3.中国加入世界贸易组织。在历经 15 年艰苦谈判后,2001 年 11 月 10 日,世界贸易组织第 4 届部长级会议在卡塔尔首都多哈以全体协商一致的方式,审议并通过了中国加入世贸组织的决定。中国加入世贸组织议定书于 2001 年 12 月 11 日生效,至此中国成为世贸组织的第 143 位成员。我国对外开放从此进入一个新阶段。

4.北京申奥成功。2001 年 7 月 13 日,在莫斯科举行的国际奥委会第 112 次全会上,北京在第二轮投票中以 56 票超过半数的优势,赢得 2008 年奥运会的主办权,这是中国历史上首次获得奥运会的主办权。在北京市获得奥运会主办权后，中国足球队又在世界杯预选赛亚洲区十强赛上，以优异的战绩取得参加2002年第17届世界杯决赛阶段比赛的资格，这是经过44年的奋斗中国足球队第一次进入世界杯决赛阶段的比赛。

5.十五届六中全会作出加强和改进党的作风建设的决定，党风廉政建设和反腐斗争深入进行。2001年9月24日至26日召开的中共十五届六中全会高举邓小平理论伟大旗帜，以"三个代表"重要思想为指导，着眼于党面临的新形势新任务，实事求是地分析了党的作风建设的现状，作出了加强和改进党的作风建设的决定。党风廉政建设和反腐斗争持续深入的进行。厦门远华走私大案案犯受到法律严惩。原云南省委副书记、省长李嘉廷，原福建省委副书记、厦门市委书记石兆彬，原广西壮族自治区党委常委、政府常务副主席刘知炳，原河北省委常委、常务副省长丛福奎，原公安部副部长李纪周，原辽宁省沈阳市委副书记、市长慕绥新等一批党内腐败分子受到严肃查处。

6.中共中央印发《公民道德建设实施纲要》。中共中央印发《公民道德建设实施纲要》，要求各地区各部门贯彻执行。这是我国全面加强公民道德建设、深入贯彻落实江泽民同志提出的把依法治国和以德治国结合起来的治国方略的重大举措，对全面推进建设有中国特色社会主义伟大事业将产生重大而深远的影响。

7.国家最高科学技术奖颁奖。2001年2月19日，中共中央、国务院举行国家科学技术奖励大会，中国科学院系统研究所研究员、中国科学院院士吴文俊和湖南杂交水稻研究中心研究员、中国工程院院士袁隆平，由于在基础研究和技术开发及产业化方面作出的卓越贡献，荣获2000年度首届国家最高科学技术奖，并分别获得500万元奖金。

8."法轮功"邪教制造天安门广场自焚事件更加暴露邪教本质。农历除夕，几名"法轮功"痴迷者在李洪志"升天圆满"妖言的蛊惑下，在天安门广场制造了一起骇人听闻的自焚事件，进一步暴露出"法轮功"邪教反人类、反社会、反科学的本质。

9.中国证券市场正式引入退市机制。2001年4月23日，上市公司PT水仙正式退出我国股市。这是中国证监会2月发布《亏损上市公司暂停上市和终止上市实施办法》后，第一家退市的上市公司，标志着我国股市正式引入退出机制，上市公司"只生不死"的现象成为历史。此后，PT粤金曼、PT中浩相继退市。12月中国证监会又修订发布新退市规则，彻底终结中国股市"PT"（特别转让）制度，上市公司退市也实现一步到位。

10.国家投资3000亿元拉动西部开发。西电东送、西气东输等一批事关西部大开发全局的重点工程相继开工。2001年国家支持西部开发的国债资金和预算内资金超过2000年，新开工12个重点工程，总投资约3000亿元。2001年6月29日，西部大开发的标志性工程——青藏铁路全线开工。

（信息来源：中国新闻社2001年12月26日）

◎榜二、2003–2001中国十大经济新闻◎

（一）2003中国十大经济新闻

1.中共十六届三中全会召开，为未来中国经济方向导航，并明确股份制是公有制实现的主要形式。

2.中国经受住非典的考验，GDP增长8.5%，预计突破11万亿元大关。

3.中国新一届政府提出"振兴东北"战略，与"西部大开发"形成东西互动的重大国策。

4.中国内地与香港、澳门建立更紧密经贸关系，为三地经济发展提供新契机。

5.面对人民币升值的争论，中国沉着应对，妥善减轻压力。

6.中国投资率居高不下，部分地区出现电力、能源供应紧张，引发中国经济是否过热的争论。

7.民工欠薪成社会问题，政府在全国范围内开展追讨民工工钱的大行动。

8.中国粮油等农产品价格上涨，粮食安全再上议事日程。

9.政府经济部委合并重组，新成立的发改委、商务部、国资委、银监会等机构深化了中国经济体制改革。

10."上海首富"周正毅梦断香江；原沈阳欧亚实业有限公司董事长杨斌"欧亚农业"被受审定罪；原爱多总经理、"一代标王"胡志标因票据诈骗罪、挪用资金罪和虚报注册资本罪三罪并罚成为阶下囚……一批"问题富豪"落马引发社会思考。

（信息来源：中新网2003年12月22日）

（二）2002中国十大经济新闻

1.党的十六大确定了全面建设小康社会的奋斗目标。

2.2002年我国经济增长速度将达到8%左右，国内生产总值（GDP）超过10万亿元人民币。

3.我国实际利用外商直接投资将超过500亿美元，跃居世界第一。

4.我国外贸进出口总额全年可达6200亿美元，在世界位次有望由第六升至第五。

5.加入世贸组织一年来政府职能转变迈出重要步伐，国家清理法规文件2300多个，取消行政审批项目789项。

6.2002年7月19日民政部宣布，我国1930.8万符合"低保"条件的城市困难居民已全部纳入最低生活保障体系，这是我国首次在全国范围内实现"应保尽保"。

7.2002年6月24日国务院决定停

止国有股在国内 A 股市场减持，2002 年 10 月中国证监会发布了《上市公司收购管理办法》和《上市公司股东持股变动信息披露管理办法》。

8.2002 年 12 月 27 日南水北调工程开工。

9.2002 年 10 月 11 日中国民航六大集团公司挂牌成立并与民航总局脱钩；2002 年 10 月 15 日国家电力公司拆分重组为五大发电集团公司和两大电网公司，标志着我国产业改革与重组迈出实质性步伐。

10.2002 年 11 月 4 日，中国和东盟签署《中国与东盟全面合作框架协议》，决定到 2010 年建成中国——东盟自由贸易区。

（信息来源：《人民日报》2002 年 12 月 30 日）

（三）2001 中国十大经济新闻

1.2001 年 11 月 10 日，世界贸易组织第 4 届部长级会议审议通过了中国加入世贸组织的决定。中国加入世贸组织议定书于 12 月 11 日生效，中国正式成为世贸组织第 143 位成员。

2.九届全国人大四次会议通过国民经济和社会发展第十个五年计划纲要。

3.在世界经济增长速度明显放慢的情况下，我国经济仍保持较快增长速度。

4.国务院作出关于整顿和规范市场经济秩序的决定。

5.2001 年 4 月 23 日，上市公司 PT 水仙正式退出我国股市，标志着我国股市正式引入退出机制。

6.银广夏做假等一系列恶性违规事件曝光。

7.棉花和粮食流通体制改革迈出新步伐：棉花放开收购，实行社企分开和储备与经营分开；粮食放开销区，保护产区，省长负责，加强调控。

8.国务院决定加快推进行政审批制度改革，国家计委率先取消五大类投资项目审批。

9.青藏铁路、西电东送、西气东送等 12 个事关西部大开发全局的重点工程相继开工。

10.2001 年 12 月 11 日，国务院批准电信体制改革方案，中国电信现有资源划分南、北两个部分。

（信息来源：《人民日报》2002 年 1 月 14 日）

◎榜三、2003–2001 中国企业十大新闻◎

（一）2003 中国企业十大新闻

1.温州打火机企业取得欧盟打火机反倾销案的彻底胜利。

2.中国航天科技集团参与组织实施我国首次载人航天飞行圆满成功。

3.189 家中央企业由国资委履行出资人职责。

4.全国工商联副主席、山西省海鑫钢铁集团公司董事长兼总经理李海仓被害。

5.川东北气矿发生井喷事故，造成人员严重伤亡。

6.首家在中国境内注册的外商独资银行——法国巴黎银行成立。

7.非公有制企业首次荣获全国“五一劳动奖状”。

8.中国电信、中国网通“小灵通”放号引发电信竞争新格局。

9.中国三峡工程开发总公司组织建设长江三峡断航、蓄水、发电目标实现。

10.胶卷推动民族企业乐凯与柯达合资。

（信息来源：《中国经济时报》2004 年 1 月 8 日）

（二）2002 中国企业十大新闻

1.上海黄金交易所开业，黄金交易从银行走向市场。

2.国产打火机突破欧盟技术贸易壁垒。

3.联合国授予海尔集团“国际生态安全最佳企业”荣誉。

4.《安徽省企业和企业经营管理者权益保护条例》出台，在全国尚属首例。

5.北方航空公司客机坠海。

6.十大国企跻身全球 500 强。

7.首家民营保险公司民生保险诞生。

8.中国海上石油总公司成功入主印尼海上石油。

9.蓝田股份涉嫌造假 10 人被拘。

10.中国第一款通用芯片“龙芯”一号在北京实现产业化。

（信息来源：《北京晨报》2003 年 1 月 1 日）

（三）2001 中国企业十大新闻

1.国内首家私人控股上市公司问世——2001 年 1 月 18 日，浙江天通电子股份有限公司上市，该公司创始人潘广通父子持股超过总股本两成，成为该公司第一大股东，这是我国内地第一家自然人直接控股上市公司。

2.中国企业应诉美国钢丝绳反倾销获胜——2001 年 3 月 21 日，美国国际贸易委员会裁定：中国钢丝绳未对美国同类产品的生产商造成实质性损害，决定不采取反倾销措施。

3.长城资产管理公司启动国内最大规模不良资产重组——2001 年 1 月 12 日，长城公司在年度工作会上宣布正式启动不良资产的跨地区、跨行业的战略性重组。

4.万向集团收购美国上市公司——2001 年 8 月 28 日，万向美国公司正式收购美国 UAI 公司，这是中国民营企业第一次在海外收购上市公司。

5.中国电信分拆——2001 年 12 月国务院批准了电信体制改革方案，对现有电信企业进行重组，中国电信现有资源分为南北两个部分。

6.广西南丹发生“7·17”特大透水事故——2001 年 7 月 17 日凌晨，南丹县拉甲坡矿、龙山矿发生特大透水事故，遇难 80 人，失踪 1 人，有关责任人被逮捕。

7.海尔集团进入金融领域——鞍山信托 2001 年 9 月 14 日发布公告称，海尔集团拟受让其公司第一大股东鞍山市财政局持有的9000余万股国家股，并签订了股权转让框架协议，转让完成后，海尔集团将持有鞍山信托总股份的20%，成为公司第一大股东。

8.我国研制出首台核心路由器——2001年3月26日，我国自主研制的互联网关键设备、中国高速信息示范网核心路由器"银河玉衡"通过技术鉴定。

9.上市公司银广夏造假被揭穿——2001年8月号的《财经》杂志发表文章《银广夏陷阱》，揭露银广夏在1999年度和2000年度创造的"巨额利润"是一场骗局。

10.中国广播影视集团在京成立——2001年12月6日，我国规模最大的新闻传媒集团中国广播影视集团在北京正式成立。

（信息来源：《北京日报》2002年1月1日）

◎榜四、2003–2001 中国十大科技进展新闻◎

（一）2003中国十大科技进展新闻

1.中国首次载人航天飞行获得圆满成功。2003年10月15日，中国自行研制的"神舟"五号载人飞船在酒泉卫星发射中心发射成功。翌日，"神舟"五号飞船返回舱在内蒙古四子王旗主着陆场成功着陆，中国首位航天员杨利伟自主出舱。中国由此成为世界上第三个掌握载人航天技术的国家。

2.中国科学家揭示水稻高产的分子奥秘和超级杂交稻研究取得重大突破。中国科学院遗传与发育生物所李家洋院士和中国水稻所钱前研究员领导的课题组，不仅发现了控制水稻"分蘖"的基因，而且成功分离和克隆了这一基因，从而在水稻分蘖分子调控机理方面取得突破性进展，在揭示水稻高产的分子奥秘上迈出了重要的一步。《自然》杂志发表了这一研究的论文。由中国工程院院士袁隆平主持的"超级杂交稻育种"项目，在湖南湘潭县、龙山县的两个基地102亩和127亩示范田，平均亩产达到807.46公斤和817.37公斤，为大面积种植超级杂交稻奠定了坚实的基础。

3.中国抗击非典科研取得阶段性重大成果。科技人员从非典患者的标本中分离出冠状病毒，完成了冠状病毒全基因组序列测定，研制出非典快速诊断试剂，开发出一批防治非典药品，在SARS病原学、临床诊断与治疗、生物防护装置等研究方面取得进展，完成了SARS病毒灭活疫苗研究并进入了临床试验。

4.中国金属材料表面纳米化技术和全同金属纳米团簇研究取得突破性进展。中科院金属所材料科学国家实验室采用表面纳米化技术，在300℃的温度环境中成功实现纯铁块的表面氮化，突破了长期以来金属材料表面氮化应用中的技术"瓶颈"。这项研究的论文发表在《科学》杂志上。中科院物理所的国际量子结构中心研制成功一种新纳米材料全同金属纳米团簇。他们在硅金属的基片上成功种入了铝原子，其大小为1.5纳米，分布十分均匀，形成一种人工的两维晶体。他们已经这样制备了16种不同的人工晶体。《科学》、《自然》、《物理评论快报》等科学杂志报道了这项研究成果。

5.上海建成世界上第一条商业化运营的磁浮列车示范线并运行成功。这是中德两国在高科技领域合作的重大成果。磁浮列车线全程共33公里，列车时速430公里，单向运行时间仅8分钟。上海47家单位共1000多名科技人员进行了140多个科研项目的试验，并获得了8项专利，取得了工程的高质量，达到了世界高水平，使中国成为继德国、日本之后第三个掌握磁浮系统技术的国家。

6.三峡水库蓄水成功、永久船闸通航、首批发电机组全部投产。2003年6月10日，三峡工程坝前水位正式达到135米，"高峡出平湖"的百年梦想变成现实。16日，三峡工程双线五级船闸通航。该船闸是当今世界上规模最大的内河船闸。2003年11月22日，三峡工程第一号机组正式并网发电并投入商业运行。至此，三峡工程首批发电的六台机组全部投产，创造出水电安装和投产世界纪录。

7.中国科学技术大学在量子通信实验领域取得重大进展。该校量子物理与量子信息实验室成功实现了量子纠缠态的浓缩，并利用这一技术在国际上首次实现了远距离量子通信中最为关键的单元器件——量子中继器，为未来远距离量子通信的实现奠定了基础。《物理评论快报》杂志刊登了这一研究的论文。《自然》杂志以封面文章的形式发表了中国科大教授潘建伟与奥地利维也纳大学合作者关于任意纠缠态纯化的研究论文。

8.百万亿数据处理超级服务器研制成功。由中科院计算所国家智能计算机研发中心联合曙光公司共同推出的曙光4000L，整个系统由40个机柜组成，有644个CPU（中央处理器），每秒3万亿次峰值速度，644GB内存，100TB存储能力。整套系统具有很强的可扩展性，最大可"在线"扩展到80个机柜，每秒峰值速度达6.75万亿次。该系统可同时适用于高性能"科学计算"和"信息服务"两个领域。

9.可控热核聚变实验研究获重大突破。中国科学院等离子体所HT–7超导托卡马克实验获得重大突破：最高电子温度超过5千万度；获得可重复的大于60秒放电时间，最长放电时间达到63.95秒；是世界上第二个能产生分钟量级的高温等离子体实验装置；高约束等离子体存在时间为220倍能量约束时间，继续保持世界领先地位。

10.中国发现长着四个翅膀的恐龙。中国科学院古脊椎动物与古人类研究所的徐星、周忠和博士及其同事，通过研究辽宁的恐龙化石材料，发现鸟类的恐龙祖先长着四个翅膀，很可能具有滑翔能力，这为鸟类飞行起源于树栖动物、经历了一个滑翔阶段的假说提供了关键性证据。《自然》杂志以封面文章的形式报道了这项成果。

（信息来源：中新网 2004 年 1 月 12 日）

（二）2002 中国十大科技进展新闻

1.我国科学家率先绘制出水稻基因组精细图和水稻第四号染色体精确测序图。

2.“神舟”三号、四号飞船发射成功。

3.我国发现首个世界级大气田探明储量 6000 多亿立方米。

4.三峡工程导流明渠截流成功。

5.我国第三代移动通信系统研制成功。

6.我国已初步掌握当代 CPU（中央处理器）关键设计制造技术。

7.浙江农科院培育出世界上含油量最高的油菜新品系。

8.“神光二号”巨型激光器研制成功。

9.北大医学部科学家初步揭开人类细胞衰老之谜。

10.联想推出首台实测速度超过万亿次的计算机。

（信息来源：《北京日报》2003 年 1 月 27 日）

（三）2001 中国十大科技进展新闻

1.我国第一艘无人飞船“神舟二号”发射成功。2001 年 1 月 10 日 1 时整，我国自行研制的“神舟二号”无人飞船在酒泉卫星发射中心发射升空，10 分钟后成功进入预定轨道，它标志着我国载人航天事业取得了新进展，向实现载人飞行迈出了重要的一步。“神舟二号”飞船是第一艘正样无人飞船，飞船的系统结构有了新的扩展，技术性能有了新的提高。飞行期间，进行了空间生命科学、空间材料、空间天文和物理、微重力科学等领域的实验。

2.人类基因组“中国卷”率先绘制完成。人类基因组计划率先在中国取得突破：尽管参与时间最晚，但是我国科学家在不到两年时间里完成了所承担的染色体区域测序任务，在参与六国中率先绘制出完成图。与草图相比，“中国卷”完成图的覆盖率从 90%提高到 100%，准确率从 99%提高到 99.99%。

3.我国首次独立完成水稻基因组“工作框架图”和数据库。中国科学院基因组生物信息学中心和中科院遗传所、国家杂交水稻研究中心等单位的科学家已测定约 22 亿个碱基对的序列，序列和基因的覆盖率均达 95%以上，90%的区域准确率达到 99%。这一研究是我国生命科学领域的又一重大突破。

4.我国建成世界上最大种质资源库。由科技部、农业部、国家林业局和中国科学院组织立项，中国农科院作物品种资源所等单位承担完成的国家作物种质资源库，保存种质资源数量处于世界第一，长期贮存的种子数量达到 33 万多份，为作物育种和生产提供了雄厚的物质基础。我国作物种质资源保存的数量及其多样性受到世界的高度重视。

5.性能最高的超级服务器“曙光 3000”研制成功。中国科学院计算技术研究所研制的“曙光 3000”超级服务器，最高运算速度达每秒 4032 亿次、内存总量达 168GB，成为我国迄今性能最高的国产超级服务器。“曙光 3000”在整体上已经达到国际先进水平，机群操作系统等部分技术达到国际领先水平。

6.科学家成功直接观察分子内部结构。中国科学技术大学侯建国、杨金龙、朱清时等利用扫描隧道显微镜，将笼状结构的碳 60 分子组装在一单层分子膜的表面，在零下 268℃时冻结碳 60 分子的热振荡，在国际上首次“拍摄”到能够清楚分辨碳原子间单键和双键的分子图像。这种单分子直接成像技术为制造纳米器件提供了有效手段。这一研究成果已在《自然》杂志上发表。

7.我国早期生命研究获重要成果。2001 年 11 月 22 日出版的英国《自然》杂志发表了西北大学舒德干教授等人合作完成的早期生命研究领域的又一突破性成果——《中国澄江化石库中发现新的后口动物门》，并将这一奇特的绝灭类群命名为“古虫动物门”。这是《自然》杂志近年来第六次公布舒德干等在“寒武纪生命大爆发”研究这一重大前沿领域的系列性科学发现，为全面、准确揭示寒武纪生命大爆发的属性和力度提供了可靠证据。

8.我国新核素合成研究获突破。中国科学院近代物理所的科研人员在新核素合成和研究方面取得了新的重要突破：首次合成了超重新核素 259Db，使我国的新核素合成和研究跨入了超重核区的大门；首次在国际学术刊物上确认了 β-缓发裂变先驱核 230Ac，率先登上了核科学家梦寐以求的缓发裂变岛。这两项成果已得到国际同行专家的好评。

9.全国土地资源“家底”摸清。该项目由全国农业区划委员会负责领导，投入人员 200 万人，投入经费 13 亿元。汇总的主要成果有：《中国土地资源》和《中国土地资源调查技术》等专著；《中国土地资源调查数据集》；全国 1:50 万土地利用分幅图、全国 1:250 万和 1:450 万土地利用挂图；《中国土地资源调查画册》和技术专题片等 10 多项成果。这是我国迄今为止最系统、全面、准确的土地国情国力资料，项目成果整体上达到国际先进水平。

10.我国创世界棉花单产“三连冠”。中国科学院组织多个研究所，建立不同类型示范区，以技术集成的方式，探索新疆棉花可持续优质高产的途径，实现了棉花种植技术的重大突破，连续三年创造了亩产皮棉 200 公斤至 250 公斤的世界高产纪录。科研人员在新疆累计推广棉花面积达 240 万亩，增产棉花 5771 万公斤，增加产值 5.6 亿元。

（信息来源：新华网 2002 年 1 月 24 日）

◎榜五、2003—2001 全国十大教育新闻◎

(一) 2003 全国十大教育新闻

1.我国公布新世纪教育与人力资源战略问题研究报告。2003 年 2 月 13 日,我国第一部有关新世纪教育与人力资源战略问题的研究报告——《从人口大国迈向人力资源强国》问世。该报告分析了中国教育与人力资源开发存在的主要问题,提出了未来 50 年,特别是未来 20 年发展教育与开发人力资源的若干重大制度创新和政策建议。

2.全国各地全力治理教育乱收费。2003 年 2 月 23 日,全国教育纪检监察工作会议召开,教育部将治理教育乱收费列为 2003 年教育部重点工作之一。国务院纠风办等 6 部门建立了治理教育乱收费部际联席会议制度。各地教育、纪检监察等部门密切配合,严肃查处和通报了一批乱收费案件,对近千人给予了党纪、政纪处分。

3.辽宁海城发生两千多名学生豆奶中毒事件。2003 年 3 月 19 日,辽宁省海城市部分小学生及教师饮用豆奶发生食物中毒,其中涉及两千多名小学生。此次豆奶中毒事件引起社会广泛关注。

4.新一届教育部长提出办好让人民满意的教育。2003 年 3 月 27 日,刚刚上任的教育部党组书记、部长周济在接受新闻媒体采访时表示,新一届政府教育工作的奋斗目标,就是办好让人民满意的教育,努力培育实现中华民族伟大复兴的一代新人。

5.教育战线众志成城抗非典。2003 年非典期间,教育战线广大干部、教师和学生在党中央、国务院坚强领导下,万众一心,迎难而上,打响了校园保卫战、医治防护战和科技攻关战,夺取了抗击非典工作的阶段性胜利。其间,北京等地开辟了"空中课堂",通过广播、电视、网络等,为学生提供免费辅导。全国高考和大学毕业生就业等工作顺利进行。

6.国家采取政策积极推进大学毕业生就业。2003 年 6 月 3 日,国务院召开 2003 年全国高校毕业生就业工作电视电话会议。国家鼓励用人单位多吸纳高校毕业生就业,支持高校毕业生自主创业和灵活就业。此前,国家还取消了不利于高校毕业生就业的政策规定,允许高校毕业生跨省(自治区、直辖市)、跨地(市)就业。

7.我国建立留学预警制度。2003 年 6 月 23 日,教育部通过教育涉外监管信息网和中国留学网首次公布了美、英等 10 个国家的部分学校名单。这些学校均经过所在国教育主管部门认可。针对一些自费出国留学中介违规和境外机构在华非法招生案件,教育部会同有关部门加大查处力度,建立留学预警制度。

8.百名教师获首届高校教学名师奖。2003 年 9 月 9 日,"首届高等学校教学名师奖"颁奖,共有 100 名教师获奖。教育部设立 "高等学校教学名师奖",旨在表彰在高等学校人才培养工作中作出突出贡献的教师,是新中国成立以来的第一次。

9.国务院首次召开全国农村教育工作会议。2003 年 9 月 19 日至 20 日,全国农村教育工作会议召开。由国务院召开会议专门研究部署农村教育工作,这在新中国教育发展史上是第一次。会前,国务院通过了《关于进一步加强农村教育工作的决定》,明确了农村教育作为教育工作重中之重的战略地位。

10.《李岚清教育访谈录》出版。2003 年 12 月 9 日,一部反映中国跨世纪教育改革与发展十年历程的文献——《李岚清教育访谈录》出版发行。该书记录了中国教育改革与发展的十年历程和中国教育工作重大决策出台背景。

(信息来源:《中国教育报》2004 年 1 月 1 日)

(二) 2002 全国十大教育新闻

1.教育被列入党的十六大确定的"全面建设小康社会"的四大目标之一。2002 年 11 月 8 日召开的党的十六大将教育列入"全面建设小康社会"的重要目标之一,强调要形成比较完善的现代国民教育体系,人民享有接受良好教育的机会,基本普及高中阶段教育,消除文盲,形成全民学习、终身学习的学习型社会,促进人的全面发展。

2.江泽民提出要大力推进教育创新,要大力促进我国哲学社会科学事业的发展繁荣。2002 年 9 月 8 日,江泽民同志在北京师范大学百年校庆大会上发表重要讲话时指出:必须不断推进教育创新,教育创新与理论创新、制度创新和科技创新一样,非常重要。2002 年 4 月 28 日,江泽民同志在中国人民大学考察时指出,要始终高度重视哲学社会科学的巨大作用,大力促进我国哲学社会科学事业的发展繁荣。

3.民办教育促进法出台。2002 年 12 月 28 日,九届全国人大常委会第 31 次会议表决通过了《中华人民共和国民办教育促进法》,起草、审议达 4 年之久的《中华人民共和国民办教育促进法》正式出台,这是我国第一部规范和促进民办教育发展的法律文件。

4."以县为主"的农村义务教育管理体制改革全面实施,标志着我国实行 17 年的农村义务教育管理体制发生重大变化。2002 年 5 月 16 日,国务院办公厅发出《关于完善农村义务教育管理体制的通知》,进一步强调县级人民政府对农村义务教育负有主要责任,并规定和划分了各级人民政府的责任。

5.国家出台新政策,大力推进民族教育和职业教育发展。2002 年 8 月 19 日,《国务院关于深化改革加快发展民族教育的决定》发布,2002 年 9 月 24 日,《国务院关于大力推进职业教育改革与发展的决定》发布,就新时期我国民族教育和职业教育的发展、改革及政策措施等作出规定。

6.我国教育收费实行公示制度，让社会监督学校收费。2002年6月17日，国家计委、财政部和教育部联合发出通知，决定在全国各级各类学校实行教育收费公示制度。要求学校通过设立公示栏、公示牌、公示墙等形式，向社会公布收费项目、收费标准等相关内容。

7. 全国1000万中小学生新学年开始实验新课程，基础教育课程改革进入关键阶段。从2002年9月1日开始，全国基础教育新课程实验区由原来的38个扩大到500余个，参与实验新课程的中小学生人数增加到1000万人。

8.我国首次举办高规格中外大学校长论坛。2002年7月22日至31日，我国高等教育历史上规模最大、人数最多、层次最高的中外大学校长论坛在京举办，来自哈佛大学、牛津大学、东京大学等世界著名大学的17位校长和高等教育研究专家，以及我国内地81所高校和香港科技大学的校长参加了论坛，就世界高等教育的改革与发展以及高校办学经验同台演讲，交流经验。

9.2003年高考提前一个月举行。从2003年起，自1979年以来实行的普通高校招生考试时间由每年的7月提前至6月。为配合这一改革举措，2002年5月28日，教育部公布新修订的普通高中试验课程方案。

10.两少年纵火“蓝极速”网吧，造成严重伤亡，政府全面治理网吧。2002年6月16日，两名少年在北京市海淀区一非法经营的“蓝极速”网吧纵火，致使25人在火灾中丧生，引起政府和社会的高度关注。2002年10月11日，国务院公布《互联网上网服务营业场所管理条例》，禁止未成年人进入互联网上网服务营业场所，各级政府全面治理网吧。

（信息来源：《中国教育报》2002年12月29日）

（三）2001全国十大教育新闻

1.我国宣布基本普及九年义务教育和基本扫除青壮年文盲。2001年1月1日，中华人民共和国主席江泽民在全国政协新年茶话会上的讲话中向全世界庄严宣布：我国如期实现了基本普及九年义务教育和基本扫除青壮年文盲的战略目标。截止2000年底，全国通过现阶段“两基”验收标准的县级行动区划单位总数已达2541个，地区人口覆盖率达到85%以上。

2.我国开始实施教师资格制度。2001年1月4日，我国正式启动全国实施教师资格制度工作，首次面向社会开展教师资格认定。

3.高考报考条件放宽。2001年4月3日，教育部对报名参加2001年普通高校招生全国统一考试的考生条件进一步放宽，取消“未婚，年龄一般不超过25周岁”的限制；应届中等职业学校毕业生不再只限报高等职业学校，可在毕业当年报考普通高校。

4.江泽民2001年4月29日在清华大学庆祝建校90周年大会上发表重要讲话。江泽民同志指出，大学应该成为科教兴国的强大生力军。要继续提高高等教育的质量，加快高等教育事业的发展，努力在全国建设若干所具有世界先进水平的一流大学。

5.国务院2001年6月12日召开改革开放以来第一次全国基础教育工作会议。

6.2001年8月22日至24日，九个人口大国全民教育部长级会议在京召开。此次会议是我国自1971年恢复联合国教科文组织合法席位以来近30年间首次在教育领域与之合作并承办的部长级会议。

7.2001年8月22日，中国成功举办世界大学生运动会。中国代表团获金牌和奖牌总数第一。

8.我国中小学新课程标准颁布。2001年9月1日，《基础教育课程改革纲要（试行）》实施，这标志着我国基础教育课程改革取得了突破性的进展。

9.国家加大对西部教育支持力度。2001年国家从规划、政策和经费等多方面加大对西部地区教育事业的支持力度：教育部新批准设置了11所西部地区本、专科院校；中央分别拨专款13.55亿元和36.7亿元支持西部教育。

10.国家将建立奖学金制度，开展社会助学活动。2001年12月28日，国家科技教育领导小组第十次会议决定，建立面向高等学校家庭经济困难、品学兼优学生的奖学金制度；设立教育发展基金，接受国内外各界对教育的捐赠和赞助。

（信息来源：《光明日报》2001年12月31日）

◎榜六、2003中国体育十大新闻◎

1.中国女排17年后重夺世界冠军。在第9届世界杯女子排球赛上，中国队11战全胜获得冠军。这是中国女排时隔17年后再次成为世界冠军。

2.北京奥运会会徽揭晓，市场开发计划启动。2003年8月3日，北京奥运会会徽“中国印·舞动的北京”揭晓；9月1日，奥运会市场开发计划正式启动；国家体育场“鸟巢”、国家游泳中心“水立方”、北京射击场和老山自行车馆4个奥运场馆定于年底开工建设。

3.中国业余登山运动员首次成功登顶珠穆朗玛峰。为纪念人类登顶珠峰50周年，包括4名业余登山者在内的中国珠峰登山队10名队员分别于2003年5月21日、22日登上世界最高峰。

4.中国队在首次实行11分新规则的世界乒乓球锦标赛上获得4枚金牌，惟有男单冠军旁落。中国乒乓球队在2003年5月25日于巴黎结束的第47届世乒赛上获得女单、女双、男双、混双4枚金牌，惟有男单冠军旁落。

5. 中国队在第8届苏迪曼杯世界羽毛球混合团体锦标赛中未能实现“五连冠”。中国队在荷兰艾恩德霍芬举行的第8届苏迪曼杯世界羽毛球混合团体锦标赛决赛中，以1:3不敌韩国队，未能实现“五连冠”。

6. 中国队未能进入第4届世界杯女足赛四强。中国队在2003年第4届世界杯女足赛四分之一决赛中以0:1负于加拿大队，未能进入四强。

7.第7届全国少数民族传统体育运动会和第5届全国城市运动会相继举行。第7届民族运动会于2003年9月6日至13日在宁夏举行。第5届城市运动会于2003年10月18日至27日在湖南举行。宁夏和湖南均是首次举办全国综合性运动会，并取得了圆满成功。

8.中国足球超级联赛加速筹备，上海申花队夺得“末代甲A”冠军。中国足协先后与上海文广新闻传媒集团和瑞士银方体育与传媒公司签订了中超联赛合作协议。历经10年的中国足球甲A联赛谢幕，上海申花队成为甲A联赛最后一个冠军得主。

9.中国举重队取得世界锦标赛最佳成绩。中国队2003年11月22日在温哥华落幕的世界举重锦标赛上获得21枚金牌、7枚银牌和4枚铜牌，创下历史最好成绩，并以男、女团体总分第一的身份拿满男子6张、女子4张奥运会入场券。中国选手3人10次打破7项世界纪录，其中山东姑娘刘春红5次改写世界纪录。

10.张楠为中国体操队首获女子个人全能奖牌，国际体联命名“双杠李小鹏”动作。在美国阿纳海姆举行的世界体操锦标赛上，中国队拿到团体和单项共5块金牌，名列奖牌和金牌榜榜首，取得参加世锦赛的最好成绩。张楠获得女子全能第三名，为中国队拿到了参加世锦赛历史上的第一块女子全能奖牌。在世锦赛期间，国际体联把李小鹏的“挂臂前摆屈体后空翻两周成挂臂”动作命名为“双杠李小鹏”。

(信息来源：《人民日报》海外版2003年12月23日)

◎2003 十大法治人物◎

1.“八年抗日”:苏向祥

2003 年 9 月 29 日,日本东京地方法院判决日本政府向中国遗留化学武器受害者赔偿 1.9 亿日元。在这场胜利的背后,是 34 岁的苏向祥 8 年坚持不懈的努力。

2.罪犯克星:王　军

王军,北京市公安局刑侦总队总队长。2003 年 3 月,他仅用 14 天便领导侦破了震惊全国的北大清华爆炸案。他还先后领导破获了鹿宪洲持枪抢劫银行运款车系列案、白宝山持枪袭击军警案等一大批重特大刑事案件。

3.公诉人:吴筱萍

2003 年,吴筱萍作为广州市检察院的检察官,对在广东影响甚广的“4·6 重大涉黑案件”提起抗诉。100%的起诉准确率,似乎是不可能的任务。不过,这却是吴筱萍 10 年来的业绩。

4.自然之友:梁从诫

梁从诫,民间环境保护组织“自然之友”负责人。以梁从诫为代表的民间环保组织向全国人大提出建议,呼吁尽快修改《野生动物保护法》有关内容,加大对野生动物的保护力度。

5.铁案法官:李增亮

截至 2003 年,李增亮在陕西省蓝田县鹿塬法庭已经做了 13 年的法官,13 年来,他审理的案件无一超审限,改判率为零,调解率高。

6.中国法律最前沿的普及者:龙晓霞

龙晓霞,山西省平顺县苗庄镇司法助理员。因为她,越来越多的农民学会了用法律保护自己。

7.用法律讨回公道:500 个民工

没有经济基础,没有社会背景,想要打官司对于 500 个民工来说难上加难。这是全国首例将法律援助引入建筑行业处理拖欠工资的个案。

8.以公民的名义:许志永、俞　江、滕　彪

2003 年 3 月,孙志刚事件引起了全社会的关注,也引发了许志永、俞江、滕彪三位法学博士的思考。《城市流浪乞讨人员收容遣送办法》的废止,他们功不可没。

9.器官移植法案的先行者:吴江影

吴江影,深圳市人大代表。2003 年 8 月 22 日,在她的倡导与推动下,深圳市人大表决通过了《深圳市人体器官捐献移植条例》。

10.“民间第一团”团长:周大虎

周大虎,温州烟具协会会长。2003 年,他带领温州市 16 家打火机企业打赢了跨国商战的“洋官司”。这是中国入世后第一场民间社团打赢的“洋官司”。

(信息来源:《新京报》2003 年 12 月 5 日)

备注:此榜由全国普法办、中央电视台联合举办并于 2003 年 12 月 4 日发布。

◎榜一、2003《福布斯》中国百富榜◎

2003排名	2002排名	姓名	年龄	2003 净资产（亿美元）	2002 净资产（亿美元）	公司	地区	资产来源
1	–	丁　磊	32	10.76	—	网易	北京	互联网门户网站、在线游戏
2	1	荣智健及家族	61	9.34	8.5	中信泰富	香港	基础设施、房地产、市场与分销
3	2	许荣茂	53	8	7.8	世茂集团	上海	房地产
4	4	鲁冠球	58	6.87	5.7	万向集团	浙江	汽车配件、金融
5	6	刘永好	52	5.5	5.4	新希望集团	四川	饲料、金融、房地产
6	–	陈天桥	30	4.9	—	盛大网络	上海	在线游戏
7	8	刘永行	55	4.8	4.8	东方希望集团	上海	饲料、铝业
8	6	叶立培及家族	59	4.21	5.4	仲盛集团	上海	房地产
9	9	郭广昌	36	3.74	3.6	复兴高科技集团	上海	房地产、药品、零售、钢铁
10	5	陈丽华	62	3.61	5.6	富华国际集团	香港	房地产、紫檀博物馆
11	12	徐　明	32	3.6	3	实德集团	辽宁	建材、暖气设备、足球俱乐部
12	58	刘根山	46	3.43	1.2	茂盛国际集团	上海	基础设施、房地产
13	41	王传福	37	3.38	1.52	比亚迪	广东	蓄电池、汽车
14	19	张　涌	37	3.37	2.4	林凤集团	北京	投资、电力、房地产
15	68	朱孟依	44	3.13	1.15	合生创展集团	广东	房地产
16	17	杨卓舒	51	3	2.65	卓达集团	河北	房地产
16	9	刘汉元	39	3	3	通威集团	四川	鱼饲料及养殖
18	15	明金星	45	2.98	1.25	大众食品控股	香港	屠宰、肉食品
19	15	陶新康	50	2.9	2.9	新高潮集团	上海	木制品、汽车配件
20	–	张朝阳	39	2.7	—	搜狐	北京	互联网门户网站、游戏
21	58	叶韦辰	39	2.69	1.2	联合食品控股	山东	养猪、屠宰、生肉加工
22	–	童锦泉	48	2.5	—	长峰房地产	上海	房地产
23	3	孙广信	41	2.47	6	广汇实业投资集团	新疆	房地产、建材、天然气
24	88	王玉锁及家族	39	2.45	0.94	新奥燃气控股	河北	燃气供应、房地产
25	42	缪寿良	48	2.4	1.5	富源集团	广东	房地产、家用电器
26	–	关凌翔	42	2.3	—	翔峰集团	广州	塑料瓶、收缩薄膜、纸品
27	32	祝义才	39	2.29	1.9	江苏雨润食品	江苏	肉业、房地产
27	77	张佛恩	50	2.29	0.95	龙泉国际	广东	房地产投资
29	–	霍东岭	47	2.22	—	京信通信系统	香港	通信产品
30	23	郭　浩及家族	48	2.19	2.15	超大现代农业	福建	有机农业、零售
31	21	沈　雯	45	2.18	2.3	紫江集团	上海	印刷、包装、房地产
32	26	张　跃	43	2.17	2.05	远大空调	湖南	空调
33	–	邝汇珍	48	2.04	—	亚洲铝业集团	香港	铝制品
33	35	梁亮胜	52	2.04	1.7	丝宝集团	湖北	洗发水、妇女卫生用品、化妆品
35	48	张荣坤	30	2	4.45	福禧投资与沸点投资	上海	基础设施、房地产
36	95	黄宏生	47	1.94	0.87	创维数码控股	香港	彩电、数字电器
37	–	刘长乐	52	1.93	—	凤凰卫视	香港	电视广播
37	56	胡成中及家族	42	1.93	1.25	德力西集团	浙江	工业电子、房地产、购物中心
37	37	米恩华	44	1.93	1.55	华凌集团	新疆	建材市场、房地产
37	27	黄光裕	34	1.93	1.95	鹏润集团	北京	房地产、投资、零售

2003排名	2002排名	姓名	年龄	2003 净资产（亿美元）	2002 净资产（亿美元）	公司	地区	资产来源
37	27	唐万里 唐万新 及其兄弟	47 39	1.93	1.95	德隆国际战略投资集团	上海	投资、饮料
42	—	黄俊钦	36	1.87	—	新恒基集团	北京	房地产、建筑
43	47	吴　鹰	42	1.86	1.48	UT 斯达康	美国	通信产品
44	—	顾雏军	44	1.84	—	格林柯尔集团	广东	冰箱等家电产品
45	—	吴炳新	65	1.81	—	三株集团	山东	药品
45	—	张芝庭	58	1.81	—	贵州神奇集团	贵州	房地产、药品
45	36	朱保国	42	1.81	1.6	太太药业	广东	药品
45	—	李永军 及家族	36	1.81	—	喜之郎集团	广东	果冻布丁
45	48	卢志强	52	1.81	1.45	泛海集团	北京	金融、房地产
50	48	周庆治	48	1.8	1.45	南都集团	浙江	房地产
51	—	钭志刚	50	1.76	—	杭州锦江集团	浙江	环保材料、纺织、药品
52	48	品向阳	41	1.72	1.45	融捷投资管理集团	广东	投资、房地产
53	18	夏朝嘉	54	1.69	2.5	禾嘉集团	四川	农业、阀门、基础建设
54	19	张思民	41	1.65	2.4	海王集团	广东	药品
55	37	沈文荣	57	1.6	1.55	江苏沙钢集团	江苏	钢铁产品
55	37	韩真发	50	1.6	1.55	正业集团	吉林	养猪、房地产
57	33	吴一坚	43	1.59	1.8	金花企业集团	陕西	药品、房地产
58	—	宗庆后	58	1.57	—	娃哈哈集团	浙江	饮料、童装
58	—	李金元	42	1.57	—	天狮集团	天津	药品
58	58	张　雷	41	1.57	1.2	当代集团	北京	房地产
58	33	韩国龙	48	1.57	1.8	冠城集团	香港	房地产
58	58	楼忠福	49	1.57	1.2	广厦控股	浙江	建筑及房地产
63	42	张果喜	51	1.56	1.5	果喜集团	浙江	房地产
64	37	欧亚平	40	1.55	1.55	百仕达控股	香港	公用事业、房地产
65	71	宋卫平	46	1.54	1.1	绿城集团	浙江	房地产
66	—	朱　骏	37	1.5	—	第九城市	上海	在线游戏
66	12	左宗申	50	1.5	3	宗申集团	重庆	摩托车、发动机
66	—	刘小明	48	1.5	—	大成生化科技集团	香港	谷类产品
66	74	高远坤	45	1.5	1	力诺集团	山东	玻璃及太阳农产品
70	27	剪英海	41	1.45	1.95	华普产业集团	北京	房地产、电子支付系统及零售
71	95	张志祥	36	1.43	0.87	建龙钢铁	河北	钢铁产品
72	—	段永平 及家族	42	1.43	—	步步高集团	广东	投资、电子产品
73	—	梁信军	35	1.41	—	复星高科技集团	上海	房地产、药品、零售、钢铁
74	—	Lily Huang	40	1.38	—	北泰集团	北京	汽车配件
75	—	蓝伟光 及家族	39	1.37	—	新达科技集团	新加坡	化工膜技术
76	—	梁稳根	45	1.33	—	三一重工	湖南	建筑机械、电信设备
77	—	史跃武	30	1.32	—	振兴集团	山西	铝、煤、能源
77	27	吴良定 及家族	57	1.32	1.95	中宝集团	浙江	机械及汽车配件、机床、汽车
79	40	孙宏斌	1.27		—	顺驰集团	天津	房地产
80	—	施文博	54	1.26	—	恒安国际集团	福建	卫生纸、纸品
81	56	周连奎 周连良 （兄弟）	43 40	1.25	1.25	大众食品控股	香港	屠宰及肉食品
82	—	欧俊发	61	1.22	—	大成生化科技	香港	谷类产品

2003 排名	2002 排名	姓名	年龄	2003 净资产（亿美元）	2002 净资产（亿美元）	公司	地区	资产来源
83	71	杜　厦	55	1.2	1.1	家世界集团	天津	零售
83	42	昝圣达	40	1.2	1.5	综艺集团	江苏	高科技投资、智能卡芯片及纺织
83	23	任运良及家族	50	1.2	2.15	华丰集团	辽宁	专用设备、塑料管、房地产
83	12	荣　海	46	1.2	3	海星集团	陕西	信息技术系统、果汁及房地产
83		陈伟东	40	1.2	—	万基集团	广东	药品
83	95	曹明芳	59	1.2	0.95	江阴模塑	江苏	汽车配件、制模机械
89	—	宋殿权	48	1.19	—	光宇国际集团	黑龙江	蓄电池
90	—	许自连	50	1.16	—	恒安国际集团	福建	卫生用品、纸制品
91	—	陈　健	41	1.15	—	聚友网络	广东	通讯、投资
92	67	沈　家	54	1.13	1.19	华乐燃气控股	香港	天然气
93	98	尹明善	65	1.1	0.85	力帆集团	重庆	摩托车及发动机
93	58	南存辉及家族	40	1.1	1.2	正泰集团	浙江	工业电气设备
93	42	张　扬	41	1.1	1.5	国中控股	香港	房地产与投资
96	89	李兴浩	49	1.09	0.9	志高空调	广东	空调器
97	—	冯光成	52	1.04	—	浙江玻璃	浙江	玻璃、水泥、高科技
97	—	王春鸣	55	1.04	—	国栋建设集团	四川	建筑材料
99	—	马化腾	32	1	—	腾讯公司	广东	网络
99	—	张锴雍	42	1	—	中科智集团	广东	投资、金融

（信息来源：新浪财经 2003 年 10 月 30 日）

◎榜二、2002《福布斯》中国内地首富榜◎

2002 排名	2001 排名	姓名	年龄	2002 资产（百万美元）	2001 资产（百万美元）	企业	产业
1	4	荣智健	60	850	780	中信泰富	基础设施、房地产、市场零售
2	5	许荣茂	52	780	720	世茂集团	香港、上海、北京、福建房地产
3	9	孙广信	40	600	430	新疆广汇企业投资集团	乌鲁木齐房地产、建筑材料、天然气
4	7	鲁冠球	57	570	480	浙江万向集团	汽车零配件
5	6	陈丽华	61	560	640	香港富华国际集团	北京房地产、紫檀木博物馆
6	1	刘永好	51	540	1000	新希望集团	饲料、金融、房地产
6	–	叶立培	58	540	—	仲盛集团	上海房地产
8	1	刘永行	54	480	1000	东方希望集团	饲料
9	81	郭广昌	35	360	70	复星高科技集团	上海房地产、医药、零售
9	11	刘汉元	38	360	320	通威集团	鱼饲料、鱼养殖
11	94	周正毅	41	320	66	农凯集团	上海房地产、基础设施、农业、金融
12	19	左宗申	49	300	240	宗申集团	摩托车、发动机
12	18	徐　明	31	300	240	大连实德集团	化工建材、足球俱乐部
12	12	荣　海	45	300	300	西安海星科技集团	IT 系统、果汁、西安房地产
15	14	陶新康	49	290	265	上海新高潮集团	木制品
15	21	明金星	44	290	235	大众食品控股	屠宰场和猪肉加工
17	15	杨卓舒	50	265	250	卓达集团	石家庄房地产
18	17	夏朝嘉	53	250	240	禾嘉集团	农业、阀门制造、基础设施
19	10	张思民	40	240	420	海王生物工程集团	医药
19	–	张　涌	36	240	—	林凤集团	投资、成都房地产

2002排名	2001排名	姓名	年龄	2002资产（百万美元）	2001资产（百万美元）	企业	产业
21	46	沈 雯	44	230	116	上海紫江集团	印刷包装、精密仪器、上海房地产
22	—	陈顺利	40	220	—	中国特种纤维控股	化纤
23	52	任运良	49	215	108	大连华丰集团	特种设备、塑料管材、辽宁和长春房地产
23	23	陈金飞	40	215	216	北京通产投资集团	金融、北京房地产、建筑材料
23	22	郭 浩	47	215	233	超大农业集团	有机农业
26	25	张 跃	42	205	202	远大空调集团	中央空调
27	37	唐万里 唐万新 及其兄弟	38	195	145	德隆国际战略投资公司	投资
27	28	吴良定	56	195	180	浙江中宝实业集团	机器和汽车零配件、机械工具、汽车
27	35	蓢英海	40	195	145	华普产业集团	北京房地产、电子付费系统、零售
27	—	李海仓	47	195	—	山西海鑫钢铁	钢铁产品
27	27	黄光裕	33	195	180	鹏润投资集团	家电零售、北京房地产
32	53	祝义才	38	190	106	南京雨润肉食品	肉制品、房地产
33	—	韩国龙	47	180	—	冠城集团	北京、杭州、福清房地产
33	8	吴一坚	42	180	480	陕西金花企业发展集团	医药、西安房地产
35	—	梁亮胜	51	170	—	丝宝集团	洗发水、女性健康用品、化妆品
36	30	朱保国	41	160	171	深圳太太药业	保健品
37	42	米恩华	43	155	120	新疆华凌集团	建筑材料市场、乌鲁木齐房地产
37	—	欧亚平	40	155	—	百仕达控股	公用事业、深圳房地产
37	33	韩真发	49	155	145	吉林正业集团	养殖、猪肉加工、长春和北京房地产
37	—	沈文荣	56	155	—	江苏沙钢集团	钢铁制品
41	—	王传福	36	152	—	比亚迪公司	充电电池
42	75	昝圣达	39	150	85	江苏综艺集团	高科技投资、芯片、纺织
42	43	缪寿良	47	150	120	深圳富源集团	深圳房地产、商场、家用电子产品
42	13	张 扬	39	150	280	国中控股有限公司	基础设施、房地产
42	38	张果喜	50	150	145	江西果喜集团	木雕制品、发泡材料、旅游、微型电机
42	34	黄巧灵	44	150	145	杭州宋城集团	浙江旅游、房地产
47	67	吴 鹰	41	148	96	UT斯达康公司	通讯设施、器材
48	—	张荣坤	34	145	—	福禧投资控股	基础设施、房地产
48	—	苏志刚	44	145	—	长隆集团	广东旅游、鳄鱼养殖
48	45	周庆治	47	145	120	南都集团	浙江房地产、基础设施、金融
48	36	卢志强	50	145	145	泛海集团	金融、房地产
48	—	吕向阳	40	145	—	广州融捷投资管理	投资、充电电池、广州和上海房地产
48	—	周建平	41	145	—	海澜集团	西服、服装面料
54	48	刘绍喜	39	130	111	宜华企业集团	木制品及房地产
54	49	李书福	39	130	110	浙江吉利集团	汽车、摩托车
56	73	胡成中	41	125	70	德力西集团	工业电器、房地产
56	58	周连奎 周连良 （兄弟）	42 39	125	102	大众食品控股	屠宰场和猪肉加工
58	—	杨国强	46	120	—	碧桂园	广东房地产
58	—	刘根山	45	120	—	茂盛集团	基础设施、上海房地产
58	—	张玉其	40	120	—	东莞振兴纸品	纸制品、印刷包装
58	65	南存辉	39	120	96	温州正泰集团公司	工业电器
58	—	陈润光	48	120	—	光大企业集团	东莞房地产
58	31	叶韦辰	38	120	168	联合食品控股	猪养殖、屠宰以及猪肉加工
58	—	张 雷	40	120	—	当代集团	北京房地产
58	50	楼忠福	48	120	110	浙江广厦建筑企业集团	建筑、杭州房地产
58	72	乔金岭	52	120	85	河南黄河实业集团	工业金刚石、金刚石制品

2002排名	2001排名	姓名	年龄	2002资产（百万美元）	2001资产（百万美元）	企业	产业
67	90	沈家桑	53	119	68	华桑燃气控股	燃气供应
68	—	朱孟依	43	115	—	合生创展	广东房地产
68	—	刘　虹	35	115	—	成功集团	投资、基础设施、高科技
68	51	石山麟	57	115	110	昌宁集团	水供应系统、水泵、管道
71	62	杜　厦	54	110	96	天津家世界集团	超市连锁、家居饰品零售
71	56	杨　澜	33	110	102	阳光文化网络电视有限公司	媒体
71	—	宋卫平	45	110	—	绿城集团	杭州、上海、北京房地产
74	—	阮希玮	38	100	—	德亚集团	投资、房地产、水产养殖
74	—	高元坤	44	100	—	力诺集团	玻璃、太阳能制品
74	64	缪双大及其兄弟	51	100	96	双良集团	中央空调
77	24	张宏伟	47	95	204	东方集团	金融、零售、黑龙江房地产
77	86	宋如华	40	95	70	托普集团	IT系统、金融
77	—	韩召善	52	95	—	盼盼集团	安全门
77	—	曹明芳	58	95	—	模塑集团	汽车零配件、制模机械、房地产
77	76	周伟彬	39	95	85	广东金冠涂料集团	涂料
77	—	车建兴	38	95	—	红星家具集团	家具零售
77	—	付　军	45	95	—	新华联集团	北京房地产、白酒
77	—	胡葆森	47	95	—	河南建业集团	河南房地产
77	—	张佛恩	50	95	—	龙泉国际	东莞酒店业
77	—	戴庆元	55	95	—	五元企业集团	南海房地产
77	41	周福仁	51	95	125	西洋集团	化肥、防火材料
88	55	王玉锁	38	94	104	新奥集团	燃气供应、房地产
89	91	陈　荣	43	90	66	上海中路集团有限公司	保龄球设备、自行车
89	71	李勤夫	40	90	85	浙江茉织华集团公司	纺织、印刷
89	—	涂建华	39	90	—	隆鑫摩托	发动机、摩托车
89	—	李兴浩	38	90	—	志高空调	空调
89	82	何　然	41	90	70	国腾通讯有限公司	通讯设备
94	60	王文京	38	89	101	用友软件	企业管理软件
95	—	张志祥	35	87	—	唐山建龙实业有限公司	钢铁制品
95	95	曹德旺	57	87	64	福耀集团	汽车玻璃
95	—	黄宏生	46	87	—	香港创维公司	彩色电视机和数码产品
98	96	尹明善	64	85	63	力帆集团	发动机、摩托车
98	70	郭梓文	37	85	85	广东金业集团	广州、上海、北京房地产
100	98	孙甚林	51	84	61	南方集团	重庆房地产

（信息来源：新浪财经 2002 年 10 月 25 日）

◎榜三、2001《福布斯》中国大陆首富企业家◎

2001名次	姓名	年龄	财富(亿元)	公司	总部	上市地点	上市年份	估价	主要行业
1	刘永行 刘永好 及其兄弟	53	83.0	东方希望,新希望	上海	深圳	1998	净资产	饲料
2	杨　斌	38	75.0	欧亚集团	辽宁	香港	2001	净资产	房地产、旅游、花卉
3	仰　融	45	70.0	华晨控股	上海	纽约、香港、上海	1992、1999	国际市值	客车、投资
4	荣智健	59	65.0	中信泰富	香港	香港	1986	国际市值	投资
5	许荣茂	51	60.0	世茂集团	上海	上海	2000	净资产	房地产
6	陈丽华	60	55.0	香港富华国际集团	北京	—	—	净资产	房地产
7	鲁冠球	57	40.0	万向集团	浙江	深圳	1994	净资产	汽车配件
8	吴一坚	41	40.0	金花企业集团	陕西西安	上海	1997	净资产	药业、房地产
9	孙广信	39	36.0	新疆广汇企业集团	新疆乌鲁木齐	上海	2000	净资产	房地产、建筑材料、锅炉
10	张思民	39	35.0	海王集团	广东深圳	深圳	1998	净资产	药业
11	刘汉元	37	27.0	通威企业集团	四川成都	—	—	净资产	鱼饲料
12	荣　海	44	25.0	海星集团	陕西西安	上海	1999	净资产	计算机、饮料、房地产
13	张　扬	38	23.0	国中控股	香港	香港	2000	国际市值	房地产、投资
14	陶新康	48	22.0	上海新高潮集团	上海	—	—	净资产	木业
15	杨卓舒	48	21.0	卓达集团	河北	—	—	净资产	房地产、旅游、教育
16	李晓华	50	20.0	华达集团	北京	—	—	净资产	投资、高科技、生物科技
17	夏朝嘉	52	20.0	禾嘉集团	四川成都	上海	1997	净资产	农业、阀门
18	徐　明	30	20.0	大连实德集团	辽宁大连	—	—	净资产	建筑材料
19	左宗申	48	20.0	宗申集团	重庆	深圳	2001	净资产	摩托车、发动机
20	顾雏军	41	19.6	格林柯尔控股	香港	香港创业板	2001	国际市值	环保制冷剂
21	明金星	43	19.5	大众食品控股	香港	新加坡	2001	国际市值	肉制品
22	郭　浩	46	19.3	超大现代农业集团	福建福州	香港	2000	国际市值	有机农业
23	陈金飞	39	18.0	北京通产投资集团	北京	北京	—	净资产	房地产、投资
24	张宏伟	46	17.0	东方集团	黑龙江哈尔滨	上海	1994	净资产	投资、房地产、建筑材料
25	张　剑 张　跃 (兄弟)	41	16.8	远大空调集团	湖南长沙	湖南	—	净资产	中央空调
26	李一奎	50	16.0	通化东宝集团	吉林通化	上海	1994	净资产	药业
27	黄光裕	32	15.0	鹏润集团	北京	广东	—	净资产	家用电器、房地产
28	吴良定	55	15.0	浙江中宝实业集团	浙江	浙江	—	净资产	纺织机械、摩托车轮
29	郭立文	61	14.5	哈慈集团	上海	上海	1996	净资产	保健产品
30	朱保国	39	14.2	深圳太太药业	广东深圳	上海	2001	国内市值	美容保健品
31	叶韦辰	37	14.0	联合食品控股	山东临沂	新加坡	2001	国际市值	肉制品
32	李金元	41	12.5	天狮集团	天津	河北	—	净资产	药业、保健品

2001名次	姓名	年龄	财富(亿元)	公司	总部	上市地点	上市年份	估价	主要行业
33	韩真发	48	12.0	吉林正业集团	吉林长春	吉林	—	净资产	房地产、生猪养殖、屠宰、加工
34	黄巧灵	43	12.0	宋城集团	浙江	浙江	—	净资产	旅游、房地产
35	翦英海	37	12.0	华普产业集团	北京	北京	—	净资产	房地产、零售连锁
36	卢志强	49	12.0	泛海集团	北京	山东	—	净资产	投资、房地产
37	唐万里 唐万新 及其兄弟	37	12.0	上海德隆、新疆德隆	上海	上海	1996	净资产	投资
38	张果喜	49	12.0	江西果喜集团	江西	江西	—	净资产	木雕、泡沫塑料
39	蒋泉龙	50	11.4	中国稀土控股	江苏宜兴	香港	1999	国际市值	稀土产品
40	阎俊杰 张　璨 (夫妇)	37	11.0	达因集团	北京	北京	—	净资产	药业、高科技
41	周福仁	50	10.5	西洋集团	辽宁海城	辽宁	—	净资产	肥料、防火材料
42	米恩华	42	10.0	新疆华凌集团	新疆乌鲁木齐	山东	—	净资产	房地产、建筑材料
43	缪寿良	46	10.0	深圳富源实业	广东深圳	广东	—	净资产	建筑材料、房地产
44	孙生有	71	10.0	大连新型集团	辽宁大连	辽宁	—	净资产	房地产、建筑材料
45	周庆治	46	10.0	南都集团	浙江杭州	新加坡	2000	净资产	房地产、收费公路
46	沈　雯	43	9.6	紫江集团	上海	上海	1999	净资产	印刷、包装、电子
47	罗日炎	60	9.5	美尔雅集团	湖北黄石	上海	1997	净资产	服装
48	刘绍喜	38	9.2	宜华企业集团	广东	广东	—	净资产	木制品
49	李书福	38	9.1	浙江吉利集团	浙江台州	浙江	—	净资产	汽车、摩托车
50	楼忠福	47	9.1	广厦集团	浙江杭州	上海	1997	净资产	建筑、房地产
51	石山麟	56	9.1	昌宁集团	北京	吉林	—	净资产	给排水系统
52	任运良	48	9.0	大连华丰集团	辽宁大连	辽宁	—	净资产	高尔夫球场、房地产、高科技园
53	祝义才	37	8.8	南京雨润肉食品	江苏南京	安徽	—	净资产	肉制品
54	徐万茂	56	8.7	宁波华茂集团	浙江	浙江	—	净资产	文教用品、教育
55	王玉锁	37	8.6	新奥燃气控股	河北廊坊	香港创业板	2001	国际市值	燃气供应
56	杨　澜	32	8.5	阳光文化	上海	香港	2000	净资产	媒体
57	翟家华	41	8.5	天津华业集团	天津	天津	—	净资产	药业
58	周连奎 周连良 (兄弟)	41	8.5	大众食品控股	山东	新加坡	2001	国际市值	肉制品
59	梁庆德	64	8.4	格兰仕实业集团	广东	广东	—	净资产	微波炉
60	王文京	37	8.4	用友软件集团	北京	上海	2001	国内市值	企业管理软件
61	陈金义	40	8.0	浙江金义集团	浙江杭州	浙江	—	净资产	软饮料
62	杜　厦	53	8.0	天津家世界集团	天津	北京	—	净资产	零售连锁
63	罗忠福	50	8.0	福海集团	广东珠海	贵州	—	净资产	房地产
64	缪双大	50	8.0	双良集团	江苏江阴	江苏	—	净资产	中央空调
65	南存辉	38	8.0	正泰集团	浙江	浙江	—	净资产	电气产品
66	王洪德	66	8.0	京海集团	北京	辽宁	—	净资产	IT、房地产
67	吴　鹰	41	8.0	UT 斯达康	北京	纳斯达克	2000	国际市值	通讯产品
68	陈士良	38	7.5	浙江桐昆集团	浙江	浙江	—	净资产	化纤
69	侯丽萍	46	7.3	山西正中药业	山西	香港	2000	国际市值	药业
70	郭梓文	36	7.0	广东金业集团	广东广州	广东	—	净资产	房地产
71	李勤夫	39	7.0	茉织华集团	上海	上海	1998	净资产	服装、特种印刷

2001名次	姓名	年龄	财富(亿元)	公司	总部	上市地点	上市年份	估价	主要行业
72	乔金岭	52	7.0	河南黄河实业集团	河南	上海	1998	净资产	工业钻石
73	史民志	52	7.0	山西振兴集团	山西	山西	–	净资产	铝、电、煤
74	王贵武	42	7.0	天津银座集团	天津	天津	–	净资产	房地产
75	昝圣达 昝圣明(兄弟)	59	7.0	江苏综艺集团	江苏	上海	1996	净资产	高科技投资、木材经销、纺织品
76	周伟彬	38	7.0	金冠涂料集团	广东顺德	广东	–	净资产	油漆
77	丁　健	36	6.6	亚信控股	北京	纳斯达克	2000	国际市值	系统集成、软件服务
78	杨启昭	61	6.6	广东榕泰实业股份	广东	上海	2001	国内市值	陶瓷、新材料
79	张志熔	32	6.5	弘耘置业	上海	江苏	–	净资产	房地产
80	施　健	47	6.3	瀚洋科技投资	香港	香港	1999	国际市值	房地产
81	郭广昌	34	6.0	复星高科技集团	上海	上海	1998	净资产	药业、房地产
82	何　然	40	6.0	四川国腾通讯	四川成都	四川	–	净资产	IC卡电话
83	胡成中	40	6.0	德力西集团	浙江温州	浙江	–	净资产	电气产品
84	李桂莲	55	6.0	大杨集团	辽宁大连	上海	2000	净资产	服装
85	沈爱琴	55	6.0	万事利集团	浙江杭州	浙江	–	净资产	丝绸产品
86	宋如华	39	6.0	托普集团	四川成都	深圳、香港创业板	1995、2001	净资产	软件
87	王学利	41	6.0	天津德利得集团	天津	天津	–	净资产	药业、建筑材料
88	许宗林	45	6.0	西安翠宝实业集团	陕西西安	上海	1996	净资产	珠宝首饰
89	曾超文	54	6.0	贵州长寿长乐集团	贵州遵义	贵州	–	净资产	药业
90	沈家桑	52	5.6	华桑燃气控股	香港	香港创业板	2000	国际市值	燃气供应
91	陈　荣	42	5.5	上海中路集团	上海	上海	2001	净资产	保龄球设备、自行车、投资
92	陆汉振	45	5.5	浙江金轮集团	浙江	浙江	–	净资产	轮胎用帘子布
93	严健军	36	5.5	上海致达集团	上海	上海	–	净资产	高科技、软件
94	周正毅	40	5.5	农凯集团	上海	上海	–	净资产	投资
95	曹德旺	56	5.3	福耀集团	福建福清	上海	1993	国内市值	汽车玻璃
96	尹明善	63	5.2	力帆集团	重庆	重庆	–	净资产	摩托车发动机、摩托车
97	宋殿权	46	5.1	哈尔滨光宇集团	黑龙江哈尔滨	香港	1999	净资产	汽车电池
98	孙甚林	50	5.1	南方集团	重庆	重庆	–	净资产	房地产
99	王建沂	38	5.1	杭州富通集团	浙江	浙江	–	净资产	光缆产品
100	宋郑还	53	5.0	好孩子集团	江苏昆山	江苏	–	净资产	童车

(信息来源:新浪财经 2001 年 10 月 26 日)

◎2003–2001 中国经济百强县市◎

1.2003 中国经济百强县市

序号	县域单位	中郡指数	竞争力动态	竞争力等级
1	江苏江阴市	R1T2026	相对稳定	A级
2	江苏常熟市	R2T2026	相对稳定	A级
3	江苏张家港市	R3T2026	相对稳定	A级
4	江苏昆山市	R4T2026	相对稳定	A级
5	福建晋江市	R5T2026	相对稳定	A级
6	江苏吴江市	R6T2026	相对稳定	A级
7	浙江绍兴县	R7T2026	相对稳定	A级
8	江苏宜兴市	R8T2026	相对稳定	A级
9	浙江慈溪市	R9T2026	相对稳定	A级
10	山东荣成市	R10T2026	相对稳定	A级
11	浙江温岭市	R11T2026	相对稳定	A级
12	浙江余姚市	R12T2026	相对稳定	A级
13	福建福清市	R13T2026	相对稳定	A级
14	江苏太仓市	R14T2026	相对稳定	A级
15	浙江乐清市	R15T2026	相对稳定	A级
16	浙江诸暨市	R16T2026	相对稳定	A级
17	浙江义乌市	R17T2026	相对稳定	A级
18	山东文登市	R18T2026	相对稳定	A级
19	浙江瑞安市	R19T2026	相对稳定	A级
20	辽宁海城市	R20T2026	相对稳定	A级
21	广东增城市	R21T2026	相对稳定	A级
22	山东邹城市	R22T2026	相对稳定	A级
23	江苏丹阳市	R23T2026	相对稳定	A级
24	浙江海宁市	R24T2026	相对稳定	A级
25	山东龙口市	R25T2026	相对稳定	A级
26	浙江桐乡市	R26T2026	相对稳定	A级
27	山东即墨市	R27T2026	相对稳定	A级
28	山东胶南市	R28T2026	相对稳定	A级
29	福建南安市	R29T2026	相对稳定	A级
30	浙江富阳市	R30T2026	相对稳定	A级
31	山东胶州市	R31T2026	相对稳定	A级
32	浙江上虞市	R32T2026	相对稳定	A级
33	江苏海门市	R33T2026	相对稳定	A级
34	江苏通州市	R34T2026	相对稳定	A级
35	山东平度市	R35T2026	相对稳定	A级
36	福建惠安县	R36T2026	相对稳定	A级
37	山东章丘市	R37T2026	相对稳定	A级
38	山东寿光市	R38T2026	相对稳定	A级
39	广东普宁市	R39T2026	相对稳定	A级
40	广东惠阳市	R40T2026	相对稳定	A级
41	山东莱州市	R41T2026	相对稳定	A级
42	江苏启东市	R42T2026	相对稳定	A级
43	山东滕州市	R43T2026	相对稳定	A级
44	江苏江都市	R44T2026	相对稳定	A级
45	山东新泰市	R45T2026	相对稳定	A级
46	江苏泰兴市	R46T2026	相对稳定	A级
47	浙江临海市	R47T2026	相对稳定	A级
48	四川双流县	R48T2026	相对稳定	A级

序号	县域单位	中郡指数	竞争力动态	竞争力等级
49	浙江东阳市	R49T2026	相对稳定	A级
50	浙江玉环县	R50T2026	相对稳定	A级
51	北京密云县	R51T2026	相对稳定	A级
52	江苏溧阳市	R52T2026	相对稳定	A级
53	广东潮阳市	R53T2026	相对稳定	A级
54	山东兖州市	R54T2026	相对稳定	A级
55	广东台山市	R55T2026	相对稳定	A级
56	福建石狮市	R56T2026	相对稳定	A级
57	江苏东台市	R57T2026	相对稳定	A级
58	浙江平湖市	R58T2026	相对稳定	A级
59	山东肥城市	R59T2026	相对稳定	A级
60	新疆库尔勒市	R60T2026	相对稳定	A级
61	山东诸城市	R61T2026	相对稳定	A级
62	广东开平市	R62T2026	相对稳定	A级
63	河南巩义市	R63T2026	相对稳定	A级
64	浙江永康市	R64T2026	相对稳定	A级
65	山东乳山市	R65T2026	相对稳定	A级
66	上海崇明县	R66T2026	相对稳定	A级
67	山东招远市	R67T2026	相对稳定	A级
68	辽宁瓦房店市	R68T2026	相对稳定	A级
69	河北迁安市	R69T2026	相对稳定	A级
70	广东高要市	R70T2026	相对稳定	A级
71	福建长乐市	R71T2026	相对稳定	A级
72	江苏铜山县	R72T2026	相对稳定	A级
73	湖南长沙县	R73T2026	相对稳定	A级
74	辽宁庄河市	R74T2026	相对稳定	A级
75	辽宁普兰店市	R75T2026	相对稳定	A级
76	河北遵化市	R76T2026	相对稳定	A级
77	浙江象山县	R77T2026	相对稳定	A级
78	江苏靖江市	R78T2026	相对稳定	A级
79	江苏金坛市	R79T2026	相对稳定	A级
80	浙江苍南县	R80T2026	相对稳定	A级
81	江苏如东县	R81T2026	相对稳定	A级
82	浙江宁海县	R82T2026	相对稳定	A级
83	福建龙海市	R83T2026	相对稳定	A级
84	山东蓬莱市	R84T2026	相对稳定	A级
85	山东莱西市	R85T2026	相对稳定	A级
86	湖北仙桃市	R86T2026	相对稳定	A级
87	浙江长兴县	R87T2026	相对稳定	A级
88	辽宁大石桥市	R88T2026	相对稳定	A级
89	浙江嵊州市	R89T2026	相对稳定	A级
90	浙江临安市	R90T2026	相对稳定	A级
91	浙江嘉善县	R91T2026	相对稳定	A级
92	江苏大丰市	R92T2026	相对稳定	A级
93	广东高州市	R93T2026	相对稳定	A级
94	山东莱阳市	R94T2026	相对稳定	A级
95	广东从化市	R95T2026	相对稳定	A级
96	江苏兴化市	R96T2026	相对稳定	A级
97	浙江永嘉县	R97T2026	相对稳定	A级
98	重庆江津市	R98T2026	相对稳定	A级
99	浙江平阳县	R99T2026	相对稳定	A级
100	浙江德清县	R100T2026	相对稳定	A级

（信息来源：《经济日报》2003年11月23日）

2.2002 中国经济百强县市

排位	县域	UNIT	中郡指数	竞争力动态	竞争力等级
1	广东顺德市	GD–Shunde City	R1T2052	相对稳定	A
2	广东南海市	GD–Nanhai City	R2T2052	相对稳定	A
3	江苏江阴市	JS–Jiangyin City	R3T2052	相对稳定	A
4	江苏张家港市	JS–Zhangjiagang City	R4T2052	相对稳定	A
5	江苏常熟市	JS–Changshu City	R5T2052	相对稳定	A
6	福建晋江市	FJ–Jinjiang City	R6T2052	相对稳定	A
7	江苏武进市	JS–Wujin City	R7T2052	相对稳定	A
8	江苏昆山市	JS–Kunshan City	R8T2052	相对稳定	A
9	浙江绍兴县	ZJ–Shaoxing County	R9T2052	相对稳定	A
10	江苏吴江市	JS–Wujiang City	R10T2052	相对稳定	A
11	浙江慈溪市	ZJ–Cixi City	R11T2052	相对稳定	A
12	山东荣成市	SD–Rongcheng City	R12T2052	相对稳定	A
13	江苏宜兴市	JS–Yixing City	R13T2052	相对稳定	A
14	浙江鄞县	ZJ–Yinxian County	R14T2052	相对稳定	A
15	浙江温岭市	ZJ–Wenling City	R15T2052	相对稳定	A
16	福建福清市	FJ–Fuqing City	R16T2052	相对稳定	A
17	浙江余姚市	ZJ–Yuyao City	R17T2052	相对稳定	A
18	山东文登市	SD–Wendeng City	R18T2052	相对稳定	A
19	浙江乐清市	ZJ–Leqing City	R19T2052	相对稳定	A
20	浙江诸暨市	ZJ–Zhuji City	R20T2052	相对稳定	A
21	江苏太仓市	JS–Taicang City	R21T2052	相对稳定	A
22	辽宁海城市	LN–Haicheng City	R22T2052	相对稳定	A
23	浙江义乌市	ZJ–Yiwu City	R23T2052	相对稳定	A
24	浙江瑞安市	ZJ–Rui'an City	R24T2052	相对稳定	A
25	广东增城市	GD–Zengcheng City	R25T2052	相对稳定	A
26	福建南安市	FJ–Nan'an City	R26T2052	相对稳定	A
27	江苏丹阳市	JS–Danyang City	R27T2052	相对稳定	A
28	浙江海宁市	ZJ–Haining City	R28T2052	相对稳定	A
29	山东龙口市	SD–Longkou City	R29T2052	相对稳定	A
30	山东邹城市	SD–Zoucheng City	R30T2052	相对稳定	A
31	浙江桐乡市	ZJ–Tongxiang City	R31T2052	相对稳定	A
32	福建惠安县	FJ–Hui'an County	R32T2052	相对稳定	A
33	浙江上虞市	ZJ–Shangyu City	R33T2052	相对稳定	A
34	广东新会市	GD–Xinhui City	R34T2052	相对稳定	A
35	山东胶南市	SD–Jiaonan City	R35T2052	相对稳定	A
36	山东即墨市	SD–Jimo City	R36T2052	相对稳定	A
37	浙江富阳市	ZJ–Fuyang City	R37T2052	相对稳定	A
38	广东普宁市	GD–Puning City	R38T2052	相对稳定	A
39	山东胶州市	SD–Jiaozhou City	R39T2052	相对稳定	A
40	江苏通州市	JS–Tongzhou City	R40T2052	相对稳定	A
41	山东平度市	SD–Pingdu City	R41T2052	相对稳定	A
42	山东寿光市	SD–Shouguang City	R42T2052	相对稳定	A
43	江苏海门市	JS–Haimen City	R43T2052	相对稳定	A
44	山东章丘市	SD–Zhangqiu City	R44T2052	相对稳定	A
45	广东惠阳市	GD–Huiyang City	R45T2052	相对稳定	A
46	山东莱州市	SD–Laizhou City	R46T2052	相对稳定	A
47	江苏启东市	JS–Qidong City	R47T2052	相对稳定	A
48	新疆库尔勒市	XJ–Ku'erle City	R48T2052	相对稳定	A
49	福建石狮市	FJ–Shishi City	R49T2052	相对稳定	A
50	山东滕州市	SD–Tengzhou City	R50T2052	相对稳定	A

排位	县域	UNIT	中郡指数	竞争力动态	竞争力等级
51	广东潮阳市	GD–Chaoyang City	R51T2052	相对稳定	A
52	广东台山市	JS–Qidong City	R52T2052	相对稳定	A
53	四川双流县	SC–Shuangliu County	R53T2052	相对稳定	A
54	山东诸城市	SD–Zhucheng City	R54T2052	相对稳定	A
55	河南巩义市	HEN–Gongyi City	R55T2052	相对稳定	A
56	江苏江都市	JS–Jiangdu City	R56T2052	相对稳定	A
57	广东开平市	GD–Kaiping City	R57T2052	相对稳定	A
58	浙江东阳市	ZJ–Dongyang City	R58T2052	相对稳定	A
59	山东新泰市	SD–Xintai City	R59T2052	相对稳定	A
60	浙江玉环县	ZJ–Yuhuan County	R60T2052	相对稳定	A
61	广东三水市	GD–Sanshui City	R61T2052	相对稳定	A
62	山东乳山市	SD–Rushan City	R62T2052	相对稳定	A
63	湖南长沙县	HN–Changsha County	R63T2052	相对稳定	A
64	河北丰南市	HEB–Fengnan City	R64T2052	相对稳定	A
65	湖北仙桃市	HB–Xiantao City	R65T2052	相对稳定	A
66	山东兖州市	SD–Yanzhou City	R66T2052	相对稳定	A
67	浙江临海市	ZJ–Linhai City	R67T2052	相对稳定	A
68	广东高要市	GD–Gaoyao City	R68T2052	相对稳定	A
69	浙江平湖市	ZJ–Pinghu City	R69T2052	相对稳定	A
70	福建龙海市	FJ–Longhai City	R70T2052	相对稳定	A
71	山东肥城市	SD–Feicheng City	R71T2052	相对稳定	A
72	山东招远市	SD–Zhaoyuan City	R72T2052	相对稳定	A
73	江苏东台市	JS–Dongtai City	R73T2052	相对稳定	A
74	江苏铜山县	JS–Tongshan County	R74T2052	相对稳定	A
75	江苏泰兴市	JS–Taixing City	R75T2052	相对稳定	A
76	浙江永康市	ZJ–Yongkang City	R76T2052	相对稳定	A
77	河北遵化市	HEB–Zunhua City	R77T2052	相对稳定	A
78	辽宁普兰店市	LN–Pulandian City	R78T2052	相对稳定	A
79	江苏溧阳市	JS–Liyang City	R79T2052	相对稳定	A
80	河北迁安市	HEB–Qian'an City	R80T2052	相对稳定	A
81	浙江苍南县	ZJ–Cangnan County	R81T2052	相对稳定	A
82	浙江象山县	ZJ–Xiangshan County	R82T2052	相对稳定	A
83	上海崇明县	SH–Chongming County	R83T2052	相对稳定	A
84	湖北枣阳市	HB–Zaoyang City	R84T2052	相对稳定	A
85	辽宁瓦房店市	LN–Wafangdian City	R85T2052	相对稳定	A
86	山东蓬莱市	SD–Penglai City	R86T2052	相对稳定	A
87	辽宁庄河市	LN–Zhuanghe City	R87T2052	相对稳定	A
88	山东莱西市	SD–Laixi City	R88T2052	相对稳定	A
89	广东高州市	GD–Gaozhou City	R89T2052	相对稳定	A
90	浙江临安市	ZJ–Lin'an City	R90T2052	相对稳定	A
91	河南新郑市	HEN–Xinzheng City	R91T2052	相对稳定	A
92	广东揭东县	GD–Jiedong County	R92T2052	相对稳定	A
93	浙江嘉善县	ZJ–Jiashan County	R93T2052	相对稳定	A
94	广东博罗县	GD–Boluo County	R94T2052	相对稳定	A
95	广东从化市	GD–Conghua City	R95T2052	相对稳定	A
96	福建长乐市	FJ–Changle County	R96T2052	相对稳定	A
97	浙江长兴县	ZJ–Changxing County	R97T2052	相对稳定	A
98	浙江平阳县	ZJ–Pingyang County	R98T2052	相对稳定	A
99	福建安溪县	FJ–Anxi County	R99T2052	相对稳定	A
100	辽宁大石桥市	LN–Dashiqiao City	R100T2052	相对稳定	A

(信息来源:《经济日报》2002 年 12 月 10 日、17 日、24 日)

附录 国内篇

3.2001 中国经济百强县市

排位	县域	UNIT	中郡指数	竞争力动态	竞争力等级
1	广东顺德市	GD-Shunde City	R1T2073	相对稳定	A
2	广东南海市	GD-Nanhai City	R2T2073	相对稳定	A
3	江苏江阴市	JS-Jiangyin City	R3T2073	相对稳定	A
4	江苏常熟市	JS-Changshu City	R4T2073	相对稳定	A
5	江苏张家港市	JS-Zhangjiagang City	R5T2073	相对稳定	A
6	福建晋江市	FJ-Jinjiang City	R6T2073	相对稳定	A
7	江苏武进市	JS-Wujin City	R7T2073	相对稳定	A
8	江苏昆山市	JS-Kunshan City	R8T2073	相对稳定	A
9	浙江萧山市	ZJ-Xiaoshan City	R9T2073	相对稳定	A
10	浙江绍兴县	ZJ-Shaoxing County	R10T2073	相对稳定	A
11	山东荣成市	SD-Rongcheng City	R11T2073	相对稳定	A
12	江苏吴江市	JS-Wujiang City	R12T2073	相对稳定	A
13	福建福清市	FJ-Fuqing City	R13T2073	相对稳定	A
14	江苏宜兴市	JS-Yixing City	R14T2073	相对稳定	A
15	浙江温岭市	ZJ-Wenling City	R15T2073	相对稳定	A
16	浙江鄞县	ZJ-Yinxian County	R16T2073	相对稳定	A
17	福建南安市	FJ-Nan'an City	R17T2073	相对稳定	A
18	浙江慈溪市	ZJ-Cixi City	R18T2073	相对稳定	A
19	江苏太仓市	JS-Taicang City	R19T2073	相对稳定	A
20	上海南汇县	SH-Nanhui County	R20T2073	相对稳定	A
21	山东文登市	SD-Wendeng City	R21T2073	相对稳定	A
22	浙江瑞安市	ZJ-Rui'an City	R22T2073	相对稳定	A
23	辽宁海城市	LN-Haicheng City	R23T2073	相对稳定	A
24	浙江乐清市	ZJ-Leqing City	R24T2073	相对稳定	A
25	浙江余姚市	ZJ-Yuyao City	R25T2073	相对稳定	A
26	浙江诸暨市	ZJ-Zhuji City	R26T2073	相对稳定	A
27	广东潮阳市	GD-Chaoyang City	R27T2073	相对稳定	A
28	浙江余杭市	ZJ-Yuhang City	R28T2073	相对稳定	A
29	江苏丹阳市	JS-Danyang City	R29T2073	相对稳定	A
30	浙江义乌市	ZJ-Yiwu City	R30T2073	相对稳定	A
31	广东增城市	GD-Zengcheng City	R31T2073	相对稳定	A
32	山东龙口市	SD-Longkou City	R32T2073	相对稳定	A
33	山东邹城市	SD-Zoucheng City	R33T2073	相对稳定	A
34	上海奉贤县	SH-Fengxian County	R34T2073	相对稳定	A
35	山东寿光市	SD-Shouguang City	R35T2073	相对稳定	A
36	广东普宁市	GD-Puning City	R36T2073	相对稳定	A
37	浙江上虞市	ZJ-Shangyu City	R37T2073	相对稳定	A
38	广东新会市	GD-Xinhui City	R38T2073	相对稳定	A
39	江苏通州市	JS-Tongzhou City	R39T2073	相对稳定	A
40	福建惠安县	FJ-Hui'an County	R40T2073	相对稳定	A
41	浙江海宁市	ZJ-Haining City	R41T2073	相对稳定	A
42	湖北仙桃市	HB-Xiantao City	R42T2073	相对稳定	A
43	山东莱州市	SD-Laizhou City	R43T2073	相对稳定	A
44	山东章丘市	SD-Zhangqiu City	R44T2073	相对稳定	A
45	浙江桐乡市	ZJ-Tongxiang City	R45T2073	相对稳定	A
46	山东平度市	SD-Pingdu City	R46T2073	相对稳定	A
47	山东即墨市	SD-Jimo City	R47T2073	相对稳定	A
48	福建石狮市	FJ-Shishi City	R48T2073	相对稳定	A
49	新疆库尔勒市	XJ-Ku'erle City	R49T2073	相对稳定	A
50	山东胶南市	SD-Jiaonan City	R50T2073	相对稳定	A

排位	县域	UNIT	中郡指数	竞争力动态	竞争力等级
51	江苏海门市	JS-Haimen City	R51T2073	相对稳定	A
52	广东惠阳市	GD-Huiyang City	R52T2073	相对稳定	A
53	江苏启东市	JS-Qidong City	R53T2073	相对稳定	A
54	广东台山市	GD-Taishan City	R54T2073	相对稳定	A
55	四川双流县	SC-Shuangliu County	R55T2073	相对稳定	A
56	山东胶州市	SD-Jiaozhou City	R56T2073	相对稳定	A
57	浙江富阳市	ZJ-Fuyang City	R57T2073	相对稳定	A
58	辽宁瓦房店市	LN-Wafangdian City	R58T2073	相对稳定	A
59	山东滕州市	SD-Tengzhou City	R59T2073	相对稳定	A
60	辽宁普兰店市	LN-Pulandian City	R60T2073	相对稳定	A
61	湖北潜江市	HB-Qianjiang City	R61T2073	相对稳定	A
62	河南巩义市	HEN-Gongyi City	R62T2073	相对稳定	A
63	福建龙海市	FJ-Longhai City	R63T2073	相对稳定	A
64	山东诸城市	SD-Zhucheng City	R64T2073	相对稳定	A
65	山东兖州市	SD-Yanzhou City	R65T2073	相对稳定	A
66	江苏江都市	JS-Jiangdu City	R66T2073	相对稳定	A
67	广东三水市	GD-Sanshui City	R67T2073	相对稳定	A
68	山东新泰市	SD-Xintai City	R68T2073	相对稳定	A
69	湖北襄阳县	HB-Xiangyang	R69T2073	相对稳定	A
70	广东高要市	GD-Gaoyao City	R70T2073	相对稳定	A
71	浙江东阳市	ZJ-Dongyang City	R71T2073	相对稳定	A
72	广东开平市	GD-Kaiping City	R72T2073	相对稳定	A
73	湖南长沙县	HN-Changsha County	R73T2073	相对稳定	A
74	江苏铜山县	JS-Tongshan County	R74T2073	相对稳定	A
75	山东乳山市	SD-Rushan City	R75T2073	相对稳定	A
76	湖北枣阳市	HB-Zaoyang City	R76T2073	相对稳定	A
77	山东招远市	SD-Zhaoyuan City	R77T2073	相对稳定	A
78	浙江玉环县	ZJ-Yuhuan County	R78T2073	相对稳定	A
79	江苏泰兴市	JS-Taixing City	R79T2073	相对稳定	A
80	山东肥城市	SD-Feicheng City	R80T2073	相对稳定	A
81	江苏东台市	JS-Dongtai City	R81T2073	相对稳定	A
82	河北迁安市	HEB-Qian'an City	R82T2073	相对稳定	A
83	浙江嵊州市	ZJ-Shengzhou City	R83T2073	相对稳定	A
84	上海崇明县	SH-Chongming County	R84T2073	相对稳定	A
85	福建长乐市	FJ-Changle City	R85T2073	相对稳定	A
86	山东安丘市	SD-Anqiu City	R86T2073	相对稳定	A
87	浙江临海市	ZJ-Linhai City	R87T2073	相对稳定	A
88	河北丰南市	HEB-Fengnan City	R88T2073	相对稳定	A
89	江苏溧阳市	JS-Liyang City	R89T2073	相对稳定	A
90	浙江永康市	ZJ-Yongkang City	R90T2073	相对稳定	A
91	山东莱西市	SD-Laixi City	R91T2073	相对稳定	A
92	湖北宜昌县	HB-Yichang County	R92T2073	相对稳定	A
93	广东揭东县	GD-Jiedong County	R93T2073	相对稳定	A
94	河南新郑市	HEN-Xinzheng City	R94T2073	相对稳定	A
95	浙江长兴县	ZJ-Changxing County	R95T2073	相对稳定	A
96	浙江苍南县	ZJ-Cangnan County	R96T2073	相对稳定	A
97	湖北天门市	HB-Tianmen City	R97T2073	相对稳定	A
98	浙江平湖市	ZJ-Pinghu City	R98T2073	上升	A
99	浙江临安市	ZJ-Lin'an City	R99T2073	相对稳定	A
100	山东蓬莱市	SD-Penglai City	R100T2073	相对稳定	A

(信息来源:《经济日报》2002 年 1 月 4 日)

◎2003–2002 中国企业 500 强◎

1.2003 中国企业 500 强

名次	企业名称	地区	营业收入（万元）	名次	企业名称	地区	营业收入（万元）
1	中国石油天然气集团公司	北京	37920000	37	联想控股有限公司	北京	3554249
2	中国石油化工集团公司	北京	37800401	38	中国海洋石油总公司	北京	3433870
3	中国移动通信集团公司	北京	16373212	39	玉溪红塔烟草（集团）有限责任公司	云南	3359589
4	中国工商银行	北京	16162400	40	上海广电（集团）有限公司	上海	3314584
5	中国化工进出口总公司	北京	15528748	41	中国华源集团有限公司	上海	3200196
6	中国电信集团公司	北京	14907739	42	上海铁路局	上海	2862220
7	中国第一汽车集团公司	吉林	12724170	43	中环电子集团集团有限公司	天津	2841240
8	中国人寿保险公司	北京	12691380	44	郑州铁路局	河南	2768033
9	中国银行	北京	12618400	45	中国南方航空集团公司	广东	2690074
10	中国建设银行	北京	11205600	46	中国航空工业第二集团公司	北京	2630000
11	中国粮油食品进出口（集团）有限公司	北京	10971000	47	神华集团有限责任公司	北京	2578801
12	中国农业银行	北京	9645600	48	辽宁省电力有限公司	辽宁	2564941
13	上海宝钢集团公司	上海	7772773	49	首钢总公司	北京	2537459
14	广东省广电集团有限公司	广东	7694619	50	华联（集团）有限公司	上海	2516540
15	上海汽车工业（集团）总公司	上海	7119620	51	中国冶金建设集团公司	北京	2476617
16	海尔集团公司	山东	7105282	52	鞍山钢铁集团公司	辽宁	2455612
17	中国网络通信集团公司	北京	6603086	53	交通银行	上海	2451608
18	中国建筑工程总公司	北京	6383166	54	本溪钢铁（集团）有限责任公司	辽宁	2342340
19	中国平安保险（集团）股份有限公司	广东	6202667	55	中国国际航空公司	北京	2319068
20	中国普天信息产业集团公司	北京	6022793	56	上海建工（集团）总公司	上海	2300278
21	中国远洋运输集团总公司	北京	5948828	57	中国航天科工集团公司	北京	2267111
22	飞利浦（中国）投资有限公司	上海	5842473	58	浙江省物产集团公司	浙江	2264828
23	东风汽车公司	湖北	5336368	59	TCL 集团股份有限公司	广东	2211651
24	国家邮政局	北京	5104534	60	华为技术有限公司	广东	2200000
25	中国联合通信有限公司	北京	5033280	61	中国海运（集团）总公司	上海	2160000
26	摩托罗拉（中国）电子有限公司	天津	4710000	62	国家开发银行	北京	2139600
27	中国铁路工程总公司	北京	4696258	63	中国铝业公司	北京	2079237
28	上海电气（集团）总公司	上海	4694307	64	中国煤炭工业进出口集团公司	北京	2053074
29	中国五金矿产进出口总公司	北京	4630133	65	中国东方航空集团公司	上海	2047733
30	中国铁道建筑总公司	北京	4520172	66	中国铁路物资总公司	北京	2038812
31	北京铁路局	北京	4449193	67	广州汽车工业集团有限公司	广东	2019056
32	中国兵器工业集团公司	北京	4261471	68	成都铁路局	四川	2018219
33	中国兵器装备集团公司	北京	3969218	69	中国港湾建设（集团）总公司	北京	2014821
34	中国华能集团公司	北京	3704009	70	中国船舶重工集团公司	北京	2004818
35	上海大众汽车有限公司	上海	3626528	71	沈阳铁路局	辽宁	1999548
36	中国航空工业第一集团公司	北京	3600000	72	武汉钢铁（集团）公司	湖北	1975877

名次	企业名称	地区	营业收入（万元）	名次	企业名称	地区	营业收入（万元）
73	中国船舶工业集团公司	北京	1971523	114	大连商场集团公司	辽宁	1278802
74	海信集团有限公司	山东	1930579	115	上海市糖业烟酒（集团）有限公司	上海	1269879
75	广州铁路（集团）公司	广东	1871800	116	邯郸钢铁集团有限公司	河北	1250000
76	中国航空油料集团公司	北京	1860560	117	大连西太平洋石油化工有限公司	辽宁	1244722
77	春兰（集团）公司	江苏	1858011	118	广州钢铁企业集团有限公司	广东	1241598
78	上海通用汽车有限公司	上海	1856297	119	湖南省电力公司	湖南	1222795
79	联华超市股份有限公司	上海	1833002	120	北京建工集团有限责任公司	北京	1204349
80	中国对外贸易运输（集团）总公司	北京	1824545	121	招商银行	广东	1189342
81	广东物资集团公司	广东	1800336	122	一汽解放青岛汽车厂	山东	1184567
82	济南铁路局	山东	1759000	123	万向集团公司	浙江	1182647
83	北京城建集团有限责任公司	北京	1758158	124	北台钢铁（集团）有限责任公司	辽宁	1178611
84	哈尔滨铁路局	黑龙江	1752960	125	北京汽车工业控股有限责任公司	北京	1175689
85	中国机械装备（集团）公司	北京	1732097	126	深圳市中兴通讯股份有限公司	广东	1155161
86	上海华谊（集团）公司	上海	1654359	127	包头钢铁（集团）有限责任公司	内蒙古	1130899
87	熊猫电子集团有限公司	江苏	1638895	128	湖南华菱钢铁集团有限责任公司	湖南	1129468
88	上海烟草（集团）公司	上海	1630992	129	华侨城集团公司	广东	1123562
89	广东省广新外贸集团有限公司	广东	1619370	130	江苏小天鹅集团有限公司	江苏	1121966
90	黑龙江北大荒农垦集团总公司	黑龙江	1588571	131	马钢（集团）控股有限公司	安徽	1120833
91	长城国际信息产品（深圳）有限公司	广东	1558051	132	济南钢铁集团总公司	山东	1116000
92	上海医药（集团）有限公司	上海	1506788	133	上海贝尔阿尔卡特股份有限公司	上海	1113840
93	广东美的企业集团	广东	1504872	134	广东省交通集团有限公司	广东	1105200
94	山西省煤炭运销总公司	山西	1468467	135	天津渤海化工集团公司	天津	1077500
95	中国邮电器材集团公司	北京	1466886	136	内蒙古电力（集团）有限责任公司	内蒙古	1070493
96	兖矿集团有限公司	山东	1456763	137	兰州铁路局	甘肃	1066759
97	江苏沙钢集团有限公司	江苏	1451197	138	贵州省电力公司	贵州	1054334
98	北京北大方正集团公司	北京	1450372	139	广厦控股创业投资有限公司	浙江	1043242
99	南京钢铁集团有限公司	江苏	1449001	140	北京住总集团有限责任公司	北京	1030000
100	深圳市建设投资控股公司	广东	1437535	141	东莞诺基亚移动电话有限公司	广东	1029000
101	中国路桥（集团）总公司	北京	1435208	142	冠捷电子（福建）有限公司	福建	1025058
102	中国水利水电建设集团公司	北京	1435187	143	中国重型汽车集团有限公司	山东	1023070
103	中国南方机车车辆工业集团公司	北京	1410000	144	上海复星高科技（集团）有限公司	上海	1011695
104	珠海格力集团公司	广东	1407997	145	四川省宜宾五粮液集团有限公司	四川	1006706
105	攀枝花钢铁（集团）公司	四川	1400000	146	中国医药集团总公司	北京	991339
106	中国房地产开发集团公司	北京	1366432	147	中国核工业集团公司	北京	965714
107	广州本田汽车有限公司	广州	1363173	148	唐山钢铁集团有限责任公司	河北	956549
108	太原钢铁（集团）有限公司	山西	1358806	149	杭州钢铁集团公司	浙江	956246
109	长安汽车（集团）有限责任公司	重庆	1340116	150	中国钢铁工贸集团公司	北京	953022
110	广东省丝绸（集团）公司	广东	1339620	151	上海浦东发展银行股份有限公司	上海	945514
111	天津市物资集团总公司	天津	1327444	152	横店集团控股有限公司	浙江	936000
112	中国北方机车车辆工业集团公司	北京	1305272	153	徐州工程机械集团有限公司	江苏	924543
113	四川长虹电器股份有限公司	四川	1297066	154	中国国际海运集装箱（集团）股份有限责任公司	广东	907867

名次	企业名称	地区	营业收入（万元）
155	杭州娃哈哈集团有限公司	浙江	883023
156	广州医药集团有限公司	广东	881467
157	京东方科技集团股份有限公司	北京	880810
158	广西电力有限公司	广西	872757
159	安徽省徽商集团有限公司	安徽	869025
160	中国工艺品进出口总公司	北京	863525
161	广东格兰仕企业（集团）公司	广东	862379
162	华润万佳有限公司	广东	859108
163	上海城建（集团）公司	上海	856803
164	南昌铁路局	江西	851570
165	河南省漯河市双汇实业集团有限责任公司	河南	850375
166	中国电子进出口总公司	北京	848262
167	苏宁电器集团	江苏	841843
168	深圳华强集团有限公司	广东	834033
169	天津天铁冶金集团有限公司	河北	831620
170	安阳钢铁集团有限责任公司	河南	826064
171	山西焦煤集团有限责任公司	山西	817428
172	苏州创元（集团）有限公司	江苏	806739
173	正泰集团	浙江	805886
174	天津市医药集团有限公司	天津	805014
175	康佳集团股份有限公司	广东	804165
176	大同煤矿集团有限责任公司	山西	800202
177	大连大显集团有限公司	辽宁	799602
178	新华人寿保险股份有限公司	北京	798282
179	湖南省长沙卷烟厂	湖南	787970
180	惠州市德赛集团有限公司	广东	786316
181	深圳创维-RGB电子有限公司	广东	777682
182	广东发展银行	广东	774997
183	中国通用技术（集团）控股有限责任公司	北京	764297
184	浙江东方集团控股有限公司	浙江	758894
185	北汽福田汽车股份有限公司	北京	757981
186	莱芜钢铁集团有限公司	山东	748691
187	厦门建发股份有限公司	福建	746400
188	中国恒天集团公司	北京	740361
189	江苏国泰国际集团有限公司	江苏	737489
190	青岛钢铁控股集团有限责任公司	山东	734024
191	青岛凯联（集团）有限责任公司	山东	732444
192	中国广东核电集团有限公司	广东	724695
193	中国民生银行股份有限公司	北京	721368
194	江西铜业集团公司	江西	719890
195	三九企业集团	广东	714694
196	铜陵有色金属（集团）公司	安徽	714277
197	中谷粮油集团公司	北京	713102
198	浙江中大集团控股有限公司	浙江	707605
199	德力西集团有限公司	浙江	705665
200	苏果超市股份有限公司	江苏	705000
201	上海蜂星国际贸易有限公司	上海	704319
202	天津市建工集团（控股）有限公司	天津	704300
203	新疆广汇实业投资（集团）有限责任公司	新疆	696083
204	吉林粮食集团有限公司	吉林	695271
205	青岛啤酒股份有限公司	山东	693673
206	彩虹集团公司	陕西	692748
207	雅戈尔集团股份有限公司	浙江	691397
208	中国长江航运（集团）总公司	湖北	687800
209	江苏华西集团公司	江苏	686993
210	中国诚通控股公司	北京	685148
211	山东时风（集团）有限责任公司	山东	678195
212	呼和浩特铁路局	内蒙古	673352
213	跃进汽车集团公司	江苏	672461
214	北京医药集团有限责任公司	北京	663261
215	淮南矿业（集团）有限责任公司	安徽	656255
216	哈药集团有限公司	黑龙江	655860
217	宁波富邦控股集团有限公司	浙江	653558
218	四川华西集团有限公司	四川	650000
219	广州市建筑集团有限公司	广东	648194
220	北京首都创业集团有限公司	北京	643137
221	中国纺织品进出口总公司	北京	642392
222	平顶山煤业（集团）有限责任公司	河南	641062
223	浪潮集团有限公司	山东	640322
224	广州万宝集团有限公司	广东	631990
225	华北制药集团有限责任公司	河北	629926
226	钱江集团有限公司	浙江	626866
227	华夏银行股份有限公司	北京	622461
228	人民电器集团有限公司	浙江	621008
229	深圳开发科技股份有限公司	广东	617890
230	广东科龙电器股份有限公司	广东	613719
231	山东魏桥纺织集团有限责任公司	山东	607434
232	常德卷烟厂	湖南	607415
233	北京金隅集团有限责任公司	北京	605300
234	维维集团股份有限公司	江苏	601672
235	金东纸业（江苏）有限公司	江苏	601259
236	天津市隆庆集团有限公司	天津	582523
237	铁道通信信息有限责任公司	北京	580272
238	苏州爱普生有限公司	江苏	580058

名次	企业名称	地区	营业收入(万元)	名次	企业名称	地区	营业收入(万元)
239	新汶矿业集团有限责任公司	山东	575427	285	南山集团公司	山东	481693
240	双星集团有限责任公司	山东	570884	286	徐州矿务集团有限公司	江苏	480427
241	淮北矿业(集团)有限责任公司	安徽	570581	287	广东省纺织品进出口(集团)公司	广东	479347
242	江铃汽车集团公司	江西	566894	288	北京燕京啤酒集团公司	北京	478663
243	杭州卷烟厂	浙江	566396	289	石家庄炼油化工股份有限公司	河北	477412
244	深圳市赛格集团有限公司	广东	565309	290	东南(福建)汽车工业有限公司	福建	476909
245	上海新高潮(集团)有限公司	上海	563863	291	上海机场(集团)有限公司	上海	472584
246	上海梅林正广和(集团)有限公司	上海	563540	292	昆明钢铁集团有限责任公司	云南	469545
247	河南安彩集团有限责任公司	河南	559749	293	中国化学工程总公司	北京	465617
248	广东省韶关钢铁集团有限公司	广东	558258	294	江苏三房巷集团有限公司	江苏	463112
249	中国化工供销(集团)总公司	北京	557416	295	深圳三星视界有限公司	广东	463002
250	万杰集团有限责任公司	山东	556124	296	新华鲁抗药业集团有限责任公司	山东	462558
251	中国纺织机械(集团)有限公司	北京	553296	297	大连万达集团股份有限公司	辽宁	462413
252	江苏开元国际集团有限公司	江苏	550469	298	万科企业股份有限公司	广东	457436
253	宁波三星集团股份有限公司	浙江	544721	299	昆明铁路局	云南	456305
254	清华同方股份有限公司	北京	543967	300	山东晨鸣纸业集团股份有限公司	山东	454645
255	深圳市能源集团有限公司	广东	542320	301	哈尔滨电站设备集团公司	黑龙江	454636
256	中国土产畜产进出口总公司	北京	542264	302	江苏文峰集团有限公司	江苏	454251
257	乐金电子(天津)电器有限公司	天津	539951	303	上海绿地(集团)有限公司	上海	454091
258	山东滨化集团有限责任公司	山东	538336	304	大连冰山集团有限公司	辽宁	453800
259	重庆商社(集团)有限公司	重庆	536185	305	天津城建集团有限公司	天津	451603
260	柳州铁路局	广西	534495	306	厦新电子有限公司	福建	448781
261	天津天狮集团有限公司	天津	532508	307	南京医药产业(集团)有限责任公司	江苏	448143
262	锦江麦德龙现购自运有限公司	上海	531029	308	上海物资贸易中心股份有限公司	上海	447705
263	开滦(集团)有限责任公司	河北	530889	309	深圳市中金岭南有色金属股份有限公司	广东	447507
264	东海粮油工业(张家港)有限公司	江苏	528931	310	阳泉煤业(集团)有限责任公司	山西	443163
265	北京市燃气集团有限责任公司	北京	524856	311	枣庄矿业(集团)有限责任公司	山东	440560
266	江西新余钢铁有限责任公司	江西	522918	312	家世界连锁商业集团有限公司	天津	440390
267	纳爱斯集团有限公司	浙江	521100	313	无锡威孚集团有限公司	江苏	440187
268	北京索鸿电子有限公司	北京	519936	314	中国东方电器集团公司	四川	438042
269	安徽江淮汽车集团有限公司	安徽	518862	315	通化钢铁集团有限责任公司	吉林	437670
270	华映光电股份有限公司	福建	516547	316	UT 斯达康(中国)有限公司	北京	429703
271	重庆钢铁(集团)有限责任公司	重庆	516474	317	佳能珠海有限公司	广东	427148
272	华芳集团有限公司	江苏	512511	318	山东诸城市对外贸易集团公司	山东	426028
273	金川集团有限公司	甘肃	509850	319	北京京客隆超市连锁集团有限公司	北京	425800
274	颐中烟草(集团)有限公司	山东	509682	320	酒泉钢铁(集团)有限责任公司	甘肃	424848
275	山东大王集团有限公司	山东	509075	321	石家庄制药集团有限公司	河北	424720
276	中国葛洲坝水利水电工程集团有限公司	湖北	506858	322	上海航空股份有限公司	上海	422099
277	新疆建工(集团)有限责任公司	新疆	506733	323	中设江苏机械设备进出口集团公司	江苏	421884
278	北京物美商业集团有限公司	北京	506725	324	大连东芝电视有限公司	辽宁	420370
279	青岛澳柯玛集团总公司	山东	503946	325	深圳海量存储设备有限公司	广东	420001
280	海南航空股份有限公司	海南	502828	326	隆鑫集团有限公司	重庆	419799
281	上海光明乳业股份有限公司	上海	502150	327	江苏雨润食品产业集团有限公司	江苏	413079
282	天津劝业华联集团有限公司	天津	491641	328	中国北京同仁堂(集团)有限责任公司	北京	412096
283	浙江省丝绸集团有限公司	浙江	490139	329	南京朗驰集团有限公司	江苏	411194
284	爱普生技术(深圳)有限公司	广东	483160	330	上海国际港务(集团)有限公司	上海	409413

名次	企业名称	地区	营业收入（万元）	名次	企业名称	地区	营业收入（万元）
331	厦门金龙联合汽车工业有限公司	福建	409000	380	陕西有色金属集团有限公司	陕西	354739
332	云南建工集团总公司	云南	406700	381	北方国际集团有限公司	天津	353991
333	南京卷烟厂	江苏	406246	382	浙江桐昆集团	浙江	351174
334	广西玉柴机器股份有限公司	广西	403472	383	武汉中商集团股份有限公司	湖北	345117
335	重庆力帆实业（集团）有限公司	重庆	401931	384	江西省医药集团公司	江西	344508
336	内蒙古伊利实业集团股份有限公司	内蒙古	401009	385	辽宁华锦化工（集团）有限责任公司	辽宁	343442
337	云南铜业（集团）有限公司	云南	400605	386	广州卷烟二厂	广东	343160
338	宁波联合集团股份有限公司	浙江	398783	387	许继集团有限公司	河南	342958
339	才众电脑（深圳）有限公司	广东	398039	388	北京市公路桥梁建设集团	北京	341927
340	冠生园（集团）有限公司	上海	397140	389	重庆重型汽车集团有限责任公司	重庆	340541
341	江阴兴澄特种钢铁有限公司	江苏	396804	390	福建省三钢（集团）有限责任公司	福建	340211
342	托普集团科技发展有限责任公司	上海	396158	391	水城钢铁（集团）有限责任公司	贵州	339881
343	中国国际旅行社总社	北京	394972	392	大连华农豆业集团股份有限公司	辽宁	335242
344	北京市汽车修理公司	北京	394318	393	惠州市华阳集团有限公司	广东	335203
345	河北旭日集团有限责任公司	河北	394239	394	惠州三星电子有限公司	广东	333704
346	北京超市发连锁股份有限公司	北京	394000	395	辽宁特殊钢集团有限责任公司	辽宁	333301
347	湘火炬投资股份有限公司	湖南	392684	396	北京王府井百货（集团）股份有限公司	北京	332564
348	广州恒大实业集团有限公司	广东	392152	397	海南汽车集团有限公司	海南	331376
349	庆铃汽车（集团）有限公司	重庆	390945	398	广东省开平涤纶企业集团公司	广东	331160
350	中国华录集团有限公司	辽宁	390524	399	山西海鑫钢铁集团有限公司	山西	329653
351	鄂城钢铁集团有限责任公司	湖北	389800	400	天津天钢集团有限公司	天津	328149
352	上海汇众汽车制造有限公司	上海	389642	401	中国江苏国际经济技术合作公司	江苏	326788
353	四川新希望集团有限公司	四川	389000	402	南昌卷烟厂	江西	323392
354	宣化钢铁集团有限责任公司	河北	388829	403	江苏五星电器有限公司	江苏	323339
355	新兴铸管股份有限公司	河北	387931	404	浙江远东化纤集团	浙江	321539
356	贵阳卷烟厂	贵州	386078	405	宁波市慈溪进出口股份有限公司	浙江	321197
357	天津钢管有限责任公司	天津	383910	406	杉杉集团有限公司	上海	321034
358	中国纺织物资（集团）总公司	北京	383373	407	中国土木工程集团公司	北京	318432
359	江阴澄星实业集团有限公司	江苏	382966	408	湖北天发实业集团有限公司	湖北	316858
360	陕西建工集团总公司	陕西	379691	409	广西建工集团有限责任公司	广西	314964
361	东莞福安纺织印染有限公司	广东	379417	410	郑州宇通客车股份有限公司	河南	314151
362	天津港务局	天津	377133	411	四川公路桥梁建设集团有限公司	四川	313566
363	上海飞乐股份有限公司	上海	374295	412	宁波维科集团股份有限公司	浙江	313355
364	春风实业集团公司	河北	372860	413	重庆宗申摩托车集团	重庆	313306
365	上海三菱电梯有限公司	上海	370787	414	新疆棉花产业集团有限责任公司	新疆	313200
366	北京双鹤药业股份有限公司	北京	370000	415	北京诺基亚航星通讯系统有限公司	北京	313157
367	中国建筑材料集团公司	北京	369117	416	惠州侨兴集团有限公司	广东	312744
368	新疆八一钢铁集团有限责任公司	新疆	368362	417	上海建筑材料（集团）总公司	上海	311577
369	中国非金属矿工业（集团）总公司	北京	365341	418	三角集团有限公司	山东	311098
370	山东海化集团有限公司	山东	365060	419	上海华虹（集团）有限公司	上海	311047
371	广西柳州钢铁（集团）公司	广西	363516	420	长白计算机集团公司	辽宁	310456
372	山西潞安矿业（集团）公司	山西	363325	421	中国科健股份有限公司	广东	310152
373	中国龙江森林工业集团总公司	黑龙江	363271	422	青岛广源发集团公司	山东	310127
374	华立集团有限公司	浙江	358221	423	河南济源钢铁（集团）有限公司	河南	310000
375	将军烟草集团有限公司	山东	357920	424	重庆建工集团有限责任公司	重庆	309497
376	唯冠科技（深圳）有限公司	广东	357510	425	三环集团公司	湖北	308865
377	淄博矿业集团有限责任公司	山东	357335	426	中国水产（集团）总公司	北京	308041
378	深圳桑达电子总公司	广东	356996	427	石家庄三鹿集团股份有限公司	河北	307356
379	均瑶集团有限公司	浙江	355347	428	安徽佳通轮胎有限公司	安徽	307000

名次	企业名称	地区	营业收入（万元）
429	东北制药集团公司	辽宁	306972
430	北京京煤集团有限责任公司	北京	306793
431	淮阴卷烟厂	江苏	306231
432	沈阳机电装备工业集团有限责任公司	辽宁	306190
433	吉利集团有限公司	浙江	305762
434	江门市大长江集团有限公司	广东	305305
435	申能（集团）有限公司	上海	304238
436	佛山普立华科技有限公司	广东	302944
437	长春建工集团公司	吉林	302174
438	萍乡钢铁有限责任公司	江西	301282
439	广东粤港供水有限公司	广东	300530
440	吉林德大有限公司	吉林	299388
441	承德钢铁集团有限公司	河北	298127
442	上海华申国际企业（集团）有限公司	上海	295039
443	石家庄钢铁有限责任公司	河北	294763
444	深圳机场（集团）公司	广东	293953
445	长丰（集团）有限责任公司	湖南	292064
446	广东北电通信设备有限公司	广东	290530
447	西安电力机械制造公司	陕西	289843
448	上海豫园旅游商城股份有限公司	上海	289079
449	凌源钢铁集团有限责任公司	辽宁	288839
450	广东健力宝集团有限公司	广东	288780
451	鄂尔多斯羊绒集团有限责任公司	内蒙古	288047
452	中国华孚贸易发展集团公司	北京	287664
453	中国一拖集团有限公司	河南	287596
454	杭州华东医药集团公司	浙江	285881
455	浙江省土产畜产进出口集团公司	浙江	284655
456	广州市珠江啤酒集团公司	广东	283415
457	南昌钢铁有限责任公司	江西	283193
458	青铜峡铝业集团有限公司	宁夏	282480
459	三宝电脑（沈阳）有限公司	辽宁	282368
460	江苏永钢集团有限公司	江苏	282186
461	辽宁忠旺集团有限公司	辽宁	280438
462	佛山塑料集团股份有限公司	广东	280389
463	株洲冶炼集团有限责任公司	湖南	279169
464	中国新兴建设开发总公司	北京	279078
465	青岛港（集团）有限公司	山东	277968
466	宁夏煤业集团有限责任公司	宁夏	277898
467	重庆医药股份有限公司	重庆	277895
468	上海市第一百货商店股份有限公司	上海	276415
469	巨化集团公司	浙江	274867
470	白银有色金属公司	甘肃	274612
471	邢台钢铁有限责任公司	河北	273975
472	唐山建龙实业有限公司	河北	271811
473	西安海星科技投资控股（集团）有限公司	陕西	269232
474	华盛江泉集团有限公司	山东	269000
475	北京西单友谊集团	北京	268000
476	天津滨江集团有限公司	天津	266292
477	陕西汽车集团有限责任公司	陕西	266103
478	葫芦岛有色金属集团有限公司	辽宁	265753
479	铁法煤业（集团）有限责任公司	辽宁	265343
480	安徽蚌埠卷烟厂	安徽	264555
481	沈阳和光集团股份有限公司	辽宁	264334
482	深圳市人人乐连锁商业有限公司	广东	263140
483	河北津西钢铁股份有限公司	河北	263054
484	广州轻出集团有限公司	广东	262533
485	深圳市物资集团公司	广东	261655
486	广东中人企业（集团）有限公司	广东	260318
487	山东成山轮胎股份有限公司	山东	260027
488	哈尔滨东安发动机（集团）有限公司	黑龙江	257848
489	中国深圳对外贸易（集团）公司	广东	256648
490	山东绮丽集团公司	山东	255885
491	亨通集团有限公司	江苏	255842
492	佳能大连办公设备有限公司	辽宁	255217
493	芜湖卷烟厂	安徽	254481
494	四川省川威集团有限公司	四川	254235
495	抚顺矿业集团有限责任公司	辽宁	254167
496	杭州中策橡胶有限公司	浙江	253728
497	广西区机电设备总公司	广西	252872
498	中国吉林森林工业（集团）总公司	吉林	251221
499	中国贵州茅台酒厂有限责任公司	贵州	250398
500	宁波港务局	浙江	250120

（信息来源：中国企业联合会、中国企业家协会 2003 年 8 月 23 日）

2.2002 中国企业 500 强

名次	企业名称	营业收入（万元）	名次	企业名称	营业收入（万元）
1	国家电力公司	40039547	50	上海纺织控股（集团）公司	2069558
2	中国石油化工集团公司	34366192	51	鞍山钢铁集团公司	2001539
3	中国石油天然气集团公司	34010000	52	南方航空（集团）公司	1929785
4	中国工商银行	16411498	53	华联（集团）有限公司	1926022
5	中国银行	14965900	54	中国冶金建设集团公司	1918286
6	中国移动通信集团公司	13468302	55	神华集团有限责任公司	1903247
7	中国化工进出口总公司	13379254	56	中国煤炭工业进出口集团公司	1898557
8	中国电信集团公司	11900000	57	本溪钢铁（集团）有限责任公司	1883330
9	中国粮油食品进出口（集团）有限公司	10793096	58	中国港湾建设（集团）总公司	1832528
10	中国建设银行	10737500	59	武汉钢铁（集团）公司	1815892
11	中国农业银行	9351800	60	广州汽车工业集团有限公司	1772620
12	中国人寿保险公司	8131301	61	中国船舶重工集团公司	1771155
13	上海宝钢集团公司	7107038	62	广州铁路（集团）公司	1756625
14	广东省广电集团有限公司	6611769	63	中国长城计算机集团公司	1724098
15	中国普天信息产业集团公司	6424782	64	中国海运（集团）总公司	1723179
16	海尔集团公司	6025556	65	中国船舶工业集团公司	1667437
17	中国远洋运输集团总公司	5762853	66	华为技术有限公司	1622895
18	中国第一汽车集团公司	5186979	67	浙江省物产集团公司	1616076
19	中国人民保险公司	5081157	68	海信集团有限公司	1615733
20	中国建筑工程总公司	4794445	69	北京城建集团有限责任公司	1549422
21	国家邮政局	4704531	70	中国邮电器材集团公司	1526941
22	东风汽车公司	4696854	71	上海贝尔有限公司	1510107
23	中国平安保险股份有限公司	4652600	72	上海华谊（集团）公司	1491116
24	上海汽车工业（集团）总公司	4429111	73	中国对外贸易运输（集团）总公司	1490339
25	北京铁路局	4227000	74	上海烟草（集团）公司	1487460
26	国家开发银行	4134756	75	广东省粤电资产经营有限公司	1481411
27	中国铁路工程总公司	3954122	76	中国国际航空公司	1463805
28	上海广电（集团）有限公司	3830000	77	中国机械装备（集团）公司	1418506
29	中国联合通信有限公司	3798267	78	联华超市股份有限公司	1406341
30	首钢总公司	3697902	79	上海医药（集团）有限公司	1357470
31	中国铁道建筑总公司	3674185	80	哈尔滨铁路局	1337346
32	中国五金矿产进出口总公司	3674093	81	中国航天科工集团公司	1336600
33	上海电气（集团）总公司	3600000	82	珠海格力集团公司	1307050
34	中国兵器工业集团公司	3557100	83	中国北方机车车辆工业集团公司	1270546
35	玉溪红塔烟草（集团）有限责任公司	3419812	84	黑龙江北大荒农垦集团总公司	1269926
36	中国华能集团公司	3405832	85	春兰（集团）公司	1256316
37	联想控股有限公司	3287658	86	深圳市建设投资控股公司	1239281
38	中国国际信托投资公司	3157252	87	中国水利水电工程总公司	1220000
39	交通银行	2787390	88	广州本田汽车有限公司	1216910
40	中国海洋石油总公司	2764926	89	太原钢铁（集团）有限公司	1214100
41	中国兵器装备集团公司	2508482	90	上海建工（集团）总公司	1210656
42	上海铁路局	2462454	91	中国南方机车车辆工业集团公司	1206430
43	中国航空工业第一集团公司	2450157	92	大连西太平洋石油化工有限公司	1168823
44	山东鲁能控股集团公司	2320000	93	北京北大方正集团公司	1166297
45	中国航空工业第二集团公司	2120714	94	南京钢铁集团有限公司	1152591
46	熊猫电子集团有限公司	2120500	95	江苏沙钢集团有限公司	1129809
47	TCL 集团有限公司	2111196	96	兖矿集团有限公司	1125861
48	中国航空油料总公司	2083170	97	邯郸钢铁集团有限公司	1108669
49	中环电子信息集团有限公司	2071900	98	中国路桥（集团）总公司	1105684

名次	企业名称	营业收入（万元）	名次	企业名称	营业收入（万元）
99	深圳市中兴通讯股份有限公司	1092614	150	河南省漯河市双汇实业集团有限责任公司	706672
100	四川长虹电子集团有限公司	1088182	151	中国航空技术进出口总公司	706028
101	中国诚通控股公司	1080266	152	山西焦煤集团有限责任公司	700625
102	广州钢铁企业集团有限公司	1073002	153	中国土产畜产进出口总公司	699455
103	中国华源集团有限公司	1071004	154	中国化工供销（集团）总公司	698396
104	上海市糖业烟酒（集团）有限公司	1060000	155	吉林粮食集团有限公司	690000
105	广东美的企业集团	1059383	156	广东发展银行	685859
106	马钢（集团）控股有限公司	1056494	157	上海城建（集团）公司	684986
107	招商银行股份有限公司	1049252	158	天津市医药集团有限公司	684239
108	中信实业银行	1031937	159	广东格兰仕企业（集团）公司	680000
109	长城国际信息产品（深圳）有限公司	1022929	160	中国国际海运集装箱（集团）股份有限公司	676551
110	东莞诺基亚移动电话有限公司	1021793	161	安阳钢铁集团有限责任公司	675733
111	湖南华菱钢铁集团有限责任公司	1014702	162	康佳集团股份有限公司	674812
112	中国医药集团总公司	1013532	163	广州医药集团有限公司	669948
113	北台钢铁（集团）有限公司	1006275	164	铜陵有色金属（集团）公司	669152
114	攀枝花钢铁（集团）公司	1003963	165	广东科龙电器股份有限公司	663382
115	中国北方工业公司	959507	166	彩虹集团公司	657537
116	包钢（集团）有限责任公司	951567	167	三九企业集团（深圳南方制药厂）	656000
117	中国光大银行	923409	168	天津汽车工业（集团）有限公司	655514
118	天津市物资集团总公司	917417	169	中谷粮油集团公司	631986
119	冠捷电子（福建）有限公司	883082	170	徐州工程机械集团有限公司	630966
120	中国电子进出口总公司	882791	171	内蒙古电力（集团）有限责任公司	630924
121	陕西省延长石油工业集团公司	873400	172	莱芜钢铁集团有限公司	628908
122	中国房地产开发集团公司	865480	173	德力西集团有限公司	623598
123	万向集团公司	863620	174	中国恒天集团公司	623363
124	中国核工业集团公司	847481	175	杭州娃哈哈集团有限公司	623181
125	华侨城集团公司	843361	176	北京诺基亚航星通讯系统有限公司	614200
126	唐山钢铁集团有限责任公司	831710	177	新疆广汇实业投资（集团）有限责任公司	607100
127	山西省煤炭运销总公司	824320	178	青岛钢铁控股集团有限责任公司	602236
128	四川省宜宾五粮液集团有限公司	819066	179	江西铜业公司	599332
129	广东省丝绸（集团）公司	816503	180	厦门建发股份有限公司	598346
130	横店集团控股有限公司	800145	181	北京建工集团有限责任公司	593996
131	北京汽车工业控股有限责任公司	792066	182	平顶山煤业（集团）有限责任公司	587303
132	新兴铸管集团有限公司	789684	183	北京二商集团有限责任公司	582000
133	中国通用技术（集团）控股有限责任公司	772672	184	上海港务局	581640
134	北京住总集团有限责任公司	756000	185	安徽省徽商集团有限公司	578000
135	大商集团股份有限公司	753300	186	厦门华侨电子企业有限公司	577761
136	江苏小天鹅集团有限公司	746516	187	广州市建筑集团有限公司	577358
137	中国钢铁工贸集团公司	745389	188	天津市建工集团（控股）有限公司	572167
138	正泰集团公司	741407	189	哈药集团有限公司	566888
139	南昌铁路局	736975	190	中国广东核电集团有限公司	566720
140	昆明卷烟厂	732238	191	北京金隅集团有限责任公司	566523
141	杭州钢铁集团公司	731314	192	雅戈尔集团股份有限公司	565872
142	大连大显集团有限公司	727289	193	浙江省建工集团有限责任公司	561924
143	湖南省长沙卷烟厂	726597	194	苏州爱普生有限公司	560364
144	上海蜂星国际贸易有限公司	723581	195	深圳华强集团有限公司	560000
145	上海浦东发展银行股份有限公司	718525	196	上海复星高科技（集团）有限公司	557551
146	天津渤海化工集团公司	711930	197	上海新高潮（集团）有限公司	555663
147	大同煤矿集团有限责任公司	708942	198	华北制药集团有限责任公司	550000
148	中国纺织品进出口总公司	708261	199	京东方科技集团股份有限公司	548173
149	济南钢铁集团总公司	707935	200	万杰集团有限公司	543772

名次	企业名称	营业收入（万元）	名次	企业名称	营业收入（万元）
201	云南红河卷烟厂	540750	252	重庆商社（集团）有限公司	443826
202	江苏阳光集团公司	540522	253	飞利浦电子元件（上海）有限公司	439939
203	四川华西集团有限公司	540341	254	新余钢铁有限责任公司	437699
204	宁波轻工控股（集团）有限公司	539500	255	深圳市中金岭南有色金属股份有限公司	435858
205	苏果超市股份有限公司	528200	256	南山集团公司	430083
206	青岛啤酒股份有限公司	527672	257	重庆钢铁（集团）有限责任公司	429569
207	上海淮海商业（集团）有限公司	525912	258	深圳市物资集团公司	428956
208	江苏开元国际集团有限公司	520388	259	淮北矿业（集团）有限责任公司	419901
209	颐中烟草（集团）有限公司	519368	260	开滦（集团）有限责任公司	417895
210	新汶矿业集团有限责任公司	518677	261	跃进汽车集团公司	417746
211	新疆建工（集团）有限责任公司	518532	262	酒泉钢铁（集团）有限责任公司	416189
212	常德卷烟厂	518465	263	山东魏桥纺织集团有限责任公司	411267
213	广厦建设集团有限责任公司	517597	264	北汽福田车辆股份有限公司	411224
214	中国重型汽车集团有限公司	515944	265	通化钢铁集团有限责任公司	406981
215	中国民生银行	513099	266	北京国际交换系统有限公司	404690
216	天津天铁冶金集团有限公司	512750	267	天津劝业华联集团有限公司	403500
217	浪潮集团有限公司	510327	268	中国化学工程总公司	402229
218	天津市隆庆集团有限公司	508533	269	大连冰山集团有限公司	400538
219	苏州飞利浦消费电子有限公司	507979	270	四川新希望集团有限公司	400100
220	纳爱斯集团有限公司	507682	271	云南铜业（集团）有限公司	397936
221	柳州铁路局	507221	272	中国龙江森林工业（集团）总公司	393076
222	金东纸业（江苏）有限公司	506999	273	冠生园（集团）有限公司	392891
223	深圳市赛格集团有限公司	506943	274	徐州矿务集团有限公司	391113
224	天正集团有限公司	506117	275	中国国际旅行社总社	390644
225	山东时风（集团）有限责任公司	505104	276	浙江丝绸集团公司	389045
226	维维集团股份有限公司	501817	277	中国轻工业品进出口总公司	388424
227	深圳创维-RGB电子有限公司	501680	278	深圳海量存储设备有限公司	388144
228	清华同方股份有限公司	501253	279	重庆力帆实业（集团）有限公司	385000
229	德赛集团有限公司	496784	280	山东滨化集团有限责任公司	383504
230	上海梅林正广和（集团）有限公司	496703	281	青岛澳柯玛集团总公司	380889
231	上海外高桥（集团）有限公司	496291	282	昆明钢铁集团有限责任公司	380449
232	山东三箭置业集团有限公司	495929	283	深圳开发科技股份有限公司	380000
233	锦江麦德龙现购自运有限公司	494922	284	上海机场（集团）有限公司	377232
234	江铃汽车集团公司	489399	285	东南福建汽车工业有限公司	376198
235	广东省韶关钢铁集团有限公司	486475	286	中国纺织物资（集团）总公司	376132
236	南京华东电子集团公司	485750	287	石家庄制药集团有限公司	375879
237	双星集团有限责任公司	485100	288	金川集团有限公司	373075
238	山东临沂新程金锣肉制品有限公司	483688	289	宁波联合集团股份有限公司	364229
239	苏宁电器集团	480211	290	上海豫园旅游商城股份有限公司	363902
240	深圳市能源集团有限公司	474551	291	广东省纺织品进出口（集团）公司	363230
241	UT斯达康（中国）有限公司	472445	292	上海飞乐股份有限公司	362343
242	江苏省海外企业集团有限公司	470719	293	隆鑫集团有限公司	361415
243	华润万佳有限公司	464766	294	红星家具集团有限公司	361000
244	广州万宝集团有限公司	462380	295	新疆八一钢铁集团有限责任公司	360245
245	江苏华西集团公司	456927	296	江苏新科电子集团有限公司	358537
246	华夏银行股份有限公司	456054	297	云南建工集团总公司	357184
247	明基电通信息技术有限公司	454344	298	东莞福安纺织印染有限公司	353726
248	青岛凯联（集团）有限责任公司	453698	299	南京医药产业（集团）有限责任公司	352517
249	上海东浩国际服务贸易（集团）有限公司	451781	300	上海光明乳业股份有限公司	352021
250	中国葛洲坝水利水电工程集团有限公司	447766	301	将军烟草集团有限公司	349821
251	万科企业股份有限公司	445506	302	陕西建工集团总公司	349168

名次	企业名称	营业收入（万元）	名次	企业名称	营业收入（万元）
303	天津城建集团有限公司	347518	354	江阴兴澄钢铁有限公司	300793
304	吉林德大有限公司	346367	355	福建省三钢（集团）有限责任公司	300784
305	阳泉煤业（集团）有限责任公司	341100	356	广州卷烟二厂	298757
306	葫芦岛锌厂	340208	357	上海住总（集团）总公司	297146
307	河南安彩集团有限责任公司	340000	358	上海绿地（集团）有限公司	291474
308	天津钢管有限责任公司	338290	359	广西柳州钢铁（集团）公司	291425
309	深圳三星视界有限公司	337674	360	华飞彩色显示系统有限公司	291399
310	中国轻骑集团有限公司	335792	361	南京纺织品进出口股份有限公司	289841
311	哈尔滨电站设备集团公司	335295	362	福建实达电脑集团公司	289686
312	中华映管福州有限公司	333683	363	北京燕京啤酒集团公司	289281
313	枣庄矿业（集团）有限责任公司	333655	364	湖北天发集团公司	289000
314	江西省医药集团公司	333382	365	西安电力机械制造公司	287651
315	上海华申国际企业（集团）有限公司	332484	366	北京首都创业集团有限公司	287316
316	四川托普集团科技发展有限责任公司	330648	367	广东省开平涤纶企业集团公司	287033
317	沈阳和光集团股份有限公司	330087	368	淄博矿业集团有限责任公司	286566
318	上海市第一百货商店股份有限公司	328928	369	中国银河证券有限责任公司	285373
319	云南冶金集团总公司	327911	370	陕西有色金属集团有限公司	284586
320	株洲冶炼集团有限责任公司	327616	371	华立集团有限公司	284569
321	天津家世界连锁商业集团有限公司	326668	372	浙江永通染织集团有限公司	284320
322	海南航空股份有限公司	325475	373	江苏三房巷集团有限公司	283000
323	中国江苏国际经济技术合作公司	324486	374	长白计算机集团公司	281435
324	宣化钢铁集团有限责任公司	323689	375	南昌卷烟厂	281259
325	上海建筑材料（集团）总公司	323032	376	红豆集团公司	280783
326	春风实业集团公司	320000	377	东北制药集团公司	280362
327	辽宁华锦化工（集团）有限责任公司	319576	378	中国东方电气集团公司	280018
328	杉杉集团有限公司	319505	379	浙江省土产畜产进出口集团公司	280001
329	河北旭日集团有限责任公司	318536	380	福建厦门灿坤实业股份有限公司	279842
330	上海物资贸易中心股份有限公司	318432	381	武汉中商集团股份有限公司	278000
331	宁波维科集团股份有限公司	317016	382	诺基亚（苏州）电信有限公司	277381
332	中国华孚贸易发展集团公司	316549	383	深圳三洋华强激光电子有限公司	277351
333	中国新型建筑材料（集团）公司	315997	384	沈阳机电装备工业集团有限责任公司	276237
334	江苏波司登股份有限公司	315856	385	深圳桑菲消费通信有限公司	274720
335	淮南矿业（集团）有限责任公司	314282	386	武汉邮电科学研究院	274449
336	山东工程机械集团有限公司	313690	387	新疆维吾尔自治区棉麻公司	274252
337	贵阳卷烟厂	313682	388	北京松下彩色显象管有限公司	273241
338	南京朗驰集团有限公司	313560	389	内蒙古伊利实业集团股份有限公司	270198
339	江苏雨润食品集团有限公司	312787	390	水城钢铁（集团）有限责任公司	269370
340	中国水产（集团）总公司	312526	391	广州市珠江啤酒集团公司	269059
341	无锡威孚集团有限公司	311774	392	山东新华医药集团有限责任公司	267409
342	华芳集团有限公司	311608	393	江苏永钢集团公司	266289
343	广东省健力宝集团有限公司	310921	394	北京超市发天客隆连锁股份有限公司	263386
344	北方国际集团有限公司	310407	395	宁波波导股份有限公司	262553
345	鄂城钢铁集团有限责任公司	310326	396	中国土木工程集团公司	261093
346	天津港务局	310082	397	江阴澄星实业集团有限公司	260147
347	中国新兴建设开发总公司	310000	398	中国神马集团有限责任公司	259529
348	山东大王集团有限公司	308940	399	深圳市机场（集团）有限公司	259000
349	山东省商业集团总公司	306601	400	北京西单友谊集团	257865
350	长春长岭集团有限公司	303982	401	大唐电信科技产业集团	256514
351	上海航空股份有限公司	303591	402	上海海立（集团）股份有限公司	255868
352	曙光电子集团公司	302009	403	上海兰生（集团）有限公司	255546
353	长飞光纤光缆有限公司	301006	404	申银万国证券股份有限公司	255051

名次	企业名称	营业收入（万元）	名次	企业名称	营业收入（万元）
405	江苏五星电器有限公司	254600	453	邢台钢铁有限责任公司	224259
406	才众电脑（深圳）有限公司	254080	454	黑龙江省农业生产资料公司	224163
407	杭州华东医药（集团）公司	253240	455	浙江东方集团公司	224047
408	山东绮丽集团公司	252918	456	巨化集团公司	223713
409	北京物美商业集团有限公司	252170	457	七台河矿业精煤（集团）有限责任公司	223658
410	上海市雷允上药业有限公司	252000	458	开封机电设备（集团）股份有限公司	223336
411	抚顺矿业集团有限责任公司	251206	459	申能（集团）有限公司	223331
412	重庆建工集团有限责任公司	250945	460	四川公路桥梁建设集团有限公司	223119
413	天津药业集团有限公司	250418	461	广西玉柴机器股份有限公司	222804
414	友利电电子（深圳）有限公司	250359	462	江西省煤炭集团公司	221994
415	钱江集团有限公司	249764	463	吉利集团有限公司	221512
416	翔鹭涤纶纺纤（厦门）有限公司	247124	464	上海日立电器有限公司	220525
417	许继集团有限公司	246069	465	北京东方冠捷电子有限公司	220493
418	法尔胜集团公司	245475	466	海南省电力有限公司	219700
419	石家庄钢铁有限责任公司	244108	467	三角集团有限公司	219099
420	山西省海鑫钢铁有限公司	243890	468	青岛广源发集团公司	218963
421	承德钢铁集团有限公司	243531	469	山西通达集团有限公司	218200
422	广东中人企业（集团）有限公司	243288	470	中国深圳对外贸易（集团）公司	218141
423	浙江桐昆集团	242998	471	中国华星集团公司	217134
424	江苏淮钢集团有限公司	242174	472	山东华盛江泉集团有限公司	216590
425	上海华虹（集团）有限公司	241420	473	中国一拖集团有限公司	216355
426	鄂尔多斯羊绒集团有限责任公司	240718	474	中煤建设集团公司	215494
427	山东晨鸣纸业集团股份有限公司	240553	475	南方证券股份有限公司	215302
428	山东丛林集团公司	240445	476	重庆重型汽车集团有限责任公司	214770
429	广州轻出集团有限公司	239057	477	中国贵州茅台酒厂有限责任公司	214400
430	北京双鹤药业股份有限公司	238266	478	新牟国际集团	213650
431	重庆烟草工业有限责任公司	237485	479	深圳市人人乐连锁商业有限公司	213543
432	江苏吴江丝绸集团有限公司	237147	480	江苏江动集团有限公司	213439
433	广东风华高科技集团有限公司	236875	481	宁波港务局	213119
434	西安海星科技实业（集团）公司	236447	482	安徽佳通轮胎有限公司	212000
435	唯冠科技（深圳）有限公司	236220	483	长丰（集团）有限责任公司	211852
436	重庆百货大楼股份有限公司	235829	484	江苏宏图电子信息有限公司	211844
437	石家庄三鹿集团股份有限公司	235722	485	峰峰矿务局	210580
438	佛山普立华科技有限公司	235454	486	湖南省公路桥梁建设总公司	210159
439	三洋电机（蛇口）有限公司	235108	487	陕西宝鸡卷烟厂	209600
440	河南省莲花味精集团有限公司	234550	488	广州金鹏集团有限公司	209035
441	石家庄常山纺织集团有限责任公司	233893	489	大兴安岭林业集团公司	208329
442	铁法煤业（集团）有限责任公司	233700	490	浙江远东化纤集团有限公司	206290
443	宁波中华纸业有限公司	233388	491	上海永乐家用电器有限公司	205000
444	江苏综艺集团	232365	492	辽宁忠旺集团有限公司	204149
445	中国吉林森工（集团）总公司	232056	493	南海市能兴发展集团有限公司	204000
446	黑龙江双鸭山矿业集团有限公司	231155	494	湖南友谊阿波罗股份有限公司	202955
447	惠州三星电子有限公司	228182	495	山东巨力股份有限公司	202918
448	青岛港务局	226815	496	江苏森达集团有限公司	202219
449	凌源钢铁集团有限责任公司	225657	497	许昌卷烟厂	201914
450	秦皇岛港务局	225479	498	河南新飞电器（集团）股份有限公司	201761
451	西安杨森制药有限公司	224292	499	广州港务局	200806
452	重庆宗申摩托车科技集团有限公司	224270	500	南昌钢铁有限责任公司	200264

（信息来源：中国企业家联合会、中国企业家协会 2002 年 8 月 29 日）

◎入选全球1000家大银行排名的中国银行◎

入选全球1000家大银行排名的中国银行基本情况 单位:百万美元

排名		银行名称	实力	规模			稳健性						税前利润
			一级资本	总资产			一级资本充足率						
2002	2001		总额	总额	排名		本期	上期	本期排名		上期排名		总额
					世界	国内	%	%	世界	国内	世界	国内	
10	7	工商银行	23107	524235	15	1	4.41	4.72	767	8	725	6	740
11	18	中国银行	22085	406150	23	2	5.44	4.46	607	64	758	9	1319
23	21	农业银行	15971	262570	45	4	6.08	6.08	527	3	541	3	36
28	29	建设银行	14517	334061	28	3	4.35	4.54	778	10	749	8	627
94	108	交通银行	3917	80836	89	5	4.85	4.55	697	5	747	7	310
205	210	光大银行	1514	32066	189	7	4.72	6.07	722	6	543	4	50
273	276	招商银行	1122	26156	220	8	4.29	4.29	783	11	791	10	202
291	318	中信实业	1035	36258	170	6	2.85	3.26	953	13	928	13	196
311	321	浦东发展	927	21013	264	10	4.41	5.70	765	7	593	5	166
377	376	民生银行	724	8222	481	14	8.81	8.81	234	2	248	2	68
410	568	福建兴业	659	15083	333	12	4.37	3.88	773	9	853	11	88
421	466	广东发展	636	23101	240	9	2.76	3.08	965	15	938	14	51
493	–	深圳发展	510	14515	342	13	3.51	5.81	897	12	–	–	67
521	561	华夏银行	470	16508	310	11	2.85	3.57	955	14	889	12	111
961	939	厦门国际	152	1230	967	15	12.35	13.72	98	1	81	1	11

(信息来源:英国《银行家》杂志2001年第7期和2002年第7期)

备注:英国的《银行家》杂志自1970年起开始每年都要推出当年的全球大银行的实力排名,起初只对全球300家大银行进行排名,如今已扩至1000家大银行。《银行家》杂志的排名充分展示了当今全球1000家大银行的综合竞争实力水平(包括一级资本、资本规模、银行经营稳健性情况、收益及其他综合指标等),为国际金融界所认可,极具权威性。尽管这些指标是静态的,但是如果连续考察一段时期就可以看出该行在全球金融市场的动态地位和动态竞争力。文中的"本期"和"上期"分别指2002年与2001年。

◎榜一、2003 中国酒店式公寓 100 强◎

名次	楼盘	开发商名称	得分
1	雅诗阁	雅诗阁国际管理有限公司	91.61
2	莫奈印象	上海绿地（集团）有限公司	91.55
3	锦骏华庭	广州百嘉信集团有限公司	91.11
4	协和丽豪酒店式公寓	协和建设有限公司	91.10
5	棕榈泉国际公寓	北京世纪朝阳房地产开发有限公司	91.05
6	贡院六号	北京绿都源房地产开发有限公司	91.03
7	旺座中心	北京天亚物业开发有限公司	91.02
8	官邸 Double	厦门福康经济发展有限公司	91.01
9	国际明佳城	上海明佳房产经营开发有限公司	90.98
10	易墅殿堂	北京凯迪宝房地产开发有限公司	90.95
11	元嘉国际公寓	北京三元嘉铭房地产开发有限公司	90.23
12	睿园	上海兴谊房地产有限公司	90.19
13	嘉里公寓	北京家嘉奥房地产开发有限公司	90.03
14	海天花园（叠翠别墅）	中海发展（上海）有限公司	89.87
15	高新·水晶岛	西安高新技术产业开发区房地产开发公司	89.84
16	昆泰国际中心	北京昆泰嘉华房地产开发有限公司	89.77
17	衡山路 41 号	上海汇发房地产有限公司	89.12
18	深圳大梅沙海景公寓	深圳市桂祺实业发展有限公司	89.06
19	东方瑞景国际公寓	北京峻成房地产开发有限公司	89.03
20	金塔大厦（美力·COM）	重庆裕轮实业发展有限公司	89.00
21	金茂国际公寓	沈阳发展房地产开发有限公司	88.86
22	月亮河度假村·公寓	北京凯瑞房地产开发公司	88.69
23	雅地天际	重庆共创置业有限公司	87.46
24	新新国际公寓	万泉花园物业开发有限公司	87.46
25	钛度元嘉国际公寓	北京三元嘉铭房地产开发有限公司	87.45
26	新世界太华公寓	北京崇裕房地产开发有限公司	87.43
27	名成国际大厦	北京荷华房地产开发有限公司	87.34
28	丽高国际公寓	北京丽高房地产开发公司	87.30
29	康桥水郡	北京信远万柳房地产开发有限公司	87.29
30	明城花苑酒店式公寓	上海明城花苑管理有限公司	87.28
31	时代豪苑公寓	龙庆物业发展公司	87.27
32	金色假日	深圳市津联泰投资有限公司	87.26
33	世纪金源国际公寓	北京金源鸿大房地产有限公司	87.24
34	恋日国际	北京华野投资管理有限公司	87.23
35	钻石年代	重庆江山物业发展有限公司	87.20
36	兆丰苑酒店式公寓	上海裕隆房产发展有限公司	87.16
37	通用时代	北京通润房地产开发有限公司	87.14
38	锦绣中环	湖南锦绣实业发展有限公司	87.11
39	北京新世界酒店式公寓	新世界中国有限公司	86.55
40	珠江骏景	北京珠江房地产开发有限公司	86.52
41	里昂花园	上海浦江发展有限公司	86.51
42	美丽华花园	上美置业有限公司	86.50
43	万源晶典	上海源鸿置业有限公司	86.46
44	富顿中心	北京昆泰嘉业房地产开发有限公司	86.45
45	西屋国际公寓	北京嘉海房地产开发公司	86.39
46	国贸公寓	北京世桥房地产开发有限公司	86.37

名次	楼盘	开发商名称	得分
47	远洋新干线	中远房地产开发有限公司	86.36
48	泰古公寓	中华企业股份有限公司	86.34
49	爱博酒店式公寓	上海爱建股份有限公司房地产分公司	86.32
50	荣丰 2008（非常空间）	北京荣丰房地产开发有限公司	86.27
51	丹枫白露酒店公寓	深圳市三九房地产（集团）有限公司	86.26
52	爱丽轩	仁信发展（上海）有限公司	86.15
53	中信广场	熊谷蚬壳（广州）有限公司	86.14
54	炫特区	北京广厦京都置业有限公司	86.13
55	云鼎国际公寓	重庆恒通房地产发展有限公司	86.12
55	金桥国际公寓	北京新润房地产开发有限公司	86.12
57	亨纳斯酒店公寓	上海永阳房地产有限公司	86.11
57	恒升半岛国际中心	上海东方房产投资发展有限公司	86.11
59	嘉里不夜城第 2 座	上海港沪房地产有限公司	85.98
60	国际市长交流中心	深圳市金晖房地产开发有限公司	85.97
61	温莎公寓	温莎置业（上海）有限公司	85.96
62	爱都公寓	上海鹏飞房地产开发有限公司	85.31
63	白领公寓新建业中心	白领企业发展公司	85.25
64	金茂礼都	深圳市大富铭投资发展有限公司	84.23
65	北京东环广场酒店式公寓	北京华建房产开发公司	83.44
66	金桥凤凰酒店公寓	上海诚至置业有限公司	83.39
67	长青公寓	美澳投资咨询有限公司	83.23
68	光彩国际公寓	北京光彩置业有限公司	83.21
69	大德公寓	上海静安地产（集团）有限公司	82.99
70	达盟山庄	杭州达盟物业有限公司	82.94
71	鸿发苑酒店式公寓	上海鸿发房地产有限公司	82.45
72	财智公馆	北京建房房地产开发公司	82.43
73	东华经典	北京市宣武区房地产经营开发有限公司	82.37
74	GOGO 新世代	双林房地产开发有限公司	82.00
75	长宁贵都公寓	上海沪泰房地产发展有限公司	81.97
76	夏都盈座	北京夏都房地产发展有限公司	81.35
77	京港国际公寓	中加兴业房地产开发有限公司	81.34
78	后现代城	新松房地产开发有限公司	81.24
79	美丽新殿	厦门新嘉园置业有限公司	81.17
80	金隆海悦	上海金隆置地有限公司	81.11
81	金桥花园酒店式公寓	上海凌志置业有限公司	81.05
82	康斯丹郡	北京和祥恒房地产开发有限公司	80.46
83	森林高尔夫·公寓	北京先锋置业股份有限公司	79.45
84	石路中心广场	金阊商业房地产开发有限公司	79.44
85	虹桥绿苑	上海亚太国际房地产有限公司	79.38
86	金兰花苑	上海东联房产开发有限公司	79.37
87	北京宝鼎中心	致祥房地产开发公司	79.36
88	中汇花园	上海兴威房产开发有限公司	79.18
89	鼎极·嘉华世纪	北京白金房地产开发有限公司	79.12
90	百汇中心独立时代	上海赛元房地产有限公司	78.92
91	春天花园酒店公寓	上海东方金马房地产有限公司	78.88
92	紫荆豪庭	中海发展（北京）有限公司	78.87
93	天赐公寓	上海天赐房地产有限公司	78.77
94	新黄浦酒店公寓	上海海浦中心房地产有限公司	78.69
95	钱塘·沁园	杭州钱塘房地产开发集团	78.68

名次	楼盘	开发商名称	得分
96	海上花园	上海上科实业有限公司	78.66
97	万源杰座	上海源鸿置业有限公司	77.28
98	华苑大厦	新上海国际房地产有限公司	76.48
99	华山花园	上海基立房地产有限公司	76.46
100	君临国际	中住地产开发公司	75.83

(信息来源:绿色建材网 2004年4月22日)

◎榜二、2003中国别墅100强◎

名次	楼盘	开发商名称	得分
1	御翠园	上海和联房产开发有限公司	93.46
2	玫瑰园	北京玫瑰园别墅有限公司	93.41
3	F·天下	纵横(武汉)盘龙城置业有限公司	93.04
4	佘山高尔夫别墅	上海佘山国际高尔夫俱乐部有限公司	93.01
5	长岛·澜桥	北京北辰房地产开发股份有限公司	92.99
6	汇景新城	广州侨鑫房地产开发有限公司	92.93
7	西郊庄园	上海西郊庄园置业发展有限公司	92.85
8	棕榈泉花园	上海西北盛唐房地产开发有限公司	92.78
9	珠江国际城	北京珠江房地产开发有限公司	92.75
10	橘郡·水印长滩	中洋创业投资有限公司	92.67
11	逸泉山庄	广州城建开发景城房地产有限公司	92.65
12	美林香槟小镇	北京美林房地产开发有限公司	92.64
13	西山美墅馆	北京三九建业房地产开发有限公司	92.56
14	檀宫	上海西郊帝庭苑房地产开发有限公司	92.55
15	天地美墅	北京恒帝隆房地产开发有限公司	92.49
16	上海紫园	上海嘉城兆业房地产有限公司	92.46
17	绿洲千岛花园	上海航头高夫置业有限公司	92.42
18	卡尔生活馆	北京阳光四季花园房地产开发有限公司	92.41
19	河滨印象	四川万达房地产有限公司	91.62
20	晴翠园	北京丰联房地产开发经营有限公司	91.61
21	枫丹白露别墅	上海爱凌置业有限公司	91.05
22	佘山月湖山庄	上海利宝房地产开发经营有限公司	90.98
23	佳地园	辽宁佳地房地产开发有限公司	90.95
24	世外桃源花园别墅小区	上海世外桃源房产有限公司	89.42
25	枫露皇苑	北京五龙新村开发公司	89.39
26	八仙·筑城	八仙房地产开发有限公司	89.36
27	森林华墅	吉林鸿禹房地产开发有限公司	89.35
28	亚澜湾	北京绿岛置业房地产开发有限公司	89.32
29	百家湖花园·印象威尼斯	南京百家湖房地产开发有限公司	89.28
30	高尔夫城市花园	武汉高尔夫城市花园房地产开发有限公司	89.27
31	银谷别墅	仁信新技术(深圳)有限公司	89.18
32	紫都·上海晶园	上海紫都置业发展有限公司	89.12
33	紫玉山庄	北京紫玉山庄房地产开发有限公司	89.06
34	绿洲江南园	上海置业-住富房地产有限公司	89.03
35	汤臣高尔夫别墅	汤臣高尔夫(上海)有限公司	89.00
36	草堂之春	成都天合房屋开发有限责任公司	88.86

名次	楼盘	开发商名称	得分
37	龙湖·香樟林	重庆龙湖地产发展有限公司	88.69
38	美地庄园	沈阳政兴实业有限公司	88.18
39	碧水庄园	北京碧水庄园房地产开发有限公司	88.00
40	三正半山豪苑	东莞市三正房地产开发有限公司	87.99
41	四季草堂	上海四季草堂房地产有限公司	87.20
42	雅居乐	广州番禺雅居乐房地产开发有限公司	87.16
43	利通出水芙蓉	四川利通实业发展有限公司	86.71
44	寒舍	昆山兴亚置业有限公司苏州分公司	86.66
45	上海蓝堡	上海东恒房地产开发有限公司	86.51
46	绿城·九溪玫瑰园	绿城房地产集团有限公司	86.50
47	星河湾	广州宏富房地产有限公司	86.48
48	圣美利加庄园	大连圣北房地产有限公司	86.47
49	东郊花园	上海浦程房地产发展有限公司	86.45
50	中安·翡翠湖	重庆中安房地产开发公司	86.43
51	世茂湖滨花园	上海世茂湖滨房地产有限公司	86.41
52	比华利豪园	和记黄浦地产（重庆江北）有限公司	85.03
53	丽高王府	北京丽高地产开发有限公司	85.01
54	绿洲康城	上海振龙房地产开发有限公司	85.00
55	纳帕溪谷	北京翰宏基业房地产开发有限公司	84.98
56	大豪·山林别墅	上海大豪城乡建设有限公司	84.38
57	钻石王朝	香港朗湖国际有限公司	84.35
58	熙园	深圳市鸿荣源实业有限公司	84.12
59	迎枫苑	苏州市新沧浪房地产开发有限公司	83.78
60	宝岛花园	北京天鸿集团	83.69
61	南都·西湖高尔夫别墅	浙江西湖高尔夫别墅	82.94
62	水乡温泉别墅	融侨（福建）房地产有限公司	82.89
63	阳光海岸	厦门嘉祥房地产开发有限公司	82.75
64	金都·富春山居	金都房产集团	81.65
65	和安花园	三河中和房地产开发有限公司	81.64
66	锦绣山庄	沈阳华新国际城市发展有限公司	81.63
67	金湖花园	金湖房地产开发公司	81.61
68	银涛高尔夫别墅	上海银涛高尔夫有限公司	81.59
69	世袭领地	上海莘海房地产有限公司	81.35
70	皇都花园	友富（上海）有限公司	81.34
71	莱蒙湖别墅	北京康馨园房地产开发有限公司	81.24
72	城市山谷	深圳市百富隆新投资有限公司	80.34
73	长堤花园别墅	上海昌安置业有限公司	80.33
74	丽都别墅	上海国伟置业有限公司	80.23
75	优山美地	北京碧水源房地产开发有限公司	80.22
76	紫藤居	上海天勇置业有限公司	80.12
77	红螺湖别墅	北京大地房地产开发有限责任公司	80.01
78	佘山天邻别墅	上海众优置业有限公司	79.99
79	太湖威尼斯花园	江苏金马房地产有限公司	79.98
80	绿城·桃花源生态居住区	绿城房地产集团有限公司	79.84
81	祥景家园	福建万祥投资股份有限公司	79.79
82	云深处	深圳市维拉顿房地产开发有限公司	79.66

名次	楼盘	开发商名称	得分
83	仙湖山庄	朝恒房地产(深圳)有限公司	79.60
84	九州大唐花园	上海森泽房地产有限公司	79.57
85	天马花苑	上海天马乡村俱乐部有限公司	79.56
85	湖畔佳苑	上海佳苑房地产发展有限公司	79.56
87	碧瀛谷	苏州太湖华鑫建设发展有限公司	79.54
88	盛世香樟苑	上海盛桥房地产开发有限公司	79.52
89	云海山庄	厦门诚毅地产投资管理有限公司	79.51
90	诺丁山郡·新西湖花园	杭州环球房地产开发有限公司	79.46
91	中能·浪漫和山	杭州小和山庄开发有限公司	79.45
92	浅水湾花园	上海新世界正润置业有限公司	78.77
93	立信·瑞景文华	南京瑞景房地产开发有限公司	78.69
94	西效美林馆	泰星房地产(上海)有限公司	78.68
95	顺达·海滨花园	大连顺达房屋开发有限公司	78.66
96	长岛别墅	上海人济置业发展有限公司	78.21
97	御花园	苏州中兴房地产开发有限公司	78.18
98	夏州花园	上海中今房地产开发有限公司	77.28
99	海昌·枫桥园	大连海昌房屋开发有限公司	76.97
100	锦绣香江	广州番禺锦江房地产有限公司	76.88

(信息来源:绿色建材网 2004年4月22日)

◎榜三、2003中国商铺100强

名次	楼盘	开发商名称	得分
1	北京财富中心	北京香江兴利房地产开发有限公司	93.44
2	上海世茂国际广场	上海世茂房地产有限公司	93.38
3	华南 Mall	东莞市三元盈辉投资发展有限公司	92.93
4	金源时代购物中心	世纪金源集团	92.92
5	第七街区	北京京大昆仑房地产开发有限公司	92.87
6	卫城－住邦商务中心	住邦房地产开发有限责任公司	92.85
7	上海贝多芬广场	上海绿地集团	92.84
8	正佳广场	广州市正佳企业有限公司	92.83
9	国际商都	北京恒富广场开发有限公司	92.80
10	新中关	北京海湾京城房地产开发有限公司	92.77
11	建外 SOHO	北京红石建外房地产开发有限公司	92.03
12	信恒现代城	黑龙江信恒集团	91.99
13	万达商业广场	北京万达房地产开发有限公司	91.83
14	华贸中心	北京国华置业有限公司	91.67
15	昆泰国际中心商业街	北京昆泰嘉华房地产发展集团	91.64
16	成都熊猫万国商城	成都熊猫万国商城有限公司	91.57
17	证大·大拇指商业广场	上海证大商城房地产开发有限公司	90.90
18	郦城20万平米商业街	北京永泰房地产开发有限责任公司	90.84
19	巴比伦·恒泰生活广场	上海泰恒房地产发展有限公司	90.81
20	光明广场	光明房地产建设有限公司	90.78

名次	楼盘	开发商名称	得分
21	上海国际汽车城	上海国际汽车城世贸实业有限公司	90.64
22	王府井富阳广场	北京三花置业有限公司	90.46
23	MORE 超达创业园	长春高新建设开发有限公司	89.21
23	碧溪家居广场	北京碧溪广场有限公司	89.21
25	星光影业商城	东莞东城房地产发展有限公司	89.20
26	翡翠城米兰大道	华润置地（北京）股份有限公司	89.18
27	爱建·滨江商都	哈尔滨爱达投资置业有限公司	89.09
28	南都·银座 M&C 商业街	浙江新都物业管理公司	89.05
29	广州维多利广场	广东越秀集团	89.04
30	汇发摩尔中心	成都汇发置业有限公司	89.03
31	华宇广场	重庆华宇物业（集团）有限公司	89.02
32	上海国际汽配贸易中心	上海国际汽配贸易有限公司	89.01
33	天府汇城	成都汇诚房地产建设开发有限公司	88.98
34	万鑫·五洲风情 MALL	深圳市鑫业投资有限公司	88.97
35	海天中心	北京海天房地产开发有限公司	88.94
36	第一大道	重庆浦辉房地产开发公司	88.90
37	时代购物公园	北京中山伟业投资有限公司	88.88
38	华凌贸易城	新疆华凌集团	88.85
39	汇龙城	北京远望集团	88.28
40	华宇名都城	重庆华宇物业（集团）有限公司	88.25
41	朝外 MEN	成荣房地产发展有限公司	88.24
42	沈阳万达商业广场	沈阳万达商业广场开发有限公司	88.23
43	现代城礼品城	百老汇（中国公司）	88.19
44	第五大道	北京首创资产管理有限公司	88.18
45	太平洋商业中心	浙江浙联房产集团	88.12
46	光明广场	广州光明房产建设有限公司	88.10
47	长春银座购物广场	长春房地产开发（集团）有限公司	88.09
48	振屹·城市广场	大连振屹房屋开发有限公司	88.07
49	金桥·罗马假日	上海华群置业有限公司	88.05
50	巨库（SOCOOL）	北京首创资产管理有限公司	88.00
51	方舟休闲广场	上海瑞锦房地产开发有限公司	87.99
52	华润新城购物中心	华润（深圳）有限公司	87.87
53	十甫名都	广州西关时代广场房地产发展有限公司	87.86
54	多彩西部商城	陕西多彩实业有限工地	87.85
55	名盛广场	广州名盛房地产实业有限公司	87.84
55	上海国际商城	中融集团	87.84
57	天植商城	天植实业集团	87.83
57	汉正街中心商城	桥建集团	87.83
59	吉品购物公园	东方金马房地产开发有限公司	87.70
60	时风国际大厦	常熟市时风房地产开发有限公司	87.69
61	海昌名城	大连海昌商城有限公司	87.68
62	蜀都星光大道	成都东盛房产公司	87.02
63	西湖国贸中心	杭州鸿英房地产开发有限公司	86.96
64	北奇星河湾	吉林北奇房地产开发有限公司	85.91
65	新地假日广场	无锡市鼎牌置业有限公司	85.11

名次	楼盘	开发商名称	得分
66	世纪城商务活动中心	北京金源鸿大房地产有限公司	85.06
67	沈阳财富中心	沈阳英特纳房地产开发有限公司	84.89
68	新亚洲电子商城	深圳新亚洲实业发展有限公司	84.87
69	嘉蒂生活广场	大连海源房屋开发有限公司	84.65
70	常兴时代广场	新常兴城实业发展公司	84.60
71	周庄·万博汇	周庄富贵园房地产开发有限公司	84.10
72	紫薇·银座	成都市春熙大厦房屋开发公司	84.08
73	上海圣力国际数码电子广场	上海圣力国际广场投资管理有限公司	84.02
74	长春昆仑	长春房地产开发(集团)有限公司	83.64
75	山西置地时尚广场	北京环宇大地公司	83.61
76	英郡	北京美晟房地产开发有限责任公司	82.98
77	福林广场商铺	昆明福林房地产开发有限公司	82.97
78	协信·黄金海岸	重庆协信城市建设发展有限公司	82.86
79	维多利广场	广州市城市建设开发有限公司	82.79
80	上海联富商业广场	上海联富房地产有限公司	82.73
81	中华商业广场	成都武海置业	82.67
82	巴黎假日广场	上海市久良企业投资发展有限公司	82.07
83	东方巴黎	无锡市嘉禾房地产开发有限公司	81.04
84	银河商业广场	四川银河投资发展有限公司	81.03
85	佳信花园商场	广州市南图房地产开发有限公司	80.97
86	鄂尔多斯广场	鄂尔多斯集团上海博利置业有限公司	80.96
87	国际村精品商业	广华轩房地产开发有限责任公司	80.95
88	阳光国际商业街	长春市筑业房地产开发有限责任公司	80.76
89	新亚洲电子商城	深圳新亚洲实业发展有限公司	80.70
90	水果湖广场	武汉市未来屋产有限公司	80.50
91	丽影商业广场	嘉业集团	80.46
92	天和广场	大连亨达房地产开发有限公司	80.45
93	美丽新世界	苏州市富银投资发展有限公司	80.35
94	中都广场	浙江通策集团杭州顺昌房地产有限公司	80.26
95	丽岛春天	重庆润宏置业发展有限公司	80.25
96	暹罗湾	上海暹罗商业发展公司	80.23
97	广汇美居物流园	新疆亚中物流商务网络有限公司	78.83
98	嘉慧苑	北京京奥房地产开发有限公司	78.01
99	中原商贸城	郑州长城房屋开发有限公司	77.99
100	宝安商业街	武汉宝安房地产开发有限公司	77.35

(信息来源:绿色建材网 2004年4月22日)

◎榜四、2003 中国写字楼 100 强◎

名次	楼盘	开发商名称	得分
1	金茂大厦	中国金茂（集团）股份有限公司	94.31
2	国贸大厦	中国国际贸易中心股份有限公司	94.29
3	嘉里中心	嘉奥房地产开发有限公司	94.27
4	恒隆广场	恒隆（中国）有限公司	92.93
5	东方广场	北京东方文化集团	92.84
6	京广中心	香港京广中心有限公司	92.57
7	中信广场	熊谷蚬壳（广州）有限公司	92.55
8	富凯大厦	金融街控股股份有限公司	92.53
9	城建大厦	北京城建置业有限公司	92.52
10	朝外 MEN	北京成荣房地产公司	92.51
11	上海中环广场	新鸿基房地产（上海）有限公司	92.49
12	万达商业广场	大连万达集团	92.48
13	地王大厦	香港建设（控股）有限公司	92.35
14	开元名都	杭州开元房地产集团有限公司	92.08
15	盛福大厦	北京盛福大厦有限责任公司	92.06
16	绿都世贸广场	绿都控股集团有限公司	92.00
17	银网中心	北京嘉轩房地产开发有限公司	91.92
18	赛格广场	深圳市赛格广场投资发展有限公司	90.93
19	蓝色地标	长沙华盛置业有限公司	90.24
20	第三置业	北京恒阳华隆房地产有限公司	89.60
21	均瑶国际广场	上海均瑶置业投资有限公司	89.58
22	佳程广场	佳程（集团）有限公司	89.56
23	韦伯时代中心	北京国华时代房地产开发有限公司	89.55
24	香港广场	上海丽兴房地产有限公司	89.15
25	华敏翰尊国际	上海华友房地产开发有限公司	89.13
26	海华广场	杭州海华房地产开发有限公司	88.77
27	盈科中心	北京京威房地产有限公司	88.76
28	嘉豪国际中心	北京华顺方圆房地产开发有限公司	88.75
29	总部基地	中关村丰台园道丰科技商务园建设发展有限公司	88.53
30	第一大道	SOHO 中国有限公司	88.50
31	中信泰富广场	中信泰富（中国）投资有限公司	87.58
32	坤和发展中心	杭州坤和建设集团有限公司	87.57
33	力宝广场	上海力宝复兴房地产有限公司	87.12
34	平安大厦	北京平安房地产开发有限公司	87.11
35	中关村金融中心	北京科技园置业股份有限公司	87.10
36	世代锦江商务楼	中美合资·成都润兴房地产开发有限公司	87.08
37	亚大时代大厦	湖南亚大科技实业有限公司	86.58
38	长富宫办公楼	北京市长富宫中心有限责任公司	86.47
39	富海中心	北京城建投资发展股份有限公司	86.24
40	尚都国际大厦	北京建华置地有限公司	86.12
41	世界金融中心	深圳茂业（集团）有限公司	86.11
42	企图 ATT 中心	北京鸿润房地产开发有限公司	84.96

名次	楼盘	开发商名称	得分
43	翔鹰智能电子大厦	哈尔滨翔鹰房地产开发有限公司	84.80
44	21世纪国际商务总部	长春房地产开发(集团)有限公司	84.79
45	第一大道	湖南百岁置业发展有限公司	84.78
46	高新国际商务中心	西安高新技术产业开发区房地产开发公司	84.24
47	财富广场	安徽邮电物业发展有限责任公司	84.18
48	深圳国际商会大厦	深圳市荣超房地产有限公司	84.16
49	西湖时代广场	浙江广厦集团房地产开发有限公司	84.15
50	老三届·世纪星大厦	陕西克力房地产开发有限责任公司	84.13
51	深圳京广中心	深圳京广发展股份有限公司	83.54
52	福鑫国际大厦	南京市房产经营总公司	83.29
53	罗湖商务中心大厦	深圳市商隆投资发展有限公司	83.28
54	金穗大厦	广州珠江投资有限公司	82.94
55	大连世贸大厦	大连世贸大厦有限公司	82.85
56	新上海国际大厦	新上海国际大厦有限公司	82.71
57	国家开发银行大厦	上海城投置业管理有限公司	82.64
58	绿城·黄龙世纪广场	浙江绿城世纪投资有限公司	82.63
59	世界贸易大厦	武汉世界贸易大厦有限责任公司	82.62
60	学院国际大厦	北京鸿威房地产开发有限公司	82.61
61	世纪广场	湖北省住宅发展有限公司	82.56
62	招商局大厦	招商局航华科贸中心有限公司	82.40
63	泰合广场	武汉泰合房地产开发公司	82.38
64	中国电子大厦	北京恒新创业房地产开发有限公司	82.16
65	中保大厦	中保大厦有限公司	82.11
66	创新滨江广场	南京建鑫房地产开发有限公司	82.06
67	武汉广场	武汉华信房地产开发有限公司	81.92
68	建银大厦	武汉市建银房地产开发公司	81.83
69	置地星座	华润置地(北京)股份有限公司	81.36
70	昆泰国际中心	北京昆泰嘉华房地产开发有限公司	81.35
71	左岸工社	北京万柳新兴房地产开发有限公司	81.34
72	银谷大厦	北京银谷大厦房地产开发有限公司	81.32
73	理想国际大厦	北京中物理想房地产开发公司	81.18
74	辉煌时代	北京辉煌世纪房地产开发有限公司	81.15
75	大上海时代广场	上海龙兴房地产发展有限公司	81.11
76	光大国际贸易中心	珠海光大国信房产开发有限公司	81.09
77	置地广场	福建置地房地产开发有限公司	81.06
78	瑞通广场	武汉瑞通房地产开发建筑有限公司	80.96
79	华龙大厦	北京市京都商业中心管理公司	80.30
80	香港新世界大厦	香港新世界(中国)地产有限公司	80.24
81	中欣大厦	上海四季同仁房地产开发有限公司	80.14
82	中泉广场	新疆北中房地产有限公司	79.97
83	铂宫国际中心	北京京隆房地产开发有限公司	79.42
84	世纪金融大厦	苏州工业园区信息港管理发展有限公司	79.32
85	太湖明珠·发展大厦	无锡润地利建设发展有限公司	79.21
86	大连中银大厦	大连国泰房地产开发有限公司	79.19
87	银科大厦	北京建银福商房地产开发有限公司	78.86

名次	楼盘	开发商名称	得分
88	国际银行大厦	信基置业有限公司	78.80
89	阳光都市·财富中心	浙江云天房地产开发有限公司	78.77
90	仙乐斯广场	上海仙乐斯房地产有限公司	78.72
91	港陆广场	上海港陆广场有限公司	78.65
92	金狮大厦	苏州金狮大厦发展管理有限公司	78.39
93	海洋大厦	上海星峡置业有限公司	78.33
94	金谷大厦	新疆新粮集团金谷房地产有限公司	78.13
95	港鹏·成都银行中心	成都港鹏房地产发展有限公司	78.09
96	宜发大厦	福州宜发房地产开发有限公司	77.90
97	中央商务大厦	金宝维实业发展（深圳）有限公司	77.87
98	美罗大厦	上海美罗文化娱乐有限公司	77.64
99	富顿中心国际大厦	北京昆泰嘉业房地产开发有限公司	77.63
100	瑞安广场	上海瑞虹房地产发展有限公司	77.48

（信息来源：绿色建材网 2004年4月22日）

◎榜五、2003中国住宅100强◎

名次	楼盘	开发商名称	得分
1	万科金域蓝湾	深圳市万科房地产有限公司	95.26
2	SOHO现代城	SOHO中国有限公司	95.24
3	世茂滨江花园	上海世茂房地产有限公司	95.22
4	波托菲诺	深圳华侨城房地产有限公司	93.87
5	世纪城	北京世纪金源集团	93.78
6	卓越·蔚蓝海岸	卓越置业集团有限公司	93.50
7	嘉里华庭	嘉里发展（上海）有限公司	93.48
8	观澜国际花园	北京天鸿宝业房地产股份有限公司	93.46
9	富力城	北京富力城房地产开发有限公司	93.45
10	光大花园－榕景四季	广州市光大花园房地产开发有限公司	93.44
11	苹果社区	今典集团	93.42
12	经纬城市绿洲	上海经纬置地有限公司	93.41
13	朝外MEN－财贸中心	北京成荣房地产公司	93.28
14	宝地绿洲城	上海宝钢地产有限公司	93.01
15	缇香名苑	深圳中核集团公司	92.99
16	新城枫景	上海新城万嘉房地产有限公司	92.93
17	金隅丽港城	北京金隅嘉业房地产开发公司	92.85
17	三箭·银苑花园	山东三箭房地产开发有限公司	92.85
19	优士阁	华润置地（北京）股份有限公司	91.85
20	山水文园	北京荣泰恒嘉房地产开发有限公司	91.15
21	CLASS	北京世纪春天房地产开发有限公司	90.51
22	朗琴园	北京润博房地产开发有限公司	90.48
23	海景花园	广东海景企业集团有限公司	90.46

名次	楼盘	开发商名称	得分
24	凯旋新世界	广州新翊房地产发展有限公司	90.45
25	富通·丽沙花都	深圳市富通房地产开发公司	90.05
26	富贵园	北京京都房地产开发有限责任公司	90.03
27	翠竹苑	广州市恒利房地产开发有限公司	89.67
28	南宁阳光100城市广场	广西万通房地产有限公司	89.66
29	皇庭世纪花园	深圳恒浩投资发展有限公司	89.65
30	天江格调空间	天津经济技术开发区建设集团有限公司	89.42
31	上海奥林匹克花园	上海奥林匹克置业投资有限公司	89.39
32	京汉·旭城	北京京汉投资集团	88.46
33	同温层	湖北泰跃房地产开发有限责任公司	88.45
34	华贸中心－国际公寓	北京国华置业有限公司	88.00
35	济南阳光100国际新城	济南阳光壹佰房地产开发有限公司	87.99
36	天安国际大厦	南京天都实业有限公司	87.98
37	逸景翠园	合生创展集团有限公司	87.96
38	长河湾	北京中坤锦绣房地产开发有限公司	87.45
39	颐源居	北京万业源房地产开发有限责任公司	87.34
40	诚品建筑	北京世博伟业房地产开发公司	87.11
41	滨海之窗	深圳市闽泰房地产开发有限公司	86.99
42	润枫德尚	北京润丰房地产开发有限公司	86.98
43	远洋德邑	中远房地产开发有限公司	85.82
44	华苑新城	天津港宁房地产发展有限公司	85.66
45	金地－格林春岸	金地集团	85.65
46	阳光巴黎	上海南洋豪森置业有限公司	85.24
47	重庆阳光100国际新城	重庆渝能壹佰房地产开发有限公司	85.09
48	芳馨园小区	天津飞林房地产开发有限公司	85.03
49	加新·时代印象	重庆加新产业（集团）有限公司	85.01
50	世纪东方城	北京世纪城房地产开发公司	85.00
51	百家湖花园·西花园	南京利源物业发展有限公司	84.98
52	天津阳光100国际新城	天津阳光壹佰房地产开发有公司	84.38
53	金山碧水	福州市房地产经营总公司	84.13
54	慧时欣园	北京市永联房地产开发有限责任公司	84.10
55	南宁阳光100半山丽园	广西万通房地产有限公司	83.78
56	中远两湾城	中远三林置业集团有限公司	83.69
57	长沙阳光100国际新城	阳光壹佰（湖南）置业发展有限责任公司	83.55
58	新裕家园	新世界中国地产有限公司	83.51
59	昌茂澳州园	海南昌茂企业集团有限公司	83.46
60	天赐良园	北京富河房地产开发有限公司	83.45
61	元邦·航空家园	广州元邦房地产开发有限公司	83.40
62	云铜地产·时代风华	云南铜业鸿泰房地产开发有限公司	83.39
63	聚祥广场	厦门银聚集团有限公司	83.23
64	白云骏景家园	广东珠江投资有限公司	83.21
65	聚龙湾	东莞石龙镇房地产开发公司	82.99

名次	楼盘	开发商名称	得分
66	新世界花园	东莞市新世界花园商住建造有限公司	82.94
67	海龙湾	广州新大地房地产开发有限公司	82.89
68	都市兰亭	广州广电房地产开发有限公司	82.75
69	银谷苑	海南中谷物业有限公司	82.66
70	广州雅居乐花园	广州番禺雅居乐房地产开发有限公司	82.18
71	联洋年华	上海中邦置业（集团）有限公司	82.12
72	龙湖·水晶郦城	重庆佳辰经济发展有限公司	82.08
73	亚泰·杏华苑	吉林亚泰房地产开发有限公司	82.07
74	万邦都市花园	上海万邦企业集团有限公司	82.00
75	虹桥万博花园	上海万博房地产开发有限公司	81.97
76	长江花园	长春大政房地产开发建设有限公司	81.93
77	华纺易城	华纺房地产开发公司	81.91
78	金裕青青家园	陕西金裕房地产开发集团有限责任公司	81.88
79	金碧华府	广州恒大房地产开发有限公司	81.78
80	莲花家园	江西华鹏实业有限公司	81.11
81	中新花园	吉林省中新房地产开发有限公司	81.05
82	伟东新都	济南伟东置业有限公司	80.95
83	理想家园·泉水湾	江西博能房地产开发有限公司	80.78
84	阳光上东	北京星泰房地产开发有限公司	80.22
85	颐和山庄	广州市颐和山庄房地产开发有限公司	80.12
86	宇宏·健康花城	中山市宇宏住宅产业发展有限公司	80.01
87	山水黔城	贵州宏利城房地产开发有限公司	79.99
88	清华园小区	郑州清华园房地产开发有限公司	79.66
89	颐和花园	中国房地产合肥分公司	79.60
90	天元花园	福州天元房地产开发公司	79.57
91	阳明国际花苑	上海阳明房地产发展有限公司	79.52
92	明珠风景	大连万达集团长春房地产公司	79.44
93	三易花园	甘肃三易房地产开发有限责任公司	79.18
94	东方威尼斯	宁波亨润房地产开发有限公司	79.12
95	百花园	西安市安达地产公司	78.92
96	武夷家园	长春宝成置业有限公司	78.88
97	上海之春－复华城市花园	上海高新房地产开发有限公司	78.69
98	柏景湾	安徽省邮电物业发展有限公司	78.66
99	丽泉江南	成都万伦房产有限公司	78.42
100	南方香榭里	重庆南方集团有限公司	78.41

（信息来源：绿色建材网 2004 年 4 月 22 日）

附录 房地产榜

◎榜一、2003中国企业进出口额排名◎

1.2003进出口额最大的200家企业

（单位：万美元）

排名	企业名称	进出口额	出口额	进口额
1	中国石化国际事业有限公司	1588686	207255	1381432
	中国国际石油化工联合有限责任公司	1130706	127345	1003361
	湛江东兴石油企业有限公司	55151	0	55151
	中国石化仪征化纤股份有限公司	52626	3188	49438
	中国石化镇海炼油化工股份有限公司	38311	14490	23821
	中国石化国际事业广州公司	28678	12076	16601
	中国金山联合贸易有限责任公司	25867	3735	22132
2	鸿富锦精密工业（深圳）有限公司	1213803	642304	571499
3	达丰（上海）电脑有限公司	880713	529116	351597
4	中国中化集团公司	809249	215247	594002
	中化国际石油公司	332031	33804	298227
	中化国际化肥贸易公司	75428	2411	73017
	中化国际贸易股份有限公司	72705	19188	53517
	中化广东进出口公司	60377	3006	57371
	中化上海进出口公司	36851	17534	19317
	中化辽宁进出口公司	33164	28128	5036
	中化国际招标有限责任公司	31029	688	30342
	中化江苏进出口公司	29148	21862	7286
	中化宁波进出口公司	26681	20435	6245
	中化河北进出口公司	24164	18165	5999
	中化天津进出口公司	19537	16355	3182
5	名硕电脑（苏州）有限公司	611601	316536	295065
6	中国五矿集团公司	604263	72094	532169
	五矿发展股份有限公司	458963	40263	418700
	五矿有色金属股份有限公司	83101	22244	60857
	中国五金矿产进出口上海浦东公司	23387	603	22785
7	摩托罗拉（中国）电子有限公司	532922	303087	229835
8	中国石油天然气集团公司	531405	206585	324820
	中国联合石油有限责任公司	373760	128009	245751
	大连中联油国际贸易有限公司	42238	41130	1108
	中国石油物资装备（集团）总公司	51000	395	50606
	中国石油技术开发公司	37987	34488	3499
	中国石油国际事业有限公司	26061	15278	10783
9	东方国际（集团）有限公司	428580	238759	189821
	东方国际集团上海市对外贸易有限公司	155923	33056	122866
	上海久茂对外贸易公司	31283	5892	25391
	上海东松国际贸易有限公司	26770	6516	20254
	上海丝绸（集团）有限公司	80440	66765	13675
	上海丝绸集团股份有限公司	51691	41953	9737
	东方国际创业股份有限公司	54485	35424	19061
	东方国际集团上海荣恒国际贸易有限公司	19298	7322	11975
	东方国际集团上海市针织品进出口有限公司	32735	31392	1343
	东方国际集团上海市家用纺织品进出口有限公司	27935	26097	1838
	东方国际集团上海市纺织品进出口有限公司	26445	25106	1339
	东菱贸易有限公司	23064	865	22199

排名	企业名称	进出口额	出口额	进口额
	东方国际商业(集团)有限公司	20087	14826	5261
10	诺基亚(中国)投资有限公司	341595	206005	135590
	东莞诺基亚移动电话有限公司	131723	87672	44051
	北京诺基亚移动通信有限公司	131374	82492	48882
	诺基亚(苏州)电信有限公司	42414	21177	21236
	北京诺基亚航星通讯系统有限公司	29424	11319	18105
11	中国第一汽车集团	334294	6456	327839
	一汽－大众汽车有限公司	190281	893	189388
	中国第一汽车集团进出口公司	132243	5016	127227
12	中国普天信息产业集团公司	331646	136835	194811
	北京爱立信移动通信有限公司	93295	68896	24399
	宁波电子信息集团有限公司	86778	4431	82346
	宁波波导股份有限公司	85693	3672	82021
	普天东方通信集团	76529	32681	43849
	杭州摩托罗拉移动通信设备有限公司	56766	32627	24139
	北京松下通信设备有限公司	56530	20027	36502
13	中国粮油食品进出口(集团)有限公司	325687	196929	128758
	东海粮油工业(张家港)有限公司	59880	4679	55201
	中粮粮油进出口公司	35348	26549	8799
	中粮国际(北京)有限公司	23265	18529	4737
14	英特尔产品(上海)有限公司	315740	156262	159479
15	伟创力实业(珠海)有限公司	315688	142144	173545
16	中国航空技术进出口总公司	305871	82118	223754
	中航技国际工贸公司	29749	6887	22862
	中国航空技术进出口深圳公司	23235	12799	10437
17	希捷国际科技(无锡)有限公司	290132	146738	143394
18	中国国际海运集装箱(集团)股份有限公司	284296	199185	85110
	上海中集冷藏箱有限公司	57157	36228	20929
	深圳南方中集集装箱制造有限公司	50908	37344	13564
	青岛中集冷藏箱制造有限公司	37885	22395	15490
	新会中集集装箱有限公司	22859	17426	5432
	上海中集远东集装箱有限公司	22168	18119	4049
	南通中集顺达集装箱有限公司	22077	15257	6820
19	友达光电(苏州)有限公司	266464	92614	173850
20	长城国际信息产品(深圳)有限公司	266078	265641	437
21	顺德市顺达电脑厂有限公司	258771	133676	125096
22	珠海振戎公司	255218	0	255218
23	广东省广新外贸集团有限公司	252168	160394	91773
	广东省广新外贸轻纺(控股)公司	84568	74156	10412
	广东省机械进出口集团公司	39437	19586	19851
	广东省五金矿产进出口集团公司	38154	6002	32152
	广东省外贸开发公司	23992	6781	17211
24	中国通用技术(集团)控股有限责任公司	250006	73779	176227
	中国机械进出口(集团)有限公司	91297	34023	57274
	中机海川国际船舶公司	20426	17807	2619
	中国技术进出口总公司	43555	2565	40989
	中国仪器进出口总公司	37844	1879	35965
	通用国际贸易公司	31583	21257	10326
	中技贸易股份有限公司	25820	6323	19497
	中国医药保健品进出口总公司	19276	7360	11916
25	明基电通信息技术有限公司	241578	172523	69055

排名	企业名称	进出口额	出口额	进口额
26	冠捷电子（福建）有限公司	234141	156706	77435
	福建捷联电子有限公司	160609	103648	56961
27	中国电子进出口总公司	233013	114014	118999
	深圳中电投资股份有限公司	37991	32332	5658
28	英业达（上海）有限公司	230429	126761	103669
29	鑫茂科技（深圳）有限公司	226184	121602	104582
30	戴尔（中国）有限公司	223005	174649	48356
31	中国机械装备（集团）公司	209218	135262	73957
	中国机械设备进出口总公司	150366	98195	52172
	中设江苏机械设备进出口集团公司	71519	39494	32026
	中国机械对外经济技术合作总公司	22291	14697	7594
32	广东省东莞机械进出口有限公司	208680	118287	90393
33	大连西太平洋石油化工有限公司	199995	72105	127890
34	宝钢集团国际经济贸易总公司	196572	24776	171796
35	乐金电子（惠州）有限公司	185339	105233	80106
36	仁宝电子科技（昆山）有限公司	179276	104353	74923
37	中国海洋石油总公司	178027	109126	68901
	中海石油（中国）有限公司	104320	91520	12800
38	中国华源集团有限公司	173891	115210	58681
	上海华源家纺（集团）股份有限公司	20695	17523	3172
39	中国中煤能源集团公司	163395	148445	14951
	中国中煤能源集团公司秦皇岛分公司	60429	60408	21
	中国中煤能源集团公司日照分公司	36202	35983	218
40	联想控股有限公司	162672	21341	141332
40	联想进出口有限公司	80470	4852	75618
	联想（北京）有限公司	40345	318	40027
	惠阳联想电脑有限公司	23707	13081	10626
41	恩斯迈电子（深圳）有限公司	162651	85978	76674
42	苏州爱普生有限公司	157143	91830	65312
43	中国船舶工业贸易公司	148051	91204	56848
	沪东中华造船（集团）有限公司	48041	30717	17324
	广州广船国际股份有限公司	26695	21736	4960
	江南造船（集团）有限责任公司	23017	14603	8414
44	上海大众汽车有限公司	147384	193	147191
45	中国东风汽车工业进出口有限公司	147105	4077	143028
	深圳市东风置业有限公司	44129	176	43953
	神龙汽车有限公司	40116	548	39568
	东风本田发动机有限公司	33716	4	33711
46	广东省丝绸集团公司	142459	117113	25346
	广东省东莞丝绸进出口公司	48023	30554	17469
	广东省丝绸进出口（集团）公司	47718	45734	1984
47	华映视讯（吴江）有限公司	138409	37676	100733
48	深圳开发科技股份有限公司	137595	68800	68795
49	上海兰生（集团）有限公司	137127	84811	52316
	上海市五金矿产进出口公司	61216	17990	43226
	上海兰生股份有限公司	22861	21319	1542
50	旭电（苏州）科技有限公司	134935	45256	89680
51	中国北方工业公司	129727	97351	32375
52	中国烟草进出口（集团）公司	128195	49961	78235
53	上海西门子移动通信有限公司	127533	71149	56384
54	神华集团有限责任公司	126930	93451	33479

排名	企业名称	进出口额	出口额	进口额
	神华煤炭运销公司	76204	75995	208
	中国出口商品基地建设总公司	27193	15907	11287
	神华国际贸易有限责任公司	23322	1341	21981
55	爱普生技术（深圳）有限公司	123677	80789	42888
56	长虹电子集团公司	121277	67671	53606
	四川长虹电器股份有限公司	121007	67470	53537
57	飞利浦电子元件（上海）有限公司	120923	49707	71216
58	日立显示器件（苏州）有限公司	119885	49117	70769
59	建兴光电科技（广州）有限公司	119569	67571	51997
60	浙江东方集团控股有限公司	119569	105323	14246
	浙江东方集团股份有限公司	61728	52111	9617
	浙江省纺织品进出口有限公司	37029	35001	2028
61	中国工艺品进出口总公司	119390	74972	44418
	中国抽纱上海进出口公司	33732	20053	13679
	中艺华海进出口有限公司	22131	0	22131
62	浙江荣大集团控股有限公司	118589	102473	16116
	浙江省土产畜产进出口集团公司	43720	39623	4096
	浙江粮油食品进出口股份有限公司	25598	22793	2806
	浙江省粮油食品进出口公司温州公司	20205	19607	598
63	上海工业投资（集团）有限公司	116393	41116	75276
	上海埃力生（集团）有限公司	46553	12537	34016
64	伟创力科技（珠海）有限公司	115715	61977	53738
65	天津三星通信技术有限公司	114812	35881	78931
66	三星电子（苏州）半导体有限公司	114676	55467	59209
67	国家电网公司	113704	8528	105176
	中国电力技术进出口公司	26531	523	26008
68	江苏省海外企业集团有限公司	113703	36760	76944
	江苏省对外经贸股份有限公司	32725	4413	28312
	江苏海外集团物资技术有限公司	22904	5846	17058
69	三宝电脑（沈阳）有限公司	108834	59404	49430
70	纬创资通（中山）有限公司）	107376	55264	52111
71	新华锦集团	107290	74486	32804
72	华宇电脑（江苏）有限公司	106189	62471	43718
73	中国钢铁工贸集团公司	105041	37787	67253
	江苏省冶金进出口公司	19205	551	18653
74	仁宝资讯工业（昆山）有限公司	104885	69168	35717
75	华为技术有限公司	103160	38612	64548
76	江苏国泰国际集团有限公司	102645	90720	11924
	江苏国泰国际集团国贸股份有限公司	29290	25025	4265
77	金士顿科技电子（上海）有限公司	102289	41679	60610
78	东方航空进出口公司	101774	3323	98451
79	江苏舜天国际集团有限公司	101388	77537	23851
	江苏舜天股份有限公司	55843	50045	5798
	江苏舜天国际集团机械进出口股份有限公司	38456	24278	14178
80	苏州飞利浦消费电子有限公司	100028	59150	40878
81	浙江中大集团控股有限公司	100021	66943	33078
	浙江中大技术进出口集团有限公司	41504	18372	23132
	浙江中大技术进口有限公司	22716	164	22553
	浙江中大集团股份有限公司	31364	30489	875
82	天津三星电子显示器有限公司	98240	51798	46443
83	仁宝电脑工业（中国）有限公司	97707	59811	37897

排名	企业名称	进出口额	出口额	进口额
84	深圳三洋华强激光电子有限公司	97431	52740	44691
85	中芯国际集成电路制造（上海）有限公司	96284	38874	57410
86	才众电脑（深圳）有限公司	96132	49497	46634
87	江苏开元国际集团有限公司	93808	73964	19844
	江苏开元国际集团轻工业品进出口股份有限公司	41650	28954	12696
	江苏省纺织品进出口集团股份有限公司	30071	25907	4163
88	UT 斯达康通讯有限公司	93260	10206	83054
89	雅戈尔集团股份有限公司	92780	48341	44439
	中基宁波对外贸易股份有限公司	72953	38567	34386
90	中国原子能工业公司	90582	8271	82312
91	中国船舶重工集团公司	89057	60751	28306
	大连新船重工有限责任公司	42039	28231	13809
	大连造船重工有限责任公司	31717	24169	7548
92	山东魏桥创业集团有限公司	87672	43174	44498
	邹平县位桥棉纺织厂	73046	38646	34401
93	环旭电子（深圳）有限公司	86752	44533	42219
94	佛山普立华科技有限公司	86509	54386	32123
95	海尔集团公司	84796	44958	39838
	海尔集团电器产业有限公司	37553	32410	5144
	飞马通讯（青岛）有限公司	19607	4314	15293
96	中谷粮油集团公司	84329	1346	82983
	中国植物油公司	36275	16	36259
97	佳能珠海有限公司	83743	60759	22984
98	南京 LG 同创彩色显示系统有限责任公司	83609	50351	33258
99	上海通用汽车有限公司	83121	1450	81671
100	理光（深圳）工业发展有限公司	83029	61010	22018
101	厦门建发股份有限公司	83005	32088	50918
102	志合电脑（苏州工业园区）有限公司	82762	38495	44267
103	英业达集团（上海）电子技术有限公司	82600	39883	42717
104	中国纺织品进出口总公司	81701	22621	59081
	中纺粮油进出口有限责任公司	32440	70	32370
105	明德信息媒体（深圳）有限公司	81550	40357	41193
106	南京纺织品进出口股份有限公司	79863	62098	17765
107	东莞三星视界有限公司	79643	37851	41791
108	东莞福安纺织印染有限公司	78797	40941	37856
109	中国港湾建设（集团）总公司	78223	44519	33703
	上海振华港机（集团）股份有限公司	70912	43353	27559
110	深圳富泰宏精密工业有限公司	77953	37048	40905
111	中国广东核电集团有限公司	76461	66600	9871
	广东核电合营有限公司	69924	66458	3466
112	友利电电子（深圳）有限公司	76195	44388	31808
113	乐金电子（天津）电器有限公司	75707	46694	29013
114	纬创资通（昆山）有限公司	75079	35620	39459
115	青岛朗讯科技通讯设备有限公司	74925	26120	48806
116	江苏新科电子集团有限公司	74599	42164	32435
	常州市新科数字技术有限公司	72383	41420	30963
117	东芝信息机器（杭州）有限公司	72000	36649	35351
118	深圳市中电信国际商贸有限公司	71359	33721	37638
119	吉林粮食集团进出口有限公司	70847	69172	1675
120	东莞市旗峰对外贸易有限公司	69642	33612	36030
	广东省东莞市对外贸易发展集团公司	33084	16361	16723
121	金朋（上海）有限公司	68974	36829	32145

排名	企业名称	进出口额	出口额	进口额
122	深圳市怡亚通商贸有限公司	68940	15	68925
123	协冠科技(深圳)有限公司	68766	34962	33804
124	无锡夏普电子元器件有限公司	67585	36695	30890
125	中国远大集团有限责任公司	66944	23142	43803
	浙江远大进出口有限公司	62611	22615	39996
126	佳能(中山)办公设备有限公司	65261	45224	20037
127	东莞三星电机有限公司	64142	38978	25164
128	深圳海量存储设备有限公司	64112	31687	32425
129	深圳市中兴通讯股份有限公司	63769	22808	40962
130	中国南方航空进出口贸易公司	63635	307	63328
131	马钢国际经济贸易总公司	63377	8287	55090
132	浙江物产国际贸易有限公司	62763	5109	57653
133	中国农业生产资料集团公司	62239	3571	58668
134	惠州三星电子有限公司	61703	45822	15881
135	广东格兰仕集团公司	61671	45685	15986
	佛山顺德区格兰仕微波炉电器有限公司	46889	32694	14195
136	苏州进出口(集团)有限公司	61622	56444	5178
	苏州恒润进出口有限公司	20298	18410	1889
137	中国航空器材进出口总公司	61459	4890	56569
138	深圳赛意法微电子有限公司	61073	31965	29108
139	国航集团进出口贸易公司	60689	404	60285
140	广东美的集团股份有限公司	60347	47893	12454
	佛山市顺德美的家用电器有限公司	52347	43298	9049
141	先锋高科技(东莞)有限公司	60336	32683	27654
142	安徽安天国际集团有限公司	60100	36139	23961
	安徽省技术进出口股份有限公司	47868	29534	18334
143	TCL 集团股份有限公司	59526	2	59524
144	东莞华强三洋马达有限公司	59398	32624	26774
145	上海上实国际贸易(集团)有限公司	59000	27029	31970
146	厦门太古飞机工程有限公司	58748	19489	39260
147	中国长城工业总公司	58683	29064	29619
148	天津三星电子有限公司	58592	42569	16023
149	唯冠科技(深圳)有限公司	58554	30259	28295
150	中国中信集团公司	58471	21436	37035
	中信国际商贸有限公司	20650	10349	10301
151	中国华录松下电子信息有限公司	57826	32365	25461
152	东莞德永佳纺织制衣有限公司	57608	32719	24889
153	捷普电子(广州)有限公司	56947	28748	28199
154	奥林巴斯(深圳)工业有限公司	56747	26540	30207
155	中国南方工业集团公司	56700	19291	37409
	长安汽车有限责任公司	26676	811	25865
156	先锋高科技(上海)有限公司	56588	39741	16847
157	上海新发展进出口贸易实业有限公司	56004	1802	54202
158	青岛益佳国际贸易集团有限公司	55554	27478	28076
	青岛益佳经贸实业进出口有限公司	23080	3909	19170
159	恩倍福显示器(东莞)有限公司	55065	31432	23634
160	宁波市慈溪进出口股份有限公司	54903	49672	5232
161	山东省机械进出口集团公司	54708	43538	11170
	山东省机械进出口公司	47968	36917	11052
162	无锡阿尔卑斯电子有限公司	54383	24110	30273
163	深圳三星科健移动通信技术有限公司	54142	12359	41783
164	深圳易拓科技有限公司	53774	33189	20585

排名	企业名称	进出口额	出口额	进口额
165	中国轻工业品进出口总公司	53708	27616	26092
166	金东纸业（江苏）有限公司	53506	20578	32929
167	广东省中山食品水产进出口集团有限公司	53363	49885	3478
168	青岛马士基集装箱工业有限公司	53144	29292	23852
169	上海贝尔有限公司	52708	17592	35116
170	中国恒天集团公司	52484	22502	29982
	中国纺织机械和技术进出口公司	19586	5199	14387
171	中国工艺美术（集团）公司	52277	19923	32354
172	上海浦东国际机场进出口有限公司	52236	11225	41011
173	日立环球存储科技（深圳）有限公司	51860	24891	26968
174	苏州罗技电子有限公司	51645	31364	20282
175	珠海三美电机有限公司	51499	27703	23797
176	柯达电子（上海）有限公司	50440	32896	17544
177	上海乐金广电电子有限公司	49627	29654	19973
178	旭丽电子（广州）有限公司	49318	38382	10936
179	国碁电子（中山）有限公司	49124	24283	24841
180	TCL 王牌电器（惠州）有限公司	48714	32161	16553
181	北方国际集团有限公司	48695	43240	5454
182	广州东宝（番澳）首饰有限公司	48648	24573	24075
183	扬子石化－巴斯夫有限责任公司	48512	0	48512
184	中山东茗影音电子有限公司	48397	23115	25282
185	中国土产畜产进出口总公司	48286	32442	15843
186	山西煤炭进出口集团公司	47436	47296	139
187	塔城市国际边贸商城实业有限公司	47365	411	46954
188	厦门夏新电子股份有限公司	47282	3436	43846
189	新天国际经济技术合作（集团）有限公司	46952	28949	18003
	新疆奇台西旅有限责任公司	28161	28161	0
190	深圳市中兴康讯电子有限公司	46912	0	46912
191	常熟对外贸易集团公司	46489	41374	5115
192	铜陵有色金属（集团）公司	46019	5953	40066
	金隆铜业有限公司	22396	5162	17234
193	浙江凯喜雅国际股份有限公司	45937	44465	1472
194	信华精机有限公司	45647	23297	22350
195	鞍钢集团国际经济贸易公司	45576	15215	30361
196	中国三九进出口公司	45571	647	44924
197	江苏苏豪国际集团股份有限公司	45555	36212	9342
198	中国化工建设总公司	45416	22858	22558
199	南京爱立信熊猫通信有限公司	45273	10012	35261
200	中国航空工业第一集团公司	45121	29393	15729

2.2003 出口额最大的200家企业

(单位:万美元)

排名	企业名称	出口额	排名	企业名称	出口额
1	鸿富锦精密工业(深圳)有限公司	642304	50	大连西太平洋石油化工有限公司	72105
2	达丰(上海)电脑有限公司	529116	51	中国五矿集团公司	72094
3	名硕电脑(苏州)有限公司	316536	52	上海西门子移动通信有限公司	71149
4	摩托罗拉(中国)电子有限公司	303087	53	吉林粮食集团进出口有限公司	69172
5	长城国际信息产品(深圳)有限公司	265641	54	仁宝资讯工业(昆山)有限公司	69168
6	东方国际(集团)有限公司	238759	55	深圳开发科技股份有限公司	68800
7	中国中化集团公司	215247	56	长虹电子集团公司	67671
8	中国石化国际事业有限公司	207255	57	建兴光电科技(广州)有限公司	67571
9	中国石油天然气集团公司	206585	58	浙江中大集团控股有限公司	66943
10	诺基亚(中国)投资有限公司	206005	59	中国广东核电集团有限公司	66600
11	中国国际海运集装箱(集团)有限公司	199185	60	华宇电脑(江苏)有限公司	62471
12	中国粮油食品进出口(集团)有限公司	196929	61	南京纺织品进出口股份有限公司	62098
13	戴尔(中国)有限公司	174649	62	伟创力科技(珠海)有限公司	61977
14	明基电通信息技术有限公司	172523	63	理光(深圳)工业发展有限公司	61010
15	广东省广新外贸集团有限公司	160394	64	佳能珠海有限公司	60759
16	冠捷电子(福建)有限公司	156706	65	中国船舶重工集团公司	60751
17	英特尔产品(上海)有限公司	156262	66	仁宝电脑工业(中国)有限公司	59811
18	中国中煤能源集团公司	148445	67	三宝电脑(沈阳)有限公司	59404
19	希捷国际科技(无锡)有限公司	146738	68	苏州飞利浦消费电子有限公司	59150
20	伟创力实业(珠海)有限公司	142144	69	苏州进出口(集团)有限公司	56444
21	中国普天信息产业集团公司	136835	70	三星电子(苏州)半导体有限公司	55467
22	中国机械装备(集团)公司	135262	71	纬创资通(中山)有限公司	55264
23	顺德市顺达电脑厂有限公司	133676	72	佛山普立华科技有限公司	54386
24	英业达(上海)有限公司	126761	73	深圳三洋华强激光电子有限公司	52740
25	鑫茂科技(深圳)有限公司	121602	74	天津三星电子显示器有限公司	51798
26	广东省东莞机械进出口有限公司	118287	75	南京LG同创彩色显示系统有限责任公司	50351
27	广东省丝绸集团公司	117113	76	中国烟草进出口(集团)公司	49961
28	中国华源集团有限公司	115210	77	广东省中山食品水产进出口集团有限公司	49885
29	中国电子进出口总公司	114014	78	飞利浦电子元件(上海)有限公司	49707
30	中国海洋石油总公司	109126	79	宁波市慈溪进出口股份有限公司	49672
31	浙江东方集团控股有限公司	105323	80	才众电脑(深圳)有限公司	49497
32	乐金电子(惠州)有限公司	105233	81	日立显示器件(苏州)有限公司	49117
33	仁宝电子科技(昆山)有限公司	104353	82	雅戈尔集团股份有限公司	48341
34	浙江荣大集团控股有限公司	102473	83	广东美的集团股份有限公司	47893
35	中国北方工业公司	97351	84	山西煤炭进出口集团公司	47296
36	神华集团有限责任公司	93451	85	乐金电子(天津)电器有限公司	46694
37	友达光电(苏州)有限公司	92614	86	惠州三星电子有限公司	45822
38	苏州爱普生有限公司	91830	87	广东格兰仕集团公司	45685
39	中国船舶工业贸易公司	91204	88	旭电(苏州)科技有限公司	45256
40	江苏国泰国际集团有限公司	90720	89	佳能(中山)办公设备有限公司	45224
41	恩斯迈电子(深圳)有限公司	85978	90	海尔集团公司	44958
42	上海兰生(集团)有限公司	84811	91	环旭电子(深圳)有限公司	44533
43	中国航空技术进出口总公司	82118	92	中国港湾建设(集团)总公司	44519
44	爱普生技术(深圳)有限公司	80789	93	浙江凯喜雅国际股份有限公司	44465
45	江苏舜天国际集团有限公司	77537	94	友利电电子(深圳)有限公司	44388
46	中国工艺品进出口总公司	74972	95	山东省机械进出口集团公司	43538
47	新华锦集团	74486	96	北方国际集团有限公司	43240
48	江苏开元国际集团有限公司	73964	97	山东魏桥创业集团有限公司	43174
49	中国通用技术(集团)控股有限责任公司	73779	98	天津三星电子有限公司	42569

排名	企业名称	出口额	排名	企业名称	出口额
99	江苏新科电子集团有限公司	42164	150	富士施乐高科技（深圳）有限公司	31355
100	金士顿科技电子（上海）有限公司	41679	151	宁波海田国际贸易有限公司	30651
101	常熟对外贸易集团公司	41374	152	唯冠科技（深圳）有限公司	30259
102	上海工业投资（集团）有限公司	41116	153	海澜集团公司	29960
103	福建华闽进出口有限公司	41073	154	上海乐金广电电子有限公司	29654
104	东莞福安纺织印染有限公司	40941	155	夏普办公设备（常熟）有限公司	29592
105	吉林省粮油食品进出口（集团）有限公司	40499	156	中国航空工业第一集团公司	29393
106	明德信息媒体（深圳）有限公司	40357	157	青岛马士基集装箱工业有限公司	29292
107	英业达集团（上海）电子技术有限公司	39883	158	中国长城工业总公司	29064
108	先锋高科技（上海）有限公司	39741	159	广州轻出集团有限公司	28957
109	东莞三星电机有限公司	38978	160	新天国际经济技术合作（集团）有限公司	28949
110	中芯国际集成电路制造（上海）有限公司	38874	161	广东省东莞粮油进出口公司	28830
111	华为技术有限公司	38612	162	捷普电子（广州）有限公司	28748
112	志合电脑（苏州工业园区）有限公司	38495	163	上海对外贸易实业有限公司	28546
113	旭丽电子（广州）有限公司	38382	164	苏州三星电子有限公司	28088
114	东莞三星视界有限公司	37851	165	珠海三美电机有限公司	27703
115	中国钢铁工贸集团公司	37787	166	中国轻工业品进出口总公司	27616
116	华映视讯（吴江）有限公司	37676	167	青岛益佳国际贸易集团有限公司	27478
117	嘉兴市进出口公司	37394	168	宁波市鄞州对外贸易股份有限公司	27272
118	深圳富泰宏精密工业有限公司	37048	169	上海上实国际贸易（集团）有限公司	27029
119	金朋（上海）有限公司	36829	170	广州纺织品进出口集团有限公司	26998
120	江苏省海外企业集团有限公司	36760	171	日本电产（大连）有限公司	26675
121	无锡夏普电子元器件有限公司	36695	172	福建厦门经贸集团有限公司	26614
122	东芝信息机器（杭州）有限公司	36649	173	奥林巴斯（深圳）工业有限公司	26540
123	江苏苏豪国际集团股份有限公司	36212	174	浙江省茶叶进出口有限公司	26466
124	安徽安天国际集团有限公司	36139	175	宁波联合集团进出口股份有限公司	26447
125	天津三星通信技术有限公司	35881	176	青岛朗讯科技通讯设备有限公司	26120
126	续创资通（昆山）有限公司	35620	177	美资旭电（深圳）科技有限公司	25929
127	宁波维科集团股份有限公司	35181	178	山东省国际贸易集团中心	25905
128	协冠科技（深圳）有限公司	34962	179	上海市工艺品进出口有限公司	25831
129	宝山钢铁股份有限公司	34929	180	中国包装进出口总公司	25466
130	高创（苏州）电子有限公司	34320	181	中山市广勤贸易有限公司	25194
131	深圳市中电信国际商贸有限公司	33721	182	宁波市工艺品进出口公司	25047
132	东莞市旗峰对外贸易有限公司	33612	183	日立环球存储科技（深圳）有限公司	24891
133	深圳易拓科技有限公司	33189	184	宝钢集团国际经济贸易总公司	24776
134	山东绮丽集团	33107	185	广州东宝（番澳）首饰有限公司	24573
135	柯达电子（上海）有限公司	32896	186	广东粤港供水有限公司	24288
136	东莞德永佳纺织制衣有限公司	32719	187	国碁电子（中山）有限公司	24283
137	先锋高科技（东莞）有限公司	32683	188	格力集团公司	24203
138	东莞华强三洋马达有限公司	32624	189	无锡阿尔卑斯电子有限公司	24110
139	中国土产畜产进出口总公司	32442	190	上海申达进出口有限公司	23938
140	中国华录松下电子信息有限公司	32365	191	深圳三星视界有限公司	23528
141	江苏汇鸿国际集团有限公司	32324	192	厦门国贸集团股份有限公司	23517
142	中国深圳对外贸易（集团）公司	32273	193	信华精机有限公司	23297
143	TCL 王牌电器（惠州）有限公司	32161	194	绥芬河市龙江商联进出口有限责任公司	23285
144	厦门建发股份有限公司	32088	195	广州市番禺对外贸易（集团）公司	23240
145	深圳赛意法微电子有限公司	31965	196	百得（苏州）电动工具有限公司	23232
146	深圳海量存储设备有限公司	31687	197	中山嘉华电子（集团）有限公司	23153
147	新疆阿勒泰野马实业有限公司	31681	198	中国远大集团有限责任公司	23142
148	恩倍福显示器（东莞）有限公司	31432	199	中山东茗影音电子有限公司	23115
149	苏州罗技电子有限公司	31364	200	飞索半导体（苏州）有限公司	23112

（信息发布单位：中国商务部 2004 年 5 月 28 日）

◎榜二、2003中国民营企业进出口额排名◎

1.2003进出口额最大的100家民营企业

（单位：万美元）

排名	企业名称	进出口额	出口额	进口额
1	广东省东莞市机械进出口有限公司	208680	118287	90393
2	东莞市旗峰对外贸易有限公司	36558	17251	19307
3	广东省东莞轻工业品进出口有限公司	36210	22418	13792
4	海南汽车制造有限公司	32596	0	32596
5	广州市番禺区番华金银珠宝工艺厂	32269	15416	16853
6	广东省东莞化工进出口有限公司	27382	11472	15910
7	中山市中经进出口有限公司	26701	15304	11397
8	三河汇福粮油食品制作有限公司	25590	0	25590
9	绥芬河龙江商联进出口有限公司	25035	22271	2764
10	东莞市环球工艺进出口贸易有限公司	24747	14985	9762
11	东宁县华宇有限责任公司	23071	18402	4668
12	深圳市凯欣达电子有限公司	22246	14535	7710
13	广州市华泰兴石油化工有限公司	21033	0	21033
14	东莞市外经工贸进出口有限公司	17497	9342	8155
15	广东省东莞五金矿产进出口有限公司	17467	9181	8287
16	广东省东莞市东联进出口有限公司	16594	7576	9018
17	广东东凌集团有限公司	15414	0	15414
18	新疆霍尔果斯对外经济贸易有限公司	14827	14807	20
19	重庆力帆实业（集团）进出口有限公司	14747	14665	81
20	福建金石制油有限公司	14248	0	14248
21	广东德豪润达电气股份有限公司	13867	11068	2800
22	无锡兴达泡塑新材料有限公司	13699	0	13699
23	东莞市同舟化工有限公司	12986	0	12986
24	深圳市年富实业发展有限公司	12859	0	12859
25	广东省东莞纺织品进出口有限公司	12811	8112	4699
26	深圳市讯峰实业有限公司	12627	0	12627
27	天津港保税区安邦国际贸易有限公司	12510	2	12508
28	东莞市百业进出口有限公司	12227	7390	4837
29	中山市中粮外贸发展有限公司	11937	10262	1676
30	温州市五机化医外贸有限公司	11874	10596	1277
31	广东省东莞快宜外经发展有限公司	11591	6223	5368
32	深圳市忆念美实业有限公司	11509	4336	7173
33	张家港保税区开诚化工仓储有限公司	11339	230	11109
34	新会华贸发展有限公司	11212	1276	9937
35	三一重工股份有限公司	11103	279	10824
36	广东省东莞包装进出口有限公司	10727	6079	4648
37	江门市新轻出进出口有限公司	10689	10217	473
38	珠海实友化工有限公司	9384	0	9384
39	江苏长电科技股份有限公司	9355	3389	5966
40	上海微欣工贸有限公司	9352	0	9352
41	广东省东莞畜产进出口有限公司	9350	5264	4087
42	山东三维油脂股份有限公司	9285	0	9285
43	东莞市金马经贸有限公司	8945	6542	2404
44	杭州道远化纤有限公司	8938	2	8937
45	东莞市建筑材料进出口有限公司	8811	5462	3349
46	深圳市天元伟业实业发展有限公司	8654	0	8654
47	绥芬河市林源经贸有限责任公司	8642	8140	502

排名	企业名称	进出口额	出口额	进口额
48	绥芬河市北极星经贸有限责任公司	8519	8519	0
49	广州金发科技股份有限公司	8437	185	8252
50	上海华冶钢铁物资有限公司	8133	0	8133
51	四川省新立新进出口有限责任公司	8031	7884	147
52	天津港保税区四辟国际贸易有限公司	7773	15	7758
53	满洲里恒吉贸易有限公司	7762	0	7762
54	隆鑫集团进出口有限公司	7679	7538	141
55	深圳市同和工贸有限公司	7627	1774	5853
56	宁波中蔺对外贸易有限公司	7547	7226	322
57	满洲里华强贸易有限公司	7502	12	7490
58	上海苏盛贸易有限公司	7411	0	7411
59	深圳市华富洋进出口有限公司	7189	11	7177
60	宁波新世纪进出口有限公司	7005	7001	4
61	江苏华瑞国际实业集团有限公司	6957	5717	1239
62	山东省裕丰化工进出口有限公司	6869	8	6861
63	福建财贸防治进出口有限公司	6867	6805	61
64	上海新高潮（集团）有限公司	6840	0	6840
65	温岭市隆江机械制造有限公司	6667	4296	2371
66	海宁蒙努集团有限公司	6527	4585	1942
67	广州七喜电脑股份有限公司	6486	19	6467
68	秦皇岛源茂贸易有限公司	6373	35	6339
69	广州保税区新纪元物流有限公司	6373	1246	5127
70	广州保税区广保汽车贸易有限公司	6361	249	6112
71	浙江新世纪国际贸易有限公司	6339	6337	1
72	深圳市贤涌吉实业发展有限公司	6327	0	6327
73	四川金石油粕有限公司	6229	0	6229
74	浙江卡森实业股份有限公司	6176	50	6126
75	峨眉山铝业（集团）有限公司	6117	4623	1494
76	福建省晋江市对外贸易有限公司	6042	5778	263
77	深圳市海源进出口有限公司	6014	0	6014
78	深圳市创捷科技有限公司	6008	0	6008
79	深圳市蔚天科技开发有限公司	5999	217	5782
80	深圳市乐仕嘉实业有限公司	5969	1	5968
81	青岛保税区金来国际贸易有限公司	5961	38	5923
82	宁波神化化学品经营有限责任公司	5950	9	5942
83	张家港保税区力凯化工仓储有限公司	5918	0	5918
84	绥芬河市宏隆经贸有限责任公司	5893	5893	0
85	上海双牌铝业有限公司	5888	4335	1553
86	浙江新星光电有限公司	5853	3851	2002
87	深圳市三高农产品进出口有限公司	5710	4668	1042
88	佛山市骏景实业有限公司	5696	5419	277
89	深圳市中汽南方路华汽车有限公司	5620	0	5620
90	厦门市中信隆进出口有限公司	5597	5555	42
91	东莞市东成工业进出口有限公司	5572	2669	2903
92	广州保税区玮骏国际贸易有限公司	5538	76	5462
93	江阴市金桥化工有限公司	5477	0	5477
94	湛江新世纪商贸有限公司	5474	5238	236
95	青岛保税区森泰达国际贸易有限公司	5399	17	5382
96	浙江桐昆化纤集团股份有限公司	5395	45	5350
97	宁波捷美进出口有限公司	5355	5354	1
98	深圳市方鼎科技发展有限公司	5308	16	5293
99	汕头市金平区铭丰速冻厂	5226	5226	0
100	海盐县进出口有限公司	5163	3621	1542

2.2003 出口额最大的100家民营企业

(单位:万美元)

排名	企业名称	出口额	排名	企业名称	出口额
1	广东省东莞机械进出口有限公司	118287	51	海宁蒙努集团有限公司	4585
2	广东省东莞轻工业品进出口有限公司	22418	52	星月集团有限公司	4533
3	绥芬河龙江商联进出口有限公司	22271	53	福州闽塑进出口有限公司	4394
4	东宁县华宇有限责任公司	18402	54	深圳市忆念美实业有限公司	4336
5	东莞市旗峰对外贸易有限公司	17251	55	上海双牌铝业有限公司	4335
6	广州市番禺区番华金银珠宝工艺厂	15416	56	温岭市隆江机械制造有限公司	4296
7	中山市中经进出口有限公司	15304	57	深圳市喜德盛自行车有限公司	4282
8	东莞市环球工艺进出口贸易有限公司	14985	58	同江市万通经贸有限责任公司	4203
9	新疆霍尔果斯对外经济贸易有限公司	14807	59	厦门市嘉晟对外贸易有限公司	4159
10	重庆力帆实业(集团)进出口有限公司	14665	60	浙江万丰奥威汽轮股份有限公司	3960
11	深圳市凯欣达电子有限公司	14535	61	浙江新星光电有限公司	3851
12	广东省东莞化工进出口有限公司	11472	62	绥芬河市凯莱经贸有限责任公司	3825
13	广东德豪润达电气股份有限公司	11068	63	山东九九有限公司	3765
14	温州市五机化医外贸有限公司	10596	64	江苏金飞达电动工具有限公司	3754
15	中山市中粮外贸发展有限公司	10262	65	浙江新天龙工贸有限公司	3752
16	江门市新轻出进口有限公司	10217	66	连山祝华铝业有限公司	3662
17	东莞市外经工贸进出口有限公司	9342	67	海盐县进出口有限公司	3621
18	广东省东莞五金矿产进出口有限公司	9181	68	温岭市进出口有限公司	3587
19	绥芬河市北极星经贸有限责任公司	8519	69	汕头市美洲水产速冻实业有限公司	3527
20	绥芬河市林源经贸有限责任公司	8140	70	中山市汇盈进出口有限公司	3443
21	广东省东莞纺织品进出口有限公司	8112	71	江苏晨风商贸有限公司	3441
22	四川省新立新进出口有限责任公司	7884	72	满洲里强力经贸有限责任公司	3411
23	广东省东莞市东联进出口有限公司	7576	73	江苏长电科技股份有限公司	3389
24	隆鑫集团进出口有限公司	7538	74	大连新达纺织品进出口有限公司	3311
25	东莞市百业进出口有限公司	7390	75	南海市中源贸易有限公司	3279
26	宁波中蔺对外贸易有限公司	7226	76	荣光集团有限公司	3251
27	宁波新世纪进出口有限公司	7001	77	青岛地恩地贸易有限公司	3250
28	福建财茂纺织进出口有限公司	6805	78	云南南磷集团进出口有限公司	3225
29	东莞市金马经贸有限公司	6542	79	湛江市丽特国际贸易有限公司	3184
30	浙江新世纪国际贸易有限公司	6337	80	丹东鸿祥实业发展有限公司	3179
31	广东省东莞快宜外经发展有限公司	6223	81	烟台北方家用纺织品有限公司	3174
32	广东省东莞包装进出口有限公司	6079	82	宁波萌恒工贸有限公司	3143
33	绥芬河市宏隆经贸有限责任公司	5893	83	宁波中瑞进出口有限公司	3038
34	福建省晋江市对外贸易有限公司	5778	84	深圳市美信达电器有限公司	3031
35	江苏华瑞国际实业集团有限公司	5717	85	珠海市和鸿企业有限公司	2967
36	厦门市中信隆进出口有限公司	5555	86	深圳市汇先丰实业发展有限公司	2954
37	东莞市建筑材料进出口有限公司	5462	87	常州市东华对外贸易有限公司	2953
38	佛山市骏景实业有限公司	5419	88	安徽工艺贸易进出口有限公司	2941
39	宁波捷美进出口有限公司	5354	89	步阳集团有限公司	2934
40	广东省东莞畜产进出口有限公司	5264	90	宁波利时进出口有限公司	2922
41	湛江新世纪商贸有限公司	5238	91	厦门市惠利隆进出口有限公司	2894
42	汕头市金平区铭丰速冻厂	5226	92	苏州宝时得电动工具有限公司	2891
43	湛江市恒润进出口贸易有限公司	5120	93	深圳市同洲电子股份有限公司	2888
44	霍尔果斯伊鑫有限责任公司	4910	94	浙江三友贸易发展集团有限公司	2886
45	广州市兴贸贸易有限公司	4756	95	宁波彬彬文具有限公司	2885
46	浙江卓力电器集团有限公司	4726	96	中山市天龙贸易有限公司	2884
47	深圳市三高农产品进出口有限公司	4668	97	上海祥源化工有限公司	2883
48	安徽省华安进出口有限公司	4661	98	宁波凯波集团有限公司	2881
49	峨眉山铝业(集团)有限公司	4623	99	浙江神鹰集团有限公司	2870
50	福建省福辉贸易有限公司	4590	100	浙江春风纺织有限公司	2852

(信息发布单位:中国商务部 2004年5月28日)

◎榜一、首届中国电脑商500强◎

1.首届中国电脑商500强之供应商100强

综合实力排名	公司名称	综合实力排名	公司名称
1	联想集团有限公司	45	SGI公司
2	中国惠普有限公司	46	友讯科技股份公司
3	国际商业机器（中国）有限公司	47	北京恒基伟业电子产品有限公司
4	英特尔（中国）公司	48	北京海淀科技发展有限公司
5	三星电子（中国）有限公司	49	湖南计算机股份有限公司
6	戴尔计算机（中国）有限公司	50	普瑞尔技术有限公司
7	浪潮电子信息产业集团公司	51	北京联宝讯通电子科技有限公司
8	北大方正集团公司	52	苹果电脑（中国）有限公司
9	中国长城计算机集团公司	53	北京曙光信息产业有限公司
10	思科系统（中国）网络技术有限公司	54	北京港湾网络有限公司
11	爱普生（中国）有限公司	55	美国电力转换公司（APC）
12	长江计算机（集团）公司	56	上海中晶科技有限公司
13	华为技术有限公司	57	用友软件股份有限公司
14	清华同方股份有限公司	58	SAP中国公司
15	太阳计算机系统（中国）限公司	59	优派显示设备国际贸易（上海）有限公司
16	LG电子（中国）有限公司	60	福建实达网络科技有限公司
17	TCL信息产业（集团）公司	61	赛贝斯软件（中国）有限公司
18	福建实达电脑集团股份有限公司	62	利盟国际（中国）有限公司
19	明基电通信息技术有限公司	63	清华紫光股份有限公司
20	青岛海信计算机有限公司	64	中科软件存储技术有限公司
21	佳能（中国）有限公司	65	梅兰日兰电子（中国）有限公司
22	广州七喜电脑股份有限公司	66	赛门铁克公司
23	微软（中国）有限公司	67	金蝶国际软件集团有限公司
24	深圳市新天下集团	68	上海红壹佰电脑制造有限公司
25	先进微系统公司（AMD）	69	爱克赛电子有限公司
26	新蓝集团	70	上海华海电脑电器有限公司
27	华硕电脑股份有限公司	71	秦众电子有限公司
28	北京宏基讯息有限公司	72	深圳宝德科技股份有限公司
29	富士施乐（中国）有限公司	73	杭州新中大软件股份有限公司
30	飞利浦（中国）投资有限公司	74	恒升集团
31	艾默生网络能源有限公司	75	北京创新浩瀚科技有限公司
32	上海广电计算机有限公司	76	北京瑞星科技股份有限公司
33	北京甲骨文软件系统有限公司	77	亚美亚通讯设备有限公司
34	南京福中信息产业集团有限公司	78	加拿大山顿UPS中国代表处
35	苏州罗技电子有限公司	79	深圳朗科科技有限公司
36	北京伦飞科技有限公司	80	北京大恒软件技术有限公司
37	北京八亿时空计算机科技有限公司	81	安氏互联网安全系统有限公司
38	三康亚洲有限公司中国办事处（3Com）	82	武汉烽火网络有限责任公司
39	东莞市华冠科技股份有限责任公司	83	北京中自汉王科技有限公司
40	北电网络有限公司	84	全向科技有限公司
40	华旗资讯科技发展有限公司	85	金山软件股份有限公司
40	江裕映美信息科技有限公司	86	北京天融信网络安全技术公司
43	南京新华海科技产业集团	87	速达软件技术（广州）有限公司
44	武汉恒冠电子有限公司	88	明尼苏达矿务及制造业公司（3M）

综合实力排名	公司名称	综合实力排名	公司名称
89	北京南北天地科技有限公司	90	技嘉科技股份有限公司
90	达特电子（北京）有限公司	90	北京沐泽科技发展公司
90	BEA系统（中国）有限公司	90	上海赞禾电子产品有限公司
90	北京友邦电子有限公司	90	索尼（中国）有限公司
90	冠捷电子（福建）有限公司	90	金恒生科技发展有限公司
90	冠群电脑（中国）有限公司	90	威盛电子（中国）有限公司

2.首届中国电脑商500强之分销商100强

名次	公司名称	名次	公司名称
1	神州数码控股有限公司	39	上海仙成自动化设备有限公司
2	佳杰科技（中国）有限公司	40	北京东方雨晴科贸有限公司
3	英迈国际（中国）有限公司	41	晨拓联达科贸有限责任公司
4	上海威达高科技集团	42	深圳华强联合计算机工程有限公司
5	沈阳和光集团股份有限公司	43	成百集团光电科技分公司
6	北京富通天地电脑有限公司	44	新疆虹联信息技术有限责任公司
7	清华紫光股份有限公司	45	北京鸿合科技集团
8	中国大恒（集团）有限公司	46	深圳信诚科技股份有限公司
9	北京晓通网络科技有限公司	47	北京万海科技有限公司
10	华铁弘达信息集团公司	48	武汉蓝星电脑集团
11	方正世纪信息系统有限公司	49	北京和雍科技开发中心
12	翰林汇软件产业股份有限公司	50	北京星震科技发展有限公司
13	美承经济信息（集团）公司	51	北京驷骑科技贸易公司
14	广源行有限责任公司	52	北京长得瑞驰电脑有限公司
15	中恒讯视科技发展中心	52	苏州同方科技有限公司
16	广州爱联科技有限公司	54	上海国微科技有限公司
17	北京讯怡创新电脑有限公司	55	广州西码数据技术有限公司
18	深圳市创捷科技有限公司	56	江苏经纬电脑有限公司
19	上海朝华科技有限责任公司	57	北京中科希望软件股份有限公司
20	深圳市置安科技有限公司	58	广州蒙恬科技发展有限公司
21	世纪星（深圳）电脑有限公司	59	沈阳昂立电子有限公司
22	江苏宏图三胞科技发展有限公司	60	广西联道计算机有限责任公司
23	浙大网新图灵信息科技有限公司	61	哈尔滨哈联科技发展有限公司
24	北京连邦软件股份有限公司	62	江苏天技科技实业有限公司
25	北京北纬机电技术有限公司	63	北京恒远至达软件技术有限公司
26	上海华清企业发展有限公司	64	北京王码同利科技有限公司
27	北京天雄伟业科贸有限责任公司	65	杭州明珠电子有限公司
28	上海扬子瑞信电子有限公司	66	成都广陵实业有限公司
29	三星博文科技发展有限责任公司	67	沈阳红网科技有限公司
30	合肥安联电脑公司	68	北京三捷恒安科技有限公司
31	江苏泰和科技发展有限公司	69	山东商友博思电子科技有限公司
32	锐力创新科贸有限公司	70	陕西明讯腾达信息技术有限责任公司
33	北京威通网讯网络技术有限公司	70	沈阳联创科技发展有限公司
34	兰州天地电脑技术有限公司	72	西安志诚电子有限责任公司
35	北京祥玉科技有限公司	72	万城电子有限公司
36	北京恒昌集团	74	上海科赛企业发展有限公司
37	北京怡华贸易公司	75	广州华精电电子有限公司
38	上海昆一电子资源有限公司	76	广州正道科技有限公司

名次	公司名称	名次	公司名称
77	北京金山顶尖科贸有限公司	87	内蒙古自立电脑有限责任公司
78	深圳市金兰达实业有限公司	87	哈尔滨速达电子有限公司
79	北京吾思天地科技发展中心	91	沈阳同舟科技经贸有限公司
80	北京嘉运达科技开发有限公司	92	四川联胜科技有限公司
81	南京维优科技实业有限公司	93	西南交通大学三特高新技术开发公司
82	成都道洋电脑超市有限公司	94	北京金成联科贸有限责任公司
83	北京鑫香洲港经贸集团	95	北京迎福时代数码公司
84	成都网维科技有限公司	96	郑州众诚科技发展有限公司
84	浙江同方科技开发有限公司	97	南京金航宇打印设备有限公司
84	沈阳北联电脑有限公司	98	深圳市安华计算机公司
87	兰州工联高新技术有限责任公司	99	陕西紫光科技有限责任公司
87	北京高伟达科技发展有限公司	100	北联晨光信息系统有限公司

3.首届中国电脑商500强之集成服务商100强

综合实力排名	公司名称	综合实力排名	公司名称
1	神州数码控股有限公司	33	华铁弘达信息集团公司
2	清华同方股份有限公司	34	四川托普软件股份有限公司
3	东软软件股份有限公司	35	深圳市西风网络技术股份有限公司
4	亚信科技（中国）有限公司	36	北京朗新信息系统有限公司
5	云南南天电子信息产业股份有限公司	37	广州华南资讯科技有限公司
6	北京长天电子商务应用软件与系统有限公司	38	深圳市金证科技股份有限公司
7	中联系统控股有限公司	39	北京首信股份有限公司
8	太极计算机公司	40	金科集团公司
9	山东中创软件工程股份有限公司	41	迪斯数码科技集团
10	北京高阳科技控股有限公司	42	厦门新宇软件股份有限公司
11	哈尔滨亿阳信通股份有限公司	43	清华紫光股份有限公司
12	航天信息股份有限公司	44	首都信息发展股份有限公司
13	联想系统集成咨询服务有限公司	45	普天系统集成有限公司
14	上海易方软件有限公司	46	易宝电脑系统（中国）有限公司
15	北京华胜天成科技有限公司	47	首创网络有限公司
16	深圳市现代计算机有限公司	48	神州泰岳软件股份有限公司
17	广州新太科技有限公司	48	江苏金税计算机系统有限公司
18	成都市金永泰办公系统有限公司	50	西安协同软件股份有限公司
19	北京天桥北大青鸟科技股份有限公司	50	江苏东大金智软件股份有限公司
20	北京兆维晓通科技有限公司	52	南京南瑞集团公司
21	杭州恒生电子股份有限公司	53	浙江大学快威科技集团有限公司
22	创智信息科技股份有限公司	54	上海宏智科技股份有限公司
23	南京联创系统集成股份有限公司	55	中青旅尚洋电子技术有限公司
24	北京方正奥德计算机系统有限公司	56	四川银海软件有限责任公司
25	福建新大陆电脑股份有限公司	57	北京首钢高新技术有限公司
26	山东浪潮齐鲁软件产业股份有限公司	58	北京东华诚信电脑科技发展公司
27	上海浩方科技有限公司	59	深圳市紫金支点技术股份有限公司
28	上海宝信软件股份有限公司	60	深圳奥尊电脑有限公司
29	北京合力金桥系统集成技术有限公司	61	北京同天科技有限公司
30	中软网络技术股份有限公司	62	黎明网络有限公司
31	北京宝亮网智电子信息技术有限公司	63	西安未来国际软件有限公司
32	上海华东电脑股份有限公司	64	北京和利时系统工程股份有限公司

综合实力排名	公司名称	综合实力排名	公司名称
65	北京新晨科技股份有限公司	83	西安海星现代科技股份有限公司
66	长城计算机软件与系统有限公司	83	湖北多思信息系统工程有限公司
67	上海达因信息技术有限公司	83	北京贝尔通信设备制造有限公司
68	广州市佳都信息系统集成有限公司	83	国防科学技术大学信息工程研究所
69	上海华腾软件系统有限公司	83	中电科技电子信息系统有限公司
70	福建创识科技股份有限公司	83	海南科力电子信息有限公司
71	上海朗华科技有限责任公司	83	中国电信集团系统集成有限责任公司
72	曙光信息产业有限公司	83	科联系统集团有限公司
73	上海致达信息产业股份有限公司	83	航天四创科技有限责任公司
74	朗登科技有限公司	83	华建电子有限责任公司
75	山东鲁能积成电子股份有限公司	83	金陵泰克信息科技发展有限公司
76	天津天大天财股份有限公司	83	南京莱斯大型电子系统工程公司
77	中科软件股份有限公司	83	重庆亚德科技有限责任公司
78	河南九洲计算机有限公司	83	贵州惠智电子技术有限责任公司
79	上海复旦金仕达计算机有限公司	83	成都九阳网络科技公司
80	深圳东进电子股份有限公司	83	金鹏科技有限公司
81	北京大恒创新技术有限公司	83	蓝色快车计算机工程技术有限公司
81	鼎天软件有限公司	83	畅流集团北京百脑通科技开发有限公司

4.首届中国电脑商500强之区域经销商200强

区域	省份	公司名称	区域	省份	公司名称
东北	黑龙江	哈尔滨北联计算机系统集成有限公司	华北	河北	河北博士德软件科技开发有限公司
东北	黑龙江	哈尔滨新世纪天翼电子公司	华北	山东	济宁亿维信息产业有限公司
东北	黑龙江	哈尔滨凯纳科技发展有限公司	华北	山东	现代海联科贸有限公司
东北	黑龙江	哈尔滨中信办公设备制造有限公司	华北	山东	山东雷音电子科技有限公司
东北	黑龙江	哈尔滨光达科技有限公司	华北	山东	济南深蓝世纪科技有限公司
东北	辽宁	大连奥远电子有限公司	华北	山东	济南靖维通电子有限公司
东北	辽宁	沈阳思航网络科技有限公司	华北	天津	天津东合云青数据技术有限公司
东北	辽宁	沈阳长得天兴科技发展有限公司	华北	天津	天津商学院求实科贸有限公司
东北	辽宁	沈阳新北佳计算机设备有限公司	华北	天津	天津怡合拓天科技发展有限公司
东北	辽宁	丹东天龙电脑有限公司	华北	天津	天津联合国际商务集团
东北	辽宁	沈阳浪潮系统集成工程有限公司	华北	天津	天津通友新技术产业有限公司
东北	辽宁	沈阳新联科技开发有限公司	华北	北京	北京冠恒电子技术有限公司
东北	辽宁	沈阳鹏鑫威达电脑有限公司	华北	北京	北京德利安科技有限责任公司
东北	辽宁	沈阳任君正隆科技工程有限公司	华北	北京	北京清源华方科技有限公司
东北	辽宁	沈阳瑞联科技有限公司	华北	北京	北京运通佳华公司
东北	辽宁	辽宁清华同方科贸有限责任公司	华北	北京	北京众志伟业科技有限公司
东北	辽宁	大连沿海创想信息产业有限公司	华北	北京	北京大船广致科技有限公司
东北	辽宁	沈阳天健计算机系统服务有限公司	华北	北京	北京宏源大地电子技术有限公司
东北	辽宁	沈阳鑫金龙商业机器有限公司	华北	北京	北京宏诚拓业商贸有限公司
东北	辽宁	沈阳天诚科技实业有限公司	华北	北京	北京志和利华科贸有限公司
东北	辽宁	宏桥信息科技(大连)有限公司	华北	北京	北京方正颐和科技有限公司
东北	吉林	长春市盛唐科技有限公司	华北	北京	北京明天浩海科技发展有限公司
东北	吉林	吉林北方彩晶显示器有限公司	华北	北京	北京物润信息技术有限公司
东北	吉林	长春中大科贸有限公司	华北	北京	北京立思晨科技发展有限公司
东北	吉林	长春当代信息产业	华北	北京	北京联冠资讯有限公司
华北	河北	河北东方万博信息有限公司	华北	北京	北京贯虹电脑有限公司

区域	省份	公司名称
华北	北京	北京金杰伟业计算机技术有限公司
华北	内蒙古	内蒙古华利达电子工程有限公司
华北	内蒙古	内蒙古金色快车信息工程有限公司
华东	上海	上海力之源科技有限公司
华东	上海	上海雨晨电子有限公司
华东	上海	上海国腾科技有限公司
华东	上海	宇博电脑(上海)有限公司
华东	上海	上海万申信息产业股份有限公司
华东	上海	上海万达信息股份有限公司
华东	上海	上海东海神达电脑有限公司
华东	上海	上海交大慧谷产业股份有限公司
华东	上海	上海交大浩然科技有限公司
华东	上海	上海赞禾科技发展有限公司
华东	上海	上海华清企业发展有限公司
华东	上海	上海华腾软件系统有限公司
华东	上海	上海卓虎信息技术有限公司
华东	上海	上海国微科技有限公司
华东	上海	上海复旦光华信息科技股份有限公司
华东	上海	上海浩方科技有限公司
华东	上海	上海理想信息产业有限公司
华东	上海	上海申铁计算机技术有限公司
华东	上海	上海致腾信息技术有限公司
华东	上海	上海华显数字影像技术有限公司
华东	江苏	南京市强氏计算机有限公司
华东	江苏	江苏众邦科技发展有限公司
华东	江苏	南京晨光高新科技有限公司
华东	江苏	南京大汉网络有限公司
华东	江苏	南京格林电脑有限公司
华东	江苏	南京科安电子有限公司
华东	江苏	南京维优移动科技有限公司
华东	江苏	南京金华韬电子有限公司
华东	江苏	江苏创意电脑系统集成有限公司
华东	江苏	江苏华欣电子电器有限公司
华东	江苏	江苏齐天伟业科技发展有限公司
华东	江苏	苏州市众友计算机系统工程有限公司
华东	安徽	合肥三佳趋势软件开发有限公司
华东	浙江	杭州冲天电脑有限公司
华南	广东	广州创想科技股份有限公司
华南	广东	广州市骏宇科技有限公司
华南	广东	广州东方四海科技有限公司
华南	广东	广州凯达电脑科技商行
华南	广东	广州创通科技有限公司
华南	广东	广州利恒润电子科技有限公司
华南	广东	广州奥通科技有限公司
华南	广东	广州市腾龙贸易发展有限公司
华南	广东	广州爱克斯系统技术有限公司
华南	广东	广州紫亘数码科技有限公司
华南	广东	广州英利德科技有限公司
华南	广东	广东友杰科技有限公司

区域	省份	公司名称
华南	广东	广州讯威资讯有限公司
华南	广东	广州都邦电脑有限公司
华南	广东	深圳市韵和电脑有限公司
华南	广东	深圳索电科技有限公司
华南	广东	深圳世和资讯公司
华南	广东	深圳京仕电脑行
华南	广东	深圳共进电子有限公司
华南	广东	深圳双捷数码科技有限公司
华南	广东	深圳安普利计算机有限公司
华南	广东	深圳市依格欣计算机技术有限公司
华南	广东	深圳市意科特实业有限公司
华南	广东	深圳市盈嘉讯实业有限公司
华南	广东	深圳市重能科技发展有限公司
华南	广东	深圳拓戈斯信息技术有限公司
华南	广东	深圳永益新电子有限公司
华南	广东	深圳爱联冠电脑技术有限公司
华南	广东	深圳美灿科技公司
华南	广东	深圳鑫讯怡电子技术有限公司
华南	福建	福州新三奥计算机有限公司
华南	福建	福州新浪潮电子有限公司
华南	福建	福州翰林汇电脑有限公司
华南	福建	福州金山电脑有限公司
华南	广西	南宁市日上电子经贸有限责任公司
华中	湖南	湖南蓝威电脑有限公司
华中	湖南	株洲时代集团公司
华中	湖南	湖南乐德电脑有限公司
华中	湖南	湖南新浪潮电脑有限责任公司
华中	湖南	湖南时运电脑有限公司
华中	湖南	湖南省君成投资发展有限公司
华中	湖南	湖南远景信息股份有限公司
华中	湖南	长海集团(长沙)
华中	湖北	武汉艾格贸易发展有限公司
华中	湖北	武汉市新胜科技有限公司
华中	湖北	武汉九洲数码科技有限公司
华中	湖北	武汉云鹏系统集成有限公司
华中	湖北	武汉华兴电脑公司
华中	湖北	武汉江华信息工程有限公司
华中	湖北	湖北云海计算机网络工程有限公司
华中	河南	河南汇科电子有限公司
华中	河南	河南万兴实业有限公司
华中	河南	河南省国育计算机网络工程有限公司
华中	河南	郑州市三联计算机技术有限公司
华中	河南	河南中天计算机技术有限公司
华中	河南	郑州蓝讯科贸有限公司
华中	河南	郑州新益华电子技术有限公司
华中	河南	郑州博达红外线信息技术有限公司
华中	河南	河南哲浩信息技术有限公司
华中	河南	河南名伦科技发展有限公司
华中	河南	郑州金谷电脑有限公司

区域	省份	公司名称	区域	省份	公司名称
华中	河南	河南中友数码科技有限公司	西北	青海	西宁众邦科技发展有限公司
华中	河南	河南雪城软件有限公司	西北	新疆	新疆欧亚科技发展有限责任公司
华中	河南	河南华恒科技有限公司	西北	甘肃	甘肃易通电子有限公司
华中	河南	郑州市润恒专业软件制作有限公司	西南	重庆	重庆昱豪科技开发有限公司
华中	河南	郑州新联佳电脑商贸有限公司	西南	重庆	重庆重大高科数码信息有限公司
华中	河南	洛阳鸿诚科技发展公司	西南	重庆	重庆长信有限公司
西北	陕西	陕西超达电子有限责任公司	西南	贵州	贵州天宇办公设备有限公司
西北	陕西	陕西联拓电子公司	西南	贵州	贵州太阳高技术发展有限责任公司
西北	陕西	陕西联志创新数码科技有限公司	西南	四川	成都成华交计算机公司
西北	陕西	陕西新希望科工贸有限公司	西南	四川	成都联强君涛数码科技有限公司
西北	陕西	陕西奥图数码科技有限公司	西南	四川	成都中怡实业有限公司
西北	陕西	陕西北佳信息技术有限责任公司	西南	四川	成都中振电子有限责任公司
西北	陕西	西安龙成科技有限公司	西南	四川	成都华微电子系统有限公司
西北	陕西	西安联讯信息工程有限公司	西南	四川	成都华诚信息产业有限公司
西北	陕西	陕西明讯腾达信息技术有限责任公司	西南	四川	成都市友杰科技有限公司
西北	陕西	西安环太科技有限公司	西南	四川	成都广海科技有限公司
西北	陕西	西安星际电子工程公司	西南	四川	成都明度电脑有限公司
西北	陕西	西安元正电脑科技有限责任公司	西南	四川	成都西码数据设备有限公司
西北	陕西	西安三环计算机有限责任公司	西南	云南	云南爱迪科技有限公司
西北	山西	太原理工天成智林教育科技有限公司	西南	云南	云南思远数码科技有限公司
西北	山西	山西泰森科技股份有限公司	西南	云南	昆明木易科技科技有限公司
西北	山西	万成志业(太原)公司	西南	云南	昆明新天艺科贸有限公司
西北	山西	太原上海理光同力销售有限公司	西南	云南	昆明博业科贸有限公司
西北	山西	山西力心达网络系统工程有限公司	西南	云南	昆明友顺电脑公司
西北	山西	山西凯思网络信息技术有限公司	西南	云南	昆明新华震电脑科技有限公司
西北	山西	山西大船公司	西南	云南	昆明泰隆科技有限公司
西北	山西	太原天健连邦软件有限公司	西南	云南	昆明金隆达科技有限公司
西北	宁夏	宁夏西部人科贸有限公司	西南	西藏	西藏四方电子公司

(信息来源:《电脑商报》)

备注:为进一步促进我国信息产业的发展和规范,展示我国信息产业的风采,向全球IT厂商和用户推荐优秀的供应链合作伙伴,进一步提高我国IT行业进入WTO后的国际化水平和整体实力,经有关部门批准,电脑商报社从2002年起,开展“中国电脑商500强”的评选活动。电脑商报社成立组织委员会,邀请国内外知名的IT咨询机构和业内资深人士成立专家评审团对在中国境内从事IT产品生产、销售、集成和服务的企业进行评选。(首届评选暂不包括仅在中国香港、澳门特别行政区和台湾省境内经营的企业。)评选时间从2001年10月开始,到2002年底结束。

◎榜二、2003中国IT业影响力TOP100人物◎

(所有获奖人按姓氏笔画数排列)

(一) 电信

王建宙:中国联通总董事
王晓初:中国移动董事长
田溯宁:中国网通副总裁
任正非:华为总裁
吴　鹰:UT斯达康(中国)总裁
张醒生:亚信科技CEO
张春江:中国网通总裁
周　寰:大唐电信董事长
侯为贵:中兴通讯总裁
常小兵:中国电信副总经理

(二) 手机

万明坚:TCL移动通信总经理
刘秉强:大显集团董事长
吴志阳:中电通信董事长
李安建:熊猫电子董事长
李晓忠:夏新总裁
陈　震:南方高科总裁
欧阳忠谋:普天总裁
杨兴平:多普达总裁
郝建学:科健总经理
徐立华:波导总经理

（三）电脑硬件

王　之:长城计算机董事长
王东升:京东方董事长
李东生:TCL 集团总裁
李焜耀:明碁总经理
张瑞敏:海尔集团 CEO
吴海军:新天下董事长
陈文琦:威盛总经理
杨元庆:联想总裁兼 CEO
施崇棠:华硕董事长
魏　新:方正集团董事长

（四）软件

刘积仁:东软集团总裁
刘　博:前红旗 Linux 总裁
刘迎建:汉王科技总裁
石钟韶:新中大总裁
何经华:用友软件总裁
杨　春:东软金算盘总经理
贺卫东:天融信董事长
郭华强:杭州信雅达总裁
徐少春:金蝶行政总裁
雷　军:金山软件总裁

（五）外企经理人

毛渝南:北电网络（中国）总裁
邓元鋆:3Com 中国区总裁
孙振耀:中国惠普总裁
杜家滨:思科（中国）总裁
周伟焜:IBM 大中华区董事长
林中庸:优派亚太区总裁
杨　旭:英特尔（中国）总经理
唐　骏:微软（中国）总裁
高群耀:AutoDesk 大中华区总裁
符标榜:戴尔中国总裁

（六）媒体

王　超:IT 经理世界杂志社总编辑
刘保华:中国电脑教育报社执行总编辑
刘九如:计算机世界报社总编辑
李　颖:中国计算机报报社社长
李志高:电脑报社社长
曲晓东:北京时代计世资讯有限公司总经理
项立刚:通信世界报社主编
曹　健:IT 时代周刊杂志社总编辑
蒋　涛:程序员杂志社社长
熊　伟:CHIP《新电脑》杂志社执行主编

（七）投资

王　军:中信董事长
孙　强:华平亚洲总经理
冯　涛:上海联创投资总裁
陈立武:华登国际主席
陈　玮:深圳创新投资总经理
单伟建:新桥董事总经理
段永基:四通董事长
昝圣达:综艺股份董事长
熊晓鸽:IDG 高级副总裁
薛村禾:软银中国总裁

（八）专家

方兴东:IT 独立评论家和专栏作家
韦乐平:中国电信集团公司总工程师
李希光:清华大学国际传播研究中心主任
张亚勤:微软全球副总裁
怀进鹏:863 计算机技术主题首席科学家
贺志强:联想研究院院长
宫　力:Sun 中国工程研究院院长
侯自强:数字电视专家
倪光南:中国工程院院士
阚凯力:北京邮电大学信息产业政策研究所所长

（九）渠道

王建营:中国大恒副总裁
毛向前:神码高级副总裁
毕春斌:和光现代商务总裁
李　平:威达公司执行总裁
张建军:华为 3Com 渠道总监
吴　坤:方正世纪副总裁
陆小泉:英迈 SPG 总经理
杨连起:翰林汇副总经理
徐宇凌:佳杰高级副总裁
彭志强:清华紫光副总裁

（十）IT 服务

马　越:汉普管理咨询总裁
王　伟:长天科技集团 CEO
李　纲:埃森哲中国区总裁
刘　伟:佳都国际总裁
陈　纯:浙大网新董事长
郭凡生:慧聪集团董事长
郭　为:神州数码总裁
祝剑秋:朝华科技总裁
唐　敏:中软公司总裁
黄　辉:毕博中国区总裁

（信息来源:博客中国）

备注:TOM.COM 网站联手赛迪网、博客中国及互联网实验室，联袂推出 2003 年度“中国 IT 业影响力 TOP100 人物”大型评选活动。此次评选分为电信、数码手机、电脑硬件、软件、IT 服务、渠道、媒体、专家学者、投资、外企人物等十大门类，并借此来反映 2003 年中国 IT 业所取得的成就，为推动中国 IT 业的发展做出了应有的贡献。

经过网友投票和吕本富、杨冰之、方兴东等专家评选，2003 年度“中国 IT 影响力 TOP100 人物”评选结果揭晓。

◎榜一、2003国家自然科学奖获奖项目◎

一等奖

项目编号	项目名称	主要完成人	推荐单位
Z-104-1-01	澄江动物群与寒武纪大爆发	陈均远、侯先光、舒德干	教育部

二等奖

项目编号	项目名称	主要完成人	推荐单位
Z-102-2-01	氮的间隙原子效应及新型磁性材料研究	杨应昌、程本培、杨金波、毛伟华、张晓东	教育部
Z-102-2-02	求解光学逆问题的一种新方法及其在衍射光学中的应用	杨国桢、顾本源、董碧珍、汪　力	中国科学院
Z-102-2-03	伽玛射线暴余辉和能源机制的研究	戴子高、陆　埮、郑广生、黄永锋、王祥玉	教育部
Z-103-2-01	高分子链在稀溶液中的折叠和组装	吴　奇、江　明	香港特别行政区
Z-103-2-02	光电功能膜材料基础研究	黄春辉、李富友、甘良兵、黄岩谊、王科志	专家推荐
Z-103-2-03	分子磁性的基础研究	廖代正、王耕霖、姜宗慧、阎世平、程鹏	天津市
Z-103-2-04	复杂体系成分分析及波谱结构解析的化学计量学研究	俞汝勤、梁逸曾、吴海龙、沈国励、蒋健晖	湖南省
Z-104-2-01	有毒化学污染物形态研究中的联用技术、方法学及相关机理	江桂斌、严秀平、倪哲明、牟世芬、韩恒斌	国家环境保护总局
Z-105-2-01	中国西南地区高等真菌重要类群的分类与新化学成分研究	臧　穆、刘吉开、刘培贵	中国科学院
Z-105-2-02	中国主要植物染色体研究	陈瑞阳、宋文芹、李秀兰、李懋学、林盛华、梁国鲁	专家推荐
Z-106-2-01	神经肌肉突触新信号传递机制的鉴定	叶玉如	香港特别行政区
Z-106-2-02	A-1型短指(趾)症致病原因的研究	贺　林、高　波、郭敬芝、佘朝文、舒安利、杨新平	教育部
Z-106-2-03	树突状细胞的抗原提呈、功能调控及其来源的新基因的功能研究	曹雪涛、章卫平、于益芝、万　涛、李　楠	上海市
Z-107-2-01	量子信息技术的基础研究	郭光灿、段路明、郑仕标、周正威、张永生	中国科学院
Z-107-2-02	纳米结构氧化锌半导体ZnO薄膜的室温紫外激光发射	汤子康、王克伦	香港特别行政区
Z-107-2-03	有序可控硅基量子结构的构筑原理与光电子特性	陈坤基、徐　骏、黄信凡、冯　端、李　伟	江苏省
Z-108-2-01	液态金属深过冷与快速晶体生长研究	魏炳波、解文军、曹崇德、王　楠、鲁晓宇	陕西省
Z-109-2-01	复杂非线性系统的某些动力学理论与应用	陈予恕、陆启韶、褚福磊、徐健学、吴志强	专家推荐

◎榜二、2003国家技术发明奖获奖项目◎

一等奖（空缺）

二等奖19项（公布14项）

项目编号	项目名称	主要完成人	推荐单位
F-203-2-01	猪高产仔数FSHβ基因的发现及其应用研究	李　宁、赵要风、吴常信、张建生、连正兴、胡晓湘	教育部
F-210-2-01	桥式偏心分层开采及挖潜配套技术研究	王德民、王玉普、韩修廷、王广昀、程杰成、刘　合	中国石油天然气集团公司
F-212-2-01	高密度全显像数码仿真彩色丝织技术	李加林、金耀、周砚江、朱　彦、屠永坚、付　葵	浙江省
F-213-2-01	聚丙烯新型高效催化剂的研究开发及工业应用	毛炳权、杨菊秀、夏先知、杨霭春、李珠兰、李天益	中国石油化工气集团公司
F-213-2-02	微生物酶拆分制备D-泛解酸内酯及用于生产D-泛酸钙D-泛醇	孙志浩、过鑫富、汪　军	中国石油和化学工业协会

项目编号	项目名称	主要完成人	推荐单位
F-213-2-03	含二氮杂萘酮联苯结构新型聚芳醚砜酮（PPESK）及其制备法	蹇锡高、朱秀玲、张守海、廖功雄、陈　平、王锦艳	辽宁省
F-214-2-01	水泥回转窑动态检测和调整技术	张　云、李智祥、翁显耀、黄学洪、王玉华、王　乐	中国建筑材料工业协会
F-215-2-01	硬锌真空蒸馏提锌和富集锗铟银	戴永年、李夏林、杨　斌、罗文洲、邓学广、李清湘	专家推荐
F-216-2-01	柔性转子全频谱现场动平衡技术及其应用	屈梁生、张西宁、吴松涛、邱　海、王永庆、郭平英	专家推荐
F-217-2-01	基于高性能吸附材料的热质变换技术及其应用	丁　静、杨晓西、杨建平、高学农、邵　山、谭盈科	专家推荐
F-218-2-01	高放废液全分离流程萃取设备（核用离心萃取器）研究	于文东、周嘉贞、刘秉仁、吴秋林、段五华、宋崇立	教育部
F-219-2-01	石英数字式力传感器及系列全数字化电子衡量的研究与产业化	冯冠平、朱惠忠、刘　岩、董永贵、吴东鑫、王晓红	北京市
F-219-2-02	高分辩率测深侧扫声纳	朱维庆、刘晓东、朱　敏	中国科学院
F-234-2-01	酶转化法生产 Rh2 等人参稀有皂苷	金凤燮、鱼红闪、卢明春、宋建国、张春枝、王玉良	辽宁省

◎榜三、2003 国家科学技术进步奖获奖项目◎

特等奖

项目编号	项目名称	主要完成人、主要完成单位	推荐单位
J-245-0-01	中国载人航天工程	王永志等　中国载人航天工程办公室等	总装备部

一等奖

项目编号	项目名称	主要完成人、主要完成单位	推荐单位
J-201-1-01	高产玉米新品种掖单 13 号的选育和推广	李登海、张永慧、毛丽华、王元仲、邓廷绪、滕秀菊、李洪胜、张永芳、姜伟娟、毛书平、王建华、盛斋刚、李登亭、邓振辉、李登群 莱州市农业科学院	山东省
J-201-1-02	中国农作物种质资源收集保存评价与利用	中国农业科学院、山西省农业科学院、湖北省农业科学院、四川省农业科学院、江苏省农业科学院、西北农林科技大学农学院、广西壮族自治区农业科学院、云南省农业科学院、山东省农业科学院、黑龙江省农业科学院	农业部
J-210-1-01	苏丹 Muglad 盆地 1/2/4 区高效勘探的技术与实践	童晓光、苏永地、窦立荣、雍凤军、潘校华、朱向东、徐志强、孙开江、吕功训、王会祥、张杰、肖坤叶、田作基、任祖标、周劲松 中国石油天然气勘探开发公司、中国石油天然气股份有限公司勘探开发研究院	中国石油天然气集团公司
J-210-1-02	神东现代化矿区建设与生产技术	叶青、吴元、张喜武、宫一棣、杨景才、王金力、王安、戴绍诚、顾大钊、鹿志发、杨汉宏、寇平、张子飞、伊茂森、孙小高 神华集团有限责任公司、神华集团神府东胜煤炭有限责任公司	中国煤炭工业协会
J-218-1-01	加速器辐射源移动式集装箱检查系统系列的研制及产业化	康克军、高文焕、林郁正、王经瑾、陈志强、李荐民、苗齐田、刘以农、唐传祥、李元景、李君利、胡海峰、童德春、梁志忠、陈怀璧 清华大学、清华同方威视技术股份有限公司	北京市
J-221-1-01	秦岭特长铁路隧道修建技术	铁道第一勘察设计院、中国铁路工程总公司、中国铁道建筑总公司、中铁隧道集团有限公司、中铁十八局集团有限公司、中铁一局集团有限公司、铁道科学研究院、中铁西南科学研究院、西南交通大学、石家庄铁道学院	铁道部
J-232-1-01	我国短期气候预测系统的研究	丁一汇、黄荣辉、王绍武、李维京、张学洪、赵振国、祝昌汉、林而达、庄丽莉、王馥棠、张建云、赵宗慈、李骥、王锦贵、翟盘茂 国家气候中心、中国科学院大气物理研究所、国家气象中心、北京大学、中国农业科学院农业气象研究所、水利部水利信息中心、中国气象科学研究院、国家卫星气象中心、国家海洋环境预报中心、沈阳区域气象局	中国气象局
J-234-1-01	血瘀证与活血化瘀研究	陈可冀、李连达、翁维良、王阶、刘建勋、史大卓、钱振淮、林成仁、张问渠、周绍华、徐铭渔、徐浩、高凤辉、张金妹、涂秀华 中国中医研究院西苑医院	国家中医药管理局

（信息来源：《中国基础科学》杂志 2004 年第 2 期）

◎2003–2000 中国大学排名◎

1.2003 中国大学排名（前 50 名）

名次	校名	总得分	人才培养			科学研究			学校类型
			人才培养	研究生培养	本专科生培养	科学研究	自然科学研究	社会科学研究	
1	清华大学	213.81	76.48	68.71	7.77	137.33	127.28	10.05	工科
2	北京大学	183.13	66.57	59.12	7.44	116.56	89.58	26.98	综合
3	浙江大学	169.72	65.66	51.21	14.45	104.06	88.43	15.63	综合
4	复旦大学	126.52	47.32	39.64	7.68	79.19	59.68	19.52	综合
5	华中科技大学	110.92	46.17	32.12	14.04	64.75	58.59	6.16	工科
6	南京大学	106.01	39.68	33.05	6.62	66.33	48.47	17.87	综合
7	武汉大学	98.74	43.97	26.76	17.21	54.77	38.13	16.64	综合
8	吉林大学	97.72	46.32	25.40	20.92	51.39	43.19	8.21	综合
9	上海交通大学	94.91	36.52	28.81	7.71	58.39	54.92	3.47	工科
10	中山大学	86.12	33.73	25.73	8.00	52.38	42.65	9.73	综合
11	哈尔滨工业大学	86.00	36.20	24.32	11.88	49.80	47.86	1.94	工科
12	西安交通大学	83.17	35.64	23.50	12.14	47.53	40.20	7.33	工科
13	四川大学	83.07	35.95	22.48	13.47	47.12	38.90	8.22	综合
14	山东大学	77.53	35.01	20.58	14.44	42.52	35.07	7.44	综合
15	中国科学技术大学	75.32	28.17	23.26	4.91	47.14	44.86	2.29	工科
16	中南大学	62.30	28.89	16.43	12.46	33.41	31.33	2.09	工科
17	中国协和医科大学	60.06	21.16	20.90	0.27	38.90	38.88	0.02	医药
18	天津大学	58.92	23.78	17.06	6.71	35.15	32.58	2.57	工科
19	南开大学	55.85	22.23	16.72	5.51	33.62	22.57	11.05	综合
20	华南理工大学	53.87	21.23	15.35	5.88	32.64	31.80	0.84	工科
21	东南大学	51.93	22.90	14.10	8.80	29.03	25.92	3.11	工科
22	北京航空航天大学	51.69	21.22	14.86	6.35	30.47	29.21	1.26	工科
23	同济大学	47.54	23.73	11.68	12.05	23.81	22.49	1.33	工科
24	厦门大学	47.16	19.35	13.59	5.76	27.81	15.39	12.42	综合
25	北京师范大学	43.99	17.15	13.50	3.65	26.84	11.73	15.12	师范
26	西北工业大学	42.53	18.82	11.60	7.21	23.71	23.60	0.11	工科
27	东北大学	40.10	18.50	10.45	8.05	21.60	20.57	1.03	工科
28	上海第二医科大学	39.52	14.62	12.62	1.99	24.91	24.85	0.06	医药
29	中国农业大学	39.41	16.50	11.14	5.36	22.91	21.71	1.20	农业
30	大连理工大学	39.09	17.21	10.68	6.53	21.88	20.71	1.17	工科
31	中国矿业大学	36.71	19.16	8.31	10.86	17.55	16.09	1.46	工科
32	北京理工大学	36.07	15.77	9.75	6.02	20.30	19.79	0.52	工科
33	重庆大学	35.88	20.95	7.07	13.87	14.93	13.99	0.94	工科
34	华东理工大学	35.03	15.04	9.43	5.61	19.99	19.66	0.34	工科
35	中国人民大学	33.82	14.25	10.29	3.97	19.56	0.51	19.05	综合
36	华东师范大学	33.00	14.97	9.00	5.97	18.02	6.49	11.53	师范
37	苏州大学	32.82	19.38	6.38	13.00	13.44	9.02	4.42	综合
38	武汉理工大学	30.62	20.54	4.70	15.84	10.08	8.60	1.48	工科
39	石油大学	30.43	13.93	7.85	6.08	16.50	16.12	0.38	工科
40	北京科技大学	30.27	12.72	8.58	4.13	17.56	17.13	0.42	工科
41	兰州大学	30.26	12.18	8.50	3.68	18.08	14.90	3.17	综合
42	中国地质大学	29.66	16.47	6.34	10.14	13.18	12.67	0.51	工科
43	上海大学	29.58	17.54	5.64	11.89	12.04	9.72	2.32	综合
44	郑州大学	29.54	18.88	4.71	14.17	10.66	7.50	3.16	综合

名次	校名	总得分	人才培养			科学研究			学校类型
			人才培养	研究生培养	本专科生培养	科学研究	自然科学研究	社会科学研究	
45	湖南大学	28.79	15.56	6.13	9.43	13.23	10.87	2.36	工科
46	南京理工大学	28.49	14.02	6.83	7.19	14.47	13.79	0.68	工科
47	南京师范大学	25.94	15.73	4.92	10.81	10.21	3.79	6.43	师范
48	西北大学	25.13	11.53	6.30	5.24	13.60	9.59	4.01	综合
49	暨南大学	24.13	11.15	6.13	5.02	12.98	6.34	6.64	综合
50	南京农业大学	23.84	10.94	6.17	4.77	12.90	11.77	1.13	农业

（信息来源：人民网 2003 年 2 月 12 日）

备注：此榜单由广东管理科学研究院《中国大学评价》课题组武书连、吕嘉、郭石林发布。

2.2002 中国大学排名（前 50 名）

名次	校名	总得分	人才培养得分	研究生培养	本专科生培养	科学研究得分	自然科学研究	社会科学研究
1	清华大学	226.66	86.37	77.06	9.31	140.29	133.87	6.42
2	北京大学	180.52	66.67	57.26	9.41	113.86	95.88	17.97
3	浙江大学	167.97	70.98	52.08	18.90	96.99	84.60	12.38
4	复旦大学	124.74	48.46	39.12	9.34	76.27	60.32	15.95
5	南京大学	111.60	44.04	35.65	8.40	67.55	52.58	14.98
6	华中科技大学	110.33	49.47	33.22	16.25	60.87	56.56	4.30
7	武汉大学	98.36	47.30	26.04	21.26	51.06	36.82	14.24
8	西安交通大学	96.56	42.03	28.69	13.34	54.53	47.71	6.82
9	吉林大学	96.50	48.62	24.41	24.21	47.88	40.26	7.62
10	上海交通大学	89.45	38.42	28.59	9.83	51.03	48.30	2.72
11	中山大学	85.54	36.72	26.98	9.73	48.82	41.18	7.64
12	四川大学	85.44	39.64	23.72	15.92	45.80	38.79	7.01
13	山东大学	79.68	37.84	20.69	17.15	41.84	34.27	7.57
14	中国科学技术大学	75.01	29.38	22.93	6.45	45.63	43.02	2.61
15	哈尔滨工业大学	66.49	28.11	19.79	8.32	38.38	36.21	2.17
16	东南大学	65.55	29.76	19.02	10.74	35.79	33.33	2.46
17	中南大学	65.31	31.52	17.64	13.87	33.79	31.64	2.16
18	天津大学	63.53	26.56	18.46	8.10	36.97	34.42	2.55
19	同济大学	58.91	30.71	15.31	15.40	28.20	26.75	1.45
20	华南理工大学	57.84	25.36	18.17	7.18	32.49	31.45	1.04
21	南开大学	54.22	22.24	15.57	6.67	31.98	22.50	9.47
22	北京航空航天大学	46.14	21.11	13.79	7.32	25.04	23.81	1.23
23	东北大学	45.34	21.76	11.78	9.98	23.58	22.46	1.13
24	厦门大学	44.34	18.74	11.98	6.76	25.61	16.47	9.13
25	中国矿业大学	43.02	20.55	11.36	9.19	22.47	20.46	2.01
26	北京师范大学	42.14	16.72	12.36	4.37	25.41	14.39	11.02
27	上海第二医科大学	40.50	16.24	13.65	2.59	24.26	24.14	0.13
28	大连理工大学	39.02	18.20	10.45	7.75	20.82	19.98	0.84
29	北京科技大学	38.18	16.02	11.34	4.68	22.16	21.81	0.34
30	重庆大学	37.39	21.53	8.14	13.38	15.86	15.15	0.71
31	中国农业大学	36.85	16.51	10.88	5.63	20.34	18.96	1.38
32	武汉理工大学	36.56	24.04	6.32	17.72	12.53	11.11	1.41
33	郑州大学	36.03	25.22	4.91	20.30	10.82	7.67	3.14
34	西北工业大学	35.81	17.49	9.58	7.90	18.32	18.22	0.10
35	苏州大学	34.10	21.72	6.05	15.67	12.38	8.14	4.24
36	华东理工大学	33.37	15.47	8.79	6.68	17.90	17.56	0.34
37	兰州大学	33.05	13.18	8.34	4.85	19.87	16.28	3.59

名次	校名	总得分	人才培养得分	研究生培养	本专科生培养	科学研究得分	自然科学研究	社会科学研究
38	华东师范大学	30.90	15.16	8.05	7.12	15.74	6.22	9.52
39	中国地质大学	30.61	15.71	7.79	7.92	14.90	14.43	0.47
40	南京理工大学	30.47	15.94	7.31	8.63	14.53	13.73	0.81
41	石油大学	29.81	13.80	8.07	5.73	16.01	15.55	0.46
42	上海大学	29.73	18.59	4.68	13.91	11.14	8.70	2.45
43	湖南大学	29.23	16.20	5.98	10.22	13.03	9.90	3.13
44	中国人民大学	28.80	13.00	8.47	4.53	15.79	0.07	15.72
45	北京理工大学	28.18	13.84	7.04	6.80	14.34	13.71	0.63
46	扬州大学	25.74	16.84	3.19	13.65	8.90	7.25	1.65
47	西南交通大学	25.62	14.05	6.03	8.02	11.57	10.77	0.80
48	电子科技大学	25.54	13.05	5.34	7.71	12.49	11.73	0.76
49	南京师范大学	24.70	15.20	4.68	10.52	9.50	3.88	5.62
50	南京农业大学	23.95	11.73	6.50	5.23	12.22	10.59	1.63

（信息来源：《中国高等教育评估》杂志 2002 年第 1 期）

备注：此榜单由广东管理科学研究院《中国大学评价》课题组武书连、吕嘉、郭石林发布。

3.2001 中国大学排名（前 50 名）

名次	校名	上年排名	得分	分类排名		人才培养得分	研究生培养	本专科培养	科学研究得分	自然科学研究	社会科学研究
1	清华大学	1	172.60	综	1	69.62	54.98	14.64	102.98	97.37	5.61
2	浙江大学	2	168.71	综	2	83.72	48.08	35.63	84.99	73.72	11.27
3	北京大学	3	143.05	综	3	61.52	49.16	12.36	81.53	64.69	16.84
4	南京大学	4	134.02	综	4	50.95	36.77	14.18	83.07	69.19	13.88
5	华中理工大学	5	109.97	工	1	46.12	31.87	14.26	63.84	59.95	3.89
6	上海交通大学	9	101.78	工	2	47.79	30.73	17.06	53.99	51.67	2.32
7	复旦大学	6	101.56	综	5	44.49	33.01	11.48	57.07	44.15	12.93
8	西安交通大学	8	100.86	工	3	41.38	28.18	12.90	59.48	54.83	4.64
9	哈尔滨工业大学	10	98.20	工	4	43.13	27.10	16.03	55.07	44.15	12.93
10	东南大学	13	92.56	工	5	37.39	24.85	12.54	55.17	52.42	2.75
11	天津大学	11	87.14	工	6	37.71	24.34	13.37	49.12	47.60	1.82
12	中国科学技术大学	7	82.12	综	6	29.50	20.84	8.66	52.62	51.54	1.08
13	北京师范大学	17	79.88	师	4	28.57	21.64	6.94	51.30	35.08	16.23
14	四川大学	12	78.16	综	7	43.19	22.74	20.45	34.79	28.73	6.24
15	武汉大学	14	76.92	综	8	36.38	24.59	11.79	40.54	24.60	15.94
16	南开大学	15	74.79	综	9	33.85	22.92	10.93	40.91	29.94	11.00
17	北京航空航天大学	16	74.29	工	7	37.55	25.52	12.03	36.75	35.75	0.99
18	同济大学	21	69.99	工	8	38.19	21.55	16.64	31.80	28.79	3.01
19	华南理工大学	19	65.21	工	9	30.01	17.71	12.30	35.19	33.56	1.64
20	东北大学	20	64.72	工	10	31.62	15.66	15.96	33.11	31.92	1.19
21	中山大学	23	64.65	综	10	30.89	18.92	11.97	33.76	25.89	7.87
22	西北工业大学	18	64.53	工	11	29.19	17.51	11.67	35.35	34.92	0.42
23	中国农业大学	33	64.31	农	1	24.06	15.63	8.43	40.26	38.53	1.73
24	大连理工大学	24	64.15	工	12	31.16	18.75	12.41	33.00	31.79	1.21
25	吉林大学	22	63.11	综	11	30.40	20.25	10.15	32.71	25.97	6.73
26	北京科技大学	32	58.79	工	13	23.08	15.60	7.48	35.71	34.84	0.87
27	中国地质大学	47	58.72	工	14	28.27	14.31	13.96	30.44	29.26	1.19
28	厦门大学	30	58.55	综	12	28.78	17.40	11.38	29.77	21.36	8.41
29	北京医科大学	31	57.54	医	1	18.19	14.44	3.74	39.35	37.97	1.38
30	南京理工大学	35	57.48	工	15	28.75	15.00	13.75	28.71	27.37	1.36

名次	校名	上年排名	得分	分类排名		人才培养得分	研究生培养	本专科培养	科学研究得分	自然科学研究	社会科学研究
31	北京理工大学	28	56.68	工	16	30.35	19.88	10.45	26.33	25.53	0.80
32	华东师范大学	25	56.32	师	2	27.43	15.89	11.54	28.89	15.25	13.64
33	中国协和医科大学	56.28		医	2	16.23	14.27	1.96	10.05	39.88	0.17
34	中国矿业大学	10	54.82	工	17	27.89	14.19	13.70	26.93	24.03	2.90
35	山东大学	26	54.15	综	13	23.65	14.68	11.96	30.30	22.26	8.21
36	中南工业大学	34	50.42	工	18	23.58	11.94	11.63	26.85	24.85	2.00
37	华东理工大学	37	48.56	工	19	19.28	8.00	11.28	29.28	28.41	0.87
38	中国人民大学	27	48.16	综	14	28.11	20.65	7.46	20.05	0.11	19.91
39	电子科技大学	36	47.17	工	20	24.20	11.84	12.36	22.97	21.39	1.58
40	南京师范大学	50	46.49	师	3	27.28	7.55	19.73	19.21	10.13	9.08
41	湖南大学	38	46.30	工	21	20.01	7.55	12.45	26.30	23.96	2.34
42	兰州大学	41	46.20	综	15	19.21	10.54	8.67	26.99	22.73	4.26
43	重庆大学	49	44.79	工	22	26.57	14.97	11.60	18.22	17.19	1.03
44	南京航空航天大学	39	44.76	工	23	20.50	9.65	10.85	24.26	23.37	0.89
45	上海医科大学	45	44.64	医	3	15.05	11.56	3.49	29.59	29.08	0.51
46	南京农业大学	43	41.85	农	2	15.46	7.73	7.73	26.39	23.60	2.79
47	上海大学	29	41.44	综	16	29.72	7.32	22.41	11.72	8.93	2.79
48	西南交通大学	52	41.35	工	24	25.25	11.78	13.48	16.10	15.20	0.90
49	东北师范大学	48	40.83	师	4	18.11	9.26	8.86	22.72	14.34	8.37
50	西安电子科技大学	46	39.55	工	25	21.75	10.78	10.97	17.79	17.17	0.62

(信息来源:人民网 2001 年 8 月 6 日)

备注:此榜单由广东管理科学研究院《中国大学评价》课题组武书连、吕嘉、郭石林发布。

4.2000 中国大学排名

(1)重点大学综合指标排名(前 50 名)

名次	大学名称	名次升降	综合得分	学术声誉得分	学术地位得分	学术成果得分	学生情况得分	教师资源得分	物资资源得分
1	清华大学	0	100.0	100.00	100.00	100.00	100.00	95.90	100.00
2	北京大学	0	87.0	99.20	98.70	76.40	97.90	100.00	32.60
3	南京大学	0	75.4	92.20	57.20	74.50	88.40	96.80	31.60
4	复旦大学	2	69.0	89.90	54.70	45.60	89.60	91.80	46.00
5	中国科学技术大学	0	66.4	91.80	37.10	59.50	81.40	87.50	40.00
6	浙江大学	–2	65.3	86.80	82.10	58.80	75.60	46.30	39.30
7	南开大学	4	58.5	82.50	47.20	25.50	86.60	88.70	25.10
8	上海交通大学	–1	56.4	88.00	44.20	25.70	79.20	55.70	67.80
9	天津大学	–1	52.1	78.20	42.90	22.10	82.20	63.00	38.20
10	哈尔滨工业大学	1	51.2	78.90	39.10	23.00	78.40	60.00	43.00
11	武汉大学	9	50.8	73.40	45.00	17.90	80.30	70.00	27.40
12	北京航空航天大学	–2	50.2	80.20	22.90	12.10	78.50	84.10	39.40
13	北京师范大学	7	48.3	86.30	36.20	16.10	78.00	56.20	33.30
14	同济大学	1	48.0	80.80	39.50	10.40	76.90	58.90	39.60
14	西安交通大学	–6	48.0	81.90	37.50	26.90	84.30	48.40	21.50
16	华中理工大学	–5	47.4	75.10	36.20	28.10	79.80	47.10	32.50
17	北京理工大学	6	46.9	72.70	25.40	11.40	75.70	74.20	38.20
18	东南大学	–7	46.4	73.10	36.80	26.20	76.80	47.90	30.70
19	吉林大学	–1	45.8	69.40	41.80	28.30	79.20	44.70	20.80
20	中山大学	5	43.6	71.30	36.40	20.40	72.10	48.10	25.00
21	北京医科大学	4	43.5	86.70	33.90	13.10	84.50	41.60	20.50
22	中国农业大学	9	43.3	82.20	31.10	3.80	64.60	68.50	19.70

名次	大学名称	名次升降	综合得分	学术声誉得分	学术地位得分	学术成果得分	学生情况得分	教师资源得分	物资资源得分
23	大连理工大学	–5	42.8	67.30	31.50	13.70	76.80	53.60	29.90
24	西北工业大学	–4	42.5	67.00	26.80	20.80	75.70	44.10	39.60
25	中国人民大学	–9	42.1	79.40	37.90	1.40	91.50	47.20	17.30
26	北京科技大学	3	40.8	71.90	21.30	16.30	73.50	48.90	30.20
27	东北大学	2	40.7	67.40	24.20	16.00	65.60	39.60	55.00
27	厦门大学	–2	40.7	66.40	39.10	17.00	69.80	45.30	15.60
29	华南理工大学	9	40.4	61.00	26.50	13.80	67.30	57.10	29.00
30	山东大学	–7	39.3	66.20	26.90	23.10	67.90	37.40	28.40
31	北京邮电大学	7	39.0	64.00	12.40	7.80	80.10	43.40	59.30
32	四川大学	–16	38.8	66.00	43.00	21.50	64.80	26.70	21.90
32	上海医科大学	–1	38.8	80.20	31.00	8.40	89.10	28.70	20.90
34	北方交通大学	7	38.5	63.00	17.60	8.50	68.60	46.70	52.30
35	重庆大学	12	37.1	63.30	23.50	4.90	66.10	53.50	27.00
35	华东师范大学	22	37.1	76.60	32.10	5.40	71.70	32.60	25.10
37	中南工业大学	26	36.9	57.80	17.30	10.90	64.60	48.00	42.90
38	兰州大学	–5	35.5	64.50	23.20	19.50	67.40	33.70	18.20
39	南京理工大学	2	34.7	57.60	16.70	8.90	66.80	45.10	31.80
40	华中农业大学	32	34.5	59.60	12.10	2.50	62.20	62.20	22.30
41	中国矿业大学	8	34.4	60.20	15.10	4.80	63.60	51.90	28.20
42	华西医科大学	–9	34.3	70.30	13.40	2.50	67.80	55.30	11.30
43	南京航空航天大学	–10	33.9	58.40	11.40	4.70	69.60	49.20	31.60
44	石油大学	5	33.7	53.00	14.20	7.70	67.10	38.10	48.20
44	南京农业大学	38	33.7	63.10	12.90	2.80	64.20	55.00	19.40
46	华东理工大学	–8	33.5	67.20	18.60	11.90	65.30	25.20	36.30
47	西南交通大学	7	32.9	60.40	19.80	6.30	59.00	36.50	35.10
47	中山医科大学	16	32.9	70.50	14.90	2.60	82.20	30.50	24.90
49	东北师范大学	14	32.7	69.50	20.40	3.60	61.80	38.90	18.50
50	上海第二医科大学	7	32.6	71.80	14.10	5.00	72.30	31.00	26.00

（2）非重点大学—综合性院校综合指标排名（前46名）

名次	大学名称	综合得分	学术地位得分	学术成果得分	学生情况得分	教师资源得分	物资资源得分
1	河北大学	78.4	33.80	97.00	65.40	31.20	24.10
2	汕头大学	69.9	14.20	50.20	67.90	66.90	20.10
3	深圳大学	63.0	7.80	13.60	56.90	93.00	21.90
4	山西大学	57.8	39.90	27.30	69.50	17.00	45.60
5	湖北大学	55.1	22.60	32.00	76.30	35.20	15.70
6	扬州大学	53.2	26.20	47.30	67.30	18.20	18.10
7	河南大学	47.4	31.90	3.30	74.10	33.00	18.90
8	青岛大学	46.8	24.60	27.90	64.50	26.20	12.40
9	五邑大学	40.4	2.60	12.60	61.00	45.50	7.50
10	黑龙江大学	39.9	26.70	7.40	70.40	15.70	19.30
11	海南大学	39.0	0.80	3.50	59.60	42.50	21.70
12	烟台大学	36.4	1.70	10.20	62.70	29.30	17.90
13	宁波大学	35.1	2.60	33.20	54.10	14.40	12.40
14	贵州大学	30.0	20.00	5.50	59.00	3.80	20.20
15	佛山科技学院	29.5	0.00	0.30	56.30	28.10	14.80
16	宁夏大学	25.3	6.90	5.70	60.20	4.90	13.70
17	沈阳大学	24.9	0.00	3.20	62.40	6.90	17.70
18	佳木斯大学	24.1	10.40	2.80	63.50	3.50	8.00
19	大连大学	23.3	0.00	1.60	58.30	15.20	6.10

名次	大学名称	综合得分	学术地位得分	学术成果得分	学生情况得分	教师资源得分	物资资源得分
20	石河子大学	23.0	10.40	3.20	58.50	2.40	9.60
21	北京联合大学	22.9	0.00	6.40	60.10	6.20	9.40
22	湖北三峡学院	22.8	0.00	1.40	66.10	9.40	4.90
23	集美大学	21.6	0.00	0.10	60.10	7.30	11.00
24	齐齐哈尔大学	20.3	2.60	1.30	61.60	0.60	9.80
25	长春大学	19.5	0.00	0.70	64.30	2.30	5.60
26	渝州大学	19.4	0.00	1.70	61.30	1.40	7.90
27	四川三峡学院	19.3	0.00	2.90	61.00	0.00	8.50
28	青海大学	18.9	0.00	0.00	51.70	1.10	18.10
29	延安大学	17.9	1.70	0.00	56.20	0.00	9.90
30	吉首大学	17.2	0.00	0.20	46.80	7.00	8.20
31	阜新高等专科学校	15.9	0.00	0.00	55.80	0.00	4.70
32	常熟高等专科学校	10.1	0.00	1.40	27.80	3.50	3.80
33	中山学院	9.3	0.00	0.00	—	17.50	10.30
34	景德镇高等专科学校	9.1	0.00	0.00	26.80	0.00	7.80
35	西江大学	7.3	0.00	0.00	—	13.70	8.00
36	大庆高等专科学校	6.3	0.00	0.00	—	0.00	23.50
37	西藏大学	3.3	1.70	0.00	—	0.00	10.70
38	上海第二工业大学	2.3	0.00	0.00	—	6.10	0.00
39	西安联合大学	2.2	0.00	0.00	—	1.90	5.70
40	嘉应大学	1.9	0.00	0.00	—	1.40	5.20
41	韶关大学	1.4	0.00	1.30	—	0.00	3.70
42	镇江市高等专科学校	1.0	0.00	0.00	—	0.00	4.10
43	萍乡高等专科学校	0.9	0.00	0.00	—	0.00	3.70
44	自贡高等专科学校	0.6	0.00	0.00	—	0.00	2.40
45	南昌高等专科学校	0.5	0.00	0.00	—	0.00	2.10
46	新余高等专科学校	0.4	0.00	0.00	—	0.00	1.50

（3）附件：1999年以来合并高校一览

合并前院校名称	合并后院校名称	合并前院校名称	合并后院校名称
中央工艺美术学院、清华大学	清华大学	西安公路交通大学、西安工程学院、西北建筑工程学院	长安大学
北京医科大学、北京大学	北京大学	上海铁道大学、同济大学	同济大学
南京铁道医学院、南京交通高等专科学校、东南大学	东南大学	中南政法学院、中南财经大学	中南财经政法大学
武汉水利电力大学、武汉测绘科技大学、武汉大学	武汉大学	北京针灸骨伤学院、北京中医药大学	北京中医药大学
白求恩医科大学、长春科技大学、长春邮电学院、吉林工业大学、吉林大学	吉林大学	重庆钢铁高等专科学校（更名）	重庆工业高等专科学校
上海医科大学、复旦大学	复旦大学	天津纺织工学院、天津市经济管理干部学院	天津工业大学
山东医科大学、山东大学	山东大学	中国金融学院、对外经济贸易大学	对外经济贸易大学
同济医科大学、武汉城市建设学院、华中理工大学	华中科技大学	上海冶金高等专科学校、上海轻工业高等专科学校	上海应用技术学院
武汉汽车工业大学、武汉交通科技大学、武汉工业大学	武汉理工大学	吉林省松原师范学校和松原教育学院	四平师范学院松原分院
湖南医科大学、长沙铁道学院、中南工业大学	中南大学	苏州医学院、苏州大学	苏州大学
湖南财经学院、湖南大学	湖南大学	上海农学院、上海交通大学	上海交通大学
重庆建筑大学、重庆建筑高等专科学校、重庆大学	重庆大学	云南工业大学、昆明理工大学	昆明理工大学
西安医科大学、陕西财经学院、西安交通大学	西安交通大学		
北京电力高等专科学校、北方交通大学	北方交通大学		
吉林师范学院、吉林医学院、吉林林学院、吉林电气化高等专科学校	北华大学		

（信息来源：《中国青年报》2000年6月8日）

备注：此榜单由网大（中国）有限公司、中国青年报社联合发布。

◎榜一、2003中国体坛风云人物◎

1.中国女排——重执牛耳。2003年，中国女排在教练陈忠和的率领下，以11场连胜的优异成绩夺得世界杯冠军。这是中国队在1986年世锦赛之后，17年来首次夺得世界冠军。

2.姚明——一鸣惊人。2003年11月，第14届“中国十大杰出青年”评选在北京揭晓。运动员姚明荣获本届“中国十大杰出青年”称号。

3.李小鹏——“逼”近李宁。在2003年的世界体操锦标赛上，李小鹏勇夺团体、跳马、双杠“三冠王”，向世界展示了中国体操的风采。与李宁保持的14个世界冠军纪录仅差1个。

4.罗雪娟——震撼泳坛。在2003年巴塞罗那游泳世锦赛上罗雪娟独揽100米蛙泳、4×100米混合泳接力、50米蛙泳3项冠军。

5.申雪/赵宏博——冰上绝配。2003年，对于申雪和赵宏博来说，可谓大红大紫的一年：从年初的世界花样滑冰锦标赛卫冕冠军，到12月13日在世界花样滑冰大奖赛总决赛上摘取金牌，为异彩纷呈的2003年锦上添花。

6.刘国梁——激情教练。随着马林以4:1击败格林卡获得男子世界杯乒乓球赛的冠军，中国男队主教练刘国梁为自己上任以来的第一次“大考”交上了一份完美答卷。

7.刘翔——跨过“历史”。在2003年世界田径锦标赛男子110米栏决赛上，20岁的中国运动员刘翔以一枚弥足珍贵的铜牌，实现了中国田径历史上的重大突破，与获得第七名的队友史东鹏共同打破了田径直道决赛场上被黑人运动员垄断的天下。

8.孙继海——踢进英超。2003年，孙继海成为第一位在欧洲联盟杯赛踢球的中国球员。在其他海外球员出师不利之际，孙继海孤军奋战，以自己的技术在具有百年历史的曼彻斯特城队站稳脚跟。

9.吴美锦——一举成名。2003年世界举重锦标赛，让观众记住了一举夺得男子56公斤级抓举、挺举和总成绩三项冠军的吴美锦。这位23岁、身高不到160厘米的福建小伙子，是世界举坛为数不多的能举起超出自体重3倍重量的选手之一。

10.张宁——老而弥坚。2003年在高手云集的羽毛球世界锦标赛上，张宁将当今丹麦的女单高手马尔廷干净利落地拿下，爆出了本届世界锦标赛上最大的冷门。

(信息来源:《中国体育报》2003年12月17日)

◎榜二、2003十佳运动员◎

1.姚明，上海篮球运动员。2003年在NBA的第二个赛季里发挥稳定，已成为休斯敦火箭队的主力球员。2003年5月在蒙特卡洛获得有体坛“奥斯卡”之称的“劳伦斯奖”，荣膺“年度最佳新人奖”，成为第一位获得该项大奖的亚洲运动员。2003年10月1日在亚洲男篮锦标赛上被评为“最有价值球员”。2003年11月27日当选为第14届“中国十大杰出青年”。

2. 李小鹏，湖南体操运动员。在2003年8月世界体操锦标赛上夺得男子团体、跳马和双杠3枚金牌，总共夺得了13个世界(奥运会)冠军。他首创的“挂臂前摆屈体后空翻两周成挂臂”动作8月被国际体操联合会命名为“双杠李小鹏”。

3. 罗雪娟，浙江游泳运动员。2003年7月在巴塞罗那世界游泳锦标赛上，夺得女子50米、100米蛙泳和4×100米混合泳接力的冠军，成为世锦赛上的“三冠王”。

4.赵蕊蕊，八一女排运动员。2003年11月在第9届世界杯女子排球赛上，为中国女排时隔17年后再次夺冠立下战功，获得“最佳扣球手称号”。

5.王楠，辽宁乒乓球运动员。2003年5月在巴黎举行的第47届世界乒乓球锦标赛上，夺得了中国队4枚金牌中的3枚：女单、女双和混双，其中在女单和女双项目上实现了世锦赛的“三连冠”。

6.刘翔，上海田径(110米栏)运动员。2003年8月30日，以13秒23的成绩夺得巴黎世界田径锦标赛110米栏铜牌，这是亚洲人在世锦赛该项目上首次获得奖牌。

7.刘春红，山东举重运动员。2003年11月在温哥华世界举重锦标赛上5次改写世界纪录，并以绝对优势夺得女子69公斤级3枚金牌。

8.孙英杰，辽宁田径(长跑)运动员。2003年8月在巴黎世界田径锦标赛上，为中国队夺得一枚女子万米铜牌；2003年9月在亚洲田径锦标赛上，夺得女子5000米和10000米两块金牌。2003年10月在北京国际马拉松赛上，以2小时19分39秒夺得女子组冠军，刷新了赛会女子最好成绩。

9.申雪，黑龙江花样滑冰选手。2003年3月在华盛顿举行的世界花样滑冰锦标赛上，与赵宏博合作卫冕双人滑冠军。2003年12月仍在华盛顿，他们夺得了花样滑冰大奖赛总决赛双人滑金牌。

10.赵宏博，黑龙江花样滑冰选手。2003年3月在华盛顿举行的世界花样滑冰锦标赛上，与申雪合作卫冕双人滑冠军。2003年12月仍在华盛顿，他们夺得了花样滑冰大奖赛总决赛双人滑金牌。

(信息来源:新华网)

◎榜一、第12届金鸡百花电影节获奖名单◎

最佳故事片奖:《惊涛骇浪》、《暖》
最佳纪录片奖:《钢琴梦》
最佳美术片奖:《回想》
最佳编剧奖:秋实(《暖》)
导演处女作奖:乌兰塔娜(《暖春》)、徐静蕾(《我和爸爸》)
最佳女主角奖:余男(《惊蛰》中饰关二妹)
最佳女配角奖:徐静蕾(《我的美丽乡愁》中饰雪儿)
最佳录音奖:陶经(《英雄》)
最佳音乐奖:章绍同(《台湾往事》)
最佳化装奖:徐广端(《邓小平》)
最佳表演新人奖:李敏(《婼玛的十七岁》中饰婼玛)
最佳故事片特别奖:《邓小平》
最佳合拍故事片奖:《英雄》
最佳电视电影片奖:《马世清离婚》
最佳导演奖:张艺谋(《英雄》)
最佳男主角奖:夏雨(《警察有约》中饰赵六安)
最佳男配角奖:赵君(《看车人的七月》中饰刘三)
最佳摄影奖:穆德远、董亚春、姜力军、陈远良(《惊涛骇浪》)
最佳美术奖:霍廷霄、易振洲(《英雄》)
最佳特技奖:孟浩(《惊涛骇浪》)
最佳置景奖:姜述义、杨印华(《惊涛骇浪》)
评委会特别奖:李丁(《家有轿车》中饰老李)

(信息来源:新华网、南方网)

◎榜二、第11届北京大学生电影节获奖名单◎

奖　项	获　奖　人	获奖影片
最佳故事片		暖
最佳导演	郑洞天	
最佳男演员	范　伟	
最佳女演员	余　男	
最佳观赏效果		天地英雄
评委会特别奖	王全安	
		手机
组委会特别奖		走近毛泽东
		惊心动魄
		心动岁月
最佳处女作		冬至
优秀儿童演员	黄豆豆	
艺术创新奖		恋爱中的宝贝
最受大学生欢迎的导演	冯小刚	
最受大学生欢迎的女演员	赵　薇	
最受大学生欢迎的男演员	姜　文、陈　坤	
第3届电视电影大奖赛获奖名单		
优秀电视电影		法官老张轶事之审牛记
优秀电视电影导演奖	王　竞	
优秀电视电影演员奖	戈治均	
第5届大学生录像作品大赛获奖名单		
最佳剧情片	刘怡彤　北京电影学院	小黑和爸爸
评委会大奖	魏　星　北京师范大学	没有我
最佳导演	徐伊亮　中央戏剧学院	石榴
最佳编剧	张　迪　北京电影学院	劁猪
最佳纪录片	丁小洋　四川大学	我知道去年夏天他们干了什么
纪录片鼓励奖	陈锦光　香港城市大学	阿祝的故事
	唐明兰　四川师范大学	拉姆的快乐夏天
最佳实验片	(空缺)	

奖项	获奖人		获奖影片
实验片特别鼓励奖	冯 文	北京电影学院	失
	白承勋	北京电影学院国际培训学院	共同栽培区
组委会奖	郑 正	重庆师范大学	歌者
业余组剧情片优胜奖	侯志斌	天津师范大学	外面的世界
业余组剧情片优秀奖	李勃昕	武汉大学	劫
	韦 正	上海交通大学	爱情迷语
	陈家远	上海大学	等
业余组剧情片鼓励奖	丁 一	南京师范大学	胆小如鼠
	潘 刚	中国科技大学	隔离
	郑小兵	浙江大学	Memory
	徐笑萌	北京林业大学	毕业那天我们一起失恋
	王 莹	贵州大学	一百、二百
纪录片优胜奖	申特尔·阿加沃	香港城市大学	何处是"家"
纪录片优秀奖	尼科·福克塞尔	香港城市大学	马可船长的故事
	田 莹	陕西师范大学	守墓一夜
纪录片鼓励奖	陈丹丹	南京师范大学	过年回家
	郑航军	汕头大学	盐灶拖神
	张利莹	渤海大学	我的父亲母亲
	余 蓓	重庆大学	上学
	杨洪林	湖北民族学院	回家过年
	李跃岩	渤海大学	父亲 大棚 菜
实验片优秀奖	张 勇	东华大学	撒手
	周 叶	厦门大学	控制
首届大学生动漫短片大赛获奖名单			
最佳Flash动画奖	高 磊		出口 入口
最佳3D动画奖	黄云显 刘 博 韩 涛 唐 曦 王朵朵		易拉罐
最佳手工动画奖	艾 琳 刘 燕		空城计、鸟巢
最佳编剧奖	孙甜		二〇〇三年一月十五日 雪
最佳美术风格奖	赵 晔 闫 威		采薇、彳亍
最佳创意奖	丁美音		手下留情
最受评委欢迎奖	李金涛 骞 里 陈 晨 付晓琳		She belongs to me
最佳观赏效果奖	刘跃军		烽火时代

(信息来源:北京大学生电影节官方网站)

◎榜三、第4届华语电影传媒大奖获奖名单◎

奖项	获奖人	获奖影片
内地部分		
最佳电影		卡拉是条狗
最佳导演	路学长	卡拉是条狗
最佳编剧	徐静蕾	我和爸爸
最佳男主角	葛 优	卡拉是条狗
最佳女主角	章子怡	紫蝴蝶
最佳男配角	胡 坤	我和爸爸
最佳女配角	李勤勤	卡拉是条狗
最佳新导演	徐静蕾	我和爸爸
港台部分		
最佳电影		无间道2
最佳导演	杜琪锋	PUT
最佳编剧	韦家辉、游乃海、欧健儿、叶天成	大块头有大智慧
最佳男主角	刘德华	大块头有大智慧
最佳女主角	张柏芝	忘不了
最佳男配角	廖启智	无间道2
最佳女配角	惠英红	妖夜回廊
最佳新导演	李康生	不见
最受欢迎奖项		
传媒评审团奖		手机
内地最受欢迎影片		手机
内地最受欢迎男演员	葛 优、姜 文、刘 烨	

奖　项	获　奖　人	获奖影片
最受欢迎奖项		
内地最受欢迎女演员	范冰冰、徐静蕾、赵　薇	
港台最受欢迎影片	无间道 3	

奖　项	获　奖　人	获奖影片
最受欢迎奖项		
港台最受欢迎男演员	黄秋生、刘德华、梁朝伟	
港台最受欢迎女演员	张柏芝、蔡卓妍、吴君如	

（信息来源：《南方都市报》）

◎榜四、第 21 届中国电视金鹰奖获奖名单◎

奖　项	获奖剧目	制作单位
长篇连续剧（最佳奖）	希望的田野	中央电视台、大连电视台、吉林大地影视公司
长篇连续剧（优秀奖）	省委书记	中国电视剧制作中心
	DA 师	中央电视台、南京军区政治部前线话剧团、江苏新世纪机车科技有限公司
	神医喜来乐	河北电视台、中央电视台、中视传媒公司
	尘埃落定	成都电视台、四川电视台、成都天音文化传播有限公司
	导弹旅长	中央电视台、云南电视台、第二炮兵政治部电视艺术中心
	刘老根（二）	中国电视剧制作中
	炊事班的故事	中央电视台、空军电视艺术中心
	孝庄秘史	北京京都世纪文化发展有限公司、上海文广新闻集团、北京中北电视艺术中心
	大脚马皇后	辽宁电视台、中国电视艺术家协会、北京现代天幕影视公司
中篇连续剧（最佳奖）	（空缺）	
中篇连续剧（优秀奖）	恽代英	中共常州市委宣传部、中共常州市武进区委、江苏龙城文化传播中心、江苏省广播电视总台、中央电视台
	远山远水	大连电视台、中央电视台、中共辽宁省委宣传部、大连开发区广播电视台
	契丹英后	中央电视台、中视传媒股份有限公司、太原华夏天韵文化艺术有限公司、太原小棚虫影视译制有限公司
	移民金大花（三峡移民故事之二）	中共重庆市委宣传部、重庆电视台、中共巫山县委、县政府、重庆市剧协
	窦娥冤	绍兴电视台、浙江长城影视有限公司
短篇电视剧（最佳奖）	军中最后一个马帮（以时代的名义之一）	中国电视剧制作中心
短篇电视剧（优秀奖）	绿色昆仑	中央电视台、总政歌剧团、兰州军区政治部电视艺术中心
	夏日星光	中央电视台、济南电视台
	金鲤鱼	河北电影电视剧制作中心、中央电视台、河北电视台
	山村的故事	中共四川省委宣传部、中央电视台、四川省广播电影电视局、四川电视台、中共蓬安县委、蓬安县人民政府
电视文艺（最佳奖）	（空缺）	
电视文艺（优秀奖）	2003 年中央电视台春节联欢晚会	中央电视台
	相聚 2003——《同一首歌》三周年庆典歌会	中央电视台
	第 2 届 CCTV 全国电视相声大赛颁奖晚会	中央电视台
	第 10 届全国青年歌手电视大奖赛	中央电视台
	颂歌献给党——广东省喜迎"十六大"大型歌会	中共广东省委宣传部、广东省广播电影电视局、广东电视台、广东电台、南方电视台、广东省音乐家协会、广东省文化厅
	我们成功啦——上海市庆祝申博成功大型联欢活动	上海市政府、上海市政府申博工作领导办公室、上海文广集团、上海文广新闻传媒集团、上海东方电视台
	龙凤呈祥——湖北电视台、黑龙江电视台 2003 年春节晚会	湖北电视台、黑龙江电视台
	2003 年春节外国人中华才艺大赛	北京电视台

奖 项	获奖剧目	制作单位
电视文艺(优秀奖)	第3届中国金鹰电视艺术节电视新秀大赛决赛晚会	湖南电视台
	龙腾虎跃梨园风——2003年十六省市电视台元旦戏曲晚会	安徽电视台、河南电视台、四川电视台、北京电视台、辽宁电视台、浙江电视台、天津电视台、陕西电视台、吉林电视台、湖南电视台、山西电视台、河北电视台、黑龙江电视台、山东电视台、湖北电视台、上海东方电视台
音乐电视(最佳奖)	(空缺)	
音乐电视(优秀奖)	笑口常开	湖南电视台、中央电视台
	家和万事兴	北京电视台
	我爱妈妈我爱家	深圳日中天动画艺术有限公司
	阳光乐章	长沙电视台、中共长沙市委宣传部、中央电视台
	梦 蝶	杭州电视台
专题电视文艺节目(最佳奖)	四季西湖	浙江电视台
专题电视文艺节目(优秀奖)	余光中·两岸情思	吉林电视台
	难忘今宵——相约二十年	中央电视台
	心情往事	辽宁电视台
	苗族舞蹈:人与山水的旋转	贵州省政协、贵州电视台
长篇电视纪录片作品奖(最佳奖)	宋庆龄	中央电视台、中共中央统战部、中共中央文献研究室、宋庆龄基金会、中国福利会
长篇电视纪录片作品奖(优秀奖)	老镜子	中央电视台北京军区记者站、北京电视台
	红东方之光——"三个代表"与理论创新	中共中央《求是》杂志社、中共上海市委宣传部、中共云南省委宣传部云南电视台、上海电视台
	史前部落的最后瞬间	北京科学教育电影制片厂
	回家的路有多长	新疆电视台
短篇电视纪录片作品奖(最佳奖)	腊梅花儿开	中央电视台、武警江苏总队新闻站
短篇电视纪录片作品奖(优秀奖)	阿艾石窟之谜	新疆电视台
	海路十八里	大连电视台
	赶马帮的女人	南宁电视台
	遥远的画廊	北京电视台
电视美术片(最佳奖)	可可,可心一家人	中央电视台
电视美术片(优秀奖)	唐诗故事——枫桥夜泊·题李凝幽居	中央电视台
	千千问——摩擦力消失之后、恐龙灭绝之谜	中央电视台
电视广告片(最佳奖)	湘泉酒"寻缘"篇	北京凯普九歌广告有限公司
电视广告片(优秀奖)	爱我中华	上海烟草(集团)公司、上海广播电视广告传播有限公司
	南方高科手机——章子怡篇	广州市中合广告有限公司
	寻物启事	北京中盛乐天广告有限公司
	《江南话语》栏目系列形象片	宁波电视台

奖 项	获奖人	获奖剧目
最具人气男演员	李保田	
最具人气女演员	宋 佳	
最佳表演艺术男演员	李保田	
最佳表演艺术女演员	范智博	
观众最喜爱男演员	巍 子、陈宝国、高 明、李保田、唐国强	
观众最喜爱女演员	宋 佳、吕丽萍、梅 婷、谢 兰、王海燕	
电视剧最佳编剧	王朝柱	张学良
最佳导演	张绍林	军中最后一个马帮
最佳摄像	高子逸	走过旧金山
最佳美术	耿 巍、任志文、郭 剑	失乐园
最佳录音	杜小华、何 平	DA 师
最佳照明	骆夏平	非常公民
观众喜爱的电视剧歌曲	《故乡在海边》 词:李海鹰 曲:余光中	闽南世家名流
	《希望的田野》片首曲 曲:刘可欣	希望的田野

奖　项	获奖人	获奖剧目
电视文艺类最佳导演	金　越	2003年中央电视台春节联欢晚会
电视文艺类最佳美术	何永红	放飞海南·2003—海南省春节电视文艺晚会
电视文艺类最佳照明	余　航	苗族舞蹈:人与山水的旋转
电视文艺类最佳音乐电视创意	吴　华、解　芳	家和万事兴
电视文艺类改编创作	王　欣、许继锋	四季西湖
电视纪录片最佳编导	余立军	史前部落的最后瞬间
电视纪录片最佳摄像	孙　昆、石　峰、彭　扬	回家的路有多长
电视纪录片最佳录音	(空缺)	
电视美术片最佳编剧	洪　汛、张　斌、李　薇	可可,可心一家人
电视美术片最佳导演	杨子岚、张国超	可可,可心一家人
最佳形象设计奖	(空缺)	
电视广告片最佳广告创意	孙　静	寻物启示
电视广告片最佳广告制作	喜马拉雅	惠泉啤酒—麦浪篇
电视节目主持人(最佳奖)	朱　军(男)	中央电视台
	周　涛(女)	中央电视台
电视节目主持人(优秀奖)	韩咏秋(男)	重庆电视台
	徐春妮(女)	北京电视台
	元　元(女)	北京电视台
	李　湘(女)	湖南电视台
	黄　薇(女)	中央电视台
	庞晓戈(女)	河南电视台
	孙汀娟(女)	湖北电视台
	周晓丽(女)	河北电视台

(信息来源:中国电视艺术家协会)

◎榜五、第3届中国音乐金钟奖获奖名单◎

(一)荣誉奖

王震亚　朱践耳　严良堃　张　非
谢功成　林石城　桑　桐　唐　诃
组委会特别奖:蔡继琨

(二)作品奖

1.小提琴作品

金奖(空缺)

银奖

《抚弦聆梦》	孔　奕曲	中央音乐学院选送
《浔》小提琴音诗	张　帅曲	中央音乐学院选送

铜奖

《移动的终点》	朱　赫曲	北京市音协选送
《舞!舞!!》	刘冷妮曲	中央音乐学院选送
《高原情愫》	庄　曜曲	江苏省音协选送
《独舞》	曲成久曲	总政艺术局选送
《小提琴随想曲》	严　冬曲	广东省音协选送

2.二胡作品

金奖(空缺)

银奖

《第二二胡狂想曲》	王建民曲	江苏省音协选送

铜奖

《秋之韵》(二胡与竖琴)	杨青曲	北京音协选送
《黄水韵》	王之辉、景建树曲	武警政治部文工团选送
《尼苏调》	宋名筑曲	四川省音协选送
《剪窗花》	王曙亮、梁　奇曲	河北省音协选送

3.声乐作品(18首)

《望乡词》	于右任词	陆在易曲	上海音协选送
《在青翠的山谷里》	金鸿为词	刘　聪曲	辽宁音协选送
《喀什噶尔女郎》	郑　南词	田　歌曲	江苏音协选送
《瑶山青》	麦展穗词	陈述刘曲	广东音协选送
《女兵古丽》	孙　泱词	丁晓里曲	总政艺术局选送
《香格里拉》	陈建功词	付　林曲	总政艺术局选送
《故乡雨》	赵　越词	陆在易曲	上海音协选送
《中国农民》	谢安庆词	顾春雨曲	中国音协选送
《母亲河,我喊你一声妈妈》	姚　明词	杨　震曲	总政艺术局选送
《祖国赞歌》	金哲学词	林圣镐曲	延边音协选送

《格桑花》 阮晓星词 闫冬林曲 总政艺术局选送
《金达莱》 里 咏词 安国敏曲 延边音协选送
《盼团圆》 朱小松词 龙 飞曲 江苏音协选送
《春的音画》 周光琳词 刘 丁曲 武汉音乐学院选送
《斑竹泪》 肖正民词 孟 勇曲 湖南音协选送
《又是八月桂花开》 陈特明词 邓伟民曲 江西音协选送
《风景》 黄国林词 李式耀曲 福建音协选送
《兵》 屈 塬词 印 青曲 总政艺术局选送

组委会特别奖：

《情系人民》 陈道斌、瞿 琮词 方天行、杜 鸣曲 广东音协选送

施 雯 上海音乐学院
张 原 空政文工团
鄂 矛 武警文工团
胡庭江 中国音乐学院
李小亮 西安音乐学院
邓 垚 二炮文工团
梁晶晶 星海音乐学院

（信息来源：人民网 2004 年 7 月 11）

(三）表演奖

1.声乐大赛

金奖

雷 佳 总政艺术局选送
鲜于越歌 陕西音协选送
梁召今 总政艺术局选送

银奖

罗 娴 广东音协选送
陈莉莉 中国音乐学院选送
吴 静 中央民族乐团选送
邓春蓉 武警总部文政治部工团选送
于 爽 总政艺术局选送
刘和刚 总政艺术局选送

铜奖

吴 娜 总政艺术局选送
程晓洁 二炮文工团选送
吴哲铭 广东音协选送
唐竹雅 四川音协选送
魏丽娟 河北音协选送
黄华桥 总政艺术局选送
胡小娥 武警总部文政治部工团选送
姜 莉 铁路文工团选送

2.小提琴比赛

金奖

岳 麟 中央音乐学院选送

银奖

庄 宇 上海音协选送
陶 乐 上海音乐学院选送
傅 赢 上海音协选送

铜奖

薛 颖 北京音协选送
吴正瑜 上海音协选送
郝荻森 中央音乐学院选送
孙芳晔 陕西省音协选送

王 惠 天津市音协选送

3.二胡比赛

B 组：

金奖

薛 克 中央音乐学院选送

银奖

刘光宇 重庆市音协选送
欧景星 江苏音协选送

铜奖

张尊连 北京音协选送
叶 强 中央音乐学院选送
秋 江 总政艺术局选送

A 组：

金奖

王 颖 中央音乐学院选送

银奖

顾怀燕 上海音协选送
王俊娜 中国音乐学院选送
孔艳艳 上海音乐学院选送

铜奖

邢立元 上海音乐学院选送
张 昭 中国音乐学院选送
李源源 中央民族乐团选送
葛亚南 中央音乐学院选送
李志卿 上海音乐学院选送
周若瑜 中国音乐学院选送

4.伴奏奖

原 丁 中央音乐学院
魏陶影 中国音乐学院
江 夏 上海音乐学院
许学东 中央民族歌舞团
任 洁 南京艺术学院
黄萌萌 中央音乐学院
印 悦 上海音乐学院

◎榜六、第 5 届 CCTV-MTV 音乐盛典获奖名单◎

1.内地年度最具潜力歌手：陈倩倩
2.内地年度最受欢迎新人（票选）：沙宝亮
3.内地年度新锐乐队：新裤子
4.内地年度最佳民歌歌手：彭丽媛
5.内地年度最佳专辑：羽泉
6.内地年度最佳音乐电视奖：《凝聚每份爱》群星
7.内地年度最佳女歌手：韩红
8.内地年度最佳男歌手：陆毅
9.内地年度最受欢迎女歌手（票选）：那英
10.内地年度最受欢迎男歌手（票选）：孙楠
11.内地年度最受欢迎歌曲：周迅《幸福花园》
12.音乐特殊贡献奖：李宗盛
13.香港地区年度最具潜力歌手：萧正楠
14.香港地区年度最佳女歌手：莫文蔚
15.香港地区年度最佳男歌手：李克勤
16.港地区年度最受欢迎歌曲：古天乐《Mr.Cool》
17.台湾地区年度最具潜力歌手：阿杜
18.台湾地区年度最佳女歌手：孙燕姿
19.台湾地区年度最佳男歌手：周杰伦
20.台湾地区年度最受欢迎歌曲：范逸臣《I Beilieve》
21.亚洲地区最佳男歌手：张学友
22.亚洲地区最佳女歌手：王菲
23.韩国年度最佳歌手：张娜拉
24.国际年度突破创意奖：迈克森

（信息来源：新浪娱乐 2003 年 9 月 12 日）

◎榜七、第11届中国歌曲排行榜获奖名单◎

1.华语乐坛杰出成就奖:王菲
2.年度最受欢迎港台地区男歌手:周杰伦
3.年度最受欢迎港台地区女歌手:王菲
4.年度最受欢迎男歌手:朴树
5.年度最受欢迎女歌手:韩红
6.年度华语歌坛特别贡献奖:周华健
7.最受欢迎港台地区乐队/组合:S.H.E
8.年度最受欢迎组合:羽泉
9.年度最受欢迎港台地区歌曲奖:陈奕迅《十年》、孙燕姿《遇见》、周杰伦《东风破》、王菲《旋木》
10.最佳选送奖:天中文化
11.年度最受欢迎乐队:达达乐队
12.最佳公益歌曲奖:《因为爱》、《雄心飞扬》
13.年度最佳专辑奖:朴树《生如夏花》
14.年度港台创作歌手奖:王力宏
15.年度内地创作歌手奖:李泉
16.年度最受欢迎港台新人:潘玮柏
17.年度最受欢迎新人:陆毅

(信息来源:新浪娱乐)

◎榜八、2003MTV巨星炫风超级盛典获奖名单◎

2003 内地最具风格男歌手:朴树
2003 内地最具风格女歌手:韩红
2003 内地最具风格男演员:陈坤
2003 内地最具风格女演员:李冰冰
2003 内地 LG 数码最具风格音乐录影带:新裤子《他是自动的》
2003 内地最具风格摇滚男歌手:郑钧
2003 内地最具风格摇滚女歌手:斯琴格日乐
2003 内地最具风格突破创意男歌手:沙宝亮
2003 内地最具风格突破创意女歌手:金海心
2003 内地最具风格新人演员:佟大为、黄奕
2003 内地最具风格新人歌手:胡彦斌
2003 内地最具风格突破创意男演员:胡军
2003 内地最具风格突破创意女演员:李小璐
2003 内地最具风格设计师:马艳丽
2003 内地最具风格舞蹈演员:黄豆豆
2003 沙宣最具风格发型艺人:斯琴格日乐
2003 内地最具风格着装艺人:李学庆、范冰冰
2003 内地最具风格影、视、歌、模全能艺人:瞿颖
2003 内地最具风格形象艺人:任泉
2003 内地最具风格电影:何平、王中磊《天地英雄》
2003 港台地区最具风格男歌手:陈小春
2003 港台地区最具风格女歌手:莫文蔚
2003 港台地区最具风格男演员:古天乐
2003 港台地区最具风格女演员:刘嘉玲
2003 港台地区最具风格音乐录影带:周传雄《我在身边》
2003 港台的确最具风格新人演员:李威
2003 港台地区最具风格新人歌手:许慧欣、余文乐
2003 港台地区最具风格突破创意演员:陈冠希
2003 港台地区最具风格电影:《无间道》
2003 最具风格韩国演员:崔民秀
2003 最具风格韩国新人演员:悯智慧
2003 最具风格韩国歌手:Dana
2003 最具风格亚洲歌手:陶喆
2003 最具风格亚洲女演员:赵薇
2003 最具风格亚洲男演员:姜文
2003 最具风格运动员:姚明
2003 最具风格国际演员:杨紫琼
2003 最具风格音乐成就大奖:Andrea Borcelli
2003 国际最具风格突破创意歌手:李玟

(信息来源:新浪娱乐)

◎榜九、第20届中国戏剧梅花奖获奖名单◎

梅花奖二度获得者(3名)

王红丽　河南小皇后豫剧团
田蔓莎　四川省川剧学校青年川剧团
刘玉玲　北京市河北梆子剧团

戏曲(17名)

贾文龙　河南省濮阳市豫剧团
王书龙　江苏省盐城市淮剧团
王珍如　山西省晋中市青年晋剧团
王洪玲　河北省河北梆子剧院
赖琼霞　广东省珠海市粤剧团
孙勇波　成都市川剧院
张彩萍　山西省大同市雁剧青年团
彭青莲　湖北省地方戏曲艺术剧院
崔光丽　四川省川剧院
王锦文　浙江省宁波市甬剧团
刘惠欣　中国评剧院
陈　春　天津市河北梆子剧院
徐金仙　石家庄市评剧院青年评剧团
王桂荣　辽宁省锦州市京剧团
李新花　山东省济宁市豫剧团
李丹瑜　云南省花灯剧团
杨帅学　河南省曲剧团

话剧(5名)

杨立新　北京人民艺术剧院
张丰毅　中国国家话剧院
朱　衡　甘肃省话剧团
曾拥军　青岛话剧院海尔儿童艺术剧团
姚居德　辽宁人民艺术剧院

歌剧(1名)

刘燕燕　总政歌剧团

(信息来源:《人民日报》2003年3月30日)

◎榜一、第2届国家期刊奖科技类期刊获奖名单（30种）◎

1 地球物理学报
2 中国科学（B辑）
3 科学通报
4 中华医学杂志
5 物理学报
6 高等学校化学学报
7 金属学报
8 分析化学
9 地球科学（中国地质大学学报）
10 机械工程学报
11 地理学报
12 北京师范大学学报（自然科学版）
13 林业科学
14 自动化学报
15 中华外科杂志
16 清华大学学报（自然科学版）
17 中国物理快报（英文版）
18 电力系统自动化
19 金属热处理
20 上海环境科学
21 中国药学杂志
22 特种铸造及有色合金
23 中草药
24 电子技术应用
25 工程塑料应用
26 中国蔬菜
27 家庭医生
28 无线电
29 汽车与驾驶维修
30 航空知识

◎榜二、首届国家期刊奖社科类获奖名单（30种）◎

序号	期刊名称	通讯地址	邮政编码
1	求是	北京市沙滩北街2号	100727
2	党的文献	北京市西四北大街前毛家湾1号	100017
3	党建研究	北京市西单北大街110号	100815
4	中国社会科学	北京市鼓楼西大街甲158号	100720
5	经济研究	北京市阜外月坛北小街2号2号楼	100836
6	考古	北京市王府井大街27号	100710
7	文艺研究	北京市前海西街17号	100009
8	理论前沿	北京市海淀区大有庄100号	100091
9	中国党政干部论坛	北京市海淀区大有庄100号	100091
10	北京大学学报（哲学社会科学版）	北京市海淀区北京大学	100871
11	中国人民大学学报	北京市海淀路175号中国人民大学	100872
12	学习与探索	黑龙江省哈尔滨市南岗区联发街62号	150001
13	文史哲	山东省济南市山东大学	250100
14	敦煌研究	甘肃省兰州市滨河东路292号	730000
15	农村工作通讯	北京市复兴路61号	100036
16	中国税务	北京市宣武区枣林前街68号	100053
17	人民教育	北京市海淀区文慧园北路10号	100088
18	财务与会计	北京市海淀区万寿路西街甲11号院3号楼	100036
19	党建	北京市宣武区永安路106号	100050
20	共产党员	辽宁省沈阳市和平区南大街45号	110006
21	支部生活（广东）	广东省广州市东山区合群三马路省委大院	510082
22	党的生活	黑龙江省哈尔滨市南岗区阿什河街9号	150001
23	半月谈	北京市宣武门西大街57号	100803
24	瞭望	北京市宣武门西大街57号	100803
25	北京周报	北京市百万庄路24号	100037
26	世界知识	北京市东城区外交部街甲31号	100005
27	时事报告	北京市东城区沙滩北街乙2号	100009
28	长安	北京市东城区北池子大街14号	100006
29	收获	上海市巨鹿路675号	200040
30	译林	江苏省南京市中央路165号	210009

备注：国家新闻出版总署于2000年举办了首届国家期刊奖的评选活动，是我国期刊的最高奖项，评奖每两年举办一次。

◎榜三、2003–2001 中国年度新锐榜◎

(一) 2003 中国年度新锐榜

1.年度传媒:南方报业

我国第一家省级党委机关报组建的报业集团。它的活力与日渐强大的传媒影响力在它旗下的《南方周末》、《南方都市报》、《21 世纪经济报道》等多份报刊上都有所体现。2003 年 11 月 11 日,南方日报报业集团和光明日报报业集团共同投资主办的《新京报》创刊。

2.年度网络风云人物:我为伊狂

网文《深圳,你被谁抛弃?》2002 年 11 月 16 日面世以来引起深圳各界强烈关注。在 2003 年初,作者"我为伊狂"与深圳市市长于幼军平等对话。一个普通网友因为一篇网文与市长面对面,畅谈一座城市的今天与未来,这在国内还是第一次。

3.年度设计:可口可乐

可口可乐中文标识:2003 年 2 月,在全球统一调整标识的基础上,可口可乐中文标识也完成了其自 1979 年重返中国以来的首次改变——传统的中文字体被弯曲流畅的斯宾塞中文字体所取代,与英文标识中斯宾塞英文字体更为和谐一致。新中文标识由陈幼坚设计,设计师表示希望能结合英文标识的特点,让大家一看到中文标识就联想到经典的英文可口可乐标识。

4.年度广告语:山高人为峰

红塔集团广告语。该广告语因红塔集团在 2003 年度操作的"皇马中国行"和"哈巴雪山登山大会"等一系列活动而广为人知。

(信息来源:《新周刊》2003 年 12 月 14 日)

(二) 2002 中国年度新锐榜

1.年度传媒:《南方都市报》

2002 年,锐意扩版成功。其先进的办报理念、大气的策划方式、新锐的报道风格以及雅俗共赏的独特魅力,使它成为南方最受欢迎的纸质媒体。

2.年度网络风云人物:慕容雪村

慕容雪村的网络小说《成都,今夜请将我遗忘》在天涯网站的点击量是 16 万次;而在另一个网站——NET-BUGS,这篇小说曾导致社区在线人数超过了最高容纳量。这部描述都市人生活和心理状态的网络作品,讲述了人们只能在床头独自回味的私隐。慕容雪村说,我写出了我们这一代人共有的困惑。

3.年度设计:摩托罗拉 V70

轻巧的机身和磨光金属色外壳,外形线条充满强烈视觉冲击力,最引人侧目的是旋转接听翻盖设计。与功能设置上采用自动三频设计,支持 4+1GPRS(Gerneral Packer Radio Service,即通用无线分组业务)技术,可外挂蓝牙适配器,其个性化功能设置独具品味。

4.年度广告语:摩托罗拉之"MOTO"

MOTO 来自台湾地区年轻消费者对摩托罗拉的昵称。作为老牌的手机制造商,摩托罗拉以此广告重新塑造了品牌形象。其口号简单上口,仅仅"MOTO"一词,阐释出"MOTO 全心为你"的核心理念。

(信息来源:新浪文化 2002 年 12 月 7 日)

(三) 2001 中国年度新锐榜

1.年度传媒:《体坛周报》

它是体育传媒担当中国传媒市场化先锋的最佳范例,定期公布发行量、衍生《足球周刊》和《玫瑰周刊》等子品牌、天价促成传媒人才流动、坚持用体育迷和多语种记者办报、租用卫星频道、设立全国及欧美韩国报道网络都显示了它深谙市场之道;作为中国发行量最大的体育报纸,它在促进中国体育发展和推动传媒竞争上功不可没。

2.年度网络风云人物:小小

凭借一部 Flash《作品 2 号》,小小成为 2001 年度知名度最高的网络名人。《作品 2 号》最充分地体现了 Flash 这种网络动画形式的全部优点。作品构思巧妙,动作设计不输一流,更难能可贵的是,它以线条的勾勒告诉人们什么是简洁美。小小的作品提升的是整个 Flash 创作的品格,从它以后,"闪客"这一称谓深入人心。

3.年度广告语:有点野哦

"有点野"的卡通人物 Sammy(萨米)作为啤酒代言人,将生力清啤带入前所未有的个性化娱乐化啤酒广告时代。Sammy 是隐藏在每个人心中的小精灵,是现代青年鬼马顽皮、淘气大胆、敢作敢为的另一面,在现代人追求心灵释放与啤酒作为中介的迷醉中,这句广告语为不甘平庸平淡平凡的都市生活喊出了我们的心声。

4.年度论坛:强国论坛

这个以爱国主义为主题的中文网上论坛,虽不满三周岁,却以最多的注册用户和最大的页面访问量成为全球中文网民最大的国是言论集散地,时事的剖析和思想的碰撞在这里每天累积着新的长城。它对官方和专家意见与网友互动的引导,更使自身成为政府与人民之间沟通的有效桥梁。

(信息来源:《新周刊》2001 年 12 月 29 日)

◎榜一、2003 中国十大年度图书◎

1.《毛泽东传》(1946-1976)

中共中央文献研究室编 / 逄先知、金冲及主编 / 中央文献出版社 2003 年版

2.《外交十记》

钱其琛著 / 世界知识出版社 2003 年版

3.《变化》

凌志军著 / 中国社科出版社 2003 年版

4.《我们仨》

杨绛著 / 三联书店 2003 年版

5.《王蒙自述:我的人生哲学》

王蒙著 / 人民文学出版社 2003 年版

6.《执行》

[美] 拉里·博西迪等著 / 机械工业出版社 2003 年版

7.《城记》

王军著 / 三联书店 2003 年版

8.《戈尔巴乔夫回忆录》(全译本)

[俄]戈尔巴乔夫著 / 社科文献出版社 2003 年版

9.《胡风三十万言书》

胡风著 / 湖北人民出版社 2003 年版

10.《帝国》

[美]麦克尔·哈特、[意]安东尼奥·奈格里著 / 江苏人民出版社 2003 年版

(信息来源:新华网 2004 年 1 月 6 日)

◎榜二、2003 中国十大经济图书◎

1.《执行——如何完成任务的学问》: 此书告诉我们企业的领导者应深入参与企业运营实践的重要性。(机械工业出版社)

2.《水煮三国》:融三国智慧与管理精义于一体,寓至理于谈笑之中。(中信出版社)

3.《把信送给加西亚》:一个关于送信的传奇故事,蕴含着企业成功和个人发展双赢的真谛。(企业管理出版社)

4.《世界上最伟大的推销员》:这是一本应该随身携带的好书,它就像一位良师益友。(世界知识出版社)

5.《什么是管理》: 书中介绍了管理的基本原理, 却没有落入过于简单化的陷阱。(电子工业出版社)

6.《圆桌——如何建立高效团体的学问》: 作者提示了如何通过有效的协作和沟通建立一支高效的团队。(中国青年出版社)

7.《长大》:这是一部中国企业家对企业经营基本思路的反思之作,将会引发中国企业界对这一问题的深入探讨和深度分析。(中信出版社)

8.《差距:中国一流企业离世界有多远》:该书通过对一系列中国的著名企业与世界级优秀企业的对比分析, 从战略的角度, 解释了企业永续经营的底线原则。(机械工业出版社)

9.《六顶思考帽》:微软、摩托罗拉、松下、麦当劳、可口可乐、IBM、西门子、雀巢等许多知名企业都从中受益。(北京科学技术出版社)

10.《听老板的就错了》: 这是每一位有心在职场中一鸣惊人的人士必读之书!(知识出版社)

◎榜三、2003 十大社科图书◎

1.《在市场里交谈》

汪丁丁著 / 上海人民出版社 2003 年 8 月版

在市场里交谈,面对面,对方的身份一般不会成为谈话者关注的问题。在网上交谈,首先成为问题的,恰恰是谈话者的"身份"。作者说:"我喜欢在网上交谈, 一部分理由来自教学的便利。例如, 有些同学不习惯当面批评我,他们会上网,化名来骂我,对方可以尖刻到让我难以忍受的程度,但这些我并不在乎。"那么,贯穿这本文集的对话和发言的主题是什么呢?作者认为,应当是"生命之树常青"。在这里,生命是个形容词,不是动词。它告诉我们,理论必须面向生活,否则就没有了生命,就会变成了汪静庵先生批评的 "可信而不可爱"的东西。书中提出的许多问题都很有现实意义。如"教育体制改革的三个核心议题","由 SARS 引发的经济学和伦理学对话"等,对我们的现实生活提出了一个学者负责任的深刻思考。

2.《朱兰质量手册》

[美]朱兰著 / 中国人民大学出版社 2003 年 1 月版

朱兰(Joseph M.Juran)博士是举世公认的现代质量管理的领军人物。《朱兰质量手册》(Juran's Quality Handbook)堪称质量管理领域中研究和实践的集大成之作。该书自 1951 年第 1 版出版以来, 已经被译成许多国家的文字。前 4 版的书名为《质量控制手册》,1999 年出版的第 5 版更改为现名。由于这本手册所具有的全面性、实用性和权威性,再加上朱兰本人在质量管理领域中的大师级地位,这本手册一直是质量管理领域中最具有影响力的出版物之一,被人们誉为"质量管理领域中的圣经"。

3.《20 世纪西方哲学东渐史》丛书

汤一介主编 / 首都师范大学出版

社 2002 年版

在 20 世纪,中国哲学,或说中国文化正处在中西古今之中,它是在西方哲学对本土文化的冲击下发展起来的。严格说来,把哲学从经学、子学中分离出来是从 20 世纪才开始的。从西方角度看,从黑格尔开始就不承认有中国哲学,西方大学的学科设置中哲学系往往也没有中国哲学,只在东亚系讲一点中国思想。任何学科都要有其独立的研究对象,并将其系统化,才能作为一门学科。中国的经学、子学,还有百家思想中含有很多哲学思想和哲学问题,但由于没有将其剥离,致使西方历来存在"中国无哲学"的误解。西方哲学东渐后,促使中国学人自觉地将哲学从儒学以及百家思想中分离,中国哲学真正成为一门独立的学科。

4.《文明消失的现代启悟》

盖山林、盖志毅著/内蒙古大学出版社 2003 年版

该书是作者 40 多年来在沙漠和沙地的亲历记录和感悟体验。人与自然的关系是智者思考的一个永恒主题,百余年前,马克思就说过:"只要有人存在,自然史和人类史就彼此相互制约。"该书作者用考古学、历史学、畜牧经济学、沙漠学、生态学、生态人类学等多种学科提供的丰富理论,探觅了人与自然的原初关系,反思了人类征服自然和贪婪地索取自然所造成的恶果。该书在理论与实践的结合上,以不争的事实,证实了人类的文明史是一部人与自然的关系史,人类创造的文明,总是以环境作为支撑点的。

该书不仅是站在历史长河里写下的人与自然的关系史,也是站在荒野沙原上写下的悲痛史、忏悔史、感悟史,更是在总结历史经验和教训基础上治理荒漠的创新史。

5.《清代江南的瘟疫与社会:一项医疗社会史的研究》

余新忠著/中国人民大学出版社 2003 年 1 月版

关于社会史研究的性质,目前学界还存在两种不同意见,一种意见认为它是可以与传统政治史、经济史相鼎足的一个研究领域,另一种则主要将其视为冲击传统历史认知方式的一种研究视角和路径。虽然两者在学理方面的分歧暂时还没有出现可以弥缝的迹象,但落实到具体研究中,其间的距离似乎并不是无法逾越的鸿沟。正如该书中所体现出来的那样,将上述两种研究在一定程度上进行有机结合,能够给整个社会史研究带来某些新的气象。而如此一来,又使得此书在这两种研究序列中都具有了独特的位置。

就研究领域而言,此书将瘟疫作为一个可以用历史学方法进行考察的对象,这在国内史学界当中虽非首次,亦属甚为少见的做法。而且,与史学界同类成果相比,此书在论述的系统性和细腻性方面又多有过之。

6.《品位与职位——秦汉魏晋南北朝官阶制度研究》

阎步克著/中华书局 2002 年 2 月版

该书以秦汉魏晋南北朝时代的官阶制度为研究对象。作者采用"品位分等"和"职位分等"概念,构建了一个新鲜的分析框架。通过这个新视角、作者对周代的爵命,秦汉二十等军力功爵和禄秩,魏晋南北朝的官品、中正品、勋品、将军号、文散官,直到唐代的文武散阶进行了细密考察,将之勾勒连缀为一条演进变迁的线索,并对其性质和意义提供了一系列独到解释。进而,作者对整个帝国时代的官僚等级制发展,提出了一个五阶段的分期模式。

7.《道德的市场》

[德]米歇尔·鲍曼著/肖君等译/中国社会科学出版社 2003 年 6 月版

该书原文长达近 700 页,旨在论证拥有高效经济、受到制衡的政治制度并由具有美德的公民组成的世俗社会秩序能够同理性追求个人利益相吻合,并且利益导向和主观效用最大化能够促进该社会秩序。

在法律与社会秩序之间的关系上,该书并没有简单地认同两种主流看法中的任何一种,就是说它既不赞同将法律看作社会秩序的真正来源,也不认为社会秩序原则上不依赖于法律,而是将法律本身视为一种社会秩序,它不依赖于其可能发挥的作用与功能,是社会秩序的天然组成部分,任何一种法律秩序都有根本性的道德需求。

8.《至上的美德:平等的理论与实践》

[美]罗纳德·德沃金著/冯克利译/江苏人民出版社 2003 年 1 月版

平等是政治理想中一个面临困境的理念。就在几十年前,凡是自称自由主义者甚至中间派的政治家都会同意,真正平等的社会至少是一个思想,即使它带有乌托邦色彩。

该书认为,平等的关切要求政府致力于某种形式的物质平等,我们把它称为资源平等 (equality of resources),虽然其他称谓也可能同样合适。论证分为两部分。第一部分大体上是从理论问题开始,主要以标准的哲学方式运用一些事例——它们就像是为阐明和检验理论假设而发明的人为事例。相反,第二部分的起点是当代热烈的政治论战,囊括了保健措施、福利计划、选举改革、种族教育中的优待措施、基因实验、安乐死、同性恋等全国性讨论的话题。这一部分由外及里,从这些尖锐的政治问题到似乎适合于表述它们并有助于对其作出判断的理论结构,都作了深入的讨论。

这两部分的不同之处在于陈述的方式,而不在于所达到的抽象性或复杂性的整体水平。

9.《在事实与规范之间——关于法律和民主法治国的商谈理论》

[德]哈贝马斯著/童世骏译/生活·读书·新知三联书店 2003 年版

该书提出对法律和宪法的范式性背景理解加以澄清,它所针对的是法学

界日益流行的法律怀疑论,尤其是作者哈贝马斯所谓的虚假实在论,它低估了现存法律实践的那些规范性预设的经验效用。在自17世纪以来不断进行着的关于政治共同体的法律构成的讨论中,还表现出了一种整个现代性的道德——实践自我理解。这种自我理解不仅存在于一种普遍主义道德意识的种种证据之中,而且存在于民主法治国的自由建制之中。商谈所要做的工作,是对这种自我理解作一种重构,使它能维护自己的规范性硬核,既抵制科学主义的还原,也抵制审美主义的同化。

10.《血酬定律:中国历史中的生存游戏》

吴思著/中国工人出版社2003年8月版

这本书从一问世就吸引了众多读者的目光,因为作者吴思曾经写出过《潜规则》,风靡华人世界。作为一位很有创造性的历史作家,吴思这一次将视角聚焦到中国历史中的生存游戏之中。在书中,吴思依旧延续着他的风格,深入剖析了贪官污吏的敛财绝窍、黎民百姓的反抗策略、书生才子的求财之道、盗匪土霸的获利模式等客观存在的历史现象。作者在深入探讨中国历史中不同人群的生存之道的同时,更为读者展示了中国社会表象下的真实面貌,以及隐藏在规则背后的终极规则。

(信息来源:《中华读书报》2003年12月24日)

◎榜四、2003十大大众科学图书◎

1.《世界史上的科学技术》

[美]詹姆斯·E·麦克莱伦第三、[美]哈罗德·多恩著/王鸣阳译/上海科技教育出版社2003年8月版

这是适合最广泛的读者阅读的一本科学史著作。该书分为四编:"从猿到亚历山大" 从人类诞生讲到希腊化时期;"世界人民的思与行" 分别讲述了近东、中国、印度和美洲的科学、技术的历史;"欧洲" 从中世纪讲到"牛顿革命";"美妙的新世界" 讲述工业革命以来科学和技术的发展及其与社会的互动。在此书中,作者既采用粗线条的勾勒法,以使读者获得对历史的整体把握;也注意关节处(如希腊科学、"牛顿革命")的精细刻画,因而让读者阅读时兴味盎然。书中涉及许多当今科学史研究中的热点话题——如关于中国古代有无科学、为什么中国没有发生科学革命等问题的探讨,正是中国学界前些年讨论得非常热闹的题目。书中有许多对一般读者而言"新颖"甚至"反叛"的观点——如认为"技术依赖于科学乃是一种亘古通今的关系"的看法"没有历史事实根据","在许多场合,正是技术在引导科学的发展,而不是相反",与国人常见的说法颇为不同。最后,作者甚至探讨了"科学是否会消亡"的问题,"科学是一种历史现象。它能够产生出来,就有可能会消亡,就像古希腊科学和中世纪伊斯兰科学曾经发生过的那样","放眼全球,今天的自然科学阐明的那种对世界的认识可能不过是少数人的看法,而且也相当脆弱"等。

2.《生命的未来》

[美]爱德华·O·威尔逊著/陈家宽、李博译/上海人民出版社2003年1月版

"最终,决定我们社会的将不仅仅在于我们创造了什么,还在于我们拒绝去破坏什么!"扉页上的这句引语精简地概括了该书所要探讨的主题。作为一位世界级的科学家和一位伟大的作家,威尔逊以大量扎实的数据和例证,再加上亲身的研究和体会,确凿地论证了生物多样性丧失和环境破坏的危险。在威尔逊笔下,动植物物种正以人类出现以前100倍或更快的灭绝速度消失,如果我们不采取保护措施,到21世纪末,世界上一半的物种将不复存在。另一方面,威尔逊的作品体现出深刻的道德激情和令人信服的伦理思考。威尔逊指出,环境主义的伦理观(不管是人类中心的还是生物中心的)已使我们看待世界的观点发生了变化:视野范围从自身扩大到他人,然后扩大到其他生物,或者从自己的一生扩展到子孙后代以至整个人类未来。总之,这本权威性的著作值得每个人认真阅读,它也必能引起我们长久而深刻的思考。

3.《基因组:人种自传23章》

[英]马特·基德利著/刘菁译/北京理工大学出版社2003年10月版

伴随着基因知识大爆炸而推出的大量科普书中,《基因组》当属佼佼者之一。在书中,马特·里德利从每一条染色体上选取一个有代表性的基因——诸如导致亨廷顿氏病的基因、同性恋基因、与智力有关的基因等等,讲述了该基因的有趣故事。作者特别讨论了基因决定论和环境决定论之间的争论。他在摒弃了社会科学造出的种种"决定论"的同时,也否定了简单的基因决定论:遗传因素要借助于后天培养发挥作用(NatureviaNurture),或如詹姆斯·沃森评论所说,该书"让我们看到先天与后天是怎样合力造人的"。关于基因隐私、基因歧视、涉及婴儿等基因科学带来的伦理、道德、法律问题,该书也有精彩的论述。读者阅读此书不仅是享受"知识的盛宴",而且是跟随作者一起体会遗传学的思维方式,思考科学进展的意义和挑战,也是"基因时代的思想启蒙"。

4.《植物的欲望——植物眼中的世界》

[美]迈克尔·波伦著/王毅译/上海人民出版社2003年1月版

该书的主角是四种植物——苹果、郁金香、大麻和马铃薯。苹果的甘甜引诱了早期的美国人去播撒这个物种的种子,给予其以整整一个新大陆来开花

结果；郁金香的美在17世纪的阿姆斯特丹变成了这样一种令人着魔的东西：一个荷兰人为了郁金香花鳞茎竟然付出了当时一座房屋的价钱……更为有趣的是，作者换了一个角度来看问题。当他在自己的花园里看到蜜蜂在苹果树中间嗡嗡地飞来飞去时，他想到：蜜蜂可能把自己视为主体，把它正在采集的花蜜视为客体；但花朵并不这么看，它认为是自己聪明地利用了蜜蜂，借助蜜蜂在花朵之间搬运花粉，这真是“庄生晓梦迷蝴蝶”。作者继续“迷”道，人类一直认为自己在利用、控制植物，但是否植物也在利用和控制人类呢？也许人类不过是植物实现自己欲望的工具而已？换了一种视角看世界之后，人们就会得出别样的感悟。

5.《动物性趣》

[美]奥利维亚·贾德森著／杜然译／中国财政经济出版社2003年10月版

该书通过虚拟的与失恋的甲虫、自卑的土狼以及遭遇各种性爱困扰的动物的通信，娓娓讲述了各种动物不可思议的性行为，带给我们性爱进化生物学的丰富知识。该书的核心概念是“两性冲突”，雌性和雄性各自为了传递自己基因的小算盘而机关算尽，所以第一部分的标题就叫“让我们开战吧！”。战争必然伴随着暴行，两性之战也不例外——暴行包括强暴、噬食对方等等，这构成了该书的第二部分：“堕落的演化”。第三部分探讨了一个更加深刻并且有趣的问题：一个物种的生息繁衍可以没有“他”，但绝对不能没有“她”，那么，男性是必不可少的吗？人们常常觉得与科学有关的书艰深晦涩，但至少这本书不是这样。相反，它有趣极了，恐怕任何一种八卦杂志都不比它更有趣——某种程度上，这本书就是各种动物的八卦故事。

6.《数学与哲学》

张景中著／中国少年儿童出版社2003年4月版

张景中院士的科普创作素来为人称道，本书再次展现了张院士在科普创作方面的才华。该书主要探讨了数的概念、何为数学的“真”、如何理解“无穷”、罗素悖论等数学哲学问题，值得注意的是作者在书中提出了一些新的论点，如用连续归纳原理说明实数系与自然数系的共性，无穷小和数列极限的新定义方法，用数学方法定义必然性和偶然性，对“鸡生蛋还是蛋生鸡”、“白马非马”等问题的逻辑分析，等等，从中可以看到数学家独特的思维方式。

7.《背上十字架的科学——苏联遗传学劫难纪实》

陈敏著／广东人民出版社2003年4月版

这是科学史上黑暗的一页。20世纪30年代起，以李森科为首的“米丘林”学派借助强权，把整个经典遗传学打成了“资产阶级伪科学”，苏联的遗传学研究机构土崩瓦解，大批遗传学家被逮捕、流放，甚至从肉体上被消灭。人们常说，科学是靠事实说话的，来不得半点虚假，然而，李森科的存在告诉我们，科学家并非不食人间烟火，指鹿为马的事情同样可以发生在科学中。阅读这段历史可以得到太多的启示，最重要的启示是：如果让政治来干预学术，如果学术研究是为了附和某种意识形态，我们离灾难就不远了。

8.《窥见上帝秘密的人——爱因斯坦传》

杨建邺著／海南出版社2003年4月版

近年来，爱因斯坦的传记在国内已出版了几十种，其中多为译著，且不乏派依斯的《“上帝难以捉摸”：爱因斯坦的科学与生活》这样的力作。“崔灏有诗题上头”，而且一个中国人来写这个题目全无资料等方面的便利，想要写好难度可想而知。但已经年近70且是抱病之躯的杨建邺先生还是“大胆”选择了这个题目，令人感佩。全书厚达600页，充分利用了近年来国内引进出版的有关爱氏的图书，以及国内外许多最新的研究成果，为我们立体地展示了一个伟大科学家的形象，对过去一些关于爱因斯坦的疑难问题也给出了比较清晰的回答。作为中国人去完成爱因斯坦的传记是殊为不易的。也许该书对人物的评论和解析的深度还有点欠缺，也没有提供太多的新材料或新观点，但这是可以理解的。

9.《神舟：载人航天的故事》

宋晗、林峰、戴阳、郝雪涛编著／科学普及出版社2003年11月版

在“神舟”五号升空前后出版的大量图书中，该书是水准较高的一种。但该书涉及“神舟”之处甚少，它主要讲述了百年来载人航天的历史——20世纪早期人类在航天方面的探索、载人飞船和登月计划、航天飞机的诞生、轨道空间站的建造、中国航天事业等，关于火箭学、轨道动力学、航天员的训练、航天员太空生活等方面的知识性章节写得简洁明了，另外在线性的叙述之外，辅之以珍贵的照片、精心整理的图表以及一些故事和知识段落，使整本书具有很强的可读性。

10.《人类抗疫全记录》

张剑光、陈蓉霞、王锦著／华东师范大学出版社2003年6月版

该书分为两个部分，第一部分论述了从公元前400年雅典瘟疫到现在艾滋病流行的2400多年中瘟疫爆发的历史、人类抗疫的故事和科学家与传染病的拉锯战；第二部分论述了中国自古至今的瘟疫史、抗疫史。第二部分的作者张剑光是研究中国传染病历史的专家，并曾著有《三千年疫情》一书，他在中国古代浩如烟海的史料中勾沉发微，真实地还原了中华民族与瘟疫“共舞”的历史。该书长于讲故事，而这些故事往往惊心动魄，引人入胜，并启人思考。

(信息来源：《中华读书报》2003年12月24日)

◎榜五、2003 十大文学图书◎

1.《我们仨》

杨绛著/生活·读书·新知三联书店 2003 年版

"我们俩老了"、"我们仨失散了"、"我一个人思念我们仨"……2003 年,仅仅看到这目录中的三句话,已不知有多少读者唏嘘、感叹。经历了爱女、伴侣相继辞世的双重痛楚,92 岁高龄的杨绛先生用心记述了他们这个特殊家庭 63 年的风风雨雨。一家三口,仿佛是滚滚红尘中三个奇妙的组合,60 年对于一个人来讲,足够漫长,可对于这个家庭,其中的缘起缘灭,却宛如一场梦。生离死别,聚散冷暖,在杨绛先生的笔下,幻化成平静的静思追忆。《我们仨》的文字一如杨绛以往的风格,简约、含蓄、哀而不伤,读来令人心生温暖,掩卷回味,不禁含笑而泣。整个故事就是一个寻寻觅觅的万里长梦,梦的开始是一个单纯温馨的知识分子家庭。字里行间的克制折射出满纸洞彻生死的达观。钱氏夫妇在学界德高望重,《围城》、《洗澡》两部畅销书更是令他们声名远播。读者有幸,从书中阅读这个家庭的平凡往事。书后附的一家人的涂鸦、短笺,更使浓浓的亲情跃然纸上,大学者原来也有童心未泯的一面。

2.《王蒙自述:我的人生哲学》

王蒙著/人民文学出版社 2003 年 1 月版

该书是 2003 年文学类图书的重量级作品。不同于以往的长篇小说和散文随笔,王蒙以丰富的人生阅历和非凡的文字造诣为读者奉献了这本充满人生感悟和长者睿智的佳作。其意义或许并不亚于同样出自他手的《青春万岁》等经典之作。其实,这本书就是一位老作家的人生回首。毕竟经历了太多人生的起伏:14 岁加入中国共产党,19 岁写出《青春万岁》,"流放"新疆 16 年,中华人民共和国第八任文化部长……这样的人生,自然不是每个人都能够体验,都能够承受的。"这是头破血流的代价换来的一点明白,岂可寻常道哉!"在岁月面前,每个人都是平等的,然而,却不是每个人都可以读懂岁月。只有经历过坎坷与苦难,才会更深切地体会生活的真谛。王蒙站在岁月的长河中,用文字来检视自己的来时路,是如此坦诚,展现在读者面前的《王蒙自述:我的人生哲学》,就是这样的一本书。

先生大多因画扬名,可他从来都是个文字高手,在灵动、诙谐的文章中,蕴藏着宝贵的人生体验,流露出淡淡的伤感。

3.《比我老的老头》

黄永玉著/作家出版社 2003 年 7 月版

该书是黄永玉的旧文结集而成,相信曾经能看全他这些旧文并不容易,所以,读者也乐得一头扎入"老顽童"的多彩生命中。从书名就能看出这本书是怀念故人的,他们大多已然作古,却深深铭刻在作者的各个生命航程中,从年少轻狂,到青春勃发,从中年沉厚,到夕阳无限:沈从文、钱钟书、张乐平、黄苗子……这些名字贯穿全书,大艺术家黄永玉眼中的文化大师又该是什么样子呢?80 岁的黄永玉在这本《比我老的老头》中,讲了那些比他还老的老头的故事,他用风趣且深情的语言将钱钟书、沈从文、李可染、张乐平、林风眠、张伯驹、许麟庐等辉映了中国 20 世纪中后叶至 21 世纪文化天空的群星点染得无比璀璨又触手可及。

4.《四十一炮》

莫言著/春风文艺出版社 2003 年 7 月版

不能说这部新作较莫言从前的作品有多么大的突破,但是说它坚持了莫言一贯的语言风格,给读者带来一场感官的盛宴似乎并不过分。我们从第一页开始,就意料之中地淹没在莫言汪洋恣肆的语言中。看起来小说的主人公是在诉说自己的少年时光,但其实是莫言让书中的"炮孩子"用诉说创造自己的少年时光,还原自己已逝的日子。这部富有浪漫主义、传奇色彩以及现实意义的《四十一炮》,首印 15 万,其热销势头在纯文学作品市场低迷的今天令人欣慰。

5.《阁楼人语》

许昌文著/作家出版社 2003 年 11 月版

该书给热爱《读书》的读书人带来了莫大的惊喜,因为可以依靠这本书来重新细细体味当年沈昌文先生给《读书》写的那些精彩篇什。说《读书》杂志是 20 世纪 80 年代文化思想的一个前沿阵地并不夸张,沈昌文先生作为中国文化出版界的一面旗帜也绝对是当之无愧的。《阁楼人语》中正是汇集了《读书》黄金时代的沈昌文的"编后记",50 年的出版历程,无数大时代的变幻和人生的风雨,使沈公的智慧与严谨很自然地游弋在书中,真知灼见透过貌似调侃的文字浮现出来——"恍然大悟,在阁楼里可以做得大事,中外通例。要时刻想到,阁楼外有那么多眼睛望着自己,彼此相睇,心灵相通。"这些句子,不仅仅叙述着办杂志、写文章的窍门,又何尝不是在传达着人生的真谛?读者在不知不觉中获益匪浅。

6."米兰·昆德拉作品系列"

米兰·昆德拉著/上海译文出版社 2003 年 6 月版

该书带动了 2003 年贯穿全年的阅读风潮,系列中的《不能承受的生命之轻》、《雅克和他的主人》、《被背叛的遗嘱》、《玩笑》、《不朽》、《身份》、《慢》从出版之日起就陆续在各大图书销售排行榜名列前茅,在文化界同样产生了巨大的反响。犹记得几年前一家科技类出版社的宣传口号:"霍金的书,看得懂看不懂都要买。"这口号似乎也适用于"米兰·昆德拉作品系列",因为市场的反应暗示了昆德拉作品的大众化趋势,问题是,真的有那么多人读懂了昆德拉吗?值得一提的是,这次译文版的"米兰·昆德拉作品系列",确实秉承了名作名译的译文风格,集中了北京、南京、上海的翻译大家，依据作者特别指定，根据2002年最新修订的法文版进行了翻译工作。

7.《白豆》

董立勃著/人民文学出版社2003年3月版

该书在图书市场上出现的时候是那么沉默，从文本到装帧都是如此，然而，它带给读者的阅读享受却是悠长的。《白豆》在出版单行本之前，曾在《当代》刊登，据说当时全编辑部的人争相传看并齐声叫好，这对于一个名不见经传的作家来说，是不可想象的。董立勃是山东人，生长在新疆生产建设兵团，做过农场工、教师、编辑、记者，现为乌鲁木齐市作协主席。《白豆》给2003年的中国文坛带来了一阵清风，简单的故事、质朴的语言并不妨碍万千读者的感动，是一部叫好又叫座的作品。市场的佳绩和评论界的赞誉对于董立勃来说，并不意外。

8.《窗边的小豆豆》

[日]黑柳彻子著/赵玉皎译/南海出版公司2003年1月版

该书是日本著名作家黑柳彻子的代表作，在日本乃至全球都被奉为经典，这是日本有史以来销量最大的一本书，以33种文字在全球出版发行。当“小豆豆”来到中国，同样俘获了众多读者的心。该书讲述了作者上小学时的一段真实的故事，不仅带给无数读者笑声和感动，而且为现代教育的发展注入了新的活力。这是一本所有母亲、所有老师、所有识字的孩子和所有曾经是孩子的人都应该一读的书，因此，《窗边的小豆豆》早已超越了童书的范畴，就像《小王子》，就像《爱的教育》。书中描绘的巴学园的小林校长用一种孩子可以接受的方式，引导他们学会了应该用一种怎样的态度去面对人生。应该说黑柳彻子给无数成年人提供了一个关于童年的幻想。她就是小豆豆，黑柳彻子，这本书记录了改变她一生的美好童年时光。

9.《手机》

刘震云著/长江文艺出版社2003年12月版

刘震云是近年来最具市场号召力的作家之一，这自然与他频频与影视结缘有关系。可是并不能据此就认定刘震云已被市场“招安”，相反，他的“文学追求”从未泯灭，反而显得更为炽烈。《手机》一如既往地延续了刘震云独有的观察生活的敏感以及笑里藏刀的冷幽默。小说非常好读，几乎可以让人笑着读完，接下来，陷入难以自拔的思索。现代人的尴尬、无奈，透过手机这一小小的道具表现得淋漓尽致。《手机》中的刘震云，带给读者的是新颖的创意，流畅的故事，幽默的行文，不失为一道岁末的阅读开胃菜。

10.《幻城》

郭敬明著/春风文艺出版社2003年1月版

该书一年中几十万的发行量是郭敬明在读者中有多大影响的最好证明。书中的火焰之城与幻雪帝国为读者营造了一个如梦似幻的迷离世界，文字的轻灵和唯美使读者很容易投入其中。

(信息来源:《中华读书报》2003年12月24日)

◎榜六、2003九大财经图书◎

1.《中国经济》

林毅夫、蔡日方著/中国财政经济出版社2003年9月版

对经济学家来说，给改革以来的中国经济发展尤其是所谓的“经济增长之谜”一个具有说服力的解释，是一件有诱惑但同时也很冒险的事情。2003年林毅夫、蔡日方就禁不住诱惑冒了一回险。他们合力撰写了一部阐述中国经济改革与发展的教科书——《中国经济》。

该书的最大特点，就是用现代经济学的规范视野，来分析改革以来的中国经济发展，特别是解释中国经济的增长奇迹是怎样取得的。两位经济学家在该书中要表达的一个核心观点是：他们把传统体制的形成、弊端以及当前改革遇到的难题，看成是一个整体、一个逻辑过程。这是贯穿该书始终的一个逻辑。

该书的另一个特点，是在写法上的创新。两位经济学家摒弃了传统的写法，采用国际上通行的现代经济学的方法，从最基本的经济概念和人的经济行为出发来分析宏观经济现象，力求把经济学原理和中国经济的事实结合在一起。

2.《新制度经济学译丛》

[美]道格拉斯·C·诺思等著/经济科学出版社2003年版

这套关于新制度经济学理论的丛书系统地介绍了国外新制度经济学理论中重要的研究成果，以及最前沿的理论动态。通过这套书人们可以大致把握新制度经济学理论的重要内容与发展方向。丛书的作者都是新制度经济学领域中最权威、最有代表性的人物以及在该领域中其研究成果有重要影响的学者。其中多位是诺贝尔经济学奖得主，有在新制度经济学领域中堪称旗手的重要人物。

中国正处在经济体制转轨的重要时期，在从计划经济向市场经济过渡的过程中，遇到了许多矛盾问题，如何解释现实的困境，如何预测未来的经济前景，这是人们无法靠前人的经验与现成理论指导的旷世难题。而近几十年发展势头迅猛的新制度经济学理论如雪中送炭，使国人在困惑中看到希望，开阔了人们的思路，提供了可资借鉴的东西。这正是新制度经济学理论在中国不断引起研究热潮的原因。新制度经济学就是研究制度对经济的重要作用，它从制度的层面告诉人们建立怎样的制度框架才能使经济运行成本最低，经济绩效最大。

3.《六顶思考帽》

[美]爱德华·德·波诺著/冯杨译/北

京科学技术出版社

在古印度的寓言里，有盲人摸象的故事，盲人因为所摸的象部位不同而感觉不同。盲人的尴尬缘于观察能力的限制，而各执己见的思维方式也是他们无法知晓大象真实形状的重要原因。爱德华·德·波诺博士是横向思维理论的创立人，被誉为20世纪人类思考方式的缔造者。《六顶思考帽》是波诺博士的代表作之一，在书中，波诺博士以横向思维作为思考方法的基础，巧妙地将思考过程中涉及的主要方面加以归纳并形象地与六种不同颜色的帽子结合起来，不同颜色的帽子代表不同的思考方向，思考者可以利用思考帽自由地转化思考方式。

值得注意的是，《六顶思考帽》中对中国的思考方式也有所涉及，波诺博士援引不喜欢假设是中国近代技术停滞原因的通常解释，用以佐证可能性假设在思考中的重要作用。难以估量波诺博士和他的《六顶思考帽》为我们带来的影响，但可以预见的是，越来越多的读者将通过这本书加入为波诺博士喝彩的队伍中。

4.《水煮三国》

成君忆著/中信出版社2003年10月版

该书在中信出版社2003年出版的图书销售排行榜上名列第一，读者好评如潮。这本书之所以被人们看好，是因为它具有很高的谋略学价值。作者巧妙地以人所共知的三国人物为载体，将市场管理、营销的诸般道理渗透于一个个故事之中，将东西方的市场谋略精华“煮”于一炉，讲解得通俗快意，妙论迭出，令读者在开怀一笑中受到启迪。作者在字里行间所展现出的谋略才华，是这部书最为厚重、最有价值的精神内核。

中国历史上充满了斗智赛谋的精彩画面，三国时期更是集伐兵、伐谋与伐交之大成，将古代的竞争谋略演绎到了极至。成君忆抓住“市场如战场”这个特点，借助“三国”谋略相争的“外壳”，把时代背景转移到了21世纪的今天，以妙趣横生的笔触，向读者娓娓讲述的却是自己翻新改造了的市场谋略观。全书23章大致可分为四大类：一是职场创业的生存谋略，二是以人为本的管理谋略，三是团队互动的交际谋略，四是料敌制胜的营销谋略。这四大类内容中贯穿着一条红线，就是以人为本，以智制胜。

“能攻心即反侧自消，从古知兵非好战；不审势则宽严皆误，后来治蜀要深思。”这一脍炙人口的名联，概括了以诸葛亮为代表的三国谋略家们的智慧精华。其实它也可以借用来说明《水煮三国》这部书在谋略学上的创新成果。

5.《金融新秩序：管理21世纪的风险》

[美]罗伯特·J·希勒著/郭艳、胡波译/中国人民大学出版社

该书作者罗伯特·J·希勒是耶鲁大学经济学教授，他的著作《宏观市场》获得了首届保罗·萨缪尔森年度奖，另一部著作《非理性繁荣》被《纽约时报》评为最畅销书。在该书中，希勒提出了利用现代信息技术和先进金融理论对基本风险进行管理的六大主张，这些基本风险包括人们工作的价值、房屋的价值、社区的稳定以及国民经济的稳定发展所面临的风险，这些风险被传统的风险管理制度所忽略。就像一个世纪前人寿保险、健康保险和灾害保险的发展极大地提高了人们的生活质量一样，希勒所提出的金融新秩序也将极大地改善我们的生活环境。希勒又一次为人们创造了一种强有力的工具，以前所未有的方式帮助我们确保普通财富的安全和增长。他的观点应该被所有关心经济利益的人所关注。

该书被译为中、德、法、意、西班牙、韩、日等多种文字。曾获得英国“威尔莫特2003年度图书奖”、美国《商业周刊》“2003年度最佳经济图书奖”、欧洲《金融时报》“2003年度最佳经济学图书奖”。

6.《经济学基础》

[美]伯格·费希尔·多思布什著/人民邮电出版社2003年12月版

伯格·费希尔·多恩布什的这本《经济学基础》，是针对学习初级经济学课程的高校学生的需要而编写的一本精练且严密的教材，适用于经济学专业或商务学等其他各专业的学生。该书继承了其前身、被BBC誉为“经济学圣经”的《经济学》（第六版）一书的所有特色。

《经济学基础》概述了经济学的所有核心问题，在叙述的同时更注重训练读者的经济分析能力。该书鼓励读者独立思考，广泛援引实例和数据来支持理论分析，并为经济学领域的重点命题提供了权威评论。该书的论述清晰而富于想象力，它沿袭了《经济学》（第六版）的严谨风格，且对经济学的中心原理做了进一步提炼，使其更适合那些不可能在经济学基础的学习上投入全部时间的广大学生。

7.《现代经济学与中国经济改革》

钱颖一著/中国人民大学出版社2003年8月版

钱颖一是美国伯克利加州大学经济系教授和清华大学经济管理学院经济系特聘教授。旅美22年，就读与工作的学校包括哥伦比亚大学、耶鲁大学、哈佛大学、斯坦福大学、马里兰大学和伯克利加州大学等数所显赫的名校。本书收集了他1987–2003年间写作的18篇论文。这18篇论文的一个共同主题是连接现代经济学和中国经济改革。作者运用现代经济学的分析框架和论理方式探讨了我国在经济体制改革过程中遇到的一些重大理论和实践问题，提出了对改革战略和政策的建议，同时也介绍了相关的经济学理论前沿知识。

8.《执行——如何完成任务的学问》

[美]拉里·博西迪著/刘祥亚译/机械工业出版社2003年1月版

拉里·博西迪是世界500强企业之一的霍尼韦尔国际前总裁和CEO,全球最受尊敬的CEO之一,他在企业管理方面所取得的成就鲜有匹敌。而第二作者拉姆·查兰是哈佛大学的教授,被《商业周刊》评为当代十大管理大师第二名。他们合著的《执行》受到了广泛的赞誉,并被列入《纽约时报》、《华尔街日报》和《商业周刊》的畅销书排行榜。中文版的推出标志着该书自发行以来第12种外文版本的问世。在美国,该书的销量就高达30万册之多,企业也因此纷纷将2003年定为本企业的"执行年",它在中国的印数也超过了40万册!

GE(美国通用电器)前CEO杰克·韦尔奇认为这本书是"一位伟大的实践者和一名出色的理论家共同讲述的关于如何将战略转化为企业运营实践的商业故事";而联想集团柳传志这样评价《执行》:只有将战略、人员与运营这三个核心的决定性要素进行有效结合,才能决定企业最终的成功,结合的关键则在执行。没有执行,一切都是空谈!执行不只是那些能够完成或者不能够被完成的东西,它是一整套非常具体的行为和技术,它们能帮助公司在任何情况下得以建立和维系自身的竞争优势。执行本身就是一门学问,因为人们永远不可能通过思考而养成一种新的实践习惯,而只能通过实践来学会一种新的思考方式。

9.《自动自发》

[美]阿尔伯特·哈伯德著/机械工业出版社2003年5月版

2003年4月降生于最困难的沸点时期的《自动自发》,是著名畅销书《致加西亚的信》作者阿尔伯特·哈伯德(Elbert Hubbard)的巅峰之作。该书为作者商业思想最完美的集合,是对《致加西亚的信》一书的阐释和延展,内容更详细,思想更明晰,结构更系统。该书上市不久,就荣登畅销书排行榜,并且引发了集团购买热潮。

《自动自发》一书延续了《致加西亚的信》的敬业、勤奋和忠诚的思想脉络,反复强调忠诚和敬业并不仅仅有益于公司和老板,最大的受益者是我们自己,是整个社会。一种职业的责任感和对事业高度的忠诚一旦养成,会让你成为一个值得信赖的人,会被委以重任。这种人永远会被老板所看重,永远不会失业。而那些懒惰的、终日抱怨和四处诽谤的人,即使自己独立创业,也无法改变这些恶习获得成功。

虽然该书所阐释的许多道理十分简单,并且已经有了100年的历史,但是其深刻性却超越了许多大学里所教导的理论,其影响不仅局限于一个人、一个企业、一个国家,甚至于整个人类文明的发展,对于正处在经济转型和起飞阶段的中国具有十分重要的现实意义。

(信息来源:《中华读书报》2003年12月24日)

◎榜七、2003少儿·教育图书◎

1.《哈利·波特与凤凰社》

[英]J.K.罗琳著/马爱农、蔡文译/人民文学出版社2003年5月版

这是图书出版业的一个奇迹,现代传媒共同打造的全球同步的神话。你可以说罗琳女士为全世界的少年儿童打开了想象的狂欢的大门,但你也可以说,图书的营销商、时代华纳的投资商和哈利·波特相关产品的开发商与世界媒体完成了一次美妙的共谋。你会感叹于图书的力量,但更会震撼于传媒、技术和资本的力量。

2."彩色人文历史"丛书

[英]维罗妮卡·艾恩斯等著/希望出版社2003年8月版

从神秘的远东,到浪漫的欧洲,那些文字中的素面朝天,蔓延着所有文字和图画里的所谓历史。一种存在到另一种存在的转化,眨眼间而已,每个人都带着自己的故事向前走着。这套书让中国的孩子们获得了另一种观察历史的方式,这种观察可以看透时光。原来能让人思考的书也可以做得如此好看。该套丛书为英国哈姆林出版集团的重点图文书,希望出版社首次推出了《哲学的历史》、《神话的历史》、《医学的历史》和《刑罚的历史》四册。

3."国际大奖小说"系列

[美]玛格莉特·亨利等著/赵永芬等译/新蕾出版社2003年9月版

魔幻当道,而经典永恒。新蕾出版社在推出博罗尼亚获奖插图画家绘制的图文本《最受喜爱的世界名著》之后,在经典之路上更进一步,继续推出《风之王》、《时代广场的蟋蟀》、《魔法灰姑娘》等"国际大奖小说"系列,带领读者步入真情永恒的经典世界。一个个有关各种生命之间爱和关怀的故事,一个个教会孩子们什么叫温暖、什么是酸楚等涤荡着心弦的故事,带着我们走进比魔法世界还奇丽的爱的世界。

4.《冒险小虎队》

[奥地利]托马斯·布热齐纳著/浙江少年儿童出版社2003年5月版

2003年的少儿图书市场上,惟一可与"哈利·波特"一较高下的就是《冒险小虎队》。《冒险小虎队》所引导的"冒险"阅读主题时尚和《哈利·波特》引导的魔幻阅读时尚被并称为国内少儿阅读两大时尚潮流。2003年四五两月,《冒险小虎队》近乎奇迹般地统领榜单,囊括全国少儿图书排行榜前15名,声称要冲刺中国第一畅销书,可以说冒险主题、神秘色彩、曲折情节、惊险场景是该书成功的要素,也可以说全程策划和"神奇解密卡"才是此书成功的要决。不用怀疑的是,功夫在书外。

5.《魔眼少女佩吉·苏》

[法]塞奇·布鲁梭罗著/张彤等译/接力出版社2003年8月版

2003年正值中法文化年，继哈利·波特的魔幻风暴席卷中国后，一位中外文化交流的小使者《魔眼少女佩吉·苏》来到中国，哈利·波特的"妹妹"叫板哈利·波特。布鲁梭罗是当代法国文坛最伟大的故事大师，被称为"法国的斯蒂芬·金"，是著名畅销小说作家，文笔值得一看。虽说叫板哈利·波特的写作层出不穷，但能借哈利·波特的东风火一把的，似乎就只有这"魔眼少女"了。

6.《淘气包马小跳》系列

杨红樱著/接力出版社2003年8月版

2003年的暑期少儿书市上，杨红樱的《五三班的坏小子》、《漂亮老师和坏小子》等几部作品强势出击，引领暑期阅读时尚。接力社推出杨红樱更有想象力的"淘气包马小跳"系列，不失为国内原创市场阻击"魔幻西风"的一个亮点。"作家分好几种，有的作家习惯俯视着写作，有的则习惯仰视着写。"书评家黄集伟将杨红樱归为蹲着写作的作家。"她尊重人性必须犯的错误。这是她的作品受孩子喜欢的原因之一。"此外，一些书评家还提到了杨红樱作品中的时尚元素。杨红樱对此的解释是："我们就生活在一个时尚的时代，孩子们也在耳濡目染着。作品中有这些，会拉近和孩子的距离。"或者，应该怎样和孩子说话，这是我们都要思考的问题。

7.《狄得夫小子》

[法]埃莱娜著、[瑞士]泽普（图）/周枫译/中国少年儿童出版社2003年9月版

法国第一畅销童书《狄得夫小子》漫画系列已经由中国少年儿童新闻出版总社引进。这个脑袋上顶着一撮鸡毛的八岁愣小子童言无忌，道出了每一个男孩在成长的关键时期想知道又不好意思问的问题，让小读者在幽默和会心一笑中领悟青春期的奥秘。狄得夫在法国已经拥有2500万超级拥戴者。中少社独家引进全套5册的《狄得夫小子》，被教育界、医学界的专家们认为这对中国青春期性教育是一次很好的促进机会。然而，狄得夫小子能否在国内掀起又一股旋风，还有待观察。

8."花衣裳"系列

饶雪漫、郁雨君、伍美珍著/浙江少年儿童出版社、21世纪出版社2003年版

2003年，儿童文学创作组合"花衣裳"的名气越来越大。文坛至今对"创作组合"的形式未置可否，但小读者却有他们自己的评判标准。文坛至今有许多人认为，作家只要专心于自己的创作，至于是否受读者喜欢那是读者的事，与作者无关。"花衣裳"却有着与之截然相反的看法：最重要一点，就是要走"亲和读者"的路线。对于这种有意识地打造品牌、推广品牌的女作家组合，也有专家们对其"以快乐为写作姿态"的生存方式表示赞赏，认为这种方式蕴藏着一种突破我国儿童文学现有格局的力量，表明了儿童文学真正向读者时代迁移的主动，她不受现有的"纯文学"、"严肃文学"审美意识的束缚，她的出现，将有可能顺势催生出真正国产的"青春文学"门类。

9.《青春禁忌游戏》

[俄]柳德米拉·拉祖莫夫斯卡娅著/电子工业出版社2003年3月版

一部被禁演的戏剧折射出俄罗斯的现实：功利实用主义占上风、不公平竞争、60年代人与新生代人群的理想冲突等。它所触及的当代教育问题、社会问题，在国内也引起了极大的反响。这同样是一部拷问中国教育之作。然而，青春有无禁忌？让青少年目睹这样的惨剧、目睹他们的同龄人用如此残忍的方式打破长久以来形成的师生关系、目睹如此地将道德、尊严、良知的外衣撕烂、剥光，是否会给学生负面的影响？学生们能否领悟到剧本深层对于良知、怜悯、理想和道德的深切呼唤？这部话剧独特的形式、精彩的情节和深刻的内涵所引发的观众的思索和其辐射出来的社会意义是其他作品难以企及的。尤其是策划方读书人公司所提出的"教育体验"形式——采取传统形式以外的泛教育的方式，多角度、多形式、多方位的呈现和探讨社会现象，将戏剧、出版、游戏、大型活动融于一炉，在传统教育以外进行社会化的补充教育和外延教育——颇值得出版界参考。

10.《"高考"在美国》

[美]黄全愈著/北京大学出版社、广西师范大学出版社2003年9月版

2003年教育部在全国22所高等学校试行自主选拔录取5%的新生，使高考招生制度改革再度成为人们关注的热点。继《素质教育在美国》后，旅美教育学专家黄全愈博士又推出《"高考"在美国》一书，该书对中美高考招生制度进行了深入的比较和分析，提出了一系列问题，如一流考生等于一流学生吗？为什么美国的"高考"没有导致应试教育？为什么大学要"追"学生？闭卷作文对中华民族造成了什么内伤？5%自主招生的出路在哪里？怎么改革中国的高考招生制度等直指当下教育中颇富争议的焦点，得到了教育部高层的重视。而广西师大出版社重金打造该书的营销方略，黄全愈全国巡回讲演签售也为该书的畅销打下了坚实基础。

11."鬼马少年"系列

陈磊著/四川少年儿童出版社

该书是国内原创少儿图书的一大亮点。其特别之处，还不仅仅在于文本本身的召唤力，它可以看作是国内出版界进行图书品牌立体开发互动的一个成功案例。以"一本锁在抽屉里，绝不让父母翻的书"作为行销号召，四川少儿社"鬼马少年"小说系列的策划无疑是成功的。出版社认为，卡通图书的风行表示少年读者对阅读的需求在方式上有所转变，但图画永远不可能完全替代文字。

（信息来源：《中华读书报》2003年12月24日）

◎榜一、2004世界500强企业◎

排名	公司名称	中文名称	总部所在地	主要业务	营业收入（百万美元）
1	Wal-Mart Stores	沃尔玛	美国	一般商品零售	263009.00
2	BP	英国石油	英国	炼油	232571.00
3	Exxon Mobil	埃克森美孚	美国	炼油	222883.00
4	Royal Dutch/Shell Group	壳牌石油	英国、荷兰	炼油	201728.00
5	General Motors	通用汽车	美国	汽车与零件	195324.00
6	Ford Motor	福特汽车	美国	汽车与零件	164505.00
7	DaimlerChrysler	戴姆勒克莱斯勒	德国	汽车与零件	156602.20
8	Toyota Motor	丰田汽车	日本	汽车与零件	153111.00
9	General Electric	通用电气	美国	多元化公司	134187.00
10	Total	道达尔	法国	炼油	118441.40
11	Allianz	安联	德国	财产意外保险	114949.90
12	ChevronTexaco	雪佛龙德士古	美国	炼油	112937.00
13	AXA	安盛	法国	人寿健康保险	111912.20
14	ConocoPhillips	康菲	美国	炼油	99468.00
15	Volkswagen	大众汽车	德国	汽车与零件	98636.60
16	Nippon Telegraph & Telephone	日本电报电话	日本	电信	98229.10
17	ING Group	荷兰国际集团	荷兰	人寿健康保险	95893.30
18	Citigroup	花旗集团	美国	商业与储蓄银行	94713.00
19	Intl. Business Machines	国际商用机器	美国	计算机办公设备	89131.00
20	American Intl.Group	美国国际集团	美国	财产意外保险	81303.00
21	Siemens	西门子	德国	电子、电气设备	80501.00
22	Carrefour	家乐福	法国	食品、药品店	79773.80
23	Hitachi	日立	日本	电子、电气设备	76423.30
24	Hewlett-Packard	惠普	美国	计算机办公设备	73061.00
25	Honda Motor	本田汽车	日本	汽车与零件	72263.70
26	McKesson	麦克森	美国	保健品批发	69506.10
27	U.S.Postal Service	美国邮政	美国	邮递包裹货运	68529.00
28	Verizon Communications	弗莱森电讯	美国	电信	67752.00
29	Assicurazioni Generali	忠利保险	意大利	人寿健康保险	66754.90
30	Sony	索尼	日本	电子、电气设备	66365.70
31	Matsushita Electric Industrial	松下电器	日本	电子、电气设备	66218.40
32	Nissan Motor	日产汽车	日本	汽车与零件	65771.10
33	Nestle	雀巢	瑞士	食品	65414.60
34	Home Depot	家居百货	美国	专业零售	64816.00
35	Berkshire Hathaway	伯克希尔哈撒韦	美国	财产意外保险	63859.00
36	Nippon Life Insurance	日本生命	日本	人寿健康保险	63840.70
37	Royal Ahold	皇家阿霍德	荷兰	食品、药品店	63455.80
38	Deutsche Telekom	德国电信	德国	电信	63195.50
39	Peugeot	标致	法国	汽车与零件	61384.60
40	Altria Group	阿尔特里亚	美国	烟草	60704.00
41	Metro	麦德龙	德国	食品、药品店	60656.90
42	Aviva	阿维瓦	英国	人寿健康保险	59719.40
43	ENI	埃尼	意大利	炼油	59304.40
44	Munich Re Group	慕尼黑再保险	德国	财产意外保险	59082.60
45	Credit Suisse	瑞士信贷	瑞士	商业与储蓄银行	58957.10
46	State Grid	国家电网	中国	电力	58348.00
47	HSBC Holding	汇丰控股	英国	商业与储蓄银行	57608.00

排名	公司名称	中文名称	总部所在地	主要业务	营业收入（百万美元）
48	BNP Paribas	法国巴黎银行	法国	商业与储蓄银行	57271.80
49	Vodafone	沃达丰	英国	电信	56844.50
50	Cardinal Health	卡地纳健康	美国	保健品批发	56829.50
51	Fortis	富通	比利时、荷兰	商业与储蓄银行	56695.20
52	China National Petroleum	中国石油天然气	中国	炼油	56384.00
53	State Farm Insurance	州立农业保险	美国	财产意外保险	56064.60
54	Sinopec	中国石化	中国	炼油	55062.00
55	Samsung Electronics	三星电子	韩国	电子、电器设备	54400.20
56	Kroger	克罗格	美国	食品、药品店	53790.80
57	Fannie Mae	房利美	美国	多元化金融	53766.90
58	Fiat	菲亚特	意大利	汽车与零件	53499.60
59	France Télécom	法国电信	法国	电信	52198.10
60	Tesco	特易购	英国	食品、药品店	51570.20
61	Zurich Financial Services	苏黎世金融	瑞士	财产意外保险	51357.00
62	Electricite De France	法国电力	法国	天然气与电力	50837.70
63	Boeing	波音	美国	航天国防	50485.00
64	AmerisourceBergen	美国人伯根	美国	保健品批发	49657.30
65	Toshiba	东芝	日本	电子、电器设备	49395.50
66	Pemex	墨西哥石油	墨西哥	原油生产	49240.10
67	E.ON	欧翁	德国	贸易	48708.90
68	Deutsche Bank	德意志银行	德国	商业与储蓄银行	48670.40
69	Rwe	莱茵集团	德国	能源	48406.70
70	Unilever	联合利华	英国、荷兰	食品	48318.40
71	Target	塔吉特	美国	一般商品零售	48163.00
72	Bank of America Corp.	美国银行	美国	商业与储蓄银行	48065.00
73	UBS	瑞士银行集团	瑞士	商业与储蓄银行	47741.00
74	BMW	宝马	德国	汽车与零件	46996.50
75	Deutsche Post	德国邮政	德国	邮递包裹货运	46651.30
76	PDVSA	委内瑞拉国家石油	委内瑞拉	炼油	46000.00
77	Pfizer	辉瑞	美国	制药	45950.00
78	Crédit Agricole	农业信贷银行	法国	商业与储蓄银行	45928.10
79	Dai-ichi Mutual Life Insurance	第一生命	日本	人寿健康保险	45065.60
80	Suez	苏伊士里昂水务	法国	能源	44842.50
81	J.P.Morgan Chase	摩根大通	美国	商业与储蓄银行	44363.00
82	Meiji Life Insurance	明治生命	日本	人寿健康保险	44064.00
83	AOL Time Warner	美国在线时代华纳	美国	娱乐	43877.00
84	Royal Bank of Scotland	苏格兰皇家银行	英国	商业与储蓄银行	43757.60
85	NEC	日本电气公司	日本	电子、电器设备	43440.20
86	Procter & Gamble	宝洁	美国	家居个人用品	43377.00
87	Tokyo Electric Power	东京电力	日本	天然气与电力	42971.00
88	Costco Wholesale	好市多	美国	专业零售	42545.60
89	Renault	雷诺	法国	汽车与零件	42469.50
90	Fujitsu	富士通	日本	计算机办公设备	42201.40
91	Repsol YPF	雷普索尔	西班牙	炼油	42031.50
92	Johnson & Johnson	强生	美国	制药	41862.00
93	Dell	戴尔	美国	计算机办公设备	41444.00
94	Robert Bosch	博世	德国	汽车与零件	41147.60
95	Sears Roebuck	西尔斯罗巴克	美国	一般商品零售	41124.00
96	SBC Communications	西南贝尔电讯	美国	电信	40843.00
97	Thyssen Krupp	蒂森克虏伯	德国	工业农业设备	39188.30
98	Hyundai Motor	现代汽车	韩国	汽车与零件	39100.80

排名	公司名称	中文名称	总部所在地	主要业务	营业收入（百万美元）
99	Valero Energy	瓦莱罗能源	美国	炼油	37968.60
100	BASF	巴斯夫	德国	化学品	37757.00
101	ABN AMRO Holding	荷兰银行	荷兰	商业与储蓄银行	37682.10
102	Marathon Oil	马拉松石油	美国	炼油	37137.00
103	Sumitomo Life Insurance	住友生命	日本	人寿健康保险	36913.00
104	Freddie Mac	弗雷迪马克	美国	多元化金融	36839.00
105	Tyco International	泰科国际	美国	电子、电器设备	36801.30
106	MetLife	大都会人寿	美国	人寿健康保险	36261.00
107	HBOS	苏格兰哈里法克斯银行	英国	商业与储蓄银行	36023.60
108	Safeway	西夫韦	美国	食品、药品店	35552.70
109	Prudential	保诚	英国	人寿健康保险	35472.60
100	Enel	意大利电力	意大利	天然气与电力	35443.50
111	Albertson' s	艾伯森	美国	食品、药品店	35436.00
112	Statoil	国家石油	挪威	炼油	35241.80
113	Telecom Italia	意大利电信	意大利	电信	35221.60
114	GlaxoSmithKline	葛兰素史克	英国	制药	35050.90
115	Morgan Stanley	摩根斯坦利	美国	证券	34933.00
116	AT&T	美国电话电报	美国	电信	34529.00
117	Medco Health Solutions	美可保健	美国	保健	34264.50
118	EADS	欧洲航空防御及航天公司	荷兰	航天国防	34103.50
119	SK	鲜京	韩国	炼油	33768.50
120	Saint-Gobain	圣戈班	法国	建材玻璃	33488.90
121	United Parcel Service	联合包裹运输	美国	邮递包裹货运	33485.00
122	Nokia	诺基亚	芬兰	网络通讯设备	33336.10
123	J.C.Penney	彭尼	美国	一般商品零售	32923.00
124	Royal Philips Electronics	皇家飞利浦电子	荷兰	电子、电器设备	32863.00
125	Dow Chemical	道化学	美国	化学品	32632.00
126	Walgreen	沃尔格林	美国	食品、药品店	32505.40
127	Groupe Auchan	欧尚	法国	食品、药品店	32488.40
128	Veolia Environnement	威立雅	法国	水务	32371.90
129	Bayer	拜耳	德国	化学品	32331.10
130	Microsoft	微软	美国	计算机软件	32187.00
131	Aegon	全球保险集团	荷兰	人寿健康保险	32174.90
132	Allstate	好事达	美国	财产意外保险	32149.00
133	Deutsche Bahn	德国联邦铁路	德国	铁路运输	31947.40
134	Lockheed Martin	洛克希德马丁	美国	航天国防	31844.00
135	Wells Fargo	富国银行	美国	商业与储蓄银行	31800.00
136	BT	英国电信	英国	电信	31668.60
137	Telefónica	西班牙电话	西班牙	电信	31541.70
138	Sumitomo Mitsui Financial Group	三井住友金融集团	日本	商业与储蓄银行	31450.50
139	Lowe' s	劳氏	美国	专业零售	31263.00
140	Aeon	永旺	日本	食品、药品店	31161.20
141	United Technologies	联合技术	美国	航天国防	31034.00
142	Barclays	巴克莱银行	英国	商业与储蓄银行	30843.00
143	CNP Assurances	法国国家人寿保险	法国	人寿健康保险	30805.90
144	Petrobrás	巴西石油	巴西	炼油	30797.00
145	Archer Daniels Midland	阿彻丹尼尔斯米德兰	美国	食品生产	30708.00
146	Intel	英特儿	美国	半导体	30141.00
147	LG Electronics	乐金电子	韩国	电子、电气设备	29873.90
148	Arcelor	阿塞洛	卢森堡	金属产品	29338.70
149	Ito-Yokado	伊藤洋华堂	日本	食品、药品店	29332.70

排名	公司名称	中文名称	总部所在地	主要业务	营业收入（百万美元）
150	Centrica	英国煤气	英国	天然气与电力	29312.90
151	Mitsubishi Electric	三菱电机	日本	电子、电器设备	29300.40
152	J.Sainsbury	桑斯博里	英国	食品、药品店	29034.60
153	Vivendi Universal	威望迪环球	法国	娱乐	28839.60
154	UnitedHealth Group	联合健康	美国	保健	28823.00
155	Northrop Grumman	诺斯洛普格拉曼	美国	航天国防	28686.00
156	DZ Bank	—	德国	商业与储蓄银行	28663.10
157	Nippon Oil	新日本石油	日本	炼油	28560.60
158	Société Générale	兴业银行	法国	商业与储蓄银行	28556.70
159	Mizuho Financial Group	瑞穗金融集团	日本	商业与储蓄银行	28335.20
160	Delphi	德尔福	美国	汽车与零件	28335.20
161	HVB Group	德国裕宝银行	德国	商业与储蓄银行	28082.50
162	Prudential Financial	宝德信金融集团	美国	人寿健康保险	27907.00
163	Merrill Lynch	美林	美国	证券	27745.00
164	DuPont	杜邦	美国	化学品	27730.00
165	Canon	佳能	日本	计算机办公设备	27591.70
166	Groupe Pinault-Printemps	春天集团	法国	一般商品零售	27570.70
167	Gazprom	俄罗斯天然气工业	俄罗斯	能源	27526.50
168	MCI	微波通信	美国	电信	27331.00
169	Swiss Reinsurance	瑞士再保险	瑞士	财产意外保险	27086.80
170	Walt Disney	沃特迪斯尼	美国	娱乐	27061.00
171	Motorola	摩托罗拉	美国	网络通讯设备	27058.00
172	Foncière Euris	法国		一般商品零售	27005.00
173	PepsiCo	百事	美国	食品	26971.00
174	Santander Central Hispano Group	桑坦德银行	西班牙	商业与储蓄银行	26956.80
175	CVS	—	美国	食品、药品店	26588.00
176	Viacom	维亚康姆	美国	娱乐	26585.30
177	Mitsui	三井物产	日本	贸易	26385.00
178	Sprint	斯普林特	美国	电信	26202.00
179	Sysco	西斯科	美国	食品杂货批发	26140.30
180	Franz Haniel	弗朗茨海涅尔	德国	保健品批发	26073.60
181	TIAA-CREF	美国教师退休基金会	美国	人寿健康保险	26016.20
182	Nippon Steel	新日铁	日本	金属产品	25902.90
183	American Express	美国运通	美国	多元化金融	25866.00
184	Mazda Motor	马自达汽车	日本	汽车与零件	25816.60
185	New York Life Insurance	纽约人寿保险	美国	人寿健康保险	25699.70
186	Petronas	马石油	马来西亚	炼油	25660.90
187	SNCF	法国国营铁路	法国	铁路运输	25490.70
188	Lloyds TSB Group	劳埃德 TSB 集团	英国	商业与储蓄银行	25378.00
189	Indian Oil	印度石油	印度	炼油	25316.30
190	KDDI	—	日本	电信	25196.60
191	International Paper	国际造纸	美国	林产品、纸制品	25179.00
192	Best Buy	百思买	美国	专业零售	24901.00
193	Novartis	诺华	瑞士	制药	24864.00
194	Bouygues	布依格	法国	工程与建筑	24697.40
195	Millea Holdings	千禧控股	日本	财产意外保险	24573.50
196	Marubeni	丸红	日本	贸易	24559.80
197	Tyson Foods	泰森食品	美国	食品生产	24549.00
198	Wachovia Corp.	瓦乔维亚银行	美国	商业与储蓄银行	24474.00
199	Norsk Hydro	挪威水电	挪威	金属产品	24276.30

排名	公司名称	中文名称	总部所在地	主要业务	营业收入（百万美元）
200	Rabobank	拉博银行	荷兰	商业与储蓄银行	24124.70
201	A.P.Moller-Maersk Group	马士基集团	丹麦	海运	23887.90
202	Goldman Sachs Group	高盛集团	美国	证券	23623.00
203	Kmart Holding	凯马特	美国	一般商品零售	23485.00
204	Duke Energy	杜克能源	美国	天然气与电力	23483.00
205	Roche Group	罗氏	瑞士	制药	23212.90
206	Honeywell International	霍尼韦尔国际	美国	航天国防	23103.00
207	ABB	阿西布朗勃法瑞	瑞士	电子、电器设备	23079.00
208	Groupe Caissed' epargne	—	法国	商业与储蓄银行	23077.80
209	Caterpillar	卡特彼勒	美国	工业农业设备	22763.00
210	TUI	国际旅游联盟集团	德国	旅游	22730.40
211	UFJ Holdings	日联控股	日本	商业与储蓄银行	22722.90
212	Volvo	沃尔沃	瑞典	汽车与零件	22692.40
213	Denso	电装	日本	汽车零件	22685.10
214	Fuji Photo Film	富士胶卷	日本	科学、摄影设备	22667.20
215	Johnson Controls	约翰逊控制	美国	汽车零件	22646.00
216	BellSouth	贝尔南方	美国	电信	22635.00
217	Mitsubishi Tokyo Financial Group	东京三菱金融集团	日本	商业与储蓄银行	22621.10
218	Ingram Micro	英格雷姆麦克罗	美国	电子办公设备批发	22613.00
219	East Japan Railway	东日本铁路	日本	铁路运输	22507.00
220	Kansai Electric Power	关西电力	日本	天然气与电力	22488.10
221	FedEx	联邦快递	美国	邮递包裹货运	22487.00
222	Merck	默克	美国	制药	22485.90
223	Bunge	—	美国	食品生产	22345.00
224	Mitsubishi Motors	三菱汽车	日本	汽车与零件	22304.70
225	Sanyo Electric	三洋电机	日本	电子、电气设备	22203.50
226	ConAgra Foods	康尼格拉	美国	食品	22052.50
227	JFE Holdings	—	日本	金属产品	21900.00
228	HCA	—	美国	保健	21808.00
229	Alcoa	美铝公司	美国	金属产品	21728.00
230	Delhaize Group	德尔海兹集团	比利时	食品、药品店	21719.90
231	Standard Life Assurance	标准人寿保险	英国	人寿健康保险	21711.90
232	Electronic Data Systems	电子数据系统	美国	计算机软件与数据服务	21596.00
233	Bank One Corp.	美一银行	美国	商业与储蓄银行	21454.00
234	Vinci	芬奇	法国	工程与建筑	21363.20
235	Comcast	康卡斯特	美国	电信	21263.00
236	Mass.Mutual Life Ins.	麻省人寿	美国	人寿健康保险	21075.80
237	Coca-Cola	可口可乐	美国	饮料	21044.00
238	Mitsubishi Heavy Industries	三菱重工	日本	工业农业设备	21012.10
239	Bristol-Myers Squibb	百时美施贵宝	美国	制药	20894.00
240	George Weston	乔治威斯顿	加拿大	食品、药品店	20838.40
241	China Lift Insurance	中国人寿	中国	人寿健康保险	20782.10
242	China Mobile Communications	中国移动通信	中国	电信	20764.70
243	Industrial & Commercial Bank of China	中国工商银行	中国	商业与储蓄银行	20757.30
244	La Poste	法国邮政局	法国	邮递包裹货运	20376.30
245	WellPoint Health Networks	—	美国	保健	20359.70
246	Georgia-Pacific	乔治亚-太平洋	美国	林产品、纸制品	20255.00
247	Supervalu	—	美国	食品杂货批发	20209.70
248	Aventis	安万特	法国	制药	20162.40
249	Sharp	夏普	日本	电子、电气设备	19983.70
250	Bridgestone	普利司通	日本	轮胎橡胶	19877.30

排名	公司名称	中文名称	总部所在地	主要业务	营业收入（百万美元）
251	Weyerhaeuser	惠好	美国	林产品、纸制品	19873.00
252	Almanij	—	比利时	商业与储蓄银行	19745.50
253	British American Tobacco	英美烟草	英国	烟草	19684.10
254	Abbott Laboratories	雅培	美国	制药	19680.60
255	Alstom	阿尔斯通	法国	工业农业设备	19627.10
256	Suzuki Motor	铃木汽车	日本	汽车及零件	19467.70
257	China Telecommunications	中国电信	中国	电信	19464.50
258	AutoNation	全美汽车租赁	美国	专业零售	19381.10
259	Lukoil	卢克石油	俄罗斯	炼油	19345.00
260	Landesbank Baden-Wurttemberg	—	德国	商业与储蓄银行	19270.80
261	Williams	—	美国	能源	19265.60
262	Royal & Sun Alliance	皇家太阳保险	英国	财产意外保险	19259.10
263	Samsung Life Insurance	三星人寿	韩国	人寿健康保险	19159.00
264	Banco Bilbao Vizcaya Argentaria	毕尔巴鄂比斯开银行	西班牙	商业与储蓄银行	19144.90
265	Korea Electric Power	韩国电力	韩国	天然气与电力	19144.30
266	Bertelsmann	贝塔斯曼	德国	娱乐	19014.80
267	Dexia Group	—	比利时	商业与储蓄银行	18889.10
268	Cisco Systems	思科系统	美国	网络通讯设备	18878.00
269	AstraZeneca	阿斯利康	英国	制药	18849.00
270	Sinochem	中国化工进出口总公司	中国	贸易	18846.10
271	Gaz de France	法国煤气	法国	天然气与电力	18840.50
272	Cigna	信诺	美国	保健	18808.50
273	Endesa	—	西班牙	天然气与电力	18768.00
274	Hartford Financial Services	哈特福德金融服务	美国	财产意外保险	18733.00
275	Anglo American	英美资源集团	英国	采矿、钻石	18637.00
276	Washington Mutual	华盛顿互助	美国	商业与储蓄银行	18629.00
277	Chubu Electric Power	中部电力	日本	天然气与电力	18600.80
278	Adecco	阿第克	瑞士	人力资源服务	18391.20
279	Mitsui Sumitomo Insurance	三井住友保险	日本	财产意外保险	18294.80
280	SaraLee	莎莉	美国	食品	18291.00
281	3M	—	美国	多样化	18232.00
282	Cendant	圣达特	美国	不动产、酒店、租车服务	18192.00
283	Groupama	甘保险集团	法国	财产意外保险	18155.80
284	Raytheon	雷神	美国	航天国防	18109.00
285	UniCredito Italiano	意大利联合信贷银行	意大利	商业与储蓄银行	18092.20
286	Compass Group	金巴斯集团	英国	饮食服务	18072.00
287	Lufthansa Group	汉莎集团	德国	航空公司	18059.60
288	Michelin	米其林	法国	轮胎橡胶	18047.60
289	Aetna	安泰	美国	保健	17976.40
290	Japan Tobacco	日本烟草	日本	烟草	17881.40
291	Banca Intesa	联合商业银行	意大利	商业与储蓄银行	17789.10
292	Idemitsu Kosan	出光兴产	日本	炼油	17669.60
293	Visteon	伟世通	美国	汽车零件	17660.00
294	Daiei	大荣	日本	一般商品零售	17518.30
295	News Corp.	新闻集团	澳大利亚	娱乐	17493.90
296	AMR	美利坚公司	美国	航空公司	17440.00
297	Japan Post	日本邮政	日本	邮递	17430.80
298	Tech Data	—	美国	电子办公设备批发	17406.30
299	Coca-Cola Enterprises	可口可乐企业	美国	饮料	17330.00
300	Commerzbank	德国商业银行	德国	商业与储蓄银行	17316.00
301	Lehman Brothers Holdings	莱曼兄弟	美国	证券	17287.00

排名	公司名称	中文名称	总部所在地	主要业务	营业收入（百万美元）
302	KarstadtQuelle	卡尔施泰特	德国	一般商品零售	17282.50
303	Royal Bank of Canada	加拿大皇家银行	加拿大	商业与储蓄银行	17203.90
304	Old Mutual	耆卫公司	英国	人寿健康保险	17145.40
305	McDonald' s	麦当劳	美国	饮食服务	17140.50
306	Japan Airlines System	日本航空	日本	航空公司	17101.80
307	Northwestern Mutual	西北相互	美国	人寿健康保险	17059.70
308	Mitsubishi Chemical	三菱化学	日本	化学品	17045.00
309	Man Group	曼恩集团	德国	汽车与零件	17000.20
310	Bombardier	庞巴迪	加拿大	航天国防	16996.20
311	Liberty Mutual Insurance Group	利宝相互保险	美国	财产意外保险	16914.00
312	Publix Super Markets	—	美国	食品、药品店	16848.30
313	Nationwide	—	美国	财产意外保险	16808.00
314	Sompo Japan Insurance	日本财产保险公司	日本	财产意外保险	16794.90
315	Anthem	—	美国	保健	16771.40
316	Tenet Healthcare	—	美国	保健	16746.00
317	AT&T Wireless Services	—	美国	电信	16695.00
318	General Dynamics	通用动力	美国	航天国防	16617.00
319	Rite Aid	来德爱	美国	食品、药品店	16600.40
320	Skanska	—	瑞典	工程与建筑	16451.10
321	Groupe Danone	达能集团	法国	食品	16376.60
322	Halliburton	哈利佰顿	美国	石油天然气设备与服务	16271.00
323	Hanwha	韩华集团	韩国	化学	16181.80
324	Coles Myer	—	澳大利亚	食品、药品店	16042.80
325	Swiss Life Insurance & Pension	瑞士人寿养老金保险	瑞士	人寿健康保险	16035.60
326	Sunoco	太阳石油	美国	炼油	15930.00
327	L' oreal	欧莱雅	法国	家居个人用品	15877.60
328	Magna International	曼格纳国际	加拿大	汽车零件	15870.00
329	Gap	—	美国	专业零售	15853.80
330	Wyeth	惠氏	美国	制药	15850.60
331	China Construction Bank	中国建设银行	中国	商业与储蓄银行	15824.80
332	National Australia Bank	澳洲银行	澳大利亚	商业与储蓄银行	15819.50
333	Exelon	—	美国	天然气与电力	15812.00
334	Loews	洛斯	美国	财产意外保险	15809.60
335	Ricoh	理光	日本	办公设备	15760.60
336	Lear	里尔	美国	汽车零件	15746.70
337	Sun Life Financial	永明金融	加拿大	人寿健康保险	15741.20
338	Legal & General Group	—	英国	人寿健康保险	15729.70
339	Xerox	施乐	美国	办公设备	15701.00
340	Woolworths	—	澳大利亚	食品、药品店	15681.80
341	BHP Billiton	必和必拓集团	澳大利亚	采矿、原油生产	15608.00
342	Nippon Mining Holdings	—	日本	炼油	15551.10
343	Bayerische Landesbank	巴伐利亚银行	德国	商业与储蓄银行	15549.40
344	Deere	迪尔	美国	工业农业设备	15534.60
345	Dentsu	电通广告	日本	广告传播	15484.90
346	Lafarge	拉法基	法国	建筑材料、玻璃	15457.60
347	American Electric Power	美国电力	美国	能源	15441.00
348	Itochu	伊藤忠	日本	贸易	15393.20
349	Electrolux	伊莱克斯	瑞典	电子、电气设备	15361.40
350	U.S.Bancorp	—	美国	商业与储蓄银行	15354.40
351	National Grid Transco	国家电力供应公司	英国	天然气与电力	15300.70
352	Federated Department Stores	联合百货	美国	一般商品零售	15264.00

排名	公司名称	中文名称	总部所在地	主要业务	营业收入（百万美元）
353	Banco Bradesco	—	巴西	商业与储蓄银行	15179.50
354	Travelers Property Casualty	旅行者保险	美国	财产意外保险	15139.20
355	Sumitomo	住友商事	日本	贸易	15126.20
356	Goodyear Tire & Rubber	固特异轮胎橡胶	美国	轮胎橡胶	15119.00
357	Kookmin Bank	韩国国民银行	韩国	商业与储蓄银行	15112.40
358	Bank Of China	中国银行	中国	商业与储蓄银行	15021.60
359	Yukos	尤科斯	俄罗斯	炼油	14966.00
360	Qwest Communications	奎斯特通讯	美国	电信	14936.00
361	POSCO	埔项制铁	韩国	金属产品	14930.20
362	Migros	—	瑞士	食品、药品店	14880.20
363	Banco Do Brasil	巴西银行	巴西	商业与储蓄银行	14844.20
364	Lagardere Groupe	拉卡德尔	法国	出版、印刷	14790.70
365	Akzo Nobel	阿克苏诺贝尔	荷兰	化学品	14770.70
366	Computer Sciences	计算机科学	美国	计算机软件与数据服务	14767.60
367	Nippon Express	日本通运	日本	邮递包裹货运	14757.50
368	Royal Mail Group	皇家邮政集团	英国	邮递包裹货运	14623.20
369	Hilton Group	希尔顿集团	英国	酒店	14599.20
370	L.M.Ericsson	爱立信	瑞典	网络通讯设备	14576.60
371	RAG	莱茵集团	德国	采矿、原油生产	14559.20
372	Shanghai Baosteel Group	上海宝钢集团	中国	金属产品	14548.00
373	Kingfisher	翠丰	英国	专业零售	14536.40
374	Flextronics International	伟创力	新加坡	半导体、其他元器件	14530.40
375	Air France Group	法国航空	法国	航空公司	14509.80
376	FleetBoston Financial	舰队波士顿金融	美国	商业与储蓄银行	14442.00
377	Royal KPN	—	荷兰	电信	14420.90
378	Amerada Hess	阿拉美达赫斯	美国	炼油	14408.00
379	Alliance Unichem	单化联盟	英国	保健品批发	14384.70
380	Kajima	鹿岛	日本	工程与建筑	14357.50
381	Kimberly-Clark	金佰利	美国	家居个人用品	14348.00
382	Schlumberger	斯伦贝谢	美国	石油天然气设备与服务	14278.80
383	KFW Bankengruppe	—	德国	商业与储蓄银行	14240.30
384	Aisin Seiki	爱信精机	日本	汽车零件	14211.30
385	Alcatel	阿尔卡特	法国	电信	14161.80
386	Taisei	大成建设	日本	工程与建筑	14151.70
387	Anheuser-Busch	安海斯布希	美国	饮料	14146.70
388	BCE	加拿大贝尔电子	加拿大	电信	14119.00
389	Mitsubishi	三菱商事	日本	贸易	14116.40
390	Christian Dior	克里斯汀迪奥	法国	服装服饰	14108.60
391	Marks & Spencer	马克斯思班塞	英国	一般商品零售	14061.60
392	Emerson Electric	艾默生电气	美国	电子、电气设备	13999.00
393	Vattenfall	—	瑞典	天然气与电力	13858.20
394	Tohoku Electric Power	东北电力	日本	天然气与电力	13835.10
395	Cathay Life	国泰人寿	中国台湾	人寿健康保险	13804.60
396	Stora Enso	斯道拉恩索	芬兰	林产品、纸制品	13776.20
397	Shimizu	清水建设	日本	工程与建筑	13727.10
398	UAL	联合航空	美国	航空公司	13724.00
399	BAE Systems	—	英国	航天国防	13710.70
400	Otto Versand	奥托邮购	德国	专业零售	13708.00
401	Countrywide Financial	—	美国	金融	13659.50
402	San Paolo Imi	—	意大利	商业与储蓄银行	13658.10
403	Sumitomo Electric Industries	住友电工	日本	电子电气	13654.90

排名	公司名称	中文名称	总部所在地	主要业务	营业收入（百万美元）
404	Alcan	加拿大铝业	加拿大	金属产品	13652.00
405	AMP	安宝	澳大利亚	人寿健康保险	13515.70
406	KT	韩国电信	韩国	电信	13485.40
407	Hutchison Whampoa	和记黄埔	中国香港	多样化	13473.50
408	TPG	—	荷兰	邮递包裹货运	13429.50
409	May Department Stores	五月百货	美国	一般商品零售	13343.00
410	TJX	—	美国	专业零售	13327.90
411	Eastman Kodak	伊士曼柯达	美国	科研、摄影设备	13317.00
412	Agricultural Bank of China	中国农业银行	中国	商业与储蓄银行	13303.10
413	Delta Air Lines	德尔塔航空	美国	航空公司	13303.00
414	Express Scripts	—	美国	保健	13294.50
415	COFCO	中粮集团	中国	贸易	13290.10
416	Nordea Bank	北欧联合银行	瑞典	商业与储蓄银行	13194.10
417	Staples	—	美国	专业零售	13181.20
418	Wolseley	—	英国	多样化	13084.90
419	Continental	大陆	德国	轮胎橡胶	13054.20
420	Corus Group	康力斯集团	英国	金属产品	13001.20
421	Gasunie	—	荷兰	能源	12973.20
422	Fortum	—	芬兰	炼油	12893.10
423	British Airways	英国航空	英国	航空公司	12805.60
424	Union Pacific	联合太平洋	美国	铁路运输	12792.00
425	GUS	—	英国	专业零售	12785.30
426	Fuji Heavy Industries	富士重工	日本	汽车与零件	12743.50
427	Cosmo Oil	—	日本	炼油	12691.50
428	Isuzu Motors	五十铃汽车	日本	汽车	12662.80
429	El Paso	—	美国	能源	12653.00
430	Telstra	澳洲电信	澳大利亚	电信	12641.60
431	Plains All American Pipeline	—	美国	能源	12589.80
432	Cepsa	—	西班牙	炼油	12588.60
433	Eli Lilly	礼来大药厂	美国	制药	12582.50
434	Sodexho Alliance	索迪斯联合	法国	饮食服务业	12532.10
435	Seiko Epson	精工爱普生	日本	计算机办公设备	12511.50
436	Nippon Yusen	日本邮船	日本	海运	12379.40
437	Office Depot	—	美国	专业零售	12358.60
438	Onex	—	加拿大	半导体、其他元器件	12352.60
439	Kyushu Electric Power	九州电力	日本	天然气与电力	12320.60
440	Mitsui Mutual Life Insurance	三井生命	日本	人寿健康保险	12318.70
441	Firstenergy	—	美国	天然气与电力	12317.70
442	Central Japan Railway	中日本铁路	日本	铁路运输	12253.10
443	Humana	—	美国	保健	12226.30
444	CRK	—	爱尔兰	建筑材料、玻璃	12194.00
445	Manpower	—	美国	人力资源	12184.50
446	Whirlpool	惠尔普	美国	电子、电气设备	12176.00
447	Winn-Dixie Stores	温迪克斯	美国	食品、药品店	12168.40
448	Edison International	爱迪生国际	美国	天然气与电力	12156.00
449	Dominion Resources	—	美国	天然气与电力	12078.00
450	Bharat Petroleum	布哈拉特石油	印度	炼油	12053.70
451	Dai Nippon Printing	大日本印刷	日本	出版、印刷	11987.90
452	Thales Group	—	法国	航天国防	11962.10
453	Bank of Nova Scotia	丰业银行	加拿大	商业与储蓄银行	11960.00
454	Hochteif	—	德国	工程与建筑	11922.40

排名	公司名称	中文名称	总部所在地	主要业务	营业收入（百万美元）
455	Obayashi	大林组	日本	工程与建筑	11918.80
456	PTT	泰国国家石油管理局	泰国	炼油	11904.60
457	Progressive	前进保险	美国	财产意外保险	11892.00
458	Manulife Financial	宏利保险	加拿大	人寿健康保险	11887.30
459	Canadian Imperial Bank of Commerce	加拿大帝国商业银行	加拿大	商业与储蓄银行	11863.70
460	Accenture	埃森哲	美国	咨询公司	11818.00
461	Shanghai Automotive	上海汽车	中国	汽车	11754.60
462	Hindustan Petroleum	印度斯坦石油	印度	炼油	11750.50
463	Reliant Energy	—	美国	能源	11707.30
464	Solectron	旭电	美国	半导体、其他元器件	11700.40
465	MBNA	—	美国	信用卡	11684.40
466	SHV Holdings	—	荷兰	贸易	11624.90
467	Marsh & Mclennan	马什麦克里安	美国	保险经纪	11588.00
468	Waste Management	废物管理	美国	废物处理	11574.00
469	Toys"R"Us	玩具反斗店	美国	专业零售	11566.00
470	Asahi Mutual Life Insurance	朝日生命	日本	人寿健康保险	11550.60
471	Sekisui House	积水建房	日本	工程与建筑	11544.60
472	Diageo	迪阿吉奥	英国	饮料	11537.60
473	Eurohypo	欧洲抵押银行	德国	商业与储蓄银行	11535.80
474	Kintetsu	近畿日本铁道	日本	铁路运输	11489.90
475	Toppan Printing	凸版印刷	日本	出版、印刷	11485.50
476	Danske Bank Group	丹斯克银行	丹麦	商业与储蓄银行	11479.40
477	AFLAC	美国家庭人寿保险	美国	人寿健康保险	11447.00
478	Sun Microsystems	太阳微系统	美国	计算机办公设备	11434.00
479	Chubb	丘博	美国	财产意外保险	11394.00
480	KurayaSanseido	三星堂	日本	保健品批发	11366.60
481	Public Service Enterprise Group PSEG	环球	美国	天然气与电力	11340.00
482	Reliance Industries	瑞来斯实业	印度	炼油	11327.70
483	TXU	德州公用	美国	能源	11325.00
484	Taiyo Life Insurance	太阳生命	日本	人寿健康保险	11275.10
485	UPM-Kymmene	芬欧汇川集团	芬兰	林产品、纸制品	11258.80
486	Southern	南方	美国	天然气与电力	11251.00
487	Power Corp.of Canada	加拿大鲍尔集团	加拿大	人寿健康保险	11238.50
488	PG&E Corp.	太平洋煤气电力公司	美国	天然气与电力	11221.00
489	Masco	马斯柯	美国	家居个人用品	11134.00
490	Iberdrola	伊维尔德罗拉	西班牙	天然气与电力	11111.20
491	Asahi Kasei	旭化成	日本	化学品	11097.60
492	Health Net	—	美国	保健	11062.50
493	Samsung	三星	韩国	贸易	11051.40
494	Abbey National	阿比国民银行	英国	商业与储蓄银行	11041.20
495	Great Atlantic & Pacific Tea	大西洋与太平洋茶叶	美国	食品、药品店	11033.70
496	PacifiCare Health Systems	—	美国	保健	11008.50
497	Daiwa House Industry	大和房建	日本	工程与建筑	10841.80
498	Swisscom	瑞士电信	瑞士	电信	10841.30
499	Tokyu	東京急行電鉄	日本	工程与建筑	10830.80
500	Toronto-Dominion Bank	多伦多道明银行	日本	商业与储蓄银行	10827.20

其中中国入围企业名单：

排名	公司名称	营业收入（百万美元）
46	中国电力	58348.00
52	中石油	56384.00
54	中石化	55062.00
241	中国人寿	20782.10
242	中国移动通信	20764.70
243	中国工商银行	20757.30
257	中国电信	19464.50
270	中国化工进出口总公司	18846.10
331	中国建设银行	15824.80
358	中国银行	15021.60
372	上海宝钢集团	14548.00
412	中国农业银行	13303.10
415	中粮集团	13290.10
461	上海汽车	11754.60

（信息来源：《财富》杂志中文版 2004 年 7 月 12 日）

◎榜二、2002 世界主要国家和地区国际竞争力排名◎

位次	国家和地区	得分	位次	国家和地区	得分	位次	国家和地区	得分
1	美国	100.00	18	比利时	66.734	35	巴西	47.638
2	芬兰	84.351	19	新西兰	66.542	36	希腊	46.978
3	卢森堡	84.292	20	智利	65.606	37	斯洛伐克	45.714
4	荷兰	82.802	21	爱沙尼亚	63.444	38	斯洛文尼亚	45.499
5	新加坡	81.155	22	法国	61.641	39	南非	43.984
6	丹麦	80.429	23	西班牙	61.519	40	菲律宾	41.503
7	瑞士	79.472	24	中国台湾省	61.307	41	墨西哥	41.397
8	加拿大	79.013	25	以色列	60.485	42	印度	40.733
9	中国香港	77.761	26	马来西亚	59.692	43	俄罗斯	39.033
10	爱尔兰	76.218	27	韩国	56.827	44	哥伦比亚	38.077
11	瑞典	76.193	28	匈牙利	56.702	45	波兰	30.209
12	冰岛	74.695	29	捷克	55.322	46	土耳其	27.965
13	奥地利	74.665	30	日本	54.347	47	印尼	26.856
14	澳大利亚	74.106	31	中国	52.199	48	委内瑞拉	26.850
15	德国	70.942	32	意大利	51.856	49	阿根廷	26.015
16	英国	68.930	33	葡萄牙	49.318			
17	挪威	67.687	34	泰国	47.945			

◎榜三、2002 中国与分项竞争力前 10 位的国家和地区比较◎

经济表现			政府效能		
位次	国家和地区	得分	位次	国家和地区	得分
1	美国	100	1	新加坡	90.619
2	卢森堡	95.691	2	芬兰	87.094
3	中国	82.497	3	美国	82.389
4	德国	81.255	4	中国香港	82.030
5	比利时	80.923	5	爱尔兰	81.309
6	英国	80.689	6	瑞士	80.941
7	中国香港	79.920	7	卢森堡	79.797
8	法国	77.453	8	丹麦	79.751
9	荷兰	76.604	9	澳大利亚	79.008
10	爱尔兰	74.593	10	加拿大	75.510
			30	中国	50.394

企业效益			国家基础结构		
位次	国家和地区	得分	位次	国家和地区	得分
1	美国	98.899	1	美国	98.656
2	荷兰	87.595	2	芬兰	86.747
3	芬兰	83.182	3	瑞典	82.654
4	冰岛	81.082	4	冰岛	81.077
5	加拿大	79.177	5	瑞士	81.025
6	丹麦	79.161	6	加拿大	80.585
7	卢森堡	78.200	7	新加坡	80.430
8	爱尔兰	77.140	8	丹麦	78.031
9	智利	74.692	9	荷兰	78.004
10	瑞典	74.382	10	奥地利	77.782
43	中国	37.542	35	中国	46.353

(信息来源:新华网 2002 年 6 月 28 日)

备注:瑞士洛桑国际管理学院(International Institute for Management Development,简称 IMD)是世界著名的商学院之一,成立于 1990 年 1 月,位于瑞士洛桑(Lausanne),其前身是两家独立的商学院:成立于 1946 年的日内瓦国际管理学院(IMIGeneva)和成立于 1957 年的洛桑国际管理经营学院(IMEDELausanne)。瑞士洛桑国际管理学院从 1989 年开始,每年 5 月推出《洛桑报告》,受到各国和地区的重视,有的甚至成立专门机构研究《洛桑报告》以提高本国竞争力。

世界经济论坛(WEF)和瑞士洛桑国际管理发展学院(IMD)于 1980 年创立的国际竞争力评价体系,是按照一个标准设计的公共信息竞争平台,通过 8 个要素对世界各国的竞争水平和实力给出了一个较为权威的评选标准,涵盖了一个国家的经济表现、政府效能、企业效益和国家基础结构 4 个方面。

历年评价中国国际竞争力的世界排名是:1994 年第三十四名、1995 年第三十一名、1996 年第二十六名、1997 年第二十七名、1998 年第二十一名、1999 年第二十九名、2000 年第三十名、2001 年第三十三名、2002 年第三十一名(注:IMD 于 1995 年一次性公布了 1994 年和 1995 年的排名)、2003 年第二十九名、2004 年第二十四名。

声　明

《中国排行榜年鉴（2005）》是我国排行榜事业的历史记录。在编辑出版过程中，得到了许多朋友的热忱支持、关心与帮助，在此深表谢意。

本年鉴为了充分发挥“鉴往知来，总结探索”和“资政、教化、存史”的重要功能，引用了大量的排行榜实例、资料、图片。它们主要来源于报纸、杂志，有的来源于网站。由于种种原因，我们未能与部分作者及单位取得联系，希望诸位作者尽快与我们联系，我们将支付你们稿酬并赠送样书。

联系方式：nancaibook@yahoo.com.cn

027-88320800

再次向年鉴作者及支持帮助过我们的朋友表示感谢！

中国排行榜年鉴编辑部

2005 年 7 月 8 日

新书预告

财·管·法教育年鉴系列

《中国财经教育年鉴》（2005年卷）
《中国管理教育年鉴》（2005年卷）
《中国法学教育年鉴》（2005年卷）

○我国财经、管理、法学教育学科发展的编年史。
○权威性、学术性、知识性、资料性、连续性的财经、管理、法学教育年刊。
○国内外财经、管理、法学教育进程总览。
○财经、管理、法学工作者学术争鸣的园地。
○我国财经、管理、法学教育大家庭教学、科研的理论平台。
○邀请我国高等财经、管理、法学教育各类院校组成《年鉴》理事单位。
○邀请中国最具影响力的一流财经、管理、法学工作者担当《年鉴》顾问。
○邀请高等学校财经、管理、法学理论研究专家、学者担当《年鉴》撰稿人。
○选用我国财经、管理、法学教育优秀的教学科研成果、教学科研资料。
○《财经教育年鉴》、《管理教育年鉴》、《财经教育年鉴》同时编辑、同时出版。

点评中国丛书

《魅力上海》
《风雅武汉》

在中国，人们关注“点评”，是因为所点评的人物、事件、历史、现实或者社会、经济、政治问题，要么是“热点”或者“焦点”问题；要么是“复杂”或者“疑难”问题；要么是“前沿”或者“时尚”问题；要么是“专业”或者“流派”问题；要么是“评判”或者“争论”问题；……于是，人们点评“历史”，点评“事件”，点评“二十四史”，点评“红楼梦”，点评“三国演义”，点评“中国教育”，点评“中国企业”，点评“中国足球”。一切的一切，如果被关注，就可能有“点评”。

人们关注“点评”，是因为“点评”有神奇的力量。历史在点评中“正本清源”；事件在“点评”中给人以警示；“现实”在“点评”中给人以知识；“问题”在“点评”中给人以教育。人们关注“点评”，还因为“点评”是创造性智力劳动，点评中的“点”与“评”，既有思想的哲理，又有智慧的火花。点评是艺术性文字工作，举凡有价值的点评，一般有文字的记录。这文字，决不是人们常常看到的学术论文，更不是平淡的“新闻报道”或者“调查报告”，而是“可看”、“必看”、“爱看”、“耐看”的精美文章。

编辑部电话：027-88320800；027-88324370（兼传真）；
027-62557798；13507122218
联 系 人：张先生
公司邮箱：nancaibook@yahoo.com.cn
地　　址：湖北省武汉市武珞路114号（中南财经政法大学首义校区内）
邮政编码：430060

2011年1月9日，广东省专业镇转型升级现场会在东莞市大朗镇召开。中共中央政治局委员、广东省委书记汪洋，省委副书记、省长黄华华，省委常委、常务副省长朱小丹，副省长宋海等领导出席会议，并为专业镇建设先进单位和个人代表颁奖、为省“双提升”示范专业镇代表授牌。会议期间，与会代表参观考察了东莞市毛织产业科技创新中心。

2011年4月1日，金色骑楼·绿色生活——世博广东馆回迁展开馆仪式在广东科学中心举行。

2011年4月8日，第26届广东省青少年科技创新大赛在中山拉开帷幕。

2011年4月11日，广东省科学技术奖励大会暨全省科技工作会议在广州召开。会议总结了广东省“十一五”科技工作，部署“十二五”及当年的科技工作，表彰了获得2010年度广东省科学技术奖的先进单位和先进个人。华南理工大学的何镜堂院士和南方医科大学的侯凡凡院士获得2010年度广东省科学技术突出贡献奖。

2011年5月13日，全省科技宣传工作会议在广州召开。

2011年5月19日，中国（广东）博士后人才交流与科技项目洽谈会在佛山举行。

2011年6月2日，广东省引进第二批创新科研团队、领军人才授牌仪式在广州举行。

2011年6月2日，以“科技兴农，建设社会主义新农村”为主题的大型科技下乡活动启动仪式在东源县双江镇举行。

2011年6月11—12日，第九届广东省少年儿童发明奖优秀作品展在广东科学中心举行。

2011年7月8日，广东省工程技术研究开发中心建设20周年总结表彰大会在广州召开。

2011年7月12日，深圳市产学研高层论坛——新材料产业国家级重大项目走进深圳暨新材料产学研创新联盟发起仪式在深圳举行。

2011年9月5日，中国科学院过程工程研究所纳米材料产业园奠基仪式在佛山市顺德区举行。

2011年9月6日，2011两岸新兴产业合作暨经济转型升级高端论坛在惠州举行。

2011年9月27日，广东省创新方法研究会第一次会员代表大会暨成立大会在广东科学馆召开。

2011年10月20日，中国散裂中子源工程奠基仪式在东莞市举行。

2011年11月9日，国家创新医疗器械产品应用示范工程（广东省）启动会在广州举行。

2011年11月15日，2011年广东经济发展国际咨询会在广州举行，广东省人民政府与德国弗劳恩霍夫协会签署战略合作框架协议。

2011年11月30日，广东省十一届人大常委会第三十次会议表决通过了《广东省自主创新促进条例》。

2011年12月8日，广东省数控一代机械产品创新应用示范工程动员大会在广州召开。

2011年12月14日，2011中国（广东）金融·科技·产业融合创新洽谈会在佛山举行。

2011年12月15日，科学技术部与广东省人民政府部省工作会商制度议定书签字仪式暨第一次工作会议在广州举行。

2011年12月15日，在科学技术部与广东省人民政府部省工作会商制度议定书签字仪式暨第一次工作会议上，全国政协副主席、科技部部长万钢为江门国家级高新技术产业开发区授牌。

新技术应用：iLink

华阳通用iLink技术实现智能手机和车载终端之间的互动，具体功能：1.手机显示内容映射到车载终端；2.手机多媒体输出到车载终端；3.车载屏上可控制手机应用。

iLink技术优势：1.在车载终端上使用智能手机中上百万个应用程序；2.不需要另外支付通信资费；3.使用与手机相同的应用程序UI而不用重复学习；4.使用手机在线升级功能及最新的应用程序；5.可以在车载终端中使用智能手机单核或多核CPU的计算资源。

注：目前华阳集团是国内最早获得APPLE车载影音产品认证的企业。

新技术应用：ADAS

华阳ADAS系统能够有效增加汽车驾驶的舒适性和安全性，实现对司机驾驶控制的支持，主要包括车道偏离报警、前向碰撞预警、交通标志识别、行人识别、全景泊车等子系统。其中极具特色的全景泊车系统通过安装于车头、车尾、车身两侧的4个超广角摄像头和相应的图像处理单元，使驾驶员通过显示屏可以直接查看车身周围360度全景鸟瞰俯视图，可以帮助驾驶员轻松行车和停泊车辆。

产学研合作新思路，分中心平台结硕果

2012年3月26日，由华阳集团与武汉大学联合共建的国家卫星定位系统工程技术研究中心——惠州研究中心正式成立，分中心秉承开放式服务和包容性发展的理念和方针，针对国家北斗卫星导航应用行业的共性关键问题，进行系统化、配套化和工程化研究开发，将不断推出高附加值的新产品，促进华阳集团、惠州市乃至珠三角卫星导航应用产业的蓬勃发展！

分中心成立半年以来，已经向市场推出基于北斗应用的系列产品：

1.其中北斗/GPS双系统车载导航影音系统于2012年9月批量上市。

2.基于北斗导航系统的短报文通讯的北斗RDSS应急终端(Ⅱ)于2013年1月批量上市。

3.其于北斗系统的高精度定位产品研发已尼取得重大突破，预计2013年可以小批量生产。

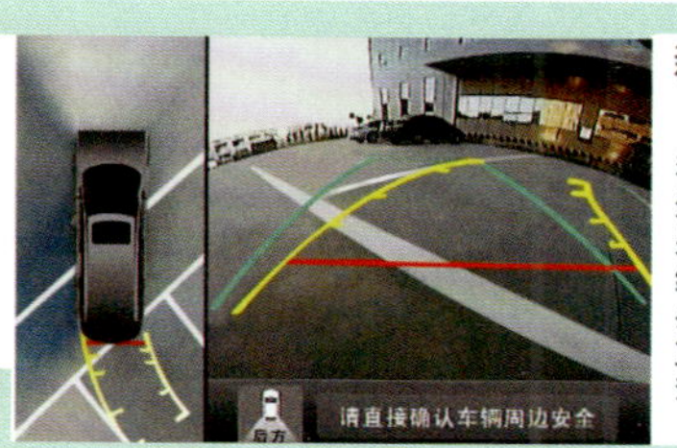

新技术：QNX操作系统

QNX操作系统是加拿大的QNX软件系统公司的微内核实时操作系统，华阳通用利用QNX系统的微内核结构，实时性和高可靠性的特点，主要研发如下技术：

1.系统上电快速响应：加电后100ms内完成响应；

2.开机快速启动：开机1秒启动；

3.汽车关键控制实时性保障，用户操作响应时间保障；

4.高可靠性系统：故障快速重启，关键进程保护，任意时刻断电的数据完整性；

5.基于HTML5的HMI技术；

6.麦克风阵列技术及软件声音处理技术提升语音质量，附带节省成本；

此技术得到国内外主流车厂的热烈响应和期待，并将于2015年研发完成。

东莞市新远高速公路发展有限公司

东莞市新远高速公路发展有限公司是东莞市公路桥梁开发建设总公司下属子公司，于2002年7月16日在原莞深高速公路建设有限公司的基础上组建成立。公司作为东莞市高速公路路网建设的主体承载者，投资、开发、经营、管理东莞市高速公路网。公司投资开发完工项目包括莞深高速公路一、二期及龙林高速公路、常虎高速公路；目前负责常虎高速公路收费运营管理；正在投资建设项目包括莞深高速公路三期、常虎高速公路支线、从莞高速公路等。

上述高速公路建成后，将初步形成以莞深高速为主骨架的呈放射状的高速公路网，为东莞市建成现代国际制造业名城提供强有力的保障。

广州宝兴生物科技有限公司

广州宝兴生物科技有限公司成立于2002年8月，是从事原料种植、生产到销售保健食品的港商独资企业，2012年7月被省科技厅认定为广东省高新技术企业。

公司自2006年成立专门的研发机构以来，研究开发重点项目16项，获得生产工艺专利2项，创新配方新开发的产品7项。

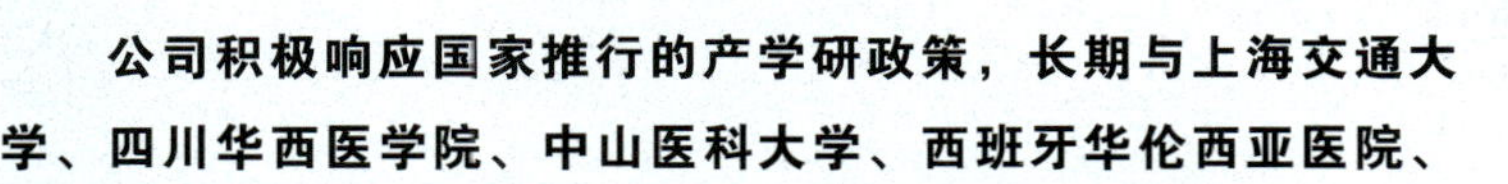

公司积极响应国家推行的产学研政策，长期与上海交通大学、四川华西医学院、中山医科大学、西班牙华伦西亚医院、北京药检所等医药院校互动，并开展项目合作。2010年，公司与广东省食品药品职业技术学校签订协议，作为生物医药产学研结合基地，供学生实习和掌握试验的各种技能。

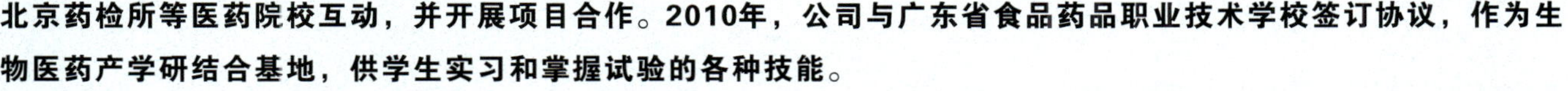

公司经中国医药质量管理协会授牌，在安徽大别山及广东梅州成立了灵芝种植基地，自主投资进行“灵芝培植优化研究”项目，开展了一系列的研究工作。公司还积极参与社会公益事业，积极推动广东省“穗梅对口帮扶工作”的政策，帮助当地农民脱贫致富，促进了当地的经济发展。

广州宝兴生物科技有限公司将一如继往地坚持“优质、高效、安全、环保、诚信”的原则，继续研发更多高质量的天然健康产品，贯彻实践“以科研为本，将健康带给大众，为人民健康服务”的承诺，力争建立高新技术企业示范单位，不断提高自身的创新管理水平。

JANGHO 广州江河幕墙系统工程有限公司

GUANGZHOU JIANGHE CURTAIN WALL SYSTEM ENGINEERING CO.,LTD

高新技术企业
证书

■ 企业简述

广州江河幕墙系统工程有限公司（以下简称“广州江河”）是集产品研发、工程设计、精密制造、安装施工、咨询服务、成品出口于一体的幕墙系统整体解决方案提供商，是中国主板上市公司北京江河幕墙股份有限公司（以下简称“江河幕墙”，证券代码601886）的全资子公司。

广州江河总部设在广州，注册资金2亿元，是中国建筑建材行业首家国际认可CNAS出口企业检测，经广东省科学技术厅认定的专业从事建筑幕墙设计研发、精密制造、生产加工为一体的高新技术企业。广州江河坚持专业化发展战略，依托技术领先、服务领先、品质领先之竞争优势，深耕本土市场，同时坚持国际化经营战略，积极开拓海外市场，市场范围涵盖广东、广西、海南、湖南、湖北、江西、福建和安徽等多个省区以及香港、澳门2个特别行政区，新加坡、马来西亚、澳洲等地区的泛东南亚市场，及以美洲（美国、加拿大）为代表的发达国家市场，以智利为代表的新兴国家市场。

长期以来，广州江河不断致力于人类可持续发展生存环境的建设。在全球迈向低碳时代的今天，广州江河通过积极摸索、持续创新，将“节能减碳”纳入企业发展理念，为构筑绿色建筑、创建节能型生态友好城市而不断努力，广州江河整体解决方案已成功应用于全球上百项大型建筑幕墙工程。近年来，广州江河先后承建了广州珠江城（世界超高层建筑风力发电运用之先河、太阳能利用为超高层建筑之典范）、广州太古汇广场（中国十大新地标综合体）、广州利通广场（获得美国LEED绿色建筑认证）、广州火车南站（世界上最大的客运枢纽）、广州NBA运动大本营、佛山美的大厦、深圳腾讯大厦、深圳金蝶研发中心、海南大厦（海口市新地标建筑）、海南新海航大厦（鲁班奖工程）、南昌绿地广场（江西第一高楼）、湖北建行灾备中心、长沙北辰广场、厦门财富中心（获得美国LEED绿色建筑认证）、澳门新濠天地（全球建筑体量最大的工程之一）、香港理工大学、越南万豪国际会议中心、新加坡金沙综合娱乐城（东南亚投资额最大的综合娱乐城）、马来西亚The Intermark、吉隆坡NAZA、印尼Kota、加拿大One Bloor、智利Titanium等一系列难度大、规模大、影响大的世界顶级幕墙工程，更是成为地标建筑、行业典范。

■ 设计研发

广州江河是中国领先的幕墙系统整体解决方案供应商，多年来一直致力于高性能幕墙产品的研发设计、制造施工、工艺改进与创新等。公司在研发设计、生产制造和施工等主要技术领域已经达到国际、国内领先水平。

公司在广州设有大型建筑幕墙设计研发中心，拥有350多人的专业设计研发团队。其中40多人具有十年以上幕墙设计经验，85人具有六年幕墙设计经验。

公司一直把技术创新视为企业之本，确立了以“技术领先”为主导的市场竞争战略，建立了“研发型、标准型、应用型”三级技术创新体系。凭借创新的企业文化和突出的工程业绩，公司培养了一大批既精通专业又具有丰富实践经验的专家型技术团队。

遵循科技化发展理念，广州江河建立了“应用型、标准型、开发型”研发设计体系，不仅组建了强大的设计研发队伍，还长期与国内外知名设计机构、顾问公司建立了战略合作伙伴关系。在积极引入高端人才的同时，公司建立了完善的项目研发管理体系。技术合作方面，公司先后与SOM、KPF、COX、AREP、中国建筑科学院、清华大学设计院等国内外知名设计机构保持了长期广泛的合作。产品研发管理过程中，公司本着“科学管理、求真务实”的方针，特别注重连贯性、细节性与产品的导向性；在新产品开发前，认真进行客户需求分析，搭建公用基础模块，根据客观的需要采用一步开发方案，保证了科技创新的实用性；建立的知识产权管理体系，为企业长远发展创造了环境。

迄今为止，广州江河已经掌握了包括双层幕墙、预应力索网幕墙、电动开启采光顶、新型人造板幕墙、光电幕墙等数十项核心技术，其中有20余项技术为国内领先、11项技术国际领先。在积极掌握和改进核心技术的同时，广州江河致力于各种科技化和实用型产品的开发，公司目前申请的68项专利中，有43项已取得专利证，25项正在受理。

在硬件方面，广州江河已投入上千万元建立了功能齐备的企业技术中心，并且拥有独立实验室，实验室使用面积为120平方米，检测人员3名，全部本科以上学历；配套国内外先进的科学检测仪器共10余台，设备固定资产总值为660万元，目前是国内同行业规模最大、专业配套性最强、检测范围最大的检测室，同时中心已在2011年8月通过国家级实验室CNAS认证认可的审查。广州江河取得CNAS国家实验室认可资质，具备向社会出具公正准确的检测数据资格，检测结果在国际亚太组织46个经济共同体成员国家中是相互承认的，成为企业国际化进程的一个重要标志。

■ 企业荣誉

科学技术成果证书

经审查核实“太阳能光电幕墙在超高层建筑中的一体化应用”被确认为广州市科学技术成果，特发此证。

完成单位：广州江河幕墙系统工程有限公司

广州江河拥有国家建设部及有关部门核准的建筑幕墙专项设计乙级资质、建筑幕墙工程专业承包一级资质；经中华人民共和国国家质量监督检验检疫总局审定颁发有《全国工业生产许可证》。公司通过了ISO9001质量管理体系、ISO14001环境管理体系及OHSAS18001职业健康安全管理体系三大体系的中英双重认证。

1. 2009年被广东省科技厅、广东省财政厅、广东省国税局和广东省地税局认定为高新技术企业，同年荣获“增城市知识产权示范企业”荣誉称号。

2. 2010年，被授予“2008–2009年度广州市优秀民营企业”荣誉称号；获增城市新塘镇国税分局授予“2009年度重点税源户”荣誉牌匾；由增城市处理劳资纠纷工作领导小组颁发“2008—2009年度增城市创建劳动关系和谐企业AAA级”牌匾。

3. 2011年荣获“2010年度广东省守合同重信用企业”、“广州市创新型试点企业”荣誉称号；由增城市劳动保障协会认定为“增城市劳动保障协会会员单位”；同年9月，取得广东省级企业技术中心认定。

4. 2012年2月取得广州市第四批创新型企业认定；9月通过广东省创新型（试点）企业认定、第一批广州市优势传统制造业转型升级示范企业；连续两年取得广州市民营企业优秀贡献奖。

光荣与梦想同在，责任与使命同行。广州江河将积极变革，，持续创新，全面推进国际化，以构建节能减碳为核心的绿色建筑体系为己任，积极引领世界幕墙行业发展，不断实践“为了人类的生存环境”之企业追求，努力为客户、为股东、为员工创造价值，缔造成功。

KAP 台山市金桥铝型材厂有限公司

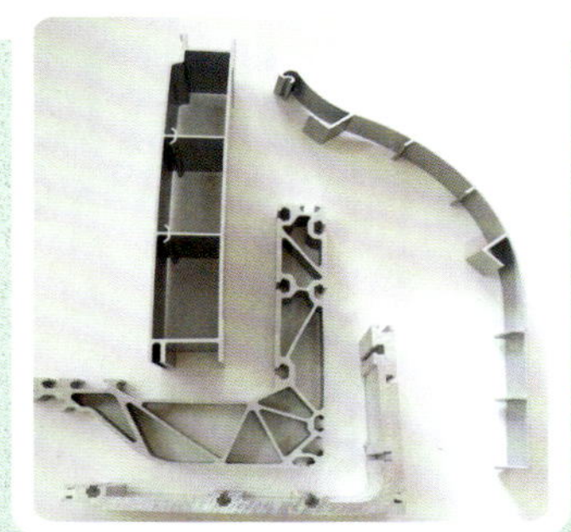

台山市金桥铝型材厂有限公司成立于1983年，位于台山市大江镇石桥工业区，经过30年的不断发展壮大，现占地面积38.9万平方米，建筑面积26.1万平方米。

公司主要生产经营各种铝合金棒、新型铝合金型材和异型材生产及其表面处理和铝质工程及模具制造。产品应用领域包括运输、电子、航天航空、汽车、轨道交通、医疗及耐用消费品等多个行业。时至今日公司已发展成为一家雇员达1900多名员工及拥有一系列先进完善的生产线的国际性铝挤压知名企业，产品远销全球多国。

公司生产能力达10万吨，现有挤压生产线31条，最大吨位为6180吨；表面处理生产线共8条，可提供表面阳极氧化、化学抛光、粉末喷涂、氟碳喷涂等多种处理，同时配套后工序生产的铝制品厂，可提供客户后期生产所需的锯切、钻孔、CNC、焊接、倒角等多种加工。公司多年来通过多项认证，包括：方圆认证、ISO9001产品质量体系认证、ISO14001环保质量体系认证、ISO TS16949汽车产品质量认证、DNV挪威船级社、BV法国船级社、PSB新加坡、德国U认证等。

广 州 分 行

兴业银行广州分行于2000年8月经中国人民银行批准成立，是总行立足广州、辐射珠三角乃至华南地区的重要经营中心。自开业以来，广州分行按照总行确立的“建设一流银行、打造百年兴业”的战略目标，本着“依法经营、稳健经营、文明经营”的原则，依托严格、规范的管理和持续的创新意识，致力于为广东经济提供优质的金融服务。

作为较晚进入广州地区的一家股份制商业银行，兴业银行广州分行经过十多年的不懈努力，各项业务取得长足的发展。截至2012年7月，兴业银行广州分行人员总数已达2400余人，已形成拥有63个网点，机构覆盖广州、佛山、东莞、中山、江门、珠海等地市的服务网络，正在从一家城市分行向立足广州、辐射珠三角、服务全广东的区域性分行转变。

十多年来，广州分行以促进业务发展、扩大经营规模、实现经营效益为目标任务，紧跟市场变化，不断创新业务品种和提高服务水平。目前已形成了机构、零售、财富三个门类较为齐全、具有自身特色的金融产品系列，满足客户多元化的金融需求。

广州分行在自身取得健康快速发展的同时，积极践行社会责任，发展绿色金融，走可持续金融道路，并通过捐资助学等公益活动回报社会。广州分行捐资兴建的“楪村兴业银行希望小学”目前已经投入使用，捐资50多万元的南雄市全安镇苍石村危房改造项目进展顺利。

在新的时期，广州分行将继续秉承“真诚服务，共同兴业”的理念，不断提升经营能力和服务水平，努力打造成为现代化精品银行，以更加积极的姿态投身到广东经济发展的浪潮中，全力支持广东珠三角一体化建设，以及广东省委、省政府提出的“三促进一保持”和“双转移”工作，为广东政府、企业、百姓提供更为优质的金融服务。

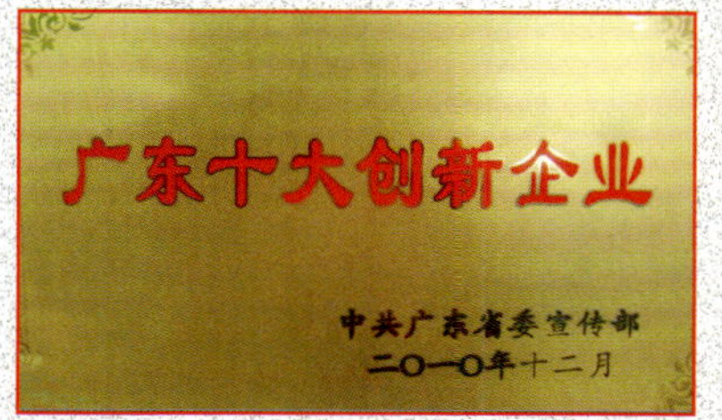

中兴通讯股份有限公司

中兴通讯是全球领先的综合通信解决方案提供商。公司通过为全球140多个国家和地区的电信运营商提供创新技术与产品解决方案，让全世界用户享有语音、数据、多媒体、无线宽带等全方位沟通。公司成立于1985年，在香港和深圳两地上市，是中国最大的通信设备上市公司。

中兴通讯拥有通信业界最完整的、端到端的产品线和融合解决方案，通过全系列的无线、有线、业务、终端产品和专业通信服务，灵活满足全球不同运营商的差异化需求以及快速创新的追求。2011年，中兴通讯实现全年营业收入862.54亿元，同比增长23.39%，增速位居行业首位。其中，国际市场实现营收467.58亿元，占整体营收的54.21%，同比增长24%。中兴通讯系统设备已全面服务于全球高端市场的顶级运营商，智能终端增速强劲，已跃居全球第四大手机厂商。

中兴通讯坚持以持续技术创新为客户不断创造价值。公司在美国、法国、瑞典、印度、中国等地共设有18个全球研发机构，近3万名国内外研发人员专注于行业技术创新，2011年中兴通讯PCT国际专利申请量跃居全球企业第一位，国内发明专利授权量与申请量也均列国内企业第一位。公司依托分布于全球的107个分支机构，凭借不断增强的创新能力、突出的灵活定制能力、日趋完善的交付能力赢得全球客户的信任与合作。

中兴通讯为联合国全球契约组织成员，坚持在全球范围内贯彻可持续发展理念，实现社会、环境及利益相关者的和谐共生。中兴通讯运用通信技术帮助不同地区的人们享有平等的通信自由；将“创新、融合、绿色”理念贯穿到整个产品生命周期，以及研发、生产、物流、客户服务等全流程，为实现全球性降低能耗和二氧化碳排放不懈努力。中兴通讯还在全球范围内开展社区公益和救助行动，参加了印尼海啸、海地及汶川地震等重大自然灾害救助，并成立了中国规模最大的“关爱儿童专项基金”。

未来，中兴通讯将继续致力于引领全球通信产业的发展，应对全球通信领域更趋日新月异的挑战。

广东超华科技股份有限公司

覆铜板车间现场

广东超华科技股份有限公司主要从事印制电路板（PCB）、覆铜板（CCL）及其上游相关产品电解铜箔、专用木浆纸等的研发、生产和销售，是PCB行业中少数具有纵向一体化产业链的生产企业之一，已经形成了从电解铜箔、专用木浆纸、印制电路专用油墨、CCL到PCB为客户量身定制特殊要求、在业内享有盛誉的“超华模式”。

超华科技被科技部认定为“国家火炬计划重点高新技术企业”；被广东省科技厅认定为“国家高新技术企业”；被广东省科技厅、省发展改革委、省经济和信息化委、省国资委、省知识产权局、省总工会联合认定为第五批“广东省创新型企业”。其“M”商标被广东省工商局认定为“广东省著名商标”；2009年广东省科技厅、省发改委、省经济和信息化委等部门联合批准公司组建“广东省电子基材工程技术研发中心”。公司通过了ISO9001：2008、TS16949：2009的质量管理体系认证，产品通过美国UL认证以及CQC质量认证与SGS环保认证，同时积极推行ISO14001环境管理体系。

超华科技坚持稳定实施纵向一体化的产业链滚动发展战略，逐步实现企业自身的完整配套，充分发挥产业链优势，打造PCB产业民族品牌，使公司成为国内一流的综合性、专业性兼备的PCB产业集团。

2009年9月3日，超华科技在深交所上市，股票代码002288，成为庞大的电子基材行业里屈指可数的上市公司之一。借助资本市场的平台，极大地提升了公司的综合竞争力，从同行业数千家公司中脱颖而出，进入了一个全新的发展阶段。

2011年6月，超华科技控股广州三祥多层电路有限公司，扩充了双面、多层及铝基电路板的生产能力。2012年3月，超华科技控股的广州三祥多层电路有限公司全资收购专业制造双面、多层、柔性电路板的梅州泰华电路板有限公司，进一步扩展产业链、整合资源、降低成本和提高盈利水平。

行政办公大楼

茂名高岭科技有限公司

茂名高岭科技有限公司(MMK)是一个集超细粉体涂料高岭土产品研制开发、生产经营于一体的广东省优秀高新技术企业。位于广东省茂名市茂南区山阁镇，距茂东火车站、茂名港（水东港）分别为15km、35km，距湛江机场也只有1小时车程，交通运输方便，运输方式可以海陆联运，或者铁路公路运输。

公司注册资金7151万元，固定资产11271万元，拥有占地650亩、高岭土矿储量超过1500万吨的矿山，现有员工711人（其中高中级职称工程技术人员106人），厂房面积41500m²，有四条涂料高岭土生产线（其中三条粉状产品生产线，一条膏状产品生产线），生产能力为30万吨/年。

公司最近陆续开发了M01高光泽造纸涂料高岭土、M02高白度高岭土和M03高岭土、MM01超细高岭土、MM02剥片高岭土。其中，2001年“M01高光泽造纸涂料高岭土”产品被评为广东省重点新产品、国家重点新产品；2004年6月“MM01超细高岭土”项目被评为茂名市科技进步奖一等奖、广东省科技进步奖三等奖；2004年“MM01超细高岭土”项目被列入了广东省重大科技专项项目；2005年7月“MM01超细高岭土”项目被列入了国家火炬计划项目；2006年“六角”商标被评为广东省著名商标。MMK以茂名高岭土工程技术研究开发中心为平台，与中国地质大学、苏州非金属矿工业设计研究院进行广泛合作，取得了丰硕的成果。MMK公司是现在国内最优秀的造纸用高岭土产品的生产及服务的企业。

惠州市昌亿科技股份有限公司

◆惠州市昌亿科技股份有限公司专业从事高分子新材料的研发、生产和销售。

◆昌亿产品涵盖十二大领域的高端科技新材料，广泛应用于航空、航天、国防军工、高速列车、汽车、自动发电机组、电子式电表、水表、仪表、家用电器、LED灯、折叠凳、体育用品等。

◆申报国家专利28项，获得知识产权专利10项（其中发明专利7项、实用新型专利2项、设计专利1项）。

◆2012年申报国家工商总局注册商标八大类，涵盖53项。

◆2012年被认定为广东省民营科技企业。

◆2012年被认定为广交会全球合作伙伴。

◆2012年被认定为广东省塑料协会改性塑料专业委员会副会长单位。

◆2012年组建惠州市特种功能复合材料工程技术研究开发中心。

◆2012年科技项目“聚碳酸酯/ABS合金塑料制备及应用”获得广东省科技型中小企业技术创新基金项目立项。

◆2012年科技项目“高性能改性聚碳酸酯合金材料研究”获得惠阳区科技计划项目立项。

◆昌亿和暨南大学、华南师范大学、中山大学等多家高校联合开展产学研项目，与北京化工学院专家合作研发高端复合材料。

◆昌亿关联公司：惠州市昌亿塑料制品有限公司、惠州市绿茵泉贸易有限公司、香港威盛贸易发展公司、惠州市小巨人体育文化发展有限公司。

◆昌亿产品畅销于印度、丹麦、意大利、韩国、俄罗斯、泰国、新加坡、美国、德国等全球40多个国家。

◆昌亿放眼全球、团结一致、满怀信心、迎接挑战，打造出一个世界级的百年企业品牌！

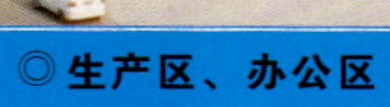

◎生产区、办公区

◎展厅

电话：4007881182　0752-3957112
地址：广东省惠州市惠阳区镇隆镇皇后村
传真：0752-3957766
http：//www.hzchangyi.com
邮编：516227
E-mail：hzchangyi@126.com

FSL®佛山照明

用　心　照　亮　世　界

佛山电器照明股份有限公司

佛山电器照明股份有限公司成立于1958年，是全国电光源行业大型骨干企业，国务院批准的机电产品出口基地，享有自营出口业务经营权。自1990年以来，公司连续入选全国经济效益最佳的500家大中型工业企业，位居全国电器及机械制造业第一名；是全国电光源行业中规模最大、质量最好、创汇最高、效益最佳的外向型企业；光源产品总产量、出口创汇、净利润、人均劳动生产率等主要指标均居全国同行首位。在全行业中也是唯一一家能与国际著名三大照明公司（美国GE、荷兰PHILIPS、德国OSRAM）产品竞争的国家民族工业企业。

公司以生产制造各种高效节能电光源产品为核心，主要分为发用灯、机动车灯、气体放电灯三大系列，40%的产品出口到欧美、东南亚等20多个国家和地区，国内也到处可见“佛山照明”产品。公司生产的各系列高效节能产品以高质量、低成本和合理的售价震撼全国市场，博得了用户的好评。在公司主营的3个名牌电光源产品中，“FSL”商标被评为中国驰名商标，在国内、国际市场上均享有“中国灯王”的美誉。

公司拥有全球最新产品及技术，具备完善、高效的动作系统和生产管理体系，致力于全球电光源市场开发及服务，为客户提供世界一流的产品及服务。

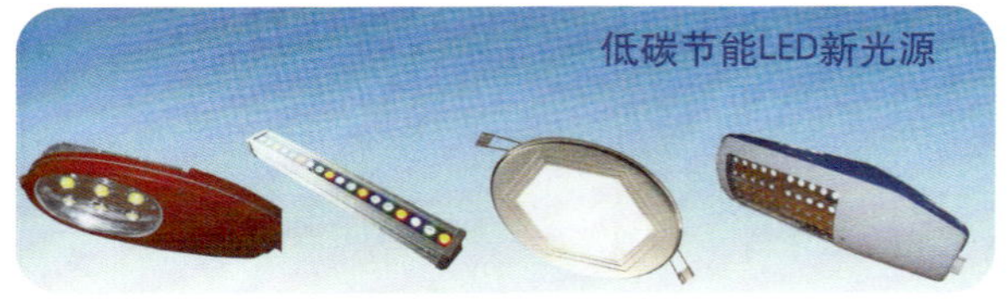

以科学的管理，先进的技术，为顾客提供优质的产品，最佳的服务。

钟信才

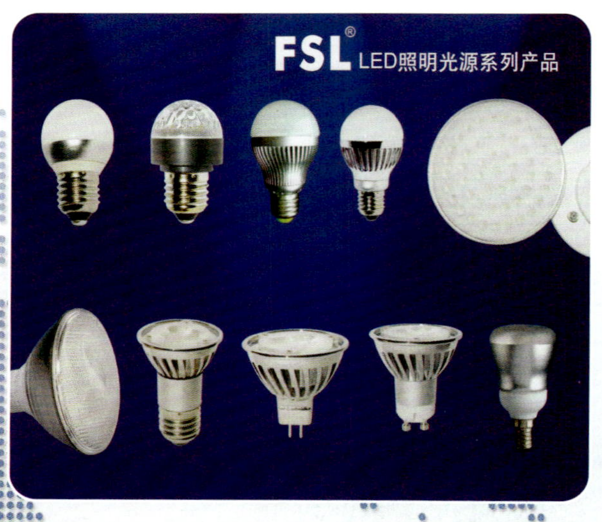

佛山电器照明股份有限公司

佛山电器照明股份有限公司
地址：广东省佛山市汾江北路64号
电话：0757-82813838
传真：0757-82816276
网址：www.chinafsl.com
邮箱：gzfsligh@pub.foshan.gd.cn

广东省交通集团有限公司

京珠北高速

西部沿海高速三合围沙心涌大桥

广东省交通集团有限公司是经广东省委、省政府批准组建的一家大型国有资产授权经营企业集团，组建于2000年6月，目前已初步形成以高等级公路投资、建设、经营及汽车客货运输和现代物流业为主营业务，以工程施工和科研、检测、设计、监理为配套产业，经营范围覆盖粤港澳三地，产业链完整，具有较强核心竞争力和产业竞争优势的规模化、集约化集团式企业。截至2011年底，集团注册资金268亿元，纳入年度财务决算报表合并范围的企业共170户，总资产1816亿元，综合实力稳居广东企业50强和中国企业500强。

自组建以来，广东省交通集团致力于国家和广东省规划的高速公路主骨架项目的投资、建设与经营，累计投资、控股的高速公路通车里程已达3328公里，约占全省高速公路通车总里程的70%，打造了已荣膺广东省“模范建设工程”“廉洁工程”称号的广东开阳高速公路、荣获中国土木工程“詹天佑”奖的渝湛高速公路（粤境段）为代表的一大批精品工程，充分发挥了高速公路对经济社会发展的支撑、保障和引导作用。

广东省交通集团积极引进和培育人才，学历结构不断提高。近5万从业人员中，专业技术人才占管理团队人数比例的55%，本科及以上学历人才占65%，人才队伍以中青年为主，人才结构呈现出知识化、年轻化的特点。广东省交通集团不断推进企业文化发展，精神文明建设成果丰硕，先后获得26个全国“五一”劳动奖状等省级以上集体奖项；42人次获得“全国劳动模范”等省级以上个人奖项。

广东省交通集团2011年研究与开发投入达3.9亿元，在材料研发、工艺工法、软件开发等重点领域构建3个省级企业技术中心和1个研发中心。全年共有54个科研项目获得省交通运输厅的立项，多项科研成果获得奖项：利通广场项目获得全国建设项目管理成果一等奖和广东省钢结构工程金奖；“珠江黄埔大桥建设成套技术研究”获得广东省科学技术奖二等奖，有4个项目获得三等奖；有9个项目分别获得中国公路学会科学技术奖一、二、三等奖。

展望未来，作为广东高速公路建设和经营的排头兵，广东省交通集团将把握“加快转型升级，建设幸福广东”的新方向，立足广东，面向泛珠三角区域及东南亚地区，以高速公路为核心产业，大力发展汽车运输和现代物流业，积极培育新的经济增长点，充分利用全省规模最大的路产和较为丰富的运输资源等优势，用于探索、不断创新，力争成为主业突出、核心竞争力强、国内外知名度高的交通基础设施产品和服务供应商。

虎门大桥

董事长致辞:

十余年磨一剑，铭康人从未停止过追求卓越的脚步，一路风雨兼程，且行且歌；

心存责任，铭康人从点滴做起心怀社会；

追求卓越，铭康人从细节做起志向高远；

操守严谨，铭康人从标准做起质量为本；

创新为先，铭康人从品质做起放眼未来。

广州铭康生物工程有限公司

公司概况

广州铭康生物工程有限公司（以下简称“铭康生物”）成立于2000年，是一家致力于生物技术新药研发与生产的高科技公司，注册资金7861.68万元，产业化基地位于广州科学城金峰园路生物园区，占地35837平方米。

公司管理团队在生物新药研发、生产、质量控制、工程管理及公司财务运作、人力资源管理等方面经验丰富，技术团队在动物细胞培养和蛋白分离纯化领域有着丰富的经验。

企业荣誉

铭康生物以“铭记社会责任，关爱人类健康”为宗旨，心怀崇高使命，重视药品质量，关注技术创新，旨在以先进技术和优质产品回馈社会，成为国际一流的生物制药企业。在公司铭复乐的研发过程中，相关技术先后获得国家“十五”重大科技专项、“十二五”重大科技专项“重大新药创制”、广东省粤港招标项目、广州市重大科技攻关和广州开发区科技项目等立项，获得资助累计愈千万元。目前，公司已拥6项国家发明专利，2项美国专利申请。公司先后被广州开发区、萝岗区评为“2007年度劳动保障诚信企业”、“2009年度劳动关系和谐企业”、“2009—2012年度先进集体”。

产品简介

公司的主要产品铭复乐是一种用于急性心肌梗塞溶血栓急救治疗的生物技术新药，已在以北京阜外心血管病医院为牵头医院的全国13家医院完成了临床试验。结果显示，其安全性和有效性优于进口对照药，应用前景广阔。值得一提的是，铭复乐在给药方式上突破了其他溶栓药需静脉滴注的缺陷，实现了一次性静脉推注给药，一针救命，成为迄今最适于急救的溶血栓药物。铭复乐的成功开发，填补了我国利用动物细胞表达生产重组t-PA的空白，成为重组t-PA20多年开发历程的重要里程碑。

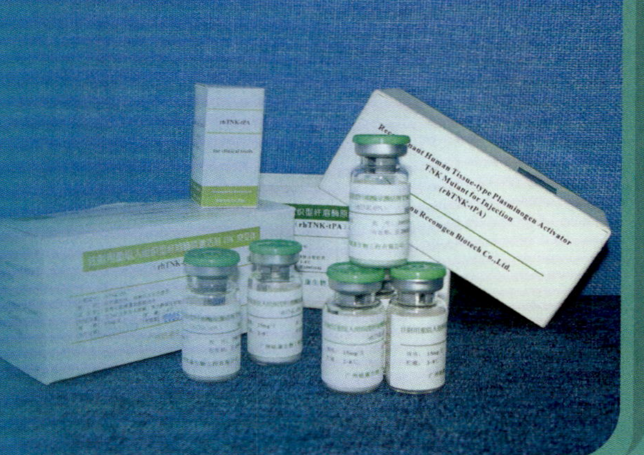

中国建筑第四工程局有限公司

CHINA CONSTRUCTION FOURTH ENGINEERING DIVISION CORP.LTD

叶浩文董事长在人民大会堂
获颁国家技术发明奖

国家技术发明奖证书

中建四局
项目管理达标手册

广州西塔

中国建筑第四工程局有限公司（以下简称“中建四局”）是全球最大建筑施工企业中国建筑股份有限公司旗下直属的拥有房屋建筑工程施工总承包特级等多项资质的国家大型综合性施工企业，是广东省目前唯一一家通过房屋建筑施工总承包特级资质的企业。

中建四局从六十年代成立以来，已经发展成为拥有建筑科研开发、勘察、设计、施工、检测为一体的国有大型建筑工程总承包特级企业。“十一五”期间，中建四局以高端的产品定位、先进的经营理念、创新的科技手段、细化的管理方法为企业持续发展奠定了坚实的基础。

深圳京基100

2011年，中建四局合同额、营业额和利润额分别约为600亿元、350亿元和15亿元，以中建四局为主的中建系统在广东地区完成建筑业产值达463亿元，约占全省建筑业产值的10%。

广州东塔

长期以来，中建四局注重科研开发工作，并取得丰硕成果。公司先后承接了大量国内具有影响力的超高层建筑和城市综合体项目，积累了丰富的施工技术经验。中建四局叶浩文董事长牵头研发的“超高层智能化整体顶升工作平台及模架体系”荣获国家技术发明奖，填补了模架体系的空白。在项目管理方面，由中建四局制定的项目管理达标考评办法体现了法人管项目和标准化的管理理念，是简洁、实用、能执行且具有创新性的项目管理方法。

在企业改革发展中，中建四局逐步形成了“房建主业、基础设施建设、房地产开发”三大支撑的经营格局，进入了优质高速发展通道；尤其在房建领域，连续承建了大量“高、大、精、尖”项目以及多个城市的第一高楼，在国内超高层建筑领域成为业界领先的施工企业。在全国目前已建成的三栋超高层建筑中，其中就有两栋为中建四局承建完成。

地址：广州市天河区科韵路16号广州信息港B座5-6楼。 网址：www.cscec4b.com.cn 电话：020-38119800

世纪龙信息网络有限责任公司

云 通讯录
聚 集你的人脉

最强大的手机邮箱

IOS版本下载地址：
http://3g.21cn.com/app/web/yun.html

Android版本下载地址：
http://3g.21cn.com/download/weimail/weimail.apk

Android版本下载地址：
http://3g.21cn.com/download/cloud/cloud.apk

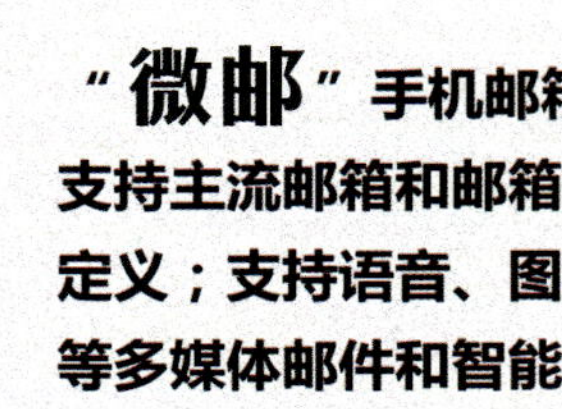

"微邮"手机邮箱，支持主流邮箱和邮箱自定义；支持语音、图片等多媒体邮件和智能语音输入；支持将手机内的照片和应用快捷分享给朋友。

云通讯录帮您便捷管理个人关系网。朋友、同事、亲人的手机号码，只要存在云通讯录，就能随时随地查看和使用。不仅能下载到手机保存，还能马上传给其他手机。用户也可通过权限设置，对通讯录进行有限的共享，保障私密性，安全可靠。

多邮箱登陆
邮件对话
快捷分享
云端通讯录
邮件统计 附件管理
密码保护

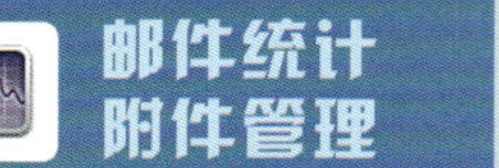

特色①： 名片智能云搜索
特色②： 我的通讯录一键发送
特色③： 通讯录快捷下载
特色④： 您专属的云名片

中科华核电技术研究院有限公司

◎ 基本状况

中科华核电技术研究院成立于2006年11月8日，注册资金5.8亿元，拥有近1000名科技人员，年产值9亿元，是中广核集团公司的全资子公司，中广核集团的技术中心（通过国家级企业技术中心认定），具有国家能源局认定的3个研发中心。

◎ 定位目标

中科华核电技术研究院以解决我国核电工程建设、生产运营中的应用技术问题为己任，以共用技术能力建设为基础，以推进核电技术的自主创新为宗旨，以提高核电机组的安全性、可靠性、经济性为目标，最终将研究院建成以核电运营技术为重点学科方向，集核电基础技术研究、应用技术研究、技术支持服务为一体的国家级一流研究院，成为我国核电科技创新体系的重要组成部分。

◎ 机构组成

研究院下设7个职能部门：总经理办公室、科技管理部、财务部、综合管理部、审计部、安全质保部、法律事务部。3个专业中心：核燃料研发设计中心、反应堆工程设计研究中心、电站工程改造研究中心。下辖2个分公司：北京分院、上海分院。以及4个子公司：中广核（北京）仿真技术有限公司、江苏银环精密钢管股份有限公司、宝银特种钢管有限公司、北京中法瑞克核仪器有限公司。

◎ 业务领域及研究方向

主要业务涵盖堆芯设计、先进燃料管理、安全分析、源项计算与评价、环境影响评价、严重事故、核燃料循环研究、概率安全评价、核事故应急管理、电站役前和在役检查技术支持、设备监造、材料留样、工艺评定、设备鉴定、金属材料性能评估、设备运行状态评估、强度评估、寿命评估与老化管理、工程改造、运行评估、经验反馈、根本原因分析、运行与维修优化、热能动力、信息技术、全范围仿真机开发、先进核能技术跟踪研究、风能及太阳能等新能源技术跟踪研究等相关技术领域。

▲核电站核反应堆

◀中广核集团核电基地之一

東高国砖
DongGao

广州市中新塑料有限公司

NEW CENTER

广东省认定：

企业技术中心

广东省守合同重信用企业

广东省制造业百强企业

广州市中新塑料有限公司成立于1981年，专业从事研究开发、制造、销售汽车零部件、车身件、内外饰件，是一家集产品设计研发与制造于一体的综合性生产技术型企业。本部坐落于风景秀丽的广州东部增城中新镇，毗邻广州“中新知识城”，分别建立武汉中新、海南中新、新塘工厂、长沙中新等分公司。

公司始终秉承“内求团结完善，外求和谐发展”的企业理念，坚持“质量第一、顾客至上、科学管理、精益求精”的质量方针，服务于广汽本田、广汽丰田、东风本田、东风日产、广汽乘用车、广汽菲亚特、广汽三菱等知名汽车厂家。多年来，中新公司在行业内的市场占有率稳居前茅。

公司为国家级高新技术企业，依托广东省级企业技术中心、汽车内外饰件重点工程技术研发中心，不断进行技术创新，形成了从产品设计研发、模具设计制作、注塑、吹塑、热压、喷涂、装配等环节在内的完整产业链，为客户提供在安全、节能、环保、舒适性及个性化用户需求等方面领先的产品。

公司将以“打造百年企业”为奋斗目标，积极促进“中国制造”向“中国创造”的转变，努力为中国汽车零部件产业的发展贡献力量。

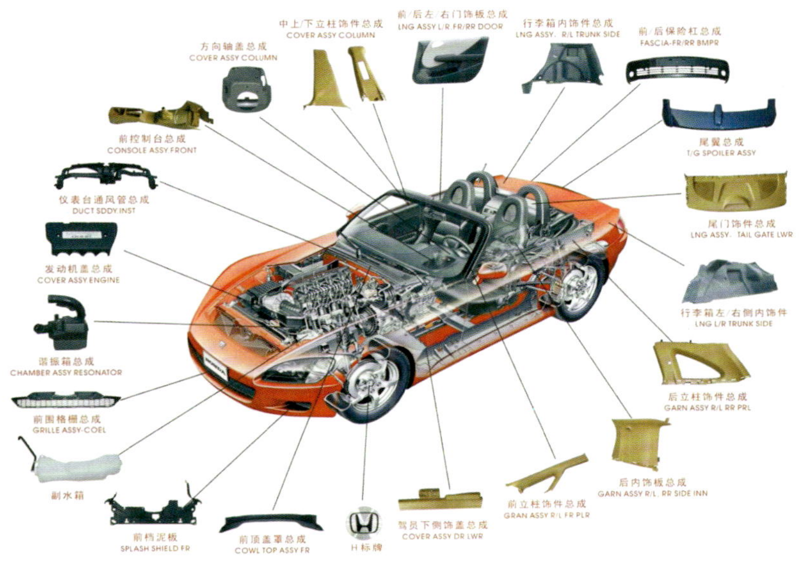

广东东阳光铝业股份有限公司

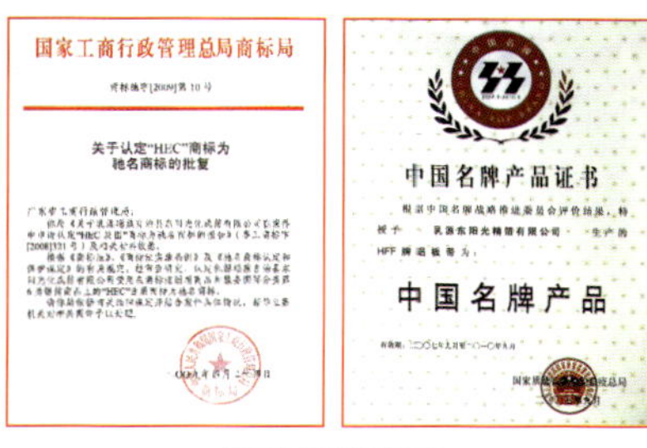

相关荣誉证书

化成箔 是铝电解电容器的关键原材料，是重要的电子功能材料。公司现有生产能力3000万平方米，国内产品市场占有率达30%以上，产能世界第一。

铝电解电容器 是电子线路中不可缺少的基础元件，应用领域十分广泛。公司具备大电解电容器8000万只/年、小电解电容器10亿只/年的生产能力。公司是国内最大的φ16以上高压大电解电容器生产基地，处于国内领先地位。

广东东阳光铝业股份有限公司（股票代码：600673）是集精铝冶炼、高精铝板带箔加工、铝电解电容器用电极箔生产、铝电解电容器制造，涵盖磁性材料、氯碱化工等产品的科研开发、生产、销售为一体的高科技民营股份制企业，旗下有11家二级子公司、2家三级子公司。

公司拥有全球范围内高精铝冶炼→铝板带箔加工→铝电解电容器用电极箔生产→铝电解电容器制造的最完整、整体水平最高的铝及铝合金压延加工及材料制备产业链，是国内最大的电子光箔、化成箔、亲水箔以及Φ16以上的大电容生产基地，是国内同行业的领军企业，占据同行业的主导地位。

多年来，东阳光铝本着“追求卓越的品质和服务、追求最好的信誉和伦理，追求最佳的发展和效益”的经营管理理念，制定了“突出铝业，发展磁材，依托主导产业，运筹资本经营，开拓内外市场，创造最佳效益”的发展战略，以高性能铝板带箔加工为龙头，以化成铝箔和亲水铝箔为两翼，配套电子元器件相关产业，形成了健全完整的产业布局，为公司持续发展提供了坚实基础和源源不断的动力。

公司拥有完善的科研基础设施和科研团队，依托广东省省级企业技术中心、人力资源和社会保障部批准设立的“博士后科研工作站”、与华南师范大学联合建立的“节能环保新材料工程研究开发中心”等科研机构，开展新工艺、新产品、新材料的研究开发，突破了一批制约行业发展的核心技术，如高压高比容腐蚀箔生产技术的集成研究与产业化、高性能低压阳极铝箔及其高效生产技术研发与产业化、KT1200超薄空调铝箔及其生产技术的研究开发与应用等，为整个行业的技术进步做出了巨大的贡献。

公司追求“与时俱进、快速反应、满足市场、永续经营”的创新机制，以“奉献社会、实现自我、幸福家庭”为经营宗旨，秉承“空谈误事、实干兴业”的创业精神，逐步形成了企业不断创新的文化氛围。公司以雄厚的研发实力和以自主创新为主、并坚持走以产学研合作道路的研发体系创造了高品质的产品，奠定了行业的主导地位，建成全国最大、技术领先的化成箔和亲水箔生产基地，已成为格力、美的、松下、三星、飞利浦、柯达等国内外著名厂家的重要供应商。

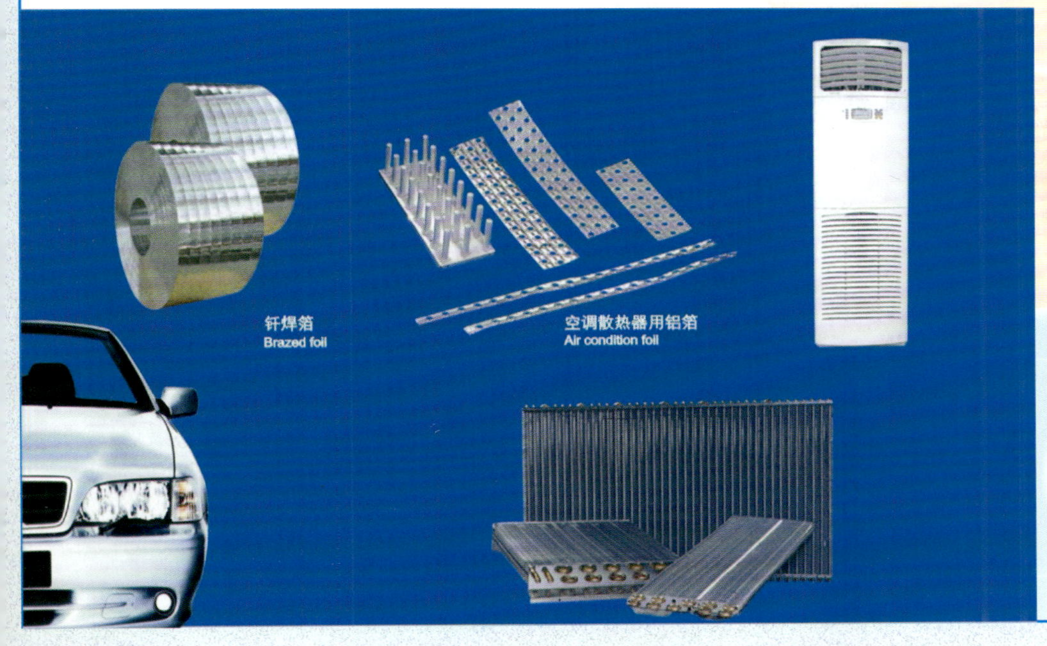

高精铝板带箔 电子产品专用铝箔主要包括中高压、低压阳极铝箔和负极箔等。

2012年，东阳光铝共生产全系列电子光箔20000吨，产品在国内市场占有率达到40%，与日本昭和、新疆众和成为世界前三位电子光箔供应商，电子光箔产量已超过新疆众和，位居国内第一。

中国科学院南海生物医药科技产业中心

广东生物医药产业基地

广东生物医药产业基地研发孵化区二期

一、产业基地概况

广东生物医药产业基地总体规划占地面积约6000亩，地处华南地区重要的交通枢纽“广佛都市圈”核心地带，毗邻南海大学城与南海大沥仙溪湖边，环境优越，配套完善。

产业基地由“孵化中心、产业化基地、展贸中心、康健体验区、综合配套区”五个功能组成，广纳全球各类生物医药科技研究项目、团队和企业，积极鼓励和支持各类生物医药产业的技术研究、开发、创新和产业化。

产业基地是“2012年广东省重点建设项目”“广东省生物医药产业发展‘十二五’规划重点建设项目”，2012年获得“广东省科技企业孵化器”“广东（南海）生物医药产业化基地”称号。

广东生物医药产业基地总体规划图

二、产业定位

将佛山市和南海区战略性新兴产业生物医药产业培育成区域重要的支柱产业；建设中国科学院生物医药领域最重要的技术转移中心和成果转化基地，最终建设成为“国内知名、华南一流”的生物医药产业园区及健康产业基地。

优先发展新型医疗器械、高端健康品和现代中药。

重点培育生物制品、化学药制剂。

大力发展医药研发外包服务、高端特色诊疗服务、生物医药展贸、分销、现代物流等。

三、服务平台

产业基地包括八大平台：公用仪器中心、检验检测平台、动物实验平台、GMP中试基地、药物临床前安全评价中心、科技成果转化交易平台、投融资平台、人才服务体系平台。

四、扶持政策

享受国家、省、市、区有关扶持政策。

1. 产业扶持：产业化项目给予投资奖励（100万~200万元）、技术开发专项补贴、场地租金补贴、技术创新扶持、融资扶持等；孵化项目给予资金、场地、平台方面的扶持和优惠等。【南府〔2012〕168号】
2. 人才创业团队：给予最高300万元的创业扶持资金。【南府〔2012〕9号】
3. 企业上市：最高可超过1000万元奖励等。【南府〔2011〕226号】
4. 知识产权质押贷款贴息：提供35%的利息补贴等。【南府〔2009〕76号】
5. 品牌战略与自主创新：最高200万元奖励。【南府〔2012〕85号】
6. 产学研补贴：贷款贴息、补贴等。【南府办〔2007〕195号】
7. 科技型中小企业创新项目：无偿资助、贴息贷款等。【南财工〔2010〕82号】

中国南方生物医药城产业化基地（一期）

广东科技年鉴

二〇二二年卷

广东省科学技术厅 编

广东省出版集团
广东人民出版社
·广州·

图书在版编目（CIP）数据

广东科技年鉴．2012年卷/广东省科学技术厅编．—广州：广东人民出版社，2013.8

ISBN 978－7－218－09008－5

Ⅰ．①广…　Ⅱ．①广…　Ⅲ．①科学研究事业—广东省—2012—年鉴　Ⅳ．①G322.765－54

中国版本图书馆CIP数据核字（2013）第206717号

GUANG DONG KE JI NIAN JIAN　2012　NIAN JUAN

广东科技年鉴（2012年卷）

广东省科学技术厅编

出 版 人：曾　莹

责任编辑：段太彬
封面设计：于俊红
责任技编：周　杰

出版发行：广东人民出版社
地　　址：广州市大沙头四马路10号（邮政编码：510102）
电　　话：（020）83798714（总编室）
传　　真：（020）83780199
网　　址：www.gdpph.com
印　　刷：广州市快美印务有限公司
书　　号：ISBN 978－7－218－09008－5
开　　本：889mm×1194mm　1/16
印　　张：34.75　**插页：**85　**字数：**1370千
印　　数：4000册
版　　次：2013年8月第1版　2013年8月第1次印刷
定　　价：300.00元

《广东科技年鉴》编辑部（广东省科技信息中心）
地址：广州市连新路171号3号楼5楼508室
电话：（020）83517396　　网址：www.gdstic.cn

如果发现印装质量问题，影响阅读，请与承印公司（020－61300400）**联系调换。**

编辑说明

一、《广东科技年鉴》是广东省科学技术厅主编的综合性科技年刊和资料性工具书，其编辑部设在广东省科技信息中心。该年鉴1992年创刊，每年出版一卷，旨在全面、系统、准确地记录广东省的科技工作、科技进步情况，为各级政府制定科学决策、科研企事业单位制定发展战略提供依据和参考，为广大读者了解和研究广东科技事业提供信息资料和数据。

二、《广东科技年鉴》采用分类编辑法，主体内容设篇目、类目、分目、条目四个层次，以条目为基本单元。2012年卷共设12个篇目，42个类目，171个分目。全书条目的标题统一用宋体加【】表示，个别包含多方面资料的条目则在文内用楷体标题表明各段资料的主题。

三、《广东科技年鉴》(2012年卷)在保持基本框架相对稳定的前提下，对部分内容进行了更新、调整、充实。其中："产学研合作"类目调整分目设置，以求更全面、清晰地反映产学研的各项工作；"相关产业发展"类目按照广东省大力发展的八大战略性新兴产业来设置分目；"地市科技概况"类目各地市的排序以广东省人民政府网各地市的最新排序为准。

四、《广东科技年鉴》(2012年卷)主要记录2011年度广东科技工作的新进展，部分内容和数据涉及2011年度前的情况，以求查阅和对比方便。

五、本年鉴记事的起止时间为2011年1月1日至12月31日，凡未明确标注年份的内容，均指2011年。

六、本年鉴所刊载的内容和资料，分别由有关省直单位、高等院校、科研院所、企事业单位、各地级以上市科技局、省科技厅机关各处室及厅属各单位提供，并经各级主管部门审定。

七、本年鉴统计数据均经撰稿单位与统计部门核对，某些对应指标数据在上卷刊出后作了调整的，以本卷刊出的数据为准；标点符号、数字用法、计量单位和各种专业术语等，依照国家编辑出版规范和行业规定。

八、为避免交叉重复，部分稿件内容经综合归类合并后，采用联合署名；有的在编排时进行详略处理，注明详见某处；对部分机构、会议、活动、文件等名称，在本分目首次出现使用全称，以后出现使用简称。

九、《广东科技年鉴》(2012年卷)的编纂出版得到了各有关单位、撰稿人及社会各界的大力支持，在此深表谢意。本书疏漏之处，敬请广大读者批评指正。

广东科技年鉴编辑部

2013年6月

《广东科技年鉴》（2012 年卷）
编辑委员会

编辑部

目　　录

研究、开发及科技成果产业化

现代产业体系建设

农业科技发展

社会发展领域科技进步

科技发展资源、环境和条件

科协、科技社团及科技普及、宣传

区域科技创新发展

附　　录

Table of Contents

Overview

Scientific Policies and Regulations and Soft Science Plans

Private-owned Industry Science and Technology Economical-Development

Science and Technology Innovation System Construction

Research and Development, Industrialization of Science and Technology Achievements

Construction of Modern Industrial System

Agriculture Science and Technology Development

Science and Technology Development of Society

Science and Technology Development Resources, Environment and Conditions

Science Association, Organizations and Science and Technology Popularization and Promotion Work

Regional Science and Technology Innovation Development

Appendix

综述

广东科技工作综述

2011年，广东科技工作以科学发展观为指导，牢牢把握“主题主线”和加快转型升级、建设幸福广东的核心任务，坚持“大科技、大开放、大合作”的发展思路，深入推进协同创新，推动科技工作不断取得新进展、新成效，全省科技综合实力大幅提升，区域创新能力综合排名稳居全国第2位，重大科技成果加速涌现，全省技术自给率、高新技术产品产值、专利申请量和授权量、获国家科技奖励项目数等再创历史新高。科技对经济社会发展的支撑引领作用不断增强，创新型广东建设步伐明显加快，实现了“十二五”时期良好开局。

【自主创新能力建设】 2011年，广东科技综合实力继续稳居全国第1梯队，区域创新能力综合排名连续4年位居全国第2，创新绩效等指标位居全国首位。全省加快实现从对外技术依赖型向技术自给型转变，技术自给率达66.8%。科技投入继续增长，全省研发（R&D）经费达1 045.49亿元，R&D投入占GDP比重达1.96%。创新人才队伍不断发展壮大，全省R&D人员达38万人，比上年增加3.5万人。全省共获国家各类科技经费突破40亿元，再创历史新高。获国家自然科学基金经费超过10亿元，基础研究水平和原创性能力建设实现了质的飞跃。专利产出稳步增长，2011年，全省发明专利申请量和授权量分别达52 012件、18 242件，增长27.27%和33.23%，位居全国第2和第1。全省专利密度位居全国第1，达562.3件/百万人，是全国平均水平的2.37倍。PCT国际专利申请受理量连续8年位居全国第1，占全国的一半以上。国家科技奖励工作再获佳绩，全省有34项成果获得国家科学技术奖，以广东为第1完成单位及完成人的获奖项目有16项，其中国家自然科学奖二等奖5项，为历年之最。

【现代产业体系建设】

高新技术产业持续快速发展　2011年，全省高新技术产品产值达3.4万亿元，增长17%；全省高新区实现工业总产值达1.6万亿元，增长23.79%；全省共有国家认定的高新技术企业5 452家，规模居全国前列。新增9家国家创新型企业，国家创新型企业累计达到22家，数量位居全国前列。积极推进创新型企业“院线提升计划”，引导省级创新型企业组建企业研究开发院，制定实施创新路线图。组织召开全省民营科技园“三资融合”建设模式现场会，加快发展民营科技企业。

战略性新兴产业加快发展　2011年，全省战略性新兴产业实现产品产值1.5万亿元，增长24%，占全省高新技术产品产值比重达到44%。其中，LED产业蓬勃发展，年产值达到1 515亿元，产值和规模继续位居全国首位。LED核心技术攻关和LED照明产品应用推广取得重要进展，截至2011年年底，全省LED领域的专利申请量累计达9 121件，LED授权专利数量达1 270件，双双名列全国第1。全省安装LED路灯超过26万盏，示范路段2 500多公里，规模和进度继续领跑全国。

传统产业加快转型升级　召开了全省专业镇转型升级现场会，部署实施“一镇一策”行动计划。继续组织高校、科研院所与专业镇开展产学研合作，探索在专业镇建设“广东现代服务交易中心”延伸机构，为专业镇转型升级提供服务，拉动专业镇集群经济加快发展。2011年，全省专业镇实现地区生产总值达1.64万亿元，增长27.2%。

【省部院产学研合作和国际科技合作】 2011年，全省新建产学研结合创新平台98个、院士工作站47个。一大批高水平创新平台落户广东，为人才集聚、技术创新和科技成果产业化提供更多的平台支撑。散裂中子源建设工程、广州超算中心项目等大科学工程正式启动建设，有力提升了广东在国家创新大局中的地位。新增科技特派员1 300多名，累计派出5 291名，形成特派员创新团队联动效应。不断完善产学研合作机制，与科技部建立部省工作会商制度。全年省部省院产学研合作项目达5 700多项，增长18.7%，新增产值2 760多亿元，增长32.3%，新增利税310多亿元，获得专利4 600多件，为企业培养技术和管理人才8 900多人。完善“哑铃型”国际科技合作模式，先行先试组建“中国—乌克兰巴顿焊接研究院”，推进“中以水处理环保创新产业园”建设，与德国“弗劳恩霍夫协会”签署战略合作框架协议，国际科技合作迈向实质性阶段。

【科技计划项目】 2011年，继续组织实施3个省重大科技专项，预计新增产值480亿元，新增利税147亿元，经济和社会效益显著。推进战略性新兴产业核心技术攻关，加快突破一批核心技术。启动第1批省战略性新兴产业核心技术攻关项目的组织实施工作，首批项目计划安排4.29亿元，面向八大战略性新兴产业领域，支持53个创新能力强、经济效益好、示范带动强的项目。项目总投资达36.4亿元，有望在多个尖端领域取得61项自主知识产权的核心技术和装备，实现销售收入280亿元，形成一批拉动战略性新兴产业发展的新增长点。

【科技基础条件平台建设】 2011年，全省新增6家国家重点实验室、22家省重点实验室、20家省企业重点实验室、2家省企业重点实验室培育基地，进一步优化了本省实验室体系的学科及地域布局。截至2011年年底，全省共有国家重点实验室19家、省部共建国家重点实验室培育基地6家、省重点实验室161家、省公共实验室18家、省重点科研基地27家、省企业重点实验室30家。工程技术研发中心建设稳步推进，新增省级工程中心68家，省级工程中心累计达552家。整合科技基础条件资源，提高了大型科学仪器设备、科技文献资源共享开放程度。加强生物种质资源的保护和利用工作，已建成了51个生物种质资源库（圃）、1个人体标本资源库、1个矿产资源库与1个生物种质资源数据库有机集成的系统的自然科技资源平台，各类自然科学资源总数超过35万份。

【科技服务社会民生】 深入推进“农村信息直通车工程”，进一步完善“广东农村农业综合信息服务平台”建设，信息服务站点覆盖全省2万多个镇村，惠及全省2 000万农民兄弟，构建起支撑农业技术推广和农产品商贸信息服务的基本框架，为全国农村农业信息化建设提供了新鲜经验。积极与江西省开展跨省合作试点工作，推动“信息直通车”服务向泛珠三角地区延伸。启动“创新医疗器械产品应用示范工程”（十百千万工程）广东试点工作，深入开展低成本、创新型医疗器械应用推广工作，进一步缓解了基层群众“看病贵”等问题，并将有力拉动本省创新型医疗器械产业发展。启动“临床医学”民生科技专题，得到社会各界高度关注与热烈响应。进一步加强农村科技工作，在粤东西北地区，新增省级农业科技园区5个，重点推广一批农业先进适用技术。深入开展科技下乡和科技培训活动。扎实开展援藏、援川、援疆工作。继续推进可持续发展实验区建设工作，新增梅州蕉岭县和韶关南雄市2个国家级可持续发展实验区；新增东莞石龙镇为省级可持续发展实验区。

【自主创新环境建设】

科技立法工作实现重大突破 出台了我国首部自主创新地方性法规——《广东省自主创新促进条例》（以下简称《条例》），并于2012年3月1日实施，标志着广东省自主创新促进工作即将步入法制化管理新阶段。《条例》首次在立法层面明确了自主创新的概念定义和逻辑框架，提出覆盖自主创新全过程的法规体系，明确了科技行政主管部门在自主创新中的组织管理和统筹协调职能，并在研发成果、自主创新成果转化与产业化、创新型人才建设与服务、自主创新激励与保障等方面提出了一系列“高含金量”的新措施，对于持续有力推进本省自主创新工作具有重大而深远的意义。

引进科研创新团队进展顺利 2011年第2批引进20个创新科研团队，汇聚了140多位国内外高层次人才。2010 年首批引进的 11 个创新科研团队，成员已由原来的 93 人扩充至 495 名，实现了“以团队引团队、以人才引人才”的人才倍增效应。一批创新成果有望在 2～3 年内实现产业化，预计产生数千亿元的产值。

科研体制改革取得新进展　加快建设四大主体科研机构，广东省工业技术研究院进入实质性建设阶段，加快建设华南农业科技创新中心和省科技服务业研究院。大力扶持新型民营科研机构发展，攻克了一批具有产业化前景的关键核心技术，呈现出旺盛的创新力，为全省乃至全国的科研体制改革工作树立了新旗帜。

科技与金融结合更加紧密　牵头制定了《广佛莞促进科技与金融结合试点方案》，申报国家科技金融试点并获得批准。成立省科技型中小企业投融资服务中心，进一步促进了科技金融试点市工作。珠海、东莞和中山科技金融试点市示范效应初显，探索科技和金融资源全面结合的新机制和新模式取得新突破，科技型中小企业融资难问题得到有效缓解。积极推进高新区科技金融结合创新，组织深圳、广州、佛山、中山等高新区新三板扩大试点申报工作。

创新文化建设取得新成效　组织开展一系列科技宣传和科普活动，成功开展第 20 个全省“科技进步活动月”活动。召开了全省科技宣传工作会议，出台了《关于进一步加强科技宣传工作的实施意见》，形成多部门联合推进科技宣传工作的长效机制。科普网络建设进一步完善，全省科技馆建筑总面积和青少年科技馆数量位居全国第 1。全省共建有青少年科普教育基地 136 个。

（广东省科学技术厅办公室　袁海涛　陈锡强）

领　导　讲　话

在广东省科学技术奖励大会暨全省科技工作会议上的讲话

——中共广东省委副书记、广东省省长　黄华华

（2011 年 4 月 11 日）

同志们：

今天，我们在这里隆重召开广东省科学技术奖励大会暨全省科技工作会议，主要任务是深入贯彻落实全国科技工作会议和省委十届八次全会精神，全面总结我省“十一五”科技发展情况，表彰奖励获得 2010 年度广东省科学技术奖的科技工作者，并对“十二五”及今年的科技工作进行部署。省委、省政府对这次会议高度重视，省委书记汪洋同志多次对科技工作作出重要指示，今天又亲自出席奖励大会并为获奖代表颁奖。这充分表明了科技工作在全省经济社会发展大局中的重要地位和作用。在此，我代表省委、省政府向获奖单位和个人表示热烈祝贺！希望大家再接再厉，激励和引领我省广大科技工作者为建设创新型广东做出更大贡献。刚才，何镜堂院士作了很好的发言，宋海同志作了全省科技工作报告，讲得很好，我都赞成。下面，我讲三点意见：

一、“十一五”时期我省科技工作成效显著，创新型广东建设取得重大进展

刚刚过去的“十一五”时期，是我省改革开放和现代化建设取得新的重大成就的五年，也是我省科技事业蓬勃发展、科技创新成效显著的五年。我省深入贯彻落实科学发展观，按照党中央、国务院关于科技工作的决策部署特别是全国科学技术大会精神，全面实施珠三角《规划纲要》，制定出台《广东自主创新规划纲要》《广东省建设创新型广东行动纲要》等重大政策措施，着力提高自主创新能力，大力推进区域创新体系建设，不断优化科技创新环境，科技工作实现了跨越式大发展，在全省发展大局中实现了从“配角”到“主力军”、从“演员”到“执行导演”的重大转变，科技对经济社会发展的支撑引领作用明显增强。五年来，我省科技工作成效突出体现在“四个关键作用”上：

一是科技在应对国际金融危机中发挥了关键作用。“十一五”期间，国际金融危机的冲击是我省经济社会发展遭遇到的最大困难。面对这一严峻挑战，我省科学谋划、迎难而上，及时出台应对危机、调结构保增长的一揽子政策措施，“三促进一保持”中很重要一条就是促进自主创新能力的提升。全省科技系统全力实施“十大创新工程”，迅速落实扶持企业自主创新和高新技术产品出口等政策，充分利用省部省院产学研合作平台，组织全国和省的高校、科研院所科技人员深入企业开展产学研合作，大大提升了我省企业的技术水平和竞争力，实现了高新技术产业逆势增长。近两年，我省高新技术产品产值每年都增长 15%，2010 年突破 3 万亿元；高新技术产品出口累计增长 17.9%，高出全省

出口增幅5.8个百分点；LED等战略性新兴产业产值实现翻番增长，有力地支撑了全省经济平稳较快发展。

二是科技在加快产业转型升级中发挥了关键作用。近年来，我省有效专利总量、发明专利授权量、PCT国际专利申请量、中国专利奖金奖数及获奖总数均居全国首位。2008年起，广东的发明专利授权量超过北京，跃居全国第一。技术自给率从2005年的45.4%上升到2010年的65%。自主创新突破了大批关键核心技术并实现产业化，大大改善了产品和技术结构，提升了企业竞争力。例如，在信息和通讯领域，华为、中兴通讯两大创新型企业双双跻身世界通信设备制造四强；在汽车制造领域，自主创新打破了之前国外汽车技术和品牌独霸广东的旧格局，广汽集团、比亚迪、五洲龙等企业突破了一系列汽车制造关键核心技术，形成自主研发能力，推出自主品牌产品。同时，一大批传统产业通过运用高新技术、先进适用技术和现代信息技术改造提升，迅速“脱胎换骨”，大大推动了产品的更新换代和产业链的延伸。

三是科技在构建和谐社会中发挥了关键作用。我省在防控禽流感和红火蚁、监测三聚氰胺、开发低成本医疗产品、发展智能交通系统等领域，取得了丰硕的科技成果，并得到广泛应用，真正践行了科技造福百姓的理念。每年的省科技奖获奖项目中，都可以看到很多民生科技成果，促进了和谐社会与幸福广东建设。例如，今天颁发的获奖项目中，属于医疗卫生、节能环保和社会公共安全类项目达151项，占获奖项目总数的58%。

四是科技在探索创新型国家建设新路子中发挥了关键作用。作为改革开放和自主创新的前沿阵地，我省科技工作坚持解放思想，先行先试，在促进产学研合作、深化科研院所改革、培育新兴产业、开展国际科技合作、推广创新方法等方面，都形成了很多好的做法和模式，为建设创新型国家提供了宝贵经验。

总之，“十一五”时期，我省科技在全省发展大局中的战略地位日益突出，区域创新能力综合指标排名连续3年稳居全国第二，为我省保持经济社会平稳较快发展，当好推动科学发展、促进社会和谐的排头兵做出了突出贡献。我省能够取得这样的好成绩来之不易。这是在省委、省政府的正确领导下，各地、各有关部门协同推进、密切配合的结果，是全省广大科技工作者顽强拼搏、团结协作、无私奉献的结果。借此机会，我谨代表省委、省政府，向全省科技战线的广大干部职工表示衷心的感谢和亲切的问候!

当前，全球进入空前的创新密集和产业变革时代，世界各主要国家和地区都在推出科技创新的政策措施，着力抢占科技制高点，争夺发展主导权。党中央、国务院和省委、省政府一直高度重视科技进步与创新，党的十七届五中全会明确要求“把科技进步和创新作为加快转变经济发展方式的重要支撑”。省委十届八次全会指出，我省“十二五”时期要抓住加快转型升级、建设幸福广东这个核心，深入实施自主创新和人才强省等战略，加快建设创新型广东，推动经济发展向创新驱动转变。这为我省做好当前和今后一段时期科技工作进一步指明了方向、提出了新的更高要求。加快转变经济发展方式，最根本的是要依靠科技的力量，最关键的是要大幅度提高自主创新能力。但我们也要清醒认识到，与世界发达国家和地区相比，与我省经济社会发展的新要求相比，我省仍存在自主创新能力不强、核心技术和高端人才缺乏、科技创新体制机制仍不完善等突出问题。为此，我们要不断增强做好科技工作的紧迫感、责任感和使命感，把思想和行动统一到中央和省委、省政府的决策部署上来，把握好重要战略机遇期，再接再厉，攻坚破难，奋发有为，进一步开创科技工作的新局面，为加快转型升级、建设幸福广东提供强大的科技支撑。

二、坚定不移实施创新驱动战略，全力建设自主创新示范省

“十二五”时期是我省深化改革开放、加快转变经济发展方式的攻坚时期，也是提高自主创新能

力、建设创新型广东的攻坚阶段。我省“十二五”规划明确提出，“十二五”我省经济社会发展的主要目标之一就是经济发展方式转变取得显著进展，突出强调要实现创新型广东建设取得重大突破，自主创新能力居全国前列，建成自主创新示范省，初步建成亚太地区重要区域创新中心，走出广东特色的创新驱动发展路子的目标任务。

为此，做好我省今后五年科技工作，要深入贯彻落实科学发展观，坚持“自主创新、重点跨越、支撑发展、引领未来”的指导方针，认真落实国家和省的“十二五”规划纲要、中长期科技发展规划纲要等重大战略部署，把提高自主创新能力摆在科技工作的首要位置，着力解决制约经济社会发展的重大科技问题，推动经济发展从要素驱动向创新驱动转变，从广东制造向广东创造转变，进一步发挥我省作为改革开放和自主创新“试验田”的作用，力争五年内实现“四个率先”，形成示范带动效应。一是率先建成创新型省份。在我国建设创新型国家的征程中争当排头兵，大力提升科技综合实力，主要创新指标要接近或达到世界创新型国家水平，部分产业技术创新和前沿科学研究领域跻身世界一流水平。力争到2015年，全省研发经费支出占地区生产总值比重达到2.3%，科技进步贡献率达60%，技术自给率达72%。二是率先建立高效集聚和配置创新资源的长效机制。坚持“大科技、大开放”的发展思路，深化与国家有关部委的战略合作，创新国际和粤港澳科技合作机制，吸引国内外更多创新资源向我省集聚；进一步发挥市场机制对创新要素的配置作用，建立完善创新资源的开放共享机制，提升整体创新效率和水平。三是率先建立科技与经济紧密结合的机制。加快建设国家技术创新工程试点省，确立企业的技术创新主体地位，引导创新人才、技术、信息等创新资源向企业集聚，提升企业和行业自主创新能力；建立促进区域创新体系和现代产业体系融合互动的机制，推进现代产业核心技术攻关和成果产业化。四是率先建立与国际接轨、有广东特色的自主创新环境。树立世界眼光，借鉴先进经验，构建自主创新政策法规体系，健全创新人才激励机制，完善多元化、社会化的创新投入新机制，提升广东科技软实力。

今年是“十二五”开局之年，做好今年的科技工作至关重要。要着重抓好以下六个方面的工作：

（一）深入实施“双提升”战略，加快建设现代产业体系。要根据世界科技创新和产业发展趋势，按照优化存量和扩大增量的原则，迅速做大高新技术产业、战略性新兴产业和现代服务业，同时运用高新技术改造优势传统产业，推动自主创新能力和产业竞争力实现双提升。一是大力培育战略性新兴产业。省里计划5年内投入200亿元支持战略性新兴产业发展。要主动把握新兴产业发展先机，集中资源优先在高端新型电子信息、新能源汽车、半导体照明（LED）等三大领域实现率先突破。加快研发LED产业重大装备和攻克关键核心技术，推广应用“合同能源管理（EMC）+供应链+金融”的商业模式，大力推进“绿色照明示范城市”建设。在新型显示、新一代通信、物联网、云计算、下一代互联网、软件与集成电路设计、专用电子设备等关键领域，突破和掌握一批核心和共性技术，带动电子信息产业转型升级。在电池、电机、电控等关键领域推进关键技术攻关并实现产业化，完善新能源汽车产业链。与此同时，大力推进100个战略性新兴产业项目建设，促进生物医药、节能环保、新材料、太阳能光伏等产业加快发展。二是大力改造提升优势传统产业和发展先进制造业。要重点在装备制造、汽车、石化、船舶等先进制造业领域进行科技攻关，加快发展以自主品牌和自主技术为主的汽车产业集群，开发高附加值的石化产品，建设完善船舶配套产品生产及研发体系。加快信息技术和先进适用技术在家用电器、纺织服装、食品饮料、建筑材料等行业的推广应用，推进工业化与信息化融合，强化技术改造和工艺创新，推动产业链向高附加值的两端延伸。三是大力发展科技服务业。要以广州、深圳为核心区，以珠三角区域为中心区，依托各类科技园区和专业镇等产业集群，建设全国领先的科技服务聚集区和科技服务创新体系，优化科技服务产业发展生态。创新服务业发展模式，建设现代服务业交易中心，使其成为现代服务产品“超市”，为企业自主创新提供专业化服务。

（二）加强高新区和专业镇建设，提高服务产业创新发展的能力。高新区和专业镇是我省推进自主创新、加快产业转型升级的重要抓手，具有产业集中、规模庞大和关联度高的特点，抓好这两大载体建设，就可以带动整个地区和相关产业的转型升级。一要加快高新区以现代服务业体系建设为重点的“二次创业”步伐。广州、深圳要分别抓好中新知识城、粤港创新圈等重大项目建设，加快进入全国领先、世界一流的高科技园区行列；珠三角地区高新区要发挥国家级高新区的核心作用，提升集成创新和引进消化吸收再创新能力，推动高新技术服务业发展，建成国家创新型园区。粤东西北地区的高新区要坚持发展高新技术产业和采用高新技术改造传统产业并举，加快发展形成优势特色产业。进一步加强创业服务中心、科技企业孵化器和加速器等平台建设，逐步形成结构合理、功能完善的科技服务体系。二要“一镇一策”推动专业镇转型升级。要以转高、转优、转强为目标，因势利导、顺势而为，支持各专业镇制定适合自身特点的发展规划和配套政策，推动发展方式从生产型向创新型转变，推动传统产业从价值链低端向中高端转变，从传统的发展模式向创新的发展模式转变。推进专业镇公共创新平台建设，引进生产力促进中心、知识产权服务等中介服务机构，为专业镇提供全方位服务。要认真贯彻年初在东莞大朗镇召开的全省专业镇转型升级现场会精神，学习并推广东莞大朗镇在传统产业转型升级方面的典型经验。三要促进产业转移园创新发展。要根据东西北地区的产业特色，努力建设一批以产业转移园为重点的科技创新载体，提高科技对当地发展支柱产业和特色产业的支撑能力。粤东西北地区的产业转移园要与珠三角互相配合，加强科技创新，促进高新技术产业和战略性新兴产业的发展。

（三）深化省部省院产学研合作，完善开放型区域创新体系。在开放合作中提升自主创新能力，是我省科技工作的一条基本经验，要始终坚持下去。一方面是推动产学研合作上新水平。要深化“三部两院一省”联合开展的产学研合作，增强我省对接和承载国家创新资源的能力，争取更多的重大科学工程和项目落户广东。继续抓好散裂中子源、云计算平台等重点项目建设。发挥产学研创新联盟的协同创新优势，共同实施产业技术路线图计划，合力提升产业整体技术水平。不断扩展产学研合作领域和范围，近期要按照我省深化和央企战略合作的总体部署，与央企所属科研院所开展产学研合作。另一方面是继续加强区域和国际科技合作。要推进与港澳台的区域科技合作，深入开展粤港关键技术领域重点突破联合招标工作，共建科技创新平台和科技园区，促进科技资源开放共享。建设一批高水平的国际科技合作基地，充分利用全球科技资源，在更高的起点上提升自主创新能力。积极探索国际科技合作新模式，建立招才引智和合作创新的长效机制。

（四）大力实施重大科技专项，强化关键领域核心技术攻关。突出重点，集中资源，组织实施重大科技专项，是解决重大技术瓶颈问题、加快转变发展方式的有效途径。要继续组织实施省重大科技专项，在低碳技术创新与示范、重大新药创制、战略性新兴产业关键技术等领域突破核心技术，形成自主知识产权重大成果，带动新兴产业加快发展。要积极承担国家重大科技专项和973、863计划等科技项目，加强与国家科技项目的对接配套，提升我省在国家创新发展大局中的战略地位。加强各类科技基础条件平台和实验室体系建设，力争新建若干国家级重大科学工程和国家重点实验室。要进一步发挥国家自然科学基金—广东联合基金的作用，吸引和集聚全国科技人才帮助我省解决重大科技问题，提升基础研究和原始创新能力。

（五）加大创新激励力度，引进培养高层次人才。自主创新，人才是根本，特别是高层次人才。刚才表彰的、获得省科学技术突出贡献奖的何镜堂院士和侯凡凡院士，就是高层次的领军人物。像这样的高层次人才，一是要培养，二是要引进。要想方设法把领军人才引进来，多种渠道把优秀人才培育出来，不拘一格把各类人才用起来，让广东始终成为人才创新创业的热土。一是要以创新科研团队和科技领军人才为重点，着力引进培养高层次创新人才，优化科技人才整体结构。二是要加快推进重点领域人才开发工作，加紧制定实施战略性新兴产业人才开发路线图计划，努力培养战略性新兴产业、现代服务业等急需紧缺人才。三是要健全人才激励和服务机制，运用技术折股、股权奖励等新型分配方式，充分体现人才和知识的价值，同时切实解决在粤工作高层次人才子女入学、户籍、住房等实际困难。

（六）大力发展民生科技，使科技成果惠及民众。坚持以人为本，把提高群众生活质量、改善生产生活条件作为科技工作的出发点和落脚点，大力实施民生科技工程。要围绕建设幸福广东的目标，组织实施一批社会发展科技项目和示范工程，重点突破生态环境、人口健康、食品安全、公共安全等领域的关键技术，大幅提高科技对社会民生的服务能力。要切实加强科技服务“三农”工作，深入推进“科技兴农”战略，广泛利用生物技术和信息技术等提升农业发展水平，积极创建农村信息化示范省，不断加大科技惠农力度。

三、加强组织领导，努力为我省推进自主创新提供强大保障

全省各地、各部门要加强领导，强化服务意识，努力为我省增强自主创新能力、建设创新型广东营造良好环境。

一是要加强组织协调。各地、各部门要把建设创新型广东摆上全局工作的突出位置，密切协调，不断提高科技进步与创新的组织水平。省科技厅要完善与相关部门和各地市的联动机制，完善与国家有关部门的省部会商制度。各地、各部门要制定年度工作目标和工作计划，明确责任，突出重点，狠抓落实，力求实效。

二是要加大科技创新投入。要加快形成以政府投入为引导、企业投入为主体、社会资本积极参与的多元化、多渠道的科技投入体系。省要不断增加科技投入，引导带动全社会研发投入逐年递增，各地、各部门也要进一步加大对科技创新的投入力度。要积极探索科技与金融结合新模式，推动科技与金融紧密结合。积极发展知识产权质押、租赁融资，加强华南技术产权交易中心建设。建立健全风险投资机制。大力发展多层次资本市场，鼓励科技型企业进入资本市场融资。积极争取国家级高新区进入“新三板”试点。

三是要完善创新政策。要加快推动促进自主创新条例的立法工作。重点出台深化科研机构改革、深化省部省院产学研结合、引进培养创新型人才、发展战略性新兴产业、吸引风险投资等的配套政策措施。进一步推动自主创新产品认定以及政府采购自主创新产品工作，扩大企业研发经费抵扣等政策落实的覆盖面。大力实施知识产权战略，加强知识产权创造、运用、保护和管理工作，加强技术标准研制和科研成果转化为技术标准的工作，建立自主创新标准化工程平台。

四是要营造良好创新氛围。要坚持开展“全省科技进步活动月”等大型科普教育活动，在全社会传播科学知识、科学方法、科学思想和科学精神，提升公众科学素质。加强创新文化建设，培育创新意识，大力宣传创新政策、创新典型，鼓励开展群众性创新活动，努力形成尊重知识、尊重人才、崇尚创新、支持创新、宽容失败的良好风尚。

同志们，做好新形势下科技工作使命光荣、责任重大、任务繁重。让我们紧密团结在以胡锦涛同志为总书记的党中央周围，深入贯彻落实科学发展观，进一步解放思想，锐意创新，扎实工作，努力推动科技工作再上新台阶，为我省加快创新型广东建设，当好推动科学发展、促进社会和谐的排头兵做出新贡献！

谢谢大家。

在广东省民营科技园“三资融合”建设模式现场会上的讲话

——中共广东省委副书记、广东省代省长　朱小丹

（2011 年 12 月 31 日）

同志们：

今天，我们在这里召开全省民营科技园“三资融合”建设模式现场会，主要任务是，总结推广番禺节能科技园土地资本、金融资本和产业资本“三资融合”建设新模式，打造广东产业转型升级新平台。刚才，我们参观了番禺节能科技园交流中心、科技发展大厦和园区概貌，深切感受到园区发展的勃勃生机和广阔前景。番禺节能科技园、番禺区政府、省房地产商会、省科技厅的负责同志分别就有关情况作了详细介绍，讲得都很好。希望大家认真贯彻这次会议精神，努力推动民营科技园发展再上新台阶。下面，我讲两点意见：

一、认真总结番禺节能科技园的经验做法，进一步增强加快民营科技园创新发展的信心和决心

民营科技园是我们民营经济发展的一大亮点，是民营科技企业成长发展的重要基础。目前，全省共有 14 个民营科技园，入园民营科技企业达 5 628 家，占全省民营科技企业总数的 74%，预计 2011 年实现工业总产值 3 000 亿元，上缴税金 240 亿元，分别增长 14% 和 35%，园区发展实力稳步增强。在这些各具特色的民营科技园中，番禺节能科技园坚持“企业办园、政府支持、市场运作”的原则，实行土地资本、金融资本、产业资本“三资融合”的创新模式，以“绿色、低碳、环保”为主题，重点发展节能环保、新能源、新一代信息技术等战略性新兴产业，在不到十年的时间里异军突起，迅速发展成为带动当地经济发展的新引擎、集聚高端产业的新载体、实施自主创新的领头雁和创新体制机制的试验田。胡锦涛总书记今年 8 月 14 日视察番禺节能科技园时，充分肯定了民营科技园的建设发展模式，并鼓励园区推动更多创新型企业和中小企业走上发展快车道。汪洋书记也多次视察园区，高度评价节能科技园的发展成就，明确批示要总结推广运用“三资融合”新模式，打造全省产业转型升级新平台。研究总结番禺节能科技园的成功经验和做法，有不少方面值得各地认真学习借鉴。最突出的有以下四个方面：

*一是科学规划与定位。*园区依托广州南拓战略中心的优越条件和广州大学城丰富的科教资源，选址发展潜力巨大的番禺区，确立发展战略性新兴产业高端环节的定位，把设计、创意、研发、营销、结算等产业链“两端”环节引入园内，把生产、制造等产业链“中间”环节放到园外，成功实现抓“两端”带“中间”的运营模式，有效引导产业资本投资方向，使园区吸引集聚了一大批科技含量高、发展潜力大的高新技术企业和海内外高层次创新创业人才。

*二是创新土地开发模式。*土地指标紧缺是我省产业发展面临的普遍问题。番禺节能科技园通过建设和开发科技园区的方式集聚和发展产业，将土地资本与产业资本有机结合，进一步提高了工业用地的使用效益。这不仅有别于工业用地用于修建厂房的传统开发模式，也不同于单纯的商业地产开发模式。

三是创新盈利模式。除了传统的租金收益和资产增值收益外，园区还直接投资高成长性企业，共同分享企业成长收益，具有“准风险投资机构”的性质。这既能有效缓解科技型中小企业融资难问题，又能利用信息充分对称的优势吸引和引导专业风险投资机构、银行、担保等金融资本进入，最终实现土地资本、金融资本与产业资本的有机融合。

四是创新“园区一体化”合作模式。番禺节能科技园借鉴国外典型科技园区的成功经验，从一开始就树立了“园区一体化”的整体合作理念，实现政府、科研机构、金融机构一体化合作，从而提高了园区企业的谈判能力和合作能力。如将园区内多家企业的融资需求整体打包，统一对6家银行进行招投标，大大提高了企业在融资过程中的议价能力。同时由于园方和政府的介入，金融机构也大大减小了审查风险和违约风险，从而实现了企业、园区、政府和金融机构的“多方共赢”。

总之，番禺节能科技园通过推动土地资本、金融资本与产业资本“三资融合”，为我省集聚高端产业、吸引创新资源、加快产业转型升级探索出一条新路，成为我省民营科技园的一个标杆。番禺节能科技园的成功经验对于破解民营科技园发展遇到的土地、资金等瓶颈问题，推进“二次创业”有着重要的典型示范意义。希望各地、各有关部门以总结推广番禺节能科技园的成功经验为契机，进一步加大园区体制机制创新力度，提升园区发展活力和水平，努力推动民营科技园区新一轮大发展。

二、突出重点、开拓创新，以“三资融合”新模式推动民营科技园向更高层次发展

民营科技园是推动民营经济增长、提升民营经济竞争力和自主创新能力的中坚力量与重要载体，在我省加快转型升级进程中有着重要的地位和作用。全省各级、各有关部门要把推动民营科技园的建设发展作为一项重要工作来抓。要牢牢把握加快转型升级、建设幸福广东这个核心，坚持稳中求进，先行先试、改革创新，认真落实《广东省自主创新条例》，推广运用土地资本、金融资本、产业资本“三资融合”建设模式，推动民营科技园加快实现从依靠要素驱动向依靠创新驱动转变，从依靠优惠政策向依靠内生发展转变。要争取通过5年左右的努力，使我省民营科技园居全国领先地位，形成10家以上特色鲜明、全国一流、世界知名的民营科技园，把我省民营科技园打造成为培育民营科技企业、壮大民营经济的重要载体，提高自主创新能力、推动产业转型升级的重要平台，促进创业就业、建设幸福广东的发展乐园。具体工作中，要着力做好以下五个方面：

（一）切实抓好民营科技园的整体规划

作为全国的经济大省，我省今年的地区生产总值将突破5万亿元大关，区域创新能力综合排名继续名列全国前茅，金融机构总资产、上市公司总数、保费收入等多项金融指标位居全国第1，各类创投基金规模超过1万亿元。发达的实体经济、丰富的金融资源和较强的区域创新能力为我省开展“三资融合”创新发展奠定了良好基础。有效引导各类资本向民营科技园集聚，必须进一步拓宽民营科技园发展思路，科学确定各园区规划和定位。要抓紧制定全省民营科技园发展规划和五年行动计划，按照产业集群、企业集聚、用地集约、科学有序的要求，重点扶持一批产业特色鲜明、发展潜力较大、示范效应突出的民营科技园。处于我省主体功能区规划重点开发、优化开发区域的区县，原则上要重点发展一个民营科技园。广州、深圳要紧跟国际产业发展前沿，促进民营科技园与高新区紧密联动，突出发展战略性新兴产业集群。珠三角其他各市的民营科技园要依托区域产业优势，努力发展先进技术集群和高新技术产业集群。东西两翼和北部山区民营科技园要以承接产业转移为契机，结合本地资源条件，重点发展具有优势或特色的产业集群。各民营科技园要明确企业准入门槛，重点引进高附加值、高科技含量、高成长性项目，推动园区增质增效。要注重园区上下游配套产业的相互协调，形成分工协作、有机连接的产业链。

（二）努力提升民营科技园的集约用地水平

番禺节能科技园的“三资融合”建设模式为我们提供了集约用地的典范，每亩土地的产出值高达5 000万元，税收平均每亩400万元以上。提倡和推广“三资融合”建设模式，就是要彻底转变部分地区一搞园区就圈占大片土地的做法，用好、用足土地资本，实现“小投入、大产出”。各地要将民营科技园建设用地统一纳入城镇总体规划和土地利用总体规划。在坚持土地集约利用的原则下，每年在国家下达我省新增建设用地计划指标中，优先安排民营科技园建设用地，并充分利用“三旧改造”整合存量土地资源。要进一步完善园区基础设施建设，省市级民营科技园基础设施建设要达到“七通一平”，区县级民营科技园要达到“五通一平”。鼓励有实力的大企业投资民营科技园基础设施自主建设“区中园”“园中园”。鼓励有条件的民营科技园组建基础设施建设投资公司，通过市场运作筹集建设资金，以私人资本参与（BOT）、政府与私人企业合作投资（PPP）、非政府资金建设（BT）等新型融资方式加强园区基础设施建设。与此同时，要进一步简化民营科技园内企业注册登记和产权登记，特别要认真研究解决民营科技园的房屋产权分割问题。

（三）千方百计解决民营科技企业的融资难问题

科技和金融是现代产业发展的两大支撑要素。要大力推进科技与金融融合发展，完善创新创业投融资服务体系，引导金融资源更多投向民营科技企业。要支持各地研究设立民营科技园金融扶持专项资金，通过贷款贴息、业务补贴、风险补偿等手段鼓励金融机构加大对园区科技型中小企业的融资支持。鼓励和支持民营科技园发展小额贷款公司和担保公司，吸引金融机构到民营科技园设立专营机构。大力推广番禺民营科技园直接投资园区企业的盈利模式，对园区内具有发展潜力的企业进行股权投资或融资租赁，与企业共命运、同发展。要引导企业综合运用各类金融工具进行融资，支持和推动有条件的民营科技企业上市融资。鼓励园区建设各类科技金融服务平台，促进科技资源与金融资源的有效对接。支持各民营科技园设立中小企业融资服务中心，探索以园区多家企业融资需求整体打包统一招投标，降低融资成本。鼓励信用评级、资产评估、会计法律等中介机构为园区民营科技企业提供全方位金融服务。

（四）完善民营科技园科技创新服务体系

加快发展民营科技园，关键在技术、基础在知识、核心在人才。要加强产业核心关键技术攻关，围绕园区主导产业技术发展需求，确定关键共性技术攻关方向。鼓励园区各类主体开展协同创新活动，以高新技术龙头企业为依托组建产业技术创新联盟，支持和引导园区企业加快推进建设研发机构。大力开展产学研合作，加速科技创新成果在民营科技园内转化和产业化，着力扶持一批影响大、辐射面广、经济社会效益明显的科技成果转化项目。支持民营科技园设立生产力促进中心、科技服务中心、科技企业孵化器等科技创新平台，为园区企业提供“一站式”科技服务。加强知识产权保护和品牌建设，建立实时高效的知识产权侵权预警和风险防范机制，引导园区各类创新主体融入、参与和创制技术标准，加大培育自主品牌投入力度，提升民营科技企业产品信誉度和品牌实力。

（五）营造有利于民营科技园发展的良好环境

科技园区的最大“魅力”就是完善的创新创业服务体系和优越的创新创业氛围。要坚持把优化民营科技园的创新创业环境摆上更加重要的位置，加快制订运用“三资融合”建设模式大力发展民营科技园的政策措施。重点研究设立专项资金引导地方和社会资金加大对民营科技园的投入，鼓励民营科技园引进高端产业项目和高端创新创业人才。要进一步减少和规范行政审批，依法及时清理和调整不利于民营科技园发展的行政审批事项，设立政务服务中心，开展统一办理、联合办理或集中办理的各项政务服务。

同志们，运用“三资融合”建设模式，加快全省民营科技园快速发展意义重大。各级党委、政府要把加快民营科技园发展列入重要议事日程，切实加强对民营科技园建设的统筹、协调和指导。让我们在党中央、国务院和省委、省政府的正确领导下，深入贯彻落实科学发展观，大胆探索，锐意创新，扎实工作，共同开创民资民力极大释放、创业激情充分涌动、创新行动空前活跃的新局面，为加快转型升级、建设幸福广东做出新贡献！

重大会议和重大科技活动

广东省专业镇转型升级现场会

2011年1月9日，中共广东省委、广东省人民政府在东莞市大朗镇召开全省专业镇转型升级现场会，总结近年来全省专业镇发展情况，交流经验，推广典型，并对“十二五”时期专业镇转型升级工作进行全面部署。

中共中央政治局委员、广东省委书记汪洋出席会议，省委副书记、省长黄华华出席会议并作重要讲话，省委常委、常务副省长朱小丹主持会议，副省长宋海宣读全省专业镇建设先进单位和先进个人名单。出席会议的领导为专业镇建设先进单位和个人代表颁奖并为省“双提升”示范专业镇代表授牌。省科技厅领导作《广东省专业镇转型升级工作报告》。东莞市大朗镇、中山市小榄镇、佛山市北滘镇、广州市狮岭镇负责同志在会上作了发言。省有关部门负责同志、各地级以上市政府主要负责同志等出席会议。

黄华华指出，省委、省政府一直高度重视专业镇发展，特别是“十一五”以来，全省不断加大对专业镇发展的支持和引导力度，全省专业镇呈现蓬勃发展的良好局面，发展实力明显壮大、产业结构明显优化、技术创新能力明显提高、服务环境明显改善，有力地推动了全省经济社会平稳较快发展。

黄华华强调，各地、各有关部门、各专业镇要认真贯彻省委十届八次全会精神，紧紧把握科学发展这个主题，抓住加快转变经济发展方式这条主线，围绕加快转型升级、建设幸福广东这个核心，认真梳理专业镇发展现状，对照科学发展要求找不足，立足现实条件找优势，因势利导、因地制宜，“放”“调”“投”“转”“保”五措并举，努力探索出专业镇科学发展新路，确保“十二五”期末，全省专业镇实现地区生产总值2.5万亿元，创新型专业镇达到80个，工农业总产值千亿元以上专业镇达到10个以上，百亿元专业镇达到150个。专业镇技术创新体系和产业服务体系基本建立，专业镇产业竞争力和自主创新能力显著提升，努力使广东省专业镇成为独具国际竞争力的产业集群示范区。

黄华华要求，要着力做好五个方面工作，加快转型升级，不断开创专业镇发展新局面。一要规划先行，高起点高标准谋划专业镇转型升级。确立政府牵头、企业主体、专家参谋、上下联动的工作体系，对专业镇发展进行整体谋划。要适度超前，分类指导，低碳发展，统筹兼顾。二要科技引领，推动专业镇驶入创新驱动轨道。提升产品整体技术水平，加快技术创新成果产出，完善技术创新平台，强化企业精细化管理。三要突出特色，推动专业镇产业结构调整优化升级。把加快改造提升传统产业作为现阶段专业镇转型升级的首要任务来抓，着力推动高新技术产业规模化发展，加大对战略性新兴产业的培育力度，加快发展现代服务业。四要强化服务，着力提升专业镇产业集聚能力。完善投资环境，加强专业化配套协作和行业协会建设，优化政务服务。五要品牌带动，培育一批拥有自主知识产权和国际竞争力的知名品牌。

黄华华强调，各级党委、政府要加强领导，狠抓落实，研究制定各专业镇转型发展规划和配套措施，增加对专业镇的投入，建立和完善专业镇转型升级绩效考核机制，加强舆论引导和宣传推广，形成专业镇转型升级的良好氛围。

省科技厅领导在工作报告中总结汇报了全省专业镇的发展成效、转型升级主要做法和存在问题，并就下一步工作打算提出建议。

（省部院产学研结合协调领导小组办公室）

广东省 LED 照明技术及产品推广应用联席会议

2011 年 3 月 1 日，广东省 LED 照明技术及产品推广应用联席会议在广州召开。会议由广东省副省长宋海召集并作了重要讲话，省科技厅领导作了 2010 年度广东省 LED 照明技术及产品推广应用情况的工作报告，省政府副秘书长李捍东主持会议。来自省发改委、省经信委、省科技厅、省财政厅、省住房和城乡建设厅、省质监局、省知识产权局、省金融办、省交通集团等部门 20 多名代表参加了会议。

会议充分肯定了 2010 年省 LED 照明技术及产品推广应用工作取得的积极成效。2010 年以来，特别是全省 LED 路灯应用推广广州现场会召开之后，全省上下牢牢把握省委、省政府关于加快发展战略性新兴产业的重要机遇，联席会议成员单位密切配合，通力协作，在“千里十万”LED 示范工程等前期工作的基础上，采取一系列创新举措，带动了全省 LED 产业总产值翻番增长，继续位居全国首位。

会议强调，LED 产业是广东省培育发展战略性新兴产业的三大突破口之一，而 LED 照明技术及产品的推广应用又是拉动终端消费，做大做强 LED 产业的突破口。在发展战略性新兴产业，推动产业结构升级的背景下，做好 LED 照明技术及产品的推广应用对推动传统照明产业转型升级、拉动电子信息产业发展、发展低碳经济均具有重要的战略意义。联席会议成员单位必须牢固树立大局意识，自觉地把思想和行动统一到省委、省政府的决策和部署上来，结合本部门职能，在商业模式、管理方法等方面加大创新力度，扎实做好 LED 照明产品推广应用工作，推动 LED 产业又好又快发展。会议还专门研究了“广东省绿色照明示范城市”项目的招标投标问题。

最后，会议对进一步做好 2011 年的相关工作提出要求：一是要继续在扩大示范工程的规模上下功夫；二是要在 LED 照明产品标准体系建设上求突破；三是要在落实政策和提高服务水平上见成效。

（广东省科学技术厅发展规划处　袁海涛）

广东省科学技术奖励大会暨全省科技工作会议

2011 年 4 月 11 日，中共广东省委、广东省人民政府在广州召开全省科学技术奖励大会暨全省科技工作会议，总结全省“十一五”科技工作，部署“十二五”及 2011 年的科技工作，表彰奖励 2010 年度获得广东省科学技术奖的先进单位和先进个人。

中共中央政治局委员、广东省委书记汪洋，省委副书记、省长黄华华，省委常委、常务副省长朱小丹，省人大常委会副主任王宁生，副省长宋海，省政协副主席温兰子等领导出席奖励大会并为获奖代表颁奖。朱小丹主持会议。

会上，宋海宣读《关于颁发 2010 年度广东省科学技术奖的通报》，省科技厅领导作《2010 年度广东省科学技术奖评审工作报告》。2010 年度共授予省科学技术奖 260 项，其中一等奖 29 项、二等奖 75 项、三等奖 156 项；突出贡献奖 2 项，授予华南理工大学何镜堂院士和南方医科大学侯凡凡院士。此外，广东省获 2010 年度国家科学技术奖 36 项，创历年新高，其中广东省作为第 1 完成单位完成的有 15 项，比上年增加了 3 项。

在接着召开的全省科技工作会议上，黄华华作重要讲话，宋海作全省科技工作报告。

黄华华指出，“十一五”时期全省科技工作成效显著，创新型广东建设取得重大进展，科技工作实现了跨越式大发展，在全省发展大局中实现了从“配角”到“主力军”、从“演员”到“执行导演”的重大转变，科技对经济社会发展的支撑引领作用明显增强。突出体现在“四个关键作用”上：即科技在应对国际金融危机中发挥了关键作用；在加快产业转型升级中发挥了关键作用；在构建和谐社会中发挥了关键作用；在探索创新型国家建设新路子中发挥了关键作用。

黄华华要求，全省今后五年科技工作要坚定不移实施创新驱动战略，全力建设自主创新示范省。要坚持“自主创新、重点跨越、支撑发展、引领未来”的指导方针，认真落实国家和省的“十二五”规划纲要、中长期科技发展规划纲要等重大战略部署，把提高自主创新能力摆在科技工作的首要位置，着力解决制约经济社会发展的重大科技问题，推动经济发展从要素驱动向创新驱动转变，从广东制造向广东创造转变，进一步发挥广东省作为改革开放和自主创新“试验田”的作用，力争五年内实现“四个率先”：率先建成创新型省份；率先建立高效集聚和配置创新资源的长效机制；率先建立科技与经济紧密结合的机制；率先建立与国际接轨、有广东特色的自主创新环境。

黄华华强调，2011年是“十二五”开局之年，做好今年的科技工作至关重要。要着重抓好六个方面的工作：一要深入实施“双提升”战略，加快建设现代产业体系。大力培育战略性新兴产业、改造提升优势传统产业和发展先进制造业、发展科技服务业。二要加强高新区和专业镇建设，提高服务产业创新发展的能力。加快高新区以现代服务业体系建设为重点的“二次创业”步伐，实行“一镇一策”推动专业镇转型升级，促进产业转移园创新发展。三要深化省部省院产学研合作，完善开放型区域创新体系。推动产学研合作上新水平，继续加强区域和国际科技合作。四要大力实施重大科技专项，强化关键领域核心技术攻关。继续组织实施省重大科技专项，积极承担国家重大科技专项和“973计划”“863计划”等科技项目，加强各类科技基础条件平台和实验室体系建设。五要加大创新激励力度，引进培养高层次人才。以创新科研团队和科技领军人才为重点，着力引进培养高层次创新人才，加快推进重点领域人才开发工作，健全人才激励和服务机制。六要大力发展民生科技，使科技成果惠及民众。大力实施民生科技工程，大幅提高科技对社会民生的服务能力，切实加强科技服务“三农”工作。

黄华华强调，各地、各部门要加强组织领导，密切协调，不断提高科技进步与创新的组织水平。要加大科技创新投入，加快形成以政府投入为引导、企业投入为主体、社会资本积极参与的多元化、多渠道的科技投入体系。要完善创新政策，加快推动促进自主创新条例的立法工作，重点出台相关配套政策措施。要营造良好创新氛围，努力形成尊重知识、尊重人才、崇尚创新、支持创新、宽容失败的良好风尚。

省科技教育领导小组成员，省科学技术奖评审委员会委员，2010年度省科学技术奖领奖代表，省直和中央驻粤有关部门，各地级以上市市委、市政府、市科技局、国家和省级高新区管委会负责同志，广州地区部分科研院所、大专院校负责同志，省内国家创新型企业代表，有关新闻单位负责同志等共320多人参加了会议。

（广东省科学技术厅科技服务与管理处　王雅文）

全省科技宣传工作会议

2011年5月13日，全省科技宣传工作会议在广州召开。各地级以上市科技局（委）、科协，省级以上高新区、高校科研院所、新闻媒体代表、厅机关和厅属单位负责同志参加了会议。

科技宣传是科技工作的重要组成部分，不是可有可无、可多可少的辅助性工作，而是广东省适应日益激烈的全球科技、经济竞争态势，提升区域软实力，有效集聚利用创新资源的必然要求。全省科技宣传工作会议的召开在广东省科技发展史上是第1次，对于拓展广东省科技工作领域、提升广东科技形象、营造良好创新环境具有重要意义和积极作用。近年来，在省委宣传部和新闻媒体的大力支持下，全省的科技宣传工作取得了重要进展：一是建立了科技宣传工作的组织保障机制；二是密切了与新闻媒体的合作联动；三是加强了科技宣传的阵地和载体建设。2011年是“十二五”开局之年，广东科技宣传要按照“大科技配套大宣传，大宣传服务大发展”的思路，创新宣传方式，加强宣传工作。

会上还印发《关于进一步加强科技宣传工作的实施意见（征求意见稿）》（以下简称《实施意见》）。为保证科技宣传工作有序地开展，《实施意见》提出建立广东省科技宣传联合会商制度、科技宣传战略合作机制和省市科技宣传联动机制等多层次的科技宣传联动机制，与媒体建立战略合作关系，打造名牌栏目，建立科技宣传联络员队伍，建立科技宣传视频数据库、科技人物资料库、科技系统活动资料库等，加强科技宣传工作的原始素材积累，积极围绕宣传重点开展采访和专题策划等工作。

（广东省科学技术厅办公室　陈锡强）

首届中国（广东）博士后人才交流与科技项目洽谈会

由人力资源和社会保障部与广东省人民政府主办，广东省人力资源和社会保障厅与全国博士后管理委员会办公室、佛山市人民政府共同承办的首届中国（广东）博士后人才交流与科技项目洽谈会（以下简称“博交会”），于 2011 年 5 月 19—20 日在佛山岭南明珠体育馆成功举办。我国博士后制度倡导者、诺贝尔奖获得者、著名物理学家李政道先生专门发来贺信。中央电视台、日本 NHK 等 40 多家境内外媒体深入现场采访。中新网报道，博交会再现了“孔雀东南飞”的景象。许多外省市参会代表认为，广东创新创业的环境越来越好，企业凝聚人才能力越来越强。

共有来自全国各地 288 家企业，北京大学、清华大学、哈尔滨工业大学等 53 所高校，以及海内外博士后、博士代表 2 000 多人参加本届博交会，其中博士后、博士近 700 人。美国、德国、法国、日本等 14 个国家共 129 名海外博士通过网上平台进行对接洽谈。包括中石化、中关村科技园区、美的、TCL 和深圳证券交易所等著名企业在内的 130 家企业博士后科研工作站、158 家高新技术企业到会，共提出博士后、博士需求 1 529 人，项目和技术难题需求 973 项。

博交会为博士后量身定做，引导人才智力向企业集聚，服务战略性新兴产业。参会单位中企业占 82.1%，达成的人才引进意向中到企业的占 94.1%。达成科技项目合作意向中，属战略性新兴产业的有 239 项，占总数的 58.6%。

在组委会的精心安排下，会前部分博士后已与企业进行了有效衔接沟通。会上当场达成意向，当天就深入企业考察。经过两天的交流洽谈，现场签订各类合作协议 25 项，达成科技项目合作意向 408 项，达成引进博士后、博士意向共 287 人。两天内，仅佛山市就达成合作意向 30 项，引进博士、博士后 49 人；广州市达成合作意向 40 项，引进博士、博士后 30 人。

省政府与清华大学、北京大学两所著名高校分别签订人才战略合作协议，确定共建博士后创新实践基地、组织开展“北大专家南粤行”等活动。佛山市政府与中山大学、华南理工大学分别签订博士后高层次人才资源共享战略合作协议。一批企业与高校也建立了更加紧密的联系。开幕式上，还启动了第 1 个全国性的博士后人才交流和科技项目洽谈网上平台，搭建永不落幕的博交会。

（广东省人力资源与社会保障厅　王文特）

创新医疗器械产品应用示范工程（广东省）启动会

2011 年 11 月 9 日，创新医疗器械产品应用示范工程（广东省）启动会在广州白云国际会议中心隆重举行。会议由科技部、卫生部和省政府联合主办，省科技厅、省卫生厅、省食品药品监督管理局承办。科技部副部长王伟中、卫生部副部长刘谦、省政府副省长宋海出席大会并作重要讲话，省科技厅领导作工作报告。卫生部科技教育司、省卫生厅有关领导，部分兄弟省市科技厅、卫生厅代表，广东省各地市科技局、卫生局的负责同志，国家及广东省医疗器械企业代表，广东省示范医疗机构代表等共约 300 人参加了会议。

2010 年起，科技部、卫生部等联合各地方政府共同实施创新医疗器械产品应用示范工程（十百千万工程），重点开展以下四个方面工作：一是试点应用一批创新医疗器械产品，促进医疗资源优化配置；二是探索建立创新产品的新型评价机制，完善医疗器械产业技术创新链条；三是优化创新产品的应用环境，建立推进医疗器械产业技术创新的长效机制；四是探索新型联合销售服务模式，完善医疗器械的使用服务保障体系。

会上，王伟中表示，启动创新医疗器械产品

应用示范工程，是为了切实提升基层医疗装备水平和医疗卫生服务水平，加快推进国家医疗器械产业发展，让创新医疗器械更好惠及公众。他希望广东精心组织，多方联动，大胆实践，探索模式，完善体系，建立机制，扎实推动应用示范工程建设。

刘谦认为，启动“十百千万工程”，是配合深化医疗体制改革的重要举措之一。该工程通过加快创新医疗器械研发，扩大其产业化，推进在医疗机构中应用，降低诊疗费用，减轻群众负担，是惠及百姓、促进医疗卫生事业发展的科技工程。他表示，将联合相关部门完善配套政策，鼓励医疗器械装备的自主研发及应用。

宋海指出，广东正大力实施自主创新战略，加快培育发展包括医疗器械产业等在内的战略性新兴产业，积极发展民生科技，着力为加快转型升级、保障和改善民生事业提供科技支撑。广东将按照国家的统一部署，加强组织领导，采取有力措施，确保应用示范工程的顺利开展，切实把这项惠民工程做实、做好，推动广东的医疗器械产业进一步做大、做强，并为这项工程在全国更大范围内实施探索经验。

省科技厅领导在报告中指出，广东将按照“创新模式、集群发展、示范带动、科技惠民”的发展思路，充分关注调动广大企业、医疗机构的积极性，通过发挥“点线面”的系统带动效应，探索建立一套推动医疗器械产业创新发展的长效机制，建立完善市场化的运行模式，加快发展创新型医疗器械产业集群。

启动会期间，举行了医疗器械企业代表与示范医疗机构签约仪式。南方医科大学南方医院等12家示范医疗机构与深圳迈瑞生物医疗电子股份有限公司等12家医疗器械企业签订了合作协议。启动会前后，与会领导和代表还参观了广东创新医疗器械产品展示，考察了天河区林和街社区卫生服务中心、南方医科大学南方医院2家示范医疗机构。

（广东省科学技术厅社会发展与基础研究处　周　彧）

第十三届中国国际高新技术成果交易会

2011年11月16—21日，第十三届中国国际高新技术成果交易会（以下简称“高交会”）在深圳会展中心隆重举行。该届高交会主展区面积超过10万平方米，设有“高新技术成果交易、高新技术专业产品展、中国高新技术论坛、super-SUPER专题活动、人才与智力交流会、不落幕的交易会”6大板块。特别设立“海外高新技术成果展”，有美国、日本、韩国等19个国家组团参展。

该届高交会以“促进国际创新合作，加快发展方式转变”为主题，围绕科学发展主题和加快转变经济发展的主线，紧密结合国家“十二五”规划和国家经济科技的发展战略，着力于提升原始创新、集成创新和引进消化吸收再创新能力，推动协同创新，着力于集聚国内外高端创新资源，着力于推动优势项目和技术的展示和交易，着力于促进国际经济技术交流与合作，为“十二五”时期我国经济社会发展开好局、起好步做出了积极的贡献，也为推动国际经济和贸易发展做出了贡献。

共有58个国家和地区的106个代表团、2 928家参展商、13 164个项目和2 504家投资商参加了该届高交会的展示、交易和洽谈，其中，参会跨国公司达88家，海外参展面积近万平方米，专业产品展海外企业参展面积比例超过34%。“海外高新技术成果展”有来自美国、德国、俄罗斯等19个国家的24个团组参展，各省、自治区、直辖市、计划单列市以及香港、澳门、台湾地区全部组团参展，25所知名高校精心组织众多科研创新成果进行展示。“人才与智力交流会”共有艾默生、渣打银行、富士康、华为等世界500强企业在内的280多家国内外知名企业亮相展会，提供8 000多个中高端职位。该届高交会的参观人数共计53.6万人次，多于上年；专业客户人气指数达225.0，同比增长5.7；交易额较上年略有增长。近200家海内外媒体的约1 500名记者参与报道了大会盛况。

展会重点展示了我国“十二五”时期的科技发展重点、国家科技重大专项，特别是在基础研究、前沿技术、传统产业技术改造、高技术服务业等方面具有重大引领带动作用的项目；集中展示了国家确定的七大战略性新兴产业领域的新成果和新趋势，对具有产业化基础的项目进行了重点推介、交易和投资引导，云计算、物联网成为备受关注的新亮点；突出了节能减排、公共安全、生物医药、生态建设和环境保护等民生领域的新技术、新成果、新设备；突出了促进高新技术成果转化的新手段和新方法，促进技术成果与资本的对接，为高新技术成果转化提供全链条服务和全方位支持。

中国高新技术论坛准确把握时代脉搏，广泛邀请国际政界、商界、金融界、学术界等不同行业的领军人物，描绘科技与经济的发展蓝图。8位中外政府部长级官员出席了“部长论坛”，华尔街传奇投资大师吉姆·罗杰斯出席了“资本市场专场”和“中国创业家峰会”，吴晓求、柯文思等重量级嘉宾亮相论坛，旭日干院长、邬贺铨院长、钱清泉院士等专家也出席了论坛。super-SUPER专题活动共安排了20场中外政府要员、海内外著名学者和中外企业家等高层人士间的会晤洽谈，美国、波兰、韩国、芬兰等8个国家的政府机构和企业参与了洽谈活动。各界精英就全球变局下世界经济的新动向、推动经济复苏和开辟未来发展空间的新举措、新一轮科技革命和低碳绿色经济发展新趋势等方面发表了独特见解。

在该届高交会筹备过程中，组委会于9月分别在以色列和匈牙利成功举办了高交会海外分会，为中外企业的交流与合作搭建了快捷有效的平台。高交会闭幕后，将继续通过海外分会、网上展会等“不落幕”的形式，为国内外广大展商、投资商搭建常年交易平台。

为表彰各组团单位和参展商取得的优异成果，高交会组委会向85家单位颁发了第十三届高交会优秀组织奖，88家单位获得优秀展示奖，280个项目获得优秀产品奖。

（广东省科技信息中心）

科学技术部与广东省人民政府部省工作会商制度议定书签字仪式暨第一次工作会议

2011年12月15日，科学技术部与广东省人民政府部省工作会商制度议定书签字仪式暨第一次工作会议在广州举行。中共中央政治局委员、广东省委书记汪洋，全国政协副主席、科技部部长万钢，中共广东省委副书记、代省长朱小丹出席会议并作重要讲话。科技部副部长陈小娅，科技部党组成员、科技日报社社长王志学，广东省副省长陈云贤等出席会议。万钢和朱小丹分别代表双方签署了《科学技术部广东省人民政府工作会商制度议定书》。

汪洋指出，本次部省会商工作会议，是科技部和本省认真贯彻落实中央十七届六中全会和中央经济工作会议精神，推进创新型国家建设的具体行动，对探索国家创新资源与地方经济社会发展紧密结合的新机制、新模式具有重要意义。

近年来，广东按照党中央、国务院关于建设创新型国家的决策部署，把自主创新能力作为加快经济发展方式转变的核心推动力，大力实施“双转移”和“双提升”战略，全力开创“三部两院一省”省部院产学研合作新模式，大力引进世界顶尖级的创新科研团队和学科带头人，坚持走创新驱动、内生增长、结构优化的科学发展道路。可以说，加强自主创新、傍“科技大款”是广东省加快转变经济发展方式的重要促进力量。

汪洋强调，要认真总结6年来部省产学研合作的宝贵经验，牢牢树立“立足广东、服务全国、放眼世界”的开放意识和宏观视野，充分利用好部省会商这个机制，最广范围、最大限度地集聚国内外科技创新资源，切实落实部省会商协议内容，进一步优化广东科技创业创新环境，充分发挥广东自主创新“试验田”作用，为创新型国家建设探索新经验。

万钢充分肯定了广东的科技创新工作，他指出，广东省委、省政府高度重视科技创新工作，把科技工作置于经济社会发展的全局进行谋划和推进，出台了全国首部《自主创新促进条例》，在引进国际顶尖创新科研团队、培育发展战略性新兴产业、深化省部院产学研合作、建立国家自然科学基金—广东联合基金等方面均走在了全国前列，发挥了重要的表率作用。围绕贯彻落实中央领导对当前科技工作的要求，万钢重点介绍了科技部组织实施新一轮国家科技重大专项、深入推进科技和金融相结合、大力发展创新型产业集群等重点工作的思路和举措，并对广东科技工作提出了殷切希望。他表示，科技部将进一步加强与广东的合作，不断扩大合作平台，丰富合作内容，争取更加丰硕的合作成果，共同推进广东率先实现创新型省份建设目标。

朱小丹表示，广东省将认真贯彻这次部省会商工作会议特别是万钢同志和汪洋同志的重要讲话精神，紧紧围绕“率先建成创新型省份，率先建立高效集聚和配置创新资源的长效机制，率先建立科技与经济紧密结合的机制，率先建立与国际接轨、有广东特色的自主创新环境”的目标任务，积极探索建立产学研合作、科技成果转化和产业化的新机制新模式，增强创新发展新优势。重点抓好以下三方面工作：一是切实加强组织领导，全力推动会商议题的落实；二是加大科技创新投入力度，加快形成以政府投入为引导、企业投入为主体、社会资本积极参与的多元化、多渠道、高效率的科技投入体系，力争到2015年，全省研发经费支出占地区生产总值比重达到2.3%；三是深化科技体制改革，推动广东省科技事业实现新一轮大发展。

会上，部省双方围绕推进珠三角自主创新综合试验、建设“广深港”科技金融示范带、发展创新型产业集群、深化省部院产学研合作加快科技成果转化等议题进行深入会商并达成了一致意见，并为江门国家级高新技术产业开发区授牌。

“十一五”期间，科技部与广东省不断完善部省合作机制，合作领域不断拓宽，合作模式不断创新，合作成果不断扩大。2007年以来，科技部直接支持和参与“三部两院一省”产学研合作。截至2011年12月，部省产学研合作累计实现产值1.1万亿元、利税1 500多亿元，获得专利2.5万件。2008年，广东省与科技部、教育部共同制定了《广东自主创新规划纲要》。2010年，科技部批准广东成为国家首批技术创新工程试点省，并推动东莞松山湖、肇庆、江门3个省级高新区获国务院批准升级为国家级高新区，有力地促进了广东省创新水平的提升。这次部省会商工作会议，是科技部与广东省站在更高战略层面上加强双方合作的重大行动。

（广东省科学技术厅办公室　陈锡强）

第十四届中国留学人员广州科技交流会

由中共中央海外高层次人才引进工作小组指导，教育部、科学技术部、人力资源和社会保障部、中国科学院、国务院侨务办公室和广州市人民政府共同主办，北京、上海、天津等21个城市和机构联合协办的第十四届中国留学人员广州科技交流会（以下简称“留交会”），于2011年12月19—21日在广州举行。留交会期间，还同期举办了首届中国（广州）国际创新博览会（以下简称“创博会”）。

中共中央政治局委员、中央书记处书记、中央组织部部长李源潮，中共中央政治局委员、广东省委书记汪洋，中央组织部副部长李智勇，教育部副部长刘利民，科技部副部长张来武，人力资源和社会保障部副部长王晓初，人力资源和社会保障部副部长、国家外国专家局局长张建国，国务院国有资产监督管理委员会副主任金阳，国务院侨务办公室副主任任启亮，中国科学院副院长詹文龙，中国科协副主席冯长根，中共中央办公厅调研室局长施仁德，中央组织部人才工作局局长徐家新，国家外国专家局副局长李兵，中共广东省委副书记、代省长朱小丹及广州市领导等，爱尔兰驻华大使戴克澜、乌克兰国家科学院副院长纳乌莫维茨·安东、原美国兰德公司总部总裁詹姆斯·汤姆逊、联合国环境规划署高级顾问琳达·亚当斯等外籍专家，全国兄弟省市代表及海外高层次人才约7 000多人出席了大会开幕式。李源潮和汪洋共同为大会开幕启动，李源潮在开幕式上发表了重要讲话。期间，李源潮和汪洋还出席了外籍高层次人才座谈会。

大会贯彻“面向海内外，服务全中国”的办会宗旨，紧扣“汇聚人才，创新发展”的主题，以人才交流、创新论坛、成果展示和多项推介会相结合的“3 大主题活动 + N 场推介会”创新模式组织大会各项活动，规格为历届最高，规模为历届最大，是一场人才交流的盛会、创新思想的盛宴、科技成果的盛展。

【与会人才交流】 该届大会海外服务对象从单一留学人员扩大到以留学人员为主体包括外裔高层次人才在内的海外高层次人才。海外报名参会人数 2 200 人，为历届最多，其中约 10% 为外裔“洋才子”。与会人员来自美国、日本、英国、加拿大、法国、新加坡、澳大利亚、德国、独联体等 29 个国家和地区，其中获得博士学位的占 55%，人员素质和项目质量进一步提升。其中，有海外创业经历的占 36.6%，具有 5 年以上海外工作经验的人数达 42.2%，首次或第 2 次参会的人员占 84.5%。

全国各省市中，除宁夏回族自治区外，其他省（自治区、直辖市）、港澳台地区均派出机构参会参展，参会人数 4 100 多人，参展机构 1 500 家，23 个省（自治区、直辖市）、51 个市、60 所高校、30 多家科研院所、200 家企业独立组团参展参会，携 2 万个人才需求岗位、1 700 多个项目需求到会交流。

留交会期间（含创博会）共有 10 万人次进场参观洽谈，现场累计洽谈人数 2.5 万人次，洽谈项目 6 500 项次，洽谈岗位 1.5 万人次，达成落户或合作意向的海外人才项目 905 项，累计投资总额近 360 亿元（含创博会项目）。此外，大会期间海内外共有 8 万多人次通过网络进行在线交流，发出合作要约近 2 万项次。

为吸引更多海外人才来穗创业，留交会上广州市颁布了“广州市鼓励海外人才来穗创业红棉计划”，现场有 450 多人次进行了咨询，其中 66 位留学人员现场递交了申报意向。

【主要论坛和座谈会活动】 大会围绕“汇聚人才、创新发展”的主题，举办了多场高端论坛和座谈会，其中包括外裔高层次人才座谈会、第 4 届海外高层次人才创新基地论坛、中国海外高层次人才国际研讨会、首届珠江创新论坛、中国能源经济与低碳发展国际高层论坛、第 4 届广州国际干细胞与再生医学前沿论坛、创新服务论坛等。这些论坛的举办，对传播新理念、新信息，启迪新思维，激发创新灵感，产生深远影响，并极大地提高了留交会的影响力。

外裔高层次人才座谈会 以“人才国际化和创新创业环境”为主题的外裔高层次人才座谈会，邀请了英国伯明翰大学常务副校长米高·薛帕德、中国“国家友谊奖”获得者奥坚科·弗拉基米尔等 8 位来自白俄罗斯、乌克兰、美国、日本、英国的外籍专家代表作主题发言。中共中央政治局委员、中央书记处书记、中央组织部部长李源潮，中共中央政治局委员、广东省委书记汪洋及近百位外籍高层次人才出席了会议。李源潮指出，加强人才国际交流合作是推动世界科技进步与共同繁荣发展的需要，中国现代化建设事业的蓬勃发展将为外国专家来华创新创业提供更多的机遇和舞台，中国将实施更加开放的人才国际化政策，以优惠条件和与国际接轨的办法大力引进外籍高层次人才。汪洋指出，广东正处在加快转型升级的关键时期，深刻理解党中央、国务院高度重视人才工作的重要性，将进一步完善高层次人才“一站式”服务平台，为招揽更多外籍高层次人才来粤工作继续做出努力。广东是中国科技成果转化能力最强的省份之一，会给外籍高层次人才提供广阔的发展平台，让前来工作的外籍高层次人才觉得自己做了一生中最重要的决定。

第 4 届海外高层次人才创新基地论坛 论坛以“加强人才基地建设，提升企业核心竞争力”为主题，中国兵器集团公司、中国石油天然气集团公司、国家电网公司等 6 家企业代表围绕企业人才基地建设做了主题演讲。科技部副部长张来武、国务院国资委副主任金洋等有关部委领导出席会议并讲话，中央组织部副部长李智勇做了总结发言，广东省、广州市有关领导以及 44 家海外高层次人才创新创业基地的主要负责同志出席会议。李智勇指出，建设人才基地是打造世界一流企业的战略性举措，要努力把人才基地建设成为推动企业科学发展的重要策源地，加快进度，下大力气全面推进企业人才基地建设。

珠江创新论坛 首次举办的珠江创新论坛群英荟萃，思维激荡。来自政产学研财的代表在论坛上进行专题演讲，在交流互动环节，嘉宾与参

会听众围绕智慧城市、城市创造力和创新环境进行了长达一个半小时的互动交流。其中，广州市委书记万庆良在讲话中首次公开明确了低碳经济、智慧城市、幸福生活三位一体的城市发展理念，并提出了智慧树的概念。

【首届中国（广州）国际创新博览会】 首次举办的创博会以“创新驱动·转型发展”为主题，紧紧围绕广州市战略性新兴产业的需求，提供创新成果展示的平台，采用实物样品、展板、图片、多媒体视频相结合，力求展览形式和展览效果上形象生动、互动性强、有所创新。创博会得到了中央部委、省市领导的重视，科技部副部长张来武出席了创博会开馆仪式。创博会展场面积1万平方米，包括“十一五”国家重大科技成就广州巡回展、中国科学院系统科技发明成果展区、独联体国家科技成果展区等七大展区，展出成果及项目超过1 500项，其中具有知识产权的项目超过1 000项，有300多家展团参会交流，取得了良好的展示效果和社会效果。

【宣传报道情况】 该届留交会规模大、规格高、内容丰富、亮点纷呈，吸引了众多主流媒体的高度关注。从12月14日起，中央电视台、新华社、中国国际广播电台、《光明日报》、《人民日报》、《人民日报海外版》、《科技日报》、《工人日报》、中国网络电视台、中新网等20多家中央媒体，《北京日报》、《南方日报》、《广州日报》、《羊城晚报》、广东电视台、广州电视台等30多家地方媒体，凤凰卫视、《大公报》、《澳门日报》、《文汇报》等境外媒体，新浪网、搜狐网、腾讯网、凤凰网等50多家网络媒体对该届留交会活动进行了报道或转载。中央电视台12月20日分别在晚7点新闻联播节目和晚10点晚间新闻节目用1分多钟的时间播报该届留交会开幕式、展览展示及外裔高层次人才座谈会的盛况。凤凰卫视《震海听风录》栏目和广州电视台专门针对珠江创新论坛精华内容进行播报。互联网上关于留交会的搜索也成了热门话题之一，其中，百度网共有20万条关于该届留交会的条目，Google网上有2 500万条关于该届留交会的网页内容。

（广州市科技和信息化局　孙　翔　刘时良）

广东省民营科技园“三资融合”建设模式现场会

2011年12月31日，全省民营科技园“三资融合”建设模式现场会在广州番禺召开。会议总结推广番禺节能科技园土地资本、金融资本、产业资本“三资融合”建设模式，打造全省产业转型升级新平台。中共广东省委副书记、代省长朱小丹出席会议并作重要讲话，副省长陈云贤主持会议，省科技厅领导出席会议并作关于广东省民营科技园区发展情况汇报。

朱小丹和与会代表一起参观了番禺节能科技园，考察了园区交流中心、科技发展大厦及园区企业科技创新成果，仔细了解园区发展规划、产业集聚等方面的情况。番禺节能科技园通过“三资融合”建设模式，吸引了668家中小企业进驻，九成以上入园企业属于战略性新兴产业，当前每亩产出5 000多万元。朱小丹指出，番禺节能科技园要进一步突出主导产业，推动区内企业“大协作”。当了解到番禺节能科技园专门设立了金融服务平台，促进科技资源与金融资源有效对接时，朱小丹表示，创新科技金融服务对于民营科技企业发展是最大福音，并强调要做好企业知识产权申请、保护、质押、交易各项工作，着力构建中小企业知识产权保护综合服务平台。

朱小丹在会上指出，省委、省政府高度重视总结推广番禺节能科技园建设发展的经验，推动全省民营科技园加快发展。番禺节能科技园以民营企业为主体开展建设运营，科学规划定位，创新土地开发模式，创新盈利模式，创新“园区一体化”合作模式，通过推动土地资本、金融资本与产业资本“三资融合”，为全省集聚高端产业、吸引创新资源、加快产业转型升级探索出一条新路，成为全省民营科技园的一个标杆，对于破解民营科技园发展遇到的土地、资金等瓶颈问题具有重要的示范意义。

朱小丹强调，全省各级、各有关部门要认真落实贯彻胡锦涛总书记2011年8月视察番禺节能科技园时的重要指示精神，按照汪洋书记的重要批示，把推动民营科技园的建设发展作为一项重要工作来抓，进一步加大园区体制机制创新力度，以“三资融合”新模式推动民营科技园向更高层次发展，加快实现从依靠要素驱动向依靠创新驱动转变，从依靠优惠政策向依靠内生发展转变。争取通过5年努力，使全省民营科技园建设发展居全国领先地位，形成10家以上特色鲜明、全国一流，甚至在世界上具有知名度的民营科技园，把全省民营科技园打造成为培育民营科技企业、壮大民营经济的重要载体，提高自主创新能力、推动产业转型升级的重要平台，促进创业就业、建设幸福广东的发展乐园。

会上，省科技厅领导就省民营科技园区建设发展情况作了大会汇报。据介绍，省科技厅采取五项得力措施，推动本省民营科技园区不断加快发展。一是不断完善政策体系，优化园区发展环境；二是设立省民营科技建设专项，支持民营科技园配套体系建设；三是大力开展产学研合作，促进创新资源向园区集聚；四是积极构建研发平台，强化民营科技企业创新主体地位；五是大力发展科技金融，改善园区投融资环境。今后，省科技厅将认真贯彻落实现场会的会议精神和朱小丹代省长的重要讲话精神，进一步总结和推广“三资融合”的园区建设经验，采取更加有力的措施，推动全省民营科技园区发展迈上新台阶。

全省地级以上市人民政府、顺德区政府、省直和中央驻粤有关部门、省级以上高新区、省级以上民营科技园区、产业转移园的主要负责同志，全省主要金融机构、房地产行业协会和部分企业的主要负责人参加了会议。

（广东省科学技术厅政策法规处　黄　欢）

全省科技统计指标

与2010年相比，2011年广东省的工程技术人员和农业技术人员数量下降，科学研究人员略有上升，R&D经费、科技活动机构数量、科研课题与成果数量保持稳步增长。

科　技　人　力

2011年，广东省国有企业、事业单位专业技术人员达144.80万人，在国有企事业单位专业技术人员中，工程技术人员、农业技术人员、科学研究人员分别有15.17万人、1.35万人、0.53万人，分别占总体的10.48%、0.93%、0.36%（见表1-4-1-1）。

科　技　经　费

2011年全省R&D总经费1 045.49亿元，比2010年增长29.3%，占GDP的1.96%；政府科技拨款203.92亿元，比2010年下降4.9%，占财政支出的3.04%，比2010年低0.92个百分点（见表1-4-2-1）。

2011年，全省研究机构R&D经费为30.81亿元，高等院校为39.01亿元，企业为958.30亿元，分别占总体的2.9%、3.7%、91.7%。按经费来源分，政府资金94.19亿元，占9.0%；企业资金912.72亿元，占87.3%；国外资金18.67亿元，占1.8%；其他资金19.91亿元，占1.9%（见表1-4-2-2）。

表1-4-1-1　全省国有企业、事业单位专业技术人员数（2007—2011）

指标	2007年		2008年		2009年		2010年		2011年	
	绝对人数（人）	比重（%）	绝对人数（人）	比重（%）	绝对人数（人）	比重（%）	绝对人数（人）	比重（%）	绝对人数（人）	比重（%）
工程技术人员	140 828	10.1	144 941	10.21	153 563	10.50	154 297	10.58%	151 700	10.48
农业技术人员	17 311	1.2	16 701	1.18	15 805	1.08	14 074	0.97%	13 475	0.93
卫生技术人员	246 480	17.7	260 940	18.38	268 796	18.37	257 338	17.65%	253 992	17.54
科学研究人员	5 711	0.4	5 745	0.40	5 984	0.41	4 528	0.31%	5 260	0.36
教学人员	824 462	59.2	837 059	58.95	856 665	58.56	878 477	60.25%	879 621	60.75
其他人员	157 142	11.3	154 466	10.88	162 048	11.08	149 330	10.24%	151 700	10.48

注：其他人员含经济人员、财会人员、统计人员、文艺人员、外语翻译人员。

表 1－4－2－1　全省科技活动经费增长情况（2007—2011）

指标	2007 年	2008 年	2009 年	2010 年	2011 年
R&D 经费（亿元）	405. 50	504. 57	652. 98	808. 75	1 045. 49
#占 GDP 比重（%）	1. 30	1. 41	1. 65	1. 76	1. 96
政府科技经费拨款（亿元）	119. 26	132. 52	168. 50	214. 44	203. 92
#占政府财政支出的比重（%）	3. 78	3. 51	3. 89	3. 96	3. 04

表 1－4－2－2　全省 R&D 经费明细情况（2011）

单位：亿元

项目	合计	企业	科研机构	高等院校	其他
R&D 经费	1 045. 49	958. 30	30. 81	39. 01	17. 37
#政府资金	94. 19	31. 45	21. 74	26. 73	14. 27
企业资金	912. 72	901. 18	1. 09	9. 11	1. 34
国外资金	18. 67	18. 16	0. 11	0. 21	0. 19
其他资金	19. 91	7. 50	7. 87	2. 96	1. 58

科技活动机构

2011 年，广东省科技活动机构增至 4 534 个，其中科研机构 185 个，全日制普通高校科技活动机构 549 个，企业科技活动机构 3 739 个，其他类型科技活动机构有 61 个，分别占总数的 4. 1%、12. 1%、82. 5%和 1. 3%（见表 1－4－3－1）。

【科学研究与技术开发机构（含已转制机构）】 2011 年，全省共有科研机构 554 个，其中自然科学和技术领域研究与开发机构 155 个，社会与人文科学领域研究与开发机构 10 个，科技信息和文献机构 15 个，县属研究与开发机构 142 个和转制机构 74 个。

全省 554 个科研机构的职工总数为 6. 29 万人，其中科学活动人员 3. 89 万人，大学本科及以上学历 2. 80 万人，R&D 人员 1. 78 万人年。全省科研机构 R&D 经费为 56. 16 亿元。

【高等院校科技机构】 2011 年，广东省有高等院校 134 所，拥有研究机构 549 个。高等院校共有 R&D 人员 36 387 人，其中研究机构 R&D 人员 6 063 人。高等院校 R&D 经费为 39. 01 亿元，其中科研机构 R&D 经费为 6. 23 亿元。

【企业技术开发机构】 2011 年，工业企业办研究开发机构 3 289 个，机构人员 29. 78 万人。全年工业企业办研究开发机构经费 494. 35 亿元。

科研课题与科技成果

2011 年，全省各类单位共开展 R&D 项目 7. 88 万项，参加项目人员全时当量 35. 94 万人年，项目经费 907. 19 亿元。

2011 年，全省科技执行部门共发表科技论文 92 515 篇，比 2010 年增长 27. 1%，其中科研机构 5 960 篇，高等院校 62 028 篇，企业 17 835 篇。全省科技执行部门共申请专利 81 975 件，其中科研机构、高等院校、企业分别申请专利 993 件、3 930件和 75 211 件。全省科技执行部门共出版科技著作 2 373 种，其中科研机构、高等院校、企业分别出版150种、2 024种和74种（见表1－4－4－1）。全省共获2011年度国家科技奖励成果34项，获2011年度省级科技奖励成果273项，省级重大科技成果482项（见表1－4－4－2）。

表1－4－3－1　科技活动机构概况（2011）

指标		合计	企业	科研机构	高等院校	其他
机构数	（个）	4 534	3 739	185	549	61
R&D人员	（人）	326 509	307 329	11 899	6 063	1 218
R&D经费支出	（万元）	5 521 323	5 136 606	308 075	62 281	14 361

表1－4－4－1　科研课题及科技产出情况（2011）

指　标		合计	企业	科研机构	高等院校	其他
科技项目数	（项）	78 772	32 768	4 513	39 157	2 334
科技项目人员全时当量	（人年）	359 394	326 411	8 034	17 283	7 666
#科学家和工程师	（人年）	163 065	142 661	4 599	13 901	1 904
科技项目经费内部支出	（万元）	9 071 900	8 573 871	167 684	261 432	68 913
专利申请数	（件）	81 975	75 211	993	3 930	1 841
专利授权数	（件）	3 562	381	532	2 363	286
发表科技论文	（篇）	92 515	17 835	5 960	62 028	6 692
出版科技著作	（种）	2 373	74	150	2 024	125

表1－4－4－2　国家及省级科技成果奖励情况（2007—2011）

单位：项

指标	2007年	2008年	2009年	2010年	2011年
国家科技奖励成果	29	30	26	36	34
省级科技奖励成果	291	289	273	262	273
省级重大科技成果	480	433	504	431	482

注：各年度广东省科学技术突出贡献奖已列入该年度省级科技奖励成果总数统计。

（广东省科技统计分析中心　张金水）

科技政策法规及软科学计划

科技政策法规

2011 年，广东省制定出台了全国首部自主创新促进条例，标志着广东省自主创新促进工作从此进入法制化管理新阶段。制定了《广东省战略性新兴产业核心技术攻关专项资金管理暂行办法》《广东省战略性新兴产业风险投资专项资金管理暂行办法》，为“十二五”科技引领战略性新兴产业发展赢得先发优势和主动权。起草了《广东省创业投资科技引导基金管理办法（试行）》（征求意见稿），以加快吸引国内外社会资金来粤进行风险投资，完善科技与金融结合政策体系。完成了《关于加快建设广东创新型产业集群专业镇的指导意见》（征求意见稿），以推动专业镇转型升级，建设创新型产业集群，加快转变经济发展方式。

科技政策法规研究与制定

【《广东省自主创新促进条例》】 《广东省自主创新促进条例》（以下简称《条例》）相继通过了省政府法制办审查、省政府常务会议审议、省人大常委会三次审议，在 2011 年 11 月 30 日召开的省十一届人大常委会第三十次会议上以绝对高票通过表决，自 2012 年 3 月 1 日起正式实施。这是我国首部自主创新地方性法规，开创了全国自主创新立法之先河，标志着广东省自主创新促进工作从此进入法制化管理新阶段。

《条例》第 1 次在立法层面明确了自主创新的概念定义和逻辑框架，提出覆盖自主创新全过程的法规体系，明确了科技行政部门在自主创新中的组织管理和统筹协调职能，并在研究开发与创造成果、自主创新成果转化与产业化、创新型人才队伍的建设与服务、自主创新的激励与保障等方面提出一系列“高含金量”的新措施。例如：建立健全大型科学仪器协作共享制度和引进消化吸收再创新制度；明确高校、科研机构职务创新成果转化奖励比例应当不低于 30%；人力资源成本费可占政府资助的自主创新项目经费的 30%；软科学研究项目和软件开发类项目最高可占 50% 等。此外，《条例》高度重视深化科技体制改革，强化科研成果转化为现实生产力，对知识产权实施转化和权益分享、推进产学研合作等方面也都做了一系列规定。

【《广东省科学和技术发展“十二五”规划》】

为科学地制订《广东省科学和技术发展“十二五”规划》，2011 年，省科技厅共组织召开规划讨论会 4 次，分 5 批发文征求意见，书面征求了各业务处室、省直各部门、各地市政府、相关高校及科研院所的意见，累计收到书面意见 99 份，共 297 条，采纳意见 197 条。

省科技厅认真履行“十二五”科技规划编制工作领导小组办公室的职责，加强与省“十二五”规划领导机构的沟通衔接，按照《广东省“十二五”规划编制工作方案》的总体要求和工作进度，紧扣培育战略性新兴产业，推动产业转型升级等省委、省政府中心工作，与《国家“十二五”科技发展规划》《中共广东省委关于制定国民经济和社会发展第十二个五年规划的建议》《广东省国民经济和社会发展第十二个五年规划纲要》以及《珠江三角洲地区改革发展规划纲要（2008—2020 年）》等规划进行对接。省科技厅与省发改委、省政府办公厅多次就《广东省科学和技术发展“十二五”规划》编制说明以及具体目标和内容进行修订，确立了构建开放区域创新体系、现代产业技术支撑体系、社会发展科技服务体系和自主创新政策法规体系四大任务，实施 13 项国家技术创新工程重点任务及 11 项科技发展的主要指标目标值和 29 项自主创新能力建设的具体目标。《广东省科学和技术发展“十二五”规划》成为“十二五”广东自主创新工作的行动指南。

【《广东省战略性新兴产业促进政策研究丛书》】

为贯彻落实省委、省政府关于发展战略性新兴产业的战略部署，2010 年以来，省科技厅依托重大软科学研究课题，组织省技术经济研究发展中心、华南理工大学等单位的 80 多位专业人员组成了 6 个课题组，开展广东省战略性新兴产业及促进政策研究，对国内外战略性新兴产业发展趋势和促进政策进行了全面跟踪和梳理，对广东高端电子信息、LED、新能源汽车、生物医药、新能源等 7 个产业的发展竞争态势及促进政策进行了专题研究，针对性地提出了促进广东战略性新兴产业发展的系列政策措施建议，编写形成了《广东省战略性新兴产业及促进政策研究系列丛书》，为本省科学系统制订战略性新兴产业促进政策提供决策参考。这是全国首套战略性新兴产业促进政策研究丛书。

（广东省科学技术厅政策法规处
张　燕　李金惠）

科技政策法规宣传与落实

【《珠三角规划纲要》落实】　2011 年，省科技厅认真履行实施珠三角规划纲要领导小组办公室职责，分别到珠三角地区各市及东西北翼部分地市进行 9 次专题调研，加大对各地落实《珠江三角洲地区改革发展规划纲要（2008—2020 年）》工作进展情况的检查督查力度，加强“四年大发展”自主创新指标的分解和监测。

2011 年，省科技厅针对新统计口径收窄的新情况，在征集珠三角各市科技部门、统计部门意见的基础上，提出考核指标调整的意见报省规划纲要办审定，高质量地撰写了《省科技厅落实珠三角规划纲要实现四年大发展工作自查报告》。该报告获得考核组的高度评价和充分肯定，顺利通过省政府的评估考核。省科技厅以优异成绩被评为优秀单位。

【企业研究开发费税前扣除政策推进落实】

2011 年，省科技厅将政策宣讲培训活动向广东省东西两翼、粤北地区推进。9 月，联合韶关市科技局举办了韶关市 2011 年企业研究开发费税前扣除培训讲座，帮助企业掌握政策操作规范，提高落实政策有效性。研发费税前扣除政策落实情况不断深入，初步调研显示：2009—2010 年，全省已落实的企业研发费加计扣除额超过 150 亿元，帮助企业减免税收 37.5 亿元以上。

【自主创新产品认定】　2011 年，全省组织评审认定了 665 项省级自主创新产品，绝大多数产品拥有发明专利、实用新型专利或软件著作权等自主知识产权，所属单位涵盖了众多本省高新技术企业乃至省级和国家级创新型（试点）企业，具有很强的技术创新能力。近 3 年来，广东省自主创新产品认定及政府采购工作走在了全国各省市前列，产品政策实施效果得到企业的普遍认可，对引导、鼓励企业开展自主创新活动，促进全省战略性新兴产业发展发挥了积极重要的作用。

（广东省科学技术厅政策法规处
梁丽娟　陈　晓）

软科学研究计划

2011 年，广东省软科学研究计划围绕深入贯彻落实科学发展观和省委、省政府关于加快转变经济发展方式，提升自主创新能力与提升产业竞争力，加快发展战略性新兴产业和科技服务业等重点工作，结合科技和经济社会发展的重大决策需求，围绕发展战略研究、科技立法研究、科技政策研究和服务决策研究，组织遴选了“广东省发展战略性新兴产业政策体系研究”等一批立足实践、面向决策的省级软科学研究计划重大项目。全年共立项 189 项，支持经费 1 000 万元。

软科学研究组织管理

【“广东省软科学重点研究基地”建设】 2011 年，省科技厅启动了第 1 批广东省软科学重点研究基地申报组织工作，旨在依托省内高校创建一批在科学研究、咨询服务、人才培养与学术交流等方面具备明显优势特色，可对推动全省决策科学化发挥积极作用的软科学重点研究基地，打造广东软科学研究品牌和决策咨询“智库”。按照定点培育原则，省科技厅受理了来自华南理工大学工商管理学院和广东国际战略研究院的第 1 批广东省软科学重点研究基地申报，分别在技术创新管理与区域创新系统研究、科技国际化战略研究两个研究方向给予认定支持，并以省科技厅和依托单位共建、以依托单位自建为主的方式联合管理运作。

【2009—2010 年度全省软科学研究机构统计调查工作】 2011 年，省科技厅组织开展了 2009—2010 年度全省软科学研究机构统计调查工作。调查结果显示，截至 2010 年年底，广东省软科学研究机构达 150 家，全省软科学研究活动比较活跃，研究人员、承担研究课题、产出研究成果等情况均位居全国前列，为实现本省决策科学化和管理现代化提供了良好的保障。

表 2－2－1－1　广东省软科学研究机构与经济情况（2010）

项目	单位	数值
软科学研究机构总数	（个）	150
研究机构经费总数	（万元）	149 040.2
软科学研究机构总支出	（万元）	156 475.5
#业务经费	（万元）	59 138.5
人员费	（万元）	38 095.2
管理费	（万元）	6 736.5
设备费	（万元）	11 342.9
其他费用	（万元）	20 163.9

表 2－2－1－2 广东省软科学研究人员情况（2010）

从事软科学活动人员 （人）	5 339
# 兼职 （人）	985
女性 （人）	1 890
博士 （人）	1 026
硕士 （人）	2 170
学士 （人）	2 165
高级 （人）	2 266
中级 （人）	2 640
初级 （人）	1 229
50 岁以上 （人）	1 023
30～50 岁 （人）	2 611
35 岁以下 （人）	1 875

表 2－2－1－3 广东省软科学研究课题情况（2010）

软科学研究课题数 （个）	1 697
# 中央政府 （个）	139
地方政府 （个）	869
横向委托 （个）	295
国际合作、国外资助 （个）	5
自选 （个）	219
其他 （个）	170
软科学研究课题经费 （万元）	23 679. 1
软科学研究课题折合全时人数 （人年）	647. 0

【项目成果】

项目名称：广东省发展战略性新兴产业政策体系研究

项目类别：广东省软科学研究计划重大项目

主要完成单位：广东省技术经济研究发展中心、华南理工大学

该项目的部分研究成果已经于 2011 年 6 月以《广东省战略性新兴产业及促进政策研究系列丛书》的形式正式出版。该丛书内容既涵盖对战略性新兴产业发展动态、演变规律、政策作用机制以及促进政策体系框架的全面系统研究，也包括了对 LED、新能源汽车、生物医药、新能源等产业发展竞争态势及促进政策的专题研究，针对性地提出了促进广东战略性新兴产业发展的系列政策措施建议，为广东科学制定系统的战略性新兴产业促进政策提供了决策参考。

项目名称：广东省自主创新促进条例释义研究

项目类别：广东省软科学研究计划重大项目

主要完成单位：广东省技术经济研究发展中心

该项目针对已被列入省人大常委会2011年立法工作计划、2011年年底通过审议出台的《广东省自主创新促进条例》（以下简称《条例》）开展前期研究，研究成果以《广东省自主创新促进条例释义及实用指南》的形式编写出版。《广东省自主创新促进条例释义及实用指南》根据自主创新的理论和实践、立法背景和目的，对自主创新的概念、广东自主创新体系及有关制度进行系统解读，选取国内外及广东省有关自主创新的指导案例，结合相关法律法规及国家和本省的有关政策，对《条例》有关条文进行剖析，为从事自主创新工作的有关单位和个人提供工具参考，为《条例》颁布后的贯彻执行和宣传提供基础。

（广东省科学技术厅政策法规处　陈　晓）

国家软科学研究计划项目

2011年，广东省的“农业企业无公害家畜生产技术采纳的影响因素及政府扶持机制研究”和“城市化背景下农民工流动就业行为影响因素和决定机制研究——以珠江三角洲地区农民工调查为例”2个项目被纳入2011年度国家软科学研究计划项目。

【农业企业无公害家畜生产技术采纳的影响因素及政府扶持机制研究】　该项目由华南农业大学完成。项目通过分析农业企业无公害技术采纳的客观条件、主观条件和外部环境，揭示影响农业企业无公害技术采纳的关键因素，研究促进农业企业无公害技术采纳的扶持机制，提出降低农业企业无公害技术采纳风险的措施与适用条件，以及促进农业企业无公害技术采纳的原则与政策措施，为相关部门决策提供参考。

【城市化背景下农民工流动就业行为影响因素和决定机制研究——以珠江三角洲地区农民工调查为例】　该项目由暨南大学完成。项目围绕农民工流动就业行为和城市融入状况开展研究，提出解释农民工流动就业和低城市融入现象的分析框架，结合农民工较为集中的珠江三角洲地区的实地调研结果，探讨影响农民工就业和城市融入的重要因素及机制，提出推动农民工融入城市的有效路径与对策，为相关部门决策提供参考。

（广东省科学技术厅政策法规处　陈　晓）

民营科技经济发展

民营科技企事业单位发展

2011年，全省新认定了2批共计644家省级民营科技企业。2011年，全省纳入统计的民营科技企业共有6 128家，其中技工贸总收入100万元以上的企业5 716家；民营科技企业长期职工总数181.62万人，其中科技活动人员37.08万人，占从业人员的20.4%，研究与试验发展人员折合全时当量21.3万人年；技工贸总收入12 232.05亿元，工业总产值12 173.47亿元，工业增加值2 747.94亿元，产品销售收入11 319.83亿元，出口销售收入667.53亿美元。全省新审批成立了5家民办非企业单位、3家科技类民间社团，省级科技类民办非企业单位和社团的规范管理进一步加强。

民营科技企业

【民营科技企业技术创新试点】 2011年，该专项支持民营科技企业实施技术创新工程试点工作，提高企业自主创新能力和产业竞争力，制定技术创新工程发展战略，推广应用创新方法，开发具有自主知识产权的先进适用技术和产品，培育民营科技企业成长为高新技术企业、省级以上创新型（试点）企业，发展壮大一批创新型企业群，示范带动全省民营科技企业提升发展。

2009—2011年，全省共安排民营科技企业自主（技术）创新试点项目43项，累计投入440万元。2011年，全省安排民营科技企业技术创新试点项目13项，下拨经费140万元。

【一体化超低湿复合型除湿机关键技术及应用】

该项目利用变容量制冷除湿、转轮除湿、热回收、强化换热、自适应模糊控制、计算机仿真、系统参数优化匹配等先进技术，对现有的复合型除湿机进行改造，研究开发出能够实现废热回收再利用，可全年全新风运行，出风温度可调，出风湿度稳定在1%～10%之间，结构和控制均实现一体化设计的复合型除湿机，弥补现有技术的不足。项目总投资400万元，预计年产量可达到30台，销售额2 400万元，净利润244万元，纳税129万元。

【高效节能柴油发动机气门新产品的研发】 该项目致力于设计气门旋转弯曲试验装置和试验方法，实现拉应力状态下非破坏性检验气门焊接质量；建立与盘部厚度（E值）相关的尺寸链的各环公差及其灵敏度系数的相互关系的数学模型，根据数学模型找出影响E值公差大小的最短板因素，为E值新夹具设计提供理论依据；设计气门盘端面定位加工盘部厚度（E值）的夹具，从加工手段上保证复杂尺寸链中的重要尺寸E值的加工要求，并可降低其他组成环尺寸的加工要求；优化气门锁槽帽形淬火工艺，解决淬火带依槽形等深分布的难题；优化工艺，大幅减少锥面碰花比率；开发高效的弹性砂轮杆部抛光新技术，解决杆部粗糙度Ra0.2的难题。项目完成后预计年新增销售高效节能柴油机气门新产品50万对，新增销售收入4 000万元，新增利润600万元，新增税金456万元。

【固定化β－半乳糖苷酶生产低聚半乳糖工业化生产研究】 该项目在与韩国Genofocus公司合作的基础上，共同开发出活力及转化率高的β－半乳糖苷酶。项目筛选出合适的树脂对β－半乳糖苷酶进行吸收，制作固定化酶。以固定化酶生产的低聚半乳糖一次转化率可达57%以上，具有效率高、利用率高等优点，可解决上述糖浆澄清问题，进而减少精制处理工序的废水排放量。项目的关键是选择合适的阴阳树脂的型号、混合配比来达到最佳的脱色脱盐效果，经过脱盐脱色的糖浆色度小于0.05，电导率小于50μs/cm，基本能达到国外同类产品先进的质量水平。精制后的糖浆再经低温真空浓缩、灭菌、包装等工序得到低聚半乳糖成品。按年产量达3 000 吨计算，项目预计实现年利税3 380 万元。项目将进一步改善我国低聚半乳糖的产品品质，在更大程度上替代进口的低聚半乳糖。

（广东省科学技术厅政策法规处　黄　欢）

科技类民办非企业单位

2011 年，省科技厅加强对省级科技类民办非企业单位和社团的规范管理。全年新审批成立了广东华南资本研究院、广东华南生物质能研究院、广东华南药物临床评价中心、广东省均安牛仔服装研究院、广东现代电子服务研究院5 家民办非企业单位，成立了广东省科技馆研究会、广东博士创新发展促进会、广东小水电技术研究学会3 家科技类民间社团。

【广东省均安牛仔服装研究院】　该院于2011 年成立，由省科技厅、顺德区经济和科技促进局、均安镇人民政府、武汉纺织大学及行业相关企业等几十家单位共同建设。该院下设牛仔产品检测认证中心、牛仔产业技术研究中心、牛仔产业服务中心、牛仔产业信息中心，提供纺织品检测、面料开发、面料小样制作、洗水工艺开发、技术与信息咨询、品牌策划与创意、知识产权咨询、科技培训等十余项服务；开展功能性牛仔用纤维材料、高附加值牛仔面料、环保节能型染整助剂、高效短流程洗水工艺、高效生物酶制剂、自动化洗水设备、数字化服装工厂系统等多领域研究，多项成果处于国内领先水平，并进入工厂中试阶段。该院的研发领域已跨越整个牛仔服装产业链，服务涵盖整个珠三角，并辐射到全国各大牛仔服装产业重镇。

【广东小水电技术研究学会】　该学会是由广东省小水电相关机构和研究小水电技术人员、学者依法自愿组成的地方性、非营利性的社会学术团体。学会致力于小水电行业发展，为广大小水电企业提供政策宣贯、学术交流、安全培训、技术咨询、技术支持等服务。学会内设秘书处、办公室、顾问组、财务部、行业服务部、教育培训部、会员部7 个部门。2011 年，在国家电力监管委员会南方监管局规定所有发电单位必须持证发电的要求下，学会已指导并协助约3 000 家小水电企业成功申办、换发电力业务许可证，帮助超过100 家小水电企业顺利完成相关改造项目。学会还联合各区域供电局、水利部门、各市（县）小水电协会，在全省各地组织开展培训班共102 期，为全省超过5 000 家小水电企业提供了政策宣讲、人员安全培训、上岗培训，其中生产、安全、技术人员培训约12 000 人次，职业技能培训约5 000 人次。

（广东省科学技术厅政策法规处　刘世伟）

民营科技园区建设

2011年，全省共有14个国家级和省级民营科技园。安排民营科技园建设项目16项，下拨经费680万元。园区民营科技企业创新能力不断提升，民营科技园服务体系建设成效显著。

民营科技园区发展现状

【“三资融合”建设】 2011年10月，省科技厅会同省委政研室等部门对番禺节能科技园进行了深入调研，深入挖掘和提升该园以土地资本、金融资本和产业资本“三资融合”建设新模式对全省产业园区发展的借鉴意义，撰写形成政研专报《以“三资融合”新模式，加快打造转型升级新平台——番禺节能科技园发展模式的经验与启示》。此外，省科技厅牵头起草制定《广东省人民政府关于运用“三资融合”建设模式大力发展民营科技园区的若干意见（讨论稿）》，牵头筹备广东省民营科技园“三资融合”建设模式现场会，组织有关单位摄制《一个闪光的时代坐标——记番禺节能科技园“三资融合”建设新模式》政论宣传片等，以此为契机，推动全省民营科技园区建设新一轮大发展。

2011年12月31日，全省民营科技园“三资融合”建设模式现场会在广州番禺召开，会议总结推广番禺节能科技园土地资本、金融资本、产业资本“三资融合”建设模式，打造全省产业转型升级新平台。省委副书记、代省长朱小丹出席会议并作重要讲话。副省长陈云贤主持会议，省科技厅领导出席会议并做关于广东省民营科技园区发展情况汇报。全省地级以上市人民政府、顺德区政府、省直和中央驻粤有关部门、省级以上高新区、省级以上民营科技园区、产业转移园的主要负责同志，以及全省主要金融机构、房地产行业协会和部分企业的主要负责人参加了会议。

【民营科技园建设项目】 该项目重点支持和引导民营科技园引进现代服务专业机构、设立科技服务中心（窗口），为园区内中小企业开展各类研发、标准化、检测、技术评估和推广等综合型科技服务；支持园区现代服务业和先进制造业相结合双轮驱动的发展模式，为当地调整产业结构、转变经济增长方式提供强大支撑。

2009—2011年，全省共安排民营科技园建设项目55项，累计投入1 980万元。2011年，全省安排民营科技园建设项目16项，下拨经费680万元。

新会今古洲民营科技园现代服务体系建设

该项目以建设“新会今古洲民科园现代服务体系”为目标，通过规划引导、技术创新、法制保障、人才支撑、品牌引领、产业集聚、开放带动、政策扶持，加快发展以研发中心、现代物流业、信息科技服务业、中介服务业为重点的现代服务业，构筑“高增值、强辐射、广就业”的现代服务业体系，着力建设临港物流中心、企业研发中心、中介服务中心、信息化等现代服务业。

项目建设内容：

1．临港物流中心建设。（1）以江门高宝隆物流基地有限公司为依托，扩建新港码头一期工程，工程建设规模为2个5 000吨级多用途泊位，码头结构按1万吨级多用途船进行设计，码头前沿停泊水域近期按5 000吨级进行浚深，建成后港口年货物吞吐量可达300万吨、集装箱10万标箱。（2）建设良发贸易仓储和完善大昌物流工业园。（3）积极引进大型第三方、第四方物流供应链服务企业，加速物流业向高端发展。

2．研发中心建设。依托ABB新会低压开关有限公司、江门江裕映美信息科技有限公司、广东千色花化工有限公司、福斯特惠勒动力机械有限公司、江门耀皮工程玻璃有限公司、江门气派摩托车有限公司等一批科研实力强劲的骨干企业，加强和华南理工大学、北京航空航天大学、华南农业大学、五邑大学、博士后工作站、新会生产力促进中心等合作，寻求科技支撑，培育企业工程技术中心，努力打造成为新会区相关产品研发中心、技术成果展示与推广中心、专业人才培训中心等高端生产性服务的龙头，使其成为新会各镇区乃至五邑地区的技术研发和成果转化中心。

3. 中介服务中心建设。大力发展工程咨询、高新科技等行业准入要求高、专业技术要求强的知识密集型中介机构；加快服务的专业化提升，促进服务品种和服务方式的创新；积极引进国际著名的会计、法律、咨询、评估等中介企业；加强与国内外著名高校、研究机构的合作，设立从事研究、开发、设计的中介机构；可以创造性地利用 CEPA 加强与港澳服务业的协调与合作，提高服务水平，引进高端的国际性中介服务机构。

4. 信息化建设。面向园区企业开展生产性的信息产品研发和服务，推进园区重点行业的信息化，如建设现代物流业的物流公共信息平台、中介服务业的一站式中介服务信息平台、企业的电子商务系统、政府的电子政务信息化系统；完善民科园创业中心信息化平台；引进和扶持信息服务企业，推进制造业升级。

预计到 2014 年，项目将初步建成区域性企业基地、企业研发中心、现代物流中心、中介服务中心、科技成果展示和推广中心。

龙湖民科园印刷包装产业信息网络平台 该项目以互联网为载体，通过信息化手段，解决民科园印刷包装行业企业在人才招聘、职业培训、知识产权、技术交流、成果应用等方面的瓶颈。平台通过完成网络环境基础建设，实现平台客户端、WEB 服务器端以及数据库服务器的构成，将民科园印刷包装行业企业、网站、产品数据进行资源整合，形成一个以综合数据库为基础、计算机和 Internet 为支持的、界面友好的、多终端的、可定制的信息网络平台，平台将由客户端、WEB 服务器、数据库服务器等构成。通过规范站点建设，对民科园企业、网站、网页进行资源整合，更新网络资源，把各种资源统一管理和规划，发挥规模集成效应，解决印刷包装产业各自为战、零打碎敲、集约化程度低的问题。

项目建设内容：

1. 以信息网络平台为依托，企业在产品开发前进行相关文献的检索，吸收创造性的技术内容，并结合本身新产品特点加以创新，提高企业创新能力。建立印刷包装行业专利信息库，通过互联网为会员单位提供信息服务，制定印刷包装产业的专利信息检索方式，利用专利信息库平台引导会员单位进行信息检索。

2. 通过平台门户网站开辟行业知识产权专栏，将知识产权的宣传手册、资料，定期发送给区内单位，进一步宣传知识产权法律法规和相关政策。

3. 与多个人才专门机构建立信息共享机制，建立包装印刷产业人才库，为企业招聘及人才应聘提供双向选择，企业可通过平台找到包装印刷产业从业人员，包装印刷产业从业人员也能够从平台找到相关产业的工作。

4. 在平台网站建立专门的职业培训中心，以包装印刷产业从业人员为培训对象，培训对象包括各会员单位的中、高层管理者、知识产权管理人员、科技人员和营销人员以及本行业的其他单位有关人员。

5. 通过搜集印刷包装产业相关的科技成果、技术并发布，为企业提供寻找科技成果渠道，对接印刷包装支柱产业，加强与外地高校、科研院所、科技机构等单位的交流与合作，促进基础、共性技术的研究试验，提高印刷包装产业的技术水平及其技术配套能力，努力实现标准化、系列化和专业化生产。

项目完成后，将形成一个完整的印刷包装产业信息网络平台，有效填补园区为印刷包装产业提供综合信息服务这一空白，将有利于园内创新服务体系建设、引导和帮助民营企业开展技术创新，为园内行业技术创新水平的发展提供一个全新环境和氛围。在信息高度集中的将来，将提升全区信息化整体发展水平，为全区民营经济高速发展平台添砖加瓦，带动全区民营经济整体实力的提高和飞跃。

民营科技园和轻工机械专业镇自主创新联动建设　该项目通过整合金平民营科技园和石炮台轻工机械专业镇技术创新平台，为企业提供优质服务。增购信息化设备，升级平台网络，完善信息网络平台，促成企业联盟。建立机械设备共享平台、科技信息情报共享平台、知识产权综合服务信息共享平台、科技成果转化服务平台、科技战略决策咨询服务平台、科技金融服务平台，助推园镇科技资源共享。建立完善园区与高校科技对接互访、科技干部互派双挂、企业科技特派员等制度，鼓励高校院所与企业共建研究中心。

项目建设内容：

1. 整合技术创新平台，为企业提供优质服务。根据专业镇经济产业发展的需要，整合金平民营科技园和石炮台轻工机械专业镇技术创新平台，构建区域创新网络，探索和完善技术创新平台的建设新模式和运作机制，充实和完善创新平台的工作内容。

2. 完善信息网络平台，促进产业技术创新资源整合。增购信息化设备，升级平台网络，促成企业联盟，助推园镇科技资源共享。

3. 推进产学研结合。拓展合作深度与广度，突出企业主体地位，加强产业技术创新，鼓励企业建立研发机构。

4. 促进成果转化。加强科技成果转化和集成创新能力建设，大力推动高等院校和科研机构加强科技成果转化工作，强化以市场为导向、以产业化为目标的科研开发模式，加强高等院校和科研院所向企业转移技术，完善高等院校和科研机构科技成果的发布机制，培育企业科技成果产业化能力，鼓励企业建立研发机构，加大力度，提高其公益技术、产业共性技术和关键技术的集成、配套能力以及工程化技术服务水平，加快科技成果转化。

项目完成时，园镇每年将有一批企业开展产学研合作取得成效，促成创新成果在企业得到应用。技术创新平台、信息网络平台、科技服务平台三大平台建设也同步建成，并实现园镇与企业信息化平台接口，实现数据共享，消除信息孤岛。形成一定规模的产—学—研—销的体系，企业的自主创新能力进一步提高，自主创新产品数量和质量进一步提升，推动区域经济增长取得成效。

（广东省科学技术厅政策法规处　黄　欢）

民营科技园选介

【番禺节能科技园】　该园区是以“绿色、低碳、环保”为主题，以民营企业为主体开展建设运营，以土地资本、金融资本、产业资本“三资融合”为核心运营理念的创新型民营科技园。园区注重产学研结合，坚持“研发销售两头在园区，中间生产在外部”的发展模式集约节约利用土地，重点致力于培育节能环保、新能源、新一代信息技术等战略性新兴产业，鼓励科技人才在园区内创新创业。园区内设有番禺区知识产权工作站，为园区内企业知识产权的维护提供了极大的便利。此外，园区内还设立了专门的金融服务平台，促进科技资源与金融资源有效对接。园区走出了一条“企业办园、政府支持、市场化运作”的创新发展道路，为本省集聚高端产业、吸引创新资源、加快产业转型升级探索出一条新思路，成为本省民营科技园的一个标杆，打造了广州南部科技创新集群的重要平台，对于破解本省民营科技园发展遇到的土地、资金等瓶颈问题具有重要意义。

园区首期用地面积50公顷，已建成科技研发用房45万平方米，开发运营机构由具有本科以上学历的精英团队组成。截至2011年年底，园区吸引入驻企业730家，其中90%属于战略性新兴产业企业，为20 000多名本科以上科技人才提供了创业、就业机会，取得专利等科研成果1 580项，培育出广州中海达卫星导航技术股份有限公司、广东海大集团股份有限公司、新太科技股份有限公司3家上市企业。2011年，园区每公顷产出达333万元。

构筑创新技术服务平台　园区设有中国科学院广州技术转移中心等10大技术服务机构，助推企业自主创新，推动科研成果转化。与40多家科研院所合作，设立42个企业研发中心，为孵化企业提供租金、科研等补贴累计近2 000万元。

构筑科技金融服务平台　园区重点打造华南科技资本研究院等15大科技金融服务机构，解决企业孵化资金需求，有效地缓解科技型中小微企业融资困难。构建企业上市服务“绿色通道”。园区已培育上市企业3家，另有12家企业被纳入上市辅导培育对象，且还有一批企业也即将毕业进入“上市通道”，形成“上市一批，培育一批，储备一批”的发展态势。

构筑“一站式”政务服务平台　园区设立了市、区、街三级政务服务中心，为入园企业提供高效便捷的工商税务、经贸外管、环保消防等审批业务，在企业家门口提供科技项目申报、协助落实优惠政策等一站式服务，使企业能集中精力搞研发。

【湛江民营科技园】　该园区占地面积36.4平方公里，已建成面积22.83平方公里，截至2011年年底，已开发1 967公顷。2011年，园区内有民营企业498家，职工258 798人，其中科技人员7 196人；高新技术企业15家，占全市的35.7%；省级民营科技企业45家，占全市的46.39%。集聚效应显著，示范效果明显。

园区以“加强创新，深化服务”为宗旨，坚持整合资源、突出特色，形成优势的建设方向，按统筹安排，分区建设的发展思路，积极推进产业群体、园区基础设施、公共技术平台和服务体系“四个建设”，正逐渐成为民营企业技术创新、人才聚集、信息技术集散基地。2011年，园区根据湛江资源特点及园区内现有民营科技企业的产业基础，重点发展海洋水产、造纸、高效节能机电产品制造三大产业，延长链条，提高园区企业的核心竞争力和整体竞争优势。

海洋水产业　园区现已建成水产品加工技术创新服务中心、信息平台，基本完成服务体系建设和家电产品公共技术创新平台等内容，为园区提供技术服务和技术支撑。海洋水产业的种苗繁育园区内有“863计划”海水养殖种子工程南方基地和湛江市东海岛东方实业有限公司、海茂水产种苗有限公司等100多家种苗繁育、水产养殖、水产品加工民营企业；有水产动物饲料生产企业12家，年产水产动物饲料30多万吨，占领我国南方水产动物饲料市场的60%以上。园区内的广东恒兴饲料实业股份有限公司、湛大蓝科股份有限公司、湛江东腾饲料有限公司、广东粤海饲料集团等骨干企业是高新技术企业。在水产品深加工方面，有湛江国溢水产有限公司、湛江丰源水产有限公司、湛江中水通连水产有限公司、湛江润海食品有限公司、旭骏水产（湛江）有限公司、中联水产（湛江）有限公司和湛江国联水产开发股份有限公司等骨干企业，这些企业分别获得出口美国、欧盟、日本等认证，水产品大量出口，有力地推动了海水养殖业和加工业的发展。

造纸业　园区重点依托国家南方林木种苗基地、桉树中心、市林科所等研究优质速生林林木种苗繁育技术，依托冠龙市级特种纸原纸工程中心研究木浆造纸技术，依托冠豪省级特种纸工程中心研究特种纸生产技术。园区内的湛江冠龙纸业有限公司，主要生产特种纸的原纸，与建在湛江经济技术开发区的以热敏传真纸、无碳复写纸等特种纸为主导产品的广东冠豪高新技术股份有限公司配套。

高效节能机电产品制造业　园区重点依托湛江通用电气有限公司的市级电器工程中心，湛江鸿智电器有限公司与广东海洋大学等高校建立的产品开发中心，湛江市家用电器工业有限公司和湛江市恒生实业有限公司的市级工程技术研究开发机构等研究开发高效节能、智能化、数字化的新一代家电产品和以提高质量、节能降耗为重点的新技术、新工艺。

【韶关民营科技园】　该园区坐落在韶关市粤北工业开发区，面积727.3公顷，设有光彩民营科技园、沐溪民营科技园2个园区，主导产业为电子、机械、新材料、轻工等。

2011年，该园区经济呈现快速发展的良好势头，多项经济指标增幅高于全市平均水平。全年完成工业总产值58.7亿元，同比增长27.53%；完成工业增加值13.95亿元，同比增长18.6%。全年固定资产投资累计完成17.46亿元，其中，基础设施建设投资完成4.64亿元。全年招商引资合同及协议项目15个，合同及协议利用资金9.13亿元。全年完成外贸出口额1.4亿美元。全年实现税收3.05亿元，同比增长45.24%。

2011年，园区加强了路网、管网建设。阳山片区基础设施建设加快，园区主干道新国道323线路基工程已完成50%以上，已全面开展路面工程施工。投资1.2亿元、建筑面积3.7万平方米的科技创业服务中心大楼已建成。园区规划建设的污水处理厂，预计2012年年底建成投入使用。

截至2011年年底，广东景园设计工程有限公司投入比亚迪配套项目3.02亿元。截至2011年年底，该园已基本完成407.1公顷的征地拆迁工作，其中首期比亚迪公司用地91.7公顷已于2010年12月完成交地手续，农民安置点正在建设中，连接比亚迪主干道1.64公里已基本完成，比亚迪周边村道改道及护坡工程正在建设中。

截至2011年年底，园区落户项目有200多个，其中，投产企业100多家，在建工业企业39家。园区规模以上工业企业32家，从业人员3万多人。园区形成以机械装备、玩具制造为主导产业和新材料、生物制药、新能源等新兴产业不断发展壮大的格局。园区以装备制造产业为主攻方向，引进、发展了比亚迪汽车、韶关液压件厂有限公司、韶关宏大齿轮有限公司、韶关市中机重工锻压有限公司、广东韶配动力机械有限公司等80多个优势明显、实力雄厚的装备制造企业，装备制造业的地位日益突显。这些项目两年内将全部建成投产，从而形成有龙头企业带动的诸多行业。

（广东省科学技术厅政策法规处　黄　欢）

科技创新体系建设

技术创新工程

2011 年，广东省积极推进国家技术创新工程广东省试点工作，在全国率先启动实施创新型企业“院线提升计划”，引导省级创新型企业组建企业研究开发院，制定并实施创新路线图，提升企业创新软实力。2011 年，“创新型企业院线提升计划”实施成效初显，全省新增 9 家国家创新型企业，累计认定国家级创新型企业达 22 家。广东省工程技术研究开发中心建设进展顺利，全年共批准组建了 68 家省级工程中心；国家和省两级企业技术中心呈良好发展态势，数量不断增长、发展质量不断提升、竞争力不断增强。

技术创新平台建设

【广东省工程技术开发研究中心】 2011 年，广东省工程技术研究开发中心（以下简称“省工程中心”）建设进展顺利，全年共批准组建了 68 家省级工程中心（见表 4－1－1－1），61 家省级工程中心通过验收（见表 4－1－1－2）。

2011 年 7 月，省科技厅组织召开全省工程中心建设 20 周年总结表彰大会。会议对 30 家优秀广东省工程技术研究开发中心（见表 4－1－1－3）及 19 名优秀广东省工程技术研究开发中心主任进行了表彰，会议全面总结和回顾了省工程中心建设 20 年来取得的成绩，提出了新时期省工程中心建设的工作重点，标志着省工程中心建设进入了新的阶段。

建设规模　截至 2011 年年底，全省共建有省工程中心 552 家，其中 62 家升级为国家级工程中心、企业技术中心、工程实验室等国家级重大创新平台。省工程中心主要分布在先进制造、电子信息、生物、新材料、新能源、节能环保等支柱产业和高新技术产业，组建单位大多为规模大、效益好、成长性强的创新型龙头企业，其中属省现代产业体系 500 强的企业有 97 家，属省自主创新 100 强的企业有 60 家。全省工程中心拥有各类研发仪器设备总价值超过 135 亿元，从事研究开发的技术人才共计 9.2 万人，其中中、高级职称人员 5.5 万人，占总人数的 60%。依托单位属省现代产业体系 500 强的企业有 97 家，属省自主创新 100 强的企业有 60 家。截至 2011 年年底，全省工程中心共有各类研发仪器设备总价值超过 135 亿元，从事研究开发的技术人才共计 13.2 万人，其中中、高级职称人员 3.6 万人，占总人数的 27.2%。

研发能力　2011 年，省工程中心承担的科研项目超过 14 000 项，其中国家级项目超过 1 500 项，承担或参与制定国家标准、行业标准 1 700 多项，发表论文 3 500 多篇，为企业培训专业技术人员 12 万人以上。2011 年，全省工程中心的研发投入超过 260 亿元，研发并投入生产的新产品、新装备、新材料、新工艺超过 15 000 多个（台、套）；受理申请专利 25 000 多件，其中发明专利 15 000 多件，获授权专利 10 000 多件，其中发明专利 4 000 多件；新产品产值达 3 600 多亿元，产生了巨大的经济效益。

20 年建设经验　省工程中心建设 20 年来，在技术创新、成果转化、科研条件建设和人才培养等方面都取得了显著成效，有力地提升了企业技术创新主体地位，成为广东省自主创新的骨干力量，省工程中心的建设发展为广东省构建区域创新体系提供了重要经验。

第一是坚持政府引导。省科技厅、省直有关部门一直把工程中心建设作为构建开放型区域创新体系的重要抓手，在政策制定、财政投入等方面进行扶持引导。政府的引导和投入确保了工程中心获得稳定的财政资助，还产生了良好的示范效应，增强了各市和企业的积极性和主动性，有效地带动了企业和社会的投入。在政府的引导扶持之下，工程中心已成为企业的“优质资产”，为企业上市融资、增加研发投入、吸引优秀人才提供了有利条件。

第二是坚持自主研发。省工程中心依靠自主研发，掌握了一批产业关键共性技术，提升了企业和行业的核心竞争力，为企业不断做大做强提供了技术支撑。例如，广东省格力电器重点工程技术研发中心全面实施知识产权创新战略，2007—2009 年共获得国家专利 1 010 件，在制冷设备领域确立了技术领先优势，晋升为国家级工程中心。东莞志成冠军集团组建的广东省大功率电源工程技术研发中心，以不间断电源（UPS）研制和电源管理技术为核心，不断拓展产品在太阳能光伏、安防等领域的应用，为集团进军新能源等新兴产业，实现转型升级奠定了基础。

第三是开展产学研合作。广东省充分利用省部、省院产学研合作机制，积极鼓励、大力推进企业开展产学研合作，以企业的工程中心为平台，主动承接高等院校、科研院所的技术转移，实现科研成果在企业的转化和产业化，取得显著的效益。例如，广东温氏食品工程技术研发中心深化和完善了高校持股加盟企业的产学研合作模式，与国内众多高校和科研院所建立起覆盖全产业链条的产学研合作联盟，牵头实施的农业产学研合作项目曾获广东省科学技术奖特等奖。广州无线电集团重点工程技术研发中心，建立起基于产业技术路线图的产学研合作体系，大大提高了企业整合创新资源的能力和效率，在卫星导航、船舶电子等新兴领域占据了先发优势。

第四是推进机制创新。机制创新对于推动工程中心建设具有根本性作用。广东省鼓励引导工程中心不断创新发展机制，建立健全科学的管理制度，有效地激发了工程中心的创新活力。例如，金发科技股份有限公司在上市公司中率先推出股票期权激励计划，分两批授予包括工程中心成员在内的 400 多名创新骨干 1.32 亿股股票期权，吸引了包括 39 名博士、85 名硕士在内的一大批高素质人才加盟，研制出纳米碳酸钙透气复合物等重量级新产品，实现经济效益近 50 亿元。东信和平智能卡股份有限公司在工程中心建设中推行“三点受控”的项目管理方法，对项目立项、项目方案、项目结项 3 个关键点进行全程控制管理，加速了项目研发与企业需求的对接，提高了工程中心的管理水平和运行效率。

【企业技术中心】 2011 年，国家和省两级企业技术中心呈良好发展态势，数量不断增长、发展质量不断提升、竞争力不断增强。通过企业技术中心建设，很大程度上提升了企业自主创新能力、整合内外资源能力和适应市场变化能力，使企业技术中心充分发挥在合作创新、战略制定、创新研发、人才培养等方面的作用。

国家级企业技术中心　2011 年，全省新增国家级企业技术中心 11 家（含深圳），获认定数量创历史新高。截至 2011 年年底，全省共有国家级企业技术中心共 59 家，比 2010 年增长 22.45%。从行业分布看，59 家国家认定企业技术中心以电子、轻工、家电、机械、化工、船舶 6 个行业为主，合计 46 家，占全省的 77.97%，其中电子行业类的国家认定企业技术中心数量最多，共 15 家，充分显示出广东省电子信息产业在全国的排头兵地位。从地域分业来看，珠三角的国家认定企业技术中心共 49 家，占全省的 83.05%，东西北地区以及央企、省属企业各占 8.47%。

省级企业技术中心　截至 2011 年年底，广东省共认定 13 批共 601 家省级企业技术中心（不含深圳市），数量比上年增长 40.42%。从行业分布来看，601 家省级企业技术中心分布在有色、医药、冶金、石化、轻工、农业、建筑、建材、家电、机械、化工、纺织、电子、船舶以及其他（物流、煤炭、能源、烟草、电力等）行业。其中，以机械（134 家）、轻工（112 家，不含家电）、电子（92 家）三大行业居多，占全部省级企业技术中心的 56.24%。从地域分布来看，珠三角 428 家，占全省的 71.21%，粤东四市 76 家，占全省的 12.65%，粤北及山区五市 39 家，占全省的 6.49%，粤西三市 38 家，占全省的 6.32%，省属企业 20 家，占全省的 3.33%。

表4-1-1-1 新组建的省级工程中心一览表（2011）

序号	工程中心名称	依托企业
1	广东省工业机器人工程技术研究开发中心	广东科信达科技有限公司
2	广东省厨房小家电工程技术研究开发中心	广东亿龙电器股份有限公司
3	广东省塑料容器及软包装材料工程技术研究开发中心	佛山市南方包装有限公司
4	广东省高精密节能注塑成型设备工程技术研究开发中心	佛山市顺德区震德塑料机械有限公司
5	广东省聚合物工程技术研究开发中心	佛山市天安塑料有限公司
6	广东省多媒体音箱工程技术研究开发中心	旺兴达（丰顺）电子有限公司
7	广东省南药工程技术研究开发中心	广东南台药业有限公司
8	广东省城市商业照明工程技术研究开发中心	惠州市西顿工业发展有限公司
9	广东省混凝土外加剂工程技术研究开发中心	广东红墙新材料股份有限公司
10	广东省塑木复合材料工程技术研究开发中心	惠东美新塑木型材制品有限公司
11	广东省输配电设备工程技术研究开发中心	众业达电气股份有限公司
12	广东省功能性糖果工程技术研究开发中心	广东富味制果厂有限公司
13	广东省食用菌工程技术研究开发中心	广东粤微食用菌技术有限公司
14	广东省气动液压工程技术研究开发中心	肇庆市志成气动有限公司
15	广东省蓄电池工程技术研究开发中心	肇庆理士电源技术有限公司
16	广东省酵母工程技术研究开发中心	广东五洲药业有限公司
17	广东省软胶囊食品工程技术研究开发中心	广东美丽康保健品有限公司
18	广东省 LED 室内照明工程技术研究开发中心	河源市超越光电科技有限公司
19	广东省食品生物工程技术研究开发中心	广东珠江桥生物科技股份有限公司
20	广东省转基因作物育种工程技术研究开发中心	创世纪转基因技术有限公司
21	广东省环境友好农药剂型工程技术研究开发中心	深圳诺普信农化股份有限公司
22	广东省家电智能控制系统工程技术研究开发中心	深圳和而泰智能控制股份有限公司
23	广东省电机驱动与控制技术工程技术研究开发中心	深圳市汇川技术股份有限公司
24	广东省绿色表面活性剂工程技术研究开发中心	广州市浪奇实业股份有限公司
25	广东省直缝焊管工程技术研究开发中心	番禺珠江钢管有限公司
26	广东省 IC 设计与 RFID 工程技术研究开发中心	中山大学
27	广东省动物生物制品工程技术研究开发中心	广东永顺生物制药有限公司
28	广东省血液净化工程技术研究开发中心	珠海健帆生物科技股份有限公司
29	广东省微细及特种漆包线工程技术研究开发中心	广东蓉胜超微线材股份有限公司
30	广东省现代中药工程技术研究开发中心	中山大学 广东省广州国际医药港有限公司 中山市尤利卡天然药物有限公司
31	广东省高分子电磁屏蔽复合材料工程技术研究开发中心	揭阳市广福电子实业有限公司

（续上表）

序号	工程中心名称	依托企业
32	广东省真空镀膜涂料工程技术研究开发中心	广东深展实业有限公司
33	广东省炼乳与婴幼儿辅助健康食品工程技术研究开发中心	广东东泰乳业有限公司
34	广东省创新药物制剂工程技术研究开发中心	中山大学
35	广东省医药缓、控、速释制剂工程技术研究开发中心	广东邦民制药厂有限公司
36	广东省调味品工程技术研究开发中心	李锦记（新会）食品有限公司
37	广东省环保功能涂料工程技术研究开发中心	广东千色花化工有限公司
38	广东省嘉和微特电机工程技术研究开发中心	广东嘉和微特电机股份有限公司
39	广东省汽车制动鼓轮毂工程技术研究开发中心	平远县恒明汽车底盘制造有限公司
40	广东省无缝服装工程技术研究开发中心	广东瑞源科技股份有限公司
41	广东省高分子功能母料与发泡材料工程技术研究开发中心	汕头市贝斯特科技有限公司
42	广东省科普教玩具工程技术研究开发中心	广东邦领塑模实业有限公司
43	广东省高低压开关设备工程技术研究开发中心	汕头正超电气集团有限公司
44	广东省宽带无线通信工程技术研究开发中心	广州杰赛科技股份有限公司
45	广东省改性高分子材料工程技术研究开发中心	广州市合诚化学有限公司
46	广东省家用电器环保配线组件工程技术研究开发中心	广东华声电器股份有限公司
47	广东省环保合成石材工程技术研究开发中心	万峰石材科技有限公司
48	广东省耐磨及特种功能材料工程技术研究开发中心	暨南大学
49	广东省服务计算工程技术研究开发中心	华南师范大学 广东省计算中心 广东电子工业研究院
50	广东省城市空调节能与控制工程技术研究开发中心	华南理工大学 广州市远正智能科技有限公司
51	广东省现代精细化工工程技术研究开发中心	广东工业大学
52	广东省智能锁具工程技术研究开发中心	广东雅洁五金有限公司
53	广东省太阳能电池组封装胶膜装备工程技术研究开发中心	广东仕诚塑料机械有限公司
54	广东省萜类化合物食品添加剂工程技术研究开发中心	罗定市星光化工有限公司
55	广东省太阳能光伏材料工程技术研究开发中心	肇庆市羚光电子化学品材料科技有限公司
56	广东省家用厨房电器具工程技术研究开发中心	广东浩特电器有限公司
57	广东省松节油深加工工程技术研究开发中心	广东松林香料有限公司
58	广东省精密仪器工程技术研究开发中心	广东正业科技股份有限公司
59	广东省 LED 外延片和芯片工程技术研究开发中心	东莞市福地电子材料有限公司
60	广东省电脑周边设备工程技术研究开发中心	东莞市金河田实业有限公司

（续上表）

序号	工程中心名称	依托企业
61	广东省数字音频广播接收与播放设备工程技术研究开发中心	东莞市奥莱克电子有限公司
62	广东省卫星应用工程技术研究开发中心	汕头高新区航宇电子技术有限公司
63	广东省应用信息系统工程技术研究开发中心	广东天亿马信息产业有限公司
64	广东省潜水用复合材料及装备工程技术研究开发中心	中潜股份有限公司
65	广东省智能家具工程技术研究开发中心	广东顶固集创家居股份有限公司
66	广东省家电变流技术应用工程技术研究开发中心	格兰仕（中山）家用电器有限公司
67	广东省高可靠性环保线路板工程技术研究开发中心	广东达进电子科技有限公司
68	广东省焙烤食品工程技术研究开发中心	中山市咀香园食品有限公司

表4－1－1－2　通过验收的省级工程中心一览表（2011）

序号	工程中心名称	依托单位
1	广东省薄膜材料工程技术研究开发中心	广东省东南薄膜科技股份有限公司
2	广东省合成材料改性工程技术研究开发中心	广东高科达科技实业有限公司
3	广东省高效节能换热设备工程技术研究开发中心	汕头华兴冶金备件厂有限公司
4	广东省现代电源工程技术研究开发中心	广东猛狮电源科技股份有限公司
5	广东省万年青中药工程技术研究开发中心	广东万年青制药有限公司
6	广东省开关电源工程技术研究开发中心	汕头高新区环瓦电源有限公司
7	广东省金属包装容器工程技术研究开发中心	汕头市东方科技有限公司
8	广东省智能电力测控仪表工程技术研究开发中心	广东雅达电子股份有限公司
9	广东省水泥节能与清洁生产工程技术研究开发中心	蕉岭县龙腾旋窑水泥有限公司
10	广东省稀土新材料工程技术研究开发中心	广东富远稀土新材料股份有限公司
11	广东省电接插件精密模具工程技术研究开发中心	东莞市奕东电子有限公司
12	广东省现代电力电子工程技术研究开发中心	广东易事特电源股份有限公司
13	广东省半导体照明技术与应用工程技术研究开发中心	东莞勤上光电股份有限公司
14	广东省漆包线工程技术研究开发中心	东莞泽龙线缆有限公司
15	广东省中草药健康产品工程技术研究开发中心	无限极（中国）有限公司
16	广东省稀土发光材料工程技术研究开发中心	江门市科恒实业股份有限公司
17	广东省高能电池材料工程技术研究开发中心	四会市达博文实业有限公司
18	广东省水性树脂工程技术研究开发中心	广东天银化工实业有限公司
19	广东省汽车轮胎模具工程技术研究开发中心	揭阳市天阳模具有限公司

（续上表）

序号	工程中心名称	依托单位
20	广东省数字监控产品工程技术研究开发中心	广东响石数码科技有限公司
21	广东省日用陶瓷颜色釉工程技术研究开发中心	潮州宏业陶瓷制作厂有限公司
22	广东省园艺水族器材工程技术研究开发中心	广东博宇水族实业有限公司
23	广东省香精香料工程技术研究开发中心	广东铭康香精香料有限公司
24	广东省港口工程技术研究开发中心	中交第四航务工程局有限公司
25	广东省化学原料药与制剂工程技术研究开发中心	广州白云山制药股份有限公司
26	广东省水产畜牧饲料及养殖工程技术研究开发中心	广东海大集团股份有限公司
27	广东省功能性食品添加剂及配料工程技术研究开发中心	广州合诚实业有限公司
28	广东省环保型油墨工程技术研究开发中心	珠海市乐通化工股份有限公司
29	广东省光机电精密机械设备工程技术研究开发中心	珠海华冠电子科技有限公司
30	广东省多媒体集成电路设计工程技术研究开发中心	炬力集成电路设计有限公司
31	广东省通信设备工程技术研究开发中心	广东天波信息技术有限公司
32	广东省家用电热器具工程技术研究开发中心	广东伊立浦电器股份有限公司
33	广东省水工程技术研究开发中心	佛山市水业集团有限公司
34	广东省泵及成套装备工程技术研究开发中心	广东省佛山水泵厂有限公司
35	广东省节能环保中央空调工程技术研究开发中心	广东西屋康达空调有限公司
36	广东省高性能塑料建材工程技术研究开发中心	佛山高明顾地塑胶有限公司
37	广东省铝型材环保节能工程技术研究开发中心	佛山市高明永利坚铝业有限公司
38	广东省高效节能注塑成型装备工程技术研究开发中心	广东伊之密精密机械股份有限公司
39	广东省新型环保复合建筑陶瓷工程技术研究开发中心	广东博德精工建材有限公司
40	广东省妇科中药制剂工程技术研究开发中心	广东罗浮山国药股份有限公司
41	广东省锂电池工程技术研究开发中心	惠州亿纬锂能股份有限公司
42	广东省硅橡胶材料及制品工程技术研究开发中心	惠州源东国际硅胶制品有限公司
43	广东省轴承工程技术研究开发中心	东莞市 TR 轴承有限公司
44	广东省无线射频识别（RFID）工程技术研究开发中心	东莞市太平洋计算机科技有限公司
45	广东省电子化工高分子材料工程技术研究开发中心	东莞市贝特利新材料有限公司
46	广东省电磁感应加热工程技术研究开发中心	东莞市前锋电子有限公司
47	广东省环保节能型开关电源工程技术研究开发中心	台达电子电源（东莞）有限公司

（续上表）

序号	工程中心名称	依托单位
48	广东省墙纸工程技术研究开发中心	广东玉兰装饰材料有限公司
49	广东省铝电解电容器工程技术研究开发中心	东莞市东阳光电容器有限公司
50	广东省光电显示工程技术研究开发中心	东莞光阵显示器制品有限公司
51	广东省电子标签（RFID）及智能卡封装工程技术研究开发中心	中山达华智能科技股份有限公司
52	广东省管桩工程技术研究开发中心	广东三和管桩有限公司
53	广东省药用真菌生物工程技术研究开发中心	中山市理科虫草制品（生化药业）有限公司
54	广东省中药破壁粉粒工程技术研究开发中心	中山市中智药业集团有限公司
55	广东省五金刀剪工程技术研究开发中心	广东永光刀剪集团有限公司
56	广东省水产品加工工程技术研究开发中心	湛江国联水产开发有限公司
57	广东省小家电工程技术研究开发中心	湛江鸿智电器有限公司
58	广东省发酵制药工程技术研究开发中心	丽珠集团新北江制药股份有限公司
59	广东省阻燃剂和阻燃塑料工程技术研究开发中心	广东聚石化学股份有限公司
60	广东省毛纺织工程技术研究开发中心	罗定市嘉达纺织厂有限公司
61	广东省生物制药工程技术研究开发中心	广东省天宝生物制药有限公司

表 4－1－1－3　优秀广东省工程技术研究开发中心一览表（2011）

序号	优秀工程中心	依托单位
1	国家节能环保制冷设备工程技术研究开发中心	珠海格力电器股份有限公司
2	广东省酿造工程技术研究开发中心	佛山市海天调味食品有限公司
3	广东省畜禽种业工程技术研究开发中心	广东温氏食品集团有限公司
4	广东省空调节能工程技术研究开发中心	广东美的电器股份有限公司
5	广东省海水养殖工程技术研究开发中心	广东恒兴集团有限公司
6	国家中药现代化工程技术研究开发中心	丽珠医药集团股份有限公司
7	广东省抗感染药物工程技术研究开发中心	珠海联邦制药股份有限公司
8	广东省棉染织及后整理工程技术研究开发中心	广东溢达纺织有限公司
9	广东省东方超声工程技术研究开发中心	汕头东方超声集团
10	广东省铝材工程技术研究开发中心	广东坚美铝型材厂有限公司
11	广东省精细化学品工程技术研究开发中心	西陇化工股份有限公司
12	广东省 TCL 数字信息工程技术研究开发中心	TCL 集团股份有限公司
13	广东省大屏幕显示系统工程技术研究开发中心	广东威创视讯科技股份有限公司

（续上表）

序号	优秀工程中心	依托单位
14	广东省移动通信工程技术研究开发中心	广州金鹏集团有限公司
15	广东省光电子工程技术研究开发中心	佛山市国星光电股份有限公司
16	广东省建筑特种陶瓷工程技术研究开发中心	佛山欧神诺陶瓷股份有限公司
17	广东省轮胎模具工程技术研究开发中心	广东巨轮模具股份有限公司
18	广东省智能卡工程技术研究开发中心	东信和平智能卡股份有限公司
19	广东省微特电机工程技术研究开发中心	中山大洋电机股份有限公司
20	广东省电力电子及自动化工程技术研究开发中心	中山市明阳电器有限公司
21	广东省大功率电源工程技术研究开发中心	广东志成冠军集团有限公司
22	广东省广州无线电重点工程技术研究开发中心	广州无线电集团有限公司
23	广东省微波加热工程技术研究开发中心	佛山市顺德区格兰仕微波炉电器有限公司
24	广东省广州金发重点工程技术研究开发中心	金发科技股份有限公司
25	广东省建材装备工程技术研究开发中心	广东科达机电股份有限公司
26	广东省节能环保燃气具工程技术研究开发中心	广东万和新电气股份有限公司
27	广东省韶关钢铁重点工程技术研究开发中心	广东省韶关钢铁集团有限公司
28	广东省塑料管道工程技术研究开发中心	广东联塑科技实业有限公司
29	广东省液力传动工程技术研究开发中心	广东中兴液力传动有限公司
30	广东省燃气灶具工程技术研究开发中心	中山华帝燃具股份有限公司

（广东省科学技术厅科研条件与财务处　卢景昌）

（广东省科学技术厅发展规划处　陈荣标）

（广东省经济和信息化委员会技术创新与质量处　樊丽雅）

创新型企业建设

【创新型企业培育】 2011年，全省新增9家国家创新型企业（见表4－1－2－1），累计认定国家级创新型企业22家，数量位居全国前列；截至2011年年底，省级创新型（试点）企业313家，新增67家，与上年相比增长了27%。

据2011年统计数据显示，截至2010年年底，全省246家创新型（试点）企业主营业务收入达9 569.75亿元，占全省工业主营业务收入的11.38%；纳税额836.45亿元，占全省工业纳税总额的26.31%；税后利润877.84亿元，占全省工业利润总额的14.07%；发明专利申请量为16 101件，占全省的39.40%；发明专利授权数为6 686件，占全省的48.84%；新产品销售收入3 946.52万元，占全省新产品销售收入的34.92%，同比增长8%（见图4－1－2－1、图4－1－2－2）。

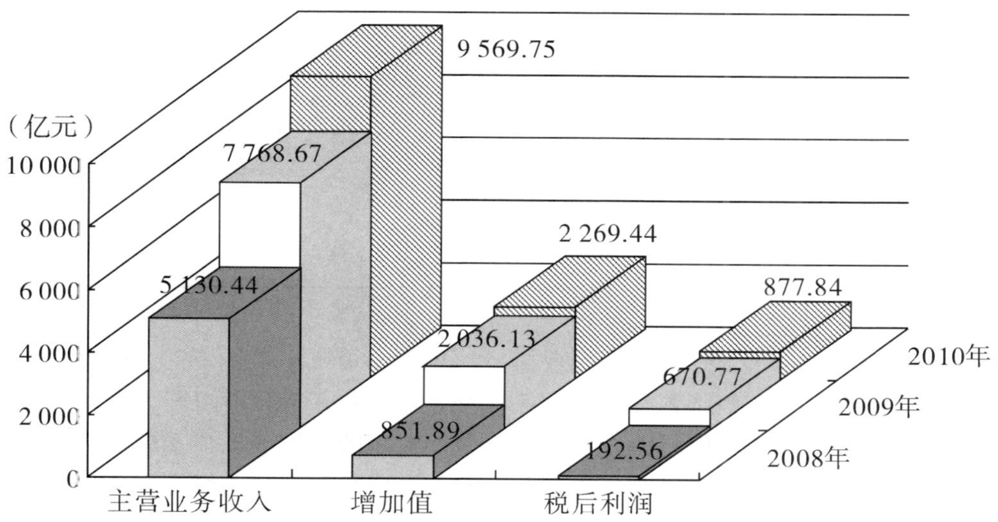

图4－1－2－1 省级创新型（试点）企业主要经济指标（2008—2010）

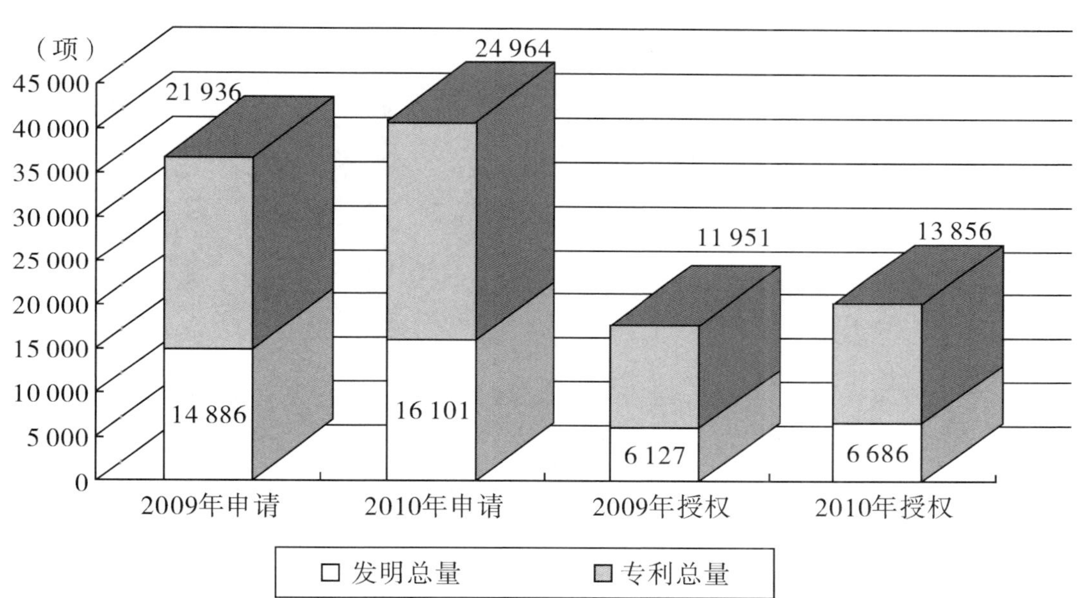

图4－1－2－2 省级创新型（试点）企业专利总量及发明专利申请授权情况（2009—2010）

表4－1－2－1 广东省入选第3批国家创新型试点企业名单

序号	企业名称	地区
1	白云电气集团有限公司	广州市
2	比亚迪股份有限公司	深圳市
3	深圳市同洲电子股份有限公司	深圳市
4	深圳市格林美高新技术股份有限公司	深圳市
5	西陇化工股份有限公司	汕头市
6	广东汕头超声电子股份有限公司	汕头市

（续上表）

序号	企业名称	地区
7	广东光华化学厂有限公司	汕头市
8	TCL 集团股份有限公司	惠州市
9	广东温氏食品集团有限公司	云浮市

【创新型企业院线提升计划】 “创新型企业院线提升计划”是广东为推进实施国家技术创新工程广东省试点工作，在全国推动创新型企业建设中率先探索实施的一项计划，是引导全省创新型企业集聚创新资源、增强创新能力、提高创新水平、实现创新发展的重要举措，对培育和造就一批具有国际竞争力和持续创新能力的创新型企业，实现广东产业转型升级和建设创新型广东具有重要意义。2011 年，通过组织材料评审及现场论证，遴选出中山大学达安基因股份有限公司等 12 家创新型企业开展第 2 批“院线提升计划”试点项目。同时，组织华南理工大学加紧开展创新路线图制定的基础理论体系研究，2011 年年底，已初步完成企业创新路线图制定的基础理论方法工具研究，拟编写出版《广东省创新型企业院线提升计划研究丛书》的第 1 本工具书《创新型企业创新路线图制定的理论与实践》。

（广东省科学技术厅政策法规处
张 燕 陈 晓）

产学研合作

2011年，省部产学研合作在体制机制创新方面大胆探索，先行先试。省部产学研合作更加注重在产业链上配置创新资源，重点结合区域和产业发展需求，组织开展产学研重大项目攻关，在重大创新平台和重大科学工程建设、创新型产业集群建设、产学研合作机制创新等方面取得新的突破。

作为“十二五”的开局之年，2011年，广东省在加强与粤港澳地区高校合作的同时，逐步拓宽了与独联体、欧美、日韩、东盟等国家和地区的科技合作，产学研结合国际化进程加速。中乌巴顿焊接研究院、香港科技大学东莞研究院、澳门大学珠江技术转移中心建设工作进展良好。

产学研合作重大项目实施

2011年，省部院产学研结合协调领导小组办公室（以下简称“省部院产学研办”）先后组织了广佛肇、珠中江、深莞惠三大经济圈地市科技部门联合行动，省市联动，组织实施产学研结合重大项目，同时加强对东西两翼及粤北山区的分类指导，为本省产业转型升级提供了有效支撑。省部院产学研办结合本省重点领域以及各地市区域产业发展的重大科技需求，安排15 600万元立项资助17项战略性新兴产业项目，主要围绕装备制造及新材料产业链的各重点、关键技术环节进行产学研合作攻关，力争形成一批具有自主知识产权、国际先进水平的核心技术，形成一批国产化率达到90%以上的成套化、智能化及大型化高端装备产品。安排3 500万元用于资助高端智能终端、物联网关键技术及产业化、高分辨率AMOLED、特种金属材料、工业及服务业用机器人、高效全自动装备等6个粤港招标项目。东莞散裂中子源、大亚湾中微子、广东新岸线计算机核心芯片、东莞工研院数字化制造装备、RFID研发与应用等一大批国家和省市重大项目取得了突破进展，有效地提升了广东在部分重大科学研究、高端电子信息、装备制造等方面的核心竞争力。

据统计，2011年省部院产学研合作项目达5 700多项，增长18.7%，新增产值2 760多亿元，增长32.3%，新增利税310多亿元，获得专利4 600多件，为企业培养技术和管理人才8 900多人，产学研合作工作的规模和成效继续领跑全国。据不完全统计，省部院产学研合作实施6年来，省财政投入22亿元，地市财政投入近100亿元，带动企业投入产学研经费超过900亿元，吸引来自全国640多家高校和科研机构的1万多名专家、教授在广东开展了形式多样的产学研合作。企业组织实施的产学研合作项目总计2万多项，累计新增产值1.1万亿元，新增利税1 500多亿元，获得专利2.5万多件，为企业培养技术和管理人才近8.3万人。

【东莞散裂中子源】 中国散裂中子源（CSNS）是国家“十一五”期间重点建设的大科学装置，是位于国际前沿的高科技、多学科应用的大型研究平台。CSNS由中科院和广东省共同建设，选址于东莞市大朗镇，总投资16.7亿元，预计2018年完成建设。散裂中子源是研究中子特性、探测物质微观结构和运动的科研装置，可带动物理学、化学、生命科学、材料科学、纳米科学、医药、国防科研和新型核能开发等学科发展，广泛服务于工农业生产。项目建成后，将成为发展中国家的第1台散裂中子源，并跻身世界四大脉冲式散裂中子源行列，为物质、生命、材料、资源环境和先进能源等领域的前沿基础研究、高技术研发以及相关战略性新兴产业的培育和发展，提供研究工具和强有力的支撑平台。

2011 年 10 月 20 日，我国迄今最大的国家重大科技基础设施中国散裂中子源在东莞市开工建设，中共中央政治局委员、国务委员刘延东，中共中央政治局委员、广东省委书记汪洋，中科院院长白春礼出席开工奠基仪式。刘延东在致辞中指出，重大科技基础设施是国家综合科技实力的重要标志，是增强国家创新能力、参与国际科技竞争的重要支撑，对提升我国科技整体水平和建设创新型国家具有重要意义。建设中国散裂中子源，是顺应世界科技发展态势、优化我国科技基础设施布局、提升科技基础能力的战略举措。要着眼长远，科学组织，借鉴国际经验，加强科学原理的自主创新和关键核心技术集成创新，加强工程质量控制和过程管理。要聚集一批科研机构、大学和企业，开展跨学科综合交叉研究，拓展高层次国际科技合作，促进产学研用深度融合，形成协同创新的强大合力，建成具有集群效应的国家科研基地。要建立健全富有活力的管理运行体制机制，培养凝聚海内外高端创新人才和工程建设管理人才，不断提升技术支撑和服务能力，实现资源优化配置、开放共享，努力打造世界一流的大科学装置。

省委常委、常务副省长朱小丹出席开工奠基仪式并致辞。朱小丹在致辞中说，中国散裂中子源项目落户广东是本省加强与中国科学院合作，推动重大科技基础设施建设、提升自主创新能力、加快转型升级的一件大事，是我国抢占世界科技制高点的重要标志之一。省委、省政府高度重视散裂中子源工程建设，认真贯彻落实党中央、国务院的有关决策部署，主动支持和配合中科院等国家部委做好前期各项工作，共同推动散裂中子源工程建设有力有序有效开展，取得重要阶段性成果。朱小丹指出，当前，广东已进入深化改革开放、加快转变经济发展方式的攻坚阶段，自主创新在转型升级中的战略核心地位更加突出。广东将深入贯彻落实胡锦涛总书记、温家宝总理最近视察广东重要讲话精神和中央部署要求，以最优服务和更有力措施，全力推进散裂中子源工程建设。

【大亚湾中微子】 大亚湾中微子实验是目前中国基础科学领域最大的国际合作项目，由中国和美国领导，俄罗斯、捷克、中国香港与台湾科学家共同参与。国内参与单位包括中科院高能所、清华大学、中国科学技术大学、南京大学、上海交通大学、山东大学等 15 个科研院所和院校。中方由来自中国科学院高能物理研究所的王贻芳任项目经理，美方由来自劳伦斯伯克利国家实验室的比尔·爱德华兹任项目经理、布鲁克海文国家实验室的史蒂夫·科特尔任首席科学家。

该项目于 2006 年立项，2007 年 10 月动工，2011 年年中逐步完成探测器的建造与安装，同年 8 月开始近点取数，12 月下旬开始远近点同时运行。整个实验建有总长 3 公里的隧道和 3 个地下实验大厅，3 个实验大厅共放置 8 台中微子探测器，每台探测器高 5 米、直径 5 米、重 110 吨，均置于 10 米深的水池中。

大亚湾实验地理位置优越，紧邻世界上最大的核反应堆群之一，并且紧邻高山，非常适合对 θ13（西塔一三）进行精确测量。实验通过 8 个全同的探测器来获取数据，探测器放置在附近山底下的 3 个地下实验大厅中。距大亚湾反应堆 360 米的 1 号实验大厅最早开始投入运行，距岭澳反应堆约 500 米的 2 号大厅 2011 年秋天将开始运行，最远的 3 号大厅离核反应堆群约 2 公里，也会在 2012 年的夏天开始取数工作。

大亚湾实验是一个中微子“消失”的实验。周围的反应堆产生了海量的电子反中微子，两个近点大厅中的探测器将会测量这些中微子的初始通量，而远点大厅的探测器将负责寻找预期中的通量减少。每个中微子探测器为直径 5 米、高 5 米的圆柱形，装满透明的液体闪烁体，总重 110 吨。当捕捉到中微子时，液体闪烁体将发出微弱的闪光。高灵敏度的光电倍增管安装在探测器的内表面，放大并记录这些闪光。相比反应堆每秒钟产生的无数中微子而言，近点实验大厅中的 2 个探测器只能捕捉到极小的一部分，大约每天 1 000多个。而位于远点实验大厅的 4 个探测器，由于距离较远，每天只能探测到几百个。为了测量中微子混合角 θ13，实验需要准确记录远、近探测器的通量差别和能量分布。实验大厅位于深山底下，以屏蔽宇宙线，同时，探测器放置在水池之中，以屏蔽周围岩石层的放射性。尽管有这些屏蔽，一些高能量的宇宙线依然可以穿山而入。这时，装在水池墙上的光电倍增管和水池顶上的μ子探测器会记录下这些宇宙线的轨迹，并从中微子数据中排除掉。

大亚湾实验是对中微子第3种振荡模式的测量。在这种振荡模式中，主要由电子中微子组成的混合态转变为主要由τ中微子组成的混合态。这是最后一个未知的混合角，称为θ13，其数值的大小决定了未来中微子物理研究的发展方向，并且与宇宙中“反物质消失之谜”有关。大亚湾实验的科学家们预计，要实现测量θ13到1%的精度的实验目标，大约需要2年的取数时间。

由于科学意义重大，国际上曾先后提出了8个实验方案。由我国科学家提出的大亚湾实验方案具有独特的地理优势和独到的设计，得到了国际上的广泛支持。美国能源部放弃了支持本国的2个实验方案，转而支持美国科学家加入大亚湾实验的合作。自2006年起成立的大亚湾国际合作组，截至2011年年底，已发展为由来自6个国家和地区的39个研究机构，250名研究人员组成。实验的中方经费由科技部、中国科学院、国家自然科学基金委员会、广东省、深圳市和中国广东核电集团共同支持，在我国开创了国家、地方与企业共同支持基础科学研究的先河。中国广东核电集团对大亚湾反应堆中微子实验的建设给予了宝贵支持。该实验是中美在基础研究领域规模最大的合作之一，是美国能源部在国外投资第二大的粒子物理实验项目。

2011年8月15日15时，大亚湾反应堆中微子实验国际合作组在京宣布，位于广东大亚湾核电站内的实验装置经过历时4年的建造，在地下100米深、距反应堆仅360米的近点实验大厅内，安装就位的2个中微子探测器已经探测到来自核电站反应堆群的中微子。这标志着大亚湾国际合作组对中微子第3种振荡模式的测量迈出了第一步，实验结果很可能会对宇宙中为什么物质多于反物质提供线索。

“这是一个非凡的成果，来自全球数百位科学家和工程师八年的努力——四年的计划准备和四年的建设，”大亚湾实验合作组发言人、中国科学院高能物理研究所常务副所长王贻芳说，“我们集体努力，建设了一个地下实验装置，探测来自反应堆的中微子，目标是寻找一种新型的中微子振荡并对它进行精确测量。”

“从大亚湾获取的第一批数据使我们可以开始测量这个未知混合角，并最终将振荡幅度测量至1%的精度以内，”来自美国能源部劳伦斯伯克利国家实验室的大亚湾合作组发言人陆锦标说道，“这个精度比现在的测量结果高出一个数量级，而且远比正在进行中的其他实验精确得多。实验结果将对解释中微子在宇宙大爆炸后最早的一段时期内基本物质的演化，以及为什么今天宇宙中物质比反物质更多做出重大贡献。”

（省部院产学研结合协调领导小组办公室）

企业科技特派员

2011年，省部院产学研办继续加大力度实施企业科技特派员派驻及特派员工作站建设工作，一大批两院院士及团队、中科院“百人计划”、中组部“千人计划”人才和其他优秀人才源源不断来到广东开展产学研合作。

【科技特派员】 2011年，省部院产学研办大力开展科技特派员工作，吸引来自177家高校及科研院所的1 366名特派员，入驻广东22个地市956家企业开展产学研合作。这批特派员分别来自省内外125所高校（其中国家重点建设高校82所）和52家科研单位（其中中国科学院所属研究所43家），来自省外的特派员409人，约占30%。2008—2011年，累计共派出企业科技特派员共5 291名，这些特派员来自全国273所高校和科技机构，进驻2 822家企业，快速成为了入驻企业的科技传播员、科技联络员、科技调研员和科技决策员。

【特派员工作站】 2011年，省部院产学研办围绕区域支柱产业及新兴产业的发展需求，推动企业科技特派员形成创新团队，组织实施产学研结合重大专项，形成特派员联动效应。同时，选择有一定基础的大中型企业、高新区、专业镇、产业转移园区等，建立了33个企业科技特派员工作站，化短期派驻为常设性创新平台，源源不断地组织企业科技特派员入站开展技术创新工作，形成特派员工作的长效机制，大大加速了国家重点建设高校和国家级科研机构的大批创新资源和高层次人才向广东集聚。

（省部院产学研结合协调领导小组办公室）

产学研创新联盟建设

2011 年，省部院产学研办对产学研创新联盟指标评价体系进行研究探索，开展了已建联盟的考核评价，有效地促进了联盟的体制机制创新。自 2007 年 3 月启动创新联盟组建工作以来，来自全国 56 所国家重点建设高校、36 个科研院所和 440 家广东企业组建了 34 个产学研技术创新联盟，涉及半导体照明、下一代通信、电动汽车、数字家庭、数字装备等产业领域，并产生了良好的经济效益和社会效益。

4 年多来，创新联盟突破了产业关键共性技术，促进产业转型升级。联盟内企业累计攻克产业核心技术 307 项，共性技术 491 项，国际首创重大技术突破 18 项，国内首创重大技术突破 123 项，制定产业技术标准 557 份，产业发展技术路线图 33 份，大幅提升了企业自主创新能力和产业核心竞争力，让广东企业在相关领域站在了技术发展的前沿，为本省战略性新兴产业的发展奠定了坚实的技术基础。如汽车用高级钢板联盟凝练出本省钢铁产业六大共性技术，白色家电联盟攻克“二氧化碳热泵关键技术及产业化”项目打破了发达国家的技术封锁，无铅电子联盟成员主导、参与编制了《软钎焊》等国家、行业标准或规范等。

创新联盟建设了产业公共创新平台，保障创新资源优化配置。据统计，依托创新联盟累计组建国家级创新平台（分支）机构 39 个，省级创新平台（分支）机构 78 个，建立公共研发平台 187 个，累计成果转化 379 个，建立信息技术基础数据库 52 个。如集成电路产学研创新联盟建立了公共 EDA 设计平台、IP 复用与 SoC 开发平台、MPW 投片技术服务平台、芯片测试验证工程技术中心、人才培训中心等公共服务平台，打造涵盖了 IC 产业从技术攻关、产品设计到人才培养等的全方位技术服务体系。

创新联盟集聚和培养了创新人才，支撑技术自主创新力。据统计，依托创新联盟建有 9 个院士工作站，20 个博士后流动站（工作站），23 个特派员工作站，28 个大学生实习基地，平均每个联盟累计接受管理、技术培训的成员人数达 1 320 人。如数字制造装备联盟近年来引进了 6 个国家级创新平台和 1 个海外创新团队，为 1 000 多家企业提供技术研发服务，培养了大量人才，提高了东莞乃至广东省的制造业技术创新能力和综合竞争力。

创新联盟提高成果转化与新产品开发能力，增强市场竞争力。联盟内企业出口创汇总额和新增利税分别超过 430 亿美元、2 300 亿元，申请专利超过 11 万件，其中获授权专利超过 1.6 万件。如无源元器件与集成联盟开发的低温共烧集成模块和片式微波天线等新型器件，形成新产品后迅速占领国内市场，市场占有率分别达到 74% 和 80% 以上。饲料联盟研发的技术也在产品上得到了推广，应用其联盟技术生产的饲料占广东省饲料总产量的一半。五金刀剪联盟开发的重大新产品市场占有率在同行业排行第 1 位，矿产资源综合利用联盟开发的重大新产品市场占有率达到 70%。

【半导体照明工程产学研技术创新联盟】 半导体照明工程产学研技术创新联盟是高校主导型联盟，采取政府引导、多方参与、市场化运作的运行模式，经过 3 年的运作，逐步建设了产、学、研紧密结合的广东半导体照明产业创新服务平台。该平台包含 5 个部分，即半导体照明标杆体系研究中心、半导体照明产品可靠性检测及认证中心、半导体照明光学设计中心、半导体照明知识产权服务中心、人才交流及培训中心。每个中心均通过已有的或根据需要成立或改组的服务型企业或民办非企业机构进行实体化运作，5 个中心不但能独立经营运作，而且能够形成互动与资源共享。广东半导体照明产业创新服务平台具备科研合作、人才服务、信息交流、资源共享等基本功能，同时强化知识产权的市场作用，建立专利池，成员共同投资，共享专利。

【数字化制造装备产学研技术创新联盟】 数字化制造装备产学研技术创新联盟是共同推进型联盟，建有东莞华中科技大学制造工程研究院产学研基地和先进精密注塑成型与数字化模具设计制造产业化基地，取得了突出的创新成效。截至2011年年底，共承担项目近30项，其中国家重大项目1项，省部级项目22项，市级项目5项，共获得资助经费超过1.02亿元；共取得国际领先的重大技术突破8项、国内首创的重大技术突破6项；开发重大新产品14项；获授权专利27项，其中发明专利7项，实用新型专利18项；形成产业技术标准8个。联盟研制了4类8种具有自主知识产权的行业关键装备（系统），其实施采用的技术路线和关键技术取得了一系列创新突破，其中首次研发出数控装备阀浇口控制技术达到国际领先的水平。联盟研制的关键装备已在建材、LED、家具、汽车模具等行业推广应用，推动这些行业上下游产业新增产值10亿元以上。

（省部院产学研结合协调领导小组办公室）

产学研创新平台建设

2011年，为加快引进国内外优质科技创新资源，促进产学研合作的持续发展，积极引导国家重点建设高校、国家级科研院所与广东重点产业领域建设公共创新平台。一年来，广东顺德西安交通大学研究院、北京理工大学中山研究院、北京科技大学云浮研究院、东莞上海大学纳米技术研究院、中科院南海生物医药科技产业中心、清华—广东新岸线计算机系统芯片联合研究所等一大批高水平创新平台落户广东。

2011年，校（院）地、校（院）企共建产学研合作技术创新平台98个。这批创新平台的建设，大大加速了国家重点建设高校和国家级科研机构的大批创新资源和高层次人才向广东集聚，加速了重大科技成果在本省的转移转化，为推动校地、校企形成了稳定发展的产学研合作长效机制奠定良好的基础。

【东莞电子科技大学电子信息工程研究院】 东莞电子科技大学电子信息工程研究院（以下简称“东莞电研院”）是由省科技厅、东莞市人民政府、电子科技大学三方共建的综合性创新平台。2011年，东莞电研院在科技创新、产业孵化、人才建设等方面取得了新进展。5月，中共中央政治局委员、广东省委书记汪洋视察东莞电研院时充分肯定了该院所取得的成绩。

在科技创新方面，东莞电研院获得了4个国家重大专项项目资助，获得了广东省引进创新团队和产学研重大专项，各项目已经取得了初步的成效，项目成果也正在向产业化迈进。在产业孵化方面，东莞电研院的产业孵化工作取得较大的突破，成功孵化东莞成电创新电子科技有限公司、东莞市泰斗微电子科技有限公司、东莞金翔电器设备有限公司，正在孵化参股成立多家公司，包括东莞成电华瓷电子科技有限公司、东莞成电金盘软件技术有限公司、东莞成电术有精密技术有限公司等。在人才队伍建设方面，东莞电研院成功引进了以美国特拉华大学肖强教授为带头人的物联网多元信息感知与探测技术国际创新团队，引进了以电子科大张波教授为带头人的功率器件技术创新团队，引进了以深圳市安派电子有限公司朱小安博士为带头人的IC设计技术创新团队。这3个创新团队的加入，大大增强了东莞电研院在物联网、电子元器件、IC设计方面的研发实力。目前，东莞电研院在珠三角已经形成了一定的影响力，成为广东省重要的综合性创新平台，为东莞乃至全省电子信息产业的发展发挥了重要作用。

【广东顺德西安交通大学研究院】 广东顺德西安交通大学研究院（以下简称“研究院”）是由省科技厅、顺德区人民政府、西安交通大学三方共建的大型综合性创新平台。研究院成立一年多来，采取边建设边服务的模式，在基本研发条件尚未具备时，充分发挥科技中介的作用，了解学校的优势科研资源和企业存在的问题和需求，组织不同形式的交流和对接，让企业走进学校、让老师走进企业，力争让更多的项目和成果落地。同时，筹建自身的研发平台，以便更便捷地服务当地企业，实现成果转化功能。

交流对接　研究院不定期组织企业与学校专家教授进行交流对接，2011 年 5 月，与省科技厅共同组织了来自省内 30 多家企业的代表前往西安交通大学进行交流对接，取得了良好的反响。2011 年，研究院接待学校老师的频率为平均 2～3 人次/周。

企业服务　企业服务是研究院的工作重点，研究院在广泛调研省内大中小型企业，了解不同类型企业需求的基础上，制定对应的服务模式。截至 2011 年年底，已与省内逾百家企业接洽，其中针对重点发展的领域，与龙头企业形成了良好的互信合作关系。

成果转化　研究院搜集整理了一批产业化前景较好的成果，积极寻找企业实现转化。截至 2011 年年底，金志浩教授的陶瓷内加热项目，顾赛教授的热喷涂、生物能源项目，刘建康教授的线粒体项目，苏光辉教授的微型制冷系统项目等已与企业达成初步合作意向。

（省部院产学研结合协调领导小组办公室）

产学研结合示范基地建设

2011 年，全省新增 21 个产学研结合示范基地。截至 2011 年年底，全省产学研示范基地达到 221 个（见表 4－2－5－1、表 4－2－5－2）。

以惠州示范市为例，截至 2011 年年底，惠州市有 100 多家企业与全国 60 多个高校和科研院所建立了紧密的产学研合作关系，实施了 360 多个产学研结合项目，其中 107 项获得省部院产学研专项资金支持，获得资助经费 6 326 万元，组织实施市级产学研项目 250 多项，累计下达专项经费 1 亿多元。惠州市企业牵头组建省部院产学研技术创新联盟 2 个，参与组建省部院产学研技术创新联盟 4 个；建立了省部产学研结合示范基地 6 个、省部产学研结合科技创新平台 2 个、企业科技特派员工作站 5 个、院士工作站 1 个、广东省企业重点实验室 3 个、中科院广州技术转移中心惠州分中心 1 个和低碳经济技术育成中心 1 个，与中山大学、华南理工大学、暨南大学、武汉大学、合肥工业大学、西安电子科技大学等 10 所高校和科研院所签订了全面合作协议，经省部院产学研办认定入驻惠州市的企业科技特派员有 298 名。产学研结合已成为惠州市提高自主创新能力和企业竞争力的重要手段和最有效途径。

表 4－2－5－1　各地市省部产学研结合示范基地建设情况一览表（2006—2011）

单位：个

项目	2006 年	2007 年	2008 年	2009 年	2010 年	2011 年	合计
广州	2	6	5	14	6	5	38
深圳	1	8	5	8	1	0	23
汕头	1	2	1	3	1	1	9
珠海	0	3	3	2	2	0	10
东莞	2	9	5	8	4	3	31
潮州	0	1	1	0	0	1	3
佛山	6	4	12	10	2	4	38
梅州	1	1	4	6	0	0	12
中山	1	2	3	5	2	1	14
惠州	0	0	2	1	2	1	6

（续上表）

项目	2006 年	2007 年	2008 年	2009 年	2010 年	2011 年	合计
河源	0	2	0	2	1	1	6
江门	2	1	2	0	0	0	5
茂名	0	1	1	1	0	1	4
韶关	0	1	0	0	0	1	2
阳江	0	1	2	1	0	1	5
云浮	1	2	1	1	0	1	6
肇庆	1	2	0	0	2	0	5
湛江	0	0	1	1	0	0	2
揭阳	0	0	0	1	1	0	2
总计	18	46	48	64	24	21	221

表 4-2-5-2 省部产学研结合示范基地类型一览表（2007—2011）

单位：个

项目	2007 年	2008 年	2009 年	2010 年	2011 年
示范市、区、镇	9	8	1	13	6
示范企业	0	0	0	11	5
产业化基地	12	16	11	0	5
研发基地	25	24	52	0	5
总计	46	48	64	24	21

（省部院产学研结合协调领导小组办公室）

省院合作育成中心建设

2011 年，省院双方加大广州中国科学院工业技术研究院、中国科学院佛山产业技术创新与育成中心的建设力度，加快东莞云计算研发和产业平台、中国科学院华南生命科学中心等的建设步伐，促进中国科学院南海生物医药科技产业中心、燃料电池及氢源技术国家工程研究中心华南中心、中国科学院过程工程研究所纳米材料产业园、中国科学院东莞云计算产业技术创新与育成中心等一大批高水平创新平台落户广东。

为搭建高层次科技创新平台，2011 年，省院双方共建 47 个院士工作站，其中 26 个院士工作站获得专项资金支持，为院士来粤开展科学研究和成果转化提供全方位服务。这批创新平台的建设，大大加速了国家级科研机构的大批创新资源和高层次人才向广东集聚，加速了重大科技成果在本省的转移转化，为推动院地、院企形成稳定发展的产学研合作长效机制奠定了良好的基础。

自 2009 年 7 月，中国科学院与佛山市人民政府签订《共建中国科学院佛山产业技术创新与育成中心协议》以来，院市双方以服务佛山转变经济发展方式为目标，密切配合、努力探索，走出了一条独具佛山特色的政产学研结合的路子，得到全国人大常委会副委员长、前中国科学院院长路甬祥，中共中央政治局委员、广东省委书记汪洋等领导的肯定。

2011 年，中国科学院佛山产业技术创新与育成中心（以下简称“育成中心”）充分发挥中科院科技与人才资源，围绕佛山社会经济发展的目标、任务与需求，建设高水平创新平台，聚集高层次创新创业人才，加快科学技术成果转移转化和新产品新技术新工艺开发。截至 2011 年年底，育成中心已建立了 7 个专业分中心、15 家研发平台和 4 家院士工作站。专业中心及研发平台法人形式多样，主要分布在生物医药、新能源、环保、新材料、LED、芯片设计（EDA）、CAE、新能源汽车等新兴产业，为地区提供强大的科技力量支撑。围绕院市合作工作，育成中心为地方引进研发团队 40 个，近 360 人，其中院士 4 人、“百人计划”10 人、副研究员以上近 60 人。

2011 年，育成中心深入合作企业超 200 家，大型所企对接近 50 多次，为地方政府提出产业规划、建议及报告 10 余次，举行论坛、培训、专题会议 20 余次，共为企业培养人才 1 000 多人次。截至 2011 年年底，院市合作项目 500 多项，形成最终产品 60 多项，产业化 36 项，并育成企业 36 家。通过 3 年合作，育成中心提升了地方区域的创新能力，带动了地区经济发展。育成中心带动地方科技项目投资 30 亿元，累计带动产值 300 亿元，不仅带动佛山新增产值，而且通过培育战略性新兴产业，完善产业链等方式全面提升佛山的经济社会发展水平。

（省部院产学研结合协调领导小组办公室）

产学研合作案例

近年来，高等学校科技工作在制度创新、知识创新、技术创新等方面取得了显著成绩，已经成为原始性创新成果的重要源头和实现技术成果转移的生力军。高等学校服务社会功能日益突出，通过积极探索，高校涌现出了一批成功的产学研用结合典型事例，有效地提升了科技成果的实用性和转化率，为社会经济发展做出了重要贡献。

继在 2006 年、2008 年编辑出版《中国高校产学研优秀案例集》后，教育部科技发展中心于 2010 年第 3 次启动了中国高校产学研合作优秀案例的征集、评选、出版工作，共收录了 70 所高校推荐的案例 200 余个。2011 年 7 月 21 日，2008—2010 年度中国高校产学研合作十大优秀案例评选结果公布，由广东省高校或企业参与的“强强联合　携手创新　共促产业发展——天津大学与茂名石化合作实现双赢”“国际合作　自主创新　推动产业转移升级——华南理工大学与加拿大 BioNeutra 公司、吉林现代及梨树县合作案例”“强大的技术支撑助企业腾飞——电子科技大学与珠海元盛产学研合作案例”3 个案例入选。

【天津大学与茂名石化合作案例】 中国石化集团茂名石油化工公司（以下简称“茂名石化”）“100 万吨/年乙烯装置扩建项目”于 2004 年 12 月立项，作为全国首套百万吨级乙烯装置，该项目改造工程技术难度空前之大，任务之艰巨可想而知。茂名石化公司了解到天津大学在化工分离技术研究、设计等方面有着扎实的理论研究基础和丰富的工程经验，于是决定与天津大学进行强强合作，携手创新，在乙烯急冷技术方面，积极确定高目标，采用新工艺、新技术，促进原有装置技术进步和节能降耗。2005 年 1 月，天津大学精馏技术国家工程研究中心科研人员对茂名石化乙烯装置物流数据进行急冷系统工艺计算、优化并提出设计方案，签订了技术协议，至此，合作正式启动。

天津大学精馏技术工程研究中心和茂名石化采取产学研密切合作方式联合攻关，基于现代传质理论、计算流体力学，系统分析优化的理论与方法建立了大型乙烯装置急冷系统国产化关键技术的工程学新方法。深入研究了大型装置内气液流动与分布规律，自主研发了高强度四溢流塔盘技术、带导向蛇孔人字挡板技术、变截面变孔径预分布技术、新型分块盘式液体分布器 SEHP、重力型液体预分布技术等关键技术。将新开发的关键技术与课题组已有的热补偿式集邮箱技术、高流速气体分布技术、桁架支撑梁技术集成，攻克了大型乙烯装置急冷系统普遍存在的生产强度高、分离换热效果差、液面梯度大、气液分布不均、长周期易堵塞等难点问题，解决了长期以来束缚我国乙烯发展的重要难题，形成具有自主知识产权的大型乙烯装置国产化急冷关键技术品牌，实现整个急冷系统高效传质、传热，使设备压降降低70%～90%，实现了大幅节能。

该项目于2006年9月15日投料并实现一次开车成功，顺利达到设计控制指标。乙烯装置急冷系统的核心设备之一汽油分馏塔直径10.5米，为目前国内自行设计制造的最大直径板式精馏塔。扩建后乙烯装置急冷系统运行平稳，抗风险能力提高，运行3年来社会效益和经济效益显著，直接经济效益达7 400万元/年，具有广阔的推广应用前景。该项目的成功应用，标志着我国大型乙烯装置全套技术及设备研制进入新的阶段，为我国的能源战略结构调整做出了贡献。与此同时，该项目改造过程中也为社会培养了大批创新型人才，校、企双方科技创新能力进一步加强。

【华南理工大学与加拿大BioNeutra公司、吉林现代及梨树县合作案例】 “利用分子控制专利技术工业化生产Vita Sugar新型食品原料”项目是一个政府间国际合作的农产品资源循环利用项目，分别在中国和加拿大两国实施。

项目第一步是在中国内蒙古建立马铃薯良种培育基地，在东北地区建立马铃薯种植基地，与吉林延边农科院合作大面积推广玉米/马铃薯间种技术，在不占用现有耕地、不降低玉米产量的基础上额外多产马铃薯，为工业化生产储备足够的马铃薯淀粉资源，同时也带动在3.33万公顷土地上耕作的10多万农户增产增收。

第二步在中国粮食单产和总产量最大的吉林省梨树县建立50万吨/年马铃薯资源循环利用工程和30万吨有机/无机复合肥工程，以马铃薯为原料，利用“分子控制”专利技术生产Vita Sugar初级产品（一种新型的健康食品原料），全部出口到加拿大。同时在加工过程中将淀粉、废液、薯皮薯渣、废水全部利用，生产功能性淀粉、淀粉糖、可降解塑料、高吸水树脂、植物蛋白、膳食纤维、有机肥料、饲料、沼气等产品。把上工序产生的废弃物作为下工序的原料反复利用，使资源利用率实现最大化，废物接近零排放。项目全部建成后年产值21.7亿元，年纳税3.7亿元。

第三步在加拿大Alberta建立后续加工基地，利用其他专利技术和当地良好的厂房设备、严格的质量法规，将从中国吉林生产基地进口的初级产品制成符合美国食品与药物管理局（FDA）标准的Vita Sugar终端产品，在美国和欧洲高端市场销售。

该项目借助南方的人才、观念和专利技术成果，利用东北当地丰富的农产品资源、相对廉价的劳动力资源和广阔的空间进行初级产品加工，半成品定向出口到加拿大，按照美国食品与药物管理局（FDA）的卫生标准再进行精加工，终端产品在发达国家销售。整个项目过程，华南理工大学出技术、人才专利技术成果，广东东莞企业出资金，在原材料产地吉林四平建设生产基地，实现沿海发达地区带动内地发展。2009年11月12日，50万吨农产品资源循环利用和30万吨有机/无机复合肥工程顺利竣工，标志着“利用分子控制专利技术工业化生产Vita Sugar新型食品原料”项目跨入产业化阶段。整个工程完成以后，每年将新增工业产值21.7亿元，向国家纳税3.75亿元，企业获利2.5亿元。

【电子科技大学与珠海元盛产学研合作案例】 珠海元盛电子科技有限公司（以下简称“珠海元盛”）和电子科技大学（以下简称“电子科大”）微电子与固体电子学院在前期良好合作的基础上，于2003年正式签订了产学研合作协议，2005年签订了产学研全面合作协议。以珠海元盛为主体，电子科大为依托，合作双方联合进行关键技术攻关，取得了显著的成绩。

在电子科大以及“电子薄膜与集成器件国家重点实验室”的技术支撑下，2005年，珠海元盛被评为广东省高新技术企业；2006年，被评为“中国印制行业百强企业”；2007年8月，经省部产学研办批准建立了“广东省教育部产学研结合示范基地——挠性印制电路产业化基地”；2008年，“手机用分层多层挠性印制板（FPC）产业化项目获得珠海市科技进步奖一等奖”，“多层挠性印制电路板的关键技术研究及应用”等项目获省部级科学技术奖二等奖3项。

珠海元盛从2003年产值不到4 000万元，逐步发展到2009年产值超过3亿元的中国挠性印制电路的龙头企业并即将上市，依靠的就是电子科大强大技术支撑下的具有自主知识产权的技术创新。双方共同承担并完成了 2007 年信产部招标、2007 年粤港关键领域重点突破招标项目合计 560 万元，完成其他省市项目 6 项合计 300 万元，完成珠海元盛关键技术委托项目 4 项合计 480 万元、珠海市—电子科大—珠海元盛共建国家重点实验室珠海分实验室建设项目 4 000 万元。合作累计新增产值 7 亿元，新增利税 2.4 亿元，出口创汇 4 000万美元。

电子科大与珠海元盛和合作，不仅提升了国内民营企业的市场竞争力，实现国内产品自身配套，而且打破了日本和欧美在该领域的技术封锁和产品垄断，多个新产品技术指标达到了美国 IPC 技术标准，达到国际先进水平。此外，还增加了就业岗位，为地方经济建设做出了应有的贡献，为企业树立了良好的社会形象。

（省部院产学研结合协调领导小组办公室）

企业科技创新

2011年，广东省以企业为主体、市场为导向、产学研相结合的技术创新体系建设取得积极进展，激励企业创新的政策措施逐步完善，企业研发投入的积极性不断提高，研发能力得到增强，为产业升级和结构调整提供了有力支撑。2011年，广东省高新技术企业总数累计达到5 452家，规模以上工业企业科技创新投入和能力继续增强，创新质量得到提高，科技型中小企业创新基金逐步成为扶持广东省中小企业的重要资金支撑渠道，推动了企业自主创新活动。

高新技术企业

2011年，广东省高新技术企业总数比上年增加1 131家（含深圳），按新标准认定的高企累计达到5 452家，所属领域分布为：电子信息技术2 349家、高新技术改造传统产业1 057家、新材料技术757家、生物与新医药技术478家、新能源及节能技术372家、高技术服务业249家、资源与环境技术155家、航空航天技术10家（见表4－3－1－1、表4－3－1－2）。

2011年，统计范围内的5 151家高新技术企业，占全省工业企业的13.4%；高新技术企业的工业总产值20 840.16亿元，占全省工业总产值的20.1%；工业增加值5 246.32亿元，占全省工业增加值的21.8%。高新技术企业户均新产品产值1.69亿元，新产品产值占总收入比例由2010年的33.9%提升到39.8%。全省高新技术企业发明专利授权量9 824项，占全省发明专利授权量的53.9%。

表4－3－1－1 广东省高新技术企业数量情况（2006—2011）

单位：个

年份	2006	2007	2008	2009	2010	2011
数量	3 877	5 119	5 300	3 366	4 321	5 452

注：1. 2006年、2007年高新技术企业统计标准是按前认定办法认定的高新技术企业；
2. 2008年高新技术企业统计标准是2008年新认定高新技术企业及有效期内原认定高新技术企业；
3. 2009年之后的高新技术企业统计标准是按新标准认定的高新技术企业。

表4－3－1－2 广东省高新技术企业所属领域分布情况（2009—2011）

单位：家

领域	2009年	2010年	2011年
电子信息技术	1 411	1 757	2 349
高新技术改造传统产业	663	881	1 057
新材料技术	484	633	757
生物与新医药技术	359	420	478
新能源及节能技术	226	289	372

（续上表）

领域	2009 年	2010 年	2011 年
高技术服务业	122	206	249
资源与环境技术	92	126	155
航空航天技术	9	9	10

（广东省科技厅高新技术发展及产业化处　谢伟胜）

全省工业企业[1]科技创新

2011 年，广东规模以上工业企业科技创新投入和能力继续增强，创新质量得到提高，与东部沿海和发达省市相比，其优势得以继续保持。

【创新投入】

人力投入　2011 年，广东科技创新人力投入仍以工业企业为主体，并持续增长。全省从事 R&D 活动人员 51.6 万人，其中工业企业 R&D 活动人员为 41.6 万人，比上年增长 15.9%。全省 R&D 活动全时人员 37.2 万人，其中工业企业 R&D 活动全时人员为31.9万人，比上年增长10.4%（见表 4－3－2－1）。工业企业 R&D 活动人员占全省 R&D 活动人员的比重达 80.6%。

经费投入　2011 年，广东 R&D 经费内部支出 1 045.5 亿元，其中工业企业 R&D 经费内部支出 899.4 亿元，比上年增长 27.8%（见表 4－3－2－2）。工业企业 R&D 经费内部支出占全省 R&D 经费内部支出比重达到 86.0%。

设备投入　2011 年，企业当年研发用仪器设备投入力度不减。规模以上工业企业当年研发用仪器设备投入为 108.1 亿元，比上年增长 18.8%。大中型工业企业仪器设备投入 95.7 亿元，比上年增长 16.8%。其中大型企业的研发设备投入增幅最大，达到 71.7 亿元，比上年增长 24.5%（见表 4－3－2－3）。

表 4－3－2－1　广东省工业企业 R&D 人员情况比较（2010—2011）

项目	R&D 人员（万人）	R&D 全时人员（万人）	R&D 非全时人员（万人）	R&D 人员折合全时当量（万人年）
2010 年	35.9	28.9	7.0	29.0
2011 年	41.6	31.9	9.7	34.6

表 4－3－2－2　广东省工业企业 R&D 经费投入情况比较（2010—2011）

项目	R&D 经费内部支出（亿元）	年增长速度（%）	占全省 R&D 经费内部支出比重（%）
2010 年	703.7	27.4	87.2
2011 年	899.4	27.8	86.0

① 注：本文除特别注明外，工业企业均指规模以上工业企业。规模以上工业的统计范围为主营业务收入 2 000 万元以上法人工业企业。

表 4－3－2－3　广东省工业企业研发用仪器设备经费支出情况比较（2010—2011）

单位：亿元

项目	总量	大中型设备			小型设备
			大型	中型	
2010 年	91.1	81.9	57.6	24.3	9.2
2011 年	108.1	95.7	71.7	24.0	12.4

【创新实力】

创新主体　2011 年，广东以工业企业为创新主体的态势得到继续发展，创新主体实力得到增强，更为可喜的是企业研发主体不断向高技术产业企业良性聚集。2011 年，广东高技术产业企业（大中型）R&D 经费投入 455.2 亿元，占工业企业 R&D 经费总投入的 50.6%；R&D 活动人员 19.8 万人，占工业企业 R&D 活动人员总数的 47.6%。

研发项目　2011 年，广东开展 R&D 项目（课题）7.88 万项，比上年增长 1.9%。其中工业企业 R&D 项目 2.92 万项，比上年增长 2.8%。工业科技创新项目中，化学原料及化学品制造、医药制造和通用设备等行业，研发势头有强劲表现，其 R&D 项目（课题）数分别比上年增长 49.3%、10.8%、41.0%（见表 4－3－2－4）。

研发成果　2011 年，广东工业企业专利申请量为 7.25 万件，其中发明专利申请 3.61 万件，比上年增长 27.1%；拥有有效发明专利 6.65 万件，比上年增长 35.7%。2011 年，广东工业企业共投入新产品开发经费 1 066.3 亿元，开展新产品开发项目研究 3.3 万项，分别比上年增长 54.6% 和 3.1%；工业企业完成新产品产值 14 694 亿元，比上年增长 22.1%；全年实现新产品销售收入 14 382亿元，比上年增长 21.1%。

表 4－3－2－4　广东省工业企业部分行业研发项目数量情况比较（2010—2011）

项目	化学原料及化学品制造（项）	医药制造（项）	通用设备（项）	通信和计算机及电子设备制造（项）
2010 年	1 331	1 213	1 189	13 815
2011 年	1 987	1 344	1 677	9 978

【区域优势】　珠三角地区工业企业科技活动投入水平和科技活动质量在省内继续保持优势。2011 年，珠三角地区 9 市工业企业 R&D 经费支出 844.7 亿元，占全省工业企业 R&D 经费的 93.9%；开展 R&D 项目 2.72 万个，占全省工业企业的 93.2%；专利申请 6.86 万件，占全省工业企业的 94.6%；新产品开发经费 1 003.3 亿元，占全省工业企业的 94.1%；完成新产品产值 13 881.1亿元，占全省工业企业的 94.5%（见表 4－3－2－5）。

2011 年，珠三角地区工业企业研发投入和新产品生产都比上年有新的增长。R&D 经费、R&D 项目、专利申请量、新产品开发经费、完成新产品产值分别比上年增长 26.2%、1.1%、29.4%、55.4% 和 21.0%（见表 4－3－2－6）。

广东工业企业创新投入仍处于全国前列。与东部苏、浙、鲁 3 个发达省相比，工业企业 R&D 经费投入总量列江苏省之后，仅略少于江苏省，R&D 经费投入强度排 3 省之前，R&D 人员投入居全国其他省市之首（见表 4－3－2－7）。以高技术企业为例，2011 年，广东省大中型高技术企业 R&D 经费、R&D 人员（全时当量）投入分别为 455.2 亿元和 16.7 万人年，与发达省市相比，均列首位（见表 4－3－2－8）。

表 4－3－2－5　珠三角地区工业企业与全省工业企业创新情况比较（2011）

项目	R&D 经费（亿元）	R&D 项目（万个）	专利申请（万件）	新产品开发经费（亿元）	新产品产值（亿元）
全省	899. 4	2. 92	7. 25	1 066. 3	14 694. 3
珠三角地区	844. 7	2. 72	6. 86	1 003. 3	13 881. 1

表 4－3－2－6　珠三角地区工业企业创新情况比较（2010—2011）

项目	R&D 经费（亿元）	R&D 项目（万个）	专利申请（万件）	新产品开发经费（亿元）	新产品产值（亿元）
2010 年	669. 1	2. 69	5. 3	645. 8	11 472
2011 年	844. 7	2. 72	6. 86	1 003. 3	13 881. 1

表 4－3－2－7　广东省工业企业投入情况与部分省市比较（2011）

项目	广东	江苏	浙江	山东
R&D 经费（亿元）	899. 4	899. 9	479. 9	743. 1
R&D 经费投入强度（%）	0. 97	0. 84	0. 87	0. 74
R&D 人员（万人）	41. 6	36. 3	24. 8	25. 2

表 4－3－2－8　广东省大中型高技术工业企业投入情况与部分省市比较（2011）

项目	广东	江苏	浙江	山东	北京	上海	天津
R&D 经费（亿元）	455. 2	173. 7	63. 8	86. 9	62. 7	61. 9	25. 2
R&D 人员全时当量（万人年）	16. 7	6. 3	2. 9	2. 4	1. 3	1. 6	0. 8
企业数（万个）	0. 46	0. 41	0. 19	0. 15	0. 07	0. 1	0. 05

【创新基础建设的存在问题】　2011 年，广东工业企业科技创新取得了新的进步，但作为经济和科技发达省份来讲，仍存在一些不足。

产学研合作项目不多　2011 年，广东限额以上 R&D 项目（课题）共 1. 78 万个，企业独立完成的有 1. 35 万个，占限额以上项目的 75. 8%，与境内高校和独立研究机构合作完成的项目（课题）仅占 12. 9%（见表 4－3－2－9）。

研发机构设置不足　2011 年，广东 3. 8 万家规模以上工业企业中，仅有 3 163 家设有科技研究机构，机构设置率仅为 8. 3%，多数工业企业有组织的科研活动开展不多。

对基础研究重视不够　企业对基础研究和应用研究的投入比重连续多年过低（见表 4－3－2－10），企业研发投入的结构还不合理，影响了企业的核心创新竞争力。

表4－3－2－9 广东省工业企业限额以上 R&D 项目按合作形式分类情况（2011）

单位：万个

限额以上项目总数	企业独立完成的项目数	与境内高等院校合作项目数	与境内独立研究院所合作项目数	与境外研究院所合作项目数	与其他境内外企业合作项目数
1.78	1.35	0.17	0.06	0.06	0.14

注：限额以上 R&D 项目是指投入经费在10万元以上项目。

表4－3－2－10 广东省工业企业不同活动类型 R&D 经费投入情况（2010—2011）

单位：亿元

项目	总量	基础研究支出	应用研究支出	试验发展支出
2010年	703.7	0.0	6.6	697.1
2011年	899.4	0.5	12.1	886.8

（广东省统计局 谭乐明）

科技型中小企业技术创新

2011年，广东省科技型中小企业创新基金工作在深化中不断提高进步，地方创新基金规模、申报评审项目数量以及国家创新基金立项项目数量等指标均有较大提升，创新基金已逐步成为扶持广东省中小企业的重要资金支撑渠道，推动了企业自主创新活动，催生了新兴产业，发展了高新技术产业，为改善和优化中小企业创新创业环境、加快转变经济发展方式做出了重要贡献。

【立项情况】 2011年，全省（含深圳）共获得国家创新基金立项375个，资助金额25 239万元（其中深圳立项115个，资助金额7 859万元），立项数、资助金额分别比2010年增长43.7%和32.9%，两项指标分别占全国总量的5.7%和5.8%，均居全国第5位。2011年，共有广东冠昊生物科技股份有限公司、广东金明精机股份有限公司等4家企业成功上市。截至2011年年底，承担过创新基金项目上市的企业累计达31家。

13年来，广东省共有1 000多家企业的1 829个项目获得国家创新基金支持，资助金额达11.7亿元。据不完全统计，国家和省级创新基金项目（企业）累计实现销售收入200多亿元，缴税总额17亿元，获得授权专利3 300余件，其中发明专利800多件，累计带动就业人数2.5万人。

【资金和服务队伍规模】 2011年，省科技厅积极推动市县设立科技型中小企业创新专项资金，截至2011年年底，全省25个单位的地方创新基（资）金年度规模超3.7亿元。创新基金服务队伍不断扩大，全省已有25家各级科技管理部门（含部分高新区管委会）以及各级生产力促进中心和创业服务中心约500多人的专业服务队伍。

【培训工作】 2011年，全省共组织20余场创新基金项目申报培训会，培训企业1 500余家，同时举办了2场公共技术服务机构补助资金项目申报培训会，培训服务机构100多家，为申报2012年创新基金和补助资金项目打下良好的基础。

（广东省科学技术厅高新技术发展及产业化处 龚建文）

高等院校科技创新

2011 年，广东省普通高等学校科研人力资源在数量和质量上都有一定提高，科研经费显著增长，专利申请量和授权量大幅增长，取得了一批高水平的科研成果。

全省普通高等学校主要科研指标

参加 2011 年度广东省普通高校科技/社科统计工作科技类统计的单位有 60 个，其中普通高校 39 所，高等院校附属医院 21 所；参加人文社科类统计的单位有 43 个，均为高校。通过对各单位上报数据汇总，全省高校科研人力资源、科研活动经费、科研活动机构、科研项目、科研成果、学术交流等方面基本情况如下。

【科研人力资源】 2011 年，全省普通高校从事教学与研究人员总数为 77 468 人，较 2010 年增加 1 546 人，增长 2.04%（见图 4－4－1－1）。

科技（理、工、农、医）类教学与研究人员数为 52 813 人，较 2010 年增长 1.70%，占当年全省高校教学研究人员的 68.17%。其中，高级职称（正高和副高职称之和）16 023 人，较 2010 年增长 5.06%，高级职称占比为 30.34%；博士研究生 9 514 人，较 2010 年增长 7.36%，博士研究生占比为 18.01%。

人文社科类教学与研究人员数为 24 655 人，较 2010 年增长 2.77%，占当年全省高校教学研究人员的 31.83%。其中，高级职称（正高和副高职称之和）9 395 人，较 2010 年增长 4.32%，高级职称占比为 38.11%；博士研究生 4 611 人，较 2010 年增长 10.89%，博士研究生占比为 18.70%。

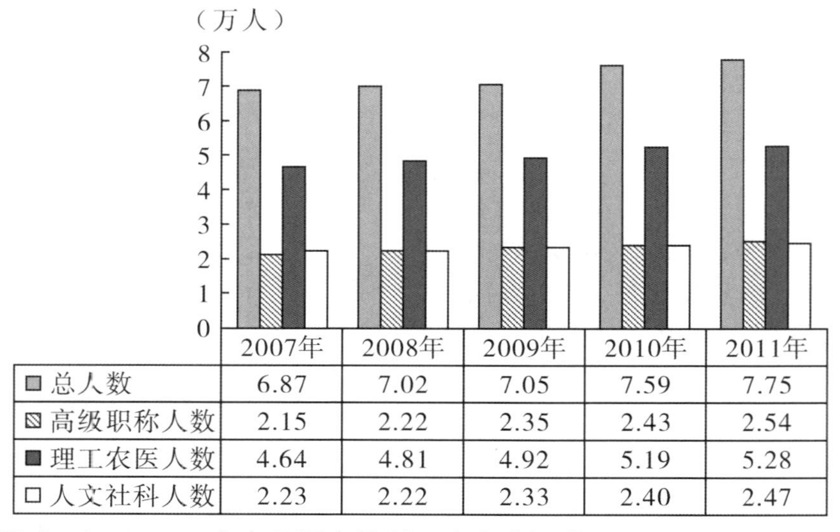

	2007年	2008年	2009年	2010年	2011年
总人数	6.87	7.02	7.05	7.59	7.75
高级职称人数	2.15	2.22	2.35	2.43	2.54
理工农医人数	4.64	4.81	4.92	5.19	5.28
人文社科人数	2.23	2.22	2.33	2.40	2.47

图 4－4－1－1 全省普通高校科研人力资源状况图（2007—2011）

【科研经费】 2011 年，全省普通高校当年拨入的科研经费总额为 57.26 亿元，较 2010 年增加 8.14 亿元，增长率为 16.57%（见图 4－4－1－2）。

归属于科技（理、工、农、医）类的科研经费共 50.05 亿元，较 2010 年增长 14.06%，占全省高校当年拨入经费的 87.41%。其中，政府资金

39亿元，占77.92%；企事业单位委托资金10.60亿元，占21.18%；其他资金0.45亿元，占0.90%。

归属于人文社会科学类的科研经费共7.21亿元，较2010年增长37.60%，占全省高校当年拨入经费的12.59%。其中，政府资金3.82亿元，占52.98%；企事业单位委托资金2.22亿元，占30.79%；其他资金1.17亿元，占16.23%。

当年拨入科技（理、工、农、医）类科研经费超过1亿元的高校有9所（未包括附属院的经费），分别是中山大学（11.62亿元）、华南理工大学（11.13亿元）、华南农业大学（3.17亿元）、暨南大学（2.87亿元）、广东工业大学（2.52亿元）、华南师范大学（2.43亿元）、深圳大学（1.76亿元）、广州大学（1.19亿元）、南方医科大学（1.08亿元）。

当年拨入人文社科类科研经费超过4 000万元的高校有6所，分别是中山大学（16 901.08万元）、华南理工大学（6 965.29万元）、广东外语外贸大学（5 626.57万元）、暨南大学（4 925.66万元）、广东工业大学（4 722.50万元）和华南师范大学（4 589.20万元）。

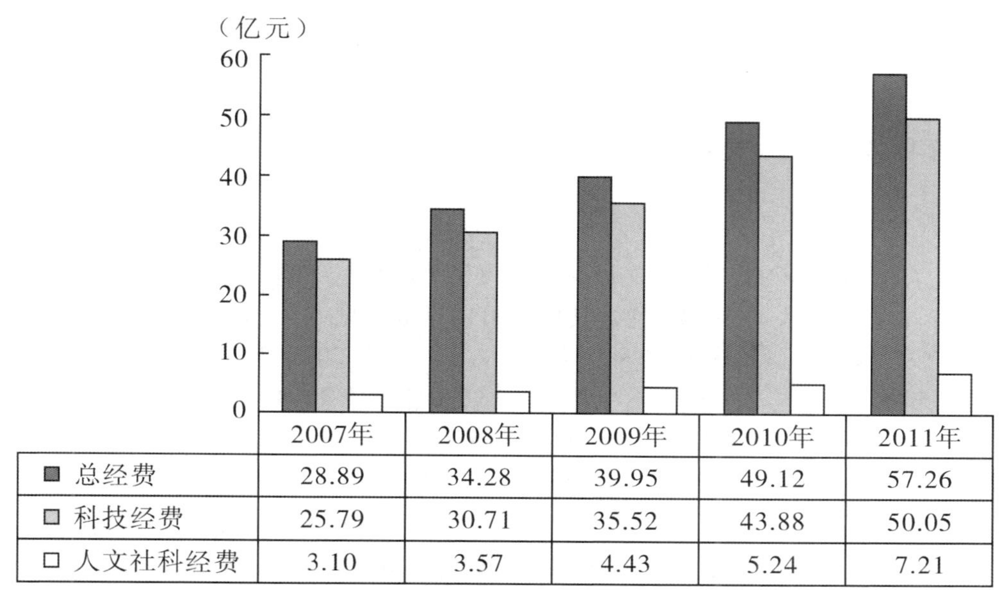

	2007年	2008年	2009年	2010年	2011年
■ 总经费	28.89	34.28	39.95	49.12	57.26
□ 科技经费	25.79	30.71	35.52	43.88	50.05
□ 人文社科经费	3.10	3.57	4.43	5.24	7.21

图4－4－1－2　全省普通高校科研拨入经费情况图（2007—2011）

【研究机构】　2011年，全省普通高校共拥有上级主管部门批准的研究机构572个。其中科技活动机构407个，包括国家级机构28个，省部级机构264个，其他主管部门机构115个；人文社科研究活动机构166个，包括教育部重点研究基地8个、省部共建基地2个、“985工程”创新基地1个、省级基地48个、省级实验室1个、其他55个。

【科研项目】　2011年，全省普通高校拨入项目（课题）经费合计41.79亿元，较2010年增加5.56亿元，增长15.35%，占全省高校当年拨入科研经费的72.98%。在研课题44 157项，其中当年新立项课题17 692项，较2010年增加1 731项，增长10.85%。当年新立项课题拨入经费30.04亿元，较2010年增加9.26亿元，增长44.56%（见图4－4－1－3）。

科技（理、工、农、医）类课题当年拨入经费36.87亿元，较2010年增加4.36亿元，增长13.41%。在研课题27 189项，其中新立项课题11 876项，较2010年增加1 712项，增长16.84%。新立项课题当年拨入经费24.72亿元，较2010年增加5.69亿元，增长31.56%。

人文社科类课题当年拨入经费4.92亿元，较2010年增加1.2亿元，增长32.26%。在研课题16 968项，其中新立项课题5 816项，较2010年增加2 663项，增长18.62%。新立项课题当年拨入经费5.32亿元，较2010年增加2.57亿元，增长 93.45%。

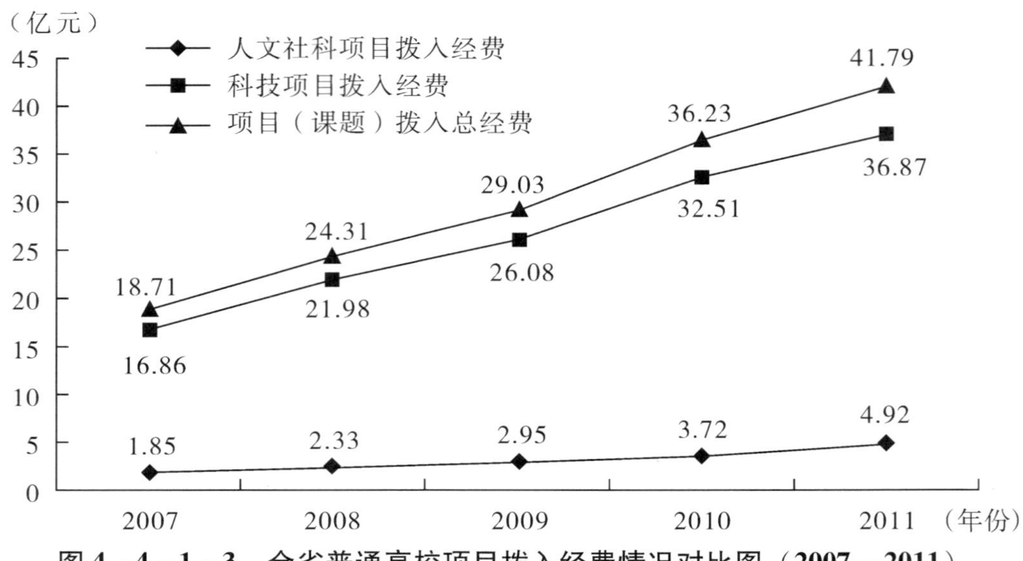

图 4-4-1-3 全省普通高校项目拨入经费情况对比图（2007—2011）

【科研产出】

学术论文发表及图书出版 截至 2011 年年底，全省普通高校主办学术期刊 146 种，其中，科技（理、工、农、医）类学术期刊 87 种，人文社科类学术期刊 59 种。

2011 年，全省普通高校共发表学术论文 62 028篇，较 2010 年增加 1 852 篇，增长 3.08%。其中，在国外发表学术论文 10 041 篇。全年发表科技（理、工、农、医）类学术论文 43 134 篇，较 2010 年增加 830 篇，增长 1.96%。其中，在国外发表学术论文 9 468 篇，被三大索引（SCI、EI、ISTP）收录论文 14 605 篇，较 2010 年增加 3 503 篇，增长 31.55%。发表人文社科类学术论文 18 894篇，较 2010 年增加 1 022 篇，增长 5.72%，其中在国外发表学术论文 573 篇。

2011 年，全省普通高校出版各类图书 2 176 部，包括科技类图书 600 部和人文社科类图书 1 576部。其中，867 部专著中有科技类专著 159 部，较 2010 年减少 7 部，下降 4.22%；人文社科类专著 708 部，较 2010 年增加 103 部，增长 27.44%。

技术转让 2011 年，全省普通高校技术转让合同 258 项，较 2010 年减少 33 项，下降 11.34%；合同金额 13 681.6 万元，较 2010 年减少 7 282.3 万元，下降 34.74%；当年实际收入 8 973.6万元，较 2010 年减少 1 194.1 万元，下降 11.74%（见表 4-4-1-1）。

专利 2011 年，全省普通高校专利申请量 3 930件，较 2010 年增加 503 件，增长 14.68%。其中发明专利 2 593 件，占专利申请总数的 65.98%；专利授权 2 363 件，较 2010 年增加 457 件，增长 23.98%。截至 2011 年年底，全省高校拥有 6 902 件专利，较 2010 年增加 1 055 件，增长 18.04%（见表 4-4-1-2）。

成果奖励 根据各校统计报表汇总，2011 年全省普通高校共获得各类成果奖 386 项。其中，科技（理、工、农、医）领域获得国家级二等奖以上奖励 14 项，省部级二等奖以上奖励 118 项；人文社科领域获得部级奖 14 项，省级奖 174 项。

项目验收和成果鉴定 2011 年，全省普通高校共有 158 项国家级项目验收。其中，“973 计划”项目 11 项、国家科技攻关计划项目 56 项、“863 计划”项目 50 项、国家基金重点项目 28 项、军工项目 13 项。

2011 年，全省普通高校共有 159 项成果进行了鉴定。其中，鉴定结论为国际水平的 43 项，国内首创的 18 项，国内先进的 78 项。

表 4－4－1－1 全省普通高校技术转让情况（2007—2011）

年份	技术转让数量（项）	合同金额（亿元）
2007	126	0.672
2008	226	1.35
2009	352	1.67
2010	291	2.096
2011	258	1.368

表 4－4－1－2 全省普通高校专利情况（2007—2011）

年份	专利申请量（件）		专利授权量（件）
		发明专利	
2007	1 676	1 324	762
2008	2 019	1 583	927
2009	2 585	1 881	1 414
2010	3 427	2 332	1 906
2011	3 930	2 593	2 363

【学术交流】 2011 年，全省普通高校在科技类学术交流方面，共合作研究派出 1 948 人次，接受 1 379 人次；出席国际学术会议 6 741 人次，交流论文 3 399 篇；主办国际学术会议 297 次，国际学术会议特邀报告 939 篇。

在人文社科类学术交流方面，共合作研究派出 770 人次，含国（境）外 222 人次；接受合作研究 578 人次，含国（境）外 141 人次；出席国际学术会议 1 963 人次；提交交流论文 1 027 篇；主办国际学术会议 130 次。

（广东省教育厅 杨立群）

中 山 大 学

2011 年，中山大学坚持“国家需求，国家任务，国际水平”的发展目标，积极承担重大重点项目，深入拓展产学研合作，坚持投入产出两手抓，极力打造高水平科研平台，重视政策导向，强化科技管理，稳步推进，突出重点，学校整体科技工作取得较好成绩。

【科研项目和经费】 2011 年，中山大学承担重点重大项目能力增强，科技经费保持稳定增长。当年，该校科技项目到位总经费达 11.62 亿元，其中，国家级科技项目到位总经费 2.96 亿元，部省市所拨经费 6.09 亿元，企事业单位委托到位总经费 1.56 亿元，其他投入经费约 1.01 亿元。

2011 年，在承担国家和地方重大重点项目方面，该校进一步充分发挥学科特色和科研优势，以科研平台为依托，精心组织策划，承担重大重点科技任务的能力进一步增强。2011 年，全校新增“973 计划”首席项目 2 项，获得“973 计划”和重大研究计划项目课题数 12 项；承担广东省引进创新科研团队 1 项，合同总经费 2 000 万元；承担国家科技支撑计划项目 1 项、课题 2 项，合同总经费 800 万元；承担重大新药创制国家科技重大专项 1 项，合同经费 292 万元；承担国家公益性行业（海洋、农业）科研专项 2 项，待批准预算金额 3 366 万元；承担国家海洋局重点项目 3 项，合同总经费 1 032 万元；承担 2011 年广东省粤港关键领域重点突破项目 2 项，合同总经费 500 万元；承担广东海洋经济发展研究项目 1 项，合同经费 200 万元；获准参加国家公益性行业科研专项 9 项，总经费 1 151 万元；获准参加国家海洋局项目 6 项，总经费 965 万元。

全校共获准 2011 年度国家自然科学基金项目 519 项，资助经费达 2.74 亿元。其中获准重点项目 5 项，获准面上项目 284 项，获准青年科学基金 188 项。2011 年，该校新增 4 位国家杰出青年基金获得者。截至 2011 年年底，全校共有国家杰出青年基金获得者 58 人，总数继续稳居全国高校第 7 位。

【科技成果】 中山大学 2 个项目获得 2011 年度国家自然科学奖二等奖，即中山大学施苏华老师主持完成的“植物分子系统发育与适应性进化的模式与机制研究”、杨国伟老师主持完成的“亚稳纳米材料生长的基础研究”。8 个项目获 2011 年度广东省科学技术奖一等奖，4 个项目获二等奖。林浩然院士获首届南粤创新奖。中山大学附属第三医院翁建平教授主持完成的“2 型糖尿病的新治疗方案研究与临床应用”成果荣获了 2011 年度国家科技进步奖二等奖。曾益新院士首次明确了鼻咽癌遗传易感性和易感基因，在国际上完成了首株来源于鼻咽癌的 EB 病毒全基因组序列测定，首次分离鉴定了鼻咽癌干细胞，荣获 2011 年度广东省科学技术突出贡献奖。

据中国科学技术信息研究所 2011 年发布的科技论文统计报告显示，中山大学 2010 年度国内发表论文 3 981 篇。数据显示，全校 2010 年度发表 SCI 收录论文 2 162 篇，较上年增长 143%；EI 收录论文 655 篇、ISTP 收录论文 417 篇，较上年都有明显增加；MEDLINE 收录中山大学论文 1 251 篇，在全国高校中排名第 5 位。

生命科学学院何芳良教授研究团队的研究成果发表在世界顶级期刊 *Nature* 上，是学校首篇在 *Nature* 原刊发表的学术论文。他们用数学分析证明导致一个物种灭绝所需的面积永远比构建种—面积曲线所需的面积大，并提出自己的计算方法——特有种面积关系法。该研究颠覆了以往对物种灭绝速率的认识。生命科学学院贺雄雷教授在国际权威学术期刊 *Nature Genetics* 上发表文章，否定了著名的关于性染色体演化的 Ohno 假说，并对性染色体相关的剂量补偿提出了新的问题。生命科学学院邝栋明副教授博士学位论文入选 2011 年全国优秀博士学位论文。

【知识产权工作】 2011 年，中山大学专利申请量达 490 项，其中发明专利 443 项［含 PCT（外国）申请 13 项］、实用新型 41 项、外观设计 6 项；获专利授权 292 项，其中发明专利 250 项、实用新型 36 项、外观设计 3 项。发明专利“一种数字家庭网络媒体格式转码装置及方法”获 2011 年首届广州市专利奖优秀奖，发明专利“使数字家庭网络的终端可播放多种媒体格式的装置及方法”获 2011 年广东专利奖金奖，“复方血栓通制剂 HPLC 指纹图谱的构建方法及其标准指纹图谱”获 2011 年广东专利奖优秀奖。中山大学获得“广州市专利奖创造贡献奖”“广州市‘迎亚运促创新’知识产权工作先进单位”称号。

【产学研工作】 2011 年，中山大学重点推进广州南沙中山大学科技创新产业基地的建设工作，与清远市人民政府签订校市合作框架协议，与政府、企业共建 5 个研发、检测机构，分别为：与广东中烟工业有限公司联合共建的烟草分析科学联合实验室、与国家半导体光源产品质量监督检验中心（广东）合作共建的中山大学国家半导体光源产品质量监督检验中心（广东）、与广州市方纬交通科技有限公司合作共建的交通信息与控制联合实验室、与赣州虔东稀土集团股份有限公司共建的中山大学—虔东集团稀土光电晶体材料工程中心、与顺德区人民政府共建的广东顺德中山大学—卡内基梅隆大学国际联合研究院及中山大学顺德研究院。

广州南沙中山大学科技创新产业基地 根据 2011 年 2 月签署的《广州市人民政府中山大学共建广州南沙中山大学科技创新产业基地框架协议》，为推动广州市提升自主创新能力，发展战略性新兴产业，构建现代产业体系，学校与广州市共建广州南沙中山大学科技创新产业基地（以下简称“南沙基地”）。通过南沙基地的示范效应和

放大效应，在南沙区聚集起一批高端研发和管理人才，吸引一批极具竞争力的高科技企业，形成大规模的战略性新兴产业集群。12月，学校成立了广州中大南沙科技创新产业园有限公司（以下简称“南沙公司”）是南沙基地的运作主体，全权负责南沙基地的各项工作。首批进驻南沙基地的包括学校部分科研团队、广州中大中鸣科技有限公司和广州中大医疗器械有限公司。南沙公司已租用慧视科技园约1 800平方米作为科研团队实验室及公司办公场地，场地装修完毕，10月，3个科研团队和2家公司已进驻基地并开始正常运作。

中山大学国家半导体光源产品质量监督检验中心（广东）　该中心由国家半导体光源产品质量监督检验中心（广东）与中山大学合作共建。建设目标是紧密围绕广东的LED战略新兴产业，构建动态的科学合理的产品质量标杆指数评价体系；深入开展科学研究，在半导体技术上游和应用领域的性能、生物安全和寿命加速试验等方面取得突破性进展；以中山大学为依托，在国家半导体光源产品质量监督检验中心建立博士后科研工作站；为广东省LED产业联合培养工程和检测技术人才；把握行业话语权，共同建设“广东省LED光源标准化技术委员会”。

烟草分析科学联合实验室　该实验室由广东中烟工业有限公司与中山大学合作共建。建设目标是：作为广东中烟工业有限公司现有分析测试平台的拓展，实现公司在烟草化学分析科学领域的优势进一步提升，为公司卷烟产品在减害降焦、增香保润等重大核心技术的研究提供高效、准确的数据支持。实现烟草分析测试技术方面的重大突破，通过科技成果的转化和应用，提升公司品牌的核心竞争力；做好烟草化学分析科学关键领域的前瞻性应用基础研究，促进分析测试技术研究在烟草行业中应用于发展；实现联合实验室在烟草分析科学研究方面达到国内一流、国际先进水平。

【科研平台建设】　2011年，中山大学整合学校优势资源，构建交叉学科科研平台，科研平台建设实力稳步提升。

2011年，中山大学新获准建设1个国家地方联合工程实验室、3个共建国家地方联合工程实验室、4个广东省重点实验室、2个广东省工程技术研究开发中心、3个广东省工程实验室、2个广东省教育厅重点实验室、1个广东省教育厅工程研究中心、1个广东省教育厅产学研示范基地（见表4－4－2－1）。

表4－4－2－1　中山大学获准建设的科研平台一览表（2011）

序号	类别	名称
1	国家地方联合工程实验室	数字家庭互动应用国家地方联合工程实验室
2	国家地方联合共建工程实验室	临床医学分子诊断国家地方联合工程实验室
3	国家地方联合共建工程实验室	半导体照明材料及器件国家地方联合工程实验室
4	国家地方联合共建工程实验室	河口水利技术国家地方联合工程实验室
5	广东省重点实验室	新药设计与评价广东省重点实验室
6	广东省重点实验室	口腔医学广东省重点实验室
7	广东省重点实验室	光伏技术广东省重点实验室
8	广东省重点实验室	传感技术与生物医疗仪器广东省重点实验室
9	广东省工程技术研究开发中心	广东省现代中药工程技术研究开发中心
10	广东省工程技术研究开发中心	广东省创新药物制剂工程技术研究开发中心
11	广东省工程实验室	广东省物联网芯片与系统应用技术工程实验室
12	广东省工程实验室	广东省新药成药性评估及评价工程实验室

（续上表）

序号	类别	名称
13	广东省工程实验室	血管疾病诊治广东省工程实验室
14	广东省教育厅重点实验室	广东高校肝脏疾病生物治疗临床转化重点实验室
15	广东省教育厅重点实验室	广东高校蛋白质组学转化医学重点实验室
16	广东省教育厅工程研究中心	广东眼科诊断工程技术研究中心
17	广东省教育厅产学研示范基地	广东高校数字家庭产学研示范基地

【科技交流与合作】 2011 年，中山大学积极搭建各类交流平台，为科研人员的科技交流合作提供有利条件。5 月 12 日，中山大学与加拿大阿尔伯特大学签署合作备忘录，双方将重点开展生命科学领域的科研合作研究和人才培养等工作。2011 年，该校举办了 9 场大型国际学术会议，包括生物多样性与理论生态学国际研讨会、2011 环境组学国际学术大会、第 2 届海峡两岸植物科学暨农业生物技术研讨会、第 3 届阳光前沿科学论坛暨蛋白质研究中心成立报告会、海洋地质矿产资源与环境学术研讨会、2011 信息与通信技术国际研讨会、第 4 届中澳信息技术与教育研讨会、第 4 届全国精细化工清洁生产工艺与技术经济发展研讨会、第 4 届中国数据挖掘大会。

中山大学与阿尔伯特大学签署合作备忘录 5 月 12 日，中山大学与加拿大阿尔伯特大学合作备忘录签署仪式在中山大学中山楼贵宾厅举行，中山大学徐安龙副校长、国际交流与合作处徐瑶副处长和生命科学学院领导及教授代表出席签署仪式，阿尔伯特大学可持续发展系主任 John R. Spence 教授和中山大学生命科学学院常务副院长束文圣教授代表双方学校交换备忘录。根据备忘录约定，在中山大学与阿尔伯特大学校际合作的框架下，双方将重点开展生命科学领域的科研合作研究和人才培养等工作。

第 4 届中国数据挖掘大会 5 月 6—8 日，中山大学、智能传感器网络教育部重点实验室和软件技术广东普通高校重点实验室联合承办了第 4 届中国数据挖掘大会。会议聚集了中国内地以及港澳台等地人工智能、数据挖掘、智能信息处理等理论、技术与应用领域的研究人员和工程实践人员。研究人员相互分享了人工智能、数据挖掘、知识发现和智能信息处理等领域的初创性研究成果、创新思想、最新研究进展以及系统开发经验。

生物多样性与理论生态学国际研讨会 5 月 9—12 日，由中山大学举办的生物多样性与理论生态学国际研讨会“International Symposium for Biodiversity and Theoretical Ecology”在中山大学举行。世界上 11 位优秀的生物多样性和理论生态学家，就有关生物多样性的基础理论及研究热点与中国生态学家，尤其是年轻学者进行交流。会议探讨了生物多样性在生态系统中维持机制的理论基础，并围绕生物地理学的理论和模型、生物多样性统计方法以及物种之间的相互作用和协同进化等展开讨论。

2011 信息与通信技术国际研讨会 6 月 1—3 日，中山大学与法国驻广州总领事馆合作承办了 2011 信息与通信技术国际研讨会。来自中国内地、法国、中国香港、中国台湾、日本、韩国、柬埔寨、印尼、马来西亚、菲律宾、新加坡、泰国、越南、印度和巴基斯坦等 15 个国家和地区共 76 人参加了本次会议。会议的主题包括计算机网络、物联网、多媒体应用、电信、机器人、计算机科学、纳米技术以及工程等。

（中山大学科技处 徐 静）

华南理工大学

2011 年，华南理工大学以国家“十二五”科学和技术发展规划的全面实施为契机，紧密围绕建设高水平研究型大学的目标，以国家、广东省重大科技需求为导向，在重大项目、重要奖励、重点基地和高层次人才等方面取得了突出成绩，科技创新能力进一步增强，科研综合实力稳步提高。

【科研项目和经费】 2011 年，华南理工大学新增科研项目超过 3 100 项，实到经费突破 10 亿元。

在基础研究方面，作为首席科学家所在单位获批“973 计划”项目 1 项，课题 8 项；获得国家自然科学基金项目 236 项，经费首次突破 1 亿元。

在应用研究方面，牵头承担国家科技支撑计划项目 4 项、“863 计划”专题课题 1 项、广东省战略性新兴产业专项 3 项、广东省重大科技专项 2 项、省部产学研重大项目 3 项。

在横向科技合作方面，承担企事业单位委托项目超过 1 300 项，其中承担 2 项合同经费超过 1 000万元的项目。选派 122 位优秀的中青年教师作为省部企业特派员到广东省各地市企业，派出人数居全国首位。

【科研成果】 2011 年度，华南理工大学获省部级以上自然科学类科技奖励 38 项，其中获国家科学技术奖 5 项。获 2011 年度高等学校科学研究优秀成果奖（科学技术）3 项（第 1 完成单位），其中一等奖 1 项、二等奖 2 项。获 2011 年度广东省科学技术奖 23 项，其中一等奖 5 项（全部为第 1 完成单位，居广东省首位）、二等奖 9 项，三等奖 9 项。获 2011 年度广州市科学技术奖 7 项，其中二等奖 4 项、三等奖 3 项（见表 4－4－3－1）。

表 4－4－3－1　由华南理工大学牵头的部分获奖成果一览表（2011）

序号	项目名称	项目负责人	获奖类别
1	污染物在土壤中的环境化学行为与修复机理研究	党　志	2011 年度广东省科学技术奖一等奖
2	建成环境使用后评价理论与方法及其应用	吴硕贤	2011 年度广东省科学技术奖一等奖
3	高品质酱油啤酒苏氨酸高效发酵与代谢调控关键技术	赵谋明	2011 年度广东省科学技术奖一等奖
4	手写人机交互核心技术及云应用	金连文	2011 年度广东省科学技术奖一等奖
5	新型聚羧酸减水剂的研究开发与应用	贾德民	2011 年度广东省科学技术奖一等奖
6	既有梁桥与拱桥的病害诊治技术	王荣辉	2011 年度高等学校科学研究优秀成果奖（科学技术）一等奖

据 2011 年中国科学技术信息研究所统计结果显示，2010 年度华南理工大学被三大索引（以 SCIE、EI、ISTP 计）收录论文 3 629 篇次，比 2009 年度（2 991 篇次）增长 21.3%。2010 年度，华南理工大学发表 SCIE 论文 238 篇，在全国排名第 21 位，占华南理工大学 SCIE 论文总数的 23.1%，高于全国平均水平（19.7%）；SCI 学科影响因子前 1/10 的期刊论文 140 篇，在全国高等院校排第 15 名；3 篇论文入选“2010 年中国百篇最具影响国际学术论文”，在全国列第 4 名。

【知识产权工作】 2011 年，华南理工大学申请专利 1 324 项，其中发明专利 968 件、国际专利申请（PCT）16 项；授权专利总量达 799 件，其中发明专利 445 件。叶代启教授课题组完成的专利“净化有机废气的金属氧化物混合物催化剂及其制备方法”、李军教授课题组完成的专利“年产 5 万吨以上纸浆生产线的全无氯漂白方法”和李国基高级工程师课题组完成的专利“全自动翻曲机”3 项专利荣获第 13 届中国专利优秀奖，获奖数量居全国高校首位。4 项专利获 2011 年广东省专利奖，其中金奖 3 项、优秀奖 1 项。

【产学研工作】 2011 年，华南理工大学加大力度推进广州现代产业技术研究院建设，在一期启动的绿色能源技术、燃料电池技术、农产品精深加工技术、新型酶制剂技术、船舶技术 5 个研发中心的基础上，新组建空调节能与控制工程技术研发中心、现代交通工程技术研发中心、精密电子制造与检测装备研发中心。

该校与广州杰赛科技股份有限公司、广东中烟工业有限责任公司、汕头市金润环保包装材料有限公司、广州中望龙腾软件股份有限公司、佛山市中窑窑业发展有限公司、佛山市南海东方塑料制品有限公司、广东炜林纳功能材料有限公司、广东天富电气集团有限公司、广州风阳能照明科技有限公司等联合共建了 9 个校企联合研发中心；与广州市荔湾区经济贸易局共建“广东光电科技产业基地华南理工大学光电技术创新与服务中心”；在中山建设“华南理工大学中山现代产业技术研究院”。

【科研平台建设】 2011 年，华南理工大学获批 1 个国家重点实验室、1 个高等学校学科创新引智基地、1 个国家工程实验室（参与建设）、3 个广东省重点实验室、1 个广东省工程技术研究开发中心、1 个广东省工程实验室、2 个广东普通高校重点实验室、1 个广东高校工程技术研究中心（见表 4 –4 –3 –2）。

表 4 –4 –3 –2 华南理工大学获批组建的科研平台一览表（2011）

序号	类别	名称
1	国家重点实验室	发光材料与器件国家重点实验室
2	高等学校学科创新引智基地	制浆造纸工程学科创新引智基地
3	国家工程实验室	小麦和玉米深加工国家工程实验室（参与建设）
4	广东省重点实验室	广东省精密装备与制造技术重点实验室
5		广东省大气环境与污染控制重点实验室
6		广东省创新方法与决策管理系统重点实验室
7	广东省工程技术研究开发中心	广东省城市空调节能与控制工程技术研究开发中心
8	广东省工程实验室	广东省风电控制与并网工程实验室
9	广东普通高校重点实验室	清洁能源材料广东普通高校重点实验室
10		风科学与工程广东普通高校重点实验室
11	广东高校工程技术研究中心	工业与民用空调节能广东高校工程技术研究中心

截至 2011 年年底，华南理工大学共有上级主管部门批准建设的自然科学类科研机构 71 个，其中国家重点实验室数量达到 3 个，国家级科研机构总数达到 11 个，居广东高校首位和全国高校前列。

【科技交流与合作】 2011 年，华南理工大学承办大型国际学术会议 10 次，包括 2011 纸张涂布技术国际研讨会、第 3 届经济快速发展地区区域空气质量改善国际学术研讨会、第 4 届海峡两岸化学工程暨产品工程学术研讨会等。主办或承办 17 次全国性大型学术会议，包括 2011 中国糖业科技与发展高峰论坛、第 2 届建筑结构基础理论与创新实践论坛、第 2 届全国离子液体与绿色过程学术会议、第 6 届全国结构抗火技术研讨会、第 11 届切削与先进制造技术学术会议等。

2011 纸张涂布技术国际研讨会 11 月 15 日，2011 纸张涂布技术国际研讨会在广州召开。该研讨会由华南理工大学制浆造纸工程国家重点实验室、美国 Styron 公司和中国造纸学会涂布加工纸专业委员会主办，芬兰 Abo Akademia 大学协办，来自国内外 29 家造纸企业的 70 多名专家代表参加。会议围绕纸张涂布技术发展最新动态、纸张涂布系统运行性、涂布纸张的表面特性及检测手段、涂布纸的印刷适应性、影响涂层强度的因素、纸张涂料配方的设计与优化等主题进行交流和研讨。

第 11 届切削与先进制造技术学术会议 5 月 21—22 日，第 11 届切削与先进制造技术学术会议在广州举行。该会议由中国刀协切削先进技术研究会主办，华南理工大学承办，广州大学和湖南文理学院协办，来自全国各地高等院校、科研院所和相关企业的 218 名专家学者参加了会议。会议旨在交流切削与先进制造技术领域中的新理论、新技术、新方法和新装备方面的最新进展和研究开发成果，重点就“切削、磨削理论与技术”“先进制造及工艺”和“精密、超精密加工技术”3 方面进行了研讨。会议共收到论文 150 余篇，大会交流论文 121 篇，推荐到国际杂志上发表的优秀论文 134 篇。

2011 中国糖业科技与发展高峰论坛 11 月 24 日，2011 中国糖业科技与发展高峰论坛在广州举行。该活动由广东省制糖学会主办，华南理工大学承办，来自国内主要蔗糖生产区的高等院校、科研机构、大型企业集团及其制糖学会和糖业协会等单位的 150 多位专家、学者和管理人员等参加了会议。论坛主题为“产学研、高效率”，设置了“制糖技术”“多糖及生物利用”“新产品新技术”和“糖业发展”4 个论坛专题，共收到学术论文近 110 篇。

第 2 届全国离子液体与绿色过程学术会议

11 月 28 日，第 2 届全国离子液体与绿色过程学术会议在广州召开。该会议由华南理工大学牵头，联合化学工业出版社、中国科学院过程工程研究所、石油大学（北京）及浙江大学等共同主办，来自全国 120 余个高等院校与研究院所的参会代表共计 320 余人参会。会议邀请了国内外知名离子液体专家 K. R. Seddon 教授、J. M. Shreeve 教授等作了 8 个大会报告、24 个主题报告、54 个邀请口头报告和口头报告，同时，会议还安排了 160 余篇墙报展出并遴选出 12 份优秀墙报。

第 2 届建筑结构基础理论与创新实践论坛

12 月 10 日，第 2 届建筑结构基础理论与创新实践论坛在广州召开。该活动由华南理工大学和中国建筑学会、《建筑结构学报》杂志社主办，来自北京、上海、广东等地的高等院校、科研机构、大型企业集团以及建筑学会等单位的 190 多位专家、学者参加了会议。会议围绕结构设计基础理论研究、结构设计创新与实践、结构防灾减灾工程与防护工程、结构加固与改造技术、新技术新材料的研究与应用等议题展开交流，容柏生院士、江欢成院士、周福霖院士分别作学术报告。

（华南理工大学科技处　杨　军）

暨 南 大 学

2011 年，暨南大学继续围绕“搭大平台、组大团队、拿大项目、出大成果”的发展思路，结合学校的特色和实际情况，起草制定了《暨南大学“十二五”科技发展规划》，积极做好科研管理工作，取得了可喜的成绩，实现多项重大突破，呈现出可持续发展的良好态势。

【科研项目和经费】 2011 年，暨南大学立项项目 491 项，批准经费 26 988 万元。其中，获批国家自然科学基金项目 109 项，经费 4 740.6 万元，较 2010 年增长 50%；获国家重大专项、“863 计划”、国家支撑计划项目 10 项，经费 7 552 万元；获批广东省自然科学基金项目 35 项，经费 218 万元；获批广东省科技攻关计划 55 项，经费 685 万元；获广州市及其他厅局级项目 37 项，经费2 070 万元；横向经费 9 620 万元；获批教育部科技司科研事业费两批共 1 920 万元。

【科研成果】 暨南大学注重高水平、高层次的科技成果组织，成果奖励再次实现突破。暨南大学药学院中药及天然药物研究所栗原博教授（日籍）获得 2011 年度国际科学技术合作奖，实现了该校作为第 1 完成单位获国际合作奖的零的突破，也是广东省 2011 年度唯一一位获得该奖项者。

2011 年度，暨南大学获得省部级奖励 4 项，其中一等奖 1 项、二等奖 3 项；共申报各类专利 132 项，比 2010 年度增长 12.8%。

2011 年，该校获授权专利 75 项，比 2010 年增长 13.67%。据 2011 年统计数据显示，2010 年该校被 SCI/EI 收录论文共 1127 篇，较 2009 年增长 48.3%。

【科研平台建设】 2011 年，暨南大学整合中药、化药、生物工程药物在内的生物医药领域平台，成功申报“985”创新平台。广东省分子免疫与抗体工程重点实验室（培育基地）、功能蛋白质研究广东普通高校重点实验室、广东省脑功能与疾病医学重点实验室 3 个重点实验室成功获批准建设。广东省耐磨及特种功能材料工程技术研究开发中心、广东高校网络安全检测与防护工程技术研究中心、广东高校血液净化技术与设备工程技术研究中心、广东省公共网络安全风险评价与预警应急技术研究中心、广州市智能建筑检测技术行业工程研究中心获批准建设，其中，广东省耐磨及特种功能材料工程技术研究开发中心是暨南大学首个广东省工程技术开发中心。新增信息技术和分形信号处理联合实验室（暨南大学—俄罗斯喀山联邦大学）、光纤光子学联合实验室（暨南大学—香港理工大学），截至 2011 年年底，该校共有 24 个省部级以上重点实验室（工程研究中心）。

【产学研工作】 2011 年，暨南大学与韶关市共建了暨南大学韶关研究院，以研究院为平台，就韶关市科技企业孵化、产业结构调整与提升以及新的产业增长点等因素做了全盘规划。与农业专业镇马坝镇共同申报“一校一镇”项目，并在南药药材种植等方向取得突破性进展。积极推动学校科研团队参与行业联盟的组建，组织加入了“中国日化产业技术创新战略联盟”“生物质液体燃料产业技术创新战略联盟”2 个国家级行业联盟，牵头组建“广东耐磨材料产学研技术创新联盟”。

【科技合作与交流】 2011 年，暨南大学在科研培育与创新基金中设置了“学术交流专项”，加大学术交流资助力度，组织和推动国际合作。支持学术交流报告会 158 场次，支持经费 14.45 万元；支持学术会议 728 人次，其中出国学术交流经费 6.64 万元；支持主办国际、国内学术会议经费 10.21 万元；支持省级以上学会年费及会议经费 3.8 万元。

第 8 届中国酶工程学术研讨会暨第 3 届中国酶工程杰出贡献奖颁奖仪式 10 月 10—12 日，第 8 届中国酶工程学术研讨会暨第 3 届中国酶工程杰出贡献奖颁奖仪式在暨南大学科学馆国际学术会议厅隆重举行。大会由中国微生物学会酶工程专业委员会、广东省生物工程药物重点实验室、基因工程药物国家工程研究中心共同主办，来自全国 30 多所高等院校、研究机构以及国内外酶工程相关企业的 183 名学者和专家参加了会议。会议围绕医药、食品、能源、环境等领域的科学问题举行了 4 个专场报告会和 1 场墙报交流。

炎症与肿瘤——蛋白质组学（国际）研讨会

12 月 21 日，由中国蛋白质组学专业委员会（CNHUPO）主办、暨南大学生命科学技术学院承办的“炎症与肿瘤——蛋白质组学（国际）研讨会”在暨南大学曾宪梓科学馆国际会议厅隆重开幕。

该次研讨会主要对炎症和肿瘤相关的蛋白质研究和蛋白质组研究进展进行交流与研讨，来自炎症和肿瘤蛋白质组学及相关领域的国内外著名专家学者及广东省内各高校代表 400 多人参加了研讨会。

（暨南大学科技处 刘百联）

华南师范大学

2011 年，华南师范大学积极贯彻落实广东省教育工作会议精神，落实广东省教育规划纲要，科技项目申报和获批等工作迈上新台阶，科技创新人才引进和科技创新平台建设取得新突破，科技成果奖励和服务社会取得新进展。

【科研项目和经费】 2011 年，华南师范大学获科技项目经费为 11 130.26 万元，首次突破 1 亿元，同比增长43.7%。其中科技纵向项目经费8 466.25万元，同比增长45.8%，实到科技横向项目经费2 664.01万元，同比增长37.3%。

在多年持续大幅增长基础上，国家自然科学项目共获批立项95项、经费4 697.7万元（分别增长31.9%和130.5%），连续3年获批项目数位居全国师范大学第3位、非"985工程"师范大学第1位。时隔14年，该校第2次获国家杰出青年科学基金项目1项。首次获批国家"863计划"军口部分课题2项。

2011年，华南师范大学引进的"信息感知光电技术创新团队"入选广东省创新科研团队，获经费4 000万元。这是该校获批的首个广东省创新科研团队，团队带头人为瑞典皇家科学院和皇家工程院院士苏尼·斯文伯格（Sune Svanberg）教授。引进的克日什托夫·坎帕（Krzysztof Kempa）教授、荷兰飞利浦研究院首席科学家周国富教授入选广东省领军人才，各获经费600万元，合计1 200万元。

【科研成果】 2011年度，华南师范大学共获得省部级科学技术奖9项，其中一等奖2项、二等奖5项、三等奖2项。朱诗亮教授主持申报的"量子仿真和量子计算研究"项目获得2011年度广东省科学技术奖一等奖。

2011年，华南师范大学共以第1单位发表三大索引收录论文1 098篇，其中SCI收录论文578篇、EI收录论文461篇、ISTP收录论文59篇。

【知识产权工作】 2011年，华南师范大学共获授权专利77项，同比增长32.8%，其中，发明专利43项、实用新型专利8项、外观设计专利1项、计算机软件著作权25项；申请专利166项，同比增长21.2%，其中发明专利108项、实用新型专利33项、计算机软件著作权25项。

【产学研工作】 2011年，华南师范大学与韶关市乳源县签订了《华南师范大学与乳源瑶族自治县人民政府战略合作框架协议》，双方将共同推进创新型人才、复合型人才、产业领军人才和高层次管理人才队伍培养和建设，深化农业、工业、文化、教育、卫生、高新技术、城市和旅游规划及国土规划等领域合作；与西藏自治区林芝县签订了《华南师范大学与西藏自治区林芝县人民政府全面战略合作的框架协议》，双方将加强民族旅游、民族文化、农业、食品、教育、新能源、国土资源规划与利用等领域合作。

该校与中新广州知识城积极开展产学研合作，通过《天河区产学研合作示范基地建设方案》推进相关合作，与惠州市惠阳区、汕尾市陆丰市、广州市南沙区、广东汇香源生物科技有限公司、深圳莱宝公司等洽谈合作。

8月14日，胡锦涛总书记考察了番禺节能科技园，并鼓励华南师范大学产学研基地广州光为照明科技有限公司与光电子材料与技术研究所坚持产学研相结合，攻克更多技术难题，掌握更多自主知识产权。

2011年，共有33位教师入选广东企业科技特派员计划。

【科研平台建设】 2011年，华南师范大学新增省部级科研平台3个（见表4-4-5-1）。"环境理论化学实验室"获批为省部共建教育部重点实验室（2011年全国共批准22个，广东省获批1个）。"广东省服务计算工程技术研究开发中心"获立项建设，为该校获批的首个广东省工程中心。"广东省微纳光子功能材料与器件重点实验室"获立项建设。截至2011年年底，华南师范大学共有厅局级以上（含）科技创新平台22个，其中省级7个、部级4个。

表4-4-5-1 华南师范大学获准建设的科研平台一览表（2011）

序号	类别	名称
1	教育部重点实验室	环境理论化学实验室（省部共建）
2	广东省重点实验室	广东省微纳光子功能材料与器件重点实验室
3	广东省工程中心	广东省服务计算工程技术研究开发中心

【科技交流与合作】 2011年，华南师范大学举办第6届国际理论化学、分子模拟和生命科学研讨会暨科学计算和模拟软件发展平台学术交流会，来自国内外200余名专家及代表围绕着理论化学、分子模拟如何应用于材料科学和生命科学的创新研究，如何推动高性能材料相关企业进行决策创新、管理创新和技术创新，如何提高国内医药企业的创新能力和核心竞争力等问题进行了广泛和深入的讨论和交流。另外，还承办了全球传媒研究协会第5届国际会议、全国教育技术学科发展研讨会、中国人文地理学术沙龙、第23届教育部直属及部分地方师范院校科研管理工作研讨会等国际、国内科技学术会议8场。

（华南师范大学科技处 李文辉）

华南农业大学

【科研项目和经费】 2011年，华南农业大学到位经费30 185万元，比2010年增长17.74%。其中，纵向经费24 405万元，比2010年增长12.5%，横向经费5 780万元，比2010年增长46.7%；自然科学类项目到位经费28 249万元，比2010年增长16.7%；人文社会科学类项目到位经费1 936万元，比2010年增长36.6%。新增各类基金项目172项，合同经费共5 800.5万元。

在自然科学类项目中，新增国家自然科学基金项目108项，项目经费5 295.5万元。获国家自然科学基金委—广东省政府联合基金重点项目2项，经费495万元。刘雅红教授获国家杰出青年基金项目资助，经费200万元。“茄科蔬菜抗病基因的分子标记、精细定位及克隆”项目获广东省自然科学基金研究团队资助。2011年，“雄性和雌性不育分子机理与杂种优势利用”项目、“优良根构型建成与土壤养分活化的遗传与分子机制”项目、“小型猪生殖发育相关数据库建立及早期胚胎基因表达调控研究”项目获“973计划”项目资助，前两年合同经费538万元。“猪分子细胞工程育种技术创新与优势性状新品系培育”项目获“863计划”资助，合同经费946万元。“田间作业智能控制关键技术与装备研发”项目获国家科技支撑计划课题资助，合同经费888万元。

人文社科立项总数128项，合同总经费484万元。其中，国家社科基金项目申报64项，立项9项，立项率14%；教育部一般项目申报114项，立项18个项，立项率15.7%，均超过了全国平均立项率，立项数在全国农业高校中排名第1。华南农业大学罗必良教授领衔的“中国农村基本经营制度：转型理论与创新逻辑”获教育部创新团队立项。这是该校人文社科的研究团队首次入选教育部创新团队。

谭砚文教授入选广东省“珠江学者”，罗必良教授入选广东省“首届广东省优秀社会科学家”。

2011年1月，该校科技处被评为“2009—2010年度广东省社科规划管理工作先进单位”。

【科研成果】 华南农业大学获得2010年度科技奖项37项，2011年度科技奖项22项。其中2010年度国家科学技术奖二等奖1项，2010年度广东省科学技术奖11项（其中一等奖3项、二等奖5项、三等奖3项），2010年度广东省农业技术推广奖11项（其中一等奖5项、二等奖3项、三等奖3项），2010年度教育部高等学校科学研究优秀成果奖（科学技术）3项（其中一等奖2项、二等奖1项），2010年度中华农业科技奖6项（其中一等奖2项、二等奖2项、三等奖2项），2011年度广东省科学技术奖14项（其中一等奖2项、二等奖8项、三等奖4项），2011年度广东省农业技术推广奖8项（其中一等奖3项、二等奖4项、三等奖1项）。参与完成的“有机固体废弃物资源化与能源化综合利用系列技术及应用”荣获2011年度国家科学技术奖二等奖（见表4-4-6-1）。

2011年，华南农业大学共发表论文3 628篇，其中SCI收录478篇、EI收录358篇、ISTP收录34篇。

表4-4-6-1　华南农业大学部分获奖成果一览表

序号	项目名称	主持人	颁奖单位	获奖种类	等级
1	四元杂交的种猪新品系选育与产业化应用	吴珍芳	广东省人民政府	2010年度广东省科学技术奖	一等奖
2	重大入侵害虫红火蚁种群控制基础理论及关键技术创新与应用	曾玲	广东省人民政府	2010年度广东省科学技术奖	一等奖
3	重要人兽共患寄生虫病病原学、分子遗传学及功能基因组学研究	朱兴全	教育部	2010年度高等学校科学研究优秀成果奖（科学技术）自然科学奖	一等奖
4	油茶籽油生产工艺技术集成创新及推广应用	吴雪辉	中国商业联合会	科技进步奖	一等奖
5	稻谷集中干燥成套技术设备的推广应用	李长友	广东省农业技术推广奖评审委员会	2010年度广东省农业技术推广奖	一等奖
6	蚕苗工厂化培育技术推广	孙京臣	广东省农业技术推广奖评审委员会	2010年度广东省农业技术推广奖	一等奖
7	茶油生产关键技术创新及推广应用	吴雪辉	广东省农业技术推广奖评审委员会	2010年度广东省农业技术推广奖	一等奖
8	高效瘦肉型种猪及成套关键技术的推广应用	吴珍芳	广东省农业技术推广奖评审委员会	2010年度广东省农业技术推广奖	一等奖
9	有机固体废弃物资源化与能源化综合利用系列技术及应用	陈　勇	国务院	2011年度国家科学技术奖科技进步奖	二等奖
10	杂交稻育性控制的分子遗传机理研究	刘耀光	广东省人民政府	2011年度广东省科学技术奖	一等奖
11	控释肥料产业化关键技术创新、集成及应用	樊小林	广东省人民政府	2011年度广东省科学技术奖	一等奖
12	优质鸡重要经济性状的基因定位与分子改良	张细权	广东省人民政府	2011年度广东省科学技术奖	二等奖
13	粮食干燥水分在线检测技术及自适应控制系统研究与应用	李长友	广东省人民政府	2011年度广东省科学技术奖	二等奖
14	华南种猪遗传评估系统建立及应用	李加琪	广东省农业技术推广奖评审委员会	2011年度广东省农业技术推广奖	一等奖
15	风送式喷雾机的研制与推广应用	洪添胜	广东省农业技术推广奖评审委员会	2011年度广东省农业技术推广奖	一等奖

（续上表）

序号	项目名称	主持人	颁奖单位	获奖种类	等级
16	高产抗逆大豆新品种选育及间套作高效栽培技术推广应用	年海	广东省农业技术推广奖评审委员会	2011年度广东省农业技术推广奖	一等奖
17	稻田复种间作高产高效综合技术与应用示范	黎华寿	广东省农业技术推广奖评审委员会	2011年度广东省农业技术推广奖	二等奖
18	密斯特黄彩鲶的引进繁育与推广	邹记兴	广东省农业技术推广奖评审委员会	2011年度广东省农业技术推广奖	二等奖
19	Y型杂交水稻华优86的选育和推广应用	蔡善信	广东省农业技术推广奖评审委员会	2011年度广东省农业技术推广奖	二等奖

【知识产权工作】 2011年，该校申请专利206件，其中发明专利176件、实用新型专利27件、外观设计3件，发明专利占申请量的85.44%。获授权专利153件，创历年来专利授权数量之最。其中，发明专利132件、实用新型专利18件、外观设计专利2件，发明专利占授权总量的86.84%。申请软件著作权12件，授权软件著作权12件，申请植物新品种权4件。

【产学研工作】 2011年，华南农业大学有30位老师受聘为国家产业技术体系专家，合同经费2 070万元，新增省部企业科技特派员77人、农村科技特派员337人。对外科技合作的数量迅速增加，合作领域不断拓宽，签订横向合作协议1 294项（其中，技术合作开发、技术服务等协议788项，合作申报项目协议506项），合同额在50万～100万元的横向项目30项，合同额超过100万元的横向项目6项，合同额超过300万元的横向项目1项，合同总数比2010年增加100项，增长14.53%。签订专利许可协议6项，合同经费289.5万元。与企业合作建立研发平台的协议32个，研发平台涉及农药、饲料加工、生物工程和畜禽产品加工等，新签合作建立研发平台的协议8个。

华南农业大学在“科技绿舟”的平台上，大力推进“四一工程”行动，与茂名市人民政府签署了《茂名市人民政府—华南农业大学推进现代农业发展全面科技合作协议书》，与佛山市人民政府签署《佛山市人民政府—华南农业大学推进农业科技合作和农村综合改革框架协议书》，为科技成果板块式转化搭建了新的平台。

【科研平台建设】 获科技部批准，该校与广西大学联合建设亚热带农业生物资源保护与利用国家重点实验室，实现了零的突破。人兽共患病防控制剂国家地方联合工程实验室获得国家发改委批准。农业部华南地区园艺作物生物学与种质创制重点实验室、农业部热带农业环境重点实验室、农业部华南耕地保育重点实验室、农业部能源植物资源与利用重点实验室和农业部华南地区作物栽培科学观测实验站5个实验室（站）获批建设。国家瓜果改良中心荔枝分中心获农业部立项资助。广东省普通高校华南园艺作物种质创新与利用重点实验室与广东省普通高校人兽共患病预防与控制重点实验室（滚动支持）获广东省教育厅立项资助。广东省土地利用与整治重点实验室获得省科技厅批准建设（见表4－4－6－2）。广东省兽药研制与安全评价重点实验室、广东省植物分子育种重点实验室和广东省（广州市）果蔬保鲜重点实验室顺利通过评估。广东省动物源性人兽共患病预防与控制重点实验室顺利通过省科技厅组织的验收。“国家农业转基因作物检测与监测中心（南方）”顺利通过农业部专家组验收，“农业部转基因植物及植物用微生物环境安全监督检验测试中心（广州）”通过农产品质量安全检测机构考核、机构审查认可、实验室资质认可和食品检验机构资质认定、复查和现场评审。依托该校食品学院申报的农业部农产品贮藏保鲜质量安全风险评估实验室已经通过农业部专家的初步评审。2011年，新成立广东省农业物联网研究发展中心、华南农业大学森林资源与环境管理研究中心、广东省科技管理与规划研究院和华南农业大学党建研究室等校级研究机构。截至2011年年底，华南农业大学拥有160多个科研平台，其中省部级重点实验室、工程中心20个，广东省重点实验室16个、广东省普通高校产学研结合示范基地8个。

表4-4-6-2 华南农业大学新成立科研平台一览表（2011）

序号	名　称	成立时间	批准部门
1	亚热带农业生物资源保护与利用国家重点实验室	2011年3月	科技部
2	人兽共患病防控制剂国家地方联合工程实验室	2011年11月	国家发改委
3	农业部热带农业环境重点实验室	2011年6月	农业部
4	农业部华南耕地保育重点实验室	2011年6月	农业部
5	农业部能源植物资源与利用重点实验室	2011年6月	农业部
6	农业部华南地区园艺作物生物学与种质创制重点实验室	2011年6月	农业部
7	广东省普通高校华南园艺作物种质创新与利用重点实验室	2011年12月	广东省教育厅
8	国家瓜果改良中心荔枝分中心	2011年12月	农业部
9	农业部华南地区作物栽培科学观测实验站	2011年6月	农业部
10	农产品贮藏保鲜质量安全风险评估实验室（广州）	2011年12月	农业部
11	广东省土地利用与整治重点实验室	2011年8月	广东省科技厅
12	广东省农业物联网研究发展中心	2011年3月	华南农业大学
13	华南农业大学森林资源与环境管理研究中心	2011年7月	华南农业大学
14	华南农业大学党建研究室	2011年6月	华南农业大学
15	广东省科技管理与规划研究院	2011年12月	华南农业大学

【科技下乡】 2011年，该校参加了肇庆高要市岘岗镇举行的粮食春耕生产科技下乡活动，省科技厅主办的“粮食春耕生产科技下乡”“科技兴农，建设社会主义新农村大型科技下乡活动启动仪式”“科技服务三农，建设幸福茂名”和省农业厅主办的“广东省农业科技暨放心农资下乡进村”5次大型科技下乡活动。

【科技交流与合作】 2011年华南农业大学主办和承办第6届世界化感大会、2011年广东省企业社会责任研究会年会暨农业企业社会责任国际研讨会2次国际学术会议，2011荔枝龙眼学术研讨会、全国植物保护学科学位与研究生教育研讨会，第5届全国枇杷学术研讨会、中国昆虫学会2011年学术年会等12次全国性学术会议；举办了65场学术报告，其中院士报告6场，国外专家报告17场。

第6届世界化感大会　12月19日，第6届世界化感大会（The 6th World Congress on Allelopathy）在广州成功召开，这是世界化感大会首次在发展中国家召开。来自32个国家和地区265名中外嘉宾参加了本次会议，收到会议论文244篇。会议对国际化感学会章程与实施细则进行了修改，选举产生了新一届国际化感学会理事和常务理事。大会展示了我国化感作用研究领域近年来的最新成果，在植物次生代谢产物合成途径、药用植物连作障碍的自毒机理、化感作用机理和植物诱导抗性等方面已经达到了国际先进水平，对推动世界化感作用的研究与应用，加强此领域的国际合作具有重要的意义。

2011 荔枝龙眼学术研讨会　6 月 27 日，2011 荔枝龙眼学术研讨会在华南农业大学隆重召开，来自南非、巴西、澳大利亚等国家和地区的 200 多位专家学者出席了会议。国家荔枝龙眼产业技术体系首席科学家陈厚彬研究员在开幕式上致辞并宣读关于授予陈宝国等 11 人“产业技术体系贡献奖”的决定。会议围绕荔枝龙眼产业的主要技术问题、基础性研究和前瞻性研究展开热烈的研讨，并就种质资源、育种与生物技术，栽培、生理与分子生物学等进行了 38 个专题报告，为推动荔枝龙眼的国际化交流与合作步伐夯实基础。

水稻机械化直播技术研讨会　11 月 13—15 日，由华南农业大学主办，国家杂交水稻工程技术研究中心与湖南农业大学协办，华南农业大学南方农业机械与装备关键技术教育部重点实验室、现代农装株洲联合收割机有限公司承办的水稻机械化直播技术研讨会于在湖南农业大学学海厅隆重召开。中国工程院院士、国家杂交水稻工程技术研究中心主任袁隆平，中国工程院院士、华南农业大学罗锡文，美国农业部南方平原研究中心、美国德州农工大学教授兰玉彬，泰国泰中经济文化交流协会副秘书长丘伟伦，以及来自北京、黑龙江、吉林、辽宁、河南、江苏、浙江、上海等 16 个省市的 130 多位代表参加了会议。

袁隆平院士作了题为《发展杂交水稻、保障粮食安全》的大会报告，罗锡文院士报告了我国水稻机械化直播技术研究进展，美国德州大学兰玉彬教授报告了美国现代农业装备在水稻生产中的应用情况，国家杂交水稻工程技术研究中心、中国农科院作物研究所等单位的专家和学者报告了各自的研究进展，来自水稻机械直播技术推广示范基地，农业、农机管理部门，高等院校，科研单位，农机生产企业的 19 名代表分别介绍了近年来开展水稻精量穴直播技术推广应用的具体情况和经验。会议就下一步如何优化改进适用于各地不同种植模式的水稻精量穴直播机型及推广示范机制进行了充分的交流和讨论。

全国商品性小蚕饲养规程与病害防控学术研讨会　8 月 22—24 日，中国蚕学会“全国商品性小蚕饲养规程与病害防控学术研讨会”在广州召开。来自广东、广西、浙江、云南、重庆、四川、山东、吉林、江苏等 15 个省市区大专院校、科研院所、生产企业的 51 个单位 120 余人参加了会议。会议共收录学术论文 35 篇，并与蚕药调查资料汇编成册。苏州大学、广东省农科院等单位的 13 位特邀嘉宾作了相关领域的精彩学术报告，会议还分别就商品化小蚕的蚕种质量监控、小蚕饲料质量、饲养过程的疾病防控及生产规范、商品化小蚕饲养的病害控制关键技术的研究与实践、商品化小蚕的发展方向等方面作了精彩的阐述，交流和展示了我国蚕业科技工作者近年来在规模化小蚕共育、商品化小蚕饲养，以及规模化养蚕中家蚕病虫害防控等相关领域的研究成果与新技术，不仅给我国商品小蚕饲养、蚕病防控及相关领域的专家提供了良好的学术交流平台，开阔了眼界，同时也为蚕桑同行学者提供了研究思路。

（华南农业大学科技处　杨　征）

南方医科大学

2011 年，在广大科技人员的共同努力下，南方医科大学科技工作取得了突出成绩。科研课题成绩显著，在项目数和经费数上连续第 6 年创历史新高；高层次奖励取得重大突破，位居广东省医药行业前列；科研平台建设稳步推进；学术活动精彩纷呈。

【科研项目和经费】　2011 年，南方医科大学获立项课题 486 项，获资助经费 2.07 亿元，其中承担国家“973 计划”项目 1 项、“传染病防治”国家科技重大专项 1 项、“重大新药创制”国家科技重大专项军口和民口项目各 1 项、国家“863 计划”课题 4 项；获国家自然科学基金项目 147 项，获资助经费 7 070.2 万元，连续第 6 年在项目数和经费数上创历史新高；获国家自然科学基金重大国际合作项目1项，实现了该校零的突破；获省部级项目241项，资助经费9 349万元，其中获教育部创新团队项目1项、广东省第2批引进创新科研团队项目1项、广东省自然基金研究团队项目1项、广东省第1批战略性新兴产业核心技术攻关项目2项、省科技计划项目115项，获资助经费3 510万元；获省自然科学基金97项，获资助经费639万元；获教育部人文社科研究课题5项，省哲学社科课题5项，市软科学项目2项，市科普项目2项。

【科技成果】 南方医科大学获2011年度国家自然科学奖二等奖1项、国家科技进步奖二等奖1项、广东省科学技术奖一等奖3项。“缺血性脑卒中神经保护新靶点的研究”获2011年度国家自然科学奖二等奖，实现了该校在国家自然科学奖上零的突破，这是该校建校60年来在国家级科技奖励上的重大突破。“α和β地中海贫血的遗传学分析及其在临床和人群预防中的应用”项目获2011年度国家科技进步奖二等奖。该校获高层次奖项数量继续位居广东省医药行业单位首位。

根据2011年中国科技信息研究所公布的统计结果，2010年度南方医科大学被SCI收录论文280篇，在全国高校排名第86名。南方医科大学高天明教授、梅林教授指导的学术论文入选中国百篇最具影响国际学术论文，该论文发表在2010年的《美国科学院学报》，影响因子9.77。

【知识产权工作】 2011年，南方医科大学申请专利72项，获授权专利46项，相比2010年，分别增长38.46%、27.77%，南方医科大学拥有的授权专利总数达171项。

【产学研工作】 2011年，南方医科大学与地方政府、企业签署产学研合作协议23项，合同金额达1.7亿元。该校与珠海金湾区达成共建生物医药公共研发技术服务平台协议，与东莞松山湖高新区合作共建的实验动物及CRO外包服务平台取得了阶段性成果。截至2011年年底，拥有符合国际标准的实验动物生产设施22 000平方米，实验大楼3 000平方米，仪器设备总值达到1 500万元，荣获“广东省科技人才基地”称号。

南方医科大学与广州华银医学检验中心有限公司共同组建的南方医大—广州华银临床病理诊断与教学中心顺利启用。该中心将推动华南地区乃至全国的远程病理、病理技术、病理诊断、人才培养、学术交流的发展。

【科研平台建设】 2011年，该校的“广东省重大道路交通伤急救应急技术研究中心”被批准为广东省第4批突发公共事件应急技术研究中心。截至2011年年底，该校已有2个广东省突发公共事件应急技术研究中心，在广东高校中位列第1。白云区中药化妆品行业创新公共实验室获白云区立项资助。广东省蛋白质组学重点实验室和广东省组织构建与检测重点实验室参加了省科技厅组织的考核评估，分别被评为优秀等级和合格等级。

10月，南方医科大学召开了实验动物管理委员会会议，成立了新一届实验动物管理委员会和实验动物福利与伦理委员会，保障学校医教研工作的正常进行。

《南方医科大学学报》被评为第2届中国精品科技期刊。

【科技交流与合作】 2011年，南方医科大学承办了“第2届国际小型猪学术论坛暨大型实验动物生物医药研究应用研讨会”等10次大型学术会议。

第2届国际小型猪学术论坛暨大型实验动物生物医药研究应用研讨会 11月25—26日，第2届国际小型猪学术论坛暨大型实验动物生物医药研究应用研讨会在东莞松山湖召开。会议由广东省科学技术厅、南方医科大学和中国科学院广州生物医药与健康研究院联合主办，旨在与国内外专家共同探讨大型实验动物研发的现状和趋势，为将大型实验动物更好地应用于生物医药研究提供思路。会议邀请数10位国内外著名专家和学者围绕大动物资源开发、遗传修饰及干细胞/iPS细胞等内容作了学术报告，来自国内外实验动物学和相关生物医药专业学科的300余名代表参会。

国家“973计划”项目“慢性肾脏病进展的机制研究”启动会 12月25日，科技部基础研究司彭以祺副司长、省科技厅领导等以及课题组成员共40余人参加启动会。以南方医科大学侯凡凡院士为首席科学家申报的国家“973计划”项目“慢性肾脏病进展的机制研究”获资助经费共计3 420万元，侯凡凡院士成为该校第3位“973计划”项目首席科学家。

（南方医科大学　曹　蓓）

广州中医药大学

2011年，广州中医药大学继续加强重大、重点项目的申报、组织与管理工作，科研人员申报积极性持续高涨，科研课题申报数保持一定数量的增长。加快科技开发和科技成果转化力度，进一步加强产学研合作，努力提高该校科技成果对社会的贡献度。

【科研项目和经费】　2011年，该校当年纵向科研项目立项数达451项（不包括校内创新基金项目资助92项），科研合同经费5 982.2万元。其中，国家自然科学基金项目首次突破52项，资助经费首次突破2 000万元达到2 402万元；获“重大新药创制”科技重大专项“十二五”规划2012年课题立项1项，获经费133.6万元；获广东省科技计划项目与广东省科学技术厅—广东省中医药科学院联合科研项目立项125项，获经费1 369万元；获“十一五”国家科技支撑计划立项2项，获经费1 914万元。此外，2人获人才项目新世纪优秀人才支持计划立项，获50万元资助，2人获广州市珠江科技新星专项立项，获60万元资助。获省知识产权局软科学课题立项3项，获得资金资助7万元。

【科研成果】　该校获得2011年度广东省科学技术奖2项，其中二等奖1项、三等奖1项；获得2011年度教育部高等学校科学研究优秀成果奖（科学技术）2项，其中一等奖1项、二等奖1项。

为打造成为中医药行业的科技成果转化平台与产学研信息交流平台，该校对由其建设并担任组委单位的中华中医药学会科研产业化分会网站——产学研结合信息网进行了升级改版，截至2011年年底已基本完成升级工作。2011年，该校对其可转让科技成果进行了征集与梳理工作。经统计，截至2011年年底，该校可转让成果近600项（其中包括附院的院内制剂等）、专利达180多项（授权近60项）。积极与企业联系，进行项目交流与对接。该校与扬子江药业等公司进行了成果交流，参加了琶洲中医药保健产品交易会、2011年度深圳高交会，在一定程度上展示了该校形象，也吸引了企业的兴趣。

【知识产权工作】　2011年，全校共申请专利30件，比上年增加24件，其中发明专利27件；实用新型专利3件，获授权专利11件，版权登记2件，与上年相比有显著进步，在全国中医药院校中处于前列。

【产学研工作】　2011年度，该校与近30家单位签订了技术服务、技术委托项目40余项，合作金额达740万元。其中，与该校产学研基地——无限极（中国）有限公司已签和正在签署中的合作项目超过10项，合同金额达到了155万元。

截至2011年年底，该校先后与清远、阳江、中山、东莞和揭阳等市政府签订了全面合作协议，借助政府力量推动产学研合作。2011年度，该校与肇庆、英德等市进行了积极的沟通与交流，达成了框架合作协议，在协议的基础上进行项目对接与项目合作。另外，在与阳春市签订全面合作协议的基础上，定期与阳春市展开学术交流与项目对接工作。7月，在该校领导带领下，完成了与阳春市的阳春砂项目对接与学术交流。2011年，该校派出了41位企业特派员参与企业的研发与技术指导，高校服务社会的同时取得了较好的社会关注度和社会影响力。

【科技平台建设】　2011年度，该校申报的“中医脂质代谢性疾病的中医药防治研究重点实验室”获省科技厅立项，“广东省中医治法与中药创制研究重点实验室”获得了2011年省重点实验室体系建设结转项目立项。

该校对广东省教育厅重点实验室“中医女性生殖调节与安全性研究重点实验室”“中医病机

与治法研究重点实验室”，2011 年度开放基金进行了招标及评审。专家对该校陈蔚文教授主持的“省部共建中药资源科学教育部重点实验室”建设项目进行了现场验收，一致认为该重点实验室圆满完成了建设任务，验收合格。

【科技交流与合作】　2011 年，该校独立或协助其他部门举办了 6 场学术讲座等科技交流活动。

11 月 21 日，广州中医药大学 55 周年校庆暨第 5 届中国广州国际中医药研讨会成功举办。研讨会上，中国工程院钟南山院士、吴以岭院士等 21 位境内外专家学者进行了专题演讲。此次研讨会是该校举办规模最大的一次国际研讨会，吸引了 20 多个国家和地区的 300 多名代表参会，精选收集论文 241 篇，取得了圆满成功。

（广州中医药大学科技处　蔡晓燕）

汕头大学

2011 年是汕头大学作为广东省自主办学教育综合改革试点单位的第 1 年，也是该校八年规划发展的攻坚之年。一年来，该校围绕综合改革试点与八年规划发展纲要的中心任务，不断加强科研创新、项目建设、平台构筑等方面的工作，取得了可喜的成绩。

【科研项目和经费】　2011 年，汕头大学科研整体实力得到了长足进步，学校科研经费总额达到 7 031 万元，比 2010 年度增长了 46.2%，再次刷新历史最高纪录。其中，基础研究项目在“质”与“量”上取得了重大突破，共获国家自然科学基金各类项目 53 项，批准经费达 2 739.7 万元，资助经费增长了 63%；广东省自然科学基金项目 34 项，立项经费 390 万元，资助经费增长 122%，创下历史最好成绩。

在科研经费总量增加的同时，科研项目的级别与层次也不断提升，一批经费逾 200 万元的高水平科研项目获得立项。如“动态响应多孔固体的设计合成与功能”获“973 计划”子课题立项支持，资助经费 244 万元。“鱼类 HUFA 合成能力多样性的分子解释与调控机理研究”项目获得国家自然科学基金委员会重大国际（地区）合作与交流项目立项，资助金额 270 万元，是该校历年来获得国家自然科学基金项目资助的最高金额。“广东潮汕食管癌发病风险预测的分子基础研究”获得国家自然科学基金委员会—广东省人民政府联合基金重点项目立项，资助金额 258 万元。“海水鱼利用大型海藻的机制及其应用研究”获得广东省自然科学基金团队项目立项，资助金额 250 万元。

【科研成果】　该校科研论文的总体质量迅速提升。根据中国科学技术信息研究所 2011 年 12 月发布的科技论文统计报告显示，2010 年汕头大学被三大检索机构收录的科技论文共 406 篇，创历年收录数之最；被 SCI 收录的期刊平均影响因子由 2006 年的 1.65 提高至 2010 年的 2.44，为历年最高值；2005—2009 年，共有 323 篇 SCI 收录论文被引用 913 次，在全国高校排名中列第 76 名。由该校海洋生物研究所李远友教授课题组与英国 Stirling 大学水产研究所 Douglas Tocher 教授课题组共同完成的研究论文 *Vertebrate fatty acyl desaturase with Δ4 activity* 在国际顶级科技期刊 *PNAS*（美国科学院院刊）上发表。该校 2010 年在世界四大名刊论文发表的数量在全国高校排名中列第 13 名。

2011 年度，汕头大学共获广东省科学技术奖 6 项，其中二等奖、三等奖各 3 项；获汕头市科学技术奖 6 项，其中一等奖 4 项、二等奖 2 项。

【知识产权工作】　结合全国企事业知识产权试点单位、广东省知识产权示范事业单位的建设，加强知识产权管理工作，汕头大学的知识产权创造与保护能力进一步提升。截至 2011 年年底，该校累计共申请专利 215 项，其中发明专利 160 项（其中 PCT 申请 5 项），占 74.4%；共 13 项专利技术获得转让（实施许可），包括 3 项 PCT 申请权的转让。

【产学研工作】　汕头大学积极推进与汕头市及各区县政府、企事业单位与科技管理部门的联系，搭建有效的信息互通平台，深入开展产学研合作。一方面积极宣传学校科研发展情况、服务地方经济建设优势领域等，提高学校在地方政府及企事业单位中的知名度，另一方面主动解决企业在研发、生产过程中碰到的技术难题，促进学校科研成果的产业化，为校企之间的沟通与合作打下扎实的基础。2011年，该校先后和汕头市海洋与渔业局、广西海洋局等单位签订科技合作框架协议，与企业合作申报并获批广东省教育部产学研结合项目16项，获批广东省高等学校产学研结合示范基地1个——智能医学超声诊断系统产学研结合示范基地。该校组织教师开展科技合作洽谈，与30多家企事业单位达成实质性横向项目合作或产学研合作意向，累计向30家企业派驻科技特派员30名。通过充分发挥人才和科技资源优势，该校为地方经济与科技发展起到积极的推动作用。

【科研平台建设】 建设完善的创新平台是科技自主创新能力提升的基础，近年来，汕头大学已逐步建成基础研究、工程技术应用研究、人文社会科学研究及科技成果产业化等4类高水平研究创新平台。2011年，该校平台建设取得重要进展，学校主持或联合申报的一批科研平台项目获得立项。

截至2011年年底，该校已拥有4个广东省重点实验室、1个广东省国际科技合作基地、2个广东省普通高校重点实验室、4个广东省高等学校产学研结合示范基地、2个广东省高校工程技术研究中心、2个广东省高校人文社会科学重点研究基地和1个广东省高校国际科技合作创新平台。

表4－4－9－1 汕头大学获准建设的科研平台（2011）

序号	平台类别	平台名称
1	广东省重点实验室	广东省感染病与分子免疫病理重点实验室
2	广东省国际科技合作基地	广东省海洋生物资源综合开发国际科技合作基地
3	中央财政专项资金建设平台	海岛绿色产业技术科研创新平台
4	广东省普通高校重点实验室	潮汕沿海地区高发肿瘤分子生物学广东普通高校重点实验室
5	广东省高等学校产学研结合示范基地	智能医学超声诊断系统产学研结合示范（暨广东省联合培养研究生）基地
6	广东省高校工程技术研究中心	软包装印刷设备工程技术研究中心
7	广东省高校国际科技合作创新平台	潮汕食管癌剑桥合作研究平台
8	广东省高校人文社会科学重点研究基地	汕头大学粤台企业合作研究院

【科技交流与合作】 2011年，汕头大学主办或承办国内外大型学术会议20余场，如2011东西方联盟年会、ABBS双年会暨管理教育国际论坛等，邀请国外知名学者来校开展学术报告50余场。英国剑桥大学校长Sir Leszek Borysiewicz教授、牛津大学维尔康临床热带医学研究中心主任Brian Angus博士、美国哈佛/斯坦福大学法学院Linda Kay Netsch女士、麻省理工学院Stephen Banzaert与David C. Wisler博士、加拿大阿尔伯塔大学医学院院长Philip Baker教授、以色列理工学院校长Petetz Lavie教授、南非自由州大学物理系系主任Swart教授、澳大利亚莫那什大学Christian au博士、日本东京大学Takeaki OZAWA教授等一批国外著名大学、研究机构的学者先后访问汕头大学，并与该校探讨国际科技合作与交流事宜。

2011年全国无机化学前沿发展研讨会 8月8—11日，由国家自然科学基金委员会主办，汕头大学、中国科学院化学研究所承办的“2011年全国无机化学前沿发展研讨会”在汕头召开。北京大学高松院士、中山大学陈小明院士、中科院化学所江雷院士以及近50位长江学者、国家杰出青年科学基金获得者出席会议。该高水平学术会议云集全国无机化学相关学科一线科学家，对无机化学学科领域相关的配位化学、分子基材料化学、无机纳米材料化学、固体化学、生物无机化学等热点问题展开讨论与交流，同时还探讨了高水平基础研究队伍的建设机制，对推动学科进入世界发展前列提出积极的建议和举措。

2011 广东骨科学·院士论坛　10 月 15 日，由汕头大学医学院第二附属医院主办的“2011 广东骨科学·院士论坛”在汕头隆重举行。来自北京协和医院的邱贵兴院士、军事医学科学院的秦伯益院士、南方医科大学的钟世镇院士和上海交通大学医学院第九医院的戴尅戎院士齐聚汕头，围绕“传承与创新”的大会主题作了精彩的学术演讲，为广东的医疗教学、管理及医务人员提供了一次高端的学术交流机会。

中国生态学学会海洋生态专业委员会 2011 年学术年会　12 月 3—5 日，中国生态学学会海洋生态专业委员会 2011 年学术年会在汕头大学召开。本次年会是全国性高层次的学术会议，由中国生态学学会海洋生态专业委员会主办、汕头大学承办。国家海洋局、广东省海洋与渔业局、中国生态学学会的相关领导以及从事海洋生态研究的著名专家学者共 180 多人参加了会议。本次学术年会为全国海洋生态相关学科的一线科学家广泛深入地探讨学科发展的前沿问题提供了良好的平台，加深了彼此的交流与合作，有力地推动了学科发展进入国际发展前列。

（汕头大学科研处　罗英光）

科研院所科技创新

2011 年，广东省加快四大主体科研机构建设步伐，提出符合省属科研机构改革需求的思路方案，努力化解改革中的各种挑战，在深化改革和推进发展中取得重要突破。一方面，推动广东省工业技术研究院在学科建设、体制机制和服务企业的模式上先行先试；另一方面，重点推进广东省科技服务业研究院筹建工作，研究制定了《关于筹建广东省科技服务业研究院工作方案》，起草了广东省科技服务业研究院编制方案和建设方案。

主体科研机构建设

2011 年，广东省主体科研机构建设取得重大进展。广东省工业技术研究院健康发展，以省科学院为基础组建广东省社会发展领域主体科研机构、以省农科院为基础组建广东省农业领域主体科研机构工作顺利推进。

【广东省主体科研机构创新能力建设专项】 为深入贯彻《珠江三角洲地区改革发展规划纲要（2008—2020 年）》和《关于深化科研体制改革的意见》中加快推进广东工业、农业、社会发展和科技服务业主体科研机构建设精神，2011 年，广东省设立“主体科研机构创新能力建设专项”，重点支持广东省主体科研机构整合优势科技资源，研发产业关键共性技术，建设高水平创新平台，培养引进高层次创新团队和领军人才等工作，改善主体科研机构科研条件，切实提高主体科研机构创新能力。2011 年，获立项项目共 10 个，支持资金达 5 000 万元。设立“中国—乌克兰巴顿焊接研究院平台建设”等项目，支持主体科研机构开展研发与服务平台建设、国际科技合作及创新科研团队引进等创新活动，提升主体科研机构创新能力。

【广东省工业技术研究院】 广东省工业技术研究院（以下简称“省工研院”）已组建的广东省半导体照明产业技术研究院和中国—乌克兰（广东）国际联合研究院，为本省发展战略新兴产业，加强国际工业科技合作发挥了重要作用。其中，半导体照明研究院在推动省院合作开展关键装备 MOCVD 国产化研制，推动 LED 知识产权保护与创新，开展 LED 室内照明产品标杆体系重点研究方面取得显著成效。中乌研究院为本省船舶制造、轨道交通装备制造、生物医疗技术等产业提供具有重要市场价值的重大成果。

2011 年 2 月 24 日，乌克兰国家科学院院长兼巴顿焊接研究所、省工研院、省科技厅三方签署了联合共建合作协议，由科技部和省政府重点支持，省科技厅主导并参与组织管理，省工研院承建的“中国—乌克兰巴顿焊接研究院”项目正式启动。科技部将该项目作为省部共建项目，力争纳入到中乌政府间合作框架内，在政策和资金等方面给予大力支持，推动高水平的国际科技合作，促进我国重大装备技术提升。

【广东省科技服务业研究院】 根据事业单位分类改革和省政府办公厅《转发省编办科技厅关于深化科研体制改革意见的通知》精神，围绕科技服务业发展战略需求，2011 年年初，省科技厅牵头研究制定了《关于筹建广东省科技服务业研究院工作方案》，起草了广东省科技服务业研究院编制方案和建设方案。5 月，建立省科技服务业研究院的决议经省编委会审议通过，具体建设方案已报送省编办审批。

广东省科技服务业研究院面向全省科技服务

业和现代服务业发展重大科技需求，以整合优化、扩面提质、开拓创新、健全机制为主线，重点开展科技服务领域的应用基础研究，开展共性关键技术攻关、专业技术服务、战略性新兴科技服务、科技成果转化及产业化研究，将为全省建设现代产业体系和创新型广东提供坚强有力的科技服务支撑。

（广东省科学技术厅政策法规处　刘世伟）

中国科学院广州分院、广东省科学院

中国科学院广州分院作为中国科学院的派出机构，负责联系广州地区的中国科学院华南植物园、中国科学院南海海洋研究所、中国科学院广州地球化学研究所、中国科学院广州能源研究所、中科院广州化学有限公司、中科院广州电子技术有限公司、中国科学院广州生物医药与健康研究院（由中国科学院、广东省人民政府、广州市人民政府共建）、中国科学院亚热带农业生态研究所（地处长沙）、中国科学院深圳先进技术研究院（由中国科学院和深圳市人民政府共建）以及2011年开始筹建的位于海南省三亚市的中国科学院三亚深海科学与工程研究所（筹）共10个科研开发机构。2011年，全院共有职工3 413名，包括：中国科学院院士2名（含兼职1名），中国工程院院士1名，俄罗斯科学院外籍院士1名，国际欧亚科学院院士4名；高级专业技术人员883名，中级专业技术人员896名，初级专业技术人员983名；具有博士学位的1 058名、硕士学位950名。截至2011年年底，全院共有国家重点实验室4个（其中之一与广州市呼吸病研究所共建）、国家地方共建工程实验室1个、中国科学院重点实验室11个、广东省重点实验室9个、湖南省重点实验室1个。共有野外科学实验站15个，其中，国家与中国科学院共属野外科学实验站6个，中国科学院专属野外科学实验站2个，中国科学院广州地区研究所所属野外科学实验站7个。共有博士后流动站4个，博士学位授权点20个，学术性硕士学位授权点36个，在学研究生1 902名。共有科学考察船2艘，植物、岩矿、海洋生物标本馆3个。

广东省科学院为广东省人民政府直属科研事业单位，管理广州地理研究所、广东省昆虫研究所、广东省微生物研究所、广东省生态环境与土壤研究所、广东省科学院自动化工程研制中心、广东省科技图书馆、广东省科学院幼儿园共7个机构。2011年，全院共有职工835名，包括中国科学院院士4名（兼职）；具有高级专业技术职称的有210名，中级职称232名，初级职称97名；具有博士学位的有96名，硕士学位161名。截至2011年年底，全院共有国家重点实验室培育基地1个，广东省重点实验室5个，广东省公共实验室5个，野外科学实验站16个，广东省重点科研基地3个，广东省种质资源库（标本馆）3个，博士后工作站2个。

【科研项目】　2011年，中国科学院广州分院在研科研项目2 777项，项目总经费23.28亿元，2011年到位项目经费8.23亿元。按项目性质分类：基础研究1 231项，应用及应用基础研究826项，试验发展项目161项，科技服务401项，成果应用及生产性项目158项。按项目来源分类：承担国家项目854项，其中“973计划”项目125项、“863计划”项目34项、国家科技支撑项目31项、国家自然科学基金533项；承担中国科学院创新、百人计划、科研装备、青年人才及院地合作等项目352项；承担广东省重大科技专项和招标项目22项，广东省自然科学基金100项；承担湖南省科技计划22项；承担广州市科技计划项目34项；承担广东省其他政府部门或市县政府项目282项；承担国际科技合作项目51项、军工项目7项、企业委托项目601项。

2011年，广东省科学院在研科研项目481项，项目总经费1.77亿元，2011年到位项目经费1.45亿元。按项目性质分类：基础、应用及应用基础研究374项，试验发展项目20项，科技服务51项，成果应用及生产性项目等36项。按项目来源分类：承担国家项目68项，其中“973计划”项目1项、“863计划”项目1项、国家科技支撑项目1项、国家自然科学基金45项；承担中国科学院创新及院地合作等项目6项；承担广东省重大科技专项和招标项目9项，广东省自然科学基金 38 项；承担广州市科技计划项目 17 项；承担广东省其他政府部门或市县政府项目 119 项；国际科技合作项目 10 项；企业委托项目 28 项。

【科研成果】 2011 年，中国科学院广州分院取得科技成果 81 项；在国内外核心期刊发表论文 1 847篇，其中被 SCI 收录 909 篇；出版专著 19 种，689 万字；专利申请受理603 件，其中发明专利 520 件；PCT 国际专利申请受理 26 件；授权专利 336 件，其中发明专利 197 件。

获得 2011 年度国家自然科学奖二等奖 1 项、2011 年度国家科技进步奖二等奖 1 项、2011 年度广东省科学技术奖一等奖 1 项、2011 年度广东省科学技术奖二等奖 1 项、2011 年度湖南省科学技术奖二等奖 2 项、2011 年度广州市专利创造贡献奖 1 项。

2011 年，广东省科学院取得科技成果 40 项；在国内外核心期刊发表论文 374 篇，其中被 SCI 收录 89 篇；出版专著 8 种，116 万字；专利申请受理 62 件，其中发明专利 50 件；PCT 国际专利申请受理 1 件；授权专利 54 件，其中发明专利 45 件。获得 2011 年度广东省科学技术奖二等奖 1 项、2011 年度广东专利优秀奖 1 项、2011 年度广州市专利优秀奖 1 项。

项目名称：有机固体废弃物资源化与能源化综合利用系列技术及应用

获奖情况：2011 年度国家科技进步奖二等奖

完成单位：中国科学院广州能源研究所、中国农业大学、中国科学院成都生物研究所、广东省生态环境与土壤研究所、广东省昆虫所、广东温氏食品集团有限公司、华南农业大学

主要完成人：陈勇、李国学、刘晓风、李海滨

该项目属循环经济和节能减排领域的新技术新工艺，实现有机固体废弃物最大限度资源化与能源化综合利用。项目已为 30 多个国内外地区和城市编制了生活垃圾处理方案设计报告，建成 7 座大型垃圾处理厂，总处理量约 4 400 吨/日，累计创造经济效益 3 亿元；开发了医疗垃圾热解焚烧炉与城市家居固废热解燃烧锅炉，创造经济效益超过 6 亿元；开发的家禽粪便和城市污泥生物肥、生物气技术，已在全国 11 个省份推广应用，并在古巴、坦桑尼亚等国应用，累计处理量超过 4 550 万吨，推广生物有机肥 44.8 万公顷，减少化肥用量 320 万吨，减少 N、P、COD 等面源污染 380 万吨，创造经济效益约 21 亿元。

项目名称：华北及邻区深部岩石圈的减薄与增生

获奖情况：2011 年度国家自然科学奖二等奖

完成单位：中国科学院广州地球化学研究所

主要完成人：徐义刚、范蔚茗、许继峰、郭锋

该成果为理解大陆深部岩石圈演化的本质，揭示深部过程与浅部地质响应的耦合关系提供了关键的科学依据，为发展板块构造学说，使之能涵盖大陆板块内地质提供了重要学术思想。该项目在国内外学术刊物上共发表论著 121 篇（部），其中被 SCI 收录论文 72 篇，主要成果被 SCI 论文他人正面引用 2 376 次，8 篇代表性论文被 SCI 他引 695 次，其中 4 篇论文被认定为 Top 1% 论文，5 位申请者全部进入 ISI 全球地学科学家引用率排名录。部分成果获广东省和湖北省科学技术奖自然科学一等奖。该成果显著提升了中国科学家在大陆岩石圈研究领域的国际影响和地位，推动了国家自然科学基金委重大研究计划项目“克拉通破坏”的立项。

项目名称：热带海洋软体动物功能蛋白肽的关键利用技术及其产业化

获奖情况：2011 年度广东省科学技术奖一等奖

完成单位：中国科学院南海海洋研究所、广东海大集团股份有限公司、广东兴亿海洋生物工程有限公司、广州市祺福珍珠加工有限公司、佛山市安安美容保健品有限公司

主要完成人：张偲、孙恢礼、龙丽娟、齐振雄、尹浩

该项目解决了将热带海洋软体动物蛋白质水解成易于吸收的安全小分子功能蛋白肽，或促进角蛋白结构分化的关键技术问题，有力地推动了我国热带海洋软体动物资源利用的技术进步。该项目已申报发明专利 24 项，其中获授权 14 项；

申请受理 PCT 国际发明专利 4 项；发表论文 62 篇，其中被 SCI 收录论文 26 篇；获产品生产许可 7 个，制定产品质量企业标准 6 个；实现了直接新增产值 21 亿元，直接新增利税和增收节支 2.48 亿元。

项目名称：丛植菌根生态生理及提高植物抗逆性研究

获奖情况：2011 年度广东省科学技术奖二等奖

完成单位：广东省微生物研究所、中国科学院环境生态中心、华南农业大学

主要完成人：朱红惠、陈保冬、姚青、李晓林、龙良鲲、羊宋贞

该成果系统地研究了丛枝菌根真菌的生态生理和提高植物抗逆性的机制，从制约广东省经济社会可持续发展的土壤大面积酸化、重金属污染、植物病害危害这些热点问题入手，为酸化和污染土壤的植物修复奠定了相关的生态学基础。该项目共发表论文 91 篇，总被引用频次 891 次，其中被 SCI 收录 41 篇，38 篇被他人引用 402 次，受到国内外学界认同，产生了广泛的学术影响。

项目名称：一种生物除臭方法及其装置

获奖情况：2011 年度广东省专利优秀奖

完成单位：广东省微生物研究所

主要完成人：孙国萍、方向平、罗永华、许玫英、曾国驱

该项专利技术利用能有效降解恶臭物质的多种微生物功能菌，使其在特定的载体表面生长附着，形成具有强大吸附和降解功能的生物膜，以此为核心技术形成除臭主体结构生物填料塔，臭气通过生物填料塔时经吸附、吸收和生物降解过程而快速得以净化处理。整个处理过程条件温和，管理简单、方便、安全，运行费用低廉，无二次污染产生。该技术已先后在广东、安徽、浙江等多个省市的市政污水处理厂、印染废水厂及化工行业进行应用，产生了良好的经济社会效益。

【重点实验室建设】 2011 年，中国科学院广州分院院新增热带海洋环境国家重点实验室、同位素地球化学国家重点实验室、国家发改委与地方联合建设的高端医学影像技术与装备工程实验室、广东省干细胞与再生医学重点实验室。2011 年，广东省科学院的华南应用微生物重点实验室—省部共建国家重点实验室培育基地获批成立。

热带海洋环境国家重点实验室　该实验室于 2011 年 6 月通过科技部批准成立，依托中国科学院南海海洋研究所建设。实验室以南海及其近邻热带海域海洋环境动力过程研究为主线，确立南海环流理论和区域气候、南海中小尺度动力过程、热带海洋动力过程的环境效应、海洋观测与资料同化技术 4 个研究方向。实验室 2011 年共承担科研任务 49 项，总计划经费达 4 324.8 万元，发表论文 108 篇（其中被 SCI 收录 74 篇），获得授权专利 5 项。2011 年毕业博士生 17 名，硕士生 16 名。实验室人员应邀参加国际学术会议达 39 人次，其中 21 人次作了口头报告，学术出访达 26 人次。

同位素地球化学国家重点实验室　该实验室于 2011 年 10 月获科技部批准成立，依托中国科学院广州地球化学研究所建设。实验室主要研究发展适用各种地质对象的同位素定年和同位素示踪方法，加强多元同位素体系理论研究，并与当前地球科学前沿领域——大陆动力学和全球变化密切结合；通过同位素年代学与地球化学研究，为解决大陆动力学、壳幔演化及其相互作用、资源形成和勘探以及全球变化等重大基础问题做出具国际先进水平的研究成果。“华北及邻区深部岩石圈的减薄与增生”项目获 2011 年度国家自然科学奖二等奖。

华南应用微生物重点实验室—省部共建国家重点实验室培育基地　2010 年，该实验室经科技部批准依托广东省微生物研究所建设，2011 年完成筹建并正式运行。其研究方向为：微生物资源多样性研究与前期开发、环境微生物与生态安全、食品生物安全监测控制技术、微生物危害及其防治技术、食（药）用菌生理功能及其分子机理研究等。通过一年多的建设，取得了较大发展：实验室投资 1 362 万元，实验室面积 4 150 平方米，新购置设备 7 台套，引进广东省领军人才 1 人；获得 2011 年度国家科技进步奖二等奖 1 项、广东省自然科学奖二等奖 1 项、广东省优秀专利奖 1 项；获国家“973 计划”、“863 计划”、科技支撑

等科研项目 86 项，总经费 3 412 万元。

高端医学影像技术与装备工程实验室 该实验室为国家地方共建的工程实验室，于 2011 年 11 月获国家发改委批准成立，依托中国科学院深圳先进技术研究院建设。该实验室主要在磁共振、CT、超声成像等设备关键技术上集中开展独创性和前瞻性的研究，解决其中的一些基础问题，并将利用深圳市良好的医疗器械产业化氛围，积极与医疗器械公司开展合作，帮助企业实现关键技术的突破。已自主研发了超导磁共振核心技术、口腔 CT 系统、肝硬化超声检测系统等医学影像设备，并成功实现产业化。

广东省干细胞与再生医学重点实验室 该实验室于 2011 年 10 月获省科技厅批准成立，依托中科院广州生物医药与健康研究院建设。该实验室主要以干细胞与克隆、发育与模式动物、功能细胞获取与应用、干细胞的化学生物学、转化医学为研究方向，累计承担国家、地方各级各类项目 125 项，其中“973 计划”27 项、“863 计划”2 项、国家科技重大专项 5 项、中科院项目 26 项、国家自然科学基金 32 项、地方项目 34 项。实验室拥有 3 位“973 计划”首席科学家，牵头组织并承担 1 项全国仅有的干细胞药物筛选重大专项。曾获得 2009 年度广东省科学技术奖一等奖 1 项。“体细胞‘变身’多能干细胞机制被揭示”入选《科技日报》的“2010 年国内十大科技新闻”。

【科技交流与合作】 2011 年，中国科学院广州分院接待了不同国家（地区）来访的科技界人士 342 批 1 149 人次；主持召开国际学术会议 17 次；向不同国家（地区）派出学术交流及合作研究科技人员共 417 批 666 人次。广东省科学院接待了不同国家（地区）来访的科技界人士 39 批 112 人次；主持召开国际学术会议 1 次；向不同国家（地区）派出学术交流及合作研究科技人员共 38 批 86 人次。

第 6 届南海海洋环境变化国际学术研讨会

该研讨会于 12 月 3—5 日在广州召开，由中国科学院、国家自然科学基金委、广州市科协等单位联合主办，热带海洋环境国家重点实验室（依托中国科学院南海海洋研究所）承办。会议主题是“南海海洋气候与生态研究”。来自 9 个国家（地区）的 105 位专家、学者参加了会议，其中境外代表 27 人，国内代表 78 人。该研讨会作了 13 个特邀报告、29 个口头报告，创办了 21 个墙报。中方科学家分别与英国、斯里兰卡的科学家就开展印度洋考察、南海气候变化等合作研究进行会谈，并达成一定共识。

第 2 届海峡两岸台风科学与危机管理研讨会

该研讨会于 7 月 27—30 日在广州和阳江召开，由中国科学院南海海洋研究和广东外语外贸大学主办，台湾海洋大学、台湾大学、南京信息工程大学、广东海洋大学、阳江市政府和阳江市气象局协办。来自台湾、香港和内地的 120 多位专家学者参加了会议。研讨会就“环境变化与台风路径预报”“台风环境和渔业灾害”等 6 个议题和地震海啸等灾害专题进行了研讨，交流了 43 个口头报告和 23 幅墙报展示，作了 16 个特邀报告，有力地推动了海峡两岸与世界各国台风灾害研究的交流合作。

第 4 届海峡两岸珊瑚礁生物学与海洋保护区研讨会 该研讨会于 9 月 3—7 日在该所召开，由中科院南海海洋研究所主办，来自中研院生物多样性研究中心、台湾大学、中山大学、台湾海洋大学、香港中文大学、中科院南海海洋研究所、中科院海洋研究所、国家海洋局第三海洋研究所、南海分局、广东海洋大学等 16 家单位 80 多位专家、学者参加了会议。会议作了 8 个特邀报告、46 个口头报告和 13 个墙报，围绕“珊瑚礁生态环境与全球变化”等 5 个主题，就全球环境变化下珊瑚礁的保护与管理开展深入交流。会后，海峡两岸三地的学者潜水考察了大亚湾造礁石珊瑚群落，参观了中国科学院大亚湾海洋生物综合实验站。

中国菌物学会 2011 年学术年会 该研讨会于 8 月 15—18 日在广州召开，由广东省微生物研究所、华南农业大学、仲恺农业工程学院等单位共同举办，来自全国各地 440 多名代表参加了会议。会议共收集论文及摘要 220 篇，从真菌基因组研究，虫草研究，马尔尼菲青霉研究进展，银耳产业、菌物学项目申请，真菌学“973 计划”项目申请以及植物病原菌物课题组或实验室科研交流等 7 个关注热点展开专题交流研讨并取得了良好的效果。

法中科学及应用基金会（FFCSA）第4届学术会议　该会议于11月18—20日在广州召开，由中国科学院广州地球化学研究所主办。卫生部部长陈竺院士、法国总统科技顾问Bernard Belloc先生、FFCSA基金会主席Jacques Caen院士、法国TOTAL石油公司科技总裁Jean François Minster先生、国家留学基金委副秘书长杨新育女士，中国科学院、中国工程院、中国医学科学院、法国驻中国大使馆和驻广州总领事馆等单位的代表以及FFCSA基金会俱乐部成员共80多人参加了会议。该会议为今后与法国有关科研机构开展国际合作奠定了基础。

2011中国计算机大会　该会议于11月24日在深圳会展中心隆重开幕，由中国计算机学会主办，中国科学院深圳先进技术研究院和深圳市科工贸信委共同承办，ACM、IEEE CS、深圳大学、哈尔滨工业大学深圳研究生院协办，国内外专家、学者及企业界共2 000余人与会。大会设立了高性能计算及数据中心、物联网及传感网等6个业内最关注的专题论坛，邀请了2007年ACM图灵奖获得者Joseph Sifakis，华为技术有限公司副总裁李三琦，原美国国家科学基金会副主席兼信息学部主任Peter Freeman，深圳大学教授、中国科学院院士陈国良，加拿大多伦多大学计算机科学及计算机工程教授Hans-Arno Jacobsen，美国天普大学计算机系主任吴杰，ACM前主席、英国南安普顿大学教授Wendy Hall，香港科技大学校长陈繁昌，CCF理事长、中国工程院院士李国杰等一批国内外计算机领域的知名专家学者参会及作报告，重点探讨了计算及信息技术领域最新进展和宏观发展趋势，展示计算领域科技成果，搭建了交流及成果转换平台。

第14届中美前沿科学研讨会　该研讨会于11月5—7日在深圳东部华侨城举行，由中美两国科学院联合举办、中国科学院深圳先进技术研究院协办，获得了深圳市政府、国家自然科学基金委和美国Kavli基金会的大力支持。此次会议中美双方各选派了45位优秀代表参加，中国科学院院长白春礼院士、美国科学院院长拉尔夫·赛瑟罗恩（Ralph J. Cicerone）、深圳市副市长陈应春参加了此次会议。研讨会设立了自主式智能系统、脑—机交互技术、环境纳米材料、行为的基因学与基因组学等8个议题，对于推动中美两国科学家交流与合作发挥了巨大的作用。

第4届广州国际干细胞与再生医学论坛　该论坛于12月18—19日在广州白云国际会议中心举行，由科技部基础司、中国科学院生命科学与生物技术局、省科技厅、广州市科技和信息化局、中国细胞生物学会主办，中国科学院广州生物医药与健康研究院承办。论坛主要围绕干细胞重编程研究、干细胞与药物研发等众多前沿热点问题展开交流与讨论。来自美国、英国、德国、韩国、新加坡及中国香港的20位知名专家及国内知名专家、学者共260人与会。会议产出议题报告34篇，收录论文11篇。英国伯明翰大学、德国汉诺威医学院以及香港大学、香港中文大学等单位，与中国科学院广州生物医药与健康研究院建立或意向建立了合作关系。

（中国科学院广州分院、广东省科学院　张　军）

广东省农业科学院

广东省农业科学院成立于1960年1月，是广东省人民政府直属农业科研事业单位。2011年，全院设水稻、蔬菜、植物保护、作物、果树、科技情报、畜牧、蚕业与农产品加工、生物技术、兽医、土壤肥料、茶叶、花卉13个研究所和2个中心，建有国家重点实验室1个、农业部专业性/区域性重点实验室5个、重点野外科学观测试验站5个、部属中心和分中心8个、省部共建国家重点实验室培育基地1个、广东省公共实验室3个、重点实验室12个、广东省工程技术中心3个、广州市工程技术中心5个、科技部国际科技合作基地1个、国家种质资源圃4个及华南分圃2个，省市共建种质资源库9个，收集保存国内外种质资源4万多份，是华南地区最大的农业生物种质基因库。建有“广东广州国家农业科技园区”，该园区集科学研究、试验示范、科技培训、科技服务、成果转化和科普宣传于一体，占地133.33公顷。

2011年，该院水稻研究所再次被省委、省政府授予“广东省文明单位”荣誉称号，依托植物保护研究所建设的广东省植物保护新技术重点实验室被广东省总工会授予“广东省工人先锋号”荣誉称号。该院有24位专家入选国家现代农业产业技术体系岗位科学家和综合试验站站长；有26位专家入选广东省现代农业产业技术体系创新团队首席专家和岗位专家，其中首席专家占全省的60%。截至2011年年底，全院在职职工1 968人，其中，具有高级专业技术资格科技人员334人、博士140人、享受国务院政府特殊津贴在职专家24人、入选国家“百千万人才工程”国家级人选4人、“全国优秀杰出专业技术人才”和“全国优秀青年科学家”各1人。当年引进各类人才73人，其中博士后1人、博士29人。

【科技项目与创新成果】 2011年，该院有424项科技项目获得立项支持，项目经费2.34亿元，其中国家级项目立项113项，同比增长33%。新增国家重大基础研究计划（“973计划”）项目3项，这是该院首次主持承担国家“973计划”项目。首次承担国家哲学社会科学基金项目。

该院获2011年度国家科技进步奖二等奖1项（第1完成单位），获2011年度广东省科学技术奖一等奖1项、二等奖6项（含合作完成）。2011年，该院通过广东省审定农作物新品种41个，占同年全省审定农作物品种的40%；获植物新品种权1项，获授权专利63项，是该院获授权专利数量最多的一年；获授权计算机软件版权16项；编著或参与编著出版各种科技书籍32部；在各级科技期刊上发表科技论文680多篇，其中被SCI收录论文65篇，数量为历年之最。

动植物育种 该院培育的“五优308”水稻品种被列为国家区试对照种。超级稻苗头组合“五丰优615”在广东省两年区试中表现突出，是近年广东省区试早造中迟熟组中增产幅度最大的组合。“粤甜3号”“粤甜16号”为国家和省甜玉米区试对照品种。利用太空育种技术培育出国内第1个太空花生品种“航花2号”。在国内首次通过注射成功进行家蚕核型多角体病内源抗性基因、外源抗性基因增量表达和干涉，分别获得抗性增加30%左右的转基因品种，开拓了高抗蚕品种选育新途径。利用AH资源群，对体重、饲料转化率和剩余饲料量等重要经济性状的遗传参数进行全面评估，为优质肉鸡育种方案的合理制定提供重要基础。利用体细胞克隆技术，在国际上首次获得携带木聚糖酶基因的转基因克隆猪阳性个体43头，转基因猪粗纤维消化率显著提高。

现代农业技术研究 该院构建了水稻测土配方施肥指标体系。阐明母猪和仔猪生产性能营养调控机理，建立母猪和仔猪安全高效饲料配制与饲养技术10套。在国内率先系统研究提出黄羽肉鸡和蛋鸭的营养需要量，为黄羽肉鸡和蛋鸭高效饲料配制提供了基础数据，其中对水禽营养的多项研究结果填补了国内空白。建立水稻稻瘟病病原生理小种和白叶枯病菌小种变异监测技术。建立香蕉细菌性软腐病的分子快速检测鉴定技术，研究制定该病害综合防控技术，可使香蕉增产20%，减少农药使用量30%。开展鸡球虫病防治相关研究，并研制出鸡球虫4联活卵囊疫苗。建立动物狂犬病毒及其抗体检测技术平台。研制出香蕉的真空微波膨化脆片的生产技术工艺。研究解决了传统枇杷蜜饯加工过程中容易出现的果皮、果肉分离、渗糖慢等技术难题。陈香茶加工技术研究取得新突破，研究获得陈香茶渥堆加工指标参数，制定陈香单丛茶加工技术规程。研究出一种乌龙茶加工专利技术工艺，其经济效益比传统方法制作的乌龙茶提高8～10倍。建立一套符合中国蔬果产销特点的农药残留、重金属、硝酸盐等三大化学污染物快速检测方法和仪器设备，相关速测技术在广东省21个县市得到广泛应用，使蔬果农产品平均出场合格率由40%提高到90%以上。研究提出反酸田改良与产量提升技术、冷浸田水稻综合治理技术模式和养分活化增效技术。

农业基础研究与前沿技术研究 在国际上首次利用全基因组对水稻叶瘟和穗瘟抗性进行同步分析。首次开展系统的水稻耐冷性分子遗传机制和分子育种研究。构建出国际上最完整的花生栽培种遗传图谱，标记数达931个。建立甜玉米转基因研究表达盒转基因体系，转化率高达13.5%，是国内同类研究的2.5倍。在进行甘薯转录组测序的基础上，筛选出了362对核心引物，建立了甘薯遗传转化体系。首次在广东省观察并分离出甘薯新病害——甘薯白绢病。首次揭示广东红茶的特征香气成分。构建国内首个茶树叶片转录组数据库及红紫芽高花青素相关基因的表达

谱。系统阐述大蕉抗寒的分子机理。对香蕉枯萎病菌次生代谢物进行检测，发现2种重要毒素——白僵菌素和镰刀菌酸，其中古巴型香蕉尖孢镰刀菌（Foc）分泌白僵菌素为国内外首次报道。在国内首次发现1株为新基因型的三元重组的H1N1亚型猪流感病毒，且发现猪流感的流行与人流感和禽流感的流行有密切关系。在国际上首次发现猪流行性腹泻病毒（PEDV）可以通过垂直传播的方式扩散，解释了2010年年底至2011年年初中国发生大规模产房新生仔猪拉稀、高死亡率的原因。首次构建鸭疫里默氏杆菌独立因子缺失株，为鸭疫里默氏杆菌分子疫苗的研究奠定基础。在国际上率先发现，对禽畜低毒的洛克沙胂主要以剧毒的代谢物二甲基胂和As（III）等形态累积在作物体内，使农产品食用安全风险显著提高。

农村经济政策与理论研究　构建现代农业强省综合评价指标体系，被政府相关部门采用。研究开发出农产品消费需求等测算与预测方法，被运用到广东省现代农业产业技术体系建设中的水稻、生猪、蔬菜、花卉产业价格走势模拟和预测中。围绕广东现代农业产业发展需求，收集全省现代农业产业发展信息，分析其发展动态，系统开展产业技术发展规划和产业经济政策研究，编制和印发《广东现代农业产业发展报告·2011》。

【科技创新平台建设】　截至2011年年底，依托该院，广东省人民政府与中国农业科学院共建中国农业科技华南创新中心项目已取得阶段性成果，建成3.6万平方米创新大楼，购置和安装了217台（套）具有国际先进水平、价值7 000多万元的科研仪器设备。建成生物基因研究中心，基因组学、蛋白质组学、细胞组学三大科研平台达到国际先进水平，为该院深入开展农业前沿技术和基础研究提供了有力支撑。在新一轮农业部重点实验室建设中，该院共获准新建农业部专业性（区域性）重点实验室5个、农业部科学观测站5个，在全国省级农科院中排第2位。农业部农产品质量安全风险评估实验室、国家蚕丝加工技术研发分中心获准建设。

【科技服务】

获奖情况　该院获得2011年度广东省农业技术推广奖12项，其中一等奖4项（含合作完成1项）、二等奖7项。

优良品种推广应用　该院选育的“五优308”水稻等37个品种被列为2011年广东省农业主导品种，占全省的57%，有130个水稻品种（组合）在广东全省推广应用100万公顷，全省推广面积最大的常规稻和杂交稻的品种均为该院育成的品种。杂交稻“五优308”首次走出华南地区，在长江流域的湖北、安徽等省大面积种植。节瓜、冬瓜、苦瓜等30多个蔬菜新品种累计推广面积达16.7万公顷，大部分品种在华南地区成为主栽品种。甜玉米、甘薯、花生等优良作物品种及技术推广面积达到36.7万公顷，新增社会经济效益2.65亿元，“甜68”玉米、“广薯87”甘薯、“粤油7号”花生成为广东省主栽品种。全年繁育和推广优质香蕉组培苗600多万株。蝴蝶兰系列新品种生产示范开花株6万多盆，种苗100万株。茶叶品种在英德产区种植面积近1 533公顷，产值达5.2亿元。果桑品种“粤椹大10”和“粤桑11号”在全国蚕区大面积推广应用。蚕品种“两广二号”在广东、广西推广应用500多万张，占两广蚕种用量的90%。推广岭南黄鸡父母代种鸡450万套，可生产商品鸡苗5亿只以上。

先进实用新技术、新产品推广应用　该院研究的水稻“三控”施肥技术等12项技术被列为广东省2011年主推技术，占全省的41%。水稻栽培配套应用技术在广东省内推广应用面积超过219万公顷，其中水稻“三控”施肥技术的应用面积突破55万公顷，连续3年位居广东省新技术应用第1位；水稻抛秧技术占全省水稻种植面积的70%以上；水稻控释肥一次性施肥技术应用覆盖面占全省同类水稻控释肥应用面积的95%以上；华南双季稻强化栽培技术应用面积占全省超级稻种植面积的50%左右。优稀食用、药用真菌周年高效栽培与加工技术在全省推广应用达30%以上。该院自主研发的桑果汁产品占全国同类产品市场的95%以上，临床营养品占国内同类产品市场的40%以上。推广30多个新型饲料添加剂及预混料产品、20多个功能性水产饲料添加剂和预混料产品，为省内外100多家饲料企业和养殖企业服务。中兽药制剂占全国销售份额约25%；兽用消毒剂占全国销售份额的60%以上。推广应用蚕药 91 万包，占广东蚕药总用量的 60%。

农技推广服务　该院积极参与粮食春耕生产、农业科技暨放心农资进村、文化科技卫生三下乡、科技进步活动月、科技集市等科技下乡、科技培训活动，全年共派出科技人员 1 500 多人次，举办大型科技下乡活动 30 多场、田间现场示范观摩会 115 场、专题讲座 150 多场，受培训人数达 30 000 多人次，推介展示科技产品 1 000 多项次，赠送种子 15 000 多千克，肥料 4 000 千克。加强科技成果的组装集成，编制宣传和培训资料，支持各类农业科技推广活动的开展。全年共发送技术资料 40 000多份，科普书籍 10 000 多册。受省委组织部委托，承办广东省现代党员远程教育“科技致富”频道，提供种植、养殖、科技讲座等各类科教片源共 1 500 分钟。策划、编制农村信息直通车工程课件 300 多分钟。积极参与科技特派员计划，与企业和农户实行有效对接。全院共有企业科技特派员 88 人、农村科技特派员 551 人（占全省的 10%），及时为农业生产提供信息咨询和技术指导，受益企业 3 000 多家，受益农户超过 5 000 万人次。

其他科技服务　该院向社会提供农产品检测服务，为有效保障广东省农产品质量安全提供技术支撑。全年共接受来自广东、浙江、广西、云南、湖南、江西等 11 个省份近 300 余个企事业单位的委托检测任务，共检测 1 460 批（次）5 326 个样品，发出检验报告 3 700 份、检测数据 734 069个。

2011 年 8 月，农业部和广东省农业厅联合发文，由该院承担供应深圳第 26 届世界大学生夏季运动会的江南市场农产品质量安全的检测工作，并参与供应大运村农产品质量安全检测工作，为确保运动会成功举办做出积极贡献。

大力建设和完善广东动植物医院和诊所远程诊断系统，实现对偏远地区或农村地区动植物疫病的监测和防控。建成植物医院中心医院 1 个、分院 4 个和诊所 80 个，建立动物医院诊所 42 个。

与地方政府开展农业科技合作，巩固农科战略联盟。落实与梅州市人民政府的合作协议，联合共建梅州市农业科技创新中心。

【科技交流与合作】　2011 年，该院共派出 47 批 88 人次赴国外开展学术交流与合作研究，共邀请和接待 46 批 128 人次国外农业专家、学者和官员来访交流与合作，院内共举办专题学术报告会和培训班 130 余场，参加人数 3 100 人次。

2011 年，该院签署国际合作协议 12 项，获得各类国际科技合作项目立项 19 项，合同经费1 720 万元，同比增长 47.6%。通过承担国际科技合作项目，极大地促进该院的科技创新和科技“走出去”活动。

与国际热带农业研究所及巴西、南非等合作，开展香蕉枯萎病致病分子机理及防控技术研究，在马达加斯加建立荔枝高产研究与示范推广基地。

与菲律宾国际水稻研究所合作，开展水稻功能基因组、水稻稻瘟病持久抗性、水稻耐冷分子机制等领域的研究，联合东盟国家（越南、泰国、缅甸、菲律宾）及华南地区的相关机构，开展外来有害生物及潜在入侵物种的检验检疫及预警防控研究，建立“广东—东盟外来生物入侵的预警与防控技术合作平台”。在菲律宾推广种植番茄、辣椒、豆角、甜玉米等 2 000 公顷，新品种及技术推广应用 6 700 公顷。向东南亚近 10 个国家推广该院培育的蔬菜种子超过 7 000 千克，累计种植面积超过 5 000 公顷。

【重大科技成果选介】

项目名称：猪健康养殖关键营养技术研究与应用

获奖单位：广东省农业科学院畜牧研究所、中国农业大学、广东温氏食品集团有限公司、湖南农业大学、深圳市农牧实业有限公司、广东新南都饲料科技有限公司、广东科邦饲料科技有限公司

获奖情况：2011 年度广东省科学技术奖一等奖

该项目针对我国养猪生产中的安全、污染及低效问题，研究建立了保障猪肉产品质量安全的关键营养技术、降低猪场污染物排放的关键营养技术和提高母仔猪生产效率的关键营养技术。应用该项目技术，实现了猪肉中无饲料来源的抗生素残留，有效地解决了猪肉质量安全问题；氮、磷、重金属排放显著降低，有效地解决了养殖过程中的环境生态安全问题；母猪产活仔数增加 1.1～1.5 头，断奶活仔数增加 1.5～2.0 头，仔猪

日增重提高30%、饲料利用率提高14%、腹泻率下降28%、死亡率降低6%，显著改善了母仔猪生产效率。

项目成果获得国家发明专利1项，发表论文40篇，开发产品30种，获中国名牌农产品、中国品牌猪、国家重点新产品3种，广东省名牌、高新技术产品、无公害农产品8种，省市农业主推技术4项。2008—2010年，项目技术和产品累计推广应用于全国10多个省市60多家养猪和饲料企业，用于776万吨猪饲料生产和3 044万头猪养殖，项目完成单位新增产值18.2亿元，新增利税3.5亿元，创造社会经济效益7.5亿元。

项目名称：观赏植物水培技术创新与产业化应用

获奖单位：广东省农业科学院花卉研究所、东莞市农业科学研究中心、华南农业大学、东莞市生物技术研究所

获奖情况：2011年度广东省科学技术奖二等奖

该项目建立了水培适应性评价体系，对51科209种类、品种进行了评价，分为4种类型。研究了不同植物水生性根系发生、生长和形态结构变化规律以及影响因素，针对不同植物建立了去除土生根培养、留根看护培养结合NAA诱导处理的根系驯化技术。建立了工厂化生产的深液流水培和浅水层水培、组培苗直接和成形植株直接水培等技术体系。研究了植物营养需求特性，筛选了适宜的营养液配方和使用参数。查明了水培条件下藻类发生的特点，建立了通过滤清和活性炭处理等控藻技术。发明了具过滤功能新型水培承栽装置等系列产品。建立了水培工厂化生产流程、操作工艺、相关指标要求以及综合管理技术，制订了技术规程和标准。开发了优质水培产品。

项目发表中文核心期刊论文19篇；著作2部。授权实用新型专利2项，申请发明专利1项、实用新型专利2项。成果自身转化开发产品48万盆，近3年创造产值1 353万元，创汇190.23万美元；生产、销售和出口企业等应用，累计产生直接和间接经济效益15.29亿元，新增纯收入4.12亿元，创汇734.13万美元，节支2 713.11万元以上，减少出口检疫所带来的损失2 000万元以上。

项目成果经鉴定整体处于国内领先水平，水培适应性综合评价达国际先进水平。成果促进了新兴产业发展，推动了花卉产业规模扩大和产业升级，奠定了植物水培技术体系和新学科的形成。成果已推广到全国主要的花卉企业，成功开发的植物达120种类品种，实现了产业化开发，观赏应用效果优良。新增专业化生产经营企业30多家，2008—2010年，生产水培花卉800万～1 200万盆，产业与应用年增长达30%以上，出口水培品种和数量大幅增长，销往欧美、日韩等国，产生了重大的社会经济效益、生态效益。

项目名称：基于知识管理的农业信息服务关键技术研究与应用

获奖单位：广东省农业科学院科技情报研究所、中国科学院地理科学与资源研究所、上海海洋大学、中国农业大学

获奖情况：2011年度广东省科学技术奖二等奖

该成果以解决农业信息孤岛、提高信息内容实用性和服务针对性为需求，以农业信息规范化采集、知识化管理、精准化服务为研究主线，历经10年，取得了一系列关键技术创新。完成“一项技术体系设计、一套数据编码标准、一个共建共享平台、一张互联互通网络”建设，支撑了广东农村信息直通车工程，推广到全国17个省市。出版专著3部，获得软件著作权14项，软件产品登记3个，申请专利2项，发表论文42篇（被SCI/EI收录10篇），鉴定成果2项。

技术内容与技术经济指标：

1. 参加联合国粮农组织农业本体研究计划，系统研究农业农村信息化需求，面向广东设计出基于知识管理的农业农村信息服务技术体系框架。

2. 研究农业信息分类编码规范和农业信息管理三维结构模型，建立广东省地方标准，作为农业知识组织的基础。

3. 开发公共后台式数据支持平台和农业本体开发工具，基于领域本体实现广东全省966种种养对象的生产技术数据、52个种质资源特征特性数据的知识化管理，支持多维数据共享与交换，建立国家农业科学数据（广东）共享服务中心。

4. 建立基于网络协同的农业信息采编联盟和省市县镇村多级联动信息服务机制，面向多种终端，实现主动点播、定制推送、专家互动等精准化农业信息服务。

对行业科技进步的促进作用：

1. 作为农业部编制农业信息编码规范的基础，促进了全国农业信息服务标准化。

2. 开创国内基于本体论农业知识管理研究领域。

3. 支撑跨部门、跨学科的农业信息共建共享，促进农业农村信息化。

应用推广情况：

《种养业信息分类与代码》标准已经在全省和国内部分省市广泛使用，《农业本体论研究与应用》成为中国农业大学、上海海洋大学等国内多所农业院校教材，共建共享农业信息资源为32个地方门户、753家企业、162家农业专业合作组织提供知识支持，覆盖全省121个区县1万多个村级信息服务站。

项目名称：节瓜、冬瓜抗枯萎病种质创新及新品种选育研究

获奖单位：广东省农业科学院蔬菜研究所、华南农业大学、华南师范大学、暨南大学

获奖情况：2011年度广东省科学技术奖二等奖

该项目针对华南地区特色蔬菜节瓜、冬瓜枯萎病严重，抗性资源缺乏的现状，在国家自然科学基金等课题的资助下，全面开展了节瓜、冬瓜抗枯萎病种质创新及新品种选育研究，取得了以下重大突破和创新：

1. 首次建立了获得国家发明专利的节瓜抗枯萎病变异体离体筛选技术。

2. 首次以黑籽南瓜等抗源为DNA供体，建立了适合冬瓜的花粉管通道法。

3. 率先系统研制出冬瓜、节瓜枯萎病人工接种快速鉴定技术——断根法。

4. 综合利用上述技术，创制出迄今枯萎病抗性最强的8份冬瓜、节瓜材料，在此基础上研究了枯萎病抗性机理和遗传规律，获得了与节瓜、冬瓜枯萎病抗性连锁的RAMP标记和SRAP标记，制定相应的抗病育种策略。

5. 利用创新的抗枯萎病种质及育种策略，育成通过省级审定的高产抗病新品种“丰冠节瓜”及我国第1个杂交黑皮冬瓜品种“黑优1号”，突破了节瓜、冬瓜高产与抗病的矛盾。

该项目为抗性种质资源匮乏的瓜类蔬菜提供了行之有效的种质资源创新途径，丰富了我国节瓜、冬瓜抗枯萎病种质资源，提出了生物技术与常规育种技术结合的抗枯萎病育种策略并付诸实践，开创了葫芦科冬瓜属作物全面利用杂种优势的新局面，育成的抗病品种促进了我国节瓜、冬瓜品种的更新换代，引发了国内相关产业界对杂交黑皮冬瓜的普遍关注和广泛研究，推动了节瓜、冬瓜产业的发展。项目成果已在Acta Horticulturae、《园艺学报》等国内外期刊上发表论文33篇，被引用73次。

据不完全统计，截至2010年年底，“黑优1号”“丰冠”合计推广面积8万公顷以上，其中“黑优1号”6.67万公顷以上，“丰冠”系列节瓜1.3万公顷，分别占广东省同类品种市场份额的32.5%、21.4%。以每公顷产值5.4万元计，产生43亿元社会经济效益，新增效益5.2亿元以上。

项目名称：特色茶资源食品加工技术研究与创新产品开发

获奖单位：广东省农业科学院茶叶研究所、北京市食品工业研究所、华南师范大学

获奖情况：2011年度广东省科学技术奖二等奖

该项目通过以广东特色茶叶（可可茶、夏暑单丛等）为主要原料的茶叶食品加工技术的应用研究，利用自有知识产权的茶树品种获得相关茶叶加工、深加工技术并进行成果转化与应用。

主要技术内容与技术经济指标：

1. 可可茶（无咖啡碱茶）茶叶胶囊的研制获得了国家发明专利，获得了产品的配方比例。利用茶叶的特有成分EGCG与锌离子作用对前列腺癌PC－3细胞开展研究，通过Hoechst 33258荧光染色发观察、HPLC法等检测，表明EGCG、锌离子对PC－3能量代谢存在明显的抑制作用。

2. 开发出自有专利权产品——以乌龙红茶为原料的乌龙红茶泡腾片、乌龙红茶奶茶和口香糖

等中试产品和加工技术参数。

3. 利用低值夏暑茶叶为原料，开展保健茶的研究与应用。开发出自然秀（油柑子茶）、自然通（菊普茶）、自然降（品尝春健体乌龙茶）等中试产品和加工技术参数。3个产品内含物质丰富，水浸出物含量达31%，氨基酸含量高达6%以上。经过广东省微生物研究所检测，产品全部指标符合国家出口保健茶卫生要求。

促进行业科技进步与应用推广情况：

1. 利用夏暑茶为加工原料开发保健茶，为夏暑茶叶的提值增效提供了有效的途径。

2. 利用自有知识产权加工工艺技术开展成果的转化和创新利用。

3. 利用广东特色资源，开发新的产品形态，促进特色资源的开发利用。

项目实施以来，先后与广州顶津食品有限公司、云南腾冲清凉山茶厂有限公司、广东省农科院鸿雁茗茶研究发展中心等5家企业签订合作开发协议或技术转让协议。在丰顺县凤山茶业发展有限公司等11家企业进行推广应用，合计增加销售额达3 474万元，新增利税694万元。

项目名称：甜、糯玉米系列新品种选育及产业化配套技术研究与应用

获奖单位：广东省农业科学院作物研究所、广州市农业科学研究院、广东省农业科学院土壤肥料研究所、广东省农业科学院植物保护研究所、华南农业大学、广东省农业科学院蚕业与农产品加工研究所、广东省农作物技术推广总站

获奖情况：2011年度广东省科学技术奖二等奖

经过联合攻关，培育出甜、糯玉米新品种7个，通过品种审定；研发新产品6个、新技术2套，申请发明专利7项、品种权1项，获授权1项，发表论文43篇，出版专著1本。

主要技术内容与技术经济指标：

1. 广泛引进资源进行创新与利用，建立国内最大的甜、糯玉米资源库，保存种质达3 500多份，完成了控制果皮厚度性状的基因定位，利用太空诱变、群体选育、回交转育和高压逆境选择的方法，创造优异新种质，成功培育出优质、高产、多抗新品种“粤甜15号”“粤紫糯”“粤白糯3号”“正甜68”“广花糯4号”“广糯3号”和“广甜7号”，克服了一直困扰我国鲜食玉米育种高产不优质、优质不高产的难题。

2. 系统研究产区土壤养分状况和甜、糯玉米物质形成与氮磷钾养分吸收累积规律，确定最适宜的氮磷钾营养配比；研发控释肥产品2个并登记；研制形成甜玉米“双层”高效减量化施肥技术模式。

3. 系统开展主要病虫害普查及发生规律研究，明确小斑病、纹枯病及玉米螟是最主要的病虫害并进行防控研究；研究小斑病的生物学特性，筛选并获得了对病原菌有高效拮抗效果的细菌菌株A16和D10；筛选出防治大小斑病和玉米螟符合绿色化生产的高效低毒药剂，研制出有效防治玉米螟的二元混配剂2种。

4. 综合研究甜玉米品种的加工特性并初步建立数据库，研制出甜玉米汁饮料和营养果冻2个新产品。

促进科技进步及应用推广情况：1. 通过引进和自主创新，填补了我国热带、亚热带种质资源的稀缺；2. 成功把生物技术应用于种质创新，并与传统育种技术结合，推动了甜、糯玉米育种科技的进步；3. 从品种、植物营养、病虫害防治到加工技术合成创新，形成了产业化关键技术体系，提高了产业竞争力；4. 新品种、新技术推广到全国近20个省区并辐射到东南亚地区，截至2010年年底，累计推广34.7万公顷，新增效益18.49亿元，创社会经济效益88.39亿元。

项目名称：微胶囊化晶体氨基酸的开发及其在水产饲料中应用

获奖单位：广东省农业科学院畜牧研究所、广州飞禧特水产科技有限公司、广东智威农业科技股份有限公司

获奖情况：2011年度广东省科学技术奖二等奖

主要技术内容与技术经济指标：

1. 建立了微胶囊氨基酸制剂的产业化生产工艺技术，95%能过80目筛；微胶囊赖氨酸含量不低于25%，溶失率为4.81±0.8%；微胶囊化蛋氨酸含量不低于35%，溶失率为6.67±0.5%；微胶囊氨基酸较普通晶体氨基酸吸收减慢。

2. 开展了凡纳滨对虾对14种饲料原料粗蛋白和氨基酸表观消化率研究，丰富了对虾配合饲料配方技术参数。凡纳滨对虾对花生粕等14种原料粗蛋白表观消化率为53%～86%，氨基酸表观消化率为40%～95%。

3. 研究了以花生粕等7种植物蛋白原料替代部分鱼粉，添加微胶囊蛋氨酸和赖氨酸在凡纳滨对虾、罗非鱼、军曹鱼配合饲料中应用效果，提出微胶囊氨基酸在水产饲料配方的应用技术。

4. 实施国家发明专利1项：一种水产饲料晶体氨基酸缓释制剂及其制造方法（ZLO11278005）；并制定氨基酸预混合饲料企业标准Q/（GZ）FXT9－2009，投入产业化生产。

5. 发表论文7篇，其中被SCI收录1篇，培养硕士研究生5名。

6. 微胶囊蛋氨酸和赖氨酸（商品名：汇添富Ⅰ、汇添富Ⅱ）在广东、福建等地区水产饲料企业推广应用，取得了显著的经济、社会与生态效益。建成300吨/年的微胶囊化晶体氨基酸生产线一条，累计推广750吨微胶囊氨基酸产品，实现产值1 500多万元，利润300多万元；推广应用于20多万吨鱼虾配合饲料，实现产值15亿元，增收节支近2 000万元。

7. 微胶囊氨基酸应用技术可提高鱼虾对氨基酸的利用率，降低配合饲料蛋白水平，有效地节省鱼粉用量，缓解鱼粉资源短缺的瓶颈问题；微胶囊晶体氨基酸技术的应用及推广，对于开发利用廉价植物蛋白资源，降低水体氮磷排放，减少环境污染等方面具有重要作用。

（广东省农业科学院　谢春生）

广东省工业技术研究院

2011年是广东省工业技术研究院（广州有色金属研究院，以下简称“广东省工研院”）建院40周年华诞的喜庆之年，在这一年里，该院的建设取得了新进展，自主创新能力得到大幅提升，国际科技合作取得新突破，经济发展质量明显提高，人才队伍建设稳步推进，科研工作呈现出良好的发展势头，为全面完成“十二五”计划任务奠定了基础。

【科研项目】　2011年，广东省工研院共实施纵向科技项目198项，其中新立项目57项，新立国家级项目11项，省级项目22项；实施横向委托科研项目79项，新接受企业委托研发项目54项，与2010年相比，合同总金额增长50%，实际到款金额增长36%，尤其是国外公司的委托合同数量和金额有了明显增加。

广东省工研院对实施的重大（重点）科研项目加强了项目过程跟踪管理，2011年项目执行率达100%，计划完成率98.4%。

车辆及电子工业用铝镁合金产业共性技术

该项目是广东省工研院承担的首个广东省产学研重大项目，于2011年完成项目全部工作内容。项目经过两年多的努力，突破车辆及电子工业用铝镁合金的三大共性关键技术，即铝型材快速等温挤压技术、铝镁合金汽车零部件生产关键技术和高品质铝板带箔与单机架热轧关键技术，形成7项自主知识产权的技术与装备，研发出7种代表产业发展水平的高附加值产品，建成5条示范生产线，主要技术经济指标全部达到或超过合同书规定的要求，至项目完成时累计实现产值17亿元，利税近1.8亿元。项目组开发的铝镁产业共性技术已在全省铝镁行业内形成良好的经济社会效益，推进了广东省铝镁产业技术水平的提升。

广东省稀土产业技术路线图　该项目采用路线图的科学管理方法，研究包括稀土采选冶、稀土合金、稀土磁性材料、稀土发光材料、稀土储氢材料、稀土精细化工、稀土掺杂特种功能材料等八大领域的市场需求、产业目标、技术壁垒及相关重点研发需求等方面的内容，以此来把握广东省稀土产业未来发展的脉搏，从而实现广东省稀土产业的可持续发展，提高广东省稀土产业在国内和国际市场上的竞争力。课题组在1年多的时间里，走访了60多家在该领域具代表性的企业、高校和科研院所，咨询了近200位国内知名专家和企业技术人员，召开了3场大型的专题研讨会，参会人员近300人次，最终撰写出《广东省稀土产业技术路线图》一书。该书是国内第1

部指导稀土产业发展的专业书籍，并于2011年12月召开了新闻发布会，受到业界广泛关注。

【科研成果】 2011年度，全院有22项科技成果通过省、部、市级鉴定或验收；获省部级科学技术奖一等奖2项、二等奖5项、三等奖3项，发明专利“一种纳米晶稀土贮氢合金的制备方法及装置”获2011年广东省专利奖。申请专利34件，其中发明专利29件、实用新型专利5件；获专利授权25件，其中发明专利15件、实用新型专利10件。参与制定、修订行业标准10项，制定国家标准3项。2011年发表论文188篇，其中国际会议论文16篇、国内会议论文40篇、核心期刊收录论文86篇，出版专著2本。

项目名称：低温镍氢动力电池制造技术

获奖情况：2011年广东省科学技术奖二等奖、2011年度中国有色金属工业科学技术奖二等奖

该项目主要对低温镍氢电池负极材料（贮氢合金）的配方、制备工艺、电解液及电池制备工艺开展研究。在合金配方方面，通过调整ABx两侧配比和添加微量元素来提高合金粉PCT平台；在合金制备工艺方面，采用快淬技术，并结合配方优化和热处理工艺，研制出适合低温大电流放电的贮氢合金粉；在电池制备工艺方面，通过对正负极材料、极片工艺尺寸及集流方式、电解液的配制、电池化成制度、隔膜等研究，研制出高性能低温镍氢动力电池：0.1C充、0.2C放电达到5.5h；低温放电性能：-20℃、1C放电达到56.7min；-40℃、0.2C条件下放电容量达到额定容量的83.8%，性能达到国内领先水平。项目直接经济效益：新增产值18 300万元，新增利税1 765万元，出口创汇490万美元，增收节支88万元。间接经济效益：新增产值22 570万元，新增利税1 493万元。

项目名称：复杂难处理钨细泥高效选矿新工艺研究及应用

获奖情况：2011年度中国有色金属工业科学技术奖一等奖

该项目针对行洛坑钨矿——巨大的花岗岩大脉和细脉型含钼的黑、白钨矿床。一系列主流程生产规模为5500t/d。原矿平均品位为WO_3 0.2%。主流程生产指标已经达到设计要求。钨细泥（-0.043mm粒级）约占主流程原矿量的40%，每天有细泥2 200多吨。细泥中WO_3平均品位为0.16%，回收技术难度大。现场原工艺流程长，浮选钨粗精矿品位低，加温精选浪费能源，消耗大量水玻璃，尾矿沉降困难，回水难以利用，细泥钨回收率不到30%，亏损停产。该项目针对行洛坑钨矿贫、细、杂的特点，研究开发出“细泥预处理——常温浮选——离心机重选”新工艺，并成功应用于生产中，钨回收率从原有的30%提高到65.32%。从2009年8月—2010年7月，一个系列全年累计实际处理旋流器沉砂量689 700吨，总精矿量4 017.83吨，总精矿金属量（WO_3）851.78吨，年产值8 649万元，实现年利税5 812万元，年利润3 599.9万元。此新工艺在钨矿物选矿领域内属国内外首创，整体技术达到国际先进水平。该项目为矿石性质相类似的矿山以及多金属共伴生矿山尾矿库中的低品位钨矿资源综合利用提供重要的技术参考，将为国家带来显著的社会效益。

项目名称：石煤钒矿湿法冶金中废水综合治理及循环利用

获奖情况：2011年度中国有色金属工业科学技术奖一等奖

陕西五洲矿业股份有限公司下辖1 000吨/天的中村钒矿、800吨/天的中天钒矿、400吨/天的新兴钒矿和300吨/天的裕源钒矿4个矿均位于商洛市山阳县境内的银花河流域，银花河是丹江的上游，丹江是南水北调的源头，每天要排放8 000立方米以上的废水，使河床变红、河水发臭，造成严重的环境污染，威胁着企业的生存。

该项目开发的新工艺技术采用高效的苛化石灰乳制备技术，以石灰乳替代氨水中和工艺，沉钒母液水蒸气蒸馏回收氨水并返回使用，建立污水处理站处理尾矿库排放水，使排放水达到国家二级、接近一级的排放标准。项目采用石灰乳替代氨水中和工艺，产生了硫酸钙沉淀，使萃原液中的硫酸根离子浓度大幅度降低，因而有利于萃取作业，提高了萃取率；同时不产生硫酸盐的累

积，所以处理水可以全部返回使用，真正实现了废水的“零排放”，实现了清洁生产，彻底改变了“钒矿是重污染企业”的现状。项目整体技术达到国际先进水平。截至 2008 年年底，4 个钒矿全部投入应用该项目的工艺技术，使钒的总回收率提高了1%，总成本降低了5 000 元/吨 V2O5 产品，2009 年 1 月—2010 年 6 月共增加经济效益4 350万元，已成为当地节能减排的示范企业。该项目研究成果解决了石煤钒矿提钒工艺的环保共性技术难题，实现了清洁生产，大幅度降低了生产成本，在我国具有广阔的推广应用前景。

【科技创新平台建设】 2011 年，中国—乌克兰巴顿焊接研究院、广东半导体照明产业技术研究院、稀有金属分离与综合利用国家重点实验室、国家矿物及再生金属材料质量监督检验中心建设工作全面展开，取得了阶段性成果。广东省专业镇工业创新资源中心建设如期完成，广东省高性能功能涂层材料工程实验室也获得省发改委立项批复，总投资2 602 万元。广东省工研院与清华大学共建了软科学联合研究基地，为广东省工研院集聚软科学复合型人才、发挥政府科技咨询部作用开拓了新途径。广东省稀土开发及应用重点实验室、广州市粉体材料及精密零件制造工程技术研究中心、广州市金属材料成型与加工工程技术研究中心、广州市焊接材料工程技术研究中心等在建项目按计划执行，基础设施和重要仪器设备基本到位，广东省现代表面工程技术重点实验室获得省财政再建设经费支持。

中国—乌克兰巴顿焊接研究院　该院已列入中乌双边合作框架协议中，其建设项目列入了《珠江三角洲地区改革发展规划纲要（2008—2020 年）》“实现四年大发展”工作方案中。乌方院长郭瑞院士于2011 年10 月 30 日正式到中乌研究院报到，开始了全职工作。中乌研究院的建设正有序紧张进行之中，官网已正式上线（http://www.cupiw.com)，该网站的建设对于宣传中乌研究院的发展情况、技术成果以及为企业开展技术服务等具有一定的促进作用。

“中国—乌克兰巴顿焊接研究院平台建设”项目获得省科技厅支持，“广州市与省工研院共建中国—乌克兰巴顿焊接研究院”平台建设项目获得广州市科技和信息化局支持。在承担国家、广东省重大国际科技合作项目方面，获科技部立项支持5 项，获省科技厅支持2 项。

广东半导体照明产业技术研究院　2011 年，该院在建设方面进一步调整思路，完善整体规划和功能定位设计，确定总体发展思路。在基本建设、装备条件、人才队伍引进、技术开发、对外合作等方面取得阶段性进展。完成了2 500 平方米的 LED 外延、芯片研发大楼的整体设计，已进入施工建设阶段；完成了用于外延、芯片研究的自制设备系统设计和采购招标工作，以及主要精密仪器设备的招投标工作；初步组建了高效的技术开发团队。

稀有金属分离与综合利用国家重点实验室

该实验室2011 年完成了基建规划；组建了实验室管理架构和学术委员会；完成了 MLA 自动检测系统等近 1 000 万元设备的投资；承担的国家“973 计划”项目、国家科技支撑计划都取得了较好进展；获得2011 年度中国有色金属工业科学技术奖一、二、三等奖各 1 项，2011 年度云南省科技进步奖三等奖 1 项，发表论文 36 篇。

【科技交流与合作】 广东省工研院与乌克兰国家科学院联合组建的“中国—乌克兰巴顿焊接研究院”，被列入胡锦涛总书记 2011 年 6 月访问乌克兰期间由两国元首见证签署的战略合作框架协议内容，成为两国政府间科技合作的重大平台。2011 年9 月，成功召开了中乌研究院第 1 届理事会，科技部曹健林副部长和乌克兰国家科学院巴顿院长出任名誉理事长。通过中乌研究院这一国际科技合作平台，将中方重点产业技术需求与乌方成熟技术成果对接，由中乌双方共同遴选的首批合作项目，已获得国家近 7 000 万元专项经费支持，并启动了第 2 批合作项目。中乌研究院的组建和运作，开创了国际科技合作新局面，成为广东以国际视野应对科技经济全球化的创新举措。

（广东省工业技术研究院　王　翔）

科技服务体系建设

2011年9月，省科技厅、省委政研室联合向省领导报送了《加快我省科技服务业发展的调研报告》及《关于促进科技服务业发展的若干意见（初稿）》，报告得到中共中央政治局委员、广东省委书记汪洋等主要领导的高度重视，并指示省科技厅全力抓好报送报告中提到的六条建议措施的落实工作。科技服务业发展工程作为《广东省科学和技术发展“十二五”规划》的重要组成部分，被列为本省“十二五”期间科技工作13个重点专项工程，进一步明确了科技服务业未来的发展思路。作为省科技厅推进现代服务集聚区建设和服务于产业转型升级的重要抓手，12月22日，广东现代服务交易中心在番禺节能科技园正式揭牌，标志着广东现代服务交易中心筹建工作取得了重大突破。

按照省委、省政府加快产业转型升级的部署，2011年，省科技厅依托促进科技服务业发展计划，从科技服务示范基地、科技服务平台建设、科技服务机构培育及科技服务业技术及产品研发等4个方向加强政府引导，对全省189个符合科技服务业发展方向的项目给予了支持，以促进科技服务机构向专业化和规模化发展。

科技服务机构

【科技服务业百强企业（机构）】 为树立骨干科技服务机构的龙头服务效应，2011年，省科技厅组织开展了第2批科技服务业百强企业（机构）的认定工作。经过评审，共有44个科技服务机构入选。截至2011年年底，全省共认定科技服务业百强企业（机构）89个。

表4－6－1－1 广东省科技服务业百强企业（机构）名单（2011）

序号	申报单位	机构性质	所在地市
一、科学研究与技术开发机构（共5家）			
1	广州机械科学研究院	企业法人	广州
2	深圳华大基因研究院	事业法人	深圳
3	广州市光机电技术研究院	事业法人	广州
4	广东省安全生产技术中心	事业法人	广州
5	广州医药工业研究院	企业法人	广州
二、公共检测服务机构（共14家）			
6	广东省测试分析研究所	事业法人	广州
7	广东省计量科学研究院	事业法人	广州
8	广东省地质物探工程勘察院	事业法人	广州
9	广东省地质测绘院	事业法人	广州

（续上表）

序号	申报单位	机构性质	所在地市
10	广东省物料实验检测中心	事业法人	广州
11	广州市质量监督检测研究院	事业法人	广州
12	广东省东莞市质量监督检测中心	事业法人	东莞
13	广州广电计量测试技术有限公司	企业法人	广州
14	深圳市特种设备安全检验研究所	事业法人	深圳
15	广州市纤维产品检测院	事业法人	广州
16	广东省建筑材料研究院	企业法人	广州
17	广东省工程技术研究所	企业法人	广州
18	广东省惠州市质量计量监督检测所	事业法人	惠州
19	广东省中山市质量计量监督检测所	事业法人	中山
三、科技交流与技术推广服务机构（共 7 家）			
20	广东省科学技术情报研究所	事业法人	广州
21	广东省标准化研究院	事业法人	广州
22	广东质检中诚认证有限公司	企业法人	广州
23	广东智通人才连锁股份有限公司	企业法人	东莞
24	深圳市标准技术研究院	事业法人	深圳
25	广州市德山信息咨询有限公司	企业法人	广州
26	广州市番禺区生产力促进中心	事业法人	广州
四、科技服务聚集区（共 5 家）			
27	珠海清华科技园创业投资有限公司	企业法人	珠海
28	深圳市灵狮文化传播有限公司	企业法人	深圳
29	珠海南方软件园发展有限公司	企业法人	珠海
30	广州国际企业孵化器有限公司	企业法人	广州
31	广东东科创业投资有限公司	企业法人	东莞
五、知识产权服务机构（共 4 家）			
32	深圳市科吉华烽知识产权事务所	企业法人	深圳
33	东莞市华南专利商标事务所有限公司	企业法人	东莞
34	中山市科创专利代理有限公司	企业法人	中山
35	深圳中一专利商标事务所	企业法人	深圳
六、新兴专业技术服务机构（共 9 家）			
36	深圳市金证科技股份有限公司	企业法人	深圳
37	远光软件股份有限公司	企业法人	珠海

（续上表）

序号	申报单位	机构性质	所在地市
38	珠海世纪鼎利通讯科技股份有限公司	企业法人	珠海
39	广州慧扬科技投资有限公司	企业法人	广州
40	中经汇通有限责任公司	企业法人	广州
41	珠海欧比特控制工程股份有限公司	企业法人	珠海
42	广州中软信息技术有限公司	企业法人	广州
43	广东用友软件有限公司	企业法人	广州
44	广州龙媒计算机科技有限公司	企业法人	广州

广东省测试分析研究所　广东省测试分析研究所（中国广州分析测试中心，以下简称“中广测”），是华南地区唯一的国家级分析测试中心，具有50多年的历史，于2011年被省科技厅认定为广东省科技服务百强机构，是通过实验室国家级计量认证（CMA）和中国实验室国家认可（CNAS）的第三方检测、校准实验室和A类检查机构。

多年来，中广测始终坚持“行为公正、方法科学、数据准确、服务高效”的质量方针，构建分析测试技术公共服务平台，积极承担国家、省（部）等各级科技计划项目及企业委托的研究和服务项目，在应用技术研究、分析测试新方法和新技术研究、仪器仪表的研究开发以及标准制修订方面取得了100多项重要的科研成果，为生产、科研、贸易、行政管理、诉讼、技术引进、商务仲裁等活动提供了大量优质的分析测试技术服务，为构建现代产业体系、服务社会民生和助推企业自主创新提供了强有力的分析测试共性技术支撑。

近年来，中广测努力开拓创新，不断开展分析检测新方法和新技术的研究，在新产品、新设备的研发和推广方面也取得显著成绩，为政府履行监管职能、处置突发事件、配合产业和民生科技发展提供了强有力的技术支持，有效地支撑相关领域企业的技术创新和新产品研发，在保障食品、药品、消费品及环境安全等社会民生问题和为社会培养人才等多方面做了大量工作，取得了突出的成绩，在行业中具有明显的示范作用。2011年，中广测提供样品测试4万多个，举办培训班、研讨会、交流会或学术报告会等20多期，参加人数2 000多人次。

广州机械科学研究院有限公司　广州机械科学研究院有限公司（原广州机床研究所，以下简称“广州机械院”）是国家火炬计划重点高新技术企业和国家创新型企业，主要从事机械基础技术、基础材料、基础元件领域的高新技术和产品的研究开发，在液压、密封、光机电一体化装备、润滑、设备状态监测等方面的研究居国内领先水平。广州机械院建有广东省院士工作站，还分别与华南理工大学、广东工业大学共建研究生校外培养基地和工作站，2008年经人力资源和社会保障部批准设立博士后研究工作站。2009年以来，先后被评为中国机械工业最具创新力企业、广东省自主创新标杆企业、广东省重大科技专项实施单位、全国企事业知识产权试点单位、省知识产权优势企业、省创新方法推广应用试点企业、广东省装备制造业重点培育企业。

广州机械院是我国机械行业技术归口单位之一，是机械工业汽车零部件产品质量监督检测中心（广州）、机械工业油品检验评定中心、机械工业机床液压元件产品质量监督检测中心等行业质量监督机构挂靠所在地，是全国性中文核心期刊《机床与液压》《润滑与密封》和新出版的《汽车零部件》杂志的主办单位。

广州机械院建有国家橡塑密封工程技术研究中心、机械工业橡塑密封重点实验室、机械工业橡塑密封工程研究中心、广东省机械装备公共实验室、广东省工业摩擦学重点实验室、广州市工业润滑行业工程技术研究中心和广州市橡塑密封行业工程技术研究中心等多个公共技术服务平台。

多学科研发服务平台的构建，为形成科研开发、成果转移转化等环节有机链接的科技创新体系和实现企业自主创新及经营效益的最大化奠定了厚实的基础。

建院以来，广州机械院取得的科研成果超过1 000项，其中200多项成果获国家、部省、市级科技奖励。先后承担了大批国家、省、市各级科技攻关项目，2011年，广州机械院纵向课题获立项15项，其中国家级4项，省、部级6项，市、区级5项。2011年获授权专利9项，其中发明专利7项。截至2011年年底，广州机械院资产总计为7.6亿元，同比增长44%；主营业务收入7.1亿元，同比增长28%，实现3年翻一番。

【生产力促进机构】 2011年，省科技厅组织编写了《广东省生产力促进机构“十二五”发展规划纲要》，这是指导“十二五”时期生产力促进中心跨越发展的纲领性文件。为促进全省生产力机构均衡发展，省科技厅按照《广东省生产力促进机构管理暂行办法》的规定，新认定惠州市生产力促进中心、江门市新会区生产力促进中心等9个省级示范生产力促进中心。截至2011年年底，省级示范生产力促进中心共有16个，其中国家级示范生产力中心7个。

江门市新会区生产力促进中心　江门市新会区生产力促进中心（以下简称“新会生产力中心”）成立于2003年，是新会区政府为推动企业科技进步、增强企业科技创新能力而设立的非盈利性事业单位。新会生产力中心以“依托科技，服务社会”为宗旨，紧紧围绕新会支柱产业和重点产业，整合社会科技资源，为新会企业提供科技服务，提升企业的技术创新能力和市场竞争力，推动传统产业升级换代。

近年来，新会生产力中心不断完善自身服务功能，积极拓展多元化服务业务，为新会企业提供科技咨询、成果转化、产学研合作、信息化推广、技术培训、人才等服务，共为企业引入高级技术人才32人，引入高校科技成果35项，促成产学研合作61项，展示专利成果1 600多项，推介专利成果41项，提供各级项目申报126项，完成民科园、专业镇科技发展规划6篇、专题调研4篇，建设信息平台或网站7个，开展技术培训5 000多人次。

新会生产力中心还积极推进农村信息化建设，开展“农村信息直通车”服务。成立了广东“农村信息直通车”工程新会综合服务中心，承担新会“农村信息直通车”工程网站的维护与管理、信息员的管理培训，建设新会农村信息化综合网，共享和整合全区涉农信息资源，为新会全区248个镇村信息服务站提供技术服务。2011年，新会生产力中心共发送农业技术、招聘就业、医疗卫生等信息2.6万条次、上传信息3.2万条、下载信息2.3万条、公布信息2.2万条，推广先进农业和农村适用技术8项，推广新品种5个，解决种养技术难题30多项，及时有效地为农民解决生产、生活难题，实现农业增收800多万元，为农户挽回经济损失300多万元。该工作有效地推进了新会农村信息化的进程，取得了良好的社会效益，受到省市区各级领导的高度重视，省科技厅领导把新会“农村信息直通车”工程的发展模式称为“新会模式”，对新会“农村信息直通车”工程取得的成绩给予了充分肯定。

惠州市生产力促进中心　惠州市生产力促进中心（以下简称“惠州生产力中心”）成立于2001年，是惠州市政府批准设立的公益性事业单位。多年来，惠州生产力中心围绕“为科技型中小企业服务，为全市科技创新服务体系建设搭建良好平台”的总目标，积极加强内部管理，努力提升服务能力，在科技项目申报受理、产学研合作、科技培训、科技宣传等方面做了大量切实有效的工作，为惠州创新型城市的建设做出了重要的贡献。2010年，惠州生产力中心通过了ISO9001：2008质量管理体系认证，2011年，被省科技厅认定为省级示范生产力促进中心。

2005年以来，惠州生产力中心优化服务流程，开设“一站式”服务窗口。截至2011年年底，共受理省市科技计划项目1 657个，医疗项目525个，科技奖励项目63个。受理创新基金项目52个，推荐申报了46个，其中获省技术创新专项基金立项19个，获得无偿资助410万元；获国家技术创新基金立项14个，获得无偿资助870万元。

惠州生产力中心与中科院广州分院合作成立了中科院广州技术转移中心惠州分中心，并依托分中心相继促成了惠州市厨易智能科技有限公司与中科院深圳先进技术研究院、惠州市绿标光电科技公司与中科院广州电子技术研究所等企业与科研院所的技术合作。截至2011年年底，惠州生产力中心通过科技成果推广平台推介高校科技成果达500多项。

惠州生产力中心充分整合服务资源，利用自身优势为企业申报科技项目、创新基金、专利等进行辅导培训，针对企业对技能型人才的需求，举办了“农村劳动力技能培训班”，为惠州企业培养了200多名急需的技能型人才。此外，还积极加强与台湾科技服务机构的合作，主动为台资企业提供培训等服务，2011年8月，与台湾“中国生产力中心”签订合作协议共同开展科技服务业务；11月，联合惠州市台商协会为惠州100多家台资企业和当地民营科技企业进行管理培训。

（广东省科学技术厅科技服务与管理处　严军华）

科技服务平台

2011年，省科技厅高度重视基层科技服务平台建设，支持专业镇等基层的科技服务机构加强与国内知名科研院所及龙头服务机构的合作，整合优势资源建设服务本区域的科技服务平台，支撑基层特色经济及产业集群的可持续发展。

【广东现代服务交易中心】 12月22日，“广东现代服务交易中心”在广州番禺区科技节能园正式成立。这是全省首个把“现代服务”作为交易产品的现代服务业项目，省科技厅以此作为推动企业转型升级的措施。

广东现代服务交易中心是承接政府的服务职能，把“现代服务”作为交易产品，实行网上网下同时运营，使“交易中心”成为现代服务产品的“超市”。这是广东现代服务业向专业化、连锁化、网络化和集聚化发展的重要标志，对强化市场对资源的基础性配置作用，提高企业的发展效率，支撑现代服务业和产业集群创新发展，全面推进科技服务业向深层次发展，具有重要作用。

对照传统百货超市等业态的基础功能，广东现代服务交易中心这个“超市”包括了在展示、交易、售前、售后等服务环节提供相应的服务功能。其主要目标市场是广东省326家专业镇和21家省级高新区所辖的企业，通过线上、线下的模式，为区域和企业提供交易环节的全程服务。该“超市”将为现代服务供需双方，搭建现代服务需求与产品聚合平台，为企业客户提供从产品选型、签约、实施监理、交付和结算的一站式全程采购服务，为服务商提供从需求提供、产品推介、交易撮合、签约、验收、结算等全程销售服务。该中心还将在广东各市区、毗邻各专业镇设立交易中心的区域分中心，开设连锁“超市”，在现代服务业某些服务商聚集规模大、服务能力旺的地区设立交易中心行业分中心，开设连锁品牌专业“超市”。同步，网络配套建立行业子平台及区域子平台来支撑相应的运营功能。

【专业镇科技服务试点】 2011年，广东省在专业镇启动科技服务试点。在东莞、中山、顺德三市区开展科技服务需求调研，召开科技服务需求座谈会，得到专业镇中小企业及服务机构的积极响应。按照自愿申报的原则，经评审，省科技厅在三地选取了寮步科技创新服务中心等12家科技服务机构，作为专业镇科技服务试点，开展研发设计、技术检测、科技金融等科技服务。

寮步科技创新服务中心　寮步科技创新服务中心（以下简称“科创中心”）是在东莞市科技局的支持下，由寮步镇政府和华中科技大学东莞研究院共同组建的开放式科技创新服务平台。科创中心自成立以来，紧贴企业创新发展需求，以高校科研院所为依托，通过产学研合作等多种方式，积极推动科技成果转移转化，从技术、人才、信息、管理等方面为企业提供技术支撑和服务，培育了“新泽谷”“飞新达”“骏泰”等一批成长性良好的机械装备企业。

与此同时，科创中心从引导企业改进与发展装备入手，围绕寮步传统优势产业——机电装备制造业发展的关键领域，大力引进和整合科技创新资源，建设公共技术服务平台，促进寮步机电装备产业发展，打造寮步产业升级的新干线。2010年4月，科创中心与武汉博莱科技发展有限公司合作建立高新激光装备公共技术平台，并引进了由中国激光鼻祖李再光教授组建的科研团队，积极开展激光工程技术的研发和推广应用。2011年，激光加工示范中心已在窘步建成；研制的500瓦激光设备正在东莞、天津等地试用；2 000瓦大功率激光器设计方案也已确定，计划在2012年年底完成样机研制，该项目若能成功，将彻底打破国外对激光核心技术的垄断，快速推进激光装备在我国的广泛应用。2010 年 6 月，科创中心与广州双力数控公司合作建立通用装备公共技术创新平台，主要开展旧装备的数字化改造、新数控装备和技术的研发及推广应用。科创中心依托通用装备公共技术创新平台，根据企业的个性化需求，已成功为多家企业旧设备升级改造提供支持和服务。

古镇灯饰工业设计服务平台　古镇灯饰工业设计服务平台是古镇灯饰产业发展服务平台属下的子平台，由古镇镇资产经营有限公司、古镇镇生产力促进中心及合作单位华南理工大学共同组建，平台项目投资总额为1 630 万元。该平台是以工业设计产学研联盟为主导，具备工业设计资源服务、产学研联合开发服务、设计信息化改造服务、网络协同设计服务等多种功能，面向灯饰产业集群的现代工业设计服务平台。

古镇灯饰工业设计服务平台通过整合产学研多方工业设计资源，面向区域内中小灯饰企业，以网上网下相结合的方式提供工业设计服务。平台服务功能主要有 4 个方面：1. 面向灯饰产品设计环节构建共性技术与产品研发平台，支持新材料、典型产品的大规模定制产品族平台等共性技术的研发及造型设计、品牌发展、反求工程、快速制造、性能分析等工业设计服务；2. 研究开发成果展示与转化平台，建立工业设计服务分包机制，进行工业设计作品的展示并促进成果到产品的转化；3. 研究开发信息服务及工业设计协同网络平台，包括工业设计资源库以及网络协同设计平台；4. 建立培训与技术推广平台，基于工业设计联盟组建培训团队，选择中山古镇灯饰产业集群建立示范点开展工业设计人才培训与推广活动。

（广东省科学技术厅科技服务与管理处　严军华）

技术转移体系与技术市场

【国家级技术转移示范机构】　2011 年，科技部新批准广东省 5 个国家级技术转移示范机构，分别是中国科学院广州能源研究所、广东省农业技术转移与扩散中心、东莞华中科技大学制造工程研究院、广州博士科技交流中心有限公司、深圳市技术转移促进中心（深圳市技术市场促进中心）。截至2011 年年底，广东省共拥有国家级技术转移示范机构 15 个。

中国科学院广州能源研究所　中国科学院广州能源研究所（以下简称“广州能源所”）是从事清洁能源工程科学领域的高技术研究与发展的研究所，战略任务是开拓新能源与可再生能源的原始创新与技术集成，2011 年被科技部认定为第 3 批国家技术转移示范机构。

广州能源所自建所以来，已取得重要科研成果百余项，近百项成果获国家、省部级奖励；共申请国家专利 680 余件，申请 PCT6 件，获国家专利授权 320 余件。取得了国家发改委认定的“工程咨询资质单位”（丙级），广东省经信委认定的广东省第 3 方节能量审核机构（第 1 批）、广东省节能技术服务单位（第 1 批）、广东省清洁生产技术服务单位等资质。2011 年度，广州能源所新建合作平台 6 个，科技成果转化金额 9 831. 88 万元，其中产业化经营项目营业额 3 215. 88 万元，横向开发合同额 6 616 万元。

广州能源所主要从 4 个方面开展技术转移业务：一是以研究成果为基础向企业提供技术开发、咨询等服务，解决企业经营活动中遇到的技术难题。二是与地方政府、企业等共建创新合作战略联盟、合作研发平台，紧贴产业或企业需求开展研发服务，已建各类平台 17 个，在运行的 13 个。三是与企业合作开展联合攻关，共同申报并实施国家、地方重大科技计划项目。2011 年度，研究所近 70% 的重大科研项目有企业参与，合同资金达 8 000 多万元。四是以专利技术等无形资产入股，与社会资本结合组建产业公司，截至 2011 年年底，以这种参股模式运行的科技企业有 18 家。

广东省农业技术转移与扩散中心　广东省农业技术转移与扩散中心经省科技厅批准成立，日常管理工作依托广东省农业科学院科技情报研究所，是研究所的法人内设机构。中心（研究所）拥有在职员工107人，其中享受国务院特殊津贴1人，广东省现代农业产业技术体系建设创新团队岗位专家1人，专职从事技术转移人员55人；按职称分，高级职称9人、中级职称42人、其他56人；按学历分，博士4人、硕士46人、其他57人。学科专业覆盖传统农业、农业经济、计算机、农业生态、城乡规划、信息管理、媒体传播、应用数学等专业。近年来，中心围绕农业农村科技、信息技术转移的迫切需求，以依托单位广东省农科院情报所打造的综合性农业信息服务体系（平台+资源+技术+团队）为支撑，通过已建成的各级大型网络化信息服务平台与实体服务网点的资源整合和对接，使高校和科研机构的最新技术成果能通过线上线下两个平台及时送到科研工作者、农技人员、农户手里，使基层的农民、合作社、农业企业能够一次性获得品种、农资、技术、销售全方位的服务，并实现农业科研工作者、农技员、农户的技术需求和意愿能及时反馈到科研单位和政府手里，破解了农业科技成果转换的体制性障碍，使农业科技创新能逐渐面向产业、面向行业、面向市场的需求。

【华南技术转移服务平台】 华南技术转移服务平台是在省科技厅和广州市科信局支持下，由广州生产力促进中心负责建设的。平台重点围绕企业需求，集成和联通广州地区高校、科研院所、科技中介服务机构、金融机构及中小企业各方优质资源，在信息服务平台的充实与完善、投融资服务平台的搭建、技术转移服务体系的构建等方面建设面向广大中小企业的以技术服务为纽带的一站式技术转移服务平台，形成统一、开放、合作、共赢的技术转移服务体系。

平台于2011年6月建成，截至2011年年底，累计实现采集、加工各类技术/成果数据5 500条，开展项目评估、成果鉴定、无形资产评估等技术评价服务600项次，为企业提供1 000多家次的服务。借助平台门户网站举办了各类成果推介会、展示会、技术交流会、培训会等技术转移相关活动8次，参加人数约1 200人，与技术转移相关的培训人数500余人次；通过技术合同认定登记，促成403项技术成果的转移，实现技术转移交易额为57.6亿元，从而有力地增强了广州市技术转移服务的辐射能力。

【新产业技术产权交易所】 2011年5月，由科技部、广东省和深圳市联合共建的新产业技术产权交易所在深圳挂牌成立。该交易所将立足前海深港现代服务业合作区，集聚各类投资资源、产业资本和跨国资本，通过科技金融模式和运营机制的创新，建立专业的技术交易和服务平台。截至2011年年底，新产业技术产权交易所完成产权交易达22 550宗，交易金额1 304.6亿元。

【技术合同认定及技术产权交易】 2011年，全省技术合同成交额再创新高，全省共认定登记技术合同19 721项，同比增长12.3%；合同成交金额达到286.62亿元，同比增长18.2%，其中技术交易额达到216.31亿元，同比增长3.4%。各类合同成交项数、成交金额分别为：技术开发14 202项，成交金额231.94亿元；技术转让769项，成交金额34.60亿元；技术咨询1 216项，成交金额3.60亿元；技术服务3 534项，成交金额16.48亿元。技术合同成交额位居全国第4位。

【科技会展】 2011年，省科技厅组团参加了第14届中国北京国际科技产业博览会，共有28家单位的42个项目参展，涉及先进装备制造、新材料、有色冶金、电子信息、生物医药等领域。组团参加第7届泛珠三角区域合作与发展论坛暨经贸洽谈会，与泛珠各省（市）合作签约项目15个，项目总金额1 362.2万元，合作项目涉及节能环保、冶金矿产、现代畜牧业、电力、新材料等技术领域。组团参加了在广西南宁举办的第8届中国—东盟博览会、在四川成都举办的第12届中国西部国际博览会、在深圳举办的第13届中国国际高新技术成果交易会及在陕西举办的第18届中国杨凌农业高新科技成果博览会，重点围绕战略性新兴产业及重点行业和领域，突出展示广东在节能减排、新材料与新能源、生物医药、低碳等领域的高新技术成果。这些展会促进了广东省的对外科技交流与合作，为共谋发展提供了良好的平台。

（广东省科学技术厅科技服务与管理处
严军华　陈丽英）

科 技 评 估

【科技项目管理与研究】 2011 年，广东省科技评估中心（以下简称“评估中心”）完成广东省科技计划项目网上评审工作，涉及工业攻关领域、社会发展领域、产学研合作、农业领域、科技服务管理、国际合作、软科学研究等七大领域，共评审项目 8 437 项，设置评审组别约 250 组，邀请评审专家超 1 250 人次。完成 2011 年广东省战略性新兴产业专项资金核心技术、LED 产业项目立项前评审，共评审项目 441 项，对 149 个项目进行现场考察和答辩，累计邀请专家 324 人次，其中，核心技术攻关项目受理了 359 项，分 19 个专家组，LED 产业项目受理了 82 项，分为 3 个专家组。完成 2011 年广东省重大科技专项项目竞争性选拔评审工作，包括战略性新兴产业关键技术和低碳技术创新与示范两个专题的 7 个组别共计 117 个项目的答辩论证，累计邀请专家 35 人次。协助完成 2011 年省部产学研合作专项资金项目的网上评审、集中网上评审工作，并对其中的重大重点项目、示范基地示范市项目、创新平台项目及院士工作站项目组织召开了答辩论证会议。完成粤港关键领域重点突破项目招投标代理工作，共受理有效投标书 103 项，邀请专家 112 人次，分两轮对投标项目进行了评审。完成广东省科学技术奖及突出贡献奖、国家和省级重点新产品计划、国家火炬计划等多个科技项目立项前的评审工作，累计评审科技项目超过 18 000 项，邀请专家超过 10 000 人次。同时，评估中心为部分地市科技管理部门提供项目评审咨询服务，累计各类评审共邀请专家超过 3 000 人次，评估项目超过5 000项。

2011 年，评估中心协助完成对部分评审项目的后续跟踪管理和分析，在原有工作基础上开展了多个项目情况调研，通过相关的数据积累和分析，对本省相关项目的现状和特点有了更为深入的了解和认识，为管理部门进一步研究和制定相关政策提供参考。其中，包括协助进行广东省中国科学院全面战略合作计划项目的跟踪管理，对广东自主创新 100 强企业进行授牌及后续的跟踪调查和数据统计分析工作等。

【制度建设与流程管理】 2011 年，评估中心加强项目评审的规范评价程序和管理流程，科技评估和项目管理工作从接受业务委托开始，到结果报告的出具，全过程环环相扣。遵循相关的法律法规，建立了规范的评价程序和管理流程，保证项目评估的公正、公平、公开性，建立了质量控制体系，把评估质量责任层层分解，步步定位，逐项落实到岗，尽量减少因评估流程管理不慎，步骤疏漏而带来的操作程序风险。同时，制定专家和工作人员的行为守则，建立责任追究制度，所有专家和工作人员都签订承诺函、保密协议，确保高质量、高效率地完成评审工作。此外，评估中心还加强与国家科技评估中心、各地科技评估中心的联系，加强与国内外同行的合作交流联系，搭建一个科技评估体系学习交流、提高业务水平的窗口和平台。

（广东省科技评估中心）

国防科技创新

2011年，广东省科技装备动员工作充分发挥本省科技创新实力较强、科技资源较丰富的优势，采取信息提供、产品推介、项目支持等方式，推动地方科技企业开展军民两用项目攻关，中国广东核电集团有限公司、中航通用飞机有限责任公司2家单位先后被省科技厅授予“广东省军民结合技术创新示范基地”称号。

科技装备动员

【科技装备动员环境建设】 2011年，为进一步完善国防动员体制，加强对广东科技装备动员工作的组织领导，健全纵向管理体制，实现更高层次上的科技装备动员，使之持续、稳定、协调地发展，省科技装备动员办公室（以下简称“省科装办”）制定并完善了《广东科技装备动员工作手册》，进一步明确了科技装备动员的行为主体、基本原则、重点工作及科装办的主要工作职责等。

【科技装备动员保障专家队伍建设】 2011年，着眼于广东面临的军事和应急突发事件的形势和任务需求，省科装办按照“平时应急、战时应战”的要求，继续在广州、深圳、汕头、中山、韶关和湛江6个地市开展了高素质科技专家队伍的组建工作。经动员，6个地市均建立了以高级工程师和研究员为主的专家队伍，涉及信息处理、生物生化、计算机等专业领域。

【科技装备动员潜力数据调查】 组织开展科技动员潜力调查，准确掌握科技动员潜力情况，是开展科技动员工作的基础，是做好对台军事斗争科技动员准备的重要前提。2011年，省科装办完善了潜力数据库部分功能，并在全省21个地市中得到了试用，共收集到科技人员、科研机构、科研成果、科技装备等信息共计23万条。

【科技装备动员建设工作调研】 2011年，为提高科技装备动员工作效率，加强科技装备动员工作在各地市的落实，扎实推进广东省科技装备动员能力建设，省科装办在汕头、潮州、惠州、广州等市开展了军民两用科研、科技装备动员队伍及潜力数据库建设情况的调研。通过调研，摸清了全省军民两用科研在各市的开展情况，汇总了各地市科技装备动员在人才、企业、装备方面的数据，并收集了各地市对本省军民两用科研组织开展方面的建议，调研的开展为做好科技装备紧急动员和应急作战准备打下扎实的基础。

【军民两用科研攻关】 2011年，广东省科技装备动员专项计划资助项目的主要方向为DDN数字数据网监管理、轻型组合式应急人行吊桥的研发、北斗终端射频功率放大器芯片模块研发及产业化等。经各地市科技局推荐，2011年共安排专项资金支持“广东省国防科技装备动员军地两用及应急装备成果展示与推广应用、轻型组合式应急人性吊桥、基于国密非接触式IC卡重要门禁系统研发与应用”等9个项目的研发及产业化，稳步推动了广东省军用科技装备水平的提高。

（广东省科学技术厅发展规划处　石福华）

军民结合科技创新工作

【军民结合技术创新示范基地建设】 军民结合技术创新示范基地的建设是当前实现国民经济建

设转型的必然要求，也是新时期贯彻落实科学发展观的重要举措，将极大地促进军工技术资源和地方科技资源的紧密结合。2011 年，中国广东核电集团有限公司、中航通用飞机有限责任公司 2 家单位先后被省科技厅授予“广东省军民结合技术创新示范基地”称号。通过一批示范基地的建设，广东已在核电、飞机、船舶等高科技领域的科技创新中迈出新步伐，将为现代社会发展提供更优质的技术服务，为国防工业建设做出更大贡献。

【交流合作活动】 4 月 12 日，由科学技术部、工业和信息化部、中国科学院、中国工程院、中国发明协会和重庆市人民政府共同主办，解放军三总部协办的第 10 届中国重庆高新技术交易会暨第 6 届中国国际军民两用技术博览会在重庆国际会展中心隆重开幕。该展会经过多年的精心推进，影响力不断增强，已发展成为具有一定影响力的国际品牌、科技展会和中国最具规模的军民两用技术交易平台，也是国内外高新技术交易的一个重要平台和国家支持西部大开发的一个重要载体。该届展会盛况空前，来自 35 个国家和地区的 240 多家知名企业、30 多所著名高校参会，参展代表团达到 180 个，参展面积 4.5 万平方米，参展项目达到 3.5 万项。

省科技厅组织了中山大学、华南理工大学、中国电器科学研究院、广东大普通信技术有限公司、深圳市蓝科电子有限公司、惠州市标顶空压技术有限公司等 26 家单位、45 个项目参展，集中展示了近年来广东省在电子信息、能源环保、新材料、生物医药、军民两用技术等领域取得的高新技术成果。其中，深圳市蓝科电子有限公司参展的 SUPER TOP 户外 LED 显示屏、智慧路灯等产品展示效果良好，展会期间与重庆市有关道路交通管理部门达成初步的合作意向。

（广东省科学技术厅高新技术发展及产业化处 郭秀强）

汕头市华天富工业发展有限公司

汕头市华天富工业发展有限公司是一家专业从事信息记录材料及相关配套产品的研发、生产、销售的国家高新技术企业。公司2004年成立，目前拥有土地57600平方米，已建成工业厂房55482平方米，绿化面积达到15000平方米，总资产3.7亿元以上，初步建成园林式现代化工业园区华天富工业园。

公司主要产品有印制电路版胶片、激光照排胶片、工业无损探伤X射线胶片等产品，规格齐全，品种配套，广泛应用于电子行业、印刷行业、印染行业等领域。

公司围绕打造中国一流的信息记录材料生产基地的目标，长期致力于高品质信息材料和高分子材料的研发、生产和经营，现拥有一支专业、可持续发展的研发团队，以经验丰富的高级工程师为核心，以年富力强的工程师为骨干，以年轻有为的助理工程师、大中专毕业生为后备力量，还聘请了北京大学魏高原教授、上海印刷技术研究所顾国良高级工程师以及意大利Ferrania Technologies S.P.A的Ubaldo Lorenzini、Paolo Bracco和Domenico Marinelli等5位专家为顾问，与汕头大学、上海印刷技术研究所、北京大学化学学院等单位建立了长期合作关系。

公司具有以下几大优势：

- **品牌优势** 公司先后注册了“Sunny”“桑尼”“华天富”“红太阳”“金银海”等多个商标，其中“Sunny”“桑尼”正在申请国家驰名商标。
- **技术优势** 公司拥有自己的研发中心。近年来，企业先后申报并取得发明、实用新型专利16个，全面提升企业自主创新。
- **管理优势** 公司连续九年通过ISO9001:2000国际质量管理体系认证。被汕头市工商局授予“守合同重信用企业”称号，交通银行汕头分行授予“黄金客户”称号。工商银行信用评级为AA，建设银行信用评级为AA，是汕头海关“A类企业”。
- **市场优势** 公司进入市场以来，在国内外建立了牢固的市场客户群，现有长期客户达到168户。印制电路版PCB投产后，实现了以产顶进目标，市场前景广阔。
- **成本优势** 从事信息记录材料生产的专业厂，全世界只有6家，其中生产印制电路板和紫激光板材CTP只有3家。在国际上相比人员工资是公司的10~20倍，生产管理成本比较高，实现国产化后，成本将大幅度降低。

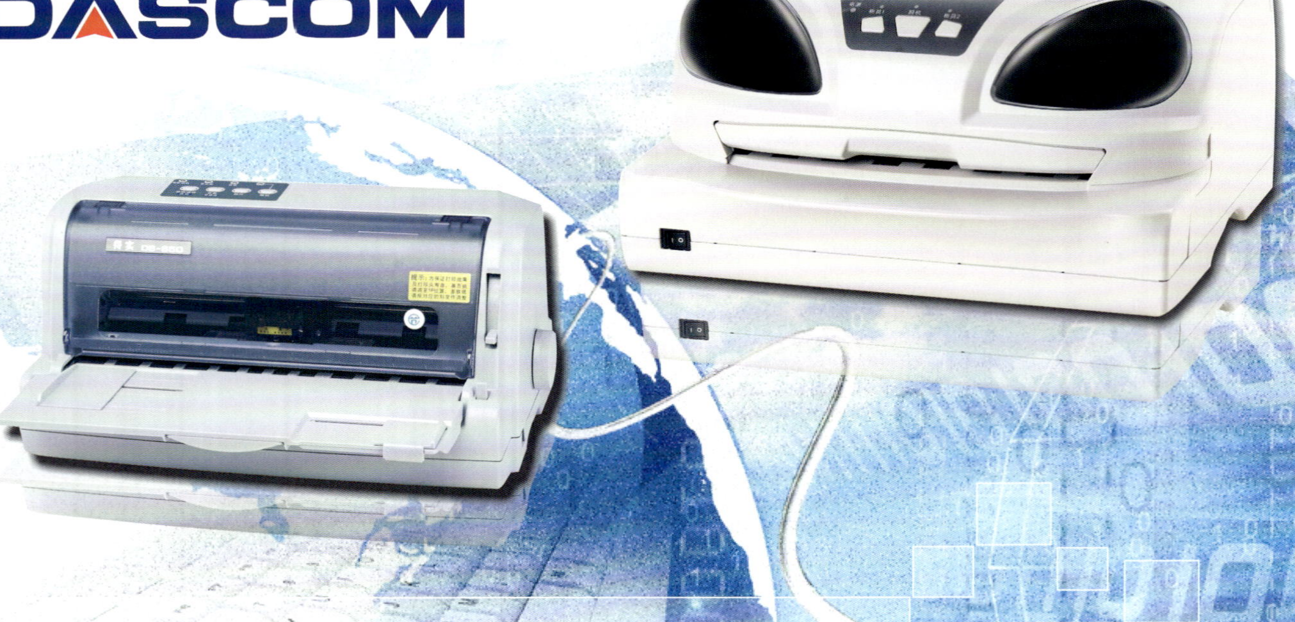

江门市得实计算机外部设备有限公司

江门市得实计算机外部设备有限公司是香港得实集团在江门市巨资打造的一家高科技企业。公司专注于针式打印机业务，目前已发展成以中国为大本营的全球性专业针式打印机研发、制造和解决方案提供商。

得实在全球有5个产品研发中心，拥有包括针式打印头、喷墨打印机在内的50多项专利和多种类型产品的生产特权。2011年12月，公司顺利通过国家高新技术企业认定考核，获得国家高新技术企业证书。

在中国市场上，得实打印机已连续三年销量稳占国内自主品牌第一位。2011年，得实打印机的年销量为50万台左右，在国内针式打印机市场占有率排名第二。得实产品还被广泛应用到税务、卫生、财政、通讯、金融、工商、公安等60多个行业，被业内评为行业首选品牌。

得实在全国各地设有110家全资营销分公司和360余家直属服务维修网点，同时海外针式打印机业务正在健康地成长，覆盖全球的销售及服务网络已经形成。

飞歌实验中心

飞歌研发中心

研发中心展示大厅

广州飞歌汽车音响有限公司成立于2007年，是一家专业从事汽车音响、导航系统研发、制造与销售的高新技术企业。飞歌除了在广州经济技术开发区拥有品牌运营中心和产品研发中心外，位于东莞市横沥镇、占地面积30000多平方米的飞歌生产基地——天誉飞歌科技园也在2011年正式投入使用。飞歌科技园中现拥有精密模具中心、SMT贴片中心、生产装配中心、注塑及喷涂车间、QC/IQC品质检测中心、产品高低温老化室、物流中心等生产设施。同时，每年不断引进国际先进水平的生产及检测仪器和设备，确保配套设施的齐全和不断创新。

广州飞歌汽车音响有限公司完全遵循并取得《ISO/TS16949国际汽车行业技术规范》《UKAS NQA 国际质量体系认证企业》、CE等多项认证。尤其是《ISO/TS16949国际汽车行业技术规范》，该技术规范是由国际汽车工作组(International Automotive Task Force，简称IATF)的成员，包括宝马、克莱斯勒、戴姆勒、福特、通用、大众等整车厂家对汽车零部件制造商的产品进行严格的限定。

为了研发、设计和制造出优质、高可靠性的产品，拥有强大的研究开发实力，飞歌的研发机构分基础研究及产品研发两大部门，分别设有电子、机械、软件、结构等项目部门。其中基础研究主要从事技术理论研发，对先进的技术进行探讨和论证，并将研究成果应用到产品中；产品研发则是开发新产品，将新技术通过论证后，开发出新一代的产品。飞歌目前拥有近200多人的专业研发团队，占飞歌员工总数的15%以上，且具备丰富的理论知识和研发经验。飞歌每年不定期委派优秀工程师出国考察学习，更好地汲取国内外行业最新技术和科研成果。

从飞歌7000系列高清影音DVD导航产品的璀璨上市，引领车载影音导航行业进入高清时代，到8000系列黄金版产品不可复制的完美音质；从改变行业销售模式的飞歌4S店系列产品的横空出世，到2012年惯导75Ⅲ系列产品在惯性导航功能上的华丽转身，飞歌始终都坚持以产业的未来指导企业的长远发展，秉承“精品化、高端化、差异化”的产品定位，演绎“智慧、尊贵、实用”的时代理念，飞歌持续发扬军工品质追求卓越的精神，不断创新，向消费者提供更具非凡的影音导航产品，致力成为全球领先的高清数字影音导航系统供应商之一。

飞歌前装产品主要合作品牌

目前，飞歌在国内前装渠道成功为斯巴鲁、奔驰唯雅诺、丰田、吉利等国内主流汽车厂商提供专业的配套服务，在汽车后装市场，建立起覆盖全国30多个省市的销售服务网络。飞歌在全国范围内已拥有30多家专业的技术服务中心以及100多家客户服务站，服务网络覆盖国内31个省、市、区，1000多个市县，并在北京、上海、台湾等地成立分公司。多年来，通过新加坡、美国、加拿大、澳大利亚独资子公司的成功运作，及参加各类海外行业展会，飞歌不断提升在海外客户心目中的品牌形象，并与马来西亚、巴西、俄罗斯、乌克兰、土耳其、以色列、美国、迪拜等国家和地区的客户达成牢固的合作关系，成为众多汽车进口商和汽车生产商港口安装和生产线安装的指定供应商。

2010年美国上市集团AUDIOVOX旗下AEC公司与飞歌签订采购合同，建立起覆盖全国30多个省市的销售服务网络。配合飞歌优越的专车专用车载产品平台加入iPod/iPhone USB数字音频解码，卫星收音以及Parrot蓝牙模块，双方在美国汽车改装店、汽车代理商集团以及汽车进口商方面市场的开拓得到了迅速的发展。

强大的市场渠道是产品销售的有力保障，飞歌公司将在2012年实现各类机型60万台的产销目标。经过五年的快速发展，飞歌在成为业内主流品牌的同时，也获得了社会和业界的广泛认可。飞歌被广东省科学技术厅认定为“高新技术企业”、荣膺中国中轻产品质量保障中心“国家合格评定质量信得过产品”、中国汽车影音网“中国十强影音导航品牌”、慧聪网“中国汽车用品行业十大新锐品牌”等多项殊荣。

伟大的构思需要严谨的技艺去实现，只有如此，飞歌才能给大众提供高品质、高音质、高品味的车载影音导航产品，影音随行，智在随心。飞歌在技术创新的路上永不止步，一次次挑战，一次次超越，必将带来一次次的震撼，只为“赋予您驾驶之外的更多乐趣”，让您一路飞歌，越体验，悦未来。

为美国合作伙伴AUDIOVOX量身定制的产品

飞歌海外合作伙伴

飞歌海外合作伙伴

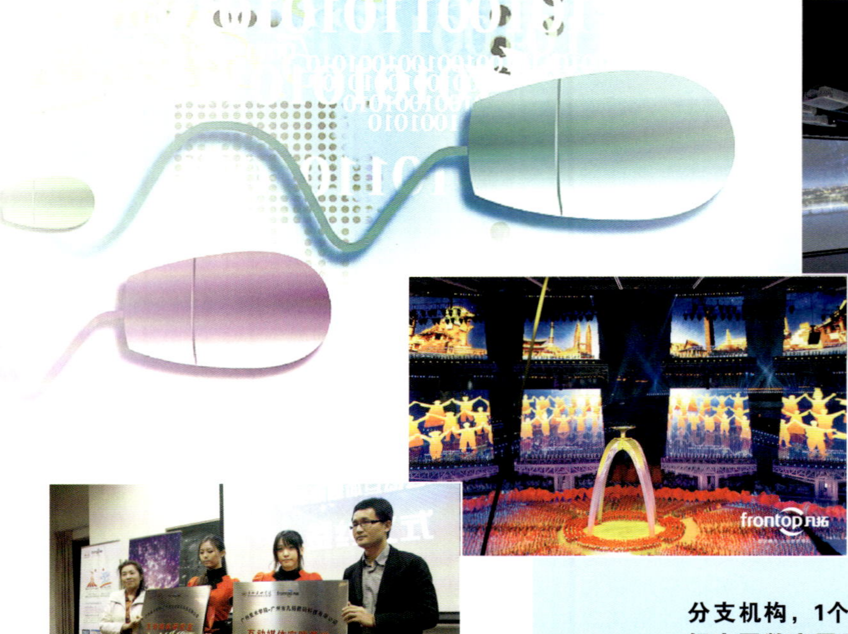

广州市凡拓数码科技有限公司

广州市凡拓数码科技有限公司（以下简称“凡拓”）成立于2002年，致力于数字展示技术的研发应用，是中国数字展示产业的倡导者和领航者。已建立了北京、上海、深圳、武汉、长沙、杭州、海南等13个国内分支机构，1个海外营销网点，积累了大量的专利技术，正引领中国数字展示行业蓬勃发展。

凡拓致力于三维创意数字展示综合应用服务，拥有多项技术专利和软件著作权，产品涵盖虚拟现实仿真、三维影视动画、多媒体数字展示系统等，广泛应用于数字城市建设、城市规划、建筑设计、文化与旅游景点展示、工业设施与流程仿真、影视制作、产品展示等领域。作为数字展示行业的实践者和引领者，凡拓逐步发展成为了具备国际视野的文化创意型企业、锻炼了一支与国际接轨的创意人才队伍，并服务了众多国际重大项目。

凡拓是广州2010亚运会图像设计服务的独家供应商、山东海阳2012亚洲沙滩运动会图像服务的独家赞助商，曾出色地完成了迪拜歌剧院、迪拜表演艺术中心、开罗会展城、2008北京奥运会场馆、上海世博会中国馆、广州珠江新城七大标志性建筑、深汕云计算数字展厅、广州智慧城、广州百景图等众多国际和国家级数字展示项目。在广州智慧城、广州百景图这两个项目上，凡拓包揽了从策划到工程建设的所有环节，标志着数字展示从大型展示项目的配角开始转向主角，对凡拓乃至整个数码展示行业有着里程碑式的意义。

作为广州2010亚运会图像设计服务的独家供应商，凡拓将亚运会开幕和闭幕式打造成现代科技与艺术完美结合的视觉盛宴，创作了全套亚运会视频传播方案，设计了亚运会场馆信息及三维虚拟展示系统、海心沙三维虚拟展示系统、英语培训系统等多媒体信息互动展示系统，涵盖的数字图像项目近百个，设计制作水平比肩国际，获得社会的高度评价。

凡拓历来重视技术研发，关注如何将技术上的优势转变成为客户的竞争价值，如何把公司发展中的积累变成推动行业发展的动力。经过大胆探索与创新，凡拓自主研发出REAL TOUCH三维互动系统，被应用到广州2010年亚运会场馆、深汕云计算展馆、南越王宫博物馆等知名项目，不仅为业内所追随，也赢得了客户的一致赞誉。除了自主研发外，凡拓还积极与高等院校等机构合作，加强研发的力量。

凡拓将一直坚持“数字展示，让创想更精彩”的公司理念，致力于把艺术和技术完美结合。面对未来的机遇与挑战，凡拓将不断提升自身品牌价值、完善技术产品服务和提升客户满意度，继续推动数字展示业的行业发展，为客户提供超越所想的产品和服务。

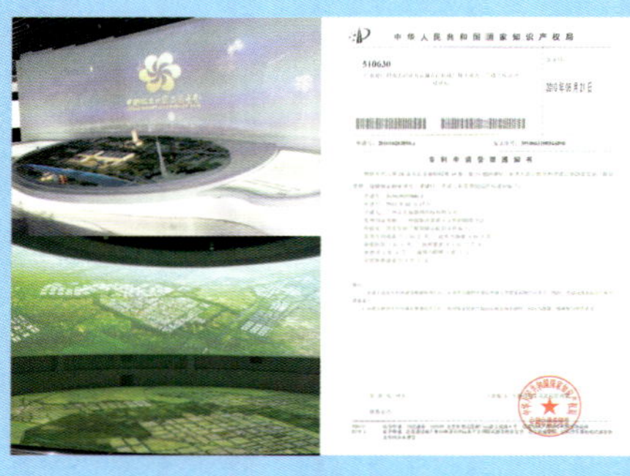

广州市佳铭工业器材有限公司

佳铭工业成立于1992年，是专业提供工业自动化解决方案的高新科技企业，为客户提供世界名牌精密运动控制及机器视觉系统的光机电一体化的科技企业。佳铭工业历经20载风雨锤炼，公司获得了傲人的业绩，先后获得“国家科技发明奖”“国家科技进步奖”“中国包装总公司科学技术奖”等国家及省市级荣誉，目前在上海成立分公司，在深圳、东莞、成都等国内主要城市成立了办事处。公司拥有丰富经验、高素质、专业齐全的研发团队，自主创新，为国内客户提供高质素光机电系统产品，同时还根据客户技术要求，承接各种自动化生产线、专机设计、制造。

佳铭工业在引进欧美、日本等先进国家和地区的自动化技术和产品的同时，加大技术研发的投入，逐步形成嘉铭自主研发的机器视觉成套设备和自动化非标设备，广泛应用于电子、汽车制造、包装、制卡、印刷、饮料制造等行业。公司拥有1500平方米面积的专业机器视觉研发基地，并与国内多家知名高等院校和科研单位建立了长期而密切的合作关系，产品技术水平达到国内领先乃至国际先进水平。近年来公司参与多项国家和省级科研项目，其中有国家“863”项目、湖南省重大科技专项等项目；公司先后获得多项发明专利以及省、市、区的科技计划项目和工业攻关项目。

成果展示：

国内率先研制出3D视觉引导系统

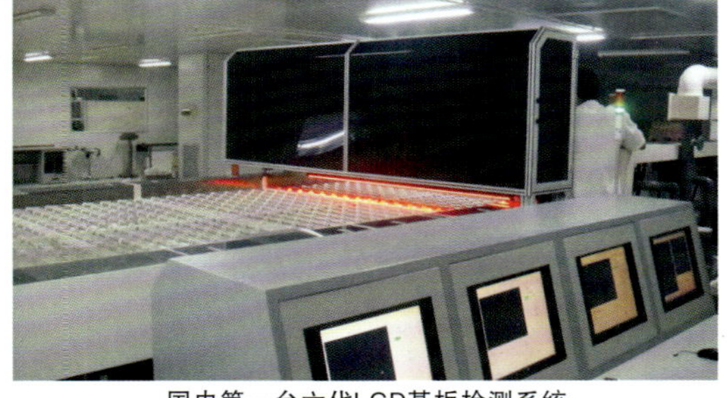

国内第一台六代LCD基板检测系统

电动伺服拧紧设备

世界第一台酒瓶内壁视觉检测系统

广东睿江科技有限公司

广东睿江科技有限公司成立于2007年4月，是国内领先的互联网运营企业之一，主营业务包括互联网专线接入、数据中心服务（IDC）、CDN全国加速、数据灾备以及云存储、Cache、游戏加速等增值服务，并提供整体的行业解决方案。公司业务发展遍及内地和港澳地区，尤其是IDC业务的发展，已遍布全国各大城市，成为华南地区页游企业的首选合作伙伴。

公司总部位于广东省佛山市，截至2012年年初，睿江科技已在全国成立多家分公司，其中包括北京分公司、上海分公司、南京分公司、成都分公司、广州分公司、中山分公司、华南分公司等。公司现有员工164人，其中大专以上学历科技人员159人，占员工总人数的96.6%；研发人员28人，占员工总人数的17%。

睿江科技一直致力于科研开发上的不断突破，并不断转化为技术优势。目前，在科技研究项目上，公司每年都投入300万元以上的研发费用来激励技术创新工作的开展，并准备与暨南大学、佛山科技大学等高等院校进行产学研合作。公司研发部根据研发的主攻方向不同可以分为四大模块，包括项目架构设计、后台业务逻辑实现、前端界面设计和服务器运维，四个研发模块在各自领域上既相互独立，在重大研究项目上又相互穿插，共同攻关。近三年组织开展的主要有15个研究项目，成功申请了8个软件著作权，包括虚拟化智能网站CDN系统的开发、基于云存储的智能文件CDN系统、IDC行业综合业务支撑系统、全网海量加速webcache系统、IPsec快速认证接入系统、IPsec快速认证接入系统客户端、http流媒体加速系统、全网互联互通智能DNS系统。还有4个正在申请软件著作权的项目，包括多服务器统一管理系统、分布式自助云平台服务端、分布式自助云平台客户端和基于TCP代理核心框架的内容防火墙。面向云计算的内容分发网络系统是公司2011年新研发出来的项目，目前已通过佛山市科技成果鉴定，获得佛山市科学技术奖三等奖的提名，除此以外还申报了省重点计划和禅城区科技计划，极具市场前景和社会经济效益。

睿江科技与星星集团签署合作协议

睿江科技研发部

佛山市科技局领导考察公司

广州大华仁盛铝合金管业有限公司

Dahua Rensheng Aluminum Tube Industrial Co., Ltd of Guangzhou

广州大华仁盛铝合金管业为有限公司（原广东大华仁盛科技有限公司制管公司）成立于2003年5月，位于国家级高新技术开发区广州民营科技园内，是集科技创新与产业化于一体的高科技公司。

除了广州总部外，公司还在重庆、泰州、潍坊、保定、上海、苏州、天台等地成立了合资或分子公司，并计划筹建国外公司。公司的产能和物流都能快速满足全国以及国际客户的需求。

公司先后建成并投产10多条有色金属特薄壁高频焊管生产线，产品覆盖散热器用铜/铝高频焊管、中冷器高频焊管、平行流冷凝器高频焊集流圆管、中空玻璃隔离条及特殊用途高频焊铝合金管五大类。

公司是国内同行业内品种较多、规模较大、具有专业权威性的高频焊管制造公司。

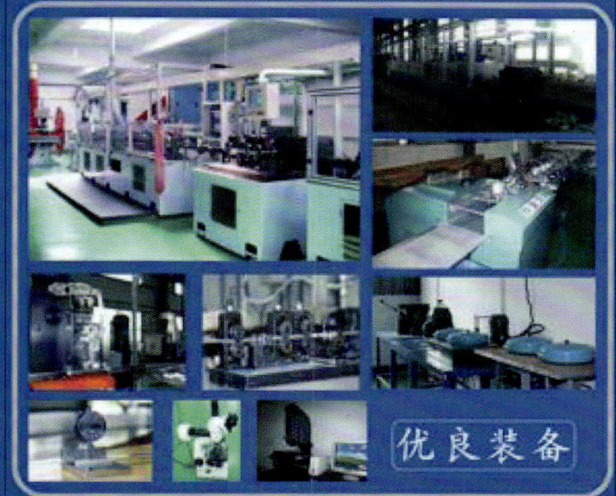

产品展示：

㈠铝高频焊散热器管
㈡铜高频焊散热器管
㈢铝高频焊中冷器管
㈣铝高频焊凹坑管
㈤高频焊集流圆管
㈥中空玻璃隔条

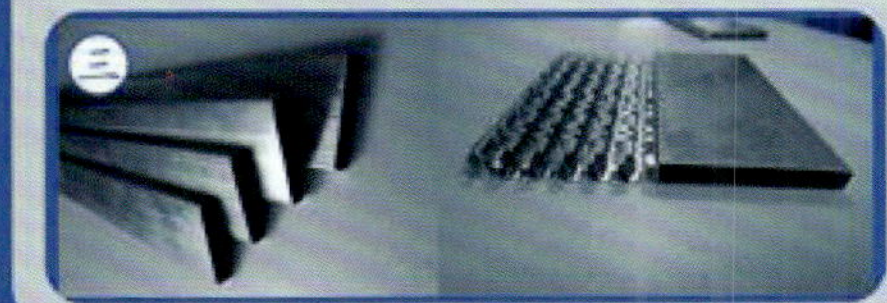

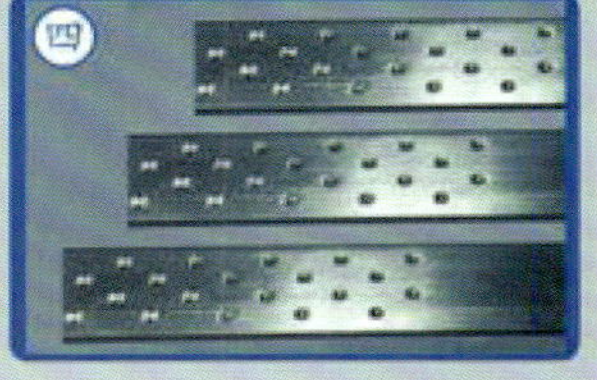

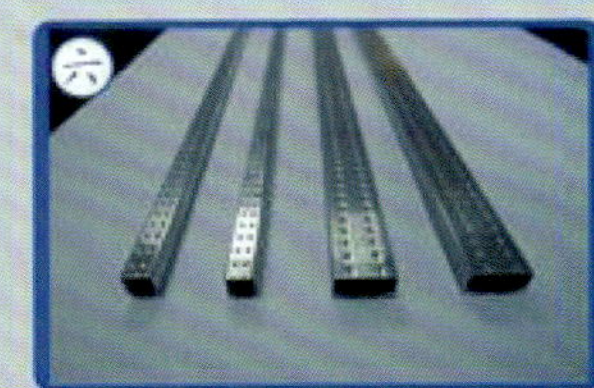

部分产品规格：

铝散热器管

R13.40×1.70	R13.40×2.00
R14.55×1.45	R14.55×2.00
R16.00×1.50	R16.00×1.70
R16.00×2.00	R18.00×2.00
R20.00×2.00	R22.00×2.00
R23.50×2.00	R26.00×1.40
R26.00×1.50	R26.00×1.75
R26.00×2.00	R32.00×2.05

壁厚：0.28mm、0.3mm、0.32mm

铜散热器管

R14.00×2.50

铝中冷器管

C32.00×7.60　　C50.00×8.08

C64.00×8.08

壁厚：0.28mm～0.50mm

广州大华仁盛铝合金管业有限公司
地址：广州市白云区北太路1633号广州民营科技园
电话：(020) 62853752　37312031
传真：(020) 62853560
Http://www.dahuatube.com
E-mail:Info@dahuatube.com

广东银一百创新铝业有限公司

广东银一百创新铝业有限公司坐落于佛山市南海区狮山镇虹岭路南海科技工业园北区，是一家集国际科研创新中心、现代工业展览和产品深加工配套功能为一体的大型铝材产业基地。公司拥有节能环保型铝材产业链、高科技创新能力、现代信息化水平、健全营销网络和售后服务体系、卓越品牌形象，生产和经营阳极氧化、电泳涂漆、氟碳漆喷涂、粉末喷涂、木纹、隔热六大门类、500多个系列、10000多种规格型号的建筑型材、工业型材和特种型材。

公司坚持“尽百分百努力，让客户满意一百分”的经营理念，先后荣获国家免检产品、广东省名牌产品、广东省著名商标、国家标准化良好行为企业、广东省诚信示范企业、中国建筑节能门窗与幕墙十佳品牌、广东高新技术产品等荣誉。“银一百”产品不仅畅销国内，被广泛应用于全国重点知名建筑工程，而且远销美国、加拿大、日本、韩国、澳大利亚、俄罗斯及德国、意大利、法国、英国等数十个发达国家和地区。

广州市精鼎电器科技有限公司

广州市精鼎电器科技有限公司成立于2005年，位于广州市白云区，是一家专业从事开发、设计制造各种燃气控制阀、燃气比例阀、燃气/空气比例阀、稳压阀、电磁阀、检测仪器和智能控制器的高科技企业。2012年11月被认定为高新技术企业。

公司自2008年成立专门的研发机构，研究开发重点项目23项，其中两项分别获广东省技改项目备案认可和广州市科技型创新基金支持。获得新型实用专利7项，

公司现阶段与华南理工大学、太原工业学院等多个高校开展合作项目，2012年公司与广州市机电高级技师学院签订校企合一联盟协议，为新型工业化和产业结构优化提供高技术支持，供学生实习与掌握试验各种技能。

公司多次受邀参编或主编地方标准、行业标准与国家标准共5个，同时也是多个行业、国家标准审查专家组单位。

广州市精鼎电器科技有限公司汇聚电磁电器行业的专业人才，以精工的品质、鼎新的技术、增值的服务为经营理念，不断创新，为推动我国民族工业自动化技术的发展做出贡献。

燃气比例控制系统

政府领导视察

组装车间

A级供应商证书

创新科技企业

佛山东海理化汽车部件有限公司

佛山东海理化汽车部件有限公司是于2004年6月24日成立的外商投资企业，位于佛山市顺德区五沙高新工业园，公司占地面积7万平方米，建筑面积3.6万平方米。截至2012年11月，有员工925名，主要从事汽车开关、锁类、汽车用电子产品的研发、制造及售后服务。

公司自成立以来，一直秉持“遵守法规与伦理制度，成为与自然、地域和谐共存的企业”的经营理念，注重企业文化建设，不断提高产品的品质及研发力量，注重环境保护并努力建成扎根当地的企业。公司从生产前期准备到正式生产的各个环节，均有专门的技术人员负责各项工作，公司非常注重研发部门的成长，重视技术人员的培养，不定期组织人员进行各类涉外技术培训以及到日本总公司进行研修，学习国外总公司的技术知识。公司2012年度成功申请7件实用新型专利，同时，今后将不断加大研发经费的投入进行生产改善及技术拓新。

提高技能的实操训练

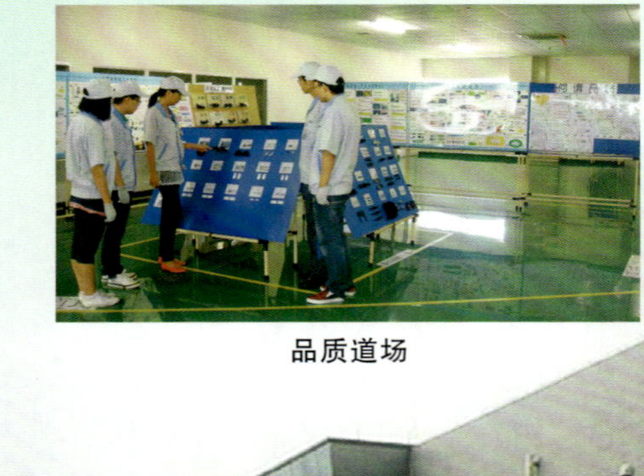

品质道场

东海理化外观

新东方电子技术工程有限公司

广东省高新技术产品

证书

佛山市新东方电子技术工程有限公司

经审核，你公司的 声频触发报警系统 产品2011年被认定为广东省高新技术产品。

批准文号：粤科高字〔2012〕21号。

有 效 期：三 年 。

广东省科学技术厅

二〇一二年二月

公司简介

GONGSIJIANJIE

新东方电子技术工程有限公司成立于1993年。十多年来一直奉行专注安防工程、系统集成的经营策略，坚守“为顾客建造无后顾之忧安防工程”的理念，致力于打造“快速、优质、可靠”的工程精品服务。获“国家高新技术企业”、“广东省民营科技企业”、“佛山市禅城区智能安全防范工程技术研究开发中心”认定。连续两年（2010—2011）获得“广东省‘平安城市’建设十大突出贡献奖”，连续四年（2008—2011）获得“广东省诚信示范企业”、“广东省守合同重信用企业”的称号，获中国安全防范产品行业协会授予“2011年平安城市建设优秀安防工程企业”称号。

公司具有省一级技防工程资质，计算机系统集成三级资质，是广东省安防协会副会长单位、佛山市电子信息行业协会监事单位、佛山市软件行业协会优秀会员、佛山市区110联网报警系统运营商。企业自2002年起即通过ISO质量体系认证并持续改进，运行至今。

近年来，公司积极开展科技创新工作，并取得丰硕成果。自主研发专门应用于监管场所的“声频触发报警系统”被公安部列入《2010年公安科技成果推广引导计划》（是全国列入计划的25个项目之一），获广东省科技厅认定为高新技术产品；公司获一批发明专利、实用新型专利及计算机软件著作权和软件产品登记证；一批技术人员获评中、高级技术职称；作为主要起草人之一参加了广东省《高等院校安全防范工程技术规范》和《中小学和幼儿园安全防范工程技术规范》标准起草工作并已颁布实施。

公司开展多年的企业文化建设获得丰硕成果。在2012年省委宣传部和省企联联合召开的广东省优秀企业报刊发布会上，公司内刊《新东方内刊》捧回“2011年度广东省优秀企业报刊”、“2011年度广东省企业报刊优秀总编”两大奖项。公司先后举办摄影比赛、歌唱比赛，评选“季度之星”、“文明之星”员工，开展丰富多彩的文化、娱乐活动。

新东方拥有广泛的客户群，公司客户遍及公安、检察、法院、文博、监所、学校、交通、银行、证券、电信运营、邮政、供水、电力、工厂、宾馆、大厦、物流、客运、医院等。

经营范围：

- 视频监控系统
- 防盗、周界、联网报警系统
- 指纹识别、安检系统
- 门禁、IC卡，保安巡逻、停车场控制系统
- 监、所智能化综合监控管理系统、高压网系统
- 公共广播、专业对讲、会议系统
- 车、船载流动监控系统（公安、交通、海事等）
- 政法部门特殊业务系统
- 酒店、旅业、公共场所安防系统

佛山市南海永恒头盔制造有限公司

佛山市南海永恒头盔制造有限公司，坐落在广东省佛山市南海区九江镇烟南工业区。20年来专注于摩托车头盔生产，是中国最具规模的头盔专业制造商之一。公司总投资过亿元人民币，占地面积达80000平方米，年生产能力400余万顶，员工人数1200多人。

公司实行事业部制，设立总部各职能中心，制造事业一部、二部、三部。公司引进国外全自动喷漆系统、德国泡沫制造设备，拥有强大的镜片、花纸制造中心，以及一支经验丰富的营销团队、研发团队及管理团队。公司产品先后取得美国DOT及欧洲ECE、巴西NBR、日本JIS等国际认证，企业于2002年取得了IS09001：2000认证，并分别获得了“中国头盔行业最具标志性领航品牌”“全国头盔市场消费者信赖首选企业”等荣誉称号。企业产品多年被中国摩托车协会指定为“全国公路摩托车锦标赛比赛专用头盔”，在行业中首家获得广东省著名商标。

公司拥有全套意大利、加拿大进口先进的检测设备，并可依据SNELL、GB、DOT、ECE、NBR、JIS、AS等标准要求对头盔进行检测，同时与欧美多家权威检测机构、知名设计公司合作。产品系列齐全，包括公路头盔（全盔、半盔、儿童盔、夏盔）、越野头盔、赛车专用盔及AGV专用头盔，产品选料优良、外观美观时尚、制作工艺精良，得到行业和广大消费者的充分认可和高度评价。

公司以诚信经营为根本宗旨，注重和维护发展客户与消费者之间的良好关系，不断满足消费者需求为最高需求，客户遍及欧美、大洋洲等50个国家和地区，国内营销网络遍及31个省、直辖市及自治区，业务已覆盖到各地市及乡镇。20年来，公司已建立了独立的R&D、OEM、ODM经营管理体系，致力于成为国内头盔行业的标杆企业。

永恒人将以“为全世界摩托车骑乘人员提供安全保障，让他们过上时尚、舒适的生活”为使命，以“做世界一流头盔供应商，创世界一流头盔品牌”为愿景，以“安全时尚，永恒保障”为产品开发理念，秉持“服务”“客户”“求实、创新”“诚信”“共赢”的经营原则，通过创造高品质、时尚的头盔产品以及独特的大爱文化，致力于为人们的幸福生活提供安全保障！

中山市伊莱特电器有限公司

高新助力伊莱特实现跨越式发展

中山市伊莱特电器有限公司成立于2006年8月22日，坐落在珠江三角洲的黄金腹地中山市东凤镇，拥有多年的电脑电饭煲开发生产经验，年产销电脑电饭煲300多万台，是一家技术实力雄厚、生产工艺先进、产品齐全、配套设备完善的专业生产微电脑电饭煲家电企业。

公司2011年职工总数为388人，学历结构组成为研究生2人、本科45人、大专88人、大专以下253人。科技人员有150人，大专以上的科技人员有125人，占职工总数的32.2%；其中研发人员有45人，占职工总数的13.9%。公司有高级职称4人、中级职称48人、初级职称3人。

公司致力于电饭煲产品的设计开发、生产、销售，自行研发的“伊莱特”牌微电脑电饭煲，采用了最新的“New Fuzzy”人工智能技术。产品一直追求设计新颖、质量稳定、性价比高的原则，先后取得了CCC、ETL、CE、GS、CB等认证。目前在国内同行业中排名前五，产品销往30多个国家和地区，客户群中大多为国内外知名公司，如：国外有Black&Decker.TEC、AROMA、CUCKOO等，国内有九阳、TCL、荣事达、海信科龙、长虹等。另外，公司根据市场需要，每年都会持续不断地研发出4~6个新产品，满足不同客户与市场的需求。

为了搞好企业的质量管理，完善企业的质量管理体系，提高企业的整体管理水平，2011年10月，公司重新启动了ISO9001：2008版标准的宣传、培训和推行工作，以客户的满意为最大的追求和满足，不断地提高产品质量和完善售后服务，不断吸取国内外同行的先进经验和技术，打造伊莱特自己的产品品牌，提高企业的知名度。

2008年高新技术企业认定政策出台后，公司积极实施自主品牌战略和知识产权战略，鼓励创新，建立健全企业的技术标准体系、质量保证体系和研发财务核算体系。通过多年的努力，2012年公司被认定为高新技术企业，为实现跨越式发展奠定了坚实的基础。

广州福耀玻璃有限公司

广州福耀玻璃有限公司位于广州东部增城汽车产业基地，专注汽车安全玻璃技术与产品领域研发、生产。

公司成立至今，不断通过创新生产技术、改进生产工艺、进行产品研发，形成强劲生产创新能力；完成大量改进项目，如技术创新、工艺流程优化、设备节能改进等。并通过ISO9001、3C、ECE、DOT、TS16949、KS等认证，为公司质量管理及运营体系提供坚实保障，成为华南地区最大汽车玻璃生产制造商。在国际市场方面，产品辐射美洲、欧洲，与海外优质客户成为商业合作伙伴。

作为福耀集团旗下成员企业，在谋求发展同时，公司肩负着振兴民族工业、回馈社会、营造和谐社会的重任。公司围绕“为中国人做一片属于自己的玻璃”的崇高使命，以安全为保障、以和谐为目的进行持续不断地创新。

珠海华尚汽车玻璃工业有限公司

基本情况：

珠海华尚汽车玻璃工业有限公司成立于2002年12月。公司于2003年12月开始投产，是一家从事汽车安全玻璃研发、制造和销售的专业生产企业，注册资本5000万元，公司位于珠海市三灶科技工业园，占地面积近35011平方米，是目前国内较大、国际竞争力较强的汽车安全玻璃生产企业之一。公司从建厂开始就以国际化的标准进行建设，特别重视品质、品牌及技术创新。

生产经营情况：

珠海华尚汽车玻璃工业有限公司是专业生产各类汽车安全玻璃的企业，目前已经拥有3000多个品种，为满足全球客户的不同需要，公司引进意大利等国外先进生产设备。现公司拥有汽车前挡风安全玻璃生产线5条，年产能达到120万平方米；钢化门窗及后档安全玻璃生产线4条，年产能达到100万平方米；大巴安全玻璃生产线1条，年产能达到10万平方米。通过近几年的发展，公司已经成为质量稳定、品种齐全，技术领先的专业汽车安全玻璃生产企业，产品出口至欧、日、美等全球100多个国家和地区，品质得到了全球不同客户的认可。

品牌建设情况：

珠海华尚汽车玻璃工业有限公司非常注重品牌建设。2001年，“BSG”商标就已经获得国家商标局批准注册，并先后在法、德、美、南非、中国香港等10多个国家和地区进行了国际注册。公司一直坚持以顾客需求为导向，以优质服务满足全球客户的不同需要。2008年度被评为“品牌和服务双优企业”，2009年被授予“2009—2011年度重点培育和发展的广东省出口名牌”及“广东省著名商标”称号。

同时公司深刻意识到企业的发展不能离开社会，因此公司一贯秉承“造福一方，回馈社会”的宗旨，树立良好的品牌形象是公司对社会的强烈责任感。从建厂规划开始就以高标准进行环保设计，2007年及2008年又分别投入150多万元进行绿化及纯水处理系统改进，实现了废水、废气的“零”排放。

技术创新情况：

创新是企业持续发展的原动力，公司注重在技术创新方面的投入，通过对产品、设备、工艺流程等进行改进，使公司的技术水平获得大量提升。技术水平的高低是企业核心竞争力的重要标志，汽车安全玻璃是技术含量较高的行业，只有通过企业自身的摸索，长期的积累和试验才能把先进的技术水平掌握在手，这种思想已经深入管理层和全体华尚员工的心中。经过长期的努力，公司已经获得29项国家技术专利，其中2项发明专利、24项实用新型专利和3项产品外观专利；目前还有10余项专利正在申请中。

为加强技术创新及新产品开发，公司成立了由总经理任负责人的“珠海华尚汽车玻璃工业有限公司技术中心”，并于2008年被评为“珠海市重点企业技术中心”，2011年通过“高新技术企业”复审。

产品质量情况：

“质量成就品牌、诚信铸就未来”。珠海华尚汽车玻璃工业有限公司自建立以来，非常重视产品的质量，不断引进先进的设备和检测装置，确保质量过程稳定。公司在2004年即通过了中国CCC、美国DOT及欧共体ECER43的认证，2005年通过了南非SABS认证，2007年通过了澳大利亚SAI、俄罗斯GOSTR认证。从公司对品质的重视及通过认证的速度来看，在汽车安全玻璃行业是从来没有过的。

珠海华尚汽车玻璃工业有限公司从一开厂就按汽车零配件行业的最高国际标准实施质量管理，2005年公司通过ISO/TS16949：2002质量管理体系认证。在满足产品质量同时，公司注重环境保护的发展，并于2006年通过了ISO14001：2004 环境管理体系认证，使公司在环保方面和谐发展。

广州创尔
生物技术有限公司

公司成功参展2012年广州博览会

广州创尔生物技术有限公司是专业从事活性胶原蛋白的生物医用材料研发及生产的高新技术企业，生产的胶原蛋白产品活性、纯度、生物相容性等各项技术指标已达到国际领先水平，上市产品包含“创福康”胶原贴敷料、“斯邦瑞”胶原蛋白海绵、“贴贴熊”护创贴等。

公司坚持自主创新的发展道路，已拥有专利十多项，近年来承担国家“863”课题、国家火炬计划、科技部中小企业创新基金等多项项目，并荣获省市科技进步奖、省优秀自主品牌、省市自主创新产品等荣誉。

同时公司作为科技部生物材料创新战略联盟理事单位、中国医疗器械行业协会会员、中国知识产权研究会会员，积极协助配合各项工作。公司还与清华大学、香港中文大学、广州市创伤外科研究所等国内外知名机构建立了广泛的合作关系。

公司秉承科技服务社会的宗旨，持续以求实、创新、拼搏、奉献的企业精神致力于为消费者提供优质的高科技产品，真诚为社会服务！

公司参加生物技术医用材料产业技术创新战略联盟挂牌仪式

公司召开研发中心项目立项专家评审会

公司喜获2011年广州市科学技术二等奖

广州市创伤外科研究所科技成果转化中试基地在公司签约挂牌

韶关东南轴承有限公司

第二、第三代汽车轮毂轴承

第一代汽车轮毂轴承

韶关东南轴承有限公司为合资企业，是广东省轴承行业的骨干企业、全国轴承行业出口基地之一、全国出口先进单位、高新技术企业、广东省制造业信息化工作试点企业、广东省专利工作试点企业。公司内建有省部级专门的研发机构“广东省轿车轮毂轴承工程技术研究开发中心”，产品品牌为“IB”，已经在欧美注册，2004年被评为广东省名牌产品、广东省著名商标。韶关东南轴承有限公司是集汽车轴承开发、生产、销售为一体的高新技术企业，拥有员工453人，其中技术人员142人，高级职称6人、中级职称24人。公司有40年的轴承设计制造经验，超过16年的汽车轴承设计开发制造经验，是我国最早开发、制造汽车轮毂轴承总成的厂家之一，也是我国轿车轮毂轴承产量和出口量最大的龙头企业。

地址：广东省中山市陵岗新工业厂房
邮编：528437 电话：0760-23699088
传真：0760-23699058
邮箱：info@powerwingtech.com
网址：www.powerwingtech.com

中山市电赢科技有限公司

中山市电赢科技有限公司（以下简称“DYTECH”）成立于2007年，位于中山火炬高新技术开发区，是一家致力于锂电池等新能源产品研发、生产销售为一体的高新技术公司。DYTECH电池远销海内外，公司通过了ISO9001：2008质量管理体系认证，拥有7项实用新型专利和2项发明专利。产品大多获得UL、CE、ROHS、UN38.3、PSE等认证，并购买了产品财产安全责任险。

DYTECH锂电池凭借着重量轻、能量比大、安全等特点广泛应用于军事装备、电动高尔夫球车、邮政车、环卫车、电动玩具、电动工具、应急灯、医疗设备等各种电池应用领域。公司现有锂聚合物电池生产线和磷酸铁锂生产线，月产量100万AH，年产能达到近2000万AH，目前还在扩产中。

作为中山市新能源产业基地锂电池行业的龙头企业，DYTECH积极响应国家推行的产学研政策，长期与国内著名大学互动，合作成立研发中心。同时，DYTECH得到了国家科技力量的大力支持，公司申请的“锂离子动力电池”项目分别获得了省科技厅“科技型中小企业技术创新基金”，省外经贸厅“两新”产品专项资金和市发改委“新能源汽车产业项目基金”。作为中山市科技装备动员办定点单位，公司具备向军区供货的能力和资质。

DYTECH以“创建中国知名企业，致力发展新兴产业”为企业使命，以“成为全球最具竞争力的电池供货商”为发展宗旨，坚持“创新是根本，质量是生命，务实是宗旨，效益是目标”的核心价值观，不断内抓质量，外树品牌，在短短几年时间里迅猛发展，

成为国内技术水平高、创汇能力强的锂离子蓄电池专业生产企业。

作为一家有强烈社会责任感的企业，公司希望在未来的发展过程中，竭诚为更多的客户提供更专业的产品和服务。

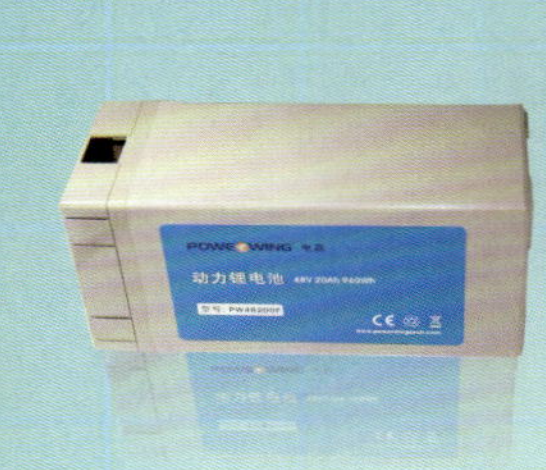

汕头高新区奥星光通信设备有限公司

奥星光通信设备有限公司是广东电信实业公司、长飞公司与外商共同投资兴办的高新科技中外合资企业。公司主要专业生产各种系列通信用光纤光缆。公司注册资金1.7亿，厂房面积约2.9万平方米，在职员工215人，年生产规模套塑光纤400万纤芯公里，通信光缆15万皮长公里。

公司产品广泛应用于电信通信网络（包括电信、移动、联通、网通、铁通等）、广播电视CATV网络，计算机联网及数据、图象传输系统，军事、电力等专用通信传输系统，FTTH入户引入系统。产品性能、技术指标符合国家标准和国际ITU-T标准。

奥星公司自创立之日起，本着“一流产品，一流质量，一流服务”的宗旨，立足于高技术、高质量、高效率的发展方向。公司已经完成新一轮设备升级改造扩容工程，从奥地利、芬兰、美国、加拿大等国家引进了大批当今世界先进的生产设备及检验设备。

奥星公司十分注重以人为本的经营策略，高度重视人才的引进和培养。现拥有一批优秀的技术研发和高素质的管理人才，公司设有独立的研发机构，共有研发人员38人，其中有多名业内知名专家。

该公司拥有多项自主专利技术，其拳头产品是光纤带光缆，产品技术及质量处于国际先进水平，多年来在国内占有较高的市场份额。

奥星公司建立了完善的产品质量检测系统、客户货品档案系统，成立工程售后服务中心，全面实施电脑化管理，从而为广大用户提供高品质的通信用光纤光缆产品和良好的售后服务。

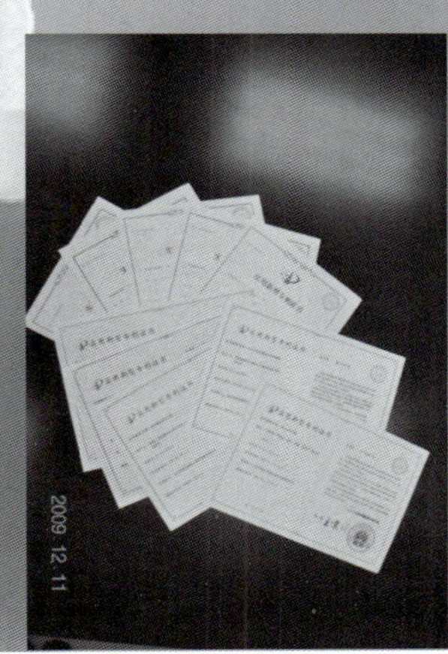

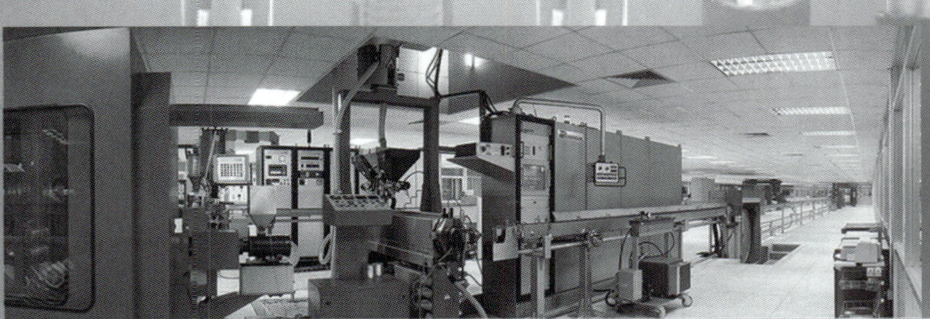

蓝盾信息安全技术股份有限公司

蓝盾信息安全技术股份有限公司成立于1999年10月，坐落于软件业发达的国家级火炬计划软件产业基地广州天河软件园，是国家重点软件企业、国家火炬计划重点高新技术企业，是目前国际云安全联盟（CSA）企业成员之一。

十几年来，勤劳智慧的蓝盾人凭借高度民族使命感和责任感，自主研发出10个系列、近50个型号的产品，多项产品通过国家公安、保密、军队等权威主管部门检测认证。

公司拥有AAA级企业信用等级，在经营活动中始终坚持“诚信服务”，追求细致卓越，高效服务客户，以客户需求为导向，在发展过程中逐步形成了涵盖安全产品研发及销售、安全集成及安全服务的完整业务体系，形成了强大的综合服务能力，成为一家安全产品、安全服务、安全集成多业务齐头并进的综合性信息安全企业。

公司建立了以广州营销总部为中心，以北京、上海、重庆为支点，辐射全国的营销和技术服务体系。作为中国信息安全行业的领军企业，公司目前已拥有覆盖全国，涉及政府、电信、金融、军队、能源、交通、教育、流通、邮政、制造等行业客户。雄厚的实力和一流的服务为公司赢得了广大客户的高度赞誉。

广州造纸集团有限公司
GUANGZHOU PAPER GROUP LTD.

广州造纸集团有限公司始建于1936年，是越秀集团旗下的大型国有骨干造纸企业，下辖广州造纸股份有限公司、广州威达高实业有限公司、广州越威纸业有限公司三大经营实体。公司一直勇于改革创新，利用“十一五”规划期末环保搬迁，淘汰落后产能20万吨，升级技术装备，构建节能降耗、清洁生产和"三废"治理体系。同时优化资产结构和市场布局，精简架构，建立起具有特色的现代化生产经营管理体系，提升企业核心能力，初步实现了“产业升级、节能环保、财务健康”三大发展目标。目前公司占地面积100万平方米，在职员工900多人，主导产品有新闻纸、涂布白纸板，年产能80万吨。接下来，按照“十二五”规划战略部署，将引进战略投资者，完成产能后续扩建，打通上下游产业链，切实加快转型，实现企业持续健康发展，致力于在南沙打造一个国内领先、国际知名的现代造纸企业。

电 话：（020）34663302　　传 真：（020）84946051
邮 箱：gzzc@gzpaper.cn　　邮 编：511462
地 址：中国广州市南沙区珠江街新广一路29号

广东华路交通科技有限公司

广东华路交通科技有限公司为广东省交通集团的全资子公司，是从事公路交通科技研发、工程监理、工程咨询设计和检测试验等技术服务的综合性工程咨询公司。

华路公司的前身是成立于1960年的广东省交通科学研究所，随广东的政企分开改革于2002年转制改为国有企业。广东华路交通科技有限公司历经50多年的不断积累与发展，资产总额近2.5亿元，汇聚了1100多人的员工队伍，其中博士、硕士110多名，教授级高工、高级工程师170多人。拥有占地13亩、建筑面积近7000平方米的公司总部和占地54亩、建筑面积9600平方米的研发检测基地，配置了价值5000多万元的先进科研与试验检测仪器设备，具有较强的综合实力。

作为广东交通集团的唯一一家全资科技型子公司，华路公司的成立，使整个集团的产业链更加完整。广东交通集团建设、管养的高速公路约占全省的70%，华路公司也在广东路网快速加密、延伸的过程中，发挥着不可替代的重要作用，成为广东交通建设科研、监理、检测等技术服务的主力军。

佛山佛塑科技集团股份有限公司

佛山杜邦鸿基薄膜有限公司在南庄镇战略性新兴产业基地举行了环保新能源应用双向拉伸聚酯薄膜项目奠基仪式。

公司创先争优劳动竞赛表彰晚会

佛山佛塑科技集团股份有限公司（证券简称：佛塑科技证券代码：000973）是中国塑料新材料行业的龙头企业、中国制造业500强、国家火炬计划重点高新技术企业集团，是广东省工业龙头企业中唯一的“战略产业类新材料企业”，广东省塑料工程技术研发中心的依托企业。佛塑科技秉承“创新、进取、务实、卓越”的精神，致力于新能源、新材料、节能环保产业的研发制造，近年开发的锂离子电池隔膜、偏光膜和电工电容薄膜等新型聚合物材料已经蜚声国内外市场，现已逐步形成以渗析材料、电工材料、光学材料和阻隔材料四大系列产品为框架的产业布局。公司近期研发的晶硅太阳能电池用PVDF膜背板项目、复合智能节能薄膜项目等，标志着公司向新能源、新材料产业高端发展迈上新的台阶。

佛塑科技2000年5月在深圳证券交易所挂牌上市，目前资产规模51亿元，下辖7家分公司和22家长期投资企业，员工4000余人。佛塑科技拥有“汾江牌”“鸿基牌”“双象牌”“双龙牌”“HG牌”等多个中国名牌产品和广东省名牌产品、著名商标，体现了多年来专注积累的良好商誉；拥有的13项国家发明专利彰显了自主创新的非凡实力。

2009年8月，广东省广新控股集团有限公司成为佛塑科技的第一大股东后，公司确立了产业高端化的发展战略，将围绕“国内领先、亚洲有位、世界知名”的愿景，竭尽全力，锐意创新，“成就客户、成就员工、成就卓越佛塑”。

装修后的总部大楼焕然一新，标志着公司的发展翻开了新的历史篇章。

广州电装有限公司

成立于2003年6月1日，注册资金2300万美元，其中电装（中国）投资有限公司占60%，广州汽车集团零部件有限公司占40%。

主要产品有：HVAC空调单元总成，冷凝器、电动风扇、散热器、大客车冷气系统等。主要为广汽本田、广汽丰田、武汉东风本田、广汽乘用车、本田（中国）、长安铃木、上汽通用五菱、长安福特、广汽菲亚特等整车厂提供配套产品与服务。

在全球化竞争和中国汽车工业蓬勃发展的今天，广州电装以建设中国第一的汽车空调系统和热交换器工厂为目标，引进日本电装先进的汽车空调系统和热交换器生产技术、采用电装特有的DENSO生产管理体系，建立了适应中国市场的制造系统。公司已通过ISO/TS16949：2002认证、ISO14001：2004认证、OHSAS18001：2007认证。

广州电装有限公司办公大楼

广州电装生产一角

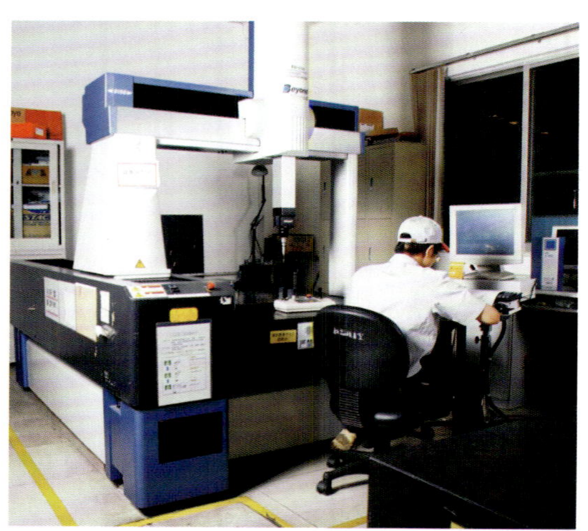

三坐标测量仪

公司产品介绍

HVAC

HVAC主要由蒸发器、暖气芯体、鼓风机、空气滤清器等构成。其作用是，将通过蒸发器的冷风与通过暖风芯体的热风适当地混合调节，使室内空气成为相对湿度、相对低温或高温，以营造出舒适的乘车环境。

水箱

通过减小芯体体积（例22D→16D），提高性能，进而实现芯体周密、合理化的设计。另外，将宽度设为16、22两种，与现行（AL-NSR）同等的适用范围，因而具有高性能、轻重量、降低成本的优势。

电动风扇

为了扇叶具有轻量化及高搭载性，结合新型扁平电机的效果，将总重量减少15%，实现设定目标。缩短扇叶并进行窄幅化以提高扇叶性能，以实现轻量化。

压缩机

为了与车辆有优良的搭载性，开发小型轻量7气缸斜盘式压缩机，通过多气缸排列和低NV构造，实现了低噪音、高耐久性的性能。

冷凝器

为了确保车辆要求的性能，并有效降低燃油消耗，MF采用了高换热性能的薄翅片、扁管，以及储液罐一体化的结构，实现了性能的提高和重量的减轻。

配管

是实现装在环境恶劣的发动机室的压缩机、冷凝器及装在车室内的HVAC之间冷媒循环的重要部品，具有高信赖性。

广州电装产品

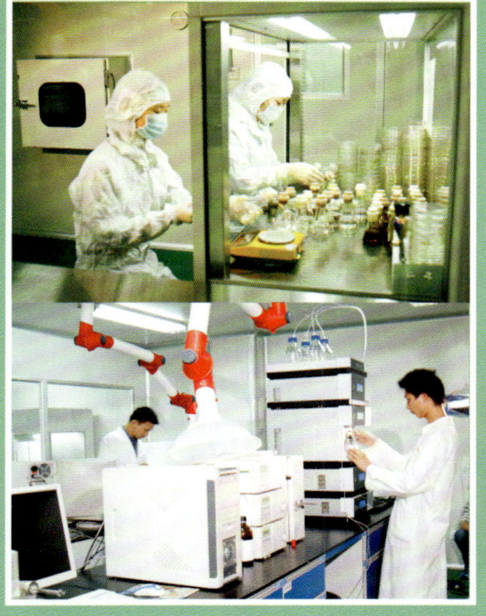

九惠实验室

九惠质检楼及办公大楼

九惠药业自主创新结硕果

自主创新是企业发展的不竭动力。惠州市九惠制药股份有限公司20多年来，始终将科技创新列为企业发展的重中之重，投入巨资研发新药，与南方医科大学共建“广东省消化病药物工程技术研发中心”，2011年被评为“广东省创新型企业”“广东省民营企业创新产业化示范基地”。九惠2002年承担国家发改委重大科研项目“安胃疡和甘草黄酮高新技术产业化示范工程”，2008年承担粤港重大项目“降脂宁肝胶囊产业化研究”，2010年承担广东省工信部项目“连番止泻胶囊产业化技术改造项目”等，在科技创新方面取得了可喜的成绩。

20多年前，九惠是一家固定资产40多万元，员工仅40多人的国有中药企业，1989年由于种种原因企业债台高筑濒临倒闭，有关部门准备把这家企业拍卖掉。现任董事长黄辉球当时临危受命担任企业的临时负责人，在企业借贷无门的情况下，他毅然用自家的房产抵押向银行贷款，解决了国有企业的困难。他这种勇挑重担、无私奉献的精神感染了全厂员工，大家受到了极大的鼓舞，积极行动起来，干劲十足，当年就使企业扭亏为盈。从此九惠走上了一条自主创新、良性发展的道路。历经20多年的沧桑巨变，目前九惠已成为年产值超亿元，年利税超千万元的高新技术企业。九惠的研究成果“安胃疡胶囊”是国家二类中药新药、国家中药保护品种、国家医保品种、国家重点新产品，获广东省优秀新产品三等奖、广东省科技进步奖三等奖，2007年“名优中成药安胃疡的二次开发研究”获广东省教育部产学研结合项目。“复方西咪替丁胶囊”获得国家三类化药新药、国家发明专利、“自1993年以来经国家食品药品监督管理局批准生产的中西复方抗溃疡唯一的品种”，这是对它的疗效、安全性及独特性的充分肯定，2010年“复方西咪替丁胶囊的二次开发”获惠州市科学技术局社会发展项目。九惠近年来的研究成果“连番止泻胶囊”是国家六类中药新药，它是用于治疗由轮状病毒性肠炎、致泻性大肠杆菌性肠炎所致的急性感染性腹泻的突破性天然药物，是国家重点新产品、国家发明专利，2010年连番止泻秘方被列入“广东省岭南中药文化遗产”，同年“连番止泻胶囊的二次开发”获省部产学研结合项目。国家八类新药益脉康滴丸，是用于治疗心脑血管的特效药。

九惠代理分装的日本东亚药品工业株式会社的口服酪酸梭菌糖化菌肠球菌活菌制剂（适怡）在国内销售势头良好，经过近几年的努力已在全国各地建立了微生态生物药品的销售网络，取得良好的社会效益及经济效益。九惠今后的研发方向是继续研发优质的消化病药物，逐步开拓心血管药物和微生态药物研究。现已基本完成微生态生物药品研发实验室的筹建；预计再用2~5年时间踏入研发新一代消化系统的微生态生物药品的新领域。

九惠将继续坚持“九惠良药、润泽民生”的宗旨，承担中药现代化的历史使命，在自主创新科技发展的道路上一路前行。

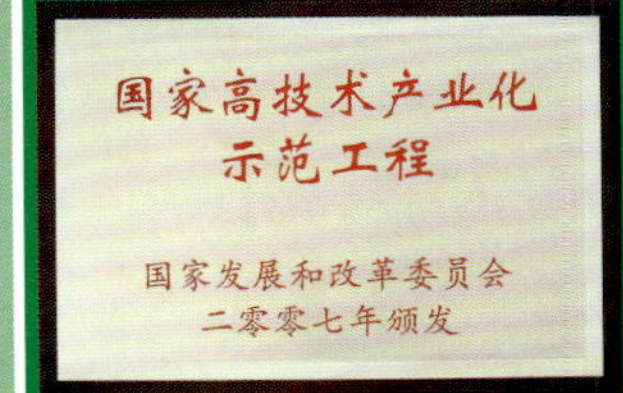

九惠安胃疡及甘草黄酮项目获国家高技术示范工程项目

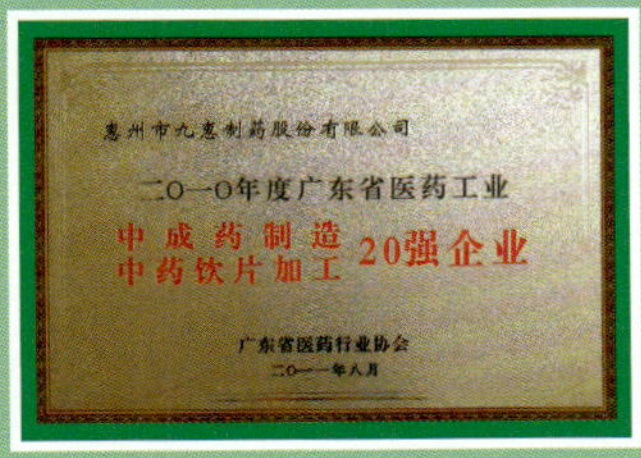

九惠是广东省医药工业中成药制造20强企业

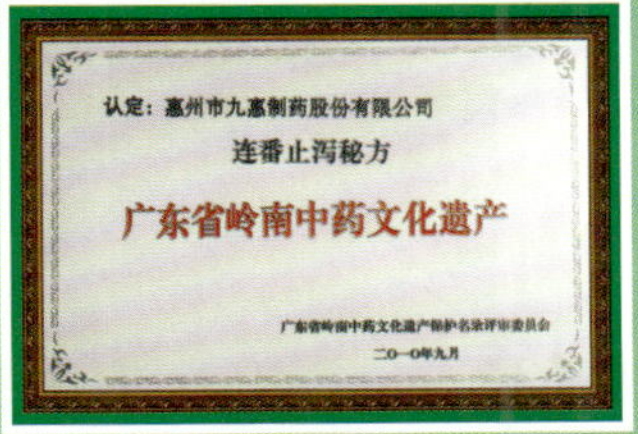

九惠连番止泄胶囊配方被列为岭南中药文化遗产

九惠连续19年被评为守合同重信用企业

广东江粉磁材股份有限公司

地址：广东省江门市龙湾路8号
邮编：529000
电话：0750-3506000 3503616
传真：0750-3506002 3503666
Http://www.jpmf.com.cn

广东江粉磁材股份有限公司（以下简称“江粉磁材”），是目前国内最大的铁氧体磁性材料元件制造商之一。主要产品包括铁氧体永磁元件、铁氧体软磁元件，主业产品是广泛应用于汽车、IT、办公设备、电动工具、家用电器中微电机的铁氧体永磁元件。江粉磁材是国家高新技术企业、广东省民营科技企业、中国电子元件百强企业，荣获“广东省名牌产品”“广东省著名商标”称号。

江粉磁材具有较强的技术开发和研究能力，在铁氧体永磁和软磁的高特性材料开发方面处于国内前沿技术水平。公司积极和国内在相应基础材料研究学术前沿的相关高等院校开展材料研究及产学研合作，为公司的持续发展奠定了坚实基础。

江粉磁材拥有较规范的管理体系，公司目前已通过的认证有：ISO9002:1994质量管理体系认证，ISO9001：2000质量管理体系认证，QS-9000：1998质量管理体系认证，ISO14001：2004环境管理体系认证，ISO/TS16949：2002质量管理体系认证。

公司已于2011年7月15日于深圳证券交易所成功上市。

广州宽带主干网络有限公司

GuangZhou Broadband Backbone Network Co., Ltd.

一、公司简介

广州宽带主干网络有限公司于2000年6月成立，注册资本4.58亿元人民币，城域光纤网络覆盖广州“十区两市”。公司自成立以来，以雄厚的基础网络资源优势，全方位支持广州市政府信息化建设，为“智慧广州”信息化建设提供了优质的网络平台，赢得广大客户的高度认可和长期信赖，是广州地区除移动、联通、电信三大基础电信运营商之外最具实力及活力的IT城域网络服务运营商，也是广州市国资委管辖的国有企业中唯一一家专业从事城域光纤传输网络运营业务的企业。

二、业务范围

- 光纤网络业务

在大广州范围内为用户提供光纤、电路和互联网带宽的投资建设及运维服务；为用户提供城域网与局域网建设、网络规划设计、机房机柜出租等网络工程建设。

- IT运维服务外包业务

业内首创的以客服中心、巡维中心和网管中心为核心的“三维立体”客服管理体系，为用户组建不同等级的专业服务团队；专业提供基于ITIL、ISO20000、ITSS标准的，涵盖机房、网络系统、服务器、光纤线路、桌面终端和信息安全等全方位、全流程IT运维服务。

- 云平台运营及服务业务

拥有丰富的政府综合信息化服务经验，是云平台运营及云服务提供商，为用户量身定制动态配置、随需使用、按需付费、自动管理、安全高效的一站式综合信息化解决方案，为用户快速提供包括基础平台云、办公桌面云、视频会议云、超级计算云等云服务。

- 系统集成业务

携手业内众多知名品牌厂商，充分整合企业、政府和科研机构的优势资源，以专业化、规模化、品牌化的服务经验和能力，为用户全面提供包括网络系统集成、综合布线、视频会议、机房工程和安防监控等各种信息系统平台、网络平台建设业务。

地　　址：广州省广州市科学城神舟路9号　　网　　址：http://www.gzbbn.com.cn
电　　话：020-61089188，020-61089199　服务热线：020-83388291　邮编：510663

流行 时尚 品质 低碳

佛山市南海区西樵镇

五位一体 共建共享
推进纺织专业镇转型升级

广东西樵纺织总部大厦

佛山市南海区西樵镇是我国著名的纺织之乡，现有纺织产业840多家，织机3万多台套，年产各种面料能力20多亿米，形成了交易市场、产业基地、创新平台、产业链条、区域品牌五位一体、相互支撑的产业格局，先后获得中国面料名镇、全国首个纺织产业升级示范区、广东省“双提升”示范专业镇等荣誉称号。

大展示，大市场。广东西樵轻纺城集产品销售、研发展示、信息交流、商务洽谈、物流货运于一体，服装面料、家纺布艺、纺织原料、辅料配件等产品一应俱全，是全国三大纺织品批发市场之一、华南地区最大的一级纺织品批发交易市场、广东省大型高级批发市场、广东省重点龙头流通市场。

造林引凤，携手共赢。广东西樵纺织产业基地实施统一供应工业用水、统一供应工业用蒸汽、统一污水处理，有效降低企业运营成本，实现节能减排和循环再用，被评定为“广东省循环经济工业园”。其中，污水处理采取“企业初步处理中水回用+中央污水厂集中处理+人工湿地深度净化”的方式，处理技术和效果处于国际领先地位。

聚智聚才，推进产学研。南方纺织产业创新平台积极与纺织专业科研机构、高等院校进行产学研合作，建成了新产品新技术研发、检测和质量认证、教育培训、产品展示、信息化管理应用和电子商务六大服务体系，为纺织中小企业开展各类技术服务约10万次，被业界誉为“产业医院”和“产业加速器”。

外引内提，完善延伸产业链条。产业集聚效应日益突显，各地纺织服装龙头企业纷纷进驻西樵，镇内企业实现跨环节壮大发展，上下游产业环节关联度增强，合力提升，形成了原料、机械、浆印染、后整理、织造、服装、市场、物流一条龙产业格局。

彰显特色，打造区域品牌。西樵面料立足中高档、个性化、功能化，特色牛仔、西装面料、休闲面料、家纺布艺等主要产品在行内享有较高知名度和美誉度，较大程度上代表着中国流行面料趋势，越来越多的国内外知名服装企业将采购目光锁定西樵。

广东西樵纺织产业基地

广东南方技术创新中心

广东西樵轻纺城

自强蓝箭·奋斗不止

从创办初始至今，蓝箭电子从不安于现状，在以变革谋求发展的道路上踏出一个个坚实的脚印。

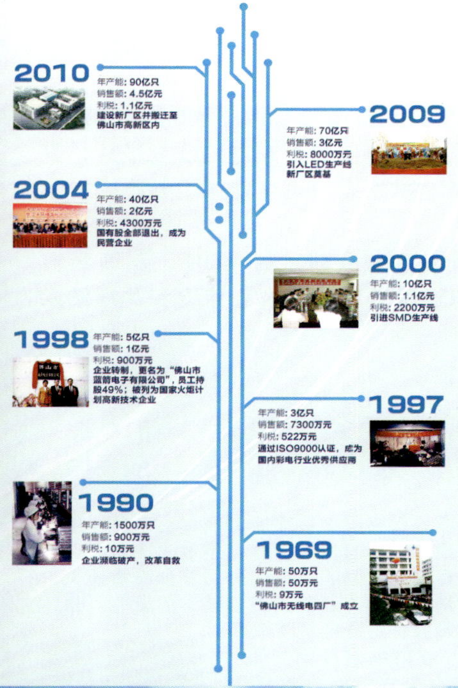

企业目标

成为世界一流的半导体器件及LED制造企业

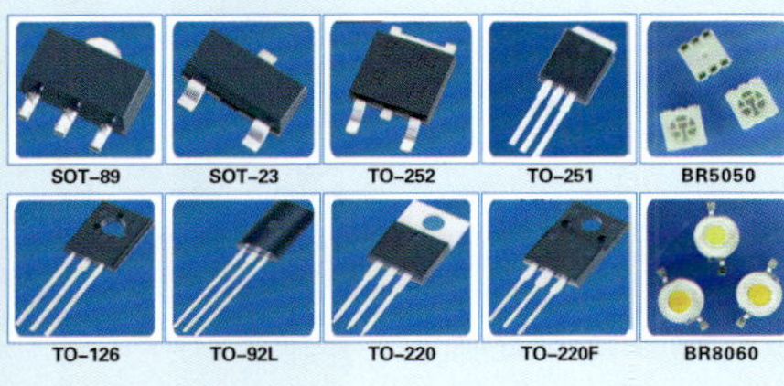

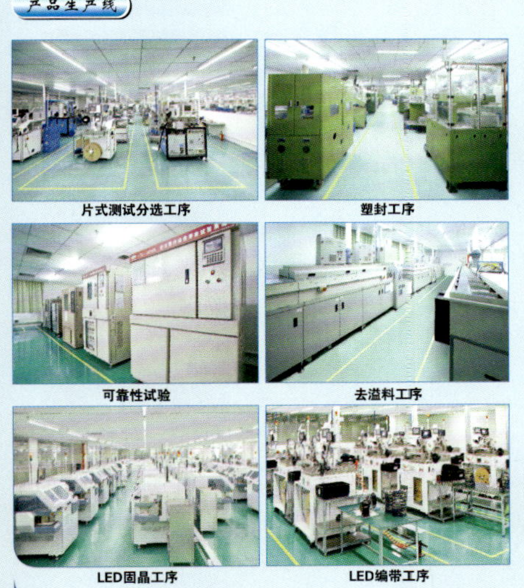

片式测试分选工序　塑封工序　可靠性试验　去溢料工序　LED固晶工序　LED编带工序

佛山市蓝箭电子股份有限公司

FOSHAN BLUE ROCKET ELECTRONICS CO.,LTD.

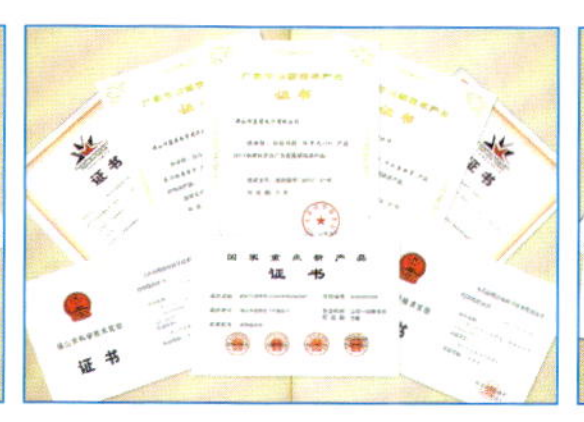

佛山市蓝箭电子股份有限公司是专业从事半导体器件研发、生产与销售的高新技术企业，主要产品有IGBT、MOSFET、SBD、FRD、SCR、LED、三端稳压管以及各种双极型晶体管等，经过多年的自我积累和滚动发展，目前，公司生产规模已达年产90亿只半导体器件，居华南地区内资同行业第一位。

佛山蓝箭组织架构齐全，管理严格，采用ERP企业资源规划，通过了ISO9000质量管理体系和ISO14001环境管理体系认证，建立了广东省半导体器件工程技术研究开发中心与广东省企业技术中心，每年的研发经费占销售收入的3%以上。

公司有20多个产品荣获国家、省、市区的优秀新产品奖和科技成果奖，其中CS2N60F、CS4N60F等晶体管被列入国家重点新产品。公司生产的功率VDMOS与肖特基二极管系列、片式晶体管、贴片式LED被评为2011年广东省高新技术产品，2CZ10100CT、3DD13003K1G、3DD13003L5、3DD13003DT7被评为2011年广东省自主创新产品。公司拥有40多项专利，2011年被授予“全国电子信息行业优秀企业”、“佛山市最具成长性中小企业”等荣誉称号。

公司生产的产品被大量应用于各种电源、节能灯、电视机、显示器（屏）、家用电器、电脑、IT产品、灯饰照明、背光源等各种电子设备中，大量供应给国内外企业，并受到一致的好评；“蓝箭”牌晶体管被认定为广东省名牌产品，“蓝箭”牌商标被认定为广东省著名商标。

佛山蓝箭立足自主创新，以科技为桥梁，质量为保证，努力打造民族品牌，凭着过硬的产品质量、优良的性价比和热忱的服务，竭力为国内外广大客户服务。

科技部及省市领导来公司观察工作　粤港澳关键领域突破项目验收会　市科技发展专项资金项目验收会　市产学研项目验收会

公司鸟瞰图

广东电网公司电力科学研究院（以下简称“电科院”）成立于1958年年底，是广东电网公司综合性科研试验的执行机构，主要为公司和直属供电局提供技术研究开发与应用服务，是公司技术研发中心、技术支持中心、技术服务中心、试验检测中心和研发人才培养中心。

电科院是全国首批获电力部火电工程类和送变电工程类甲级调试资质的单位之一，并在2011年通过中电建协专家评审，获全国首批电力工程双特级调试能力资格，在全国同行中率先通过ISO9001质量体系认证、安全职业健康管理体系认证、环境管理体系（安健环）国际认证等多项国际认证。2011年，电科院荣获中国电力设备管理协会颁发的“全国电网器材全生命周期质量检验管理”“全国电力行业设备技术监督管理”和“全国电力行业设备调试与试验管理’等3个示范指导单位称号。

电科院系统谋划基础设施和实验室建设，拥有广东省电力行业高低压电工产品质量检验中心等7个专业研究中心及南方电网首批重点实验室电网自动化实验室等67个实验室。目前，电科院着手筹建广东电网研发基地，策划建设一批专业重点实验室，其中，电网自动化实验室建设向国家级重点实验室推进，可再生能源及微电网、智能电网及配电网、六氟化硫、电能质量等实验室向省部级重点实验室推进。

2011年，实施科研项目达117项，科研经费达20622万元；2012年，计划实施科研项目162项，科研经费22520万元。其中，承担多项国家“863”课题研究，并在电力设备运行状态远程监测诊断中心建设和关键技术研究等科研项目研究上都处于国内甚至国际领先水平。

建设大电网设备的“智能监控中心”——大电网设备智能化广域监测诊断关键技术研究与应用

电网的安全运行对国家经济发展、人民安居乐业起着基础性作用。电网是由变电设备和输电设备组成的，因此，电网设备的安全是电网安全运行的基础。

“大电网设备智能化广域监测诊断关键技术研究与应用”项目，由广东电网公司电力科学研究院等产、学、研8家单位共同合作完成。本项目通过研究并利用电网设备的远程监测与智能诊断技术，致力于建设大电网设备的“智能监控中心”，时刻确保电网设备的安全。项目从在线监测技术研究与大规模集成、电力设备多源信息一体化融合、输电线路故障精确定位与诊断、变电设备智能诊断与风险预警四大方面开展了多项关键技术的研究，建成了全国最大规模的大电网设备智能监测诊断中心。目前，中心的监测范围已全面覆盖广东省21个地市供电局，成为广东电网设备安全的坚实保障。

该项目将在线监测装置安装于变电站内或输电线路上，24小时监测电网设备的健康状况，能够最及时地发现设备的故障隐患。通过项目研发的综合处理单元，将数量众多的各类在线监测装置统一接入“智能监控中心”。智能监控中心可对设备运行状态进行实时监测并准确发布预警信息，智能诊断设备健康状况，科学制定设备维护策略。

通过研发智能监测终端产品、节约电网投资成本、降低设备故障损失、减少人力物力支出，截至目前，项目共创造了经济效益12.7亿元。项目的原创性知识产权已在国内外35家企业应用，相关技术标准与装置产品已推广应用至全国多个省份。

“大电网设备智能化广域监测诊断关键技术研究与应用”项目是智能电网建设重要组成部分，实现了高效、准确、全面、智能化驾驭和控制电网设备，在重大保供电活动以及自然灾害应急保障工作发挥了重要作用，社会效益显著。

动态畸变负荷电能准确计量及溯源技术、装备与应用

该项目旨在解决目前冲击性波形电能计量、谐波电能计量、直流电能计量不准确问题，达到维护电量公平贸易、为电网公司减少电量损失、指导用户科学用电、促进节能减排的目的。依托本项目研究，主持编制国家标准1项、参与编制国家标准1项；获得国家发明专利授权4项，获得实用新型专利授权9项，获得软件著作权6项；发表SCI收录论文1篇、EI收录等论文8篇，研制出国际首台量值可溯源的直流电能表检定装置，国内首台高精度动态波形发生标准源。项目成果在广东、湖南、湖北、江苏、内蒙古等近10个电力公司进行大面积推广应用。2009年至今，项目研制成果在广东电网公司推广应用产生直接经济效益1361.2万元，全国范围内使用产生直接经济效益超过6000万元，若推广应用至全国动态畸变负荷每年可产生直接经济效益过亿元。项目成果经鉴定整体达到了国际先进水平，在谐波参量检测算法、谐波电能表检定装置和直流电能表检定装置关键技术方面达到国际领先水平。

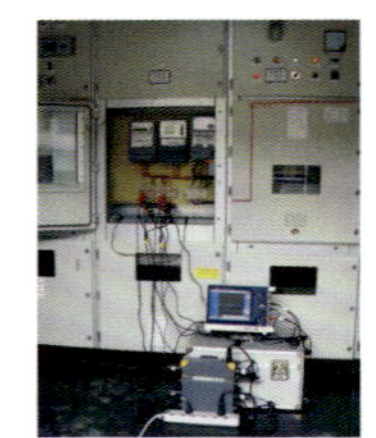

嘉年华产品系列 | 电玩模拟机系列 | 3D产品及5D影院 | 大中型机械类产品系列

中山市金龙游乐设备有限公司创建于1989年，是亚太地区规模最大的著名游乐设备现代化集团公司。集团旗下全资分公司及控股子公司有：中山龙城国际游戏游艺交易中心，中山市金龙游乐设备有限公司，中山市威龙动漫科技有限公司，中南（定南）投资有限公司，中山市东升金龙游艺机厂，中山市金羊游艺机有限公司，中山市安益科技有限公司，广州市新金隆动漫科技有限公司，金龙欢乐世界中山大信旗舰店等。在2008年，金龙再次实施扩展公司规模这一发展计划，占地面积达300多亩的金龙港口游艺机工业园一期工程已竣工。公司现有生产用地88000平方米，生产厂房66000平方米，专业人才300多名，员工超过1000余人；金龙公司质量管理体系已通过ISO 9001:2000国际标准认证，现有嘉年华彩票机产品180多种，大、中、小型机械类产品120多种，国际市场畅销模拟机100多种。强大的自主研发及制造能力，使金龙成为中国游乐及动漫游戏产业、世界游乐产业的重要组成部分。

中山市金龙游乐设备有限公司是具备国家A级游艺机制造许可资质的生产企业，具有雄厚的设计开发、制造、安装大中型游乐机械类设备产品的能力，配备有齐全的机械加工设备、具有完善的设备检测能力，是集开发，设计、生产销售为一体的专业厂家，多年来始终坚持以可靠的产品质量、完善周到的服务满足全球客户。其中大中型机械游乐设备88座双层豪华转马、豪华摇头飞椅、跳跃云霄、激情跳跃、新款碰碰车、亲子乐园、虫虫越野车、鬼屋项目等是中山金龙年度热销的国内外大型室内游乐场及主题公园游乐园的产品项目，产品高性价比与推广营销使这些产品项目迅速占领国内外市场，从大连到吉隆坡，都可以看到这些产自中国的欢乐亮丽产品风景线。公司连续多年被中山市政府授予为“重合同守信用”企业，多年的商誉得到广大长期客户的厚爱与支持。金龙创立以来先后被选为中国游艺机游乐园协会副会长单位、中国软件行业协会游戏软件分会常务理事单位、广东省文化产业促进会副会长单位、广东省特种设备协会理事单位、中山市游戏游艺行业协会副会长单位、番禺动漫游戏行业协会副会长单位、中山市港口商会副会长单位等。

金龙游乐集团 搜索

地址：广东省中山市港口镇沙港中路29号 / 电话：0760-88920289 / 传真：0760-88920389 / 邮箱：marketing@gd-amusement.com

泰坦软件，以卓越眼光引领中国档案信息化建设。

珠海泰坦软件系统有限公司自1992年研发档案软件伊始，便全心投入于国内档案领域的信息化建设，是国内最早从事档案管理软件开发和提供专业信息化服务的供应商。作为“国家科技部创新基金”两次立项企业、国家档案局科技进步奖、广东省科技进步奖和珠海市科技创新奖获得企业、中国软件协会“A级信用”企业、“2010年中国年度创新软件企业”及“第十四届中国国际软件博览会产品金奖和创新奖获奖企业”，公司始终不渝地坚持科技创新的专业化道路，首批通过广东省“双软”认证、广东省“国家高新技术企业”认证和广东省“民营科技企业”认证，并顺利通过ISO9001、ISO20000和CMM2体系评估认证，是国内唯一一家十多年专注于档案信息化领域，自1998年以来每年都获国家档案局或中国档案学会定点生产推荐的国家级高新技术企业。

泰坦软件深研国内档案信息化政策，励精图治，与时俱进，在蓬勃发展中不断实现自我超越。软件工程严格按CMM管理体系进行运作，已建立了健全的现代企业管理体系。公司现有注册资本3000万元，吸引和培养了超过600余人的高素质的研发、市场、实施和管理团队，累计开发了20多个不同版本的档案管理软件产品、各类型数字档案馆、电子档案中心、电子政务OA系统和泰坦智能档案库房系统，共取得计算机软件著作权26项，申请技术专利2项。目前，公司的市场营销网络已扩展至华南、华东、华北、华中、西北、东北、西南等各大区多个省份，客户群规模已突破10万余家，涵盖了档案馆、政府、大型企事业单位等多个行业。

泰坦软件　引领创新　智见未来！

档案管理软件　智能馆库　数字档案馆　数字化加工　电子政务

泰坦软件 始终致力于为国内档案信息化领域注入最新的理念动力

国内创新的智能档案馆库系统和数字档案馆一体化建设的实践者和领航者

地　址：珠海市南屏科技园屏东四路泰坦软件园
电　话：0756-3331203　3331207　3325441
传　真：0756-3379705
邮　编：519060
网　址：www.titansoft.com.cn
邮　箱：service@titansoft.com.cn

广佛分公司

地　址：广州市越秀区小北路65号华宇大厦16楼E
电　话：020-83540670　83540675　83540685
邮　编：510045
邮　箱：ttweihu@163.com

研究、开发及科技成果产业化

基础性研究

2011年1月，中共中央政治局委员、广东省委书记汪洋对广东省重大基础研究取得的喜人成绩给予了高度肯定，并作批示：“势头很好，继续努力，既出成果，又出人才。”2011年，广东以颁布实施《广东省自然科学项目管理办法》和《广东省自然科学项目资助经费管理办法》为载体，不断提升项目申报与管理水平。3月，《“十二五”广东基础研究规划》通过专家论证定稿。这是广东省第1个以基础研究为主题的独立五年规划，将对“十二五”广东基础研究工作起到承前启后、前瞻布局、开拓创新的重要作用。

国家自然科学基金委员会—广东省人民政府自然科学联合基金

国家自然科学基金委员会—广东省人民政府自然科学联合基金（以下简称“NSFC—广东联合基金”）继续发挥导向作用，吸引和集聚一批全国一流的科技人才，重点解决广东省及周边区域经济、社会、科技发展的重大科学问题和关键技术问题，带动全省人才队伍建设。2011年，地市注资NSFC—广东联合基金，进一步增强了联合基金的吸引力和影响力。广州与深圳从2011年起每年各向NSFC—广东联合基金注资1 000万元，国家自然科学基金委员会再增加投入1 000万元，第2期NSFC—广东联合基金年度总经费从第1期的5 000万元上升至8 000万元，有力地吸引更多优秀科研机构和科学家共同推动广东及周边地区的发展。

【项目申报与资助情况】 2011年度NSFC—广东联合基金共受理了项目申请174项，其中重点项目134项、面上项目40项，72个依托单位申请，分布在17个省市自治区。共批准重点项目30项、面上项目1项，重点项目平均资助强度为260万元左右，资助金额总数为7 725万元。广东牵头重点项目23项，占总批准数的76.7%，其中广东牵头与外地合作13项，占广东牵头总批准数的56.5%；外地牵头与广东合作5项，占外地牵头总批准数的71.4%（见表5－1－1－1）。

表5－1－1－1 NSFC—广东联合基金资助项目情况表（2007—2011）

年份	立项总数（项）	由广东牵头的项目				由外地牵头的项目			
		立项数（项）	占立项总数（%）	与外地合作项目数（项）	占广东牵头项目数（%）	立项数（项）	占立项总数（%）	与广东合作项目数（项）	占外地牵头项目数（%）
2007	38	27	71.1	14	51.9	11	28.9	9	81.8
2008	28	22	78.6	14	63.6	6	21.4	6	100.0
2009	28	21	75.0	12	57.1	7	25.0	6	85.7
2010	25	15	60.0	5	33.3	10	40.0	8	80.0
2011	31	24	77.4	13	41.9	7	22.6	5	71.4

【项目选介】

高分子复合材料的微损伤自愈合与耐久性研究 该项目由中山大学章明秋教授承担。项目针对印制电路板等高分子复合材料在后续加工和使用过程中易在内部产生微损伤的问题，根据生物体损伤自愈合原理，深入研究仿生自愈合体系在合成、制备、组分、愈合过程中分子机制等与复合材料宏观性能的关系，综合运用高分子合成与高分子材料的研究成果，研制出含修复剂微胶囊的室温（及低于室温）自愈合型高分子复合材料，以及具有反复多次热修复功能的含热可逆键环氧树脂。项目揭示了损伤自愈合与耐久性的机理，使复合材料在保持其主要力学性能不下降的同时，具备良好的智能自愈合特性，达到提高聚合物材料使用稳定性和延长使用寿命的目的，具有重要的理论和实际意义。

该项目研究在国际学术界已形成鲜明特色，得到同行好评。关于低温自愈合、环氧树脂玻璃态可逆自愈合和热塑性聚合物的活性自愈合等研究结果迄今未见有相同报道，处于国际领先水平。相关材料制备技术申请专利11项，其中4项已获授权。发表SCI收录论文28篇，截至2010年年底被他人正面引用102次，单篇最高引用31次，有关论文分别被选登为国际重要学术期刊 *Advanced Functional Materials* 和 *Journal of Materials Chemistry* 的封面文章。应邀在Wiley-VCH出版社2008年出版的专著 *Self-healing Materials: Fundamentals, Design Strategies, and Applications* 中撰写了“Self-healing polymers and polymer composites”一章内容。此外，还接受John-Wiley & Sons出版社邀请，撰写名为 *Self-healing Polymers and Polymer Composites* 专著一部并于2011年8月出版，这是目前国际自愈合高分子材料领域的首部专著。

在教育部、科学技术部、中国科学院、国家自然科学基金委员会联合开展的“10 000个科学难题”征集活动中，课题组提交的“仿生自修复高分子材料”入选化学卷，该书已于2009年由科学出版社出版。相关研究在国际学术界形成了良好影响，课题组成员多次应邀担任国际学术会议科学委员会成员并作报告，如2010年6月，章明秋教授获邀参加在意大利举行的The 5th International Conference on Times of Polymers and Composites（TOP）上作《就高分子材料的自愈合研究进展》大会邀请报告。该项目已培养了院教授1名、博士后1名、博士11名、硕士4名。

鱼类虹彩病毒致病的分子基础 该项目由中山大学何建国教授承担。虹彩病毒是水产养殖鱼类、两栖类和爬行类的重要病原，可以感染100多种鱼类，对海水养殖名贵鱼类，如石斑鱼、大黄鱼、大菱鲆、牙鲆和淡水鳜等具有很强的致病性，死亡率达70%以上。该项目重点开展了建立虹彩病毒感染的细胞和鱼类模型、病毒感染相关鱼类免疫功能基因研究、虹彩病毒转录组和蛋白组研究、虹彩病毒感染与致病的机理以及虹彩病毒疫苗研发等方面的研究。通过研究揭示虹彩病毒对鱼类感染和致病的关键基因及其作用机理和途径，进而筛选病毒基因候选疫苗，从而发展鱼类病毒与宿主相互作用学科领域，为有效控制鱼类虹彩病毒提供理论基础和有效靶位。

该项目完成了3种虹彩病毒的基因组全序列测定和分析，其中ISKNV和TFV分别是虹彩病毒科肿大细胞病毒属（Megalocyti virus）和蛙病毒属（Ranavirus）第1个完成测定的病毒种类，为建立脊椎动物虹彩病毒的基因组学奠定了基础；建立了虹彩病毒科的肿大细胞病毒属新属，得到国际病毒分类委员会（ICTV）的确认，并将课题组命名的ISKNV作为肿大细胞病毒属的代表种；确定了目前肿大细胞病毒属由3个物种组成，在虹彩病毒科属和肿大细胞病毒属种的分类上得到了创新性发展。在揭示虹彩病毒对鱼类感染和致病关键基因及其作用机理和途径等研究成果的基础上，该项目还建立了“封闭+消毒+水质调节”有效控制ISKNV暴发性流行的鳜鱼健康养殖模式和技术，并广泛推广应用。该措施实施后，广东省佛山市南海区养殖鳜鱼病毒病发生率由50%下降到5%以下，效果显著。

项目执行期间，共发表SCI收录论文（含接收）27篇，影响因子大于3.0的12篇，其中影响因子大于5.0的2篇，有一篇论文成为杂志 *Virology* 封面文章；出版论著1本；申请国家发明专利3项，申请国际发明专利1项，获得国家发明专利4项。在NSFC—广东联合基金的资助下，何建国教授成长为国家科技支撑计划项目牵头人、国家行业公益性专项首席科学家、国家产业技术体系首席科学家。

（广东省科学技术厅社会发展与基础研究处 彭向阳）

获国家科技项目支持情况

【国家“973计划”首席科学家项目】 2011年，广东省重大基础研究再现“井喷”现象。全省获国家“973计划”（含国家重大科学研究计划）首席科学家项目11项（见表5-1-2-1），总经费3.7亿元，位居全国第3位，总数比2010年增加4项，与最多的2009年持平。2009—2011年，广东省获国家“973计划”首席科学家项目29项，是2009年前11年总和的3倍，充分表明广东基础研究和原始创新水平已上升为全国“第1梯队”，部分领域跻身世界领先或先进前列。

表5-1-2-1 广东省获国家“973计划”（含国家重大科学研究计划）首席科学家项目一览表（2011）

序号	类别	项目名称	负责人	依托单位
1	“973”首席科学家	高性能LED制造与装备中的关键基础问题研究	刘岩	深圳清华大学研究院
2	“973”首席科学家	近海重大交通工程地震破坏机理及全寿命性能设计与控制	杜修力	广州大学
3	“973”首席科学家	中国南方古生界页岩气赋存富集机理和资源潜力评价	肖贤明	中国科学院广州地球化学研究所
4	“973”首席科学家	草本能源植物培育及化学催化制备先进液体燃料的基础研究	马隆龙	中国科学院广州能源研究所
5	“973”首席科学家	慢性肾脏病进展的机制研究	侯凡凡	南方医科大学
6	“973”首席科学家	新型医用材料的功能化设计及生物适配基础科学问题研究	王迎军	华南理工大学
7	“973”首席科学家	中国语言相关脑功能区与语言障碍的关键科学问题研究	谭力海	香港大学深圳研究院
8	“973”首席科学家	有机分子基框架多孔材料的前沿研究	苏成勇	中山大学
9	重大研究计划首席科学家	新型铜基化合物薄膜太阳能电池相关材料和器件的关键科学问题研究	肖旭东	中国科学院深圳先进技术研究院
10	重大研究计划首席科学家	非整合人诱导性多能干细胞（iPS）及相关技术用与β地中海贫血治疗的研究	潘光锦	中国科学院广州生物医药与健康研究院
11	重大研究计划首席科学家	肿瘤干细胞的动态演进及干预研究	刘强	中山大学

2011年所获的“973计划”首席科学家项目研究学科和突破方向都紧密结合广东八大战略性新兴产业的技术前沿需求。如以中科院深圳先进技术研究院肖旭东研究员为首席科学家的“新型铜基化合物薄膜太阳能电池相关材料和器件的关键科学问题研究”项目重点在光伏器件的原理、材料设计和制备技术等源头突破核心知识和关键技术，在广东形成一支在铜基第3代太阳能电池研究领域有国际影响和地位的研究队伍，为广东在该领域的研究奠定技术和人才储备。又如以中科院广州生物医药与健康研究院潘光锦研究员为首席科学家的“非整合人诱导性多能干细胞（iPS）及相关技术用与β地中海贫血治疗的研究”项目，针对广东地区常见的地中海贫血症，通过基因修复联合血液分化的技术途径，探讨建立一套从β-地中海贫血患者的iPS诱导到突变基因原位修复，再到修复后造血干细胞分化的完整技术，将为β-地中海贫血患者的移植治疗提供大量自体来源的造血干细胞奠定基础。

【国家“973计划”、国家自然科学基金项目】 2011年，广东省获国家基础研究项目经费（国家“973计划”、国家自然科学基金）合计超过14亿元，比2010年增长近1倍。其中，获国家自然科学基金经费超10亿元，比2010年5.38亿元“翻一番”，首次超越江苏省，跃居全国第3位。共获国家自然科学基金项目2 101项，其中，约9亿元经费的基础研究项目围绕广东省八大战略性新兴产业开展研究，为解决广东省战略性新兴产业发展中重大科学问题和前沿技术提供了有力支撑。获国家自然科学基金杰出青年项目11项。广东省获国家自然科学基金总经费中，58%为面上项目，2%为青年科学基金，5%为重点项目，6%为联合基金项目（涉及NSFC—广东联合基金及其他8类联合基金），2%为国家杰出青年科学基金，3%为重大研究计划，其余项目占24%左右。

【社会发展领域国家重大项目】 2011年，广东省获社会发展领域国家重大项目情况喜人，获国家总资助经费超6亿元，其中，国家重大新药创制专项资助经费1.3亿元。“十百千万工程”广东试点行动有声有色，得到基层群众、基层医院和医疗器械企业的广泛好评。

（广东省科学技术厅社会发展与基础研究处 彭向阳）

广东省自然科学基金

广东省自然科学基金是本省原始创新的源泉与科研人才的“摇篮”，2011年，广东新增的11名首席科学家中，8人曾得到广东省自然科学基金资助，获得国家自然科学研究项目的有70%曾得到省自然科学基金项目的前期支持。

2011年，广东省自然科学基金财政专项经费达6 000万元，比2010年增加1 000万元。在省自然科学基金的统一管理体系下，2011年选择了广东医学院、五邑大学、广东工业大学、深圳信息职业技术学院4所大学开展联合资助试点，带动增加基础研究投入200万元。

【项目申报与资助】 2011年，广东省自然科学基金项目申报总数再创新高，达到5 408项。2011年，参与省自然科学基金的研究人员16 230人，通过省自然科学基金项目资助培养博士后205人、博士1 495人、硕士2 645人；新增正高303人、副高668人。从项目申请人的年龄结构来看，28至40周岁青年科学家占80%，比2010年提高10个百分点。

2011年，广东省自然科学基金团队项目的资助强度由150万元增加到200万元，重点项目资助强度由20万元提高到30万元。2011年度资助了面上项目982项，资助率20.1%，比2010年提高3%；资助强度5.9万元，比2010年增长5%。

表 5-1-3-1 广东省自然科学基金资助项目情况（2011）

计划类别	立项数（项）	经费（万元）	资助率（%）
研究团队（包括滚动支持）	33（新上 9 项）	1 140	—
重点项目	41	1 035	18.6
博士启动	380	1 140	18.68
自由申请	606	2 885	22.73

表 5-1-3-2 广东省自然科学基金各学科面上项目资助情况（2011）

学科	自由申请项目					博士科研启动项目				
	受理数量（项）	立项数量（项）	资助率（%）	占比（%）	总经费（万元）	受理数量（项）	立项数量（项）	资助率（%）	占比（%）	总经费（万元）
数理	97	20	20.6	3.32	105	121	21	17.4	5.53	63
化学	191	35	18.3	5.81	182	158	29	18.4	7.63	87
生科	1 581	365	23.9	60.6	1 590	933	174	18.7	45.7	522
地球	126	25	16.7	3.49	126	105	20	19.1	5.3	60
材料	241	46	19.1	7.64	253	248	35	14.1	9.21	105
信息	253	61	24.1	10.1	319	306	60	19.6	15.7	180
管理	173	54	31.2	8.9	320	163	41	25.1	10.8	123
合计	2 662	606	22.6	—	2 895	2 034	380	18.7	—	1 140

【规范化管理】 2011 年 2 月，广东颁布实施《广东省自然科学项目管理办法》和《广东省自然科学项目资助经费管理办法》，严格申报，培育青年科学人员的创新精神，进一步减少以往“老运动员”和“老面孔”出现在省自然科学基金领域的几率和获取资助的机会，给予本省更多新生科研力量在省自然科学平台上的“竞技”空间和得到扶持培育的机会。

【项目选介】

植物生物质材料化学转化和高值化利用研究

该项目是由中国科学院广州化学研究所承担的广东省自然科学基金研究团队项目。项目以广东省丰富的植物生物质为研究对象，通过研究，阐明生物质的分子结构及聚集态结构；利用化学转化方法，将这些生物质原料转化成功能材料或“非石油依赖型”化工、能源原材料；研究植物生物质洁净高效转化的途径和机理，加快生物质材料资源高值化转化利用技术转化和产业化，开辟新的化工材料可再生资源来源，促进广东省经济的发展，造就了一支有持续创新能力和凝聚力、在国内外该研究领域水平领先的科研团队。

该项目成果推广应用良好。例如，陕北沙棘高值化利用技术已经在陕北吴起县延安华联锦园沙棘生物工程有限公司建设一条产能 100 吨/年（500L）、利用超临界二氧化碳流体提取陕北产沙棘籽油、精制沙棘黄酮的规模生产线，项目中超临界二氧化碳提取沙棘籽油的成本控制在 20.6 万元/吨（2 060 万元/年），新增销售收入达到 3 500 万元/年，新增利润 1 440 万元/年，企业投资预计在 2～3 年内可以收回。又如，八角种植和大茴香醛的合成工艺技术已经在广西万山香料有限责任公司产业化，建成八角优良高产示范基地 3 333 公顷；建成年产 300 吨的天然大茴香脑生产线 2 条，茴脑回收率 92% 以上，纯度达 99.5%；建成年产 500 吨的天然大茴香醛生产线 1 条，产品得率可达 66%～69%（以茴脑计），质量达到或超过现有的合成大茴香醛行业标准，每年可生产 500 吨茴香醛，销售收入 7 500 万元，年利税约 1 500 多万元。高性能木塑复合材料的研究已经完成中试和产业化试验，准备进入产业化阶段。

该项目共发表学术论文 45 篇，其中被四大检索系统收录 12 篇，按计划超额完成任务合同书的指标（14 篇）。申请发明专利 31 项，获得授权发明专利 10 项，按计划超额完成了任务合同书的指标（10 项）；培养博士研究生 9 名、硕士研究生 16 名，3 名核心成员在项目执行期间由副研究员提升为研究员，并提升为博士生导师，培养了一支骨干科研队伍。获后续项目资助 18 项，包括国家自然科学基金重点项目、“863 计划”重点项目、国家科技支撑计划等，后续经费支持 527 万元。

南方常见重要食源性致病菌分布规律及相关基础研究　该项目是由广东省微生物研究所承担的广东省自然科学基金研究团队项目。项目调查了我国南方地区金黄色葡萄球菌、阪崎肠杆菌、沙门氏菌、大肠杆菌 O157∶H7、副溶血性弧菌等的食品污染状况；并在调查的基础上建立菌种库，比较不同分型方法，开展多种病原菌 ERIC-PCR 研究；选取二氧化氯和甲酸，观察杀菌剂作用过程中微生物各个生理生化特征变化，研究杀菌剂作用机理；以嗜肺军团菌为例，研究病原菌逆境条件下损伤修复机理。

在项目实施过程中，团队人员全面系统地调查了沙门氏菌、单增李斯特菌、副溶血弧菌、大肠杆菌 O157∶H7 等常见食源性致病菌在广东为主的南方四省食品中的污染状况，初步掌握了致病菌在南方特别是广东省内的污染和分布情况，揭示了食源性致病菌在食品中的多样性分布；运用生化检测和分子检测相结合的先进技术对食源性致病菌进行分离和鉴定，收集野生菌株和标准菌株，包括沙门氏菌、单增李斯特菌、副溶血弧菌、大肠杆菌、金黄色葡萄球菌、阪崎肠杆菌等在内的菌株 603 株；结合生物信息学、基因组学以及进化分析等新技术和新理论，对已经建立的菌种库中 ERIC 序列分布进行分析与研究，设计引物，优化 ERIC-PCR 反应的参数，初步构建部分常见食源性致病菌的 ERIC-PCR 指纹图谱，并进行南方特色菌种资源的聚类分析；从生物化学和生物物理学角度，研究其对细胞形态结构、胞内物质的泄漏膜电位、呼吸抑制、物质能量代谢关键酶活性的影响，发现二氧化氯基本不破坏细胞结构，对胞内不同物质泄漏有不同效果，能够明显破坏 DNA 结构和功能，甲酸引起质膜改变和细胞凋亡，并导致线粒体线性化和胞内活性氧升高；探索了致病菌在高温、冷冻及高渗透压等逆境下嗜肺军团菌存活和细胞受损后的修复机制，研究了 Dps、LpvcR、ClpP 这 3 个与逆境相关的调控蛋白，在嗜肺军团菌抗逆生理的作用，它们能够调控应答多种逆境条件，在抗氧化胁迫、抗酸反应、高温生长、铁摄取和储存、细胞毒性等过程中起重要作用。

该项目实施期间，团队人员在国内外核心期刊以上刊物发表相关论文 17 篇：其中 SCI 收录 9 篇，核心期刊 8 篇，全国性学术会议论文 5 篇；编译专著 3 部；申请和获得相关专利 9 项，其中授权 3 项；主办 2 次全国性学术会议，参加全国性学术会议 20 人次，国际交流 5 次；获市级以上奖励 6 项次，其中“食品微生物安全快速检测与高效控制技术研究”获 2010 年度国家科技进步奖二等奖；后续申请获相关项目资助 7 项，包括国家自然科学基金 2 项，其中“单核细胞增生李斯特菌遗传多样性及危害机制研究”为 NSFC—广东联合基金，资助金额为 193 万元。项目团队充分发挥了自身协同优势，依托重点实验室提供的优良条件，提升团队的研究水平，使整个团队成为华南地区食品安全研究领域的重要力量。团队积极培养食品微生物安全的高素质人才，为广东省的人才强省战略做出重要贡献，期间共培养毕业博士研究生 4 人、硕士研究生 12 人，晋升正高职称 4 人、副高职称 4 人。该项目的实施极大地提高了华南地区微生物食品安全水平。

（广东省科学技术厅社会发展与基础研究处　彭向阳）

科技计划项目

2011 年，全省共发布了 2 批广东省科技计划申报指南，完成了 2012 年广东省科技计划申报指南的编制工作。截至 2011 年年底，下达各类科技计划项目 4 304 项，下拨资金 21.94 亿元，整体完成全年科技计划立项与资金下达任务。其中，第 2 批省战略性新兴产业发展专项资金 LED 产业项目共安排项目 28 项，总计 4.3 亿元；第 1 批省战略性新兴产业核心技术攻关计划项目共安排项目 53 项，总计 4.29 亿元。“低碳技术创新与示范”“战略性新兴产业关键技术”和“重大新药创制”3 个省重大科技专项累计投入财政专项资金 2.84 亿元。产业研究开发资金计划项目共立项 1 010 项，安排资金 1.9 亿元；省部院产学研结合专项资金共立项 3 026 项，安排资金 7.79 亿元。

重大科技专项

2011 年，“低碳技术创新与示范”“战略性新兴产业关键技术”和“重大新药创制”3 个省重大科技专项累计投入财政专项资金 2.84 亿元，支持实施 152 个具有较高水平和示范效应的项目，参与单位超过 270 个，吸引地方、企业和社会投入研发资金 30.7 亿元，省财政资金带动效应达 1∶12.5。项目实施预计可实现新增产值 480 亿元，新增利税 147 亿元，新增就业 12 160 人，经济和社会效益十分显著。

【突破了一批支柱产业共性技术】 2011 年，重大专项在智能家庭技术、电动汽车高性能锂离子电池技术、轻工机械产品稳健设计技术、饮用水和功能性食品安全技术、中高速传感器网络关键技术等广东省优势制造业领域成功突破 324 项共性技术，其中 225 项产业共性技术已达到了国内领先甚至国际领先水平。国产碳/碳复合材料刹车盘、飞机大刚性次受力结构用全对位芳纶蜂窝芯材将突破国外的技术和市场垄断，满足我国民用飞机对新材料的战略需求。巴替非班注射液、甲磺酸莫非赛定、盐酸去甲乌药碱等一批国产 1 类新药的相继研制并进入临床试验，将为治疗冠心病、乙肝、肿瘤等重大疾病提供有效手段，有力地提升广东省支柱产业的自主创新能力和国际市场竞争力。

【增强了节能减排技术创新能力】 2011 年，“低碳技术创新与示范”重大专项在石化、造纸、陶瓷等节能减排重点行业以及太阳能光伏等可再生能源领域支持 64 个项目。4 年来，该专项累计共立项支持 205 个项目，推广应用节能减排新技术、新工艺、新设备 590 多项（台、套），节能 52.9 万吨标准煤，减排 $SO_2$10 200 吨、COD5.12 万吨、CO_2 134.5 万吨，实现产值 490 亿元。“大型火电机组负荷自适应控制优化技术”通过成果鉴定，总体技术处于国际先进水平。石化企业污水零排放技术处于国际领先水平，使污水处理成本降低 1/3，并成功推广到大亚湾核电站工程、宝洁公司等重大工程和知名企业，累计回用污水达 1 000 万吨。

【华南新药创制中心建设全面加速】 国家科技重大专项“华南综合性新药研究开发技术大平台”建设进展顺利。截至 2011 年年底，共引进专业技术团队 15 个，陆续建成 17 个新药创制平台，基本建成涵盖新药创制全过程的专业平台，获得以巴德年院士为组长的国家新药创制重大专项监督评估组的肯定。新药加速器服务基地建设实现突破，2011 年启动 15 个新药研发项目，在研合作项目35 个，其中1 类新药21 个。

（广东省科学技术厅发展规划处　袁海涛）

粤港关键领域重点突破项目

粤港关键领域重点突破项目招标（以下简称“粤港招标项目”）以粤港两地支柱产业、战略产业关键技术的科技攻关为切入点，以面向社会公开招标的方式，组织社会各方力量实施重点突破攻关，有力地促进了粤港两地国际竞争力的提升和社会经济的快速发展，对实施自主创新战略、建设现代产业体系、拉动内需抗击国际金融风暴、推动节能减排、争当科学发展观排头兵发挥了重要的支撑作用，同时也在两地创立了一个科技合作的品牌。

2011 年，在粤港招标项目工作中，广东省投入财政经费 2.19 亿元，其中省科技厅投入 1 亿元，在4 个大领域 14 个子领域共立项 36 个，在物联网关键技术的研究和应用、智能机器人、电子信息等关键领域进行重点突破。

【立项情况】 2005—2011 年，粤港招标项目共立项421 个，省科技厅总资助资金达66 834 万元。2005 年立项62 个，资助经费9 100 万元；2006 年立项 84 个，资助经费 10 450 万元；2007 年立项72 个，资助经费 9 545 万元；2008 年立项 61 个，资助经费8 902 万元；2009 年立项 66 个，资助经费9 680 万元；2010 年立项40 个，资助经费9 777 万元；2011 年立项 36 个，资助经费 9 380 万元。

421 个项目领域分布情况如下：电子信息领域93 个，资助经费 15 588 万元；先进制造领域47 个，资助经费 8 833 万元；新型材料领域 51 个，资助经费 9 178 万元；生物医疗器械 76 个，资助经费 9 083. 5 万元；能源环保领域 38 个，资助经费 5 255 万元；科技农业 40 个，食品安全 29 个，资助经费 7 316. 5 万元；粤港产业平台 6 个，资助经费700 万元；专业镇共性平台 23 个，资助经费 6 446 万元，现代服务业 18 个，资助经费3 434万元（见表5 –2 –2 –1、图5 –2 –2 –1、图5 –2 –2 –2）。

表 5 –2 –2 –1　粤港招标项目分领域立项情况（2005—2011）

单位：项

项目	2005 年	2006 年	2007 年	2008 年	2009 年	2010 年	2011 年	合计
电子信息	22	21	14	12	17	3	4	93
先进制造	0	11	13	6	10	4	3	47
新型材料	0	7	19	15	5	5	0	51
生物医疗器械	23	17	9	8	11	8	0	76
能源环保	0	11	6	8	9	4	0	38
粤港产业平台	0	0	0	0	6	0	0	6
科技农业	14	11	6	8	1	0	0	40
食品安全	3	6	5	4	7	4	0	29
专业镇共性平台	0	0	0	0	0	12	11	23
现代服务业	0	0	0	0	0	0	18	18
合计	62	84	72	61	66	40	36	421

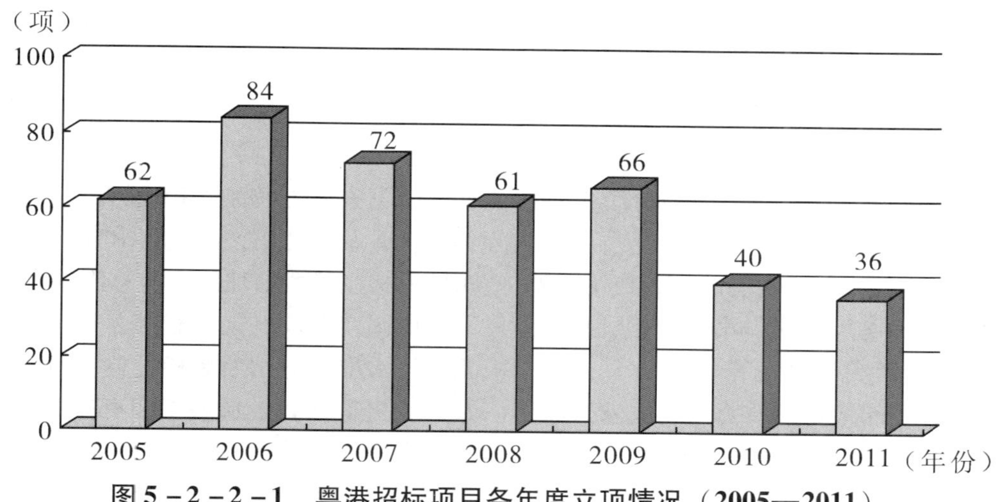

图 5-2-2-1 粤港招标项目各年度立项情况（2005—2011）

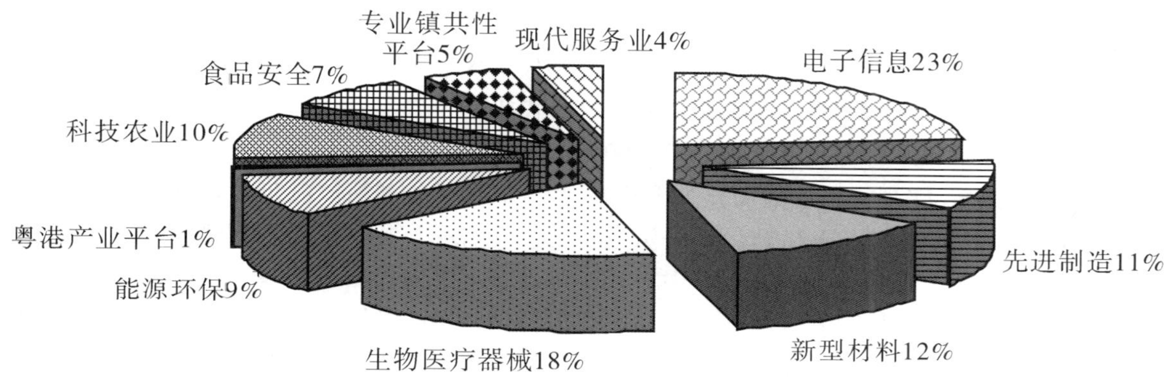

图 5-2-2-2 粤港招标立项项目领域分布情况（2005—2011）

【项目进展】 在省科技厅的引导及支持下，经过几年来的科技攻关，各项目进展情况良好，2005—2011 年立项的 421 个项目中已有 203 个完成结题验收，未结题的 218 个（见表 5-2-2-2）。项目申请发明专利约 1 850 件，获授权 600 余件；申请实用新型专利约 1 210 件，获授权约 730 件；申请外观发明专利约 1 200 件，获授权约 700 件；申请国外专利 130 件；取得计算机软件著作权 380 项。研究创新工艺 270 项，开发新产品 900 项，研究出新材料 70 种，开发新装备 210 项。发表论文著作 3 000 余篇，制定或参与制定标准 280 多项，项目成果获国家级奖励 28 项次、省级奖励 60 项次、市级奖励 40 项次。培养人才共5 000余名，其中博士研究生 350 名、硕士研究生 1 600 名、本科学士 3 100 名。

表 5-2-2-2 粤港招标项目各年度项目完成情况（2005—2011）

单位：项

项目	2005 年	2006 年	2007 年	2008 年	2009 年	2010 年	2011 年	合计
已结题	43	56	50	26	27	1	0	203
项目实施	19	28	22	35	39	39	36	218
合计	62	84	72	61	66	40	36	421

【关键领域重点突破情况】

电子信息领域　电子信息领域立足于广东省电子信息的实际，从产业链、价值链的层面研究分析，围绕提高自主创新能力以及新兴电子信息两大中心，推动产业结构升级，增强持续发展后劲，重点发展新产品、关键技术、共性技术等内容，攻克一批影响我国行业发展的瓶颈技术难题，如 RFID 共性技术、数字家庭与数字电视、信息安全技术、安全新一代无线网络等。

广东电子工业研究院有限公司、香港大学电子商业科技研究所等单位联合承担的“RFID 物流通关系统研究与实施”项目，重点研发基于 RFID 技术的安全可靠的物流通关公共服务平台、供港活猪检验检疫通关示范系统等内容，形成一套完整的适于检验检疫物流通关领域的 RFID 解决方案。深圳文锦渡口岸利用该项目成果对深圳光明农场（龙华农场）猪场每日供港的 1 000～5 000 头活猪进行检验检疫，实现了快速通关，为 RFID 技术在物流通关领域的推广应用起到良好的示范作用。

广州杰赛科技股份有限公司联合电子科技大学承担的“一体化综合信息安全防护系统的开发和应用”项目，研究与开发基于数据安全、内容安全、网络安全、生物特征的访问控制安全等诸多安全功能为一体的安全系统，用于保护个体敏感数据和网上交互信息。该项目已申请发明专利 6 件，申请软件著作权 4 项，行业标准提案 1 项，发表论文 10 篇。专项审计报告显示项目总投入 1 407. 22万元，其中专项经费 200 万元，累计销售相关产品 2 116. 92 万元。

先进制造领域　先进制造领域利用现代数字和信息技术以及新材料技术，研制多功能、性能优越、质量稳定的先进制造设备，进一步提升广东省先进制造产业创新能力，培养一大批相关领域龙头企业，调整产品结构，形成区域主导发展态势。在精密制造、数控机床控制、电子装备、新型装备器件等方面得到长足的发展，为广东省先进装备的发展起到重要的推动作用。

中航通用飞机有限责任公司承担的“大型水陆两栖飞机数字化设计”项目，通过研究数字化技术在大型水陆两栖飞机整个设计过程中的应用，并应用数字化技术来变革传统的飞机设计模式、方法，实现数字化定义，研究基于水陆两栖飞机总体快速设计技术及协同平台，实现大型水陆两栖飞机的数字化协同设计。省财政给予该项目 420 万元经费的支持，承担单位承诺投入 1 260 万元，研发投入总经费达 1 680 万元。按照单机价格约 2 亿元及带动相关产业的 10 倍产出计算，大型水陆两栖飞机所增加的生产总值将达数百亿元。

中国广东核电集团有限公司承担的“百万千瓦级压水堆核电站控制棒控制系统工程样机研制及产业化”项目，形成了拥有完全自主知识产权的压水堆核电站控制棒控制系统，打破了国外在控制棒控制系统技术上的统治地位和市场垄断。为实现国家发改委、广东省提出的核电站关键系统与设备自主化研发，实现全面国产化的目标，突破国外技术封锁，实现设备全面国产化，形成规模生产能力，及今后中国核电尽快“走出国门”奠定了基础。

新型材料领域　新型材料领域立足广东省经济发展需求，针对全省材料产品中低档偏多、总体装备水平不高、工艺技术落后的特点，大力扶持特种材料的发展，以产学研为主实施联合攻关，同时应用高新技术，改进各种原材料的生产流程，在电子薄膜、储能材料、汽车用材、基础化工材料等方面都取得了良好的突破。

金发科技股份有限公司承担的“高性能长纤维增强热塑性塑料关键技术及产业化”项目，通过对塑料熔融浸渍设备、成型工艺以及材料配方等关键技术的研究，开发出新型长纤维增强热塑性塑料，在特殊场合可取代铸铁、钢铝、热固性塑料应用，可广泛应用于汽车制造、家用电器、仪器仪表等众多领域，提高了材料的循环利用率，节约资源和有效利用资源，符合广东省大力发展循环经济、节约能源的发展方向。

广州钢铁企业集团有限公司联合北京科技大学、广州汽车集团股份有限公司等单位承担的“高品质汽车钢板的开发与产业化”项目，深入研究深冲钢、DP 钢及 TRIP 钢等钢种的组织和力学性能，改进热轧深冲钢的成分及冶炼、精炼工艺及轧制工艺，开发出适用于汽车用钢的高品质钢板。项目已实现产业化，每年实现销售收入近 30 亿元，项目的实施将改变我国汽车产业快速发展，而汽车用高品质钢板却大部分依赖进口的现状。

能源领域　能源领域立足于新能源开发以及节能减排的目标上，通过开发太阳能、风能等新能源以及各种节能减排设备的研制，为广东省节能减排目标做出了应有的贡献。

珠海兴业幕墙工程有限公司联合广州能源研究所承担的“多能源互补分布式可再生能源发电微电网技术研究与示范”项目，以珠海市东澳岛能源应用为基础，建立以风/光/柴/蓄分布式微电网的优化组网技术的多种能源集成示范基地。项目主要研究风光互补分布式微电网系统的关键技术，包括系统的建模、高可靠性的离网型风力发电机组的设计制造技术，研究风光互补分布式微电网的组网技术及控制技术和相关的电力电子装置及监测装置，建立一个风能、太阳能、生物质能等可再生能源综合利用的微电网示范系统，为广东省新型能源的发展提供有力的借鉴作用。

环保领域　针对广东地区的灰霾天气和酸雨日渐严重的问题，有针对性地进行中小型锅炉NOx控制技术攻关。

由环境保护部华南环境科学研究所、广州华科环保工程有限公司和清华大学（热能工程系）联合承担的“中小型锅炉氮氧化物控制技术研发与应用示范”项目，开展了SCR催化剂的性能试验、200m^3/h烟气量的SCR脱硝中试等一系列试验研究，在此基础上开发的SCR脱硝蜂窝式催化剂已在工程示范应用。通过200m^3/h烟气量的SNCR脱硝中试、35t/h链条锅炉和30t/h循环流化床锅炉SNCR脱硝工程示范，研究了锅炉工况和氨水喷射的控制系统，优化了相关设计和运行参数，示范工程稳定运行。

生物医药领域　生物医药领域通过立足发展广东的生物医药产业，把关键技术的创新突破作为产业发展的重要推动力，通过粤港联合攻关，推动现代中药、现代生物制药等关键技术及装备的创新和产业化，形成具有广东省特色的生物医药的创新体系和团队。

由东莞市凯法生物医药有限公司和东莞市留学人员创业园管理办公室联合承担的“左旋（R）班布特罗及片的研制”项目，通过了国家食品药品监督管理局审评，获得了临床试验批件。开始了一期临床的研究工作和二期临床的准备工作，完成了原料及片剂的中试研究工作，并获得了中国、美国、意大利、荷兰和西班牙等国专利。与已上市的消旋体（RS）班布特罗相比，具有疗效高、毒性小的优势，（R）左旋班布特罗有望成为具有全新机制的新型抗哮喘药。

科技农业领域　科技农业领域针对广东省传统糖制食品产业存在的自动化程度低、能耗大、切割废渣量大的技术难题以及品种单一等情况，研究其加工关键技术并形成产业化，开发新型糖制食品，显著提高传统糖制食品产业的生产效率和市场竞争力。

广东真美食品集团有限公司和华南理工大学联合承担的“粤东特色中式软糖现代化生产关键技术及其产业化”项目，研究了粤东特色中式软糖中果仁特性及加工技术、凝胶类糖基特性及该类糖果的加工工艺、传统糖浆（基）特性及应用，工业生产降能降耗的技术以及机械化、自动化技术，为粤东地区糖果的技术创新及工业化生产树立示范作用。

食品安全领域　食品安全领域畜禽风味肉制品在广东畜禽肉加工及出口中占的份额较大，但存在部分风味肉制品防腐剂超量超范围使用和微生物超标等问题。省科技厅针对食品工业中畜禽风味肉制品加工和储运过程存在的安全问题开展攻关并努力解决其中的技术问题，以支撑畜禽风味肉制品加工与储运安全，促进畜禽肉品加工业的健康发展。

广东环凯微生物科技有限公司、广东省微生物研究所、香港中文大学生物系联合承担的“鸡肉风味制品加工储运过程微生物安全技术研发与示范应用”项目，对广东省内鸡肉及其制品中大肠杆菌O157、沙门氏菌、单增李斯特氏菌污染情况进行调查，掌握了其污染分布的基本规律；创建了沙门氏菌、大肠杆菌O157和单增李斯特菌的LAMP快速检测技术，新开发了LAMP—显色培养基联用快速检测技术。开展了ATP生物发光法检测鸡肉风味制品冷链原料新鲜度的研究，开发了稳定高效次氯酸钠消毒剂，并制订了生物发光微生物快速测定技术规程和稳定高效次氯酸钠消毒剂在鸡肉风味制品加工储运过程消毒应用技术规范。

专业镇共性平台　专业镇技术创新工作是广

东省实施“双提升”战略，发展县域经济、推动区域经济发展壮大的重要抓手，是推进全省城镇化建设的重要载体，其主要任务之一就是搭建高效实用的产业创新平台，为区域优势产业健康发展和企业创新活动提供支撑。

中山市小榄镇生产力促进中心建设的小榄五金专业镇转型升级公共技术创新服务平台，在出口产品认证服务方面，已成功为200多家企业取得包括CCC、CQC、CE、CB、VDE、TUV、GS、UL、CSA、FCC、ETL、SASO、ICTI、QS等各类证书400多个。

佛山市顺德工业与信息技术研究中心有限公司承担的专业镇机械装备公共服务平台创新建设项目，通过建立起完善的服务体系，全面提升专业镇特色机械装备产品的技术含量，带动当地木工机械产业的装备产品向高精度、自动化、网络化、智能化方向发展，加速了产业的转型升级。

电力电器行业一直是汕头特区发源地——龙湖区的支柱行业，该区下辖的珠池街道电力电器企业产值16亿元，占社会总产值的41.81%。通过对区域电力电器产业的资源进行整合，并形成上下游产业链，街道电力电器设备制造产业的特色已经呈现，项目实施以后带动了技术的提升和产业的发展，起到积极的示范作用。

（广东省科学技术厅高新技术发展及产业化处　郭秀强）

科 技 成 果

2011年，广东省获2011年度国家科学技术奖34项，再次实现大丰收，其中，获国家自然科学奖5项，为历年最多。全省核准登记的重大科技成果有1 540项，有250家企事业单位的263个项目列入省重点新产品计划，其中，92项被列入国家级重点新产品计划，居全国第4位。2011年，广东基础研究领域成果突出，成果产业化前景喜人；企业创新主体地位突出，科技研发能力不断加强；基础设施建设水平提高，支撑社会发展能力增强；科技惠及民生成效显著，有力推进幸福广东建设。

广东省重点新产品计划

2011年，广东省有250家企事业单位的263个项目列入省重点新产品计划，其中，92项（含省科技厅、深圳市及广州市渠道）被列入国家级重点新产品计划，居全国第4位。这些项目涉及人口与健康、信息产业与现代服务业、材料、制造业、能源、资源和环境、农业、交通与运输等多个产业领域，其技术领域主要集中在电子信息、新型材料、光机电一体化、新能源与高效节能、生物技术与新医药等高新技术领域，超过总量的97%。

据对由省科技厅渠道申报立项的141项省重点新产品项目的统计，从申报单位来看，属高新技术企业122家，占86%；从采标情况看，采用国际标准13项，采用国家标准53项，采用行业标准21项，采用企业标准48项；从项目的成熟度看，批量（规模）生产97项，小批量生产37项，中试生产7项；从技术来源看，企业自行开发128项，政府资助12项，国外技术1项；从开发形式看，本单位独立开发125项，合作开发15项，引进消化吸收1项。可见这批项目技术水平高，成熟度高，大部分拥有自主知识产权，属独立开发和自有技术。

在列入省重点新产品计划的项目中，绝大部分申请或获得专利，其中获得授权的发明专利121项、实用新型专利401项、外观设计专利217项，取得软件著作权73项。这些新产品计划项目总投入约20.84亿元，其中产品研发投入约10.28亿元。实施一年后，预计年销售额约231.35亿元，创汇约9 970万美元，上缴增值税约15.78亿元。

（广东省科学技术厅高新技术发展及产业化处 郭秀强）

科技成果鉴定、登记

2011年，全省核准登记的重大科技成果有1 540项，由省科技厅核准登记的有482项，组织成果鉴定252项。2011年，省科技厅对1项国家科技定密项目进行了评审。

在登记的科技成果中，应用技术成果440项，占登记总数的91.29%；基础理论成果35项，占登记总数的7.26%；软科学成果7项，占登记总数的1.45%。在登记的科技成果中，75.93%的项目成果水平达到国内领先以上。

这些研究成果中，由企业完成的项目238项，占49.38%；医疗机构完成的项目51项，占10.58%；科研院所、大专院校完成的项目155项，占32.16%；其他项目38项，占7.88%。在应用技术类科技成果中，已授权专利659项，其中有462项专利是企业取得的，占70.11%。属于电子信息、软件、光机电一体化、新材料、新能源与高效节能、生物医学、环保等高新技术领域的成果270 项，占应用技术类成果登记总数的61.36%。

2011 年，有427 项成果已得到应用。对其中193 项成果进行经济效益统计显示，新增利润95.13 亿元，增长 39.79%；新增利税 27.57 亿元，增长 253.01%；出口创汇 37.13 亿元，增长171.02%。

表 5－3－2－1 全省已登记重大科技成果基本情况一览表（2010—2011）

项目	2010 年		2011 年	
	项目数（个）	比重（%）	项目数（个）	比重（%）
一、成果完成单位类型				
1. 独立研究机构	60	13.92	84	17.43
2. 大专院校	88	20.42	71	14.73
3. 企业	217	50.35	238	49.38
4. 医疗机构	34	7.89	51	10.58
5. 其他	32	7.42	38	7.88
合计	431	100	482	100
二、成果类别				
1. 应用技术	398	92.34	440	91.29
2. 基础理论	30	6.96	35	7.26
3. 软科学	3	0.70	7	1.45
合计	431	100	482	100
三、成果水平				
1. 国际领先	26	6.03	44	9.13
2. 国际先进	103	23.90	110	22.82
3. 国内领先	216	50.12	212	43.98
4. 国内先进	76	17.63	91	18.88
5. 其他	10	2.32	25	5.19
合计	431	100	482	100
四、基本情况				
1. 鉴定项目数	353	81.90	407	84.44
2. 验收项目数	33	7.66	35	7.26
3. 评审项目数	22	5.10	35	7.26
4. 行业准入数	6	1.39	1	0.21
5. 其他	17	3.95	4	0.83
合计	431	100	482	100

表 5-3-2-2 全省已登记重大科技成果应用及经济效益情况一览表（2011）

应用情况		经济效益情况	
项目	项目数合计（项）	项目	合计
已应用（项）	427	经济效益项目数（项）	193
应用后停用（项）	1	净利润（万元）	951 255
未应用（项）	54	实交税金（万元）	275 699
#资金问题	7	出口创汇（万元）	371 266
其他原因	47	节约资金（万元）	649 614

表 5-3-2-3 全省重大科技成果登记完成单位情况一览表（2007—2011）

单位：项

项目	2007 年	2008 年	2009 年	2010 年	2011 年
合计	480	433	504	431	482
企业	172	166	236	217	238
科研院所	97	73	71	60	84
大专院校	108	87	98	88	71
医疗机构	56	56	51	34	51
其他	47	51	48	32	38

（广东省科学技术厅科技服务与管理处　王雅文）

科　技　奖　励

【国家科学技术奖获奖情况】 广东省获 2011 年度国家科学技术奖 34 项，再次实现大丰收，其中，获国家自然科学奖 5 项，为历年最多。华为技术有限公司参与的“宽带移动通信容量逼近传输技术及产业化应用”项目获得国家技术发明奖一等奖，是通信领域迄今获得的第 1 个国家技术发明奖一等奖。由南方电网科学研究院有限公司完成的“高压直流输电工程成套设计自主化技术开发与工程实践”项目，是本省自 2001 年后再次获得的国家科学技术进步奖一等奖。

表 5-3-3-1 获国家级、省级科技奖励情况一览表（2007—2011）

单位：项

年度	2007	2008	2009	2010	2011
国家级科技奖励成果	29	31	26	36	34
国家技术发明奖	2	1	1	2	5
国家自然科学奖	3	4	2	1	5
国家科学技术进步奖	24	26	23	33	23
中华人民共和国国际科学技术合作奖	—	—	—	—	1
省级科技奖励成果	289	288	271	260	272
省科学技术突出贡献奖	2	1	2	2	1

表 5－3－3－2 广东省获国家科学技术奖项目名单（2011）

序号	项目名称	主要完成单位	主要完成人
自然科学奖（5 项）			
1	华北及邻区深部岩石圈的减薄与增生	中国科学院广州地球化学研究所 中国地质大学（武汉）	徐义刚 郑建平 范蔚茗 许继峰 郭 锋
2	植物分子系统发育与适应性进化的模式与机制研究	中山大学	施苏华 吴仲义 唐 恬 周仁超 曾 凯
3	缺血性脑卒中神经保护新靶点的研究	南方医科大学 徐州医学院	高天明 张光毅 李晓明 裴冬生 关秋华
4	亚稳纳米材料生长的基础研究	中山大学	杨国伟 王成新 欧阳钢 杨玉华 王 冰
5	中国东部燕山期花岗岩成因与地球动力学	中国科学院地质与地球物理研究所 吉林大学 中国科学院广州地球化学研究所	吴福元 李献华 杨进辉
技术发明奖（5 项）			
1	宽带移动通信容量逼近传输技术及产业化应用	东南大学 华为技术有限公司	尤肖虎 高西奇 赵春明 潘志文 孙立新 罗 毅
2	超高层智能化整体顶升工作平台及模架体系	中国建筑第四工程局有限公司 中建三局一公司 中国建筑第六工程局 广州市建筑集团有限公司 中建四局六公司	叶浩文 顾国荣 季万年 杨 玮 向小英 苏广洪
3	森林计测信息化关键技术与应用	北京林业大学 哈尔滨师范大学 广州南方测绘仪器有限公司 北京市测绘设计研究院 北京农学院	冯仲科 臧淑英 马 超 杨伯钢 余新晓 姚 山
4	高分子多糖生物质加工新技术与产品应用	中华全国供销合作总社南京野生植物综合利用研究院 北京林业大学 华南理工大学 中国石化胜利石油管理局井下作业公司	张卫明 蒋建新 孙润仓 孙达峰 史劲松 彭洪军
5	适应原料多样性的乙苯清洁生产催化技术及工业应用	中国石化上海石油化工研究院 江苏丹化集团有限责任公司 中国石化广州分公司	杨为民 邵百祥 孙洪敏 花尚元 钟思青 杨 栋

（续上表）

序号	项目名称	主要完成单位	主要完成人
科学技术进步奖（23 项）			
1	高压直流输电工程成套设计自主化技术开发与工程实践	南方电网科学研究院有限责任公司 中国南方电网有限责任公司 浙江大学 中国电力工程顾问集团中南电力设计院 西安高压电器研究院有限责任公司	饶　宏　李立涅　赵　杰 刘映尚　黎小林　李　岩 黄　莹　徐　政　洪　潮 金小明　余建国　尚　涛 方森华　朱功辉　郑　军
2	国家游泳中心（水立方）工程建造技术创新与实践	中国建筑股份有限公司 中建国际（深圳）设计顾问有限公司 浙江大学 中国建筑一局（集团）有限公司 北京市国有资产经营有限责任公司 沈阳远大铝业工程有限公司 中建一局集团建设发展有限公司 中科建钢结构工程技术有限公司 中国建筑第八工程局有限公司 中建国际建设有限公司	傅学怡　董石麟　庞京辉 王双军　赵志雄　毛红卫 赵　阳　侯本才　陈　蕾 顾　磊　谢国昂　袁行飞 王武斌　高俊峰　施永芒
3	变频空调关键技术的研究及应用	珠海格力电器股份有限公司	黄　辉　马颖江　张有林 米雪涛　宋　爱　梁　博 许　敏　郭清风　沈　军 胡余生
4	提高海工混凝土结构耐久性寿命成套技术及推广应用	中交四航工程研究院有限公司 水利部交通运输部国家能源局南京水利科学研究院 中国交通建设股份有限公司 清华大学 中交第四航务工程局有限公司 中交天津港湾工程研究院有限公司 中交上海三航科学研究院有限公司	王胜年　潘德强　洪定海 田俊峰　李克非　黄君哲 范卫国　范志宏　刘秉京 李俊毅
5	2 型糖尿病新治疗方案研究与临床应用	中山大学附属第一医院 中山大学附属第三医院 北京大学人民医院 中山大学孙逸仙纪念医院 南京大学医学院附属鼓楼医院 四川大学华西医院 中南大学湘雅二医院	翁建平　李延兵　纪立农 朱大龙　程　桦　田浩明 周智广　曾龙驿　时立新 罗佐杰

（续上表）

序号	项目名称	主要完成单位	主要完成人
6	α 和 β 地中海贫血的遗传分析及其在临床和人群预防中的应用	南方医科大学 广州市妇女儿童医疗中心 深圳益生堂生物企业有限公司 珠海市妇幼保健院 中国人民解放军第三〇三医院 柳州市妇幼保健院	徐湘民 廖 灿 周玉球 张 文 莫秋华 李东至 张新华 熊 符 蔡 稔 商 璇
7	中药配方颗粒产业化关键技术研究与应用	广东省中医研究所 江阴天江药业有限公司 广东一方制药有限公司	涂瑶生 周嘉琳 谭登平 孙冬梅 王元清 程学仁 陈玉兴 徐以亮 毕晓黎 李 松
8	创新药尤瑞克林、乌司他丁等天然蛋白药物的技术与应用开发	广东天普生化医药股份有限公司 华南理工大学	傅和亮 王小宁 谢永立 王晓岩 苗丕渠 席尚忠 郑少亮 许文勤 吴蓉蓉
9	高性能移动分组核心网智能化技术创新及应用	华为技术有限公司	徐伟忠 戴继盛 侯志鹏 夏 渊 高建华 魏中华 蒋 铭 张晋兴 傅 晓 林青春
10	有机固体废弃物资源化与能源化综合利用系列技术及应用	中国科学院广州能源研究所 中国农业大学 中国科学院成都生物研究所 广东省生态环境与土壤研究所 广东省昆虫研究所 华南农业大学 广东温氏食品集团有限公司	陈 勇 李国学 刘晓风 李海滨 周顺桂 韩日畴 廖银章 吴珍芳 王德汉 袁浩然
11	主要商品盆花新品种选育及产业化关键技术与应用	北京林业大学 广东省农业科学院花卉研究所 南京农业大学 中国科学院昆明植物研究所 北京林福科源花卉有限公司 云南远益园林工程有限公司 丹东天赐花卉有限公司	张启翔 朱根发 陈发棣 张长芹 高亦珂 房伟民 吕复兵 孙 明 李奋勇 赵惠恩
12	大豆精深加工关键技术创新与应用	国家大豆工程技术研究中心 华南理工大学 河南工业大学 东北农业大学 哈高科大豆食品有限责任公司 黑龙江双河松嫩大豆生物工程有限责任公司 谷神生物科技集团有限公司	江连洲 赵谋明 陈复生 朱秀清 于殿宇 王 哲 唐传核 田少君 马传国 周川农

（续上表）

序号	项目名称	主要完成单位	主要完成人
13	稻米深加工高效转化与副产物综合利用	中南林业科技大学 华南理工大学 万福生科（湖南）农业开发股份有限公司 华中农业大学 长沙理工大学 湖南润涛生物科技有限公司 湖南农业大学	林亲录　杨晓泉　赵思明 程云辉　谭益民　肖明清 黄立新　吴　跃　杨　涛 吴卫国
14	3.2Tbit/s 高速光波分复用（WDM）传输系统的研制与应用创新	中国电信集团公司 华为技术有限公司 工业和信息化部电信研究院	张成良　蔡常天　张海懿 侯春雨　熊　彦　李俊杰 靳玉志　赵文玉　杨玉森 常志武
15	基于水平集成架构的下一代综合业务平台的开发与规模应用	中国电信集团公司 华为技术有限公司 中兴通讯股份有限公司	韦乐平　段建祥　徐　穗 秦　达　于玉海　沈少艾 董　斌　王兴刚　唐小光 董振江
16	大型石化装置系统长周期运行风险的控制与评估关键技术及工程应用	合肥通用机械研究院 中国特种设备检测研究院 中国石油化工股份有限公司茂名分公司 中国石油化工股份有限公司青岛安全工程研究院 浙江工业大学 北京华泰恒达安全科技有限公司 大连西太平洋石油化工有限公司	陈学东　陈　钢　艾志斌 寿比南　王　冰　贾国栋 韩建宇　牟善军　杨铁成 杨剑锋
17	药物制剂缓控释技术的开发与产业化	上海现代药物制剂工程研究中心有限公司 上海现代制药股份有限公司 深圳太太药业有限公司 浙江丽水众益药业有限公司 淄博万杰制药有限公司 北京紫竹药业有限公司	贺　芬　王　浩　侯惠民 朱金屏　傅　民　龚　忠 张晓红　蔡国强　葛庆华 栾瀚森

（续上表）

序号	项目名称	主要完成单位	主要完成人
18	固体废弃物循环利用新技术及其在公路工程中的应用	北京建筑工程学院 北京市政路桥建材集团有限公司 华南理工大学 哈尔滨工业大学 河南中原高速公路股份有限公司 北京市市政工程研究院 浙江勤业建工集团有限公司	徐世法 张肖宁 谭忆秋 季 节 柳 浩 陈家珑 高建立 冯治安 邹桂莲 崔 丽
19	面向数字化医疗的医学图像关键技术研究及应用	电子科技大学 成都金盘电子科大多媒体技术有限公司 深圳市卫生和人口计划生育委员会	陈雷霆 蒲立新 蔡洪斌 江捍平 余元龙 邱 航 曹 跃 卢光辉 刘煜岗 罗乐宣
20	测绘基准和空间信息快速获取关键技术及其在灾害应急测绘中的应用	武汉大学 国家基础地理信息中心 山西省测绘工程院 广州市国土资源和房屋管理局 四川省第一测绘工程院 武汉市勘测设计研究院 青海省测绘局	李建成 姜卫平 张 鹏 胡文元 李俊夫 李开君 闫 利 肖建华 李 强 杨庚印
21	烟大铁路轮渡系统集成技术及应用	铁道第三勘察设计院集团有限公司 铁道部工程设计鉴定中心 中国铁路建设投资公司 中铁渤海铁路轮渡有限责任公司 中交第四航务工程勘察设计院有限公司 上海船舶研究设计院 合肥中铁钢结构有限公司	
22	大型铝合金型材挤压成套工模具设计制造技术与应用	北京科技大学 西南铝业（集团）有限责任公司 北京有色金属研究总院 沈阳新鑫模具有限公司 佛山市顺德区北滘镇万红模具有限公司	谢建新 刘静安 谢水生 赵云路 李静媛 杨文敏 黄国杰 薛荣敬 刘雪峰 朱鸣峰

（续上表）

序号	项目名称	主要完成单位	主要完成人
23	现代化人机交互气象信息处理和天气预报制作系统	国家气象中心 北京市气象局 国家卫星气象中心 安徽省气象台 贵州省气象台 山西省气象局 广东省气象台	罗　兵　李月安　谭晓光 矫梅燕　曹　莉　韩　强 端义宏　章国材　张晓虎 魏　涛
中华人民共和国国际科学技术合作奖（1 项）			
序号	姓名	工作单位	职务
1	栗原博	暨南大学中药及天然药物研究所	副所长

【广东省科学技术奖奖励情况】 共评选出 2011 年度广东省科学技术奖 272 项，其中特等奖 2 项、一等奖 30 项、二等奖 87 项、三等奖 153 项；评出中山大学曾益新院士为 2011 年度省科学技术突出贡献奖获得者。

表 5-3-3-3　广东省科学技术奖特等奖、一等奖获奖项目名单（2011）

序号	项目名称	主要完成单位	主要完成人
特等奖（2 项）			
1	300MW 煤矸石 CFB 发电机组及资源循环利用工程	广东宝丽华电力有限公司 广东省电力设计研究院 东方电气集团东方锅炉股份有限公司 广东电网公司电力科学研究院 广东火电工程总公司	
2	深港西部通道工程建设创新实践	深圳市深港西部通道工程建设办公室 香港特别行政区政府路政署 香港特别行政区政府建筑署 深圳市城市规划设计研究院有限公司 深圳市建筑设计研究总院有限公司 上海市政工程设计研究总院（集团）有限公司 同济大学 深圳中航电脑系统工程有限公司 中铁四局集团有限公司 深圳市勘察研究院有限公司	

（续上表）

序号	项目名称	主要完成单位	主要完成人
一等奖（30 项）			
1	量子仿真和量子计算研究	华南师范大学 香港大学	朱诗亮　汪子丹
2	金属酶模型化合物的结构、生物功能和作用机制研究	中山大学	毛宗万　巢　晖　计亮年　刘建忠 鲁统部　刘　杰　高　峰　陈小明 郑康成　黄锦汪
3	污染物在土壤中的环境化学行为与修复机理研究	华南理工大学 仲恺农业工程学院 中国科学院地球化学研究所 广东省生态环境与土壤研究所	党　志　卢桂宁　易筱筠　杨　琛 陶雪琴　梁重山　周建民　张　慧 蔡美芳
4	杂交稻育性控制的分子遗传机理研究	华南农业大学	刘耀光　王中华　龙云铭　邹艳姣 张群宇　赵利锋　李晓瑜　郭晶心 陈远玲　陈乐天　杨存义　刘振兰 庄楚雄　张桂权　梅曼彤
5	JNK/c-Jun 和 GSK-3 作为帕金森病治疗新靶标的研究	中山大学 南方医科大学	黎明涛　王文雅　陈汝筑　宋　彬 袁忠民
6	纳米电催化材料的功能定向生长和催化机理研究	中山大学	沈培康　孟　辉　徐常威　胡风平
7	控释肥料产业化关键技术创新、集成及应用	华南农业大学 施可丰化工股份有限公司 三原圃乐特控释肥料有限公司 全国农业技术推广服务中心	樊小林　解永军　奕　林　杨　帆 喻建刚　黄丽娜　李　玲　郑祥洲 廖照源　郑丽行　刘　芳　曾思坚 张　桥　李　荣　李洪祥
8	猪健康养殖关键营养技术研究与应用	广东省农业科学院畜牧研究所 中国农业大学 广东温氏食品集团有限公司 深圳市农牧实业有限公司 湖南农业大学 广东新南都饲料科技有限公司 广东科邦饲料科技有限公司	蒋宗勇　林映才　郑春田　谯仕彦 周桂莲　邓跃林　陈　芳　余　斌 席鹏彬　胡友军　张石蕊　丁发源 李剑豪　杜宗亮　马现永
9	禽流感动物模型、免疫机理及疫苗研制与推广应用	肇庆大华农生物药品有限公司 广东省实验动物监测所 广东大华农动物保健品股份有限公司	陈瑞爱　黄　韧　刘忠华　詹烜子 张　钰　唐满华　赵维波　何　芳 刘香梅　唐秀英　王颖彦　李宙雄 温志芬　邓少嫦

（续上表）

序号	项目名称	主要完成单位	主要完成人
10	深水抗风浪网箱装备研制与应用	中国水产科学研究院南海水产研究所 中山大学 广东省水产技术推广总站 深圳华油实业发展有限公司	郭根喜　贾晓平　詹杰民　于培松 陶启友　冯会明　苏　炜　张汉华 刘付永忠　刁石强　黄小华 胡　昱　吴进锋　胡由展
11	附壳造型珍珠和优质海水珍珠养殖及加工技术的研究与应用	广东海洋大学 广东绍河珍珠有限公司 三亚海润珠宝有限公司 湛江龙之珍珠有限公司 广东岸华集团有限公司	谢绍河　杜晓东　邓陈茂　童银洪 梁飞龙　符　韶　邓岳文　刘　永 王庆恒　张士忠　蔡文江　林伟财 黄荣莲　谢永新　蔡武志
12	热带海洋软体动物功能蛋白肽的关键利用技术及其产业化	中国科学院南海海洋研究所 广东海大集团股份有限公司 广东兴亿海洋生物工程有限公司 广州市祺福珍珠加工有限公司 佛山市安安美容保健品有限公司	张　偲　孙恢礼　龙丽娟　齐振雄 尹　浩　陈　忻　田新朋　吴园涛 罗雄明　李庆欣　王发左　潘建文 肖志会　尹　团　李旭宁
13	高品质酱油啤酒苏氨酸高效发酵与代谢调控关键技术	华南理工大学 佛山市海天调味食品股份有限公司 广州珠江啤酒股份有限公司 广东肇庆星湖生物科技股份有限公司 广东珠江桥生物科技股份有限公司 广东美味鲜调味食品有限公司	赵谋明　潘　力　黄文彪　李惠萍 罗　宁　赵海锋　陈伯林　李国基 吴惠玲　贾爱娟　崔　春　何　熙 耿予欢　李文锋
14	高级量测体系下计量终端智能化关键技术研究及应用	广东电网公司电力科学研究院 深圳市科陆电子科技股份有限公司 长沙威胜信息技术有限公司	肖　勇　周尚礼　伍少成　张新建 何宏明　化振谦　张亚东　党三磊 李　佳　杨劲锋　冯喜军　唐月奎 危阜胜　欧　勇　龚　铮
15	大型火电机组负荷自适应控制优化技术	广东省粤电集团有限公司沙角C电厂 广东电网公司电力科学研究院 广东省粤电集团有限公司 广州粤能电力科技开发有限公司	洪荣坤　叶向前　袁洪涛　陈世和 王敬光　潘凤萍　胡平凡　朱亚清 周东明　伍宇忠　胡文斌　张卓林 万文军　李一波　张红福
16	超宽带城域网关键技术研发与应用	中国电信股份有限公司广东研究院 华为技术有限公司	蔡　康　高　戟　唐　宏　张智勇 胡乐明　张　雄　刘树清　王　兵 杨　胜　胡永传　田　葆　朱永庆 谭峣仪　张　宇　彭志劲

（续上表）

序号	项目名称	主要完成单位	主要完成人
17	SingleRAN 统一无线接入网解决方案	华为技术有限公司	张明安 余　泉 周　军 项能武 吕劲松 朱尔霓 吴奇祥 宋利民 周瑞杰 许　亮 施　锐 诸文杰 赵永祥 夏玉洁 王　政
18	DRA 多声道数字音频编解码技术应用研发及标准化	广州广晟数码技术有限公司	徐　茂 伦继好 马文华 张尉雄 张景平 郑楚升 曾庆煜 许晶晶 梁飞宇
19	手写人机交互核心技术及云应用	华南理工大学 广东开心信息技术有限公司	金连文 韦　岗 邓　超 高　学 郭礼华 冯穗力 吕　锦 祁亨年 黄庆华 毛慧芸 朱军民 薛　洋 奉小慧 施洪云 林创峰
20	基于图像内容的肿瘤类型辨识系统的研究与应用	南方医科大学	陈武凡 冯前进 阳　维 卢振泰 于　梅 吴其强 龚　剑
21	汽车用高性能环保聚丙烯关键技术的开发	金发科技股份有限公司	罗忠富 李永华 宁凯军 黄　达 丁　超 周英辉 杨　波 李　晟 叶南飚 陈大华 姚　程 蔡彤旻
22	新型聚羧酸减水剂的研究开发与应用	华南理工大学 广东省建筑材料研究院 江门市强力建材科技有限公司	贾德民 陈应钦 罗远芳 陈峭卉 陈锦光 刘治猛 刘　芳 王庆军 贾志欣 杨　军 余炼强 游长江 梁汉群
23	北江大堤加固达标工程关键技术研究与应用	广东省北江流域管理局 广东省水利电力勘测设计研究院 广东水电二局股份有限公司 广东省水利水电第三工程局 广东省源天工程公司 深圳市东深电子股份有限公司 深圳市鸿和达电子有限公司 中国安能建设总公司	黄　尧 羽海英 陈孟阳 汪永剑 刘　平 陈小涛 冯　微 李　铁 陈小春 梁显强 谢　颖 林占东 姚会文 黄　峻 杨建文
24	建成环境使用后评价理论与方法及其应用	华南理工大学 浙江大学	吴硕贤 朱小雷 陈建华 尹朝晖 郭昊栩 李劲鹏 张三明

（续上表）

序号	项目名称	主要完成单位	主要完成人
25	T细胞受体重排分析技术在职业病及相关血液病诊治中的应用研究	暨南大学 广州市第十二人民医院	李扬秋 李 茁 吴秀丽 陈嘉榆 陈少华 杨力建 张学利 朱康儿 刘薇薇 尹青松 查显丰 耿素霞 李 闯 陈 思 岑东芝
26	青少年近视机理和防控的系列研究及应用	中山大学中山眼科中心	葛 坚 曾骏文 杨智宽 陈 翔 钟兴武 余敏斌 刘 泉 余克明 杨 晓 蓝卫忠 崔冬梅 林 智 李劲嵘
27	小肠消化内镜技术的临床应用研究	南方医科大学	智发朝 白 杨 徐智民 张以洋 肖 冰 岳 辉 张亚历 姜 泊 王立生 潘令嘉 李国新 伦伟健 巴明城 钟长青 龙靖华
28	结直肠炎症与肿瘤的基础与临床系列研究	中山大学附属第六医院	兰 平 吴小剑 王 磊 何晓生 练 磊 邹一丰 何小文 汪 挺 邓艳红 周 军 郭学峰 杨祖立 黄美近 汪建平
29	前列腺癌的分子诊断与微创治疗	中山大学附属第三医院	高 新 周祥福 邱剑光 温星桥 庞 俊 方友强 李辽源 狄金明 司徒杰 刘小彭 孙其鹏 刘伟鹏 周建华 王可兵
30	渗出期脊柱结核的外科治疗	南方医科大学	金大地 陈建庭 张忠民 瞿东滨 张 浩 周劲松 冯 岚 江建明 王吉兴

表5-3-3-4　广东省科学技术突出贡献奖名单（2011）

序号	完成人	承担单位	推荐单位
1	曾益新	中山大学	广东省卫生厅

【广东省科学技术奖特等奖项目介绍】

300MW煤矸石CFB发电机组及资源循环利用工程　该项目是集国内首台具有自主知识产权300MW循环流化床锅炉、全内燃高掺量粉煤灰烧结砖等多项自主研发技术产业化的重大科技创新工程，是劣质燃料——清洁发电——新型建材（灰渣砖、水泥填充料）的循环经济产业链的资源利用工程和绿色环境保护工程，是多个领域经过引进、消化、吸收、自主研发和再创新的过程后取得突破性进展的集中体现。

项目针对300MW CFB（循环流化床）锅炉新产品设计开发和制造、300MW CFB锅炉发电设计关键技术研究及应用、300MW CFB锅炉机组安装技术及工艺的研究、300MW CFB锅炉炉膛数值模拟及调整试验研究、300MW CFB锅炉资源综合利用等进行了重点研究。使用了自主研发的300MW

亚临界 CFB 锅炉机组，燃用劣质燃料并成功投入运行，解决了自主研发 300MW CFB 锅炉岛配套系统设计和辅助设备选型参数计算的问题，克服了大出力、长距离、大提升高度气力输灰系统设计的难题，实现了系统集成自主化设计；采用“CFB 双区多段整体耦合模型”，开展了炉内流动、二次风影响、燃烧工况数值模拟等研究，为锅炉的启动调试和高效低污染燃烧提供了指导；开展了全内燃高掺量粉煤灰烧结砖的研制，利用飞灰配套建设了年产 1.2 亿块烧结砖的生产线，实现了劣质燃料——清洁发电——新型建材（灰渣砖、水泥填充料）循环经济产业链的资源综合利用，在锅炉尾部不另设烟气脱硫脱硝装置条件下，烟气污染物排放达到国家排放标准。

项目整体技术达到了国际先进水平，其中，特大床面、不对称旋风分离器循环流化床锅炉机组制造、工程设计、安装、调试和运行，以及全部灰渣综合利用，处于国际领先水平。

该项目自投产以来，取得了显著的经济效益，其中荷树园电厂直接节约投资约 2.0 亿元，年均上缴税收 9 996 万元，截至 2010 年年底，电厂累计新增利润 8.7 亿元，新增税收 4.6 亿元。该项目的投入运行引起国内外广泛关注，截至 2011 年 5 月该炉型订单达到 65 台，占据我国 300MW 等级 CFB 市场 70% 以上的份额，打破了欧美对大型 CFB 技术的垄断。

项目响应国家节能减排、循环经济及环保政策，综合利用煤矸石资源，实现了清洁煤发电整体技术的重大突破和“资源综合利用，资源循环利用，企业循环发展”的良性经济发展模式，不仅为我国劣质燃料的综合利用起到了很好的示范作用，并为我国 CFB 锅炉向更大容量、更高参数发展提供经验和技术支撑，标志着我国大型 CFB 洁净煤发电技术应用已走在世界前列，具有里程碑式的意义。

深港西部通道工程建设创新实践　深圳口岸出入境车辆和旅客分别占全国出入境总量的 72.8% 和 51.5%，“深圳和香港共同发展的国际性城市”的战略目标，对粤港之间的口岸通关提出了更高的要求，“一地两检”模式是口岸高效通关的发展方向，对促进香港和内地合作具有重要意义。

项目由深圳湾公路大桥、口岸和接线三大工程组成，总投资约 160 亿元，集交通、口岸、市政建设于一体，涉及多个专业领域，参建的两地单位达 140 余家，建设过程中创新性地解决了两种体制下的技术标准、环境保护、建设管理等领域问题，系统研究了大型跨境工程的建设关键技术，是目前世界上最大的智能型公路口岸，也是首个实施“一地两检”的口岸。

西部通道的建成有效地缓解了跨境流量快速增加对原有口岸的压力，促进了粤港以及泛珠三角区域的经济交流合作、产业结构优化、人文环境的完善、环境保护及相关群体的利益保护，对保障该区域的繁荣稳定和社会经济发展具有重大战略意义，显示了本项目与两地社会发展的高度互适性。项目研究形成的大型跨境工程建设关键技术为工程的顺利完成和正常营运提供了良好的技术保障。在工程建设过程中深港双方积累形成的与国际接轨的决策协调机制、运行协调机制、运营模式、深港顾问合作设计管理、施工管理模式及大型项目全寿命周期集成化管理技术等成果，对其后的港珠澳大桥、深港东部通道、广深港客运专线铁路、深港机场铁路专线、深港河套地区的共同开发和前海湾深港合作示范区等跨境工程具有重要的指导意义和借鉴作用。

【广东省科学技术突出贡献奖获得者介绍】　曾益新，男，1962 年生，2005 年当选中国科学院院士，2008 年当选发展中国家科学院院士（原第三世界科学院），2011 年当选国际欧亚科学院院士。现任中山大学肿瘤防治中心主任、肿瘤医院院长、肿瘤研究所所长，华南肿瘤学国家重点实验室主任，中国抗癌协会副理事长，2006—2008 年担任国际 EB 病毒及相关疾病协会理事长。

曾益新院士主要从事恶性肿瘤发病机理和生物治疗研究，他带领研究团队针对鼻咽癌防治的关键问题，开展了系统性的研究，取得相关研究领域的重要突破。明确了鼻咽癌遗传易感基因，为鼻咽癌发病风险预测，进行鼻咽癌高发人群的筛选和监测打下基础；明确了鼻咽癌致病相关 EB 病毒，有利于阐明其致病机制，研发病毒疫苗，实现鼻咽癌的人群预防；分离鉴定了鼻咽癌肿瘤干细胞，有利于阐明其对于鼻咽癌发生发展的作用，并研发干预方法策略，防治鼻咽癌复发转移。共发表研究论文217篇，包括国际顶级专业杂志《自然遗传学》（*Nature Genetics*）3篇、《自然》（*Nature*）1篇、《癌症研究》（*Cancer Research*）2篇、《致癌基因》（*Oncogene*）2篇、《生物化学杂志》（*Journal of Biological Chemistry*）1篇等，被他人引用2 233次，其中作为第1作者或通讯作者发表的论文单篇最高他引187次，获国家发明专利授权4项。获国家自然科学奖二等奖1项，省部级科技奖一等奖3项，何梁何利基金“科学与技术进步奖”等奖项。

作为优秀的科技和教育工作者，曾益新担任卫生部规划全国高等医药院校七年制和研究生教材《肿瘤学》主编、《癌症》杂志主编、《生物化学杂志》（*Journal of Biological Chemistry*）、《细胞周期》（*Cell Cycle*）、《肿瘤生物治疗》（*Cancer Biology and Therapy*）和《转化医学杂志》（*Journal Translational Medicine*）等国际杂志编委，并兼任香港中文大学荣誉教授和卡罗琳斯卡医学院兼职教授。曾荣获“全国高等学校优秀骨干教师”“卫生部有突出贡献中青年专家”“广东省劳动模范”“广州十大优秀留学回国人员”“2010广东十大创新人物”、团中央“中国青年科学家奖”、中国科协“全国优秀科技工作者”等荣誉称号。因在医学研究和国际合作领域的突出贡献，曾益新院士于2010年获得瑞典卡罗琳斯卡医学院为纪念其200周年庆典而颁发的第1枚大银质奖章。

曾益新密切跟踪国际科研动态，带领和推动了广东肿瘤学学科发展。他注重学术队伍科研思维能力及创新能力的培养，制订出有效的科研激励政策和高科技人才培养计划。曾益新团队先后培养了3位国家杰出青年科学基金获得者和5位教育部新世纪人才。近年来，中山大学肿瘤学学科快速发展，先后成为省、国家重点学科，并经科技部批准成功组建“华南肿瘤学国家重点实验室”，这也是广东省第1个医科类国家重点实验室。

由于在医疗卫生领域的突出贡献，曾益新受聘为国务院医改专家咨询委员会副主任，担任中国科学院“我国医疗体制改革的建议”咨询项目负责人、“健康中国2020”战略规划“医学模式转换与医疗体系完善”研究组首席专家，组织专家编写了《我国医疗体制的现状和改革的建议》和《医学模式转变与医疗体系完善研究报告》，为完善医改方案和我国医疗卫生事业发展做出贡献。曾益新团队在鼻咽癌领域的研究处于国际领先地位，大大提升了我国在相关领域的学术地位和知名度，促进了我国肿瘤学及相关学科发展，保障人类健康，对促进社会和经济的发展具有重要的意义和广阔的前景，为实现创新型广东做出了突出贡献。

【广东省科学技术奖获奖项目特点】 2011年度的获奖成果，有力地反映了广东省自主创新的新突破和新成就。

基础研究领域成果突出，产业化前景喜人

2011年度自然科学类项目的获奖率为48.8%，在30个一等奖优秀成果中，有43.3%的项目获得过国家、省自然科学基金、国家自然科学基金委员会—广东省人民政府自然科学联合基金等的资助培育。其中无机化学、分子遗传学、材料科学等领域的成果水平显著提高。例如，由华南农业大学完成的“杂交稻育性控制的分子遗传机理研究”，发现的新不育基因和恢复基因信息已在育种实践中发挥了重要作用，是我国杂交水稻基础研究上的重大突破。

企业创新主体地位突出，科技研发能力不断加强　在2011年度的获奖成果中，企业独立承担或参与完成的有194项，占获奖项目的71.3%。这些项目涵盖了新材料、新能源、电子信息、生物制药等技术领域，其中有多个项目实现了技术的重大突破并取得显著的经济社会效益。例如，由广东宝丽华电力有限公司等单位合作完成的“300兆瓦煤矸石CFB发电机组及资源循环利用工程”，实现了清洁煤发电整体技术的重大突破和“资源综合利用，资源循环利用，企业循环发展”的良性经济发展模式，为我国劣质燃料的综合利用起到了很好的示范作用。这些成果为企业转变经济增长方式、提升自主创新能力和核心竞争力提供了重要的科技支撑。

基础设施建设水平提高，支撑社会发展能力增强　广东省在建筑、交通、水利等基础设施建设方面成绩斐然，其中，在防洪防灾、江海堤建设、水生态修复等领域达到国内领先水平，在岩土工程和地基基础工程、地铁工程以及建筑节能等领域进入了世界先进行列。在2011年度的获奖成果中，基础设施建设领域的成果表现突出。例如，由深圳市深港西部通道工程建设办公室、香港特别行政区政府路政署等单位合作完成的“深港西部通道工程建设创新实践”项目，创新性地解决了两种体制下的技术标准、环境保护、建设管理等领域问题，对保障该区域的繁荣稳定和社会经济发展具有重大战略意义。由广东省北江流域管理局等单位完成的“北江大堤加固达标工程关键技术研究与应用”项目，在本省防灾减灾工程建设中有着重要的推广意义。这些成果充分说明了广东省基础设施建设的水平正不断地提高，有力地推动本省的经济社会发展。

科技惠及民生成效显著，有力推进幸福广东建设　2011年度获奖项目中，属于农业科技、重大疾病防治、食品安全、环境保护、防灾减灾等领域成果达154项，占获奖项目总数的57%，其中环境保护和生态建设项目46项，比上年的34项增加了26%。例如，由华南理工大学等单位合作完成的“污染物在土壤中的环境化学行为与修复机理研究”项目，推动了土壤污染修复领域的研究与发展。由广东省农业科学院畜牧研究所等单位合作完成的“猪健康养殖关键营养技术研究与应用”项目，在保障猪肉产品质量安全的关键营养技术等方面取得重大突破，为提高人民群众的健康水平，保障食品安全发挥了重要的支撑作用。

【社会力量设立科技奖】　2011年，省科技厅按照《社会力量设立科学技术奖管理办法》的要求，批准1项社会力量设奖奖项——由广东省轻工业协会设立的广东省轻工业协会科学技术奖，并对以往经批准登记设立的7项社会力量设奖项目进行了检查、核实工作，对部分奖项重新颁发了“社会力量设奖登记证书”。

（广东省科学技术厅科技服务与管理处　王雅文）

现代产业体系建设

相关科技计划组织与实施

2011年，广东省获得国家支持的计划项目覆盖新能源、新材料、先进制造业、交通运输、信息产业与现代服务业6个领域共38个项目，国家下拨经费总计30 721万元。“十二五”期间，省财政将安排30亿元专项资金支持战略性新兴产业核心技术攻关，力争到2015年，辐射带动全省战略性新兴产业规模1万亿元以上。

战略性新兴产业核心技术攻关

【省战略性新兴产业发展科技行动】 针对战略性新兴产业的边界范围、成长规律、产业需求和政府支持方式等方面进行深入调研和专题研究，2011年，省科技厅编制完成《广东省战略性新兴产业技术演进趋势战略研究报告》，凝练战略性新兴产业关键领域及核心技术，提出科技引领战略性新兴产业发展的工作路线图，并向省政府提交了《广东省战略性新兴产业发展科技行动实施方案》。省领导对此给予充分肯定和高度评价，并指定由省科技厅牵头负责战略性新兴产业核心技术攻关、战略性新兴产业风险投资等重点任务。7月，省科技厅联合省财政厅制定了《广东省战略性新兴产业核心技术攻关专项资金管理暂行办法》《广东省战略性新兴产业风险投资专项资金管理暂行办法》，为“十二五”科技引领战略性新兴产业发展赢得先发优势和主动权。按照省政府的部署，省科技厅牵头会同省财政厅、省发改委、省经信委等部门，制定《广东省战略性新兴产业核心技术攻关实施方案》。

“十二五”期间，省财政将安排30亿元专项资金支持战略性新兴产业核心技术攻关，力争到2015年，在高端新型电子信息、LED、新能源汽车、生物、高端装备制造、节能环保、新能源、新材料八大领域突破100项具有自主知识产权的重大核心技术，研发1 000个带动性强、效益好、影响大的战略产品、核心装备，实现销售收入1 000亿元以上，辐射带动全省战略性新兴产业规模1万亿元以上。

【第1批省战略性新兴产业核心技术攻关项目】

2011年，广东省顺利完成第1批战略性新兴产业核心技术攻关项目的组织实施工作。第1批项目主要面向八大战略性新兴产业领域，在核心高端芯片及其产品开发、云计算关键技术及系统集成、电动汽车电驱动技术、重大创新药物研制等领域，通过竞争性安排择优支持53个创新能力强、经济效益好、示范带动效应大的项目，安排专项资金4.29亿元，每个项目的平均支持强度在1 000万元左右。这批项目总投资达36.4亿元，预计在一体化立体视频转换芯片、超材料设计及制造关键技术、SHS钢结硬质合金涂层复合材料、6MW大型风机设计关键技术等尖端领域将取得61项具有自主知识产权的核心技术及装备，实现销售收入280亿元，形成一批拉动战略性新兴产业发展的新增长点。

【项目管理】 2011年8月，省科技厅组织召开第1批省战略性新兴产业核心技术攻关项目立项管理会议，召集各地级以上市科技局（委）、有关高校、科研院所以及项目承担单位负责人，对合同签订的具体要求进行了深入细致的讲解和培训，为进一步做好项目合同的签订和项目组织实施管理工作打下了坚实基础。

（广东省科学技术厅发展规划处　韩亚欣）

重大科技计划

2011 年，广东省围绕高新技术产业发展重点，坚持以企业为主体、市场为导向、产学研相结合的原则，充分调动和整合社会各方资源，积极争取国家计划的立项支持，共争取“863 计划”、支撑计划等各类项目支持合计 16.68 亿元，有力地提升了广东省的产业技术水平，为产业结构的调整提供了有力支撑。

2011 年，广东省获得国家支持的计划项目覆盖新能源、新材料、先进制造业、交通运输、信息产业与现代服务业 6 个领域共 38 个项目，国家下拨经费总计 30 721 万元。同时，积极适应国家科技计划改革，认真组织项目申报，共有 70 个项目申报 2012 年预备项目，有 43 个项目入库，入库率 61.6%（居北京、上海、天津、深圳之后），超过 60 个课题（包括广东其他申报口）获科技部支持，其中广东省牵头组织国家支撑计划项目 12 项（创历史之最），国家下拨经费将超过 4 亿元，规模位居全国前列。

在 2011 年关键核心领域重点攻关方面，广东省重点围绕“新能源与节能减排关键技术攻关”“新型电子信息减排关键技术攻关”“新型电子信息关键技术攻关”“先进制造关键技术攻关”等领域进行科技攻关，突破了一批制约产业发展的技术瓶颈。组织开展“高端新型电子信息”和“新能源汽车”战略性新兴产业核心技术攻关工作，重点在核心芯片、云技术集成与应用、新兴显示、数字家庭、新一代移动通信技术、新型电池等 7 个专题开展核心技术攻关。

（广东省科学技术厅高新技术发展及产业化处 文晓芸）

相关产业发展

2011年，广东省在高端新型电子信息、LED、新能源汽车、生物、高端装备制造、节能环保、新能源、新材料八大领域保持了较快的发展势头。作为本省重点发展的三大战略性新兴产业，新能源汽车、LED、生物产业迎来了新的发展机遇，规模和产值迈上新的台阶，推动了全省产业的转型升级和进一步发展。

高端新型电子信息产业

高端新型电子信息产业指电子信息领域的高端技术和产业价值链的高端环节以及新型的升级换代产品，是国际产业发展的趋势，以各种新技术的融合发展为主要特征。电子信息产业是广东的优势产业，产业规模一直位列国内首位，在全球电子信息产品供应链上也占据着至关重要的环节。近年来，广东省重点支持软件、微电子技术、智能交通、核心高端芯片、信息安全、新一代移动通信技术、新型显示、智能家电、云计算、物联网应用等方面关键技术攻关与新产品开发，推动广东省电子信息产业升级换代和产业结构调整。

【支持标识认证的高性能加密芯片】 该项目由广东南方信息安全研究院和广东南方信息安全产业基地有限公司联合承担。项目进行了支持标识认证的高性能加密芯片的研发及其应用，开展了SM2等算法的优化，该芯片支持SM1、SM4、3DES、RSA等算法。项目建立了芯片的应用环境系统，支持计算USB端口管控和加密等应用。项目芯片已应用于USB-KEY、加密U盘、移动硬盘等，可解决摆渡攻击、通信加密、安全存储、网络身份认证等问题。

【多频段宽带无线通信射频前端SoC芯片开发及其产业化】 该项目由广州润芯信息技术有限公司承担。项目开展了硅基CMOS多频段宽带无线通信射频前端的设计与验证，低功耗、低噪声、高线性及测试等关键技术的研究。研发了6款宽带射频前端核心单元电路芯片、2款WiMAX/LTE双频段宽带无线通信射频前端SoC芯片，同时完成了相应芯片的验证系统和应用解决方案。项目共申请了发明专利11件，登记集成电路布线版权16项，发表论文6篇。

【基于IPv6的移动互联网路由优化技术研究】

该项目由华南理工大学计算机科学与工程学院承担。项目研究了基于IPv6的移动互联网的路由优化技术，提出了基于网络中重要节点进行路由寻址的算法，将其用于移动IPv6的切换过程中，提出了移动节点辅助的移动IPv6切换方案，在NS-2中建立了该方案的仿真模型并进行了测试，证实该方案能提高网络吞吐量，降低切换延时和丢包率，提高切换性能，有一定的实用性。项目获得了对移动IPv6切换过程中的重要指标的仿真测试结果，所提出的路由方案和切换算法对日后移动互联网的应用能起到一定的指导作用，可以带来较好的社会效益。

（广东省科学技术厅高新技术发展及产业化处 郭秀强）

新能源汽车产业

【政府支撑】 新能源汽车被作为本省重点战略性新兴产业之一进行培育。省政府确定了14个示范试点城市，省发改委和省财政厅联合下达了

2011 年第 1 批省战略性新兴产业发展专项资金新能源汽车项目投资计划，主要项目包括珠海银通新能源汽车项目、佛山禅城区新能源汽车产业基地工程、佛山陆地方舟新能源电动车项目等。

各地市积极推进新能源汽车产业发展，佛山市印发《佛山市新能源汽车示范推广实施方案》，加快推进新能源汽车示范应用；韶关市安排第 1 批新能源汽车示范应用补助资金，推进新能源汽车示范应用工作；南海高新技术产业开发区规划建设新能源汽车核心部件产业基地，并以标准接口与企业设施配套链接；先进储能材料国家工程研究中心和国家轻工业电池及储能材料质量监督检测中心落户深圳，为新能源电池产业注入全新的力量，助推产业转型升级；2011 年燃料电池及氢能技术发展国际峰会在南海召开。

【企业发展】　广东省积极引进新能源汽车及其上下游企业，涌现出不少具有良好发展前景的企业，从整车制造到电池、电机、电控等关键零部件和充电设备的产业链条已较完整。广东积极探索车电分离、裸车销售、电池租赁、充换电服务等汽车推广模式，重点支持一批整车生产、关键零部件研发及产业化、公共平台建设项目，旨在提高新能源汽车的科研技术实力。在珠三角地区率先建设新能源汽车充电充气设施，为新能源汽车提供智能、规范、便捷的充电充气服务网络，实现新能源汽车地区间无缝接驳运行。

2011 年上半年，全省新能源汽车整车生产能力达 2.7 万辆，示范应用规模超过 9 000 辆。1—6 月，全省各类新能源汽车产量达 3 362 辆，同比增长 248.9%，初步显现出起步增长势头。广东已初步形成以比亚迪、五洲龙、广汽集团等企业为核心，涵盖客车、轿车、低速汽车、专用改装车、电池、电机等多系列、多品种的新能源汽车产业体系。广汽本田、广汽丰田、东风日产 3 家骨干整车生产企业汽车产量超过全省产量的 90%。广汽集团成为广东省首家产值超千亿元、利税超百亿元的汽车企业。

【项目简介】

项目名称：电动汽车电磁兼容试验技术研究

主要承担单位：国家电动汽车试验示范区管理中心

项目的主要成果基于对国内外电磁兼容技术应用现状的研究，提出在一个转台内布置两个底盘测功机以适应客车和乘用车 EMC 测试用。通过对电磁兼容实验室建设的先期技术研究，在对国内外技术进行充分调研的基础上，提出适合我国当前实际情况的电磁兼容实验室建设方案。该方案涉及总体布置，动力的输出、平衡、固定和电磁反射等问题，对于适应多种类型车辆的试验具有重要意义。同时，发展电磁兼容技术，能有效地解决电磁辐射对电动汽车的影响，提高电动汽车在行驶过程中的安全性能。项目的实施将带动相关产业的技术进步和产品的升级换代，有力推动汽车能源的多元化和洁净化，实现能源和环境的可持续发展，对新能源汽车的发展做出贡献。

项目名称：双模电动汽车产业化

主要承担单位：深圳市比亚迪汽车有限公司

项目成功开发了国内第 1 辆混合电动车，整车车型适合城市用车需求，具有显著的节能和环保特性，实现整车轻量化，建立整车生产工艺条件以及质量保证体系，获得生产许可。该电动整车以及零部件顺利通过国家认证，完成国家以及公司内部的各类试验，动力性、经济性、排放性能、安全性等整车性能都达到预期目标，具备大批量生产的条件和能力，已在深圳上市销售，获得市场好评。项目累计申请专利 329 项，其中发明专利 151 项，国外专利 41 项。商业运行模式主要有个人销售、政府公务车、国际合作示范运行 3 种。

（广东省科学技术厅高新技术发展及产业化处　黄　攀）

（中国科学院广州能源研究所　苏秋成）

LED 产业

2011 年，省科技厅支持惠州、江门、东莞、佛山南海区、广州增城开发区建设省 LED 产业基地，南海区旭瑞光电股份有限公司外延芯片项目正式投产，洲磊科技股份有限公司、深圳中晶泛宇光电有限公司 LED 芯片项目、广州增城 LED 外延芯片项目、佛山市国星半导体技术有限公司半导体芯片项目、台湾奇力光电科技股份有限公司LED芯片项目等一批重大投资项目相继签约落户，广东LED产业即将迎来新一轮大发展。2011年，全省LED产业总产值达1 515亿元，产值和规模继续位居全国首位。

【核心关键技术攻关】 2011年，第1批省战略性新兴产业专项资金LED产业项目进展顺利。广东省中科宏微半导体设备有限公司国产MOCVD产业化项目取得重大突破，首台样机已正式下线并进入生产调试阶段，国产化率达90%以上，主要指标达到国外同类产品水平。固体微区激光剥离设备，新型多片HVPE设备、金属基垂直结构大功率LED芯片等关键核心技术攻关取得阶段性进展，产业化前景十分乐观，有望填补广东省LED产业高端环节的空白。

第2批省战略性新兴产业专项资金LED产业项目将在LED蓝宝石衬底ASF工艺创新、集成芯片式无电容电源LED模组、荧光粉薄膜涂覆及塑封成型设备、氧化锌外延透明电极结构高效大功率LED芯片等方面形成一批具有自主知识产权的核心关键技术，突破国外在LED产业高端领域的技术封锁和垄断。截至2011年年底，全省LED领域的专利申请量累计达9 121件，专利授权量为1 270件，双双名列全国第1位，全省LED芯片制备技术领域的专利申请量达1 693件，连续3年保持30%以上的增长率，引领产业逐渐向高端环节延伸。

【LED照明产品应用推广】 2011年，省科技厅组织召开全省LED照明技术及产品应用推广联席会议，起草《广东省人民政府关于加快LED照明产品推广应用的意见》，提出“3年全面普及道路LED照明，5年基本普及室内照明”的奋斗目标及主要任务和保障措施，全面推动全省LED照明产品推广应用工作。推动LED路灯标杆体系建设，共发布4批《广东省绿色照明示范城市推荐采购产品目录》，面向全省推荐214个用以替代3种普通高压钠灯的LED路灯产品，成为评价LED产品质量和示范工程效果的重要依据。省科技厅会同省住房和城乡建设厅研究制定《城际道路交通LED示范工程的建设方案》，启动广（州）乐（昌）、博（罗）深（圳）等新建高速公路的LED照明示范工程建设。深圳高速公路LED照明工程竣工验收，成为全国首个成熟应用于高速公路主干道的LED照明项目。截至2011年年底，全省安装LED路灯超过26万盏，示范路段2 500多公里，规模和进度位居全国前列。“绿色照明示范城市”示范应用规模将突破40万盏，推进珠三角打造世界级的LED照明应用综合示范区。

在总结“EMC + 供应链 + 金融”模式的基础上，为解决节电效益回收难、投资者风险大、用户积极性不高等瓶颈问题，与南方电网共同设计了“合同能源管理 + 电网 + 金融”模式，由电网企业出资，采用合同能源管理模式在全省道路、公共场所等领域推广应用LED照明产品，从随电费征收的城市建设附加费、业主节能收益资金中逐月收回节能效益。省科技厅起草《关于采用“合同能源管理（EMC） + 电网 + 融资”模式全面普及LED照明产品的请示》，时任中共广东省委副书记、代省长朱小丹对此充分肯定，指示尽快完善方案后在全省推广实施。

【产业发展环境营造】

省半导体照明产业联合创新中心　9月，广东省半导体照明产业联合创新中心在佛山南海成立。广东省半导体照明产业联合创新中心是由22家省内LED骨干企业发起，联合出资6 300万元成立的，其中包括佛山国星半导体技术有限公司、东莞勤上光电股份有限公司、惠州TCL照明电器有限公司等省内LED龙头企业。

创新中心有八大主要任务：开展LED产业发展战略研究，开展标杆、标准研究及检测认证服务，开展知识产权态势分析和服务，组建产业联盟推动共性技术攻关与成果转化，开展LED专业技术人才评价和培训，展示LED产业发展的创新成效，开展LED产业投融资服务，开展国际合作交流。作为省级产业创新平台，该创新平台将以企业为主体、市场为导向、政产学研相结合、覆盖产业创新链各环节，为广东实现由LED大省向LED强省转变提供服务支撑和创新引领，同时也将打造面向广东、辐射全国、影响世界的LED产业创新服务集群。

第 8 届中国国际半导体照明展览会暨论坛

由科技部重点支持，中国地区最具规模的半导体照明行业年度盛会——中国国际半导体照明展览会暨论坛 2011 年（CHINASSL2001）移师广州，11 月 8—10 日在广州白云国际会议中心举行。科技部副部长曹健林、广东省副省长宋海、著名材料科学家师昌绪院士等领导嘉宾以及来自海内外的知名企业、业内专家、公司高管等 2 000 多名代表出席了会议。论坛为期 3 天，吸引了 152 家参展公司和 5 328 名观众。

广东省 LED 路灯及其光源控制器产品质量分析会 为推动企业落实产品质量安全主体责任，促进 LED 行业持续健康发展，6 月 2 日，省质监局、省科技厅在广州召开广东省 LED 路灯及其光源控制器产品质量分析会。省质监局、省科技厅相关领导，省半导体光源产业协会，省质量检验协会，相关地市质监局、科技局负责人，技术专家以及 LED 生产企业负责人约 200 人参加了会议。会议通报了 2010 年第 4 季度 LED 路灯及其光源控制器抽查不合格企业的整改情况，介绍了有关产品质量监管的政策和监督抽查的有关制度。3 家企业代表介绍了企业认真做好整改工作，提高产品质量管理水平的做法和经验。省 LED 光源行业协会秘书长宣读了关于落实质量安全主体责任，提高 LED 产品质量的倡议书。会议还邀请技术专家帮助企业深入分析抽查中发现的质量问题，解读产品标准，并解答企业现场咨询。

广东省半导体光源产业协会 11 月 9 日，由广东省工业技术研究院牵头联合省照明电器协会、广东平板显示产业促进会、中山大学佛山研究院、东莞勤上光电股份有限公司、深圳市 LED 产业联合会等 13 家单位发起的广东省半导体光源产业协会在广州成立，省科技厅为其业务主管单位。作为全省性 LED 行业组织，该协会以“服务社会，服务产业，服务政府”为宗旨，致力于在政府和企业之间搭建起沟通和互动的桥梁，及时将政府产业政策和市场信息向企业传递，加强行业交流与协作，推动行业资源整合与共享，引导和推动 LED 产业健康有序发展。

（广东省科学技术厅发展规划处 袁海涛）

生 物 产 业

“十二五”期间，生物产业已成为广东省重点发展的战略性新兴产业之一，广东省也是我国主要的生物产业基地之一，生物技术已广泛地向农业、食品、环保、轻工业等领域渗透，有力地推动了广东传统的食品饮料工业、医药工业以及农业等传统产业的进一步发展，产生了显著的经济和社会效益，在生物制药、基因诊断试剂、现代中药、医疗器械等领域具有较强的实力。由于生物医药技术不断进步，市场需求快速增长，广东省生物医药产业保持了较快的发展势头。

【医药产业发展情况】

产业规模不断壮大 2011 年，全省生物医药总产值达到 1 425 亿元，同比增长 24%，其中医疗器械产业产值 480 亿元，并有 6 家企业成功上市，居全国第 1 位。广东康美药业有限公司、广州医药集团有限公司、联邦制药国际控股公司、华润三九医药有限公司、深圳市海普瑞药业股份有限公司、深圳信立泰药业有限公司、深圳致君制药有限公司 7 家企业入围 2011 年度中国制药百强企业。年产值超过 10 亿元的医药企业 8 家，年销售收入超亿元的中药产品达 14 个，一批居行业领先地位的骨干企业快速发展，广州医药集团、东阳光药业集团、丽珠医药集团、珠海联邦制药有限公司和深圳迈瑞生物医疗电子股份有限公司等企业成为超百亿元产值的龙头企业。

产业体系日趋完善 截至 2011 年年底，全省生物医药企业已达 600 余家，初步形成涵盖药品、器械、试剂等领域的研究、开发、生产、销售各环节，中药和化学药为主体、医疗器械为特色、健康服务和流通为市场价值链终端的生物医药产业体系，在现代中药、化学合成药物、生物制药、海洋药物、基因诊断试剂、医疗器械等领域具有一定优势。一些大型企业向上游原材料领域积极拓展，产业链得到进一步延伸。

创新能力明显增强 省内各级政府积极开展各类生物产业科技计划项目，不断加强各类新药项目的自主研发力度。2011 年，广东省开展了第 1 批省战略性新兴产业核心技术攻关专项，其中

生物医药产业针对治疗恶性肿瘤、传染病、心脑血管疾病和糖尿病及代谢综合征等严重危害人们健康的重大疾病，重点研究人源化抗体药物技术、大规模哺乳动物细胞培养关键技术、基因芯片技术、快速检测诊断技术、试剂和疫苗产业化技术、手性催化技术等，共支持40项国家一类新药项目开发，支持经费达9 000万元，极大地推动了生物产业重大技术的发展和企业开展创新活动的热情。

广东省在实施自主创新战略推动下，各类创新平台建设顺利推进，截至2011年年底，全省拥有50多家生物医药研究院（所），创建了中科院广州生物医药与健康研究院、深圳市与中科院共建的中科院深圳先进技术研究院、广东华南新药创制中心等公共平台，拥有深圳、广州2个国家生物产业基地，拥有一批国家级生命健康和生物科技研发平台（见表6－2－4－1），拥有4家国家级企业技术中心，分别是广东肇庆星湖生物科技股份有限公司技术中心、丽珠医药集团股份有限公司技术中心、深圳海王集团股份有限公司技术中心和三九企业集团有限公司技术中心，已初步形成了以企业为主体、高校和科研机构为中坚、产学研相结合的创新平台体系。创新技术和成果不断涌现，中药现代提取分离、时间分辨荧光抗体诊断、海洋生物功能基因筛选、医用组织工程等技术居国内领先水平，部分达到国际先进水平；拥有人尿蛋白质生物药、狂犬病疫苗等一批具有自主知识产权的创新产品，产业创新能力不断增强。

表6－2－4－1 广东省国家级生命健康和生物科技研发平台一览表（2011）

类别	单位名称	依托单位
国家重点实验室	华南肿瘤学国家重点实验室	中山大学肿瘤防治中心
	呼吸疾病国家重点实验室	广州医学院广州呼吸疾病所 中科院广州生物医药与健康研究院
	眼科学国家重点实验室	中山大学中山眼科中心
	有害生物控制与资源利用国家重点实验室	中山大学生命科学学院
国家工程实验室	再生型医用植入器械国家工程实验室	广东冠昊生物科技股份有限公司
国家工程技术研究中心	国家中药现代化工程技术研究中心	丽珠医药集团股份有限公司 广州中医药大学
	国家生化工程技术研究中心（深圳）	深圳大学深圳国家生化工程技术开发中心
	国家医疗报检器具工程技术研究中心	广东省医疗器械研究所
	国家医用诊断仪器工程技术研究中心	深圳迈瑞生物医疗电子股份有限公司
	国家农业机械工程技术研究中心南方分中心	广东省农业机械研究所
国家工程研究中心	基因工程药物国家工程研究中心	济南大学广东暨大基因药物工程研究中心有限责任公司
	中药提取分离过程现代化国家工程研究中心	广州医药集团广州汉方现代中药研究开发有限公司
	南海海洋生物技术国家工程研究中心	中山大学广东中大南海海洋生物技术工程中心有限公司

集聚效应日益显现　2011 年，广东省通过加强产业科学布局，加快生物医药产业基地建设，集聚了大批专业人才，吸引了一批企业入驻，推动了产业集聚发展，形成了若干特色鲜明、优势互补的产业集群，集聚发展态势日益显现。广州国家生物产业基地在基因工程药物、现代中药、化学合成创新药物、海洋药物四大生物医药领域取得了重大发展。深圳国家生物产业基地形成了集检验试剂、基因疫苗、基因药物到医疗器械的产业群。中山国家健康科技产业基地入驻企业已达 140 多家，形成了中西药品、生物工程、医疗器械、化妆品、保健食品、药包材等大健康领域六大产业集群。珠海市拥有年产值过亿元医药生产企业 17 家，成为广东重要生物产业集群之一，其中，联邦制药国际控股公司和丽珠医药集团股份有限公司 2 家企业 2011 年总产值分别达到 60 亿元和 30 亿元。

国际化程度不断提高　“十二五”以来，全省生物医药国际贸易快速增长。2011 年，广东省出口额实现 36% 的增长，位居全国前列。其中诊疗设备出口额为 17.39 亿美元，居全国第 1 位，占出口总额的 25.76%。深圳市海普瑞药业股份有限公司的标准肝素原料药、广东肇庆星湖生物科技股份有限公司的利巴韦林、联邦制药国际控股公司的阿莫西林、广东东阳光药业有限公司的大环内酯类生化原料药等产品已通过国际认证，获得国际市场认可。美国葛兰素、美国百特、德国西门子、法国赛诺菲—安万特、日本津村药业、香港和记黄埔等众多全球知名跨国公司在广东省投资建设大型产业化项目，国际合作日益深入。深圳迈瑞生物医疗电子股份有限公司、深圳市康哲药业有限公司、深圳海王星辰连锁药店有限公司等在海外成功上市，国际风险投资投入不断加大，部分企业积极参与国际并购，资本运作日趋国际化。

【项目简介】　生物技术在支撑新世纪社会进步与经济发展的技术体系中的地位已被提高到空前的高度，生物技术的发展能够形成与环境协调的产业体系的现实技术，可以降低化工原料、水资源及能源等的消耗。生物技术也广泛应用于污水处理、污染土壤转化、医药等众多领域。近年来，广东省重点支持发酵工程、生化工程、海洋生物、生物制药、环境生物等方面关键技术攻关与新产品开发。

项目名称：漆酶高产菌种选育与工程菌株创制

主要承担单位：华南农业大学

主要成果：1. 从热带地区产漆酶的大型真菌中筛选获得了漆酶高产菌株白腐真菌 TR16，漆酶产量达到 69 340U/L，培养时间 12～16 天，为目前所有报道中产漆酶量最高的菌株；从热带地区土壤中筛选获得产漆酶的丝状真菌 LaTr01 菌株，经过鉴定为棘孢木霉，培养时间 2.5 天，酶活达 450U/L。2. 首次从棘孢木霉 LaTr01 中克隆了漆酶基因 Lacl-T01；首次从白腐真菌 TR16 中克隆了漆酶基因 Lac1-T16。3. 构建了漆酶酵母工程菌株，培养时间 12～16 天，其酶活达到了8 000U/L；首次构建了银耳芽孢漆酶工程菌株。4. 首次采用木霉菌株和银耳芽孢进行原生质体融合，获得了拟融合子。5. 获得的漆酶粗酶液应用于木屑、甘蔗渣等制成纤维板效果良好。研究结果已在国内外学术期刊发表论文 12 篇，其中被 SCI 收录 2 篇。

项目名称：可注射基因修饰生物活性骨修复材料

主要承担单位：中山大学附属口腔医院

主要成果：1. 已获得复合双相钙磷颗粒、多醛基海藻酸钠交联的明胶支架，通过改变交联剂的用量及氧化程度可调节其物理机械性能、降解性能，细胞毒性实验证明无毒。2. 构建了基因转染体系：以多醛基海藻酸钠和聚乙烯亚胺接枝共聚物为基因载体，以 MSCs 为载体细胞，以 BMP-7 为目标基因进行转染，结果表明该阳离子聚合物载体细胞毒性低、且可降解，通过该体系能获得长期持续稳定表达 BMP-7 的足量 MSCs。3. 证实复合了基因修饰 MSCs 的明胶海藻酸钠双相钙磷颗粒支架能快速构建具优异物理机械性能的组织工程骨。该项目已取得预定成果，发表了科技论文 4 篇（其中 SCI 收录论文 1 篇，IF3.1），获授权专利 1 项，申请专利 2 项，另外还参加了国内学术会议 1 次，培养了研究生 1 名和本科生 3 名。

项目名称：食品中蛋白非法替代物三聚氰胺免疫快速检测技术研究及产品开发

主要承担单位：华南农业大学食品学院

主要成果：1. 首次采用分子模拟技术成功设计合成了三聚氰胺半抗原和人工抗原，并通过动物免疫成功获得了一株三聚氰胺高亲和力、高特异性抗体。2. 进一步在优化反应条件和模式基础上，成功开发出了三聚氰胺 icELISA 试剂盒和 dcELISA 试剂盒，其灵敏度分别达到 8.33ng/ml 和 12.13 ng/ml；同时，成功开发出了 GICA 检测卡，灵敏度达到 300ng/ml，保质期 18 个月，检测时间小于 5 分钟；项目产品整体性能优于市场同类产品。项目开发的三聚氰胺 ELISA 试剂盒和 GICA 检测卡在多个省份进行应用，应用量达 10 万样份，为广东省食品质量安全监控提供了有效的技术资源支持和服务，取得了良好的社会效益。3. 项目发表 SCI 收录论文 3 篇，申请专利 4 项，已获授权 1 项，培养高级职称人才 1 名，研究生 2 名。

（广东省科学技术厅发展规划处　韩亚欣）
（广东省科学技术厅高新技术发展及产业化处　文晓芸）

高端装备制造产业

高端装备制造业是指高技术、高附加值和采用先进管理方法的制造业，是与以劳动密集型为主、以传统加工业为特征的低端制造业相对应的战略性新兴产业。高端装备制造业范围广、门类多、技术含量高，与其他的产业关联度大，带动性强，不仅涉及机械加工业，还涉及电子和机械零配件加工等配套行业。近年来，广东省重点支持轨道交通、航空航天、大型船舶、高档精密数控装备、LED 上游关键设备、工业机器人、服务机器人等关键技术攻关，产业创新能力显著提高，形成了以珠三角为核心区的主导发展态势。

【特种钢大型数控精密冲压成形设备关键技术研究及产业化】　该项目由广东锻压机床厂有限公司承担。项目对大功率伺服电机的柔性启动和控制、制动能量回收与利用、无飞轮压力成形传动系统、成形工艺等关键技术进行了研究，在此基础上，研制了特种钢大型数控精密冲压成形设备，在柔性化、节能降噪等方面具有创新性。项目关键技术申请发明专利 1 件，获授权实用新型专利 2 件，发表学术论文 4 篇。项目产品经广东产品质量监督检验研究院检测并推向市场，经用户使用反映良好，并被认定为广东省重点新产品。

【半导体照明用生产型 MOCVD 设备的自主研制】

该项目由广东昭信企业集团有限公司和华中科技大学联合承担。项目研发的生产型 MOCVD 设备，通过了产品质量检测、LED 外延生长工艺指标测试，具有自主知识产权，国产化程度高，解决了 LED 产业上游核心装备国产化的关键技术问题。自主设计了具有特色的反应腔体，在衬底表面反应源的浓度与层流方面具有良好的均匀性和稳定性，通过中心与喷淋气流的调节，增强了工艺的灵活性。该设备在 MOCVD 反应腔体设计、气体输运方式、模块化制造及自主设计的光学在线监控仪表等方面具有创新性和特色。项目已申请专利 9 件，其中发明专利 3 件、实用新型专利 4 件、外观专利 1 件及国外专利 1 件，已获授权专利 8 件，制定广东省企业标准 4 项。该设备的成果研制，打破了在 MOCVD 装备领域国内的技术壁垒，为我国 LED 产业的发展做出巨大的贡献。

【数字化高效节能压铸机（DM800）的研制及产业化】　该项目由广东伊之密精密机械股份有限公司、广东省机械研究所和华南理工大学联合承担。项目对压铸机的动力系统进行创新性的设计，降低了压铸机在循环生产中的小流量状态下的带能力消耗，提高了压铸机的工作效率。经广东省质量监督机械检验站检测，节能率达到 43%。项目研究了高效同步符合动作控制、差动控制模板锁紧、整机静动态特性分析等技术，解决了关键部件结构优化和构件轻量化的难题。项目已申请发明专利 2 件，获得实用新型专利 7 件、外观专利 1 件，制订企业标准 1 项，发表论文 5 篇。项目成果应用于 DM 系列节能型压铸机，实现数字化高效节能压铸机产业化，取得显著的经济和社会效益。

（广东省科学技术厅高新技术发展及产业化处　文晓芸）

节能环保和新能源产业

2011 年，广东省一次能源消费总量为 24 131.26万吨标准煤，比上年增长了 8.13%，原煤、原油、电力、天然气构成分别为 51.5%、26.1%、16.2%、6.2%；广东的终端能源消费量达到了 27 780.05 万吨标准煤，比上年增长了 5.45%，原煤、油品和电力分别占终端能源消费量的 12.3%、17.3%和 48.6%。2011 年，广东能源生产总量为 4 846.76 万吨标准煤，比上年下降，占终端能源消费量的 17.45%，能源自给率低，对外依存度很高。从 2001—2011 年的统计数据来看，广东能源生产总量的年均增长缓慢，2005 年开始全年能源生产总量没有大增长，有些年出现下降，如 2011 年。能源消费量逐年增加，使广东能源供需矛盾十分突出。全年规模以上工业综合能源消费量 15 242.23 万吨标准煤，比上年增长 6.8%；单位工业增加值能耗下降 5.1%。全社会用电量 4 399.02 亿千瓦时，增长 8.4%；其中工业用电量 2 960.22 亿千瓦时，增长 6.7%。

【节能减排】 据国家统计局初步核定，2011 年广东省单位 GDP 能耗下降 3.78%，单位工业增加值能耗下降 5.13%，超额完成了年度预期目标。但不容忽视的是，2011 年广东省单位 GDP 能耗距离国家下达的“十二五”进度目标仍有一定差距，增大了“十二五”后几年的节能压力，节能形势依然严峻。

规划政策制定和宏观指导　2011 年，广东省制定出台了《关于进一步加大节能工作力度确保完成“十二五”节能任务的意见》《广东省“十二五”节能规划》《广东省“十二五”节能环保产业发展规划》《“十二五”广东省万家企业节能低碳行动实施方案》，省经信委印发了《2011 年我省节能和循环经济工作要点》《2011 年促进清洁发展工作行动方案》和《2011 年广东省节能减排工作计划》，召开了全省节能和循环经济工作会议、节能减排工作领导小组扩大会议、省“十一五”节能工作总结大会，对全省节能减排工作进行了总体部署，初步建立了全省“十二五”节能和循环经济工作政策保障体系。

《广东省低碳试点工作实施方案》（以下简称《实施方案》）正式获国家发改委批复同意，这是国家低碳省试点工作启动一年多以来，全国 13 个低碳试点省市中首个获国家发改委正式批复的低碳试点工作实施方案。国家发改委在批复中高度评价：《实施方案》提出对二氧化碳排放总量控制，并以此为基础开展碳排放权交易试点，具有前瞻性和创新性。同时明确推动产业低碳化发展、优化能源结构、节能提高能效、发展低碳交通和建筑、建设绿色广东等重点工作，确立了比较完善的试点保障体系，规划了未来五年试点工作的时间进程，明确了各部门职责分工，具有较强的针对性和可操作性。《实施方案》的获批，意味着广东低碳省试点进入全面组织实施阶段。

按照《实施方案》提出的目标，到 2015 年，非化石能源占一次性能源消费的比重达到 20%，单位生产总值二氧化碳排放比 2010 年降低 19.5%；初步建立控制温室气体排放的市场机制和有利于低碳发展的体制机制，经济发展方式向低碳发展转型取得初步成效，低碳生活方式和消费模式理念成为全社会的广泛共识，生态环境有所改善；到 2020 年，努力实现全省单位生产总值二氧化碳排放比 2005 年降低 45% 以上。

监督管理　2011 年 9 月，省经信委印发《广东省节能专项资金管理暂行办法（2011 年修订）》。12 月，省经信委发布第 3 批《广东省节能技术、设备（产品）推荐目录》，涉及电力、陶瓷、水泥、空调、照明等行业节能技术 10 项、节能设备（产品）12 项。积极开展高效照明产品推广，认真实施“节能产品惠民工程”。以东莞市为试点启动能源管理中心建设工程，推动尽快建立起集监测、统计、分析、管理及在线交流为一体的能源管理中心。

3 月 25 日，省经信委组织召开省淘汰落后产能工作考核动员会，对水泥、造纸、皮革、印染等工业行业 2011 年淘汰落后产能企业（生产线）进行了现场验收。2011 年，全省共对 1 423 家企业（单位）开展了现场监察，完成原计划监察任务的 136%。6 月，对全省重点用能行业单位产品能耗限额标准执行情况和高耗能落后机电设备（产品）淘汰情况开展专项监察。11 月始，由省经信委联合省发改委、省监察厅等 14 个部门，分成7个检查组赴各市开展节能减排政策措施实施情况监督检查。

宣传推广 2011年，广东省积极为“十二五”节能工作营造更加良好的社会氛围，在广州召开全国发展改革系统应对气候变化工作会议，举办广东低碳发展国际论坛，开办广东省低碳发展战略专题培训班，召开以“绿色创新低碳发展”为主题的2011中国国际绿色创新技术产品展，开展广东省节能宣传月等活动，加快推动建设资源节约型、环境友好型社会。

【新能源利用】 广东新能源的储量丰富，可开发利用储量均居全国前列。2011年，在第1批广东省战略性新兴产业核心技术攻关项目申报中，节能环保领域设置了“用能产品全生命周期生态节能设计与制造”“工业产品有害物质控制及废弃物资源利用核心技术与产品”以及“新型节能环保装备”3个专题，新能源领域设置了“太阳能高效利用关键技术”以及“大型风机及部件设计、制造及产业化关键技术”2个专题，共接受申报44项，立项9项。

核电 经过中广核集团多年的勘察，广东省已开工建设和储备适合建核电站的厂址居全国第1位。2011年，阳江核电站2号机组戴上了“帽子”，反应堆厂房钢衬里穹顶吊装成功完成，转入设备安装施工阶段。院省共建的国家“十一五”重大科技基础设施——散裂中子源项目，基础科学前沿领域重大国际合作项目——大亚湾反应堆中微子实验等大科学项目都开局良好，成为引领广东科技原始创新的制高点。

太阳能 2011年，广东省在太阳能研究与应用推广取得较大进展，光热光电的应用逐步广泛，在非晶硅（薄膜）太阳能电池、太阳能玻璃及太阳能建筑一体化的技术和生产方面居全国前列。

2011年，全国金太阳示范工程的项目（第1批）总规模为442兆瓦，其中广东省有19个项目，总装机容量67兆瓦，规模居全国首位，有力地促进了本省太阳能光伏发电事业的发展。

河源大力发展新能源等“四新”产业，“广东汉能”和“中兴通讯”等四大项目成为河源发展高端产业的集中代表。11月，汉能硅基薄膜太阳能电池投产仪式和中兴通讯（河源）基地奠基仪式在河源举行，将形成年产100万千瓦薄膜太阳能电池产能。中兴通讯投产的第1条生产线25万千瓦，届时将成为亚洲最大的第2代太阳能生产基地，成为中兴通讯在全球规模最大、整体布局与规划最完备、环境最好的综合性基地之一。

东莞市积极打造太阳能产业链条，推进太阳能应用示范。在成功跻身广东省战略性新兴产业基地行列之后，“教育部光伏系统工程研究中心产业化基地”正式落户广东易事特电源股份有限公司，主要方向为太阳能光伏逆变器及光伏发电并网系统。东莞东部工业园南城园区的宏威硅薄膜太阳能电池基地奠基，为广东打造光伏产业提供了有力支撑，研发了世界上最先进的5.5代硅薄膜太阳能电池生产线，具有自主研发的世界先进的非晶硅薄膜太阳能电池生产装备。

增城经济技术开发区、增城市与中国电力投资集团公司太阳电池项目合作，200MW高能效薄型单/双面晶体硅太阳电池及100MW电池组件生产基地作为光伏产业链龙头核心项目，落户增城开发区省级太阳能光伏产业园。

风能 广东拥有4 300多公里的全国最长海岸线，近岸10公里区风电装机容量资源占全国沿海风资源的1/5。2011年，广东风能科技开发与应用取得了较大进展。在风能产业方面，本省的风电设备整机制造水平全国领先，风电场选址也逐步由沿海地区向内陆山区和海上扩展。

阳江市以规划引领风能资源开发，先后完成了陆上风电和海上风电规划编制工作。“阳江市海上风电规划”“广东省海上风电规划”已通过了国家能源局和国家海洋局联合组织的评审，阳江市海上风电场规划总装机规模得到国家能源局的初步确认，国家能源局安排的广东省首个海上风电特许权招标项目即将落户阳江市。总装机2.574万千瓦的国电阳江海陵岛风电场一期33台风机已全部完成并网发电，二期东岛风电场拟安装33台1 500千瓦风电机组。华润阳西风电场项目包括一期龙高山风电场、二期文笔岭风电场，总装机8.975万千瓦，已安装75台850千瓦和13台2 000千瓦风电机组。华能阳江东平风电场建设进展顺利，该电场的东平、新洲2个风电项目66台发电机组即将全部投产发电。

惠州市首个风电项目——广州控股惠东东山

海黄埠风电场项目可行性研究报告通过专家评审，装机容量49.5兆瓦。

其他能源　2011年，广东省在生物质能、海洋能、地热能、天然气水合物研发方面取得了较大进展，为推动大规模推广进行技术开发。

“生物质气化合成燃料关键技术及示范”项目通过引进消化先进的生物质富氧气化技术，完成了生物质气化系统和燃气净化系统的优化设计，建成了生物质气化合成燃料中试示范系统。“生物质气化一步法合成二甲醚技术的开发与应用”项目取得进展，在富氧生物质气化技术、粗合成气催化重整净化与组分调变技术与装置、生物合成气的二甲醚合成工艺与催化剂等方面取得了明显的技术突破，为国家生物燃气科技工程的实施提供了重要支撑。粤港关键领域重点突破招标项目“年产1万吨生物柴油关键技术及示范”通过了验收，推进成果应用。千吨级生物质气化合成二甲醚中试系统建成，标志着具有我国自主知识产权的生物质气化合成二甲醚技术初步具备产业化条件，对生物质化工的高端发展有积极的推动作用。中低温发电机组有机工质传热性能实验取得新进展，为中低温发电机组的研制开发提供了基础数据。首次针对我国实际水合物藏进行新型开采井设计，并构建开采模型开展神狐海域水合物开采数值模拟研究，取得了系列进展。

【能源领域科研项目及成果】　南方电网科学研究院有限责任公司、中国南方电网有限责任公司等取得的成果“高压直流输电工程成套设计自主化技术开发与工程实践”获2011年度国家科技进步奖一等奖，首次建立了我国高压直流输电集成技术体系，实现了直流输电技术的节能创新，推动了我国直流输电技术的跨越式发展，这是本省自2002年度以来首次以第1完成单位获得此奖。中国科学院广州能源研究所等单位取得的成果“有机固体废弃物资源化与能源化综合利用系列技术及应用”获国家科技进步奖二等奖。同时，有一批成果获得了广东省科学技术奖（见表6－2－6－1）。

由广东省粤电集团有限公司沙角C电厂、广东电网公司电力科学研究院、广东省粤电集团有限公司和广州粤能电力科技开发有限公司联合开展研发的“大型火电机组负荷自适应控制优化技术”，在国内外首次实现在不增加或改造机组的配置情况下，通过控制策略的优化使带基本负荷机组适应快速变负荷的需要，总体技术处于国际先进水平。该技术已推广至沙角C电厂其他机组，以及海门电厂、江苏利港电厂、汕尾电厂、湛江奥里油电厂和茂名电厂等。

项目名称：6.0MW大型风机设计关键技术攻关

主要承担单位：广东明阳风电产业集团有限公司

项目研制1台适用于中国沿海气候条件的6.0MW级海上风电机组样机，包括与之配套的6.0MW齿轮箱、发电机、控制系统和叶片，并完成样机投运、产品鉴定，建设产能规模100台套，产值达30亿元以上，新增利税3亿元以上，新增就业1 000人，对行业技术发展具有拉动作用，经济社会效益显著。

项目名称：工业炉窑烟气NOx控制技术装备研发与示范

主要承担单位：环境保护部华南环境科学研究所

项目研发水泥炉窑烟气SNCR、陶瓷炉窑烟气湿法、玻璃炉窑烟气SCR脱硝技术装备并实现产业化应用，预期可带动我国水泥、陶瓷、玻璃窑炉烟气治理的技术创新，有利于我国窑炉烟气治理技术的进步；技术研发和应用可培养一批理论研究、技术开发和管理人才，其应用有利于广东省烟气治理环保产业的发展。由于技术的国产化率大于90%，其大规模应用必然带动相关机械制造、电气自控等产业的发展。

表 6-2-6-1　广东省能源方面部分获奖成果（2011）

序号	获奖项目	承担单位	获奖类别
1	300MW 煤矸石 CFB 发电机组及资源循环利用工程	广东宝丽华电力有限公司 广东省电力设计研究院等	2011 年度广东省科学技术奖特等奖
2	高级量测体系下计量终端智能化关键技术研究及应用	广东电网公司电力科学研究院 深圳市科陆电子科技股份有限公司等	2011 年度广东省科学技术奖一等奖
3	大型火电机组负荷自适应控制优化技术	广东省粤电集团有限公司沙角 C 电厂 广东电网公司电力科学研究院等	2011 年度广东省科学技术奖一等奖
4	内燃机用高效率、长寿命空气过滤材料	华南理工大学	2011 年度广东省科学技术奖二等奖
5	基于平行流换热器节能型低成本家用空调的开发及其产业化	广东志高空调有限公司等	2011 年度广东省科学技术奖二等奖
6	基于广义状态监测的设备新型状态检修体系的研究与应用	广东电网公司电力科学研究院等	2011 年度广东省科学技术奖二等奖
7	直流输电系统对交流电网设备的影响及防范措施的系统研究	广东电网公司电力科学研究院等	2011 年度广东省科学技术奖二等奖
8	280kA 大电流低压电器短路试验系统	东莞市广安电气检测中心有限公司等	2011 年度广东省科学技术奖二等奖
9	大型发电机故障联合诊断关键技术研究	广东电网公司电力科学研究院等	2011 年度广东省科学技术奖二等奖
10	风力发电专用绿色环保型箱式变电站	顺特电气设备有限公司等	2011 年度广东省科学技术奖二等奖
11	新型基板大功率 LED 及其应用	佛山市国星光电股份有限公司等	2011 年度广东省科学技术奖二等奖
12	基于永磁同步电机的新型车用驱动系统	中山大洋电机股份有限公司等	2011 年度广东省科学技术奖二等奖
13	水轮机转轮直径 7.2 米 GZ995 型灯泡贯流式水轮发电机组开发应用	广东明珠集团韶关众力发电设备有限公司等	2011 年度广东省科学技术奖二等奖
14	惠州炼油项巨整厂能量优化	中海石油炼化有限责任公司惠州炼油分公司等	2011 年度广东省科学技术奖二等奖
16	南海南部海域常规油气资源评价	广州海洋地质调查局等	2011 年度广东省科学技术奖二等奖
17	高效板管式蒸发式冷凝空调制冷设备关键技术及应用	广州市华德工业有限公司等	2011 年度广东省科学技术奖二等奖

（中国科学院广州能源研究所　苏秋成）

（广东省科学技术厅社会发展与基础研究处　陈文杰）

新材料产业

广东省的新材料产业一直保持快速发展的态势，已形成较大的产业规模。当前，广东新材料产业主要集聚在珠江三角洲地区，以广州、佛山、深圳为核心，建立多个特色材料产业基地，并逐步向粤西北地区扩散发展。在研发领域也具备了较强的研发力量，初步形成了一个包括企业技术中心、高校、科研院所和各级重点实验室及工程中心在内的新材料研发和科技创新体系，形成了国家级、省级、市级3个层次新材料领域的科技创新平台布局。2011年，广东有新材料领域的国家重点实验室5个，国家级工程技术研究开发中心2个，国家认定的企业（集团）技术中心7个，省级重点实验室和工程中心130多个，以及一大批市级实验室和工程中心。近年来，广东省重点支持金属材料、无机非金属材料、高性能复合材料、高性能合金材料、生物医用材料、智能和功能材料、精细化学品等关键产品进行研究开发，同时注重安全与环保相结合，进一步推动了广东省新型材料工业迈向新的台阶。

【高性能发光材料研制及印刷型发光显示屏技术研究】 该项目由华南理工大学材料科学与工程学院、中科院广州化学研究所和东莞彩显有机发光科技有限公司承担。

项目研究的主要内容是：研制用于OLED的关键材料，包括高性能蓝光、绿光、红光材料，以及关键载流子传输材料和主体材料。通过实施材料的化学结构设计、表征、提纯等环节，研发自主创新的材料，研制具有低成本和工艺简单的高质量OLED关键材料，所研制的新型材料包括荧光材料和磷光材料，发光颜色覆盖红色、绿色和蓝色，性能指标要达到产业化要求。针对上述新型和经典的关键材料的研制过程，取得量产工艺资料，利用OLED器件生产和项目承担单位的优势，对所研发的关键材料进行深入的表征和实际试用，保证所研发材料的实用性和可靠性，在生产规模上实现千克级量产，并根据市场需求，充分发挥已有技术基础，扩大生产规模。项目完成后将具备年产40千克发光材料的产能，具备年产值超过5 000万元的经济效益能力，促进广东省有机关键材料的产业化发展。该新型材料的研制，将打破国外在OLED技术上的垄断，为我国OLED的发展做出巨大的贡献。

【高性能长纤维增强热塑性塑料关键技术及产业化】 该项目由金发科技股份有限公司承担。

项目通过对塑料熔融浸渍设备、成型工艺以及材料配方等关键技术的研究，开发出新型长纤维增强热塑性塑料，在特殊场合可取代铸铁、钢铝、热固性塑料应用。项目自主研发了长玻纤浸渍热塑性树脂的熔融压延浸渍设备，开发的生产线具有牵引速度快、生产稳定和效率高的特点，研究了不同用量长纤增强PP、PA66和PC的挤出工艺，开发出长玻纤增强PP和PA66及长碳纤增强PC三大类7种产品，实现了年产5 000吨长纤维增强热塑性塑料的产能目标。相关技术在实施期获发明专利授权4件，申请发明专利3件、实用新型专利1件，制定广东省地方标准1项、企业标准1项，获广东省科学技术奖二等奖1项、国家专利优秀奖1项，国家火炬计划项目1项，国家重点新产品1项。产品可广泛应用于汽车制造、家用电器、仪器仪表等众多领域，提高了材料的循环利用率，节约资源和有效利用资源，符合广东省大力发展循环经济、节约能源的发展方向。2011年，该项目成果实现销售收入15 353万元，利税5 159万元，取得了明显的经济与社会效益。

【废旧电子电器拆解、破碎和分选关键技术及成套设备】 该项目由中国电器科学研究院和合肥工业大学联合承担。

项目自主设计的破碎刀具和刀架结构较大幅度提高了破碎效率，成功开发了高效的金属与非金属混合材料的整体破碎装备。通过对冰箱内有毒有害物质（主要针对CFC-11）的性能和特点，研发了相应的设备和工艺流程，对尾气采用密闭负压回收、冷凝液化和活性炭吸附处理技术，解决了废旧冰箱处理过程中冷凝回收和二次污染的关键技术问题，填补了国内相关技术空白。成套系统采用负压设计，对设置自动反馈充氮保护系统进行试验，有效地解决了国内当前废旧冰箱回收处理过程中存在的防火安全隐患问题。项目开发和建立了具备年处理1万台废旧冰箱能力的示范生产线。

（广东省科学技术厅高新技术发展及产业化处 郭秀强）

产业支撑载体建设

截至2011年年底，全省国家级高新区达9家，数量居全国第1位，全省省级以上高新区达到21家；建有国家火炬计划特色产业基地29家，国家高新技术产业化基地（现代服务业基地）8家；全省共有科技企业孵化器102家。

高新技术产业开发区

2011年，全省21个省级以上高新区企业总数达5 629家，实现工业总产值和工业增加值分别达到16 062.01亿元和3 964.87亿元，同比增长23.79%和23.71%。高新区总收入、出口创汇额分别达16 624.24亿元和857.74亿美元，分别比上年增长23.29%和13.81%，创历史最高水平，超过全省平均水平。

【高新区的升级和认定】 2011年，省科技厅大力推进深圳高新区创建国家自主创新示范区；积极推进河源高新区升级国家级高新区，已顺利将申报材料报送国务院；积极推进惠州高新区创建广东省首个国家创新型特色园区；建立了广东省首个县域省级高新区——南海高新区；完成南海、清远、阳江等省级高新区的认定和重新认定工作。截至2011年年底，全省省级高新区达到21家，国家级高新区9家，数量位居全国第1位。省政府和省编办解决了惠州、东莞、肇庆副厅级管理权限，广州（生物岛）、佛山、中山、江门、湛江、梅州等高新区的园区置换、迁园、扩园等问题也取得进展，提升了高新区发展层次，拓展了发展空间。

【专业科技园区建设】 2011年，省科技厅重点推进各高新区专业园区建设和发展。积极推进广州国际生物岛、珠海高新区创新海岸、佛山火炬创新创业园、中山国家健康产业基地、东莞松山湖台湾科技园、江门LED产业专业园区等建设，着力规划东莞松山湖中以科技园、清远日本科技产业园、汕头航空产业园的建设。2011年，广东省软件园、广州高新区、广东工业大学、广州集成电路设计中心、东莞松山湖高新区、顺德区被认定为国家现代服务业产业化基地。

【高新区“双提升”推进】 围绕高新区特色产业、创新服务体系建设需要，按照高新区“二次创业”与创新体系建设、关键技术攻关与重大成果产业化专题进行分类组织申报，创新项目组织形式，有效引领和促进高新区创新集群和创新体系建设。2011年，全省共有175个项目获得资助，资助金额2亿元，带动地方投入6亿元，社会投入16亿元。如支持广州现代服务研究院及广东现代服务业交易中心建设、易通四方物流经济基础平台、珠海高新区科技金融服务体系等项目，为全省科技服务业的发展提供了有力支撑；支持河源手机产业升级示范工程、东莞生物医药大动物试验国际外包公共服务平台、江门国家半导体光电产品检测重点实验室、茂名石油化工产品公共测试中心等，为当地主导产业集群的发展发挥了重要作用。

（广东省科学技术厅高新技术发展及产业化处 林 萍）

高新技术产业化基地及特色产业基地

广东省火炬计划特色产业基地（以下简称

“特色产业基地”）是广东发展特色高新技术产业和区域优势产业的重要载体。2011 年，全省特色产业基地拥有企业 42 478 家，实现工业总产值 13 486. 41 亿元，同比增长 13. 5%；上交税额 723. 56亿元。

【惠州云计算智能终端创新型产业集群】 2011 年 11 月，惠州云计算智能终端创新型产业集群获科技部火炬中心批准，成为全国唯一一家以云计算产业为基础的创新型产业集群，重点产业项目达 70 多个，总投资近 200 亿元。

基地根据“龙头企业带动、产业集聚共进”的发展思路，由惠州华阳集团、德赛电子有限公司、TCL 集团等龙头骨干企业拉动其他智能终端中小企业共同成长，并为各类配套产业链服务，形成强势互补。2011 年，3 家企业总产值达 184 亿元，占全市智能终端产业产值的 58. 1%，有明显的主导核心地位。基地依托上述各家企业的坚实基础，形成产业核心凝聚力，构筑基地产业支柱，打造各个企业共享的公共创新服务平台，为产业集群的整体提升提供知识、技术、人才、服务等保障。通过整合互联网数字视听终端产业、移动互联网终端手机产业、车载电子终端产业等终端产业，以光电显示产业和精密模具、电池、通信等配套产业为支撑产业，形成智能终端与云计算应用结合的完整产业链，打造出云计算应用为发展向导、以自主创新为主要发展动力的智能终端与云计算应用创新型产业集群。

智能终端与云计算应用产业发展区域布局是以仲恺高新区核心区为承载主体，以省道 357（仲恺大道）为骨干，高新区主干道为支干，结合惠州—深圳高速、惠州—东莞高速、惠州—盐田港高速在高新区的出入口，配合现有电子信息企业分布，在充分考虑供应链关系的基础上，分别规划建设液晶产业园、移动互联网产业园、新能源产业园、LED 产业园和慧云生态创意产业园，各园区形成特色鲜明、专业聚集，整合创意设计、加工制造、云服务的产业链条，推动形成智能终端、终端配套和云计算应用的三大产业基地，各项目建设正按计划如期进行。

【佛山市高端装备制造产业基地】 在国家大力发展高端装备制造产业的背景下，南海凭借所处的区位优势以及产业基础，高端装备制造产业发展迎来了新的机遇。南海以汽车整车、汽车关键零部件及相关产业及其他相关产业领域形成了较好的产业基础，随着大众汽车项目建设的顺利推进，福田汽车项目的投产，汽车、零部件及其他相关产业，包括专用机械装备制造产业、智能光电装备制造产业、智能电网成套装备产业、环保装备产业以及新能源装备制造产业等高端装备制造产业得到了迅猛发展，初步形成以狮山镇为核心区域，其余各镇街高端装备制造特色产业联动发展的格局，一批龙头企业不断发展壮大。

当前，南海高端装备制造产业有以下特点：一是种类多、数量多、基础好，以汽车整车、汽车关键零部件及相关设备制造产业为核心的高端装备制造产业体系完善，既有汽车及零部件、又有与之相配套的机械装备及模具制造等传统高端装备制造企业。

二是规模大、贡献大、带动强。截至 2011 年年底，区内有高端装备制造企业 511 家，2011 年工业产值达 1 580. 3 亿元，占广东省高端装备制造产值的比重达 10. 03%。

三是重研发、创新强、升级快。随着工程技术研究开发中心和企业技术中心的陆续成立，一批与汽车产业相关联的环保装备以及新能源装备制造企业也得到了发展，并随着光机电一体化、先进液压传动、精密加工制造及检测等先进技术得到广泛应用，以及柔性加工中心（FMS）、加工中心、自动化立体仓库、数控机床、大型精密加工设备等大批高端设备应用于各类高端装备制造业企业内，促使高端装备制造企业的技术创新水平不断提高。

（广东省科学技术厅高新技术发展及产业化处 林　萍）

广东科技企业孵化器

截至 2011 年年底，全省共有科技企业孵化器 102 家，其中国家级科技企业孵化器 23 家，省级科技企业孵化器 15 家；孵化场地面积超过 1 000

万平方米，在孵企业6 000多家。

【广州市至德科技企业孵化器】 广州市至德科技企业孵化器有限公司在省、市、区各级政府部门的大力支持下，尤其是在全民营企业化的体制下，孵化的硬、软环境进一步优化，步入了快速发展的新时期。一期可供孵化空间包括办公大楼、配套中试生产大楼的孵化场地面积42 000多平方米，其中公共配套服务设施面积10 900多平方米。园区在孵企业所使用的场地（含公共服务场地）为41 580平方米，占可用面积（42 000平方米）的99%。截至2011年年底，累计孵化企业69家，其中在孵企业有56家，累计毕业企业11家；在孵企业申请知识产权保护225项，获批知识产权179项，已申请专利企业31家，占孵化器企业的44.62%。截至2011年年底，孵化基金总额300万元；在孵企业职工697人，其中大专学历以上人员400人以上，所占比率超过57%；毕业企业及在孵企业为社会提供了1 000个以上的就业机会，涌现了广东兴亿海洋生物工程有限公司等一批在行业内有一定影响力的科技企业。

【佛山火炬创新创业园】 佛山国家火炬创新创业园（以下简称“火炬园”）是由科技部火炬中心、省科技厅与佛山市政府三方于2008年12月共同建设的科技企业孵化器，并得到了科技部火炬中心与省科技厅、佛山市政府的大力支持和指导。根据部省市三方共建火炬园的要求，火炬园主要为佛山战略性新兴产业和科技型中小企业提供孵化、培育和服务的载体，并将其建成吸引和集聚科技人才的重要载体、连接海内外创新源和高新技术产业化的桥梁、促进创新成果产业化的重要基地、培育创新企业和企业家的服务平台。

火炬园占地约8.87公顷，规划建筑面积约20万平方米，包括科技企业孵化器、科技创新研发中心、总部经济大楼和会展中心四大部分，共分三期建设，重点发展新材料、新能源、工业设计、节能环保产业、新IT等高新技术领域产业。火炬园一期工程两栋科技企业孵化器约3万平方米已于2008年竣工并投入使用，企业进驻率达到100%；三期工程10万平方米的研发中心已建设完成并投入使用；二期工程7万平方米的总部经济大楼和会展中心已经完成主体工程，预计于2013年可投入使用。经过前期的建设，火炬园已初具规模，初步形成了一个基础设施完善，环境优美的科技企业孵化器。

火炬园在国家、省、市等各有关单位的大力支持和指导下，大力推进基础设施建设，不断完善科技创新服务体系建设，创新创业环境进一步优化，步入了快速发展的新时期。截至2011年年底，火炬园已建设完成并投入使用的可自主支配的孵化场地面积达13万平方米，可供入孵企业使用的场地达12.5万平方米，超过95%；已进驻孵化的企业达51家，经营范围涉及节能环保、工业设计、新材料、新能源等高新技术产业领域；累计毕业企业11家，在孵企业申报知识产权保护数117项，已申请专利企业38家，占孵化器企业的75%；孵器设立了500万元专项孵化资金，并通过股权投资、借款等形式对7家企业进行了扶持；在孵企业职工人数达2 500人，其中，大专以上学历人数超过1 800人，所占比率超过72%；毕业企业及在孵企业提供的就业岗位超过2 700个；园区内已集聚了一批高层次创新创业人才，其中，拥有博士、博士后等各种高层次人才约30人。

（广东省科学技术厅高新技术发展及产业化处 黄 攀）

大学科技园

2011年，全省共有大学科技园8家。其中，国家级大学科技园3家，分别是中山大学科技园、华南理工大学科技园、深圳虚拟大学科技园；省级大学科技园5家，分别是暨南大学科技园、华南农业大学科技园、广州中医药大学科技园、深圳大学科技园、南方医科大学科技园。

【华南理工大学国家大学科技园】 2011年，华南理工大学国家大学科技园（以下简称“科技园”）按照教育部和学校的有关要求，从多个方面加强经营管理工作，使之进一步制度化和规范化。截至2011年年底，科技园园内有各类科技企业、科研机构及中介机构153家（含金华分园）；

科技园公司实现总收入 1 508 万元（其中物业收入1 320万元、免税收入 143 万元、其他收入 45 万元）；上缴税收 194 万元；上缴学校 1 125 万元（其中学校 1 000 万元、资产经营公司税前 125 万元）。科技园共有参控股企业 21 家，包括自身资产在内，资产总值达 93 817 万元，比上年度增长 31.66%，其中，净资产已达 1.1 亿元，较 2010 年的 1 亿元增长了 10%。

2011 年，科技园继续充分利用华南理工大学的技术、成果、信息与人才优势，积极引导入园企业与该校开展技术研发方面的合作，先后组织园区企业参观访问学校电力学院、材料学院、环境学院、机械学院等多个学院及相关重点实验室，进行点对点联络交流，还对电力学院康龙云教授的“电网线损控制系统”、环境学院石林教授的“酸性土壤专用调理剂”、机械学院黄平教授团队的“人体胃肠内窥胶囊及透视系统”、材料学院杨中民教授的“光纤激光器及传感系统”等一批科研成果进行了重点考察，在帮助企业解决技术难题的同时，促进了该校产学研结合工作的开展。2011 年度，园区企业与学校的合作经费 1 500 多万元。

2011 年，科技园联合广东省科技风险投资有限公司、深圳创维集团共同成立了广东创华投资有限公司，注册资金 2 500 万元，初步突破了多年来科技园孵化资金缺乏的瓶颈。成功引入兴业银行，为园内企业提供贷款新渠道。2011 年，科技园通过多次洽谈，与兴业银行建立合作关系，兴业银行将每年向园区企业提供 5 600 万元集群式低息贷款，为园区企业增加了新的融资渠道。

【中山大学国家大学科技园】 按照“一校多园”发展模式，中山大学国家大学科技园已基本形成 6 个园区，已建设完成并投入运行的园区包括：主园区（海珠园区）A 座和 B 座、大学城园区、越秀园区、广州科学城园区，深圳园区在建中。

中山大学国家大学科技园拥有孵化场地面积 20 007.46平方米，其中主园区孵化面积8 039.27平方米，大学城园区 11 968.19 平方米。

广州中山大学科技园有限公司为中山大学国家大学科技园管理机构，设有行政部、财务部、招商与工程部、孵化与投资合作部 4 个职能部门，服务与管理人员 19 名。该公司总资产 2 237.6 万元，孵化专项资金 2 000 万元，已完成 2 个项目，总投资 600 万元。

在政府和学校的大力支持下，园区已建立或正在建设的省级以上公共技术与信息服务平台包括：科技综合信息服务平台、软件动漫产业支撑服务平台、国家数字家庭工程技术研究中心（大学城园区）、平板显示高清互动检验检测平台（大学城园区）、新技术与创业服务支撑平台（在建）。园区从创新创业教育培训、创新创业实践到优秀创新创业项目（团队）进驻大学生创业园创办企业，形成了较为完整的科技园创新创业人才培育机制。主要通过举办创业大赛，组织“创业·生存·发展”系列讲座、创业教育系列培训、各类专业论坛，为园区企业管理人才和创新人才的培育提供培训和服务。同时，中山大学国家大学科技园作为国家级“高校学生科技创业实习基地”，为大学生实习实训、创业就业提供多方位的支持和服务。

截至 2011 年年底，中山大学国家大学科技园在孵企业 159 家，其中主园区（海珠园区）70 家、大学城园区 89 家；累计毕业企业 79 家；大学生创业园创业企业近 30 家。园区企业中电子信息、数字电视产业领域企业占比达 60%，生物医药、医疗健康及医疗器械领域企业占比 25%，新材料及环保新能源产业企业占比 12%。园区拥有知识产权 43 项；技工贸总收入 2.3 亿元；从业人数 3 375 人，在孵留学人员 58 人；园区企业 2010 年度承担重大科技项目 21 项。

2011 年，中山大学国家大学科技园顺利通过科技部、教育部组织的国家大学科技园绩效考核，被认定为“2011 年广州市中小企业创业示范基地”，大学城园区（国家数字家庭产业示范基地）被科技部认定为“国家数字家庭工程技术研究中心”。

园区硬环境与软环境建设进展顺利，主园区（海珠园区）B 座建设顺利竣工、开园；大学城园区创业楼建设顺利封顶；深圳园区开工建设；“中山大学国家大学科技园软件动漫产业支撑服务平台”建设完成并投入运行；科技园与中山大学数学与计算科学学院、信息与科学计算院分别签署合作共建动漫实训基地协议，“中山大学数学与计算科学学院动漫实训基地”“中山大学信息与科学计算学院动漫实训基地”在主园区挂牌落户；在海珠区科信局支持下，中山大学科技园知识产权服务中心落户中大科技园主园区（海珠园区）。

（广东省科学技术厅高新技术发展及产业化处 黄 攀）

科　技　兴　贸

2011 年，省外经贸厅深入实施科技兴贸战略，研究出台保持高新技术产品进出口平稳发展的政策措施，推进科技兴贸创新基地和外贸公共服务平台建设，鼓励引导高新技术产品出口企业加强研发创新，提高出口商品技术含量和附加值，提升国际市场竞争力。全省高新技术产品进出口实现平衡增长，发展质量提高。

高新技术产品进出口情况

据海关统计，2011 年，全省高新技术产品进出口额达 3 632.0 亿美元，增长 12.0%，占全省进出口总额的 39.8%。其中，出口 1 975.3 亿美元，增长 12.7%，占全省出口总额的 37.1%；进口1 656.7亿美元，增长 11.3%，占全省进口总额的 43.4%。高新技术产品进出口顺差 318.6 亿美元。

2011 年，广东省高新技术产品进出口额继续居全国首位。高新技术产品出口额占全国的 36.0%，增幅高于全国（11.5%）1.2 个百分点，分别高于江苏、上海、浙江、山东等沿海主要省市 10 个、2 个、7.3 个和 26.3 个百分点。高新技术产品进口额占全国的 35.8%，增幅低于全国（12.2%）0.9 个百分点，分别高于江苏、上海、浙江、山东等沿海主要省市 4.6 个、1.4 个、2.8 个、23 个百分点。

表 6－4－1－1　国内主要沿海省市高新技术产品进出口情况一览表（2011）

项目	出口额（亿美元）	同比（%）	进口额（亿美元）	同比（%）
全国	5 487.9	11.5	4 629.9	12.2
上海	930.8	10.7	751.3	9.9
江苏	1 292.5	2.7	907.0	6.7
浙江	155.2	5.4	97.1	8.5
山东	152.0	－13.6	135.4	－11.7
福建	137.0	4.0	126.2	1.3
广东	1 975.3	12.7	1 656.7	11.3

高新技术产品进出口特点

【贸易方式】　2011 年，广东省高新技术产品一般贸易进出口增幅高于加工贸易，比重提高。高新技术产品一般贸易出口额达 379.1 亿美元，增长 24.6%，高于同类产品出口增幅 11.9 个百分点；一般贸易进口额达 418.0 亿美元，增长 14.9%，高于同类产品进口增幅 3.6 个百分点。高新技术产品加工贸易出口额达 1 486.6 亿美元，增长 8.1%；加工贸易进口额达 968.4 亿美元，增长 10.1%。

表 6－4－2－1　全省各类贸易高新技术产品进出口情况一览表（2011）

项目	出口额（亿美元）	同比（%）	比重（%）	进口额（亿美元）	同比（%）	比重（%）
全省合计	1 975.3	12.7	100	1 656.7	11.3	100
一般贸易	379.1	24.6	19.2	418.0	14.9	25.2
加工贸易	1 486.6	8.1	75.3	968.4	10.1	58.5

【经营主体】 2011 年，广东省私营企业高新技术产品进出口增速领先，其中，出口 250.9 亿美元，增长 37.9%；进口 334.8 亿美元，增长 34.4%。外商投资企业高新技术产品出口 1 475.1 亿美元，增长 11.8%；进口 1 120.6 亿美元，增长 10.6%。国有企业高新技术产品出口下降 12.2%，进口下降 8.5%。集体企业高新技术产品出口增长 18.4%，进口下降 23.5%。

表 6－4－2－2　全省各类企业高新技术产品进出口情况一览表（2011）

项目	出口额（亿美元）	同比（%）	比重（%）	进口额（亿美元）	同比（%）	比重（%）
三资企业	1 475.1	11.8	74.7	1 120.6	10.6	67.6
国有企业	140.0	－12.2	7.1	172.2	－8.5	10.4
集体企业	108.7	18.7	5.5	28.3	－23.5	1.7
私营企业	250.9	37.9	12.7	334.8	34.4	20.2

【出口市场】 2011 年，广东省高新技术产品在出口方面，对中国香港、美国、欧盟、日本等传统市场出口分别增长 16.2%、1.4%、0.4%、12.8%；对新兴市场出口增速加快，对韩国、拉美、俄罗斯等新兴市场出口分别增长 43.4%、26.9%、31.9%，对哥斯达黎加、喀麦隆等 30 多个国家出口增幅超过 100%。进口方面，从韩国进口增长 24.0%，从美国进口增长 13.0%，从东盟进口增长 7.1%，从日本进口增长 5.2%，从中国台湾进口增长 3.7%，从欧盟进口增长 2.6%。

【商品结构】 2011 年，广东省战略性新兴产业领域高新技术产品出口快速增长。生物技术产品出口大幅增长 117.1%，电子技术、材料技术产品出口分别增长 23.0%、19.7%；生物技术、生命科学技术产品进口分别增长 40.3%、20.8%。

【区域分布】 2011 年，广东省高新技术产品进出口集中在珠三角地区，部分非珠三角地区进出口快速增长。珠三角九市高新技术产品进出口额达 3 571.5 亿美元，占全省高新技术产品进出口额的 98.3%。云浮、潮州高新技术产品出口额分别增长 157.3%、145.4%，韶关、湛江、潮州高新技术产品进口额分别增长 350.3%、262.5%、102.8%。

（广东省对外贸易经济合作厅科技发展与技术贸易处）

农业科技发展

科　技　兴　农

2011 年，广东省围绕“加强转型升级、建设幸福广东”核心任务，坚持“自主创新、加速转化、提升产业、引领跨越、共同发展”的工作原则，全方位多层次推进农村科技工作，并取得较好的成效。

农业领域科技计划项目管理与研究

2011 年，省科技厅共立项省级农业重点专项 16 项，其中，农产品安全生产关键技术研究与示范 6 项，农业共性关键技术研究与示范 10 项，共安排经费 1 800 万元；立项农业重点项目 20 项，其中，生物种业技术研究 10 项，农业产业关键技术集成与示范 10 项，共安排经费 1 000 万元；立项农业科技专项 91 项，其中，农业科技创新中心 16 项，健康农业科技示范基地 20 项，星火技术产业带 10 项，广东农业科技园区 5 项，现代农业科技强县 2 项，城镇化技术集成应用试点 14 项，新农村试点项目 8 个，农村科技特派员科技服务体系建设 1 项，粮食优质丰产科技示范县项目 15 项。共获国家级农业类科技计划项目立项 100 多项，获得经费支持近 1.5 亿元。

【粮食生产科技项目】　2011 年，广东省以创新为动力，强化水稻科技攻关研究工作，启动各类粮食生产科技项目近 50 项，投入科技经费 800 多万元；以科技为先导，加强粮食生产集成示范，2011 年认定 15 个粮食优质丰产示范县，辐射带动耕种面积达 6.67 万公顷以上；实现粮食生产科技支撑，编制粮食优质高产技术系列手册 10 000 册，培训基层科技工作者和信息员数十次；以春耕为契机，推广先进粮食生产技术，组织粮食春耕生产科技下乡活动，为近千名农民培训先进粮食生产技术，将先进的农业科技成果第一时间带给广大农民，及时应用到粮食生产中。如采用水稻“三控”技术新技术后，与传统栽培方式相比，每公顷产量可增加 645 千克，平均每公顷产量增加 13%，降低成本 372.6 元，增收 1 590 元。

表 7－1－1－1　广东省农业科技专项受理情况（2011）

序号	类别	立项数（项）	支持经费（万元）
1	重点专项	16	1 800
2	重点项目	20	1 000
3	引导项目	241	1 975
	#省直	156	1 272
	地市	85	703
4	农业科技创新中心	16	300
5	健康农业科技示范基地	20	300
6	星火技术产业带	10	200

（续上表）

序号	类别	立项数（项）	支持经费（万元）
7	广东农业科技园区	5	1 000
8	农村科技特派员科技服务体系建设	1	106
9	现代农业科技强县	2	100
10	城镇化技术集成应用试点	14	280
11	以行政村为单位的新农村建设科技示范	8	64
12	粮食优质丰产科技示范县	15	150
13	战略性新兴产业核心技术攻关	6	4 900
14	合计	374	12 175

【农业科技成果转化资金项目】 2011 年度，广东省有“华南特色蔬菜安全生产与增效关键技术集成示范”等 14 个项目获得科技部农业科技成果转化资金项目立项，经费支持共计 1 160 万元。其中，广东省农科集团有限公司承担的“华南特色蔬菜安全生产与增效关键技术集成示范”获国家重大项目立项支持，广州立达尔生物科技股份有限公司承担的“饲用高效甘露寡糖的应用与推广”和西陇化工股份有限公司承担的“安全高效食品添加剂柠檬酸亚锡二钠产业化与推广”2 个项目获得国家重点项目立项支持。2011 年获国家立项的 14 个项目的实施，预期可吸引地方和社会投资 3 120 万元，实现销售收入 16 517 万元，技术性收入 300 万元，出口创汇 70 万美元，净利润达 3 978 万元，缴税总额达 1 126 万元。

表 7－1－1－2 广东省获农业科技成果转化资金项目立项情况（2011）

序号	项目名称	承担单位
1	华南特色蔬菜安全生产与增效关键技术集成示范	广东省农科集团有限公司
2	饲用高效甘露寡糖的应用与推广	广州立达尔生物科技股份有限公司
3	安全高效食品添加剂柠檬酸亚锡二钠产业化与推广	西陇化工股份有限公司
4	有机—无机土壤调理剂（钙镁肥）的产业化及应用推广	广东大众农业科技股份有限公司
5	水禽 H5 亚型禽流感灭活疫苗中试与临床试验	华南农业大学
6	水稻“三控”施肥技术的示范推广	广东省金稻种业有限公司
7	高产、抗逆、专用辣椒新品种及栽培技术的中试与示范	广东海洋大学
8	马氏珠母贝优质珍珠的生产技术示范与推广	广东海洋大学
9	植物源药剂防控红火蚁技术的产业化及示范推广	广东省昆虫研究所
10	优质高产抗逆水稻新品种“华航 31 号”中试及高产示范	华南农业大学

（续上表）

序号	项目名称	承担单位
11	凤凰单枞红茶应用与推广	潮安县凤凰镇鹏龙茶业发展有限公司
12	GL2045 型纵向轴流联合收割机的中试	广东省农业机械研究所
13	稳定高效过氧乙酸消毒液在农产食品安全控制中的应用	广东省微生物研究所
14	耐热优质鲜食与加工兼用型甜玉米新品种新甜美 608 的示范推广及标准化生产技术集成	开平裕茂农业开发有限公司

2011 年，在粤的国家农业科技成果转化资金项目实施良好，成果转化效果显著。在国家农业科技成果转化资金的支持下，涌现了广东永顺生物制药有限公司、广东温氏集团食品有限公司等一批具有地方特色和符合广东产业发展的农业科技型企业，在创造良好的企业效益之余，还带动了当地农户增收，取得了显著的社会效益。

四元杂交肉猪生产与肉品加工技术集成与转化　该项目由广东温氏集团食品有限公司承担，2009 年获得国家农转资金项目的重大项目立项支持。

项目以四元杂交种猪新配套系为核心技术成果，集成养殖过程的主要疾病控制关键技术、高效安全环保饲料配制技术、中兽药制剂生产技术、零排放养猪技术以及肉品屠宰加工技术。经过两年的执行，取得“一种质粒 DNA 的提取装置”等授权专利 5 件（其中发明专利 3 件）、计算机软件著作权 2 项，发表科技论文 56 篇、专著 1 部；获猪流感疫苗临床试验批文 1 个，广东省名牌产品 2 个。在 5 个养猪场、1 个屠宰场和 1 个肉品加工厂进行技术集成示范，并辐射到国内 20 个省 100 多家饲料厂和养殖企业；举办培训班 80 余场，培训人员 3 600 多人次。

项目执行期间，建成了 5 个动物疫病远程诊疗服务中心，建立了多种动物疫病监测及免疫抗体水平检测服务项目（包括猪蓝耳病抗体、猪圆环病毒 2 型抗体等），对有效及时地预防和控制重大动物传染病的传播提供了一个很好的解决思路。项目的实施，对本省养猪业的技术提升及产业技术升级具有重要意义，同时对保障猪肉产品安全有重要作用。

新型猪瘟活疫苗（传代细胞源）中试与产业化示范　该项目由广东永顺生物制药股份有限公司承担，2010 年获国家农转资金立项支持。

该项目通过对生物反应器载体细胞培养系统培养猪睾丸传代进行研究，进一步优化了细胞培养系统中各相关要素，并据此精制新型猪瘟活疫苗，从而提高了疫苗的品质。

项目经过一年的实施，取得显著的成果：取得了“用细胞系生产猪瘟活疫苗的方法”等授权发明专利 2 件；发表科技论文 2 篇；参与并制定了《农业部公告第 1041 号猪瘟活疫苗（传代细胞源）质量标准》；项目产品猪瘟活疫苗（传代细胞源）获得国家新兽药注册证书和农业部的正式生产批文，同时获得“广东省名牌产品”和“广东省自主创新品牌”称号。项目产品纳入了农业部的招标采购计划，在国内建立了 5 个疫苗推广应用基地，累计推广疫苗 2 亿头份；项目技术猪瘟活疫苗（传代细胞源）技术转让给国内 18 家相关生物制品企业；培训人员 2 000 多人次。项目科技成果的推广，促进了我国兽用疫苗生产技术的提高和畜牧业的健康发展。

【星火计划】　2011 年，广东省共有 70 个项目获得国家星火计划立项支持，其中“优质超级和优质高产多抗杂交稻产业化技术集成研究开发”“优质超级和优质高产多抗杂交稻产业化技术集成研究开发”2 个重大项目，“兴牧种猪繁育体系建设及健康养殖关键技术的推广应用”等 10 个重点项目分别获得国家星火计划项目立项，经费支持 1 230 万元。

表7-1-1-3 广东省获国家星火计划重大重点项目立项情况（2011）

序号	项目名称	承担单位
1	广东省贝类产业推进关键技术集成及推广	广东海洋大学
2	优质超级和优质高产多抗杂交稻产业化技术集成研究开发	广东省金稻种业有限公司
3	兴牧种猪繁育体系建设及健康养殖关键技术的推广	惠州市兴牧畜牧发展有限公司
4	金观音王茶种植加工技术推广与示范	汕头市濠江区金寿茶厂有限公
5	南海黄弘香鸡选育及产业化研究	佛山市南海种禽有限公司
6	广东农村信息直通车工程花都信息服务体系建设	广州市花都区生产力促进中心
7	水稻生产信息化平台建设与示范	惠州市海纳粮油食品有限公司
8	广东蔬菜质量安全病虫害综合防治技术示范与推广	广东省农业科学院
9	万亩优质高产蚕桑示范基地建设	广东信达茧丝绸股份有限公司
10	金平农业科技信息网络平台建设	汕头市金平区生产力促进中心
11	佛山市禅城区国家科技进步示范区建设	佛山市禅城区生产力促进中心
12	陈香茶高效生产技术集成与示范推广	广东省农业科学院

广东省贝类产业推进关键技术集成及推广

该项目获国家重大项目立项资金支持345万元。项目针对“南珠”及扇贝产业品种退化、养殖技术滞后，近江牡蛎产品缺乏深加工增值等问题开展良种繁育、高效养殖和加工、技术开发与示范应用活动。2011年，该项目实施取得明显成效：改良和推广了贝品种，创新了养殖方式，建立示范基地、开展技术培训进行新技术和新品系的示范推广，在湛江沿海一带形成了贝产品优质高效生产产业带，增加就业岗位，提高渔民收入。全年共繁育珍珠贝新品系种苗3.14亿粒，占雷州市贝苗市场的30%以上，良种覆盖雷州市和徐闻县沿海各乡镇，推广面积达400多公顷。该新品系生长速度快，生长期比普通品种缩短3个月，成活率高，成活率达到75.8%，颜色纯净漂亮。完成了33.3公顷新品系繁育示范基地建设，进行深水育珠，优质率达到20.4%，增加就业岗位80人。与传统近岸育珠方式相比，深水育珠每插万贝新增利税4 500万元。培育华贵栉孔扇贝新品系，所育的良种贝苗占市场份额25%以上，在雷州市和徐闻县沿海各乡镇示范推广，推广面积约333.3公顷。建成33.3公顷新品系养成示范基地，开展深水浮子延绳筏养殖生产，该品系和养殖方式比常规种苗增产34%。通过技术培训，推广新技术和新品系，共培训基层技术人员100人。

优质超级和优质高产多抗杂交稻产业化技术集成研究开发　该项目获国家重大项目立项资金支持600万元。2011年，该项目实施产生明显成效：完成制种面积860公顷，生产杂交稻良种206万千克。在水稻标准化生产示范基地采用“华南双季超级稻强化栽培技术”，实行“统一”管理，即统一栽种水稻优良品种，统一使用广谱、高效、低毒农药，稻谷每公顷产量达到9 750千克以上，其中“天优3618”平均每公顷产量达到10 948.5千克，达到了农业部超级稻的产量标准。“水稻‘三控’施肥技术”和“华南双季超级稻强化栽培技术”已成为本省超级稻推广和粮食高产创建活动的主推技术，在本省18个粮食大县中推广实施（占本省24个粮食大县的75%），示范区平均每公顷产量达到9 048千克，每公顷比非示范片增产1 218千克，增长15.6%，每公顷增收3 675元。开展先进实用技术的宣传，编制出版《水稻“三控”施肥技术使用手册》，发放给全省和我国南方省区各县市的农技人员和农户；制作了《水

稻“三控”施肥技术简介——少生优育使水稻节本又增产》和《水稻“三控”施肥技术讲座》等音频作品；进行了为期2个月的电视宣传，在《南方农村报》进行了6期项目产品良种良法的宣传。开展实用技术培训，举办各级培训班12场、现场观摩会7场，培训基层干部和技术人员400多人次，培训农民4 600人次。

【国家科技支撑计划项目】 2011年，“南海区深水网箱高效健康养殖技术集成与示范”“南海区对虾高效健康养殖技术集成与示范”等6个项目获得国家科技支撑计划项目立项，获经费支持共计5 959万元。

（广东省科学技术厅农村科技处）

农业科技创新载体建设

【科技创新平台】 2011年，省科技厅批准建设16家农业科技创新中心，安排经费300万元，带动地方和建设单位投入配套资金4 000多万元，辐射带动农户10.5万户；共建成实验室建筑面积5 130平方米，购置仪器设备3 450万元；拥有研发人员330人，其中中高级以上职称人员130人；可实现年新增产值约38 250万元，年新增销售收入36 650万元，年新增利税3 080万元；年均推广科技成果、新品种、新技术、新工艺41项，开发新技术、新品种和新工艺18项。

广东省海纳生态农业科技创新中心着力构建优质有机稻的科技创新体系，提高优质有机稻产业化整体运行效率，攻克优质有机稻发展的关键核心技术，积极进行水稻标准化优质高产高效种植技术、机械化生产技术、大米加工及综合利用等研究，开展面向农户的先进实用技术培训，提供农业机械化服务、技术诊断、咨询等中介服务，推动科技与农业经济的紧密结合。项目实施后，各项技术体系形成产业规模：优质水稻总产量达到10万吨，每年可生产专用功能性有机肥5万吨，开发出多样化的功能性稻米品种。实现集约化、产业化、循环化生产，每年每公顷作物可节约生产成本2.25万元。通过发挥中心的辐射功能推进农业和当地经济的健康发展，促进优势农业产业结构升级。

【科技示范基地】 科技示范基地建设主要以健康农业科技示范基地、星火产业带、农业产业关键技术集成与示范、农业科技园区为主。针对原来设立的专项计划数量过多，在一定程度上出现农村科技投入的集中度和显示度不高、对区域优势和特色农业产业的推动作用不明显的问题，调整优化现有农业科技创新中心、健康农业科技示范基地、新农村建设科技示范试点、星火技术产业带等多个专项计划，调整设立为“区域现代农业产业关键技术应用示范行动计划”，集中2 500万元科技经费重点支持现代农业适用技术应用示范、现代农业产业关键技术应用示范和广东省农业科技园区建设。2011年，广东省立项支持了农业产业关键技术集成与示范10个，星火产业带10条，健康农业科技示范基地20个，安排资金1 000万元，分别从产业链和技术链结合，点、线、面三个层次开展技术应用示范，发挥科技创新对本省区域优势、特色农业产业发展的支撑作用，推进本省现代农业体系建设和农村经济的转型升级，实现科技要素在生产中的示范应用和推广。

【农业科技园区】 2011年，为加快推进本省农业发展方式转变，提升科技引领和产业集聚总体水平，省科技厅依据科技部《农业科技园区指南》《农业科技园区管理办法（试行）》，制定了《广东省农业科技园区建设实施方案（2011—2015年）》。2011年，重点在粤东、粤西和粤北地区建设梅州、汕尾、湛江、韶关和汕头5个符合现代农业发展方向、立足和提升不同区域农业优势特色产业、对各区域农业和农村经济发展具有较强示范带动作用的农业科技园区。2011年，5个园区投入财政资金1 000万元，带动社会投入资金4亿多元，推广农业先进适用技术110多项，辐射带动农户种养殖面积1.33万公顷。

（广东省科学技术厅农村科技处）

农业科研团队建设

2011年，广东省紧跟农业产业发展趋势和要求，遵循“自主创新、重点突出、资源整合、人才整合、优势互补、联合攻关”的原则，整合本省高校、科研院所和龙头企业的科技、资金和人才资源，集中优势力量，组建10个优秀研究团队，并设立农业重点专项专门支持团队建设，至少连续支持3年，每个团队每年支持的科技经费都在100万元左右。开展“主要粮食作物（水稻）抗性育种技术研究”“畜禽饲料高效利用关键技术研究”“旱地作物品种改良技术研究”“花卉育种与开花调控技术研究”“湿热地区稻谷节能干燥关键技术与装备研发”“水生经济动物病毒病防控技术研究”“食品发酵与代谢调控技术研究及产业化应用”“广东省家畜分子与细胞工程育种技术研究”“水产蛋白改性技术研究和作物诱变育种新技术研究”等项目的联合攻关，为实现制约本省特色优势农业产业发展的共性关键技术突破和农业科技人才培养，提升广东特色优势农业产业竞争力和自主创新水平奠定了基础。

通过一年的努力，10个团队共发表了高水平论文80多篇，申请专利30多件，创制优质新品种材料200多份，突破并应用共性关键技术29项，开发出检测试剂盒等高技术含量的科技产品100多个，科研团队的建设为提升本省优势特色农业产业竞争力和自主创新水平做出了新的贡献。

表7-1-3-1 广东农业科研团队及项目一览表（2011）

序号	项目名称	承接单位
1	水产蛋白改性技术研究	广东海洋大学
2	花卉育种与开花调控技术研究	广东省农业科学院花卉研究所
3	主要粮食作物（水稻）抗性育种技术研究	广东省农业科学院水稻研究所
4	畜禽饲料高效利用关键技术研究	广东省农业科学院畜牧研究所
5	旱地作物品种改良技术研究	广东省农业科学院作物研究所
6	食品发酵与代谢调控技术研究及产业化应用	华南理工大学轻工与食品学院
7	广东省家畜分子与细胞工程育种技术研究	华南农业大学
8	作物诱变育种新技术研究	华南农业大学
9	广东省水生经济动物病毒病防控技术研究	中山大学生命科学学院
10	湿热地区稻谷节能干燥关键技术与装备研发	广东省农业机械研究所

【“广东省水生经济动物病毒病防控技术研究”团队】 以中山大学何建国教授为首席执行专家的“广东省水生经济动物病毒病防控技术研究”团队，主要进行对虾病毒病生物防控技术研发，开展对虾环境调控控制病毒病技术、蟹类病毒病检测技术、蟹类抗病毒病中草药、鱼类神经坏死病毒病和虹彩病毒病及鲤鱼疱疹病毒病疫苗等研究。2011年，该团队取得了较好的阶段性成果：开展了“对虾白斑综合症（WSS）生物防控技术与示范应用”和“对虾WSS环境调控防控技术与应用”工作，进行了鱼类“虹彩病毒病疫苗”“神经坏死病毒病疫苗”“疱疹病毒（KHV）疫苗”的研制，形成了“蟹类病毒病现场快速检测技术”。申请发明专利10项，其中国际专利8项，发表（含接受）SCI收录论文31篇，其中*Journal of Virology* 3篇、*PLoS ONE* 3篇，培养毕业博士研究生3名、硕士研究生8名。

【“花卉育种与开花调控技术研究”团队】 以广东省农科院花卉研究所朱根发研究员为首席执行专家的“花卉育种与开花调控技术研究”团队，针对广东主要园林花卉如兰花、姜花、杜鹃红山茶等花卉开展育种和开花调控技术研究，力争在“十二五”期间培育一支稳定高效的研发队伍，研制一批实用的开花调控技术和品种，实现园林、花卉品种的低碳、高产、优质、高效生产。2011年，该团队以兰花、姜花、杜鹃红山茶3种花卉为主，围绕育种和开花调控技术2项共性关键技术开展研究，取得了丰硕的研究成果：培育出蝴蝶兰新品种2个、姜花1个、茶花1个，选育出蝴蝶兰新品系2个、姜花6个、茶花27个，建立春石斛兰、姜花的温度调控技术和蝴蝶兰 CO_2 加富调控技术，克隆了促进蝴蝶兰、春石斛兰提早开花的基因，申请国家发明专利2项，2011年已发表论文8篇，其中SCI收录论文4篇。

【“畜禽饲料高效利用关键技术研究”团队】 以广东省农科院畜牧研究所蒋宗勇研究员为首席执行专家的“畜禽饲料高效利用关键技术研究”团队，着力开展蛋白质饲料资源高效利用技术，矿物元素高效利用技术，畜禽饲料高效利用的安全饲料添加物开发，项目技术和产品的综合示范与推广工作。2011年，该团队研究建立了蛋白质饲料资源高效利用技术2套，研究提出黄羽肉鸡主要矿物元素需要量1套，建立钙、磷等矿物元素真消化率、代谢率梯度线性回归测定技术1套，研究提出乳酸菌、芽孢杆菌等益生型微生物制剂的分子改造技术1套，研究提出产酶优良微生物菌株的分子改造技术1套，发表论文11篇，其中SCI收录论文9篇，申请国家发明专利5项。

（广东省科学技术厅农村科技处）

农村科技服务

【科技下乡与科技培训】 2011年，省科技厅在肇庆高要市、梅州五华县、江门台山市、揭阳市、河源东源县、茂名电白县、汕尾陆丰市等地开展形式多样内容丰富的科技下乡活动，组织专家600多人次为农民群众开展农业实用技术、农产品安全及检测技术、农村信息技术和卫生保健咨询活动，并设立科技集市和农业科技新成果展示摊位，现场派发各类农业实用科技资料20 000多份，优质水稻、蔬菜种子500多包，肥料10多吨，为群众义诊并发放总价将近2万元的药品。

【“双到”扶贫】 为做好省科技厅帮扶点东源县新回龙镇留洞村2011年度的扶贫开发“双到”工作，厅帮扶工作小组制定了2011年度帮扶工作计划，重点从成立互助组帮扶农户发展生产、科技扶贫、促进劳动力转移、协助住房困难户住房改造建设，以及进一步扶持发展村集体经济和完善公共基础设施等方面开展工作。工作小组通过“互助组”新机制开展“双到”扶贫工作取得显著成效。截至2011年年底，省科技厅落实自筹帮扶资金共453.19万元，完成养蜂、养牛、种竹、种食用菌等6个产业互助组的分组和住房困难户住房情况的摸底工作，投入70万元引导河源绿纯酿酒厂、从化市上罗农产品专业合作社等多家龙头企业和专业经济合作组织与贫困户对接，以科技项目产业化的形式带动村集体经济发展壮大。实现村集体经济总收入达到10.6万元，贫困户人均纯收入约5 138元，是2009年贫困户人均纯收入的4.7倍。贫困户脱贫率达到100%，超前实现了脱贫目标。省科技厅荣获2010年度全省扶贫“双到”工作考核优秀等级。

【对口科技援助】 2011年，省科技厅成立对口科技援助工作领导小组和办公室，为对口科技援助工作提供组织和制度保障。先后由厅领导带队，组织省内科研院所和高校专家赴汶川和西藏考察，促进需求与资源的对接，落实对口科技援助项目。

2011年上半年，投入250万元开展了广东省对口科技援助服务体系建设，广东省对口科技援助管理、培训和调研，西藏林芝地区科技援助工作条件及能力建设，林芝地区野生花卉资源开发和内地名贵花卉引种栽培，林芝地区食药用菌资源研究及优良品种繁育基地建设，藏药种植和加工基地建设，巫山县生猪标准化试验示范场建设等项目。同时及时跟进对口援助汶川项目实施情况，深入了解中草药种植基地及果蔬种植和深加工基地建设中遇到的问题，组织专家召开座谈会，制定规范的管理制度。

依托信息直通车工程，对接喀什地区科技部

门，支持喀什地区农村基层服务体系建设。为喀什地区设计、开发和维护的喀什直通车网站（http://kashi.gdcct.gov.cn/），于2011年5月正式上线。建立了丰富的具有本地特色的农产品数据库，提供了喀什新闻、喀什商机、喀什旅游、喀什特产、喀什农企巡礼等内容，为喀什农业企业、农户提供农业特色品种生产技术服务和宣传，成为公众了解喀什地区民俗文化风情的快捷渠道。

（广东省科学技术厅农村科技处）

广东农村信息直通车工程

2011年，省科技厅深入推进“农村信息直通车工程”建设步伐，进一步完善“农村综合信息服务平台”建设，实现“门户统一、平台统一、数据统一和管理统一”阶段建设目标，建成了大型“三农”公共信息数据库和公共服务平台，“信息直通车”服务站点覆盖了全省2万多个镇村，惠及全省2 000万农民兄弟，构建起支撑农业技术推广和农产品商贸信息服务的基本框架，为全国各地农村农业信息化建设提供了低成本、快速、高效的鲜活经验。

2011年，由省科技厅牵头，联合省经信委、省农业厅等单位组织制定《广东国家农村信息化示范省建设实施方案》，向科技部申报“广东农村信息化示范省建设”项目，省部联动推进本省农村信息化工作，经由国家农村农业信息化委员会专家组评议，顺利通过论证，业已纳入国家农村信息化试点省。

【项目管理与实施】 2011年，广东农村信息直通车工程实施办公室编制了《广东农村信息直通车工程专项项目跟踪管理办法（试行）》和《项目结题验收工作指引》，并针对工程运营方面编制了服务体系管理规范（包括服务站管理办法、信息员管理办法和专家队伍管理办法）、动植物医院管理规范和农产品电子商务管理规范，有效地推动了广东农村信息直通车工程建设工作高效、务实、有序地开展。

以建设数字新农村为切入点，以“多网合一”的关键技术建设满足广大农村对信息化需求的、统一的农村信息化综合服务平台；以智能化农业信息技术、数据库技术、网络通信技术等共性关键技术集成开发面向农业农村的信息应用系统；以信息采集和管理信息关键技术，采用多部门协调、信息联盟机制、发展信息资源联盟，整合全省“三农”信息资源，实现信息资源共享，建立农村信息资源中心；以农村基层村委会、农业企业和专业协会为主体，培训扎根基层农村的信息员，建立完善的基层农村信息服务体系，提升新农村建设的信息化服务能力。

【综合信息服务】

村村通电子商务平台　村村通电子商务平台建立于2011年1月，已发展成为一个集B2B贸易市场、B2C商城、团购为一体的可追溯的农业产供销电子商务平台，实现了信息流、资金流、物流的“三流合一”，为农产品产业链的各方参与者提供内参资讯、现货交易、在线支付、物流配送和农产品质量安全追溯等全方位农产品电子商务解决方案和农村现代流通方式。该平台运营已初见成效，在2011年实现营收。截至2011年年底，平台已经发展了5 500多家企业会员在村村通大市场开展B2B业务，累计发布供求信息、行情信息及价格信息总计40万余条；3 000多家企业在村村通商场开通企业网店，累计组织了100多家企业参与5 000多种农产品的团购商贸，团购人数达到6 000人次。

动植物医院　动植物医院建立于2011年1月，2011年8月，省科技厅主持在省农科院隆重举行广东农村信息直通车工程动物、植物和水产3家中心医院授牌仪式。

村村通动植物医院是由村村通科技有限公司主导，联合广东省农科院植物保护研究所、兽医研究所及珠江水产研究所等科研院所组建的动植物病虫害远程诊断公共服务平台。建成植物、动物、水产3家中心医院，各类诊所100多家，基本形成本省主要农业区域的新型、高效、综合植物病虫害防治、动物与水产疫病防治服务体系。以“医院—平台—诊所—农民”的服务模式，组织列席专家400多名，借助12396语音热线和动植物远程诊疗互动交流平台为农业合作社、农业专业镇、农业龙头企业、农资公司、种养大户及个体农户提供技术支持，并结合实地调研、咨询、培训等方式指导本省农民安全用药，为安全农产品、绿色食品生产保驾护航，较好地解决了农业种植、养殖中长期存在的防治难、诊断难、看病难的根本问题，同时实现科技信息在广大农村中的低成本、高效率传播。

截至2011年年底，专家们通过远程视频为各地分院、诊所诊疗动植物和水产疾病病例数量达到6 000余例，通过远程视频诊断系统提供防治服务1 500多次；通过12396语音电话提供咨询800多次，回复在线留言咨询300多次；在各地分院分别举办了专业技术讲座，参加技术培训的人数达到12 000余人次，派发资料6万多份。直通车工程动植物医院中心医院的正式成立，将成为直通车工程纵深发展的又一里程碑。

为配合村村通动植物医院工程的建设，2011年10月，村村通动植物医院创办出版《动植物医院》。该刊物以“普及农业科技、服务农村一线”为宗旨，整合植物、动物、水产疫病防治技术以及新成果、新产品，凸显“绿色农业、安全农业、科技农业”为主题，把高效安全实用的种植养殖技术、病虫害诊断与防控技术、安全用药指导等知识普及到农村基层种养户、农民专业合作社、农业专业镇、农业龙头企业、农资公司等。

截至2011年12月，《动植物医院》共出版3期，总印刷量达1万册，成为广东农村信息直通车工程唯一指定读物，发行遍布广东各市县。

【信息员培训】

动植物医院专业技术培训 2011年，动植物医院在各地分院、诊所分别举办养殖专业技术讲座，参加技术培训的人数达到12 600余人次。组织300多场次作物病虫害防治技术讲座、培训班，培训基层技术员及农民15 000多人次，派发资料6万多份，向诊所配送农药30多吨。

农产品电子商务应用培训 2011年，农产品电子商务应用培训在汕尾市、肇庆市两地举行，共有80多个农业企业、200多人次参加了培训，帮助农产品企业快速有效地开办电子商务业务，了解电子商务的发展历程与必然趋势。

广东农村信息直通车工程数字乡村应用信息员培训 2011年，广东农村信息直通车工程数字乡村应用信息员培训在华南农业大学、广东科贸职业学院、仲恺农业工程学院举行，约250人次在校大学生信息员参加了培训，为基层农村建立“数字乡村”信息网站，基层农村农民统一信息发布、展示新农村建设的窗口。

【交流与合作】 为了使更多的省市农业信息化建设能少走弯路，让更多的农民兄弟能从农村信息服务的“广东模式”中受惠，最大限度地提升农村信息直通车工程的辐射带动作用，2011年11月18日，广东省科技厅与江西省科技厅签署了《农村信息直通车江西试点工程合作协议》，正式启动广东农村信息直通车工程江西试点建设项目，这标志着粤赣两省在科技交流与合作方面，进入了一个全新的阶段。

试点工程启动后，双方将依托农村信息化公共服务平台、农业科技服务平台、安全农产品电子商务平台、村村通移动信息服务平台和村村通语音服务平台，建设江西三农信息网站群和“村村通动植物医院”江西远程诊治服务网络，开通江西省12396服务热线，实现与广东12396服务热线并网，从而大幅度提升江西农业和农村的信息化服务能力，充分实现两省资源的共享和人才的交流。

（广东省科学技术厅农村科技处）

林业科技发展

《广东省林业科技“十二五”发展规划》（以下简称《规划》）明确了“十二五”的目标与任务，重点突出林木种质资源创新利用与良种选育、森林资源高效培育技术、林业生态建设技术、民生林业发展技术、林业优势产业发展技术、林业灾害防控技术、林业信息技术、碳汇林业关键技术八大重点领域林业科技攻关，实施林业科技创新示范平台建设、科技兴林富民、林业生态监测评价体系建设、林业科技创新与推广服务体系建设、林业标准与质量管理体系建设五大林业科技工程，进一步提高林业科技引领和支撑水平。《规划》提出，到2015 年，使广东林业科技发展总体水平处于国内领先，部分达到国际先进水平，把广东建设成为全国林业科技创新示范省。2011 年是“十二五”开局之年，广东林业科技工作起步良好。

科研项目实施及创新平台建设

【科技经费投入】 2011 年，中央财政、省财政对广东林业科技项目资金投入在2010 年的基础上又有新增长，国家林业公益性行业专项、引进国际先进林业科学技术项目、中央财政林业科技推广示范资金、国家林业科技推广体系建设、国家林业局生态定位研究站建设与运行经费和示范基地建设及省林业科技创新专项、省农业标准化专项林业项目、省科技计划项目等总投入资金达4 600多万元，其中，省林业科技创新专项资金由年度1 000 万元增加到2 000 万元，省农业标准化专项林业项目资金也由年度 200 万元增加到 350 万元。

【科技攻关】 4 月和 10 月，省林业厅先后召开了省林业科技创新专项2011 年度项目实施、国家林业科研计划项目归口管理工作会议，加快推进项目实施管理与联合攻关，促进林业科技项目实施取得更好成效。截至2011 年年底，省林业科技创新专项共实施项目 45 项。通过林业科技创新专项项目实施，取得科技成果 7 项，选育林木新品系 27 个，申请专利 9 项，建立科技试验示范基地2 000 多公顷；樟树组培育苗技术研究取得突破，繁育优良乡土树种、珍贵树种等各类优质苗木2 000多万株。

12 月，省林业厅召开了第 2 次油茶科技攻关协作组会议。一年来，油茶协作攻关又取得新的进展。在良种培育研究方面，继续开展广宁红花油茶等广东省内油茶资源及周边省区油茶良种资源的收集保存，收集省外良种达到 100 多个，收集广东省内油茶优良单株超过 2 000 株，并在全省布置开展了主要良种资源的区域性试验及油茶良种采穗圃营建、苗木繁育等，广东省审（认）定的粤韶系列良种繁育基本达到规模化水平。在新技术育种方面，广东省林业科学研究院开展了高州油茶和普通油茶的杂交授粉试验和油茶多倍体育种研究，华南农业大学开展了软枝油茶辐射诱变育种和杂交育种研究等。栽培技术研究方面，主要开展了林地间种经济作物、林地覆盖、林地垦覆施肥技术等试验示范。病虫害防治研究方面，重点开展了病虫害的调查，基本摸清了广东省油茶病虫害的主要种类，并对一些病虫害进行了生物防治试验。加工技术研究方面，主要开展了油茶籽的干燥、贮藏、预处理及茶油新产品开发等研究。

【科技创新平台建设】 2011 年，广东省优良珍贵树种培育试验示范基地新造优良珍贵树种试验示范林 72 公顷，基地规模已达 232 公顷；省高脂马尾松良种繁育基地已培育高脂马尾松、樟树、油茶等良种苗木60万株。广东省林业科学研究院大南山现代林业试验示范基地新建桉树优良无性系、马大相思、杉木等试验示范林66.7公顷，基地总面积达600公顷。广东林木种质资源库新建湿加松、杉木、楠木、乌桕、龙脑香、樟树、乡土阔叶树种等种质资源库43.3公顷，总面积达到153.3公顷，保存了28个树种的林木种质资源3 000多份。

2011年，广东省完成了国家林业局级广东沿海防护林森林生态系统定位研究站建设，建立了广东南岭森林生态系统定位研究站的固定样地、地表径流场等，完成了广东东江源森林生态系统定位研究站通量观测塔等基础设施建设。重点开展森林小气候、森林土壤、森林水文、生物多样性、森林健康、碳汇计量等观测，并致力于研究广东沿海防护林防护效应、东江流域水源林水文生态功能、广东森林固碳增汇、气候变化与生物多样性、森林净化大气等问题，为森林科学经营和重点生态工程建设提供技术支撑，为广东应对气候变化提供科学数据。

（广东省林业厅科技与交流合作处　张心结）

科　研　成　果

【科技成果奖励】　全省有6项林业科技成果获2011年度广东省科学技术奖，其中二等奖2项、三等奖4项；有4项林业科技成果获中林集团杯“第4届梁希林业科学技术奖”，其中二等奖和三等奖各2项；有11项林业科技推广项目获2010年度广东省农业技术推广奖，其中一等奖1项、二等奖4项、三等奖6项；8项林业科技推广项目获2011年度广东省农业技术推广奖，其中一等奖1项、二等奖3项、三等奖4项。广东省林业调查规划院教授级高工魏安世获得第11届中国林业青年科技奖。

表7-2-2-1　部分林业获奖成果一览表（2011）

序号	获奖类别	获奖项目名称	承担单位
1	2011年度广东省科学技术奖二等奖	广东森林生态系统定位观测网络及服务功能评估	广东省林业科学研究院、中国林业科学研究院森林生态环境与保护研究所
2	2011年度广东省科学技术奖二等奖 第4届梁希林业科学技术奖三等奖	应用友恩蚜小蜂和黄蚜小蜂控制松突圆蚧技术研究	广东省森林病虫害防治与检疫总站 广东省林业科学研究院 信宜市林业局 罗定市林业局 惠东县林业局 高州市林业局 电白县林业局
3	第4届梁希林业科学技术奖二等奖	中国兰属植物资源保护及开发利用	深圳市兰科植物保护研究中心
4	第4届梁希林业科学技术奖二等奖	环保智能太阳能灭虫器	深圳市富巍盛科技有限公司（第1完成单位）
5	2011年度广东省农业技术推广奖一等奖	高产脂力马尾松优良品系推广	广东省林业科学研究院
6	2011年度广东省农业技术推广奖二等奖	环保型硼防腐剂与防腐技术的研究应用	广东省林业科学研究院
7	2011年度广东省农业技术推广奖二等奖	棕榈科植物主要病虫害综合防控技术研究应用	茂名市林业科学研究所
8	2011年度广东省农业技术推广奖二等奖	橄榄害虫防治及其配套技术推广	汕头市林业科学研究所

项目名称：广东森林生态系统定位观测网络及服务功能评估

完成单位：广东省林业科学研究院、中国林业科学研究院森林生态环境与保护研究所

获奖情况：2011年度广东省科学技术奖二等奖

该项目经过8年研究，在基础理论、创新平台和林业关键技术研究与应用推广方面取得了重大发现及创新。

1. 基础理论：对广东沿海防护林防护效应、东江流域水源林水文生态功能、广东森林固碳增汇、气候变化与生物多样性、森林净化大气效应的科学问题进行了系统研究，在森林与水的关系、森林固碳功能、森林防护效益的理论研究方面进行了创新。

2. 创新平台构建：系统建立了覆盖全省、具有广东“四江一带”生态地理格局的长期定位观测网络，涵盖了全省4种不同气候亚带的4个温度梯度、3个降水梯度、8种森林类型、4条水系分布，特别在海岸带不同台风登陆区建立了纵深水平观测体系和防护林内垂直观测体系相结合的观测系统。

3. 关键技术研究与应用、推广示范：首次提出了适合广东省森林生态系统“四江一带”的监测网络体系布局，实现了广东省森林生态监测全覆盖的定位观测；率先创建了广东森林生态服务功能评估的分布式测算理论体系；构建了以木麻黄为主体的沿海基干林带生态安全体系，由红树林和木麻黄构成的水陆两相生态屏障；提出了6种模式的大都市群水源林构建技术，明确了不同森林类型水源涵养效率，为水源涵养林的结构优化构建奠定了基础；提出了实测、模型预测和长期定位监测相耦合的森林碳汇测算技术，弥补了以IPCC为代表的对碳汇测算方法的缺陷。

该项目研究结果被国内外进行了广泛借鉴和应用，带动了林业相关新兴产业发展，促进了珠三角水源林工程建设，以及海岸带生态安全建设。总结发表专著5部；论文70篇，其中3篇被SCI收录，3篇被ISTP收录，1篇被EI收录；获1项计算机软件著作权；制定6项标准。该成果总体达到国际领先水平。

项目名称：应用友恩蚜小蜂和黄蚜小蜂控制松突圆蚧技术研究

完成单位：广东省森林病虫害防治与检疫总站、广东省林业科学研究院、信宜市林业局、罗定市林业局、惠东县林业局、高州市林业局、电白县林业局

获奖情况：2011年度广东省科学技术奖二等奖

该项目研究发现并确定了一种具有寄生性较专一，扩散能力强，对生态安全的松突圆蚧本土优势寄生性天敌昆虫——友恩蚜小蜂。摸清了友恩蚜小蜂的生物学特性，完成了友恩蚜小蜂异地引放技术、友恩蚜小蜂扩散能力、放蜂后友恩蚜小蜂林间变化规律、放蜂点收蜂量及寄生率调查和放蜂防治技术研究，制定和发布《松突圆蚧生物防治技术规程》。该成果解决了由于引进日本花角蚜小蜂因林间种群消失而导致松突圆蚧再度危害的重大技术难题，对其他外来检疫性有害生物防治具有重要的借鉴和示范作用，成为我国利用本地天敌控制外来入侵害虫的又一成功事例。

通过项目实施，建立了友恩蚜小蜂种蜂扩繁基地4个、防治示范林2万公顷，推广应用18.5万公顷，仅2008—2010年新增税收5 137.53万元，节支总额19 349.23万元，取得显著的经济、生态效益和防灾减灾作用。成果达到国际先进水平。

【林业标准修订】 2011年，广东省所属有关单位主持或主要参与制修订的林业标准中，有7项国家标准、1项林业行业标准、11项广东省地方标准分别经国家标准化管理委员会、国家林业局、广东省质量技术监督局批准发布；惠来县木麻黄沿海防护林、东江流域饮用水源林、九连山红锥大径材培育、汕尾市低产林改造、揭阳市大头茶、粤东尾巨桉丰产林6个省级林业标准化示范区通过验收。继续推进名牌产品培育，全省有22个林业类产品被评为“广东省名牌产品”。

表7-2-2-2 经批准发布的林业行业标准和广东省地方标准（2011）

序号	标准编号	标准名称	起草单位
1	GB/T 26902-2011	热带、亚热带生态风景林建设技术规程	广东省林业科学研究院等
2	GB/T 27645-2011	黄脊竹蝗防治技术规程	广东省林业科学研究院等
3	GB/T 27652-2011	防腐木材化学分析前的预处理方法	广东省林业科学研究院等
4	GB/T 27653-2011	防腐木材中季铵盐的分析方法两相滴定法	广东省林业科学研究院等
5	GB/T 27654-2011	木材防腐剂	广东省林业科学研究院（第2起草单位）
6	GB/T 27656-2011	农作物支护用防腐小径木	广东省林业科学研究院等
7	GB/T 27651-2011	防腐木材的使用分类和要求	广东省林业科学研究院（第2起草单位）
8	LY/T 1184-2011	橡胶木锯材	广东省林业科学研究院等
9	DB44/T 899-2011	桉树大径材培育技术规程	国家林业局桉树研究开发中心
10	DB44/T 900-2011	桉树商品林建设管理规范	国家林业局桉树研究开发中心
11	DB44/T 901-2011	广东省林地勘界测量技术规范	广东省林业调查规划院
12	DB44/T 902-2011	华润楠育苗技术规程	汕头市林业科学研究所
13	DB44/T 903-2011	簕杜鹃盆栽技术规程	汕头市林业科学研究所
14	DB44/T 904-2011	林业有害生物防治工程监理单位资质	广东省森林病虫害防治与检疫总站
15	DB44/T 905-2011	米锥栽培技术规程	湛江市林业科学研究所
16	DB44/T 906-2011	湾鳄和暹罗鳄人工养殖技术规范	广东省野生动植物保护管理办公室等
17	DB44/T 907-2011	香樟栽培技术规程	湛江市林业科学研究所
18	DB44/T 908-2011	珠三角地区造林建设工程造价编制规范	广州市林业科学研究所
19	DB44/T 909-2011	主要商品类苏铁植物生产技术与产品质量分级	广东省野生动植物保护管理办公室等

【知识产权工作】 2011年，广东省有广东盈然木业有限公司、广东省宜华木业股份有限公司、巴洛克木业（中山）有限公司3家单位被国家林业局列为第2批全国林业知识产权试点单位。全省有9个林木和花卉新品种申请林业植物新品种权并通过初审公示，申请数量是历年来最多的一年。韶关陈元涛培育的一品红品种“锦上花”获得林业植物新品种授权。

按照国家林业局和广东省人民政府的统一部署，在全省开展了打击制售假伪林木种苗和保护植物新品种权专项行动，及时发现和纠正了个别企业无证生产和经营林木种苗的现象。在“广东林业公众网”开设了《林业知识产权宣传》专栏，广泛开展知识产权法律法规、林业植物新品种、林业发明专利和“双打”专项行动等宣传，进一步提高了全行业和社会对林业植物新品种等知识产权保护的认识，营造有利于林业科技创新和知识产权保护的良好环境。

【专业书籍编纂】 2011年，广东省林学会和省林业科技主管部门组织专家编写和印发了《乡土阔叶树种栽培实用技术》《珍贵树种栽培实用技术》《优良竹种栽培实用技术》等技术丛书，赠送基层林业生产单位和林农，有效促进了先进实用技术的推广，提高了生产者林木栽培的实际操作能力。

（广东省林业厅科技与交流合作处　张心结）

科技交流合作及技术推广服务

【科技交流合作】 为贯彻落实省政府《关于建设生态景观林带　构建区域生态安全体系的意见》和全省生态景观林带建设工作会议精神，省林学会及时向全省各市林学会下发了《关于贯彻落实全省生态景观林带建设工作会议精神的通知》并于12月15—16日，在肇庆市举行学术工作委员会扩大会议，讨论如何推进广东生态景观林带建设。

9月15—17日，省林业厅、省林学会与中国林学会桉树专业委员会等单位在广州联合举办了“第5届第2次全国桉树论坛暨产业展示会”，来自国内外桉树科技领域的专家、学者等共400多人参加了会议，与会专家分别就桉树遗传育种、桉树栽培、经营管理、木材加工、桉树生态环境保护和多资源利用等各个层面中的重点、热点和难点进行广泛交流与研讨，促进了桉树的学术交流和产学研的联合。

2011年，省林业厅为香港渔农自然护理署举办郊野公园农林助理员和护理员林业培训班3期，港方参加学习人数达44人。培训内容包括山火预防及扑救、树木健康监察、主要造林绿化树种栽培技术、苗圃管理与乡土树木育苗技术等。香港渔农自然护理署还2次选派有关人员到广东省进行自然保护区、红树林保护、湿地保育等方面的技术考察和交流，并选派林业专业人士到粤开展苗圃建设与管理、林木育种及乡土育苗技术交流考察。

香港中电控股有限公司在广东省龙川县实施碳汇造林工程项目，广东省林业科学研究院负责该项目的林木生长和碳汇监测工作。香港HeroesToo Limited公司以“每出售一件产品，种植一棵树苗”的理念积极致力于环保公益事业，在东江流域开展植树造林，广东省林业科学研究院与该公司合作，负责在广东省紫金县的造林工作。

1月，省林业厅科技与交流合作处与省林业科学研究院的有关领导和专家前往澳门出席中央政府赠送澳门特区政府一对大熊猫的“熊猫馆”开幕仪式，并对广东供澳熊猫食用竹子情况进行调研，促成了广东省长期定期供应澳门大熊猫食用竹叶供应合同的实施。3月，应澳门民政总署管委会邀请，省林业厅党组成员、总工程师谭天泳同志带队前往澳门参加第31届澳门绿化周活动，进一步加强了广东省林业部门与澳门同行的交流和合作。

【科技推广】 2011年，广东省围绕林业生态建设和林业产业发展，重点开展了优良乡土阔叶树种、珍贵树种、湿加松、高脂马尾松、油茶、相思、桉树等优良品种、无性系及丰产栽培技术的推广与示范，加速林业科技成果转化。

2011年，湿加松繁育优良苗800万株以上，推广面积5 330多公顷。从湖南、广西、江西等周边油茶主产区引进的油茶优良品系在粤北油茶产区也得到进一步推广。自2009年以来立项的33项中央财政林业科技推广示范资金项目，已营建油茶良种和优良乡土阔叶树种、珍贵树种等示范林共530多公顷，建立油茶、优良乡土阔叶树种等各类优良树种繁育基地25.7公顷，培育珍贵树种良种苗木485万株。

【基层科技推广体系建设】 汕尾、揭东、信宜、惠州、韶关、揭阳普侨、丰顺、怀集8个市县级林业技术推广站列入国家林业局“2011年度基层林业科技推广站条件建设计划”，配备了一批技术推广服务设备。

为进一步落实国务院《关于深化改革加强基层农技推广体系建设的意见》及广东省人民政府《关于推进基层农业技术推广体系改革与建设的指导意见》精神，经省人民政府同意，由省农业厅牵头组织了林业、海洋渔业、人事、编委等省有关部门成立5个验收组，于2011年9月对全省基层（主要是乡镇级站）农技推广体系改革进行验收。在基层林业科技推广体系的机构设置方面，全省共有乡镇林业站（包括林业科技推广站）1 146个，其中有566个乡镇林业站加挂了林业技术推广站的牌子，有38个乡镇林业站改成林业技术推广站，其余的乡镇林业站在职能中也明确包含了林业技术推广职能；在人员编制方面，改革前全省乡镇林业站编制数8 435个，改革后编制数5 455个，比改革前减少2 980个，减少35%；在管理体制方面，全省1 146个乡镇林业站中，以县林业主管部门管理为主的有566个，占总数的49%，以乡镇政府管理为主的有631个，占51%；在人员经费保障方面，全额拨款有970个，占84%，差额拨款有156个，占14%，自收自支20个，占2%；在工作经费保障方面，全部保障的有890个，占78%，部分保障的有157个，占14%，没有保障的有99个，占8%。

【技术服务】 5月，在肇庆市广宁县联合开展了广东省林业科技下乡暨科技服务林改的大型科技活动，吸引了当地1 000多名干部群众参加活动，有关林业专家和林业科技特派员现场开展了林业科技咨询、科技服务活动，现场发放了林业实用技术书籍和资料4 000多本，并向当地群众赠送了2 000多株珍贵树种等良种苗木。

“科技进步活动月”期间，广东省林学会和省林业科技主管部门共组织开展了24项重点科技活动，内容包括学术交流、学术讲座、技术咨询、技术服务、实用技术宣传和推广等活动，取得了良好成效。

（广东省林业厅科技与交流合作处　张心结）

渔业科技发展

2011 年是实施“十二五”规划的开局之年，也是广东省推进渔业加快发展的重要一年。在省委、省政府的正确领导下，围绕“加快转型升级、建设幸福广东”的核心任务，加快建设现代渔业，全省渔业经济保持了持续快速发展的良好态势。渔业经济总产值达 1 830 亿元，同比增长 13.2%；水产品总产量 755.1 万吨，同比增长 3.6%；全省渔民人均年收入达 10 261 元，同比增长 5.8%。

科技成果奖励

2011 年度，广东省渔业科技发展成效显著，共获得各类奖项 18 个，其中广东省科学技术奖 7 项、广东省农业技术推广奖 11 项。

表 7－3－1－1 渔业主要获奖项目一览表（2011）

序号	获奖项目名称	承担单位	获奖类别
1	深水抗风浪网箱装备研制与应用	中国水产科学研究院南海水产研究所	2011 年度广东省科学技术奖一等奖
2	附壳造型珍珠和优质海水珍珠养殖及加工技术的研究与应用	广东海洋大学	2011 年度广东省科学技术奖一等奖
3	淡水鱼类种质分子鉴定研究与应用	中国水产科学研究院珠江水产研究所	2011 年度广东省科学技术奖二等奖
4	微胶囊化晶体氨基酸的开发及其在水产饲料中应用	广东省农业科学院畜牧研究所	2011 年度广东省科学技术奖二等奖
5	凡纳滨对虾工程化养殖技术应用推广	中国水产科学研究院南海水产研究所	2011 年度广东省农业技术推广奖一等奖
6	微胶囊化晶体氨基酸的开发及其在水产饲料中应用	广东省农业科学院畜牧研究所	2011 年度广东省农业技术推广奖一等奖
7	尖塘鳢养殖产业化关键技术应用与推广	中国水产科学研究院珠江水产研究所	2011 年度广东省农业技术推广奖二等奖
8	美洲鲥人工孵化与养成技术应用与推广	深圳市海洋与渔业服务中心	2011 年度广东省农业技术推广奖二等奖
9	凡纳滨对虾健康养殖模式研究与推广应用	广东海洋大学	2011 年度广东省农业技术推广奖二等奖

【深水抗风浪网箱装备研制与应用】 该成果围绕中国海域的台风和海洋环境特点，攻克了网箱抗风浪及养殖关键技术，形成了适合中国海域条件的抗风浪网箱制造、配套装备和高效养殖技术

体系，并使中国成为世界上少数几个能全面掌握抗风浪网箱系统工程技术的国家。项目的技术成果在南海区应用覆盖率达100%，技术辐射至国内沿海其他重要省份。已在南海区推广3 612只HDPE－C43、HDPE－C60型深水网箱，节约引进网箱资金10.92亿元，网箱制造、网箱养殖累计新增经济效益超过55.72亿元。建立省部级深水网箱养殖产业示范基地3个。

【附壳造型珍珠和优质海水珍珠养殖及加工技术的研究与应用】 该成果突破了核膜与育珠蚌外套膜和贝壳吸附的关键技术，集成了术前处理、外套膜小片保养、池塘休养和抗风浪养殖方式等新技术，使育珠蚌休养期成活率达到98%以上，优质珠率达到30%；开发海水珍珠漂白液、染色剂和抛光材料，使珍珠附加值提高50%以上；率先利用光学相干层析成像技术（OCT）无损检测珍珠层厚度、分光测色仪测量珍珠颜色、反射比表征珍珠光泽的技术，解决了珍珠质量评价的数字化表征难题。通过示范推广，全国应用该项珍珠养殖技术的海、淡水珍珠养殖面积达1 100多公顷，创造经济总值40亿元以上，新增就业岗位2.6万个。

【淡水鱼类种质分子鉴定研究与应用】 该成果从DNA指纹图谱、特异微卫星标记、系统分子分类、线粒体DNA序列和功能基因序列等方面建立重要经济鱼类和观赏鱼类分子鉴定技术和方法，为罗非鱼等淡水鱼类种质鉴定提供有效技术方法，填补了我国此类研究空白，将我国淡水鱼类种质分子鉴定研究提升到国际领先水平。该成果已在高要市、茂名市、佛山市、广州市和中山市等地推广应用。

【微胶囊化晶体氨基酸的开发及其在水产饲料中应用】 该成果成功构建了适合水产饲料加工工艺特点的低成本微胶化氨基酸生产技术及正常饲喂效果下的低成本配方技术，开发的微胶囊蛋氨酸和赖氨酸产品在广东、福建等地区水产饲料企业推广应用，累计推广微胶囊氨基酸产品750吨，实现产值1 500多万元；推广应用于25万吨鱼虾配合饲料，新增产值3.25亿元，实现社会产值15亿元，增收节支2 500万元。

【凡纳滨对虾工程化养殖技术应用推广】 该项目设计与优化了工程化养殖设施，建立了工程化养殖生态环境高效调控技术、养殖对虾营养免疫调控技术、对虾工程化高效健康养殖技术，构建了养殖排放水沟渠生物净化技术模式。项目研究开发出19个水环境调控新产品、2个益生免疫调控剂产品；养殖示范55公顷，新增效益2 801万元；系统技术推广1.5万公顷，新增产值15.6亿元，新增利税3.9亿元。

【尖塘鳢养殖产业化关键技术应用与推广】 该项目实现了尖塘鳢全人工繁殖，创建了产业化苗种培育新技术，总结出适合我国国情的养殖模式，池塘养殖成活率由10%～30%提高到70%～85%，建立了广东省尖塘鳢良种场。在广东和海南建立多个苗种繁育场，累计繁育出3厘米以上苗种2亿尾，新增利润1亿元。2007—2011年，广东和海南累计养殖面积2 666.7公顷，新增利润15.8亿元。

【美洲鲥人工孵化与养成技术应用与推广】 该项目开展了美洲鲥人工孵化、鱼苗规模化培育、仔稚鱼海水培育、美洲鲥养成、病害防治、美洲鲥应激反应与集约化养殖管理等技术推广。2008—2011年，省内新增产值2.5亿元，新增利税1.6亿元；省外新增产值8 700多万元，新增利税6 000多万元。

【凡纳滨对虾健康养殖模式研究与推广应用】

该项目建立了“虾—鱼—贝—藻区域化循环水养殖模式”，推广养殖面积470公顷；建立了凡纳滨对虾淡化养殖模式，推广养殖面积6 000公顷；应用凡纳滨对虾饲料最适蛋白质水平标准，开发生产对虾饲料20多万吨。2008—2011年，累计新增产值12亿元以上。

（广东省海洋与渔业局　陈海丽）

渔业专项实施

2009 年以来，广东省财政设立了一系列渔业科技专项，截至 2011 年年底，累计投入资金 3.5 亿元，科技兴渔项目的实施，取得了显著成效。

【广东省海洋渔业科技推广专项】 2009 年起，广东省财政每年安排海洋渔业科技推广专项资金 5 000 万元，主要用于海洋与渔业科技创新、技术推广、振兴“南珠”等方面，建设具有全国领先水平的科研成果应用示范基地。2009—2011 年，专项累计实施项目 244 个、投入资金 1.45 亿元。2011 年，专项实施项目 69 个、投入资金 4 750 万元，对珍珠专项重点倾斜，对对虾、罗非鱼、鱼类种苗、设施渔业、资源与生态环境保护等专项有所侧重，对名特优新品种、健康养殖、节能减排、海水利用、科技成果管理与转化体系、技术推广等专项给予适当支持。

【广东省深水网箱产业发展专项】 广东省从 2010 年开始组织实施深水网箱产业发展专项，2010 年投入经费 1 500 万元，2011 年增加到 2 500 万元。突出抓好以深水网箱养殖为主体的海上产业园建设，截至 2011 年年底，全省已有深水网箱 784 个，建成了湛江特呈岛、潮州柘林湾等一批深水网箱养殖产业园区，产品远销菲律宾、文莱、冰岛和中国的香港、台湾、福建、海南等国内外地区。

【广东省水产良种体系建设专项】 2011 年，广东省财政设立水产良种体系建设专项资金，2011—2015 年，每年安排 2 000 万元用于水产良种选育、亲本更新和技术改造。2011 年，实施良种选育项目 12 个，亲本更新项目 20 个，技术更新改造项目 20 个，积极争取农业部在梅州、茂名等地开展水产良种亲本更新试点，落实项目资金 160 万元。

【广东省鱼病防治专项】 广东省从 2009 年开始组织实施鱼病防治专项，每年投入经费 2 000 万元，截至 2011 年年底，全省 20 个地级市、77 个县区设立了水产动物防疫检疫站，建成地市级水生动物检疫实验室 16 个、县级水生动物防疫检疫实验室 48 个、水生动物病害诊所 12 家，为 68 个市、县站配备了水生动物防疫检疫专用车、6 个市站装备巡回诊疗车。2011 年，全省新建 10 个县级水生动物防疫检疫实验室、6 家水生动物病害诊所，为 10 个县站装备了水生动物防疫检疫专用车、6 个市站装备了巡回诊疗车。

【广东省水产品质量安全专项】 广东省从 2009 年开始组织实施水产品质量安全专项，每年投入经费 2 000 万元。截至 2011 年年底，全省建成无公害水产品产地 609 个，面积 5.9 万公顷，获得农业部无公害水产品认证 535 个，制（修）订省级渔业地方标准 215 项，获得国家或省农业名牌产品称号水产品 99 个。省级共抽检水产品样品 847 个，合格率达 95.7%。

（广东省海洋与渔业局　陈海丽）

产业科技支撑

2011 年，广东省渔业坚持以科学发展为主题，以加快经济发展方式转变为主线，以“加快转型升级、建设幸福广东”为核心，科学统筹现代渔业发展布局，努力实现现代渔业发展新跨越。

【现代渔业生产基地建设】 大力推进标准化池塘建设，建设“规模连片、设施配套、高产高效、环境优美”的现代渔业生产基地，为农业现代化建设提供良好示范。2011 年，省海洋与渔业局联合省财政厅下发了《广东省标准池塘改造项目实施办法和申报指南》，全面启动标准池塘改造工作，实施标准池塘改造项目 32 个，面积 2 300 公顷。建成了一批淡水商品鱼供应基地、输港塘鱼基地和出口原料基地，形成了罗非鱼、淡水虾、鳗鱼、鳜鱼等名优养殖产业带。

【健康养殖示范区建设】 截至 2011 年年底，全省建成“农业部水产健康养殖示范场（区）”80 个，面积达 1.8 万多公顷，建成省级以上渔业标准化示范区46个，2011年新建省级渔业标准化示范区9个。鳗鱼、罗非鱼、淡水虾、鳜鱼、鲈鱼、龟、鳖等优势水产品产量多年稳居全国前列，建成了对虾、罗非鱼、鳗鱼、海水鱼等十大优质品种养殖基地。

【特色品种养殖】 重点推进发展“特色鱼”“优质鱼”“休闲鱼”，打造内陆山区知名水产品牌取得突出成绩。梅州市大力调整养殖结构，积极发展娃娃鱼、河豚、中华乌鳖等名优特色品种；韶关市以专业合作社等形式积极发展娃娃鱼、龟鳖类及江河鱼类等名优特色品种。截至2011年年底，中山市建成12个优势水产品养殖基地；茂名市出台罗非鱼加工企业贷款贴息资金管理办法，发放贷款近500万元，有力促进了罗非鱼加工出口。

【休闲渔业】 广州、深圳、佛山、梅州等地积极发展集垂钓、美食、娱乐、度假、旅游、商务于一体的高层次休闲渔业，2011年休闲渔业产值22.6亿元，同比增加0.7亿元。全省观赏鱼及配套渔具产业迅猛发展，每年观赏鱼产值近10亿元，占全国的60%，观赏渔具规模生产企业200多家，销售总额占全国约60%以上。广东省每年都举办各类观赏鱼大赛，2011年，江门市成功主办首届中国（江门）锦鲤博览会暨2011中国锦鲤交易会。广州、东莞、中山等地已成为观赏鱼养殖集散地，产品远销我国港澳台、东南亚等地。

【水产品加工流通】 截至2011年年底，全省拥有水产品加工企业达1 155个，其中年主营业务收入500万元以上的水产加工企业135个，全省水产品加工能力达262.0万吨/年。2011年，全省水产品加工总量达143.8万吨，产值211.8亿元，同比增加93.4亿元；水产流通产值398.8亿元，同比增加147.5亿元。

【水产企业转型升级】 引导大型龙头企业进入现代渔业建设领域取得实质性突破，湛江恒兴渔业有限公司通过迈向“深蓝”促转型，规划建设的深水网箱产业园区投放深水抗风浪网箱将达600个，年产值可达1.8亿元。阳江万事达海洋食品有限公司以先进科技促转型，引进具有世界领先水平的国内首条对虾全自动生产线，原需1.2万人完成的工作量现只需4 000～6 000人即可完成，大幅提高了生产效率。

（广东省海洋与渔业局　陈海丽）

科技体系建设

2011年，全省认真落实建设海洋经济强省和现代渔业重大部署，加快转变经济发展方式，积极实施科技兴海（渔）、外向带动、区域协调和可持续发展战略，科技支撑能力得到提升，科技保障体系不断壮大。

【科技平台建设】 以中山大学、中科院南海海洋研究所、广东海洋大学、水科院南海水产研究所、珠江水产研究所等在粤科研院校为支撑，建成了覆盖有害生物控制与资源利用、水生经济动物良种繁育、海洋渔业生态环境、水产品质量安全风险评估等领域的省部级重点实验室25个，成为全省海洋与渔业科技创新的重要保障。全省拥有海洋与渔业专业技术人才2 100多人，约占全国的25%。

【水产良种体系】 进一步实施水产种苗工程，基本形成了布局合理、种质优良、品种多样、管理规范的水产良种体系。截至2011年年底，全省建成国家级水产良种场2个、省级水产良种场47个。2011年，广东新建省级水产良种场11个，全省培育海水鱼苗208.1亿尾，虾类育苗170.6万亿尾，贝类育苗57.3亿粒，培育淡水鱼苗7 860.8亿尾。

【水生动物防疫检疫体系】 基本建成鱼病远程监测与诊断网络，连续11年开展水产养殖病害测报工作。截至2011年年底，在水产养殖主产县设立410个常规监测点，监测养殖品种38种，监测池塘面积1.3万多公顷。全省安装了水生动物病害远程诊断平台81套，分布在19个市级站和62个县、区站及鱼药经营店。2011年远程会诊病害

566 例，为及时制定疫病防控措施提供了科学依据。

【水产品质量安全监管体系】　制定实施《广东省水产品标识管理实施细则》，率先在全国推行水产品标识管理。以国内主销品种、出口大宗品种为重点，组织开展保障大运会水产品质量安全百日专项执法行动，有效地保障了大运会期间水产品安全、有效供给，得到了农业部的充分肯定。强化水产品生产基地监管，加大水产品抽检力度，2011 年，省级抽检水产品药物残留合格率达 98.1%，较上年提高了 2.2 个百分点。

【渔业安全监管体系】　全力推进广东省渔业安全生产通信指挥系统建设，截至 2011 年年底，已经建成了由 1 个省级指挥中心、14 个沿海市级分中心、46 个沿海县级站点及 10 个 AIS 基站组成的广东省渔业安全生产通信指挥系统，实现了全省沿海大中型渔船即时通信、实时监控和船位识别。贯彻农业部、国家安监总局创建“平安渔业示范县”活动的部署，组织指导各地开展创建工作，惠东县、新会区和阳东县被确定授予“2010—2011 年度全国平安渔业示范县”荣誉称号。

【水产技术推广体系】　创新建设了“七有”机构，即有稳定机构、有全额拨款事业编制、有科学素养与实践经验兼备的技术人员、有固定办公场所和办公设备、有自有试验示范基地、有检验检测实验室和相应仪器设备、有相对稳定事业经费供给渠道的推广站，形成了行业主管部门、技术推广机构、龙头企业、行业协会、渔农共同参与的渔业技术推广新模式。截至 2011 年年底，广东省建立了省级水产推广总站 1 个、地区级推广中心站 22 个、县级水产推广站 81 个、区域站 32 个、乡级站 617 个。

（广东省海洋与渔业局　陈海丽）

社会发展领域科技进步

社会发展领域科技工作组织与实施

2011 年，广东各省直部门积极联合，共同推进社会发展领域各项事业的科技工作。省科技厅、省卫生厅、省食品药品监管局积极实施创新医疗器械示范应用工程，联合省应急办开展省应急技术研究中心建设。省科技厅配合省发改委、省海洋与渔业局拟定《广东省海洋经济综合试验区发展规划》和《广东省海洋新兴产业及科技发展实施方案》。省科技厅、省经贸委、省环保厅联合开展清洁生产企业认定工作，并把范围扩展到粤港地区。省委宣传部、省文化厅、省经信委、省科技厅联合主办首届广东省图书馆博览会暨书房博览会。

2011 年，广东省社会发展领域共受理申报项目 3 227 个，根据专家评审结果，共立项资助项目 814 个，主要分布在中药现代化、医疗器械、临床医学、资源环境、防灾减灾等领域。

中药现代化

中药现代化专项针对广东省中药产业发展面临的中药材生产可持续发展、中药新药产品开发滞后、中药健康产品开发等关键技术问题，设立了“岭南中药材规范化种植（养殖）关键技术研究”“中药、天然药物新药创制研究”“中药健康产品的产业化研究”3 个课题，共接受申报项目 122 项，立项 18 项，重点突破现代中药产业链的关键、核心技术，形成中药材生产大品种、重大新药产品和健康产品。如广东永生源生物科技有限公司与广州中医药大学共同承担的“珍稀中药材铁皮石斛野生转家栽 GAP 关键技术及产业化种植研究”项目具有良好的市场前景，预计建成后，种植基地 10 公顷每年总产 3. 75 吨，产值 2 625 万元，利税 1 089 万元。

为贯彻省委、省政府中医药工作的总体部署和建设中医药强省的政策方针，围绕中医药行业及广东省中医药事业发展亟须解决的关键问题，同时为了提高广东省中医药科研水平，进一步整合广东省的研究资源，汇聚高水平的研究团队，组织多学科队伍联合攻关，2011 年，设立“广东省科学技术厅—广东省中医药科学院联合科研专项”（以下简称“联合科研专项”），对包括中医药防治重大、疑难病及常见病临床示范研究，中医临床研究共性技术与方法学应用研究，中医个体化诊疗循证研究，中医预防康复研究，经方验方及院内制剂的中药新药研发等领域在内的多个研究方向在全省范围内公开发布申报指南，共接受申报 223 项，立项 19 项。联合科研专项参照广东省科技计划项目以及“国家自然科学基金委员会—广东省人民政府联合基金”有关管理办法制定了暂行管理办法，项目的申报、评审过程严格遵守有关程序，是整合社会资源共同提高本省科研水平的一次积极探索。

（广东省科学技术厅社会发展与基础研究处 陈文杰）

重大医疗器械与医用材料

【示范基地建设】 为进一步推进国产创新医疗器械示范应用，2010 年，科技部和卫生部联合启动“十百千万工程”，力争到“十二五”末，实现在全国 10 个省（市）的 100 个县（区）选择 1 000家医疗机构试点应用 10 000 台（套）国产创新医疗器械产品。基于广东省在医疗器械领域的产业优势及有关工作基础，2011 年，科技部、卫生部初定广东省为继重庆之后全国第 2 个国产创新医疗器械应用示范基地，并于 11 月 9 日在广州召开示范基地启动会。2011 年，广东省已顺利完成第 1 批应用示范产品的征集工作，共征集医疗器械 4 460 多台（套）、耗材 5 万多份，加上国家工作组支持提供的一批试用示范产品，总价值达到 3 亿多元，有 12 家示范医院开展了对接试点。

2011 年 4 月 14 日，由科技部、卫生部在重庆召开的国产创新医疗器械应用示范工程推进会上，省科技厅代表广东省介绍了本省开展国产医疗器械产品应用工程的主要做法和经验体会。广东省组织投放到重庆试点的医疗器械产品，如汕头市超声仪器研究所有限公司的彩色超声、深圳市深科医疗器械技术开发有限公司的输液监护管理系统、深圳市邦健电子有限公司的心电图机等在应用中受到示范医疗单位的广泛好评。使用单位认为上述产品安全性好、易用性强，非常适合在基层医疗机构使用，部分填补了当地空白。

【申报及立项】 2011 年，根据广东省医疗器械产业快速发展、创新能力有待提高的情况，省科技厅围绕广东省医疗器械产业特点和医药卫生体制改革带来的市场需求，设立“重大医疗器械与医用材料”专项，鼓励省内有关企业、高校和科研院所研发技术先进、性能可靠、使用和维护简便、成本低廉的医疗器械，重点支持医疗器械共性关键技术研究开发、创新型医疗器械的研究开发、基础医疗设备数字化改造与提升的关键技术、生物医学材料与人工器官的研发、基层医疗设备综合应用与示范研究。

医用诊断 X 射线机高频高压发生器 该项目研发适用于基层医疗机构的小型化、低价格医用诊断 X 射线机高频高压发生器。设备采用自主开发的多 CPU 智能控制系统、高频逆变电源系统、分时控制闭环系统、软件系统、嵌入式触摸屏系统、无线传输技术和高压油箱等核心部件及技术，能满足基本的拍片、透视、双床双管功能需求及高质量影像诊断要求，实现 20KW、30KW、50KW 以及更高功率的产品系列化。研发成功后将投入批量生产，计划年产量 2 000 台，创造产值 5 000 万元、销售收入 5 000 万元、利润 500 万元、税金 500 万元，节汇创汇 500 万美元。

心血管急危重症的经皮插入式左室辅助装置

该项目紧跟当今国际心血管领域发展方向，自主研制国内首个经皮插入式左室辅助装置并通过动物实验，进行临床试验，最终有望进入临床应用，替代目前价格极其昂贵的国外同类产品，填补国内空白，为患者及其家庭节省医疗费用，为全社会节约医疗资源。项目实现产业化后，每年可望产生至少 10 亿元的经济效益。

（广东省科学技术厅社会发展与基础研究处 周 彧）

民生科技创新工程

以中共中央政治局委员、广东省委书记汪洋提出的广东率先实现低碳发展的精神为指导，围绕国家“十二五”规划的绿色建筑战略目标，结合广东“双转移”与“双提升”战略部署，2011 年，广东大力发展与本省民生切实相关的科学技术，把科技进步和创新与提高人民生活水平和质量结合起来。

【低碳环保】 2011 年，广东在资源环保领域设立了“低碳发展关键技术开发”及“生态整治技术创新”，重点支持城市有机固体废弃物处理关键技术与示范、氧化亚氮减排技术及治理技术示范、建筑节能关键技术研发、典型工业污染场地土壤修复关键技术研究与综合示范以及工业废气净化关键技术及示范。

南方地区建筑门窗幕墙节能技术集成研究与应用 该项目由广东省建筑科学研究院承担。项目研究完成包括玻璃幕墙的遮阳性能与采光性能综合设计及性能评价技术、非透明幕墙隔热优化技术等 5 项南方地区门窗幕墙节能集成关键技术的开发，将带动相关产业的发展，促进幕墙产品、门窗产品、遮阳产品等行业技术和建筑节能材料的发展和提高，相关产业新增附加产值 2 000 万元以上，推动广东省建筑节能及低碳经济的发展。

典型搬迁电镀场地污染土壤修复技术集成及应用示范 该项目由广东省生态环境与土壤研究所承担。通过该项目实施，可望编制广东省典型

搬迁电镀场地土壤重金属污染修复技术导则、广东省典型搬迁电镀场地土壤重金属污染物清单，集成电镀搬迁污染场地生态工程修复技术，为解决典型搬迁电镀场地污染土壤的修复提供科学决策依据、修复技术集成与应用示范。

【临床医学】 为配合科技部“十二五”战略部署，2011年，省科技厅启动了“临床医学”民生科技专题，得到社会各界高度关注与热烈响应。“临床医学”专项首次把临床与医学结合起来，强调临床性、普遍性、先进性、前瞻性和长期性以及多中心合作的原则，不仅主体与对象具有特定性，而且更关注研究和技术上的创新与前瞻，更侧重于临床实践与实际应用，更要求整合组织研发的多中心性，力求从整体上提高临床医学水平。2011年，针对广东省的区域特点和常见疾病，“临床医学”专题在常见病医疗适宜技术的临床应用研究以及恶性肿瘤（鼻咽癌、肝癌、肺癌）转移相关的诊断及治疗新技术研究等方面，重点组织，择优支持高水平的研究工作，共接受申报项目257项，立项15项。

网络化先天性心脏病产前产后一体化诊疗模式的研究 该项目由广东省心血管病研究所承担。项目以大医学中心为依托，通过先天性心脏病防治网络，培训协作辐射基层、社区医院，提高先天性心脏病的检出率和治疗率；建立先天性心脏病的临床诊疗路径，优化临床诊断和治疗策略，提高临床治疗成功率。项目对于降低我国复杂性先天性心脏病出生率，提高人口素质，减轻社会和家庭的负担有重大社会经济价值，能进一步促进社会的和谐发展。

牛磺熊去氧胆酸胶囊用于肝移植术后辅助治疗的安全性和有效性研究 该项目由中山大学附属第一医院承担。项目采用对肝移植术后患者开展试验治疗和随访，对牛磺熊去氧胆酸胶囊用于肝移植术后辅助治疗的安全性和有效性的开放性、前瞻性、随机、对照临床研究，依据研究内容和成果建立肝移植术后预防胆道并发症的内科治疗标准，通过召开学术会议向全省乃至全国推广。

【应急技术】 围绕广东省经济社会发展需求，2011年，省科技厅继续与省应急办共同组织广东省突发事件应急技术研究中心建设，同意中国气象局广州热带海洋气象研究所、南方医科大学、广东省实验动物监测所、暨南大学公共安全研究中心4家单位组建第4批广东省突发事件应急技术研究中心。

截至2011年年底，广东省突发事件应急技术研究中心已在公共安全、社会安全、自然灾害等领域建立20家突发事件应急技术研究中心。作为省应急科技支撑体系的重要组成部分，省突发事件应急技术研究中心在开展应急技术储备、应急人才培养、协助政府应对突发公共事件等方面发挥了积极有效的作用。如在台湾塑化剂事件中，广东省食品安全应急检测技术研究中心向卫生部提交了关于方便面和方便米粉PAEs污染的风险评估报告，为政府部门处理“塑化剂”事件及时快速提供了参考信息。广东省虫媒病毒性传染疾病应急技术研究中心将研发的虫媒病毒快检方法装备于该单位的“三防医学救援队”，为深圳世界大学生运动会安保工作提供了技术支持。

广东省灾害性天气应急技术研究中心 该中心依托中国气象局广州热带海洋气象研究所组建。中心面对极端灾害天气频发的严峻形势，在深入研究广东省突发灾害性天气形成机理、发展演变特征和成灾机制的基础上，重点研究和发展突发灾害性天气预报预警创新技术、台风暴雨洪涝灾害风险评估技术、预警应急信息多渠道发布技术以及应急响应处置和运行机制等，进一步提升本省突发灾害性天气的应急处置能力，为本省各级政府救灾工作和应急处理决策提供科技支撑和依据。

广东省实验动物安全应急技术研究中心 该中心由广东省实验动物监测所组建。中心针对当前动物实验的国情、省情和疫病形势，重点加强与人类健康密切相关的实验动物传染病和动物源性人兽共患病防控研究，建立广东省实验动物应急反应处理通知系统、应急专家组和应急反应队伍。

广东省重大道路交通伤急救应急技术研究中心 该中心由南方医科大学组建。中心依托广东省创伤救治科研中心，建立一套院前黄金时间道路交通伤救治规范和关键技术，对于降低道路交通伤的死亡率、致残率将发挥重要作用。

广东省城市生命线工程结构力学应急技术研究中心 该中心由暨南大学公共安全研究中心组建。中心针对能源、给排水、交通和通信等城市生命线工程在洪水、风灾、地质灾害、地震、火灾、爆炸以及人为致灾 7 种典型灾害影响下可能出现的突发灾难性事件进行研究，对突发灾难性事件的形成与危害、预警、预报技术、应急管理处置进行研究，并在此基础上形成具有我国特色的大中型城市生命线工程应急技术与应急管理理论体系。

（广东省科学技术厅社会发展与基础研究处 周 彧 陈文杰）

社会发展各领域科技发展

2011年是"十二五"开篇起航之年，广东省各有关部门深入贯彻落实"加快转型升级、建设幸福广东"的精神要求，切实做好食品安全、人口健康、环境保护等社会发展领域各项事业的科技工作，共同推进社会科技进步。

食 品 安 全

从2009年起，省科技厅设立了"农产品安全生产关键技术研究与示范"重点专项，深入开展产地环境安全技术研究与示范、安全农业投入品开发、安全种植技术研究与示范、健康养殖技术研究与示范、农产品安全加工技术研究与示范、农产品检测监测与追溯技术研究与示范，建立了"生产—加工—销售"一体化链式农产品安全科技保障体系，提出了一些肥料和农药使用技术规程，综合评价了安全饲料配制关键技术，开发出猪繁殖与呼吸综合征等猪病综合防控技术规程。

截至2011年年底，省科技厅已连续3年支持该重点专项，共投入经费3 000万元，在30多个企业和生产基地进行试验示范，共获科技成果奖4项（其中国家科技进步奖二等奖2项、广东省科学技术一等奖1项），申请发明专利17项，授权发明专利4项，申请软件著作权3项，研发新产品20多个。

【产地环境安全技术研究与示范】 该项目由广东省生态环境与土壤研究所、广东省农科院土壤肥料研究所、华南农业大学资源环境学院、华南农业大学动物科学学院、东莞蔬菜香蕉研究所共同承担完成，立项总经费360万元。

项目实施3年，取得了多项技术成果。1. 建立了珠江三角洲主要农产品生产区域产地环境质量数据库，为产地环境安全技术示范和安全技术指引制定提供基础。2. 建立了农产品产地环境安全适宜性评价指标体系和技术方法，运用GIS技术对珠江三角洲主要农产品生产区域产地环境安全适宜性进行评价，并生成产地环境安全综合评价图等一系列图件。3. 提出了菜地重金属污染的农艺综合修复技术，通过施肥修复技术与低累积作物修复技术相结合，建立了适合重金属污染菜地的农艺综合控制与修复技术模式，实现了从传统单一修复技术向农艺综合修复技术的跨越和蔬菜的安全生产，使重金属污染菜地得到持续安全利用，实现了边生产边修复。4. 建立了处理蔬菜地排放废水的生态毛沟、生态支沟渠与生态干沟渠构建技术，研究了直接在蔬菜地基和沟渠填充复合介质，并种植水生植物，形成生态净化系统处理蔬菜地排放的废水，对促进农田废水的生态化处理与资源化利用、解决农田非点源引起环境污染的问题以及降低农田非点源处理所需的成本等方面有重要作用，同时还能节省肥料、节约灌溉水源、降低蔬菜生产成本、提高蔬菜品质。5. 提出了适合蛋鸡粪堆肥的调理剂配比和翻堆技术，通过甘蔗渣、米糠、稻草和木屑等调理剂与蛋鸡粪联合进行堆肥，获得能够实现堆肥产品无害化和农肥化的关键技术参数，为利用蛋鸡粪堆肥生产有机肥提供理论数据和实践指导。

项目执行期间发表论文19篇，其中被SCI收录1篇；申请国家发明专利4项，授权1项，公开3项；培养研究生8名，其中博士研究生2名；新产品2种；新技术6套；新工艺5个。项目在实施过程中示范面积240公顷；达到国家无公害生产基地的要求，持久性有机污染物与农药残留符合安全标准；年新增纯收入3 339万元，3年累计新增纯收入10 017万元，产生了较高的经济效益。

【安全农业投入品开发】 该项目由“安全新型环保肥料开发”“安全新型生物农药开发”“安全新型饲料添加剂开发”“安全新型兽药开发”4个子课题构成，由广东省农业科学院土壤肥料研究所、华南农业大学资源环境学院、中山大学昆虫研究所、广州市生物防治站、广东新南都饲料科技有限公司、广东海康兽药有限公司共同承担完成，立项总经费480万元。

项目实施3年，取得了多项技术经济成果。1. 开发出生物有机肥和复合微生物肥料、水稻控释BB肥、果类蔬菜控释BB肥、有机液体肥料等新型肥料产品4～5个，取得农业部微生物肥料登记证和省肥料登记证；在产业化示范基地建成相关肥料生产线，实现产业化生产。2. 研制出3种植物性农药原药的生产工艺，并制定标准，其中2种达到中试生产水平，1种取得农药登记证；研制出4种植物性农药环保剂型的生产工艺，并制定标准，其中2种达到中试生产水平，1种取得农药登记证；研制出4种高效低毒低残留的农药新组合及环保剂型的生产工艺，并制定标准，其中2种达到中试生产水平，1种取得农药登记证；完成4个杀虫剂产品的大田药效示范试验，并总结出广东省的主要防治对象及配套使用技术。3. 开发饲料添加剂新产品2～3个，提出复合氨基酸微量元素螯合物产业化工艺1套，所得产品中氨基酸的螯合率>90%，有机态微量元素含量>12%；提出复合氨基酸微量元素螯合物在猪、鸡上的应用技术各1套，建立中试线1条，工艺线1条，中试试产的产量约每批100千克左右；生产线生产规模300千克左右；单位成本与进口产品相比，每千克可降低500元。4. 研究开发抗菌药的复方制剂，如恩诺沙星复方制剂、诺氟沙星复方制剂和土霉素复方制剂，获得国家标准批文，产品质量符合《兽药典》要求。项目完成后的第1年，3个复方制剂年销售量达1 500万元，第2年为2 000万元，第2年为3 000万元，3年共创税利约1 500万元。5. 在国内核心期刊发表相关研究论文15篇以上。6. 申请国家发明专利3～5项。

【安全种植技术研究与示范】 该项目由广东省农业科学院植物保护研究所、华南农业大学资源环境学院、广东省昆虫研究所、广东省农业科学院土壤肥料研究所4个单位、9个课题完成人（2009年为11个子课题完成人，2010年调整为9个子课题完成人）共同承担完成，立项总经费480万元。

项目实施3年，取得了一系列技术成果。1. 探明了蔬菜和果树重大病虫草害发生规律及成灾机制，为安全种植和科学防控提供了依据。2. 研究提出高效安全的绿色防控技术，“黄曲条跳甲成虫取食抑制剂及其制备方法”等技术获得授权发明专利2项，申请发明专利1项，为农药的减量而不减效使用提供了保障。3. 研发出一批高效安全的药剂产品，部分产品获得相关部门的登记。累计筛选出有效防控药剂或中试产品26个，其中防治菜心炭疽病、瓜类枯萎病、霜霉病和疫病的药剂6个，防治蔬菜田花蓟马药剂3个，防治叶菜田马齿苋药剂2个；防治香蕉叶斑病新药剂7个，防治香蕉黑星病新药剂3个，防治柑橘炭疽病高效低毒药剂/组合5个；取得国家农药三证的新产品5个，包括：250克/升丙环唑油、62%多·锰锌（双博）可湿性粉剂、2%甲氨基阿维菌素苯甲酸盐微乳剂、4%高效氯氰菊酯·甲氨基阿维菌素苯甲酸盐微乳剂、8%氟硅唑微乳剂；中试产品1个，为项目成果的推广应用创造了条件。4. 制定了《广东省菜心安全种植病害防治技术规程》等技术规程18项；出版书籍2本，待出版1本；发表论文29篇，待发表4篇，为指导农业生产奠定了基础。5. 在广东省蔬菜和果树主产区域专业镇，建立了蔬菜和果树安全种植示范基地共22个，为项目成果的转化应用和辐射提供了平台。6. 培养硕士研究生3名，省级岗位专家及学科带头人3名。开展了农民培训，在茂名、肇庆等地累计开办安全种植技术培训班共计71场。培训农民和技术人员6 500多人次，指导果农、菜农防治蔬果主要病虫害防控关键技术及无公害安全生产技术、蔬菜施肥技术等；累计发放宣传材料2.33万份，为农业生产提供了技术支撑。

项目累计示范面积361.67万公顷，产生直接经济效益4 417万元。降低了田间化学农药使用量，减少了施药次数，降低了蔬菜及果树病虫草害产生抗药性的风险，使生态环境得到了保护；

提高了蔬菜水果的外观质量，降低了蔬菜水果中农药残留量，提升了广东蔬菜水果在市场中的竞争力，使本省蔬果得到稳妥发展，同时可以扩大出口量，为出口创汇增加新亮点。

【健康养殖技术研究与示范】 该项目由华南农业大学兽医学院、广东省农业科学院兽医研究所、华南师范大学生物技术学院、仲恺农业工程学院共同承担完成，立项总经费600万元。

项目由“家禽重大疫病防控关键技术研究与应用”“重要猪病防控关键技术研究与应用”“畜禽水产健康安全养殖生产技术规程建立与示范”“人兽共患甲型H1N1流感防控关键技术研究与应用”4个子课题构成，项目实施3年，取得了一系列技术成果。

1. 新建立了一系列禽白血病病毒（ALV）、禽流感病毒（AIV）的快速检测技术，可准确、快速检测我国家禽白血病病原的感染情况及快速检测畜禽及水产品的禽流感病毒的感染带毒情况。2. 完成鱼类及其养殖水体传带禽流感病毒及其风险分析的研究，揭示了养殖水体、鱼体以及水禽体内携带禽流感病毒的基因相关性和病毒在该体系中的特点。3. 制定了《黄羽肉鸡配套系核心群禽白血病防控技术规程》等技术规程12项。4. 成功研制出鸡新城疫、传染性支气管炎、禽流感（H9亚型）三联灭活疫苗（La Sota株+M41株+SS株），获得新兽药证书并实现产业化，为鸡新城疫、传染性支气管炎、禽流感等家禽重大疫病的防控提供了安全、高效的防疫产品，达到一针防多病的目的。5. 研究出猪瘟净化技术并在示范场进行示范应用，成功研制出副猪嗜血杆菌病三价灭活疫苗，申请了相关专利，并已申请新兽药临床试验批文。6. 建立了控制池塘中氮污染的最佳技术方案，研发出成熟的脱氮混合菌的生产工艺并在水产养殖池塘中进行了应用示范，确认了其工艺的成熟性与有效性，开创了对虾养殖藻定向培育和灭毒技术并重的先河，建立了淡水鱼养殖质量保证体系和质量可追溯信息平台。7. 建立了肉鸭舍内网养技术，填补了广东地区旱养肉鸭的技术空白。8. 完成了广东省猪群感染人兽共患甲型H1N1流感及职业相关人群新发甲型H1N1流感的流行病学调查，建立了相关防控技术规程，研制出安全性、免疫效力优良的甲型H1N1猪流感灭活疫苗，完成了AL－1、黄芩苷、黄芩素、清开灵和双黄连等药物的抗流感病毒活性的系统研究，确定其抗流感病毒活性及作用机制，建立了H1N1、H3N2等亚型流感病毒小鼠感染模型，为流感病毒的致病机理和防控研究提供了技术平台。

项目实施期间，课题组在广东省内建成畜禽、水产重大疫病防控和健康养殖示范基地11个，培养博士后出站2人，培养博士研究生1人、硕士研究生8人，课题组研制的鸡新城疫、传染性支气管炎、禽流感（H9亚型）三联灭活疫苗新兽药证书共获得技术转让费750万元。据不完全统计，各猪、鸡、鹅、鸭和水产养殖场通过成果应用与示范共增加经济收入11 282万元。

【农产品安全加工技术研究与示范】 该项目由广东省农业科学院蚕业与农产品加工研究所、华南理工大学、华南农业大学、广东真美食品集团有限公司共同承担完成，立项总经费600万元。

项目由“南方果品安全加工技术研究与示范”“粤式干肉制品研究与示范”“粮油食品安全加工技术研究与示范”“冰鲜肉安全生产关键技术研究与示范”4个子课题组成，实施3年，取得了显著的经济、社会效益。

1. 阐明了凉果、果干微生物种群及加工过程动态变化规律，建立了南方果品微生物综合控制技术；研发了替代SO_2的安全添加剂，开发了凉果新产品，建立了果干安全加工技术。2. 研发了具有抗氧化性的蛋白多肽和美拉德反应物，可使干肉制品常温1年内酸价和过氧化值不超标；筛选了具降亚硝酸盐的天然菌株并应用到粤式干肉制品，亚硝酸盐残留量降低50%以上；改造了粤式干肉制品加工自动化设备，建立了自动化生产线。3. 建立了南方粮油食品的TPA评价方法，研发了米粉天然增韧剂，解决了米粉丝容易断条的问题，米粉的断条率达5.7%。4. 开发了复合油脂替代添加剂，开发了低糖低脂月饼新产品；建立了标准化操作规程，保证了产品安全。5. 建立了生物胺冰鲜肉鲜度评价方法，集成乳酸雾化喷淋冷却等冰鲜猪肉加工微生物综合控制技术，解决了产品微生物容易超标、贮存过程中汁液流失等问题，产品达到供港标准。

项目研发农产品安全加工关键技术4项，开发半干型凉果、SO_2替代添加剂、米粉增韧剂、低糖低脂月饼、抗氧化肽、粤式干肉制品、冰鲜猪肉等新产品10多个和安全添加剂7个，获得广东省科学技术奖一等奖1项、鉴定成果3项；获得授权发明专利4项、新申请发明专利10项；发表论文20多篇，培养研究生10多名，已毕业博士研究生1名、硕士研究生7名；建立的技术和开发的新产品在10多家农产品和食品加工企业进行了产业化示范，新增经济效益10多亿元，利税8 000多万元，节约成本1 000多万元。

【农产品检测监测与追溯技术研究与示范】 该项目由华南农业大学食品学院、农业部蔬菜水果质量监督检验测试中心（广州）、广东省微生物研究所、广东省测试分析研究所、广东省农业科学院情报研究所、华南农业大学信息学院、仲恺农业工程学院计算机学院、东莞市农业科学研究中心共同承担完成，立项总经费480万元。

项目针对本省农产品中危害严重的农药、渔药、重金属、致病菌等残留，组织省内食品安全领域的优势单位，强强联合，共同攻关，突破了有机磷农药多残留快速检测技术、重金属残留及其形态快速检测技术、致病菌多重PCR—显色生化检测确证技术、渔药多残留检测确证技术以及基于信息编码技术及可视化地理信息系统的农产品质量安全追溯体系建设等多项共性关键技术难题，整体技术达国际先进水平，部分技术达国际领先水平。共有6种速测产品和1套仪器设备实现产业化，4套仪器确证检测方法实现标准化，并在本省乃至全国近30个政府检测机构及企业等单位应用示范，应用量达85万样次。3套农产品质量安全追溯系统（果蔬、生猪、水产）在省内相关大型企业及政府机构进行应用示范，示范面积（果蔬、水产）133.33多公顷，规模（生猪）5 000头/日屠宰量，为保障本省农产品质量安全发挥了重要作用，社会效益十分显著，同时累计实现经济效益6 300万元。

项目研究期间，促进新建省部级农产品（食品）安全教研平台2个，申报专利9项，获授权13项，发表论文37篇，被SCI或EI收录11篇，制订标准4项。其中，“有机磷农药多残留快速检测技术与应用”作为成果部分内容获得国家科技进步奖二等奖、广东省科学技术奖一等奖和农业部中华科技奖二等奖，“致病菌快速检测技术”作为成果部分内容获得了国家科技进步奖二等奖。

【食品安全宣传】 2011年，省科技厅积极配合国务院和省委、省政府有关食品安全工作部署，落实省食品安全委员会工作安排，以“人人关心食品安全，家家享受健康生活”为主题，开展食品安全系列专题宣传活动。在“三农直通车”网站制作了《食品添加剂，误会有多深》和《食品安全标准老了》2个食品安全专题，深入浅出，向公众普及食品安全知识，相关内容被数万名网友转载。组织相关食品安全专家进行12396热线和远程视频答疑，共收到200多位用户来电咨询。同时举办“食品安全进农村”现场活动，为广大群众提供农作物安全种植技术、农作物病虫害防治技术与安全用药等专题培训，参与人员共计300余人。

（广东省科学技术厅农村科技处）

人口与健康

截至2011年年底，全省拥有医疗卫生机构（不含村卫生室，下同）1.70万个，每千常住人口拥有卫生机构0.16个；卫生技术人员总数达47.6万人，其中执业（助理）医师17.9万人，每千常住人口拥有卫生技术人员4.63人；每千常住人口拥有床位数3.09张。居民期望寿命达到76.1岁（全国73.0岁），比2000年提高1.56岁。2011年，全省婴儿死亡率为3.9‰（全国12.1‰），孕产妇死亡率为14.3/10万（全国26.1/10万）。居民健康指标居全国前列，部分指标已接近发达国家水平。

【医药卫生体制改革】 2011年，广东省加快推进医药卫生体制改革工作，顺利完成3年任务目标。大力促进基本公共卫生服务均等化，全省人均服务经费达到25元以上。城乡居民健康档案建档率达到62.7%，规范化电子建档率达57%，贫困白内障患者复明手术、15岁以下儿童补种乙肝疫苗、农村妇女宫颈癌乳腺癌检查、农村生育妇女免费补服叶酸以及农村无害化卫生厕所改造等项目提前实现国家目标。扩大公共卫生服务范围，启动地中海贫血干预项目。

【基层医疗卫生】 2011年，新型农村合作医疗保障水平大幅提高。全省参合率达到99.7%，财政人均补助标准提高到200元以上，统筹区域内住院政策补偿比例达到68.0%，年度累计最高支付限额不低于10万元。全面建立门诊统筹补偿制度，扩大重大疾病保障试点范围。全省所有统筹地区、大部分省、市级医疗机构基本实现即时结报。

【疾病防控】 2011年，广东省完善"政府组织领导，部门各负其责，全社会共同参与"的艾滋病防控机制，认真落实"四免一关怀"政策，加强高危行为干预。全面落实现代结核病防治策略，全省新涂阳肺结核患者治愈率达到92.8%。免疫规划工作扎实推进，成功实施脊灰疫苗强化免疫，全省服苗率达到97.3%，连续18年保持无脊髓灰质炎状态。继续加强重点地区、重点人群麻疹防控工作，麻疹发病率连续3年大幅下降。地方病、寄生虫病和慢性病防治工作稳步推进，启动消除疟疾行动计划。麻风病院、村改造建设基本完成，100个麻风病流行县（市、区）全部通过验收，基本实现消灭麻风病的目标。全面推广医院—社区精神卫生防治康复模式，中央投资28个精神卫生机构建设项目顺利推进。圆满完成了深圳大运会医疗卫生保障任务，妥善处置深圳人禽流感、紫金铅污染等事件。

【科研项目】 2011年，广东省卫生科技工作成绩显著。组织制定和实施《广东省"十二五"卫生科技发展规划》和《广东省"十二五"卫生科技支撑项目建设方案》，立项建设20个医学重点实验室和30个医学重点学科，重点向公共卫生倾斜，共立项建设10个重点实验室和10个重点学科，占总数的40%，涵盖应急管理、血液安全、艾滋病预防控制、环境与健康、职业健康监护、病原体参比检测和生物安全、食品安全风险监测与评估等公共卫生领域。

2011年，广东省顺利完成"慢性乙型肝炎临床治疗新方案研究"等12个国家"十一五"重大传染病防治科技重大专项项目，其中5个项目被纳入"十二五"滚动研究，获资助经费2.2亿多元。卫生系统共有938个项目获国家科技项目支持，1 465个项目获省级科技项目支持。受理省医学科研基金课题申报1 139项，立项资助管理325项，立项非资助管理260项，资助总额为300万元。

审核涉及人类遗传资源出境的国际合作项目35项，较2010年增长了250%。

【科技成果奖励】 全省卫生系统获得2011年度广东省科学技术奖67项，其中一等奖8项、二等奖17项、三等奖42项。中山大学曾益新院士获2011年度广东省科学技术突出贡献奖。在标志着基础研究和技术研究水平的国家自然科学奖、科学技术进步奖方面，广东省共有9个项目以第1完成单位获得二等奖，其中，医学领域有4个项目，占获奖数的44%。

项目名称：缺血性脑卒中神经保护新靶点的研究

主要完成单位：南方医科大学

获奖情况：2011年度国家自然科学奖二等奖

该项目通过10多年的研究，在国际上首先揭示了神经元活动依赖性存活机制减弱及海人藻酸受体在脑卒中神经元死亡中的重要作用，发现了L－型钙通道、ErbB4受体、GluR6－PSD95等治疗时间窗长、副作用小的神经保护新靶点，为脑卒中神经保护药物的研发提供了重要的实验依据。

项目名称：2型糖尿病新治疗方案研究与临床应用

主要完成单位：中山大学

获奖情况：2011年度国家科技进步奖二等奖

该项目从1990年开始，建立并在临床上推广应用了2型糖尿病新的胰岛素治疗方案，研究了疗效相关的分子机制，首次发现胰岛素对糖尿病动物模型的降糖外作用，在国内率先建立 3 种胰岛功能评估技术并在临床推广应用，提高了临床个体化诊治水平。从 2004 年开始，项目组建立的新的胰岛素治疗方案已在国内 100 多家医院临床应用，对提高我国 2 型糖尿病治疗达标率起到了积极的作用，取得了良好的社会效益。

项目名称：α 和 β 地中海贫血的遗传学分析及其在临床和人群预防中的应用

主要完成单位：南方医科大学

获奖情况：2011 年度国家科技进步奖二等奖

该项目主要针对我国南方最常见的出生缺陷性疾病——α 和 β 地中海贫血（地贫）展开分子遗传学和人群预防控制研究，阐明了地贫高发区广西和广东人群翔实的分子病理学基础资料；研发了一套适合于中国人群的地贫临床诊断技术，部分技术实现了产业化，相关诊断试剂盒创造直接经济效益约 2 300 万元。项目实施了适合我国国情基于医院水平的地贫干预模式和超过 84 万人的现场大规模人群筛查，完成产前基因诊断 15 935 例，干预阻止了 3 587 例受累中、重型地贫胎儿出生，取得了显著的社会效益和巨大的间接经济效益。

项目名称：中药配方颗粒产业化关键技术研究与应用

主要完成单位：广东省中医研究所

获奖情况：2011 年度国家科技进步奖二等奖

该项目在国内率先提出了中药配方颗粒研究项目的总体设想，并在中药配方颗粒研究、开发、生产、推广及应用领域进行了历时 19 年的系统研究和探索，成功将 723 种中药饮片研制成 723 种有统一规格、统一质量标准、可供中医临床配方使用的中药配方颗粒，既保持了原饮片的药性药效，又具有服用携带方便、质量稳定可控、疗效确切安全等优点，有效地改变了传统汤剂“临用现煎”存在的使用不方便、质量不稳定、疗效不易重现等问题，适应了现代快节奏社会人们“看中医、用中药”的需求。

【适宜卫生技术推广】 根据“安全、有效、经济、成熟及适合基层使用”的推广原则，广东省安排 69 万元专项经费重点推广 23 项适宜卫生技术。

项目名称：导管球囊扩张治疗吞咽障碍适宜技术的应用和推广

推广单位：中山大学附属第三医院

吞咽障碍常见于脑卒中、脑外伤等多种疾病，不但涉及病种广而且发病率较高。吞咽障碍可见于 50% 的脑卒中患者，50 岁以上的人群中吞咽障碍的发生率可高达 22%。吞咽障碍不仅令患者不能摄入营养，还可造成误吸性肺炎等并发症，严重影响了患者的日常生活质量。

自 2005 年起，中山大学附属第三医院康复科在国内率先使用创新性的治疗方法——改良导管球囊扩张技术。该技术从环咽肌下缘开始自下而上逐渐扩张环咽肌，通过注水量的变化改变球囊直径，达到了用同一导管进行分级扩张的目的，并可通过监测咽腔压力等定量指标评估治疗效果。

此技术操作简便，所使用的改良球囊导管成本低，治疗无创伤，安全性高，是一项各级医院都可开展的适宜技术。导管球囊扩张治疗过程中患者无不适、疼痛及出血等不良并发症，依从性高。

项目名称：阿氏切口在中央性前置胎盘孕妇剖宫产术中应用

推广单位：佛山市妇幼保健院

该技术的治疗对象为住院治疗的中央性前置胎盘患者，旨在减少中央性前置胎盘患者剖宫产术中的出血量、输血量和近期并发症。

该技术通过 B 超测定，对中央性前置胎盘做了进一步分类，提出了新的亚型分类方法及量化标准。在该亚型分类的基础上，提出了中央性前置胎盘的手术切口方案，即沿胎盘边缘切开的方法。用此项分类原则和切口方案对中央性前置胎盘实施剖宫产术，明显降低术中出血量和输血量，不延长手术时间，不增加术后病率及住院费用，取得了良好的社会效益和经济效益。

该术式操作简单，对术者的手术技能要求不高，对医院的医疗设备要求不高，具有较强的实用性，适用于各级医院，尤其在基层医院推广，具有良好的推广应用前景。

项目名称：产后出血 A/B/C/D/E 综合救治方案推广

推广单位：广州医学院第三附属医院

产后出血是导致孕产妇死亡的主要原因，可避免死亡及创造条件可避免死亡占 20%，如何提高产后出血患者救治成功率是降低孕产妇死亡率的关键。产后出血以往救治方法大多描述为一般救治与止血处理，基层医院医师在救治过程中难以有效采用，临床救治实用性不强。

广州医学院第三附属医院在成功救治千余例产后出血患者基础上，于 2008 年创新性开发产后出血的 A/B/C/D/E 救治技术，并成功运用于临床，极大降低了产后出血患者的死亡率。产后出血 A/B/C/D/E 救治技术即通道管理、呼吸建立、循环稳定与人员召集、药物使用、治疗效果反复评价。

该技术已在广州地区推广，举办培训班 136 期，培训相关人员 300 余人，极大提高了广州地区产后出血救治水平，为降低广州地区孕产妇死亡率做出了贡献。该技术简单、易记、实用性强，适宜在广东省边远地区所有一、二级医院及医疗保健机构产科进行推广。

【创新医疗器械产品示范应用工程】 2011 年，省卫生厅与省科技厅、省药监局联合启动了广东省创新医疗器械产品示范应用工程，目标是充分发挥政府主导、市场运作、金融支持的作用，构建基于“创新模式、集群发展、示范带动、科技惠民”的产业与事业和谐发展的创新模式，推动广东省医疗器械产业跨越式发展，促进“保基本、强基层、建机制”医药卫生体制改革战略目标的实现。2011 年，广东省开展了示范医疗机构和创新医疗器械示范产品的征集、评审工作，开展了示范医疗机构和创新医疗器械示范产品的征集、评审工作，首批共征集了 6000 多台套示范产品，其中免费提供和免费试用的设备总值 5 000 余万元，全部设备总值近 3 亿元；征集了 55 家医疗机构，其中三甲医院 12 家、县区级 19 家、乡镇及社区 24 家。11 月 9 日，由科技部、卫生部和省政府联合主办，省卫生厅和省科技厅、省药监局承办的国家创新医疗器械产品应用示范工程广东省启动会在广州举行，科技部副部长王伟中、卫生部副部长刘谦、广东省副省长宋海等出席大会并作重要讲话。

（广东省卫生厅　涂正杰）

金　　融

2011 年，广东金融监管部门和金融机构致力不断提高金融科技水平，以保障安全运行和服务业务发展为主线，加强信息风险控制，规范运行维护流程，优化信息化基础设施，开展应用系统研发，为推动金融业务创新、提升服务质量提供了有力支持。

【信息安全管理】 2011 年，广东省各金融机构坚持以安全运行为核心目标，加大力度优化信息安全技术防护体系，不断完善各项信息安全和运行维护规章制度，积极主动通过应急演练发现和消除安全隐患，通过技术手段促进制度落实、提高运维监控效率，全年信息化环境运行稳定。

人民银行广州分行　充分履行指导和协调金融业信息安全的职责，在加强指导辖区银行业信息安全管理的基础上，通过完善广东省金融业信息安全应急协调机制、建立广东省银行业信息安全联席会议制度等方式，努力建立健全金融业信息安全协调机制。积极组织开展信息系统应急演练，组织广州市内 12 个商业银行国库代理支库开展 TBS 服务器切换实战应急演练，做好重要时期信息安全保障工作。组织各银行机构开展“广东省银行业信息安全工作评比活动”，推动各单位扎实做好信息系统运维、应急演练、安全自查、事件处置等信息安全管理工作，确保全年无重大金融信息安全事件发生。

广东银监局　在中国银监会制定发布《银行业重要信息系统突发事件应急管理规范》《银行、证券跨行业信息系统突发事件应急处置工作指引》《商业银行信息科技风险管理指引》等制度后，广东银监局不断深入推动信息科技风险监管，加大指导力度，多次组织银行业金融机构信息科技自查整改和应急演练工作，推动建立跨行业、跨部门应急保障联动机制，提升风险防控能力。

为有效提高网上证券交易风险防范能力，按照“积极推进、稳步实施”的原则，2011 年，广东证监局辖区内所有证券公司完成网上交易强身份认证项目实施方案的制定及专家评审工作。

广东保监局 2011 年，广东保监局加强推动各保险机构增强信息安全意识，完善信息安全设备。一是提高安全管理水平。各保险机构利用信息化手段加强对应用、数据、流程、权限的管理，对系统权限严格审批，控制业务风险；同时，通过建立总公司、分公司两级分布的信息系统安全管理体系，实行集中控制、分级负责、责任到人的办法，并配备专职信息安全员。二是完善安全管理设施。各保险机构从体制机制、公司政策和应急预案管理几个方面，实施完善的数据备份策略，实现生产数据异地、实时备份，保障保险服务的稳定性和连续性。

工商银行广东省分行 强化运行维护监控手段，完成集中监控和性能容量管理项目实施，监控范围基本实现全覆盖；实施客户端安全防护项目，防护范围涉及客户端的日常操作、互联网访问控制、网络准入控制、信息泄漏防护、病毒防护等方面，初步构筑客户端安全防护网。全年信息系统运行及信息安全情况总体良好，无重大生产事件和安全事件，主要业务时段系统可用率达 99.995%，整体可用率达 99.984%。

农业银行广东省分行 在充分利用好防火墙、入侵检测系统、安全代理服务器等技术工具的基础上，2011 年，重点开展计算机病毒防治工作，防病毒系统覆盖 2.6 万台设备，涉及生产、办公以及自助终端，防护效果良好。按照各监管部门以及农总行的规范对应急预案进行修订，以实战和桌面方式组织多次应急演练。通过引入外部监督和组织专项检查，确保各项安全措施落实到位。在确保信息安全的基础上加快一体化生产运行体系建设，加强精细化、标准化管理，全年生产系统运行正常率达 99.95% 以上，未发生重大安全事故。

建设银行广东省分行 重点开展生产系统风险自评与整改工作，对地方特色系统及基础设施进行深入自查，重点检查性能和容量规划风险、高可用性风险、安全性风险、可维护性风险、操作性风险等方面，针对风险点落实整改，确保系统安全稳定运行。据统计，建设银行全年各类系统平均可用率为 99.998 7%，网络平均可用率为 99.999 9%。

交通银行广东省分行 以“广东省银行业信息安全工作评比活动”为抓手，通过完善信息安全机制、开展内部交叉检查和风险排查、通报信息安全工作情况等方式，大力提高内部风险防范意识。在日常工作中注重“人防”和“技防”相结合，严格落实运行维护制度，加大网络安全监测和评估力度，确保信息系统持续稳定运行，全年生产系统的可用率达到 99.99%。

招商银行 采取技术与管理相结合的综合防范方式，通过域策略、防火墙、漏洞扫描、上网管理、防病毒系统、入侵检测等多种技术手段，多管齐下加强安全管理；提高运行监控的有效性和覆盖面，致力于主动、提前发现和消除风险隐患；全面梳理完善应急处置预案，实施实战切换演练，演练覆盖基础设施、网络切换、服务器切换、存储系统、数据库恢复、灾备切换等各方面。

【信息基础设施建设】 2011 年，在业务系统数量不断增加、业务量持续攀升的情况下，广东省各金融机构不断对机房、网络等基础设施进行升级优化和整合改造，提升基础设施的可靠性、安全性和使用效率，满足业务发展需要。

人民银行广州分行 不断优化基础设施，完善金融机构接入服务。通过配备监控大屏幕等硬件设备和开发监控软件，实现了机房设备、机房环境、网络设备、应用系统以及桌面终端运行情况的集中监控。升级网间互联综合前置系统，增强系统的可靠性和可用性，进一步完善对各金融机构的外联应用服务平台。更换金融城域网主路由器，解决金融城域网路由器负载日趋饱和的问题，极大提高了金融城域网接入平台的通信处理能力。

建设银行广东省分行 从基础架构的细节优化入手，提高信息化平台的服务质量，在 2011 年完成 MSTP 线路全面检验，建立起综合网络接入平台。完成前端网点集中管理项目推广，建立统一的前端 IT 基础架构，简化前端设备的管理。实施核心局域网上联总行路由器更新项目，增强上联平台的稳定性。完成前端接入网络的设备更新，更新路由器及其安全设计，排除旧设备隐患。完成网点副线路建设，达到网点双线路冗余，提高网络线路可用性。

邮储银行广东省分行　开展省级数据中心机房建设并于第4季度投入使用，建成全省集中的网络转接中心、设备部署中心、运行维护中心和视频监控中心。在网点视频监控系统的建设过程中，对现有网络进行结构调整和容量扩充，将视频监控网络改造为生产环境的备份网络，充分激活闲置资源，提高了网络线路的可靠性。

华夏银行　在新数据中心机房投产的基础上，为配合开展新核心系统上线项目，对机房的设备布局进行了优化，使机房空间更合理、负载更均衡。组织实施了网络设备优化，所有核心网络均实现双机热备。完成市内网点的网络设备升级改造，消除支行通讯设备单点故障风险隐患。

广州银行　顺利完成了全行网络规划咨询项目，为后续网络安全体系建设、数据中心设计、分支行网络建设提供参考蓝本；为保障UPS高效运行，更换和新增了中心机房UPS电池，改进电力分配的不均衡现象，满足指纹系统、手机银行等多个新增项目投入使用的需求。

广东省农村信用社联合社　在系统大集中过程中初步完成了核心系统的建设，为农合机构各业务信息系统提供了支撑，促进了新业务的发展，提升了农合机构管理水平。

证券、基金、期货公司　各证券、基金、期货公司不断加大信息系统基础建设投入。其中，金鹰基金、广晟期货完成新机房建设，广发基金网上交易系统由恒生网上交易及直销系统变更为携宁网上交易及直销系统，交易系统的安全性、客户容量等方面得到较大改善。

保险机构　各保险机构纷纷加大投入，加强信息化基础建设。一是升级改造软硬件基础设施。包括升级核心业务系统服务器及邮件服务器、升级总分公司之间的网络连接，通过建立Windows部署服务实现为企业客户端批量部署操作系统、引入刀片与集中统一存储系统优化数据中心的基础架构等。二是稳步推进保险集中化。保险公司各分公司的业务数据逐步集中由总公司处理，实现了数据和应用的大集中。三是优化信息系统。多家保险机构在总公司的部署下，对原业务财务系统进行升级改造，数据自动化处理能力不断提升。部分保险机构使用USB证书对业务财务系统登录账户二次验证，提高了系统的安全性和保密性。

【信息系统建设】　2011年，围绕业务发展、优化流程、内部管理、风险控制、数据分析等突出需求，广东各金融机构有序推进信息系统建设和信息化资源整合，不断提高信息化应用水平。

人民银行广州分行　深入开展省级数据中心基础体系完善和应用系统推广，完成备份体系扩建，优化全省集中办公自动化平台，开展门户系统迁移改造，并在全省范围内开展门户建站新技术推广。完成跨境人民币个人汇款信息管理系统、综合执法检查审批系统、IT资源综合监控平台的建设，为业务发展提供有力的信息化支持。

工商银行广东省分行　坚持把提高服务能力、提升科技价值作为系统建设的出发点和落脚点，在做好核心系统NOVA投产和推广工作的基础上，为经营管理和业务发展提供支持。组建数据挖掘分析项目组，充分利用该行丰富的数据资源，分别对拓展公司客户、柜面业务分流、客户资金流向分析、竞争存款等重点工作提供数据分析支持，取得初步成效。主动贴近业务，不断深化自助终端、网上银行、POS渠道建设，促进第三方支付业务发展。为风险控制与内部管理提供技术手段，完成信贷业务监测监督系统、理财产品监测分析系统、审贷通、人力资源测评中心平台等10几个项目的研发应用。加强技术平台整合，稳妥推进PC服务器虚拟化项目，全年共计完成170套应用系统在20台高端服务器上的整合，大大提高了硬件资源的利用率。

中国银行广东省分行　重点开展“IT蓝图”上线工程，在迁移数据量大、操作风险集中的情况下，利用多年的运行维护经验，因地制宜，精心制订迁移程序和切换流程，有力确保新旧系统平稳过渡。配合全行的发展战略持续推进产品研发，完成财政公务卡系统、银医诊疗卡系统、住房公积金系统、客户预约服务系统等重大项目建设，为业务发展提供有力支持。

交通银行广东省分行　注重研发更能贴近客户需求的产品，2011年，完成对公客户账户集中处理和对私客户信息集中录入系统建设、个贷影像系统上线、太平洋借记卡集中制卡系统推广、新一代家易通系统上线、3D 网银系统上线等重点项目。结合本地业务创新主题，建设和完善了面向全省的动态基础架构方案，探求了 3D 技术、虚拟化技术、云计算、无线技术等方面的应用。

广发银行　开展手机银行、网上银行、网点智能系统、柜面终端系统、彩信平台、电子商城平台等项目，推进服务渠道建设。搭建金融产品管理基础平台，提供金融产品的生命周期管理。提供基于客户分群的分析和管理服务，大力支持客户管理和营销。实现管理分析和风险控制技术支持，提高信息披露的准确性、一致性和及时性。

兴业银行　拓展新思路，采用科技输出模式，向两家银行输出第 2 代金融服务平台，涵盖支付、柜面通、电子缴税、集中代收付等业务，在"银—银"合作模式上开展尝试，创造中间业务收入，打响该行科技品牌。

保险机构　多家保险机构运用科技手段积极推动电销、网销等新渠道业务发展，通过创建工作系统平台、内部互动平台等优化人员管理。此外，部分保险机构通过整合公司数据，建立统一报表平台，集中处理报表和业务数据，构建商业智能平台，从关键业绩指标、营销激励、风险控制、运营管理、财务、精算和市场分析等领域，为公司的经营和业务管理提供数据支持和服务。

【支付清算体系建设】　在票据交换业务方面，截至 2011 年年底，参加票据交换的银行网点达 1 864家，人民币票据交换业务量为 1 506.54 万笔，金额达 14 822.6 亿元，日均业务量为 5.98 万笔，日均金额达 59.1 亿元。在电子支付清算业务方面，大额支付系统全年业务量 8 052 万笔，金额 132 万亿元，分别比 2010 年增长 15.8% 和 30.7%；小额支付系统业务量 13 782 万笔，金额 25 000 亿元，分别比 2010 年增长 33% 和 38.9%；支票影像交换系统业务量 523.9 万笔，金额2 269 亿元，分别比 2010 年增长 3.8% 和 16.5%；电子商业汇票系统业务量 48 180 笔，金额 1 135.15 亿元，分别比 2010 年增长 201.1% 和 174.2%；网上支付跨行清算系统业务量 460 万笔，清算资金 500 亿元，分别比 2010 年增长 1 669.2% 和 1 900%。

【金融 IC 卡业务推广】　2011 年，广东省金融 IC 卡应用推广工作在新卡增发、环境改造、行业应用等方面取得了较大突破，各商业银行纷纷加大 IC 卡业务的技术支持力度，优先保障 IC 卡相关工作实施。在人民银行广州分行、广东银联以及全省各商业银行的共同努力下，银行卡交易质量稳步提高，银行卡受理技术环境不断完善。截至 2011 年年底，全省商业银行共计发行符合 PBOC2.0 标准金融 IC 卡 200 多万张，直联对公 POS 终端 100% 完成接触式受理改造。建立了广东省社会保障卡加载金融功能工作协调机制，成功推动广州社会保障卡发行。7—9 月，人民银行广州分行牵头组织开展"2011 年广东省银行卡跨行交易质量月"活动，此次活动覆盖大部分银行卡发卡机构，通过现场检测和评比整改，银行卡跨行交易质量显著提升。

各商业银行纷纷抢抓机遇，推动发卡系统建设和完善，保障金融 IC 卡发行业务开展。截至 2011 年年底，工商银行广东省分行、农业银行广东省分行、中国银行广东省分行、建设银行广东省分行、交通银行广东省分行、浦东发展银行、广东南粤银行、顺德农村商业银行均已发卡，其中工商银行广东省分行、农业银行广东省分行、中国银行广东省分行、建设银行广东省分行、交通银行广东省分行、广发银行、邮储银行广东省分行、光大银行已经取得部分地区社会保障卡的发卡资质。工商银行广东省分行借助金融 IC 卡发行的技术优势和业务经验，在广深铁路、长隆景区、公积金、广州大学城等多个领域扩大发卡规模，同时，积极推动该行社会保障卡的发行工作。农业银行广东省分行全面建成金融 IC 卡发卡系统，完成收单系统和受理渠道的改造，积极研究设计社会保障 IC 卡发行方案并成功实施。中国银行广东省分行在 IT 蓝图上线的大背景下，依然紧抓金融社保 IC 卡服务平台建设项目，有序推进相关系统建设，为后续放量发卡业务奠定基础。建设银行广东省分行重点实施社会保障 IC 卡项目，同时通过加大宣传力度，积极提高金融 IC 卡的发卡量和应用范围。交通银行广东省分行积极抢占金融 IC 卡市场先机，先后发行"港中旅""大学城一卡通”“时尚天河”等多种联名IC卡，涉及多个领域。

（广东省人民政府金融工作办公室　张　涛）

公　安

2011年是广东省公安的“创新之年”和“大运之年”。一年来，全省各级公安科技信息化部门以“社会管理创新”和“大运安保通信保障”工作为核心，不断加强公安信息化基础设施建设，深入推进公安信息化应用，强化科技管理、技防管理以及质量监督和科技成果推广工作，取得了显著的工作成效。

【科研管理】

科研立项　2011年，经公安部、省科技厅批准科研项目立项24项，其中公安部重点研究计划项目1项、应用创新计划项目7项、公安理论及软科学研究计划项目5项、公安部科技强警基础专项5项、省科技计划项目6项，共获资助经费113.5万元。科研项目立项数量比上年增加了7项。省公安厅科技信息化处受公安部科信局委托，承担了公安科技管理基础研究课题“公安部重点实验室建设模式创新研究”，深圳市公安局获得国家物联网示范工程立项。

成果推广与科技奖励　2011年，省公安厅共征集成果推广引导计划项目12项，技术交流培训计划项目3项。在2011年公安部科学技术奖评选中，全省公安机关共获得一等奖1项、二等奖2项、三等奖2项。在第2届全国公安基层技术革新奖评选中，全省公安机关共获得二等奖1项，为深圳市公安局爱联派出所的“视频综合应用体系”项目；三等奖2项，为东莞市看守所的“监管场所自助办案系统”项目和江门市公安局的“看守所智能监控平台”项目；优秀奖3项。

【信息化建设和应用】

基础设施和装备　完成了视频指挥系统传输链路、高清电视会议系统、340兆无线图像传送系统、3G公网图像传输系统和公安部警用地理信息系统（PGIS）示范建设，提高了公安信息通信技术水平。省公安厅信息中心在公安部评审中名列全国第3位。

信息系统建设应用　2011年，新版省级公安信息网建成并启用。警综系统功能模块（如门户系统、涉案财物管理、网上舆情监控、消防监督等）不断完善，警综系统与情报平台等其他7个业务系统实现对接和联动。全省2 355个派出所全部实现在警综系统签收、反馈、在控登记以及情报基础信息采集，累计处理信息80万条次。PKI/PMI系统和“一机两用”系统升级改造完成，边界接入平台的应用领域不断拓展，接入业务系统58个，提高了广东省公安信息网络安全水平。

“大情报”系统建设　情报平台在全省各地进行部署，可视化分析系统、人像智能应用、大情报安全体系等高端应用建设加快推进，“3+4+N”模式大情报应用体系和“高度整合、快速联动、全面覆盖”的情报应用格局初步形成。一年来，全省情报平台部省市三级联动畅通，接收预警96万余条，抓获在逃人员8 312人。

“工作执法一网考”推广　年内，“一网考”系统进行了5次升级，并开展了单位考核和治安卡口缉查布控系统考核体系等专项考核系统建设，初步实现“三考合一”。截至2011年底，全省已有19个警种4 874个基层单位11.27万民警应用系统开展考核。“一网考”系统科研项目还获2011年公安部科学技术奖一等奖。

“大视频”系统建设　截至2011年年底，广东省共建成治安视频监控镜头110万个，公安机关可直接调控的一类点监控镜头11万个，治安卡口视频监控系统915个，可监测3 967条车道。全省80%以上的城市派出所、珠三角地区90%以上的派出所建立了视频监控室，94%的县（区）公安局建立了监控分中心，全省21个地级以上市均已完成市级监控中心建设，实现了三级监控资源的互联互控。

省公安厅会同中山大学等科研机构，自主研发、应用了VCS视频图像采集摘要比对系统、治安卡口缉查布控系统、视频监控综合应用平台、人像识别比对系统等一批视频监控技术装备和系统，积极开展视频监控技术的深度应用。其中，VCS视频图像采集摘要比对系统是国内首创的图侦技术专用装备，已通过公安部科技成果鉴定，多个创新点处于国际先进和国内领先水平，并申请了发明、实用新型、外观设计 3 项专利权和软件著作权。该比对器已开始批量生产，在广东省及全国部分省市和澳门地区应用，屡次通过其侦破大要案件，获得广泛好评。2011 年，全省应用视频监控技术破获刑事案件 36 374 起，抓获违法犯罪嫌疑人 22 139 名，部分地区利用视频监控技术的破案率已超过 50%。

信息资源整合共享　完成电子政务前置交换系统建设，进一步推进了公安内外部信息资源整合共享，各资源库累计已整合公安内部信息逾 23 亿条，省级政府部门信息 1 亿多条。

【大运会通信保障任务】　深圳第 26 届世界大学生运动会（以下简称“大运会”）期间，省公安厅组织深圳、广州等地公安科信部门，投入保障人员 400 多人，通信保障车辆 30 多辆，对讲机 6 000多台，转战 21 个地市，行驶总里程超过 4 500公里，全程参与大运火炬传递通信保障工作。启用情报平台、检查站视频监控图像省级接入平台、身份证检测仪系统、治安卡口缉查布控系统，完成了对人员、车辆的核查工作。充分应用 350 兆数字集群通信系统，确保了大运会期间指挥调度不间断的通信。选调 300 多头搜爆犬，全力投入场所安检工作，圆满完成火炬传递、开闭幕式、赛事期间运动员转场指挥通信的保障任务。

【技防管理】　2011 年，广东省确定了 33 种技防执法案由，全省技防管理部门通过全省警务综合信息系统大力开展技防执法活动，依法开展行政处罚。一年来，省公安厅技防办发出 10 份核查通知，对 10 多条技防违法线索进行了核实查处。

（广东省公安厅科技信息化处　李先全）

海洋资源开发与保护

广东海洋经济整体空间布局不断优化，初步形成了分工合理、特色突出、优势明显的珠三角、粤东、粤西三大海洋经济区。珠三角海洋经济区临海工业、海洋运输业和海洋新兴产业快速发展，粤东海洋经济区临海能源、水产品精深加工发展势头良好，粤西海洋经济区临海石化产业、海洋交通运输业、滨海旅游业和外向型渔业蓬勃发展。2011 年是实施“十二五”规划的开局之年，也是加快描绘广东海洋经济综合试验区建设蓝图，努力打造海洋经济强省的起步之年。2011 年，全省海洋生产总值达 9 807 亿元，同比增长 18.3%，占全省地区生产总值的 18.6%，占全国海洋生产总值的 21.5%，比上年提高 0.6%，继续保持全国领先地位。

【海洋发展战略】

广东海洋经济综合试验区发展规划　按照全国海洋经济发展试点启动工作会议的要求，高标准、高质量地编制了《广东海洋经济综合试验区发展规划》和试点工作方案。2011 年 7 月 5 日，国务院正式批复了《广东海洋经济综合试验区发展规划》，10 月 10 日，国家发改委下发了《广东海洋经济发展试点工作方案》。省海洋与渔业局会同省发改委向省政府报送了《关于上报我省贯彻实施〈广东海洋经济综合试验区发展规划〉具体工作方案的请示》，提出了贯彻实施《广东海洋经济综合试验区发展规划》的建议，并起草了发展临海工业、海洋新兴产业及科技、发展滨海旅游业、集中集约用海、海洋生态保护 5 个配套实施方案。

规划和法制建设　编制完成了广东省“十二五”重点专项规划之一的《广东省海洋经济发展“十二五”规划》，《广东省海洋功能区划》修编通过了国家海洋局组织的专家评审。颁布实施了《广东省科技兴海规划（2011—2015 年）》，编制了海洋战略性新兴产业、海水利用、海岸保护与利用等专项规划。《广东省渔港和渔业船舶管理条例》经省人大审议通过，于 2011 年 12 月 1 日起施行。

【海洋资源开发】

海洋波浪能开发　广东省是我国海洋能研究和示范建设最为重要的基地之一，广东省波浪能研究主要集中在中国科学院广州能源研究所，已经形成了自己独特的技术，研究的波浪能利用技术有Ⅱ振荡水柱式、摆式和振荡浮子式。截至2011年年底，共研建了3千瓦、20千瓦、100千瓦沿岸振荡水柱式波浪能电站各1座，8千瓦、30千瓦沿岸摆式波浪能电站各1座，50千瓦沿岸振荡浮子式波浪能独立发电及制淡系统1个，5千瓦漂浮式后弯管波浪能发电船1艘，40瓦漂浮式后弯管波浪能发电装置2个（出口日本），10瓦航标灯用波浪能发电装置700余个，其中2个出口日本、1个出口英国、21个出口菲律宾。

海洋电力开发　近年来，广东省以海洋可再生能源利用战略超前部署引领沿海地区新能源产业发展，作为新兴海洋产业，海洋能电力业长足发展，截至2011年年底，全省沿海地区已建风电场11个，总装机容量44万千瓦，在建10个风电场总装机容量达52万千瓦，2011年，广东省海洋电力业总产值达1.9亿元。

海水利用　近年来，广东省积极推动海水利用技术攻关，已形成长期从事海水淡化与水处理专业技术研究开发的基础力量。截至2011年年底，全省从事反渗透、电渗析淡化设备配套生产的单位有30多家，淡化技术应用工程公司有100多家，生产中小型淡化设备的能力已达到5 000台（套）/年；实现海水直接利用量达300亿吨；海水提盐技术达到年产海盐1亿吨的能力，海水提溴产量达65万吨/年。截至2011年年底，全省生产海水淡化装置1 500多套，多为小型装置，日产淡水2万多立方米；大中型亚海水淡化工程29套，每天淡水总产量突破10万立方米，为全国亚海水淡化产量之最。

【海洋环境与资源保护】

海洋环境监测　编制发布了《广东省海洋环境质量公报》，完成了大亚湾海洋环境容量与入海污染物总量控制研究，为在全国率先实施入海污染物总量控制制度奠定了基础。惠东海龟湾、北部湾雷州海洋站建成投入运行，实现了广东省海洋观察站零的突破。妥善处置了中海油大亚湾火灾消防废水入海、珠海横琴海底天然气管道泄漏等事故。组织深圳、珠海、惠州、东莞等市级海洋环境监测站完成了深圳世界大学生运动会海洋环境监测保障工作。

海洋环境保护　组织开展了珠江口、惠州考洲洋、珠海横琴新区二井湾等海洋生态修复试点。湛江市、汕尾市分别开展湛江港、品清湖整治，取得良好成效。与省环境保护厅签署了《建立完善海洋环境保护沟通合作工作机制的协议》，联合开展海洋环境保护执法监督检查，建立了共同加强广东省海洋环境保护联合工作机制。

海洋生物资源保护　制定实施《广东省海洋生物放射性应急监测工作方案》，加强南海海洋生物监测，应对日本核辐射事件，及时回应社会咨询，有效稳定了消费者食用水产品的信心。在惠州市成功举办2011年首次粤港澳（东江）增殖放流暨第4届广东“休渔放生节”活动。

自然保护区建设　大力推进海洋公园建设，湛江特呈岛、阳江海陵岛海洋公园成功列入国家海洋局首批公布的7个国家级海洋公园，填补了广东省海洋公园建设空白。启动了广州南沙等拟建国家级海洋公园的选划，雷州珍稀海洋生物国家级自然保护区成为“全国海洋科普教育基地”。江门市政府颁布实施了《江门市中华白海豚自然保护区管理办法》。

【国家海洋公益专项实施】　广东省从2008年开始承担国家海洋局海洋公益性行业科研专项项目，截至2011年年底，全省共有3个海洋公益性行业科研专项项目立项，总经费达2 417万元。

海水经济鱼类工厂化健康养殖技术研究　该项目于2008年启动。通过3年多的实施，研发了一套适用于海水鱼类特别是石斑鱼工厂化养殖的循环水养殖系统及工艺流程，开展了石斑鱼育苗和饲养试验，构建了石斑鱼工厂化健康养殖模式，育苗成活率提高至5.06%，养殖密度幼鱼120～140尾/立方米，成鱼60～70尾/立方米（35～40千克/立方米），养殖平均成活率94.7%，最高成活率98.1%，养殖用水损耗仅为1%～2%。

海洋生物特色产品高值化技术研究与示范

该项目于2009年启动。项目研制出一套夜荧光珍珠培育技术，已在广东徐闻3个珍珠养殖基地示范养殖，面积达66.7公顷，成功培育出一批夜荧光珍珠；制定出一套扇贝废弃贝壳制备活性钙的方法；优化5L藻胆蛋白的发酵工艺，重组藻蛋白快速纯化工艺建立，完成中试规模发酵，获得 1 克重组藻胆蛋白；开发出一种用于检测海参腐皮病综合征的荧光探针试剂盒；利用废弃贝壳制备了一种新型的光催化复合材料；开发出节能环保、绿色高值的系列产品，建立了 6 个示范基地。

新型浮式防波设施关键技术研究与应用　该项目于 2010 年启动。项目确定了新型浮式防波设施的基本结构，制订实验方案并完成一系列相关的基本实验；完成了消波新型浮式设施防波组件和连接件的制作，完成了海洋框架系统的制作；进行了锚泊系统研究试验，完成了 6 种不同构型沉块锚的制作，启动了重力式沉块锚实体系统的研究；对中试及示范区建设地区进行现场调查，并全面推进海域申请。

【海洋成果奖励】　2011 年度，广东省海洋科技发展成效显著，共获得省部级以上奖励 8 项。其中获得广东省科学技术奖一等奖 3 项、三等奖 2 项，获得国家海洋局海洋创新成果奖 3 项。

项目名称：深水抗风浪网箱装备研制与应用

主要完成单位：中国水产科学研究院南海水产研究所、中山大学、广东省水产技术推广总站、深圳华油实业发展有限公司

获奖情况：2011 年度广东省科学技术奖一等奖

该成果围绕中国海域的台风和海洋环境特点，攻克了网箱抗风浪及养殖关键技术，形成了适合中国海域条件的抗风浪网箱制造、配套装备和高效养殖技术体系，并使中国成为世界上少数几个能全面掌握抗风浪网箱系统工程技术的国家。项目的技术成果在南海区应用覆盖率达 100%，技术辐射至国内沿海其他重要省份。已在南海区推广 3 612 只 HDPE－C43、HDPE－C60 型深水网箱，节约引进网箱资金 10.92 亿元，网箱制造、网箱养殖累计新增经济效益超过 55.72 亿元，建立省部级深水网箱养殖产业示范基地 3 个。

项目名称：附壳造型珍珠和优质海水珍珠养殖及加工技术的研究与应用

主要完成单位：广东海洋大学、广东绍河珍珠有限公司、三亚海润珠宝有限公司、湛江龙之珍珠有限公司、广东岸华集团有限公司

获奖情况：2011 年度广东省科学技术奖一等奖

该成果突破了核膜与育珠蚌外套膜和贝壳吸附的关键技术，集成了术前处理、外套膜小片保养、池塘休养和抗风浪养殖方式等新技术，使育珠蚌休养期成活率达到 98% 以上，优质珠率达到 30%；开发海水珍珠漂白液、染色剂和抛光材料，使珍珠附加值提高 50% 以上；率先利用光学相干层析成像技术（OCT）无损检测珍珠层厚度、分光测色仪测量珍珠颜色、反射比表征珍珠光泽的技术，解决了珍珠质量评价的数字化表征难题。通过示范推广，全国应用该项珍珠养殖技术的珍珠养殖面积达 1 100 多公顷，创造经济总值 40 亿元以上，新增就业岗位 2.6 万个。

项目名称：热带海洋软体动物功能蛋白肽的关键利用技术及其产业化

主要完成单位：中国科学院南海海洋研究所、广东海大集团股份有限公司、广东兴亿海洋生物工程有限公司、广州市祺福珍珠加工有限公司、佛山市安安美容保健品有限公司

获奖情况：2011 年度广东省科学技术奖一等奖

该成果解决了在温和条件下将热带海洋软体动物蛋白质水解成易于吸收的安全小分子功能蛋白肽，促进角蛋白结构分化的关键技术问题，创立了一套完整的产业技术链，获产品生产许可 7 个，制定产品质量企业标准 6 个，实现新增产值 21 亿元，新增利税和增收节支 2.48 亿元，社会效益 4.46 亿元。

项目名称：海洋倾倒实时动态监视系统研究所

主要完成单位：国家海洋局南海工程勘察中心

获奖情况：2011 年度国家海洋局海洋创新成果奖二等奖

该系统采用 CDMA/GPRS 通讯作为监测系统资料传输的方式，终端通过 Internet 网络、电脑将海洋倾倒船只的作业活动（船只走航的轨迹、倾倒位置、是否违规倾倒）的监测实时资料传输到

管理、执法有关部门。该系统是一种集成化、智能化、网络化的海洋生态环境跟踪管理系统，对国家和地方海洋管理部门的海洋倾废管理、执法起支撑作用。

项目名称：生态和营养对策控制对虾养殖污染的研究与应用

主要完成单位：广东海洋大学

获奖情况：2011年度国家海洋局海洋创新成果奖二等奖

该项目建立了“虾—鱼—贝—藻区域化循环水养殖模式”，实现了虾池水质环境的自我修复与调控及养殖期间用水的零排放，具有防病性、环保性、高效性等优点。在国内率先确定凡纳滨对虾饲料中适宜蛋白质含量42.37%～44.12%，能量蛋白比33.0千焦耳/克时对虾生长最快，饲料系数最低，成果广泛应用于凡纳滨对虾饲料生产。研究了凡纳滨对虾生长与盐度、温度等环境的因子关系，在国内率先建立“凡纳滨对虾淡化养殖模式”。

项目名称：南海海洋生物种质资源平台构建与共享利用

主要完成单位：中国水产科学研究院南海水产研究所

获奖情况：2011年度国家海洋局海洋创新成果奖二等奖

该项目构建了南海海洋生物种质资源平台，实现了从实物层到信息层等多方面的共享利用，实现了南海海洋生物资源的种质创新与利用。根据种质遗传结构评价结果构建核心育种群体，培育出“南海1号”斑节对虾新品种和多个新品系，在广东、广西和海南进行了推广养殖，2005—2010年期间累计新增产值21.3亿元，新增利税5.5亿元，取得了显著的经济和社会效益。

【海洋科技合作与交流】

粤港海洋资源护理专题小组第11次会议　1月6日，省海洋与渔业局与香港渔农自然护理署在清远市召开粤港海洋资源护理专题小组第11次会议，确定了2011年双方将在海洋环保科普宣教活动、海洋联合执法行动、海洋污染整治和海洋生态修复、渔业可持续发展和管理等方面深化合作。

加拿大海产品推介会　1月11日，省海洋与渔业局与加拿大驻广州总领馆在广州联合举办加拿大海产品推介会，来自本省以及加拿大总领馆、不列颠哥伦比亚省贸易投资办的官员和企业代表近150人参加了推介会。加拿大加西海产同业促进会在现场介绍了包括海胆、银鳕鱼、海参在内的多种加拿大海产品。

签署与美国夏威夷海洋研究所合作备忘录　6月27日，省海洋与渔业局与美国夏威夷海洋研究所在广州签署《广东省海洋与渔业局与美国夏威夷海洋研究所合作备忘录》。省海洋与渔业局局长郑伟仪、美国夏威夷海洋研究所副所长桑恩·莫斯参加签约仪式，各方代表共70多人参加仪式，共同见证这一中美海洋科技交流与合作的盛事。美国夏威夷海洋研究所将与四川通威股份公司等企业合作，在广东实施南美白对虾选育技术转让项目。

（广东省海洋与渔业局　陈海丽）

环境保护与生态整治

【科技项目实施】　广东省积极推动国家重大科技水专项的组织实施工作。截至2011年年底，水专项东江项目“十一五”阶段任务基本完成，其中5个课题完成了示范工程第三方评估，准备迎接国家的验收。取得的研究成果已经在惠州、深圳等地区的水污染防治工作中得到应用。2011年5月，组织东江项目及相关课题组参加由国家水专项管理办公室组织的东江项目及部分课题“十二五”实施方案论证会并获得通过，其中3个课题申请2012年立项获得批准。

【科技成果奖励】　2011年度广东省环境科学技术奖评选出一等奖3项、二等奖4项、三等奖8项，其中“污水反硝化除磷与一体化处理新技术”“东莞市土壤污染状况探查及其信息系统应用”“广东省污染源及环境质量自动监控管理平台”获一等奖。由华南理工大学和广州市大坦沙污水处理厂完成的“污水反硝化除磷与一体化处理新技术”获环保部2011年度环境保护科学技术奖一等奖。由广东省环境监测中心、中国环境科学研究院和广东省环境信息中心完成的“饮用水源水质安全管理技术与应用研究”项目获环保部2011年度环境保护科学技术奖二等奖。由环境保护部华南环境科学研究所完成的“高效同步脱臭及污水处理技术”项目，深圳能源集团股份有限公司、深能合和电力（河源）有限公司及深圳市能源环保有限公司完成的“火电厂废水零排放技术研究与应用”项目，东莞市环境保护监测站完成的“东莞市大气复合污染自动监测网络开发应用”项目获环保部2011年度环境保护科学技术奖三等奖。

污水反硝化除磷与一体化处理新技术　项目关键技术由华南理工大学研制，现场中试与生产试验由广州大坦沙污水处理厂协助。研究开发由单泥膜法SBR系统发展到双泥膜法SBR系统，并按反硝化脱氮除磷原理，设计制作了一体化反硝化除磷装置，以及大型城市污水处理厂A2/O工艺通过调整优化混合液回流比、污泥回流比、污泥停留时间等优化措施后，解决了单泥生物脱氮除磷工艺中硝化菌和除磷菌的泥龄之争，避免了传统脱氮除磷工艺中反硝化菌和DPB对有机物的竞争，同时保证了脱氮和除磷效果，出水指标达到《城镇污水处理厂污染物排放标准》的一级A标准。

东莞市土壤污染状况探查及其信息系统应用

项目由东莞市环境保护监测站主持，与广东省生态环境与土壤研究所合作，于2009年完成。项目在东莞市采集土壤、蔬菜、灌溉水和河流底泥样品250余个，进行重金属、农药和POPs等70多种污染物分析。全面、系统、准确地掌握了东莞市重点地区土壤环境质量总体状况，查明重点地区土壤污染类型、程度和原因，初步揭示污染发展趋势。通过建立环境质量评价体系，评估土壤污染风险，确定土壤环境安全等级，提出了东莞市重点地区土壤环境保护措施和污染控制对策。信息系统以土壤环境质量及其空间属性信息为管理对象，利用GIS技术建立了全市范围内准确、动态、高效的基础空间地理信息数据库。项目成果经专家鉴定达到国内领先水平。

项目为探索适合市情的土壤污染防治法规、提升土壤环境监管能力及城市合理规划，提供了决策依据。研究成果对东莞市农业可持续发展与生态安全、保障农产品品质安全和环境保护等方面具有十分重要的意义，可用于指导农作物生产、提高农产品质量、调配作物布局、治理土壤污染、改良土壤，有利于促进经济、生态、社会多方面持续协调发展。

广东省污染源及环境质量自动监控管理平台

平台由环境质量常规监测和污染源常规监测的业务系统组成，主要包含了空气、水在线监测和污染源自动监控等业务。自动监测是我国环境保护部门的重要业务工作，是新兴的环境保护管理手段。同时，自动监测的建设在广度、深度上也不断进步和深化，不断加入新的科技和方法，使这项工作能更好地为环境保护管理服务，更具有生命力。

环境在线监控平台必须解决以往旧在线监控平台的缺乏规划、规范性差、采集力不强、信息滞后、通讯手段单一、无法实现真正的“实时在线”等问题。本系统建立了集中、分布式的“数据中心”，实现数据统一、集中处理；建立标准的“统一接口”，可以灵活适应不同的监测仪器以及通讯方式；充分利用新型的Internet技术和资源，基于TCP/IP的网络及B/S架构建设，实现真正“24小时在线”。从而建立真正紧贴环保业务的变化，为环境管理服务的环境在线监控平台。

【环境标准管理】　2011年，省环保厅积极推动《在用船舶柴油机排气污染物排放限值标准》制修订工作，完成该标准的开题报告和专题调研，组织开展《淡水河、石马河流域水污染物排放标准》《广东省垃圾焚烧大气污染物排放标准》等地方环境标准的制定工作，完成《环境噪声自动监测系统安装、验收、运行与维护技术规范》审定工作。

【生态整治】　2011年，省环保厅开展农村环境综合整治目标责任制试点工作，指导和推动韶关市浈江区、韶关市始兴县、梅州市梅县、阳江市阳东县等地开展农村环境综合整治目标责任制试点，探索农村环境保护的新路子。编制印发《广东省农村环境保护行动计划（2011—2013年）》及其任务分解方案和《广东省农村环境保护“十二五”规划》，形成各部门分工负责、密切配合、齐抓共管的农村环境保护新机制。农村环境综合整治稳步推进，中央农村环保专项资金安排2 100万元，省级农村环保专项资金安排5 000万元，共支持了51个农村环境综合整治项目，受益人口约26万人，重点解决群众反映强烈、严重危害农民群众健康的突出环境问题，同时对重点流域、区域和问题突出的东江流域、新丰江水库、长潭水库、潼湖流域等开展了农村环境连片整治。督促“以奖促治”农村环境综合整治项目的实施，对2008年度、2009年度农村环境综合整治“以奖促治”项目进行环境成效评估，共有20个项目完成了项目建设和环境成效评估。

【清洁生产】 全面推进重点企业清洁生产工作，加大对重点企业清洁生产审核的工作力度，5月，省环保厅召开全省推进重点企业清洁生产工作座谈会，印发《关于进一步加强广东省重点企业清洁生产审核工作的通知》，对全省的重点企业清洁生产审核工作作新部署。12月，省环保厅召开全省重点企业清洁生产工作座谈会，部署工作任务。

2011年，省环保厅组织制定《广东省重点企业清洁生产审核评估验收工作流程》，将评估验收工作交由地级市环保部门承担，建立省市县三级联动的分级管理体系；编制《电镀行业清洁生产审核技术指南》和《造纸行业清洁生产审核技术指南》；建立全省重点企业清洁生产审核管理信息平台，实现清洁生产评估验收的申报、汇总、统计、查询、管理等功能，大幅度提高管理工作效率。截至2011年年底，全省通过评估验收的重点企业524家，组织发布了广东省第6批应依法实施清洁生产审核的重点企业1 483家。

（广东省环境保护厅环境监测与科技标准处 赵 扬）

交 通

2011年，广东省交通基础设施建设完成投资751亿元。其中，高速公路450.3亿元，国省道70.2亿元，地方公路151.4亿元，公路站场5亿元，港口建设46.7亿元，航道建设13.2亿元，更新改造及购置车船等14.3亿元。

公路水路运输生产保持较快增长。公路水路客运量、旅客周转量、货运量、货物周转量分别为49亿人、2 061.5亿人公里、21.3亿吨、6 394.2亿吨公里，分别比上年增长10.3%、18.2%、14.6%和18.5%。截至2011年年底，全省公路通车总里程约19.07万公里，其中，高速公路5 049公里、一级公路10 339公里、二级公路19 050公里、三级及以下公路15.6万公里，公路密度达106.1公里/百平方公里。公路桥梁43 760座/2 660 488延米。公路客运站场602个，其中一级站47个、二级站98个，公路货运站场198个，其中一级站55个、二级站7个。航道通航总里程11 843公里，其中等级（一至七级）航道4 305公里。港口码头泊位2 942个，其中万吨级泊位257个。

【重点科技成果简介】 2011年度，全省交通系统共有26项科研课题成果通过鉴定。交通系统共有4个项目获得2011年度广东省科学技术奖，其中“珠江黄埔大桥建设成套技术研究”获二等奖，“高速公路电子不停车收费系统技术研究与推广应用”等3个项目获三等奖。

项目名称：珠江黄埔大桥建设成套技术研究

主要完成单位：广州珠江黄埔大桥建设有限公司、广东省长大公路工程有限公司、华南理工大学、中南大学、中铁大桥局集团有限公司、广州交通投资集团有限公司、中交公路规划设计院有限公司

获奖情况：2011年度广东省科学技术奖二等奖

项目依托广州珠江黄埔大桥工程，开发了公路建设管理信息化系统平台，创建了公路建设管理执行控制理论，改进了地下连续墙设计理论，研发了大跨径钢箱梁斜拉桥上部结构施工监控技术、大跨径钢箱梁悬索桥的施工与控制技术、公路建设CPFI管理技术及大跨度移动模架设计、制造与施工等成套技术。

1. 在大跨度斜拉桥超宽钢箱梁中首次采用整体实腹板式横隔板，提高了钢箱梁斜拉桥的施工安全和整体稳定性；研制了液压反变形角焊摇摆胎架、电动气压式U形肋装配机、大变幅桥面步履式吊机，提出了适应深水、岸上等不同区域的超宽钢箱梁段运输和吊装的成套施工方法；形成了大跨径钢箱梁斜拉桥上部结构施工监控成套技术；研发了新型耐久性拉索索体结构，首次采用热浸镀锌涂装技术的螺母式锚具，开发了新型锚头密封结构并进行了动态水密性试验，质量良好。

2. 研发了精细控制主缆索股内部钢丝长度和均匀受力的新结构，改进了主缆索股的制作工艺，提高了制作、架设精度；改进了大型钢箱梁长距离海上运输技术；形成了具有自主品牌大跨径悬索桥的施工与控制成套技术，提出了适用于台风多发地区的取消抗风缆和下压装置的猫道设计方法，研发了可统一应用于猫道和主缆架设的单线往复式牵引系统及大吨位跨缆吊机，提高了猫道、主缆及超宽钢箱梁的架设效率；首次引进了TAF环氧沥青并进行了改良，应用于钢桥面铺装，效果良好。

3. 改进了超大基坑地下连续墙设计理论，减小了地下连续墙的内衬厚度；创新了“抓、冲、铣”相结合的施工方法和质量控制措施，取得了高水位、临江地区、无灌浆帷幕条件下超大深基坑周边地表无沉降的良好效果；实现了高温地区大体积混凝土不设冷却水管一次性浇注施工。

4. 成功研制了标准跨径为62.5米、承载能力为2 650吨的世界最大跨度移动模架，形成了成套大型移动模架设计、制造、施工及质量控制的体系。

5. 创建了公路工程建设“执行控制”理论体系，提出了“CPFI”管理技术，开发了公路建设管理信息系统，构建了技术创新管理平台，实现了工程建设管理技术与工程技术的无缝衔接。

该项目获得发明专利授权1项，实用新型专利授权7项，获授权软件著作权1份、工法2项，出版专著10部，累计发表论文167篇。组织召开全国性学术会议1次，培养博士研究生19人、硕士研究生23人、技术人员近百名。珠江黄埔大桥获得新中国建立60周年公路交通勘察设计经典工程荣誉，广州珠江黄埔大桥建设有限公司获得“全国交通运输企业文化建设优秀单位”称号。

珠江黄埔大桥建设成套技术研究所取得的各项成果，完全满足了该项工程的建设需要，产生直接经济效益3.73亿元，间接经济效益巨大。在施工过程中，充分体现了低碳、环保的施工理念，有效地降低了对生态环境的破坏和影响。项目成果为复杂条件大跨度公路桥梁工程建设与管理积累了经验，丰富和完善了复杂条件大跨度公路桥梁工程建设与管理理论体系，对于相关规范标准的修（制）订有积极的推动作用，有利于促进公路建设行业的整体进步。

项目名称：高速公路电子不停车收费系统技术研究与推广应用

主要完成单位：广州新软计算机技术有限公司、新粤有限公司

获奖情况：2011年度广东省科学技术奖三等奖

该项目成果的应用领域是高速公路电子收费。课题研究从京珠南组合式收费试点项目出发，从关键技术、系统实现、工程实施、整体解决方案到运营推广，通过技术攻关、工程试点、系统研发、广泛应用以及不断创新，形成了一套既有理论依据又有实践经验相结合的电子不停车收费系统。项目在研究过程当中，形成了具有自主知识产权的关键设备、多种手段电子不停车收费系统、联网收费整体解决方案等多项成果，同时研究并实践了电子不停车收费的运营模式，全面解决了电子不停车收费在应用中的各种问题，为电子不停车收费的推广应用及产业化起到了关键的推动作用，为全国统一联网打下了坚实的基础。

截至2011年年底，该项科技成果已成功应用于广东、福建、湖南、黑龙江等省市的456条ETC车道，可有效解决高速公路的拥堵问题，有效减少收费站广场的土地资源和车道建筑。ETC方式可以节约油耗0.008 3升和0.021 1升，以实测的ETC车道交通流量总和测算，每年可减少排放$CO_2$300万吨。根据交通运输部相关文件规划，2015年年底全国需建设ETC车道6 000条，按每条车道55万元建设费用计算，该项目全面实施可以新增产值33亿元。按每条车道每年需投入20万元的人力成本计算，ETC车道每年可以节约人

力成本12亿元。假如每个站处理计重车辆需扩建2条车道，以每条车道基建（包括机电）及征地费用100万元计算，按照5 000个收费站测算，可节约投资50亿元。

项目名称：大型近接暗挖换乘地铁车站施工关键技术研究

主要完成单位：广州地下铁道总公司

获奖情况：2011年广州市科学技术奖一等奖。

该项目科研成果通过数值计算分析，模拟了多层近接暗挖换乘地铁车站的施工全过程，对近接隧道施工理学过程表征方法等几个关键问题进行了深入研究，形成了大跨度隧道临时支护结构拆除、二次衬砌施工的支护结构稳定控制技术，以及在狭小隧道空间内施工钢管柱、侧洞施工时中洞拱顶二衬开裂控制等施工技术；研发了4层立体交叉超近隧道群在复杂环境下同时施工的关键技术，成功解决了近接隧道施工因多次开挖引起的地层扰动对隧道结构、隧道围岩变形等相互影响的控制问题；通过采用横通道内施做桩梁临时支护体系等关键技术，成功解决了地面复杂狭小场地条件下修建大跨度暗挖隧道的施工技术难题，形成了小竖井进大断面隧道施工的关键技术。该项目成果应用于广州地铁5、6号线大型复杂换乘地铁车站区庄站的修建，项目技术难度大，社会效益和经济效益显著，对同类工程施工具有指导意义和推广应用价值。

项目名称：地铁进口交流传动车辆大修体系和技术创新

主要完成单位：广州地下铁道总公司

获奖情况：2011年度广东省科学技术奖三等奖。

该项目研究建立了进口交流传动车辆的大修技术体系，制定了进口交流传动车辆大修规程、大修工艺、大修流程、大修验收规范等技术文件，技术先进、经济合理，实用性强，实现我国进口交流传动车辆自主大修，打破了国外技术垄断，对我国其他城市的交流传动车辆大修技术发展具有重要的参考作用。项目利用“引进—消化—吸收—再创新”方法，通过加大车辆零部件国产化力度和维修技术的研究，掌握了进口地铁车辆维修和部件深度维修技术，实现了车辆维修新突破，提高了车辆技术水平和可靠性，替代了进口车辆的部分重要部件，降低了大修成本。研制的维修工装和检测设备，提高了维修工作效率和质量，并已申报和获得多项专利，拥有自主知识产权。经法定机构检测，大修后列车的主要技术指标及性能达到原车出厂的要求。第1列大修车已安全运营超过14万公里，其余5列车运营均接近10万公里，从运行情况来看，列车在大修后的质量状态稳定，经济效益和社会效益显著。

【城市轨道交通】

科研项目　2011年，广州地下铁道总公司（以下简称“广州地铁”）共承担省部级以上科技项目2项。通过课题研究，增强了广州地铁的技术创新能力，进一步提升了广州地铁的核心竞争力，加速了科研成果的工程化、产业化，对广州地铁掌握关键设备核心技术，形成一整套先进的城市轨道交通建设关键技术和装备方面的核心技术，实现产业化、国产化，打破国外垄断具有重要意义。

广州地铁参与国家“十二五”科技支撑计划项目——“城市轨道交通运输组织、控制及保障一体化关键技术与系统研制”，主持了其课题5“城轨交通列车运行状态全息检测与故障诊断技术及装备研制”的研究工作。该课题围绕城市轨道交通系统网络化、一体化、国产化、自主化的发展目标，针对城市轨道交通领域的重大问题和关键技术，在网络化运输组织、路网运营安全预警和应急处置、新一代列车运行控制系统、基础设施状态检测与运维、列车运行状态检测与故障诊断等重要方向上进行了一系列研究，项目的可行性论证通过了科技部组织的专家评审，为国家“十二五”开展城市轨道交通运输组织、控制及保障一体化关键技术与系统研制奠定了基础。

广州地铁主持“863计划”项目“城市轨道列车在途监测与安全预警关键技术”的研究工作。该项目研究可掌握城轨列车运行状态监测与在途预警的传感器网络技术，制定分层体系结构，开发出车载列车系统安全状态传感器网络化状态特征提取、在途故障诊断和安全预警设备和系统；

形成我国城市轨道交通列车在途设备监测诊断和预警技术体系，显著提升了我国城市轨道交通列车运行主动安全保障水平；在列车机电一体化高速监测、隐患挖掘和预警技术方面形成高技术产业，并在未来5年形成国际技术制高点和引领地位；建立一套实物与仿真相结合的全自动驾驶系统集成测试和验证平台环境，可实现系统综合性能测试验证。该项目的可行性论证通过了科技部组织的专家评审，为国家“十二五”开展城市轨道列车在途监测与安全预警关键技术研究奠定了基础。

科技成果　2011年，广州地铁共获得国家专利授权20项，其中发明专利3项。截至2011年年底，广州地铁申请国家专利数达104项，获得专利授权66项，其中发明专利授权7项。发明专利进入实审阶段13项，进入初审阶段3项。“大型近接暗挖换乘地铁车站施工关键技术研究”获得2011年广州市科学技术奖一等奖，“地铁进口交流传动车辆大修体系和技术创新”获得2011年度广东省科学技术奖三等奖。

2011年5月，广州地铁编著的《广州市轨道交通四号线高架结构施工技术研究》由华南理工大学出版社出版。该专著针对广州市轨道交通四号线新造至金洲高架段的工程实践，以箱梁整孔制运架施工技术、简支梁节段预制拼装施工技术、连续梁悬臂拼装施工技术、大跨度现浇连续梁施工技术为研究对象，并结合第三方监控及试验检测成果，采用资料对比分析、问题研究以及理论与实际相结合的研究方法，通过查阅大量施工技术资料及理论文献资料，对四号线高架线路的建设经验和施工技术进行了总结、研究。该专著对于广州市、广东省乃至全国城市轨道交通土建施工都具有一定的参考价值。

（广东省交通运输厅　黎　侃）
（广州地下铁道总公司　陈　龙）

邮　政

2011年，广东邮政在科技工作方面，持续推进“科技兴邮”战略，以完善机制、深化应用、优化提升、创新引领为方针，着力增强自主创新能力，深化科技应用，提升企业效益，提高服务水平，为“十二五”期间广东邮政实现全面转型发展和构建服务民生主渠道夯实了基础，提供了驱动力。

【科技项目及成果】　2011年度，广东邮政共完成科技项目26项，呈现软科学研究与技术应用并重、针对性和应用效果更加突出的特点。开展了广东邮政民生服务公共平台研究、投递能力配备标准、产品损益核算模型、电子商务运作、数据库营销盈利模式、异地值守安防系统规范等软课题研究，发挥引领企业发展作用；开发了代理金融客户分析、经营数据分析平台、个性化与中间业务平台互通、网点损益核算系统、人力资源工时管理系统、教育培训管理系统，支撑业务发展和管理精细化；推进了“深圳通”“智慧驿站”等业务模式创新实践，提升服务能力。其中，“‘自邮一族’系统”“基于RFID技术的普通邮件传输质量检测系统”“基于信息化的投递运行精细化管理研究与实践”3个项目获2011年度中国邮政集团公司科学技术奖，根据广东邮政科技和信息化工作总结提炼的《围绕企业转型发展的邮政科技创新体系建设》论文获2011年度全国交通运输企业管理创新成果二等奖、2011年度广东省企业管理现代化创新成果二等奖、2011年度中国邮政集团公司管理现代化创新成果三等奖、2011年度广东省邮政管理现代化成果一等奖。

基于RFID技术的普通邮件传输质量检测系统

该项目应用RFID技术，实时采集非给据邮件从收寄到投递各环节传递过程的时间点，把对非给据邮件的“模拟隐蔽测试”转为“可视化”跟踪，实现普通邮件全程时限的监控，效果明显，监测成本低。该项目于2010年11月在广州、北京、上海、南京等地进行试点，进一步优化提升后，2011年在全国27个省会城市和25个函件重点业务城市推广应用。

人力资源工时管理系统　该项目建立了工时管理体系，为以量计酬提供了有效的信息支撑和数据分析工具。2011年，该项目在全省邮政生产班组全面铺开，进一步完善了班组管理机制，加强了用工考核与激励，提高了劳动生产效率，有

效促进人力资源配置的整合、优化，进而提升了全省邮政人力资源的精细化管理水平。

产品损益核算模型研究　该项目采取了作业成本法和量本利分析法等方法理念，基于邮政专业特性，对函件、电子专业产品的业务流程、成本动因及构成进行了全面深入的分析和研究，创新性地提出了产品多层损益核算模式，搭建了符合邮政现状的产品损益核算通用模型，并选取账单、航空机票产品进行了模型试算验证。该研究成果可以科学直观地衡量出各类产品对企业的贡献度，可广泛应用于产品定价、营销资源投放核定等方面。

【标准化工作】　2011 年，广东邮政重点开展了广东邮政投递能力配备标准研究，制定了广东邮政投递能力评价指标及资源配备标准，包括投递站点规划布局、投递段道负荷、处理效率、投递场地、人员、投递车辆、工具设备等方面，有利于建立科学的投递能力标准衡量体系，为广东邮政今后的投递资源配置、投递员薪酬改革及各种基础能力投入提供依据，使投递管理实现标准化和规范化。

【民生服务公共平台建设】　为积极响应省委、省政府号召，推进民生服务建设，拓展民生服务项目，2011 年，广东邮政开展了广东邮政构建服务民生公共平台课题研究，开发了代收代付平台、深圳通小额支付等系统，推进了智慧邮政服务亭实践。

广东邮政构建服务民生公共平台　广东邮政联合省社科院开展了广东邮政构建服务民生公共平台课题研究，得到省委、省政府的高度重视，中共中央政治局委员、广东省委书记汪洋和广东省副省长陈云贤等领导均作亲笔批示。该课题论证了广东构建邮政服务民生公共平台的战略意义，明确了构建广东邮政服务民生公共平台的战略定位，分析了广东构建邮政服务民生公共平台的战略选择，对如何打造“党政支持、邮政承办、部门共用、社会参与”的综合性民生服务平台给出了指导性意见。

代收代付平台　该平台于 2011 年 6 月完成开发上线，开办了包括水、电、话费、汇款、交通违章、信用卡还款、游戏点卡等业务款项的代收代缴，上线以来为 100 多万客户提供了便民服务，为近 4 000 个便民服务站带来了较好收益。

深圳通小额支付系统　为支撑深圳通小额消费业务运营，深圳市邮政局联合深圳通公司，组织研发了深圳通小额支付系统。该系统采用业界成熟的技术架构和协议，实现了售卡、充值、小额消费等交易管理、资金归集管理、清分结算管理以及运行维护管理等功能，有效地支撑了超市、营业网点、公交等多种支付渠道的接入，建立了一套完善的运营保障机制，可安全、及时、准确地满足不同商家的资金结算管理需求，创造了较好的社会效益和企业效益。

“智慧”邮政服务亭　佛山市邮政局在对邮政报刊亭进行详细调研的基础上，分析了邮政报刊亭发展现状、存在问题和改造升级为“智慧”邮政服务亭的必要性，从功能定位、叠加业务、规划布局、经营策略与模式、配送网络支撑、技术方案支撑等方面提出佛山“智慧”邮政服务亭建设的总体方案，选择季华、文龙两个网点作为应用试点，总结提出“智慧”邮政服务亭的运营建议。该课题创新提出了“智慧”邮政服务亭的概念，十分切合省委、省政府关于建设智慧广东的理念，有利于提升邮政服务亭的效能，提高邮政服务民生的基础能力。

【管理优化工作】　为稳定普邮时限，提高全网运行效益，2011 年，广东邮政开展了流程优化工作，重点对普通邮件大集中处理进行了研究实践。在对全省普邮流量流向、分拣封发关系、各主要节点处理能力调查分析的基础上，以“邮件大集中”为原则，全面优化省内普邮网络组织，减少了网络层级、优化了作业流程、加快了邮件处理时限、盘活了内部处理人员和资源配置，有效提高网路运行效率和效益，为提升邮政普遍服务能力和水平做出了贡献。

为更好推行精细化管理，广东邮政开发了经营数据分析平台，通过对门户、报表、工作流、数据采集、多维分析、数据挖掘等关键技术进行分析，搭建灵活和可扩展的统一架构平台，为企业各级领导和管理人员及时了解一线生产经营情况提供了便捷的通道，为经营决策提供了数据基础，更好地满足企业决策层和经营管理层对经营数据的不同需求，有力促进了业务的精细化管理。

（广东省邮政公司 易 巨）

气 象

2011年，全省气象部门紧紧围绕加快转型升级、建设幸福广东的核心任务，转方式、重创新、抓大事、强管理、求实效，不断完善气象科技创新机制，促进气象产品向准确化、精细化、专业化发展，为广东气象防灾减灾和应对气候变化提供强有力的科技支撑。

【科技服务】 广东省气象局与广东省人力资源和社会保障厅、广东省工业工会联合开展了全省气象行业公共气象服务、天气预报、防雷检测、气象观测4项技能竞赛，全省气象部门共有15人被授予“省技术能手”称号，1人被推荐申报省“五一劳动奖章”。

气象信息预警 根据2011年国务院办公厅《关于加强气象灾害监测预警及信息发布工作的意见》和省政府下发的《关于进一步加强突发事件预警信息发布工作的意见》，省气象局落实了各部门的责任，整合了各方面的资源，拓宽了传播渠道，明确了发布的机构，预警信息发布更加权威有序，人民群众能够更加快速、有效地获得应急预警信息。

完成2011年汛期预报服务工作，组织各级气象台站做好“4·17强对流”等12场汛期强降水天气过程和热带气旋“莎莉嘉”“海马”“洛坦”“纳沙”等的预报服务工作。强对流预警信息提前61.4分钟发布，热带气旋路径预报误差24小时为119公里，48小时为199公里。同时开展6项国家级气象业务试点工作，组织相关市气象局、广东省气象台和广东省气候中心开展大城市精细化预报服务、气候业务、SWAN项目、区域数值预报模式GRAPES项目、雷达信息共享平台、城市气象防灾减灾试点工作，试点工作进展顺利，在汛期气象预报服务中发挥重要作用。继续开展SWAN和SAFEGUARD的技术攻关，产品已在省局业务网上运行，提高了市县预报员对短临强天气的监测预警能力。针对2011年23次影响严重的灾害天气过程，全省及时发布了7 171次预警信号，气象服务效益明显；广东省情调查研究中心民意调查结果显示，人民群众对广东省气象局的服务满意度在全省40个政府公共服务部门中继续名列前茅。

农业气象服务 2011年，省气象局扎实推进为农服务两个体系建设，实现了村村有气象信息员的目标，在2 630个行政村安装了气象信息显示屏，建设了省、市、县三级显示屏管理系统。发挥了茂名海洋气象广播电台服务海上作业人员的作用，全年无一艘渔船因风灾沉没。利用飞机或火箭进行人工增雨作业，全省共增加降雨量约14亿立方米，为减轻旱灾做出了贡献。与省发改委联合印发了《广东省气象灾害防御规划（2010—2020年）编制工作方案》。基本完成了试点县的气象灾害防御规划编制及气象灾害应急准备认证工作。建设了干旱、寒害监测预警等为农服务系统，试点开展了“柑橘、对虾、茶叶、鲜花”等有针对性的服务项目。

重大活动气象服务 2011年，广东省气象台共为20多个部门、74项重大活动提供了周到的服务。在全国特别是全省气象部门的大力支持下，深圳市气象局以8个“不一样的精彩”，即不一样的“天气预报、天气监测、个性服务、专项服务、公众服务、气象合作、服务团队和气象宣传”，保障了世界大学生运动会取得圆满成功。从2010年秋天的广州亚运会到冬天广州亚残运会，再到2011年盛夏的深圳大运会，3次成功的气象服务充分展示了广东气象服务保障的能力和水平。

应对气候变化 省气象局积极服务广东低碳试点省建设，在省发改委指导下，参与编制了《广东省应对气候变化方案》，开展了海平面上升对广东经济社会影响和适应气候变化评估研究，编制完成了2005和2010年度广东省稻田甲烷排放清单和广东省农用地氧化亚氮排放清单。

出版了《华南区域气候变化评估报告决策者摘要》。对华南区域气候变化的基本事实、影响与适应进行了科学评估，从海岸带、农业、水资源、能源、人体健康、旅游等领域出发，提出了区域适应气候变化的措施及建议。

【科研能力建设】

气象现代化试点省　2011年9月26日，在全国气象局长研讨会总结讲话中，中国气象局局长郑国光发表重要讲话，明确将广东列为率先基本实现气象现代化试点省。2011年10月，中共中央政治局委员、广东省委书记汪洋对广东气象工作作重要指示，要求“继续提高预报水平，努力造福社会”。广东省政府和中国气象局正式决定共同推进广东率先基本实现气象现代化试点工作。广东被列为全国率先基本实现气象现代化4个试点省市（广东、江苏、北京、上海）之一，省委、省政府对加快气象现代化试点省建设作相关部署。总体目标是：到2015年，建成结构合理、布局适宜、功能齐备的综合气象观测系统、气象预报预测系统、公共气象服务系统和科技支撑保障系统，使全省气象预警信息发布覆盖率达到95%以上，准确率达到90%以上，达到或接近世界先进水平，气象服务公众满意度不断提升，率先基本实现气象现代化。

广州野外雷电试验基地　广州野外雷电试验基地是国内唯一固定的野外雷电综合试验观测基地。该基地积极开展野外科学试验，获取第一手科研资料。2011年，广州野外雷电试验基地首次发射火箭成功引雷4发。6月7日，广州野外雷电试验基地试验人员抓住有利的天气时机，分别于17点46分、17点55分、18点01分、18点13分成功引雷4次，其中3次是经典触发的闪电，1次属空中触发闪电，并获得了雷电流、电磁场、光学及感应过电压和SPD测试等较为完整的数据。2006—2011年期间成功引雷36次，在雷电物理研究和雷电防护技术应用领域取得了较为丰富的成果，发表学术论文40余篇，其中SCI/SCIE、EI收录论文20余篇，培养多名博士、硕士研究生，在国内和国际的大气电学领域具有较高影响力。

广东省灾害性天气应急技术研究中心　省科技厅批准依托中国气象局热带海洋气象研究所成立了广东省灾害性天气应急技术研究中心。该中心将在分析突发灾害性天气形成机理和特征的基础上，重点研发和发展突发灾害性天气预报预警技术、风险评估技术、应急信息多渠道发布技术、应急响应措施和运行机制等，从而进一步提升本省突发灾害性天气的应急处置能力，为政府对此类气象灾害进行防灾减灾救灾工作和应急处理决策提供科学支撑和依据。

科技人才队伍　2011年，全省气象部门新增了4名正研级高工，总人数达到22名，居全国气象部门省级单位之首。1名预报专家入选全国首席预报员，1名专家入选南粤百名杰出人才候选人。博士后工作站通过全国考核评估。全年举办了20期共2 300人次参加的各类气象培训班。

【科研项目】　2011年，省气象局组建了台风预报、气候变化和大气成分3个科技创新团队。省气象局获得3个国家自然科学基金项目、1个科技部公益性行业（气象）科研专项支持，获得3项广东省科技计划项目、2项广东省自然科学基金项目、6项中国气象局关键技术集成与应用项目支持。

中国气象局广州热带海洋气象研究所结合科技部“973计划”项目“台风登陆前后异常变化及机理研究”第1课题“台风登陆过程外场科学试验”，国家自然科学基金项目“广州地区光化辐射通量谱与光解速率的观测及其影响因子分析”，“973计划”项目“气溶胶—云—辐射反馈过程及其与亚洲季风相互作用的研究”第3课题“珠三角季风区气溶胶对亚洲季风影响的实验研究”，科技部公益性行业（气象）科研专项“南海热带云团活动及其强风的监测和预报技术”等项目，联合中国气象局气象科学研究院、中国科学院大气物理研究所、中山大学、南京信息工程大学等多家单位开展野外综合科学试验，取得第一手观测资料。

新一代数值预报模式　2011年，华南区域气象中心新一代数值预报模式实现业务准入。为加强区域数值天气预报模式系统业务化管理，中国气象局预报与网络司下发了《关于印发〈区域数值天气预报模式系统业务化管理规定（试行）〉的通知》。中国气象局广州热带海洋气象研究所抓住契机，根据华南区域气象中心新一代数值预报模式系统5年多的实时运行和检验情况，向中国气象局预报与网络司提出系统业务化申请，并顺利通过答辩，实现了华南区域数值预报模式的业务化工作。2011年，数值天气预报模式业务支撑能力继续增强，在台风路径预报、降水和高空形势预报方面都有可喜的表现，建立了面向东南亚的南海热带区域同化模式（TRAMS）并准业务化运行，实时生成预报产品，并建立英文网站实时显示模式产品。中国气象局广州热带海洋气象研究所加强与香港天文台的合作与交流，特别是在数值预报技术方面就合作意向和具体合作内容取得了实质性进展。省气象局组织专家编制了《华南区域气象中心数值天气预报“十二五”发展规划》《华南区域数值预报（2012—2016 年）五年发展规划》，加强数值天气预报发展顶层设计，积极组织申报广东省数值预报重点实验室工作。

南海热带云团活动及其强风的监测和预报技术 该项目为科技部公益性行业（气象）科研专项项目。2011 年，项目组顺利完成 3 个热带气旋加密观测；7 月，在西沙群岛开展外场探空加密观测试验，8 月，进行了雨滴谱观测；通过对资料的分析和文献调研，制定了南海热带云团的标准，并利用2008—2010 年逐小时 TBB 资料，分析和研究了南海热带云团的发生频率及强度；分析研究了 1945—2009 年南海台风发生时间变化和南海局地海表温度之间的关系以及南海上层海洋热盐结构对台风强度演变的影响；利用《中国台风年鉴》资料和广东省气象台台风数据库资料、近 10 年 micaps 第一类数据格式资料、南海中北部海上石油平台的自动站数据，对广东沿海指标站进行了梯度风分析计算，并与实测风资料对比分析；利用 2009—2011 年的浮标资料对南海海洋气象数值预报系统的风浪预报产品进行检验和评估。

华南海岸带灾害性天气背景下的海气交换特征与参数化研究 该项目为科技部公益性行业（气象）科研专项项目。2011 年，项目组在外场观测方面，增加了水下温盐梯度链、ADCP 和净辐射仪等设备，对 3—5 月影响粤西的多个海雾过程进行了观测；对热带气旋“海马”“洛坦”和“纳沙”的强风过程及海气交换、边界层结构等进行了观测；在数据质量控制方面，采用流体动力学模式，通过模拟不同来向气流在观测区内的风向、风速变化率、湍流强度，对博贺基地不同观测点的数据进行了评估；采用流体动力学软件，模拟了不同风速条件下圆柱体的绕流、尾流特征对强风条件下的浮标数据质量进行了评估，并对比分析了浮标不同观测高度的实测数据；对强风条件下的湍流特征及订正方法进行了研究，并得到了专家的充分肯定。

低纬度中层涡旋诱发南海热带气旋形成的机制研究 该项目为国家自然科学基金项目。项目应用 AMSU—A 卫星资料，采用 IAPP 线性回归方法反演得到垂直方向 1 000hPa～0. 1hPa 共 40 层等压面上的温度，并与探空站观测的温度廓线进行比较；采用 AMSU—A 卫星反演的温度资料分析热带气旋的暖心结构；应用位涡反演诊断分析方法，分析了中层涡旋诱发南海热带气旋的形成机制。

热带印度洋海气相互作用对大气季节内振荡影响的年际变化特征及机理研究 该项目为国家自然科学基金项目。项目分析了广东强降水情况下赤道东传 MJO 与北传模态以及中高纬度西风槽的协同作用，探讨了海温年际变化对印度洋海气耦合影响夏季 ISO 的调制作用，研究了印度洋海气耦合对冬季大气季节内振荡的影响以及平均环流对中国夏季华南和长江降水 10～20 天和 20～60 天季节内振荡的影响。

海气相互作用对南海热带气旋近海强度突然变化的影响 该项目为国家自然科学基金项目。项目利用卫星探测的海表温度资料分析研究了 2002—2009 年南海台风发生突然加强时海表温度变化；利用浮标资料分析研究了南海热带气旋影响过程中海气界面风、海表温度、浪及海面通量交换的特征；通过对 WRF 模式 6 种不同参数化方案的敏感性模拟试验，发现不同的参数化方案对于台风的强度和结构有影响。

珠三角区域气溶胶和云光学特性及其辐射效应研究 该项目为广东省自然科学基金项目。项目利用偏振激光雷达结合微波辐射计同步探测珠三角区域的云和气溶胶垂直光学特性，反演本地区边界层高度以及不同类型的云，确定霾层厚度；利用激光雷达在广州地区进行探测，建立起广州地区激光雷达反演气溶胶消光系数的算法；利用太阳光度计结合前向以及后向积分反演薄云的消光系数，利用小波变化协方差的方法反演边界层的时空演变。

【科技成果】 2011 年，全省气象部门在国内外发表 SCI 收录论文 22 篇，国内核心期刊发表论文

72篇。《广东气象》被评为中国核心学术期刊（RCCSE）。广东省大气探测技术中心在全国率先研制成功舒适度测量仪，探空业务技术有重大发明，极大提高了雨天及高湿条件下的探空高度。“珠三角大气气溶胶辐射特性与灰霾天气的细粒子污染本质及输送特征研究”“广东干旱年景预测技术研究”等一批项目通过广东省气象局科研业务准入，投入业务运行。

【科技交流与合作】 继续加强与广东省经信委、建设、农业、水利、卫生、交通、环保、安监、电力、林业等多部门合作。与广东省政府应急办、广东省广播电视网络公司签订了《信息化战略合作框架协议》，三方共建“广东省突发事件预警信息发布平台”，共同完成应急气象频道全省开路播出免费收看。与广东省民政厅签署了《关于加强防灾减灾工作合作协议》，共同做好灾前防御、灾中救援、灾后重建等工作。

（广东省气象局　王桂娟）

地　　震

2011年，广东省地震科技工作围绕贯彻落实全国地震科技大会精神和《国家地震科学技术发展纲要（2007—2020年）》，建立健全“监测预报、震灾预防、应急救援和科技创新”的防震减灾“3+1”工作体系，努力提升地震科技对防震减灾事业的支撑和引领作用。地震科技创新和应用、地震科技成果转化和服务方面的能力大幅度提升，地震速报、地震预警和紧急处置等技术研发取得新进展，地震科技工作在全国处于领先水平。

【科技项目管理与实施】 2011年，省地震局加大科研项目申报力度，推进科研项目工作进度及成果管理，全年共组织申报科研项目12项，获得中国地震局和广东省支持共5项，经费共约150万元。省重点科研项目“地震预警与自动速报技术研发”“四川汶川特大地震发震与成灾机理探索及广东省的减灾对策研究”和省级国际合作项目“粤港澳地区地壳三维结构成像及地震精定位研究”等一批项目积极推进。

【科技基础条件建设】 2010年年底，省地震局与中国地震局科技合作司及省科技厅联合起草《省部地震科技创新服务平台框架协议》，并确定了省部共建“地震监测、预警技术与重大工程健康检测重点实验室”的工作步骤。2011年11月，“广东省地震预警与重大工程安全诊断重点实验室”获省科技厅批准立项。12月，中国地震局与省政府共建的“地震监测与减灾技术重点实验室”正式挂牌，是目前全国地震系统唯一设置在省局的重点实验室。

12月7日，中国地震局与广东省人民政府在广州举行共同推进珠江三角洲地区防震减灾工作合作协议签字仪式。中共中央政治局委员、广东省委书记汪洋出席签字仪式，省委副书记、代省长朱小丹和中国地震局局长陈建民分别致辞，并代表双方签署合作协议。

汪洋指出，省委、省政府高度重视防震减灾工作，建设了覆盖全省的地震观测网络，城乡抗震基础性工作稳步推进，地震应急准备能力不断增强。广东将认真履行合作协议，希望中国地震局对广东的防震减灾工作继续给予帮助和指导，通过联手打造防震减灾示范城市，普及防震减灾知识教育，提高城乡抗御灾害的水平。

陈建民在致辞中表示，广东的地震监测、基础设施抗震设防、地震科技创新、防震减灾社会管理和公共服务等方面走在全国前列。中国地震局将高度重视与广东的合作，认真履行合作协议，集中优势资源，充分发挥自身的项目、技术、团队、设备等优势，与广东省开展广泛、深入和持久的合作，希望通过双方共同努力，落实项目实施，确保项目早日建成发挥效益，使广东省防震减灾工作总体达到国内领先水平。

【科技人才培养与学术交流】 为加强专业技术队伍建设，提高科技队伍的专业结构，2011年，省地震局完成2批共6人的公开招聘，其中应届毕业生3人、社会在职3人（硕士生3名、本科生3名）。根据工作需要，2011年聘任局副总工1名、责任研究员2名、副高级职务4名、中级职务1名。完成2011年度专业技术资格评审、认定工作，评审通过工程师任职资格4人，认定工程师资格5人，转系列1人。推荐1人申报二级专业技术岗位。变更交流访问学者1名，选送1名科技人员出国留学，报送、推荐各类优秀人才3人次。

为进一步提高科研人员的素质和能力，省地震局派出机关工作人员、事业单位专业技术人员参加各类理论学习、专业技术培训110人次，组织“全省地震系统干部能力提升班”等4个自办培训班、5个讲座，参加人数450人次。

“全省地震系统干部能力提升班”是广东省地震系统首次与省委党校联合办班，首次对全省地震系统干部开展的大规模培训，同时，也是首次邀请新疆喀什地区地震同行到广东进行培训考察。这是落实中央、省关于大规模培训干部以及全国地震系统援疆工作会议精神，加大干部培训力度的一大举措。通过培训，有效提升了广东省防震减灾工作人员的综合素质，对于提高广东省防震减灾社会管理与公共服务能力起到了积极作用。

【科普宣传】　2011年5月12日是第3个全国“防灾减灾日”，5月7—13日是第2个“防灾减灾宣传周”。为提高城乡居民防灾减灾意识和自救互助能力，推进《全民科学素质行动计划纲要》的全面实施，在“5·12”之前，省地震局对省地震科普馆进行了全面改版，增加了新型的互动平台，把广州地震灾害预测结果进行了演示，使科普馆焕然一新。在“5·12”科技周、“7·28”活动日和“9·19”科普日等对科普馆进行了开放，接受了数十个单位预约参观，共接待2万多人次，发放宣传资料近3万册。此外，省地震局配合有关部门参加了多次户外宣传活动。组织并指导全省各地开展防震减灾知识宣传活动，派出专家赴各地、各部门讲授防震减灾及应急避震知识数十场次，指导各地中小学校开展应急疏散演练100多次，向全省各地印发了大量应急避震宣传画报。广东省各市县地震部门也组织了各种形式的地震科普宣传工作。

【重点科研项目选介】

强震动监测警报与健康诊断系统　省地震局研发的大桥强震动监测警报与健康诊断系统通过在桥址地基、桥墩和桥塔主梁等主要部位布置加速度计，实时监测桥梁结构振动状况，为判断桥梁健康状况提供参考依据，并具有突发事件报警功能；获取桥梁实际强震记录，为桥梁抗震设计服务，并为震后桥梁安全性评估和修复提供基础数据。截至2011年年底，该系统已经应用在九江大桥、虎门大桥、黄埔大桥等特大桥梁。强震动监测警报与健康诊断系统的研究与多所大学进行了技术交流，对出资企业完全开放。

基于强震动监测的重大工程地震安全监测可以为工程管理方带来良好的经济效益。一方面基于该系统成本较低，可以在很大程度上减少周期性的人工检测费用；另一方面，可以为工程结构的养护管理提供科学依据，最大限度地确保结构的安全运营、延长使用寿命，通过早期病害的发现维护能大大节约结构大修的费用，避免最终结构破坏所引起的重大损失和不良社会影响。截至2011年年底，已经投入运行的3套系统运行稳定。

广东省地震监测预警与重大工程地震安全诊断重点实验室　2011年，“广东省地震监测预警与重大工程地震安全诊断重点实验室”获批立项。该重点实验室依托于广东省地震工程实验中心，联合省地震监测中心和省工程防震研究院等单位共同组建，主要开展地震监测预警和重大工程地震安全诊断理论技术研究和应用试验。实验室位于省地震局办公大楼内，建筑面积2 000多平方米，拥有一批国内先进的地震监测、工程振动、岩土实验的软硬件设备，广东省地震监测中心自主研发的地震观测技术产品已经广泛应用到全国31个省市的地震台网和境外地震台网建设中。实验室利用广东省地震立体监测台网，将逐步建立珠三角地震预警台网、广东省地震烈度速报网、特大型桥梁强震动监测台阵、海啸预警观测台阵、水库地震综合试验场等野外试验场。实验室科研队伍有固定人员22名，其中研究员5人、副高7人、博士4人，并将聘请中国地震局院所、国内外特别是广东省内高校相关专家。

重点实验室的研究内容包括：地震监测及数据自动处理技术、地震预警和烈度速报技术研究，结构健康监测与诊断方法和技术、结构遭到强烈震动影响后健康状况诊断研究，淤泥、淤泥质软弱土及填海场地地震响应、典型老旧房屋抗震加固、农村民居抗震设计等技术研究，为广东省建筑抗震设计、抗震鉴定及加固提供技术支持。

广东省地震监测数字台网改造 广东省地震台网是一个由测震台网、强地震动观测台网、GPS 地壳运动观测网共同组成的专业性地震台网。测震台网包括 4 个地方区域级子台网、5 个国家测震台和 39 个区域测震台站。强地震动台网包括 78 个强震动台站和 2 个强震动台阵。GPS 地壳运动观测网有 6 个 GPS 观测台站。台网选用国内外先进的地震数据采集系统，观测数据采用 SDH、DDN、卫星、ADSL、CDMA、GPRS 等传输网络。台网中心选用了高性能的网络服务、多节点服务器集群等计算机设备，并使用自主开发的 SeiIP、SeisRTS、MSDP-DM 等目前国内先进的地震观测数据传输、处理、管理、服务系统，台网具有设备先进、技术领先特点。拥有包括地球物理、地震分析、电子信息、网络工程等各类专业技术人才的台网中心，已实现 24 小时无间断实时监控南粤大地地下的瞬息变化，并及时按规定程序和方式将各类相关信息反馈各级决策指挥层及社会公众。广东省地震台网的建成将为社会公众及时提供地震信息，为地震监测预报、工程地震和地震科学研究提供服务。

近年来，省委、省政府和中国地震局高度重视本省地震台网建设，对防震减灾工作加大了经费支持的力度。通过不断投入升级，广东省的地震监测预报体系得到进一步完善。通过实施全省数字测震台网、地震前兆台网、数字强震动台网及地壳运动观测网建设工程，新建地震台 80 个、改建地震台 90 个，全省陆地及沿海地区地震监测能力已达到 2.5 级以上，地震重点监视防御区的粤东、粤西、珠三角地区的地震监测能力已达到 1.5 级以上，10 分钟内完成地震速报。

（广东省地震局 张 项）

建 设

2011 年，全省建设科技工作以科学发展观为统领，紧紧围绕“加快转型升级，建设幸福广东”这一核心和城乡建设重点工作，科技创新体系逐步完善，建设事业科技创新能力、产业化能力和集成创新能力进一步提高，科技投入稳步增长，科技进步贡献率明显提高，建设科技成果转化应用水平和建设领域科技含量进一步提高，重点领域应用技术的研究开发力度进一步加大，全省建设科技整体达到国内先进水平，部分科研成果达到国际先进甚至国际领先水平。

【科技成果及推广】 2011 年，省住房和城乡建设厅继续大力推进建设科技成果的推广与转化应用工作，全年组织完成各类建设科技成果鉴定 203 项，其中“桥梁健康监测应用技术研究”“大跨度小净距隧道设计与施工技术研究及应用”达到国际领先水平，“单元式弧形玻璃幕墙综合施工技术”等 17 项达到国际先进水平，“地下连续墙加锚桩基坑支护施工技术的应用研究”等 83 项达到国内领先水平，“悬挑半椭球鼓形镂空节点钢结构空中逆向立体安装技术”等 95 项达到国内先进水平，“应用双面彩钢复合酚醛板制作安装空调风管施工技术”等 2 项达到省内领先水平，“自粘橡胶沥青防水卷材湿铺综合施工技术研究”等 4 项达到省内先进水平。完成住房和城乡建设部、省科技厅委托科技计划项目验收 4 项。

2011 年，继续加大科技成果的转化、推广力度，向全省发布了 14 项广东省建设行业技术成果推广项目。

【科技成果奖励】 全省建设系统共有 8 项成果获 2011 年度广东省科学技术奖，其中“深港西部通道工程建设创新实践”获特等奖，“北江大堤加固达标工程关键技术研究与应用”获一等奖，“复合地层盾构施工理论和技术创新的研究”等 4 项获二等奖，“地铁进口交流传动车辆大修体系和技术创新”等 2 项获三等奖。全省共有 21 项成果获 2011 年度华夏建设科学技术奖，其中“低 C/N 比城市污水连续流脱氮除磷工艺与过程控制技术”等 3 项获一等奖，“混凝土交叉柱网筒超高层建筑结构研究应用”等 5 项获二等奖，“中国超高层住宅建筑发展研究”等 13 项获三等奖。

项目名称：低 C/N 比城市污水连续流脱氮除

磷工艺与过程控制技术

主要完成单位：广州市市政工程设计研究院

获奖情况：2011 年度华夏建设科学技术奖一等奖

该项目通过对现有主流连续流处理工艺的运行优化调控，在充分利用原水碳源的基础上，实现低 C/N 比污水氮磷的达标排放。对国内现有连续流工艺水厂运行情况进行充分调研，明晰工艺优化提升的关键点，提出 A/O、A2O、奥贝尔氧化沟、生物膜等工艺的优化运行方案，对加强各工艺中原水碳源应用脱氮除磷的优化条件进行了深入系统的研究，得出关键的影响因素和控制条件，提出各工艺的优化运行方案和控制策略，建立无外加碳源或者大幅降低外碳源投加实现水厂 N、P 达标排放的改良运行工艺和控制方法。

该项目积极推动相关研究成果应用于示范工程并致力于产业化发展，通过工艺运行优化、关键技术开发及智能控制系统的研究，运用改变系统的运行条件、运行模式及植入脱氮除磷新技术和过程控制手段的方法，对现有连续流污水处理系统进行无新增构筑物、低成本条件下的运行优化和性能提升。同时也为新建污水处理厂的设计和运行提供新的指导思想和设计思路，解决低碳氮比污水高效脱氮除磷达标排放的关键问题，整体提升我国城市污水处理厂的运行和管理水平。

项目名称：中国古城军事防御体系研究

主要完成单位：华南理工大学

获奖情况：2011 年度华夏建设科学技术奖一等奖

该项目研究中国古代的城池、长城等军事防御工程设施以及研究具有军事防御功用的古城、堡寨的选址、规划、布局、建设与相关的工程技术及文化内涵。项目把主要精力用于研究中国古城，将古城军事防御体系的研究与中国古城规划研究相结合。项目总结了中国古城的四个特色：象天法地，雄才大略；仿生象物，各具形态；因地制宜，与时俱进；防敌防洪，一体多用。提出了影响中国古城规划有三种思想体系，特别指出中国古代哲学对古城规划的深刻影响，提出仿生象物是中国古城规划的重要特色之一，提出中国古城军事防御体系是中国古人的伟大创造和智慧结晶。总结了中国古城防洪的八字方略及七方面措施，其中，城市选址必须重视防洪的研究成果，具有较高的学术价值，丰富了城市规划的科学理论，具有古为今用的重要价值。通过两汉至明清历代国都防御体系的研究，总结了中国国都防御体系发展的历史经验，指出明南京城是都城中集军事建筑艺术之大成者。通过一系列典型城池防御体系的研究，总结了中国古城利于防御的选址艺术、规划艺术和建筑艺术。

项目名称：大型冰蓄冷站施工技术

主要完成单位：广东省工业设备安装公司

获奖情况：2011 年度广东省科学技术奖二等奖

该项目针对大型冰蓄冷系统安装要求精度高、难度大、空间狭小、系统采用特殊耐蚀钢、管冲洗工艺复杂等特点，对大型冰蓄冷系统安装技术进行研究和创新，取得了大型冰蓄冷站施工技术新成果，具有创新性、先进性和实用性，其关键技术达到国内领先水平。

1. 采用管线布置综合平衡新技术，改变通常冷冻机房设备安装“先设备后管道”的施工顺序，通过精确测量定位，绘制出准确的设备管道综合布置图，以管定设备，按综合布置图的空间层次，采用管道—设备—管道的施工顺序，解决大量交叉作业带来的困扰和安全隐患，提高了工效。2. 采用模块化预制管道组件的新技术，改变“设备就位—配制短管—阀件安装—管道连接”的习惯工序。3. 采用倒装法安装管道和阀件新技术，通过精确测量定位，准确预留设备的安装位置，提前安装系统管道，在狭隘的施工空间获取安全吊装位置，为工程进度赢取了宝贵时间。4. 通过采用“一种吊装矩形截面钢柱的专用夹具及利用该夹具的吊装方法”的发明专利，保证钢柱吊装过程中和就位时保持良好的方向性，钢柱上端轻松就位。5. 通过采用“一种靠背轮找中心测量方法”的发明专利，对设备联轴器同心度进行找中心和间隙调整，有效避免了测量过程因百分表支架刚度不高、受外界轻微振动、旋转过程中靠背轮本身的晃动导致测量仪器不准确的问题；避免了背靠轮直径大、背靠轮装配时和轴存在垂直偏差而影响找中心精确度；胀紧装置设置在螺栓孔内，不用调整靠背轮之间的距离而直接进行测量圆周间隙和端面间隙，实现了360°全方位测量。6. 通过采用“10CrMoAl 耐腐蚀钢管焊接工艺”的发明专利，对10CrMoAl 管道焊接通过对焊接性分析、焊接过程、焊条成分进行有效控制，确保10CrMoAl 耐腐蚀钢管焊接质量，满足了10CrMoAl 管道在高工作压力、耐腐蚀性、长寿命方面的特殊要求。7. 采用水汽轮替试压冲洗新技术，对蓄冰槽及载冷剂输送管道和制冰盘管组件进行试压冲洗，克服了施工中蓄冰槽及载冷剂管道和制冰盘管组件检漏的难题。

项目名称：城市轨道交通工程建设安全风险管理与应用研究

主要完成单位：广州地铁设计研究院有限公司

获奖情况：2011 年度广东省科学技术奖二等奖

该课题通过全面分析国内外城市轨道交通安全风险预防与控制现状，深入研究安全风险预防与控制理论、方法和信息化技术，制定了城市轨道交通工程安全风险分类分级标准，发掘了工程施工与地质风险、环境风险相互影响机理，形成了安全风险隐患挖掘技术，构造了盾构施工安全状态预判预警方法，实现了隧道内恶劣电磁环境下监测数据抗干扰传输技术，创建了自动化、精细化与智能化的安全风险预防与控制信息平台。该课题研究成果被我国城市轨道交通行业11 项安全风险相关标准、规范和指南采用，加快了城市轨道交通安全风险预防和控制技术的规范化和标准化进程。“盾构施工安全状态预判及预警方法”“海量异构监测数据融合与智能分析预警方法”“融合GIS 和物联网技术的安全风险预防与控制信息平台”等课题成果获得发明专利6 件、实用新型专利5 件、软件著作权7 件，出版科技论文专刊1 本，实现了工程建设安全风险预防与控制技术的突破，形成了具有自主知识产权的技术体系，促进了行业科技进步。

住房和城乡建设部组织由2 位中国工程院院士为主任的专家鉴定委员会，对该课题研究成果进行了科技成果鉴定，一致认为：研究成果在城市轨道交通工程建设安全风险预警预测方法、盾构监测预警模型、工程建设安全风险预防与控制信息平台等方面具有系统性、先进性、创新性和适用性。研究成果总体上达到了国际先进水平，建议在全国全面推广应用。该课题研究成果在广州、西安、大连、昆明、深圳等10 个城市、18 条轨道交通线路（338 公里）中应用推广，预防和控制重大风险事件391 起，减少经济损失约2.8 亿元，极大地减少了社会不良影响，保障了社会稳定和人员生命财产安全，取得了显著的社会经济效益。

【工程建设标准化】 2011 年，省住房和城乡建设厅继续健全覆盖面广、特色鲜明、符合地方发展水平的工程建设标准体系。发布了《民用建筑能效测评与标识技术规程》等11 项广东省工程建设地方标准，为建筑设计、施工和验收等各项工作提供了技术支撑。发布《蒸压陶粒轻质混凝土墙板应用技术规程》等8 项立项标准。这些建设标准的颁布与实施，促进了城乡建设科技进步，规范了市场行为，确保了工程安全质量，推动了全省城乡建设事业的发展。

（广东省住房与城乡建设厅　王礼贵）

电　力

【科技投入与技术攻关】

粤电集团　2011 年，粤电集团安排科技投入经费1.43 亿元，其中技术开发费1.06 亿元，资本性支出3 689 万元。

重点开展集团公司的节能减排技术改造，“300MW 汽轮发电机组的增容改造研究”项目进入了实施高峰阶段，“无烟煤锅炉改烧烟煤”项目也在各厂抓紧实施，已实施完成的项目表明，改造非常成功，取得了可喜的效果。

粤电集团清洁能源取得新进展：国家级IGCC 发电试验平台已落户新会电厂；湛江生物质发电项目顺利投产，是迄今为止全世界单机容量及总装机容量最大的纯燃生物质发电项目；广东粤电华南理工大学光伏发电并网电站为国家首批“金太阳”示范工程项目，已顺利并网运行发电，项目包括广州大学城的华南理工大学和中山大学两个校区，总装机容量为3MW，是全国最大的校园屋顶光伏并网电站。

广东电网公司 2011 年，广东电网公司科技项目的重点研究方向为增强驾驭大电网能力、智能电网、环保新能源研究。

为了增强驾驭大电网能力，组织开展了大电网设备智能化广域监测诊断关键技术研究与应用、广东电网同塔多回输电线路雷击特性及差异化防护技术研究与应用、电力系统次同步振荡与发电机轴系扭振耦合作用特性分析与仿真试验、大型装备叶片断裂故障诊断及快速修复关键技术等项目的研究。

在智能电网建设方面，组织开展了基于 EMS 的区域变电站实时智能自愈控制技术研究与应用，动态畸变负荷电能准确计量及溯源技术、装备与应用，横琴新区智能电网若干关键技术研究与应用等项目的技术攻关。

在环保新能源方面，组织开展了新环保形势下火电厂烟气脱硫系统关键技术研究及工程实践、生物质分布式电源及其燃烧发电关键技术研究、风力发电系统 RTDS 建模及变流控制装置闭环测试平台开发等项目的技术攻关。

【重点科技项目】

湛江电厂#4 机组通流及改烧烟煤改造 该项目由粤电集团承担，于2009 年年底启动。#4 机组是集团首台同时实施增容改造和改烧烟煤两项重大改造的300MW 老机组，通过一系列的研究和分析后，于2010 年确定了改造技术方案。2011 年 1 月，进行机组现场安装和调试；3 月，机组增容改造全面完成。#4 机组容量从 300MW 增加到 330MW，汽机热耗率较改前降低了 511.7kJ/kWh，达到600MW 亚临界机组水平，机组各项性能参数稳定，项目实施居国内领先水平，实测综合供电煤耗同比下降 17g/kWh 以上，煤耗明显下降，取得了明显的经济效益和社会效益。

SA335 – P91 和 SA335 – P92 钢焊接技术试验研究及其在超超临界火电机组中的应用建设 该项目由粤电集团承担。项目于 2009 年启动实施研究和试验，2010 年进行小批量的深入研究，在国内首次提出了在超超临界火电机组焊接 SA335 – P91 和 SA335 – P92 钢过程中采用“三小一多、薄而快”的焊接技术，可有效控制气孔、夹渣、未熔合、内凹、未焊透等焊接缺陷。2011 年，采用该焊接新技术大规模的推广应用在建设的 10 多台机组及已投产运行的 6 台超超临界火电机组检修中，取得了5 000 万元以上的效益。该项科技成果整体上达到国内领先水平，在 SA335 – P91 和 SA335 – P92 钢焊缝冲击韧性及其温控准确性方面属于国际先进。

联合循环发电机组无除氧器热力系统安全经济及国产化技术研究 该项目由粤电集团承担。研究课题在 2007 年 3 月开始实施运行优化论证研究，提出解决方案，并经 2 年多实施的数据跟踪分析和研究，确认了无除氧器运行优化的可行方案。2011 年，对 1 号机组进行最终验证的测试试验和研究，通过对金属腐蚀及受压金属寿命与安全边界模型计算与分析研究、对金属腐蚀机理及速度与介质 PH 值关系的分析研究、对水、蒸汽的温度压力与溶氧含量变化的技术研究，较好地掌握了燃机汽水系统水和蒸汽中的 PH 值对金属腐蚀影响的技术，优化运行和维护模式，有效地克服溶氧腐蚀，总结分析了无除氧器运行电厂的安全性和经济性。应用于 3 台机组后每年可节能效益达 1 075 万元，研究成果整体达到国际先进水平。

大电网设备智能化广域监测诊断关键技术研究与应用 该项目由广东电网公司承担。项目研究大电网设备智能化广域监测与诊断关键技术，完成全国最大规模的在线监测应用示范，成功建设具有国际领先水平的设备智能化广域监测诊断系统，实现对全网设备的状态全景可视、风险实时预警、缺陷智能诊断、寿命动态评估、隐患全局挖掘和运维精准管控，为智能电网建设、大电网事故防御和电网资产全生命周期精益化管理奠定了坚实的技术基础。

项目成果已应用于广东电网原 21 个地市供电局，研制应用设备智能监测系列终端近 1 000 套，成功监测 1 542 台主变压器、2 672 个 GIS 间隔、1 450个输电线路单元，及时发现20 余起重大设备隐患。项目实现产值约 2.6 亿元，为电网节支近 5 亿元，在亚运会、大运会保供电工作中做出重要贡献。

项目成果申请国家发明专利46项（授权3项、实审16项）、实用新型专利15项（授权12项）、软件著作权3项，发表SCI、EI收录论文7篇、核心期刊论文29篇，制定行业和企业标准68册。南方电网鉴定认为：项目取得了多项具有自主知识产权的原创性研究成果，应用效果良好，整体处于国际先进，部分成果达到国际领先水平。

基于EMS的区域变电站实时智能自愈控制技术研究与应用 该项目由广东电网公司承担。项目提出了一种基于EMS的区域变电站实时智能自愈控制技术，在调度自动化主站构建区域网络备自投系统，通过综合利用全网信息、实时决策最优的自愈控制方式，在30秒左右实现电网故障的快速恢复，较传统的人工决策控制所需的30分钟有了大幅度提升，全面解决了链式串供电网接线中存在变电站备自投应用死区、恢复供电时效性差等难题，减少了因变电站全站失压而导致电力事故发生的次数，提升了电网实时智能自愈的整体水平和供电可靠性，为电网公司带来了巨大的应用效益。

项目研究成果具有可移植、可推广应用的优点，已部署在佛山、惠州、河源、茂名等多个试点地区，应用效果良好，已被广东电网公司纳入“十二五”期间重点推广技术之一，具有非常广阔的应用前景。项目成果还应用于各厂家的产品开发和出厂检验，保证了该类系统的相关功能满足要求，促进了相关市场的规范化、标准化。项目制定企业标准2份；申报国家专利7项，其中已授权专利1项，实审发明专利3项；获得软件著作权2项，图形著作权2项；发表论文6篇。

项目通过了南方电网公司组织的成果鉴定，鉴定专家组一致认为该成果整体达到国际先进水平，在区域网络备自投测试技术领域达到国际领先水平。

动态畸变负荷电能准确计量及溯源技术、装备与应用 该项目由广东电网公司承担。项目从电网公司的实际需求出发，深入研究动态畸变负的电能准确计量关键技术，旨在解决钢铁、冶金、轨道交通、电动汽车充电站等多种动态畸变负荷的电能准确计量技术标准、设计实现、质量检测、量值溯源等问题。

项目成果在广州、中山、韶关、清远、揭阳等供电局进行大面积应用，并推广至内蒙古、湖南、湖北、江苏等电网公司，为进一步提高负荷能效水平、电能质量和开展节能减排工作提供了技术支撑。项目成果应用前景广阔，为推进发展智能电网、智能计量，实现公平、公正智能用电奠定了坚实的基础。

项目研发过程中编制国家标准2项，获得发明专利4项、实用新型专利9项、软件著作权6项，发表SCI收录论文1篇、EI收录论文等7篇。

该项目通过南方电网公司鉴定，鉴定委员会一致认为：项目研究成果整体达到了国际先进水平，在谐波参量检测算法、谐波电能表检定装置和直流电能表检定装置关键技术方面达到国际领先水平。

大型装备叶片断裂故障诊断及快速修复关键技术 该项目由广东电网公司承担。项目从叶片断裂故障的诊断开始，确诊机组是否需要揭缸处理，减小误揭缸的概率；通过模态分析等方法对叶片失效原因进行分析，在修复过程中通过对更换叶片的优化排序保证更换前后转子平衡状态的稳定，利用断裂叶片提供的动力学信息指导叶片更换后由于轴系中心及轴承负载变化可能导致的振动处理，实现快速修复的目的。

项目理论研究成果申请和授权专利7项，其中，获发明专利授权2项、实用新型专利授权1项，2项发明专利进入实质性审查；取得软件著作权1项；发表论文20篇，其中中文核心期刊10篇，EI检索5篇；开发了一套适合现场应用的叶片频率测试系统。

研究成果已经在汕尾红海湾电厂1号、2号机组低压转子（东汽超临界600MW）、旺隆电厂2号机组（哈汽100MW）、深圳前湾燃机电厂2号机组（三菱9F燃机）、深能源河源电厂2号机组（哈汽超超临界600MW）、茂名电厂5号机组（哈汽200MW）等10余台机组的叶片断裂故障诊断与处理中发挥了重要作用，累计为发电企业产生直接经济效益过亿元。通过对各关键技术的扩展研究，该研究成果还可以推广应用到大型轴流风机、压气机、航空发动机等叶片的故障诊断与修复，应用前景十分广阔。

该项目通过省科技厅鉴定，鉴定委员会认为：科研成果具有原创性，整体处于国际先进水平，在针对大型动力装备叶片断裂的现场故障诊断准确度与修复效率上达到了国际领先水平，经济、社会效益显著，具有推广应用前景，一致同意该项目通过成果鉴定。

【科技成果及奖励】

粤电集团　2011 年，粤电集团公司奖励了 119 项科技成果项目，其中一等奖 6 项、二等奖 18 项、三等奖 95 项；获省部级科学技术奖励成果 4 项，其中“大型火电机组负荷自适应控制优化技术”获 2011 年度广东省科学技术奖一等奖。申请发明专利 1 项、实用新型专利 6 项；获实用新型专利授权 6 项、著作权 7 项。截至 2011 年年底，集团拥有发明专利 3 项、实用新型专利 13 项、软件著作版权 20 项。

广东电网公司　2011 年，广东电网公司奖励了 159 项科技成果，其中一等奖 20 项、二等奖 56 项、三等奖 83 项；获 2011 年度广东省科学技术奖 7 项，其中二等奖 3 项、三等奖 4 项；获 2011 年度中国电力科学技术奖获奖二等奖 2 项、三等奖 3 项。

2011 年，广东电网公司系统共获得 92 项专利授权，其中发明专利授权 10 项，实用新型专利 82 项。截至 2011 年年底，广东电网公司拥有有效专利授权 132 项，其中发明专利授权 16 项。

（广东电网公司　张　飞）
（广东省粤电集团有限公司　江　海）

水　利

2011 年，广东省水利科技工作贯彻落实中共中央以及省委、省政府关于加快水利改革发展的决策部署，围绕水利中心工作，积极推动水利科技创新，促进水利科技交流合作，在项目管理、科技交流、科技平台建设等方面取得良好成效。

【政策制定】　2011 年，省水利厅与省财政厅联合印发了《广东省水利科技创新项目和资金管理暂行办法》（以下简称《办法》）。《办法》对省水利科技创新资金的管理原则和支出范围、项目的申报对象、程序和评审办法以及项目实施的监督管理等方面作了具体规定，规范了资金使用和项目实施的管理，在公开、公正、公平的基础上，科学高效的竞争性分配机制提高了资金的配置效益和使用效益。

【科研项目管理】　2011 年，经省水利厅推荐，“广东东江流域突发性水污染事件影响预警技术研究”“堤防工程灾变破坏的非线性机制与控制研究”获省科技厅立项。经省科技厅推荐，“华南台风暴雨高发区流域洪水—地质灾害精细化预警预报关键技术及系统示范”参加了科技部“十二五”国家科技计划社会发展科技领域项目的入库评审，作为子课题被列入国家科技支撑计划课题“地质灾害监测预警与风险评估技术方法研究”。向水利部申报了“珠江三角洲软土地基堤围险段成因及处理对策”等 5 个公益性项目。

2011 年，水利部公益性行业科研专项经费项目“复杂断面海堤越浪量及其相关指标研究”和“948 计划”项目“水质遥感监测”顺利通过了水利部的验收。“挡潮闸通航孔新型工作闸门研究”等 12 个项目通过省水利厅验收，“西江干流及珠江三角洲河床演变分析研究”等 13 个项目通过省水利厅组织的成果鉴定。

【科研成果】　2011 年，省水利厅推荐 2 个项目申报 2011 年度水利部大禹水利科学技术奖，其中“水工混凝土结构病害综合处置技术及工程应用”获三等奖。省水利水电科学研究院作为第 2 承担单位完成的科研成果“风暴潮灾害防治及海堤工程关键技术研究与实践”获 2011 年度大禹水利科学技术奖一等奖。“北江大堤加固达标工程关键技术研究与应用”获 2011 年度广东省科学技术奖一等奖，“泄水建筑物阶梯消能技术研究与工程应用”获 2011 年度广东省科学技术奖二等奖，“西江干流及珠江三角洲河床演变分析研究”获 2011 年度广东省科学技术奖三等奖。“抗海水腐蚀混凝土在水利工程中的推广应用”获 2010 年度省农业技术推广奖一等奖。

项目名称：风暴潮灾害防治及海堤工程关键技术研究与实践

主要完成单位：水利部水利水电规划设计总

院（第1完成单位）、广东省水利水电科学研究院

获奖情况：2011年度大禹水利科学技术奖一等奖

该项成果在防潮标准指标体系、海堤波浪计算模型及越浪控制指标、海相沉积深厚软土地基处理及软基海堤稳定安全计算方法等方面取得了许多先进性成果。经水利部组织专家鉴定，成果总体上达到国际领先水平。

该成果创新点有：1. 首次提出了沿海地区特殊防护区的概念，将海堤工程防潮标准与防护区内经济指标相关联，建立了基于风险分析的沿海特殊防护区的防潮（洪）标准指标体系，该项成果符合中国国情，填补了现行《防洪标准》中缺乏沿海经济发达乡村防洪标准的空白，创造性地建立了海堤防潮标准与工程级别可以在一定范围内浮动的指标体系；2. 首次根据典型复式断面海堤进行抗风暴潮的系统试验研究，构建了下陡上缓复式断面型式下潮浪遭遇海堤时的多重响应模式，提出了海堤工程按允许越浪确定海堤堤顶的方法，创立了海堤防浪从垂向防御转为纵向防御模式，对改善景观环境、构建沿海防浪潮体系及波浪力学基础学科的发展具有重要意义，下陡上缓复式断面型式下沪浪计算公式具有原创性；3. 针对海相深厚淤泥常用的基础处理方法，结合土工试验和现场检测，揭示了塑料排水板长期工作后的性能、爆炸挤淤置换法处理深厚淤泥地基的材料组成和爆填控制要求，提出了软基海堤工程稳定计算方法的适宜参数、排水固结强度折减参数修正方法以及“悬浮式”爆炸挤淤置换施工质量控制标准，完善了软基处理标准的设计和施工方法；4. 系统地构建我国沿海风暴潮灾害工程防治的理论和应用体系，编制的《海堤工程设计规范》填补了我国海堤工程设计方面没有统一标准的空白。

该项目主要研究成果水利行业标准《海堤工程设计规范》自2009年实施以来，在全国沿海11个省（市）、自治区海堤工程建设中得到应用，对指导全国沿海省份的海堤工程建设，推动我国海堤工程标准化建设，构筑沿海防御风暴潮体系，提升我国防御风暴潮灾害能力起到了积极的促进作用。

项目名称：北江大堤加固达标工程关键技术研究与应用

主要完成单位：广东省北江流域管理局（第1完成单位）、广东省水利电力勘测设计研究院、广东水电二局股份有限公司、广东省水利水电第三工程局、广东省源天工程公司、深圳市东深电子股份有限公司、深圳市鸿和达电子有限公司、中国安能建设总公司

获奖情况：2011年度广东省科学技术奖一等奖

该项成果在科学治水理念、堤防的设计、施工、管理技术方面取得了一系列研究成果，解决了堤围建设中普遍存在的强透水地基渗流、险工险段和水闸振动、涉水隐蔽工程的施工质量难控制等重大突出问题。

主要创新点有：1. 实现了堤防工程功能从单一防洪向防洪和水资源综合利用转变，工程措施从单一大堤加固向治河与大堤加固相结合的综合治理转变；2. 合理解决了复杂地基防渗设计方案及参数确定的难题；3. 解决了超大宽高比平面闸门的流激振动问题；4. 研发了预制导墙和导扩式成槽施工新技术。

该项成果在北江大堤加固达标工程中应用，产生了巨大的防洪效益、社会效益，同时，改善了水生态环境，提高了芦苞涌、西南涌下游供水保障能力，促进了珠江三角洲区域的协调可持续发展。

项目名称：泄水建筑物阶梯消能技术研究与工程应用

主要完成单位：广东省水利水电科学研究院（第1完成单位）

获奖情况：2011年度广东省科学技术奖二等奖

该项目借鉴现有的溢流坝阶梯消能研究成果，开展适用于泄水建筑物（溢洪道、拦河闸等）较缓坡度陡坡段的不连续的外凸型阶梯消能工创新性研究。采取水力模型试验与理论分析结合方法，对溢洪道陡坡段不连续的外凸型阶梯消能工的体型布置、水力特性等进行较系统研究，得出其较完整的体型设计方法。项目共发表了论文21篇，获实用新型专利1项。

该成果外凸型阶梯消能工具有体型简单、施工方便、消能率高、实用性强和适用性广、安全性好、工程投资省等特点，适用于中小型水库和部分大型水库的陡槽溢洪道（或拦河闸）建设，特别是为已建工程的除险改造开辟了新途径。经试验研究、开发和大力推广，已应用于本省多个水利工程泄水建筑物设计和建设，已建的工程运行情况良好，取得了较显著的工程效益和经济效益。

【标准化建设】 2011 年，广东省水利水电科学研究院、广东省水利电力规划勘测设计研究院参编的国家标准《海堤工程设计规范》以及广东省飞来峡管理处主编的水利行业标准《灯泡贯流式水轮发电机组运行检修规范》完成报批，待审核发布。地方标准制修订项目“河道管理范围内建设项目技术规程”经省质监局批准立项。

【科研平台建设】 2011 年，省水利厅与中山大学共建的河口水利技术国家地方联合工程实验室获国家发改委批准成立。广东省岩土工程技术研究中心和广东省山洪灾害突发事件应急技术研究中心 2 个省级科研平台获省科技厅批复成立。

河口水利技术国家地方联合工程实验室主要围绕河口区突出的水安全（防洪潮、供水、水生态环境安全等）难题，针对目前经济社会发展迫切需要解决的河口水利技术问题，以珠江三角洲河网和近海为研究对象，建立长期动态的研究基地，不断探索和积累河口水流泥沙运动、河床演变、洪潮关系、咸潮活动和生态环境变化规律，为河口地区水利防灾减灾、水资源利用、水生态环境建设，以及航道工程、港口码头工程、近岸海洋工程和交通、能源、化工、钢铁等行业基础设施建设解决涉水关键技术。实验室的建成将为珠江三角洲及广东沿海经济的可持续发展提供有力的技术保障。

实验室主要建设 4 个研究平台：河口水利防灾减灾及复杂河口治理技术研究平台、河口水资源开发利用与保护技术研究平台、河口海岸带资源开发利用与保护技术研究平台和河口海岸环境与生态工程技术研究平台。实验室实行开放机制，分固定和流动研究人员两部分。固定研究人员从广东省水利水电科学研究院和中山大学择优聘用，流动研究人员包括聘请来自全国水利行业客座研究人员、来实验室进行试验研究的人员等。通过平台建设实现产学研结合，形成一系列的技术产业链，并把这些先进的技术应用到工程实际中。

【科技交流】

粤台间水利技术交流 2011 年 5—9 月，省水利厅组织了 3 批技术交流团组共 40 人前往台湾，分别就供水管理机制、水利模型试验、基层水管单位建设与台湾同行进行交流，促进了两岸水利技术的相互学习，为双方的取长补短创造了条件。

国际会议 2011 年 7 月，省水利厅组团前往新加坡参加国际水资源周活动，共 1 批 6 人次。

学术论坛 2011 年 10 月，省水利厅邀请了美国新泽西州州立大学永聘教授、美国土木工程师学会专业委员会主任、留美博士郭祺忠在省水利厅作了“水环境评估、保护及修复”专题辅导讲座。11 月，省水利厅与中山大学联合举办水利科技论坛。该论坛围绕当前水利研究热点，邀请英国洪水风险管理研究团队前来进行学术交流，前来交流的 9 位成员中，有 3 位是英国皇家院士，其余均为知名大学教授。英方介绍了洪水风险管理研究团队的研究范围和主要成果，并作了“城市洪水模型”“河口洪水模型”“防洪工程管理”“土地利用管理”4 个学术报告。省水利水电科学研究院名誉院长杨光华作了“汶川地震对水库大坝的震损”的学术报告。

（广东省水利厅　桂江峰）

石　油　化　工

2011 年，中国石油化工股份有限公司广州分公司（以下简称“广州石化”）科研开发项目围绕企业生产经营工作，在稳定生产、节能减排、安全环保、清洁生产、产品质量升级、新产品开发和新技术、新工艺应用等方面开展。全年投入 1 158 万元进行新产品开发、生产技术攻关和新技术、新设备推广应用。共开展各级科研项目 47

项，完成20项，8个项目通过相关部门组织的技术评定。

中国石化集团公司茂名石油化工公司、中国石化集团资产经营管理有限公司茂名石化分公司、中国石油化工股份有限公司茂名分公司统称“茂名石化”。2011年，茂名石化大力实施结构调整和差异化发展战略，10万吨/年顺丁橡胶、20万吨/年聚丙烯等13个调结构项目获中国石化集团批准。通过强化炼油生产全过程严格管理，优化生产方案，使炼油主要技术经济指标持续提升，其中可比综合商品率95.65%，加工损失率0.38%，自用率3.97%，均创造历史最好水平。突出抓好装置生产运行管理，各项指标大幅提升，其中，乙烯收率、双烯收率分别为31.65%、46.88%，创2006年百万吨乙烯改扩建工程投产以来的最好水平。2011年，茂名石化共有14个限上项目可研报告获得总部批复，批复总投资约30亿元，项目涉及炼油、化工和环保等方面，所有项目进展顺利。

【科技成果及专利】

科技成果　2011年，广州石化承担的“炼油污水稳定达标与资源化工业研究”等8个省部级以上科研项目通过鉴定、验收，取得“减顶气增压喷射脱硫成套技术开发及工业应用”等6项自主开发科技成果。广州石化与其他单位共同合作完成的“适应原料多样性的乙苯清洁生产催化技术及工业应用”获2011年度国家技术发明二等奖，“100万吨/年超低压连续重整成套技术开发”获2011年度中国石油化工集团公司科技进步一等奖，“炼油厂腐蚀监控系统与保运技术研究”“炼油污水稳定达标与资源化工业应用”和“S－Zorb催化汽油吸附脱硫再生烟气处理技术开发及工业应用”获2011年度中国石油化工集团公司科技进步三等奖。广州石化自主研发的“高熔指低密度聚乙烯瓶盖专用料DNDA－2020开发”获2011年度中国石油化工集团公司科技进步三等奖。

2011年，茂名石化有3个项目获得2011年度中国石油化工集团公司科技进步奖，其中“高结晶聚丙烯生产技术”获二等奖，“PRT－C/PRT－D重整催化剂的研制及工业应用”“乙二醇装置二氧化碳脱除工艺技术研究”获三等奖。

专利产出　2011年，广州石化共申请专利4件，其中3件发明专利、1件实用新型专利，2件发明专利和1件实用新型专利获得国家专利权。2011年9月，“以炼厂高硫催化碳四制取聚合级1－丁烯的方法”获国家知识产权局发明专利授权。2008年7月开始该技术在广州分公司MTBE联产丁烯－1装置成功应用，截至2011年年底，该装置共生产聚合级丁烯－1约5万吨，创造经济效益过亿元。该专利技术的成功应用盘活了该公司的碳四资源，延伸了产品的价值链，增加了产品的附加值，提高了资源的综合利用水平，对企业挖潜增效、提升整体效益具有重大意义。

2011年，茂名石化共申请国内专利22件，同比增加了19件，申请量创历史最高纪录。申请发明专利14件，实用新型专利8件，发明专利占有率达63.64%，比公司所有授权专利发明占有率（50%）提高了13.64%。截至2011年年底，茂名石化已累计申请国内专利75件，累计获得专利授权48件。

【新产品开发】　2011年，茂名石化成功开发高密度聚乙烯土工膜料、聚丙烯镀铝膜料等7个牌号新产品，生产专用料及新产品87.28万吨，占树脂总产量的59.98%，创造经济效益1.22亿元。其中，新开发的土工膜产品TR400M填补了国内空白。茂名石化通过新产品开发，加大与市场、科研、生产和销售结合力度，形成一体化的新产品开发循环、持续改进机制。2011年，茂名石化组织与考泰斯（德国）公司、舒驰容器（德国）公司、特百惠、佛山塑料、东风日产等知名企业对公司新产品进行交流，提高了新产品的知名度。组织与北京化工研究院及其燕山分院、上海化工研究院等科研院所进行新产品开发专题技术交流，提高新产品开发水平；组织与化工销售华南分公司对新产品部分用户进行调研，听取用户意见，努力提高产品质量，提升服务质量。

2011年，广州石化成功开发出粤IV98号汽油、50号A等级沥青、无规共聚管材料PP－R4220、抗冲共聚管材料PP－B1801、高熔指注塑料S960、S980等6个石油化工新产品。全年累计生产化工新产品4.35万吨，为年度计划的114.46%，化工专用料11.7万吨，为年度计划的130.05%；生产粤 IV 汽油 29 917 吨，50 号 A 等级沥青 3 037 吨。

医用卫生包装料 3330F　2011 年 4 月，茂名石化 2 号高压聚乙烯装置成功开发出医用卫生包装料 3330F，首批产品产量达到 500 吨。经过检验，产品全部达到优等品指标，其中凝胶含量为 3，浊度达到 6。该牌号产品具有优良的加工性能，安全无毒，主要用于医用输液袋、输液管、药水瓶等，市场售价比普通产品高出约 2 000 元/吨，填补了国内同类产品的空白。

全密度聚乙烯装置全面实现“三剂”国产化　2011 年 5 月，茂名石化全密度聚乙烯装置的助催化剂三正己基铝成功实现了国产化应用，加上 4 月底已经实现了国产化应用的助催化剂三乙基铝、一正二乙基铝，全密度聚乙烯装置所有“三剂”都已经实现了国产化。由于助催化剂的国产化，全密度聚乙烯装置每年可节约助催化剂成本 15 万元以上。

【重大项目进展】

炼油改扩建工程开工　2011 年 1 月 19 日，茂名石化 2 000 万吨/年炼油改扩建工程正式开工建设，标志着茂名石化第 3 次跨越式发展正式起步。炼油改扩建工程是国家《石化产业调整和振兴规划》中的石化技术改造项目、中国石化重点工程建设项目、广东省“新十大工程”之一。工程包括油品质量升级改造及同步建设配套项目，依托老厂现有土地及设施进行改造建设，总体设计批复概算 44.14 亿元，工程计划于 2013 年 6 月全面建成投产。届时，茂名石化原油一次加工能力将由 1 350 万吨/年扩大到 2 000 万吨/年以上，油品硫含量将大幅降低，并全部达到国Ⅲ、国Ⅳ标准。同时，该工程采用国内先进工艺技术，建设 10 万吨/年硫黄回收装置、300 吨/时高浓度污水处理场、CFB 锅炉增设烟气脱硫装置等一批环保装置及配套设施，确保实现增产减污的目标。企业创效能力将大幅增强，并带动地方产业升级和结构调整，拉动广东省现有的塑材、保健医药用品等一系列石化中下游产业发展。

茂名北山岭原油商业储备基地建成投用　2011 年 4 月 24 日，茂名北山岭原油商业储备基地建成投用，比计划提前 23 天，结束了粤西地区没有大型原油储备库的历史。茂名北山岭原油商业储备基地工程是中国石化集团公司的重点建设项目，是国家石油战略储备的重点项目之一。基地主要储存进口低凝原油。投用后，原油将通过茂名石化现有的海上单点系泊原油接卸系统和海底原油管道输送入库，并依托茂名石化北山岭原油外输系统和长输管线出库。此项目对国家原油储备具有重要的战略意义，同时将大幅增强茂名地区的原油储备能力，对应对市场风险、降低成本、优化资源、提高效益具有积极影响。

单点系泊接卸国内最大油轮　2011 年 8 月，30 万吨级单点系泊接卸国内自行设计制造最大超级油轮“新甬洋”号，该油轮长 333 米，型宽 60 米，型深 29.8 米，总载重量 30.92 万吨，满载总排水量 35.3 万吨。茂名石化港口分部制订接卸方案，严格落实各项安全措施，顺利从“新甬洋”油轮卸下索鲁士、伊重原油 20.5 万吨，创造了华南沿海接卸船舶最大吨位的纪录，这是单点投产以来接卸的载重量最大的油轮。茂名石化海上单点系泊接卸系统自 1994 年 11 月 24 日投产至 2011 年 11 月 27 日，已连续安全环保运行 17 年。17 年来，单点系泊接卸系统共接卸原油 54 种，接卸油轮 651 艘，卸下原油 1.315 亿吨，占茂名石化建厂 52 年来原油总加工量 2.8 亿吨的 46%。每年接卸进口原油 1 000 万吨，占茂名港吞吐量的 60%，占中国石化进口原油量的 8%，占全国进口原油量的 5%。17 年来，累计为茂名石化节约原油运输成本 30 多亿元。

10 万吨/年顺丁橡胶项目开工建设　作为茂名乙烯产品调结构项目的重点工程，2011 年 9 月 1 日，茂名石化 10 万吨/年顺丁橡胶装置开工建设。该项目总投资 52 682.70 万元。

煤制氢装置正式开工　2011 年 9 月 18 日，茂名石化煤制氢装置 1 000 号单元桩基工程开工，标志着煤制氢装置项目正式开工建设。煤制氢装置及配套项目是炼油改扩建工程的重要配套工程，该项目建设是炼油改扩建工程的关键线路，是炼油改扩建工程的重中之重，只有煤制氢装置投用后，炼油改扩建工程才能全面投产，真正实现产能扩大及发挥经济效益。

8 万吨/年催化干气制乙苯装置动工　2010 年 12 月 7 日，广州石化 8 万吨/年催化干气制乙苯装置动工，2011 年 10 月 31 日完成中间交接，12 月

28 日一次开车成功，产出合格产品。该装置占地面积 1 504 平方米，总投资 1.92 亿元，项目充分利用炼油区催化干气，减少火炬排放，是该公司化工专业自 2003 年以来建设的第 1 套成套装置，实现化工专业发展突破。

20 万吨/年高性能聚丙烯装置动工　2011 年7月8 日，20 万吨/年高性能聚丙烯装置动工，项目工艺装置由专利商日本聚丙烯公司（JPP）提供工艺包，采用气相卧式搅拌床反应器生产聚丙烯产品。该装置是广州石化近年来唯一的一套成套引进技术的生产装置，包括催化剂配制、聚合、粉料脱气、尾气压缩、造粒、丙烯精制及系统配套工程共 10 个单元，项目总占地面积 31 917 平方米，计划投资 7.4 亿元。

200 万吨/年柴油加氢改质装置完工　2010 年12 月 15 日，广州石化 200 万吨/年柴油加氢改质装置动工，2011 年 12 月 30 日工程完工实现中间交接。项目主要包括新建 200 万吨/年柴油加氢改质装置、改造加氢二（B）装置两套主体工艺装置及系统配套工程共 7 个单元，总投资 7.07 亿元。项目投用后，广州石化柴油产品可全部达到国 IV 排放标准，对改善环境，满足广州市政府及珠三角地区车用柴油质量标准要求，提升企业综合竞争力有重要意义，具有良好的经济效益和社会效益。

【节能减排】

广州石化　2011 年，广州石化节能降耗、优化增效工作取得实效。在炼油专业装置及加工总量增加情况下，蒸汽单耗 10.76 千克标油/吨，比上年减少 8.19%；化工专业蒸汽单耗 98.14 千克标油/吨，比上年减少 4.30%；管网损失量减少 21 020 吨，比上年减少 3.11%；炼油、化工两区装置用电量同比下降 4 000 万千瓦时，热电站外供 4.0 兆帕蒸汽减少 16.38 万吨，外供 1.0 兆帕蒸汽减少 15.18 万吨，累计减少 31.56 万吨，约节省 6 000余万元；加热炉、锅炉按实际热负荷加权平均炉效率达 91.26%，同比提高 0.49 个百分点，比年度目标值高 0.26 个百分点。2 月 22 日，国家监管重点耗能企业 2010 年度暨“十一五”节能目标责任评价考核现场核查，确认广州石化“十一五”完成节能量 44.89 万吨标煤，超额完成节能目标 30.68%。8 月，“炼油四部加氢处理装置增加新氢机无级调节系统”“化工区乙烯总降 110 千伏电源系统改造”等 4 个项目合计节能量 5 593 吨标煤，获得广州市节能专项资金财政奖励 128.64 万元；11 月，被评为广东省节能先进单位。

2011 年 3 月 23 日，广州石化全面启动新一轮创建清洁生产企业工作。制定、完善《广州石化清洁生产管理》《清洁生产奖励管理办法》等多项清洁生产、环保管理规章制度，细化清洁生产审核和持续清洁生产工作内容，明确责任，落实考核。通过开展查找身边清洁生产机会、清洁生产方案征集、清洁生产装置竞赛等活动，提高全员清洁生产意识，推进清洁生产工作。全年共收到职工清洁生产合理化建议 3 196 条，年内已实施 242 条；加强环境投入、监测和监管，搅拌油泥、活性污泥、浮渣固体废物综合利用试验项目、外排污水监测系统相继投产，各项环保和清洁生产指标持续改善。中国石化集团公司下达的 5 项环保考核指标和地方各级政府考核控制指标全部达标，外排废水达标率 100%，工业废水排放量比上年减少 24.87%，COD 下降 6.11%，二氧化硫排放量减少 6.63%。危险废物规范化工作通过广东省环保厅验收，被评为广东省危险废物规范化处理示范单位。

茂名石化　2011 年，茂名石化通过深化精细管理开展节能降耗工作，实现了管理、效益双提升。通过优化装置开停、完成装置优化措施、利用装置大修实施节能改造等措施，实现了 7 成以上装置能耗下降，在中国石化同类装置竞赛中，12 套装置能耗排名前 3 位。全年炼油综合能耗 49.75 千克标油/吨，首次突破 50 大关，创历史新低，比上年下降 3.77 千克标油/吨，相当于节约燃料消耗 5.58 万吨标油，节约成本 2.1 亿元。通过成功实施 1 号裂解装置跨年度检修和 2 号裂解装置 CB-301 检修开停车“零排放”方案，完成并投用 1 号裂解装置样板炉 H－111 炉改造项目，强化裂解炉攻关以及火炬的排放管理，有效堵塞了能源、物料流失的主要渠道。全年，裂解损失率、乙烯燃动能耗分别降至 0.22%、539.97 千克标油/吨，同比分别降低 0.09 个百分点、19.14 个单位，继续保持国内最低。

2011 年，茂名石化炼油厂区排水系统改造项目及新建 300 吨/时高浓度污水处理场项目可研报告获得中国石化集团批复，批复总投资 16 473 万元。两项目实施后，炼油厂区高、低浓度污水将实现分质处理，既满足茂名石化油品质量升级改造项目排放污水处理的需求，也达到低浓度污水及清净下水系统污水实现全部回用的目的，提高企业的经济效益和社会环保效益。

【技术服务】　按照国家及企业标准，广州石化完成南帕斯等 12 个原油的全评价和达连、奎都、荣卡多等 31 个次原油的一般评价，其中玛雅、威特亚兹、南帕斯、锡里、普鲁夫斯基凝析油和埃斯坡 6 个原油为新油种，完成原油质量调查，为炼油生产方案的制订提供及时可靠的依据。参加混合碳九芳烃加氢裂解技术工业侧线试验，配合装置标定，跟踪分析样品。完成华南销售油品质量分析等工作。

配合化工新产品开发开展塑料成品、半成品跟踪分析和助剂评价分析，累计 260 批次，结垢物分析 20 次。完成聚苯乙烯装置卸出导热油评价，确认 4 批导热油有 3 批可继续用，避免资源浪费。参与裂解炉、压缩机结垢物产生堵塞、2 万吨制硫装置氮气管路堵塞物等问题的技术攻关。完成 9 个循环水系统的水处理配方现场技术应用监督，全年累计完成水质分析 7 509 项次，针对各循环水水质情况提出 8 个水质处理方案。参加"炼油污水污污分治工程基础设计""三泥综合治理装置""涡凹气浮旋切机整改"和"重催烟气脱硫装置采用净化污水代替新鲜水"等技措改造项目可行性论证，为 800 立方高硫高 COD 废碱液治理提供技术方案，配合完成化工区"三法净水"项目试验。

【标准工作】　2011 年，广州石化着力提升标准管理水平，促进产品质量升级。成功宣贯实施《重交通道路石油沥青》《石油甲苯》《石油混合二甲苯》《车用汽油》《普通柴油》《工业用苯乙烯》6 个国家标准和《工业用纯苯》《石油焦》《PX 装置用混合二甲苯》3 个中国石化一级企业标准。标准的合法化和标准化水平的提高，为企业生产和扩展市场提供有力的技术支撑。全年主要产品一次进罐合格率 93.7%；原材料进装置合格率 99.6%，超过年度力争目标 99%；炼油各装置馏出口合格率达 98.4%，超过年度力争目标 98.2%；三聚产品优一级品率 99%，超年度力争目标 97.5%；苯乙烯、甲苯、二甲苯优一级品率保持 100%；产品出厂合格率 100%，经国家、广东省、广州市等质量监督部门抽检合格率 100%。车用汽油质量可全部达到粤国Ⅳ标准，柴油质量达到国Ⅲ标准，92 号、95 号、98 号车用无铅汽油及航空煤油、轻柴油等产品达到欧Ⅲ标准。11 月，完成一体化管理体系整合和制度标准化改造，质量管理体系、测量管理体系、环境管理体系、职业健康安全管理体系通过第 3 方认证审核，年底通过中国石化集团验收。

【现代化管理】　2011 年 5 月，茂名石化合同管理信息系统（CMIS）上线运行，成为中国石化炼化板块第 1 家上线实施 CMIS 的单位。这次上线运行是在中国石化合同管理信息系统（CMIS）与 ERP 系统打通条件下的试运行，解决了 CMIS 与中国石化现有主要信息系统连通这一技术含量最高的难题，实现了"数据同源、信息共享"。项目的应用，实现了合同网上实行、审批、终结，由此形成合同的闭环管理，提高了合同会签的效率，规范了合同审批流程，并加强了风险防控。

2011 年，茂名石化全力推进一体化管理体系建设。按照共性兼容、个性互补的原则，以质量管理体系 GB/T19001 的管理要素为主线、有机整合职业健康安全管理体系、环境管理体系、HSE 管理体系、能源管理体系、测量管理体系的要求，确定了包含"管理职责""资源管理""产品实现""测量、分析和改进"四大过程的一体化管理体系框架，组织制定了茂名石化一体化管理体系《管理手册》、58 个程序文件、299 个公司层面制度以及 448 个二级单位、直属中心级制度，并修订完善记录 1 751 份，在公司内部建立了一套切合企业实际需要，融科学性、系统性、规范性、完整性、实用性、有效性于一体的文本化的一体化管理体系。

（中国石油化工股份有限公司茂名分公司
杨智勇　韩泉梅）
（中国石油化工股份有限公司广州分公司
王新忠　曾淑华）

国 土 资 源

【广东省国土资源“十二五”科学技术发展规划】 2011年4月，省国土资源厅印发了《广东省国土资源“十二五”科学技术发展规划》，为“十二五”期间科技发展提出以下总体目标和措施。

启动实施一批对增强国土资源科技实力和对国土资源事业发展具有带动性、标志性的科技专项，在国土资源探测与监测技术、国土资源调查技术、现代空间定位技术、地理信息获取与处理技术、地理信息应用服务技术、土地和矿产资源评价理论和方法、国土资源合理利用、国土资源整治与地质环境保护研究和应用等方面取得新进展。

进一步深化科技体制改革，创新科技工作机制，加大科技投入，加快科技成果转化，积极参与国土资源部门及跨部门、跨省份的科技合作，重点培养一批适应国土资源事业发展的科技人才，在全省系统形成一支稳定、精干、高素质的科技队伍，完善科技基础设施，为促进科技进步和创新创造条件。

建立完善的国土资源信息技术体系和应用服务体系，通过对土地、地矿、测绘等各类信息的汇集、整合，形成全省国土资源管理“一张图”核心数据库，实现对全省国土资源及其开发利用状况的全面掌握，并结合统一的国土资源电子政务应用系统实现国土资源工作的信息化和规范化；初步完成省级地质资料数据中心建设，基本完成省级地质灾害应急平台建设，积极推进地质资料信息服务集群化产业化；建成信息化测绘技术体系和数字地理空间框架为核心的测绘公共服务体系，实现测绘工作的信息化和现代化，并进一步整合各部门地理信息数据，开展部门之间的地理信息资源共享合作。

【科技项目管理】 2011年，“广东省节约集约用地理论与实践研究”“广东省地质灾害监测预警技术研究”被列入广东省国土资源科技专题项目。广东省翁源县下庄花岗岩型铀矿野外科学观测研究基地、华南土地综合整治野外科学观测研究基地两个国土资源部野外科学观测研究基地被正式批准命名。

【科技成果奖励】 有4个科技项目上报国土资源部、省科技厅进行评奖，分别是：“提高低效建设用地利用效率对策研究——以广州市荔湾区为例”“广东省封开县园珠顶矿区铜钼矿勘探”“深圳市市场地价电脑评估系统”“广州市地价动态监测体系建设及网格点基准地价更新”，其中“广东省封开县园珠顶矿区铜钼矿勘探”项目获2011年度国土资源科学技术奖。

经组织项目推荐工作，“开放式空间基础信息平台关键技术与数字城市实践”获2011年度国家测绘地理信息局测绘科技进步奖一等奖，“佛山市基础地理信息一体化建设”“广州市连续运行卫星定位服务系统”获2011年度国家测绘地理信息局测绘科技进步奖二等奖；“eTRANS出行信息综合服务平台”获2011年度卫星导航定位科学技术奖三等奖；4个项目获中国地理信息科技进步奖；“广东省高程基准改造粤东地区三等水准测量”获2011年优秀测绘工程银奖，4个项目获2011年优秀测绘工程铜奖；“深圳市第二次土地调查城乡一体化数据库建设”“广州市第二次土地调查项目农村土地调查数据建库与管理系统研发”2个项目获2011年中国地理信息优秀工程金奖，4个项目获2011年中国地理信息优秀工程银奖。

“广东省封开县园珠顶矿区铜钼矿勘探”项目新发现并勘探了一个可供近期利用的华南地区屈指可数的大型斑岩型铜钼矿，创新了该区地质找矿思路，建立了具有指导意义的找矿模型，该矿床的发现、成矿模式及找矿模型的研究成果对于粤西—桂东地区的成矿规律、找矿方向研究具有重要指导意义和示范作用，是本省近几年来的重大找矿突破。“开放式空间基础信息平台关键技术与数字城市实践”项目是在现代测绘信息化转型的背景下，为提升测绘基础保障和服务能力，以构建开放式城市空间基础信息平台为目标，针对空间信息共享服务的云计算环境、面向对象动态数据更新、多源异构数据整合集成、需求适应型在线空间数据处理及开放式服务体系等方面，研制了系列空间信息共享服务关键技术，并在数字深圳建设中成功实践，为城市测绘生产模式和服务方式的转型提供了典型示范，代表了城市测绘的发展方向。

【信息化建设】 2011 年 5 月，省国土资源厅印发了《广东省国土资源信息化“十二五”规划》，11 月，印发了《广东省土地矿业权网上交易系统数据交换标准（试行）》。

2011 年 6 月，完成了省、市、县三级设备联通建设，视频会商系统已实现省级至全部地级市音视频通讯，县级基本全部联通。加强国土资源业务网建设，优化厅门户网站，已完成“省—市—县”三级业务网连接，并着力进行对国土资源业务网进行优化。通过“金土工程”项目推进电子政务建设，“金土工程”项目的 46 个应用系统已完成设计方案，14 个系统应用系统已开发试用，数据库建设内容已完成 41 个数据库的详细设计方案并完成部分数据库及数据更新，将为实现国土资源“一张图”管理提供重要支撑。

2011 年，省国土资源厅组织开展厅机关涉密信息系统建设，完成编写厅机关保密管理制度。根据省政府、国土资源部和国家测绘地理信息局的测评标准进一步完善省国土资源厅门户网站，获国家测绘地理信息局授予“测绘地理信息系统优秀网站”荣誉称号。

【国际科技合作】 2011 年，省国土资源厅组织赴国外考察、培训和参加国际会议 9 批次，共 10 人次；赴港澳台人员 7 批次，共 14 人次。

【科普宣传】 2011 年 7 月，地质试验测试与珠宝玉石鉴赏科普基地获国土资源部批准，成为第 2 批国土资源科普基地。

“世界地球日”活动　4 月，省国土资源厅开展第 42 个“世界地球日”主题宣传活动，全省共投入宣传经费 400 万元，设立咨询点 180 个，举办知识讲座 80 场，制作专题片 65 个，出版报刊 160 期次，派发各种宣传资料 15 万多份，刊登报道稿件 300 多篇，受众人数达 400 多万人，提高了国人对国土资源国情国策的认识和节约集约利用资源意识，增强全民资源忧患意识，节约集约利用资源的理念走进群众日常生活。

“土地日”活动　6 月，省国土资源厅围绕“土地与转变发展方式——促节约　守红线　惠民生”这一宣传主题，开展“土地日”活动，宣传党中央、国务院对资源管理工作提出“落实节约优先战略”的指导方针和战略举措等一系列宣传活动，营造出保护耕地、节约集约用地、依法合理用地的良好舆论氛围和工作环境。期间，全省共组织现场咨询活动 514 场，累计接待了 16 多万名群众的咨询，举办知识竞赛 20 多场，专题演讲 30 多场，座谈会 60 多场，文艺演出 100 多场，发放宣传资料 100 多万份，制作电视片 60 多集，刊载文章 300 多篇，出动宣传车 2 400 多车次，张贴标语、悬挂横幅 16 000 多条，投入宣传经费 1 100 多万元。

土地集约利用成果宣传　2011 年，省国土资源厅组织拍摄了“三旧”改造宣传片（中英文版），分别在粤港交流会和广东省与世界 500 强交流会上播出，宣传了“广东省节约集约土地试点示范省”成果及“三旧”改造相关政策，为“三旧”改造地块招商会招商引资发挥显著作用。6 月 10 日—7 月 11 日，省国土资源厅组织参加国土资源部在中国国家博物馆举办的国土资源调查评价成果展，主要参展内容包括广东土地调查成果展、广东地质调查成果展、“广东节约集约用地试点示范省”建设纪实的成果展。

地球科普知识进校园系列宣传活动　该活动历时 2 个多月，增强了广东省少年儿童的资源危机意识和对广东省国土资源省情的认识，培养了他们学科学、爱科学的良好习惯，做保护地球小主人。2011 年 6 月 23 日，在广州市第二中学开展“地球科普知识进校园暨广东省地质灾害防治大型图片展览”活动，并为获得广东省“地球科普知识进校园系列宣传活动”小发明、小制作创意奖的代表颁发奖杯、奖状和奖品。

测绘宣传活动　8 月 29 日，省国土资源厅组织各地测绘行政主管部门开展测绘法宣传活动。活动期间，全省多个地市设立宣传咨询点，免费派送测绘法宣传材料。发放宣传资料 7 000 多份，提供咨询 400 余人次，发放有奖问答奖品 1 600 余份，参与人数上万人。全省国土资源系统及省内近 500 个测绘单位的 3 400 多名干部职工参加了宣传活动，悬挂横幅 9 100（幅）条，张贴标语8 920 幅（条），张贴宣传画 550 多幅。全省发送测绘公益短信 20 多万条，各地电视台、报纸、网络等媒体对宣传活动进行了集中报道 230 余条（篇）。

8月，根据中国测绘宣传中心要求，完成《走向辉煌》专题片摄制工作。重点宣传“十一五”期间，广东省在测绘基础设施和基础测绘建设、基础地理信息资源建设、数字城市和公共服务平台建设、应用服务、测绘行业管理、人才培养等方面取得了显著成绩，对促进本省经济的持续健康发展发挥了重要作用。通过该宣传短片和中国测绘宣传中心的宣传工作，全面展示了本省测绘系统“十一五”取得的辉煌成就，深入宣传了“十二五”的发展蓝图和目标任务。

（广东省国土资源厅　胡吉进　颜立志）

广　播　电　视

2011年，广东省广播电影电视局继续以推进广播影视科技事业发展、加强安全播出保障能力、提高广播影视数字化水平、扩大广播影视覆盖、促进广播影视科技创新为目标，扎实推进国家广电总局及省委、省政府交予的任务，顺利完成了无线、有线广播电视业务管理任务及深圳大运会等安全播出保障任务，同时在村村通工程、省无线覆盖工程、数字音频试验网项目等方面也取得了进展。

省广电系统重视高新科技研究和应用，2011年，承担省部级以上技术创新项目1项，完成技术改造项目48项。

【广东省广播电视“村村通”工程】

“十一五”工作验收　2011年，省广播电影电视局完成了广东省20户以上已通电自然村广播电视村村通工程验收工作。国家下达给广东省的“十一五”广播电视村村通工程建设任务为6 274个，经验收，全省完成了7 111个，超额完成13%。其中采用卫星公共接收系统（“村锅”）覆盖的有1 691个村，有线电视联网的有2 580个村，无线覆盖的有1 297个村，数字MMDS覆盖的有1 394个村，卫星接收小前端有线电视分配系统覆盖的有149个村。工程已建成点接收的节目套数达到或超过国家规定的建设基本标准。工程施工和设备安装调试符合国家规定的有关工程规范，各种建设方式的系统技术指标达到国家规定的基本标准。

“十二五”建设　按照中央的统一部署和省建设文化强省规划纲要，推进“十二五”期间20户以下已通电自然村广播电视村村通工程的实施工作。根据各地调查的数据和建设规划汇总统计，截至2011年年底，全省有广播电视盲村3 251个（自然村），其中20户以上自然村645个，20户以下自然村2 606个。据此编制了《广东省“村村通”工程建设任务（省级）汇总表》，省发改委和省广播电影电视局联合发文上报国家发改委和广电总局。2011年的主要工作是对各地上报盲村调查摸底，作进一步核对核实，制定工程建设实施方案。工程主要采用直播卫星接收及无线覆盖建设方式，建设解决盲村“村村通”工程建设的基本标准为“8 +4”，即能收看包括中央电视台第一套、第七套、少儿频道、广东卫视和南方卫视在内的8套以上电视节目，收听包括中央人民广播电台第一套和省卫星新闻台广播节目在内的4套以上广播节目，力争到2015年全省实现所有广播电视盲村通广播电视，全面实现广播电视“户户通”。

直播卫星公共服务　根据中宣部、国家广电总局的统一部署，以基本实现城乡广播电视公共服务均等化为目标，推进农村广播电视由“村村通”向“户户通”延伸，凡是有线网络未通达的农村地区开展直播卫星公共服务，2015年实现广播电视全覆盖，做到“户户通”。按照《广电总局关于在有线网络未通达农村地区开展直播卫星公共服务的通知》要求，省广播电影电视局成立了直播卫星公共服务领导小组，制定了全省有线网络未通达的农村地区开展直播卫星公共服务实施方案和工作计划，明确了工作思路、实施办法、服务保障机制和工作计划。为了调查摸清全省各地实际情况，制定全省直播卫星公共服务工作规划、实施方案，2011年年底开始，组织各地对有线电视网络未通达的农村地区卫星公共服务区域进行调查核实。

【广东省广播电视无线覆盖工程】

中央广播电视节目无线覆盖工程　在2010年完成2008年中央广播电视节目无线覆盖工程（18

个发射台 20 部发射机）发射机开播的基础上，2011 年，省广播电影电视局做好 4 个工程项目的收尾工作，组织了对 2008 年中央广播电视节目无线覆盖工程的技术验收和竣工验收，并向广电总局上报了技术验收报告，广电总局已批复同意该项目通过技术验收。

按照要求，组织 2006 年、2007 年中央广播电视节目无线覆盖工程 4 个项目的材料报送省财厅进行财政审核，根据结余资金制定了 3 个中央无线覆盖工程新增项目的采购计划并组织实施。

广东省节目无线覆盖工程的环评和立项 无线广播电视发射台环评不仅涉及广东省广播电视无线覆盖工程立项工作，还关系到今后全省广播电视无线覆盖网的发展、特别是国标地面数字电视发射台站的建设问题。经过 17 个月的努力，广东省 21 个地级市共 202 座广播电视发射台的环评工作已于 2011 年 11 月完成，环评报告通过了专家评审会的严格评审，获得了省环保厅的批准，成为全国第 1 个按照国家有关要求完成全省广播电视发射台环评的省份，确保今后广东省广播电视无线覆盖网合法发展、管理有序。

广东省广播电视节目无线覆盖工程 在 2010 年完成首批省节目无线覆盖工程 31 部发射机播出任务的基础上，2011 年，省广播电影电视局做好 10 个首批覆盖工程项目的收尾工作，完成了 1 个配套工程项目的招标，制定了 4 个新增项目的采购计划并组织实施，完成了省节目无线覆盖工程的绩效目标申报工作。

【国家数字音频广播试点和数字音频广播先导试验网建设】 2011 年 8 月 8 日，国家广电总局正式批准省广播电影电视局申请承担“数字音频广播业务平台关键技术和示范网研究”项目相关实验工作，该项目已列入科技部 2012 年国家科技支撑计划“新媒体与数字广播技术应用”项目。项目主要任务包括两项：一是研究任务，负责组织开展数字音频广播业务平台在珠江三角洲的应用和示范实验网的建立、试验，以及数字音频广播新业务研究；二是配合任务，积极配合支持数字音频国家工程实验室开展基于 DRA 技术的数字音频广播信源编码技术、芯片开发、系统设备和接收终端等研发工作，积极推动相关技术和设备的应用及产业化。2011 年，省广播电影电视局已制定具体的工作阶段目标，积极向上级领导和省财政争取落实配套资金，确保相关项目任务的顺利完成。

【数字、高清电视发展】 国家广电总局批准广东电视台和深圳电视台上星频道采用高标清同播方式、两台列入第 1 批高清频道上星播出之后，省广播电影电视局高度重视加快高清电视发展的各项工作：一是要求全省网络尽快改造传输网络，尽最大能力增加高清频道的入网传输服务；二是鼓励条件较好的播出机构做好自办高清节目播出的筹备工作；三是对第 1 批上星高清播出的广东省台和深圳市加强指导和协调，切实落实总局关于同播的高清频道的同播率和播出率目标。截至 2011 年年底，已有南方电视台 1 个电视台进行高标清同播的筹备工作。

截至 2011 年年底，全省 19 个地级市配合广电总局无线局完成了国标地面数字电视覆盖工作，并已基本上完成工程验收。

【三网融合】 2011 年，广东省广播电影电视局三网融合工作领导小组办公室成立。该办公室积极落实试点单位建设目标，推进非试点单位三网融合准备工作，按照属地管理的原则，组织指导协调试点单位及全省 IPTV 节目集成播控分平台建设，统筹规划网络信息安全和文化安全监控系统，负责组织实施 IPTV 节目监控平台建设。截至 2011 年年底，网络信息安全和文化安全监控系统及 IPTV 节目监控平台方案仍在研究、制定中。

【广东省广播电影电视局全省电视会议系统】

2011 年，广东省广播电视技术中心（以下简称“省广电技术中心”）成功构建了广东省广播电影电视局全省电视会议系统。该系统是全国广播电视行业中首个覆盖全省的内部专用电视会议系统。系统以广东省广播电视数字微波电路为传输媒介，采用现代通信和信息技术，巧妙整合本行业各种资源。该系统在广东省广播电影电视局设置中心主会场，在广东全省各地级以上市设置 27 个分会场。系统支持 IP 和 E1 接口、4CIF 高清图像（DVD 质量）、H. 239 双流、H. 264 编码，具备主叫呼集自动控制等功能，最高支持8M视音频带宽。该系统的基础部分为南方广播影视传媒集团会议电视系统，因传输通路为专用的数字微波电路，保密性强，可靠性高，作为南方广播影视传媒集团安全播出指挥系统的重要组成部分，为广东省广播电视安全播出指挥调度发挥了重要的作用。

广东省广播电影电视局全省电视会议系统建成后，为国家广播电影电视总局、广东省广播电影电视局和南方广播影视传媒集团，提供了优质远程视频会议服务，为广东省广播电视系统重大工作部署等全行业指挥调度工作发挥了积极作用，同时大幅节省了行政会议经费。

【高低压变配电监测系统】 省广电技术中心所属八〇八台自行设计安装了高低压变配电监测系统。该系统由监控主机、远程终端和环形传输电缆构成，可实时监测高压变电柜、低压断路器、抽屉开关的三相电压、线电压、三相电流、频率、总功率、功率因数、电度等电参数，监测数据多达3 366个，并具故障报警、设备管理等功能，实现了高压设备或低压设备电参数的实时集中监测和管理，可在各类广播电视发射传输台站推广应用。

【电视和调频发射机故障报警系统】 省广电技术中心所属新会圭峰山台，根据台里各类电视发射机和调频发射机的故障报警输出类型，设计、制作了相应的无线探头适配电路，建立了基于无线探头适配电路的发射机故障报警系统。使用检验证明，该系统工作稳定可靠，抗干扰能力强，反应快捷精准，能有效协助值班人员及时发现和排除故障险情，充分发挥预警作用，具有推广应用价值。

【音频监测记录保存系统】 省广电技术中心所属八〇八台根据国家广播电影电视总局令第62号《广播电视安全播出管理规定》的要求，自行设计安装了音频监测记录保存系统。该系统可对各路信号源和播出信号进行实时有效监测，并对信号质量和效果进行录音记录，技术人员可在播出出现异常时调出录音信号进行分析从而快速排查故障。该系统可通过板卡的级联，满足多路信号源的监听录音要求，并可选用多种采样率，满足不同系统对音质的要求。此外，该系统还支持现场监听和网络远程监听功能。该系统满足广电总局62号令的要求，使用方便，操作简单，移植性高，可向其他广播电视发射台站推广运用。

【进口3DX50发射机母板革新改造】 省广电技术中心所属五二二台配置的进口3DX50全固态数字调幅中波发射机，使用1年半后，在短短3个月内，就接连两次出现功放模块爆炸故障，共损坏多块功放模块及相应编码器。针对上述故障，2011年，该台及时找出了故障原因，用铜螺杆替换了发射机共8块滤波板和8块功放母板上的272个香蕉形接插头，成功修复了发射机。截至2011年年底，该发射机母板完成改造后，经过长时间考验，再没出现同类故障。该台和广东省其他中波转播台也按此法改造了同型号发射机共7部，避免了此类故障的发生。实践证明，该项技术改造在同行中推广应用后效益明显。

【卫星地球站高功放系统更新改造】 省广电技术中心所属卫星地球站，针对在用的2台VARIAN VZJ－2700M 3kW高功放超出正常使用年限、存在安全隐患问题，对该系统进行更新改造。工程主要任务是拆除旧高功放系统，在原址安装全新的一主一备第4代速调管CPI3kW高功放系统。工程竣工验收结果表明，新高功放系统技术指标优良，工作稳定可靠，进一步提高了上行系统的抗干扰能力。

（广东省广播电影电视局　吴　必　周　雪）

（广东省广播电视技术中心　岑　斌）

同德街

——技术创新（鞋服）专业镇

同德街（辖区3.59平方公里）毗邻广州火车站，地处站西商圈核心区。近年来，同德街紧紧围绕白云区委、区政府“建设生态空港白云”的总目标，凭借自身区位优势和土地物业租金较低的成本优势，积极实施“融入站西商圈、打造鞋服基地”的发展思路，取得了明显成效。

2008年，同德街被广东省科技厅认定为“技术创新（鞋服）专业镇”。街道党工委、办事处以此为契机，不断加快“退二优三”“腾笼换鸟”步伐，大力支持和引导企业发展鞋服产业。辖区内鞋服研发企业已达260多家，物业面积达27万多平方米，引进了“希尼亚”“奥康”“九牧王”“英吉利”“雅琦特”“格雷丝”“必登高”“公牛巨人”“康奈”“永红钮罗蒙”“红蜻蜓”“太阳花”“唯思诺”等知名品牌。鞋服产业已超过了地区生产总值的70%，并逐步向园区化集聚发展，集展示、研发和交易“三位一体”的业态平台初步建成。

广东省兰花专业镇——翁源县江尾镇

翁源县江尾镇地处粤北山区，青山绿水，空气清新，山地气候特征显著，非常适合兰花等花卉的生长繁衍，是全省309个专业镇中唯一的兰花专业镇。

自2000年至今，先后有台湾九翁企业集团、绿科环球有限公司、长春兰蕙公司等26家台资企业、台商和其他9家外商前来江尾镇发展以兰花为主的花卉产业。江尾镇现已建成以江尾镇境内省道S245线两旁为主体，长3公里多、面积约8000多亩的“花卉长廊”，全镇目前有各类兰花企业、种植户130多家，成为全国最大的国兰生产基地。基地内拥有多个百亩以上的生产大场，培植的兰花品种1000多个。近年来，花卉基地培育出的兰花品种在全国及省内外兰花博览会上获得了特别金奖、金奖、银奖等60多个奖项。“余蝴蝶”、“寒香梅”等一批珍稀铭品享誉兰界。目前，花卉基地年产值3亿元以上，销售额2亿多元。除销售大量的传统品种外，新品种的培育和推广吸引来自四面八方的兰花爱好者，翁源兰花已成为广东花卉美丽板块上的一个亮点，江尾镇已成为令世人瞩目的新兴兰花之乡。

地　　址：广东省翁源县江尾镇人民政府
邮　　编：512638
联系电话：0751-2569174
传　　真：0751-2569377

佛山市南海区丹灶镇

中国日用五金之都

CHINA DAILY HARDWARE CAPITAL

广东省佛山市南海区丹灶镇人民政府
电话：0757-85442085 传真：0757-85413657
网址：www.danzao.cn 邮箱：dzjfb@163.com

丹灶镇位于佛山市南海区西部，因晋代道教大师葛洪在此炼丹留下炉灶而得名，近代维新运动领袖康有为出生于此，是全国第一个国家级生态工业示范园区所在地，镇域面积143.5平方千米，下辖21个社区居委会、10个村民委员会；总人口16万多人，其中户籍、外来人口各占一半。“珠二环”高速、广明高速、广肇高速、桂丹路、樵丹路、樵金路和广珠、贵广、南广铁路穿境而过，“佛山一环”紧邻东部，北江水道、南沙涌“两河三岸”编织成丹灶优美的岭南水乡风貌。

丹灶一直坚持以全面、协调、可持续的科学发展观统领工作全局，以构建生态和谐社会为目标，积极推进可持续发展战略，贯彻落实循环经济理念，深化各项改革，全力推进经济和社会发展步伐。

五金业是丹灶的特色产业，也是支柱产业。经过40多年的艰苦创业，丹灶镇现拥有五金企业2500多家，并逐渐形成以丹灶为中心，年产值近250亿元的日用五金产业圈，是中国最大的日用五金产品出口基地之一，约占总量50%的五金产品远销欧美、中东、东南亚等国家和地区，其中小五金、灯饰、厨具系列五金产品外销率达90%以上。

2004年8月，中国五金制品协会授予并镇前的金沙“中国日用五金之都”称号。丹灶先后荣获“中国日用五金之都”“全国环境优美乡镇”“国家卫生镇”“广东省教育强镇”“佛山市文明镇”称号。2011年，丹灶实现地区生产总值99.11亿元，农村居民人均纯收入13313元。近年来，丹灶镇致力打造“工业强镇、物流重镇、生态名镇”，经济、环境、社会、文化各项事业快速健康发展，是冉冉升起的“有为生态之乡、广佛西部明珠”。

日用五金产品：

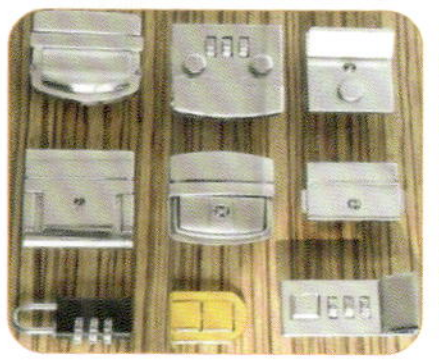

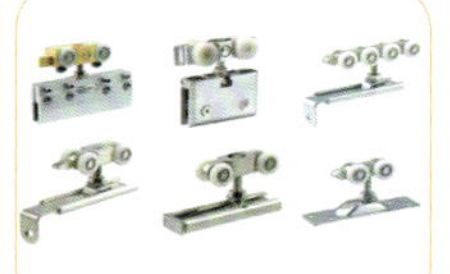

丹灶镇金沙城区全景

石龙镇

——广东省电子信息专业镇

石龙镇是广东省电子信息专业镇，位于东莞市北部，东江下游北干流和南支流交汇处，北靠广州，南临深圳，毗邻香港，是承接东江上下游航运的水上交通枢纽，也是广深铁路上的客运大站，曾与广州、佛山、陈村并称为广东四大名镇。2012年，全镇实现地区生产总值66.29亿元，规模以上工业总产值192.3亿元，固定资产投资总额17.63亿元，各项税收总额13.2亿元，出口20.92亿美元。

改革开放以来，石龙镇积极实施“科技兴镇”发展战略，相继获认定为国家星火技术密集区、国家信息化试点镇、国家电子信息产业基地、广东省电子信息产业集群升级示范区、国家火炬计划数码办公设备特色产业基地、“数字广东”推进计划试点、“智慧广东”试点城镇、广东省可持续发展实验区等。世界500强企业日本京瓷、柯尼卡美能达和电产三协在本地扎根经营，逐步形成以数码复印机、激光打印机、光学电子、电子元件等为主的电子信息特色产业集群。“石龙镇现代化建设科技创新示范工程”获评为2007年度广东省科学技术奖特等奖。在第13届国际花园城市评选决赛中，石龙镇勇夺国际宜居城镇组别第一名，并创造出每平方公里近20亿元的工业产值和过亿元的税收。

未来，石龙镇将牢牢抓住新东莞火车站坐落于石龙带来的机遇，依托中外运物流中心、国家高中低压电气设备质量监督检验中心和石龙现代信息服务园等平台，发挥产业基础扎实、产业结构合理、城市环境优美、文教医疗完善、社会管理先进等优势，紧紧围绕“打造国际宜居宜商名镇，建设幸福石龙，实现高水平崛起”的核心目标，实现“有限石龙”向“无限石龙”转变。

他山之石 四会成玉

——四会东城玉器专业镇

中国玉器看四会，四会玉器看东城，玉器产业是四会市东城街道最具特色的支柱产业和一大富民产业。截至2011年年底，专业镇内有玉器店5000多家，加工厂500多家，较大型专业市场7个，从业人员逾10万人，年加工玉璞8000多吨，年产销50多亿元。东城玉器畅销全国，其中玉器摆件占国内市场的70%，挂件和饰件占国内市场的60%。此外，产品还远销东欧、东南亚各国以及中国港澳台地区，年出口创汇近1亿美元。东城玉器市场已成长为华南地区玉器行业从业人员最多、全国最大的集产、供、销于一体的翡翠玉器专业市场，而“中华翡翠加工基地”“中国玉器名镇”“中国珠宝玉石首饰特色产业基地”等国字招牌早已成为东城的代名词。

东城玉器加工始于清末民初，成长于上世纪90年代，腾飞于新世纪。在历史的长河中，东城玉器形成了“无玉成市”的市场特色、“亦厂亦店”和“自产自销”的生产特色、专营翡翠玉的品种特色、加工基地+批发市场的经营特色。如今，在东城的玉器市场中，既有成名已久的著名玉器市场“天光墟”，又有新建的占地约16万平方米，国内首家集玉石拍卖、切割和玉器加工、展销、鉴定等于一体的综合性专业市场“中国（四会）国际玉器城”。另外，正在建设中的“广东四会玉文化产业创意园”占地约550亩，分玉石原料拍卖场、加工区、商贸区、展览区、研发区、国家级美术大师工作室、民间手工艺展示区、大学生就业创业培训基地等多个功能区，并配套建设玉和园、万玉广场、度假酒店和员工公寓，项目建成后，将成为全球规模最大、档次最高、功能最齐全、配套最完善，集玉石原料拍卖、加工、销售、研发及玉文化科教功能于一体的玉文化产业基地。

近年来，为进一步做大做强玉器特色产业，积极迎接省内外玉器市场的激烈竞争，东城玉器专业镇主动邀请华南理工大学、广东工业大学等高校加盟街道玉器产业，围绕玉器行业检测、设计、制造、网上展销等行业共性技术问题开展项目研究与应用，联合承担了省部产学研结合项目“玉器设计制造数字化平台”和“玉器雕刻设计与展示平台”的开发。此外，东城玉器专业镇还积极参与科技创新活动。截至目前，东城玉器专业镇共承担或参与省市科技计划15项，并且联合科技部门，引导专业镇内企业加大知识产权保护力度，累计共获得授权外观专利18件。得天独厚的历史底蕴，巧夺天工的文化创意，加上现代科技元素的注入，促使东城玉器不断向“高、精、新”方向发展，产品在创意设计和雕刻水平方面都有了极大提升，仅2008—2011年间荣获中国工艺美术百花奖金奖的作品就达26件、银奖作品达37件、铜奖作品达61件、优秀设计奖近80件。

百尺竿头更进一步，历经岁月洗礼的东城玉器产业，正凭借着深厚的文化、技术、市场、品牌积淀，依靠现代科技的力量和政府优厚政策的扶持，行业同心，群策群力，向着打造世界翡翠玉器产业航母的宏伟目标奋勇前进。

2011广东省“汉武玉廷杯”职业技能大赛在四会举行。

五指石科技有限公司厂址

东石镇

东石汽车部件铸造专业镇

恒明汽车底盘制造有限公司厂址

金科新业机械制造有限公司生产的产品

东石镇位于梅州市平远县中部，交通便利，拥有丰富的铁矿、石灰石、瓷土、耐火石等矿产资源。其中磁铁矿储量约415万吨，石灰石储量约1.2亿吨。该镇依托资源优势，以汽车部件铸造产业为支柱产业，先后引进恒明汽车底盘制造有限公司、五指石科技有限公司、平远县金鑫耐磨合金材料有限公司、金科新业机械制造有限公司、洪兴机械铸造有限公司5家规模以上汽车部件铸造企业，并带动了一批中小型铸造企业。生产各类汽车制动鼓、轮毂、各种球墨铸铁件、半挂车车轴等800多种汽车零配件。2011年，汽车部件铸造业产值达5.07亿元，占全镇工农业总产值的30%。

通过与国内多所高等院校产学研合作、设立博士后科研工作站、组建省市级工程技术研发中心、引进高精尖人才、引进先进设备等措施，东石镇不断提高生产技术水平，产品科技含量不断提高，产品畅销国内外。如恒明2006年被评为“广东省著名商标”，2007年被评为“广东省名牌产品”，2008年被认定为“广东省民营科技企业”，其“多合金汽车制动鼓”、“新型材料ADI”产品被省科技厅认定为高新技术产品。

该镇立足打造“汽车部件铸造专业镇”，突出以现有的汽车车轴、车轴关联零部件及研发车轴新产品等铸造业为基点，辐射发展多种铸造产品，通过强强联手拓展市场，使东石镇成为名副其实的省级汽车部件铸造专业镇。

珠海高新区

2011年，珠海高新区在珠海市委、市政府的正确领导和上级科技部门的业务指导下，高举“发展高科技，实现产业化”旗帜，坚持“发展是第一要务、创新是第一品格”的理念，推动科技创新，加快转型升级，为引领园区产业发展、推动区域经济建设做出了积极贡献。2011年，全区企业总收入、工业总产值、工业增加值、实际上缴税费总额和实现净利润分别达1460.5亿元、1610.1亿元、380.4亿元、55.3亿元和97亿元，同比增长13.2%、14.1%、19.1%、18.6%和14.4%；全区拥有产值过亿元企业128家、高新技术企业114家、上市企业16家。

招商引资成效显著。2011年，主园区成功引进了安联锐视、心游科技、国测电能仪表、微软创新中心、金宏威智能电网、现代传播数码媒体、康定电子等13个爆发性强、发展后劲足、附加值高的重点产业项目，项目总投资130多亿元。2011年，主园区实际吸收外资、引进内资注册资金分别为1.1亿美元、12.6 亿元，同比增长23.2 %、87.3 %，促成前环总部基地、佳能新工场、健帆生物、创银科技等16个项目动工，金峰航电源科技等7个项目建成投产，赛米控新能源等54个项目增资扩产，以上项目总投资达60亿元。

企业培育成效显著。设立了高新技术创业投资引导基金、科技型中小企业技术创新资金、中小企业“成长之翼”债权融资平台、珠海红杉资本股权投资中心等科技金融平台，培育和扶持一批企业做大做强，有力推动企业规模不断壮大。截至2011年年底，主园区企业得到债权融资平台融资金额累计2.5亿元。宝莱特于2011年在深圳创业板成功上市。世纪鼎利、赛纳科技、健帆生物、远光软件4家企业荣登《福布斯》2011中国潜力200强企业榜。健帆生物被评为“2011年国家火炬计划重点高新技术企业”；远光软件等5家企业入选“2011年广东省软件和集成电路设计100强培育企业”；南方软件园等5家企业入选“广东省科技服务业百强企业”；双喜电器等2家企业入选“广东省优势传统产业转型升级示范企业”；世纪鼎利被认定为“广东省创新型试点企业”；派诺电子等6家企业被认定为“珠海市自主创新型企业”。主园区拥有格力电器等世界名牌、罗西尼等中国名牌、联邦制药等广东著名商标。

自主创新成效显著。2011年，主园区新增公共技术服务平台3家、博士后工作站8家、留学生创业基地4个。目前，国家级、省级、市级工程中心分别增至3家、14家、20家，各类工程中心数量占全市的60.7%。五大孵化器在孵企业256家，在孵企业年总收入4.2亿元，孵化基金总额4.4亿元。新建留学生创业基地4个，专项资金扶持海外高层次创业团队17个，留学归国人员创业企业超过90个。积极开展省级创新型领军人才和创新团队申报工作，新增科技特派员60人，3个国家“千人计划”团队力量明显增强。截至2011年年底，园区高新技术企业从业人员近7万人，其中大专以上学历所占比例超过50%；企业申请专利3029件，同比增长70.6%，其中授权专利1766件，同比增长44.4%。

配套建设成效显著。主园区科技创新海岸综合服务中心建成运营，香格里拉项目加快推进，金鼎工业园二期640套公共租赁房竣工验收，格力海岸、华发蔚蓝堡、中海地产等中高档商品住宅小区陆续竣工销售。广珠城际轨道珠海北站运营顺利，唐家湾站周边配套基本完成，凤凰山隧道即将通车。唐国安纪念馆、苏兆征陈列馆和珠海中山公园“两馆一园”建成开放。投入近2亿元的金鼎卫生院改扩建一期工程动工建设，投入近200万元完成官塘、淇澳、东岸3个社区卫生服务中心标准化建设并投入使用。

惠州仲恺高新区东江高新科技产业园

东江高新科技产业园区

惠州仲恺高新区东江高新科技产业园于2008年12月成立，是市委、市政府实施"南进北拓、东西延伸"城市发展战略、实现"经济总量再造一个惠州"目标的重要部署之一。2010年2月，园区纳入仲恺高新区管理范围，成为仲恺高新区"一区四园五镇（街道）"之一。

东江产业园是惠州东部新城区的重要组成部分。园区按照"近期建区，中期成园，远期为城"的发展思路实施建设，近期3~5年内将开发10平方公里的高新技术产业聚集区，中期5~10年内将建设50平方公里的生态科技产业园，远期将打造101平方公里的高新科技产业城。园区以发展高新技术制造业为导向，结合城市发展的功能配套，融合生态园区理念，按制造业板块、研发和总部经济板块、留学生创业板块、航空港物流板块、生态休闲板块五个功能产业布局建设。

东江产业园管委会主任卢伟航（前排右一）与企业签约

成立以来，东江产业园紧紧围绕"国家级、创新型、生态化、示范性"四个关键词，全面掀起"大招商、大建设、大发展"新高潮，加快打造园区核心竞争力，园区经济社会各项事业实现持续、快速、健康发展。截至目前，东江产业园已引进华阳集团、伊利乳业、雷曼光电、艾比森光电、泓淋通讯、硕贝德通讯科技等80多个项目，总投资350多亿元。落户项目既有LED、移动通讯等战略性新兴产业，也有新材料、精密注塑等相关产业，还有现代物流、商住地产、学校教育、新兴能源等配套行业，园区初步形成工商并进、互融发展、优化合理的产业结构。

硕贝德科技新工业园落成启用

2011年，园区规模以上工业企业实现年产值56亿元，同比增长552.7%；实现工业增加值4.75亿元，同比增长191.41%；税收全年收入约11580万元，同比增长2157%；固定资产总投资16.30亿元，同比增长191%；合同利用外资金额7580.84万美元。

佛山（云浮）产业转移工业园

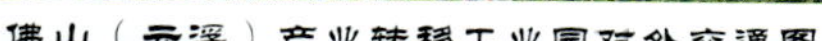

佛山（云浮）产业转移工业园对外交通图

园区便捷的水运交通

佛山（云浮）产业转移工业园位于云浮市云城区，是佛山、云浮两市共建的广东省示范性产业转移工业园，同时也是云浮高新技术产业开发区、省市合作共建的广东省战略性新兴产业基地（云浮三网融合应用示范产业基地），也是云浮市扩容提质的主战场，是正在规划建设的生态宜居和产业集聚发展高度相融的云浮新城。园区规划控制面积39.6平方公里，首期开发建设12.1平方公里。园区初步形成机械装备制造、汽车零部件制造、食品药品生产、新型材料加工、电子信息研发五大产业集聚发展的良好势头，制衣、家电制造等轻工产业也快速发展，吸引投资、集聚产业的优势越来越强，非常适合港澳、珠三角人士二次创业或产业转型。目前，园区累计已签约入园项目85个，计划总投资额290亿元。

园区坚持“投资者至上”的原则，建立了配套完善、高效务实的投资服务体系。近年来，云浮市出台了一系列招商优惠办法，包括《关于加大招商引资力度推进“双转移”的实施意见》《云浮市鼓励外商投资企业优惠办法》《佛山（云浮）产业转移工业园建设发展若干规定》，努力为企业降低投资经营成本。在收费优惠方面规定，在工业园新办的工业企业，其应收取的行政性收费，属国家、省明文规定不能减免的，按照最低标准收取；属本市权限范围内的，按照最低标准收取或实行减收和免收。在财政扶持方面规定，在工业园内新办生产性企业，以企业为单位（以工商、税务部门注册登记为准），投（试）产后三年内，对每年每亩用地缴交3万至5万元税收的企业，市政府按该企业缴纳入库税收属地方留成部分的15%奖励企业，5万元以上奖25%，支持企业开展技术改造和节能减排。在土地使用方面，园区工业用地按国家规定的土地等别相对应的以最低价格标准进行招标拍卖挂牌出让。

惠州仲恺（国家级）高新技术产业开发区

惠州仲恺高新区是1992年经国务院批准成立的国家级高新技术产业开发区，位于珠江三角洲东部、惠州市西南部，南靠深圳，西接东莞，区内有惠深、惠河、广惠、莞惠高速公路和京九、惠澳铁路通过，地理位置十分优越，交通非常便利。自然环境优美，有潼湖湿地、观洞水库、花果山等生态景观。

建区20年来，吸引了三星电子、索尼、LG、住友、施奈德、普利司通等世界500强和TCL、德赛、华阳、亿纬、科锐、雷曼、LG伊诺特、波尔亚太、元晖、纯英、艾比森等国内外知名企业在内的2700多家企业落户，形成了以平板显示、移动互联网、LED、新能源和云计算为主的“4+1”战略性新兴产业，成为全球最大的手机生产基地和全国LED产业链最完整的地区之一。

2001年以来，仲恺高新区陆续被认定为国家电子信息产业基地、国家火炬计划数码视听产业基地、国家火炬计划激光头特色产业基地、国家通信高新技术产业化基地4个国家级产业基地和获得国家知识产权试点园区、国家博士后科研工作站、国家科技企业孵化器3个“国字号”招牌，以及被评为广东省光电显示产业基地、广东省LED产业基地、广东省火炬计划高能环保电池特色产业基地、广东省火炬计划汽车电子特色产业基地、广东省教育部产学研结合产业化示范基地、广东省物联网产业基地6个省级产业基地。2011年年底，惠州云计算智能终端创新型产业集群正式获批为国家首批“41家创新型产业集群（培育）”试点。

自2010年2月被赋予行使市一级经济管理权限和县（区）一级行政管理权限后，仲恺高新区建立了区一级财政管理体制，形成了“一区四园五镇”的发展格局，下辖仲恺高新科技产业园、东江高新科技产业园、惠南高新科技产业园、中国留学人才发展基地4个园区及陈江、惠环、沥林、潼侨、潼湖5个镇（街道），区域面积320平方公里，人口近50万。

2011年，全区实现GDP330.7亿元，比增19.6%；规模以上工业总产值1550.8亿元，比增21.7%，工业总产值超亿元的企业有124家；全区电子行业产值1284亿元，占82.8%；“4+1”产业全年完成总产值1209.6亿元，占全区规模以上工业总产值的78%，其中平板显示422.5亿元、移动互联网664.4亿元、新能源51.8亿元、LED50.1亿元，分别占27.2%、42.8%、3.3%和3%。全年专利申请量1969件，同比实现翻番，发明专利申请量持续名列全市第一。仲恺高新区紧紧围绕“发展高科技，实现产业化”的办区宗旨，实现了从科技园区向科技新城、从终端带动向创新驱动的转变，正朝着建设“现代创新型、生态城市型”国家级高新区的目标昂首迈进。

仲恺高新区生活区

仲恺高新区工业区一角

核心区效果图

佛山高新技术产业开发区（以下简称“佛山高新区”）是全国首批53个国家高新技术产业开发区之一，于1992年12月经国务院批准成立，原规划面积10平方公里。1998年经科技部火炬中心同意，佛山高新区对全市六个重点工业园区进行整合，实行“一区六园”管理架构，总协调面积达48.6平方公里。截至2011年年底，佛山国家高新区“一区六园”实现工业总产值2380亿元，增长22.1%，占全市工业总产值的12.3%；实现工业增加值600亿元，增长20.7%；实现利税总额148亿元，增长21.5%。佛山高新区已成为佛山市提升产业竞争力和自主创新能力的重要载体和主要阵地。

2011年年底，经向科技部火炬中心、省科技厅汇报，佛山市委、市政府出台了《佛山高新技术产业开发区改革发展方案》，决定把南海中部片区（包括南海高新区）与三水乐平园区作为佛山高新区的核心园区（南海中部片区远期规划约400平方公里，其中南海高新区约7.5平方公里，规划协调范围包括狮山镇、罗村街道办以及大沥镇和丹灶镇的部分区域，三水乐平园区远期规划85平方公里），按照“统一规划、连片开发、优势互补”原则进行建设，通过核心园区建设和产业集聚的辐射引领作用，带动佛山高新区的整体发展，并于2012月1月12日举行了核心园区建设启动仪式。

佛山高新区致力于打造“中国智造金谷”，创新典范之城。通过产业创新引领传统产业从低端“制造”向高端“创造”、服务智造和智慧创新的转型升级，产业智库城的公共技术创新和服务平台引领“智造”转型；新兴产业的培育孵化，科技金融的创新与融合成为“中国智造金谷”的驱动力；产业与城市的创新融合，“园镇互动”，打造岭南文化与山水特色的“宜业宜居”科技智慧新城；管理体制和制度创新成为建设“智造”金谷的核心竞争力；国际合作与交流、学术论坛与国际专家智库为打造世界一流的科技园区奠定基础。

广东清远经济开发区

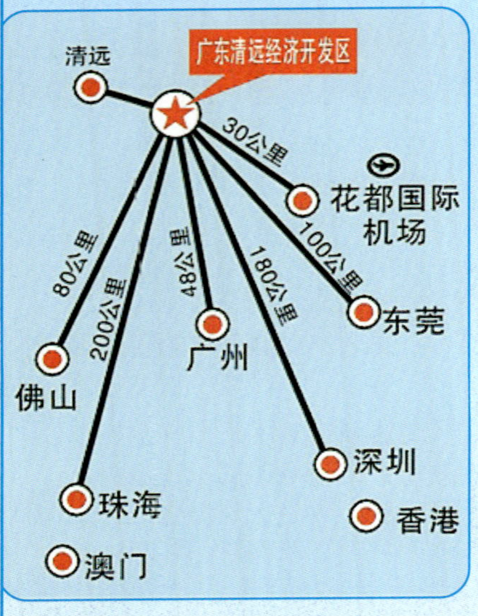

广东清远经济开发区位于清远市南端，与广州花都区接壤。目前区域总规划面积约240平方公里，区内拥有佛山（清远）产业转移工业园，并代管清远市工业重镇龙塘镇。开发区现有企业300多家，其中高新技术企业15家，占全市总数的37%。基本形成了机械装备制造、电子信息、生物医药、汽车配件、再生资源等产业为主的工业体系，投资者遍及美国、日本、荷兰、比利时和中国香港、澳门、台湾等国家和地区。

开发区地理位置优越。开发区中心区距广州仅48公里，距深圳180公里，距佛山80公里；广清高速、107国道纵贯开发区，京珠高速从旁而过；广州白云国际机场与开发区相距仅30公里；京广铁路清远站和武广客运快线清远站均位于开发区旁；清远港距开发区8公里，直达香港，并接驳世界各大港口，常年通行500吨级货船。

近年来，清远经济开发区在清远市连续多年经济发展速度全省第一的带动下，扎实开展社会民生建设，强势推进招商引资工作，全区经济社会发展态势良好，经济发展方式加速转变，转型升级成效初显，社会大局保持稳定。2011年前三季度，开发区实现地区生产总值（GDP）43.1亿元，前11个月，规模以上工业企业完成增加值46.05亿元，并且成功引进一批“中国驰名商标”“中国名牌产品”“国家高新技术企业”项目，省级创新型企业认定取得了清远市零的突破，区内企业佳的美电子、北江开关被成功认定为省级创新型企业。

开发区在2010年成功引进“世界500强”企业法国液化空气集团，及宏昌胶粘带、先导稀有材料等一批“中国驰名商标”“中国名牌产品”“国家高新技术企业”的基础上，2011年全区共引进项目42个，计划投资金额117.67亿元。中国地产界领军企业恒大集团正式进驻开发区建设“大型国际级高尚生态综合体”银湖城；常州盛士达集团公司、敏实集团有限公司、永日电梯、广东精美特种型材、广东金沙谷光伏等大型项目纷纷落户。

下一阶段，作为清远市工业经济发展的“先行区”和重点优化提升的“南部区域”，清远经济开发区将根据清远市委提出的全面实施“桥头堡”发展战略，立足自身良好的区位优势和产业发展基础，进一步增强开发区经济发展持续力、辐射带动能力和区域吸引力、影响力，全力打造清远“桥头堡”战略核心区。

广州高新技术产业开发区民营科技园

广州高新技术产业开发区民营科技园于1995年经科技部批准建立，由广东省科技厅、广州市科信局、白云区政府共同建设，是广州高新区五个园区之一，是科技部重点联系的国家级民营科技园。经过十几年的发展，民科园历经由初始的产业化基地向集总部基地、创新研发基地和产业化基地于一体的综合型园区的转变，创建和引进了“广州863产业化促进中心”与“广东独联体国际科技合作联盟”等独具特色的产学研合作平台。目前共入驻企业346家，集聚了一批具有自主创新能力的高科技企业，包括白云电气、欧派厨具、霸王国际、好迪化妆品、白云化工和彩熠灯光等一批行业龙头企业，并打造了贝龙环保、纽恩泰环保、久量光电科技、安达轴瓦、南联食品机械等优秀企业品牌，初步形成了高新技术产业和民营总部经济的集群。

2009年7月，广州市委、市政府同意了以民科园为核心，建设广州民营科技企业创新基地（以下简称“创新基地”）的工作部署，作为白云区七个战略性发展平台之一。创新基地规划总面积34.86平方公里，分为太和（26.4平方公里）、江高（8.46平方公里）两个片区，同时分管四个附属主题园，包括：白云电器节能与智能电气产业园、居家用品园、白云工业园及神山工业园，主要发展节能与新能源、新材料、先进装备制造等产业。

“十二五”期间，创新基地重点开发建设4.5平方公里。目前的招商重点，一是三栋已建成的，分别以节能环保、电力电气与智能电网设备生产、电子商务与物流信息为主题的科研总部大厦，总面积约10万平方米；二是三栋在建的，以新材料、电子信息和高端服务业为主题的科研总部大厦，总面积约25万平方米；三是一块占地572亩的科研总部综合体，通过土地公开出让，重点打造个性化总部办公区及居住、商业配套设施。

◎客家古邑　万绿河源

◎园区概况

河源市高新技术开发区是2002年7月经广东省政府批准设立的省级高新区。2006年，经国家发展改革委、国土资源部、住房和城乡建设部三部委重新审核公告，河源市高新技术开发区更名为“广东源城高新技术产业园区”（以下简称“河源高新区”），核准面积926.98公顷。成立9年来，河源高新区以创建国家级高新区为目标，在创新产业集聚模式、强化生态环境保护、提升自主创新能力等方面探索出了一条建设现代产业体系，推动跨越式发展的新路，实现了新兴产业集聚发展与生态保护的互促双赢。

河源万绿湖

2010年，河源高新区工业总产值、工业增加值、税收分别占河源市的64.1%、59.7%、32.6%。“十一五”期间，河源高新区是广东省成长最快、产业聚集度最高、环保措施最到位、辐射带动作用最明显的省级高新区之一，在广东省2010年高新区考核中，综合排名位居全省省级高新区首位。

河源市区

梅州高新技术产业园区

梅州高新技术产业园区原名为梅州经济技术开发区，于2003年4月由省人民政府批准设立，2004年更名为梅州高新技术产业园区，2005年7月开始在梅县畲江镇筹建开发。

为贯彻落实省委、省政府"双转移"发展战略，广州市、梅州市从高新区规划范围中划出4.03平方公里，作为穗梅两市合作共建广州（梅州）产业转移工业园。园区于2008年8月竞得省第一批、2009年7月竞得省第四批产业转移竞争性扶持资金共10亿元，成为省级示范性转移园区。2011年1月经省政府同意，广州（梅州）产业转移工业园扩展至梅州经济开发区（部分）面积3.23平方公里，成为"一园两区"的布局，面积核定为7.26平方公里。2011年6月该园区遴选为省十大产业转移重点园区之一。2011年10月，设立梅州高新技术产业园区党工委、管委会，实行"两块牌子，一套人马"管理模式，并把广东梅州经济开发区和广州（梅州）产业转移工业园纳入一个框架内进行管理。

园区重点发展交通运输设备制造业、通信设备计算机及其他电子设备制造业、稀土深加工及稀土产品应用三大产业，形成以新能源、新材料、新医药为重点的战略性新兴产业集聚发展的格局。

近年来，广州（梅州）产业转移工业园管委会深入贯彻落实省委、省政府"双转移"发展战略，在穗梅两市政府的直接领导下，立足"生态园区、工业新城"的发展定位，团结协作，敢打善拼，开拓创新，强力推进园区建设，强力抓好招商引资，大力理顺体制机制，推动园区大开发、大建设、大发展，取得了明显成效。园区基础设施日益完善，承载力不断提升。园区内已开设了自家人超市、网吧、银行、餐厅、歌舞厅、通讯营业厅，基本上实现了"吃、住、玩、乐"的"一条龙"服务。特别是国内500强企业碧桂园集团计划投资9.2亿元，建设星级商务酒店、中高级管理人员和科研人员公寓、住宅楼等，致力于为园区企业员工打造"五星级的家"，为园区带来了"碧桂园"的品牌效应，直接提升了园区的建设档次。园区招商引资向优选选商转变，大项目、好项目纷纷进入。

科技成就未来。
Science Creates Future.

2012中国顺德厨卫生活电器&配件采购展
2012/02/23–25 顺德展览中心
展位号：1C901

致力于成为全球电子信息行业优秀设计制造商

To be an excellent designer and manufacturer in global electronics and information industry.

家电智能控制器工程技术研究开发中心
佛山市顺德区人民政府

集团简介 Group profile

瑞德电子创建于1997年，是国内最早从事家用电器控制器研发、制造和销售的企业之一。经过十多年的快速发展，主营产品覆盖几乎所有白色家电类型，是行业内品类规格最多、最全的集团企业；辅助产品为开关电源产品、高效照明产品、RFID产品、设备控制器产品等。主要业务遍及长三角、珠三角及欧美和东南亚，为九阳、苏泊尔、美的、格兰仕、IBC、Pensonic等众多国内外知名家电企业提供优质的产品和服务。

集团总部位于广东省佛山市顺德区大良凤翔工业园。目前，拥有佛山市顺德区瑞德电子实业有限公司、浙江瑞德电子科技有限公司、瑞德发展（香港）有限公司、佛山市瑞尔电子科技有限公司、佛山市瑞德软件科技有限公司、佛山市瑞沃电子有限公司共六家全资子公司和控股公司。

Founded in 1997, Real-design Electronics Group was one of the first enterprises engaged in technology research, developing and manufacturing of household appliance controllers. After 10-year's rapid development, Real-design has been a large group with most and fullest items, covering almost all kinds of white home appliance controllers, even including switch mode power supply products, efficient lighting products, RFID products and equipment controllers, etc. Real-design business has extended to Yangtze River Delta and Pearl River Delta in China, as well Europe, USA and Southeast Asia. Main customers include Joyoung, Supor, Midea, Galanz, IBC, Pensonic and so on.

With the headquarter located in Fengxiang Industrial Park, Shunde District, Foshan City, Guangdong Province, Real-design Electronics Group consists of six companies: Shunde Real-design Electronics Industrial Co., Ltd., Zhejiang Real-design Electronics Technical Co., Ltd., Real-design Development (H.K.) Limited., Foshan Real Electronics Technical Co., Ltd., Foshan Real-design Software Technical Co., Ltd., and Foshan Real-wiring Electronics Co., Ltd.

电器类控制器及其他电子产品

Electric appliance controllers and other electronic products

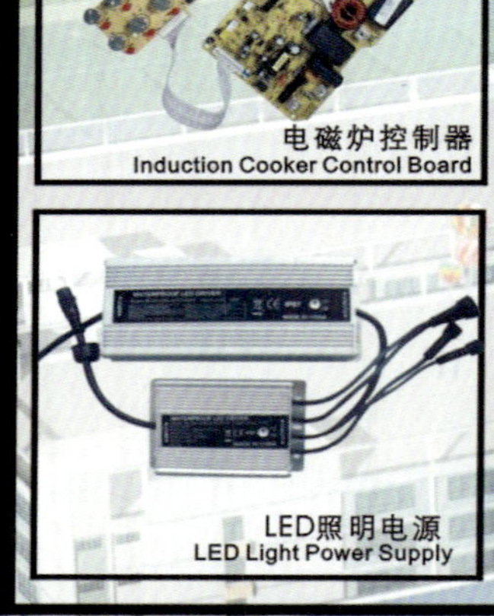
电磁炉控制器
Induction Cooker Control Board

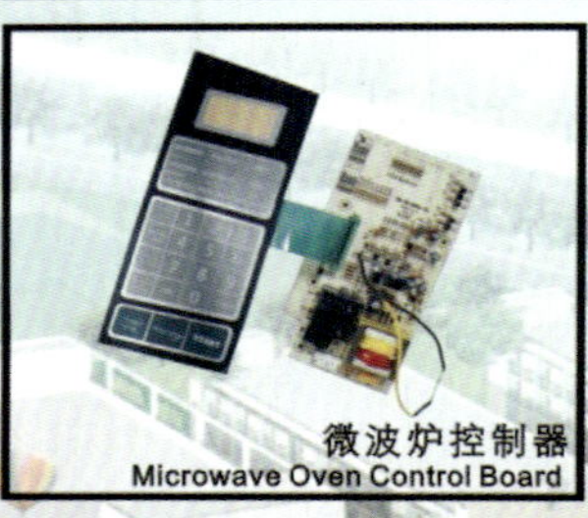
微波炉控制器
Microwave Oven Control Board

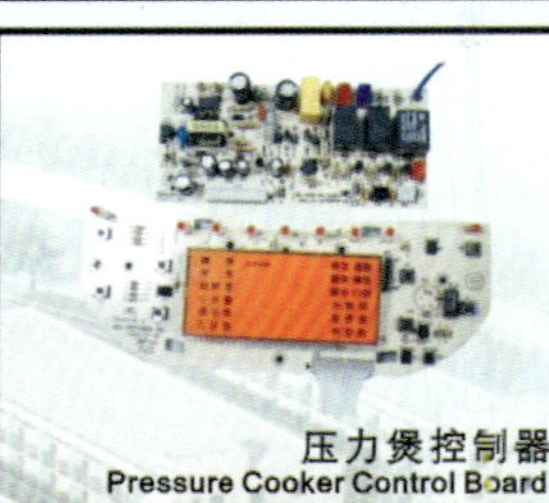
压力煲控制器
Pressure Cooker Control Board

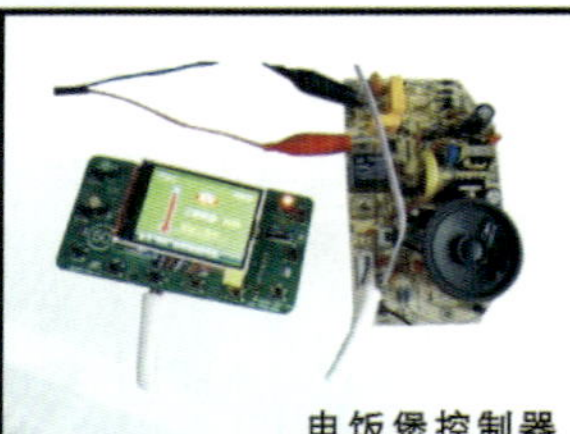
电饭煲控制器
Rice Cooker Control Board

LED照明电源
LED Light Power Supply

太阳能充电控制器
Solar Panel Charging& Discharging Controller

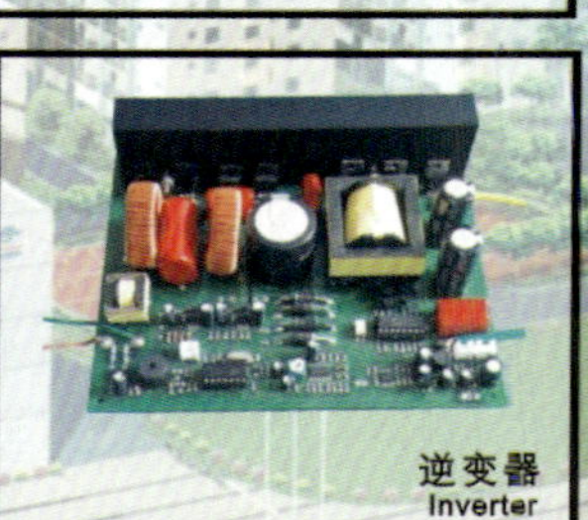
逆变器
Inverter

变频器
Frequency Converter

瑞德电子集团总部
HEADQUATER OF REAL-DESIGN ELECTRONICS GROUP

地址：广东省佛山市顺德区大良凤翔工业园华业路1号
电话：0757-22230920 传真：0757-22213558
E-mail：Lxu@realdesign.com.cn
Http://www.realdesign.com.cn

Add:No.1 Huaye Road, Fengxiang Industrial Park, Daliang, Shunde, Foshan, Guangdong 528300, China.
Tel:+86-757-2223 0920 Fax: +86-757-2221 3558
E-mail:Lxu@realdesign.com.cn
Http://www.realdesign.com.cn

深圳市贝斯达医疗器械有限公司

BTR-640

医用诊断X射线系统

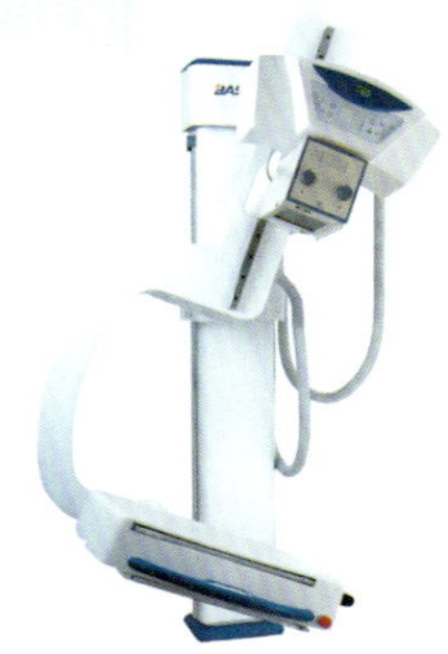

BSTAR-150

超导型磁共振成像系统

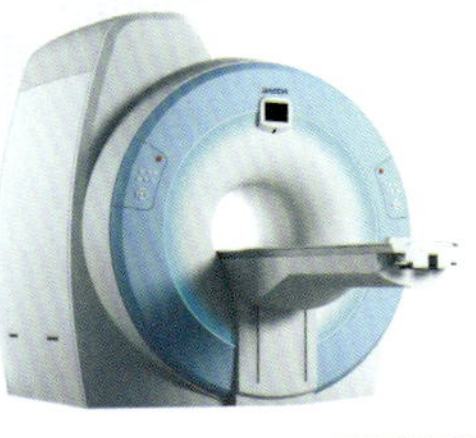

BDH-180 SPECT

单光子发射计算机断层装置

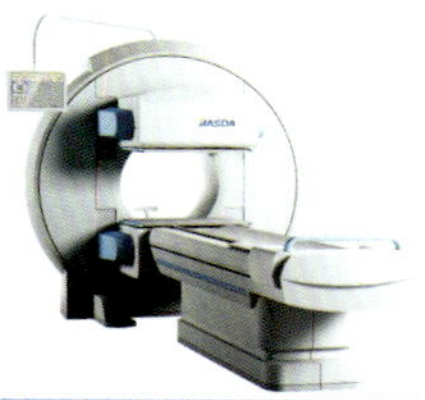

深圳市贝斯达医疗器械有限公司成立于2000年，是一家集医学影像研发、生产、销售和服务为一体的国家级高新技术企业。公司坚持走自主创新发展路线，拥有一大批行业技术精英，先后与美国ANALOGIC公司、英国牛津仪器分子生物工具有限公司、北京大学、哈尔滨工业大学、电子科技大学等多家著名研究机构和高等学府建立了长期战略合作关系。

目前，公司已拥有磁共振、X射线、超声、核医学（ECT）、医学软件等系列产品。其中最新研发的1.5T超导型磁共振成像系统和BDH-180单光子发射计算机断层装置在国内处于先进水平。产品已基本覆盖全国所有省、市、自治区，并远销欧盟、东欧、中东、非洲、南美、东南亚等20多个国家和地区。

中国电信股份有限公司广东研究院是中国电信规模最大、业务最齐全的综合研发支撑机构，是中国电信集团最高级别的研发中心。近期主要着力于云计算、移动互联网、LTE、物联网、IPV6、三网融合等热点领域的研究。近5年，申请专利总数达440多项；向ITU-T等国际标准化组织提交文稿超百份，在国内外核心期刊发表论文800多篇；科研成果获国家科技进步二等奖1项，省、部级科技进步一等奖8项，二、三等奖30余项。

该院“超宽带城域网关键技术研发与应用”“中国电信综合业务配置平台”项目分别荣获2011年度广东省科学技术奖一等奖、二等奖。“超宽带城域网关键技术研发与应用”项目成果全部应用于国庆60周年、上海世博会以及广州亚运会等重大活动的通信保障中，有力支撑了“数字广东”等工作的持续推进。“中国电信综合业务配置平台”项目的推广应用，使中国电信顺利完成C网承接，并率先实现3G放号，提升了服务消费者的质量。同时带动产业链的发展，提升了中国通信行业在3G标准制定领域的国际地位。

华南环境科学研究所

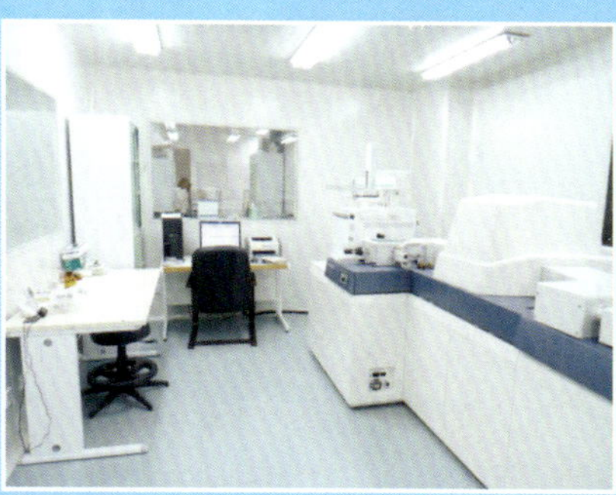
实验室

野外观测设施

华南环境科学研究所成立于1973年，是环境保护部直属的国家级环境科研院所，在社会各界的关心、支持和帮助下，致力于环保科技创新和科技服务，得到了很好的发展。

研究所现有职工290人，其中研究员32人、高级工程师78人、博士65人、硕士139人、享受政府特殊津贴专家10人。设有城市生态环境研究中心、水环境模拟与污染控制研究中心、环境健康研究中心、近岸海域环境研究中心、区域大气环境与污染防治研究中心、环境应急技术与风险管理研究中心、华南环境监测分析中心、循环经济与清洁生产中心、环境工程技术中心、环境影响评估技术研发中心10个业务中心。

研究所已建成国家环境保护水环境模拟与污染控制重点实验室、国家环境二恶英监测中心华南分中心，完成华南地区大气环境超级观测站、珠三角城市群生态系统野外观测站、东江水环境研究中心、云南高原湖泊野外环境观测站、海南热带农业污染系统控制野外观测站建设。环境与健康联合实验室建设初见成效，广东省水与大气污染防治重点实验室正在建设中。研究所科学城新址建设项目国家投资1.08亿元，占地面积近3.4万平方米，建筑面积近1.8万平方米，即将建成投入运行。

研究所作为国家驻南方的综合性环境科研机构，以热带、亚热带环境问题研究，国家率先发展地区和港澳台发达地区前瞻性环境问题研究，区域、流域可持续发展研究，污染控制技术创新研究等为主导研究领域，凝聚形成了水环境与污染防治、大气环境与污染防治、城市生态环境、近岸海域环境、环境与健康、痕量污染物监测等一批优势学科，环境应急、环境信息、土壤修复、固废处理等研究也逐步形成优势。研究所承担了大量国家及地方的环境科研任务，形成了一批重要成果，为国家环境保护提供了重要的科技支撑。

研究所一贯秉承“科研先行，服务并重”的发展理念，不断将科研成果应用于环境咨询和环境工程服务，打造了“层次高、实力强、质量优”的行业服务品牌，在华南地区享有很高的声誉。研究所拥有各类级别最高的环境专业资格证书，涵盖环境影响评价、环境规划、清洁生产审核、上市公司环保核查、计量认证、工程咨询、环保设施运营、水土保持方案编制、水资源论证、室内空气质量检测、环保仪器质检等业务。

华南环境科学研究所贯彻“立足广东，面向全国，走向世界”的方针，在实践中形成了雄厚的科技实力和建立了广泛的国内外合作关系，将更好地为国家及地方政府提供技术支持，为各行业提供环境咨询服务。

广东省地震局

广东省地震监测中心 科技成果展示

广东省地震监测中心是广东省地震局直属科研事业单位，先后承担了多项国家重点科研工程项目，研发了地震台网数据处理软件系统、地震数据IP传输设备、地震信息反馈系统、地震台站专用电源、地震工程振动采集器等一系列地震监测产品。

防震减灾 利国利民

宝马利汽车空调系统研发与生产基地成立庆典

参加院士专家企业工作站产合研合作答谢会专家学者合照

宝马利汽车空调系统研发与生产基地落成时段正澄院士、陈基镛、江春燕与当地市县领导合影

2010年3月2日，中国工程院院士、华中科技大学教授段正澄在陈基镛董事长陪同下参观生产线

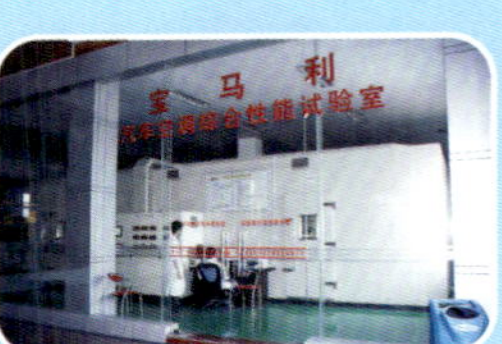
试验室

阳江市宝马利汽车空调设备有限公司

宝马利办公大楼

阳江市宝马利汽车空调设备有限公司成立于1998年，是专业研发、生产和销售汽车空调和汽车铝质散热器的民营企业。是“国家高新技术企业”“广东省创新型企业”“省战略性新兴产业培育企业”及“广东省汽车空调企业技术中心”和“广东省汽车空调工程技术研究开发中心”依托单位，广东省和教育部科技部产学研产业化示范基地、广东省科协“院士专家企业工作站”创建单位、广东省现代企业制度试点企业、省企业信息化试点单位和省知识产权优势企业。

公司占地面积26万平方米。占地18万平方米的“宝马利空调系统研发与生产基地”第一期工程已建成投产，该项目被列为“十二五”规划期间广东省现代产业500强重点培育项目，基地立项的“高效热泵型电动汽车空调研发与产业化”项目已列为2011年省战略性新兴产业专项资金新能源汽车产业项目。2010年，公司以第二大股东与柳州五菱汽车集团合资成立“柳州五菱宝马利汽车空调有限公司”，正式跨入上海通用五菱汽车空调系统一级配套市场。

中共中央政治局常委、时任广东省委书记李长春，中共中央政治局委员、时任广东省委书记张德江以及广东省省长黄华华等国家和省领导人先后到本公司视察。

公司经济实力较强，技术力量雄厚，设备精良，检测手段齐全，技术研发能力强，现有员工600多人，公司大专以上学历科技人员168人，具有高级职称科技人员22人，工程师18人；教育部驻企业科技特派员2人；拥有高级技师3人，中级技师18人；聘有客座研究员16人；享受国务院特殊津贴2人；阳江市拔尖人才3人。有8条生产线和600多台生产设备，并使用PDM/ERP信息化管理系统。

公司实施“科技兴企”战略，坚持“你无我有，你有我优，生产一代，开发一代，储备一代，预研一代”的开发方针。目前已拥有50多项国家专利，有13项产品通过省级新产品鉴定验收，6项成果获省科学技术奖，2项专利获广东省优秀专利奖，2项产品获省优秀新产品奖。先后共承担国家级科技计划3项，省部级各类科技计划项目19项。公司生产的汽车空调平行流冷凝器产品荣获“广东省名牌产品”称号，宝马利商标获得“广东省著名商标”称号。是国内同行业产品规格品种最多、拥有专利证书最多、承担国家和省部级科技计划项目最多、获省部级科技奖励最多的企业。

公司质量管理体系已通过ISO/TS16949：2000认证，公司设有产品检验与试验中心，有配置完善的汽车空调配件和汽车空调系统综合性能实验室，可单独检验压缩机、蒸发器、冷凝器、暖风机、电子扇、换热性能、气密性氦检漏、耐压性、破坏性能、换热量、抗震动性及进行盐雾试验、拉伸试验、交变压力试验、残留水分、残留异物等试验。

公司生产销售的产品有管带式冷凝器、平行流冷凝器、管片式蒸发器，管带式蒸发器、层叠式蒸发器、空调管、汽车全铝带式散热器、油冷器、中央空调冷凝器、商用空调、民用空调、中冷器、电脑散热器等，目前已形成年产各类优质汽车空调冷凝器300万台、蒸发器100万台、空调管50万套、全铝质散热器50万台、中央空调冷凝器50万台的生产能力。汽车空调冷凝器和蒸发器产量位列国内同行业前茅，省内同行业首位。

公司拥有完善的销售网络，销售网点遍布全国和世界各主要地区，并在美国成立了分公司。公司产品与国内多家汽车空调整机厂配套并出口美国、德国、南非等40个国家和地区，配套和出口占总销售额的80%以上。公司生产的微通道平行流冷凝器已成功配套美国开利和江森自控两个世界500强企业。

宝马利新生产线

宝马利产品展示

宝马利汽车空调系统研发与生产基地

欧普照明电器（中山）有限公司

欧普照明电器（中山）有限公司是中山市欧普照明股份有限公司和其全资子公司欧普照明有限公司共同投资设立的，自成立之日起承接中山市欧普照明股份有限公司照明的所有业务。

欧普照明，创立于1996年，秉承“责任、创新、速度”的价值观，十几年来飞速发展，成长为中国照明行业的领军企业，缔造了国人引以为豪的民族品牌，形成业内首屈一指的分销服务体系和研发制造能力，通过了“高新技术企业”“省级技术中心”等认证。公司建有一个占地45000平方米的工业园，3座现代化工厂，生产面积达36000平方米，现有职工4686人，其中工程技术人员500余人，从事质量管理人员400多人。

欧普照明历来重视科技研发，公司已获各项专利300余件，参与10余项国家标准的制定，攻克了荧光灯红外感应和荧光灯调光等技术难题，2011年公司项目研发投资3000余万元。

生产设备：电脑自粘红胶机

光源安全及性能参数的测试评估（光源的光色电性能参数的测试评定）

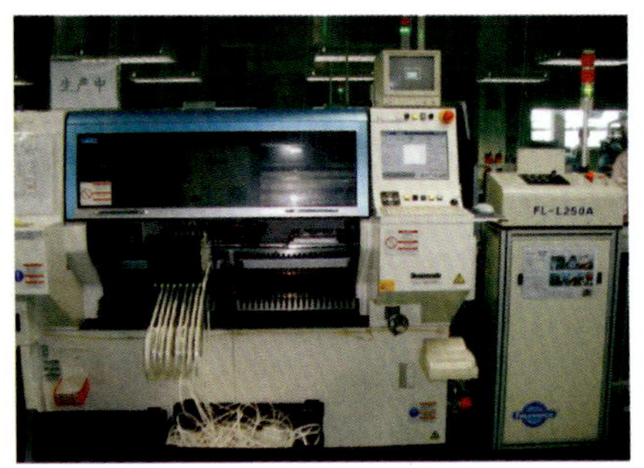

生产设备：SMT–L250A电脑自动贴片机

广东远东国兰有限公司

广东远东国兰有限公司成立于1997年，注册资金2000万元，是一家集生产、科研、营销、服务于一体的国兰专业化公司，拥有春兰、蕙兰、墨兰、春剑、莲瓣兰、建兰、寒兰传统铭品及新品种40万多盆，1000多个品种，180多万苗，是目前东南亚地区兰界拥有品种最多的专业栽培基地。

公司是中国兰花协会新品种研发保护开发中心、广东省农业龙头企业、广东省农业科技创新中心、广东省现代化农业园区、广东省国际合作基地和广东省兰花协会示范单位。公司2006年被评为全国十大诚信兰花公司，承担国家农业多种经营开发项目和2012年立项的国家战略性新兴产业核心技术攻关项目。公司与日本、韩国及中国台湾地区有紧密的友好合作关系，多次成功举办海峡两岸兰花展览，吸引兰界及企业界朋友到汕头参观、交流，成为两岸及东南亚地区互相交流的桥梁。

广东东阳光药业有限公司

唐院长

东阳光药业隶属于深圳东阳光集团。深圳东阳光集团是一家跨行业大型民营经济控股的股份制企业，下属一家上市公司“东阳光铝”（600673），现正在组建“东阳光药”上市公司。

凭借东阳光药业雄厚的实力和先进的管理水平，公司目前有7个产品已通过欧盟的GMP认证，3个产品已通过FDA的认证。公司已建成了国内产能最大、质量最优的大环内酯类原料药生产线，同时还成为了国家“863计划”发酵技术的牵头单位。

东阳光研究院：

东阳光药业始终致力于开发自主知识产权新药，公司在2002年成立，2005年开始组建东阳光药业研究院，致力于自主知识产权的新药研发、欧美标准药物的研发和生物药物的研发。目前，东阳光药业研究院已经成为了国内规模最大最有影响力的药物研发机构之一。

东阳光药业研究院坐落在东莞市长安镇东阳光科技园内，占地200亩，研发大楼总面积达40000平方米。研究院建设有符合欧美质量标准的GLP和GMP实验室，进口大量专业设备，硬件总投资达6亿元，每年的研发经费高达上亿元。研究院的研发部门齐全，流程规范，可以全程独立地进行药物开发。

研究院形成了特有的“海外专家咨询+海归专家主导+国内人才作战”的研发氛围，聚集了一大批国内外最优秀的顶尖专家学者，其中国外专家、海归博士50余人，在研究院1000多人的研发团队中，拥有硕士以上学位者高达65%。

相关优惠政策激励：

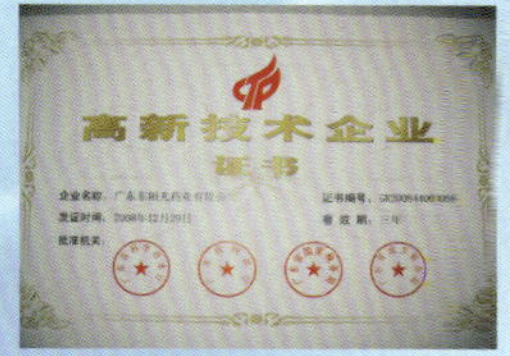

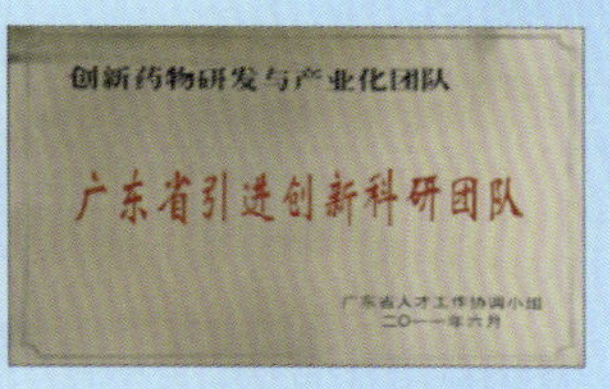

国家、省、市、区政府长期对医药产业特别是研发创新型企业大力扶持。自2007年开始，东阳光连续获得东莞市政府主持的“粤港招标”项目支持，有力地推动了东阳光新药项目的发展。之后的几年，“粤港招标”支持的几个新药项目全部获得了国家“十一五”和“十二五”重大专项支持，彰显了省市政府的高瞻远瞩。2010年，广东省政府启动了“广东省引进创新科研团队”项目，东阳光又两次荣膺嘉奖。其中，首次获得“广东省引进创新科研团队”称号的刁宁博士团队，已经有一支新药于2010年向SFDA申请临床，预计今年将进入临床实验；刁宁博士的另外两支新药项目，也即将于今年申请临床，并于明年进入临床实验。政府的支持大大提高了东阳光研发的速度，为中国自主知识产权新药铺设了一条阳光之路。

2008年，“新型抗乙肝病毒一类新药GLS4的临床前研究”项目获国家“十一五”重大新药专项支持；
2008年，“抗糖尿病肾病一类新药氟非尼酮临床前研究”项目获国家“十一五”重大新药专项支持；
2008年，“口服调释微丸制剂国际化关键技术”项目获国家“十一五”重大新药专项支持；
2010年，“靶向抗肿瘤一类新药NX125的临床前研究”项目获国家“十二五”重大新药专项支持；
2010年，“针对欧洲市场的阿奇霉素制剂的研发与产业化”项目获国家“十二五”重大新药专项支持；
2010年，“磷酸奥司他韦创新合成技术的产业化” 项目获国家“十二五”重大新药专项支持；
2010年，“红霉素原料药技术改造”项目获国家“十二五”重大新药专项支持；
2009年，东阳光新药研发团队获得首批“广东省引进创新科研团队”项目的支持；
2010年，东阳光新药产业化团队再次获得“广东省引进创新科研团队”项目的支持；
2007年，“抗肾纤维化一类新药氟非尼酮的研发及产业化”项目获粤港招标东莞专项支持；
2008年，“抗乙肝病毒一类新药GLS4的研发及产业化”项目获粤港招标东莞专项支持；
2009年，“阿托伐他汀钙原料与制剂的研发及产业化”项目获粤港招标东莞专项支持；
2010年，“针对欧美市场的克拉霉素制剂的研发及产业化”项目获省经信委粤港招标专项支持。

取得成绩：

2010年，抗乙肝一类新药GLS4项目向SFDA申报I期临床实验；
2007年—2010年，广东东阳光药业有限公司3次通过欧盟的cGMP现场检查；
2011年，东阳光药业成为首家自主研发药物制剂通过美国FDA的cGMP现场检查的广东企业；
2011年，东阳光药业成为中国首家同时持有美国药物上市许可和欧洲药物上市许可的制药企业。

广东省纳米医药重点实验室

Guangdong Key Laboratory of Nanomedicine

纳米生物医学与纳米药物前沿研究

纳米检测	分子影像	纳米药物	纳米疫苗
早发现	早诊断	早治疗	
诊断试剂	造影剂	新药制剂	新型佐剂

检测、诊断、治疗一体化纳米医学产业化平台

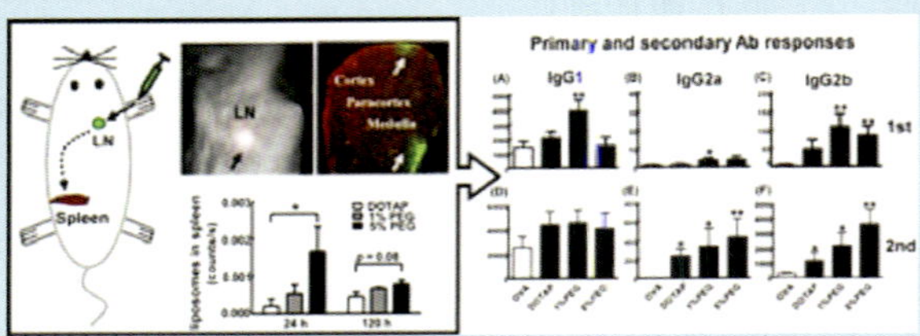

实验室主任：蔡林涛 研究员（入选中科院“百人计划”）从事纳米医学、化学、功能材料研究。

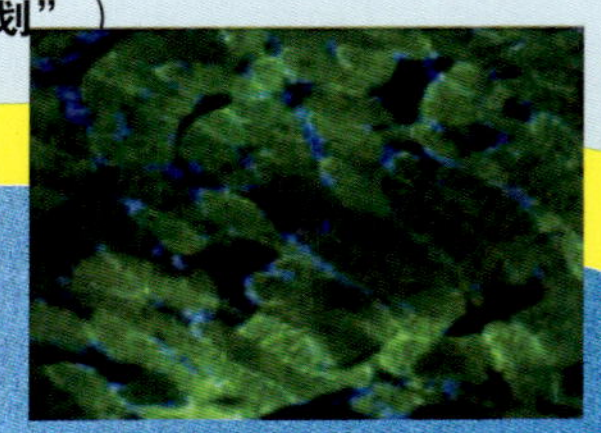

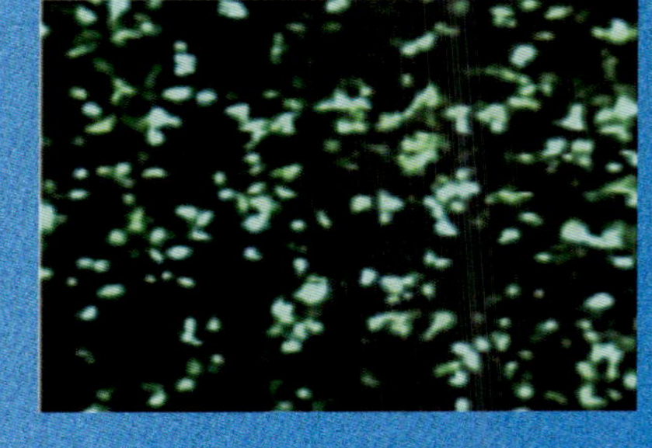

纳米生物医学与纳米药物前沿研究项目依托中科院深圳先进技术研究院，通过融合纳米材料、纳米医学、分子生物学、免疫学、光学光谱技术、分子影像和纳米载药技术等多交叉学科，以及跨学科和团队高效协作，探索用于纳米尺度及单分子水平上的分子探针、分子影像、分子诊断、纳米载药、纳米疫苗及其靶向传递技术，并通过源头创新实现其关键技术突破。该项目旨在开发具有成像、靶向和治疗一体化的多功能纳米载药系统，研究纳米生物传感和分子影像相结合的早期诊断技术，发展纳米载药和纳米疫苗介导的个性化肿瘤靶向治疗技术，以期构建癌症预防、诊断、治疗一体化的技术平台，开发肿瘤靶向纳米药物制剂、多肽药物和抗肿瘤疫苗，促进纳米生物医学成果临床转化与产业应用。

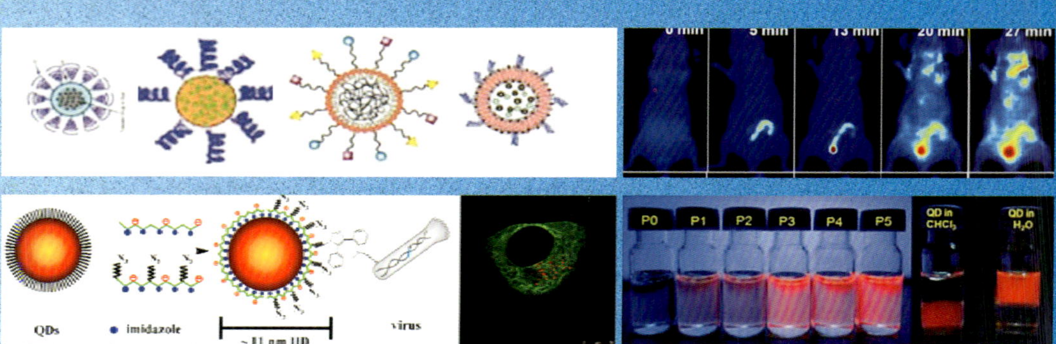

我们以
远见的眼光，博大的胸怀，超强的实力
开拓创新……

阳江市汉能工业有限公司

LED灯具

阳江市汉能工业有限公司是2009年5月注册成立，在广东省阳江高新区福冈工业园内的民营高科技企业，是集专业研发、生产LED照明系列、太阳能电池组件、冲压焊接不锈钢离心泵、欧美式燃气烧烤炉、水车、釜煲（户外烹调产品）产品的外贸出口型企业。总投资约6亿元，分三期完成，公司占地面积22万平方米，一期已建成厂房建筑面积11万多平方米，现有员工600多人，其中技术经验丰富和产品研发能力强的工程技术队伍超过200多人。2010年销售总额8234万元，2011年销售总额1.54亿元，2011年上缴税收960多万元，预计2012年将超额完成生产任务，销售总额超2亿元。产品80%以上远销欧美、澳洲、韩国及马来西亚、印尼等国家和地区及中国台湾地区。

公司是经省科技厅认定的省级民营科技企业，是“阳江市LED灯具工程技术研究开发中心”“阳江市企业技术中心”的依托单位，拥有发明专利7项、实用新型专利7项、外观专利2项。公司是经北京中大华远认证中心认定的ISO9001:2008质量管理体系、ISO14001:2004环境管理体系和GBT28001：2001职业健康安全管理体系认证企业。拥有通过美国CSA国际认证的实验室和LED光源性能测试室，先进的不锈钢拉伸成型、水压胀型、复合模、连续模、数字化激光焊接和机械手氩弧焊自动焊接系统、自动控制静电喷漆和湿喷瓷釉生产线、绿色环保纳米喷镀生产线、信息化装配包装生产线及EIP数字化管理和PLN技术管理等综合管理、生产装备及制造工艺。

近年来，企业进入了高速发展。公司以技术创新为中心，积极开展各项技术创新工作，并连续几年与台湾逢甲大学、广东省工业技术研究院、华南理工大学、北京航天航空大学、华中科技大学、阳江职业技术学院等高等院校开展各项产学研合作开发项目，为公司的技术创新和新产品开发创造了优越的条件。

公司以节能环保型为总的研发方向，计划在近期完成太阳能与风能发电系统等项目的研发。其中，国家立项的金太阳项目“广东阳江汉能屋顶光伏发电示范项目”“光伏太阳能产品组装生产线”等已立项，经财政部、国家发改委、科技部批准立项的金太阳屋顶发电示范项目已动工，计划在2013年春节前完成，金太阳屋顶发电项目完成实施后将成为阳江高新区一大亮点。

公司的发展离不开政府各级部门和广大客户的大力支持与帮助，公司有信心、有决心做大做强企业，为阳江地区的经济发展多做贡献。

烧烤用具

创造拔地而起的奇迹

我们的历史并不漫长，但我们的脚步踏实坚定

金辉建设集团

广州金辉建设集团有限公司自1994年成立以来，屡获殊荣。集团2001年荣获“广州市安全生产先进单位”；2002年荣获“广州市先进私营企业”“广东省质量效益型先进企业”；2003年荣获“全国优秀施工企业”“中国质量服务信誉AAA级企业”“广东省质量效益型先进企业”“安全生产先进单位”；2004年荣获“安全生产先进单位”；2005年荣获“广州市百强民营企业”；2006年荣获“广州市优秀民营企业”“广州市百强企业”“安全生产先进单位”；2007年荣获“全国建设系统先进集体”“广东民营建筑企业综合实力30强”“广州市民营企业100强”“中国广州最具竞争力建筑业10强”；2008年荣获“全国五一劳动奖状”、全国“工人先锋号”先进集体；2009年荣获“广东省制造业100强”“广州市建设工程质量创优先进单位”；2010年荣获“2010年度广州最具竞争力建筑企业10强”；2011年荣获“全国建筑业先进企业”；2012年荣获“连续12年守合同重信用企业”称号。

集团通过ISO9001：2008质量管理体系认证、ISO14001：2004环境管理体系认证以及GB/T2800-2001职业健康安全管理体系认证。历年来，项目工程合格率达100%，优良率达90%以上。多个项目获全国、省、市各种奖项达100多项。

集团获中国建筑工程最高奖“鲁班奖”3项，包括：珠海（华发·龙庭）绿洋山庄二期A区、同德围泽德花苑H1、H2栋高层住宅楼、广州市伟伦体校教学楼。集团获“全国用户满意工程”奖1项；广东省建设工程“金匠”奖5项；“广东省建筑业新技术应用示范工程”奖1项；“省级工法证书”1项；“广东省优良样板工程”奖14项；“省市双优工地”奖15项；“五羊杯”奖8项；“广州市优良样板工程”奖23项；“广州市市政优良样板工程”奖1项；“广州市文明施工样板工地”奖8项；“广州市安全生产样板工地”奖13项；“安全生产最佳样板工地”奖4项；“珠海市优良样板工程”奖3项；“珠海市安全生产样板工地”奖4项；“佛山市安全生产样板工地”奖1项。

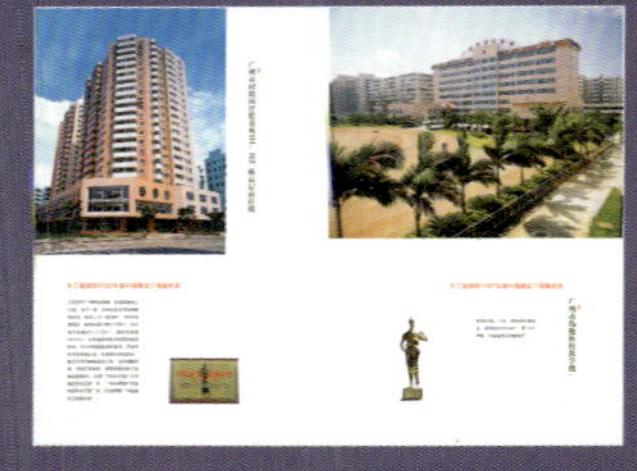

金辉建设集团秉承“金玉品质、辉煌共享”的经营理念，把精品工程和优质服务视为生存之本，技术力量雄厚，施工设备配套齐全，管理体制规范，企业经济实力雄厚，注册资金1.48亿元。随着业务的不断拓展，目前，金辉建设集团已在珠海、佛山、东莞、茂名、河源、广西等地成立了分公司，同时还拓展房地产开发、施工机械租赁及建筑材料销售等业务，竭诚为社会各界提供一流的产品和服务。

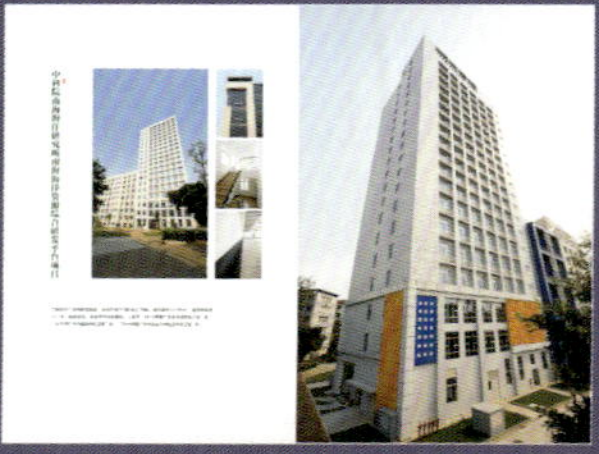

广州市城市规划勘测设计研究院

广州市城市规划勘测设计研究院（GZPI）创建于1953年，是华南地区历史最悠久、规模最大、专业最齐全、综合实力全国领先的规划勘测设计高新技术单位，致力于向政府、社会和公众提供工程建设全过程的技术服务。

GZPI业务涵盖了城市规划、测量与地理信息工程、建筑设计、市政规划与设计、岩土工程、工程咨询、工程监理、工程总承包等领域，并始终以“服务政府、服务社会”为宗旨，兼顾质量标准、法律法规、业主期望和公众利益的统一，重视城市空间和地域文化对具体项目的要求。

GZPI的作品与项目遍及全国各地，拥有多名院士级顾问，并与国际顶尖同行间保持持续、开放、深入的合作。

GZPI在科技创新、人才培养、质量控制等方面进行了深刻的变革，通过了ISO9001质量管理体系、环境与职业健康安全管理体系，实现了高效的流程化运作，以此确保对客户的优质交付。

GZPI力争在此良好基础上发展成为国内乃至国际最具行业影响力的工程咨询技术服务联合体，卓越的工作团队，将持续提升围绕客户需求的创新能力，通过领先的技术、完善的管理和优良的服务实现我们的这一目标。

- 全国勘察设计单位综合实力百强
- 全国城市勘察测绘先进单位
- 国内首家通过ISO认证的综合性设计研究院
- 广东省信息化示范单位
- 广东省高新技术企业
- 广东省“广州亚运会、亚残运会”先进集体
- 广州市创新型企业
- 广州市连续11年“守合同，重信用”单位
- 广州市抗震救灾先进单位

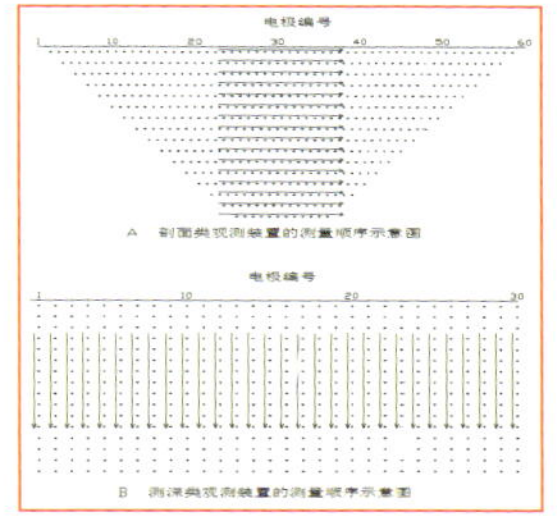

基于高密度电阻率法的观测装置分类方式

“高密度电阻率法在城市地下目的物探测中的应用”项目简介

GZPI项目组在广东省科技计划资金的支持下，在国内首次系统地研究了应用高密度电阻率法在城市探测各类地下目的物的技术与方法。项目组突破性地解决了困扰城市高密度电法勘探中的接地供电难题，为该方法在城市中广泛开展创造了条件；总结了高密度电法的理论成果，对观测装置分类进行了创新型地分类，促进了该专业的创新发展，同时总结了高密度电阻率法的干扰及无效剖面的特征，总结了合格剖面的标准特征，从而为专业的发展提供了指导。项目针对城市地下目的物如地下管渠、防空洞、地下埋藏物及地铁隧道等进行了探测试验，并进行技术总结，为城市地下目的物的保护提供了先进的探测技术保障，为地下空间测绘提供重要的技术支持。同时还对城市浅层病害的探测进行了尝试，为城市地质灾害的处理提供了新的探测手段。本技术为城市物探、地下目的物探测及城市地灾探查等均有较强的牵引作用。技术成果填补了我国高密度电阻率法在城市应用的技术空白，提高了城市物探行业的技术水平和创新能力，推动了行业的可持续发展，也为城市地下空间数据的获取提供了可靠保证，使物探专业能更好地为建设和谐创新型社会服务！

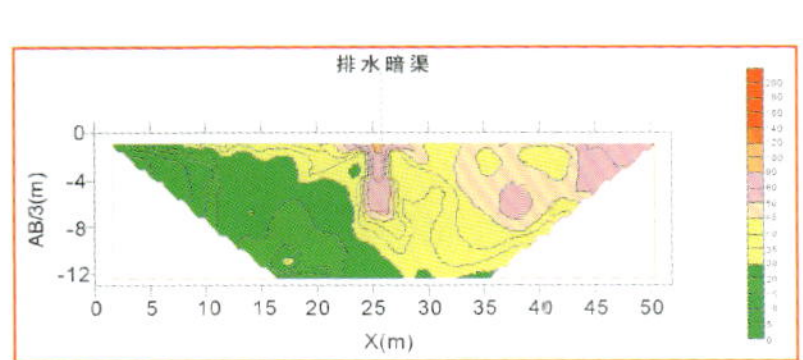

图2 排水方渠探测的成果图
（采用：温纳装置、极距1米，最大隔离系数13）

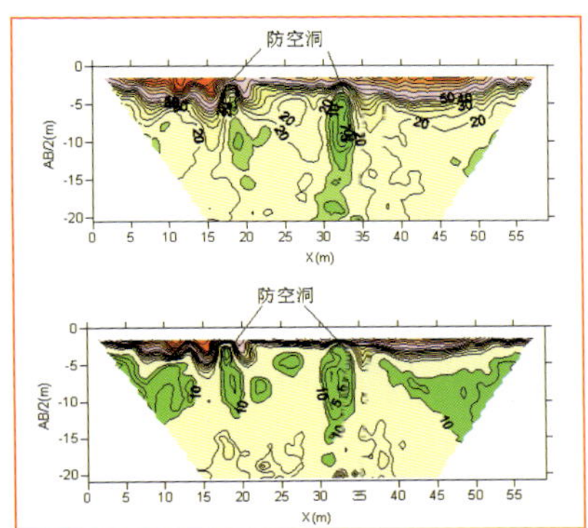

防空洞探测成果图

项目最终取得了丰硕的技术成果：

（1）应用高密度电阻率法进行城市地下目的物探测的优选探测方案的建立；

（2）突破性地解决了困扰城市高密度电法勘探中的接地供电难题；

（3）首次提出基于高密度电阻率法的观测方式分类；

（4）高密度电阻率法探测的浅层干扰异常特征及有效剖面特征的系统总结；

（5）圆满完成对城市地下目的物如地下管线、地下人防工程、地铁隧道等的探测，取得良好效果；

（6）城市浅层病害的探测尝试取得进展。

广东电网公司信息化评测实验室

【实验室定位】

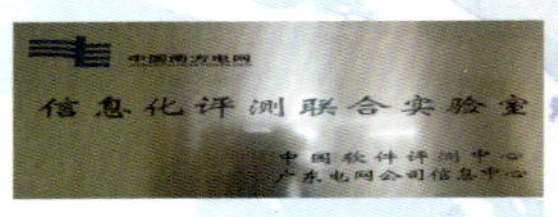

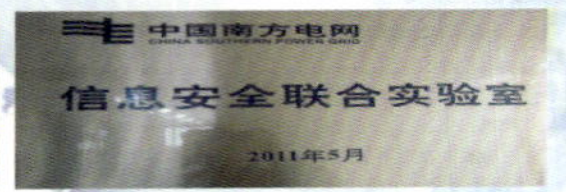

广东电网公司信息化评测实验室获得中国合格评定国家认可委员会（CNAS）认可，依托单位为广东电网公司信息中心。实验室承担着广东电网公司及其直属单位信息系统的质量检测及评价工作，并针对软件全生命周期质量保障课题与信息新技术开展前瞻性研究，其目标是“构建统一的、面向软件全生命周期的IT评测体系、建立集信息安全评测、软硬件平台评测、应用系统评测于一体的综合性信息化评测实验室，为信息系统的开发、建设、运维等全生命周期过程开展质量检测，同时为电网信息化评测提供一个开放、公共的研究平台”。

【实验室情况】

广东电网公司信息化评测实验室占地500余平方米，内设机房、测试区、演示区等，实验室具备优良的软件测试服务的基础设施和软硬件环境，拥有各类国内外主流与自主研发的各类测试工具。实验室立足电网实际业务需求，按照“体系化、规范化、指标化”的思路，构建具有电网特色“基于软件全生命周期的5大节点13类测评服务”的信息化评测体系。

实验室坚持“以我为主、引进外脑”的发展思路，在电力行业首次引入多个国家级信息化权威机构作为战略合作伙伴。信息化评测实验室先后与中国软件评测中心、中国信息安全测评中心签署战略合作协议，共同建设联合实验室，在科研课题和信息化测评业务方面开展深入合作。

实验室环境

【实验室人才队伍】

现今实验室共有博士1名、硕士占实验室总人数的19%、本科占78%。在所有同事的努力下，实验室共获得CISP、高级项目管理师等专业技术认证69个，其中高级资质9个、中级资质6个，初步建成了“一专多能”的梯形人才队伍。

【实验室成果】

1.面向信息系统全生命周期的评测体系

实验室立足电网实际业务需求，按照“体系化、规范化、指标化”的思路，构建具有电网特色“基于软件全生命周期的5大节点13类测评服务”的信息化评测体系，其中创新性地开展了入网安评、选型测试、信息系统实用化评价、定期检测等特色服务。

2.自主可控评测工具研发

电力行业作为关系到国家安全和社会稳定的基础行业，其信息安全工作受到了国家有关部门的高度重视。针对电网特色的信息化测评业务，公司坚持自主可控研发等级保护、风险评估、安全评价、入网安全测评、远程测试、快速测试、实用化评价、基线核查、应用代码审核等工具，打破了国外产品在电网信息化测试领域的垄断，推动了测试产品的国产化，规避了使用外国产品可能留下的安全隐患，有效地提升广东电网公司信息系统的自主可控测评服务水平，有效地应用于南方电网范围内的各项信息化测评工作。

工具箱

3.科研课题成果

在科研课题方面，荣获电力行业管理创新成果2项、南方电网公司科技进步奖2项、广东电网公司科技进步奖5项。已获软件著作权13项、专利2项，正在申请专利9项；累计发表论文15篇，其中2篇获技术论坛奖励，1篇被EI收录，2篇被中文核心期刊收录。

【实验室展望】

根据南方电网公司“十二五”信息化规划中对于新技术的发展促进信息化发展的要求，本实验室将以重大科技项目为龙头，形成技术重点突破，带动相关技术领域进步，进一步研发一批具有自主知识产权和广泛影响力的科技成果。

1.开展新一代信息技术领域的测评研究

随着公司移动智能终端的广泛应用，以及在企业信息化中云计算、物联网等新一代信息技术的应用越来越成熟，开展相应的评测技术研究。

2.加强评测领域新技术的引进与吸收

公司网络环境复杂，信息系统面临在复杂网络环境下多用户、多并发访问时的性能、安全性、可靠性等问题，开展复杂环境下电力行业可信信息系统的测评技术研究；实施信息系统检测中云技术的应用研究，利用云计算技术提供的大计算力、弹性分配资源以及分布式计算的能力，快速部署高度仿真的测试环境，推进一体化测试。

广东晶通
公路工程建设集团有限公司

沥青拌和楼

广东晶通公路工程建设集团有限公司（原广东省公路工程建设集团有限公司）是经广东省人民政府批准，于1994年9月28日正式成立的一家集公路工程总承包、施工、勘察设计、监理、交通工程、材料供应、绿化等于一体的公路施工骨干企业，注册资金2亿元。

公司现为广东省交通集团有限公司和职工联合体共同控股的有限责任公司，拥有公路工程施工总承包一级资质及路基、路面、桥梁工程专业承包一级资质、隧道工程专业承包二级资质、市政公用工程施工总承包二级资质等。

京珠南宝林山隧道

目前，公司已建立了较为完善的现代企业管理制度，健全了母子公司管理体制和专业化施工管理体系，并于1999年12月率先在广东省公路施工企业中通过ISO9002国际质量体系认证，2006年1月再次通过了“质量、环境、职业健康”三合一管理体系认证，2001—2010年连续10年获得广东省工商行政管理局授予的“重合同守信用企业”荣誉称号。2001年以来连续6年获“全国交通行业优秀管理小组”奖；参与的“山岭重丘区高速公路水泥混凝土路面设计施工成套技术研究”项目获2010年度中国公路学会科学技术奖一等奖。

茂湛高速公路

广肇金马大桥

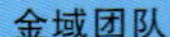
金域团队

病理专家教授

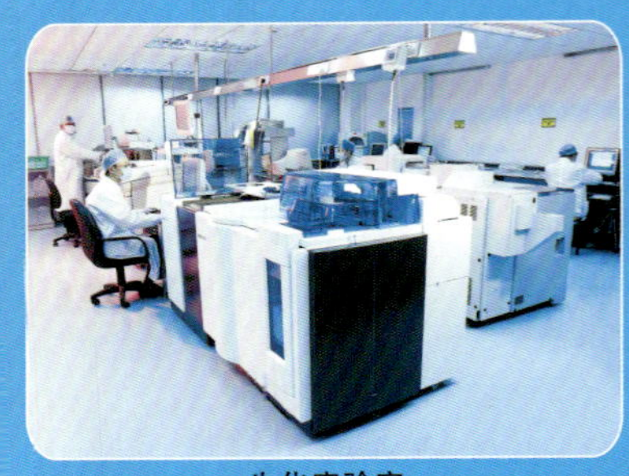
生化实验室

广州金域医学检验中心有限公司

遗传实验室

中美远程病理会诊

广州金域医学检验中心有限公司（以下简称“金域”）成立于1994年，是全国规模最大、检测项目最全、通过国际行业标准认证最多、服务网络最广、营业额最大、成长性最好的科技型现代生物技术服务企业、中国第三方医学检验行业先锋。公司拥有19家省级连锁中心实验室（包括香港金域），服务网络覆盖全国26个省份，90%以上人口所在区域。公司四大核心业务为医学检验、食品与卫生检验、药物临床试验和科研服务。2011年公司营业收入达6.67亿元，增长率连续五年超过50%，2012年年产值将超过10亿元，至2018年预计可超100亿元。

——**连锁经营**。通过信息化网络链接，服务高端大型三甲医院并将检验服务延伸至乡镇和社区，80%的检验报告24小时内发单。

——**国际标准**。通过CAP、ISO15189、ISO/IEC17025、ISO9001:2008等国际标准化质量管理体系认可，标本检验全过程信息化监控，检测结果获50多个国家、地区的认可。2011年临检标本数量750余万例，病理标本200余万例。

——**顶尖技术**。拥有流式细胞检测、免疫组化、细胞和分子遗传、荧光原位杂交、分子诊断、色谱–串联质谱理化分析、军团菌检测鉴定、恶性肿瘤病理鉴别诊断和转化医学检测等高新技术平台；与国际顶级医疗机构美国匹兹堡大学医学中心共建远程病理会诊中心，与美国克利夫兰医学中心建立战略合作伙伴关系。

——**一流团队**。拥有海内外顾问70多人，引进海外专家及学科带头人14人、高级专家教授41人。

金域通过开展“金域临床实验诊断技术的研发及服务体系的建设”项目，成功地建立了符合国际标准的流式细胞分析、免疫组化、细胞遗传、荧光原位杂交、分子诊断、质谱分析、军团菌检测鉴定、恶性肿瘤病理鉴别诊断和转化医学检测九大高新临床实验诊断技术平台，在这些平台的基础上开发了380多项高新技术检测新项目（新产品），成为国内开发应用于临床的高新技术检测项目最多的实验室。检测能力、检测技术、检测质量在国内处于领先水平。该项目获得了2012年广州市科学技术奖二等奖。

科技发展资源、环境和条件

专业队伍建设

2011年，广东省狠抓科技人才队伍建设，引进创新科研团队专项计划成功引进第2批20个创新科研团队，汇聚海内外高层次人才140名，有效地扩大了广东高层次人才引进规模。截至2011年年底，全省专业技术人才总量达435万人，具有高级职称或博士学位以上的高层次专业技术人才达22万人，对经济发展的贡献更加明显。进一步加强科技管理干部队伍建设，为全省科技创新提供人才支持与组织保障。新设立1个广东科技人才基地，将广东科技人才基地覆盖整个珠三角地区。

引进创新科研团队专项

2011年，广东省引进创新科研团队专项计划成功引进第2批20个创新科研团队，汇聚海内外高层次人才140名，有效地扩大了广东高层次人才引进规模。首批团队在粤工作进入平稳快速推进阶段，在人才吸引培养、论著发表、技术突破、专利申请、产品研发等方面取得显著成效。广东省第3批团队申报形势喜人，吸引国内外96个创新科研团队642位高层次人才积极申报。随着引进创新科研团队专项计划的深入开展，新华社、中新社、《科技日报》、《南方日报》等众多主流媒体纷纷加大对广东引进创新科研团队专项计划的宣传与报道，极大地提高了专项计划在国内外的关注度和影响力，引进创新科研团队已成为广东吸引培养高层次人才的“活广告”。

【首批团队在粤工作进展】 首批团队已在粤工作近2年，各项工作进入平稳快速推进阶段，并取得丰硕成果。

吸引培养人才多，“以才聚才”成效显著

截至2011年年底，首批团队带头人与核心成员均已来粤到岗工作，团队成员随着各项科研任务的推进而不断扩大，新增吸引人才254人，累计吸引人才495人，约为引进时人才数量（93人）的5倍；新增培养博士、硕士、科研骨干等311人，累计培养673人，“以才聚才”“以才养才”效应明显。“低成本健康技术创新团队”的马楠博士成功入选首批中组部“青年千人计划”，“光启理工研究院团队”带头人刘若鹏博士成功入选国家“863计划”材料领域专家组。

核心技术突破多，后续创新动力十足 2011年新增发表论文130篇，累计发表论文399篇，其中在《自然》《科学》及其系列杂志上发表14篇；新增实验室16个，其中国家级3个，累计建设实验室53个，其中国家级6个；新增申请科研项目69项，其中国家级项目45项，累计获得资助经费近6 000万元。多个团队在核心技术上实现突破，如“低成本健康技术创新团队”研发出国内第1套反射式光学分辨率光声显微成像系统，是光声成像领域的重要进展，团队所在实验室成为世界上第2个掌握该先进技术的实验室；“能源与环境材料研发团队”发明了超级电容器电机膜片制备技术，技术达到国际最新水平，初步实现超级电容器制造的产业化。

核心专利申请多，产业化进展前景明朗

2011年新增申请核心专利1 019项，其中发明专利805项，累计申请1 815项，其中发明专利1 469项，增幅显著；新增新产品、新装备、新工艺9项，累计35项，实现直接销售额近6 000万元。如“高通量基因测序系统研发团队”成功研发的高通量基因测序系统，打破发达国家对基因测序设备及其核心技术的垄断，先后获得国家、省、市三级重点新产品称号；“低成本健康技术创新团队”研发的低剂量牙科 CT 成像技术和系统，成功获得社会投资 3 000 万元，为团队成果产业化提供了有力的资金支持。

【第 2 批团队评审及入选团队基本情况】 按照《广东省引进创新科研团队评审暂行办法》规定，省科技厅于 2010 年 12 月 9—12 日、2011 年 1 月 4—6 日分别召开同行评审和现场答辩评审，累计邀请 90 位国内顶尖技术专家、13 位省直部门副厅级以上领导干部为管理专家及省发改委、省经信委、省财政厅等 14 家省直相关部门参与，省纪委、省监察厅派驻省科技厅纪检组、监察室的负责同志全程监督评审过程和结果。在现场答辩评审中，共邀请了 35 名省内外“重量级”专家，其中 22 位（18 位来自省外）技术专家为中国科学院或中国工程院院士。

在第 2 批团队评审过程中，省科技厅以遴选符合全省产业转型升级的创新科研团队为目标，科学设计指标，准确把握方向，重点围绕产业化导向，始终坚持做到“五个更加突出”，即在团队申报中更加突出产业化目标，在评审指标体系中更加突出产业化权重，在邀请评审专家时更加突出产业化经验，在现场评审中更加突出考察产业化情况，对引进单位更加突出考察产业化支撑，从而使引进的创新科研团队更加符合全省发展战略性新兴产业及转型升级的要求，成为高新技术产业特别是战略性新兴产业发展和突破的核心推动者。

经过各阶段的评审，由 2006 年诺贝尔生理学或医学奖获得者克雷格·梅洛教授领衔的“基因沉默技术与治疗研发团队”为代表的 20 个创新科研团队，成功入选第 2 批广东省引进创新科研团队资助计划。这 20 个团队整体水平高，综合实力强，汇聚了 140 位国内外高层次人才，队伍结构实现“两个 90%”突破，即博士及高级职称均占入选人员总数的 90%。入选团队中不仅包括诺贝尔奖获得者、诺贝尔奖评委、欧盟笛卡尔奖获得者各 1 位，还包括院士 8 位，千人计划入选者、长江学者、国家杰出青年基金获得者共 17 位。近 5 年来，20 个团队总计发表论文超过 7 000 篇，其中在《自然》和《科学》上发表论文 51 篇，获得最具代表性的、对产业具有极大带动作用的核心授权发明专利 129 项。这些团队来粤创新创业，预计在 3 年左右为广东创造和带动数千亿元产值。截至 2011 年年底，第 2 批创新科研团队成员基本到位到岗，科研工作进展顺利，已建立实验室（研发中心）20 家，发表核心期刊论文 78 篇，其中 4 篇发表在《自然》《科学》及其系列杂志上，发表论著 5 本，申请专利 93 项，自主研发新产品 23 个，其中 2 个新产品已实现销售，创新成效显著，产业化进程迅速。

【第 3 批团队申报情况】 2011 年 11 月 15 日，《广东省引进第 3 批创新科研团队和领军人才申报工作公告》发布，标志着广东省第 3 批引进创新科研团队申报工作正式启动。延续前两批团队强劲的申报形势，第 3 批引进创新科研团队共吸引国内外 101 个创新科研团队前来申报，96 个团队通过合规性审查进入评审阶段。96 个团队汇聚高层次人才 642 人，其中有高级职称的 540 人，占成员总数的 84%；有博士学位的 560 人，占成员总数的 87%；包括 2006 年诺贝尔化学奖获得者 1 位，国内外院士 18 位，千人计划入选者 30 位，长江学者 10 位，国家杰出青年科学基金获得者 9 位，发达国家知名高校、科研机构终身教授或副教授 19 位，省部级以上重点实验室负责人、世界 500 强企业高管 9 位。在 96 个团队中，有 42 个团队在《自然》《科学》上发表过论文，近 5 年累计已授权发明专利 2 916 项，其中拥有独立知识产权的发明专利 1 273 项。

由于第 3 批团队申报公告明确要求引进团队应“注重转型升级需要，注重产业化导向”，并相应在申报书及申报指南上增加产业化已开展情况、产业化预期目标等相关内容，因而引导并吸引了更多具有创新性、良好市场前景、产业化准备充分的团队前来申报。总体呈现以下几个特点：

团队项目突出产业化 一是申报项目以成果转化类为主。在 96 个申报团队中，成果转化与产业化类项目 46 个，占 48%；应用研究与开发类项目 49 个，占 51%；基础研究类项目仅 1 个，占 1%。二是申报主体以企业为主。在 96 个团队中，由企业引进的团队 58 个，占 60%；由高校引进的团队 22 个，占 23%，其中 7 个团队与企业签订成果转化合作协议，联合进行申报；由科研机构引进的团队16个，占17%。在96个团队中，28个团队项目已成功获得国内外多项风险投资，累计融资上百亿元。

64个团队预期2年内能研发出样机或样品（包括8个能进入临床1期的生物技术及新医药领域团队），占66%，其中28个团队1年内即能研发出样机或样品；71个团队预期5年内可将成果转化为产品推向市场（包括10个生物技术及新医药领域团队），占73%，其中39个团队5年内能实现大规模销售，产生直接经济效益数千亿元。这些团队长期在国内外从事研究开发工作，具备一定的成果转化基础，他们瞄准广东良好的创新环境和市场环境，携带资金和成果来粤进行转化与产业化，将极大地推动广东产业转型升级及战略性新兴产业的发展。

来粤工作方式全职化　在96个团队的642位成员中，全职在粤工作的成员有407人，占63%，其中215人为境外引进成员。这些境外引进成员承诺全职来粤工作，充分反映了他们逐步将科研事业重心转移到广东的决心和信心，反映了专项计划对高层次人才的巨大吸引力和凝聚力。

团队成员来源国际化　在96个团队中，有80个团队由境外引进，占83%，分布在美国、加拿大、英国、法国、芬兰、乌克兰、日本、澳大利亚、新西兰及中国台湾、香港等多个国家和地区。在96个团队中，从境外引进的成员有445人，占总人数的69%，其中包括14位发达国家院士，30位千人计划入选者和19位国外知名高校、科研机构终身教授或副教授。这些成员，大部分拥有国外知名高校教育背景且长期在国外从事科研工作。他们的引进，不仅带来新技术、新项目，还带来新视野、新思路，在支撑引领产业高端发展、追赶学科前沿的同时，可极大地拓展广东国际交流与合作的广度和深度。

人员年龄结构年轻化　642位团队成员平均年龄43岁，其中45岁以下的成员370人，占成员总数的58%，最年轻的团队带头人仅29岁。这些处在创新“黄金年龄”的青年才俊们，将逐步成为本省发展战略性新兴产业的青年领军式人才、院士后备力量，引领全省战略性新兴产业快速发展。

【团队管理与服务】　引进创新科研团队专项办公室（以下简称“专项办”）以为团队提供优质服务为宗旨，积极开展团队跟踪管理服务工作，为引进创新科研团队营造良好创新创业氛围。

总结调研　为深入了解首批创新科研团队引进1年来的工作进展和成效、存在的困难与问题，更好地为团队提供优质服务，改进引进创新科研团队工作，在科技部的高度重视和大力支持下，2011年3月28—31日，省科技厅与省委组织部联合开展了广东省首批引进创新科研团队实地调研活动，并形成《广东省首批引进创新科研团队年度调研报告》，上报省委组织部。调研发现，首批团队的建设成效可圈可点、亮点纷呈，研发成果产业带动作用明显，从2011年始至今后两三年内，绝大多数团队有望实现产业化并产生数千亿元产值，创新科研团队已成为推进广东产业转型升级的新引擎，充分实现了人才引进与产业发展的良性互动。

工作宣传　2011年，专项办为加大对引进创新科研团队的宣传力度，主要办理完成以下3项工作：一是配合省科技厅办公室宣传部署，制定了引进创新科研团队年度宣传计划，广邀新华社、《科技日报》、《南方日报》等主流媒体加大团队宣传力度；二是不断完善广东省引进创新科研团队专项信息网网站开发建设，及时更新网页信息，为创新科研团队及其引进单位提供政策解读、咨询服务、申报引导、跟踪管理等全方位便捷的信息化服务；三是制定人才工作简报制度，印发《广东省引进创新科研团队专刊》（2011年第1期），及时向省委、省政府领导汇报团队在粤工作进展。

据不完全统计，一年来，共吸引39家国内主流媒体集体关注并争相刊发或转载广东省首批团队引进1年的创新成果及第2批引进团队的工作成效，其中包括《人民日报》、《科技日报》、新华网、《中国日报》、《中国人事报》、《中国青年报》等17家全国性媒体，及《南方日报》、广东卫视、《广州日报》、《深圳特区报》、《佛山日报》、上海新民网、辽宁省人民政府门户网站等22家地方媒体。《南方日报》在6月2日和3日头版和要闻版、4日要闻版对团队进行了系列全景式报道，对同一事件报道篇幅之大、位置之显、角度之深是近年来少有的。《人民日报》11月29

日头版报道了首批引进的深圳光启理工研究院团队在粤创新创业进展，这在国内人才工作中鲜有，体现了引进创新科研团队已成为广东省加快吸引培养高层次人才的“活广告”。

总结与完善 2011 年，专项办根据《广东省引进创新科研团队专项资金管理暂行办法的补充通知》等相关规定，合同书内容应针对资金一次性拨付、30% 的人员费支出比例、突出产业化导向、项目内容调整及经费预算调整等情况做出相应修改，同时鉴于引进创新团队成员中有外国人才的因素，在合同书中增加英文版本承诺书。

积极修改完善团队申报评审管理系统，其中，合同系统于 2011 年 6 月底开通，为申报评审工作的开展奠定坚实基础。修改完善第 3 批创新科研团队申报书的工作，参照省科学技术奖一等奖现场考察评审的做法，在原有申报评审流程的基础上，增加实地考察评审环节和团队业务主管部门正式行文推荐申报环节两个流程。在 2011 年团队申报公告、申报书等材料中进一步明确产业化导向的要求，增加产业化相关内容比重，在评审指标体系中提高产业化相关指标的权重，突出产业化导向；增加合理填报申请金额的要求；明确用人单位支撑条件；进一步明确知识产权归属问题；精确量化团队成员在粤工作时间。修改完善的申报系统于 2011 年 11 月中旬正式开通，从而使第 3 批引进创新科研团队彻底实现了网上申报。

（广东省引进创新科研团队专项办公室 陈 敏）

高层次专业技术人才队伍建设

截至 2011 年年底，全省专业技术人才总量达 435 万人，具有高级职称或博士学位以上的高层次专业技术人才达 22 万人，其中院士 99 名（含双聘院士 66 名），享受政府特殊津贴专家 5 136 人，“新世纪百千万人才工程”国家级人选 82 人，博士后 4 700 余人，科研成果更加丰硕，对经济发展的贡献更加明显。

【高层次专业技术人才培育】 2011 年度，经过形式审查和两院学部主席团审定，广东省有 6 人成为两院增选院士有效候选人，华南理工大学瞿金平教授当选中国工程院院士。

省人力资源和社会保障厅与省委组织部联合出台《广东省百名南粤杰出人才培养工程实施办法》。从 2011—2015 年，每年遴选 20 名左右高层次人才作为培养对象，省财政给每人一次性提供 100 万元的专项培养资金，支持其开展科研创新，着力培养一批有实力竞争两院院士的后备人才。

全省有 280 多万名专业技术人员通过参加培训班、研修班，参加学术会议、学术讲座或远程教育等方式接受继续教育，参训率达 67%；超过 16 万个法人单位完成登记注册，超过 100 万名专业技术人员进行登记注册；各地市和省直单位举办了 589 个各类型的高级研修班，重点培训了 10 万名高层次、急需紧缺和骨干人才。

【博士后工作】 2011 年，广东省认真做好博士后招收工作，进站 594 人，出站 421 人，遴选推荐 62 名博士申报“香江学者”计划，共有 5 名博士入选，其中中山大学 3 名、华南理工大学 2 名，分别到香港科技大学、香港城市大学、香港浸会大学和香港理工大学 4 所院校从事博士后研究。

首届中国（广东）博士后人才交流与科技项目洽谈会 详见第 18 页。

广东省博士后培养工程实施意见 4 月，省人力资源和社会保障厅出台《广东省博士后培养工程实施意见》，进一步明确博士后培养工程的目标任务、方法步骤和具体措施，为加大博士后培养力度，创新培养模式，鼓励和引导更多优秀人才智力向企业集聚，促进产学研合作提供了制度保证。

博士后特约研究员制度 11 月，省人力资源和社会保障厅与省科技厅联合出台《博士后特约研究员制度》，鼓励出站博士后通过灵活的方式继续为企业服务、促进产学研结合。

2011 年全国中医药博士后学术论坛 11 月 22—23 日，由人力资源和社会保障部、全国博士后管理委员会办公室、广东省人力资源和社会保障厅共同主办，广州中医药大学承办的 2011 年全国中医药博士后学术论坛在广州举行，来自全国 31 所兄弟院校、32 家博士后工作站的 200 多名博士后，学校相关职能部门、二级单位负责人参加

了开幕式。论坛的主题为“中医药国际化与战略新兴产业发展”，设立一个大会主会场及中医学、中西医结合和中药学、软科学两个分论坛，以学术讲座、成果报告、座谈交流和现场考察等多种形式进行，旨在构建一个集科研、发展、产业为一体的高层次、高水平中医药交流平台。

【高层次专业技术人才引聚】 2011 年，广东省评审引进第 2 批领军人才 17 名，其中诺贝尔奖专家 1 名、国内院士 1 名、欧美院士 4 名。赴美加招聘海外人才，达成明确合作意向和聘用协议的高层次人才 145 名、科研团队 13 个。2009 年以来，全省共吸引来粤发展海外留学人员 7.1 万名，每年在粤工作国（境）外专家达 14.5 万人次。

中国东莞留创园揭牌暨高层次留学人员创新创业周 9 月 22—25 日，中国东莞留创园揭牌暨高层次留学人员创新创业周（以下简称“中国东莞留创周”）活动在东莞市举行。本次中国东莞留创周是由人力资源和社会保障部与广东省人民政府联合主办，人力资源和社会保障部专技司、广东省人力资源和社会保障厅、广东省外国专家局、东莞市人民政府、全国留学人员回国创业专家指导委员会等协办，东莞市人力资源局和东莞松山湖高新区管委会共同承办。活动旨在大力宣传国家、广东和东莞市支持留学人员回国创业的各项优惠政策，充分展示广东省和东莞市良好的创新创业环境，全面推动中国东莞留创园建设，努力吸引更多留学人才回国来粤创业，加快推进东莞市“人才东莞”工程的实施，打造“人才向往之地、人才聚集之城”。

9 月 22 日，中国东莞留学人员创业园揭牌仪式暨高层次留学人员创新创业周在东莞正式启动。截至 2011 年 9 月，全国留学生创业园有 150 多家，国家级 38 家，松山湖创业园是广东省首个由人力资源和社会保障部与省人民政府共建的留创园。论坛以“创新、创业、发展、共赢”为主题，邀请了政府官员、管理精英和知名创业企业家，围绕主题从不同角度不同侧面对留学人员回国创新创业所具备的优势、面临的困难、未来的挑战，以及成功创业者的经验体会等进行深入的探讨，为创新创业者建言谋策。期间，还组织了中国留学人员回国创新创业高峰论坛、广东省第 3 届“百名海外专家南粤行”（东莞）交流合作大会、全国留学人员回国创业培训班等多项活动。

广东中山留学人员创业园揭牌 12 月 27 日，首家由广东省人力资源和社会保障厅与中山市人民政府共建的省级创业园——广东中山留学人员创业园揭牌仪式在中山市正式启动。揭牌仪式后还举行了落户广东中山留创园创新创业的 8 名高层次留学人才代表现场签约仪式。

截至 2011 年年底，广东中山留创园已聚集了 20 多家留学人员科技创业企业，拥有 1 个综合孵化器和 5 个专业孵化器，专用于留学人员创业的孵化大楼——数码大厦已开始投入使用，创业孵化场地面积将近 10 万平方米，可容纳企业近 500 家，“科技中介服务区、创业人才生活区、高新技术成果展示区、高新技术产品交易区”四大人才创业配套服务功能区已基本成形，将为留学人员提供广阔的创业平台和优质的生活环境。

第 3 届“百名海外专家南粤行”活动 自 2009 年以来，广东省人力资源和社会保障厅、广东省外国专家局每年举办一届“百名海外专家南粤行”（以下简称“南粤行”）活动。2011 年 9 月 20—22 日，举办了第 3 届“南粤行”活动，来自北美、欧洲、亚洲、大洋洲、独联体的 15 个国家著名高等学校、科研机构、跨国公司的 101 名海外专家与本省重点大学、科研机构、创业园区、高新技术企业等有关单位进行了对口洽谈和项目对接。“南粤行”活动成效显著，有近半海外专家与广东省相关单位达成初步合作意向。

泛珠区域人才服务合作第 12 次联席会议 11 月 8 日，泛珠三角区域“9 + 2”人才服务合作第 12 次联席会议在广州召开。会上签署了《进一步推动泛珠三角区域人才网联盟建设合作协议》。

会议强调，要以“经济转型与区域人才合作”为主题，紧扣当前经济社会发展的大局，认真探讨区域人才合作与加快转变经济发展方式的关系，深入研究促进区域人才互补合作、形成引才聚才整体优势的新思路、新举措。一是紧紧围绕经济发展方式转变大局，谋划区域人才服务合作。要把人才合作发展放在更加重要的战略位置，既要立足于本省区经济社会转型升级的实际，又要着眼整个泛珠区域人才互补、资源共享的新趋势，以人才结构的优先调整引领产业结构的转型升级，以多元人才的流动供给助力加快转变经济发展方式。二是紧紧围绕国家人才发展战略，推进区域人才服务合作。要按照政府推动、市场主导、平等互惠、共同发展的原则，加快推进多层次、多形式、全方位的人才服务合作，切实破解人才服务合作中的体制障碍、政策壁垒和现实问题，共同将泛珠区域打造成人才服务合作示范区。三是紧紧围绕区域人才需求现状，深化区域人才服务合作。要从区域人才需求现状出发，突出合作重点、拓展合作领域、深化合作层次，加快建立统一规范的泛珠区域人力资源大市场，努力满足各地对各类人才特别是高层次人才的需求，进一步开创泛珠区域人才服务合作新局面。

【职称制度改革】 针对职称工作政策性强、涉及面广、社会关注度高等特点，认真调研，充分酝酿，逐步推广量化评审、答辩、考评结合等评价方式，切实理清思路、把握关键，将各个系列专业技术资格条件修订完善和特聘专家聘任办法纳入专技人才中长期规划进行统筹考虑，稳步推进。省人力资源和社会保障厅联合省教育厅完成了中职和技工学校教师系列设置正高等级的调研，在东莞推开知识产权高中级专业资格评价试点工作，在珠海、中山推开农村实用技术人才职称评价工作。

经过省经济和信息化委员会、省人力资源和社会保障厅等部门和业界的共同努力，广东成为全国第 1 个实行国家工业设计职业资格制度试点的省份，率先建立了一套较完善的工业设计人才评价体系。2011 年，广东省继续扎实开展工业设计职业资格制度（专业技术人员）试点工作，在搭建工业设计职业资格制度政策体系、成功组织首次考试和考核认定的基础上，不断完善和改进试点工作。1 月，公布通过认定的高级工业设计师名单。针对广东省每年应届的工业设计专业和相关专业毕业生约有 3 000 多人的实际情况，及时调整政策，允许符合条件的应届毕业生参加考试，鼓励他们投身工业设计行业，圆满完成第 2 次职业资格考试，试点工作初步进入常态。8 月 18 日，省人力资源和社会保障厅与省经济和信息化委员会在顺德举行“工业设计师颁证、工业设计示范基地（企业）授牌暨广东省工业设计协会成立 20 周年活动”，31 位首批考核认定的高级工业设计师、“省长杯”十大设计师称号人员获颁证书。

（广东省人力资源和社会保障厅　王文特）

科技干部教育与培训

2011 年，省科技厅进一步加强科技管理干部队伍建设，提高科技管理能力，全年共组织科技系统干部培训 4 批次，培训人员 135 名，为全省科技创新提供人才支持与组织保障。

省科技干部学院作为国家级星火培训基地和广东省科技干部、专业技术人员、中小学教师继续教育基地，全年共举办各类培训班 23 期，培训科技干部、专业技术人员、中小学教师 1 490 人次，联合省级星火培训基地和星火学校开展田园科技带头人和新型农民培训，举办科技讲座 60 多次，培训 6 000 多人次。

【全国市县科技局长“科技创新加快经济转型升级”专题培训班】 11 月 6—12 日，由科技部主办、省科技厅协办、省科技干部学院承办的“市县科技局创新与效能建设——科技创新加快经济转型升级”专题研讨班在省科技干部学院举办，来自全国各省、市、自治区的 84 位县（市、区）科技局领导参加。科技部政策法规司、省科技厅领导和省政府发展研究中心、省委党校、省农业科学院、暨南大学的专家学者先后为培训班授课。

【科技系统干部培训】 2011 年，省科技干部学院先后举办广东省地级以上市科技局局长“科技创新加快现代产业体系建设”专题研修班 1 期，培训 20 人；广东省县（市、区）科技局“科技创新加快经济转型升级”研修班 1 期，培训 43 人；“广东省科技厅系统基层党务干部培训班”1 期，培训 41 人；“广东省科技厅系统分管党务工作领导高级研讨班”1 期，培训 25 人；“广东省科技厅机关女干部业务培训班”1 期，培训 20 人；“广东省科技系统人事干部班”1 期，培训 30 人。

广东省地级以上市科技局局长“科技创新加快现代产业体系建设”专题研修班 该研修班由省科技厅主办，省科技干部学院承办，于6月7—14日在省科技干部学院举办，来自全省地级市科技局（委）、顺德区经济促进局的领导共20人参加。研修班邀请了省科技厅领导，北京亿维讯公司总经理、国际TRIZ四级认证专家林岳博士为学员授课，主要包括：广东当前科技工作的形势与任务、科技创新思维与方法、战略性新兴产业与科技重大专项和大力发展科技服务业推动产业转型升级等专题。组织学员前往武汉、宜昌等地进行实地考察，深入交流科技创新加快现代产业体系建设的经验与举措。

广东省县（市、区）科技局长“科技创新加快转型升级”研修班 该研修班由省科技厅主办，于9月13—20日在省科技干部学院举办，全省43个县（市、区）科技局局领导参加。研修班邀请了省科技厅有关处室的领导和省社会科学院专家为学员授课，主要包括：广东当前科技工作的形势与任务、广东省科技平台与专业镇建设、优化科技资源配置促进经济发展方式转变、创新思维与方法等，并组织学员参观了广州高新技术开发区。

【新疆科技管理业务骨干培训班】 11月1—15日，省科技干部学院举办了新疆科技管理业务骨干培训班，新疆维吾尔自治区科技管理干部44人参加培训。培训班邀请了省科技厅、省委党校、省社会科学院、省农业科学院、暨南大学、广东律师协会的专家学者为学员授课，主要包括：广东当前科技工作的形势与任务、公共管理理论与社会管理创新、公共危机事件管理与应对、创新思维与创新方法、现代农业与生态农业、广东经济发展方式转变与产业升级、食品安全与广东农业科技体系建设、知识产权与专利管理实务等专题，并组织学员赴深圳、珠海、东莞、江门、阳江等地参观高新技术产业园、专业镇技术创新平台、生态农业科技园、产业转移园等。研修班的举办加强了粤疆两地科技工作交流。

【西藏林芝地区科技管理干部研修班】 11月20—30日，省科技干部学院举办了西藏林芝地区科技管理干部研修班，该研修班是省科技厅“科技援藏”的第13期研修班，西藏林芝地区科技管理干部17人参加培训。省科技厅领导为研修班作“广东科技工作的新形势与新任务”专题报告，研修班还邀请省社会科学院、省农业科学院、省微生物所的专家学者为学员授课，主要包括：现代农业科技与特色农牧业发展、食用菌优质高效种植与加工、花卉园林植物资源与产业化开发等专题，并组织学员赴深圳、惠州、河源等地参观现代农业示范园、有机农产品生产基地、绿色食品生产基地、高新技术产业园区与创新型企业等。研修班的举办支持了西藏林芝地区科技管理干部的培养，加强了粤藏两地的科技工作交流。

【专业技术人员继续教育与培训】 2011年，省科技干部学院举办专业技术人员继续教育与培训班13期，累计培训1 186人次，主要包括：全国注册土木工程师考前培训、全国建造师考前培训、公安刑侦技侦专业技术培训、管理咨询师考前培训、云南镇雄学术带头人培训、计算机专业技能培训等。培训班的举办促进了专业技术人员技能水平的提高。

【星火科技培训】 2011年，省科技干部学院承担广东省科技计划项目“农村科技带头人创业就业技能与现代农业技术培训示范”项目，加强农业科技服务体系和科技人才队伍建设，促进现代农业科技创新成果推广应用，重点开展以田园农业科技服务专家、农业技术推广人员、种养殖大户、农民工等为对象的农业科技培训，指导并协助省级星火培训基地和各星火学校举办培训班和讲座60多次，培训6 000多人次。

（广东省科技干部学院　曾煜洲）
（广东省科学技术厅人事处　罗海波）

科技人才基地建设

2011年，省科技厅在继续抓好现有人才基地的基础上，突出重点，加强广东科技人才基地的建设布局，加强与高等院校高新技术企业和园区的合作，将广东科技人才基地覆盖整个珠三角地区。

2011 年，广东省在南方医科大学东莞松山湖科技园新设立了 1 个广东科技人才基地。截至 2011 年年底，全省共建立了 13 个广东科技人才基地。

多年来，南方医科大学落实“人才强省战略”，进一步服务社会经济建设，坚持“以贡献求发展，以服务求支持”，致力于构筑创新平台，推进产学研合作，引进创新人才，依托学校科技及人才优势，孵化科技型中小企业，组织参与各种技术创新活动，推动科技成果产业化，形成了以南方医科大学科技园为主体，以生物药业、医疗器械等相关产业为特色的高科技人才集聚基地，建立了较完善的高科技人才培养体系。2011 年，广东科技人才基地——南方医科大学东莞松山湖科技园先后举办了生物医药研究中的动物实验技术培训、实验动物国际 AAALAC 认证、实验动物 IVC/EVC 笼具培训等 5 期专业培训会，参会人数 400 多人次。该基地引入美国加州伯克利分校劳伦斯实验室 PET/CT 项目，获得科技部国际科技合作专项，资助经费 800 万元，已建成“中美人类心脑血管疾病大型实验动物模型联合研发平台”。

（广东省科学技术厅人事处　罗海波）

科 技 金 融

近年来，省科技厅根据科技部关于科技金融工作的部署和要求，按照“大科技、大开放、大合作”的工作思路，不断探索科技金融结合新模式和新方法，建立健全风险分担机制，大力促进科技与金融的有效结合，逐步走出了一条具有广东特色的科技与金融结合的路子。截至2011年年底，广东初步建立起“三台一会”（即工作平台、融资平台、担保平台和科技型中小企业信用促进会）的工作模式，构建起科技与开发性金融合作的相关运行体系，共开发、受理全省科技型中小企业贷款项目342个，申贷总额56.6亿元。省科技厅评审并向国家开发银行推荐贷款项目196个，申贷总额37.7亿元。国家开发银行共为41家科技型企业（53个项目）发放贷款10.18亿元。获得贷款支持的企业，成长迅速，其中4家已在创业板、中小板上市。2011年，广东省申报国家科技金融试点并获得批准，3个省科技金融试点市工作不断取得新突破，科技型中小企业融资难问题得到有效缓解。省科技厅完成对省粤科风险投资集团的接管工作，为进一步推进风险投资和科技创新的紧密结合理顺了体制关系。广东华南科技资本研究院挂牌成立，这是广东省科技金融工作的又一次经验探索和机制创新。

科技型企业投融资服务

【广东华南科技资本研究院】 2011年7月，由广东省生产力促进中心牵头组建的广东华南科技资本研究院成立。该研究院以探索科技资源与金融资源对接的新机制和新途径为出发点，为科技企业借助资本市场实现跨越发展，提供一站式优质服务。研究院一方面从事科技资本市场、企业资本运营和重点发展领域的行业研究，为企业尤其是拟上市的企业提供战略发展的决策依据。另一方面，搭建政府、企业、券商、投资银行及创投资本之间的桥梁，为广东科技型企业策划和设计上市方案，指导股份制改革，推荐中介机构，帮助引入企业战略投资者，推动企业走向国内外资本市场。截至2011年年底，已有8家企业委托该研究院开展相关的战略咨询和上市前期辅导。

【广东省科技型中小企业融资担保风险准备金】

2007年，省科技厅设立了总额为1亿元的“广东省科技型中小企业融资担保风险准备金”。2009年，省科技厅又与中山、珠海、东莞市联合设立规模为1.5亿元的“联合科技贷款风险准备金”。风险准备金的设立，创新了财政科技投入方式，有效地引导和推动了银行和担保机构加大对科技型中小企业的贷款和融资支持力度。截至2011年年底，省科技厅已受理全省科技型中小企业贷款项目342个，向国家开发银行广东省分行推荐贷款项目196个，共为41个贷款企业（52个项目）争取到银行贷款近10亿元。办理风险准备金质押3 375万元，引导贷款的放大倍数达30倍，充分体现了风险准备金的引导和杠杆作用。

【广东省科技型中小企业投融资服务中心】 为了更好地推进本省科技型中小企业投融资贷款业务的开展，加强科技投融资工作的整体指导和协调，提高科技型中小企业投融资服务能力和水平，促进全省科技投融资担保体系的建立和完善，广东省生产力促进中心在省科技厅的支持下，成立了“广东省科技型中小企业投融资服务中心”。以投融资服务中心为载体，省生产力促进中心建立了为广大科技型中小企业成长过程提供各种金融服务的“广东省科技型中小企业投融资服务平台”，负责组织开展全省科技型中小企业贷款项目的申报工作，为企业提供全过程的咨询和辅导服务；向合作银行推荐符合条件的科技型中小企业贷款项目；组织省内相关科技中介机构，建立全省性的科技与金融结合助贷机构；开展相关培训，开展有关科技型中小企业投融资的研究，为政府决策部门提供参考和依据。

（广东省科学技术厅科研条件与财务处　卢景昌）

科技金融试点

【国家科技金融试点】　2011 年，根据国家多部委印发的《关于印发促进科技和金融结合试点实施方案的通知》，省科技厅高度重视科技金融工作，牵头制定了《广佛莞促进科技和金融结合试点方案》，申报国家科技金融试点并获批准。

该试点工作力争用 3 年左右时间，基本建成一个与广东经济发展和科技创新相适应的科技金融体系，形成一项全面统筹科技和金融资源的跨部门科技金融协调机制，营造一个有利于科技金融创新发展的良好政策环境，建成一个涵盖银行、证券、信托、创投、保险、基金、产权交易等金融投资行业的科技创新融资支持体系，建设一个省市互动、功能完善、多元化、多层次、多渠道的科技投融资服务体系，打造一支既懂技术又懂金融的复合型高端骨干人才队伍，使本省的科技金融创新水平和服务能力走在全国前列。

【广东省科技金融结合试点市】

东莞　2011 年，东莞市积极推动专利权质押贷款业务，截至 2011 年年底，共确定东莞银行、建设银行东莞分行、工商银行东莞分行、招商银行东莞分行 4 家专利权质押贷款合作银行，其中建设银行已发放 2 笔共计 820 万元的纯专利权质押贷款，共认定 5 批共计 58 家上市后备企业，其中 2 家已经通过证监会的发审，正在等待挂牌上市；3 家上市材料已获中国证监会受理，正在等候审核；9 家企业已在省证监局辅导备案，还有一批企业正在积极进行改制和上市辅导。2011 年，东莞市新增广东银禧科技股份有限公司、广东明家科技股份有限公司、勤上光电股份有限公司 3 家上市公司。

中山　2011 年 10 月，经省科技厅批准，中山市科技局决定在自主创新活跃、科技企业众多和金融环境好的小榄镇推进和深化科技金融结合试点市工作。《省市联合科技贷款风险准备金操作细则》的签署，确立了政府专项资金的风险分担机制及运行模式的可操作性，为促进银行加大对科技型中小企业信贷投放提供了保障和支撑，标志着中山市科技金融结合试点工作进入了新的发展阶段。截至 2011 年年底，中山市小榄镇已完成了第 1 批 20 个项目的申报，贷款金额合计 7 737.7 万元。

珠海　2011 年，珠海市建立了由政府相关部门、金融机构、担保机构及企业共同组成，旨在解决中小企业融资问题的科技型中小企业“四位一体”创新合作模式，联合 13 家金融机构和 15 家信用担保机构，全年累计为 500 多家中小企业发放贷款超过 13 亿元，珠海市政府为 140 家企业贴息 1 900 多万元，利用财政资金撬动银行资金支持中小企业发展，发挥了财政资金“四两拨千斤”的引导作用和倍数效应。

（广东省科学技术厅科研条件与财务处　卢景昌）

广东省风险投资业发展

2011 年是国家“十二五”规划的开局之年，在世界经济持续低迷，欧债危机越演越烈的背景下，中国坚持实施积极的财政政策和稳健的货币政策，不断加强和改善宏观调控，国家宏观经济总体增长态势未变，但增长速度有所放缓。国内资本市场逐渐迈向成熟，国家大力发展战略性新兴产业，鼓励创业风险投资行业继续发展，为社会创造更大的效益和做出更重要的贡献。国家“十二五”规划纲要中提出的培育发展战略性新兴产业，设立战略性新兴产业发展专项资金和产业投资基金，扩大政府新兴产业创业投资规模，深化金融体制改革，大力发展金融市场，继续鼓励金融创新，显著提高直接融资比重，促进创业投资和股权投资健康发展，优化投资环境等论述，引领着创业风险投资行业的可持续发展。2011年8月，财政部、国家发改委联合发布《新兴产业创投计划参股创业投资基金管理暂行办法》，鼓励设立专门支持和促进战略性新兴产业发展的创业风险投资基金。

根据中国风险投资研究院的行业年度统计报告，2011年中国内地VC/PE市场基金募集较2010年略有上升，且VC/PE投资表现极为活跃。2011年，中国内地已完成或正在募集的基金共447个（不包括拟设立的机构/基金），其中透露募资额的基金407个，计划募集资本总额高达9 885.95亿元。142家已全部完成募集的机构/基金募资额达1 775.02亿元，与2010年募资额基本相当，平均每家机构/基金募集的风险资本规模高达12.5亿元，是2010年的1.55倍。在投资方面，2011年，国内外风险投资机构共投资了1 635个项目，是2010年的1.33倍，其中披露投资金额的1 175个项目涉及投资金额2 300.91亿元，投资规模为2010年的2.36倍，投资市场表现极为活跃。

【广东省风险投资业发展现状】 2011年，广东省制定的《广东省省属国有经济布局和结构调整“十二五”规划纲要》中指出要加强创业投资、股权投资和创业风险投资基金建设。随后，广东省决定从省财政分别拨出20亿元和10亿元，设立战略性新兴产业创业投资引导资金和广东省创业风险投资资金，9月，《广东省战略性新兴产业创业投资引导资金管理暂行办法》和《广东省创业风险投资资金管理暂行办法》颁发。战略性新兴产业创业投资引导资金旨在配合广东省的战略性新兴产业发展决策部署，运用财政激励手段，发挥财政资金的引导放大效应，通过创业风险投资促进广东省战略性新兴产业的发展。广东省创业风险投资资金计划于2011—2015年向广东省国有独资的创业风险投资机构——广东省粤科风险投资集团注入10亿元，做大做强广东省风险投资事业，通过粤科风险投资的平台，鼓励和吸引高层次人才来粤创新、创业，实现产业、项目与人才的结合，形成高层次人才集聚，促进高技术产业特别是战略性新兴产业的发展。

【广东省风险投资集团】 2011年，广东省风险投资集团（以下简称“集团”）坚持投资创新型企业，培植整合战略性新兴产业，把“做特、做精、做强、进而做大”作为新阶段奋斗目标。集团公司全年实现利润总额较上年增长15%以上；集团管理的资金新增投资额达3亿元，为参股投资企业新增担保1.06亿元；上交省财政国有企业利润近1 000万元，上缴各项税金约5 000万元。

5月6日，集团参股投资的中京电子股份有限公司在深交所上市交易，共募集资金4.1亿元。此外，集团参股投资的深圳市格林美高新技术股份有限公司在2010年1月以“中国循环经济第一股”的美誉在深交所挂牌上市，募集了7.6亿元发展资金后，在2011年10月，又借助资本市场的平台，迅速加快整合发展步伐，成功实施非公开发行股票募集资金超10亿元。这些都标志着集团坚持不懈扶持广东创新型企业成长又取得了新的成果。此外，集团的多家参股投资企业——肇庆华锋电子铝箔股份有限公司、深圳市豪恩声学股份有限公司、广东红墙新材料股份有限公司、广州星业科技股份有限公司、海口奇力制药股份有限公司、珠海拾比佰彩图板股份有限公司、江苏赛福天钢索股份有限公司和广州市嘉诚国际物流股份有限公司等，已完成上市辅导或正处在上市辅导过程中。

除了风险投资主营业务，集团也已开始布局构建多元化金融投资，打造集团发展的新亮点。经过多年的资产经营与投资发展，集团现已持有粤财信托、中盈盛达担保、众诚保险、珠海华润银行等多种金融类企业股权，投资额达1.1亿元。金融企业股权既是集团的多样化经营资产，也是集团“十二五”规划中提出增大金融投资力度、实现做强做大的重要基础。集团对金融类企业的战略投资布局和有效跟踪管理，不仅发挥了存量资产的效益，更是立足长远持续探索集团积极参与金融投资发展之路，形成多元化的投资新领域，并为实现省政府提出的金融、科技和产业融合发展，为广东实现创新强省、金融强省的战略目标扎实做好工作。

鉴于集团对中国风险投资业界的示范带动和所做的贡献，2011年，在由中国投资协会创业投资专业委员会组织的首届年度优质创业投资项目评优表彰活动中，集团公司荣获“优秀创业投资机构银奖”（全国 20 名）、集团公司何国杰董事长荣获“优秀创业投资家金奖”（全国 10 名）、集团公司投资的项目——深圳市格林美高新技术股份有限公司荣获“优质创业投资案例金奖”（全国 20 名）。此外，集团公司还荣获由科技部批准设立的 2011 年度“中国技术创业协会科技创业贡献奖”的“科技投资业务创新奖”。

【广东省风险投资促进会】 2011 年，广东省风险投资促进会（以下简称“促进会”）继续加强业务开拓，提升服务水平，扩大业界影响力，对外树立协会形象，开展了一系列业务活动和服务工作。在由科技部国家科技奖励办公室批准设立的 2011 年度“中国技术创业协会科技创业贡献奖”评选活动中，促进会有 2 家理事会员单位——广东省粤科风险投资集团有限公司和招商局科技集团有限公司荣获 2011 年度“科技投资业务创新奖”。

2011（第 13 届）中国风险投资论坛 6 月 8—11 日，由民建中央、科技部、省政府和深圳市政府联合主办的“2011（第 13 届）中国风险投资论坛”在深圳召开，该届论坛的主题是“大力推动种子期/早期企业投资 完善风险投资产业链”。作为 2011（第 13 届）中国风险投资论坛的主要承办方之一，促进会直接参与了该届论坛的方案策划、筹备和实施全过程。促进会会员单位有近 60 位嘉宾参加了论坛活动。

风险投资基金管理研讨会 5 月 23 日，促进会联合广东省风险投资集团在广州主办了“风险投资基金管理研讨会”。此次会议旨在交流国内风险投资的相关热点问题，并就风险投资基金管理的组织结构、管理模式和协议条款设置等实务问题进行研讨。此次研讨会特别邀请了美国小企业管理局顾问律师、促进会高级顾问 Davis 先生和复旦大学风险投资研究中心主任张陆洋教授作专题演讲。广东省金融办、广东省风险投资集团、招商局科技集团、广东粤财投资有限公司、促进会、广东省生产力促进中心、南方联合产权交易中心、中山大学、华南理工大学、中科院广州分院、广发证券、君信律师事务所等机构 60 余人参加了研讨会。

（广东省风险投资集团 黄俐俐）

科技基础条件平台建设

2011年，省科技厅进行科技基础条件平台建设，充分整合科学仪器设备、自然科技资源、科技文献共享平台等各类科技基础条件资源，提高科技基础条件资源的使用率。2011年，省科技厅部署了本省78家科研院所和部分高校参加2011年科技基础条件资源调查工作，按时高效地完成了数据填报。通过调查工作，基本摸清了科技资源分布情况，建立了科技资源数据库，为今后本省的科技决策以及科技资源的合理配置提供可靠依据。

创新方法推广应用

作为"十二五"开局之年科技工作的有力抓手，创新方法的推广应用无疑是大幅提升创新能力和实现科技跨越式发展的关键。在科技部的统一部署和大力推动下，为持续地开展创新方法推广应用工作，广东省逐年加大财政支持力度，2009年省财政投入100万元，2010年投入200万元，2011年投入1 250万元，同时引导社会资金积极投入。从2011年开始，在省年度科技计划项目中，面向企业设立了创新方法工作专项，面向研究机构设立了创新方法重点软科学课题项目，2011年共支持企业项目12个，研究机构项目6个。

【推进体系建设】 省科技厅积极整合省内资源，按照"以创新方法学科建设为依托，以学术研究促进学科建设，以学科建设带动团队培养"的思路，2010年依托广东省生产力促进中心和广东工业大学组建了广东省创新方法推广应用中心，2011年又依托华南理工大学组建了广东省创新方法与决策管理系统重点实验室。在建设经费、产学研合作、软科学研究方面予以大力扶持。2011年，团队建设财政共投入250万元，同时还设立"广东省创新方法推广应用体系研究""广东省TRIZ推广应用路径研究"等一批重大软科学课题项目。经过两年多建设，广东省高水平创新方法团队已初具雏形。依托广东工业大学机电学院和广东省工业大学可拓工程研究所，形成了以"可拓学"创立者广东工业大学蔡文教授为核心的创新方法团队，蔡文教授等人将把可拓学与TRIZ结合起来，实现可拓学的世界化和TRIZ的中国化。

建立联席会议制度　2011年4月，省科技厅、省发改委、省教育厅、省知识产权局、省科协联合组建广东省创新方法工作部门联席会，其主要职责为研究创新方法重大工作，组织协调有关事宜，落实相应责任，共同推进全省创新方法工作的开展。

广东省创新方法研究会　2011年9月，广东省创新方法研究会第1次会员代表大会暨成立大会在广州召开，来自省创新方法工作部门联席会议成员单位的领导，有关地市科技管理部门、生产力促进中心负责人，以及省创新方法试点企业、科研院所、高校和行业协会代表共200余人参加了会议。大会一致通过了研究会章程，民主选举产生研究会理事、常务理事以及执行机构。

广东省创新方法研究会是以创新方法为主要研究内容的地方性、学术性、非营利性的社会群团组织。创新方法研究会成立后，将严格按照章程规定，准确把握定位，强化内部建设和管理，加强对外交流与合作，不断提高服务水平，为企业、高校、科研机构提供优质服务，使研究会真正成为创新方法工作各方紧密联系的桥梁和纽带，服务企业研发、服务科技创新、服务"双转移""双提升"循环促进模式。

广东省创新方法与决策管理系统重点实验室

2011 年 11 月 28 日，由华南理工大学与广东工业大学共同组建的广东省创新方法与决策管理系统重点实验室（培育基地）获得省科技厅批准。该重点实验室依托华南理工大学工商管理学院、机械与汽车工程学院、软件学院、计算机学院和广东工业大学机械学院，将围绕创新方法与管理决策前沿和关键问题，紧密结合国情与广东创新发展实际，致力于创新方法综合集成研究及推广应用。综合集成技术、管理、市场三大创新要素，探索具有中国特色和广东产业发展特点的创新方法与管理决策技术，开发企业创新整体解决方案与运作流程规范，完善广东省创新方法人才培训体系，成为创新方法培训基地。

2011 年，实验室成员与香港利丰物流有限公司合作，为该公司设计全球合作创新网络的多来源供应商选择及风险控制管理平台，已在企业中得到推广应用，初步估算每年能为企业节省成本近 3 000 万元。同时实验室与南方电网、广东移动合作，开发了基于知识发现的智能决策支持系统，在缩短新产品开发周期、优化产品开发流程中取得了较好的应用效果。经过 3 年建设，该实验室力争在创新方法集成、基于中国情境创新管理理论研究等领域形成自己鲜明的特色，打造一支在创新领域有一定影响的学术队伍，培养出能够进行前沿性基础研究、解决国家与地方重大需求的应用研究的创新人才，成为国内该领域重要研究机构。

【试点及培育工作】 广东省的创新方法工作得到科技部领导的高度评价，2011 年 12 月，科技部在广州召开了创新方法区域推广与应用经验交流会，来自各省市、自治区科技管理部门、部分高校、试点企业等单位的代表 120 多人出席了会议。

广东省创新方法推广应用试点　企业是自主创新的主体，也是创新方法应用的主体，广东的创新方法工作坚持以企业深入应用为重点。从 2010 年开始，在全省高新技术企业和创新型企业中，分两批共遴选 46 家企业（其中 2011 年遴选 25 家企业），开展创新方法试点，探索 TRIZ 方法与广东实践的融合。首先，与国内外优秀的 TRIZ 推广机构合作，在试点企业中开展创新工程师培训，辅导解决工程技术难题，在企业内部发挥扩散效应；其次，帮助支持试点企业建立创新方法团队，完善创新方法企业内部制度建设，发挥 TRIZ 方法长期支撑作用；第三，在试点企业中，开展示范培育工作，发挥优秀试点企业的示范效应。

2011 年，省科技厅结合企业创新需求和试点工作成效，从首批试点企业中遴选了广州无线电集团等 5 家企业，启动创新方法推广应用示范培育工作，通过树立标杆，典型示范，用试点、示范企业的实际成效带动其他企业共同创新。力争通过 3～5 年时间在企业中扎实推广，推动 TRIZ 创新方法在企业、高等院校、科研院所中的全面应用，吸引全社会对创新方法的关注和参与，推动全省创新方法推广应用工作迈上新台阶。

创新工程师与创新导师　2011 年，省科技厅面向试点企业组织了第 2 期创新工程师培训，来自省内 24 家创新方法推广应用试点企业的 85 名技术研发骨干参加了培训。广东省积极在试点企业中大力培养创新工程师，为企业引入和传播创新方法提供“种子”，通过创新工程师的创新和示范工作，带动创新方法团队的建设，带领企业解决实际技术研发难题，获取一批自主知识产权，为企业引入创新导师，帮助企业建立自主创新体系。

2011 年，省科技厅还组织了 1 期创新方法师资培训，省内创新方法师资团队增加到 70 人；组织普及培训 8 期，高校设立创新方法专业课程累计 196 学时；企业内部自主开展创新方法培训近百场，参加各类创新方法培训的人数超过 1 万人。同时在师资队伍中选择优秀专家，联合国内顶尖创新方法咨询团队，为企业派驻创新导师，助力企业深度应用创新方法，取得成效。

【创新方法推广成效】 创新方法的推广应用，为试点企业培养了一批掌握 TRIZ 理论的“种子”学员，推动了企业内部创新团队的建设和创新方法在实际工程难题的应用，解决了一些实际技术问题，形成了一批具有自主知识产权的成果，取得了一定的经济效益和社会效益。据不完全统计，截至 2011 年年底，试点企业应用创新方法解决了实际技术难题 237 项，提交受理专利 243 项（其中145项为发明专利），获授权专利115项；为企业创造直接或间接经济效益逾2亿元；部分试点企业整体研发速度提高50%以上。

广东生益科技有限公司于2010年导入创新方法以后，年申请专利数量和受权专利数量由2009年31项、15项分别增加到2010年的106项、19项，主营业务收入和利润分别增长了50.1%和70.7%。

广东万和新电气股份有限公司研发人员通过学习和运用TRIZ理论，迅速攻克了困扰燃气具行业几十年的燃气具用水箱防冻共性技术难题，在大幅提升用户安全等级、节约使用成本的同时，企业的相关材料成本也节约了2/3。创新方法企业试点工作也有力地推动了企业创新管理体系的变革。

中山大洋电机股份有限公司结合公司实际情况对原有创新体系进行改革，建立了以项目管理与创新方法为基础的创新管理体系，将创新方法有机融入企业的创新活动中，为持续提升企业自主创新能力提供新的保障与动力。

（广东省科学技术厅科研条件与财务处　陈国庆）

实验室体系共享平台

广东省实验室体系由国家重点实验室、省重点实验室、公共实验室、重点科研基地、企业重点实验室组成。截至2011年年底，全省共有国家重点实验室19家、省部共建国家重点实验室培育基地6家、省重点实验室161家、省企业重点实验室30家、省公共实验室18家、省重点科研基地27家，实验室体系布局不断完善。

截至2011年年底，广东省重点实验室拥有两院院士12人、长江学者12人、国家有突出贡献中青年专家9人、国家杰出青年基金获得者21人、获国务院特殊津贴72人、国家自然科学基金创新研究团队22个、广东省自然科学基金研究团队35个、获全国五一劳动奖章7人。

重点实验室积极开展基础研究、应用基础和应用开发研究，承担并完成了大量国家和省部级重大科研任务，在科学前沿探索和解决国家及地方重大需求问题方面发挥了骨干引领作用。2011年，广东省重点实验室承担了国家级项目581项，省部级项目1 513项，其中“973计划”项目首席科学家项目7项，经费约7 707万元。此外，承担了“973计划”项目41项，“863计划”项目13项，国家自然科学基金项目55项，国家科技计划重大、重点项目31项，其他国家级项目474项。

以广东省重点实验室为第1完成单位，获得2011年度国家自然科学奖二等奖1项，国家科技进步奖二等奖4项，2011年度广东省科学技术特等奖1项、一等奖16项、二等奖20项。2011年，广东省重点实验室申请专利624项，获得授权专利329项，其中受权发明专利225项；发表学术论文3 631篇，其中在国际核心期刊发表1 588篇，出版论著139部；培养博士507人，硕士1 782人。

【国家重点实验室】 2011年，广东省在国家重点实验室建设工作上取得了新的突破，共新增6家国家重点实验室（见表9－3－2－1），占国家全年新增总数的12%，新增数量居全国前列。12月，科技部正式批准深圳华大基因研究院和深圳光启高等理工研究院为国家重点实验室建设依托单位，标志着本省企业重点实验室建设取得新突破。6家省级实验室成功跻身国家级研究平台，标志着广东省重点实验室的整体水平和创新能力迈上了新台阶。截至2011年年底，全省共有国家重点实验室19家。

表9－3－2－1　新增国家重点实验室一览表（2011）

序号	实验室名称	依托单位
1	发光物理与化学国家重点实验室	华南理工大学
2	亚热带农业生物资源保护与利用国家重点实验室	华南农业大学

（续上表）

序号	实验室名称	依托单位
3	同位素地球国家重点实验室	中科院广州地球化学研究所
4	热带海洋环境国家重点实验室	中科院南海海洋研究所
5	超材料电磁调制技术国家重点实验室*	深圳光启高等理工研究院
6	农业基因组学国家重点实验室*	深圳华大基因研究院

注：表中*号是企业类国家重点实验室

【省重点实验室】 2011年，广东省新增省重点实验室22家（见表9-3-2-2），截至2011年年底，全省共有省重点实验室161家。

根据省重点实验室管理办法的要求，2011年3—4月，组织专家组对1999—2003年立项的36个省重点实验室进行考核评估。共评出5个优秀重点实验室、8个良好重点实验室（见表9-3-2-3）、23个合格重点实验室。

为适应本省实验室体系的建设发展需要，组织专家对2002年印发的《广东省科学技术厅关于省重点实验室建设与运行的管理办法》进行了修订。修订后的管理办法突出了省重点实验室在全省科技创新中的骨干地位，更注重省重点实验室在全省经济和社会发展中的引领、支撑作用，明确管理部门与依托单位相互责任和义务，以促进省重点实验室为提升本省自主创新能力做出更大贡献。

表9-3-2-2 新增省重点实验室一览表（2011）

序号	实验室名称	依托单位
1	广东省光伏技术重点实验室	中山大学物理科学与工程技术学院
2	广东省传感技术与生物医疗仪器重点实验室	中山大学工学院
3	广东省精密装备与制造技术重点实验室	华南理工大学机械与汽车工程学院
4	广东省大气环境与污染控制重点实验室	华南理工大学环境学院
5	广东省微纳加工技术与装备重点实验室	广东工业大学机电工程学院
6	广东省物联网信息技术重点实验室	广东工业大学自动化学院
7	广东省微纳光子功能材料与器件重点实验室	华南师范大学信息光电子科技学院
8	广东省滨海土木工程耐久性重点实验室	深圳大学土木工程学院
9	广东省石化装备故障诊断重点实验室	广东石油化工学院
10	广东省水与大气污染防治重点实验室	环境保护部华南环境科学研究所
11	广东省地震预警与重大工程安全诊断重点实验室	广东省地震局
12	广东省超材料微波射频重点实验室	深圳光启高等理工研究院
13	广东省制造装备数字化重点实验室	东莞华中科技大学制造工程研究院

（续上表）

序号	实验室名称	依托单位
14	广东省土地利用与整治重点实验室	华南农业大学
15	广东省新药设计与评价重点实验室	中山大学药学院
16	广东省口腔医学重点实验室	中山大学附属口腔医院
17	广东省代谢性疾病中医药防治重点实验室	广州中医药大学
18	广东省生物医学信息检测与超声成像重点实验室	深圳大学
19	广东省产科重大疾病重点实验室	广州医学院
20	广东省感染病与分子免疫病理重点实验室	汕头大学医学院
21	广东省干细胞与再生医学重点实验室	中国科学院广州生物医药与健康研究院
22	广东省新发传染病诊治重点实验室	深圳市第三人民医院

表9-3-2-3　考核优秀、良好的省重点实验室一览表（2011）

序号	实验室名称	依托单位	等级
1	广东省水生经济动物良种繁育重点实验室	中山大学	优秀
2	广东省显示材料与技术重点实验室	中山大学	
3	广东省地震工程与应用技术重点实验室	广州大学	
4	广东省蛋白质组学重点实验室	南方医科大学	
5	广东省农业环境综合治理重点实验室	广东省生态环境与土壤研究所	
6	广东省药用功能基因研究重点实验室	中山大学	良好
7	广东省高性能与功能高分子材料重点实验室	华南理工大学	
8	广东省植物分子育种重点实验室	华南农业大学	
9	广东省现代表面工程技术实验室	广州有色金属研究院	
10	广东省新能源和可再生能源研究开发与应用重点实验室	中科院广州能源研究所	
11	广东省海洋药物重点实验室	广东省科学院南海海洋研究所	
12	广东省渔业生态环境重点实验室	中国水产科学研究院南海水产研究所	
13	广东省果蔬深加工重点实验室	广东省农科院蚕业与农产品加工研究所	

【省企业重点实验室】 2011年，广东省新增省企业重点实验室20家（见表9－3－2－4）。制定了《广东省科学技术厅关于省企业重点实验室建设与运行的管理办法》，建立并完善了以市场为导向、企业为主体、产学研结合的技术创新体系，加强和规范了广东省企业重点实验室建设和运行管理。

【省企业重点实验室（产学研）培育基地】

2011年，全省新增省企业重点实验室（产学研）培育基地2家（见表9－3－2－5）。截至2011年年底，省企业重点实验室达到30家。

表9－3－2－4 新增省企业重点实验室一览表（2011）

序号	实验室名称	依托单位
1	广东省制冷设备节能环保技术企业重点实验室	珠海格力电器股份有限公司
2	广东省高端新型电子信息材料企业重点实验室	广东风华高新科技股份有限公司
3	广东省智能电视操作系统及应用技术企业重点实验室	TCL集团股份有限公司
4	广东省农作物核心资源开发应用企业重点实验室	深圳华大基因研究院
5	广东省工业摩擦学企业重点实验室	广州机械科学研究院
6	广东省太阳能热发电技术研发企业重点实验室	东莞市康达机电工程有限公司
7	广东省车载电子信息技术企业重点实验室	惠州市德赛集团有限公司
8	广东省节能型功能陶瓷及其应用技术企业重点实验室	广州市红日燃具有限公司
9	广东省高端厨房电器技术企业重点实验室	辉胜达电器实业（梅州）有限公司
10	广东省电声电子技术研发与应用企业重点实验室	国光电器股份有限公司
11	广东省中药饮片企业重点实验室	康美药业股份有限公司
12	广东省移动支付技术企业重点实验室	国民技术股份有限公司
13	广东省高压输配电电缆附件技术企业重点实验室	广东吉熙安电缆附件有限公司
14	广东省材料与构件防火检测技术企业重点实验室	广州市建筑材料工业研究所有限公司
15	广东省货币识别企业重点实验室	广州广电运通金融电子股份有限公司
16	广东省医用材料血液相容性研究企业重点实验室	广州阳普医疗科技股份有限公司
17	广东省高能锂电池研究与应用企业重点实验室	惠州亿纬锂能股份有限公司
18	广东省精密空调企业重点实验室	广东力优环境系统股份有限公司
19	广东省肿瘤靶向治疗新药研发企业重点实验室	广州达博生物制品有限公司
20	广东省电子器件生产装备CAE应用技术企业重点实验室	东莞市凯格精密机械有限公司

表9－3－2－5 新增省企业重点实验室培育基地一览表（2011）

序号	实验室名称	依托单位
1	广东省智能化节能环保燃气具企业重点实验室（产学研）培育基地	中山华帝燃具股份有限公司
2	广东省纸基覆铜板基材料技术企业重点实验室（产学研）培育基地	广东超华科技股份有限公司

（广东省科学技术厅科研条件与财务处 余 亮）

自然科技资源共享平台

【生物种质资源建设】 2011年，广东省通过加强生物种质资源的保护和利用工作，支持保存种场地的建设与设施升级，使广东省种质资源库基础条件和设施达到国内领先水平，为生物种质资源范围不断扩大提供了坚强的保障。

截至2011年年底，全省已建成了一个由水稻、旱地作物、蔬菜、畜禽、南亚热带果树、花卉、茶树、蚕桑、树木、热带亚热带植物、华南中药、微生物、野生动物与昆虫、天敌昆虫、淡水鱼类、奶牛、Beagle犬、园林植物、甘蔗、海洋生物等51个生物种质资源库（圃）、1个人体标本资源库、1个矿产资源库与1个生物种质资源数据库有机集成的系统的自然科技资源平台，各类自然科学资源总数超过35万份，比上年增加了44.2%；其中收集的生物种质资源总数达17.6万份，与建设前的6.8万份相比增加了156.5%，平台建设工作成效显著。

截至2011年年底，广东省农业生物种质资源保存规模国内最大，共保存各种农业种质资源66 000多份。此外，收集保存了树木种质资源3 297份，Beagle犬种质资源1 579份，奶牛种质资源1 600份，海洋生物种质资源20 484份，淡水鱼类种质资源15 600份，人体标本436份，各类动物标本达176 689份，矿产资源数据138份。

2011年7月20日，依托广州医药工业研究院建设的“国家犬类实验动物种子中心”在该院基地正式揭牌，该中心是我国8个国家实验动物种子中心之一，该中心将在Beagle犬的育种、检测技术和监测标准等方面积极开展研究，为本省生物医药产业和生命科学发展的重要支撑。

【实验动物管理】 2011年，省科技厅积极贯彻落实《广东省实验动物管理条例》，加强顶层规划设计，谋求实验动物工作的大发展。组织制定《广东省实验动物科技工作发展规划》，筹建“华南实验动物公共服务平台”，以资源共享为核心，以资源系统整合为主线，通过持续机制体制，搭建具有公益性、基础性、战略性的实验动物基础条件平台，打造广东品牌的实验动物公共技术服务产业，提高实验动物科技服务广东生物医药产业创新发展的水平。

宣传培训　2011年7月，省科技厅和省实验动物监测所主办了“广东省实验动物监督执法培训班”，培训班由省政府法制办主讲，共50余人参加了该次培训，为顺利开展监督执法工作奠定坚实基础。为加强实验动物管理工作和提高实验动物从业人员专业技术水平，省科技厅委托省实验动物学会组织从业人员进行上岗培训，全年举办实验动物技术培训班5期，培训学员300多人次。

2011年，南方网科技频道进行专版实验动物条例的解读和宣传。结合东北农业大学实验动物感染事故，《南方日报》《广东科技报》对实验动物管理和基本知识等进行专题宣传。此外，省科技厅还邀请专家到华南农业大学、暨南大学等高校进行条例解读，培训学员近300人。

许可证评审　2011年，省科技厅组织专家对实验动物生产许可证和使用许可证进行评审，完成了13个新申请实验动物许可证单位的评审发证工作，完成了19个实验动物许可证单位的换证评审工作。2月，开展了全省实验动物许可证单位的监督检查，对广州医药工业研究院等4个单位进行了现场监督检查。

（广东省科学技术厅科研条件与财务处　余　亮）

大型仪器及检测公共平台

【仪器运行服务情况】 2011年，省科技厅对2010年度广州地区大仪网入网仪器的运行服务情况进行统计、核定，发放运行补贴费55万元，发放奖金9万元，资助10个入网单位的11项分析测试基金资助专题项目。调整2011年的入网仪器，新增入网仪器42台，调整出网22台，使大仪网在网仪器达到267台。

2011年度入网仪器的台均开机时数约为1 400小时，台均服务机时数为1 200小时，台均对外服务机时为500小时，协作共用率为40%，与2010年度、2009年度相比基本一致；台均对外服务科研项目11项，对内服务科研项目23项。

【2011 年度泛珠三角区域大型科学仪器协作共用网工作会议】 11 月，广东省牵头组织召开了 2011 年度泛珠三角区域大型科学仪器协作共用网工作会议，广东、广西、福建、海南四省区的代表分别介绍了本省区 2010 年度大仪网建设情况及 2011 年进展情况，在充分交流大仪网服务经验的同时，对大仪网今后的建设新模式和公共服务平台模式及如何为企业自主创新提供有效服务等问题进行了探讨。

【广州地区科学仪器协作共用网大型科学仪器共享工作研讨会】 11 月，省科技厅召开了广州地区科学仪器协作共用网大型科学仪器共享工作研讨会，120 多名代表出席了会议。会议总结了年度大仪网工作，并表彰了年度优秀机组 26 个，先进工作者 32 人，还邀请中山大学、中国广州分析测试中心等单位做了机组经验交流报告。会议的召开加深了入网单位对大仪网管理制度的认识，促进了入网单位与广州地区科学仪器协作共用网办公室的交流，为加强大型科学仪器网络服务平台建设发挥了积极的作用，同时增强了入网机组的凝聚力。

（广东省科学技术厅科研条件与财务处　余　亮）

科技文献共享平台

【文献服务】 2011 年，广东省科技文献平台馆藏印本中、外文书刊达 180 万多种（册），其中图书约 73 万种（册）。通过建设国家科技图书文献中心（NSTL）广州服务站，共享 NSTL 丰富的科技文献资源，特别是外文文献资源，引进可共享访问的各类数据库总数达到 131 个，其中可直接获取的中文电子期刊 1.3 万余种、外文电子期刊 8 000余种。与区域性文献信息机构及科研机构合作，设立了 31 个科技文献服务站和集团用户服务网点，在广东地区研究机构建成了研究所个性化信息服务平台，为其提供高度集成和可订制的个性化服务，为科技型企业开展信息咨询服务，服务企业会员总数达 150 家，提供中外文电子数据库下载总量达 95 万篇（其中通过虚拟参考咨询与原文传递平台传递文献 208 952 篇）。

在原有五大专题信息数据库基础上，建成了包括六大领域的“珠江三角洲地区高新技术专题信息网”，数据总量超过 32 万条；建设“院士文库”专题数据库，本年度新增加 100 位院士的文集，数据总量达 36.7 万余条。

2011 年 6 月，国家科技图书文献中心在广州服务站（NSTL）结合“科技进步活动月”活动，提供 NSTL 文献资源的咨询服务开展业务宣传和推广，内容紧扣农产品安全、核辐射检测、垃圾分类与回收等民生热点，围绕 LED、新能源汽车等战略性新兴产业。

【科技期刊】 广东省科技期刊的办刊水平不断提高。截至 2011 年年底，本省有 179 种科技期刊，涵盖了物理、化学、生物、医学、农业等 30 余个行业，有 46 家被录入中文核心期刊，10 家科技期刊被评为国家百种重点科技期刊，还有多家杂志获政府出版奖，被评为国家精品科技期刊、国家双效期刊等，为本省的科技创新与发展做出了巨大贡献。

2011 年 11 月，广东省科技期刊编辑学会学术年会在东莞市召开，就本省科技期刊编辑和出版工作现状做了总结和深入探讨，会议还评选出了广东省优秀科技期刊 56 种，表彰了科技期刊先进工作者 61 人，评选出年会优秀论文 25 篇。

（广东省科学技术厅科研条件与财务处　余　亮）

知识产权工作

2011年，广东省通过进一步加大知识产权政策法规体系建设力度，加强知识产权服务体系建设，为提升企业知识产权能力提供综合服务，持续开展知识产权产业化工作等系列举措，有效增强了企事业单位运用知识产权的能力，产业联盟建设稳步发展，战略性新兴产业知识产权工程成效明显，产业核心竞争力大幅提升。

知识产权政策法规制定及实施

2011年，政策激发活力，举措迸发动力，联动释放能力，企业知识产权工作成效凸显。2011年1—12月，全省企业专利申请量为107 806件，占全省专利申请总量的54.9%，同比增长38%；企业发明专利申请量为37 770件，占全省发明专利申请总量的72.6%，同比增长24.96%。一批拥有高质量自主知识产权、善用知识产权制度获取市场优势提升核心竞争力的企业，如威创、腾讯、格力、TCL等纷纷涌现。这些企业通过坚定不移地实施知识产权战略、提升知识财富价值，不断拓展市场空间。部分企业拥有了产业领域的关键或核心技术专利，推动了企业乃至整个行业的创新发展。

【《关于加快建设知识产权强省的决定》的起草和审议】 2008年6月，省委、省政府在《关于争当实践科学发展观排头兵的决定》中明确提出“广东要实现从知识产权大省向知识产权强省跨越”的奋斗目标。2010年7月，中共中央政治局委员、广东省委书记汪洋在考察广东知识产权服务中心时强调“要使知识产权真正成为经济社会发展的助推器”，并指出“尽快以省委、省政府的名义出台《关于加快知识产权强省建设的决定》的有关政策文件，推动广东知识产权强省的建设”。

2011年，为了推动《关于加快建设知识产权强省的决定》（以下简称《决定》）顺利出台，省委政策研究室与省知识产权局共同研究决定成立《决定》专项工作起草小组。11月25日，广东省人民政府常务会议审议并原则通过了《决定》。会后，省委政策研究室召集省知识产权局、省工商局、省版权局等部门，根据省政府常务会议的决议和要求，对《决定》进行了修改完善，并于12月12日报送省委办公厅。

【《广东省展会专利保护办法》制定】 依据《广东省专利条例》第38条第3款“展会期间专利侵权纠纷处理的具体办法，由省人民政府在本条例实施之日起一年内制定。”2011年，《广东省展会专利保护办法》（以下简称《办法》）制定工作全面启动并被列入省政府2011年规章立法计划预备项目。《办法》针对专利的复杂性和展会的流动性、短暂性特点，通过平衡展会主办方和参展方的利益，既强化展会期间专利保护，又注意不干扰展会的正常交易秩序，推动广东省会展业的健康发展。12月底，省府法制办会同省知识产权局再次对《办法》进行了修改并对《办法》注释稿进行了修改，提交省府法制办的办务会议审议。

【《广东省知识产权优势示范企业认定办法》修订及实施】 为实施知识产权战略，推动知识产权强省建设和创新型广东建设，加快经济发展方式转变，进一步推动广东省企业知识产权工作深入开展，提高企业运用知识产权制度的水平，增强企业的自主创新能力和核心竞争力，规范知识产权优势示范企业认定工作，省知识产权局将《广东省百家知识产权优势民营企业认定办法》和《广东省知识产权示范企业认定办法（暂行）》修订为《广东省知识产权优势示范企业认定办法》并于2011年3月印发。

2011年，全省遴选出省知识产权优势企业50家，省知识产权示范企业20家。截至2011年年底，全省共培育认定省知识产权优势企业403家、示范企业80家。全省“以试点促普及推广，以优势培育促提升带动，以示范创建促深化发展”的企业知识产权工作格局不断强化。揭阳、河源、珠海、江门等市制定了相关工作方案，广州市实施了“进出口优势企业知识产权工作推进计划”，汕头市开展了“知识产权优势企业培育工程”。

【《创新知识企业知识产权管理通用规范》贯彻实施】 2010年，广东省质量技术监督局发布了《创新知识企业知识产权管理通用规范》（以下简称《规范》），从2010年10月1日起在广东正式实施。《规范》标准为推荐性广东省地方标准，是广东省首个企业知识产权管理标准。

2011年，广东省通过宣传讲解、辅导培训、培育标准评审或认证机构等方式开展《规范》的贯彻工作，推动广东首个企业知识产权管理标准的贯彻实施，为下一阶段面向全省企业推行打下了坚实的基础。各地市也积极制定知识产权政策引导企业发展，如东莞市出台了《企业知识产权管理指引》，深圳市出台了《中小企业发展初期知识产权指引》《中小企业成长期知识产权指引》等系列指导性文件。

（广东省知识产权局　刘　嵘　赵　飞　阳屹琴　成　思）

知识产权创造与运用

2011年，广东省专利申请受理总量继续保持全国第2位，其中，发明专利申请受理量位居全国第2位，实用新型专利申请受理量居全国第3位，外观设计专利申请受理量居全国第2位；PCT国际专利申请量居全国第1位。发明专利授权量继续保持全国第1。截至2011年12月底，广东省有效发明专利量居全国第1位，专利密度居全国第4位。

【专利申请】 2011年，广东省专利申请受理量为196 275件，同比增长28.36%。其中，发明专利申请受理量为52 012件，同比增长27.27%；实用新型专利申请受理量67 336件，同比增长41.15%；外观设计专利申请受理量76 927件，同比增长19.57%。发明、实用新型和外观设计3种专利申请占总量的比例为26.50：34.31：39.19，发明专利比例比上年略有下降，实用新型专利比例比上年有所提高。

广东省专利申请中的职务申请数量为117 346件，同比增长38.53%，非职务申请数量为78 929件，同比增长15.74%，职务专利申请增幅高于非职务专利申请，专利申请中职务与非职务比例为59.79：40.21，职务发明专利比例比上年提高7.8个百分点。

根据国家知识产权局《关于大力开展专利电子申请推广工作的通知》的精神，2011年，广东省已有183家使用电子申请，电子申请率为73.25%。

【专利授权】 2011年，广东省专利授权量为128 415件，同比增长7.60%。其中，发明专利授权量为18 242件，同比增长33.23%；实用新型专利授权量为51 402件，同比增长17.09%；外观设计专利授权量为58 771件，同比增长-4.83%。发明、实用新型和外观设计三类授权专利占总量的比例为14.20：40.03：45.77，发明和实用新型专利授权比例比上年略有提高。其中，职务授权数量为73 520件，非职务授权数量为54 895件，职务与非职务的比例为57.25：42.75。

【有效专利及专利密度】 截至2011年年底，广东省有效发明专利量为58 648件，同比增长40.0%。国家知识产权局把每百万人口所拥有的有效发明专利量定义为专利密度，根据国家知识产权局公布的数据，广东省的专利密度为562.3（件/百万人），是全国专利密度237.5（件/百万人）的2.37倍。

【PCT国际专利】 2011年1—12月，广东省PCT国际专利申请受理量为8 941件，占全国受理总量的55.72%，同比增长33.89%。

【专利奖励】 在第13届中国专利奖评选中，广东省的中国专利金奖、优秀奖和中国外观设计金奖、优秀奖获奖项目共计40项，占全国总量的17.2%。其中，中国专利金奖获奖项目5项，占全国专利金奖总量的1/3，居全国第1位；中国外观设计金奖获奖项目1项，占全国外观设计金奖总量的25%。其中，约2/3的获奖单位为省级或国家级创新型（试点）企业，显示了创新型企业对全省技术创新、自主知识产权核心技术创造的支撑引领作用，对引导全省更多科技型企业发展成为创新型企业起到了良好的辐射带动作用。

在7月20日召开的全省知识产权工作会议暨广东省获中国专利奖表彰大会上，获第13届中国专利金奖、中国专利优秀奖的单位获得表彰，每项分别获得100万元和50万元的奖励，省政府一次性投入奖励经费2 300万元。

【专利技术标准化】 为促进专利标准有机结合，东莞市采取重奖等措施大力推动专利技术标准化，已有68项专利转化为58项标准；广东数字家庭产业联盟在双向高带宽改造系列产品、公共网关、综合性核心管理系统等领域拥有发明专利1 700多项，初步建成与标准规范相对应的专利池。

【专利技术实施和产业化】 国家工业设计与创意产业（顺德）基地建设和企业集群知识产权战略实施试点稳步开展，国家专利产业化（广州数字家庭）试点基地建设有效开展。“广东省专利技术实施计划”继续开展，截至2011年年底，已投入资金3 095万元选择了426个优秀专利项目扶持其实施和产业化，全省专利实施率高达86%；省市县联动、企业投入为主、社会支持为辅，共同推进专利技术实施和产业化的良好局面逐步形成。全省各地促进专利技术实施和产业化的工作进一步向法制化、规范化方向发展。深圳市在专利产业化方面提出了考核的具体指标。汕头市以地方立法的形式将促进专利产业化的各种扶持措施法律化。汕头龙湖区专门建设了占地面积0.69公顷、总建筑面积6 100平方米的专利技术实施孵化基地，为区内企业技术创新、专利产业化搭建务实高效的服务平台，截至2011年年底，共有32家企业38项专利入园孵化，项目累计产值达8 500万元。

【战略性新兴产业培育】 2011年，省知识产权局会同省财政厅联合启动实施“广东省战略性新兴产业专利信息资源开发利用计划”。该计划围绕新一代通信、物联网、数字家庭、新能源汽车、LED、OLED、生物医药7个重点产业，推动由省内专利信息资源开发机构和有关企事业单位承担的11项专利信息资源开发利用项目深入实施，促进产业科学发展。2011年，为普及专利信息利用成果，省知识产权局启动电动汽车等战略性新兴产业的专利态势分析工作，为政府和企业决策提供科学依据。

省知识产权局于2011年4月起举行广东省战略性新兴产业专利分析及预警系列报告会，先后举办LED、生物医药、物联网产业专利分析及预警报告会，面向700多家企事业单位发布了三大产业的专利分析及预警成果，初步打造了广东省战略性新兴产业专利分析及预警系列报告平台及品牌，加速形成利用专利信息促进战略性新兴产业发展的有效机制，促进重点产业的科学发展。

为促进重点专利项目实施，2011年，省知识产权局择优选取了新材料、生命健康、高端新型电子信息等领域的10个项目，给予重点扶持，促进新兴产业发展及其核心技术的实施和保护。

【产业竞争合作】 知识产权联盟建设稳步推进，截至2011年年底，广东已建立知识产权战略联盟24个，分布在广州、深圳、汕头、佛山、中山、顺德等地区，涵盖数字家庭、LED、新能源等战略性新兴产业和陶瓷、红木家具、电压力锅等传统产业。各联盟建立实施有效的利益协调机制和发展策略，不断完善开放式知识产权创造及运用体系，并通过集成知识产权资源、催化知识产权应用，在谋求共赢发展、推动产业升级等方面初现成效。全省各地结合各自实际，逐步探索出一条以政府为后盾、以市场为导向、以企业为主体、以联盟自律和共同维权为纽带、以创新服务平台为运作载体的知识产权联盟新路子，实现了企业知识产权从单一竞争到竞争合作的战略转型，知识产权联盟推进产业发展的“集群效应”愈发显现。

9 月 27 日，广东省人民政府在顺德区举行全省建设专利联盟促进产业转型升级经验推广会，来自省直有关部门、全省专业镇、企业、行业协会、高校、科研院所、各地市知识产权主管部门的代表 300 人参加了会议。

表 9－4－2－1　全省专利申请量及授权量（2007—2011）

单位：件

年份	专利申请量	发明专利	实用新型专利	外观设计专利	专利授权量	发明专利	实用新型专利	外观设计专利
2007	102 449	26 692	25 389	50 368	56 451	3 714	21 636	31 101
2008	103 883	28 099	28 883	46 901	62 031	7 604	25 072	29 355
2009	125 673	32 247	39 027	54 399	83 621	11 355	27 438	44 828
2010	152 907	40 866	47 706	64 335	119 346	13 691	43 901	61 754
2011	196 275	52 012	67 336	76 927	128 415	18 242	51 402	58 771

表 9－4－2－2　全省专利申请量按申请人的构成（2007—2011）

单位：件

年份	专利申请量合计	非职务	高等院校	科研单位	工矿企业	机关团体
2007	102 449	57 461	1 593	500	42 701	194
2008	103 883	52 659	2 322	783	47 954	165
2009	125 673	60 876	3 029	1 068	60 450	250
2010	152 907	68 196	4 696	1 412	78 119	484
2011	196 275	78 929	5 165	3 347	107 806	1 028

表 9－4－2－3　全省专利授权量按申请人的构成（2007—2011）

单位：件

年份	专利授权量合计	非职务	高等院校	科研单位	工矿企业	机关团体
2007	56 451	35 535	759	272	19 776	109
2008	62 031	34 898	984	327	25 703	119
2009	83 621	44 813	1 419	525	36 706	158
2010	119 346	60 061	1 926	767	56 334	258
2011	128 415	54 895	2 946	1 121	68 914	539

表 9-4-2-4　全省专利申请量和授权量按地区分（2011）

单位：件

地区	申请				授权			
	发明专利	实用新型专利	外观设计专利	合计	发明专利	实用新型专利	外观设计专利	合计
广州	8 173	10 219	9 705	28 097	3 146	8 032	7 168	18 346
深圳	28 823	21 196	13 503	63 522	11 824	16 309	11 230	39 363
珠海	1 484	2 706	1 404	5 594	323	1 999	1 368	3 690
汕头	1 423	1 452	9 796	12 671	149	979	3 243	4 371
韶关	179	428	638	1 245	29	258	381	668
河源	147	151	191	489	5	209	158	372
梅州	111	317	560	988	29	225	438	692
惠州	1 296	2 236	2 497	6 029	117	1 577	1 223	2 917
汕尾	69	86	187	342	4	60	163	227
东莞	4 214	10 821	9 419	24 454	758	7 976	10 618	19 352
中山	1 289	4 162	8 684	14 135	355	3 400	6 272	10 027
江门	821	2 100	4 776	7 697	213	1 549	3 547	5 309
佛山	2 758	8 424	9 191	20 373	974	6 651	8 715	16 340
阳江	73	250	1 009	1 332	10	204	641	855
湛江	225	426	401	1 052	110	329	308	747
茂名	109	293	506	908	23	197	176	396
肇庆	266	805	395	1466	56	492	341	889
清远	115	337	355	807	13	233	151	397
潮州	282	497	2 259	3 038	47	365	1 465	1 877
揭阳	97	330	1 256	1 683	43	286	1 011	1 340
云浮	58	98	195	351	12	69	154	235
校正值	0	2	0	2	2	3	0	3
合计	52 012	67 336	76 927	196 275	18 242	51 402	58 771	128 413

（广东省知识产权局　阳屹琴　成　思）

知识产权保护

2011 年，广东省专利行政执法工作取得新进展，区域专利行政执法协助有了新突破，知识产权涉外应对和维权援助工作再有新推进。2011 年，省各级知识产权局共立案受理各类专利纠纷案件 220 宗，结案 147 宗；立案查处假冒专利案件 41 宗，结案 23 宗；出动执法人员 1 346 人次，检查商业场所339次，检查商品128 008件。广东各级知识产权局通过指导各类会展和行业协会解决专利纠纷共1 216宗，其中指导会展解决专利纠纷1 114宗，指导行业协会解决专利纠纷102宗。

【“双打”专项行动】 2011年，省知识产权局将打击侵犯知识产权和制售假冒伪劣商品专项行动（简称“双打”行动）作为执法工作的头等大事，按照《国务院办公厅关于调整打击侵犯知识产权和制售假冒伪劣商品专项行动结束时间的通知》和国家知识产权局《关于继续深入开展知识产权局系统执法专项行动的通知》的要求，结合省知识产权局系统前一阶段开展“双打”行动的实际情况，制定了《广东省知识产权系统延期阶段执法专项行动实施方案》印发各地市，并积极部署相关执法行动。在“双打”期间，各级知识产权局共立案受理各类专利纠纷案件124宗，有效维护了专利权人和社会公众的合法权益。

【专利行政执法能力和执法条件建设】 为进一步提升广东省专利行政执法能力和水平，特别是强化和充实基层执法力量，省知识产权局从执法能力和执法条件两方面重点支持地市开展执法工作。

执法监管系统建设 为进一步规范广东省专利行政执法行为，提高行政执法监管水平，2011年，省知识产权局启动了广东省专利行政执法电子监管系统建设，该系统建成后，将实现从执法主体、执法流程、执法时限、信息采集、统计分析等方面对行政执法行为进行实时电子监管。

执法培训 2011年3月，省知识产权局委托华南理工大学知识产权学院承办了广东省专利行政执法培训班，并结合当前实际需要增加了证据采集程序、执法人员心理调适、突发事件应急等新课程。9月，省知识产权局在广州举办了外观设计相同与实质相同判断标准实务培训班，来自广东省各地市（区、县）专利行政部门共计130多人参加了培训，进一步夯实了执法理论，开阔了思路和视野，提升了基层执法人员的能力和水平。

改善地市执法装备和执法条件 2011年，省知识产权局再次拨出专款，对汕头、梅州、东莞、佛山和阳江5市的执法车辆和广东省21个地级市以及顺德区的执法设备予以更新，以进一步改善专利行政执法条件，提高执法的水平和效率。11月22日，省知识产权局在广东迎宾馆举行了隆重的广东省专利行政执法设备发放仪式，为广东省21个地级以上市及顺德区配发了专利行政执法设备，极大地鼓舞了广东省执法人员。

粤东七市和粤西四市执法协作机制建设 在省知识产权局的推动下，粤东七市和粤西四市的联席会议开展得有声有色。粤东知识产权局长联席会议已经走过了10个年头，2011年会议的主题是“完善区域间专利行政执法协作机制，加强区域间专利信息共享”，与会代表围绕2011年各地知识产权工作特别是知识产权执法协作和维权援助工作情况进行了热烈的交流和探讨。10月11日，粤西专利合作联席会议在茂名市召开，会上湛江、阳江、云浮、茂名4市总结了近年知识产权工作特别是专利执法工作的情况，并对专利行政执法有关问题进行了探讨。

【市场监管】 2011年，省知识产权局进驻第109届和第110届广交会、第34和第35届广州国际美容美发化妆用品进出口博览会（以下简称“美博会”）、第3届广东外商投资企业产品（内销）博览会（以下简称“外博会”）、第8届中国国际中小企业博览会暨中泰中小企业博览会和首届中国（广东）国际旅游产业博览会，积极开展知识产权保护工作，有效维护了展会的正常交易秩序，得到了各有关部门的高度认可。

第109届和第110届广交会 2011年春季广交会恰逢全国打击侵犯知识产权和制售假冒伪劣商品专项行动开展得如火如荼之际，省知识产权局积极贯彻国务院和广东省《打击侵犯知识产权和制售假冒伪劣商品专项行动方案》的工作部署，强化展会知识产权执法保护工作，进一步加大知识产权保护力度。在第109届和第110届广交会期间，省知识产权局组织了包括地市知识产权局近50人的省市专利联合执法队伍驻会开展知识产权保护工作，国家知识产权局专利复审委员会继续给予了大力支持，先后派出6名资深专家到会指导。两届广交会共受理专利投诉案件919宗，占总投诉量的72%。

广交会知识产权投诉的快速高效处理，向国内外客商展示了我国政府高度重视知识产权保护工作的良好形象，受到各方面的广泛赞赏。副省长宋海和国家知识产权局副局长贺化专门作批示，对广交会知识产权保护工作给予充分肯定。法国赛博集团（SEB 集团）和德国萨塔有限公司（SATA 公司）亲自向广东省知识产权局赠送牌匾，对省知识产权局为知识产权保护工作所做的艰苦努力和巨大贡献表示衷心感谢。英国戴森有限公司向省知识产权局赠送了“专利卫士、保护有力”锦旗。

第 34 和第 35 届美博会　展会期间，省知识产权局会同组委会处理专利侵权投诉案件 8 宗，及时保护了专利权人的权益，同时组织执法人员对所有展位进行拉网式巡查，检查了具有专利标志的产品 300 多种，纠正专利标注不规范的参展企业 19 家、产品 50 多种。

第 3 届外博会　展会上，知识产权保护工作内容得到了较大充实，做到了三个强化：一是强化维权服务人员配备，本届展会共出动省、市执法和维权人员 32 人次；二是强化假冒专利查处力度，执法人员巡查参展企业 1 013 家，共计展位 2 388个，检查带专利标识产品 46 种，发现专利标识标注不规范的产品 5 种，执法人员现场对参展商进行了普法教育，并责令其改正；三是强化知识产权宣传力度，展会期间，共计派发《中华人民共和国专利法》《广东省专利条例》《东莞市展会知识产权保护指引》等宣传资料 400 多册。

【知识产权执法宣传】　省知识产权局充分利用“双打”等重大专项行动和“4・26”知识产权宣传周等重要时间节点，深入组织开展广东省知识产权联合执法及宣传活动，努力在广东省范围内营造了“尊重知识、崇尚创新、诚信守法”的社会氛围。

发布知识产权十大典型案例　4 月 25 日，省知识产权局召开了 2011 年广东省 10 个知识产权典型案件发布会。这次公布的 10 个典型案件，是从广东省专利、商标、版权等知识产权行政管理部门和省公安厅、省高级人民法院以及海关总署广东分署处理或者审判的案件中挑选出来的，具有很强的指导意义和警示作用。

开展联合执法集中销毁行动　4 月 21 日，由省知识产权局与中山市人民政府联合主办，中山市知识产权局承办的省市区（县）知识产权联合执法集中销毁现场会暨中山市“4・26”知识产权宣传周启动仪式在中山市举行。在集中销毁现场会上，中山市首批 18 家“正版正货”承诺单位获颁发牌匾，随后执法人员对在近年来专项执法行动中查获的共 5 万多件各类知识产权侵权产品进行了集中销毁。

媒体宣传　2011 年，广东省专利系统处理“飘逸杯（壶）”系列案件被评选为广东省“双打”十大案例，媒体广泛报道。中央电视台新闻 30 分和新闻联播节目在“4・26”世界知识产权日报道了“摩托车活塞环”案，《中国知识产权报》报道了“汽车轮胎充补液”案。广东电视台针对齿轮魔方专利权案件制作了专栏节目。在第 109 届广交会期间，省知识产权局在中央和省级媒体上开展了规模较大的“广交会知识产权保护”专版宣传活动，向国内外厂商介绍广交会的知识产权保护情况，展示了中国政府高度重视知识产权保护的良好形象。2011 年年初，德国专利权人乌尔・麦菲特先生向省知识产权局反映，汕头市有 4 家企业侵犯其齿轮魔方专利权。省知识产权局高度重视，将其列入“双打”行动的督办案件，立即指定汕头市局进行处理。汕头市局迅速对 4 宗案件进行了调查处理并成功达成了其中 3 宗案件的调解工作，还促成了双方的合作意向。广东电视台、《中国知识产权报》分别作了宣传报道。专利权人对处理结果非常满意，分别向国家知识产权局、广东省知识产权局和汕头市知识产权局赠送了牌匾，并表示回国后要将在广东的维权成效和中国政府保护知识产权的做法向世界同行广泛宣传。

【执法协作机制建设】

省际间和省内区域专利行政执法协作　区域专利行政执法协作可充分发挥专利行政执法优势，最大限度减少当事人的维权成本，及时有效地制止专利违法行为。2011 年 1 月，省知识产权局执法人员与广州市和越秀区、白云区知识产权局执法人员在广州市越秀区和白云区开展联合执法行动，对某制售铅笔形雨伞等假冒专利产品的销售店铺、制假窝点进行查处，取得了良好的打击效果。4 月，省知识产权局联合中山市局对中山市一家大型商场开展了联合检查行动，行动中共检查各类商品 1 000 多种，查获 2 种假冒专利商品。

2011 年上半年，根据省政府提出的实施扩大内需战略，开展“广货全国行”活动，省知识产权局围绕省委中心工作，根据形势发展，及时启动了与东北三省的专利行政执法协作工作，与辽宁省和黑龙江省知识产权局就开展双方专利行政执法协作工作举行了会谈，双方对合作机制和模式等内容进行了商讨，在专利行政执法协作方面达成了共识。10 月，在省知识产权局的指导下，闽粤沿海 12 城市保护知识产权工作第 8 次联席会议在汕头举行，签署了《闽粤沿海 12 城市专利侵权纠纷案件移送合作备忘录》，开创了闽粤城市间专利侵权纠纷案件代为受理的保护新模式。12 月，省知识产权局与重庆市局在重庆市举行粤渝第 2 次专利行政执法协作会议，共商落实《重庆·广东战略合作框架协议》，交流专利行政执法工作经验，探讨推动两省市知识产权全方位合作，进一步深化了两省市知识产权区域合作与交流。

2011 年，省知识产权局充分发挥区域专利行政执法协作机制的作用，共接受贵州省、海南省、福建省、湖北省、上海市等省市知识产权局移入案件 9 宗；向江西省知识产权局移送案件 1 宗，分别向省内广州、佛山、茂名、湛江、惠州、东莞、顺德等市（区）知识产权局指定管辖案件 10 宗，为共同推动省际间、区域间专利行政执法协作、搭建广泛的交流与沟通的平台奠定了良好基础。

与专利复审委的合作共建 国家知识产权局专利复审委员会与省知识产权局共同开展的合作共建有效地推动了全省的知识产权工作深入开展。2011 年，省知识产权局加大改革创新力度，强化协调沟通机制，将继续推进委局合作共建作为主要工作认真加以落实，主要表现在继续推动复审委派出专家参与广交会驻会工作机制建设、协助做好专利复审案件的来粤审理、互派优秀干部挂职锻炼等三方面。

行政执法与刑事司法衔接 省知识产权局不断加强行政执法和刑事执法衔接工作，重视知识产权执法协作长效机制建设，积极与各界进行经验交流，促进工作的进一步发展。4 月 15 日，打击和防范侵犯知识产权犯罪研讨会在深圳召开，来自全国人大常委会、最高人民检察院、最高人民法院、公安部的领导，部分公检法机关和有关部门，学术界专家、企业界高层、法律界知名人士等共 250 余名代表参加了会议。省知识产权局派人参加了此次会议，介绍广东省专利行政执法的两法衔接工作情况。

【涉外应对和维权援助机制建立】 截至 2011 年年底，广东省已成立省知识产权维权援助中心以及深圳、汕头、佛山、东莞、中山 6 家知识产权维权援助中心。6 月，中山古镇成立中国中山（灯饰）知识产权快速维权中心，并加挂“中国（中山）知识产权维权援助中心”牌子，成为全国第 1 个单一行业知识产权快速维权机构。省知识产权维权援助中心自“12330”开通以来，共接听 204 个知识产权维权援助与举报投诉电话，并于 2011 年启用了“12330”语音系统，通过语音系统实现通话时直接登记、查询来电等功能，提高了中心的工作效率和质量。汕头市知识产权维权援助中心一年来协助当事人办理维权援助案件 25 宗，并在区和街道一级设立了 3 个维权援助联络站，及时向全市各行业商协会发布知识产权预警通报。

2011 年，省知识产权局加大了开展涉外应对试点的工作力度，重点做好新兴产业、产业集群的试点工作，促进产业转型升级。通过试点，总结好的经验和模式，努力探索建立一套适应广东省经济发展的知识产权纠纷应对机制，提高全省企事业单位和行业应对知识产权涉外纠纷的能力和水平。截至 2011 年年底，全省涉外应对试点单位达到 8 家，在省知识产权局的指导和推动下，各试点单位的知识产权保护工作呈现良好的发展态势。

（广东省知识产权局 傅 蕾）

知识产权管理与服务

2011 年，省知识产权局继续做好专利代理管理工作，抓好百所千企知识产权服务对接工程，健全工作体制机制，构建公共服务平台，大力培育和发展知识产权服务业，知识产权宏观管理能力全面加强，知识产权服务水平全面提升，逐步形成政府引导与市场协调推进的知识产权服务体系。

【知识产权服务体系发展】

服务机构建设　截至2011年年底，广东省共有专利代理机构107家，分支机构102家，执业专利代理人753人，代理机构和执业人数约占全国的12%和10%。在代理机构中，有限责任制37家、合伙制63家，律师事务所开办专利代理业务7家，具有10名以上（含10名）专利代理人的代理机构有23家，代理机构主要分布在广州、深圳、东莞、汕头等地；在分支机构中，外省在广东省设立19家。这107家专利代理机构已成为促进产业创新成果知识产权化的中坚力量。2011年，深圳科吉华烽知识产权事务所、东莞市华南专利商标事务所有限公司、中山市科创专利代理有公司、深圳中一专利商标事务所4家代理机构被省科技厅认定为广东省第2批科技服务业百强（机构）企业；深圳市世纪恒程知识产权代理事务所、深圳科吉华烽知识产权事务所、深圳市鼎合诚知识产权代理有限公司3家代理机构被深圳市知识产权局认定为深圳市2011年度知识产权优势企业，每家获20万元经费支持。

专业人才培养　省知识产权局通过举办形式多样的专题培训班和业务研讨会，不断提高执业专利代理人的专业水平。2011年开展培训及交流活动共计22期（次），参加专利代理人共1 437人次。将专利代理人才培养工作列入全省百千万知识产权（专利）人才培育工程，参加依托华南理工大学知识产权学院等机构开展的专项培训，大力开展高层次专利代理专业人才的培育。配合国家局开展对专利代理机构的业务能力提升活动。2011年，省知识产权局配合国家知识产权局光电部、复审委开展对代理机构的业务能力提升活动，活动中审查员深入代理机构进行专业培训指导，并先后举办5次大型培训活动，每次2天，共有390人（次）专利代理人参加培训，有效地提升了广东省专利代理机构的执业水平，深受代理机构的欢迎。2011年，省知识产权局连续第9次承办“全国专利代理人资格考试”，广东考点共有考生1 567人，设49个标准考场。广东考点共有191人通过考试，其中，通过法律单科89人、实务单科82人。

行业协会建设　2011年，省知识产权局继续指导广东专利代理协会开展行业自律，并加大工作上的支持力度。一年来，广东专利代理协会进一步完善了《广东省专利代理行业自律公约》，丰富了“广东专利代理协会网站”内容，召开第2次会员大会并完成了理事会的换届工作。据统计，全年协会共举（承）办活动26次，其中开展专利代理培训14次，参加活动的专利代理人共有1 000多人次。同时，为了支持和拓展协会工作，2011年，省知识产权局将专利代理机构设立的材料初审、年检等工作的有关事务性工作委托给协会，丰富了协会的工作内容，提升了协会在专利代理行业的威望。

省知识产权公共信息综合服务平台建设　数据总量达3 800万条的广东省专利信息服务平台运行良好。广东省知识产权研究与发展中心建设了12个省级重点行业和4个地方特色行业专利分类数据库，开发了互联网版本的专利信息分析及预警应用系统。

【知识产权投融资服务】　2009年，广州市出台工作指引，市政府与五大银行签署了《广州市促进知识产权质押融资合作协议》，在3年内提供200亿元知识产权质押融资授信额度。截至2011年年底，广州市已有17家企业通过90项知识产权从9家银行获得逾3.2亿元的知识产权质押贷款。东莞市搭建了服务平台，构建了政府、银行、评估机构、企业广泛参与的知识产权质押融资协作机制。佛山市南海区政府制定实施相关政策措施，截至2011年年底，已有76家企业通过176项知识产权获得近2.1亿元的知识产权质押贷款，在顺利通过全国知识产权质押融资试点验收后，南海已在全国率先启动国家知识产权投融资综合试验区建设工作，将努力构建政府引导、市场化运行、社会广泛参与的知识产权投融资机制，统筹管理知识产权资本化和产业化项目，通过金融为纽带，带动社会资金全方位、深层次参与企业发展。2011年5月，经国家知识产权局批复，佛山市顺德区正式开展知识产权投融资服务试点工作，截至2011年年底，已有3家企业获得3 000万元的知识产权质押贷款。

【专利技术交易与转化服务】 2011年，广东省4家全国专利技术展示交易平台和各地知识产权应用服务平台积极发挥作用，广州、深圳、佛山、东莞4个中心全年交易额近2亿元。深圳高交会、顺德专博会、第5届中国专利周广东分会场活动等会展成功举行。

国内首个为专利技术孵化提供服务的专业网站“中孵网”运行良好，通过“网上”与“网下”相结合的方式提供“创意—产品—商品”一站式服务，截至2011年年底，经该网站孵化成功的项目累计为相关企业创造经济效益超过6 000万元。

【企业知识产权能力提升服务】 2011年，省知识产权局积极拓展企业知识产权培训渠道，开展综合服务，为企业发展提供智力支撑，提升企业知识产权能力水平。

培训活动 省知识产权局与台湾交通大学、台湾博拓国际智权集团、台湾“中华创业育成协会”等开展合作，联合举办企业知识产权总裁培训班、企事业单位知识产权管理及实务研修班、知识产权评估培训班、企业知识产权管理标准研讨会，邀请台湾名企高管和知名专家学者授课，深化企业高管对知识产权的理解和认识，提高企业运用知识产权制度参与市场竞争的能力。

5月，省知识产权局承办第4批全国企事业知识产权试点单位专利管理人员（华南片区）培训班。作为推动全国企事业知识产权试点工作的重要抓手，培训班在华南理工大学“国家知识产权培训（广东）基地”举行，来自广东、福建、海南等地的130多名企事业知识产权工作者参加培训，效果良好。

机制平台建设 深圳市通过“知识产权半月谈”等平台，建立大企业帮扶带中小企业的机制，建立中小企业与知识产权中介机构服务对接机制。汕头市为全市20多家知识产权重点企业提供“知识产权直通车”服务，组织“专利顾问团”协助企业维权。东莞市开展“百家重点企业知识产权扶持计划”，出台《东莞市专利促进实施办法》。中山市建立了集知识产权申请、维权、信息利用、市场交易、预警分析、战略研究、专家咨询等功能于一体的知识产权一站式服务平台。

“百千对接”工程 根据《关于开展“百所千企知识产权服务对接工程”的指导意见》精神，2011年，省知识产权局进一步加大力度，深化“百千对接”工作。8月5日，组织召开了全省百所千企知识产权服务对接工作座谈会暨2011年对接签约仪式。12月，组织60家（次）专利代理机构到梅州、东莞、中山、佛山市的禅城、南海、顺德6个地区开展“百千对接”系列活动。截至2011年年底，全省共有63家专利代理机构与近600家专业镇和企业成功对接。据各地市上报的2011年业务工作统计表数据显示，2011年全省共投入“百千对接”工作经费370余万元，参加对接活动3 593人次，对接企业700多家，新增专利9 310件。

（广东省知识产权局 阳屹琴 成 思 张淑芳）

科技合作与交流

2011 年，随着国家高度重视国际科技合作，不断加大对国际科技合作的支持力度，广东省大力宣传和积极组织申报国际科技合作专项计划，截至 2011 年年底，共有 16 项列入科技部国际科技合作专项计划，获经费支持共 1.03 亿元。获得科技部立项的政府间合作项目 14 项，涵盖日本、越南、印尼、俄罗斯和斯洛文尼亚等国，反映了广东省的国际科技合作国别和领域越来越广泛，科技部将按照不同国别和任务给予相应经费支持。截至 2011 年年底，全年获得科技部经费支持超过 1 亿元。2011 年，省级科技合作计划立项 106 项，支持经费 3 900 万元。

对外科技合作与交流

【交流活动】 2011 年，省科技厅共组织出访（包括港澳台）66 批，共计 175 人；接待来访 12 批，共计 68 人次；承担、组织亚太技术转移中心技术委员会年会，第 9 届中美工程技术研讨会先进制造分会等大型国际性会展及研讨会 11 次；审批、报批大型国际性会展及研讨会 11 次；参与科技部等机构组织的人员交流和培训计划，共组织省科技厅机关和厅属单位 11 人次参加培训；承担国家外专局培训任务，组织 3 批培训班 14 人次。

2011 年 11 月 28 日，由联合国亚太技术转移中心（APCTT）主办，科技部、省科技厅、广东省对外科技交流中心共同协办的 APCTT 第 7 届技术委员会会议暨推进可再生能源农用微型系统技术研发合作研讨会在广州召开。来自 APCTT 和各成员国，包括印度、印度尼西亚、巴基斯坦、马来西亚、菲律宾、韩国、泰国、越南、孟加拉国、斯里兰卡、尼泊尔、蒙古及中国 13 个国家的近 50 名政府官员、专家学者、企业代表参加了为期 4 天的会议。

会上，APCTT 主任 M. Ramanathan 介绍了 2011 年 APCTT 的主要工作。会议期间，与会代表围绕 APCTT 成员国间的技术转移现状及合作、推进可再生能源农用微型系统技术研发合作等专题内容进行交流研讨，并分享彼此在技术转移方面的成功经验、优秀模式，分析区域技术转移中存在的困难和挑战，对于促进亚太地区科技创新具有重要意义。

【合作模式创新】 “哑铃型”国际科技合作模式是省科技厅在新的国际科技合作形势下“先行先试”，创造性地开展国际科技合作的新模式和新方法。2011 年，省科技厅不断完善和推广“哑铃型”国际科技合作模式，推动国际科技合作迈向实质性阶段。

中国—乌克兰巴顿焊接研究院　中国—乌克兰巴顿焊接研究院是由科技部和省政府重点支持，省科技厅主导并参与组织管理，广州市科信局联合共建，广东省工业技术研究院承建的乌克兰国家科学院巴顿焊接研究所在中国开展焊接和相关工艺技术的主要研发中心。省工业技术研究院以土地、资金投入为主，乌克兰巴顿焊接研究所以技术、人员投入为主，省科技厅和市科信局以政策扶持和资金投入为主，共建“中国—乌克兰巴顿焊接研究院”。

2011 年 1 月，中国—乌克兰巴顿焊接研究院由省政府、省机构编制委员会正式下文批复作为公益二类正处级事业单位成立。2 月 24 日，乌克兰国家科学院院长兼巴顿焊接研究所所长巴顿院士与省工业技术研究院邱显扬院长、省科技厅龚国平副厅长共同签署了《“中国—乌克兰巴顿焊接研究院”合作协议》。6 月 18—21 日，国家主席胡锦涛在乌克兰进行国事访问期间，与乌克兰总统亚努科维奇举行会谈，并会见乌克兰总理阿扎罗夫和议长利特温，中乌双方共同宣布中乌建立和发展战略伙伴关系，并签署了中乌双边合作文件，中乌巴顿焊接研究院是此双边合作文件科技领域的重点合作内容。9 月 9 日，中乌巴顿焊接研究院第 1 届理事会在乌克兰首都基辅巴顿焊接研究所召开，标志着双方合作迈向实质性阶段。

中国—乌克兰巴顿焊接研究院是巴顿焊接研究所在中国的焊接技术科研开发基地和技术转移中心，通过开展现代焊接和相关技术的科技活动，并在中国工业企业进行推广，将建设成为国际知名、中国领先、具有科技创新孵化器特点的高水平研究院。该院的建设体现了广东省已从过去转让技术、利用个别人才的合作模式，转向了与合作国在创新平台上建立制度联系、人才团队紧密合作、围绕重点产业联合攻关的合作局面。

中以水处理环保创新产业园　2011 年，中以水处理环保创新产业园建设得到以色列工贸部和我国科技部的高度重视，成为双方政府间的重点项目。2011 年，以色列工贸部与广东省科技厅达成共识，双方签署《关于促进产业研究和开发的技术创新合作协定》，重点推进中以水处理环保创新产业园建设。

3 月 4 日，《“中以合作水处理·环保创新产业园”联合声明》签署仪式及新闻媒体见面会在广州市举行。声明指出，以色列工贸部和顺德都围科技环保工程公司期望在水处理及环保方面取得深入合作，双方将扩大合作规模，建立“中以合作水处理·环保创新产业园”，推动以色列环保企业进入中国。该园由顺德都围科技环保工程公司牵头建立，通过与以色列公司进行互相投资参股、技术二次开发、管理咨询和资源整合等手段建立紧密型产业集群。

该园的建立启动了新形势下国际经济技术合作创新型模式，从以往中外合作工业园以 GDP 拉动和考核检验，转化为以 GDP 与利润指标、掌握和拥有核心知识产权为双重目标的可持续对外合作模式。园内设立双方创新平台，以促进广东省环境工程领域科技创新发展。截至 2011 年年底，有意向入园的中外企业已经有 40 多家，其中包括以色列施拉特公司、以色列希伯来大学技术转移中心等。

中以水处理环保创新产业园建设将按照“技术集成、产业集聚、市场开拓、共同发展”的指导思想，努力整合国际创新资源，建设高水平的国际科技合作创新产业园区，形成新的创新产业集群。

【合作渠道建设】　2011 年，广东省充分利用科技部所建立的双边和多边合作机制，利用国家层面的合作渠道推进本省的国际科技合作。8 月 1 日，省科技厅接待了中美创新对话美方专家代表团，就共同落实中美战略与经济对话和中美创新对话成果进行交流，充分展示《广东省自主创新促进条例》的立法依据和做法，起到了良好的宣传效果。

2011 年，省科技厅利用科技部推动的亚太技术转移机制，建立起与亚太技术转移中心技术委员会之间的联系，开展技术转移和成果推广工作；利用科技部与独联体国家建立的双边合作委员会机制，建立起广东与白俄罗斯等国家成立合作混委会工作机制；与以色列工贸部就产业技术合作达成协议。

积极建立与国际知名科学组织的合作关系，也是广东省开展国际科技合作渠道建设的重要组成部分。根据省委、省政府领导关于加强与德国弗劳恩霍夫协会建立战略合作关系的指示，由省科技厅牵头起草了《广东省人民政府与弗劳恩霍夫协会战略合作框架协议》。11 月 15 日，在 2011 广东经济发展国际咨询会上，朱小丹代表广东省与世界知名的智力密集型机构德国弗劳恩霍夫协会签署战略合作框架协议。这是国内第 1 个由政府与弗劳恩霍夫协会签署的框架协议。根据该框架协议，省科技厅负责统筹广东省科研机构、高校及高新技术企业与弗劳恩霍夫协会开展全面合作，与弗劳恩霍夫协会成立联合工作小组，制定具体实施方案。双方将在智能（节能）建筑、工业自动化、环境保护、健康食品等优先领域推进务实合作。

【合作基地建设】　2011 年，广东省遵照科技部 8 月颁布的《国家国际科技合作基地管理办法》，修订了本省国际科技合作基地实施细则，并积极组织动员，严格规范管理，开展了国家级和省级合作基地清理整顿和认定工作。截至2011年年底，全省已有国家级国际科技合作基地13家，省级合作基地65家。

（广东省科学技术厅科技交流合作处　郭昳琦）

港澳台科技合作与交流

【粤港澳科技合作与交流】　2011年3月，省科技厅赴香港就加强粤港科技合作开展调研，并就“粤港高新技术合作专责小组第8次会议”议题和2011年度粤港科技合作联合资助计划进行协商，确立了重点支持现代服务业等内容。随后与香港生产力促进局、香港科技大学、香港理工大学等机构进行了广泛交流，就强化粤港合作机制、创新合作模式等展开了深入探讨，取得了共识。

2011年7月，粤港高新技术合作专责小组第8次会议召开。会上，粤港双方达成共识：一是加大粤港联合资助力度，共建科技创新平台；二是建设粤港创新服务体系，推动珠三角区域产业结构优化升级；三是推动广东高新园区与香港科学园区和科研机构合作，促进新兴产业与特色园区的发展。深港创新圈、广州南沙、东莞松山湖高新区、惠州仲恺高新区等已成为粤港科技合作的重要基地。

“哑铃型”合作模式在粤港科技合作中进一步推广，广东省企业、高校和研究机构纷纷与香港高校、研究机构联合共建研发中心、重点实验室和工程中心。7月11日，香港与深圳联合举行“科技创新，合作共赢——深港合作交流会”，推动内地与香港的创新科技合作，特别是“深港创新圈”的发展。深圳比亚迪股份有限公司在交流会上宣布落实在香港科学园设立研发中心，并与香港的研发中心合作开发电动车。广州生命健康研究院与香港大学合作建立联合实验室，开展干细胞领域的合作。

截至2011年年底，香港已在深圳、广州南沙等地建立了产学研基地和各类研发中心。两位一体的“哑铃型”合作模式有效地提升了广东省的自主创新能力和产业竞争力，对本省建设开放型的区域创新体系发挥了重要作用。

【粤台科技合作与交流】　2011年，对台科技合作与交流快速发展，民间交流与合作日益增加，人员往来日益频繁，合作领域日趋广泛。

在粤台资企业转型升级工作　9月6日，省政府和国务院台办在惠州市共同举办了2011两岸新兴产业合作暨经济转型升级高端论坛，广东省省长黄华华在论坛上发表重要讲话，并就加强粤台新兴产业合作、支持促进在粤台资企业转型升级等方面宣示了本省相关政策措施。省科技厅进一步深化粤台科研合作，加强粤台科研机构合作对接，整合产学研优势，探索建立合作新模式；推进粤台技术推广示范工程和新兴产业领域技术标准体系建设，开展和扩大粤台人才培训和新兴产业知识产权保护合作；从协同研发产业发展关键设备和重要零部件入手，通过联合技术攻关摆脱产业发展对进口配套零部件的依赖；支持台资企业申请认定知识产权优势企业、示范企业、战略试点企业、清洁生产企业等，并实行与内资企业相同的申请程序和认定条件。

2011海峡科技论坛　12月15—16日，在两岸签署经济合作框架协议（ECFA）的背景和机遇下，由中国致公党中央委员会主办，省科技厅、中国致公党广东省委员会、省政府台湾事务办公室和东莞市政府承办的2011海峡科技论坛在东莞市举行。论坛开辟了海峡两岸科技合作与交流的新渠道，受到了两岸科技界和产业界的欢迎。2011海峡科技论坛主题是“科技服务与传统产业转型升级”，来自海峡两岸的知名专家学者、企业家和各级管理部门的人员近500多人参加了会议，分别就“创新型产业集群建设”“科技服务模式创新”“东莞科技投融资与台资企业升级转型”等问题展开了精彩的演讲和交流。论坛结束后，代表们参观了松山湖高新技术产业园区、东莞台湾科技园区以及相关企业。

（广东省科学技术厅科技交流合作处　郭昳琦）

泛珠三角区域科技合作

2011 年，泛珠三角区域按照“优势互补、注重实效、互利互惠、合作发展”的原则，稳步推进各项工作，通过科技资源的开放、共享，科技人才的合理流动和科学家的合作研究，优势互补，建立区域创新体系，提升区域内科技整体水平，促进高新技术及其产业化的发展，组成区域产业协作和战略联盟，为区域内社会经济发展提供科技支撑。

【重大专项合作】

西江流域基础研究重大科学问题研讨　8 月 17 日，广西牵头组织召开西江流域基础研究重大科学问题研讨会，中国水产科学研究院珠江水产研究所、广西大学、广西水产研究所、广西植物研究所、广西师范大学、广西气象台、广西环境保护科学研究院等区内外相关领域专家共 20 人参加了会议。研讨会提出了流域物种保护、水文水资源的演变机理及调控对策、森林植被格局演变对流域水资源的调节机理及西江流域水环境安全风险评估等方面的重要科学问题，推进西江流域重大基础研究项目策划工作。

桉树生态重大项目研究　广西科技厅组织桉树生态研究项目组开展“973 计划”项目申报工作，由广西大学陈保善教授为首席科学家，联合云南大学、中国科学院昆明植物研究所、中国科学院华南植物园、北京大学等 9 家单位共同申报了“大规模桉树人工林生态功能与调控机制研究”项目，推进桉树生态重大项目研究工作。广西壮族自治区人民政府办公厅成立了自治区桉树人工林生态效应与调控机制研究工作领导小组。

【科技资源共建与共享】

泛珠三角区域大型科学仪器协作共用网建设　“泛珠三角区域大型科学仪器协作共用网建设”是科技部下达的国家科技基础条件平台建设项目，由省科技厅牵头承担，广西、福建、海南等省（区）科技厅参与实施。截至 2011 年年底，数据库内已收录广东省大型科学仪器相关信息包括：10 万元及以上仪器 5 342 台/（套），其中 50 万元及以上仪器 1 127 台/（套），相关单位 412 个，实验室人员 3 637 位。数据库内还收录广西、福建及海南 50 万元及以上仪器设备 359 台/（套），并建立区域大型科学仪器协作共用网信息管理系统及门户网站，如泛珠三角区域大型科学仪器协作共用网（www. ppsinn. cn）、广州地区大型科学仪器协作共用网（www. gzsin. cn）、广西壮族自治区大型科学仪器协作共用网（www. gxyq. cn）、福建省大型科学仪器协作共用网（www. fjdy. org. cn）、海南省大型科学仪器协作共用网（www. hidyw. com）。

国家重点实验室联合建设　在科技部的指导和支持下，广西大学与华南农业大学联合申报“亚热带农业生物资源保护与利用国家重点实验室培育基地”。2011 年 3 月，该实验室获科技部批准联合立项。10 月，科技部正式批准建设“亚热带农业生物资源保护与利用国家重点实验室”，标志着广西科学研究体系的建设水平实现了质的飞跃。

四川大学国家生物治疗重点实验室是国家“重大新药创制”科技重大专项重点建设的综合性新药开发大平台。2011 年，该平台与华南新药创制中心、广东众生药业股份有限公司签订三方协议，企业将投入 3 亿元，共同开发该平台研发的 QU100、WCH016、多烯紫杉醇纳米制剂 3 个一类新药。

2011 年 11 月 15 日，海南医学院附属医院与中科院广州生物医药与健康研究院设立的“海南省人类生殖与遗传重点实验室—中科院再生生物学重点实验室联合实验室”正式揭牌。为加快基础研究发展，促进干细胞的临床应用，两个实验室成立联合实验室，将首先针对地中海贫血等人类重大疾病，探索出可行的干细胞治疗的新途径。中国科学院再生生物学重点实验室依托于中国科学院广州生物医药与健康研究院，一直以国家健康和生物医药需求为主导，致力于国际前沿的致病机理研究、高水平核心技术创新与集成。研究院从国家战略需求出发，提出了“源头创新—产品技术开发—产业化”的创新价值链，瞄准干细胞与再生医学，目前已经取得了喜人的成果，该研究院建立了中国首例诱导多能干细胞（iPS）。

专家资源共享　为了推动泛珠各省区基础研

究评审专家共享，提高基础研究项目立项评审质量，促进广东与兄弟省市的科技全面合作与发展，经反复磋商，广东、广西、云南3省区科技厅于2011年7月11日共同签署了《广东、广西、云南共享专家资源的协议》，连同其他省市科技厅，共获得了5 000多名区外优秀的基础研究评审专家信息，为做好“十二五”开局之年自然科学基金项目安排，推进基础研究发展打下良好基础。

【科技交流活动】

第7届泛珠三角区域合作与发展论坛暨经贸洽谈会　9月21—22日，第7届泛珠三角区域合作与发展论坛暨经贸洽谈会在江西南昌举办。该届大会在主题、内容、形式上都有所创新，大会的主题是加快转变发展方式、深化合作、绿色发展。大会首次推出名优产品展示展销会，展览展销了广东名优产品和江西地方特色产品；举办了“美丽四川欢迎您”旅游专题推介会和江西旅游招商会，广西北部湾经济区开放合作推进会，云南面向东盟“握手桥头堡、共享大通道”推介会，澳门面向葡语国家“泛珠三角区域与葡语国家经贸合作”推介会。

大会合作成果丰硕，泛珠“9+2”各方行政首长围绕“打通省界断头路”“通关便利化”“产业转移合作”“深化旅游合作”和“引进港澳服务业”等议题展开深入讨论和交流，联合签署《2011年泛珠三角区域合作行政首长联席会议纪要》。此外，各方还签署了《社会信用体系共建协议》《泛珠三角地区跨省流动人口社会抚养费协作协议》《第7届泛珠三角旅游深度合作协议》等一批合作协议。经贸洽谈成果也十分丰富，经贸洽谈展览展示总面积近4万平方米，还开展了合作项目网上推介活动。据统计，大会集体签约项目共117个，投资总额940.62亿元，网上推介项目2 799个，项目总投资贸易额27 818.8亿元。大会签约项目累计1 544项，签约总金额4 512.83亿元。签约项目涉及制造业、基础设施、旅游开发、交通运输、物流仓储、电子信息、节能环保、高新技术等领域。

第12届中国西部国际博览会　10月18—22日，第12届中国西部国际博览会（以下简称“西博会”）在四川成都举办。该届西博会主展场展览面积12万平方米，设有西部合作馆、国际合作馆、高新技术馆、电子信息馆、装备制造馆、农业产业馆六大展馆和室外展区。另设8个分会场，展览面积6万平方米，共有52个国家和地区、31个省（区、市）和新疆生产建设兵团参展，报名参展企业共计4 564家。其中境外企业参展面积占42%，参展国家和地区数量比上届增加了8个，境外企业的参展面积和数量均提高了10个百分点。世界500强及跨国公司参展数量为149家，参展面积12 460平方米，占主展场总面积的10.4%，充分体现了该届西博会“引领国际合作，拓展市场空间”的主题。该届西博会与21家境内外商会和协会等机构签订招商招展代理协议，继续引入策划设计、主场承建、门禁管理、物流运输等专业服务商邀标比选机制，市场化程度比上届也有明显的提高。

省科技厅组织省内高等院校、科研院所及高新技术企业组成广东省代表团参加西博会。在高新技术馆（5号馆），广东省展览面积140平方米，参展企业30家，采用特装形式展示45个参展项目，展示内容涉及电子信息、新能源、节能环保、新材料、现代农业等多个行业领域，精选的项目拥有自主知识产权，技术达到国际先进水平。如华南理工大学研发的超窄线宽单频光纤激光器、质子交换膜燃料电池项目，广东省工业技术研究院研发的极低品位难选多金属共伴生矿高效综合回收项目，中国电器科学研究院有限公司的大容量高性能特种工业电源装置等项目均充分展现了广东省近年来高新技术产业发展所取得的成就和水平。

第8届中国—东盟博览会　10月21—26日，第8届中国—东盟博览会在广西南宁举办。该届展会作为中国—东盟建立对话关系20周年系列纪念活动的重要组成部分，展出了中国—东盟建立对话关系20年合作领域不断拓展的成果，博览会常办常新，推动了自贸区建设快速发展。该届博览会共设置总展位数4 700个，参展企业2 300家，同比增长4.6%，参会客商达到50 600多人。其中，东盟和区域外国家参展规模达历史最高水平，有6个东盟国家包馆，东盟品牌企业比往届增多，企业参展踊跃，各国企业重复参展率进一步提高，采购商质量和数量好于往届，体现了博

览会的市场吸引力进一步增强。该届博览会累计交易总额达到 18.07 亿美元，比上届增长 5.6%；签订国际经济合作项目 105 个，总投资额 74.2 亿美元，同比增长 10.86%，其中，中国内地各省区市及中央直属企业“走出去”项目 52 个，总投资额 26.5 亿美元，同比增长 37.8%；签订国内经济合作项目 102 个，总投资 731.1 亿元，比上届增长 8.39%。举办地广西共签订国际合作项目 69 个，总投资 46.9 亿美元，占国际合作项目合同金额的 63.2%。

省科技厅组织了华南农业大学、广东省农业科学院、中国水产科学研究院珠江水产研究所、广东省昆虫研究所、佛山市合璟节能环保科技有限公司、广东五星太阳能股份有限公司等 18 家单位，共 22 个项目参加该届中国—东盟博览会农村先进适用技术暨高新技术展览，重点展示本省在节能减排、环保及农产品加工、农业种养技术等领域的先进适用技术成果。

【泛珠区域科技项目合作】

粤桂合作　2011 年，环境保护部华南环境科学研究所（广东广州）、广西医科大学等就汽油添加剂甲基叔丁基醚（MTBE）污染特征、人群健康风险评估及管理对策进行研究。截至 2011 年年底，该项目已初步建立不同环境介质 MTBE 分析方法，开展典型区域大气环境、水环境、土壤环境中 MTBE 的污染特征研究；通过收集对照组一般人群育龄妇女自然信息，检测部分对照组育龄妇女生殖内分泌激素水平，就 MTBE 育龄妇女生殖内分泌功能影响的环境流行病学进行研究；在南宁市、深圳市就 MTBE 对高暴露人群遗传毒性影响开展研究；调研总结国际 MTBE 环境管理的经验做法。

广西药用植物园与暨南大学姚新生院士进行合作，共同开展中药民族药药效物质馏分库建设及活性筛选研究，截至 2011 年年底，已完成 400 多种瑶药，约 6 000 个馏分的制备，并且其中 2 000个馏分已经选送到国内外开展活性筛选，取得较大的前期成果。

泛珠办组织实施广西北部湾经济区基础研究重大专项，加强生态环境保护与防灾减灾等方面研究，促进北部湾经济区可持续发展。6 月中旬，广西科技厅组织了广西科学院、广西红树林研究中心、广西海洋研究所、广西师范学院、广西水产研究所、钦州学院等单位的有关专家，前往中科院南海海洋研究所、中国水产科学研究院南海水产研究所、珠江水产研究所考察调研，加强双方在广西北部湾经济区的生态环境保护、防灾减灾、水产养殖等方面的科研合作，共同围绕北部湾可持续发展重大基础研究问题策划申请国家项目，争取国家立项支持。

粤琼合作　2011 年，海南昌江南疆生物技术有限公司与中国水产科学研究院南海水产研究所合作，推动“斑节对虾快速生长新品系培育研究”项目的实施，促进我国对虾养殖业的可持续发展。该项目与海南大学、三亚意源养殖有限公司和中山大学承担“热带名贵海水动物等苗种繁育技术”等 12 个项目入选高新技术发展及产业化领域国家科技计划 2012 年备选项目。

8 月，中国科学院南海海洋研究所与三亚海润珠宝有限公司、海南海润珍珠科技有限公司共建海南省珍珠工程技术研究中心，以海南珍珠养殖技术研究、珍珠深加工技术研究及珍珠综合利用工程技术研究为目标。中国科学院南海海洋研究所建设海南省热带海洋生物技术重点实验室以热带生物技术研究为主线，重点研究南海及其邻近大洋海洋与生态响应及其生物技术，发展热带海洋生物技术理论，为海南省海洋资源的开发利用、海洋经济可持续发展提供科技支撑。

11 月，海南医学院附属医院与中科院广州生物医药与健康研究院设立“海南省人类生殖与遗传重点实验室—中科院再生生物学重点实验室联合实验室”。海南医学院附属医院与中科院广州生物医药与健康研究院共同承担“973 计划”项目——“非整合 β 地中海贫血病人 iPS 细胞库及地贫胚胎干细胞（ES）库的建立及相关比较性研究”。

粤赣合作　11 月 18 日，“农村信息直通车工程江西试点启动签约仪式”在广州隆重举行。在“十二五”开局之年，两省联手推进农村信息直通车江西试点工程，标志着粤赣两省在科技交流与合作方面，进入了一个全新的、实质性的阶段。广东省科技厅与江西省科技厅签署了《农村信息直通车江西试点工程合作协议》。根据协议内容，双方将依托农村信息化公共服务平台“三农直通车网站”、农业科技服务平台“村村通动植物医院”、安全农产品电子商务平台“村村通商城”“村村通大市场”“村村通移动信息服务平台”和“村村通语音服务平台”，建设江西三农信息网站群和“村村通动植物医院”江西远程诊治服务网络，开通江西省12396服务热线，并实现与广东12396服务热线并网，提高江西农村移动信息服务应用覆盖范围，从而大幅提升江西农业和农村信息化服务能力，实现两省资源的共享和人才的交流。

省区联合行动 2011年，在科技部支撑计划支持下，广东、福建、海南共同开展建筑节能技术研究，研究开发建筑环境相关的软件，包括通风分析软件、Ecotect生态建筑大师、Radiation tool太阳辐射分析软件、Climate tool等软件以及门窗标识软件的key（密码锁），各种玻璃遮蔽性能、传热性能指标参数（数据库）等方面的合作和支持。

云南省院省校科技合作计划结合云南省院士专家工作站的建设，支持了“水稻两用核不育系选育及应用”“深埋高价值复杂难采矿体协同高效无废开采技术研究”“300KA大型预焙铝电解槽曲面阴极技术的开发与产业化”等3项泛珠三角区域合作项目，省级财政资助经费1 030万元，带动社会投入经费6 489万元。引进湖南、广东等地的袁隆平院士、古德生院士、刘颂豪院士在云南省内建立工作站。同时，验收了“300KA大型预焙铝电解槽曲面阴极技术的开发与产业化”等项目。

泛珠办协调广西与海南之间关于环北部湾海洋生态保护与修护研究，在地下管网红树林原位生态养殖技术与工程示范，红树林、海草、珊瑚礁、盐沼和滨海植被的生态监测与评价，海岸生态恢复与修复等方面开展合作。

泛珠办协调广西与海南负责承担科技部“华南区域中药材规范化种植及大宗中药材综合开发技术研究”项目的课题“白木香等7种中药材规范化种植基地及其SOP优化升级研究”进行技术交流与合作。

泛珠办协调广西与海南之间关于车用沼气技术的开发，组织清华大学、海南神州新能源建设有限公司、海南马自达有限公司、广西神州环保产业控股集团公司、中国热带农业科学院、海南大学等单位共同制定项目申报书，争取国家科技支撑计划立项支持。

【区域合作平台建设】 按照《泛珠三角区域合作发展规划纲要（2006—2020年）》的总体要求，建立泛珠知识产权合作机制、开展信息交流与沟通、举办学术研讨等，取得了良好合作成效，讨论通过了《泛珠三角区域内地九省（区）专利行政执法协作案件移送程序》，完善了泛珠三角区域专利行政执法协作机制，开展区域知识产权人才及专家库建设、区域专利信息服务平台建设、区域知识产权公务人员交流活动等合作项目，有力地推进了区域知识产权战略实施、政策协调、人才交流等方面的合作。

广西知识产权局组织举办“华南地区知识产权执法研讨班”，邀请广东、海南和广西省（自治区）、市两级知识产权局人员共70余人参加，强化了华南三省两级知识产权局之间对专利侵权纠纷行政案件的充分交流和沟通。根据自治区人民政府的要求，就广西与港澳知识产权合作、签订《黔桂合作协议》等提出了建议。

湖南大学在广东省建立了深圳研究院、佛山研究院，在东莞设立了汽车国家重点实验室的分实验室，在江西与萍乡市人民政府共建“湖南大学科学技术研究院萍乡分院”。这些产学研平台的建设为湖南大学与上述地区产学研合作奠定了重要的基础。

【泛珠三角区域科技合作联席会议机制建设】

泛珠三角区域科技合作2011年联络员工作会议 泛珠三角区域科技合作2011年联络员工作会议于10月14日在广西北海举行。会议就泛珠三角区域科技合作“十二五”规划编制的相关问题进行了协商，听取了贵州省科技厅介绍第10次联席会议的相关事项安排，讨论了第10次联席会议的具体时间、地点和相关议题。

泛珠三角“十二五”区域科技合作规划编制

根据第9次泛珠三角区域科技合作联席会议精神，3月，泛珠办以泛珠三角区域科技合作联席会议办公室的名义，向泛珠三角区域各成员单位发布《关于分担泛珠三角“十二五”科技合作规划项目（委托中国科学技术发展战略研究院编写泛珠三角“十二五”科技合作规划）及2011年各省区需配合参与工作的通知》。泛珠三角“十二五”科技合作规划工作将在2012年上半年完成。

泛珠办组织编印《泛珠三角区域科技合作动态》，每月定期出版并寄往“9+2”各有关单位。组织管理“泛珠三角区域科技合作网”（http://www.ppst.gov.cn/）

（广东省科学技术厅发展规划处　石福华）
（泛珠三角科技合作联席会议办公室　钟　薇）

民间对外科技合作与交流

【科技会展】　2011年，广东省对外科技交流中心（以下简称“交流中心”）坚持不断创新展会服务模式，努力提高展览水平，大力提升展览效果，持续发挥服务中小企业开拓市场的作用，成功举办了3个科技会展。经统计，2011年交流中心自办展览面积约10.7万平方米，与2010年展会面积相比，增长了54.3%；吸引了来自全球25个国家和地区2 000多家企业参展，接待观众72 000多人次；同期举办技术研讨会近80个专题场次，约有90多个国家和地区6 000多人次与会。超额完成了中心为2011年展会设定的3个“增长15%”的目标。

华南国际口腔展览会暨技术交流会　2011年3月2—5日，第16届华南国际口腔展览会暨技术交流会在广州举行，展览规模达36 000平方米。有25个国家和地区、673家企业参展，其中国外参展商占总参展商数的19.6%。接待海内外91个国家（地区）专业观众30 000多人，展会的国际化水平进一步提升。同期举办75个专题技术研讨会，涉及多个口腔医疗热点领域，发布业内最新的研发成果和技术应用，为业界奉上了一场专业学术盛宴，与会人员达5 000多人。为更好地服务参展企业，提高办展质量和水平，展览会新增了“展商特邀观众”服务，通过展商寄票通知邀请到会的观众将获得礼品、免费会刊、听课证优惠及快速办证通道礼遇，此举受到了展商及观众的一致好评，大大提高了企业对展会的信任度和忠诚度。

第9届广州国际专业音响灯光乐器展览会

2011年3月9—12日，第9届广州国际专业音响灯光乐器展暨第6届恩平麦克风展在广州召开，经过9年的积累与发展，专业音响灯光乐器展逐步获得业界的认可，取得了较好的社会效益和经济效益。该次展览总面积达5.6万平方米，有842家企业参展，比上年增长64%，其中音响灯光展商590家，乐器展商252家。4天的展期迎来国内外专业观众35 128名，同比增长37%。展览规模突破往届再创新高。该年度展会首次举办了面向全国各省市电台、电视台的“专业音响技术高端论坛”，得到30多个省市的200多名台长、总工和高级技术人员的高度好评。

首届广州国际分析测试设备展览会暨技术研讨会　2011年，交流中心与国药励展展览有限责任公司共同举办了首届广州国际分析测试及实验室设备展览会暨技术研讨会。这是目前华南地区最大的科学仪器及实验室设备展览会，展会规模达到14 000平方米，共有500多家国内外企业参展，包括岛津、安捷伦、热电、默克、国药化试等业内知名国际企业。展会共吸引了35个国家和地区专业观众7 000多名，同期举办了4个专场主题会议，共有3位院士、30多位业内知名专家学者等1 000人参加会议。

【国际科技交流】　2011年，交流中心深入开展对外科技交流，助推“哑铃型”国际科技合作模式，发挥渠道优势，为社会各类机构提供合作中介服务，协助11个团队安排了赴境外的交流活动，取得良好的社会效益。

以色列生命科学技术中国巡回展洽会　2011年9月，由科技部中国科学技术交流中心、以色列工贸部首席科学家办公室及以色列产业研发中心共同发起的以色列生命科学技术中国巡回展洽会分别在北京、南京、成都、宁波四地隆重举行。此次巡展旨在搭建两国在生命科学领域交流与合作的平台，通过引进、消化、吸收以色列尖端技术与产品，进一步提升我国医药及医疗器械领域里的研发与生产水平，是中以两国生物技术产业

交流与合作的良好实践。

广东省粤科风险投资有限公司、珠海亿胜生物制药有限公司、深圳市标点博信医药产业投资基金管理公司、珠海市国腾科技发展有限公司等6家企业与以色列生物医药及医疗器械领域的10家公司就肿瘤抗体、皮肤新药、冠状动脉检测设备等项目展开对接洽谈。以中双方对此次活动都非常重视，分别派出了企业高层代表参加洽谈会，表示了极大的合作意愿与诚意。

第6届水技术、可再生能源和环境控制展览会暨第3届国际会议　为帮助本省企业拓展国际合作渠道，加强中以先进技术合作互补，2011年11月，受以色列工贸部邀请，省科技厅牵头组织广东省相关人员赴以色列，参加由以色列工业贸易和劳工部、环境保护部、外交部等部门共同主办的第6届水技术、可再生能源和环境控制国际展览会暨第3届国际会议（WATEC Israel 2011）。

来自省内环保领域的科研院所、大专院校、科技企业等26个相关单位共58人参加了此次展览会及会议，顺德都围科技环保工程有限公司参加了展览展出。会后代表团还对以色列水处理企业进行技术交流和考察活动。此次出访有力地配合本省与以色列在水技术及环境技术领域上合作共建“中以环保与水处理科技园”的计划，为双方优势互补，共同开拓技术与产业合作搭建了平台。

东盟国家口腔医疗技术培训班　2011年3月，华南国际口腔展举办期间，由科技部国际合作司主办，交流中心和广东省口腔医院承办的首届东盟国家口腔医疗技术培训班同期举办。在科技部和省科技厅、省卫生厅有关领导的亲切关怀和大力支持下，交流中心严格遵循《发展中国家技术培训班工作管理办法》和《发展中国家技术培训班管理工作实施细则》的要求，培训任务顺利开展。来自印度尼西亚、缅甸、菲律宾的18名口腔医生接受为期15天的培训。培训期间，除了理论学习，学员还参观口腔展，到生产基地和医疗机构进行实际操作训练，并与本地的专业人士和相关机构建立了密切的联系，为长远的合作奠定了基础。

促进中国机构参与欧盟框架计划座谈会

2011年4月，科技部中国科学技术交流中心中国—欧盟科技合作促进办公室委托交流中心在广州举办了促进中国机构参与欧盟框架计划座谈会。广东省参与欧盟框架计划的项目单位代表通过座谈了解了欧盟框架计划和我国参与欧盟框架计划的基本情况和特点，并就参与过程中取得的成果及遇到的问题，和有关专家进行了沟通交流。会后，调研组赴中山大学、华大基因研究中心、华为技术有限公司等参与欧盟框架计划的单位、企业进行了实地调研，收集了参与欧盟框架计划的意见和建议，也密切了中欧办与各参与单位之间的联系。

【专业镇培训与调研】

专业镇技术创新培训　交流中心连续9年顺利完成专业镇负责人、技术创新服务平台业务骨干和市县科技管理干部赴港学习与交流的任务。通过活动，增进了专业镇一线工作人员对港澳地区产业集群发展情况的了解，学习借鉴了港澳生产力及相关科技服务机构为中小企业服务的做法与经验，开拓了工作思路和视野，提高了为中小企业服务的意识和水平。

第5期专业镇自主创新及创新体系建设培训

2011年6—7月，为推进专业镇特色产业创新提升，提高专业镇各级干部的服务管理能力，加快转型升级不断开创专业镇发展新局面，交流中心继续组织实施第5期专业镇自主创新及创新体系建设培训。培训通过授课培训、座谈交流及参观考察的形式，让学员了解意大利新兴产业和传统产业及产业集群发展的历程、现状和特点，意大利政府推动产业集群发展的政策、措施及产业集群的自主创新、竞争力提升及创新体系建设情况。组织考察了意大利创新与发展协会、意大利公共管理与创新部、米兰工业家协会等一系列服务机构及行业协会，为进一步提高本省专业镇管理服务水平和能力发挥了重要作用。

广东省城镇化技术集成及科技创新研修培训

2011年12月，来自本省各专业镇的学员代表，赴美国参加广东省城镇化技术集成及科技创新研修培训，接受了来自加州州立大学本部、戴维斯分校的城市研究与规划学院、生物科技学院、食品安全管理学院的专家教授的专业授课培训，内容主要包括：城市规划及城镇化的发展与趋势、高新科技在农业方面的应用、生物能源的应用现况及未来发展等。根据教学内容，学员拜会了加州当地的农业协会及实地考察了当地生产企业。此行为专业镇借鉴美国在城镇科学规划、产业集聚、技术创新、环境建设、科学管理等方面的先进技术及管理经验起到了积极的推动作用。

第 3 届日本国际 LED/OLED 照明技术展览会

为通过国际合作提升本省 LED 产业自主创新能力，2011 年 1 月，交流中心组织了中山华艺灯饰有限公司等省内 LED 生产、技术研发企业人员赴日本参加第 3 届日本国际 LED/OLED 照明技术展览会。该展会是针对 LED/OLED 相关照明产业的专业展览会，共吸引了全球 20 多个国家和地区的 300 多家参展商前来参加，展会规模达到了 42 710平方米。展会期间还举行 LED 相关的研讨会，探讨 LED/OLED 相关产业未来的发展趋势。本省企业代表均为首次参加该展会，通过展会上的沟通交流，找到了有意向的合作伙伴，并了解国际 LED 市场的发展趋势，圆满完成了出访目的。

里昂灯光节及 LED 产业发展调研　为及时全面了解国际 LED 产业发展的新趋势，借鉴发达国家发展 LED 产业的做法和经验，2011 年 12 月，交流中心组织科技管理人员和企业技术人员参加里昂灯光节，并对欧洲 LED 产业发展动态进行调研考察。

里昂灯光节历史悠久，集聚欧洲和全世界光电照明技术相关专业人才，通过举办专业研讨会的形式，每年吸引数万名专业人士参与。受主办方 LUCI 国际照明协会邀请，本省代表团于 12 月初赴法国里昂参加该灯光盛会，并且参加同期举行的 LED 论坛，寻求与欧洲同行的技术合作机会。随后，代表团赴德国相关半导体协会进行调研，了解国外政府推广应用 LED 等绿色照明产品的政策措施及执行成效，为今后本省 LED 行业发展规划提供借鉴参考。

（广东省对外科技交流中心　袁　艳）

科协、科技社团及科技普及、宣传

科协、科技社团

2011年，省科协的工作被列入中共广东省委十届十一次全会第一次全体会议主题报告的重点和亮点工作中，中共中央政治局委员、广东省委书记汪洋在报告中肯定了省科协通过创建院士专家企业工作站等方式，为科技人才的脱颖而出和企业竞争力的提升做出的积极贡献。省委常委会议认为，全省各级科协组织围绕经济社会发展和现代化建设，团结带领广大科技工作者在增强自主创新能力，建设创新型国家，提高全民科学素质，为党委、政府科学决策服务，推动科学发展、促进社会和谐方面做了大量工作，发挥了独特作用，取得了明显成效。

广东省科学技术协会

【学术交流平台搭建】 组织广大科技工作者开展各种形式的学术交流活动，是科协为科技工作者服务的重要内容。2011年，省科协继续办好“广东科协论坛”、第46期“广东院士论坛”和“广东省科协学术活动周”等品牌活动，还组织举办了2011年纪念闻立时院士暨新能源高峰论坛、广东物联网产业高峰论坛、2011第9届海峡两岸（广州）工程师论坛、省级学会对港澳科技合作工作情况交流会、（深圳）粤港生物科技合作论坛等粤港澳台学术交流活动10多场。

广东科协论坛 2011年，省科协努力将“广东科协论坛”打造成本省具有较大影响力、高水平、高质量的学术交流品牌，共举办了7场专题报告会，参会人员达2 000多人。论坛先后邀请了秦山核电二期工程总设计师、核反应堆及核电工程专家、中国工程院叶奇蓁院士作“核能利用与安全”专题报告；中国工程院孙宝国院士作“食品安全、任重道远”专题报告；我国著名机械工程专家、中国科学院杨叔子院士作“时代发展趋势：科学人文交融”专题报告；清华大学教授、中国工程院金涌院士作“低碳经济——人类社会发展的里程碑”专题报告；我国著名通信网络技术专家、中国工程院刘韵洁院士作“三网融合与未来网络的发展及前景”专题报告；我国著名传染病专家、中华医学会副会长、中国工程院李兰娟院士作“肝衰竭与人工肝”专题报告；中国工程院院士、华南农业大学教授罗锡文作“食品安全与物联网”专题报告。

第9届广东省科协学术活动周 10月10日，第9届广东省科协学术活动周在广州开幕。本届学术活动周活动主题为“科技支撑转型升级 携手建设幸福广东”。本届学术活动周的活动内容有326项，不少项目围绕广东省经济发展的重点、热点、难点问题，提出新理论、新观点和新对策，为广东转型升级与科技创新提供强有力的智力支撑和科技保障。

第9届两岸四地工程师论坛 11月18—19日，第9届两岸四地工程师论坛在广州举办。论坛由广东省科学技术协会、（台湾）中华土木技师公会联合会、香港工程师学会、澳门工程师学会、福建省科学技术协会、福建省土木建筑学会、台湾中华两岸经贸投资协会和广东省土木建筑学会等联合主办。来自粤港澳台闽250多名专家学者围绕“构建幸福城市，共享绿色生活”的主题，探讨共同关心的城市建设问题。中国工程院院士容柏生、周福霖、吴硕贤等参加论坛，并先后作了主题报告。本届论坛两岸四地学者专家提交论文80多篇。论文内容涵盖了节能、防震、环保、规划、交通、材料等学科领域，集中反映了四地工程界近年来在城市建设相关领域科研与实践的最新成果。

企业技术创新方法培训　4—10月，省科协联合珠海、江门、东莞等市科协举办技术创新方法培训班，邀请国内TRIZ理论领军人物、河北工业大学檀润华教授及其团队和知名TRIZ理论专家周道生教授等为企业系统讲授TRIZ理论的核心思想、理论体系和工具在企业研发过程中解决工程技术难题的方法等内容。珠海格力电器股份有限公司、广东丽珠医药集团有限公司、伟创力集团等32家高新技术企业的240多名核心科技人员参加了培训，培训为企业解决技术难题231项，促进企业自主创新能力的提升。

【宣传表彰平台搭建】　2011年，省科协对优秀科技工作者的宣传表彰力度进一步加大，大力宣传在创新科学技术和普及科学技术方面做出突出贡献的优秀科技工作者和创新团队，大力宣传国家和广东省科学技术奖，以及“南粤功勋奖”“南粤创新奖”“广东省丁颖科技奖”等获奖者及团队，在《广东科技报》设立《科学素质专刊——南粤科普》和《在粤工作院士风采》专版，努力在社会上营造“尊重劳动，尊重知识、尊重人才、尊重创造”的良好氛围。

第11届广东省丁颖科技奖　2011年，全省共有22名优秀科技工作者获得第11届广东省丁颖科技奖。自1989年设立以来，已有227名优秀科技工作者获得此奖项。

首届“南粤功勋奖”及“南粤创新奖”

2011年1月12日，经省委、省政府决定，授予深圳比亚迪股份有限公司董事长兼总裁王传福、广州医学院呼吸疾病防治研究创新团队首届南粤功勋奖，各奖励3 000万元；授予中兴通讯股份有限公司新一代无线技术平台及产业化团队、广东原创动力文化传播有限公司“喜羊羊与灰太狼”系列动漫作品创作与推广团队、广州大学周福霖院士、中山大学林浩然院士、深圳市朗科科技股份有限公司创始人邓国顺首届南粤创新奖，各奖励500万元。

“南粤功勋奖”和“南粤创新奖”不分等级，每2年评选1次，每届“南粤功勋奖”授奖的个人或团队不超过2个、“南粤创新奖”授奖的个人或团队不超过5个，无符合评选条件者可空缺。“南粤功勋奖”拟授予为广东经济社会和各项事业发展做出卓越贡献的个人或团队。“南粤创新奖”则力挺广东自主创新，在新产品、新技术、新工艺、新装备、新材料、新能源开发利用方面进行自主创新，开发出具有自主知识产权的核心技术，并形成市场竞争力强、主导产业发展的名牌产品，取得显著经济效益或社会效益的，均有望摘取“南粤创新奖”的桂冠。

【创业发展平台搭建】　充分发挥科技工作者在推动科技创新和经济社会发展中的重要作用，是科协做好为科技工作者服务工作的根本目的。省科协紧紧围绕全面建设小康社会、建设创新型国家的全局性、战略性、前瞻性的重大问题以及经济社会发展的重点热点难点问题，为科技工作者搭建干事创业的平台，为他们施展才华、发挥作用提供舞台。2011年，省科协开展广东省LED产业发展院士咨询调研活动；组织在粤工作院士到韶关、青年科学家赴肇庆考察，为当地经济社会发展建言献策。举办第2届广东企业科技创新与QC小组优秀成果发表大会，发布科技创新及质量管理成果119项。举行技术创新方法培训班，32家高新技术企业的240多名科技人员参加了培训，为企业解决技术难题231项。

院士专家企业工作站　2011年，省科协新建院士专家企业工作站20家，组织了300多位院士、专家与建站企业建立服务关系，帮助企业完成重大技术开发项目56项。截至2011年年底，省科协已在广州、深圳、佛山、珠海、东莞、惠州、阳江等地的高新技术企业、高新技术开发区，建立省级院士专家企业工作站55家，引进国内外450多名院士专家，帮助企业解决技术问题300多项，创造经济效益1 000多亿元。

广东企业技术创新联盟　广东企业技术创新联盟是院士专家企业工作站企业之间交流、学习、合作的平台。联盟通过举办技术讲座、创新论坛、考察学习等活动，将企业由“单一个体”变成“创新舰队”，实现共同发展。

2011年，各联盟根据企业的实际需求，先后邀请美国科学院塞泊院士、中国工程院刘人怀院士、亿维讯林岳博士等一批专家学者在广州、佛山、东莞、珠海、惠州等市开展技术培训23场。10月12日，2011年广东企业技术创新联盟理事大会在江门市召开，来自53家院士专家企业工作站企业单位的100多名代表出席会议，就发挥广东企业技术创新联盟交流合作平台作用，促进院士专家企业工作站建站企业之间的交流合作，增强企业自主创新能力和核心竞争力等方面展开研讨。

【科协建设】 2011年5月27—30日，中国科协“八大”在北京召开。广东省的邓洁、余夕志、杨杏芬、周路明、梁明5人当选中国科协第8届全国委员会委员。会上，广东有8个科协系统先进集体（含先进集体标兵1个）、19名科协系统先进个人（含先进个人标兵1个）、1名“十佳全国优秀科技工作者”、34名“全国优秀科技工作者”获得表彰。

组织建设　2011年，广东省着力加强企业科协组织建设工作，在民营科技企业、大中型企业新建企业科协30多家，截至2011年年底，全省已建立企业科协850多家，联络服务科技人员10万多人。稳步推进直属事业单位分类改革，《省科协直属事业单位分类改革方案》已获省编办批准。

工作理论研究　2011年，省科协圆满完成了中国科协交予的“关于科协工作的理论研究”课题，出版发行了《科协工作理论研究》一书，开全国科协系统理论研究的先河。该书主要针对中国科协在新的时代背景下面临的机遇和挑战进行全面分析，并对新时期中国科协的性质、职能、定位进行深入的思考，明确科协在新时期科协工作的性质定位、科协工作的具体内容以及科协工作的思路和方法3个方面的重要内容，系统地回答了全国科协系统共同关心的若干重大问题，创造性地提出了科协工作的评价标准和评价体系，为科协未来发展描绘了宏伟的蓝图。

纪念广东省科协成立50周年大会　2011年11月24日，纪念广东省科协成立50周年大会在广东科学馆隆重举行。中共中央政治局委员、广东省委书记汪洋，中国科协常务副主席、书记处第一书记、党组书记陈希出席会议并讲话。省四套领导班子的主要负责人出席会议。参加大会的还有在粤工作院士、国家“973计划”首席科学家、中央“千人计划”入选者、长江学者、历届广东省丁颖科技奖获奖者、兄弟省（市、区）科协代表、港澳台地区科技团体代表、全省科技工作者代表及科协工作者代表等共约700人。

汪洋代表省委、省人大常委会、省政府、省政协，对省科协成立50周年致以热烈祝贺，对全省科技工作者致以亲切问候和良好祝愿。汪洋指出，广东省科技工作者努力走在时代发展和科技创新的前列，在推动广东提升自主创新能力、加快转变经济发展方式等方面做出了突出贡献。全省各级科协组织围绕“建设充满生机和活力的开放服务型人民团体”的发展目标，在促进科技繁荣发展、科技普及推广、科技人才成长提高、科技与经济相结合等方面做了大量卓有成效的工作，发挥了重要作用。希望广大科技工作者勇攀科学高峰，抢占世界产业技术的制高点，更好地履行建设创新型广东历史使命。一是勇当先进生产力的开拓者，在推进自主创新、改善社会民生方面有更大作为。二是勇当科学文化的传播者，在增强科学理性、弘扬创新精神方面有更大作为。三是勇当崇高思想品格的实践者，在继承优良传统、促进科学道德建设和学风建设方面有更大作为。

（广东省科学技术协会　刘泽周）

科　技　社　团

【学会科技服务站】 学会科技服务站是省科协创建的，以学会专家为依托，以科技服务为纽带，以企业、院校、专业镇、农村和社区科技需求为导向，以大联合、大协作为工作方式，以促进企业创新发展、农民增产增收、公民科学素质提高、学会实力增强为目标的一种科技服务新机制。2011年，省科协新建学会科技服务站12个，出台了《关于省级学会建立科技服务站的意见》，召开了省级学会创建科技服务站经验交流会，分析形势，总结经验，表彰先进，研究新思路、新举措。截至2011年年底，在企业、专业镇和基层科协建立了32个学会科技服务站，并提出“十二五”期间在全省建立各种类型的学会科技服务站100个。

2011年11月，省科协组织召开学会改革经验总结表彰大会，对2008—2011年学会改革工作进行了总结，表彰了 17 个学会改革先进单位和 51 名先进个人。评选出重点学术活动资助项目 10 项、重点决策调研资助项目 2 项，共资助 25 万元。

【“千会服务千村”行动】 2011 年，全省科协系统全面开展“千会服务千村”行动，关注农村、关心农民、支持农业，为农村改革发展提供科技支撑。据统计，全年组织省级学会专家到惠州、梅州、河源、肇庆、阳江、清远、汕尾、湛江等市（县、镇）开展技术培训80 场，深入田间地头开展技术指导 190 多场次，参加培训 3.75 万人次，派发农村科普图书资料 3.4 万多册（份）。全省各级科协及所属学会面向农村推广农业新技术成果400 多项，并编印农村科技服务项目指南向社会发布，推动“千会服务千村”行动常态化发展。

（广东省科学技术协会　刘泽周）

科　普　工　作

2011年，广东省开展全国科普日、第26届广东省青少年科技创新大赛、第11届广东省青少年机器人竞赛、广东省暨广州市防灾减灾日宣传周等活动，举办“广东科普大讲堂”全省巡讲和全国在线直播，在领导干部和公务员中倡导“读一本科普书、听一堂科普讲座、参加一次科普活动”。全年创建、命名广东省青少年科学教育特色学校33所、广东省科普示范社区50个，共举办主题科普活动1 607场、科普展览1 038场、科普讲座1 310场，受众人数630多万人次，开发编印科普挂图9种29万张、科普图书6万册、科普折页15万份并免费发放全省各地。利用社会资源创建社区科普志愿者服务站50个、科普图书室50个、科普画廊300座。

主要科普行动

【公民科学素养提升活动】 12月，广东省人民政府办公厅印发《广东省全民科学素质行动计划纲要实施方案（2011—2015年）》。计划到2015年，科学技术教育、传播与普及有显著成效，基本形成公民科学素质建设的组织实施、基础设施、条件保障、监测评估等体系，本省公民具备基本科学素质的比例超过5%的目标。

12月，省科协组织代表队参加第4届全国公众科学素质大赛并荣获三等奖。本届大赛的主题为“节约能源资源、保护生态环境、保障安全健康、促进创新创造”。

5月10日，省全民科学素质行动计划纲要实施工作办公室召开2010年第2次广东省公民科学素质调查主要结果新闻发布会，对社会公开发布了广东公民科学素养结果。调查显示，2010年广东省公民基本具备科学素养比例为3.3%，比2005年提高了1.7个百分点，略高于全国3.27%的平均水平。

【科普统计】 2011年，省科技厅组织开展2010年度科普统计工作，对全省科普经费、科普人员、科普场馆、科普传媒情况进行全面调查统计。统计结果显示：2010年，全省科普活动单位共2 022家；科普活动专项经费筹集和使用额占比不断提高，科普专项经费占科普经费筹集额的39.7%，比2009年提高了4.6个百分点；科普活动支出经费占科普经费使用额的52.2%，比2009年提高了3.3个百分点；科普人员学历结构不断优化，全省科普人员8.10万人，其中，中级职称及以上或本科学历及以上人员占专职科普人员的48.8%，比2009年提高了7.6个百分点；科普场馆数量大幅上升，全省科技馆建筑总面积和青少年科技馆数量位居全国第1位；主要科普活动次数增加，举办展览13 456次，国际交流活动504次，技术培训15 084次，分别比2009年增加了5 914次、343次、794次，科技活动周等大型主题科普活动影响进一步扩大。全省科普工作管理与协调机制进一步健全，科普综合实力进一步增强。

【科普资源共建共享】 2011年，省科协编制了《广东省“十二五”科普资源共建共享工作规划》。关注社会热点问题，围绕公民科学素质提高，开发编印《公众安全与应急防范》《科学预防核辐射》等9种科普挂图29万张，《科学防灾应急手册Ⅱ》《心理和谐与健康手册》等科普图书6万册，科学预防核辐射等科普折页15万份，免费发放至全省各地，为全省基层科普组织开展科普活动提供资源服务。不断加强岭南科普网站建设，完善中国科普资源网—科普挂图、科普图书商务配送，打造全国科普资源一站式共享服务及在线互动平台。

【科普惠农兴村计划】 2011 年，省科协积极开展全国、省级 2011 年“科普惠农兴村计划”申报、推荐和评审工作。全年，共有 10 个农村专业技术协会、7 个农村科普示范基地、16 个农村科普带头人得到全国表彰，共获奖补资金 420 万元；5 个农村专业技术协会、8 个农村科普示范基地、5 个农村科普带头人获省级表彰，共获奖补资金 220 万元。组织召开广东省“科普惠农兴村计划”工作经验交流会。强化“科普惠农兴村计划”表彰对象的示范带动作用，推进科普惠农服务站建设。

【“全国科普日”活动】 9 月 17 日，广东省 2011 年“全国科普日”活动在广州启动，主题为“节约能源资源、保护生态环境、保障安全健康、促进创新创造、建设幸福广东”。在启动仪式上，举行了《广东省公民科学素质读物》系列丛书（1 套 11 本）首发式，启动“社区科普漂流书屋”工程，成立科普艺术团志愿者服务队、垃圾分类科普志愿者服务队和广东省科普教育基地联盟，为 2009—2010 年度“十佳广东省科普教育基地”授牌。据统计，“全国科普日”活动期间，全省举办科普宣传活动 350 多项，科普讲座（培训班）300 多场次，科普展览 350 多场次，受众 100 多万人次。

【“防灾减灾日”宣传周活动】 5 月 10 日，省科协举办广东省暨广州市“防灾减灾日”宣传周活动。内容包括防灾减灾现场咨询服务、应急技术与设备演练、科普大篷车车载互动科普展品、百米防灾减灾科普图片展、科普知识有奖竞赛和科普剧表演等，编印发放《科学防灾应急手册》5 万册、《科学预防核辐射》宣传折页 15 万张、防灾自救应急包等。据统计，“防灾减灾日”宣传周活动期间，全省各级科协组织举行科普活动 100 多场次，参加人数 150 多万人次，发放科普宣传资料 50 多万份。

【第 26 届广东省青少年科技创新大赛】 4 月 8—10 日，由省科协、省教育厅、省科技厅、省知识产权局、中山市人民政府联合主办的第 26 届广东省青少年科技创新大赛在中山市举行。大赛主题为“创新·体验·成长”。全省 400 多名中小学生参加比赛，有近万名师生前来观摩。开幕式上，第 2 批广东省青少年科学教育特色学校获授牌。本届大赛共评出创新项目一等奖 55 项、二等奖 117 项、三等奖 143 项，专利奖 18 项，中山纪念中学校长创新奖 10 项，广东实验中学校长创新奖 10 项，组织工作特别贡献奖 5 个。

大赛推荐 17 个项目代表广东省参加第 26 届全国青少年科技创新大赛，获创新项目一等奖 5 项、二等奖 8 项、三等奖 4 项，未来科学家奖 3 项，高士其科普奖 1 项，英特尔英才奖 2 项，周培源青少年科技创新奖 1 项，广东科学中心专项奖 8 项，先导科技创新奖 1 项；在青少年科技实践活动中，获十佳优秀科技实践活动 1 项，一等奖 3 项、二等奖 5 项、三等奖 6 项；在少年儿童科学幻想绘画中，获一等奖的 4 幅、二等奖的 15 幅、三等奖的 9 幅。13 名科技辅导员携带 13 个项目，获十佳优秀科技辅导员奖 1 项，《中国科技教育》杂志奖 1 项，一等奖 3 项、二等奖 7 项、三等奖 3 项。金牌总数位居全国第 2 位。

【“青少年国际创新人才培养与校外实践”公益项目】 9 月 27 日，省科协联合省教育厅，通过深圳市慈善总会青少年素质教育公益基金支持，正式启动“青少年国际创新人才培养与校外实践”公益项目。该项目计划利用 3 年时间，组织全省中小学校开展面向青少年国际科技创新、机器人国际大赛和青少年环保实践等方向实施项目，开展创新人才培养和校外课程实践培养。公益基金年资助 200 万元，提供系列公益辅导及培训，惠及全省 50 万名中小学生、100 个学生社团、1 000 名教师。

（广东省科学技术协会　刘泽周）

（广东省科学技术厅政策法规处　刘世伟）

科普基地建设

2011年，省科技厅加大对科普项目的支持力度，加大科普场馆建设和管理力度，重点支持国家级或省级青少年科技教育基地建设、科普社区建设、青少年科技创新竞赛活动等50个项目。

【青少年科技教育基地建设】 2011年，新认定省级青少年科技教育基地17家。截至2011年年底，全省青少年科技教育基地达到136家。

康琦赛欢乐世界青少年科技教育基地 该基地位于湛江市麻章区瑞云北路，整体规划面积200公顷，拥有丰富的农业科普旅游资源，较好地实施了科普教育功能的系列园区建设。基地以动物运动会的形式，为青少年提供丰富多彩的动物科学知识；以热带百果园和棕榈植物园在植物组合配置上模拟自然群植，乔、灌、地被与藤本植物立体多层组合，达到某种热带雨林景观效果，让青少年了解湛江南亚热带特色植物与本地水果特产；以玫瑰园种植有香槟和超级粉等3个品种，通过科学布局和规模种植，对青少年进行花卉科学知识普及；以水生与湿地植物生态园让青少年现场了解湿地生态科普知识，从小学会重视生态环保。

快畅智能机器人青少年科技教育基地 该基地是粤东地区智能机器人青少年科普教育基地，科普展示面积1 500平方米，共设置智能机器人讲座多媒体播放室、智能机器人实物展示区、快畅智能机器人科普知识宣传栏、智能机器人活动体验馆、青少年科技创新和专利产品交流展示区5个主题的活动区。基地强调“动手实践，拓展思维”的科普教育理念，以科技最前沿的智能机器人为载体，让青少年近距离接触智能机器人、了解智能机器人领域，在玩中学、学中乐，从而激发青少年对科学技术的兴趣。

石头记矿物园青少年科技教育基地 该基地位于广州市花都区，是广州市花都区科学技术普及基地和国家4A级旅游景区。基地建设自成风格，由“地上芝麻开门”和“地下神秘宝藏”两大部分组成，以奇石、化石、宝石为主题开展科普教育，巧妙地将原石、化石、奇石与其他各类石雕融入园林景致中，开创性地将玉石产业带入科普教育范畴，使青少年在游览的过程中了解到石头的产地、形成原理和过程、艺术价值以及科研价值等科普知识，从而培养青少年热爱自然、探索科学的热情和兴趣。

【全国、省级科普示范县（市、区）创建】 3月7—20日，省全民科学素质行动计划纲要实施工作办公室（以下简称“省纲要办”）对全省29个申报“2011—2015年全国、省级科普示范县（市、区）”的创建单位进行检查验收，广州市越秀区等29个创建单位被中国科协、省纲要办命名为“2011—2015年度全国、广东省科普示范县（市、区）”。7月、10月，省纲要办组织全省14个全国科普示范县（市、区）创建单位分2批参加全国经验交流会，发挥示范创建在实施《全民科学素质行动计划纲要》中的品牌效应和示范带动作用。

【科普示范社区“五个一”创建活动】 2011年，全省创建命名广东省科普示范社区50个，新建科普志愿者服务站50个、科普图书室50个、科普画廊300座，调整维修科普画廊100座，完成了全省社区工作会议提出的3年创建100个省级科普示范社区的目标，推动城镇劳动人口、社区居民科学素质建设。

创建活动中，还结合中国科协、财政部的要求，开展了“社区科普益民计划”工作调研，广东的做法得到了中国科协、财政部的充分肯定，为国家推动“社区科普益民计划”提供了经验。

（广东省科学技术厅政策法规处　刘世伟）

（广东省科学技术协会　刘泽周）

广东科学中心

2011年，广东科学中心（以下简称“科学中心”）按照“一体两环”的发展模式大力推进科普工作，先后荣获“十佳广东省科普教育基地”“广东人最喜爱的旅游目的地‘人文奖’”“青年文明号”“广东青年五四奖章集体”等荣誉称号共 10 项。截至 2011 年年底，科学中心共接待观众超过 300 万人次（含影院观众约 30 万人次、临展观众近 200 万人次），其中，省部级领导 28 人、厅局级领导 186 人。

【科普展览】　2011 年，科学中心组织策划了“金色骑楼·绿色广东”——世博广东馆回迁展、“大脑”展、“走近诺贝尔奖”展、“科技前沿”展、“人民科学家钱学森”事迹展、“三分钟的魔法：泡面”特展、“动漫的奥秘”展、“航海知识暨航海模型”展等 10 个临展项目。启动展示工程二期的规划设计，开展了“岭南科技纵横”主题展览的建设工作，已完成展览内容的规划设计并开始面向社会各界征集相关的文物和史料。

“金色骑楼·绿色广东”——世博广东馆回迁展　该展览复原上海世博广东馆原貌，采用广东特色的骑楼造型，具有浓郁的广东味道，并以高科技的展示手段和奇思妙想的创意演绎人们对绿色生活的追求，极具趣味性和现场感。除了复原世博广东馆，还增加了独具特色的延展内容，让观众深入了解绿色世博、低碳广东等内容。该展览的推出，引发了重温世博会的热潮，受到社会各界的高度关注和热捧，展览深受公众喜爱，已接待观众逾百万人次。

“大脑”展　该展览由科学中心联合美国自然历史博物馆等机构合作开发，是中美两国在科普展示交流方面的一次有益尝试和大胆探索。该展览主要通过互动游戏、拼图、大脑影像等方式，展示了大脑的进化历史、组织结构和运作方式等，揭开了人类各种感知的秘密。截至 2011 年年底，共接待观众约 8 万人次，得到社会各界广泛关注和好评。

“人民科学家钱学森”事迹展览广州巡览

该展览由中宣部、科技部等 6 家单位联合主办，于 11 月 29 日—12 月 18 日在科学中心展出，是该展在国家博物馆首展后赴全国各地巡展的第 1 站。展览共展出 400 多件图片、实物以及一些珍贵的文献史料，系统回顾了我国火箭、导弹和航天事业创建与发展的不平凡历程，全面展现了钱学森同志对中国航天事业和现代科学技术的卓越贡献，深受各界公众的欢迎。展出期间，吸引了上万人参观。

【科普教育活动】　2011 年，科学中心成功举办了第 9 届广东省少年儿童发明奖评选活动暨作品展、第 2 届全国科技馆辅导员大赛中南赛区预赛、广州市科技活动周科技体育教育活动、“世界地球日”主题活动、“科技电影月”活动、2011 年广东大学生“幸福广东·青春情暖”等大型科普活动 20 多场次。针对拔尖型学生，开展创意机器人特训营，已完成广州营和中山营的集训。科学中心全年持续开展了开放实验室（机器人实验、太阳能电池制作实验）、科学表演台、科学探究营地活动（科普夏令营、冬令营）、科普三进（科普进学校、进社区、进农村）活动等，深受广大中小学生的喜爱。

展翅计划　2011 年，为大力提高全省青少年的科学素养和科技创新能力，充分发挥科学中心科普教育和科技资源整合的优势，科学中心与省教育厅、省科技厅联合启动了针对青少年科技创新能力培养的“展翅计划”，建成以科学中心为枢纽基地的青少年创新能力培养平台，开创了馆校结合科学教育的新机制。为满足“展翅计划”培养教案的需要，科学中心联合广州市教育局教研室和 10 多所学校，利用常设展示项目开发设计“学生工作纸”31 款和“展项专项探究教案”10 多款，已投入使用 20 多万份，深受青少年学生的欢迎，被列入中国科协 2011 年度全国科普教育基地能力建设之优秀科普活动资源包。

干部科普　为满足领导干部的科普需求，科学中心联合省委党校建成了“省委党校广东科学中心教学实践基地”，针对领导干部开展现代科技知识与产业知识培训，为加快转型升级、建设创新型广东提供动力，已有 20 期千余名厅处级领导干部到科学中心实施了现场教学。

【学术交流活动】　2011 年，科学中心以积极的姿态主动加强与国内外同行及相关组织的合作。中心主任当选为 ASPAC 总议员，代表中国出任该组织要职；成功举办 ASPAC 大会，引起了国际博协主席、各国政府有关部门的高度重视。首次派团出席世界科学中心大会，并作为我国科技馆界唯一代表，与澳大利亚国家科技馆、新加坡科学中心等合作实施联合国“聚焦里约·水资源保护”科学实践项目。与美国自然历史博物馆等 4

家国际机构合作开发“大脑展”。与澳大利亚国家科技馆、新西兰奥塔哥博物馆、中国台湾高雄科学工艺博物馆签订合作备忘录，在人员互派、临展交流等方面开展广泛合作。与美国、德国、法国、瑞士等10多个国家驻穗领事馆建立了良好的交流与合作关系，并开展了一系列活动，如邀请以色列国际记忆大师、吉尼斯记忆王世界纪录保持者艾朗·卡茨作精彩演讲，诺贝尔化学奖和霍维兹奖获得者理查德·罗伯特·恩斯特教授做客“小谷围科学讲坛”，联合美国驻广州总领事馆举办“我们只有一个地球，共在一片蓝天下”主题活动等。

第11届亚太科学中心协会（ASPAC）年会

5月18日，第11届亚太科学中心协会（ASPAC）年会在科学中心隆重开幕。国际博物馆协会主席Hans-Martin Hinz，亚太科学中心协会主席Mamoru Mohri，中国科协书记处书记程东红，广东省副省长宋海，中国科协副主席、中国工程院院士韦钰，中国自然博物馆协会理事长徐善衍，广东省科技厅领导，美国密歇根大学社会研究所科学素养促进国际中心的主任Jon D. Miller，美国政府海洋学研究拨款项目教授、俄勒冈州立大学理学院自然科学与数学教育系Lynn D. Dierking出席开幕式。开幕式之后，嘉宾们参观了科学中心的“走近诺贝尔奖”主题展览。

宋海代表广东省人民政府致辞。他说，今日的广东，已成为中国经济最活跃、生产力最发达、科技实力最雄厚、投资吸引力最强的地区之一。广东经济社会的发展离不开科技创新和进步，而科技馆事业是开展科技教育、传播和普及，提升公众科学文化素质的神圣事业，对推动广东省乃至全国的科技创新和进步具有举足轻重的作用。本届年会选择在科学中心召开，必将进一步推动我国科技馆界的国际学术交流，促进科普事业的发展，对提升本省科普品牌具有十分重大的意义。同时，希望大家充分利用这次难得的机会，进一步加强科技馆界的交流与合作，共同开创科技馆事业的新篇章。

ASPAC年会是亚太地区科技馆和博物馆界的顶级盛会。该次大会是历届规模最大的一次，吸引了来自48个国家或地区的200多个科技馆及博物馆的近400位馆长和专家参加。会议主题是“现代科学中心/科技馆的使命：机遇与挑战”。大会持续到5月20日结束，期间举行4场主旨报告、14场次平行会议、1次馆长论坛和1次展览市场推广会，其中最大的亮点是主旨报告与馆长论坛。

小谷围科学讲坛　该论坛是《南方都市报》与科学中心联合策划、共同主办的大型科普系列讲坛活动。讲坛面向公众，主旨是传播自然科学知识，普及科学精神和科学方法，为公众打造一个了解科学的互动平台。2011年，以色列国际记忆大师、吉尼斯记忆王世界纪录保持者艾朗·卡茨和诺贝尔化学奖得主理查德·罗伯特·恩斯特等相继作客该讲坛。

【科普机构间合作】　2011年，科学中心发起成立了广东省科技馆研究会及广州科普基地联盟，参加了2011年（广西）科技馆专业委员会学术年会、2011年（澳门）第3届“馆校结合·科学教育”论坛，入选论文共6篇。

广东省科技馆研究会　2011年，为顺应行业发展的需求，促进区域均衡发展，在科学中心、广东科学馆、东莞市科学技术博物馆、深圳市科学馆和佛山科学馆5家发起单位的共同努力和各会员单位的积极支持下，广东省科技馆研究会应运而生。9月28日，广东省科技馆研究会成立大会暨第1次会员大会在科学中心隆重召开。

该研究会是具有法人资格的非营利专业社团组织，以研究探讨科技馆行业的发展规律，研究解决科技馆发展中遇到的重大问题，学习考察交流国内外科技馆的发展经验等方式，为全省科技馆搭建学习交流和研究发展平台和规划广东省科技馆行业今后的发展方向，使全省科技馆事业更上一个新台阶。广东省科技馆研究会是广东省第1个全省性的科技馆行业组织，它的成立标志着广东科技馆事业的发展进入一个新阶段。

广州科普基地联盟　2011年5月，广州科普基地联盟成立。联盟成立的宗旨是通过对各类科普基地资源的有效整合与应用，以及合作与交流平台的搭建，实现共享共建、互惠互利、共创共赢，推动广州地区科普活动的开展、科普作品（产品）的研发和科普队伍建设，创造普及科学知识、弘扬科学精神、宣传科学思想和方法的社会环境，为提高公民的科学素养和构建和谐社会做贡献。截至 2011 年年底，全市约有 40 余个科普单位加盟。

11 月，“广州科普基地联盟校园行”系列活动拉开帷幕。“广州科普基地联盟校园行”系列活动由科学中心等数十家科普联盟单位联合举办，旨在发挥广州科普基地联盟资源优势，推动广州地区科普活动的开展，建立“馆校合作”的长效教育机制，在中小学师生群体中普及科学知识。活动包括展览、实验、科普剧、讲座多种形式，内容涵盖节能环保、地球生态、医药健康、航空航天、博物考古等多学科的知识，陆续走进广州市各中小学校。

（广东科学中心　周　静）

科 技 宣 传

2011 年，广东省紧紧围绕省委、省政府的中心工作，聚焦广东科技工作的重大事件，重点围绕广东省科技进步活动月、LED 推广应用示范、专业镇转型升级、引进创新科研团队等专题，联合中央和省主流媒体深入开展了宣传报道，取得了显著成效，树立了良好的科技形象，为推进自主创新战略、建设创新型广东营造了良好的氛围。中央和省内主要电视媒体通过专题片形式深入宣传广东科技工作的新做法、新成效，广泛宣传科技工作中的典型人物、典型事件，使科技工作深入民心。据不完全统计，2011 年，中央驻粤、省内主要媒体参与报道本省科技工作 300 多篇，其中，《人民日报》、新华社等中央媒体报道约 60 多篇；广东卫视等电视媒体播出新闻 20 多条；举办 4 场新闻发布会；制作大型网络宣传专题 3 个，科技宣传工作取得了新进展。

全省科技进步活动月

2011 年 5 月中旬至 6 月中旬，广东省举办了第 20 个“科技进步活动月”（以下简称“活动月”）全民科普教育和科技服务活动，部分活动延续开展。活动月由省科技厅、省委宣传部和省科协共同牵头举办，按照加快实施《珠江三角洲地区改革发展规划纲要（2008—2020 年）》和《广东自主创新规划纲要》的要求，围绕“推进自主创新，加快转型升级，建设幸福广东”的主题，针对当前广东科技和经济社会发展的热点以及群众的实际需求，举办了一系列内容丰富、形式多样的科技进步活动，取得了明显效果。据不完全统计，活动月期间，参与科技下乡、知识讲座、成果推广、专场咨询、医疗义诊等活动的专家学者超过 4 000 多人次，各类专业技术人员 6 500多人次，全省传媒集中播放、刊登科技新闻和专题片达 600 多篇/条，社会各界群众参与人数更是数以百万人计，从而使活动月的覆盖面更广、辐射力更强、影响力更大。

【科技服务企业活动】 2011 年的活动月更加突出科技服务企业，通过开展企业科技特派员行动、“厂会协作”、企业与技术标准战略应用培训班、企业创新技术方法培训和知识产权巡讲、促进企业自主创新政策巡回宣讲等活动，进一步增强企业自主创新意识，提高企业自主创新能力。

科技人员服务企业活动　活动月期间，广东省组织发动大批科技人员从高校、科研院所走进企业和工厂。其中，省科技厅在活动月期间继续深入实施“企业科技特派员创新工程”，组织珠海、中山、东莞、肇庆、韶关、顺德等地市（区）科技部门和企业，赴西安、上海等地的高校开展产学研考察对接活动，达成合作意向项目 100 多项。

企业技术创新培训活动　活动月期间，省科技厅组织开展创新方法推广培训活动，推广国际先进的科技创新管理方法 TRIZ 理论和中国“脑库”（在线专家咨询平台），提高企业科技创新管理水平和专利管理能力。建立了省创新方法工作部门联席会议制度，成立省创新方法研究会，建设省创新方法重点实验室培育基地，形成了完整的“决策—研究—执行”组织架构。以企业应用为重点开展试点示范工作，取得明显成效。

省科协举办“厂会协作”行动。活动期间，动员和组织全省科协系统广大科技工作者，面向广大中小企业广泛开展各类科技服务、技术人才培训等活动，解决了企业生产中的一批技术问题，促进企业自主能力创新和核心竞争力的提高。

“院士专家企业工作站”建设　活动月期间，遴选一批行业龙头企业建立“院士专家企业工作站”，以技术为纽带，以院士专家和专业学会为依托，以解决企业的实际问题为出发点，扎实开展技术攻关、新产品开发和人才培养等工作，促进企业提高自主创新能力。在原有 32 家的基础上，2011 年新建“院士专家企业工作站”17 家。

【科技惠民活动】　2011 年活动月期间，全省各地同步举行了一系列科技惠民、服务“三农”活动，其中，以科技服务民生为重点，通过创新成果展、新技术推广、低成本医疗应用等方式让科技创新的成果走进千家万户。以大型科技下乡为重点，大力推进社会主义新农村建设，促进农民增产增收，提高农民科学素质。

科技服务民生活动　活动月期间，创新医疗器械产品应用示范工程广东省启动会在广州举行，该示范工程通过发挥“点线面”的系统带动效应，探索建立一套推动医疗器械产业创新发展的长效机制，建立完善市场化的运行模式，加快发展创新型医疗器械产业集群。第 1 批应用示范产品共征集到医疗器械 4 460 多台（套）、耗材 5 万多份，加上国家工作组支持提供的一批试用示范产品，总价值达到 3 亿多元；共有 12 家示范医院开展了对接试点。启动了“临床医学”民生科技专题。推进科技应急体系建设，截至 2011 年年底，广东省突发事件应急技术研究中心已在公共安全、社会安全、自然灾害等领域建立 20 家突发事件应急技术研究中心。

大型科技下乡活动　大型科技下乡活动是每年活动月的“传统项目”和重点工作之一。活动月期间，省科技厅联合省农业厅、省农科院等部门组织科技人员分赴高要、五华、台山、揭阳、东源、电白、陆丰等地开展技术推介、科技咨询、科技下乡集市、专题讲座、田间技术指导等系列活动，组织专家 600 多人次为农民群众开展农业实用技术、农产品安全及检测技术、农村信息技术和卫生保健咨询活动，并设立科技集市和农业科技新成果展示摊位，现场派发各类农业实用科技资料 20 000 多份，优质水稻、蔬菜种子 500 多包，肥料 600 多包，为群众义诊并发放总价将近 2 万元的药品。此外，依托农村信息直通车实施办，对基层信息员开展动植物医院远程视频诊疗系统、农业电子商务、农业网络信息传递以及信息员如何成为农业经纪人等培训，参加培训人员总计 3 000多人。

文化科技卫生“三下乡”活动　活动月期间，2011 年广东省文化科技卫生“三下乡”活动暨“千会服务千村”行动在河源市东源县启动。“三下乡”活动是采取大联合、大协作的方式，组织和动员省、市、县文化科技卫生专家及科普志愿者服务农民和青少年学生的重要形式，各方面专家和科普志愿者为广大群众提供文化科技卫生咨询、科普展教、卫生诊疗、农业生产技术咨询，“科普大讲堂”、青少年文化科技卫生教育专题讲座和农村实用技术讲座等服务。现场活动形式多样，内容丰富，包括有农科专家大院、医疗卫生服务站、农民科普书屋、流动科技馆、科普资源开发和科普惠农成果展、农资科技服务、法律咨询、农村信息直通车、学会之窗等 10 多个活动项目。

【公众科普教育活动】

主题科普活动　活动月期间，全省突出“低碳技术和绿色生活”的科普内容，以实施“低碳技术创新与示范”重大科技专项为重点，通过举办科技讲座，科普活动进学校、进社区，推广应用绿色低碳技术等活动，提高节能减排意识，引导公众树立科学、绿色生活观念，推动幸福广东建设。例如，广州市开展以“创新支撑智慧广州，科技引领幸福生活”为主题的系列活动，中科院开展以“新能源，新生活”为主题的科普基地开放、节能减排展览，通过图文并茂的展板，配以通俗易懂、有故事性引入的讲解，面向公众普及宣传节能减排知识以及低碳生活理念，倡导低碳幸福生活。广东科学中心举办“走进诺贝尔奖”和“科技前沿”主题展览，通过互动体验型的展览形式，向公众普及科学知识的同时更拉近与科学的距离。

青少年科普教育活动　本届活动月更加突出为青少年服务，提高青少年的科学素养和创新创造能力。期间，广东科学中心举办了广东省少年儿童发明奖评选活动暨作品展，评出一等奖 23 项、二等奖 94 项、三等奖 203 项，申请专利鼓励奖158项、组织奖46项，共520多项。发明奖作品展还呈现出另一个特点，就是吸引了香港地区的学生参展，其中5项作品还获得了特别奖。广东团省委、省教育厅、省科技厅和省学联联合举办第5届广东大学生科技学术节。活动以“科技领跑转型升级，创新助飞幸福广东”为主题，设创新创业类、实战竞赛类、科技论坛类、节能减排专题类、社科普及类5类共15项活动。广东团省委、省青联、省农业厅等17家单位联合举办第5届广东农村青年科技文化活动月。活动以“服务农村青年致富成才、构建社会主义和谐农村”为总体目标，创新服务方式和工作载体，重点突出科技、文化特色，结合元旦、春节“幸福广东·青春情暖”——关爱农村青年行动，广泛开展科技普及、文化推广等一系列兴农、强农、富农活动，推动农村社会管理创新，促进农村青年就业创业、成长成才。

（广东省科学技术厅办公室　陈锡强）

大型科技宣传活动

【创新政策专题宣传】

《广东省自主创新促进条例》宣传　2011年11月30日，我国第一部促进自主创新的地方性法规——《广东省自主创新促进条例》（以下简称为《条例》），经广东省第11届人大常委会第30次会议审议通过。此举开创了我国自主创新立法之先河，标志着广东自主创新进入法制化管理的全新阶段。《条例》审议通过后，为扎实推进《条例》宣传工作，省科技厅积极组织开展系列、集中、有序的宣传安排，制定了《条例》年度宣传计划，并以《条例》正式颁布为契机，邀请《科技日报》《南方日报》等主要媒体宣传《条例》的制定意义、背景，营造宣传氛围。《南方日报》在头版头条刊登《我省出台自主创新促进条例》，强调了省委、省政府对自主创新立法工作的高度重视，简单介绍《条例》的出台过程，着重介绍条例的亮点。《科技日报》在头版头条刊登《我国第一部促进自主创新地方性法规在广东出台》，并刊发评论员文章《当创新拥有了法制保障》。新华网发表《粤首部促进自主创新地方性法规明年3月实施》，介绍了《条例》明确自主创新主管部门、强化科研成果转化等特色。人民网、中国网、广东省人民政府门户网站等39家媒体和门户网站分别发表、转载相关报道。

创新政策落实宣讲活动　2011年，省科技厅将政策宣讲培训活动向东西两翼、粤北地区推进。其中，联合韶关市科技局举办了韶关市2011年企业研究开发费税前扣除培训讲座，特邀专家就企业研究开发费税前扣除政策的要点进行了解读，并重点对研究开发费的归集方法、申报材料的编制要求和技巧等内容进行了指导，帮助企业掌握政策操作规范，提高落实政策有效性。2009—2010年，全省已落实的企业研发费加计扣除额超过150亿元，帮助企业减免税收37.5亿元以上。

【主题宣传工作】

“十二五”广东科技发展新闻发布会　为充分利用深圳举办第26届大运会的契机，积极对外宣传广东经济发展成就，2011年8月15日，由省科技厅、深圳大运会组委会新闻办公室联合召开的“十二五”广东科技发展专题新闻发布会在深圳举行，新闻发布会向国内外媒体通报了“十一五”期间本省科技发展的主要成效和做法，以及“十二五”的总体思路和发展目标，并回答了中外媒体的有关问题。

国家自然科学基金委员会—广东联合基金新闻发布会　2011年9月19日，国家自然科学基金委员会—广东联合基金新闻发布会暨省市合作签约仪式在广州召开。发布会向媒体通报了国家自然科学基金委员会—广东联合基金的实施情况，NSFC—广东联合基金实施5年来，共投入资金2.5亿元（其中，国家自然科学基金委员会投入7 500万元、广东省人民政府投入1.75亿元），围绕本省的农业、人口与健康、资源与环境、新材料与制造、电子信息等领域方面开展基础研究。发布会上，广州市和深圳市主动加入第2期NSFC—广东联合基金并签订合作协议。按照协议，广州与深圳每年对广东联合基金各注资1 000万元，国家自然科学基金委再增加1 000万元投入，第2期NSFC—广东联合基金年度总经费将从第1期的5 000万元上升至8 000万元，将更有力地吸引更多优秀科研机构和科学家共同推动广东及周边地区的科技发展。

战略性新兴产业核心技术攻关专项资金新闻发布会 2011 年 8 月 15 日，广东省战略性新兴产业核心技术攻关新闻发布会在广州举行。发布会面向全社会重点介绍了战略性新兴产业核心技术攻关支持方向、内容、组织要求和下一步工作计划等，对第 1 批启动申报的高端新型电子信息、LED、新能源汽车、生物、高端装备制造、节能环保、新能源、新材料八大领域、24 个专题、28 项核心技术进行了详细介绍。“十二五”期间，广东省一级财政将安排 220 亿元财政专项资金推动八大战略性新兴产业发展，其中核心技术攻关专项安排 30 亿元，2011 年安排 6 亿元，每个项目平均支持强度在 1 000 万元左右。

【“广东科技好新闻”评选活动】 2011 年 5 月 13 日，由省科技厅支持，省新闻工作者协会和广东科技新闻工作者协会联合主办的第 14 届广东科技好新闻在广州颁出。《“创新广东”一年迈出三大步》等 9 件作品获得一等奖，《广东产学研走向独联体国家》等 18 件作品获得二等奖，《粤港将签协议推产学研合作》等 34 件作品获得三等奖。新华社广东分社的肖思思和南方新闻网的王秀萍荣获 2010 年广东科技宣传工作先进个人。

本届评选活动共收到 34 个新闻单位的 126 件参评作品，获奖作品占总数的 50%。参选的新闻媒体范围广，有中央及港澳驻穗新闻单位，也有广东省主流媒体以及各地级市媒体，作品来源丰富，包括报纸、广播、电视、专业刊物、通讯社等。本届作品反映出广东省科技报道紧跟省委、省政府的中心工作和战略部署，为广东自主创新鼓与呼，以及突出表现科技报道在重大活动中发挥尖兵作用。

【宣传合作】 2011 年 12 月 23 日，省科技厅与新华通讯社广东分社在广东科学中心举行《战略合作框架协议》和《新华网网群信息服务协议》签约仪式。根据协议，双方将在联合策划重点专题报道，共建新华网“广东科技频道”，开展咨询决策智库服务、舆情监测等方面进行长期合作，共同营造有利于创新创业的良好氛围。

（广东省科学技术厅办公室　陈锡强）

区域科技创新发展

技术创新专业镇

广东省技术创新专业镇工作在推动区域经济与产业转型升级、提升集群产业自主创新能力和竞争力、培育发展战略性新兴产业集群等方面发挥了积极而重要的作用。根据省委、省政府重点工作部署，2011 年专业镇工作以推进转型升级的“一镇一策”行动和“专业镇创新服务体系建设”为重点，全面实施专业镇创新服务网络建设，构建创新服务体系，夯实和提升专业镇自主创新能力和转型升级基础，稳步扎实推进专业镇特色产业结构的调整升级和经济社会的和谐发展。

2011 年 1 月 9 日，省委、省政府在东莞市大朗镇召开全省专业镇转型升级现场会，总结近年来全省专业镇发展情况，交流经验，推广典型，并对“十二五”时期专业镇转型升级工作进行全面部署。专业镇成为省委、省政府加快转变经济发展方式的重要抓手。

2011 年，全省 326 家专业镇实现地区生产总值 1.64 万亿元，同比增长约 27.2%；专业镇特色产业实现总产值达 1.725 万亿元，同比增长 30.2%。

专业镇认定与培育

2011 年，全省共认定省级技术创新专业镇 17 个，截至 2011 年年底，全省共有省级技术创新专业镇 326 个。

2011 年，在粤港关键领域重点突破项目招标项目中设立“专业镇转型升级创新发展支撑体系建设”。子项目“专业镇公共服务平台创新提升建设”共安排资金 3 100 万元，支持厚街、横沥、古镇等 11 个专业镇打造创新型公共技术服务平台，加速家具、模具、灯饰等传统优势产业转型升级。

表 11－1－1－1　新认定广东省技术创新专业镇一览表（2011）

序号	专业镇名称	特色产业
1	广州市番禺区沙湾镇	珠宝制造产业
2	珠海市香洲区南屏镇	打印耗材
3	佛山市顺德区杏坛镇	高性能环保材料
4	佛山市顺德区容桂街道	高端信息家电
5	梅州市五华县棉洋镇	水果种植及加工
6	梅州市蕉岭县三圳镇	蔬菜产业
7	梅州市兴宁市福兴街道	旅游
8	梅州市梅县梅南镇	蔬菜种植
9	梅州市平远县上举镇	南药种植与加工
10	梅州市梅江区城北镇	花卉

（续上表）

序号	专业镇名称	特色产业
11	东莞市东坑镇	通讯电子
12	东莞市道滘镇	食品产业
13	东莞市桥头镇	环保包装
14	阳江市阳春市松柏镇	经济林
15	湛江市雷州市调风镇	菠萝、甘蔗与加工
16	湛江市雷州市东里镇	对虾养殖业
17	揭阳市揭东县玉滘镇	陶瓷

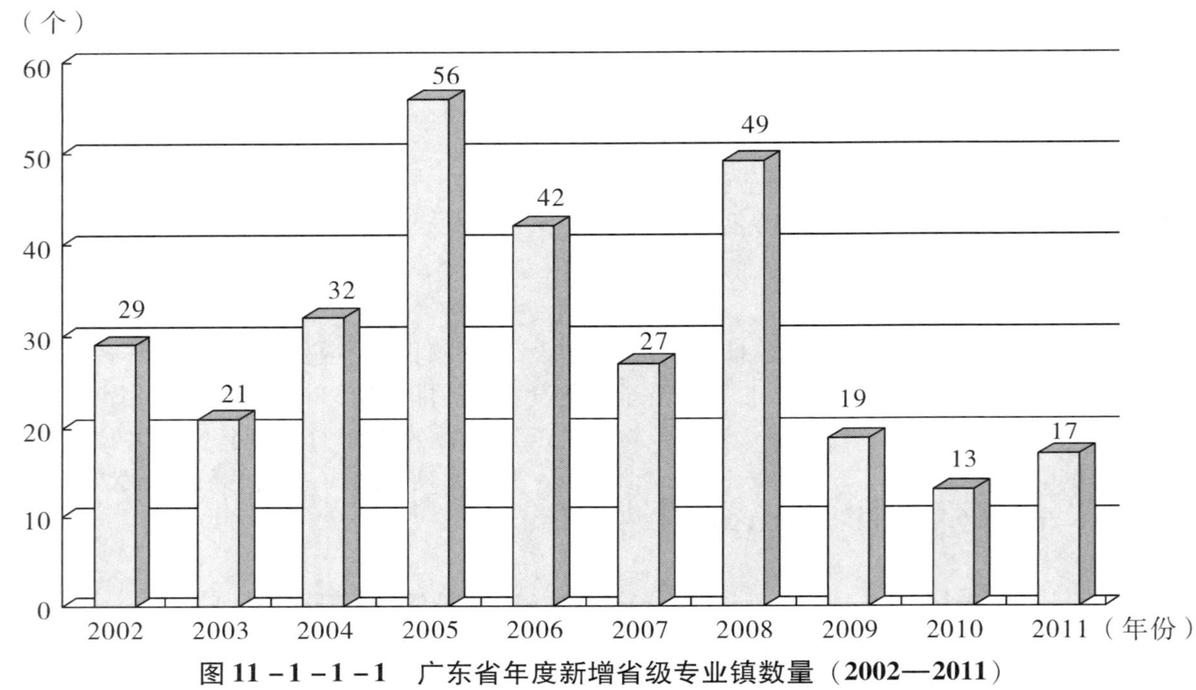

图 11－1－1－1　广东省年度新增省级专业镇数量（2002—2011）

表 11－1－1－2　广东省专业镇基本情况表（2011）

地区	专业镇（个）	常住人口（人）	GDP（万元）	工业总产值（万元）	出口值（万元）	企业（个）	高新企业（个）	规模以上企业（个）
合　计	326	32 914 437	163 934 640	425 596 900	99 733 291	433 654	1 231	24 958
广州市	5	885 681	5 512 054	11 607 005	2 191 502	10 482	29	1 254
珠海市	5	469 072	3 824 283	11 914 028	6 183 639	1 886	64	406
汕头市	27	2 255 871	7 304 903	18 479 948	2 269 669	21 181	72	1 384
佛山市	37	6 507 045	62 335 153	184 243 643	30 924 015	142 970	396	8 265
韶关市	11	425 795	306 977	312 389	22 085	3 723	0	19
河源市	14	541 208	1 518 958	746 472	62 220	1 588	7	94

（续上表）

地区	专业镇（个）	常住人口（人）	GDP（万元）	工业总产值（万元）	出口值（万元）	企业（个）	高新企业（个）	规模以上企业（个）
梅州市	31	1 733 740	2 922 591	2 778 729	450 529	15 863	20	652
惠州市	13	1 233 830	4 630 972	14 681 090	7 865 409	10 881	46	597
汕尾市	6	612 421	3 397 341	2 352 700	276 811	4 124	6	132
东莞市	18	4 449 679	20 773 221	50 006 624	30 024 946	50 240	185	3 988
中山市	15	1 895 615	12 766 355	37 746 032	7 274 953	41 815	116	2 490
江门市	20	2 294 041	10 087 959	33 627 471	5 673 799	34 473	138	2 014
阳江市	9	626 766	1 914 386	1 721 324	439 244	6 640	5	248
湛江市	17	1 040 186	2 172 601	2 858 763	305 417	12 380	23	278
茂名市	16	1 521 746	3 357 824	2 555 268	187 142	25 623	15	277
肇庆市	18	1 083 747	2 727 040	5 610 866	467 279	6 747	24	628
清远市	9	714 517	7 550 275	19 485 901	1 619 063	1 509	6	229
潮州市	17	1 359 522	3 549 409	7 511 246	1 312 255	15 301	48	648
揭阳市	18	2 021 515	3 965 512	12 091 264	1 489 773	14 802	19	1 091
云浮市	20	1 242 440	3 316 826	5 266 137	693 541	11 426	12	264

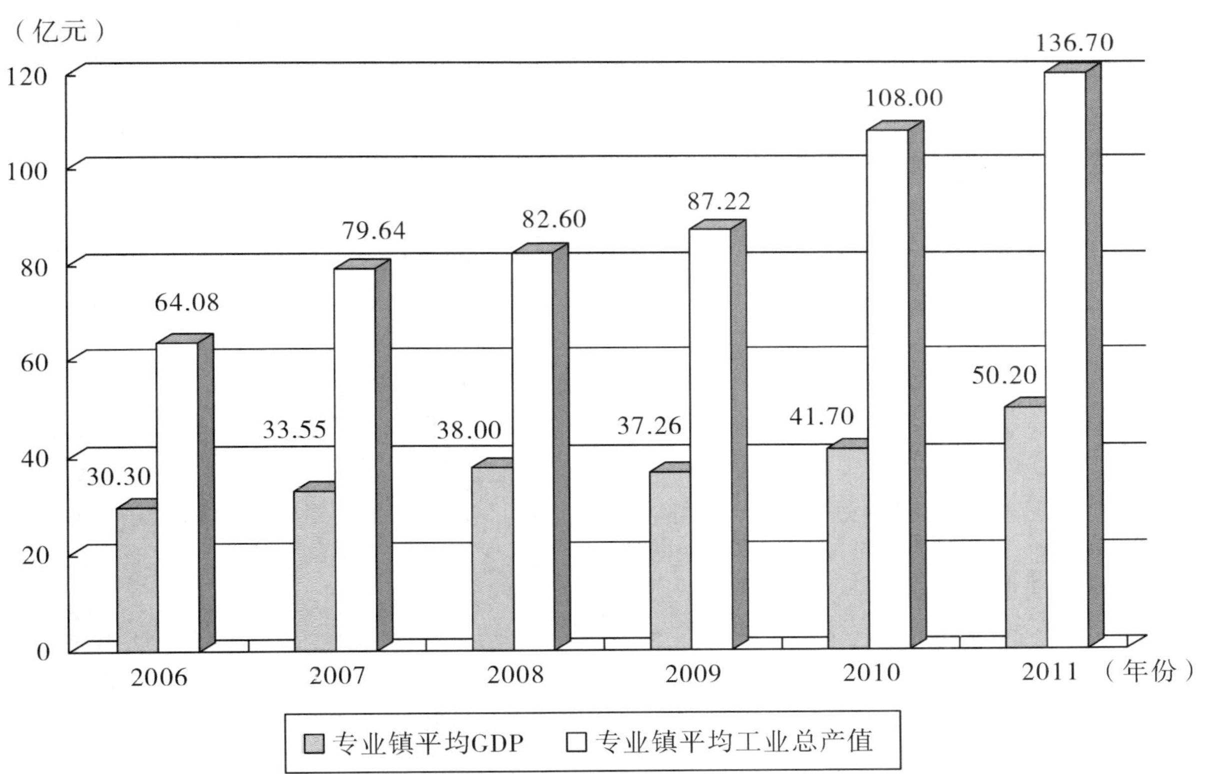

图 11－1－1－2　广东省专业镇平均 GDP 和平均工业总产值（2006—2011）

（省部院产学研结合协调领导小组办公室　广东省专业镇发展促进会　苏　炜）

专业镇创新计划

省科技厅启动“2011 年专业镇转型升级发展专项计划”申报工作，重点设立了专业镇转型升级“一镇一策”行动和专业镇创新服务体系建设 2 个子课题。2011 年，省科技厅共受理专业镇建设项目申报 78 项，其中 73 项获得立项支持。

从项目内容来看，申报项目涉及的产业背景领域较广，其中农业类 33 项、工业制造类 35 项、科技服务及其他类型 10 项。申报专题一“转型升级‘一镇一策’行动计划”10 项，申报专题二“创新服务体系建设计划”68 项。从申报单位来看，本次项目申报单位相对集中在粤东的潮州、梅州、河源，粤西的云浮，这几个地市申报的项目数占了总数的 42.3%。

【专业镇转型升级“一镇一策”行动计划】 专业镇转型升级“一镇一策”行动计划项目由“专业镇产业生态发展调研评估”和“专业镇法规、政策体系制定与专题培训”2 个子课题组成。前者旨在将产业生态的科学方法应用于专业镇的战略规划和发展政策制定上，引导专业镇的科学发展。通过产业生态系统方法把脉评估专业镇产业发展，形成科学的生态发展决策报告，制定“一镇一策”。后者旨在从顶层设计，制定专业镇发展规划和多元化培训服务体系，有计划、有目标地实施专业镇转型升级，为产业集聚、工业园区、创新平台、专业市场、信息网站等的建设提供指导和创新成果，支撑专业镇转型升级有序有效进行。

【专业镇创新服务体系建设计划】 专业镇创新服务体系建设计划由“创新公共服务平台建设”“创新驿站建设”和“产业培育与升级发展”3 个子课题组成。“创新公共服务平台建设”旨在引导各专业镇平台承接省现代服务业交易中心及科技服务业研究院的服务业务，强化省级公共创新服务平台对各地的指导和服务延伸，完善省、市两级服务平台对专业镇的公共创新服务功能，提升服务质量，推进支援中心和交互中心构成的全省专业镇服务支援体系建设，构建由省、市创新机构延伸至基层专业镇的创新网络体系，汇聚各专业镇创新资源，深化多元化的创新服务模式。“创新驿站建设”旨在建设和发展专业镇区域技术创新服务实体，进一步完善专业镇公共创新服务体系，逐步在全省形成专业镇创新服务网络，实现对专业镇中小企业技术创新和市场需求的汇集，实现科技成果的扩散和转化，实现创新资源在不同专业镇中的共建共享。“产业培育与升级发展”旨在以专业镇为载体，利用先进和高新技术改造提升传统产业，培育和发展新能源、节能与环保、光电一体化、新材料、生物医药、现代服务业等新兴产业，推动专业镇传统产业转型升级和新兴产业集群发展及产业结构的优化。

（省部院产学研结合协调领导小组办公室
广东省专业镇发展促进会　苏　炜）

专业镇培训与研究

2011 年，广东省成功组织举办专业镇转型升级专题培训暨高层创新论坛、专业镇粤港合作技术创新服务管理专题培训班等活动，为提高专业镇各级管理干部的组织策划能力、创新工作思路提供了重要平台。

【专业镇转型升级专题调研】 2011 年 3 月 24 日，中共中央政治局委员、广东省委书记汪洋与省委常委、秘书长徐少华，副省长宋海赴中山市就专业镇转型升级进行专题调研。汪洋一行先后到中山市小榄镇、东凤镇、南头镇调研，深入广东长青（集团）股份有限公司、木林森股份有限公司、广东铁将军防盗设备有限公司、南头镇家电创新中心，详细了解专业镇、企业转型升级的进展情况以及遇到的困难、问题。

随后，汪洋主持召开座谈会，听取中山市经济社会发展和专业镇转型升级情况汇报。汪洋强调，专业镇和加工贸易的转型升级是全省转型升级的重要领域，这两项工作抓好了，就可以极大地促进全省转型升级目标任务的完成。要加快探索专业镇转型升级的出路。专业镇转型升级的关键在于创新，传统产业、传统产品加创新就等于新的竞争力。希望中山在提升专业镇发展水平中，积极推进技术创新，应用互联网等新技术创造新的商业模式，充分发挥小额贷款等金融手段作用，打造服务专业镇、中小企业的研发设计平台，构建方便、快捷、低成本、高效率的物流网络。

【专业镇转型升级专项视察】 根据广东省委十届八次全会精神和省委常委会2011年工作要点，2011年4—10月，省委委员、省委候补委员围绕广东产业转型升级进行十大专项视察活动。这是广东省委首次以省委全委会名义开展大型专项视察活动。4月26日，省委全委会调研组先后调研了佛山、中山、肇庆、广州、东莞等地市专业镇，针对“如何加快推进我省专业镇转型升级”的问题，深入走访了专业镇技术创新平台及相关企业。

专业镇转型升级视察组通过专项视察，解剖专业镇转型升级中存在的问题，提出突破专业镇发展瓶颈的政策措施和工作举措。专项视察活动的视察方向包括：如何进一步提升专业镇的自主创新能力，完善产业创新服务功能；如何进一步完善专业镇的服务体系；如何进一步推进专业镇向专业化和高端化方向迈进。

【专业镇转型升级专题培训暨高层创新论坛】 4月7日，广东省专业镇转型升级专题培训暨高层创新论坛在佛山市顺德区北滘镇举行。该次活动是继全省专业镇转型升级现场会后，推进专业镇转型升级、“一镇一策”行动的一项重要步骤。

活动由省科技厅和意大利驻广州总领事馆共同主办，共邀请了来自意大利、美国、中国香港和内地的9位专家。紧密围绕“专业镇转型升级”主题，设置了“本土政策与全球战略的建立”“中国产业集群发展面临的问题和对策”“亚洲产业发展战略和发展类型”“广东省专业镇转型升级的路径与战略选择”“意大利集群发展经验介绍”“无形资产的聚集：高科技集群，研发中心，美国创新经验”“专业镇产业升级转型实际案例分享”等专题培训课程，参观北滘镇广东工业设计城等活动，采取专家专题授课和经验交流、互动讨论、实地参观考察等多样形式。通过这次活动，促进专业镇学习和借鉴国内外产业转型的先进做法和经验，开拓工作思路，加强与国际间的交流与合作，加深专业镇管理人员对产业转型升级的认识，理清工作思路。

【专业镇粤港合作技术创新服务管理专题培训班】

为进一步落实省委、省政府关于专业镇转型升级的部署，加强开放、整合创新，提高专业镇各级管理干部的组织策划能力、创新工作思路，5月23—26日，省科技厅与香港生产力促进局在香港组织了2011年第1期“专业镇技术创新服务管理”专题培训班。期间，香港生产力促进局培训组为学员详细介绍了该局在应用先进管理与运作模式、促进产业和企业升级转型方面的丰富实践经验，为推动专业镇加快转型升级提供了有益的参考，拓宽了专业镇技术创新管理的思路。全省共有15个专业镇的69名科技管理干部参加了该次培训。

（省部院产学研结合协调领导小组办公室
广东省专业镇发展促进会　苏　炜）

区域创新示范

2011 年，广东省新增国家级可持续发展实验区 2 个、省级可持续发展实验区 1 个，6 个科技富民强县专项获得立项，获国拨资金 474 万元，专项的立项和实施大大地促进了相关产业的发展，增强了科技创新和引领、支撑作用。

可持续发展实验区

2011 年，梅州蕉岭县、韶关南雄市通过国家 18 个部门相关司局联席评审会，获得各部委评审委员的一致好评，批准成为国家级可持续发展实验区。截至 2011 年年底，广东省已有广州天河区、江门新会区、东莞清溪镇、顺德容桂镇、梅州丰顺县、云浮云安县、梅州蕉岭县和韶关南雄市 8 个国家级可持续发展实验区，数量位居全国前列。2011 年，全省新增省级可持续发展实验区 1 个，东莞市石龙镇成为本省第 31 个省级可持续发展实验区。

【东莞市石龙镇】 2011 年 11 月，省科技厅同意东莞市石龙镇为“广东省可持续发展实验区”。

经济实力显著增强 2011 年，石龙镇地区生产总值 61.3 亿元，比 2006 年增长（下同）59.5%，年均增长 9.8%；镇级可支配财政收入 5.91 亿元，增长 74.95%，年均增长 11.83%；税收总额 11.8 亿元，是 2006 年的 2.3 倍；固定资产投资总额 17.5 亿元，是 2006 年的 2.2 倍；合同利用外资 7 100 万美元，是 2006 年的 4.3 倍，主要经济指标均超过“十一五”规划确定的目标。随着经济的快速发展和经济总量的不断壮大，市民经济能力也稳步提升。2011 年，全镇 7 条村总收入达 1.64 亿元，比 2006 年增长（下同）20.6%，纯收入 8 100 万元，增长 19%；人民币各项存款余额 160 亿元，增长 100%；社会消费品零售总额 23.9 亿元，增长 33.9%；城镇居民人均年收入达 37 626 元，增长 40.02%。

产业结构持续优化 2011 年，石龙镇推动 16 家“三来一补”企业转为“三资”企业，3 家世界 500 强企业基本实现扎根经营；成功引进中外运长航集团、香港新鸿基集团、国家高中低压输配电设备质量监督检验中心、跨国零售企业家乐福等一批影响大、质量高的重大项目；新上了理想电子（东莞）科技有限公司、东莞泛蓝科技有限公司、东莞銮铖生物科技有限公司等科技型高成长企业；建立石龙现代信息服务园并吸引 20 多家创意、软件产业和服务机构入驻。截至 2011 年年底，石龙镇三大产业的比例从 2005 年的 0.1∶55.7∶44.2 调整为当前的 0∶53.8∶46.2，产业规模化、集聚化、高端化显著增强，产业结构、质量和效益全面提升。

科技信息实力提升 截至 2011 年年底，全镇拥有国家 A 级质检中心 1 家，省、市级工程技术中心 5 家，院士专家工作站 1 个，博士后工作站 1 个，国家级高新技术企业 15 家，省创新型企业试点 2 家，完成各类科研成果和技术攻关项目 300 多项，获得国家重点新产品 2 项、省重点新产品 8 项、省高新技术产品 45 项、省自主创新产品 4 项，获得省市科技进步奖 31 项，协助企业获得国家、省、市科技资金 6 304 万元，获省名牌产品 2 个、省著名商标 6 个、国家驰名商标 1 个，东莞市金燕粮油食品有限公司、东莞市石龙李全和麦芽糖食品商店被认定为东莞市第 1 批“东莞老字号”，广东钜龙电力设备有限公司、东莞市隆泰实业有限公司被评为东莞市第 2 届民营经济 50 强。石龙镇先后被科技部火炬中心评为国家火炬计划东莞石龙数码办公设备特色产业基地，被省科技

厅评为广东省创新示范专业镇、广东省新农村建设科技示范试点。“石龙镇现代化建设科技创新示范工程”项目荣获广东省科学技术奖特等奖。推广信息化运用成效显著，制定出台《石龙 E-town 2015 信息化规划》，实施数字医疗、数字市政、劳动监察、社会治安、食品药品监管等信息化重点工程，启动兴龙路、绿化路、裕兴路等道路数字智能停车系统设计，逐步实现了城市管理、应急指挥、治安监控、公共安全等政务服务网络化智慧运行。被省信息产业厅定为“数字广东”推进计划试点、“智慧广东”试点镇。

城市面貌魅力彰显　5 年来，石龙镇本级财政累计投入 4.8 亿元，先后启动了城市交通、环境美化、公共服务等系列亘点工程建设。以东桥扩建、沙河大桥建设、方正路、龙升路、美能达路、裕兴路、京瓷路改造升级工程等为代表的一大批交通设施完成建设和改造升级；以石龙中学新校区、新城区排涝站、污水处理厂等为代表的城市公共服务设施已投入使用；以西湖城市公园首期和绿道 3 号线（石龙段）等为代表的环境美化工程全部竣工；大型交通设施项目——新东莞火车站建设进展顺利，计划 2012 年完工。帝景湾、中央豪门、龙城国际等一批中高档房地产项目相继推出，打造了一批城市景观性建筑。石龙人文、生态、宜居的城市特征日益彰显，城市品位和价值得到明显提高。

社会管理不断加强　深入开展“铁腕”“粤安”“雷霆”“治摩禁电”等一系列行动，加强群防群治，严打违法犯罪，实现全镇“平安社区(村)”全覆盖。建立镇综治信访维稳中心，实行信访专员督查、镇委书记大接访、律师参与接访、信访司法合署办公，实现了社会和谐稳定。严格落实“一岗双责”，不断开展火灾隐患大排查、大整治专项行动，加强安全生产监管和职业安全健康监管，连续 5 年被市评为安全生产先进镇街。加强农村集体资产管理，建立了农村重大经济事项三级审查制度，进一步规范了农村集体福利分配和干部报酬管理。实施农贸市场全面整治改造，建立食品药品安全数字化监管系统，荣获“广东省食品安全示范镇”称号，食品安全监管工作走在全省前列。强力推进信息化创新社会管理，先后建立了肉品流通信息监管系统、社区信息服务系统、企业风险预警应急系统、三级远程医护监控试点的开发和应用系统、数字市政系统等先进科学管理体系，社会管理水平显著提升。

政务服务效率提高　石龙镇被东莞市定为简政强镇试点之一，主动承接市直部门下放的 575 项事权，完成政府机构改革，将原有 33 个部门缩减为 24 个。在用好公务员和事业单位在编人员队伍的基础上，实施聘任聘用制改革，逐步推行正职干部任期制和干部交流轮岗制。政务公开纳入法制化轨道，电子政务稳步推进；大力深化机关效能建设，设立投诉热线电话，分类实施行风评议和群众满意度测评，不断改进机关工作作风，行政效率和服务水平有了新提高，在全市万人评机关活动中多次名列前茅。

社会事业全面发展　全镇高、中考成绩连续 5 年名列全市镇街前茅，成功通过广东省教育强镇复评，教育综合实力显著提高。该镇加大文化名镇建设力度，出台《石龙镇文化名镇建设实施方案》，举办中华龙民俗文化节、敬老文化节等系列文化活动，全镇文化事业蓬勃发展。全面整合优化医疗卫生资源，促进公共卫生服务均等化，公共卫生监督防控措施落实到位，甲型流感、蚊媒传染病和手足口病等重大公共卫生事件得到有效防控。石龙人民医院成为南方医科大学非直属附属医院并成功创建为三级甲等综合医院，博爱医院成为广东医学院非直属附属医院并成功创建东莞市儿科研究所。社区卫生服务一中心四站点良性运作，实现一刻钟健康圈。该镇不断完善最低生活保障制度、医疗救济制度、社会救助制度，圆满完成农（居）民基本养老保险与职工基本养老保险并轨的市试点工作，有效落实“双到”扶贫、市内扶贫以及“广东扶贫济困日”“东莞慈善日”工作，扎实推进就业、再就业和职业技能培训工作。5 年来，共发放低保金 1 032 万元，低保及低保边缘在读子女助学金 964 万元，医疗及临时救济金 260 万元，有效保障了困难群众的基本生活。在全市率先出台《关于进一步发展志愿服务事业的意见》，全镇注册志愿者达 8 210 名，占全镇户籍人口的 11.7%，城市文明显著提升。

【重大项目实施】　2011 年，天河区国家级可持续发展实验区获得“十二五”国家科技支撑计划

“夏热冬暖地区建筑节能关键技术集成与示范”项目，总经费2 400万元。由科技部社会发展科技司牵头，中国21世纪议程管理中心负责，与英国研究理事会合作的广州中英低碳合作研究中心以天河区国家级可持续发展实验区为载体积极开展“绿色低碳城市”项目，该项目将于2012年4月启动。以丰顺县可持续发展实验区为载体的“地热资源综合梯级利用集成技术系统示范”项目成功进入“十二五”国家社会发展科技领域项目库并获得优先支持。

夏热冬暖地区建筑节能关键技术集成与示范

广东省被列为首批国家低碳省试点，在“十二五”规划中提出单位GDP二氧化碳排放减少17%的目标，实施社区减排、建设低碳社区成为实现“17%”减排目标的重要抓手。全省将重点开展低碳城市、社区规划建设，建立低碳行业示范，完善支持低碳发展的政策措施、研究建立温室气体排放的统计监测体系和低碳标准评价体系。珠三角作为我国城市化速度最快、经济社会发展与资源环境矛盾最突出的地区，建设用地以年均163平方公里的速度递增，建立以低碳为导向的可持续城市建设模式尤为重要。社区历来是国内外低碳城市研究的热点和低碳策略制定的重要环节。面临城镇化快速推进和旧城改造双重压力的珠三角，以社区为基本单元推进低碳城市建设是最好的切入点，紧扣广东省“十二五”低碳发展目标。该项目通过设计低碳社区标准、开发社区碳排放评估工具和建立低碳社区实施管理政策等，协助地方政府制定低碳社区相关标准和专项行动计划，以社区为平台推动城市实现低碳发展模式转型。项目成果也将对中国其他快速发展的城市或地区提供社区低碳化发展的通用问题解决方案，具有深远的推广意义。

项目主要研究成果：1. 珠三角低碳社区规划建设标准；2. 珠三角社区碳排放评估软件；3. 珠三角低碳社区实施管理政策措施。

主要研究活动：

1. 开展珠三角城市社区温室气体清单编制活动。明确城市社区碳排放的构成，研究社区规划、建设和运营过程中温室气体关键排放源及其排放影响因素。

2. 实地调研活动。开展实地调研、相关部门调研与专家咨询等，从规划选址、规划设计、施工建设、日常管理以及低碳发展的经济性方面确定珠三角低碳社区标准框与规范。实地调研各地城市规划建设部门可持续发展、低碳、节能减排政策、措施管理经验，开展国内外低碳政策、管理措施深入研究。开展城市社区大样本问卷调查，获取城市社区碳排放基础数据，进行城市碳排放影响因素研究、碳排放数量模型研究。开展针对包括规划设计者、开发商、政府部门、社区居民以及物业管理部门等的咨询活动，研究调查实施主体创建低碳社区的运作机制，包括实施途径、部门协同、职责分工、奖惩办法以及近期实施方案等。

3. 中英学术交流。针对英国已有的社区规划建设评价标准进行重点学习、交流与借鉴。英方在碳排放计量标准、碳排放评估工具开发方面给予技术支持。在英方专家协助下开展国内外专家论坛与公众咨询，制定低碳城市规划建设的政策和管理措施。

4. 培训活动。针对政府部门，城市规划设计技术人员开展低碳社区规划标准与规范的培训、碳排放评估软件的培训，保证成果的有效应用。针对政府部门、规划设计者、开发商、物业管理部门等开展低碳社区建设管理的培训。

5. 碳排放评估软件设计开发。深入学习国外碳排放计量模型和评估工具，开发针对珠三角的社区碳排放评估软件工具。

6. 低碳社区规划建设实施管理的试点示范活动。

绿色低碳城市　中英低碳城市发展合作（LCCD）是“十一五”我国生态城市建设科技工作的延伸，也是“十二五”我国国际科技合作的一项重点。2009年，由科技部社会发展科技司牵头、中国21世纪议程管理中心负责，与英国研究理事会合作开展了“中英低碳城市发展”对话。在现有对话机制下，双方选定了广州、上海、南阳为中英低碳城市建设合作首批试点。在已形成的战略合作框架下，各个试点城市都在努力推进低碳科技工作及相关实践活动。广州作为三大试点之一，在城市改造的低碳化规划方法与技术、城市建筑物碳排放监测与评估技术等方面已与英国伦敦大学、英国南安普顿大学建立起了实质性合作关系，并在相关理论研究与方法创新方面取得了重要突破。为进一步巩固现有的合作基础，逐步拓展广州试点工作的广度与深度，2011年年初，中英双方提议共建“广州中英低碳合作研究中心”。为推进广东省国家低碳省试点和广州市低碳城市建设工作，引入国际低碳城市建设的先进理念与技术，广州市城市规划勘测设计研究院、广东省环境科学研究院（天河区国家可持续发展实验区，备选）联合英国南安普敦大学和伦敦大学，建立了广州中英低碳合作研究中心，依托中英合作平台，围绕区域和城市规划、建设的低碳需求进行相关基础理论、方法技术、应用工具的研究。

项目主要内容：1. 建立广州中英低碳合作研究中心；2. 中英研究人员进行学术交流与互访、研究生合作培养；3. 依托广州中英低碳合作研究中心，向国内外科研组织机构申请低碳相关研究课题；4. 共同发表及出版高水平的研究成果，申报发明专利或软件著作权，合作参与广东省、市相关低碳城市规划建设项目咨询等；5. 为广东省、市相关领导和技术人员提供有关全球气候变化、低碳发展、技术创新方法方面的技术培训；6. 从低碳城市规划建设与发展的需求出发，开展从省、市到社区与居民等各级尺度的低碳基础理论与低碳技术应用研究。

地热资源综合梯级利用集成技术系统示范

该项目结合广东省丰顺县地热资源特点，开展地热资源综合利用关键技术、装置及示范的研究。

主要研究内容：1. 地热能综合利用理论和优化模型研究；2. 研制开发地热制冷空调模块化机组；3. 研制开发出热源温度30℃～40℃、输出温度高于70℃的高温型地热热泵机组；4. 研制开发适用于干燥农副产品的地热干燥装置；5. 研究地热水防腐防垢、水质净化及高效换热技术。通过四级梯级利用技术，建立一套高效、实用的地热资源综合梯级利用技术集成系统，有效带动偏远地区的经济可持续发展，改善当地居民的生活质量，为该地区脱贫致富提供有效的技术途径。

项目将在广东省丰顺县建成地热资源综合利用示范基地，项目研究成果将有望形成产业化，并建成核心设备生产线，预计年产量可达300～500台，实现产值达2亿～3亿元。此外，还可以带动其他相关产业如旅游业、农副产品加工、养殖业等的发展，极大带动了当地经济的迅速发展，对于提高农村居民收入水平、带动贫困城镇经济发展具有重要意义。整个地热能综合梯级利用系统采用地热能，取消了传统的锅炉加热方式，充分利用4.4亿兆焦/年的地热能量，全年可节约标煤约2万吨，减少环境三废排放，对改善大气环境将会有十分明显的效果。

（广东省科学技术厅社会发展与基础研究处 陶练敏 彭向阳）

科技富民强县

截至2011年年底，广东省获科技部、财政部立项32个科技富民强县专项。2011年，有17个项目在执行期间，其中包括2008年立项1个，2009年立项5个，2010年立项5个（茂名高州为后续奖励项目），2011年立项6个（见表11-2-2-1）。

表11-2-2-1 广东在执行期的科技富民强县专项一览表（2011）

单位：万元

序号	立项年度	市名	县（市、区）名	项目名称	国拨资金
1	2008	梅州	兴宁市	优质肉鸡健康养殖及深加工产业化示范	176
2	2009	梅州	蕉岭县	系列有机农产品产业化开发与科技示范	180

（续上表）

序号	立项年度	市名	县（市、区）名	项目名称	国拨资金
3	2011	梅州	梅县	金柚关键技术示范开发与产业集群培育	74
4	2009	河源	龙川县	油茶无性系丰产技术示范与深加工产业化	200
5	2011	河源	东源县	新丰江流域生态农业技术示范与产业化	85
6	2009	茂名	信宜市	信宜市怀乡鸡健康养殖示范与产业化开发	210
7	2010	茂名	电白县	南亚热带水产品产业化技术集成与示范推广	165
8	2010	茂名	高州市	亚热带水果生产和加工技术推广应用及产业化示范工程	128
9	2009	惠州	惠城区	高效绿色水稻规模生成技术示范及产业化	160
10	2009	肇庆	广宁县	广宁县竹子标准化种植示范与产业化开发	120
11	2010	阳江	阳西县	阳西海洋渔业产业升级科技示范工程	175
12	2010	清远	清城区	优质家禽健康养殖标准化及深加工产业化示范	148
13	2010	云浮	罗定市	“罗定肉桂”产业化科技示范工程	159
14	2011	韶关	乐昌市	粤北山区安全优质农产品生产技术应用与推广	73
15	2011	韶关	仁化县	油茶产业化生产	103
16	2011	汕头	南澳县	大型海藻良种繁育、高效栽培及深加工技术示范	79
17	2011	潮州	潮安县	畜禽肉制品机械化加工技术开发及其产业化	72

2011年，本省在执行期的17个专项共计划安排34 262万元经费支持，其中国拨资金1 775万元、省拨款415万元、地（市）拨款280万元、县拨款532万元、单位及企业自筹27 110万元、其他资金4 150万元。在2011年度的专项经费支出中，新技术新品种引进费支出为3 132万元，技术示范推广费支出为4 864万元，科技服务费支出为1 468万元，培训费支出为981万元，其他支出为23 731万元。

【实施成效】 在执行期的17个专项，均为农业类项目，且均是当地具有较好的农业产业特色和较好的产业与技术带动效益的项目，专项的立项和实施大大地促进了相关农业产业的发展。据2011年度执行情况统计，17个专项在该年度与产业相关的企业数为687个，其中年销售500万元及以上企业数84个，产业年产值约228亿元，上缴利税3.7亿元，分别比立项时增加48个、94亿元、1.7亿元。项目的实施，吸收从业人员约36万人，其中吸收农业劳动力约28万人，比立项时增加6万人，有效地增加了农民就业，直接参与项目实施的农民人数达27万人，辐射带动了约63万农民参与；有效提高了农民收入，农民人均项目收入由立项时7 354元提高到9 019元，直接参与项目实施的农民人均纯收入7 632元。

这些项目的实施，增强了科技创新和引领、支撑作用，共引进新品种247个，新品种推广面积3.73万公顷，推广新技术222项，鉴定成果21项，获奖成果16项，专利申请160项，专利授权18项，引智人数288人，研发新产品新品种239种。建立示范基地136个，搭建各类信息平台和农产品交易平台等38个，建立农民协会和农民技术合作组织306个，培训农民18万人，培养乡土人才12 895人，建立培训机构75个，开办培训班

1 086 期，发放资料 30 万份。

【主要做法和经验】 2011，为确保科技富民强县工作取得实效，各地认真组织项目实施，深化产学研合作，重视产业科技服务，加大对龙头企业的扶持力度等，以保证项目的顺利开展。

大力推广先进技术　茂名市高州市大力推广试管育苗，促控梢、促花、保果、壮果，节水灌溉，套袋荔枝，水果换冠改造，有机水果生产，微生物技术应用及病虫害防治等一批水果生产新技术；酵素菌技术在香蕉生产上的应用，有效解决了土壤板结、病虫害多、香蕉产量和质量不断下降等问题，香蕉平均每公顷产量增加 10%～40%，生产成本降低 20% 以上，作物重茬病发生率在 2% 以下。二是选育、引进优良品种，不断优化水果品种结构。高州市在加强原有优良品种的提纯复壮、换冠改造工作的同时，先后引进了优质、果大、早熟的三月红和中熟特优的鸡嘴荔、大红荔等荔枝品种进行高接换种研究和推广。引进试种的枇杷新品种，通过了表证和适应性试验，效果十分理想，实现了丰产性和高效益。

深化“产学研”合作模式　阳江市阳西县在项目实施过程中，积极引导企业加强与高校和科研院所的联系，提高产学研技术合作水平。广东顺欣海洋渔业有限公司、广东金凤生物科技有限公司开展了科技特派员进驻企业工作，分别与广东海洋大学、仲恺农业工程学院签署了科技特派员进驻企业协作协议，为企业引智提升了企业研发能力。广东顺欣海洋渔业有限公司在科技特派员卢伙胜教授的带领下，上马水产品太阳能干燥项目，年新增产值 5 000 万元，在科技特派员指导下，企业科研实力大幅度提高，企业年产值也取得快速增长，2011 年度该企业总产值 2.3 亿元，新增利税 1 800 多万元，经济效益喜人，该企业也成为阳西县科技富民强县项目海产精深加工示范研发基地，2011 年成为广东省现代企业 500 强之一。

梅州市蕉岭县在项目实施过程中，广东金珠农业科技有限公司与华南农业大学开展了“有机稻米产业化关键技术在粤东地区推广应用及示范”，集成了稻田有害生物生态控制、有机水稻生产栽培和有机水稻采后加工三大技术为核心的有机稻米生产技术体系，同时建立了有机稻米生产示范基地 333.3 公顷，基地生产的有机稻米通过有机食品认证机构认证，开设有机食品生产技术培训班 15 班次，培训技术人员 1 500 人次；天然蜂业有限公司与广东省昆虫研究所、浙江大学合作，组建了“广东省中蜂健康养殖农业科技创新中心”，开展蜜源植物保护、改造传统中蜂养殖技术、研究中草药防治蜂病的方法与途径、推广使用有机化蜂蜜加工技术。

发挥龙头带动作用　茂名市信宜市怀乡鸡健康养殖示范与产业化开发项目实质上是一项依靠龙头企业带动农户的产业发展专项行动计划。广东盈富农业有限公司通过紧密型“公司 + 基地 + 标准 + 农户”的产、供、销一体化综合模式，致力于农业产业化，完善和延长怀乡鸡产业链，充分发挥信宜市山地鸡协会的作用，积极打造社会公共服务平台。

惠州市惠城区项目依托当地龙头企业惠州市海纳粮油食品有限公司，发展水稻种植总面积 1 万公顷，2011 年产粮 10 万吨。通过多元化地与农户发展合作，以合同制方式带动农户 7 300 户，以合作制方式带动农户 2 368 户，以其他方式带动农户 15 332 户，带动农户户均增收 4 200 元。通过特效带动作用，一年内打造年收入 10 万元农户 20 个，年收入 30 万元农户 3 个。

推进农业信息化建设　信宜市怀乡鸡健康养殖示范与产业化开发项目加快信息服务中心建设，开通电子商务交易平台，信宜市的 19 个镇（办事处）100% 有了服务中心（站），推动农民购买使用电脑，普及信息技术已在农村广泛使用；加快信息网络延伸工作，信宜市行政村 100% 信息网络已“全覆盖”；加快信息员培训工作，信宜市农村信息员 100% 得到了培训。建立了怀乡鸡产业公共技术服务平台，通过服务平台为怀乡鸡养殖企业、农户提供销售信息、在线交易等，进行山地鸡新品种、新技术的展示和宣传，通过网上订单等商务活动，推动怀乡鸡产业的技术创新，改造怀乡鸡产业，促进怀乡鸡产业结构升级。

梅州市梅县项目实施后，委托农业类杂志不定期开设专栏对项目进展等情况进行宣传推广，发放杂志到项目区农户手中，并利用杂志刊登的农业政策、市场信息、栽培技术、加工技术等对项目区的农民提供实用技术和供求信息等，对项目的推广、连接农户和市场起到相应的作用。项目组配备了专业摄像师，将新品种的整个生长周期，各时期水、肥、病虫害等管理要点（专家讲解）进行全程跟踪、拍摄录制，并对一些生产关键技术进行数字模拟穿插其中，制作形象生动、通俗易懂的栽培技术影像教材，为技术规程的进一步辐射推广提供支撑。

重视产业科技服务　梅州市蕉岭县建立了粤东有机黑猪和其他有机农业生产三级服务网。一是由县农业局、畜牧兽医局、科技局、环保局和质监局等政府职能部门为主的基地规划、生态保护、环境监测和质量检测等行政服务网；二是由县农科所、生产力促进中心和各有机农业协会为主的农民培训、成果推广以及市场推介等科技服务网；三是以农业企业和各基地为主的生产服务网。在运作模式上，采取“公司 + 协会 + 基地 + 农户”的形式组织生产。公司负责提供技术、生产资料和基地建设、产品回收、市场营销；协会负责制订生产规程和产品质量标准，组织农户开展生产，组织农民技术培训，代表农户和公司订立生产和产品收购合同；农户有学习技术和接受培训的义务，并按生产规程和产品质量标准开展生产。2011 年，共举办各类培训班 103 场次，培训 15 000 多人次，发放各类宣传资料 30 000 多份。

梅州市梅县为提升县科技服务能力，由县科技局牵头，以生产力促进中心和协会为辅，建设一支由科研院所专家、县级专家和镇村技术员组成的科技服务团队，完善科技和信息服务平台，建立金柚种植和加工生产技术协会，开展技术咨询服务；建设功能齐全完善、快捷方便、服务周到的科技信息网络化服务体系，为种植户提供优质的种植技术和市场信息。

【典型案例】

阳江市阳西县　阳江市阳西县在项目实施过程中，重视产学研结合，以广东海洋大学等高校为技术依托，以技术协会和农民合作组织为纽带，以科技培训示范作为手段，成功组建了阳西县江海养殖协会，培育了阳西县绿康水产养殖专业合作社。

阳西县江海养殖协会是一个以服务阳西及周边水产养殖企业和广大水产养殖户，给予其生产、营销以及养殖技术、市场信息方面的指导，帮助其解决生产技术等难题，以整合阳西县水产资源，引导养殖户向现代水产养殖业发展的社会技术团体组织。该协会的成立有效地推动了阳西县及周边水产养殖业逐步走向产业化、标准化、品牌化，进一步提高了粤西地区水产品市场的竞争力，增强了水产养殖场户抵御市场风险的能力。该协会拥有会员 300 多人，云集了阳西县江海养殖大户，长期聘请中山大学环境科学与工程学院、中国水产科学院南海水产研究所、中国水产科学院珠江水产研究所、广东海洋大学水产学院的 30 多位专家学者为技术顾问。该协会成立后，有效地开展了一系列海洋养殖技术培训，共举办技术培训班及专题讲座 13 场次，培训专业户及农民 1 300 人次，发放技术资料 6 900 多份，推广海水养殖新技术 6 项，通过技术培训及专题讲座，有效地提高了养殖户的综合养殖技术水平，带动了阳西县溪头镇双水一带万亩连片浅海滩涂的开发，促进鱼虾混养等海水养殖新技术的应用，收到了良好的科技效益和经济效益。

阳西县绿康水产养殖专业合作社拥有社员 200 多人，承担了多个省级海水养殖攻关和技术推广项目，形成了生产、加工、销售一体化的水产养殖综合合作社组织，促进了养殖户增产增收，2011 年，该合作社总产值 6 300 万元，新增产值 1 800万元，养殖户户均增收 9 万元。

梅州市兴宁市　广东富农生物科技股份有限公司是梅州市兴宁市科技富民强县项目的实施单位之一，也是国家高新技术企业和广东省重点农业龙头企业。该公司严格按照项目的要求，进行了禽产品质量安全、生产规范化安全、综合加工工艺技术等方面的研究，研发了鸡骨架骨肉分离技术和热反应生香、鸡油风味的生成、鸡油氧化控制等技术，大幅度提高了产品的质量，新研发的产品技术含量高、市场竞争能力强、附加值高，其中“原味纯鸡粉 HXCP 系列”产品已通过出口卫生检验，先后被认定为广东省自主创新产品、广东省高新技术产品，并出口至东南亚等地区。2011 年，该公司鸡粉、鸡油、鸡膏等深加工产品产值达 5 200 多万元，税收 600 多万元，利润 1 000多万元，成为兴宁市乃至梅州市农业类企业的纳税大户。

（广东省科学技术厅农村科技处）

地市科技概况

2011年，广东省20个地级及以上市、68个县（市）和47个城区全部参加考核，参加率达到100%，通过率达到75%。各地市加大全社会科技投入，充分发挥自身优势，提升科技创新实力，科技基础条件、创新型人才、科技服务、专业镇建设等实现新突破，产学研合作进一步拓展，高新技术及战略性新兴产业保持较快增长，科技创新成果进一步丰富，科技整体实力稳步提高。

全国县（市）科技进步考核

科技进步考核工作是科技部部署开展“科技兴县”工作的重要内容，旨在通过县级党政领导对科技的重视程度和科技投入水平等指标的考核，推动各地科技和社会经济协调发展。2011年开展的2009—2010年度全国县（市）科技进步考核工作，克服了时间紧、任务重的困难，不仅继续发扬了原来工作中好的做法，也取得了新的突破。

【参加考核情况】 全省除深圳一市六区按规定直接报送科技部以外，其余20个地级及以上市、68个县（市）和47个城区全部参加考核，参加率达到100%。

【考核通过情况】 2011年的考核通过率达到75%，比2009年的58%提高17个百分点。20个地级市中有13个被科技部评为“全国科技进步考核先进市”，比上届考核增加6个，比2009年大幅提高30%；115个县（市、区）中，25个被评为“全国科技进步考核先进县（市、区）”，比2009年增加2个。

【考核组织情况】 本次考核组织工作更加周密。广东省建立以省科技厅领导为领导小组组长的领导机构，省财政、统计、组织和科技部门有关领导参加的专家组，还组织精干力量组成考核工作小组。全年共审核批复科技管理机构和专项转移支付收入扣除申请82件，审核全省上报数据2万多个，反馈意见700余条，高质量地完成了有关材料报送工作。省科技厅荣获科技部授予的“全国科技进步考核优秀组织单位”荣誉称号。

表11－3－1－1　广东省获“全国科技进步考核先进市、县（区）”称号市县一览表（2009—2010年度）

序号	全国科技进步考核先进市、县（区）	序号	全国科技进步考核先进市、县（区）
1	广州市	20	连平县
2	东莞市	21	郁南县
3	佛山市	22	广州市天河区
4	中山市	23	广州市越秀区
5	珠海市	24	广州市花都区
6	惠州市	25	广州市番禺区
7	肇庆市	26	佛山市南海区

（续上表）

序号	全国科技进步考核先进市、县（区）	序号	全国科技进步考核先进市、县（区）
8	江门市	27	珠海市斗门区
9	韶关市	28	惠州市惠城区
10	云浮市	29	惠州市惠阳区
11	阳江市	30	汕头市澄海区
12	清远市	31	汕头市龙湖区
13	汕尾市	32	汕头市金平区
14	开平市	33	江门市新会区
15	台山市	34	湛江市赤坎区
16	高要市	35	肇庆市端州区
17	丰顺县	36	肇庆市鼎湖区
18	新兴县	37	清远市清城区
19	佛冈县	38	韶关市曲江区

（广东省科学技术厅政策法规处　刘世伟）

广　州　市

2011 年，广州市被评为中国十大创新型城市，荣获 2011 中国城市信息化卓越成就奖；获批为中国软件名城示范试点城市、国家“十城万盏”半导体照明试点示范城市、国家现代服务业创新发展试点城市、国家电子商务示范城市、国家科技金融试点城市和中国音响之都；获评为全国科技进步考核先进城市，全市 12 个区、县级市首次全部通过 2009—2010 年度全国县（市）科技进步考核。胡锦涛、李长春等中央领导视察广州期间听取了广州市科技创新的情况汇报，给予了充分肯定。

【科技政策环境营造】

政策措施制定与实施　2011 年，广州市起草、颁布了《广州市信息化促进条例》和《广州市科技创新促进条例》；编制、实施了《广州国家创新型城市建设总体规划（2011—2015 年）》《广州市“十二五”科学技术发展规划》《广州市建设国家创新型城市试点工作实施方案》《广州市国家创新型城市试点工作实施分工方案》《关于加快云计算产业发展行动计划（2011—2015 年）》《关于实施自主创新战略加快建设国家创新型城市的决定》《广州市“十二五”信息化发展规划》《关于实施“智慧广州”战略建设国家中心城市的意见》《广州市十大科技创新工程行动计划》和《广州市引进海外人才创业“红棉”计划》等成套政策措施。出台了《广州市科技和信息化局关于市区联动支持番禺节能科技园先行先试进一步加快发展的若干措施》，起草了《广州市人民政府关于支持番禺节能科技园做大做强建设成为全国一流科技园区的意见》（送审稿），进一步加大对番禺节能科技园的扶持。颁布实施《广州市科技企业孵化器认定和管理办法》和《广州市科技企业孵化器发展专项资金管理暂行办法》，设立广州市科技企业孵化器发展专项资金，明确专项资金的使用范围，扶持科技孵化器建设，提高在孵企业的自主创新活动。

政策措施宣传与落实　为加大企业研发费税前加计扣除政策的宣传力度，市科信局采取多项措施进行宣传、解读、辅导。2010 年度，全市共受理 641 家企业共 3 713 个项目，通过鉴定评审的项目有 3 455 个，投入总金额为 132.27 亿元，经

税务部门实际办理且抵扣的应纳税所得额约24.23亿元。

2011年，广州市共有171个新产品被认定为广东省自主创新产品。截至2011年年底，拥有国家级创新型（试点）企业11家，省市级创新型（试点）企业229家。落实对科技型中小企业的创新扶持。市创新基金支持科技型中小企业创新项目211项，获得国家创新基金立项116项，资助金额8 225万元。

人才引进与培养　2011年，广州市属企事业单位引进了诺贝尔奖获得者梅洛教授等9个创新科研团队、14名领军人才列入省第2批创新科研团队和领军人才，分别占全省的45%和82.4%，安排配套资金5 250万元。实施“创新创业领军人才百人计划”和珠江科技新星计划，遴选出第2批20名创业领军人才和100名珠江科技新星，新增中国工程院院士1名、“千人计划”人才22名。截至2011年年底，全市拥有国家“千人计划”人才46名，在中央组织部、省委组织部的支持下，筹建了国家“千人计划”专家南方俱乐部（南方服务中心）。启动“红棉计划”，安排1亿元以上支持海外人才创新创业。

科技创新投入　2011年，市本级财政科技投入预算9.4亿元（含科技事业费），同比增长了13.25%。其中，归口市科信局管理的市本级科技经费共7.4亿元。全市全社会R&D经费投入达276.8亿元，约占全年GDP的2.25%。

重大活动　组织了“新广州、新商机”系列科技招商活动，签署科技合作项目181项，金额1 078亿元；其中，引进国际科技项目72项，签约金额116亿元。成功举办了科技活动周、中国（广州）国际信息产业周、中国国际半导体照明展、科技部全国“十城万盏”LED照明试点工作现场会、第14届中国留学人员广州科技交流会（以下简称“留交会”）、中国（广州）国际创新博览会（以下简称“创博会”）和珠江创新论坛等重大活动，产生了广泛的社会影响。其中，留交会现场洽谈2.5万人次，洽谈项目6 500项次，岗位应聘1.5万人次，落户或达成合作意向海外人才项目905项；创博会科技成果转化合作意向项目102项。科技活动周、信息产业周、创博会参观人群均超10万人次。

【民营科技】　据统计，2011年全市参加民科统计的民营科技企业共有1 561家，年末职工总数268 608人，其中从事科技活动人员73 613人。全市民营科技企业技工贸总收入2 101.5亿元，其中，全年技工贸总收入超过100万元的企业有1 360家，比2010年增长20.5%；工业总产值2 654.5亿元，同比增长19.2%；上缴税金92亿元，减免税总额21.8亿元；出口创汇139.8亿美元，比2010年增长48.5%。

广州民营科技园建设平稳较快发展。2011年，园区技工贸总收入117亿元，实现税收4.6亿元，分别同比增长了28%和18%。新增申请专利239件，累计达929件。园区企业增至285家，新增3家企业通过高新技术企业认定，园区高新技术企业达25家。园区采取“走出去、请进来”的策略，多角度多层次推进招商，引进入驻孵化器的企业38家；推进科研总部型购地项目5家，储备项目56个。园区对外科技合作成效明显，通过举办“新广州·新商机国际科技交流合作推介会”等活动邀请俄罗斯、白俄罗斯、乌克兰等独联体国家知名研究院所、大学以及专家来粤，进行技术洽谈和项目对接活动，仅3至6月达成的项目合作签约价值就达570万美元。

【产学研合作】　2011年，市科信局成立“产学研结合处”，专职负责产学研政策的制订，引导企业、科研院所和高校进行产学研合作，搭建产学研合作平台，建立稳定的产学研合作机制，进一步完善产学研组织机构及其职能的建设和配套政策的制订，加强产学研合作的氛围和条件。

财政投入　产学研合作成为广州市本级科技财政投入重点，2011年，有近2亿元用于支持产学研合作项目。市科信局推荐申请各类省部产学研项目共581项，获得省科技厅立项支持203项，经费1.25亿元，带动企业资金投入10亿元以上进行技术创新，其中，新增院士工作站7个、企业特派员工作站6个、省部产学研结合科技创新平台4个、省部产学研结合示范基地4个，搭建了一批产学研结合创新平台。

产学研合作战略联盟　以产学研战略联盟为依托，积极争取国家、省重大科技专项，承接了“核高基”国家科技重大专项、物联网等一批国家重点项目，广州市企事业单位先后获得工信部2011 年物联网发展专项资金 700 万元、省高新技术产业开发区发展引导专项资金 4 650 万元支持。重点突破了 CPU 芯片、LTE 芯片、干细胞、数字家庭、智能化系统等数百项产业关键核心技术，诱导多能干细胞等领域取得了系列重大原创性成果。2011 年度，广州市产学研结合专项共立项 10 个产学研结合项目，支持经费 1 681 万元，带动企业资金投入技术创新超过 1 亿元。

广佛肇经济圈产业合作　2011 年 10 月，广州市、佛山市、肇庆市联合签署《广佛肇产学研科技创新合作协议》，建立了三市科技行政主管部门联席会议机制的管理模式，确定了三市共同组织产学研用科技项目、共建共用公共科技服务平台、促进科技人才交流等方面的合作内容。

产学研结合创新平台　成功吸引了一批国内优势大院大所在广州共建产学研创新基地，先后组建了广州现代产业技术研究院、广州中大南沙科技创新产业园、广州北航新兴产业技术研究院。省市政府与国防科技大学、中山大学签署了共建 11 亿亿次高效能计算机项目的合作协议。

【技术创新工程】　2011 年，广州市新增国家级企业技术中心、重点实验室、工程实验室 12 家，新增省级工程中心 6 家。截至 2011 年年底，全市已拥有国家级工程技术研究开发中心 13 家、国家工程实验室 9 家、国家重点实验室 15 家、省市级工程技术研究开发中心 231 家、省市级重点实验室 199 家，形成了以国家级平台为骨干、省市级平台为支撑的创新平台体系。

创新平台　2011 年，中山大学与广州市南沙区合作建设“广州中大南沙科技创新产业园”，已注册成立广州中大南沙科技创新产业园有限公司，2012 年将全面开展工作。

8 月，召开了广州北航新兴产业技术研究院理事会成立大会暨理事会第 1 次会议。北航研究院主要任务是以航空航天、信息技术、卫星导航高端制造等北航重点优势学科为核心领域，结合广州市战略性新兴产业重点方向开展创新研发、高端人才培养等工作。

由广东省、广州市、广州开发区与军事医学科学院合作在广州市共建“军事医学科学院华南分院”项目完成组建方案的可行性报告编制工作并通过了专家可行性论证，该项目首期规划投资 2 亿元。

2011 年，广州现代产业技术研究院（以下简称“广州产研院”）新启动了现代交通工程、空调节能与控制工程、精密电子制造装备 3 个研发中心。研发中心在 2011 年度共承担科研项目 58 项，项目经费 2 346 万元，发表科技论文 165 篇，申请专利 66 件，推广科技成果 29 项。各研发中心与 30 多家企事业单位开展技术合作，注册和迁入企业 4 家。

截至 2011 年年底，中科院广州生物医药与健康研究院拥有国家“千人计划”2 人，中科院“百人计划”13 人，杰青和“863 计划”领域科学家 3 人，“973 计划”首席科学家 3 人。自主开发的白血病治疗药物和治疗老年性痴呆药物完成临床前研发工作，已进行临床申报准备工作。获得了世界首例内源性基因敲除猪和 iPS 克隆猪，标志着我国在大动物 iPS 研究方面取得了标志性成果。该院在国家“973 计划”重大项目支持下，加快筹建广州生物医用大动物（猪）研发中心，相关建设方案已通过专家可行性论证。与香港大学共建“粤港干细胞及再生医学研究中心”工作已正式启动。

截至 2011 年年底，广东华南新药创制中心已到位经费 4.5 亿元。2011 年，启动了 15 个新药研发项目，在研合作项目达 35 个（其中 1 类新药 21 个）；初步建成了 5 个关键性技术平台，完成了 2 万平方米的基础设施建设。

创新型企业　2011 年，广州市认定创新型企业 30 家、创新型试点企业 71 家，新增国家创新型企业 1 家，新增省创新型企业 10 家、省创新型试点企业 17 家。截至 2011 年年底，广州地区被认定为国家创新型企业有 8 家、国家创新型试点企业 3 家，省级创新型企业 39 家、省级创新型试点企业 26 家，市级创新型企业 80 家、创新型试点企业 84 家。

【科技服务体系】　2011 年，广州组建了科技服务业协会和海珠检验检测产业联盟，51 家企业列入省科技服务业百强，占全省的 58%，新增国家级技术转移示范机构 3 家。10 月，市科信局组织召开了科技服务业相关各方代表参加的多领域、多层次调研会议，了解掌握广州市科技服务业业态特点、发展趋势以及区域分布和重点发展领域等情况，为科学制定科技服务业“十二五”规划奠定基础。

行业管理　2011 年 11 月，由广州生产力促进中心等单位发起成立了广州科技服务业协会（以下简称“协会”），由中国科学院院士刘颂豪教授、中国工程院院士刘人怀教授担任名誉理事长，市发改委、市人社局、市外经贸局、市统计局、市质监局、市知识产权局等有关委局领导担任顾问，由市内研究机构、公共检测服务、科技中介、科技交流与推广、知识产权、科技服务集聚区、新兴专业技术服务、科技金融服务等龙头服务机构组成，首批会员单位共有 398 家。协会的成立，填补了广州市科技服务业没有行业组织的空白，有利于政府通过协会，加强对科技服务机构的指导和政府相关政策的贯彻与实施，也有利于发挥协会在政府与科技服务机构间的桥梁与纽带作用，进一步促进全市科技服务业的健康快速发展。

机构建设　截至 2011 年年底，广州市共有生产力促进中心 17 家，已形成市、区（县）两级及横向的部分行业生产力促进中心服务体系，全市共有广东省科技服务业百强企业 51 家，占广东省科技服务业企业百强的 58%。2011 年，新增广东省农业技术转移与扩散中心、中国科学院广州能源研究所、广州博士科技交流中心有限公司 3 家国家技术转移示范机构。共有广州中国科学院工业技术研究院、华南理工大学工业技术研究院、广东省自动化与信息技术转移中心、广州技术产权交易所股份有限公司等 7 家国家技术转移示范机构。

截至 2011 年年底，广州市共有科技服务机构 830 家。越秀区涌现了广州博士科技交流中心、国家专利技术展示中心等单位。海珠区发掘区内优势，成立了（海珠）检测与认证产业技术战略联盟、生物技术研发外包服务行业联盟等。天河区增强服务手段，建设科技企业基础库，探讨科技服务资源的整合和共享。花都区、南沙区与国内高校合作，建立广州现代服务研究院、广州现代产业技术研究院。萝岗区建立完善的技术产权交易市场、高新技术产业化成果展示交易市场等。

【科技计划项目】　2011 年，市本级技术研究开发资金归口管理经费近 9 亿元，全年共立项支持创新平台及研发项目近 900 项，带动社会总投入近 90 亿元，市财政科技经费起到较好的引导和带动作用。

2011 年，市级科技计划项目重点扶持电子信息、生物技术、医疗卫生、农业、新能源、节能环保等技术领域。其中，生物医疗卫生专项 208 项，资助金额 1.06 亿元；农业专项 65 项，资助金额 1 710 万元；新能源专项 39 项，资助金额 1 763万元；电子信息专项 228 项，资助金额 1.24 亿元；新材料专项 60 项，资助金额 1 957 万元。2011 年科技计划项目按承担单位性质划分，企业承担 460 余项，资助经费 3.77 亿元；高等院校承担近 300 项，资助经费 7 356 万元；科研院所承担近 100 项，资助经费 7 843 万元。

2011 年，市级科技计划项目安排 2 480 万元科技攻关专项，支持 125 项研发项目开展核心技术、关键共性技术研究，开发具有自主知识产权及市场竞争力的新产品、新工艺和新装备，解决社会发展中突出的科技问题；安排 1 000 万元应用基础研究专项，立项支持 115 个项目，带动社会总投入 3 111.7 万元，用于支持电子信息、材料、生物、医药、医学、农业、能源、环境等领域的原始性创新和前沿探索性研究，实现理论、方法、技术等方面的突破，加强广州市技术储备，促进人才培养，并推进全市优势学科建设。

【科技成果与奖励】　广州地区获 2011 年度国家科技奖励 15 项，其中，科技进步奖二等奖 8 项、自然科学奖二等奖 5 项、技术发明奖二等奖 2 项；获 2011 年度广东省科学技术奖 192 项，其中，突出贡献奖 1 项、特等奖 1 项、一等奖 28 项、二等奖 63 项、三等奖 99 项；获 2011 年广州市科学技术奖 80 项，其中，突出贡献奖 2 项、一等奖 14 项、二等奖 32 项、三等奖 32 项。2011 年技术合同交易额达 159.52 亿元。

【高新技术及战略性新兴产业】　2011 年，广州市规模以上工业高新技术产品产值达到 6 325 亿元，占规模以上工业总产值的 40.3%。新认定高新技术企业 222 家，认定高新技术企业数量达到

1 254家，占全省高新技术企业的23.5%（含深圳市），其中亿元规模以上高新技术企业379家，上市高新技术企业39家。税务部门为高新技术企业减免税6亿元。高新技术企业在地域和技术领域方面呈现集聚态势。天河、萝岗、番禺、越秀和白云5个区聚集了全市82%的高新技术企业，93%的高新技术企业从事电子信息技术、生物与新医药技术、高技术服务业、高新技术改造传统产业和新材料技术等技术领域的研发和生产。

软件和信息服务业　以部省市共建中国软件名城为契机，大力推进软件和信息服务业发展。研究提出了《广州市进一步做强做大软件和信息服务业的意见》，安排6 000万元支持软件重大创新项目，产业创新能力和规模显著提升。截至2011年年底，经认定的软件企业达到946家，其中软件和信息服务业上市企业16家、国家规划布局内重点软件企业17家、市级重点软件和动漫企业66家。全年软件和信息服务业收入1 750亿元，同比增长25%，其中软件业务收入1 042亿元，同比增长40%；软件出口11.5亿美元，同比增长51%；网游动漫业收入102亿元，同比增长1倍。

电子信息产业　组织实施了数字家庭、OLED显示、电子音响等重大关键技术研发，突破了一批关键核心技术，广州已成为全国电子音响产业发展的风向标。全市规模以上电子产品制造业实现产值2 024.75亿元，同比增长11.5%。

9月15日，2011中国（广州）国际信息产业周在广州拉开帷幕。本届展会以“智慧城市、低碳生活”为主题，围绕智慧城市、云计算、物联网等科技亮点设立展区，向市民展示了未来智慧家庭、智慧城市的最新趋势。

9月28日，全国首届数字家庭整体解决方案设计大赛在广州开幕。本次大赛以“产业发展，合作共赢”为主题，通过大赛集中展示数字家庭技术和应用创新成果，培育和提升消费者对数字家庭的认可度，为相关设备厂商、内容服务商、运营商搭建交流合作的平台，有效地鼓励和调动产业的锐意创新，取长补短，探索取优，鼓励和引领企业实现自主创新发展，进一步推动数字家庭产业化集聚，扩大数字家庭概念及影响力，打造中国数字家庭最富实效的交流平台，促进数字家庭产业发展。经初步筛选的18家参赛企业以现场展示数字家庭高清互动网络的最新内容及技术的方式向百姓开放。

生物和健康产业　实施生物产业重大专项，重点支持干细胞、创新药物、生物医用材料、医学检验等领域关键技术研究，南方干细胞库成为国家三大干细胞库之一，金域医学检验中心成为我国首家获得美国CAP及ISO15189认可的医学实验室，广州医药工业研究院、广州蓝岛生物技术有限公司获得国际实验动物评估和认可管理委员会完全认证资质（AAALAC认证）。2011年，全市生物产业产值可达1 200亿元，同比增加20%以上。

新能源新材料产业　以LED“十城万盏”示范工程为契机，实施新能源重大专项，支持LED器件关键技术和高端LED照明产品研发。成功争取中国国际半导体照明展览会暨论坛长驻广州。会同市建委等部门积极推动LED照明节能灯的推广应用，全市安装的LED照明节能灯近10万盏，处于全国领先水平，科技部、住建部专门在广州召开全国“十城万盏”LED照明试点工作现场会，总结推广广州模式和经验。2011年，广州市有半导体照明企业300余家，产业规模约120亿元，同比增长20%以上。获四部委批复同意《广州市节能与新能源汽车示范推广试点实施方案》，示范运行混合动力公交车300辆、混合动力公务车30辆、纯电动专用车5辆，自主品牌“传祺”混合动力轿车量产。

电子商务产业　市区联动建设天河、荔湾、白云、越秀等电子商务产业园和移动互联网产业园，建成面积超过20万平方米。引进了阿里巴巴、京东商城等龙头项目，环球市场等4家企业被评为商务部电子商务示范企业。2011年，广州网商综合指数排名居全国第1位，培育了久邦数码、环球市场、3G门户、唯品会、梦芭莎等大批新模式、新业态；重点企业网上交易额达8 874.53亿元，居全国城市前列。2家企业成为2011年全国两化融合促进节能减排示范企业，15家企业入选省两化融合“4个100”示范工程；信息化和工业化融合试验区顺利通过国家验收。

【农业科技】　2011年，广州市农村科技工作围绕农业种质资源创新利用和农产品精深加工两个重点，加强共性关键技术研究，加快农业科技成果转化和推广，促进了都市型现代农业发展。

农业共性关键技术研究　一是在农业新品种选育方面，选育出10个农业新品种，其中益丰2号番茄、紫荣6号茄子、油绿501菜心、丹阳红掌、紫玉红掌等通过了新品种审定并在生产上应用。二是研究出一批以高产、优质、高效、生态、安全为特征的农产品生产保障技术体系，明显提高了农产品质量安全和市场竞争力。广州市已制定农业地方标准和技术规范140多项，有900多个农产品生产基地获得无公害农产品产地认定。三是开展了高品质果酒、广式传统食品、桑果保健食品、凉果等方面的技术攻关，突破了一批关键技术，促进了产业技术升级。四是加强农业生物技术研发，由广东省农科院兽医所牵头承担的“畜禽重要疫病新型疫苗的研制及产业化”项目已取得阶段性成果，猪瘟ST细胞疫苗已初步拟定向国内20家企业转让猪瘟传代细胞疫苗专利技术，促进我国动物疫苗生产技术的升级。

农业龙头企业科技创新　截至2011年年底，广州市拥有市级以上龙头企业达到80家，已有广州市江丰实业股份有限公司、鹭业水产广州有限公司、广州从化顺昌源洒厂等20多家农业企业与大专院校、科研院所合作建立技术创新机构或成果转化基地。广州市江丰实业股份有限公司是“江高体系”的龙头单位，自组建企业科技发展中心以来，通过加强与大专院校和科研院所合作，开展家禽繁养和食品加工等研究项目10多项，制定了广东省地方标准《江村黄鸡生产技术规范》和《禽类屠宰加工技术规范》，培育的优质肉鸡新品种金钱麻鸡1号通过了国家审定。该公司年销售优质鸡种苗4 000万羽，带动农户4 300多户，2011年实现销售收入6.3亿元，成为集农、工、科、贸于一体的综合性外向型企业。

农业科技成果转化和推广　2011年，全市示范推广农业主导品种和新优品种66个，主推先进实用技术14项，示范面积1 600公顷，推广应用面积1.4万公顷。广州市农业科学院在南沙新基地举办2011年广州市蔬菜新品种展示观摩会，组织70多家种子企业参与了品种展示，展示的蔬菜品种有261个，吸引了种植户、种子商代表等共200多人前来观摩。

农村科技服务能力建设　一是推动科技下乡。2011年，在增城、从化组织举办了4期大型农业科技下乡咨询活动，共组织了专家、科技人员860人次到现场为农民服务，服务农民1.7万多人，派发技术资料2.1万份，赠送优良种子8 500多份，优质肥料18吨，对促进山区农民脱贫致富起到积极作用。二是多渠道、多形式开展农村科技培训。广州市果树科学研究所开展岭南水果新品种、新技术的示范和推广应用，利用现代科技展示、田间示范和现场指导等方式，举办番石榴、香蕉、荔枝、柑橘等多种水果科技培训班共18期，培训果农、产业人员6 000多人次，派发各种资料1万多份，提高了果农生产技术水平。三是提升农村科技信息服务水平。增城市供销社进一步完善增城市特色农业产供销信息服务平台功能建设，充实服务“三农”内容。2011年，全市已建立农村信息服务点64个，发布信息6 000多条，在线专家咨询系统的查询与农业科技视频的点播达2 000多次，提高了农民的生产技能和综合素质。

【科技基础条件】　2011年，科研条件建设经费共3 552万元。支持重点实验室建设项目13项，其中企业重点实验室6家，经费支出1 600万元；支持广州市行业工程技术研究中心建设项目7项，其中新建4家，经费支出700万元；支持省市共建生物种质资源库建设项目7项，经费支出300万元；其他科研能力建设项目20项，经费支出952万元。

重点实验室　2011年，新增发光物理与化学国家重点实验室（华南理工大学）、亚热带农业生物资源保护与利用国家重点实验室（华南农业大学）、同位素地球国家重点实验室（中科院广州地球化学研究所）、热带海洋环境国家重点实验室（中科院南海海洋研究所）4家国家重点实验室。为扶持广州市科技企业上市，开展了企业重点实验室建设，主要是根据广州市科技发展需求及产业特色，围绕现代产业体系和战略性新兴产业规划布局，有重点、有步骤地从具有创新优势的拟上市骨干企业中遴选建设。2011年，广州市新建企业重点实验室6家，重点支持新一代信息技术等战略性主导产业领域的企业，以推动科技型企业加快上市。

截至2011年年底，广州市已建有国家重点实验室15家、省级重点实验室161家、市级重点实验室（培育）38家，基本形成国家级、省级、市级3个层次重点实验室布局。为规范实验室专项资金管理，提高资金使用效益，将出台《广州市重点实验室建设与运行管理办法》和《广州市企业重点实验室建设与运行管理办法》，使重点实验室的建设和管理逐步精细化和规范化。

行业工程技术研究中心　2011年，广州市行业工程技术研究中心建设项目7项，其中新建4家。截至2011年年底，广州市共启动建设行业工程技术研究中心42家，已有18家行业工程中心通过验收。

科技资源共享平台　加大对生物种质资源库建设与运行经费的支持力度，重点支持开展对生物种质资源的开发利用研究，2011年，省市共建生物种质资源库建设项目7项，经费支出300万元。

【特色产业基地发展】

国家数字家庭应用示范产业基地　2011年，国家数字家庭应用示范产业基地（以下简称“基地”）实现相关产值97亿元。数字家庭产业作为社会转型升级的典型，已成为了广东省和广州市战略性新兴产业的示范项目。基地培育聚集了包括广东星海数字家庭系列品牌、新太科技股份有限公司等200多家数字家庭产业链企业；积极引进新岸线、宏润科技、龙芯科技、华亚微电子、中软、广晟微电子、硅谷SSD、中国电子科技集团、塔塔（中国）等大型项目落户，启动了百万户级的应用示范工程，探索形成了以试点应用为主导，以芯片设计、软件开发为基础推动整机研发，并配合系统集成、内容服务形成完整的数字家庭产业链。2011年，基地专利池受理专利1 922件，授权312件；参与制订各级标准共60项，其中国际标准2项、国家标准9项、行业标准11项、地方标准38项，研发数字家庭产品300多种。

荔湾光电科技产业基地　2008年，荔湾光电科技产业基地正式被原省信息产业厅批准为“广东光电科技产业基地”，获得省科技创新领域唯一的“现代服务业集聚区”称号，被中国留学人员广州科技交流会列为“中国留学人员广州光电科技产业基地”。该基地建设被纳入省、市珠三角发展规划2009—2012年重点项目。该基地重点发展半导体发光器件、LED照明产品、集成电路、太阳能光伏、液晶显示等产业，致力打造成为全国平板显示产业基地及建成集光电产业链相关的市场、技术、资金、人才、服务等多功能于一体的产业中心，已集聚相关企业或机构54家。基地建设包括研发设计产业区、中华液晶城和海角红楼商务配套区三大板块，通过功能规划实现各板块优势互补，协调联动“形成产业配套优势”，发挥“1+1>2”的倍增效应。

广州国际生物岛　2011年，广州国际生物岛（以下简称“生物岛”）建设加快。完成固定资产投资10.98亿元，累计完成固定资产总投资36.28亿元。全岛“七通一平”基础设施及5.38万平方米产业单元1期建设已完成，产业单元2、3期按计划加快推进，企业总部社区完成第2轮设计方案深化。7月8日，生物岛成功举行“开岛”仪式，标志着生物岛发展进入了一个新阶段。12月，首届“中英生物科技之桥”（广州）项目对接会举办成功，搭建国际一流合作平台，引进了瑞士洛桑生命科技园等高端产业项目。

【知识产权工作】　2011年，广州市确立“知识产权强市”战略目标。出台实施知识产权战略“十二五”规划，充分发挥知识产权制度对增强自主创新能力、转变经济发展方式的促进作用，加速推进知识产权工作与市中心工作的融合，推进国家中心城市和创新型城市建设。

部市、省市协作平台构建　国家首个专利审查协作分中心落户广州，“国家专利技术（广州）交易中心”顺利通过验收，广州“数字家庭”被批准为国家专利产业化试点基地。完成“省市专利发展成果展示馆”的建设与开馆工作。组织企事业单位申报“国外专利资助”“执法保护工程”“知识产权优势企业”等项目，涉及企业162家，争取国家和省资金476万元。

知识产权政策创新　首创设立“广州市保护知识产权市长奖”（以下简称“市长奖”）。首届“市长奖”评选涵盖创造保护、维权保护、执法保护三大类共10项，单项奖金高达50万元。专利申请资助经费达2 900万元，同比增长超2倍，各区、县级市知识产权政策经费投入全年同比增加2倍多。

专利成果与奖励　在376个“市专利奖”申报项目（单位）中评出3个金奖和19个优秀奖、10个专利创造贡献奖、10个专利实施效益奖，奖金总数高达420万元，重奖突出贡献的20个单位和73名个人。获得3个金奖和19个优秀奖的项目累计实现销售收入224.5亿元，利税34.5亿元，出口创汇7亿美元；10个专利创造贡献奖获奖单位在近两年共申请5 090件专利，占广州市发明专利申请量的30%。广晟数码技术有限公司“以多声道数字音频编码设备及其方法”获第13届中国专利金奖，7项专利获得中国专利优秀奖，获奖数量居全国前列。在广东省专利奖评选中，广州市获得6个金奖和13个优秀奖，金奖数量和获奖数量均居全省第1位。

专利申请与授权　贯彻落实《2011年区、县级市知识产权工作指导意见》，全面实施、有效推进专利“灭零倍增”计划和“百日专利”行动，全年245家“零”专利企业共申请699件专利，155家“倍增”企业共申请1 236件专利。全年全市专利申请量达到28 097件，同比增长35.06%，其中发明专利授权量达3 146件。

【科技交流与合作】

科技招商　2011年，市科信局组织和实施的“新广州·新商机”科技招商工作取得了丰硕成果，累计签署科技合作框架协议项目181项，合同金额达1 078亿元。积极组织全市有关部门、各区县科技和信息化系统一起参与科技招商，组织举办多场“新广州·新商机”国内外推介会，在北京、上海、西安、成都、重庆、广州和港澳地区以及欧洲3国、韩美日等地举办专场推介会，大力宣传广州创新政策和环境，推进国内外科技合作项目的签约实施。

基地建设　广州国际科技合作交流中心定位为广州国际创新城的核心引领项目，是广州战略性科技基础设施重大平台，通过先行先试整合国际科技创新资源，打造国际科技孵化特区，建设成为华南地区层次最高、范围最广、集聚性最强的国际性、开放性创新枢纽，成为立足广州，辐射全国，面向世界的国家级国际合作基地和全球科技创新网络的重要节点。在12月21日第14届留交会开幕式上，举行了广州国际科技合作交流中心和国际创新城揭牌仪式。

对外科技交流与合作　2011年第2批广州市科技项目指南中发布了“对外科技合作项目”及“国际科技会议资助项目”，引导广州市企事业单位广泛开展国际科技合作。该专项得到广州市企事业单位的积极响应，共征集高水平的项目103个。

广州对独联体的国际科技合作已初具规模。共培育了4个国家科技合作基地，10多个广东省国际科技合作基地，引进了2个创新团队，建立了12个联合研发中心和重点试验室。

由市科信局与省科技厅、乌克兰巴顿焊接研究所、广州有色金属研究院发起共建的“中国—乌克兰巴顿焊接研究院”落户广州。12月22日，在广州召开了中国广州—乌克兰国家科学院科技合作委员会成立大会暨合作委员会第1届会议。

签订《广州市政府与英国伯明翰大学合作备忘录》，成立了广州—伯明翰大学合作指导委员会。伯明翰大学在广州建立合作研究中心，负责协调推进伯明翰大学在广州的各项合作。

穗港澳台科技交流与合作　2011年，市领导多次带队进行高层次交流访问活动，全年3次赴香港、2次赴澳门拜访港澳的相关大学、科技园区、科技促进机构、行业协会组织以及政府部门，组织企业参加博览会，积极搭建合作网络，宣传广州市科技招商行动。在留交会上签订了一批有分量的穗港澳合作备忘录和协议。

广州大学成立“穗台科技合作交流服务中心”。该中心以推动穗台两地在科技、人才及产业发展等方面的交流合作为主要任务，为提高广州市科技国际化水平、培育战略性新兴产业、促进产业结构调整和转型升级，发挥积极作用。

穗台新兴产业关键技术交流合作服务中心组织赴台湾光电、信息等产业考察，先后参观拜访了台湾工业技术研究院、资拓宏宇国际股份有限公司、台湾机光科技股份有限公司和台湾旭能光电股份有限公司等10多家企业；接待台湾工业技术研究院等台湾代表来访6次；为超过20家台湾企业开展交流服务工作，组织举办企业合作工作，组织召开2011年穗港台RFID与物联网测试技术研讨会；与台湾工业技术研究院合作建立“广州物联网检测技术服务中心”；吸引台湾企业来穗发展半导体照明产业，成立广州华裕友晶新能源科技有限公司和广州星格光电科技有限公司。

科技会展　12月20—24日，首届中国（广州）国际创新博览会举行。该博览会中关于国际及港澳台展区面积达到500多平方米，有30家国际及港澳台知名科研机构、高校和企业参展，携带参展项目达140多项，派出了90多人参加了展览推介。在独联体国家科技成果展区，展示了来自俄罗斯、乌克兰和白俄罗斯等独联体国家，33家研究机构的515个高新技术项目，这些项目主要分布在新材料、先进制造、新能源与高效节能、生物医药与医疗卫生、环保技术、电子信息六大领域。专设中国—乌克兰巴顿焊接研究院特装展位，展示了落户广州市的中国与乌克兰最大的科技合作项目之一，它将成为立足广州、服务全国的乌克兰先进焊接技术在中国技术研发、转移和产业化中心。

【科普工作】

科普活动品牌打造　2011年，在市科普办的指导下，市各有关部门、区、县政府和市科普基地，围绕健康生活、环境保护、节能减排、防震减灾、科学种养等主题，开展各种形式多样的科普活动近3 000场，受惠群众达157万人次。举办各类农业实用技术培训班共106期，培训农民技术骨干1.1万人次，派发科技资料1.56万份。形成了一批有一定影响力的科普活动品牌，如博士科学使者校园行系列活动、广州科普大讲坛、小谷围科学论坛、广州市青少年科技创新人才培养——千师万苗工程、广州市青少年科技创新大赛等。

2011年广州科技活动周以“创新支撑智慧广州、科技引领幸福生活”为主题，组织市各有关部门及区、县政府开展多层次、多系列的群众性科技活动。包括“智慧广州、智慧城区”体验系列活动、“十一五”广州科技和信息化发展成就选展、国家科普能力建设座谈会、“智慧广州、幸福生活”院士大讲堂、高新技术科普丛书首发推广活动及科普一日游等。活动效果明显，为“十二五”规划的实施和广州国家创新型城市建设营造良好氛围，促进“智慧广州、低碳广州、幸福广州”建设。

科普基地建设　2011年，科普基地建设项目共10项，资助金额117万元；基地创建项目4项，资助金额45万元；总支持项目经费达162万元。科普基地在全市科普宣传教育中发挥着主阵地的作用，2011年，市级科普基地接待参观人数达600万人次。5月，由广东科学中心牵头成立了广州科普基地联盟。

加强科普基地的规范管理。按照《广州市科学技术普及基地认定办法》规定，市科信局会同市教育局、市委宣传部、市科协等有关部门，组织专家对27家市级科普基地进行三年一次的考核。

科普作品创作和宣传　为推广和普及战略性新兴产业和高新技术产业发展的相关知识及产业发展现状，市科信局组织了广州地区高校、科研机构和企业及行业协会共14个有关单位编写、出版了14个专题的高科技系列科普丛书，内容涉及电子信息、新能源、新材料、生物技术、互联网和物联网等领域，并于5月20日科技活动周期间和8月20日南国书香节期间举行了推介活动。丛书共发行5 000册。

科普理论研究　2011年，市科信局从软科学研究项目中立专项开展“广州市科学技术普及‘十二五’发展规划研究”，委托专门研究机构开展“十二五”规划的前期调查研究。市科信局从软科学研究项目中立专项开展“广州市科普能力建设研究”，在开展问卷调查的基础上深入分析广州市科普能力建设的现状和问题，将科普能力建设置于创新型城市建设与落实《珠江三角洲地区改革发展规划纲要（2008—2020年）》的现实需求中进行研究，提出能够提升广州市科普能力具有可操作性的政策建议。

【防震抗灾】　2011年，广州市人民政府地震办公室更名为广州市地震局，人员编制由8名增加至16名。白云区、从化市率先成立区（县级市）地震局，分别安排4名和6名工作人员，萝岗区科信局加挂区地震局牌子。

地震监测和速报　2011年，市地震局坚持

"震情第一"的观念，及时、准确做好震情值班和数据分析工作，完成季度、半年、全年震情会商，进一步完善台网中心建设和管理制度建设，完成从化、花都等区（县级市）70个强震动观测台备选台址的实地选点和数据分析工作。

地震灾害防御　2011年，结合市科信局对口支持北部山区的要求，完成了穗北山区4镇的地震安全农居抗震示范亭建设工作；与华南理工大学建筑设计学院合作完成了广州市农村民居抗震能力专题调研工作，建成8个地震安全农居示范村，并完成基于地理空间信息的广州市地震小区划研究项目的筹备工作，力争做到"地下清楚，地上结实"。

地震应急救援　2011年，初步建立了广州市地震应急预案体系，承办了全省地震应急救援志愿者骨干培训。7月，黄埔区体育中心地震应急避难场所建成验收，在全省率先开发三维数字化应用系统，并运用于应急避难场所的规划、部署、演练的组织过程。广州市地震应急能力在应对"3·11"日本东海大地震中得到了有效检验。

防震减灾科普宣传　2011年，集知识性、趣味性、互动性为一体，面向全市中学生的防震减灾实践基地——广州市中学生劳动技术学校地震科普馆全面建成。6月，广州动物园、从化市喜乐登青少年素质训练拓展中心被认定为国家防震减灾科普基地，成为广州市首批国家防震减灾科普基地。

地震公共服务　2011年，建成了广州市地震信息服务公共平台，该平台涵盖了防震减灾三大工作体系。广大市民可以通过服务平台掌握最新的震情、灾情信息，快速上报地震异常信息和灾情信息，了解并学习地震监测、地震应急救援、震害防御等方面的地震知识。

防震减灾综合示范区　市地震局在全省率先提出建设防震减灾综合示范区（县级）工作思路，并在荔湾区建设首个防震减灾综合示范区。2011年，完成荔湾区地震小区划研究并将小区划成果运用于荔湾区旧城改造项目；建成地震安全示范社区3个和地震安全农居示范村1个，并深入社区、学校开展地震应急演练和防震减灾科普宣传活动。

（广州市科技和信息化局　孙　翔　刘时良）

深　圳　市

2011年，深圳市努力将政策优势转化为产业优势和环境优势，全社会研发投入保持较高水平，重大科技基础设施建设、创新型人才工作实现新突破，产学研合作进一步拓展，高新技术产业保持较快增长，深圳高新区积极向自主创新示范区跃升，"深港创新圈"建设深入推进，科技创新成果丰富。

【科技政策环境】　2011年，深圳市在建设国家创新型城市政策体系的基础上，紧抓科技创新和产业发展的新趋势，出台《深圳科学和技术发展"十二五"规划》《深圳国家创新型城市总体规划实施方案（2011—2013年）》，率先推出了互联网产业、新能源产业、生物产业、新材料、新一代信息技术等战略性新兴产业振兴发展规划和配套政策，加大战略性新兴产业发展专项资金的支持力度和覆盖范围。

【产学研合作】　2011年，深圳市共组建贝特瑞锂离子动力电池用关键电极材料研发及产业化科技创新平台，新增三俊电池新能源环保动力电池工作站等4个特派员工作站，新获批广东省科陆智能电网院士工作站等6个院士工作站；新增132位特派员，涉及企业115家。截至2011年年底，全市共有示范基地、创新平台32个，企业特派员工作站8个，市企业科技特派员总数达到718名，特派员助理近2 000名。

产学研联盟　2011年，深圳市组建了智能电网产业创新联盟、低碳生物塑料产学研创新联盟2家省部产学研战略联盟以及深圳市基因产学研资联盟、深圳市超材料产业创新联盟、深圳市移动互联网产学研联盟以及深圳市云计算产学研联盟4个市级产学研创新联盟。

深圳虚拟大学园　深圳虚拟大学园成立于1999年，是我国第1个集成国内外院校资源、按照一园多校、市校共建模式建设的创新型产学研结合示范基地。2011年，该园聚集了53所国内外知名院校，建立成员院校深圳研究院42家，设立国家重点实验室（工程中心）深圳研发机构113

家，转化科技成果 1 247 项，开展校企合作项目 1 367个，孵化科技企业 704 家，承担国家级科技项目 162 个、省部项目 61 个、市级项目 191 个，获得专利 357 项，培训人才总数 144 604 人，其中：培养博士 1 438 名、硕士 32 488 名，引进博士后 85 名，引进实习研究生 3 479 人、订单培训 42 369 人次，举办国际学术会议、专家讲座 1 363 场，12 所院校在深圳虚拟大学园国家大学科技园建设产学研基地 35 万平方米，已逐步形成了特色鲜明、专业突出的高端人才宜聚地、研发机构聚集地和中小科技企业集散地。该园是国家有关部委、省市认定的“国家大学科技园”“国家高新技术创业服务中心”“博士后科研工作站”“广东省教育部产学研结合示范基地”“广东科技人才基地”和“深圳市优秀科技企业孵化器”。

【科技投入】　2011 年，深圳市全社会研发投入约为 420.97 亿元，占市 GDP 比重的 3.66%，研发资金投入强度位居国内大中城市前列。2011 年，深圳市财政科技经费投入 73.75 亿元，占市级一般预算支出的 4.4%，同比增长 5.1%。其中：市科技研发资金 2011 年预算 10.37 亿元，实际下达计划 10.36 亿元，战略性新兴产业发展专项资金 9.5 亿元，实际下达计划 9.5 亿元。

【科技成果与技术市场】

科技成果　全市获得 2011 年度国家科学技术进步奖 7 项，华为技术有限公司参与的“宽带移动通讯容量逼近传输技术及产业化应用”获得 2011 年度国家技术发明奖一等奖。由深圳企业、机构独立完成或参与完成的 28 个项目获得 2011 年度广东省科学技术奖，其中特等奖 1 项、一等奖 6 项、二等奖 4 项、三等奖 17 项。

表 11－3－3－1　深圳市部分获奖成果表（2011）

序号	获奖项目	主要完成单位	获奖类别
1	宽带移动通讯容量逼近传输技术及产业化应用	华为技术有限公司	2011 年度国家技术发明奖一等奖
2	国家游泳中心（水立方）工程建造技术创新与实践	中建国际（深圳）设计顾问有限公司	2011 年度国家科学技术进步奖一等奖
3	高性能移动分组核心网智能化技术创新及应用	华为技术有限公司	2011 年度国家科学技术进步奖二等奖
4	3.2Tbit/s 高速光波分复用（WDM）传输系统的研制与应用创新	华为技术有限公司	2011 年度国家科学技术进步奖二等奖
5	基于水平集成架构的下一代综合业务平台的开发与规模应用	华为技术有限公司	2011 年度国家科学技术进步奖二等奖
6	α 和 β 地中海贫血的遗传分析及其在临床和人群预防中的应用	深圳益生堂生物企业有限公司	2011 年度国家科学技术进步奖二等奖
7	药物制剂缓控释技术的开发与产业化	深圳太太药业有限公司	2011 年度国家科学技术进步奖二等奖
8	面向数字化医疗的医学图像关键技术研究及应用	深圳市卫生和人口计划生育委员会	2011 年度国家科学技术进步奖二等奖
9	深港西部通道工程建设创新实践	深圳市深港西部通道工程建设办公室 深圳市城市规划设计研究院有限公司 深圳市建筑设计研究总院有限公司 深圳市中航电脑系统工程有限公司 深圳市勘察研究院有限公司	2011 年度广东省科学技术奖特等奖

（续上表）

序号	获奖项目	主要完成单位	获奖类别
10	singleRAN 统一无线接入网解决方案	华为技术有限公司	2011 年度广东省科学技术奖一等奖
11	超宽带城域网关键技术研发与应用	华为技术有限公司	2011 年度广东省科学技术奖一等奖
12	高级量测体系下计量终端智能化关键技术研究及应用	深圳市科陆电子科技股份有限公司	2011 年度广东省科学技术奖一等奖
13	猪健康养殖关键营养技术研究与应用	深圳农牧实业有限公司	2011 年度广东省科学技术奖一等奖
14	深水抗风浪网箱装备研制与应用	深圳华油实业发展有限公司	2011 年度广东省科学技术奖一等奖
15	北江大堤加固达标工程关键技术研究与应用	深圳市东深电子股份有限公司 深圳市鸿和达电子有限公司	2011 年度广东省科学技术奖一等奖

技术市场　2011 年，深圳市技术市场继续保持着良好的发展态势。全年共登记技术合同 9 127 个，与上年同期 6 913 个相比合同数量增长达 32.0%；合同交易金额 111.3 亿元，核定技术交易额为 98.2 亿元，相比上年同期的 85.2 亿元上升了 15.3%；免税额达到 4.9 亿元，同比增加了 0.64 亿元。

登记合同的企业数达到 958 个，同比增加了 10.5%。共有 14 家企业登记合同数过百，与上年相比增加了 4 家，单个企业登记合同数最多的达到 721 个，并有 18 家企业核定技术交易金额超过亿元，最高的达 4.3 亿元。

在合同类型构成方面，开发合同仍是主流。2011 年，登记技术开发合同 7 680 个，占全年总合同数的 84.1%；核定技术交易额为 78.6 亿元，占总核定技术交易额的 80.0%。技术转让合同数量和金额都出现了不同程度的下降，合同数量 452 项，同比下降了 10.3%；核定技术交易额为 16.1 亿元，同比下降了 21.5%。

技术服务合同呈现明显上升趋势，2011 年登记合同数量为 986 个，同比增长 41.1%；核定技术交易金额达 3.5 亿元，同比上升了 66.5%，核定成交金额所占比例提高到 3.6%，而上年同期只占 2.4%。数据表明，各类技术服务合同中，仍以一般性的技术服务合同为主。

在创新主体构成方面，2011 年企业输出合同核定技术交易额达到 94.7 亿元，同比上升 14.4%，占总核定技术交易额的 96.4%。企业的创新主体地位相当稳固。其中内资企业是技术输出的主要力量，在各类企业法人机构中居首位，共输出技术 6 558 项，核定技术交易金额 60.5 亿元，占总额的 61.6%。港澳台企业技术输出的数量和金额双双增长，共登记技术合同 1 390 项，同比增加 39.9%，核定技术交易金额 16.7 亿元，增长 12.8%。科研机构和高等院校输出技术出现明显增长，共登记技术合同数量 313 项，同比增长 44.2%；核定技术交易金额为 2.2 亿元，同比上升了 144.4%。数据表明，科研院所输出技术合同的总量与企业相比还有很大差距，但其增长率要远高于总体增长率，科研院所作为创新源头的作用在逐渐加强。

在技术领域构成方面，2011 年深圳市登记的技术合同涉及电子信息技术、航空航天技术、先进制造技术、生物医药技术、新材料及其应用技术、新能源与高效节能技术、环境保护与资源综合利用技术、核应用技术、农业技术、现代交通和城市建设与社会发展技术等 11 个大的技术领域。电子信息技术领域的技术合同交易金额和数量远超其他技术领域，全年合同交易数量为 8 051 项，核定技术交易金额为 81.4 亿元。

【高新技术及战略性新兴产业】

高新技术产品产值　2011 年，全市实现高新技术产品产值 11 875.61 亿元，同比增长 16.7%。其中：电子信息高新技术产品产值 10 451.1 亿元，同比增长 16.6%；新材料及新能源高新技术产品产值 650.9 亿元，同比增长 17.5%；光机电一体化高新技术产品产值 574.6 亿元，同比增长 17.1%；生物技术高新技术产品产值 119.9 亿元，同比增长 18.5%；环保高新技术产品产值 79.1 亿元，同比增长 17.9%。

高新技术企业　截至 2011 年年底，全市从事高新技术产品研发和生产的企业超过 3 万家，累计认定国家级高新技术企业 2 113 家，市级高新技术企业 899 家，其中：740 家企业高新技术产品产值超过 1 亿元，215 家企业超过 5 亿元，83 家企业超过 10 亿元，1 家企业超过 1 000 亿元。

高新区　2011 年，深圳高新区实现工业总产值 3 650.54 亿元，同比增长 20.83%；总收入 3 776.63亿元，同比增长 21.16%；工业增加值 1 100.26 亿元，同比增长 37.32%；出口创汇 179.88 亿美元，同比增长 19.87%；税收总额 226.54 亿元，同比增长 24.77%；净利润281.71 亿元，同比增长 24.77%。2011 年，按照高新区规划面积 11.5 平方公里来计算，每平方公里创造工业总产值 317.44 亿元，创造工业增加值 95.67 亿元，创造税收 19.69 亿元；按照高新区工业用地 3.28 平方公里来计算，每平方公里创造工业总产值 1 112.97 亿元，创造工业增加值 335.45 亿元，创造税收 69.07 亿元，均居全国高新区首位。深圳高新区在占全市 0.6% 的土地上创造了占全市 16.47% 的工业总产值和 17.49% 的工业增加值。

战略性新兴产业　2011 年，深圳市战略性新兴产业规模不断扩大，生物、互联网、新能源三大产业实现增加值近 1 810 亿元，增长 38.1%，对 GDP 的贡献达到 16%，增速高于 GDP 增速 2 倍以上，税收平均增幅达 42%。实施专项扶持计划，市财政安排 180 亿元资金，用于支持战略性新兴产业重点项目。2011 年，围绕生物、互联网、新能源、新材料等战略性新兴产业领域，先后组织实施了 2 批专项扶持计划，共支持了 977 个项目，下达战略性新兴产业专项补助资金 16 亿元。产业化类项目总投资约 45 亿元，预计建成投产后可新增产业规模约 220 亿元。

战略性新兴产业带动效应明显。某些关键领域核心技术达到国际领先水平，新一代信息技术占据全球制高点，华为、中兴第 4 代移动通信技术全球领先。生物基因技术取得重大突破，华大基因研究院基因测序及基因组分析能力居全球第 1 位，在 *Nature* 和 *Science* 等最高级别学术杂志上发表论文 17 篇，在中国科研机构中排名第 4 位。光启高等理工研究院累计发明专利申请量达 1 229 项，申请 PCT 专利 700 多件，实现对超材料领域基础性、原理性专利的快速覆盖，成功研发世界第 1 款“超材料电磁薄膜”，超材料研发水平处于世界最前端。

【科技金融】　2011 年，深圳市率先建立了 30 亿元的政府创业投资引导基金，全市拥有各类创投机构 530 多家，其中 4 家创投机构入选全国创投十强企业，创投资金规模 2 000 多亿元，居全国大中城市首位。深交所 IPO 总数位居全球第 1 位，深交所中小企业板和创业板已成为深圳乃至全国创新型中小企业上市融资首选之一，形成了包括种子基金、天使投资、创业投资、担保资金和政府创投引导基金、政府产业基金等在内的覆盖创新链条全过程的科技金融服务体系。

【科技基础条件】　2011 年 11 月，项目总投资约 12 亿元的国家超级计算深圳中心竣工并投入使用，中心安装的曙光6000 超级计算机计算能力达到千万亿次，运算能力居全球第 4 位、国内第 2 位。华大基因研究院重点实验室体系进一步完善，打造测序、质谱、生物计算和国家基因库（三机一库）相结合的综合技术平台（Bio-IT 平台）。

截至 2011 年年底，深圳市组建和认定了 123 家重点实验室，其中，企业国家重点实验室 9 家、省级重点实验室 13 家、中科院重点实验室 1 家；组建和认定了 114 家国家工程实验室；组建和认定了 114 个工程技术研发中心，其中国家级工程技术研发中心 3 个；组建和认定了 118 个企业技术中心，其中国家级企业技术中心 16 个。

【知识产权工作】

国内专利申请与授权　2011 年，深圳市国内专利申请量为 63 522 件，同比增长 28.51%，居全国第 3 位；其中，发明专利申请量为 28 823 件，同比增长 20.32%，占国内专利申请总量的 45.37%。全市国内专利授权量为 39 363 件，同比增长 12.62%；其中，发明专利授权量为 11 826 件，同比增长 23.0%，在全国大中城市列第 2 位。

国际专利合作协定（PCT）　2011 年，深圳市 PCT 申请量为 7 933 件，同比增长 42.07%，连续 8 年居全国第 1 位，约占全国申请总量的 45.4%。

【科技交流与合作】

2011 年，深港两地政府进一步密切在高新技术领域的合作，《粤港科技合作资助计划》于 8 月推出，支持两地科研平台的合作，以促进深港两地的高科技发展及研发成果产业化。深港两地积极落实 CEPA 补充协议有关内容，香港创新科技署已与深圳出入境检验检疫局和深圳市市场监管局于 2011 年 11 月签署合作协议，加强在检测和认证方面的交流合作。

2011 年 7 月，深圳比亚迪股份有限公司宣布在香港科学园设立电动车研发中心，8 月与香港汽车零部件研发中心签订合作备忘录共同开发电动车。香港知名高校深圳产学研基地建设已初具规模，其中，香港城市大学、香港理工大学、香港科技大学、香港中文大学深圳产学研基地已建成正式投入使用，部分实验室正按计划入驻；香港大学深圳研究院于 2011 年年底挂牌成立；香港浸会大学深圳研究中心计划于 2012 年 2 月底揭幕正式运作；香港应用科技研究院等科研机构和其他香港机构也通过在深分支机构逐步加大在深圳的合作发展力度。

【科技人才队伍建设】

专业技术人员　截至 2011 年年底，全市拥有各类专业技术人员 103 万人，其中科技研发人员约 29 万人，海外归国人员近 4 万人。在高层次人才队伍中，在深工作的中国科学院院士 5 人、中国工程院院士 4 人、国家杰出青年基金获得者 10 人、长江学者 6 人、中央“千人计划”45 人，中科院“百人计划”10 人、广东省领军人才 7 人、深圳市领军人才 1 796 人、深圳市“鹏城学者计划”50 人、深圳市十大杰出青年（40 岁以下）40 人，广东省创新团队 9 个、广东省自然科学基金研究团队 2 个。

创新科研团队　在 2011 年广东省引进的创新科研团队中，深圳市有 4 个团队入选，在这些团队 35 名带头人和核心成员中，有目前中国内地及香港最年轻的 IEEE 院士，有国际植物分子生物学会最重要的 Kumho 奖获得者，有中国工程院院士，有国际磁共振心肺成像技术的早期探索人之一和主要研究者，有长期在国际一流医疗设备公司领衔研发的领军人物。这些团队在医学成像、分子育种和计算机视觉和智能控制领域均达到了国际先进或国内领先水平，掌握各自领域的核心技术，并具备非常良好的产业化前景。

2011 年起，深圳市实施“孔雀计划”，评选出的 6 个创新团队中，共有来自 10 个国家和地区的核心成员 43 人，其中有 5 位院士，绝大部分成员具有博士学位，50% 以上毕业于世界排名前 50 位的大学，30% 来自国际著名公司，具有项目研发、产业化的经历。

【科普工作】

科普教育基地　2011 年，在创建科普基地工作中，拓展了企业办科普的思路，改变了长期以旅游景点和事业单位为主创建科普基地的模式，大力鼓励和推进以高新科技企业为主导，让更多的好企业、大企业参与到办科普的活动中来。建立了深圳市腾讯计算机系统有限公司、盐田国际、深圳达实智能股份有限公司、中国科技开发院、西冲天文台、建筑科学院等一批知名企业为科普教育基地。

科普活动　开展高端科普活动，与全国大学生数学建模竞赛组织委员会在深圳共同举办了 2011 年“深圳杯”全国大学生数学建模夏令营活动。在大众科普活动中，组织科普教育基地、市级协会、学会、6 个区科协参与科技活动周、全国科普日、学术活动月、自主创新大讲堂、机器人科普、青少年心理健康、院士进校园等系列活动。据统计，全年已举办各类科普图片展览、科普讲座近 350 场次，参观人数近 400 万人次，参加人数约 6 万多人次，印刷并赠送各类科普书籍

16 万多册。

青少年科普　4 月，在第 26 届广东省青少年科技创新大赛中，深圳市参赛的 37 个项目共获 41 项（次）奖，其中获一等奖 8 项，占全省一等奖的 12.9%。

7 月，在土耳其伊斯坦布尔举行的全球最大规模 2011 RoboCup 机器人竞赛中，深圳实验学校以卓越的程序设计控制和灵活的临场对阵角逐，代表中国勇夺机器人世界杯联队冠军、个队亚军，成为中国夺得该项目成绩最佳的队伍。

8 月，在内蒙古呼和浩特举办的第 26 届全国青少年科技创新大赛中，深圳市深圳高级中学张晶珏和伍易东分获青少年竞赛项目一、三等奖，张晶珏同时还摘下周培源青少年科技创新奖；在科技实践项目中，福田区景秀中学及龙岗区布吉高中参赛项目获得了二等奖；在科幻绘画项目上，罗湖区锦田小学刘沛南的作品《废物再造器》夺得一等奖。

8 月，在第 12 届“我爱祖国海疆”全国青少年航海模型竞赛总决赛中，深圳市代表队共获 30 块奖牌，列全国第 1 名，其中金牌 11 块，列金牌榜第 2 名。

（深圳市科技创新委员会　庄　昕）

珠　海　市

2011 年，珠海市全面落实《珠海经济特区科技创新促进条例》，全市财政科技支出 73 453 万元，同比增长 28.90%，财政科技支出占本级财政一般预支出的比例达 3.86%，超过全省平均水平 0.82 个百分点；全社会投入研究开发经费（R&D）28.22 亿元，占地区生产总值（GDP）的比重达 2.01%，全省排名第 3 位。

【科技政策环境】　制定《关于推进我市科技金融工作的指导意见》，为科技型企业增强自主创新能力和加快科技成果产业化提供支撑。出台实施《珠海市民营科技企业认定暂行办法》，大力发展民营科技企业。修订《珠海市促进专利申请十项工作措施》，激励企业积极申请专利，特别是发明专利。

【民营科技】　2011 年，珠海市修订出台《珠海市民营科技企业认定暂行办法》。全市纳入科技统计范围的 241 家民营科技企业实现工业总产值 350.57 亿元，同比增长 40.42%，占全市工业总产值的 10.01%；工业增加值 88.03 亿元；从业人员 49 332 人，其中从事研究与试验发展的科技人员 9 440 人；研究开发经费（R&D）15.05 亿元，同比增长 38.71%，占销售收入的 5.51%；专利申请量 803 项，其中发明专利申请量 252 项；专利授权量 419 项，其中发明专利授权量 72 项。2 批 40 家民营企业被认定为省级民营科技企业，同比增长 264%，45 家民营企业通过省级民营科技企业复审，全市省级民营科技企业总数达 102 家。

【产学研合作】　2011 年，珠海市顺利通过“省部产学研结合示范市”验收。全市共有 29 个项目获得省级产学研合作及重大项目立项支持，支持金额 2 060 万元。新增企业科技特派员工作站 2 个，新引进企业科技特派员 63 人，总数达 249 人，进驻企业 127 家。

格力电器股份有限公司的“制冷设备节能环保技术实验室”被省科技厅认定为广东省企业重点实验室，成为珠海市首家获批在企业设立的重点实验室。大连理工大学精细化工国家重点实验室成功攻克耐候性特种染料及墨水、碳粉材料等关键技术，打破了国外技术垄断。引进中山大学光电材料与技术国家重点实验室在珠海市设立分支机构，全市引进建设的国家重点实验室数达到 5 家。

珠海元盛电子科技股份有限公司与电子科技大学产学研合作案例——“强大的技术支撑助企业腾飞”入选教育部于 2011 年 7 月公布的“2008—2010 年度中国高校产学研合作十大优秀案例”。

【技术创新工程】　截至 2011 年年底，全市共建成 5 个产业化共性技术平台，其中，国家级 3 个、省级 2 个。

2011 年，全市新增各级工程中心 7 家，企业技术中心 20 家。截至 2011 年年底，全市共有工程中心 61 家，其中，国家级工程中心 4 家、省级工程中心 25 家、市级工程中心 32 家；共有企业技术中心 142 家，其中，国家级企业技术中心 2

家、省级企业技术中心35家、市级企业技术中心105家。

南方数字娱乐公共服务中心 南方数字娱乐公共服务中心（DEC）是由广东省政府、珠海市政府、珠海国家高新区三级联合共建的公共服务平台，是广东省现代信息服务业重点园区“软件与数字娱乐产业专业化园区”的重要支撑机构，也是华南地区最大的数字影视制作基地。中心配有多间剪辑工作室、三维特效制作室、大型审片厅、数字录音棚、高端影视后期制作培训室、多媒体培训室。2011年，中心完成了《百年浮城》等6部电影的后期制作，完善了整个制作流程和程序。

珠海南方软件网络评测中心 珠海南方软件网络评测中心是广东省软件技术服务支撑体系的设施之一，也是国家软件产业基地基础建设的重要组成部分。广东省、珠海市政府和珠海高新区先后注入项目资金2 000多万元。2008年，软件产品检测中心和网络检测中心合并。中心通过国家认可实验室资质，按照国家相关标准要求，建立多种软件专业测试的软硬件环境，并在中山、江门和广州、香港建立了分中心。中心开展的业务类型包括：软件产品登记测试、科技项目验收测试、软件项目科技成果鉴定测试、电子政务、电子商务和信息化建设工程项目的技术咨询和验收测试、嵌入式软件的单元至系统级测试及覆盖率分析测试。2011年，中心共为143家软件企业和信息化建设单位提供技术咨询服务1 158人次，同比增长75%；提供软件测试技术服务263项，同比增长30%。

珠海南方集成电路设计服务中心 珠海南方集成电路设计服务中心成立于2004年6月，是由珠海市政府、广东省信息产业厅出资注册成立的非企业单位。中心主要负责集成电路设计公共服务平台的运作管理，为集成电器企业提供专业技术支持、技术中介、项目合作、技术培训以及人才引进等各项服务。中心软、硬件环境日趋完善，EDA工具软件（包括Synopsys\ Cadence\ Mentor Graphics）可以满足国内各种IC设计全部流程的需要；安全单独的设计室可以同时容纳8家IC设计公司，已经建成的VPN通道可以提供利用互联网调用EDA资源。2011年，中心在网络架构、IC验证和测试、产品设计疑难问题方面为企业提供了48次技术支持，为珠海天威技术开发有限公司提供的产品改进方案获得企业好评。

【科技服务体系】 截至2011年年底，珠海市共有珠海（国家）高新技术创业服务中心、各级孵化器科技咨询公司等各类性质的科技中介服务机构400余家。2011年，对全市34家科技服务单位典型性抽样调查结果显示：平均每家机构拥有从业人员84.7人，超过全省平均拥有50人的平均水平；拥有大专以上学历人员达到83.6%，其中博士88人、硕士215人、学士1 934人；总收入4.6亿元，固定资产总额6.47亿元。

【科技计划项目】 2011年，全市共有208个项目被列入市级科技计划，下达市级财政科技经费1.34亿元。其中，战略性新兴产业专项资金重大项目24个，支持金额6 150万元。112个项目被列入国家及省部级各类计划，共获得支持经费1.08亿元。其中，珠海市新威信空调设备有限公司的“空调热水一体机”等24个项目获得国家科技型中小企业创新基金立项支持，支持金额1 500万元，立项数在全省地级市中排名第2位；格力电器股份有限公司的“基于MIMO控制的变制冷剂流量多联空调系统”等3个国家“863计划”项目继续实施，累计获得支持资金1 171万元；珠海优特电力科技股份有限公司的“GS高压带电显示闭锁装置”等6个项目被列入国家重点新产品计划；东信和平智能卡股份有限公司的“基于三网融合技术的手机电视UAM模块嵌入”等8家企业的11个国家级火炬计划项目获得批准。丽珠医药集团股份有限公司的“I类治疗用人源化抗人肿瘤坏死因子α单克隆抗体新药的研制”项目、珠海天威打印耗材有限公司的“国家机电产品再制造试点单位打印耗材再制造核心技术研发及产业化”项目分别获得省战略性新兴产业核心技术攻关项目支持经费1 000万元、500万元。

【科技成果与技术市场】 2011年，全市登记科技成果71项。获得国家、省、市科技奖励项目47个。其中，格力电器股份有限公司的“变频空调关键技术的研究及应用”项目、珠海市妇幼保健院与南方医科大学等单位合作的“α 和 β 地中海贫血的遗传分析及其在临床和人群预防中的应用”项目获得 2011 年度国家科技进步奖二等奖；珠海元盛电子科技股份有限公司的“多层刚挠结合印制线路板及材料”、珠海市荣盈电子科技有限公司的“新型基板大功率 LED 及其应用”、珠海优特电力科技股份有限公司的“JOYO 卓越防误综合操作系统”3 个项目获得 2011 年度广东省科学技术奖二等奖，珠海汉胜科技股份有限公司的“辐射型漏泄同轴电缆”等 5 个项目获得 2011 年度广东省科学技术奖三等奖。

2011 年，全市技术合同核准登记 350 件，合同成交金额 8.60 亿元，同比增长 19.90%。其中技术交易额 8.28 亿元，同比增长 18.45%。

变频空调的关键技术研究与应用　格力电器股份有限公司的“变频空调的关键技术研究与应用”项目，创新性地提出了自适应转矩控制数学模型，实现了压缩机转矩的自动补偿，解决了电机转矩辨识及参数自整定控制等技术难题，最终实现 1Hz 稳定运行；创新性地提出了数字单周期功率因数校正技术，功率因数可达 99% 以上，电网损耗最低，谐波污染最小；开发了专有的单芯片集成模块，实现对各种关键技术的集成控制，提高了控制器的可靠性；自主研发制变频压缩机，采用机电一体化设计的方法，减少了电机损耗，提高了压缩机的整体效率；通过减少压缩机内部的泄漏和余隙容积，提高容积效率；优化吸排气系统、油路系统以及动平衡，减少压缩机的阻力损失，降低径向磁力不平衡造成的额外负荷，从而保证高频能效的同时，提高了低频能效。截至 2011 年 12 月，该项目产品累计销售超过 1 700 万套，销售收入达 406 亿元，利税达 50.2 亿元，实现年节约用电约 90 亿度。按 2011 年家用空调行业总量 10 857 万台套计算，每年可节约用电 478 亿度，相当于节约标准煤 1 670 万吨，减少 CO_2 排放4 345万吨，具有显著的经济和社会效益。

多层刚挠结合印制线路板及材料　在广东省政府的支持下，珠海元盛电子科技股份有限公司与电子科技大学通过产学研合作，整合各自的优势，进行了“多层刚挠结合印制线路板及材料”项目的研究。研究成果已在珠海元盛的工业生产中应用，产品性能可满足国内市场对多层刚挠结合线路板的要求，填补了国内的生产空白，获得了较好的经济和社会效益。2008—2010 年，累计实现销售收入 8 694 万元，税金 701 万元，税后利润 1 479 万元，创汇 182 万美元。通过项目的攻关，提高了公司的自主创新能力，打破了国外企业对该技术领域的垄断，培养了大批技术骨干，提高了我国企业在刚挠结合板及相关产品上的国际竞争力。

【高新技术产业发展】　2011 年，珠海市高新技术产品产值达 1 545.37 亿元，同比增长 19.60%，占全市工业总产值的 44.11%；实现利税 139.64 亿元，同比增长 21.33%。新认定高新技术企业 58 家，全市高新技术企业达到 244 家，占规模以上工业企业总数的 27.32%；实现工业总产值 1 307.55亿元，占全市工业总产值的 37.32%。新增国家火炬计划重点高新技术企业 3 家，全市国家火炬计划重点高新技术企业达到 8 家。高新区内企业实现工业总产值 901.40 亿元，占全市工业总产值的 25.73%。软件产业总收入达 230.76 亿元，同比增长 22.58%。

【技术创新专业镇】　2011 年，香洲区南屏镇被认定为广东省技术创新专业镇，全市省级专业镇总数达 5 个。5 个专业镇共有规模以上企业 406 家，名牌产品 69 个，驰名商标 53 个，实现工农业总产值 1 220.32 亿元；共有科技服务机构 33 个，与大学、科研院所共建科技机构 19 个，与特色产业相关的会展机构 4 个，公共创新服务平台主持和参与的研究项目 211 个。2011 年，5 个专业镇镇政府科技投入共计 7 053 万元，同比增长 27.31%；拥有科技人员 28 851 人，同比增长 24.15%；专利申请量 859 件，其中发明专利申请量 158 件；专利授权量 404 件，其中发明专利授权量 34 件。

三灶镇“珠海三灶生物医药专业镇转型升级建设”项目获得省科技厅立项支持经费 40 万元。作为广东省专业镇转型升级示范点，三灶镇完成《三灶生物医药产业转型升级发展规划（2011—2015 年）》的编写，出台实施《三灶生物医药产业专业镇转型升级创新实施方案（2011—2015 年）》。

【知识产权工作】 2011年，全市专利申请量为5 594件，同比增长57.4%。其中，发明专利申请量1 484件，同比增长75.2%，每百万人均发明专利申请量为951件，排名全省第2位。专利授权量为3 690件，其中发明专利授权量为323件。新申请商标注册4 537件，新核准注册商标306件。15件商标通过省著名商标审定，14件商标通过省著名商标延续认定。开展市专利奖评选工作，共评出14项获奖项目，包括“Java语言程序与虚拟机程序共同调试的方法”“一种制备含阿莫西林钠和克拉维酸钾的药物混合物的方法”等5项专利金奖和“一种携带型临时接地装置”等9项专利优秀奖，其中技术达到国际先进水平1项，国内先进水平2项。

Java语言程序与虚拟机程序共同调试的方法

东信和平智能卡股份有限公司的“Java语言程序与虚拟机程序共同调试的方法”项目，主要是提供一种便于开发人员直观地调试Java语言程序的Java语言程序与虚拟机程序共同调试方法。尤其是基于Windows平台下Java语言程序与应用C语言编写的虚拟机程序共同调试的方法。该发明的调试方法适用于基于Java语言的WIB卡、BIG SIM大容量卡、3G USIM卡等高端智能卡产品，能让项目开发人员直观快速准确地调试Java语言编写的各种应用程序单元，在出现问题时能够及时发现并快速解决，推动了我国智能卡行业高端产品的快速发展。截至2011年12月，累计产量36 432万片，实际销售收入93 187万元，税后利润累计2 811万元。

一种制备含阿莫西林钠和克拉维酸钾的药物混合物的方法 珠海联邦制药股份有限公司的“一种制备含阿莫西林钠和克拉维酸钾的药物混合物的方法”项目，是开发阿莫西林钠和克拉维酸钾组成的复方制剂的方法。该类方法通过采用新型的超临界流体技术，使反应在温和的条件下进行，有效避免克拉维酸钾分解等，所获得的产品均匀度高，其颗粒大小均匀，确保了产品质量，改善产品流动性，提高产品的后加工性能，且避免了机械搅拌和碰撞，降低克拉维酸钾发生爆炸的危险。通过该技术的应用，生产成本大幅降低，产品收率、质量水平、人员职业健康及环境安全性均大幅提高，项目技术水平达国内领先水平。项目的实施促进了我国抗生素自主创新研究发展水平，推动了新型β-内酰胺酶抑制剂复方制剂的临床应用，在很大程度上克服了当前日益严峻的细菌耐药现象，带动了我国医药工业与区域经济的快速向前发展。项目产品还通过了德国、印度、塞浦路斯、俄罗斯、菲律宾、尼日利亚等多个国家的进口注册并实现出口创汇。2011年，实现销售收入16 692万元，实现利润2 170万元，上缴税收1 001万元。

【科技交流与合作】 2011年，全市共有3个项目被列入省级国际科技合作项目，获省财政支持资金145万元，分别是珠海越亚封装基板技术有限公司的“应用于高阶智能手机基带的FCCSP封装基板技术开发及产业化”、珠海欣宏电子化学材料有限公司的“高纯磷特种电子气体制备”和珠海斑点猫软件有限公司的“基于网络应用的PC用户行为分析监控系统”。有3个项目被列入市级国际科技合作项目，获市财政支持金额210万元，分别是中航通用飞机有限责任公司的“小型涡桨公务机技术国际合作”、中山大学创新科技研究院的“田基黄有效部位抗肝纤维化的作用机制研究及新药开发”和珠海健康元生物医药有限公司的“乙肝疫苗甲醇酵母表达系统产业化”。

【科普工作】 2011年，围绕“携手建设创新型珠海”主题，突出“提升自主创新能力、转变经济发展方式、科技服务民生、共建幸福珠海”的要求，市科工贸信局联合市科协、市委宣传部开展“科技进步活动月”各项工作。组织开展青少年科普活动、防震减灾科普活动、专利宣传活动、科技拥军、科普进社区、科技下乡、各种展示活动7个活动项目，约32项活动，在全市掀起科学技术普及的新高潮。

（珠海市科技工贸和信息化局）

汕 头 市

2011年，全市科技工作在市委、市政府的正确领导下，在科技部、省科技厅的指导支持下，围绕全市推动科学发展、建设幸福汕头的工作目标，坚持“自主创新、重点跨越、支撑发展、引领未来”的工作方针，加快推进创新型汕头建设步伐，努力提高产业、企业的自主创新能力，积极推动农业、民生科技发展，科技在全市经济社会发展中的支撑和引领作用得到较好发挥，成效显著。

【科技政策环境】

科技发展规划 2011 年，市科技局与汕头大学联合编制《汕头市科学和技术发展“十二五”规划》，同时开展“汕头市传统产业的高新化研究”“汕头市高新技术产业发展研究”“汕头市产学研合作研究”“汕头市农业科技发展研究”4 个子课题研究，在征求有关单位和各区县政府意见的基础上，形成送审稿报市政府审定。通过规划的编制，确定“十二五”期间该市科技发展的基本思路、主要目标及重点工作任务、政策措施，推动该市自主创新能力的提高。

科技进步考核 根据科技部和省科技厅的部署，5 月，汕头市实施了国家科技进步考核，组建了考核专家组，采取现场考核和集中听取汇报的形式，对所辖六区一县 2009、2010 年当地党委和政府推动科技进步的情况进行全面审核和综合评价。通过考核，有效地推动了各区县党委和政府更加重视科技工作，形成了市区联动，合力共建创新型汕头的工作局面。金平区、龙湖区、澄海区和南澳县通过考核，其中，金平区、龙湖区、澄海区被评为“全国科技进步考核先进区”。

【民营科技】 2011 年，全市新增市级民营科技企业 38 家、省级民营科技企业 12 家，有 163 家省民营科技企业通过复核。截至 2011 年年底，全市共有市级民营科技企业 723 家，省级民营科技企业 206 家。

【产学研合作】 2011 年，省部产学研结合院士工作站——光华科技电子化学品院士工作站正式成立，汕头市龙湖区被省科技厅评选为“龙湖区产学研结合示范区”。汕头市被列入省部产学研合作项目 35 项，共获得资金扶持 1 880 万元。

根据该市新材料、机械、印刷包装、海洋等产业发展特点，继续深化拓展与高校、科研院所的合作，积极开展了形式多样的产学研对接工作，促进了企业与高校、科研院所的科技合作，提升了企业竞争力和自主创新能力，成效显著。2011 年，四川大学、华南理工大学、武汉大学等高校的专家莅汕，深入企业开展交流洽谈，合作共同研发项目，加速科技成果转化。同时，积极拓展与中科院系统的产学研合作渠道，提高院市科技合作深度，加快组织实施院市合作重大项目，攻克一批制约该市经济社会发展的关键技术、核心技术和共性技术，取得了突破性进展。汕头市骏码凯撒有限公司与香港中文大学工程学院合作开发应用于 LED 的高光学折射率长寿命硅胶，将打破国外关键技术壁垒封锁，降低我国 LED 封装产业的生产成本。汕头市东田转印有限公司联合武汉大学，在模内 UV 转印膜关键技术上取得了突破。

【技术创新工程】 依托行业优势企业组建工程技术研究开发中心，以广东省金叶烟草薄片技术开发有限公司为依托单位组建“国家特种薄片材料工程技术研究中心”通过可行性论证。新增输配电设备、高分子功能母料与发泡材料、高低压开关设备、科普教玩具、应用信息系统、卫星应用等 7 家省级工程技术研究开发中心，组织认定了 14 家市级工程技术研究开发中心。截至 2011 年年底，全市省、市工程中心分别达 47 家和 97 家。

2011 年，全市新增省创新型试点企业 2 家、省创新型企业 2 家、国家创新型企业 3 家，新增 22 项省自主创新产品。截至 2011 年年底，全市共有省创新型企业 12 家，国家创新型企业 3 家。

根据《国家技术创新工程广东省试点方案》和省科技厅的部署，组织实施创新型企业院线提升计划。2011 年，汕头市的广东光华科技股份有限公司和汕头市超声仪器研究所有限公司组建研究开发院，被列入省创新型企业实施技术创新工程试点项目。

【科技服务体系】

科技咨询研究 汕头市科技情报研究所用广泛的情报信息网渠道、丰富的信息资源和自身的

研究力量，为全市的经济、科技规划和重大的经济、科技活动提供信息咨询服务，按时保质为市领导和有关部门要求提供专题资料。2011年，该所完成了“LED磊晶芯片制造”项目投资分析报告等课题调研工作，与广东省技术经济研究发展中心农村所合作完戉广东省科技计划项目“汕头农业科技发展模式研究”等咨询服务工作。

培训工作　2011年11月16日，汕头生产力促进中心与北京数码大方科技有限公司联合主办CAXA神州行——三维创新设计培训研讨会，来自粤东的近30家企业60多位技术人员参加了培训。11月17—18日，由省科技厅高新处、省科技统计分析中心主办，汕头生产力促进中心承办的全省科技统计工作会议在汕头举行，来自全省的135位统计工作人员参加了培训。为帮助企业更好地理解政策文件精神并组织好高新技术企业认定申报材料，7月26日，汕头生产力促进中心召开了高新技术企业认定和复审申报辅导培训会议，全市各区（县）科技局、有关企业代表80多人参加了培训。

【科技装备动员】　2011年，根据《汕头市科学技术局主要职责、内设机构和人员编制规定》，在市科学技术局（汕头市科技装备动员办公室）内设置市科技装备动员科并挂牌运作，正式承担市科技装备动员办公室的日常工作，为该市科技装备动员工作的正常开展提供了体制保障。

市科技装备动员科积极配合省科技装备动员办公室部署，推荐汕头高新区航宇电子技术有限公司的“数字沙盘”和汕头大学的“利用风光互补清洁能源进行海岛海水淡化的技术研究及应用示范”作为全省军民两用优秀项目成果。汕头市利莱精细化工原料有限公司的“军地两用木塑材料研发与应用”被列为广东省科技装备动员项目计划，获得50万元资金扶持。广东猛狮电源股份有限公司承担的“氢—空燃料电池”项目和广东光华化学厂有限公司承担的“高性能纳米颗粒复合非晶化学镀镀层研制”项目通过省科技厅的验收。对广东东方锆业科技股份有限公司的“年产1 000吨核级海绵锆生产”等3个科技项目进行中期检查，项目能够按照计划顺利实施。

【科技计划项目】　2011年，汕头市科学技术局组织实施各类科技发展计划项目349项，其中，国家科技计划项目15项，获得扶持资金659万元；省科技计划项目146项，获得扶持资金9 990万元。

2011年度市级科技发展计划支持工业高新技术、农业科技、民生科技和社会发展、医疗卫生科研、科技型中小企业技术创新和产学研合作等项目，重点支持发展LED产业、自动化成套设备、超声产业、培育高新技术企业上市、潮汕特色农产品等专题，共安排项目188项。项目计划总投资4.73亿元，资金来源以企业自筹为主，其中市财政科技三项费用拨款2 370万元。这批项目预计年新增产值可达45亿元，年利税7.12亿元，创节汇1.14亿美元。

【科技成果与奖励】

2011年，全市取得科技成果71项，其中“ZXJ29/1F贾卡钢丝多梳多功能经编机”等3项科技成果达到国际领先水平，“波音737－700/800型飞机刹车副制造技术和材料研究及产业化”等13项科技成果达到国际先进水平，“基于酶膜耦合机制的功能性大豆肽新型制备技术”等27项科技成果达到国内领先水平，“Adobe Photoshop和AutoCAD制图软件在汕头林业调查规划中的应用研究”等28项科技成果达到国内先进水平。

评出2011年度汕头市科学技术奖获奖项目48项，其中，一等奖18项、二等奖16项、三等奖14项。获奖项目技术水平达到国际领先水平2项、国际先进水平14项、国内领先水平21项、国内先进水平10项、省内领先水平1项。

获2011年度广东省科学技术奖14项，其中，广东绍河珍珠有限公司与广东海洋大学共同完成的“附壳造型珍珠和优质海水珍珠养殖及加工技术的研究与应用”项目获一等奖，5个项目获二等奖，8个项目获三等奖。

【高新技术产业】　2011年，全市新增高新技术企业22家，有46家高新技术企业通过复核。截至2011年年底，全市共有高新技术企业132家，17个项目获得省级中小企业技术创新基金专项扶持。

2011 年，汕头软件园集聚和孵化能力进一步增强，品牌示范和区域经济带动效应进一步显现，产业创新和竞争能力进一步提升。当年认定 5 家企业为第 20 批汕头软件园入园企业，使入园企业总数达到 80 家。广东天亿马信息产业有限公司联合承担的“粤东现代信息服务业集聚基地支撑公共服务平台”、广东毅科数码科技有限公司承担的“智能化图档管理系统”和汕头市易动通信科技有限公司联合广东天盈信息技术有限公司承担的“‘盈动力’云计算服务平台”3 个项目列入广东省现代信息服务业招标计划，获得财政扶持资金 610 万元；航宇电子技术有限公司的“基于虚拟现实的台风灾难仿真与决策支持系统”项目等 14 个信息技术项目列入市科技计划项目，获得财政扶持资金 167 万元。15 家企业被认定为省级软件企业；19 项产品被认定为软件产品，总数达到 163 项；取得著作权登记证 93 项，总数达到 286 项。粤东软件技术共享服务平台投入运行，为产业发展提供一个良好的技术支撑环境。航天产业基地正式落地建设，利用中国卫星现有成熟的卫星遥感技术、卫星通信技术、北斗导航定位技术、数字化仿真技术等辅助城市公共安全管理和防灾减灾工作，取得了新进展。

【农业科技】　2011 年，汕头市获得科技部立项农业科技项目 4 个，经费支持 229 万元。其中，南澳县政府承担的国家科技富民强县专项行动计划项目“大型海藻良种繁育、高效栽培及深加工技术示范”经费 79 万元，西陇化工股份有限公司承担的国家农业科技成果转化资金项目“安全高效食品添加剂柠檬亚锡二钠产业化与推广”经费 100 万元，濠江区金寿茶厂有限公司承担的国家星火计划项目“金观音王茶种植技术推广与示范”30 万元，金平区科技局承担的国家星火计划项目“金平农业科技信息平台建设”20 万元。

2011 年，汕头市获得省科技厅立项的农业科技重点项目 2 个，分别是汕头市科技局组织的“汕头市广东农业科技园区”项目，获经费 100 万元，潮南区德兴种养实业有限公司承担的“生猪生态健康养殖关键技术装备集成与示范”项目，获经费 50 万元。新增省农业科技创新中心 3 个，分别是广东绍河珍珠有限公司、南澳县金山科技开发有限公司及汕头经济特区澳士兰牧场有限公司。新增省健康农业科技示范基地 1 个，即汕头市鸿泰科技养殖有限公司。2011 年，汕头市获省科技厅立项农业科技项目 17 个，项目经费 329 万元；市级立项农业科技项目 34 个，下拨科技经费 375 万元。

【科技基础条件】

数据特区项目建设　为充分发挥汕头先行先试特区精神和国际海缆登陆站独特资源这一人无我有的组合优势，大力推动现代信息外包服务产业发展，使汕头成为国际各种数据中心新技术、新业务的使用和实验园区，抢占国际产业链高端优势地位，丰富经济特区发展内涵，扩大汕头的国际影响力，促进汕头实现跨越式发展，自 2011 年始，汕头市积极推进汕头“数据特区”项目建设。建设汕头“数据特区”项目是十分有益的尝试，是汕头抢抓特区扩围历史机遇，推动科学发展的一件大事。省委、省政府特别是中共中央政治局委员、广东省委书记汪洋也高度重视、大力支持汕头“数据特区”项目的建设，专门作了重要批示。

“数据特区”是指以大规模、高可用、新一代绿色数据中心为核心基础设施，实行特殊政策，专门为境外机构提供数据中心运营和应用服务的离岸服务外包园区。所谓高可用，即能够充分满足数据传输量大、实时性要求高、业务综合复杂、附加值高的高端数据中心业务需求。新一代绿色数据中心，是指在数据中心全生命周期内，能够获取“最大的能源效率，并保持最小的环境影响”。新一代绿色数据中心是 IT 技术和建筑技术的结合，它是将可持续发展的理念和建筑功能的多样化相结合的结果，其本质就是节能和环保，实现建筑群体、设备设施、运维管理等方面全方位的节能和环保。

汕头“数据特区”目标定位是成为国内外数据中心及相关产业聚集区。为此，汕头“数据特区”的产业规划为“三层布局”。第一层是以数据中心为核心基础设施，引入数据中心基础设施提供商和服务商，吸引亚太数据中心联盟进驻，打造数据中心基础设施产业；第二层是引入高度依赖数据中心，并以此为基础对外提供业务的相关企业，包括金融后台企业、电子商务企业、动漫企业、呼叫中心企业，打造数据中心应用服务产业；第三层是引入为特区入驻企业提供生产生活配套服务的企业，包括：住宅、商务、娱乐休闲、医疗教育、餐饮等企业，打造特区服务配套产业。通过这样的产业布局，将实现特区三大功能：数据中心基础设施提供、数据中心应用服务提供、特区内各种配套服务提供。其中，数据中心基础设施提供和数据中心应用服务提供为特区主导产业，配套服务提供为特区配套产业。

2011 年 10 月 21 日，作为汕头经济特区建立 30 周年庆典活动项目，汕头市与万国数据科技控股有限公司签订了《汕头市人民政府与万国数据科技控股有限公司共建“数据特区”项目战略合作协议书》。年初委托工信部电信规划研究院编制的《汕头“数据特区”项目建设规划》已定稿。

金科网建设　2011 年，汕头生产力促进中心开发了“汕头市科技类民办非企业单位设立网上审核申请系统”；设计了“汕头市科技信息网”新版本，使该网的外观设计和功能都大有改进；为市科技局内部单位增设了虚拟局域网，提高了内网的安全性；开发设计“汕头市科技局 2011 年民主评议党员学习专栏”学习网站。

【知识产权工作】

知识产权政策体系建设　2011 年 4 月 8 日，汕头市政府印发《汕头市关于实施商标战略促进经济发展的意见》，出台商标培育工作保障措施，对商标工作三年规划提出具体工作目标和任务。4 月 25 日，出台《汕头市实施知识产权战略纲要 2011—2012 年度工作意见》，明确实施知识产权战略纲要的阶段性工作重点、主要任务和责任部门，进一步推进实施知识产权战略纲要工作；同日，还印发《汕头市关于进一步做好政府机关使用正版软件工作实施方案》，明确政府机关使用正版化软件工作目标、职责分工，建立日常监管和督促检查、年度报告制度等。7 月 1 日，汕头市政府转发汕头市知识产权局关于《汕头市 2011 年推动专利产出工作措施》，以推动全市专利创造。

知识产权产出　2011 年，汕头市知识产权局确定 7 个市专利技术实施孵化项目。广东粤华磁电实业有限公司的“可录式光盘生产线”被省知识产权局确定为省专利技术实施计划重大项目，广东粤东机械实业有限公司的“塑料连杯成型贴标充填封口机关键技术研发及产业化”被确定为省专利技术实施计划重点项目。

2011 年，汕头市专利申请 12 671 件，同比增长 32. 10%，其中发明专利申请 1 423 件，同比增长 110. 81%；专利授权 4 371 件，同比增长 -23. 56%；新增有效注册商标 11 684 件，同比增长 -19%；新增广东群兴玩具实业有限公司的“QUNXING 及图”、黑牛食品股份有限公司的“黑牛”2 件中国驰名商标；南澳牡蛎通过国家质检总局的专家评审获得地理标志产品保护；2011 年，市版权局办理作品版权登记 80 件。9 月，国家工商总局向汕头市澄海玩具礼品国际品牌发展中心颁发“澄海玩具”集体商标注册证。截至 2011 年年底，汕头市累计专利申请量 58 923 件、专利授权量 34 293 件，拥有有效注册商标 76 765 件，其中中国驰名商标 17 件、广东省著名商标 223 件。

2011 年，汕头参加第 13 届中国专利奖评选，其中，广东绍河珍珠有限公司的“一种造形附壳珍珠的养殖方法及其使用的造形珠核”获中国专利优秀奖，汕头市华莎驰家具家饰有限公司的“组合电视柜（47100）”获中国外观设计优秀奖，4 个项目获 2011 年广东专利优秀奖。

截至 2011 年年底，汕头市累计获得中国专利金奖 1 项、中国专利优秀奖 8 项、中国外观设计优秀奖 3 项、广东专利金奖 3 项、广东专利优秀奖 13 项。

知识产权保护　2011 年，汕头市知识产权局立案处理专利侵权纠纷案件 22 宗，其中涉外案件 14 宗；查处假冒专利案件 7 宗，结案 7 宗，移送外地处理专利侵权纠纷和假冒专利案件 3 宗。汕头市工商行政管理系统查处各类商标违法案件 135 宗，罚款金额 102. 5 万元。汕头市文化市场执法队伍出动 17 506 人次，检查文化经营单位 6 238 家次，立案查处违规经营的书店 7 家、印刷企业 16 家、音像店 7 家，打掉非法音像制品窝点 4 个、非法教材教辅窝点 1 个，取缔非法出版物地摊 473 个，收缴各类非法出版物 631 349 张（本）。汕头市各级公安经侦部门各类侵犯知识产权案件及涉假案件立案 146 宗，破案 119 宗，拘留逮捕犯罪嫌疑人 354 人，捣毁制假窝点 116 个，查获制假机械 121 台套。汕头海关采取知识产权海关保护措施 41 次，涉及进出口货物 130 多万件，货值 1 800多万元，查获侵权案件 13 宗、侵权货物 16 万件，案值约 62 万元。

2010 年 12 月—2011 年 12 月，汕头市两级检察机关共批准逮捕各类侵犯知识产权的刑事犯罪案件 38 宗 84 人，其中，假冒注册商标案件 10 件 11 人，销售假冒注册商标的商品案件 3 件 4 人，制造、销售非法制造的注册商标标识案件 21 件 62 人，侵犯著作权案件 1 件 3 人，侵犯商业秘密案件 3 件 4 人。2011 年，汕头市中级人民法院共受理各类知识产权一审民事案件 140 件（其中申请诉前临时措施案件 18 件），审结 133 件（其中申请诉前临时措施案件 18 件），结案率 95%；其中调解撤诉案件 85 件，调解撤诉率 63%；龙湖法院共受理诉讼标的额在 200 万元以下的一审一般知识产权民事案件 3 件，审结 3 件。

2010 年 10 月—2011 年 6 月，汕头市开展了打击侵犯知识产权和制售假冒伪劣商品专项（简称“双打”）行动。期间，汕头市组织联合执法 17 次，出动执法人员近 3 万人次，整治重点市场 27 个，查办案件 408 宗，查处重大案件 19 宗，其中案值 100 万元以上的大要案件 19 宗，500 万元以上的特大案件 7 宗，抓获并逮捕犯罪嫌疑人 87 名，打掉批发、销售侵权伪劣商品的犯罪团伙 30 个，抓获网上追逃人员 39 名，批准逮捕侵犯知识产权案件 24 件 70 人，受理侵犯知识产权和制售假冒伪劣商品刑事案件 15 件、涉案金额 1 440 万元，依法对 22 名犯罪分子追究了刑事责任。

知识产权优势企业培育　2011 年，汕头市知识产权局确定 8 家市知识产权优势培育企业，认定 8 家企业为第 3 批市知识产权优势企业；汕头华兴冶金设备股份有限公司被广东省知识产权局认定为省知识产权示范企业，汕头市夏野电器科技有限公司、广东星辉车模股份有限公司、广东金万年文具有限公司 3 家企业被认定为省知识产权优势企业。

知识产权服务体系建设　2011 年 6 月 22 日，经国家知识产权局批准，汕头市南粤专利商标事务所（特殊普通合伙）正式设立。截至 2011 年年底，汕头共有 6 家专利代理服务中介机构。

2011 年，汕头（中国）知识产权维权援助中心受理知识产权维权援助咨询服务 135 宗，办理维权援助案件 40 宗，与 6 家单位建立维权援助服务合作关系；5 月 27 日，在金平区石炮台街道、永祥街道和潮南区工商联设立知识产权维权援助工作联络站。截至 2011 年年底，中国（汕头）知识产权维权援助服务网络合作单位已有 16 家。

知识产权宣传教育　“双打”期间，汕头市组织开展打击侵犯知识产权和制售假冒伪劣商品专项行动宣传活动 50 多场次，在电视台播放公益广告共 2 906 次，在电视、报纸等媒体报道“双打”动态 84 篇次，其中在中央电视台报道 4 次、全国性报纸报道 7 次。2011 年 4 月 20—26 日，汕头市政府在全市组织开展“2011 年保护知识产权宣传周”活动，市政府召开“2010 年汕头市知识产权保护状况情况通报会”，汕头海关举行“知识产权海关保护新闻发布会”，市经侦支队领导做客“平安汕头网”与网民就“保知打假”进行沟通交流，市各级知识产权职能部门出动执法人员开展“双打”专项执法检查行动等。

2011 年，汕头市知识产权局承办了国家知识产权局和广东省知识产权局主办的“粤东五市专利电子申请宣讲与使用培训班”、广东省知识产权研究与发展中心主办的“粤东三市企业专利信息管理及应用培训班”，还邀请北京路浩知识产权代理有限公司的专家莅汕举办“专利保护与运用实务讲座”，先后组织开展市重点培育企业知识产权提升工程培训活动 50 场次，培训省市知识产权优势企业、承担省市专利技术项目企业等重点培育企业负责人、知识产权管理人员、科研人员约 400 人。4 月 21 日，市知识产权局、市教育局、团市委和市少工委在市龙湖小学联合举办省中小学知识产权教育示范学校揭牌、市第 2 批中小学知识产权教育试点学校授牌仪式暨中小学知识产权教学示范课观摩活动。5—6 月，汕头市知识产权粤东高级技工学校培训基地在 09 级机电一体化（电气方向）和工业分析与检验班中开展知识产权基础知识和实务培训，有 117 名学员通过考核获得广东省知识产权局颁发的知识产权培训结业证书。

知识产权交流合作　2011 年 10 月 26 日，闽粤沿海十二城市保护知识产权工作第 8 次联席会议在汕头举行，联席会议成员福州市、厦门市、泉州市、漳州市、莆田市、宁德市、广州市、深圳市、珠海市、汕头市、佛山市、湛江市的知识产权主管部门共同签署了《闽粤沿海十二城市专利侵权纠纷案件移送合作备忘录》，建立闽粤沿海城市专利侵权案件移送机制。

【科技交流与合作】

国内交流合作　7月19—24日，市科技考察团一行赴山东考察海藻产业发展情况，汕头大学、市科技局、市海洋渔业局、有关区县科技局负责人以及企业家代表共20多人参加了调研考察活动。考察团先后参观访问了中国海洋大学、中国科学院海洋所、中国科学院海岸带研究所、荣成市海兴水产有限公司、寻山集团有限公司和东方海洋科技有限公司等研究所和水产龙头企业。通过考察调研，进一步了解了山东海藻产业的发展现状，学习其先进经验和做法，深化了汕头与中国海洋大学、中科院海洋所等高校和科研院所的产学研合作。

10月30日—11月4日，市科技局一行赴云南考察鲜切花产业，考察组先后参观了云南统一生物科技有限公司、昆明芊卉公司、呈贡县斗南花卉交易市场、云南花卉产业示范园等鲜切花种植基地，对蝴蝶兰、大花蕙兰、百合、火龙珠、康乃馨、玫瑰等花卉品种的种植进行重点考察，以借鉴云南的成功经验，结合汕头市实际，加大花卉科研和推广力度，逐步培育壮大汕头市的花卉产业。

港汕交流合作　5月22—28日，市科技局组织参加省科技厅在香港举办的“2011年广东省专业镇技术创新服务培训班”。9月18—24日，市科技局派员参加市委组织部在香港举办的第9期“粤东地区高级管理人员香港培训班”。

国际交流合作　2011年，汕头市获省科技厅立项的省国际科技合作项目6个，科技经费214万元。12月2—3日，科技部合作司、省科技厅合作处以及中国—乌克兰巴顿焊接研究院技术负责人一行莅汕考察，先后参观了华伦电子工具（中国）有限公司、西北航空用品有限公司和粤东机械实业有限公司，了解企业发展和国际科技合作情况，并在华伦电子公司召开座谈会，就汕头与中国—乌克兰巴顿焊接研究院开展战略合作，建立国际科技合作平台，完善企业价值产业链开展研讨。

【科普工作】

科技进步活动月　5月中旬至6月中旬，市科技局联合市委宣传部、市科协，牵头市直有关部门和各区县政府，在全市范围开展了以“携手建设创新型汕头”为主题的“科技进步活动月”，突出“提升自主创新能力，转变经济发展方式，科技服务民生、共建幸福汕头”的要求，针对本市科技和经济社会发展的热点以及群众的实际需求，重点做好科技服务经济发展、提高公民科学素质以及科技惠及民生等系列活动。汕头科技馆与广东科学馆联合举办“节能减排·全民行动科普图片展”，全市各大中小学及广大市民1.5万余人参观展览，普遍反映良好。

科普场馆建设　2011年，全市新增广东龙湖快畅智能机器人省级青少年科技教育基地和4家省科普示范社区。2011年，汕头科技馆被广东省科学技术协会命名为“广东省科普教育基地”，并被广东省科技馆研究会选为第1届理事会常务理事单位。

在汕头经济特区建立30周年庆典之际，由中国空间技术研究院和中国东方红卫星股份有限公司赠送给市委、市政府的礼品，全国唯一1∶10比例的“中国载人空间站”“天宫一号”飞行器模型在汕头科技馆展出，丰富了汕头科技馆的科普展品。在汕头市快畅计算机有限公司的大力支持下，完成“智能机器人实践室”的建设，并常年免费接受青少年学生进行实践。完成汕头科技馆网站的建设，扩大科技馆与社会公众及其他科普教育机构的沟通和交流，推进科普教育数字化。

汕头科技馆充分利用已建成的九大科普展室的资源，积极组织学校学生利用寒暑假、节假日、双休日，免费参观科技馆，全年辅导公众参观、体验、实践人数约22万人次。全年共承办各种报告会、讲座、论坛、技术演示等40场次。

（汕头市科学技术局　李　扬）

佛　山　市

2011年，在佛山市委、市政府的正确领导下，全市科技部门围绕实现“民富市强、幸福佛山”的总目标，全面贯彻落实科学发展观，着力转变经济发展方式，推动产业转型升级，培育壮大战略性新兴产业，增强自主创新能力，科技工作成绩突出、特色鲜明。

【科技政策环境】 2011年，为进一步优化自主创新环境，佛山市出台了《佛山市科技发展“十二五”规划》《佛山市知识产权战略纲要（2011—2012年）实施方案》《佛山市优势特色产业“双提升”工作方案》《佛山市科技型中小企业技术创新资金管理办法》等一系列规划、方案、办法等，全年共扶持400多项优质项目，表彰了123项优秀项目，企业自主创新能力不断得到提升，产业逐步转型升级。

【民营科技】 2011年，佛山市共有214家企业通过了省民营科技企业认定，40家企业通过了省民营科技企业更名。截至2011年年底，全市共有1 000家省民营科技企业。

【产学研合作】 佛山市全力推进与中科院的合作项目，在机制及人才等方面取得了较大突破，得到了中共中央政治局委员、广东省委书记和全国人大常委会副委员长路甬祥的充分肯定。2011年，佛山市政府和中国科学院签订了《院市合作加强产业技术创新与育成中心建设协议书》，完成了《中科院佛山市科技合作“十二五”规划》，为“十二五”期间院市科技合作理清思路、指明方向。积极引进多家中科院属研究所，新组建了广东省物联网研究院、电子废弃物资源化清洁循环利用研发中心、氢能与燃料电池国家工程研究中心华南分中心、太阳能电池研究与检测中心等科技创新平台。截至2011年年底，全市已建成1个育成中心、7个专业中心、15个创新平台、6个院市合作产业园区和基地，范围涵盖资源、环保、新能源汽车等多个领域。成功引入中科院创新团队4个，引进各类高层次人才40多人，截至2011年年底，全市共有研发团队36个、各类创新型人才350多人，其中，院士4人、“百人计划”入选者10人、副研究员及以上近60人。

院市合作带动了地方经济效益，截至2011年年底，中科院所属院所与地方企业开展合作项目共450多项，涉及36所中科院研究所和全市近200家企业，其中，已形成中试产品近60项，产业化产品30项，育成企业36家，带动产值近300亿元。

根据传统产业升级改造和新兴产业培育发展的需要，佛山市积极引进科研院校和国家级研发机构等各类创新资源，共同参与创新载体建设，加快提升载体的技术创新和服务水平。全年共申报市产学研项目68项，获得市专项资金支持项目25项，资助经费420万元，带动企业投入1 500多万元；同时组织213个项目申报省部产学研专项资金项目，获得省产学研专项资金支持项目73项，资助经费4 075万元。

【技术创新工程】 在各项政策的鼓励推动下，佛山市企业科技创新积极性不断增高，不断加大开发投入，建设以重点企业为依托的各级工程技术研究开发中心。2011年，共有4家企业申报了省级工程技术研究开发中心并通过专家论证，32家企业申报成立市级工程技术研究开发中心并通过了专家论证及批准组建。截至2011年年底，佛山市已建立各级企业工程技术研究开发中心670家，其中省级工程中心99家、市级工程中心231家、区级工程中心340家。广东省光电子工程技术研究开发中心等9家工程中心获得省科技厅、省发改委、省经信委共同表彰，被授予“广东省优秀工程技术研究开发中心”称号，获奖中心数占全省的30%。

2011年，全市新增广东省创新型企业5家、广东省创新型企业试点7家，截至2011年年底，佛山市共有国家级创新型企业试点2家、省创新型企业14家、省创新型企业试点28家。

【科技计划项目】 2011年，佛山市获得省科技经费扶持的项目有234项，共获得科技经费2.8亿元，另有19项国家级项目获得1 200多万元经费扶持。全市全年共获得经费近3亿元。在科技项目的监督和管理方面，2011年，督促相关单位妥善完成2010年省审计厅对佛山市部分重大科技专项项目审计的整改工作，并协助省科技厅组织了一批省科技项目的验收，同时组织市科技发展专项资金项目验收结题约100项。

【科技成果与奖励】 2011年，佛山市共主持省级科技成果鉴定23项，市级科技成果鉴定90项，在已鉴定的科技成果中，2项处于国际领先水平，3项处于国际先进水平，共取得发明专利58项，实用新型专利125项。评定2011年度佛山市科学技术奖项目109项，其中特等奖1项、一等奖15项、二等奖41项、三等奖52项；同时，积极组织企业申报省科学技术奖励，共推荐30项优秀成果申报2011年度广东省科学技术奖，最终有15项获奖，其中一等奖2项、二等奖5项、三等奖8项。

【高新技术及战略性新兴产业】 2011年，全市共有77家企业被认定为高新技术企业，在2008年被认定为高新技术企业的208家企业中，有167家于2011年通过了复审。截至2011年年底，全市共有496家企业通过新标准下的高新技术企业认定，总数位居广东省第3位。

9月1日，省科技厅、佛山市政府和南海区政府共同签署了战略合作框架协议，广东省LED创新中心正式落户南海。省政府计划每年投入1亿元左右重点扶持该项目的建设发展，中心建成后将引导全省LED产业链的提升和完善，加速产业发展，促进全省战略性新兴产业的良性发展。10月31日，作为开展省院合作的重要载体，广东省新光源产业基地核心园区33万平方米产业载体建成并正式开园，国家半导体照明工程研发及产业联盟华南分中心、中国赛宝实验室、广东省半导体照明产业联合创新中心等高端公共服务平台落户园区，形成了集芯片、封装、配件、应用、研发检测于一体的完整半导体照明产业链，服务珠三角，辐射全省。

12月1日，由佛山市科技局、市电子学会和市生产力促进中心共同承担的“佛山市LED产业技术路线图的研究与编制”项目顺利通过专家组验收，为LED产业的发展规划、产业政策、项目扶持等提供了依据和指引，将进一步引导科研院所和企业技术创新，推动官产学研合作，实现重要技术的自主创新，突破技术壁垒。

2011年，佛山市组织实施一批战略性核心技术项目和省重大科技项目，全年在LED领域共获省级科技经费约1.6亿元。2011年，“400nm～470nm近紫外与蓝光金属基垂直结构大功率LED芯片技术应用于绿色照明”等3个项目被列入2011年广东省第1批省战略性新兴产业专项资金LED产业项目，获得省财政经费5 100万元；“高产能智能MOCVD设备的研制及产业化”等5个项目被列入广东省第2批省战略性新兴产业专项资金LED产业项目，获得省财政经费1.05亿元。LED产业全年实现工业总产值约160亿元，较2010年同期增长35%，涉及企业超过200家，从业人员约3万人，产业规模位居全省前列，形成了以佛山电器照明股份有限公司、广东雪莱特光电科技股份有限公司、佛山市国星光电股份有限公司3家上市公司为龙头、五区联动发展的良好格局，初步建立起从芯片研究、装备制造、LED外延和芯片制造、大功率封装、应用产品开发、中试及生产、产品检测到市场流通的半导体照明金字塔式全产业链。

【农业科技】 2011年，佛山市将农业科技下乡活动与科普教育、农业科技推广工作结合起来，扎实开展农业科技下乡活动，推广农业良种良法，接受农户咨询，派发宣传资料。3月22日，高明区经济促进局和明城镇人民政府联合承办的佛山市放心农资下乡进村暨科技咨询宣传活动在明城镇崇步村举行，700多名农民群众参加了活动。7月19日，三水（大塘）第7届“信合杯”冬瓜王大赛暨现代农业投资推介会在大塘镇社区文化广场举行，活动中还举办了农业科技和放心农资下乡活动。2011年，全市累计举办科技大集市10场（次），举办培训班300多期，出动农科人员3 000多人（次），培训农民5万多人，赠送农业科技资料10万多份。11月28日，在三水区迳口农科园举办佛山农业良种示范展示会，引进60多个示范单位各类型的优质农作物新品种800多个。

2011年，佛山市共有“南海黄弘香鸡选育及产业化研究”“优良稀有树种竹节树的繁育技术和应用研究”等5个项目分别获国家级重点项目（星火重点项目）和省级项目（农业科技项目）立项，共获科技经费合计78万元。

【科技金融】 2010年，佛山市政府出资1亿元与社会资本共同设立“佛山市科技孵化基金”，其中 6 000 万元用于院市合作，2 000 万元用于海内外创新团队的引进与扶持，2 000 万元用于初创期科技型中小企业投资。2011 年，佛山市科技局制订了科技孵化基金设立方案，并根据设立方案管理运营孵化基金。全年共资助院市合作建设 3 151万元，其中资助 7 个院市合作中心及平台建设 1 691 万元，资助 36 项院市合作项目 1 460 万元。

【技术创新专业镇】 2011 年，佛山市设立专业镇转型升级建设专项，从专业镇平台创新服务多元化工程、专业镇产业创新提升和产业基地与专业镇联动建设 3 个方面，实现专业镇全面转型升级，推动区域经济快速发展。截至 2011 年年底，佛山市共有省级专业镇 37 个，公共创新服务平台 34 个，专业镇与大学、科研院所共建科技机构 151 个，特色产业科技人员 102 579 人。专业镇创新平台以服务中小企业为重点，服务内容覆盖产品研发、检测认证、电子商务、知识产权、教育培训、会展物流等方面，进一步加强了特色产业关键共性技术的研究开发，推动了镇内企业应用高新技术及先进适用技术，为企业的创新活动提供技术服务，逐步成为专业镇企业发展的重要依托。

【知识产权工作】 2011 年，全市共办理各种专利费用减缓项目 171 项，大大提高了企业自主创新和保护知识产权的积极性。2011 年，全市专利申请共 20 391 件，其中发明专利 2 773 件；专利授权 16 353 件，其中发明专利 972 件。

2011 年，佛山市 12330 知识产权维权援助与举报投诉电话整合到 12345 行政投诉电话，充分发挥投诉热线服务平台的作用，提高知识产权维权援助与举报投诉的处理效率和质量。深入开展打击侵犯知识产权和制售假冒伪劣商品专项行动，全年连续开展 8 次联合行动，参与执法人员 86 人次，涉嫌专利侵权和假冒专利立案 17 件。

佛山市不断探索执法模式和手段，推荐和协调市陶瓷行业协会与市中级人民法院签订协议，实行“诉调结合”的模式。即由陶瓷协会调解行业内企业之间的知识产权纠纷，达成协议的可以到法院办理具有法律效力的确认手续，从而提高调解成功率。

【科技交流与合作】 2011 年 9 月 16 日，佛山市与中关村管委会在北京签订了全面战略合作协议。12 月 13 日，由佛山市政府主办、佛山市科技局承办的佛山市投资环境推介会在中关村举行，吸引中关村高科技项目进驻。双方的合作逐步迈入全方位、更加实质性的阶段。

佛山市积极开展与德国弗劳恩霍夫协会的合作。2011 年，双方在陶瓷、电子和节能环保等领域试点“合同科研”模式，以此推进产业转型升级。同时，与该协会展开了关于佛山新城中欧（德）工业服务示范区在规划设计、管理及后期招商等方面工作的洽谈，计划引进德国高水平的工业设计服务机构，以推动工业设计服务领域及科技服务产业的发展，提升制造业整体水平。

佛山市积极利用联合国工业发展组织拥有的国际平台和资源，大力推介产业、科技和投资政策，吸引海内外优秀科技项目落户。截至 2011 年年底，该组织已推荐多个高科技企业团队来访，并与部分企业进行对接交流，部分项目已进入谈判落地阶段。

【科普工作】 以“科技进步活动月”为契机，根据省科技厅、省委宣传部、省科协《2011 年广东省科技进步活动月工作安排的意见》精神，佛山市印发了《2011 佛山市“科技进步活动月”工作安排的意见》，发动群众参与，普及科技知识，面向基层开展组织了各种科普活动近 400 项。积极组织送科技下乡和送科技进园区活动，传授先进实用技术，普及科学知识，弘扬科学精神，提高人民群众的科学文化素质。

此外，根据佛山新城建设的总体部署，为了更好地发挥科学馆对市民的科普作用，佛山科学馆在佛山新城内规划建设了新馆，即佛山市公共文化综合体（科技馆与青少宫），截至 2011 年年底，土建工程部分已顺利封顶，该主体工程建筑面积约 7.1 万平方米，其中地上建筑面积约 4.2 万平方米，地下建筑面积约 2.9 万平方米。

（佛山市科学技术局　郑岁华）

韶关市

2011年，韶关市科技局围绕市委、市政府中心工作，挖掘科技需求；围绕企业、产业发展，掌握科技需求；围绕产业政策导向和产业技术发展方向，凝聚科技需求；围绕培育新型产业，创造科技需求；围绕校企互动合作，对接科技需求的“五围绕五需求”工作思路，按照“调研出思路——提出工作方案——争取各级创新资源支持——组织推进或引导项目实施及项目验收”的科技工作路线图展开工作。2011年，韶关市本级和全市10县（市、区）全部通过2009—2010年度国家科技进步考核，韶关市被评为“全国科技进步先进市”。南雄市被认定为“国家可持续发展实验区”。

【科技政策环境营造】 2011年，韶关市制定了《韶关市民营科技企业管理办法》，重新修订了《韶关市专利申请资助管理办法》《韶关市知识产权局专利申请资助管理办法实施细则》，出台了《韶关市加快引进培养高层次人才的实施办法（试行）》《韶关杰出贡献奖和韶关创业创新奖评选表彰暂行办法》《韶关市人才资源开发专项资金管理暂行办法》《韶关市引进培养高层次人才的认定标准（试行）》《韶关市专业技术拔尖人才选拔管理办法（修订）》《韶关市人才科研项目资金资助评审办法（试行）》等。

3月28日，经韶关市委组织部批准，韶关市科技企业创业园（孵化器）加挂了“韶关市高层次人才创新创业基地”牌子。这一重要举措将进一步加强园区人才的引进和培养力度，为该市打造品牌园区，促进经济社会跨越式发展提供高质量的智力保障。

【民营科技】 2011年，广东省对2008年及以前认定的省级民营科技企业进行了集中复核，韶关市共有58家民营科技企业通过了复核。2011年，韶关市新认定民营科技企业8家，截至2011年年底，韶关市共有73家省级民营科技企业。

韶关市民营科技工业园于2002年12月经省科技厅批准成立，园区坚持以招商引资和发展民营经济为重点，本着高标准规划、高起点建设和高效能管理原则，形成了以机械装备、玩具制造为主导产业和新材料、生物制药、新能源等新兴产业不断发展壮大的格局。截至2011年年底，园区落户项目有300多个，其中投产企业140多家。2011年，园区完成工业总产值107.3亿元，同比增长29.57%。

【产学研合作】 2011年，韶关市被批准为“省部产学研结合示范市”。乳源东阳光磁性材料有限公司承担的“宽温低损耗高叠加锰锌铁氧体及其生产技术的集成研究与应用”产学研项目，荣获2011年中国产学研合作创新成果奖。

2011年，该市获省级产学研合作项目立项19个，新引进18名科技特派员进驻15家企业，先后与暨南大学、中国科学院广州分院、华南理工大学、广东工业大学、韶关学院等签订了全面合作协议，在科技开发与成果转化、科技信息交流、城市发展、经济建设及社会发展等方面加强合作。创造条件加快推进高校、研究院所整体进驻、落户。6月，韶关市政府与暨南大学签署了共建暨南大学韶关研究院的合作协议，为进一步加强校市产学研合作搭建了平台；9月，韶关市欧莱高新材料有限公司与安徽理工大学共建了产学研基地及实践教学基地。

产学研创新联盟 截至2011年年底，韶关市共组建或参与组建产学研创新联盟2个。液压机械装备产学研创新联盟由浙江大学、广东工业大学等省内外10多所高校、科研院所和韶关市伟光液压油缸有限公司、韶关液压件厂等20多家企业组成。联盟成立以来，开展了近50项科技攻关，取得了98项专利，获得了18项科技进步奖，完成了与产业配套的热处理中心、表面处理中心、数字化动态检测平台等设施建设，并于2011年2月完成了技术路线图的制定，为液压油缸产业的未来发展指明了方向。另外，该市以东阳光集团为骨干企业参与组建了广东省铝镁轻金属材料产学研创新联盟。

液压机械装备产业技术路线图 2011年2月，编制完成了《广东省韶关市液压机械装备产业技术路线图》。该路线图的编制工作由韶关市科技局主持，机械科学研究总院、广东机械科学研究院、

广东有色金属研究院、武汉理工大学、浙江大学、上海交通大学、华中科技大学、广东工业大学、武汉科技大学等国家重点建设高校，与韶关市液压件厂有限公司、韶关市伟光液压油缸有限公司、广东韶配动力机械有限公司等液压机械装备产业产学研创新联盟的成员共同编制，集中专家学者、企业家以及政府和协会领导等的智慧，形成了对液压机械装备产业发展的共识，探索通过自主创新战略实现韶关市液压机械装备产业升级和结构调整的新思路和新方法。

基地建设　2011 年 5 月 8 日，中科院广州化学研究所中试基地和中科院广州有限公司南雄材料生产基地落户南雄市精细化工园。两大基地占地 6.3 公顷，总投资约 1 亿元，基地建成后近期将形成 1.5 亿元的年产值，远期将形成 2.5 亿元的年产值，为园区企业起到示范带动作用。

【技术创新工程】　2011 年，韶关市依托韶关市雅鲁环保实业有限公司新组建了韶关市水处理工程技术研究开发中心，依托韶能集团广东绿洲纸膜包装有限公司新组建了韶关市植物纤维模塑包装工程技术研究开发中心，依托乐昌市安捷铁路轨枕有限公司新组建了韶关市高性能混凝土工程技术研究开发中心。截至 2011 年年底，韶关的市级工程技术研究开发中心累计达 24 家。广东省韶关钢铁重点工程技术研究开发中心被评为广东省优秀工程技术研究开发中心。

截至 2011 年年底，该市共有创新型（试点）企业 4 家。宝钢集团韶关钢铁有限公司于 2008 年被认定为创新型企业，年研发经费投入 6 亿元；丽珠集团利民制药厂于 2009 年被认定为创新型企业，年研发经费投入 1 000 万元；乳源瑶族自治县东阳光化成箔有限公司于 2009 年被认定为创新型企业，年研发经费投入 2 000 万元；韶关宏大齿轮有限公司于 2008 年被认定为创新型试点企业，年研发经费投入 800 万元。

【科技服务体系】　韶关市有 9 家企事业单位建立的中小企业创新服务机构通过了国家审批。截至 2011 年年底，全市科技服务机构达到 11 家。这些服务机构搭建了网络服务平台，搜集有关科技、经济方面的决策参考、调查研究、新动向、新成果等信息，为企事业单位或个人咨询政策信息提供个性化服务。

【科技计划项目】　2011 年，韶关市申报省级以上科技项目 183 项，立项 55 项，获得经费支持 4 454.3万元，申报数和立项数均为历年之最。其中，全省创新医疗器械示范点获得近 240 万元的国产医疗器械设备，韶钢汽车零配件用钢、利民参芪扶正大输液项目获得战略新兴产业 1 500 万元的专项支持。“船用大功率低、中速柴油机特大型轴瓦”等 10 个项目获国家和省科技型中小企业创新基金支持，其中，获国家创新基金支持 4 项。

【科技成果与奖励】　韶关市仁化县泰和元有限公司参与完成的“难冶钨资源深度开发关键技术”项目，荣膺 2011 年度国家科技进步奖一等奖。该项目解决了我国难冶钨资源的高效清洁利用问题，形成新型结构硬质合金可转位刀片和钻齿等高技术产品。

广东鸿源众力发电设备有限公司完成的“水轮机转轮直径 7.2 米 GZ995 型灯泡贯流式水轮发电机组开发应用”项目，获多项国家专利，已在国内多个电站转化应用，并成功跨出国门，产品销往越南、土耳其、缅甸、老挝等国家，共装机 40 台机组，取得了显著经济效益，获得 2011 年度广东省科学技术奖二等奖。

该市评选出 2011 年度科技进步奖 67 项，技术水平达到国内领先水平的有 4 项，达到国际或国内先进水平的有 20 项，成果转化率达 90% 以上，工农业获奖项目新增产值 11 亿多元，新增税利 3 亿多元，节支 1.9 亿元。

【高新技术及战略性新兴产业】　2011 年，韶关共有 8 家高新技术企业通过了复审，有 6 家企业被认定为国家高新技术企业。截至 2011 年年底，韶关市有效期内的高新技术企业共 25 家。

2011 年，广东省韶关烟草机械配件厂有限公司的“GD 包装机 CV 条盒透明纸吸风输送装置”和韶关市赛力乐液压件制造有限公司的“多功能超高压支撑器”2 个产品被认定广东省自主创新产品；韶关西格玛技术有限公司的“ITO 超高密度靶材”、丽珠集团利民制药厂的“参芪扶正注射液”等12家企业的15个产品被认定为广东省高新技术产品。全年高新技术产业工业总产值达344.56亿元，同比增长13.7%。

2011年，韶关高新区完成工业总产值107.34亿元，同比增长29.6%；完成工业增加值23.42亿元，同比增长21.7%。园区产业形成了机械装备产业重点发展，新材料、生物制药、新能源等新兴产业异军突起的喜人局面。

培育了ITO粉末、靶材等一批新材料产业。发展了广东丹霞生物制药有限公司、东阳光制药有限公司等一批生物医药产业，其中丽珠集团利民制药厂的“非PVC袋装产品”成为世界上第1个非PVC袋装纯中药大输液，填补了国内外输液生产的一项空白。培育发展了以液压油缸产业为龙头的一批先进机械制造业。扶持了曲江LED产业园、深圳深华龙集团韶关分公司等单位发展LED照明产品及其配套产品、原部件供应产业。培育了韶关科艺创意工业有限公司等一批文化创意产业。以南雄精细化工园等产业转移园区为载体，培育一批战略性新兴产业；以科技企业创业园、高新区等科技创新平台为载体，孵化和培育韶关广化科技有限公司等一批战略性新兴产业。

【农业科技】 2011年，韶关市成功申报2项国家星火计划，15项广东省农业科技项目，2个国家科技富民强县专项（乐昌市和仁化县），1个广东农业科技园建设项目。仁化县的“油茶产业化生产”和乐昌市的“粤北山区安全优质农产品生产技术应用与推广”2个项目被列入国家科技富民强县专项行动计划。“万亩优质高产蚕桑示范基地建设”项目成功入选科技部“十二五”农村领域科技计划预备项目库。4个项目入选“十二五”广东省农业领域科技计划备选项目库。乐昌市和仁化县被认定为“广东省粮食优质丰产科技示范县”。韶关市种子总站站长熊克勤获得了首届企业科技特派员农村科技创新创业大赛一等奖，这是广东省唯一的一等奖获得者。

其中，“韶关市广东农业园区”项目建设有利于韶关农业结构调整，推动农业产业聚集，加快农业产业化进程。韶关市广东农业科技园区（以下简称“园区”）是在2009年由韶关市人民政府批准的粤北现代农业示范园区的基础上建立的。园区分为核心区、示范区、辐射区，核心区位于韶关市东郊的仁化县大桥镇、曲江区大塘镇和枫湾镇，主要承担农业科技项目的引进、孵化和新品种的培育以及农产品的深加工；示范区在核心区外围，辐射区在示范区外围。园区确立了科技农业、生态农业、加工农业和市场农业为主的“四型农业”发展定位，园区建成后具有农业科技创新、科技成果孵化、现代农业示范、科技培训、科普教育、旅游观光等综合功能。园区自2009年启动建设以来，已入驻或签约企业40余家，入园企业初步形成了以优质蔬菜业、优质水果业、油茶产业、生猪养殖业、良种奶牛业为龙头的现代农业产业集群。

【专业镇和特色产业基地】 2011年，韶关市新增市级专业镇3个。截至2011年年底，全市共有省、市级专业镇33个。33个专业镇共拥有技术创新平台22个，同比增长15.7%；专利申请量32件，同比增长23.07%；专业镇特色产业产值23亿元，同比增长14.5%；专业镇GDP为56亿元，同比增长12.6%。液压油缸、铝箔、有色金属材料等三大特色产业基地2011年总产值达120亿元。

【知识产权工作】 2011年，韶关市专利申请量首次突破1000件，达1245件，同比增长33.8%，其中发明和实用新型专利申请量占总量的50%以上，拥有PCT国际专利申请累计达6件，专利申请量连续6年位居全省山区市第1位。全市专利授权量668件，同比增长19.7%。专利资助共4批，资助金额64.31万元。

引进了广州新诺专利商标事务所有限公司来韶创建分公司。截至2011年年底，韶关市有2家专利服务中介机构。

2011年，仁化县被确定为2011年省知识产权试点区域，韶关盛怡文具有限公司被列为广东省知识产权优势企业，曲江实验小学被确定为2011年省中小学知识产权教育示范学校。截至2011年年底，全市拥有省级知识产权试点县（市、区）3个（武江区、乐昌市、仁化县），省级知识产权优势企业8家，省级知识产权试点事业单位2个（韶关学院、韶关技师学院），省级中小学知识产权教育试点（示范）学校9所，省知识产权战略试点企业1家。广东东阳光铝业股份有限公司被列为广东省知识产权示范企业及全国企事业知识产权试点单位。

在第20届全国发明展览会上，韶关市收获1金1铜。恒鑫科贸有限公司研发的“一种新型智能高频开关电源”荣获金奖，该专利在DC/DC变换器的输出端联接有取样电阻R1，取样电阻R1依次与比较放大器、脉宽调制器和驱动器相联，并通过驱动器与DC/DC变换器相联，具有小型化、薄型化、轻量化、高频化、高可靠性、低噪声的优点，适应于信息、家电、军事、航天、交通等领域。韶关学院研发的“绿色环保型透水砖的制备”项目获得铜奖。

2011年，该市通过广播电台和电视台在节目黄金时段滚动播放“深入开展打击侵犯知识产权和制售假冒伪劣商品专项行动”和“坚决打击侵犯知识产权和制售假冒伪劣商品行为”等内容的公益广告宣传标语以及《保护知识产权、打击假冒侵权》公益广告宣传片。在市区的大型批发市场、商业街等人流集中的场所设置或悬挂“深入开展打击侵犯知识产权和制售假冒伪劣商品专项行动”等相关内容的公益宣传和户外广告。该市知识产权局多次联合市工商局、文广新局、公安局开展侵犯知识产权和制售假冒伪劣商品专项宣传和执法检查行动。行动中，抽查了涉及专利、版权产品一批，并对商家进行了专利标识、出版物的鉴定、商标使用的宣传教育，提高了商家的知识产权保护意识。2011年5月15日，该市“双打”办与公安经侦系统联合本地工商、烟草、税务、银行、质检、药监、知识产权等部门，在全市范围内开展了主题为“打击防范经济犯罪共建和谐美好生活”的大型宣传咨询活动。活动期间，共派发各种宣传资料5 000余份，为群众提供咨询300余人次，编制专项行动工作简报11期。

【科普工作】　韶关市科技局高度重视科技宣传工作，出台了《韶关市科学技术局宣传工作奖惩办法（暂行）》，于2011年1月1日起实施。2011年，该市科技局在各类媒体上共发表宣传稿件204篇，其中10多篇稿件在《广东科技报》、南方网等省级媒体发表，多篇稿件作为《韶关日报》头版头条刊登。

2011年，该市组织科技、卫生、农业、林牧渔等专家建立咨询服务台，为群众解答种养、消费、医疗、健康等方面的疑难，现场发放各种科普资料共3万余份（册），咨询服务1万多人次，发放各类宣传画5 000余张，义诊、义治、义询3 000余人，展出科普宣传展板、挂图1 800余幅。南雄市开办《科普大篷车》电视栏目，其中《黄烟科技窗》节目帮助农村和农民解决了农业生产中的难题，深受群众欢迎。2011年，该市在乡镇共举办39场不同内容的科普培训班，培训人员5 740多人，免费发放科技资料近1.2万份。积极开展科技下乡活动，为村科普活动站赠送科普图书和种养殖适用技术等书籍5 000余册。

【防震抗灾】　韶关市仁化地下水位观测站（粤04井）在2011年度省地震观测资料总评中获优秀，在全省排名第2名。截至2011年年底，韶关市有6个地震台（站）、5个地震宏观观测点、4个地震应急避难场所、6个地震安全示范村、1个地震应急物资储备中心。

2011年，韶关市印发了《关于加强我市农村民居地震安全示范工作的通知》，举办农村民居抗震技术培训班，向农民工匠发放建房抗震技术培训资料约600多册。2011年，地震安全示范村——回龙镇新村通过了验收。12月11日，韶关市地震局联合韶关学院、韶关市公安消防局、韶关市红十字会等部门在韶关学院开展了地震应急演练。

2011年，韶关市共展出各类防震抗灾宣传板5 000余块（次），发放各类宣传资料2万余张（册），举办宣传讲座2场，解答群众疑问5 000余人次，出动宣传车30辆（次），利用各级电视台循环播放资料片50次，广泛普及了防震减灾知识。该市地震局参与处理突发性事件，如为韶关市韶赣高速公路马坝立交“5·26”坍塌事故调查工作小组提供技术帮助，协助处理仁化粤04井水位突然上升事件，维护了社会安全稳定。

（韶关市科学技术局　夏敬华）

河 源 市

2011年，河源市科技系统认真贯彻落实市委五届九次全会精神，大力弘扬新时期河源人精神，服务“四新”产业发展，以提高科技创新能力为总目标、总任务，努力推动全市科技工作上新台阶，全市各项科技事业取得了长足发展，为建设幸福河源提供了坚实的科技支撑。

【民营科技】 2011年，河源市申报省级民营科技企业7家，获省认定6家，截至2011年年底，全市共有省级民营科技企业54家，市级重点民营科技企业100多家。

【产学研合作】 2011年，河源市以创建“省部产学研示范城市”为契机，把产学研结合工作与河源市打造现代产业体系、提升企业竞争力、转变发展方式等结合起来。建立了由市科技、教育、人事、发改、经信、质监等部门为成员的“河源市产学研结合示范市建设联席会议制度”，制定了《河源市产学研结合“十二五”发展规划纲要》。积极引进和聚集创新要素，引导河源市企业与省内外高等院校、科研院所合作，共建研发机构。先后组建了华南工业设计院河源工作室、广东工业大学河源研究院、广东工业大学河源通信技术研究所、广东工业大学创新团队/领军人才河源工作室、广东工业大学河源两化融合研究中心、广东工业大学机械装备制造及控制技术教育部重点实验室河源分室等众多研究开发机构等。

2011年，全市新增校企共建研发中心7家，组织产学研合作项目34项、重大科技专项7项、产学研示范基地1项、粤港关键领域重点突破项目1项、战略性新兴产业核心技术攻关项目3项。截至2011年年底，共有60多家企业（单位）与30多所国内外高校和科研院所建立了产学研合作关系，组建省部产学研创新联盟1个，共建研究院、研发基地5个，建设科技企业孵化器1个。

企业科技特派员队伍进一步扩大。2011年，新增企业科技特派员12名，总数达到41名。科技特派员进驻企业后，积极开展创新性研究及成果转化，年内由企业科技特派员参与的产学研合作项目16项，新增产品26个，新增专利35件，有效地解决了河源市企业的技术和人才难题，优化了资源配置，企业自主创新能力和竞争力显著提高。

【技术创新工程】 2011年，河源市着重抓好“四新”产业领域的省、市级工程中心的建设，会同市发改局、市经信局根据企业的申请，对申请市级工程中心的依托企业进行实地考察，对广东汉能光伏有限公司、景旺电子科技（龙川）有限公司、河源市新天彩科技有限公司、河源铁研科技有限公司、广东富阳生物科技有限公司、广东万绿酒业有限公司、东源县顺景生态农业发展有限公司7家企业组织专家进行论证，成功组建了一批工程中心，为该市“四新”产业的壮大发展和新产品的研发提供有力的科技支撑。截至2011年年底，河源市已有省级以上企业工程中心10家，市级工程中心26家，以企业为中心的创新体系得到进一步完善。

在市委、市政府的高度重视下，通过切实提高认识，强化扶持意识；规范金融秩序，改进金融服务；增加资金补助，提升企业活力；减轻企业负担，缓解企业压力；提高服务水平，优化发展环境的做法，该市创新型企业得以快速发展。截至2011年年底，全市有河源富马硬质合金股份有限公司、广东和平君乐药业有限公司2家省级创新型企业。

【科技服务体系】 2011年，市生产力促进中心顺利通过ISO9001：2008质量管理体系认证，被评为广东第2批省级示范生产力促进中心。高新区科技企业孵化器成功升级为省级科技企业孵化器，完善了从申请孵化、申办企业、产品鉴定到成熟毕业的一条龙培育服务。入孵项目15项，科技研发人员70多人，其他工程人员120多人，项目总投资8 000多万元。科技企业孵化器实现良好运转，有效促进了创新要素向生产力转变，强化了高新技术产业的聚焦度，营造了科研人才共同研发、协作创新的“小气候”，为河源市“四新”产业发展壮大注入了源源不绝的创新动力，为推进市高新区升级为国家级高新区提供了创新支撑。

【科技计划项目】 2011 年，河源市获省科技厅立项的产学研合作项目及重大科技专项共 46 项，省级工业攻关项目 12 项，省级社会发展项目 16 项，民营科技企业创新试点项目 3 项，促进科技服务业发展项目 9 项，高新区发展引导专项 18 项，省级科技型中小企业技术创新专项 6 项，国家级科技型中小企业技术创新专项 2 项，省级农业类科技计划项目 43 项，省级民营科技企业 7 家。科技项目的申报与实施，成功为河源市凝聚了一批高素质、高技术、高规格的人才队伍，为河源市高新技术产业发展积累了宝贵经验，增强了企业发展信心。

【科技成果与奖励】 2011 年，河源市共组织 19 项科技项目进行市级科技成果鉴定。2011 年评出 2010 年度市科学技术进步奖项目 35 项，其中一等奖 4 项、二等奖 17 项、三等奖 14 项。7 月中旬隆重召开全市科技奖励大会，对 2009 年度、2010 年度共 58 项获奖项目进行了颁奖。

【高新技术及战略性新兴产业】 2011 年，全市共有 8 家企业获得国家级高新技术企业认定。截至 2011 年年底，全市高新技术企业总数达到 16 家。

2011 年，广东超越光电有限公司获得省委 9 号工程照明示范，促使该公司成为本省 LED 照明领军企业。

【农业科技】 2011 年，河源市共组织申报省级专业镇转型项目 5 项、省级农业类科技计划项目 43 项，广东省粮食生产示范县 2 个；新增农村科技特派员（个人及法人）30 多个、工作站 3 个；认定河源市绿之宝食品有限公司等 4 家企业为第 3 批河源市农业技术创新中心组建单位。截至 2011 年年底，全市农业技术创新中心总数达到 12 家。

【专业镇及特色产业基地】

专业镇 2011 年，河源市积极推进专业镇转型升级，通过深入开展专业镇调研，把握专业镇发展脉搏，探索转型升级路子，形成了《河源市专业镇情况汇报》，起草了《关于推动我市专业镇转型升级工作的建议》文件。和平县林寨镇、连平县田源镇及龙川县黎咀镇被评为 2011 年河源市技术创新专业镇。截至 2011 年年底，河源市共有省级专业镇 14 个、市级专业镇 30 个。

特色产业基地 2011 年，河源市新能源产业和新材料产业被省认定为广东省火炬计划新能源特色产业基地和广东省火炬计划新材料特色产业基地，两大特色产业基地的建设为实现河源的生态崛起提供了强有力的产业支撑。

在新能源特色产业基地方面，通过广东汉能光伏有限公司的非微晶叠层薄膜太阳能电池项目建设，带动了全市太阳能光伏产业的发展。其中，投资 3.2 亿元的广东国华太阳能发电、投资 3.2 亿元的河源市中晶太阳能电池组件、投资 20 亿元的南玻太阳能玻璃、投资 25 亿元的旗滨硅业有限公司、投资 16 亿元的隆玻新能源材料有限公司等项目相继落户河源，初步形成从石英砂开采加工到太阳能电池生产、太阳能发电为一体的光伏产业链。

在新材料特色产业基地方面，通过硬质合金项目建设，带动了以富马硬质合金为龙头，普益合金、正信合金、永兴合金等一批硬质合金型材生产项目的加快实施，河源将建成广东乃至全国微晶硬质合金生产基地，并形成以中、高档特色制品为主，涵盖多品种、多系列的特色制品国家级产业基地，其中富马硬质合金在项目建成后将年产高精密、高性能化的超小、超薄硬质合金制品 600 吨以上。

【知识产权工作】 2011 年，市政府下发了《河源市贯彻落实国家和省知识产权战略纲要的实施方案》和《关于大力推进知识产权的实施意见》，为促进河源市实施知识产权战略，推动经济增长方式改变，提升经济整体素质和综合竞争力提供了制度基础。河源市超越光电科技有限公司被确定为 2011 年广东省知识产权示范企业。

专利申请与授权 2011 年，全市专利申请量累计为 489 件，同比增长 15.88%，其中，发明专利 147 件、实用新型专利 151 件、外观设计专利 191 件；授权量为 372 件，同比增长 89.8%，其中，发明专利 5 件、实用新型专利 209 件、外观设计专利 158 件。

知识产权宣传教育 积极开展知识产权宣传

教育活动，着力提升全社会的知识产权意识。4月26日，紧紧围绕第11个世界知识产权日的主题“知识产权助推经济转型”，在市区广晟广场隆重举行“4·26知识产权宣传日”大型宣传咨询活动。截至2011年年底，河源市共有省级知识产权教育示范学校2家、省级中小学知识产权教育试点学校11家、市级知识产权示范学校1家、市级中小学知识产权教育试点学校12家。通过开展评定知识产权教育示范、试点学校工作，树立了知识产权从娃娃抓起的理念，进一步推进了知识产权事业向纵深发展。

知识产权保护 按照国务院统一部署，在省“双打”专项行动领导小组的带领下，由市知识产权局牵头，成立了由市科技、经信、发改、工商、质监等24个部门为成员单位的河源市打击侵犯知识产权和制售假冒伪劣商品专项行动领导小组，共召开会议16次，出动执法人员10 296人，出动宣传车53辆，新闻媒体报道2 325次，报送“双打”专项行动简报22期，对重点地区和重点领域整治20次，各级行政执法部门共立案499件，涉案金额1 833.67万元，捣毁制假窝点32个，罚没物品35 652件。

【科普工作】 2011年，源城区各镇、街道积极组织相关技术人员深入农户和社区，开展蔬菜、养猪、各类农产品加工技术等培训和技术咨询。6月，东源县邀请省科技厅、省科协、省科学院、省农业科学院、华南农业大学等省直有关单位负责人及专家教授参加了“科技兴农，推动社会主义新农村建设”为主题的送科技下乡活动。连平县积极开展市级科普示范镇、村、基地创建工作。和平县紧扣“节约能源资源、保护生态环境、保障安全健康”主题进行广泛的科普知识宣传，2011年被评为2011—2015年度全国科普示范县，是河源市获得此殊荣的唯一县区。龙川县培育建立了一批农村专业技术协会、科普示范基地和科普带头人。紫金县围绕社会主义新农村建设、扶贫开发和镇村产业经济的发展，举办各类农村实用技术培训班68期5 500多人次。

（河源市科学技术局　黄　强）

梅　州　市

2011年，梅州市科技部门紧紧围绕“全力加快绿色的经济崛起，建设富庶美丽幸福新梅州”的核心任务，不断深化科技交流与合作，加快科技成果转化和产业化，大力培育发展高新技术产业和战略性新兴产业，努力提高科技综合实力，为梅州市经济社会平稳较快发展提供了强有力的科技支撑。

截至2011年年底，梅州市共有产学研示范基地14家、国家火炬计划重点高新技术企业1家、广东省创新型企业3家、广东省创新型试点企业3家、广东省“百强创新型企业培育工程”示范企业2家、高新技术企业40家、广东省民营科技企业76家、广东省工程中心25家、市级工程中心22家、市级农业科技中心15家、广东省健康农业科技示范基地15个、国家重点实验室1家、省级重点实验室1家、省级生产力促进中心4家、省知识产权优势企业9家、省知识产权试点区域3个、省知识产权教育试点学校8所、省知识产权教育示范学校1所、广东省可持续发展实验区2个、省级青少年科普教育基地6家。2011年，梅县金象铜箔有限公司“挠性线路板用高延展性低轮廓铜箔”被认定为广东省重点新产品，梅州市磁性材料厂“高性能铁氧体汽车电机磁瓦”被认定为广东省自主创新产品。

【科技政策环境营造】 为促进梅州市企业开展研究开发和技术创新，保证企业研究开发费加计扣除政策的落实，市科技局认真贯彻执行国家税务总局《企业研究开发费税前扣除管理办法（试行）》和《财政部关于企业加强研发费用财务管理的若干意见》政策，对符合国家和省的技术政策和产业政策研究开发活动项目，按照税务部门要求，对申请享受研究开发费加计扣除政策项目进行初审。2011年，市科技局共受理研究开发费用税前扣除政策的企业7家，并对7家企业21个研究开发费用税前扣除项目进行初审，研发费用支出共2 821.7万元，按50%享受税前加计扣研发费用金额1 410.88万元，减免税353万元。研究开发费税前加计扣除政策的落实，在一定程度上调动了企业研发“新产品、新技术、新工艺”的积极性，提高了企业研发能力，促进企业成为技术创新的主体，也营造出有利于科技创新的政策环境。

【民营科技】 2011 年，梅州市共组织 6 家企业申报广东省民营科技企业，全部通过认定。对 2008 年及之前认定的 53 家广东省民营科技企业进行集中复核，上述企业全部通过复审认定。截至 2011 年年底，梅州市 76 家民营科技企业中，有 16 家被认定为国家高新技术企业。2011 年，梅州市民营科技企业资产总额 91.68 亿元，技工贸总收入 61.95 亿元，利润总额 2.68 亿元，上缴税金 2.72 亿元，创汇总额 1.80 亿美元。

【产学研合作】 2011 年，梅州市科技局结合地方产业特色和需求，积极引导和组织本地区的骨干企业、核心企业与优势高校和科研机构建立产学研合作关系，共组织实施省部、省院产学研合作项目 54 项，获省专项资金支持达 1 895 万元。截至 2011 年年底，梅州市有 175 家企业与高校建立了产学研合作关系，有省部产学研示范基地 14 个、产学研创新联盟 4 个、科技特派员工作站 3 个，有 206 名科技特派员派驻梅州市企业，逐渐形成了“院校支持平台，平台服务企业，企业自主创新”的有效机制，有力地推动了科技创新体系建设和自主创新能力的提高。

2011 年，梅州市共组织申报产学研合作项目 92 项，其中：重大（点）项目 21 项、引导项目 60 项、省院合作项目 4 项、产学研示范基地项目 1 项、省部产学研结合创新平台项目 4 项、科技特派员工作站建设项目 2 项。共获批准立项 48 项，其中：省院合作项目 3 项、省部合作项目 45 项。省部合作项目 45 项可细分为引导项目 34 项、重大专项 5 项、科技特派员工作站建设项目 2 项、创新平台项目 4 项，共获得经费 1 685 万元。

【技术创新工程】 2011 年，梅州市组建省级工程中心 2 家、市级工程中心 9 家、市级农业创新中心 2 家。截至 2011 年年底，梅州市共有省级工程中心 23 家、市级工程中心 21 家、市级农业创新中心 14 家。

2011 年，广东嘉元科技股份有限公司被认定为第 4 批广东省创新型企业，广东嘉应制药股份有限公司被认定为第 5 批广东省创新型试点企业。截至 2011 年底，梅州市有广东省创新型企业 3 家、广东省创新型试点企业 3 家、广东省“百强创新型企业培育工程”示范企业 2 家。

【科技服务体系】 2011 年，梅州市围绕《促进科技服务业发展计划项目申报指南》，组织申报促进科技服务业发展专项计划项目 12 项，共批准立项 10 项，获得经费支持 130 万元。项目的实施对促进梅州市科技服务创新示范基地及创新服务平台建设和科技服务机构能力培育起到积极作用。

【科技计划项目】 据不完全统计，2011 年，梅州市获广东省科技项目立项 154 项，获得科技经费总额达 9 976 万元，经费总额较 2010 年翻了接近一番。

根据省科技厅的相关要求，“广东省绿色照明示范城市”项目下达后，梅州市科技局努力做好项目的监督和管理，按照《梅州市 LED 产业发展规划（2010—2015 年）》《梅州市推进 LED 产业发展与应用示范工作实施方案》等文件精神，使项目有序、顺利实施。

【科技成果与奖励】 2011 年，梅州市共组织推荐省级科技成果鉴定 2 项，市级科技成果鉴定 46 项，鉴定成果获得国际先进 1 项、国内领先 1 项、国内先进 3 项、省内领先 2 项、省内先进 28 项、市内领先 8 项。评选出 2011 年度梅州市科学技术奖项目 44 项，其中一等奖 1 项、二等奖 12 项、三等奖 31 项，获奖项目中，可直接产生经济效益的项目累计新增产值 27.1 亿元，年新增利税 2.62 亿元。在 2011 年度广东省科学技术奖评审中，梅州市梅县宝丽华荷树园电厂的“300MW 循环流化床煤矸石资源综合利用机组”获特等奖，大埔桃源昌隆陶瓷工艺厂的“全釉薄胎陶瓷技术”获二等奖。

【高新技术及战略性新兴产业】

高新技术产业 2011 年，梅州市有 10 家企业获认定为国家高新技术企业。截至 2011 年年底，梅州市共有高新技术企业40家。广东嘉元科技股份有限公司申报国家火炬计划重点高新技术企业并获得批准。梅州市共组织申报高新技术产品认定20个，对2010年新认定的5家高新技术企业各奖励10万元。

战略性新兴产业　2011年，通过梅州市科技局与企业的共同努力，培育战略性新兴产业工作初见成效。广东赛翡蓝宝石科技有限公司的“LED蓝宝石衬底ASF工艺创新”项目获得立项资金5 000万元，突破历史记录。这一项目的成功实施，不仅将给梅州带来每年120亿元的产值，更将充分发挥产业链上游企业的龙头带动作用，为梅州占据广东省乃至我国LED芯片上游关键材料生产的制高点奠定坚实基础。

【农业科技】　2011年，为加快梅州农业发展方式转变，提升科技引领和产业集聚总体水平，梅州市组织申报“广东省农业科技园区建设专项”成功获得省科技厅立项支持，获得专项经费300万元，为申报“国家级农业科技园区”打下了坚实的基础。

2011年，梅州市共申报升级农业类项目44个，立项17个，获项目资金556万元。其中健康农业科技示范基地3个，获项目资金45万元；广东省农业科技园区1个，获项目资金300万元；农业攻关项目7个，获项目资金98万元；农业创新中心2个，获项目资金35万元；现代农业科技强县专项1个，获项目资金50万元；星火计划3个，获项目资金28万元。这批项目完成后将年新增产值8 500万元，年新增利税550万元，带动农户3 500户参与发展相关种养及深加工业，极大地提升该市农业科技项目实施的示范作用，经济和社会效益非常明显。

【技术创新专业镇】　2011年，梅州市专业镇工作以推进产业转型升级的“一镇一策”行动和“专业镇创新服务体系建设”为重点，围绕5个课题开展专项组织实施工作。截至2011年年底，已有平远县仁居镇等11个省级专业镇获得省科技厅专业镇转型升级专项的立项，共获项目经费350万元。

2011年，梅州市新认定省级技术创新专业镇6个、市级技术创新专业镇8个。截至2011年年底，全市拥有省级技术创新专业镇31个、市级技术创新专业镇33个。全市特色产业产值超过150亿元，比上年增加近30亿元，增幅达25%。

【知识产权工作】　2011年，梅州市专利申请988件，同比增长71.8%，其中发明专利111件、实用新型专利317件、外观设计专利560件；专利授权692件，同比增长30.5%，其中发明专利29件、实用新型专利225件、外观设计专利438件。自1985年实施《专利法》以来，全市累计专利申请量为3 953件，专利授权量为2 650件。

2011年，梅州市举办知识产权培训班10场次，培训人数1 000多人；开展查处假冒专利执法行动10次，共出动执法人员50多人次；调解专利侵权纠纷1宗。

【科技交流与合作】　2011年，梅州市认真落实《梅州市人民政府、广东省科学技术厅加快科技创新实现绿色崛起科技合作协议书》和《梅州市加快科技创新实现绿色崛起科技合作实施方案》，加强与广东省的中山大学、华南理工大学和外省的哈尔滨工业大学、电子科技大学、武汉理工大学等国家重点建设高校合作，制定并出台系列具体扶持政策措施，支持博敏电子股份有限公司与成都电子科技大学、广东超华科技股份有限公司与华南理工大学合作完成共建国家重点实验室梅州分实验室及广东省企业重点实验室共2家。

【科普工作】　2011年，梅州市紧紧围绕“依靠科技进步，转变发展方式，建设幸福梅州”的主题，开展送科技下乡活动。通过举办形式多样的科技创新和科普宣传活动，为广大企业开展技术创新活动和为广大人民群众解决生产生活问题提供科技咨询服务，营造了“信科学、爱科学、学科学、用科学”的良好社会氛围。

6月21日，结合扶贫开发“双到”工作实际，梅州市科技局在挂钩扶贫点大埔县洲瑞镇举办大型科技集市活动。活动现场为农户送去各类先进适用农技书籍、食用菌栽培技术书籍、防灾减灾宣传小册3 000多份，良种果树1 000多株，名贵树种800多株，食用灵芝、虫草600多份，展示防震减灾等科技宣传画册、挂图 30 多幅，为 60 多名群众义诊并赠送了药品，参加活动的群众 600 多人。

【防震抗灾】 梅州市为及时掌握全市地震活动形势和地震前兆监测情况，于 2011 年 11 月 8 日召开了梅州市 2012 年度地震趋势会商会，对下年的地震形势提出了预测意见，并加强防震减灾宣传，动员和配合电视台、报刊、电台等主流媒体，紧密围绕公众关注的问题，开展防震减灾专栏、专题节目。日本发生 9.0 级特大地震后，梅州市科技局地震部门及时通过梅州电台、梅州日报社对梅州的防震减灾情况及地震形势作了详细解释，安抚了民心，稳定了社会。积极开展地震应急避险演练，2011 年，梅州市共组织地震应急避险演练与宣传讲座 6 场次。

（梅州市科学技术局　黎巧君）

惠　州　市

2011 年是“十二五”规划的开局之年，也是惠州市全面实施《珠江三角洲地区改革发展规划纲要（2008—2020 年）》和深莞惠一体化发展非常重要的一年。惠州市科技工作始终坚持以科学发展观为指导，以转变经济发展方式和优化结构为主线，以提高自主创新能力和培育战略性新兴产业为核心，以大力发展高新技术产业和构建科技创新体系为主体，在科技发展方面取得了显著成效，惠州市再次获得“全国科技进步先进市”称号。

【科技政策环境营造】 2011 年，惠州市政府修订了《惠州市科学技术奖励办法》，该《办法》规定在市科学技术奖中增设专利类奖，分为金奖、优秀奖两个等级，授予其专利技术对促进本领域科技创新有突出作用且在实施中取得显著经济效益的专利权人。积极稳妥推动 LED 路灯示范工程的实施，出台了《惠州市建设广东省绿色照明示范城市（LED 路灯）实施方案》。

【民营科技】 2011 年，惠州市新获认定民营科技企业 49 家，其中新获认定广东省民营科技企业 31 家、市民营科技企业 18 家。截至 2011 年年底，民营科技企业已达 221 家，其中省级 138 家、市级 83 家。

【产学研合作】 惠州作为省部产学研结合示范市，产学研结合已成为惠州市提高自主创新能力和企业竞争力的重要手段和最有效途径。经科技部和国家科技奖励工作办公室批准，市科技局获得了由中国产学研合作促进会组织评选的 2011 年度中国产学研合作创新与促进奖。

截至 2011 年年底，全市已有 100 多家企业与全国 60 多个高校和科研院所建立了紧密的产学研合作关系，实施了 360 多个产学研结合项目，其中 107 项获得省部院产学研专项资金支持，获得资助经费 6 326 万元，组织实施市级产学研项目 250 多项，累计下拨专项经费 1 亿多元。截至 2011 年年底，惠州市企业牵头组建省部院产学研技术创新联盟 2 个、参与组建省部院产学研技术创新联盟 4 个、建立了省部产学研结合示范基地 6 个、省部产学研结合科技创新平台 2 个、企业科技特派员工作站 5 个、院士工作站 1 个、广东省企业重点实验室 3 个、中科院广州技术转移中心惠州分中心 1 个和低碳经济技术育成中心 1 个，与中山大学、华南理工大学、暨南大学、武汉大学、合肥工业大学、西安电子科技大学等 10 所高校和科研院所签订了全面合作协议，经省部院产学研办认定入驻惠州市的企业科技特派员有 298 名。

主要做法 1. 加强组织领导，营造产学研合作的良好环境。2011 年，相继出台了《印发惠州市建设省部产学研结合示范市实施方案的通知》和《关于推进省部产学研结合示范市与广东省技术创新工程试点市建设的实施意见》。从 2011 年起，市财政每年安排产学研结合专项经费 1 000 万元，仲恺高新区、大亚湾开发区每年各安排 500 万元，惠城区、惠阳区每年各安排 300 万元，博罗县每年安排 200 万元，惠东县每年安排 150 万元，龙门县每年安排 50 万元作为各县、区的产学研结合专项经费，引导带动其他经费投入和企业经费投入，切实推动惠州市产学研合作工作。

2. 注重发挥大型企业集团产学研合作中坚主力和引擎作用，推动产学研合作全面快速发展。2011 年，惠州市继续坚持“科技兴市”的发展战略，坚定不移地走发展内外向型经济的道路，重点培育 TCL、德赛、华阳等一批大型国有（控股）企业集团以及一批民营科技企业。惠州市积极引导支持大型企业把产学研合作提升到战略和决策的层面上，在制定发展战略，特别是在技术发展战略、国际战略的制定上，充分发挥高等院校和科研机构“智能库”和“信息库”的作用，吸引高校和科研机构、咨询机构的权威专家共同参与决策，确保决策的方向性和正确性。

3. 实施校（院）地全面合作战略，政府搭台、企业唱戏。2011 年，惠州市企业先后与中山大学、广东工业大学、武汉大学、华中科技大学、西安电子科技大学、合肥工业大学、中国科学院南京土壤研究所等高校、科研院所签订了产学研结合全面战略合作协议，共建国家数字家庭工程技术研究中心、宽禁带半导体国家重点学科实验室惠州分中心、广东省院士工作站等重大科技创新平台，积极引导企业与高校科研院所合作，资源共享，实现市场资源和技术资源的优化配置，广泛开展全方位、多领域、深层次的校企、校地合作。

4. 构建省部产学研创新平台，为产业集群发展提供支撑。围绕产业发展需求，大力推进国家重点实验室、国家工程技术研发中心等国家级创新平台与惠州市企业联合建立分支机构，共建省部产学研重大创新平台。对联合组建的国家级、省级创新平台，市政府分别一次性给予 100 万元和 50 万元经费支持。2011 年，启动了引入国家级 LED 产品（惠州）检测中心、国家多媒体软件工程技术研究中心惠州分中心和国家卫星定位导航工程技术研究中心惠州分中心建设计划，吸引更多的高校科技人才和资源为惠州市经济社会发展服务。

5. 实施省部企业科技特派员行动计划，产学研合作阵地前移。继续实施“省部企业科技特派员行动计划”，从国家重点建设高校和科研院所选派一批科技特派员进驻企业并给予相应的支持，引导高校和科研院所的创新资源向企业流动，促进科技成果向企业转移，帮助驻点企业解决技术难题，提升企业抵御国际金融危机能力。

6. 开展“走出去、引进来”的产学研合作创新模式。为进一步深入实施自主创新战略，加快转变经济发展方式，促进产业结构调整升级，推动惠州市省部产学研结合示范市建设，2011 年，在省部院产学研办的领导和组织下，市科技局相关负责人率惠州市部分科技管理人员和企业负责人代表团先后赴合肥、成都、西安、武汉、长沙等地调研考察，与当地重点高校开展了产学研对接活动。考察团一行分别与合肥工业大学、四川大学、电子科技大学、西安电子科技大学、武汉大学、华中科技大学、中南大学和湖南大学等有关单位负责人、专家教授就有关项目合作的具体问题进行了深入交流，达成了多个合作意向。

主要成效 1. 组织实施了一批产学研结合项目，突破了一批制约产业发展的关键技术，获得一批自主知识产权，促进了企业快速发展。2011 年，惠州市共组织实施了省部院产学研结合项目 88 项，其中有 37 项获得立项，下拨经费 2 000 万元。另外，共组织实施了 89 项市级产学研合作项目，其中有 50 项获得立项，下拨经费 600 万元。2011 年，惠州市通过产学研结合项目的实施，将带动社会投入 15 亿元，项目新增产值 230 亿元，预计新增利税 18 亿元。

2. 产学研合作载体进一步优化，产学研合作更加紧密。开展产学研合作以来，惠州市在产学研创新联盟、产学研示范基地、产学研科技创新平台等产学研合作平台建设方面取得较大的突破。2011 年，市科技局组织申报了 2 个省部产学研技术创新联盟，分别为惠州市德赛西威汽车电子有限公司与武汉大学牵头的车载信息终端产学研技术创新联盟和惠东县九华农贸有限公司与华南农业大学牵头的冬种马铃薯产学研技术创新联盟。惠州市已被纳入“省部产学研结合示范市”建设计划，仲恺高新区、惠城区、大亚湾开发区也先后成为“省部产学研结合示范区”，全面推动校地合作，促进惠州市企业自主创新能力和产业竞争力的提升。

3. 派驻了一批企业科技特派员，为企业解决了大量关键技术问题。为贯彻落实省部产学研结合五周年总结大会精神，进一步深化省部院产学研结合工作，2011 年，市科技局积极组织实施

“省部企业科技特派员行动计划”和“科技联络员派驻高校和科研机构行动计划”，作为驻点企业的管理部门，市科技局组织了3批共56名特派员，完成了网上系统信息管理和特派员协议审核等工作，并做好后续跟踪服务工作。截至2011年年底，惠州市共有企业科技特派员298名，分别来自省内外46所高校（其中国家重点建设高校27所、香港重点高校1所）和12家科研单位（其中中国科学院院属研究所8家），来自广东省外的特派员有91人，占30.54%，省内207人，占69.46%。这批科技特派员将入驻惠州市的135家科技型企业，可有力地提升企业解决生产难题的能力和自主研发能力。惠州市共有科技联络员2个，分别派驻到中国科学院半导体研究所和中国科学院微电子研究所。同时，惠州市已建立特派员工作站5个、院士工作站1个，充分发挥惠州市与高校科研院所的合作优势，搭建高层次科技创新平台，加强产学研合作，引进科技创新团队，培养创新型人才，加快建立以企业为主体、市场为导向、产学研相结合的技术创新体系，提升惠州市产业自主创新能力。

4. 创建国家级科技创新平台和国家级工程技术研究中心惠州分中心。2010年年底，经科技部批准，TCL集团股份有限公司与中山大学共同组建国家数字家庭工程技术研究中心，该中心是2010年省科技厅推荐的唯一获准组建的国家级工程中心，同时也是惠州市首个国家级工程中心。2011年，国家发改委批复TCL集团与中山大学共建数字家庭互动应用国家地方联合工程实验室，进一步围绕惠州市的产业特色和优势，着力解决产业发展中的关键技术与装备等瓶颈问题，促进产业技术进步和结构调整，支撑和推动地方经济又好又快发展。惠州市将抓紧推进该平台的建设和运行管理，不断提高其研发、工程化试验能力，完善产学研合作机制，积极探索和建立行之有效的考核和评价体系，引导其持续健康发展，切实发挥对构建各具特色和优势的区域创新体系，提高自主创新能力的作用。

【技术创新工程】 2011年，全市共有3家省级工程中心、2家省级农业创新中心通过论证，3家省级企业重点实验室获批成立，截至2011年年底，全市拥有国家级创新平台5个，省级工程中心和农创中心共38个，市级工程中心和农创中心共90个。2011年，TCL集团股份有限公司与中山大学共同组建了“数字家庭互动应用国家地方联合工程实验室”，华阳通用公司与武汉大学合作创建了“国家卫星定位系统工程技术研究中心惠州华阳分中心”。

截至2011年年底，全市有国家创新型（试点）企业2家、省创新型（试点）企业21家。

【科技服务体系】 2011年，仲恺高新区国家级科技企业孵化器、博士后科研工作站、广东省LED产业基地、广东省战略性新兴产业基地（惠州光电产业）、广东省小企业创业基地、仲恺高新区科技创新研究服务中心正式揭牌成立。惠州市生产力促进中心获认定为省级示范生产力促进中心。

【科技计划项目】 2011年，全市共获得国家科技计划项目19项，立项数比上年增长1倍；获得省级科技项目119项，共获国家、省科技扶持资金首次突破1亿元，达1.17亿元，环比增长166%，同比增长35.5%。

【科技成果与技术市场】 2011年，完成成果鉴定44项，其中省级会议鉴定4项、市级会议鉴定20项、市级函审鉴定20项；完成省市成果登记32项，其中省级登记18项、市级14项。组织申报2011年度广东省科学技术奖26项，获奖8项，其中二等奖2项、三等奖6项，在地级市中名列前茅；另有2项企业作为参与单位的项目获奖。签订14份技术合同，合同交易额8 700多万元。

【高新技术及战略性新兴产业】 2011年，全市高新技术产品产值2 219亿元，比2010年增长22.5%，继续保持快速增长。高新技术产品产值占规模以上工业产值比重为45.6%，连续多年位居全省第2位。全年全市获得国家级火炬计划项目6项、国家重点新产品计划项目2项。新获认定国家高新技术企业25家、国家火炬计划重点高新技术企业6家。截至2011年年底，全市共认定国家高新技术企业111家、国家火炬计划重点高新技术企业9家。

2011年，惠州市着重在LED、云计算智能终端、车载电子与动力电池、精密制造装备、生物种苗应用等领域的关键技术上进行攻关和突破。全市LED产业总产值180亿元，约占全省的1/8。惠州市获省战略性新兴产业专项资金LED产业项目立项4项，获得扶持资金4 400万元，占全省扶持资金的1/10。获省认定“省战略性新兴产业基地”1个。积极推进国家LED产品（惠州）研发检测中心、LED生物光环境智能控制技术公共研发平台等一批平台加紧建设。“惠州云计算智能终端创新型产业集群”成为全国首批41个“创新型产业集群建设工程试点单位”之一，未来将全力打造成为智能终端与云计算相关应用紧密结合的创新型产业集群。

【技术创新专业镇】 2011年，惠州市共有13个省级专业镇，专业镇地区生产总值463亿元，约占全市的22%；工农业总产值1 498亿元，占全市的30%。另有平海、稔山、吉隆3个镇纳入广东省专业镇管理范围。

【知识产权工作】 2011年，惠州市顺利通过了国家知识产权工作试点城市验收。大力推进专利技术产业化工作，扶持了惠州市长润发涂料有限公司的专利技术“一种紫外光固化真空镀膜底、面漆”等8个项目产业化，共安排扶持资金100万元。

专利产出 2011年，全市专利申请量达6 029件，同比增长108.69%，增幅列全省第1，其中发明专利1 296件，同比增长57.47%；全市授权专利2 917件，同比增长79.18%；PCT专利申请89件；有效发明专利338件。全市获得第12届中国专利金奖2项，专利优秀奖1项。

知识产权保护 2011年，全市共开展打击侵犯知识产权和制售假冒伪劣商品专项行动联合执法活动100多次，出动执法人员43 000多人次，出动执法车辆2 000多台次，查处案件700多件，涉案金额2亿多元，编制市“双打”专项行动简报36期。市知识产权系统开展专利专项执法活动10多次，出动执法人员50多人次、检查商业场所50多处，抽查商品10 000多种；共立案处理12件专利侵权纠纷案件，其中实用新型专利1件、外观设计专利11件。这些案件中省知识产权局指定管辖案件2件，涉案金额100多万元。

知识产权宣传培训 2011年，通过“3·15”消费者权益保护日、“4·26”世界知识产权日组织开展了形式多样的宣传活动。在“4·26”知识产权宣传周期间，惠州市组织开展现场咨询、知识问答、集中销毁非法出版物、知识产权联合执法、“扫黄打非”专项行动和知识产权宣传进校园等系列活动，同时利用报纸、广播、电视等媒体向社会宣传知识产权相关法律法规。2011年，全市各县区共举办知识产权培训班及讲座10多场次，参加人员1 300多人。

【防震减灾】 2011年，惠州市积极开展各项防震减灾工作，扎实推进3项防震抗灾建设工作。

抗震农居示范村建设 完成并验收了8个抗震农居示范村，省下达该市“十一五”时期14个抗震农居示范村的建设任务全部完成，并启动“十二五”时期示范村前期调研和选址工作。

重点项目建设 积极开展市中心区（第2期）130平方公里地震小区划、市震害预测和基础数据库、市地震应急避难场所建设等3个重点项目的前期工作，完成了市中心区（第2期）130平方公里地震小区划项目的招标工作，进入资料收集和野外选点阶段。

地震应急体系建设 加强应急救援队伍建设，及时修改完善各级各类地震应急预案，制定了《地震现场工作实施办法（试行）》《惠州市地震应急工作检查管理办法》等规范性文件，大力开展地震应急演习活动；纪念“5·12汶川大地震”期间，牵头联合市教育局、卫生局、消防局、市志愿者联合会和惠城区教育局在田家炳中学举行了近3 000人参加的地震模拟演练。全年处理10多起次“疑似地震”群众来电。此外，积极协助省地震局对该市4项重大建设工程、生命线工程和易发生严重次生灾害工程开展地震安全性评价工作，为市中心区13个一般建设工程项目提供了地震小区划成果报告，配合市教育局开展了全市中小学校舍安全排查与督促实施加固工作。

（惠州市科学技术局　蔡文雯）

汕尾市

2011 年，汕尾市积极谋划、推进科技创新和管理工作，取得了科技工作新进展。根据科技部发布的2011 年全国县市科技进步考核结果，汕尾市及下辖的市城区、陆丰市、海丰县、陆河县 4 个建制县（市、区）的各项考核指标均达到了科技部考核标准，通过率达 100%。汕尾市被评为全国县（市）科技进步考核先进市。

【科技政策环境营造】　2011 年，根据《汕尾市努力争当促进区域协调发展排头兵行动纲要》的工作部署，汕尾市科技局认真组织制订了《关于争当促进区域协调发展排头兵的科技创新行动计划》（以下简称《行动计划》），并建议以市委、市政府的名义印发实施。2011 年 9 月 26 日，该《行动计划》以市委 18 号文件印发实施。《行动计划》提出了设立每年预算不低于 2 000 万元的科技产业发展基金，重点支持实施战略性新兴产业发展计划等七大计划；提出了设立汕尾市科学技术突出贡献奖，奖励获国家和省科学技术奖、专利奖和为全市经济社会的稳定和发展做出重大突出科技贡献的科技人员。

2011 年，汕尾市科技局还起草了《汕尾市科学技术突出贡献奖实施办法》《汕尾市科技产业发展基金（中小企业创新基金）管理办法》《汕尾市科技专项资金管理暂行办法》《汕尾市科技计划项目管理办法（暂行）》《汕尾市科技成果鉴定管理办法》5 项管理办法，进一步强化了科技专项资金的管理，推进了科技专项实施和管理工作的科学化、规范化、制度化。

【产学研合作】　2011 年，汕尾市有 4 个省部产学研项目获省科技厅立项，分别是：国华（汕尾）风电有限公司和华南理工大学承担的“并网风力发电机组在线状态监测与故障诊断系统”、广东东河酒业有限公司和华南理工大学承担的“麦芽梅酒低温酿造技术及产品化研制”、汕尾铭基节能技术有限公司和华南理工大学承担的“LED 航空地面灯系统关键技术研发及产业化”、陆丰市内洋养殖有限公司和中国水产科学研究院南海水产研究所承担的“仿野生品质斑节对虾健康养殖关键技术研究与应用示范”。

科技特派员工作　2011 年，汕尾市企业与高校、科研院所建立产学研合作关系，有 4 名科技特派员进驻企业。

产业联盟发展　2011 年，汕尾市生产力促进中心联合广东海洋大学、中国科学院南海海洋研究所、中国水产科学研究院南海水产研究所和海丰县海鹏水产科技养殖有限公司、汕尾市开源水产开发有限公司、陆丰市内洋养殖有限公司、汕尾市新海诚养殖有限公司、汕尾市五丰海洋生物科技有限公司 5 家企业共同建立“水产苗种培育产学研技术创新联盟”，并向省科技厅申报产学研创新联盟。

院地合作　2011 年，随着“院地合作”的有序展开，汕尾市产学研工作增添了新抓手，企业的科技创新源也注入了新动力。

2011 年，继续加大力度推进中科院广州技术转移中心汕尾分中心建设工作。按照院地合作“113 工程”，打造了“汕尾市水产名贵苗种培育与养殖星火技术产业带”。6 月 15 日，汕尾市科技局和中科院广州技术转移中心汕尾分中心共同承办了“院地合作技术推介会”，邀请了中科院海洋研究所、中国海洋大学、中科院南海海洋研究所、山东省海水养殖研究所、华南理工大学、中国科学院华南植物园等全国著名的科研机构和高等院校前来汕尾市进行技术推介，近 60 家企业代表参加了会议。

2011 年，汕尾市 4 家企业和中科院海洋研究所等科研院所、高校签订了合作协议。12 月 22 日，中国科学院南海海洋研究所与汕尾市红海湾广泰实业发展有限公司在中科院南海海洋研究所举行“高效海水养殖创新示范基地”合作协议签约仪式。以高效海水养殖创新示范基地建设为契机，依托于南海海洋所的中科院海洋生物资源可持续利用重点实验室和汕尾红海湾广泰实业公司，双方将针对石斑鱼等海水名贵鱼类的高效养殖模式、良种培育、病害防控、营养饲料等的关键共性技术开展合作研究，加快科研成果的转移和转化，共同打造良好的科研成果产业化试验平台及人才培育基地，合作完成国家和地方重大科研项目。通过该创新示范基地的带动、引领和示范作用，以点带面，努力促进南海海洋所与汕尾市的全面战略合作。

12 月 15 日，汕尾市首家电子信息研究院——深汕·成信电子信息研究院在深汕特别合作区揭牌成立。该研究院由深汕特别合作区与成都信息工程学院联合筹建，建设目标是 3 年内建成 40 人左右的高素质研发和管理队伍，建成云计算研究中心、IC 设计研究中心、信息安全研究中心等 6 个研究中心；建成人才培训中心，培养技术、管理人才 500 人次/年；建成科技成果转化、孵化与技术服务中心，提供 10 项以上专利技术和 20 项以上科技成果，争取每年有 2～3 家企业进入中心孵化。

【科技计划项目】 2011 年，全市申报省级以上各类科技计划项目 93 个，其中国家级项目 5 个，省级项目 88 个；获省级立项项目 34 个，获科研经费 785 万元，立项率 47.22%，同比降低 4.06%；获取项目资金同比增长 26.10%（即增加了 162.5 万元）。同时，汕尾市还筛选编制 2011 年市级科技专项资金项目 22 个，下拨科研经费 225 万元。

项目的有效实施，突破了科技发展的瓶颈。如海丰绿源公司承担的“无土栽培（水培法）瓜茄烂根病综合防治技术研究与应用”项目，重点解决了瓜茄类烂根病防治技术，对汕尾市大力推广大棚和无土栽培技术起到关键作用，项目实施完毕后，将提供示范技术 1 项、示范品种 5 个。市城区晨洲水产养殖专业合作社承担的“牡蛎健康养殖技术的推广和示范”项目，重点研究解决了浮排吊养牡蛎的健康养殖技术，探索出一种高效的养殖模式，对汕尾市海洋养殖业发展具有极大的示范带动作用。该项目实施完毕后，将提供牡蛎养殖无公害产品认证 1 个，示范养殖面积 66.7 公顷。

【农业科技】 2011 年，汕尾市农业科技发展取得新进展，成功申报创建了“汕尾市广东农业科技园区”，获批 200 万元建设资金。园区规划建设面积 1 333.3 公顷，其中核心区 200 公顷，示范区 1 133.3 公顷，核心区划分为科研创新区 20 公顷、试验区 66.7 公顷、示范区 80 公顷与良种繁育区 33.3 公顷，主要依托汕尾市利群生态农业有限公司、汕尾市陆港生态种养实业有限公司、陆丰市跨越种养专业合作社与广东省生宝种养有限公司 4 家企业为建设单位。该示范区以汕尾优势特色蔬菜、番薯、玉米种植业为主，以畜禽养殖业、农产品深加工业为辅，重点开展农业新品种新技术的创新、引进和试验研究，开展新品种新技术的示范和良种繁育，努力发展为综合效益显著的，集生态建设、高效种养、旅游观光、研发创新、示范推广、加工销售于一身的综合性现代农业科技示范园区。

2011 年，汕尾市推荐华农生物科技开发有限公司、晨洲水产养殖专业合作社等 21 家企事业单位申报省级以上农业科技计划各类项目 21 项，获立项 4 个，获科研经费 224 万元。

市科技局在已建立 35 个农村信息直通车工程服务站的基础上，继续完善信息直通车工程服务站建设，打造三农科技信息服务平台，推动信息直通车服务站品牌行动。2011 年，信息直通车服务站的产品有 4 个被认定为省农业类名牌产品、2 个被认定为市金牌农产品、6 个被认定为市名优农产品。

【技术创新专业镇】 2011 年，海丰县公平镇人民政府承担的“公平服装专业镇创新驿站建设”获省科技厅立项，获资助经费 30 万元。全年，汕尾市 6 个省级专业镇共完成地区生产总值 339 亿元，比 2010 年增长 112%；完成工业总产值 235 亿元，比 2010 年增长 8%；完成工业增加值 45 亿元，比 2010 年增长 7%。

6 月 17 日，由省科技厅主办，广东省生产力促进中心、汕尾市科技局承办，海丰县科技局协办的“广东省专业镇管理提升专题培训班”在海丰县开班。该专题培训班是省科技厅为全省专业镇应对金融危机“支招”而举办的专题培训班首站。

【知识产权工作】

知识产权保护 2011 年，汕尾局加强与有关部门的合作，加大知识产权维权打假工作力度，营造公平合理的发展环境，积极开展打击侵犯知识产权和制售假冒伪劣商品“双打”专项行动。市知识产权局、工商局、质监局、公安局、文广

新局等有关单位联合执法在城区、海丰、陆丰各地进行专项打假执法行动。行动中重点对大型超市、百货商场等经营、使用的日常用品、食品、药品、烟酒、服装进行检查；知识产权系统共出动执法车辆10多车次，执法人员40多人次，在海丰县公平镇、海丰县可塘镇和陆丰市甲子镇等重点领域，开展以服装、珠宝和家具五金配件为重点产品的“双打”专项行动，抽查了相关产品85件。同时，检查了大型商场超市36家、药店27家，抽查有专利标识的食品472件、药品117件，处理食品行业的专利侵权纠纷案件1宗。汕尾市的“双打”专项行动成效显著，获得了省考评小组的好评。

专利申请与授权　2011年，汕尾市专利申请量346件，其中，发明专利68件、实用新型专利91件、外观设计专利187件，专利申请量比2010年同期增长18%；授权221件，其中，发明专利4件、实用新型专利58件、外观设计专利159件、专利授权量比2010年同期增长－13%。

【科普宣传】　2011年5月25日，汕尾市、陆丰市两级联动在东海镇六驿村委举办了科技、卫生、文化“三下乡”集中服务活动暨“2011年科技进步活动月”启动仪式，以“推进自主创新，加快转型升级，建设幸福汕尾”为主题，以科技惠及民生和科技服务经济发展为主线，面向广大人民群众和企业开展网上专家咨询、义诊、种养技术推介、家居农村挂图展览等科技服务、科普宣传活动，大力弘扬科学精神，营造有利于创新的社会氛围，促进自主创新战略深入实施。来自全市各行各业的专家、科技工作者60多人，群众2 250多人参加了活动，现场还派发各类农业实用科技资料近1万册，化肥5吨，新种子、新化肥、新农药一批。

组织开展专题培训班，推广先进适用技术。6月16日，由汕尾市委组织部、汕尾市科技局、汕尾市科协承办“基层干部和农村党员、实用技术人员科技素质培训示范活动”在陆河县河口镇举办，邀请了省农科院专家讲授“农业与食品安全”“农作物病虫害防治技术与安全用药”等农产品安全生产专题讲座。6月24日，省、市、县三级科技管理部门联合中共海丰县委组织部、海丰县科协等部门，在海丰县联安镇举办基层干部、农村党员、种粮大户优质水稻生产技术培训班，邀请专家讲授“水稻病虫害及防治技术”。7月18日，举办了“中日产业与企业转型升级专题讲座”，邀请了日本国产大阪大学经济学院、CLUSTER技术有限公司管理部专家讲解了“日本经济的结构转型与中日经济协作的展望”和“日本产业转型升级及政府、企业与支援机构的应对措施”专题。11月6—8日，配合科技部农村技术开发中心及美国辉瑞动物保健集团在海丰县举办为期3天“科学养猪培训班”，讲授了国内外先进的“生猪饲养管理技术、饲养营养与保健、主要传染病、防病与治疗技术”等科学养猪方法。11月24—25日，联合省农村信息直通车工程实施办、广东村村通科技有限公司、市农业局在市区举办“汕尾市名优农产品电子商务培训班”。

【防震减灾工作】　2011年，完成了陆丰、陆河2个GPS基准站的土建任务，3月完成设备安装并进入试运行阶段。截至2011年年底，2个观测点设备运行正常，监测数据传输稳定，24小时不间断传送省地震局。GPS基准站的建成，为增强汕尾地区的地壳运动观测能力，提高地震监测预报水平，特别为大型生命线工程（如核电站等）的建设服务，提供翔实的地震监测基础资料，为建设和谐汕尾发挥积极作用。同时捆绑建设陆丰测震台和强震台，测震和强震观测项目已于7月初完成设备安装，监测资料实时传送省地震局，为汕尾市测震和大震预警系统建设、烈度速报等提供服务。8月中旬完成市对各县（市、区）承担的地震安居示范工程建设任务的验收工作。收集汕尾市实施全省地震安居工程建设的有关材料汇编，做好相关协调工作，迎接省对汕尾市实施农村地震安居示范工程建设的验收工作。5月、7月和10月，汕尾科技局分管防震减灾工作副局长应邀3次在市委党校举办的处级和科级干部及中青年干部培训班上为全体学员作“防震减灾知识”专题讲座，开展防震减灾知识咨询活动。利用5月“防灾减灾日”、6月“防震减灾周”、“科技三下乡”等活动，开展防震减灾知识咨询，发放防震减灾知识小册子5 000多份。

（汕尾市科学技术局　林植峰）

东 莞 市

2011 年，东莞市科技管理部门紧紧围绕市委、市政府“加快转型升级，建设幸福东莞”的战略部署，坚持把科技创新作为加快产业调整升级和经济发展方式转变的重要举措，进一步加大科技和知识产权工作力度，科技创新各项事业继续保持良好发展态势。东莞市被评定为全国县（市）科技进步考核先进市（地级市），这是东莞第 7 次获得该项荣誉。市科技局（知识产权局）被评为全国专利系统先进集体、全国知识产权系统“双打行动”先进集体以及全市产业结构调整和转型升级先进单位、“上市培育”先进单位等。

【民营科技】 2011 年，全市新获认定省级民营科技企业 163 家，累计有省级民营科技企业 768 家；新增认定市级民营科技企业 246 家，新认定企业的技工贸总收入为 473 875.4 万元，累计有市级民营科技企业 2 527 家。累计有 259 家民营科技企业获认定为国家高新技术企业，占全市国家高新技术企业总数的 57%。市民营科技企业协会成功组织了 5 期政策宣传培训会，参会民营科技企业累计 1 000 多人次，取得良好的宣传效果。

【产学研合作】 2011 年，全市获省部（省院）产学研项目立项 80 项。东莞宜安科技股份有限公司牵头国内 29 家高校院所组建成立了“医用镁合金产业技术创新战略联盟”，东莞上海大学纳米技术研究院筹备组建“广东省教育部纳米材料及应用技术产学研创新联盟”。全年新增科技特派员 121 人，全市累计从高校引进科技特派员达 506 名。2011 年，市科技局先后组织 5 批共 200 多家科技企业前往香港、上海等地高校开展产学研对接，达成 120 多项合作意向。首次开展境外产学研对接活动。首次组织企业走进东莞理工学院和东莞职业技术学院开展对接。

【技术创新工程】 2011 年，市科技局注重加强对已建公共科技平台的管理，组织前往先进城市调研学习，积极探索做大做强已建公共创新平台的新机制、新途径。截至 2011 年年底，平台累计服务企业近 2 万家，承担国家和省市各类科技计划 120 余项，联合企业和镇街组建了近 60 家研发机构和技术服务平台，并孵化了 30 多家科技企业。

2011 年，广东电子工业研究院和东莞电子科技大学电子信息工程研究院分别首次获得省创新科研团队项目立项，东莞中山大学研究院正式揭牌并启动了电动汽车应用示范工程。市科技局成功推动中国科学院在莞组建云计算技术产业创新与育成中心，使全市公共创新平台达到 11 家。龙昌数码科技有限公司与东莞电子科技大学电子信息工程研究院联合组建了东莞龙昌智能玩具技术研究院，使全市行业技术创新平台达到 12 家。2011 年，新增广东省企业工程中心和省级重点实验室各 4 家，新认定 17 家市重点实验室和新认定资助 4 家企业工程中心。

【科技服务体系】 2011 年，松山湖获认定为东莞国家现代服务业科技与金融结合产业化基地。全市有 9 项科技服务项目获广东省促进科技服务业发展计划项目立项资助，立项金额 145 万元。新增 4 家企业获认定为广东省科技服务业百强企业。新增认定 12 家东莞市科技服务机构，其中 8 家被认定为东莞市骨干科技服务机构。

【科技计划项目】 2011 年，东莞共获省级以上科技项目立项 270 个和科研经费 3.28 亿元，承担项目经费同比增长 60%，其中获国家创新基金立项 39 项，居全省地级市首位；获广东省重大科技专项立项 12 个，为历年最多。与此同时，市科技局积极优化市级科技项目体系，加大对新兴产业领域核心技术攻关和关键设备研制、研发机构组建等的资助力度，共立项市级各类科技（专利）计划项目 568 个，资助 2.58 亿元。特别是策划实施市重大科技专项和粤港招标东莞专项，扶持战略性新兴产业领域项目，在高端电子信息、半导体照明、太阳能光伏、电动汽车等领域，共立项 9 个，资助经费 9 800 万元。

市科技局积极健全相关监理管理机构，以东莞市电子计算中心作为依托单位筹备组建了东莞市科技项目监理管理中心，对科技项目和资金执行情况进行全程监理，并完成科技项目建立信息库平台的开发。组织开展对科技计划项目执行情况检查，对2009年度高等院校科研机构和医疗卫生单位资助计划项目和科技型中小企业创新资金项目等132项市科技计划项目开展检查，涉及财政资助资金3 543万元。开展科技计划项目结题验收和绩效评价工作，对近500个粤港招标东莞专项以及高等院校、科研机构和医疗卫生单位研发项目等市级科技计划项目进行验收，通过验收400项；对2010年获市财政科技资金200万元以上科技专项和2008年度立项科技计划专项进行绩效评价，涉及15个专项和4亿元财政资金。

【科技成果及技术市场】　10月20日，2011年东莞市科学技术奖励大会暨中科院云计算产业技术创新与育成中心签约揭牌仪式在市会议大厦举行。会上对获得2011年东莞市科学技术奖的84个项目进行奖励，其中技术成果类市长奖1项、荣誉类市长奖2项、科技进步奖77项（包括一等奖21项、二等奖30项、三等奖26项）以及创新企业奖4项。东莞市获2011年度广东省科学技术奖13项，其中二等奖2项、三等奖11项。

2011年，东莞市取得省级重大成果66项，比“十一五”初期增加了144.4%。在技术市场方面，东莞市通过举办技术推介会促进专利技术的成交，全年技术合同登记163项，合同交易额31 966.4万元。

【高新技术及战略性新兴产业】

高新技术企业及产品　全年新获认定121家国家高新技术企业，截至2011年年底，全市国家高新技术企业累计达到415家；认定高新技术产品333个，截至2011年年底，全市获认定的高新技术产品累计达675个。

高新区　2011年，松山湖高新区实现工业总产值338亿元，同比增长42.8%，税收总额21.35亿元，同比增长16.44%；全社会固定资产投资总额41.88亿元，同比增长76.6%；新增10家高新技术企业，全区共有高新技术企业31家。

战略性新兴产业　2011年，LED产业作为重点培育的战略性新兴产业，全市LED生产企业120多家，年产值110多亿元；承担省战略性新兴产业LED专项6项、核心攻关专项4项，获得立项经费8 900万元。

10月20日，中科院东莞云计算产业技术创新与育成中心签约揭牌仪式举行。东莞市政府与中科院签署了《共建中科院东莞云计算产业技术创新与育成中心协议书》，东莞市与中科院计算所、软件所等七大研究所负责人签署了相关合作协议书。

市科技局牵头研究起草了《东莞市促进LED产业发展及应用示范的若干规定实施细则》，并积极配合省科技厅开展LED产品标杆指数检测工作，全市20家企业的56个产品被纳入省标杆体系。科技部门联合城管、质监部门出台《东莞市LED应用示范工程优先采购清单》，强化市镇联动，鼓励企业参与LED应用示范工程，进一步推进绿色照明示范城市建设，引入供应链管理方式，采取“供应链+合同能源管理（EMC）”的模式推进LED产品示范应用，截至2011年年底，全市累计推广3.3万盏LED路灯和9万盏LED室内照明灯，全年产业产值将近100亿元，同比增长约20%。

【创新科研团队】　2011年，广东中能加速器科技有限公司引进的民用电子加速器研发及产业化创新团队、广东电子工业研究院引进的云计算产业国际创新团队等6个团队获第2批广东省引进创新科研团队立项，共获省财政1.3亿元科研经费支持，东莞市获立项项目数量和经费居全省第2位。

【科技金融】　2011年5月，市科技局研究制定了《东莞市促进科技和金融结合试点方案》，争创国家科技和金融结合首批试点城市；前往北京、天津、武汉、重庆、成都等先进城市调研学习，并广泛咨询专家意见，研究制定了《东莞市科技创业投资引导基金组建方案》，提出了引导基金的资金规模、组织形式、运作管理方式等。2011年，全市有6家企业申请专利权质押贷款，新增2家企业通过专利获得820万元贷款。市科技局联合建设银行东莞分行研究推出了以科技型中小企业为贷款对象的“科技通”助保金贷款业务，并积极推广交通银行高科技中小企业集合票据业务。市科技局组织评审和认定了16家企业作为第6批重点培育上市后备科技企业，并做好对重点培育上市后备科技企业的跟踪辅导，成功推动广东银禧科技股份有限公司、广东明家科技股份有限公司和东莞市勤上光电股份有限公司上市。截至2011年年底，全市69家重点培育上市后备科技企业中已有5家在资本市场上市。

【专业镇及特色产业基地】 2011年，东莞新增桥头、东坑、道滘3个镇为广东省专业镇，截至2011年年底，全市省级专业镇的总数达到18个，引导有关专业镇成功申报了4个转型升级发展专项和5个粤港招标项目。制定出台了《东莞市专业镇创新服务平台建设扶持方案》，积极协助大朗、厚街建设专业镇创新服务平台，推动做大相关专业镇技术创新平台。载至2011年年底，全市共有3个国家级特色产业基地、8个省级特色产业基地。

【知识产权工作】 市知识产权局牵头制定出台《2011—2012年东莞市实施知识产权战略工作方案》，加快推动实施知识产权战略，积极创建国家知识产权示范城市。2011年，全市新增7家广东省知识产权优势企业，新认定了108家市专利试点企业、45家市专利培育企业。积极完善知识产权服务体系，新增5家专利代理机构，全市总数达到28家；积极实施“百所千企”对接工程。中国（东莞）知识产权维权援助中心成功组建。以家具行业为切入点建立了东莞市首个行业专利信息平台，进一步完善了全市专利信息检索平台。

专利申请及授权 2011年，东莞市专利申请量为24 455件，专利授权量为19 353件，继续位居全省前3位，其中发明专利申请量和授权量分别为4 214件和758件，增幅分别达34.08%和71.49%。

知识产权宣传培训 2011年，组织举办“知识产权宣传周”，举办“广东省企业专利者培训班”等3个培训班及“美国知识产权保护讲座”等5场专利讲座，约2 000人次参与。

专利行政执法 2011年，受理专利侵权纠纷案件21宗，查处假冒专利案件5宗，调解1宗。深入开展“双打”专项行动，上报大案要案4件，并对6家大型超市开展检查，检查商品6.3万多件，发现假冒专利商品1件，检查出标识不规范商品11件；在第25届、26届国际名家具（东莞）展览会、第3届广东外商投资企业产品（内销）博览会等7个展会驻点开展知识产权保护工作，处理专利纠纷案件25宗，纠正假冒专利行为3宗。

专利奖励 4月22日，东莞市政府召开了2011年东莞市知识产权工作会议暨专利奖励大会。会议对144家2011年市专利培育企业和专利试点企业以及25个专利奖项目进行了表彰。会后还首次举办了主题为“尊重知识产权，建设文明东莞”知识产权文艺晚会。

【科技交流与合作】 2011年，市科技局积极引导开展国际科技交流活动，先后组织举办了俄罗斯和乌克兰科技项目推介会及“利用瑞士高效气浮先进技术处理化学一级强化污泥脱水”项目现场推介会等活动，引导市内企业与相关国家展开技术和项目交流合作，并组织有关企业和机构前往瑞士、法国和德国等开展精密机械、工业设计、污水处理等领域的科技交流。

东莞国际科技合作周暨高层次人才交流会

12月15日，2011年东莞国际科技合作周暨高层次人才交流会在东莞国际会展中心开幕，科技部部长万钢、广东省副省长陈云贤等领导出席开幕式。徐建华、陈云贤先后代表东莞市和广东省在开幕式上致辞，万钢宣布2011年国际科技合作周暨高层次人才交流会开幕。本届合作周首次开展人才项目对接活动，以“科技东莞，人才先行”为主题，包括科技与人才专题展示、人才项目洽谈会、科技与人才创新论坛、科技合作签约等各项活动，签订近40项重点合作项目，本届合作周成为历届规格最高、规模最大的一届。

“利用瑞士高效气浮先进技术处理化学一级强化污泥脱水”项目现场推介会 1月25日，“利用瑞士高效气浮先进技术处理化学一级强化污泥脱水”项目现场推介会在东城区樟村水质净化厂顺利举行。市科技局、市环保局及各镇区环保分局、污水处理中心、环保产业促进中心、各有关机构和环保相关企业的负责人，共30多家单位近50人参加了此次推介会。

2008年3月，为解决东莞市樟村水质净化脱水车间废水影响出水水质的问题，樟村水质净化厂与瑞士南方应用科技大学签署了有关废水处理共同研发的协议。同年 11 月，该研发项目获得了省对外科技合作计划立项。经过两年多的研究和实验，由瑞士引进的高效气浮设备在樟村水质净化厂的试验中，在处理脱水车间废水方面，去除率分别达到 COD 约 92%、TSS 约 96%、色度约 53%；在处理运河污水方面，去除率分别达到 COD 约 78%、TSS 约 92%、色度约 88%，获得了良好的处理效果并已通过专业机构检测。该项技术在节省土地资源、缩短污水处理时间、去除污水中悬浮物相当有效，对东莞市的工业废水处理是一个很好的技术选择。

为推广使用该技术，市科技局联合市环保局、市水务局举行了此次项目推介会。与会领导、专家和代表参观了技术现场并就有关技术、处理效果等方面问题分别与专家进行了探讨。与会人员多数表示该技术的推广对处理东莞市的工业和生活污水将产生重大而深远的意义。

东莞—俄罗斯、乌克兰科技项目推介会　6 月 7 日，东莞—俄罗斯、乌克兰科技项目推介会在莞举行。此次推介会特意邀请乌克兰国家科学院和俄罗斯国家科学院的专家来莞进行项目信息介绍。专家团共带来 57 个最新科技项目，涉及材料、冶金、化工、光学、焊接、电力、分子生物学、分子免疫学、乳畜动物生理学等领域。

【科普工作】

科普项目实施　修订出台《东莞市科普项目资助实施办法》，并组织受理科普教育基地 20 项、科普标兵社区 40 个、科普标兵学校 36 个、镇街科技馆 2 家、科普活动项目 510 项，完成专家材料审核与实地考察。组织指导万江大莲塘等 5 个社区成功申报省科普示范社区，松山湖中心小学等 3 所学校成功申报省青少年科学教育特色学校。

青少年科普　举办了“科普讲座进校园——低碳环保”科普系列活动，走进桥头等 8 个镇街 12 所中小学校，参加师生近 5 000 人。举办第 4 届东莞市青少年机器人竞赛，全市 83 支队伍 213 名师生参与，并选拔出 18 支优胜队伍参加省青少年机器人竞赛，其中 3 支队伍获得省一等奖。邀请中科院老科学家开展了 20 场“科普报告希望行”的科普报告。组织 6 000 多学生参与“小手拉大手——低碳生活实践活动”。举办 2011 市小学生天文知识竞赛，全市 48 所学校 200 多名师生参与。截至 2011 年年底，东莞市青少年共参加 7 次国家、省青少年科技科普活动，获得全国奖项 104 个，其中一等奖 48 个、二等奖 31 个、三等奖 25 个；获省级奖项 95 个，其中一等奖 7 项、二等奖 29 项、三等奖 59 项。

民生科普　与东莞电台“城市的声音”栏目合办 7 期“科普大家谈”电台节目，9—10 月每周三晚邀请相关科技专家进行互动访谈，累计微博现场互动 2 900 余次，节目中共回答听众提问 70 多次。联合有关部门和单位举办了“走进神秘的核世界”大型科普展、散裂中子源专题科普展、“节能在我身边”主题科普展、“健康新生活”科普系列讲座、农村党员干部培训等各类科普专题活动。

科普进校进厂进社区　全国科普日期间，在桥头、东坑、石排等镇组织开展了科普展览、科普讲座、科技咨询、健康义诊、科普剧演出、派发科普资料等系列活动。组织“科普大篷车”先后到 11 个镇街 20 所中小学校巡展，参与师生超过 2.4 万人次。开展流动科普宣传栏进企业活动，制作 100 套与企业有关的流动科普宣传栏，在各企业科协间巡回展出。举办了 12 场“科普进校园”讲座，提供环保、地震、消防等多套科普展板到桥头、石龙等镇街学校、社区巡展，观众达 3.7 万人次。全年共征订编印了科普挂图 10 万张、科普书籍 3 万册、科普 DVD8 500 张，免费发放给各镇街学校、社区和企业作广泛宣传。

（东莞市科学技术局　柳景蛟）

中　山　市

2011 年，中山市实施创新驱动战略，增强科技创新对经济社会的支撑引领作用。城市综合创新能力位居全国地级市第 8 位，通过科技部 2011 年科技进步考核，连续 10 年 5 次获科技部授予“全国科技进步考核先进市”称号，成为全国第 2 批“十城万盏半导体照明应用工程试点示范城市”，火炬开发区创建国家创新型科技园区，国家知识产权快速维权中心落户中山市。

【科技政策环境营造】 2011 年，中山市科技局修订科技发展专项资金各子项目，根据全市发展战略性新兴产业的分工，增加半导体照明（LED）产业发展专项资金，将华南现代中医药城（健康医药产业基地）专项发展资金划归经信部门管理，出台《中山市科技计划项目资金使用办法》《中山市 LED 产业发展专项资金使用办法》《中山市产学研结合专项资金使用办法（试行）》《中山市科技型中小企业技术创新资金使用办法》《中山市专利专项资金使用暂行办法》《中山市装备制造工业研究院专项资金管理暂行办法》。完善科技人才政策环境，制定《中山市院士工作站管理暂行办法》，促进中山市企事业单位与中国科学院、中国工程院院士建立长效合作机制。

【民营科技发展】 2011 年，中山市新增 40 家省民营科技企业，78 家省民营科技企业通过复核，累计达 171 家。截至 2011 年年底，全市经认定的省、市两级民营科技企业 329 家，实现技工贸总收入超过 668 亿元，组建研发机构 169 家，其中省级工程中心 22 家。中山民营科技园拥有高新技术企业 14 家，组织申报中小企业技术创新资金项目 3 项、省市科技计划项目 5 项、产学研项目 2 项，获市级科技进步奖 7 项、市级专利奖 1 项。

【产学研合作】 2011 年，中山市获得省部产学研项目立项 37 项，获扶持资金 2 110 万元，一批对全市战略新兴产业核心竞争力提升带动作用大、覆盖面广、关联度高的重大共性、关键技术项目在该市实施。2011 年，全市进驻企业开展技术服务的科技特派员 336 名。

市院校对接 2011 年，中山市科技局在中山市招商经贸洽谈会期间，举办“科技成果转化及创意设计服务业展示推介”主题活动，集中设置高校产学研对接展区，组织 18 家高校现场展示 300 多项科技成果开展对接合作。市政府与武汉大学、南京林业大学签订市校全面科技合作协议。市科技局与武汉大学、武汉理工大学、华南理工大学签订协议，组建中山市武汉大学技术转移中心、中山市武汉理工大学先进工程技术研究院、华南理工大学中山现代产业技术研究院等技术创新平台。中山市北京理工大学研究院挂牌。火炬开发区与武汉大学共建中山珞珈产学研基地。截至 2011 年年底，中山市与 10 所国内知名高校建立全面科技合作关系。

珠中江地区产学研合作 8 月，省科技厅在中山市主持召开珠中江地区产学研结合工作座谈会，推进区域产学研合作。9 月，中山市科技局邀请珠海、江门两市科技主管部门到中山市召开珠中江产学研联席工作会，讨论《珠中江区域产学研合作框架协议（初稿）》和 2012 年度珠中江区域拟申报省部产学研重大项目及推荐区域重大创新服务平台情况。同意在 2009 年签订的《推进珠中江区域科技合作框架协议》基础上，签订《珠中江区域产学研合作框架协议》，确定以“新能源、新材料、高端装备制造业、新一代信息产业、生物医药及医疗器械产业、新能源汽车和节能环保”七大战略性新兴产业为区域重点合作领域。

【技术创新工程】 2011 年，广东珠江桥生物科技股份有限公司、广东顶固集创家居股份有限公司、格兰仕（中山）家用电器有限公司、广东达进电子科技有限公司、中山市咀香园食品有限公司 5 家企业组建广东省工程技术研究开发中心。全年批准组建市级工程技术研究开发中心增加 30 家。截至 2011 年年底，全市有国家重点实验室等创新平台 5 家，有市级以上工程技术研究开发中心 291 家，其中，国家级 1 家、省级 30 家、市级 260 家。

2011 年，中山市获新认定省级创新方法推广应用试点企业 1 家。截至 2011 年年底，全市有省创新型企业 9 家、省创新型试点企业 7 家。

【科技基础条件】 2011 年，电子薄膜与集成器件国家重点实验室、材料成形及模具技术国家重点实验室、食品科学与技术国家重点实验室均在中山市设立分支机构。中山华帝燃具股份有限公司获省科技厅批准建设广东省智能化节能环保燃气具企业重点实验室（产学研）培育基地。

截至 2011 年年底，中山市拥有 1 家国家企业技术中心、1 家国家地方联合工程实验室、2 家省级工程实验室、1 家省级企业重点实验室、1 家省级企业重点实验室（产学研）培育基地、5 家国家重点实验室分支机构和 1 家国家工程技术研究中心分支机构。

【科技人才队伍建设】 中山奕安泰医药科技有限公司“手性技术与手性药物创新团队”、中山玫玛斯科技有限公司“创新药物筛选评价体系的研发及其产业化团队”被确定为首批中山市引进创新科研团队，市政府分别资助科研经费 800 万元、300 万元。华南理工大学中山市装备制造业科技研究中心博士后创新实践基地、南京林业大学中山市大涌镇太兴家具厂博士后创新实践基地被省人力资源和社会保障厅批准为广东省第 2 批博士后创新实践基地。中山大桥化工集团有限公司与中国工程院院士侯保荣合作组建中山市首家院士工作站——中山大桥化工集团有限公司海洋涂料院士工作站。11 月，该工作站获省科技厅认定为省级院士工作站。

【科技服务体系】 小榄镇生产力促进中心被省科技厅认定为广东省第 2 批省级示范生产力促进中心，广东省中山市质量计量监督检测所、中山市科创专利代理有限公司被省科技厅认定为第 2 批科技服务业百强企业（机构）。

截至 2011 年年底，中山市有各类科技服务平台 360 多家，形成了以“1 + 4”（市装备制造工业研究院 + 北京理工大学、武汉大学、武汉理工大学、华南理工大学）区域创新平台为面，高新区、专业镇公共创新服务平台为线，企业工程技术研发中心为点，国家重点实验室中心分支机构、院士工作站为高层次人才载体，科技中介服务为产业孵化融资平台的“点线面”结合的科技服务体系。

【科技计划项目】 2011 年，中山市以产业结构战略性调整为主攻方向，战略性新兴产业加快发展与传统产业转型升级，借助高校、科研院所产学研的人才、技术力量，组织、策划各类科技计划项目，争取国家、省联动支持。全市获国家、省科技立项项目 197 个，获经费支持 1.39 亿元，比上年增长 77.7%。全年获 100 万元以上经费支持的重大科技专项有 35 项，经费 1 亿元。

中山市科技局全年使用科技发展专项资金 5 998.36万元，支持项目 1611 个。其中，科技计划项目资金分 4 批支持 322 个项目，共 2 520 万元；LED 产业发展专项资金分 3 批支持 22 个项目，共 999 万元；产学研结合专项资金分 2 批支持 61 个项目，共 1 000 万元；专利专项资金分 5 批（含专利奖励）支持 1 167 个项目，共 499.359 万元；科技型中小企业技术创新专项资金分 3 批支持 34 个项目，共 480 万元；装备制造工业研究院专项资金分 3 批支持 5 个项目，共 500 万元。

【科技成果与技术市场】 2011 年，中山市隆成日用制品有限公司专利“婴儿车”获第 13 届中国外观设计金奖、2011 年度广东专利金奖，中山市实现国家专利金奖和省专利金奖“零”的突破。评出 2011 年度中山市专利奖获奖项目 32 项，其中专利金奖 10 项、专利优秀奖 20 项、优秀专利发明人 2 人，发放奖金共 96 万元。全市获 2011 年度广东省科学技术奖二等奖 3 项、三等奖 6 项，获 2011 年广东专利优秀奖 3 项。评定 2010 年度中山市科学技术奖 93 项，其中重大贡献奖 1 人、产学研合作奖 3 项、科技进步奖 89 项，包括一等奖 15 项、二等奖 32 项、三等奖 42 项，发放奖金共 496 万元。中山市 2010 年度的 89 项科技进步奖项目中，申请专利和软件著作权 332 项，授权 197 项，3 年增加产值 91.5 亿元，增加税收 16.3 亿元，出口创汇 2.1 亿美元。

2011 年，登记技术合同 100 个，减少 20%；合同成交额 10 637.2 万元，增长 26.3%；技术交易额 10 415.8 万元，增长 37.1%。

【高新技术及战略性新兴产业】

高新技术产业发展　2011 年，中山市通过复审高新技术企业 105 家，新认定高新技术企业 43 家。截至 2011 年年底，全市高新技术企业数量达到 236 家，国家火炬计划重点高新技术企业 3 家。2011 年，中山市高新技术产品产值达 2 240 亿元，占规模以上工业总产值的 38.2%。

战略性新兴产业发展　广东明阳风电产业集团有限公司项目“6.0MW 大型风机设计关键技术

攻关”、广东汇和药业有限公司项目“抗耐药菌创新药物临床试验及产业化关键技术研究”分别获第1批省战略性新兴产业核心技术攻关计划资金支持1 500万元和1 000万元，木林森股份有限公司项目“基于COB封装工艺的一体化白光LED智能照明模块研究及产业化”、中山达华智能科技股份有限公司项目“新型高显色性荧光粉、荧光粉薄膜涂覆及塑封成型设备国产化”、中山市鸿宝电业有限公司项目“高导热高绝缘纳米涂层技术在LED系统集成模组产品上的应用及产业化”均获得第2批省战略性新兴产业发展专项资金（LED产业）计划资金支持1 000万元。

在国家、省重大科技专项的支持下，中山市造就具有自主品牌、自主知识产权的企业。广东明阳风电产业集团有限公司6兆瓦风力发电机技术，实现“生产一代、储备一代、研发一代”自主创新，位居全国风力发电行业前列。中山大洋电机股份有限公司在北京理工大学电动车辆国家工程实验室支撑下，形成1.5千瓦～170千瓦大功率永磁同步电机系列产品并在国内量化生产，为北京汽车等多个厂家的新能源汽车提供动力和控制系统。全年全市发光二极管（LED）产业产值230亿元，比上年增长53.3%。在合同能源管理基础上筹集资金，推动“绿色照明示范城市”建设，中山市被科技部纳入“全国第2批十城万盏半导体照明应用工程试点示范城市”。

中山火炬高技术产业开发区建设　中山火炬高技术产业开发区获准启动并开展国家创新型科技园区建设工作。根据建设方案，到2015年，中山火炬区将全面完成创新型科技园区建设的各项指标，形成区域性重要的创新经济体之一，并为创建世界一流园区做好必要的准备。以体制创新和机制创新为保障，各项主要经济指标保持20%以上的增长速度，综合创新能力进入全国前列，在装备制造、生物医药、电子信息、包装印刷领域率先建成具有全国示范效应的产业集群，在全球细分产业技术链上形成具有世界竞争力的创新集群，把中山火炬开发区建设成为以创新为驱动，社会、经济、文化、科技、产业和民生持续协调发展的创新型国际化科技新城，成为国家创新体系的重要支撑和具有引领示范作用的国家创新型科技园区。

按照《创新型产业集群建设工程实施方案》工作要求，以中山火炬区为依托，以中山市人民政府为申报主体而申请的“中山大众健康科技创新型产业集群建设”项目获科技部立项，中山大众健康科技产业集群被正式列入“创新型产业集群试点（培育）”。健康基地是中山市发展生物医药产业的主力军，2010—2011年，健康基地及园区企业获得国家、省、市和区四级科技计划138项，获经费支持9 427万元；已建设生物医药产业工程技术研究开发中心17个（其中省级5个、市级14个）、企业技术中心13个（其中省级3个、市级10个）、高校附属生物医药实验室2个、生物医药产学研基地2个、医药信息公共服务平台1个、医药行业协会1个。健康基地产业集群形成了以科技型中小企业、高新技术企业和创新人才为主体的特色产业集群。集群内有119项广东省高新技术产品，自主研发一类新药及三类新药18个，六类以上中药新药10个，二类、三类医疗器械19个，产业核心竞争力强劲。

【专业镇及特色产业基地】　2011年，国家、省市科技投入共性技术服务平台建设资金2 055万元，支持小榄、古镇片区现代照明检测、创新平台建设，南头、黄圃片区绿色家电制造、研发平台建设，大涌、三乡片区的家具低碳制造、大规模定制与文化设计平台建设，提高产品技术含量和市场竞争力，加快专业镇转型升级。“一镇一策”规划在小榄镇、古镇镇、南头镇试行，小榄镇生产力促进中心、古镇镇照明灯具科技创新平台、南头镇家电创新平台成立经营实体，面向中小企业提供科技服务。全市15个专业镇生产总值1 321亿元，占全市生产总值的60%，工业总产值3 945亿元，占全市工业总值的62%。

截至2011年年底，中山市共有10个省级及以上火炬计划特色产业基地，实现工业总产值近2 000亿元，年产值超过亿元的企业256家。产业基地高度重视利用高新技术提升产业竞争力，拥有高新技术企业124家，建立73个各类科技服务机构，承担国家、省、市科技计划149项。

【科技金融】　10月，《省市联合科技贷款风险准备金操作细则》签字仪式在小榄镇举行，小榄镇作为区域试点启动省市联合科技型中小企业融资担保风险准备金，小榄村镇银行为科技型中小企业提供科技贷款。省市风险准备金共 5 000 万元，按照 1∶20 的比例为科技型中小企业提供 10 亿元的融资贷款。中山火炬高技术产业开发区争取进入“新三板”试点范围。

【民生科技】 2011 年，中山市科技发展专项资金投入民生领域科技发展资金 498 万元。实施医疗卫生项目，推进科技强医、科技惠民，降低医疗费用、减轻群众看病负担，组织市三大医院对重大疾病治疗开展攻关，参与国家、省推进创新医疗器械产品应用示范工程，小榄人民医院、古镇医院等 6 家医院被纳入广东省第 1 批示范医疗机构，中山生物工程有限公司的“EB 病毒 NA1IgA 抗体诊断试剂盒（酶联免疫法）”等 3 个产品被列入广东省省内企业示范产品。

推进科技兴农，组织农业科技人员下乡 1 000 人次，培训农民学习农业实用技术 4 万人次。引进西班牙橄榄树、广粉一号粉蕉等农业新品种 37 个。引进“玉米—水稻—马铃薯”循环农业种植模式及低碳生态养殖等新技术 8 项。“玉米—水稻—马铃薯种植模式试验示范”等 6 个科技项目获市科技立项，“中山市水禽常发病防控研究”等 2 个项目获 2010 年度中山市科技进步奖，“广粉 1 号粉蕉及配套栽培技术推广应用”项目获 2010 年度广东省农业技术推广二等奖。

【知识产权工作】 2011 年，中山市专利产出保持数量、质量齐增长。专利申请 1.41 万件，比上年增长 17.5%；专利授权 1 万件，增长 17.4%。其中发明专利申请 1 289 件，增长 30.9%；发明专利授权 355 件，增长 115.2%。2011 年，中山市新获认定省级知识产权优势企业 1 家、省级知识产权示范企业 2 家，南头镇被认定为省级知识产权试点区域。截至 2011 年年底，全市共有省创新型试点企业 7 家。

专利服务 2011 年，灯具照明专利数据库采取“门户网站 + 专业联盟”方式，吸引专利服务机构和创新科研团队参与，网上专利咨询、专利检索、专利申请、专利保护、专利战略研究、专利预警分析和专利交易一条龙服务。汤姆森数据库在市生产力促进中心的专业运营下，为重点行业、重点企业提供专利检索、分析报告等服务，出版 LED 行业专利简报 21 期，介绍行业信息、最新公告的 LED 国外专利和中国专利及失效的国内外专利。

2011 年，中山市被省知识产权局定为“百所千企知识产权服务对接工程”试点城市。截至 2011 年年底，有 6 家专利中介机构和 104 家企业及专业镇对接，提供专利申请、专利纠纷、知识产权策略制定与应用等服务。组建半导体照明产业专利联盟，通过专利联盟建设，建立知识产权信息沟通、许可交易和保护调解等机制。2011 年，省知识产权局下拨经费 354.3 万元，支持中山市专利合作协定（PCT）申请和知识产权保护工作开展。

知识产权保护 2011 年 6 月，中国中山（灯饰）知识产权快速维权中心、中国（中山）知识产权维权援助中心、中山法院知识产权巡回审判庭在古镇镇挂牌成立。中国中山（灯饰）知识产权快速维权中心（以下简称“中心”）是目前全国唯一针对单一行业设立的知识产权快速维权机构。中心开通“12330”知识产权维权援助与举报投诉电话，建立知识产权信息运用、专利管理、申请、调解、查处、诉讼、专家咨询等功能的知识产权服务平台，进行知识产权的维权援助、举报投诉、取证调处、法律咨询服务等工作，对知识产权案件进行行业调解、行政处理、司法审判。中心提供咨询服务 63 宗，出动检查人员 103 人次，检查各类灯饰门市工厂 12 家次，立案 21 宗，结案 8 宗。中心将建立专利申请窗口，开通专利智能检索和快速审查系统，完善专利快速审查、确权、维权通道，加快推动中山市照明灯饰产业转型升级。

2011 年，根据国务院、省政府关于开展打击侵犯知识产权和制售假冒伪劣商品专项行动（以下简称“双打”行动）的工作部署，中山市成立由知识产权、经信、工商、文广新（版权）、公安等 24 个部门参加的中山市打击侵犯知识产权和制售假冒伪劣商品专项行动领导小组，印发《中山市打击侵犯知识产权和制售假冒伪劣商品专项行动实施方案》《中山市开展打击对非洲出口假冒伪劣和侵犯知识产权商品专项治理实施方案》。

“双打”行动出动执法人员3.2万人次，联合执法45次，检查重点整治区域156处，批发零售市场、集贸市场2 387个次，生产企业、商铺17 552家（间），查处案件1 241件，涉案金额6 891万元，捣毁制假售假窝点357个。4月，举办省市知识产权执法集中销毁活动暨中山市“4·26”知识产权宣传周启动仪式，中山溥雅艺术有限公司等18家企业被认定为中山市首批“正版正货”承诺单位，现场销毁5万多件知识产权侵权产品。中山市知识产权局获评为全省打击侵犯知识产权和制售假冒伪劣商品专项行动先进集体。

【科普工作】 中山市五桂山仙踪龙园种养中心被省科技厅命名为省级青少年科技教育基地，中山纪念中学被省知识产权局认定为省级中小学知识产权教育示范学校，市第一中学、市实验小学、东区雍景园小学成为第2批广东省科学教育特色学校，南区环城社区、小榄镇永宁社区、三角镇社区、三乡镇古鹤村民委员会获“广东省科普示范社区”称号。

发动全市各镇区科协和相关单位开展2011年主题科普活动，结合“防灾减灾日”“科技活动周”“科技进步活动月”等主题开展全民科普活动。配合“全国科普日”活动，在中山科学馆举办“坚持科学发展，节约保护水资源”大型科普展览暨科普大篷车启动仪式，启用中山市首部科普大篷车。10月15日，在中山科学馆举办第10届“科技缔造健康生活”科普集市，全市38家单位参展，涉及食品安全、卫生保健、环保节约、应急救护、防震减灾等内容。与市红十字会联合策划并定期开展应急救护宣传培训系列公益活动。2011年，承办第26届广东省青少年科技创新大赛，全省22支代表队的449名学生提供589项科技创新项目参加评选和展示。

（中山市科学技术局　黄畲敏）

江　门　市

2011年，江门市科技工作以加快转型升级、推动高新技术产业发展为主线，大力推进自主创新，提升科技综合实力。江门市编制出台了《江门市科学与技术发展“十二五”规划》，明确了全市“十二五”期间科技发展的指导思想、重点发展方向、主要任务和保障措施，出台了《关于鼓励企业加大研发投入的工作意见》。在2011年开展的全国科技进步考核中，江门市首次市本级及所辖7个市区全部通过考核，江门市首次被评为全国科技考核先进市，新会、开平、台山亦被评为全国科技考核先进市（县、区）。鹤山丽得电子实业有限公司、广东海鸿变压器有限公司、新会江裕信息产业有限公司3家企业被认定为广东省创新方法试点企业。

【科技政策环境】 2011年，江门市组织完成编制了《江门市科学与技术发展“十二五”规划》，明确了江门市“十二五”期间科技发展的指导思想、重点发展方向、主要任务和保障措施。出台了《关于鼓励企业加大研发投入的工作意见》，发挥政府引导带动作用，引导企业加大研发投入，带动全社会R&D费用占GDP比重由2010年的0.97%增加到2011年的1.33%。继续抓好“高新技术企业所得税减免”和“企业研究开发费税前抵扣扶持”政策的贯彻落实工作，落实款项4亿元。

【民营科技】 2011年，江门市共有69家科技企业通过省、市级民营科技企业认定，其中省级44家、市级25家，通过复审企业165家。民营科技企业总数累计达495家，其中省级338家、市级157家。民营科技企业全年实现技工贸总收入414.7亿元，同比增长7.8%，其中，技工贸总收入超亿元的企业达88家，超5亿元的企业达18家。

2011年，新会今古洲民营科技园和台山市新宁省级民营科技园都重点加强科技服务体系建设，引进了多家科技服务机构为园区提供相关的服务，使园区科技创业环境不断优化。2011年，2个省级民科园区工业总产值增幅为6%。

【产学研合作】 2011年，江门市扎实推进产学研结合工作，产学研合作项目通过省科技计划立项35项，获科技经费支持913万元。其中通过省部院产学研结合科技立项25项（重点项目1项），获省经费支持745万元。截至2011年年底，江门市已经与清华大学、北京理工大学、华南理工大学、广东省农科院等高校及科研院所签订或建立了产学研全面合作关系，国内70多所高校院所参与到江门市的产学研合作中，推广科技成果500多项，全市在研产学研结合项目超过600项，年新增产值超20亿元，利税超1亿元。

对接交流活动　2011年，江门市与北京理工大学进行了多次的接洽与交流，引进了其化工、机械、电子信息等领域的6名省部科技特派员和15名科技特派员助理入驻江门市企业。随着与北京理工大学合作的不断深入，2011年8月，北京理工大学党委书记率光电学院、化工与材料学院、信息学院等10多名专家教授到江门市进行了专门的产学研合作及LED产业发展情况调研，提出了在江门市建立LED研究院的建议。

5月，在中国（江门）绿色光源博览会上，鹤山丽得电子实业有限公司、江门吉华光电有限公司、江门市长利光电有限公司等10多家LED企业与清华大学、华中科技大学、中山大学、华南理工大学、五邑大学、江门职业技术学院等高校现场签订产学研合作协议书，营造良好的氛围促进高校院所的LED尖端资源集聚江门市，为发展战略性新兴产业提供支撑。9月，15家企业随省科技厅赴合肥工业大学、中国科技大学、四川大学、电子科技大学等高校进行交流与对接，效果良好。

产学研深度合作　2011年，江门市积极引导推动企业与高校院所建立长期互信、深度结盟的利益一体化合作模式。如支持广东嘉宝莉化工（集团）有限公司与华南理工大学共同建立“广东省教育部产学研结合水性及高固体份涂料研发示范基地”，共同研发“零VOC的新型环保苯丙干粉建筑涂料的研制及产业化应用”“年产10 000吨聚氨酯无毒固化剂产业化”“水性氟硅丙烯酸树脂合成及其建筑‘双疏’拒污涂料的关键技术研发”等，这些项目的研发及实施，使嘉宝莉在竞争激烈的民用涂料产业中保持快速发展，新产品直接为企业带来年新增产值超5亿元，年利税超5 000万元。支持新会美达锦纶股份有限公司与东华大学共同在“科技功能性纤维技术开发及设计”“差别化纤维技术开发及设计”“面料开发及设计”3个方向开展研发工作，研发项目有“研究开发尼龙聚合的新技术、新装置”“研究开发不同用途的尼龙切片”“环保与综合利用的研究”等7个大项20多个小项。

科技特派员工作　积极推动高校、科研院所的博导、教授作为科技特派员入驻企业开展研发工作，引进60多所高校的135名省部科技特派员入驻江门市企业。截至2011年年底，入驻江门市企业的省部科技特派员已达138名，其中，长江学者或新世纪优秀人才6名，博导约30名，60%是正教授，全部具有副教授级以上职称。

截至2011年年底，全市科技特派员直接参与了约400个项目的研发工作，这些项目的实施年新增产值超15亿元。支持企业开展科技特派员工作站建设，如支持江门市长利光电科技有限公司与华中科技大学、五邑大学建设“LED产品研发和检测技术中心工作站”，通过工作站开发符合国家室内照明标准的规模化生产的高效生产技术，探索高强散热灯具技术，为提高灯具的寿命并降低散热成本做出实际的应用工艺，将培养掌握LED及照明生产技术的本科生50名、研究生10名以上，努力实现高效大功率和贴片式LED室内照明产品技术达到国际先进水平。华中科技大学派驻到广东江粉磁材股份有限公司的冯则坤教授及其团队参与了企业的“高导、高阻抗材料JPH－5Z的开发”“镍锌材料JPZ60的开发”“宽频高磁导率JPH－10F材料的开发”等13个国际先进项目的研发，并组建了企业工程技术研发中心及企业与华中科技大学联合成立的软磁铁氧体研发基地“江华磁性材料与应用技术研究所”2个创新平台，其“高性能软磁锰锌（MnZn）铁氧体材料的研发和生产”项目的开发，为企业带来了年新增产值超5 000万元，年新增利润超800万元，通过了省级科技成果鉴定，技术达到国际先进水平。

区域产学研合作　为加快珠中江区域产业转型升级，促使区域产学研科技创新资源的共享，进一步深化产学研合作，2011年8月23日，省科技厅在中山市召开了珠中江地区产学研结合工作座谈会。会上，江门市介绍了近年来的科技经济发展情况，提出了珠中江区域合作共建科技创新平台的建议，并对江门市LED产业发展及LED重点实验室建设等创新平台建设作了介绍。嘉宝莉化工集团股份有限公司、江门市奥伦德光电有限公司、新会美达锦纶股份有限公司、五邑大学等单位也分别作了发言，提出了合作对产业共性技术的共同研发、共同承担省科技计划项目、共建创新平台及组建产业技术创新联盟的建议及愿望。

9月22日，珠中江区域产学研合作联席会议在中山市召开。珠海、中山、江门市科技部门分管产学研工作的领导及相关业务科室负责人参加会议。会议修改完善《珠中江产学研合作框架协议（初稿)》，确定以“新能源、新材料、高端装备制造业、新一代信息产业、生物医药及医疗器械产业、新能源汽车和节能环保”七大战略性新兴产业为区域重点合作领域，《珠中江产学研合作框架协议》中增加促进专业镇产业转型升级、共性技术攻关等内容。讨论了珠中江区域申报2012年度省产学研区域重大创新平台专项事宜。初步拟定“打印机设备及耗材研发、集成电路封装基板、风电装备、新能源电机及驱动系统、LED照明、化工涂料”作为2012年度重点申报领域，生物医药为三市联合组织项目产业。同意建立三市产学研联席会议制度。首次提出了三市共同关注的生物制药产业共性的突破技术“缓控释药物制剂技术的研究开发”，并初步形成项目可行性报告及实施方案。

【技术创新工程】 2011年，江门市继续以工业研究院、公共实验室、企业工程技术研究开发中心为抓手，进一步强化了公共技术创新平台的建设。组织广东广天机电研究院和华南精细化工研究院承担省市级科技计划项目3项，落实资金100万元，其中，“稀土磷酸酯超支化成炭高效阻燃体系及其产业化”和“新款两轮骑士摩托车设计开发”项目的实施对推动行业技术进步，加快产业转型升级起到了重要的推动作用。

2011年，鹤山雅图仕印刷有限公司的印刷材料实验室和ABB新会低压开关有限公司的低压电器实验室已通过中国实验室认证中心认证。广东道氏标准制釉股份有限公司、江门四方威凯精细化工有限公司和江门市兴江转向器有限公司3家通过组建省级工程中心初审，江门科恒实业有限公司和无限极（中国）有限公司承担建设的省级工程中心通过验收。新批准维达纸业（江门）有限公司、江门市南洋船舶工程有限公司和广东嘉俊陶瓷有限公司等组建市级工程中心18家，安排扶持资金60万元。截至2011年年底，全市共组织实施国家、省、市级科技计划项目600多项，新培育创建了江门市传统中成药保护工程技术研究开发中心等18家市级工程中心，省级工业研究院2家，省市级工程技术研究开发中心已达160家（其中省级21家)。

实施“江门市企业自主创新20强”工程，培育了一批创新能力强、拥有自主知识产权和核心技术、行业带动性大的创新型企业。江门市广东海鸿变压器有限公司、广东金莱特电器股份有限公司、江门誉洋特种蓄电池厂有限公司等多家企业产品纳入《广东省政府采购自主创新产品清单》。

【科技服务体系】 江门市加大“科技孵化器”建设速度，逐步扩大规模，完善硬件设施，提升服务水平，推动孵化器快速发展。全市已建成6家孵化器，面积近12万平方米，在孵企业190多家，孵化企业年产值超过12亿元。2011年，江门火炬高新技术创业中心通过省科技厅组织的专家评估，被认定为广东省高新技术创业服务中心（孵化器)。通过加快蓬江区、高新区孵化器二期建设和启动恩平孵化器建设，全市孵化面积不断扩大，服务功能不断完善，在孵企业不断增多，“孵化器”效益逐渐显现。

【科技计划项目】 2011年，全市共组织申报国家和省级科技项目237项，其中，90项获立项，共获资金支持4 356万元。江门市兴江转向器有限公司申报的“汽车电控助力转向系统关键技术的研究及产业化”项目、开平松本绿色板业有限公司申报的“新型实心复合条型墙板的大规模产业化与示范”项目和江门市科杰机械自动化有限公司申报的“高速全自动LED金线球焊线设备关键技术研究与产业化”项目获得省重大科技专项立项，共获资金支持480万元。

2011年，市科技局开发启用了“江门市科技业务综合管理系统”，实现市级科技计划项目网上申报受理，全年共组织申报各类科技计划项目648 项。经专家论证评审，全市组织实施医疗卫生类科技计划项目181 项，促进了主要医疗机构的科技创新工作，激发了医务人员开展临床医疗技术研究的积极性，引导了基层医疗单位加快应用科技成果，体现了科技服务民生的宗旨。组织实施市级财政科技专项资金项目118 项，完成预算支出1 600 万元，重点扶持了LED 绿色光源、电子信息、新材料和生物医药等战略性新兴产业，加强了对现代服务业、现代农业、资源综合利用与环境保护等领域的科技创新和公共科技创新平台建设的扶持，适当兼顾了基础理论研究和社会发展领域的科技工作，强调以企业为投入主体，充分发挥科技资金的种子作用，致力于推动传统产业优化升级，构筑现代产业体系，提升区域竞争力，提高财政资金绩效，建设创新型江门。

2011 年，江门市组织申报科技型中小企业创新基金项目63 项，获得国家和省立项21 项，扶持资金580 万元，其中获得国家立项3 项，安排资金220 万元；安排落实市中小企业技术创新资金项目经费250 万元，扶持项目24 项。完成对广东迪浪科技有限公司（原名“江门市安信网络通信有限公司”）承担的“基于模式识别的图像档案检索系统”和广东盛方化工有限公司承担的“环保型皮革化工材料——不浸酸鞣剂”的组织验收。

【科技成果与技术市场】 2011 年，全市有47 项科技成果通过市级以上鉴定，其中，江门科隆生物技术股份有限公司的“红曲霉菌种新工艺研究与工业生产”和“低桔霉素高品质红曲红的研发与产业化生产”、江门市蓬江区拜奥生物化学厂的“高活力液体木瓜蛋白酶静态分离与动态除菌生产技术的研究及应用”、李锦记（新会）食品有限公司的“老抽酱油生产工艺综合节能减排技术的研究与开发”、广东电网公司江门供电局的“计量自动化多维信息展示系统”、中国移动通信集团广东有限公司江门分公司的“基于数字认证的安全无障碍电子车票平台的研究与应用”、江门市科恒实业股份有限公司的“高光效、低光衰抗高温红粉的制备技术”7 个项目通过省级鉴定，江门市新会区同达化工机械制造有限公司的“蒸压釜铸钢釜环及盖缘裂纹焊接修复工艺”等40 个项目通过市级鉴定。2011 年，全市技术合同登记13 项，合同交易额1. 13 亿元。

全市获2011 年度广东省科学技术奖8 项，其中一等奖1 项，为江门市强力建材科技有限公司参与完成的“新型聚羧酸减水剂的研究开发与应用”；二等奖1 项，为鹤山市墟岗黄畜牧有限公司参与完成的“优质鸡分子改良方法建立及其在新品种培育中的应用”；三等奖6 项。评出2011 年度江门市科学技术奖60 项，其中一等奖6 项、二等奖21 项、三等奖33 项。

【高新技术及战略性新兴产业】

高新技术企业及产品 2011 年，江门市通过高新技术产品认定191 项，全市完成培育和组织企业申报认定国家级和市级高新技术企业56 家，其中国家级32 家、市级24 家。截至2011 年年底，全市累计共有高新技术企业202 家，其中国家级103 家、市级99 家。据统计，2011 年高新技术企业年产值达572. 17 亿元。技工贸总收入超亿元的高新技术企业达68 家，超10 亿元的11 家，超50 亿元的2 家。落实2011 年度高新技术企业所得税减免4. 85 亿元，企业研发费加计扣除所得税0. 34 亿元，合计减免税额达5 亿元。

高新区 加大高新区创新环境和条件建设力度，提高园区自主创新能力，组织高新区实施“一区多园”管理模式调研。组织实施“粤港江合作推进江门高新区‘二次创业’示范园区建设”和“江门高新区科技企业孵化器创新创业服务体系建设”等多项广东省高新区发展引导专项计划项目。2011 年，高新区完成工业总产值312 亿元，同比增长30%。

战略性新兴产业 协同高新区加快了省级LED 产业基地的建设，2011 年，高新区被科技部认定为国家火炬计划江门半导体照明特色产业基地。积极引导和支持高校、科研机构参与江门市LED 企业的研发、共建研发中心。在轨道交通修造和清洁能源基地建设方面，积极推进省部产学研合作和共性关键技术的攻关，支持地方高校调整专业设置，为新兴产业培养持续的实用性人才。在新材料产业方面，立足江门市化学纤维、稀土发光材料等产业优势，扶持发展高分子材料、无机非金属材料和新型电子材料。

【农业科技】 2011 年，江门市获省农业科技计划项目立项 7 项，获经费支持 128 万元。通过科技部农业科技成果转化项目立项 1 项，获科技经费支持 60 万元，科技部星火计划立项 1 项。为加强粮食生产的科技工作，组织了以粮食生产为主的台山市农业科技强县项目及江门市水稻生产星火技术产业带的申报并得到省科技厅立项，分别获科技资金支持 50 万元和 20 万元。这些项目的实施，为全市水稻生产探索出一条标准化、规范化的优质高产水稻科技生产技术。

2011 年 3 月，市科技局与省科技厅农村处、台山市政府一起，在台山市都斛镇组织开展了一场较有影响的农业科技下乡活动，邀请了省农科院水稻所、植保所，华南农业大学农学院等单位的教授专家来现场指导农业水稻春耕。专家现场授课并解答农民提出的水稻种植有关技术问题，赠送了上吨的肥料及大量的技术宣传资料，参加农民达 300 多人。8 月，邀请了省农科院水稻所专家赴台山作了水稻三控技术讲座。

2011 年，江门市还重点培育创建了 3 个省市级农业科技创新中心、4 个健康农业科技示范基地、1 条星火技术产业带，全市省市级农业科技创新中心或健康农业科技示范基地达 27 个。

【科技金融】 2011 年，江门市加强了与广东省风险投资集团等风险投资机构的联系，积极向投资机构推荐江门市科技型企业和项目，为企业引入风险投资资金。积极推动江门市科技投融资体系建设，筹备建立地方风险投资基金。江门市先后引进昆吾九鼎投资管理有限公司、深圳平安创新资本投资有限公司等国内有实力的股权投资机构，与江门市科恒实业股份有限公司、江门市地尔汉宇电器股份有限公司、嘉宝莉化工集团股份有限公司、广东台城制药股份有限公司等多家拟上市企业合作，共引入股权投资资金 6 亿元。江门市认真贯彻执行银监会、科技部《关于进一步加大对科技型中小企业信贷支持的指导意见》，各银行机构向科技型企业贷款余额达 4.7 亿元。

【专业镇及特色产业基地】

专业镇 从 2001 年省组织开展“专业镇技术创新试点”工作以来，江门市共培育创建了 20 个省级、13 个市级专业镇，数量在全省 20 个地市（深圳没开展此项工作）中排第 4 位。经过 10 年的发展，全市专业镇特色产业经济总量、产业集聚度和自主创新能力有了长足的发展。2011 年，全市特色产业实现总产值 1 105 亿元；工业总产值超千亿元的专业镇 1 个、超百亿元的专业镇 5 个（统计指标为省级专业镇）。其中，省级专业镇实现地区生产总值（GDP）1 008 亿元，占全市的 57%，居全省第 4 位；特色经济企业利润总额 91 亿元，居全省第 2 位；特色产业高新技术企业总产值 282 亿元，居全省第 4 位；省级及以上企业工程研究开发中心 15 家，创新服务机构 52 个，其他服务机构 38 个；拥有科技人员 5 万人；创新平台承担研究项目 284 项，居 20 个地市之首；省级及以上名牌产品 74 个，著名商标 51 个，驰名商标 12 个；专业镇专利申请 4 943 件。

特色产业基地 2011 年，国家火炬计划江门半导体照明特色产业基地获科技部认定，核心园区设在江门市高新区，江门市新增 1 个国家级火炬特色产业基地。截至 2011 年年底，江门市有 3 个国家级火炬计划特色产业基地，4 个省级火炬计划特色产业基地。

特色产业基地高度重视利用高新技术提升产业竞争力，积极鼓励基地企业承担各级科技项目，建立工程技术研发中心，开展产学研合作和构建共性技术研发平台等多种手段，加强高新技术与特色产业的有机结合，大大提高了基地的自主创新能力。例如：国家火炬计划江门半导体照明特色产业基地组织实施了一批 LED 领域的科技攻关计划项目，申报 2011 年省战略性新兴产业专项资金 LED 产业项目，奥伦德光电有限公司申报“基于氧化锌外延透明电极结构的新型高效大功率 LED 芯片技术、装备及其产业化”项目获批 1 000 万元科技经费，其他企业申报省部产学研结合项目 3 项，获得扶持资金 100 万元。2011 年，全市省级以上火炬计划特色产业基地工业总产值达 1 779. 6多亿元。

【知识产权工作】 蓬江区、江海区、新会区、开平市、鹤山市、台山市先后被确定为广东省知识产权试点市（县）。截至2011 年年底，全市创建省级知识产权试点区域6 个、广东省知识产权战略试点企业1 家、广东省知识产权示范企业1 家、广东省知识产权优势企业16 家、广东省行业协会知识产权保护优势单位1 家、广东省会展知识产权保护试点单位1 家、广东省中小学知识产权教育试点学校8 所，开平市水口镇参加广东省专业镇知识产权专项行动，培育认定江门市知识产权示范企业66 家。

2011 年，全市专利申请7 697 件，同比增长31.69%。其中发明专利821 件，同比增长54.6%；实用新型专利2 100 件，外观设计专利4 776件。全市专利授权5 309 件，其中发明专利213 件、实用新型专利1 549 件、外观设计专利3 547件。

组织开展了全市“打击侵犯知识产权和制售假冒伪劣商品专项行动”，将“双打”工作与“雷雨”“天网”保护知识产权执法等专项行动有机结合，积极稳妥地推进“双打”行动。在“双打”行动中，江门市共出动执法人员12 800 余人次，共立刑事案件48 宗，抓获犯罪嫌疑人115 人，逮捕8 人，涉案价值2 456.9 万元，移送起诉案件3 宗，移送起诉犯罪嫌疑人7 人。江门市“双打”工作获得省工作组肯定。以“全国知识产权宣传周”“科技进步活动月”等大型活动为重点，坚持不懈地开展知识产权宣传工作，提高公众知识产权意识。

【科普工作】 截至2011 年年底，全市共有全国科普教育基地2 个、省级科普教育基地3 个、市级科普教育基地6 个、农村科普示范基地11 个、农村科普示范镇10 个、农村科技素质培训基地7 个，在建设科普教育示范基地体系，推进科普教育社会化服务方面取得成效。

2011 年，江门市围绕“加快转型升级，建设幸福江门”主题，通过科技展览、科技下乡、科技咨询、科技服务、科技报告、科普志愿者行动、科普短信、科普集市等多种多样、活泼有趣的活动形式，吸引社会公众广泛参与。市科协联合农业、卫生、文化等20 多个部门单位180 多名科技专家和科普志愿者，分别在蓬江、江海、新会等地组织开展科技进社区、农村大型科普集市活动，现场发放科普宣传手册、挂图、资料等1.5 万份（本），展出科普展板2 000 余块，播放科普影片30 场次，现场接受群众咨询2 万余人次，受益群众近20 万人次。

在“科技进步活动月”和“全国科普日”期间，市科协联合有关市区科协组织科普志愿者开展“科普大篷车进校园”巡展活动，分别在江门蓬江区和新会区的10 多个学校开展。同时，市科协联合科技、教育部门举办了第27 届江门市青少年科技创新大赛和“桥博杯”桥梁绘画大赛，进一步提高学生的科技创新能力，充分展示了该市青少年科技创新的成果。在第26 届国家及省级青少年科技创新大赛上，江门代表队共获奖项30 个（其中全国一等奖1 个、全国三等奖1 个）；同时，鹤山市第一中学、蓬江区紫茶小学被授予“广东省青少年科学教育特色学校”称号。

【防震减灾】 2011 年，市防震减灾工作围绕地震监测预报、震灾预防、紧急救援三大工作体系展开，进一步完善地震灾害管理机制。加强调查研究，向市机构编制委员会建议设立江门市地震局和江门市监测中心，加强江门市地震工作机构和队伍建设。牵头组织编制《江门市防灾减灾“十二五”规划》和《江门市防震减灾“十二五”规划》。指导各市、区地震工作机构和企业、学校等基层单位修订或编制地震应急预案，组织地震系统工作人员进行地震应急通讯模拟演练。建设地震应急避难场所、地震安全农村民居示范工程、科普教育基地和防震减灾科普示范学校等场所和示范点，完成7 所防震减灾科普示范学校的验收工作。基本完成建（构）筑物抗震性能普查工作。加大防震减灾知识宣传力度，组织防震减灾知识宣传进机关、进学校、进企业、进社区、进乡村活动。

（江门市科学技术局　黄京华）

阳　江　市

2011 年，阳江市科技系统以科学发展观为指导，紧紧围绕阳江市委、市政府的工作部署，充分发挥科技创新的支撑引领作用，大力推动科学方式的转变，不断完善区域创新体系和自主创新环境，着力推进产学研合作，加快发展高新技术产业，推动新农村建设，各项工作取得显著成效。

【民营科技发展】 2011年，阳江市新增省级民营科技企业5家，截至2011年年底，阳江市共有省级民营科技企业112家。省级民营科技园——阳东县民营科技园把优化民营科技发展环境作为第一责任，把实施科技创新作为第一推动力，进一步加大民科园科技服务体系建设，积极实施“园区带动”战略，加快推进科技创新平台建设，促进民营经济创新发展。2011年，该园区工业总产值达180亿元，同比增长22.5%。

【产学研合作】 2011年，阳江市积极推进产学研结合，促进部属高校与阳江市企业的合作，提升企业技术创新水平。为全面提升阳江市五金刀剪支柱产业的核心技术水平和市场竞争力，阳江市与广东省工业技术研究院签订《广东省工业技术研究院·阳江市人民政府战略合作框架协议》，围绕以五金刀剪产业为主导产业的阳江工业体系，通过制定五金刀剪技术路线图、组建五金刀剪产学研创新联盟、建立五金刀剪产业技术创新平台、开展五金刀剪产业关键性技术攻关、建立企业科技特派员工作站、服务工业专业镇技术创新等工作，推动全市传统产业转型升级。

省部产学研专项 阳江宝马利汽车空调设备有限公司、阳江市汉能工业有限公司与华中科技大学，阳江十八子集团公司与北京科技大学、武汉科技大学，阳江市琪海水产有限公司、广东康力日用品有限公司与华南理工大学等一批企业与高校开展合作，开展技术攻关，联合申报省科技计划项目，并先后获得省部产学研专项立项。其中，阳江宝马利汽车空调设备有限公司与华中科技大学合作开展的“高效微通道换热器关键技术及其全自动生产线研发”得到省产学研重大专项立项，获得专项扶持资金500万元，另外7个项目共获得省扶持经费240万元。

产学研创新联盟 2011年，为推动阳江市五金刀剪产学研创新联盟各项工作的有效运行，阳江市围绕五金刀剪产业未来的发展规划和技术的研究攻关，重新组建了联盟理事会，重新制定了创新联盟的各项章程。其中，理事会以阳江市五金刀剪行业协会为秘书处，由全市20家五金刀剪龙头企业和省内外10家高校和科研机构组成。

省部企业科技特派员计划 阳江市积极组织企业参与省部企业科技特派员行动计划，2011年，新增科技特派员22名。截至2011年年底，共有25家高校向阳江市46家企业派驻了65名科技特派员。

【技术创新工程】 阳江市积极推进实施科技创新平台建设步伐，鼓励和引导科技型企业加强自主创新能力和市场竞争力，支持有条件、有能力的企业申报组建市级工程技术研究开发中心。2011年，阳江市新增市级工程技术研究开发中心7家。

阳江市高度重视创新型企业（试点）建设，积极研究部署、推进创新型企业（试点）建设工作。截至2011年年底，共有3家企业获省科技厅认定为创新型企业，为阳江十八子厨业有限公司、阳江市新力工业有限公司、阳江市宝马利汽车空调设备有限公司。阳江市创新型企业投入科技活动人员数共804人，本科以上学历人员数增至684人，其中高级技工与高级技师10人；企业研究与试验发展（R&D）经费支出总额共8 041.98万元，企业科技活动经费支出总额7 896万元。

【科技计划项目】 2011年，市本级科技财政三项经费投入1 600万元，增长了24%。2010年，阳江市政府印发了《阳江市科技型中小企业技术创新资金管理暂行办法》，设立阳江市科技型中小企业技术创新资金。截至2011年年底，专项财政资金额度已达650万元，对扶持阳江科技型中小企业发展起到积极的推动作用，进一步激发了阳江市中小企业对技术创新和科技投入的积极性。2011年专项资金实施扶持企业技术创新项目11项，其中3项获得省科技型中小企业技术创新专项资金立项，1项获得科技部科技型中小企业技术创新基金立项。

2011年，阳江市承担科技部、省科技厅立项的各类科技计划项目共38项，获扶持资金1 437

万元。其中，阳江市汉能工业有限公司获得省科技厅批准立项的“高效晶体硅太阳能电池关键技术的研发及产业化”项目，项目总投资 3 500 万元，获扶持资金 100 万元，项目完成后销售收入可达 6 500 万元，上缴税收 423 万元，利税总额 975 万元，创汇 800 万美元。同时，阳江市广泛运用电子信息、生物技术、新材料、节能环保等高新技术改造传统产业，积极引导企业在技术装备改造、工艺改进创新、节能降耗减排等方面不断提高产业的技术水平。积极引导五金刀剪企业加强技术创新，调整优化产品结构，大力开发高精尖产品。加大对五金刀剪机械、热处理、刀剪材料等新技术、新材料、新工艺、新设备的推广应用，进一步推动了阳江五金刀剪产业的升级。如阳江市顺和工业有限公司开发了伸缩梯、折叠运载车具等系列新产品，2011 年产值达 3 亿元，增长 20%。阳江市新力工业有限公司上年开发了节能型不锈钢泵系列产品、LED 路灯、风力发电机等新一批新产品，2010 年产值为 7.6 亿元，2011 年达 9 亿多元。

【科技成果与奖励】 2011 年，全市共登记科技成果 57 项，包括应用技术成果 16 项、软科学成果 41 项，其中由企业完成的有 10 项、科研机构完成的 2 项、医疗机构完成的 40 项。

阳江市新力工业有限公司的“高效节能单级不锈钢离心泵”、阳江市林业科学研究所的“杜鹃红山茶种质资源保存、良种选育及园林推广应用”和阳江市谊林海达速冻水产有限公司的“对虾健康养殖与绿色加工技术研究”获得 2011 年度广东省科学技术奖三等奖。

同时，共有 58 项成果获得 2009—2010 年度阳江市科学技术奖，其中一等奖 9 项、二等奖 17 项、三等奖 32 项。

【高新技术及战略性新兴产业】 2011 年，阳江市纳丽德工贸有限公司获科技部认定为国家高新技术企业，6 家企业通过复审重新认定为国家高新技术企业。阳江市新力工业有限公司获科技部认定为国家火炬计划重点高新技术企业。

2011 年，全市有 22 项产品获省科技厅认定为广东省高新技术产品，3 项产品获认定为广东省自主创新产品。2011 年，高新技术产业工业增加值占全市工业增加值的 1.86%。

阳江新能源产业发展迅速，核电、风电、抽水蓄能、太阳能、天然气、海浪能发电等新能源项目相继上马并网，已形成了全国知名、特色突出、门类齐全的新能源发电体系。阳江汉能工业有限公司、立乔科技有限公司等企业的的半导体照明（LED）项目正在建成试产。种植面积达 6 667 公顷的阳春中药材种植基地、阳江九州通药品研发制造基地项目、广东信德重要转基因研发项目、一片天集团药物精炼提取项目等生物制药领域项目进展顺利。广青金属科技有限公司年产 5 万吨镍合金产业链配套深加工项目、阳江市明轩玻璃实业有限公司生产钢化辐射镀膜玻璃、阳光控制玻璃和中控低辐射建筑玻璃项目正在建设。

【农业科技】 2011 年，阳江市共申报科技部、财政部 2011 年度农业科技成果转化资金项目 1 项，省农业科技创新中心、健康农业科技示范基地和城镇化技术集成试点项目各 1 项，省农业攻关和星火计划项目 33 项，2012 年度省农业科技预备项目 5 项，市农业攻关和星火计划项目 28 项。省农创中心、健康基地和城镇化技术集成已全部获省科技厅立项，省农业攻关项目有 3 项获省科技厅立项，省农业科技预备项目 3 项获批入库，市农业攻关项目 10 项获市立项。

2011 年，新增 1 个广东省农业科技创新中心，为信德生物广东绿色农产品加工科技创新中心；新增 1 个广东省健康农业科技示范基地项目，为广东省丰多采安全果蔬健康农业科技示范基地；新增 1 个广东省城镇化技术集成应用试点项目，为阳东东平城镇化技术集成应用试点。2011 年，全市获省立项的农业科技专项实施情况良好，其中，广东省丰多采安全果蔬健康农业科技示范基地项目，为实现阳江市居民“菜篮子”食品安全发挥重要作用。健康基地通过“公司 + 基地 + 农户”的联营模式，带动更多农户从事良种、良法、高效的农业生产模式。基地建成后，可带动农户致富超过 600 户，辐射果蔬种植基地面积约 1 334 公顷。

当年新组建了农村科技特派员科技服务工作站 7 个，新增 42 名广东省农村科技特派员，进一步壮大了农村科技特派员队伍，优化了农业和农村科技发展与服务环境。信息兴农项目建设取得新的成效，分别在阳西县、江城区、海陵区、高新区建设农村信息服务中心6个、农村信息培训中心5个、信息化体验站点124个，有力推进了农村信息化基础设施的建设。

【专业镇及特色产业基地】 2011年，阳春市松柏镇获认定为省级技术创新专业镇；阳西县程村镇、江城区白沙街道办事处获认定为市级技术创新专业镇，为程村镇的程村蚝特色产业和白沙街道的白沙鹅产业提供了技术创新平台和公共信息服务平台，有力地推动了当地特色产业的发展。截至2011年年底，全市共有省级技术创新专业镇9个、市级技术创新专业镇16个。

广东省火炬计划阳江海洋经济特色产业基地并获批准组建。已经建成的五金刀剪国家级火炬计划特色产业基地和海洋产业、春砂仁2个省级火炬计划特色产业基地建设不断完善和发展。这些特色产业基地的组建，有力地促进了阳江市高新技术产业集群和创新集群的形成，加快推进了阳江市传统产业的发展和转型升级的步伐。

【知识产权工作】 2011年“4·26”世界知识产权日期间，根据省知识产权局统一部署，阳江市知识产权局组织市工商局、市文化广电新闻出版局等有关单位开展“雷雨”“天网”知识产权执法专项行动，对市区4家主要大型超市、商场、电器城和电脑城2 000多件商品进行了认真的检查，收缴非法书报刊300多册、非法音像制品1 500多张。积极开展专利纠纷调解工作，受理专利侵权纠纷案件23宗，是建市以来案件最多的一年，涉案金额350万元，其中涉外案11宗。

积极推行知识产权试点工作，截至2011年年底，全市有1家企业获国家认定为知识产权试点单位，2家企业获省认定为知识产权示范企业，8家企业获省认定为知识产权优势企业，1家企业获省认定为知识产权战略试点企业，3个县（区）被认定为广东省知识产权试点区域。

2011年，全市专利申请量达1 332件，增长6.39%，其中，发明专利73件、实用新型250件、外观设计1 009件。全年专利授权量855件。

【科普工作】 2011年，阳江市以“科技进步活动月”“科普活动周”为契机，以《科普大篷车》电视栏目、《科普之窗》专刊、科普画廊为载体，组织举办科普影视、科普知识介绍、科普展览等一系列科普活动。

科技进步活动月　科技进步活动月期间，阳江市组织专家技术人员在社区、乡镇举办科技咨询服务，组织专家送科技下乡，向农民传授先进适用的农科知识。同时，举办系列科普挂图展览以及开展科普大篷车、科普影视进校园活动。科技进步活动月期间，组织专家106人参加活动，举办科普讲座5次，开展技术培训4次，科技知识咨询活动5场，接受群众咨询5 200人/次，发放宣传资料2.7万份，展贴科普挂图120幅。2011年，《科普大篷车》电视节目播出128集；《科普之窗》专刊栏目刊登出版32期；举办科普展览35期，观众总人数达11.5万人次。

地震、核安全知识科普　为引导广大公众正确认识核电科学知识，形成正确的舆论导向，以“解决市民最亟须解决的问题，全方位普及科学技术知识”为出发点，开展了一系列宣传地震、核安全知识科普活动。5月，阳江市科工信局、阳江市科协、阳江市教育局、阳江核电有限公司在阳江市科技馆共同举办了为期一个月的核电科普专题展览活动，组织了全市11所学校共2 200多名学生参观。举办核电安全知识专题科普讲座1场，全市300多名副处级以上领导干部参加。发放《核安全知识小册子》10 000多份，张贴《核安全知识》科普挂图10期。

青少年科普　2011年初，阳江市科协联合市教育局共同举办了阳江市第3届青少年科技创新大赛。组织参加第26届省青少年科技创新大赛，获得奖项14项。据统计，科技进步活动月期间，共有20 000多名学生参加了科普大篷车活动。同时，积极开展青少年科学教育特色学校创建活动，2011年，阳江市阳春一中获得省“青少年科学教育特色学校”称号。

【防震抗灾】 2011年，阳江市地震基础设施建设取得较大进展。阳江地震海啸基准监测站进入全面施工阶段。阳江地震海啸监测台阵10个子台全部完成基建，进入仪器安装阶段。阳江市GPS

地壳运动观测网市区子台2 500平方米用地完成征地工作，进入建设施工阶段。阳江地磁场深孔观测网市区子台完成建设并通过省专家组验收。开展县级城区地震安全社区建设工作，建立社区应急领导小组，组建社区应急志愿者队伍，建设社区地震应急避难场所。完成17个地震安全农居示范村建设并通过省验收，其中包括1个市级典型示范村和1个省级典型示范村。完成5 000万平方米建（构）筑物抗震性能普查并通过省验收。2011年3月，在全省市县防震减灾工作综合评比中，阳江市防震减灾工作荣获一等奖。

（阳江市科技工业和信息化局　黄　君）

湛　江　市

2011年，在市委、市政府的正确领导和省科技厅的大力支持下，湛江市全面贯彻落实科学发展观，坚持“自主创新、重点跨越、支撑发展、引领未来”的科技发展方针，围绕推进湛江“五年崛起”和建设创新型湛江的总目标，推动科技工作取得新突破、新进展。

【产学研合作】　2011年，湛江市新增省级产学研项目58项，市级1项，企业与高校、科研院所合作的产学研项目195项。全市共组织24所高校向74家企业派驻科技特派员84人，派驻农村科技特派员362人。

2011年，湛江市建立战略性新兴产业政产学研金联席会议制度，为政府、企业、高校、科研机构和金融机构的交流搭建平台。联席会议是在湛江市委、市政府领导下，由湛江市科技局牵头组织科技型企业、驻湛高校、科研院所、金融机构共同成立的地区合作型、联合性协调议事联盟。联席会议办公室设在市科技局。

根据产业发展需要，2011年，湛江市组建了海洋、蔗糖和电子信息产业产学研技术创新联盟，还依托广东粤海饲料集团建立了院士工作站，依托广东恒兴饲料股份有限公司建立南海区对虾种苗技术创新联盟，形成了一批以企业为主体、高校为依托，产学研相结合的创新联盟机构。8月，湛江市科技局联合湛江高新区和中国海洋大学水产学院签订《科技合作协议》。本着平等互利、合作共赢、促进发展的原则，市科技局和高新区积极组织企业与水产学院共同开展海洋产业领域科技项目的研究和开发，同时，水产学院积极鼓励教授、院士等专家与湛江的企业、科研机构和人员开展多层次、多形式的交流和合作。

【技术创新工程】　认真贯彻市委关于加强企业研发中心和创新平台建设的指示，2011年，湛江市科技局牵头有关企业与驻湛高校联合，组建了现代农业、海洋、环北部湾医药等8家科技研发中心，认定了6家市级企业技术开发中心、1家市级工程中心、3家省级工程中心。

【科技服务体系】　2011年10月，在广东海洋大学工程学院、湛江师范学院法政学院成立了湛江市科技服务中心，采用竞争性分配的形式，培育并资助建立4家科技服务机构，资助10个县（市、区）科技局建立健全科技创新平台或是科技服务机构，进一步提高科技服务能力。

【科技计划项目】　2011年，湛江市牢固树立科技工作项目化理念，通过抓项目、带创新、造亮点、促发展。当年，全市实施科技计划项目300多项，新增立项172项，其中新增国家、省级项目92项，获得上级科技经费9 200万元（含驻湛高校、研究所），创历史新高，项目实施取得明显成效。

【科技成果与技术市场】　2011年，湛江市获得各类科技成果51项，其中工农业成果26项、医疗医药成果25项。这些科技成果有47项已经推广应用，成果转化率达到92%。科技成果的创新水平较高，全市申报科技进步奖的48项科技成果中，技术达到国内领先水平以上的19项，取得自主知识产权26项，其中发明专利19项、实用新型专利3项、计算机软件著作权登记4项。有6项科技成果获得2011年度广东省科学技术奖，其中二等奖1项、三等奖5项。全年技术合同登记26项，交易额312万元。

【高新技术及战略性新兴产业】 2011年，湛江市获得国家创新基金项目2项、省创新基金项目10项、省级其他项目6项、市级项目17项。围绕发展“五新”产业，组织实施一批技术攻关和产业化示范项目。

高新技术企业及产品 湛江市按照“加强指导、重点培育、分批发展”的思路，组织高新技术企业培育、认定和复查等工作。2011年，共有20家企业被列为培育对象，9家企业被认定为高新技术企业，21家高新企业到期复查，其中17家企业通过复审认定。截至2011年年底，全市高新技术企业总数达到47家。新增12个产品被认定为省级高新技术产品，省级高新技术产品总数达到76个，比上年增长18.8%，经过认定并投入生产的市级高新技术产品370个，高新技术产品总产值240亿元，比上年增长10%。

创新型企业及产品 湛江市从培育国家高新技术企业的目的出发，制定符合本地实际的培育和认定自主创新企业的条件和措施，把科技经费扶持的重点放到培育创新型企业上来。2011年，全市新增省级创新型企业3家、省级民营科技企业12家、市级自主创新企业18家、市级自主创新培育企业17家；有6个新产品被认定省级自主创新产品，省级自主创新产品总数达到34个，比上年增长21.4%。

湛江高新区 2011年，市政府成立了申报国家高新区工作领导小组，指导省级高新区开展申报国家高新区工作。为解决湛江高新区面临的土地制约和新兴产业发展乏力两大问题，市科技局组织专家考察华侨管理区，编制《申报湛江高新区延伸区可行性报告》和《产业发展规划》。12月22日，省科技厅正式批准将华侨管理区纳入湛江高新区管理。

华侨管理区现有土地总面积46平方公里，土地权属全部归国家所有，已规划建设666.7公顷，其中333.3公顷已完成“三通一平”。把华侨管理区纳入湛江高新区作为战略性新兴产业园来建设，将带给湛江高新区“三次创业”的发展空间，既有利于充分利用华侨管理区土地资源优势，拓展湛江高新区的发展空间，又可优化湛江高新区产业结构，使湛江高新区在更大范围、更宽领域、更高层次上进行资源配置。同时，华侨管理区也将借此获得解放生产力的良好机遇，有利于促进高新技术产业发展，加速产业结构调整和优化，从根本上改变其经济结构，促进其向工业化、城镇化发展，推动湛江成为粤西振兴发展的龙头，全省重要的经济增长极。

战略性新兴产业 2011年，市科技局大力支持企业引进人才，加强产学研合作，构建自主创新平台，积极开展科技攻关，培育钢铁石化新材料、高附加值特种纸、生物医药、高端小家电、电子信息、汽车及摩托车零配件、农海产品深加工与废弃物综合利用、新能源与节能、特色农业种苗、标准化农业与现代农业设备10个战略性新兴产业项目。

【农业科技】 2011年，全市新增国家星火计划13项、省级科技项目16项、市级项目27项。成功开发“中兴一号”对虾新品种，并取得国家水产原种和良种审定委员会颁发的新品种证书。水产下脚料的综合利用研究取得成效，开发出胶原蛋白、壳聚糖、医用壳聚糖水凝胶、虾红素等一批水产品精深加工关键技术和产品。建成省级城镇化技术集成应用试点镇2个、农业科技示范村7个、农村科技信息“直通车”信息化培训中心11个、综合信息服务站（点）1 503个，举办信息员培训班5期，培训农村信息员589人次。申报组建广东省农业科技园获得省科技厅批准。

【社会领域科技】 2011年，全市新增省级社会领域科技发展项目15项、市级项目10项。组织实施一批医疗医药基础研究、环境治理和资源综合利用项目，完成各种医疗医药科技成果课题71项，鼓励驻湛高校和市区三甲医院开展临床医疗和医药技术的研究开发，重点支持针对粤西地区发病率较高的恶性肿瘤、肝病、肺病、糖尿病、心脏病等临床医疗技术及相关药物的研究及应用。

【专业镇与特色产业基地】 为加强专业镇培育工作，根据全省专业镇转型升级现场会精神，湛江市组织21名专家，对全市121个镇（街道）开展调研活动，其中现场调研17个镇（街道），掌握了乡镇（街道）特色经济发展现状，完成了7篇调研报告。新增认定10个技术创新专业镇、5

个技术创新培育专业镇。全市专业镇总数达到41个，其中省级专业镇17个。首次开展专业镇与龙头企业联手实施技术创新项目，充分发挥龙头企业在专业镇建设中的地位和作用。

2011年，湛江市突出加强特色产业基地建设，引导产业集聚，努力推进双林药业的生物医药产业基地、冠豪高新特种纸产业基地建设。两大项目建设完成后，将形成高新技术产业的新亮点。继续加强廉江小家电、官渡电饭煲、吴川羽绒等特色产业基地建设，组织实施科技计划，努力构建智能家电基地。截至2011年年底，全市共有省级特色产业基地4家。

【知识产权工作】 2011年，湛江市被确定为全省知识产权试点城市。全市新增省知识产权优势企业、示范企业、教育示范学校各1家；新增省级专利转化项目3项、市级1项。全年专利申请量达到1 052件，突破1 000件，比上年增长22%；授权768件，比上年增长8%。全市被省认定为知识产权试点示范企业达到15家，知识产权教育试点示范学校10家，实施专利转化项目37项。

开展知识产权保护宣传，在“3·15”保护消费者权益日和“4·26”世界知识产权日期间，派发宣传单、宣传册、专题宣传报纸2万多份，悬挂知识产权宣传横幅和标语50多条。组织开展“双打”专项行动，配合工商、公安等部门组织对各类经营场所进行执法检查，查处各类违法案件643宗，涉案金额1 000多万元，罚款、没收金额150多万元，捣毁各类制假窝点88个，收缴非法出版物20多万张（本），销毁10多万张（本）。

【科普工作】

科技宣传“三个一”工程 2010—2011年，湛江市科技局精心筹划科技宣传“三个一”工程（即编写1本科技兴市调研书、录制1套DVD科技宣传片和编制1本科技宣传画册），以“坚硬的翅膀——科技创新引领和支撑幸福湛江建设”为主题，反映湛江市科技创新所取得的明显成效。“三个一”工程制作完成后，分别召开首发、首映活动，利用媒体开展广泛宣传，在全社会宣传科技工作的良好形象。

科技进步活动月 2011年，全市共组织送科技、送医疗下乡、科技培训、技术咨询、科技参观等100多项活动，参加活动的有30多个单位，100多名技术人员，参与活动1.2万人次，无偿发放科技资料5 000多份。

科技培训和宣传 2011年，湛江市科技局举办科技讲座、业务学习、科技培训等活动50多场次，参加活动达2 000多人次。通过悬挂标语横额、制作墙报专栏、建立电子荧屏开展科技宣传，出版《科技信息》20期。以《湛江科技报》、碧海银沙网作为平台，开辟科技宣传专栏，充分利用媒体对科技典型企业、市、县（市、区）科技活动跟踪报道，扩大科技影响力。

（湛江市科学技术局　徐宇霞）

茂　名　市

2011年，茂名市科技工作坚持以科学发展观为指导，以促进企业自主创新工作为主线，紧紧围绕市委、市政府的中心任务和全市经济社会发展需求，突出重点，狠抓落实，科技工作取得了较好成效，科技创新水平不断提高，创新载体不断发展，产学研合作不断深化，科技服务能力不断增强，为推动茂名市经济社会发展做出了积极的贡献。

【民营科技企业】 2011年，茂名市怡华机械有限公司、信宜市郑氏兔业发展有限公司被认定为省级民营科技企业。截至2011年年底，茂名市共有省级民营科技企业101家，年产值超亿元的企业9家，有14家民营科技企业组建了工程技术研究开发中心。

【产学研合作】 2011年，茂名市签订了产学研全面合作协议18份，参与合作签约的高校、科研院所共19家，其中既是“985工程”又是“211工程”重点大学8家、“211工程”重点大学4家、中国科学院直属单位3家、中国水产科学院直属单位1家。全市共开展产学研项目合作81项，获省科技厅立项19项，获660万元经费支持。

2011年，茂名市被省科技厅批准为“省部产学研结合示范市”。广东石油化工学院申报的“广东省石化装备故障诊断重点实验室”获省科技厅批准建设，实现了茂名市重点实验室零的突破。

【科技计划项目】 2011 年，茂名市有 5 个项目得到科技部立项，获得经费支持 480 多万元；有 66 个项目得到省科技厅立项，共获得经费支持 2 285万元。受理市级科技计划申请项目 442 项，批准列入茂名市科技计划立项项目 240 项；完成市科技三项费用计划编制，共安排 37 项，划拨资金 400 万元；安排市级中小企业创新基金 100 万元，支持了茂名市科研项目的开展和技术创新；下达市重大科技专项资金安排 1 000 万元，并实行竞争性分配。

【科技成果与技术市场】 2011 年，茂名市完成科技成果鉴定 61 项，科技成果登记 4 项。认定登记合同 14 宗，技术交易额 300 万元，减免营业税近 15 万元，支持了技术转让和科技成果转化。

2011 年，茂名市推荐申报广东省科学技术奖的项目——茂名重力石化机械制造有限公司的“大型炼油加热工厂模块化研制”获得 2011 年度广东省科学技术奖三等奖，评出 2010 年度市级科技奖项 29 项，其中一等奖 3 项、二等奖 8 项、三等奖 18 项。

【高新技术产业】 2011 年，茂名鲁华化工有限公司、广东众和化塑有限公司、茂名市力奇制药有限公司被认定为高新技术企业。获国家科技型中小企业技术创新基金立项 1 项，争取经费 70 万元；获省科技型中小企业技术创新专项资金立项 7 项，争取经费 140 万元。获广东省高新区发展引导专项资金项目立项 6 项，争取省经费 710 万元。

2011 年，茂名市共组织广东新华粤石化股份有限公司、茂名鲁华化工有限公司、茂名市信翼化工有限公司等 5 家企业申报广东省高新技术产品 7 个，都通过了省科技厅的认定。

【农业科技】 2011 年，茂名市实施农业攻关和星火计划项目 32 项，牵头实施 9 项省级星火技术产业带项目，组建省农业创新中心 2 家，全市 63 家重点农业龙头企业新立项目 64 个，投入资金 3.48 亿元，有 8 家企业的建设项目列入广东现代农业 100 强项目，9 家企业列入市政府重点扶持发展计划。

2011 年，茂名市举办各类农村实用技术培训班 10 期，受训农民达 3 000 多人次；与省科技厅在茂名市电白县沙琅镇联合举办了大型科技下乡活动，免费发放各种实用技术小册子 5 000 多份，参加活动的省、市专家 70 多人，群众 3 000 多人，取得了较好效果。

【知识产权工作】 2011 年，茂名市专利申请 908 项，同比增长 50.58%；专利授权 396 项，同比增长 22.98%。广东新华粤石化股份有限公司的“一种以裂解 C9 为原料制备石油树脂的方法”项目获 2011 年广东省专利金奖。茂名市家安实业经贸有限公司被评为省知识产权优势企业。“广东石化产业知识产权公共信息平台”专利数据库建设顺利通过了专家验收，平台正式投入使用。

茂名市积极开展“双打”专项行动，全市公安、工商、版权、质监、食药监、知识产权、农业、林业、经贸、外经贸、烟草、海关系统等部门共出动执法人员 26 700 多人次，检查各类经营场所 49 500 多家，查处各类违法案件 802 宗，涉案金额 4 200 多万元，抓获犯罪嫌疑人 32 人。茂名市知识产权局共受理专利纠纷 11 次，立案处理专利纠纷案件 1 宗，结案率 100%。

【科普工作】 2011 年，茂名市有 2 个项目获得了省科技厅的立项支持，分别是茂名市第六小学的“环保节能科技小发明创新实践活动”和茂名市第十一小学的“让科技与美术接轨　用艺术展现科学”，共争取到科普项目经费 10 万元。

【防震减灾】 2011 年，茂名市地震监测台网全年正常运行，确保了地震观测数据传输记录的连续性、可靠性和准确性。完成地震安全农居示范工程建设和验收，新建茂南区山阁镇黄杰村和新村、茂港区小良镇中心村、电白县岭门镇新丰村 4 个示范村建设，完成建（构）筑物抗震性能普查项目验收，为茂名市建（构）筑物抗震鉴定与加固、防震救灾等工作提供了基础数据。大力推进防震减灾科普教育示范学校建设，全市共建成8所示范学校，有2所被评为省级防震减灾科普教育基地。2011 年，茂名市将建设工程抗震设防要求审批改为备案管理工作，在市行政服务中心设立办事窗口，并完全授权到窗口，提供“一站式”服务。

（茂名市科学技术局　文　妙）

肇　庆　市

2011 年，肇庆市的科学技术工作以科学发展观为指导，全面贯彻落实省委十届八次、市委十届十一次全会精神以及中共中央政治局委员、广东省委书记汪洋到肇庆调研的指示精神，大力实施《珠江三角洲地区改革发展规划纲要（2008—2020 年）》和“双转移”“双提升”战略，推动创新体系和科技服务体系建设，推动传统优势产业优化升级，为建设“富民强市，建设幸福肇庆”做出了应有贡献。

【科技政策环境】 2011 年 10 月，肇庆市出台了《肇庆市委、市政府关于加快培育和发展高新技术产业和战略性新兴产业的若干意见》，从 2011—2015 年，每年全市统筹安排 5 000 万元以上资金，用于支持全市高新技术产业和战略性新兴产业发展。

【民营科技】 2011 年，肇庆市共有 52 家企业通过省科技厅组织的省民营科技企业复核，11 家企业被新认定为省级民营科技企业。截至 2011 年年底，全市共有民营科技企业 80 家，其中省级 63 家、市级 17 家，从业人员 2 万人。2011 年，上述民营科技企业总产值 91.78 亿元。

2011 年，肇庆（四会）民营科技园继续以“肇庆市经济发展排头兵”和“建设创新型四会”为目标，实现生产总值 185.74 亿元，同比增长 19.6%；规模以上企业完成工业总产值 351.13 亿元，同比增长 26.3%；规模以上民营企业完成工业总产值 112.68 亿元，同比增长 28.6%；高新技术产品产值 69.38 亿元，同比增长 80.2%，占园区工业总产值的 19.75%。截至 2011 年年底，园区集聚了大批较具规模和技术含量的科技企业，入园企业近 500 家，其中，产值超亿元企业 35 家、国家火炬计划重点高新技术企业 4 家、高新技术企业 14 家、广东省民营科技企业 35 家、广东省创新型企业 1 家、国家火炬计划金属材料特色产业基地骨干企业 3 家、入选中国优秀民营科技企业 3 家、四会市科技示范企业 2 家。

【产学研合作】 2011 年，广州、佛山、肇庆三市科技部门共同签订《广佛肇产学研科技创新合作协议》。肇庆市编制了《肇庆市产学研结合示范市建设方案实施细则》。广东风华高新科技股份有限公司与清华大学李龙土院士共同组建了“广东风华高科新型电子元器件及其新材料院士工作站”。怀集登云汽配股份有限公司与北京科技大学胡正寰院士共同组建“广东省登云汽配零件轧制成形新技术院士工作站”。肇庆市培育了 1 家产学研示范企业（广东四会互感器有限公司），培育组建了气动产学研创新联盟（广东省方大气动有限公司），开展鼎湖区产学研示范区和四会市产学研示范市建设。

2011 年，清华大学的专家教授共 3 批到肇庆市企业进行调研，展开合作，取得了一批成果：广东肇庆星湖生物科技股份有限公司与清华大学化工系化学工程联合国家重点实验室、生物化工研究所签订了联合攻关协议，将开展“脯氨菌种进化改造”“酶法催化生产 I + G 新技术”攻关和产业化；广东鸿图科技股份有限公司与清华大学新材料国际中心共建科技人才支撑平台，依托清华大学相关院系的整体学科优势，在新材料新工艺领域开展一系列的具有创新的研究开发工作，取得一批具有产业化前景的科研成果，在技术服务、人才培养等方面为企业提供有力的技术支撑。在省部（院）产学研合作的带领下，肇庆市企业与高校、科研院所采取了多种合作形式，共同开展技术攻关，2011 年申报省部（院）产学研合作项目 54 项，其中 15 项获省科技厅立项，共获取 1 000万元财政资金支持。全年，共有 50 多个高校和科研院所的 136 名专家、教授进驻该市 37 家科技型企业担任科技特派员。

【技术创新工程】　2011年，肇庆市风华锂电池有限公司、创科食品科技（肇庆）有限公司及肇庆绿宝石电子有限公司等8家企业组建了市级工程技术研究开发中心，肇庆市羚光电子化学品材料科技有限公司获批组建省级工程技术研究开发中心。

9月，风华高科成功组建广东省高端新型电子信息材料企业重点实验室。截至2011年年底，肇庆市共有2个广东省企业重点实验室。

2011年，肇庆大华农生物药品有限公司、广东鸿图科技股份有限公司及广东鸿特精密技术股份有限公司3家企业被认定为省级创新型企业，怀集登云汽配股份有限公司被认定省级创新型企业试点。截至2011年年底，肇庆市共有国家级创新型企业1家、省级创新型企业5家、省级创新型企业试点1家。

【科技服务体系】　2011年，肇庆市在不断加强科技服务平台建设的同时，加大资金投入，完善科技服务平台功能。“杏花鸡产业化配套技术推广与培训”项目获省促进科技服务业发展计划立项，“玉器产业专业性科技服务联盟建设”和“高端网络IT人才职业发展力培训及孵化技术创新服务平台建设”项目获市促进科技服务业发展计划立项。

完善肇庆高新区创业服务中心建设，完成了产品展示厅的升级改造，成功引进肇庆高新区百事泰信息科技有限公司等6家孵化企业，并与广东省科技情报研究所开展共建科技信息服务平台。

12月29日，肇庆市组织科技型企业到香港生产力促进局总部、中科院深圳先进技术研究院、中科院深圳产业技术创新和育成中心等机构参观学习、进行项目对接，其中，风华高科与香港生产力促进局达成服务协议，导入了旨在提高汽车电子、电气产品功能安全的ISO26262国际标准。

【科技计划项目】　2011年，肇庆市实施省级以上科技项目127项，争取项目资金达5 388万元。9月，肇庆市科技业务综合管理系统成功在2011年第2批市级项目申报全面上线使用，共受理申报业务143项。

【科技成果与技术市场】　2011年，肇庆市共有80项科研成果通过省、市科技成果鉴定，其中省级成果鉴定12项。办理科技成果登记83项，其中省级科技成果登记21项。肇庆市获得2011年度广东省科学技术奖7项，其中一等奖2项、二等奖1项、三等奖4项；评出2011年度肇庆市科学技术奖获奖项目53项，其中一等奖7项、二等奖16项、三等奖30项。2011年，肇庆登记点认定登记技术合同2宗，涉及技术交易额155.33万元。

【高新技术产业与战略新兴产业】

高新技术企业及产品　自2008年国家开始重新认定高新技术企业后，每年该市组织超过20家企业申请认定。截至2011年年底，全市高新技术企业达到75家，总产值230.46亿元，销售收入223.57亿元，缴税总额为8.94亿元，总利润约8.33亿元，出口创汇约13.83亿美元，从业人员约4.29万人。

2011年，肇庆市完成高新技术产品产值536.12亿元，占规模以上工业总产值的21.71%，同比增长53.88%。高新技术产业呈现规模化、集群化发展，形成了以风华高科为龙头，新型电子元器件为主导的电子信息产业集群；以风华高科电子新材料为龙头，肇庆多罗山蓝宝石稀有金属有限公司、肇庆市大鸿明贵金属有限公司等企业为骨干的金属新材料产业集群；以广东鸿图科技股份有限公司、怀集登云汽配股份有限公司等汽车零配件企业组成的汽配产业集群和以广西梧州中恒集团股份有限公司、广东肇庆星湖生物科技股份有限公司为龙头的生物医药产业集群。

战略性新兴产业　2011年，肇庆市成立了“肇庆市促进战略性新兴产业发展领导小组”，出台了《关于加快培育和发展高新技术产业和战略性新兴产业的若干意见》。风华高科、肇庆中导光电设备有限公司、广东肇庆星湖生物科技股份有限公司、肇庆大华农生物药品有限公司、广东鸿图科技股份有限公司等7家企业被认定为省战略性新兴产业骨干企业和培育企业。

以风华高科为龙头的新型电子元器件产业（肇庆）基地成为2011年省市共建战略性新兴产业基地。风华高科与南京航空航天大学材料系、南京工业大学合作攻关的“TD-LTE关键核心技术新型微波陶瓷介质材料及谐振器的研制及产业化”获得战略性新兴产业核心技术攻关项目资金1 000万元。依托骨干企业组建的省级高端新型电子信息材料企业重点实验室和省级太阳能光伏材料工程技术研究开发中心，成为解决肇庆市战略性新兴产业关键共性技术问题的重要平台。

【农业科技】 2011年，肇庆农业科技工作围绕柑橘、稻米、蔬菜、禽畜、珍贵树种等主导产业，开展现代农业良种良法示范推广和产业关键共性技术研究攻关，同时以农村信息直通车工程专项平台为依托，加大农业信息化服务水平，为农业增产、农民增收、农村繁荣注入强劲动力，有力地推动了农业科技跨越发展。2011年，全市农业领域科技计划项目共立项37项，其中省级18项、市级19项，立项经费1 380万元。高要市、怀集县获省科技厅授予“粮食生产科技示范县（市）”称号。

【专业镇与特色产业基地】

专业镇 2011年，肇庆市的技术创新专业镇工作以推动专业镇转型升级为重点。5月13日，肇庆市在四会市东城街道召开全市专业镇转型升级现场会，传达全省专业镇转型升级现场会精神，总结“十一五”期间全市专业镇建设工作经验，并对“十二五”期间肇庆市专业镇规划建设工作进行部署。同时通过工作会议、专家座谈、组织专家走访专业镇等形式，针对各镇产业现状、资源优势和发展瓶颈，明晰了各镇围绕加大科技支撑、加强技术创新、提升整体服务能力、提升自主创新能力和产业竞争力等方面加快推进转型升级的工作思路。截至2011年年底，全市共创建技术创新专业镇48家，其中省级18家、市级30家。

特色产业基地 根据产业结构特点，2011年，肇庆市重点实施“西江北岸优质果品星火技术产业带建设”项目，通过开展科技攻关、推广科研成果、构建产学研服务平台等措施，全年西江北岸优质果品星火技术产业带共推广示范技术4项，建设高产、高效示范基地9 349.1公顷，举办培训班55次，培训人数11 378人次。其中，示范技术中的“喷树增产耐贮剂的研究与示范”取得突破性的进展，推广应用3 389.7公顷提高产量5%～10%，采后室温储藏期达60天以上。实现柑橘推迟采收，错峰上市，产生经济效益23 465万元。

【知识产权工作】 2011年，肇庆市实施知识产权区域发展战略，促进全市知识产权工作的开展。全年实施专利技术项目5项，评出肇庆专利奖7个，受理专利申请资助190项。

专利产出 2011年，肇庆市专利申请量为1 466件，同比增长93.15%，其中，发明专利申请量为266件，同比增长65.22%。专利授权量为889件，同比增长61.64%，其中，发明专利授权量为56件，同比增长80.65%。专利申请量和授权量同比增幅分别排名全省第2位和第4位。

试点示范 2011年，肇庆市培育市知识产权试点区域1个、市知识产权试点企业3家、市知识产权优势企业3家；对历年专利申请量较大或专利申请增长速度较快的中小企业，优先纳入专利技术实施计划并给予资金扶持。同时，加强政府部门党政干部和企业管理人员知识产权培训工作。广东风华高新科技股份有限公司是市级企业知识产权培训基地，市委党校是党政干部知识产权培训基地。5月15日，肇庆市在牌坊广场开展“科技进步活动月”启动仪式暨科普集市活动，宣传知识产权法律知识，现场向市民派发专利知识宣传资料500份，并提供专利咨询服务。6月23日，与省知识产权局、香港知识产权署、香港贸易发展局在肇庆联合举办2011粤港知识产权与中小企业发展（肇庆）研讨会，国家知识产权局、省知识产权局、肇庆市、香港知识产权署、香港贸易发展局和市直相关单位、高新技术企业、民营科技企业、其他工业企业代表等200人参加。研讨会上，广东风华高新科技股份有限公司和广东肇庆星湖生物科技股份有限公司分别介绍了企业实行知识产权战略的经验。

队伍建设 为建立健全全市知识产权工作协调机制，2011年，肇庆市建立了市知识产权办公会议制度，组织、协调、指导全市知识产权工作。高要市、端州区、四会市、广宁县、高新区5个县（市、区）已成立知识产权局，为当地知识产权事业发展提供了组织保障。并对现有的知识产权管理队伍进行政治思想教育和业务培训，组织市各县（市、区）知识产权局有关人员，参加由省知识产权局举办的专利行政执法培训班，强化专利服务体系的建设。

知识产权保护 2011 年，市知识产权局加大知识产权保护力度，制定了《打击侵犯知识产权和制售假冒伪劣商品专项行动方案》，加强对专利行政执法的指导监督和重大活动的组织协调，严厉打击假冒专利行为，切实保护专利权人的合法权益。在全市范围内开展打击侵犯知识产权和制售假冒伪劣商品专项行动，共出动执法人员 20 730 人次，查处各类侵犯知识产权和制售假冒伪劣商品案件 190 宗，涉案金额 500 万元。

【科普工作】 2011 年，肇庆市科技中心共接待学校、团体 36 批次，2 876 人次，社会公众10 963 人次，全年接待总人数超过 13 839 人次。7—8 月，开设“地质灾害防治”“低碳生活”等专题的临时展览，吸引约 4 500 人参观。10 月，引进广西创奇展览公司进行大型海洋生物科普展，吸引 6 000 多人参观。11 月，联合端州少年宫设置了“走进神秘核世界”“食品安全”等专题的科普图片展示。12 月 9—11 日，肇庆市组织 5 支代表队首次参加在西安市曲江国际会展中心举行的 2011—2012 年度 DI 创新思维中国区总决赛，获得一等奖 1 项、二等奖 3 项、三等奖 1 项。

2011 年，肇庆市在“科技进步活动月”期间，先后举办大型科普集市、送科技下乡、开展科普宣传、举办科技报告会等活动 130 多场次，举办各类实用技术培训班、科普讲座 65 期；组织科技专家进社区、进农村、进企业开展科技服务 40 多次，组织科普进校园活动、科技活动竞赛 30 多场（次），巡回开展科普影视播放 90 场次，科普大篷车展示宣传、科普图片展览 60 场次，累计组织科技专家、科普志愿者服务 3 860 人次，派发各种科技资料 12 万份，派发各种科普挂图 650 幅，全市通过电台、电视台收听、收看科普节目、参加活动、接受科普教育的干部群众、青少年学生超过 90 多万人次。

【防震减灾】 2011 年，肇庆市完成了《肇庆市防震减灾“十二五”规划》的编制工作。在高要市金渡镇褚国昌小学、社区举办了应急避震演练活动，举办防震减灾知识专题讲座等多场活动；在高要市白诸镇举办 1 期农村建筑工匠培训班。建设了市地震应急指挥中心，搭建起了涵盖地震快速评估、震情信息发送、数据库管理等地震应急处置的地震应急综合管理平台。维护肇庆市地震测震台、强震台的正常运作，及时处理怀集地震测震台信号发射故障 1 起，并将处理结果上报省地震局。

（肇庆市科学技术局　麦伟男）

清　远　市

2011 年，清远市科技部门以实施科技计划项目为载体，以抓产品创新为核心，积极推进科技进步与社会经济发展相结合，充分发挥科技工作的支撑作用，全年全市高新技术企业工业总产值为 133. 22 亿元，同比增长 36. 27%；全市高新技术企业新产品产值达 76. 32 亿元，同比增长 36. 9%；全市专利申请量达 807 件，同比增长 73. 6%；取得重要科技成果 66 项，科技对社会经济发展的贡献率进一步提高。

【科技环境营造】 2011 年，清远市相继出台了《中共清远市委清远市人民政府政府关于进一步加快科技进步与创新的意见》《中共清远市委清远市人民政府关于加快再生金属产业发展的意见（试行）》《清远市专利奖奖励办法》《清远市科技成果转化专项资金管理办法》《清远市科技成果转化专项资金评审办法》等政策法规。同时，批准设立了市科技成果转化专项资金、市创新型企业培育专项资金，极大优化了清远市创新环境。

2011 年，市科技局紧密依靠党委政府的领导和省科技厅的指导，认真组织好考核各环节工作，经过努力，清远市本级以及 8 个县（市、区）均顺利通过 2009—2010 年度全国科技进步考核，扭转了该市多年未能通过全国科技进步考核的局面，清远市、清城区、佛冈县被评为先进集体，在该市科技史上尚属首次，标志着该市科技进步事业迈入新的发展阶段。

【产学研合作】 与中山大学、华南理工大学等高校、科研院所签订了48份产学研合作协议，其中市校合作协议1份、县（市）校合作协议2份，企校合作协议45份。新（续）签科技特派员37人，截至2011年年底，共有82名科技特派员进驻该市61家企业。

2011年，市政府与中山大学签订了市校合作框架协议，将通过加强与中山大学的政产学研合作，充分发挥该校的学科和人才优势，主要开展科学技术、人文社科、医学、教育四大领域合作，优化该市产业结构调整，提高自主创新能力。就清远分院创新平台建设项目及《清远市再生金属产业发展规划（2012—2020年）》编制工作，开展了省内外调研，并召开《清远市再生金属产业发展规划（2012—2020年）》（初稿）论证会，提出用5年时间，把市再生金属产业园区打造成为产值超过千亿元的国家级工业园区。

【技术创新工程】 2011年，清远市支持市级工程技术研究开发中心组建项目5项、划拨经费150万元，全市新组建“市铝基合金材料工程中心”“市裸眼3D成像技术工程中心”“市高纯钴镍冶炼及新材料工程中心”。经省科技厅批准，广东聚石化学股份有限公司组建的“省阻燃剂和阻燃塑料工程中心”整体从广州搬迁至清远。截至2011年年底，清远市的省级工程技术研究开发中心增至5家，市级工程技术研究开发中心增至9家。

清远市佳的美电子科技有限公司、广东北江开关厂有限公司被认定为广东省创新型企业，实现该市省级创新型企业零的突破。截至2011年年底，清远市共有2家省创新型企业、7家省创新型试点企业、6家市创新型试点企业。

【科技服务体系】 清远市生产力促进中心作为全市重要的科技服务平台，为企业开展多元化科技服务。2011年新签订17个科技计划项目服务协议、新签订34家企业及个人知识产权项目服务协议，开展了卓有成效的科技咨询服务。

【科技计划项目】 2011年，全市共组织企事业单位申报省级以上各类科技项目120项，立项29项，获得国家、省资金支持1 476万元；组织申报市级项目173项，立项158项，其中89个项目获1 895万经费支持；组织完成省、市项目结题验收52项，组织成果鉴定60项，通过成果鉴定58项。圆满完成各项科技统计工作，荣获“全国第2次R&D资源清查先进集体”荣誉称号。

【科技成果与奖励】 2011年，清远市新设立了成果转化专项资金，用于支持科技成果转化、专利技术和新产品、新技术、新工艺的产业化。2011年度，市科技成果转化专项共立项16项，支持经费810万元。

组织评定2011年度市级科技进步奖获奖项目66项，其中一等奖2项、二等奖16项、三等奖48项。荣获2011年度广东省科学技术奖二等奖1项，为广东省农业科学园茶叶研究所、北京市食品工业研究院、华南师范大学联合开发的“特色茶资源食品加工技术研究与创新产品开发”项目。

5月17日，召开清远市科学技术奖励大会暨产学研结合工作会议，会议规格之高、规模之大、奖励金额之高均为历年之最。会议对2010年度市科技创新奖共计86个项目进行了奖励，颁发奖金229万元。

【高新技术及战略性新兴产业】 2011年，全市有12家企业被认定为国家高新技术企业，9家企业通过国家高新技术企业复审。清远高新区重新申报省级高新区，获得省政府审批认定。截至2011年年底，全市共有国家高新技术企业38家。配合市政府、省科技厅推进战略性新兴产业，与市高新区、日方专家等就“日本科技产业园”项目合作事项开展洽谈。

【专业镇及特色产业基地】 开展专题调研，召开“一镇一策”座谈会，起草了《清远市贯彻落实〈广东省人民政府关于进一步促进专业镇转型升级的意见〉实施方案》（征求意见稿），为该市专业镇转型升级工作提供了指引。截至2011年年底，全市共有9个省级专业镇、9个市级专业镇、3个特色产业基地，均围绕当地特色产业，开展产学研合作，不断完善科技创新服务体系，引导和扶持了县域特色产业集群发展。

【知识产权工作】

专利产出 2011 年，全市专利申请 807 件，同比增长 73.6%，其中，发明专利申请 115 件，同比增长 125.5%；实用新型专利 337 件，同比增长 130.8%；外观设计专利 355 件，同比增长 32.5%。全市专利授权 397 件，其中实用新型专利比例比上年提高 27.9%。组织开展对清新县、连州市承担的“省知识产权试点区域”项目考核验收工作。“高纯硒的生产设备及生产工艺”获 2011 年广东专利优秀奖。批准了 5 个市专利技术实施计划项目，评出 2011 年度市专利金奖 4 项、市专利优秀奖 5 项。

知识产权保护 据不完全统计，2011 年全市“双打”行动共出动执法人员 16 844 人次，检查各类生产经营场所 28 731 处，查处侵犯知识产权和假冒伪劣商品 121 237 件，立案 565 宗，涉案价值 2 924.97 万元，结（破）案 343 宗，移送公安机关的案件 2 宗，捣毁制假窝点 14 个，打掉批发销售团伙 9 个，抓获各类犯罪嫌疑人 45 名，移送起诉案件 1 起共 4 人，整治重点区域、重点市场 1 处。

知识产权宣传培训 9 月，召开全市知识产权工作会议，传达了全省打击侵犯知识产权和制售假冒伪劣商品专项行动总结表彰大会、全省知识产权工作座谈会暨广东省专利奖励大会会议精神，并对全市知识产权工作进行了部署。

在清新县、华侨中学、豪美铝业、连山县高级中学、连南县共举办了 5 期知识产权培训班，共 669 人参加。全年获省有关计划项目立项 4 项。认定了 6 家市知识产权优势企业和 8 所市中小学知识产权教育试点。

【科技宣传培训】 2011 年，清远市利用科技进步活动月、知识产权宣传周、防震减灾宣传日，开展了系列大型科技集市、科技队伍下乡、知识产权咨询、防震减灾宣传等活动，举办图片展览 3 次，开办培训和讲座 30 余次，科技下乡和相关科技活动 10 余场（次），送科技资料 80 000 余份，吸引群众 30 000 多人次。举办了全市产学研合作成果展，编印了《清远市产学研合作专辑》，利用大众媒体进行科技创新宣传，达到了弘扬科学精神、普及科技知识的目的。

【防震抗灾】 出台《清远市防震减灾“十二五”规划》，重点突出“十二五”的工作任务和实现规划的保障体系，为做好防震减灾工作提供有力的依据。建设农村防震安居示范工程，已经全部建成 10 个农村防震安居示范工程，通过市、省局验收并报省局备案。协助省地震局做好白湾地震台设备安装工作，做好台站安全保护工作，使白湾地震台设备顺利安装并投入运转。

（清远市科学技术局 李晓声）

潮 州 市

【民营科技】 2011 年，潮州市新认定省级民营科技企业 3 家。截至 2011 年年底，全市累计通过复核认定的省级民营科技企业共 87 家。

【产学研合作】 潮州市积极推动企业与国家各类工程技术研究中心、重点实验室的接触与沟通，寻找结合点，促成企业承接科技成果转化项目并实现产业化。同时，以项目和基地为载体推进该市企业的对外科技交流与合作，共同开展了一批项目的研究攻关，解决企业发展过程的技术关键和技术难点问题，凝练了一批项目。2011 年，全市共组织申报产学研结合项目 61 项，获得省立项 39 项。新增科技特派员 6 人，全市累计有 24 名科技特派员与潮州市企业对接成功，并获得省科技厅的认定。

【技术创新工程】 2011 年，潮州市新组建市级工程技术研究开发中心 6 个。截至 2011 年年底，全市累计共有市级以上工程中心 60 个，其中省级 22 个。

截至 2011 年年底，潮州有 7 家企业被认定为广东省创新型企业，7 家企业被认定为广东省创新型企业试点。

【科技计划项目】 2011 年，潮州市共获国家、省级各类科技计划项目立项 93 项，其中国家级项目 5 项、省重大专项 5 项、产学研结合项目 27 项、知识产权项目 9 项。组织立项市级科技项目 56 项。

【科技成果与奖励】 2011 年，潮州市科技局组织省级科技成果鉴定项目 2 项、市级科技成果鉴定项目 25 项，受理科技成果登记 50 项。获 2011 年度广东省科学技术奖三等奖 3 项，评出 2011 年度潮州市科技进步奖 48 项，其中一等奖 4 项、二等奖 15 项、三等奖 29 项。

【高新技术及战略性新兴产业】 2010 年 11 月，潮州市经济开发区内 3.94 平方公里区域被认定为省级高新技术产业开发区，定名为潮州高新技术产业开发区，实行省级高新技术产业开发区政策，2011 年 3 月 17 日正式挂牌。截至 2011 年年底，区内共有企业 51 家，其中高新技术企业 6 家、收入上亿元企业 7 家，三资企业 30 家，从业人员约 0.98 万人。

2011 年，全市新认定高新技术企业 7 家。截至 2011 年年底，全市共有高新技术企业 43 家，2011 年，实现工业总产值 85.15 亿元，工业增加值 24.54 亿元，上缴税费 6.62 亿元。

“大功率 LED 照明用 AIN 封装材料研究应用”项目和“超高频铜内电极陶瓷电容器制备关键技术”项目获得省政府立项支持。

【农业科技】 2011 年，潮州市共组织申报国家、省级农业科技项目 40 项，获得立项 9 项，其中国家级 2 项、省级 7 项。组织实施市级农业科技引导计划项目 12 项，其中农业攻关 11 项、星火计划 1 项。2011 年，潮州市饶平县被省科技厅列为粮食生产科技示范县，组织实施“饶平县水稻连片高产关键技术示范”项目，该项目依靠科技提高单产，以技术研究、技术推广为平台，促进粮食增产、农民增收。

【专业镇及特色产业基地】 2011 年，潮州市新认定饶平县钱东镇（食品）为市级专业镇。截至 2011 年年底，全市累计共有市级以上专业镇 25 个，其中省级 17 个。

截至 2011 年年底，潮州市拥有国家级特色产业基地 1 个，为国家日用陶瓷特色产业基地，省级特色产业基地 4 个，分别是：果蔬深加工特色产业基地、水族器材产业基地、潮州市工艺服装（婚纱晚礼服）特色产业基地、饶平县水产特色产业基地。

【知识产权工作】

项目立项与实施 2011 年，全市获国家、省各类知识产权项目立项 9 项。潮州市三元陶瓷（集团）有限公司、潮州市永宣家用陶瓷制作厂有限公司被认定为广东省知识产权优势企业，潮州市京丰瓷艺有限公司的“一种陶瓷不粘容器的生产工艺”被列入广东省专利技术实施计划项目，潮州市陶瓷行业协会被认定为行业协会优势单位，潮州市职业技术学校、饶平县师范附属小学被认定为知识产权教育试点学校，潮州市实验学校被认定为知识产权教育示范学校，潮州市湘桥区人民政府被认定为广东省区域知识产权试点单位，潮州市知识产权局的广东区域知识产权发展计划得到认定。7 家企业被认定为潮州市知识产权优势企业培育对象，6 家企业被认定为潮州市知识产权优势企业，6 个项目被列入市知识产权示范实施计划项目。

专利产出 落实专利资助等各项激励措施，2011 年印发并落实《潮州市科技局（知识产权局）关于促进我市专利申请工作的意见》等文件，促进专利申请工作。2011 年，全市专利申请 3 038 项，同比增长 64.48%，获授权专利 1 877 项，其中发明专利 47 项、实用新型专利 365 项、外观设计专利 1 465 项。专利申请量和授权量均居全省第 10 位。

知识产权保护 2011 年，潮州市共受理专利侵权纠纷案件 32 宗，2010 年结转案件 11 宗，审结 36 宗，其中调解结案 21 宗。2011 年，举办了“4·26”知识产权咨询活动，开展了“雷雨”“天网”知识产权执法专项行动，市知识产权局专利管理科被评为全省打击侵犯知识产权和制售假冒伪劣商品专项行动先进集体。全年共组织知识产权专题培训 3 场次，参训人员超 300 人。

【科普工作】 2011 年，潮州市积极采取措施加强科普宣传工作，通过政策引导，典型示范，开展形式多样、内容丰富的科普宣传活动，组织了以“让创新成为全社会的共识与实践”为主题的“科技进步活动月”活动，召开了2011年潮州市科技奖励大会暨科技工作会议，表彰在自主创新方面取得显著成效的企业和优秀的科技人才，为推进全市科技进步发挥了重要作用。

（潮州市科学技术局　邱　煜）

揭　阳　市

2011年，揭阳市科技工作以科学发展观为指导，围绕市委、市政府的中心工作，坚持“自主创新、重点跨越、支撑发展、引领未来”的科技工作方针，大力实施科技创新先导工程，各项工作都取得了显著成效，为打造粤东发展，建设幸福新揭阳提供了强有力的科技支撑。

【民营科技】

民营科技企业　揭阳市积极做好民营科技企业的培植工作，通过扶优扶强，引导民营企业向科技型转变，并积极组织企业申报省级民营科技企业。2011年，全市新增广东开盛钢铁实业有限公司、揭阳市天诚密封件有限公司等12家省级民营科技企业，数量为历年之最。

仙梅民营科技园　2011年，仙梅民营科技园新建、续建和增资扩产工业重点项目10个，计划总投资2.46亿元。同时，突出主导产业招商引资，配套产业链，做大做强骨干企业，注重培育产业龙头，打造四大产业集群，形成龙头带动作用。2011年，园区工业总产值92.3亿元，其中四大产业工艺鞋、不锈钢制品、新材料、玩具微电子机产值达到58亿元，涌现了一批如广东榕泰实业股份有限公司、广东深展实业有限公司、广东吉荣空调有限公司等具有自主知识产权、核心竞争力强的优势企业和行业。截至2011年年底，园区累计拥有中国驰名商标2件、省著名商标19件，省名牌产品6个。

【产学研合作】　积极开展产学研结合示范市创建活动，制订《揭阳市产学研结合示范市建设方案》，全面深化产学研合作。认真组织实施产学研合作项目，开展技术攻关，申报省部（院）各类产学研合作项目21项，立项10项。继续实施省部企业科技特派员行动计划，组织企业参加广东省“百校千人万企省部企业科技特派员创新工程”科技特派员行动计划，新增科技特派员共33名，广东省热金宝特种耐火材料实业有限公司特派员工作站获准成立。

【技术创新工程】

科技创新平台　揭阳市围绕提升优势主导产业和高新技术产业自主创新能力，进一步加快创建省、市工程技术研究中心步伐，促进科技与经济有效结合，充分发挥行业龙头企业的引领示范作用。2011年，全市新增广东省真空镀膜涂料工程技术研究开发中心、广东省高分子电磁屏蔽复合材料工程技术研究开发中心等4家省级工程技术研究开发中心，新增揭阳市服装功能纤维材料工程技术研究开发中心等13家市级工程技术研究开发中心。通过集中建设一批工程技术研究开发中心，促进企业开展共性技术和关键技术攻关，提高了企业的自主创新能力。

创新型企业　揭阳市以增强企业自主创新能力为核心，以引导创新要素向企业集聚为主线，以试点一批、示范一批、带动一批为重点，大力培育创新型企业，发挥创新型企业在自主创新和转型升级中的主体作用，带动提升产业核心竞争力，推动企业走上创新驱动发展轨道。2011年，全市新增广东热金宝特种耐火材料实业有限公司、广东海兴塑胶有限公司、广东吉青电缆实业有限公司、广东深展实业有限公司4家广东省创新型企业；新增广东环西生物科技股份有限公司、广东东泰乳业有限公司2家广东省创新型试点企业。截至2011年年底，全市共有创新型企业11家。通过培育创新型企业，进一步推进传统经济向现代产业集群转变。

【科技计划项目】　2011年，揭阳市以自主创新、节能减排、循环经济、新农村建设和高新技术产业为重点，共组织申报省级以上科技计划项目130项。其中申报国家重点新产品计划、农业科技成果转化资金、国家中小企业技术创新基金10项，申报省战略性新兴产业专项、省部产学研合作计划，农业、工业高新技术产业和社会发展三大领域的科技研究开发和成果产业化计划等各类省级项目120项，立项62项。通过组织实施各类科技计划，引导企业加大研发和创新力度，攻关一批行业的关键技术和共性技术，大力发展高新技术、循环经济和绿色经济，促进可持续发展。

在2011年度市级科技计划项目安排中，重点突出节能减排专项、科技型中小企业技术创新专项、大农业、工业高新技术产业和社会发展等领域共105项。

【科技成果】 揭阳市组织评定2011年度市级科技进步奖38项，其中一等奖19项、二等奖11项、三等奖8项。获2011年度广东省科学技术奖二等奖2项，分别是广东环西生物科技股份有限公司的“二次复合酶法水解蛋白质生产复合氨基酸技术研究”项目和广东领航数控机床股份有限公司的“大型数控龙门式镗铣床”项目。12月29日，市委、市政府召开表彰大会，对荣获2010年度科技进步奖的科技人员进行表彰。

2011年，全市通过省级科技成果鉴定8项、市科技成果鉴定26项。

【高新技术及战略性新兴产业】 通过积极构建产业技术发展平台、加大科技投入力度、发挥科技的引擎和支撑作用，企业创新能力进一步加强，高新技术产业实现了较快增长，支柱产业的支撑作用进一步显现。广东环西生物科技股份有限公司被列入国家火炬计划重点高新技术企业。全市共申报国家高新技术企业7家，通过公示的高新技术企业5家，分别是广东达华节水科技股份有限公司、广东柏堡龙股份有限公司、广东世信药业有限公司、广东博洲药业有限公司、广东中宝炊具制品有限公司。

贯彻落实省委、省政府提出的“要把高新技术园区作为‘双提升’战略突破口和重要工作抓手”精神，进一步营造高新区创新创业环境，加快发展广东省揭阳高新区，努力把高新区打造成揭阳市自主创新和高新技术产业发展的示范基地，引领带动全市经济跨越式发展。2011年，高新区工业总产值197亿元，比2010年增长15.1%；工业增加值54.19亿元，比2010年增长16.3%；高新技术产品产值42.35亿元，比2010年增长20%；出口创汇8.06亿美元，比2010年增长15.9%；税收总额5.24亿元，比2010年增长12%。全区高新技术企业17家，占全市高新技术企业总数35%，省级民营科技企业35家，占全市总数30%。

2011年，申报省级高新技术产品57个，同比增长54%，获得认定33个。

加强战略性新兴产业工作。例如，列入广东省战略性新兴产业专项的“面向智能制造车间的工业机器人及单元控制系统的核心技术研发”是广东巨轮模具股份有限公司与苏州大学、广东工业大学联合研发的工业机器人及信息控制技术，其水平达到国内领先，总投入0.78亿元，预计项目完成后，年新增产值1.2亿元，新增利税0.28亿元，将极大地促进揭阳市乃至全省工业机器人及智能制造单元核心技术的提升，经济效益和社会效益显著。

【农业科技】 一是以科技创新推进现代农业发展为重点，发挥科技在新农村建设中的支撑和引领作用，实施一批农业领域科技计划，加强农业科技攻关，解决好农业发展中的关键性技术。二是围绕科技支撑农村产业发展，重点帮扶普宁市梅林镇军田村实现脱贫致富的目标，扎实做好各项帮扶工作。积极发动企业和乡贤捐款，落实帮扶资金38万元用于“雨污分流”工程及环境整治，工程建设7月交付使用，并通过了验收，从根本上改变军田村村容村貌和脏、乱、差问题。三是加强农业科技管理工作，重点实施星火计划，促进揭阳市农业科技进步，推动农业产业化进程。

【科技基础条件】 2011年9月，由康美药业股份有限公司和中山大学共同承建的广东省中药饮片企业重点实验室经省科技厅批准成立。项目主要包括：建立炮制工艺规范化技术实验室，根据饮片品种，开发规模化、自动化生产的炮制工艺，进行新工艺、新产品、饮片深加工产品的开发；建立炮制技术装备实验室，按照自动化、规范化、可控化、规模化的要求，对饮片生产全过程的机械装备进行开发；建立炮制品质量标准评价技术实验室，研制符合中药炮制特点的生产控制技术、质量评价的技术，开展中药炮制辅料、饮片质量和标准的评价；建立传统炮制技术传承和人才培训中心，组织老药工、专业技术人员进行传统炮制经验、技术的收集、整理、传承，并进行技术推广。项目的实施，对于进一步深入研究中药饮片的标准化，规范中药饮片质量标准，促进传统产业的优化升级，推动中药饮片产业的集约化、现代化、国际化发展具重要意义。

截至2011年年底，全市共有1家省级重点实验室。

【专业镇及特色产业基地】 揭阳市为进一步推动专业镇转型升级，以结构调整和产业升级为主线，以科技创新和机制创新为动力，坚持质量提高和规模扩张相结合、市场导向和政府扶持相结合、自主创新与产学研相结合，着力抓好专业镇的培育和提升工作。结合“一镇一策”专业镇调研活动的开展，制订了《揭阳市人民政府关于进一步促进专业镇转型升级的意见》（初稿），推动了镇域和县域的经济发展。2011年，揭东县玉滘镇被省科技厅认定为专业镇。

2011年，全市18个省级专业镇完成工业总产值超过1 000亿元，占全市工业总产值36%。大多数专业镇坚持“一镇一主业”的特色化、集群化发展路子，形成了独特的产业形态和竞争优势。相当部分专业镇已拥有颇具规模的特色产业，例如，素有“中国竹笋之乡”的埔田镇产业主要是“三高”特色农业。截至2011年年底，全镇竹笋种植面积达0.2万公顷，年产量竹笋10万吨，竹笋加工企业20多家，年加工量超6万吨，加工产品远销国内外，产业规模达到5亿元。

【知识产权工作】 2011年，揭阳市专利申请和授权数量迅猛增长，质量大幅提升。全市专利申请1 682项，同比增长62.66%，授权1 338项，同比增长74.6%。发明和实用新型专利在专利申请总量中比重进一步增大，技术含量进一步提高。广东环西生物科技股份有限公司被认定为省知识产权优势企业。被列入省级专利实施计划项目1项，“飞机地面空调机组”等3个项目荣获省级专利奖优秀奖。

扎实开展“4·26”宣传工作，联合有关部门，对全市各重点市场、企业开展检查执法。加大专利保护和执法力度，坚决打击“你创新上市，我跟踪仿冒”的侵权行为，依法保护创新者的合法权益。全年立案5宗，结案4宗。开展打击侵犯知识产权和制售假冒伪劣商品专项行动，处理冒充案件3宗。圆满完成了省政府提出的“双打”工作的各项任务，维护了市场公正。

【科普工作】

科技进步活动月 围绕“携手建设创新型揭阳”的主题，扎实开展科技进步活动月活动。活动月针对当前科技和经济社会发展的热点以及群众的实际需求，重点做好科技服务经济发展、提高公民科学素质以及科技惠及民生等系列活动。各地、各部门加强协调和配合，面向群众、面向基层、面向企业举办了形式多样的群众性科技创新和科普宣传活动，为广大企业开展技术创新活动提供服务，为广大人民群众解决生产生活中的科技问题，在全市掀起自主创新和科学技术普及的新高潮。活动月期间，累计发放各类宣传资料4万多份（册），开展科技咨询5 000多人次，赠送的农资、药品、科普图书等价值6万多元，公众参与数约7万人次，受到了社会各界的广泛关注和好评，有效地提升了全民自主创新意识。

科普专题展 结合揭阳市第2个“感恩日”活动的开展，在市科技馆举办大型科学技术普及专题展，现场接受科技咨询，向学生赠送科技书籍，以实际行动努力践行忠诚，弘扬感恩奉献精神，倾力助推揭阳创建省级文明城市。

科技下乡 积极开展科技下乡活动。全年共组织开展科技下乡活动8场次，举办各类科技培训和讲座19场次，发放科技宣传资料6万多册。通过举办形式多样的宣传活动，提升了社会各界对科技进步和科技创新工作的认识，扩大了科技工作的显示度和影响力。

（揭阳市科学技术局 洪镇海）

云浮市

2011年，云浮市科技局坚持“自主创新、重点跨越、支撑发展、引领未来”的科技工作方针，按照“借力第一生产力，给力建设幸福新云浮”的理念，以科技创新为支撑，整合现有科技资源，加强以高新区为重点的平台建设，大力推动科技服务民生，有效地促进了经济发展从要素驱动、投资驱动向创新驱动转变，全市科技工作成绩喜人。在科技部组织的科技进步考核中，全市5个县（市、区）均通过了考核，10人被评为“全国科技进步考核先进个人”，云浮市首次被评为“全国科技进步考核先进市”，新兴县、郁南县被评为“全国科技进步考核先进县”。1人荣获“全国科普工作先进工作者”称号。云浮市科技装备动员办公室被评为“广东省国防动员建设先进单位”。

【民营科技】 2011年7月，开展了云浮市省级民营科技企业集中复核工作。全市参加复核的省级民营科技企业共42家，经复核后被省科技厅批准的省级民营科技企业共有42家。

民营科技企业已成为云浮市发展高新技术产业的主力军，技术创新的主体。这些企业都已建立了自己的技术开发机构，各级各类相关科技计划项目，多数由省级民营科技企业承担，一些民科试点专项也正在逐步引导立项实施。全市获得的各级科技奖项和科技成果，也多数为省级民营科技企业所取得。同时，民营科技企业也是实施名牌战略的主力军，越来越多的民营科技企业拥有自主知识产权、科技含量较高的品牌产品，在市场上获得消费者的认同。

【产学研合作】 2011年，全市共申报省产学研结合项目52项，立项23项（其中2项为省产学研重大专项），立项率达44%，同比上升12个百分点；获得省产学研专项资金950万元，同比增长13.8%。由广东温氏食品集团有限公司承担的“畜牧养殖物联网关键技术研究及产业应用示范”重大专项获省专项资金200万元。

3月，该市先后组建了云浮市物联网研究院和北京科技大学云浮研究院，截至2011年年底，该市已组建研究院6家，研究院的设立为该市的支柱产业发展提供了有力的科技支撑。与中南大学共同编制的《云浮市硫化工产业技术路线图》已经完成，并获得省科技厅立项支持，为该市打造超百亿的硫化工产业集群提供强有力的科技支撑。

2011年，该市新增科技特派员23人，截至2011年年底，全市科技特派员总人数达95人。授予6人“云浮市优秀企业科技特派员”荣誉称号并给予奖励，对34名科技特派员给予补助。

【技术创新工程】 2011年，以云浮罗定市星光化工有限公司为依托单位，组建了广东省萜类化合物食品添加剂工程技术研究开发中心。截至2011年年底，全市共有省级工程中心17家。2011年，云浮市的广东省生物制药工程技术研究开发中心、广东省毛纺织工程技术研究开发中心经过3年的组建，通过了省科技厅、省发改委、省经信委的验收。

截至2011年年底，云浮市已建设省级及以上创新型（试点）企业、创新型企业5家。其中：广东温氏食品集团股份有限公司已列入国家级创新型企业，广东凌丰集团股份有限公司、广东大华农动物保健品股份有限公司、广东中兴液力传动有限公司已列入省级创新型企业，云安县晟松脂化工有限公司已列入省级创新型（试点）企业。

【科技服务体系】 2011年，云浮市努力加强科技服务机构培育，并对全市科技服务行业情况进行了综合统计，共调查企事业单位78家，其中：科研院所8家、科技类民办非企业4家、企业性研发机构8家、重点实验室3家、工程技术（研究）中心6家、科技公共服务平台19个、生产力促进机构11家、行业协会12家、其他7家。科技服务业从业人数达3 570人，从事科技活动人员1 354人，年科技服务项目2 437个，承担各级政府项目24项，发表科技论文165篇，科技服务收入达4 312.36万元。

【科技计划项目】 2011年，云浮市科技项目立项再创新高，争取国家、省科技经费超4 000万元，是建市以来获得上级项目资金最多的一年。各项科技工作均有新的发展。

2011年，广东温氏食品集团有限公司联合华南农业大学申报的“富含多不饱和脂肪酸优质转基因猪新品种培育”项目在全省21个农业类的战略性新兴产业核心技术攻关项目中成为唯一获得批准立项的项目，获得了1 000万元的支持，这是该市获支持资金最多的科技项目。云安县生产力促进中心等单位承担的“资源型产业低碳技术综合集成及应用示范区建设”项目被列为广东省重大科技专项。新兴县德纳斯金属制品有限公司承担的“碳钢三层镀的开发及应用”项目、云浮宅里活信息科技有限公司承担的“三网融合下的社区生活服务平台”等3个项目被列为广东省科技型中小企业技术创新专项。中南大学云浮研究院承担的“广东省硫化工产业发展技术路线图的研究与制订”项目被列入省级国际合作项目。广东中兴液力传动有限公司承担的“一种新型双挠性限矩型液力偶合器的研究开发”、云浮市华力纳米环保涂料有限公司承担的“新型纳米环保涂料改性技术研究”、广东省天宝生物制药有限公司承担的“细菌溶血素抑制剂忍冬藤注射液的研究”、罗定市林业局承担的“林业外来有害生物测报专家系统的开发与应用”等11个项目分别被列入省级工业攻关项目和社会发展项目。

【科技成果与技术市场】

成果鉴定　2011年，云浮市通过省级以上科技成果鉴定的项目有1项，为广东温氏食品集团有限公司完成的“供港黄麻鸡健康生产技术研究与示范”项目；办理省级科技成果登记的1项。经市级鉴定的科技成果有30项，办理云浮市科技成果登记的科技成果有41项。

成果奖励　由广东华农温氏畜牧股份有限公司参与完成的“有机固体废弃物循环利用成套技术与装备及工程应用”科技成果获得2011年度国家科学技术奖二等奖。获2011年度广东省科学技术奖6项，其中，广东温氏食品集团有限公司参与完成的“猪健康养殖关键营养技术研究与应用”项目和广东大华农动物保健品股份有限公司参与完成的“禽流感动物模型、免疫机理及疫苗研制与推广应用”项目获一等奖。

颁发2010年度云浮市科学技术进步奖30项，其中一等奖2项、二等奖12项、三等奖16项，获奖单位46个，获奖科技工作者156人。这些科技成果中，由企业独立完成的项目达15项，占50%，累计产生经济效益达14.61亿元。项目总体技术水平较高，经科技查新和专家鉴定，达国内先进水平以上的有12项，占40%，达省内先进水平以上的15项，占50%。取得自主知识产权的就有9项，大大提升了该市水泥、机械制造、不锈钢、石材加工、化工等重点产业的总体技术水平和企业竞争力。2011年，第2次评选云浮市科学技术突出贡献奖，广东温氏食品集团公司、华南农业大学动物科学学院的吴珍芳教授和广东粤电云浮发电厂有限公司的曾胜庭高级工程师获奖。

技术市场　2011年，云浮市技术合同登记有6项，合同成交额为421.5万元，技术交易额为273.44万元，其中技术服务交易额31.5万元、技术开发交易额241.94万元。4月19—22日，市科技局相关人员参加科技部火炬中心在宁波召开的全国技术市场技术合同管理与创新方法培训班。通过对技术市场政策法规和创新方法的学习，熟悉了技术市场政策法规，树立起工作创新意识，开拓技术转移工作新思路，为更好地做好技术市场管理和技术合同认定登记工作奠定了基础。

【高新技术产业】

高新技术企业及产品　2011年，广东铁塔电气科技有限公司、新云石业（云浮）有限公司被认定为高新技术企业。广东温氏食品集团有限公司、广东凌丰集团股份有限公司、广东省天宝生物制药有限公司、广东大华农动物保健品股份有限公司、广东万事泰集团有限公司、云浮市新富云岗石有限公司6家企业通过了复审，继续被认定为国家高新技术企业。云浮市新富云岗石有限公司的“方料型人造石英石板材”、广东中兴液力传动有限公司“YOTzhj875液力偶合器”等5个产品通过了广东省高新技术产品认定。

高新区　广东省人民政府于2010年11月同意认定广东云浮工业园内3平方公里区域为省级高新技术开发区，定名为云浮高新技术产业开发区，实行现行省级高新技术产业开发区政策。市人民政府于2011年2月批准成立了云浮高新技术产业开发区管理委员会。2011年，云浮高新技术产业开发区管理委员会承担的“云浮高新区现代物流信息专业服务平台建设”项目、“云浮高新区科技企业孵化器的孵化服务及创新体系建设”项目获得了省级高新区专项的立项。此外，广东永康有限公司承担的“创新中药‘清脂复肝颗粒’的研制”、云浮市新富云岗石有限公司承担的“利用石材加工废渣及废陶瓷玻璃等生产功能型人造石”等区内企业承担的4个项目也获得了高新区发展引导专项的立项。

【农业科技】 2011年，全市列入省级农业科技计划项目共11项，计划投入3 255万元，项目建设内容涵盖农业生物、动植物新品种选育、安全高效种养、病虫防治、农产品加工等技术开发与应用，以及相关的示范基地、新农村建设、粮食优质丰产等。其中，新兴县及郁南县被认定为省粮食优质丰产科技示范县。在项目建设中还重点抓了云城区安塘镇都涝村、郁南县东坝镇大坪村等新农村建设科技示范试点以及罗定市丰智昌顺科技有限公司的“广东省丰智‘亚灿米’有机农产品”、新兴县翔顺生态旅游发展有限公司的“广东省翔顺生态名优茶”的健康农业科技示范基地等省级农业科技专项，为促进该市农业产业优化升级和新农村建设起到科技支撑的作用。

2011年，全市有8个“十一五”期间的省级农业科技计划项目通过验收，项目实施的内容包括植物安全高效种植、标准化生产、生物防治、健康养殖、疾病控制等技术开发与应用，涉及水稻、茶叶、水果、蔬菜等产业。这批项目在实施期间共开发新产品（新品种）7项，发表论文1篇，推广应用先进适用技术2项，推广应用面积达1 666.7公顷，带动农户1 950户，累计投入资金2 150万元，累计带动社会投入6 020万元，累计实现产值1.88亿元，累计实现税利2 250万元，为该市农业经济发展起到了积极促进作用。

【科技金融】 2011年3月，市科技局牵头会同市经信局联合举办了云浮市企业科技金融政策与业务大型推介会。省生产力促进中心科技金融服务中心的领导、国家开发银行科技金融专家、天交所金融学博士等应邀参会，市政府分管领导和市科技局、市经信局有关领导以及130多名企业家参加会议。会议为企业与科技金融融资服务中心、金融专家搭建了联系沟通的桥梁。

【专业镇及特色产业基地】

专业镇 截至2011年年底，全市共拥有省级技术创新专业镇20个、市级技术创新专业镇22个。2011年，全市列入省级专业镇专项计划项目共9项，项目建设内容涵盖信息服务、管理创新、产业的培育与升级、技术创新驿站建设等技术推广与应用，覆盖了纺织、不锈钢、陶瓷、电池机械、蚕桑、水果等区域特色产业。这批项目预计完成后，可新增产值2.9亿元，新增税利3 893万元。

2011年6月，召开了全市专业镇工作会议，总结近十年来全市专业镇发展情况，交流经验，推广典型，并对“十二五”时期专业镇转型升级工作进行全面部署。

特色产业基地 截至2011年年底，云浮市共有省级特色产业基地10个，涵盖了石材、不锈钢、硫化工、水泥、电池机械等支柱产业。2011年度，全市省级特色产业基地的产值达13.54亿元。

【知识产权工作】 2011年，该市获得了省专利技术实施计划项目1项、“2011年广东省知识产权优势企业”项目1项、“2011年广东省知识产权示范企业”项目1项，这是该市历史上第1家知识产权示范企业。截至2011年年底，全市共有广东省知识产权优势企业8家、省知识产权示范企业1家、省中小学知识产权教育试点学校10所、省中小学知识产权教育示范学校1所、实施省区域知识产权发展计划5项、省专利技术计划项目18项。2011年，全市专利技术实施产值72.3亿元。

专利申请和授权 2011年，全市专利申请351件，同比增长46.3%，其中发明专利申请58件，同比增长45%；PCT（国际专利）1件，实现零的突破。专利授权235件，同比增长了23.7%，其中发明专利授权12件，同比增长200%。

知识产权宣传和培训 在“4·26”世界知

识产权宣传活动日期间，市知识产权局通过网站发布宣传信息，悬挂横幅宣传标语，电台播放宣传广告，手机发送宣传短信，电影晚会插播宣传片，与版权局、工商局在文化广场联合开展大型宣传咨询活动等一系列内容丰富的宣传活动，此次活动参加人数 2 000 余人，收到良好的宣传效果。

专利与知识产权保护 2010 年 11 月至 2011 年 6 月，在全市范围内开展了打击侵犯知识产权和制售假冒伪劣商品专项行动，共立案查处违法案件 400 宗，案值达到 8 500 万元。其中，处理省重点督办案件 1 件，“双打”行动得到了上级部门的肯定，并顺利通过了省政府验收。

【科普工作】 2011 年，广东南山森林公园省级青少年科技教育基地、广东大王山国家森林公园省级青少年科技教育基地项目获得省科普基地项目支持；公益性、开放性的科普功能设施建设不断完善加强。市科技局陈嘉丽同志获 2010 年度科学技术部、宣传部、科协联合颁发的“全国科普工作先进个人”荣誉称号。

【防震减灾】 2011 年，云浮市积极做好了 6 条地震安全农居示范村的建设工作，并从规划、设计等方面加强宣传示范，引导农民建造地震安全家居的自觉性，6 条示范村已于 2011 年 8 月底前全部完成验收。

在 3 月 18 日市区 1.9 级地震和 6 月 22 日 2.0 级地震的应对工作中，该市迅速安定民心，并做好地震谣言的辟谣等工作。督促指导各中小学校制定地震应急预案和地震应急演练方案，并组织开展地震应急避险疏散演练。帮助指导有关单位编制地震应急预案和应急避震演练方案，并对其应急演练进行指导。利用“4·26”知识产权日、防灾减灾日、科技进步活动月、防震减灾宣传活动周、“7·28”地震纪念日等特定时段，开展防震减灾宣传教育。加强金科网地震信息、防震减灾知识的宣传，同时做好向省地震局报送信息的工作。做好服务中心的市地震局窗口工作，全部办件都能提前办结，多年来无缺办、漏办、超时办件，保持每月群众投票满意率达 100%，并保持月评“三好窗口”称号。

（云浮市科学技术局　陈嘉丽）

深圳市检验检疫科学研究院

深圳市检验检疫科学研究院（以下简称“深圳市检科院”）是由深圳出入境检验检疫局和原深圳市科技与信息局（现深圳市科技创新委员会）于2006年11月共同发起组建，归口深圳检验检疫局管理的市属公益性科研事业单位。

深圳市检科院下设发展部、高新部、财务部3个部门及动植物检验检疫技术研究所、食品检验检疫技术研究所、工业品检测技术研究所、玩具检测技术研究所、国际旅行卫生保健研究所、现代信息技术研究所6个研究所。该院现拥有1个质检系统质检科技成果推广转化基地、1个国家级重点实验室、3个深圳市重点实验室、1个深圳市生化分析与检测公共技术创新服务平台、1个深圳市外贸公共服务平台。近年来，深圳市检科院承担了科技部、国家发改委、质检总局、广东省、深圳市等各类课题70余项，获得各类奖项40余项。

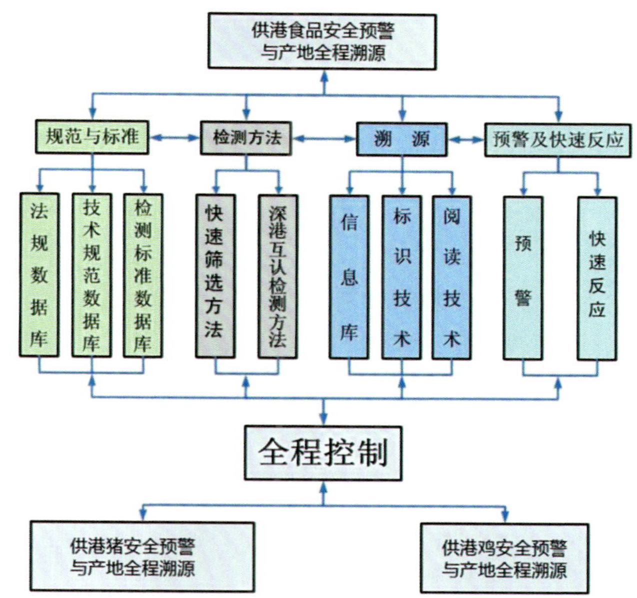

深圳市检科院主持承担的“供港食品安全预警与产地全程溯源的质量控制”获得2012年度广东省科学技术奖二等奖，同时还获得了2011年度深圳市科学技术奖（社会公益类）。该课题开发了应用于供港畜禽安全检测的溯源定位、无线连接的移动终端（MID），建立了数据实时、快速采集、处理和传输机制，数据采集准确实时，形成了供港猪、鸡基于RFID技术的全程溯源的示范模式。针对供港猪、鸡，课题组研究建立了禽流感、新城疫等动物疫病和氯霉素、克伦特罗、莱克多巴胺等兽药残留的液相芯片检测方法及呋喃妥因代谢物、禽流感抗体滴度和口蹄疫等检测试剂盒及筛选方法。课题还建立了供港猪示范区3个，示范规模超过4500头；供港活鸡示范区1个，示范规模超过25000只。示范企业的供港猪和活鸡未出现质量安全问题，达标率100%，取得了显著的经济、社会效益。该课题发表研究论文6篇，申请国家发明专利5项，研发快速检测试剂盒7个。

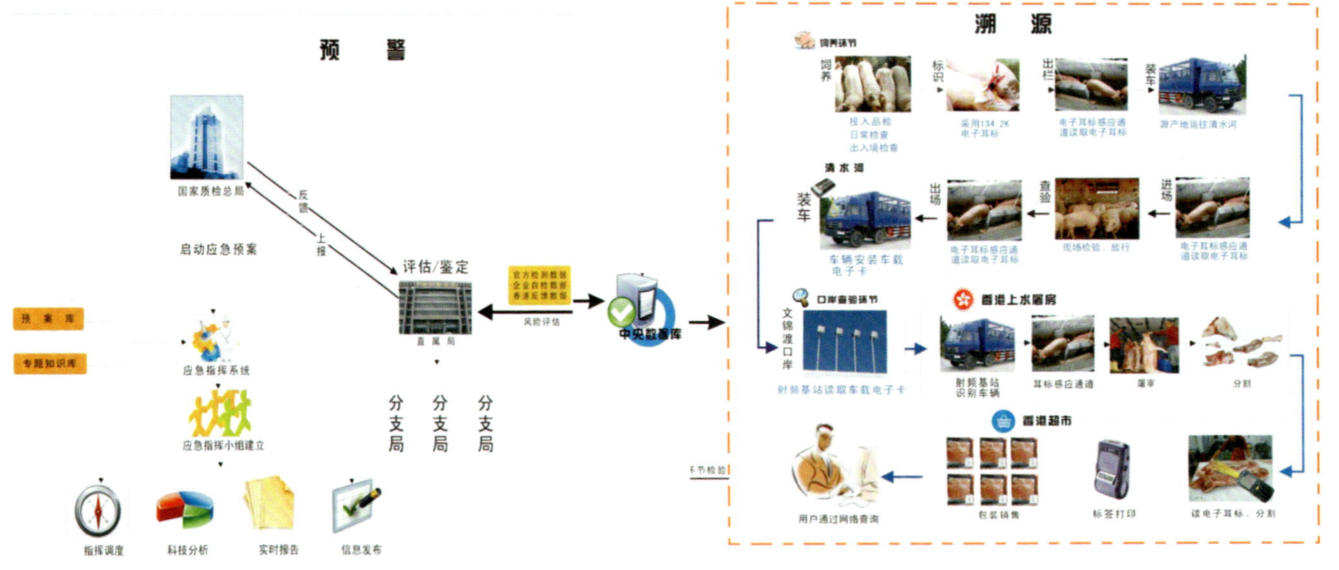

广州市协和中学

项目名称：协和静园智能化绿色节能建筑楼宇技术集成与示范

承担单位：广州市协和中学、华南理工大学、广州中科环能科技有限公司

广州市协和中学是一所有百年历史的名校，是广州市教育局直属重点中学。学校连续10年开展生态建设，成效显著，先后荣膺“联合国教科文组织中国可持续发展教育项目（ESD）示范学校”“全国节能减排与可持续发展学校社会行动项目示范学校”“广东省节能先进单位”“广东省绿色学校”“广东省科学教育特色学校”“广州市优秀花园式单位”等荣誉称号。

园林讲解员（双语）向来校参观的美国中小学校长介绍学校生态的建设

该项目开展智能化绿色节能建筑楼宇技术集成与示范，主要包括：楼宇低能耗高效生活污水处理与回用系统、雨水收集与回用系统、楼宇系统整体节能用电智能化采集用水用电数据系统、太阳能光伏系统及其监测与评估系统、水源热泵节能系统等的研发与建设。该项目通过水电智能管理平台实现科学用水用电，利用太阳能、水源热泵与回用水的热交换、地源地热资源和绿色照明等相关联的创新思路，节省电能，在较低能耗情况下促进楼宇环境冬暖夏凉。

学生在老师指导下建设趣园水池生态过滤系统，池水至今5年不用换水。

协和中学正门——福华门

静园污水处理系统运行及创建国际生态学校活动剪彩

绿园实景，园中的水来自教学楼的经处理的中水

广州北航

新兴产业技术研究院

2011年3月21日，广州市人民政府与北京航空航天大学签署了共建“广州北航新兴产业技术研究院”项目合作协议。

8月16日，广州北航新兴产业技术研究院理事会成立大会暨第一届理事会在广州顺利召开，标志着广州北航新兴产业技术研究院正式挂牌成立。

广州北航新兴产业技术研究院将瞄准国家战略性新兴产业重点发展方向，以航空航天、信息技术、卫星导航、高端制造等北航重点优势学科为核心领域，面向广州市、广东省乃至整个华南地区的战略性新兴产业，着眼企业重大技术需求，重点开展共性关键技术创新研发、实施北航国家级成果的集成转化、培养企业高端工程技术人才、孵化高新技术企业、培育新兴产业，将研究院打造成为具有国际水准的高技术创新基地、高技术成果转化基地和高端人才培养基地；充分发挥广州国家中心城市的综合优势和北航科技资源与人才优势，加速推进广州国家创新型城市建设和战略性新兴产业发展。

广州北航新兴产业技术研究院理事会成立大会暨第一届理事会

广州市人民政府与北京航空航天大学签署共建“广州北航新兴产业技术研究院”项目合作协议

广州北航新兴产业技术研究院理事会成立大会暨第一届理事会

创造卓越 倾尽所能

广东创能科技有限公司成立于2000年，公司注册资产为2000万元，是计算机系统集成、建筑智能化、信息化和轨道交通行业的高新技术企业。

公司致力于为轨道交通、智慧城市、绿色建筑提供高科技研发成果及智能化信息系统解决方案，包括研究咨询、规划设计、定制开发、设备提供、施工管理、系统集成及增值服务等。公司在研发和设计中不断开拓进取，将优秀的高科技成果应用到项目中去，在交通、金融、教育、医疗、房地产等众多领域拥有丰富的实践经验。公司坚持“创造卓越、倾尽所能”的企业精神，秉承“以客户需求为中心、以客户满意为宗旨”服务态度，通过不断的努力，在广大客户中树立了良好的形象。

公司追求企业的长久发展，追求与创能人分享前进的快乐，更期待为每一位客户提供尽善尽美的服务！

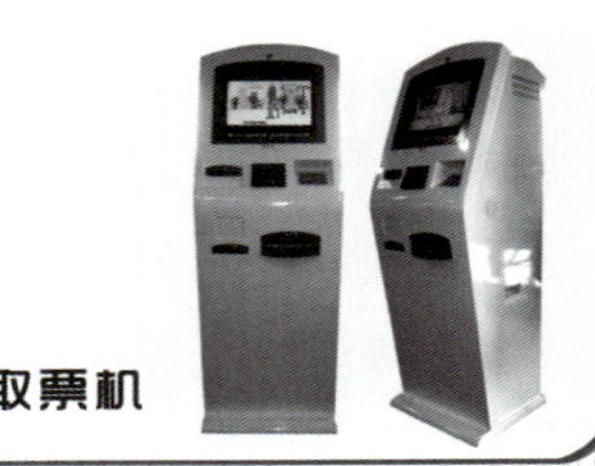
一卡通

取票机

揭阳机场

南医三院

南宁人大活动中心

暨南大学

恒大山水城

建筑智能化一级　系统集成二级　安防一级　高新技术企业

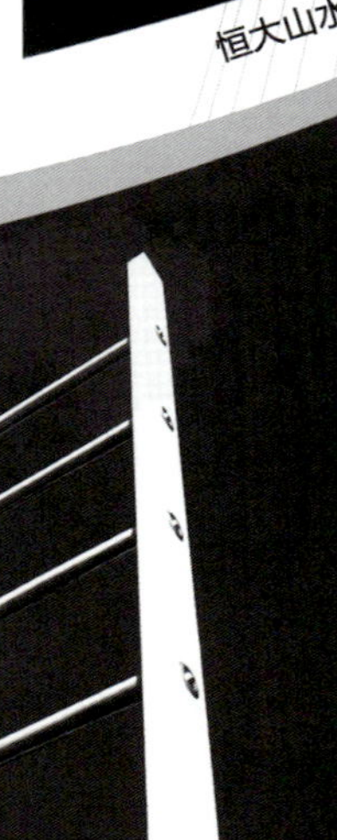

地　　址：广州市越秀区麓景路7号15楼全层
电话/传真：020-83579118
邮　　编：510091
网　　址：http://www.chuangneng.com.cn
E-mail：gd@createw.com

兴宁市福兴街道

——打造最具岭南文化特色的国际一流休闲度假区

兴宁市福兴街道毗邻兴宁城区，总面积34.94平方公里，辖10个行政村、1个社区居委会，人口3.4万人。福兴历史悠久，人文荟萃，文化底蕴深厚，境内文物古迹丰富，保存完好，主要有3A级国家旅游区神光山国家森林公园、石古大王、神光寺、墨池寺、龙凤寺等宗教文化胜地，具有浓郁的“一山两教三寺”和谐相处的宗教文化。还有众多历史文化名人，如宋朝翰林院大学士罗孟郊、明朝吴中四才子之一的祝枝山和胡曦、何香凝、周恩来等也都曾在福兴留下足迹。福兴民居独特，客家风情浓郁，现有梅州市市级古民居2座、兴宁市特色古民居7座。福兴传统民间工艺如墨烟张制墨工艺、松山围米粉、高田镜器等及中华民族文化宝藏之一《罗家通书》得到了世人流传与继承。生态旅游资源有融林木观赏、园林花卉、名人书画、养殖、茶艺、美食为一体的农业生态开发示范基地五里香茶艺休闲娱乐运动中心以及锦华村的草莓基地、梅子茶场等。在开发旅游产业方面，福兴具有其他地方不可比拟的自然景观和人文资源优势。

福兴位于梅河高速公路西出口和即将开工建设的济广高速新陂出口之间，毗邻鹰汕铁路和广梅汕铁路客站，在连接华东地区和辐射珠三角地区、潮汕地区和龙川、五华等相邻的地区有着举足轻重的咽喉作用，是连接广州（梅州）产业转移园和东莞石碣（兴宁）产业转移工业园的一个重要而关键的节点。福兴交通便捷，205国道、兴福路、S225线纵横贯穿福兴，将坭陂鸿源生态园、叶塘温泉、合水水库旅游区、铁山渡田河省级自然保护区连为一体，区位交通优势得天独厚。

福兴街道为科学开发神光山，加快福兴旅游产业的形成、集聚、发展，委托广州市冶金设计院有限公司编制了《福兴旅游产业发展规划》，并将围绕“打造最具岭南文化特色的国际一流休闲度假区”的目标，以神光山生态旅游综合开发区建设为着力点，以旅游宣传、旅游招商为突破口，立足区位优势和资源优势，开发利用各种旅游资源，努力实现福兴旅游产业全面、健康、快速、协调发展的良好局面。

神光山全景

广州文冲船厂有限责任公司

广州文冲船厂有限责任公司始创于1955年，是中国船舶工业集团公司控股的华南地区大型造船企业。公司总资产约69亿元，注册资本80205万元。公司占地70万平方米，现有职工1952人，其中具有大专以上学历的工程技术人员有944人，约占总人数的49%。公司造船设施主要包括3万吨、7万吨级船坞各一座，3万吨级船台一座，码头岸线460米，以及完善的生产配套设施。公司具有年造3500TEU以下支线集装箱船、大中型挖泥船、7万吨以下散货船20艘的能力。公司享有自营进出口经营权，采用国际标准和GL、LR、ABS、BV、CCS和NK等船级社规范，建立了完善的质量管理体系，已取得ISO9001：2000质量体系认证证书，并有OHSAS18000职业安全健康管理体系认证证书。文船公司技术中心于2005年被认定为广东省企业技术中心，2010年获得国家企业技术中心授牌；文船公司2009年获得高新技术企业认定。

文船公司的主要产品为支线集装箱船和大型、超大型耙吸式挖泥船。其中具有自主知识产权的1700TEU系列集装箱船技术性能达到国际先进水平，在国际同类船型市场占有率达到10%以上，是欧洲支线航运界代表船型之一。依托该型船，公司成功开发的2800TEU系列集装箱船已大批量生产。2011年，华南地区最大的3400TEU集装箱船订单又被文船公司承接。

公司还是目前国内最大的挖泥船建造基地，2007年成功建造了国内自行设计和建造、亚洲最大型耙吸式挖泥船——13500立方米耙吸式挖泥船“新海虎”轮，打破了国际上对超大型挖泥船的技术封锁，推动我国大型、超大型挖泥船建造能力迈上了一个新台阶；2008年成功交付13000立方米和16888立方米耙吸挖泥船；2009年承建了85米深挖型15000立方米耙吸挖泥船以及3500方/h绞吸挖泥船；2010年建造85米挖深耙吸挖泥船。2011年再次建造20000立方米耙吸挖泥船，不断刷新亚洲最大挖泥船纪录。至今为止，国内大型挖泥船的建造全部都在文船公司进行，使文船公司牢牢占据了国内大型疏浚工程船市场的龙头地位。

广粮实业

王老吉 莲子绿豆爽饮料 Net Vol.: 310mL

珠江文明，至少可以追溯到6000年以前。今天的珠江是一条文化大河、历史大河，更是一条经济大河。从一百多年前的"十三行"到今天的"大笪地"，珠三角的商业繁荣因"珠江水、广东粮"名满天下。

广东广粮实业有限公司是广东省直属大型国有企业，下属有饮料事业部、粮油事业部、物业公司、九江分公司等10多家公司，总资产20多亿元。

饮料板块

广东广粮下属饮料事业部，辖广粮饮料食品有限公司、佛山广粮饮料食品有限公司、广州分公司，集饮料研发基地、生产基地、销售服务于一体，是国内三大国有饮料企业之一。公司旗下饮料产品包括广药授权生产的王老吉莲子绿豆爽、碳酸饮料、果品饮料、功能饮料、凉茶等系列，自主品牌有"水灵冰果"、"奔酷"、"斗牛士"、"本草蜜"、"营养早餐"等，客户覆盖国内及美国、澳洲、新西兰、法国、中东、印度、南非等30多个国家和地区。

粮油板块

广粮公司近年来强调跨越式发展，积极参与市场竞争，广粮粮油业务发展迅速，在广东粮油经营中占据主导地位，为繁荣市场，保障食品安全卫生，履行政府"米袋子"工程做出积极贡献。2007年，公司召开学校系统粮食购销会议，向中山大学、华南师范大学、广东工业大学等近百家大中专学校提供粮食供应。公司注重优质扩张，在江汉平原、洞庭湖平原、鄱阳湖平原等中国最著名的几个产粮区建立大米加工厂和合作企业，致力于成为中国粮油南国基地。

办公地址：广州市环市东路486号广粮大厦18楼　　电话：4008 862 863

DEC 东方电气

东方电气（广州）重型机器有限公司

DONGFANG (GUANGZHOU) HEAVY MACHINERY CO., LTD.

东方电气（广州）重型机器有限公司（以下简称“东方重机”）是中国东方电气集团公司的控股子公司。公司成立于2004年5月17日，占地面积40公顷，是具有世界先进水平的大型核电设备专业制造基地，产品涵盖二代加CPR1000、三代EPR和AP1000核岛及常规岛设备。公司积极参加具有自主知识产权的国家重大专项CAP1400项目的研制。

东方重机率先在国内开展核岛关键设备的技术攻关及自主研发工作。先后完成了国产首台改进型百万千瓦级蒸汽发生器、反应堆压力容器和AP1000非能动余热排出热交换器的研制，并形成了批量化生产能力。

东方重机高度重视技术研发工作，开展了百余项科研攻关项目，并承担了若干国家科技重大专项的研究任务。近5年来，东方重机共投入科研经费超过3亿元，取得省部级科技奖励5项、发明专利2项、实用新型专利18项，先后获得“广东省高新技术企业”、“广东省装备制造业50骨干企业”、“广东省战略性新兴产业骨干企业”和“广州市创新型试点企业”称号。

2008年6月6日，国产首台改进型百万千瓦级蒸汽发生器发运

蒸汽发生器批量化生产

2009年6月15日，国产首台百万千瓦级反应堆压力容器发运

2012年2月29日，国产首台AP1000非能动余热排出热交换器发运

广东惠云钛业股份有限公司

广东惠云钛业股份有限公司（原云浮市惠云钛白有限公司，以下简称“惠云钛业”），是中港美联合投资股份制化工企业，创建于2003年9月28日，坐落在“中国硫都”广东省云浮市云安县六都镇循环经济工业园区“广东省（云浮）硫化工先进制造业”基地内，是一家以二氧化钛（钛白粉）生产为中心，以精制硫酸、蒸汽回用、余热发电、副产硫酸钙、硫酸亚铁综合利用为配套产业的大型现代精细化工企业。

惠云钛业坚持以“循环经济”为核心经营理念，坚持“减量化、再利用、再循环”为生产原则，坚持科学发展、技术创新，并充分利用云浮当地硫铁矿、石材、水泥和攀西钛矿等丰富生产资源，形成了“硫铁矿硫酸钛白粉石膏水泥”的完整循环经济产业链。多年来，惠云钛业在节能降耗、清洁生产、资源循环利用、技术改造等方面成果卓越，先后荣获“云浮市循环经济示范企业”“广东省百家明星侨资企业”“广东省民营企业‘硫一钛联产’创新产业化示范企业”“中国钛白粉十强企业”“广东省级企业技术中心企业”“广东省守合同重信用企业”等荣誉称号。

公司注册资本3亿元，占地面积22万平方米，员工近1000人。公司钛白粉产能5.5万吨（其中锐钛生产线1.5万吨、金红石生产线4万吨），年产硫酸45万吨，年产硫酸钙22万吨，年产无水硫酸亚铁18万吨，年总销售额近10亿元，实现了良好的经济效益、社会效益和生态效益。公司广招天下贤才，人才储备充足，拥有一支来自全国各钛白粉生产厂家及各类高等院校化工专业和管理专业的高素质管理人才、工程技术人才和高操作水平的人才队伍。

公司已建立质量、环境、健康安全三合一管理体系，并通过了ISO9001、ISO14001及GB/T18001标准认证。公司采用硫酸法生产经营的“白玉莹”牌锐钛型钛白粉：HTA-301、HTA-201，金红石型钛白粉：R-668、R-666、R-K95、R-18以及食品级二氧化钛HT-1000FG、电子级二氧化钛HT-2000，具有粒度分布均匀、高白度、带蓝相、高亮度、高纯度、高遮盖力、高分散性、高稳定性等优点，产品畅销全国并出口美国、马来西亚、菲律宾、印度、越南、新加坡等世界各地。

发展循环经济，实现经济效益、生态效益和社会效益三丰收，是惠云钛业的历史使命，公司将坚持并努力实现人、企业、环境、社会的和谐发展，严格实施清洁生产、环保生产、节能生产和循环生产，不断提升生产设备的自动化程度，不断加强污水、粉尘、废气、噪音等处理。相信在不远的将来，惠云钛业必将成为中国钛白特色生产基地、技术创新基地、循环经济示范基地，成为国内具有号召力、世界具有影响力的综合性钛白生产企业！

CAMPIU

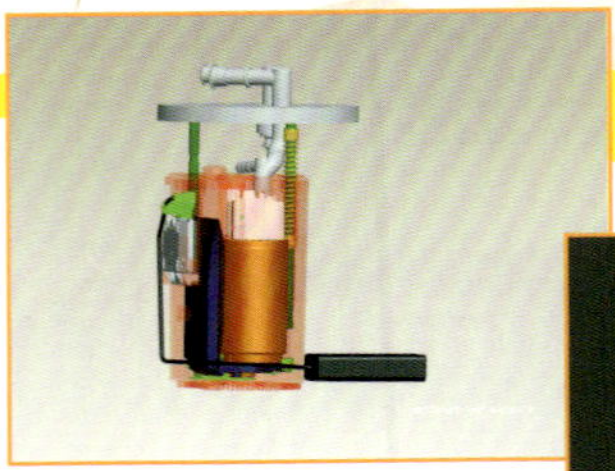

广州竞标汽车零部件有限公司位于广州市花都区花山华侨科技工业园，毗邻新白云国际机场，占地面积20000多平方米。

公司创建于2004年，专业生产汽车燃油喷射系统，并具备生产各类高规格汽车马达的能力。公司拥有强大的研发队伍及完善的体系，从设计开发到实验，从生产制造到质量保障，均按照ISO-TS16949规程运作，拥有一批在流体动力学、电机电磁学、设备制造等领域的专家队伍，并与多所科研单位联合进行技术攻关。在不断创新和发展中，公司已经形成了多个产品系列，300多种产品，年销售额达12亿元，产品远销欧洲、美洲、东南亚等40多个国家和地区，在行业中处于领先地位，是中国汽车总公司配件定点生产企业。本着一流的服务，一流的品质，竞标公司愿与天下朋友携手共同发展。

广州竞标汽车零部件有限公司

Campiu Automobile Parts Manufacture(Guangzhou)Co.,Ltd

一流的服务·一流的品质

First-class service, first-class quality

广汽 HONDA　东风 HONDA　HONDA 本田汽车（中国）

授予：广州驭风旭铝铸件有限公司

2010年度

优秀供应商

广汽本田汽车有限公司　东风本田发动机有限公司　本田汽车（中国）有限公司

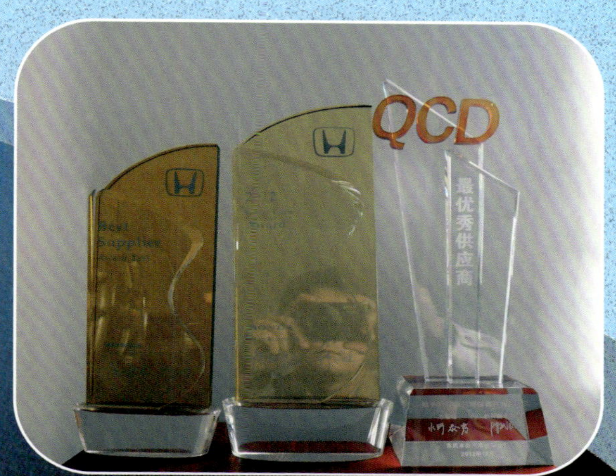

广州驭风旭铝铸件有限公司

广州驭风旭铝铸件有限公司成立于2007年，是广东东凌集团的全资子公司广州驭风铝铸件有限公司和日本旭テック株式会社共同投资兴建的一家专业研发、生产和销售高强度轻量化铝合金轮毂的高新技术企业。它为广汽本田、东风本田、本田汽车、广汽丰田等国内知名汽车厂供货，产品同时出口到日本丰田、本田、三菱、铃木日本四大主机厂，从2010年起已连续3年荣获本田汽车发放的“优秀供应商”称号，2012年同时荣获东风本田发放的“最优秀供应商”称号。公司拥有完整的管理与研究开发队伍，先后通过ISO/TS 16949质量管理体系认证、ISO 14001环境体系认证。通过团队多年的经营与努力，驭风旭公司已成为一个自主技术领先、经济实力雄厚、国内领先、国际一流的现代化企业。

广东河源市
鸿铭厨房设备有限公司

广东河源市鸿铭厨房设备有限公司是集研发、生产、销售于一体的高新技术企业。公司科研人员经过多年的研究，成功开发出一种燃气混合系统。此技术可应用于各种燃气灶具、燃气锅炉等。公司拥有多项国家发明和实用新型专利。节能环保等各项技术指标均处于世界领先水平，其中餐燃气炒菜灶经国家燃气用具产品质量监督检查中心（佛山）检验，热效达48.4%。科学技术容不得丝毫的虚伪，公司的技术有待于广大客户来应用、验证并作出客观的评价。公司的目标是“普及全国市场，走向世界”，为节约能源，营造低碳环境，及人类美好的生活做出贡献。

中餐燃气灶（双眼）

技术参数

热流量：	25KW×2	型号：	ZCY2-25A
额定电压：	220V	执行标准：	CJ/T28-2003
风机功率：	120W	额定压力：	2.8KPa
热效率：	48.4%	燃气种类：	Y（T）

产品特点 自动控制、电子点火、起火快、火力猛、噪音低、节能、环保、安全。

燃气大锅灶（双眼）

技术参数

热流量：	38KW×2	型号：	DZY2X900-A
额定电压：	220V	执行标准：	CJ/T3030-1995
风机功率：	180W	额定压力：	2.8KPa
热效率：	42.8%	燃气种类：	Y（T）

产品特点 自动控制、电子点火、起火快、火力猛、噪音低、节能、环保、安全。

海鲜燃气蒸炉

技术参数

热流量：	30KW	型号：	ZXY30-A
额定电压：	220V	执行标准：	CJ/T187-2003
风机功率：	250W	额定压力：	2.8KPa
热效率：	87.2%	燃气种类：	Y（T）

产品特点 自动控制、电子点火、起火快、火力猛、噪音低、节能、环保、安全。

鸿明 鸿铭 厨房设备有限公司

HYHONGMING.COM

我们靠的是实力 比的是专业

400-6393893

0762-3213393

广州南沙资讯科技园由霍英东基金有限公司、霍英东铭源发展有限公司、香港科技大学和广州市政府、南沙区政府合作建设。南沙资讯科技园是广州高新技术产业开发区的组成部分，是国家“火炬计划”软件基地之广州软件园其中一园，是国家服务外包广州基地城市示范园区。

广州南沙资讯科技园首期建设用地43公顷，首期建成四大功能区，即研发及产业区、会议培训中心、迎宾楼和生活区，总建筑面积约60000平方米。2008年再次启动基建，再增加50000余平方米的建筑面积以利发展，建设项目包括有广州市香港科大霍英东研究院校区及科技人员宿舍区，科技人员宿舍区现已投入使用。

园内设有广州南沙资讯科技园博士后科研工作站，几年来共有16名博士进站工作。该站与南沙区多家科技服务机构合作，形成了南沙区科技创新综合服务平台，为南沙资讯科技园内企事业单位的科研发展提供了便利的条件和优质的服务。

园区长期承接会议培训、餐饮等服务，拥有可容纳700人的园林水景中餐厅、西餐厅、酒吧和咖啡厅，还有大、中、小不等的30个多功能会议室和教室及一个可容500人的演讲厅，并有桌球室、室内外泳池、健身室、桑拿房、网球场、篮球场、足球场、羽毛球场等运动及娱乐设施。由于配套齐全和环境幽雅，吸引了大量的科技企业在这里召开学术会议和进行技术培训。

南沙资讯科技园地处珠三角的几何中心，拥有由南部快线、京珠快速、虎门高速、高速客轮、地铁四号线以及南沙客运港组成的四通八达的交通网络，使往来珠江三角洲各主要城市及香港，均可于90分钟内到达。

联系方式：

地址：广州市南沙区环市大道南2号南沙资讯科技园

电话：（86）20-8468-0919

（86）20-3468-6888

传真：（86）20-3468-6006

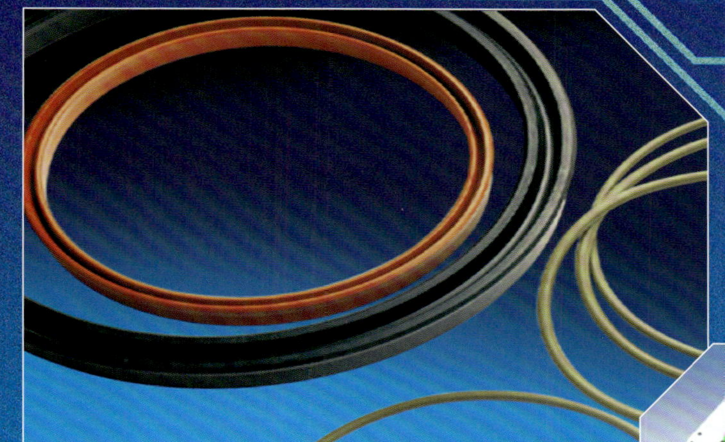

AGC油缸密封件

大型煤机密封件

大型水轮发电机组密封件

广州机械科学研究院有限公司

自主研发的在线监测系统装置

广州机械科学研究院有限公司（原广州机床研究所，以下简称“广州机械院”）建于1959年，是原机械工业部直属一类研究机构，1999年7月转制为科技型企业进入中国机械工业集团公司，属国有全资企业。广州机械院是我国机械行业技术归口单位之一，是国家高新技术企业、国家火炬计划重点高新技术企业、国家首批创新型企业、全国企事业知识产权试点单位、广东省装备制造业重点培育企业。人力资源部和社会保障部批准公司设立博士后研究工作站，2011年经科技部批准组建“国家橡塑密封工程技术研究中心”，与国内多所著名高校共建研究生校外培养基地和工作站。

单位承担“十一五”国家科技支撑计划“高性能密封件关键技术研究”课题取得了一批创新性成果，相关成果获得2011年度中国机械工业科学技术奖一等奖、2011年度广州市科学技术奖二等奖等。项目成果转化的高性能关键密封产品，综合性能居国内领先或国际先进。目前，广泛应用于大型冶金装备、水轮发电机组、煤矿综采装备、风力发电装备等，并为长江三峡、葛洲坝、长江电力、郑煤机集团、鞍钢集团等国家重大工程、重点龙头企业提供配套应用。

单位研发的“重大装备油液在线监测与远程诊断系统”能够实现设备在用油液润滑状态、污染状态、磨损状态的多参数集成式实时在线监测，具有自动实时故障报警和专家诊断功能。目前，“在线监测系统”已安装在两艘海军护航战舰上。

广东明威专用汽车有限公司

地址：广州市番禺区石壁街屏山一村
电话：020-84774999、34712777
传真：020-34711683　　　邮编：511495
网址：mw-traier.com.cn
电子信箱E-mail：sales@mw-trailer.com.cn

广东明威专用汽车有限公司成立于1996年3月12日，是一家自营进出口企业，国家高新技术企业，GB/T19001idtISO9001：2000质量体系认证企业，产品3C认证企业，全国工业产品生产许可证认证企业，全国汽车、民用改装车及摩托车生产及产品公告内企业。车辆类型为专用车、半挂车。车辆品牌为明威牌。

公司现占地4.5万平方米，建筑面积2.1万平方米，资产总计1.41亿元；主要生产设备285台套，职工310人，其中大专以上人员95人（高级职称6人、中级职称13人），年生产能力3000台。

公司主要产品有40英尺二轴或三轴集装箱骨架及平板半挂车、二轴或三轴低平板半挂车、码头集装箱运输半挂车、散装水泥罐式汽车及半挂车、自卸汽车及半挂车，运加油车及半挂车、车辆运输半挂车、混凝土搅拌运输半挂车、厢式运输半挂车等8大系列81个品种。

国家通讯终端产品质量监督检验中心
广东省通讯终端产品质量监督检验中心

国家通讯终端产品质量监督检验中心位于广东省河源市中山（河源）产业转移工业园，是2007年4月国家质检总局批准成立的全国唯一的国家级通讯终端产品质检中心。中心的主要任务是承担国家和广东省下达的通讯终端产品质量监督检验任务，开展通讯终端产品质量纠纷仲裁检验，为全国通讯终端产品提供新产品研发、产品质量测试、标准的制（修）订、专业技术人员的跟班学习以及为企业产品获得国外认证和产品进出口提供验货验收等系列服务，成为全方位服务通讯终端产品产业发展的公共检测平台。中心的服务领域立足广东，覆盖全国；检验范围覆盖通讯终端的大多数产品，包括2G、3G的GSM/GPRS/EGPRS、CDMA2000/1xEVDO、WCDMA、TD-SCDMA等各种网络制式的无线移动终端产品和数据卡，固定电话、无绳电话等各类固定终端产品；检验项目包括产品安全、电磁兼容、空间射频性能、电磁辐射、产品功能和性能、环境适应性、可靠性等。

国家通讯终端产品质检中心是“省市联手共建河源手机产业升级工程”和“广东省手机生产基地”的配套项目，是省质监局贯彻落实省委、省政府关于推进产业转移、破解山区发展难题、促进广东通讯终端产品产业优化升级的重要举措，将为河源乃至广东经济社会又好又快发展起到积极的推动作用。

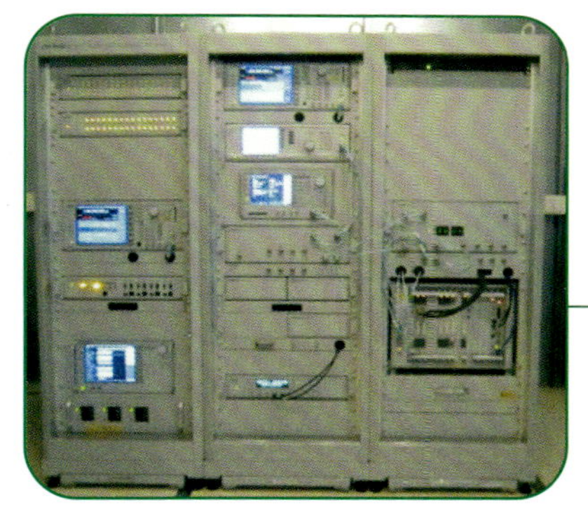

检验设备：

中心采用日本安立公司的WCDMA ME7873F射频一致性系统。ME7873F是安立公司生产的一种射频自动测试系统，适用于测试3GPP标准的WCDMA移动终端发射接收机/性能/无线资源管理等。该系统能够完成符合GCF/PTCRB要求的3GPP TS34.121标准中的发射特性测试（Tx）、接收机特性测试(Rx)、射频性能特性测试(Performance)、无线资源管理测试(RRM)、高速上/下行分组接入测试（HSUPA/HSDPA）以及HSPA+的测试。

检验设备：

中心配备了部分进口知名品牌设备，如由日本菊水公司生产的耐压绝缘试验仪、漏电流试验仪、接地导通试验仪，美国FLUKE公司生产的289多功能数字万用表、温度采集仪，安捷伦的数字示波器，Testing的灼热丝试验仪与ATLAS的水平垂直燃烧仪等，还有部分国产设备，如广州爱斯佩克环境仪器有限公司生产的高低温湿热试验箱，深圳市新威尔电子有限公司生成的电池综合性能测试仪等。

检验设备：

针对SAR测试，SPEAG公司的手机电磁波测试系统(DASY) 是第一个应用在移动通信设备电磁波安全测试相关领域的测试设备，DASY系统结合世界主要的探查性能、电场扫描及结合精密机器手臂及计算器的评估计算程序，来计算无线通信产品电磁波吸收比量，为目前业界最被公认的SAR测试系统。DASY系统符合目前世界主要法规，如IEEE STD1528、IEC62209-1、IEC62209-2、EN50360/50361、ANSI C63.1.2001、KOREAN MIC#2000-93、YD/T1644.1-2007等。第五代DASY5系统除了承袭了前代系统准确、可靠的优良性能之外，更在量测速度与对新测试规范与要求全面兼容。

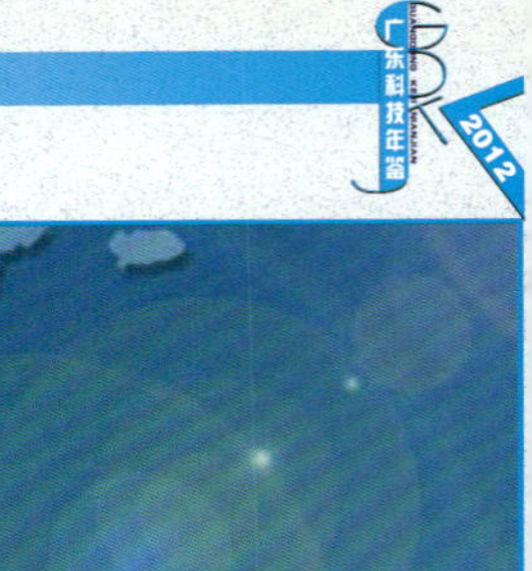

Y-tech

惠州市美通信息科技有限公司

惠州市美通信息科技有限公司是由留学美国、日本的业界精英共同创建的双软认定企业和高新技术企业。

公司定位为： 软件研发全生命周期中应用的工具、方案、服务的专业提供商。

工具软件有： 需求分析工具、设计及代码实现工具、单元测试工具、系统测试工具（主机平台/嵌入式平台）、安全类专用工具软件（如渗透工具/扫描工具）、仿真工具等。

方　案　有： 嵌入式软件开发测试一体化解决方案、主机C/C++软件开发测试一体化解决方案、主机Java软件开发测试一体化解决方案、行业应用解决方案。

服　务　有： 技术培训、技术咨询、技术服务。

公司已与IBM、HP、Microsoft、ARM、CoreSecurityTechnologis、OpenEngineer、Parasoft 等多家跨国企业，建立了长期广泛的合作关系。

惠州美通同时与腾讯、傲天通信、招商证券、国信证券、华林证券、安信证券、金证、A8音乐集团、赛格导航、高新现代、川大智胜、艾默生、广电运通、深圳工行、隆宇科技等国内行业领袖，也建立了长期愉快的业务关系，为其提供高性价比的软件开发测试工具、方案及服务。

工具、方案、服务的应用行业领域十分广阔，包括：移动互联网、云终端、下一代移动通信、物联网、高端消费类电子、汽车电子、航空、航天、兵器、船舶、电子、通讯、互联网、工业自动化、电力能源、轨道交通、金融证券等各个行业的软件开发测试。

广东真美食品集团有限公司成立于1997年，公司注册资金3300万元，是一家集科研、养殖、加工、贸易于一体的科技型规模化的省级农业龙头企业。集团公司有下属企业3家、科研中心2个、省级农业科技创新中心1个、省级企业技术中心1个及4个生产分厂。

公司拥有按国际肉类加工质量标准建设的厂房，并配备蒸煮线、高温杀菌线、肉脯生产线、蛋卷生产线、蛋白干生产线、糖果生产线及配套的冷库、动力房、污水处理等设备，产品主要有肉脯、肉干、肉松、鸡蛋干、蛋卷、糖果、素食等系列。公司出口产品主要销往中国香港、澳门和东南亚、中东、南美等国家和地区。

目前，公司已通过ISO9001、ISO14001、OHSAS18001、ISO22000及HACCP国际管理体系认证、QS认证，获得出口食品生产企业卫生注册证书。公司连续20年被广东省工商行政管理局评为“守合同重信用企业”，连年被税务系统评为“创税大户”和“创税重点企业”，被广东省科技厅认定为高新技术企业。“真美”牌商标被广东省工商局认定为“广东省著名商标”。真美牌肉脯被认定为“广东省名牌产品”“潮州市十大手信”，真美牌潮式肉脯被认定为“广东省食品文化遗产”。公司作为中国肉类协会会员、中国食品工业协会糖果专业委员会会员单位，先后参与了《肉脯》《肉松》《肉干》《糖果分类》《糖果、巧克力生产安全要求》《肉制品分类》等国家标准的起草工作。

广东真美食品集团有限公司肉制品综合加工大楼

广新信息技术产业发展有限公司

广新信息技术产业发展有限公司是广东省广新控股集团有限公司（广东省国资委下属企业）的全资控股子公司。

公司现有员工84人，本科以上学历人员占73.33%，研究生以上学历及具有高级职称人员占40%。

公司主营业务包括：食品行业流通溯源与防伪认证技术及服务，电子交易平台、电子商务技术及服务，户内外传媒联播网管理平台技术及服务，企业信息化咨询、建设以及相关配套服务。

公司核心产品线包括：食品行业流通溯源、防伪认证技术与运营平台（防伪认证平台、电子溯源平台），电子商务交易平台，传媒行业联播管理与运营管理平台（LED户外新媒体联播平台、防伪溯源识别终端机联播管理平台）。

公司现拥有软件著作登记权10多项、专利15项（实用新型、发明专利），拥有食品行业“防伪认证与电子溯源”，传媒行业“联播智能管理与运营管理”，国际贸易、食品生产与流通、造船等行业供应链管理及电子交易平台等相关应用的成熟解决方案。

公司已获得广东省经济与信息化委员会颁发的“软件企业认定证书”，2012年年初获得“2011年度广州十佳电子商务示范企业”与“2011年度广州最具诚信度企业”称号。

展望未来，广新信息将以新一代电子信息技术研发与推广应用为基础，利用技术进步与两化融合，不断推动传统产业的转型升级，在帮助客户创造价值的同时，实现企业和员工价值的不断提升。

邮编：510308
电话：86-020-89203312　89203317 89203872
传真：86-020-89203350
网址：www.gdiic.com
地址：广州市海珠区新港东路1000号保利世界贸易中心写字楼东塔15层

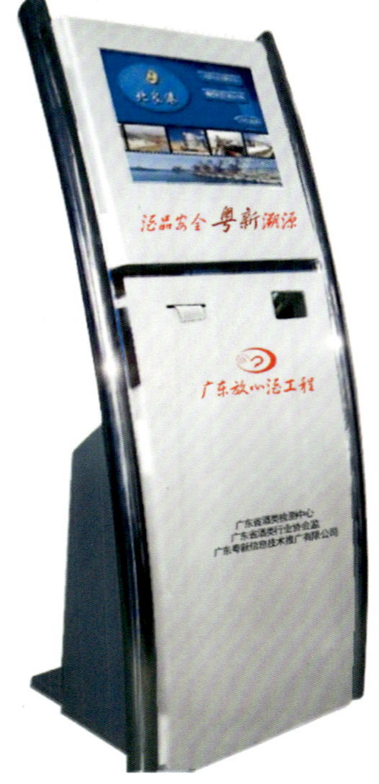

固定立式终端机

固定立式终端机是一款先进的无线服务认证终端，包括彩色触摸屏显示、键盘输入和无线上网功能，支持二维条码快速自动识读和凭证打印。顾客购买商品后，可以直接在该终端机上进行防伪认证，每个商品二维码标只能被认证一次，认证成功后，终端机打印认证凭证给顾客。该终端机除具有酒品防伪认证功能外，还具有商品管理、广告联播等增值服务功能，可实现与消费者的互动。

手持终端机

手持终端机具备QR二维码条码扫描功能，及支持WIFI/GPRS等多种无线传输，可通过二维码扫描，验证酒品信息，并将数据反馈至后台管理系统，既可用于防伪溯源查询，也可实现出入库管理。

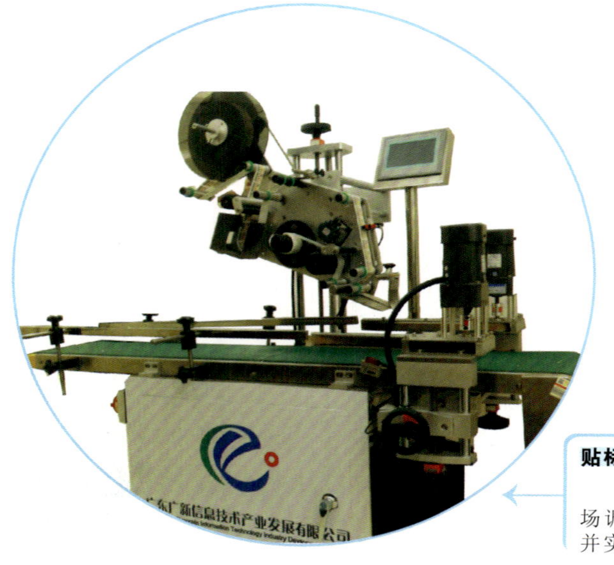

贴标机

为解决贴标工作量大、贴标效率低等问题，公司通过市场调研，成功推出定制的自动贴标机，大大提高贴标效率，并实现无物不贴标、无标自动校正和自动检测等功能。

广州华汇生物实业有限公司

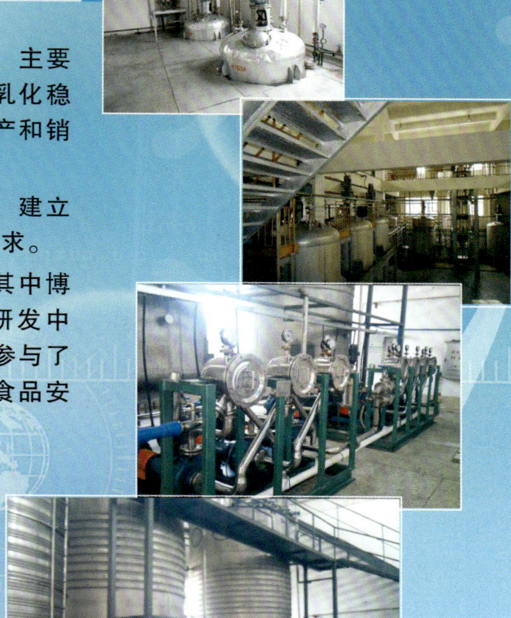

广州华汇生物实业有限公司是华南理工大学校办高新技术企业，主要从事可溶性大豆多糖、辛烯基琥珀酸淀粉钠、低聚异麦芽糖、复配乳化稳定剂、复配饮料类稳定剂、面粉改良剂等生物活性物质的研发、生产和销售，并代理美国杜邦大豆磷脂系列产品。

公司拥有业内领先的产品生产工艺设备，完备的质量检测手段，建立了从原料到成品的完善质量保证体系，有效保证产品符合食品安全要求。

公司技术力量雄厚，依托华南理工大学，拥有专业研发团队，其中博士、教授5名，中级以上职称37名，在华南理工大学内共建有1个研发中心、2个中试基地及配套先进设备的分析测试中心。公司的研发团队参与了国内首部《可溶性大豆多糖》行业标准、《辛烯基琥珀酸淀粉钠》食品安全国家标准的起草及制定。

“踏踏实实做产品，实实在在做服务”是公司永恒的原则，公司愿以优质的产品、合理的价格和一流的服务与客户一起共创中国食品工业的美好未来！

地 址：广州市天河区五山路华南理工大学北区科技园2号楼
电 话：020-38744530　38744590　38744540
传 真：020-38743886
网 址：www.fofiber.com
邮 箱：fofiber@163.net

广州海莎生物科技有限公司

广州海莎生物科技有限公司是一家集研发、生产、销售、应用服务于一体的高新技术企业，前身是成立于1985年的华南理工大学精细化工厂。公司生产大豆磷脂系列产品近二十年，是目前国内最大的食品级磷脂企业，参与卫生部主持的《食品安全国家标准 食品添加剂磷脂》的编制；并通过了ISO9001、ISO22000质量体系认证、HACCP认证和EUROFINS非转基因IP认证，拥有HALAL和KOSHER证书，取得了全国工业产品生产许可证，产品得到很多国际著名客户及国内多个大型企业的认可，质量达到了国际同类产品水平。

公司在广州开发区建有18000平方米现代化厂房，年销售额1亿元左右，主要产品有：大豆磷脂、卵磷脂、脑磷脂、膳食纤维、大豆蛋白、抗性糊精、磷脂酰胆碱、磷脂酰丝氨酸、葵花籽磷脂等。

地 址：广州高新技术产业开发区科学城瑞泰路一号　电 话：020-85699339 85699336 85698475 85523608
传 真：020-85698137　网 址：http://www.hisoya.com　E-mail：hisoya@163.net、hisoya@sina.com

品质第一　信誉为本

我们与客户共同发展

佛山汉维科技有限公司

佛山汉维科技有限公司始创于1995年，是一个以设计、服务为主的科技型公司，核心业务是以分离、提取技术为核心的成套装置设计生产、系统集成。汉维公司拥有一支稳定的技术团队，各种专业设备齐全，在行内拥有良好的信誉。多年来，公司与国内众多高校、科研机构开展紧密合作，将该技术向化工、医疗、日化、香精香料等多个领域推广，成功开展了多个产业化项目的交钥匙工程。其中就包括多个环保方面的项目：与华南理工大学精细化工学术团队开展的涂料固化剂中去除TDI有毒成分的研究及装备开发、从粗甘油蒸馏残渣中回收聚合甘油的生产线、废润滑油洁净再生创新产业化示范基地项目。

■ 主要的研发设备：

1XMD-S80 分子蒸馏实验装置

3XMD-S80 分子蒸馏装置

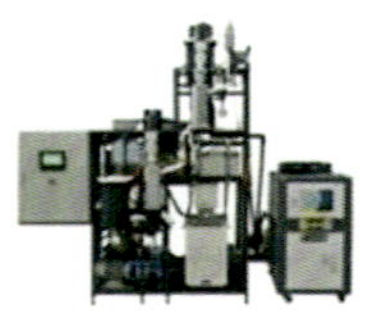

2XMD-S80 分子蒸馏实验设备

2XMD-S150 分子蒸馏中试装置

TQ-50L 芳香植物提取装置

SFE-100ml 超临界萃取试验设备

公司先后被评为“国家高新技术企业”“广东省民营科技企业”“广东省中小企业创新产业化示范基地”，荣获“2010年度佛山市科学技术奖二等奖”“2010年度南海区科技进步奖一等奖”“2010年度南海区科技工作先进单位”“佛山市南海区知识产权先进工作单位”等多项荣誉。

广东顺威精密塑料股份有限公司

公司简介 GONGSIJIANJIE

塑料模具产品

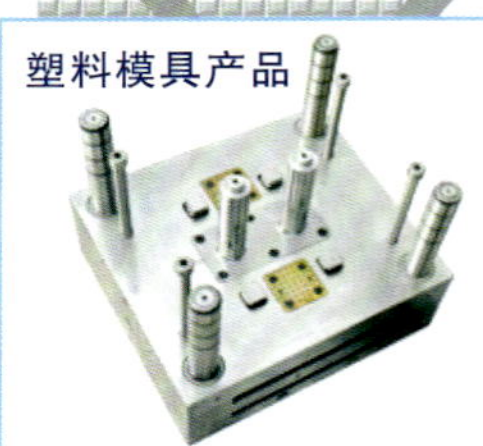

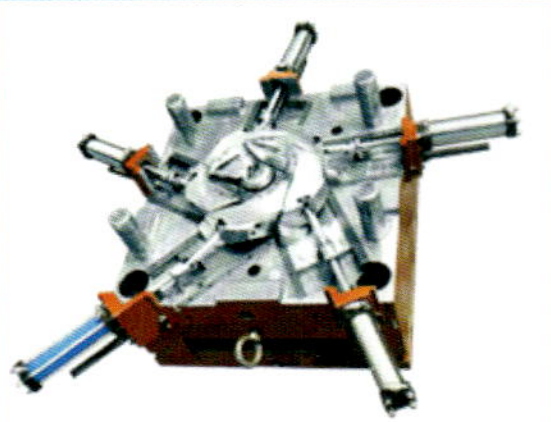

风叶产品

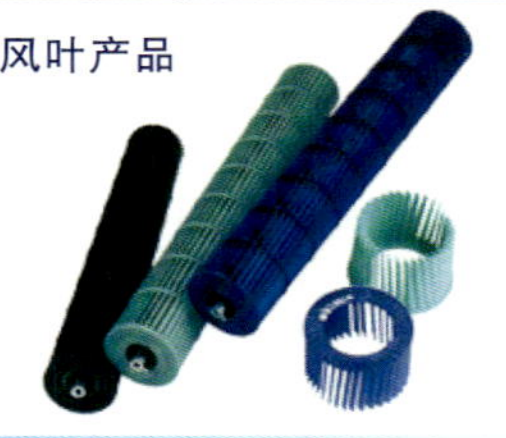

广东顺威精密塑料股份有限公司始创于1992年5月，是一家集塑料制冷配件生产、工程塑料及模具设计制造为一体的上市企业集团，目前主营产品有：空调用贯流、轴流、离心风扇叶，工程塑料，塑胶模具等。公司客户群体遍及国内外知名空调企业。2012年5月25日，顺威股份(002676)在深圳证券交易所正式挂牌上市。公司多年来不断进取，集多种荣誉于一身：组建广东省空调风机工程技术研究开发中心，先后被认定为广东省企业技术中心、顺德区总部企业、顺德区优质企业成长工程（龙腾计划）龙腾企业、广东省诚信示范企业，且被授予“国家高新技术企业”称号，并于2011年顺利通过复审。

联系电话：0757-28386388

传　真：0757-28388075

网　址：http://sunwill.com.cn/

地　址：广东省佛山市顺德区容桂高新区科苑一路六号

工程塑料产品

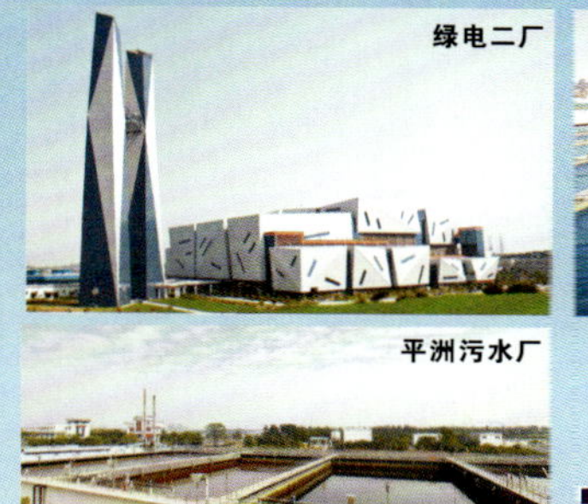

南海发展股份有限公司

南海发展股份有限公司成立于1992年，位处经济实力名列中国百强县（区）前五名的佛山市南海区。公司2000年在上海证券交易所上市（股票简称：南海发展，股票代码：600323），是佛山市南海区首家A股上市公司。公司专注于环境服务产业，提供集自来水供应、污水处理、固废处理于一体的环境服务。公司十分注重科技创新，拥有广东省企业技术中心和专业化的技术研发团队，拥有完善的配套设施和专业的检测机构（广东省城市供水水质监测网南海监测站）。经过多年来的创新与发展，2009年公司被认定为广东省高新技术企业。2011年，南海发展股份有限公司继续秉持务实、创新的理念，加大对科学技术的投入，积极开展科技研究和创新工作，主要包括以下几方面：

◎加强技术人才培养和专业研发团队的建设

2011年，南海发展股份有限公司继续对专业研发团队进行打造，逐步形成了一支研发水平、技术工程水平较高，人才结构成梯队分布的研发团队。同时，南海发展股份有限公司持续加大对技术人才的培养，通过公司组织或技术人员自主申请等方式，组织技术人员积极参加各种专业培训活动和行业会议；加强技术人员之间的技术交流和技术合作，严格执行相应的管理办法和激励政策，为技术人员提高技术水平，实现其自我价值提供更大、更阔的平台。

◎坚持自主创新，实现技术和效益“双赢”

2011年，南海发展股份有限公司继续发挥科学技术在指导生产、推动技术节能降耗、增加效益、工程建设等方面的重要作用，积极开展自来水供应、污水处理、固废处理供水等方面的自主创新项目10余项，投入研发经费超过千万，获得了一批优秀的成果，其中“管网微观建模系统的开发与应用”、“分散型污水处理厂集中监控系统”、“污水站沼气的热能应用”等技术达到国内行业先进水平，分散型污水处理厂集中监控系统更被列入南海区市政信息系统，为地区打造数字化城市做出了应有的贡献。与此同时，公司2011年自主研发的项目中，有6个项目获得佛山市科技局的认可，减免税费超过70万元，为企业带来额外的效益。

◎知识产权保护

2011年，南海发展股份有限公司加强对知识产权的保护，共申报“镉镍电池组活化放电控制装置”、“一种排泥车定位装置”及“基于所述装置的排泥车运行控制装置”等专利9项，其中8项实用新型专利均获得国家知识产权局授权。

◎“强强联合”，积极开展“产学研”合作

多年来，南海发展股份有限公司与华南理工大学、哈尔滨工业大学、同济大学、华中科技大学等国内多所高校展开产学研合作，先后联同华南理工大学和哈尔滨工业大学分别共同承担“污水处理系统的污泥减量化和脱水关键技术与成套设备”和“基于凹凸棒土吸附剂的饮用水异嗅控制技术研究”2个由广东省科技厅立项的产学研项目。2011年，公司继续积极推进2项目的基础和中试研究，加快技术在社会的推广。

广州卫视博生物科技有限公司

广州卫视博生物科技有限公司2007年10月成立，位于广州民营科技园863产业化促进中心，是集研发、生产和销售医疗器械和生物试剂为一体的高新技术企业。公司从成立至今共申请专利保护17项、PCT 2项，其中已授权专利8项，包括美国专利和澳大利亚专利各1项，申报的国家和地区涉及美国、日本、加拿大、俄罗斯、巴西、印度、澳大利亚、中国香港、欧盟等。

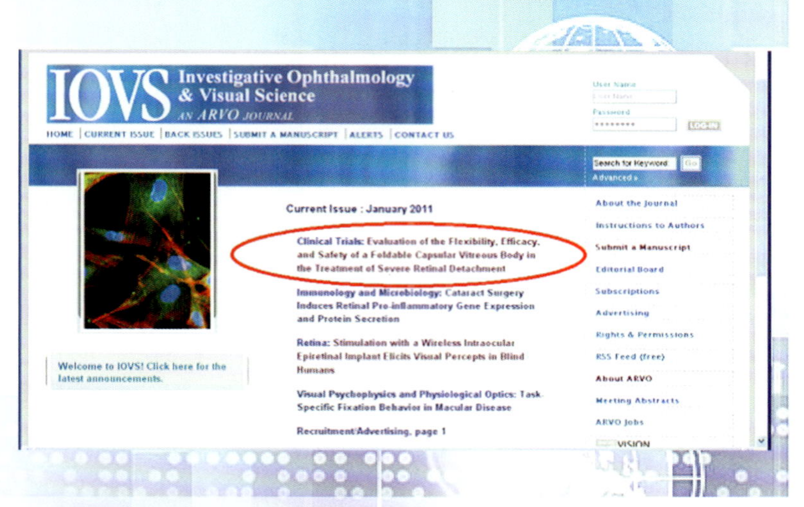

公司已获得政府基金资助项目5项，其中“863计划”项目1项、国家科技支撑计划项目1项、教育部产学研结合项目1项、科技型中小企业技术创新基金项目1项、广东省高新区专项引导资金1项。2011年，公司荣获中国技术创业协会孵化联盟成都“天府新谷杯”科技创新大赛二等奖。

折叠式人工玻璃体由公司与国内最大的眼科中心——中山眼科中心共同研发，主要由薄膜球囊、引流管和引流阀组成。目前第一代产品已进行了15例患者的探索性临床试验，其结果初步证明了本产品具有手术可操作性、安全性和有效性。第二代产品于2010年6月在国家食品药品监督管理局完成注册检验，现已完成协和医院、同仁医院等全国9家著名临床试验基地的120例患者的多中心临床试验，等待国家食品药品监督管理局的审批，从而为严重的玻璃体视网膜疾病提供一种新的治疗模式和产品。

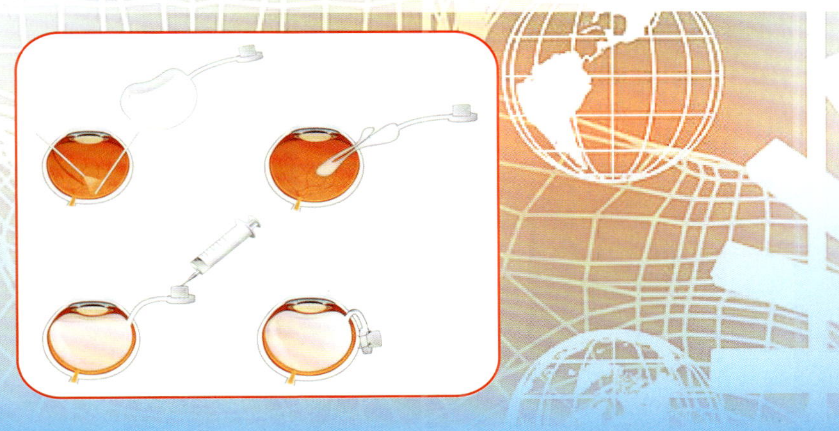

广州市和兴隆食品科技有限公司

广州市和兴隆食品科技有限公司成立于2008年12月，位于广州市白云区人和镇新联西路，法定代表人黄溪河。和兴隆公司是集农副产品收购、加工、销售于一体的综合性企业集团公司。经过几年的不懈努力，公司在日益发展壮大，工艺技术、管理水平、产品质量均处于全国同行业中领先水平。

近年来，公司紧紧围绕市场，依靠科技创新，立足农村资源优势，大力发展无公害农产品，着力打造特色品牌，形成了管理规范化、产品多样化、市场品牌化、质量标准化的农业产业化经营的新格局。公司利用自身的科技优势，通过"公司＋合作社＋农户""公司＋农户"模式，向农户收购农产品、加工，进行品牌销售，提高了蔬菜加工率，增加了农户收入。在公司的辐射和带动下，经过几年的发展，目前，和兴隆通过原料收购、解决用工、农产品流通等带动农户2000多户，户均增收5000多元；辐射带动农户种植面积10000多亩，带动了本市、本区农业上下游产业的发展。

公司自主研发的国内领先技术"免洗净菜"荣获2010年科技部全国农业科技创新创业大赛二等奖；免洗净菜技术对采购的农产品进行统一加工，加工过程中对蔬菜垃圾进行统一处理，减少了生活垃圾污染，实现了低碳、环保。

公司始终坚持质量第一、信誉第一的宗旨，实行严格的质量管理体系，目前公司已通过ISO9001、HACCP体系认证，并已建立一套完整的食品可追溯体系，公司的质量管理体系为农户农产品的销售提供可靠的保障。2010年公司被获评为全国青少年儿童食品安全行动宣传教育示范企业。

2010年，公司被亚组委和广州市政府遴选为"广州亚运会定点食品供应商"。亚运期间，连续37天"零事故、零缺陷、零断供、零投诉"，圆满完成了亚运会、亚残会运动员的餐饮及净菜供应保障任务，保障了亚运期间运动员的食品安全和供应，荣获"亚运食品安全突出贡献奖"和"广州亚运会亚残会白云区运行保障先进单位"称号。2011年，公司被评为国家高新技术企业和白云区"百优民企"。

2010年6月，和兴隆"免洗净菜"项目获得了由科技部、农业部、教育部等八部委主办的首届中国农业科技创新创业大赛前5名的好成绩，并在最后的总决赛中荣获二等奖，获得了由中农科创投资公司提供的300万元天使资金投资，以及20万元奖金。

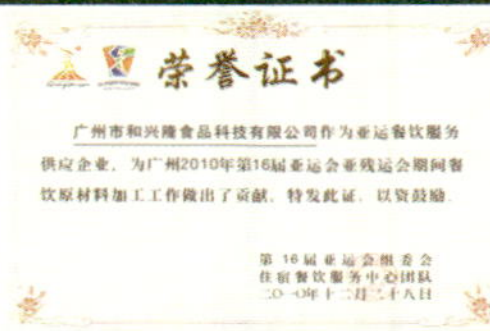

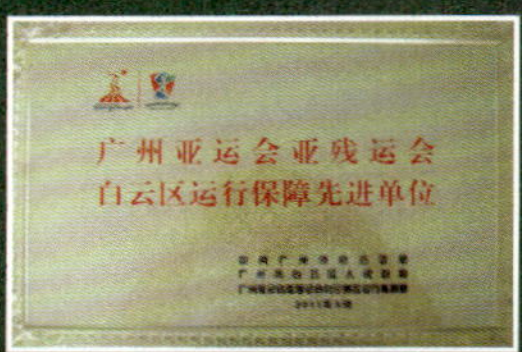

广州飞机维修工程有限公司

广州飞机维修工程有限公司（GAMECO）是中国南方航空股份有限公司直属的飞机及机载零部件维修企业，由中国南方航空公司、南华国际飞机工程有限公司、香港和记黄埔飞机维修投资有限公司共同投资设立，成立于1989年10月28日，是国内合资最早、规模最大、维修能力最强的飞机维修企业。

经过20多年的发展，GAMECO员工人数由合资初期的600多人发展到4000余人，其中拥有大专以上学历员工占60%以上。公司可以维修波音系列、空客系列及EMB系列飞机及其附件，为南航及国内外40多家航空公司和租赁公司（包括澳洲航空、韩亚航空、大韩航空、肯尼亚航空、港龙航空、新加坡航空、阿联酋航空、马达加斯加航空、联邦快递、也门航空、印尼航空等）提供全方位的飞机维修与工程服务，是华南地区飞机维修龙头企业。

目前公司拥有大专学历以上的科技人员1755人，占职工总数的42.8%，研究开发人员528人，占职工总数的12.9%。近几年，公司培养了拥有专家25人、高工34人、资深工程师53人、工程师191人的人才队伍。

公司与华南理工大学和中国民航大学开展了全方位的技术开发合作，近期具体项目有：2009年3月和中国民航大学合作开发的“飞机油箱渗漏漏点检测装置的制作与推广”项目、2009年11月和华南理工大学的“无线电自动测试台软件平台”、2011年3月和华南理工大学的“无线电TPS”项目”、2012年3月和华南理工大学的“DU显示组件专用测试设备项目”等。公司在产学研合作的过程中，取得了比较显著的成效。

2009—2011年共申请专利29项，其中发明专利7项、实用新型19项、外观设计3项。发明专利获得授权1项，1项通过实审，通过初审5项；实用新型专利获授权13项，外观设计专利获授权3项。2011年获得计算机软件著作权1项授权。部分项目荣获了广州市花都区专利优秀奖、科学技术奖一等奖等荣誉。

今后公司还将继续努力，争取创造更大辉煌。

广东省天宝生物制药有限公司

广东省天宝生物制药有限公司创立于1998年3月，注册资金1亿元，法定代表人李国清。公司管理中心、研发中心设在广州市华南理工大学国家大学科技园。生产基地坐落在粤西风景秀丽的“中国中药之乡”——郁南县城，占地面积200多亩，位于广梧（广州至梧州）高速公路郁南出口及距南广（南宁至广州）高速铁路郁南站约2公里处，距梧州机场约40公里、白云机场200公里，水、陆、空交通便利，客货运快捷。

全新的GMP厂房投资8000多万元，设计年生产能力30亿元，是目前中国最大的中药超微粉生产基地，是国内剂型最多、产能最大的兽药生产企业之一。

→ 公司获得的资质及认证

中华人民共和国兽药GMP认证企业、国家级高新技术企业、中国畜牧兽医学会常务理事单位、中国兽医协会理事单位、中国动物保健品协会会员单位、广东省生物制药工程技术研究开发中心、广东省民营科技企业、广东省动物保健品协会副会长单位、被农业部授予“中国兽药行业发展贡献奖”、“天宝”商标获广东省著名商标等殊荣、中国兽药行业综合实力30强企业、连续十年被评为云浮市重合同守信用企业、2010年被评为广东省重合同守信用企业

→ 成功举办过部分在郁南举办的大型活动

☆ 2008年中国首届中兽药创新论坛。出席该论坛的主要领导及专家有：现任中国首席总兽医师原任中国兽药监察所长于康震先生、原农业部副部长阎汉平先生及农业部的相关领导、云浮市副市长黄达辉先生、广东省药检所所长及全国各省药检所领导及中国农大等院校的专家以及行业精英共800多人。

☆ 2008年中国首届兽医临床大会。由农业部组织，该公司承办的全国畜牧兽医系统的中国首届兽医临床大会，为行业专家提供了一个面对面信息交流机会，对促进行业发展和技术进步做出了不可低估的贡献。

☆ 2009年10月全国兽药产品展览。农业部副部长高洪宾、国家总兽医师于康震等领导莅临该公司展位参观指导。

→经营范围及主要产品生产经营范围

生产、销售消毒剂（固体、液体）、水产用杀虫剂（固体）、口服溶液剂、片剂、颗粒剂、散剂、粉剂、预混剂、小容量注射剂、粉针剂、大容量注射剂等15个兽药剂型共200多个产品，品种齐全、质优价廉。

→技术力量、研发设施及生产设备

广东天宝与中国农业大学、华南农业大学、吉林大学兽医学院、四川农业大学、西南大学等院校合作，拥有生产、检测设备121台/套/条，其中联动生产线13条，是国内最先进的自动化流水生产线，部分已达到国际先进水平。

→人才队伍

在科学的用人机制激励下，凝聚了行业中高知识结构、高素质的科研队伍和具有丰富市场实操经验的经营团队。现有员工326人，具有管理、兽医、兽药、中兽医、化学、微生物、水产、动物营养等各类专业知识的优秀人才，拥有大专以上学历员工180多人，其中研发技术人员43名、教授3人、博士2人、硕士7人。雄厚的技术力量为公司计划三年后上市的宏伟目标提供了非常重要和有力的保障。

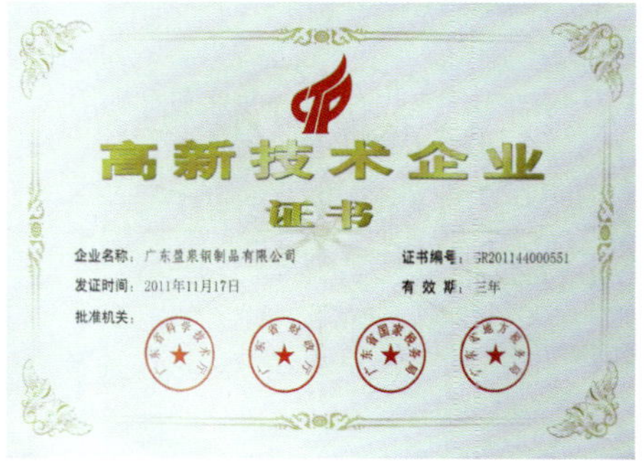

盈泉公司办公大楼

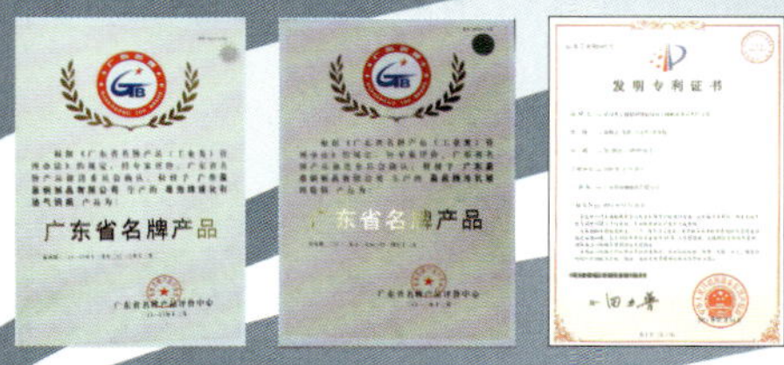

广东盈泉钢制品有限公司

广东盈泉钢制品有限公司是国家高新技术企业、广东省诚信示范企业、清远市优秀企业。公司成立于2003年，占地面积近17万平方米，注册资金1000万元，主要产品为冷轧取向硅钢（又称冷轧取向电工钢）、液化石油气钢瓶、二甲醚钢瓶、叉车用钢瓶、冷轧带钢等。公司通过了ISO9001质量体系认证，是国家二级计量单位，产品在国内外享有良好声誉。公司“盈泉”牌取向硅钢和“粤海”牌液化石油气钢瓶均为广东省名牌产品。

公司成立以来，建立起了一套科学的管理和创新体系，积累了丰富的生产和管理经验，在技术创新方面颇有成效，是GB 5842等多个国家标准的主要编写单位。

冷轧取向硅钢

近年来，公司在开发新产品方面成绩斐然，先后成功开发了取向硅钢、高磁感取向硅钢、液化二甲醚钢瓶、全氟醚钢瓶、高性能深冲带钢、机动车用液化石油气钢瓶等产品，其中属国内首创的有2项、填补广东省空白的有4项，目前正在研制的通信设备用轻质液化石油气钢瓶亦是填补国家空白的高科技产品。这些产品均具有较高的创新性，拥有自主知识产权，主要性能参数、技术和经济指标在同行业中具有较先进的水平，具有技术附加值高，经济效益和社会效益良好的特点。此外，公司还进行了大量的新技术、新工艺推广工作，不断通过工艺改进，提高产品质量，降低生产成本，提高市场竞争力。

液化二甲醚钢瓶

公司重视知识产权保护工作，把知识产权工作切实纳入企业的技术创新、生产、经营等各个环节中。近三年公司共获得专利6项，其中5项实用新型专利和1项发明专利。

今后，公司计划进一步加强产学研合作交流，提高技术创新能力，促进科技成果转化，提升企业核心竞争力和持续发展的能力。公司计划把原有的新产品开发中心重组建设为工程技术中心，以加大技术创新的力度，更好地为公司的发展提供技术支持。此外，公司还准备作为发起人之一，参与清远市高新技术企业协会的筹建工作，以搭建新的行业技术交流的平台。

广新信息技术产业发展有限公司

广新信息技术产业发展有限公司是广东省广新控股集团有限公司（广东省国资委下属企业）的全资控股子公司。

公司主营业务包括：食品行业流通溯源与防伪认证技术及服务，电子商务技术及服务，户内外传媒联播网管理平台技术及服务，企业信息化咨询、建设以及相关配套服务等。

公司核心产品线包括：食品行业流通溯源、防伪认证技术与运营平台（防伪认证平台、电子溯源平台），电子商务平台，传媒行业联播管理与运营管理平台（LED户外新媒体联播平台、防伪溯源识别终端机联播管理平台）等。

公司现拥有软件著作权15项、专利10项（实用新型、发明专利），拥有食品行业“防伪认证与电子溯源”，传媒行业“联播智能管理与运营管理”，国际贸易、食品生产与流通、造船等行业供应链管理及电子商务平台相关应用的成熟解决方案。

公司被广东省科学技术厅认定为高新技术企业，获得广东省经济与信息化委员会颁发的“软件企业认定证书”，获得“2011年度广州十佳电子商务示范企业”与“2011年度广州最具诚信度企业”称号，广东CIO联盟主席单位，是广东省信息化与工业化融合创新中心食品行业分中心。

附录

科技政策措施及规范性文件

广东省农业科技园区建设实施方案（2011—2015 年）

（2011 年 4 月 21 日发布）

为加快推进我省农业发展方式转变，提升科技引领和产业集聚总体水平，“十二五”期间，重点在粤东、粤西和粤北地区建设一批符合现代农业发展方向、立足和提升不同区域农业优势特色产业、对各区域农业和农村经济发展具有较强示范带动作用的农业科技园区。为做好广东省农业科技园区建设，特制定本规划方案。

一、建设原则

（一）有利于农业科技成果的转化与推广应用，提高农业科技整体水平；

（二）有利于农业优势特色产业的壮大和优质安全农产品的标准化生产，加快农业现代化进程；

（三）有利于农业企业与高校和科研单位的合作，提升农业科研成果应用于农业产业发展的总体水平；

（四）有利于农业资源的高效利用和生态环境建设，实现农业的可持续发展。

二、建设目标

（一）总体目标

2011—2015 年，重点在粤东、粤西和粤北地区各地级市建设具有农业区域特性和引导、示范与带动作用强的广东省农业科技园区；发挥产业集聚和技术密集优势，带动当地具有区域特色的优势农业产业发展，培育和孵化一批具有市场竞争力的科技型农业企业；培养和吸引一批优秀人才，建立技术培训与技术服务网络体系；转化和推广一批农业科技成果，辐射当地农业优势特色产业。

（二）具体目标

到园区建设期末，通过农业科技园区建设和相关科技项目的实施，每个园区应实现以下目标：

1. 园区有较完善的功能空间布局，核心区、示范区和辐射带动区边界清楚，建成主导产业的科技合作、试验、示范、加工、销售、培训于一体的格局，有成熟的优势特色农业产业链；

2. 园区内培育年销售收入 1 亿元以上的龙头企业 1 家以上，新发展农业产业规模企业 5 家以上，园区核心区有 1 个以上特色产业在省内同领域占主导地位，在国内同行业有较大影响；

3. 园区建设辐射带动主导产业规范化生产基地 10 个以上。年培训农村骨干技术人员 500 人以上，培训农民 5 000 人以上；带动园区示范区所在县（市）农户人均增收 30% 以上；

4. 园区的核心区和示范区内企业产值、利税年递增 10% 以上。

三、建设内容、方式与期限

（一）建设内容

园区的建设分为核心区、示范区和辐射区3个层次。

核心区：突出技术源动力功能，打造产业集聚和技术集成平台。在核心区内建成技术研发、集成与应用、良种引进示范和繁育等核心功能区，核心区内企业与高校和科研单位开展深度合作。

示范区：突出技术与产业示范、带动功能，利用示范区内原有的产业优势，重点发展种植、养殖和加工优势特色产业，建立产业示范点，通过龙头企业带动方式和农业科技特派员进行示范推广，带动相关产业发展。

辐射区：突出产业技术的推广应用功能，在辐射区内推广应用先进技术，促进当地农业特色、优势产业的技术升级和产业发展。

（二）建设方式

农业科技园区建设采用两种方式：

1. 原有升级：在已经有一定基础的农业基地和各类农业示范园区中选择一批有较好基础的，在其现有基础上升级。

2. 选址新建：选择已落实用地条件、具有一定规模、发展前景好的地区新建一批农业科技园区。

（三）建设期限

农业科技园区建设期限为3年。

四、申报要求

（一）申报单位

由有关地级市人民政府作为申报单位，相应的地级市科技行政部门负责具体申报组织工作。

（二）申报广东省农业科技园区须符合以下条件：

1. 园区核心区达到一定规模（种植业为主导产业的核心区，面积要达到1 000亩以上，区内企业年产值1 000万元以上；养殖业为主导产业的核心区，面积800亩以上，区内企业年产值2 000万元以上；以农产品加工业为主导产业的核心区，有3个以上规模企业，企业年销售收入3 000万元以上），并有明确的地理边界；示范区范围要相对明确，具体到本市内相对集中的区域或企业，示范区必须与核心区有明确的科技示范联系机制，要明确技术示范区承接技术的来源、应用以及规模；与主导产业相关的示范区周边地区为辐射带动区；

2. 园区核心区主导产业数量应集中在5个以内；若为单一主导产业的核心区，须已建立起上下游较完整的产业链，拥有相关配套产业；

3. 园区建设已经纳入地方政府发展规划；

4. 园区总体规划可行，并附有清晰的各功能区边界图；

5. 园区要有明确的技术来源和对接机制。核心区内企业必须与高校和科研单位有明确的科技合作，申报材料中须提供技术对接双方签订的合作协议，核心区要有一定数量的农村科技特派员，并设立特派员工作站；

6. 管理体系健全。各地级市要成立以市主要领导为组长的园区建设领导小组，下设由地级市科技行政部门牵头的领导小组办公室，负责园区的组织、协调和管理工作。园区有相应的管理机构，成立专家委员会，有规范的管理制度和运行机制。

五、区域布局和发展重点

（一）区域布局

2011—2015年重点支持粤东、粤西、粤北地级市建设一批广东省农业科技园区。各区域要突出本地区优势特色农业产业。

粤西地区：重点发展规模化畜禽、优势咸淡水养殖、热带粮作物种植产业以及荔枝、龙眼、香蕉等热带水果、糖蔗、北运菜等优势产业和农产品加工业。

粤东地区：重点发展精细高效农业，包括以网箱养殖为主导的海水养殖产业、南亚热带水稻、蔬菜种植业、名优茶叶以及传统特色水果及农产品加工产业。

粤北地区：重点发展畜禽养殖、水果、蔬菜、林业、茶叶以及山区特色养殖产业，发展以市场拉动型的生态绿色食品产业。

（二）发展重点

立足区域农业优势特色产业，以科技为支撑，全面提高园区的技术应用与推广能力、技术信息辐射能力和人力资源开发能力，加速先进适用科研成果的转化推广，壮大优势特色产业，充分发挥园区的科技引领和产业集聚、服务引领、集成带动及扩散支撑作用，为广东省实现农业增效、农民增收和农村可持续发展提供科技支撑和典范，全面推进广东省现代农业强省建设。

1. 引导园区形成产业集聚和科技密集优势，将科技成果在园区内试验、示范，并应用到农业产业化经营。根据园区农业优势特色产业，鼓励园区内农业企业与高校和科研院所合作，应用现代农业科技成果，力求种养业“品种新、品质优、结构佳、投入低、效益高”，实现科技成果应用于产业化经营，提高区域优势特色产业的科技含量。

2. 引导园区农产品加工实现高效化和市场化。研究农产品保鲜、深加工及相关配套技术，开发具有民族传统、地域优势、高科技含量、高附加值的深加工产品，延长农业产业链，实现农产品的增值增效，切实解决农民增收问题。

3. 引导园区农业优势特色产业实现生产规模化和专业化。针对当地区域农业优势特色产业的发展特点与趋势，实现种苗工厂化、规模化生产，种养业规模化、专业化示范，农产品保鲜、储藏、加工、销售一体化经营等，提高设施农业技术水平和经济效益。

4. 引导园区农业科技企业实现集团化和国际化。农业科技企业既是科技投入的主体，也是农业产业化经营的龙头。在兼顾科技优势、区域战略布局、主导产业培育的基础上，逐步引导园区农业科技企业实现集团化和国际化，培育一批具有国际竞争力的产业集团。

六、组织管理

（一）申报评审

农业科技园区由省科技厅组织申报，有关地级市人民政府作为申报单位，相应地级市科技局负责具体组织申报工作；省科技厅组织专家评审，由省科技厅批准，发文公布后挂牌。

（二）园区管理

1. 广东省农业科技园区建设由省科技厅组织实施，并具体负责组织园区的申报、评审、检查、考核、监督和指导等工作。

2. 省科技厅组织有关专家组成园区专家委员会，为园区的论证、评审、考核等管理工作提供咨询。

3. 成立园区地级市领导小组，负责本地园区的组织、领导和协调工作，落实省有关政策，制定地方配套政策，指导本地园区总体规划、管理办法与规章制度的制定及实施监督等。各地要把园区建设列入当地政府重要议事日程，切实加强领导。

4. 园区应有管理机构，具体负责园区的建设和运行管理；成立园区专家组，为园区建设提供咨询服务。

（三）考核验收

省科技厅对建设期满的园区进行考核验收。考核分优秀、合格、不合格 3 个等级，综合评分达 85 分以上的为优秀等级，60～84 分的为合格，60 分以下的为不合格。对不合格园区给予警告并限期 1 年内整改，整改后考核不合格的，取消其“广东省农业科技园区”资格。

七、保障措施

（一）政策保障

园区建设所在地各级人民政府要制定符合地方实际的相关配套措施，努力为园区建设与发展营造良好的环境；将园区建设纳入地方发展计划，并作为发展优势特色农业产业的重要内容。省和地方农业科技计划优先支持园区内农业产业的发展和科技进步。

（二）资金保障

园区建设资金以地方政府投入和建设单位自筹为主，省科技厅对每个立项园区安排 100 万元以上的专项经费进行支持；立项建设期间，对核心区入园企业及其技术支撑单位给予总额 50 万元额度的项目经费支持；对通过验收且被评为优秀等级的园区给予 50 万元的一次性奖励资金。地级市人民政府须按省科技厅专项经费 1∶1 以上的比例安排园区配套经费，并由市科技行政部门设专户统一管理和使用。鼓励各类企业，特别是科技型企业，进入园区投资建设，引导农户以土地、劳动力、资金等各种生产要素及以承包、入股等形式参与园区建设。

（三）人才保障

要加强引进和培养园区建设急需的各类专业技术人才，尤其是懂管理、善经营的复合型人才。通过建立新型的科技人才聘用制度，吸引从事农业科研、教学和推广的优秀人才投身园区建设。应积极与农业科研院所、大专院校合作，发挥省、市科技特派员作用。重视对农民的技术培训，培养一批农民技术骨干和农民企业家。

（四）制度保障

省科技厅按照本实施方案的要求，制定《广东省农业科技园区管理办法》。各地要结合本地实际情况，编制园区总体规划，制定和完善园区建设实施方案、管理办法及规章制度，使园区建设有章可循。通过加强园区的科学管理与制度建设，形成有利于园区体制创新和科技创新的机制与环境。

八、实施进度安排

（一）2011 年：制定《农业科技园区管理办法》及其配套文件，组织申报、评审和批准本年度各市申报的广东省农业科技园区。

（二）2012—2013 年：继续组织申报、评审和批准当年各市上报的广东省农业科技园区。

（三）2014—2015 年：重点对挂牌或调整后满 2 年的园区进行复评考核和安排奖励资金。对全省农业科技园区建设工作进行全面总结。

广东省战略性新兴产业核心技术攻关专项资金管理暂行办法

（2011年7月14日发布）

第一章 总 则

第一条 为全面实施自主创新战略，进一步加大对高端研发的财政支持力度，加快我省战略性新兴产业发展，省财政设立战略性新兴产业核心技术攻关专项资金，采用竞争性扶持方式，对战略性新兴产业核心技术攻关给予支持引导。为规范资金管理，提高资金使用效益，根据《广东省省级财政专项资金管理暂行规定》（粤府〔2006〕37号）等有关规定，制定本办法。

第二条 本办法所称战略性新兴产业核心技术攻关专项资金（以下简称“专项资金”），是指根据省政府决定，2011—2015年省财政统筹安排的用于支持战略性新兴产业核心技术攻关的补助资金。

第三条 本办法所称的核心技术攻关，是指针对省政府确定的八大战略性新兴产业的高端领域、关键环节开展的具有重大创新性和突破性的技术研发活动，能在3～5年内形成具有自主知识产权的重大创新成果、核心装备，对战略性新兴产业发展具有全局性、带动性的技术攻关。

第四条 专项资金的使用和管理应遵循以下原则：

（一）政府主导，高端突破。注重专项资金投放的战略性，通过政府的宏观把握和主动引导，有计划、有重点地投放到需求最强、效益最大、影响最广的产业链高端领域和关键环节，抢占技术和产业竞争的制高点和主动权。

（二）竞争择优，公平公开。专项资金分配引入竞争机制，采用竞争性扶持方式，实现“多中选好、好中选优、扶优扶强”。竞争性分配过程必须公开透明，广泛接受监督。

（三）创新机制，引导放大。充分发挥财政投入集中力量办大事、“四两拨千斤”的杠杆作用和乘数效应，带动社会相关主体增加研发投入，促进我省战略性新兴产业发展。

（四）绩效导向，强化监督。增强专项资金支持项目的绩效考核观念，以提高资金使用效率和产出为基本导向，并加强对资金流向、项目实施的监督和管理。

第五条 省财政厅负责专项资金管理，会同省科技厅下达项目计划，下达专项资金计划并拨付专项资金，对专项资金使用情况进行监督管理和开展绩效评价。

第六条 省科技厅会同省财政厅下达项目计划；对专项资金支持项目进行监督检查，配合省财政厅开展绩效评价工作。

第二章 支持范围和方式

第七条 专项资金以项目为依托，通过无偿补助方式支持战略性新兴产业核心技术攻关、重大核心装备研制等。

第八条 单个项目省财政支持额度原则上不低于500万元、不高于5 000万元，且省财政补助额度不超过该项目资金总投入的30%。特殊支持项目补助资金由省财政厅、省科技厅报省政府批准后另行确定。

第三章　申报条件和程序

第九条　扶持项目（企业）应具备如下基本条件：

（一）项目符合国家和省战略性新兴产业发展“十二五”规划及战略性新兴产业各产业发展规划，属于我省战略性新兴产业重点发展目录及布局的行业或领域，并列入年度项目申报指南；

（二）项目承担单位为省内注册的企业、高校、科研机构或事业单位，具有独立的法人资格；

（三）项目承担单位具有良好的科研诚信、社会信誉和综合实力，其中企业财务管理制度健全、经济效益较好，会计信用和纳税信用好，能按期偿还银行贷款；

（四）项目研发须在广东省境内；

（五）项目申报指南要求具备的其他条件。

第十条　项目申报及评审程序：

（一）制订年度项目申报指南。由省科技厅、省发展改革委、省经济和信息化委会同省财政厅研究制订专项资金年度核心技术攻关目录，形成项目申报指南。

（二）下发项目申报通知。由省科技厅联合省财政厅依据申报指南发布项目申报通知，明确项目申报要求。

（三）项目申报。专项资金申请计划由各地级以上市、省直管县试点县（市、区）科技主管部门会同同级财政部门审核后上报省科技厅、省财政厅。省属企事业单位、相关部门和中央驻粤单位的项目由省属企业集团（或主管部门）、中央驻粤单位参照上述要求直接向省科技厅、省财政厅申报。

（四）竞争性评审。

——资格审查。省科技厅、省财政厅牵头会同省发展改革委、省经济和信息化委对申报项目进行资格审查，筛选出符合申报要求的项目。

——书面评审。省财政厅牵头会同省科技厅、省发展改革委、省经济和信息化委成立项目竞争性评审小组。评审小组由本行业技术专家、科技管理专家、产业经济专家、财务专家等组成，人数为不少于9人的单数。评审小组对申报项目进行书面评审，出具书面评审意见及评分，提出进入下一环节的项目。

——考察答辩。评审小组对项目进行实地考察，并组织现场答辩，形成考察答辩意见及评分，提出进入下一环节的项目。

具体竞争性评审办法由省财政厅会同省科技厅另行制订。

（五）项目公示。省财政厅会同省科技厅联合审核确认拟扶持项目名单，并将名单进行公示，公示期为7天。

（六）项目下达。公示后没有异议的项目，按财政专项资金管理程序报批后下达项目计划，并抄送省促进战略性新兴产业发展领导小组办公室。

第四章　资金拨付

第十一条　根据项目资金安排计划，省财政厅按规定办理专项资金拨付手续。其中纳入国库集中支付的项目、省属单位项目专项资金由省财政实行集中支付。市县单位项目专项资金通过财政部分逐级下拨，并由同级财政部门实行集中支付。未纳入国库集中支付的项目，省属企事业单位、相关部门和中央驻粤单位的项目专项资金由省财政厅直接拨付到项目主管部门。

第十二条　专项资金实行专款专用，单独列账，独立核算。

第十三条　项目承担单位应严格按照财政专项资金使用管理规定办理支出。严禁将专项资金用于支付各种罚款、捐款、赞助、投资等，严禁以任何方式变相谋取私利。

第五章　项目管理和验收

第十四条　专项资金支持项目实行合同管理，项目承担单位需与省科技厅签订项目合同。

第十五条　项目实施期满，项目承担单位应在 3 个月内向省科技厅申请验收。

第十六条　项目验收由省科技厅联合省财政厅组织开展。

第十七条　项目验收以合同内容为考核的基本依据，对项目取得的成果、经费使用情况等做出客观评价。

第十八条　专项资金支持项目因故取消、因不可抗力原因无法继续实施，或继续实施已无必要时，项目承担单位应及时向省科技厅、省财政厅申报项目终止。

第六章　监督管理

第十九条　省财政厅负责对专项资金的使用情况进行监督管理，省科技厅负责对项目实施情况进行监督管理。

第二十条　项目承担单位应加强专项资金管理并专款专用，自觉接受财政、审计部门的监督检查。

第二十一条　建立专项资金绩效评价制度。省财政厅会同省科技厅按照省财政厅、省审计厅、省监察厅、省人事厅《关于印发〈广东省财政支出绩效评价试行方案〉的通知》（粤财评〔2004〕1 号）规定，组织重点绩效评价。

第二十二条　建立专项资金使用、管理检查制度。省科技厅、省财政厅按规定对项目实施情况进行检查，发现问题及时纠正。对项目的监督检查应依法办事，不得干预项目承担单位的正常工作。

第二十三条　对专项资金使用、管理中存在擅自改变专项资金用途，或骗取、挪用专项资金等行为，按《财政违法行为处罚处分条例》有关规定进行处理并追究有关单位及相关人员法律责任。

第七章　附则

第二十四条　本办法由省财政厅负责解释。

第二十五条　本办法自印发之日起施行。

关于贯彻落实国务院部署加快培育和发展战略性新兴产业的意见

（2011年7月20日发布）

一、总体思路与发展目标

（一）总体思路。深入贯彻落实科学发展观，以抢占世界产业发展制高点为目标，以提升产业创新能力为核心，坚持市场主导与政府推动相结合、自主发展与开放合作相结合、着眼当前与谋划长远相结合，着力推进科技创新和体制创新，着力完善发展环境，着力壮大骨干企业，着力培育优势产业链和产业集群，打造全国战略性新兴产业发展的重要策源地和高端产业集聚地，将广东建设成为国家战略性新兴产业发展示范区。

（二）发展目标。到2015年，高端新型电子信息、新能源汽车、半导体照明（LED）三大产业率先突破，生物、高端装备制造、节能环保、新能源、新材料等产业初具规模，全省战略性新兴产业产值超过2.5万亿元，增加值占生产总值的比重达到10%左右；在主要领域掌握一批具有自主知识产权的关键技术和标准，培育一批具有国际影响力的大企业和一批具有创新活力的中小企业，形成3～5个产业链较完整、产值超千亿元的新兴产业集群。到2020年，全省战略性新兴产业产值比2010年翻两番，增加值占生产总值的比重力争达到16%左右，广东成为全国领先、世界先进的战略性新兴产业基地。

二、重点发展领域

（一）高端新型电子信息产业。加强物联网、云计算、下一代互联网核心技术和关键产品的研发与产业化，加快推进“三网融合”，进一步强化我省在全国通信产业的领先优势，打造新一代移动通信产业链和国家级通信产业集聚区。重点发展新型显示产业，推进高世代液晶面板及其关键配套产业，着力推进有机发光二极管（OLED）材料与器件的研发及产业化，推进激光显示、三维（3D）显示等新型显示技术及下一代视频技术研发。加快发展软件和集成电路设计、数字家庭等产业，着力推动面向互联网、通信、电力、文化和教育等领域的应用软件开发和芯片设计，提升软件、网络增值等信息服务能力。推进关键元器件、专用电子设备的研发及产业化。大力发展数字虚拟技术，促进数字广播和文化创意产业发展。

（二）新能源汽车产业。依托省新能源汽车推广应用示范工程，重点推进纯电动汽车、插电式混合动力汽车以及中混以上混合动力汽车等整车研发及产业化，鼓励发展特种用途电动汽车和液化天然气（LNG）汽车，引导发展燃料电池、高效储能器等其他新能源汽车。大力发展动力电池及其管理系统、驱动电机及其控制器，积极发展整车控制系统以及电动转向、电动空调和电动制动等产品，支持动力电池关键材料、车用功率器件、轻量化技术与产品、充电充气技术与设备的研发及产业化。

（三）LED产业。加强大功率白光LED前沿技术研发和应用研究，突破LED外延及芯片制备、大功率器件封装等关键技术，开展白光LED光源系统集成及智能化、产品标准化、关键设备及原材料国产化等技术攻关。依托我省LED终端产品制造优势，重点发展外延材料与芯片规模化生产、大规模LED封装、LED背光及照明应用，以及外延、封装、测试装备和关键配套材料制造等。

（四）生物产业。大力发展用于重大疾病尤其是南方常见病防治的生物技术药物、新型疫苗和诊断试剂、化学药物、现代中药等创新药物，做强特色“南药”，积极推进南海海洋药物和海洋生物功能制品的研发和产业化。加快发展先进医疗设备、生物医学材料、组织工程和人工器官等生物医学工程产品。大力发展中医药健康产品，推进中药国际化。着力发展生物育种产业，积极培育优质、高产、高效、多抗的农业新品种，推进绿色农用生物产品的开发和推广示范，加快海水养殖新品种研发及推广应用，培育速生、高含油、高热值、高产专用能源植物品种。建设南海生物种质资源库，加强南海海洋生物基因资源的保护、研究与开发利用。

（五）高端装备制造产业。以珠海航空产业国家高技术产业基地为核心，重点发展通用飞机及公务机，以飞机维修、部装、总装带动零配件的加工制造，打造通用航空制造产业链。促进卫星导航等航天应用行业发展。依托高速铁路和珠三角城际轨道等重点工程，大力发展城市轨道车辆、制动系统、牵引控制系统等轨道交通装备，推进广东轨道交通产业园建设。依托海洋工程装备基地建设，发展浮式生产储存卸货装置（FPSO）、自升式钻井平台、半潜式钻井平台等专业化海洋工程装备，海洋工程甲板机械等海洋工程配套设备以及操锚作业拖船（AHTS）等特色海洋工程辅助装备。强化基础配套能力，积极发展以数字化、柔性化及系统集成技术为核心的智能制造装备。支持发展高端农业机械装备。

（六）节能环保产业。重点开发推广高效节能和环保技术装备及产品。推进资源循环利用关键共性技术研发及产业化，发展固体废弃物处理处置、环境检测、土壤修复、大气和水污染防治技术及成套设备，加强共伴生矿资源、大宗工业固体废弃物资、再生资源、农林废弃物等资源的循环综合利用。开展合同能源管理示范试点，推进节能环保服务体系市场化建设，推动环保设施专业化、市场化、社会化运营。加快建立以先进技术为支撑的废旧商品回收利用体系。推进国家节能环保服务业集聚区创建工作。

（七）新能源产业。以非晶硅薄膜为主攻方向，重点发展太阳能光伏装备、电池制造等关键环节；加快推进太阳能建筑一体化，促进太阳能热利用技术和产品的推广应用。发展大功率风力发电成套装备以及电机、变速箱和电控系统等关键零部件，提高风电技术装备水平；有序推进陆上风电规模化发展，积极开发利用海上风能资源。发展以核电装备制造为重点的先进制造业和以核电设计、工程建设及技术保障服务为重点的核电高端服务业，提升核电机组核岛主设备制造和通用设备成套供货能力，发展以电气设备为主的核电站辅助设备产业群，发展核燃料组件制造；按照“集中建园为主、分散布局为辅”的模式优化产业布局。加快建设适应新能源产业发展的智能电网及运行体系。

（八）新材料产业。大力发展稀土功能材料、平板显示材料、半导体照明材料、核电专用材料、超材料、功能陶瓷、高性能膜材料、特种玻璃、集成电路用封装材料、能量转换和储能材料等新型功能材料，积极推广低能耗、轻污染、少排放、可循环的新型材料制造技术。延伸石化下游产业链，重点发展新型工程塑料、新型树脂及新型化工材料，提升碳纤维、芳纶、超高分子量聚乙烯纤维等高性能纤维及其复合材料发展水平。支持开展纳米、超导、智能等共性基础材料研究。

以上重点领域及内容将根据我省经济社会发展需要以及国际产业发展和技术进步情况进行动态调整。

三、主要工作

围绕技术创新、产业化、市场培育与环境建设等产业发展关键环节，突出抓好以下工作：

（一）开展重点领域关键核心技术攻关。围绕战略性新兴产业重点领域，积极承担国家重大科技专项和国家科技计划，组织实施省重大科技专项，继续开展粤港关键领域重点突破联合招标，制定和实施重点产业技术路线图。建立政府推动与企业主导相结合的技术研发和推广应用机制。结合广东特色与优势组织开展产业前沿技术研究。

（二）加强技术创新公共服务平台建设。加快建设散裂中子源、深圳国家高技术产业创新中心、华南新药创制中心等重大创新平台。积极争取设立一批国家重点实验室、工程中心、工程实验室和企业技术中心，推进建设国家地方联合创新平台，新建30家省级重点实验室、50家省级工程实验室、150家省级工程中心和100家省级企业技术中心。推进建设太阳能光伏产品、新能源汽车及零部件、半导体光源产品检测中心等国家质检中心和一批省级授权质检站，支持建设专业镇和产业集群公共检测服务平台。

（三）深化政产学研合作。深化省部（院）产学研合作，建立派驻企业科技特派员长效机制，实施产学研结合示范基地提升工程和示范企业行动计划。建设100家左右省部（院）产学研技术创新联盟，完善联盟运作机制。支持知名高校、科研机构联合广东企业共同承担国家各类重大科技计划和产业化专项。加快企业博士后科研工作站、科研基地和开发基地的建设步伐。

（四）大力培养和引进高层次人才。研究制定我省战略性新兴产业创新型人才队伍建设的实施意见。继续实施南粤杰出人才培养工程，打造“珠江学者”品牌工程，建立产学研用联合培养专门人才的新机制。建设省专业技术人员继续教育示范基地，加快推进专业技术人员知识更新工程。调整优化高校学科专业设置，支持有条件的高校增设与战略性新兴产业有关的学科专业。编制高层次创新型人才引进目录，深入实施创新科研团队和领军人才引进计划，引进千名高层次科技创新人才。以高新区、留学人员创业园、战略性新兴产业基地为依托，探索建立高层次人才集聚实验区。建立跨区域人才交流合作服务平台。进一步完善省引进高层次人才“一站式”服务专区。

（五）加强知识产权保护和管理。建立重大战略性新兴产业专利信息数据库和信息发布系统，开展产业专利态势分析。完善知识产权评估交易机制，组建30家左右以企业为主导的专利联盟。探索实施重大项目的知识产权评议制度。

（六）实施技术标准战略。鼓励和支持我省企事业单位围绕发展战略性新兴产业，主导或参与相关国际标准、国家标准、行业标准和地方标准的制修订。建设一批战略性新兴产业专业标准化技术委员会。建立健全技术性贸易措施（TBT）预警机制，指导和帮助企业积极应对国外技术贸易壁垒。

（七）推进科技体制机制创新。整合现有创新平台资源，加快组建省工业技术研究院等大型主体科研机构，引导其向大型综合性创新组织转变。探索完善创新平台管理开放共享机制。完善国有企业考核评价机制，将创新能力建设、创新投入、创新成效等纳入业绩考核范围。完善高校和科研机构的人才激励和考核评价机制。

（八）推进技术创新成果产业化。实施战略性新兴产业发展、高技术产业化、电子信息产业振兴和技术改造、现代信息服务业等专项，建设100个战略性新兴产业重大科技成果产业化示范工程。建立健全高等院校、科研机构创新成果转化制度，发展一批科技成果孵化器、加速器和中试基地等产业化服务机构。优先支持具有自主知识产权技术标准的推广应用。吸引和支持国家重大创新成果在我省转化。

（九）促进产业集聚发展。实施产业链（群）发展工程，组建一批新的产业联盟，打造区域特色产业链。规划建设一批省级战略性新兴产业基地，争取建设国家战略性新兴产业示范基地，加强基地的配套服务平台建设。支持和促进国家和省级高新区发展高端创新产业集群。

（十）大力培育骨干企业。集中资源重点培育100家战略性新兴产业骨干企业，打造一批国家级创新型企业和若干国际领先的创新型企业。自主创新百强企业、名牌产品评价目录重点向战略性新兴产业骨干企业倾斜。在省国有资本经营预算中安排省属企业改革与发展专项资金，遴选扶持一批省属战略性新兴产业重点项目。

（十一）积极发展创新型中小企业。实施创新型中小企业成长扶持计划，建设中小企业公共（技术）服务示范平台和创新成果产业化示范基地，培育和壮大一批具有创新活力的中小企业。

（十二）推进重大项目建设。谋划、引进一批对行业整体水平提升具有关键作用的战略性新兴产业重大项目。建立战略性新兴产业 100 强项目的动态管理和配套支持机制，加强项目组织、管理和服务。建立和完善重点项目库，做好项目储备。大力争取国家重大科技专项、重大产业创新发展工程、重大创新成果产业化工程、重大应用示范工程、创新能力建设项目落户广东。

（十三）实施重大应用示范工程。以公交、公务、市政行业应用为重点，实施省新能源汽车推广应用示范工程，争取到 2012 年新能源汽车示范规模达 3 万辆。自 2011 年起，珠三角地区所有更新或新增的公交车要采用新能源汽车。实施省 LED 照明产品应用试点示范工程，争取 3 年内全省的市政道路、主要公共场所和公共机关基本实现 LED 照明。建设太阳能光伏并网发电系统工程和光伏发电城市应用工程，大力开发海上和陆上风能资源。加快核电站建设，争取到 2015 年底形成年产 5 台（套）以上百万千瓦级压水堆核电机组核岛设备制造能力。实施节能惠民工程。积极开展国家和省“三网融合”试点。

（十四）完善新产品应用环境。建立健全有利于推广应用创新药物、新能源、资源性产品、节能环保产品的价格形成和收费调节机制。加快推进自主创新产品政府采购和工程首购制度，将工程建设、省属国有及国有控股企业采购重大机电装备纳入优先采购自主创新产品范围，鼓励使用具有自主知识产权的首（台）套核电重大技术装备产品，探索建立使用国产装备的风险补偿机制。支持临床必需、疗效确切、安全性高、价格合理的创新药物优先进入医保目录。探索有利于产业发展、灵活有效的市场准入管理制度。推进新能源汽车充电充气设施、新能源并网及储能等基础设施建设，完善市场配套服务体系。

（十五）支持商业模式和业态创新。推广太阳能光伏一体化建筑设计，推行合同能源管理模式。探索建立废旧物品回收利用新模式。鼓励在节能环保服务、新能源应用、新能源汽车推广、信息服务等领域，借鉴国内外先进经验，大胆探索，发展与新技术研发和新产品应用相适应的新型商业模式和新业态。

（十六）加强国内外科技和产业合作。鼓励我省企事业单位与国内重点高校、科研机构加强创新合作，吸引重大科技创新成果在我省转化；加强与中央企业的合作，着力吸引大型中央企业、知名民营企业投资我省战略性新兴产业。深化粤港澳科技合作，支持粤港两地联合开展关键共性技术攻关和联合设立研发机构，建设粤港澳联合创新区、深港创新圈、粤港澳科技产业园；加强粤港澳台在光电、LED、新能源汽车、生物、新材料等战略性新兴产业的合作，积极引进台资企业投资广东。鼓励境外企业、科研机构在我省设立研发机构，实施企业国际创新合作计划试点，设立外资企业研发服务基地；积极承接欧、美、日、韩等重点国家和地区的产业转移，提升产业转移的规模与层次。支持省内企业和研发机构开展全球研发服务外包，在境外开展联合研发、设立研发机构和申请国际专利；支持战略性新兴产业骨干企业“走出去”，设立生产、营销基地，开拓国际市场，与境外知名企业建立合作伙伴关系。

四、扶持政策

（一）落实国家税收优惠政策。全面落实企业研发费用税前加计扣除、高新技术企业所得税优惠、进口设备减免税以及国家其他促进战略性新兴产业发展的税收优惠政策。

（二）加大财政支持力度。“十二五”期间，省财政集中投入 220 亿元支持战略性新兴产业发展，其中安排部分资金设立战略性新兴产业发展专项资金，重点用于支持高端新型电子信息、新能源汽车、半导体照明三大产业；安排战略性新兴产业核心技术攻关专项资金 30 亿元；安排战略性新兴产业政银企合作资金 50 亿元；安排高层次人才成果奖励资金 5 亿元；安排创业风险投资资金 10 亿元；在省政府设立的创业投资引导资金中安排 20 亿元作为战略性新兴产业创业投资引导资金；安排战略性新兴产业再担保资金 10 亿元。省级重大科技专项资金、挖潜改造专项资金、现代信息服务业发展专项资金、产学研合作专项资金等专项资金要重点支持战略性新兴产业。鼓励有条件的地级以上市设立相应的财政专项资金。积极争取国家战略性新兴产业专项资金支持。

（三）完善财政支持方案。科学制定战略性新兴产业财政激励政策的具体实施方案，采取贷款贴息、担保贴息、无偿补助、以奖代补、股权投资、债权投资等多种支持方式，加强财政资金与金融资本的结合，对技术研发、产业化、平台建设、重大项目、产业集群、市场培育等环节进行全面支持。

（四）大力发展创业投资。省财政安排的创业风险投资资金，分年注资省粤科风险投资集团，支持该集团做大做强。省战略性新兴产业创业投资引导资金，用于引导和支持社会资金进入创业投资领域，鼓励发展天使投资、创业投资，以及争取国家支持实施新兴产业创投计划。进一步壮大省绿色产业投资基金，鼓励社会设立战略性新兴产业投资基金。

（五）加大金融支持力度。支持符合条件的企业在中小企业板、创业板上市融资或发行企业债券、公司债券、短期融资融券和中期票据，支持中小企业发行集合债券、集合票据。引导金融机构建立适应战略性新兴产业发展特点的信贷管理、信用评级和贷款评审制度，推进知识产权质押融资、产业链融资等金融产品创新。省财政安排的10亿元战略性新兴产业再担保资金，分年注资省级再担保机构，为战略性新兴产业企业提供再担保服务。

（六）促进产权交易。加强南方联合产权交易中心和华南技术产权交易市场建设，稳步推进区域性中小企业产权交易市场试点。

（七）减免行政事业性收费。“十二五”期间，经认定的战略性新兴产业重点领域内的企业，免缴治安联防费、劳动年审证照费、劳动合同文本费、职工养老保险手册工本费、村镇基础设施配套费、专利纠纷案件处理费、绿化费等省级权限内的行政事业性收费。

（八）优先保障土地供给。各地要优先安排战略性新兴产业100强项目用地；属省立项的战略性新兴产业100强项目用地，由省按照轻重缓急、逐年解决的原则统筹安排。进一步完善差别性供地政策，优化供地结构，“三旧”改造置换土地优先保障战略性新兴产业用地需求。

（九）降低土地购置成本。对符合省优先发展目录和集约用地条件的战略性新兴产业工业项目，允许按不低于所在地土地等级相对应工业用地出让最低标准的70%确定土地出让底价。

（十）加快项目审批进度。建立战略性新兴产业重点项目审批“绿色通道”，加快项目批准、用地预审、用地报批、环评批复、规划选址等审批事项的办理进度。

五、组织保障

省促进战略性新兴产业发展领导小组要对全省战略性新兴产业发展加强协调指导，研究确定重大项目布局、产业政策、财政资金安排等重要事项。编制广东省战略性新兴产业发展“十二五”规划及各重点产业专项规划，制定产业发展指导目录，优化产业发展格局。加强规划实施，对规划和产业目录确定的重点领域，各地要在项目布局、资金安排、用地指标等方面给予支持。建立战略性新兴产业统计调查制度，强化产业监测分析工作。建立战略性新兴产业考核指标体系，落实各地、各部门促进战略性新兴产业发展的责任，加强督促检查，定期组织考核评估。

各地级以上市人民政府、省政府各相关部门要根据本意见，结合实际，抓紧制定具体落实措施。

广东省自主创新促进条例

（2011 年 11 月 30 日通过）

第一章　总　则

第一条　为了提高自主创新能力，推动产业转型升级，促进经济社会发展，根据有关法律、法规，结合本省实际，制定本条例。

第二条　本条例适用于本省行政区域内研究开发与创造成果、成果转化与产业化、创新型人才建设及创新环境优化等自主创新促进活动。

本条例所称的自主创新，是指公民、法人和其他组织主要依靠自身的努力，为拥有自主知识产权或者独特核心技术而开展科学研究和技术创新，运用机制创新、管理创新、金融创新、商业模式创新、品牌创新等手段，向市场推出新产品、新工艺、新服务的活动。

第三条　促进自主创新应当坚持以企业为主体，以市场为导向，以高等学校、科学技术研究开发机构为支撑，产学研相结合，政府引导，社会参与。

第四条　县级以上人民政府领导本行政区域内的自主创新促进工作，组织有关部门开展自主创新战略研究，确定自主创新的目标、任务和重点领域，发挥自主创新对经济建设和社会发展的支撑和引领作用。

县级以上人民政府科学技术主管部门负责本行政区域内自主创新促进工作的组织管理和统筹协调。

县级以上人民政府其他有关部门在各自的职责范围内，负责自主创新促进的相关工作。

第五条　县级以上人民政府应当根据国民经济和社会发展规划组织编制自主创新规划，并根据自主创新规划制定年度计划。

县级以上人民政府应当加大财政性资金投入，并制定相关的产业、技术等政策，引导社会资金投入，保障自主创新经费持续稳定增长，使其与自主创新活动相适应。

第二章　研究开发与创造成果

第六条　县级以上人民政府应当鼓励和支持开展原始创新、集成创新和引进消化吸收再创新活动，创造具有市场竞争力的自主创新成果。

第七条　省人民政府设立的省级自然科学基金，以及与国家相关部门联合设立的自然科学基金，应当资助高等学校、科学技术研究开发机构、企业、科学技术社会团体和科学技术人员开展基础研究和科学前沿探索，提高原始创新能力，创造原创性成果。

第八条　各级人民政府应当支持企业、事业单位通过技术合作、技术外包、专利许可或者建立战略联盟等方式，对各种现有技术进行集成创新，促进产业关键共性技术研发、系统集成和工程化条件的完善，形成有市场竞争力的产品或者新兴产业。

第九条　省人民政府应当根据国家和本省的产业政策和技术政策，编制鼓励引进先进技术、装备的指南，引导企业、事业单位引进先进技术、装备，并进行消化、吸收和再创新。

限制引进国内已具备研究开发能力的关键技术、装备，禁止引进高消耗、高污染和已被淘汰的落后技术、装备。

第十条　利用财政性资金或者国有资本引进重大技术、装备的，应当编制引进消化吸收再创新方案，明确消化吸收再创新的计划、目标、进度，并经地级市以上人民政府科学技术主管部门联合有关部门组织的专家委员会进行论证。

经批准引进重大技术、装备的，应当按照前款规定编制的方案进行消化吸收再创新。

通过消化吸收拥有自主知识产权或者独特核心技术、形成自主创新能力，应当作为对引进重大技术、装备进行评估和验收时的重要依据。

第十一条　县级以上人民政府应当整合本级有关自主创新财政性资金，坚持统筹使用，分项管理。

县级以上人民政府确定利用财政性资金设立自主创新项目，应当坚持宏观引导、平等竞争、同行评审、择优支持的原则；确定利用财政性资金设立自主创新项目的项目承担者，应当按照国家和省有关规定执行。

县级以上人民政府财政、科学技术主管部门应当会同有关部门建立和完善有关自主创新财政性资金的绩效评价制度，提高有关自主创新财政性资金的使用效益。

第十二条　利用财政性资金或者国有资本购置、建设的大型科学仪器设施，应当依法履行共享使用义务，为公民、法人和其他组织开展自主创新活动提供共享服务。

鼓励以社会资金购置、建设的大型科学仪器设施所在单位向社会提供共享服务。

地级市以上人民政府应当采取有效措施，支持公民、法人和其他组织共享大型科学仪器设施开展自主创新活动。

第十三条　申请利用财政性资金或者国有资本新购、新建大型科学仪器设施的，申请报告或者项目可行性研究报告应当包括共享服务承诺，明确共享时间、范围、方式等内容。

本省已有大型科学仪器设施的共享服务能够满足相关科学研究和技术开发活动需要的，主管部门不再批准利用财政性资金新购、新建大型科学仪器设施。

第十四条　省人民政府科学技术主管部门负责对大型科学仪器设施共享进行统筹协调，建立和完善大型科学仪器设施共享服务平台，向社会提供大型科学仪器设施共享的信息查询、服务推介等服务管理工作。

利用财政性资金或者国有资本购置、建设大型科学仪器设施的管理单位，应当在完成安装、调试验收之日起一个月内，向省人民政府科学技术主管部门报送大型科学仪器设施的名称型号、应用范围、服务内容等基本信息。本条例实施前购置、建设的，应当在本条例实施之日起两个月内报送有关基本信息。

省人民政府科学技术主管部门应当在收到本条第二款规定的基本信息之日起一个月内通过统一的信息平台向社会公布。

利用财政性资金或者国有资本购置、建设的大型科学仪器设施，向社会提供共享服务需要收取费用的，收费标准由价格主管部门依法制定。收取的费用，应当用于大型科学仪器设施的建设、维护和管理。

第十五条　县级以上人民政府及其科学技术、发展改革、经济和信息化等有关主管部门应当在政策、规划、资金、人才、场所等方面支持在产业集群区域和具有产业优势的领域建立公共研究开发平台、公共技术服务平台、科学技术基础条件平台等公共创新平台，为科技型中小企业技术创新提供关键共性技术研究开发、信息咨询、技术交易转让等创新服务。

利用财政性资金资助建设的公共创新平台为企业、事业单位的自主创新活动提供服务的情况，应当作为考核其运行绩效的重要内容，但涉及国家秘密或者重大公共安全的除外。

第十六条　支持企业、高等学校和科学技术研究开发机构共建博士后科研工作站、博士后创新实践基地、产学研创新联盟或者产学研结合基地，引导人才、资金、技术、信息等创新要素向企业集聚，推进产学研合作。

第十七条 县级以上人民政府应当促进军用与民用科学技术在基础研究、应用研究开发、创新成果转化与产业化等方面的衔接与协调，推动军用与民用科学技术有效集成、资源共享和交流协作。

支持企业、高等学校和科学技术研究开发机构参与承担国防科学技术计划任务，鼓励军用科学技术研究开发机构承担民用科学技术项目。

第十八条 鼓励与香港特别行政区、澳门特别行政区、台湾地区的企业、高等学校、科学技术研究开发机构、科学技术社会团体联合开展科学技术攻关、共建科学技术创新平台等自主创新合作，推进创新要素的流动、组合、集成和共享。

第十九条 企业、高等学校、科学技术研究开发机构、科学技术社会团体和科学技术人员依法开展国际科学技术合作与交流，合作设立研究开发机构的，县级以上人民政府及其有关部门应当在出入境管理、注册登记、信息服务等方面提供便利条件。

境外的企业、高等学校、科学技术研究开发机构、学术团体、行业协会等组织，可以依法在本省独立兴办研究开发机构。

第二十条 地级市以上人民政府及其有关部门应当设立软科学研究项目，支持开展战略规划、政策法规、项目论证等方面的软科学研究，促进自然科学与人文社会科学的交叉融合，为科学决策提供理论与方法。

第二十一条 各级人民政府应当依法保护企业、事业单位的商业模式创新活动，制定激励扶持政策，引导企业、事业单位采用合同能源管理、重大技术设备融资租赁、电子商务等商业模式提升商业运营能力。

支持企业、事业单位利用互联网或者新技术，优化内部流程和整合外部资源，开发使用信息管理技术，开展产业链融合重组，推进运营模式创新。

第二十二条 县级以上人民政府应当加强自主品牌与区域品牌的培育和保护工作，重点推进战略性新兴产业、先进制造业、现代服务业、优势传统产业、现代农业等产业领域的企业品牌建设。

第二十三条 县级以上人民政府应当制定和实施知识产权战略，促进专利权、商标权和著作权等知识产权的创造和运用，加强对自主知识产权的保护和管理。

地级市以上人民政府应当组织专家，对利用财政性资金或者国有资本设立的重大自主创新项目涉及的知识产权状况、知识产权风险等进行评议。

第二十四条 县级以上人民政府应当制定激励扶持政策，有条件的设立技术标准专项资金，支持企业、事业单位、行业协会主导或者参与国际标准、国家标准、行业标准和地方标准的制定和修订，推动自主创新成果形成相关技术标准。

鼓励企业、事业单位、行业协会在自主创新活动中实行科研攻关与技术标准研究同步，自主创新成果转化与技术标准制定同步，自主创新成果产业化与技术标准实施同步。

第三章　成果转化与产业化

第二十五条 县级以上人民政府应当制定相关扶持政策，通过无偿资助、贷款贴息、补助资金、保费补贴和创业风险投资等方式，支持自主创新成果转化与产业化，引导企业加大自主创新成果转化与产业化的投入。

第二十六条 省人民政府应当定期发布自主创新技术产业化重点领域指南，优先支持高新技术产业、先进制造业、现代服务业和战略性新兴产业自主创新成果的转化与产业化活动。

支持企业、高等学校、科学技术研究开发机构利用留学人员科技交流会、高新技术成果交易会等人才与科技信息交流平台，吸引国内外高层次人才在本省实施创新成果转化与产业化。

第二十七条　高等学校、科学技术研究开发机构和企业按照国家有关规定，可以采取科技成果折股、知识产权入股、科技成果收益分成、股权奖励、股权出售、股票期权等方式对科学技术人员和经营管理人员进行股权和分红激励，促进自主创新成果转化与产业化。

第二十八条　县级以上人民政府应当支持企业发展成为具有自主知识产权、自主品牌和持续创新能力的创新型企业。

省级以上创新型企业应当组建研究开发院，制定企业创新发展战略，整合优化各类创新资源，从事核心技术、关键技术和公共技术研究。

经省人民政府科学技术主管部门会同有关部门组织认定的省级创新型企业，可以优先承担省级自主创新重大专项，其相关研究开发和产业化涉及的资金及用地优先予以保障。

第二十九条　县级以上人民政府应当支持高等学校、科学技术研究开发机构和企业完善技术转移机制，引导高等学校、科学技术研究开发机构的自主创新成果向企业转移或者实施许可。

使用本省财政性资金的自主创新成果，项目承担者应当在项目验收之后三个月内向省人民政府科学技术主管部门报送成果信息及其技术转移情况。自主创新成果信息及其技术转移情况应当通过统一的信息平台向社会公开，但依照国家和省有关规定不能公开的除外。

第三十条　高等学校、科学技术研究开发机构将其职务创新成果转让给他人的，应当从技术转让所得的净收入中提取不低于百分之三十的比例，奖励完成该项创新成果及其转化做出重要贡献的人员。

高等学校、科学技术研究开发机构采用技术作价入股方式实施转化的，应当从职务创新成果作价所得股份中提取不低于百分之三十的份额，奖励完成该项创新成果及其转化做出重要贡献的人员。

高等学校、科学技术研究开发机构可以与完成该项创新成果及其转化做出重要贡献的人员约定高于前两款规定比例的奖励。

第三十一条　利用本省财政性资金资助的自主创新项目，项目立项部门应当与高等学校、科学技术研究开发机构和企业等项目承担者就项目形成的创新成果约定知识产权目标和实施转化期限，并在项目验收时对约定事项进行考核评价。

第三十二条　利用本省财政性资金设立的科学技术基金项目或者科学技术计划项目所形成的发明专利权、计算机软件著作权、集成电路布图设计专有权和植物新品种权，由项目承担者依法取得，但法律、法规另有规定的除外。

项目承担者应当依法实施前款规定的知识产权，采取保护措施，并向项目立项部门提交实施和保护情况的年度报告。约定的实施转化期限届满之日起两年内，项目承担者和创新成果完成人没有依法或者依照约定实施转化的，省人民政府为了国家安全、国家利益和重大社会公共利益的需要，可以无偿实施，也可以许可他人有偿实施或者无偿实施。

第三十三条　高等学校、科学技术研究开发机构取得的具有实用价值的职务创新成果，在约定的实施转化期限届满之日起一年内未实施转化的，在不变更职务创新成果权属的前提下，创新成果完成人可以根据与本单位的协议或者经本单位同意，进行创新成果转化，并依法或者依协议享受权益。

高等学校、科学技术研究开发机构主要利用财政性资金项目取得的具有实用价值的职务创新成果，本单位在约定的实施转化期限届满之日起三年内仍未实施转化的，在不变更职务创新成果权属的前提下，经项目立项部门同意，创新成果完成人可以实施转化。

第三十四条　自主知识产权首次转化使用在本省的，项目所在地的县级以上人民政府应当制定有关政策措施，在项目立项、土地、场所等方面给予支持。

第三十五条　地级市以上人民政府有关主管部门应当完善促进自主创新成果转化与产业化的科学技术人员考核评价制度。

有关主管部门应当将自主创新成果转化与产业化情况作为科学技术人员项目申报、成果奖励的依据，并作为职称评审、岗位聘用的评价内容，但基础理论研究等学科除外。

第三十六条 县级以上人民政府及其有关主管部门应当支持知识产权服务机构、技术交易机构、科技咨询与评估机构、科技企业孵化器、创业投资服务机构和生产力促进中心等科学技术中介服务机构的发展。建立和推行政府购买科技公共服务制度，对科技创新计划、先进技术推广、扶持政策落实等专业性、技术性较强的工作，可以委托给符合条件的科学技术中介服务机构办理。

科学技术中介服务机构应当为企业、高等学校、科学技术研究开发机构提供研发服务、知识产权服务、检测服务、创意设计、技术经纪、科学技术培训、科学技术咨询与评估、创业风险投资、科技企业孵化、技术转移与推广等科学技术中介服务，促进自主创新成果的转化和产业化。

科学技术中介服务机构应当将业务范围、执业人员、中介服务情况等基本信息报送地级市以上人民政府科学技术主管部门，并由地级市以上人民政府科学技术主管部门向社会公布。

第三十七条 科学技术中介服务业应当建立行业自律制度。科学技术中介服务机构及其从业人员，应当遵守相关法律、法规，按照公平竞争、平等互利和诚实信用的原则开展业务活动。

科学技术中介服务机构及其从业人员不得有下列行为：

（一）提供虚假的评估、检测结果或者鉴定结论；

（二）泄露当事人的商业秘密或者技术秘密；

（三）欺骗委托人或者与一方当事人串通欺骗另一方当事人；

（四）其他损害国家利益和社会公共利益的行为。

第三十八条 省人民政府可以根据本省产业布局、经济可持续发展等需要批准建立省级高新技术产业开发区，支持省级以上高新技术产业开发区发展成为国家自主创新示范区。

县级以上人民政府应当支持高新技术产业开发区的建设、发展，引导高新技术产业开发区发展特色和优势高新技术产业、先进制造业、现代服务业和战略性新兴产业。

县级以上人民政府应当支持发展民营科技企业，推动具备条件的民营科技产业园区和产业转移园区发展成为省级以上高新技术产业开发区。

第三十九条 县级以上人民政府应当促进主导产业集聚发展，提高专业化配套协作水平，完善产业链，促进发展形成专业镇或者产业集群。

专业镇或者产业集群应当集聚高新技术和先进技术，支持企业开展技术创新活动，提升特色和优势传统产业集群科学技术水平。

第四十条 县级以上人民政府应当支持农业基础研究、新品种选育和新技术研究开发，对地域特征明显且申请条件成熟的特色、优势农产品实行地理标志保护。

第四十一条 鼓励公民、法人和其他组织开展资源与环境、人口与健康、文化创意、节能减排、公共安全、防震减灾、城市建设等领域的自主创新活动，应用先进创新技术及成果促进社会事业发展。

第四十二条 地级市以上人民政府可以依法发起设立或者参与设立创业投资引导基金，引导社会资金流向创业投资企业，引导创业投资企业向具有良好市场前景的自主创新项目、初创期科技型中小企业投资。

鼓励和支持建立科技金融机构，开展知识产权质押融资、保险、风险投资、证券化、信托等金融创新服务。保险机构可以根据自主创新成果转化与产业化的需要开发保险品种。

鼓励创新型企业上市融资，支持未上市的创新型企业在证券公司代办股份转让系统挂牌。

第四十三条 县级以上人民政府应当健全政府采购制度，对公民、法人或者其他组织研究开发形成的新技术、新产品、新成果，在性能、技术等指标能够满足政府采购需求的条件下，政府采购应当购买；首次投放市场的，政府采购应当率先购买。

第四章　创新型人才建设与服务

第四十四条　地级市以上人民政府应当定期制定创新型人才发展规划和紧缺人才开发目录，加强创新型人才的培养和引进工作。

县级以上人民政府应当优先保证对创新型人才建设的财政投入，保障人才发展重大项目的实施。

第四十五条　地级市以上人民政府应当制定和完善培养、引进创新型人才的政策措施，并为创新型人才在企业设立、项目申报、科研条件保障和出入境、户口或者居住证办理、住房、子女入学、配偶安置等方面提供便利条件。

地级市以上人民政府科学技术主管部门应当会同有关部门组织引进优先发展产业急需的创新科研团队和领军人才。

创新型人才认定、管理与服务的具体办法由省人民政府另行制定。

第四十六条　县级以上人民政府应当支持企业、高等学校、科学技术研究开发机构建立创新型人才培养机制，以及开展岗位实践、在职进修、学术交流等人才培训活动。

第四十七条　鼓励高等学校、科学技术研究开发机构选派科学技术人员参与企业自主创新活动，开展成果转化的研究攻关；鼓励企业选派专业技术人员到高等学校、科学技术研究开发机构开展自主创新课题研究。

第四十八条　企业、高等学校、科学技术研究开发机构等有关单位应当创新人才培养模式，结合本省自主创新的目标、任务和重点领域开展相关的创新实践活动，培养急需、紧缺的创新型人才。

企业、高等学校、科学技术研究开发机构等有关单位应当建立创新型人才的激励机制，完善岗位工资、绩效工资、年薪制和奖励股票期权等分配方式。

第四十九条　鼓励有关单位和科学技术人员在自主创新活动中自由探索、勇于承担风险。

对于以财政性资金或者国有资本为主资助的探索性强、风险性高的自主创新项目，原始记录证明承担项目的单位和科学技术人员已经履行了勤勉尽责义务仍不能完成的，经立项主管部门会同财政主管部门或者国有资产管理部门组织的专家论证后，可以允许该项目结题。相关单位和个人继续申请利用财政性资金或者国有资本设立的自主创新项目不受影响。

第五十条　公民、法人或者其他组织从事自主创新活动，应当恪守学术道德，不得弄虚作假或者抄袭、剽窃、篡改他人创新成果。

公民、法人或者其他组织在申请政府设立的自主创新项目、科学技术奖励及荣誉称号，以及申请享受各种创新扶持政策时，应当诚实守信，提供真实可靠的数据、资料和信息。

政府设立的自主创新项目的管理机构，应当为承担项目的科学技术人员和组织建立科研诚信档案，并建立科研诚信信息共享机制。科研诚信情况应当作为专业技术职务职称评聘、自主创新项目立项、科研成果奖励等的重要依据。

第五章　激励与保障

第五十一条　县级以上人民政府科学技术、发展改革、经济和信息化、财政、税务等有关部门应当落实国家和省促进自主创新的税收、金融等优惠政策，加强宣传引导工作，制定办事指南，简化办事程序，为企业、事业单位和科学技术人员享受有关优惠政策提供便捷服务。

第五十二条　科学技术重点基础设施、重大科学技术工程等建设项目应当纳入土地利用总体规划、城乡规划和政府投资计划。

对高新技术企业和省级以上创新型企业的生产性建设用房、科研机构科研用房，以及省级以上的工程技术中心、企业技术中心、企业研究开发院、重点实验室、中试基地、科普场馆等建设工程，依照国家规定减免城市基础设施配套费。

第五十三条 省级以上产业园区的战略性新兴产业、高新技术产业的研究开发项目用地，依法可以采取协议出让等方式取得，但不得擅自转让、改变用途；确需转让或者改变用途的，应当报请有批准权的人民政府批准。

第五十四条 各级人民政府应当逐步提高科学技术经费的财政投入总体水平，财政用于科学技术经费的增长幅度，应当高于本级财政经常性收入的增长幅度。

引导社会加大对自主创新的投入，逐步提高研究与开发经费占地区生产总值的比例，二〇一五年全省应当达到百分之二点三以上，此后应当逐步增长。

第五十五条 对高等学校、科学技术研究开发机构和企业自筹资金研究开发并具有自主知识产权的自主创新项目，县级以上人民政府可以采取后补助方式予以财政性资金资助。资助资金应当用于该项目在本省的后续研究开发、成果转化和产业化活动。

第五十六条 利用本省财政性资金设立的自主创新项目，承担项目人员的人力资源成本费可以从项目经费中支出，最高不超过该项目经费的百分之三十；其中，软科学研究项目和软件开发类项目，人力资源成本费最高不超过该项目经费的百分之五十。

第五十七条 利用本省财政性资金设立的自主创新项目的主管部门，应当建立评审专家库，建立健全自主创新项目的专家评审制度和评审专家的遴选、回避、问责制度。

利用财政性资金设立的自主创新项目及其承担者的情况，应当由项目主管部门向社会公开，但依照国家和省有关规定不能公开的除外。

第五十八条 财政性自主创新资金应当专款专用，任何组织或者个人不得虚报、冒领、贪污、挪用、截留。

县级以上人民政府审计机关和财政主管部门应当依法对财政性自主创新资金的管理和使用情况进行监督检查。

第五十九条 县级以上人民政府应当建立科学技术奖励制度，创新奖励模式，对在科学技术进步活动和自主创新工作中做出重要贡献的单位和个人给予奖励。

鼓励社会力量设立科学技术奖项，对在科学技术进步活动和自主创新工作中做出重要贡献的单位和个人给予奖励。

单位和个人在申报或者推荐各类科学技术奖项时，应当提供真实可靠的科研数据和评审材料，不得骗取或者协助他人骗取科学技术奖励。

第六十条 单位和个人可以依法捐赠财产或者设立科学技术基金资助本省自主创新活动，并可以依法享受税收优惠政策。

第六十一条 省人民政府科学技术主管部门应当会同省人民政府统计机构建立健全自主创新统计制度，对全省自主创新发展状况进行监测、分析和评价，全面监测自主创新活动、能力、水平和绩效。

全省自主创新主要统计指标应当定期向社会公布。

第六十二条 省人民政府应当建立自主创新考核制度，考核市、县人民政府推动自主创新的工作实绩。

第六十三条 各级国有资本经营预算应当安排适当比例的资金用于国有企业自主创新，并逐年增加。

国有企业应当加大自主创新投入，建立健全自主创新人才建设机制和创新收益分配制度。

县级以上人民政府有关部门应当完善国有企业考核评价制度，应当将企业的创新投入、创新能力建设、创新成效等情况纳入国有企业及其负责人的业绩考核范围。

第六十四条　县级以上人民政府应当引导社会培育创新精神，形成崇尚创新、勇于突破、激励成功、宽容失败的创新文化。

机关、企业、事业单位、社会团体、新闻媒体应当开展科学技术普及和宣传工作，鼓励和支持开展群众性技能竞赛、技术创新和发明创造活动，提高公众科学素质。

第六章　法律责任

第六十五条　违反本条例第十条第二款规定，未按照编制方案进行消化吸收再创新的，由地级市以上人民政府科学技术主管部门责令其限期改正；逾期不改正的，不予通过验收，并由其主管部门对直接负责的主管人员和其他直接责任人员依法给予处分，三年内不得申请市级以上自主创新项目和科学技术奖励。

第六十六条　违反本条例第十二条第一款规定，不依法履行共享使用义务的，由省人民政府科学技术主管部门责令改正，通报批评，并由其主管部门对直接负责的主管人员和其他直接责任人员给予处分；拒不改正的，大型科学仪器设施管理单位三年内不得申请市级以上自主创新项目和科学技术奖项，且不得利用财政性资金新购、新建大型科学仪器设施。

第六十七条　违反本条例第十四条第二款、第二十九条第二款规定，不依照规定报送相关信息的，由主管部门责令改正；拒不改正的，给予通报批评。

第六十八条　违反本条例第三十七条第二款规定，由地级市以上人民政府科学技术主管部门责令改正，并予以警告，没收违法所得，并处违法所得一倍以上五倍以下的罚款；没有违法所得的，处一万元以上三万元以下的罚款；情节严重的，依法由相关部门吊销营业执照和资格证书；给他人造成经济损失的，依法承担民事责任；构成犯罪的，依法追究刑事责任。

第六十九条　违反本条例第五十条第二款、第五十九条第三款规定，提供虚假的数据、资料、信息或者评审材料的，由主管部门给予通报批评，取消已获得的荣誉称号或者科学技术奖项，追回已资助的财政性资金，并记入科研诚信档案；情节严重的，依法给予处分，五年内该单位或者直接责任人员不得申报自主创新项目或者科学技术奖项。

第七十条　违反本条例第五十八条第一款规定，虚报、冒领、贪污、挪用、截留财政性自主创新资金的，依照国家和省有关规定责令改正，追回有关财政性资金和违法所得，依法给予行政处罚；对直接负责的主管人员和其他直接责任人员依法给予处分；构成犯罪的，依法追究刑事责任。

第七十一条　科学技术等主管部门及其工作人员违反本条例规定，有下列情形之一的，由监察机关或者其主管部门对直接负责的主管人员和其他直接责任人员依法给予处分；构成犯罪的，依法追究刑事责任：

（一）未按照本条例第十条第一款规定组织专家委员会对引进消化吸收再创新方案进行论证的；

（二）未按照本条例第十三条第二款规定，予以批准新购、新建大型科学仪器设施的；

（三）未依法对财政性自主创新资金的管理和使用情况进行监督检查的；

（四）有其他滥用职权、玩忽职守、徇私舞弊行为的。

第七章　附　则

第七十二条　本条例自 2012 年 3 月 1 日起施行。

广东省科学技术厅关于院士工作站建设的管理办法

（2011 年 12 月 7 日发布）

第一章　总　则

第一条　为充分发挥我省与中国科学院和中国工程院合作优势，搭建高层次科技创新平台，加强产学研合作，引进科技创新团队，培养创新型人才，加快建立以企业为主体、市场为导向、产学研相结合的技术创新体系，提升我省产业自主创新能力，特制定本办法。

第二条　本办法所称院士工作站（以下简称“工作站”），是指以省内创新型企业、高新技术企业、有条件的专业镇及高新区等科技园区为依托，以产业发展的技术需求为导向，以省内外院士及其创新团队为技术核心，联合攻克产业关键、共性技术，促进科技成果转化及产业化的一种组织形式和载体。工作站采取政府推动，院士参与，企业管理，市场运作的建站模式。

第二章　主要任务

第三条　工作站的主要任务是：

（一）开展产业及企业发展战略咨询和技术指导。

（二）面向广东产业，联合多方力量，建立技术创新平台，开展重大关键技术和共性技术的研究以及重大创新产品的研发，培育自主知识产权和自主品牌。

（三）积极引进院士及创新团队的科技成果（包括国内外先进适用技术成果），在工作站和企业进行转化，提高企业的自主创新能力。

（四）依靠院士及其创新团队建立博士、硕士培养基地，为我省培养高端创新型研发科技人才。

（五）充分发挥院士整合协调作用，带动组合广东科技队伍，争取更多国家重大项目及培养高层次科研领军人才。

第三章　管理机构及职责

第四条　广东省科学技术厅（以下简称“省科技厅”）作为主管部门，负责工作站的认定、管理和服务，主要职责是：

（一）负责推进与中国科学院、中国工程院的科技合作与交流，邀请组织院士到我省考察指导，促进院士与我省相关企业和单位进行对接，建立合作关系。

（二）负责提出全省工作站建设的总体方案、建设数量、布局等。对工作站进行认定、跟踪管理、绩效评估等。

（三）对认定的工作站给予适当经费支持，主要用于工作站咨询服务、项目调研、人才培养和条件改善等。

（四）在科技政策、科技计划项目、创新平台建设等方面对工作站给予重点扶持。

第五条　各地级以上市科技主管部门配合省科技厅做好相关工作，主要职责是：

（一）按照省科技厅的有关要求，负责组织本地区工作站的申请、建设工作。

（二）及时了解工作站日常运行情况，协调解决建设过程中存在的困难和问题，并提供必要的人、财、物以及政策等保障条件。

第六条　设站单位是工作站的建设与管理主体，主要职责是：

（一）提出本单位工作站设立申请，制定本单位工作站工作目标及运行管理规划，落实人员、场所、研发和运行经费等。

（二）根据需要聘请1位以上院士作为工作站专家，根据国家政策，按照自愿、互利原则与院士商定服务时间、方式、报酬及其他事项。

（三）负责制订本单位工作站的工作规范，每年安排专项科研经费和运行经费预算，落实专职管理人员，做好院士及其创新团队的科研和生活服务工作，并为每位签约院士配备1名以上的科研助手。

（四）工作站要充分发挥签约院士及其创新团队的作用，在对产业发展和技术需求进行充分调研的基础上，提出工作站年度工作计划、技术创新的目标和任务等。

第四章　认定与管理

第七条　申请认定工作站的单位，应当具备以下基本条件：

（一）具备独立法人资格，经营或运行状况良好。

（二）建有专门的研发机构，拥有水平较高、结构合理的研发团队，具备较强研发能力。

（三）与1名以上的院士（含1名）已经建立紧密的合作关系，院士签约同意与其共同开展技术创新活动。

（四）有明确的研究课题和稳定的经费支持，能为院士及其团队提供较好的科研条件和必要的生活条件。

（五）凡涉及技术、知识产权和商业秘密保护问题，双方要签订协议和责任书，明确双方权利和义务，明晰产权归属。

（六）对已经与院士建立科研合作关系，或建有省级以上工程技术研究中心、企业技术中心、重点实验室，或承担国家及省级重大项目的企业，可优先考虑设立。

第八条　工作站由符合条件的单位自愿申请，各地级以上市科技主管部门按属地化管理原则组织初审后报省科技厅，省科技厅组织专家进行评审论证，择优认定、统一授牌。

第九条　工作站应以依托单位和专业技术领域命名，称为“广东省×××（设站单位简称）×××（领域）院士工作站”。

第十条　工作站管理期限一般为3年，实行人员柔性流动和动态管理方式。管理期满委托中介机构对其运行情况进行绩效评估。对评估优秀者，适当给予奖励，用于运行补贴。仍需要继续设立的，由依托单位申请，报省科技厅审核后可重新确认。

第五章　附　则

第十一条　本办法由省科技厅负责解释。

第十二条　本办法自公布之日起30日后施行。2010年11月29日印发的《广东省院士工作站建设办法（试行）》同时废止。

广东省全民科学素质行动计划纲要实施方案（2011—2015 年）

（2011 年 12 月 21 日发布）

根据《国务院关于印发全民科学素质行动计划纲要（2006—2010—2020 年）的通知》（国发〔2006〕7 号，以下简称《科学素质行动纲要》）、《国务院办公厅关于印发〈全民科学素质行动计划纲要实施方案（2011—2015 年）〉的通知》（国办发〔2011〕29 号），为实现全民科学素质工作长远目标，进一步安排“十二五”期间广东省全民科学素质工作的阶段目标、重点任务和保障措施等，现制定本实施方案。

一、背景和意义

自 2006 年国务院颁布实施《科学素质行动纲要》以来，全省各地、各部门坚持以科学发展观为指导，结合实际，推进公民科学素质建设，取得了显著成绩，较好地实现了“十一五”公民科学素质工作目标任务。2010 年我省公民具备基本科学素质的比例达到 3.3%，比 2005 年的 1.6% 提高了 1.7 个百分点。未成年人、农民、城镇劳动者、领导干部和公务员等重点人群科学素质行动措施稳步推进，带动了全民科学素质的整体提高；科学教育和科普活动广泛开展、科普设施不断完善、科普资源逐步丰富、大众传媒科技传播能力显著增强，使公民科学素质建设的公共服务能力得到较大提升；联合协作工作机制的建立，为全民科学素质工作的顺利开展提供了保障。但是，也应清醒地看到，目前，我省公民科学素质水平与发达国家和地区相比仍有较大差距，公民科学素质工作发展还不平衡，不能满足全面建设小康社会的需要和建设创新型广东的要求。主要表现在：面向农民、社区居民、企业职工的科学素质工作亟待强化；科普资源整合力度仍然不够，科普基础设施服务能力有待提升，科普人才队伍建设有待加强；科普事业投入不足，科普产业培育和发展处于起步阶段；科学基础教育需要进一步推进，科普政策环境有待改善，社会参与全民科学素质工作的积极性还没有被充分调动。

“十二五”时期是我省深入实施《珠江三角洲地区改革发展规划纲要（2008—2020 年）》，加快转型升级、建设幸福广东、率先全面建设小康社会的关键时期。进一步加强公民科学素质建设，对增强我省自主创新能力，转变经济发展方式，促进社会和谐发展，具有重要的现实意义。

二、方针和目标

指导方针：

高举中国特色社会主义伟大旗帜，以邓小平理论和“三个代表”重要思想为指导，深入贯彻落实科学发展观，坚持政府推动、全民参与、提升素质、促进和谐的工作方针，坚持大联合、大协作的工作机制，坚持服务民生、面向基层的工作原则，紧紧围绕节约能源资源、保护生态环境、保障安全健康、促进创新创造、建设幸福广东的工作主题，深入实施《科学素质行动纲要》，加强科学技术教育、传播与普及，不断提高公民科学素质，为加快转型升级、建设幸福广东，率先全面建成小康社会奠定坚实基础。

主要目标：

到 2015 年，科学技术教育、传播与普及有显著成效，基本形成公民科学素质建设的组织实施、基础设施、条件保障、监测评估等体系。我省公民具备基本科学素质的比例超过 5%。主要体现为：

——促进科学发展观在全社会的深入贯彻落实。突出节约能源资源、保护生态环境、保障安全健康、促进创新创造、建设幸福广东的工作主题，更加关注保障和改善民生，重点宣传普及低碳生活、节能环保、防灾减灾、创新创造、生态文明、公共安全、身心健康等观念和知识，宣传自主创新战略、人才强省战略、区域协调发展战略、绿色发展战略、和谐共享战略，倡导建设资源节约型、环境友好型社会，推动发展向主要依靠科技进步、劳动者素质提高和管理创新转变。

——以重点人群科学素质行动带动全省公民科学素质整体水平持续提升。未成年人对科学的兴趣明显增强，领导干部和公务员的科学决策水平不断提高，农民、城镇劳动者、社区居民的科学素质显著提升，城乡居民之间、经济发达地区与欠发达地区居民之间科学素质差距逐步缩小。

——公民科学素质建设的公共服务能力大幅提升。科学教育与培训体系逐步完善，大众传媒科技传播能力和科普基础设施的服务能力不断增强，科普资源更加丰富，科普组织与人才队伍发展壮大，公民提高科学素质的机会与途径显著增多。

——公民科学素质建设机制不断创新。资源共享机制逐步完善，资源集成和有效利用得到加强，公益性科普事业与经营性科普产业并举的体制初步建立。动员激励机制不断完善，社会各方面参加公民科学素质建设的积极性明显提高，社会化工作格局基本形成。科普工作与科研、教育、文化等事业紧密结合，联合协作机制不断完善，全民科学素质工作合力不断增强。

三、重点任务

根据指导方针和目标，结合我省实际，“十二五”时期重点开展以下工作：

（一）实施未成年人科学素质行动

任务：

——深入宣传科学发展观，重点宣传节约能源资源、保护生态环境、保障安全健康、促进创新创造、促进绿色发展等内容，使未成年人不断提高科学认知水平，从小树立人与自然和谐相处和可持续发展的意识。

——完善基础教育阶段的科学教育，提高学校科学教育质量，着力提升中小学生的学习能力、实践能力和创新能力，使中小学生掌握基本的科学知识与技能，体验科学探究活动的过程，培养良好的科学态度与兴趣。

——巩固农村义务教育普及的成果，推进教育均衡发展，提高农村中小学科学教育质量，为农村未成年人特别是女童和留守儿童提供更多接受科学教育和参加科普活动的机会，培养他们独立学习与思考的能力。

——开展多种形式的科普活动和社会实践，引导未成年人对科学技术的兴趣和爱好，树立科学意识，培养崇尚科学精神，养成运用科学知识和方法思考、解决问题的习惯。

措施：

——在幼儿园日常教育中融入科学启蒙教育。结合幼儿年龄特点，利用身边的事物与现象，通过游戏、活动和情景式教育等方式激发幼儿的认知兴趣和探究欲望，养成良好的行为习惯。

——推进义务教育阶段的科学教育。总结完善义务教育阶段素质教育改革经验，构建符合素质教育要求的课程体系和评价、考试制度，培育学生的创新意识和能力。实施科学课程标准，提高科学课程和数学、物理、化学、生物等课程的教学质量和效果，帮助学生掌握基本的科学知识与技能。加强数字技能学习教育，培养学生运用互联网学习和获取信息的能力。进一步开展“广东省青少年科学教育特色学校”创建活动，推广“科学教育特色项目”和“做中学”活动的经验和成果，创新科学教育方法，鼓励学生通过参与、体验、实践和动手制作等方式提高科学素质。

——推进高中阶段的科学教育。鼓励普通高中开设科学教育选修课，拓宽学生的知识面。鼓励开设通用技术课程，支持开展研究性学习、社区服务和社会实践活动，提高学生的探究能力。大力发展中等职业教育，加强基础能力建设，推进教育教学改革，着力培养学生的职业道德、职业技能和就业创业能力。逐步完善中等职业教育国家资助政策体系，逐步实施农村新成长劳动力免费劳动预备制培训。

——丰富校外和课外科学教育活动。鼓励科技和教育工作者开展与青少年面对面的科技交流活动。发挥科技场馆等科普教育基地的作用，开展“大手拉小手”科技传播行动、科技专家进校园、走进社区等活动。创造环境和条件让学生进实验室、动手做科研、参加科学调查体验。办好全省青少年科技创新大赛、青少年机器人竞赛等活动，提高各类科技竞赛的质量。积极鼓励地方和民间公益组织开展普及性科技活动，扩大参与面和影响力。面向乡村学生、农民工子女组织开展学业辅导、亲情陪伴、感受城市、自护教育等各类志愿服务，帮助他们提高科学素质、丰富生活阅历、增长见识。

——营造崇尚科学的校园文化氛围。在创建平安校园、文明校园、绿色校园、和谐校园活动中，普及保护生态环境、节约能源资源、心理生理健康、安全避险自救等知识，加强珍爱生命、远离毒品和崇尚科学文明、反对愚昧迷信的宣传教育。组织防灾避险应急演练，开展学校科技节、科技周等活动，鼓励学生进行小制作、小发明、小创造，设立科普教育长廊、板报，营造师生自由讨论的文化氛围。

——建立完善校外科技活动与学校科学课程的衔接机制。总结推广青少年学生校外活动场所科普教育共建共享试点工作经验。开展科技馆活动进校园、科普大篷车进校园和科普资源服务进校园等工作，鼓励中小学校利用科技馆、青少年宫、儿童活动中心、科普教育基地、青少年科技教育基地等资源，开展科学教育和科普活动。

——发挥家庭教育在提高未成年人科学素质中的作用。鼓励中小学校利用家长会、家校联系会议等形式，对未成年人父母或其他监护人的育儿观念、方法给予指导，提高其科学育儿水平。鼓励父母或其他监护人为未成年人进行科学实践活动提供条件，引导其广泛接触自然、社会，培养亲近自然的情感。

分工：

牵头部门：省教育厅、团省委。

责任部门：省委宣传部、省科技厅、省人力资源社会保障厅、省环境保护厅、省卫生厅、省广电局、省安全监管局、省科学院、省社科院、省气象局、省地震局、省妇联、省科协。

（二）实施农民科学素质行动

任务：

——面向农民宣传科学发展观，重点开展保护生态环境、节约资源、保护耕地、发展循环农业、建设生态家园、清洁卫生、身心健康等内容的宣传教育，推动广大农村形成讲科学、爱科学、学科学、用科学的良好风尚，促进社会主义新农村建设。

——提高农民运用先进技术发展生产、增产增收致富的能力，引导农民发挥主动性和创造性，将普及科学技术与提高农民科学素质结合起来，着力培养有文化、懂技术、会经营的新型农民和农村实用人才。

——提高农村富余劳动力向非农产业和城镇转移就业以及适应现代科学文明生活的能力，提高欠发达地区、少数民族地区农民的科学文化素质。

措施：

——建立农村科学教育培训体系。落实《农民科学素质教育大纲》，充分发挥党员干部现代远程教育网络、农业广播电视学校、农村致富技术函授大学、农村成人文化教育机构、农业科教与网络联盟、普通高校、乡镇综合文化站、村文化活动室等在农村科技培训中的作用，面向农民大力开展科学教育活动。

——继续开展形式多样的农民科技培训。结合农村党员干部科技素质培训、农民创业培训、绿色证书培训、星火科技培训、双学双比、技能竞赛、巾帼科技致富工程、百万新型女农民教育培训、万名中专农技员培养计划等活动，开展针对性强、务实有效、通俗易懂的农业科技培训，提高农民的创业、创新和创造能力。

——继续实施农业从业人员培训。面向农业产前、产中、产后服务人员和农村社会管理人员，开展技能培训，提高农民职业技能水平。继续实施农村基本技能培训工程和高技能人才培养工程。根据就业市场需求和企业岗位实际要求，对农村转移就业劳动者开展订单式培训或定岗培训，使其掌握初级以上职业技能或达到上岗要求。鼓励农村未继续升学的应届初高中毕业生等新生劳动力参加1～2个学期的劳动预备制培训，提升技能水平和就业能力。组织有技术、资金和创业意愿的农民开展创业培训，加强项目开发、开业指导、小额贷款、后续扶持等“一条龙”服务，帮助其自谋职业和自主创业。支持鼓励各级各类学校参与培养有文化、懂技术、会经营的新型农民，开展进城务工人员、农村劳动力转移培训。

——广泛开展各种形式的群众性、社会性、经常性农村科普活动。深入开展文化科技卫生“三下乡”、科技进步活动月、全国科技活动周和全国科普日等活动，总结推广科技特派员、科技入户、科普惠农服务站、科技专家和致富能手下乡、科教兴村、青年科技专家服务团、农家书屋等行之有效的做法或载体，探索“常下乡、常在乡”的长效机制。继续实施生态富民行动、农村卫生清洁行动、千乡万村环保科普行动，结合农村环境综合整治，开展节约资源和综合利用农业废弃物等宣传，开展反对封建迷信等科普活动。

——加强农村科普示范体系建设。继续实施广东省科普惠农兴村计划、基层农技推广体系改革与建设示范项目、农村清洁工程、农村民居防震保安工程等惠农工程。加强农村基层科普队伍和科普能力建设，充分发挥农村专业技术协会、农村科普示范基地和科普带头人等示范带动作用，探索建立科普服务“三农”的长效机制。深入开展广东省科普示范县（市、区）、乡（镇）、村、户等创建活动，积极推动全国科技进步示范市（县）和全国科普示范县（市、区）创建工作，推广农民科学素质行动的先进经验。

——健全农村科普公共服务体系。完善农村科技教育、传播与普及服务组织网络。依托农业技术推广机构、农民专业合作组织、乡镇企业等发展农村基层科普组织。加强广东农业信息网建设。对农村党员、基层干部、骨干农民、科技示范户、农民合作组织负责人以及农村各类实用人才开展科普工作培训，重点加强对各类农村实用技术培训机构教师的继续教育和培训。发挥乡镇科协、村科普小组、农村专业技术协会和各类农村实用技术培训机构在农技服务中的作用，发挥科技特派员、大学生村官、科技人才下乡在农村科普宣传、科技咨询中的作用，形成动员科技人员为“三农”服务的有效机制。

——加强对少数民族群众和民族地区的科普工作。贯彻落实国家民委等部门《关于进一步加强少数民族和民族地区科技工作的若干意见》，提高少数民族群众和民族地区群众的科学素质。加强民族地区的科普基础设施建设，充分利用广播电视网站开展面向少数民族群众的科普教育、传播与普及。结合少数民族传统节日，组织开展内容丰富的科普宣传活动。

分工：

牵头部门：省农业厅、省科协。

责任部门：省委组织部、省委宣传部、省教育厅、省科技厅、省人力资源社会保障厅、省环境保护厅、省卫生厅、省广电局、省安全监管局、省气象局、省地震局、省总工会、团省委、省妇联。

（三）实施城镇劳动者科学素质行动

任务：

——适应广东加快城镇化进程，探索绿色、智慧、包容、人本的城镇化发展道路的要求，宣传科学发展观，重点普及节约资源、保护环境、节能减排、低碳绿色、安全生产、健康生活等知识，促进经济发展方式的转变和科学文明健康生活方式的形成。

——围绕走新型工业化道路和发展现代服务业的需求，以提升学习能力、职业技能和技术创新能力为重点，提高第二、第三产业从业人员的科学素质，更好地适应经济社会和自身发展的要求。

——围绕城镇化发展的要求，提高进城务工人员、农村城镇化人员的职业技能水平和适应城市生活的能力。

——提高失业人员的就业能力、创业能力和适应职业变化的能力。

措施：

——加强对城镇劳动者科技教育培训的宏观管理。将科学素质内容纳入各级各类职业教育和成人教育课程和培训教材，将有关科学素质的要求纳入省职业标准，作为各类职业培训、考核和鉴定的内容。促进用人单位重视和加强全民科学素质工作，建立健全从业人员带薪学习制度，鼓励职工在职学习。

——大力开展各种形式的职业培训。健全以就业技能培训、岗位技能提升培训和创业培训为主要内容的职业培训制度。开展创业培训、创业指导和创业小额贷款工作，提高劳动者创业能力。根据企业用工需求和劳动者的就业需求，组织订单式、定向式培训，提高劳动者职业技能水平。实施青工技能振兴计划，开展青年岗位能手活动、青年就业创业行动，推进进城务工青年订单式技能培训，组织青年技能训练营，鼓励青年积极参加职业技能竞赛和工业设计大赛，深入实施全省妇女巾帼建功活动，广泛开展妇女岗位培训和创业技能培训，激励妇女在工作岗位建功成才。

——加强专业技术人员继续教育工作。实施新的专业技术人才知识更新工程，举办专业技术人员高级研修班，建立省级专业技术人员继续教育基地，开展少数民族专业技术人才特殊培养工作，推进专业技术人员继续教育法制建设，促进专业技术人员能力水平和科学素质的全面提升。充分发挥科技社团在专业技术人员继续教育中的重要作用，帮助专业技术人员开展技术攻关、解决技术难题，参加跨行业、跨学科的学术研讨和技术交流活动。

——开展日常性职工科普教育活动。继续深入推进“创建学习型组织、争做知识型职工”“讲理想、比贡献”“院士专家企业工作站”创建等活动，着力打造一批学习型、创新型、技能型团队。充分发挥企业科协、职工技协、研发中心等组织和机构的作用，举办面向职工的专题讲座，组织职工技能竞赛、工业设计大赛和同业技术交流，广泛开展小革新、小发明、小创造等群众性技术革新活动，组织专家团队深入乡镇企业和国有大型企业开展技术咨询服务等活动。在企业内部刊物、广播、闭路电视、局域网络上开办科普专栏，设立科普橱窗、职工书屋等，充分利用有关实验室、产品陈列室等建立科普宣传阵地。加大面向科技工作者的健康知识科普宣传，组织开展健康讲座、心理培训等宣传教育活动。关注进城务工青年的情感需求和心理问题，着力加强对务工青年的人文关怀。

分工：

牵头部门：省人力资源社会保障厅、省总工会、省安全监管局。

责任部门：省委宣传部、省教育厅、省科技厅、省卫生厅、省广电局、省科学院、省气象局、省地震局、省经济和信息化委、团省委、省妇联、省科协。

（四）实施领导干部和公务员科学素质行动

任务：

——深入贯彻落实科学发展观，将提高科学素质贯穿于领导干部和公务员的选拔录用、教育培训、综合评价全过程，弘扬科学精神，提倡科学态度，讲究科学方法，增强领导干部贯彻落实科学发展观的自觉性和科学执政的能力。

——加强领导干部和公务员的科学教育与培训工作，增强领导干部和公务员终身学习和科学管理的能力，使领导干部和公务员的科学素质在各类职业人群中位居前列。

措施：

——加强规划，把提高科学素质作为领导干部和公务员教育培训的长期任务。按照全省干部教育培训工作部署，落实各级、各类干部培训规划，将弘扬科学精神、提倡科学态度、讲究科学方法作为领导干部和公务员培训的重要内容。重点培训县乡（镇）党政领导、地方和部门各级科技行政管理干部、科研机构负责人和国有企业、高新技术企业技术负责人等科技管理人员。

——以创建学习型党组织为载体，加强领导干部和公务员科学素质学习。在党委（党组）中心组理论学习中，将科学发展观、建设创新型广东等战略思想以及广东科技发展规划作为重要内容。在组织培训、自主选学和在职自学中，强化科学知识、科学方法、科学思想、科学精神的学习。组织开展在粤工作院士、青年科学家调研考察活动，开展关于贯彻落实科学发展观、建设学习型党组织内容的宣传教育。

——在领导干部和公务员选拔录用、综合评价中体现科学素质的要求。建立体现科学发展观要求的干部综合考核评价体系。在党政领导干部、国有企业负责人选拔任用考试大纲和题库中，强化与科学素质要求有关的具体内容。在公务员录用考试中，强化科学素质有关内容。

——依托各类干部培训院校，加强领导干部和公务员科学素质的培训。将科学素质教育纳入各级各类干部教育培训机构的教学计划中。在全省干部培训教材建设中，加强科学普及内容的编写和使用。大力宣传领导干部和公务员注重科学素养、弘扬科学精神、提倡科学态度、讲究科学方法的典型，为领导干部和公务员提高科学素质营造良好氛围。

——开展各类科普活动，向领导干部和公务员普及现代科技知识。继续办好广东院士讲坛、健康大讲坛、岭南大讲坛、科普报告会和专题科普讲座等各类科技知识讲座和报告。有计划地组织领导干部和公务员到科研场所实地参观学习。针对领导干部和公务员编辑出版科普读物。

分工：

牵头部门：省委组织部、省人力资源社会保障厅。

责任部门：省委宣传部、省科技厅、省环境保护厅、省卫生厅、省科学院、省社科院、省气象局、省地震局、省经济和信息化委、团省委、省妇联、省科协。

（五）实施社区居民科学素质行动

任务：

——宣传科学发展观，普及节约资源、保护环境、节能减排、健康生活等知识，促进社区居民形成科学文明健康的生活方式。

——提升社区居民应用科学知识解决实际问题、改善生活质量、应对突发事件的能力，激发社区居民提高科学素质的主动性和积极性。

——围绕建设文明和谐的学习型社区，提升社区科普服务能力，完善社区公共服务体系。

措施：

——开展形式多样的社区科普宣传和教育活动。围绕安全健康、节能环保、低碳绿色、防灾减灾等内容，开展科教进社区、卫生科技进社区、全民健康科技行动、社区科普大讲堂、节能减排家庭行动、心理健康咨询等活动。发挥社区教育在提高劳动者科学素质、服务民生和促进社会和谐方面的作用。面向老年人、妇女、少年儿童开展科学、安全、健康生活等宣传和教育活动。引导未成年人正确使用网络资源，获得有益知识，拒绝不良信息。面向农民工开展提升自身素质、适应城市生活的宣传和教育活动。

——提升社区科普能力。深入实施社区创建100 个省级科普示范社区、开发 1 000 种适合社区居民学习的科普读物、创建 1 000 个科普志愿者社区服务站、建设10 000个社区科普图书室、建设10 000座社区科普画廊，即“五个一”创建活动，组织实施社区科普益民计划，提升科普惠民水平。继续推进“广东省科普示范社区”创建活动，充分依托社区公共服务场所和设施，建立完善社区科普活动室、科普图书室、科普漂流书屋、科普画廊、科普志愿者服务站、社区科普讲坛、社区科普学校等基础设施和科普活动平台，发挥其科普功能。结合社区信息化建设，发挥互联网、移动通信、移动电视等新型传媒的科普宣传功能。健全街道科协、社区科协、科普协会和社区科普小组等组织。建立社区科普宣传员和科普志愿者队伍。开展科普示范街道、社区、楼宇、家庭等创建活动。

——搭建社会化社区科普工作平台。整合社区及周边科普资源，建立共建共享机制，鼓励学校、科研院所、企业、科技社团、科普场馆、科普教育基地和部队积极参与社区科普活动。

分工：

牵头部门：省科协、省妇联。

责任部门：省委宣传部、省教育厅、省科技厅、省环境保护厅、省卫生厅、省广电局、省安全监管局、省科学院、省社科院、省气象局、省地震局。

（六）实施科学教育与培训基础工程

任务：

——加强教师的科学素质建设，提高教师队伍整体科学素质和水平。

——加强教材建设，改进教学方法，适应不同对象需求，满足科学教育与培训要求。

——加强教学基础设施建设，充分利用现有的教育培训场所、基地，根据实际需要建设新的科学教育基础设施，配备必要的教学仪器和设备，为开展科学教育与培训提供基础条件支持。

措施：

——大力提高教师的科学素质。鼓励高等师范院校和有关高校增设科学教育相关专业，着力打造专业的科学教育师资队伍。在职教师培训课程中增加科学教育内容，推进中小学教师科学素质与课程实施能力建设，广泛开展中小学科学教师之间的业务交流，提高实施科学教育的能力和水平。以县及县以下幼儿园、中小学科学教育教师培训为重点，加强科学教育骨干教师培训。逐步完善科学教育教师职称评价标准和办法。

——建立健全科技与教育结合、共同推动科学教育的有效模式。推动高等院校、科研院所的科技专家参与中小学科学课程教材建设、教学方法改革和科学教师培训工作建设。继续实施科教合作共建中小学教师专业发展支持系统项目。推动有条件的中学科学教师到高等院校、科研机构和重点实验室参与科研实践。

——提高科学教育与培训的教材质量。按照基础教育课程标准，进一步提高科学课程教材的质量和水平，增强教学内容的趣味性、直观性和吸引力。将科普工作与素质教育紧密结合，注重培养学生创新创造能力，将科普内容纳入各级各类教育培训教材和教学计划。根据农民、城镇劳动者、社区居民、领导干部和公务员的特点和需求，加强各类人群科学教育培训的教材建设。

——改进科学教育与培训的教学方法。加强中小学科学教育研究，改进教学方法，广泛应用现代教育技术与先进教学理念，增强教育教学效果。针对不同人群开展科学教育培训，改革与探索成人教育教学方式，提高培训效果。

——加强科学教育与培训的基础条件建设。继续开展千校扶千校行动计划、教育资源下乡行动计划等活动。逐步实现义务教育学校特别是边远农村地区中小学校科学仪器、教具、图书等基本达标，面向社会提供服务。继续推进中小学校科学教育网络资源建设，支持和鼓励现有科学教育网站扩大科学教育资源。加强农村中小学校现代远程教育的科学教育资源建设。充分利用报纸、广播、电视等媒体，动员高等院校、科研院所、科技馆、职业学校、成人教育机构、社区学校等公共机构对公众进行分类教育和培训。

分工：

牵头部门：省教育厅、省人力资源社会保障厅。

责任部门：省委宣传部、省发展改革委、省科技厅、省农业厅、省科学院、省社科院、省气象局、省地震局、省总工会、团省委、省妇联、省科协。

（七）实施科普资源开发与共享工程

任务：

——繁荣科普创作。围绕宣传落实科学发展观，紧扣时代发展脉搏，适应全省社会公众的需要，注重科学与艺术、自然科学与人文社会科学的结合，创作开发一批优秀的科普作品。

——集成省内、外科普资源及信息，建立共享交流平台，为社会和公众提供基本科普资源支持和公共科普服务。

——促进科普资源开发、集散和服务的社会化，发挥市场机制引导作用，积极推动科普产业发展。

措施：

——促进原创性科普作品的创作。继续开展“广东省优秀科普作品”评选活动，加大对优秀原创科普作品的扶持、奖励力度，鼓励社会各界参与科普作品创作。重点编制《广东省公民科学素质读本》，推出一批群众喜闻乐见的优秀挂图、图书、展览、影视作品、文艺节目等科普资源，加大宣传力度，提高公众的认知度。推动省有关部门和单位制作的优秀科普电影、电视节目在基层播放。加强境内外合作与交流，引进境外优秀科普产品，带动我省科普创作整体水平的提高。激发科技、教育、传媒工作者的科普创作热情，把科普作品创作纳入业绩考核范围。

——推进科技成果转化为科普资源。促进各类科研项目成果的传播和普及工作，提高公众对重大工程项目、科技计划项目和科技重大专项产生的创新成果的关注度和知晓率。积极探索将学术交流与科普活动紧密结合的新途径，充分发挥科技社团联系科技工作者及科普创作团队的作用，选择适宜向公众传播的科技成果，探索将科技成果转化为科普资源的机制。鼓励和支持科研项目承担单位和负责人将科研成果向社会公众传播。

——加强科普活动资源的开发、集成与共享工作。开展主题科普展览巡回展出活动，推动展览和展品在各类科普场馆、设施、服务机构之间交流。推动科普资源包开发，集成各种科普展览、教育和活动资源，供广大青少年宫、活动中心、图书馆、文化馆、科普活动站等场所和学校、农村、城镇社区等基层单位共享使用，为其开展科普工作提供公共指导和服务。促进科普展教活动与学校科学课程教学、综合实践和研究性学习相衔接。加强发达地区对欠发达地区展教资源的支援力度。建立应急科普资源开发与服务机制。

——制定科普资源开发共享的相关标准和规范。加强科普资源开发和共享的指导和规划，不断优化科普资源的内容和结构，探索科普产品的新形式，开发适用于电信网、互联网、广播电视网“三网融合”需要的新型科普资源。

——建立全省科普资源及信息的共享交流平台。以岭南科普网等科普网站为平台，建立动员激励机制，通过分散存储、集中服务等形式，推动全社会优质科普资源集成共享。

——推动科普产业发展。以公众科普需求为导向，发挥市场的引导、优化和调节作用，推动科普产品的研发、生产、集散和服务。加强知识产权保护，研究制定我省科普产品技术规范和设计制作机构资质认定办法等，促进科普产业的良性发展。举办科普产品交流活动，及时发布科普场馆建设和科普活动信息，为企业及其他社会机构搭建交流和服务平台。推动科普出版、科普旅游馆（园）、科普展览展品开发制作、科普玩具、科普教育与科普游戏软件、营利性科普网络等科普产业发展，逐步建立公益性科普事业与经营性科普产业并举的体制。

分工：

牵头部门：省科协、省科技厅。

责任部门：省委宣传部、省教育厅、省环境保护厅、省农业厅、省林业厅、省卫生厅、省广电局、省安全监管局、省科学院、省社科院、省气象局、省地震局、省总工会、团省委。

（八）实施大众传媒科技传播能力建设工程

任务：

——加大报刊、广播、电视等传统媒体的科技传播力度。

——发挥互联网等新兴媒体在科技传播中的积极作用。

——提高大众传媒的科技传播质量。

措施：

——制定鼓励大众传媒开展科技传播的政策措施。推动电视台、广播电台制作更多喜闻乐见的科技节目并增加播出时间，出版单位增加各类科普出版物的品种和发行量，综合性报纸增加科技专栏的数目和版面，科普网站和门户网站建设科技专栏。省级主要新闻媒体确定专人负责科技宣传工作，设立科技宣传专门机构。完善考核评价机制，扶持科技宣传报道做大做强。推动各类大众传媒机构参与科普产品的开发和制作。大力扶持科普出版物等科普产品在农村和欠发达地区的发行和使用工作。继续开展“广东科技好新闻”评选活动。统筹协调科技宣传工作，组织指导省级和地方媒体开展科技宣传，做好科技领域热点敏感问题、突发事件的舆论引导。

——提升大众传媒从业者的科学素质与科技传播能力。各媒体配备一定数量的科技记者，专门负责科技宣传报道。吸收自然科学类专业毕业生充实科技宣传报道队伍。加强科技宣传报道人员业务培训，定期组织科技宣传报道编辑记者集中学习培训。组建科技宣传专家库。推动科技社团与媒体交流互动，定期举办科学家与媒体交流活动，提高媒体从业者客观准确报道最新科技创新成果、具有科技背景的社会热点话题以及自然灾害、突发公共卫生事件的能力。

——打造科技传播媒体品牌。推动形成一批有一定规模和影响力的科普出版机构。省级主要新闻媒体开辟科技宣传专栏或专题节目，定期进行科技宣传报道。各地各类新闻媒体要开设专题、专栏或专版，加大科技宣传报道力度。

——发挥互联网、移动通信、移动电视等新兴媒体在科技传播中的积极作用。研究开发网络科普的新技术和新形式。省级重点新闻网站开设科技宣传专栏。培育、扶持若干有较强吸引力的品牌科普网站和虚拟博物馆、科技馆。开辟具有实时、动态、交互等特点的网络科普新途径，开发一批内容健康、形式活泼的科普教育、游戏软件。

分工：

牵头部门：省委宣传部。

责任部门：省教育厅、省科技厅、省农业厅、省广电局、省科学院、省社科院、省气象局、省地震局、省总工会、团省委、省妇联、省科协。

（九）实施科普基础设施工程

任务：

——大幅度增强科普基础设施的整体服务能力，增加公众提高科学素质的机会与途径。

——优化科普资源配置，增加科普基础设施总量，形成较为科学、合理布局的全省科普资源配置格局。

——完善科普基础设施建设与发展的保障体系。

措施：

——加强对科普基础设施发展的宏观指导。落实国家发展改革委等部门《科普基础设施发展规划（2008—2010—2015 年）》。研究制定地方性科普基础设施建设标准、认定办法、管理条例及监测评估体系，定期开展监测评估，发布省级科普基础设施发展报告。将科普基础设施建设纳入国民经济和社会发展总体规划及各地基本建设计划，加大对公益性科普基础设施建设和运行经费的公共投入。

——积极发展科技馆事业。按照国家《科学技术馆建设标准》，对不具备展教功能或不能充分发挥科普作用的科技馆进行必要的更新改造。积极推动有条件的市和县（市、区）建设主题、专题及其他具有地方特色的科技馆。加强展览和教育活动的设计策划，增强科技馆的教育功能，提高各级各类科技馆的重复参观率。加强对科技馆运行的规范管理，开展科技馆评级和绩效评价。充分发挥广东科学中心的科普功能作用，大力开展具有前沿性和影响力的科普示范活动，不断探索和完善以大型社会化科普设施为核心支撑的现代公益性科普体系建设。

——建设各类专业科技博物馆。鼓励和推动有条件的研究机构、大学、企业和具有重要资源的城市，因地制宜建设和发展一批专业或产业科技博物馆。充分利用省重大工程项目或企业闲置淘汰的生产设施，建设富有特色的科技博物馆。

——大力推进科普基地建设。积极鼓励有条件的单位创建各类科普教育基地。到 2015 年，使我省创建国家级科普教育基地总数达到 50 个左右，省级科普教育基地、青少年科技教育基地总数达到 300 个左右，地市级科普教育基地、青少年科技教育基地总数达到 1 000 个左右。建立省级科普教育基地联盟，推动科普基地加强交流合作。建设不同功能的行业科普基地，不断完善运行机制。进一步推动科研机构和大学开展科普活动。鼓励有条件的企业面向公众开放研发机构、生产设施（流程）或展览馆，建设专门科普场所。推动青少年宫、妇女儿童活动中心、妇女培训基地、文化宫等增加科普教育功能。引导海洋馆、野生动物园、主题公园、自然保护区、森林公园、地质公园、动植物园等强化科普教育功能。

——发展基层科普设施。依托现有社会设施，推动在全省所有的县（市、区）建设具备科普教育、培训和展示等功能的县级综合性科普活动场所。在充分利用和整合现有资源的基础上，到 2015 年，在全省 80% 以上的街道（乡镇）、社区（行政村）建有科普活动站（室）、科普漂流图书室，80% 以上的社区（行政村）建有科普画廊（宣传栏），宣传内容每年更新 10 次以上。加大科普大篷车服务范围，更新展品展项，增强为基层群众服务能力。鼓励有条件的农村职业学校、成人教育机构、中小学、青少年宫利用现有场所建立青少年科学工作室。

分工：

牵头部门：省科协、省发展改革委、省科技厅、省财政厅。

责任部门：省教育厅、省人力资源社会保障厅、省环境保护厅、省农业厅、省林业厅、省卫生厅、省科学院、省气象局、省地震局、省总工会、团省委、省妇联。

（十）实施科普人才建设工程

任务：

——提升科普人才队伍的整体素质，培养和造就一支规模适度、结构合理、素质优良的科普人才队伍。

——优化科普人才队伍结构。稳定专职科普人才队伍，逐步建立一支专业化科普管理人才队伍。不断壮大兼职科普人才队伍，积极发展科普志愿者队伍。大力培养面向基层的科普人才。

——培育一批高水平的科普创作与设计、科普研究与开发、科普活动策划与组织、科普传媒、科普产业经营与管理等方面的人才。

措施：

——加强农村实用科普人才培养。依托农村党员、基层干部、基层科普组织人员、农村专业技术协会业务骨干、农村科技带头人、回乡知识青年和基层科技、教育工作者以及离退休人员，积极发展科普员队伍，向群众传递科技信息，组织群众参与科技教育、传播与普及活动。利用农业技术推广机构、农村合作经济组织、农村专业技术协会、农村致富技术函授大学等，采取培训、示范和实践相结合的方式，培养农村实用科普人才，提高科普服务能力。发挥农村科普示范户、农村科普带头人的示范作用。加强少数民族地区科普人才建设。

——建立社区科普人才队伍。结合科教进社区、卫生科技进社区、全民健康科技行动、社区科普大讲堂等活动以及社区科普益民计划，建立社区科普志愿者队伍。依托大学、科研机构、科普组织、科普场馆、科技团体、社区科普大学等，建设社区科普人才培训基地。鼓励学校、科研机构、企业、科技社团、科普场馆、科普教育基地等企业事业单位和部队的专业人才积极参与社区科普活动，建立社区科普人才队伍交流协作机制。

——发展企业科普人才队伍。充分发挥企业科协、企业团委、职工技协、研发中心等组织和机构的作用，开展专业技术人员的继续教育和职业技能培训等，培养和造就企业实用科普人才。

——积极发展青少年科技辅导员队伍。结合中小学科学课程和课外科普活动，重点在中小学校、科普场馆、青少年科技活动中心、青少年宫等建立专职青少年科技辅导员队伍。依托科技专家、大学生志愿者、老科技工作者等建立兼职青少年科技辅导员队伍。加强对青少年科技辅导员的培训，提高其开展科学技术教育、组织策划科普活动的能力。

——大力发展科普志愿者队伍。推动建立地方科普志愿者协会、科普志愿者服务站等组织，为科普志愿者施展才能提供服务平台。充分发挥广东省科普志愿者协会、广东科普讲师团等专业团体的作用，规范科普志愿服务行为。鼓励老科技工作者、高校师生、中学生、在职科研人员、传媒从业者参加科普志愿者队伍。在大型主题科普活动和科普场馆、科普教育基地的展教活动中，充分发挥科普志愿者的作用，为其提供参与科普实践的机会。

——加强科普人才培养。鼓励高等院校办好科技传播和相关专业，跨学科培养一批创新型科普人才。加大科普创作支持力度，充分利用文化创意产业基地，培养一批高端科普创作与设计人才、团队与组织。鼓励和支持科学家、技术专家积极投入科普创作、科普产品的研发与设计，提高科技工作者自身的科学素质和科学道德水平。依托有条件的科技社团、科研机构、高等院校、科普场馆、传媒机构，扶持建设科普创作与设计培训和实践基地。发挥科普场馆、科普教育基地、科技媒体、科技社团的作用，在实践中培养一批科普活动策划与组织人才。结合打造科技传播媒体品牌，培养一批策划、设计、制作、传播能力强的科普传媒人才。鼓励和支持高等院校、科研院所的科普研究团队开展科普理论研究和交流。

分工：

牵头部门：省科技厅、省科协、省人力资源社会保障厅。

责任部门：省委组织部、省委宣传部、省教育厅、省环境保护厅、省农业厅、省林业厅、省卫生厅、省广电局、省安全监管局、省科学院、省社科院、省气象局、省地震局、省民族宗教委、省总工会、团省委、省妇联。

（十一）完善公民科学素质建设长效机制

任务：

建立健全广泛动员社会各界参加全民科学素质工作的机制。

措施：

——完善人才培养和动员机制。落实广东省中长期科技、教育、人才发展规划纲要和国家科普人才工作规划，建设好专职和兼职科普工作队伍。通过学校培养、在职培训、省外进修、国际交流、实践锻炼等，培养适应我省科技馆、科普传媒等事业发展需要的专门人才，执行国家专职科普工作者的评价标准。完善科普人才评价政策，提高科普人员和科普成果在科技考核指标中所占比重。研究制定激励措施，充分调动社会各界参与科普创作，传播科学知识和科技成果。

——建立科研与科普密切结合机制。研究制定在省科技计划项目中相应增加科普任务的措施与办法。将科普工作作为省重大科技创新任务的有机组成部分，在不涉及保密的情况下，使公众能够及时了解最新科技发现和创新成果。推动省重大工程项目、科技计划项目和科技重大专项在立项时增加相应科普任务，验收时对科普效果进行评价。推动承担省科技项目的科研团队、企业、高校和广大科技专家在科研与科普工作的结合上发挥示范和带头作用，为广大科技工作者做出表率。

——强化科普投入和产业发展保障机制。逐步加大对科技场馆等公益性科普设施的投入，保障基本建设、维护良性运转。落实完善捐赠公益性事业税收政策，广泛吸纳民间资金投入科学素质建设。推动各类科普平台的整合共享，提高科普资源使用效益。落实和完善有利于科普产业发展的财政、税收、金融等政策措施，推动科普产业健康发展。

——建立监测评估体系和考核激励机制。按照国家制定的《中国公民科学素质基准》，建立我省《科学素质行动纲要》实施的监测指标体系，定期开展广东公民科学素养调查和全省科普统计工作，为公民提高自身科学素质提供衡量尺度和指导，为我省《科学素质行动纲要》的实施和监测评估提供依据。探索将全民科学素质工作纳入业绩考核，充分调动工作积极性。对在公民科学素质建设中做出突出贡献的集体和个人给予奖励和表彰，大力宣传先进人物和典型经验。

分工：

牵头部门：省科技厅、省财政厅、省委宣传部、省科协。

责任部门：省委组织部、省发展改革委、省教育厅、省人力资源社会保障厅、省环境保护厅、省农业厅、省林业厅、省卫生厅、省广电局、省安全监管局、省科学院、省社科院、省气象局、省地震局、省总工会、团省委、省妇联。

四、组织实施

（一）组织领导

——省政府负责领导《科学素质行动纲要》的实施工作。各有关部门按照本方案的工作分工，将有关任务纳入本部门工作规划和计划，认真履行职责，发挥各自优势，密切配合，形成合力。省科协要充分发挥省全民科学素质纲要实施工作办公室的综合协调作用，会同有关部门共同推进公民科学素质建设。

——地方各级政府负责领导当地的《科学素质行动纲要》实施工作。要把公民科学素质建设作为推动地区经济社会发展的一项重要工作，纳入本地区经济社会发展总体规划，把实施《科学素质行动纲要》的重点任务列入年度工作计划，纳入目标管理考核，支持本级纲要实施工作办公室发挥作用、开展工作。要因地制宜，制定本地区“十二五”全民科学素质工作的实施方案。要继续完善公民科学素质建设的工作机制和制度，制定具体政策措施，加大投入，为实施《科学素质行动纲要》提供保障。

——加强《科学素质行动纲要》实施的督促检查，推动工作任务的落实。加强对全民科学素质工作的研究，宣传推广先进经验。

（二）保障条件

——政策法规。省和地方政府在国民经济和社会发展规划、相关专项规划以及有关科学技术教育、传播与普及的法律法规中，体现公民科学素质建设的目标和要求。研究制定促进我省公民科学素质建设的政策和地方法规，落实有关鼓励科普事业发展的科普税收优惠等相关政策，为提高全民科学素质提供政策保障。

——经费支持。省财政每年安排专项经费用于公民科学素质工作。地方各级政府根据财力情况和公民科学素质建设发展的实际需要，安排一定的经费用于公民科学素质建设，逐步提高教育、科普经费的投入水平，将科普经费列入同级财政预算，保障《科学素质行动纲要》的顺利实施。各有关部门根据承担的《科学素质行动纲要》实施任务，按照省预算管理的规定和现行资金渠道，统筹考虑和落实所需经费。落实完善捐赠公益性科普事业税收政策，广泛吸纳省内外机构、个人的资金支持公民科学素质建设。

（三）进度安排

——启动实施。2011 年，推动和指导各地制定“十二五”全民科学素质工作实施方案。各有关部门组织制定本实施方案中 11 项重点任务的具体实施方案。做好“十一五”的工作总结，全面启动“十二五”《科学素质行动纲要》的实施工作。

——深入实施。2012—2014 年，继续完善工作机制，加强监测评估，针对薄弱环节，解决突出问题，全面推进各项重点任务的实施。

——总结评估。2015 年，组织开展督查，对“十二五”期间全民科学素质工作进行总结和评估，继续推进组织实施工作。

专题调研报告

广东省战略性新兴产业技术演进趋势战略研究报告（节选）

（2011 年 10 月）

战略性新兴产业是以重大技术突破和重大发展需求为基础，对经济社会全局和长远发展具有重大引领带动作用，知识技术密集、物质资源消耗少、成长潜力大、综合效益好的产业。同时，战略性新兴产业还具有明显的战略性、前瞻性、风险性，需要在市场配置资源的基础上，加强宏观引导，加强扶持和培育，以关键技术的攻关为着力点，迅速推动产业链关键环节国产化和产业化，掌握发展主动权。为推动广东战略性新兴产业的培育与发展，省委、省政府 2011 年发布了《关于贯彻落实国务院部署加快培育和发展战略性新兴产业的意见》，并决定在“十二五”期间投入 220 亿元，着力加强对战略性新兴产业的支持力度，其中投入 30 亿元支持核心技术攻关。这是省委、省政府高度重视战略性新兴产业核心技术和自主创新的战略行动。

为科学、合理、有效地组织核心技术攻关、筛选项目、制定申报指南，准确谋划未来广东战略性新兴产业的核心技术发展，省科技厅依托省科技情报研究所，紧密结合广东实际，借鉴国内外先进经验和发展趋势，重点研究广东高端新型电子信息、新能源汽车、生物、高端装备制造、节能环保、新能源、新材料七大领域中满足以下条件的核心关键技术：一是具有掌握命脉的战略性。关键技术要着眼于未来和长远发展趋势，体现战略性新兴产业的发展规律，具有前瞻性、超前性。二是具有重大创新的革命性。通过材料、工艺、设计、手段等方面的重大创新，促进生产效率、产品性能和人民生活水平的明显改善。三是具有国际水平的先进性。只有依靠国际先进和领先水平的产业关键技术，才能快速培育市场，抢占战略性新兴产业的发展先机。四是具有可观收益的技术经济性。关键技术的突破要直接或间接促使战略性新兴产业的效率、附加值或规模的提高，带来可观的经济效益。

本研究报告是近年来首个全面、详细分析广东战略性新兴产业核心技术的研究报告，为深入了解广东省重点技术领域核心技术，全面支撑广东省战略性新兴产业核心技术攻关项目年度申报指南制定具有重要参考价值。

一、世界战略性新兴产业技术发展趋势综述

2008 年以来，世界经济步入“双危机”时代的低速增长通道。以美国次贷危机和欧洲的主权债务危机为代表的金融危机使全球金融体系遭遇重挫，而化石能源的枯竭和气候变化的加剧又让人类不得不放弃过去高污染、高能耗的快速发展模式，金融和气候两大危机使得全球经济下滑风险逐渐加大，寻找新的产业发展机遇以提振国家经济和就业市场已经成为全球各国的共识。纵观历史，每次经济危机后都会伴随一系列新技术和新产业的萌芽，而掌握发展新兴产业先机就意味着掌握未来经济发展的主动权。因此，当前新兴产业的布局不仅牵动了包括欧美日韩等发达国家政府的神经，也受到亚洲新兴经济体国家的极大关注，各国纷纷将新兴产业作为新的经济增长点。另一方面，大部分新兴产

业拥有低能耗、低污染和可循环利用的特征，是缓解气候危机和解决化石能源短缺的有效手段，也将为各国的经济发展提供持久动力。基于以上原因，各国政府积极进行新兴产业的决策储备、科技储备和人才储备，摩拳擦掌准备抢占新兴产业发展契机。

（一）国际新兴产业发展新态势

相对以往成熟的产业体系，各国在新兴产业的发展布局上给予了足够的人力和财税政策的鼓励，由国家政府出面集中相关科研力量攻克核心技术，并促成产业向规模化发展，总体来看，目前全球新兴产业发展存在以下几种态势：

1. 各国（地区）纷纷出台对应政策鼓励新兴产业发展

世界各国（地区）政府出台了鼓励新兴产业发展的规划，构筑产业发展的良好政策环境。美国联邦政府锁定突破清洁能源、生物工程、新能源汽车、新一代通信和纳米技术等产业。奥巴马政府高度重视清洁能源和低碳技术的发展，主张通过新能源产业引领全球技术前沿，计划通过智能电网推动风能和太阳能等清洁能源的产业化应用，到 2025 年实现全国 35% 的电力供应来自可再生能源。欧盟锁定突破新能源、电动汽车、物联网等产业，于 2008 年通过了《欧盟能源技术战略计划》并发起“欧洲经济复苏计划”，除了用 25 亿欧元资助低碳项目外，还筹备专款用于碳捕获及存储、可再生能源、低能耗建筑、环保汽车及智能化交通等项目。日本当局锁定突破能源、环境和医疗保健等产业，计划在 2030 年前把太阳能和风能发电等新能源技术扶植成商业产值达 3 万亿日元的基干产业之一。出台《未来开拓战略》，提出要培育全球最先进的卫生保健技术，将重大疾病控制等领域培养成为国内重大新兴产业；经济产业省还公布了“新一代汽车战略 2010”，使“日本发展成为新一代汽车的研发中心”。韩国政府锁定突破新一代运输装备、新兴信息技术、生物医药、知识服务等产业，2008 年公布了《国家能源基本计划》，2009 年公布了《低碳绿色增长基本法》提出绿色新政，争取到 2030 年将能源自主性、绿色技术水平和环境绩效指数等提高到发达国家水平。同年，又通过了物联网基础设施构建的基本规划，将物联网市场确定为新增长动力，并计划在 2013 年将物联网产业规模发展到 50 亿韩元。

2. 部分产业的核心攻关出现重大突破

近几年来，世界战略性新兴产业领域的核心技术攻关不断出现重大突破，为各个领域新兴产业的发展带来希望，成为未来各领域技术产业化的重要前提。在半导体照明领域，2010 年量产的 LED 产品发光效率已经达到 130 流明/瓦。2011 年 6 月，照明效率达 87 流明/瓦的 OLED 技术已在德国问世，创下 OLED 照明效率新纪录。在新能源电动汽车领域，2011 年 7 月，沃尔沃设计了一款混合动力汽车，该车在 50 公里/小时以下低速时由电动马达驱动，而在高速行驶时采用汽油机驱动，此时引擎提供的动力输出到前轮并可对电池进行充电，该新能源车的一次续航里程最远可达 1 050 公里。2011 年 8 月，韩国科学家发明一种可以实现对电动汽车快速充电的电池新材料，采用这种材料的电池充电电流流量可比普通电池快约 200 倍。在高端电子信息领域，通用电气（GE）公司宣布在激光全息存储技术领域实现了在单张碟片上存储 500GB 数据的重大突破。东芝公司宣布开始发售配备 512GB 大容量固态硬盘的新款笔记本电脑。LG 电子公司日前宣布开发成功全球首个 4G 终端芯片——LTE 终端调制解调芯片。日本的物质材料研究机构开发出一种新型晶体管，可使电子器件的电力消耗控制在目前的百万分之一左右，可能实现今后的计算机瞬间启动开机。

3. 产业规模发展快速

在政策的鼓励带动和先进技术引领下，近年许多新兴产业的规模取得较快发展。在新能源产业方面，2009 年全球风力发电的总装机容量达到 16 万 MW，接近 2005 年的 3 倍，而太阳能发电的总装机容量达到 2. 3 万 MW，是 2005 年的 4 倍多。在半导体照明产业方面，2010 年全球高亮度 LED 市场产值较 2009 年增长 93%，达 108 亿美元，估计 2011 年的市场规模还可增至 141 亿美元。在新能源汽车产业方面，美国2010年1—10月的新能源汽车销售总量为218万辆，大约为2004年全年销售量的3倍。新材料、生物医药以及高端电子信息等产业在2009年后也有较快的增长速度，产业规模逐步扩大。

4. 产业交叉融合趋势明显

新兴产业的发展不会仅依赖一两门学科，更不会出现某项技术一枝独秀的情况，这种趋势在目前新兴产业的发展过程中已经显现。当前发展迅猛的新材料产业为信息产业、高端装备产业和新能源汽车产业提供了重要的材料基础，而高端信息产业也为其他新兴产业提供了重要的技术载体和工具，以物联网和云计算为代表的新兴业态已经和众多学科产业紧密捆绑，产业间交叉融合趋势越发明显。

（二）国内战略性新兴产业发展新变化

2009年，温家宝总理3次召开战略性新兴产业发展座谈会，着手对我国新兴产业进行战略布局，全面拉开我国新兴产业有计划、有步骤的发展序幕。近年来我国的新兴产业出现了新的发展趋势：

1. 中央地方层层联动，出台政策提前布局（略）
2. 基础研发受到重视，逐步储备核心技术（略）
3. 新兴产业重点明确，经济转型目标突出（略）

（三）广东发展战略性新兴产业新特点

广东省委、省政府对战略性新兴产业的规划和支持非常重视，出台了《广东省人民政府关于贯彻落实国务院部署加快培育和发展战略性新兴产业的意见》，对未来发展战略性新兴产业的总体思路、发展目标和具体任务进行部署，同时省内多个地市也进行发展规划。在发展规划的推动下，近年来，广东战略性新兴产业在区域发展、产业规模及发展模式上走出具有自己鲜明特色的道路：

在区域布局上，珠三角发达地区先行筹备。

在产业重点上，半导体照明、高端电子信息和新能源汽车被摆在优先发展位置。

在产业规模上，未来几年产业将有巨大飞跃。根据广东省政府的部署，新型电子信息、半导体照明（LED）、电动汽车3个新兴产业到2012年力争形成万亿元产业规模，其中高端新型电子信息方面形成8 000亿元的产业规模，电动汽车领域形成20万辆电动汽车综合生产能力，半导体照明产业形成1 000亿元的产业规模。

在发展模式上，市场作用逐步发挥，商业模式创新得到推广。以LED产业为例，广东已经通过推广“合同能源管理（EMC）+供应链+金融”的新商业模式最大限度降低示范城市的路灯成本。除此，广东还将利用风险投资等方式引导社会资金积极参与到战略性新兴产业的发展中来。

在人才储备上，逐步构筑科技人才高地。近两年广东通过“重金引才”“以才引才”的方式先后引进了两批共31个创新科研团队，为广东发展的新材料、高端电子元器件、生物医药等战略性新兴产业及时储备高端人才。目前广东的高端人才引进工作还在继续进行，正准备筑起国内科技人才高地。

（四）广东发展战略性新兴产业的新要求

复杂多变的国际经济形势、日益激烈的全球技术竞争以及国内紧迫的“调结构”和“转方式”任务为广东这个全国制造业大省如何发展战略性新兴产业提出全新要求：一是要更加掌握前瞻性技术；二是要更加突破产业链上游；三是要更加面向产业化应用；四是要更加贴近民生需求。总之，广东必须顺应历史潮流，紧紧抓住新时代赋予的历史任务，认清产业发展的新问题和新要求，积极补长目前产业发展过程中的短板。

（五）未来五年战略性新兴产业发展展望

未来五年，世界科技将继续在复杂多变的全球经济环境中曲折前行，同时也是我国“十二五”科技攻坚重要时期，战略性新兴产业也将步入逐步成熟的高速发展轨道。首先，高端电子信息将在各个战略性新兴产业中发挥更加重要的基础作用，随着云计算和物联网产业的不断完善，现代化城市将完成从数字城市、智慧城市到感知城市的过渡，崭新的社会运算领域的研究和应用将承担各国的安全及社会建设的任务。其次，各产业学科的交融将进一步加速，大量集成高端信息技术和生物医药技术的复合化技术将逐渐面世，新材料和新能源产业将通过智能分布式发电和储电用电技术渗透到社会各个产业领域中间。同时，高端装备技术将大大拓展人类在空天海洋领域的研究时间和空间，人类对外太空的认知也会随着新材料等一系列技术的飞跃而不断获得加深。更重要的，低碳和可持续发展将成为全球共识，除了发展传统新能源及节能环保产业外，碳捕捉和存储利用等新兴技术也将更加受到重视。总之，未来几年将是全球新兴产业取得重要进展的时期，各国之间的技术竞争将继续缩短新兴技术的更新换代周期，人类也将逐步认识到新兴产业给全球社会所带来的深刻变革。

二、高端新型电子信息产业核心技术发展趋势与重点

2010 年，广东把高端新型电子信息产业列为近年来重点突破的三大战略性新兴产业之一，突显出广东在该产业上具有较强的产业和技术基础，市场规模大，龙头企业突出。珠江三角洲地区的电子信息企业集中，产业链较完整，具有相当的规模和配套能力，初步形成我国四大电子信息产业基地之一。新一代通信与网络、新型电子元器件、高端软件和新兴信息服务、新型显示、物联网和云计算六大领域包含广东电子信息产业中的优势产业、基础产业、新型业态和高端环节，基本代表未来一段时期广东高端新型电子信息产业的发展方向，符合目前广东既定政策的支持和扶持方向。

（一）广东高端新型电子信息产业技术基础

1. 新一代通信与网络

目前，广东新一代通信与网络产业在国内已形成较强的优势，产业规模一直位列国内首位，在国际竞争中也占有一席之地。2010 年，珠三角地区移动互联网产业产值为 1 298. 1 亿元，占当前全国移动互联网产业整体规模的 44. 2%，为新一代移动互联网的领先者。2011 年以来，广东依靠过硬的产品竞争力和自主创新能力，电子及通信设备制造业仍保持快速增长势头，实现金融危机的平稳过渡，虽然总产值增长落后于全国，但由于绝对数较大，产值规模仍占全国的 1/3。为支持新一代通信与网络的发展，广东已初步完成点面结合、纵横交错、覆盖面广的产业技术创新平台部署。

2. 新型电子元器件

广东作为国内电子元器件产业比较发达的地区，目前已经形成比较好的产业基础。随着电子信息整机产品制造的规模化以及绿色环保的要求，其对上游环保产品的配套能力要求日益强烈，电子元器件制造业作为基础产业的重要地位日益明显。目前，广东电子信息产业处于高速增长时期，一方面，新一代电子整机产品市场规模迅速扩张，急需各种电子元器件产品，尤其是新型绿色环保电子元器件为之配套；另一方面，随着电子整机产品向数字化、信息化方向发展，电子元器件在电子整机产品中所占的比重日益增加，电子整机产品对电子元器件的依存度也越来越大。

3. 高端软件和新兴信息服务

广东省作为中国最重要的软件产业基地之一，产业集中度高，汇聚业内众多知名企业，在软件发展中注重营造良好的创新环境和产业发展氛围，已形成了较为成熟、完整的产业链。珠三角地区区位优势突出，创业环境良好，领先的电子政务、城市信息化建设及旺盛的企业客户需求为软件企业提供

了潜力巨大的目标客户群，行业应用软件实力突出，具备相当的软件产业发展后劲，而珠三角强大的电子制造业基础为嵌入式软件的迅速发展提供了腾飞平台。面向“十二五”，广东省已将软件、云计算作为关键核心技术重点突破领域而给予高度重视，提出加快建设国家软件和信息技术服务基地，倡导“联动融合、构建区域协调发展新格局”。把握机遇，迎接挑战，广东省已经走在了“十二五”软件产业新辉煌的道路上。

4. 新一代显示

近年来，广东以优异的投资环境吸引了众多国际知名平板显示企业来粤投资办厂，又凭借创维、康佳和 TCL 三大国内知名彩电巨头的强大研发实力有力推动了新兴显示技术的飞跃，产业具有注重紧跟国际前沿技术，掌握上游发展优势；巨大的市场需求和产业配套环境吸引企业进驻，产业规模国内领先；产业链日趋完整，研发、设备、制造环节结合紧密的特点。

5. 物联网

早在 2004 年，广东的物联网开始萌芽，广东亦成为全国最早探索物联网发展的地区。截至目前，广东的物联网产业在产业链上的企业分布较为均衡，产业集聚优势明显，产业公共测试检验平台较为成熟，产学研发展步伐加快，助力传统物流业转型升级，全面提高广东外贸现代化水平，在实现智慧广东、幸福广东的过程中发挥越来越重要的作用。据统计，2010 年广东物联网产业值超 800 亿元，M2M 数量超过 460 万台，RFID 相关企业超过 2 000 家，许多国际著名物联网企业落户广东。随着市场规模的扩大，广东物联网产业将继续在全国处于领先的地位。

6. 云计算

“云计算”概念提出后，广东开始紧跟全球步伐结合本地区的电子信息产业优势大力推进云计算产业，并将云计算作为高端新型电子信息产业的一个重要领域优先推进。目前，深圳、佛山、东莞、汕尾已着手开展各自的云计算项目，未来 3 年广东的云计算产值可过万亿元，广东有望在近几年形成技术、产品和服务一体化发展的产业格局。与国内大多数地区一样，目前，广东的云计算产业尚处于的前期“萌芽”阶段，科技管理部门和信息产业管理部门正通过鼓励企业加大核心技术研发力度，建立产业联盟，拓展国际科技合作，寻找示范推广等举措逐步完善省内的产业链。

（二）高端新型 IT 产业核心技术的凝练

高端新型 IT 产业在广东具有较强的产业和技术基础，核心技术主要突出在未来一段时期的产业带动作用。根据带动性强、量大面广、卡脖子技术的“三性”原则，广东高端新型 IT 产业核心技术的攻关重点包括：

1. 新一代通信与网络

当前，新一代通信与网络产业发展主要包括两个分支，一个是新一代互联网，另一个是无线移动通信，代表全球先进国家抢占未来网络通信产业制高点的两个重要方向。在新一代通信技术方面，广东将重点突破 3G 关键技术以及 LTE（长期演进技术）、4G 后续技术的研发及产业化等核心技术。在下一代互联网核心技术方面，重点突破 IPv6 规范的 G 比特无源光网络（GPON）和以太网无源光网络（EPON）的光线路终端（OLT）等核心技术。

2. 新型电子元器件

新型电子元器件是基于电子信息产业下游而不断派生的新兴产业，主要可以从高性能集成电路和关键电子元器件两个领域凝练技术。在关键元器件方面，将重点突破低温共烧陶瓷技术、电磁兼容技术、高精度高性能传感器技术等核心关键技术。在集成电路设计核心技术方面，将重点攻克高性能专用芯片设计技术、集成电路芯片制造技术、集成电路新型封装测试技术等核心关键技术。

3. 高端软件和新兴信息服务

高端软件和新兴信息服务的核心产业是高端软件和数字电视。未来五年，广东将重点突破高清数字媒体等高端软件技术、以“三网融合”网络及接入设备、智能终端、芯片等数字电视和数字家庭关键技术、安全检测和评估技术等信息安全关键技术、北斗卫星定位导航技术等新一代空间信息技术。

4. 新一代显示

新一代平板显示技术包括大尺寸 LED 背光液晶显示技术、大尺寸 OLED 显示技术和等离子显示技术，以及采用这些显示器所实现的三维立体显示技术。预计在 5 年内，广东新一代显示产业将实现以下突破：攻克 TFT - AMOLED 驱动技术，具备较为成熟的裸眼三维显示技术及液晶电视配套技术等。

5. 物联网

物联网产业包括感知层、网络传输层和应用层 3 个层次。预计在五年内，广东物联网产业将实现 MEMS 关键芯片结构研究、在超高频 RFID 技术和中间件技术以及 IPV6 软件开发等方面的重大突破，实现物联网技术在智能交通、环境监测、灾情预警、食品安全等领域的广泛应用。

6. 云计算

云计算涉及服务器、存储、网络、安全等技术以及不同的商业应用模式。广东争取 5 年内发展一批高性能、高安全度、低成本的云服务技术，重点攻克专用于云计算的集成电路芯片、服务器硬件设备，引导重点企业完成对环保节能型芯片和服务器的设计制造，联合电信运营商、软件提供商和信息服务提供商联合开展云计算资源管理和虚拟化技术，掌握虚拟服务器、虚拟器件技术。

三、新能源汽车产业核心技术发展趋势与重点

经过近 10 年来的发展，广东新能源汽车产业从无到有，形成了一定的研发能力和技术储备，初步建立了较完整的生产体系，具备了规模化生产和应用的基础，推广应用成效初显，产业发展环境不断优化。“十二五”期间加快培育和发展新能源汽车产业，既是广东应对能源和环境挑战、推动传统汽车产业转型升级的紧迫任务，也是广东抢占未来竞争制高点、加快经济发展方式转变的战略举措。

（一）广东新能源汽车产业技术基础

1. 产业发展现状

近年来，广东积极引进新能源汽车及其上下游企业，已形成较为完整的产业链条。2011 年上半年，全省新能源汽车整车生产能力达 2.7 万辆，示范应用规模超过 9 000 辆。1—6 月全省各类新能源汽车产量达 3 362 辆，同比增长 248.9%，初步显现出稳步增长势头。

2. 产业发展特点

目前，广东省已初步呈现各方积极发展新能源汽车及应用的工作态势，新能源汽车产业发展和推广应用取得了可喜的成效，产业发展呈现以下几个特点：

一是具备较好的产业基础。以比亚迪、五洲龙、广汽集团、广通等企业为代表，初步形成了涵盖客车、轿车、低速汽车、专用改装车和电池、电机等多系列、多品种的新能源汽车产业体系。整车方面，研制出多款技术性能较好的混合动力、纯电动汽车和 LNG 客车，相关车型已开始批量生产。关键零部件方面，涌现了深圳比克、东莞新能源、珠海银通等一批电池生产厂商，锂离子电池产业链较为完整，产量居全国首位。据估计，目前广东新能源汽车相关生产企业超百家，相关销售收入近百亿元。

二是拥有一定的技术储备。近年来，广东承担了十多项国家“863 计划”项目，在动力电池及其管理系统、牵引电机系统、动力系统总成等方面拥有一定的技术储备，先后建立了国家电动汽车试验示范区、广汽研究院、省汽车工程重点实验室、东莞中山大学研究院等研发和检测平台，具备了整车和动力电池、电机等关键零部件的研发能力。据统计，在“863 计划”电动汽车专项实施中，广东取得了 350 项专利，其中发明专利 166 项，分别占“863 计划”电动汽车专项总专利数的 44% 和 40%。

三是推广应用取得阶段性成效。广州、深圳、汕头、湛江、惠州等城市先后开展了新能源汽车应用试点工作。深圳市新能源汽车试点工作全面展开，截至 2010 年 8 月底已投入示范运营车辆 597 辆，包括 8 条示范公交线、232 辆混合动力公交车、300 辆 LNG（液化天然气）公交车、45 辆纯电动出租

车和20辆混合动力公务车，计划到2012年底示范规模达2.4万辆。广州市成为第2批国家节能与新能源汽车示范推广试点城市，已开展60台混合动力公交车示范试运行，累计运行里程接近400万公里，计划到2012年底示范规模达2 600台。汕头市开展了出租车、公交车、公务车3种模式的试运营，示范运营总里程达220多万公里。珠海市开通了全省首条纯电动公交线路。湛江、惠州、中山、珠海、佛山等市开展了LNG（液化天然气）公交车试点运营。

四是应用环境不断改善。全省电动汽车充电设施规划编制工作全面启动，深圳大运中心、和谐充电站、深圳福田交通枢纽中心充电站、广州亚运城的充电设施均已建成投入使用。省直各部门抓紧制定和落实促进新能源汽车发展的相关政策措施：省经济和信息化委积极贯彻落实《新能源汽车生产企业及产品准入管理规则》，支持广东新能源汽车企业和产品获得行业准入资格。省公安厅优先办理新能源汽车的入户、年检等业务，对申请注册登记的新车当天发放《机动车登记证书》和《机动车行驶证》，对科研、试验用样车当场核发临时行驶车号牌。省环保厅对新能源汽车项目环评审批予以重点支持，并为电动汽车公共充电设施项目环评审批开辟“绿色通道”。省住房和城乡建设厅努力将电动汽车充电设施统筹纳入城乡规划，并建立新能源汽车项目建设“绿色通道”，在规划选址、用地及工程规划许可等方面实行优先办理等。

（二）新能源汽车产业核心技术的凝练

目前，广东新能源汽车重大项目正在按计划实施，并取得了一些阶段性的成果，已开发出使用纯电动燃料电池的各类汽车样品、产品，并进行了深入的性能及可靠性考核，进行新的一轮技术改进和优化设计，加强专利、设计、示范运行基础性的工作，努力使广东新能源汽车不断向实用化、产业化、规模化方向发展。根据2011年《广东省人民政府关于贯彻落实国务院部署加快培育和发展战略性新兴产业的意见》和《广东省战略性新兴产业发展“十二五”规划（征求意见稿）》确定的发展重点、产业布局，按照需求度—贡献性—关键性—可操作性的原则对上述领域的关键核心技术进行分析和凝练，确定广东省新能源汽车重点领域需攻关的核心技术选择结果（见表12－2－1－1）。

表12－2－1－1　广东省新能源汽车重点攻关技术领域与关键共性技术

产业	重点领域	关键共性技术	研发布局
纯电动汽车	电动机及控制技术	非线性智能控制技术，纯电动汽车再生制动控制系统技术；电动助力转向系统、电动空调和能量回馈式电动助力制动系统的开发及产业化；电动汽车专用机电耦合装置、减速器、电驱动桥的产业化；基于小功率CVT和有级式自动变速器总成的动力合成装置及控制系统。	深圳、广州、中山、东莞、惠州、佛山
	电池及管理技术	电动汽车充电系统与电网系统的集成化监控与管理技术；充电技术、设备及设施标准体系；新型正极材料和高容量合金负极材料技术；电池管理可靠性研究和轻量化设计技术；电池优化设计、工艺创新和装备改进技术；电池安全性新技术；改进电极材料循环性的长寿命电池体系；电池材料低成本制备技术；电池零配件和系统组合件的标准化和规模化技术；动力电池关键材料和生产装备自主化技术；关键材料制备技术；高性能锂离子设计制造及新型正极材料和高容量合金负极材料；电池自激活电压控制和热控制新技术；电池零配件和系统组合件的标准化和规模化制造技术；新一代燃料电池系统制造技术。	深圳、珠海、惠州、东莞

（续上表）

产业	重点领域	关键共性技术	研发布局
纯电动汽车	整车控制技术	关键共性技术研究，加快建立先进的整车设计与开发流程。突破电动化总成控制系统（电动空调、电动转向、制动能量回馈控制系统）、整车分布式控制系统，掌握基于新型电机集成驱动的前沿技术；关键产品机器基础元器件技术；面向新能源汽车的整车控制系统；面向新能源汽车的车用总线系统。	珠海、佛山、中山、梅州
	整车轻量化技术	结构优化和集成化、模块化优化设计技术，减轻动力总成、车载能源系统的重量。包括电动机及驱动器、传动系、冷却系统、空调和制动真空系统的集成和模块化设计技术；电池、电池箱、电池管理系统、车载充电机组成的车载能源系统的合理集成和分散技术，实现系统优化；突破轻质合金材料制造技术，并利用 CAD 技术对车身承载结构件（如前后桥、新增的边梁、横梁）进行有限元分析研究，用计算和试验相结合的方式，实现结构最优化；车用轻量化铝镁合金、碳纤维材料的研发及产业化；开发轻量化底盘结构和碳纤维轻量化车身结构；自主品牌新能源汽车（含增程式）整车设计制造技术；电动汽车专用底盘、动力总成、新能源汽车轻量化技术。	江门、肇庆
混合动力汽车	驱动电动机及其控制技术	感应电动机和永磁同步电动机矢量控制技术；新兴控制方法和技术；永磁电机驱动器的研发及产业化技术；满足新能源汽车的高比功率电动机关键技术；满足混合动力用机电耦合动力传动装置；满足纯电驱动车辆大规模示范需求的车用电机；下一代纯电驱动系统关键技术；车用大功率能量转换器、驱动用功率开关器件（IGBT）及 GaN 功率开关器件。	深圳、广州

在攻克以上关键共性技术的同时，广东还应加快新能源汽车充电、充气、维护等基础设施建设，探索裸车销售、电池租赁、整车租赁、快换电池等新型商业模式，完善新能源汽车技术研发、检测和试验公共服务平台，争取建设国家级新能源汽车质量监督检验中心。在现有国家、行业标准的基础上，进一步研究制定新能源汽车的能量消耗、污染物排放、充电设施、安全性、使用维护等地方标准，率先建立较为完善的新能源汽车地方标准体系。支持成熟的省地方标准申请成为国家标准。制定新能源汽车购置和使用的价格、收费、财政扶持等优惠政策，出台支持充电、充气设备建设的优惠措施，完善政策环境。

四、生物产业核心技术发展趋势与重点

经过十几年的发展，广东省已成为我国主要的生物产业基地之一，生物技术已广泛地向农业、食品、环保、轻工业等领域渗透，有力地推动了广东传统的食品饮料工业、医药工业以及农业等传统产业的进一步发展，产生了显著的经济和社会效益。

（一）广东生物产业技术基础和发展方向

广东省生物产业整体经济实力较强，在生产规模、规模效益、生产效率、资产实力、装备水平及国内市场销售等指标国内领先，化学药物制剂、中成药、生物制药等领域全国名列前茅。2009 年度，广东省医药制造业总产值为 616.55 亿元，名列全国第 4 位；医疗器械产业完成产值 310 亿元，居全国第 1 位。截至 2009 年年底，全省共有原料药和制剂生产企业 351 家，中药饮片生产企业 152 家，药用辅料生产企业 22 家，医用氧气生产企业 44 家，胶囊生产企业 3 家，二、三类医疗器械生产企业2 157 家。目前，已在广州、深圳、珠海、佛山、东莞、中山等珠三角核心地区形成多个医疗器械产业集群。

1. 医药生物技术

目前，广东省生物制药业的技术水平基本上处于国内先进的地位。拥有从事生物药物研究、开发和生产的大批大型生物制药企业，主要集中在珠三角地区，特别是广州和深圳、珠海两个经济特区。大多数企业基本符合 GMP 要求，生产设备及检测仪器达到国家先进水平，硬件设施和投资环境在国内同行业中具有较大的优势。国内目前已批准生产的生物药物，广东省占有多数，如尿激酶、肌苷等生化药物在生产规模和技术水平上都处于国内领先水平，其中，肇庆星湖的利巴韦林已经通过美国 FDA 认证，天普的尿激酶及其系列尿制品的研发、生产技术已经达到国际领先水平。另外，广东省具有丰富的海洋资源优势，从中可以提取开发出抗病毒、抗癌、抗衰、抗心血管病等药物，为海洋生物药物的研究开发提供了契机和环境。

2. 工业生物技术

在工业生物技术领域，广东省生物技术广泛应用于传统行业，如重组 DNA 技术、细胞融合技术、细胞培养技术、酶工程与蛋白质工程、新型生物反应器与发酵工程技术、新型生物纯化分离技术在广东省传统支柱产业食品工业产业提升中起到很大的作用，并进一步迅速发展形成食品发酵工程产业、功能食品基料及保健食品产业、食品添加剂产业等新型食品生物技术产业。

3. 农业生物技术

广东省农业生物技术发展迅速，在水稻高产优质抗逆品种培育及良种繁殖、绿色蔬菜工厂化生产、水果优良品种与保鲜加工、畜禽饲养及饲料加工、兽药、疫苗及诊断试剂产业化、生物肥料、生物农业与植物性农业产业化等领域得到了广泛应用。目前，农业生物技术作为一项高新技术产业在广东已初步形成，并处于一个快速发展时期，研究方式集约化、规模化明显。

4. 海洋生物技术

近年来，广东在建设海洋大省、依靠科技进步推动海洋产业优化升级的决策推动下，不少科研单位积极开展海洋生物技术的研究并取得丰硕成果，在促进海洋生物资源开发利用中取得了明显的效益，也初步形成了一支海洋生物技术研究队伍。广东海洋生物技术正沿着 3 个应用方向迅速发展：一是水产养殖，包括疫苗、诊断试剂及高度不饱和脂肪酸（EPA、DHA）等，目标是提升传统产业，促使水产养殖业在优良品种培育、病害防治、规模化生产等诸多方面出现跨越式的发展；二是海洋天然产物开发，目标是探索开发高附加值的海洋新资源，促进海洋新药、高分子材料和功能特殊的海洋生物活性物质产业化开发；三是海洋环境保护，目标是保证海洋环境的可持续利用和产业的可持续发展。

5. 环境生物技术

广东省利用生物技术进行环境保护，如利用微生物（或基因工程细菌）对城市污水、工业废水、城市垃圾进行处理，环境污染防治已获良好进展。

（二）生物产业核心技术的凝练

据《广东省高新技术产业发展“十一五”规划》，广东省重点发展的生物产业领域是生物医药产业、生物农业、生物能源、生物制造、海洋生物产业。近年来，广东省各级政府逐步加大生物技术产业的支持力度，加强对外合作和引进，对拥有自主知识产权和核心技术的项目给予重点引导和支持，从基因工程药物领域不断扩大至转基因动植物、诊断技术、基因芯片、组织工程、生物农药领域，形成品种众多、技术全面、规模较大的生物技术产业，并辐射到农业、海洋、食品、环保等产业，带动相关产业的发展。

1. 医药生物技术

在重大创新药物研究方面，重点研究具有新结构、新机理、新靶点，可以规模化制备生物技术药。在新型医疗器械方面，采用诊断技术、医学成像技术、数字化技术，研究开发一批安全、可靠、低成本的新型医疗诊断设备和器械；采用组织介入工程、介入治疗、聚能治疗技术和新材料技术，研究开发一批新型医疗治疗仪器及设备。在现代中药方面，采用中药指纹图谱等现代中药技术，开展验方药物分离、改进与制备，提高中药药效，降低中药副作用。

2. 工业生物技术

在食品工业生物技术方面，以食品发酵工程及制剂、工业生物酶为重点，利用微生物代谢工程，改进工业发酵技术，发展工业用生物酶，提高食品和轻工行业规模化生产效率。在非粮燃料技术方面，以非粮燃料乙醇、甲醇以及生物柴油的生产技术为重点，重点研究微生物代谢工程与发酵调控技术、大宗优质生物资源高效转化与高质化利用技术。

3. 农业生物技术

一是利用基因工程技术，做好抗虫、高产、优质的动植物新品种的选育。二是大力开发环境友好型、低毒、无残留农药。三是大力开发动物用疫苗，减少牲畜疫情大规模爆发。四是开发高效、无害的新型兽药。

4. 海洋生物技术

在海洋动植物养殖技术方面，将基因工程、细胞工程和传统养殖技术相结合，改良具有重要经济价值的海水养殖生物遗传特性，培育鱼类和藻类海水养殖生物新品种。在海洋活性物质开发技术方面，一是研究海洋活性产物的快速、高通量活性筛选技术，二是研究海洋天然产物分离、纯化、高效制备等生化工程技术。

5. 环境生物技术

环境生物技术包括污染治理生物技术和环境监测生物技术。采用基因工程技术，采用纯培养微生物菌株来降解污染物，对生活垃圾、海洋污染、土壤污染、污水等进行环境生物治理。研究利用新的指示生物、核酸探针和生物传感器快速准确监测与评价环境的有效方法。

五、高端装备制造业产业核心技术发展趋势与重点

根据广东培育和发展战略性新兴产业的重大科技需求，全力提升广东在高端装备制造行业的自主创新能力，主要研究高端装备制造业的领域包括：航空装备、轨道交通装备、海洋工程装备、智能制造（数控机床）、机器人。

（一）广东高端装备制造产业发展现状

1. 航空装备

广东航空产业发展虽然有一定基础，前期也做了大量的工作，但总体尚处起步阶段，特别是航空装备制造领域基础薄弱，这与广东的经济地位是极不相称的。大力发展广东航空产业，特别是发展航空装备产业是谋求广东新一轮大发展的一个着力点和突破口。目前，广东省拥有基础设施良好的大型机场，同时综合区位优势明显，具有发展航空装备产业的环境、人才和市场优势。

2．轨道交通装备

广东轨道交通装备产业以建设产业化基地和产业园为主，以广州、深圳、珠海、佛山、江门、东莞、中山、惠州、肇庆为主体，规划衔接粤东、粤西、粤北以及港澳地区，除城际动车组配套产品外，逐步研发生产高速动车组及城轨车辆产品。

3．高端船舶与海洋工程装备

广东高端船舶配套产业规模较小，经济贡献率低，竞争力不强。广东船舶产业包括造船、修船和船舶配套产业，相比之下，修船产业更加成熟，集聚度也较高，而高端装备制造则集聚度较低。近年来，广东省委、省政府不断加强对船舶和海洋工程产业的指导，明确加快重大主导产业发展，2009 年安排先进制造业重点项目投资，并将高端船舶和海洋工程作为战略性新兴产业加以扶持。在政府培育、指导下，广东高端船舶和海洋工程装备产业取得了发展。

4．数控机床

广东的数控机床已经具备一定产业规模，基地和园区建设速度加快，智能制造产业在以广州为主的珠三角地区正在形成差异化发展，并逐步向东西两翼扩展，提高了产业集聚度，形成了较为合理的产业空间布局。在政府的大力支持下，数控机床产业在全国市场的销售额不断上升，但是由于核心技术和部件仍然依赖国外发达国家，因此出口能力弱，国际竞争力不强。

5．机器人

近年来广东机器人产业发展势头良好，以深圳为主导的机器人发展区域，已经整合了大量创新资源，拥有良好的产业配套能力，这为机器人产业提供了优越的发展条件。广东经济发展迅速，在汽车行业和现代化较高的企业中具有机器人较大的应用市场。目前，广东机器人制造已进入产业化阶段，充分利用机器人正成为广东经济发展的一个重要组成部分。未来几年，机器人产业在开发有关工业机器人系统应用工程成套技术方面具有巨大发展潜力，在焊接、喷涂、装配和搬运领域机器人将发挥重大作用。

（二）高端装备制造业核心技术的凝练

核心技术是一个技术秘密链条，这个链条越长，技术要超越和掌握越困难。核心技术可以分为以下四大类型：第 1 类配方技术，需要知识、努力和不断摸索，甚至摸索也未必成功，要加上很大的运气。第 2 类涉及加工工艺流程，除非亲眼见识到流程，否则需要专业知识和研究基础，研究者的天赋、努力和摸索，也要运气才可以成功。第 3 类涉及数据库和实验数据的积累，需要专业知识和长期的勤奋努力和极少的运气。第 4 类是关于技术集成和优化的，需要专业知识和创造力和很少的运气。四者在一个核心技术产品里，是涉及每个环节并环环相扣的。

1．航空装备产业

航空装备制造以干支线飞机和通用飞机为发展重点，核心技术如下：发动机机匣制造技术、宽弦风扇叶片制造技术、复合冷却层板结构制造技术、先进的切削技术、航空发动机零部件的无损检测、面向零件制造过程的专业化成套制造技术；系统总体设计与综合技术、高可靠性设计技术、适航验证技术、主动控制技术、基于卫星导航和新一代数据链的导航和进着陆引导技术、高温高压条件下系统散热技术、开关磁阻电动机技术；起落架设计技术、关键功能部件制造技术、维修技术。

2．轨道交通装备

轨道交通装备的主要核心技术包括：大型隧道工程机械研制技术；起重机械制造技术；大功率电力机车系统集成技术；城轨车辆系统集成技术；重载货运机车转向架技术；城轨车辆及重载高速机车异步牵引电动机制造技术；大功率交流传动电力机车、地铁和城际轨道车辆、250Km/h～350Km/h 高速动车组、牵引变流系统、车辆信号系统、车辆制动机等成套系统制造技术；轨道交通列控技术；在线安全综合检测技术；大功率列车修造检修技术；高速车身设计与制造技术。

3. 海洋船舶工程装备

根据船舶海洋工程装备的技术研发重点凝练出以下核心技术：高端游艇设计与制造；海洋油汽勘探与开采装备；甲板作业机机械的流体传动及控制技术；动态定位系统；大缸径柴油机零件材料转国产化技术；大缸径柴油机标准及规范技术；主要零件切削加工技术；大型机座、机架、气缸盖焊接技术；数字化产品开发集成技术；柴油机及生产设备的节能降耗、减排低噪技术；多元目标数据跟踪分析；目标型与航行状态匹配识别；数据整合与显示。

4. 智能制造装备

智能制造的核心技术包括：智能化设计与管理技术；新一代网络控制系统（DCS/PLC）；自动化成套生产线；多轴联动高速精密数控机床；具有高精度运动控制和优化控制的成套数字化装备；超大型合金压铸装备；高速多功能全自动贴装装备；纳米微系统加工；高压、超高压全封闭电力控制装备；高端功能材料制备成套装置；无螺杆塑料塑化装备；高端包装设备；制造数字化软件及集成系统；传感器关键零部件及通用部件；智能工程机械、智能印刷装备、智能环保装备、自动化纺织设备、煤炭采掘装备、矿山机械设备；智能仪器仪表；流程工业协同智能化制造技术；离散制造过程柔性化、智能化制造技术；重大工程示范应用及产业化技术。高可靠性液压、液力、气动和密封元件关键技术；智能精密仪表、控制系统等关键技术。

5. 机器人

机器人核心技术包括：大型自动化生产线的设计开发技术、自动化生产线“数字化制造”技术、大型自动化生产线的控制协调和管理技术、自动化生产线的在线检测及监控技术、自动化生产线模块化及可重构技术、生产线快速整定技术。机器人机构技术、机器人控制技术、数字伺服驱动技术、多传感系统技术、机器人应用技术、机器人网络化技术、机器人灵巧化和智能化技术、工业机器人模块化技术、柔性工业机器人技术、服务机器人模块化体系结构技术、服务机器人机构、感知、控制、交互和安全等模块化核心技术。

六、节能环保产业核心技术发展趋势及重点

（一）广东节能环保产业技术基础

广东省节能环保产业萌芽于20世纪70年代初，随着近年节能减排和环境保护力度的不断加大，已进入高速发展的阶段。目前已形成包括节能产业、环保产业、资源循环利用产业等跨领域、跨行业、多种经济形式并存的一个战略性新兴产业，并呈现出以下特点。

从综合实力看，广东节能环保产业综合实力位居全国前列。广东一直是全国环保产业大省，节能环保产业年收入总额全国排名第3位，仅次于江苏和浙江；“十一五”期间收入总额年均增长率超过30%，成为广东经济发展的新增长点，发展潜力巨大。2010年，全省节能环保产业实现产品产值约2 400亿元，其中节能产业1 450亿元，环保产业950亿元，分别同比增长25%和30%。其中环保装备和产品生产规模相对落后，位列全国第7位，洁净产品生产、环保技术服务规模均排名全国第2位，资源综合利用规模位居全国第3位。2010年，全省拥有11家国家环保产业骨干企业，企业数量列全国第5位；拥有25家过亿元的国家级高新技术企业，年产值达到162. 7亿元。全省拥有环保专业技术人员12余万人，人员规模居全国前列。

从产业布局看，全省节能环保产业发展以珠江三角洲的中心城市为主。珠三角地区的环保产业产值占到全省的90%左右，重点发展技术密集、资金密集、人才密集的环保服务业、环保产品和洁净产品生产。广州、深圳作为珠三角区域环保服务业两大核心地区，正在建立多个环保专项技术研发中

心，成为珠三角区域环保产业自主创新的辐射源。广州、深圳、东莞、佛山4个城市环保产业产值占珠三角地区90%以上。

从市场需求看，广东节能环保产业市场需求巨大。广东建设资源节约型、环境友好型社会的目标的确立，有效地拉动广东省节能环保产业的市场需求，产业发展近年来一直保持良好的态势，成为国内外节能环保产业投资的热土。特别是在“十一五”节能减排目标的强劲驱动下，广东省节能环保产业得到了迅猛的发展，初步呈现规模化和专业化的特点，产业年收入总额年均增长率超过30%，已经形成门类齐全、领域广泛、具有一定规模的产业体系。珠江三角洲城市群大多数城市节能环保产业市场发展良好，并把节能环保产业作为产业发展重点给予重视。未来很长一段时期，广东省的节能环保产业市场需求旺盛，既有针对末端污染治理、生态修复的需求，也有源头工艺设计、清洁生产等前端的需求。

从综合效益看，广东节能环保产业经济社会效益显著。节能环保产业发展确保了广东环境质量基本保持稳定，生态环境不断得到改善。2010年，广东省主要污染物二氧化硫（SO_2）和化学需氧量（COD）排放量分别达到105.06万吨和85.83万吨，比“十五”末分别下降18.8%和18.9%，污染物减排取得的初步成效与广东省环保产业的发展息息相关。节能环保产业具有显著的社会效益，同时也带来了较好的经济效益。部分企业已进入内地开展城市污水、垃圾处理、医疗废物焚烧和危险废物处理等利润可观的大中型BOT项目和技术服务。

从研发力量看，广东节能环保产业技术创新体系初步形成。全省节能环保产业技术研发主要依托大学和科研机构内生发展，企业研发力量有待加强。广东从事节能环保研究的机构，主要集中在中山大学、华南理工大学、广州大学等高校以及中国科学院广州能源研究所、国家环境保护部华南环境科学研究院、广东工业技术研究院、广东工程技术研究所等研究院所。这些大学和科研机构拥有一批国家级、省级重点实验室，以及一批先进科研设备，集中了一批优秀的学科带头人和科研骨干，在推动节能环保产业产学研合作方面发挥了重要作用。

从国际合作看，广东节能环保产业交流合作不断得到加强。近年来，广东省对节能环保产业一直保持开放的姿态，加强国内外交流合作。对内充分利用广东省产学研、粤港澳产学研平台，加强与国内高等科研机构保持合作，解决广东省当前发展面临的难题。对外与发达国家开展交流合作，特别是节能降耗领域，与瑞士ABB公司签订了《节能降耗战略合作框架协议》，与美国霍尼韦尔公司探讨节能合作途径，与英国辛迪克公司签订了《节能减排合作备忘录》，与美国可持续发展社区协会签署以节能培训为主的《合作谅解备忘录》，与香港特区政府启动粤港“清洁生产伙伴计划”，与日本开展循环型城市合作计划等。

（二）广东节能环保产业核心技术攻关的选择

《广东省科技发展“十二五”规划》和《广东省战略性新兴产业发展“十二五”规划》均明确提出，要加快发展节能环保产业，重点发展节能环保装备和产品制造业，加强节能环保核心技术攻关及推广应用，积极培育节能环保服务业，形成广东经济发展新的增长点，为推进广东节能减排、发展低碳绿色经济提供有力支撑。据此，广东节能环保产业核心技术攻关的选择，将突出发展重点，选择广东最有可能率先突破和做大做强的领域予以重点推进，加快发展科技含量高、产业基础好、市场潜力大的关键核心技术（见表12-2-1-2）。

表 12－2－1－2 广东省节能环保重点攻关领域与关键共性技术

专题	重点领域	关键共性技术
用能产品生态节能设计与制造	高效节能技术	高压变频调速技术；低品位余热低压利用技术；智能电网输配技术；蓄热式高温空气燃烧、等离子点火等高效锅炉（窑炉）技术。
环保核心技术与产品	工业产品有害物质控制及资源利用技术	含重金属工业产品的处理处置技术及资源化；废弃新型电器电子产品资源化利用技术；稀贵金属分离提取技术；建筑废弃物资源化利用技术；废旧汽车环保拆解技术。
	污水处理关键技术	膜技术；生物脱氮技术；重金属废水污染防治技术；污水中碳源及氮磷硫组分资源化技术。
	垃圾处理技术	焚烧烟气控制技术；渗滤液处理技术。
	大气污染控制技术	高效除尘装备；烟气脱硝技术；无组织排放污染气体净化技术；挥发性有机污染物控制技术。
	土壤污染治理成套技术	重金属污染治理技术；污泥处理处置技术。
	新型环保材料、药剂关键技术	新型载体填料；新型絮凝剂；吸附剂；高效固硫剂；耐高温、耐腐蚀环保材料。
新型节能环保装备	高效低耗节能环保装备	工业窑炉有害物质控制关键技术及装备；重点行业废水回用装备；含重金属污泥处理处置装备；挥发性有机污染物控制关键技术与装备；高效低耗除磷脱氮脱硫关键技术及装备。

七、新能源产业核心技术发展趋势及重点

在传统化石能源枯竭、全球变暖以及环保压力多重诱因下，新能源逐步被提升到前所未有的战略高度。新能源产业的发展带来一种可持续的能源利用模式，对于产业的节能减排以及全社会的人地和谐有着深远的影响。新能源产业技术领域是全世界的热点，加强这些领域的研究对于增强广东自主创新能力、增强未来参与全球竞合的实力具有重要作用。在未来制约广东发展的因素中，能源供给始终是不容忽视的重要限制因素。以新能源产业发展来逐步突破发展瓶颈，是广东先行先试探索科学发展新路的必然道路。

（一）广东新能源产业技术基础

广东可再生能源资源丰富，但开发能力有待加强。目前，广东新能源产业主要分布在广州、深圳、珠中江、深莞惠、潮汕。大力发展新能源产业对于提高能源供应能力具有重要意义。广东省已将新能源产业列入战略性新兴产业发展重点，近年来在推进新能源产业发展方面已取得显著成效。

1．太阳能产业

广东太阳能产业具有一定的产业基础。截至2009年7月，广东有太阳能企业总数66家，其中整机企业56家，配件设备类企业10家，占全国数量的2.4%。截至2010年年底，仅深圳市共确立了44个太阳能示范项目，其中15个为国家级太阳能示范项目；扶持4个太阳能生产基地建设，其中3个已投入生产。在太阳能光电方面，广东太阳能光伏产业具有一定优势。其中太阳能灯具、太阳电池组件封闭、光伏系统的周边产品发展较为快速。2009年，广东太阳能光伏发电装机0.2万kW，累积光伏发电4处，功率达10 186峰瓦。在太阳能光热方面，光热利用面积达300万平方米，占全国的1.3%。其中太阳能热水器2007年产销量约130万平方米，主要集中在广州、东莞、河源、佛山与深圳等市。

在技术基础方面，广东具有完整的光伏产业链，珠三角是全国五大光伏产业板块之一。特别是薄膜太阳能光伏领域的技术，在全国处于领先地位。广东太阳能热水器已成规模，广州、东莞、佛山、河源等地都有不少企业进行热水器研发和生产。广东太阳能产业具有较强的研发力量、研发队伍，除了企业自身成立的研发机构外，还有一批高校、科研机构组成的太阳能研发机构。

2．风能产业

广东风能产业发展，呈现关键核心技术突破与风场建设相互促进的发展特点，依托海上风电领域的战略突破，正在实现新能源产业的跨越式发展。目前，广东正在大力推进风电项目开发建设，截至2011年年底，全省已建成投产的陆上风电装机容量约90万kW，正在建设的风电装机容量约120万kW，还有一批规划项目作为项目储备。同时，按照国家统一部署，广东省正在抓紧开展海上风电开发有关工作，组织编制落实《广东省海上风电场工程规划》，并积极推动有关项目开展前期工作。

广东风能产业链条已初步形成，形成风力发电机组制造、风力装备配套产业、风力发电场建设相互支撑发展的良好局面。风力发电机组自主研发取得重大突破，广东东兴风盈风电设备有限公司自主研发设计制造的800kW风力发电机组成功打入粤电集团，90%以上的技术已经实现国产化。广东风能产业的龙头企业阳明风电，坚持联合研发模式，与德国Aerodyn公司针对中国风资源环境，紧紧围绕高发电量、高可利用率、低度电成本的目标，研制拥有自主知识产权、适合中国各类风况的风机，产品包括1.5MW～3MW抗台风型、抗低温型、高原型、潮间带型、低风速及SCD2.5MW、2.75MW和3MW风机等系列风力发电机组。

3．生物质能产业

广东现有生物质能包括能源作物、林木生物质、农作物秸秆、人蓄粪便资源、农产品加工废弃物和城市生活垃圾等，各种生物质能源资源理论上可生成7 600万吨标准煤的能源量，但目前有效利用程度相对不高，生物质能的发展前景广阔。广东正在有序推动生物质能利用，并因地制宜发展农村新能源。省内农林生物质发电、垃圾填埋场沼气发电等项目开始陆续启动。2010年，饶平、东源、揭西、乳源、阳山5个县因新能源产业发展突出，被授予“国家首批绿色能源示范县”称号。在垃圾发电方面，广东在珠三角等人口密集区域的大中型城市积极推进城镇垃圾无害化处理与垃圾发电项目。

4．能源存储和运输

能源存储和运输直接影响着能源产业的发展。在广东，锂离子电池产业和技术均领先全国，目前全省与锂离子电池相关的企业过千家，主要集中的深圳和东莞。智能电网科研技术水平显示出优势，在燃料电池技术的研究和开发也走在了世界的前列。

（二）产业核心技术的凝练

核心技术包括技术核心和设计核心两部分。本文根据带动性强、量大面广、解决技术瓶颈问题 3 个主要标准来界定广东战略性新兴产业的核心技术。

1. 太阳能光电利用关键技术

太阳能光电领域核心技术包括：大型光伏（并网、微网）系统设计集成技术研究示范及装备研制低成本高效益太阳电池关键技术；太阳能利用装备生产新工艺、设备及材料；新一代太阳电池生产关键技术；太阳能光伏发电新材料；新型太阳电池前沿技术。

2. 太阳光热关键技术

太阳能光热的核心技术，本文主要提出高效太阳能集热技术，集热技术可以应用到太阳能聚热发电中。包括：高效太阳能集热技术；太阳能聚光热发电传热液；混合式太阳能发电站。

3. 风能关键技术

广东风电产业核心技术包括：5MW～10MW 大型风机及部件设计、制造及产业化；大型海上风电场设计、施工、运行关键技术研究与示范；风电并网关键技术；风电机组控制系统关键技术；大型风电机组自主化设计软件开发；大型风电机组公共试验测试平台研制。

4. 生物质能利用关键技术

生物质能产业核心技术包括：生物质与煤共燃、共气化发电技术；生物固体成型燃料；生物质热转化及制取合成燃料技术；沼气综合利用关键技术；能源植物的筛选、品质改良技术；城市垃圾能源利用技术。

5. 能源存储和运输

能源存储和运输核心技术包括：锂离子电池关键技术；智能电网关键技术；燃料电池与分布式发电系统关键技术；“电—热—冷”多种储能系统的最优化匹配及综合控。

八、新材料产业核心技术发展趋势与重点

广东省的新材料产业一直保持快速发展的态势，已形成较大的产业规模。2004—2008 年间，广东新材料产业产值年均增长率超过 30%，2008 年规模以上新材料产品的工业总产值达 3 180.3 亿元。据不完全统计，2009 年全省新材料产业实现工业总产值 3 630 亿元，较 2005 年增长 145%，实现工业增加值 870 亿元，产业规模总体位居全国前列。

（一）广东新材料产业技术发展的基础及方向

全省新材料领域的高新技术企业有 470 多家，约占全省高新技术企业总数的 14%，其中新材料产品产值超亿元的企业有 303 家，新材料产业产值占广东高新技术产品产值比重达 20% 左右。当前，广东新材料产业主要集聚在珠江三角洲地区，并以广州、佛山、深圳为核心，初步形成相对集中并具有特色的产业空间布局。珠江三角洲地区新材料产业产值占全省比例超过 85%。广东拥有一批在新材料领域具备较强研发实力的高校和科研院所，企业竞争优势突出。根据广东战略性新兴产业发展的总体部署，未来广东新材料产业的发展重点是新型电子信息材料、特种功能材料、环境友好材料和高性能结构材料、智能材料、纳米材料，向功能化、智能化、高效化、精细化、高纯化、复合化、轻型化和安全、方便、效率统一的方向发展。

1. 高性能有机高分子材料

广东是中国高分子材料产业最发达的省份，年总产量、总产值约占全国总量 1/4，目前已形成一条由“石油化工—树脂合成—改性塑料—塑料加工—产品应用—再资源化”构成的具有国内特色的完

整产业链，合成树脂、合成纤维、改性塑料、塑料薄膜、化学建材、塑料助剂等产品在技术和市场占有率等方面处于国内领先地位。广东高分子材料产业聚集趋势明显，85%以上企业和产值都集中在珠三角地区，该地区也是我国高分子材料产业最密集的区域。广东高分子材料产业在国内具有明显的技术优势。大型企业的树脂合成都为引进国外的先进装置，经过多年的自主创新，目前塑料加工的双向拉伸、挤拉吹、共挤复合、精密注塑等技术，为实现高性能化、功能化等的合金化、增容、填充、增强、阻燃、填料表面处理、功能化等改性技术等处于国内领先水平，有些达到国际先进水平。

2．先进金属材料

从科技资源、产业规模等综合考察，广东先进金属材料产业的总体优势仅次于上海及长江三角洲，居国内各省之前列。目前，广东先进金属材料领域已形成了铝型材产业集群、镁合金加工产业集群，以及稀土材料产业集群。除此之外，锆材料产业、钨产业以及有色金属、稀有金属产业正在崛起。广东先进金属材料产业的总体技术达到国内先进水平，部分技术及产品居国内领先地位，包括：（1）薄板坯连铸连轧技术及热轧集装箱钢板。（2）铝型材及压铸铝业，近十年来一直处于领先地位，在整体技术与装备水平、产品质量、市场份额、出口量等方面具有极其明显的优势。（3）电解铜箔，是电子信息产业的基础材料，总生产能力约20 000吨，占全国的47%。（4）稀土发光材料，已初步形成了从高纯稀土原料到稀土发光材料生产及灯具、电子元器件制造与终端应用的产业链。（5）铁氧体磁性材料，技术水平具有明显竞争优势。

3．新型无机非金属材料

近10年来，广东的电子陶瓷、高性能陶瓷、电池正负极材料、超透平板玻璃、电子信息玻璃、机动车玻璃、高端建筑玻璃、特种水泥和混凝土等新型无机非金属材料得到了空前发展。其中Low－E玻璃、光伏玻璃、微型化的片式电子陶瓷元件、陶瓷基板、高端氧化锆和氧化铝研磨体等在国内占据很重要的地位；片式电子陶瓷、陶瓷辊棒、陶瓷基片等在全国占有较大份额，具有产业优势。近年来，随着建筑、汽车、家装和电子电信业的飞速发展，广东玻璃深加工产业也发展迅猛，生产了我国35%的优质浮法玻璃和33%的工程技术玻璃，技术水平国内领先，部分产品技术指标已十分接近国际先进水平。

4．特种精细化工材料

目前，广东的精细化学品在日用化学品、电子化学品、食品和饲料添加剂、涂料、油墨和塑料加工助剂等方面均有优势，2009年产值突破1 200亿多元，约占全国的18%。广东省正在逐步建设形成的惠州、茂名、珠海、广州、汕头等石油化工产业基础区域内较大的市场需求为精细化工行业带来了很好的发展空间。广东珠三角地区的精细化工产品产量及技术水平在最近的20年得到迅速发展，形成了电子化学品、新型橡塑助剂技术、超细功能材料技术和功能精细化学品等系列的产品结构体系。其中印制线路板生产、加工和组装用化学品、高纯试剂、电子封装材料、超细粉体材料、水性功能涂料及助剂、高性能环保型胶黏剂产品竞争力处于国内领先地位。

5．高端新型电子信息材料

广东是电子信息产业大省，平板显示、半导体光伏、半导体照明有关的材料体系目前在全国已形成较大的比较优势。此外，广东在电子基材方面具有传统的产业优势，聚集了较多相关企业。其他在不同程度上实现规模化生产的主要产品还包括：电子元器件用金属功能材料、新型电池材料、稀土发光显示材料、光纤材料、电子陶瓷、玻纤、集成电路及封装用电子化学品等。

6．纳米材料、生态环境材料

广东是我国纳米材料的主要基地之一，纳米材料产业已形成一定规模，其中纳米碳酸钙及纳米二氧化硅等材料处于国内领先水平，高纯易分散的气相纳米粉体产业也处于快速的发展阶段。其他纳米粉体材料如钛白粉、氧化锆、氧化铝、钛酸钡等同样需求量大。广东有4家大型的电子陶瓷企业，其产量占全球的50%，及全国的70%。

（二）广东新材料产业核心技术攻关的选择

广东新材料产业核心技术攻关的选择，将突出发展重点，选择广东最有可能率先突破和做大做强的领域予以重点支持，特别关注未来新兴高科技产业的布局和发展，加快发展科技含量高、产业基础好、市场潜力大的关键新材料。根据 2011 年《广东省人民政府关于贯彻落实国务院部署加快培育和发展战略性新兴产业的意见》，新材料产业的发展重点是：大力发展稀土功能材料、平板显示材料、半导体照明材料、核电专用材料、超材料、功能陶瓷、高性能膜材料、特种玻璃、集成电路用封装材料、能量转换和储能材料等新型功能材料，积极推广低能耗、轻污染、少排放、可循环的新型材料制造技术。延伸石化下游产业链，重点发展高性能工程塑料、新型树脂及新型化工材料，提升碳纤维、芳纶、超高分子量聚乙烯纤维等高性能纤维及其复合材料发展水平。支持开展纳米、超导、智能、光电等共性基础材料研究（见表 12－2－1－3）。

表 12－2－1－3　广东省新材料技术领域重点攻关领域与关键共性技术

产业环节	重点领域	关键共性技术
高性能有机高分子材料	高性能合成树脂、特种合成橡胶、新型工程塑料及塑料合金、耐高温尼龙，高性能碳纤维、芳纶、超高分子量聚乙烯纤维及先进复合材料，有机硅树脂、电子级环氧树脂及聚酰亚胺树脂，电池隔膜材料，膜材料，功能高分子材料。	高性能碳纤维的开发及产业化；高性能聚丙烯专用料合成技术；工程塑料的合成技术；新型热塑性弹性体材料的合成技术；工程塑料环境友好阻燃技术；功能高分子材料的制备技术；进复合材料的制备技术；高性能、高稳定再生塑料的制备技术；新型绿色高性能 PP 管材管件专用料的制备技术、加工技术高效、低成本的成核剂制备技术；多功能塑料薄膜的制备技术。
先进金属材料	高档轿车外板及家电用板、不锈钢板；异型铝、铜加工材，铝镁合金铸件，高效散热铜管、建筑用铜水管、电力工业用超长冷凝管等；稀土功能材料。	高效、节能、短流程冶金技术的研究开发及工业化应用；高精度、高质量产品深加工技术与产品的研究开发及产业化；高性能特种金属材料研究开发及产业化；高性能稀土功能材料研究开发及产业化；先进表面技术与涂层和薄膜材料研究开发及产业化；新能源汽车动力或储能电池用材料、超级电容器材料稳定化工业生产与应用关键技术。
新型无机非金属材料	高性能建筑物隔热隔音材料、环保材料与技术、超细粉体、高强高韧陶瓷材料、高耐久性混凝土技术与制品、医用高性能硬组织植入材料。	陶瓷装饰用的新型色料和制备技术；高性能结构陶瓷的增强增韧技术；先进陶瓷材料的制备技术、结构功能一体化的陶瓷制备技术；无机非金术、结构功能一体化的陶瓷制备技术；无机非金属材料表面改性技术；大尺寸玻璃基板；新型节能和绿色建筑材料。
高端新型电子信息材料	新型显示材料、新型通信材料、照明材料、电子材料与电子元器件、新型半导体能源材料、电子化学品材料等方面。	重点研究 OLED 材料；新型 TFT 材料；电子纸材料；半导体照明芯片、封装和散热材料；半导体光伏材料；集成电路芯片；电子浆料；高世代 TFT－LED 用玻璃基板、偏光片、滤光片材料、液晶材料；导电胶、非晶纳米晶合金材料；新型稀土发光材料；高性能铁氧体磁性材料；ZTO（氧化锌锡）、CIGS（铜铟镓硒）系列靶材。

（续上表）

产业环节	重点领域	关键共性技术
特种精细化工材料	表面活性剂、合成材料加工用的高分子加工助剂、电子化学品。	高纯试剂通用技术的开发和产业化；高性能刚性覆铜板用的特种环氧树脂的开发及其产业化；电子领域聚乙烯保护膜的开发及其产业化；电子信息和能源产业配套用电子化学品；高性能、环境友好的涂料、黏合剂和油墨；高效、多功能、安全的食品、化学工业和高分子材料加工助剂。
纳米材料	纳米电子材料、纳米陶瓷、纳米复合材料、纳米涂层材料。	纳米电子材料的开发及产业化、以碳纳米管为表的纳米组装材料的设计与制造；高性能纳米结构材料的开发及产业化；纳米涂层材料。

（广东省科学技术厅发展规划处　广东省科学技术情报研究所）

加快我省科技服务业发展的调研报告

（2011 年 9 月）

科技服务业是研究开发链和科技产业链中，不可缺少的服务性机构和服务性活动的总和，是依靠科学知识和现代技术手段向社会提供专业化服务的新兴产业，主要分为研究与试验发展服务业，专业技术服务业，科技交流和推广服务业，以及信息技术服务、创意与工业设计服务、科技金融服务、科技服务外包等新兴高科技服务业。“十一五”期间，我省科技服务业产业规模不断扩大，新兴科技服务业快速崛起，科技服务活动日趋活跃，服务规模和服务能力位于全国前列。但与发达国家和我国部分先进省市相比，还有一定差距，包括有关政策法规有待建立完善、扶持措施不够有力、队伍建设亟需加强等。2010 年以来，省委政研室和省科技厅组成联合调研组，到广州、东莞、佛山、深圳等地市开展了专题调研，并对国内外推动科技服务业的经验做法进行了研究。我们认为，科技服务业是现代服务业的核心内容之一，涵盖了战略性新兴产业的众多领域，是区域创新加速器和产业转型升级助推器，是科技服务于经济社会发展的重要途径，建议省委、省政府加大力度推动科技服务业发展。

一、科技服务业是加快“广东制造”向“广东创造”和“广东服务”转型升级的重要助推器

科技服务业作为广东科技与经济结合发展最快、最活跃的领域之一，不仅是现代服务业的重要组成部分和产业结构调整优化的重要突破口之一，而且是加快“广东制造”向“广东创造”和“广东服务”转型升级的重要助推器，已成为衡量一个地区自主创新能力和产业竞争力的重要标志。

（一）发展科技服务业是提升自主创新能力的重要抓手

自主创新是一项科技与经济有机结合的系统工程，需要政府、高校、科研院所、企业以及科技服务机构等多部门共同参与。科技服务业作为自主创新系统的重要组成部分，为自主创新提供全过程综

合服务，在促进创新要素互动和成果转化中发挥着对接、催化、加速作用，可以有效提高企业自主创新的速度和效率，为科技界与产业界之间搭建起有效的桥梁。可以说，哪里的科技服务业发达，哪里的自主创新能力就强。如广州博士俱乐部以4 000多名博士会员为依托，树立“科技顾问”服务理念，凝聚博士智慧，对接社会需求，为我省各地经济发展、产业布局、基础规划以及发展中急需解决的问题提供智力和服务。2010年，广州博士俱乐部服务合同额接近1个亿，为2 000多家企业提供了科技咨询、科技创新指引、专利等技术成果的转移和转化等服务，合计实现983项专利技术成果的转化和1 000余项技术成果转移，已成为我省创新能力提升的重要力量。

（二）发展科技服务业是加快产业转型升级的重要动力

科技服务业处于整个服务业链条的顶端，能够辐射带动形成创新型的现代产业体系，可以说是现代服务业“皇冠上的明珠”。一般认为，科技服务每创造1个单位的收益，就能为服务对象带来5个单位以上的收益增加。发达国家非常重视科技服务业的发展，科技服务业规模约占其GDP的3%～5%或更高，培育发展科技服务业已成为发达国家抢占国际产业价值链高端环节的重要突破口。科技服务业是具有高端、高效、高附加值、低污染特征的重要产业，在新的历史时期，促进科技服务业发展符合我省产业结构调整的方向，有利于激活我省产业发展存量，有利于我省破解产业转型升级中资源环境约束难题，有利于我省抢占国际产业价值链的高端环节。同时，我省是制造业大省，传统产业能耗偏高，转型升级的任务相当艰巨。科技服务业对制造业转型升级具有强大的引领带动作用，可以快速改造传统产业，促进传统产业产出不断增加，效益明显提升。

广州毅昌科技股份有限公司以工业设计为主导，积极申请超过300项专利，依托珠三角地区雄厚的制造业基础，成为全国最大的工业设计产业化集团和首家以工业设计为核心的国家级企业技术中心，已为国内外200多家客户提供创新增值服务，拉动广州开发区上下游产业300多亿元产值，促使以“工业设计”为代表的新兴高科技服务业成为我省加快产业转型升级的重要动力。此外，被誉为“中国建陶第一镇”的佛山市南庄镇，与景德镇陶瓷学院共同创办了华夏建陶研究开发中心。该中心成立以来，为包括南庄镇企业在内的国内外500多家陶瓷企业提供了检测分析、技术咨询、技术培训、专利转让、信息交流等服务，解决核心和关键技术问题，促进了南庄镇陶瓷产业的转型升级。

（三）发展科技服务业是培育和发展战略性新兴产业的重要途径

战略性新兴产业是新兴科技和新兴产业的深化融合，随着经济转型升级进程的加快，战略性新兴产业对科技服务业服务能力提出更高的要求。而科技服务业作为现代服务业的核心内容之一，涵盖了战略性新兴产业的众多领域。科技服务机构通过提供孵化功能推动技术转移，进行新技术、新产品、共性技术和关键技术的推广，促使隐性知识和技术转化为显性知识和技术，通过产业化、商品化使知识和技术蕴涵的经济价值得以实现，在加快科技创新成果转化过程中催生战略性新兴产业，促使战略性新兴产业的关键领域和关键环节取得突破，促进形成新能源、LED、新材料等领域的研发、推广及配套服务体系。中国科学院深圳先进技术研究院积极瞄准战略性新兴产业发展，大力建设面向现代深度工业设计和信息服务的“先进工业设计平台”、面向绿色高端制造和精密加工的“先进制造工业技术平台”，致力于开展战略性、前瞻性、关键性的技术研发。目前，平台广泛对外开展技术服务、技术培训、技术推广等科技服务活动，累计服务企业318家，其中技术服务企业43家，技术支持及需求调研企业67家，参与技术培训企业46家，参与技术推广企业162家，涉及LED产业、高端电子信息等我省重点发展的战略性新兴产业领域。此外，科技服务业具有知识密集、高附加值、低污染等特点，代表科技创新的方向，本身就是一个高端的新兴产业，有望成为全省战略性新兴产业。

二、我省科技服务业发展的基本情况

“十一五”期间，我省科技服务业发展迅速，呈现出产业规模不断扩大的态势，产业增加值以年均20%的速度增长，为“十二五”时期科技服务业发展奠定了重要基础。2010年，全省科技服务业从业机构达3.5万家，从业人员53万人，科技服务业增加值1 700亿元，约占全省现代服务业增加值的14%，占全省生产总值的3.8%；全省共认定登记技术合同17 558项，合同成交金额242.5亿元，其中技术交易额209.2亿元。总体来说，我省科技服务业有以下4个特点：

（一）科技服务机构的服务能力大幅提升

近年来，我省科技服务机构不断壮大，国际和港澳台科技服务企业大量涌入，国内众多知名高校和中国科学院的科技服务机构纷纷进驻，推动了我省科技服务机构服务能力的迅速提高。我省科技服务机构不断加大科技服务研发技术攻关，创新科技服务模式和新产品，针对广东重点产业、重点领域开展科技服务业务，涌现出一批业务特色明显、社会效益高、辐射能力强的骨干科技服务机构。比如，深圳的中国（华南）国际技术产权交易中心，通过创新交易模式和完善交易服务体系，推动各类资源投资于专利技术和早期创业创新企业，迄今累计交易62 533宗，交易金额2 849.65亿元，为120余家科技企业完成股份制改造，培育上市公司52家，融资金额达244亿元。此外，在我省产业转型升级过程中，一大批科技服务机构（企业）进驻专业镇设立总部或者分支机构，为专业镇企业提供专业化科技服务，并带头建设具有示范带动作用的公共服务平台。比如，中山市小榄镇国家生产力促进示范中心，具有技术创新、信息服务、人才培训、科技创业、质量检测和企业融资等六大服务功能，43个科技服务实体，为该镇四大支柱产业提供了专业的科技服务。

（二）科技服务业集聚区不断涌现

我省科技服务机构主要集中在珠三角地区，呈现集聚发展态势，出现了以广州科学城、广州天河软件园、深圳深港创新圈、东莞松山湖科技园区、佛山广东金融高新技术服务区、广东工业设计城、中山广东健康医疗技术服务区等为代表的一批实力雄厚的科技服务业聚集区。比如，广东工业设计城通过搭建交易服务、金融服务、人才引进及培训服务、共性技术研发、成果转化服务、品牌推介6个平台，吸引了日本喜多俊之设计机构、德国红点机构中国办事处、香港理工大学、清华美院、北京电影学院等50多家国内外优质设计单位入驻，设计师超过500人。园区工业设计企业与美的、格兰仕、海信科龙等生产企业，以及顺德家电商会、顺德青年企业家协会等商协会形成对接合作关系。2009年，园区知识产权申请数量为205项，设计产品的产业化数量超过1 000件，工业设计外包服务产值近1亿元，直接拉动经济产值达100亿元，被授予“国家工业设计与创意产业基地”和“国家创新型产业示范基地”的称号。

（三）新兴科技服务业发展取得突破

随着广东加快产业转型升级，全社会对科技服务需求日益多元化，产生了许多新的科技服务需求，以科技服务外包、创意与工业设计、信息技术服务、科技金融等为代表的新兴科技服务业应运而生并快速发展，法人单位数和增加值年均增长分别超过15%和45%，增加值占科技服务业比重从2005年的40%提高到2010年的50%以上，产业规模逐步接近传统科技服务业，形成了一批有科技服务特色的科技园、创意园、动漫园等新兴科技服务密集区。以工业设计产业为例，截至2010年年底，全省工业设计机构达600多家，设置工业设计部门的制造企业超过4 000家，创意设计产业园46家，工业设计从业人员超过6万多人，工业设计对经济增长贡献率已达28%，对产业的撬动比超过

100 倍。

（四）科技服务业促进政策陆续出台

省委、省政府高度重视科技服务业的培育发展，在先后出台的《关于加快我省服务业发展和改革的意见》《广东省服务业发展“十一五”规划》《中共广东省委广东省人民政府关于加快建设现代产业体系的决定》等重要政策文件中，均提出将科技服务业作为服务业发展的重点领域。“十一五”期间，省科技厅对科技服务业进行精心布局，出台了一系列促进政策，2009 年在全国率先设立科技服务与管理处，将“科技服务业培育工程”列入省十大科技创新工程之一，并组织召开了广东科技服务业论坛。2010 年，省科技厅开展了“广东省科技服务业百强企业”认定，实施了“促进科技服务业发展专项计划”，重点扶持科技服务业发展政策法规环境建设和科技服务机构能力建设。这些政策措施的制定与实施，显示了我省对科技服务业的高度重视，推动了我省科技服务业的蓬勃发展。

同时，我省地市科技服务业政策环境也日益优化，不少地市已经充分认识到发展科技服务业的重要性，加强了科技服务业政策的制定实施。东莞出台了《东莞市加快发展科技服务业实施办法》和《东莞市科技服务机构认定管理办法》，着重加快科技服务业体制机制建设。深圳市通过了《深圳经济特区前海深港现代服务业合作区条例》，确定以科技服务为重要内容的生产服务业作为创新发展点，并加快推进《深圳经济特区技术转移条例》立法工作，进一步明确技术转移各类主体的法律地位和定位，打造符合深圳特色的技术转移模式。广州市制定了《广州市科技服务业发展计划》，并积极推动技术转移与技术产权交易机构发展。佛山市发布了《佛山市科技服务业发展规划》，注重扶持科技金融及科技企业孵化机构发展。

但是，由于科技服务业还是一种新型业态，在全国尚处于起步阶段。我省科技服务业虽已初具规模，增长速度也较快，但开展的科技服务业工作属于探索性、创新性工作，与西方发达国家以及北京、上海等国内先进地区相比，还存在不少有待进一步解决的问题和困难，需要在“十二五”期间加以解决。

一是促进科技服务业发展的政策法规有待建立完善。目前，我省尚未出台有关科技服务业的省级地方性法律法规，许多实际问题无法可依，科技服务组织的经营范围和经营内容杂乱，科技服务从业机构等科技服务主体的法律地位、经济地位、运行机制等还没得到明确，技术交易场所的技术交易和咨询方面缺乏相应的法律规定。同时，我省科技服务行业自律管理制度有待制定、科技服务机构信誉评价制度等也有待制定。这些都影响了科技服务业在全省社会经济发展中作用的发挥。反观发达国家，都是通过制定和实施相应的法律法规，引导和保障科技服务业发展。比如，美国有《国家技术转让与促进法》《联邦技术转让商业化法》等。日本有《促进大学的技术成果向民间事业者转移法》等，在这些法律法规和实施细则中，明确了科技服务业的社会地位和作用，建立起企业、大学、研究机构、政府机构之间的联系，促进了他们之间的委托开发和技术转让，规范和健全了科技服务体系。

二是促进科技服务业发展的措施不够有力。尽管我省先后出台了一系列政策文件来促进科技服务业发展，科技部门也开展了很多加快我省科技服务业发展的工作，但我省促进科技服务业发展的政策体系还不完善，扶持政策措施力度还不够，缺乏科技服务业的专门性的政策和实施细则。在这方面，国内外有很多先进的经验可以借鉴。例如，美国直接资助建立国家级科技服务中介机构，成立了国家技术转让中心、联邦实验室技术转让联合体和国家技术信息服务中心等机构。香港从 2010 年起推出“投资研发现金回馈计划”，为本地公司在科技研发方面的投资提供 10% 的现金回馈，鼓励企业与本地科研机构长期合作。国内发达省市如北京、上海、江苏等也开展了卓有成效的工作，江苏实施了科技服务业发展专项计划，发布了《各省辖市 2008 年科技服务业发展目标分解》；根据《天津市关于 2003—2007 年科技服务业发展实施意见》的有关规定，天津专门设立了发展科技服务业的政府引导资金，主要用于重大科技服务机构建设、科技服务人才培训等项目。

三是科技服务业人才队伍建设亟需加强。科技服务业属于知识密集型产业，科技服务具有知识密集的特征，其从业人员不仅具有较为深厚的科技背景，而且更要具有广阔的视野，通晓管理、经济、金融、法律等多学科知识，能独立负责某一技术转移项目的全程服务。如国际上有名的兰德公司从业人员达数千人，其中博士、硕士占80%以上，人才专业构成涉及自然科学和社会科学的众多领域。英国技术集团（BTG）的职员大多具有理、工、商、法律两种或两种以上的专业，并且大多曾有在企业工作的经历。但从目前的现状看，我省科技服务业人才队伍虽然在不断壮大，但从业人员以大专或本科学历为主，高端研发人才和具有创新性、跨领域整合与管理实务历练的人才严重缺乏。以专利代理人为例，我省精通法律、技术和外语，又熟知企业知识产权战略的综合性高层次人才缺乏，导致不少广东企业将专利代理业务委托给北京、上海的科技服务机构。

三、对加快我省发展科技服务业的建议

科技服务业对加快转型升级、提高自主创新能力、建设创新型广东具有“四两拨千斤”的撬动效应和倍增效应，在《珠江三角洲地区改革发展规划纲要（2008—2020年）》和我省“十二五”规划中已列入重点发展产业之一。为更好落实《规划纲要》和“十二五”规划，借鉴国内外先进经验和做法，本着“凡是符合国家政策法规的，都可以大胆试行；凡是兄弟省市成功的做法，都可以大胆参考；凡是不利于科学发展的条条框框，都允许突破”的原则，用足、用好国家给予的政策空间，我们对大力推动科技服务业发展提出以下建议。

（一）从战略高度谋划我省科技服务业发展

我省尤其是珠三角地区要从全局和战略高度，充分认识发展科技服务业的战略意义，大胆探索，先行先试，采取强有力措施促进科技服务业加快发展，把发展科技服务业作为“加快转型升级，建设幸福广东”的重要着力点，努力把广东建设成为全国科技服务业发展的排头兵。建议抓紧出台促进科技服务业发展的专项政策法规、产业规划以及配套政策，适时召开全省科技服务业工作会议，明确科技服务业发展的总体要求与具体目标。同时，围绕我省“十二五”期间战略性新兴产业的培育和发展要求，大力发展高端电子信息服务、新能源技术服务、节能环保技术服务、生物技术服务、先进制造业技术服务等新兴高科技服务业。围绕我省幸福广东的建设要求，大力推进网络信息技术的集成应用，大力发展面向社会民生的数字交通、数字医疗、数字文化、数字生活、电子商务等新兴科技服务业态，不断培育形成科技服务业新的增长点。

（二）提高科技服务机构服务能力

建议由省科技管理部门牵头制订实施省级科技服务企业认定办法，并制订有关配套的激励政策，打造更多像博士科技、毅昌科技、华大基因、金域检验这样的龙头科技服务机构。省质检部门会同有关部门制订或修订相关科技服务标准，确保科技服务业服务质量。以现有的省、市、县生产力促进中心为平台，整合全省现有科技服务资源，加快构建和完善全省社会化、网络化的科技服务体系，引导科技服务机构开展专业化科技服务业务。鼓励企业将其技术开发部分立出来，成立具有独立法人资格的研究开发中心或研究开发院，独立承接研发、设计、检测等科技服务业务，所在地市给予政策扶持。鼓励科技服务企业与高等院校、科研院所以及法律、会计、资产评估和投融资等机构合作，建立专业性科技服务战略联盟。同时，围绕专业镇转型升级对技术创新体系和综合服务体系建设的需求，实施专业镇转型升级科技服务工程，建立专业镇科技服务中心（或站点）。同时，大力引进国内外知

名科技服务企业来粤设立地区总部、服务中心、分支机构、研发中心，吸引国内著名高校、科研机构来我省设立研究院等研究机构，带动提高全省科技服务机构服务能力。

（三）发展科技服务业集聚区

建议以高新技术产业园区、民营科技园、产业转移园区以及专业镇技术创新中心等为载体，重点建设科技服务产业集聚区。集聚区要建立相应管理机构，加强集聚区内统一管理。加快集聚区内公共服务平台建设，构建集信息、研发、金融、物流、培训、展示、合作、检测为一体的综合服务平台，为入区企业提供配套服务。引导高端科技要素和科技服务机构向广州中新知识城、广州科学城、国际生物岛、东莞松山湖科技园区、佛山金融高新技术服务区、顺德中国南方智谷等集聚。建设以广州、深圳、佛山、东莞等地产业集群为基础的粤港科技服务业合作平台，积极争取香港专业服务机构开展测试分析业、创意设计业、第三方科技服务业、科技投资业、科技创业孵化器、科技管理和高新技术培训服务业等专业科技服务。同时，建议由省科技主管部门会同发展改革部门，联合制定《广东省省级科技服务业集聚区认定和管理暂行办法》，完善省级科技服务业集聚区的认定和管理工作，力争到 2015 年全省规划建设 20 个特色鲜明、结构合理、服务链条比较完善的科技服务业集聚区。

（四）建设科技服务技术市场

优化全省技术市场管理机构、技术交易服务机构，推进技术市场信息化建设，提高技术市场公共服务能力。建议加快发展中国（华南）国际技术产权交易中心、华南技术交易网等重点技术交易市场和平台，推动建设中国新产业技术产权交易中心。建设广东现代服务业交易中心，使其成为现代服务产品“超市”，为企业自主创新提供专业化服务。积极发展技术中介、技术经纪、技术评估、技术产权交易等科技服务机构，不断强化技术交易平台建设，力争到 2015 年全省技术合同成交金额超过 700 亿元，实现科技成果高转化率。

（五）加大财政、税收、金融等对科技服务业发展的支持力度

一要加大财政投入。建议在省财政年度预算中设立省级科技服务业发展专项资金，对科技服务机构、科技服务集聚区、科技服务市场等的建设给予支持，有条件的地市特别是珠三角地区要设立科技服务业发展配套资金。二要落实税收优惠。建议税务部门在认真落实国家和省各项科技服务业相关的税收优惠政策基础上，进一步扩大税收优惠范围，参照高新技术企业的优惠政策，研究制定对高端技术研发、科技金融、创意与工业设计等技术先进型服务企业的扶持办法。三要促进科技与金融结合。鼓励政策性银行、商业银行等金融机构建立适应科技服务业特点的信贷管理和贷款评审制度。鼓励担保机构和小额贷款公司为科技服务机构提供金融支持，支持符合条件的科技服务机构通过创业板市场、中小企业板市场融资。支持广东高新区大力推进“新三板”试点准备工作，引导更多科技服务企业成为“新三板”试点企业。支持符合条件的科技服务企业在深柜市场等区域性非公开科技企业柜台交易市场进行企业股权交易和技术产权交易。

（六）加强科技服务业人才培养和引进

人才资源作为科技服务业快速发展的首要资源，发挥着不可替代的重要作用，尤其是高层次科技服务业人才作为最稀缺的战略资源，已成为科技服务业发展的关键所在。我省可借鉴香港的做法，多层次、多渠道加强科技服务业人才队伍建设，力争到 2015 年，全省科技服务业从业人员超过 80 万人，就业岗位增加 30 万个，其中大学生就业岗位增加 15 万个。为此，建议我省积极完善科技服务引才引智机制，将高层次科技服务人才纳入全省人才引进规划，采取兼职、定期服务、科研和技术合作、咨

询讲学等柔性流动方式，吸引高层次科技服务人才来粤创业和工作。通过政府机构、高等院校和科研院所等多方合作，成立科技服务业人才培训机构或培养基地，加强对从业人员进行法律法规、职业道德、专业技能等方面培训，着力培养一批结构合理、素质优良的科技服务业领军人才和创新团队。探索构建科技服务业职业资格证书认证制度、技术职称评聘制度和职业资格标准体系，全面推进科技咨询师、项目管理师、技术经纪人等职业培训和资格认定工作。

（中共广东省委政策研究室　广东省科学技术厅）

科技统计表

表 1 各类科技机构概况（2011）

1－1 主要指标

项 目		政府部门属科技机构					非政府部门属研究与开发机构和综合技术服务业有R&D活动的事业单位	转制机构
		县以上部门属研究与开发机构合计	自然科学和技术领域	社会与人文科学领域	科技信息和文献机构	县属研究与开发机构		
机构数	（个）	180	155	10	15	142	158	74
职工总数	（人）	18 703	17 349	654	700	2 789	28 925	12 479
单位在职从事科技活动人员	（人）	14 854	13 697	583	574	1 457	15 663	6 904
大学本科及以上学历	（人）	10 676	9 775	481	420	257	11 912	5174
R&D 人员折合全时工作量	（人年）	8 424	8 076	331	17	231	9 150	2 861
科技活动收入	（千元）	5 335 124	4 923 199	226 087	185 838	116 852	5 200 698	2 016 740
政府拨款	（千元）	3 798 243	3 461 244	215 640	121 359	104 779	1 497 094	414 617
科技经费内部支出	（千元）	5 249 143	4 885 350	194 898	168 895	124 572	3 759 710	1 432 893
资产购建支出	（千元）	1 108 957	1 048 624	53 472	6 861	9 136	1 306 576	375 554
R&D 经费内部支出	（千元）	2 821 083	2 678 847	138 128	4 108	12 122	2 782 758	979 151
固定资产	（千元）	6 915 716	6 523 713	142 917	249 086	2 348 901	5 659 263	3 365 253
课题数	（个）	6 090	5 824	132	134	209	1 148	1 240
课题经费支出	（千元）	2 184 997	2 119 210	54 181	11 606	35 869	1 794 011	697 920
R&D 课题经费支出	（千元）	1 549 457	1 494 550	53 643	1 264	8 761	1 718 312	552 710
课题投入人员	（人年）	10 333	9 750	335	249	660	8 958	3 281
R&D 课题投入人员	（人年）	7 293	6 953	326	14	213	8 203	2 582
专利申请受理	（项）	908	907	0	1	9	2 072	430
专利授权	（项）	481	481	0	0	1	487	300
科技论文	（篇）	5 755	5 166	452	137	97	2 395	2 000
科技专著	（种）	146	78	65	3	3	60	52

注：1. 各表中数据由于统计小数四舍五入而产生的误差均未作配平处理。
2. 以后各表的范围为县以上政府部门属研究与开发机构，即自然、社人、信息文献三个领域中的机构。
3. “大学本科及以上学历”对应的县属机构为“大专以上学历”。

表 2　全部县以上部门属科技机构、人员和经费概况（2011）

2－1　按地域分布

项　目	机构数（个）	从业人员 总数（人）	单位在职科技活动人员	大学本科及以上学历	经费收入 总额（千元）	政府资金	科技活动贷款（千元）	经费支出 总额（千元）	科技经费支出
总　计	**180**	**18 703**	**14 854**	**10 676**	**8 510 063**	**4 114 891**	**10 971**	**8 315 948**	**5 249 143**
广州市	82	13 968	11 213	8 524	7 544 083	3 360 873	10 971	7 367 108	4 475 708
韶关市	11	324	193	80	53 548	38 046	0	50 973	31 608
深圳市	1	813	813	792	247 674	227 739	0	265 581	263 261
珠海市	4	207	142	71	34 245	28 754	0	33 615	28 072
汕头市	11	677	467	160	86 015	43 181	0	81 066	49 082
佛山市	4	163	133	80	48 252	45 808	0	47 899	39 003
江门市	4	63	48	41	13 973	12 099	0	12 112	9 247
湛江市	10	715	520	261	157 329	132 293	0	174 667	167 226
茂名市	8	158	112	47	22 638	13 670	0	18 486	13 120
肇庆市	5	123	103	42	22 555	18 323	0	20 911	16 004
惠州市	7	337	208	89	41 939	32 043	0	42 703	32 008
梅州市	5	198	171	64	23 140	12 266	0	21 891	15 794
汕尾市	3	17	15	6	1 294	1 291	0	1 336	1 067
河源市	3	28	24	4	3 026	1 252	0	2 913	1 605
阳江市	2	67	44	9	8 199	5 800	0	7 400	3 102
清远市	1	4	3	1	76	20	0	235	205
东莞市	9	518	417	323	150 472	112 452	0	115 714	87 079
中山市	3	115	70	56	35 909	16 268	0	36 084	4 853
潮州市	2	94	87	11	8 132	6 999	0	8 185	5 844
揭阳市	3	93	54	12	3 994	3 144	0	3 982	2 867
云浮市	2	21	17	3	3 570	2 570	0	3 087	2 388

2－2 按隶属关系分布

项 目	机构数（个）	从业人员总数（人）	单位在职科技活动人员	大学本科及以上学历	经费收入总额（千元）	政府资金	科技活动贷款（千元）	经费支出总额（千元）	科技经费支出
总 计	**180**	**18 703**	**14 854**	**10 676**	**8 510 063**	**4 114 891**	**10 971**	**8 315 948**	**5 249 143**
地方部门属	160	12 242	9 194	6 071	5 528 403	2 030 391	0	5 503 618	2 955 234
省级部门属	49	6 659	5 151	3 687	4 245 147	1 172 102	0	4 240 934	2 047 534
副省级城市属	21	2 176	1 528	1 192	703 108	441 697	0	719 320	521 287
地市级部门属	90	3 407	2 515	1 192	580 148	416 592	0	543 364	386 413
中央部门属	20	6 461	5 660	4 605	2 981 660	2 084 500	10 971	2 812 330	2 293 909
中国科学院	6	2 852	2 738	2 340	1 362 841	1 143 048	971	1 317 258	1 177 276

2－3 按服务的国民经济行业分布

项 目	机构数（个）	从业人员总数（人）	单位在职科技活动人员	大学本科及以上学历	经费收入总额（千元）	政府资金	科技活动贷款（千元）	经费支出总额（千元）	科技经费支出
总 计	**180**	**18 703**	**14 854**	**10 676**	**8 510 063**	**4 114 891**	**10 971**	**8 315 948**	**5 249 143**
农、林、牧、渔业	74	4 680	3 026	1 641	1 116 748	837 695	0	1 046 599	809 963
农业	29	2 022	1 400	684	437 927	331 225	0	439 240	342 238
林业	18	916	617	354	241 260	177 404	0	225 421	165 189
畜牧业	6	402	173	57	38 970	18 419	0	40 482	17 988
渔业	6	415	302	217	209 356	170 745	0	160 736	153 851
农、林、牧、渔服务业	15	925	534	329	189 235	139 902	0	180 720	130 697

（续上表）

项　目	机构数（个）	从业人员总数（人）	单位在职科技活动人员	大学本科及以上学历	经费收入总额（千元）	政府资金	科技活动贷款（千元）	经费支出总额（千元）	科技经费支出
采矿业	1	1 389	1 203	1 081	551 678	213 350	10 000	546 986	223 441
有色金属矿采选业	1	1 389	1 203	1 081	551 678	213 350	10 000	546 986	223 441
制造业	17	1 583	1 304	862	701 442	329 460	0	715 294	534 479
农副食品加工业	2	524	420	223	145 001	88 076	0	151 495	122 884
食品制造业	1	141	112	96	63 964	31 851	0	56 686	46 150
石油加工、炼焦和核燃料加工业	1	20	7	3	2 593	2 384	0	2 601	1 100
医药制造业	5	518	489	372	181 317	165 511	0	203 383	191 584
化学纤维制造业	1	24	17	11	7 625	5 622	0	7 300	911
黑色金属冶炼和压延加工业	1	68	29	12	28 321	300	0	31 756	4 498
专用设备制造业	4	228	188	142	269 345	35 145	0	258 764	165 603
计算机、通信和其他电子设备制造业	1	36	18	2	2 105	0	0	2 138	749
仪器仪表制造业	1	24	24	1	1 171	571	0	1 171	1 000
电力、热力、燃气及水生产和供应业	1	364	332	297	185 440	135 330	0	152 493	130 176
电力、热力生产和供应业	1	364	332	297	185 440	135 330	0	152 493	130 176
交通运输、仓储和邮政业	3	77	72	64	46 466	36 020	0	41 806	40 065
道路运输业	2	59	56	54	39 238	31 378	0	34 456	34 456
水上运输业	1	18	16	10	7 228	4 642	0	7 350	5 609
信息传输、软件和信息技术服务业	4	311	283	215	105 781	32 204	0	105 485	75 264
电信、广播电视和卫星传输服务	1	110	98	65	50 720	4 425	0	50 314	25 090

（续上表）

项目	机构数（个）	从业人员总数（人）	单位在职科技活动人员	大学本科及以上学历	经费收入总额（千元）	政府资金	科技活动贷款（千元）	经费支出总额（千元）	科技经费支出
软件和信息技术服务业	3	201	185	150	55 061	27 779	0	55 171	50 174
科学研究和技术服务业	48	6 554	5 648	4 444	2 837 228	1 833 709	971	2 616 485	2 105 385
研究和试验发展	18	2 807	2 619	2 252	1 091 534	918 225	971	1 059 738	957 420
专业技术服务业	27	3 699	2 990	2 168	1 738 368	909 669	0	1 549 459	1 141 579
科技推广和应用服务业	3	48	39	24	7 326	5 815	0	7 288	6 386
水利、环境和公共设施管理业	15	1 872	1 350	959	593 864	177 007	0	576 247	445 646
水利管理业	5	1 047	818	525	350 166	83 128	0	347 136	308 114
生态保护和环境治理业	10	825	532	434	243 698	93 879	0	229 111	137 532
教育	1	56	46	46	20 776	20 305	0	20 776	18 650
教育	1	56	46	46	20 776	20 305	0	20 776	18 650
卫生和社会工作	9	1 482	1 302	841	2 207 313	374 258	0	2 336 983	751 640
卫生	9	1 482	1 302	841	2 207 313	374 258	0	2 336 983	751 640
文化、体育和娱乐业	5	239	199	148	105 483	87 709	0	106 389	64 029
文化艺术业	3	150	118	77	62 961	46 603	0	65 390	23 935
体育	2	89	81	71	42 522	41 106	0	40 999	40 094
公共管理、社会保障和社会组织	2	96	89	78	37 844	37 844	0	50 405	50 405
国家机构	2	96	89	78	37 844	37 844	0	50 405	50 405

2－4　按机构所属学科领域分布

项　目	机构数（个）	从业人员 总数（人）	单位在职科技活动人员	大学本科及以上学历	经费收入 总额（千元）	政府资金	科技活动贷款（千元）	经费支出 总额（千元）	科技经费支出
总　计	**180**	**18 703**	**14 854**	**10 676**	**8 510 063**	**4 114 891**	**10 971**	**8 315 948**	**5 249 143**
自然科学领域	16	2 400	2 029	1 587	1 179 800	871 620	971	1 114 122	917 633
农业科学领域	82	5 464	3 589	1 987	1 538 076	971 700	0	1 470 800	1 099 658
医学科学领域	13	1 999	1 792	1 219	2 394 477	538 107	0	2 542 639	946 395
工程科学与技术领域	43	7 448	6 247	4 946	2 893 130	1 339 254	10 000	2 689 897	1 895 760
社会、人文科学领域	26	1 392	1 197	937	504 580	394 210	0	498 490	389 697

2－5　按机构中从事科技活动人员规模分布

项　目	机构数（个）	从业人员 总数（人）	单位在职科技活动人员	大学本科及以上学历	经费收入 总额（千元）	政府资金	科技活动贷款（千元）	经费支出 总额（千元）	科技经费支出
总　计	**180**	**18 703**	**14 854**	**10 676**	**8 510 063**	**4 114 891**	**10 971**	**8 315 948**	**5 249 143**
≥1 000 人	1	1 389	1 203	1 081	551 678	213 350	10 000	546 986	223 441
500～999 人	3	1 964	1 882	1 473	1 463 996	528 774	0	1 599 241	915 107
300～499 人	7	2 954	2 501	1 899	1 330 929	719 361	971	1 211 312	959 546
200～299 人	10	2 910	2 517	1 894	2 324 653	1 031 788	0	2 160 618	1 133 633
100～199 人	22	3 503	2 733	1 907	1 223 920	665 221	0	1 214 840	952 313
50～99 人	23	2 532	1 735	1 045	708 059	385 087	0	727 795	517 131
30～49 人	27	1 448	1 013	673	413 846	306 913	0	387 980	313 887
20～29 人	23	767	566	311	210 860	122 398	0	202 711	118 854
10～19 人	41	859	574	332	193 528	96 998	0	178 204	79 126
0～9 人	23	377	130	61	88 594	45 001	0	86 261	36 105

表3 全部县以上部门属科技机构人员概况（2011）

3－1 按地域分布

单位：人

项目	从业人员总数	单位在职科技活动人员		外来流动科技活动人员		离退休人员
			女性	外聘的流动学者	非本单位在读研究生	
总　计	**18 703**	**14 854**	**5 730**	**626**	**2 348**	**10 020**
广州市	13 968	11 213	4 519	472	2 104	7 020
韶关市	324	193	56	0	0	426
深圳市	813	813	290	101	191	0
珠海市	207	142	62	0	0	134
汕头市	677	467	180	0	0	445
佛山市	163	133	50	0	0	200
江门市	63	48	17	2	0	36
湛江市	715	520	175	26	28	715
茂名市	158	112	29	0	0	110
肇庆市	123	103	27	6	0	204
惠州市	337	208	64	2	0	58
梅州市	198	171	73	14	0	144
汕尾市	17	15	3	0	0	3
河源市	28	24	8	0	0	0
阳江市	67	44	12	0	0	29
清远市	4	3	1	0	0	3
东莞市	518	417	87	3	25	156
中山市	115	70	28	0	0	181
潮州市	94	87	36	0	0	46
揭阳市	93	54	9	0	0	59
云浮市	21	17	4	0	0	51

3－2 按隶属关系分布

单位：人

项 目	从业人员总数	单位在职科技活动人员		外来流动科技活动人员		离退休人员
		单位在职科技活动人员	女性	外聘的流动学者	非本单位在读研究生	
总 计	**18 703**	**14 854**	**5 730**	**626**	**2 348**	**10 020**
地方部门属	12 242	9 194	3 821	199	364	6 760
省级部门属	6 659	5 151	2 354	102	309	3 519
副省级城市属	2 176	1 528	645	34	25	1 013
地市级部门属	3 407	2 515	822	63	30	2 228
中央部门属	6 461	5 660	1 909	427	1 984	3 260
中国科学院	2 852	2 738	984	319	1 670	1 197

表 4 全部县以上部门属科技机构人员按工作性质分类（2011）

4－1 按地域分布

单位：人

项 目	单位在职科技活动人员				生产经营活动人员	其他人员
		科技管理	课题活动	科技服务		
总 计	**14 854**	**2 088**	**9 743**	**3 023**	**1 865**	**1 984**
广州市	11 213	1 476	7 653	2 084	1 282	1 473
韶关市	193	38	94	61	50	81
深圳市	813	81	597	135	0	0
珠海市	142	20	49	73	5	60
汕头市	467	89	233	145	141	69
佛山市	133	24	62	47	17	13
江门市	48	8	35	5	10	5
湛江市	520	84	288	148	106	89
茂名市	112	24	66	22	28	18

（续上表）

项　目	单位在职科技活动人员				生产经营活动人员	其他人员
		科技管理	课题活动	科技服务		
肇庆市	103	20	62	21	2	18
惠州市	208	61	105	42	78	51
梅州市	171	25	115	31	15	12
汕尾市	15	12	0	3	1	1
河源市	24	7	2	15	2	2
阳江市	44	9	25	10	9	14
清远市	3	1	0	2	0	1
东莞市	417	77	217	123	63	38
中山市	70	13	48	9	19	26
潮州市	87	10	58	19	0	7
揭阳市	54	8	24	22	33	6
云浮市	17	1	10	6	4	0

4-2　按隶属关系分布

单位：人

项　目	单位在职科技活动人员				生产经营活动人员	其他人员
		科技管理	课题活动	科技服务		
总　计	**14 854**	**2 088**	**9 743**	**3 023**	**1 865**	**1 984**
地方部门属	9 194	1 399	5 753	2 042	1 616	1 432
省级部门属	5 151	718	3 373	1 060	726	782
副省级城市属	1 528	203	1 039	286	384	264
地市级部门属	2 515	478	1 341	696	506	386
中央部门属	5 660	689	3 990	981	249	552
中国科学院	2 738	347	1 889	502	4	110

4－3　按机构所属学科领域分布

单位：人

项　目	单位在职科技活动人员				生产经营活动人员	其他人员
		科技管理	课题活动	科技服务		
总　计	**14 854**	**2 088**	**9 743**	**3 023**	**1 865**	**1 984**
自然科学领域	2 029	314	1 286	429	210	161
农业科学领域	3 589	598	2 123	868	990	885
医学科学领域	1 792	157	1 098	537	14	193
工程科学与技术领域	6 247	761	4 519	967	585	616
社会、人文科学领域	1 197	258	717	222	66	129

表5　全部县以上部门属科技机构科技活动人员的资历和文化程度（2011）

5－1　按地域分布

单位：人

项　目	单位在职科技活动人员	学历					职称		
		博士毕业	硕士毕业	本科毕业	大专毕业	其他	高级	中级	其他
总　计	**14 854**	**1 845**	**3 594**	**5 237**	**2 372**	**1 806**	**3 871**	**4 158**	**6 825**
广州市	11 213	1 518	2 895	4 111	1 618	1 071	3 328	3 211	4 674
韶关市	193	0	7	73	53	60	26	53	114
深圳市	813	247	419	126	17	4	148	227	438
珠海市	142	6	15	50	29	42	26	40	76
汕头市	467	0	9	151	139	168	68	81	318
佛山市	133	0	39	41	21	32	24	49	60
江门市	48	0	6	35	5	2	9	21	18
湛江市	520	34	91	136	98	161	90	163	267
茂名市	112	2	4	41	48	17	18	47	47
肇庆市	103	0	7	35	26	35	5	29	69

（续上表）

项　目	单位在职科技活动人员	学历					职称		
		博士毕业	硕士毕业	本科毕业	大专毕业	其他	高级	中级	其他
惠州市	208	4	22	63	86	33	15	36	157
梅州市	171	0	12	52	57	50	35	44	92
汕尾市	15	0	0	6	9	0	0	4	11
河源市	24	0	0	4	12	8	1	1	22
阳江市	44	0	1	8	27	8	6	20	18
清远市	3	0	0	1	0	2	1	0	2
东莞市	417	33	60	230	58	36	48	61	308
中山市	70	1	7	48	9	5	10	35	25
潮州市	87	0	0	11	23	53	9	12	66
揭阳市	54	0	0	12	27	15	3	22	29
云浮市	17	0	0	3	10	4	1	2	14

5－2　按隶属关系分布

单位：人

	单位在职科技活动人员	学历					职称		
		博士毕业	硕士毕业	本科毕业	大专毕业	其他	高级	中级	其他
总　计	**14 854**	**1 845**	**3 594**	**5 237**	**2 372**	**1 806**	**3 871**	**4 158**	**6 825**
地方部门属	9 194	545	1 903	3 623	1 903	1 220	2 094	2 596	4 504
省级部门属	5 151	413	1 233	2 041	986	478	1 390	1 543	2 218
副省级城市属	1 528	69	435	688	227	109	361	456	711
地市级部门属	2 515	63	235	894	690	633	343	597	1 575
中央部门属	5 660	1 300	1 691	1 614	469	586	1 777	1 562	2 321
中国科学院	2 738	952	822	566	175	223	806	723	1 209

表 6　全部县以上部门属科技机构经费收入（2011）

6－1　按地域分布

单位：千元

项　目	科技活动收入	政府资金				非政府资金			生产经营活动收入	其他收入
			财政拨款	承担政府科研项目收入	其他		技术性收入	国外资金		
总　计	**5 335 124**	**3 798 243**	**2 262 469**	**1 061 645**	**202 576**	**1 536 881**	**1 362 419**	**4 957**	**1 725 905**	**1 449 034**
广州市	4 513 879	3 092 274	1 859 253	844 176	169 770	1 421 605	1 269 187	4 957	1 655 807	1 374 397
韶关市	37 499	27 531	21 852	5 217	30	9 968	9 968	0	3 772	12 277
深圳市	245 354	227 739	110 884	98 579	18 276	17 615	17 615	0	0	2 320
珠海市	25 839	25 839	10 472	5 927	0	0	0	0	5 186	3 220
汕头市	63 502	38 645	31 256	4 626	2 763	24 857	24 857	0	16 853	5 660
佛山市	38 810	38 810	27 222	5 354	0	0	0	0	1 280	8 162
江门市	11 954	11 727	10 616	221	890	227	227	0	1 352	667
湛江市	140 045	125 393	74 516	17 414	5 377	14 652	2 726	0	6 532	10 752
茂名市	19 461	12 015	6 394	4 543	1 078	7 446	7 446	0	1 522	1 655
肇庆市	17 219	17 219	12 817	2 300	0	0	0	0	1 396	3 940
惠州市	33 535	31 813	20 806	9 731	60	1 722	1 722	0	5 374	3 030
梅州市	21 757	11 190	6 620	3 392	1 178	10 567	923	0	92	1 291
汕尾市	1 078	1 078	1 078	0	0	0	0	0	0	216
河源市	2 896	1 252	1 252	0	0	1 644	1 644	0	0	130
阳江市	7 923	5 800	4 350	1 370	0	2 123	2 123	0	256	20
清远市	20	20	20	0	0	0	0	0	56	0
东莞市	129 802	105 609	46 343	51 951	2 427	24 193	23 719	0	8 863	11 807
中山市	11 953	11 953	6 369	5 584	0	0	0	0	16 243	7 713
潮州市	7 261	6 999	6 999	0	0	262	262	0	0	871
揭阳市	3 074	3 074	2 037	310	727	0	0	0	850	70
云浮市	2 263	2 263	1 313	950	0	0	0	0	471	836

6－2 按隶属关系分布

单位：千元

项　目	科技活动收入	政府资金			非政府资金			生产经营活动收入	其他收入
		政府资金	财政拨款	承担政府科研项目收入	其他	非政府资金	技术性收入	国外资金		

项　目	科技活动收入	政府资金	财政拨款	承担政府科研项目收入	其他	非政府资金	技术性收入	国外资金	生产经营活动收入	其他收入
总　计	**5 335 124**	**3 798 243**	**2 262 469**	**1 061 645**	**202 576**	**1 536 881**	**1 362 419**	**4 957**	**1 725 905**	**1 449 034**
地方部门属	2 859 983	1 849 529	1 216 239	441 338	57 621	1 010 454	875 305	225	1 401 291	1 267 129
省级部门属	1 876 261	1 061 153	684 873	275 203	33 181	815 108	743 585	225	1 208 664	1 160 222
副省级城市属	520 540	405 003	300 424	61 079	15 171	115 537	63 729	0	129 543	53 025
地市级部门属	463 182	383 373	230 942	105 056	9 269	79 809	67 991	0	63 084	53 882
中央部门属	2 475 141	1 948 714	1 046 230	620 307	144 955	526 427	487 114	4 732	324 614	181 905
中国科学院	1 250 328	1 047 096	560 586	336 855	122 572	203 232	184 446	4 512	14 241	98 272

6－3 按服务的国民经济行业分布

单位：千元

项　目	科技活动收入	政府资金	财政拨款	承担政府科研项目收入	其他	非政府资金	技术性收入	国外资金	生产经营活动收入	其他收入
总　计	**5 335 124**	**3 798 243**	**2 262 469**	**1 061 645**	**202 576**	**1 536 881**	**1 362 419**	**4 957**	**1 725 905**	**1 449 034**
农、林、牧、渔业	899 930	776 019	413 795	228 187	45 313	123 911	90 301	339	109 239	107 579
农业	348 560	301 981	158 435	85 482	25 683	46 579	35 714	119	36 491	52 876
林业	190 317	165 050	82 967	40 080	17 766	25 267	11 814	220	28 441	22 502
畜牧业	19 907	18 257	12 860	5 254	0	1 650	1 650	0	18 326	737
渔业	198 430	170 538	106 269	51 162	60	27 892	27 892	0	6 904	4 022
农、林、牧、渔服务业	142 716	120 193	53 264	46 209	1 804	22 523	13 231	0	19 077	27 442
采矿业	233 125	192 597	49 232	143 016	349	40 528	40 528	0	292 925	25 628
有色金属矿采选业	233 125	192 597	49 232	143 016	349	40 528	40 528	0	292 925	25 628

（续上表）

项　目	科技活动收入	政府资金				非政府资金			生产经营活动收入	其他收入
		政府资金	财政拨款	承担政府科研项目收入	其他	非政府资金	技术性收入	国外资金		
制造业	518 363	291 415	142 648	94 151	42 495	226 948	203 161	0	102 122	80 957
农副食品加工业	108 504	75 769	52 357	15 055	7 162	32 735	24 420	0	1 820	34 677
食品制造业	54 271	26 899	3 584	21 596	1 719	27 372	21 548	0	4 741	4 952
石油加工、炼焦和核燃料加工业	1 237	1 050	1 050	0	0	187	187	0	22	1 334
医药制造业	171 469	158 335	74 548	39 669	33 342	13 134	12 841	0	805	9 043
化学纤维制造业	966	966	266	700	0	0	0	0	1 127	5 532
黑色金属冶炼和压延加工业	300	300	0	150	0	0	0	0	28 021	0
专用设备制造业	180 616	27 696	10 443	16 981	272	152 920	143 565	0	64 477	24 252
计算机、通信和其他电子设备制造业	0	0	0	0	0	0	0	0	1 109	996
仪器仪表制造业	1 000	400	400	0	0	600	600	0	0	171
电力、热力、燃气及水生产和供应业	169 807	122 184	65 793	36 721	19 670	47 623	37 550	2 496	2 487	13 146
电力、热力生产和供应业	169 807	122 184	65 793	36 721	19 670	47 623	37 550	2 496	2 487	13 146
交通运输、仓储和邮政业	43 576	34 430	17 253	17 177	0	9 146	9 146	0	0	2 890
道路运输业	39 238	31 378	15 621	15 757	0	7 860	7 860	0	0	0
水上运输业	4 338	3 052	1 632	1 420	0	1 286	1 286	0	0	2 890
信息传输、软件和信息技术服务业	76 623	31 174	17 449	4 425	9 300	45 449	45 449	0	20 581	8 577
电信、广播电视和卫星传输服务	25 090	4 425	0	4 425	0	20 665	20 665	0	18 760	6 870
软件和信息技术服务业	51 533	26 749	17 449	0	9 300	24 784	24 784	0	1 821	1 707
科学研究和技术服务业	2 325 285	1 690 740	988 962	487 811	79 771	634 545	624 725	2 016	271 133	240 810
研究和试验发展	980 145	845 884	443 644	273 545	41 374	134 261	128 654	1 126	25 315	86 074
专业技术服务业	1 337 996	839 208	540 070	213 866	38 397	498 788	494 575	890	245 818	154 554
科技推广和应用服务业	7 144	5 648	5 248	400	0	1 496	1 496	0	0	182

（续上表）

项 目	科技活动收入	政府资金				非政府资金			生产经营活动收入	其他收入
			财政拨款	承担政府科研项目收入	其他		技术性收入	国外资金		
水利、环境和公共设施管理业	502 011	165 140	99 360	39 086	1 995	336 871	285 063	0	74 583	17 270
水利管理业	344 659	82 521	57 945	13 977	900	262 138	213 232	0	902	4 605
生态保护和环境治理业	157 352	82 619	41 415	25 109	1 095	74 733	71 831	0	73 681	12 665
教育	18 650	18 650	18 650	0	0	0	0	0	0	2 126
教育	18 650	18 650	18 650	0	0	0	0	0	0	2 126
卫生和社会工作	415 319	354 404	338 848	10 373	2 683	60 915	25 994	106	846 707	945 287
卫生	415 319	354 404	338 848	10 373	2 683	60 915	25 994	106	846 707	945 287
文化、体育和娱乐业	94 591	83 646	73 635	698	0	10 945	502	0	6 128	4 764
文化艺术业	53 847	42 902	42 339	563	0	10 945	502	0	5 290	3 824
体育	40 744	40 744	31 296	135	0	0	0	0	838	940
公共管理、社会保障和社会组织	37 844	37 844	36 844	0	1 000	0	0	0	0	0
国家机构	37 844	37 844	36 844	0	1 000	0	0	0	0	0

6－4 按机构所属学科领域分布

单位：千元

项 目	科技活动收入	政府资金				非政府资金			生产经营活动收入	其他收入
			财政拨款	承担政府科研项目收入	其他		技术性收入	国外资金		
总 计	**5 335 124**	**3 798 243**	**2 262 469**	**1 061 645**	**202 576**	**1 536 881**	**1 362 419**	**4 957**	**1 725 905**	**1 449 034**
自然科学领域	995 719	764 660	425 595	251 159	59 853	231 059	216 675	2 016	69 925	114 156
农业科学领域	1 202 859	894 854	475 327	258 905	50 664	308 005	253 823	339	193 570	141 647
医学科学领域	586 529	511 361	414 345	47 715	36 025	75 168	39 682	106	846 707	961 241
工程科学与技术领域	2 113 040	1 254 877	688 980	452 178	51 386	858 163	798 200	2 496	577 438	202 652
社会、人文科学领域	436 977	372 491	258 222	51 688	4 648	64 486	54 039	0	38 265	29 338

表 7　全部县以上部门属科技机构经费支出（2011）

7－1　按地域分布

单位：千元

	科技经费内部支出	科技经费日常支出				科研基建支出	生产经营支出	其他支出
			人员劳务费	设备购置费	其他日常支出			
总　计	**5 249 143**	**4 850 608**	**1 456 547**	**710 422**	**2 683 639**	**398 535**	**1 736 430**	**1 317 244**
广州市	4 475 708	4 134 058	1 161 740	575 109	2 397 209	341 650	1 655 987	1 226 213
韶关市	31 608	31 176	17 075	2 020	12 081	432	3 566	15 799
深圳市	263 261	263 261	110 872	68 925	83 464	0	0	2 320
珠海市	28 072	18 532	7 318	648	10 566	9 540	3 903	1 640
汕头市	49 082	49 082	26 671	256	22 155	0	25 035	6 578
佛山市	39 003	32 253	13 063	8 264	10 926	6 750	50	8 846
江门市	9 247	9 247	2 981	947	5 319	0	1 408	1 457
湛江市	167 226	139 140	40 938	31 067	67 135	28 086	5 614	1 827
茂名市	13 120	13 120	6 347	281	6 492	0	2 305	3 061
肇庆市	16 004	13 902	5 688	2 594	5 620	2 102	1 694	3 213
惠州市	32 008	29 907	15 269	4 185	10 453	2 101	4 005	3 100
梅州市	15 794	15 794	6 300	2 413	7 081	0	2 347	3 750
汕尾市	1 067	1 067	832	0	235	0	184	85
河源市	1 605	1 605	1 275	0	330	0	608	700
阳江市	3 102	3 022	1 810	510	702	80	730	3 568
清远市	205	205	205	0	0	0	0	30
东莞市	87 079	79 405	26 068	12 960	40 377	7 674	5 766	22 869
中山市	4 853	4 853	4 823	0	30	0	21 122	10 109
潮州市	5 844	5 844	4 434	0	1 410	0	868	1 473
揭阳市	2 867	2 867	1 663	88	1 116	0	1 017	98
云浮市	2 388	2 268	1 175	155	938	120	221	478

7－2 按隶属关系分布

单位：千元

项　目	科技经费内部支出	科技经费日常支出				科研基建支出	生产经营支出	其他支出
			人员劳务费	设备购置费	其他日常支出			
总　计	**5 249 143**	**4 850 608**	**1 456 547**	**710 422**	**2 683 639**	**398 535**	**1 736 430**	**1 317 244**
地方部门属	2 955 234	2 741 882	775 510	374 955	1 591 417	213 352	1 414 993	1 121 064
省级部门属	2 047 534	1 923 476	494 353	272 176	1 156 947	124 058	1 188 522	1 003 183
副省级城市属	521 287	474 506	128 344	62 586	283 576	46 781	151 821	39 541
地市级部门属	386 413	343 900	152 813	40 193	150 894	42 513	74 650	78 340
中央部门属	2 293 909	2 108 726	681 037	335 467	1 092 222	185 183	321 437	196 180
中国科学院	1 177 276	1 102 548	367 850	170 953	563 745	74 728	14 247	125 735

7－3 按机构所属学科领域分布

单位：千元

项　目	科技经费内部支出	科技经费日常支出				科研基建支出	生产经营支出	其他支出
			人员劳务费	设备购置费	其他日常支出			
总　计	**5 249 143**	**4 850 608**	**1 456 547**	**710 422**	**2 683 639**	**398 535**	**1 736 430**	**1 317 244**
自然科学领域	917 633	869 961	271 882	86 024	512 055	47 672	67 691	128 798
农业科学领域	1 099 658	984 811	294 677	112 643	577 491	114 847	190 682	169 335
医学科学领域	946 395	905 195	180 872	158 700	565 623	41 200	824 630	771 614
工程科学与技术领域	1 895 760	1 758 877	599 020	328 407	831 450	136 883	609 626	182 505
社会、人文科学领域	389 697	331 764	110 096	24 648	197 020	57 933	43 801	64 992

7－4　按服务的国民经济行业分布

单位：千元

项　目	科技经费内部支出	科技经费日常支出				科研基建支出	生产经营支出	其他支出
		科技经费日常支出	人员劳务费	设备购置费	其他日常支出			
总　计	**5 249 143**	**4 850 608**	**1 456 547**	**710 422**	**2 683 639**	**398 535**	**1 736 430**	**1 317 244**
农、林、牧、渔业	809 963	719 172	230 098	83 497	405 577	90 791	112 748	112 763
农业	342 238	308 622	99 990	39 319	169 313	33 616	40 047	50 284
林业	165 189	140 832	45 812	16 196	78 824	24 357	26 022	33 406
畜牧业	17 988	17 233	8 612	1 646	6 975	755	16 931	1 913
渔业	153 851	140 804	42 403	19 960	78 441	13 047	5 715	1 170
农、林、牧、渔服务业	130 697	111 681	33 281	6 376	72 024	19 016	24 033	25 990
采矿业	223 441	223 441	82 924	68 720	71 797	0	286 673	36 872
有色金属矿采选业	223 441	223 441	82 924	68 720	71 797	0	286 673	36 872
制造业	534 479	497 237	145 584	47 147	304 506	37 242	94 700	86 115
农副食品加工业	122 884	121 373	39 674	18 071	63 628	1 511	5 836	22 775
食品制造业	46 150	46 150	19 317	4 224	22 609	0	4 523	6 013
石油加工、炼焦和核燃料加工业	1 100	1 100	600	161	339	0	9	1 492
医药制造业	191 584	159 451	52 142	17 968	89 341	32 133	1 019	10 780
化学纤维制造业	911	911	613	0	298	0	1 733	4 656
黑色金属冶炼和压延加工业	4 498	900	760	140	0	3 598	27 258	0
专用设备制造业	165 603	165 603	30 934	6 583	128 086	0	53 377	39 784
计算机、通信和其他电子设备制造业	749	749	581	0	168	0	945	444
仪器仪表制造业	1 000	1 000	963	0	37	0	0	171
电力、热力、燃气及水生产和供应业	130 176	122 169	55 377	12 762	54 030	8 007	2 488	19 829
电力、热力生产和供应业	130 176	122 169	55 377	12 762	54 030	8 007	2 488	19 829

（续上表）

项　目	科技经费内部支出	科技经费日常支出				科研基建支出	生产经营支出	其他支出
			人员劳务费	设备购置费	其他日常支出			
交通运输、仓储和邮政业	40 065	40 065	10 450	489	29 126	0	0	1 741
道路运输业	34 456	34 456	7 677	356	26 423	0	0	0
水上运输业	5 609	5 609	2 773	133	2 703	0	0	1 741
信息传输、软件和信息技术服务业	75 264	75 264	27 855	1 797	45 612	0	15 529	14 692
电信、广播电视和卫星传输服务	25 090	25 090	11 002	198	13 890	0	12 526	12 698
软件和信息技术服务业	50 174	50 174	16 853	1 599	31 722	0	3 003	1 994
科学研究和技术服务业	2 105 385	1 894 216	621 309	311 439	961 468	211 169	322 881	186 213
研究和试验发展	957 420	861 658	300 185	140 940	420 533	95 762	22 951	79 367
专业技术服务业	1 141 579	1 026 172	317 156	170 451	538 565	115 407	299 930	105 944
科技推广和应用服务业	6 386	6 386	3 968	48	2 370	0	0	902
水利、环境和公共设施管理业	445 646	412 700	122 642	24 889	265 169	32 946	74 620	55 981
水利管理业	308 114	292 474	74 595	18 416	199 463	15 640	0	39 022
生态保护和环境治理业	137 532	120 226	48 047	6 473	65 706	17 306	74 620	16 959
教育	18 650	18 650	6 930	2 518	9 202	0	0	2 126
教育	18 650	18 650	6 930	2 518	9 202	0	0	2 126
卫生和社会工作	751 640	742 573	127 617	140 034	474 922	9 067	824 378	760 965
卫生	751 640	742 573	127 617	140 034	474 922	9 067	824 378	760 965
文化、体育和娱乐业	64 029	54 716	19 874	15 730	19 112	9 313	2 413	39 947
文化艺术业	23 935	23 935	11 918	2 429	9 588	0	2 413	39 042
体育	40 094	30 781	7 956	13 301	9 524	9 313	0	905
公共管理、社会保障和社会组织	50 405	50 405	5 887	1 400	43 118	0	0	0
国家机构	50 405	50 405	5 887	1 400	43 118	0	0	0

表8　全部县以上部门属科技机构基本建设与固定资产（2011）

8－1　按地域分布

单位：千元

项　目	基本建设投资实际完成额	科研仪器设备	科研土建工程	科研基建	政府资金	企业资金	事业单位资金	其他资金	年末固定资产原价	科研房屋建筑物	科研仪器设备	进口
总　计	**411 666**	**106 811**	**291 724**	**398 535**	**271 553**	**13 593**	**85 221**	**28 168**	**6 915 716**	**1 690 955**	**2 884 965**	**1 215 396**
广州市	350 820	94 506	247 144	341 650	219 075	13 173	81 354	28 048	5 781 991	1 367 006	2 479 065	1 037 622
韶关市	432	0	432	432	432	0	0	0	46 391	29 495	10 637	1 009
深圳市	0	0	0	0	0	0	0	0	215 141	0	174 755	79 133
珠海市	9 540	540	9 000	9 540	9 440	0	100	0	47 267	22 409	18 471	246
汕头市	371	0	0	0	0	0	0	0	100 749	26 769	14 087	5
佛山市	6 750	0	6 750	6 750	6 234	0	516	0	67 863	17 651	43 203	27 622
江门市	0	0	0	0	0	0	0	0	18 290	5 411	2 894	0
湛江市	28 086	6 345	21 741	28 086	28 086	0	0	0	282 620	73 240	103 543	69 041
茂名市	0	0	0	0	0	0	0	0	10 530	5 237	2 493	0
肇庆市	2 102	242	1 860	2 102	2 102	0	0	0	21 487	7 533	1 535	0
惠州市	5 691	848	1 253	2 101	1 216	420	465	0	131 100	72 633	10 028	250
梅州市	0	0	0	0	0	0	0	0	38 730	2 398	450	0
汕尾市	0	0	0	0	0	0	0	0	525	0	0	0
河源市	0	0	0	0	0	0	0	0	1 638	850	428	0
阳江市	80	40	40	80	80	0	0	0	16 836	2 044	360	0
清远市	0	0	0	0	0	0	0	0	126	54	0	0
东莞市	7 674	4 226	3 448	7 674	4 888	0	2 786	0	112 463	56 812	19 918	0
中山市	0	0	0	0	0	0	0	0	11 198	0	1 862	468
潮州市	0	0	0	0	0	0	0	0	7 294	273	540	0
揭阳市	0	0	0	0	0	0	0	0	3 027	900	486	0
云浮市	120	64	56	120	0	0	0	120	450	240	210	0

8－2 按隶属关系分布

单位：千元

项 目	基本建设投资实际完成额	科研仪器设备	科研土建工程	科研基建	政府资金	企业资金	事业单位资金	其他资金	年末固定资产原价	科研房屋建筑物	科研仪器设备	进口
总 计	**411 666**	**106 811**	**291 724**	**398 535**	**271 553**	**13 593**	**85 221**	**28 168**	**6 915 716**	**1 690 955**	**2 884 965**	**1 215 396**
地方部门属	225 679	73 391	139 961	213 352	134 331	13 593	58 617	6 811	4 332 975	1 174 127	1 669 240	509 492
省级部门属	125 753	45 818	78 240	124 058	67 896	0	50 146	6 016	2 524 889	513 390	1 146 023	383 095
副省级城市属	53 452	21 613	25 168	46 781	28 329	13 173	4 604	675	1 137 762	418 671	375 856	93 505
地市级部门属	46 474	5 960	36 553	42 513	38 106	420	3 867	120	670 324	242 066	147 361	32 892
中央部门属	185 987	33 420	151 763	185 183	137 222	0	26 604	21 357	2 582 741	516 828	1 215 725	705 904
中国科学院	74 728	4 736	69 992	74 728	27 083	0	26 288	21 357	1 534 168	195 556	777 812	480 782

表9 全部县以上部门属科技机构课题概况（2011）

9－1 按地域分布

项 目	课题数合计（个）	R&D 课题	课题经费内部支出（千元）	政府资金	R&D 课题经费	课题投入人员（人年）	其中：R&D 人员	其中：外聘流动学者	其中：在读研究生
总 计	**6 090**	**4 345**	**2 184 997**	**1 433 912**	**1 549 457**	**10 333**	**7 293**	**341**	**1 165**
广州市	4 895	3 578	1 880 586	1 161 647	1 325 967	7 810	5 976	262	972
韶关市	55	0	7 645	4 874	0	99	0	0	0
深圳市	619	565	163 767	163 637	155 716	610	563	54	176
珠海市	17	4	9 618	8 732	568	99	15	0	0
汕头市	74	7	9 943	5 821	1 226	238	25	0	0
佛山市	17	16	6 241	6 241	4 241	76	56	0	0
江门市	15	5	2 350	2 350	330	47	22	2	0
湛江市	99	17	16 648	16 208	1 912	306	81	1	9

（续上表）

项　目	课题数 合计（个）	R&D 课题	课题经费 内部支出（千元）	政府资金	R&D 课题经费	课题投入人员（人年）	其中：R&D 人员	其中：外聘流动学者	其中：在读研究生
茂名市	28	10	4 842	4 782	2 142	80	42	0	0
肇庆市	32	10	4 236	3 286	980	91	41	6	0
惠州市	47	25	10 179	9 336	6 200	171	97	0	0
梅州市	38	11	6 494	5 834	692	169	26	14	0
汕尾市	0	0	0	0	0	0	0	0	0
河源市	5	1	685	605	155	17	2	0	0
阳江市	14	6	1 455	1 455	460	25	14	0	0
清远市	0	0	0	0	0	0	0	0	0
东莞市	95	75	51 964	34 856	44 920	345	273	2	8
中山市	13	2	2 314	2 139	325	62	13	0	0
潮州市	10	3	2 359	970	707	29	8	0	0
揭阳市	11	8	2 797	810	2 587	46	34	0	0
云浮市	6	2	875	330	330	14	6	0	0

9－2　按隶属关系分布

项　目	课题数 合计（个）	R&D 课题	课题经费 内部支出（千元）	政府资金	R&D 课题经费	课题投入人员（人年）	其中：R&D 人员	其中：外聘流动学者	其中：在读研究生
总　计	**6 090**	**4 345**	**2 184 997**	**1 433 912**	**1 549 457**	**10 333**	**7 293**	**341**	**1 165**
地方部门属	2 727	1 687	896 347	494 681	551 278	5 825	3 657	79	171
省级部门属	1 895	1 300	649 093	304 998	407 687	3 438	2 516	36	146
副省级城市属	300	174	102 660	75 889	63 126	679	423	12	13
地市级部门属	532	213	144 594	113 794	80 465	1 708	717	32	12
中央部门属	3 363	2 658	1 288 650	939 231	998 179	4 509	3 636	262	994
中国科学院	2 223	2 071	693 171	601 460	619 034	2 530	2 303	242	837

9－3　按课题活动类型分布

项　目	课题数合计（个）	当年开题	当年完成	课题经费内部支出（千元）	政府资金	课题投入人员（人年）	其中：研究人员	外聘流动学者	其中：在读研究生
总计	**6 090**	**2 910**	**2 713**	**2 184 997**	**1 433 912**	**10 333**	**5 319**	**341**	**1 165**
基础研究	1 213	438	404	341 201	281 641	1 595	858	103	481
应用研究	1 974	834	731	630 527	523 660	3 037	1 713	121	469
试验发展	1 158	464	468	577 729	413 741	2 661	1 358	45	144
研究与试验发展成果应用	478	226	229	172 387	81 896	1 016	399	15	30
科技服务	1 267	948	881	463 153	132 975	2 025	991	58	41

9－4　按服务的国民经济行业分布

项　目	课题数合计（个）	R&D 课题	课题经费内部支出（千元）	政府资金	R&D 课题经费	课题投入人员（人年）	其中：R&D 人员	其中：外聘流动学者	其中：在读研究生
总　计	**6 090**	**4 345**	**2 184 997**	**1 433 912**	**1 549 457**	**10 333**	**7 293**	**341**	**1 165**
农、林、牧、渔业	1 302	780	313 710	275 594	211 869	2 425	1 317	41	142
农业	548	289	159 599	136 681	109 269	1 043	509	10	10
林业	295	192	42 501	37 464	25 973	562	355	21	51
畜牧业	28	5	7 542	5 183	1 002	129	29	0	0
渔业	234	183	62 002	61 453	53 740	298	255	9	72
农、林、牧、渔服务业	197	111	42 066	34 813	21 886	392	169	1	9
采矿业	197	197	172 216	102 833	172 216	566	566	0	0
有色金属矿采选业	197	197	172 216	102 833	172 216	566	566	0	0
制造业	379	327	261 183	143 856	180 441	821	617	16	98
农副食品加工业	60	45	29 399	25 616	21 185	203	148	0	4

（续上表）

项　目	课题数 合计（个）	R&D 课题	课题经费 内部支出（千元）	政府资金	R&D 课题经费	课题投入人员（人年）	其中：R&D 人员	其中：外聘流动学者	其中：在读研究生
食品制造业	96	94	42 281	13 932	39 771	98	96	1	12
石油加工、炼焦和核燃料加工业	1	1	399	339	399	7	7	0	0
医药制造业	171	163	110 598	93 543	108 206	344	317	15	81
化学纤维制造业	3	2	710	640	530	8	6	0	0
黑色金属冶炼和压延加工业	2	0	900	350	0	5	0	0	0
专用设备制造业	44	22	76 432	9 322	10 350	139	44	0	1
计算机、通信和其他电子设备制造业	1	0	15	15	0	9	0	0	0
仪器仪表制造业	1	0	450	100	0	8	0	0	0
电力、热力、燃气及水生产和供应业	348	272	96 022	73 641	75 394	387	292	37	109
电力、热力生产和供应业	348	272	96 022	73 641	75 394	387	292	37	109
交通运输、仓储和邮政业	35	5	16 664	8 442	3 434	72	10	0	0
道路运输业	27	0	11 055	7 911	0	56	0	0	0
水上运输业	8	5	5 609	531	3 434	16	10	0	0
信息传输、软件和信息技术服务业	103	63	24 232	4 382	7 303	172	90	3	3
电信、广播电视和卫星传输服务	62	48	7 732	2 796	4 397	56	41	3	3
软件和信息技术服务业	41	15	16 500	1 586	2 906	116	49	0	0
科学研究和技术服务业	2 680	2 158	959 538	709 016	721 169	4 034	3 246	245	724
研究和试验发展	1 561	1 418	442 127	397 210	419 357	2 155	1 955	171	529
专业技术服务业	1 114	740	516 784	311 179	301 812	1 852	1 291	68	195
科技推广和应用服务业	5	0	627	627	0	27	0	6	0
水利、环境和公共设施管理业	678	234	231 635	63 051	79 824	1 036	431	0	37
水利管理业	398	56	171 681	25 237	52 390	600	156	0	0
生态保护和环境治理业	280	178	59 954	37 814	27 434	436	275	0	37

（续上表）

项　目	课题数		课题经费			课题			
	合计（个）	R&D 课题	内部支出（千元）	政府资金	R&D 课题经费	投入人员（人年）	其中：R&D 人员	其中：外聘流动学者	其中：在读研究生
教育	18	17	1 496	1 496	1 388	11	10	0	0
教育	18	17	1 496	1 496	1 388	11	10	0	0
卫生和社会工作	321	280	95 405	38 704	85 130	743	665	0	51
卫生	321	280	95 405	38 704	85 130	743	665	0	51
文化、体育和娱乐业	29	12	12 897	12 897	11 290	66	48	0	0
文化艺术业	16	0	1 242	1 242	0	15	0	0	0
体育	13	12	11 655	11 655	11 290	51	48	0	0
公共管理、社会保障和社会组织	0	0	0	0	0	0	0	0	0
国家机构	0	0	0	0	0	0	0	0	0

9－5　按课题所属学科分布

项　目	课题数		课题经费			课题			
	合计（个）	R&D 课题	内部支出（千元）	政府资金	R&D 课题经费	投入人员（人年）	其中：R&D 人员	其中：外聘流动学者	其中：在读研究生
总　计	**6 090**	**4 345**	**2 184 997**	**1 433 912**	**1 549 457**	**10 333**	**7 293**	**341**	**1 165**
自然科学领域	1 570	1 421	464 114	371 005	389 722	2 033	1 775	148	506
数学	8	7	1 484	1 484	1 058	7	7	0	1
信息科学与系统科学	60	47	12 138	8 506	10 907	92	62	1	13
力学	8	6	715	628	628	5	4	0	1
物理学	32	27	7 525	6 461	7 118	52	49	2	7
化学	73	71	22 957	14 488	22 839	157	155	5	18
天文学	1	1	291	291	291	0	0	0	0
地球科学	863	761	275 925	218 035	212 073	1 003	830	102	300
生物学	525	501	143 080	121 112	134 809	718	669	37	166
农业科学领域	1 464	897	359 131	311 287	240 820	2 723	1 505	55	182

（续上表）

项 目	课题数		课题经费			课题			
	合计（个）	R&D课题	内部支出（千元）	政府资金	R&D课题经费	投入人员（人年）	其中：R&D人员	其中：外聘流动学者	其中：在读研究生
农学	844	477	236 336	197 366	151 822	1 636	814	17	49
林学	320	214	47 668	41 794	29 780	609	387	25	55
畜牧、兽医科学	33	6	7 882	5 648	952	141	28	0	0
水产学	267	200	67 246	66 480	58 267	338	275	13	78
医学科学领域	475	433	178 870	103 999	168 521	1 004	929	14	103
基础医学	51	49	26 283	25 036	26 276	94	91	1	15
临床医学	205	196	60 158	19 312	58 315	453	433	3	54
预防医学与公共卫生学	143	114	45 505	25 239	37 108	327	277	5	10
药学	27	26	31 400	28 960	31 300	50	49	1	14
中医学与中药学	49	48	15 524	5 452	15 522	79	79	4	11
工程科学与技术领域	2 387	1 460	1 122 174	588 212	695 924	4 158	2 754	121	372
工程与技术科学基础学科	60	19	7 593	1 275	362	112	20	0	1
信息与系统科学相关工程与技术	51	38	19 814	13 796	16 207	102	71	3	3
自然科学相关工程与技术	120	89	111 980	41 624	43 867	204	122	4	20
测绘科学技术	25	20	5 426	5 166	4 862	24	19	2	2
材料科学	95	86	34 296	20 296	31 939	185	171	2	8
矿山工程技术	70	64	30 198	8 280	29 315	103	88	0	0
冶金工程技术	72	72	104 534	77 171	104 534	290	290	0	0
机械工程	88	76	39 784	20 420	37 736	295	282	5	17
动力与电气工程	67	66	36 893	36 542	36 769	45	45	3	9
能源科学技术	304	227	76 274	53 464	42 640	430	304	38	106
核科学技术	1	1	53	53	53	0	0	0	0
电子与通信技术	164	134	31 440	22 226	21 018	278	180	23	41
计算机科学技术	204	149	57 426	39 030	37 918	338	203	26	37
化学工程	16	15	7 519	5 421	7 133	31	29	0	2

（续上表）

项　目	课题数		课题经费			课题			
	合计（个）	R&D课题	内部支出（千元）	政府资金	R&D 课题经费	投入人员（人年）	其中：R&D 人员	其中：外聘流动学者	其中：在读研究生
产品应用相关工程技术	45	43	19 075	4 834	18 725	173	160	2	1
纺织科学技术	4	2	717	647	530	10	6	0	0
食品科学技术	36	31	20 568	9 013	16 465	105	95	0	7
土木建筑工程	4	3	5 379	5 221	5 221	6	5	0	0
水利工程	343	48	149 435	11 687	41 965	513	122	0	0
交通运输工程	40	9	35 633	27 411	18 053	91	27	0	0
航空、航天科学技术	2	2	942	631	942	3	3	0	0
环境科学技术及资源科学技术	486	232	291 744	162 182	161 587	669	430	11	118
安全科学技术	28	12	16 998	4 808	9 391	52	32	1	0
管理学	62	22	18 455	17 015	8 695	101	51	3	0
社会、人文科学领域	194	134	60 708	59 410	54 469	417	331	4	2
马克思主义	1	1	125	125	125	1	1	0	0
哲学	1	1	27	27	27	0	0	0	0
宗教学	4	4	2 485	2 485	2 485	12	12	0	0
艺术学	1	1	125	125	125	0	0	0	0
历史学	2	2	152	152	152	1	1	0	0
经济学	59	53	29 703	28 680	29 266	209	199	3	1
社会学	27	23	7 162	7 162	7 140	45	37	0	0
民族学与文化学	14	14	5 466	5 466	5 466	26	26	0	0
图书馆、情报与文献学	40	4	4 791	4 516	282	58	2	0	0
教育学	23	19	1 767	1 767	1 481	15	12	0	1
体育科学	11	10	8 278	8 278	7 913	42	39	0	0
统计学	11	2	628	628	8	7	1	0	0

9－6　按课题技术领域分布

项　目	课题数 合计（个）	R&D 课题	课题经费 内部支出（千元）	政府资金	R&D 课题经费	课题 投入人员（人年）	其中：R&D 人员	其中：外聘流动学者	其中：在读研究生
总　计	**6 090**	**4 345**	**2 184 997**	**1 433 912**	**1 549 457**	**10 333**	**7 293**	**341**	**1 165**
非技术领域	274	233	107 690	104 245	103 118	461	371	17	38
信息技术	481	367	123 040	96 880	92 281	759	492	50	104
生物和现代农业技术	1 785	1 323	501 678	422 930	400 060	2 945	1 980	77	324
新材料技术	196	183	152 758	106 813	148 264	517	493	2	8
能源技术	389	306	130 880	107 584	91 964	532	393	42	115
激光技术	11	11	2 674	2 090	2 674	22	22	2	3
先进制造与自动化技术	163	135	48 856	32 693	42 553	345	280	11	36
航天技术	3	2	950	639	942	4	3	0	0
资源与环境技术	1 460	1 007	604 018	339 369	369 331	1 961	1 379	116	432
其他技术领域	1 328	778	512 454	220 671	298 271	2 788	1 881	23	105

9－7　按课题来源分布

项　目	课题数 合计（个）	R&D 课题	课题经费 内部支出（千元）	政府资金	R&D 课题经费	课题 投入人员（人年）	其中：R&D 人员	其中：外聘流动学者	其中：在读研究生
总　计	**6 090**	**4 345**	**2 184 997**	**1 433 912**	**1 549 457**	**10 333**	**7 293**	**341**	**1 165**
中央政府部门下达课题	1 717	1 523	714 257	645 418	662 329	2 731	2 338	126	566
国家重大科技专项	23	19	16 854	15 198	14 899	52	43	0	4
国家自然科学基金课题	620	620	125 361	111 224	125 361	718	718	50	215

（续上表）

项　目	课题数		课题经费			课题			
	合计（个）	R&D课题	内部支出（千元）	政府资金	R&D 课题经费	投入人员（人年）	其中：R&D 人员	其中：外聘流动学者	其中：在读研究生
国家“863 计划”课题	40	38	31 799	30 336	31 695	72	70	2	14
国家科技支撑（攻关）计划课题	61	49	59 140	49 585	56 573	143	129	8	22
国家火炬计划课题	1	0	3	3	0	0	0	0	0
国家星火计划课题	12	7	8 600	8 105	8 150	23	19	0	0
国家“973 计划”课题	122	122	78 872	75 775	78 872	187	187	11	75
公益性行业科研专项	92	71	66 297	63 218	57 951	245	209	6	31
国家社会科学基金课题	3	3	308	308	308	5	5	0	0
其他课题	743	594	327 023	291 667	288 520	1 286	957	49	204
地方政府部门下达课题	2 693	1 959	815 509	617 240	639 332	5 148	3 643	117	314
地方自然科学基金课题	299	283	38 128	21 070	34 694	472	398	11	67
地方科技攻关计划课题	761	613	261 262	188 988	215 013	1 633	1 246	34	81
地方火炬计划课题	4	3	535	535	385	5	3	0	1
地方星火计划课题	10	2	3 140	2 835	2 435	22	10	0	0
地方社会科学基金课题	43	39	7 642	4 013	7 035	59	42	0	9
其他课题	1 576	1 019	504 802	399 799	379 771	2 958	1 945	73	157
企业委托课题	878	273	404 875	31 136	61 970	1 019	272	61	64
自选课题	359	321	68 825	59 197	61 652	662	548	25	135
国际合作课题	48	41	22 011	15 108	19 961	73	62	2	14
其他课题	395	228	159 520	65 813	104 213	701	430	10	72

9－8　按课题合作形式分布

项　目	课题数 合计（个）	R&D 课题	课题经费 内部支出（千元）	政府资金	R&D 课题经费	课题投入人员（人年）	其中：R&D 人员	其中：外聘流动学者	其中：在读研究生
总　计	**6 090**	**4 345**	**2 184 997**	**1 433 912**	**1 549 457**	**10 333**	**7 293**	**341**	**1 165**
与境外机构合作	83	69	32 296	24 382	29 211	183	158	8	17
与国内高校合作	266	225	92 693	76 654	85 372	542	435	13	50
与国内独立研究机构合作	423	315	226 921	198 692	200 511	875	666	29	105
与境内注册的外商独资企业合作	12	7	2 048	661	1 121	12	7	1	1
与境内注册的其他企业合作	475	335	142 978	91 264	99 850	772	522	44	90
独立研究	4 706	3 315	1 613 687	973 809	1 071 195	7 623	5 297	241	881
其他	125	79	74 374	68 451	62 197	327	208	7	21

9－9　按课题的社会经济目标分布

项　目	课题数 合计（个）	R&D 课题	课题经费 内部支出（千元）	政府资金	R&D 课题经费	课题投入人员（人年）	其中：R&D 人员	其中：外聘流动学者	其中：在读研究生
总　计	**6 090**	**4 345**	**2 184 997**	**1 433 912**	**1 549 457**	**10 333**	**7 293**	**341**	**1 165**
环境保护、生态建设及污染防治	788	346	430 473	182 189	210 610	1 234	684	31	123
环境一般问题	25	18	42 114	40 483	38 929	88	73	0	10
环境与资源评估	91	34	54 176	13 994	8 377	189	72	11	13
环境监测	89	57	42 390	18 321	19 556	203	100	15	23
生态建设	86	44	17 696	8 022	7 628	107	50	1	13
环境污染预防	242	75	157 678	66 597	67 853	265	184	2	43
环境治理	203	97	98 785	30 487	62 126	305	177	1	16
自然灾害的预防、预报	52	21	17 635	4 286	6 140	76	29	1	5
能源生产、分配和合理利用	510	403	167 646	127 722	123 355	710	554	52	156

（续上表）

项　目	课题数 合计（个）	R&D 课题	课题经费 内部支出（千元）	政府资金	R&D 课题经费	课题投入人员（人年）	其中：R&D 人员	其中：外聘流动学者	其中：在读研究生
能源一般问题研究	295	237	83 099	66 028	67 838	328	248	30	86
能源矿产勘探技术	34	34	12 697	10 807	12 697	57	57	7	27
能源矿物开采和加工技术	12	9	1 605	612	612	13	8	1	4
能源转换技术	9	6	1 895	1 814	1 120	19	9	1	4
能源输送、储存与分配技术	6	5	1 514	1 451	1 285	7	6	0	3
可再生能源	54	44	12 490	7 078	9 977	63	59	7	12
能源设施和设备建造	14	9	5 888	3 337	4 696	22	16	2	6
能源安全生产管理和技术	13	10	18 614	13 780	4 384	54	32	0	0
节约能源的技术	65	43	27 810	22 200	20 033	140	119	3	14
能源生产、输送、分配、储存、利用过程中污染的防治与处理	8	6	2 033	616	713	7	3	1	0
卫生事业的发展	579	535	172 213	94 668	163 006	1 127	1 051	18	123
卫生一般问题	129	126	53 205	9 859	52 845	331	324	2	21
诊断与治疗	194	187	39 859	28 110	38 303	294	280	11	61
预防医学	97	87	33 807	20 539	30 845	244	226	5	17
公共卫生	43	31	9 998	6 388	7 478	61	44	0	5
营养和食品卫生	27	24	17 474	13 790	16 792	92	85	0	1
社会医疗	24	21	7 942	7 182	7 863	33	31	0	7
卫生医疗其他研究	65	59	9 928	8 800	8 879	73	60	1	13
教育事业发展	50	32	11 903	4 779	3 522	64	31	1	9
教育一般问题	27	26	2 831	2 831	2 723	28	27	1	8
学历教育	1	0	250	0	0	1	0	0	0
非学历教育与培训	15	3	7 488	642	204	29	2	0	1

（续上表）

项 目	课题数 合计（个）	R&D 课题	课题经费 内部支出（千元）	政府资金	R&D 课题经费	课题 投入人员（人年）	其中：R&D 人员	其中：外聘流动学者	其中：在读研究生
其他教育	7	3	1 334	1 306	595	7	2	0	1
基础设施以及城市和农村规划	284	67	104 300	41 741	26 934	423	123	14	14
交通运输	70	27	33 349	13 038	12 723	134	57	4	3
通信	25	19	4 766	4 347	3 755	42	26	0	6
广播与电视	4	4	1 126	1 026	1 126	6	6	1	0
城市规划与市政工程	123	8	48 420	20 783	7 117	153	13	2	3
农村发展规划与建设	10	5	2 911	2 414	2 111	34	17	7	0
交通运输、通信、城市与农村发展对环境的影响	52	4	13 728	133	102	53	4	0	2
社会发展和社会服务	325	178	107 793	76 710	72 048	611	378	10	22
社会发展和社会服务一般问题	72	49	25 401	24 084	20 497	144	102	3	9
社会保障	5	4	143	143	93	7	6	0	1
公共安全	51	32	19 515	11 019	16 692	90	72	1	3
社会管理	11	5	1 637	1 329	1 066	13	7	0	0
就业	1	1	800	800	800	4	4	0	0
政府与政治	3	1	937	937	800	6	5	0	0
遗产保护	4	3	1 867	1 867	1 422	10	8	0	0
语言与文化	1	1	1 000	1 000	1 000	6	6	0	0
文艺、娱乐	11	10	5 667	5 667	5 302	31	28	0	0
宗教与道德	1	1	63	63	63	0	0	0	0
科技发展	52	31	18 715	13 551	12 162	120	67	4	7
国土资源管理	18	4	3 499	2 774	837	15	5	0	0
其他社会发展和社会服务	95	36	28 548	13 475	11 314	165	69	1	1

（续上表）

项　目	课题数		课题经费			课题			
	合计（个）	R&D 课题	内部支出（千元）	政府资金	R&D 课题经费	投入人员（人年）	其中：R&D 人员	其中：外聘流动学者	其中：在读研究生
地球和大气层的探索与利用	666	648	201 315	172 867	192 457	744	716	72	249
地壳、地幔、海底的探测和研究	82	81	24 277	22 216	23 727	93	92	11	26
水文地理	16	6	6 079	1 846	2 011	22	8	0	1
海洋	234	227	73 188	69 914	68 948	248	236	24	79
大气	42	42	16 099	16 099	16 099	54	54	4	6
地球探测和开发其他研究	292	292	81 672	62 793	81 672	327	327	33	138
民用空间的探测及开发	7	3	1 162	742	742	6	3	1	1
卫星服务	5	1	552	132	132	4	1	0	0
空间探测和开发其他研究	2	2	610	610	610	2	2	1	1
促进农林牧渔业发展	1 600	1 017	447 230	324 613	256 453	2 892	1 629	54	171
农林牧渔业发展一般问题	123	62	105 043	36 865	33 300	325	166	4	2
农作物种植及培育	576	315	153 071	126 726	93 614	1 148	554	16	14
林业和林产品	239	160	37 281	32 367	23 103	461	295	15	44
畜牧业	39	11	8 820	6 956	2 110	121	19	0	1
渔业	168	142	31 878	31 151	28 928	212	166	11	46
农林牧渔业体系支撑	415	302	97 947	81 763	71 198	576	400	9	58
农林牧渔业生产中污染的防治与处理	40	25	13 190	8 785	4 201	49	30	0	7
工商业发展	860	695	379 483	259 541	338 850	1 849	1 449	54	121
促进工商业发展的一般问题	52	29	17 729	11 653	9 810	107	41	3	2
产业共性技术	61	51	30 829	24 016	26 889	149	123	12	7
非能源资源矿产的开采	60	54	25 625	4 744	24 742	91	76	0	0
食品、饮料和烟草制品业	27	23	11 280	5 364	8 192	47	42	0	3
纺织业、服装及皮革制品业	5	4	1 136	975	956	10	8	0	0

（续上表）

项　目	课题数 合计（个）	R&D 课题	课题经费 内部支出（千元）	政府资金	R&D 课题经费	课题投入人员（人年）	其中：R&D 人员	其中：外聘流动学者	其中：在读研究生
化学工业	22	20	9 751	9 681	8 965	86	71	0	5
非金属与金属制品业	137	134	142 618	95 834	141 712	465	459	0	1
机械制造业（不包括电子设备、仪器仪表及办公机械）	33	26	19 064	15 038	18 515	70	66	2	7
电子设备、仪器仪表及办公机械	55	49	11 144	7 237	8 885	89	71	3	19
其他制造业	32	27	7 947	5 284	6 846	53	46	5	6
建筑业	13	1	1 470	210	210	13	1	0	0
信息与通信技术（ICT）服务业	225	192	60 629	58 853	56 957	291	209	20	53
技术服务业	119	81	37 438	18 117	24 537	322	226	9	17
金融业	1	1	600	600	600	4	4	0	0
商业及其他服务业	14	1	1 404	1 295	395	46	2	0	1
工商业活动中的环境保护、污染防治与处理	4	2	819	639	639	7	6	0	0
非定向研究	420	420	160 335	147 197	160 335	672	672	35	176
自然科学领域的非定向研究	364	364	136 551	123 624	136 551	529	529	35	176
工程与技术科学领域的非定向研究	2	2	438	238	438	3	3	0	0
农业科学领域的非定向研究	3	3	574	562	574	2	2	0	0
社会科学领域的非定向研究	1	1	1 000	1 000	1 000	6	6	0	0
人文科学领域的非定向研究	50	50	21 773	21 773	21 773	132	132	0	0
其他民用目标	1	1	1 145	1 145	1 145	3	3	0	0

表 10　全部县以上部门属科技机构课题经费内部支出按活动类型分类（2011）

10－1　按地域分布

单位：千元

项　目	课题经费内部支出	基础研究	应用研究	试验发展	R&D 成果应用	科技服务
总　计	**2 184 997**	**341 201**	**630 527**	**577 729**	**172 387**	**463 153**
广州市	1 880 586	315 833	488 453	521 681	134 550	420 070
韶关市	7 645	0	0	0	6 329	1 316
深圳市	163 767	24 438	126 602	4 676	1 078	6 973
珠海市	9 618	0	169	399	693	8 357
汕头市	9 943	0	0	1 226	3 888	4 829
佛山市	6 241	0	670	3 571	0	2 000
江门市	2 350	0	50	280	1 130	890
湛江市	16 648	846	1 066	0	7 842	6 894
茂名市	4 842	0	921	1 221	1 070	1 630
肇庆市	4 236	0	350	630	1 451	1 805
惠州市	10 179	0	3 047	3 153	2 924	1 055
梅州市	6 494	84	60	548	2 145	3 657
汕尾市	0	0	0	0	0	0
河源市	685	0	0	155	450	80
阳江市	1 455	0	120	340	695	300
清远市	0	0	0	0	0	0
东莞市	51 964	0	8 274	36 645	5 910	1 134
中山市	2 314	0	325	0	500	1 489
潮州市	2 359	0	0	707	1 652	0
揭阳市	2 797	0	420	2 167	80	130
云浮市	875	0	0	330	0	545

10－2　按隶属关系分布

单位：千元

项　目	课题经费内部支出	基础研究	应用研究	试验发展	R&D 成果应用	科技服务
总　计	**2 184 997**	**341 201**	**630 527**	**577 729**	**172 387**	**463 153**
地方部门属	896 347	64 435	226 429	260 414	148 437	196 632
省级部门属	649 093	63 704	174 569	169 415	104 422	136 984
副省级城市属	102 660	646	36 724	25 756	14 801	24 732
地市级部门属	144 594	84	15 137	65 244	29 214	34 916
中央部门属	1 288 650	276 767	404 098	317 315	23 950	266 522
中国科学院	693 171	254 705	303 790	60 539	2 235	71 902

表 11　全部县以上部门属科技机构课题投入人员按活动类型分类（2011）

11－1　按地域分布

单位：人年

项　目	课题投入人员	基础研究	应用研究	试验发展	R&D 成果应用	科技服务
总　计	**10 333**	**1 595**	**3 037**	**2 661**	**1 016**	**2 025**
广州市	7 810	1 423	2 419	2 134	398	1 436
韶关市	99	0	0	0	80	19
深圳市	610	129	418	16	8	39
珠海市	99	0	4	11	18	66
汕头市	238	0	0	25	101	112
佛山市	76	0	13	43	0	20
江门市	47	0	10	12	15	10
湛江市	306	37	44	0	138	88
茂名市	80	0	14	28	12	26

（续上表）

项　目	课题投入人员	基础研究	应用研究	试验发展	R&D 成果应用	科技服务
肇庆市	91	0	22	19	20	31
惠州市	171	0	30	67	51	23
梅州市	169	6	2	18	41	102
汕尾市	0	0	0	0	0	0
河源市	17	0	0	2	5	10
阳江市	25	0	3	10	9	3
清远市	0	0	0	0	0	0
东莞市	345	0	40	234	59	12
中山市	62	0	13	0	40	10
潮州市	29	0	0	8	21	0
揭阳市	46	0	7	28	3	9
云浮市	14	0	0	6	0	8

11－2　按隶属关系分布

单位：人年

项　目	课题投入人员	基础研究	应用研究	试验发展	R&D 成果应用	科技服务
总　计	**10 333**	**1 595**	**3 037**	**2 661**	**1 016**	**2 025**
地方部门属	5 825	405	1 619	1 633	828	1 340
省级部门属	3 438	385	1 223	908	275	647
副省级城市属	679	14	237	173	65	192
地市级部门属	1 708	6	159	553	488	502
中央部门属	4 509	1 191	1 418	1 027	188	685
中国科学院	2 530	1 041	1 068	194	16	211

表 12　全部县以上部门属科技机构专利（2011）

12－1　按地域分布

项　目	专利申请受理数（件）	发明专利	专利授权数（件）	其中：发明专利	其中：国外授权	有效发明专利数（件）	专利所有权转让及许可数（件）	专利所有权转让与许可收入（千元）
总　计	**908**	**677**	**481**	**270**	**3**	**1 215**	**39**	**90 570**
广州市	601	442	353	211	2	1 093	19	75 320
韶关市	1	1	1	1	0	2	0	0
深圳市	221	200	82	44	1	61	7	6 250
珠海市	2	2	0	0	0	0	0	0
汕头市	0	0	0	0	0	0	0	0
佛山市	0	0	0	0	0	0	0	0
江门市	0	0	0	0	0	0	0	0
湛江市	50	16	29	9	0	42	0	0
茂名市	0	0	0	0	0	0	0	0
肇庆市	0	0	0	0	0	0	0	0
惠州市	2	1	2	1	0	2	0	0
梅州市	0	0	0	0	0	0	0	0
汕尾市	0	0	0	0	0	0	0	0
河源市	0	0	0	0	0	0	0	0
阳江市	0	0	0	0	0	0	0	0
清远市	0	0	0	0	0	0	0	0
东莞市	31	15	14	4	0	15	13	9 000
中山市	0	0	0	0	0	0	0	0
潮州市	0	0	0	0	0	0	0	0
揭阳市	0	0	0	0	0	0	0	0
云浮市	0	0	0	0	0	0	0	0

12－2　按隶属关系分布

项　目	专利申请受理数（件）		专利授权数（件）			有效发明专利数（件）	专利所有权转让及许可数（件）	专利所有权转让与许可收入（千元）
		发明专利		其中：发明专利	其中：国外授权			
总　计	**908**	**677**	**481**	**270**	**3**	**1 215**	**39**	**90 570**
地方部门属	226	136	153	83	1	431	26	14 150
省级部门属	133	89	100	69	1	357	13	5 150
副省级城市属	39	21	22	8	0	51	0	0
地市级部门属	54	26	31	6	0	23	13	9 000
中央部门属	682	541	328	187	2	784	13	76 420
中国科学院	526	446	227	143	2	611	13	76 380

12－3　按国民经济行业分布

项　目	专利申请受理数（件）		专利授权数（件）			有效发明专利数（件）	专利所有权转让及许可数（件）	专利所有权转让与许可收入（千元）
		发明专利		其中：发明专利	其中：国外授权			
总　计	**908**	**677**	**481**	**270**	**3**	**1 215**	**39**	**90 570**
农、林、牧、渔业	87	45	65	33	0	90	0	0
采矿业	34	28	25	10	0	64	0	40
制造业	141	104	77	53	0	279	5	4 800
电力、热力、燃气及水生产和供应业	135	90	74	37	0	334	5	70 000
交通运输、仓储和邮政业	0	0	0	0	0	0	0	0
信息传输、软件和信息技术服务业	11	4	4	0	0	2	0	0
科学研究和技术服务业	465	374	197	105	2	345	21	15 380
水利、环境和公共设施管理业	33	30	34	28	1	78	7	300
教育	0	0	0	0	0	0	0	0
卫生和社会工作	2	2	5	4	0	23	1	50
文化、体育和娱乐业	0	0	0	0	0	0	0	0
公共管理、社会保障和社会组织	0	0	0	0	0	0	0	0

12－4 按机构所属学科领域分布

项 目	专利申请受理数（件）	发明专利	专利授权数（件）	其中：发明专利	其中：国外授权	有效发明专利数（件）	专利所有权转让及许可数（件）	专利所有权转让与许可收入（千元）
总 计	**908**	**677**	**481**	**270**	**3**	**1 215**	**39**	**90 570**
自然科学领域	175	159	91	78	1	391	12	5 230
农业科学领域	150	75	106	52	1	177	1	0
医学科学领域	48	48	26	25	0	68	1	50
工程科学与技术领域	534	394	258	115	1	578	25	85 290
社会、人文科学领域	1	1	0	0	0	1	0	0

表13 全部县以上部门属科技机构论文、著作及其他科技产出（2011）

13－1 按地域分布

项 目	科技论文（篇）	国外发表	科技著作（种）	形成国家或行业标准数（项）	集成电路布图设计登记数（件）	植物新品种权授予数（项）	软件著作权数（件）	新药证书数（件）
总 计	**5 755**	**1 532**	**146**	**46**	**0**	**16**	**39**	**0**
广州市	4 615	970	131	33	0	10	39	0
韶关市	15	0	0	0	0	0	0	0
深圳市	524	456	10	0	0	0	0	0
珠海市	19	0	0	0	0	0	0	0
汕头市	40	1	0	8	0	1	0	0
佛山市	14	0	0	0	0	4	0	0
江门市	6	0	0	0	0	0	0	0
湛江市	263	65	5	4	0	1	0	0
茂名市	41	0	0	0	0	0	0	0

（续上表）

项　目	科技论文（篇）	国外发表	科技著作（种）	形成国家或行业标准数（项）	集成电路布图设计登记数（件）	植物新品种权授予数（项）	软件著作权数（件）	新药证书数（件）
肇庆市	8	0	0	0	0	0	0	0
惠州市	46	0	0	0	0	0	0	0
梅州市	56	7	0	1	0	0	0	0
汕尾市	0	0	0	0	0	0	0	0
河源市	1	1	0	0	0	0	0	0
阳江市	8	0	0	0	0	0	0	0
清远市	0	0	0	0	0	0	0	0
东莞市	61	25	0	0	0	0	0	0
中山市	12	1	0	0	0	0	0	0
潮州市	18	0	0	0	0	0	0	0
揭阳市	6	6	0	0	0	0	0	0
云浮市	2	0	0	0	0	0	0	0

13－2　按隶属关系分布

项　目	科技论文（篇）	国外发表	科技著作（种）	形成国家或行业标准数（项）	集成电路布图设计登记数（件）	植物新品种权授予数（项）	软件著作权数（件）	新药证书数（件）
总　计	**5 755**	**1 532**	**146**	**46**	**0**	**16**	**39**	**0**
地方部门属	2 735	228	105	27	0	8	31	0
省级部门属	2 011	181	72	10	0	3	26	0
副省级城市属	361	6	33	8	0	0	3	0
地市级部门属	363	41	0	9	0	5	2	0
中央部门属	3 020	1 304	41	19	0	8	8	0
中国科学院	1 824	1 154	21	1	0	7	1	0

13－3 按国民经济行业分布

项 目	科技论文（篇）	国外发表	科技著作（种）	形成国家或行业标准数（项）	集成电路布图设计登记数（件）	植物新品种权授予数（项）	软件著作权数（件）	新药证书数（件）
总 计	**5 755**	**1 532**	**146**	**46**	**0**	**16**	**39**	**0**
农、林、牧、渔业	1 183	104	28	18	0	5	1	0
采矿业	192	7	1	10	0	0	0	0
制造业	511	182	4	6	0	0	12	0
电力、热力、燃气及水生产和供应业	375	115	1	0	0	0	0	0
交通运输、仓储和邮政业	35	0	0	0	0	0	0	0
信息传输、软件和信息技术服务业	47	1	0	0	0	0	9	0
科学研究和技术服务业	2 418	1 013	94	10	0	11	14	0
水利、环境和公共设施管理业	398	70	6	2	0	0	3	0
教育	22	0	2	0	0	0	0	0
卫生和社会工作	510	40	8	0	0	0	0	0
文化、体育和娱乐业	42	0	2	0	0	0	0	0
公共管理、社会保障和社会组织	22	0	0	0	0	0	0	0

13－4 按机构所属学科领域分布

项 目	科技论文（篇）	国外发表	科技著作（种）	形成国家或行业标准数（项）	集成电路布图设计登记数（件）	植物新品种权授予数（项）	软件著作权数（件）	新药证书数（件）
总 计	**5 755**	**1 532**	**146**	**46**	**0**	**16**	**39**	**0**
自然科学领域	1 239	581	17	5	0	7	3	0
农业科学领域	1 397	163	29	22	0	9	14	0
医学科学领域	673	140	13	0	0	0	0	0
工程科学与技术领域	1 857	646	19	18	0	0	20	0
社会、人文科学领域	589	2	68	1	0	0	2	0

表 14　全部县以上部门属科技机构 R&D 人员（2011）

14－1　按地域分布

单位：人

项　目	R&D 人员	女性	按工作量分		按学历分			
			R&D 全时人员	R&D 非全时人员	博士毕业	硕士毕业	本科毕业	其他
总　计	**11 158**	**4 001**	**6 602**	**4 556**	**1 922**	**3 590**	**3 654**	**1 992**
广州市	9 359	3 433	5 184	4 175	1 628	2 967	3 089	1 675
韶关市	0	0	0	0	0	0	0	0
深圳市	813	290	569	244	247	419	126	21
珠海市	18	14	18	0	2	1	4	11
汕头市	26	0	23	3	0	4	18	4
佛山市	114	40	63	51	0	36	36	42
江门市	27	10	18	9	0	5	18	4
湛江市	131	43	106	25	19	50	44	18
茂名市	58	14	58	0	1	2	30	25
肇庆市	43	15	35	8	0	7	17	19
惠州市	114	27	102	12	4	17	36	57
梅州市	30	7	30	0	0	5	17	8
汕尾市	0	0	0	0	0	0	0	0
河源市	2	0	2	0	0	0	2	0
阳江市	25	6	6	19	0	1	7	17
清远市	0	0	0	0	0	0	0	0
东莞市	324	73	316	8	20	74	181	49
中山市	18	14	18	0	1	2	9	6
潮州市	8	2	6	2	0	0	6	2
揭阳市	42	11	42	0	0	0	12	30
云浮市	6	2	6	0	0	0	2	4

14－2 按隶属关系分布

单位：人

项 目	R&D 人员	女性	按工作量分		按学历分			
			R&D 全时人员	R&D 非全时人员	博士毕业	硕士毕业	本科毕业	其他
总 计	**11 158**	**4 001**	**6 602**	**4 556**	**1 922**	**3 590**	**3 654**	**1 992**
地方部门属	4 984	1 861	3 214	1 770	493	1 361	1 974	1 156
省级部门属	3 378	1 331	2 017	1 361	384	943	1 256	795
副省级城市属	651	264	373	278	64	218	295	74
地市级部门属	955	266	824	131	45	200	423	287
中央部门属	6 174	2 140	3 388	2 786	1 429	2 229	1 680	836
中国科学院	3 861	1 442	2 321	1 540	1 107	1 490	850	414

14－3 按机构所属学科领域分布

单位：人

项 目	R&D 人员	女性	按工作量分		按学历分			
			R&D 全时人员	R&D 非全时人员	博士毕业	硕士毕业	本科毕业	其他
总 计	**11 158**	**4 001**	**6 602**	**4 556**	**1 922**	**3 590**	**3 654**	**1 992**
自然科学领域	2 751	1 051	1 445	1 306	750	943	665	393
农业科学领域	2 199	652	1 507	692	253	498	711	737
医学科学领域	1 410	594	988	422	157	348	569	336
工程科学与技术领域	4 288	1 469	2 353	1 935	676	1 566	1 557	489
社会、人文科学领域	510	235	309	201	86	235	152	37

表 15 全部县以上部门属科技机构 R&D 人员折合全时工作量（2011）

15－1 按地域分布

单位：人年

项目	R&D 折合全时工作量	按活动类型分			按工作岗位性质分		
		基础研究人员	应用研究人员	试验发展人员	研究人员	技术人员	其他辅助人员
总　计	**8 424**	**1 928**	**3 474**	**3 022**	**5 014**	**2 229**	**1 181**
广州市	6 826	1 708	2 723	2 395	4 096	1 787	943
韶关市	0	0	0	0	0	0	0
深圳市	691	158	513	20	523	110	58
珠海市	18	0	5	13	7	7	4
汕头市	26	0	0	26	6	13	7
佛山市	73	0	13	60	43	16	14
江门市	23	0	11	12	13	7	3
湛江市	114	54	60	0	65	25	24
茂名市	58	0	16	42	27	28	3
肇庆市	42	0	22	20	14	17	11
惠州市	104	0	31	73	36	47	21
梅州市	30	8	4	18	10	20	0
汕尾市	0	0	0	0	0	0	0
河源市	2	0	0	2	2	0	0
阳江市	23	0	3	20	8	6	9
清远市	0	0	0	0	0	0	0
东莞市	320	0	46	274	143	120	57
中山市	18	0	18	0	10	6	2
潮州市	8	0	0	8	3	2	3
揭阳市	42	0	9	33	6	18	18
云浮市	6	0	0	6	2	0	4

15－2 按隶属关系分布

单位：人年

项 目	R&D 折合全时工作量	按活动类型分			按工作岗位性质分		
		基础研究人员	应用研究人员	试验发展人员	研究人员	技术人员	其他辅助人员
总 计	**8 424**	**1 928**	**3 474**	**3 022**	**5 014**	**2 229**	**1 181**
地方部门属	4 010	428	1 721	1 861	2 271	1 160	579
省级部门属	2 668	406	1 285	977	1 655	681	332
副省级城市属	461	14	250	197	264	118	79
地市级部门属	881	8	186	687	352	361	168
中央部门属	4 414	1 500	1 753	1 161	2 743	1 069	602
中国科学院	2 875	1 312	1 321	242	1 993	533	349

15－3 按机构所属学科领域分布

单位：人年

项 目	R&D 折合全时工作量	按活动类型分			按工作岗位性质分		
		基础研究人员	应用研究人员	试验发展人员	研究人员	技术人员	其他辅助人员
总 计	**8 424**	**1 928**	**3 474**	**3 022**	**5 014**	**2 229**	**1 181**
自然科学领域	1 967	1 052	725	190	1 323	362	282
农业科学领域	1 813	235	574	1 004	867	562	384
医学科学领域	1 124	365	592	167	749	256	119
工程科学与技术领域	3 119	249	1 236	1 634	1 759	998	362
社会、人文科学领域	401	27	347	27	316	51	34

15－4 按服务的国民经济行业分布

单位：人年

项　目	R&D 折合全时工作量	按活动类型分			按工作岗位性质分		
		基础研究人员	应用研究人员	试验发展人员	研究人员	技术人员	其他辅助人员
总　计	**8 424**	**1 928**	**3 474**	**3 022**	**5 014**	**2 229**	**1 181**
农、林、牧、渔业	1 509	146	519	844	729	473	307
农业	602	16	177	409	325	186	91
林业	434	62	160	212	220	119	95
畜牧业	29	0	0	29	10	14	5
渔业	260	48	95	117	94	84	82
农、林、牧、渔服务业	184	20	87	77	80	70	34
采矿业	567	0	15	552	304	227	36
有色金属矿采选业	567	0	15	552	304	227	36
制造业	808	265	305	238	489	186	133
农副食品加工业	256	50	89	117	68	109	79
食品制造业	97	31	38	28	65	18	14
石油加工、炼焦和核燃料加工业	7	0	7	0	4	2	1
医药制造业	395	184	171	40	320	41	34
化学纤维制造业	7	0	0	7	4	2	1
黑色金属冶炼和压延加工业	0	0	0	0	0	0	0
专用设备制造业	46	0	0	46	28	14	4
计算机、通信和其他电子设备制造业	0	0	0	0	0	0	0
仪器仪表制造业	0	0	0	0	0	0	0
电力、热力、燃气及水生产和供应业	344	28	241	75	186	113	45
电力、热力生产和供应业	344	28	241	75	186	113	45
交通运输、仓储和邮政业	11	0	0	11	7	2	2

（续上表）

项 目	R&D 折合全时工作量	按活动类型分			按工作岗位性质分		
		基础研究人员	应用研究人员	试验发展人员	研究人员	技术人员	其他辅助人员
道路运输业	0	0	0	0	0	0	0
水上运输业	11	0	0	11	7	2	2
信息传输、软件和信息技术服务业	97	0	45	52	26	63	8
电信、广播电视和卫星传输服务	47	0	19	28	19	22	6
软件和信息技术服务业	50	0	26	24	7	41	2
科学研究和技术服务业	3 846	1 211	1 738	897	2 554	805	487
研究和试验发展	2 381	891	1 099	391	1 647	406	328
专业技术服务业	1 465	320	639	506	907	399	159
科技推广和应用服务业	0	0	0	0	0	0	0
水利、环境和公共设施管理业	483	116	145	222	280	122	81
水利管理业	186	37	52	97	124	35	27
生态保护和环境治理业	297	79	93	125	156	87	54
教育	12	0	12	0	10	2	0
教育	12	0	12	0	10	2	0
卫生和社会工作	694	162	411	121	407	216	71
卫生	694	162	411	121	407	216	71
文化、体育和娱乐业	53	0	43	10	22	20	11
文化艺术业	0	0	0	0	0	0	0
体育	53	0	43	10	22	20	11
公共管理、社会保障和社会组织	0	0	0	0	0	0	0
国家机构	0	0	0	0	0	0	0

表16　全部县以上部门属科技机构 R&D 经费支出（2011）

16－1　按地域分布

单位：千元

项　目	R&D 经费内部支出	按活动类型分			按来源分					R&D 经费外部支出
		基础研究	应用研究	试验发展	政府资金	企业资金	事业单位资金	国外资金	其他资金	
总　计	**2 821 083**	**656 927**	**1 226 461**	**937 695**	**1 916 903**	**108 324**	**648 128**	**10 609**	**137 119**	**35 402**
广州市	2 453 466	614 293	994 855	844 318	1 601 129	86 909	628 029	10 561	126 838	34 682
韶关市	0	0	0	0	0	0	0	0	0	0
深圳市	250 199	39 596	203 024	7 579	220 032	20 705	3 647	18	5 797	0
珠海市	891	0	265	626	127	0	764	0	0	0
汕头市	1 226	0	0	1 226	1 226	0	0	0	0	0
佛山市	15 989	0	3 017	12 972	15 473	0	516	0	0	0
江门市	330	0	50	280	330	0	0	0	0	0
湛江市	8 951	2 844	6 107	0	8 920	0	31	0	0	0
茂名市	6 079	0	1 537	4 542	4 050	0	60	0	1 969	0
肇庆市	1 130	0	400	730	280	0	850	0	0	0
惠州市	13 207	0	5 540	7 667	9 980	710	960	0	1 557	0
梅州市	968	194	226	548	632	0	0	0	336	0
汕尾市	0	0	0	0	0	0	0	0	0	0
河源市	155	0	0	155	155	0	0	0	0	0
阳江市	760	0	170	590	715	0	0	30	15	30
清远市	0	0	0	0	0	0	0	0	0	0
东莞市	63 343	0	10 455	52 888	50 760	0	12 583	0	0	690
中山市	325	0	325	0	150	0	175	0	0	0
潮州市	707	0	0	707	280	0	300	0	127	0
揭阳市	2 867	0	490	2 377	2 584	0	213	0	70	0
云浮市	490	0	0	490	80	0	0	0	410	0

16－2 按隶属关系分布

单位：千元

项 目	R&D 经费内部支出	按活动类型分			按来源分					R&D 经费外部支出
		基础研究	应用研究	试验发展	政府资金	企业资金	事业单位资金	国外资金	其他资金	
总 计	**2 821 083**	**656 927**	**1 226 461**	**937 695**	**1 916 903**	**108 324**	**648 128**	**10 609**	**137 119**	**35 402**
地方部门属	1 186 512	132 119	547 476	506 917	602 111	41 813	433 700	4 540	104 348	5 725
省级部门属	903 152	130 644	450 675	321 833	406 234	35 397	359 470	4 510	97 541	5 365
副省级城市属	129 184	1 281	66 590	61 313	94 453	5 706	26 702	0	2 323	150
地市级部门属	154 176	194	30 211	123 771	101 424	710	47 528	30	4 484	210
中央部门属	1 634 571	524 808	678 985	430 778	1 314 792	66 511	214 428	6 069	32 771	29 677
中国科学院	1 038 185	468 937	494 522	74 726	883 243	44 930	71 536	5 949	32 527	17 254

16－3 按机构所属学科领域分布

单位：千元

项 目	R&D 经费内部支出	按活动类型分			按来源分					R&D 经费外部支出
		基础研究	应用研究	试验发展	政府资金	企业资金	事业单位资金	国外资金	其他资金	
总 计	**2 821 083**	**656 927**	**1 226 461**	**937 695**	**1 916 903**	**108 324**	**648 128**	**10 609**	**137 119**	**35 402**
自然科学领域	682 115	381 900	226 039	74 176	514 472	16 318	124 544	5 959	20 822	24 799
农业科学领域	495 890	57 213	156 298	282 379	333 691	17 800	119 774	3 050	21 575	1 820
医学科学领域	455 472	120 273	257 156	78 043	221 606	11 419	200 964	126	21 357	100
工程科学与技术领域	1 015 471	85 393	438 329	491 749	676 214	62 787	202 846	1 474	72 150	8 683
社会、人文科学领域	172 135	12 148	148 639	11 348	170 920	0	0	0	1 215	0

表 17 全部县以上部门属科技机构 R&D 经费内部支出（2011）

17－1 按地域分布

单位：千元

项目	R&D 经费内部支出	经常费支出				基本建设费		
			人员费用	设备购置费	其他		仪器设备费	土建费
总　计	**2 821 083**	**2 514 711**	**890 341**	**481 324**	**1 143 046**	**306 372**	**67 613**	**238 759**
广州市	2 453 466	2 167 163	740 634	400 130	1 026 399	286 303	61 205	225 098
韶关市	0	0	0	0	0	0	0	0
深圳市	250 199	250 199	105 371	65 505	79 323	0	0	0
珠海市	891	891	764	0	127	0	0	0
汕头市	1 226	1 226	1 118	0	108	0	0	0
佛山市	15 989	9 239	7 951	20	1 268	6 750	0	6 750
江门市	330	330	225	40	65	0	0	0
湛江市	8 951	2 595	1 110	339	1 146	6 356	2 722	3 634
茂名市	6 079	6 079	3 208	101	2 770	0	0	0
肇庆市	1 130	1 130	750	0	380	0	0	0
惠州市	13 207	12 697	6 450	3 061	3 186	510	180	330
梅州市	968	968	905	63	0	0	0	0
汕尾市	0	0	0	0	0	0	0	0
河源市	155	155	100	0	55	0	0	0
阳江市	760	720	550	80	90	40	40	0
清远市	0	0	0	0	0	0	0	0
东莞市	63 343	56 994	18 522	11 797	26 675	6 349	3 402	2 947
中山市	325	325	295	0	30	0	0	0
潮州市	707	707	445	0	262	0	0	0
揭阳市	2 867	2 867	1 663	88	1 116	0	0	0
云浮市	490	426	280	100	46	64	64	0

17－2　按隶属关系分布

单位：千元

项　目	R&D经费内部支出	经常费支出				基本建设费		
			人员费用	设备购置费	其他		仪器设备费	土建费
总　计	**2 821 083**	**2 514 711**	**890 341**	**481 324**	**1 143 046**	**306 372**	**67 613**	**238 759**
地方部门属	1 186 512	1 030 998	389 886	217 255	423 857	155 514	39 425	116 089
省级部门属	903 152	805 542	298 339	179 553	327 650	97 610	20 705	76 905
副省级城市属	129 184	98 707	39 508	18 516	40 683	30 477	15 034	15 443
地市级部门属	154 176	126 749	52 039	19 186	55 524	27 427	3 686	23 741
中央部门属	1 634 571	1 483 713	500 455	264 069	719 189	150 858	28 188	122 670
中国科学院	1 038 185	968 742	329 751	158 584	480 407	69 443	4 531	64 912

17－3　按机构所属学科领域分布

单位：千元

项　目	R&D经费内部支出	经常费支出				基本建设费		
			人员费用	设备购置费	其他		仪器设备费	土建费
总　计	**2 821 083**	**2 514 711**	**890 341**	**481 324**	**1 143 046**	**306 372**	**67 613**	**238 759**
自然科学领域	682 115	643 359	204 939	76 013	362 407	38 756	2 652	36 104
农业科学领域	495 890	426 504	151 525	54 400	220 579	69 386	30 645	38 741
医学科学领域	455 472	414 415	140 990	150 345	123 080	41 057	8 664	32 393
工程科学与技术领域	1 015 471	913 903	350 072	186 790	377 041	101 568	18 667	82 901
社会、人文科学领域	172 135	116 530	42 815	13 776	59 939	55 605	6 985	48 620

17－4 按机构服务的国民经济行业分布

单位：千元

项目	R&D经费内部支出	经常费支出				基本建设费		
			人员费用	设备购置费	其他		仪器设备费	土建费
总　计	**2 821 083**	**2 514 711**	**890 341**	**481 324**	**1 143 046**	**306 372**	**67 613**	**238 759**
农、林、牧、渔业	419 580	373 534	122 333	49 545	201 656	46 046	27 945	18 101
农业	138 856	131 207	48 004	20 478	62 725	7 649	3 635	4 014
林业	84 252	66 248	26 673	7 596	31 979	18 004	7 638	10 366
畜牧业	2 495	1 780	1 253	190	337	715	385	330
渔业	135 190	123 395	36 956	17 553	68 886	11 795	9 290	2 505
农、林、牧、渔服务业	58 787	50 904	9 447	3 728	37 729	7 883	6 997	886
采矿业	172 216	172 216	52 292	52 474	67 450	0	0	0
有色金属矿采选业	172 216	172 216	52 292	52 474	67 450	0	0	0
制造业	309 162	276 226	97 012	28 651	150 563	32 936	2 915	30 021
农副食品加工业	55 001	54 055	20 587	4 488	28 980	946	778	168
食品制造业	41 765	41 765	17 481	3 823	20 461	0	0	0
石油加工、炼焦和核燃料加工业	399	399	339	20	40	0	0	0
医药制造业	180 727	148 737	45 480	17 860	85 397	31 990	2 137	29 853
化学纤维制造业	590	590	345	0	245	0	0	0
黑色金属冶炼和压延加工业	0	0	0	0	0	0	0	0
专用设备制造业	30 680	30 680	12 780	2 460	15 440	0	0	0
计算机、通信和其他电子设备制造业	0	0	0	0	0	0	0	0
仪器仪表制造业	0	0	0	0	0	0	0	0
电力、热力、燃气及水生产和供应业	99 423	93 308	42 295	9 747	41 266	6 115	0	6 115
电力、热力生产和供应业	99 423	93 308	42 295	9 747	41 266	6 115	0	6 115
交通运输、仓储和邮政业	3 434	3 434	1 700	68	1 666	0	0	0

（续上表）

项 目	R&D经费内部支出	经常费支出				基本建设费		
			人员费用	设备购置费	其他		仪器设备费	土建费
道路运输业	0	0	0	0	0	0	0	0
水上运输业	3 434	3 434	1 700	68	1 666	0	0	0
信息传输、软件和信息技术服务业	9 548	9 548	6 161	250	3 137	0	0	0
电信、广播电视和卫星传输服务	6 642	6 642	5 102	198	1 342	0	0	0
软件和信息技术服务业	2 906	2 906	1 059	52	1 795	0	0	0
科学研究和技术服务业	1 345 032	1 172 039	423 438	185 828	562 773	172 993	14 374	158 619
研究和试验发展	798 975	704 226	258 602	125 722	319 902	94 749	4 594	90 155
专业技术服务业	546 057	467 813	164 836	60 106	242 871	78 244	9 780	68 464
科技推广和应用服务业	0	0	0	0	0	0	0	0
水利、环境和公共设施管理业	159 024	126 794	43 990	11 409	71 395	32 230	8 867	23 363
水利管理业	94 308	78 668	21 977	7 992	48 699	15 640	6 167	9 473
生态保护和环境治理业	64 716	48 126	22 013	3 417	22 696	16 590	2 700	13 890
教育	5 595	5 595	2 079	755	2 761	0	0	0
教育	5 595	5 595	2 079	755	2 761	0	0	0
卫生和社会工作	268 170	259 103	92 279	131 757	35 067	9 067	6 527	2 540
卫生	268 170	259 103	92 279	131 757	35 067	9 067	6 527	2 540
文化、体育和娱乐业	29 899	22 914	6 762	10 840	5 312	6 985	6 985	0
文化艺术业	0	0	0	0	0	0	0	0
体育	29 899	22 914	6 762	10 840	5 312	6 985	6 985	0
公共管理、社会保障和社会组织	0	0	0	0	0	0	0	0
国家机构	0	0	0	0	0	0	0	0

2011 年广东科技记事

1 月 5 日

日本中部产官学联合组织代表团一行 8 人到访省科技厅，双方就广东省产学研合作的发展情况和日本产官学联合组织的情况进行了交流会谈。

1 月 5—6 日

广东省引进创新科研团队现场评审会在广州召开。

1 月 9 日

全省专业镇转型升级现场会在东莞市大朗镇召开。会议总结了近年来全省专业镇发展情况，交流经验，推广典型，并对“十二五”时期专业镇转型升级工作进行全面部署。

1 月 10 日

·以色列驻广州总领事倪·亚伯拉罕一行到访省科技厅，双方就以色列与中国长期的友好合作关系，广东省在国内开展的“三部两院一省”科技合作以及在国际范围内打造的“哑铃型”科技合作模式进行了交流会谈。

·中国广东核电集团有限公司在大亚湾核电基地隆重举行“广东省军民结合技术创新示范基地”揭牌仪式，标志着广东省在核能利用方面迈出新步伐。

1 月 13 日

中国南方智谷建设启动暨项目签约奠基仪式在顺德举行，省科技厅与顺德区政府签订了《省区共建中国南方智谷合作协议》。

1 月 14 日

国家科学技术奖励大会在北京召开。共有 356 个项目获得 2010 年度国家科学技术奖励，广东省有 36 个项目获奖，创历年之最。

1 月 21 日

省科技厅与中信银行股份有限公司广州分行举行战略合作签约仪式，双方签署《广东省科学技术厅　中信银行股份有限公司广州分行战略合作协议书》，合作额度为 50 亿元。

1 月 24 日

中航通用飞机有限责任公司在珠海中航工业通飞珠海机场工作区隆重举行了“广东省军民结合技术创新示范基地”揭牌仪式，标志着广东省在民用航空技术领域迈出了重要的一步。

2 月 18 日

“粤港金融·科技园”项目奠基仪式在广东金融高新技术服务区举行。

2 月 21 日

广东华南联合疫苗开发院揭牌仪式在广州举行。该院依托华南新药创制中心，致力于开发拥有自主知识产权的优质疫苗。

2 月 22—24 日

中乌双方签署“中国—乌克兰巴顿焊接研究院”合作协议。至此，由科技部和广东省人民政府重点支持，广东省科技厅主导并参与组织管理，广东省工业技术研究院承建的中乌两国间重点科技合作项目正式启动。

2 月 24 日

奥特朗电器（广州）有限公司等 233 家企业被认定为 2010 年第 1 批高新技术企业。

3 月 1 日

·广东省科技形势分析会在广东科学中心召开。

·广东省 LED 照明技术及产品推广应用联席会议在广州召开。

3 月 3 日

广东—独联体国际科技合作联盟 2011 年度工作会议在广州召开。

3 月 7 日

中共中央政治局委员、广东省委书记汪洋，省长黄华华会见全国政协副主席、科技部部长万钢，中国工程院院长周济，国家自然科学基金委主任陈宜瑜，就进一步加强省部和省院自主创新合作，充分发挥国家自然科学基金—广东联合基金作用，促进创新型广东建设进行会谈。

3 月 9—12 日

由省科技厅、省文化厅共同主办的 2011 第 9 届中国（广州）国际专业音响灯光暨乐器展览会在中国进出口商品交易会展馆举行，与恩平市人民政府联合主办的第 6 届恩平麦克风国际展销会同期举行。本届展会规模创历史新高，共有国内外 842 家企业参展，展出面积 56 000 多平方米。

3 月 10 日

中共中央政治局委员、广东省委书记汪洋，省长黄华华在北京会见中国科学院院长白春礼，就进一步推进省院全面战略合作进行会谈。会谈后，宋海副省长主持省院合作重大科技项目合作协议签署仪式，广州、东莞和佛山三市分别就加快广州工业技术研究院建设、共建东莞云计算产业技术创新育成中心、加强佛山产业技术创新与育成中心建设，与中国科学院签署合作协议和意向书。

3 月 10—11 日

省科技厅一行赴香港对加强科技交流与合作进行调研，与香港特区政府创新科技署及有关专家召开粤港高新技术合作专责小组第 8 次会议预备会议，重点商讨高新技术专责小组 2011 年合作事宜。

3 月 14 日

广东华南新药创制中心分别与中山大学实验动物中心、广东蓝岛生物技术有限公司签订合作协议并举行揭牌仪式。

3 月 21—23 日

科技部副部长陈小娅一行到广东考察指导重点实验室建设工作。

3 月 24 日

中共中央政治局委员、广东省委书记汪洋与省委常委、秘书长徐少华，副省长宋海到中山市就专业镇转型升级进行专题调研。

3 月 26 日

增城经济技术开发区 LED 产业园 LED 外延片、芯片项目落户签约仪式在广州增城举行。

3 月 28 日

·工业和信息化部电子第五研究所在广州举行“广东省军民结合技术创新示范基地”揭牌仪式。该基地的建设是落实工业和信息化部与广东省合作备忘录的实际举措。

·广东新光源产业化基地核心园区建设周年庆典暨二期项目启动仪式在佛山举行。广东新光源产业化示范项目是广东省重大科技专项，也是南海加快都市型产业建设，培育战略性新兴支柱产业，推进节能环保、绿色照明工程的重要载体。

·中山北京理工大学研究院揭牌仪式在中山装备制造工业研究院举行，标志着北京理工大学和中山市人民政府的合作迈向了新的台阶，揭开了双方合作的新篇章。

3 月 31 日

清华—广东新岸线计算机系统芯片联合研究所揭牌启动仪式及新闻发布会在清华大学举行。

4 月 1 日

广东省青少年科技创新能力培养展翅计划启动仪式和世博广东馆回迁展开馆仪式在广东科学中心举行。

4 月 7 日

由省科技厅和意大利驻广州总领事馆共同主办的广东省专业镇转型升级专题培训暨高层创新论坛在佛山市顺德区北滘镇举行。

4 月 8 日

·国家中医药发展论坛（“珠江论坛”）第 2 届学术研讨会在广州举行。

·广州市城市规划勘测设计研究院联合英国南安普敦大学、伦敦大学、创新方法研究会、广东省环境科学研究院、天河区国家可持续发展实验区共同组建的“广州中英低碳合作研究中心”挂牌仪式在广州举行。

·广东省物联网应用产业基地启动暨战略合作签约仪式在佛山市顺德区乐从镇举行。

·由省科协、省教育厅、省科技厅、省知识产权局、中山市政府联合主办的第 26 届广东省青少年科技创新大赛开幕式在中山市举行。

4 月 9 日

中国产学研合作促进会常务副会长、国务院参事石定环，副会长王建华一行到访省科技厅，双方就在新形势下如何进一步推进广东省产学研合作的深入开展，创新产学研合作的体制机制等问题进行交流和探讨。

4 月 11 日

全省科学技术奖励大会暨全省科技工作会议在广州召开。会议总结了广东省“十一五”科技工作，部署“十二五”及 2011 年的科技工作，表彰获得 2010 年度广东省科学技术奖的先进单位和先进个人。

4 月 15 日

· 珠海市人民政府承担的省部产学研结合示范市建设项目通过专家组验收。

· 2011 年全省知识产权宣传周活动方案发布仪式暨打击侵犯知识产权和制售假冒伪劣商品专项行动集中销毁活动在广州举行。

4 月 19 日

省科技厅与省发展改革委、省教育厅、省知识产权局、省科协联合召开广东省创新方法工作部门联席会议。

4 月 20 日

广东美的制冷设备有限公司与东芝开利工业株式会社在佛山顺德举行“美的—东芝开利变频技术联合研发中心”揭牌仪式。

4 月 22—23 日

科技部高新司与中国生产力促进中心协会在广州召开全国生产力促进中心服务标准发布暨生产力培训工作会。

4 月 25 日

科技部火炬中心、中国科技金融促进会风险投资专业委员会联合召开的南海区人民政府科技金融与企业自主创新研讨会在佛山举行。

4 月 26 日

· 广东省人民政府新闻办公室召开广东省知识产权保护状况新闻发布会，省知识产权局党组书记、副局长马宪民代表省政府知识产权办公会议发布了 2010 年广东省知识产权保护状况。

· 华南师范大学产学研结合现场会暨“华南师范大学—广州市金洋水产养殖有限公司产学研结合示范基地”揭牌仪式在广州举行。

4 月 26—28 日

省委常委、政法委书记、省公安厅厅长梁伟发，省政协副主席覃卫东，省科技厅领导，佛山市委书记陈云贤等省委委员、候补委员赴江门市蓬江区，中山市小榄镇，佛山市顺德区、南海区和肇庆市金利镇等省级专业镇，就如何加快推进全省专业镇转型升级进行专项视察调研。

4 月 27 日

·惠州仲恺高新区国家级科技企业孵化器揭牌暨科研合作项目签约仪式在惠州举行。

·第 5 届广东大学生科技学术节开幕式在广州大学城举行。

5 月 5 日

省科技厅印发《广东省农业科技园区管理办法（试行）》。

5 月 9 日

国家数字家庭工程技术研究中心启动仪式在惠州市举行。

5 月 11 日

·广东省科技型中小企业技术创新基金工作会议在江门召开。

·广东省 LED 光源标准化技术委员会成立大会在东莞市举行。

5 月 12 日

广东对外科技合作管理人员培训在广东大厦举行。来自全省各地市科技局、主要高校、中央驻穗及省级主要科研机构、国家及省级高新区科技部门、国家及省级国际科技合作基地、省级主要科技中介服务机构等单位的 130 多人参加了培训。

5 月 13 日

·全省科技宣传工作会议在广州召开，会上印发了《关于进一步加强科技宣传工作的实施意见（征求意见稿）》。

·2011 年全省科技行政管理系统纪检监察工作座谈会在肇庆召开。

·广州易宝爱普讯电信科技有限公司等 426 家企业被评为 2010 年第 2 批高新技术企业。

·第 14 届广东科技好新闻奖揭晓。9 件作品获得一等奖，18 件作品获得二等奖，34 件作品获得三等奖。新华社广东分社的肖思思和南方新闻网的王秀萍荣获 2010 年广东科技宣传工作先进个人。

5 月 14 日

2011 年花都区科技活动周启动仪式暨中国音响产业高峰论坛活动在广州举行。

5 月 16 日

广东温氏集团与华南农业大学全面战略合作协议签约仪式在云浮市举行。

5 月 17—22 日

第 14 届中国北京国际科技产业博览会在中国国际展览中心举行。广东省共组织了华南理工大学、中山大学、广州工业技术研究院、中国科学院广州能源研究所、珠海格力电器股份有限公司等 28 家单位的 42 个项目参展，参展内容涵盖了生物医药、电子信息、节能环保、精密制造等多个领域，代表了本省科技战线在“十一五”期间取得的主要科研成就。

5 月 18 日

第 11 届亚太科学中心协会（ASPAC）年会开幕式在广东科学中心举行。

5月19日

中国科学院（佛山）产业技术创新科技园奠基仪式在佛山市举行。

5月20日

科技部在广州召开全国科技系统新闻宣传部省（区、市）联动专题调研会。省科技厅获科技部网站政务信息报送先进单位。由省科技厅选送的《“星期六工程师”的往昔今生》获得了“科技好新闻”奖。

5月24日

·广西壮族自治区科技厅党组书记陈大克和云南省科技厅副厅长王建华一行到访省科技厅，洽谈共同推动基础研究等领域的专家库合作事宜。粤桂滇三方就如何在《泛珠三角区域合作框架协议》下，探索和推动基础研究管理制度创新，建立基础研究项目评审和成果奖励等领域的专家资源共享机制，充分发挥专家资源的最佳效益等方面进行了深入探讨并取得初步共识。

·佛山市生产力促进中心等9家生产力促进机构被认定为第2批省级示范生产力促进中心。

5月25日

·深圳新产业技术产权交易所揭牌仪式在深圳举行。

·中科院南海生物医药科技产业中心揭牌暨项目进驻签约仪式在佛山举行。

·燃料电池及氢源技术国家工程研究中心华南中心暨广东省广顺新能源动力院士工作站揭牌奠基仪式在佛山举行。

·中国科学院佛山产业技术创新与育成中心理事会暨2011年院市工作会议在佛山召开。

·省人民政府通报了对珠江三角洲各市、省有关部门2010年度实施《珠江三角洲地区改革发展规划纲要（2008—2020年）》工作情况的评估考核结果，省科技厅以优异的考核分数获得优秀单位称号。

5月30—31日

科技部政策法规司在广州召开国家科普能力建设座谈会。

6月1日

《中国科技报道》视频联盟成立暨首次工作会议在北京召开，正式宣告中国科技报道视频联盟成立。

6月2日

·广东省引进第2批创新科研团队、领军人才授牌仪式在广州举行。

·以“科技兴农，建设社会主义新农村”为主题的大型科技下乡活动在东源县双江镇举行。本次活动由省科技厅、河源市政府和东源县政府主办，东源县科技局和双江镇人民政府承办。

·省质监局、省科技厅在广州召开广东省LED路灯及其光源控制器产品质量分析会。

6月8日

新广州·新机遇国际科技和人才交流合作推介会在广州举行。包括俄罗斯、乌克兰等独联体国家50多位专家在内的政府部门、科研机构和企业的代表近400人参加了这次推介会。

6 月 10 日

· 广东省科技资本研究院筹备会议在广州召开。

· 2011（第 13 届）中国风险投资论坛开幕式在深圳举行。

6 月 11 日

· 省科协、省直机关工委、省科技厅、中国科技馆联合举办的“人与健康科普展览”在广东科学馆开幕。

· 第 9 届广东省少年儿童发明奖优秀作品展在广东科学中心举行。本次发明奖共评出一等奖 23 项、二等奖 94 项、三等奖 203 项，申请专利鼓励奖 158 项，组织奖 46 项，共 520 多项。

6 月 13 日

广东省绿色照明示范区授牌暨“万家亿盏”室内 LED 绿色照明示范工程启动仪式在佛山举行。

6 月 14 日

无线城市 · 幸福广东——中国无线城市崛起高峰论坛暨无线城市发布会在广州白云国际会议中心举行。

6 月 16 日

省科技厅、省发展改革委、省经济和信息化委研究决定，授予国家节能环保制冷设备工程技术研究中心等 30 家单位“广东省优秀工程技术研究中心”称号，授予 19 人“广东省优秀工程技术研究开发中心主任（副主任）”称号。

6 月 27 日

广东省第 2 期创新工程师培训班在广州开班，25 家创新方法试点企业的 80 名技术研发骨干参加了本期培训班。

7 月 7 日

· 广东省委党校广东科学中心教学实践基地揭牌仪式在广东科学中心举行。

· 广东省产学研结合创新平台工作座谈会在东莞市松山湖召开。

7 月 8 日

· 广东省工程技术研究开发中心建设 20 周年总结表彰大会在广州召开。

· 广东华南科技资本研究院暨广州红土科信创业投资有限公司挂牌仪式在广州番禺天安节能科技园举行。

7 月 11 日

广东省分析测试标准化技术委员会 GD/TC22 成立大会在广州召开。

7 月 11—12 日

科技部在南昌召开全国深入实施生产力促进中心“两服务行动”动员大会，广东省被授予“生产力促进中心体系建设重点省”称号。

7 月 12 日

深圳市产学研高层论坛——新材料产业国家级重大项目走进深圳暨新材料产学研创新联盟发起仪式在深港产学研基地举行。

7 月 13 日

广东检验检疫“科技活动周”启动仪式在广州举行。

7 月 15 日

省科技厅印发《关于进一步加强科技宣传工作的实施意见》。

7 月 20 日

· 以色列驻穗总领馆 Danny Tal 领事一行到访省科技厅，双方就中以科技合作进行了深入交流，并就实质合作内容达成意向。

· 国家犬类实验动物种子中心揭牌仪式在广州医工院基地举行。

7 月 22 日

国家中医药发展论坛（“珠江论坛”）第 4 届学术研讨会在白云国际会议中心召开。

7 月 25 日

省科技厅印发《广东省绿色照明示范城市推荐采购产品目录》。

7 月 25—28 日

广东科技考察团赴西藏林芝地区考察科技援藏工作并为“广东省微生物所林芝地区食药用菌科研基地”和“林芝地区花卉资源研发中心”挂牌。

7 月 28 日

科技部在西宁市召开以“加强地方基础研究，提升区域创新能力”为主题的 2011 年地方基础研究工作会议，广东省科技厅作典型发言。

7 月 29 日

粤港高新技术合作专责小组第 8 次全体会议在广州召开。

8 月 1 日

中美创新对话美方代表团到访省科技厅，双方就广东省自主创新政策和实践进行了友好交流。

8 月 3 日

2011 广东半导体照明人才培养交流会在佛山召开。国家半导体照明工程及产业联盟华南分中心、广东省新光源产业基地以及佛山科学技术学院、广东轻工职业技术学院共同签署了人才培养战略合作意向书。

8 月 11 日

2011 年度国家自然科学基金—广东联合基金管委会扩大会议暨联席工作会议在北京召开。

8月11—12日

全省高新区战略联盟业务培训暨高新区工作座谈会在惠州召开。

8月14日

教育部副部长杜占元一行来粤考察指导省部产学研结合工作。

8月15日

广东省战略性新兴产业核心技术攻关新闻发布会在广州举行。

8月18日

广佛肇地区产学研结合工作座谈会在佛山召开。

8月19—22日

第20届全国发明展览会在山东威海国际会展中心举行。广东展团共有58个项目参展，其中41个项目获奖。参展的8家省重点实验室获得了10项金奖、7项银奖和10项铜奖，占广东获奖总数的65.8%。

8月23日

珠中江地区产学研结合工作座谈会在中山市召开。

8月24日

由省科技厅主办、广东农村信息直通车工程实施办和广东村村通科技有限公司承办的广东农村信息直通车工程动植物医院中心医院授牌仪式在广东省农科院举行。

8月25日

深莞惠地区产学研结合工作座谈会在惠州市召开。

8月30日

世界知名能源专家、日本东海大学教授内田裕久一行到访省科技厅，双方就广东省经济社会发展、科技创新、对日合作及高新技术产业发展现状进行友好交流。

9月1日

广东省半导体照明产业联合创新中心暨广东省半导体照明产业技术服务集聚区（孵化器）签约仪式及联合创新中心建设指挥部揭牌活动在佛山市南海区举行。

9月2日

广东省创新医疗器械产品应用示范工程企业动员会在广州召开。

9月3—4日

科技部副部长陈小娅一行到深圳就自主创新工作与深圳光启高等理工研究院和华大基因研究院召开专题座谈会。

9 月 5 日

中国科学院过程工程研究所纳米材料产业园奠基仪式在佛山举行。

9 月 6 日

2011 两岸新兴产业合作暨经济转型升级高端论坛在惠州举行。

9 月 7—9 日

省人大常委会法工委组织常委会委员开展《广东省自主创新促进条例（草案）》立法调研活动。

9 月 9 日

中乌巴顿焊接研究院第 1 届理事会在乌克兰首都基辅巴顿焊接研究所召开。

9 月 15—16 日

第 1 批省战略性新兴产业核心技术攻关评审会在广州从化召开。

9 月 16 日

珠海赛纳打印科技股份有限公司联合工信部软件与集成电路促进中心、大连理工大学在珠海举行“MIIT_ CSIP – DUT 赛纳科技创新中心”成立仪式。

9 月 17 日

·医用镁合金产业技术创新战略联盟成立大会暨可降解生物镁合金产业发展高峰论坛在东莞市松山湖科技产业园区举行。

·由广东省全民科学素质纲要实施工作办公室、广东省科学技术协会、中共广东省委宣传部、广东省科技厅、广州市越秀区人民政府联合主办的“广东省 2011 年全国科普日”活动启动仪式在广州举行。

9 月 18 日

由科技日报社、科技部火炬中心、广东省科技厅联合深圳市政府共同举办的新时期国家高新区发展战略暨深圳高新区成立 15 周年工作座谈会在深圳召开。

9 月 19 日

国家自然科学基金委员会—广东联合基金新闻发布会暨省市合作签约仪式在广州召开。

9 月 19—22 日

2011 年度国家自然科学基金委员会—广东联合基金评审会暨管委会议在广州召开。

9 月 20 日

·省科技厅领导会见以色列工业贸易和劳工部总司长沙龙·凯德密一行。双方就产业研发合作及“中国—以色列水处理环保创新产业园”建设构想深入交换了意见，并就签署双边合作协议、设立联合研发基金达成共识。

·第 13 届中国东莞国际电脑资讯产品博览会开幕典礼在东莞国际会展中心举行。

9 月 22 日

南海高新技术产业开发区隆重举行省级高新区挂牌仪式。

9 月 22—23 日

科技部督察组到广东省对东莞、肇庆、江门 3 个新升级的国家高新区进行督察。

9 月 26—28 日

科技部党组成员、中央纪委驻科技部纪检组组长郭向远一行到广东调研考察。

9 月 27 日

· 广东省创新方法研究会第 1 次会员代表大会暨成立大会在广州召开。

· 深高速 LED 照明应用推介会在深圳召开。

· 广东嘉豪食品股份有限公司联合江南大学在中山市举行“江南大学—嘉豪食品高新技术联合研究所”揭牌暨研究生联合培养基地成立仪式。

· 广东省建设专利联盟促进产业转型升级经验推广会在佛山召开。

9 月 28 日

中国科学院佛山市 2011 年第 2 次院市合作工作会议在佛山召开。

10 月 10 日

· 广州汽车集团股份有限公司等 58 家企业被认定为第 4 批广东省创新型企业。

· 广州秀珀化工股份有限公司等 69 家企业被认定为第 5 批广东省创新型试点企业。

· 金发科技股份有限公司等 26 家企业成为第 1 批通过复审的广东省创新型企业。

10 月 14 日

486 名专家被评为 2011 年第 2 批广东企业科技特派员。

10 月 17 日

科技部在新疆乌鲁木齐市召开 2011 年全国县（市）科技进步考核工作会。在“2009—2010 年度全国县（市）科技进步考核”中，广东省除深圳一市六区按规定直接报送科技部以外，其余 20 个地级及以上市、68 个县（市）和 47 个城区全部参加考核，参加率达到 100%，考核通过率达到 75%。

10 月 18 日

科技部在东莞市召开东部和东北地区农业科技成果转化工作经验交流会。

10 月 19—20 日

科技部副部长曹健林一行到广东省惠州高新区调研创新型产业集群建设情况。

10 月 20 日

· 国家重大科技基础设施中国散裂中子源开工建设奠基仪式在东莞举行。

· 2011 年东莞市科学技术奖励大会暨中科院云计算产业技术创新与育成中心签约揭牌仪式在东莞举行。

10 月 22 日

广东科学中心率团参加中国科普研究所与澳门民政总署在澳门科学馆举行的第 3 届“馆校结合·科学教育”论坛，并向大会作主旨报告。

10 月 23 日

中科院南海海洋研究所主体迁驻南沙签约仪式在广州举行。

10 月 25 日

广东省科技基础条件平台建设促进会发起人座谈会在广州召开。

10 月 26 日

广州市曼博瑞材料科技有限公司等 374 家企业被认定为广东省民营科技企业。

10 月 31 日

·广东省半导体照明产业联合创新中心第 1 届第 1 次理事会在广州召开。

·中科院半导体照明产业科技成果对接会暨广东省新光源产业基地核心园区开园仪式在佛山市举行。

11 月 3 日

·广州地区科学仪器协作共用网工作研讨会在广东大厦召开。

·“江门工业发展研究院”“江门市半导体绿色光源（LED）研究院”“江门市工业设计中心”揭牌仪式在江门市五邑大学举行。

·泛珠三角区域大型科学仪器协作共用网 2011 年度工作会议在广东大厦召开。

11 月 8 日

·第 8 届中国国际半导体照明展览会暨论坛（CHINASSL2011）开幕式在广州召开。

·广东省农科院在广州举行广东省金稻种业有限公司成立 10 周年、中国中化集团与金稻种业战略合作 1 周年暨广东省金稻种业有限公司金稻研究院揭幕仪式。

11 月 9 日

创新医疗器械产品应用示范工程广东省启动会在广州召开。本次启动会由科技部、卫生部和广东省人民政府联合主办，省科技厅、省卫生厅、省食品药品监督管理局承办。广东省各地市科技局、卫生局的负责同志，国家及广东省医疗器械企业代表，广东示范医疗机构代表以及新闻媒体等共 300 人参加了会议。

11 月 9—10 日

卫生部副部长刘谦一行来粤调研广东承担国家“新药创制”重大科技专项组织实施情况。

11 月 10 日

人口健康领域国家科技计划项目科技资源汇交工作会议在广州召开。

11 月 11 日

玉柴船舶动力股份有限公司在珠海市富山工业园举行全球首台 RT－flex35 低速柴油机首机动车仪式。

11 月 15 日

·《广东省人民政府与弗劳恩霍夫协会战略合作框架协议》签约仪式在广州举行。

·2011 年度广东省科学技术奖评审委员会评审工作会议在广州召开，29 位评委出席了会议。

·深圳虚拟大学园 2011 年联席会议在深圳召开。

11 月 16 日

·科技部系统社会管理工作会议在东莞召开。

·第 13 届中国国际高新技术成果交易会开幕式在深圳举行。

11 月 18 日

农村信息直通车工程江西试点启动签约仪式在广州举行。

11 月 20 日

“大脑”国际巡展首站展览开幕式在广东科学中心举行。

11 月 21 日

由省科协、省科技厅联合主办的《人类文明的源与流》展览开幕式在广东科学馆举行。

11 月 26 日

省部院产学研办在广州组织召开 2011 年高校产学研工作座谈会。

11 月 29 日

·“人民科学家钱学森”事迹巡览在广东科学中心开幕。

·广东省专业镇发展促进会理事工作会议在广州召开。

11 月 30 日

科技部副部长陈小娅一行到中山大学考察，参观了有害生物控制与资源利用国家重点实验室、光电材料与技术国家重点实验室、热带病防治研究教育部重点实验室。

12 月 1—2 日

·国家科学技术奖励工作座谈会在广州召开。

12 月 2 日

·广东省科技情报研究所（广东省科技发展战略研究院）特约研究员颁证仪式在广州举行。

·2011 年燃料电池及氢能技术发展国际峰会在佛山召开。

12 月 5 日

越南驻广州总领事苏国俊先生一行到访省科技厅，双方就越南与广东省近年来包括科技在内的合作关系进行交流。

12月6日

·科技部在广州召开创新方法区域推广与应用经验交流会。

·人体组织功能重建产学研创新“十二五”发展国际战略研讨会在华南理工大学召开。

12月7日

《广东省科学技术厅关于院士工作站建设的管理办法》印发。

12月8日

广东省数控一代机械产品创新应用示范工程动员大会在广州白云国际会议中心召开。

12月11—12日

广东国家农村农业信息化示范省建设实施方案专家咨询会在广州召开。

12月14—15日

2011中国（广东）金融·科技·产业融合洽谈会在广州召开。

12月15日

·科技部与广东省政府工作会商制度议定书签字仪式暨部省工作会商第1次会议在广州举行。

·科技部在广州召开“十城万盏”半导体照明试点工作现场会。

·由中国致公党中央委员会主办，广东省科学技术厅、中国致公党广东省委员会、广东省人民政府台湾事务办公室、东莞市人民政府承办的2011海峡科技论坛在东莞举行。

12月16日

·省科技厅和省教育厅联合在广东工业大学组织召开广东省2012届高校毕业生服务科技型企业联合行动大会。

·科技部火炬高技术产业开发中心在深圳召开中国高新区协会高新技术企业专业委员会主任委员会会议。

12月17日

中国产学研合作创新大会暨2011中国产学研合作促进会年会在上海召开。大会公布并颁发了2011年产学研合作创新与促进奖，广东省科技厅刘炜获得“中国产学研合作突出贡献奖”。

12月19日

中科院云计算产业技术创新与育成中心理事会第1次会议在东莞松山湖召开。

12月19—20日

由科技部办公厅和科技部政策法规司主办，科技日报社和广东省科技厅承办的提升科技宣传工作能力培训班在广州举办。

12 月 20 日

中国南方智谷顶层设计发布暨广东西安交通大学研究院动工仪式在佛山市举行。

12 月 21 日

· 科技部党组副书记、副部长王志刚一行到省科技厅调研科技工作。

· 广州市首批珠江科技新星座谈会在广州大厦召开。

12 月 22 日

广东现代服务交易中心暨广州市番禺区科技金融促进会揭牌仪式在广州番禺节能科技园举行。

12 月 23 日

· 省科技厅与新华通讯社广东分社在广东科学中心举行《战略合作框架协议》和《新华网网群信息服务协议》签约仪式。

· 以“科技 · 传播 · 未来，有你更精彩”为主题的 2011 年科技宣传新闻媒体答谢会在广东科学中心举办。

12 月 24 日

科学技术部、国家中医药管理局、广东省人民政府联合在广州召开国家中医药发展论坛（“珠江论坛”）第 5 届学术研讨会。

12 月 26—28 日

2011 年度广东省基础研究管理工作会暨国家自然科学基金会广东地区联络网单位会议在中山召开。

12 月 27 日

广东省科技情报研究所（广东省科技发展战略研究院）“战略研究阅览室”和“广东省高新区发展促进中心”揭牌仪式在广州举行。

12 月 31 日

全省民营科技园“三资融合”建设模式现场会在番禺召开，会议总结推广番禺节能科技园土地资本、金融资本、产业资本“三资融合”建设模式，打造全省产业转型升级新平台。

表格索引

科技统计表

主题索引

说　明

1. 本索引采用主题分析法，按主题词汉语拼音字母顺序排列。

2. 索引的主题词后面的数字表示内容所在页码，数字后面的英文字母（a、b）表示该页自左至右的栏别。

3. 本索引对彩色插页、“领导讲话”、“政策措施及规范性文件”、“科技记事”等不作内容主题分析。

B

C

D

F

G

H

J

K

L

M

N

Q

R

S

X

Y

Z

宏橋科技
POWERBRIDGE

珠海宏桥高科技有限公司

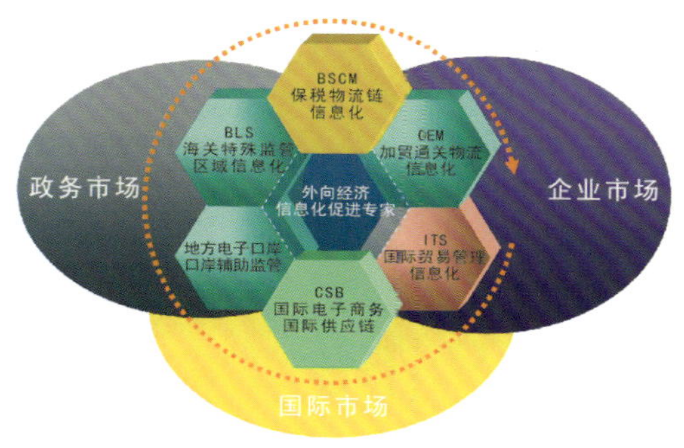

宏桥科技产品方案布局图

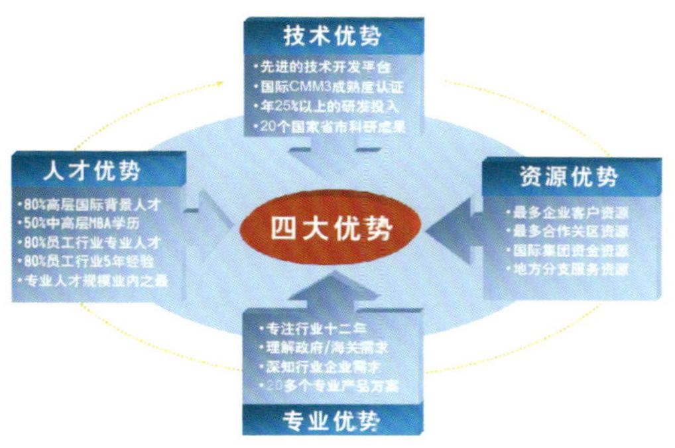

宏桥四大核心优势

宏桥科技成立于1997年，总部位于广东珠海国家高新区、国家软件产业基地南方软件园，是注资4300万元打造的中国国际贸易与物流服务高科技企业，也是国家认定的“双软企业”和“高新技术企业”。宏桥科技自成立十多年来，一直专注于中国国际贸易与物流信息化服务领域，是该领域的市场领导者，主要开展基于中国国际贸易、海关监管、电子口岸、口岸物流、企业关务领域的业务调研、软件研发、规划咨询、系统集成、技术应用和增值服务，其产品方案主要有地方电子口岸解决方案、海关特殊监管区域信息化方案、口岸信息化辅助监管解决方案、口岸物流供应链服务平台、企业关务管理软件、国际贸易管理软件等。宏桥科技凭借着专业的国际贸易与物流业务能力和先进的信息化技术水平，已经为20个省市的政府进出口监管部门和外向经济的服务单位提供了解决方案和信息化服务，也帮助了近万家外向型企业改善了经营管理水平和提升了企业的国际竞争力。宏桥科技通过了ISO9001、ISO20000、CMM等国际专业认证，曾获得过“中国外贸软件最佳品牌”“中国百家优秀管理软件厂商”“外贸行业应用满意度第一”“中国最具投资价值中小企业”“广东省企业信息化技术服务推荐企业”等一系列殊荣。

中国移动通信 CHINA MOBILE 移动信息专家 中国移动通信集团广东有限公司

中国移动通信集团广东有限公司

打造无线城市标杆，带动信息产业发展

- “无线城市”是继水、电、气、交通外的城市第五项公共基础设施，
  “无线城市”是现代服务业的基础平台，
  “无线城市”是政府服务职能的重要窗口。

- “无线城市”是中国移动广东公司第一个部署在云平台上的应用系统，整合了无线政务、数字民生等领域的信息化应用，并构建统一的基于云计算的IT支撑系统，体现了节能减排的环保理念。

- “无线城市”作为多媒体信息应用融合的产物，是移动互联网的业务实现和有效落地，将有效推进移动互联网发展。

- 未来“无线城市”将成为电信网、广电网、互联网、物联网“四网融合”的应用聚合平台，并将带动信息产业新一轮发展浪潮。

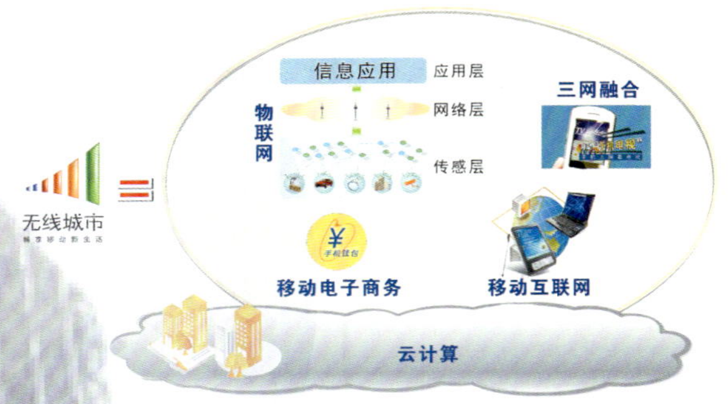

高效政务 智慧生活 信息兴业 文化创新

“无线城市”是指利用多种无线接入技术，为城市提供随时随地随需的无线网络接入，并建设与政府工作、企业运行、大众生活密切相关的丰富的无线信息化应用。

“无线城市”的运营模式：政府引导，以运营商为主体，产业链共同参与。

无线城市 = 无线接入(宽带与窄带) + 移动信息化应用

无所不在的无线网络！无所不有的内容应用！无所不能的智慧城市！

新纪元
新品,再创国内

广州光为照明科技有限公司

广州光为照明科技有限公司成立于2007年7月，注册资金3080万元，总部设立于国家级高新产业园区广州天安节能科技园，是一家专注于LED照明领域，集LED封装及LED照明产品的研发、生产、销售、服务为一体的高新技术企业。公司立足服务中国LED高端照明市场，并以民族品牌之姿与世界各个国家和地区合作开发全球市场，服务全球商家。

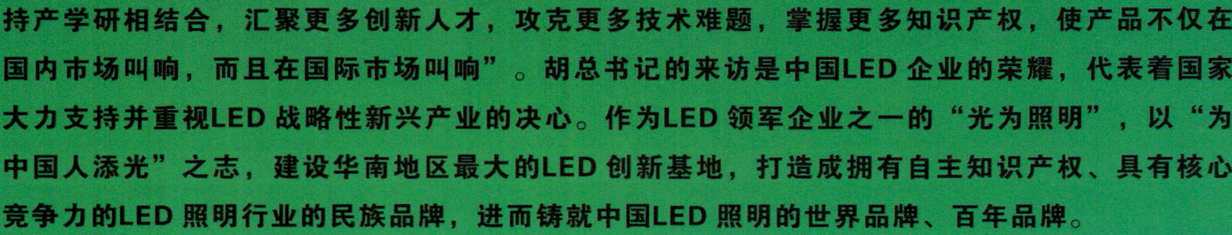

2011年8月14日，中共中央总书记胡锦涛考察光为照明，并鼓励“坚持产学研相结合，汇聚更多创新人才，攻克更多技术难题，掌握更多知识产权，使产品不仅在国内市场叫响，而且在国际市场叫响”。胡总书记的来访是中国LED企业的荣耀，代表着国家大力支持并重视LED战略性新兴产业的决心。作为LED领军企业之一的“光为照明”，以“为中国人添光”之志，建设华南地区最大的LED创新基地，打造成拥有自主知识产权、具有核心竞争力的LED照明行业的民族品牌，进而铸就中国LED照明的世界品牌、百年品牌。

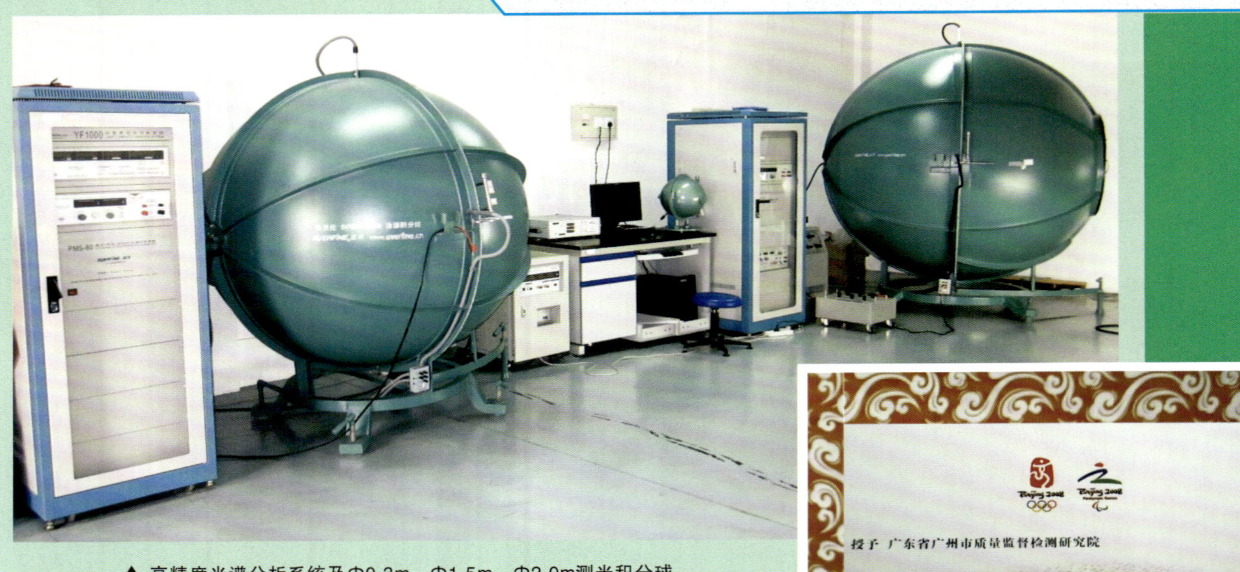

▲高精度光谱分析系统及Φ0.3m、Φ1.5m、Φ2.0m测光积分球

授予 广东省广州市质量监督检测研究院

北京奥运会残奥会先进集体

中共中央
国务院
2008年9月

▲中共中央、国务院授予广州市质量监督检测研究院奥运先进集体称号

▼国际领先的全空间光色度分布计及13m×8m×6m测光暗室

广州市质量监督检测研究院

成立于1951年的广州市质量监督检测研究院为广州市技术监督局属下最大的独立法人事业单位，是国内最早成立的第三方综合检验机构，先后承担了北京奥运会、广州亚运会等国际项目的检测工作，参与了广州亚运城、广州大学城等重点工程的质量监督工作，目前，挂靠在广州质检院的有5个国家级检测中心及4个省级检测站。

2011年，广州质检院成功申报广东LED产业共性技术检测与研发创新服务平台项目，将为促进广东省LED战略性新兴产业发展提供全方位服务，同时助推LED照明产品走进千家万户。广州质检院一直紧跟LED产业发展步伐，努力探索LED产品共性检测技术，于2010年建立了LED照明检测实验室，配备了一批国际领先的检测设备，为项目的实施打下坚实的基础。

中国面料名镇——广东西樵

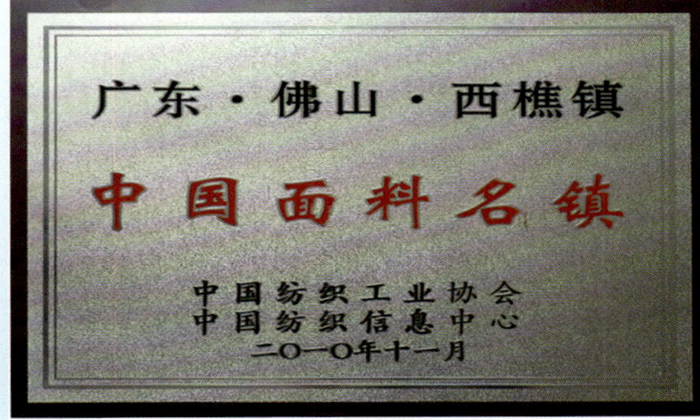

西樵是纺织之乡，自古就以"粤缎""粤纱"声名卓著。

目前，西樵有纺织企业840多家、织机3万多台套，具有年产各种纺织面料26多亿米的能力，形成了交易市场、产业基地、创新平台、产业链条、区域品牌相互支撑的产业格局，先后获得中国面料名镇、全国首个纺织产业升级示范区、广东省产业集群示范区、广东省专业镇建设先进单位、广东省"双提升"示范专业镇等荣誉称号。

西樵每年推出市场的面料新产品超过10万个，更新率达90%以上，附加价值率在30%以上。西樵每年入围的新产品超过200个，占全国总数的1/10以上，稳稳占据了中国高档面料的研发和市场供应。"西樵面料"在一定程度上代表着国内面料新产品发展的风向标，牢牢吸引着国内外高端品牌服装企业采购的目光。

★ 中国面料名镇
★ 中国流行面料开发基地
★ 中国高档面料生产基地
★ 中国纺织产品价格导向基地
★ 中国纺织品趋势发布基地
★ 中国纺织品质量信得过基地

服务热线：0757-86891188　传真：0757-86891132　网址：www.gd-textile.com

广东省长大公路工程有限公司

珠江黄浦大桥

虎门大桥

厦门海沧大桥

杭州湾跨海大桥

广东省长大公路工程有限公司成立于1952年，是广东省最早创建的一支公路施工专业队伍。公司现总资产超过100亿元，是全国首批公示的4家同时具备国家公路工程施工总承包特级及公路行业甲级设计资质单位之一的特大型高新技术企业，并拥有对外经营权。主营业务为公路、桥梁、隧道施工，公路项目投资和运营管理，工程项目BT与BOT投资建设，公路工程设计施工总承包，高速公路养护、旧桥加固维修等，公司在上述各个领域均具备雄厚的实力。公司同时是广东省战备和抢险、救灾单位，是“中国公路建设行业协会”和“广东省建筑业协会”副理事长单位。

改革开放以来，公司承建的公路里程达3200多公里，其中高等级公路2100多公里（约占全国通车高速公路总里程的2.5%）。建成了特大型、大中型桥梁250多座，隧道30多座，其中包括名列首届“中国十佳桥梁”的广州洛溪大桥、创多项世界第一的东莞虎门大桥、在建时世界最长的跨海大桥杭州湾跨海大桥、号称“华南第一桥”的珠江黄埔大桥、当时世界第二亚洲第一的特大型钢箱梁悬索桥厦门海沧大桥，此外还有上海长江桥隧工程、武汉阳逻大桥、舟山连岛大桥、广东湛江海湾大桥、广东西部沿海崖门大桥以及在建的浙江嘉绍大桥和港珠澳跨海大桥等高、特、难、新的特大型、大型桥梁精品工程。还参与了广东佛开高速、京珠高速粤境段、粤赣高速、渝湛高速等一大批高速公路的路基、路面、桥隧工程，同时，公司投资建设了广西南宁永和大桥、四川都江堰大桥、广东广惠高速公路和广东云浮至广西梧州高速公路等多个公路工程项目。

公司立足国内市场，不断开拓海外市场。先后承接了全长2804m的非洲第一长桥卢瓦普拉河桥、柬埔寨道路扩建工程56~68合同段、刚果(金)市政工程、越南河内海防高速公路EX-5标段等项目的施工，同时也在拓展印度、东南亚、蒙古国、西亚和整个非洲大陆等海外市场。

公司是国内较早开展施工总承包和设计施工总承包模式的企业，先后承接了虎门大桥、深汕西高速公路、西部沿海高速公路镇海湾大桥、湛江海湾大桥、新台高速公路、京珠高速公路粤境南段、广惠高速公路、广梧高速公路路面等工程施工总承包或设计施工总承包。

公司采用BT或BOT形式投资了南宁永和大桥、西川都江堰大桥、南宁至武鸣市政工程以及在建的浙江小干岛大桥等。

公司作为广东省战备与救灾抢险单位，在各类灾害面前承担着保障人民生命财产安全的社会责任，是2006年韶关乐昌500年一遇特大洪水抢险、2008年春节前京珠高速粤境北段冰灾保通抢险、2008年阳江市海陵大决堤抢险、2010年阳春市省道抢险等抢险任务的主力军。

近十年来，公司在施工工艺、产品质量、科技进步等方面先后获得国家、省部级成果以及知识产权近100项，其中获得国家科技进步奖二等奖1项，省部级特等奖2项，一、二等奖各10余项；取得发明专利9项，实用新型专利33项，软件著作权1项；国家级工法3项，省部级工法16项；鲁班奖2项，国家优质工程银质奖3项，中国土木工程詹天佑奖5项，是1997年唯一获得西班牙第九届国际建筑大奖的中国公司。代表性的获奖项目有：“虎门大桥建设成套技术”（国家科技进步奖二等奖）、“广东高速公路建设科技创新及应用”（广东省科学技术进步特等奖）、“崖门大桥建设成套技术”（广东省科学技术进步一等奖）、“广梧高速公路隧道群安全保障与节能关键技术研究”（广东省科学技术进步奖一等奖）。

雷博尔自动化系统（惠州）有限公司

雷博尔自动化系统（惠州）有限公司是一家中日合资公司，专业从事数控系统、运动控制系统、工厂自动化、视觉影像、电子电路、机器人控制系统等产品的研发、生产与销售，同时提供各种非标自动化设备控制系统方案设计及改造服务。公司产品广泛应用于机械、电子、航空、医疗、检测、激光、包装、印刷、纺织、陶瓷、广告等上百个行业。

公司拥有多名留学高科技尖端技术人才，本着以为客户提供最优秀的控制系统解决方案，帮客户创造价值为目的，并长期致力于FPGA技术、微处理技术，高速处理、精准成像、高精度运动控制器产品及其相关产品的设计、研发、应用推广以及技术服务；为客户提供以运动控制器为核心的全套运动控制方案。

公司的主要客户有：日本ROHM（罗姆微电）股份有限公司、日本早稻田大学、日本三菱重工股份有限公司、日本立命馆大学、日本松下电工股份有限公司、日本村田制作所股份有限公司、日本日立制作所股份有限公司、日本FUJIFILM（富士胶）股份有限公司、日本TORAY（东丽）股份有限公司、日本IBM股份有限公司、日本道路工团、日本DAINPPON SCREEN（迪恩士）股份有限公司、日本筑波大学、日本精工股份有限公司、SONY股份有限公司、日本住友电器工业股份有限公司、日本资生堂股份有限公司、股份有限公司日本岛津制作所、日本SHARP股份有限公司等。

佛山市钜仕泰粉末冶金有限公司

广东省战略性新兴产业培育企业

证 书

企业名称：佛山市钜仕泰粉末冶金有限公司　证书编号：P2011112145
发证时间：2011 年 9 月 13 日　有效期至：2013 年 9 月 12 日

发证机关：广东省经济和信息化委员会

佛山市钜仕泰粉末冶金有限公司：

经《关于认定南海区实施“雄鹰计划”第二批重点扶持企业名单的通知》（南府〔2009〕325号）认定，贵公司为南海区“雄鹰计划”重点扶持企业。

证书编号：NHXY 262
有 效 期：2009—2012

佛山市南海区人民政府
二〇〇九年十二月

广东省民营科技企业认定证书

企业名称：佛山市钜仕泰粉末冶金有限公司
统一编号：2011020062
有 效 期：三年

二〇一一年十月二十七日

佛山市钜仕泰粉末冶金有限公司创建于1989年，原名为中南粉末冶金厂，2007年更名为佛山市钜仕泰粉末冶金有限公司，位于佛山市南海区里水镇陈合院工业区，拥有8000㎡的自建厂房。

公司致力于各种粉末冶金制品的开发和制造，已逐级引进各种先进设备、仪器，吸收高素质技术人才，并聘请科研院所及高校资深研究人员和教授为常年技术顾问，为企业的发展和新产品的开发出谋划策，制造了企业长远规划和近期新产品开发方案、攻关措施等。

主要产品：

特种高合金制品—发动机摇臂镶块、高压开关电触头、真空开关触头材料、难熔金属合金制品；精密金属注射成型(MIM)复杂零件，铜、铁、不锈钢精密压制，粉末冶金齿轮、陶瓷齿轮、铁基粉末冶金件，不锈钢粉末冶金件以及铜基粉末冶金件等各类粉末冶金制品，最近还成功研发出功能材料（如镀膜靶材）。公司产品广泛应用于输变电设备、电力设备、国防军工和机械电子行业，机床、汽车配件、齿轮、医疗器械、锁具、家电、钟表、玩具、电力工业以及离子溅射镀膜功能材料等。

产品展示：

广州珠江啤酒集团有限公司

办公大楼

广州珠江啤酒集团有限公司是一家以啤酒业为主体、以啤酒配套和相关产业为辅助的大型国有企业，1985年建成投产，啤酒产能从最初的5万吨发展到目前的200万吨，是我国酿酒行业十强企业、全国纳税500强企业、国家环境友好企业和国家高新技术企业。珠江啤酒是中国驰名商标和绿色食品。主要特点及贡献如下：

技术位居我国啤酒行业制高点，拥有国家级企业技术中心和博士后科研工作站，20项技术填补国内空白，在中国啤酒行业中享有“南有珠江”的崇高地位

◎ 率先研制推出我国第一瓶纯生啤酒和白啤酒，成为中国首个纯生啤酒示范生产基地。

◎ 研发的错流膜过滤取代硅藻土过滤技术，是我国乃至亚洲啤酒酿造技术的重大突破。

环保位居我国工业企业领先水平

◎ 2005年年底，荣获我国环保领域的最高荣誉——国家环境友好企业，是我国工业企业环保标杆企业。

◎ 是我国第一家将污水处理产生的沼气回收发电、余热用于制冷的啤酒企业，该项目成为我国啤酒行业第一个入选联合国清洁发展机制（CDM）项目。

珠江啤酒国家级技术中心

总部经济建设为幸福广州添砖加瓦

◎ 珠江—英博国际啤酒博物馆于2009年5月试运行，成为广州名企一日游、珠江画廊游、广州动感游的重要景点和广州市爱国主义教育基地。

◎ 集“啤酒美食、文化创意展览、休闲娱乐观光”为一体的珠江琶醍啤酒文化创意艺术区现已试业，是接待国内外游客、传播岭南文化新旅游点及广大市民休闲消费的开放性社区，成为传播珠江啤酒品牌的重要平台，也为发展第三产业奠定了坚实的基础，加快促进企业转型升级。

珠江啤酒集团将以控股子公司广州珠江啤酒股份有限公司2010年8月18日挂牌上市为契机，朝着“以五个领先（技术领先、质量领先、管理领先、规模领先、效益领先）打造具有国际竞争力的啤酒企业”不断迈进，努力“打造百年老店，走向世界”！

珠江—英博国际啤酒博物馆，产业升级新引擎

我国首个纯生啤酒示范生产基地

技术人员在研究室做检测

珠江—英博国际啤酒博物馆、珠江·琶醍啤酒文化创意艺术区全景

东莞市高盛科技园

东莞市高盛科技园成立于2010年5月12日，位于东莞市南城区隆溪路5号，是目前东莞市规模最大的现代信息产业园、南城区2010年和2011年重点工程及“三旧”改造示范项目，定位为全市科技企业孵化器和优质科技项目引进平台。

目前，科技园已被认定为东莞市科技企业孵化器（加速器）、东莞市创意产业园区、广东省软件科学园东莞分园、广东省经济信息化园区无线园区、东莞市小企业创业示范基地、广东省小企业创业基地。

科技园分两期开发，总建筑面积9.4万平方米，总投资2.4亿元，已进驻115家科技型企业。据统计，2011年科技园产值超过13亿元，实现税收9000万元。

园区鸟瞰图

园区科技大厦

园区创业基地

东莞市高盛科技园

东莞市高盛科技园成立于2010年5月12日，位于东莞市南城区隆溪路5号，是目前东莞市规模最大的现代信息产业园、南城区201C年和2011年重点工程及“三旧”改造示范项目，定位为全市科技企业孵化器和优质科技项目引进平台。

目前，科技园已被认定为东莞市科技企业孵化器（加速器）、东莞市创意产业园区、广东省软件科学园东莞分园、广东省经济信息化园区无线园区、东莞市小企业创业示范基地、广东省小企业创业基地。

科技园分两期开发，总建筑面积9.4万平方米，总投资2.4亿元，已进驻115家科技型企业。据统计，2011年科技园产值超过13亿元，实现税收9000万元。

园区鸟瞰图

园区科技大厦

园区创业基地

广东省东莞市质量监督检测中心

广东省东莞市质量监督检测中心（以下简称“东莞质检”）是广东省东莞市质量技术监督局直属事业单位，是国家法定质量检测机构。东莞质检成立于1987年，20多年来东莞质检为政府质量监督、企业质量管理、地方经济发展提供了强有力的技术支撑。东莞质检现职人数200多人，平均年龄33岁；拥有博士5人、硕士21人、本科生92人，中心90%的工作人员具有大专以上学历；具有高级职称10人、中级职称50人、初级职称65人，主要从事专业技术管理和检测工作。东莞质检位于东莞松山湖高新科技产业园区，占地100亩，总投资2亿元，共3.7万平方米的检测场地及配套设施。东莞质检拥有信息技术设备、纸制品、半导体光源产品3个国家中心及毛织品、食品、太阳能、光电、信息传输线缆产品、家具、服装、珠宝、纸制品、包装产品、塑料皮革、文化体育用品12个省级检验站。东莞质检现有设备原值近亿元，各种先进检测设备2800台套，包括液质联用仪、气质联用仪、ICP、电波暗室、环境及可靠性实验室、声学振动测试系统、音视频抗扰度测试系统等一批国际先进的检测设备，具备对电脑及周边产品、机械、太阳能、光电、化工、纺织服装、金银珠宝等16大行业中1212类产品的检测能力。东莞质检已获得中国合格评定国家认可委员会（CNAS）的认可，认可证书编号为L0468；计量认证证书编号为2009190043Z，验收证书编号为(2009)（粤）质监验字(032)号。根据中国合格评定国家认可委员会与ILAC签订的协议，东莞质检出具的CNAS证书得到国际上45个经济体的54个实验室认可机构的承认，并得到大多数发达国家政府机构的广泛承认，包括美国、日本、澳大利亚、加拿大、法国、意大利等国家及其经济组织，并获得挪威NEMKO目击实验室认可、加拿大IC场地认可、德国TUV目击实验室认可、日本VCCI场地认可、美国FCC场地认可等。东莞质检获得的主要资质和荣誉有:美国制浆造纸技术协会（TAPPI）委员单位，RFID广东省地方标准化技术委员会的秘书处承担单位，信息传输线缆省部产学研联盟理事长单位、秘书处，中国射频识别基准测试联盟创始成员，全国造纸工业标准化技术委员会造纸纤维原料分技术委员会委员单位，全国造纸工业标准化技术委员会通讯委员。

深圳市通创通信有限公司

深圳电子科技大学通创通信电源研究院示范基地

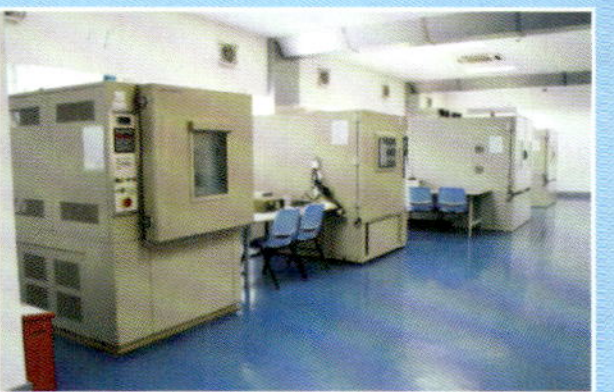

深圳市通创通信有限公司是一家专业开发、生产数字微波无线传输设备的高科技企业，是国家研制和生产数字传输设备的定点厂家。公司成立于1998年，位于深圳市罗湖区，占地面积5000多平米，总资产2.1亿元。公司在开发生产通信设备方面具有丰富的经验和雄厚的技术力量。

电子科技大学“模式识别与智能控制”科研团队是一个具有雄厚的科研开发实力和独特的专业优势的研发团队。团队先后获得市级以上科技奖励8项，并同时获得多项发明专利，公开发表论文200篇，专著近10部，拥有多项国家专利权。

深圳市通创通信有限公司与电子科技大学结为战略联盟，共同设计研发并生产具有自主知识产权并且满足系统要求的新型微波通信电源系统。双方合作建成后的“深圳电子科技大学通创通信电源研究院” 示范基地通过自主设计的新型微波接力机通信电源系统，降低了生产成本，摆脱了对出口产品的依赖。现项目进展情况良好，研制的样机已进入后期的调试实验工作，预计将会成为我国又一个通信电源高技术的创新基地之一。

为促进科技创新，加快广东省经济发展和社会进步，充分利用高等院校的技术、人力等资源以及先进成熟的技术，利用企业的生产条件，将科研成果尽快地转化为生产力，双方特建立此产学研示范基地。双方发挥各自优势，通过构建产学研示范基地创新体系，建立产学研长期合作关系，共同推进企业与学校的全面技术合作，共同推动地方经济跨越式发展。